新撰字鏡校注

張 磊　吳美富　著

（上册）

ZHEJIANG UNIVERSITY PRESS
浙江大學出版社

國家社科基金青年項目"《新撰字鏡》與古寫本辭書比較研究"(14CYY027)

浙江師範大學出版基金資助(Publishing Foundation of

Zhejiang Normal University)

浙江師範大學人文學院學科建設運行經費資助

前　言

　　《新撰字鏡》是日本平安時代(794—1192)釋昌住於昌泰年間(898—901),用漢語寫成的一部字書,共十二卷,約收録兩萬餘字,按照部首分爲160部,部分條目附有萬葉假名的和訓,也是日本現存最古老的漢和辭典。作者昌住是平安時代前期南都法相宗的學僧,生平詳情已不可考。該書雖然屬於日本著述,却是用漢文寫成,而且大量引用《玄應音義》、《原本玉篇》、《切韻》系韻書以及《爾雅》等漢文辭書,保存了所引典籍相對原始的面貌,同時也收録了不少漢語傳世辭書中早已難覓蹤跡的古字、古義,這不僅是漢語史研究的寶貴資料,對大型辭書的編纂也有着重要的參考價值。

一、《新撰字鏡》研究概況

　　第一部全面研究《新撰字鏡》的著作是貞苅伊德的《〈新撰字鏡〉の研究》①,探討了《新撰字鏡》與其他日本古辭書的關係,總結了《新撰字鏡》引書的基本規律,對《新撰字鏡》的研究起到了理論先導的作用。後來,張磊以天治本《新撰字鏡》爲底本,總結了前人對於《新撰字鏡》的研究成績及不足,分析了《新撰字鏡》的體例,探討了《新撰字鏡》對於大型辭書編纂、漢語詞彙研究、古代典籍校讀等的價值,並着重對《新撰字鏡》中的生僻字進行了考釋。同時,對《新撰字鏡》所引《原本玉篇》《干禄字書》及其他漢文典籍進行了個案研究,並將該書與敦煌小學類寫本進行比較,探討了它們的關係及研究價值,此外還對《新撰字鏡》存在的文字疏誤、釋義舛謬、體例缺失等問題進行了分析②。上述研究成果的發表,促使學者重新審視《新撰字鏡》對於漢語史的研究價值,有力推動了日本古辭書的本體(漢語史)研究向縱深方向發展。

　　關於《新撰字鏡》一書的研究綜述,《〈新撰字鏡〉研究》第一章第四節"《新撰字

---

① ［日］貞苅伊德:《新撰字鏡の研究》,汲古書院,1998年。
② 張磊:《〈新撰字鏡〉研究》,中國社會科學出版社,2012年。

鏡》研究綜述"曾做過總結①,陳東輝《日本歷代語文辭書對漢語史研究的重要价值》②等文章也有論述,此處不再贅述。以下主要從校勘角度,結合最新的研究成果略作總結。

近年來,日本北海道大學池田証壽教授主持的"平安時代漢字字書総合データベース"(以下簡稱 HDIC)③,收録《篆隸萬象名義》《新撰字鏡》《類聚名義抄》等日本字書及一些中國字書,現已完成《篆隸萬象名義》、天治本《新撰字鏡》等辭書的全文録入,並全部在網上公開,爲研究者提供了極大的便利。其中,天治本《新撰字鏡》録文質量較高,對天治本的校勘很有價值,但許多問題仍有待深入探討。

韓國學者金玲敬也致力於《新撰字鏡》的研究。已發表《〈新撰字鏡〉小考》④、《〈新撰字鏡〉이체자유형연구—火部와灬部를중심으로》⑤、《〈新撰字鏡〉注釋體例研究—한자字形屬性情報를중심으로》⑥、《〈新撰字鏡〉注釋體例研究—古今字를中心으로》⑦、《〈新撰字鏡〉주요聲符의異體現像考察》⑧、《〈新撰字鏡〉疑難字考釋》⑨、《天治本〈新撰字鏡〉校勘研究》⑩、《〈신찬자경〉의 이체자 유형 분류 − 간략화와 증번화를 중심으로》⑪、《〈新撰字鏡〉문헌인용 양상 고찰 :〈玄應音義〉를 중심으로》⑫等文章,將《新撰字鏡》的校勘工作向前推進了一大步。

此外,張翔《新發現保孝本〈新撰字鏡〉及其價值》⑬探討了岡本保孝增補狩谷棭齋校箋本的價值。姜澤兵《疑難字考辨整理及研究——考〈新撰字鏡〉未編碼字十

① 張磊:《〈新撰字鏡〉研究》,中國社會科學出版社,2012年,第17—25頁。

② 陳東輝:《日本歷代語文辭書對漢語史研究的重要价值》,《辭書研究》2012年第2期,第76—84頁。

③ 網站:https://viewer.hdic.jp/,2021-11-15。

④ [韓]金玲敬:《〈新撰字鏡〉小考》,《中國語文學論集》2011年第74號,第51—74頁。

⑤ [韓]金玲敬:《〈新撰字鏡〉이체자유형연구—火部와灬部를중심으로》,《中國文學研究》2012年第48輯,第189—209頁。

⑥ [韓]金玲敬:《〈新撰字鏡〉注釋體例研究—한자字形屬性情報를중심으로》,《中國學》2013年第45輯,第35—72頁。

⑦ [韓]金玲敬:《〈新撰字鏡〉注釋體例研究—古今字를中心으로》,《漢字研究》2014年第10輯,第87—106頁。

⑧ [韓]金玲敬:《〈新撰字鏡〉주요聲符의異體現像考察》,《漢字漢文教育》2015年第37輯,第275—310頁。

⑨ [韓]金玲敬:《〈新撰字鏡〉疑難字考釋》,《中語中文學》2016年第64輯,第143—162頁。

⑩ [韓]金玲敬:《天治本〈新撰字鏡〉校勘研究》,《中語中文學》2017年第67輯,第151—178頁。

⑪ [韓]金玲敬:《〈신찬자경〉의 이체자 유형 분류 − 간략화와 증번화를 중심으로》,《中國學》2019年第67輯,第1—24頁。

⑫ [韓]金玲敬、吳一鳴:《〈新撰字鏡〉문헌인용 양상 고찰 :〈玄應音義〉를 중심으로》,《中國學》2020年第73輯,第123—148頁。

⑬ 張翔:《新發現保孝本〈新撰字鏡〉及其價值》,《科學經濟社會》2019年第3期,第103—108頁。

例》①《〈新撰字鏡〉未編碼字考辨與研究》②、張翔《〈新撰字鏡〉與古漢語字詞考釋》③等文,對《新撰字鏡》中的一些疑難字詞進行了考釋。

二、《新撰字鏡》的版本

《新撰字鏡》的版本可分爲完本和抄録本兩個系統。完本僅有天治本,共十二卷,傳承有序。抄録本則有數種,乃後人將完本中附有萬葉假名的條目摘抄而成,共一卷。

(一)完本

天治本是現存唯一完整的完本,日本天治元年(1124)由法隆寺的數位僧人合力抄寫而成。爲奈良法隆寺舊藏,今藏日本宫内廳書陵部(本書稱爲"宫内廳原本")④。

十二卷本在昌住完成之後的幾百年中,曾一度失傳,直至文政(1818—1830)年間,京都吉田神社社司鈴鹿連胤得到天治本第二卷和第四卷,並於安政三年(1856)與攝津人岸田忠兵衛所獲十卷天治古寫本相合,此完本才得以重現人間。

天治本在江户末期被發現後,當時的學者們認識到了此書的巨大價值,於是出現了不少天治本的轉抄本。如伴信友(1773—1846)曾於文政八年(1825)抄寫卷二和卷四⑤,藤原春村(1799—1866,即黑川春村)曾於天保三年至安政四年(1832—1857)抄寫全本⑥,鈴鹿連胤曾於安政年間(1855—1860)僱人抄寫篇立、卷一、卷二、卷四、卷十二⑦,清末楊守敬日本訪書時曾於清光緒八年(1882)也僱人抄寫了全本⑧。又宫内廳書陵部藏有一部天治本轉抄本⑨,十二卷全,與鈴鹿連胤抄本極似,推測也是鈴鹿連胤抄本,且内容完整,是轉抄本本中價值最高的一種。這類轉抄本的情況

① 姜澤兵:《疑難字考辨整理及研究——考〈新撰字鏡〉未編碼字十例》,《忻州師範學院學報》2019年第3期,第65—68頁。

② 姜澤兵:《〈新撰字鏡〉未編碼字考辨與研究》,渤海大學碩士學位論文,2019年。

③ 張翔:《〈新撰字鏡〉與古漢語字詞考釋》,《民俗典籍文字研究》2019年第2期,第170—176頁。

④ 書影見"新日本古典籍総合データベース"網站:https://kotenseki.nijl.ac.jp/biblio/100290337/viewer,2021-11-15。

⑤ 書影見"京都大學圖書館"網站:https://rmda.kulib.kyoto—u.ac.jp/item/rb00013245,2021-11-15。

⑥ 書影(卷1—7)見"富山市立圖書館"網站:https://www.library.toyama.toyama.jp/wo/rare_book/index?rare_book_list_flg=1&value_id=4309&lines=10&page=16,2021-11-15。

⑦ 書影見"愛媛大学鈴鹿文庫"網站:http://www.lib.ehime—u.ac.jp/SUZUKA/853/,2021-11-15。

⑧ 書影見:http://rbook.ncl.edu.tw/NCLSearch/Search/SearchDetail?item=884eeb84ec164ed7a2ccbf506e4fe351fDQwODcx0&image=1&page=20&whereString= &sourceWhereString= &SourceID= ,2021-11-15。

⑨ 書影見"新日本古典籍総合データベース"網站:https://kotenseki.nijl.ac.jp/biblio/100233047/viewer,2021-11-15。

可以參考川瀨一馬《古辞書の研究》①。

　　另外,世尊寺本《字鏡》也曾抄録部分完本内容。世尊寺本《字鏡》②,因卷首題名《字鏡》,且原是世尊寺流藤原伊房(1030—1096)所藏,故被稱爲世尊寺本《字鏡》。現歸岩崎文庫收藏,又稱作岩崎本《字鏡》。此本書首尾殘缺,除卷首題有《字鏡》外,其卷數、撰者、撰述年代等均已不可考。《字鏡》摘抄了《新撰字鏡》的部分内容,但順序及部分内容經過合並或增補,只可作爲參校本。《字鏡》與天治本互有優劣,貞苅伊德認爲《字鏡》是天治本《新撰字鏡》的一個兄弟本③,其説甚是。

　　六合館、全國書房、臨川書店等出版社都曾經影印出版過天治本,巴蜀書社《佛藏輯要》亦有收録,是今天最便使用的出版物。但由於天治本部分卷次蠹蝕嚴重,爲便閱讀,影印本对蠹蝕傷及的筆畫字跡进行了描補,却存在誤描的情況,有時又誤將字、筆畫或符號當作蠹蝕痕迹除去,使用時需特別留意。例如:

　　卷二耳部:"奵,丁楷反。大耳。""丁"原作"𠂆",宫内廳原本當是"丁"字,旁爲蠹蝕,影印本則描補作"不",誤甚。

　　卷四食部:"䊆,古文也。糂、糣,二同。今作糝。桑感反,上;以米和羹也。""以"原作"丶乀",影印本脱,蓋誤以爲蠹蝕而除去。

　　卷七草部:"篎,由行反。竹器也,籠也。"字頭"篎"原作"𥱽",宫内廳原本字形筆畫完整無缺,影印本則描補作"𥬇",下部誤作"方"。

　　卷八鳥部:"鯺鯺,二同。書容反,平。"字頭原作"鯺""鯺"二形,筆畫蠹蝕嚴重,影印本遂描補作"鯺""鯺",殊非所宜,應從《字鏡》作"鯺""鯺"二形。

(二)抄録本

　　抄録本是將完本中帶有萬葉假名的條目摘録成一卷本。村田春海於寶曆十三年(1763)年從京都天王寺屋平安書肆買回後,才被世人所熟知。現存寬永本、享和本、《群書類從》本等,詳細情況可參川瀨一馬《古辞書の研究》一書④。以下僅介紹校勘價值較大的幾種。

　　寬永本⑤,寬永十七年(1640)菅玄東借其師藤原惺窩(歛夫)之本,傭人抄寫而成,是現存最早的抄録本,價值較高。

① [日]川瀨一馬:《古辞書の研究》,雄松堂1986年,第63—64頁。
② 書影見"岩崎文庫"網站:http://124.33.215.236/zenpon/zenpon_show_200710.php?strFolderName=1—C—17&iTargetPage=1,2021-11-15。
③ [日]貞苅伊德:《世尊寺本字鏡について》,貞苅伊德《新撰字鏡の研究》,東京:汲古書院,1998年,第161頁。
④ [日]川瀨一馬:《古辞書の研究》,雄松堂1986年,第64—69頁。
⑤ [日]昌住:《新撰字鏡》,大東急紀念文庫藏,古辭書叢刊刊行會編,川瀨一馬解説,雄松堂書店,1976年。

　　享和本①，享和三年（1803）丘岬俊平等人所刻。此本末附有丘岬俊平所撰《新撰字鏡考異》，以十二種古本對校，可窺古本面貌。

　　《群書類從》本②，收録於塙保己一（1746—1821）所刻叢書《群書類從》第四九七卷（雜部第五二）。

　　狩谷校箋本③，狩谷棭齋（1775—1835），江户後期的文獻學家、考證學家。狩谷初名高橋真末，故校箋本中“真末按”即狩谷的校語。狩谷以傳世經史及小學文獻解決抄録本中的各種問題，頗多發明，又引了同時期的國學者清水浜臣（1776—1824）等人的按語，並且對其中的萬葉假名標注片假名，是校勘《新撰字鏡》較爲重要的資料。後來的學者石橋真國④、岡本保孝⑤等人的校本，均在狩谷校勘的基礎上再進一步校勘。

　　《新撰字鏡師説抄》⑥，藤井五十足記録其師伊藤多羅校勘《新撰字鏡》的成果，文化三年（1806）刊行。該書根據享和本進行校勘，多有發明。

三、《新撰字鏡》校勘發凡

　　由於《新撰字鏡》編纂時間較早，成書之後又經傳抄，全書文字可謂訛誤百出。即以《序言》爲例，“本篇序文錯訛甚多，楊守敬《日本訪書志》在《新撰字鏡·序》末尾亦云：‘序文詰屈難通曉，僧徒文理本疏，又展轉傳鈔，遂不可讀，聊出之以俟善思者。’”⑦故不可不校。目前，國内外學者都在對《新撰字鏡》進行整理或研究，取得了很多成果，但仍還有不少問題没有解決，所以至今仍然没有一個完整而可供學界方便利用的文本。在此前對《新撰字鏡》研究的基礎上，我們陸續對該書進行校釋，力

① 書影見“国立国会図書館”網站：http://dl.ndl.go.jp/info：ndljp/pid/2533350，2021−11−15。
② 書影見“国立国会図書館”網站：http://dl.ndl.go.jp/info：ndljp/pid/2605220，2021−11−15。
③ 阪本龍門文庫藏有“狩谷棭齋自筆書入本”，卷末川瀬一馬考證所鈐“青裳文庫”藏書印是狩谷於寛政十一年（1799）之前用的，應是狩谷以村田春海本爲底本所作的校箋。書影見“阪本龍門文庫”網站：http://mahoroba.lib.nara−wu.ac.jp/y05/html/675/，2021−11−15。又，“富山市立図書館”藏有一種享和本，嘉永四年（1851）修，摘録了棭齋的考證，書影見其網站：https://www.library.toyama.toyama.jp/wo/rare_book/index?rare_book_list_flg=1&value_id=4308，2021−11−15。
④ 書影見“国立国会図書館”網站：http://dl.ndl.go.jp/info：ndljp/pid/2533350，2021−11−15。
⑤ 中國國家圖書館藏有岡本保孝校箋《新撰字鏡》，卷末有“文政十一年（1828）戊子三月七日一過校岡本保孝”十八字，岡本保孝是狩谷棭齋弟子。此本實際上也是狩谷棭齋校箋本，與富山市立圖書館本、龍門文庫本和石橋真國本對讀即可知，但岡本保孝亦有所增補。書影見“中國國家圖書館”網站：http://read.nlc.cn/allSearch/searchDetail?searchType=1002&showType=1&index-Name=data_892&fid=007438549，2021−11−15。
⑥ 書影見“新日本古典籍総合データベース”網站：https://kotenseki.nijl.ac.jp/biblio/100345978/viewer/，2021−11−15。
⑦ 張磊：《〈新撰字鏡〉研究》，中國社會科學出版社2012年，第318頁。

圖呈現一個相對可靠的文本,爲研究《新撰字鏡》全書提供必要的參考。今從字形、釋義、注音、引書四個方面舉若干例,以明其校勘的必要性。

(一)字形

《新撰字鏡》成書百餘年後,由日本法隆寺數位僧人分別抄寫而成,由於底本或抄手水平等原因,全書訛誤百出,亟待校勘恢復原貌。

1. 訂正訛誤

《新撰字鏡》一書爲寫本,與敦煌文書一樣存在着大量的俗字,所以識俗字是校勘此書的第一關。此外,還需確定模糊難辨的字形,訂正傳抄中出現的訛誤。

《新撰字鏡·疒部》:"疛,又□(作)侑、幃。于罪反。痛聲也,歐傷也。"

按:"幃"字原作"幃"。《玄應音義》卷十五"疛疛"條:"諸書作侑(侑),籀文作幃。案《通俗文》:于罪反。痛聲曰疛,驚聲曰懋。"《説文·人部》《玉篇·人部》:"侑,一曰痛聲。"《名義·人部》:"侑,痛聲也。"《廣韻·賄韻》于罪切:"侑,痛而叫也。"《名義·人部》:"侑,禹救反。勸也,報也,耦也。""侑"無"痛聲"之義,而"侑"字音義合,故"侑"字是。寫本《玄應音義》亦作"侑"(或誤作"侑")。"幃"字寫本作"幃"形,右旁爲"韋"之訛。《慧琳音義》作"幃"。"幃"字於義無取,疑爲"愇"字之誤,俗書"巾""忄"旁相混。《可洪音義》第十五册"嘽嘽"條:"宜作于麵反,小兒讀書聲也。律文云'如似童子在學堂中學誦聲'是也。又《經音義》以疛、侑、愇三字替之,同,于罪反。"可洪所引《經音義》即此處,而字作"愇"。《名義·心部》:"愇,于匪反。恨也。"與此音義較合,故"愇"字是。

《新撰字鏡·毛部》:"氄,而容反。毛屬也。亦作絹(緝)、鞿。而用反。"

按:注文"絹"當作"緝"。《玄應音義》卷十四"結氄"條:"《字林》:而容反。毛屬也。律文作緝(緝),《字書》亦鞈(鞿)字,音而用反。鞍氈飾也。"《原本玉篇·糸部》:"緝,如用反。《字書》亦鞿字也。鞿,鞍氈鈵也,在革部。"

2. 保存古體

《新撰字鏡》所引篆文或古體,如果字形無法隸定,則保留原形;能隸定的,則根據其他辭書予以隸定。

《新撰字鏡·父部》:"父,夫(扶)甫反,上;至尊也,短(矩)以度教者也,謂老爲父也。"

《新撰字鏡·父部》:"𣪊,正作,古文。"

按:注文"夫"當作"扶","短"當作"矩"。《名義·父部》:"父,扶甫反。至尊也,短(矩)也。"《説文·又部》:"父,矩也,家長率教者。"又"父"字小篆作"𠬐","𣪊"即其變。

《新撰字鏡·目部》:"𥊑,丑乙、達結二反。目不正也,目出。"

《新撰字鏡·目部》:"眣,上字。"

按:"眣"字原作"眣",《名義》同,《玉篇》古文作"眣",《集韻》作"眣",皆一字,此處從《玉篇》。

3．辨別異文

上下條的字頭如果是異體關係，其中一字原本應作正體，另一字作異體或異寫，但在傳抄過程中兩個字頭完全相同，無法區別，則據他書進行考訂。另外，如果上下條目並非異體關係，但易使人誤解爲異體者，亦出校説明。

《新撰字鏡·目部》：“盼，普幼（幻）反。目白黑分也。”

《新撰字鏡·目部》：“盼，上字。疋見（莧）反，去；美目也。”

按：注文“幼”當作“幻”。《名義·目部》：“盼，普幻反。”此字頭原作“盼”，《名義》字頭作“盼”，疑此形當從《名義》。

又，注文“見”當作“莧”。《廣韻·襉韻》：“盼，匹莧切。”此字頭原作“盼”，與上字頭似無別。《王一》作“盼”，《裴韻》作“盼”，《全王》作“盼”，《唐韻》作“盼”。此字頭蓋當與《王一》同。

《新撰字鏡·面部》：“勔，弥偏（褊）反。勉也，自强也。”

《新撰字鏡·面部》：“偭，上同。嚮也。”

按：二字音同，但非異體，“上同”蓋指“偭”音亦作“弥偏（褊）反”。

4．利用假名

《新撰字鏡》書中部分條目有萬葉假名、片假名等内容，利用這些假名，可以考釋疑難字并解決一些校勘問題。

《新撰字鏡·足部》：“跓，尼詩反。久豆波久。”

按：“跓”字字書失收，且根據反切也找不到正字，唯一可依據的就是萬葉假名“久豆波久”。久豆波久，即日語“くつ【沓·靴·履】はく【履く】”，由此推測，“跓”很可能是“躡”的譌省。再根據“躡”字《廣韻》音“尼輒切”，《名義》音“女涉反”，可知此處“尼詩反”當是“尼涉反”之譌。

（二）訓釋

《新撰字鏡》主要從《原本玉篇》《玄應音義》《切韻》等文獻中選擇義項，除了傳抄過程中出現譌誤外，混入他字音義、截破義項、截取引文作爲義項都是該書最常見的問題。校勘時盡量釐清混入的其他音義、補全被截破的訓釋、辨別非義項，不詳者闕疑。

1．釐清音義

《新撰字鏡·疒部》：“瘍，餘章反，平；頭創也，癲也，狂也。又羊益反，入；病相染也。”

按：“餘章反，平；頭創也”當是“瘍”字音義，其餘當是“瘍”字音義。《名義·疒部》：“瘍，餘章反。傷也，頭瘡也。”《廣韻·昔韻》羊益切：“瘍，病相染也。”《廣雅·釋詁三》：“瘍，癲也。”王念孫疏證：“瘍者，《説文》：‘瘍，脈瘍也。’脈瘍，猶辟易也。《吴語》：‘稱疾辟易。’韋昭注云：‘辟易，狂疾。’”

《新撰字鏡・辵部》:"遍,方顯反,上;迊也,廣也,匾也,薄也。"

按:注文"匾"字原作"遟",俗字也。又"方顯反,上;匾也,薄也"爲"匾"字音義。《廣韻・銑韻》方典切:"匾,匾匾,薄也。"其餘爲"遍"字釋義。《廣韻・線韻》方見切:"徧,周也。《説文》:帀也。遍,俗。""匚"旁俗寫往往作"辶"或"辶"上加"一",故此條當校作"遍〔匾〕,方顯反,上;迊也,廣也,匾也,薄也"。

2. 補全訓釋

《新撰字鏡・頁部》:"頖,職刃反,上(去);[顔色頖]鄰(顙),順色(事)。"

按:《裴韻・震韻》:"頖,顔色,又頖顙,順事也。"《全王・震韻》:"頖,顔色頖類(顙),順事。"《説文・頁部》:"䡄,顔色䡄䡄,慎事也。"《廣韻・震韻》所引"慎"作"順"。此處訓釋脱文據他書補。

《新撰字鏡・刀部》:"初,楚居反。始也,故也,[初]告(吉)也。[初]告(吉),朔日也。舒。"

按:注文兩處"告"皆當作"吉",其上省字頭"初"。《詩・小雅・小明》:"二月初吉。"毛傳:"初吉,朔日也。"此處因"初"爲字頭,故將《詩經》和毛傳中的"初吉"之"吉"當作釋義,又增加"也"字而成。

3. 辨別非義項

《新撰字鏡・食部》:"餧,正奴猥、奴罪二反,去;耕也,魚敗也。借於僞反,平;以物散与鳥獸食也,餓也,飢也。"

按:"耕也"非釋義。《論語・衛靈公》:"耕也,餒在其中矣。"《原本玉篇》亦引《論語》,《新撰字鏡》蓋受語氣詞"也"影響而誤將"耕"作爲義項。《名義》誤同。

4. 存疑待考

《新撰字鏡・口部》:"嘝,胡弔反。歌也,歌音。"

按:"弔"字《名義》同,吕浩校作"异",云"异同弄"。但《玉篇・口部》爲"胡冬、徒弄二切",無"胡弄反"之音,疑此處"弔"爲"冬"草書之誤,俟考。

《新撰字鏡・言部》:"譚,投南反,平;誤也,大也,誕也,人姓也。伊豆波利,又阿佐牟久。"

按:"誤也"不詳,或指字形誤。《玄應音義》卷八"俱譚滑提"條:"經文作讀。"《慧琳音義》末有"誤也"二字。又或是"詭也"之誤。《原本玉篇・言部》:"譚,《聲類》:譚,詫也。"《名義》作"詭也"。

(三)注音

《新撰字鏡》不少注音改換了所引典籍中的反切用字,主要有省旁和改字兩種情況。針對不同的反切用字,依據他書注音資料,再從語音關係來判斷。

1. 省旁

《新撰字鏡》往往將所引典籍中的反切上字的形旁省去,只保留聲旁,通常會造成讀音上的偏差,如"胡"省作"古","扶"省作"夫","呼"省作"乎","補"省作"甫"等。

此外,如果釋義與反切存在相同聲旁的字,有時甚至會省略釋義中該字的形旁。

《新撰字鏡·疒部》:"痕,古(胡)根反,平;又作痕。户恩反。瘢迹,又古(故)瘢處也。"

按:注文上"古"當作"胡",下"古"當作"故"。《玄應音義》卷十八"痕跡"條:"《篆文》作痕,同。胡根反。"二十卷本《倭名類聚鈔》卷三:"瘢,《四聲字苑》云:痕,故瘢處也。"《字鏡》亦作"故瘢處"。

2. 改字

《新撰字鏡·言部》:"𧥾訓,決運反,去;導也,教也,善也,道也,從也,誡也。"

按:《玄應音義》卷五"訓訴"條音"呼運反",S.6176、《裴韻》《全王》《廣韻·問韻》《玉篇·言部》:"訓,許運反。"《名義·言部》:"訓,詡運反。"諸書中的反切上字皆曉母字,而"決"《廣韻·屑韻》除"古穴切"外,又音"呼決切",亦曉母字,或不誤。

(四)引書

《新撰字鏡》引用了大量中國古代的辭書,如果所引内容有助於考訂這些辭書存在的訛誤,則進行簡要考證。

《新撰字鏡·目部》:"睢,許佳反,平;仰目出也。睢曘(矐),大視也,謂張目叫呼也。"

按:《玄應音義》卷八"睢旴"條:"《説文》:仰目出也。《聲類》:睢曘,大視也。謂張目叫呼也。"七寺本《玄應音義》"仰"誤作"作",有"出"字。《高麗藏》本《玄應音義》卷十二"睢叫"條:"《説文》:仰目皃也。《聲類》:睢,矐,大視也。謂張目叫呼也。矐音況縛反。"徐時儀校記:"'《説文》:仰目皃也'《麗》無,據《磧》補。"今查大治本、金剛寺本、七寺本皆無此句,是《玄應音義》卷十二引《説文》乃後補,卷八所引才是引《説文》原貌,今本《説文》作"仰目也",疑當據作"仰目出也"。注文"曘"當作"矐",見上引《玄應音義》。

四、《新撰字鏡》的校勘價值

《新撰字鏡》雖然屬於日本著述,但主體部分抄録的仍是漢語辭書。其收録的漢文辭書皆爲唐或唐前原本,不僅能與同時代的日本、敦煌、吐魯番和黑水城古寫本辭書相互闡發,而且對於輯補、校勘漢語辭書,考訂當代大型辭書也大有裨益。

(一)廣引漢語文獻,輯補傳世文獻闕佚

楊守敬《日本訪書志》卷四《新撰字鏡》條云:"蓋昌住當日本右文之時,多見古小學書(原注:觀《見在書目》可證),不第《玉篇》《切韻》皆顧、陸原本也。"即稱譽其引書之富。以《原本玉篇》爲例,傳世者僅少量殘卷,後人只能由《名義》窺其概貌,而《新撰字鏡》所引《玉篇》則是顧野王的《原本玉篇》。20世紀30年代,日本學者岡井慎吾

從《新撰字鏡》中輯録了數條《原本玉篇》的佚文①,後來湯淺幸孫對《新撰字鏡》引自《原本玉篇》的居、珮（佩）、帔、帶、巾、帣、帉、帨、佩、攢、擤、竝、並、竝（普）、綸、誥、詰、所,這18個條目進行了分析②,朱葆華又補充了一個"屄"字③,一共19條佚文。張磊、鄭張尚芳曾先後對這些佚文進行了校録④,這對現存卷帙不多的《原本玉篇》來説是非常寶貴的材料。然而除此之外,尚有不少遺漏,有待進一步輯補。據《新撰字鏡》引文中出現的顧野王案語、説解異體的方式、相同的錯誤等特點,可將《新撰字鏡》所引《原本玉篇》條目輯出,爲《原本玉篇》的研究提供新材料⑤。例如：

　　《新撰字鏡·示部》："禟,《説文》亦礿字也。"

　　按：《原本玉篇》有許多引《説文》重文來説解異體的條目,其體例一般爲"《説文》亦某字",如《原本玉篇·食部》："饌,《説文》亦籑字也。"今本《説文·食部》："籑,具食也。饌,籑或從巽。"是其例。上揭《新撰字鏡》引《説文》所言異體,體例與此完全相同,因而該條應抄自《原本玉篇》。"禟"乃"禬"的俗字。《集韻·藥韻》弋灼切："禬,或作禟。""禬"或又作"礿"。《玉篇·示部》："礿,餘灼切。《公羊傳》云：'夏祭曰礿。'禬,同上。"又《慧琳音義》卷九五《弘明集》第三卷音義："礿祀,《説文》云：'夏祭名也。從示,勺聲。'亦作禬。"馬敍倫《説文解字六書疏證》"礿"下謂邵瑛據《慧琳音義》認爲今本《説文》當補"亦作禬"三字,馬氏云："然許書書重文無'亦作某'之例,慧琳蓋據《易》《詩》《爾雅》及《玉篇》言之,未必本許書,似不宜依補。"⑥馬説是也。慧琳此處蓋據《原本玉篇》而言"亦作禬",與《新撰字鏡》引《玉篇》的體例相合。

　　《新撰字鏡·言部》："譏,胡礼反。恥也。又許解（懈）反,去；怒言也,雞狗牛馬不可譏詬過之也。"下接"譏,上字同。"

　　《原本玉篇·言部》："譏,胡啓反。《吕氏春秋》：雞狗牛馬不可譏詬過之。《説文》：譏詬,恥辱也。"下接"謨,《説文》：亦譏字也。"

　　今本《吕氏春秋·誣徒》："草木雞狗牛馬,不可譙詬遇之,譙詬遇之,則亦譙詬報人。"

　　按：王紹蘭認爲"譙"爲"譏"字之誤,王利器認同此看法,是。《原本玉篇》及《新撰字鏡》所引皆作"譏詬",又"謨"同"譏",是作"謨詬"。《原本玉篇》又引《説文》"譏詬,恥辱也"之義,義亦吻合。"譏"字較生僻,易誤作別字,如《新撰字鏡》此處即誤作"譏"。高誘注："譙,一作護,下同。""護"亦當是"譏"字之訛,故"譙"應爲"譏"字

<hr />

① 岡井慎吾：《玉篇の研究》,東洋文庫,1970年。
② 湯淺幸孫：《〈新撰字鏡〉序跋校釋》,《國語國文》1982年第51卷7號。
③ 朱葆華：《關於天治本〈新撰字鏡〉中的原本〈玉篇〉佚文》,《中國文字研究》第8輯,2007年,第130—137頁。
④ 張磊：《〈新撰字鏡〉研究》,中國社會科學出版社2012年,第220—224頁。鄭張尚芳《〈字鏡〉附抄原本〈玉篇〉佚字校録》,《歷史語言學研究》第10輯,2016年,第211—216頁。
⑤ 參張磊：《〈新撰字鏡〉研究》,中國社會科學出版社2012年,第219—235頁。
⑥ 馬敍倫：《説文解字六書疏證》,上海書店出版社,1985年。

之誤。

譚戒甫曰:"'草木'二字無義,疑爲'若夫'之誤,形相似也。"王利器認爲無"草木"義更勝。陳奇猷不認同譚説,認爲"草木"不誤。《原本玉篇》及《新撰字鏡》所引無"草木","草木"有可能是誤字或衍文。以上各家説法詳見王利器《吕氏春秋注疏》[①]及陳奇猷《吕氏春秋新校釋》[②]。

又,"遇"字《原本玉篇》及《新撰字鏡》皆作"過",疑"過"字是。"過"指"責過"。

(二)參互校訂,訂正傳世辭書訛誤

成書於唐末的《新撰字鏡》,由於收録了許多中國後世失傳的語言文獻,因而以它來校訂傳世辭書,往往能發現許多在傳抄過程中産生的訛誤,前賢早已意識到了它的校勘價值。如《爾雅·釋天》"疾雷爲霆霓",周祖謨校:"'霓'字蓋因上文'蜺'字衍。"並加案語謂:"慧琳《音義》卷八十七引亦作'疾雷爲霆',與《北堂書鈔》《藝文類聚》等書所引相同。《字鏡》卷九之部'霆'字下云:'疾雷爲霆。'《字鏡》訓解多録自梁顧野王《玉篇》,是顧氏所據《爾雅》舊本並無'霓'字。今所見唐寫本殘卷亦誤衍'霓'字。"[③]周氏以《字鏡》來簡稱《新撰字鏡》。顧氏《原本玉篇》雖殘,賴《新撰字鏡》得以存真。

除此以外,《新撰字鏡》尚有許多未被發掘的校勘價值。例如:

《説文·口部》:"呰,苛也。从口,此聲。"

王貴元《説文解字校箋》:"苛,玄應《一切經音義》卷二十二、慧琳《一切經音義》卷四十八引皆作'訶',當據正。"[④]

按:"苛"當是"呵"字之誤。除上二例外,《玄應音義》《慧琳音義》所引皆作"呵",《名義》《新撰字鏡》注亦皆作"呵","呵"同"訶"。《名義》"呵"字作"苛",《新撰字鏡》亦作"苛",俗字"艹"旁常寫作"丷",故此當是誤認"可"上"口"旁爲"艹"旁,所以訛誤成"苛"字。

《説文·口部》:"嘑,唬也。"

王貴元《説文解字校箋》:"唬,王本、汪本、黄本同,《篆隸萬象名義》注、《集韻》和《類篇》引並同,《五音集韻》作'嘑',小徐本、《韻譜》作'號'。田吴炤《説文二徐箋異》:'《号部》"號,呼也",呼嘑通,嘑號轉註也。《詩》"式號式呼",號呼連用可證。'按,唬當是號之破字。"[⑤]

按:"唬"當作"嘑"。《新撰字鏡·口部》:"嘑,大聲也,啼也。"《名義·口部》:"嘑,啼

① 王利器:《吕氏春秋注疏》,巴蜀書社2002年版,第454頁。

② 陳奇猷:《吕氏春秋新校釋》,上海古籍出版社2002年版,第230頁。

③ 周祖謨:《爾雅校箋》,雲南人民出版社2004年版,第227頁。

④ 王貴元:《説文解字校箋》,學林出版社2002年版,第57頁。

⑤ 王貴元:《説文解字校箋》,學林出版社2002年版,第55頁。

也。"《校箋》所引《名義》當有誤。"唬"同"嘀"。《説文·口部》:"嘀,號也。"故小徐本、《韻譜》作"號"。"嘀"字"虎"旁俗寫亦常與"虎"混。又,藤花榭本亦作"嘀"。

《説文·口部》:"唬,嘀聲也。一曰虎聲。"段注改作"虎聲也",注云:"鍇本不誤,鉉本改爲嘀聲,誤甚。自'吠'篆已下,皆言鳥獸矣。《通俗文》曰:虎聲謂之哮。"是也。蓋俗字"唬"與"嘀"相混,故大徐本誤改如此。

《説文·廾部》:"龏,愨也。从廾,龍聲。"

《新撰字鏡·文尻廾部》:"龏,乙角反。燭毃根也。"

按:《新撰字鏡》注文"毃"字原作"𣪊",龍宇純《校箋》引作"毀",非是。《新撰字鏡·殳篇》:"𣪊(毃),工谷反。瓦未燒。𣪊同。"《字鏡》字頭作"𣪊",可知此字即"毃"。《廣韻·屋韻》:"毃,土墼。"《説文·缶部》:"𦉥,未燒瓦器也。"王一、裴韻、《全王·尤韻》匹尤反:"毃,坏。""坏"即"坯"字。"燭毃根"蓋指"燭坯之根"。又《廣韻·覺韻》:"龏,燭蔽。"(《王一》《全王》"蔽"作"敝")余迺永、龍宇純《校箋》皆疑"燭蔽"乃"燭熬"之誤,"龏"與《方言》訓火乾之"鞏"同,二人之説皆誤。《説文》"龏"訓"愨",《名義》訓"獨敖"。疑"蔽""愨""敖"皆爲"毃"字之誤,因此字極少見,易誤寫或誤認。茲以形近字"殼"爲例證,以明此訛誤過程。如《可洪音義》"殼"字異體有"𣪊"(似"蔽""敝")、"𣪊"(似"敖")、"𣪊"(似"愨",左右結構變爲上下結構),參見韓小荆《〈可洪音義〉研究》,故此幾字當是"毃"字之訛。但"燭毃"之義俟考。

述古堂本《集韻·翰韻》居案切:"幹,能事也。一曰艸木莖。一曰助也。"

按:"助"字潭州本、金州本、清揚州使院本同,但此義他書未見,實則應爲"肋"字之誤。《名義·骨部》:"骭,古岸反,𦙄也。"骭同骬,而"𦙄"字呂浩録作"助"[1]。其實此"𦙄"亦爲"肋"的俗寫,跟"助"無關。考"助"與"肋"形近易混,如《可洪音義》卷七《不空羂索神變真言經》第一卷音義:"腹𦙄,下音勒,正作肋。"可資比勘。《新撰字鏡·雜字》:"幹,骬同,古岸[反],骬謂之𦙄,謂脅骨也,體也,亦骸骨也。""𦙄"即"肋"字。《新撰字鏡》此條當引自《玄應音義》卷七《持世經》音義"骨幹"條:"字體作骬,同,古岸反。《廣雅》:'骬謂之肋。'謂脅骨也。骬,體也,亦骸骨也。""肋"乃"幹"的別稱。《左傳·僖公二十三年》:"及曹,曹共公聞其駢脅,欲觀其裸。浴,薄而觀之。"杜預集解:"駢脅,合幹也。"孔穎達疏:"幹是肋之別名。"可參。

《廣雅·釋言》:"疊,懷也。"

《廣雅疏證》:"未詳。"劉凱鳴云:"'懷'當是'壞'之形近而譌。'壞'與'堕'同義。《漢書·王嘉傳》:'均田之制從此堕壞。''堕壞'同義連文。《廣雅·釋詁二》:'疊,堕也。'猶'疊,壞也',故謂'疊,壞也'。"[2]曹海東云:"'懷'當是'壞'之誤,'疊'當是'跕'

---

[1] 呂浩:《〈篆隸萬象名義〉校釋》,學林出版社2007年版,第105頁。

[2] 劉凱鳴:《〈廣雅疏證〉辨補續篇(一)》,《文獻》1988年第3期,第261—262頁。

的聲借字。"①趙海寶云:"'壞'與'懷'可以通用,似不必認定爲謴。"②

按:"懷"字當是"壞"字之訛。《新撰字鏡·田部》:"疊,重也,積也,明也,懼也,應也,累也,壞也,墮也,厚也,詘也。"此條義項較多,一般義項較多的内容多引自《原本玉篇》。此條後三個義項皆來源于《廣雅》,《廣雅·釋詁二》:"疊,墮也。"《廣雅·釋詁三》:"疊,厚也。"《廣雅·釋詁四》:"疊,詘也。"《原本玉篇》引用《廣雅》一般在注釋末尾,而且常有幾處《廣雅》接連引用的情況,甚至連引三四義也有可能。如《原本玉篇·攴部》:"希,《廣雅》:希,摩也。希,施也。希,止也。希,散也。""壞也"之義其他處未見,亦當來自《廣雅》。

手寫文獻中"懷""壞"二字常相訛誤。《名義·手部》:"撤,懷(壞)也。"《玄應音義》卷九"發撤"注:"《廣雅》:撤,壞也,亦去也。撤,除也。"《名義·頁部》:"頢(頓),都鈍反。懷也。"吕浩校釋:"此字頭原訛。'懷也'當爲'壞也'之誤。《左傳·襄公四年》:'師徒不勤,甲兵不頓。'杜預注:'頓,壞也。'"③《新撰字鏡·酉部》:"醿,醬敗則醿生也,醭醿,醬敗懷(壞)也。"《新撰字鏡·手部》:"撍,裂懷(壞)也,開也。"《新撰字鏡·广部》:"廬,欲懷(壞)者也。"《新撰字鏡·广部》:"庰,屋懷(壞)皃。"

《新撰字鏡》訓釋中"壞也"與"墮也"相連,義也可能相關聯,劉凱鳴所説"'墮壞'同義連文",是也。今有此《新撰字鏡》之證,可知"懷"當是"壞"字的形訛,劉凱鳴等人之説確鑿無誤,當從之。

《新撰字鏡·彡部》:"髮髻,二同。書玉(閏)反。髮謂之髻,乱髮也,壽(舜)也。又舜音。髮字方伐反。拔也,[拔]擢而出也。峻也,所以高峻。"

按:注文"玉"當作"閏","擢"上奪"拔"字。《玄應音義》卷十五"髮舜"條:"字體作髻,音書閏反。《廣雅》:髮謂之髻。《漢書》韋昭音蠢。鄭玄注《禮記》云:髻,亂髮也。音舜。《釋名·釋形體》:"髮,拔也,拔擢而出也。髻,峻也,所生高峻也。"茲據改補。玄應之意爲"舜,字體作髻",此誤以爲"髮,字體作髻",故有"二同"之語,大誤。"壽"疑"舜"字之誤,《草體辨體》"舜"字作桒,較似。

又,《釋名》之"髻"疑當從此作"髻"。《釋名疏證》:"'囟',今本誤作'髻'。案:後别有'其上聯髮曰髻',不應兩見。《説文》云:'囟,頭會腦蓋也。'則是人頭之頂,與高峻之誼合,且'囟,峻'同音,茲當作'囟'無疑矣。"今按:"囟"字無版本依據,不可信。"髻"字後又出,"不應兩見"是也。"髻"與"髻"形近,較有可能相混。"髻"與"峻"韻同,可用作聲訓。"髻"訓"高峻"亦可,"髮"下連"髻"也較爲合理。今有此《新撰字鏡》爲證,當可立論。"所生"亦當從此作"所以"。故《釋名》當作"髻,峻也,所以高峻也。"

《篆隸萬象名義》,日本弘法大師空海(774—835)根據顧野王《原本玉篇》所編的一部字書,收録一萬六千多字,基本保留了《原本玉篇》的反切與義項,但出處都已刪

① 曹海東:《〈廣雅〉考釋二條》,《语言研究》2007年第2期,第123—125頁。
② 趙海寶:《〈廣雅疏證〉研究》,吉林大學2010年博士論文,第89—90頁。
③ 吕浩:《〈篆隸萬象名義〉校釋》,學林出版社2007年版,第51頁。

去,可以看作精簡版的《原本玉篇》。由於此書與《新撰字鏡》時代相近,可相互校正之處頗多。

《新撰字鏡·心部》:"懋,亡又、莫漏(漏)二反。明也,勉强也。"

按:此條《新撰字鏡》注文"漏"當作"漏",但世尊寺本《字鏡·心篇》:"懋,莫漏反。明也,勉强也。""漏"爲候韻字,與此字音合,《名義》誤作"偏"。可知"漏"字先誤作"漏",進而誤作"偏"。

《新撰字鏡·心部》:"憎,力難反。欺謾之語。謫字也。"

按:《名義》"雞"字誤作"難"。《廣韻·齊韻》:"憎,郎奚切。""雞"爲齊韻字,而"難"爲寒韻、翰韻字。

(三)比勘敦煌韻書,拓寬研究視野

《新撰字鏡》所引《切韻》與時代較早的《切韻》原本更接近(如S.2071《切三》),然而《新撰字鏡》所據版本與現存《切韻》各種寫本和《廣韻》並不完全一致,《切韻》寫本中的不少訛誤同樣也出現在《新撰字鏡》中。如《新撰字鏡·木部》"槐,户恢反。宫槐",王一、《全王·灰韻》"宫槐"前均有一"守"字,而《切三》與《新撰字鏡》同,皆無"守","守"字疑奪。以下就S.2071《切三》與《新撰字鏡》進行比較。

《新撰字鏡·肉部》:"胂,以脂反。夾脊骨也。"

按:字頭"胂"當是"胂"的異體字。《廣韻》作"胂",《全王》作"胂",S.2071《切三》、P.3696B《切韻》皆作"胂"。《集韻·脂韻》:"胂,夾脊肉。或作胂。"

《新撰字鏡·肉部》:"肦,布還反,平;爪端也。"

按:"肦"無爪端之義,"爪端"當是"分瑞"形訛。《切三·删韻》布還反:"肦,爪瑞。"《全王·删韻》布還反:"肦,爪瑞。"隔一字又云:"班,分瑞。""爪""爪"皆"分"字之訛。分瑞,《玉篇·玉部》"班"字所引亦同,"分瑞"即"分瑞玉",《説文·珏部》:"班,分瑞玉。"故"肦"釋"分瑞"乃假借義。《禮記·王制》"名山大澤不以肦",鄭玄注:"肦,讀爲班。"《爾雅·釋言》"班,賦也",郝懿行義疏:"班,又與肦同。"可證。和訓豆万佐支(つまさき【爪先】),指脚尖,與"肦"字釋義不合,《新撰字鏡》此處以爲"爪端"同"爪先"而誤訓。

《新撰字鏡·草部》:"荓,側李反。草兒。"

按:除了《切三》,《切韻》其他各本無此字。《切三·止韻》側李反:"茦,草。或作荓。"《廣韻·止韻》:"荓,《説文》云:羹菜也。"《名義·艸部》:"荓,羹菜也。滓字。"可見《新撰字鏡》與《切三》關係較爲密切。

五、《新撰字鏡》對於漢語史研究的價值

(一)近代漢字研究

第一,《新撰字鏡》從中國古代字書、韻書以及日本著述中輯録了大量的訓釋,同時也保留了中國文獻中的許多俗字異體,是近代漢字研究極有價值的一種材料。更爲重要的是,一些俗字異體在中土文獻中難覓蹤影或已經不存(非《小學篇》等日本國字),幸賴此書而得以流傳,從某種角度亦可看作漢字廢棄與消亡的一個側影。例如:

食部:"餴跱飼飤,同字。士至反,去;以食与人也,養也,育也。"

按:"餴"從食寺聲,當爲"飼""飤"的换旁異體字,中土字書未見。《龍龕·食部》:"飦,俗;飤,今;飼,正:音寺,食也。""餴"字正"音寺",與此相合。

食部:"餪餪餪,三同。乃管反,上;女嫁食也。"

按:《龍龕·食部》:"餪,俗。餪,正,奴管反。女嫁二日送曰餪女也。""耎"類化作"需",故"餪"爲"餪"的俗字,"需"與"需"旁往往相混,故又有作"餪"者。"餪"字中土字書未見,Unicode編碼C區列爲中國臺灣地區人名用字。

巾部:"帽帓,莫報反,去;冒也,冠也。"

按:"帓"爲"帽"的换旁異體字,中土字書未見。明喬中和《元韻譜·尤韻》:"帓,愛也。"但此當是"恈"字之誤。

土部:"墲墲,同。莫胡反,平;規度墓地也。"

按:字頭原作"⿰土芒""⿰土芒",從土芒聲,當爲"墲"的换旁異體字,中土字書未見。

舟部:"艪⿰舟鹵艣,三同。婁古反,上;正舟頭大杖,植舟尾相傍也。"

按:"⿰舟鹵"從舟鹵聲,爲"艪""艣"的换旁異體字,中土字書未見。

走部:"⿺走肙,火玄、火卷二反。走急也,走皃。"

按:"⿺走肙"從走肙聲,中土字書未見。

斤部:"⿰豊斤⿰豐斤,同。豊音。戊也。"

按:"⿰豐斤"從斤豐聲,"⿰豊斤"爲"⿰豐斤"字異寫,中土字書均未見。

辶部:"⿺辶即,子力反,入;如也。"

按:"⿺辶即"從辵即聲,中土字書未見。

米部:"糲,魯古反。麁也,硬也,食中交麁粒也。"

按:"糲"字從米盧聲,中土字書未見。此字疑爲從米麁聲之字(《廣韻》訓"米不精也"),俗寫又作"糐",而"糐"又换旁作"糲"。

第二,現有的《漢語大字典》《中華字海》等大型辭書雖經學者累年考證,但仍有部分疑難俗字"存疑待考"。利用《新撰字鏡》所載録的俗字異體,其中一些疑難字可以迎刃而解。例如:

【⿰貝致】【⿰貝⿰至殳】【⿰貝至】

《新撰字鏡·貝部》:貾䝷⿰貝至,三形同。除飴反,平;黄白文也。

《漢語大字典·貝部》“⿰貝致”有三個義項(3896):①賑,《廣韻·至韻》:“⿰貝致,賑也。”②貝,《廣韻·至韻》:“⿰貝致,貝也。”③同“質”,抵押。

其中,義項②的“⿰貝致”當是“⿰貝至”的增旁字。又《漢語大字典·貝部》“⿰貝⿰至殳”引《龍龕》云“同‘⿰貝致’”(3898b),高麗本《龍龕》或因刊刻而筆畫稍有差異,轉寫時右旁當以從致爲宜。

考《漢語大字典·貝部》:“⿰貝至 nì。《改併四聲篇海·貝部》引《搜真玉鏡》:‘⿰貝至,尼失切。’《字彙補·貝部》:‘⿰貝至,音匿。見《篇韻》。’”(3878b)《中華字海》歸入至部,云“義未詳”(1186c)。按義未詳之“⿰貝至”,應爲“⿰貝至”的位移俗字,即“䝷”之異體。“䝷”爲黄質而白點的貝類,《爾雅·釋魚》:“餘䝷,黄白文。”郭璞注:“以黄爲質,白爲文點。”氏旁俗書或作至旁,如鴟作鵄,梁春勝考證這是因草書混同所致,亦與字音有關[①]。

又,《龍龕·貝部》:“䝷、貾,二或作。⿰貝𢀖䝷,正。直尼反,貝之黄質有白點者也。三。”此條與《新撰字鏡》關係密切,其中“⿰貝𢀖”(《漢語大字典》轉寫作“貾”)即從“䝷”到“⿰貝至”的中間狀態。

一般來説,實際文獻中使用較少的疑難字,辭書中的解釋相對也較少,通常多採用上位概念來解釋,如果字形發生過一些改變,加之缺乏文獻用例來核驗,這些疑難字中隱藏的問題是很難被注意到的。《新撰字鏡》則爲我們提供了一個域外文獻的視角,有時可以幫助我們跳出中土辭書輾轉傳抄、無法證僞的困境。

第三,《新撰字鏡》作者昌住根據字形部件的演變規律,類推產生出一批相應的異寫字,這些字形在文獻中不一定存在實際的用例。雖然昌住將它們與正字字頭并列而作爲異體,但仍應看作異寫字,從中能夠看出昌住對字形演變規律的理解和應用。參見表1。

表1 《新撰字鏡》部件類推字例

部件	部件異寫	例字	類推異寫
堯	尭 ⿱圭儿	蟯 ⿺鬼堯 憢	⿰虫尭 ⿺鬼⿱圭儿 ⿰忄⿱圭儿
夷	⿱土⿰弓衣	羠 鮧 ⿰阝夷	⿰羊⿱土⿰弓衣 ⿰魚⿱土⿰弓衣 ⿰阝⿱土⿰弓衣

① 梁春勝:《楷書部件演變研究》,綫裝書局2012年版,第29、109頁。

（續表）

部件	部件異寫	例字	類推異寫
襄	衰襄	蠰攘襄	（字形）
卑	畀	蜱牌豍	（字形）
开	开	肝蚦盍	（字形）
戔	戋	蕿衕牋	（字形）
睘	眔眔	儇蠉趯	（字形）
巠	圣	蛵經到	（字形）
覓	覔	蜆顓緷	（字形）
兆	垇	越佻桃	（字形）
喬	髙	譑趫矯	（字形）
完	兒	院睆睆	（字形）
孛	学	侼悖誖	（字形）
矢	失	怏袤帙	（字形）

（續表）

部件	部件異寫	例字	類推異寫
夌	麦	悷 庱 祾	悷 庱 祾

（二）音韻學研究

《新撰字鏡》的注音反切大多繼承《玄應音義》《原本玉篇》《切韻》等書而來，可與這些書對校，糾正各自音切中的訛誤。同時，此書也有一些音韻上的特例，可借此一窺當時日人如何學習與利用中國辭書中的音韻材料。

書中有些直音材料，如《新撰字鏡·辵部》："退，躰音。""迥，兄音。""速，即音。"從漢語音韻學的角度來看，這些讀音皆不吻合，但却與這些字的日語音讀相同。由此可見昌住或當時一些日人並不能完全理解漢語讀音，便以日語同音字來標記字頭讀音。或者説，漢語讀音對他們來説實用性較弱，因而以日語用字進行改造和替換。

又此書反切還存在因日語同音而用筆畫較少之字代替的情況，這同樣是對漢語讀音的改造。如幫母字常用"匕（ヒ）"代替，見母、群母、疑母、支韻、紙韻等字用"几（キ）"代替，章母、精母、心母、邪母等字常用"止（シ）"代替，先韻、獮韻等字用"千（セン）"字代替。下面以反切中出現的"几"字爲例來説明，參見表2[①]，"【】"内爲聲母或韻母。

表2　《新撰字鏡》反切"几"字例

字頭	《新撰字鏡》	《廣韻》	《玉篇》	《名義》
警	凡（几）影反	居【見】影切	居【見】影切	居【見】影反
継	几格反	宜【疑】戟切	宜【疑】戟切	宜【疑】戟反
袆	丘几反	/	丘蟻【紙】切	丘蟻【紙】反
觭	丘几反	去奇【支】切 墟彼【紙】切	丘奇【支】切 居倚【紙】切	丘奇【支】反
艃	除几反	池爾【紙】切	除倚【紙】切	除蟻【紙】反
觓	几摎反	渠【群】幽切	奇【群】幽切 居【見】幽切	奇【群】摎反
觰	治几反	池爾【紙】切	丈爾【紙】切	治瞪【海】反

① 吳美富:《〈新撰字鏡〉校勘舉隅》，浙江師範大學2019年碩士學位論文，第22—23頁。

按：《廣韻·旨韻》：“几，居履切。”“几”本爲見母旨韻字，日語音讀爲“き”。表2所列《新撰字鏡》這幾個字頭的注音都出自《原本玉篇》，反切本應與《名義》相同。但因《名義》反切用字“奇”音“き”，宜、蟻等字音“ぎ”，僅清濁不同，故《新撰字鏡》多改用“几”。

表3　《新撰字鏡》反切“止”字例

字頭	《新撰字鏡》	《廣韻》	《玉篇》	《名義》
昏	止氏反	諸【章】氏切	之【章】爾切	之【章】氏反
湑	止旅反	私【心】吕切	思【心】吕切	思【心】旅反
縛	止昆反	祖【精】昆切	子【精】昆切	子【精】昆反
裁	止哉反	昨【從】哉切	在【從】來切	辭【邪】哉反
溗	止升反	食【船】陵切	市【禪】陵切	時【禪】升反
珇	止揚反	尺【昌】良切	尺【昌】羊切	齒【昌】楊反
滋	子止反	子之【之】切	子怡【之】切	子時【之】反

再如表3所示，《廣韻·止韻》：“止，諸市切。”“止”字本是章母止韻的上聲字，但在《新撰字鏡》中却承擔了多種角色。其中，止、之、思、子、辭、時、齒等字的日語音讀都是“し”，所以作者昌住根據日語讀音改用筆畫較爲簡省的“止”字，來代替同音但筆畫較多的反切用字。表中僅列出一小部分以“止”作爲反切用字的例子，其他大量的例子詳見本書校注，足見這種情況非個例。

（三）訓詁學研究

《新撰字鏡》保留了大量不見於中國文獻的訓詁材料，有些是中國久已失傳，有些是日人所撰述，都可以豐富和補充訓詁學研究材料的不足。如《原本玉篇》現只存殘卷，《篆隸萬象名義》又較簡略，可根據《原本玉篇》的體例，從此書與《名義》中輯録出《爾雅》《廣雅》《方言》等書的異文及漢至南北朝時期已佚的訓詁材料。

《新撰字鏡·肉部》：“臓，主式反。頭垢也。”

按：《集韻·職韻》：“䰼，髮垢也。”楊寶忠《疑難字續考》：“‘䰼’字疑爲‘臓’之易旁字。……‘臓，油敗。’‘䰼’訓髮垢，則‘臓’字引申之義也。字或作‘膱’。”[1]此條可證其説。清唐訓方《里語徵實》“髮垢難梳曰膱”條：“膱音職。《毛詩》：‘予髮曲局’，注云：‘膱也。’膱又作䰼，音全。《類篇》：‘髮垢也。’”

《新撰字鏡·勹部》：“勼，俱流反。聚也，解也。鳩字。”

_____

[1] 楊寶忠：《疑難字續考》，中華書局2011年版，第392頁。

按：注文“解也”《玉篇》同，此注當抄自《原本玉篇》，而《原本玉篇》當據《左傳》。《左傳·宣公十七年》：“餘將老，使郤子逞其志，庶有豸乎！”杜預注：“豸，解也。”釋文：“豸，本又作鳩，直是反；或音居牛反，非也。解音蟹，此訓見《方言》。”今《方言》未見此條。段注“豸”下云“鳩”爲“鳶”字之訛。據《新撰字鏡》此條，“豸”疑爲“勾”字之訛。

凡　例

　　一、以天治本《新撰字鏡》（即宫內廳原本）爲底本，享和本、《群書類從》本[1]、寬永本[2]、石橋本[3]、狩谷棭齋抄校本[4]、丘岬俊平《新撰字鏡考異》[5]、伊藤多羅說及藤井五十足抄《新撰字鏡師說抄》[6]、世尊寺本《字鏡》[7]等爲參校本。校勘記中的"各本"表示享和本、《群書類從》本、寬永本等版本。底本的錯字、缺字、脱字等據參校本或其他書校改時出校說明。

　　二、底本缺訛脱衍等情況采用以下處理方式：缺字或殘字用"□"號表示，缺字或殘字校補時在"□"後接"（　）"表示。誤字校改時在原字後用"（　）"表示。脱字可補者，於所補文字外加"〔　〕"表示。衍文、倒文據原書符號或他書修改，同時出校說明。

　　三、底本將部分形近字頭的音義雜糅爲一條，整理時在字頭之後用"〔　〕"表示另一形近字。

　　四、底本一般的異寫字（結構不變而筆畫略有差異的字）徑加楷正，但異構字（包括異體字、古本字、古正字、古分用字等）一般據底本轉寫。底本模糊難辨的則以字形原圖代替，不再造字。

　　五、底本部分條目末尾附有萬葉假名標記的和訓，這些和訓有助於理解條目所

---

① ［日］塙保己一：《群書類從》第 497 卷（雜部第 52）。書影見 http://dl.ndl.go.jp/info：ndljp/pid/2580895，2021-11-15。

② ［日］昌住：《新撰字鏡》，大東急紀念文庫藏，古辭書叢刊刊行會編，川瀨一馬解說，雄松堂書店，1976 年。

③ 天保六年（1835），石橋真國以享和本校之狩谷本、《群書類從》本。書中所引"清水濱臣"的按語，本書簡稱"濱臣"。書影見 http://dl.ndl.go.jp/info：ndljp/pid/2533350，2021-11-15。

④ 書影見 http://mahoroba.lib.nara-wu.ac.jp/y05/html/675/l/p001.html，2021-11-15。

⑤ 此爲享和本所附《考異》。

⑥ 書影見 https://kotenseki.nijl.ac.jp/biblio/100345978/viewer/1，2021-11-15。

⑦ ［日］築島裕、島田友啓編：《字鏡》（世尊寺本），《古辞書音義集成》第 6 卷，汲古書院，1978 年。書影見 http://124.33.215.236/zenpon/zenpon_show_200710.php?strFolderName=1-C-17&iTargetPage=1&strTitle=字鏡，2021-11-15。

訓釋的内容。今據川瀨一馬《古辭書の研究》所記萬葉假名與現代假名的對應關係，將底本中的和訓轉寫爲平假名，部分語音古今有變化時，改作現代日語讀音，如"ふ"改作"う"。再根據《日本国語大辞典》《大辞泉》《広辞苑》（第六版）《大辞林》（第三版）等大中型日文辭書，以校記的形式添加表記漢字，如"加久須（かくす【隱す】）"[①]。但部分和訓大中型日文辭書未收録，則僅附平假名。

　　六、多部字書或辭書一起引用時，若所在部首或韻目相同，只在最後一書注明部首或韻目，以清眉目。如"《裴韻》《全王》《廣韻·脂韻》"，表示所引《裴韻》《全王》亦爲"脂韻"。另，校注引文中的"反""切"用字差異不論。

　　七、爲行文簡潔，所引書證内的引文，有時不加單引號。徵引論著多略去出版信息和頁碼，且多用簡稱。主要徵引論著的版本、卷號以及簡稱，對應關係如下：

全稱	版本或卷號	本書簡稱	主要舊稱
天治本《新撰字鏡》	天治元年（1124）抄本	底本、宮内廳原本	
鈴鹿連胤影抄本《新撰字鏡》		鈴鹿影抄本	
影印本天治本《新撰字鏡》	全國書房 1944 年影印、臨川書店 1967 年	影印本	
狩谷棭齋抄校本《新撰字鏡》		狩谷本	
山田孝雄《新撰字鏡考異》	六合館 1916 年影印天治本《新撰字鏡》附録	山田	
丘岬俊平《新撰字鏡考異》		《考異》	
《新撰字鏡師説抄》	文化三年（1806）刻本	《師説抄》	
世尊寺本《字鏡》	世尊寺本	《字鏡》	
《篆隸萬象名義》	高山寺本	《名義》	
上田正《切韻逸文の研究》	汲古書院 1984 年	上田正	
《倭名類聚鈔》	二十卷本刻本		《和名抄》
《類聚名義抄》	圖書寮本、觀智院本		
玄應《一切經音義》	徐時儀校本，據高麗藏再雕本	《玄應音義》	

[①] "加久須"爲萬葉假名標記的和訓，"かくす"爲轉寫後的平假名，"かくす【隱す】"爲《大辞泉》中的詞目。

（續表）

全稱	版本或卷號	本書簡稱	主要舊稱
玄應《一切經音義》	大治本、七寺本、西方寺本、金剛寺本、聖語藏本、敦煌本	寫本《玄應音義》	
慧琳《一切經音義》	徐時儀校本、高麗藏本	《慧琳音義》	
《説文解字》	陳昌治本	《説文》	
《干禄字書》	明拓本		
《玉篇》	《續修四庫全書》影印古寫本	《原本玉篇》	
《大廣益會玉篇》		《玉篇》	《宋本玉篇》
《廣韻》	澤存堂本、周祖謨校本、余迺永校本	《廣韻》	《宋本廣韻》
《集韻》	述古堂本	《集韻》	
《龍龕手鏡》	高麗本	《龍龕》	
《新集藏經音義隨函録》	高麗藏本	《可洪音義》	
《爾雅》	郝懿行義疏本	《爾雅》	
《廣雅》	王念孫疏證本	《廣雅》	
《方言》	華學誠《揚雄方言校釋匯證》	《方言》	
《切韻(一)》	S.2683	《切一》	《切韻殘葉一》
《切韻(二)》	S.2055	《切二》	《切韻殘葉二》
《切韻(三)》	S.2071	《切三》	《切韻殘葉三》
《刊謬補缺切韻》	P.2011	《王一》	《王仁昫刊謬補缺切韻一》《王一》
《刊謬補缺切韻》	故宮博物院舊藏裴務齊正字本	《裴韻》	《王二》《唐韻》
《刊謬補缺切韻》	故宮博物院舊藏宋濂跋本	《全王》	《王三》《王二》
龍宇純《唐寫全本王仁昫刊謬補缺切韻校箋》	香港中文大學1968年	龍宇純《校箋》	
《唐韻》	蔣斧藏本	《唐韻》	蔣藏

新撰字鏡篇立次第①

---

① "次第"及下文"第一卷"底本用"第","天部"等部首次第則用"苐"。"苐"爲"弟"的俗字,後回改爲"第",參見張涌泉《字形的演變與用法的分工》,《古漢語研究》2008年第4期。與字義訓釋無關時,本書均録作"第"。

② "氣"字第一卷卷目同,正文部首作"气",茲據改。

③ "連火部"第一卷卷目同,正文部首作"灬部"。

④ "镸并長部"第三卷卷目同,正文部首作"髟部"。

---

① "三水部"第六卷卷目同，正文部首作"水部"。

② 正文標題作"《小學篇》字及《本草》木異名"，茲據補"本"字。

③ 正文標題作"《小學篇》字及《本草》異名"，"本草"後當省"草"字。

---

① 右側小字注"阝阜"。
② "辶"底本作"之",當爲"辶"之變。各本回改作"辵",殆非底本原意。
③ 右側小字注"立心"。
④ 總目和第十卷卷目均有"十部第百十九",然而正文中却無此部,實際部數亦當少此一部。
⑤ 右側小字注"立刀"。
⑥ 正文"黃部第百卅八"之後,"鬲部第百卅九"之前,尚有"北(丘)部",但未標部首次序。
⑦ "卯卵部"第十一卷卷目同,正文部首作"卯卵二部"。
⑧ 第十一卷卷目及正文作"辨辡部"。

第十二卷

[①] 正文第十二卷“臨時雜要字”下小字注“載九章”，實際收載十部，名稱與總目略有差異，即：舍宅章、農業調度章、男女裝束及資具章、機調度及織縫染事、馬鞍調度章、木工調度章、鍛冶調度字、田畠作章、諸食物調饌章、海河菜章。“臨時雜要字”是《新撰字鏡》最後一個部類，“舍宅章”等是其下內容，不應再標序號。

[②] “載九章”不應單列作爲部名，參見上條注釋。

新撰字鏡序

　　詳夫大極元氣之初,三光尚匿;木皇火帝之後,八卦爰興[1]。是知仁義漸開,假龍圖而起文;道德云廢,因鳥迹以成字焉[2]。然則暨如倉頡見鳥迹以作字,史遷綴史記之文從。英雄高士,耆舊逸民,文字傳來(興),其興(來)尚矣[3]。

　　如今愚僧生蓬艾門,難遇明師;長荆棘廬[4],弗識教誨。於是書疏閉於胸臆,文字闇諸心神也[5]。況取筆思字,蒙然如居雲霧中[6];向昏認文,芒然如日月(冒)盆窺天[7]。搔首之間,歔懣之頃,僅求獲也《一切經音義》一帙廿五卷。雖每論字,音訓頗覺得;而於他文書,搜覓音訓,勿勿易迷,茫茫叵悟也[8]。所以然者,多卷之上,不錄顯篇部;披閱之中,徒然晚日[9]。因爲俾易覺於管見,頗所鳩纂諸字音訓,粗攸撰録群文倭漢.

---

① 木,《群書類從》本、享和本等訛作"水""未"(狩谷本)、"朱"(《考異》一作),皆形近而誤。木皇,伏羲;火帝,炎帝。

② 云,敦煌本作"玄",疑"玄"字是。詳後文"校釋"。

③ "興""來"二字顛倒。詳後文"校釋"。

④ 蓬艾、荆棘,皆雜草,喻貧窮簡陋。

⑤ "如今"至"心神也"數句,各本作"於是瞻見書疏,閉於胸臆;尋讀文字,闇諸心神也"。

⑥ 蒙然,芒然、蒙昧的樣子;"蒙"字享和本、《群書類從》本作"宛",臆改不可從。又"中"字各本作"間",義同。

⑦ "日月"二字爲"冒"字之誤分,大東急本作"𣆪",即"冒"的俗字,此當取"戴盆望天"之義。《玉篇·冃部》:"冒,覆也。"《小爾雅·廣詁》:"戴,覆也。"二字義同。享和本、《群書類從》本作"日"一字,臆改不可從。

⑧ 勿勿,楊守敬引作"匆匆",勿勿、茫茫,皆昏昧貌。此指《玄應音義》隨經文訓釋,雖訓釋得當,却難於檢索。又,"搔首"至"叵悟也"數句,各本作"搔之間,歔懣之經,誦詁(享和本只存"言"旁,右闕)訓頗覺,而於他文書,搜覓音訓,勿勿迷□,□叵(享和本誤作區)悟也",多有奪字,但天治本似亦有奪。

⑨ 難於檢索是因爲不按部首編排,翻閲之時徒費工夫。晚日,使日晚,指耗費時光;楊守敬引作"玩日",不妥。

文文弁部,字字搜篇①。以寬平四年夏,草案已竟②,號曰《新撰字鏡》,勒成一部,頗察泰然,分爲三軸③。

自爾以後,筆幹不捨,[尚隨見得,拾]集無綴④。因以昌泰年中間得《玉篇》及《切韻》⑤,捃加私記,晥(脱)泄之字,更增花麗⑥。亦復《小學篇》之字及《本草》之文⑦,雖非字字(之)數[内],等閑撰入也⑧。調聲之美,勘附改張⑨,乃成十二卷也,片數壹佰陸拾末在部字等⑩,文數貳萬九百卌余字又《小學篇》字四百余字⑪。從此之外,連字并重點字等,不入於數。如是二章内字者,依煩不明音反音反者各見片部耳⑫。亦於字之中,或有東倭音訓,是諸書私記之字也。或有西漢音訓,是數疏字書之文也⑬。或有著平、上、去、入字,或有專不著等之字,大槩此趣者,以數字書及私記等文集,混雜造者也⑭。

① 俾易覺於管見,使管見者亦易覺也。管見者,見識狹隘者。鳩纂,聚集編纂也。攸,所也,與上"所"字對文。倭漢,各本作"漢倭"。弁,同"辨",楊守敬逕録作"辨",不妥。《新撰字鏡》在條目之後附加萬葉假名,且《小學篇》等處列有國字,故稱"倭漢"或"漢倭"。全書按部首排列,分爲160部,故云"文文弁部,字字搜篇"。

② 寬平四年即公元892年,狩谷校"當唐昭宗景福元年壬子"。"畢"字旁"竟",義同。夏,各本作"夏中"。

③ 此是《新撰字鏡》初稿三卷,據《玄應音義》寫成。

④ 幹,從事,做,"筆幹"猶"筆耕";楊守敬引"幹"作"翰",不妥。"捨"下各本作"尚隨見得,拾集無綴",茲據校補"尚隨見得,拾"五字。

⑤ 狩谷校"元年,當同帝(唐昭宗)光化元年戊午","昌泰"與"光化"皆898—901年左右。中間,各本同,語稍繁複,疑"間"當作"問"。《新撰字鏡·門部》:"問,訪也。"

⑥ 捃,拾取。私記,指私人記録。"晥"字享和本、《群書類從》本、楊守敬引均作"脱","晥"當是"脱"字之俗。脱泄之字,蓋指《玄應音義》所無之字,由《玉篇》《切韻》及私記補之,則《新撰字鏡》一書"更增花麗"。

⑦ 《小學篇》及《本草》參見《〈新撰字鏡〉研究》。

⑧ 天治本原作"雖非字字數",享和本、《群書類從》本、楊守敬所引均作"雖非字之數内","之"蓋誤爲重文符,後誤回改爲"字",今從各本。等閑,時常、經常。這些不計入單字字頭數的字(《小學篇》國字以及本草名稱等),亦時常加以收録。

⑨ 調聲之美,使音韻和諧,《新撰字鏡》常對反切用字進行簡省,如"胡"省作"古"、"蒲"省作"甫"等,疑因二字日文音讀皆同,故隨意簡省。勘附改張,蓋指校勘及更改文字所屬的部首。

⑩ 片數,指160個部首。末在部字等,"末在"指在最後,享和本、《群書類從》本、楊守敬引此句均作"末在臨時部等,不入數",疑有後人增字。

⑪ "四百余字"之後享和本、群書類從本、楊守敬引尚有"不入數"三字,疑後人所增。

⑫ "連字"及"重點字"等,在卷十二,多非單字,故不計入字頭總數。"連字"與"重點字"之字,多已出現在所屬各部之下,所以大多不再加反切,各字反切可於所屬部首内的屬字查找。"入",各本作"載",義同。

⑬ 東倭音訓,指萬葉假名,即用漢字標記的日語讀音。私記,見上。西漢音訓,與"東倭音訓"相對,指漢語的反切與訓釋。數疏字書,指中國的注疏及字書,如《玄應音義》《切韻》《玉篇》等。

⑭ 《新撰字鏡》部分條目注有聲調。專不著,疑當作"不專著",蓋指日本國字之類,非專著於某一書。趣,趣向、類別,即以多種字書與私記混雜在一起記録。

　　凡《孝經》云"文字多誤,博士頗以數(教)授"者,亦云"諸儒各任意"①。或以正之字論俗作,或以通之字論正作。加以字有三體之作,至讀有四音及巨多訓②。或字有異形同字,崧嵩、流沠、巛坤、憐怜、叁三、予余、姦奸、师唉、飜翻如是巨多,見《正名要録》③。是等字雖異形,而至作及讀皆同也④。或字有形相似,音訓各別也,專専、傳傅、崇祟、盂孟、輕輊如是巨多,見《正名要録》。如是等字,形相似而音訓各別也。或有字之片同,相見作別也。忄巾⑤、王玉、壬[壬]⑥、月肉、丹舟⑦、角甬,如是等字,片者雖相似而皆別也。或有字點相似而亦別也,馬、魚、爲等字從四點⑧,為、鳥、與此等字從一點⑨,觀、舊等字從少⑩,大略如是。至書人而文作者,皆謬錯也,至内悉見悟耳。

---

① 云,楊守敬引作"古",不妥。"數"字享和本、《群書類從》本、楊守敬引均作"教"。孔安國《古文孝經·序》:"至漢興建元之初,河間王得而獻之,凡十八章,文字多誤,博士頗以教授。""故古文孝經,初出於孔氏,而今文十八章,諸儒各任意巧説,分爲數家之誼。"此處引文實則出自孔安國《古文孝經·序》(《古文孝經》日本現存有多種刻本、寫本。如宮内庁書陵部藏有永仁五年寫、元德二年寫、鎌倉末寫等三種《古文孝經》。書影 http://db.sido.keio.ac.jp/kanseki/T_bib_line_2.php,2021–11–15)。"數"字《古文孝經·序》正作"教",兹據校改。

② 或把"正字"當作"俗字",或把"通行字"當作"正字"。三體,魏三體石經用古文、小篆和漢隸三體。四音,四聲。下"論"字各本作"諍",此二句形式相同,當從"論"。巨多,極多;下同。楊守敬引皆作"叵多",臆改不可從。

③ S.388《正名要録》"字形雖別,音義是同,古而典者居上,今而要者居下"類:崧嵩,巛坤,沠流,翻飜,憐怜,叁三,予余,姦奸,师唉。即《新撰字鏡》所本。

④ 各本"至"下無"讀",可從,底本"讀"右旁有刪除號。

⑤ 忄巾,各本作"忄卜",狩谷校"卜"爲"忄",俗書"忄卜""忄巾"皆相混,如"博愽""慢幔"等,但以"忄巾"相混爲多,當從天治本。

⑥ 《佩觿》卷中:"壬壬,上如林翻,下他頂翻。""壬""壬"二字形近,兹據上下文意補"壬"字。

⑦ S.388《群書新定字樣》"丹"下接抄"舟",應指二者形近,提醒讀者注意區別,《新撰字鏡》用意與此相同。

⑧ 享和本、《群書類從》本"馬、魚、爲"之前尚有"相捭、偃慢等字也"數字,天治本無。又 S.388《正名要録》"各依脚注"類:"馬魚,四點。"此爲《新撰字鏡》所本。按,"偃慢",形不至相混,疑當作"幔幔"。狩谷本抄作"慢慢",下"慢"字校云"漫欤?"石橋本原文作"偃慢",在"馬魚爲"上,但發現是亂簡,故移到"或有字點"上,而後移之處作"慢慢"。前文已述"忄巾"相混,此即其例,且與"相捭"正相對,此兩種偏旁俗書多混用。

⑨ S.388《正名要録》"各依脚注"類:"㕙鳥,一畫。""㕙""鳥"與《新撰字鏡》的"為""鳥"相同,分別爲"烏""鳥"的俗寫。"烏""鳥"下部的四點篆文作"灬",本像鳥足之形,隸定多作四點;此云應作一點(一畫),當時或以作一點(一畫)者爲楷正。又,給予之"与"篆文作"与",而俗書有作四點者,如 S.2073《廬山遠公話》:"願捨此身㸪將軍爲奴,情愿馬前驅使。""㸪"即"与"字俗寫,當以作一點(一畫)者爲楷正。

⑩ S.388《正名要録》"各依脚注"類:"觀舊,不須艹。""不須艹"疑當作"不從艹"。"觀"左上部、"舊"上部本從"卝",隸變又與艹旁相混。《新撰字鏡》此云"從少"之"少",當爲"艹"旁與"隹"旁之起筆連寫所致(中間部件"吅"往往作一横或兩點,不甚明顯),如《敦煌俗字典》"觀"作"覩""覩"。

雖然,部文之内,精不搜認①。若有等閑用也,後達者普加諧糾②,流布於後代,聊隨管神(視)所撰集字書③,敢爲若(苦)學之輩述乱簡,以序引耳④。

【校釋】

天治本《新撰字鏡》序言第一段本自唐李懷琳爲彦琮《唐護法沙門法琳別傳》所做的序(即《琳法師別傳序》,下稱"《琳序》"),今據以校勘。《琳序》今《高麗藏》本有收録,此外敦煌文獻 P.2481V 也有《琳序》(下簡稱"敦煌本"),但與《高麗藏》本有不少文字差異,二者異文可能是由於不同版本系統所致,故俱録二種於此,以資比勘(括號内爲 P.2481V 的異文及筆者的按語):

詳夫("詳夫"二字作"聞")太極元氣之初,三光尚匿(並耀)。木皇火帝之後,八卦爰興。是知仁義漸開,假(澤)龍圖而起字。道德云(玄)廢,因鳥迹以成書。所以左(右)史記言,夏商(禹)備(被)於語誓(詰撫,當作詰誓)。右(左)史記事,唐虞流於典謨(共謀,當作典謨)。暨乃史遷綴史記之文,班固嗣班彪之作。英雄(髦)高士,耆舊逸人。傳記之興,其來尚(久)矣。

《新撰字鏡·序》所據很明顯是《高麗藏》本《琳序》,今以《高麗藏》本爲主要參考,敦煌本爲參校本,以下參互校之。序文加粗顯示,按語之後爲筆者的校釋。

詳夫大極元氣之初,三光尚匿;

按,詳夫,《群書類從》本、享和本皆作"倩以夫",敦煌本作"聞",皆句首發語詞,義近可通。《文心雕龍·誄碑》:"詳夫誄之爲制,蓋選言録行,傳體而頌文,榮始而哀終。"《文心雕龍·雜文》:"詳夫漢來雜文,名號多品。"《大唐西域記·序》:"詳夫天竺之爲國也,其來尚矣。"《大唐西域記》卷二:"詳夫天竺之稱,異議糾紛。""詳夫"二字冠於句首,佛經中尚有多例,當是魏晉以來一常用語也。又與"原夫"義近,"原夫"爲"探求本源",則"詳夫"蓋是"詳細追述"之義。"倩以夫"或"倩以",中國典籍未見,林忠鵬説"作爲日本的漢文有用'倩以'的例子,從文邁(按,當作脈)上也比較通順"。

---

① 以至於抄寫的人和作文的人皆有錯謬,而在文内一見就會明白了(指上云俗字形近訛誤之事)。即使這樣,同一部首之内,難以字字準確。又,"内悉"各本作"片部"。"雖然"下各本有"懇暗之意"。認,各本作"辨"。

② "用"上各本有"可見"二字。"用也"之"也"各本作"者"。"後"下《群書類從》本有"覺",享和本有"覽"。

③ "神",各本作"軸",恐誤。石橋本批注"當作視",《師説抄》亦云"當作視",是。管視,即管見之意。《後漢書·王充王符仲長統傳贊》:"管視好偏,群言難一。""神"字手寫習慣在"申"右下角加一點,如"神"(《敦煌俗字典》),草書或作"神"(唐李世民)、"示"(元趙雍)等(《中國草書大字典》),而"視"的草書寫法如"视"(晉王羲之,《中國草書大字典》),二形相似而易誤。又,各本"軸"下有"而"字,無"字書","字書"二字疑衍。"若",《群書類從》本作"苦",此從校。"簡",各本作"幹"。

④ 此數句言:如果平時用得上本書,請後來的通達者再三勘正,使本書流傳於後代,就我淺陋的見識來編撰,冒昧地爲苦學之人傳述亂記,所以作了這篇序罷了。

筆者在《續群書類從》第28輯下《長弁私案抄》發現一例，“倩以夫般若之惠日高照而耀無明煩惱之迷暗”[①]，“倩以夫”似不誤。

又“大”同“太”。“匿”，《高麗藏》本《琳序》同；各本作“遥”，誤。“匚”旁“辶”旁俗寫形近相混，且二者草書寫法相近，如“匿”字草書有“”（王羲之）、“”（趙構，見《草字編》）等形，“遥”字草書有“”（唐歐陽詢）、“”（元鮮于樞，見《中國草書大字典》）等形，故易相訛也。“尚匿”敦煌本作“並耀”，語義相反，此言“元氣之初”，疑當用“尚匿”。《爾雅·釋詁下》：“匿，微也。”《國語·周語中》：“武不可覿，文不可匿。”韋昭注：“匿，隱也。”“三光”者，日、月、星也。“太極元氣之初，三光尚匿”，謂天地開闢之時，混沌不明。

是知仁義漸開，假龍圖而起文；

按，假，敦煌本作“澤”，此字與下“因”對文，則“假”字當是，“澤”疑是“假”的草書之誤。又“文”《琳序》作“字”，下句“字”字《琳序》作“書”，蓋本書序專講文字，故易字如此。龍圖，即河圖。《易·繫辭傳》：“河出圖，洛出書，聖人則之。”相傳伏羲因河圖洛書而作八卦。希麟《續一切經音義·序》：“蓋聞殘純樸而薄道德，仁義漸開。廢結繩而定蓍龜，文字乃作。”與此義近。

道德云廢，因鳥迹以成字焉。

按，“云”字敦煌本作“玄”，疑“玄”字是。《廣韻·先韻》：“玄，幽遠也。”《莊子·天地》“玄古之君天下”，成玄英疏：“玄，遠也。”“遠”與“久”義近。《廣韻·宕韻》：“曠，遠也，久也。”《廣韻·陽韻》：“長，久也，遠也。”《詩·小雅·鴛鴦》：“君子萬年，宜其遐福。”鄭玄箋：“遐，遠也，遠猶久也。”故二義可通。此“玄”與上“漸”對文，訓“久”正合。《廣雅·釋詁一》：“云，遠也。”王念孫疏證：“《爾雅》：‘仍孫之子爲雲孫。’雲孫，遠孫也。雲、云古同字。説者以爲輕遠如浮雲，則於義迂矣。”王氏此説亦不够有力，且無直接書證，其説恐誤，疑此“云”亦是“玄”字之誤。《文選·張衡〈東京賦〉》“睿哲玄覽”，李善注引《廣雅》“玄，遠也”。《文選·陸機〈演連珠〉》“器淺而應玄”，李善注引《廣雅》“玄，遠也”。

因鳥迹以成字，即古代“倉頡造字”的傳説。許慎《説文解字·敘》：“黄帝之史倉頡，見鳥獸蹏迒之迹，知分理之可相别異也，初造書契。”下文“倉頡見鳥迹以作字”同。

然則暨如倉頡見鳥迹以作字，史遷綴史記之文從。

按，《琳序》作“暨乃史遷綴史記之文，班固嗣班彪之作”，此則因言文字之起源，故引倉頡造字，而史遷班固皆作文，其質一也。但上文已言“因鳥迹以成字”，此略重複。

---

① 花光坊長弁：《私案抄》，載太田藤四郎《続群書類従》第28輯下，卷第833，続群書類従完成会，1926年。書影見 https://books.google.co.jp/books?id=1n-H02U2uOoC&printsec=frontcover&hl=ja#v=onepage&q&f=false，2021-11-25。

先有"字",繼之有"文",故"史記之文"後加"從"字。"從"字各本及各前賢論文皆屬下讀(除《群書類從》本無句讀),皆不太符合語言習慣。《琳序》無此字,或是衍文。"暨如倉頡見鳥迹以作字",《考異》與狩谷校皆以爲是"後人傍書",但本序無"班固嗣班彪之作",則似有意爲之,當非傍書誤入也。

英雄高士,耆舊逸民,文字傳來(興),其興(來)尚矣。

按,雄,敦煌本作"髦",皆指俊才。耆舊,年高德重者。逸民,遁世隱居者。民,《琳序》作"人",或是因爲避唐太宗李世民諱。尚,敦煌本作"久",義同。《吕氏春秋·古樂》:"故樂之所由來者尚矣,非獨爲一世之所造。"高誘注:"尚,久也。"

後句《琳序》作"傳記之興,其來尚(久)矣"。此則因言文字而改作"文字傳興"。又"興""來"二字顛倒。上舉《大唐西域記·序》:"詳夫天竺之爲國也,其來尚矣。"《史記·曆書第四》索隱述贊:"曆數之興,其來尚矣。"皆云"其來尚矣",例多不備舉,此當是二字誤倒。又,《琳序》此處或當改作"文字之興",以"文字"易"傳記"方才通順。

目　録

新撰字鏡卷第一

十一部千七百卅八字

天部第一并載天名及四時年月之異名也,二十二字①　日部第二二百十五字
月部第三四十字　肉部第四三百八十四字　雨部第五百二十字
氣(气)部第六②十二字　風部第七五十一字　火部第八二百五十一字
連火部第九③五十五字　人部第十六十四字　亻部第十一五百二十四字

天部第一

二十二字

天躰年、他前二反,平聲;顛也,尊也,頂也,君[也],清輕在上也。

兂夰兲兂四字,皆天古文。

痩天字。

昊罤二同。下老反,上聲;昊天,夏天也。④

昰上同字。

鬵字林反。釜属。倭云加奈户。⑤

替他計反,去;廢也,代也。

吞土天、土言二反,平;食也,咽也,滅也。又曲(典)音、頓音。⑥

乗古典反,上;小束也。

---

① 卷目部首下的統計字數,與正文部首下的統計字數以及部內實際的字數,往往互有差異。
② "氣"字總目同,正文部首作"气",兹據改。
③ "連火部"總目同,正文部首作"灬部"。
④ "罤"當是"暤"的移位訛變俗字。《禮記·月令》:"孟春之月……其帝大暤。"釋文:"大暤,亦作昊。""暤"又作"暭"。
⑤ 加奈户(かなへ【鼎·釜】)。
⑥ 注文"曲"當作"典"。日語"吞"音讀有"とん""てん"二音,"典"音"てん","頓"音"とん"。

旮古惠反,去;或作炅。光明也,人姓也。和云比加利,氏留。①

乖(垂)才盍反,入;惡也。

唏(噎)先盍(榼)反,入;醜也。加太奈志。②

蚕丁殄反,上;竪(豎)蚕也。久礼久礼(乃弥)弥受。③

噆子盍反,入;蚀吮也。比留須比波牟。④

忝土點反,上;辰(辱)也。波豆。⑤

吴古胡反。国名。

畀苦普(並)反。瞿字。在連字部。⑥

奡午到反。傲字同。嫚也。

斝嫣四(迴)反。驚走也,往來皃,走也。⑦

桼栞二形同,在木部。

謂天:穹隆,又曰乾台於保曾良、空天、天中、虛空皆天台。⑧

謂九天:蒼天東方、[陽天東南]、炎天南方、[朱天西南]、昊天西方、幽天西方(北)、玄天北天、變天東北、鉤(鈞)天中央。又曰九野。⑨

又九天:中天、羡天、從天、更天、粋(睟)天、咸天、廓天、[沈天]、成天是也。⑩

春:蒼[天]、發生春日、青陽春時。⑪

[illegible]旾凶[illegible][illegible]五字,春字。⑫

---

① 比加利(ひかり【光】),氏留(てる【照る】)。

② 注文"盍"當作"榼"。《名義》《玉篇·口部》:"噎,先榼反。"加太奈志(かたなし【形無し】)。

③ 注文"竪"當作"豎",據享和本、《群書類從》本改。久礼久礼弥受,享和本、《群書類從》本作"久礼乃弥弥受(くれのみみず【呉の蚯蚓】)",是。

④ "蚀"字疑是"蝕"字誤脱一"虫"旁。比留須比波牟(ひるすひはむ【蛭吸蝕む】)。

⑤ 注文"辰"當作"辱"。《廣韻·忝韻》:"忝,辱也。"兹據校改。波豆(はづ【恥づ】)。

⑥ 注文"普"當作"並"。《名義·夰部》:"畀,苦並反。"《新撰字鏡·連字部》:"畀然,古(苦)並反。"《字鏡·目篇》:"畀,苦並反。瞿字。"兹據校改。

⑦ 注文"四"當作"迴"。《名義·夰部》:"斝,嫣迴反。"兹據校改。

⑧ 於保曾良(おほそら【虛空・大空】)。

⑨《吕氏春秋·有始》謂天有九野(節引):"中央曰鈞天,東方曰蒼天,東北曰變天,北方曰玄天,西北曰幽天,西方曰顥天,西南曰朱天,南方曰炎天,東南曰陽天。"《淮南子·天文訓》同,唯"顥天"作"昊天"。此蓋奪"朱天西南""陽天東南","幽天"下當作"西北"。兹據順時針順序補改。

⑩ "廓天"下奪"沈天"。揚雄《太玄·太玄數》:"九天:一爲中天,二爲羡天,三爲從天,四爲更天,五爲睟天,六爲廓天,七爲減天,八爲沈天,九爲成天。"《藝文類聚》"減天"引作"咸天"。兹據校補。"粋"當是"睟"字之俗。

⑪ "蒼"下奪"天"字。《爾雅·釋天》:"春爲蒼天。"兹據校補。又《爾雅·釋天》:"春爲發生""春爲青陽"。

⑫ "[illegible]"乃《説文·艸部》"春"字篆文"萅"之變。又《集韻·諄韻》樞倫切列"萅""旾""𣌭"爲"春"的古文,底本"旾"乃"旾"之訛變;"凶"疑爲"旾"省去"日"旁的訛變形體;"[illegible]""[illegible]"當爲"𣌭"字之變。

峕春古文。①

夏：實天又昊天、長贏(嬴)夏日、朱明夏時。②

遻曑遆三字,夏字。③

䙷古文。④

秋：良天、又旻天、收成秋日、白藏秋日。⑤

烋秋字。

㷫古文。⑥

冬：上天、安寧冬日、玄英冬時。⑦

尖臤尿古音(文),訓見末文部。⑧

閼蓬甲歲、旃蒙乙歲、柔兆[丙歲]、強圉丁歲、著雝戊歲、[屠維己歲]、上章庚歲、重光辛歲、玄黓壬歲、昭陽癸歲。⑨

攝提格寅年、單閼卯年、執徐辰年、大芒洛巳年、郭(敦)牂午年、恊洽未年、涒灘申年、作噩酉年、閹茂戌年、大淵獻亥年、困敦子年、赤奮[若]丑年。⑩

陬正月、如二月欤？本書不付也、痲三月、余四月、皋五月、且六月、相七月、壯八月、玄

---

① 字頭蓋爲"萅"省去"日"旁的訛變形體。

② 注文"贏"當作"嬴"或"嬴"。《爾雅·釋天》："夏爲長嬴。"釋文："長,謝丁兩反,李云'萬物各發生長也',施直良反。嬴,本或作嬴。以征反。"盧文弨校本作"本或作嬴"。此"贏"字音義皆不合,疑此誤。茲據校改。又《爾雅·釋天》"夏爲昊天""夏爲朱明"。

③ 《説文·夊部》："夅,古文夏。"此三字乃"夏"古文之隸變。

④ 字頭乃"夓"字之變。《集韻·馬韻》亥駕切："夏,古作昰、夓。"

⑤ 《爾雅·釋天》"秋爲旻天",又"秋爲收成""秋爲白藏"。

⑥ 《説文·禾部》"秋"字籀文作"穐",隸變又作"**穐**",見《古文四聲韻·尤韻》。底本字頭蓋爲"秋"籀文之訛變。

⑦ 《爾雅·釋天》"冬爲上天",又"冬爲安寧""冬爲玄英"。

⑧ "古音"當作"古文"。"尖""尿"並《説文·夊部》"冬"字篆文"夂"之隸變,而"臤"乃《説文》"冬"字古文"奥"之變。

⑨ "閼蓬甲歲"至"昭陽癸歲"條,皆用十干的別稱來紀年。"柔兆"下奪"丙歲","戊歲"下奪"屠維己歲"。《爾雅·釋天》："太歲在甲曰閼逢,在乙曰旃蒙,在丙曰柔兆,在丁曰強圉,在戊曰著雍,在己曰屠維,在庚曰上章,在辛曰重光,在壬曰玄黓,在癸曰昭陽。""閼蓬"即"閼逢","著雝"即"著雍"。茲據補改。

⑩ "攝提格寅年"至"赤奮丑年"條,皆古代歲星紀年法所用的名稱。"郭"當作"敦","奮"下奪"若"字,"恊"上原有"竹"字。《爾雅·釋天》："太歲在寅曰攝提格,在卯曰單閼,在辰曰執徐,在巳曰大荒落,在午曰敦牂,在未曰協洽,在申曰涒灘,在酉曰作噩,在戌曰閹茂,在亥曰大淵獻,在子曰困敦,在丑曰赤奮若。""大芒落"即"大荒落"。"竹"蓋涉上"午年"及下"恊"字而衍。茲據改補删。

[九月]、陽十月、辜十一月、涂十二月。①

十二月律名：大族正月、夾鐘二月、沽洗三月、中吕四月、蕤賓五月、林鍾六月、夷則七月、南吕八月、无射九月、應鍾十月、黄鍾十一月、大吕十二月。②

經木名、敏火名、重[土名]、逸(迭)金名、柳水名。

角木音、徵[火音]、宫土音、商[金音]、羽水音。③

子次玄括(枵)、丑次星紀、寅次折(析)木、卯次大火、辰次壽星、巳次郭(鶉)尾、午次鶉洗(火)、未次[鶉首]、申次實洗(沈)、酉次大梁、戌次[降婁、亥次]陬訾。④

鷄鳴丑時、平旦寅時、日出卯時、食時辰時、喁中巳時、日中午時、日昳未時、晡時申時、日入酉時、黄昏戌時、人定亥時、夜半子時。⑤

---

① “陬正月”至“涂十二月”條，爲十二月别名。“玄”下奪“九月”。《爾雅·釋天》：“正月爲陬，二月爲如，三月爲寎，四月爲余，五月爲皋，六月爲且，七月爲相，八月爲壯，九月爲玄，十月爲陽，十一月爲辜，十二月爲涂。”兹據校補。此處“如”下言“本書不付”，蓋作者所依底本注文原缺，又據上下文意補出注文“二月”，但并不十分肯定，故用疑問語氣。

② 《吕氏春秋》始以律與曆相配，以十二律應十二月，分别爲：太蔟、夾鐘、姑洗、仲吕、蕤賓、林鐘、夷則、南吕、無射、應鐘、黄鐘、大吕。又《漢書·律曆志上》：“律十有二，陽六爲律，陰六爲吕。律以統氣類物，一曰黄鐘，二曰太蔟，三曰姑洗，四曰蕤賓，五曰夷則，六曰亡射。吕以旅陽宣氣，一曰林鐘，二曰南吕，三曰應鐘，四曰大吕，五曰夾鐘，六曰中吕。”“名”旁注“吕欤？”蓋“律吕”常連稱，“吕”與“名”字形又近，故有此疑。

③ 《爾雅·釋樂》：“宫謂之重，商謂之敏，角謂之經，徵謂之迭，羽謂之柳。”郭璞注：“皆五音之别名，其義未詳。”邢昺亦曰：“未見義所出也。”此處至“商羽”條，以五音及其别名來配五行，部分名稱見《漢書·律曆志上》：“夫聲者，中於宫，觸於角，祉於徵，章於商，宇於羽，故四聲爲宫紀也。協之五行，則角爲木，五常爲仁，五事爲貌。商爲金爲義爲言，徵爲火爲禮爲視，羽爲水爲智爲聽，宫爲土爲信爲思。”底本“角，木音”與《漢書》蓋同出一源。此多訛脱，兹據補改。惟此“敏”與“徵”相對、“迭”與“商”相對，與《爾雅》不同。

④ “子次，玄枵”至“戌次，陬訾”條，言十二星次。十二星次名初見於《左傳》《國語》《爾雅·釋天》等書，《漢書·律曆志下》記載的名稱是：星紀、玄枵、諏訾、降婁、大梁、實沈、鶉首、鶉火、鶉尾、壽星、大火、析木。又《尚書·堯典》“曆象日月星辰”，釋文云：“日月所會，謂日月交會於十二次也。寅曰析木，卯曰大火，辰曰壽星，巳曰鶉尾，午曰鶉火，未曰鶉首，申曰實沈，酉曰大梁，戌曰降婁，亥曰娵訾，子曰玄枵，丑曰星紀。”“鶉洗”應作“鶉火”，“洗”當受下條“實洗(沈)”影響而誤。此多訛脱，兹據改補。“未次”旁注“本書无之”四字，蓋底本注文或闕。

⑤ 古時分一晝夜爲十二時，以干支爲記，底本從“鷄鳴”至“夜半”言十二時。《左傳·昭公五年》：“日之數十，故有十時，亦當十位。”杜注：“日中當王，食時當公，平旦爲卿，雞鳴爲士，夜半爲皂，人定爲輿，黄昏爲隸，日入爲僚，晡時爲僕，日昳爲臺，隅中、日出，闕不在第，尊王公曠其位。”“喁中”又作“隅中”“禺中”。“喁”或爲“隅”字之誤，蓋涉此上下“日”旁字而誤。

日部第二①

二百十五字

謂日金烏、銅鏡、銅輪。

日如逸、人質二反，入；實也，大陽精也，常滿不虧也，所出爲大平，所入爲大家（蒙）。②

𭀖𭀖𭀖三日古文。③

星司零反，平；散也，精也，羅也，列位布散也，万物精也。④

曐同作。

曡古文。

曬所賣反，山冀、霜知二［反］。曝也，乾物也，洗也。左羅須，又保須。⑤

晒碧四（皿）反。明也。⑥

昺同作。亦作芮，今作炳。

昵女栗反。［近也］，謂相近也，親也，私昵也，並（亟）也，數也，遂（亟）也。加久也，久良。曛同。⑦

暾𭀖㬥三同。公鳥反。明净也，明也，光也，曜也。

---

① 俗書"日""月""目"等旁不分，作者昌住隨所見底本字形安排分部，一條之内甚至羼入其他形近訛混字的音義，故此部中混有"月""目"等旁之字，底本中仍作日旁。爲易於辨别與減少造字，本書將部分形近訛混字直接改作相應的正字，必要時出校説明。下月部、肉部、目部等部仿此，不再出校。

② 注文"家"當作"蒙"。《爾雅·釋地》："東至日所出爲太平，西至日所入爲太蒙。""大"同"太"。兹據校改。

③ 《説文·日部》："㊐，古文日字。"此"㊐"與"㊀"形近。"日"字西周早期金文《作册魆卣》作"㊐"，包山楚簡作"㊐"，與此"㊐"近，此"㊐"蓋少一筆。

④ "列"下原衍一"也"字。《釋名·釋天》："星，散也，列位布散也。"兹據删。

⑤ 注文"二"下"反"字奪，兹據享和本、《群書類從》本補。《群書類從》本反切下有"或作錫"（享和本誤作"錫"），《廣韻·卦韻》："錫，或與曬同。"左羅須（さらす【晒す·曝す】），保須（ほす【干す·乾す】）。

⑥ 注文"四"當作"皿"。《廣韻·梗韻》："晒，兵永切。""皿"是梗韻字。兹據校改。

⑦ "反"下奪"近也"二字，注文"並"與"遂"皆當作"亟"。《玄應音義》卷十八"親昵"條："又作曛，同。女栗反。《爾雅》：昵，近也。郭璞曰：謂相近也。亦親也，私昵也，亟也。親昵亦數也。亟音祛記反。"各本"親也"下有"近也"二字，蓋據《玄應音義》《爾雅》："昵，近也"，當補於"謂相近也"前。狩谷疑"並"爲"亟"訛，"遂"爲"遍"訛。狩谷前説是，後説非。本書下"嘻"字條注文"蒸"字原作"𥡥"，各本訛作"並"，是其證。"亟"字俗寫與"遂""逐"字近，七寺本作"𨔷"，金剛寺本（卷一"親昵"條）作"𨔷"，其他寫本也類似。蓋昌住所據《玄應音義》底本非僅一本，有的底本"亟"訛作"並"，有的訛作"遂"，故皆收入。據《玄應音義》順序，"遂（亟）也"當是後補。兹據校改。"加久也，久良"，各本作"加久須（かくす【隱す】），又久良志（くらし【暗し】）"。蓋是"匿"字訓，"曛"又同"匿"。

　　晈暞同。①

　　皪古文。②

　　眱晃二字同作，古文亦作熿、煌，同。胡廣反。明也，暉也，光也，光明也，曜也，照也。牃，同字。

　　曉上同作。呼了反，上；安介奴。解也，曉悟也，明也。又安志太也。③

　　胆千余反。謂妬也，蠅子曰胆。從肉部。④

　　曀或作壒。於計、邑計二反，去；陰而風曰曀。亦翳也，言奄□（翳）日光使不明也，无光也。太奈久[毛]礼利，又久留，又久毛利天加世不久。⑤

　　晉烏訝反。姓也，闕也。⑥

　　晞或作烯。虛衣反。乾曰晞，乾也，生干也，照也，盷也，日氣乾物也，不兒也。⑦

　　暠古文作顥。胡老反。光也，夕（亦）廣大也，日出也，光明也。比加利，又氏留。⑧

　　暐直（宜）作□（煒）。于匪反。盛明兒也。煒，勑行反，直視也。⑨

　　脂七子、旨夷二反，平；肥也，厚肥膬兒也。⑩

　　曝方標反。曝也，以物置風日內令乾也。保須。⑪

　　曦許其、許基二反。日晴也，日淨兒也，炙也，蒸也，熱[也]。目（日）支与志，又佐也加尒

---

① "晈"字底本旁注片假名"テラス"（【照らす】）。
② "皪"字本爲"皪"字之訛，參見《漢語俗字叢考》"皪"字條。但此當是涉"暾""暞"等字而產生的訛誤字。
③ "曉"與上條"眱、晃"并不同字，蓋因均有"明"義而言"上同作"，或因"曉"與"眱"形近。安介奴（あけぬ【明けぬ】），安志太（あした【明日・朝】）。
④ 《玄應音義》卷十五"胆弊"條："千余反，謂胆妒也，蠅子曰胆。"
⑤ "奄"下殘。《玄應音義》卷四"塵曀"條："又作壒，同。於計反。《爾雅》：'陰而風曰曀。'曀亦翳也，言掩翳日光使不明也。"茲據校補。太奈久毛礼利（たなぐもれり【たな曇れり】），"毛"字據各本補。久留（くる【暮る】）。久毛利天加世不久，各本作"久毛利天風吹"（くもりてかぜふく【曇り天風吹】），訓同。
⑥ 《説文・亞部》："晉，闕。"即此字形。
⑦ "盷"字原從"日"，當是"晞"字義。《名義・目部》："晞，盷也。"《説文・目部》："海岱之間謂眄曰晞。"《玉篇・目部》："盷，俗作盷。"又《新撰字鏡・月部》："䏽（晞），助也。""助"亦當作"盷"。俗字"日""目""月"等旁不分。又，"兒"上疑奪"明"字。《玉篇・日部》："晞，明不明之際也。"
⑧ 注文"夕"當作"亦"。《玄應音義》卷十八"暠大"條："《三蒼》：'古文顥同。'胡老反，暠亦廣大也，光明也。""亦"又作"夲"。茲據校改。比加利（ひかり【光】），氏留（てる【照る】）。
⑨ 注文"直"當作"宜"，"作"下殘。《玄應音義》卷十八"暐暐"條："宜作煒。"茲據改補。"勑"上"煒"字疑涉"宜作煒"衍。"勑行反，直視也"當爲下文"瞠"字音義竄入此處，蓋因"堂"字草書與"韋"字似而混，見下文"瞠"字注。
⑩ "七子（し）反"爲"脂"字日語音讀。"厚肥"下字疑當作"膬"。《廣韻・宵韻》："膬，脂膬，肥兒。"西晉索靖《月儀帖》"廐"寫作"藂"，與此形近。
⑪ 保須（ほす【乾す・干す】）。

安リ。①

　　眙（胎）羊ゝ（之）反。獸脂，猪羊之腗（胎）子名也。可從肉部。②

　　瞠勑行反。直視也。

　　晰莫朗反、莫補二反，上；不明皃也，映也，翳也。加久須，又久良志。可從目部。③

　　曷胡葛反。言語瑞（端）也，辞也，何也，胡也。④

　　腊昔音。魚肉完之腊也。從肉部。⑤

　　臈可從肉部。

　　暇胡評（訝）、許解二反。官人不政曰暇，安也，問（聞）也，樂也，朗也，善也。亦從目。⑥

　　時市之、之喜二反。四時也，是也，此也。

　　旹上字。⑦

　　旹**暳**二字上古文。⑧

　　昱似立（以六）反。明也，曉也。氏留，又阿支良加尒。⑨

　　曛許云反，平；日没之皃也，暮也。由不戸。⑩

　　晚在高反。日終皃也，晚也，日入也，夕也。

　　晟市征反。日光盛皃也，光暉也。氏留，又加加也久。⑪

　　—————————————

① 目，享和本、《群書類從》本作“日”（大東急本等古本作“目”），各本“熱”下有“也”字，茲從校。蒸，各本訛作“並”。日支与志（ひ【日・陽】きよし【清し・浄し】），佐也加（さやか【明か・清か】）尒（に）安リ（あり【有り・在り】）。

② 字頭“眙”當作“胎”。注文重文符號當作“之”，“腗”當作“胎”。《名義・肉部》：“腏，餘之反。貽（胎），猪腏也。”此“胎”非“胚胎”之“胎”，當是“腏”的更換聲旁異字。“可從肉部”指明從“肉”爲正體。“腏子”即“胰子”，指“猪、羊等動物的胰”，後指“用胰子製成的肥皂”。《蒲松齡集・日用俗字・走獸章》：“殺猪髎牙不上圈，㷉猪腏子洗皴瘡。”茲據校改。《新撰字鏡・肉部》：“腏，可。有註。”或指此字。

③ 加久須（かくす【隱す】），久良志（くらし【暗し】）。

④ 注文“瑞”當作“端”。“言語端也”即今“虛詞”之義，“端”“瑞”二字俗字易混。茲據校改。

⑤ “完”爲“肉”的俗體“宍”字之訛，疑底本原作“魚完之暗（腊）也”，“完”旁記其正字“肉”，抄寫時却又漏删“完”字。

⑥ 注文“評”當作“訝”，“問”當作“聞”。《王一・禡韻》：“暇，胡訝反。”《名義・日部》：“暇，聞也。”各本作“間”或“閒”。茲據校改。又《廣韻・禡韻》：“暇，俗作睱。”“閒暇”之“暇”又作“睱”，故此處云“亦從目”。各本“樂也”上有“嘉也”，狩谷、《師説抄》認爲“嘉也，樂也，朗也，善也”四義是“假”字義，《詩・大雅・假樂・序》“假樂，嘉成王也”釋文：“假，音暇。”是也。“亦從目”下有和訓“伊止万（いとま【暇・遑】）”。

⑦ 字頭乃“旹”之隸變。

⑧ “**暳**”蓋爲《説文》小篆“**曅**”的隸變訛字。

⑨ 注文“似立”當作“以六”。《群書類從》本作“以立反”，享和本作“以六反”，《廣韻・屋韻》：“昱，余六切。”茲據校改。氏留（てる【照る】），阿支良加尒（あきらかに【明らかに】）。

⑩ 由不戸（ゆふべ【夕べ】）。

⑪ 氏留（てる【照る】），加加也久（かかやく【輝く】）。

睹當古反,上;欲日明也。

膰夫遠(扶園)反。祭肉,謂祀奈(祭)於神祇也。可從肉部。①

朒尼六反。日(月)出也,朝也。亦可從肉(月)。②

昂五剛反。舉也,我也,明也,光也,照也,姓也。③

昇升字同。失承反。出也。須須牟。④

暋汜(紀)洧反。日影也,日光顯於水陸也,日暋也。⑤

膉可從肉部。⑥

翯虵(他)騰反。鳥飛行皃也,高然也。⑦

曤扶菊反。晦也。豆支己毛利。⑧

胄齰治右[反],去;從(後)也,緒也,胤也,連也,續也。⑨

曹曺自勞反,平;輩也,羣也。

曺曹字。

暉暈二字同。或作輝、煇,同。虛歸、肝(旰)飛二反,平;光也,猶光明也。氐良須。⑩

暄多本作暄(喧),應誤;從口,喧。虛元反。溫也。⑪

暖暖二字,上字同。乃喚、奴管二反。或作煖。溫也。

晤魚故反,去;明也。悟字同。高也,照也,光也,晃也,暉也。⑫

鶻呼骨反。冢属也。

翌上立反。瓤也。⑬

---

① 注文"夫遠"當作"扶園"。《名義·肉部》:"膰,扶園反。"茲據校改。

② 注文"日"當作"月","肉"當作"月"。《説文·月部》:"朒,朔而月見東方謂之縮朒。"此蓋因誤從"日"而云"日出也"。《新撰字鏡·月部》有"朒"字。茲據校改。

③《廣韻·唐韻》:"卬,高也,我也。又姓,漢有御史大夫卬祇。""昂"與"卬"同。

④ 須須牟(すすむ【進む】)。

⑤ 注文"汜"當作"紀"。《廣韻·旨韻》:"暋,居洧切"。"紀"與"居"都是見母字。茲據校改。各本"日暋也"作"加介"(かげ【影·景】)。

⑥ 字頭原作"𦝠",他書未見,當是"膉"的俗字。《玉篇·肉部》:"膉,膉瀟也,生熟半也。"

⑦ 注文反切上字當作"他"。《名義·羽部》:"翯,他閣反。"《玉篇·羽部》:"翯,他盍切。"《玉篇·毛部》:"毻,他臘切。"茲據校改。又,"翯"字上部《説文·羽部》從"冃"。

⑧ 字頭其他字書不載,當爲"覆"的增旁俗字。豆支己毛利(つきごもり【月隱り·晦】)。

⑨ 注文"從"當作"後"。享和本、《群書類従》本作"後"。《名義·肉部》:"胄,後也。"茲據校改。各本末有和訓"由吕比(よろひ【鎧·甲】)"。

⑩ 注文"肝"當作"旰"。《名義·日部》:"暉,肝(旰)飛反。""旰"爲曉母字,與此字合。茲據校改。氐良須(てらす【照らす】)。

⑪ "多本作暄"之"暄",蓋爲"暄"字之誤,"暄"乃"暄"字之俗。《金石文字辨異·元韻》舉《南唐本業寺記》"寒暄之蒼翠聯環",邢澍按語謂:"暄作暄。"茲據校。

⑫ 注文"高"疑當作"亮"。"亮"與"明""照""光"等義更近。本書"亮"常訛作"高"。

⑬ "上"字疑當作"似"。《廣韻·緝韻》:"翌,似入切。"《玉篇·羽部》:"翌,似立切。"

旦徒旱反。朝也。末一點部。[①]

旦 上古文。[②]

曏達留反。昔也,猶前日也,發聲也。

是時衹(紙)反,上;則也,直也,正也,此也。[③]

曧語巾反,平;兩虎争也。

曡徒旱反,平;暍曡,燠狀也,温也,煩也。[④]

量吕張反,平。

香許良反,平。

暑舒呂反,上;熱也。

暟苦豈反。臨照也,美德也,嬍也。[⑤]

晅況晚反,上;乾燥也,日氣也。

昈五古反,上;明也。

暕古限反,上;擇也,明也。[⑥]

冕亡報(辨)反,上;冠。從冃,冕。[⑦]

暤胡老反,上;大暤也。

晻焉感反,上;冥暗也。

昝子感反,上;姓也。

曭他朗反,上;日不明也。

昶丑兩反,上;通也。

昫香句反,去;温也,暖也。

晬子内反,去;周年也。

旺于放反,去;美也,是也。

旺同作。姓也,德也。

㬥志(去)急反,入;欲燥也。[⑧]

---

① “末一點部”指“旦”又在“文下一點部”。

② “日”旁爲古文,參見“日”字古文第一形。

③ 注文“衹”當作“紙”。《名義·是部》:“是,時紙反。”《廣韻·紙韻》:“是,承紙切。”兹據校改。

④ 《廣韻》音“女閑切”“奴案切”,《名義》《玉篇》音“奴旦反”。此音不詳,疑涉上“旦,徒旱反”而誤。或是“難”字日語音讀,“難”日語有“なん”“だん”二音,“徒旱反”爲“だん”音。蓋日語拼讀“女閑切”爲“にゃあん”或“じゃあん”,與“難”字音不合而改。

⑤ 《方言》卷十三:“暟,美也。”郭璞注“暟暟,美德也。”“嬍”爲古“美”字。

⑥ “擇也”當是“揀”字義。

⑦ 注文“報”當作“辨”。《廣韻·獮韻》:“冕,亡辨切。”兹據校改。

⑧ 注文“志”當作“去”。《廣韻·緝韻》:“㬥,去急切。”兹據校改。

吸同作。亦從肉。①

曝補（蒲）木反，入；日乾也，曬。②

麿上古文。

曠苦謗反，去；久也，遠也，空也。久毛留。③

曩那良（朗）、乃良（朗）二反。久也，遠也。曠字同。④

昆孤魂、孔魂二反。貫也，昆弟也，周（同）也，兄也，㫒弟（晜）也。㫒，大合反。⑤

㫒〔㫖〕大合反。相及，古人，曜也，光也，照也，晃也。⑥

沓徒合反。重也。

稽古奚反。考也，同也，當也，計也，治也，合也，間（問）也，留止也。⑦

昌處羊、處揚二反。熾也，盛也，當也。

昌上字，亦從口。豆久己毛利。⑧

冒**冐**亡報反，去；覆也，蒙也，匿也。

曜亦作耀。弋羊（笑）反，去；照也，光明也，尒（示）也。又加久須，又氏良須。⑨

昭正音止遥反，平；著也，光也，明也，覲也。爲俗字。時昭反，去。⑩

照志遥反，平；光也。上字別。

昧莫割反。星也，日見，日中也。⑪

昧正莫猜（憒）反，去；冥也，〔昧〕爽，早旦也，貪冒也，觸冒也。借問骨反，入；未、末別也。旨，

---

① 《玄應音義》卷二十三“乾曝”條：“下又作吸，同。”《新撰字鏡·肉部》：“臕，丘及反。胸□（脯）也。亦從日。服，上字。在日部。”當以從“日”爲正。

② 注文“補”當作“蒲”。《廣韻·屋韻》：“曝，蒲木切。”兹據校改。

③ 久毛留（くもる【曇る】）。

④ 注文“良”當作“朗”。《廣韻·蕩韻》：“曩，奴朗切。”《名義·日部》：“曩，奴朗反。”兹據校改。

⑤ 注文“周”當作“同”，“㫒弟”當作“晜”。《説文·日部》：“昆，同也。”《説文·弟部》：“晜，周人謂兄曰晜。”段注：“昆弟字當作此，昆行而晜廢矣。”兹據校改。

⑥ 《説文·目部》：“㫒，目相及也。”注文“古人”疑有脱文。“曜也，光也，照也，晃也”當是“㫖”字釋義竄入此處，見下“㫖”字。

⑦ 注文“間”當作“問”。《廣雅·釋詁二》：“稽，問也。”兹據校改。

⑧ “豆”乃“昌”的草書楷化字，“昌”又爲《説文·日部》“昌”字籀文之隸定。“亦從口”當即指“昌”字。豆久己毛利（つくごもり【晦·晦日】），此和訓各本在“曜”字和訓“又加久須”上，疑當從。

⑨ 注文“羊”當作“笑”，“尒”當作“示”。《王一》《裴韻》《全王》《唐韻》：“曜，弋笑反。”“笑”俗又作“咲”，蓋底本脱“口”旁，“关”旁又誤作“羊”。《名義·日部》：“曜，示也。”兹據校改。加久須（かくす【隱す·匿す】），氏良須（てらす【照らす】）。各本“又加久須”上有“豆久己毛利（つくごもり【晦·晦日】）”，見上“豆”字條，此有二“又”字，疑“加久須”前奪一和訓。

⑩ “爲俗字”不詳，疑當是“昭”或“照”其中之一爲俗字，故下“照”字條云“上字別”，蓋指二字本別，俗或相混。又，此標“去”聲，注文“時昭反”疑當作“時照反”。

⑪ 注文“日見，日中也”疑當作“日中見昧也”。《廣韻·末韻》：“昧，星也。《易》曰：日中見昧。”疑所據底本作《易》曰：日中見昧，但誤“曰”爲“日”，又省字頭“昧”，導致訓釋不通，故改。

正作〻。①

　　曨力東反。欲明也,亮也,明也。

　　臁亦作癀。丁計反。可從肉,在疒部。

　　晏烏安反。亦作宴。安也,安止也,定也,日没,日入也。②

　　旬辞尊反,平;均也,徧也,時也。

　　盲之視反。𥄉,通作也;旹,正作也。美也。③

　　旿發音。闇也。已上七字皆起也、變也。④

　　曈地(他)孔反。次(欲)明也。⑤

　　咄芳昧、普佩二反,去;向曙色也。阿加止支。⑥

　　旭許玉反。旦日欲除(陞)也。日乃氐留。四字訓同。⑦

　　晨曟農晨曟辳晨七字同作。時仁反。時也,明也,旦也,早也。⑧

　　晙諸峻反,去;又作晙(朘)。日明也,早也,敬也。⑨

　　曤呼莫反。字同。⑩

　　昕許斤反,平;晨也。於保阿加止支,又阿志太。⑪

　　暘日出也,日光也。餘赤反。覆雲暫見也。

　　昜、易二形別。⑫

―――――――――――

① 注文"猜"當作"慣"。《名義·日部》:"昧,莫慣反。"茲據校改。字頭"昧"當與注文"爽"連讀成訓。又,"旨,正作也"當爲下文"言"字注文而誤入此處。

② 反切下字"安"疑誤。

③ "旨,正作也"原書亦竄入"昧"字之下。此處"正作"之"旹"字,或當據"昧"字下衍文作"旨"。《干禄字書》:"言旹旨,上俗中通下正。"本條各字或即出於《干禄字書》。

④ "發音"指"旿"與"發"日語音讀相同。"已上七字皆起也、變也",俟考。

⑤ 注文"地"當作"他","次"當作"欲"。《廣韻·董韻》:"曈,他孔切。"《廣韻·東韻》:"曈曨,日欲明也。"茲據校改。

⑥ 阿加止支(あかとき【曉】)。

⑦ 注文"除"當作"陞"。狩谷與《師説抄》等校作"陞",《考異》校作"昇",並是,二字同,但此字形似當作"陞",茲從校。日乃氐留(ひのてる【日の照る】)。"四字"蓋指上文"旿""曈""咄"三字及本條"旭"字。

⑧ "晨"爲"曟"之省,"晨"爲《説文·晨部》"晨"字篆文"𦥔"之隸定,其餘四字則爲"農"字古文,此處因形近而混爲一條。"農""曟"皆《説文·晨部》"農"字古文"𨑨"之隸變,"辳"爲"農"字籀文"𦦑"之隸定,"晨"字見《古文四聲韻·冬韻》,應爲《説文》"農"字另一古文"𨑦"之隸變。

⑨ 注文"晙"當作"朘"。《新撰字鏡·月部》:"朘,諸峻反。早也,明也。"茲據校改。《説文新附》:"朘,赤子陰也。"此正字當作"晙","朘"爲形近相混。

⑩ "字"上疑有脱文。《新撰字鏡·日部》:"暀,呼郭戈(反)。明也。"據音義疑即"曤"字。蓋"曤"又作"暀",故右旁誤作"官"。疑此"字同"當作"暀字同"。

⑪ 於保阿加止支(おほあかとき【大曉】),阿志太(あした【朝】)。

⑫ "二形別"三字原書用大字書寫。《佩觿》卷中:"昜易,上余章翻,光也;下音亦,變也。"可參。

晛那見反。日見，暉也。比乃加佐。①

暾上字同。

旰古汗反。日出三丈也，晚也，晏也。

晫勑角反。明也。

暠古道反。猶明兒。

杲上字。一作呆（泉）。②

映於敬反，去；照也，旁照也，翳也，不明也，照也。

暎上古文。③

曖於載反，去；旭也，隱也，暗也。

晰心析反。明也。

暐王輒、王甲二反。光明，熾也，猶光也，照也，明也，皎也，赫赫兒也。

暈上字，爆日。④

晉從口。子吝反，去；進也。晉，俗作。

晉從厶者非。

瑨上字。

暵（暵）去及反，入；欲干也。志保牟。⑤

暍於月反。傷熱也。阿豆加布。⑥

昒口（呼）没反，入；忽字。暗兒，猶忽也。⑦

晡甫于反，平；申時。由不佐利。⑧

暾土屯反，平；日初出時也，明也。豆止女天，又阿志太。⑨

暾旽二字上。⑩

昄蒲板反。火（大）也，善也。⑪

昏呼昆反。暗也，代也，强也。

---

① 比乃加佐（ひのかさ【日の暈】）。此“暉”當是“暈”的移位異體。《新撰字鏡·日部》：“暉暈，二字同。”各本“暉也”下有“光明也”。

② “一作呆”，下當從“水”。本書上文“㵰，大合反。相及，古人，曜也，光也，照也，晃也”，字頭原作“泉”，“曜也，光也，照也，晃也”即“杲”字義。

③ 字頭乃《説文·日部》新附“映”字篆文“暎”之隸定。

④ “爆日”疑是“爆”字移位俗字。“日”或當作“同”。

⑤ 志保牟（しぼむ【萎む·凋む】）。

⑥ 阿豆加布（あつかふ【扱ふ】）。

⑦ 注文“口”當作“呼”。《名義·日部》：“昒，呼没反。”茲據校改。

⑧ 由不佐利（ゆふさり【夕さり】）。

⑨ 豆止女天（つとめて【早朝】），阿志太（あした【朝】）。

⑩ “旽”爲“暾”的異體字，《玉篇·日部》：“暾，日欲出。旽，同上。”暾是暾的異體字，《新撰字鏡·日部》：“暾暾暾，三同。”此處因“暾”“暾”的聲旁俗寫形近，從而誤將“暾”視爲“暾”之異體。

⑪ 注文“火”當作“大”。《名義·日部》：“昄，善兒，大也。”《説文·日部》：“昄，大也。”茲據校改。

督都告反。亦尗(叔)字。正也,理也,察也。

督上字。

替他計反。廢也,減也,侍(待)也,止也。又從天。①

曅正音无願反,去也;長脩也,廣也,美也,澤也。借音武旦反,去;无也,突也。②

曼上字。

昕氣字古文。在气部。

晁除矯反。縣名。③

旷胡鼓反。交米(文采)也,赤文也。④

暤阿(何)老反。明也,旰也,晧旰光曜也。⑤

暤正作。⑥

晞朱(余)支反。日行也。⑦

昇皮返(延)反。喜樂皃。⑧

旻武巾反。愍也,秋天也。

旼上字。和也。

曇大含反,平。久毛礼利。⑨

晐古來反。備也,皆也,減(咸)也。詠(該)同。⑩

暬思列反。媟字。慢也,狎也,嬻也。

早子道反。晨也。

吻亡屈反。尚宜(冥)也,日月也。⑪

曙視據反。明也,旦明也。

旳都激反。明也。的字。

---

① 注文"侍"當作"待"。《爾雅·釋詁下》:"替,待也。"茲據校改。

② "去也"蓋衍"也"字,指去聲。

③ 《集韻·小韻》直紹切:"晁,晁陽,縣名,在東陽。"

④ 注文"交米"當作"文采"。《廣韻·姥韻》:"旷,文彩狀。"茲據校改。

⑤ 注文"阿老反"當作"何老反"。《名義·日部》:"暤,何老反。"茲據校改。字頭原作"暉",《名義》作"𤈩",右從"睪",是,但俗字常不別。《集韻·昔韻》夷益切:"𤈪,光也。或从火、从日。"爲另一字。

⑥ 《干禄字書》:"暉暤,上俗下正。"本條各字或即出於《干禄字書》。

⑦ 注文"朱"當作"余"。《名義·日部》:"晞,余支反。"茲據校改。

⑧ 《廣韻》《裴韻》《全王》《名義》《玉篇》《集韻》皆作"皮變反",此反切下字蓋"延"字之誤。"延"與"變"皆線韻字,《敦煌俗字典》"延"有"迻""迼"等字形,與"返"形近。

⑨ 久毛礼利(くもれり【曇れり】)。

⑩ 注文"減"當作"咸","詠"當作"該"。《原本玉篇·言部》:"該,《方言》:'該,咸也。'……晐字,在日部。"茲據校改。

⑪ 注文"宜"當作"冥"。《説文·日部》:"吻,尚冥也。"茲據校改。

景 羈影反。明也,大也,像也,光也,炤[也]。丙字。①

景 正作。

晚 莫遠反。後也,暮也。

巒 力見反。日昏時。

晦 呼憒反。昧也。

暓 奴禊反。日无光也。

旱 胡誕反。

昴 莫絞反。星名,宿也,雷(靁)也。②

曏 虛亮反。曩也。向字。属也,不久也。亦嚮字。

昨 前各反。昔也,累日也。亦肉。③

暫 蹔二同。才濫反。踔也。蹔字。

㬜 安(女)板反。赤皃。④

昔 思亦反。必(久)也,期,明日也,夜也,夕也,始也,古也,前也,昨也。⑤

㫺 同作。

否 亡乙反。不見也。

普 怖古反。大也,遍也,无日光也。

暻 渠敬反。明也。

曄 力涉反。日欲入也。

暮 綿故反。晚也,夕也,冝(冥)也,莫也。⑥

㬎 呼殄反。顯字。

晲 牛礼反。明也,日西跌也。⑦

虵 上字。⑧

暲 之羊反。明也。影(彰)字也。⑨

---

① 唐世祖名昺,唐人遇到從丙之字時需避諱,或以"景"字代之,故注文云"丙字"。又,字頭右旁注片假名"テラス(【照らす】)"。

② 注文"雷"當作"靁"。《詩·召南·小星》:"維參與昴。"毛傳:"昴,留也。"《名義·日部》:"昴,靁也。""靁"字俗寫常省作"雷",如《原本玉篇·广部》:"𥥸,屋檐爲雷(靁)字,在雨部。"茲據校改。

③ "亦肉"蓋"亦從肉"之省,俗字"日""月"旁常混,此指又可作"胙"。示部"祥"及"福"字注皆有"昨也",當作"胙也"。

④ 注文"安"當作"女"。《名義·日部》:"㬜,女板反。"茲據校改。

⑤ 注文"必"當作"久"。《玉篇·日部》:"昔,久也。"茲據校改。注文"期,明日也",當與《廣韻·昔韻》"昔,爲一昔之期,明日也"同出一源。

⑥ 注文"冝"當作"冥"。《廣韻·暮韻》:"暮,冥也。"茲據校改。

⑦ "日"下衍一"日"字。《名義·日部》:"晲,日跌也。"茲據删。

⑧ 字頭《玉篇》《廣韻》作"㐌",此當是"㐌"字之俗,"也""它"旁常可互換。

⑨ 注文"影"當作"彰"。《玄應音義》卷九"不彰"條:"又作暲,同。灼羊反。《廣雅》云:彰,明也,著也,亦表也。"茲據校改。

暒徐盈反。甚清,晴也。

晴上字。

暗(暭)呼郭戈(反)。明也。[①]

晲(晥)胡綰反。明星皃,實皃也。[②]

㬇胡管反。人姓。

昲孚味反。光皃,乾物也。

暳呼惠反。衆星皃,微少(小)之皃。[③]

暡於孔反。天氣不明也。

晊之逸反。至字。[④]

睄思姚反。宵也。

㫥徐緣反。嫙字。好皃。

旮渠基反。期古文。

晷(昸)冬字古文。[⑤]

㬙女涉反。爆字。小煙(熯)也。[⑥]

昉甫想反。適也。

曃勑愛反。曖也,不明也。

曡徒協反。重也。疊字。

魯力古反。参也[魯],鈍也。[⑦]

曾子恒反,平;則[也],重也,[曾]参也。[⑧]

智在矢部。

皆户哀反,平;皆悉也。[⑨]

---

① 字頭當作"暭",注文"戈"當作"反"。《名義·日部》:"曤,呼郭反。明也。"《集韻·鐸韻》忽郭切:"暭,暫明也。""暭"同"曤"。茲據校改。

②《龍龕·日部》:"晲,今;晥,正:胡管反,明也。""晲"乃"晥"字之俗。《詩·小雅·大東》:"睆彼牽牛。"毛傳:"睆,明星貌。"《詩·小雅·杕杜》:"有睆其實。"毛傳:"睆,實貌。""晥""睆""皖"幾字皆同。

③《詩·召南·小星》:"嘒彼小星。"毛傳:"嘒,微貌。"《詩三家義集疏》:"《韓》嘒作暳。"注文"少"疑當作"小",俗字二字不別。

④《經義述聞》"晊大也"條:"《釋文》:'晊,舊音之日反,本又作至,又作胵。'家大人曰:作至者是也。作晊者,涉上文昄字從日而誤。"可參。

⑤《集韻·冬韻》"冬"字古文作"㬌",從日冬聲,下部構件爲《説文·仌部》"冬"字篆文"㚒"之隸變;"㬌"隸定或作"昸",《名義·日部》:"昸,古冬字。"而底本字頭乃"昸"字之訛。

⑥ 注文"煙"當作"熯"。《廣韻·葉韻》:"㬙,小熯也。"茲據校改。

⑦《論語·先進》:"参也魯。"注文"参也"當與字頭連讀。

⑧ "参也"當與字頭連讀作"曾参也","曾参"爲孔子弟子之一。

⑨ 此反切疑是用反切拼讀日音。"户"音"こ","哀"音"あい",拼讀爲"かい",即是"皆"字日語音讀。《廣韻》音"古諧切"。

明武京反,平;晚(照)。通作。日、目部別。①

朙正作。《干禄》之文。②

暭昊二同。下者(老)反。在天部。③

望(朢)亡向反。十五日也。望字別。④

月部第三

册字

月牛厥反。太陰精也,闕也。

延(叵)上字。⑤

玉兔、銀兔、金波、銀輪已上皆月名。⑥

𠕁月古文。

朔所角反。[月]一日也。⑦

𦝠朔朔皆上字。

朔可,誤。⑧

肜(彤)徒宗反。赤也,丹飾也。⑨

---

① 注文"晚"當作"照"。《名義·明部》:"明,照也。"其中"晚"作𥇍,本條當誤以此爲"晚"。兹據校改。

② 字頭原作朙。《干禄字書》:"明朙,上通下正。"《説文·朙部》"朙"字篆文作⿰囧月,隸定作"朙",隸變作"明",即《干禄字書》所本。"朙"字隸變又作朙,如S.388《正名要録》"正行者雖是正體,稍驚俗,脚注隨時消息用"類:"朙,明。"作爲正體的"朙",《正名要録》與《新撰字鏡》同形。又,《新撰字鏡》上條云"日、目部別",指"明"字或作"朙"。

③ 注文"者"當作"老"。《廣韻·晧韻》:"昊,胡老切。"兹據校改。

④ 字頭"望"字當作"朢"。《説文·壬部》:"朢,月滿與日相朢,以朝君也。"同書亡部:"望,出亡在外,望其還也。"日月相望之"朢"本作"朢",瞻望之"望"本作"望",而後世通作"望"字,故本條云"望字別"。《説文》"朢"下段注云:"此與望各字。望从朢省聲,今則望專行,而朢廢矣。"

⑤ 《龍龕·辵部》:"延,音月。"同書匸部:"叵,古文月字。"武周新字用"叵"作"月","延""延"皆"叵"字俗寫。

⑥ 原書"銀兔"旁補入兩個"鏡"字,疑後人受日部"日"的別名"銅鏡"影響,將"銀兔"校作"銀鏡、兔鏡",非是。"銀兔"爲月亮的別稱,如五代無名氏《望江南》:"清露冷侵銀兔影,西風吹落桂枝花。"

⑦ 注文"一"上脱"月"字。《玉篇·月部》:"朔,月一日也。"《廣韻·覺韻》:"朔,月一日。"兹據校補。

⑧ "朔"爲"朔"相承用的隸變俗體。《干禄字書》:"朔朔,上通下正。"本條言"可",蓋指"朔"或作"朔",但因其爲俗字,故又言"誤"。

⑨ "肜"當作"彤"。下條𦝠朔所從的"月"亦"丹"旁俗寫。《隸辨》卷六:"從丹之字或作月,與從月、從肉、從舟之字相混無別。"《干禄字書》:"彤彤,上赤色,徒冬反;下祭名,音融。"

𦙝 蚋(蚋)二上字。①

期 正音渠基反,平;時也,限也,契約也,會也,要也。阿比牟須比波加留。②

朞 上字。九其反,平;周年曰朞,月數滿年者曰朞,不求四時。古從日,今從月。

旮冪二,期之古文。

𥇡 痟字。所景反,平;痟(痟)也,瘦也。作省者非也。③

騰 達曾反。傳也,我(乘)也,奔疾也。可從丹,作月者非。④

脱 吐活反,入;易也,漏失也,免也,輕也,可也,誤也,尒也,皮也,若也。⑤

服 房六反,入;用也,整也。

朝 直搖反。朝庭也。

明 武兵反。

明 明上字,在日部。⑥

朒 女六反。縮也,月見東方。⑦

朝 陟遥反。晨也。

勝 正舒陵反,平;任也,堪任也。借書證反,去;剋也,加也,制敵也。

勝 勝上正作。⑧

朕 直稔反。迹也,蹤也。

朓 吐彫反,平;吐鳥反,上;丑召反,去;晦而月見西方也,條也,疾所(行)也。⑨

暳 許惠反,去;小星兒。

萠 莫剛[反]。恾字。遽也。

胡 古音。羌也,何也,很也,大也,乎也。太加不。⑩

---

① "𦙝"字他書未見,當是"彤"的俗字,從赤、從丹。

② 阿比牟須比波加留(あひむすび【合ひ結び】はかる【計る・量る】)。

③ 注文"痟"當作"痟"。《玄應音義》卷十九"瘦痟"條:"《字苑》作痟,同。所景反。痟,瘦也,病也。《釋名》云:痟者,病也,如病者痟瘦也。經文作省,非體也。"茲據校改。

④ 注文"我"當作"乘"。《名義·馬部》:"騰,乘也。"二字草書形近而誤。茲據校改。《新撰字鏡·丹部》:"𦞅,達曾反。騰也,傳也,移書。騰,上字。"即"騰""騰"二字。但從"丹"無取,當從"舟"作"騰"。"騰"字從朕得聲,"朕"又從舟,灷聲(據段注)。

⑤ 《名義·肉部》:"脱,易也,誤也,皮也,遺也。"《廣雅·釋言》:"皮,剝也。"《廣韻·末韻》:"挩,可也。一曰輕。"《玄應音義》卷二"脱能"條、卷十四"脱過"條:"《廣雅》:脱,可也。尒也,謂不定之辭也。"今本《廣雅·釋詁三》:"挩,可也。"

⑥ 字頭後一字與上字"明"同,《新撰字鏡·日部》"明,日、目部別",或有一字當作"明"。

⑦ "縮"當與"朒"連讀成訓,段注本《說文·月部》:"朒,朔而月見東方謂之縮朒。"

⑧ 《干禄字書》:"勝勝,上通下正。"本條各字或即出於《干禄字書》。

⑨ 注文"所"當作"行"。《太平御覽·天部四》:"《尚書大傳》曰:晦而月見西方謂之朓。(鄭注)朓,條也,條達行疾兒。"茲據校改。

⑩ "胡"與"古"皆音"こ"。"乎也"各本作"平也"。此或指"胡"與"乎"皆爲語氣詞。《詩·秦風·權輿》:"于嗟乎。"王先謙《三家義集疏》述魯詩"'乎'作'胡'"。太加不(たがふ【違ふ】)。

晙諩峻反。早也,明也。

朏芳尾、普骨二反。三日之月皃。

朗力唐反。明也,誏也。①

朘徐充(兖)反。短也,卑(庫)心小兒。②

臉〔羸〕來闔反,又留合反。飢疲也。獵也,接也。類來反。③

謄徒登反。移書謄上。

朋薄登反。䰻也,比也,黨也。鳳字古文。

滕徒澄反,平;謂通徹囊也。④

腆他典反。重也,至也,承(美)也,厚也,善也。⑤

舜上字古文。

朒許訪反。有朒水也,屮ヨ(山)水。⑥

縢始孕反。綜也。支奴於留户。⑦

縢達曾反。繩也,行縢也。牟加波支也。⑧

晦乎再反,上;暝也。⑨

胎湯來反,平;肝胎一(三)月也。月、肉二形別也。⑩

肉部第四

三百八十四字

肉如陸反。肥也。

---

① 《廣韻》《全王》《裴韻》等皆音“盧黨反”,《名義》《玉篇》皆作“力儻反”,此音當誤。《新撰字鏡·舟部》:“䑋,力唐反。”“朗”又作“䑋”,疑此音涉“䑋”字音而誤。

② 注文“充”當作“兖”,“卑”當作“庫”。《玉篇·月部》:“朘,徐兖切。”《方言》卷十三:“朘,短也。”郭璞注:“便旋,庫小貌也。”“朘”乃“朘”之省。又,注文“心”字蓋爲“小”字之訛,其後“小”蓋爲旁記正字,故“心”字疑衍。又或“卑心”爲“卑也”之誤,與下“小兒”不相連。

③ “飢疲也”疑是“羸”字釋義。蓋左下“月”旁移到左邊,其餘部件因草寫而誤作“鼠”。“類來反”蓋是“羸”字倭音“るい”。

④ 《玄應音義》卷十三“又縢”條:“徒隥反,謂通徹囊也。”

⑤ 注文“承”當作“美”。《廣雅·釋詁一》:“腆,美也。”兹據校改。

⑥ “水”上殘。《裴韻·漾韻》:“朒,山名。”《字林》:“水名。”原殘字與“山”亦似。兹據校補。有朒水,《名義·肉部》“朒”字注同,疑指某地之河流名“朒水”。

⑦ 支奴於留户(きぬおるへ【絹織るへ】)。

⑧ 牟加波支(むかばき【行縢】)。

⑨ 此條原在“縢”字注文中。《廣韻·隊韻》:“晦,荒内切。”“乎再反”當是倭音“かい”。

⑩ 此條原在“縢”字注文中。肝胎一月,文獻皆作“三月”,下肉部亦同,此左旁有大字“青”字及片假名“コフ”(こう【請う·乞う】),未詳。疑“青”即“三月”之誤,當爲訂正此“一月”之誤。“肝”當是“妊”受下“胎”字影響而類化的俗字。

完（宊）上字。①

肧芳坏反，平；婦孕一月爲肧。②

胎湯來反，平；婦孕三月爲胎。胎，始也，養［也］，縣名。③

臛呼各反。肉羹也，有菜曰羹，無菜曰臛。

膳上扇反，去；亦作饍。餅也，肉也，進也。

腨時兖、汝怡二反。厚也。倭千尒反。腨腸也。古牟良，又波支。④

蹲髇上二字。⑤

臑上字。如之反。熟也，泣之皃。⑥

膊〔膞〕上字。視兖反，又補各反。肩也，脛也，切肉也。⑦

胹皆上字。

肋力得反。脅骨也。作勒者非。⑧

胜區放反。橫舉肘也。⑨

脛脛下定反，去；脚胻也；踁字。

股古文骰。公戶、苦固二反，上；固也，爲强固也。倭古於反。字豆毛毛。⑩

---

① 注文"完"當作"宊"。《干禄字書》："宊肉，上俗下正。"茲據校改。

② 注文"杯"原作"坏"，據《切韻》系韻書作"杯"，下同。

③ 《方言》卷一："胎，養也。汝潁梁宋之間曰胎。"又《水經注·淮水》："淮水出南陽平氏縣胎簪山。"此疑爲注文"縣名"所本。

④ "汝怡反"當是"臑"字音。此下"腨（腨），上字，如之反。""腨"與"臑"形近相混。倭千尒（せに）反，即"腨（せん）"音轉。古牟良（こむら【腓】），波支（はぎ【脛】）。

⑤ "髇"原作"𩑞"，當是"髇"的換旁俗字。

⑥ "泣之皃"當是"沺"字義。《廣韻·之韻》："沺，漣沺，涕流皃。"《玉篇·水部》："沺，不熟而臛，又涕流皃。"《原本玉篇·水部》："沺，《左氏傳》：'宰夫□□□□（沺熊膰不）熟。'野王案，《說文》：'沺，煮也。'……《聲類》亦胹字也，在肉部。"今本《左傳·宣公二年》："宰夫胹熊蹯不熟。"阮校："案《呂覽·過理篇》作'臑熊蹯'，李善注魏文帝《名都篇》亦引作'臑'，枚乘《七發》云：'熊蹯之臑'，注引傳文亦同。然《說文》云：'沺，臛孰也。'則作'胹'者俗字，作'臑'則更俗矣，《內則》作'濡'，亦是'沺'之誤。"可參。

⑦ 俗字"專""專"旁相混。此當分爲："膞，上字。視兖反。脛也，切肉也。""膊，補各反。肩也。""肉"字原作"完"，乃"肉"字俗體"宊"之變，下文"完"字皆作"肉"。

⑧ 《玄應音義》卷十四"脅肋"條："力得反。《說文》：'脅骨也。'字從肉。律文作勒，《說文》：馬頭絡銜者。勒非今用。"

⑨ 《玄應音義》卷十四"胜肘"條："區放反。橫舉肘也。未詳字出，此應俗語。《禮記》云'並坐不橫肱'是也。律文或作軭、佢二形，並未詳。"

⑩ 倭古於（こう）反，今音"こ"。字豆毛毛（うつ【固】もも【股】）。

腹方伏反。《詩》云，俻(循)也。腹，属。属，止欲也(反)。①

膁不見所出。馬乃志不支。②

脿(膊)古侯反。脚曲脿(膊)。此二字未詳。③

胅普包反。尿本曰胅，旁光也，尿囊也。

肬或作疣、默(默)。有流、耳(羽)[由]二反。皮外小結也，腫也，贅也。小曰肬，大曰贅。伊比保。④

肪府良反，平；囊(膏)也，肥也，腹油也。⑤

脄力酌反。略，治[也]。亦强取也。⑥

胂(腴)臾(庾)俱反。腹下肥也，腹也。腹(腴)，五藏腴也。⑦

腴上字，非。傷遇反。

脂三丹反，平；在腰曰肪，在胃曰脂。脂，脂也，謂脂脂也，人油也。

胲古才反。足大指。作"解"，謂腦絳(縫)解。⑧

胒〔昵〕女要(栗)、丁私二反，平；掌皮厚也。眰，親近也。昵，遂(亟)也。皮堅也。親胒(昵)，

---

① 注文"俻"當作"循"，"也"當作"反"。"俻"字《名義》誤同。《詩經》共兩處"腹"字。一爲《詩·周南·兔罝》，一爲《詩·小雅·蓼莪》。《詩·周南·兔罝》"公侯腹心"，顯非此訓也。《詩·小雅·蓼莪》："父兮生我，母兮鞠我。拊我畜我，長我育我。顧我復我，出入腹我。欲報之德，昊天罔極。"毛傳："腹，厚也。"鄭玄注："腹，懷抱也。"孔疏："母兮以懷任以養我，又拊循我、起止我、長遂我、覆育我、顧視我、反覆我，其出入門户之時常愛厚我。"是孔疏訓"拊"爲"拊循"，生、鞠、拊、畜、長、育、顧、復、腹，皆"生養撫育"之義。俗字"俻""循"二字常混，故此當是"循"字。《廣雅·釋親》："腹，属也。"《廣韻·燭韻》："属，之欲切。"茲據校改。

② 《倭名類聚鈔》卷三："膁，《唐韻》云：膁(苦簟反。和名於比之波利おびしばり【帶縛り】)腰左右虚肉處也。"馬(うま【馬】)乃(の)志不支(しふき)。"馬"各本作"鳥"或"烏"，當非。《考異》改和訓作"馬(うま【馬】)乃(の)志志不太(しし【獣·鹿·猪】ぶた【豚】)"，即"馬肉"之義。

③ 字頭及注文"脿"當作"膊"。《玄應音義》卷十四"脿(膊)中"條："相承古侯反。脚曲膊也。未詳何出，此應俗語耳。"徐時儀校："脿，《磧》作膊。"茲據校改。

④ 注文"默"當作"默"，"耳"當作"羽"，"耳"下奪"由"字。《說文·肉部》："默，籀文肬从黑。"《玉篇·肉部》："肬，羽流切。"《廣韻·尤韻》："肬，羽求切。"此條後一反切上字"耳"，蓋爲"羽"之誤，反切下字"由"據各本補。伊比保(いひぼ【飯粒】)。

⑤ 注文"囊"當作"膏"。《玄應音義》卷十六"肪膏"條："《說文》：肪，肥也，脂也。《三蒼》：有角曰脂，無角曰膏。"茲據校改。"囊也"二字右旁原似有删符，蓋"膏"誤作"囊"，於義無取，故删之。

⑥ 《玄應音義》卷十六"羈脄"條："下力酌反，《廣雅》：'略，治也。'亦'强取也'。文中作脄，疑誤也。"

⑦ "胂"當是"腴"的俗字，如《可洪音義》第十一册"膏腴"條，"腴"字原刻作"**胂**"，可參。注文"臾"當作"庾"，下"腹"當作"腴"。《玄應音義》卷二十"肺腴"條："下庾俱反，《說文》：'腹下肥也。'腴，腹也。經文作俞、腴二形，非也。"《廣韻·遇韻》："腴，五藏腴也。"茲據校改。

⑧ 《玄應音義》卷十七"腦胲"條："古才反。足大指也。案字義宜作'解'，音胡賣反，謂腦縫解也。""絳"爲"縫"的俗字。

亦數也。手豆牟。①

　　腜亦作衲（抐）。乃困反。柔脆。柄（抐）也，再生也。亦作嬾（嫩），近字。②

　　媵亦作伏。餘證、食證二反。

　　䀼万安反，平；視也；可從目。③

　　臏亦作髕。扶忍反，上；膝骨曰髕，又膝盖也。④

　　膔丘及反。胸脯也；亦從日。

　　服（吸）上字，在日部。⑤

　　腭或作齗（齱）。五各反。齒所居也。波之志。⑥

　　臚或作皻。力居反。皮也。

　　膚上字同。方扶反。縣名也，皮也，大也，美［也］，切肉也，剥也。⑦

　　胴同音。大腹。波良布止志。⑧

　　脾或作䏰。蒲米反。股外也。牟牟。⑨

　　胜上字同。［必］尒反。踝（踔）也，膝上尻下。母母。⑩

---

① 注文“要”當作“栗”，“遂”當作“亟”，“胝”當作“昵”。《玄應音義》卷一“親昵”條：“又作暱，同。女栗反。《爾雅》：‘昵，親近也。’又云：‘昵，亟也。’親昵亦數也。”“遂”字參《新撰字鏡·日部》“昵”字條注。茲據校改。字頭原作**𦘺**，俗字“日”“月”旁不分，此右旁又與“尼”形近，故混。手豆牟（手つむ【詰む·積む】），指“胼胝”。

② 注文“衲”“柄”當作“抐”，“嬾”當作“嫩”。《玄應音義》卷十九“腜㮞”條：“又作抐，同。乃困反。《字苑》：‘腜，柔脆也。’《通俗文》：‘抐，再生也。’又作嫩，近字也。”“嫩”是“嫩”的俗字。

③ 字頭當作“䁱”，故此處云“可從目”。

④ 《玄應音義》卷三《光讚般若經》音義“兩臏”條：“又作髕，同，扶忍反。《説文》：‘臏，膝骨也。’《蒼頡篇》：‘膝盖也。’”可參。

⑤ “服”字《集韻·合韻》呼合切云“肥也”，《漢語俗字叢考》謂“服”乃“服”的俗訛字，是。又《玉篇·肉部》“膔”除了訓作“胸脯”之外，亦訓“乾”，訓“乾”之“膔”當爲“暵”字之俗，而底本“服”則爲“吸”的俗字。《龍龕·日部》：“吸，或作：暵，正：欲燥也。”可參。見《新撰字鏡·日部》“暵”“吸”二字。

⑥ 《玄應音義》卷一“齗齱”條：“齱，又作腭、咢二形，同。”《龍龕·齒部》：“齱齗，二俗。齶，正。”“齗”爲“齱”字俗訛。波之志（はしし【齒肉】）。

⑦ 縣名，《漢書·郊祀志》：“凡四祠於膚施。”師古注：“膚施，上郡之縣也。”

⑧ “大腹”，《廣韻》《玉篇》《王一》《裴韻》《全王》等皆作“大腸”，《集韻·送韻》：“胴，大腸。”《集韻·董韻》：“胴，一曰食腸。”《名義》則“腹也、腸也”二義並出。《抱朴子·内篇·仙藥》：“或以玄胴腸裹蒸之於赤土下。”孫星衍校：“《大觀本草》引‘玄胴腸’作‘猪胴’。”似當以“大腸”爲是。波良布止志（はらふとし【腹太とし】）。

⑨ 各本有“脾腗䏰踔”四形。《集韻·薺韻》部禮切：“䏰，或作䏶、脾。”牟牟（むむ），各本作“毛毛（もも【股·腿】）”。

⑩ “同”下脱“必”字，注文“踝”當作“踔”。《玄應音義》卷十九“骼踔”條：“古文踔，同。蒲米反。《説文》：‘股外曰䏶。’江南音必尒反。經文作胜，非也。”各本亦作“必尒反”。茲據校補。母母（もも【股·腿】）。

腋之赤反，入；胳也。

胭或作咽、喠。喉〔也〕。一千、於見二反。①

肛呼江反，平；脹也，腹堅也。波良加太久波留。②

已上（下）《切韻》③

肨薄江反。脹皃。

胖（胮）匹降反，去；脹臭皃。④

腔苦江反。羊腔。

肥符非反。多肉也。

腓符非反。脚腨腸。⑤

腒衡（强）魚反。鳥腊也，失（央）也，久也。⑥

肢章移反。體也。

陒弋支反。東〔陒〕縣也。⑦

𦚯七移反。小腹（腸）。⑧

胂〔腴〕以脂反。夾脊骨也。⑨

胝處脂反。胈。

膴芒（荒）烏反。無骨腊。⑩

臍當嵇反。胜，胅腹。⑪

胜胡嵇反。臍，膜（腹）。同。⑫

腊古諧反。瘦也。

---

① 《玄應音義》卷二十五“鬼胭”條：“又作咽，同。一千反。胭，喉也。北人名頸爲胭也。”

② 波良加太久波留（はらかたくはる【腹固く張る】）。

③ 當云“已上《切韻》”，此上多是抄録《玄應音義》《原本玉篇》，此下則是《切韻》。

④ 字頭“胖”當作“胮”。《廣韻·絳韻》匹絳切：“胮，脹臭皃。”兹據校改。

⑤ 《王一》《全王·微韻》：“腓，脚腨腸。”《切二》《切三》同。

⑥ 注文“衡”當作“强”，“失”當作“央”。《全王》《切二》《切三·魚韻》皆“强魚反”，《切二》“强”字作“𢏾”，右旁與“魚”相似，又涉下字“魚”而誤。《名義·肉部》：“腒，乾雉也，央也，久也。”《廣雅·釋言》：“腒，央也。”兹據校改。

⑦ “東縣”之間蓋省略了字頭的省代號，《廣韻·支韻》：“陒，東陒縣，在樂浪。”兹據校補。

⑧ 注文“腹”當作“腸”。《廣韻·支韻》：“𦚯，小腸。”兹據校改。

⑨ 《廣韻》作“腴”，《全王》作“腴”，《切三》、P.3696B《切韻》皆作“胂”。《廣韻·脂韻》以脂切：“胂，夾脊肉也。”按，“腴”當同“胆”。“夾脊肉”爲“胂”字義。《廣韻·脂韻》羊朱切：“腴，肥腴。”《名義·肉部》：“胂，舒仁反。脊肉也，脢也。”此三字音義原不同，但因形近而相混，自《切韻》已然，後世沿襲，故《集韻·脂韻》延脂切：“胂，夾脊肉。或作腴。”“胂”與“腴”形近相混可參上文“胂（腴）”條注。

⑩ 注文“芒”當作“荒”。《廣韻·模韻》：“膴，荒烏切。”兹據校改。

⑪ 《廣韻·齊韻》：“臍，臍胜，胅腹。”

⑫ 注文“膜”當作“腹”。《廣韻·齊韻》：“臍，臍胜，胅腹。”兹據校改。

脄莫坏、莫代二反。脊側肉也。

脣食春反。

膜昌隣反。肉脹起。

膜[余真反。脊膜]。①

膰附袁反。祭餘肉。

腱居言反。肍(筋)肉也。

脮上字。

脡丑延反。魚□(醢)。②

腰於宵反。

膲即消反。[人之三]膲。③

臊蘇遭反。腥。

朏於靴反。手足曲病也。

腤烏含反。煮魚肉。④

𦠄腤二同。作含反。腤。⑤

腸直良反。詳也,道也。

腹腸正作。⑥

肓呼光反。心鬲上。⑦

胻胡朗(郎)反。脛。⑧

膨薄庚反。腫脹也。

鱐所鳩反。乾魚。

臉七廉反。力減反,上;臞也,縣熟。⑨

---

① 注文反切與釋義皆脱。《廣韻·真韻》翼真切:"膜,脊膜。"《全王·真韻》余真反:"膜,脊膜。"《切三·真韻》余真反:"膜,𦜕膜。""𦜕"當是"脊"的增旁俗字。茲據校補。

② 注文末字不清,左旁爲"酉"。《切三》《王一》《廣韻》:"脡,魚醢。"茲據校補。

③ 注文"膲"上脱"人之三"三字。《廣韻·宵韻》:"膲,人之三膲。"《全王》:"膲,人之心三膲胞(心胞二字衍)。"《切三》:"膲,人之三膲。"茲據校補。

④ "肉"原作"宍"。"宍"爲"肉"的俗體"宊"字之變,下文"宍"字皆録作"肉"。

⑤ 《廣韻·覃韻》:"腤,腤腤。"

⑥ "腹"乃"腸"的俗訛字。如《可洪音義》第九册:"刺胹,音福,正作腹。""腹""腸"形近易混。又《干禄字書》:"腸腸,上通下正。"本條各字或即出於《干禄字書》。

⑦ 《廣韻·唐韻》:"肓,心上鬲下。"《切三》《全王》:"肓,心上鬲。"《王一》:"肓,心上□。"《裴韻》:"肓,心隔(鬲)上。"《説文·肉部》:"肓,心上鬲下也。"段注改作"心下鬲上也"。疑"心下鬲上"是。

⑧ 注文"朗"當作"郎"。《切三》《王一》《裴韻》《全王》《廣韻》皆作"郎"。茲據校改。

⑨ 《廣雅·釋器》:"胚、臉、[縣],鎑也。"疏證:"鎑,古熟字也。夏竦《古文四聲韻》引《古孝經》熟字如此。《齊民要術》引《食經》云:'作縣熟法:豬肉十斤,去皮切臠,蔥白一升、生薑五合、橘皮二葉、秫三升、豉汁五合,調和蒸之。'各本皆脱縣字。《北堂書鈔》引《廣雅》:'胥、臉、縣,熟也。'《衆經音義》卷十五引《廣雅》:'臉、縣,孰也。'今據補。"

臕上字同。初減反,上。

臘徒登反。蚰也。

已上卅八字平聲

胣移尒反。引腹(腸)。《病(莊)[子]》曰"長洪胣"。洪,又弘也。①

肶如与反。魚不鮮。

脴呼猥反。腇脴,肍(腫)兒。②

腇焉(烏)賄反。腇,肥[弱]病。③

胦吐猥反。腇。

腂都罪反。脴。

𦙶刖通作。直引、余刃二反。腫也,瘡裂汁出也。痛字。④

脤時忍反。膰。

膄蘇本反。臏。⑤

膜蘇本反。切熟肉更煮。

脘脘二同。古短反。胃府。

臔胡顯反。害(肉)急也。

𦞦腠二同。姊兗反。臒汗(汁)少。⑥

𦠧𦝯通作欤之？奴浩反。⑦

脳上字。

膄烏告(浩)反。藏肉髀䏴(䏶胫)。⑧

---

① 注文"腹"當作"腸","病"當作"莊",且下脱"子"字。"胣"又作"胣"。《王三·紙韻》:"胣,引腸。《莊子》曰:長洪胣。"《切三》《裴韻》字頭作"胣",《切三》"腸"誤作"腹",餘同。《廣韻·紙韻》:"引腸。《莊子》云:萇弘胣。崔譔注云:胣,裂也。"今本《莊子·胠篋》作"萇弘胣"。兹據改補。

② 注文"肍"當作"腫"。《廣韻·賄韻》:"脴,腇脴,大腫兒。"兹據校改。

③ 注文"焉"當作"烏","肥"下奪"弱"字。《切三》《裴韻》《全王》等皆作"烏"和"肥弱病",《廣韻》作"烏"和"肥兒"。兹據改補。"腇"同"胦"。

④ 《廣韻·軫韻》直引切:"刖,杖痕腫處。""瘡裂汁出也。痛字"疑是"脪"字義,因"脤"與"刖"草書形近而混。《集韻·焮韻》:"腖,或作脪、痛。"

⑤ 注文"臏"下原有"腝,二同"三字。《新撰字鏡·肉部》:"脳,奴道反。余豆支。腝、䐖,堖三上字。"當是"脳(腦)"字注文竄入此處。

⑥ 注文"汗"當作"汁"。《廣韻·獮韻》:"腠,臒少汁也。"兹據校改。

⑦ 字頭皆"腦"的俗字,"𦝯"字又見《四聲篇海·肉部》。又,"之"字疑衍。又,上文"膜"字注文末尾有"腝,二同"三字,疑當附於此條,見上文"膜"字條注。各本作"𦠧腦,同。奴浩反。奈豆支(なづき【腦】)",但本書下文尚有"脳(腦),奴道反。奈豆支",蓋他本合二條爲一。

⑧ 注文"告"當作"浩","髀胫"當作"䏶胫"。P.3693《切韻箋注》《切三》《王一》《全王·皓韻》皆音"烏浩反"。此又屬"上聲",故當作"浩"。《名義·肉部》:"膄,䏶胫也。"《説文·肉部》:"膇,一曰鳥䏶胫。"兹據校改。

肬他減(感)反。肉汁。①

𦛨良將(弊)反。膜也,多味也。②

腩上字。

𦞅如兩反。肥也。

𦜞𦞧三文同作。③

脡他鼎反。脯[也],臟也,直也。④

已上上聲

膧本(平)祕反。狀(壯)大也。⑤

膟七醉反。鳥尾上肉也,肥兒也。

肚當胡(故)反。胍,大腹。⑥

膝胡計反。喉脉也。

䏑䜴例反。魚醬。

膌許靳反。瘡𠫗(肉)出。

腶都乱反。籤脯。

胖普半反。牲半體也,大也。

脘(腕)烏段反。手腕也。⑦

肐古(胡)段反。皰。⑧

膫力召反。炙也,肪也,牛𦜒也。

胒乃亞反。膩也。

已上去聲

肭諾骨反。膃。

腏多活反。挑取骨間兒(肉)。⑨

———————————————

① 注文"減"當作"感"。《切三》《王一》《裴韻》《全王》《廣韻》皆作"他感反"。茲據校改。

② 注文"將"當作"弊"。P.4917《切韻》、《切三》、《王一》、《裴韻》、《全王》、《廣韻》皆作"良弊反"。茲據校改。

③ 後一形右旁作"衰"。

④ 《名義·肉部》:"脡,脯也,臟也,直也。"

⑤ 注文"本"當作"平","狀"當作"壯"。《王一》《裴韻》《全王》《廣韻》皆作"平祕反"和"壯大"。茲據校改。

⑥ 注文"胡"當作"故"。《裴韻》《全王》《唐韻》《廣韻》皆作"當故反",此屬"去聲"字。茲據校改。

⑦ 注文"脘"當作"腕"。《王一》《全王·翰韻》烏段反:"腕,手腕。"《王一》字頭作"𦞄",《裴韻》字頭作"脘",形近而誤。茲據校改。

⑧ 注文"古"當作"胡"。S.6176《切韻箋注》、《王一》、《裴韻》、《全王》皆作"胡段反",《廣韻》作"胡玩切",《唐韻》"玩胡(當乙)反"。茲據校改。

⑨ 注文"兒"當作"肉"。《切三》《王一》《裴韻》《全王》《唐韻》《廣韻》等皆作"肉"。"兒"當爲"肉"的俗體"宍"或"㝛"字之譌。茲據校改。

膈符逼反。臆,意不泄也。

膌灰(疋)各反。割害(肉)也。①

腌於劫反。鹽清(漬)魚。②

胳古各(落)反。腋下也,肘後也。③

膃烏没反。内(朒),肥也。④

膟力述反。腹(腸)脂也。脅,腹(腸)間脂也。腎(臂)也。⑤

膞力决反。脇肉也,膫也。⑥

已上出自《切韻》

臖許應反。腫起也。

肤府隅反。膚字。

膹古依反。頰肉也。

脅虚業反。兩膀。

胂師(舒)仁反。脢也。⑦

胠慶盧(慮)反。腋下也,脅。⑧

肚張柳反。肝(肘)字也。⑨

肷古穴反。孔也。突字也。

膻徒亶反。肉袒也,免衣。

肣呼乞反。振胅(肳)也,響也。⑩

肸上字古文。

脈呼尤反。瘠也,人病肌隱軫者。⑪

---

① 注文"灰"當作"疋"。《裴韻》《全王》《廣韻》皆作"疋各反"。茲據校改。

② 注文"清"當作"漬"。《廣韻·業韻》:"腌,鹽漬魚也。"茲據校改。

③ 注文"各"當作"落"或"洛"。《全王》《唐韻》《廣韻》皆作"古落反",《裴韻》作"洛"。茲據校改。

④ 注文"内"當作"朒"。《廣韻·没韻》:"膃,膃朒,肥。"茲據校改。

⑤ 注文"腹"當作"腸","腎"當作"臂"。《廣韻·術韻》:"膟,腸間脂。"《禮記·祭義》:"取膟膋。"鄭玄注:"膟膋,血與腸間脂也。"《説文·肉部》:"臂,血祭肉也。膟,臂或从率。"茲據校改。

⑥ 《切三》《裴韻》《全王》《廣韻》皆音"力惙反",注云"脇肉"。《名義·肉部》:"膞,力决反。肉也,腸間肥也。"此字當是取《名義》音與《切韻》義。

⑦ 注文"師"當作"舒"。《名義·肉部》:"胂,舒仁反。"《玉篇》同。茲據校改。

⑧ 注文"盧"當作"慮"。《玉篇·肉部》:"胠,去劫、丘慮、丘閒三切。"茲據校改。

⑨ 注文"肝"當作"肘"。《玉篇·肉部》:"肘,張柳切。肚,同上。"茲據校改。

⑩ 注文"胇"當作"肳"。《説文·肉部》:"肣,振肣也。"段注改注文"肣"作"肳",並云:"'振肳'依《玉篇》。今本《玉篇》'肳'譌'胇'。十部曰:'肳謍,布也。'然則'振肳'者,謂振動布寫也。以疊韵爲訓也。鍇本云'振也',鉉本云'振肣也',皆非是。"茲據校改。

⑪ 《玄應音義》卷九"癮疹"條:"皮上小起痕跡也。今俗亦謂肉斗腫起爲癮疹,或言癮胐。《説文》:胐,瘢也。音丈忍反。論文作隱軫,非體也。"可參。

脙上字。脙。①

臞渠俱反。瘠也,少肉也。

胥之仍反。跃(騃)也,癡也。②

肤大結反。骨差也,腫也。

腫之勇反。瘣。

肴胡交反。俎也,豆實也,央(啖)。③

腯徒骨反。肥也,充皃也,盛也。

胇扶結反。肥肉也。

肶婢尸反。膍字也。

膘扶了反。脅前也,牛脅後髀。④

膟力李(季)反。血祭肉。⑤

膋膫字。膟也。

脯趺武反。乾肉也。

朒渠留反。干肉醬。

膹扶吻反。膲(臛)。⑥

膷虚羌反。"[膷]腫(臐)膮醢"。[膷]字"牛羹"也。⑦

臐乎(呼)雲反。臛也,膮也。⑧

牒治輒反。薄切肉也,論(淪)也。⑨

脀薄候反。肉醬。

脟如約(灼)反。肉表勒(革)裏。⑩

膬清芮反。耎易破也。脆字也。

---

①《廣韻·尤韻》:"脙,瘠也。脙,上同。"可參。此條字頭"脙"從"肉",注文"脙"從"月"。

② 注文"跃"當作"騃"。《名義·肉部》:"胥,之仍反。騃也,癡也。"《説文·肉部》:"胥,騃也。"茲據校改。

③ 注文"央"當作"啖"。《名義·肉部》:"肴,俎豆實也,啖也。"《説文·肉部》:"肴,啖也。"茲據校改。

④《説文·肉部》:"膘,牛脅後髀前合革肉也。"《玉篇·肉部》:"膘,牛脅後髀前革肉。"可參。

⑤ 注文"李"當作"季"。《名義·肉部》:"膟,力季反。"《廣韻·至韻》:"膟,力遂切。"二音同。茲據校改。

⑥ 注文"膲"當作"臛"。《説文》《玉篇》《名義》等皆作"臛"。茲據校改。

⑦ "反"下及"字"上奪"膷"字,注文"腫"當作"臐"。《禮記·内則》:"膳:膷,臐,膮,醢,牛炙。"鄭注:"膷,音香,牛臛也。"《王一》《裴韻》《全王》《廣韻》《名義》等皆云"牛羹"。茲據補改。

⑧ 注文"乎"當作"呼"。《名義·肉部》:"臐,呼雲反。"茲據校改。

⑨ 注文"論"當作"淪"。《玉篇·肉部》:"膪,膪滫也。"《集韻·緝韻》:"膪,《博雅》:淪也。"《廣雅·釋詁二》:"膪,爚也。"疏證:"爚、淪、鬻並通。""膪"爲"牒"的異體字,參見《鹽鐵論·散不足》"狗膪馬朘"句王利器校注。"論"當是"淪"字之誤,俗字"氵"旁與"言"旁易混。茲據校改。

⑩ 注文"約"當作"灼","勒"當作"革"。《切韻》《廣韻》《玉篇》《名義》等反切下字皆作"灼",雖"約"字亦可,但疑當改作"灼"。又,《説文·肉部》《名義·肉部》皆作"肉表革裏也"。茲據校改。

肺肺〔肺〕二同作。壯理反、孚穢反。密(飻)字。脯也。①

膀蒲方反,平;斤(片)曰膀,兩〔曰〕脅。加太保祢。②

胲古才反。足大指也,腦解也。足乃豆万毛止,又古牟良。③

脈苟吾反。脉也。血乃美知也。④

胍**脈**三同。

脂(脂)胡漢反。肥也,肉厚重大之皃。止止布,又古由。⑤

腹胶(胜)二同。釐陵反。尻下膝上也,胜也。母母。⑥

膝(膝)臣仁反。膜也。宇美,又太奈肉。⑦

胭市伊反。面也。於止加比。⑧

膢〔腰〕落侯反,平;八月祭也,背下也,膋。⑨

睹乃各反。瞻也。⑩

---

① "孚穢反"爲"肺"字音切,而"壯理反"則爲"肺"字音切。《廣韻·止韻》阻史切:"肺,脯有骨曰肺。"此處因"肺"字俗寫與"肺"相近而混爲一條。注文"密"當作"飻"。《説文·肉部》:"飻,食所遺也。肺,楊雄説:飻从弔。"茲據校改。

② 注文"斤"當作"片",兩"下奪"曰"字。享和本、《群書類從》本作"片曰膀,兩曰脅"。茲據改補。加太保祢(かたぼね【肩骨】)。

③ "胲"字重出,上文該條云:"古才反。足大指,作解,謂腦絳(縫)解。"足乃豆万毛止(あしのつまもと【足の爪本】),古牟良(こむら【腓】)。各本"足乃"下有"大指乃","牟"作"夫(ふ)",皆可。

④ 此反切爲"胍"字音。《廣韻·模韻》:"胍,古胡切。"血乃美知(ちのみち【血の道】)。

⑤ 狩谷校:"當作'腖','肥'義混'脂'。"《考異》亦云"當作腖"。《玉篇·肉部》:"腖,胡灌切。肥。"《玉篇·肉部》:"脂,徒骨切。豕曰脂。肥也。"據音義,似即"腖"字。從字形看,與"脂"形近。但"腖"字未詳所出,當非是。疑即"脂"的誤字,右旁誤爲"看"後而增音,反切是"看"字日語拼讀(かん)。《可洪音義》第二十九册"肥脂"條:"徒骨反。正作腤。""脂"與"脂"形似。止止布(ととふ【肥ふ】),又古由(こゆ【肥ゆ】)。

⑥ "胶"字享和本、《群書類從》本作"胶",疑皆"胜"字形誤。《可洪音義》第十五册"兩胜"條:"步米反。正作胜。"第三册"胜蹋嚷"條:"上步米反……第二卷作胜踚嚷。"二形皆變作"胜",右旁與"夌"形近。此"釐陵反"當是據訛變後的字形而加。母母(もも【股·腿】)。

⑦ 字頭享和本作"膝",《群書類從》本作"縢"。《新撰字鏡·肉部》:"膜,膠也。"《廣韻·屑韻》:"膠,膜膠。"此字當是"膠"字之誤。又,"臣仁反"當是右旁"秦"字日語音讀(しん)。宇美(うみ【膿】),又太奈肉(たなしし【たな肉】)。

⑧ 字頭疑爲"胭(即頤的換旁俗字)"字之誤。於止加比(おとがひ【頤】)。《新撰字鏡·頁部》:"頤,以之反。平:領也,養也,面也,頰也。於止加比也。""市伊(し)反"疑是右旁"閜"中"市"旁之音。

⑨ "背下也,膋"義當是"腰"字義,二字形近而混。

⑩ 《廣韻·黠韻》:"睹,莫八切。"《禮記·曲禮》釋文、《慧琳音義》卷十二"唯然"條等"諾"皆音"乃各反",此蓋據"諾"字注音。

胕（臂）市印反。胕（臂）。太太牟支。①

滕居憶反。肩下穴，𣎤之倚也，腋也。和支。②

膠七耳反。魚肉爛也，臭也。豆久佐之，又阿佐礼太利。③

肌羈師、舉疑二反。膚也。加波倍。④

膹勅龍反。奈太良加尓，又曾［比］也加尓，又万利利加尓。⑤

肍於力反。頸之下也，𣎤也。

䏙（睎）欣衣反。助（盼）也，望也，視也，氣也。保志自之，又佐加奈。可從目。⑥

胜桑丁反，平。奈万久佐志。⑦

胸近俱反，平；脯也，肴也。布久布久志。一曰地名也。⑧

𣎤古遟反。病也。加佐波太。⑨

膝都家反。抓病也，𣎤也，瘡也，疥也。⑩

膽古銜反。瞻也。伊。⑪

---

① 《龍龕·肉部》："胕，俗；胕，今：音四，腦蓋也。"此當非"胕"的異體。享和本、《群書類從》本注文"胕"作"辥"，即"臂"字俗體，疑當從。狩谷校："據訓恐'臂'之訛。"當是。市印（しん）反爲右旁"辛"字音讀。太太牟支（ただむき【腕·臂】）。

② 字頭疑即"腋"字之誤。"居憶反"即右旁"棘"字漢字音，也可以是日語音讀漢音（きょく）、吳音（こく）。和支（わき【脇·腋·掖】）。

③ "七耳（しふ）反"，乃"習"字日語音讀，參本書亻部"什"字條注。《玉篇·肉部》："膠，丈入、治輒二切。膠瀟也，生熟半也。"《禮記》云：腥也。""腥"義與此近。豆久佐之（つぐさしつ【臭し】），又阿佐礼太利（あざれたり【鯘れたり】）。

④ 加波倍（かはべ【皮辺·肌】）。

⑤ "比"字據各本補。奈太良加尓（なだらか【=穩やかな】に），又曾［比］也加尓（そびやか【聳やか】に），又万利利加尓（まりりか【円】に）。

⑥ 字頭當作"睎"，注文"助"當作"盼"。《名義·目部》："睎，欣衣反。望也，盼也。"茲據校改。各本"氣"上有"可從目"三字，無"可從目"，"氣也"爲"睎"字義。保志自之，各本作"保志自"（ほじし【脯·乾肉】），是。佐加奈（さかな【肴】）。《新撰字鏡·亻部》："脩，佐加奈，又保志自也。"蓋"䏙""脩"皆與"肴"形近而誤訓。

⑦ 奈万久佐志（なまぐさし【生臭し·腥し】）。

⑧ 布久布久志（ふくふくし【肺】）。"脯"與"肺"字形相混，故有此訓，見下"脯（肺）"條注。《漢書·地理志》有巴郡胸忍縣。

⑨ 加佐波太（かさはだ【瘡蓋·痂】）。《集韻·麻韻》："痂，《説文》'疥也'，或作瘌。""瘌"同"𣎤"。《師説抄》疑"病"爲"痂"字誤。

⑩ 《廣韻·禡韻》："𣎤，𣎤膝，不密。""𣎤"又同"瘌"。《集韻·麻韻》："痂，《説文》：疥也。或作瘌。""瘡"與"疥"義同。疑此"疥"當作"疥"。或"疥"當作"瘵"。《集韻·麻韻》："瘵，《博雅》：痕瘵，瘢也。或作膌、膝。"

⑪ "伊（い【胆】）"。《倭名類聚鈔·形體部·臟腑類》："膽，中黃子云膽（都敢反。和名伊），爲中精之府。"此"瞻"與"膽"形混。

胻側丁反。脚支比比須乃須知，又与保呂乃須知。脚之後大勠(筋)。①

脝許庚反，平；張也，脹也，又分脹也。波留，又布止留，又久佐留，又保止去留。②

胼敷耕反，平；䀅下也，腹也。皮上堅也，[胼]胘也。③

𦜝虚良反。羹之類也。牛乃阿豆母乃。④

腗公迴反。胞胳(胎)也，畜生之胳(胎)。⑤

膗公迴反。古江多利。⑥

𦝼上同。⑦

𦚾膮二[同]。虎堯反。豕肉臛。同爲乃肉乃阿豆毛乃也。⑧

肱古弘反。臂也，肩也，下也。可比奈。⑨

膠九兩反。人身肉𡗉也，肉中勠(筋)也。⑩

膠(膃)來乃(去及)反。欲乾。⑪

膎下佳反，平；脯也，肴也。布久布久志。⑫

肝公丹反，平；木精，青，有葉也。⑬

---

① 各本上"脚"字作"脚筋也"，則爲義項之一。脚支比比須乃須知(あしきびひすのすぢ【脚踵の筋】)，又与保呂乃須知(よほろのすぢ【膕の筋】)。

② 字頭原作"𦜝"，《廣韻》《玉篇》《群書類從》本作"脝"，《名義》《切三》《王一》《裴韻》《全王》、享和本皆作"脝"，此字頭當是由"脝"而誤。"張也，脹也"，各本作"脹也，肛脹也"。波留(はる【張る】)，又布止留(ふとる【太る・肥る】)，又久佐留(くさる【腐る】)，又保止去留(ほとほる)。保止去留，各本作"保登去"，《師説抄》疑當作"登保留"。

③ 《廣韻·先韻》音"部田切"，與此音不合，但從"并"或"平"之字有此音。《新撰字鏡·石部》："砰硑，二同。敷耕、披萌二反。""䀅下也，腹也"爲"骈"字義。《集韻·先韻》蒲眠切："胼，胼胘，皮堅。通作骈。"

④ 牛乃阿豆母乃(うしのあつもの【牛の羹】)。

⑤ 注文"胳"當作"胎"。《廣韻·灰韻》："腗，畜胎。"《廣雅·釋親》："殠、膜，胎也。"疏證："殠，或作腗。"茲據校改。

⑥ 古江多利(こえたり【肥えたり】)。

⑦ 字頭右旁乃"貴"字篆文"𧷨"之隸變。

⑧ 各本"二"作"同"，疑當作"二同"。肉乃阿豆毛乃(ししのあつもの【肉の羹】)。

⑨ "肩也，下也"疑當是"肩下也"。可比奈(かひな【肱・腕】)。

⑩ 注文殘字據形義疑爲"脊"。

⑪ 注文"來乃"當作"去及"。《新撰字鏡·日部》："暺(暺)，去及反，入；欲干也。志保牟。""暺，志(去)急反，入；欲燥也。"《名義·日部》："暺，丘及反，欲乾反(也)。"《名義·肉部》："膃，丘及反，欲乾也。""膃"蓋是"暺"的俗字。此反切當從日部作"去及反"。茲據校改。

⑫ 布久布久志(ふくふくし【肺】)，見下"脯(肺)"字。

⑬ 《白虎通》卷八《情性》："肝所以仁者何？肝，木之精也。仁者好生，東方者陽也，萬物始生，故肝象木，色青而有枝葉。"

脯（肺）孚穢反。布久布久之。①

膽都噉反，上；□（肝）也。②

胞補交反，平。子須。③

胃禹貴反，去。久曽不久吕。④

胃上字。

膼（腦）奴道反。奈豆支。⑤

膣膗**㛴**三，上字。⑥

膜忘各反，入；膌也。子乃兄，又太奈肉。⑦

膧（瞳）充之反。目屎。⑧

膟寧音反。亦作聹。耳屎。有（在）耳部。⑨

刖五刮、魚厥二反。折足也。⑩

跀上字，在足部也。

腤胡濫反。食肉。⑪

腏脂同作。⑫

腍如甚反。熟也。飪字。

臅齒欲反。膏，臆中膏。

脺千代反。大腹。

---

① 字頭“脯”當作“肺”。《名義·肉部》：“肺，孚穢反。”字頭即作“**胇**”，與“脯”形近，故易相混。茲據校改。底本此條旁注小字“有上同作欤？可尋之”，謂“脯”字上文已重出，待檢之意。本書上文已有“脯，跌武反。乾肉也”。布久布久之（ふくふくし【肺】）。

② 注文“肝”原殘作“**𦙚**”，疑當是“肝”字。《廣韻·敢韻》：“膽，肝膽。”茲據校改。

③ 子須（こ【子】す【巢】）。濱臣按：“胞所住，猶鳥巢意，故蓋訓古須（こす），子用訓。”

④ “胃”乃“胃”的增旁俗字。《龍龕·肉部》：“胃，俗通；胃，正。”久曽不久吕（くそぶくろ【糞袋】）。

⑤ 奈豆支（なづき【腦】）。

⑥ “膼”爲“腦”字書寫之異。S.388《正名要録》“字形雖別，音義是同，古而典者居上，今而要者居下”類：“膼，膗。”可參。“膣”“膗”則爲“腦”的俗字；《龍龕·肉部》：“膣、膗，俗；腦，古；膼，今。”而“㛴”當是“惱”字之俗，此處“惱”又爲“腦”的換旁俗字；《可洪音義》第二十二册：“人**㛴**，音惱。”“**㛴**”即“惱”。

⑦ 子乃兄（このえ【子の衣】），又太奈肉（たなしし【たな肉】）。

⑧ “膧”應爲“膛”字之訛。原字頭右旁有改字符，所改之字在此列天頭，即“膛”字。“膛”又是“瞳”之訛，而“瞳”乃“眵”的聲旁替換字。《龍龕·目部》：“眣、瞳，二俗；眵，正。”《名義·目部》：“眵，目垢也。”“目垢”與“目屎”義同。

⑨ “音”下衍“反”字，“有耳部”當作“在耳部”。

⑩ 《説文·艸部》：“折，斷也。”“斷”又作“斷”“斱”，“折”或其誤。《新撰字鏡·足部》：“跀，斷足也。”

⑪ 《説文·肉部》作“食肉不猒也”，底本當有脱文。

⑫ “腏”疑當作“𤊶”，或是衍字，蓋受下條影響而誤。《名義·肉部》：“腤，胡濫反，食肉不饜也，𤊶也。”《新撰字鏡·火部》：“𤊶，兼音。腤字。食肉不猒食。”

胒如志反。觔(筋)腱。

䐈於赤反。脰肉。

腌同作。

䐏扵(措)豆反。膚理。①

胚可。有註。②

胱胱二同。古黃反。脬。

腈記戲反。肉四掎(腈)。③

胋達兼反。美也,大美也。④

腇乃罪反。肉爛也,息(臭)也,敗也。⑤

臄渠略反。含也。嗛字。

脟枯礼反。腨。

腜諸力反。飢傷。⑥

膁詳廉反。熟也。

脞倉果反。細碎,无大略。

䏰補各反。脅也。

腣丁奚反。麿(膌)也。⑦

膌力狄反。强脂。

臀臋同字。乙竺反。膹。

賸之兗反。將也,切也。

臊(膔)先臥反。膏臀。

胝諸陵反。縣熟也,俎實也,臉也。⑧

膊胡故(故胡)反。臆中脂(大脯)。⑨

膈先結反。臆中脂。

胐上字。

---

① 注文"扵"當作"措"。《名義·肉部》:"䐏,措豆反。"茲據校改。

② 《玉篇·肉部》:"胚,餘之切,豬胚也。"《新撰字鏡·日部》:"咍(胎),羊ヽ(之)反。獸脂,豬羊之膔(胎)子名也。可從肉部。""可。有註"蓋指"胎"作"胚"可也,上文日部已有訓釋。

③ 注文"掎"當作"腈"。《玉篇》《名義》《廣韻》《裴韻》《全王》"腈"字皆訓"肉四腈"。茲據校改。

④ 《廣雅·釋詁一》《名義·肉部》:"胋,美也。"《玉篇·肉部》:"胋,大羹也。"此"大美"或當從《玉篇》作"大羹"。

⑤ 注文"息"當作"臭"。《名義·肉部》:"腇,乃罪反。臭敗也,肉爛也。"茲據校改。

⑥ "飢傷"不詳。《廣韻·職韻》:"腜,肥腸。"疑當從《廣韻》。

⑦ 注文"麿"當作"膌"。《廣韻·齊韻》:"腣,膌腣,强脂。"茲據校改。

⑧ 《廣雅·釋器》:"胝、臉,鍀也。"疏證:"鍀,古熟字也。"

⑨ 注文"胡故"當作"故胡","臆中脂"當作"大脯"。《名義·肉部》:"膊,故胡反。大脯也。"《玉篇·肉部》同。"臆中脂"當是涉下"膈"字注而誤。茲據校改。

胺一曷反。敗。

脚子力反。臌，膏澤。

臌子六反。脚也。

朘子雷反。赤子陰。

腷竹賣反。腏肉。

臞渠圓反。曲主（走）也，膌，大脽。①

膝疋聊反。膘，腫。

膘□（虚）聊反，平。②

膘同。腫也，欲作潰也。③

膃餘聲反。魯大夫戲伯名也。

胇蒲京反。脚（胈）也，牛羊脂。④

胈上列反。胇。

腘渠隕反。腹（腸）中腘脂。⑤

朏蒲骨反。映，朏齊。⑥

脖上同。

映於桑反。脖（脖）。⑦

膻丁安反。胡，大腹。⑧

臁徒載反。畫眉墨也。

胹胹二同。古（胡）證反。古文孕字。懷字（子）。⑨

腎於井反。瘦字。頸腫。

膵太（大）各反。肥。⑩

臗公載反。臀，腰。

---

① 注文"主"當作"走"。《廣韻·仙韻》："趰，曲走皃。""臞"當同"趰"。茲據校改。《廣韻·仙韻》："臞，臞膌，醜皃。""大脽"疑當作"大臞"，俟考。

② 反切上字原殘作"𧈙"。《名義》《玉篇》音"虚聊反"，茲據校補。

③ 上下兩"膘"字相同，其中一字疑當作"膘"，乃"膘"之異寫，"膘"字見《集韻·宵韻》虚嬌切。

④ 注文"脚"當作"胈"。《玉篇·肉部》："胇，胇胈，牛羊脂。"茲據校改。

⑤ 注文"腹"當作"腸"。"腹""腸"各書錯出，《玉篇校釋》："腸中多脂如困束也，今甬人烹食豬大腸曰圈者，當作此腘脂。"茲據校改。

⑥ 字頭殘，右旁作"学"。《玉篇·肉部》："脖，脖映，朏臍。""臍"字《王一》《全王》皆作"齊"。

⑦ 注文"脖"當作"脖"。《玉篇·肉部》："映，脖映。"《廣韻·陽韻》："映，脖映。"脖，周祖謨、余迺永皆校改作"脖"。茲據校改。

⑧ 《玉篇·肉部》："膻，膻胡，大腹。"

⑨ 注文"古"當作"胡"，"字"當作"子"。《名義·肉部》："胹，胡證反。盈（孕）字。懷子。"茲據校改。

⑩ 注文"太"當作"大"。《名義·肉部》："膵，大各反。"茲據校改。

肛丁定反。肛,肛食。①

脂倉導反。古文造字。就。②

胕扶付反。脯(肺)也,腹心也。③

腥揞(猗)角反。厚脂。④

[illegible]腰二同。古杏反。骾字。

臚壯加反。齇字。鼻上皰也。

膈除有反。府(疛)字。少(小)腹痛也。⑤

脂腈(䏮)同作。俎立反。肥出也。濈字。和也。⑥

膭視利反。欲也。嗜字。貪。

肦扶云反。頒字。大首皃。

膳胥流反。羞字。進也,恥。

脺先恣反。澀(腦)盖也,閉也。⑦

胴上字。

肕如振反。脯肉堅也。韌字。

膡在安反。殘字。餘。

胾上同。

臅渠月反。臅字。臅,上同作也。⑧

膗楚佳反。膪。

脲許梨反。屎字。呻吟。

胦居牒反。頰字。

腸呼丸反。𠱓,四凶。⑨

胼疋見反。半體。

①《玉篇·肉部》:"肛,肛食也。"注文後一"肛"原作重文符號,或衍。

②"脂"爲《説文·辵部》"造"的古文"艁"之訛。《原本玉篇·舟部》:"艁,古文或爲脂字,在肉部也。"

③注文"脯"當作"肺"。《廣韻·遇韻》:"胕,肺胕,心膂。"兹據校改。

④注文"揞"當作"猗"。《名義·肉部》:"腥,猗角反。"兹據校改。

⑤注文"府"當作"疛","少"當作"小"。《名義·肉部》:"膈,疛字。少腸(小腹)痛也。"《玉篇·肉部》:"膈,小腹痛也。"兹據校改。

⑥《原本玉篇·水部》:"濈,俎立反。《説文》:'濈,和也。'《埤蒼》:'濈,汗出也。'《字書》或爲䏮字,在肉部。"可參。

⑦注文"澀"當作"腦"。《玉篇·肉部》:"脺,肉脺,腦蓋也。"《名義·肉部》:"脺,朏(腦)蓋也。""腦"爲"腦"的俗字,又"腦"俗作"膗",故訛作"澀"。兹據校改。

⑧字頭"臅"從"肉",注文從"月"。

⑨腸𠱓,《尚書·舜典》作"驩兜",《古文尚書》作"腸𠱓"。

朦莫孔反。麻麥也,豐也。①

脭似金反。古姓也。

脣莫粉反。吻字。口邊。

肑伯卓反。豕腹肉也。箹字。豕神(腴)。臕字。②

腊徵於反。豕。

胈浦末反。"股無肢(胈),脛無毛"也,倒(剠)也。③

膇安郭反。善肉。

黜竹骨反。臀也,朕出也。

曝補卓反、薄駮二反。皮皰也,迫於火。④

胊户就反。肥牛脯。

胸壯句反。朕(膣)。⑤

腥先丁反,平;臭也,鮮(鮏)也。⑥

胜上字。

臊桑刃(刀)反。羶也,臭也。奈万久佐志。⑦

[膩]女致反,去;滑也,肥也。⑧

脈莫革反。血道也。

肘張柳反,上;臂節。比知。⑨

---

① 《方言》卷二:"朦、厖,豐也。"錢繹箋疏:"《大雅·生民篇》'麻麥幪幪',毛傳:'幪幪然,盛茂也。'義並與朦相近。"此處"麻麥"當截自《詩·大雅·生民》。

② 注文"神"當作"腴"。《集韻·覺韻》:"肑,豕腴。"《廣雅·釋親》:"肑謂之腴。"茲據校改。"臕字"不詳,或當作"豕腴臕",而"字"涉上"字"衍,俟考。

③ 注文"肢"當作"胈","倒"當作"剠"。《莊子·在宥》:"堯舜于是乎股無胈,脛無毛,以養天下之形。"《名義·肉部》:"胈,脛无毛也,剠也。"《廣雅·釋詁四》:"剠、創,傷也。"茲據校改。"倒"或當作"髭"。《説文通訓定聲·泰部》:"胈,《莊子·在宥》:'股無胈。'李注:'白肉也。'崔注:'髭也。'則謂髭即褐字。釋文或云當作載。《史記·司馬相如傳》:'躬腠胅無胈。'徐廣云:'腫也。'韋昭云:'胈中小毛也。'《漢書》作'躬傶胼胝無胈'。孟康云:'毳膚皮也。'《史記·李斯傳》:'而股無拔。'《集解》:'膚毳皮以拔爲之。'"

④ "迫於火"爲"爆"字義。《廣韻·鐸韻》:"爆,迫於火也。"《慧琳音義》卷六十"熟爆"條《韻英》云:"迫近火也。"

⑤ 注文"朕"當作"膣"。《名義·肉部》:"胸,膣也。"茲據校改。

⑥ 注文"鮮"當作"鮏"。《名義·肉部》:"胜,桑丁反,臭也。腥字,鮏字。"《説文·魚部》:"鮏,魚臭也。"茲據校改。

⑦ 注文"刃"當作"刀"。《名義·肉部》:"臊,桑刀[反]。"茲據校改。奈万久佐志(なまぐさし【生臭し·腥し】)。

⑧ 此條字頭脱,原在"臊"字注下。《名義·肉部》:"膩,女致反。滑也,上肥也。"茲據校補。

⑨ 比知(ひぢ【肘·肱·臂】)。

豚(豚)徒魂反。家(小豕)也。伊戸止尔。①

膛普江、普絳二反,去。

膿乃東反。瘡爛。

濃膃盜三字上同。②

脆潰(清)歲、此芮二反,去;世伊反。肉肥也,易斷也。毛吕志。③

肺字(孚)穢反。又弗音。布久布久志。脯、肺同字。④

脙胥疾、思餘二反。⑤

脉膝膝三字,同作也。

胇二正作也。⑥

脉。

膠具交反,平;固也。

豚肫同。之春、之罪二反。又太混(大昆)反,平;豕也。宜作独,猪字也。⑦

膒烏喉反,平;膏久脂也,饌也。

膏正公勞反,平;肥也,凝脂也,骨(滑)也,澤也。借古到反,去;猪油也。⑧

胥正思餘反,平;相也,皆也,靡,刑也,餘也,輔也,待也。借司夜、先布二反。蟹醬也。蝑同。⑨

胥上同,正作。⑩

背補賁反,去;脊也,北堂也,北也,後也。

臠正力官[反]。臠臠,瘠兒,一曰切肉也。借力轉反,上。

---

① 此條不詳。《師說抄》:"未詳。據音當作豚。《說文》:'豚,小豕也。''小豕'二字誤認作'家'字,所以又譯作'伊戸'。"(意譯)此說較合理,可從。伊戸止尔(いへ【家】とに),各本作"伊戸"。

② 《說文·血部》:"盜,腫血也。……膿,俗盜。"此處"濃"蓋爲"膿"的換旁俗字,而後兩字疑爲"盜"的增旁俗字。

③ 注文"潰"當作"清"。《名義·肉部》:"脆,清歲反。"茲據校改。世伊(せい)即"脆"的音讀。毛吕志(もろし【脆し】)。

④ 注文"字"當作"孚"。《集韻·廢韻》:"肺,或作胇。"《名義·肉部》:"肺,孚穢反。"茲據校改。布久布久志(ふくふくし【肺】)。

⑤ 字頭原作"胇",乃"膝"字之俗。《可洪音義》第九册:"右胇,音悉,正作膝。"可參。

⑥ "二"蓋指"胇"與上條之"膝"。《干祿字書》:"脉膝,上俗下正。"本條各字或即出於《干祿字書》。下條"脉"或當置於"胇"下。

⑦ 注文"太混"當作"大昆"。《爾雅·釋獸》釋文:"豚,大昆反。"茲據校改。

⑧ 注文"骨"當作"滑"。《名義·肉部》:"膏,滑也,澤也。"《廣雅·釋言》:"膏,滑,澤也。"茲據校改。

⑨ 《吕氏春秋·求人》:"傅說,殷之胥靡也。"高誘注:"胥靡,刑罪之名也。"字頭"胥(胥)"當與"靡"連讀成訓。《廣韻·禡韻》:"蝑,司夜切。"《周禮·天官·冢宰》釋文:"胥,息徐反。劉音素。《字林》先於反。蟹醬也。""先布反"與"素"音同。

⑩ 《干祿字書》:"胥胥,上通下正。"本條各字或即出於《干祿字書》。

胅亡坯反,平;孕始兆也。豆波利乃止支。①

歾□干反,平;殘字。獸食殘草,□歾。②

胆七余反。蟲在肉中,一云蠅子。

胅大欠反,去;啖同。肴。

臆於六(力)反。③

脢門回反,平;脊傍肉。曾志之也。④

腩南音。臞。志布氏。⑤

胯苦故反,去;股也。人乃毛毛。⑥

膻太(大)南反,平;厚味也。宇万之。⑦

胘下年反,平;肚也,牛百葉。三介,又三乃。⑧

朥户庚反,平;熟肉也。

膃(膹)於孔反。氣皃。⑨

胚大候反,去;項衡駕處也,猶項也。宇奈己不,又宇奈志。⑩

胙在故反。神祭餘肉也。

臂方至反,去;肱也。太太ム支。⑪

脹知上反。腹滿堅也。

膃古布反。膾。肉乃奈万須。⑫

胛古甲反。脥也,背胛也。⑬

---

① 豆波利乃止支(つはりのとき【悪阻の時】)。

② 注文前一殘字作"𣱛",後一殘字作"中",皆不詳。《廣韻·寒韻》:"歾,昨干切。"但形不似。獸食殘草,《切三》《王一》《裴韻》《唐韻》等皆作"獸食草殘",《廣韻·錯韻》作"獸食殘皃"。字頭"歾"從"肉",注文從"月"。

③ 注文"六"當作"力"。《裴韻》《王二》《唐韻》《廣韻》等皆作"於力反"。茲據校改。

④ 曾志之(そじし【膋宍】)。

⑤ 志布氏(しふて)。

⑥ 人乃毛毛(ひとのもも【人の股】)。

⑦ 《廣韻·勘韻》:"膻,他紺切。"爲去聲字。《集韻·覃韻》:"膻,徒南切。"此當從《集韻》作定母"大"。"太"和"大"本書常混用不別。宇万之(うまし【美し·甘し·旨し】)。

⑧ 三介(みげ【胘】),又三乃(みの【=牛の第一胃】)。

⑨ "膃"當是"膹"的俗字。《廣韻·董韻》烏孔切:"膹,氣盛皃。"

⑩ 宇奈己不(うなこぶ【項瘤·胚】),又宇奈志(うなじ【項】)。

⑪ 太太ム(牟)支(ただむき【腕·臂】),各本"ム"作"牟",此當是其省形。

⑫ "古布反",享和本、《群書類從》本作"石甲反"。《廣韻·葉韻》:"膃,而涉切。"《玉篇·肉部》:"膃,女洽切。"狩谷疑"石"當做"女"。或當讀爲"古布(こう)",爲"膪"字音讀,"膪"與"膌"形近相混,見上"膌(膪)"條字注。"膾"蓋爲"膌"字義,《集韻·葉韻》二字同。肉乃奈万須(ししのなます【肉の膾】)。

⑬ 古甲反,《切三》《王一》《裴韻》《全王》《唐韻》《廣韻》《名義》《玉篇》等皆作"古狎反",此蓋其省。

腈才積反。搜（瘦）也，蒲（薄）弱也。倭佐无反。豆比由也。①

膇思力反。奇（寄）肉也，惡肉也。波奈布志倍。②

胲徒冬反。痋也，痛也，痹也。③

睇吐提反。薄也。宜作遍遞（區匲）也。④

肚徒户反，上；腹也。腹，久曽布久留。⑤

脊子石反。背也。世奈加也。⑥

腊昔音。脯也，久也。支太比也。⑦

膕国音。曲脚中也。宇豆阿之。⑧

胗居忍反，上；脣瘡。⑨

胗之忍反，上；瘜胗，皮起。

牌文（父）脂反，平；牛及鹿之百葉也。⑩

腄□垂反，平；瘢胝也，縣名，瘡所，又行所也。⑪

肦布還反，平；爪端（分瑞）也。豆万佐支。⑫

---

① 注文"搜"當作"瘦"，"蒲"當作"薄"。《名義·肉部》："腈，臞也，薄也，瘦也，病也。"各本亦作"瘦也，薄弱也"。兹據校改。"佐无（さむ）反"不詳。豆比由（つひゆ【弊ゆ・潰ゆ】）。

② 注文"奇"當作"寄"。《玉篇·疒部》："瘜，寄肉也。亦作膇。"兹據校改。波奈布志倍（はな【鼻】ふすべ【贅】）。

③ 《玉篇·肉部》："胲，古疼字，痛也。"又《説文·疒部》："痋，動病也。"段注："痋即疼字。《釋名》曰：'疼，旱氣疼疼然，煩也。'按《詩》：'旱既太甚，蘊隆蟲蟲。'《韓詩》作'鬱隆炯炯'，劉成國作'疼疼'，皆旱熱人不安之皃也。"説是。"疼"當是"痋"的聲旁替換字；《龍龕·疒部》："痋，徒冬反，痋動病也；疼，音同上，疼痛也。"可參。又，"痹"同"痺"，《龍龕·疒部》："痺，正；痹，今：脚濕冷病也。"

④ 注文"遍遞"當作"區匲"。《龍龕·肉部》："膈睇，俗，正作區匲也。"兹據校改。

⑤ 各本無下"腹"字，此蓋衍。久曽布久留（くそぶくろ【糞袋】）。

⑥ 世奈加（せなか【背中】）。

⑦ 支太比（きたひ【腊】）。

⑧ 注文"国音"之後衍"反"字，今删。《廣韻》《名義》皆作"曲脚中"。宇豆阿之（うつあし【内脚】）。

⑨ "胗"當是"胗"相承用的俗字。《龍龕·肉部》："胗，通；胗，正。"

⑩ 注文"文"當作"父"。《廣韻·脂韻》："牌，房脂切。"《廣韻·脂韻》："魾，房脂切。"《玉篇·魚部》："魾，父脂切。"俗字"文""父"易混。《新撰字鏡·糸部》："索，上古父（文）。""文"誤作"父"。兹據校改。

⑪ 反切上字殘作"雅"，《廣韻》"竹垂切"，《名義》"筑垂反"，皆不似。《史記·秦始皇本紀》："於是乃並勃海以東，過黃、腄。"此"行所"蓋指秦始皇曾行過"腄縣"。

⑫ "肦"無爪端之義，"爪端"當是"分瑞"形訛。《切三·删韻》布還反："肦，爪（分）瑞。"《全王·删韻》布還反："肦，爪（分）瑞。"隔一字又云："班，分瑞。"分瑞，《玉篇·玉部》"班"字所引亦同，"分瑞"即"分瑞玉"，《説文·玨部》："班，分瑞玉。"故"肦"釋"分瑞"乃假借義。《禮記·王制》"名山大澤不以肦"，鄭玄注："肦，讀爲班。"《爾雅·釋言》"班，賦也"，郝懿行義疏："班，又與肦同。"可證。豆万佐支（つまさき【爪先】），指脚尖，與"肦"字釋義不符，蓋因承襲《新撰字鏡》"爪端"而誤訓。

腡花(落)和反。掌内文理也。亦作蠃(蠃)。手乃阿也。①

肱胝丁私反,平;掌皮手厚。手豆牟。②

腕王(亡)忍反,上;皮理細也,澤也。波太奈女良介之。③

腬耳尤反,平;面和也。於毛与之,又古比面。④

膪馳偽反,去;重膪病,則下重也。⑤

臀〔豆寸反。尻不佐〕。⑥

〔腍甚音。以糝煮肉也。腩字同。古奈加支。〕⑦

〔脊〕子赤反。背脊。今爲脊字。⑧

膋力季(舉)反。脄也,"脊相傳肉"是也。⑨

腎親(視)忍反,上;牟良志。⑩

臗𮣀同作。苦桓反。髖也。⑪

肛匈江反。膚。

膺於凝反。乳上骨也,當也,親也。

――――――――――

① 注文"花"當作"落","蠃"當作"蠃"。《切三·歌韻》《全王·哥韻》皆音"落過反",《廣韻·戈韻》作"落戈切"。蠃,享和本作"蠃",是也。《新撰字鏡·蠃部》:"蠃,落戈反,平;腡。"下中作"肉",但文獻無此字,蓋亦是誤字。《通雅》卷四十七動物·蟲:"蠃,即螺,通作蠡,別作腡。"《廣韻·佳韻》:"腡,古蛙切。"與"蝸"同音。《説文·虫部》:"蝸,蝸蠃也。"茲據校改。手乃阿也(てのあや【手の文】)。

② 各本無上"手"字。手豆牟(てつむ【手積む】)。

③ 注文"王"當作"亡"。享和本、《群書類從》本皆作"亡忍反"。《廣韻》此字有三音,皆明母。茲據校改。《名義·肉部》:"腕,無怨反。"《師説抄》云"忍"當作"怨",但《五經文字》有"亡忍反,又音問"二音,或不誤。波太奈女良介之(はだ【肌·膚】なめらけし【滑らけし】)。

④ 《集韻·有韻》忍九切:"腬,膼,面色和柔皃。或从頁。""膼"又作"腬",《集韻·尤韻》而由切:"腬,《説文》'面和也'。或从頁。"於毛与之(おも【面】よし【良し·善し·好し】),古比(こび【媚】)面。

⑤ "病"下疑當有重文符。

⑥ 此條注文原脱,據各本補。豆寸(とん)反,即"臀"字音讀。尻不佐(しりぶさ【尻臀】)。

⑦ 此條原脱,各本在"臀"與"腎"之間,暫補於此。《玉篇·肉部》:"腩,煮肉也。腍,同上。"古奈加支(こなかき【腍·糝】)。

⑧ 本條享和本、《群書類從》本作"臀,豆寸反。尻不佐"。底本注文應爲"脊(脊)"字音義。《玉篇·𠦝部》:"脊,子亦切。背脊也。今作脊。"《名義·𠦝部》:"脊,子亦反。脊也。"《王一·昔韻》:"脊,背。"隔十字又云:"脊,背脊。""脊"爲《説文·𠦝部》"脊"字小篆之隸定。茲據校改。

⑨ 注文"季"當作"舉"。《王一》《裴韻》《全王》《廣韻》等皆作"力舉反"。茲據校改。"脊相傳肉"不詳所出。

⑩ 注文"親"當作"視"。享和本、《群書類從》本作"視"。《名義·肉部》:"腎,視忍反。"茲據校改。牟良志(むらし),《倭名類聚鈔》作"無良止(むらし)",與此同,各本作"牟良登(むらと【腎·村戸】)"。

⑪ 字頭右旁乃"寬"字書寫之異,《可洪音義》第十五册"内寬"條,"寬"字原作"寬",可參。

腰(擥)於換反。捥也。惠尔反。①

腪充尹反,上;肥也。

膰扶遠(園)反。祭肉也。②

膱主式反。頭垢也。③

脺在目部。④

膹癋同。在疒部。

𦜕𦝱𦜿臟腹臟也。⑤

胕。

雨部第五

百廿字

雨正于主反。羽也,如羽動散故也。借于賦反,去;下也,短(矩)也。霸同。⑥

𠕲古文。

霚胡革反。字可從覀。礙也。亦作窢,今作核,同。孝(考)實事也。阿加利阿加利奴,又阿奈久留。⑦

霰索官、蘇官二反。雨不盛也,霖也,小雨。⑧

霣王閔反,上;落雨。阿女布利於豆。⑨

霾王(亡)皆反,平;雨土也。豆知。⑩

---

① 手腕之"腕",《説文·手部》作"擥",段注:"俗作捥。"又《龍龕·肉部》:"腰,古;腕,今。"朝鮮本《龍龕》亦作"腰",《大字典》録作"膟",失真。字頭"腰"即"腰"字之省,皆爲"擥"字之俗。"惠尔(えに)反",與"腕(わん)"音近。

② 注文"遠"當作"園"。《名義·肉部》:"膰,扶園反。"茲據校改。

③ 《集韻·職韻》:"𩯡,髮垢也。"楊寶忠《疑難字續考》:"'𩯡'字疑爲'膱'之易旁字。……'膱,油敗。''𩯡'訓髮垢,則'膱'字引申之義也。字或作'膩'。"此條可證其説。清唐訓方《里語徵實》"髮垢難梳曰膩"條:"膩音'職'。《毛詩》:'予髮曲局。'注云:'膩也。'膩又作𩯡,音全。"

④ "脺"當是"睭"字之俗,"在目部"意謂當以"睭"爲楷正。《廣韻·蕩韻》模朗切:"睭,無一睛。"

⑤ 第一、二字形俟考。

⑥ 《釋名·釋天》:"雨,羽也,如鳥羽動則散也。"注文"短"當作"矩"。《廣雅·釋天》:"雨,榘也。""矩"同"榘"。茲據校改。

⑦ 《玄應音義》卷十二"霚身"條:"霚,礙也。""窢"非"孔竅"字,乃"霚"字之俗字,俗字"雨""穴"旁相混。注文"孝"當作"考"。《名義·霚部》:"霚,覆考實事也。"茲據校改。阿加利阿加利奴(あかりあかりぬ【明かり明かりぬ】),又阿奈久留(あなぐる【探る·索る】)。

⑧ 索,《切三》《王一》《廣韻》皆作"素官反",《全王》作"素丸反",俗字"素""索"二字混,但聲母同。

⑨ 各本字頭有異體"霠"字。阿女布利於豆(あめふりおつ【雨降り落つ】)。

⑩ 注文"王"當作"亡"。《詩·國風·終風》釋文、《爾雅·釋天》釋文"霾"字皆音"亡皆反"。茲據校改。各本無"土也"二字,或此"豆"上當補"雨"字,各本省略"雨土也"。豆知(つち【土·地】)。

霏上一本作。

霓〔寬〕思見反。綽也，大雪也。①

霰霓二同，上字。②

震真慎反。雷也，重也，卦也，動也，驚也，礔礰也。③

霩霺二上古文。④

需息俱反。凝也，待也，不進也，須也。⑤

霽子計、子詣二反。〔雨〕止也。日波礼奴。⑥

靈力丁反。善也，福也。

靈同。在玉部。

霝上古文。⑦

龗龍字。

霝作非。⑧

霆陟佳反，平；雷也。在之(辶)部。⑨

霚(霢)序助、如序二反。霖也，起也，霍也。奈加阿女。强也。⑩

電達見反。珍也，珍滅也，有光而未發聲。

申上古文。⑪

霤(霤)力救反。自屋水流下。阿米志太太充。⑫

---

① "綽也"當是"寬"字義。《爾雅·釋言》："寬，綽也。"《名義·宀部》："寬，遠，愛，綽，裕也，緩也。"《名義》"寬"字頭作"寬"，與此字頭似。

② 第二個字頭當是"寬"或"霓"字俗訛。

③ 《説文·雨部》："震，劈歷振物者。"段注："霆，霹靂也。然則古謂之霆。許謂之震。""礔"與"礰"皆同"霹"。《集韻·錫韻》："礔，礔礰，石聲。"此或有誤。

④ "霩"爲《説文·雨部》"震"字籀文，"霺"字見《名義·雨部》。

⑤ 凝，《名義·雨部》同，《左傳·哀公六年》"需，事之下也"《左傳·哀公十四年》"需，事之賊也"，釋文皆"需，疑也"。"凝"與"待也，不進也"義亦近。

⑥ 注文"止"上奪"雨"字，各本皆作"雨止也"。《説文》《廣韻》《玉篇》《名義》等皆作"雨止也"。茲據校補。日波礼奴(ひはれぬ【日晴れぬ】)。

⑦ 《玉篇·龍部》："龗，力丁切，龍也，又作靈；神也，善也。"

⑧ "霝"爲"靈"的俗字。《隸辨·青韻》《王稚子闕》'漢故先霝侍御史'"，顧藹吉注："霝，即靈字，復變從亚。"

⑨ "辷"俗作"之(辶)"。但本書辶部無此字，疑有脱漏或訛混。

⑩ 字頭狩谷校改作"霍"。《廣韻·遇韻》之戍切："霍，霖霍。"《玉篇·雨部》作"霍霖"。茲據校改。但此條音義俟考。奈加阿女(ながあめ【長雨】)。

⑪ 字頭原作"申"，即《説文·雨部》"電"字古文"申"的隸定字。

⑫ 阿米志太太充(あめしたたる【雨滴る】)，各本末字作"留(る)"，"充"當是"流"字省。

雷霝(靐)二,上同。①

霻二,雷字古文。②

雰敷雲反,平;氣也,雪落兒,雪霧也。

罪敷非反,平;雪降兒。由支不留。③

霏上字。

霖亡箴、武泊、牟佰三反。霖也,雪雨交下也。

霖亡谷反。上字同。志久礼,又三曾礼。④

雩越俱反。旱也,雨引(祈)也。⑤

霠霠(霠)同。陰音。霞。⑥

霶普郎反,平;大雨也。

霈普盖反。流溢也。雨盛尔不留也。⑦

零力丁反。餘雨也,降也,落也,随(堕)也。⑧

霹普歷反。大雷震也。

靂理檄反、力狄反。雷乃不女留木。⑨

霑亦作沾。致廉反。沾清(漬),溺也,濡也,潤也,濕也,漬也。⑩

雹〔雹〕胡郭反。覆(覆)也。雙字同。⑪

霓(霓)唯辟反。大雨也。⑫

---

① "靐"與上條"雷(雷)"并非一字,底本蓋因二字形近而言"二上同",進而又將"靐"字音義省略。"靐"乃《説文·雨部》"雷"字篆文"靐"之隸定(今隸省作"雷");"靐"乃"靐"字籀文"靐"之隸變,《名義·雨部》:"靐,籀文。""靐"亦與"靐"形近,可資比勘。又,"靐"字《陵方罍》作"靐"、《父乙罍》作"靐","靐"字構件"乚"乃"丿""勹"(即"申"字,乃"電"初文)之變。

② 《四聲篇海·田部》:"霻,音雷。"注文"二"蓋指"霻"及上條"靐(靐)"字。

③ 由支不留(ゆきふる【雪降る】)。

④ 志久礼(しぐれ【時雨】),又三曾礼(みぞれ【霙】)。

⑤ 注文"引"當作"祈"。《説文·雨部》:"雩,夏祭樂於赤帝以祈甘雨也。"段注:"《公羊傳》曰:大雩者何?旱祭也。"茲據校改。

⑥ 《説文·雲部》:"霠,雲覆日也。"段注:"今人陰陽字,小篆作霠昜。"後一字頭蓋形音義與"陰"近,故下旁誤作"陰(陰)"。

⑦ 雨盛尔不留(あめさかりにふる【雨盛に降る】)。

⑧ "餘雨",《説文·雨部》同,《廣韻》引、《玉篇》注及《太平御覽》引皆作"徐雨",段注據改。《説文句讀》:"竊以今語謂餘曰零,或沿古語,故不改。"《説文通訓定聲》:"又今用零星字,畸餘瑣碎之意。""餘"字或不誤。注文"随"當作"堕"。《廣雅·釋詁二》:"零,墮也。"茲據校改。

⑨ 雷乃不女留木(いかづち【雷】のふめる【踏める】き【木】)。

⑩ 注文"清"當作"漬"。《廣韻·鹽韻》:"霑,漬也。"茲據校改。

⑪ 注文"覆"當作"霓"。《廣韻·鐸韻》:"雹,霓雹,大雨。"茲據校改。"雙字同",當是指"雹"字,即"兩隻"的會意俗字。俗字"雨""兩"旁常相混。

⑫ 字頭"霓"當作"霓"。《名義·雨部》:"霓,惟辟反。大雨。"見上條校注。茲據校改。

雪思説反、私終二反。"庚辰,大雨雪"也,凡平地尺爲大雪。拭也,恥也,除也。①

雩䨮二上字。②

雪上古文。

雿正呼郭反。飛聲也,小雀也。借浸(綏)彼反,上;露垂兒也,靡也。③

霍上字。

霸古正普格反。謂月之形无光[處]暗晦者。把也,言把持諸侯之權也。今並爲魄字。借補賀(駕)反,去;今爲正。伯也,迫也,与(長)也。④

覆(覆)正孚鞠反。倒也,亡也,毀也,棄也,審也,反覆也。借孚富反,去;盖也,蔭也,蔽也,驗也,效也,敗也,近也。可從襾,非。雨作。⑤

霆在之(辵)部。

霅徒合、索合二反。雨也,敛(散)也,振電兒,衆言也。⑥

霮所成(咸)反。微雨也。⑦

零力各反。雨零也。落字。

霖胡耽反。久雨也,霖。

霣才私反。雨聲也。濱字。久雨曰涔濱也。⑧

霏柯覈、疋各二反。雨霏濡革。

露力固反。潤澤也。

霜所張反。白露凝。

<hr>

① 《左傳·隱公九年》:"庚辰,大雨雪。……凡雨,自三日以往爲霖,平地尺爲大雪。"
② 前一字頭疑是"雪"的草書楷化字。"恥也"當連字頭讀作"雪恥也"。
③ "小雀也"疑是"雈"字義。《説文·萑部》:"萑,小爵也。"段注:"爵當作雀。""萑"與"霍"形近易混。注文"浸"當作"綏"。《玉篇·雠部》:"雿,又綏彼切。"茲據校改。
④ "光"下奪"處"字,注文"賀"當作"駕","与"當作"長"。《慧琳音義》卷十八"失魄"條:"顧野王云:魄者,謂月之形無光處暗晦者也。"《廣韻·禡韻》:"霸,必駕切。"《裴韻》《全王·禡韻》:"霸,博駕反。"《慧琳音義》卷八十五"談霸"條:"賈注《國語》云:霸,把也,把持諸侯之權,行方伯之職也。"《釋[名]》:迫也,脅也。……《考聲》云:長也,伯也,居衆之長,方伯之任也。"茲據補改。"今爲正"蓋指"今以魄字爲正"。
⑤ 《説文·襾部》"覆"字從襾,隸變從襾或雨。"近也"不詳。
⑥ 注文"敛"當作"散"。《漢書·揚雄傳》:"雷然陽開。"顏注:"晉灼曰:雷,散也。"茲據校改。
⑦ 注文"成"當作"咸"。《廣韻·咸韻》:"霮,所咸切。"《玉篇·雨部》:"霮,所咸切。"《名義·雨部》亦誤作"成"。茲據校改。
⑧ 《玉篇·雨部》:"霣,又才私切。霣,上同。"《名義·雨部》:"霣,才私反。"此字頭原作"霣",右旁蓋爲"賫"形訛,後又訛爲"真"或"頁"。"賫"與"資"同。

霢武鉤、武公二反。闇也。①

霁上字。地氣發而天不應也。②

霧霿二字同。亡矛二反。天氣下而地不應。③

霓蜺五奚、五結二反。虹也，陰氣。

霟山立反。雨聲也。

霫先立反。大雨也。

霅上字。④

霑丑涉反。小雨也。

霮子廉反。漬也，微雨。

霅胡夾反。徹也。洽字。

䨏（霳）徒曆反。雨也。⑤

囊乃章反。瀼字。零露盛皃。

霮徒桓反。露盛多皃。

霿乃東反。濃字。露厚多皃。

霂扶尤反。浮字。

霂莫公反。雨也。濛字。

霺虛鬼反。虺子（字）。⑥

霬佥二陰字也。⑦

霖了（子）廉反、力艷反，平；小雨也，濡，小霈也。⑧

霁上在霢字。亡侯反，平；地氣發而天不應也。

霈且奚反、七迷反。雨聲也，雨止也。

霭於葛反。乎加利。⑨

---

① 注文"武鉤"原作"鉤武"。《名義·雨部》："霢，武釣（鉤）反。"《爾雅·釋天》："天氣下地不應曰霧。"釋文："或作霧字，同。亡公、亡侯二反。"黃焯匯校："霧，宋本同，盧本依《説文》改作'霿'。黃云：《爾雅》《説文》傳本互異，各從其本，盧改作霿，非。又《書》釋文'霁，徐音亡鉤反'，今本作'霢'，段謂衛包所改。"又，本書下"霁，上在霢字。亡侯反，平"可證。茲據乙正。

② "字"字原誤在"發"下。此釋義與《説文》同，與《爾雅》反。

③ 亡矛二反，"二"字疑衍，抑或脱一反切。

④ 《玉篇·雨部》："霅，丑立切。霅霫。"《名義·雨部》："霅，日（丑）立反。霫也。""霅"與"霅"非異體字，蓋義同而混。

⑤ 字頭"䨏"爲"霳"的俗字。《廣韻·錫韻》徒歷切："霳，雨也。"《全王》即作"䨏"。

⑥ 注文"子"當作"字"。《詩·邶風·終風》："虺虺其靁。"《名義·雨部》："霺，雷震。""霺"當是"虺"的增旁俗字。茲據校改。

⑦ 《集韻·侵韻》於金切："霬，《説文》：'雲覆日。'或作霬。"第二字上旁原有"霬"，蓋衍。

⑧ 注文"了"當作"子"。《玉篇·雨部》："霖，子廉、力豔二切。"茲據校改。

⑨ 乎加利（ふかり），"乎"字《群書類從》本作"乎（を）"，享和本作"牟（む）"。

［霝力函、力潛二反。久雨也。奈加阿女。］①

雹於儉反。

霚於今反,平;雲覆日。

［霖］力沉(沉)、呂(呂)深二反。雨三日已上。②

霎山輒、山洽二反。小雨。

霹息顯、私貰二反,平;微也。古作女。③

霑之融反。小大雨。④

霙〔霙〕於卿反,平;白雲也,雨雪雜。⑤

霰私見反。稷雪也,暴雪也。

霴張立、都念二反。寒也,早霜也。

霔王中反。一雨也,水音也,雨行。⑥

雹波角反。雨沐(冰)也。志久礼,又阿良礼。⑦

雹上字。

雪上古文。

霦所革反。霰也。

霄〔宵〕私焦、真(息)遥二反。霰也,昧也,暮也,夜也,一曰近大(天)赤氣。⑧

雰疋包、普岡二反。雪盛兒,大雪雪盛降。⑨

雰上字。

---

① 各本此條在"霝"與"雹"之間,暫列於此。字頭據大東急本,其他本下旁誤作"廣"。《廣韻·鹽韻》力鹽切:"霝,久雨。""霝"同"霝"。奈加阿女(ながあめ【長雨】)。

② 字頭原奪,注文附在"霚"字注後。注文"沉"當作"沉","呂"當作"呂"。《廣韻·侵韻》:"霖,力尋切。""力沉反""呂深反"與"力尋切"音同。《説文·雨部》:"霖,雨三日已往。"兹據補改。

③ 古作女(こさめ【小雨】)。各本作"微雨也。古佐女"。

④ 《説文》《廣韻》《全王》《名義》《玉篇》等皆作"小雨",此蓋衍"大"字。

⑤ 《名義·雨部》:"霙,於黨反。白雲。"《玉篇·雨部》"霙,於黨、於良二切。霙霙,白雲兒。"《廣韻·陽韻》於良切:"霙,霙霙,白雲兒。"《廣韻·庚韻》於驚切:"霙,雨雪雜也。"《玉篇·雨部》:"霙,於京切。雨雪雜下。"《名義》無"霙"字,二字或同。又反切下字"卿",據"於驚切""於京切"則當作"卿",據"於良切"則當作"鄉"。

⑥ "王中反。一雨也"疑有誤。《廣韻·遇韻》"霔,王遇切"。《新撰字鏡·雨部》:"雨,霔同。"

⑦ 注文"沐"當作"冰"。《説文·雨部》:"雹,雨冰也。"各本"雨沐"作"霖"或"霖","雹"字文獻無"霖"或"霖"義,當誤。兹據校改。志久礼(しぐれ【時雨】),又阿良礼(あられ【霰】)。

⑧ 注文"真"當作"息","大"當作"天"。《廣韻·宵韻》相邀切:"霄,近天氣也。""息"是心母字。《切三·宵韻》:"霄,近天赤色。"《全王·宵韻》:"霄,近天赤氣。"兹據校改。"昧也,暮也,夜也"當是"宵"字義。《説文·宀部》:"宵,夜也。"《廣韻》《玉篇》《名義》等同。二字形近音同,故混。

⑨ "大雪"下原有重文符,疑衍。

霮徒感反,上;雨狀也。①

霽徒潰反。黑雲也,雨狀。

霪以針反,平;雨无止,猶陰也。奈加阿女也。②

霶霈二同。士今、士刃反。雨强盛也,大雨也。

雲矣君反。山川之氣也,謂騰於天上,能爲雨雷,運也。③

云上字。④

靉愛音。闇林(狀)也。⑤

靆直賣反。"時靉靆其瞳莽(曠莽)"也,日月晻黜(黵)无光也,時不明。⑥

霄尤句反。雨也,舒也。

霑如淡(琰)反。濡也,落(霑)也,染也。⑦

霞胡加反,平;赤雲。

霞上字。⑧

气部第六

十二字

气玄(去)訖反。自(匃)也,求也。⑨

氤一隣、於真二反。⑩

───────────────

① 此條原附在"霧"字注下。《廣韻·感韻》:"霮,霮霽,雲皃。"此條及下條的注文"雨狀"未詳所出,
或由二字從雨而增此義。

② 陰,各本作"降",疑當作"陰"。奈加阿女(ながあめ【長雨】)。

③ 《和漢年號字抄》引《東宮切韻》:"祝尚丘云:山川氣昇上空,能爲雨雪霰。"此則作"雨雷"。

④ 字頭乃《説文·雨部》"雲"字古文""之變。

⑤ 注文"林"當作"狀"。《廣韻·尾韻》:"靉,靉靅,不明皃,出《海賦》。""不明皃"即"闇狀"也。兹據
校改。

⑥ 注文"瞳莽"當作"曠莽","瞳"下原有重文符,注文"黜"當作"黵"。《楚辭·遠遊》:"時曖曃其曠莽
兮。"王逸注:"日月晻黵而無光也。""靉靆"同"曖曃"。兹據改删。

⑦ 注文"淡"當作"琰","落"當作"霑"。《名義》《玉篇》皆音"如琰反",《王一》《裴韻》《全王》《廣韻》
皆音"而琰反"。《名義·雨部》:"霑,霑也。"《集韻·豔韻》:"霑,沾也。"《説文·雨部》:"霑,雨霑
也。"兹據校改。

⑧ 字頭乃"霞"字之俗。"叚"旁左半俗書或訛作"镸"。如《可洪音義》第十五册:"假使,上古雅反。"
"假"字原作""。而"叚"旁右半書寫連筆時或與"爻"形近;如 S.2073《廬山遠公話》:"病苦者,
四大之處,何曾有實。衆緣合,地水火風。"""即"假"字之俗,可參。

⑨ 注文"玄"當作"去","自"當作"匃"。《廣韻·迄韻》去訖切:"乞,求也。《説文》本作气,音氣,今作
乞取之乞。"《讀書雜誌·漢書》"自乞"條:"念孫案:乞字後人所加,自當爲匃。《廣雅》曰:匃,與
也。"《説文·亡部》:"匃,气也。"《廣韻·泰韻》:"匃,乞也。""匃"與下"求"義近。兹據校改。

⑩ 字頭原作"",右下角有小圈,旁注"氤字欤"。

氳紆文、於云二反。无(元)氣也。①

氛亦作菉、雰二形。扶云、敷云二反。細氣也。連字。②

氣亦作炁。去既反,去;欎也,息也。③

愾口既反,去;怒也。

餼氣音。饋生肉也。④

爜氣音。燒墓(草)也。⑤

恝心音。静也。

昒氣字古文。在日部。

気古希、居愛二反。刉字。

風部第七

五十字

風正甫融反,平;吹也。借府中反,去;教也,放也,氣也,遺風也,類也,告也,衆也。

凬飌凨風四字,古文。

飌似立反。谷風習[習],和日。⑥

颺力計反。急風。

颸楚几(飢)反。秋風也,疾也,風寒也。⑦

颹[覞]一改、去改二反。南風也,亦見也。⑧

颮防無反。上行也。一[作]扶、颺。颺也,飌也。⑨

颻牟(余)招反。上行風,風也。⑩

---

① 注文"无"當作"元"。《廣韻·文韻》:"氳,氳氳,元氣。"茲據校改。

② 《説文·气部》:"氛,祥气也。"《廣韻·文韻》:"氛,氛侵,妖氣。"此"細氣"不詳。"連字"指由兩個不同的字構成的雙音詞,此處意謂本條"氛"與上條"氳"構成"連字"。《玄應音義》卷五"氳氛"條:"宜作菉葐,扶云反。"可參。

③ 《爾雅·釋言》:"欝,氣也。"

④ 《原本玉篇·食部》:"《左氏傳》:齊人餽之餼。杜預曰:生曰餼,熟曰饔也。"

⑤ 注文"墓"當作"草"。《玉篇·火部》:"爜,燎除旁草也。"茲據校改。

⑥ 字頭蓋是"習"之加旁俗字。注文"習"下奪一重文,"日"疑是"兒"字之誤。《詩·國風·邶風》:"習習谷風。"(又見《詩·小雅·谷風》)毛傳:"習習,和舒貌。"《名義·風部》:"飌,和兒。"

⑦ 注文"几"當作"飢"。《名義·風部》:"颸,楚飢反。"《玉篇·風部》:"颸,楚飢切。"茲據校改。

⑧ "一改反"不詳。"見也"當是"覞"字義。《玉篇·見部》:"覞,見也。"

⑨ 注文"一"下奪"作"字。《集韻·虞韻》:"颮,通作扶。"《龍龕·風部》:"颮,通。颺,今音扶。颺颸,大風也。""颺颸"或"颮飌"即"扶搖"也。茲據校補。

⑩ 注文"牟"當作"余"。《全王·宵韻》:"颻,余招反。"《廣韻·宵韻》:"颻,餘昭切。"茲據校改。《慧琳音義》卷七十三"颸颸"條:"《倉頡篇》:飄飌,風也。《埤蒼》云:飌,上行風也。"或衍"風"下之重文符。

飈呼交反。

颱丁遥反,平;涼風也。須須志。①

飄正裨遥反,平;旋風也,吹也,涼風也,火(大)風也。②

飍俾遥反,平;暴風也。豆牟志加世也。③

飈𩙥二上字。④

颺余尚反、余章二反。比呂己留,又豆牟志加世也。⑤

飀力香反,平;涼字。北風。

飆二同。

飀力牛反。風聲也。加世保女久也。⑥

飇斤(竹)衡反。狂風。⑦

飀雉留反。風。

颰呼加反。

颮甫(補)棘反。風。⑧

颰丑交反。熱風。

飇可皆(柯諧)反。疾風。⑨

颲(颮)尹肙(絹)反。小風。上。⑩

颶蘇遭反。風聲。

颶王勿反。風至也。⑪

颹如(奴)罪反。風動。⑫

鳳浮諷反。

---

① 注文“涼風”原作“風涼”。《廣韻·宵韻》:“颱,涼風。飄,涼風也。”茲據乙正。須須志(すずし【涼し】)。

② 注文“火”當作“大”。《慧琳音義》卷七十九“隨嵐”條:“旋風者,大風也。”茲據校改。

③ 豆牟志加世(つむじかぜ【旋風】)。

④ “飈”原作“𩗅”。《說文·風部》:“飈,飆或从包。”“𩙥”字《名義·風部》作“𩗊”。《廣韻·東韻》:“𩗊,古文(風)。”各本作“飈飆𩗅𩙥”四形。

⑤ 比呂己留(ひろごる【広ごる】),又豆牟志加世(つむじかぜ【旋風】)。

⑥ 加世保女久(かぜほめく【風轟く】)。

⑦ 注文“斤”當作“竹”。《名義·風部》:“飇,竹衡反。”茲據校改。

⑧ 注文“甫”當作“補”。《名義·風部》:“颮,補棘反。”茲據校改。

⑨ 注文“可皆”當作“柯諧”。《名義·風部》:“飇,柯諧反。”茲據校改。

⑩ 字頭當作“颮”,注文“肙”當作“絹”。《名義·風部》:“颮,君(尹)絹反,小風。”隔二十字又云:“颮,尹絹反,小風。”“颲”即“颮”字異寫。茲據校改。又,注文言“上”,當指“颮”讀上聲。《龍龕·風部》:“颮,俗;颮,正:音充,小風也。”“充”字《廣韻》以轉切,爲上聲獼韻字。

⑪ 《廣韻·物韻》王勿切:“颶,風聲。”此“至”或是“聲”字草書之誤。

⑫ 注文“如”當作“奴”。《切三》《裴韻》《全王》《廣韻》《玉篇》等皆作“奴罪反”。茲據校改。

凰于(户)方反。二字。靈鳥,仁瑞。①

夙昔陸反。旦也,朝也,飄颺。豆牟志加世,又阿志太。②

颰乃罪反。風自下而上也,風位(低)。③

飂力周反。高風。

颯颮二同。素合反。翔風也。

颴颰二字同。許勿反。疾風。

颽王豆、古王二反。大風。④

颫王筆反。秋風。⑤

颫乎(呼)出反。小風。⑥

颼所求反。風聲。

颲颰二同。

颲所筆反。秋風也。

颮於柳反。風壯(狀)。⑦

飆止(疋)召反。飆飆。⑧

飆正(疋)周反。風吹兒。⑨

飀力消反。風吹兒。

颲利音。颲也,颲也。

颲利質反。大疾風。⑩

飉子傜、子交二反。涼風也,颲也。⑪

---

① 注文"于"疑當作"户"。《廣韻·唐韻》:"凰,胡光切。"上田正引《大乘理趣六波羅密經釋文》:
"《切》:户光反。"茲據校改。"二字"指"鳳凰"二字連字成訓。

② "飄颺。豆牟志加世"當是他字釋義混入,俟考。《師説抄》疑混入"颮"字,"颮"又作"颰"。豆牟
志加世(つむじかぜ【旋風】),又阿志太(あした【朝·明日】)。

③ 注文"位"當作"低"。《集韻·灰韻》:"颰,低風謂之颰。"茲據校改。

④ 反切不詳,疑是日語音讀。王豆(おう)、古王(こう)即"黄"字二音。

⑤ 注文"王"或當作"于"。《切三》《王一》《裴韻》《全王》《廣韻》《玉篇》等皆作"于筆反",但"王"
亦可。

⑥ 注文"乎"當作"呼"。《玉篇·風部》:"颫,呼出切。"《名義·風部》:"颫,呼月反。"茲據校改。

⑦ 注文"壯"當作"狀"。《廣韻·有韻》:"颮,颮颮,風兒。"茲據校改。

⑧ 注文"止"當作"疋"。《名義·風部》:"飆,匹召反。飆也。"《玉篇·風部》:"飆,匹召切。飆飆。"茲
據校改。又,《全王》《廣韻·宵韻》:"飆,飆飆,風吹兒。"注文原作"颮颮",當從《玉篇》《名義》作
"飆飆"。此下字作"飆",再下字作"颮"。

⑨ 注文"正"當作"疋"。《玉篇·風部》:"飆,匹周切。"《名義·風部》:"飆,叵(匹)周反。"茲據校改。

⑩ "颲"字《名義》《玉篇》皆音"力哲反",《廣韻·薛韻》音"良薛切"。"颲"字《名義》音"力質反",《王
一》《裴韻》《全王》《廣韻》皆有"力至反""力質反"二反。"力至反"即"利音"。故此"利質反"當爲
上文"颲"字音切而誤入此處。

⑪ 此條反切存疑。

颺王勾(勿)反。風聲。①

颺呼劣反。小風。

颿防乏(芝)反。帆也。②

颶重音。豆牟志風。③

颰颰同作。甫越反。疾皃,發也。

颰甫勿反。飄風也。

嵐盧含反。

飆頹同。徒回反,平;暴風。④

火部第八

二百五十字

火呼果反。煣,火也。"王堂(室)如煣"也。⑤

煣麾詭、況彼二反。火也,烓也,燒也。佐加利尔毛由留火也。⑥

烷上字同。許尾反。

烓上字。許偉反。

烓上作。

[煇輝暉同。虛歸、旴飛二反,平;光也,光明也。氐良須。]⑦

炎于廉反。

瑩正書(烏)增反、爲明二反,平;美石也,玉色也。借於坰反,去;玉光明也。⑧

瑩上字同。苦向(迥)反。弥加久也。⑨

---

① 注文"勾"當作"勿"。《廣韻·物韻》:"颺,王勿切。"茲據校改。

② 注文"乏"當作"芝"。《全王》《裴韻》皆音"符芝反",茲據校改。但二書"帆"字又音"扶泛反",此或當作"泛"。

③ 字頭不詳。《師説抄》:"未詳。疑是'颶,皇音'之誤。颶同颶。"豆牟志風(つむじかぜ【旋風】)。

④ 前一字頭當爲"頹"的俗字,指暴風。《詩·小雅·谷風》:"習習谷風,維風及頹。"毛傳:"頹,風之焚輪者也。"孔疏引李巡曰:"焚輪,暴風從上來降謂之頹。"

⑤ "煣,火也,王堂如煣也"或當爲"煣"字訓釋及引文,當移至下條"煣"字之下。又"王堂如煣",今本《詩·周南·汝墳》引作"王室如煣",茲據校改。

⑥ 佐加利尔毛由留火(さかり【盛り】に/もゆる【燃ゆる】ひ【火】)。

⑦ 此條各本在"煣"下"煖"上,茲暫列於此。但本書日部已出"暉"字,與此基本相同,本條或是後人所加。氐良須(てらす【照らす】)。

⑧ 注文"書"當作"烏"。"書"字原作"𢑝",與"烏"寫法相近。《廣韻·徑韻》:"瑩,烏定切。"茲據校改。下字原作"𤏻",似是"𤏻",但"𤏻"一般不用於反切,暫定作"增"。"於坰反"《玉篇·玉部》有此音,當是平聲。《廣韻·徑韻》"烏定切"才是去聲,此蓋誤認。

⑨ 注文"向"當作"迥"。狩谷校改此字作"迥"。《集韻·迥韻》:"瑩,畎迥切。"與此音近。但此反切上字不合,此反切疑是"䌇"字音,俟考。茲據校改。弥加久(みがく【磨く·研く】)。

螢胡永反，平；火也，恥也。①

炗螢上字，同作。②

煢古文作惸、傏(僢)二形。巨營反。單己也，无兄弟是也。③

勞正力高反，平；疲也，病劇也。借力到反，去；慰問也，勉也，勤也。一作勞、比久(勞)也。④

營以下(丁)、役瓊二反，平；造也，衛也，部也，治也，救護也。豆久利以止奈牟。⑤

憕督二上字。⑥

滎正胡駉反，平；水名。借烏迴(迴)反，上；絶，水名。⑦

甇罃二字同。於耕反。並缶也，受二斗。母太比。⑧

瀅(瀯)烏猛反，上；清潔也。⑨

榮爲明反，平；屋翼。比佐志也。⑩

榮別字，王丁反，平；花也，草之花也。

翁火丁反，平。波於止。⑪

焯之藥反。熱也，明也。一作晫，明也。⑫

焜胡本反。火光也，盛也。

煌胡光反。輝也，光也，明也；二合，盛兒也。⑬

---

① 《全王》《切三》作"胡丁反"，此反切下字當有誤。濱臣校："'也恥'二字恐'蟲'字訛。"但"火也"可與字頭連讀作"螢火也"，唯"恥也"不詳。各本有和訓"保太留(ほたる【螢】)"。

② "炗"當是下條"螢"字之異體。下一字形《名義》《玉篇》《集韻》有異體"蟿"，《名義・虫部》："蟿，相駒(駉)反。腐草爲。"亦是"螢"字異體，與此字稍異。

③ "傏"是"僢"的俗寫，寫本《玄應音義》皆作"傏"。

④ 注文"比久"當作"勞"。《玄應音義》卷十一"勞乎"條："經文作勞、勞二形，誤也。"茲據校改。

⑤ 注文"下"當作"丁"。各本作"丁"。《廣韻・清韻》："營，余傾切。""丁"字《廣韻》有耕、青二韻，與之音近。茲據校改。豆久利以止奈牟(つくり【作り・造り】いとなむ【営む】)。

⑥ 《玄應音義》卷四"營衛"條："又作營、督、憕三形，同。"

⑦ 注文"迴"當作"迴"。《玉篇・水部》："滎，胡坰、烏迴二切。""迴"是上聲字。《名義》誤同此。茲據校改。《説文》《玉篇・水部》皆云"絶小水也"。

⑧ "並"字《師説抄》改作"平"。"受二斗"，《群書類從》本作"受一斗"，狩谷據《廣韻・屑韻》"甇，甇瓶，受一升也"，疑此當作"一"。又濱臣按："廣……恐難受二斗也，訛。"母太比(もたい【瓮・甕】)。

⑨ 字頭"瀯"當作"瀅"。《廣韻・梗韻》烏猛切："瀅，清潔。"茲據校改。

⑩ 比佐志(ひさし【廂・庇】)。

⑪ 《廣韻・庚韻》："翁，翁然，飛聲。"波於止(は-おと【羽音】)。

⑫ 《磧砂藏》本《玄應音義》卷十三"焯熱"條："之藥反。《廣雅》：焯，熱也。《説文》：焯，明也。經文作晫，都角反。晫，明也。晫非此義。"高麗藏本《玄應音義》無"《説文》：焯，明也"和"晫非此義"，故此注文有二"明也"。

⑬ "二合"指與上條"焜"字連讀。《玄應音義》卷十三"焜煌"條："胡本反，下胡光反。《方言》：焜，盛也。郭璞曰：焜煌，盛兒也。煌，明也。《蒼頡篇》：煌，光也。經文作輝，字與暉同。虛歸反。輝，光也。輝非此用。"

燸上字。

燔蒲恩、補干二反。火列(烈)也,乾也,燒也,炙也。[1]

蕃䌓二形,上作。

炒初按(狡)反。熬、煎、憔,火熬也,乾也。[2]

煗上字。古文㯺㯺奇作(古文奇字作㷶),見連火部。[3]

灻屠來反。灰也,塵也。波比,又知利比治。[4]

煤亡才反。煙塵也,積烟以爲灻煤。連字。[5]

爐烸上,連字。一本作,非;釜墨也。[6]

煜由掬反。曜也,爔也;煜,盛皃,光明也。[7]

烙力各反。謂燒鐵着物也。

煻徒郎反。煨也。

煴上作,非。[8]

煨烏迴、於迴二反。上字同。熱灰也。於支比,又阿豆波比。[9]

煬翼尚反。炙也,爔猛爲煬,炙燥。煬,熱也。[10]

熇許酷、五高二反。熱也,炙也,熱皃。熇熇,亦爔盛也。[11]

焫而熱反。燃火曰焫。焫,燒也。[12]

焫上字。

---

① 注文"列"當作"烈"。《詩·大雅·生民》:"載燔載烈。"毛傳:"傅火曰燔,貫之加于火曰烈。"茲據校改。

② 注文"按"當作"狡"。《玄應音義》卷十四"自炒"條:"古文䕺、焣、焣、㷅四形,今作䉓。崔寔《四民月令》作炒,古文奇字作㷶,同。初狡反。《方言》:熬、焣、煎、憔,火乾也。"

③ 注文"古文㯺㯺奇作"當作"古文奇字作㷶",見上條注。本書灬部有"䕺焣焣㷅",四字炒字,在火部"。

④ 波比(はひ【灰】),又知利比治(ちりひじ【塵泥】)。

⑤ 《玄應音義》卷十五"灻煤"條:"下云(亡)才反,煙塵也。《通俗文》:積烟以爲灻煤。律文作爐烸,非體也。"

⑥ 見上條。釜墨,《大漢和辭典·金部》:"釜墨,鍋釜の煤。"

⑦ 《玄應音義》卷十五"晃煜"條:"下由掬反。《説文》:煜,曜也。《廣雅》:煜,爔也。《埤蒼》:煜,盛皃也。"此注文"煜"字當是衍文。

⑧ 《玄應音義》卷四"煻煨"條:"徒郎反,下烏迴反。《通俗文》:熱灰謂之煻煨。經文作煴,於文反。鬱煙也。煴非字體。"

⑨ 於支比(おきび【爔火】),又阿豆波比(あつ【熱】はひ【灰】)。

⑩ 《玄應音義》卷十九"火煬"條:"翼尚反。煬,炙也。《方言》:江東呼火爔猛爲煬。《説文》:炙燥也。《廣雅》:煬,熱也。"

⑪ 《玄應音義》卷二十"熇即"條:"許酷反。《埤蒼》:熱皃也。熇熇亦爔盛也。""五高反"當是"敖""嶅""熬"等字音,此或以"熇"爲"熬"字異體。

⑫ 《玄應音義》卷十九"燒爇"條:"今作焫,同。而悅反。《通俗文》:燃火曰焫。焫亦燒也。"

炊苦迴反。火(大)也。①

燖燖燼上二同字，[子]廉反。下似進、如去二反。謂火滅爲燖。燼，火餘木。治火，介知宇佐无。②

爐妻上再作也。③

熠似(弋)入、辭立二反。胎(照)也，火光也，鮮明也，光盛也。氐留，又比加留，又加加也久。④

燸弋研反。火光也。

爐上字。弋均(灼)、式均(灼)二反。⑤

糟仕高、子勞二反。焦也，炮(炬)也，爐(燼)也。保太久比。⑥

爆曝、曝(暴)同字。方老(孝)、蒲(浦)角、普剥三反。燌起也，散(敆)也。皮太女久。⑦

焚扶雲、扶芬二反。以物入火之皃。保須，又阿夫留，又也久。⑧

炗燌二上字。

燨虛宜反。氣也。

燎力了、力照二反。"祭天燔柴"是也，炙也，旋(放)火也，燒也，焚也。⑨

———————————————

① 注文"火"當作"大"。《龍龕·火部》："苦回反。正作恢。大也。"茲據校改。"炊"蓋"狹"字之誤。

② "字"下奪"子"字。《玄應音義》卷七"燖燼"條："子廉反，卜似進反。燖，吳楚之間謂火滅爲燖。燼，火餘也，經文作爐。"蓋"字"與"子"形近而誤奪"子"字。又各本作"字廉反"，但此條出《玄應音義》，疑當作"子"。茲據校補。如去，《師説抄》："去當作忍。"《説文繫傳·貝部》："賷，似忍切。""賷"字與"燼"同音，此或當作"似忍"二字。治火，介知宇佐无(けちうさむ)。各本作"火/介知乎佐牟(けちをさむ)，又保太久比(ほだくひ)"，山田云"治火"爲一義項，各本脱"治"字。

③ 各本"爐"上另有一字頭"蓋"。

④ 注文"似"當作"弋"，"胎"當作"照"。《玄應音義》卷七"熠燿"條："弋入、辭立二反，下餘灼、餘照二反。熠，鮮明也。《字林》：熠，光盛也。燿，照也。"茲據校改。氐留(てる【照る】)，又比加留(ひかる【光る】)，又加加也久(かがやく【輝く・耀く・燐く】)。

⑤ 注文"均"當作"灼"。《玄應音義》卷九"煜爐"條："由掬、弋灼反。《説文》：煜，光耀也。爐，火光也。《廣雅》：煜，爐也。《埤蒼》：煜，盛皃。論文作昱，日明也。爍，式灼反。字與鑠同，銷鑠也，並非此義。"茲據校改。

⑥ 注文"炮"當作"炬"，"爐"當作"燼"。《廣雅·釋詁四》："災、炭、爓、妻、糟，烖也。"《名義·火部》："炬，待可反。烖，同上。""爐"同"妻"。《慧琳音義》卷八"火糟"條："《廣雅》：糟，炮也。"誤同此。茲據校改。仕高反，《廣韻·豪韻》："糟，作曹切。""仕"疑是"作"字之誤。保太久比(ほだくひ【燼】)。

⑦ 注文"曝"當作"暴"，"老"當作"孝"，"蒲"當作"浦"，"散"當作"敆"。《廣韻·屋韻》："暴，日乾也。"《廣韻·覺韻》："李頤注《莊子》云：曝，放杖聲。""曝"字義與此無關。《玄應音義》卷二"振爆"條："方孝、補角、普剥三反。《聲類》：爆，燌起也。謂皮散起也。"徐時儀注："蔣曰：燌當作墳，散當作敆。""墳""敆"皆有"起"義，但《玄應音義》寫本、刻本皆同，茲據校改。皮太女久(はためく)。

⑧ 保須(ほす【乾す・干す】)，又阿夫留(あぶる【焙る・炙る】)，又也久(やく【燒く】)。

⑨ 注文"旋"當作"放"。《説文·火部》："燎，放火也。"茲據校改。《儀禮·覲禮》："祭天，燔柴。祭山、丘陵，升。祭川，沉。祭地，瘞。"

爛力旦、力鸞二反。熟也，解(鮮)明也。①

爤上字。

焕呼换反。明也。奐字。②

焰餘瞻(贍)反，上；火行也。③

熖燄爛三字皆同。

燖爛字同。徐廉又(反)。湯瀹肉。

燥(燥)蘇老反。乾也，稿也，焦也。

熢蒲應反。火烟熢勃盛起皃也。

炯(烱)向(回)音。明也，光也，明察也。④

炫胡絢、胡去(玄)二反。衆色明，光明也，曜也，照也，永(示)也。⑤

燗子列反，入；燭餘也。保久曽，又保須比也。⑥

焆於列反，入，又古玄又(反)，平；明也，烟氣也。布須牟留。⑦

燀之善反，上；炊也。以比加志久。⑧

炡丁訶(竹訝)反，去；火聲也。⑨

烘虎公、虎應二反。燎也，炙也，焚燒也，焜也。

煁視林反，平；竈也，炷也。

煽尸戰反。偏字。熾也。

燠烏刀反。炙也，焚也，熱也，隅也。⑩

---

① 注文"解"當作"鮮"。《詩‧大雅‧韓奕》："爛其盈門。"鄭玄注："爛爛，燦然鮮明且衆多之貌。"茲據校改。

② 注文"奐字"原作"字奐"。《集韻‧换韻》："焕，明也。通作奐。"茲據乙正。

③ 注文"瞻"當作"贍"。《廣韻‧豔韻》："焰，以贍切。"茲據校改。此字是去聲，此云"上"，疑是誤認作"膽"字而標上聲。或當乙作"火上行"，《廣韻‧談韻》："黇，火上行皃。"可參。

④ 《干祿字書》："炯烱，上俗下正。"

⑤ 注文"去"當作"玄"或"玄"旁字，"去"字聲隔較遠。"永"當作"示"。《新撰字鏡‧日部》："曜，照也，光明也，尓(示)也。"《新撰字鏡‧火部》："耀，光也，明也，照也，示也。"此字原作"永"，亦與"示"近。茲據校改。

⑥ 保久曽(ほくそ【火糞‧燗】)，又保須比(ほすひ)也。

⑦ 布須牟留(ふすむる)，各本作"布須毛留(ふすもる)"，當是"ふすぶる(【燻る】)"的古形。

⑧ 以比加志久(いひ【飯】かしく【炊く】)。

⑨ 注文"丁訶"當作"竹訝"。《王一》《裴韻》《全王》皆音"陟訝反"，《名義》《玉篇》音"竹亞反"。茲據校改。

⑩ 《廣韻‧屋韻》："燠，於六切。"此反切下字"刀"或當作"六"。隅也，《唐韻‧号韻》："陬，西南隅謂之陬。"《王一》《全王‧号韻》："陬，屋隅。"《裴韻‧号韻》："陬，宮中南隅。"《爾雅‧釋宮》："西南隅謂之奥。"此幾字皆通。

炙之赤反。又居支(友)、起支(友)二反。灼也,爆也,炙肉也。①

炙上字,非。

煩弁番[反],平;擾也,乱也,躁也。

炬巨音。烝(蒸)也。太比,又止毛志比。②

欨許勿反。有所起也,吹出氣也。③

煖奴短反。温也。

爁力敢反,去;火兒。

烰薄謀反,平;氣也。

爝在爵反,入;矩(炬)火也。④

煙於賢反、烏賢二反。火氣也,煳(煴)也,臭也。⑤

灼之藥、之各二反。易見也,又炙也,燒也,爆也,蒸也,點(點)也,明也,汙,驚也,火光也,火分明之兒。⑥

炳彼永、彼平(皿)二反。著明也,明之兒。⑦

覤式厭、式懺二反。睒字同。惡見也。太加比目。⑧

---

① 注文"支"當作"友","炙肉也"原作"炙也肉"。《廣韻·有韻》:"炙,舉有切。"大徐本《説文·火部》:"炙,舉友切。""友"是有韻字《廣韻·禡韻》:"炙,炙肉。"茲據改乙。《廣韻·禡韻》:"炙,炙肉。"茲據改乙。"灼也,爆也"當是"炙"字義。《説文·火部》:"炙,灼也。""灼,炙也。"各家改"炙"爲"炙"。又《説文·火部》:"爆,灼也。"

② 注文"烝"當作"蒸"。《新撰字鏡·灬部》《廣雅·釋器》《名義·火部》《玉篇·火部》:"蒸,炬也。"茲據校改。各本字頭有異體"苣"字。太比(たひ),又止毛志比(ともしび【灯·灯火·燭】)。

③ 《原本玉篇·欠部》:"欨,《説文》:有所欨起也。"今本《説文·欠部》作"有所吹起",此或省略字頭"欨"。又《説文·欠部》:"吹,出气也。"

④ 注文"矩"當作"炬"。《廣韻·藥韻》:"爝,炬火。"茲據校改。

⑤ 前一"反"疑衍。注文"煳"當作"煴"。《廣韻·文韻》:"煴,烟煴,天地氣也。"《易》作"絪縕。"《廣雅·釋訓》:"烟烟、煴煴,元氣也。""煙"同"烟"。茲據校改。《廣雅·釋器》:"煙,臭也。"王念孫疏證:"焦、煙之訓爲臭,謂聲臭之臭也。"

⑥ 注文"點"當作"點"。《楚辭·七諫·怨世》:"唐虞點灼而毀議。"王逸注:"點,污也。灼,炙也。"此"汙"同"污"。茲據校改。易見,《詩·小雅·正月》:"亦孔之炤。"箋云:"其潛伏於淵,又不足以逃,甚炤炤易見。"釋文:"之炤,音灼。之若反。"驚也,《方言》卷十三:"灼,驚也。"戴震疏證:"灼,亦作炓。《廣雅》:'炓,驚也。'義本此。"

⑦ 注文"平"當作"皿"。《玉篇·火部》:"炳,彼皿切。"《名義·火部》:"彼四(皿)反。"茲據校改。

⑧ 《説文·見部》:"覤,暫見也。"各書略同。唯《名義·見部》:"覤,惡見也。"《玄應音義》卷十六"覤鑠"條引《説文》"暫見也",大治本、金剛寺本、七寺本皆作"慗視也","慗"一般是"整"的俗字,但此處當是"蹔"的誤字。又《玄應音義》卷一、卷十九各寫本引作"暫"或"蹔"。又《新撰字鏡·見部》:"覤,暫見也。"《新撰字鏡·目部》:"睒,暫視也。"又《玉篇·目部》:"瞚,惡視。"《集韻·宵韻》:"瞚,惡視兒。"此處"惡見"當與"瞚"字釋義有關。太加比目(たがひめ【違ひ目】)。

煒于非（匪）、字悲二反，上；盛也，明兒。氏留，又字留和志，又佐加利尔，又加加也久。①

燧循醉、遂瑞二反。取火，玉也。②

燥桑爲、桑造二反。乾也，燦也，干也。保須，又可和久，又加留也。③

煖奴管、難管二反。温也，湯也。阿太太牟，又和可須。④

爐魯都反。盛炎（火）器也。鑪字。火呂，又加加利也。⑤

烄居交、却考二反。交烝也，照也，永（示）也，效也。［也］久，又牟須，又火太久也。⑥

炮蒲高、方包二反。以物投於火之兒，炙也，撚（燃）也，燒也。⑦

㷋五玄反。野火也。乃火。⑧

燉莊揚反。炊飲（飯）之具。己志支和良。⑨

煙於緣反。炊五穀也。可志久，又字牟須。⑩

爍舒灼、始若二反。灼爍也，火光盛兒。

---

① 注文“非”當作“匪”。《名義·火部》：“煒，于匪反。”《玉篇·火部》：“煒，于匪切。”“匪”是上聲字。茲據校改。氏留（てる【照る】），又字留和志（うるわし【麗し】），又佐加利尔（さかり【盛り】に），又加加也久（かがやく【輝く·耀く·赫く】）。

② “玉”或是“璲”字釋義。

③ “爲”疑是“島”“老”“考”等皓韻字之誤，石橋真國、《師説抄》皆疑“烏”（象）字之誤。“燦”即“燥”的俗字，“干”同“乾”。保須（ほす【干す·乾す】），又可和久（かわく【乾く·渴く】），又加留（かる【涸る·枯る·嗄る】）。

④ 各本字頭有異體“煊”字。“湯”當與字頭連讀作“煖湯”，或是“湨”字義。《説文·水部》：“湨，湯也。”阿太太牟（あたたむ【暖む·温む】），又和可須（わかす【沸かす】）。

⑤ 注文“炎”當作“火”。《玄應音義》卷二“燈鑪”條：“字又作爐，同。力胡反。火所居也。謂凡盛火之器曰爐。”茲據校改。火呂（ひろ），又加加利（かがり【篝】）。狩谷：“火呂即火爐之音，蓋轉呼国訓者。”

⑥ 各本後一切作“起孝”，或是日語音讀，“却考（きょう）”與“起孝（こう）”皆“交”字音讀。《説文·火部》：“烄，交木然也。”“烝”與“燃”義近。狩谷《師説抄》改爲“然”。注文“永”當作“示”，見上文“炫”字注。此“效也”當與“示也”義近。狩谷疑“效”爲“敫”字之誤，“敫”同“烄”。《群書類從》本、享和本“效”下有二“也”字，此當奪一。也久（やく【燒く】），又牟須（むす【蒸す】），又火/太久（たく【焚く】）也。

⑦ “撚”當作“燃”，與“燒”義同。

⑧ 此字疑是和制漢字，取自“離離原上草”之詩，表“野火燒草原”之意。五玄（ごん）反爲“原”字音讀。乃火（のび【野火】）。

⑨ 此字不詳。《龍龕·火部》：“烼，正。蒲没切。煙起兒。燺燅，二通。燉，俗。”當與此無關。注文“飲”當作“飯”，據各本校改。己志支和良（こしき‐わら【甑藁】）。《倭名類聚鈔·器皿部·木器類》甑（甑帶附）：“蔣魴《切韻》云：甑（音與勝同，和名古之岐），炊飯器也。《本草》云：甑帶（和名古之岐和良，《辨色立成》云：炊單。和名同上）。”“甑帶”“炊單”與此和訓同，“甑帶”指“束甑之帶”，“炊單”即“炊單布”，一名“炊巾”，炊蒸時放於甑底部的布。

⑩ 此字不詳。“緣”字各本作“緑”（大東急本似“緣”）。可志久（かしぐ【炊ぐ·爨ぐ】），又字牟須（うむす【蒸す】）。

烜(灼)七斫反。火光也,爍也,灼也,火光盛之皃。

煠土(士)洽、徒牒二反。以菜入涌湯曰煠,煮也。奈由豆。①

爛乃珠反。煴(温)也。介夫利,又阿太太介志也。②

燸上同。

熛府僚反。飛爐也,爐中飛散細火也。

焸(焕)誤(許)其、許與二反。佐加利尓毛由。③

熬五高反。煎也,[煎]魚、肉、菜等類是也。尓[留],又伊留。④

熄相力反。畜也,火滅也。⑤

灮光字古文。火也,熱也。

燒舒姚反。蒸也,燔也。

炪丑出、呼出二反。火光也,爝。

煇俾吉反。沸也,火皃,寒風,泉出皃。渾(渾)字。⑥

熮力溳(酒)反。火皃,火爛。⑦

閵力振反。火皃。

㷱低(伍)旦反。火也。⑧

炗徒肉(甘)反。燎也,小熱也。⑨

---

① 注文"土"當作"士"。《廣韻・洽韻》:"煠,士洽切。"茲據校改。各本字頭有異體"㷪爗"二字,《考異》云:"'㷪'恐'爗'之誤。"是也。奈由豆(な【菜】ゆづ【茹づ・煠づ】)。

② 注文"煴"當作"温"。《名義・火部》:"爛,乃珠反。温也。"《説文》《廣韻》《名義》《玉篇》"煖"字皆訓"温也","燸"同"煖"。茲據校改。"太介"原作"へ","へ"蓋重文符誤,又奪"介"字,據各本校改。介夫利(けぶり【煙・烟】),此和訓蓋是"煴"字訓。又阿太太介志(あたたけし【暖けし・温けし】)。

③ 字頭當作"焕",注文"誤"當作"許"。各本"誤"字作"許"。《廣韻・之韻》許其切:"焕,火盛。"茲據校改。佐加利尓毛由(さかり【盛り】に/もゆ【燃ゆ】)。

④ "肉"字大東急本同,享和本、《群書類從》本誤作"鳥"。"煎""留"字據各本補,本書下灬部"熬"字條亦有"煎"字。尓留(にる【煮る】),又伊留(いる【炒る・煎る・熬る】)。

⑤ 《説文・火部》:"熄,畜火也。亦曰滅火。"《名義》《玉篇》同,《廣韻》作"蓄火","畜"同"蓄"。

⑥ 注文"渾"當作"渾"。《名義・水部》:"渾,卑逸反。泉也,寒風。"《廣韻・質韻》:"渾,渾沸,泉出皃。亦作潏。見《詩》。"《説文・夊部》:"渾,風寒也。"《名義》與此蓋皆混"渾"與"渾"字。茲據校改。《詩・大雅・采菽》:"觱沸檻泉。"毛傳:"觱沸,泉出貌。"茲據校改。《玉篇・火部》:"煇,煇沸,火皃。"又《詩・豳風・七月》:"一之日觱發。"毛傳:"觱發,風寒也。""煇沸""觱發""觱沸"爲同一聯綿詞的不同形式,故"煇"字又有"寒風""泉出皃"之訓。

⑦ 注文"溳"當作"酒"。《玉篇・火部》:"熮,力酒切。"《廣韻・有韻》:"熮,力久切。"二音同。《名義》誤同此。茲據校改。

⑧ 注文"低"當作"伍"。《名義・火部》《玉篇・火部》:"㷱,五旦反。""伍"與"五"皆疑母字。茲據校改。

⑨ 注文"肉"當作"甘"。《名義・火部》《玉篇・火部》:"炗,徒甘反。"茲據校改。

炭他旦反。地(炬)也,燒木所作也。①

羨殂(俎)下、才知(和)二反。乾字(也),束炭也。笺(篗)字也。②

燋子藥、子角二反。灼龜也,未燃。

灰呼回反。死火也。

炊妹(姝)規反。③

齌子奚、祚悌二反。炊䔐疾也。④

熺虚疑反。執(熱)也,烝也,炙也,熾也,博也。爲熙字,又爲喜(熹)。⑤

熅於根反。炮炙,以微火温肉也,燧也。

袞上同。

爌胡伕(沃)反。雀(爌)[灼]也。⑥

燗下閒反。爛字。⑦

慰(熨)於貴反。"以火蓺之"是也。⑧

煉力見反。冶金也。鍊字。

煉上字。

熜青公、子孔二反。熅也。惣(熜),上同。⑨

熖上字。

---

① 注文"地"當作"炬"。《玉篇·火部》:"炭,炬也。"兹據校改。

② 注文"殂"當作"俎","知"當作"和","字"當作"也","笺"當作"篗"。《玉篇·火部》:"羨,俎下切,又才和切,束炭也。"《廣韻·馬韻》側下切:"篗,炭籠也。"《廣韻·歌韻》昨何切:"篗,籠屬。"《玉篇》二音與《廣韻》合。《廣雅·釋詁二》:"羨,乾也。"《王一·馬韻》:"篗,□□籠。□作羨。"《全王·馬韻》:"篗,炭籠。亦作羨。"兹據校改。

③ 注文"妹"當作"姝"。《集韻·支韻》:"炊,姝爲切。"兹據校改。

④ 《說文·火部》:"齌,炊餔疾也。"《說文》作"餔"誤,胡吉宣《玉篇校釋》已説明之。《名義·火部》作"䔐疾",是也。

⑤ 注文"執"當作"熱","喜"當作"熹"。《廣韻·之韻》:"熹,盛也,博也,熱也,熾也。或作熺。"兹據校改。

⑥ 注文"伕"當作"沃","雀"當作"爌","爌"下奪"灼"字。《名義·火部》:"爌,胡沃反,爌(爌)灼。"《說文·火部》:"爌,灼也。""爌"同"爌"。兹據改補。

⑦ 《說文·火部》:"爛,孰也。燗,或从閒。"此音當是讀作"閒暇"之"閒"。

⑧ 字頭旁注小字"熨字欤",蓋校者疑字頭心旁乃火旁之誤,《名義·火部》字頭亦作"慰",蓋二書底本此處皆誤作"慰",兹據校。《太平御覽》卷第七百一十二服用部十四"熨斗"條引《帝王世紀》:"紂欲重刑,乃先作大熨斗,以火蓺之,使人舉,不能勝輒爛手,與妲己爲戲笑。"

⑨ 注文"惣"當作"熜"。《廣韻·東韻》:"熜,熅也。""熜""熜"皆"熜"字之俗。

炟 同(囚)者、待可二反。燭炭也。①

炟 同上字。

焠 青對反。刀劍新成,以水䀽令堅也,爛也。爲淬字。②

煣 而九反。以火蒸木使曲,曲木令直也。③

爁 理兼反。絶,火煣車冈絶也。④

爇 子姚反。火所燒也,焦黑也。

燂 許廉反、詳林反。灰蘭(炙爛)也,煙也,熱也。⑤

烟 炯煙字。

㶑 烟字。

焞 徒敦字(反)、勑雪(雷)反。炬也,明也,盛兒。⑥

炤 照字。

烊 充尓反。

焆 煜字,在上。⑦

耀 以照反。光也,明也,照也,示也。曜、耀二字同。⑧

爗 爲獵反。盛也,赤也。

熾 齒志反。盛也,炊也。

焴 於陸反。燠字。⑨

炔 古惠反。見也,姓也,烟出兒。

炅 上字。

燺 口老反。燥也,枯。

---

① 字頭爲"炟"俗字,同"炟"字。《名義·火部》:"炟,待可反。炟,同上。"注文"同"當作"囚"。《玉篇·火部》:"炟,囚者切。"茲據校改。又"炭"疑當作"娄"《説文·火部》:"炟,燭娄也。"《説文·火部》:"娄,火餘也。"《新撰字鏡·火部》:"炟,燭餘也。"但《慧琳音義》卷九十六"炟垂"條引《説文》作"燭炭也",與此同,《廣雅·釋詁四》:"災、炭、燀、娄、燼,炟也。""炟""娄""炭"三字義近,"炭"字或不誤。

② "䀽令"疑是"鋻"字之訛。《廣韻·隊韻》:"焠,作刀鋻也。"《説文·金部》:"鋻,剛也。"

③ 《廣韻·宥韻》:"煣,蒸木使曲也。"《説文·火部》:"煣,屈申木也。""煣"使木彎曲或伸直。

④ 《説文·火部》:"爁,火煣車網絶也。""冈"同"網"。

⑤ 注文"灰蘭"當作"炙爛"。《周禮·冬官·弓人》:"橋角欲孰於火而無燂。"鄭玄注:"燂,炙爛也。"《玉篇·火部》誤作"灰爛"。"爛"同"爛"。茲據校改。

⑥ 注文"字"當作"反","雪"當作"雷"《名義·火部》:"焞,徒敦反。"《玉篇·火部》:"焞,又他雷切。""勑雷反"與"他雷切"音同。茲據校改。

⑦ "在上"指上文已出"煜"字。

⑧ 《慧琳音義》卷九十一"炫耀"條:"賈注《國語》云:耀,示也,明也。"《國語·楚語下》:"而耀之以大利。"韋昭注:"耀,示也。"

⑨ 《玉篇·火部》:"燠,於六切。煖也,熱也。焴,同上。"《集韻·屋韻》:"燠,古作炵、燠。"《説文·土部》:"墺,圫,古文墺。"隸定作"圬"或"㘥","燠"字右旁古文同。

熭禹厥反。曝乾也。

焅苦告反。早(旱)氣也。①

烜昕(盰)遠反。火也,威儀容口(止)宣著,皃光宣也。②

爟上字。

燺許氣反。燎也。在气部。

㷫創狡反。火乾。

煓勑桓反。赤皃,盛皃,黄色皃。黇字。③

焮許靳反。炙也。

炖徒昆反。火熾盛皃,赤色也。

熝(爊)於勞反。煙(煴)也,煨也。④

爤力艾反。毒也。⑤

熵丑支反。火炎。

煟禹貴反。光皃。

焯扶不反。熾。

焲餘石反。大(火)光也。⑥

炘虚隱反。熱也。

焩連(逋)古反。把火行也,火皃。⑦

爠女涉反。囁字。煙(煗)。⑧

炳乃枘(梱)反。熱也,温也。⑨

炵他冬反。火炎皃。

焪丘仲反。盡也,乾也。

燫以兼反。火不絶。⑩

烗烗以支反。燫也。

---

① 注文“早”當作“旱”。《説文·火部》:“焅,旱气也。”兹據校改。

② 注文“昕”當作“盰”,“口”當作“止”。《名義·火部》:“烜,肝(盰)遠反。”《詩·衛風·淇奥》“赫兮咺兮。”毛傳:“咺,威儀容止宣著也。”《爾雅·釋訓》:“赫兮烜兮,威儀也。”郭璞注:“貌光宣。”兹據校改。《周禮·秋官·司寇》:“司烜氏:下士六人。”鄭玄注:“烜,火也。”

③ “黇”原作“[illegible]”,當是偏旁移位異體。

④ 《玉篇》《名義》《切三》《王一》《裴韻》《全王》《集韻》作“爊”,《廣韻》《廣雅》作“熝”,龍宇純《校箋》云:“字當是從麀爲聲,麃、麀聲絶異也。”但此處當從各寫本作“爊”,作“熝”乃俗字。注文“煙”當作“煴”。《名義·火部》:“爊,於勞反。煴也,煾也。”兹據校改。

⑤ 原字作“[illegible]”,《名義·火部》作“[illegible]”,《集韻·曷韻》有異體“烼”,此二形當是“爤”“烼”合體異寫。

⑥ 注文“大”當作“火”。《名義·火部》:“焲,火光。”兹據校改。

⑦ 注文“連”當作“逋”。《名義·火部》:“焩,逋古反。”兹據校改。

⑧ 注文“煙”當作“煗”。《名義·火部》:“爠,煗也。”兹據校改。

⑨ 注文“枘”當作“梱”。《名義·火部》:“炳,乃烟(梱)反。”《玉篇·火部》:“炳,乃困切。”兹據校改。

⑩ 《名義·火部》:“燫,以廉反。”此“兼”或當作“廉”,但二字韻亦同。

燃力善反。小燃。

爒五代(伐)、丑代(伐)二反。婉,烟是(兒)。①

爌枯謗反。曠字。光明也。

炔乙井、乙丈二反。火光也。

奩五胡反。吾字。古文我也。②

煝亡利反。炻(焙)也。③

烁火赤反。赤光。

焷毗支反。焦也。

烯欣機反。晞字。乾。

爥於物反。烟出。④

烼呼物、許爵二反。熅也,火煨也。

烋大(丈)出反。烼。⑤

炫口戒反。熾。

㶼思移反。炳㶼,焦皃也。⑥

燏禹一反。煌,光皃。

焴煌,光皃。⑦

煮之与[反]。鬻(鬻)字。享也。⑧

焆於歇反。暍字。中熱也。

姚餘招反。夾室也,光也。⑨

炒呼交反。曝也,熇熱也。

焇思蕉(樵)反。乾也。銷鑠字。⑩

粘胡甘反。黏字。

---

① 注文"代"當作"伐",注文"是"當作"兒"。《名義·火部》:"爒,丑伐反。"《玉篇·火部》:"爒,丑伐切。"《集韻·曷韻》《集韻·薛韻》:"爒,燷婉,煙皃。"兹據校改。又,"五"疑是"丑"的誤字,蓋所據底本一切作"丑代",另一切誤作"五代",遂收二音。

② 字頭"奩"乃《説文·魚部》"魚"字篆文之隸定。朱駿聲《説文通訓定聲》:"魚,叚借作吾。""吾""我"義同,故又爲"我"字。

③ 注文"炻"當作"焙"。《廣雅·釋器》:"焙謂之煝。"兹據校改。

④ 《龍龕·火部》:"爥,今;爓,正。"

⑤ 注文"大"當作"丈"。《名義·火部》:"烋,丈出反。"兹據校改。

⑥ "炳"字不詳。《集韻·齊韻》:"㶼,熗㶼,焦皃。"

⑦ 《名義·火部》:"焴,下灰反。光色。"此條釋義與上條"燏"同,當是誤抄,音義皆奪。

⑧ 注文"鬻"當作"鬻"。《説文·弼部》:"鬻,孚(享)也。煑,鬻或从火。"兹據校改。"享"同"烹"。

⑨ "夾室"或爲"祧"字義,祧廟有夾室,祧主藏於夾室。又《淮南子·要略》:"挾日月而不姚。"高誘注:"挾,至也。姚,光也。""夾室"或爲"挾,至"之誤。

⑩ 反切下字"蕉"當作"樵"。《廣韻·宵韻》:"焇,相邀切。""樵"同"樵",爲宵韻字。《名義·火部》誤作"獲",亦當作"樵"。

熸思赤反。乾也。暗字也。①

燐力振反。火燐也。粦字。鬼火也。

燈都騰反。油所燃火也。

熻義乃(義及)反。熱也。②

炳如之反。胹字。熟蘭(爛)也。③

熘似留反。燥也。④

㸒子規反。腃(膪)字。腌也。⑤

熿上字。熿同。⑥

爁盧咸(感)反。黄焦也。⑦

炧徐野反。燭餘也。

煡(霆)娃口回(迴)反。行竈。⑧

炯徒紅反。熱皃。

㷊(奥)撫照反,平;土地輕脆,去也。⑨

爨且乱反。灼也,炊也。⑩

𤊾上字。

煆許加、呼嫁二反。火氣猛。

炕呼郎反,平;煮胘。

熲户扃反,平;光。

裧户扃反,平;衣開孔也。

煤古段反。楚云火。⑪

襜處古(占)反,平;衣動皃。⑫

爝楚巧反。熬。

---

① 《名義》《玉篇》反切下字皆作"亦",韻同。

② 注文"義乃"當作"義及"。《名義·火部》:"熻,義(義)及反。"《廣韻·緝韻》:"熻,許及切。""義"與"許"爲曉母字。兹據校改。

③ 注文"蘭"當作"爛"。《名義·火部》:"爁(炳),爛。"兹據校改。

④ 《名義·火部》:"熘,以由反。"

⑤ 《説文·肉部》:"膪,腌也。㸒,膪或从火巺。""腃"爲"膪"的俗字。

⑥ 《龍龕·火部》:"㸒,俗;熿、熿,二或作。"

⑦ 注文"咸"當作"感"。《廣韻·感韻》:"爁,盧感切。""爁"是"爁"的俗字。兹據校改。

⑧ 注文"回"當作"迴"。《廣韻·迴韻》:"娃,口迴切。"兹據校改。又"煡"當是"霆"字之誤。《廣韻·齊韻》:"霆,同娃。"

⑨ 《廣韻·宵韻》撫招切:"㷊,《説文》曰:'火飛也。'《周禮注》云:'輕㷊,土地之輕脆也。'今作票,同。""㷊"當是"㷊"的俗字。各書皆標平聲,此"照"爲去聲字,"去也"或表示"去聲",俟考。

⑩ 此條字頭與下條字頭原作"爨"與"𤊾",爲俗省。

⑪ 《玉篇·火部》:"煤,楚人呼火爲煤也。"

⑫ 注文"古"當作"占"。《廣韻·鹽韻》:"襜,處占切。"兹據校改。

焪去諷反，去；火乾物。

燹許位反，去；火也。

熯漢音，又而善反。火乾，敬也，蒸也。①

燭之欲反。照也，明也，燋也。

焌翠㒨(恤)反。然火也。②

炥分勿反。火。③

焥烏活反，入；火烟皃。

炦蒲撥反。火氣也。

炟當割反。火皃。

爆者火(煑)。④

炈營隻、唯壁二反。喪家竈。

燩去激反。燦(燥)也，乾去也。⑤

燉徒昆反。煌，盛也。⑥

爞徒冬反。旱熱，重(熏)炙也，焦也。⑦

[illegible]他僭反。火光。

炶[illegible]同作。胡甘反。炶字也。⑧

㷠力甚、舒甚二反。浔(侵)火也。倉㷠也。廩字也。⑨

燅辞廉反。温也。燖字也。

炗古黄反。古文光字。明也，火也。

[illegible]力因、力振二反。兵死牛馬血也，血爲火，又鬼火，又燓火也。⑩

烾齒赤反。古文赤字。

燊所巾反。盛皃，熾也。

燎爍二同。力照反。炙也。

---

① 字頭原作“熯”，《名義》同。

② 注文“㒨”當作“恤”。《切三》《王一》《全王·質韻》：“焌，翠恤反。”茲據校改。

③ 字頭原作“[illegible]”，爲“炥”偏旁移位異體。

④ 注文“者火”當作“煑”，“爆”“煮”義近，但訓釋仍有訛脱。《王一》《裴韻》《全王》《唐韻》《廣韻·鐸韻》補各反：“爆，迫於火。”可參。

⑤ 注文“燦”當作“㸌(燥)”。《廣韻·錫韻》：“燩，乾燥也。”茲據校改。“乾”下“去”字疑涉反切上字誤衍。

⑥《廣韻·魂韻》：“燉，火熾。又燉煌郡。燉，大；煌，盛也。”

⑦ 注文“重”當作“熏”。《玉篇·火部》：“爞，熏也。”茲據校改。

⑧ 字頭第二形不詳。

⑨ 注文“浔”當作“侵”，《名義·火部》亦作“浔”。《説文·火部》：“㷠，侵火也。”茲據校改。“㷠”與“廩”同屬寝韻，“倉㷠”疑爲“倉亩”或“倉廩”之誤，“廩字”蓋爲同韻字而誤入此處。

⑩ “[illegible]”隸定作“粦”。《説文·炎部》：“[illegible]，兵死及牛馬之血爲[illegible]。”

煉炙字。

燔番音。宗廟熟肉。膰字,燔同。燒也。

煉恭(炙)字。①

燅辞廉反。燅字。熱湯中煸肉。

臁兼音。脂字。食肉不猒食。

灬部第九

五十五字

烈力招(折)反。盛也,火猛也,羅也,餘也,業也,熱也,爛也,連也,對(剛)士也。②

樵才焦反。木也,亦薪也。

烝之烝反。升也,進也,度(庶)也,衆也。③

熬伍高反。煎魚、宍(肉)、菜等,煎也,乾也。伊利自志,又尔保志。④

嶢口遥反。嶢,山高也,高山也。

熊胡弓反。久万也。⑤

羆彼宜反,平;畜也。志久万。⑥

䏶䏡二上古文。⑦

熙欲疑反。壯也,和也,悦也,樂也,花(美)也,明也,廉(廣)也。⑧

揃子踐反。滅也,亡煞也。曽利須豆,又支留。⑨

蒸章繩反。炬也,坎(炊)熱也,焚也,燒也,焜也,亡也,滅也。⑩

---

① 注文"恭"當作"炙"或"炙"。"煉"與上"炙"字異體"煉"形似,但《名義·炙部》:"煉,居有反。灼反(也)。"《玉篇·火部》:"炙,居又、居有二切。灼也,熱也。"《名義》之"煉"當是"炙"字異體。此上下數字與《名義》合,暫據《名義》定作"炙"。

② 注文"招"當作"折"。《名義·火部》:"烈,力折反。"茲據校改。"羅也""連也"當是"列"字之義,"烈"通"列"。"對"爲"剛"的俗字。

③ 注文"度"當作"庶"。《爾雅·釋詁一》:"庶、烝,衆也。"茲據校改。

④ 伊利自志(いりじし【煎肉】),又尓保志(にぼし【煮干し】)。

⑤ 久万(くま【熊】)。

⑥ 志久万(しぐま【羆】)。

⑦ 字頭"䏶""䏡"乃《説文·熊部》"羆"字古文之隸定形體。

⑧ 注文"花"當作"美","廉"當作"廣"。《慧琳音義》卷一"熙怡"條:"《考聲》:美也。"《廣韻·之韻》:"熙,廣也。"茲據校改。反切上字當是曉母字,《名義》作"假",疑皆當作"虛"。

⑨ "揃"爲"揃"字之俗,"煞"爲"殺"字之俗。《龍龕·手部》:"揃、揃,即淺反。揃滅也。"曾利須豆(そりすつ【剃り捨つ】),又支留(きる【切る】)。

⑩ 注文"坎"當作"炊"。《慧琳音義》卷六十五"炊作"條:"《韻詮》云:炊,蒸也。"茲據校改。

烝〔亟〕之升、之勝二反。衆也，熱也，屢也。①

點懷礼(札)反。慧了也。胡八反。慧也。佐加志，又佐止留。②

黨胡郎反。類也，伴也，輩也，徒也，仇也，五百爲黨，又親也，附也。③

燕烏賢反。国名。寔(宴)字。白頭(頸)烏，又玄鳥也。④

僬取焦反。僥，又長也，行容正(止)皃也。⑤

丕扶悲、扶似二反。信敬也，誠也，又人名。倭比音。⑥

壺侯孤反。瓻(瓶)也。加女。⑦

勳汗(許)文反。勞也，勇士振釟而煞寇賊，即授以勳也。⑧

炰方口、方救二反。煮也，前(煎)也。⑨

黜(黜)丑聿反。下退皃，賤白(兒)，貶退也。久太須。⑩

�禚之要、之揚二反。齊地之名也。⑪

蒸之騰反。爵熱也。

熟時税(祝)反。誰也。伊留，又尓留，又太礼留也。⑫

焦即寮反，平；人姓，又傷火也。

---

① "屢也"當是"亟"字義。《漢書·刑法志》："於是師旅亟動。"顏師古注："亟，屢也。""亟"與"烝"形近而混。

② 注文"礼"當作"札"。享和本作"札"。《名義·火部》："點，核札反。"茲據校改。佐加志(さかし【賢し】)，又佐止留(さとる【悟る・覚る】)。

③ 反切疑爲"都朗反"之誤。《廣韻·蕩韻》："黨，多朗反。"《名義·黑部》："黨，丁朗反。"皆端母蕩韻。本書黑部"黨"字即作"都郎(朗)反"。

④ 注文"寔"當作"宴"，"頭"當作"頸"。《集韻·銑韻》："宴，《爾雅》：宴宴，居息也。或作燕。"《爾雅·釋鳥》："燕，白脰烏。"郭璞注："脰，頸。"茲據校改。

⑤ 注文"正"當作"止"。《禮記·曲禮下》："庶人僬僬。"鄭玄注："僬僬，行容止之貌也。"茲據校改。《國語·魯語下》："僬僥氏長三尺，短之至也。""長也"蓋是"長三尺"之誤截，"僬僥"乃"短之至也"。

⑥ "丕"當是"丕"的俗字。《名義·一部》："丕，普胝反。丕(按，字頭與此形當有其一作"丕")也，大也，多也。"俗字"艸"和"一"旁常常互換。《名義》反切作"普胝反"，此第二反切下字疑當作"胝"。又，此釋義皆與經典不合，待考。"倭比音"指日本音讀作"比(ひ)"。

⑦ 字頭原作"壺"，當是"壺"字之訛，"瓻"乃"瓶"字之俗。加女(かめ【瓶·甕】)。

⑧ 注文"汗"當作"許"。《廣韻·文韻》："勳，許云切。"茲據校改。

⑨ 《集韻·有韻》俯九切："炰，火熟之也。或作炰。""炰"又同"炮"，此音與"炰"近。

⑩ 字頭當是"黜"的俗字。注文"白"當作"兒"，據《群書類從》本、享和本改。久太須(くだす【下す·降す】)。

⑪ 此反切疑有誤。

⑫ 注文"税"當作"祝"。《名義·火部》："熟，時祝反。執字。"茲據校改。"誰也"當是"執"字義。伊留(いる【炒る·煎る·熬る】)，又尓留(にる【煮る】)，又太礼留(だれ【誰】る)也。

憔〔𢞫〕之遥反,平;樓美好爲麗憔也,拭也。乃己不,又須波須,又之波須志。①

萑(蕉)即寮反,平;草名。波小。②

譙又作呮。才妙、才焦二反,平;訶也,嬈也,国名也。③

𪎭子奚反。醬属也。安倍毛乃。菹。④

鏊上字。

𩱏七亂反,去;灼也。⑤

𡫏上字。⑥

煑方婦反。[少]計(汁)煮曰煑,[火]孰(熟)曰煮也。⑦

蒸之升反。衆也,祭也。

煎或作𡙡(函)。此應連(逋)字。補胡反。逋,逃也。⑧

𤌶扶逼反。𤌶,火乾也,以火乾肉[曰]𤌶。或作焙,火行也。⑨

𩱴𩱩𤊿三字,上字。⑩

煮之攺(汝)反。煎也,瀹(瀹)也。⑪

燋似遥反。熱也,灼也,乾也,燒也。

極巨力反,入;盡也,空也,中也,至也,已也,棟也,終也,瀹(瀹)也。⑫

---

① "之遥反"疑當作"子遥反"。"樓美好爲麗憔"之"憔",乃"譙"的假借字。《漢書·陳勝傳》:"攻陳,陳守令皆不在,獨守丞與戰譙門中。"顏師古注:"譙門,謂門上爲高樓以望者耳。樓一名譙,故謂美麗之樓爲麗譙。"又《玉篇·巾部》:"𢞫,拭也。""憔"與"𢞫"形近混。乃己不(のごふ【拭ふ】),又須波須(すはす),又之波須志(しはすし)。

② 波小(はせお【芭蕉】)。

③ 《玄應音義》卷十九"譙譊"條:"又作呮,同。""呮"乃"譊"字異體,此誤認爲"譙"字異體。

④ 各本"菹"在"也"字之下。安倍毛乃(あへもの【韲物】)。

⑤ "𩱏"是"爨"的俗字。

⑥ 《玄應音義》卷十七"爨之"條:"籒文寁,同。""𡫏"爲"寁"之省。

⑦ 底本該條用小字接上條抄寫。《玄應音義》卷十七"煑煮"條:"方婦反。《字書》:少汁煮曰煑,火熟曰煮。"茲據補改。

⑧ 注文"連"當作"逋"。《玄應音義》卷十七"煎𡙡"條:"經文或作函,此應逋字,補胡反。逋,逃也。《廣雅》:逋,𡙡也。"茲據校改。或體"𡙡",金剛寺本作"𥶇",七寺本作"𥔵",東大文學部本作"𤔔",疑是"𡙡"字形變。《龍龕·火部》:"𡙡,古文:布胡反,逃也,𡙡也。今作逋。"

⑨ "或"上奪"曰"字。《玄應音義》卷七"𤌶焭"條:"古文𩱴、稬二形,又作焚。同。扶逼反。《方言》:𤌶,火乾也。《説文》:以火乾肉曰𤌶。經文作焙,逋古反。火行也。焙非此義。"茲據校補。"𤌶"乃"煬"的俗字,見《四聲篇海》。

⑩ "𤊿"乃"焚"字之俗,而"焚"又是"煬"的俗字,參《漢語俗字叢考》"𤊿"字條。

⑪ 注文"攺"疑當作"汝","瀹"當作"瀹"。《廣韻·語韻》:"煮,章与切。"同韻之字,"汝""肶""籹"等與之形近,"汝"作爲反切用字的可能性最大,暫定作"汝"。《玉篇·水部》:"瀹,煮也,内菜湯中而出也。"茲據校改。

⑫ 字頭原作"𢱭"。"空"疑當作"窮","空"義未見,"窮"義常見。"瀹"乃"瀹"字之誤,見上文"煮"字注,此蓋"烝"字義。

烝正居力反。熬也，疾也，急也，速也。借欺吏反，去；數也，敬愛也，失時也。志波之。①

炁氣字。在气部。

烋正羲椮反，平；美也，慶也，善也，微也，誦（福）禄也。借呼交反，平。②

熈（熙）言音。豊也，光也，興也。③

𠛫徒老反。倭也，㷫也，走也。④

然年音。燒也，諾也，如也，成也，定（是）也，答也，有也，應也。⑤

燾徒曰（刀）反，平；覆也。⑥

煦虚句反，去；氣晙（暖）也。⑦

煎在陵反，平；置魚笱（箭）中炙之也。作筒字。⑧

𤎼七遥反，平；生麻也。

潐子誚反，去；盡也。⑨

煎子連反。乾也，盡，放（熬）也。⑩

鬻𤆍𤊽𤐫四字炒字，在火部。⑪

---

① 字頭"烝"乃"亟"的俗字。《干禄字書》："烝亟，上俗下正。""熬也"當是"烝"字義。《方言》卷一："亟，愛也。自關而西秦晉之間凡相敬愛謂之亟。"《論語·陽貨》："好從事而亟失時，可謂知乎？"皇侃義疏："亟，數也。"志波之（しばし），各本作"志波志波（しばしば【屡々·数々】）"，當從之。各本字頭作"㮹烝"二形，第一形即"極"俗字，"亟"同"極"，此處可能是將上條"極"字字頭混入。各本"敬愛也"上有"敬也"二字。

② 注文"誦"當作"福"。《廣韻·幽韻》："烋，福禄也。"《左傳·襄公二十八年》："以禮承天之休。"杜預注："休，福禄也。""烋"同"休"。兹據校改。"微也"《名義·火部》《集韻·幽韻》《類篇》同，方成珪《集韻考證》疑是"㜸"字誤，蓋是。

③ 字頭"熈"乃"熙"字之俗。《説文·𦣞部》"𦣞"字篆文作"𦣝"，隸定作"𦣞"，隸變或作"𫞶""𦣠""𦣞"等形；《龍龕·火部》："熈，變體；熙，正。""熈"字俗寫進而又變作"㷗""熈"等形，如《唐神策軍碑》："列聖相承，重熙累洽。""熙"字作"𤋮"。俗書左半又訛作"氵"，是爲"㶑"字，如蔣斧刊本《唐韻·葉韻》丑六反："鄐……漢有鄐熈，爲東海太守。"是其例。"言"字疑是"熹"或"喜"旁同音字之誤。

④ 此條俟考。字頭疑是"衜"字之訛。《名義·行部》："衜，徒老反。路也，術也。"注文"倭"與"㷫"疑是"路"與"術"之訛。

⑤ 注文"定"疑當作"是"。《廣韻·仙韻》："然，又如也，是也。"兹據校改。"然"與"年"日語皆可讀作"ねん"。

⑥ 注文"曰"當作"刀"。《廣韻·豪韻》："燾，徒刀切。"兹據校改。

⑦ 注文"晙"當作"暖"。《玉篇·日部》："昫，暖也。亦煦同。"兹據校改。

⑧ 注文"笱"當作"箭"。《説文·火部》："煎，置魚箭中炙也。"兹據校改。《名義》《玉篇》"箭"作"筒"，此處"作筒字"蓋爲"笱（箭）"的旁記注文。

⑨ 反切下字原作"𥴶"，《裴韻·笑韻》："潐，子誚反。"《全王》《廣韻》作"子肖反"。兹據校定。

⑩ 注文"放"當作"熬"。《説文·火部》："煎，熬也。"兹據校改。

⑪《玄應音義》卷一"炒粳"條、卷十四"自炒"條、卷十八"煎炒"條："古文鬻、𤆍、𤊽、𤐫四形。"

熏焄韋同。①

人部第十

六十四字

人如真反，平；仁也。仁，不忍也。人者，天地之心，五行之端也。②

众（夊）力計反。二爻也。

俞俞正作。正翼珠反，平；往哉，然也，應言也，答也。借丑救反，去；姓也。③

愈上又作，誤也。珠。進也。④

翕呼及反。合也，斂也，起也。

企斤（丘）敀反。氽（仚），启也，開也。從山也。⑤

亼上古文。⑥

企〔仚〕詐（許）延反，平。又袪鼓（敀）反。字從止。輕去宜也，舉兒也。⑦

定上古文。⑧

龕苦就反。受也，盛也，聲也，取也。

余予，翼諸、餘者（責）二反，平；与"予"字同。⑨

糸上字。

---

① 《經典釋文·論語音義》："焄，香云反，本或作葷，同。本今作薰。"

② 《白虎通·情性》："仁者，不忍也，施生愛人也。""肝者，木之精也，主仁。仁者不忍，故以膽斷也。"《禮記·禮運》："故人者，天地之心也，五行之端也。"

③ 《干禄字書》："俞俞，上俗下正。"此處兩字頭同形，前一"俞"應從《干禄字書》作"俞"，下"愈"字應即"俞"。又《玄應音義》卷十二"俞曰"條："翼珠反。《尚書》：'帝曰：俞，往哉！'俞，然也，相然譍也。"此處"往哉"當出自《尚書》。

④ "珠"疑是上字"俞"的反切下字。

⑤ 字頭原作"**仚**"。注文"斤"當作"丘"，"氽"當作"仚"。《字鏡·人篇》："仚，去智反。望也。**仚**作夵？丘敀反。開也。**仚**，古文。仚，启也。""**仚**""仚"皆是"企"的俗字，"仚"又同"仙"。茲據校改。

⑥ 字頭原作"**仚**"，乃《說文·人部》"企"字古文"定"的俗字。

⑦ 注文"詐"當作"許"。《廣韻·仙韻》："仚，許延切。""仚"同"仙"，又是"企"的俗字。《名義·人部》："企，去敀反。"茲據校改。輕去宜也，《廣韻·仙韻》《玉篇·人部》有"仚，輕舉兒"，此不詳何意。HDIC 校："疑當作'去真反。輕舉兒也。'"《廣韻·真韻》："企，去智切。"與"去真反"音同。

⑧ "定"乃《說文·人部》"企"字古文"定"之變。

⑨ 注文"者"當作"責"。《玄應音義》卷四"發予"條："翼諸、餘責二反。《爾雅》：予，我也。案：此亦與余字同也。"茲據校改。此二音本是"予"字音，故反切之前有"予"字。"与予"二字原倒，"与"字右上有倒乙號，茲據乙正。

余(悆)餘鹿(庶)反,去;預也,悦也,忌(忘)也。倭余音。①

傘繖字同。先岸、桑爛二反。盖也。支奴加佐。②

傘傘傘奞四字同作。

弇那合(含)、古南二反。人名,同也,盖也。和阿牟反。③

合正今納反,入;又胡答反。同也,配也,答也,對也,成也。借古今反,入;匌也,會也。④

僉七廉、且廉二反。皆也,劇也,成(咸)也,敟(夥)也,多也。⑤

禽渠林反。獲也,鳥捴(總)名也。

禼离二[字],禹字古文,在雜字。舒也。⑥

𪎭徒侯反。棨(檾)属也,已[illegible]索也。⑦

嵞度都反,平;山。

全度(疾)緣反,平。⑧

爾而氏反,上;汝也。

夾奴効反。鬧字。

畣於念反。苦未(味)。⑨

谷渠略反。口上阿也,哭(咲)也。臄、噱、谷,在口中也。谷,二字同也。⑩

---

① 字頭"余"當作"悆",注文"鹿"當作"庶","忌"當作"忘"。《名義·心部》:"悆,餘庶反。忘也。"《説文·心部》:"悆,忘也。"玆據校改。《玉篇·心部》:"悆,豫也,悦也。""預"通"豫"。倭余(よ)音。

② 《玄應音義》卷二十二"傘屧"條:"又作繖,同。先岸反。謂張帛爲行路以自覆者也。"《玄應音義》卷十六"作繖"條:"又作傘,同。桑爛反。謂繖蓋也。"支奴加佐(きぬがさ【衣笠・絹傘・華蓋】)。

③ 注文"合"當作"含","古南"原倒,有倒乙號。"弇",《王一》《裴韻》《全王》《裴韻》皆有"那含反"和"古南反"。玆據改乙。和阿牟(あむ)反,蓋是《廣韻·琰韻》"衣儉切"的音讀。

④ "今納反"不詳,似是日語音讀,"今納反"可拼讀爲"こう","合"可讀爲"ごう""こう"等音。後一反切下字"今"字不詳,若是反切,疑是"合"旁字之誤,若是日語音讀,則"古今(こん)反"不詳所出。

⑤ 注文"成"當作"咸","敟"當作"夥"。《廣韻·鹽韻》:"僉,咸也。"《方言》卷十二:"僉,夥也。"玆據校改。《方言》卷十三:"僉,劇也。"

⑥ "二"下奪"字"字,據《字鏡·人篇》補。"禼"乃《説文·内部》"禹"字古文之隸定,而"离"則爲"禼"之隸變。

⑦ 注文"棨"當作"檾"。《説文·𣏟部》:"𪎭,檾屬。"玆據校改。"[illegible]"字不識,俟考。HDIC校:"衍之'厶',抹消符歟。疑當作'大索也'。"

⑧ 注文"度"當作"疾"。《廣韻·仙韻》:"全,疾緣切。"玆據校改。

⑨ 注文"未"當作"味"。《廣韻·㮇韻》:"畣,苦味。""畣"同"畣"。玆據校改。

⑩ 注文"哭"當作"咲"。《名義·谷部》:"谷,咲也。"《廣雅·釋詁一》:"谷,笑也。""咲"同"笑"。玆據校改。"谷""谷"二字形近易混,故云"二字同也"。《字鏡》無"二"字,"二"或是衍文。

佥(囟)恩(息)進反。頭降(縫)也。①

函户欮反。古(舌)也。②

會正胡外反，去；集也，聚也，對也。借古外反，去；又胡括反，入；与也，最也，合也，甲也，道也，皆也。③

食正實力反。消[也]，養也，偏也。借慈史(吏)反，去；餘(飯)也。④

令正力政反，去；命也，善也，發号也，道也，命道也，縣令也。借力皇(星)反，平；使也。⑤

畗福音。然也。⑥

舍 胡感反。衝(銜)也，寬也，目口嚛也，亡人口重珠也。今(含)，正作。⑦

晗(唅)珨二字同，此爲正體；吟(唅)，哺也。⑧

舍正舒夜反，去；宫也，行解止之處。凡师，一宿爲舍。又曰退也，又放置也，廿(卅)里。借失

---

① 字頭“佥”當爲“囟”字之訛。《名義·囟部》：“囟，先晉反，頭會腦蓋也。”𡿺，古文。”“囟”字原書作“𡿺”，部首標目字作“𡿺”，下部與“正”的草書形近，俗書或據以回改。注文“恩”當作“息”，《廣韻·震韻》：“囟，息晉切。”又，“降”當作“縫”。從字形看，“縫”字敦煌寫本中俗寫常作“絳”，與“降”形音皆近，易爲混淆。從字義看，“囟”，“象人頭會腦蓋”，其實就是指“人頭腦之上縫”。《禮記·内則》“男角女羈”，孔穎達疏：“囟是首腦之上縫。”可證。

② 字頭原作“𣪘”，當是“函”的訛誤字。注文“古”當作“舌”。《字鏡·人篇》作“舌”。《説文·马部》：“函，舌也。”《廣韻·覃韻》：“函，胡男切。”“户欮反”與“胡男切”音同。兹據校改。

③ 《公羊傳·隱公元年》：“會，猶最也。”何休注：“最，聚也。”“最”字俗作“冣”“冣”，遂與《説文》冣積之“冣”相混，説詳《敦煌俗字研究》“最”字條。此“最”字當是冣積之“冣”。《詩·大雅·大明》：“會朝清明。”毛傳：“會，甲也。”“道也”不詳。《禮記·樂記》：“會守拊鼓。”鄭玄注：“會，猶合也，皆也。”

④ 注文“史”當作“吏”，“餘”當作“飯”。《原本玉篇·食部》：“食，《左氏傳》：‘不可食已。’杜預曰：‘食，酒(消)也。’又曰：‘功以食民。’杜預曰：‘食，養也。’……《尔雅》：‘食，爲(偏)也。’……又音慈史(吏)反。《周礼》：‘膳夫掌王之飲食。’鄭玄曰：‘食，飲(飯)也。’野王案，飯爲食也。《礼記》‘食居人(原衍一“人”字)之左’‘我則食之(食)’並是也。以飲食設供於人亦曰食。爲飤字也。”《爾雅·釋詁下》：“食，偏也。”《周禮·天官·膳夫》：“膳夫掌王之食飲膳羞。”鄭玄曰：“食，飯也。飲，酒漿也。”“慈史(吏)反”即“飤(飤飼)”字音。《廣韻·志韻》：“飤，祥吏切。飼，上同。”兹據校改。“飯”訛作“餘”，疑因“飯”的俗字“餝”或“飰”而誤，二字見《廣韻·願韻》。

⑤ 注文“皇”當作“星”。《廣韻·清韻》：“令，吕貞切。”又《廣韻·青韻》：“令，郎丁切。”“星”是青韻字。兹據校改。

⑥ 《正字通·田部》：“畗，古文福。……借爲得合切，报也；又芳逼切，通作畗，俗作畣，非。”此音“福”，或是與“畗”字相混。

⑦ 注文“衝”當作“銜”，“今”當作“含”。《名義·口部》：“含，銜也。”《干禄字書》：“含含，上通下正。”底本“舍”乃“含”字書寫之異。兹據校改。《廣雅·釋詁三》：“含，寬也。”

⑧ 字頭“晗”當作“唅”，注文“吟”當作“唅”。《左傳·文公五年》：“王使榮叔歸含且賵。”釋文：“歸含：本亦作唅(唅)，户暗反，口實也。珠玉曰唅。《説文》作珨，云：送終口中玉。《廣韻·勘韻》：“唅，哺唅。”兹據校改。

野反,上;止也。①

今渠金反,平;是時也,兹也。

含 含也。②

命莫勞反。告也,唤[也],去,使也,令也。③

念女(奴)店反。思也,禄也。无念,念也,无忘也。④

尒而氏反,上;□(汝)也,辞之必状(然)也,是別義也,亦訓近也。尒(尔),通作也。⑤

爾上字。

龠羊石(若)反,入;量器也,舞也,之(五)撮也。⑥

侖力旬反。思也。

畬与魚反,平;二歲曰畬,一歲二歲也。⑦

盦烏含反。覆盖兒,推也。

盒盒二字上,在皿部。⑧

衾 衾衾三同字。渠今反,平;布須万。⑨

亼似立反。集字也。

个打(柯)賀反。覆庿也。“箇”字相近也。⑩

────────────

① 注文“廿”當作“卅”。《左傳·僖公二十八年》:“退三舍辟之。”杜注:“一舍三十里。”“卅”即“三十”。兹據校改。《左傳·莊公三年》:“凡師,一宿爲舍,再宿爲信,過信爲次。”

② 字頭俟考,疑亦是“㽞”字,見上文“㽞”字條。

③ 反切下字誤,《廣韻·映韻》作“眉病切”,同韻有“褮”字與“勞”字音近,俟考。“唤”下當補“也”字,《字鏡·人篇》有“唤也”義。“去”字疑是聲調,當在“反”字下。

④ 注文“女”當作“奴”。《王一》《裴韻》《全王》《廣韻·㮇韻》:“念,奴店反。”兹據校改。注文“禄”疑當作“録”。《論語·公冶長》:“不念舊惡。”皇侃疏:“念,猶識録也。”《詩·大雅·文王》:“無念爾祖。”毛傳:“無念,念也。”馬瑞辰通釋:“傳以‘無’爲語詞,但據《爾雅·釋訓》:‘勿念,勿忘也。’……《孝經》釋文引鄭注:‘無念,無忘也。’”

⑤ “上”下字原殘作“𡢽”,細看右旁當是“女”。注文“状”當作“然”,“尒”當作“尔”。《字鏡·人篇》:“尒,而氏反。辭之必,是別義也。龠,古文。亦訓近也。然也。汝也。”《字鏡》“然”字原作“𤓓”,當在“必”字下,上旁似“状”字,此“然”誤作“状”蓋由此而來。《説文·八部》:“尒,詞之必然也。”《原本玉篇·爻部》:“爾,《毛詩》:‘百爾君子。’箋云:‘爾,汝也。’……詞之必然爲尒字,在八部。”《干禄字書》:“尔尒、爾爾,並上通下正。”兹據補改。

⑥ 注文“石”當作“若”,“之”當作“五”。《字鏡·人篇》:“龠,羊若反。”與《廣韻·藥韻》“以灼切”合。《原本玉篇·龠部》:“龠,《蒼頡篇》:‘龠五撍。’”《名義·龠部》:“龠,五撍。”“撍”即“撮”的俗字。兹據校改。

⑦ 《禮記·坊記》:“不葘畬。”鄭玄注:“田一歲曰葘,二歲曰畬。”

⑧ 皿部作“盦盒”二字,第二字上旁當是“含”。“盒”乃“盦”的減省俗字,而此處字頭“盒”當是“盦”的誤字。

⑨ “衾”“衾”皆“衾”的俗字,“衾”字見《北魏元琎妻穆玉容墓誌》。布須万(ふすま【衾·被】)。

⑩ 注文“打”當作“柯”。《名義·八部》:“个,柯賀反。”兹據校改。《儀禮·士虞禮》:“俎釋三个。”鄭玄注:“个,猶枚也,今俗或名枚曰個,音相近。”

介古拜反。大也,人名也。

㮘。①

亻部第十一

五百廿四字

亻立人。

佛正芬未反,入、去;仿佛也。或爲髴字。借扶勿反。釋種也,違戾之佛爲咈字。人也,骨也,耳也,王也。保乃加尓,又美加太之。②

伺亦作覗。相吏反,去;候也,察也,視也,狙也。

保方保反,上;養也,字(守)也,安也,有也,居也,知也,必也,持也,時也,負也,當也,役也,任也,證也。③

寎采(棌)保三上古文。④

保(保)上古。⑤

倡齒揚反,平;樂也,俳也,優也。太乃之,又佐加由,又由太介之。⑥

俳蒲梅反。戲[也],旋也,俳徊也。⑦

僂力主、力矩二反,上;傴僂也,曲也,低頭也。加加万留,又世久豆,太太皮(波)志之。⑧

俘芳夫反,平;因(囚)也,取。⑨

儲直於反,平;偫,具也,貯也。

---

① 字頭右下角注片假名"ョル"(よる【因る】),不詳。

② 此"未"是去聲字,非入聲字"末"字,"扶勿反"爲入聲。《集韻・未韻》芳未切:"佛,仿佛,見不諟也。通作髴。"《集韻・未韻》方未切:"拂,扚拂,形似也。或作佛。通作髴。""人"至"王"諸義項不詳,蓋皆指"佛陀"也。各本"王"作"生",疑非。狩谷據《龍龕》"覺也"疑"骨"當作"覺",又據《彙補》"卑也"(今按,據其參考書目當指《續音彙補》)疑"耳"當作"卑"。保乃加尓(ほのか【仄か・側か】に),又美加太之(みかた【御像・御形】し),各本無"之"字。

③ 注文"字"當作"守"。《名義・人部》:"保,守也。"茲據校改。

④ 字頭"采"當作"棌"。《玄應音義》卷十四"所保"條:"古文寎、棌、保三形,同。""采"即"棌","保"即"保",此原字當是"棌"。茲據校改。

⑤ "保"乃《説文・人部》"保"字古文"保"之變。

⑥ 太乃之(たのし【楽し】),又佐加由(さかゆ【栄ゆ】),又由太介之(ゆたけし【豊けし】)。《師説抄》認爲兩"又"和訓應爲"昌"字義。

⑦ 《名義・人部》:"俳,戲也,仿偟也,俳徊也,旋也。"

⑧ 本條原作"力主、力矩二反,上;傴。加加万留,又世ゝ也。曲也,低頭。久豆太太皮志之",當有錯簡,據各本改,但各本末無"太太皮志之"。加加万留(かがまる【屈まる】),又世久豆(せ【背・脊】くつ【屈】)。太太皮志之(たたひしし),疑當從本書亻部"傀"字注作"太太波志(たたわし)",此和訓有"極其滿足"和"威嚴貌"二義,但用於此處則不詳。

⑨ 注文"因"當作"囚"。《廣韻・虞韻》:"俘,囚也。"茲據校改。

侍(侍)古文作庤、時、時三形。除理反,上;待也,所望也。①

佟倉對反,去;副也,盈也,儜也。②

体上作。本音。③

倅一作。

倱㥏亦作混沌。上故婚(胡損)反,上;大而无形。下徒損反,上。④

傷亦作漸(漸)。斯漬反。任(侹)、傷,盡也,物乞(空)𡖵(盡)也。⑤

侹他頂反,上;直也,長兒。古文作頲。侹侹,正直也。⑥

什七昇、肘(時)立二反,入;聚也,類雜也,資也,集也,倫也。⑦

㥛古柯(烏訝)、於嫁二反,去;倚也,因也,附也,倚㥛也,近也。与留,又与利布須。⑧

仇古作逑。渠牛反。怨也,匹也,儲(讎)也。⑨

仇上字。⑩

僦子溜、將六二反。雇載曰僦。又即就反,去;疾(賃)也。⑪

---

① 字頭當作"侍",注文"庤時時"三字原在"待"字之上。《玄應音義》卷十二"儲侍"條:"下古文作庤、時、畤三形,同。""畤"同"時"。茲據改乙。《王一·止韻》:"庤,儲置舍。"下字"侍,看所望而往,具。亦作時。"又下字"畤,儲"。《慧琳音義》卷五十四"儲侍"條:"《考聲》云:侍,待也,所望也,儲也。"

② "倉"原作"七",左旁有刪除號,右側改作"倉"。《玄應音義》卷十三"倅略"條:"倉對反。依字。倅,副也。《廣雅》:倅,盈也。又作体,蒲本反。《集韻·混韻》部本切:"体,儜劣也。""

③ 《廣韻·混韻》蒲本切:"体,劣兒。又劣也。""体"與"倅"非異體,此因形近相混,上條"儜也"即"体"字義。

④ 注文"故婚"當作"胡損"。《玄應音義》卷十二"倱㥏"條:"又作混沌,同,胡損、徒損反。《通俗文》:大而無形曰倱㥏也。"茲據校改。各本末有"由久"(ゆく)或"佐加由久"(さかゆく),不詳。

⑤ 《玄應音義》卷七"盡傷"條:"又作漸,同。斯漬反。《方言》:侹、傷,盡也。物空盡也。"茲據校改。

⑥ 《玄應音義》卷十三"侹直"條:"古文作頲,同。他頂反。《通俗文》:平直曰侹。經文作鋌,非也。"《玄應音義》卷十九"侹直"條:"他頂反。侹直,《說文》:長兒也。侹侹,正直也。"

⑦ 注文"肘"當作"時"。《玄應音義》卷二"什物"條:"時立反。"《名義》《玉篇》音同。茲據校改。"七昇(しふ)反",乃"什"字日語音讀,參本書肉部"膤"字條注。

⑧ 《王一·禡韻》《全王·禡韻》《玉篇·人部》皆音"烏訝反",《名義·人部》誤作"烏訶反",疑此"古柯"當是"烏訝"之誤。《師說抄》改"古"作"衣",改"近"作"依",又云"因""附"二字不詳,疑是"婐"字混。与留(よる【因る】),又与利布須(よりふす【寄り臥す】)。

⑨ 注文"儲"當作"讎"。《名義·人部》:"仇,讎也。"《說文·人部》:"仇,讎也。""讎"同"讎"。茲據校改。

⑩ 《龍龕·人部》:"仇,俗;仇,正。"

⑪ 《玄應音義》卷十五"僦賃"條:"子溜、將六二反。《通俗文》:雇載曰僦。下女鴆反。"注文"疾"當作"賃","疾"或是由"賃"字草書而誤。《廣韻·宥韻》即就切:"僦,僦賃。"《切韻》系韻書略同。茲據校改。

俛俛上忘（亡）忍反。下无辨反。亦作𢓇。低頭也，湏（頰）也。二合。謂自强爲之也。①

伯蒲各反。禽獸之藏走之皃，長養也，壽也。②

僅渠鎮反，去；少也，餘也，財能也，劣也。③

僥僥二同。

倖上古堯反。遇也。下胡就（耿）反，上；慶也。④

俸房用反，去；与也，秩也。

傅正方務反，去；借符付反。塗也，近也，於（相）也，謂塗附也。⑤

傔兼音。丁也。

倮力果反。倮形也，脱也，去衣服而露身也。裸、［躶］，二同。露也，裸也。⑥

傪傪傪三形同。桑截反，入；音聲也，草動聲也。

偆尸（尺）尹反，上；富也，厚也。蠢字。⑦

傀（傀）魯帝反。戾，逆也，卒（乖）也，至也，倒也。⑧

倸束音。偢倸，動皃，短也。

---

① 注文“忘”當作“亡”。《玄應音義》卷十五“俛俛”條：“亡忍反，下無辯反。謂自强爲之也。”“忘”疑是涉下“忍”而類化增旁。又《玄應音義》卷八“俛仰”條：“無辯反。謂自强爲之也。”《説文》：俛，此俗頫字，謂低頭也。《玉篇·人部》：“俛，亦作頫。”兹據校改。或體疑當作“勉”，“俛俛”同“黽勉”。“湏”疑是“頭”或“頰”字之誤。

② 此條注文俟考。

③ 字頭右側注片假名“ワツカニ（わずか【僅か・纔か】に）”。

④ 此條當與上條連讀。注文“就”當作“耿”。《玄應音義》卷四“僥倖”條：“古堯反，下胡耿反。僥，遇也。倖，慶也。”兹據校改。

⑤ 注文“於”當作“相”。《玄應音義》卷三、卷十三“傅飾”條：“方務反。傅猶塗附也。傅藥、傅粉皆是也。”《玄應音義》卷二十一“師傅”條：“方務反。傅，附也。附，近也。審父子君臣之道以示之曰傅。傅，相也。”“相”字《草書大字典》有“𡌴”“𡌵”等形，與“扵（於）”相近，故誤。兹據校改。“符付反”，《經典釋文·爾雅音義上·釋詁第一》有此音。

⑥ “二”上奪“躶”字。《新譯華嚴經音義私記》：“倮形，上又爲裸、躶。力果反，脱衣也，袒衣也。”《慧琳音義》卷五十四“倮形”條：“《古今正字》或爲裸，或作躶。”兹據校補。

⑦ 注文“尸”當作“尺”。《廣韻·準韻》《玉篇·人部》：“偆，尺尹切。”兹據校改。《名義·人部》作“尸君反”，誤。

⑧ 魯帝反，《廣韻·紙韻》過委切：“傀，戾也。”《王一》《裴韻》《全王·霽韻》：“戾，魯帝反。”“魯帝反”當是“戾”字音，疑字頭當作“傀”，《廣韻》“傀”爲“戾”的俗字。注文“卒”當作“乖”。《廣韻·霽韻》：“戾，乖也。”兹據校改。其他數義也是“戾”字義。《新撰字鏡·色部》：“傀，魯帝反，去；戾也。戾，逆也，卒（乖）也，至也。”與此略同。《新撰字鏡·人部》：“傀，居鬼反。茂，枝葉重累之皃。”此條方爲“傀”字音義。

僊息延反，平；僲皃，又不醉僲皃，長生也。[1]

傑巨榮(營)反。持(特)也，逸也。[2]

僥上作誤，此正作。

倓徒闞反，上；恬也，安[也]，静也。淡作，非。[3]

僘上字。

佚亦作劮。与一反，入；蕩也，樂也，緩也，顔也，民也，揚(惕)也。[4]

儭楚覲反，去；至也，近也，裹也。

係古作繫、繼二形，同作。古帝反，去；絜束也，連也。[5]

俾倪上亦作鞞。卑焷(婢)反，上；使也，從也，軄也。下亦作堄。五礼反。俾也，小兒也，古也，頭不正也，堞，女墻也，城上小垣也。[6]

葆亦作胞(袌)。補道反。謂聚五色羽爲葆之(也)。[7]

侻他絬(活)反。可也，輕説也。[8]

偉亦作瑋。于鬼反，上；奇也，大也。

---

① 《詩·小雅·賓之初筵》："賓之初筵，温温其恭。其未醉止，威儀反反。曰既醉止，威儀幡幡。舍其坐遷，屢舞僊僊。"毛傳："屢，數也。僊僊然。""僲皃"與"不醉僲皃"義蓋本此。《玄應音義》卷七"僊僊"條："《詩》云：屢舞僊僊。傳曰：僊僊，醉舞皃也。"與此不同，但據經文，"屢舞僊僊"應是"醉舞皃"之義，與下文"屢舞僛僛""屢舞傞傞"義同。

② 注文"榮"當作"營"，"持"當作"特"。《廣韻·清韻》："煢，渠營反。"《方言》卷六："絓、挈、僥、介，特也。楚曰傑，晉曰絓，秦曰挈。"錢繹箋疏引《玄應音義》云："傑即僥之訛。"《廣雅·釋詁》："僥、特，獨也。"王念孫疏證："僥，各本訛作傑，今訂正。"按，"傑"乃"僥"的俗字，同"煢"，寫本多見。茲據校改。"逸也"不詳。

③ 《玄應音義》卷十六"倓然"條："徒闞反。《蒼頡篇》：倓，恬也。《説文》：倓，安也。《廣雅》：倓，静也。今皆作淡。"《廣韻》有平聲"徒甘切"、上聲"徒感切"、去聲"徒濫切"，此音當是去聲。

④ 注文"揚"當作"惕"。《玄應音義》卷二："婬佚"條："《蒼頡篇》：佚，惕也。惕音蕩。"茲據校改。"顔"疑當作"預"。《名義·人部》："佚，豫也。""預"通"豫"。字頭當與"民"連讀成訓。《説文·人部》："佚，佚民也。"

⑤ 《玄應音義》卷十六"係縛"條："古文繫、繼二形，同。古帝反。《説文》：係，絜束也。繫亦連綴也。"

⑥ 注文"焷"當作"婢"。《切三》《裴韻》《全王·紙韻》："俾，卑婢反。"茲據校改。《玄應音義》卷八"俾倪"條："或作頼倪兩字，又作鞞堄二形，《字林》同。普米反，下五礼反。俾倪，傾側不正也。《淮南子》云'左頼右倪'是也。"《玄應音義》卷十七"俾倪"條："又作鞞堄，二形同。普米反，下吾礼反。《廣雅》：俾倪、堞，女牆也。《埤蒼》：城上小垣也。《釋名》云：言於孔中俾倪非常事也。""古也"不詳，疑有誤。

⑦ 注文"胞"當作"袌"，"之"當作"也"。《玄應音義》卷十三"葆羽"條："又作袌，同。補道反。《漢書》：羽葆謂合聚五色羽名爲葆也。"

⑧ 注文"絬"當作"活"。《玄應音義》卷十九"侻憶"條："他活反。《廣雅》：悦，可也。"茲據校改。注文"説"字疑當作"脱"，不過三字皆可通。

仆蒲北反，入；撫愚（遇）反，去；頓也，僵也。①

侜倀宜作譸張，亦作訓、嚋、侜三形。譸張，狂也，謂相欺惑也。倀，勑良反，平；侜，竹尤反。②

侏儒上亦作。狂也。

仳疋視反，平；別也，分也，醜面也。和加留，又止良久。③

仂六翼反，入；勤也。勑同。伊曾志支。④

偕五隤反。共也，俱也，迫也，雙也，强士（壯）之皃也。⑤

儌亦作憿。古堯、於遥三反。僥字。僥，希冀也，遇也，要也，召也，求也。⑥

偶有鑪、五苟二反。遇也，合也，雙也，類也，會也，值也。

傷〔傷〕亦作敭。以致（豉）反，去；相輕也，慢也，輕也。又他朗反。長皃也。⑦

伍五魯反，上；五人爲伍，衆也。亦作仵，逆也。⑧

優於牛反，平；樂也，諧也，俳也，豐也，國施也，飽也。⑨

傸倉洎（陷）、士咸、在鑒三反，去；暫也，不齊也，參差也。⑩

---

① 注文"愚"當作"遇"。《王一》《裴韻》《全王·遇韻》："仆，撫遇反。"茲據校改。

② 《玄應音義》卷七"侜倀"條："宜作譸張。又作訓、嚋、侜三形，同。竹尤反。譸張，誑也，謂相欺惑也。經文作侏，音朱，侏儒也。下倀，勑良反。倀，狂也。並非字體。"

③ 《玄應音義》卷七"仳低"條："匹視反。三昧名也。依字。仳，別也。仳傂，醜面也。傂音許惟反。""疋"同"匹"。和加留（わかる【分かる·別る·判る·解る】），又止良久（とらく【蕩く·盪く·散く】）。

④ 《玄應音義》卷七"勤仂"條："六翼反。《字書》：仂，勤也。今皆爲力字。""勑同"不詳。《廣雅·釋詁四》："仂，勤也。"疏證："《衆經音義》卷十二、卷二十二并引《廣雅》'勑，勤也。'今本脱勑字。""勑"與"仂"義同，但音不合。各本"勑"作"犳"，狩谷云"通作防。犳恐防訛"，山田云"共防之訛"，蓋是。今按，"勑"或是"勒"字之誤。《玉篇·人部》："仂，又音勒。"伊曾志支（いそしき【勤しき】），各本作"伊曾志久"（いそしく【勤しく】），皆可。

⑤ 注文"士"當作"壯"。《詩·小雅·北山》："偕偕士子。"毛傳："偕偕，强壯貌。"茲據校改。五隤反，《廣韻·皆韻》作"古諧反"，音不合，疑此條反切有誤。《説文·人部》："偕，彊也。"《説文·力部》："勠，迫也。""勠"通"彊"。

⑥ 《玄應音義》卷八"儌冀"條："又作僥。《説文》：從心作憿，同。古堯反。僥，希冀也，遇也。冀，幸也。""於遥反"爲"邀""要"字音，"儌"通"邀""要"，故有此音。此云"三反"，但僅存二音，蓋奪一音，或當作"二反"。

⑦ 上音義爲"傷"字，下音義爲"傷"字。注文"致"當作"豉"。《廣韻·寘韻》："傷，以豉切。"茲據校改。

⑧ 《玄應音義》卷九"兵伍"條："下吾魯反。《周禮》：五人爲伍。鄭玄曰：伍，衆也。論文作仵，吾古反。逆也。仵非字義。""伍"當同"伍"。

⑨ 《玄應音義》卷二十二"俳優"條："於牛反。《字林》：倡優，樂也。謂調戲作樂也。"《國語·晉語一》有"優施"，"國施也"蓋爲書名及引文之誤合。《説文·人部》："優，饒也。"《説文·食部》："饒，飽也。"

⑩ 注文"洎"當作"陷"。《王一》《唐韻·鑑韻》："傸，又倉陷反。"《玄應音義》卷二十二"傸速"條："倉陷、仕鑒二反。"茲據校改。

儳上字。

諐愆二同字，亦作愆，又一本作遥、蹇；去連反。遇(過)也，失也，没也，罪也。犯，浸(侵)。①

以下出從《切韻》平聲字

傂息移反。劾(祁)也，地名之(也)。②

倠誰惟(許維)反。似(仳)也，醜面也。③

儒日朱反。柔也。

儒正作。④

俱舉愳(隅)反。借(偕)也，皆也，具也。⑤

傒胡嵇反。有所望。

儕士諧反。等也。

絛徒聊反。小枝也。

篠徒聊反。

他託何反。

僚落蕭反。亦寮反(字)。⑥

僬咋(昨)焦反。行窓(容止)皃也。⑦

儦甫嬌反。行皃。

偟胡光反。暇也，況也。

侀户經反。成也。

佒焉(烏)郎反。體不申。⑧

侈尺氏反。泰也，大也，中央[約]也。⑨

俚良士反。賴也，聊也，南人蠻属也。

① 注文“浸”當作“侵”，“遇”當作“過”，“罪也犯浸(侵)”原在“一本作”之下。《玄應音義》卷二十三“愆犯”條：“又作愆、諐二形，同。去連反。《說文》：諐，過也。亦失也，罪也。犯，侵也。”又《玄應音義》卷二十五“深愆”條：“古文作寋、遥二形，籀文作諐，今作愆，同。去連反。《說文》：愆，過也。失也。”茲據改乙。“没也”不詳。

② 注文“劾”當作“祁”，“之”當作“也”。《廣韻·支韻》：“傂，傂祁，地名，在絳西，臨汾水。”茲據校改。

③ 注文“誰惟”當作“許維”，“似”當作“仳”。《廣韻·脂韻》許維切：“倠，仳倠，醜面。”《切韻》系韻書亦作“許維反”。“許”蓋受“倠”“惟”而誤。“仳”字 P.3696B《切韻》亦誤作“似”。茲據校改。

④《干禄字書》：“儒儒，上通下正。”

⑤ 注文“愳”當作“隅”，“借”當作“偕”。《切三·虞韻》舉隅反：“俱，皆俱。”《全王·虞韻》舉隅反：“俱，偕。”茲據校改。

⑥ 注文下“反”當作“字”。《切三》《全王·蕭韻》：“僚，字或作寮。”茲據校改。

⑦ 注文“咋”當作“昨”，“窓”當作“容止”。《廣韻·宵韻》：“僬，昨焦切。”又《廣韻·笑韻》：“僬，行容止皃。”茲據校改。

⑧ 注文“焉”當作“烏”。《切三》《王一》《裴韻》《全王》《廣韻·唐韻》：“佒，烏郎反。”茲據校改。

⑨ 注文“央”下奪“約”。《周禮·春官·典同》：“侈聲筰。”鄭玄注：“侈謂中央約也。”茲據校補。

仕鉏里反。宧。①

停打（特）丁反。止也。②

伶朗（郎）丁反。命也，樂人也，并（弄）也。③

侵七林反。漸進也，害也，犯也。

已上平聲

傋古現（項）反。倰也，不媚皃。④

僎上字。

儗魚紀反。曆也。五愛反，去；儗儗。

俙希豈反。傻也，解也。

侶力舉反。伴也。

佮普乃反。不肯。

蓓薄亥反。俙也。⑤

攢（儧）作管反。聚也。⑥

倥空旱反。正也。

侃上俗作。⑦

偠烏鳥反。儂也，身弱也，好皃。

儂奴鳥反。偠也。

倒都浩反。仆也，衣裳也。⑧

傪索（素）感反。鎮（鎍）也，動也，好皃。⑨

倆良將（獎）反。技也。⑩

倣方兩反。學也。放字也。

---

① “宧”字原作“𡨄”，爲“宧”俗字，非“官”字。參見《漢語俗字叢考》“官”條。

② 注文“打”當作“特”。《切三》《裴韻》《全王》《廣韻·青韻》：“停，特丁反。”茲據校改。此條原接“仕”條之後用小字抄寫。

③ 注文“朗”當作“郎”，“并”疑當作“弄”。《裴韻》《全王》《廣韻·青韻》：“伶，郎丁反。”《説文·人部》：“伶，弄也。”茲據校改。

④ 注文“現”當作“項”。《廣韻·講韻》：“傋，古項切。”茲據校改。

⑤ “俙”字不詳，俟考。

⑥ “攢”不當歸入亻部，此字當是“儧”字抄誤。《廣韻·緩韻》作管切：“儧，聚也。”茲據校改。

⑦ “侃”字《説文·人部》篆文作“𠈄”，隸定作“偘”，相承作“侃”；《五經文字·巛部》：“偘，相承作侃，訛。”夷門廣牘本《干禄字書》：“偘侃，上俗下正。”施安昌輯本《干禄字書》“侃”作“偘”，本條各字或即出於《干禄字書》。

⑧ 《詩·齊風·東方未明》：“東方未明，顚倒衣裳。”底本“衣裳也”之前蓋省略了標目字的省代號。

⑨ 注文“索”當作“素”，“鎮”當作“鎍”。《裴韻》《全王·感韻》素感反：“傪，傪鎍。”《廣韻·感韻》桑感切：“傪，鎍傪。”《名義·人部》亦誤作“鎮”。茲據校改。

⑩ 注文“將”當作“獎”。《切三》《王二·養韻》良獎反：“倆，伎倆。”茲據校改。注文“技”下省“倆”字。

俕徒感(減)反。俕俕,齊勑(整)也。[①]

已上上聲

仲直衆反。中也。

僮他用反。行不正。

伿止義反。惰也。進火(矣)，古字。願(顧)也。[②]

侐火季反。静也。

佊彼義反。邪也。跛字。《論語》曰:"子西佊哉。"[③]

侯其季反。左右兩視也。[④]

侸殊遇反。立也。

例力制反。比。

儷魯帝反。等也,耦也,數也,侶也,伴也。麗字。

倮醬(魯)帝反。佷。[⑤]

傺丑世反。住也,止也。

貸他代反。

价古拜反。善也,大也,節也,分(介)操也。[⑥]

儓他代反。儗也,癡也,當也,敵,匹也。

僾烏代反。仿佛皃(見)。[⑦]

---

① 注文"勑"當作"整"。《廣韻·豏韻》徒減切:"俕,俕然,齊整。"《切韻》系韻書皆音"徒減反",《切三》《裴韻》注"俕然,齊整",《王一》《全王》注"俕然,齊整物"。《玉篇·人部》:"俕,丈減切。俕俕,齊整。""整"字俗作"整",誤省下旁即爲"勑"。兹據校改。

② 注文"進火"當作"矣","願"當作"顧"。《名義·矢部》:"矣,瞿龜反。領(顧)也。""矣"即"矣"字俗寫。《廣雅·釋言》:"矣,顧也。"兹據校改。但"伿"與"矣"的關係不詳。《玉篇·矢部》:"矣,顧也。古字,謂左右視也。"《廣雅疏證》引作"古侯字",《玉篇校釋》:"侯字今敓,今補。"故"矣"當是"侯"的古字,此在"伿"下,恐是錯簡,當在下一行"侯"字注下。

③《説文通訓定聲·隨部》:"尳,字亦作跛、作佊。"

④ 此條訓釋蓋當有"進火(矣),古字。願(顧)也",見上文"伿"字條注。

⑤ 注文"醬"當作"魯"。《王一》《裴韻》音"魯帝反",《全王》音"魚帝反","魚"乃"魯"字誤省,兹據校改。《王一》《全王》"麗"前一字爲"醨",分别訓作"醬""醬醨",此誤作"醬",蓋受"醨"字釋義影響所致。

⑥ 注文"分"當作"介"。"价"同"介","介操"同義連文。蔡邕《貞節先生范史雲碑》:"介操所在,不顧貴賤。"兹據校改。

⑦ 注文"皃"當作"見"。《全王·代韻》:"僾,仿佛見。"《名義·人部》:"僾,髣髴見也。"《禮記·祭義》:"祭之日入室,僾然必有見乎其位。"正義:"孝子當想象僾僾髣髣(髴)見也,《詩》云:愛而不見。"阮校:"段玉裁校本謂當作'孝子當想象僾然。《説文》曰:僾,仿佛見也。《詩》云:僾而不見。'"兹據校改。

偎於靳反。依人。①

㥊胡困反。令（全）。②

㥄亦作㦌。乃礼（乱）反。弱。③

蒨倉見反。草盛。

伷多哺（嘯）反。儢，[不]當皃。④

價古訶（訝）反。數也。

傝他紺反。侏也，癡也。

偈他紺反。傝也。又吐盍反，入；不自安也。

㑞五紺反。

仗直亮反。亦杖字。持也。

佑佔同作。尤救反。扶持也，佐也，祐也。⑥

伷直右反。系也。

儆許监（鑑）反。覽也，高也。⑦

俺於殿（劒）反。大也。⑧

已上去聲

復方六反。優也。復字同，異也。

儵式六反。青黑繒。在彳部。

倏式六反。犬走疾。

倏上通作。⑨

俗似足反。凡。

佖毗必反。有威儀。

倅則没反。百人爲倅。

佸古活反。會。

傓莫八反。傛，健皃。⑩

傛呼八反。

---

① 《切韻》系韻書"儑"皆訓"依人"，且或作"惛""愳"。《廣韻·欣韻》於靳切、《龍龕·人部》"儑"字皆訓"依人"，但《集韻·欣韻》於靳切："偎，依止也。"《玉篇·心部》"愳"字訓亦作"依止"。

② 注文"令"當作"全"。《廣韻·慁韻》胡困切："㥊，全也。"茲據校改。

③ 注文"礼"當作"乱"。《王一》《全王·翰韻》："㥄，乃亂反"。裴韻作"乃乱反"。茲據校改。

④ 注文"哺"當作"嘯"，"當"上奪"不"字。《廣韻·嘯韻》多嘯切："伷，伷儢，不當皃。"茲據改補。

⑤ 注文"訶"當作"訝"。《廣韻·禡韻》："價，古訝切。"茲據校改。

⑥ 此處蓋因"佑"字俗書與"佔"字形近而混，故言"同作"。

⑦ 注文"监"當作"鑑"。《廣韻·鑑韻》："儆，許鑑切。"茲據校改。

⑧ 注文"殿"當作"劒"。《廣韻·梵韻》："俺，於劒切。"茲據校改。

⑨ 原二字右下皆從"大"。《干禄字書》："倏倏，上俗下正。"此處"通作"當指相承用的俗體。

⑩ "傓"乃"傛"的換旁俗字，《名義·人部》亦作"傓"，《切韻》系韻書皆作"傛"。

僣他結反。俔也。

倜他歷反。儻也,草(卓)異也。[①]

佮他合、公荅[二]反。合也,取也,倫合也。

傜(傜)私盍反。不謹也,傷也,惡也,姓也。[②]

偛但(阻)洽反。儯也,小人皃。[③]

俠胡頰反。敗也,任也,俜也。

伋居立反。名也,子思名。

御其虎(虐)反。須臾也,倦也,受詘也。[④]

伇惟壁反。例(列)也,使也,爲也,戎通(戍邊)也,俳也,助也。[⑤]

伇(役)上字。[⑥]

入聲,出自《切韻》

偽象字古文。[⑦]

仍如陵反,平;就也,數也,役也,因也,重説也,乃也,厚也。[⑧]

儉渠儼反。約也,小(少)也,皆也,節也,諎也。[⑨]

侚亦作殉。辞俊反,去;求也,營也。[⑩]

㑬上字。又句,以身從物。[⑩]

值除吏反、直事二反,去;持也,拾(捨)也,頓且也,殖也,值遇也,措也。[⑪]

---

① 注文"草"當作"卓"。《名義·人部》:"倜,儻,卓異也。"茲據校改。

② 《廣韻·盍韻》:"㧺,惡也。又姓,出《纂文》,今北海有之。"《通雅》卷四十九"踏踀"條:"姓雂者嫌非字改作㧺。""傜(傜)"同"雂(㧺)"。

③ 注文"但"當作"阻"。《切三》《王一》《裴韻》《全王·洽韻》:"偛,阻洽反。"茲據校改。

④ 注文"虎"當作"虐"。《廣韻·藥韻》:"御,其虐切。"茲據校改。

⑤ 注文"例"當作"列","戎通"當作"戍邊"。《字鏡·彳篇》:"役,惟壁反。使也,爲也,列也,使令也。伇字。事也。"《詩·大雅·生民》:"禾役穟穟。"毛傳:"役,列也。"《廣韻·昔韻》:"役,古從人,今從彳。《説文》曰:戍邊也。"茲據校改。

⑥ 上字頭原作"伇",此字頭原作"伇",疑此當從《字鏡·彳篇》作"役"。《王一·昔韻》:"伇,正作役。"因此是亻部,故先出"伇"。

⑦ 《龍龕·人部》:"偽,音鳥。偽佻,輕皃也。"此乃"㒡"字之俗。但底本"偽"當是"象"的隸變形體;如浙敦027號《大智度論》:"若男、若女、若牛羊、象馬車乘,若以己身給施衆生。""象"即"象"字,可參。

⑧ 字頭右下注片假名"ヨル"(よる【因る】)。注文"役"疑當作"從","説"疑當作"復"或"複"。《名義·人部》:"仍,促也。"吕校:"'促也'字或爲'從也'之誤。《廣雅·釋詁》:'仍,從也。'"其説是也。

⑨ 注文"小"當作"少"。《廣韻·琰韻》《名義·人部》:"儉,少也。"俗字"少""小"常混用。茲據校改。"皆"疑當作"省"。"諎也"不詳。

⑩ "句"蓋爲"旬"或"匀"旁字之誤,如"徇""彴"。《廣雅·釋詁》:"侚,疾也。"王念孫疏證:"侚、徇聲近而義同。"

⑪ 注文"捨"疑當作"捨"。《名義·人部》同此。《廣韻·志韻》:"值,捨也。"茲據校改。

伎之豉反，去；与也，傷也，害也，與也。去。和佐。①

脩胥流、珠流二反。脯也，乃也，長也，病也。佐加奈，又保志自也。②

倄上字。

脩上字等作，可，誤。可從肉，又從亻。

脩下交、居交二反。刾（刺）也，痛聲也。奈介久，伊太牟。③

循似均反。巡字同。

修胥流、七喻二反。飾也，補也，廣大之兒。又從亻。④

化胡卦反，去；進退之兒，易也，光暉也，度也，濟化，導也，生也。⑤

化上字。

傀古回、古靡二反，上；恠（怪）也，美也，盛也，偭子也；偉字同。由太介之，又太太波志。⑥

儶古回、古會二反。偉也。傀字同。美也，盛也，奇也，勢也。

傀傀音。倭也，傀也。上三字同。⑦

佾（佾）遲逸、直一二反，入；連也，貫也，列也。**佾**（佾）儛字。亦從亻。⑧

儻他郎、徒郎二反，上；設也，若也，譬也，倘也。太止比，又介太志。⑨

儎（貸）吐載反。借也，施也。加留，又豆久乃布。⑩

---

① 下"去"字疑是聲調"去"字誤衍。"傷也，害也"義之"伎"通"伎"。《廣韻·真韻》："伎，傷害也。《詩》云：鞫人伎忒。亦作伎。"《新譯華嚴經音義私記》"云妓侍也"條："技藝字，或本爲伎，支豉反。傷也。"妓、技、伎三字俗多混用。和佐（わざ【業・技】）。

② 字頭原作"**脩**"。注文"乃"疑當作"久"。《周禮·冬官·弓人》："斲目不荼，則及其大脩也，筋代之受病。"鄭玄注："脩，猶久也。""病也"或是"痕"字義。佐加奈（さかな【肴・魚】），又保志自（ほじし【脯・乾肉】）也。"佐加奈"當是"肴"字和訓，形近而混。

③ "痛"下原有"也"字。《説文·人部》："倄，一曰痛聲。"《名義·人部》："倄，痛聲也。"茲據刪。奈介久（なげく【嘆く・歎く】），伊太牟（いたむ【痛む・傷む・悼む】）。

④ "七喻（しゅ）反"爲"修"字日語音讀。

⑤ 《易·繫辭上》："變化者，進退之象也。"

⑥ "傀偭子"即"傀偭戲"。"偉字同"當有誤，古本作"偉字"，《群書類從》本、享和本作"偉也"，本書下條"儶"字注"偉也"，"偉"非異體。各本字頭有"傀瑰儶傀"四形，此無"瑰"，或當作"瑰字同"。由太介之（ゆたけし【豐けし】）。又太太波志（たたわし），有"極其滿足"和"威嚴貌"二義，此當作"威嚴貌"，與"美也，盛也"二義近。

⑦ 《文選·王褒〈四子講德論〉》："嫫姆、倭傀，善譽者不能掩其醜。"李善注："倭傀，醜女，未詳所見。"

⑧ 字頭及注文"**佾**"當作"佾"，"入"字原在"列也"下。《廣韻·質韻》夷質切："佾，八佾之舞。佾，行列也。"茲據改乙。《切三》《裴韻》《唐韻·質韻》字頭皆作"佾"形，《王二·質韻》："佾，舞佾。佾作佾。"此"**佾**"字當是由"佾"而訛。又《集韻·質韻》："佾，古作佾。"與此"亦從亻"合。

⑨ 太止比（たとい【譬・喩】），又介太志（けだし【蓋し】）。

⑩ "儎"乃"貸"字之俗。《隸釋·故民吳仲山碑》："春秋舉儎，給與無已。"洪适注："儎，貸字。"加留（かる【借る】），又豆久乃布（つぐのう【償う】）。

側 俎棘反，入；望住也，領（傾）也，玄遠之皃，屈也，斜也，邊也，傍也，仿佛也。太知毛止保留。①

俄 臥何反。暫臾也，若亡也，妨也。

俌 扶武反，上；助也，輔也，佐也，介也。

侂 恥加、徒茶二反。居也，住也，止也，難（歎）聲也，悼吟之聲也。②

偃 於獻反，上；仆也。恩（息）也，驕傲也，引（夭）矯也，御（仰）也，狂也。③

偷 吐侯、徒稻二反，平；求也，動也；盜，偷盜也，俳（佻）薄也。④

僵 舉良反，平；境也，界也，隱也，璧（僻）也，卧也，匿也，藏也，竄也，仆也。⑤

�졍（傹）巨營反。但一人，階也，人之品也，單己，獨單也。比止利，又豆礼豆礼。傹字同，在上。⑥

俍 一豈反。悲悼之聲也，叫也，啼也，吟聲也，咲（哭）餘聲也。⑦

儕 助皆反。輩類也，等也，疋倫也，比也。止毛加良，又太久比。⑧

但〔徂〕徒安反，上；□避也，徒，假辞也，往也，空也，類空也。⑨

佞 寧定反，去；諂也，姧也，佞，正作。阿佐牟久，又加太牟，又伊豆波留。⑩

促 真足反，入；速也，短也，迫也，進也，辛也，不近也，縮也。⑪

---

① 注文"領"當作"傾"。《名義·人部》："側，傾也。"《名義》"傾"字作"**頌**"，與"領"相似。《師説抄》："傾，諸作領，非。"是也。茲據校改。太知毛止保留（たちもとおる【立ち徘徊る】）。

② 注文"難"當作"歎"。《廣韻·禡韻》："吒，吒歎。咤，上同。""侂""咤"二字通。茲據校改。

③ 注文"恩"當作"息"，"恩"下"也"字原在"驕"下，"引矯"疑當作"夭撟"，"御"當作"仰"。《名義·人部》："偃，息也，仰也。"《廣雅·釋言》："偃，仰也。"《左傳·哀公六年》："彼皆偃蹇，將棄子之命。"杜預注："偃蹇，驕敖。"《廣雅·釋訓》："偃蹇，夭撟也。"《玄應音義》卷三"偃蹇"條同《廣雅》，卷九"偃蹇"條作"夭矯"。《文選·張衡〈思玄賦〉》："偃蹇夭矯。"茲據改乙。又"於獻反，上"，"獻"爲去聲字，此似當作"甗"，但"偃"字實有去聲音，《經典釋文》"偃"字除上聲音外還有三處"於建反"，與"於獻反"音同。

④ 注文"俳"當作"佻"。《爾雅·釋言》："佻，偷也。"茲據校改。

⑤ 注文"璧"當作"僻"。"僻"與"隱""匿""藏""竄"等義近。茲據校改。表示"境也，界也"時，"僵"爲"疆"的假借字。

⑥ 字頭當是"傹"的聲旁替換俗字。"但一人，階也，人之品也"不詳所出，各本無前一"人"字。"在上"指上文已出"傹"字，見上"傹""傹"二字。比止利（ひとり【一人·独り】），又豆礼豆礼（つれづれ【徒然】）。

⑦ 注文"咲"當作"哭"。《廣韻·尾韻》："俍，哭餘聲。"茲據校改。

⑧ 止毛加良（ともがら【輩·儕】），又太久比（たぐい【類·比】）。

⑨ 《廣韻》有平聲"徒干切"、上聲"徒旱切"、去聲"徒案切"，此反切是平聲。"□避也"不詳。"往也"爲"徂"字義，形近而混。

⑩ 《干禄字書》："佞佞，上俗下正。"阿佐牟久（あざむく【欺く】），又加太牟（かだむ【姧む·佞む】），又伊豆波留（いつわる【僞る·詐る】）。

⑪ 注文"不"字疑衍。《廣韻·燭韻》《名義·人部》："促，近也。""辛也"不詳。

憊蒲礼反。病也，疲也，劣也。①

偘欣居反，去；侈也，驕也，揚（傷）也，傲，不敬之皃，淺也，慢也，輕也，賤也。②

俏（償）市高（亮）反。當也，還也，復也，報也。牟久伊，又豆久乃布。③

併俻佂同字。蒲請反。並也，竝也，雙也，羅烈（列）也。奈良布，又豆郎（良）奴，又阿豆万留。④

佉居柯反，平；勸於人也，變也。伊佐奈不，又佐曽不。⑤

偏尸戰反。扇也，門木也。止比良。⑥

俁牛禹反，平；又虞矩反，上；廣也，大也，宏也，願也，逸也。⑦

俊〔浚〕子迅反。眾頭領曰俊，又迅也，疾也，將軍也，万人首，深也，梯（抒）也。潒字同。⑧

傇（夐）呼坰反。遥也，玄奧不及目眼之皃也，遠如也，又永ゝ也。⑨

儅丁蕩反，去；下奧也，極也，底也。⑩

僎七券（士卷）反，上；具也，辨也，設也。⑪

催七雷、七對二反，平；速也，重使也，迫也。⑫

條徒勞、都老二反。絲繩也。毛乃〔乃〕阿美乎。⑬

---

① 注文"礼"疑當作"拜"或"戒"。《廣韻·怪韻》："憊，蒲拜切。"《字鏡·忄篇》"憊，蒲戒反。"

② 注文"揚"當作"傷"。《廣雅·釋詁》："偘，傷也。"茲據校改。"欣居反"此音不詳。《廣韻·御韻》："偘，居御切。"《名義·人部》："偘，居豫反。"《大般若經音義》"偘傲"條："上居預反。"《新譯華嚴經音義私記》"高偘""無高偘"條亦音"居預反"。疑此當作"居預反"。

③ 字頭"俏"當作"償"，注文"高"當作"亮"。《廣韻·漾韻》時亮切："償，備也，還也。"又《廣韻·陽韻》市羊切："償，報也，還也，當也，復也。"茲據校改。牟久伊（むくい【報い・酬い】），又豆久乃布（つぐのう【償う】）。

④ "烈"字各本作"列"。奈良布（ならぶ【並ぶ】），豆郎（良）奴（つらぬ【連ぬ・列ぬ】），阿豆万留（あつまる【集まる】）。

⑤ 此條不詳，疑當作"詃"。《廣韻·銑韻》姑泫切："詃，誘也。"但反切下字不合，俟考。狩谷、《師説抄》皆改"變"作"率（率）"。伊佐奈不（いざなう【誘う】），又佐曽不（さそう【誘う】）。

⑥ 止比良（とびら【扉】）。

⑦ "願也，逸也"不詳。

⑧ "頭"下原有"也"字，據文意刪。注文"梯"當作"抒"。《原本玉篇·水部》："浚，《説文》：浚，抒也。""抒"字作"杼"，與此"梯"形相似。茲據校改。"迅也，疾也"蓋"駿"字義，"俊"與"駿"音同義通。"潒"字原作"淲"。《廣韻·稕韻》："潒，深也。"與此"深也"義合。"潒"又同"浚"，"俊"與"浚"形近而誤認。

⑨ 此"傇"當是"夐"字之俗。《廣韻·勁韻》休正切："夐，遠也。"《字鏡·宀篇》："夐，俗作夐。""亻"蓋是右旁第一筆撇劃和中間"目"旁的起筆相連而成。

⑩ 釋義不詳，疑皆"當"字義。《廣韻·宕韻》："當，又底也。"

⑪ 底本字頭旁注片假名"ツツシム（つつしむ【慎む・謹む】）"，不詳。注文"七券"當作"士卷"。《名義·人部》："僎，士卷反。"茲據校改。

⑫ "重使也"不詳。

⑬ 各本"乃"下有重文，據補。毛乃乃阿美乎（もの【物】の【之】あみお【編緒】）。

僄庇遥、芳昭二反。忽性(輕)也，暴也，忽然也，疾速也，違也。①

佋七(士)遥反，平；又市小反，上；穆也，照也，分也，介也，通傳賓主之言也，相更語談之意也。②

佩父輩、蒲賁二反，去；荷也，帶也。太知於布。③

傷書良反，平；歎也，伎也。伎者，傷也。④

伸七鎮反，平；頻伸也，謹也，舒也，信也，敬也。⑤

鋻弟遥、帝召二反。絀頭銅銧(飾)也。奈波志尔銅乎毛天加左礼留也。⑥

假胡頁(夏)反。喜也，勸(歡)也，樂也，悦，謂意怡而喜樂也。⑦

叚叚二上同。⑧

傜素刀反。憍也，惱也，悼也。⑨

絛直勞、直調二反。留馬之繩也，馬口銜者緒也，轡也。

戚七歷反。親也。⑩

儂乃冬反。我也。

佲甫明反，上；且也。併字同。⑪

佹居鬼反。茂枝葉重累之皃。⑫

----

① 注文"性"當作"輕"。《廣雅·釋詁三》："僄……忽，輕也。"茲據校改。

② 注文"七"當作"士"。《説文繫傳·人部》："佋，士遥反。"茲據校改。"分也"疑是"介也"誤衍。

③ 太知於布(たち【太刀】おぶ【帯ぶ】)。

④ 此義"伎"通"攱"。《廣韻·眞韻》："攱，傷害也。《詩》云：鞠人攱忒。亦作攱。"

⑤ "七"字疑誤。或"七鎮(しん)反"是"伸"字日語音讀。《禮記·少儀》："君子欠伸。"鄭玄注："伸，頻伸也。"《廣雅·釋訓》："申申，容也。"疏證："《論語·述而篇》：'子之燕居，申申如也，夭夭如也。'馬融注云：'申申，夭夭，和舒之貌。'《史記·萬石君傳》：'子孫勝冠者在側，雖燕居必冠，申申如也；僮僕訢訢如也，唯謹。'《漢書》同。顏師古注云：申申，整敕之貌。訢訢，讀與誾誾同，謹敬之貌。'"伸伸"同"申申"。

⑥ 注文"銧"當作"飾"。《廣韻·蕭韻》："鋻，絀頭銅飾。"茲據校改。奈波志尔銅乎毛天加左礼留也，各本作"奈波乃波志尔銅乎毛知天加佐礼留曾(なわ【繩】の【之】はし【端】に/あかがね【銅】を/もち【持ち】て【手】が/ざれる【戲れる】ぞ)"。

⑦ 反切下字原作"复"，又刪改作"頁"。"复"字是，"复"即"夏"字俗寫。"假"當是"暇"的假借字。《廣韻·禡韻》："暇，胡駕切。""胡夏反"與"胡駕切"音同。《説文·日部》："暇，閑也。"段注改"閑"作"閒"，又云"古多借假爲暇"。《名義·日部》："暇，閑也，嘉也，安也，閒也。"《集韻·禡韻》亥駕切："嘉，美也。或作假。"音義亦近。注文"勸"當作"歡"，據文意改。

⑧ 二字當是"叚"的異寫俗字。

⑨ 後二義蓋"慅"字義。

⑩ 字頭原作"儬"，爲"戚"的隸變俗字，如甘博001號《法句經》"親戚相戀"，"戚"字原卷作"儬"，與此形近。

⑪ "佲"字《廣韻·耿韻》音"蒲幸切"，《廣韻·諍韻》音"蒲迸切"，此云"上"，當與"蒲幸切"音同，疑此"甫明反"當作"蒲耿反"。

⑫ 《文選·司馬相如〈上林賦〉》："攢立叢倚，連卷攡佹。"劉良注："謂木之重叠累積盤結傾欹貌。"

恁而針反。信也，誠也，敬也。

仢〔彴〕食倫、市若二反。遍也，約也。①

侎先紺反，去；死（老）无宜適也。②

僑審同。其鳌反，平；寄免（客）也，僑也。③

僧索曾反，平；僧尼也，合衆。④

仔此鳖反。克也。

佟徒登反，平；姓。

健力寅（演）反，上；雙生子。⑤

傆或作娠、女二形。脂臣反，平；百官婢及養馬者，任身也。⑥

佌七移反，上；小也，舞兒。⑦

件求偃反，上；除也，都也，群也，徐也。波良不，又加支須豆，又於志須豆。⑧

侄口貢反，去；窮困也。

伽人㭨（招）反，去；豐也，饒也。由太介之，又尔支波□（波）志。⑨

佶其乙反，入；正也。

---

① 食倫反，《禮記·曲禮第一》音義"則馴"條"似遵反。徐食倫（宋本作侖）反。"此音與"彴"較近。"遍也"亦是"彴"字義。《廣韻·稕韻》辭閏切："彴，巡師宣令。或作徇。"《集韻·稕韻》："彴，遍也。"《爾雅·釋言》："徇，徧也。"其他音義屬"仢"字。《廣韻·藥韻》市若切："仢，仢約，流星。"

② 注文"死"當作"老"。《集韻·勘韻》："侎，偯侎，老無宜適。"《玉篇·人部》："偯，偯侎，老無宜適也。"《名義·人部》："偯，老無宜遍（適）也。"茲據校改。

③ 注文"免"當作"客"。《玄應音義》卷四"若僑"條："《字林》：寄客爲審。作審字。"唐杜牧《張好好詩》"客"字作"㸔"，與"免"寫法稍似，誤認而被楷定作"免"。茲據校改。"僑"爲"僑"的俗字，故注文又出"僑也"。

④ "尼"上重文符原誤作"之"，據文意改。

⑤ 注文"寅"當作"演"。《切三》《全王·獮韻》："健，力演反。"茲據校改。

⑥ 注文異體"女"疑當作"娠"，或誤脱"辰"旁。"娠"即"娠"的移位異體。也可能是"娒"字。《慧琳音義》卷三十二"布娠"條："字或作娠也。經作娒，俗通用也。"《方言》卷三："燕齊之間養馬者謂之娠。官婢女廝謂之娠。""任身"即"妊娠"。

⑦ 七移反，《廣韻·紙韻》："佌，雌氏切。"《玉篇·人部》："佌，七紙切。""七移反"爲"雌""姕""鳖"等"此"旁字之音。注文《廣韻》《玉篇》皆作"小舞兒"，此或衍"也"字。

⑧ 此條不詳。據反切，《廣韻·阮韻》其偃切有"寋""楗""鍵""健"數字，義皆不合。各本無"徐也"，"都也"之後享和本尚有"挑也"，《群書類從》本作"排也"。山田云："'排也'作是。'徐'是'條'之訛。"石橋本批注："都，恐'却'之誤。"今按，字頭疑是"伐""抒""揊"等字之訛，字音仍是"件"字音。"徐"疑是"除"字訛衍，或是"滌"之誤，俟考。波良不（はらう【払う・掃う】），又加支須豆（かきすつ【搔き捨つ】），又於志須豆（おしすつ【押し捨つ】）。

⑨ 此字頭不詳。各本反切作"人招反"，即"饒"字音，疑是"饒"的誤字。《廣韻》"饒"有平、去二音，此音本平聲，蓋誤標去聲。"波"下各本作重文，據補。由太介之（ゆたけし【豐けし】），又尔支波□（波）志（にぎわわし【賑ははし】）。

伖乃好(奴)反，平；妻子曰伖，"伖戮汝"也。[①]

儜奴耕二反，平；教(弱)也。乃行反。知加良奈志。病也，无力也。[②]

㑇亡婢反，平；安也，僻(撫)也。[③]

僤下昌反，平；徬驚也。又徒旦反，去；作疾也。[④]

[illegible]倰二同。力恒反，平；長也。

侸〔短〕丁住(侯)反，平；上；短也，盖也，垂皃，不長。[⑤]

儱勑來(賚)、他代二反。恐也，意也，惶也，安也，懼也，戳慄。[⑥]

倔其勿反。强也。

傸叉大(丈)反，上；惡也。[⑦]

[illegible]上同。

儽力追反，平；又力罪反，上；又盧漬(潰)反，去；疲也，傫也。[⑧]

傫上字。重也，極皃。

倗父弘反，平；輔也。不芳(匹等)反，上；又父鄧反，去；不肯也。[⑨]

侽已頂(亡項)反，上；儚，不媚皃。[⑩]

傞千多反，平；醉舞不止。

僪其聿反，入；无頭鬼也。

儢力吕反，上；以(心)不欲爲。[⑪]

---

① 注文"好"當作"奴"。《廣韻·都韻》："伖，乃都切。""奴"字音同。茲據校改。《慧琳音義》卷八十二"妻孥"條："音奴。《考聲》云：妻子總稱也。《韻英》云：孥，子也。古文作伖，訓義與上同。""伖"乃《説文》"奴"字古文之隸定，此處用作"孥"的假借字。《尚書·甘誓》："予則孥戮汝。"

② 注文"教"當作"弱"。《廣韻·耕韻》："儜，弱也。"茲據校改。"乃行反"當在"奴耕"之上，作"乃行、奴耕二反"。知加良奈志(ちからなし【力無し】)。

③ 注文"僻"當作"撫"。《廣韻·紙韻》："敉，撫也。"茲據校改。

④ "下昌反"蓋誤。"作"字不詳，字書、韻書皆云"疾也"。

⑤ 注文"住"當作"侯"。《名義·人部》："侸，丁侯反。"茲據校改。《廣韻·侯韻》："侸，佔侸，垂下皃。"此條"侸"蓋是"短"的俗字，"短"又作"拒"。"短也""不長"二義及聲調"上"當屬"短"字。"盖也"不詳。

⑥ 注文"來"當作"賚"。《名義·人部》："儱，勑賚反。"茲據校改。注文"恐"或當作"恣"。《名義·人部》："儱，意也，恣也。或態。"但此有"惶也""懼也""戳慄"等義，"恐"義亦可。"戳"乃"戰"的增旁俗字。"安"字不詳，或當作"姿"。

⑦ 字頭原作"[illegible]"。注文"大"當作"丈"。《玉篇·人部》："傸，叉丈反。"茲據校改。

⑧ 注文"漬"當作"潰"。《廣韻·隊韻》："儽，盧對切。""潰"是隊韻字。茲據校改。

⑨ 注文"不芳"當作"匹等"。《廣韻·等韻》："倗，普等切。"又《廣韻·登韻》："倗，又匹等切。"《敦煌俗字典》"等"字有"[illegible]"形，易與"芳"字混。茲據校改。

⑩ 注文"已頂"當作"亡項"。《名義·人部》："侽，亡項反。儚侽。"茲據校改。

⑪ 注文"以"當作"心"，"不欲"二字原倒。《廣韻·語韻》："儢，儢拒，心不欲爲也，出《文字指歸》。"《名義·人部》："儢，不欲爲之也。"茲據改乙。

伆武粉、武離(弗)二反。[離也],乖也。①

儺乃可反。駈役鬼也。又諾何反,平。

仙相然反,平;他(佛)也,罨(遷)也,記(遷)入山也。②

㑞青公反,平;衆也。忩字。惶遽行皃也。③

侲侳(低)二同。丁泥反。屯也,俛也,垂也,仰也。④

伊於六反。於脂反,平;惟一(也),侯也,因也,發語辞也。⑤

儈古外反。駔儈也。又古兌反,去;會也,合帀(市)者也。⑥

住厨[遇反]。立也。又持遇反,去;駐字。⑦

偈土(丘)列反。予(兮)也,武兒,竭(揭)也。⑧

億於六(力)反。樂也,安也。意字。滿也,千(十)万爲億,度也。逞,書(盡)也。⑨

仁而親反。存也,息(恩)也,人也,親也,鬼神也。⑩

何故(胡)歌反,平;問也,任也,辞也,儋十(也),偈(揭)也。⑪

---

① “武離”之“離”當爲釋義,此處誤作反切下字。《名義·人部》:“伆,武粉、武弗二反。離也,乖也。”
茲據校改。

② 注文“他”疑當作“佛”。“仙佛”常並稱。注文“罨”當作“遷”,“記”當作“遷”。《釋名·釋長幼》:
“仙,老而不死曰仙。仙,遷也,遷入山也。”宋米芾《蜀素帖》“遷”字作“**记**”,與“記”相似。茲據
校改。底本“罨”字原作“**㞱**”,元鮮于樞《襄陽歌》“僊”字作“**仸**”,右旁較似,據定。

③ 《説文·人部》:“㑞,志及衆也。”此“忩”蓋“㑞”的移位異體。《玄應音義》卷十九“㑞㑞”條:“又作
㑞,同。之容反。”《方言》:征㑞,惶遽也。”

④ 兩字頭皆“低”的俗字。《楚辭·招魂》:“軒輬既低。”王逸注:“低,屯也。”“仰”與“低”義相反,疑當
連讀作“低仰”。

⑤ 注文原作“於六反。惟一,侯也反,平;因也,發語於脂辞也”,順序顛倒錯亂。《廣韻·脂韻》於脂
切:“伊,惟也,因也,侯也。”茲據校改。“於六反”是“噢”字音。《廣韻·屋韻》:“噢,噢咿,悲也。”
“噢咿”又作“噢伊”,或因此而誤入。

⑥ 注文“帀”當作“市”。《廣韻·泰韻》:“儈,合市也。”茲據校改。

⑦ 注文“厨”當是反切上字。《集韻·遇韻》:“住,厨遇切。”茲據校補。《名義·人部》:“住,立也。”HDIC
改“厨立也”爲“厨句反”。

⑧ 注文“土”當作“丘”,“予”當作“兮”,“竭”當作“揭”。《詩·衛風·伯兮》:“伯兮朅兮。”毛傳:“朅,武
貌。”釋文:“朅,丘列反。”《玉篇·人部》“偈”字注引《詩》作“伯兮偈兮”。《名義·去部》:“朅,丘列
反。”“丘”字作“**㐀**”,與“土”的俗字“**圡**”相似,底本蓋回改作“土”,故誤。茲據校改。

⑨ 注文“六”當作“力”,“千”當作“十”,“書”當作“盡”。《廣韻·職韻》於力切:“億,十万曰億。”各字
書、韻書音皆同。“億”古多爲“十萬”或“萬萬”,“千萬”當誤。《左傳·襄公二十五年》:“不可億
逞。”杜預注:“億,度也;逞,盡也。”此“逞,盡也”當出自杜注。茲據校改。

⑩ 注文“息”當作“恩”。《名義·人部》:“仁,恩也。”茲據校改。《禮記·仲尼燕居》:“所以仁鬼神也。”
注文“鬼神也”之前蓋省略了標目字的省代號。

⑪ 注文“故”當作“胡”,“十”當作“也”,“偈”當作“揭”。《廣韻·歌韻》:“何,胡歌切。”《名義·人部》:
“何,儋也,揭也。”茲據校改。

倦求眷反,去;或作勌、惓二形,皆勞也,疲也,刏(約)也,極,止也。①

傴於矩、力主二反,上;僂也,低頭也。久豆世也。②

健居勤反。大力勇也,伉,雙也。又渠建反,去;敵也,壯也。③

像詳兩反,上;法也,類也,效也,傷(象)也,罵(寫)也,比也,似也,形也。④

偎烏回反,平;愛也,国名。

仡語訖反。勇也,壯皃。

俶併二同。之屋反,入;善也,始也,厚也,作也,甚也,動也。⑤

傁先口反,上;老人稱也。⑥

傻俊上字。

儆渠敬反,去;成(戒)也,敬慎也,起也。⑦

儱霍弘反。惛也,迷昬也。

健他達反,入;佅健(健),肥大也。亦作健,訓同音異,巢也。勑剌反。逃也,叛也。⑧

僜丑升反,平;又土登(鄧)反,去;不明皃,醉行皃,蹭也,不量之皃。加太久奈,又須介利。⑨

佅摩葛反,入;佁(健),肥大。⑩

復逻、退,二同作。土對反,去;却也。⑪

僐時戰反,上;樂也,姿也,態也,作也。⑫

---

① 注文"刏"當作"約"。《名義·人部》:"倦,約也。""倦"又作"券",與"券約"之"券"相混,故有此訓。茲據校改。

② "力主反"當爲"僂"的反切。《玄應音義》卷十一"傴僂"條:"於矩、力主反。"久豆世(くつ【屈】せ【背·脊】)。

③ "居勤反"疑有誤。"雙"當是"伉"的釋義。

④ "傷"乃"象"的隸變形體,見《新撰字鏡·人部》"傷"字。注文"罵"當作"寫"。《名義·人部》:"像,寫也。"茲據校改。

⑤ 《公羊傳·隱公九年》:"庚辰,大雨雪。何以書?記異也。何異爾?俶甚也。"底本"甚"前蓋省略了標目字的省代號。

⑥ 字頭爲"傻"的俗寫變形。

⑦ 注文"成"當作"戒"。《名義·人部》:"儆,戒也。"茲據校改。

⑧ "健"與"健"俗字形近相混,故云"訓同音異"。"巢也"不詳。《廣雅·釋詁二》:"巢,健也。"疏證:"魖,曹憲音巢,各本巢字誤入正文,惟影宋本、皇甫本不誤。"存參。《名義·人部》:"健,勑剌反。逃也。"《玉篇·人部》:"健,他達切《方言》云:逃也,叛也。"《方言》:"困、胎、健,逃也。"郭璞注:"皆謂逃叛也。"

⑨ 注文"登"當作"鄧"。《玉篇·人部》:"僜,都鄧切。"茲據校改。"僜"與"隥"形近相混,"隥"又同"蹬"。《廣韻·嶝韻》:"蹬,蹭蹬。""不量之皃"不詳。加太久奈(かたくな【頑】),又須介利(ずけり)。

⑩ 注文"佁"當作"健"。《廣韻·末韻》:"佅,佅健,肥皃。"茲據校改。

⑪ 字頭原作"偓"。《玉篇·彳部》:"復,古退字。"

⑫ "作也"當截自《説文·人部》:"僐,作姿也。"或"作"下省字頭。

傲亦作慠。五結(誥)反,去;不敬也,很也,侵淩(陵)也,蔑也。倭介有反。阿奈止留,又志乃久,又[伊]也志牟。①

俯弗武反,上;曲也,俛也,垂也,卧也。

佇又作竚。除呂反,上;久也,尚也,立久也。②

侮亡甫反,上;猶輕慢也,賤。伊也志,又阿奈止留,又志乃久。③

㑄上字古文。

儔又作疇。除流反。翳,類也,隱也,依也,倫也,疋也。二人爲[疋],四人爲倚(儔)。④

伉苦浪反,去;嫡(敵)也,怨也,對也,不善强惡皃也。⑤

傑奇哲反。特立也,才過於万人曰傑。倭介知反。須久礼天賢。⑥

很又作狠。胡墾反。戾也,違也,不側(惻)也,顔(頑)也,恨也,暴也。世女久,又伊加留,又加太久奈,又[加]万加万志也。⑦

墾字者古限(苦很)反、介尓反。⑧

---

① 注文"結"當作"誥","淩"當作"陵"。《大般若經音義》"倨傲"條:"下字又作慠。五誥反。傲謂不敬也,又輕傷也。"侵淩,《群書類從》本作"慢陵",享和本"優陵",當從《群書類從》本,"慢"同"慢"。"很"又作"狠",蓋出自《左傳·昭公二十八年》"傲狠威儀"或文公十八年"傲狠明德"。也志牟,各本作"伊也志牟",是也,見下文"侮"字注。倭介有(がう)反。阿奈止留(あなどる【侮る】),又志乃久(しのぐ【凌ぐ】),又伊也志牟(いやしむ【卑しむ·賤しむ】)。

② "立久也"各本誤作"豆久也",故作爲有和訓的條目而選入一卷本,但"豆"乃"立"之誤,狩谷、山田皆已辨明。又有古本"久"又改作"伊",誤甚。

③ 伊也志(いやし【卑し·賤し】),又阿奈止留(あなどる【侮る】),又志乃久(しのぐ【凌ぐ】)。

④ "四"上奪"疋"字,注文"倚"當作"儔"。《楚辭·九懷》:"覽可與兮匹儔。"王逸注:"二人爲匹,四人爲儔。""疋"爲"匹"俗字。兹據補改。此"依"義與"隱"同。"翳""隱""依"等義又作"翳"。《新譯華嚴經音義私記》"所儔"條:"儔,直由反。類也。一音義云:又作翳字,同到反。蘚也,依也。此義當經,故經文云:善[知一切靡所儔]。"

⑤ 注文"嫡"當作"敵"。《名義·人部》:"伉,敵也。"兹據校改。

⑥ 倭介知(げち)反。須久礼天賢,各本作"須久礼天佐加志(すぐれて【優れて·勝れて】さかし【賢し】)",同。

⑦ 注文"側"當作"惻","顔"當作"頑"。《慧琳音義》卷二三"頑很"條:"很,何墾反,《左氏傳》曰:'心不則德義之經曰頑也。'杜注《左傳》曰:'很,戾也。'"此出《左傳·僖公二十四年》。《尚書·堯典》"父頑母嚚",孔注同,阮校云:"古本則作惻。"《慧琳音義》所引"則""惻"均有。《玄應音義》卷二、卷五、卷二十三、卷二十五"頑嚚"條亦引《左傳》,但寫本字多作"惻"(偶有作"則"),惟大治本卷二十三作"側",是此"側"當是"惻"字之誤。兹據校改。"万"上奪"加"字,據各本補,下爲二重文符。世女久(せめぐ【鬩ぐ】),又伊加留(いかる【怒る】),又加太久奈(かたくな【頑】),又加万加万志(かまかまし【囂囂し】)也。

⑧ 此條乃接上"很"字音"胡墾反"而來。注文"古限"當作"苦很"。《玉篇·人部》:"墾,苦很切。"《經典釋文》有五處皆作"苦很反",但《名義·人部》作"枯很反",上字亦可能是"枯",暫定爲"苦"。兹據校改。介尓(けん)反,今音"こん",音近。

僻孚赤、偏昔二反。設(誤)也,違也,没也,辟也,倒也,遞(避)也,非也,參差也,耶(邪)也。①

攸餘帚反,上;又餘用(周)反,平;取也,伏也,行也。伊有反。執手也,所也,行也,次也。②

彼上字。

俟亦作竢。何紀反,上;借事几反。待也,大也。族字同。③

㑋二同。④

償市亮反。當也,還也,復也。

悠翼周反。憂也,思也。又由音。

偂此宜偂字,迦偂也。世尔反。⑤

佳華(革)崖反,平;善也,吉也,好也,大也。倭火伊反。⑥

儁又作俊。才兼千人。姉峻三反。⑦

仞如振反,去;申臂一尋也,四肘爲仞。又如胤反。七尺曰仞也。⑧

你亦作祢。女履反。汝也。伊万志,又支三。⑨

傛亡傋(溝)反。或作務。⑩

備正勑恭反,平;均也,謂吞(齊)等也。借用恭反。和也,力也,美也,大也,平,役也,使也。

---

① 注文"設"當作"誤","遞"當作"避"。《廣韻·昔韻》:"僻,誤也。"《慧琳音義》卷十三"邪僻"條:"《考聲》云:側也,避也,誤也。"《名義·人部》:"僻,避也。"茲據校改。"没"字不詳。"倒也"爲"蹁"字義。《玄應音義》卷六"蹁地"條:"蹁,倒也。或作僻,匹尺反。邪僻也。僻非此用。""參"或是"謬"字之誤。《原本玉篇·言部》:"謬,野王案,謬猶僻乱也。……劉熙曰:謬,差也。""耶"爲"邪"的俗字。

② 注文"用"當作"周"。《玉篇·人部》:"攸,余周切。"茲據校改。《字鏡》依據本條而來,《字鏡·彳篇》:"**㣚**,獣音。伊有反,餘帚反,餘周反。行水也。トコロ。摯也,所也,行也,次也。"但此條訓釋多有不詳。《字鏡》"所"字原作"乔",與"取"似,"取"疑"所"字誤。"伏也"疑出《詩·大雅·靈臺》"麀鹿攸伏"。伊有(いう)反,"攸"字日語音讀。

③ "族"字原作"**挨**",蓋"族"又俗作"挨",與"俟"形近而混。

④ 字頭似"俟",或當是"㑋"。《廣韻·薺韻》胡禮切:"㑋,待也。"音異訓同。《可洪音義》第二十一冊"俟王"條有異體"**㑋**",與此字頭較似,此或是其變體。

⑤ 《玄應音義》卷四"迦偂"條:"此應偂字。""世尔(せん)反"爲"前"字日語音讀。

⑥ 注文"華"當作"革"。《玉篇·人部》:"佳,革崖切。"《名義·人部》有兩"佳"字,一音"古崖反",一音"革崖反"。茲據校改。倭火伊(かい)反。

⑦ 《干禄字書》:"儁儁,上通下正,亦作俊字。"又,"三"字衍。

⑧ 《說文·人部》:"仞,伸臂一尋,八尺。""申"或是"伸"省。

⑨ 伊万志(いまし【汝】),又支三(きみ【君】)。

⑩ 注文"傋"當作"溝"。《名義·酉部》:"醙,亡溝反。""傛"與"醙"同從"叜"聲。《集韻·候韻》莫候切:"霿,鞁霿,鄙吝也。或作愁、偋、懋、傛。""亡溝反"與"莫候切"一平一去,音亦近。茲據校改。

亦作脯,俗字;上下均也。又爲庸字,在户(虍)部。①

　　假正古雅反,上;借也,且也,非直(真)也,大也。借古許(訝)反,去;又胡駕反。造也,至也,往也,詣也,暇也,喜也,來也,遠也,已也。柯領反,入。②

　　任正音如今反,平;當也,宜也,俀(佞)也,保也,堪勝也,人姓也。借音如鴆反,去;随從也,随情也,樂也,委也,亡也,負也,申也,安也,可也,持也,啓也,使也,質子也。③

　　仰正音魚掌反,上;借音言上反,去;賴也,舉也,上視也,仰仰,得也。又借音五浪反,去;口也,高也。④

　　仰上字。

　　便正音父賤反,平;習也,安也,利也,蕃,彩(數)也。借音父面反,去;方便也,取也,寧也。⑤

　　使正音所理反,上;令也,從也,儉也,役也。借音所史(吏)反,去;又令者,聘也。⑥

　　作正音子各反,入;用也,設,役作也,起也,變也,行也,爲也,始也,長也,使也,愛也,成也,造也。俗音則盧(慮)反,去;又進賀反,去。⑦

　　信正音息進反,去;誠也,土性也,驗也,至也,敬也,使也,明也,用也,真也,實也。借音書真反,平;古文作伸。理也,直也。⑧

　　仴信字古文。

　　供正音九從反,平;授也,給也,奉也,進也。借音居用反,去;養,施食,具食也,餰(餚)饍也,設也。⑨

---

① 注文"呑"當作"齊","户"當作"虍"。《玄應音義》卷二"備滿"條:"敕龍反。《爾雅》:備,均也。齊等也。經文作脯,俗字也。"《玄應音義》卷二十一"備圓"條:"敕龍反。《爾雅》:備,均也。謂齊等也。或作脯,俗字也。"《新撰字鏡·虍部》有"庸"字,"庸"字俗寫作"庸",故在"虍"部。兹據校改。"和也,美也,大也,平"等義蓋皆"庸"字義。

② 注文"直"當作"真","許"當作"訝"。《廣韻·馬韻》:"假,非真也。"《廣韻·禡韻》:"假,古訝切。"兹據校改。

③ 注文"俀"當作"佞"。《爾雅·釋詁下》:"任,佞也。"兹據校改。"亡"原作"𠄌",疑是"壬"字之誤。

④ "仰"乃"仰"字之俗。"仰仰"蓋同"印印"。《爾雅·釋訓》:"顒顒、印印,君之德也。""得"或即"德"的通假字。

⑤ 注文"彩"當作"數"。《左傳·襄公十一年》:"便蕃左右。"杜注:"便蕃,數也。"兹據校改。"取也"不詳。

⑥ 注文"史"當作"吏"。《廣韻·志韻》:"使,疎吏切。"兹據校改。注文"儉"疑當作"伶"。《名義·人部》:"使,伶也。"

⑦ 注文"盧"當作"慮"。《詩·大雅·蕩》:"侯作侯祝。"釋文:"侯作,側慮反。"兹據校改。"設"疑當作"役",故下云"役作也"。

⑧ 土性,《周易·晉卦》:"衆允,悔亡。"李鼎祚集解引虞翻曰:"土性信,故衆允。"《禮記·樂記》:"道五常之行。"鄭注:"五常,五行也。"孔疏:"謂五常之行者,若木性仁、金性義、火性禮、水性智、土性信,五常之行也。"

⑨ 注文"餰"當作"餚"。《可洪音義》第六册"餚饍"條:"上户交反,正作餚、肴二形。餚饍,美食也。悮。"兹據校改。

倩正音此見反,去;美口輔也。借音此誩(競)反,去;謂智(壻)爲倩,言可借假也,求也。①

偞正音与攝反,入;攝偞,不舒展之皃,病半臥半起者也。借音虛攝反,入;已,大也,祭之爲大也。②

偠上字。

伴正音滿亡(蒲旦)反,但旦反,去;伴換,猶跋扈也,武强也,又太(大)皃。借音俗但反,上;侶也,張(旅)也。③

依正音拃(於)祈反,平;助也,恬(怙)也,倚也,愛也。借音於豈反,上;博依,廣譬喻也。喻,皎也,明也。悲也,痛也。④

倚正音於矛反,上;依,又加也。借音渠義反,去;又渠矛反,上;因也,立也。又曰從(徙)倚,猶徘佪也。邐倚,一高一下,一迴[一]直也。又馮也。⑤

偞正音字獵反,入;耶(邪)出也,亟也,疾也,慧也,健也。並爲捷字,又疌字。借音且獵反,入;揚也。⑥

偁正音充繩反,平;言也,舉也。今爲稱字。借音齒證反,去;借也,銓也,侶也。或爲扶字,浦

——————————

① 注文"誩"疑當作"競"。《廣韻·勁韻》:"倩,七政切。""競"是映韻字,與勁韻音近。茲據校改。《詩·衛風·碩人》:"巧笑倩兮。"毛傳:"倩,好口輔。""智"爲"壻"的俗字。

② 《玉篇》:"偞,與攝切。《楚辭》云:'衣攝偞以儲與兮。'攝偞,不舒展兒。"今本《楚辭·哀時命》作"衣攝葉以儲與兮"。《方言》卷二:"殗殜,微也。宋衛之間曰殗。自關而西秦晉之間,凡病而不甚曰殗殜。"郭璞注:"病半臥半起也。""偞""偠"蓋同"殜"。《禮記·玉藻》"若祭爲已偠(偞)卑",鄭注:"已猶大也。祭之爲或有所畏迫,臣於君則祭之。""祭之爲或有所畏迫"校勘記:"閩監本同,惠棟挍宋本'或'作'大',岳本同,嘉靖本同,衛氏集說同,毛本同,是也。《考文》引古本足利本'大'作'太',亦誤。釋文出'猶大',云'下同',正謂此'大'是,釋文本亦作'大'字也。"此亦可證"大"是。

③ 注文"滿亡"當作"蒲旦","張"當作"旅"。《名義·人部》"伴,蒲且(旦)反","亡"原作"⺆",蓋是"且"原字右上殘而致。《大般若經音義》"伴侶"條:"上蒲旦、俗但二反。伴,旅也。下力舉反。伴也。或同旅字。"此二音與《大般若經音義》蓋皆本《原本玉篇》。"旅"字原寫作"𤣥",故易誤作"張"。《詩·大雅·皇矣》:"無然畔援,無然歆羨,誕先登于岸。"釋文:"誕,但旦反。"此"但旦反"或是"誕"字音誤入,或是"蒲旦、俗但"二反切下字誤入。箋云:"畔援,猶拔扈也。"釋文:"《韓詩》云:畔援,武强(宋本作拔扈,當誤)也。"《玉篇·人部》引作"伴換",與此同。《說文·人部》:"伴,大兒。""太"同"大"。

④ 注文"拃"當作"於","恬"當作"怙"。《名義·人部》:"依,於祈反。怙也。"茲據校改。《禮記·學記》:"不學博依,不能安詩。"鄭玄注:"博依,廣譬喻也。"釋文:"於豈反。""皎也,明也"蓋釋"喻"字,"皎"即"明"也。"悲也,痛也"當是"悠"字義,蓋"依"通"悠"。《字鏡·心篇》:"悠,悲也,痛也,歡也。"

⑤ 注文"從"當作"徙","直"上奪"一"字。《玄應音義》卷四"彷徉"條:"《廣雅》:彷徉,徙倚也。亦徘佪也。"《文選·張衡〈西京賦〉》:"既乃珍臺蹇產以極壯,墱道邐倚以正東。"薛綜注:"邐倚,一高一下,一屈一直也。"茲據改補。"馮"同"憑"。

⑥ 《廣韻·葉韻》:"偞,斜出也。"《王一》作"耶出",《全王》作"邪出","耶"同"邪"。"邪出"即"斜出"。"揚也"當爲下條"偁"字釋義而誤入此處。

（蒲）誕反，並行也。①

　　　僥撫昭反，平；又遥音。役也，雅（邪）也，輕也，喜也，俠（使）也。②

　　　儓上字。

　　　佻𥻘聊反。俠也，輕也，偷也。③

　　傈傸〔儾〕三同。尓羊反。因也，因謂因緣也。又奴浪反，去；緩也。④

　　　俅渠留、巨求二反。戴也，堅也，固也，不碎矸之皃，强也，健也，恭慎也，彊也。⑤

　　　俴俴似翦反，上；淺也。〔俴〕駟，駟分（介）馬也。⑥

　　　債逋運反，去；僵也，仆也，動也，覆敗也，却偃也。⑦

　　　休香牛反，平；美也，息也，庥也，明也，慶也。字從木。又虛鳩反。

　　　儼魚檢反，上；敬也，好之皃，仰頭也，明也，静也。

　　　侑禹救反，去；勸也，耦也，報也，四補（輔）。⑧

　　　侔莫侯反。並也，等也，類也，比也。奈良不。⑨

　　　倫勵因反。勞也，類也，理也，比也，等也，勤勞也，道也。大久良不也。⑩

　　　儀居（魚）羈反，平；善也，幹也，生兩儀也，宜也，迫也，法象也，礼別也，善記也，正也，來也。⑪

　　　僭僣二同。子念反，去；儗也，差也，數也，不信也。奈須良不。⑫

----

① 字頭下原有"揚也"二字，旁有删除符號，蓋已誤入上條末尾，故删去。注文"浦"當作"蒲"。《廣韻·緩韻》："扶，蒲旱反。"茲據校改。《説文·夫部》："扶，並行也。讀若伴侣之伴。""扶"同"伴"，未聞同"僥"或"俌"者，此當有誤，疑或當在"伴"下，或與"秤"形近而混。"侣也"蓋是"扶"字義，但《名義·人部》"俌"字注下有"沿"義，當與此同。"借也"不詳。

② 注文"雅"當作"邪"，"俠"當作"使"。《方言》卷六："僥，褭也。""邪"同"褭"。《廣韻·宵韻》："僥，使也。"茲據校改。反切上字作"撫"，但《廣韻·宵韻》音"餘昭切"，此字當有誤。"輕也"義，《荀子·王霸》："佻其期日。"楊倞注："佻與僥同，緩也，謂不迫促也。"但盧文弨《群書拾補》、王念孫《讀書雜志》皆改"僥"作"窕"。

③ 注文"俠也"《名義·人部》"佻"字訓同。《玄應音義》卷五"輕佻"條："《廣雅》：佻，俠也。……經文從手作挑，非體也。""俠"字七寺本作"使"，即"使"字；西方寺本作"使"，似是"俠"字。今《廣雅·釋詁二》有"挑，俠也"，當以"俠"字爲是。此"俠"字原作"使"，當是"俠"字，但又與"使"字近，七寺本蓋因此而誤。

④ 下二字頭爲"儾"的俗字，後一音義當屬"儾"字，形近而混。《廣韻·宕韻》奴浪切："儾，緩也。"

⑤ 《詩·周頌·絲衣》："載弁俅俅。"毛傳："俅俅，恭順貌。"釋文："俅音求，恭慎也。"

⑥ 注文"駟"上疑省字頭，"分"當作"介"。《詩·秦風·小戎》："俴駟孔群。"毛傳："俴駟，四介馬也。"茲據補改。又此"駟"下重文符當作"四"，又或爲表字頭的省代號，乙作"俴駟"亦通。

⑦ 《名義》《玉篇》皆音"甫運反"，此"逋"蓋涉下"運"增"辶"旁，但二字聲母亦同。

⑧ 注文"補"當作"輔"。《禮記·禮運》："卜筮瞽侑。"鄭玄注："侑，四輔也。"茲據校改。

⑨ 奈良不（ならぶ【並ぶ】）。

⑩ 大久良不（たくらぶ【た比ぶ・た較ぶ】）。た是接頭語。

⑪ 注文"居"當作"魚"。《廣韻·支韻》："儀，魚羈切。"下"僞"字音誤同。茲據校改。或"居"字不誤，此音當是日語音讀"ぎ"。"迫也""礼別也""善記也"不詳。

⑫ 奈須良不（なずらふ【準ふ・准ふ・擬ふ】）。

侗丁孔反，上；未成人也，𢩽(狀)也，愿也，治也。和加支人也。①

僙七經、在差、七敗、側賣四反。徵也，求也，動也。毛乃乃［加］比，又於保須。②

儥土猥反，上；長好皃，閑皃，長也。奈波也介志。③

僮太公、徒冬二反，平；使也，謂伇使也，未冠人也，衆庶也，癡也，僕也，隷也，從也。一曰卑子。宜單作，不施人也，童也。④

偲七才反，平；相切責之皃，才也，強力也，呵嘖(責)也。⑤

傯于(子)貢反，去；割貧也。⑥

僞居(魚)貴、疑爲二反，去；心動之皃，虛也，假詐也，詭也，賤也。⑦

傍蒲郎反，去；旁方也，邊也，□(旁)魄，賤也，廣也，榜，近也，附也，比也。⑧

僕蒲篤。付(附)也，給事者也。⑨

倍蒲罪反，上；多也，及也，半也，反也，重也，利也，益也，復也。

徐囚諸、士居二反，平；緩怠也，懈也，安行也，人姓也。⑩

---

① 注文"𢩽"當作"狀"。"𢩽"字《群書類從》本、享和本作"壯"，寬永本作"狀"。《方言》卷二："侗，狀也。"茲據校改。"愿"字原殘作"𠁣"，各本皆作"愿"，本書心部"愿"字作"𠐾"，蓋同此形，據定。《論語·泰伯》："侗而不愿。"何晏集解："孔曰：侗，未成器之人，宜謹愿。"此或奪"不""器"二字。治也，本書水部"洞"字亦有此義，狩谷據《楊子》"倥侗，童蒙也"疑"治"當作"佺"。和加支人(わかき【若き】人)，指年輕人。

② "七經"爲"青"字音，此蓋某"青"旁字音混入。"動也"疑是"僙"字義，形近而混。《廣韻·屋韻》："僙，動也。""加"字據各本補。毛乃乃［加］比(もののかい【僙】)，又於保須(おおす【負す·課す·仰す】)。

③ "土"字原殘作"𡈽"，各本作"土"，《廣韻·賄韻》："儥，吐猥切。"此或是"吐"字。《說文·人部》："儥，嬗也。"奈波也介志(なわやけし)。

④ "宜單作，不施人也，童也"指"僮"應作"童"，不需施加"亻"旁也(從山田說)。"童也"各本作"和良波(わらわ【童】)"。

⑤ 《論語·子路》："切切偲偲。"何晏集解："馬融曰：切切偲偲，相切責之貌也。""呵嘖(責)"蓋是此義的引申。"嘖"當是涉上字"呵"而增"口"旁。

⑥ 字頭原作"傯"，注文"于"當作"子"。《玉篇·人部》："傯，子貢切。佺傯。""傯"同"傯"。茲據校改。釋義不詳。

⑦ 注文"居"當作"魚"。《玉篇·人部》："僞，魚貴切。"上文"儀"字音誤同。茲據校改。又《廣韻·寘韻》"危睡切"、《名義·人部》"危縋反"，"居"或又是"危"字誤。《荀子·正名》："心慮而能爲之動，謂之僞。""心動之皃"蓋出自此處。

⑧ "傍"有平、去二音，此音當是平聲，若是去聲，下字當是"浪"。"魄"上一字殘作"𠂆"，據殘畫當是"旁"或"傍"字。《荀子·性惡》："齊給便敏而無類，雜能旁魄而無用。"王先謙集解引郝懿行曰："旁魄，即旁薄，皆謂大也。"茲據校補。《廣雅·釋詁四》："榜，輔也。"疏證："旁與榜通。"疏證補正："《大戴禮記·保傅篇》：'……四賢傍之。'傍，輔也。"

⑨ 注文"付"當作"附"。《玄應音義》卷二十五"僕隷"條："僕，附也，附從於人也。"茲據校改。

⑩ 《說文·彳部》："徐，安行也。""徐"同"徐"。

伺且紫反，上；小兒。須古志支奈留。①

估〔佑〕宫户反，上；商也，佐也，助也，交易也。俗間估客字。阿支奈不。②

偢俶二同。作弄反，去；倥偢也。須牟也介志，又伊止奈［志］。③

岱太代反，去；山東也，凌（陵）也，岳也，尌（剛）也，罡（岡）也，丘也，大陵也，高土也。④

黛徒載、徒代二反，去；屑（眉）黛，青黑色也，婦人筋眉黑色也。万与加支。⑤

帒徒載反，去；囊帒，連也。己志不久呂。⑥

代太才反，去；替也，更也，易也，換也。⑦

俓（徑）吉丁反，平；周三徑一，小路也，耶（邪）也，過也，歷也，度也，正也，伎也，急也。太太千。⑧

俓上字。

佺之逸、之栗二反，入；牢也，故堅也，故也，固也。豆与志，又万太之，又己波之。⑨

伐父八反，入；弘伐也，碎也，斫，敗，病也，形也。⑩

伣扶孝反，去；小子也。須［古志］佐止留。⑪

侍市忌反，去；陪也，陪者，仕也，承也，延（近）也，臨也，從也。⑫

候古（胡）遘反，去；望也，伺也，眼也，迎也。⑬

---

① 字頭原作"伺"，《名義‧人部》："伺，且紫反。小也，細陋也。"《名義》字頭作"伺"，"伺"當是"伺"的變體。須古志支奈留（すこしきなる【少しきなる】）。

② "佐也，助也"當爲"佑"字釋義，此處因字形相近而竄入"估"下。阿支奈不（あきなふ【商う】）。

③ "奈"下各本有"志"，據補。須牟也介志（すむやけし【速やけし】），又伊止奈［志］（いとなし【暇無し】）。

④ 注文"凌"當作"陵"，注文下有"大陵也"，《字鏡‧山篇》亦有"陵也"。兹據校改。

⑤ 注文"屑"當作"眉"。《廣韻‧代韻》："黛，眉黛。"万与加支（まよがき【眉書き】）。

⑥ 己志不久呂（こしぶくろ【腰袋】）。

⑦ 《廣韻‧代韻》："代，徒戴切。"與此反切不合，當是日語音讀"たい"。

⑧ "一"字原在"三"下。《隋書‧律曆志》："古之九數，圓周率三，圓徑率一，其術疏舛。""伎也"，《名義‧人部》《集韻‧勁韻》"徑"字有此義，《集韻‧先韻》又有"忮恨也，急也"，"伎""忮"通。太太千（ただち【直ち】）。

⑨ 此"故"蓋通"固"。豆与志（つよし【強し】），又万太之（またし【全し】），又己波之（こわし【強し】）。

⑩ "斫"字原作"𣃓"，當是"斫"字。《吕氏春秋‧上農》："山不敢伐材下木。"高誘注："伐，斫也。""弘伐也""病也，形也"不詳。

⑪ 反切上字《群書類從》本作"收"，享和本作"快"。《名義‧人部》："伣，扶教反。伣也，了也。"反切上字原作"𢗜"，蓋是"扶"字，吕校定作"抶"，恐難從。《廣韻‧效韻》初教切："伣，伣伣，小子。"《玉篇‧人部》："伣，彌小切。伣小兒。又初教切。"據此條和訓，訓釋中的"子"疑當作"了"。"古志"據各本補。須［古志］佐止留（【少し悟る】）。

⑫ 注文"延"當作"近"。《廣韻‧志韻》："侍，近也。"兹據校改。

⑬ 注文"古"當作"胡"。《廣韻‧候韻》："候，胡遘切。"兹據校改。

休王員反,平;淵字同。溺也。①

偏方延反,去、平;私也,又不周也,鄙也,伿(佐)也,方也,頗也,不具也,悢狂也,又[不]正也;偏(徧)字別也。②

伕侍也。

伏(祅)天音。聖也。③

傲丘之反,平,又去其反。酒飲而意逍遥也,醉儞皃也,樂也,安樂也。

保傪二同。胡緣反。慧也,捷也,疾也,勝也,聖,利也。止之,又豆与之。④

偓倭乎久反。於角反,入;聖也,伶(佺)也,仙人名。⑤

個弥箭反,去;恨也,慽(憾)也,向也,嚮也,皆(背)也。⑥

儐必刃反,去;陳也,相也,在前導曰儐,在後随曰從,又追,却也,導也,進也,迎也,榮(策)也。或作擯。⑦

賃女禁反。庸也,白(自)伇取財也,借也。⑧

傳直員反,平;移也,歸而説也。又直戀反,去;執也,舍也,信也。⑨

付方附反。予也。又麾(府)遇反,去。⑩

似辞以反。嗣也,類也,像也。

侣上字。

伏扶腹反,入;伺也,藏也,隱也,覆也,匎也。

位王必、黃麾二反,去;兩階間也,處也,禄也,烈(列)也。⑪

----

① "王員反"爲"淵"字音。《説文·水部》:"淵,回水也。囦,古文从口、水。"此蓋以"休"爲"囦"字,但文獻中皆以"休"爲"溺"字。《廣韻·錫韻》:"溺,古作休。"

② 注文"伿"當作"佐","正"上奪"不"字,"偏"當作"徧"。《名義·人部》:"偏,佐也。"《廣韻·仙韻》:"偏,不正也。""偏"與"徧"形近易混,文獻常見,故此云"徧字別也"。兹據改補。

③ 字頭"伏"當爲"祅"的異體。《廣韻·先韻》呼煙切:"祅,胡神。"與此"聖也"義合。《集韻·先韻》又有"他年切",即此"天音"。《宋元以來俗字譜》"佛"字有異體"伏",此亦可能是"佛"的會意俗體。

④ 《爾雅·釋詁上》:"捷,勝也。""聖"不詳,《師説抄》改作"慧",但重出。止之(とし【利し・鋭し・疾し・捷し】),又又豆与之(つよし【强し】)。

⑤ 倭乎久(おく)反。注文"伶"當作"佺"。《廣韻·覺韻》:"偓,又姓,《列仙傳》有偓佺。"兹據校改。

⑥ 注文"皆"當作"背"。《廣韻·獮韻》:"個,背也。"兹據校改。"恨也,慽(憾)也"不詳。

⑦ 注文"榮"疑當作"策","策"與"導也,進也"等義近。或是"勞"字。《儀禮·聘禮》:"賓用束錦儐勞者。"

⑧ 注文"白"疑當作"自"。

⑨ 《孟子·萬章下》:"庶人不傳質爲臣。"趙岐注:"傳,執也。"《釋名·釋書契》:"傳,轉也,轉移所在,執以爲信也。"

⑩ 注文"麾"當作"府"。《裴韻》《全王·遇韻》:"付,府遇反。"兹據校改。

⑪ 《廣韻·至韻》:"位,于愧切。""必"蓋是"秘"字之誤。《名義·人部》:"位,胡愧反。"此"黃麾反"下字蓋亦誤。"烈"同"列",《廣韻》《名義》作"列",《全王》作"烈"。

伙伙二同。牛林反。衆林(立)也。①

伝之成反。伝伀者,懼也,惶也,處(遽)也。②

伝上字。

侅行改反。奇侅,非常也。攱字。③

倭於爲反,平;從兒,長也,慎兒,東海中女王国也。④

倞倞二同。渠向反,去;競字。强也,遽也。

傹上字。

倜下連反,上;寬大,善兒,武也。⑤

僵心涉、先涉二反。懼也,失常也。攝(慴)字也。⑥

伏恥力反,入;惕也,順也,伏也,慎也。⑦

仜古(胡)東反,平;身肥大也,大腹也。⑧

[伺]如志反,去;貳也,次也。⑨

伩且利反。利也,飛,漢武官名也,助也,俊也,遞也,代也。⑩

侳子過反,去;安也。

偰相裂反。人名。

份彼東(陳)反。扮(彬)、斌二同。⑪

俴諸簨三同。仕卷反。見。⑫

---

① 注文下"林"字當作"立"。《説文·伙部》:"伙,衆立也。从三人。""衆林"之"林"當涉反切下字而誤,茲據校改。

② 注文"處"當作"遽"。《名義·人部》:"伝,之成反。懼也,遽也。"茲據校改。

③ 《名義·人部》"侅"下有異體"賅(賅)","攱"疑爲"賅"字之訛。又"攱"與"疑"相近,或當作"礙"。《莊子釋文》"侅溺,徐音礙,五代反",段注認爲是借"侅"爲"礙"。

④ 《説文·人部》:"倭,順兒。《詩》曰:周道倭遲。"此"慎"通"順"。

⑤ 《廣韻·潸韻》:"倜,下赧切。"《名義·人部》:"倜,下板反。"此反切下字當有誤。

⑥ 《玄應音義》卷十二"恐慴"條:"《聲類》作僵,同。"不過寫本《玄應音義》"慴"字多作"攝"。《新譯華嚴經音義私記》"驚攝"條:"攝(慴),又與僵字同。……經本有作攝字者,謬也。"《字鏡·心篇》:"慴,攝作。"是"慴""攝"俗字多混用不別,此正字當作"慴"。

⑦ 反切上字旁注小字"取欤",但"恥"字是《廣韻·職韻》:"伏,恥力切。"

⑧ 注文"古"當作"胡"。《名義·人部》:"仜,胡東反。"茲據校改。

⑨ 原奪字頭,注文接在上字"仜"字注下。《名義·人部》:"伺,如志反。次也,貳也。"茲據校補。

⑩ 《廣韻·至韻》:"伩,伩飛,漢武官名。""俊也"不詳,疑誤。

⑪ 注文"東"當作"陳","扮"當作"彬"。《名義·人部》:"份,彼陳反。斌字,彬字。"茲據校改。

⑫ 字頭第二形不詳。

儠理攝反。《春秋》"使長儠者相"是也。①

伓普悲反。伓伓，有力也，衆之也。②

倬都剥反。大也，明皃，著大也。

仿芳往反。相似，見不諦。

倆上字。

僟機同作。居希反。精詳。③

備俻偹三同。皮祕反。類（預）也，防也，盡，具也，咸，匐（匍）也，成也，究也，慎也。俻，俗作。④

俻一本作𠈃，上字。⑤

傾口營反。低耶（邪）也，傷也，不正也，伏也，耶（邪）也，側也。

侒烏蘭反。宴也。

侁所隣反。⑥

傳普丁反。俠也。亦甹字。

僤徒安反、徒亶反。何也，能也。⑦

傆牛萬反。黠也，肄習也。⑧

微無歸反。賤也，妙也，細也，無也，非也，少也。又從彳。

價餘祝反。買也，見也，欲見也，重也，賣也，長也，動也。賣字。

倪苦見、下顯二反。磬也，間倪也，猶聞（間）也，譬諭也。⑨

僖虛之反。樂。嬉字。

---

① 《左傳·昭公七年》："使長鬣者相。"《説文·人部》："儠，長壯儠儠也。从人巤聲。《春秋傳》曰：長儠者相之。"段注："《左傳》昭七年、十七年，《國語·楚語》皆云長鬣。鬣者，儠之假借字也。韋昭、杜預釋爲美須顔，誤。《廣雅》曰：儠，長也。按儠儠，長壯皃。辭賦家用獵獵字，蓋當作儠儠。"

② 《集韻·脂韻》："伓，衆也，一曰大力。或作伾。"注文"衆"後"之"字蓋衍。

③ 《集韻·微韻》居希切："僟，祥也。通作僟。"

④ 注文"類"當作"預"，"匐"當作"匍"。《名義·人部》《玉篇·人部》："備，預也。"《説文·用部》："葡，具也。""葡"即"萯"。兹據校改。《干禄字書》："俻俻備，上俗中通下正。"本條各字或即出於《干禄字書》。

⑤ 字頭原作"𠈃"。《説文·人部》"備"字古文作"俻"，"𠈃"乃"俻"字之變，"𠈃"又爲"𠈃"的内部類化俗字。

⑥ 各本有和訓"由久"（よく【良く·能く·善く】）。

⑦ 《説文·人部》："僤，僤何也。"《廣韻·仙韻》："僤，態也。"《名義》《全王》作"能"，"能"即"態"的古字。

⑧ 《集韻·諫韻》："串，《爾雅》：習也。或作傆。"《名義·人部》："傆，黠也，習也，疑也。""疑"蓋當從此作"肄"。

⑨ 注文"聞"當作"間"。《爾雅·釋言》："間，倪也。"郭璞注："倪，《左傳》謂之諜，今之細作也。"兹據校改。

侃（俒）胡因（困）反。"朕實不明，以俒伯父"也。①

俒上字。

伕餘證反、食證反。送也。媵字。

倌古宦、古完二反。嬉字也。②

㑞式善、如[善]二反。然，意膴。意膴，戁也。③

僵霍弘反。儵、類，二同。

侊伖二同。公旁、公橫二反。[侊]，小器；壺，大物也。④

佃同年、同見二反。中也，轅車也。

侜張牛反。誑也，陳（障）也，壅，蔽。⑤

佃且紫反。小兒。⑥

佷（佷）胡齸反。很也。⑦

佁夷在反。癡兒，不肖人兒，不畏也。

佝公豆反。惄（愁）也，戀也。怐字。⑧

傃恔同作。徐慄反。誺，說，妢（姤）也，毒也，賊也。嫉字也。⑨

侉迂佐反。痛詞也，痛呼也，怯也，病呼也，俙（俏）也。⑩

伶上字。

俑餘種反。痛。

伕乙小反。厊。

---

① 字頭乃"俒"字之俗。注文"因"當作"困"。《廣韻·恩韻》："俒，胡困切。"茲據校改。《説文·人部》："俒，完也。《逸周書》曰：朕實不明，以俒伯父。"

② "倌"字《説文·人部》訓爲"小臣"，此處"嬉字也"蓋受上文"僖"字訓釋影響而誤植於此。

③ "如"下奪"善"字。《玉篇·人部》："㑞，式善、如善二切。"《名義·人部》："㑞，如善反。"茲據校改。《玉篇·人部》："㑞，《説文》云：意膴也，一曰意急而懼也，一曰戁也。"此"意膴"或衍一。

④ 《名義》同，"壺"字原作"𡠆"，《名義》作"𡪄"，據形當是"壺"字。《名義·人部》："侊，小也，小器壺大物。"《説文·人部》："侊，小兒。《春秋國語》曰：侊飯不及一食。"小徐本末有"是侊侊然小也"。段注："小當作大，字之誤也。凡光聲之字多訓光大，無訓小者。《越語》：句踐曰：諺有之曰：觥飯不及壺飧。韋云：觥，大也。大飯謂盛饌。盛饌未具，不能以虛待之，不及壺飧之救飢疾也。言己欲滅吳，取快意得之而已，不能待有餘力。《韓詩》云：觥，廓也。許所據《國語》作侊。侊與觥音義同。"今按，"小兒"不誤。《裴韻》作"小兒"，《王一》《全王》作"小壺"。《太平御覽》卷第七百六十一引作"觥飲不及壺飧"。注："言志在觥飲，慮不至壺飧。喻己德小，不能遠圖。"《白氏六帖事類集》卷五："觥飯不及壺飧。"注："觥，小器；壺，大器。喻不能圖遠。"此説蓋出《國語》舊注，與韋注相反。

⑤ 注文"陳"當作"障"。《名義·人部》："侜，鄣也。""鄣"與"障"同。茲據校改。

⑥ 此條重出，但字頭不同，見上文。

⑦ 《玉篇·人部》："佷，很也。佷，同上。"

⑧ 注文"惄"當作"愁"。《玉篇·人部》："佝，《楚辭》云：直佝愁以自苦。"茲據校改。

⑨ 注文"妢"當作"姤"。《説文·人部》："傃，姤也。"茲據校改。注文"説"字之後蓋脱"文"字。

⑩ 注文"俙"當作"俏"。《名義·人部》："侉，俏也。"《説文·人部》："俏，刺也。一曰痛聲。"茲據校改。

僇居幼、救刀(力救)二反。癡行僇僇也,具(且)。①

偪力回反。相敗。

俗公勞、渠九二反。毀也。

俗上字。

俗与恭反。不容(安)也,華也,納(婦)官也。②

佹恥各反。寄也,依也,累也。託字。

傅子損反。噂字。

傮子牢、礼(祂)牛二反。終也。亦殠字也。③

倒丁退反。帀也。④

伃与居反。婦官也。亦好字也。

俔吾昆反。人姓也。

儸吕諸(詣)反。儽字也。⑤

僑渠消反。高也,大(才)也。⑥

儋丁甘反。何也,助也。亦頕、擔字。

佗上字。⑦

伹渠往反。遠行也,往也。

偪鄙力反。迫也,近也。亦逼字。

個個二同。胡雷反。迴字。施(旋)轉也。⑧

傲大(丈)利反。會也,凡會也,凡會物謂之傲也。⑨

---

① 注文"救刀"當作"力救","具"當作"且"。《名義·人部》:"僇,居幻(幼)、力救反。""具"字《名義》同。《説文·人部》:"僇,一曰且也。"段注:"按此即今所用聊字也。聊者,耳鳴。'僇'其正字,'聊'其假借字也。"茲據校改。

② 注文"容"當作"安","納"當作"婦"。《説文·人部》:"俗,不安也。"《廣韻·鍾韻》:"俗,俗華,縣也。又《漢書》婦官有俗華。"茲據校改。

③ 注文"礼"當作"祂"。《名義·人部》:"傮,子牢、祂牛二反。"《玉篇·人部》:"傮,子牢切,又祂牢切。"茲據校改。

④ 《説文·人部》:"倒,帀也。"段注改"帀"作"市",非是。《名義·人部》:"倒,卬(帀)也,遍也。""帀"與"遍"義同。

⑤ 注文"諸"當作"詣"。《玉篇·人部》:"儽,吕詣切。儸,字書上同。"《名義》誤同此。茲據校改。

⑥ 注文"大"當作"才"。《玄應音義》卷四"若僑"條:"《廣雅》:僑,才也。"今本《廣雅》無,疏證據《玄應音義》補入《廣雅·釋詁四》"孈、㒟,材也"下。《名義·人部》:"僑,渠消反。高也,才也。"茲據校改。

⑦ 《説文·人部》:"佗,負何也。""儋"與"佗"義同音異,此云"上字",存疑。

⑧ 注文"施"當作"旋"。《名義·人部》:"個,旋也,轉也。"茲據校改。

⑨ 注文"大"當作"丈"。《玉篇·人部》:"傲,丈吏切。"《名義·人部》:"傲,文(丈)利切。"茲據校改。《方言》卷一:"傲,會也,凡會物謂之傲。"注文"凡會也"蓋衍。

俇仕行反。“煞我身者，羣俇子也”。①

膠口庖反。盛也，牢，羸大皃。②

傑巨凶反。言罵也，羸小可憎之名。③

㑞相容反。轉語也，猶保㑞也。④

伣扶嚴、孚釼二反。輕也。

㪍侼二同。蒲没反。强也，度（庅）也，憨（懟）也，爲思憨（怨懟）也，恨也。⑤

傃桑故反。向也，經也。

借子亦反。假。

俒於阮反。懂也，勸（歡）樂也。⑥

僢尺允反。相背也。亦踳字。差也，對卧也。⑦

倠奇䨥反。使也。

仅刀（乃）都反。古文奴字。⑧

倛去（古）載反。主也，王（主）領之也。⑨

傝牛錦反。入（人）仰頭也。⑩

偡下分（介）反。陋也，傆（陋）也。⑪

佯在羊反。弱也。

---

① 《晉書·周玘傳》：“（玘）將卒，謂子颺曰：‘殺我者諸傖子，能復之，乃吾子也。’吳人謂中州人曰‘傖’，故云耳。”

② 反切《名義》同。《玉篇·人部》：“膠，力庖切，盛也。”《廣韻》有“匹交”“力嘲”二音，《集韻》有“丘交”“披交”“力交”三音，“口庖反”即“丘交切”，此音蓋不誤。《方言》卷二：“膠，盛也。”郭璞注：“膠侼，羸大皃。”“膠侼”即“膠牢”也。

③ 《方言》卷七：“傑㑞，罵也。”郭璞注：“傑㑞，羸小可憎之名也。”

④ 《方言》卷三：“庸謂之㑞，轉語也。”郭璞注：“㑞猶保㑞也。”“轉語”指庸、㑞疊韻相轉。

⑤ 注文“度”當作“庅”，“憨”當作“懟”，“思”當作“怨”。《名義·人部》：“侼，蒲没反。强也，懟也，怨也，恨也。”《方言》卷十二：“侼，强也。”郭璞注：“謂强庅也。”《方言》卷十二：“侼，懟也。”郭璞注：“亦爲怨懟。”茲據校改。“恨”字原殘作“恨”，《名義·人部》《廣雅·釋詁四》作“恨”，《玉篇·人部》《集韻·没韻》作“佷”，“恨”與“怨懟”義近，茲據校定。

⑥ 注文“勸”當作“歡”。《廣韻·阮韻》：“俒，歡樂。”茲據校改。

⑦ “僢”同“舛”。《説文·舛部》：“舛，對卧也。”

⑧ 注文“刀”當作“乃”。《名義·人部》：“仅，乃都反。奴也。”茲據校改。《説文·女部》“奴”有古文“㚢”，“仅”字或可看作“奴”字“女”旁換作“亻”。

⑨ 注文“去”當作“古”。《玉篇·人部》：“倛，古載切。”《名義·人部》：“倛，古戴反。”“王（主）領之也”即是“主也”的申説，“主”“領”義同。茲據校改。

⑩ 注文“入”疑當作“人”。“傝”字不當讀入聲，且此上下皆不標聲調，故當是釋義之字，但《廣韻》《名義》《玉篇》等皆無此字，或是誤衍。

⑪ 注文“分”當作“介”，“傆”當作“陋”。《玉篇·人部》：“偡，下介切。”《廣韻·怪韻》：“偡，胡介切。”《名義·人部》：“下分（介）反。楊雄《反[離騷]》：陋也，陋也。”茲據校改。注文“傆”旁加“·”號，似爲删除符號，“傆”或是“陋”字誤衍。

倕時規反。重也。亦硾字也。①

儞都田反。殯也,仆也,僵作(仆)也。②

仃古唐反。對(剛)字古文。③

侂化(他)井反。佗也。④

仟曰(且)堅反。千人長曰仟。⑤

襂口礼反。關(開)衣領。亦闑字。開也。⑥

佪思育反。夙字古文。

佪上同。

仉之大(丈)反。人姓。⑦

侲之仁、之仞二反。著(善)幼子。⑧

徆苦和反。

傱先鞏反。

個丑拭(減)反。癡也。⑨

伈先枕反。

俇古黃反。

已上字等ヽ點部⑩

儸力柯反。偍儸,健而不德。

偍之車反。儸也。

俰于(互)臥反。和也。⑪

僞于詭反。蔿字。

佔丁兼反。佁也,極也。

---

① 《原本玉篇·石部》:"硾,《字書》或爲倕字,在人部。"

② 注文"作"當作"仆"。《慧琳音義》卷二"儞倒"條:"馬融注《論語》:僵仆也。"兹據校改。

③ 字頭"仃"乃《説文·刀部》"剛"字古文"㐲(信)"之變。"對"同"剛"。

④ 注文"化"當作"他"。《名義·人部》:"侂,他井反。"兹據校改。

⑤ 注文"曰"當作"且"。《名義·人部》:"仟,且堅反。"兹據校改。

⑥ 注文"關"當作"開"。《名義·人部》:"襂,開衣領也。"兹據校改。"闑"字原作"**閞**"。《裴韻·薺韻》康礼反:"襂,開衣領。亦闑。"《全王》誤脱"闑"字。《名義·門部》:"闑,口體反。開也。啓字也。""闑"與"襂"音義皆合,兹據校定。

⑦ 注文"大"當作"丈"。《名義·人部》:"仉,之丈反。"兹據校改。

⑧ 注文"著"當作"善"。《文選·張衡〈西京賦〉》"侲僮程材。"薛綜注:"侲之言善。善童,幼子也。"兹據校改。

⑨ 注文"拭"當作"減"。《名義·人部》:"個,丑減反。"兹據校改。

⑩ 指以上"徆""傱""伈""俇"諸字,又見於卷十二"重點",故此數字有音無義。"ヽ點部"即"重點部"。《新撰字鏡·重點》:"徆徆,美皃。""傱傱,走皃。""伈伈,恐也。""俇俇,'武也'是也。"

⑪ 注文"于"當作"互"。《名義·人部》:"俰,互臥反。"兹據校改。

傌亡亞反。大天(夫)名也。[①]

佫下各反。人姓。

僙渠姓(往)反。戴器。[②]

伃五圭(奚)反。此文難知反,陽不[知]也。[③]

侏先紺反。儉也。

傂尸(尹)世反。筻字。[④]

佄胡甘反。亦酣字。樂酒也。

倖胡耿反。亦婞字。見親。

僤畢一反。亦趩、譂,二形同。行。

仠胡旦反。亦扞字。蔽也,衛也。

佶口篤反。舉(譽)字。急暴也。[⑤]

㑳壯救反。亦㛮字。任也,身也。

僯力軫反。亦類(䫉)字。顔色,慎事也,慙恥也。[⑥]

儱博堅反。蹁字。足不正也。

㒋思移反。賤。亦廝字。役。

倗都柯反,音多(朋)。[⑦]

傛救(求)敏反。槶(梱)字。[⑧]

伶渠廉反。侏,古樂人。[⑨]

倈力計反。怒。

傂儲紫、佇離二反。皃也。[⑩]

---

① 注文"天"當作"夫"。《名義·人部》:"傌,齊大夫名。"茲據校改。

② 注文"姓"當作"往"。《名義·人部》:"僙,渠往切。"茲據校改。

③ 注文"圭"當作"奚","不"下奪"知"字。《名義·人部》:"伃,五奚反。陽不知也。""此文難知反"不詳何解,"反"字疑衍,或當斷作"此文難知,反陽不[知]也"。

④ 注文"尸"當作"尹"。《名義·人部》:"傂,尹世反。或筻。"茲據校改。

⑤ 注文"舉"當作"譽"。《名義·人部》:"佶,或譽。"茲據校改。

⑥ 注文"類"當作"䫉"。"類"字《名義》同,吕校以爲當作"䫉",是。"䫉"同"顲"。《龍龕·頁部》:"顲,或作;䫉,今。"又《説文·頁部》:"㐱,顔色㐱顲,慎事也。"同部又云:"顲,㐱顲。"注文"顔色"後當有脱文。

⑦ 注文"多"疑當作"朋"。《玉篇·人部》:"倗,音朋。"

⑧ 注文"救"當作"求","槶"當作"梱"。《名義·人部》:"傛,求敏反。槶字。"(此條原在"倗"注下)又《名義·人部》:"傛,求敏反。梱也。"《王一》《全王·混韻》:"梱,亦作䐭、傛。""救"蓋涉下"敏"字而增旁。茲據校改。

⑨ 《集韻·鹽韻》其淹切:"伶,伶侏,古樂人。"《後漢書·班固傳下》:"伶侏兜離,罔不具集。"李賢注曰:"鄭氏注《周禮》云:'四夷之樂,東方曰韎,南方曰任,西方曰株離,北方曰禁。'禁,字書作伶,音渠禁反。"此"侏"或當作"佅"或"侏"。

⑩ 字頭右旁原誤作"序"。《廣韻·紙韻》:"傂,仳傂,參差皃。"注文"皃也"前當有脱文。

仵五故反。亦连字。逆也。

僞禹貴反。《釋水》："渭，胃。"[1]

偵恥敬反。廉視七(也)，間(問)也。亦詷字。[2]

俤都計反。僀也。

儶儶三同。下柱反。俤也。[3]

倳与時反。亦夷字。夷之言尸。

佺此緣反。偓也，仙人也。

新撰字鏡卷第一

天治元季甲辰五月下旬書寫之畢。

法隆寺一切經書寫之，次爲字決，諸人各一卷書寫之中。

此卷是五師静因之分，以矇筆所寫了。[4]

---

① 《名義・人部》："僞，禹貴反。胃也。"《廣雅・釋水》："渭，僞也。"王念孫疏證："《説文》《玉篇》《廣韻》《集韻》皆無僞字，疑是循字之譌。"今按，《廣韻・物韻》王勿切："循，行也。""僞"與"循"音義不同，且《名義》《新撰字鏡》皆有此字，蓋皆本《原本玉篇》。

② 注文"七"當作"也"，"間"當作"問"。《廣韻・映韻》："偵，廉視。"《名義・人部》："偵，問也，候也，廉也，視也。"《説文・人部》："偵，問也。"兹據校改。《原本玉篇・言部》："詷，呼政反，恥敬反。《史記》：'多与金錢，令爲中詷長安。'徐廣曰：'伺候采察之名也。'孟康曰：'司知罪人處告吏律名爲詷。西方人以反間爲詷。'《説文》：'知處告也。'"《説文・言部》："詷，知處告言之。"段注："《史》《漢・淮南傳》：'王愛陵，多予金錢。爲中詷長安。'孟康曰：'詷音偵，西方人以反間爲偵，王使其女爲偵於中也。'服虔亦云：'偵，伺之也。'如淳曰：'詷音朽政反。'按，《説文》無偵字，則從服、孟説，詷即偵是也。"

③ 此云"三同"，或奪一字頭。

④ "矇筆"乃謙遜的説法。"矇"本義爲眼睛失明，引申又有愚昧、拙劣之義；漢徐幹《中論・治學》："民之初載，其矇未知。"漢王充《論衡・量知》："人未學問曰矇。""矇"可指人在學習之前的狀態，故用於謙稱。

新撰字鏡卷第二

十五部文數千八百五字

父部第十二

八字

父夫(扶)甫反,上;至尊也,短(矩)以度教者也,謂老爲父也。①

𩪋正作,古文。②

爹者(屠)可反,上;父也,北方人父也。又多音。③

釜父甫反,上;炊器。

公口據反,去;居也。平利。④

奢止奢反,平;吳人父。

𡕨(夆)户光反,平;黄字古文也。地中色。⑤

爸甫可反,上;呼父,又地名也。⑥

---

① 注文"夫"當作"扶","短"當作"矩"。《名義·父部》:"父,扶甫反。至尊也,短(矩)也。"《説文·又部》:"父,矩也,家長率教者。"茲據校改。

② "父"字小篆作"𩫣",此即其變。

③ 注文"者"當作"屠"。《廣韻·哥韻》:"爹,徒可切。"《玉篇·父部》:"爹,屠可切。"《名義·父部》:"爹,居可反。""屠"與"徒"皆定母字,"居"當是"屠"字之誤。茲據校改。"爹"與"多"日語皆音"た"。

④ "去"字小篆作"𠫓",隷定作"厺",亦隷定作"厽"。"居也"義不詳。平利(をり)。

⑤ "黄"字《説文》有古文"𡕨",此即其隷定之誤。

⑥ 《集韻·禡韻》:"爸,吳人呼父曰爸。"此"呼"上蓋省"吳人"。

親族部十三

雖不入字數,何不尋知哉

高祖力(加)美於保知。①

曽祖於保於保知。②

阿父於保知。③

外祖父波波加太乃於保知。④

阿耶父也。

[阿孃母也。]⑤

阿妣上同。

外祖[母]母方乃波波。⑥

継父万万父。⑦

阿伯父之兄。江乎之。⑧

阿叔父之弟也。乙乎知。⑨

從父父方乃伊止古。⑩

從母波波加姉妹。⑪

阿婆於波。⑫

姨母乎波。⑬

伯父乎知。⑭

---

① "加"字據各本改,或即片假名"カ"。加美於保知(かみおおじ【上大父】)。

② 於保於保知(おおおおじ【大祖父】)。

③ 於保知(おおじ【祖父】)。

④ 波波加太乃於保知(ははかた【母方】の【之】おおじ【祖父】)。

⑤ 各本無"阿耶""阿妣"二條,另有"阿孃,波波"條。"耶孃",後多作"爺孃"或"爺娘",指父母,"阿妣"同"阿孃"。此蓋奪"阿孃"條。"波波(はは【母】)"即"母也",據上條"阿耶,父也",此疑當補作"阿孃,母也"。

⑥ "祖"下奪"母"字,據《群書類從》本、狩谷、《師説抄》補。母方乃波波(母方の【之】はは【母】)。

⑦ 万万父(ままちち【継父】)。

⑧ 江乎之(えおじ【伯父】)。

⑨ 乙乎知(おとおじ【阿叔・叔父】)。

⑩ 父方乃伊止古(母方の【之】いとこ【從兄弟・從姉妹】)。

⑪ 各本奪"從父"的注文及"從母"二字,"加"作"方(かた)",此"加"當作"方"或下奪"太"字。波波加太姉妹(ははかた【母方】姉妹)。

⑫ 於波(おば【老婆・姥】)。

⑬ 乎波(おば【伯母・叔母】)。

⑭ 乎知(おじ【伯父・叔父】)。

大舅母兄。

小舅母弟。

嫡母万万波波。①

聟毛古,又加太支。②

甥乎比。③

親族三族者父母孫女族。④

六親者父母兄弟妻子。

三尊者父師君也。

阿妳乳母,又云女乃止。⑤

阿孩兒弥止利子。⑥

彦比比古。⑦

胤子上同。

姪兒男。

姪女女。

姑舅伊母止世乃子。⑧

兩姨姉妹男。

阿翁夫之父。

阿家夫之母。

婦翁妻之父。

婦母妻之母。

阿姑夫之姉妹。

阿娹兄女。

外舅女父。

外姑女母。

---

① 万万波波(ままはは【継母】)。

② 毛古(もこ【対手・聟】),又加太支(かたき【敵】)。《倭名類聚鈔》卷二作“無古(むこ【婿・聟・壻】)”。

③ 乎比(おい【甥】)。

④ 《漢語大詞典》“三族”條:“有幾種説法:(1)謂父、子、孫。(2)謂父族、母族、妻族。(3)謂父母、兄弟、妻子。”此當有誤。

⑤ 女乃止(めのと【乳母】)。

⑥ 弥止利子(みどりご【緑児・嬰児】)。

⑦ 比比古(ひひこ【曽孫】)。“彦”訓“ひこ”,“曽孫”亦訓“ひこ”,“曽孫”又訓“ひひこ”,故此作“比比古”。“彦”(ひ【日】こ【子】)本爲男子的美稱,與女子的美稱“姫(姬)”(ひ【日】め【女】)相對。“曽孫”之“ひ”爲“曽”的接頭語,二者音同而義異。狩谷疑此衍一“比”字,即取“日之子”之義。

⑧ 伊母止世乃子(いもとせ【妹背/妹兄】の【之】こ【子】)。狩谷校:“姑舅可疑,恐姪甥。”

曾孫比比子。①

玄孫豆豆子。②

從母母師妹。

娟古奈美。③

嫌宗(字)波奈利。④

町万万妹。⑤

庶兄万万兄。⑥

昆波良加良。⑦

嫡(嫡)牟加比女。⑧

姝户奈。⑨

娍与女。⑩

娷上同。⑪

廣見女部。

謂五等之親一等易弁,故不説。⑫

　　二等者:祖父母五祖父母。嫡母如文。伯叔父伯者,父之兄。叔者,父之弟。姑父姑。兄弟如文。夫方父母、妻、妾、姪、孫、子、婦。

---

① 比比子(ひひこ【曾孫】)。

② 豆豆子(つつこ【玄孫】)。

③ 《倭名類聚鈔》卷二"前妻"條:"《顏氏》云:前妻(和名毛止豆女),一云(古奈美)。"古奈美(こなみ【嫡妻・前妻】)。《儀禮・喪服》:"妾之事女君,與婦之事舅姑等。"鄭玄注:"女君,君適妻也。""娟"蓋即"女君"之合。

④ 注文"宗"當作"字"。《倭名類聚鈔》卷二"後妻"條:"《顏氏》云:後妻必惡前妻之子(和名宇波奈利)。"茲據校改。宇波奈利(うわなり【後妻・次妻】)。

⑤ 万万妹(ままいも【繼妹・庶妹】)。

⑥ 万万兄(ままあに【繼兄・庶兄】)。

⑦ 波良加良(はらから【同胞】)。《師説鈔》疑"昆"下脱"季"字。

⑧ 此字蓋即"嫡"字之訛,又見卷三女部。牟加比女(むかいめ【正妃・嫡妻】)。

⑨ 字頭各本作"姝"。户奈(へな)。皆不詳。

⑩ 与女(よめ【嫁・姒・婦】)。

⑪ "娷"爲"媤(嫂)"的俗字。《倭名類聚鈔》卷二"嫂婦"條:"《爾雅》云:女子謂兄之妻爲嫂,弟之妻爲婦。嫂(早反),作娷(和名與女。父母之呼子妻同)。"各本作"姝(户奈)娍娷,三字与女。"指三字皆訓"与女(よめ【嫁・姒・婦】)"。

⑫ 《養老令・儀制令廿五》"五等條":"凡五等親者:父母、養父母、夫、子,爲一等;祖父母、嫡母、繼母、伯叔父姑、兄弟、姊妹、夫之父母、妻、妾、姪、孫、子婦,爲二等;曾祖父母、伯叔婦、夫姪、從父兄弟姊妹、異父兄弟姊妹、夫之祖父母、夫之伯叔姑、姪婦、繼父同居、夫前妻妾子,爲三等;高祖父母、從祖祖父姑、從祖伯叔父姑、夫兄弟姊妹、兄弟妻妾、再從兄弟姊妹、外祖父母、舅姨、兄弟孫、從父兄弟子、外甥、曾孫、孫婦、妻妾前夫子,爲四等;妻妾父母、姑子、舅子、姨子、玄孫、外孫、女聟,爲五等。""弁"同"辨"。

三等者：曾祖父母父之祖父祖母也。伯叔婦伯叔之妻。夫姪是於女己夫之兄弟之男女子也。[1]從父兄弟父之兄弟之男。又姉妹吾父兄弟之女子也。妻妾子如文。

四等者：祖父祖母之父母、從祖祖父姑祖父祖母之兄弟姉妹，又曾之男女。從祖伯叔父祖父祖母之兄弟之男等也。再從兄弟姉妹父之從父之男女，又從祖伯叔男女也。外祖父母男之父母。舅母之兄弟。姨母之姉妹。從父兄子吾伯叔之孫，又吾從父之男等也。外甥吾姉妹之男女。曾[孫]吾孫之男女子。孫婦妾吾孫之妻妾。

五等者：姑子吾父之姉妹之男女也。外孫吾女子之男女子也。

大略如是也。

身部第十四

廿六字

身　失真反。我也，親也，躬也，**㑟**也。[2]

軆　大礼反。身也，體也，悟也，覺也。

躰　大礼反。枝也。

軆　下哀反。䏶。

䏶　呂唐反。軆。

軁　力句反。軀。

軅　之善反。裸袒无障蔽。

禮（禮）上字。[3]

躲　之移反。肌字。

尠　所巢反。細長之皃。曾比也加尔，又奈波也加尔。[4]

躶　力果反。弊（敞）身之皃，袒也。波太加奈利。[5]

䠨　苦堯反。邑名。[6]

<hr>

① "兄弟"下"之"字原作二重文符。

② "**㑟**"字《名義》同，吕校疑爲"俤"之誤。

③ 字頭"禮"當作"禮"。《名義·衣部》："禮，知彦反。展也，祖不障也。""禮"與"軅"音義近。《正字通·身部》："軅，舊註音展。裸形無可蔽。經史本作禮。"茲據校改。

④ 曾比也加尔（そびやか【聳やか】に），又奈波也加尔（なわやかに）。《新撰字鏡·人部》："傶，長好皃，閑皃，長也。奈波也介志。""奈波也加尔（なわやかに）"與"奈波也介志（なわやけし）"相近，指身長貌。

⑤ 注文"弊"疑當作"敞"。"弊"字原作"**弊**"，俗字"敞""敝"相混。《類篇·支部》："敞，一曰開也，露也。"狩谷疑當作"不蔽"，《師説抄》亦疑脱"不"字，恐非。波太加奈利（はだか【裸】なり）。

⑥ 此条俟考。

軀於賤反，去；如(怒)腹也，番也，怒也。①

耽古文媅、妉二形。都合(含)反。樂也，嗜也，好也，湎(酒)也。②

射取柯反。臬也，侯也，質也。③

躬去于反。身也，體也。

軀去來、氣俱二反。躬字同。驅也，走也。④

躲正音時柘反，去；又時益反，入；射同字。彎弧發矢也。借夷石反，入；衆(斁)也，猒也。⑤

聃奴甘反。濟陰。⑥

職之力反。事也，愛也，常也，主也，由也，莫(業)。⑦

騁疋劲、芳正二反。問也，訪也，使通問婚。⑧

毗父脂反，平；騁毗，柔也。

躬居雄反。身也，親也。於乃礼。⑨

軀躬字正字。⑩

躬上俗作字。

耽丁南反。滯欲也。⑪

𨂿苦紙(瓜)反。𨂿毗，以體柔也。⑫

---

① 注文"如"當作"怒"。《名義·身部》："軀，怒腹也。"《玉篇·身部》："軀，軀體，怒腹也。"《原本玉篇·欠部》："歐，《聲類》：'怒腹也。'或爲軀字，在身部。"兹據校改。"番也"不詳。

② 注文"合"當作"含"，"湎"當作"酒"。《玄應音義》卷六"耽湎"條："古文媅、妉二形，同。都含反。《説文》：媅，樂也。耽亦嗜也。湎，古文酾，同。亡善反。《説文》：沉於酒也。""湎(酒)也"蓋"耽酒也"之省。兹據校改。

③ 字頭與反切疑有誤。釋義皆"埻的"之義，即"射垛"。

④ "來"字疑誤，《名義》"去迀反"，但"來"與"迀"形不似，俟考。注云"驅也，走也"，蓋因"軀"通"驅"。

⑤ 注文"衆"當作"斁"。《説文·攴部》："斁，解也。《詩》云：'服之無斁。'斁，猒也。"《禮記·緇衣》引作"服之無射"。兹據校改。

⑥ 《名義·耳部》："聃，奴甘反。耳曼也。聃，同上。""聃"即"聃"的俗字。"濟陰"不詳所指。

⑦ 注文"莫"當作"業"。《名義·身部》："職，之力反。主也，掌也，愛也，業也，事也。"兹據校改。《方言》卷七："憐職，愛也。言相愛憐者，吳越之間謂之憐職。"

⑧ "騁"爲"聘"的俗字。

⑨ 於乃礼(おのれ【己】)。

⑩ 字頭爲"躬"字小篆"𨈭"的隷定字。

⑪ "耽"爲"耽"的俗字。

⑫ 注文"紙"當作"瓜"。《廣韻·麻韻》："𨂿，苦瓜切。"兹據校改。《玉篇·身部》："𨂿，𨂿毗，以體柔人也。《爾雅》作夸毗。"

頁部第十五

二百廿字

　　頁下結反。頭也。首字古文。

　　頏子之反,平;口上毛。加美豆比介。①

　　頤古斤(很)反,上;頰後也。加波知。②

　　䫴而廉反,平;頰毛也。

　　顛丁年反,平;頂也,頯也。伊太太支。又作頷。③

　　顔牛年反,平;眉間也,色也,頯也,頷也。万与安比也。④

　　頷(項)上正作。學講反,上;頸後也。⑤

　　穎〔頴〕以頂反,上;秀也,光也,明也,勝也。⑥

　　頋古何反,平;傾頭。

　　頃〔項〕丘穎反,上;久也,頃文(久)猶旱晚也,須臾之間也,亦不久也,又二百冊步爲畝,百畝爲頃。《説文》:"頭不正也。"借音去營反,平;今爲傾字。工、匕二形別也。頸後也。宇奈自。⑦

　　熲古迵反。照也,火光也。耿字。⑧

　　頂丁訂反,上;顛也。

　　顙上字。

　　顗魚豈反,上;静也。志豆介之。大頭。⑨

---

①　加美豆比介(かみ【上】つ/ひげ【髭・鬚・髯】)。

②　注文"斤"當作"很"。《廣韻・很韻》:"頤,古很切。"《切三》《王一》《全王》皆作"古很反"。"斤"字原作"亣",蓋"很"草書之誤。茲據校改。《師説抄》疑"斤"爲"本"字之訛。《集韻・混韻》古本切:"頷,頰高也。或从艮。"加波知(かばち【輔・頰】)。

③　異體"頷",《群書類從》本作"偵",享和本作"頂",狩谷、《師説抄》改作"偵",疑此"頷"是"顛"的草書楷化俗字。伊太太支(いただき【頂・戴き】)。

④　万与安比,各本作"万安比(まあい【眉間】)"。"万与(まよ)"蓋即"まゆ【眉】"。

⑤　兩條字頭均作"𩑺"。字頭"顔"當作"項"。《慧琳音義》卷三十九"脰項"條:"下學講反。《説文》云:項,頸後也。從頁、工聲。"

⑥　字頭原作"𩑺","秀也"以下各釋義蓋"頴"字之義。《廣韻・迴韻》:"熲,光也,又輝也。"

⑦　注文"文"當作"久"。《莊子・秋水》:"夫不爲頃久推移,不以多少進退者,此亦東海之大樂也。"成玄英疏:"頃,少時也。久,多時也。"釋文:"頃久,司馬云:猶旱晚也。"茲據校改。"工、匕二形別也"指"頃"與"項"二字不同,但俗書常常混。"頸後也"爲"項"字義。宇奈自(うなじ【項】)。

⑧　《玉篇・火部》:"熲,或作耿。"

⑨　各本"大頭也"在"静也"下,本書山部亦有此義,但典籍無載,《師説抄》疑混"顂"字。志豆介之(しづけし【静けし】)。

纐思主反,上;絆馬前足。波志利保太之。①

顥布沼反,上;髮白皃也。

齻巨今反,上;切齒怒也。久比波介无。②

頢下刮反,入;短面。祢古於毛氏。③

頍古亥反,上;頯頍也,顏醜也。於止加比。④

纈下列反,入;結帛以染得色也。由波太。⑤

頹途回反,平;老无髮也,崩也。伊良加奈志。⑥

頣天帝反,去;代也。在長部。

顒魚容反,平;大皃。

頒府移反,平;髮半白皃。

頯符悲反,平;髮短皃。

碩敷悲反,平;面大。

𩿇(鵊)保(俁)俱反,平;鳥名。⑦

須〔頌〕相俞反,平;顄也。⑧

頖薄波反,平;勇皃,又白頭皃。亦旛字。

頌相俞反,平;頭頌。

楈符隣反,平;木名。

顰府隣反,平;蹙眉。

頤武巾反,平;强。

頒符分反,平;布也。又布還反。魚頭。

顅苦間反,平;髮少皃。

頑吳鰥反,平;愚也,鈍。

---

① 《切三》《王一》《裴韻》《全王》字頭皆作"纐",《廣韻》《説文》等皆作"纐"。波志利保太之(はしりほだし【走絆】)。

② 注文"今"疑當作"飲"。《廣韻·寢韻》:"齻,渠飲切。"但二形相差較遠,或是他字,俟考。久比波介无(くい【食い】はげむ【励む】)。

③ 祢古於毛氏(ねこおもて【猫面】)。即"短面"之義,與"馬面"相對。

④ 於止加比(おとがい【頤】)。

⑤ 由波太(ゆはた【纈·結繒】)。

⑥ 各本字頭作"頹痛瘒"三形,"頹"爲"頹"的俗字。《字鏡·扩篇》:"痛,徒曲(回)反,灰恠(恢)反,平;馬病。一類,又瘒。陰腫。"《集韻·灰韻》:"瘒,《倉頡篇》:陰病。或作癩、痛、瘒。"伊良加奈志(いらか【甍】なし【無し】),人無髮如屋無瓦。

⑦ 上田正改字頭作"鵊",反切上字作"俁",云"《新撰字鏡》作者以此字偏旁誤爲頁,遂將此字入頁部",是。

⑧ 字頭原作"須",爲"頌"俗字,又與"須"形近相混,本部下又有"頌"字。"相俞反"爲"須"字音,"顄也"爲"頌"字義。

顓頊上臟緣反,平;專也。下許玉反,入;正也。王名。①

頦於交反,平;頭凹。

頯五歌反,平;齊也。

頤胡加反,平;傾也,言語无度。

頏朗丁反,平;瘦也。

頖莫經反,平;眉目間。

傾胡鉤反,平;顄也,大言。

顑五咸反,平;又胡黤(丘檻)反,上;面長皃。②

頩于矩反,上;孔子首也,妍也。

頠五罪反、五毀反,上;静也,頭,一曰閑習也。

頟五罪反,上;恥也。

頷旨善反,上;裾(倨)視。③

顥胡老反,平(上);大也,不兒首(白首皃)。④

頷胡感反,上;輔車。

潁餘頃反,上;水名。

穎餘頃反,上;禾秀。

頸居郢反,上;項也,頭莖也。

頸上字。

頲他鼎反,上;頭狹也,宜(直)也,正直也。⑤

顁乃挺反,上;頂顁也。

頩疋向(迥)反,上;飾字。斂容。⑥

頵書久反,上;人初産。

煩之稔反,上;頭骨也。

顅魚儉反,上;頦也,顑也,狹[面]鋭頤皃。⑦

頗疾醉反,上(去);憂也,顇也。亦作忰。⑧

①《玉篇·頁部》:"顓,《世本》:昌意生高陽,是爲帝顓頊。顓者,專也;頊者,正也。言能專正天之道也。"

②《切三》《王一》《裴韻》《全王》又音皆是"丘檻反","胡黤反"乃"檻"字音。《廣韻·檻韻》:"檻,胡黤切。""丘檻反"儘"顑"一字,又剛好在"胡黤反"音後,故誤認作"胡黤反"。

③ 注文"裾"當作"倨"。《廣韻·獮部》:"頷,《説文》曰:倨視人也。"兹據校改。

④ 上田正改"平"作"上","不兒首"作"白首皃"。《説文·頁部》:"顥,白皃。《楚詞》曰:'天白顥顥。'南山四顥,白首人也。"兹據校改。

⑤ 注文"宜"當作"直"。《廣韻·迥韻》:"頲,直也。"《爾雅·釋詁下》:"頲,直也。"兹據校改。

⑥ 注文"向"當作"迥"。《廣韻·迥韻》:"頩,匹迥切。""迥"俗作"向",故誤。兹據校改。

⑦ "狹"下奪"面"字。《玉篇·頁部》:"顅,《蒼頡》云:狹面鋭頤之兒。"兹據校補。

⑧ 此字及以下爲去聲字,但皆誤寫作"上",據音校改。

頓上字。

籲羊瑪反,上(去);和也。①

頯五拜反,上(去);頭偏(癋)。②

額盧潰反,上(去);麁絲。

頒職刃反,上(去);[顔色頒]鄰(頼),順色(事)。③

頦上字。

顖息晉反,上(去);腦會也。

頤上字。

顆力進反,上(去);恥也,頭髮少。④

鬛上字。

頓都困反,上(去);叩頭也,下首也,壞也。

頓上字。⑤

顆五困反,上(去);禿也。

頙五旦反,上(去);顙也,頭無髪。

顫之膳反,上(去);頭不正也,四支[寒]動也。⑥

頮正作。五弔反,上(去);顡也,高長頭也。

頪上字。

顡力弔反,上(去);長頭也。

顤五頸(到)反,上(去);頭長。⑦

□(頴)疾政反,上(去);好兒。⑧

頄〔煩〕尤救反,上(去);又諸某(甚)反。枕也,顡也。⑨

顴苦骨反,入;頭木也,大頭也,相抵觸也。⑩

擷盧達反,入;撥也,手披。

---

① 原字頭誤作"𩑫"。"瑪"爲"孺"俗字。

② 注文"偏"當作"癋"。《王一》《全王·怪韻》:"頯,顡頯,癋頭。"茲據校改。

③ 釋義有訛脱。《裴韻·震韻》:"頒,顔色,又頒頦,順事也。"《全王·震韻》:"頒,顔色頒類(頼),順事。"《説文·頁部》:"頒,顔色頒頯,慎事也。"《廣韻·震韻》所引"慎"作"順"。周祖謨云"唐人慎、順通用",是。余迺永以爲避宋孝宗趙睿諱,誤。古本當作"順"。茲據補改。

④ 反切原倒作"進力"。《廣韻·震韻》:"顆,良刃切。""力進反"與"良刃切"音同。茲據乙正。

⑤ 此爲"頓"的訛俗字。

⑥ "支"下奪"寒"字。《裴韻》《全王》《唐韻》《廣韻·線韻》:"顫,四支寒動。"茲據校補。

⑦ 注文"頸"當作"到"。《廣韻·号韻》:"顤,五到切。"茲據校改。

⑧ 字頭殘。《廣韻·勁韻》疾政切:"頴,頴首。《説文》:好兒。"茲據校補。

⑨ "又諸某(甚)反。枕也"爲"煩"字音義。注文"某"當作"甚"。《名義·頁部》:"煩,諸甚反。忱(枕)也。"《玉篇·頁部》:"煩,諸甚切。《説文》云:項煩也。《蒼頡》云:垂頭之兒。"《説文·頁部》:"煩,項枕也。"茲據校改。

⑩ "頭木"不詳,疑是"大頭"的訛衍。

頿許葛反,入;頖也。

頒曰(丑)刮反。頡,强也。①

顚側革反。顧也,頭不正皃。

頍苦結反,入;頖也,短皃也,恐。

頗蒲結反,入;契(頗頍)也。②

頜古盍反,入;頜車。

顳而涉反,入;顳,鬢(鬢)[骨]。③

頼灰谷(匹各)反,入;面大皃。④

顭魚怨反。願也。

頏上字。欲也,每也,思也。

願亦上字。牛怨反。

頝口交反。薄,不人媚。⑤

頋丘飲反。醜皃也。

頨胡演反。服(腮)後。⑥

頝甫越反。髮字古文。頭毛。

顅於紅反。亦翁字。頸下毛。

顎五各反。嚴敬皃。亦咢字。驚也。

頫扶撫反。亦䪆字。頰骨也。

頧丁甘反。亦儋字。舉也。

頮呼慣反。謂洗面。

頛上字。

頛上字古文。⑦

---

① 注文"曰"當作"丑"。《廣韻·鎋韻》:"頒,丑刮切。"《切韻》系韻書同。茲據校改。注文《切韻》系韻書皆作"頒頡,强可皃"(個別有訛誤),此處或當補。

② 注文"契"當作"頗"。《廣韻·屑韻》:"頗,頗頍。"茲據校改。

③ 注文"鬢"當作"鬢",下奪"骨"字。《王一》《裴韻》《全王》《唐韻·葉韻》:"顳,顳顳,鬢骨。"《切三》同此奪"骨"字。茲據改補。

④ 注文"灰谷"當作"匹各"。《廣韻·鐸韻》:"頼,匹各切。"

⑤ 《玉篇·口部》:"頝,頝薄,不媚也。"《廣韻·肴韻》:"頝,頝頋,頭不媚也。"此"不人媚"疑當作"不媚人"或"人不媚"。

⑥ 注文"服"當作"腮"。《玉篇·頁部》:"頨,顋後也。"《廣韻·霰韻》:"頨,顋後。""顋"同"腮"。《名義》誤作"膿",《王一》《全王》誤作"腮",此"服"蓋因"腮"形而誤。茲據校改。

⑦ 《原本玉篇·水部》:"頛,《說文》:此亦古文頛字也。"今《說文》古文作"湏",段注改作"頛",此字蓋"頛"字隸定之誤。

顮先全反。圓面。圖(圞)字。①

貎猛教反。古文作皃。容也,見也,巧也。

顭霍弘反。儚子(字)。②

顛鉏轉反。撰字。撰,具也。③

顠女甚反。顡,懦劣皃。

顴距員反。出(頔)也,鳺(頄)也。④

顩莊甚反。鋭長也。

頯渠流反。載也。俅字。

顮口例(倒)反。大也,大頭皃。⑤

顡叉丈反。醜也。

顸莫(魚)旦反。頭无髮也。伴字。⑥

𩕳乙岐反。睇盻皃,好也,美容也。⑦

頔從(徒)激反。好也。⑧

頙東百反。顱也,腦盖也。

頯岠追、主(匡)軌二反。權也,厚也。⑨

顧胡躭反。頜也,輔車。□[illegible]。⑩

頣。⑪

---

① 注文"圖"當作"圞"。《玉篇·頁部》:"顮,亦作圞。"《廣韻·仙韻》:"圞,面圓也。"《廣韻·仙韻》:"顮,頭圓也。"《集韻·僊韻》:"顮,或作圞。"《王一·仙韻》:"顮,或作圞。"《全王·仙韻》亦誤作"圖"。茲據校改。

② 注文"子"當作"字"。《玉篇·頁部》:"顭,或作儚。"茲據校改。

③ 字頭上原有"顣"字,本部末有"顣"字,此或是衍文,或脱注文。

④ 注文"出"當作"頔","鳺"當作"頄"。《名義·頁部》:"顴,頄也,頔也,頯(頯)也。"《廣韻·脂韻》:"頄,面顴也。"茲據校改。

⑤ 注文"例"當作"倒"。《名義·頁部》:"顮,口倒反。"茲據校改。

⑥ 字頭左旁原作上"水"下"干"字形,《名義》同,蓋俗字。注文"莫"當作"魚"。《名義·頁部》:"顸,魚旦反。"《玉篇·頁部》:"顸,五旦切。""魚"與"五"皆疑母字。茲據校改。"伴"字不詳,或當作"仠",俟考。

⑦ 睇盻皃,《玉篇·頁部》誤作"睇眄皃",《玉篇校釋》改作"盼",亦誤。"盻"同"眄"。《禮記·曲禮上》"毋淫視",鄭玄注:"淫視,睇眄也。"

⑧ 注文"從"當作"徒"。《名義·頁部》:"顮,徒激反。"茲據校改。

⑨ 注文"主"當作"匡"。《名義·頁部》:"頯,迋飢反。""迋"即"匡"的俗字,此其省。茲據校改。

⑩ "車"字原在"[illegible]"字下,據文意乙。《名義·頁部》:"顧,頣,爲頸。[illegible],同上。"下又出二字頭"顧頜",蓋即表示此二字皆上字異體。"顧"字字頭作"[illegible]","[illegible]""[illegible]"蓋皆"頸"字之誤。"頜"或當作"頷",二字形近義同。

⑪ 字頭右旁補此字注文及下字字頭,惜所補内容殘損不可辨識,此條當出《玉篇》,見上條校注。

□（碩）方骸、蒲來二反。曲頤也。①

頵有准反。頵頵，面不[正]皃。②

顤有絚反。面急顤顤。

硯（碩）市亦反。大也，美。③

頯大（火）幺、口幺二反。大也，大頭也。④

頤五角反。前頤。⑤

頯防園反。醜皃。

顥妄謂反。眛前也。

頟知蔽反。頭頟也。⑥

顈□（季）卑反。圖也。字從枝。⑦

蘇上字。

頛有晚反。面不正。

頍丘婢反。弁皃，舉頭皃。

頷牛感反。搖其頭也，低頭也，搖也。

頩靡卷反。低頭也。從兆，俗俛字。⑧

頤式忍反。舉首視人皃。⑨

頥之劣反。頪（頯）顀也，頭頡頏（頏）也。⑩

頛力罪反。頭不端正也，頭正頛也。⑪

---

① 字頭殘。《名義・頁部》："碩，蒲來反。曲頤。"茲據校補。

② "不"下奪"正"字。《名義・頁部》："頵，有准反。面不正也。"茲據校補。"頵頵"不詳，《集韻・準韻》："頵頹，面不平正。"此或當從。

③ 字頭"硯"當作"碩"。《名義・頁部》："碩，市亦反。大也。"茲據校改。

④ 注文"大"當作"火"。《玉篇・頁部》："頯，火幺、口幺二切。"茲據校改。

⑤ 《玉篇・頁部》："頤，面前頤頤。"此蓋其省。

⑥ 此音《名義》同，《玉篇》《廣韻》皆作"五怪切"。

⑦ "卑"上殘。《名義・頁部》："顈，季卑反。"天治本影抄本作"秀"，"秀"亦是"季"字誤。茲據校補。

⑧ 原字頭及注文"兆"皆作"非"，俗字相混。

⑨ 《全王》《玉篇》《説文》皆作"舉目視人皃（《全王》無"皃"字）"，《王一》《王二》《廣韻》皆作"舉眉視人"。

⑩ "頪"字原作"頪"，乃"頯"俗字。注文"頪"當作"頪"，"頏"當作"頏"。《説文・頁部》："頪，權也。"段注："權者，今之顴字。"俗字"頪"常作"頪"。《名義・頁部》："頯，頪（頪）也。"《名義・頁部》："頪頪，權也。""頡頏"古書常見。《慧琳音義》卷八十六"頡頏"條："《考聲》云：頡頏，乍高乍下皃也。"《毛詩傳》曰：鳥飛而上曰頡，飛而下曰頏。"《説文・頁部》："頥，頭頡頥也。""頡頥"古書僅此一處，恐有誤。朱駿聲《説文通訓定聲》："'頡頥'疊韻連語，猶'詰詘'也，低曲之皃，與'頡頏'之爲高直相反。"此"頡頏"蓋即朱氏所説"高直"。茲據校改。或當與《説文》同，校作"頭頡頥也"。

⑪ 《名義・頁部》："頛，不端正也。"《説文・頁部》："頛，頭不正也。"此"頭正頛也"疑有誤。

顯無賢反。雙也，偶也，孿(孌)也。[①]

顮禈仁反。濨也，謂憤濨也。

顫之延反。頦也，頧(頦)頟。[②]

顑呼感、呼紺二反。飯不飽，面黄起行。

顲來甚反。顑也，面瘠皃。

煩輔園反。乱也，悶也，劇也，擾也，勞也。

頣莫昆反。擊頭多殟也，反(歺)也。亦殙字。[③]

籲喻注反。呼也，和也。

顳仁紆反。顳顳，耳前動也。

赬諸負(貞)反，平；赤也。[④]

顢亡安反。頇也，鮮也，卑也，面也。[⑤]

𩕄丘之反，平；方相氏之首(道)葬車前行也。[⑥]

須相臾反，平；待也。

鬚上字。

頞於没反，入；内頭水[中]。[⑦]

顙思勇反。靽前脚也。[⑧]

穎以頃反，上；木(禾)末也。[⑨]

順十潤反，去；叙也，陳也，緒也，序也。

頤以之反，平；領(頷)也，養也，面也，頰也。於止加比也。[⑩]

---

① 注文“孿”當作“孌”。《廣雅·釋詁三》：“顯，孌也。”茲據校改。

② 注文“頧”當作“頦”。《名義·頁部》：“顫，頦也，頟也。”《玉篇·頁部》：“顫，頦也。《方言》云：江淮之間謂頟爲顫。”“頧”字原作“**頛**”，“頦”字原作“**頽**”，當是形近而訛。茲據校改。

③《説文·頁部》：“頣，繫頭殟也。”《廣韻·魂韻》：“頣，頭多殟頣。”《集韻·㒨韻》：“頣，《説文》：繫頭殟也。謂頭被繫，無知也。”“繫”與“擊”當有一誤，疑“繫”字誤。“繫頭”蓋無此説法，“擊頭”則常見，《集韻》若改成“謂頭被擊，無知也”，則文從理順。疑《説文》當從此作“擊頭多殟也”。又，“反也”不詳，或當作“歺”。《廣雅·釋詁三》：“殙，歺也。”

④ 注文“負”當作“貞”。《廣韻·清韻》：“赬，丑貞切。”茲據校改。

⑤ “鮮也，卑也”不詳。

⑥ 注文“首”當作“道”。《周禮·夏官·方相氏》：“方相氏掌蒙熊皮，黄金四目，玄衣朱裳，執戈揚盾，率百隸而時難，以索室毆疫。大喪，先匶，及墓，入壙，以戈擊四隅，毆方良。”鄭玄注：“蒙，冒也。冒熊皮者，以驚毆疫癘之鬼，如今魌頭也。……(大喪，先匶)葬使之道。”釋文：“道音導，下同。”“𩕄”同“魌”。茲據校改。

⑦ “水”下奪“中”字。《説文》《玉篇》《廣韻》皆云“内頭水中”。茲據校補。

⑧《説文·系部》：“顙，絆前兩足也。”“靽”同“絆”。

⑨ 注文“木”當作“禾”。《説文·禾部》：“穎，禾末也。”茲據校改。

⑩ 注文“領”當作“頷”。《名義·頁部》：“頤，頷也。”茲據校改。於止加比(おとがい【頤】)。

頼普來反。傾頭也,不正也,邪也。①

䫏丁可反。他也,醜也,醜皃也。或本作㧌(䟏)、[㤅]二形,非此用也。②

顧孤布反,去;雇字同。視也,向也,念也,掟(旋)也。③

顗〔顧〕上同字。視均反。脣字古文。④

頹亦作瘣。堂雷反,平;陰病。⑤

頧真(直)追反,平;䫉出也。亦作䪼也。⑥

顆口火反。數也,人姓。亦單作果。小頭兒。⑦

顱顙上或作髗。鹿胡反,平;顄顱也,腦盖也,顄顱謂之顒顖。下蘇朗反。額也。⑧

額顒二字同。徒木反。髑也。⑧

頗力侯反。體字。

預古文作忬,今作豫。余據反。安也,先弁也,入也,開也,俗也,早也,交也,怠也,舒也,侯預以舒緩也。古文作与。⑨

頜亦作胡、肑二形。戶姑反,平;謂牛頸下乘(垂)皮也。⑩

頷胡感反。頤下也,含也,面黃也。

---

① “邪”上原有“雅”字。《名義·頁部》:“頼,邪也。”“雅”爲“邪”的誤字。茲據刪。

② 注文“㧌”當作“䟏”,下疑奪“㤅”字。《玄應音義》卷七“垂䫏”條:“經文從足作䟏,都賀反。䟏,倒也。䟏非此用。”又《玄應音義》卷十九“垂䫏”條:“經文作㤅,時紙反。《爾雅》:㤅、㤅,㤅也。郭璞曰:江東謂母爲㤅。㤅非字義。”茲據改補。又《玄應音義》有“㗤”“㤅”二形,亦有可能是此一體。《玄應音義》卷五“脣䫏”條:“經文作㗤,充尔、丑亞二反。非今用也。”《玄應音義》卷十九“耳䫏”條:“經文作㤅,時紙反。㤅、㤅。又作㗤,乃可反。器名也。”“他也”不詳,疑是“他音”之誤。《金光明最勝王經音義》第八卷:“䫏,他音(“音”原是重文號,此書“音”字多省寫作重文號)。”

③ 注文“掟”當作“旋”。《詩·小雅·蓼莪》:“顧我復我。”鄭玄注:“顧,旋視也。”茲據校改。

④ 字頭原作“𩒻”,似“顧”與“顗”,故混爲一字。《廣韻·暮韻》:“顧,迴視也。顗,俗。”

⑤ “頹”又作“癲”。上“頹”字條各本字作“頹瘣瘣”三形,“頹”乃“頹”的俗字。《字鏡·疒篇》:“瘣,徒曲(回)反,灰恠(恢)反,平;馬病。一頹,又瘣。陰腫。”《集韻·灰韻》:“瘣,《倉頡篇》:陰病。或作癲、瘣、瘣。”

⑥ 注文“真”當作“直”。《名義》《玉篇》《廣韻》等皆作“直追反(切)”。茲據校改。

⑦ 《玄應音義》卷五“八顆”條:“口火反。顆,數也,亦單作果。經文作堁,於臥反,塵也,一曰地名。堁非此義。”《玉篇·頁部》:“顆,小頭兒。”

⑧ 《名義·頁部》:“額,達禄反。體(髑)作。”《大般若經音義》“髑髏”條:“或作額、顒、頧。”故“額”是“顒”“髑”的異體,但成因不明,與《集韻·僊韻》“羴”的異體“額”當非一字。

⑨ 《玄應音義》卷十七“住預”條:“古文預、忬二形,今作豫,同。余據反。《蒼頡篇》:預,安也。又先辨(辦)也。逆爲之具,故曰預。《周易》:預,怠也。韓康伯曰:預以舒緩也。”“弁”同“辨”“辦”。“侯”字疑因“住預”之“住”而衍。《周易·雜卦》:“謙輕而預怠也。”韓康伯注:“謙者不自重也。”此“預以舒緩也”蓋韓注佚文。“交也”疑是“安也”之誤,上“安也”出自《玄應音義》,此抄自他書,因誤作“交也”,故亦入訓釋。

⑩ 注文“乘”當作“垂”。《玉篇·頁部》:“頜,牛頜垂也。與胡同。”茲據校改。

頳上字。[①]

頻裨賓反。急也,比也,近也,行也,復也,更重也。

嚬顰二上字。[②]

顮上字。[③]

額五佰反,入;頭也,顙也,額顙。

頟上同字。

頗正音普多反,平;不正也,不平也,若也,邪也。借音普我反。偏也,少也,僅也。

頡〔頡〕結乙反。胡字。須也,口毛。[④]

嬾力但反。懈也。又爲随。[⑤]

顯慮(虚)殄反。□(光)也,見也,代也。[⑥]

頬居牒反。豆良。[⑦]

題正達奚反,平;頟也,猶頭也,識也,顯也。借徒麗反,去;諦也,數也,祖也。[⑧]

頏正枯浪反,去;咽也。借胡堂反,平;飛下(而)下曰頏。[⑨]

顐苦鈍、苦昆二反。聆也,頭无髮。[⑩]

顥公老反。顥同作。廣也,博也。

類力遂反,去;□(似)也,法也,善也,像也。

頭達侯反,平;首也,獨也。

頌似用反,去;容也,誦(誦)也。[⑪]

---

① 此字不詳,疑是“頟”的草書楷化俗字。

②《周易·復》:“頻復,厲無咎。”釋文:“頻復:如字,本又作嚬。嚬,眉也。鄭作顰,音同。馬云:憂頻也。”

③ 蓋是“顰”字變體。

④《廣韻》“頡”字音“古黠”“胡結”二音,此“結乙反”即《廣韻》“居質切”,爲“吉”“趌”等字音,此蓋據旁標音。“胡字。須也,口毛”,蓋因俗字“頡”“頡”形近相混,見上“頡,亦作胡、胋二形”,“胡”後作“鬍”。

⑤ 本書“又爲”多作“又爲某字”,此“随”疑當作“懶”,但據形似當作“墮”,俟考。

⑥ 注文“慮”當作“虚”,“反”下應爲“光”殘字。《名義·頁部》:“顯,虚殄反。光也,見也,明也,代也。”茲據改補。

⑦ “牒”字原作“𦀐”,即“牒”字俗寫,據各本及《玉篇》定。豆良(つら【面・頬】)。

⑧ 下一音義疑指“禘”字。《廣韻·霽韻》:“禘,特計切。”音與“徒麗反”合。《説文·示部》:“禘,諦祭也。《周禮》曰:五歲一禘。”“諦也”爲聲訓,“數也”蓋指“五歲一禘”,因是“祖祭”故云“祖也”。但“題”與“禘”除音外似無關係。

⑨ 注文前一“下”字當作“而”。《玉篇·頁部》:“頏,《詩傳》云:飛而下曰頏。”茲據校改。

⑩ “聆”字不詳,當有誤。《説文·頁部》:“顐,無髮也。一曰耳門也。”“顐”同“顐”。本書耳部、《名義》《玉篇》《廣韻》等皆有“聕,耳門也”,“聆”或當作“聕”,俟考。

⑪ 注文“誦”疑當作“誦”。《周禮·春官·大師》:“教六詩:曰風,曰賦,曰比,曰興,曰雅,曰頌。”鄭玄注:“頌之言誦也,容也,誦今之德,廣以美之。”茲據校改。

額上字。

頜口没反。秃也,秃曰頜。

䪼烏曷反。鼻莖也。

領離景反。頸也,理也,治也,録也。

頋呼侯(候)反,去;勤也。①

煩呼侯反,去;勤也。②

頄其頄(鳩)反。一頯(頯)。頰骨也。③

頍有富反。顄顩也,顚也。④

顲思移反。顲也。顲,子庭反。

顐於倫、居云二反。宏也,碩也,大也。

面部第十六⑤

卄字

面亡見反,去;顔也,前也,漫也。推面長一尺,何知? 許父《相書》云:"爲相五尺身,不如相一尺面;爲相一尺面,不如一寸目。"此則面長一尺,不但云外周、云徑長耳。⑥

面上俗作,非。

皰父孝反,去;面瘡。太知波奈面。⑦

罞(罞)方孔反,上;覆也。久豆加户利不須。⑧

罞上作可,誤。

酢側板反,上;酢醡,面皺也。於毛氏之和牟。⑨

醡乃板反,上;酢也。

---

① 注文"侯"當作"候"。P.3694《切韻箋注》、《王一》、《裴韻》、《全王·候韻》皆音"呼候反"。兹據校改。

② 字頭涉下條衍,注文涉上條衍,此條當刪。

③ 注文"頄"當作"鳩"。《廣韻·尤韻》:"頄,巨鳩切。"反切一般不用被切字。兹據校改。"一頯"蓋當作"一作頯","頯""頄"《廣韻·脂韻》皆音"渠追切"。"頯"爲"頯"的俗字,見本書頁部"顒""頊"等條校注。

④ 《集韻·宥韻》:"頄,頭顄也。亦从又。""顄顩"原作"𩖒𩔈","顄"與本書頁部"顩"字注"顄也,短兒也"之"顄"同,可參。《廣韻·屑韻》:"顩,顄顩,短兒。""頍"訓"顄顩",疑有訛混。

⑤ "面部"左邊寫有片假名"オモテ"(おもて【面】),右邊有"ミル"(みる【見る】)、"ムカフ"(むかう【向かう】)、"マヘ"(まえ【前】)。

⑥ 敦煌寫本 P.3589V 號《許負相書·軀貌第二》:"許負曰:八尺之軀,不如一尺之面;一尺之面,不如三寸之鼻;三寸之鼻,不如三寸之耳;三寸之耳,不如一寸之目。"

⑦ 太知波奈面(たちはな【橘】おもて【面】)。

⑧ 此字頭及下字頭皆"罞"的俗誤字。久豆加户利不須(くつがえり【覆り】ふす)。

⑨ 於毛氏之和牟(おもて【面】しわむ【皺む】)。

⿰面半(衅)許覲反,去;牲血塗器祭名。

⿰面占竹咸反,平;齡也,出頭皃。

⿰面甫扶父反,上;頰也。可波知。[1]

靧⿰面賷同作。口背反,去;洗也,謂洗面垢也。[2]

⿱斬面作三反,平;長面也。可吕母。[3]

⿰面含火含反,平;面紅也。伊吕不加志。[4]

靨於劦(協)反,入;黑子也。波波屎,又惠久保也。[5]

⿰赤面(赧)女板反,上;赤面慚也。赤(亦)作⿰赤皮。於毛氏留。[6]

鸇之然反,平;波也不佐。[7]

⿰面毛之然反,平;可毛。[8]

亶止善、丁但二反。信也,誠也。

勔弥偏(褊)反。勉也,自强也。[9]

偭上同。嚮也。[10]

靦他殄反。姡(姡)也,羞也,恥也,㖷也。加太奈志。[11]

⿰面月(⿰面旦)⿰面亶二形,上同。[12]

⿰面宛於遠反。目間也。婉字。

澶(湎)無死(兖)反,上;酖也。[13]

緬無死(兖)反,上;遠也。

愐无允(兖)反,上;思也。

⿰面旦他殄反。靦也。

---

① 可波知(かわち【輔】)。

②《廣韻·隊韻》:“靧,荒内切。”反切上字當是曉母字,而“口”爲溪母,當有誤。

③ 可吕母(かろも),不詳。

④ 伊吕不加志(いろ【色】ふかし【深し】)。

⑤ 注文“劦”當作“協”。《名義·面部》:“靨,於協反。”P.3799《切韻箋注》、《切三》、《裴韻》、《全王》亦音“於協反”。茲據校改。波波屎(ははくそ【黑子】),又惠久保(えくぼ【笑窪・靨】)。

⑥ 字頭當是“赧”的换旁俗字。注文“赤”當作“亦”。《廣韻·潸韻》奴板切:“赧,慙而面赤。俗作⿰赤皮。”茲據校改。於毛氏留(おもてる【面照る】)。

⑦ 各本字頭有異體“⿰亶隹”。波也不佐(はやぶさ【隼】)。

⑧ 各本字頭作“氈”,“⿰面毛”爲“氈”的俗字。可毛(かも【氈】)。

⑨ 注文“偏”當作“褊”。《名義·力部》:“勔,弥褊反。”茲據校改。

⑩ 二字音同,非異體字,“上同”蓋指音亦作“弥偏(褊)反”。

⑪ 注文“姡”當作“姡”。《詩·小雅·何人斯》:“有靦面目。”毛傳:“靦,姡也。”茲據校改。加太奈志(かたなし【形無し】)。

⑫ 字頭當作“⿰面旦”。《名義·面部》:“⿰面旦,靦字,同上。⿰面亶,同上。”茲據校改。

⑬ 字頭“澶”當作“湎”,注文“死”當作“兖”。《全王·獮韻》無兖反:“湎,酖酒。”茲據校改。下“緬”“愐”音同。

醮在遥反。面焦枯皃。

酫吽(呼)函反。䩇也。①

靦⿰面亶二形,靦字。②

目部第十七

二百七十三字

目莫鹿反,入;注也,另也,視也,眼也,目者,氣之清明也。③

⿴囗目古文目字也。④

⿴囗目上古文。

眲古沼反,上;目重瞼也。波坐目。⑤

睎虚衣反。視也。

瞼居傔(儉)反,上;目表皮也。万奈不太。⑥

矇亡紅反,平;有珠子而无所見也。阿支自比。⑦

眚先定反,去;目生瞖也。麻介。⑧

䀩窅二字同。烏血反,入;深目也。女不可。⑨

䁋(䀹)口甲反,入;一目閉。須加目。⑩

旻〔狊〕丘劣反,入;張目也。万夫止牟。⑪

---

① 注文"吽"當作"呼"。《名義·面部》:"酫,呼函反。"

② 字頭上形蓋是"靦"的變形,下形蓋是"⿰面亶"的變形。

③ "另"字未詳,似是"⿱丷另"字(即"兮"字,見本書口部"嘶"字注),此處疑當作"号"。《篇海類編·身體類·目部》:"目,名號也,名目也。"本書"名號"用"号"字,"呼號"用"號"字。

④ 此字及下字蓋皆《説文》古文"⿴囗目"之變。

⑤ 波坐目(はざめ【眲・睆】)。

⑥ 注文"傔"當作"儉"。《玉篇·目部》:"瞼,九儉切。"茲據校改。万奈不太(まなぶた【瞼】)。

⑦ 阿支自比(あきじい【明き盲】)。

⑧ 《廣韻·梗韻》:"眚,所景切。"本書月部"眚"字音同。"先定反"疑是日語音讀"せい"。麻介(まけ【眚・目気】)。

⑨ 女不可(めぶか【目深】)。

⑩ 字頭"䁋"當作"䀹"。《廣韻·怗韻》呼牒切:"䀹,閉一目。"《玉篇·目部》:"䀹,火協切。閉一目也。"茲據校改。此反切與中土辭書不合,"業"字日語音讀是"ごう","口甲(こう)反"音近。須加目(すがめ【眇】)。

⑪ 字頭原作"具",狩谷、《師説抄》疑爲"旻"字。今按,此條疑是"旻""狊"相訛混而成。《廣韻·薛韻》許劣切:"旻,舉目使人。"此反切上字疑是"火"或"許"之誤,"火"與"許"皆曉母字。《切三》《王一》《全王·錫韻》古闃反:"狊,張目。"《裴韻·覓韻》古闃反:"狊,張目視。"万夫止牟(まぶとむ【目太む】)。

瞰苦洽反,入;目陷也,猵陷也。①

眩侯遍反,去;惑也,乱也,幻也,闇也。目女久留。②

姰迴二形同。胡滿(涓)反,平。③

瞚上字。尸閏反,去;目開閉數揺也。

瞋上同作。

眴眩字。見也。

瞤而倫反,平;瞚也。

旬上字古文。胡犬反,上;目揺。

盻妄見反。邪見也,恨見也。与己目尒三留,又弥(尒)良弥。④

盲武康(庚)反。冥也,暗也。⑤

瞽公五反。專无眼也。⑥

瞼瞶二同。居畏反。目疾也,不明之兒。目保乃[保]乃志,又目志比。⑦

瞭鰲療反。好也,嫽也。目加利宇豆。⑧

䁞〔鵰〕直飲(且餘)反。視之兒,熟視也。豆良豆良弥留,又宇万久見。⑨

曜閶遥反。眩也。目女久留。⑩

膠励遥反。宿也,倮目也。久良目,又深目。⑪

---

① 《玄應音義》卷十三"瞰陷"條:"苦洽反。《説文》:目陷也。《廣雅》:瞰,陷也。""猵"字不詳,HDIC校爲"猶"字,或是。

② 目女久留(めめぐる【目紛る】),《倭名類聚鈔》卷三"眩"字條作"和名女久流女久夜萬比(めくるめく【目眩く】やまい【病】)"。各本下還有"又目加加也久(め【目】かがやく【輝く・耀く・赫く】)"。

③ 注文"滿"當作"涓"。《廣韻・先韻》:"眩,胡涓切。"茲據校改。又《玉篇・目部》:"眩,胡徧、胡蠲二切。""滿"或是"徧"字之誤。

④ 後一和訓各本作"尒良牟(にらむ【睨む】)","弥"字據改。与己目尒三留(よこめ【横目】に/みる【見る】),又尒良弥(にらみ【睨み】)。

⑤ 注文"康"當作"庚"。《廣韻・庚韻》:"盲,武庚切。"茲據校改。

⑥ "專"疑"傳"之誤。《書・堯典》:"瞽子,父頑,母嚚,象傲。"孔傳:"无目曰瞽。"

⑦ "乃"下原僅一重文符,據各本補。目保乃[保]乃志(め【目】ほのぼのし【仄仄し】),又目志比(めしい【盲】)。

⑧ 《師説抄》:"訓與嫽字混,義未詳。"目加利宇豆(めかりうつ【睥つ】)。

⑨ 注文"直飲"當作"且餘"。《廣韻・蕭韻》:"䁞,都聊切。"《名義・目部》:"䁞,丁幺反。"《玉篇・目部》:"䁞,丁膏切。"此音皆不合,今按此音爲"鵰"字音誤。《字鏡・鳥篇》:"鵰,七餘反,直飲反。鵰(鵰)作,鵰作,鵰作。鵰也,鳩也。"是"䁞""鵰""鵰"等字形近相混,"鵰也,鳩也"即"鵰"字義。《名義・鳥部》:"鵰,且餘反。"茲據校改。"飲"字狩谷疑爲"飫"字誤,《師説抄》疑"聊",皆誤。豆良豆良弥留(つらつら【熟熟・倩倩】みる【見る】),又宇万久見(うまく【旨く】みる【見る】)。

⑩ 目女久留(めめぐる【目紛る】)。

⑪ 《玉篇・目部》:"膠,口交切。睂膠,面不平也。""倮"字各本作"倸"。此條俟考。久良目(くらめ【暗目】),又深目(ふかめ【深目】)。

眇上字。

眊莫告反。目之力(少)精也。目保乃保乃志,又麻介,又目暗。[①]

眪莫卑反。眠也,目合也。弥(祢)夫留,又伊奴。[②]

瞡言居反。馬之目病,又馬兩目白也。[③]

瞜魯侯反,平;見也,覩也,瞴也。

眊莫崑反。目暗也。目久良志。[④]

瞍素口反。瞽也。目志比。[⑤]

眴睦二字上[同]。

盱況俱(俱)反。憂也,張目之皃。目豆豆良加尔須。[⑥]

眳上字。

盱〔眳〕況俱(俱)反。目美好之皃,又舉目也。[⑦]

睩力玉反,入;視之皃。

曤胡各反。明也。

睦**睦**二同。褚麻反。直視之皃。[⑧]

瞷古文作騆。胡間反。戴眼也,目病。

眥士至反,去;目兩頭也,目瞳也。万奈志利。[⑨]

睒式冉反,上;暫視也。太加比目,又尔良牟。[⑩]

眣式亦反,入;暫窺疾視不定也。

---

① 注文"力"當作"少"。《説文·目部》:"眊,目少精也。"兹據校改。目保乃保乃志(め【目】ほのぼの
し【仄仄し】),又麻介(まけ【眚·目気】)。

② 《廣韻·志韻》仍吏切:"眪,耳目不相信也。"《師説抄》疑是"瞑,莫田反"之誤,俟考。"弥"字據各
本作"祢"。祢夫留(ねぶる【眠る】),又伊奴(いぬ【寐·寢】)。

③ 《廣韻·魚韻》語居切:"瞡,《爾雅》曰:'馬二目白,魚。'字或從目。"此條反切上字"言"或是"語"
字之省,但二字聲母亦同。

④ 眊,《龍龕·目部》以爲是"眊"的俗字,當是。《廣韻·唐韻》莫郎切:"眊,目不明也。"與此音義合。
目久良志(め【目】くらし【暗し·昏し·冥し】)。

⑤ 目志比(めしい【盲】)。

⑥ 注文"俱"當作"俱"。《名義·目部》:"盱,休俱反。"兹據校改。目豆豆良加尔須(め【目】つづらか
【円らか】にす)。

⑦ "盱"上文已出,此爲重出,反切見上。"目美好之皃"或是"眳"字義。《廣韻·漾韻》:"眳,美目兒。"

⑧ 《廣韻·蒸韻》:"睦,丑升切。"此反切下字待考。

⑨ 《廣韻·寘韻》:"眥,疾智切。"《廣韻·霽韻》:"眥,在詣切。"此反切存疑。"瞳"同"眶"。万奈志利
(まなじり【眥·眦·眶】)。

⑩ 太加比目(たがいめ【違い目】),又尔良牟(にらむ【睨む】)。

眵吐伎（叱支）反，平；目汁凝也。又昌支反。眼薏兜也。万久曽，又太太礼目，又太己目。①

薏亡結反。眵也。②

眺丑弔反，去；視也，望也，察也。与己目，又比加目，又［須］加目也。③

睆還棧反，上；燭睆，目白瞖病。又户板反。大目。

睍上字。

瞳徒公反。黑目珠子也。

睆遐縮反。同（目）内兒（白）瞖病。④

盼普切（幻）反。目白黑分也。⑤

盼上字。疋見（莧）反，去；美目也。⑥

睢許佳反，平；仰目出也。睢暉（曠），大視也，謂張目叫呼也。⑦

眇弥繞反，上；莫也，遠也，見也。須加目，又乎知加大目。⑧

瞑覓田反，平；又草（莫）見反，去；翕合也，暗也。⑨

睇徒計、直滯二反，去；“不能睇視”也，傾也，顧視曰睇，薄也。⑩

---

① 注文“吐伎”當作“叱支”。《廣韻·支韻》：“眵，叱支切。”茲據校改。“兜”字原有“亻”旁。《説文·目部》：“薏，薏兜，目眵也。”段注：“各本無薏兜二字，今依玄應書卷十、卷廿一補。”万久曽（まくそ【目屎】），又太太礼目（ただれめ【爛れ目】），又太己目（たこめ）。

② “薏”即《説文》“薏”字。

③ “須”字據各本補。与己目（よこめ【横目】），又比加目（ひがめ【僻目】），又［須］加目（すがめ【眇】）。

④ 字頭原作“**睰**”，與上“**睆**”稍別，故另立一條，實爲一字。注文“同”當作“目”，“兒”當作“白”。《玄應音義》卷二十“白睆”條：“許慎注《淮南子》云：燭睆，目内白瞖病也。”茲據校改。

⑤ 注文“切”當作“幻”。《名義·目部》：“盼，普幻反。”茲據校改。此字頭原作“**盼**”，《名義》字頭作“**眅**”，疑此條字頭當從《名義》。

⑥ 注文“見”當作“莧”。《廣韻·襉韻》：“盼，匹莧切。”茲據校改。此字頭原作“**盼**”，與上字頭似無別。《王一》作“**盼**”，《裴韻》作“**盼**”，《全王》作“**盼**”，《唐韻》作“**盼**”。此字頭蓋同《王一》作“**盼**”。

⑦ 《玄應音義》卷八“睢吁”條：“《説文》：仰目出也。《聲類》：睢暉，大視也。謂張目叫呼也。”今有七寺本“仰”誤作“作”，有“出”字。《玄應音義》卷十二“睢叫”條：“《説文》：仰目兒也。《聲類》：睢，暉，大視也。謂張目叫呼也。”徐時儀校記：“‘《説文》：仰目兒也’《麗》無，據《磧》補。”今查大治本、金剛寺本、七寺本皆無此句，是此引《説文》乃後補，卷八所引方爲《玄應音義》引《説文》原貌，今本《説文》作“仰目也”，疑當據作“仰目出也”。注文“暉”當作“暉”，見上引《玄應音義》。

⑧ 《玄應音義》卷二十一“眇然”條：“彌繞反。《廣雅》：眇，莫也。眇，遠也。遠視眇然，寂莫不知邊際也。”須加目（すがめ【眇】），又乎知加大目（おちかた【遠方】め【目】）。

⑨ 注文“草”當作“莫”。《廣韻·霰韻》：“瞑，莫甸切。”茲據校改。

⑩ 《玄應音義》卷二十二“笑睇”條：“徒計反。《禮記》：不能睇視。鄭玄曰：睇，傾視也。《方言》：陳楚之間謂眄曰睇。《篆文》云：顧視曰睇。”“薄也”不詳。

瞩之欲反,入;明也,覢也,覾也,囗(視)也。①

睦莫縠反,入;和順之皃,和也,敬也,美囗(也),厚也,信也。②

畬上古文。③

睟宣醉反,去;或酒也,面色閏(潤)也,視皃。④

睫子葉反,入;目旁毛。万ツ毛。⑤

睞上字同作。居葉反。

睛且頂反,平;昭(睄)睛也。万奈古。⑥

睄亡頂反。暗也,瞼也,目中之瞳珠子曰睄。

瞎火鎋、胡瞎二反。鎋與轄同。又患目也,夕也,一目合也。⑦

瞲上字。

嬰於盈反,平;猶纏繞也,以城繞者也,又男曰兒、女曰嬰也。⑧

耆規囗(視利)反。指也,長也。⑨

瞖於計反。障目病也,障也。

翳瞖二字上。⑩

省正音思井反,上;察也,審也,中也,除也。今爲婼字。咸(減)也,害也,顧也。⑪

---

① 《廣韻·燭韻》:“瞩,視也。”殘字殘作“”,依稀可見是“視”字。

② “美”字下有一字空隙,當是“也”字殘闕,“美”與“厚”爲二義。

③ 《説文》古文作“畬”,此當是其轉寫之誤。

④ 注文“閏”當作“潤”。《新譯大方广佛華嚴經音義》經第五卷“世尊凝睟”條:“又《孟子》曰:睟,面色潤也。睟然,潤也。《玉篇》曰:澤之皃也。”茲據校改。《新譯華嚴經音義私記》:“面色潤也。睟然,潤澤之皃也。”《慧琳音義》卷二十一引《華嚴經音義》亦誤作“面色閏也”。茲據校改。“或酒也”不詳,疑是“醉”字義。

⑤ 万ツ毛(まつげ【睫·睫毛】),各本作“万豆毛”,同。

⑥ 注文“昭”當作“睄”。《名義·目部》:“睛,且頂反。睄睛也。”茲據校改。《名義》反切同,《廣韻》有“子盈(平)”“七靜(上)”二音,此音當是上聲。万奈古(まなこ【眼】)。

⑦ “火”下原有“錧”字,旁有刪除號,故刪。《玄應音義》卷七“鞙轄”條:“下又作軎、鎋二形,同。胡瞎反。”“錧”“胡瞎反”“鎋與轄同”等當來自《玄應音義》。

⑧ 《玄應音義》卷二十一“嬰纏”條:“於盈反。嬰猶纏繞也。《漢書》:嬰城固守。《音義》曰:以城自繞者也。”《玄應音義》卷二十四“嬰兒”條:“於盈反。《三蒼》:女曰嬰,男曰兒。”

⑨ “耆”同“耆”字,見《廣韻·脂韻》。《廣韻》音“渠脂切”,《名義》音“渠伊反”,但此乃“嗜”字音。《新撰字鏡·口部》:“嗜,視利反。”此反切下字殘作“”,殘畫與“利”字合。《釋名·釋長幼》:“六十曰耆。耆,指也,不從力役指事使人也。”

⑩ “瞖”蓋是涉“瞖”“翳”二字下旁混合產生的俗字。

⑪ 注文“咸”當作“減”。《説文·女部》:“婼,減也。”茲據校改。“中”蓋是“省中”之省。蔡邕《獨斷》:“禁中者,門户有禁,非侍御者不得入,故曰禁中。孝元皇后父大司馬陽平侯名禁,當時避之,故曰省中。”“害”疑是“眚”字義,“省”通“眚”。

盾正珠君(殊尹)反,上;蔽也。借徒損反,上;自扞蔽也。今多木旁作,悱(非)也。①

𦣞正舒酉反,上;頭也,元首,君也,始也。借舒授反,去;向。

矖所綺反。視也。

瞵力展(辰)反,平;見也,顧也。②

瞑瞇二同。士念反,去;閉目思也。

眸亡侯反,平;目精。万奈古。③

眭牛懈反,去;目際也,裂也。眦字同。怒視也。④

眃丁侯反,平;目内垢。万久曾。⑤

眕之刃反,去;張目疾視也,瞋也。

眿草(莫)革反。視也,相也。⑥

胇(肶)畢利反。足氣不至也。膍字同。⑦

瞟疋彫反。明察也。

已上五字訓皆同

睞力代[反],去;眸子不正。万須太礼利。⑧

䁰乎鈎、胡遘二反,去;半暗。

䀣䀣二同。支弁反。兒初生蔽目也。⑨

䁳莫緣反。密也,緻蜜(密)也,目旁薄察。⑩

瞞六(亡)安反。平目也,目痛也,大目也。⑪

---

① 注文"珠君"當作"殊尹","悱"當作"非"。《名義・省部》:"盾,殊尹反。"《玉篇・盾部》:"盾,殊尹切。"《玄應音義》卷十七"執盾"條:"論文作闌楯之楯,非體也。"茲據校改。

② 注文"展"當作"辰"。《名義・目部》:"瞵,力辰反。"《玉篇・目部》:"瞵,力辰切。"茲據校改。

③ 万奈古(まなこ【眼】)。

④ 《廣韻・卦韻》:"眭,又眭眦,怒也。""眭眦"連言,非異體,此誤。

⑤ 万久曾(まくそ【目屎】)。

⑥ 注文"草"當作"莫"。《玉篇・目部》:"眽,莫革切。眿,上同。"茲據校改。《名義・目部》:"眿,莫草(革)反。相視也。""視也,相也"或當從《名義》作"相視也"。

⑦ 字頭"胇"當作"肶"。《玄應音義》卷二十"處痹"條:"畢利反。《説文》:足氣不至也。經文作胇字,與膍同,音鼻尸反。胇非此用。"茲據校改。

⑧ 万須太礼利(ま【目】すたれり【廃れり・頽れり】)。

⑨ 《玉篇・目部》:"䀣,方辯切。"《名義・目部》:"䀣,支辨反。"反切上字吕校定作"攴",但"攴"極少用作反切,疑當作"皮"或"方",待考。

⑩ 注文"蜜"當作"密"。《廣韻・仙韻》:"䁳,密緻皃。"茲據校改。《説文・目部》:"䁳,目旁薄緻宀宀也。"此"目旁薄察"當本《説文》。

⑪ 字頭原作"瞞"。注文"六"當作"亡"。《名義・目部》:"瞞,妄安反。"茲據校改。《説文・目部》:"瞞,平目也。"

睍下顯反。出自(目)兒。[1]

睪式亦反。視兒。

盰口奚反、下圭反。憋(蔽)人視，直視。[2]

盰昏二字上同。

睸莫報反、火六反。低目視也，細視。

遳餘連反。相顧視而行也。[3]

睑上字。視也。

瞥薄安反。轉目視也，惡視兒。

辡力見(匹莧)反。覓自眠(小兒白眼)，式(或)曰視兒。[4]

略來各、來均(灼)二反。眄也，視也。[5]

睩勅周、他狄二反。失意視。

睟之国(閏)反。謹盹司(鈍目)。[6]

瞋裨身反。恨悵也。

矅呼縛反。大視也，視。

啓口戾反。省視也，竊(窺)也。[7]

相(枂)五活反，入；去樹皮也。[8]

相正小良反，平；視也，質也，向也，背也。借息亮反，去；助也，輔也。在木部。

賊瞋字。從成。視。[9]

瞋上字。昌隣反，上；怒也。[10]

瞋上字。

睯一活反、女刮反。滿也，塞也。

---

① 注文"自"當作"目"。《説文·目部》："睍，出目也。"茲據校改。又《玄應音義》卷一"睍暉"條引《説文》作"目出兒也"。

② 注文"憋"當作"蔽"。《説文·目部》："盰，蔽人視也。一曰直視也。"茲據校改。

③ 字頭原作"𥊖"。

④ 注文"力見"當作"匹莧"，"覓自眠"當作"小兒白眼"，"式"當作"或"。《廣韻·襉韻》匹莧切："辡，小兒白眼視也。"《玉篇·目部》："辡，匹莧切。小兒白眼，或曰視之兒。"《集韻·襉韻》："辡，小兒白眼，一曰視兒。"此條與《玉篇》較近。茲據改補。

⑤ 注文"均"當作"灼"。《玉篇·目部》："略，來各、來灼二切。"茲據校改。

⑥ 注文"国"當作"閏"，"盹司"當作"鈍目"。《説文·目部》："睟，謹鈍目也。"《名義·目部》："睟，之閏反。鈍目也。"茲據校改。

⑦ 注文"竊"當作"窺"。《名義·目部》："啓，窺也。"《玉篇·目部》："啓，窺也。"《廣雅·釋言》："啓，窺也。"茲據校改。

⑧ 字頭"相"當作"枂"。《廣韻·末韻》五活切："枂，去樹皮。"茲據校改。

⑨ 《説文·目部》："瞋，張目也。《祕書》：瞋從戌。"《説文》從"戌"，但寫本多從"成"作"賊"，如《名義·目部》《全王·真韻》"瞋"字條。

⑩ "昌隣反"爲平聲，此"上"字誤。或涉"上字"之"上"而衍。

督都告反。正也,從(促)也,理也,察也,目痛也。①

看苦安反。睎也。

翰上字。

瞚尸潤反。"終日視而目不瞚",又目數搖也。②

瞢並(普)未反。目不明也。③

睸上字。

眝治旅反。張眼也。

瞥孚烈反。目翳也,裁見。④

蔑亡結反。目眵也。

眼理尚反。目病也,和兒。⑤

眼五限反,上。

艮上字。⑥

眣丑乙、達結二反。目不正也,目出。

睅上字。⑦

眹之刃反。眩,德(瀗)。⑧

䀘呂計反。視也,求也,索也。⑨

瞢唯并、胡停二反。惑也,契婧也。⑩

睿餘贅反。

叡上字。夷歲反。智也。在叕部。

□(䀩)紆俱反。掐目也,目瞳也,目疾也。⑪

眭似戈反。小目也。

眐之盈反。行也。

眅上字。

---

① 注文"從"當作"促"。《名義·目部》:"督,促也。"《廣雅·釋言》:"督,促也。"茲據校改。

② 《莊子·庚桑楚》:"終日視而目不瞚,偏不在外也。"

③ 注文"並"當作"普"。《名義·目部》:"瞢,普未反。"茲據校改。

④ 《説文·目部》:"瞥,一曰財見也。"段注:"財,今之纔字。""裁"字亦同。

⑤ "和兒"當非此字義,或是"眼"字義,"眼"同"朗",俟考。

⑥ 《説文·目部》:"眼,目也。從目,艮聲。"《集韻·產韻》:"眼,古作艮。"

⑦ 原字作"睅",《名義》同,《玉篇》作"睅",《集韻》作"睅",蓋皆一字。

⑧ 注文"德"當作"瀗"。《廣韻·震韻》:"眹,眩瀗。"《玉篇·目部》:"眹,眹眩,瀗也。"《方言》卷七:"漢漫、眹眩,瀗也。"茲據校改。

⑨ "求也,索也"義影印本殘,據影抄本補。《名義·目部》:"䀘,呂計反。視也,索也,求也。"

⑩ 《廣韻·梗韻》:"瞢,清潔。""契"同"潔",但"婧"非同"清",或涉"契"而易女旁,疑當作"清契"。

⑪ 字頭殘。《名義·目部》:"䀩,紆佢(俱)反。瞳也,疾也。"《説文·目部》:"䀩,掐目也。"茲據校補。

睩力酮反。大夫石,青石也,目病也。①

瞶於外反。大夫仲也,眉目間兒。②

睠壯眷(拳)反。目眇視也,瞜也。③

瞒呼出反。深目冥視也,視兒,驚視。④

晟眜二上字。火律反。⑤

瞡千才反。瞭(睽)也。⑥

哉上字。視也。

瞡己志反。視也。

矊子燿反。目冥也。

盯〔盰〕亡巾反。視兒,瞽也,和兒。⑦

眖火刮反。視兒。

瞻弋昭反。眩也。⑧

睩子弔(弄)反。伺視也。⑨

盯五令(冷)反。宜(直)視兒。⑩

睚上字。

睌呼換反。

脹丑亮反。失志兒。悵字。

眸餘向、餘章二反。美目兒。

曉古了反。曉,上同。深目兒。⑪

---

① "大夫石,青石也"不詳。

② "大夫仲也"不詳。

③ 注文"眷"當作"拳"。《名義·目部》:"睠,壯拳反。"《廣韻·仙韻》:"睠,莊緣切。"二音同。茲據校改。《廣雅·釋言》:"睠,瞜也。""瞜"同"瞜"。

④ "冥"字原殘作"宜",或當作"直",見下文"睚"字注。

⑤ "晟"字原作"⿱",右有移位符號,或指當作"眜",右下地腳有"晟欤?"二字,"晟""眜"皆可。

⑥ 注文"瞭"當作"睽"。《玉篇·目部》:"瞡,睽也。"茲據校改。

⑦ 《廣韻·真韻》武巾切:"盰,和也。""盰"與"盯"形近音同,此"和兒"蓋爲"盯"字義。《名義》亦誤作"盯"。

⑧ 弋昭反,《名義》同,《玉篇》作"弋照切",疑"照"是,《廣韻·笑韻》"弋照切"有"覞""論"字。

⑨ 注文"弔"當作"弄"。《玉篇·目部》:"睩,子弄切。"《名義》誤作"并"。茲據校改。

⑩ 注文"令"當作"冷","宜"當作"直"。《玉篇·目部》:"睚,五冷切。直視也。"《名義》作"五洽反",《王一》《全王》皆僅有"五冷反",《唐韻》始有"五夾反",《廣韻》二音皆有,疑"冷"誤作"洽"而有"五夾反"之音。茲據校改。

⑪ 《廣韻》"曉"字有"烏侯""恪侯"二音,"古了反"爲"皎"字音,《玉篇》"曉"字"火了切",疑此當是"曉"字音而反切上字訛誤。注文"曉"疑是"曉"之誤,或二"曉"字之"堯"旁一爲正體,一爲俗體。

睳呼圭反。瘦眀兒，目蔓睳。①

睐力末反。目不正也。

臦亡結反。汙面。

际時至反。或亦(示)字。語也，視也。②

眂上支反。視也。

昀下千反。目大白色也。

眅火役反。眠字。③

睢庚鞠反。目明也，望也。④

暡亡巾反。視兒。

瞜力侯(佳)反。視也。⑤

瞥居幸反。醯(瞱)，有餘視也，恚也。⑥

肺補太反。不明也。

睼達雞反。或題字。視，識。⑦

眪芳徒(往)反。仿字古文。⑧

且〔旦〕丁(子)餘反。明也，幾也。又千野反。⑨

眹或(式)甚反。昀也，曠也。⑩

瞐二同。古學反。覺字古文。寤也，明也。⑪

瞒力蕩反。眼(朖)字古文。明也。亦從月。⑫

---

① 《廣韻·齊韻》："睳，目眥。"《名義·目部》："睳，眀兒也。"《玉篇·目部》："睳，瘦兒，又目眥。"《集韻·齊韻》："睳，《埤倉》：瘠人視兒。一曰健而無德。一曰目眥。"此"瘦眀兒"蓋即"瘠人視兒"，或當作"瘦兒，眀兒"。"蔓"疑當從各書作"眥"，或當作"薔"。

② 注文"亦"當作"示"。《玉篇·目部》："际，亦作示。"《名義·目部》："际，示字。"茲據校改。

③ 《名義·目部》："眅，視也。"《王一》《全王·昔韻》："眅，眠。"《廣韻·支韻》是支切："眠，眠眠，役目(眅)。""眅"與"眠"音相去甚遠，當非異體，蓋二字義同互訓，故誤以爲異體。

④ "目"下原有"去"字。《玉篇·目部》："睢，目明也。"茲據刪。

⑤ 注文"侯"當作"佳"。《玉篇·目部》："瞜，力佳切。"《廣韻·脂韻》："瞜，力追切。"《名義》亦誤作"侯"。茲據校改。

⑥ 注文"醯"當作"瞱"。《玉篇·目部》："瞥，瞥瞱，有餘視也。"茲據校改。

⑦ 《玉篇·目部》："睼，視也。或作題。"《名義·目部》："睼，識也。"《集韻》"睼""題""題"三字同。此處"題"或爲"題"誤字。

⑧ 注文"徒"當作"往"。《名義·目部》："眪，芳往反。"茲據校改。

⑨ 注文"丁"當作"子"。《名義·目部》："且，子餘反。"茲據校改。"明也"爲"旦"字義。《名義·旦韻》："旦，明也。"

⑩ 注文"或"當作"式"。《廣韻·寢韻》："眹，式任切。"《名義》亦誤作"或"。茲據校改。

⑪ 字頭原作"瞐"(上部作"與"字頭)，疑脱一或體"瞐"(上部作"學"字頭)。

⑫ 注文"眼"當作"朖"。《原本玉篇·言部》："誏，《字書》亦朖字也。朖，明也，在月部。古文爲瞒字，在目部也。"茲據校改。

窨六(亡)力反。暫視也。①

瞇靡箄反。瞇瞇,不可測量。

睗他則反。瞖也。

瞀亡北反。欲卧也。

瞔丑厄反。澤眼也。②

晰諸裔反。瞤(聯)字。聊(聯),入意。③

眵丑世反。瞥也。

瞠丈莖反。安審也。

眑於皎反。

朏荆遇反。左右視也。亦与瞿字同。

旻火域反。舉目使人也。字從目、從父(攵)。④

瞳充之反。目垢。亦之音。目屎。⑤

眢一丸反,平;井无水,一曰目無睛。

瞶武悲反,平;伺視也。

睎許其反,平;目睛也。

眭息爲反,平;姓,又盱也,健也。⑥

眂當稽反,平;視兒。又時指反。視字古文。瞻也,眂。

眎上字。

睽苦圭反,平;異也,乖也。

瞴武夫反,平;瞜也,微視也,好也。⑦

眠武延反,平;瞳子黑。

瞑上字。

---

① 注文"六"當作"亡"。《名義·目部》:"窨,亡力反。"茲據校改。

② 字頭原作"瞻",《名義》同。"澤"字原從"亻",據《名義》《玉篇》改。《集韻·麥韻》:"瞔,瞔瞔,目明兒。"

③ 注文"瞤"當作"聯","聊"當作"聯"。《名義·目部》:"晰,諸裔反。入意也。"《玉篇·目部》:"眵,丑世切。瞥也。又諸裔切。晰,上同。"《王一》《全王·祭韻》:"聯,入意。一曰聞。亦作晰。"(《全王》誤作晰)以上作"晰"者。《名義·耳部》:"聯,諸裔反。入意。"《玉篇·耳部》:"聯,諸裔切。入意也,一曰聞也。《字書》:亦作晰。"《集韻·祭韻》:"聯,聞也。或作晰。"以上則作"晰"。按當以"晰"爲正,但俗作"晰"者亦多,此似當仍作"晰"而屬目部。"入意"爲"聯"字義,故此"入意"加之"聯"字,又訛作"聊"。茲據校改。

④ 字頭原作"旻",似從"父"。《説文》從"攴",後隸變作"攵","攵"俗與"父"混,此當從"攵"。

⑤ 亦之(し)音,《大般若經字抄》"瞳"字注"音之","瞳"即"瞳"。

⑥ "姓"字原在"平"上,據文例改。《廣韻·支韻》:"眭,眭盱,健兒。"

⑦ "瞜也"下原有字頭"瞴",乃是衍文,且有刪符,茲據刪去。《説文·目部》:"瞴,瞴婁,微視也。"《廣韻》《玉篇》"婁"皆作"瞜"。"好也"《名義》"瞴"字注同,疑是"膴"字義。《廣韻·麌韻》:"膴,土地腴美,膴膴然也。"《詩·大雅·緜》:"周原膴膴。"毛傳:"膴膴,美也。""美"與"好"義近。

眊莫郎反,平;目不明也。

瞠丑庚反,平;直視也。

眂丁兼反,平;目垂也。

瞢武登反,平;目不明也。

瞈(瞈)阿孔反,上;氣盛皃。①

眯莫礼反,上;物入目也。

睴胡本反,上;視皃。

䀸武限反,上。

睍胡簡反,上;大目也,□(䀸)也,无畏視也。②

矕武板反,上;視皃。

䀖居沼反,上;目重瞼也。

県古堯反,上(平);倒懸首。③

睅胡板反,上;目出皃。

矘他朗反,上;瞵也,目无睛也。

睁清(情)郢反,上;眙也,不悦視也。④

瞢武幸反,上。

町張梗反,上。⑤

睎欣衣[反]。在肉部。瞵也,宜(直)視也,珠子不動。⑥

瞵式稔反,上;竊視也。

瞿其俱反,去;鷹隼視皃。⑦

睤睨同。匹諸(詣)反,去;睨也,視也,邪見。⑧

---

① 字頭"瞈"當作"瞈"。《廣韻·董韻》烏孔切:"瞈,氣盛皃。"茲據校改。

② "目也"下殘。《廣韻·產韻》胡簡切:"睍,䀸睍,無畏視也。"茲據校補。

③ 此爲平聲字而誤爲上聲字。

④ 此字《切三》《王二》《廣韻·靜韻》皆音"疾郢反",上田正改"清"作"情",茲從校改。

⑤ 此字釋義當在下條,參下條校注。

⑥ 《名義·目部》:"睎,欣衣反。"此條出《原本玉篇》,且是平聲字,不當置此。《全王·庚韻》:"町,瞵,直視皃。"疑"瞵"以下爲"町"字義,"睎,欣衣[反]。在肉部"蓋誤竄入,此條當接上條"町"字注。《新撰字鏡·肉部》:"睄(睎),欣衣反。助(盱)也,望也,視也,氣也。保志自之,又佐加奈。可從目。"

⑦ "去"下原有"睤"字,參下條校注。

⑧ "睤"字原在上條"去"字下,當是此條字頭之一,且正好在字頭"睨"字右上,俗字"卑""界"旁相通,故此條云"同"。《新撰字鏡·广部》:"庳庰,二形同。"《新撰字鏡·扌部》:"捭捱,二形同。"《新撰字鏡·竹部》:"箄算,二同。"《新撰字鏡·水部》:"渒澪,二形作。"例多不備舉。此蓋因脱一字頭,故刪"二形"二字。茲據乙正。《字鏡·目篇》:"瞿,其俱反,荆遇反。鷹隼瞿瞿也,儉也,視皃皃(衍),睤。"亦有"睤"字,蓋即本此,則當時所見已誤。注文"諸"當作"詣"。《廣韻·霽韻》:"睤,匹詣切。"茲據校改。"耶"同"邪"。

昧莫佩反,去;目暗。昧字異也。

眲莫拜反,去;眼久視也。

睔古鈍反,去;大目也。又古遜反。

矔〔矔〕古段反,去;醜也,張目也,轉目也。①

睻烏潤反,去;目相戲也。

䀎莫見反,去;斜視。②

瞀莫候反。〔瞀〕瞀也。又妄角反,入;乱也,不明皃。③

眙文(丈)證反,去;又丑吏反。直視也。④

盷許聿反。高視也。

眅莫八反。視也,惡視也。

䀰古穴反。目患也。

眓呼抉反。瞋也,惡視也。

瞌〔瞎〕丁結反,入;又於抉反。盷,又目深皃。⑤

瞲莫結反。目赤。

瞁許役反。驚視。

眙古洽反。眼細諳。⑥

䁖阻立反。淚出皃。

瞔許縛反。大視。

眮虎郭反。驚視也。

睡垂恚反。坐寐也。又是偽反,去;欲臥。

眠莫因(田)反,平;臥也,寐也。⑦

助仕盧(慮)反,去;盧也,佐也,益也。在力部。⑧

瞰衫。古瞰反,去;又耕瞌反。視也,瞻也。⑨

---

① "醜也"爲"矔"字義。《廣韻·仙韻》:"矔,矔䁹,醜皃。"
② 字頭原作"䀎"。
③ 注文"瞀"上奪"瞀"字。P.3694《切韻箋注》、《裴韻·候韻》:"瞀,瞀瞀。"《廣韻·候韻》:"瞀,瞀瞀,無暇。"《唐韻》作"愁瞀",當誤。兹據校補。
④ 注文"文"當作"丈"。《廣韻·證韻》:"眙,丈證切。"兹據校改。
⑤ "於抉反,目深皃"當是"瞎"字音義,形近而混。《廣韻·屑韻》於決切:"瞎,目深皃。"
⑥ 《廣韻·洽韻》《玉篇·目部》:"眙,眼睑暗。"《切三》《唐韻·洽韻》:"眙,眼細諳。"《王一·洽韻》:"眙,眼眙眨。"《裴韻·洽韻》:"眙,眼語。"《集韻·洽韻》:"眙,眇也,一曰目睫動。"疑"暗"爲"諳"字之誤。"眼細諳"蓋即"眨眼示意"之意,作"暗"則與諸義皆不合。
⑦ 注文"因"疑當作"田"。《玉篇·目部》:"瞑,眉田切。眠,同上。"兹據校改。
⑧ 注文上"盧"疑當作"慮"。《廣韻·御韻》:"助,牀據切。""仕慮反"與"牀據切"音同。兹據校改。下"盧"字或是"勴"字之誤,或涉反切下字而誤。《爾雅·釋詁》:"助,勴也。"
⑨ 《名義·目部》:"瞰,耕衫反。"此"耕"下一字不詳,疑衍。疑本條當作"古瞰反,去;又耕衫反。視也,瞻也"。

暖况晚反,上;大目也。

瞵莫朗反,上;无目也。古也。加久須,又久良志。①

眴九于反。

睨睨二同。午計反,去;睥也。

眊亡莖、莫杏反,上,又平;盯,視皃。

瞷上字。

眈丁含反,平;視近而志遠。

臭三闃反,入;犬目也。②

瞞莫干、武安二反,平;眥也,不明也。③

眮同音,上;瞋目也。

瞙亡各反,入;无目也。

瞇口劦(呼協)反,入;閉目也。④

眨仄沉(仄治)、阻狹二反,入;視皃,眴也,目動也。万志呂久。⑤

睹許鼻反,去;恚視也。

睞良曷反,入;眸不正也。⑥

暲(暲)者良反,平;明也。⑦

睠記惓反,去;爲眷字。顧視也。

瞤(瞤)尸潤(潤)、市刃二反。開闔目數搖動皃。万志呂久,又万太太久。⑧

瞻〔瞻〕時焰反。足也,親也,助也,視也,都(覩)也。⑨

瞷明佳反,平;小視也。

---

① 无目,《群書類従》本、享和本作"一目",寬永本作"二目",《名義》作"無目",《玉篇》作"無一目曰瞵",《廣韻》作"無一睛",《裴韻》《全王》作"無二目"。"古也"不詳,狩谷未標假名,即認爲是釋義。《考異》:"古也,一本作古色。按,古亡之誤。"俟考。加久須(かくす【隱す・匿す】),又久良志(くらし【暗し・昏し・冥し】)。

② 《字鏡・目篇》作"乇闃反","乇"蓋是"亡"字,但音不合。《廣韻・錫韻》:"臭,古闃切。"此音待考。"犬目"疑非釋義。《説文・犬部》:"臭,犬視皃。从犬、目。"

③ 《莊子・天地》:"子貢瞞然慙。"釋文:"《字林》云:目眥平貌。"

④ 注文"口劦"當作"呼協"。P.3799《切韻箋注》、《切三》、《裴韻・怗韻》:"瞇,呼協反。"茲據校改。

⑤ 注文"仄沉"當作"仄治"。《玉篇・目部》:"眨,仄治切。"茲據校改。万志呂久(まじろぐ【瞬ぐ】)。

⑥ 《廣韻・曷韻》盧達切:"睞,目不正。"《集韻・曷韻》盧達切:"睞睞,眸子不正也。或省。"

⑦ 字頭"暲"當作"暲"。《玉篇・日部》:"暲,明也。"茲據校改。

⑧ 字頭"瞤"當作"瞤",注文"潤"當作"潤"。《説文・目部》:"瞤,開闔目數搖也。"《名義・目部》:"瞤,尸潤切。"茲據校改。万志呂久(まじろぐ【瞬ぐ】),又万太太久(またたく【瞬く】)。

⑨ 各本作"瞻,足也,視也,助也,覩也","親也"疑是"視也"之誤,因誤而後又增"視也"義。"都"當是"覩"字之誤。"時焰反。足也,助也"爲"瞻"字音義。《新譯華嚴經音義私記》:"以瞻,下時焰反。足也,助也。"《慧琳音義》卷二十二"以瞻於我"條:"瞻,時燄反。《小[爾]雅》曰:瞻,足也。《聲類》曰:瞻,助也。"

睼与子(之)反。盵也，竊視也，邪視也。①

盵上字。②

睼吐是(見)、吐奚二反。迎視也。③

睹東魯反。見也。見字。古文覩字。④

瞱正(止)善反。視而止也。⑤

睊公懸反，去；相也。又古玄反，平；視兒。⑥

睜方巾反、疋非二反。大目也。

販普板反，平；多白目也。⑦

口部第十八

四百九十字

口苦厚反，上；所以食也。

ᗗ上古文。

嚾呼玩反。呼也。

叩上字。

𠱿上字同。正許朝反，平；虚也，護(譁)也，聲也，誼譁也，鳴也，叫也，呼也。借五高反，平；閑也，埃也。⑧

𠱿嚻𠱿三形，同作。

---

① 注文"子"當作"之"。《名義·目部》："睼，与之反。"兹據校改。

② 《名義·目部》："睼，竊視。盵，古文。"《玉篇·目部》："盵，古睼字。"

③ 注文"是"當作"見"。《名義·目部》："睼，吐見反。"《王一》《全王·齊韻》："睼，又吐見反。"兹據校改。

④ "見字"二字當是衍文。《説文·目部》："睹，見也。覩，古文從見。"

⑤ 注文"正"當作"止"。《名義·目部》："瞱，止心(衍)善反。"《玉篇·目部》："瞱，止善切。"兹據校改。

⑥ "相"字原作"扣"，當是"相"字草書。《名義·目部》："睊，公縣反。視也。"

⑦ 《名義·目部》："販，目多兒。"《廣韻·删韻》："販，目多白兒。"

⑧ "呼"與"五高"原殘，據影抄本補。注文"護"當作"譁"。《玄應音義》卷十三"嚻升"條："許朝反。嚻猶虚也，嚻亦誼譁也。"《名義·𠱿部》："嚻，許朝反。難(譁)也，喧也，譁也，閑也。"《原本玉篇·𠱿部》："許高、五高二反。《周礼》：'司㲉(虣)掌禁其鬭嚻。'鄭玄曰：'嚻，護(譁)也。'野王案，護(譁)嚻猶喧詿(譁)也。《左氏傳》'左(在)陳而嚻''秋盗(湫隘)嚻塵'是也。《毛詩》：'選徒嚻嚻。'傳曰：'嚻嚻，聲也。'又曰：'讒口嚻嚻。'戔云：'嚻嚻，衆多兒也。'又曰：'聽我嚻嚻。'傳曰：'嚻嚻，猶嗷嗷也。'《爾雅》：'嚻，閑也。'郭璞曰：'嚻然，閑兒也。'《孟子》：'湯使人聘，伊君(尹)嚻嚻然曰："我何以湯之滿(幣)爲哉！"'劉熙曰：'氣充自得之兒也。'《説文》：'氣生頭上也。'《廣雅》：'嚻嚻，客(容)也。'或爲賈字，在𠱿部。""埃也"或是指"嚻埃"，義同上《左傳》"嚻塵"，《希麟音義》卷九有"嚻埃"條。《後漢書·逸民傳序》："然而蟬蜕嚻埃之中，自致寰區之外，豈夫飾智巧以逐浮利者乎！"

唤又㘖字，今作。荒旦、呼段二反。①

𡃶魚巾反。又臣音。惡也，愚也。

唈莊立二反，入；衆口也。

噬時世、常制二反。齧也，憂也，迣（逮）也。②

咷正徒勞、勑流二反，平；借他弔反，去；啼極无聲曰噭咷，又兒啼不止也，歌聲也，大泣也，嗷也。

噭古弔反。咷也。佐介不，又奈久。③

喟然亦作𡁕。口愧、口怪二反，去；大恩（息）也，歎聲也，噴也。奈介久，又於毛保氏留。④

呼正火胡反，平；氣出曰呼，入曰吸。借許餓、虛布二反，去；號也，叫也，呂（召）也，命也。⑤

嗜視利反，去；慾也，學（愛）也，貪也。⑥

㕧上字。

噏義及反。飲也，引也。

吸上字，今作。

啾啾子由反，平；衆聲也，小兒聲也。⑦

噤渠錦反，上；閉也，塞也，咋（吟）也。⑧

唫上字古文。口急也。

嚔丁計、第計二反。又所甲反，入；噴鼻也，鼻打。⑨

嚏上字，或本作。⑩

吒噴上都嫁反。吒，噴也。叱〔吒〕，猶呵叱也。志太宇豆。下又作歊，或作潰。普寸反，去；

① 《玄應音義》卷二十"吼㘖"條："又作𠯗，同。荒幔反。《聲類》：㘖，呼也。今作唤。"

② 注文"迣"當作"逮"。《方言》卷七："噬，逮也。"《詩·唐風·有杕之杜》："噬肯適我。"毛傳："噬，逮也。"茲據校改。

③ 佐介不（さけぶ【叫ぶ】），又奈久（なく【泣く・鳴く・啼く】）。

④ 注文"恩"當作"息"。《玄應音義》卷二十"喟然"條："又作𡁕，同。口愧、口怪二反。《説文》：大息也。歎聲也。"茲據校改。故此作"喟然"。"留"下原有重文符，據各本刪，本書連字部作"於毛保天留"。奈介久（なげく【嘆く・歎く】），又於毛保氏留（おもほてる【面熱る】）。

⑤ 注文"呂"當作"召"。《原本玉篇·言部》："評，《説文》：評，召也。……今亦爲呼字，在口部。"茲據校改。"許餓反"據音似是"呵""歌"音，俟考。

⑥ 注文"學"當作"愛"。《慧琳音義》卷六十六"媸嗜"條："《考聲》云：貪也，欲也，愛也。"二字草書近。茲據校改。

⑦ 《玄應音義》卷十一"啾啾"條："子由反。《蒼頡篇》：衆聲也。《説文》：小兒聲也。"故此作"啾啾"。

⑧ 注文"咋"當作"吟"。熊加全《〈玉篇〉疑難字研究》第五章"噤"字條引此改作"吟"，當是，二字草書形近。《集韻·寑韻》："吟，噤吟，鎮（頷）頤兒。"茲據校改。

⑨ "鼻打"蓋是"鼻打嚏"之省，即"鼻子打噴嚏"之義。此或是和訓，即下"吒噴"條"波奈打"。

⑩ 字頭原作"嚏"。《廣韻·霽韻》："嚔，鼻氣也。嚏，俗。"

嚏也。波奈打。①

　　　叱咤亦作。歉也。

　　　嘁子陸反。古文作歕。鳴也。

　　　暗於唅(含)反、於禁二反。咷也，喈也，大呼也。於不志。②

　　　喈譜同字。子夜反。暗也。

　　　噢咿上正音乙六反，入;借於流反。喔也。下於祇反。内悲也，言痛念之聲也。③

　　　哊嘟上作，非。上;禹六反，入;喉也，吐也。④

　　　喔烏角反。鷄聲也。

　　　哺薄故反，去;含食也，向(餉)也，捉也。⑤

　　　嚼嗺同作。仕曰(白)反。亦作咋、齚、齰二(三)形。齧也，噬也，食也，茹也。⑥

　　　嗼嗅上亦作囀，補洛反。下子立反。噍也，聲也，歃也。⑦

　　　吃居乙反，入;言難也，重言也。己止[止]毛[利]，又万万奈支。⑧

------

① 《玄應音義》卷十六"咤嚜"條:"都嫁反。《説文》:叱，嚜也。叱咤，猶呵叱也。下普寸反。《説文》:鼓鼻也。《廣雅》:嚏也。文中作嗜，非也。"引《説文》部分七寺本同，大治本、金剛寺本作"叱，叱也，猶呵叱也"，此與七寺及今本《玄應音義》近，當是。"嚏"爲"嚏"俗字，見《廣韻·霽韻》。《玄應音義》卷四"嚜灑"條:"又作歕，同。普悶反。《通俗文》作溢，含水濆曰溢。經文從水作潰，音扶云反，水名也。潰非此義。"志太字豆(した【舌】うつ【打つ】)，波奈打(はな【鼻】うつ【打つ】)。

② 注文"唅"當作"含"。《名義·口部》:"暗，於含反。"茲據校改。《全王·侵韻》雖有"於吟反"，但此音當出自《原本玉篇》，下音當出自《玄應音義》(《切韻》系亦有此音)。《玄應音義》卷十三"暗喈"條:"又作譜，同。於禁反。下又作譜，同。子夜反。《説文》:暗喈，大聲也。《聲類》:暗喈，大呼也。"於不志(おふし【唖】)。

③ 《玄應音義》卷二十"噢咿"條:"於六反，下於祇反。《埤蒼》:内悲也。亦痛念之聲也。經文作哊、嘟二形，非也。"

④ 《玄應音義》卷四"哊咽"條:"禹六反，下於賢反。《廣雅》:哊，吐也。咽，喉也。"此據徐校本。檢各本，除高麗藏再雕本外注文皆無"咽"字，故誤認爲"咽"是"哊"字義。《廣雅·釋詁四》:"哊，吐也。"《廣雅·釋親》:"喉，咽也。"疑此條是玄應自注，但"咽"字不可省。

⑤ 注文"向"疑當作"餉"。《玄應音義》卷四"餳哺"條:"下蒲故反。口中嚼食者也。經文從食作餔，非體也。餔音補胡反。字與哺同，申時食也。"《字鏡·食篇》:"餔，餉食。"茲據校改。"捉也"或是"捕"字義，俟考。

⑥ 注文"曰"字左上角殘，當作"白"，"二"當作"三"。《玄應音義》卷六"咀嚼"條:"經文作齚，齧也。齚音仕白反。"《玄應音義》卷四"齰楊"條:"又作齰，同。仕白反。齚，齧也。經文作咋。莊白反。咋咋，聲也。咋非此用。"茲據校改。

⑦ 《玄應音義》卷十五"嗼嗅"條:"又作囀，同。補洛反，下子立反。《説文》:噍皃也。《廣蒼》:嗼，噍聲也。""歃"字原作"郲"。《集韻·緝韻》:"嗅，一曰歃也。"《名義·口部》:"嗅，敏(歃)也。"茲據校定。

⑧ 己止毛(ことも)，《倭名類聚鈔》作"古度度毛利(ことどもり【言吃り】)"，此當作"己止止毛利"，本書言部"誋"字注即如此，據補。又万万奈支(ままなき【吃】)。

嘜浦阿(蒲河)反。語也,談也。[①]

哦五歌[反]。吟也。

吕良与反,上;姓也,脊續骨也。[②]

嗚許爲反,平;口不正也。

喌之鴆(鳩)反,平;呼雞聲。[③]

囈魚世反。袮己止。[④]

咍呼來反。蚩笑也。

唉上作。於來反。弔(吟)也,譍聲也。非。[⑤]

啖達敢、達濫二反。食也,亦与也。[⑥]

噉上字。

啗上字。

啗上作。

嚨力公反,平;喉咽也。

吻无粉反,上;脣兩邊也。

咆蒲交反,平;嘷也,鳴也。

喊㖤上呼擸反。下又作諴、欿二形,同。呼戒反。㖤(喊)聲,大語也,呵也,謂恚怒聲也。[⑦]

呷呼甲反。吸也,氣之出入也。

呃嗚(烏)界反,去;於格反,入;大呼也,憂也,喔也,氣逆也。[⑧]

啞上宜作。又烏雅反。

---

① 注文“浦阿”疑當作“蒲河”。《龍龕·口部》:“嘜,俗音婆,在咒中。”即佛經咒語的譯音用字。《名義·女部》:“婆,蒲河反。”《玉篇·女部》:“婆,蒲河切。”“阿”或爲“何”,三字韻同。茲據校改。“語也,談也”不詳所出。

② 《説文·吕部》:“吕,脊骨也。”“續”字不詳。

③ 注文“鴆”當作“鳩”。《切三》《王一》《裴韻》《全王》皆有“職鳩反”。茲據校改。

④ 袮己止(ねごと【寝言】)。

⑤ 《玄應音義》卷十六“咍笑”條:“呼來反。《字書》:蚩笑也。楚人謂相調笑爲咍。經文作唉,於來反,譍聲也。唉非此義。”注文“弔”當作“吟”。《玄應音義》卷十二“唉㾓”條:“《蒼頡篇》:唉,吟也。……吟音於禮反。”《名義·口部》:“唉,然也,号也。”“号”當是“兮”字。茲據校改。

⑥ 《玄應音義》卷十六“用啖”條:“又作啗、噉二形,同。達敢、達濫二反。《廣雅》:啖,食也。啖亦與也。”

⑦ 《玄應音義》卷四“喊㖤”條:“呼擸反。下又作諴、欿二形,同。呼戒反。《方言》:喊,聲也。㖤,呵也,謂恚怒聲也。”今《方言》卷十三:“龕、喊、唏、㖤,聲也。”此“㖤聲”似當作“喊聲”。“擸”當是“檻”的俗字。《廣韻·豏韻》:“喊,呼豏切。”豏韻、檻韻音近。

⑧ 注文“嗚”當作“烏”。此音當出《切韻》,今《切韻》系韻書皆作“烏界反”。茲據校改。《玄應音義》卷二十“喑呃”條:“下宜作啞,於格反,亦大呼也。《史記》‘喑啞叱吒,千人皆廢’是也。經文作呃,於革反。呃,憂也。呃,喔也。氣逆也。”

叨冝作朋。刃音。猶堅鞕也，謂人无識也。①

噲亦快字。苦壞、苦夬二反，去；咽也，儓（噦）噲也，豐也，偉也，猶快快也，憭也。②

唼子臘反。銜也。

𰀁唼上同作，或本。③

呬上俗作。④

唉呬，同作。吸也，鷹豕食也。

吮似兖反，上；嗽也。口須須久，又須不。⑤

嗽肴豆、所角二反。之波不支。⑥

啅竹角反。眼瞼也。又直召反。鳥音也。⑦

煦旴矩、旴俱二反。吹嘘之也。"煦嫗覆育"，以氣[曰]煦，以體曰嫗。⑧

哮唬上呼交反，下呼訝反。喚也，虎聲也。⑨

咻咻虚流、許主二反。噢咻，痛念之聲。⑩

呴呼垢反。鳴也，嘷也。吶，上同。⑪

吽牬吼三字，上同字。

噯憂音，平聲；歎也，語未也，氣逆也。⑫

叨他榮（勞）、吐高二反，平；食也，殘也，貪也。俗作饕。⑬

叶亦作協。胡牒反。合也，同也，和也。

---

① 《玄應音義》卷十九"吃叨"條："冝作朋，同，音刃。吃朋猶堅硬也，謂人無識也。""鞕"同"硬"。

② 注文"儓"當作"噦"。《説文·口部》："噲，一曰噦噲也。"茲據校改。《玄應音義》卷十九"噲闞"條："《蒼頡篇》此亦快字，苦壞反。《廣雅》：快，憭也。音了。"《詩·小雅·斯干》："噲噲其正。"鄭玄注："噲噲，猶快快也。""豐也，偉也"不詳所出。

③ 三形原作"𰀁""𰀁""𰀁"。

④ 《玄應音義》卷二十"唼食"條："子臘反。《説文》：唼，銜也。《埤蒼》：囁唇也。義與唉音同。唉血也。《通俗文》作呬，入口也。《莊子》作喢，'蚊虻喢膚'是也。"

⑤ 口須須久（くちそそぐ【濯ぐ·洒ぐ·滌ぐ·漱ぐ】），又須不（すう【吸う】）。

⑥ 之波不支（しわぶき【咳】）。

⑦ "眼瞼"不詳。《集韻·效韻》陟教切："啅，啅啅，鳥聲。"

⑧ 《玄應音義》卷二十"煦沫"條："旴矩、旴俱二反。謂吹嘘之也。《禮記》：煦嫗覆育。鄭玄曰：以氣曰煦，以體曰嫗。"

⑨ 《玄應音義》卷四"哮嚇"條："又作唬，同。呼交反，下呼嫁反。虎聲謂之哮嚇。"《廣韻·效韻》："哮，喚也。"《廣韻·禡韻》呼訝切："唬，虎聲。"

⑩ 《玄應音義》卷二十"咻咻"條："虚流、許主二反。依字。噢咻，痛念之聲也。"

⑪ 《玄應音義》卷十九"唱呴"條："又作吽、牬二形，同。呼垢反。《廣雅》：呴，鳴也。《國語》：三軍譁呴。賈逵曰：呴，嘷也。下同。""嘷"字原作"𤘽"，大治本作"𤘻"，金剛寺本作"𤙓"，可以比勘。

⑫ 《原本玉篇·欠部》："歎，《老子》：'終日号而不歎。'野王案，歎，氣逆也。今並爲噯字，在口部。"《説文·口部》："噯，語未定皃。"

⑬ 注文"榮"當作"勞"。《名義·口部》："叨，他勞反。"茲據校改。

嚏唼字同。喋也。①

𧖓上字。所甲反。

嗞子辞反,平;嗟也,咲也。②

喘昌奭反,上;氣急也,轉也。阿波支,又志波不支。③

噦噎上於越、呼外、胡懷三反。肥也,鳥聲也。阿波不支。下一結反。哽也,氣逆曰噦,塞喉曰噎。④

睕歲(噦)字。⑤

啄〔喙〕丁角反。食也,歠也,口也。久不,又波牟,又須不。⑥

喙詡穢、許穢二反,去;口也,倦也。

喫喋咲〔咲〕二(三)字同。秘(私)妙、於交二反,平;喜也,謔也。⑦

嗑苦盍反,入;合也。又多尒、化一、加布三反。噬也。加无波无。⑧

喫亦作齧。五結反。噬也,啖也。介知反。久良不,又波牟。⑨

齧上字同。

吟一第、衣伊二反,上;可,尒也。⑩

嗤亦作蚩。充之、子(赤)之二反。戲也。阿佐介留,又曾志留,又和良不。⑪

唖墟記反。疾也。

---

① 此字頭及下字頭皆是"嚏"字。《玉篇·口部》:"嚏,所甲切。嚏喋,䖒食也。亦作唼。"

② "咲"即"笑"字。《廣雅·釋詁一》:"嗞,笑也。"

③ 《玄應音義》卷二十二"喘瘷"條:"昌奭反。氣急也。"阿波支(あわき【喘き】),又志波不支(しわぶき【咳き】)。

④ 《玄應音義》卷二十二"噦噎"條:"又作睕,同。於越反,下一結反。《通俗文》:氣逆曰噦,塞喉曰噎。"注文"噎"字下原有"之"字,蓋爲使雙行注文整齊化而增,據《玄應音義》刪。阿波不支(あわぶき【泡吹】)。"胡懷反""肥也"不詳。

⑤ 注文"歲"當作"噦",見上條。

⑥ 字頭原作"𡁀",下字字頭作"𠺿",二字形混。"口也"當是"喙"字義,見下條。久不(くう【食う·喰う】),又波牟(はむ【食む】),又須不(すう【吸う】)。

⑦ 注文"秘"當作"私"。《廣韻·肴韻》私妙切:"笑,亦作笑。咲,俗。"兹據校改。《廣韻·肴韻》:"咲,於交切。"蓋"喋"或"咲"與之形近而有此音。

⑧ "多尒(たん)、化一(かち)、加布(かう)三反"皆是倭音,第一音不詳,第二音爲"盍"音,第三音爲"嗑"音。加无波无(かむ【嚙む·嚼む·咬む】はむ【食む】),各本作"加美波牟(かみ【嚙み】はむ【食む】)"。

⑨ 此字頭原作"𠱻",《群書類從》本字頭作"喫𠲿𪙊齧"四形,享和本作"喫𠲿𪙊齧"四形,享和本是。介知(けち)反。久良不(くらう【食らう·喰らう】),又波牟(はむ【食む】)。

⑩ 《廣韻·薺韻》烏弟切:"吟,可也。尒也。"《切三》《裴韻》《全王·薺韻》一弟反:"吟,可;尒。"(《全王》無"尒"字。)故此作"可尒也"。

⑪ 注文"子"當作"赤"。《切二》《切三》《王一》《廣韻·之韻》皆作"赤之反"。《字鏡·山篇》:"蚩,充之反,赤之反。嗤作。"兹據校改。阿佐介留(あざける【嘲る】),又曾志留(そしる【謗る·譏る·誹る】),又和良不(わらう【笑う·咲う】)。

吁虛于反。疑怪之辞也。於乃。①

吁往付反。

叩扣吅三字同作。苦厚、枯後二反。擊也，忝（舉）也，頭打也。和古于反。②

㖔无粉反。吻字古文。

㖃咽音。飯汁也，盖（嗌）也。咽字古文。③

喉胡投反。咽也。[喉]舌，家宰。④

㖞牛隕反。大口也。

㖦吁遠反。小兒痛。

咳何來反。小兒㖡（咲）也，笑也。⑤

啐出（山）劣反。小飲也。⑥

嚛力沃反。食辛樂也。⑦

窘竹滑反。口滿食。

咦火尸反。咲也。

啍勑孫、徒孫二反。口氣也。

嘖之慄反。野人之言也。

喆哲字。

咊和字。

㗋許几、許冀二反。痛也，咲也。

咥餘世反。他人兒他人，舒散也，法則也，咥咥，嗜也。⑧

嘂古弔反。叫字。

嗫女閒反。語聲。妠字同。

嗙薄孔反。大聲也。

---

① 《玉篇·口部》："吁，虛于、往付二切。疑怪之辞也。驚語也。"此不詳未何分爲上下兩條。於乃（おの【吁】）。

② 注文"忝"當作"舉"。《玄應音義》卷九"扣開"條："祛後反。《廣雅》：扣，舉也。《論語》云：以杖扣其脛。孔安國曰：扣，擊也。"《大般若經音義》"欲扣"條："下祛後反。牽馬也，擊也，舉也。""舉"字俗寫作"夲"，故誤。茲據校改。和古于（こう）反。

③ 注文"盖"當作"嗌"。《説文·口部》："咽，嗌也。"茲據校改。"飯汁"不詳，疑當作"飯窒"。《説文·口部》："噎，飯窒也。"《廣韻·屑韻》："噎，又作㖃。"

④ 《慧琳音義》卷四十七"喉袷"條："《周禮》云：家宰之宮，出納王命，王之喉舌也。"

⑤ 注文"㖡"當作"咲"。《説文·口部》："咳，小兒笑也。""咲"同"笑"。茲據校改。

⑥ 注文"出"當作"山"。《玉篇·口部》："啐，山劣、山芮二切。"茲據校改。

⑦ 《説文·口部》："嚛，食辛嚛也。"《廣韻·沃韻》火酷切："嚛，食新也。"《玉篇·口部》："嚛，火沃切。大啜曰嚛。伊尹曰：酸而不嚛。"《名義》與此音義全同。《春秋穀梁音義·桓公十八年》"濼"字有"力沃反"，此音義蓋非誤，俟考。

⑧ "他人兒他人"疑當作"多人兒"。《詩·魏風·十畝之間》："桑者泄泄兮。"毛傳："泄泄，多人之貌。"《爾雅·釋訓》："憲憲、洩洩，制法則也。""泄""洩"通"咥"。

嘷火故反。大聲也,啼也。

噊由六反。音聲。

㕯居矣反。説也。

嘹(噑)与昭反。悥也。①

𧮪達堅反。盛聲。

嗔上字。

嘌疋遥反。无節度也,喉(疾)也。不介留,又阿知万无,又止之。②

噉勑感反。衆兒。

嘻除留反。誰也,離恥是也,譸也。③

喝唐字。

嘾徒感反。含染(深)也。④

吐他古反。寫也,棄也。

嚽歠同。昌悦反,又哲音也。⑤

啐魚竭反。言相呵。

呠丁侯反。佷也。⑥

呧多礼反。啊(呵)也,欺也。⑦

嘛之夜反。遮也,多語也。

嗙補庚反。訶聲也,喻也。

嘆可(呵)介、他曷二反。高氣多言也,"[嘆]言"是也。⑧

吘渠周反。高氣也,三隅矛也。⑨

嗖吒字。曉同。⑩

---

① 字頭"嘹"當作"噑"。《名義・口部》:"噑,与昭反。悥也。"兹據校改。
② 注文"喉"當作"疾"。《説文・口部》:"嘌,疾也。"兹據校改。不介留(ふける【更ける・深ける】),又阿知万无(あじまむ【嗜む】),又止之(とし【利し・鋭し・疾し・捷し・敏し】)。
③ "離恥"不詳。
④ 注文"染"當作"深"。《説文・口部》:"嘾,含深也。"兹據校改。
⑤ 《説文通訓定聲・泰部》:"哲,叚借爲歠。《荀子・大畧》:'多言無法而流喆然。'注:'當爲湎。或曰當爲楛。'皆非。""又哲音"蓋因假借而有此音。
⑥ 《玉篇・口部》:"呠,丁侯切。呍呠也。呠,同上。"四兇有"驩兜",又作"鵬呠",故此曰"佷也"。
⑦ 注文"啊"當作"呵"。《玉篇・口部》:"呧,呵呧也。"兹據校改。
⑧ 注文"可"當作"呵"。《名義・口部》:"嘆,呵介反。"兹據校改。"言是也"上奪字頭的重文符。《説文・口部》:"嘆,高气多言也。《春秋傳》曰:嘆言。"本書常有誤省省代號的習慣(見《〈新撰字鏡〉研究》第六章"《新撰字鏡》存在的問題"),"是也"前一般爲引文。兹據校補。
⑨ 《玉篇・口部》:"吘,高氣也。吘,同上。"《廣韻・尤韻》:"吘,又《詩》曰:'吘矛鋈錞。'傳云:'吘,三隅矛。'"字又作"厹"。
⑩ "曉同"或當作"曉也"。

嘮丑交反。咬，誰（謷）也，嘩也。①

崪倉快、倉憒二反。入口也，驚也，啗。

唇之人反。驚。

唇上字。

嘵虛條、虛堯二反。況也，惶也，怖也。憢字。②

唸丁睍（見）反。吟也。③

吚許梨反。唸吚，呻也。亦作屎、眤（脙），二同字。④

嚴（囁）牛衫反。呻也。⑤

吟牛金反。語也，呻也，嘆也，歌也。

哤麦江反。乱皃，異言也，雜語也。

㖿要（天）安反。延（唌）歠也。⑥

唌上字，或本作。凡口水也、液也、唾也。与太利，又豆波志留。⑦

嘅口載反。歎息也，滿也，憮也。

吪五戈反。動也，泣（偽）也。訛字。⑧

嗑喝字。烟（咽）痛也。⑨

哨且醮反。小也，不正也。尔介加无。⑩

吝力鎮反。惜也，恨也。

欪上字。⑪

各柯洛反。異辞也。

啼達奚反。號也，呼也。

---

① 注文“誰”當作“謷”。《說文·口部》：“嘮，嘮咬，謷也。”兹據校改。

② 注文“況”疑當作“嘵”。《玉篇·口部》：“嘵，《詩》云：予維音之嘵嘵。嘵嘵，懼也。”

③ 注文“睍”當作“見”。《名義·口部》：“唸，丁見反。”兹據校改。

④ 注文“眤”當作“脙”。《原本玉篇·欠部》：“欤，《字書》或戾字也，在尸部。或爲吚字，在口部。或爲脙字，在皮（肉）部。”《集韻·脂韻》：“吚，或作脙。”“戾”即“屎”字，故“脙”當同“脙”。兹據校改。

⑤ 字頭“嚴”當作“囁”。《名義·口部》：“囁，午衫反。呻也。”兹據校改。反切上字“牛”“午”皆疑母字。

⑥ 注文“要”當作“天”，“延”當作“唌”。《名義·口部》：“唌，天安反。歠也。”兹據校改。

⑦ 此釋義當是“涎”字義，“唌”同“涎”。与太利（よだり【涎】），又豆波志留（つわ【唾】しる【汁】）。

⑧ 注文“泣”當作“偽”。《圖書寮本類聚名義抄·言部》：“訛言，《弘》云：五戈反。化也，偽也，動也，覺也。”“偽”字寫作“**伪**”，此“泣”字原寫作“**㳒**”，形稍似，此蓋據“偽”字草書楷定而來。兹據校改。

⑨ 注文“烟”當作“咽”。《名義·口部》：“喝，咽痛也。”兹據校改。

⑩ 尔介加无（にげかむ【齝む】）。本書口部“嚃，黍之反。牛細皃，牛哨也。牛乃尔介加牟。”“哨”無此義，疑爲“嚃”字形誤而混，見“嚃”字校注。

⑪ 《說文·口部》：“吝，恨惜也。咳，古文吝从彣。”“**欪**”蓋即“俞（咳）”的隸定。

叔(俶)𣎳同作。徐歷反。嘆也。誄字。①

昏舌字古文。

舌下刮反。塞口。

嗐嗾字。

嗷呼交反。豕驚也，嗷喋(嚇)，怒也。婋(虓)字。②

嘘牛府反。麇字。麏鹿[嘘嘘]。波奈久良[户]也。③

嘲閒干反。哖，拏也。④

嘪論干反。寂静也。

哖閒高反。嘲，嗹嘪也。

喊呼麦、於陸二反。喊聲。次(欥)字。⑤

嗳呼乱、虚元二反。恚也，悲恚也，哀也。

嘘去纏反。樂也。嗎字。

嚂力暫反。貪也。懢、惏二字同。

嘤於遥反。嘤，鳴聲也。

嚇呼駕反。炙也，大怒也。⑥

哩乃結反。訶也，怒也。

昭丑消反。雀鳴也，小鳴也。

歠火曷反。訶也，怒也。

啻五曷反。相訶距。⑦

呫他篋、齒涉二反。嘗也，小嘁也。

占之廉反。去。在卜部。⑧

---

① 字頭"叔"當作"俶"。《廣韻·錫韻》前歷切："俶，俶嘆，無聲。"茲據校改。

② 注文"喋"當作"嚇"，"婋"當作"虓"。《玄應音義》卷二"哮吼"條："古文虓，同。……《埤蒼》：哮嚇，大怒聲也。"大治本、金剛寺本、七寺本"婋"皆寫作"婋"。《龍龕·口部》："哮，呼交切。闞也；虓，或作，同上；嗷，俗。"茲據校改。

③ 《玉篇·口部》："嘘，《詩》曰：麈鹿嘘嘘。亦作麇。"此省略省代號，據補。"良"下奪"户"字，據各本補。波奈久良户(はな【鼻】くらべ【競べ】)。《説文·口部》："嘘，麋鹿羣口相聚皃。"

④ 《方言》卷十："嘲哖、嗹謰，拏也。"

⑤ 注文"次"當作"欥"。《原本玉篇·欠部》："欥，呼麦、於陸二反。《説文》：'吹氣也。'《字書》亦喊字也。喊，聲也，在口部。"本書欠部略同。茲據校改。

⑥ 《詩·大雅·桑柔》："反予來赫。"毛傳："赫，炙也。"釋文："赫，毛許白反，炙也。與'王赫斯怒'同義。本亦作嚇。鄭許嫁反，口距人也。《莊子》云'以梁國嚇我'是也。"

⑦ 字頭原作"𠶸"，《名義》作"𠶷"，皆《説文》"𠶷(啻)"隸定之異。《説文·口部》："啻，語相訶距也。从口距辛。辛，惡聲也。讀若櫱。"此"相"字原作草書"𣗳"。

⑧ 此部分各條皆出《原本玉篇》，此條《原本玉篇》《名義》皆音"之鹽反"，而《廣韻》有"職廉""章豔"(《切韻》系略同)平、去二音，故"去"蓋因《切韻》而加，爲四聲標記。又或是"吉"字之誤。《原本玉篇·卜部》："占，野王案，占猶候也，候察吉凶禍福也。"

唾先榼反。唾唾，醜也。

吨達昆反。不了也。

吘五曷反，丈(才)曷反。嘈(嘈)吘，聲。①

囐五達反，又才達反。鼓聲也。

嘈才刀反。嘈吘，聲兒。

唂齒涉、山涉也(二反)。囁也，多言也。②

嗃呼郎(教)反。鳴也，大嘾(嗥)也。③

嘷胡麦反，入；嘖，叫呼也。左ㄨ(ヘ)豆留，又奈久。④

咟上字。

咤火卓反，恚呼兒。

啣魚艱反。犬相間(啣)也。斷字。⑤

嘷麁老反。无人兒。

嘹閭草反。寂静兒。

吲失忍、移忍二反。咲也，開口覆齒之兒。

嘖莊瑟、莊畢二反。虫鳴兒，蟬鳴也。

唊(嗋)子葉反，市狹反。喋也。志波不支也，又口須[須]久。⑥

---

① 字頭原作"𡆥"，《名義》同，可定爲"唪""唪"或"唪"，實皆《説文》"𠴲"字之異。注文"丈"當作"才"，"嘈"當作"嘈"。《名義·口部》："吘，才曷反。嘈吘聲也。"《玉篇·口部》："吘，五葛、才曷二切。嘈嘈吘吘。"《集韻·曷韻》牙葛切："吘，嘈嘈吘吘，聲也。或从幸。"茲據校改。

② "涉"下"也"字據文例改作"二反"。《集韻·葉韻》："唂，唂囁，附耳小語聲。一曰多言。或作唂。"

③ 注文"郎"當作"教"，"嘾"當作"嗥"。《名義·口部》："嗃，呼洛反。鳴也，大嘾。"此出《原本玉篇》，當與《名義》同，但"郎"與"洛"字形相差太遠，無由致訛。《莊子·則陽》釋文："嗃，《玉篇》呼洛反，又呼教反。"《原本玉篇·言部》："詨，詡教反《字書》嗃字，在口部。"則此字當作"教"也，亦出《原本玉篇》，《名義》未收此音而已。《廣韻·效韻》呼教切："嗃，大嗥。"《王一》同，《王二》誤作"大嘾"，龍宇純《校箋》據改作"大嗥"。"大嘾"不辭，"大嗥"與"鳴"義近，當是。茲據校改。

④ 《玉篇·口部》："嘷，嘷嘖，叫呼。""左"下重文符當作"ヘ"。左左豆留，各本作"左户豆留"，本書口部"嘷"字作"左ヘ豆留"。茲據校改。左ヘ豆留(さへづる【囀る】)，又奈久(なく【泣く·鳴く·啼く】)。

⑤ 注文"間"當作"啣"。《玉篇·口部》："啣，犬相啣也。"茲據校改。

⑥ 《廣韻·薛韻》許劣切："唊，飲也。《説文》與歠同。"此條音義與"唊"無關。《新撰字鏡·口部》："唊，子葉反，入；喋也，咲也。又古協反。妄語也。"可知"嗋"與"唊"形近相混。《廣韻·葉韻》即葉切有"接睫晲"等字，故從"夾"、從"妾"之字與此音合。《玄應音義》卷十九"嘈嘃"條："下或作唊，古俠反。忘(妄)語也。或作嗞，子盍反。嗞，嗽也。二形並非字義。""喋"同"嗽"。是"嘃""唊""嗞"等字俗或通用。《名義·口部》："嗞，所甲反。""市狹反"與"所甲反"音近。故此字頭疑當作"嗞"，因"唊"而誤。"須"下奪重文符，據各本補。志波不支(しわぶき【咳き】)，口須[須]久(くちすすぐ【嗽ぐ·漱ぐ】)。

喰七移、布（市）移二反。愛（受）飲食也。波牟。①

咔力貢反、力囗（供）反。鳴也，飛鳥鳴也。②

呩徒阿、徒陁二反。口參差皃。口由加牟，又口比曾牟。③

喇盧葛反。邪也，剪也。④

囉奴箇、奴良二反。冠也，曰也，行也，語聲也。⑤

嚕力戶反。謂人之昏鈍也，導也，口於所之。⑥

啡呂囗（恤）反。調人皃，率下人也。止止乃不，又伊佐奈不，又女志止奈不。⑦

喃女咸反。詀也，謂語聲也。女乃加太利須留己惠，又人乃己惠也。⑧

囑主玉、殊国二反。連也，託也。佐倍豆留，又志己豆也。⑨

囑上字。

呰（喍）在解（仕懈）反。犬鬭聲。⑩

---

① 各本作"喰，七移、市移二反。受飲食也。波牟"，從改。"喰"字漢語文獻中多用爲"餐"或"飧"的俗字，但此處爲和制漢字，由"口""食"會意，同"食"字，現代日語中仍在使用。"七移（し）""市移（し）"皆"食"字日語音讀，"受飲食"即"進食"之義。波牟（はむ【食む】）。

② "供"字原殘作"⿰亻共"，據影抄本補。"咔"同"呀"《廣韻·送韻》盧貢切："呀，郭云：鳥吟。"

③ 口由加牟（くち【口】ゆがむ【歪む】），又口比曾牟（くち【口】ひそむ【顰む・嚬む】）。

④ "邪也"疑是"剌"字義。《廣雅·釋詁二》："剌，戾也。""剪也"不詳，疑"刺"字義。

⑤ 此條不詳。《廣韻·箇韻》"奴箇切"有"奈""那"二字。"良"或當作"朗"，《廣韻·蕩韻》"奴朗反"有"曩""灢"二字。《悉曇要訣》"難曩"條音"奴箇反"。此條或與"曩"字有關，但釋義俟考。

⑥ 狩谷："'謂人之昏鈍也'之注恐誤混'魯'字。"蓋是。其他釋義俟考。

⑦ "呂"下殘，據各本及影抄本補。《廣韻·術韻》呂卹切："啡，鳴也。亦作嘩。"音同。此條疑是"率"字注。各本"調人"下無"皃"字，則可與下"率下人也"連讀。各本無"女志"。止止乃不（ととのう【調う・整う・斉う】），又伊佐奈不（いざなう【誘う】），又女志止奈不（めし【召し・徴し】となう【調う・整う】）。

⑧ 狩谷改"女（め）"作"母（も）"。母乃加太利須留己惠（ものがたり【物語】する【爲る】こえ【声】），又人乃己惠也（ひと【人】の之こえ【声】）。

⑨ 《廣韻·燭韻》之欲切："囑，託也。""主玉反"與"之欲切"音同，"殊国反"不詳，疑皆是日語音讀"しょく"。各本"連"下有重文符。《説文·尾部》："屬，連也。"佐倍豆留（さへづる【囀る】），又志己豆（しこず【譖づ・讒づ】）也。字頭旁有片假名"シノフ（しのぶ【忍ぶ】）"。

⑩ 《名義·口部》："呰，似離切。嫌也，貲也。"《名義》"呰"當即"呰"字，與此非一字。《希麟音義》卷四"喠喍"條："下音柴。犬鬭也。《玉篇》：'犬相喠也。'"《可洪音義》第十三冊"喠呰"條："下助街反。正作喠喍。又上五懈反，下仕懈反，非也。"茲據校改。

咬呼交反。豖并犬驚聲也，鳥聲也。①

喳七逸、市失二反。呵也，憎也，責也。阿也尓久。②

喳陟栗反。咄也。

犮扶廢、夫階二反。亦古文作犮、狄二形。

犮上字。犬保由留。③

唏許伊反。出氣息也，呻吟也。惠奈久，又佐万与不，又奈介久。④

咩亡世反。獸鳴聲也，羊之鳴也。

嗪其飲、居今二反。口閉塞而不能言。⑤

嗌〔嗌〕烏黨反。嘻（噎）也，不能飲也。牟須。⑥

啝（啝）黍之反。牛細兒，牛哨（嘹）也。牛乃尓介加牟。⑦

嗅嗅同作。許救、居久二反。加久，又久作（佐）志。⑧

嘒唒（呼）惠、迴慧二反。虫鳴也。⑨

---

① 此"咬"當同"哮"與"詨"，與"咬齧"之"咬"不同。《玉篇・口部》："哮，呼交切。豖驚聲。"《新撰字鏡・口部》："嗷，呼交反。豖驚也。""嗷"同"哮"。《玉篇・犬部》："猇，火交切。犬驚。"《詩・秦風・黃鳥》："交交黃鳥。"毛傳："交交，小貌。"馬瑞辰通釋："交交通作咬咬，謂鳥聲也。《文選・嵇叔夜〈贈秀才入軍〉》詩：'咬咬黃鳥，顧疇弄音'，李善注引《詩》'交交黃鳥'，又引古歌'黃鳥鳴相追，咬咬弄好音'。《玉篇》《廣韻》並曰：'咬，鳥聲。'《毛詩》作交交者，省借字耳。"《原本玉篇・言部》："詨，詡教反。《山海經》：'鵲鳥鳴自詨。'郭璞曰：'今吳人謂叫喚為詨。'"是字頭作"咬"非誤字，但與"哮"同。

② 阿也尓久（あやにく【生憎】）。

③ 犬保由留（いぬ【犬】ほゆる【吠ゆ・吼ゆ】）。

④ "息"下原有"心"字，當是涉"息"下旁而衍。《玉篇・欠部》："欯，出氣息也。"可以比勘。各本"心"下無"也"字，蓋誤以為當連下讀而刪"也"字，但文獻未見"心呻吟"之語。《名義・尸部》："屎，呻吟也。"《玉篇・尸部》："屎，呻也。"惠奈久（えなく【唏・嚯呻】），又佐万与不（さまよう【呻吟ふ】），又奈介久（なげく【嘆く・歎く】）。

⑤ 《龍龕・口部》："嗷嗪：二俗，奇飲反。"《漢語俗字叢考》："這兩個字疑分別為'唅''噤'的訛俗字。"《説文・口部》："噤，口閉也。"與此音義合。

⑥ 注文"嘻"當作"噎"，乃"嗌"字之義。《師説抄》："噎，諸作嘻，非。訓釋混嗌。"其説是也。《新撰字鏡・口部》："哽，咽也，嘻（噎）也。"誤同。茲據校改。"烏黨反"當是"嗌"字音，《廣韻・蕩韻》"嗌，烏朗切"音同。牟須（むす【噎す・咽す】）。

⑦ 《廣韻・之韻》書之切："齝，《説文》曰：'吐而噍也。'齝啝，並上同。"又《廣韻・之韻》丑之切："齝，牛吐食而復嚼也。"此字蓋書"啝"和"齝"的異體，或即是"啝"字之訛。各本無"牛細兒"，"細"字疑有誤，疑當作"芻"或"犓"，或當補作"細芻"。牛乃尓介加牟（うし【牛】の【之】にげかむ【齝む】）。本書口部"哨"字亦有"尓介加无（にげかむ【齝む】）"，可參。"哨"無此義，乃"嘹"字形誤而混。《説文・齒部》："齝，吐而噍也。"《師説抄》："啝，諸作啝，非。哨當作嘹。"

⑧ "作"字據各本改。加久（かぐ【嗅ぐ】），又久佐志（くさし【臭し】）。

⑨ 注文"唒"疑當作"呼"。《集韻・霽韻》呼惠切："嘒，或从慧，从惠。"《廣韻・霽韻》："嘒，呼惠切。"茲據校改。

啤芳閉、芳懷二反。垂眠也。[①]

呧撫牛、扶牛二反。吹也,呼也。[②]

嚕吰上七增反,下胡元(兄)反。王(玉)聲。[③]

噓(嚧)市署反。喜咲不自勝皃。太加惠。[④]

唭丘吏[反]。疑(嶷),無聞見。[⑤]

唵一曷反。止也,吃也,小語也。

噏達改反。喧(嚌)也。[⑥]

嚳乙學反。誇也。

曠火横反。嘖(嘖)聲皃。[⑦]

嚊並利反。喘息聲。惠奈支須。[⑧]

售在佳部。

嘙莫利反。姤獪也。

呁九峻反。吐也。

呬先浸反。犬吐。

喎于戈反。小人相應。[⑨]

喎口蛙反。戾也。由加牟。[⑩]

咼上字。

唆山戈反。過(喎)唆也。[⑪]

---

① 此條不詳,"垂眠"疑當作"睡眠"或"垂眼"。

② 熊加全《〈玉篇〉疑難字研究》疑是"呼"字異體,當是。《廣韻·尤韻》縛謀切:"呼,吹氣。又拂謀切。"

③ 注文"元"當作"兄","王"當作"玉"。《新撰字鏡·連字》:"嚕吰,之(ゝ),胡兄反。王聲。""之"當作重文符。《廣韻·耕韻》:"吰,户萌切。""胡兄反"與"户萌切"音近。《文選·長門賦》:"擠玉户以撼金鋪兮,聲嚕吰而似鍾音。"從形義來看,"玉聲"更合理。兹據校改。

④ 此字當是"嚧"的俗字,音蓋據右旁"處"字所加。"署"字《群書類從》本同,享和本作"暑"。《慧琳音義》卷九十九"嗢嚧"條:"《考聲》:嗢嚧,大笑不自勝也。"太加惠(たかえ【高笑·嚧】)。

⑤ 注文"疑"當作"嶷"。《玉篇·口部》:"唭,丘吏切。唭嶷,無聞見。"兹據補改。

⑥ 注文"喧"當作"嚌"。《玉篇·口部》:"噏,達改切。嚌噏。"《玉篇·口部》:"嚌,嚌噏,言不正。"兹據校改。

⑦ 注文"嘖"當作"嘖"。《玉篇·口部》:"曠,曠嘖聲。"《名義·口部》:"曠,嘖聲皃也。"《王一》作"曠嘖聲",《裴韻》作"曠暗聲",《全王》作"曠啃聲"。當以"嘖"字是。兹據校改。

⑧ 惠奈支須(えなき【嚊】す)。

⑨ 小人相應,《名義》同,《廣韻》《玉篇》等作"小兒相應"。"小人"蓋即"小兒"。

⑩ 由加牟(ゆがむ【歪む】)。

⑪ 注文"過"當作"喎"。《玉篇·口部》:"唆,喎唆,小兒相應也。"兹據校改。

嗲𪛉〔噪〕二同。山咸反。唅嗲物也。己惠高志,又加夜久支乃奈久曾。①

咽渠隕反。吐也,欲吐也。

呪乙佳反。嘔也。哇字。呪耻。②

呻仁廉反。噍皃。

㖈古兀、呼兀二反。憂皃。

喋丈甲反。唼字。

嘵叉夬反。跳齧。

嘹力弔反。噭夜也,鳴也。

嘞胡弔反。歌也,歌音。③

噞乙余反。美(咲)也,大美(咲)也。④

嗔餘軫反。美(咲)也,大咲。⑤

吵祢招(弥沼)反。雉鳴聲皃。⑥

嘴𡁻同。于昧(脈)反。相數嘴也。講字。⑦

唔莫侯反。盧(慮)也。謀古文。⑧

咏爲命反。詠字。

暮莫如(奴)反。謨字。⑨

呧都礼反。詆字。訶也,呧也。⑩

嗒徒合反。相對談也,庄(疾)言。⑪

呵許多反。怒也,責也。

------

① 末字"曾"上各本有"佐"字,狩谷疑"佐曾"當作"古惠"。己惠高志(こえ【声】たかし【高し】),又加夜久支乃奈久曾(かやくき【鸚】の【之】なく【泣く・鳴く・啼く】そ)。狩谷云:"訓皆混'噪'字。"是也。字頭前一字形"𪛉",既可以是"嗲"的俗字,又是"噪"的俗字。

② "耻"字不詳,疑是"耶"字,即"邪"的俗字。《名義·口部》:"哇,耶(邪)也。"《敦煌俗字典》載"耶"字有作"𦔮"者,可參。

③ "弔"字《名義》同,吕校定作"异",云"异同弄"。但《玉篇·口部》爲"胡冬、徒弄二切",無"胡弄反"之音,疑"弔"爲"冬"草書之誤,俟考。

④ 注文"美"當作"咲"。《名義·口部》:"噞,咲也。"亦見下條。兹據校改。

⑤ 注文"美"當作"咲"。《名義·口部》:"嗔,大咲也。"兹據校改。

⑥ 注文"祢招"當作"弥沼"。《名義·口部》:"吵,弥治(沼)反。"《玉篇·口部》:"吵,彌沼切。"兹據校改。

⑦ 注文"昧"當作"脈"。《名義·口部》:"嘴,于脈反。"兹據校改。《原本玉篇·言部》:"講,《説文》:'言疾皃也。一曰相數講也。'《字書》或爲嘴字,在口部也。"

⑧ 注文"盧"當作"慮"。《名義·口部》:"唔,謀字。慮也。"兹據校改。

⑨ 注文"如"當作"奴"。《名義·口部》:"暮,莫奴反。"《玉篇·口部》:"暮,莫奴切。"兹據校改。

⑩ 上"呧"字原作"𧬉",下"呧"字作"𧬉"。

⑪ 注文"談"字右旁原作"火","庄"當作"疾"。《原本玉篇·詰部》:"嗒,《説文》:'疾言也。'《聲類》或爲嗒字。野王案,嗒嗒,相對談也,在口部也。"兹據校改。

咽后姑反。胡字。牛垂肉。

嚹似離反。饗字。嫌也。

嗦(喫)於縣反。餉字。①

咭(咶)許藉(遘)、胡遘、居候三反。詆(詬)字。恥也，屌(厚)也，買(罵)詈。②

喧古環反。關字。

咶爰(奚)垢、呼垢二反。厚恕(怒)也，欲吐也。③

咇蒲結反。苾字。芬香。④

嚮虛又(丈)反。響音也。⑤

啉力南反。聑也，謹也。亦婪字。

味之陸反。呼雞聲。

冞女(上)字。⑥

噼口(孚)願反。吐也。⑦

呴所佳(律)反。爲蚡冒。⑧

嗕如屬反。羌別種。

唧谷字。

谷古木、餘玉二反。窮也。在谷部。

嘆嘆同作。子旦反。或本作汢字，將逸反。⑨

呻舒神反。吟也，歎也。左万与不，又奈介久。⑩

---

① 字頭“嗦”當作“喫”。《名義·口部》：“喫，於縣反。猒食，飫也。”“餉”字原訛作“饁”。《原本玉篇·食部》：“餉，於縣反。《字書》或爲喫字，在口部。”

② 字頭當作“咶”，注文“藉”當作“遘”，“詆”當作“詬”，“屌”當作“厚”，“買”當作“罵”。《原本玉篇·言部》：“詬，許遘、胡遘、居候三反。《左氏傳》：‘聞詬之。’杜預曰：‘詬，罵也。’詢，《説文》亦詬字也。《聲類》或爲咶字，在口部。”《名義·口部》：“咶，居候反。恥辱也，詈也。”《名義·口部》：“咶，呼垢反。恥辱也，厚怒也。”茲據校改。

③ 注文“爰”當作“奚”，“恕”當作“怒”。“奚垢反”音同“胡遘反”，“呼垢反”音同“許遘反”，見上“咭(咶)”字音切。《名義·口部》：“咶，厚怒也。”茲據校改。

④ 反切下字原作“結”，後改作“佶”字，但“結”字是。《名義·口部》：“咇，蒲結反。”《廣韻·屑韻》：“咇，蒲結切。”

⑤ 注文“又”當作“丈”。《名義·口部》：“嚮，虛丈反。”茲據校改。

⑥ 注文“女”當作“上”。《玉篇·口部》：“味，或作冞。”茲據校改。

⑦ “願”上殘。《名義·口部》：“噼，孚願反。”《玉篇·口部》：“噼，孚願切。”茲據校補。

⑧ 注文“佳”當作“律”。《玉篇·口部》：“呴，所律切。”《廣韻·質韻》：“呴，所律切。”“佳”字《名義》雖同，但音不合，應爲誤字。茲據校改。《玉篇·口部》：“呴，《史記》曰：楚先有熊呴，是爲蚡冒。”今本《史記》作“熊眴”。

⑨ 《玄應音義》卷四“唾汢”條：“將逸反。《通俗文》：迋而吐之曰汢。經文作嘆，音子旦反。”

⑩ 左万与不（さまよう【呻吟ふ】），又奈介久（なげく【嘆く・歎く】）。

嘔匕(乙)侯反。吟也。謳字。呪也。①

𧧘且丞、反(又)覲二反。久波留。②

𧧘上字。以財施僧尼也。③

哇五佳反,平;喫。

嗟(喥)上字。④

叫古弔反,去;呼也,鳴也。介伊反。⑤

唱訓謷嗅四字,皆上字。

吾正語都反,平;我也,禦也。借雅加反,平。

啁正竹苞反,平;相戲調也。借陟由反,平。惠留。⑥

嘲上字。

否正音薄鄙反,上;不通也。借秘冀反,去;不善之物也,"臧不(否)"是也。又否:不也,惡也,塞也。⑦

台正与時反,平;我也,自稱也,予也,養也。借粰來反,平;大老也。⑧

吶正奴骨反,入;遲鈍也。亦爲訥字。借如(奴)劣反,入;舒小兒。⑨

咥正諸異、虛記二反,去;大咲也。借徒結反,入;齧也。

𧮏許交反,平;誇語也。伊豆波留,又阿坐牟久,又保太支天云。⑩

嘹上一本作也。

啜士悅反,入;又市芮反,去;嚼也。奈牟,又阿支比利比。⑪

嘽土干反,平;馬勞也。阿波久,又馬伊奈久。⑫

---

① 注文"匕"當作"乙"。《名義·口部》:"嘔,乙侯反。"茲據校改。

② 注文上"反"字當作"又"。《玄應音義》卷十四"達嚥"條:"又覲反。"雖《廣韻》《玉篇》有"初覲切"之音,但"又"與"反"形近而易誤,各本作"且丞、對二反"(《群書類從》本作"天",旁注"イ'又'")可證。茲據校改。各本"久波留"上有訓釋"以財施於僧尼也"。久波留(くばる【配る·賦る】)。

③ 各本"施"下有"於"字。

④ 字頭"嗟"當作"喥"。《集韻·佳韻》:"哇,或作喥。"茲據校改。

⑤ 介伊(けい)反。

⑥ 惠留(える【啁る】)。

⑦ 注文"不"當作"否"。《詩·大雅·抑》:"未知臧否。"茲據校改。

⑧ 《詩·大雅·行葦》:"黃耇台背。"毛傳:"台背,大老也。"鄭玄注:"台之言鮐也,大老則背有鮐文。"

⑨ 《原本玉篇·言部》:"訥,奴骨反。《論語》:'君子欲訥於言。'苞咸曰:'訥,遲鈍也。'"注文"如"當作"奴"。《禮記·檀弓下》:"其言吶吶然如不出其口。"鄭注:"吶吶,舒小貌。"釋文:"吶吶,如悅反,徐奴劣反。舒小貌。"茲據校改。

⑩ 伊豆波留(いつわる【偽る·詐る】),又阿坐牟久(あざむく【欺く】),又保太支天云(ほたき【嘹き】ていう【言う·云う·謂う】)。

⑪ 奈牟(なむ【嘗む·舐む】),又阿支比利比(あきひりひ)。

⑫ 阿波久(あわく【喘く】),又馬伊奈久(うま【馬】いなく【嘽く·嘶く】)。

罝虊字同。乃多反。深(除)疫鬼也,又云見鬼驚聲也。乃作、乃旦二反,去。①

嘶之(先)兮反,平;噎也,散也,馬鳴也,哀哭聲也。②

嗼亡格反,入;静也,定也。

叵普我反。不可也。

呬許器、丑致二反,去;息也,呻也。

單㪍丹反。隻也,薄也,大也。

唲下旋(殄)反。乳久良不。③

吚上古文。

喬其虐反。高舉足,高也。④

喬上字。

右禹九反,上;教道也,勸也,左也,助也。

唄薄邁反,去;敗音。无此字也。唄匿,猶是佛歌歎之名。⑤

加柯班(瑕)反,平;重也,益也,尚也,陵也,多也,在也,裁(載)也,湯也。⑥

嶠尤出反。危也。

咨子辞反。嗟也,呰也,謀事也,謀事也。

留略周反。久也,徐也,止也,受也,疾也。⑦

呶女交反。讙也,囂也。

谻古文谽、賑。在谷部。⑧

谷 渠久反。病也,惡也,交(灾)也。從人。⑨

---

① 注文"深"當作"除"。《名義·叩部》:"罝,除疫人也。"茲據校改。

② 注文"之"當作"先"。《名義·口部》:"嘶,先奚反。"《玉篇·彳部》:"澌,先兮切。""嘶"與"澌"音同,且"先"與"之"草書形近。茲據校改。《玄應音義》卷三"嘶喝"條:"《方言》:嘶、嗌,噎也。郭璞曰:謂咽痛也。楚曰嘶,秦晉或曰嗌。《埤蒼》:嘶,聲散也。"今本《方言》卷六作"㿂"。

③ 注文"旋"當作"殄"。《名義·口部》:"唲,又殄反。""殄"字原作"**𣥠**",是"殄"的俗字,此"旋"即其訛誤。《名義》之"又"於音不合,當據此作"下"。各本"反"下有"小兒歐乳也",與《切韻》系韻書釋義同,此或當補。乳久良不(ちち【乳】くらう【食らう】)。

④ "其虐反。高舉足"當是"蹻"字音義。《廣韻·藥韻》:"蹻,其虐切。舉足高。"蓋《新撰字鏡》所據底本已脱"足"旁,故入此口部。

⑤ 《玄應音義》卷十四"唄匿"條:"梵言婆師,此言讚嘆。言唄匿者,疑訛也。"

⑥ 注文"班"當作"瑕","裁"當作"載"。《名義·口部》:"加,柯瑕反。"《廣雅·釋詁二》:"加,載也。"《名義》有"戴"義,"戴"與"載"通。茲據校改。"湯"字不詳,原字作"**𥧝**",疑當作"過"。《文選·潘岳〈寡婦賦〉》:"雖兄弟之愛,無以加也。"劉良注:"加,過也。"

⑦ 《國語·吳語》:"一日惕,一日留。"韋注:"惕,疾也。留,徐也。"此"疾也"疑是"惕"字義混入。

⑧ 《玄應音義》卷八"谻然"條、卷十一"谻悟"條:"古文谽、賑二形,同。"

⑨ 注文"交"當作"灾"。"交"字《名義》同,呂校云"'交也'似當作'灾也'",是也。《説文·人部》:"咎,災也。从人从各。各者,相違也。""灾"同"災","灾"與"交"形近而誤。茲據校改。"從人"見上《説文》,或因俗字"夂"旁似"人"而云。

咎正作。

𩡓在馬部。①

尚市向反,去;佑也,猶也,增也,加也,高也,曾也,上也,右也。②

嘗市羊反,平;試也,暫也,先也,祭也。③

嗇使力反。秉兒,積也,田夫謂之嗇人。

嗇上字。

呰古文作欪。子尒反。呵也,口毀曰呰。訾,亦作懵。子移反。量也,思也,此也。④

喜正欣起反,上;樂也,欣也。憙字,亦憙。許志反,去;好也,悦也。⑤

向正許亮反,去;北出户也,窗也,面也,對也。又鄉、嚮二字通也。

當都郎反,平;直也,任也,敵也,主也,底也。借丁浪反,去;主典也。

臨正力箴反,平;視也,照也,哭也,監臨也,大也。

名弭誠、武并二反,平;所以名質也,大也,偶也。借亡正反,去;字從多(夕)、從口。⑥

唎弥箭反。咲也。

唊子葉反,入;諫也,咲也。又古協反。妄語也。⑦

嚱都哀反。悽倉(愴)也,惆也,蚩而相咲也。⑧

嗖盧斗、落侯二反,平;嗳也,舌聲也,吸也,嗹也。⑨

噓虚據反,去;吸也,吹也,嗳也。⑩

---

① 《新撰字鏡·馬部》:"𩢷,呼鹹反。急也。𩡓字同。"又《新撰字鏡·石部》:"𩡓,呼鵑反。響。"

② "佑"字原字似"佔",《名義》亦似"佔",但作"佔"無義,當是"佑"字。《爾雅·釋詁下》:"亮、介、尚,右也。"郭注:"紹介、勸尚,皆相佑助。"是"佑"與"右"通,兹據校定。

③ 《玄應音義》卷二十四"未嘗"條:"視羊反。《廣雅》:嘗,試也。暫也,先也。未嘗亦未曾也。"《玄應音義》卷六"未嘗"條:"《小爾雅》云:嘗,試也。謂題爲之也。"《原本玉篇·旨部》:"嘗,《公羊傳》:'秋□□(曰嘗)。'何休曰:'嘗,先辭也。秋穀成黍。'"

④ 《玄應音義》卷六"毀呰"條:"古文些、欪二形,同。子尔反。《説文》:呰,呵也。《禮》云:呰者,莫不知禮之所生。鄭玄曰:口毀曰呰。"《玄應音義》卷十九"不訾"條:"又作懵,同。子移反。訾,量也,思也,稱意也。"

⑤ "憙字"二字原倒,據文意乙。

⑥ 注文"多"當作"夕"。《説文·口部》:"名,從口、從夕。"兹據校改。《玄應音義》卷二十四"中名"條:"名,幖幟也,亦所以名質也,自命也。《左傳》:名以制義。《廣雅》:名,成也。字從口、從夕。夕則不相見,須口以名之字意也。"

⑦ "子葉反,入;諫也,咲也"爲"唊"字音義,參上文"唎(唎)"字條。"咲"疑當作"吸"。《新撰字鏡·口部》:"唊,吸也。"

⑧ 《玉篇·口部》:"嚱,他亥切。嚱唲,言不正。"諸書皆無此音義。"倉"當作"愴",據文意改,此字左旁殘,原當是"愴"字。"蚩"或當是"嗤"字,二字同。

⑨ 《廣韻·侯韻》落侯切:"嗖,嗖唊,鳥聲。""嗳也,舌聲也,吸也"當非"嗖"字義,或因"嗳"與"嗖"形近而混入,或涉下幾字義而混入。"舌聲"或當作"鳥聲"。

⑩ "吸也,嗳也"非"噓"字義,蓋涉下幾條而訛混。

唻〔唻〕子累、索□（豆）二反。須也，嗽也，吸也。①

噁烏各反。鳥鳴也，嗽也，吸也。

常市羊反，平；長也，質也。

哂余帚反。嘬也，噬也。②

呿却據反，去；欠也，炊也，張口也。

嘴資髓反。鳥喙也。

嶲同上。

啻施豉反，去；過分也，長也，詣也，但也，餘也，不也。志加乃三。③

喻牟（羊）朱反。喜也，比也，□（開）也，曉也，諫也，況悟也。④

嘿毛北反。无聲也，寂静也。

味无貴反。滋也。

咀子余反。唯也，含味也，合味也，一曰噆嗜，咀也。久不。⑤

𠽌晧高、古（胡）刀二反。鳴也，熊虎之聲也。⑥

嘷嘷上字。

咽咽烏前反，平；吞也，嗌也，吭喉嗌咽也。

嗌於亦反。痛也，咽也。⑦

古姑戶反，上；故也，始也，天地也，久也，常也。

哆丁羅反，上；張口也，緩脣也。又丁佐反，去；猶脣垂也。⑧

若而灼反，入；訓也，汝也，如也，儻也。若，正作。當也，猶也。⑨

善常演反，上；工也，佳也，吉也。

---

① "索"下殘，影抄本作"豆"。《名義·口部》："嗽，素豆反。""唻"同"嗽"。"素"與"索"形近且聲母同，故常換用。茲據校補。"子累"當是"唻"字之音，"唻"同"嘴"。"須也"不詳。

② 字頭不詳。

③ "詣也"不詳，或是"諟"之誤。《説文·口部》："啻，一曰啻，諟也。讀若鞮。"志加乃三（しかのみ），意爲"止，僅僅"。反義詞"不啻"可訓爲"しかのみならず（【加之】）"，意爲"不止，不僅"。

④ 注文"牟"當作"羊"。《説文通訓定聲·需部》："諭，字亦作喻。段借爲愉。"《廣韻·虞韻》："愉，羊朱切"。茲據校改。《廣雅·釋詁一》："愉，喜也。"《廣雅·釋訓》："喻喻，喜也。"殘字作"🖋"，似是"開"字，"開"與"曉"義近。

⑤ "子"字原作"干"，旁注"子"字，當是。《廣韻》有"慈呂切""子與切"二音，皆上聲。"子余反"與《廣韻》"子魚切"音同，此音有"且""蛆""苴""沮"四字，皆"且"旁字。狩谷："《玉篇》'才与切'，據考，干當作才。"恐非。《名義·口部》："唯，嚼字"。狩谷："'合味也'三字恐衍。"當是。《説文·口部》："咀，含味也。"久不（くう【食う·喰う】）。

⑥ 注文"古"當作"胡"。《廣韻·豪韻》："嘷，胡刀切。"茲據校改。

⑦ 《方言》卷六："瘌，嗌，噎也。"郭璞注："皆謂咽痛也。"

⑧ "丁羅反"爲平聲字，此標上聲，疑此音是倭音"た"。

⑨ 《爾雅·釋言》："若，順也。""訓"通"順"。字頭原作"若"，注文原作"若"，二字相差不大。

哴丘尚反。小兒泣而不止曰哴，哭絶音亦曰哴。①

嚌才冉反。小崒也，亦喙也。

哴力向反。啼極无聲曰哴哴也，西秦語亦然也。②

嚌在細反。嘗至齒也，嘗也。

已上(下)出從《切韻》平聲字

嚾盧江(紅)反。大聲。③

喁魚容反。噞也。乃三豆，又須不，又波无。④

嚾於容反。鳥鳴。

吹昌爲反。助也。又見(尺)僞反，去。⑤

㷉許羈反。㷉敏，貪者見食皃。

唯以佳反。獨也，由也。

司自(息)茲反。⑥

咡如之反。吻也，咋也。又仍吏反，去；口波志，又久不。⑦

嘻許其反。噫也。

噫於其反。恨聲也。又烏界、於飢二反，去；心驚也，呼也，鳴也。又阿。⑧

譏居希反。小食也，睎也。

唦(㗅)央魚反。笑魚(皃)。⑨

嚅日朱反。嚅也，多言也。

嚅上同。

味(咮)止俞反。詛也，喙也。又譬朱(咮)，多言皃。⑩

———

① 《方言》卷一："自關而西秦晉之間凡大人少兒泣而不止謂之哴，哭極音絶亦謂之哴。平原謂啼極無聲謂之哴哴。"

② 《方言》卷一："自關而西秦晉之間凡大人少兒泣而不止謂之哴，哭極音絶亦謂之哴。平原謂啼極無聲謂之哴哴。"

③ 注文"江"當作"紅"。P.3798、《裴韻》《全王》《廣韻·東韻》："嚾，盧紅反。"茲據校改。

④ 乃三豆(のみづ)，又須不(すう【吸う】)，又波无(はむ【食む】)。

⑤ 注文"見"當作"尺"。《王一》《裴韻》《全王》《廣韻·寘韻》："吹，尺僞反。"茲據校改。

⑥ 注文"自"當作"息"。《切二》《王一》《裴韻》《全王》《廣韻·之韻》："司，息茲反。"茲據校改。

⑦ "咋也"不詳。口波志(くちばし【嘴】)，又久不(くう【食う·喰う】)。

⑧ 又阿(あ【嗟】)。

⑨ 字頭"唦"當作"㗅"，注文"魚"當作"皃"。《切二》《切三》《全王·魚韻》央魚反："㗅，笑皃。""相"字草書與"於"字相近，此誤認致訛。茲據校改。

⑩ 字頭"味"當作"咮"，注文"朱"當作"咮"。《切三》《全王·虞韻》止俱反："咮，譬咮，多言皃(末字全王作'也')。"茲據校改。"詛也"蓋"呪"或"袾"的假借義。《廣韻·宥韻》："咮，陟救切。"此音與"呪(職救切)"音近。《廣韻·虞韻》章俱切："袾(袾)，詛也。"《廣韻·遇韻》之戍切："袾，詛也，祝也。"

嗷〔呎〕子于反。嘁也,多言也,不廉也。又丁篋反,入。①

呱古朝(胡)反。啼聲。②

嗚哀都反。呼也,哭也。③

啼度嵇反。吼嗥也。保由。④

哇嗅同。於佳反。淫聲也,𧨌,讕聲,謳也,邪也。⑤

嘻火佳反。笑也。

喈古諧反。鳥鳴。

君舉云反。尊也。

喧況表(袁)反。⑥

嘆他單反。大恩(太息)也,況也,傷也。⑦

嗹落賢反。嘍也,言語煩挈兒。

嘕許延反。笑白(兒)。又惠无,又和良不。⑧

喬許嬌反。喬然,大兒。

嗸五勞反。衆口也。佐和久,又止止口(呂)久。⑨

嗟子耶反。憂歎也。阿,又奈介久。⑩

呀許加反。張口兒,啥也,呷也。和良不。⑪

盲莫朗(郎)反。不知也。⑫

喤戶盲反。垃(泣)聲。⑬

鳴武兵反。

兄許榮反。

---

① 《切三》《王一》《全王·虞韻》子于反:"嗷,嘁嗷,不廉。"《切三》《全王·怗韻》丁篋反:"呎,多言。"俗字"耴"旁又寫作"取",故此混爲一條。

② 注文"朝"當作"胡"。《廣韻·模韻》:"呱,古胡切。"《切韻》系韻書同。茲據校改。

③ "嗚呼"與"哭"義近,此"哭"疑當作"哭"。

④ 保由(ほゆ【吠ゆ·吼ゆ】)。

⑤ "哇"同"嗅",文獻未見,俟考。《廣韻·佳韻》於佳切:"哇,淫聲。"《説文·口部》:"哇,諂聲也。""𧨌"同"諂"。"讕"上一字不詳。

⑥ 注文"表"當作"袁"。《廣韻·元韻》:"喧,況袁切。"茲據校改。

⑦ 注文"大恩"當作"太息"。《説文·口部》:"嘆,一曰太息也。""大"通"太"。茲據校改。

⑧ 注文"白"當作"兒"。《廣韻·仙韻》許延切:"嘕,笑兒。"茲據校改。又惠无(えむ【咲】),又和良不(わらう【笑う·咲う】)。

⑨ 注文"口"當作"呂",據各本改。佐和久(さわぐ【騒ぐ】),又止止口(呂)久(とどろく【轟く】)。

⑩ 阿(あ【嗟】),又奈介久(なげく【嘆く·歎く】)。

⑪ 和良不(わらう【笑う·咲う】)。

⑫ 注文"朗"當作"郎"。《切三》《裴韻》《全王》《廣韻·唐韻》:"盲,莫郎反。""朗"是上聲字,與此平聲不符。茲據校改。

⑬ 注文"垃"當作"泣"。《廣韻·庚韻》戶盲切:"喤,泣聲。"茲據校改。

嚶烏莖反。鳥聲。

呈直貞反。示也,見也,未也,平也。①

呼薄謀反。吹氣。

哣當侯反。輕言。②

呦於乳(虬)反。鹿鳴。③

嘼古侯反。唱也。

嗛子廉反。嗽也,不廉皃。

已上平聲

呰茲此、姊西二反。凹也。④

卟庚(康)礼[反]。卜問。⑤

哶莫解反。羊聲。

哂式忍反。笑也。

听牛謹反。笑也。

噂茲損反。聚語也,舞皃。⑥

噍以沼反,上;雉聲。

哿古我反。

可枯我反。

斝古雅反。玉爵。

閜許下反。大笑。和良不。⑦

坐徂果反。居也,由也,罪也。

坐上字。從人、從口。

唵焉(烏)感反。手進食。⑧

哽古杏反。咽也,嚋(噎)也。骾、鯁。⑨

――――――――――――――――――

① “未也”疑“示也”之衍。《名義·口部》:“呈,見也,示也,平也。”蓋上“示也”出自《切韻》,後三義出
　　自《玉篇》,因《玉篇》之“示”又誤作“未”而收入。

② 注文《切三》《裴韻》《全王》皆作“輕出言”,此或當補。

③ 注文“乳”當作“虬”。《切三》《裴韻·幽韻》:“呦,於虬反。”《廣韻·幽韻》:“呦,於蚪切。”“虬”爲
　　“蚪”的俗字。茲據校改。

④ 《廣韻·紙韻》:“呰,窳也。”《集韻·麻韻》:“窊,亦作㕑。”《廣韻·麻韻》:“窊,凹也。”故此有
　　“凹”義。

⑤ 注文“庚”當作“康”,“礼”下奪“反”字。《切三》《裴韻》《王二·薺韻》:“卟,康礼反。”茲據改補。

⑥ 《説文·士部》:“墫,舞也。《詩》曰:‘墫墫舞我。’”今本《詩·小雅·伐木》作“蹲蹲”。此“舞皃”蓋
　　“墫墫”或“蹲蹲”的假借義。

⑦ 和良不(わらう【笑う・咲う】)。

⑧ 注文“焉”當作“烏”。《切三》《王一》《裴韻》《全王》《廣韻·感韻》:“唵,烏感反。”茲據校改。

⑨ 注文“嚋”當作“噎”。《玄應音義》卷二“哽噎”條:“古文骾、鯁二形,又作鯁,同。古杏反。哽,噎
　　也。”茲據校改。

同户鼎反。

后胡口反。君也。

后俗作。

嗾蘇后反。

釦苦厚反。金飾。

訽苦厚反。先相訽耳(可)。[①]

嗛革(苦)簟反。猨藏食處也,銜也,食也。[②]

𦋲居杜反。

罟上字古文。网也。

耇多忝反。老人面黑子也。

杏妨走、他豆二反。相与語,唾而不受也。

音上字。

已上上聲

哄胡貢反。唱聲。

嚊鄙媚反。

句其俱反。檢也。在勹部。

嗉蘇故反。鳥嗉也,鳥物食也,咽也。

嘒虎惠反。虫聲。世比乃己惠。[③]

嘒同字。

唳魯帝反。鶴唳。

嘳苦壞反。憐也,女字。[④]

嘬楚夬反。食盡臠也,飲畝也。

喝於芥反。嘶聲也,渴也。水乃无,又左へ豆利止奈无。[⑤]

冊(哵)所芥反。喝也,敗也。[⑥]

咶火夬反。息聲。牛乃伊支。[⑦]

---

① 注文"耳"當作"可"。《切三》《王一》《裴韻》《全王》《廣韻·厚韻》《新撰字鏡·言部》:"訽,先相訽可。"茲據校改。

② 注文"革"當作"苦"。P.3693、《切三》《王一》《裴韻》《廣韻·忝韻》:"嗛,苦簟反。"茲據校改。

③ 世比乃己惠(せび【蝉】の【之】こえ【声】)。

④ "女字"當是"嬇"字義。《王一》《裴韻》《全王》《唐韻》《廣韻·隊韻》:"嬇,女字。"但P.3696、《王一》《全王》《唐韻·怪韻》:"嘳,女字。"《廣韻·怪韻》字頭作"嬇"。是《切韻》皆誤"嬇"爲"嘳",此承其誤。

⑤ 《説文·口部》:"喝,㵣也。""渴"同"㵣"。水乃无(みず【水】のむ【飲む・呑む】),又左へ豆利止奈无(さへづり【囀り】となむ)。

⑥ 字頭"冊"當作"哵"。《全王·夬韻》所芥反:"哵,喝哵,聲破。"茲據校改。

⑦ 牛乃伊支(うし【牛】の【之】いき【息】)。

唪七碎反，又倉抉(快)反。當也，口也，驚也，嘗入口也。①

崒蘇對反。䣝酒聲。

嗲魚變反。弔也。

啃上字作。

嚩知戀反。韻也。左へ豆留。②

嘯蘇弔反。歔字同。宇曾牟。③

噍才笑反。嚼也。久不。④

耆徒到反。年九十。

告古到反。生也，語也。又古盜反。上通。⑤

㛺則臥反。拜失容。

唾託臥反。口液也。

嚇呼訶(訝)反。呼格反，入；笑聲也，大怒也。⑥

唅下紺反。哺也，含也。

吭下良(浪)反。鳥咽也。⑦

畜許救反。畜字。

咮(味)嚼同作。又(陟)救反。鳥口也。又之欲反，入；託也。⑧

嚐語窆反。喝，魚[口]也。⑨

已上去聲

嚄胡伯反。嘖也，大喚也，叫也，埃也。⑩

嘖側伯反。至也，呼也，鳥鳴。又加左左支鳴。⑪

咋鉏伯反。吠也，多聲也，鳥鳴。

---

① 注文"抉"當作"快"。《王一》《裴韻·夬韻》："唪，倉快反。"茲據校改。"當也，口也"疑是"嘗入口也"之誤衍。

② 左へ豆留（さへづる【嚩る】）。

③ 宇曾牟（うそむ【嘯む】）。

④ 久不（くう【食う・喰う】）。

⑤ "生也"不詳，疑"造"字義。

⑥ 注文"訶"當作"訝"。《王一》《裴韻》《全王》《唐韻》《廣韻·禡韻》："嚇，呼訝反。"茲據校改。

⑦ 注文"良"當作"浪"。《裴韻》《全王》《唐韻》《廣韻·宕韻》："吭，下浪反。"茲據校改。

⑧ 字頭"咮"當作"味"，注文"又"當作"陟"。《王一》《全王》《廣韻·宥韻》："嚼，陟救反。"茲據校改。《切三》《王一》《裴韻》《全王·燭韻》之欲反："嚼，託。""託"下《王一》云"通作嗎"，《裴韻》云"今嗎"，《全王》云"俗作嗎"。

⑨ "魚"下疑奪"口"字。P.3694《切韻箋注·豔韻》語窆反："嚐，嚐喝，魚口。"《唐韻·豔韻》魚窆反："嚐，嚐喝，魚口。"茲據校補。

⑩ "埃也"不詳。《新撰字鏡·口部》："囂，埃也。"兩處當是同一義。

⑪ 又加左左支鳴（かささぎ【鵲】なる【鳴】）。

俶子六反。歟囗(聲)。①

吉居質反。善也。山兒,山名。②

噄資悉反。鼠聲。③

唧資悉反。啾也。

叱尸(尺)栗反。咄也,呵也。④

咈符勿反。戾也,大也,連(違),乱也。⑤

礊口革反。鞕聲。

嗍所劣反。鳥理毛。

嘁千結反。小語。

嗗鳥八反。飮聲。

歇許葛反。訶也。

咀當割反。訶也。

唱(嗢)鳥没反。大唉也。⑥

咄當没反。訶也,叱也,呼也,喹也,當也,比也。⑦

喀苦陌反。吐聲也。

嗑[五]答反。衆聲也。⑧

哈啓合、吐合二反。咱、噉同。魚多兒也。⑨

---

① "歟"下殘,據影抄本作"聲"。《王一》《裴韻》《全王·屋韻》:"俶,嘆。"《唐韻·屋韻》:"俶,《説文》
云:'歟　也。'加。"《廣韻·屋韻》:"俶,《説文》:'嘆也。'本音寂。"但周祖謨、余廼永、龍宇純等
"嘆"字皆改作"歎"。又《王一》《全王》《廣韻·錫韻》"俶"字注作"嘆"。

② "山兒,山名"疑是"部"字義。《廣韻·質韻》:"部,部成山。"《玉篇·邑部》:"部,地名。一云部
成山。"

③ 字頭原誤作"𪚲"。《切三》《裴韻》《全王》《唐韻·質韻》:"噄,鼠聲。"《廣韻》《玉篇》字頭作
"噄",同。

④ 注文"尸"當作"尺"。《全王·質韻》:"叱,尺栗反。"茲據校改。

⑤ 注文"連"當作"違"。《名義·口部》:"咈,違也,戾也,大也,乱也。""大"當是"㧗"或"佛"之義。

⑥ 字頭"唱"當作"嗢"。《王一》《全王·没韻》鳥八反:"嗢,咽。又鳥没切,笑。"茲據校改。

⑦ "當也,比也"不詳。

⑧ "答"上奪"五"字,"聲"字原在"答"上。《切三》《裴韻》《全王》《唐韻》《廣韻·合韻》五合反:"嗑,衆
聲。"茲據校乙。上田正改作"聲(䶀)苔反。衆[聲]也","䶀"字似據形近而改,但反切一般不用
"䶀"字,俟考。下條同。

⑨ 《切三》《裴韻》《唐韻》《廣韻·合韻》五合反:"哈,魚多兒。"上田正改"啓"爲"䶀"。《全王·合韻》他
閤反:"哈,《莊子》云:哈然似喪。"此音義即"嗒"字《廣韻·盍韻》:"嗒,嗒然,忘懷也。"《玉篇·口
部》:"嗒,吐合切。《莊子》云:嗒然似喪其偶。"《名義》亦同此。《名義·口部》:"哈,吐合反。或咱、
啥也。又楊字。"

囃倉獵(臘)反。[助]無(舞)聲。①

喋又(丈)甲反。嗾也,便言也,鳥食兒。②

喋同上。

囁之涉反。口動兒。

咠七入反。譖言也,知(和)也,口舌聲也,聶語也。③

嶷魚力反。小兒有知兒也。

噱其虐反。笑不止也,嗢也,大咲也。

已上入聲

喿先到反。鳥群鳴也。澡(鏾)字。④

器袺(袪)冀反。皿也,用也,能也。⑤

器正作。

噩魚各反。驚也,真(直)言也。⑥

咢上字,此字古文。

參所今反。代(伐)也,皇(星)名,交也。從品、從厽。⑦

啙齜字,非作。見齒部。⑧

召台召上俗作,二正作。⑨

苦苦上通,下正。⑩

嚽啜歠同。有《大般若經》。昌悅反。又哲音。⑪

嘷。

---

① 注文"獵"當作"臘","無"當作"舞","無"上奪"助"字。《王一·盍韻》倉臘反:"囃,助舞聲。"《廣韻·盍韻》倉雜切:"助舞聲也。"《全王·盍韻》食(倉)臘反:"囃,言聲。"茲據改補。

② 注文"又"當作"丈"。《廣韻·狎韻》:"喋,丈甲切。"茲據校改。

③ 注文"知"當作"和"。《名義·口部》:"咠,和也。"《裴韻·緝韻》:"咠,一曰和。"此當是"輯"字義。《廣韻·緝韻》:"輯,和也。"茲據校改。

④ 注文"澡"當作"鏾"。此條當出《玉篇》。《原本玉篇·喿部》:"喿,《方言》爲鏾(鏾)字,在金部。"《玉篇·喿部》:"喿,今作鏾。"茲據校改。

⑤ 注文"袺"當作"袪"。《原本玉篇·皿部》:"器,袪冀反。"茲據校改。

⑥ 注文"真"當作"直"。《原本玉篇·皿部》:"噩,《聲類》古文咢字也。咢,驚也,直言也。在吅部。"《漢書·韋賢傳》:"咢咢黃髮。"師古注:"咢咢,直言也。"茲據校改。

⑦ 注文"代"當作"伐","皇"當作"星"。《原本玉篇·品部》:"參,所金反。《毛詩》:'維參與昴。'傳:'參,伐也。'《説文》今參商星也,在晶部。參伍之參,音庸耽反,在厽部。"茲據校改。

⑧ 《玄應音義》卷十四"齜齒"條:"律文作啙,未詳字出。"

⑨ 《干禄字書》:"召台召:上俗,中下正。諸從召者準此。"

⑩ 《干禄字書》:"岢苦:上通下正。"此上字當從《干禄字書》作。

⑪ 《大般若經音義》"嚽飲"條:"上又作歠,同。昌悅反。歠,飲也。"《新撰字鏡·口部》:"嚽歠,同。昌悅反,又哲音也。"

舌部第十九

廿五字

舌實□（折）反，入；所以言也，知味也。字從千、從口。①

並 上字古文。②

䑙食尔反。以舌耳（取）食也。舓古文。③

䑙上字。④

舓食尔反。䑙也，以舌取食。

狋猊舓踶呧五形，皆上字。⑤

憩亦作［愒］。却屬反。息也。⑥

辝似意反。理也，訟也。⑦

辤詞嗣皆同，亦作。⑧

舐烏活反，入；取物也。

䑶他前反，平；䑟也。

䑟徒干反，平；語不止也，又語不止也。⑨

甜徒兼反。美也，甘也，旨也。阿知万牟。⑩

䶒酟二形，上字。⑪

乱力段反，去；散乱也，理也，擾也，收也，治也。亦作亂。止止乃不。⑫

---

① "實"下字殘作"𠁁"，當是"折"字。《廣韻・薛韻》："舌，食列切。""折"是薛韻字。茲據校補。《説文・舌部》："舌，从干从口，干亦聲。"但因手寫從"千"，故此云"從千"，正當從"干"。

② 此字當是《説文》小篆"苦"之變。

③ 注文"耳"當作"取"。《説文・舌部》："舓，以舌取食也。䑙，舓或从也。"茲據校改。

④ 原字頭作"䑨"，當是"䑙"字之變。

⑤ 《玄應音義》卷十一"舓手"條："古文舓、䑙二形，今作猊，又作舓，同。食尔反。以舌取食也。經文作呧、踶二形，未見所出。"此"狋"字不詳，疑所據《玄應音義》非一本，某本"猊"字誤作此字而增。

⑥ 注文"作"下奪"愒"字。《玄應音義》卷十五"憩止"條："《説文》作愒，同。却屬反。《爾雅》：憩，息也。"茲據校補。

⑦ 《廣韻・之韻》："辝，似兹切。"《名義・司部》："嗣，似資反。詞，似兹反。"皆平聲字，此反切下字"意"未詳。

⑧ "嗣"字原誤作"䰞"。

⑨ 《全王・寒韻》："䑟，䑟䑶，言不正。"《廣韻・寒韻》："䑟，䑟䑶，言不正也。"《廣韻・先韻》："䑟，䑟䑶，語不正也。"《名義・舌部》："䑟，䑶，言不正也。"皆云"不正"。此注文相重，所據當不止一本。

⑩ 阿知万牟（あぢまむ【嗜む】）。

⑪ 《玄應音義》卷十一"如䶒"條："又作䶒，同。徒兼反。《説文》：䶒，美也。經文作酟，非也。"

⑫ 止止乃不（ととのう【調う・整う・斉う】）。

鴇（憩）去例反。息也。在鳥部。①

咶火央反，去；息聲也。

䑙他念反，去；出也，舌之皃。從舌、從言，非。祢不留。②

刮古頒反。削也。祢夫留，又介豆充，又木佐久。③

䑛道（通）答反。犬食。④

䑏渠陰（蔭）反。直也，牛舌病。⑤

舔朝（胡）快反。善言也。⑥

話上字古文。

䑢他協反。小䑛也。⑦

䑏他甘反，平；䑙也。

耳部第廿
九十字

耳如始反。聞也，又坎爲耳也。坎形似壺，大者受一石，水器。美加。⑧

𦔮古文。⑨

壻胥許（計）反。雙之皃。乎不止，又加太支。⑩

𦔩聟二字，上同。⑪

---

① 字頭"鴇"當作"鴇（憩）"。《廣韻·祭韻》去例切："憩，息也。"本書舌部"憩"字原作"鴇"，形近而誤。兹據校改。《新撰字鏡·鳥部》："鴇，古活反。鶬鴇。"

② 《廣韻·栝韻》："䑙，舌出皃。"P.3694，《王一》《裴韻》《全王》《唐韻·栝韻》："䑙，舌出。"疑此"出也，舌之皃"當作"出舌之皃"或"舌出之皃"。祢不留（ねぶる【舐る】）。

③ "頒"字原誤作"**歚**"，蓋因草書訛誤。《切三》《王一》《裴韻》《全王》《唐韻》《廣韻·鎋韻》："刮，古頒反。"《新撰字鏡·刂部》："刮，古頒反，入。"兹據校改。祢夫留（ねぶる【舐る】），又介豆充（けずる【削る・梳る】），又木佐久（きさぐ【刮ぐ・削ぐ】）。

④ 注文"道"當作"通"。《名義·舌部》《玉篇·舌部》："䑛，通答反。"兹據校改。

⑤ 注文"陰"當作"蔭"。《名義·舌部》《玉篇·舌部》："䑏，渠蔭反。"兹據校改。"直也"不詳。

⑥ 注文"朝"當作"胡"。《原本玉篇·言部》："話，胡快反。"《玉篇·舌部》："舔，胡快切。"《名義》亦誤作"朝"。兹據校改。

⑦ 《切三》《唐韻·怗韻》："䑢，小䑛。"《裴韻·怗韻》："䑢，䑢䑛。"《廣韻·怗韻》："䑢，小舐曰䑢。"此與《切韻》系韻書同。

⑧ 《爾雅·釋器》："小罍謂之坎。"郭璞注："罍形似壺，大者受一斛。"美加（みか【甕】）。

⑨ 此字當是《說文》小篆"𦔮"字之變。

⑩ 注文"許"當作"計"。《廣韻·霽韻》："壻，蘇計切。"兹據校改。乎不止（おうと【夫】），又加太支（かたき【敵】）。

⑪ "壻"即"壻"字，"𦔩"即"婿"字。

聆令丁反。聡也,聽謀也。止弥弥,又弥弥止志。①

耶与遮反。語詞也,語之紛也,又道也。②

邪上字。耶。

睤胡華反。地名。③

耴猪獦反。耳垂。

聃他甘、奴甘二反。耳曼也。

𦖻上字。

聖舒政反。通也,聲也。

職之力反。[記]微也。④

聦紀禹反。驚也,張耳有所聞。

聞在門部。

聅𦕢二上字古文。

聲舒盈反。鳴也,名也,樂也,忘也。

聾力東反。暗也。

聧上字。

聭牛八反。聾甚者也,无所聞知也。⑤

聅侍安反。明(明)也。⑥

明刵上字。讓記、如志二反。截耳也。

𦗕美爲、并彼二反。乘輿金馬耳。⑦

聆其林、其廉二反。地名。

䁖孚照反。聽也,行聽也。

聏如志反。

䎶上字。

---

① 《廣韻·徑韻》:"聽,聆也,謀也。"《書·洪範》:"四曰聽。聽曰聡。聡作謀。"止弥弥(とみみ【敏耳】),又弥弥止志(みみとし【耳疾し・耳聡し】)。

② 《名義·邑部》:"邪,道也。"《廣雅·釋宫》:"邪,道也。"

③ 《廣韻·馬韻》胡瓦切:"睤,地名。"楊寶忠云:"此字訓地名,疑亦'睤'字俗訛。"參見《疑難字三考》。

④ "微"上奪"記"字。《説文·耳部》:"職,記微也。"茲據校補。

⑤ 《方言》卷六:"聾之甚者,秦晉之間謂之聭。"郭璞注:"言聏無所聞知也。"

⑥ 《名義·耳部》:"聅,侍安反。以矢貫耳也。"《説文·耳部》:"聅,軍法以矢貫耳也。从耳从矢。《司馬法》曰:小罪聅,中罪刵,大罪刖。"此"明也"當是下條"明"字之誤。

⑦ "馬耳"原作"耳馬"。《説文·耳部》:"𦗕,乘輿金馬耳也。"茲據乙正。

珥上字,三。如使反,去;珥:耳飾。衈:開刑書,煞雞血祭名。①

瞑亡用(田)反。聽也。②

聅之忍反。告也。聄字。③

耴上字。

瞿下光(兀)反。春秋地。④

聤達靈反。聎也,耳病。

聎他彫反。

聉牛介反。不聽也。

耺禹軍反。耳中聲也。⑤

聕儀黠反。頪(額)聕也。⑥

聅之付反。耿(聅)顡也,源也,呼也。⑦

睛子盈反。照明也,聽聰也。

聗先口反。聰捻名。

聭祉(恥)見反。塞耳也。亦瑱字。⑧

瑰俱位反。媿字。慙也,恥也,愧也。

聋丁榸反。大耳。⑨

聜力木反。似蜥蜴,出也。⑩

聾女江反,平;耳中聲。

---

① "三"當指"聅""衈""珥"三字異體。《山海經·東山經》:"祠:毛用一犬祈,聅用魚。"郭璞注:"以血塗祭爲聅也。"《公羊傳》云:'蓋叩其鼻以聅社。'音釣餌之餌。"今本《公羊傳·僖公十九年》"聅"字作"血",《穀梁傳·僖公十九年》作"衈","血"字誤。《周禮·秋官·士師》:"凡刉珥則奉犬牲。"鄭玄注:"珥讀爲衈。""使"字左旁原殘,影印本與部分影抄本作"使"。此字原或即"吏"字,本書耳部"俚"字音"如吏反"。"吏"字更常用,疑此原作"吏"字,但左邊有蟲蝕,影印本與部分影抄本誤改作"使"字(改字例見下"聋"字條)。

② 注文"用"當作"田"。《名義·耳部》:"瞑,亡田反。"茲據校改。

③ 字頭原作"**耴**"。

④ 注文"光"當作"兀"。《名義·耳部》:"瞿,下兀反。"《廣韻·没韻》:"瞿,戶骨切。"茲據校改。

⑤ 字頭原誤作"耻"。

⑥ 注文"頪"當作"額"。《玉篇·耳部》:"聕,額聕也。"《廣韻·鎋韻》:"聕,聕額,無所聞也。"茲據校改。

⑦ 注文"耿"當作"聅"。《玉篇·耳部》:"聅,聅顡也。"《廣韻·遇韻》:"聅,聅顡。"茲據校改。

⑧ 注文"祉"當作"恥"。《名義·耳部》:"聭,恥見反。"《玉篇·耳部》:"聭,他見切。"《名義》更多地保存了《原本玉篇》原貌,"心"旁與"止"旁亦常混,故當是"恥"字。茲據校改。"瑱"字原誤作"瑣"。《玉篇·耳部》:"聭,本亦作瑱。"

⑨ "丁"字影印本和部分影抄本誤改作"不",據宮內廳原本正。

⑩ 《玉篇·耳部》:"聜,聜聽,似蜥蜴,出魏興。居樹上輒下齧人,上樹垂頭聽,聞哭聲乃去。"此"出"下省略"魏興"。"聜"又作"蝼","魏興"即"魏興郡"。

聊落蕭反,平;語助,顛(願)也,樂也,耳鳴也,苟且也,賴也。賴,善也,快也。①

耽丁含反,平;耽耳也。

聑丁兼反,平;耳乘(垂)。②

聹丁礼反,上;耳塞也。

䶩吐猥反,上;頟也,癡頭皃。

褱口迴反,上;褱衣。

瞀古杏反。睯,視也。③

俼如吏反,去;次也。在亻部。

聅䐑例反,去;入意,可(一曰)聞。④

聸(聉)五界反,去;不聽也。⑤

聘疋政反,去;妨也。娉字。⑥

耴魚乙反,入;聱也,魚鳥皃。

聶尼輒反,入;姓也,私小語。

耵丁篋反,入;耳垂也。

聑失入反,入;牛耳[皃]。⑦

聱五高、語虬二反。聱也。弥弥志戸。⑧

取皃(且)禹、涉葉二反。資也,收也,受,補(捕),爲也。⑨

取上通作。⑩

䎵子由反,平;耳鳴也。

聤豆寧反。聱也。弥弥志戸。⑪

---

① 注文"顛"當作"願"。《名義·耳部》"聊,願也。"《詩·邶風·泉水》:"聊與之謀。"毛傳:"聊,願也。"茲據校改。《名義·耳部》:"聊,願也,樂也,賴也,善也,快也。"

② 注文"乘"當作"垂"。《名義·耳部》:"聑,耳小垂也。"茲據校改。

③ 《切三》《王二·耿韻》:"瞀,瞀睯,視皃。"

④ 注文"可"當作"一曰"。《王一》《裴韻》《全王》《唐韻》《廣韻·祭韻》:"聅,入意,一曰聞。"茲據校改。

⑤ 字頭"聸"當作"聉"。《王一》《全王·怪韻》五界反:"聉,不聽。"茲據校改。

⑥ "妨也"《名義》同,當非誤字。《廣雅·釋詁三》:"娉、妨,害也。"《廣雅·釋言》:"妨,娉也。"上田正改作"訪也",恐非。

⑦ "耳"下奪"皃"字。P.3799、《裴韻·緝韻》:"聑,牛耳皃。"《全王·緝韻》:"聑,牛耳搖皃。"《唐韻·緝韻》:"聑,牛耳鳴。"《廣韻·緝韻》:"聑,牛耳動也。"《名義·耳部》:"聑,牛耳動。"此據《裴韻》等校作"牛耳皃"。茲據校補。

⑧ 弥弥志戸(みみ【耳】しへ【癡へ】·聾へ),各本作"耳志比(みみしい【耳癡·聾】)"。

⑨ 注文"皃"當作"且","補"當作"捕"。《名義·耳部》:"取,且禹反。相資也,受也,捕也,收也,爲也。"《説文·耳部》:"取,捕取也。"茲據校改。

⑩ 《干祿字書》:"取取:上通下正。"此字頭當作"取"。

⑪ 此字從耳廷聲,反切亦是"廷"字音。弥弥志戸,見上"聱"字和訓。

聨青結反、千世二反。比曾加己止也。①

聬助交反,平;惡聲也。

耗人志反,去;羽衣之毛也,氅也。

聸丁藍反。耳垂也,耳大也。

耽上字。都含反。②

聳古文作竦、㥦、慫三形。所項、須奉二反。聳也,竦也,上也,跳也,欲也,高也。曾比介。③

耵聹上都吏(冷)反,上;下乃洽(冷)反。耳垢也。④

𦖞牛蒯反。生聾也,耳不明之皃。⑤

瞶聵同,古文作𩑶、頯。牛快反,上;生聾曰聵,一云聾无識曰瞶。又五拜反,去。⑥

聲上字。

聮今作連。力然二反。連也,續也,緜不絶也。太知豆良奴久,又太加乃阿志乎。⑦

聒公活反。讙聒也,誼語也,耳孔騷。左和久,又乃乃志留。⑧

聰〔聽〕青公反。先知也,侍(待)也,察也,聞也,止也,眼(服)也,必微也,謀也。⑨

───────────

① 比曾加己止(ひそかごと【密か事】)也。《師説抄》:"混聨字?"《廣韻·霽韻》:"聤,耳聽。"《名義·耳部》:"聤,聰也。"《廣韻·齊韻》:"聨,《説文》云:耳不相聽。《方言》云:聾之甚者,秦晉之閒謂之聨。"

② 《玄應音義》卷五"聸耳"條:"丁藍反。《説文》:耳垂也。經文作耽,都含反。耳大也。"

③ 《玄應音義》卷十五"聳耳"條:"古文竦、㥦、慫三形,同。所項、須奉二反。《方言》:聳,聾也。郭璞曰:言無所聞常聳耳也。聳又竦也,謂驚悚也。"《玄應音義》卷十八"聳身"條:"古文竦、㥦、慫三形,今作聳,同。須奉、所項二反。《廣雅》:聳,上也。跳也。"曾比介(そびけ【聳け】)。

④ 注文"吏"當作"冷","洽"當作"冷"。《玄應音義》卷二十"耵聹"條:"都冷反,下乃冷反。《埤蒼》:耵聹,耳垢也。"茲據校改。

⑤ 《玄應音義》卷五"矒𦖞"條:"下牛蒯反。生聾曰𦖞。𦖞亦無知也。"此字頭即"瞶"字之稍變。

⑥ 《玄應音義》卷十九"聾瞶"條:"古文瞶、類(頯)二形,今頯,又作聲,同。牛快反。生聾曰瞶。一云聾无識曰瞶。""瞶"字原作"睟",古文二字原作"頯""頯"。又"牛快反"爲去聲,此"上"字當有誤。"五拜反"出自《切韻》,與"頯"同音。

⑦ 各本"力然"上有"力宣"二字。《玄應音義》卷十九"脚聮"條:"今作連,同。力然反。相聮續也。"《聲類》:聮綿不絶也。"此條出《玄應音義》,且《玄應音義》僅一音,"力宣反"不詳所出,疑"二"字衍。太知豆良奴久(たちつらぬ【立ち連ぬ】)久(《師説抄》疑"久"字衍),又太加乃阿志乎(たか【鷹】の【之】あしお【足緒】)。

⑧ 左和久(さわぐ【騒ぐ】),又乃乃志留(ののしる【罵る】)。

⑨ 注文"侍"當作"待","眼"當作"服"。《廣韻·徑韻》:"聽,待也,聆也,謀也。"《名義·耳部》:"聽,從也,服也,待也,謀也,聆也。"("服也,待也"吕校誤作"服侍也"。)《禮記·雜記下》:"既葬,大功弔,哭而退,不聽事焉。"鄭玄注:"聽,猶待也。"本書下"聽,服也"。《左傳·成公四年》:"諸侯聽焉,未可以貳。"杜預注:"聽,服也。"二字因"聰"字異體"聦"與"聽"字異體"聦"形近而混,見下"聽"字。茲據校改。《玄應音義》卷二十二"聰敏"條:"聰,先知也,察也,聽必微也。""侍(待)也""聞也""眼(服)也""謀也"爲"聽"字義。"止也"不詳,"止"字原作"𠃊",或是"生"字,HDIC校作"正"。

聰上字。

聽聰正(通)作。正土定反，去；聞也，服也。借土丁反，平；從也，焉也，許也。①

聽正作。

耿正皆幸反，上；介也，耿耿，不安也，惱也，悶也。炯字同。光也。

馘古白反，入；執刀兵而割截於其耳也，獲也，削也。又從首。

膠聊上力彫[反]，下才高反。二字。耳鳴也。

耺〔聜〕侯萌反，平；咨也，嗟也，耳語也。②

耺苦泫反，上；勃也，默也，猷也。③

聹子亥反。暗也，不聞而聞也。④

瞔善音。耳門也。

刪舢字，在身部。

耻恥恥勑止反。從心、厶作，未詳。

明五刮反。隋(墮)耳也。⑤

甞。⑥

鼻部第廿一

廿七字

鼻毗四反，去；始也。從自、從卑，通作。⑦

鼻正作，不從卑。

皷宜作橐。蒲成(戒)反。謂橐囊也。⑧

_____

① 注文上"正"字當作"通"。《干祿字書》："聰聽：上通下正。"茲據校改。"焉也"不詳。

② 注文"咨也，嗟也"當是"聜"字釋義。《新撰字鏡·髟部》："聜，咨聜也。""聜"同"嗟"。

③ 字頭不詳，疑即"猷"字，爲"猷"字之省。"苦泫反"爲"犬"字音，P.3693，《切三》《王二》《廣韻·銑韻》"犬"字皆爲此音，此蓋據右旁注音。"默"即"敤"字，前二義皆"猷"之義。

④ 《方言》卷六："半聾，梁益之間謂之聹；秦晉之間聽而不聰、聞而不達謂之聹。"此"不聞而聞"不詳。

⑤ 注文"隋"當作"墮"。《名義·耳部》："明，墮耳也。"《玉篇·耳部》："明，《說文》云：墮耳也。"《說文·耳部》："明，墮耳也。""墮"同"墮"。茲據校改。

⑥ 字頭右旁有片假名"トコロ"。此字當即"甞"字，本書口部"甞"字作"甞"，與此形極似，蓋已見於口部，故此標"トコロ(ところ【所·処】)"，表示位於他處。

⑦ 《干祿字書》："鼻鼻，上通下正。"

⑧ 注文"成"當作"戒"。《玄應音義》卷第十二"皷皷"條："字宜作橐，蒲戒反。謂橐囊也。鍛家用吹火令熾者也。經文作皷，未詳字所出。"茲據校改。

鼾干岸、下曰(旦)二反，去；又呼干反。久豆知，又伊比支。^①

齆烏共、一弄二反，去；鼻病也。波奈志户。^②

䶂其留反。波奈志户。^③

敽上字，同。

劓魚器反，去；割也。波奈加久。^④

齅僖宥、口又二反，去；佐志加久。^⑤

𪖾上字。支宇反。^⑥

齂許至反，去；臥息也。伊比支。^⑦

齃烏割反，入；波奈久支，又波奈弥祢。^⑧

嫣上字同。

翱于(仵)高反。彷徨也，遥也，遊也，遨也。^⑨

齈如東(奴凍)反，去；多洟。波奈太利。^⑩

𪘁丁弟反，去；波奈比，又波奈乎知。^⑪

齈希豈反。

頄面額(顴)。^⑫

齁火侯反。鼽也，鼻之病。

齅虎盃反。猪之鼻利之皃，猪用鼻力也。

齈奈許(泰計)反。鼻洟也。^⑬

---

① 注文"曰"當作"旦"。《玄應音義》卷十四"鼾睡"條："下旦反。《説文》：臥息聲也。《字苑》呼干反，江南行此音。律文作吁、嘕、鼾三形，非也。"茲據校改。"干岸(かん)反"當是倭音，即"鼾"字音讀。各本有異體"嘕"字。久豆知(くつち【鼾】)，又伊比支(いびき【鼾】)。

② 波奈志户(はな【鼻】しへ【癘へ】)。

③ 波奈志户(はな【鼻】しへ【癘へ】)。

④ 波奈加久(はな【鼻】かく【搔く】)。此處"かく【搔く】"爲"砍、削"義。

⑤ 佐志加久(さし【差し】かぐ【嗅ぐ】)。

⑥ 支宇(きう)反。

⑦ 伊比支(いびき【鼾】)。

⑧ 波奈久支(はな【鼻】くき【莖】)，又波奈弥祢(はなみね【鼻莖・鼻梁】)。

⑨ 字頭原作"翄"，形近而誤。注文"于"當作"仵"。《名義・羽部》："翱，仵高反。"《玉篇・羽部》："翱，午刀切。"茲據校改。

⑩ 字頭原誤作"𪖾"。注文"如東"當作"奴凍"。P.3696A、《裴韻》《王二》《廣韻・送韻》："齈，奴凍反。"茲據校改。波奈太利(はなたり【鼻垂】)。

⑪ 字頭原作"𪗿"，據音義應即"𪘁"字，同"嚏"。《名義・鼻部》："𪘁，都計反。嚏、𪘁，同。"波奈比(はなひ【嚏】)，又波奈乎知(はなおち)，即"はなうち【鼻打】"。

⑫ 注文"額"當作"顴"。《素問・氣府論》："頄骨下各一。"王冰注："頄，頄也。頄，面顴也。"茲據校改。

⑬ "奈許"當作"泰計"。《名義・鼻部》："齈，秦(泰)計反。"茲據校改。

齈闊署反。鼻闕,鼻兩旁。波奈乃知(和)太利,又波奈乃知(和)支之。①

鼽呼洽反。齁也。

齁火決(快)反。喘息也,臥息聲也。②

𪖌子心反。高鼻也。

齈上同。

齉壯衫反。上字同。③

齁齁字。

齒部第廿二

八十六字

齒正字。

齒俗作。蚩始反。斷也,列也,年也,近,長,骨也,壽也。④

𠚕上古文。⑤

齗正牛斤反,平;齒根也。借牛銀反,平;齒志志。⑥

齡亦作秢、𪗖二形。歷經、力丁二反。年也,近也,長也。⑦

齜亦作攎、抯二形。則加反。捉也。波尔加牟,又伊女久。⑧

齟齬二字同。

齛市世反,去;齧也。久比波牟。⑨

齧五切反,入;噬也,嗑也,食也。

---

① 《名義‧鼻部》:"齈,壯加反。皰也。"此音義不詳。"知"字從各本作"和"。"支"下各本無"之"字,此蓋衍。波奈乃和太利(はな【鼻】の【之】わたり【辺】),又波奈乃和支(はな【鼻】の【之】わき【脇‧腋‧掖】)。

② 注文"決"當作"快"。《名義‧鼻部》:"齁,大(火)快反。"《集韻‧夬韻》:"齁,火夬切。"茲據校改。

③ 此"上字同"指義同。《名義‧鼻部》:"齉,高鼻皃。"

④ 《干禄字書》:"齒齒,上俗下正。"此俗作據改。"近長骨也"當是三義。《新撰字鏡‧齒部》:"齡,年也,近也,長也。"《說文‧齒部》:"齒,口斷骨也。"

⑤ 《說文》古文爲"𠚕",此蓋其隸定之變。

⑥ 齒志志(はじし【齒肉‧齗‧齦】)。

⑦ 第二個異體左旁爲"秊",即"年"字。

⑧ 《大般若經音義》"齜掣"條:"上又作攎、抯字。則加反。又也,五指具往叉取也。"《玄應音義》卷六"攎掣"條:"又作抯。《字林》:側加反。《釋名》云:攎,又也,謂五指俱往叉取也。經文有作齟。《說文》:齒不正也。齟非此義。""齜"即"齟"的俗字。波尔加牟(は【齒】に/かむ【嚙む】),又伊女久(いめく【齜】)。

⑨ 《廣韻‧薛韻》:"齛,私列切。"《禮記‧曲禮上》釋文:"犬齛:本亦作噬,常世反。"此音與《釋文》合。久比波牟(くいはむ【食食‧咋食】)。

齩五挍(狡)反。齧也。亦作散(骰)、咬二形,同。①

齤上字,正作。

齮齳上丘奇、斤(丘)倚二反。齧咋也。下竹皆反。齩齧也。齳字同,猶齧也。②

齘下介反。齒相切也,鳴齒也。亦作齰,非。久不,又波止志。③

齲五溝反。齒重生。波尔加无,又久不,又加无。④

齵上字。丘禹反。齒蠹也。⑤

齔正作。初忍反。毀齒也。⑥

齓上通作。

齶五各反。齒内上下肉也。⑦

齚仕白反。齧也。

齰上字。

[齷]力盍反。久不。⑧

齹千何反。參差也,毀也。

齼上字。

齬上下宦(完)也。丘魚反。⑨

---

① 注文"挍"當作"狡","散"當作"骰"。《玄應音義》卷十一"狗齩"條:"又作齳,同。五狡反。《説文》:齩,齧也。經文作骰,苦交反。膝骨也。又作咬,呼交反。齩,箭也。二形並非此義。"

② 注文"斤"當作"丘"。《玄應音義》卷十三"齮齳"條:"丘奇、丘倚二反。《蒼頡篇》:齊人謂齧咋爲齮,齳,齧也。許慎云:側齧也。下竹皆反。齧挽曰齳。"兹據校改。"齩齧也。齳字同,猶齧也"當有混誤。《玄應音義》卷九"齳掣"條:"又作齰,同。竹皆反。《通俗文》:齧挽曰齳。《廣雅》:齰,齧也。"而其上條即爲"齩齧"條:"又作齳,同。五狡反。《説文》:齩,齧骨也。《廣雅》:齳,齧也。"且大治本、金剛寺本將"齳掣"條詞頭與訓釋直接抄在"齩齧"條的注文之後(七寺本、西方寺本不誤)。疑《新撰字鏡》所據之本亦誤,故誤認是"齳"字異體。

③ 《玄應音義》卷十四"齘齒"條:"下介反。《説文》:齒相切也。《三蒼》:鳴齒也。律文作齰,未詳字出。"《玄應音義》卷十五"齘齒"條:"下界反。《説文》:齒相切也。《三蒼》:鳴齒也。律文作阶,非也。"久不(くう【食う・喰う】),又波止志(は【歯】とし【利し・鋭し】)。

④ 波尔加无(は【歯】に/かむ【噛む】),又久不(くう【食う・喰う】),又加无(かむ【噛む】)。

⑤ 《玄應音義》卷十五"齲齒"條:"五溝反。《蒼頡篇》:齒重生也。《説文》:齒不正也。謂高下不齊平也。律文作齵,丘禹反。《説文》:齒蠹也。齲非此義。蠹音丁故反。""齵"即"齲"的俗字,《名義·齒部》亦作"齵"。

⑥ 《干祿字書》:"齓齔:上通下正。"

⑦ 《玄應音義》卷一"齗齶"條:"牛斤反。《説文》:齒肉也。齶又作腭、咢二形,同。五各反。齒内上下肉也。"

⑧ 此條原在上條"齰"字注後。《玉篇·齒部》:"齷,力盍切。齧聲。"《名義·齒部》:"齷,力搕切。噍聲。"HDIC補字頭"齷",可從。或"齷"與"齰"訛混作一條。久不(くう【食う・喰う】)。

⑨ 注文"宦"當作"完"。《玄應音義》卷二十二"齬腭"條:"丘魚反。下又作齶,同。五各反。齬,居也,齒所居也。腭,齒内上下肉垠咢也。垠音語巾反。""完"同"肉"。兹據校改。

齬牛舉反,上,反(又)平;齒不相值也。波支加へ利,又加牟久不。①

齶五各反。斷齶也。

齶上字作。

齰側革反,入;齒相值也。

齴齴上字作。魚蹇反,上;齰也。②

齘付云(何介)反。怒,齒相切。③

齻都賢反,平;牙也。

齻上字。

齟九与反。斷腫。

齞牛三反。齒差。

齚大結反,竹一反。齚兒,大觔。④

齝胡夾反。缺齒也,噍聲。

齥子葉反。⑤

齯牛忿反。無齒。

齳上字。

齯五奚反。老人兒齒。⑥

齫士乙反。齰。

齒口洽、口狎二反。齰也,噍聲。

齦口限反。又狠字。齰也。波志之。⑦

齘力曷反。齒分骨聲也,殘缺。

齺五哀反。齰。

齛齛二同字。千結反。齹。⑧

---

① 注文下"反"當作"又",據各本改。《切三》《王一》《全王》皆有"魚舉反""語居反"二音,故此當作"又"。波支加へ利(は【齒】きかえり【着替えり】),又加牟久不(かむ【嚙む】くう【食う・喰う】)。

② P.3693、《切三》《全王》(《全王》字頭誤作"齰")釋義皆作"齒露",此"上字作""齰也"疑因"齰"與"齯"相混。《說文·齒部》:"齯,口張齒見。"《集韻·獮韻》:"齯,齒露也。"

③ 注文"付云"當作"何介"。《玉篇·齒部》:"齘,何介切。"茲據校改。

④ 《名義·齒部》:"齚,大筋也。""觔"同"筋"。

⑤ 字頭原從"夾",《名義·目部》:"映,子葉反。"可以對照。

⑥ 此"兒"即"齯"字。《說文·齒部》段注:"按,《毛詩》作兒,古文。他書作齯,今文也。"

⑦ 波志之(はじし【齒肉・齗・齦】)。

⑧ "齹"字原誤分作"差齒"二字,據《名義》定爲"齹"。

齝丑之反。食已出入嚼。牛乃尔介加三。①

齝𪘲二上字。

齜力錢反。齒見皃。

齭初旅反。齒傷酢。

齨渠柳反。老人齒如臼也。

齨上字。

齵於亦反。受食處也，麋鹿曰齵。②

齝治離反。齗齒見也。

齱竹加反。齝也，大𪗪(齘)也，嘬聲。③

齝子累、索[豆]二反。④

齝通洛反。嘬字。嘬聲。

齨斤(丘)之反。齘也。⑤

齝獄閔反。笑皃。

齝胡八反。齘骨聲也。

齝渠陰(蔭)反。齝字。半(牛)舌病。⑥

齝齝上一角反，下七角反。並陝小也。⑦

齝(齝)五佳反。齒不齊皃。波尔加牟，又久不。⑧

齝側鳩反。齝也，齒偏。波尔加牟，又久不。⑨

齝鋤呂反。齝，嚼也，食也，噬也。

齝苦加反，平；大齘也。

齝去主反，上；齒病。波也牟，又波乃虫。⑩

---

① 《爾雅·釋獸》："牛曰齝。"郭璞注："食之已久，復出嚼之。"《師說抄》據《爾雅》注改此作"食已久，出又嚼"。狩谷疑"入"當作"又"，又疑"出入"當作"久出"。牛乃尔介加三(うし【牛】の【之】にげかむ【齝む】)。

② 《爾雅·釋獸》："牛曰齝，羊曰齝，麋鹿曰齵。"

③ 注文"𪗪"當作"齘"。《名義·齒部》："齱，齝也，大齘也。"茲據校改。

④ "索"下疑當補"豆"字，見本書口部"嗹"字，此當即"嗹"的換旁異體。

⑤ 注文"斤"當作"介"。《名義·齒部》《玉篇·齒部》："齨，丘之反。"茲據校改。

⑥ 注文"陰"當作"蔭"，"半"當作"牛"。《玉篇·齒部》："齝，渠蔭切。"雖《名義》此處亦作"陰"，但《名義》"齝"字作"蔭"，此當作"蔭"，方與《廣韻·沁韻》"巨禁切"音合。《廣韻·沁韻》："齝，牛舌下病。齝、齝，並上同。"茲據校改。

⑦ "七"疑當作"士"。

⑧ 字頭"齝"當作"齝"。享和本字頭作"齝"，《群書類從》本字頭作"齝"，旁有"齝イ"。《玉篇·齒部》："齝，五街切。齒不正。齝，同上。"《廣韻·佳韻》五佳切："齝，齝齝。"茲據校改。波尔加牟(は【齒】に/かむ【嚙む】)，又久不(くう【食う·喰う】)。

⑨ 波尔加牟(は【齒】に/かむ【嚙む】)，又久不(くう【食う·喰う】)。

⑩ 波也牟(は【齒】やむ【病む】)，又波乃虫(は【齒】の【之】むし【虫】)。

齗五板[反],上;齒見皃。

齜士佳反,平;齚也,齒不正也。波尔加牟也,又伊女久。①

齚五佳反,平;齜也。

齳卓皆反,平;齭也,咋也。

[齛盧盍反。齧聲。]

齛上字。波太女久。②

齤巨員反,平;齒曲。

齪初八反,入;齒利。

齩胡瞎反。齧聲。

齾王(五)鎋反,入;器缺也。③

齕下結反,入;齧也。

齺初六反,入;廉謹皃。

齰昨没反,入;齚也。

齸力急反,入;齧聲。

齞牛善反。"[齞]脣歷齒",又口張見齒。④

齱士角反,壯留反。齰也,齧也。

齰仕何反。齰也。⑤

心部第廿三

百八十字

心之今反,平;意也,人心,土藏也。⑥

恫丁公反,平;呻也,勇也。⑦

懣莫本反。煩也,悶也,憒也。

惛上字古文。

---

① 波尔加牟(は【歯】に/かむ【噛む】)也,又伊女久(いめく【齘】)。

② 各本作"齛,盧盍反。齧聲。波太女久",此蓋上脱一條"齛,盧盍反。齧聲",故云"上字",據補。波太女久(はためく)。《日本国語大辞典》"はた‐め‐く"條:"揺れ動くように鳴り響く。とどろく。はたたく。"表示揺動般的響聲。

③ 注文"王"當作"五"。《切三》《王一》《裴韻》《唐韻》《廣韻・鎋韻》:"齾,五鎋反。"《全王・鎋韻》:"齾,吾鎋反。"茲據校改。

④ 注文"脣"上省字頭。《玉篇・齒部》:"齞,《説文》云:口張齒見。《宋玉賦》云:齞脣歷齒。"茲據校補。段注據《文選》注改作"張口見齒"。

⑤ 《玉篇》音"在何切",《名義》音"此何反",此"仕何反"疑有誤。

⑥ 反切上字存疑。疑是倭音"しむ"。

⑦ 《集韻・東韻》他東切:"恫,《説文》:痛也。一曰呻吟。或作恿。"

憨口三反,去;愚也,害也。①

懜亦作瘱、瞦二形。于劇、魚祭二反。眠内不覺妄言也。②

懟古文作譴。丈淚、真(直)類二反。死(怨)也,忿也,讎也。③

愻蘇寸反,去;順也,謙也,恭也。

懇古文作䜢。口很反,上;誠也,敬也,信也,至誠也,亦堅忍也。④

挶渠記反。所以連綴簪記之也。⑤

絹上字。

恙俗作。⑥

恙餘向反,去;憂也。

嚢(㒫)徒到反。翳也,翳爲翿也。⑦

忌渠記反,去;怨也,禁也,難也,畏也,憎亞(惡)也,譸也。⑧

怠徒段(改)反。壞,落也,嬾也。⑨

懲直陵反。止也,革也,誡也。⑩

悠以州、以西二反,平;長也,遐也。波留加尓。⑪

慰又作愒、尻二形。却屬反。息也,止之息也。又伊己不也。⑫

---

① 《名義》音"呼濫反",《玉篇》音"火含切",《廣韻》有"呼談切""下瞰切",此音疑有誤。或是倭音"かん"。

② 《玄應音義》卷十四"瘱語"條:"舊律本多作懜、瞦二形。《三蒼》:于劇反。"《玄應音義》卷十五"瘱語"條:"魚祭反。《聲類》:眠内不覺妄言也。"

③ 注文"真"當作"直","死"當作"怨"。《王一》《裴韻》《全王》《廣韻·至韻》:"懟,直類反。"《玄應音義》卷十五"懟恨"條:"古文譴,同。丈淚反。《爾雅》:懟,怨也。亦忿也。"俗字"怨"作"恳"。茲據校改。

④ 《玄應音義》卷十六"懇惻"條:"古文䜢,同。口很反。《通俗文》:至誠曰懇。懇,信也,亦堅忍也。"

⑤ 《玄應音義》卷四"諸挶"條:"字亦作絹,渠記反。所以連綴簪記之也。"

⑥ 《干祿字書》:"恙恙:上俗下正。"

⑦ 此字當是"㒫"的俗字。《爾雅·釋言》:"㒫,翳也。"

⑧ 注文"亞"當作"惡"。《説文·心部》:"忌,憎惡也。"茲據校改。

⑨ 注文"段"當作"改"。《名義·心部》:"怠,徒改反。壞也,落也,嬾也,慢也。"《字鏡·心篇》:"怠,徒亥反。壞落也,解懶也。"《字鏡》音與《切韻》系韻書同,但"改"與"段"字形更近,此當從《名義》。茲據校改。

⑩ 《名義·心部》:"懲,止也。"此"止"字原作"心",左旁殘,影印本與部分影抄本補作"心",此字實即"止"字,本書"止"作"㞢","心"作"忄",寫法有區別。

⑪ 波留加尓(はるか【遥か】に)。

⑫ "尻"字原訛作"尾"。《玄應音義》卷二十二"止憩"條:"又作愒、尻二形,同。却屬反。《爾雅》:憩,息也。止之息也。""慰"即"憩"的俗字。伊己不(いこう【憩う】)。

剩（整）之郎（郢）反。梵云正也，齊也。①

慰於胃反，去；又於載反。安也，居也，美也，大也，悦也，喜也，樂也。无心也。与愛字同。②

忩青公反，平；遽也，急也。慌同作，又懷字同。③

愆餘忍、去連二反。諐也，過，罪也，殃也，失也。④

惒活戈反。諧也，調也。止止乃不。⑤

惷丑絳反，平；愚也。太伊反。⑥

戇上字。

思正息慈反，平；司，察也，念也，願也，辝也。借息字反，去；悲憶也。⑦

恕尸与反。仁也，如也。

忞上字。

態他載反，去；意恣也。保志支万万尔。⑧

澀（澀）所立反。不滑也。曾曾吕加奈利。⑨

愍眉賓（殞）反，上；恨也，乱也，痛也，愛也，悲念也。⑩

愈以主反，上；益也，勝也，差也。

惣子孔反。丈（大）凡也，結也，連也，入也，都也。⑪

忿布粉反，上；怒也，除捨也，嫌也。又匹問反，去。

憲正作。

---

① 注文"郎"當作"郢"。《名義·攴部》："整，之郢反。"《廣韻·靜韻》："整，之郢切。"此字頭原作"剩"，亦是"整"的俗字。茲據校改。

② "於載反"爲"愛"字音。《名義·心部》："愛，於戴反。""无心"指字形無需心旁。《漢書·車千秋傳》："尉安衆庶。"顏師古注："尉安之字本無心也。"《章太炎説文解字授課筆記》："訓怨者，本字；訓安者，乃尉之假字。"

③ "慌"字原作"忱"，"懷"字原作"怳"，三字義同，但非異體。

④ "餘忍反"當是"衍"字之音。《新撰字鏡·彳部》："衍，余忍反。"《群書類從》本、享和本作"餘忍反"。

⑤ 《龍龕·心部》："惒，和、禍二音。琳法師云：僻字也。今作和字。"止止乃不（ととのう【調う】）。

⑥ 《玄應音義》卷二十一"愚惷"條："丑絳反。《説文》：惷，愚也。"此音去聲，非平聲。惷和"戆"義同，非異體。太伊（たい）反，非"惷"字音，本書"懼"字有此音。

⑦ 《釋名·釋言語》："思，司也。凡有所司捕必静思忖亦然也。"

⑧ "意"下原有"心"字。《名義·心部》："態，意恣也。"《玄應音義》卷五"妖態"條："意恣也，謂度人情兒也。"茲據刪。保志支万万尔（ほしきまま【擅·恣·縱】に）。

⑨ "澀"爲"澀"的俗字。曾曾吕加奈利（そそろかなり【聳ろかなり】），此訓不詳。

⑩ 注文"賓"疑當作"殞"。《廣韻·軫韻》："愍，眉殞切。"《名義·心部》："愍，眉隕反。""賓"與"殞"形相似。《字鏡》亦作"眉殞反"。茲據校改。

⑪ 注文"丈"當作"大"，下原有"也"字。《名義·手部》："捴，大凡。"《新撰字鏡·手部》："捴，大凡也。""惣"同"捴"。茲據改刪。

憪二同。欣遣（建）反，去；法也，遠（表）也，敏也，迅也。①

悕於機反，平；悲也，痛也，歎也。

懣亡又、莫漏（漏）二反。明也，勉强也。②

愐娱万反。數也，善也。③

惡正於各反，入；醜陋也，過也。借烏路反，去；憎也，烏也，何也。

悪上俗作。④

惡又上字。

怨正於願反，去；忌也，恚也。借於无（元）反，平；讎也。⑤

愬正所革反，入；借蘇故反，去；告也，譖也。又作訴。

怒正奴古反，上；譴也，責，恚甚也。借怒故反，去。⑥

恧尼六反，入；慙恧也。

惄悠二字同。女狄反，入；思也，飢心也。⑦

惙丁活反，入；飢也。⑧

悤七公反，平；支比留。⑨

忞亡巾反，平；强也，勉也。

怤方夫反。平；意也，思也，愉悦也。

慇懃上於斤反，平；慇慇，憂也，［慇慇］然痛也，正也，衆也，大也，懃也。下渠斤反，平；慇懃也，爱也，憂也。⑩

戁人善反，上；懼也，動也，恐也，惶也。

---

① 《干禄字書》："憪憲：上俗下正。"此稍訛誤。注文"遣"當作"建"，"遠"當作"表"。《名義·心部》："憲，欣建反。欽也，法也，表也，敏也。"《詩經·大雅·崧高》："王之元舅，文武是憲。"鄭玄注："憲，表也。"兹據校改。

② 注文"漏"當作"漏"。《字鏡·心篇》："懣，莫漏反。明也，勉强也。""漏"爲候韻字，與此字音合，《名義》誤作"偏"。兹據校改。

③ 字頭原作"愐"。

④ 《干禄字書》："悪惡：上俗下正。"

⑤ 注文"无"當作"元"。《禮記·儒行》："内稱不辟親，外舉不辟怨。"釋文："怨，於元反。又於願反。"兹據校改。

⑥ 《字鏡·心篇》："怒，責也，悉（恚）甚也。"《禮記·内則》："若不可教，而後怒之。"鄭玄注："怒，譴責也。"疑此與《字鏡》皆當作"怒，譴責也，恚甚也。"

⑦ "惄"字原作"怴"，"悠"字蓋其訛形（參見下條字形）。《廣韻·錫韻》："惄，心之飢也，憂也，思也。"《名義·心部》《玉篇·心部》："惄，飢意也。"

⑧ 此字亦當是"怒"字，此音爲"掇""役"等字音，又或與"役"形混。

⑨ 支比留（き【葱】ひる【蒜】）。

⑩ "然"上省"慇慇"字。《詩·小雅·正月》："憂心慇慇。"毛傳："慇慇然痛也。"兹據校補。"正也，衆也，大也"爲"殷"字義。《廣韻·欣韻》："殷，衆也，正也，大也。"

憸(餤)乃欠反,上;嘗也。①

忍丘畏、牛氣二反。怒也,忿也,恚也,瞋。

呁忌岾三字同。七心(沁)反,去;犬吐也。②

悬古頑(顔)[反]。姦字古文。私也,邪也,偏也。③

愸力高反。勞字古文。功,疲也,病也。

憺詩叔反。疾□(也)。倏字。④

懨渠月反。强力也。

悬古縣反。狷字古反(文)。疾跳也,急也。

悲皮筆反。勞字。輔也,高也,上也。

㦫牛載反。惶也,病也,駿(駤)也,中止也。⑤

㥸俱放反。誤也,誑字。

愗公活反。

憀力之反。恨也,怠也,和悦也。

悁於玄反。恚也,忿也,憂也。

悲私(秘)飢反。痛也,傷也。⑥

惻惻字。在忄部。

愁渠周反。聚也,仇也。

㤞忰字。在忄部。

惱奴的反。恨也,惋也,傷也。惱字。

悥等德反,入;心无是非。⑦

南悥字。

惾仇營反。憂。㷀字。

悬憂字。

悫起煩反。恐息也,滿也,款服也。

---

① 字頭 HDIC 校爲"餤",可從。《廣韻·寢韻》如甚切:"餁,熟食。餤,亦同。又《玉篇》云:飽也。"此"乃欠反"當是倭音"ねん",爲"念"字音。

② 注文"心"疑當作"沁"。《廣韻·沁韻》:"呁,七鴆切。"《切韻》系同,此標"去","心"爲平聲,非是。茲據校改。

③ 注文"頑"當作"顔",下奪"反"字。《原本玉篇·心部》:"悬,古顔反《説文》古文姦字也。姦,私也,邪也,爲(偏)也,賊在外也。在女部。""顔"字作"**顔**",故訛作"頑",二字韻雖同,但《名義》《玉篇》亦作"顔",此當是誤字。茲據改補。

④ "也"字原殘,據影抄本補。

⑤ 注文"駿"當作"駤"。《玉篇·心部》:"㦫,駤也。"《説文·心部》:"懝,駤也。"茲據校改。《龍龕·心部》:"懝,中止也。"

⑥ 注文"私"當作"秘"。《名義·心部》:"悲,秘飢反。"茲據校改。

⑦ 《説文·心部》:"悥,外得於人,内得於己也。悥,古文。"此字頭即其變,下異體蓋即古文之變。

懍力錢反。連字。泣下也。

慝女力反,入;藏也,惡也。①

悉辛栗反,入;盡也,詳盡也,審也。俗作也。

恭悉悉正作,同作。②

恩上字古文。③

憑白陵反。依也,狹也,盛也,並也,滿也,大也,怒也,貪也。

懿一記反,去;善也。④

懿上字。於冀反。大也,專久而美。

憨苦掃(禘)反。盡也,劇也,捕(悑)也,極也。⑤

毖一作愍。謹也。⑥

恩胡困反,去;悶(悶)乱也,患也,憂也。⑦

忘无方反,去;乱也,不識也,[不]憶也。⑧

懯下介反。思(果)敢也,褊也。⑨

劉力牛反。烈(烮),宿留。⑩

烮力結反。烈字。

憨思足反。軟也。⑪

懇麦犲反。慧了也。

愂蒲骨反。悖也,乱也。

① “女力反,入;藏也”爲“匿”字音義。《廣韻·職韻》女力切:“匿,藏也。”

② 《干禄字書》:“恭恭悉:上俗中通下正。”

③ 字頭原作“恩”,《説文》古文作“惥”,此即其轉寫之變。

④ 《干禄字書》:“懿懿:竝正。”此上下兩條字頭當有一誤。

⑤ 注文“掃”當作“禘”,“捕”當作“悑”。《名義·心部》:“憨,苦禘反。”《説文·心部》:“憨,悑也。”段注改“悑”作“惝”,但此字與“悑”似,暫校作“悑”。

⑥ 此字頭即“愍”的訛俗字。

⑦ 注文“悶”當作“悶”。《廣韻·恩韻》:“恩,悶亂也。”兹據校改。

⑧ “憶”上奪“不”字。《玉篇·心部》:“忘,无方切。不憶也。《説文》曰:不識也。又无放切。”兹據校補。“无方反”爲平聲,“无放反”爲去聲,此反切和聲調當有一誤。

⑨ 注文“思”當作“果”。《名義·心部》:“懯,言果敢也。”兹據校改。“褊”字《字鏡·心篇》作“偏”,疑“褊”字是。《廣雅·釋詁一》:“褊、傝,陋也。”“懯”當同“傝”。

⑩ 注文“烈”當作“烮”。《名義·心部》:“劉,烮宿留也。”“劉烮”當是聯綿詞,“宿留”爲“等待”義。兹據校改。

⑪ 《名義·心部》:“憷,思足反。”“憨,口の反。勑也,軟也。”此音當有誤。《廣韻·錫韻》他歷切:“憨,軟也。”《廣韻·錫韻》苦擊切:“憨,敕也。”《王一·錫韻》:“憨,軟。”《全王·錫韻》:“憨,軟憨。”“憨”爲“憨”的俗寫,“軟”“敕”“軟”三字形似。

惔徒頰反。㥁,安也。①

滯(灛)昌屬、尺紙二反。惔也。②

懋瑜秀反。忘也。

离力支［反］。憂也,毒也。罹字。③

忽呼没反。入;倉卒也,荒也,空也,疾也,盡也,輕也,遠。

急居立反。堅也,褊也,疾也。

惠胡佳(桂)反,去;仁也,愛也,順也。④

惠上字。

慧胡桂反,去;意精明也,解也,察也,憭也,了也。

愨誠也。

㥁香迥反。淨也。⑤

忒他財(則)反。失常也,差也,一善也,一惡也。⑥

忒他則反。疑也,變也,更也。

息思即反。㤡(休)也,喘也,止也,餀餁(餢)也。餁(餢),長也。⑦

慾欲音。貪慾

志側駛、之吏二反,去;意也,慕也,求也,樂也,知,猶念也。⑧

患(思)思廉反。利口。⑨

弦何堅反。急也。

愾許氣反。息也。

无(恚)上字。⑩

① 《廣韻·鹽韻》:“惔,惔灛,音不和也。”《集韻·祭韻》:“灛,惔灛,樂音不和。或作㥁。”此字又作“㥁”。《廣韻·怗韻》《廣雅·釋詁一》:“㥁,安也。”
② 字頭“滯”當作“灛”。《廣韻·祭韻》:“灛,惔灛,音不和也。”《字鏡·心篇》字頭作“灛”。茲據校改。
③ “支”下奪“反”字。《玉篇·心部》:“㥁,力支切。离,同上。”茲據校補。
④ 注文“佳”當作“桂”。《名義·專部》:“惠,胡桂反。”茲據校改。
⑤ 此條不詳,《字鏡》反切下字作“迥”。
⑥ 注文“財”當作“則”。《名義·心部》:“忒,他則反。”茲據校改。
⑦ “㤡”爲“休”俗字。注文“餁”當作“餢”。《原本玉篇·食部》:“餀,《方言》:餀,息也。周鄭宋之間［曰］餀餢。《廣雅》:餀,長也。”今本《方言》卷二脱“餢”字。《廣雅·釋詁四》:“餢、餀,長也。”茲據校改。
⑧ 樂也,圖書寮本《類聚名義抄》引《玉篇》:“《左氏傳》:以制六志。杜豫曰:好、惡、喜、怒、哀、樂也。”
⑨ 字頭“患”當作“思”。《玉篇·心部》:“思,息廉切。利口也。”茲據校改。
⑩ 字頭“无”當作“恚”。《説文·心部》:“恚,惠也。㥁,古文。”茲據校改。

懃一㒼(千芮)反。謹也。①

憃長支(尤)反。躊字。②

悇与居反。趦也，謹敬皃。

惤呼没反。寢覺也。

忈而軫反，上；能也，含，容，强也。

恕古多反。法也。

忎如真反。仁字。親也，愛人也。

懪普狄反。

悶眉涓(隕)反。病也。閔字古文。③

愯是羊反。常字古文。

懘恥属、達計二反。怵惕也，安也，圉(困)劣也。④

惎渠記反，去；一曰謀也。

意於記反，去；思也，志也。

慮力據反，去；廣也，謀也，思也，識(議)也。⑤

悆余據反，去；在人部。悦也。

憝徒懟(對)反，去；怨也，惡也。⑥

忩魚市(肺)反，去；因心(困患)[爲]戒也。⑦

愬魚觀反。傷也，□(致)也，問也，闇也，缺也，且也，敬也，説也。⑧

慱古段反，去；憂也。

---

① 注文"一㒼"當作"千芮"，"謹"下原有"字聲"二字。《字鏡》反切上字作"子"，餘同，"子"亦"千"之誤。《名義·心部》："懃，千芮反。謹也。"《説文·心部》："懃，謹也。从心，叔聲。讀若毳。"茲據改刪。

② 注文"支"當作"尤"。《名義·心部》："憃，長尤反。"《字鏡》亦作"尤"。茲據校改。

③ 注文"涓"當作"隕"。《原本玉篇·心部》："悶，眉隕反。《説文》古文閔字也。閔，病也。在門部。"茲據校改。字頭稍殘，《原本玉篇》作"悶"，《字鏡》《名義》同，《説文》古文作"悶"，蓋皆其隸定形體，此據通行隸定作"悶"。

④ "困劣也"原作"圉也劣安也"。《説文·心部》："懘，一曰困劣也。"茲據改刪。《慧琳音義》卷九十四"侘懘"條："顧野王云：懘介，猶怵惕(怵惕)也。"

⑤ 注文"識"當作"議"。《名義·心部》："慮，謀也，思也，訧也，廣也。""訧"字當與此"識"字對應，吕校誤定作"誠"。除"思"義外(《方言》卷一有此義)外，《廣雅》有"廣""謀""議"三義，《名義》與此皆當是《廣雅》之"議"。茲據校改。

⑥ 注文"懟"當作"對"。P.3696、《王一》《全王》《廣韻·隊韻》："憝，徒對反。""懟"是至韻字。茲據校改。

⑦ 注文"市"當作"肺"，"因心"當作"困患"，下奪"爲"字。S.6176、《裴韻》《全王》《廣韻·廢韻》魚肺反："忩，困患爲戒也。"《裴韻》《全王》"困"字亦誤作"因"，《字鏡》作"困"。茲據校改。

⑧ 殘字影抄本作"致"。《字鏡·心篇》："愬，傷(傷)也，致也，且也，闇也，説也，敬也。"《名義·心部》："愬，缺也，且也，致也，聞謹敬也。"茲據校補。

悬得安反,去;《詩》云"信誓悬[悬]"也。^①

患胡慣反,去;禍也,憂也。

戀力眷反,去;攣字。

愁莫候反。恟愁也。

㓮當割反,入;驚也。

烈吕薛反,入;憂心也。

悊智陟(陟列)反,入;悊(哲)字。^②

憠芳滅反,入;怒也,惡也。

㦖索戈反。縣名。

悹丘潁(煩)反。快也,可也。^③

悊先歷反。敬也。

慷口廣反。闊也,寬也,忽也。

𢙃億字。在亻部。

意上字。

㤽口咢反。敬也,恪字。

惧懼字古文。

憣悟字古文。

恚愛字。惠也。

辱儒属反。辰(辱)字古文。恥也,汙也,惡也。^④

怘居護反。鈍也。固字古文。陋(陋)也,堅也,常也,必也。^⑤

愳昌仁反。謓字。恚也,怒也。

窓楚江反,平;在宀部。

忠陟隆反,平;厚也,讜言也,敬也,直也。

窗楚江反,平;通孔也。

愚俣俱反,平;頑也。^⑥

---

① 《詩·衛風·氓》:"信誓旦旦,不思其反。"此注文"悬"下蓋脱重文符。

② 注文"智陟"當作"陟列","悊"當作"哲"。《廣韻·薛韻》陟列切:"哲,智也。悊、喆,並上同。"《名義·心部》:"悊,智悊(列)反。智也。"此反切當作"陟列反"或"智列反",暫定作"陟列反"。《説文·心部》:"哲,知也。悊,哲或從心。"兹據校改。

③ 注文"潁"當作"煩"。《名義·心部》:"悹,丘煩反。"兹據校改。

④ 注文"辰"當作"辱"。《玉篇·心部》:"辱,古辱字。"兹據校改。

⑤ 注文"陋"當作"陋"。《廣雅·釋言》:"固,陋也。"兹據校改。

⑥ "俣俱"原作"俱俣"。《廣韻·虞韻》:"愚,遇俱切。""遇"與"俣"皆疑母字。下字"俣俱反"乃此字之音,亦可證。兹據乙正。

罳偲俱(昔兹)反,平;罘罳。①

慈疾之反,平;愛也。

惌於元反,平;惌枉也。

恩烏痕反,平;恩愛也,惠也,隱也。

懸胡涓反,平;挂也。曾良尔。②

怊(怓)口交反,平;恀也,伏熊(態)皃。③

慫息洪(拱)反。敬也,亦驚也,悚也。④

惷尺尹反,上;乱也。

意於謹反,上;痛也,哀也,憂也,慬也,謹也。

惹人者反,上;亂也,誧也。

感古禫反。在戈部。

想息兩反。像也,冀思也。

恚於避反。怒也。

恣資四反。量(置)也,縱心也。⑤

慹扶北反,入。⑥

愁士尤反,平;憂也,苦也,悲也,愁也,恚也。⑦

恁如林反,平;柔也,下齎也,弱也,信也,念也。⑧

手部第廿四

卌字

手書久反,上;拳也,取也。

𠂝上古文。

---

① 注文"偲俱"當作"昔兹"。《切二》《王一》《裴韻》《全王》《廣韻·之韻》:"罳,息兹反。""偲俱反"爲上字反切,誤入於此。兹據校改。

② 曾良尔(そら【空】に)。

③ 字頭"怊"當作"怓",注文"熊"當作"態"。《切三》《王一》《全王》《廣韻·肴韻》口交反:"怓,怓恀,伏態皃。"(《全王》誤作"能")兹據校改。

④ 注文"洪"當作"拱"。《裴韻》《全王》《廣韻·腫韻》:"慫,息拱反。"兹據校改。

⑤ 注文"量"當作"置"。《名義·心部》《廣雅·釋詁四》:"恣,置也。"兹據校改。"縱心"二字原誤合爲一字,據《全王》分爲兩字。

⑥《干禄字書》:"慹㦗,上通下正。"

⑦ "愁也"當有誤,或是"揫"字之誤。《禮記·鄉飲酒義》:"秋之爲言愁也。"鄭玄注:"愁,讀爲揫,揫,斂也。"

⑧ "齎"字原作"𪗉",似是"齎"字,但"下齎"之義衆説紛紜,《説文通訓定聲》疑當作"齌",《段注訂補》疑當作"齌"。

摹亡夫反,平;寫也。志太加太於支天字豆須。①

撋薄官反,平;撋也,婉轉也。

拜埀二同字。共音。上:兩手。下:兩手共拭(械)也。②

摰山檻反,去;斬取也。

擊吉(去)激反,入;摰也。③

壓於協反。按物。

摮所教、思聊二反,去;木摮也,纖,煞小皃。④

摍似由、子由二反,平;聚也,斂也,收束也,剜穿也。

摯〔摯〕諸貳反。質也,解也,臻也,亥(引)也。⑤

攀又作扳。普姦反,平;攣也。又作攀。扳,引也,援也。⑥

牽苦田反。引也,□也,牽**偯**(抛)也。⑦

牽摩牽三形,上作。

拏女加反,平;牽也,控也,始也,侍(持)也。⑧

擎渠京反。舉也。

挐女居、狃禾(牙)二反。⑨

――――――――――――

① 志太加太於支天字豆須(したかた【下方】おきて【掟】うつす【写す】),"おきて【掟】"義爲"規矩、規則"。

② 注文"拭"當作"械"。《切三》《裴韻》《全王》《廣韻·腫韻》居悚反:"埀,兩手共械。"茲據校改。"上"字之下原有"、",若是重文符,則其中一"上"字表"上聲"。《切三》《裴韻》《全王·腫韻》:"拜,兩手。"《廣韻·腫韻》:"拜,《説文》曰:楊雄説:廾,从兩手也。""拜"字注"兩手"爲"从兩手"之省,非釋義。

③ 注文"吉"當作"去"。《切三》《王一》《全王·錫韻》:"擊,去激反。"茲據校改。

④ 《周禮·冬官·輪人》:"欲其摮爾而纖也。"鄭玄注:"摮、纖,殺小貌也。"

⑤ 注文"亥"當作"引"。《名義·手部》:"摯,引也。"但此字乃是"摯"的訛混。《廣雅·釋詁一》:"摯,引也。"摯、摯二字音義各別,見王念孫疏證。"亥"與"引"俗字易混。《新撰字鏡·皿部》:"盇,亥(引)擊也。"茲據校改。

⑥ 《全王·刪韻》普班反:"攀,引。或作扳。"《名義·手部》:"攀,普姦反。引也,攣也。"《玄應音義》卷九"扳稱"條:"又作攀、抎二形,同。普姦、布姦二反。《字林》:扳,引也。"《玄應音義》卷十二"扳上"條:"又作攀,同。普斑反。《廣雅》:扳,援也。"蓋前所據爲《切韻》與《玉篇》,後所據爲《玄應音義》,故有"又作攀。扳,引也,援也"之訓。

⑦ 注文"**偯**"當作"抛"。《名義·手部》:"牽,抛也。""抛"即"挽"字,此處誤寫作"**偯**"。茲據校改。殘字作"**豕**",疑是"豕"字。《左傳·僖公三十三年》:"唯是脯資餼牽竭矣。"杜預注:"牽,謂牛羊豕。"

⑧ 注文"侍"當作"持"。《原本玉篇·言部》:"誽,《字書》或拏字也,拏,持也,把也,在手部。"《説文·手部》:"拏,持也。""拏""挐"俗字相混。"始也"不詳。

⑨ 注文"禾"當作"牙"。《原本玉篇·言部》:"誽,狃牙反。《字書》或拏字也。"《名義·言部》:"誽,狃牙反。拏字。""拏""挐"俗字相混。茲據校改。

瘈瘈瘈三字同。先(充)世反。牽也,制也。①

舉居与反。行也,皆也,豆(立)也,動也,言也,祭也,去也。②

擧与居[反]。舉也,徒(從)也。③

攣又作癵、[癴]二形。力圓反,平;係也,荼(莕)也。倭梨(利尒)反。手奈戶。④

挈[掔]苦節反,入;提挽也,連也,牽也,固也。又苦閑反。⑤

擥又作攬、攬二形。力敢反,上;取也,持也,厚也。⑥

擥上正作。⑦

搴挈也。

挈力末反,入;研也。

扭又作扭、肘二形。張九反,上;臂大節也。

掎徐寄反。積,滅(摵)也。⑧

擁於勇反。抱也,持也。

擁上字。

擘妨舌、普舌二反。擊也,別也,捕也。⑨

掔捐(於)煥反。宛(腕)字。⑩

捧拜字。

---

① 注文"先"當作"充"。《名義·手部》:"瘈,充世反。"茲據校改。

② 注文"豆"當作"立"。《名義·手部》:"舉,居与反。行也,皆也,立也,動也,言也,祭也,去也。"音義全同,此當從之。茲據校改。

③ "居"下奪"反"字,注文"徒"當作"從"。《名義·手部》:"擧(原爲左右結構),与居反。舉也,從也。"茲據補改。

④ "癵"下脱"癴"字。《大般若經音義》"攣癖"條:"上又作癵字,力圓反。謂病身體拘曲也。經文或作癴。"《玄應音義》卷十一"攣縮"條:"經文作攣、癴二形,並非體也。""攣"即"癵"字,"癴"即"癴"字。各本"癴"作"**癴**","疒"下爲"變",當是訛體。茲據校補。注文"荼"疑當作"莕"。《名義·手部》:"攣,恭也。"《易·中孚》:"有孚攣如。"釋文:"攣,力圓反。《廣雅》云:莕也。"今《廣雅》雖無此文,但"莕"義較"恭"爲宜。又《王一》《裴韻》《全王》"莕"字有異體"莕",《全王》誤作"恭",《裴韻》"莕"字作"**莕**",與此相似,故當是"莕"字。茲據校改。注文"梨"當作"利尒(りに)",即"攣"字音讀"れん",據《群書類從》本、享和本改。手奈戶(てなえ【攣】)。

⑤ "苦閑反"和"固也"當是"掔"字音義。《廣韻·山韻》苦閑切:"掔,《爾雅》云:固也。"又段注:"或叚借爲牽字。如《史記》'鄭襄公肉袒掔羊',即《左傳》之'牽羊'也。"

⑥ 除"厚也"外皆"擥"字音義。

⑦ 《干禄字書》:"攬擥:上通下正。"《正名要録》"右字形雖別,音義是同,古而典者居上,今而要者居下":"攬,擥。""擥"與"擥"相混蓋由"擥"而來。

⑧ 注文"滅"當作"摵"。《説文·手部》:"掎,積也。《詩》曰:'助我舉掎。'摵頻旁也。"《名義·手部》:"掎,拭(摵)也,積也。"茲據校改。

⑨ "捕也"不詳,《名義》有"抒也"義,《集韻·屑韻》有"拂也"義,或當是"拂"字,"拂"與"擊"義近。

⑩ 注文"捐"當作"於","宛"當作"腕"。《名義·手部》《玉篇·手部》:"掔,於煥反。"《廣韻·換韻》:"腕,手腕。掔,上同。"茲據校改。

䢊居奉反。擁也,抱持也,舉也。汛(巩)字。①

擎吾肴反。擎字。

足部第廿五

二百五十七字

疋通作。子玉反,入;趾也,飽也,滿也,一曰脚別名也。借子喻反,去;猶成也,㳠(添)也,益,猶止也。②

足正作。③

躓陟利、珍四二反。踢也。

蹎又作顚、趒二形。丁賢反。偵,倒也。④

蹶居月反,入;擲之也,僵也,臥也,走也,嘉也,動也,起也,搖之皃也。⑤

𧾷𧾷(躓)二上字。豆万豆支天太不留。⑥

踝〔髁〕果音。胯骨也,髀也。久比比須,又豆夫不志。⑦

跗方俱反。足上也,脚踝也。豆夫不志,又豆夫奈支,又安奈比良。⑧

跗上字同。甫于反。本也。

蹁躚上古文作㑁。蒲眼(眠)反。下蘇眼(眠)反。盤姍也,又旋行也。⑨

蹪跣上作,非。

跅跣上徒各反,入;下四典反,上;阿奈於止,又波太志。⑩

---

① 注文"汛"當作"巩"。《説文・手部》:"巩,褒也。䢊,巩或加手。"茲據校改。

② 注文"㳠"當作"添"。《王一》《全王・遇韻》:"足,添。"《廣韻・遇韻》:"足,足添物也。"茲據校改。《慧琳音義》卷二十五"復能充足"條:"足音子喻反。《玉篇》云:成也,益也,謂自滿已外成益他人也。《左傳》曰'言以足志,文以足言'是也。"

③ 《干禄字書》:"疋足:上通下正。"

④ 《玄應音義》卷四、七、二十"蹎蹶"條:"又作顚、趒二形,同。丁賢反。"《玄應音義》卷十四"偵蹶"條:"又作蹎、趒二形,同。都田反。《廣雅》:偵,倒也。"

⑤ 《玄應音義》卷十三"蹶舉"條:"謂蹶,擲之也。《爾雅》:蹶,動也。郭璞曰:蹶,搖之皃也。"

⑥ 豆万豆支天太不留(つまずき【躓き】て/たふる【倒る】)。

⑦ 《玄應音義》卷十一"髁骨"條:"胯骨也。《説文》:髁,髀也。""胯骨也,髀也"皆"髁"字義,此處或以"踝"爲"髁"字異體,或所據底本作"踝"。"踝"與"果"皆音"か"。久比比須(くびひす【踵・跟】),又豆夫不志(つぶぶし【踝】)。

⑧ 豆夫不志(つぶぶし【踝】),又豆夫奈支(つぶなき【踝】),又安奈比良(あ【足】な【之】ひら【平】)。

⑨ 注文"眼"當作"眠"。《玄應音義》卷十一"蹁躚"條:"古文㑁,同。蒲眠反。下蘇眠反。《廣雅》:蹁躚,盤姍也。亦旋行也。經文作蹪跣,非體也。"《漢語俗字叢考》:"此字(㑁)當是'㑁'的訛俗字。"《玄應音義》古寫本作"㑁",刻本訛作"㑁"。

⑩ 阿奈於止(あ【足】な【之】おと【跡】),又波太志(はだし【裸足・跣】)。

跰（跰）踱亦作。①

躔於（相）然反。舞皃。②

跳蹀上遲要反，平；蹬也，踊也，躍也，踦也。下徒俠反。蹋蹈也，踐也，奔也，走，觢也，躡也，蹨也。阿加久。③

踰庚俱反。度也，越也，勝也，過也。又作逾，非。布牟。④

躊躇上直留、腸知二反，下腸於、腸誅二反。二合。[猶]豫也，住足也，躑躅也，不進之皃。⑤

跩躕上亦作。下直誅反。

躁又作趮。子到反，去；擾也，動也，燥也。佐和久。⑥

𨇤正所居反，平；希闊也，不親也，麄也，猶除也，分也，通也，遲也，遠也。借所據反。亦𨇤、㢮，□□（二同）。窗也，字從疋。⑦

疏上正作。⑧

踔丑□（白）、勅角二反，入；又從（徒）遥反，去；跳也，跋也，蹬也。⑨

跛碑寄反，去；又□（布）火反，上；行不正也，蹇也。今爲被（尵）字。⑩

---

① 字頭“跰”當作“跰”。《玄應音義》卷十六“踱跰”條：“又作𨇤，同。徒各反，下四典、千典二反。《三蒼》云：以腳踐土也。諸書作徒跰。”“𨇤”即“跰”字。茲據校改。

② 注文“於”當作“相”。《廣韻·仙韻》：“躔，相然切。”二字草書相近而誤。茲據校改。

③ “遲要反”不詳。各本“走”下有“也”字，《師説抄》：“奔、走混蹀字。”《玄應音義》卷十二“跳蹀”條：“徒篋反。跳，踊也。蹀，觢也。《聲類》：蹀，躡也。觢音牒。”阿加久（あがく【足掻く・踠く】）。

④ 《玄應音義》卷八“踰於”條：“又作逾，同。庚俱反。踰，過也，越也。《廣雅》：踰，度也。”《玄應音義》卷十三“明踰”條：“庚俱反。《廣雅》：踰，度也。亦越也，勝也。經文作跨，非。”“逾”字不當“非”，疑與“經文作跨，非也”誤混。布牟（ふむ【踏む・履む・践む】）。

⑤ “豫”上奪“猶”字。《玄應音義》卷十三“躊躇”條：“又作跩躕，同。腸留、腸知二反，下腸於、腸誅二反。《廣雅》：躊躇，猶豫也。又亦住足也，亦躑躅也。”蓋誤認爲此“猶”即“猶如”而省。茲據校補。

⑥ 《玄應音義》卷十四“輕躁”條：“又作趮，同。子到反。《國語》：驕躁淫暴。賈逵曰：躁，擾也，亦動也。《釋名》：躁，燥也。如物燥則飛揚也。”佐和久（さわぐ【騒ぐ】）。

⑦ 《玄應音義》卷十四“疏向”條：“山於反。疏，通也。《説文》作𨇤。𨇤，窗也。字從疋。疋，足也，從曲象其形也。門户窗牖皆所以引通諸物，故從疋。疋取通行意也。疋，山與反。”“𨇤”上一字從足、囪，下殘字“二同”據影抄本補，蓋所據《玄應音義》各本有異文，字形稍異，故皆收録而云“二同”。“疋”下原有重文符，當來自“字從疋。疋，足也”，但後又未録全，今刪去重文符。

⑧ 《干禄字書》：“疏疏：上通下正。”

⑨ 殘字原作“𠃌”，當是“白”字。《玄應音義》卷十五“二踔”條：“律文作踔，丑白、敕角二反。”茲據校補。“又從遥反，去”不詳，疑是“跳”字音，“從”當作“徒”。

⑩ 殘字原作“𠃌”，當是“布”字，注文“被”當作“尵”。《廣韻·果韻》《玉篇·足部》：“跛，布火切。”《王一》《全王·哿韻》：“跛，亦作尵。”茲據補改。

跰正魚見反,去;獸足也。借古紗(殄)反。足重跰。①

跂正墟跂反,去;坐而垂一足也。又去氏反,上;鹿乃乎止利阿之曾。②

跟昆跟反。後也。

跟上字同。又作峎(䟓)。古恩反,平;踵也。久比比須。③

跰方本反。齊足而踊躍皃,跨也,越也。④

跙(躡)尼詩(涉)反。久豆波久。⑤

踏胡但反。背而往也,逃外(迯)也,遁也,走也。⑥

踔芳秘反。臂本。可多。⑦

踠胡蘭反,上;蹀也,踊也,馬奔走皃。阿加久。⑧

躝力丹反。踰也,越也,度也,過也。古由,又乎止留。⑨

踜〔踁〕七逸反。腨也。波支也。⑩

踁户定反。波支。二字未詳。⑪

踤移令(今)、叡遥二反。跳也,躍也,疾行迅走也。⑫

踃芳遥反。輕行,急行之皃,疾皃。

蹤子容反。迹也,跡也,蹄也。

躘里容反。行皃。

---

① 注文"紗"當作"殄"。《廣韻·銑韻》:"跰,古典切。"此音當同,"殄"爲銑韻,"紗"爲軫韻或獮韻。《玉篇·禾部》:"秆,古殄切。""跰"與"秆"音同。茲據校改。

② 鹿乃乎止利阿之曾(しか【鹿】の【之】おどり【踊り・躍り】あし【足・脚】ぞ),各本"阿之"作"阿加久(あがく【足搔く・踠く】)",山田疑"阿加久"是。

③ 注文"峎"當作"䟓"。《説文·足部》:"䟓,跟或從止。"茲據校改。久比比須(くびひす【踵・跟】)。

④ 《龍龕·足部》以"跰"爲"跨"的俗字,此當同,疑此音據"本"旁而擬。

⑤ 字頭當是"躡"字省或誤。注文"詩"當作"涉"。《廣韻·葉韻》:"躡,尼輒切。"《名義·足部》:"躡,女涉反。"《新撰字鏡·足部》:"躡,尼涉反,入。"茲據校改。久豆波久(くつ【沓・靴・履】はく【履く】)。

⑥ 注文"外"當作"迯",據《字鏡·足篇》改。"迯"即"逃"的俗字,此或是異文小字而誤入正文。《禮記·緇衣》:"《太甲》曰:天作孽,可違也。自作孽,不可以逭。"釋文作"不可以踏",云:"本又作逃,乎亂反,逃也。"

⑦ 《説文·骨部》:"髀,股外也。踔,古文髀。"《六書故》:"肩,臂本曰肩。"《説文·骨部》:"髆,肩甲也。"疑"髀"與"髆"形近相混,"踔"又同"髀",故"踔"有"髆"義。可多(かた【肩】)。

⑧ 《廣韻·阮韻》:"踠,於阮切。"此音不詳。阿加久(あがく【足搔く・踠く】)。

⑨ 古由(こゆ【越ゆ・超ゆ】),又乎止留(おどる【踊る・躍る・跳る】)。

⑩ "七逸反"當爲倭音"しつ"或"しち"。釋義與和訓當與"踁"字混。波支(はぎ【脛】)也。

⑪ 波支(はぎ【脛】)。"二字未詳"指"踜"與"踁"俗字形近訛混,難以分辨。

⑫ 注文"令"當作"今"。《説文繫傳·壬部》:"壬,移今反。"《説文繫傳·女部》:"姪,移今反。"《説文繫傳·水部》:"淫,移今反。""踤"從"䍃",與"壬"形近而有此音。茲據校改。

躡尼涉反,入;蹋也,踐蹈也,踱也,織也。①

蹻其都反。跳也,躍也,翹也。②

跨苦化反,去;踞也,股也,躡也,渡也,癈(度)也,越也。万太乃佐佐比。③

躂他末反,入;足趺(跌)也。④

跟補蓋反。出(步)也,賴跟也。

趺上字。⑤

跋又作犮(友)。補末反。相跋躐也,躐。⑥

躐力涉反,入;踐也。

踳姓臠(姝充)反,上;色雜不同也,差也。万太良尔。⑦

𧿨失恭反,平;踢也。

踵上字。

蹼卜鹿反,入;鳥足也。

趴芳補反。起也。赴字同。⑧

蹉一佐反。挫足也。挫者,擢(摧)也。⑨

蹢丁歷反。驟也。宇久豆久,万利古由,又乎止留。⑩

踶詩赴、特計[二]反,去;動也,奔也,起也,蹋也。⑪

---

① "織也"不詳,《倭名類聚鈔·織機具》與《新撰字鏡·臨時雜要字·機調度及織縫染事》皆有"機躡"條,此或有關。

② 《名義·足部》:"蹻,渠略反。"疑此反切下字"都"當作"却"。《廣韻》有五音,待考。

③ 注文"癈"疑當作"度"。"癈"字享和本同,《群書類從》本作"廢"。《名義·足部》:"跨,渡也。""渡"字作"𢟖",與"癈"相似。疑"癈"爲"渡"字之誤,"廢"爲"度"字之誤,但此已有"渡"義,故暫校作"度"。茲據校改。万太乃佐佐比(また【股】の【之】ささひ)。《師説抄》疑"佐佐比"爲"佐加比(さかい【境·界】)"之誤,即"股之間"之義。

④ 注文"趺"當作"跌"。《廣韻·曷韻》:"躂,足跌。"茲據校改。

⑤ 注文"出"當作"步"。《玄應音義》卷十五"狼跟"條:"又作跋,同。補蓋反。狼跟猶踉跟也。《説文》:跟,步也。"大治本"步"字作"𡵉",與"出"字相似。茲據校改。"趺"即"跋"的俗字,見下條"跋"字。

⑥ 《玄應音義》卷十六"相跋"條:"《説文》作犮,同。補末反。相跋躐也。躐,踐也。躐音力涉反。"注文"犮"當是"友"的俗字,如上"趺"即"跋"的俗字。此注文末字"躐"本自"躐,踐也。躐音力涉反",當刪去。下條"躐"字音義本此。

⑦ 注文"姓臠"當作"姝充"。《名義·足部》:"踳,姝充反。"《説文·舛部》:"舛,對臥也。楊雄説:舛从足,春。"《廣韻·獮韻》:"舛,昌兗切。"茲據校改。万太良尔(まだら【斑】に)。

⑧ "趴"無"起"義,疑爲"赴"字之訛。

⑨ 注文"擢"當作"摧"。《説文·手部》:"挫,摧也。"茲據校改。

⑩ 宇久豆久(うぐつく【驟く·蹢く】),万利古由(まりこゆ【蹴鞠】),又乎止留(おど·る【踊る·躍る·跳る】)。

⑪ "詩赴"不詳,疑"時翅"之誤。《名義·米部》:"糦,時翅反。""糦""踶"《廣韻·紙韻》皆音"池爾切","糦"又音《廣韻·寘韻》"是義切",與"時翅反"音同。

躧或爲韆字。所解反。鞮属也,舞履。

跩上作。

跐雌氏反,上;蹈也,蹋也。

踤材律反,入;觸也,蠲也,駭也,倉也,摧。[①]

踼徒郎反。跌也,蹠也,搶也,過也,跣也。

[illegible]力鎮反。谷(吝)也。[②]

踞記怒(恕)反。蹲也,跨也。[③]

蹂人籌、人失(久)二反,上;又耳由反。踐也。阿止豆[久],又布牟。[④]

蹻苦交反,平;舉一足也。

蹻上字。

踊普胡反,平;馬奔之皃,踜(踠)也,蹀也。[⑤]

踣父北反。仆也,顛倒也,前覆也,弊也。太不留。[⑥]

躞息葉反。蹀足也。阿加久。[⑦]

蹱之兩反。足乃宇良。[⑧]

踐辝輦反。行皃,履也,居也。

蹹琰塔反。蹋(蹋),踐也。不弥尔志留,又古由。[⑨]

蹋上正作。[⑩]

---

① 《説文·足部》:"踤,觸也。一曰駭也。一曰蒼踤。"《廣韻·術韻》:"踤,摧踤。"蠲字,《字鏡》及本書足部"踤"字注皆作"蹋",此字"虫"旁原作"口",或是"蹋"字之變。但此義不詳,或當是"蹢"。《名義·足部》:"踤,杖(材)律反。觸也,蹢也,駭也。"

② 此字不詳,疑爲"吝"的增旁俗字,或"悋"的换旁俗字,故注文"谷"當是"吝"字之誤。

③ 注文"怒"當作"恕"。《玉篇·足部》:"踞,記恕切。"《新譯華嚴經音義私記》"蹲踞"條:"下記恕反。"《廣韻·御韻》:"踞,居御切。""記恕反"與"居御切"音合,《名義》亦誤作"記怒反"。玆據校改。

④ 注文"失"當作"久"。P.3693、《裴韻》《全王·有韻》:"蹂,人久反。"玆據校改。和訓"久"字據各本補。阿止豆久(あとつく【跡継く・後継く】),又布牟(ふむ【踏む・履む・践む】)。

⑤ 注文"踜"當作"踠"。《字鏡·足篇》:"踊,踠也。""踠"字作"[illegible]",此"[illegible]"當是其誤。"踠"與"蹀"同義,參見此二字訓釋。玆據校改。

⑥ 字頭原作"[illegible]",據《群書類從》本、享和本改。《廣韻·德韻》蒲北切:"踣,斃也,倒也。又作仆。"太不留(たふる【倒る】)。

⑦ 字頭原作"[illegible]"。阿加久(あがく【足掻く・踠く】)。

⑧ 反切當爲"掌"字之音,此字疑爲"足掌"所造的俗字。足乃宇良(あし【足・脚】の【之】うら【裏】)。

⑨ 注文"琰"疑當作"談"。《慧琳音義》卷十九"蹹彼"條:"談合反。"注文"蹋"當作"蹋"。《玄應音義》卷四"蹵蹋"條:"《説文》:蹋,踐也。"玆據校改。不弥尔志留(ふみにじる【踏み躙る】),又古由(こゆ【蹴ゆ】)。

⑩ 《干禄字書》:"蹹蹋,上通下正。"

𧼼他交、徒到二反。踐也。不弥奈豆佐不。[①]

蹈上字。

踵疾容反,平;躘也。又丑凶反。[②]

蹶其俱反,平;行皃。

蹯附遠(袁)反,平;熊掌。[③]

跚蘇干反。蹯也,伏行皃。

跧疾縁反,平;蹴也,卑也,觠也。[④]

躣巨員反,平;曲脊行也。

踡巨員反,平;不行也。

跑薄交反,平;足跑地。

跎徒何反,平;蹉陁(跎)。

跎上字。

躇宅加反。踷也,行難皃。

跏胡加反,平;脚下。

踉吕張反,平;跳也,踉也。

跟直良反,平;跟跪也。

躟汝陽反,平;疾行。

𧾷上正作。

蹌七羊反,平;和鳴[蹌蹌]。[⑤]

蹡步光反,平;踉也,遽行皃。

跟直(勅)貞反,平;跉也,行不止(正)。[⑥]

跪去委反,上;載(戴)也,拜也。[⑦]

跬去羽(弭)反,上;舉一足。[⑧]

---

① 辭書中多"徒到反",而無"他交反","他交反"蓋據"謟""滔""慆"等"舀"旁字音而來。不弥奈豆佐不(ふみなずさう【踏みなづさふ】)。

② "疾容反"爲從母,《廣韻·鍾韻》"職容切"爲章母。

③ 注文"遠"當作"袁"。《切三》《全王》《廣韻·元韻》:"蹯,附袁反。"兹據校改。

④ 《説文·足部》:"跧,蹴也。一曰卑也,觠也。"段注:"觠當爲拳曲之拳。"《説文·角部》:"觠,曲角也。""觠"當作"觠"。

⑤ "和鳴"下奪二重文符。《切三》《王一》《裴韻》《全王·陽韻》:"蹌,和鳴蹌蹌。"兹據校補。

⑥ 注文"直"當作"勅","止"當作"正"。上田云:"直,誤寫,當作勅。"《裴韻》《全王·清韻》勅貞反:"跟,跉跟,行不正。"但《全王·清韻》"跟"上字"酲"字注有"又直貞反",此或受其影響。

⑦ "上"字原誤倒在"拜"之上。注文"載"當作"戴"。《玄應音義》卷六"拜跪"條:"《左傳》:跪而戴之也。"兹據校改。

⑧ 注文"羽"當作"弭"。《切三》《王一》《裴韻》《全王·紙韻》:"跬,去弭反。"兹據校改。

　　趡□□□□□□□（千水反，上；走也，蹉也）。①

　　踥人善反，上；足踐也，蹂也。

　　跁傍下反，上；不胃（肯）前也。②

　　踸豬（褚）甚反，上；踔也，行无常兒。③

　　跧以冄反，上；疾行。

　　跢都盖反，去；倒也。又丁佐反。小兒行。

　　躐直例反，去；躐林也。

　　踘取育反，入；踘也。

　　踹初六反，上；廉謹兒。

　　躅直録反，入；蹢（躑）也，迹也。

　　跑匹通（蒲角）反，入；秦人言［蹴］。⑤

　　躓卑吉反，入；驚（警）也。⑥

　　蹩先結反，入；蹩也，旋行。

　　蹩蒲結反，入；蹩也，踶也，跋也。

　　踖資昔反，入；踖也。

　　跡資昔反，入；迹，同字。

　　躃房益反，入；例（倒）也。⑦

　　躄必益反，入；跛也。

　　踏女白反，入；踐也，蹂也。

　　跾蘇合反，入；步行也。

　　蹋都合反，入；跴也，行惡兒，跳。

　　跆古洽反，入；礙也，更也，代也。

　　躡徒協反，入；走聲。

　　蹀蘇協反，入；蹀也。

---

① "趡"字條原脱漏，補於"跪"字注文右旁版心間，並用符號表示補於"跬"字條後。"趡"字底本不清，據影抄本補。注文原殘，據《字鏡》補。《全王·旨韻》千水反："趡，蹉趡。"《切三》《王一》《裴韻》《廣韻·旨韻》千水反："趡，蹉。"（《王一》"足"旁誤作"女"，《裴韻》誤作"就"）

② 注文"胃"當作"肯"。《玉篇·足部》："跁，跁跒，不肯前。"茲據校改。

③ 注文"豬"當作"褚"。P.3693v、《切三》《王一》《全王·寢韻》："踸，褚甚反。"茲據校改。

④ 注文"蹢"當作"躑"。《切三》《王一》《裴韻》《唐韻·燭韻》："躅，躑躅。"茲據校改。

⑤ 注文"匹通"當作"蒲角"，"言"下奪"蹴"字。《切三》《王一》《裴韻》《全王》《唐韻·覺韻》蒲角反："跑，秦人言蹴。""蹴"字《字鏡》未省，餘同此。茲據改補。

⑥ 注文"驚"當作"警"。《切三》《王一》《裴韻》《全王》《唐韻·質韻》："躓，警躓。"茲據校改。

⑦ 注文"例"當作"倒"。《切三》《裴韻·昔韻》："躃，倒。"《王一》《廣韻·昔韻》："躃，躃倒。"《全王》《唐韻》亦誤作"例"。茲據校改。

跕他協反，入；履。①

踑子力反，入；踑蹙，迫急。世牟，又須牟也介之。②

蘽尭（桑）割反，入；跋也。③

骬胡諫反。骹骭，脛也。

躢他殄反。行足處也。亦打字。鹿跡也。

跆徒來反。登躡也。又作蹹。④

䟑 才含反。止也。

蹭上正作。

蹝普計反。亦作媲字。踦也。

躾先卷反。翼字。网也。

䟽 朝（胡）唐反。远字。獸迹也，道也，長也。⑤

踁上字。

踿丑世反。趾字，又趍字。渡也。

躑徵劣反。趒字。跳也。

躙吕振反。轢也，躪也。

躝上字。

趴渠幼反。跾，踰行皃。

踻池（他）忽反。蹂也。⑥

跉力生反。釘，行皃。

蹔且（徂）濫反。卒也，不久也。⑦

跮丁戾反。蹢也，雄尾也。

跺上字。⑧

---

① 《切三》《裴韻》《全王》《唐韻》《廣韻·怗韻》："跕，跕屣。"此"履"似當作"屣"，但《名義》釋義則作"履"。

② 世牟（せむ【迫む・逼む】），又須牟也介之（すむやけし【速やけし】）。

③ 注文"尭"當作"桑"。《王一》《裴韻》《全王》《唐韻》《廣韻·曷韻》："蘽，桑割反。""桑"又作"桒"，故誤。茲據校改。

④ "蹹"字原作"**暍**"。《名義·足部》："跆，登躡也。"茲據校改。《漢書·天文志》："兵相跆籍。"顏師古注："蘇林曰：跆音臺，登躡也，或作蹹。""躢"或"蹹"之誤。

⑤ 注文"朝"當作"胡"。《名義·足部》："踁，胡唐反。"《玉篇》《字鏡》亦作"胡"。茲據校改。

⑥ 注文"池"當作"他"。《名義·足部》："踻，他忽反。"茲據校改。

⑦ 注文"且"當作"徂"。《玉篇·足部》："蹔，徂濫切。"《名義》作"但"，即"徂"的俗字。茲據校改。

⑧ 字頭原作"**跕**"。

蹂子未(米)反。走也。①

踃先聊反。跒(跳)也。②

躄近(丘)盛反。一足行也,一足跳也。③

歨充掌反。矩(距)也,踞也,蹋也。④

跰扶末反。行兒。迹字。

跰補爭反。进字。散走也。

跞吕絕反。蹶,跳也。

踚吕純反。行也。

跧除殄反。止也,履也,趁也。

跈上正作。

蹉且獵反。蹉跎,往來兒,又行兒。

跣公朗反。肆伸脛也。⑤

蹲子亦反。蹟字。⑥

跣丑甚反。踸也。

趹褚律反。踢也。

趵方卓反。以足擊也。

躦才佢(他)反。踢也。⑦

躕上字。

蹟普力反。蹋地聲也。

趄才與反。行不進也。

廏且欲反。又作趑、促二形。迫也,速也。

踦居綺反。跛蹇也,奇也,一足也,力,脛。⑧

蹀蒲閣反。蹈。

---

① 注文"未"當作"米"。《名義·足部》:"蹂,子米反。"《集韻·薺韻》:"蹂,子禮切。""米"爲薺韻字,《玉篇》誤作"采"。《名義·手部》:"批,子米反。"《玉篇·手部》:"批,子爾、子米二切。"可以比勘。茲據校改。

② 注文"跒"當作"跳"。《名義·足部》:"踃,跳也。"《字鏡》亦作"跳"。茲據校改。

③ 注文"近"當作"丘"。《名義·足部》:"躄,丘盛反。"茲據校改。

④ 注文"矩"當作"距"。《說文·止部》:"歨,距也。"《名義·止部》:"歨,距也。""歨"即"歨"字,"距"同"距",此"矩"當是"距"字形誤。茲據校改。

⑤ 《龍龕》、觀智院本《類聚名義抄》亦有"肆"字,而其他文獻皆無,當不誤。

⑥ "蹲"字疑是"蹟"字之訛變。

⑦ 注文"佢"當作"他"。《名義·足部》《玉篇·足部》:"躦,才他反。"《廣韻·歌韻》:"躦,昨何切。"茲據校改。

⑧ 《名義·足部》:"踦,跛蹇也,奇也,力也,脛。"

蹨他卵反。踐遾(處)也。瞳字。①

躰上通作。

跋詡月反。走皃,輕也。越字。

踛千陸反。蹋也,躡也。

躔直連反。脩(循)也,麇跡也,行也,舍也。②

趡達篋反。足也,條(徐)細步也。③

趾時紙反。尌也。

㺊躡二同。馳録反。躅字。蹢也,趙厨也。④

賑之仁、之刃二反。動也。振字。

踾撫物反。跳也。

蹟丁千反。跋也。又趚字。仆也。

跭口護反。踞也。

蹄渠追反。脛内(肉)也,曲脛也,枌也。⑤

踾口木(本)反。瘃足。⑥

跱洸(扶)謂反。刖也,斷足也。⑦

踶上字。

朎五刮反。斷足也,危也。刖字。

跣上字。

跀不忘反。蹲也,跻也。⑧

趹古穴反。疾也,行也,奔也。越字。

蹬禹快[反]。言也。⑨

———————————

① 注文"遾"當作"處"。《説文·足部》:"蹨,踐處也。"茲據校改。

② 注文"脩"當作"循"。《方言》卷十二:"躔,循也。"茲據校改。

③ 注文"條"當作"徐"。《名義·足部》:"趡,徐細步。"茲據校改。

④ "㺊"當是"躡"的增旁俗字。《正字通·支部》:"㺊,俗屬字。"趙厨,"趙"即"跢跦"之"跢","厨"即"踟躕"之"躕"。"跢跦"即"踟躕",故"趙厨"即"跢跦""踟躕"。《廣雅·釋訓》:"蹢躅,跢跦也。"此當本《廣雅》,又見同部"跦"字。

⑤ 注文"内"當作"肉"。《説文·足部》:"蹄,脛肉也。一曰曲脛也。"《名義》作"脛内曲",當誤。茲據校改。

⑥ 注文"木"當作"本"。《名義·足部》:"踾,口衮反。"《集韻·混韻》:"踾,苦本切。"《字鏡》亦作"本"。茲據校改。"瘃足"《名義》同,《説文》作"瘃足",此當非誤。

⑦ 注文"洸"當作"扶"。《名義·足部》:"跱,扶謂反。"茲據校改。

⑧ 釋義上字作"蹲",下字殘作"跻",右旁似"乎"。《字鏡》上字同,下字作"跻"。《廣雅·釋言》:"跀、跻,蹲也。"本書上"跻"字作"跻",右旁與"乎"相似,故誤。茲據校定。《名義·足部》:"跀,曲頸馬也,蹲也。""蹲"即"蹲"字之變。《廣韻·陽韻》:"跀,跻也。""跻"當是"跻"字之訛。

⑨ "快"下奪"反"字。《名義·足部》:"蹬,禹快反。"茲據校補。《左傳·哀公二十四年》:"是蹬言也。"杜預注:"蹬,過也。"

路吕故反。應也,正也。爲輅字。

跡敕厲反。踰也,中州語也。①

踇莫后反。有踇偶之山也。②

踜所陸反。脚縮也。

踜莫句反。長(跟)踜,拜也。③

踺才協反。公孫踺也。④

蹟蹟二同。徒雷反。連也,路也。⑤

蹎蹯字。足有叉(文)也。⑥

踚餘灼反。登也,拔也,行也,跰(跳)也,履也。⑦

踥(踥)去弭反。趆字,又跱字。[踥]步弗敢忘也。⑧

踆且遵反。蹲字古文。又竣字。退也。

蹉采何反。不盡[力]也。⑨

---

① 《方言》卷一:"踏、踚、跰,跳也。楚曰跡。"郭璞注:"敕厲反。亦中州語。"

② 《廣韻·厚韻》:"踇,踇偶,山名。"《玉篇·足部》:"踇,踇偶山。"《名義·足部》:"踇,隅也。"《山海經·東山經》:"又南水行九百里,曰踇隅之山,其上多草木,多金玉,多赭。"

③ 《方言》卷七:"跟踜、隑企,立也。東齊海岱北燕之郊跪謂之跟踜,委痿謂之隑企。"郭璞注:"今東郡人亦呼長跽爲跟踜。"《廣雅·釋詁三》:"跟踜,拜也。"《廣韻》《玉篇》釋義作"長跪",《王一》《全王》釋義作"長跽",此處釋義當是"跟踜"。茲據校改。

④ 《王一·葉韻》:"踺,齊有公□踺。"姜亮夫《瀛涯敦煌韵輯》卷五補作"公子踺"。"公子踺"即"鄭文公",非齊國人。《全王·葉韻》:"踺,～萘,山兒。"乃奪"踺"字注文及正文"嵥"字。龍宇純《校箋》引《五刊》(《十韻彙編》所寫五代刊本《切韻》)云"齊有仲孫踺"。"仲孫踺"又作"仲孫捷",即魯國"孟敬子",亦非齊國人。按齊國有"公孫捷"。《左傳·昭公八年》:"逐子成、子工、子車。"杜預注:"三子,齊大夫。……子車,頃公之孫捷也。"《左傳·昭公十年》:"反子成、子公、公孫捷,而皆益其禄。""仲孫踺"可作"仲孫捷",則此"公孫踺"當即"公孫捷",是皆當作"公孫踺"。觀智院本《類聚名義抄·法上·足部》:"踺,音捷。齊有公孫踺。"可參。

⑤ 《名義·足部》:"蹟,運也,路也,窨也,跆也。"疑"連"爲"運"字之誤。運,轉也,動也。與"顛仆"義近。

⑥ 注文"叉"當作"文"。《全王》《廣韻·元韻》:"蹎,足有文。"茲據校改。

⑦ 注文"跰"當作"跳"。《龍龕·足部》:"踚,跳也。"朝鮮本《龍龕》將"踚"作爲"躍"的異體。《方言》卷一:"踚,登也。"郭璞注:"踚,踊躍。"此義蓋同"躍",二字音同。茲據校改。

⑧ 字頭"踥"當是"踥"的俗省。《玉篇·足部》:"跱,舉一足。踥,同上。"《名義·足部》:"踥,丁千反。踥也。""踥"又是"蹎"的俗字,故《名義》有"丁千反"之音。茲據校改。《禮記·祭義》:"故君子頃步而弗敢忘孝也。"鄭玄注:"頃當爲跱,聲之誤也。"此省字頭"踥"。

⑨ "盡"下奪"力"字。《名義·足部》:"蹉,蹉跎,不盡力也。"茲據校補。

踻大細反,平;踰(踽)地聲。①

蹞丘幼反,去;蹌行皃。

踾其勿反。足力也。

蹓直連反,平;踐也,日月道也。

蹍知演反,上;跨也,履也。

跰上正作。②

蹣薄官反,平;踰墙也,蹒,伏行皃。

跥土骨反,入;滑食也。③

蚵口下、胡柯二反。跁蚵,行皃,用力也,跁蚵也,跪也,立走。又古江奈良不。④

蹢力涉反,入;踐也,蹌也。

踘曲沃反,入;曲,累足也,蹉(踥)也。⑤

跔舉隅反,平;手足蹇(寒)也。⑥

跤居遙反,平;骹(骹)也,足脛也。波支。⑦

𧿁趾二同。士里反,上;足後也,跟也,跙也。足乃字良,又久比比須。⑧

踵又作徸。之勇反,上;相迹也,追行,云(往)也,繼也。⑨

蹭七贈反,去;楷字古文。所覆(寢),謂猪卧處也,馬四足白也,蹬也。⑩

---

① 反切下字"細"字當有誤。《名義》音"徒堅反",《切三》《全王》音"徒賢反",《廣韻》音"徒年切"。此音不詳所出。先韻"田"旁字有"田、佃、畋、鈿、沺"等字,疑當是"田"或"佃"字。注文"踰"當作"蹰"。《名義》作"蹋地聲",《廣韻》《玉篇》作"蹋地聲",《切三》《全王》作"蹋地聲","踰"當是"蹌"字之誤,"蹋"當是"蹋"字之誤。茲據校改。

② "跰"當是"蹍"的訛俗字。《説文》"展"的正字作"屟",此右或當作"屢"。

③ 此條不詳。據音義疑是"膉"字,《廣韻·没韻》陀骨切:"膉,《説文》曰:牛羊曰肥,豕曰膉。"

④ 注文後一"跁"字原作"𧿁",當是"跁"的俗字。《字鏡·矢篇》:"𧿁,父馬反。蚵,用力也。"又古江奈良不(こえ【肥】ならぶ【並ぶ】),此和訓不詳。

⑤ 《名義》《玉篇》音"渠足反",《切韻》《廣韻》音"渠玉反",《字鏡》音"曲没反",此音與《字鏡》皆不合。或"曲沃反"爲倭音"きょく",即"踘"字日語音讀。《詩·小雅·正月》:"謂天蓋高,不敢不局。謂地蓋厚,不敢不蹐。"毛傳:"局,曲也。蹐,累足也。"此蓋混入"蹐"字義。注文"蹉"當作"踥"。《名義·足部》:"踘,踥踘也。"茲據校改。

⑥ 注文"蹇"當作"寒"。《切三》《王一》《全王》《廣韻·虞韻》:"跔,手足寒也。"此蓋誤以爲"寒"下兩點爲重文符而改作"足"。茲據校改。

⑦ 《名義》《玉篇》音"苦交反",《廣韻》音"口交切",此音不合,疑是倭音"きょう"。注文"骹"當作"骹"。《玉篇·足部》:"跤,亦作骹。"茲據校改。波支(はぎ【脛】)。

⑧ 足乃字良(あし【足・脚】の【之】うら【裏】),又久比比須(くびひす【踵・跟】)。

⑨ 注文"云"當作"往"。《玄應音義》卷四"踵相"條:"又作徸,同。之勇反。《説文》:相迹也。亦追也。往來之皃也。"《名義·足部》:"之勇反。趾也,追也,往也。"此當本《玄應音義》。茲據校改。

⑩ 注文"覆"當作"寢"。《爾雅·釋獸》:"(豕)所寢,楷。"茲據校改。《集韻·蒸韻》:"驓,《爾雅》:'馬四骹皆白,驓'。或从足。"

踚〔裺〕烏感反，入；裺，喒也。謂向口裺也。跌也，理也。①

跖之石反，入；足下也。足乃宇良。②

蹠上字亦作。詩余、之石二反。浦（補）也。足乃宇良，又足乃志太。③

跠跖字，非。④

蹟子亦反，入；跡、迹同。安止止己呂。⑤

躋七妻反，平；舉也，升也，上也，登也，踐也，蹈也。齊字同。

跰未見字出，恐宜作跦。⑥

跦正遲俖（俱）反，平；字跦。趑，猶蹢躅也。借丁俱反，平。⑦

踣今作仆。蒲北反。前覆也。

跌（趺）徒結反。差也，失跖也。蹢（蹶）也，踼也。不牟，又尔志留。⑧

蹡七羊反，平；敬也，容正（止）皃，動也。⑨

蹲上字。

躃自亦反。踐也。

跽奇几、其矣二反。長跪也，忌也，猶跪。⑩

跠上字。

躑馳戟、都歷二反。蹢字同。踦也，躅也。乎波志利。⑪

---

① 《玄應音義》卷十九"裺米"條："烏感反。《字林》：裺，喒也。謂向口裺也。"蓋所據《玄應音義》此處字頭誤作"踚"。《全王》《廣韻》"踚"字有"烏合反""烏洽反"二音，故此標"入"，而不顧"烏感反"爲上聲。"跌也，理也"不詳。

② 足乃宇良（あし【足・脚】の【之】うら【裏】）。

③ 注文"浦"當作"補"。《玄應音義》卷二十"跖翁"條："之石反。蹠，補也，謂補履老公也。"茲據校改。"詩余"各本作"諸余"，此音疑是"庶"字倭音"しょ"，則"詩"與"諸"皆可。足乃宇良（あし【足・脚】の【之】うら【裏】），又足乃志太（あし【足・脚】の【之】した【下】）。

④ 《玄應音義》卷二十"足跖"條："之石反。跖，足下也。今亦作蹠。經文作跠，非體也。"

⑤ 安止止己呂（あと【跡】どころ【所・処】）。

⑥ 《可洪音義》第七冊"波踈"條："所魚反。開元樓藏作跦，陟朱反。《經音義》作跰，平患反。未詳何正。"

⑦ 注文"俖"當作"俱"。《名義・足部》："跦，遲俱反。"茲據校改。"字跦"當與上條有關，參上條。《廣雅・釋訓》："蹢躅，跢跦也。""趑"當即"跥"字，此當省字頭。"丁俱反"不詳所出。

⑧ 字頭"跌"當作"趺"，注文"蹢"當作"蹶"。《玄應音義》卷十"地跌"條："徒結反。《廣雅》：跌，差也。《字書》：跌，失跖也。跌，蹶也。""蹢"字《群書類從》本作"蹶"，享和本作"厥"。茲據校改。不牟（ふむ【踏む・履む・踐む】），又尔志留（にじる【躪る・蹦る】）。

⑨ 注文"正"當作"止"。《玄應音義》卷八"相蹡"條："又作蹲，同。七羊反。《三蒼》：敬也，容止皃也。蹡，動也。"茲據校改。

⑩ 《玄應音義》卷九"長跽"條："古文跠，同。奇几、其矣二反。《説文》：跽，長跪也。《釋名》云：跽，忌也，見所敬忌不敢自安也。"

⑪ 乎波志利（おはしり【お走り】）。

踈祖到反。躁、趥二形同。不安静也。佐和久。①

蹊遐雞反，平；經(徑)也，經(徑)行也，往來也。阿留久。②

蹬隥同。了(丁)鄧反。仰也，履也，踐也，橋也。③

踏徒盇反，入；蹋字同。踐也，差(着)地也。④

跕世伊、敕后(世)二反。□(去)也，行也，往也，跳也，遊(逝)也。⑤

踽九雨反，上；獨行也，單己行也，跉跰。⑥

蹄達奚反，平；騾也，跡也。足乃宇良，又阿止。⑦

蹏上字。⑧

跠宜作佗。敕家反。⑨

踤正材律反，入；觸也，代，蹋也，踊也，駭也，一曰倉也。借措骨反，入；猝字同。⑩

蹲正在日(昆)反，平；踞也，聚也。借在損反，上。⑪

距其呂反，上；足角也。阿古江也。⑫

---

① 佐和久（さわぐ【騒ぐ】）。

② 注文"經"當作"徑"。各本皆作"徑"。《名義·足部》："蹊，遐雞反。徑也。"兹據校改。阿留久（あるく【歩く】）。

③ 注文"了"當作"丁"。《名義·足部》："蹬，丁鄧反。"兹據校改。《名義·足部》："蹬，履也，仰也，登山路也。"《説文·阜部》："隥，仰也。"《玄應音義》卷十一"梯隥"條："丁鄧反。《廣雅》：隥，履也。隥，仰也。謂山路仰登也。""橋"與"隥"皆人所履，故可訓爲"橋"。《慧琳音義》卷四十五有"橋隥"條。

④ 字頭原殘，據《字鏡》補。注文"差"當作"着"。《名義》《切三》《全王》《唐韻》《廣韻·合韻》："踏，著地。"兹據校改。

⑤ "世伊"當是"世"字倭音"せい"。注文"后"當作"世"。《玉篇·足部》："跕，翼世、丑世二切。"《裴韻·祭韻》："跕，丑世反。""敕(敕)世反"音同"丑世反"。兹據校改。"去"字原殘作"⿱⿰"，據《字鏡》補。注文"遊"當作"逝"。《廣韻·祭韻》時制切："逝，往也，行也，去也。""跕"與"逝"音近義同。《説文繫傳·足部》："跕，述也。臣鍇按：《漢書·天馬歌》曰：'超容與跕萬里。'此行也。或從辵，音逝。"今本《史記·樂書》："騁容與兮跕萬里。"集解："孟康曰：跕音逝。"索引："亦[作]逝。"今本《漢書·禮樂志》："體容與，迣萬里。"顔師古注："孟康曰：迣音逝。"此"跕""迣""逝"字通。《周易·渙》注"故可以逝行"，釋文："逝又作遊。"是"逝"與"遊"形近易誤。兹據校改。

⑥ 《玄應音義》卷六"伶俜"條："《三蒼》云：伶俜猶聯翩也。按，伶俜亦孤獨皃也。經文多作跉跰。《字林》力生反。下補静反，字與进同。跉，不正也。进，散也。二形並非今用。"

⑦ "騾"字不詳，《師説抄》、狩谷皆疑當作"蹏"，但此字當不誤。《新撰字鏡·足部》："蹄，騾也。"《名義·足部》："蹄，蹏也，舉足不進也，騾也。"《慧琳音義》卷八十一"躑躅"條："顧野王云：騾舉足而不進也。或作蹏躅，亦通。"足乃宇良（あし【足·脚】の【之】うら【裏】），又阿止（あと【跡】）。

⑧ 字頭原作"⿱⿰⿱"。

⑨ 《玄應音義》卷四"佗飢"條："敕家反。經文作跠，非也。"

⑩ 《説文·足部》："踤，觸也。一曰駭也。一曰蒼踤。"《集韻·術韻》："踤，蹋也。""代"字疑誤。"踊"字或當是"躅""蹢"，見本書足部"踤"字注。

⑪ 注文"日"當作"昆"。《名義·足部》："蹲，在昆反。"兹據校改。

⑫ 阿古江（あごえ【距】）。

蹲自宣反。脛腹(腸)也,膝下也。古牟良,又牟加波支。①

躒正□(力)的反,入;《大戴礼》:"[騏]驥一躒,不能千出(步)。"又曰動也。借吕諾反。②

跏柯瑕反。結交也,止也。③

踊餘隴反,上;跳也,躍也,其也,上也,登也。

躍以灼反,入;信也,跳也,上,進也。④

踹蹁蹯三字作,同。時彦反。腨腨,足也。

蹩其月反,入;挫也,跙也,敗也,倒也,頓也。

覂方腫反,上;覆也。

疎疏也。

皮部第廿六

冊字

皮符羈反,平。

皴且旬反,平;皴皵也,又樹皮[甲]錯麁厚亦曰皴皵。⑤

皯古旱反,上;面黎黑曰皯。又作黚,非。⑥

皰又作皰。補(輔)孝反。小腫,面生氣也,面瘡也。又作胞、疱。⑦

皴女盍反,上;又作皶。愧也,面慙曰皴,過也,失。案,同難字,或戁字。懼也,動也,敬也。

皵苦角反,入;皸皵也,皮乾也。

皩户角反。皵。

---

① "自宣反"當有誤,各本作"自寅反"。《名義》《玉篇》"蹲"字音"時兗反",《廣韻·獮韻》"腨"音"市兗切",《名義》"腨"音"時奐反"。此反切下字疑當作"演"或"奐",上字不詳。或是倭音"せん",俟考。注文"腹"當作"腸"。《玉篇·足部》:"蹲,腓腸也。正作腨。"《名義·肉部》:"腨,腸也。蹲字。"茲據校改。古牟良(こむら【腓】),又牟加波支(むかはぎ【向脛】)。

② "力"字原殘作"⿰",騏"上奪"騏"字,注文"出"當作"步"。《字鏡》作"力"。《名義·足部》:"躒,力的反。"《玉篇·足部》:"躒,令的切。《大戴禮》曰:騏驥一躒,不能千步。"今本《大戴禮記·勸學》作"騏驥一躒,不能千里"。茲據補改。

③ 《玄應音義》卷六"加趺"條:"古遏反。《爾雅》:加,重也。今取其義則交足坐也。《除災橫經》毗婆沙等云'結交趺坐'是也。經文作跏,文字所無。"

④ 《廣韻·藥韻》:"躍,跳躍也,上也,進也。"

⑤ 《玄應音義》卷二十"皴剝"條:"且旬反。《埤蒼》:皮皴皵也。又樹皮甲錯麁厚亦曰皴皵。皵音思亦反。""甲"字據補。

⑥ 《玄應音義》卷十九"黑皯"條:"古旱反。《通俗文》:面黎黑曰皯也。經文從黑作黚,非也。"

⑦ 注文"補"當作"輔"。《玄應音義》卷十七"骨皰"條:"又作皰,同。輔孝反。小腫也。《説文》:皰,面生氣也。今取其義。論文作胞,或作疱、鮑二形,非也。"茲據校改。又《玄應音義》有音"蒲孝反",反切上字亦可能爲"蒲"。

殹(皱)夫(扶)卓反。皮起。①

皺方居反。肥也,皮膚。

皺上字作,未詳。②

皱皼皼(皱)皼四形同。奇音。之保牟。③

皼楚累反。栗(粟)躰也。④

皺亡刃(忍)反。皮理也。⑤

皼古顯反。不久留。⑥

皺徂驟反,去;縮也。瘢同字。比太,又志和牟。⑦

皼徒木反。韇也,所以藏弓也。

鞁皮義反,去;賀(駕)車。⑧

弛皮義反。絲弛弓。

皺知演反,上;皮寬。

皼側伽(加)反。皰鼻。⑨

簸方餓反,去;又布火反,上;来(米)揚簸也。美。⑩

皱徒活反。皮豆留。⑪

皺於向[反]。青面。

皱徒古反。桑皮也。杜[字]。⑫

皼丁盍反。皺皱。

---

① 字頭"殹"當作"皱",注文"夫"當作"扶"。《名義·皮部》《玉篇·皮部》:"皱,扶卓反。皮起也。"茲據校改。

② 字頭即"皺"字之訛,左下作"肉","皮膚"與"肉"旁相近,故訛作此形。

③ 字頭"皼"當作"皱"。《玄應音義》卷十八"歆仄"條:"又作皱、皼、皼三形,同。丘知反。不正也。《説文》:皱皼,傾側不安也。不能久立也。"《名義·危部》:"皱,皼字。""皱"爲"皱"的俗字。茲據校改。之保牟(しぼむ【萎む·凋む】)。

④ 注文"栗"當作"粟"。《名義·皮部》《玉篇·皮部》《王一》《全王》《廣韻·至韻》:"皼,粟體。"茲據校改。

⑤ 注文"刃"當作"忍"。《玉篇·皮部》:"皺,亡忍切。"《名義·皮部》:"皺,忘忍反。"茲據校改。

⑥ 字頭原作"皼"。不久留(ふくる【膨る·脹る】)。

⑦ 比太(ひだ【襞】),又志和牟(しわむ【皺む】)。

⑧ 注文"賀"當作"駕"。P.3696A《切韻箋注·寘韻》:"鞁,駕車。"《裴韻·寘韻》:"鞁,馬駕具。"《説文·皮部》:"鞁,車駕具也。"此當與P.3696A同。茲據校改。

⑨ 注文"伽"當作"加"。《全王》《廣韻·麻韻》:"皼,側加反。"茲據校改。

⑩ 注文"来"當作"米"。《説文·皮部》:"簸,揚米去糠也。"茲據校改。美(み【箕】)。

⑪ 皮豆留(はつる【削る】)。

⑫ "杜"下奪"字"字。《名義·皮部》:"皱,桑皮也。杜字。"《玉篇·皮部》:"皱,桑白皮也。今作杜。"茲據校補。

　　皷古(胡)端反。皺皼,瘦也。①

　　郁右音。瘦也。②

　　皺甫(補)卓反。朦也,皷也,灼也,熱也。③

　　皷止(七)亦反,入;皺都(皷),木皮甲錯庬厚也,皮細起也。④

　　俄古遷反。鼎(䱺)。⑤

　　皣居云反,去;手足裂也,皯也。⑥

　　皯千古(胡)反,上;皷庬也。⑦

　　皼古(胡)岸反。射弓時調度也。古氏。⑧

　　劇波伊反。皴也。物乃加波波久。⑨

　　皷在皷部。

新撰字鏡卷第二

　　天治元年甲辰五月二日戊寅書寫畢,法隆寺一切經音義料也。爲自他法界平等利益。勸進僧林幸。

---

① 注文"古"當作"胡"。《名義·皮部》:"皷,胡端反。"《廣韻·桓韻》:"皷,胡官切。"茲據校改。

② "郁"疑即"皺"字之訛。上"皺"字字頭作"**皺**",注文作"**皺**",此蓋由注文之形而誤。"瘦也"義見上條。《玉篇·皮部》:"皺,皺皼,皮瘦寬兒。""右音"即"有"字倭音"ゆう(いう)"。

③ 注文"甫"當作"補"。《名義·皮部》:"皺,補卓反。"茲據校改。"灼也,熱也"當是"爆"字義,二字通。《説文·火部》:"爆,灼也。"《名義·皮部》"灼"字誤作"均"。

④ 注文"止"當作"七","都"當作"皷"。《玉篇·皮部》:"皷,又七亦切。皺皷也。木皮甲錯也。""止"字原作"**七**",與"七"形似而誤。茲據校改。

⑤ 注文"鼎"當作"䱺"。《集韻·候韻》下遘切:"俄,《埤蒼》石䱺膜也。"《名義》"䱺"字作"**䲆**",訛甚。"䱺"即"蜜"字,《廣韻》《玉篇》作"蜜"。茲據校改。

⑥ 《切韻》《廣韻》有"舉云反""居運反"二音,此誤將"平"聲字標爲"去"聲。

⑦ 注文"古"當作"胡"。《名義·皮部》《玉篇·皮部》:"皯,千胡反。"茲據校改。《切三》《王一》《裴韻》《全王·語韻》僅上聲卷有音"七与反"的"皯",故此處標"上"。

⑧ 注文"古"當作"胡"。《王一》《裴韻》《全王·翰韻》:"皼,胡旦反。"各本亦作"胡"。茲據校改。古氏(こて【籠手·小手】)。

⑨ 物乃加波波久(もの【物】かわ【皮·革】はく【剥】)。

新撰字鏡卷第三

十部文數千五百廿八字

毛部第廿七六十五字　色部第廿八十七字　广部第廿九二百六十二字
言部第卅四百七十四字　骨部第卅一七十八字　尸部第卅二八十九字
女部第卅三四百字　镸并長部第卅四①九十二字　支部第卅五十四字
力部第卅六卅七字

毛部第廿七

六十五字

毛莫袍反，平；象形也。

毲毹上巨具（渠俱）反，下山于反。毛席也，織毛蓐曰毲毹，細者謂之毨毷。加毛。②

毦毷上同。

氍毦上同。

毿毹字同。

毨毷上他盍反，下得恒反。加毛。③

毦而容反。毛屬也。亦作絹（緤）、韠。而用反。④

_____

① "镸并長部"，正文部首作"髟部"。

② 注文"巨具"當作"渠俱"。《玄應音義》卷二"氍毹"條："渠俱反，下山于反。《通俗文》：織毛褥曰氍毹，細者謂之毨毷。經文作毹，力于反。毹，毹也。毹非字體。"茲據校改《玄應音義》卷十四"毲毹"條："又作毦毷二形，《字苑》作氍毦，同。強朱、雙朱反。《聲類》云：毛席也。《釋名》作裝溲。《通俗文》：織毛蓐曰毲毹，細者謂之毨毷。"加毛（かも【氈】）。

③ 《玄應音義》卷四"毨毷"條："他盍反，下得恒反。《釋名》：施之大牀前小榻上所以登上牀也。因以名之。"加毛（かも【氈】）。

④ 注文"絹"當作"緤"。《玄應音義》卷十四"結毦"條："《字林》：而容反。毛屬也。律文作緤（緤），《字書》亦韠（韠）字，音而用反。鞍毳飾也。"《原本玉篇·糸部》："緤，如用反。《字書》亦韠字也。韠，鞍毳飭也，在革部。"茲據校改。

毨先要反。毛白(皃)也。波户阿志利。①

毡布莽反,上;謂毛布也。②

㲪上作,非。

毶又作㲼。蘇南反,平;毛乘(垂)皃,毛長曰毶[毶]。③

氁許其反,平;毛也。④

毻徒頰反,入;毛布也。⑤

毴上字。

毤力了(丁)反。又作零、翎、翎三形。謂鳥羽。⑥

毻他臥反。落毛也。⑦

毨上字作。鳥易毛。

耄古作耄。莫報反。八十四(曰)耄,即惽忘也,乱也。⑧

氉下葛反,入;布也。加波己吕毛,又弥乃。⑨

氊莫卜反,入;思皃,一曰毛濕也。

毿布木反,入;毸毿,毛不理。

毸夫(扶)珍反。毸毿,毛毤。⑩

耗思連反。耗毶,厀也。

---

① 注文"白"當作"皃"。《玄應音義》卷十四"毛毨"條:"《字林》:先要反。毛皃也。《通俗文》:毛茂謂之毨毨。案字義宜作毨,音所革反。毛毨也,亦蠅毨也。"波户阿志利(はえ【蠅】あしり)。《師説抄》疑"阿"當作"波"。波志利(はしり【走り】)。

② 《玄應音義》卷十五"斑毡"條:"布莽反。謂毛布也。《字林》:厀之方文者曰毡。律文作毡,非也。"

③ 注文"乘"當作"垂","毶"下奪重文符。《玄應音義》卷二十"耽毶"條:"《蒼頡篇》作㲼,同。蘇南反。毛垂皃也。《通俗文》:毛長曰毶毶也。"茲據改補。

④ 字頭原作"氁",當是"氁"字俗寫。《廣韻》"氁"有"里之切"與"莫袍切"二音,"犛"字音"許其反",此當據"犛"字擬音。《玄應音義》卷九"毫氁"條:"古文氁、緂二形,今作耗,同。力之反。《漢書》《律曆志》云:不失毫氁。孟康注云:毫,兔毫也。十毫曰氁。《三蒼》:氁,毛也。論文作氁,音僖。韋昭《漢書音義》曰:祭鬼神之餘肉曰氂。《説文》:氂,家福也。亦古字通用也。"高麗藏及古寫本無"音僖。韋昭《漢書音義》曰:祭鬼神之餘肉曰氂。《説文》:氂,家福也",而磧砂藏有。"許其反"即"僖音"。

⑤ 《玄應音義》卷十三"有毻"條:"又作毻,同。徒頰反。《字林》:毻,毛布也。"

⑥ 注文"了"當作"丁"。《玄應音義》卷十九"毤羽"條:"力丁反。謂鳥羽也。經文作零,又作翎、翎二形,近字也。"

⑦ 字頭原作"毻",《玄應音義》卷十九"毻落"條:"他臥反。《字書》:落毛也。經文作毻,近字,兩通。"

⑧ 注文"四"當作"曰"。《玄應音義》卷十四"老耄"條:"古文耄、耄二形,今作耗,同。莫報反。《禮記》:八十曰耄。鄭玄曰:耄,惽忘也。《左傳》:老將智耄又及之。杜預曰:耄,亂也。"茲據校改。

⑨ 加波己吕毛(かわごろも【皮衣・裘】),又弥乃(みの【蓑】)。

⑩ 注文"夫"當作"扶"。《玉篇·毛部》:"毸,扶珍切。"《名義·毛部》:"毸,杖(扶)珍反。"茲據校改。

尵止移反。毣尵。

毢思緑反。毟也，罽也。①

秏力臺反。强毛。

秏甫（補）賴反。毣，多毛。②

毸如（奴）賴反。秏也。③

毶徒豆反。毟也。

毟方文反。罽也。

氄徒唐反。毸也，罽曲毛。

毦仁止反。以毛羽爲毦也，餝也。④

氄几帶（滯）反。綢也，氂也。⑤

氄女江反。䮌也，乱皃。

氄加（如）羊反。氄氄。⑥

毢無具（撫俱）反。解也。⑦

毢他卧反。落也。

麾呼爲反。在广部。

毿子凶反。氄也，罽也。

毫古（胡）高反。長［毛］也。在亠部。⑧

氊居瑕反。氊毨，胡衣也。

氊上正作。⑨

毠所加反。

氎妨非反。紛氎。

毬巨六（尤）反，□（起）六（尤）反。□□（万利）。⑩

---

① “緑”字《名義》《玉篇》作“録”，韻同，疑此當作“録”。

② 注文“甫”當作“補”。《名義·毛部》：“秏，補類（賴）反。毣，多毛也。”《廣韻·泰韻》：“秏，博蓋切。”“賴”爲泰韻字。茲據校改。

③ 注文“如”當作“奴”。《名義·毛部》：“毸，奴賴反。”《廣韻·泰韻》：“毸，奴帶切。”茲據校改。

④ 《玉篇·毛部》：“毦，以毛羽爲飾。”《慧琳音義》卷九十九“彩毦”條：“顧野王云：謂毛羽爲毦飾也。”

⑤ 注文“帶”當作“滯”。《名義·毛部》：“氄，畤滯反。”茲據校改。

⑥ 注文“加”當作“如”。《名義·毛部》《玉篇·毛部》：“氄，如羊反。”茲據校改。

⑦ 注文“無具”當作“撫俱”。《名義·毛部》：“毢，撫俱反。”茲據校改。

⑧ 注文“古”當作“胡”，“長”下奪“毛”字。《名義·毛部》：“毫，胡高反。長毛也，豪也。”茲據改補。

⑨ 上字字頭原作“毛”，此字字頭原作“氊”。《干禄字書》：“假假，上俗下正。”此上下二字書寫之異，當與《干禄字書》“假”之右旁同。

⑩ 注文殘，注文“六”當作“尤”。各本作“毬，巨六、起六二反。万利”。《玉篇·毛部》：“毬，巨尤切。”茲據改補。万利（まり【毬】）。

□(毱)巨谷反。万利。①

氂莫高反。牛尾。

麾上字。

尾亡匪反。微也。在尸部。

[illegible]郎外反,去;馬毛(色)。②

蚝七吏反,去;蚝虫。

氅昌兩反,上;鳥毛氅纛。③

毨蘇顯反,上;鳥獸秋[毛]。④

氄而隴反,上;鳥毛毦也。⑤

[illegible]乃康(庚)反,平;犬多毛皃。⑥

[illegible]即消反。兜鍪上毛飾。

氈諸延反,平;毛席也。加毛。⑦

[illegible]撫云反,平;毛落。

[illegible]敷隆反,平;[illegible]戎鳥毳。⑧

毴而勇、而尹二反。聚盛也,鳥羽雜生也。

[illegible]莫昆反。毳衣也。⑨

[illegible]力葉反。長毛也,獵也。

[illegible]徒召反。毛皃。

[illegible]。

---

① 字頭殘。《玉篇·毛部》:“毱,巨六切。毛也。”茲據校補。上“巨六反,起六反”或與此字音混。各本此條下有“毳”字條,本書“毳”字在卷十一“品字様部”。万利(まり【毬】)。

② 注文“毛”當作“色”。《裴韻》《全王》《唐韻·泰韻》郎外反:“[illegible],馬色。”蓋本部皆與“毛”有關,故誤作“馬毛”。茲據校改。

③《説文新附·毛部》:“氅,析鳥羽爲旗纛之屬。”

④ “秋”下奪“毛”字。《切一》《切三》《全王·銑韻》:“毨,鳥獸秋毛。”茲據校補。

⑤ “毦”字原作“[illegible]”,二字同,參見《字典考正》。上田改作“酕”,“酕”同“氄”。但“毦”亦可通“氄”。《集韻·腫韻》:“氄,《説文》:毛盛也。引《虞書》:鳥獸毴髦。或作[illegible]、氄、[illegible]、酕、縟。”“毦”同“[illegible]”。

⑥ 注文“康”當作“庚”。《廣韻·庚韻》:“[illegible],乃庚切。”茲據校改。“犬”字原殘,據《廣韻》《玉篇》等定。

⑦ 加毛(かも【氈】)。

⑧ 此條不詳,當是“從毛,豐聲”之字。

⑨《説文·毛部》:“[illegible],以毳爲繝,色如虋,故謂之[illegible]。虋,禾之赤苗也。从毛,㒼聲。《詩》曰:‘毳衣如[illegible]。’”

色部第廿八

十七字

色所力反。八。①

色上俗作。②

齝齝上千定反,下亡定反,去;阿乎弥豆志牟。③

觬觬上疋郎(朗)反,下亡郎(朗)反,上;无色皃。伊太久阿乎美奴。④

觬觬二字上。⑤

艶以瞻反,去;美。以吕布加志,又美也。⑥

觬疋眇反,上;縹也。波奈太。⑦

觬口兮反。也弥支波牟。⑧

觬敷物反,入;淺色也。

觬(喎)下卧反,去;小人相應。⑨

觬呼雞反,平;痛聲。

俴魯帝反,去;戾也。戾:逆也,卒(乖)也,至也。⑩

觬於丈反。氣流皃。

觬許力反,入;大赤也。

---

① 字頭右旁有"シイク"。

② 《干禄字書》:"色色,上俗下正。"

③ 阿乎弥豆志牟(あおみず【青みず】しむ【染む・沁む・浸む・滲む】)。

④ 注文"郎"當作"朗"。《廣韻·蕩韻》:"觬,匹朗切。"《廣韻·蕩韻》:"觬,模朗切。"兹據校改。伊太久阿乎美奴(いたく【甚く】あおみぬ【青みぬ】)。

⑤ 上條第二形與此條第二形同,當有誤。

⑥ 以吕布加志(いろ【色】ふかし【深し】)。

⑦ 《廣韻·青韻》普丁切:"觬,縹色。"此音當是"縹"字音。《玄應音義》卷十四"黑縹"條:"匹眇反。"波奈太(はなだ【縹】)。

⑧ 也弥支波牟(やみ【闇】きばむ【黄ばむ】)。

⑨ 字頭"觬"當作"喎"。《名義·口部》:"喎,于戈反。小人相應也。"《廣韻·戈韻》古禾切:"喎,小兒相應也。又音禾。"《廣韻·戈韻》戶戈切:"喎,小兒相應。"兹據校改。此爲平聲字,疑反切下字涉"過"字音而改。

⑩ 字頭原作"俴",故入"色部",此字又見"亻部"。《廣韻·霽韻》以"俴"爲"戾"的俗字。注文"卒"當作"乖"。《廣韻·霽韻》:"戾,乖也。"兹據校改。

广部第廿九

二百六十二字

广土(士)張、女色(厄)二反。奇(倚)也，打也，病也。①

疒上字。②

疣又作肬、默二形，同。有流反，平；腫也。伊比保，又太利，又比志比子。③

痕古(胡)根反，平；又作服。戶恩反。淚迹，又古(故)瘡處也。④

瘙癃二同字。力忠反，平；癘也，疾也，疢也，固病也，疲病也。⑤

癮疹上於近反，下之忍反。搔(捶)痕也，皮外小起。⑥

疢上字作。⑦

瘤瘤同。力求反，平；腫也，瘜肉也，病也。⑧

癎瘨上核間反。小兒瘨也。波良布久留。下都賢反，平；瘨狂也。⑨

瘨上字。

瘳恥留反，平；差也，愈也。

瘠才精(積)反，入；瘦也。豆比由也。⑩

痍瘠膌三字上同。

---

① 注文"土"當作"士"，"色"當作"厄"，"奇"當作"倚"。《名義·广部》："广，士張、女厄二反。奇也，有疾病也。"《廣韻·陽韻》："广，士莊切。"《廣韻·麥韻》："广，尼戹切。""厄"同"戹"。《說文·广部》："广，倚也，人有疾病，象倚箸之形。"《玉篇》引《說文》同，則《名義》亦本《說文》，此與《名義》似皆當作"倚"。茲據校改。"打"字當是下條"疒"之訛。

② 字頭原作"疒"。《玉篇·广部》以"疒"爲"广"的籀文，《集韻·麥韻》籀文作"疒"，當是同一形。

③ 《玄應音義》卷十六"生肬"條："又作疣、默二形，同。有流反。《廣雅》：肬，腫也。"伊比保(いいぼ【飯粒】)，又太利(たり【疣】)，又比志比子(ひしいね【疣】)。

④ 注文上"古"當作"胡"，下"古"當作"故"。《玄應音義》卷十八"痕跡"條："《篆文》作服，同。胡根反。"二十卷本《倭名類聚鈔》卷三："瘢，《四聲字苑》云：痕，故瘡處也。"《字鏡》亦作"故瘡處"。茲據校改。

⑤ "疢也"不詳，或是"疾也"訛衍。

⑥ 注文"搔"當作"捶"。《玄應音義》卷十三"癮疹"條："於近、之忍反。《篆文》云：癮疹，捶痕也。""捶"字七寺本、西方寺本作"捶"，大治本、金剛寺本誤作"撫"。《字鏡》亦作"捶痕"。此字原寫作"捺"，旁有修改符改作"捺"，蓋抄寫者或校者不識此字，故改爲"搔"。茲據校改。

⑦ 字頭爲上條"疢(疹)"之省，非"疢"字也。

⑧ 字頭原作"瘤瘤"二形。

⑨ 《玄應音義》卷二十一"瘨癎"條："都賢反，下核間反。《廣雅》：瘨，狂也。風病也。《聲類》云：癎，小兒瘨也。"此字頭二字顛倒。波良布久留(はらふくる【腹膨る】)。

⑩ 注文"精"當作"積"。各本作"積"。《玄應音義》卷十一"瘦瘠"條："古文痍、瘠、膌三形，同。才積反。《說文》：膌，瘦也。亦薄弱也。"茲據校改。豆比由(ついゆ【費ゆ・弊ゆ・潰ゆ】)。

瘇今作尰。時□(腫)反。脚病也。①

瘒勅顯、勅管二反。痟也,病也,言髮病。②

□(瘊)□(相)承呼溝反。此字未詳。或作瘫。③

癱桑到反。瘡也,皮起曰癱。

瘙上字。疥也。

瘡上字反。瘒也。④

□(瘲)□□□□(古和反,平);□(禿)也,春發者謂之燕□(瘲),□□(秋發)者爲鴈瘲。⑤

疬上正作。

癎上字。

疝所姦反,平;腹痛也。

瘃竹足反,入;謂手足中寒作瘡者也。⑥

㾕上字。

疸得安(案)反,去;黃病。⑦

癉疽上必遥反,平;癱也。下千余反,平;癱成志(爲)也。⑧

痏又□(作)侑、𪑈。于罪反。痛聲也,毆傷也。⑨

————————————

① “腫”字原殘作“⺆⺀”。《玄應音義》卷四“瘦瘇”條:“《字詁》今作尰,同。時勇反。《通俗文》:腫足曰瘇。瘇,脚病也。”但殘字似“腫”,左邊一撇即“月”旁之撇。《字鏡》有“時腫反”音。《可洪音義》第十四册“瘦瘇”條:“下時腫反。”《名義·九部》:“尰,時腫反。”兹據校補。

② 《玄應音義》卷十四“瘒瘊”條:“勅顯、勅管反。言髮病也。”

③ 字頭及注文殘,“承”下原有“反”字,“溝”下原有“二”字,原誤以“相承”爲反切。《玄應音義》卷十四“瘊病”條:“相承呼溝反,未詳何證。律文多作瘫,於恭反。《説文》:瘫,腫也。”兹據補删。

④ “上字”當是涉上“瘙”字注文而誤。《玄應音義》卷十七“瘡瘒”條:“楚良反。”《切三》《王一》《裴韻》《全王》亦音“楚良反”,或當是此音。

⑤ 字頭與注文殘。《玄應音義》卷十八“瘑痲”條:“張揖《雜字》作瘑,《字書》作瘲,同。古和反。《蒼頡篇》:瘲,禿也。《韻集》曰:瘡病也。春發謂之燕瘲,秋發者謂之鴈瘲。”兹據校補。

⑥ 《玄應音義》卷十五“指瘃”條:“又作㾕,同。竹足反。謂手足中寒作瘡者也。”

⑦ 注文“安”當作“案”。《王一》《全王·翰韻》得案反:“疸,黃病。”兹據校改。

⑧ 注文“志”當作“爲”。《玄應音義》卷十五“癉疽”條:“必遥反,下千余反。《廣蒼》:癱成爲癉疽。瘡名也。”兹據校改。

⑨ “𪑈”字原作“𪑈”。《玄應音義》卷十五“痏痏”條:“諸書作侑(侑),籀文作𪑈。案《通俗文》:于罪反。痛聲曰痏,驚聲曰然。《説文·人部》《玉篇·人部》:侑,一曰痛聲。《名義·人部》:侑,痛聲也。《廣韻·賄韻》于罪切:侑,痛而叫也。《名義·人部》:侑,禹救反。勸也,報也,耦也。”“侑”無“痛聲”之義,而“侑”字音義合,故“侑”字是。寫本《玄應音義》亦作“侑”(或誤作“侑”)。“𪑈”字寫本作“𪑈”形,右旁爲“韋”之訛。《慧琳音義》作“煒”。“𪑈”字於義無取,疑爲“𪑈”字之誤,俗書“巾”“忄”旁相混。《可洪音義》第十五册“嘽嘽”條:“宜作于詭反,小兒讀書聲也。律文云‘如似童子在學堂中學誦聲’是也。又《經音義》以痏、侑、𪑈三字替之,同,于罪反。”可洪所引《經音義》即此處,而字作“𪑈”。《名義·心部》:“𪑈,于匪反。恨也。”與此音義較合。故“𪑈”字是。

癞又作欶。蘇豆反,去;欶曰欶。志波布支。①

疢古文作鈆、囗(頖),今作疣。有富反。頖,顫也,謂顫掉不正也。②

尢 魚乞反,入;癲也。

疙上字。

痱瘰上蒲罪反,上;下力罪反,上;二合。皮小起也,小腫也。③

疕痱字。風病。

疕〔庀〕父媚反,去;又疋婢反,上;瘡上甲也。④

痍 以脂反,平;傷也,瘦(瘢)也,金謂刀斧傷者也。⑤

痍上字。

癥翼灼反。療字同。病消癥也。⑥

瘻力候反,去;頸腫也。止利久比。⑦

痐烏玄反,平;謂手足痐疼也。⑧

以下平聲,出從《切韻》

疼徒冬反。痛也,痺也。比比良久,又加由之。⑨

癰於容反。癰字同。疽也,又腫也。

痣章移反。病也,痕也。⑩

---

① 《玄應音義》卷十五"欶癞"條:"下作欶,同。蘇豆反。《蒼頡篇》:齊部謂欶曰欶。"志波布支(しわぶき【咳】)。

② "頖"字左半原殘。《玄應音義》卷十五"疢頭"條:"古文鈆、疢、頖三形,今作疣,同。有雷(富)反。《説文》:頖,顫也。謂顫掉不正也。"茲據校補。

③ 《玄應音義》卷十七"痱瘰"條:"又作疕,同。蒲罪反,下力罪反。痱瘰,小腫也。"《切三》《裴韻》《全王》《廣韻·賄韻》:"瘰,痱瘰,皮外小起。"

④ 各書"疕"無去聲,"父媚反"疑是"庀"字音。

⑤ 注文"瘦"當作"瘢","金"字原在"謂"字之下。《切二》《切三》《全王·脂韻》以脂反:"痍,瘢。""瘦"字原作"**瘦**",亦似"瘢"字。《玄應音義》卷四"金痍"條:"與之反。痍,傷也。金謂刀斧傷者也。"茲據改乙。

⑥ 《玄應音義》卷四"癥瘡"條:"翼灼反。藥有毒、有無毒者也。《三蒼》:病消癥也。"《玄應音義》卷二十四"療病"條:"《説文》作癥,同。力照反。《三蒼》:療,治病也。"

⑦ 止利久比(とりくび【鳥頸】)。

⑧ 《玄應音義》卷二十"痐痛"條:"烏玄反。謂手足痐疼也。"

⑨ 比比良久(ひびらく【疼く】),又加由之(かゆし【痒し】)。

⑩ "病"字原作"**痛**",左上有改正號,但上無改正之字。其左列"疹"字注"痛"字亦有改正號,上有"病"字,是"痛"字應改爲"病",此亦當同。《切韻》系韻書釋義皆爲"病"。《名義·疒部》:"痣,病也,痕。"《字鏡·疒篇》:"痣,章移反。病也,痕也。"

疷〔底〕巨支反。當也，病也。祇音。①

疕（疵）疾移反。病也。②

瘲息移反。瘦也，痛也。又斯音。

疞越俱反。病也。③

癯其俱反。小（少）肉。④

瘏度都反。馬病也。

痳（麻）思吾反。瘡（瘤）也。⑤

痎古皆（諧）反。老虐（瘧）也。衣也弥，又左牟也弥。⑥

瘄杜回反。陰病。曾比。⑦

痦（痞）芳坏（杯）反。弱也，痴也。⑧

痻武巾反。病。⑨

癉徒干反。风在手足。又丁佐反，去；勞也，怒也。

瘢薄官反。痕也，古（故）瘡處也。⑩

痵託何反。力極也，馬喘也。

瘝古還反。恫也，痛也，恥也。

---

① "當也"應爲"底"字義，"底"通"抵"。《廣韻·宕韻》："當，主當，又底也。"《玉篇·田部》："當，主當也，底也。"《小爾雅·廣言》："抵，當也。"《吕氏春秋·分職》："若是，則受賞者無德，而抵誅者無怨矣。"高誘注："抵，當也。"

② 字頭"疕"當作"疵"。《王一》《裴韻》《全王·支韻》疾移反："疵，病。"茲據校改。

③ 《切三》《全王·虞韻》："疞，況于反。"此音不出《切韻》。《玉篇·疒部》："疞，詡于切。"《名義·疒部》："疞，詡俱反。"《名義·雨部》："雩，越俱反。"《爾雅·釋天》"雩"字釋文引《字林》音"越俱反"。《廣韻》"雩"字有"況于切""羽俱切"，"羽俱切"與"越俱反"音同，疑《原本玉篇》有"詡俱反""越俱反"二音。

④ 注文"小"當作"少"。《切三》《全王·虞韻》："癯，少肉。"《説文·肉部》："臞，少肉也。"《字鏡·疒部》："癯，少肉。"俗字小、少相混。茲據校改。

⑤ 字頭"痳"當作"麻"，注文"瘡"當作"瘤"。《切韻》《廣韻》無"痳"字，僅有"麻"字。《王一》《全王·模韻》息吾反："麻，瘤麻。"茲據校改。"思"或"息"字之誤（《切韻》系音"息吾反"，《玉篇》系音"息胡反"），但二字同屬"心"母字，不改亦可。

⑥ 注文"皆"當作"諧"，"虐"當作"瘧"。《全王·皆韻》古諧反："痎，痁（瘧）。"《廣韻·皆韻》："痎，瘧疾，二日一發。"《名義·疒部》："痎，老瘧也。"茲據校改。衣也弥（えやみ【疫病・瘧】），又左牟也弥（さむやみ【寒病み】）。

⑦ 曾比（そひ）。

⑧ 字頭"痦"當作"痞"，注文"坏"當作"杯"。P.3695、《王一》《全王》《廣韻·灰韻》芳杯反："痞，弱。"茲據校改。

⑨ 字頭《全王》作"痦"，《廣韻》作"痻"。《集韻·真韻》："痻，病也。痦，或省。"

⑩ 注文"古"當作"故"。《倭名類聚鈔》卷三："瘢，《唐韻》云……瘢，瘡痕也。《四聲字苑》云：痕，故瘡處也。"《切三·寒韻》："瘢，胡（故）瘡處。"《字鏡·疒篇》："瘢，故瘡處。"本書疒部"痕"字注"古瘡處"亦當作"故瘡處"。

癛上正作。

瘣五還反。痹。

癇胡山反。小兒癇病。

瘺芳連反。枯身也。

痜巨員反。手屈病。

癴呂員反。手病。

痾烏何反。小人畏人之兒。①

痂古牙反。瘡。

痰徒甘反。胷上水病。

癀胡光反。病。

□(瘖)〔痔〕□□(於今)反。啞□(也)，□(後)病。②

痁失廉反，都念反。瘧也。

痐處占反。皮剝。

癥陟陵反。腹病。

已上平聲

痞符鄙反。痛也，否也，腹內結病。

痔直里反。尻病。

瘇吐□(猥)反。腫。③

□(瘣)胡罪反。木病也，腫旁出也。④

瘨房吻反。扶問反，去；病悶也。

痒♐正作。正蘇本反。痋也，惡寒也，寒病也。⑤

□(痯)□(古)短反。疲也，□(賢)人失志病也。⑥

瘰即里(郎果)反。觔□(結)也，瘰麻(癧)。⑦

---

① 《廣韻·歌韻》："痾，亦作疴。"《廣韻·禡韻》："疨，小兒驚。""小人畏人之兒"蓋即"小兒驚"之義。

② 此條殘。《字鏡·疒篇》："瘖，於今反。不能言也，啞也，後病。""病"上字即"後"字，"後病"爲"痔"字義《名義·疒部》："痔，後病也。"S.6187《切韻·侵韻》於吟反："瘖，啞。"《裴韻·侵韻》於今反："瘖，啞。"《全王·侵韻》於吟反："瘖，瘂瘖。"茲據校補。

③ 反切下字殘。《切三》《裴韻》《全王·賄韻》吐猥反："瘇，重。"茲據校補。

④ 字頭殘。《字鏡·疒篇》："瘣，胡罪反。大(木)病也，腫旁出也。"《切三》《裴韻》《全王》《廣韻·賄韻》胡罪反："瘣，木病無枝。"茲據校補。

⑤ 後一字頭殘。

⑥ 此條殘。《字鏡·疒篇》："痯，古短反。疲也，賢人失志。"《廣韻·緩韻》古滿切："痯，病也。郭璞云：賢人失志懷憂病也。"《名義·疒部》："痯，古緩反。疲也，賢人失志懷憂病也。"茲據校補。

⑦ 注文"即里"當作"郎果"，"觔"下殘，"麻"當作"癧"。《字鏡·疒篇》："瘰，力果反。觧(觔)結也，瘰麻(癧)。"《切三·哿韻》郎果反："瘰，瘰癧，筋結病。"《王一》《全王·哿韻》郎果反："瘰，瘰歷(癧)，筋結。""觔"同"筋"。茲據改補。

癭於郢反。瘗也,頸腫也。

痲陟柳反。腹病。

疞許久反。忤也,應也。①

瘁踈錦反。寒皃。

瘉以主反。差也,損也,瘳也。②

瘖所景反。瘦也。

已上上聲

痛他弄反。傷也,呻也。

痹必至反。脚冷病。比單(留)牟。③

疿府胃反。熱細病(瘡)。④

疰之戍反。病。

瘱於計反。静也。

瘛尺制反。小兒驚也。又古(胡)計反。解也,癡也。⑤

瘈尺制反。上字同。毒病也,癡病也。

〔⿸疒殳〕烏解(懈)反。病聲。⑥

〔⿸疒殳〕上字,一本作。

瘵士解(懈)反。瘫也,瘦也。⑦

瘃許穢反。困也,喙也,殢也。

瘇渠遴反。病。

痛許靳反。瘡害(肉)出。⑧

---

① "忤"字原作"〔⿰忄牛〕",當是俗字。《字鏡·疒篇》:"疞,許久反。〔⿰忄牛〕也,〔⿸疒心〕也。"上田正校作"疛也,病也"。

② "損也",《國語·晉語二》:"於己也何瘳。"韋昭注:"瘳,損也。"《慧琳音義》卷六十三"瘳愈"條:"上丑周反。《考聲》:病損也。"

③ 注文"單"當作"留"。下"痿"字注"足比留牟也,比留也"。兹據校改。比留牟(ひるむ【怯む】)。

④ 注文"病"疑當作"瘡"。《王一》《裴韻·未韻》:"疿,熱細瘡。"《全王·未韻》:"疿,熱病。"《字鏡·疒篇》:"疿,熱時細瘡。"《倭名類聚鈔》卷二:"熱沸瘡,《四聲字苑》云:疿,熱時細瘡也。"兹據校改。上田正"病"上補"瘡"字。

⑤ 注文"古"當作"胡"。《全王·霽韻》:"瘈(瘛),胡計反。"《廣韻·霽韻》:"瘛,胡計切。"《王一》《全王·祭韻》尺制反:"瘛,又胡計反。"《名義·疒部》:"瘛,胡計反。解也,癡也。"兹據校改。

⑥ 注文"解"當作"懈"。P.3696A、《王一》《裴韻》《全王》《唐韻》《廣韻·卦韻》:"〔⿸疒殳〕,烏懈反。"兹據校改。《王一·卦韻》字頭作"〔⿸疒殳〕",《裴韻·懈韻》字頭作"〔⿸疒殳〕",與此字頭形似。

⑦ 注文"解"當作"懈"。《王一》《裴韻》《全王》《唐韻》《廣韻·卦韻》:"瘵,士懈反。"兹據校改。《集韻·支韻》:"瘵,瘫瘵,疫病。"

⑧ 注文"害"當作"肉"。《名義·疒部》:"痛,創肉反出腫起。"《集韻·隱韻》:"脪,創肉反出也。或作痛。""肉"字俗作"宍",故誤。兹據校改。上田云:"此三字脪字訓也,當作瘡中冷。"此義不出《切韻》,故與《切韻》不同,上田説非是。

疲芳万反。咄(吐)也,騃也,惡也。①

瞞莫晏、莫駕二反。目病也,牛馬病。

瘹多嘯反。狂病。

療力召反。治病。

瘄側孝(教)反。縮□(小)。②

痾口訝反。小兒驚也。痾字。

病皮敬反。憂也,難也,短也。③

㾺側救反。縮小。

已上去聲

疾□(詞)栗反。非也,憂也,惡也,壯也。④

痳許聿反。狂走也,急也。

瘌盧達反。瘪也,不稠(調)也,痛也,辛也。⑤

疕加(女)點反。痛也。⑥

癟蒲結反。戾也,不正也。⑦

癥閭激反。瘭。

疲呼合反。病劣兒。

瘺古洽反。足病也,踈(蹄)也。⑦

瘷去涉反。少氣。

疫胡辟(壁)反。癘也。⑧

已上入聲

癆力到、力彫二反。爲𤶠字。⑨

痕所龜反。在宀點部,爲衰字。

---

① 注文"咄"當作"吐"。S.6176、S.5980、《王一》《裴韻》《全王·願韻》:"疲,吐。"茲據校改。"騃也,惡也",《方言》卷十:"鉗、疲、憋,惡也。南楚凡人殘罵謂之鉗,又謂之疲,癡騃也。"

② 注文"孝"當作"教","縮"下殘。《王一》《裴韻》《唐韻·笑韻》側教反:"瘄,縮小。"茲據改補。

③ 注文"短"字原作"𩓣",《名義》亦有此義,吕校定爲"短",是也。此字當是"短"字俗字。《國語·晉語三》:"舅所病也。"韋昭注:"病,短也。"

④ 反切上字殘。《名義·疒篇》:"疾,詞栗反。"《切韻》系韻書皆音"秦悉反",諸釋義《名義》皆有,故此音當出《玉篇》系。茲據校補。

⑤ 注文"稠"當作"調"。《切三》《王一》《全王·末韻》:"瘌,瘮瘌,不調兒。"《裴韻·褐韻》:"瘌,瘮瘌,不調。"《唐韻·曷韻》:"瘌,瘮瘌,不調兒。"《廣韻·曷韻》:"瘌,瘮瘌,不調。"茲據校改。

⑥ 注文"加"當作"女"。《切三》《王一》《裴韻》《唐韻》《全王》《廣韻·點韻》《玉篇·疒部》《名義·疒部》《字鏡·疒篇》:"疕,女點反。"茲據校改。

⑦ 注文"踈"當作"蹄"。《切三》《王一》《唐韻》《廣韻·洽韻》:"瘺,瘺蹄,足病。"茲據校改。

⑧ 注文"辟"當作"壁"。《名義·疒部》:"疫,胡壁反。"茲據校改。《切韻》系韻書皆音"營隻反",此非出《切韻》。

⑨ "𤶠"字不詳,《字鏡》作"𤻮"。

疿側几反。病。

沛上字。

疵徐賫反。病也，瑕敗。①

瘲子用反。病。

瘲呼城(域)反。頭病也。②

瘯先奚反。病也，散也，疼也。

疾古穴反。瘍也，創面。③

瘭字頭(乎類)反。滿也。④

疛癑二字同。除又反。病膚也。

疛夫具(禹)反。腫病也。⑤

痀巨具(渠俱)反。僂傴也，曲脊。⑥

瘚具(俱)越反。逆炁病。⑦

瘁久季反。心勲(動)，炁不定病。⑧

癃力許(計)反。癕也，大腹也。⑨

疥□□(公介)反。□(瘙)病也。⑩

疚居彪(雷)反。腹中惡病。⑪

疝魚没反。病也，料(斷)也。⑫

---

① “瑕”字原作“**毄**”，據《字鏡》《名義》定。

② 注文“城”當作“域”。《字鏡·疒篇》：“瘲，呼域反。”《名義·疒部》：“瘲，乎(呼)域反。”《玉篇·疒部》：“瘲，火麥、火域二切。”茲據校改。

③ 《名義·疒部》：“疾，去瘡血也，潰癕也。”此“創面”疑當作“[去]瘡血”。

④ 注文“字頭”當作“乎類”。《名義·疒部》：“瘭，乎類反。”《字鏡·疒篇》：“瘭，乎䫜(類)反。”《廣韻·至韻》：“瘭，匹備切。”“乎類反”與“匹備切”音同。茲據校改。

⑤ 注文“具”當作“禹”。《名義·疒部》：“疛，夫禹反。”茲據校改。

⑥ 注文“巨具”當作“渠俱”。《名義·疒部》：“痀，渠俱反。”茲據校改。

⑦ 注文“具”當作“俱”。《名義·疒部》：“瘚，俱越反。逆氣病也。”茲據校改。“炁”同“氣”。

⑧ 注文“勲”當作“動”。《玉篇·疒部》：“瘁，氣不定也，心動也。”此“勲”字當涉“炁”字而增旁。茲據校改。

⑨ 注文“許”當作“計”。《名義·疒部》：“癃，力計反。”《玉篇·疒部》：“癃，力計、力翅二切。”茲據校改。

⑩ 注文殘。《字鏡·疒篇》：“疥，去世反，公介反。瘙病。”此“反”上一字殘作“**厂**”，當是“介”字殘。《名義·疒部》：“疥，公薤反。瘤也，又瘙病也。”茲據校補。

⑪ “彪”字原作“**厰**”，當是“雷”字之訛。《字鏡·疒篇》：“疚，久祐反，居留(雷)反。”《名義·疒部》：“疚，居雷(雷)反。”《新撰字鏡·疒部》：“疚，居留(雷)反。”茲據校改。

⑫ 注文“料”當作“斷”。《玉篇·疒部》：“疝，病也，又斷也。”《說文·木部》：“柮，斷也。”《玉篇·出部》：“䬆，斷也。”《名義·出部》：“瓵，斷也，終也。”此數字皆從“出”，有“斷”義。“斷”俗作“斱”，“斱”又爲“料”俗字，故誤作“料”。茲據校改。

痿於爲反。痺也,不能行步也。足比留牟,□(足)比留也。①

瘇止重(時種)反。腫足也,尪也。②

痕止移□(反)。□(人)罪也,□□(剥其)皮膚。③

癙于尔反。創裂。

瘋□□(方馮)反。□□□(風病兒),高而堅也。④

癏(獷)以息反。人名。⑤

痕上字。⑥

疢□(祉)吝反。熱□(病)。⑦

疹矢刃反。疾也,苦也,肜(脪)也,傷脣也,口瘡也。⑧

□(痰)□□□□□□□(丘涉反。少氣,病息)也,□(蹢)病。⑨

疣徒活反。馬脛傷創也。

瘨止与反。病也,血泣患(思泣血)也。⑩

瘨是咸(箴)反。病傷。⑪

疣上字。

瘁辞醉反。悴病。

疜瘯且鹿反。皮毛不疥癬也,瘰也。⑫

------

① 殘字影印本似"也"字末筆,影抄本似"足"字末筆,《字鏡》有"足比留也",無"足比留牟",此暫作"足"。足比留牟(あし【足】ひるむ【怯む】)也,足比留(あし【足】ひる【怯】)也。

② 注文"止重"當作"時種"。《玉篇·疒部》《名義·疒部》:"瘇,時種反。"兹據校改。

③ 注文殘。《字鏡·疒篇》:"痕,止移反。人罪也,剥其皮膚。"《漢書·薛宣傳》:"遇人不以義而見痕者,與痕人之罪鈞,惡不直也。"顔師古注引應劭曰:"以杖手毆擊人,剥其皮膚,腫起青黑而無創瘢者,律謂痕痏。"兹據校補。

④ 注文殘。《字鏡·疒篇》:"瘋,方汎(馮)反。風病兒,高而堅也。"《集韻·東韻》:"瘋,方馮切。""瘋"當是"風病"之"風"的後起字。《集韻·東韻》:"風,方馮切。"兹據校補。

⑤ 字頭"癏"當作"獷"。三國有丁獷,晉有王獷,唐有咸獷業。兹據校改。

⑥ 字頭不詳,《字鏡》與此同。HDIC校作"痕"字,云:"前項,疑即'痕'字之脱。"《説文·疒部》:"痕,皮剥也。痕,籀文从反。"

⑦ 注文殘。《字鏡·疒篇》:"疢,勑陳反,丑刃反,祉吝反。熱病。"《字鏡·疒篇》:"疢,礼(祉)吝反。熱病。"《名義·疒部》:"疢,祉吝反。熱病也,疾也。"兹據校補。

⑧ 注文"肜"當作"脪"。《廣韻·軫韻》:"脪,癮脪,皮外小起。《説文》曰:脣瘍也。疹,籀文。"兹據校改。此"傷脣"或當從《説文》作"脣瘍"。

⑨ 字頭殘作"痰",隱約可辨是"痰"字(俗字"夾"作"夾"),"也"上字殘作"心",可知是"心"旁字,此條據《字鏡》補。《字鏡》"蹢"字原作"蟲"。《名義·疒部》:"痰,丘協反。息也,蹢(音啼)。""蟲"即"蹢"訛,"蹢"同"蹄"。《廣韻·葉韻》去涉切:"痰,少氣也。"兹據校補。

⑩ 注文"血泣患"當作"思泣血"。《名義·疒部》:"瘨,憂也,思泣血。""思泣血"本《詩·小雅·雨無正》"鼠思泣血","患"爲"思"字之訛,此句全倒。兹據校改。

⑪ 注文"咸"當作"箴"。《玉篇·疒部》:"瘨,是箴切。"《名義·疒部》:"瘨,是箴(箴)反。"兹據校改。

⑫ "疜"字《字鏡》無,且此處無説明二字關係之語,疑即"瘯"字俗省。

癳力果反。瘰也,皮腴也。瘰字。

痢力制反。瘑。

瘤〔庮〕餘周反。病也,朽木□(臭)爲□(之)。①

瘤虚柳(聊)反。癰欲潰,痤。②

瘭瘭二上字,正作。

癏上(子)結反。小癰也,痤也。癤字。③

瘥丈加反。瘢也。

瘫力代反。瘑。

痠先丸反。疼也。又秋旬反。皮荒也,皮膚甈皃。④

癅弋灼反。病,淫癰(癅)也。⑤

瘀於曷(歇)反。病,中熱。⑥

痴丑支反。疵,不達。⑦

瘲雉庶反。瘇(瘇)也。⑧

瘂於枼(葉)反。微也,疵也,半伏起病也。⑨

瘥於雋(解)反。痤也。⑩

疬如亥反。病,見《尸[子]》。⑪

瘴甫故反。瘟,痞。

---

① 注文殘。《字鏡・疒篇》:"瘤,餘周反。病也,朽木臭爲之。"《廣韻・尤韻》:"庮,《周禮》曰:牛夜鳴則庮。鄭司農云:庮,朽木臭也。"兹據校補。

② 注文"柳"當作"聊"。《名義・疒部》:"瘭,王(虚)聊反。癰腫欲潰也,痤也。"《玉篇・疒部》:"瘭,火聊切。腫欲潰。"

③ 注文"上"當作"子"。《名義・疒部》《玉篇・疒部》:"癏,子結反。"兹據校改。

④ "皃"下原有"之"字,《字鏡》無,據刪。或當乙至"皃"上。

⑤ 注文"癰"當作"癅"。《名義・疒部》:"癅,病,淫癅也。"《廣韻・藥韻》:"癅,淫癅,病也。"兹據校改。

⑥ 注文"曷"當作"歇"。《名義・疒部》:"瘀,於歇反。"兹據校改。《玉篇・疒部》《廣韻・月韻》:"瘀,於歇切。"兹據校改。

⑦ "疵"字《名義》、觀智院本《類聚名義抄》同,《全王》《廣韻》《玉篇》皆作"瘥",《集韻》二義皆有。

⑧ 注文"瘇"當作"瘇"。《字鏡》作"瘇"。《名義・疒部》:"瘲,筋瘑瘇也。"《廣雅・釋言》:"瘲,尰也。"《集韻・御韻》:"瘲,《字林》:尰也。"《廣韻・腫韻》:"尰,足腫病。亦作瘇。瘇,上同,出《説文》。"兹據校改。

⑨ "枼"當是"葉"字之省。《名義・疒部》:"瘂,於輒(輒)反。"輒(輒)爲葉韻字。《玉篇・疒部》作"於劫切",爲業韻字。此當從《名義》。

⑩ 注文"雋"當作"解"。《字鏡》作"解"。《玉篇・疒部》:"於綺、於解二切。"《全王・紙韻》:"瘥,又於蟹反。"蟹韻烏解反誤作"庯,痤。"兹據校改。《裴韻》《廣韻・支韻》:"瘥,於離反。""離"與"雋"亦近,但《字鏡》作"解",兹亦從校。

⑪ "尸"下奪"子"字。《廣韻・海韻》:"疬,病也,見《尸子》。"兹據校補。"如"字《廣韻》《名義》同,而《全王》《裴韻》《玉篇》皆作"奴",寫本二字常混,疑此處當從《切韻》系韻書作"奴"。

癇弋兼反。瘡病。

𤶉尸（户）徒反。瘦，瘭，蛆咽中病。①

瘦于郭反。𤶉。

瘭乎（呼）兼反。𤶉也。②

瘶如（奴）曷反。蘁。③

痞力舉反。人名。

㾴牛句反。疣也。

痊充至反。惡心、惡腹也。④

痙於加反。瘄也。

瘽才允（兖）反。大蛘。⑤

癭上字。

㾏止前反。小蛘。

㾒上字。

瘑甫（蒲）戒反。惴也，劣也，極也。⑥

㾓豬長反。腹脹也。

痟興近反。瘡裂汁出。又許靳反。

癴力員反。攣也。

疢雉几反。繭也，胝也。又之履反。

疷上字。⑦

痊且全反。除也，悛也。

瘽武巾反。病。

瘏丁道反。心痛。⑧

疺烏光反。弱。

---

① 注文"尸"當作"户"。《玉篇·疒部》："𤶉，户徒切。𤶉瘦，瘭也，物蛆咽中也。"《名義·疒部》："𤶉，户徒反。瘦，物蛆咽中也。"茲據校改。

② 注文"乎"當作"呼"。《名義·疒部》《玉篇·疒部》："瘭，呼瘭反。"茲據校改。

③ 注文"如"當作"奴"。《名義》同作"如曷反"。《玉篇·疒部》《王一·末韻》《全王·末韻》《廣韻·曷韻》："瘶，奴曷反。"茲據校改。

④ 《廣雅·釋詁三》："疲、痊，惡也。"王念孫疏證："《方言》注云：'疲悻，惡腹也。'《玉篇》：'疲，惡也。''恢，惡心也，急性也。'恢與疲同。定三年《左傳》：'莊公卞急而好絜。'卞與疲亦聲近義同。《玉篇》'痊，惡也。''恠，惡性也。'恠與痊同，恠又音大結反。""腹"字《名義》誤作"腸"。

⑤ 注文"允"當作"兖"。《玉篇·疒部》："瘽，才兖切。"《廣韻·獮韻》："瘽，徂兖切。"《名義》亦誤作"允"。茲據校改。

⑥ 注文"甫"當作"蒲"。《名義·疒部》《玉篇·疒部》："瘑，蒲戒反。"茲據校改。

⑦ 字頭原作"疷"。

⑧ 此字《名義》同，注"擣字"。《詩·小雅·小弁》："怒焉如擣。"

疟(莊)側相反。姓。

痓(疙)牛乞反。春(惷)。①

㾊(昶)勑丈反。和。②

疴尸向反。㥚(惕)也,患也,痛也,念也。③

痏汝才□(反)。病。

疘勑公反。恫,病。④

疵徒木反。讀(譸)也,誹也,病。⑤

疢治兩反。病。

瘍餘章反。皮膚患曰瘍也,瘑(瘍)。⑥

瘢古奚反。瘢也,痕也。⑦

癉亦作脀。竹也(世)、丁計二反,去;赤利也,下重而赤兒(白)曰癉,言瘑(屬)癉而難差也。⑧

痹畢利反,去;足氣不至也。又作肶字,與□(膍)同,肶非。⑨

痤昨禾反,平;癤也,腫也,謂癰痤也。

痳力尋反,平;志太太留。⑩

瘜又作膒。思力反,入;奇(寄)肉也。波奈布志倍。⑪

痋又作朕。徒□□(冬反)。動痛也。疼、瘇二字同。⑫

---

① 據反切,字頭當是"疙"字。《玉篇·疒部》:"疙,魚乞切。癡皃。""春"字不詳,或當作"惷",義爲"愚",與"癡"義近。《字鏡》另有"側羊反"一音,即上"庄(莊)"字。

② 字頭當是"昶"字之訛。《字鏡·疒篇》:"㾊,長音。丑兩反,勑丈反。明舒也,和。"據音義當是"昶"字,《名義·永部》"昶"字作"昶",故訛。茲據校改。

③ 注文"㥚"當作"惕"。《名義·疒部》:"疴,惕字。"茲據校改。

④ 《字鏡·疒篇》:"疘,一恫。病。"《名義·疒部》:"疘,恫字。"

⑤ 注文"讀"當作"譸"。《名義·疒部》:"疵,徒木反。譸字。怨痛也,誹也。"茲據校改。

⑥ 注文"瘑"當作"瘍"。《説文·疒部》:"痒,瘍也。"《集韻·養韻》:"痒,膚欲搔也。或作癢。"茲據校改。

⑦ 此條不詳。觀智院本《類聚名義抄》、《龍龕》、《正字通》等以"瘢"爲"疥"的俗字,《可洪音義》《字典考正》等則以"瘢"爲"癬"的俗字,"瘡疥""癬疥"與此"瘢痕"義皆近。此音當有誤,似與"疥"字音近,俟考。

⑧ 注文"也"當作"世","兒"當作"白","瘑"當作"屬"。《玄應音義》卷十七"癉下"條:"又作脀,同。竹世、丁計二反。關中音多滯。《字林》:赤利也。《釋名》云:下重而赤白曰癉,言屬癉而難差也。"茲據校改。今本《釋名》"癉"作"脀",二字同。

⑨ "與"下殘。《玄應音義》卷二十"處痹"條:"畢利反。《説文》:足氣不至也。經文作肶字,與膍同。音鼻尸反。肶非此用。""痹"字《磧砂藏》本作"痹",二字同。茲據校補。

⑩ 志太太留(したたる【滴る・瀝る】)。

⑪ 注文"奇"當作"寄"。《説文·疒部》《玉篇·疒部》:"瘜,寄肉也。"《字鏡》亦作"寄肉",《名義》同誤作"奇肉"。茲據校改。波奈布志倍(はな【鼻】ふしべ【贅】)。

⑫ 反切殘,"瘇"字模糊,據《字鏡》補。《玄應音義》卷七"痋燥"條:"又作朕、疼二形,同。徒冬反。《聲類》作瘇。《説文》:痋,動痛也。"茲據校補。

痩以久（主）反。□□（囚徒）以飢寒□□（死獄）中。①

癘癩字同。力帶反，去；惡病也。②

瘀於盧（據）反，去；病也，傷也，血□（也）。③

瘂烏含（合）反。短□□（氣曰）瘂，又跛足□（也）。④

痼痁二字同。古護反，去；病也，久病也。⑤

痙痓二字同。其郢反。風強病也。

瘥正楚解（懈）反，去；俞（愈）也。今爲差字。又昨酒（何）反，平；生於頭瘡。⑥

壓翳含反。押也，陵也，蔑也。⑦

靨咽點反。黑子也。

饜懕厭三字。猷音。飽兒，合也，當也，壞也。

癤子列反，入；倉（瘡）癤也。加太祢。⑧

瘦扶富反，去；再病。加户利也美。⑨

痬余世反，去；利病也。又利（私）列反，入；尻布利。⑩

疛丁（竹）故反，去；乳癰也。⑪

痡〔痟〕夫（壯）里、撫于二反，平；癡（瘕）也。⑫

---

① 注文"久"當作"主"，又注文殘。《字鏡·扩篇》："痩，以久反。囚徒以飢寒死擇（獄中）。"《切三》《王一》《裴韻》《全王·虞韻》："痩，囚以飢寒死。《漢書》曰：囚痩死獄中。"茲據改補。

② 《玄應音義》卷七"癘瘡"條："又作癩，同。力帶反。《字林》：惡疾也。"

③ 注文"盧"當作"據"，"血"下殘。《字鏡·扩篇》："瘀，於據反。口（去）病也，血也。"茲據改補。

④ 注文"含"當作"合"，注文殘。《字鏡·扩篇》："瘂，一合反。短氣曰［瘂］，又跛足也。"《切三》《裴韻》《全王·廣韻·合韻》烏合反："瘂，短氣。"《玄應音義》卷八"瘂瘻"條："烏合反。菩薩名也。依字，病短氣曰瘂也。"茲據改補。

⑤ 《玄應音義》卷二十四"痼疾"條："又作痁，同。古護反。久病也。《説文》：痼，病也。"

⑥ 注文"解"當作"懈"，"俞"當作"愈"，"酒"當作"何"。《名義·扩部》："瘥，楚懈反。愈也。""愈"又同"瘉"，此或是"瘉"。《切三》《裴韻》《王一》《全王·廣韻·歌韻》："瘥，昨何反。""酒"蓋涉韻頭"醝"字注"白酒"而誤，本書田部"眭"字音亦誤作"脂酒反"。茲據校改。

⑦ 《廣韻·狎韻》："壓，烏甲切。"《名義·土部》："壓，於甲反。"此音有誤，或當是"厭"字倭音"えん"，俟考。

⑧ 注文"倉"當作"瘡"。《群書類從》本、享和本作"瘡"。《切三》《王一》《裴韻》《全王·廣韻·屑韻》："癤，瘡癤。"茲據校改。加太祢（かたね【固根·癤】）。

⑨ 加户利也美（かえりやみ【返り病み】）。

⑩ 注文"利"當作"私"。《切三》《唐韻》《廣韻·薛韻》："痬，私列反。"茲據校改。尻布利（しりふり【尻振り】）。

⑪ 注文"丁"當作"竹"。《名義·扩部》《玉篇·扩部》："疛，竹故反。乳癰也。"茲據校改。

⑫ "撫于反"爲"痡"字音，其餘爲"痟"字音義，"帀"旁俗寫作"甫"。注文"夫"當作"壯"，"癡"當作"瘕"。《名義·扩部》："痟，壯里反。瘕也。"與此近。《玉篇·扩部》："痟，壯里反。瘕病也。"《説文·扩部》："痟，瘕也。"《集韻》引作"瘕也"。《字鏡·扩篇》"癡"作"瘕"。"夫"蓋涉"痡"字音而誤。茲據校改。

痙力子、良士二反,上;患也。

瘞於罽反,去;埋也。

疚居留(雷)反。病也。爲㝱字。①

痗亡代反,去;墨也。②

癉多旦(但)反,上;癉也。③

瘵則(側)界反。病也。④

瘼莫各反,入;病也。

癠在細、子礼二反,上;生而不[長]也。⑤

瘕古䚽(訝)反,去;瘡也,女病也,腹中病也,疵也。⑥

癖疋亦反,入;腹内癖病也。足奈户也。⑦

痟相焦反,平;頭疾也,渴病也。

癩力達[反]。宜作癘。惡疾也,㾮癩也。⑧

癈(廢)發吠、方肺二反,去;屋壞也,措置也,捨之也。⑨

疲肥坡(披)反,平;勞也,困也,極也,倦也,嬾也,惰也。⑩

癬瘑先善反。二同。乾瘡也。⑪

痩灰恢反,平;馬病皃。

癉古段反,去;病也。

痩 所又反,去;朧也,无肉也。

瘦上字。

瘑土内反,去;疥也。波太介。⑫

瘧牛脚反,入;病也,寒热去來病。

---

① 注文"留"當作"雷"。《廣韻·宥韻》:"疚,居祐切。""雷"爲宥韻字。兹據校改。"㝱"字原作"**[字]**"。《全王·宥韻》:"疚,正作㝱字。""㝱"字寫作"**[字]**",致誤之由可知。

② 《釋名·釋書契》:"墨,痗也,似物痗墨也。"

③ 注文"旦"當作"但"。《名義·疒部》:"癉,多但反。病也。癉字。"兹據校改。

④ 注文"則"當作"側"。《名義·疒部》《廣韻·怪韻》:"瘵,側界反。"兹據校改。

⑤ "不"下奪"長"字。《全王·薺韻》:"癠,生而不長。"《廣韻·薺韻》:"癠,病也。《方言》曰:生而不長也。"《方言》卷十:"凡物生而不長大亦謂之鮆,又曰癠。"兹據校補。

⑥ 注文"䚽"當作"訝"。《字鏡·疒篇》、S.6176、《王一》《裴韻》《全王》《唐韻》《廣韻·禡韻》:"瘕,古訝反。"兹據校改。

⑦ 足奈户(あしなえ【蹇·跛】)。《大般若經音義》中卷"攣癖"條:"下又作躄、躄,音脾役反,不能行也。"

⑧ "㾮"爲"癩"之誤省。

⑨ 此訓釋皆爲"廢"字義。

⑩ 注文"坡"疑當作"披"。《廣韻·支韻》:"疲,符羈切。""披"爲支韻字,且與"坡"形近。兹據校改。

⑪ 《大般若經音義》中卷"疥癬"條:"下又作瘙,先善反,乾瘡也。"

⑫ 波太介(はたけ【疥】)。

瘑爲委反,上;口喎也,裂也。

瘍〔瘍〕餘章反,平;頭創也,癡也,狂也。又羊益反,入;病相染也。①

痒礼(祀)羊、餘羌二反,上;瘍也,傷也,癃也,寒病也,頭瘡也。②

疱皰皰蒲孝反。面生熱氣也,小腫也。三同作。③

言部第卅

四百七十四字

言魚鞬反。辞章也,從也,喜也。又語軒反,平;云也,聞(間)也,問也。④

言言上去偃反。言(言),脣急也。下語偃反。字各異也。⑤

諧□(户)皆反,平;和也。□(偕)字同。合也,調也。⑥

誕徒變反。欺也,大也,謾也,謗也,信也,閑(闊)也,空也,生也。⑦

迄上字。⑧

謔〔誵〕許虐反,入;戲也,亦喜樂也。又古到反,去;告也。太波夫留。⑨

訣古穴反,入;別也,絶也。

---

① "餘章反,平;頭創也"當是"瘍"字音義,餘當是"瘍"字音義。《名義·疒部》:"瘍,餘章反。傷也,頭瘡也。"《廣韻·昔韻》羊益切:"瘍,病相染也。"《廣雅·釋詁三》:"瘍,癡也。"疏證:"瘍者,《説文》:'瘍,脈瘍也。'脈瘍,猶辟易也。《吳語》:'稱疾辟易。'韋昭注云:'辟易,狂疾。'"

② 注文"礼"當作"祀"。《字鏡》作"祀"。《廣韻·陽韻》:"痒,似羊切。""似"與"祀"皆爲邪母字。茲據校改。

③ 《玄應音義》卷七"生皰"條:"又作皰,同。蒲孝反。《説文》:皰,面生氣也。經典作皰、疱二形,非也。"

④ 注文"聞"當作"間"。《名義·言部》:"言,魚鞬反。我也,間也,從也,憘也,問也。"《爾雅·釋詁下》:"言,間也。"茲據校改。

⑤ 注文"言"當作"言"。《廣韻·阮韻》:"言,言言,脣急皃。"字頭"言"當與"言"合訓"脣急也",此又省字頭"言"。茲據校改。

⑥ "皆"上殘,"字"上殘。《切三》《全王》《廣韻·皆韻》:"諧,户皆反。""皆"上字殘作"丿",是"户"的殘筆。"字"上字殘作"化",似是"偕"字。"諧"與"偕"形音近,暫定作"偕"。茲據校補。

⑦ 《廣韻》音"徒旱反",《原本玉篇》音"達坦反",皆爲上聲,"變"爲去聲,此反切下字疑有誤。"謗"義或因與"欺"義近而增,或涉"謾"義而衍。注文"謾"字原寫作"謾","謗"字原寫作"謗"。《原本玉篇·言部》:"誕,《淮南》:弦高誕而存鄭。許叔重曰:誕,謾也。""謾"字寫作"謾",與"謗"形近。文獻無訓"誕"爲"謗"者,但多有訓"謾"者。《玄應音義》卷十三"虛誕"條:"誕,欺也,亦大也,謾也,不實也。謾音莫官反。"注文"閑"疑當作"闊"。《原本玉篇·言部》:"誕,《毛詩》:旄丘之葛兮,何誕之節兮。傳曰:誕,闊節也。"《名義·言部》:"誕,閑(闊)也。"今毛傳注:"誕,闊也。"茲據校改。

⑧ 字頭原作"迄"。《原本玉篇·言部》:"迄,《説文》籀文誕字。"今《説文》籀文作"迄"。

⑨ 狩谷:"(又)以下七字誤混。《説文》:誵,告也。古到切。"《師説抄》説同,是也,見下"誵"字條。太波夫留(たわぶる【戲る】)。

詰居逸反，入；□(甚)問遍兒，責也，詩典(詰曲)也，問也。奈是留，又波波女問。[①]

誥古□□□(到反，去；告)也，謹也，□□□(所以約)謹戒衆也。[②]

詭俱毁反，上；隨惡也，歎(欺)也，詿也，譎也，詐也，恠也，惡也，妄也。[③]

譖側禁、烏禁二反，去；毁也，讒也。志己豆。[④]

譖上字。

誼□□(宜寄)反，去；義字同。宜□(也)，善也，理也。[⑤]

詆呧(呧)字同。都礼反，上；呵也，欺也。

呧上字。

詆上字。

譺魚記反。調也，欺，謂相嘲調也。[⑥]

謚神至、食至二反。盈也，静也。又伊昔反。人笑兒，死名号。[⑦]

譸竹尤、張流二反，平；狂(誑)也，相欺惑也。嘻，同作。[⑧]

---

① "甚"字據各本補。注文"詩典"當作"詰曲"。各本無此義。《原本玉篇·言部》："《廣雅》：詰，責也。詰，無也。詰，讓也。""無"字《名義》同。《新撰字鏡》卷十一末抄録《原本玉篇》"誥""詰"二條，"詰"字條此處"無"作"典"，此當與卷十一所抄同。《廣雅·釋詁一》："結、詘，曲也。"《疏證》"結"下增"詰"字，無説解，蓋以"結"即"詰"字，《疏義》改"結"爲"詰"，此條所轉引《廣雅》蓋亦如此，當作"曲"字是，作"典""無"皆誤。茲據校改。又"曲"上"詰"字依文例當删，但因字誤而混入。奈是留(なぜる【撫ぜる】)，又波波女問(はばめ【阻む·沮む】とう【問】)。

② 注文殘。《玄應音義》卷十六"聖誥"條："古到反。《爾雅》：誥，告也。誥亦謹也。郭璞曰：所以約謹戒衆也。"本書上文"諙"字注"又古到反，去；告也"，乃此字音義，亦可補此處殘缺。茲據校補。

③ 注文"嘆"當作"欺"。《原本玉篇·言部》："詭，俱毁反。《毛詩》：無縱詭隨。箋云：無聽放(於)詭[人]之善不肯行而隨人爲惡。《淮南》：蘇秦以百詭成一信。許叔重曰：詭，謾。司馬相如《封禪書》：音(奇)物譎詭。野王案，譎詭猶奇怪。《説文》：詭，責。《廣雅》：[詭]隨，惡。詭，欺。《説文》以詭異之詭爲憰字，在心部。"《廣雅·釋訓》："詭隨，小惡也。"《玄應音義》卷十四"詭語"條："《廣雅》：詭，欺也。"今本《廣雅·釋詁二》脱"詭，欺也"，王念孫據《一切經音義》補。茲據校改。"隨惡也"即"詭隨，惡也"省略字頭。

④ "烏"字有誤，《師説抄》、狩谷疑爲"薦"字誤。志己豆(しこず【譖づ】)。

⑤ 注文殘。《玄應音義》卷十二"道誼"條："今作義，同。宜寄反。《禮記》：誼者，宜也。制事宜也。誼，善也。善義理也。"茲據校補。

⑥ 《原本玉篇·言部》："譺，魚記反。《説文》：譺，哈也。《蒼頡篇》：譺，欺也。《廣雅》：譺，調也。野王案，相嗣調也。"《廣雅·釋詁四》："啁，調也。"王念孫疏證："啁、嘲、謿並通。"

⑦ "盈也"疑是"溢"字義。《爾雅·釋詁》："溢，盈也。"《爾雅·釋詁》："謚、溢，静也。""謚"與"溢"可通。

⑧ 注文"狂"當作"誑"。《廣韻·尤韻》："譸，譸張，誑也。"茲據校改。

詶〔詡〕上字同。又作酬。市流反,平;報也,答也,和也。又况羽反,上;普也。①

譴去戰反,去;怒也,詐(讓)也,責也,呵也。②

話古作䛡。胡快反。諠譁也,善言也,〻〻(啁調),調也,訛[言]也。③

譁譁二上字。呼低(瓜)反。④

譮許界反。

諴二話字作。

謁於朅反,入;白也,告也,諮也,曰也。〈朅,丘列反。〉⑤

謦空頂反,上;亦作磬。欬也,聲謦也。

詛莊慮反,去;咒也,咀也。乃吕不。⑥

詨詡教反。又作嘐、嗃、交三形,同。易也,俱也,戾也,共也,强言也,謗也。之比天伊不。⑦

詿胡卦反,去;誤也,過也,夫(失)也。阿也万豆。⑧

訝〔訢〕五駕反,去;憚也,悦也。宗(宇)礼之不。⑨

---

① “流”下原有“快”字,涉下“話”字注音“胡快反”而衍,“胡快反”正好在此音左上位置,蓋錯認而抄入。兹據删。“又况羽反,上;普也”爲“詡”字音義,形近混同。《廣韻·麌韻》况羽切:“詡,普也。”

② 注文“詐”當作“讓”。“詐”字原作“[illegible]”。《原本玉篇·言部》:“譴,《蒼頡篇》:呵也。《廣雅》:譴,責也。譴,怒也。譴,讓也。”兹據校改。

③ 此二重文符當作“啁調”,“訛”下奪“言”字。《原本玉篇·言部》:“話,胡快反。《尚書》:乃話民之弗率。孔安國曰:話,善言也。《説文》:合會善言也。《廣雅》:話,調也。謂啁調也。《聲類》:訛言也。”此重文符蓋以“啁調”爲“調調”,又接(《廣雅》)“話,調也”下,故省作二重文符,傳抄時又置於“調也”之前,易讓人誤解作字頭的重文符“話話”。兹據改補。又《玄應音義》卷十一“調話”條:“古文䛡、譮、諴三形,同。胡快反。合會善言也。經文作譁,音花,諠譁也。譁非字義。”“諠譁”右旁有片假名“カマヒスシ(かまびすし【囂・喧】)”。

④ 注文“低”當作“瓜”。《玄應音義》卷二十二“諠譁”條:“下呼瓜反。”兹據校改。字頭右旁有片假名“カマヒスシ(かまびすし【囂・喧】)”。

⑤ “曰也”文獻未見,疑是“白也”訛衍。“朅”爲薛韻字,“謁”字《切韻》系韻書多爲月韻“於歇反”,《集韻》有月韻“於謁切”和薛韻“乙列切”,S.6691《首楞嚴經音義》第二“謁”注:“謁,於列反”,是“於朅反”淵源有自,非誤也。“朅,丘列反。”原在本列最下方,當是爲“於朅反”之“朅”注音,故補於此處。

⑥ 乃吕不(のろう【呪う・詛う】)。

⑦《原本玉篇·言部》:“詨,詡教反。山海經:鷦鳥鳴自詨。郭璞曰:今吴人謂叫嘐爲詨。《字書》嗃字,在口部,以此爲或交字也。《廣雅》:交,易也。野王案,交,俱也,戾也,共也,在交部。音居肴反。”“嘐”非異體,《集韻·爻韻》亦以爲異體,不妥。之比天伊不(しいて【强いて】いう【云う】)。

⑧ 注文“夫”當作“失”,據各本改。阿也万豆(あやまつ【過つ・誤つ】)。

⑨ 注文“宗”當作“宇”。宇礼之不(うれしぶ【嬉しぶ】)。此條不詳,待考。“悦也。宗(宇)礼之不”當是“訢”字義,“訢”同“欣”。“憚”字不詳,或是“憘”字之訛。

譁(譁)跡瓦反。疾言皃,相怒也。①

譁上字。

譆(譆)市貴反。心樂也。於毛志呂之。②

諒力向、力命二反,去;信也,誠也,知也,助也,佑也。

諒上字。

讒仕感(咸)、市含二反,平;毀也。与己須,又不久也久。③

讒上字。④

誇〔誈〕苦瓜反,平;又下更反。舉(誈),言也。伊比保己留,又云太介留。⑤

誈上字。

謙苦兼反,平;敬也,輕也,讓也,庶(虛)也,退也。⑥

訢許慇、居印二反。樂也,喜也。⑦

訴誦索故反。訟也。愬字。

謫帝各反,入;欺也,責也,過也,譴也,數也,咎也,怒也。伊豆波留,又阿佐牟久。⑧

謫上字。

譎公穴、公橘二反,入;〔不〕實也,許(詐)也。伊豆波利。⑨

---

① 今正字作"譁"。此音當有誤。《廣韻》有"户圭切""古獲切"二音,《集韻·馬韻》有"户瓦切"與此近。

② 此條不詳,疑當作"譆","譆"同"宴"。"市貴反"即"慈"字倭音"じ"。各本"心樂"上有"恫怜也"三字,觀智院本《類聚名義抄》"恫""怜"二字皆可訓作"オモシロシ",與此和訓同。狩谷引古本《今昔物語集》有此字,可參看。於毛志呂之(おもしろし【面白し】),即"愉快、有趣"之義,此和訓又指"伎樂"。

③ 注文"感"當作"咸"。《廣韻·咸韻》:"讒,士咸切。"《原本玉篇·言部》《名義·言部》:"讒,仕咸反。"茲據校改。与己須(よこす【讒す】),又不久也久(ふくやく【讒·謬】)。

④ 此字頭與上條字頭原皆作"讒",當有一形作"讒",暫將上條字頭定作"讒"。

⑤ "下更反"爲"誈(誈)"字音,形近而混。注文"舉"當作"誈"。《原本玉篇·言部》:"誈,下更反。《廣雅》:誈,言也。""舉"字原作"舉","誈"字作"誈",言旁脱去,故與"舉"字混。《原本玉篇》引《廣雅》有字頭,此處轉引時本當删去,蓋誤認爲"舉"而未删。茲據校改。伊比保己留(いい【謂】ほこる【誇る】),又云太介留(いう【言う·云う】たける【猛る】)。

⑥ 注文"庶"當作"虛"。《原本玉篇·言部》:"謙,《蒼頡篇》:謙,虛也。"茲據校改。

⑦ 《大般若經音義》中卷"忻求"條:"上喜闡、居堙二反。""居印反"與"居堙反"音當同(《廣韻》印爲震韻字,堙有震、欯二韻)。

⑧ 《廣韻·麥韻》音"陟革切",此音不合,疑是倭音"たく"。伊豆波留(いつわる【僞る·詐る】),又阿佐牟久(あざむく【欺く】)。

⑨ "實"上奪"不"字,注文"許"當作"詐"。《師説抄》、狩谷改作"不實也,詐也",群書本"實"字上有一字空出,"許"作"詐"。《玄應音義》卷十五"譎語"條:"謂不實也。譎,惡也。譎,欺也。譎詭,奇怪也。"《廣韻·屑韻》:"譎,譎詐。"茲據補改。伊豆波利(いつわり【僞り·詐り】)。

讀土憶反,入;抽也,出也。①

誦似用反,去;言也,視文曰讀,背文曰誦。

鈔士交、市遥二反。口止之,又口加留志。②

諷方風(鳳)反,去;永(詠)也,准也,浮也,誦也,教也,背文誦曰諷。③

諼况遠、許元、居而(面)三反。忘也,詐也,妄(忘)也。和須留,又伊豆波留。④

諰所紫(柴)反,平;言語也,相謂語也。又胥思(里)反。⑤

誖方兮反。不正也,誤也。阿也未豆。⑥

諏足臾反。諮也,問也,訪也。⑦

謾力知、遲鬼二反。欺□(謾)之言也。阿佐牟久,又伊豆波留。⑧

訩說訟三同。虛容反。勇也,訴也,訟也。伊佐牟,又美毛止申須。⑨

詎丁豆反,去;讂也。己止止毛利,□(又)也牟比之。⑩

誄人之、仁芝二反。引也,誘也。古志良不。⑪

---

① 《廣韻·屋韻》音"徒谷切"。此音不合,疑是倭音"どく"。《詩·鄘風·墻有茨》:"不可讀也。"毛傳:"讀,抽也。"鄭玄注:"抽猶出也。"

② 各本"反"下有"擾"字,《説文》《廣韻》《玉篇》等皆有"擾"義,疑爲後人所增。口止之(くちとし【口疾し】),又口加留志(くちがるし【口軽し】)。

③ 注文"風"當作"鳳","永"當作"詠"。《廣韻·送韻》:"諷,方鳳切。"《玄應音義》卷六"諷誦"條:"不鳳反。諷謂詠讀也,誦謂背文也。"《周禮》:教國子興道諷誦。鄭玄曰:倍文曰諷,以聲節之曰誦。今《周禮》鄭注同。茲據校改。"背文誦曰諷",《新譯華嚴經音義私記》經卷七十五"諷誦"條:"鄭住(注)《礼》曰:背文誦曰諷也。"又經卷十四淨行品第十一引同《玄應音義》,蓋所引鄭注有作"背文誦曰諷"者,但應以"背文曰諷"爲宜。"准也,浮也"不詳,疑有誤。字頭右旁有片假名"ワツカニ"(わずか【僅か・纔か】に),《日本国語大辞典》記載《色葉》《名義》《和玉》"諷"字有此訓。

④ "而"字《師説抄》、狩谷改作"面",可從,此音當是倭音"けん"。注文"妄"當作"忘"。《詩·衛風·淇奥》:"終不可諼兮。"毛傳:"諼,忘也。"前已有"忘也",此義爲訛衍。茲據校改。和須留(わする【忘る】),又伊豆波留(いつわる【僞る・詐る】)。

⑤ 注文"紫"當作"柴","思"當作"里"。《裴韻》《全王·佳韻》:"諰,所柴反。"《切三》《裴韻》《全王》《廣韻·止韻》:"諰,胥里反。"茲據校改。

⑥ 阿也未豆(あやまつ【過つ・誤つ】)。

⑦ 此處"諏"同"諏"。《廣韻·虞韻》子于切:"諏,謀也。"與此音義合。

⑧ "欺"下殘,據各本補。《原本玉篇·言部》:"謾,《方言》:謾怚,欺慢之語也。"《玉篇·言部》:"謾,欺慢之言也。"《名義·言部》:"謾,欺謾之語。"今本《方言》卷十:"憛怚,皆欺謾之語也。"此當是"謾"字。阿佐牟久(あざむく【欺く】),又伊豆波留(いつわる【僞る・詐る】)。

⑨ "訴"字原作"𧥣",各本作"訢",狩谷、山田改作"訴",當是。各本"須"下有"又盈也"三字,義本《爾雅》,但不合體例,當非原文。伊佐牟(いさむ【勇む】),又美毛止申須(みもと【身元・身許】もうす【申す】)。第二訓或有誤,俟考。

⑩ "又"字據各本補。己止止毛利(こと【言】どもり【吃り】),又也牟比之(やむひし)。第二訓不詳。

⑪ 古志良不(こしらう【拵う】),同"こしらえる【拵・慰・喩・誘】"。

譜方古反。属也,布也,□(牒)也,次第也,誌也。□(奈)波比。①

諞方善反。美言也,言語便巧也。

諓字衍、市偃二反,上;不實言也,諂也。户豆良不,又阿佐牟久。②

諓上字。

已□□(下平)聲③

□(訌)胡籠反。誼也,責(潰)也,敗也。④

訟徐用反。責也,争獄也。⑤

諫丑知反。又丑利反,去;不知也,誤也,如聲之傳(轉)。⑥

詩書之反。才也,極也。⑦

詘上古文。

諆居之反。諅(謀)也。《詩》去(云):“周爰諮諆。”⑧

詞似兹反。

噫於機反。痛聲也,歎也。

講沽(姑)柴反。詡言。⑨

諑愚遠(袁)反。徐語。《孟子》曰:“敬而諑(故諑諑而)來也。”度也。⑩

諑諑上字。上俗作,下正作。⑪

諑此緣反。言語和[悦]。⑫

---

① 注文殘,據各本補。《原本玉篇·言部》:“譜,《廣蒼》:譜,属。《廣雅》:譜,牒。《釋名》:譜,布也。列見其事也。”奈波比(なばい【胤】)。

② 文獻無“市偃反”,疑是倭音“せん”。户豆良不(へつらう【諂う】),又阿佐牟久(あざむく【欺く】)。

③ 殘字據文例補。

④ 字頭殘,注文“責”當作“潰”。P.3798、《切二》《裴韻》《全王·東韻》胡籠反:“訌,誼潰。”兹據補改。“誼”下“也”字或當刪。

⑤ 字頭右旁有片假名“ウタフ(うたう【訴ふ】)”。《切韻》系韻書“訟”字有“祥容反”“徐用反”二音,此屬平聲,當用“祥容反”。上田注:“字次在鍾韻,蓋脱正反,寫又反。”

⑥ 注文“傳”當作“轉”。《原本玉篇·言部》:“諫,《方言》:諫,不知也。沅澧之間凡相問而不知答曰諫。郭璞曰:亦如聲之轉也。”今本《方言》卷十同《原本玉篇》。兹據校改。

⑦ 此二義不詳,蓋是古訓。《名義·言部》:“詩,極也。”

⑧ 注文“諅”當作“謀”,“去”當作“云”。《切三·之韻》:“諆,謀,《詩》云:周爰諮謀(諆)。”《切二》《全王》亦誤作“諅”。兹據校改。

⑨ 注文“沽”當作“姑”。《切三》《裴韻》《全王·佳韻》:“講,姑柴反。”兹據校改。

⑩ 注文“遠”當作“遠”,“敬而諑”當作“故諑諑而”。《全王·元韻》愚袁反:“諑,測量。”《廣韻·元韻》愚袁切:“諑,徐語。《孟子》云:故諑諑而來。”《説文》同《廣韻》,今本《孟子·萬章上》作“故源源而來”。

⑪ 《干禄字書》:“原原,上俗下正。”

⑫ “和”下奪“悦”字。《切三》《王一》《全王》《廣韻·仙韻》此緣反:“諑,言語和悦。”兹據校補。

謂 他單反。謾也,欺慢之言。

讂 上字。

訮 五閑反。爭也,詞(訶)也,怒也。①

詮 此緣反。具也。

詮 詮字作如是。上通,下正。②

譙 唯(昨)焦反。讓也,訶也,嬈也,國名。③

諑 楚交反。代[人]説。④

謟謟 上土高反。諸子(字)同聲者並從舀。下丑冉反,上;疑也,諛也。凡同字。⑤

諂 又上作。⑥

詉 女加反。語兒,謕也。

謕 張加反。

談 徒甘反。調也,語也。

詳 与章反。詐也,審也,論也,諟也。又羊音。又作佯。⑦

諻 虎橫反。樂也,語聲。

嚘 烏莖反。譅也,小聲。

譳 女耕反。

訂 他丁反。[平]議。⑧

訧 羽求反。過。与尤同。過也,罪也,惡也。⑨

訡 女心反。唯(喉)聲也。⑩

諴 胡讒反。利也,和也,調也,戲也。

詀 竹咸反。又叱涉反,入;讕,語聲。

---

① 注文"詞"當作"訶"。《原本玉篇·言部》:"訮,《蒼頡篇》:訮,訶也。《廣雅》:訮,怒也。"茲據校改。

② 《干禄字書》:"詮全,上通下正。"

③ 注文"唯"當作"昨"。《切三》《全王》《廣韻·宵韻》:"譙,昨焦反。"茲據校改。

④ "代"下奪"人"字。《切三》《王一》《裴韻》《全王》《廣韻·肴韻》:"諑,代人説。"《原本玉篇·言部》:"諑,《埤蒼》:代人説也。"茲據校補。

⑤ 注文"子"當作"字"。《干禄字書》:"謟謟,上土高反。諸字同聲者並從舀。下丑冉反。諸字同聲者並從臽。"茲據校改。"凡同字"蓋即"諸字同聲者並從臽"之簡省。"疑也"當是"謟"字義。《爾雅·釋詁》:"謟,疑也。"

⑥ "上作"原作"作上",據文例乙。字頭右旁有片假名"ヘツラウ(へつらう【諂う】)"。

⑦ "与章反"與"羊"音同,《切韻》另有"似羊反",此蓋不審音韻而混。

⑧ "議"上奪"平"。《王一》《全王》《廣韻·迥韻》徒鼎切:"訂,平議。"《全王》《廣韻·青韻》他丁反:"訂,平議。"(《全王》誤奪"議"字)《名義·言部》:"訂,平議,考議也。"蓋誤以"平"爲"平聲"而省。茲據校補。

⑨ 上"過"義出《切韻》,下三義出《玉篇》,故有兩處訓"過"。

⑩ 注文"唯"當作"喉"。S.6189、《裴韻》《全王》《廣韻·侵韻》女心切:"訡,訡詉,喉聲也。"茲據校改。

已上平聲

諟承紙反。文理(理也),是也,正也。①

諀匹婢反。訾。

誄力軌反。謚也,累也。

讄上字。又力水反。

讅又上字。

諝秘(私)吕反。智也,知也,長也。②

諴上字。

詁姑户反。訓也。

諧胡礼反。恥也。又許解(懈)反,去;怒言也,"雞狗牛馬不可諧詬過之也。"③

謑上字同。④

謹居隱反。敬也,信也,從也。

誂徒了反。弄也。

讜德朗反。真言也,善言。又丁浪反,去;言中。⑤

訆苦原(厚)反。先相訆可也,扣也。⑥

譣虛檢反。詖也,問也。

論[上]字作。

上聲了

諢丁(千)弄反。調也,言急也。⑦

謉上字通作。

---

① 注文"文理"當作"理也"。《説文·言部》:"諟,理也。""文理"應是對《説文》"理也"的誤截。兹據校改。

② 注文"秘"當作"私"。《切三》《王一》《裴韻》《全王》《廣韻·語韻》:"諝,私吕反。"兹據校改。

③ 注文"解"當作"懈"。P.3696A、《切三》《王一》《裴韻》《全王·卦韻》:"諧,許懈反。"兹據校改。《原本玉篇·言部》:"諧,《吕氏春秋》:雞狗牛馬不可諧詬過之。《説文》:諧詬,恥辱也。"《吕氏春秋·誣徒》:"草木雞狗牛馬,不可譙詬遇之,譙詬遇之,則亦譙詬報人。"王紹蘭認爲"譙"爲"諧"字之誤,是也。《新撰字鏡·言部》"諝諧"條的"諧"字作"譙",字跡訛變軌跡可察。譚戒甫曰:"'草木'二字無義,疑爲'若夫'之誤,形相似也。"陳奇猷不認同譚説,但《原本玉篇》所引無"草木",疑"草木"是誤字或衍文。"遇"字此處及《原本玉篇》皆作"過",疑"過"字是,"過"謂"責過"也。各家説詳見陳奇猷《吕氏春秋新校釋》。

④ 字頭原誤作"諿"。《原本玉篇·言部》:"謑,《説文》亦諧字也。"

⑤ 《全王·宕韻》:"讜,言中。"《裴韻》《唐韻·宕韻》:"讜,言中。"《集韻·宕韻》:"讜,言中理也。或从當。"《廣韻·宕韻》:"讜,言中理。"《玉篇·言部》:"讜,言中也。"是有作"言中"者,有作"言中理"者,此從《切韻》《玉篇》等作"言中"。

⑥ 注文"原"當作"厚"。P.3693v、《王一》《裴韻》《全王·厚韻》:"訆,苦厚反。"兹據校改。

⑦ 注文"丁"當作"千"。P.3696A、《裴韻》《全王》《廣韻·送韻》:"諢,千弄反。"兹據校改。反切上字原殘,似即"千"字。

詈力智反。罵。

諫〔諫〕此敚反。數諫也,從(促)也。①

誶雖遂反。言也。又蘇對反。又之(子)骨反,入;告也,向(問)也,□(相)問訊(誶)也,諫也,讓也,議也。②

許誶誶 三字同作。

議宜寄反。謀也,擇也,圖也,語也。

譬譬同作。匹義反。喻也。

諅渠記反。忌字。信也,告也。

詎渠據反。不能也。③

譽余據反。稱也,讙也。④

誤□□□(五故反)。□(又)作□(悞)。□也,詿□(也)。⑤

諤烏故反。相毀也。

諦都計反。審。

計古計反。會也,筭也,謀也。

謎莫計反。隱語。

謎 謎上字作。⑥

詍餘制反。多言。

譬莫芥反,又〔火〕芥反。譏也。⑦

---

① 注文"從"當作"促"。《説文·言部》:"諫,舖旋促也。"《廣雅·釋言》:"諫,促也。"《名義》《玉篇》亦作"從也",《王一》《全王·燭韻》有"役"義,"役"字龍宇純《校箋》改作"促"。兹據校改。P.3696A、《王一》《裴韻》《全王·眞韻》此敚反:"諫(諫),數諫。"

② 注文"之"當作"子","向"當作"問","問訊"上字殘,"訊"當作"誶"。《切三》《王一》《裴韻》《全王》《唐韻·質韻》:"卒,子聿反。又則骨反。""子骨反"與"則骨反"音同。《爾雅序》釋文:"誶,子外反,又子骨反。"《名義》《玉篇·禾部》:"稡,子骨反。"此數字皆從"卒"聲,故有此音。《原本玉篇·言部》:"誶,《周礼》:用情誶之。鄭玄曰:誶,告也。《尔雅》亦云。郭璞曰:相問誶也。……《礼記》:多其誶言。鄭玄曰:誶,問也。"今《周禮·秋官·小司寇》《爾雅·釋詁》《禮記·學記》皆作"訊"。兹據改補。

③ 字頭右旁有片假名"タレカ(だれか【誰か】)",字頭下旁有片假名"イカ□ソ"。

④ "讙"字原殘作"**詫**"。《廣雅·釋詁四》:"讙,譽也。"《禮記·表記》:"子曰:君子不以口譽人,則民作忠。"鄭玄注:"譽,繩也。""繩"同"讙"。字頭右旁有片假名"ホム(ほむ【誉む·褒む】)"。

⑤ 注文殘。《裴韻·暮韻》五故反:"誤,錯也,謬也。亦悞。"《全王·暮韻》吾故反:"誤,錯。"《唐韻·暮韻》:"誤,錯誤。又作悞。"《廣韻·暮韻》五故切:"誤,謬誤。"影抄本反切作"公夂","公"字疑誤,"夂"當是"故"字之殘。兹據校補。此殘一義項當是"錯也"或"謬也"。

⑥ 上字原寫作"謎","鑾"旁俗作"迷",如"繼"俗作"继","斷"俗作"断"。

⑦ 注文"又"下疑奪"火"字。《原本玉篇·言部》:"譬,莫芥反。"P.3696、《王一》《裴韻》《全王·夬韻》:"譬,火芥反。"兹據校補。

譴上字。①

譏火懺反。誇也，誕也，話也，□（調）也。②

諮上字。

誖薄背反，又蒲没反，入；言乱也，逆也。悖字。

誖上字俗作。

諄之国（閏）反。告之丁寧也，佐也，罪也。③

諄上字作。

譴古縣反。流言。

譴上俗作。

諺魚變反。傳言。

諺上字作也。

譟蘇到反。群呼，謹也。

譖叱（七）紺反。伺也。④

諕呼訝反。誑也。

諦上字。

詐側訝反。⑤

調霍霸反。疾言。

謥所純（化）反。狂（枉）也。⑥

諻許孟反。瞋語。⑦

詠爲柄反。謳。

詠上字。

䛖直右反。訓（詶）也，祝也。⑧

---

① 字頭原作"**譴**"。《原本玉篇·言部》："譴，《字書》：或譴字也。"
② "話也"下殘，僅剩"言"旁。《原本玉篇·言部》："《説文》：譏，誕也。《廣雅》：譏，話也。譏，調也。"《廣雅·釋詁四》："譏，調也。"茲據校補。
③ 注文"国"當作"閏"。《王一》《裴韻》《全王·震韻》："諄，之閏反。"茲據校改。
④ 注文"叱"當作"七"。S.6176、《裴韻》《全王》《唐韻》《廣韻·勘韻》："譖，七紺反。"茲據校改。
⑤ 字頭右旁有片假名"アサムク（あざむく【欺く】）"。
⑥ 注文"純"當作"化"，"狂"當作"枉"。S.6176、《王一》《裴韻》《全王》《唐韻》《廣韻·禡韻》所化反："謥，枉。"茲據校改。
⑦ "許孟"原作"孟許"。《王一》《裴韻》《全王》作"許孟反"，《唐韻》《廣韻·映韻》作"許更反"。茲據乙正。
⑧ 注文"訓"當作"詶"。《説文·言部》："䛖，詶也。"《集韻·宥韻》："祝，詛也。古作祝。或从口。从言。亦作詶。"此"詶也"與"祝也"皆"咒詛"之義。《唐韻》《廣韻》亦作"詶"，P.3694、《裴韻》誤作"訓"。茲據校改。

詺武躬反。詺月(目)。①

詗胡遘反。罵也。

譨奴豆反。詎也。

譳上字。

詬呼候反。怒也,罵也。

譍於證反。以言對也。

譍上字。

已上去聲

諑丁角反。訴[也],譖也,責也,毁也。②

訐居謁反,入;面斥。

設職(識)列反。施也,合也,置也。③

詆他歷反,又都礼反。誘也,欺也,誕也,毁。

詆上字。

誘他鹿反。詬(詆)誘也。④

詻五陌反。教令嚴也。

謋虎伯反。謋然。⑤

譗徒合反。譐譗。

譮古盍反。多言也,静。

諤五各反。直。

譝許及反。[譝評],語聲也。⑥

讘而陟(涉)反。爲嗫字。⑦

已上入聲

誯充向反。唱字。唱,導也,發歌句也,先也。又䚱字。

---

① 注文"月"當作"目"。《廣韻·勁韻》:"詺,詺目。或單作名。"《王一·勁韻》:"詺,詺目。或作名。"《集韻·勁韻》:"詺,目諸物也。或作名。"《玄應音義》卷十九"名於"條:"經文從言作詺,近字也。《字略》云:相詺目也。"《可洪音義》第二十九册"詺死"條:"上弥性反。目也,惡言目人曰詺。"茲據校改。但《唐韻·勁韻》《裴韻·清韻》皆作"詺自"。

② "訴"下當有"也"字。《名義·言部》:"諑,訴也,譖也,責也,毁也,數也。"茲據校補。

③ 注文"職"當作"識"。《切三》《王一》《裴韻》《全王》《廣韻·薛韻》:"設,識列反。"茲據校改。

④ 注文"詬"當作"詆"。《名義·言部》:"誘,他鹿反。詆也。"《玉篇·言部》:"誘,他鹿切。詆誘。"《廣韻·屋韻》:"誘,詆誘,狡猾。"茲據校改。

⑤ "然"下原有重文符,或是"也"字。《切三》《裴韻》《唐韻》《廣韻·陌韻》:"謋,謋然。"茲據删。

⑥ "語"上奪"譝評"二字。P.3799、《切三》《裴韻》《唐韻》《廣韻·緝韻》:"譝,譝評,語聲。"茲據校補。

⑦ 注文"陟"當作"涉"。《切三》《王一》《裴韻》《全王》《唐韻》《廣韻·葉韻》:"讘,而涉反。"茲據校改。

詠呼歷反。私訟也。鬮(鬩)字。很也，内侮。①

詤於驕反。祅字。災也。

諕右(古)協反。哭(唊)字。妄語。②

魂嬀媚反。愧、魄二字同。

譖弋恚反。醫(賢)字。即(賢)，揜也。③

響虚尚反。暠字。即(暠)，曩也，不久也。④

訢竹与反。智也。忬字。

𧮫爲翩(劇)反。德字。夢言，意不諰(諰)。⑤

譎公核反。黜(點)也。愲字。智也。⑥

譓胡桂反。慧字。才智也，儇也，察也。

譓上字。從也。

謝治遂反。對(懟)字。怨也。⑦

譚畢謐反。趨、躇、偉三形同。止行也。

譈徒對反。憝字。惡也，怨也。

誏旅黨反。朗字。明也。瞒字。

詨狃牙反。拏字。持□(也)，□(把)也。⑧

誦拏字。

讀側革反。謫也。讓也。責字。嘖同。呼也，怒也。

詇呼決反。怒訶。

---

① 注文"鬮"當作"鬩"。《原本玉篇·言部》："詠，《聲類》亦鬮(鬩)很字也。鬩(鬩)，很也，内(此字原在"很也"前)侮也，在門(鬥)部。"茲據校改。

② 注文"右"當作"古"，"哭"當作"唊"。《原本玉篇·言部》："諕，古協反。《字書》或唊字也。唊，妄語也，在口部也。"茲據校改。

③ 注文"醫"當作"賢"，"即"當作"賢"。《原本玉篇·言部》："譖，弋恚反。《字書》亦賢字也。賢(原下有"字"字)，揜也，在貝部。""即"字或涉下"暠"字誤，參見下條。茲據校改。

④ 注文"即"當作"暠"。《原本玉篇·言部》："響，虚向反。《字書》或暠字。暠，曩也，不久也，在日部。"茲據校改。

⑤ 注文"翩"當作"劇"，"諰"當作"諰"。《原本玉篇·言部》："𧮫，爲劇反。《聲類》或德字也。德，夢言，意不諰也，在心部。"《名義·言部》："𧮫，爲劇反。夢言不諰(諰)。"《玉篇·部》："爲劇切。夢言不諰也。"《説文·心部》："德，廮言不慧也。"《原本玉篇·言部》："譓，《字書》亦諰字也。司馬相如《封禪書》：義征不譓。《漢書音義》曰：譓，從也。野王案，訓'從'亦與'惠'字義同，在叀部也。""諰"字當涉上"意"字而誤。茲據校改。

⑥ 注文"黜"當作"點"。《原本玉篇·言部》："譎，公核反。《廣雅》：譎，慧也。《埤蒼》：譎，點也。《字書》亦愲字。愲，智也，在心部。"茲據校改。

⑦ 注文"對"當作"懟"。《原本玉篇·言部》："謝，《字書》亦對(懟)字也。懟，怨也，在心部也。"《名義·言部》："謝，懟字。怨也。"《玉篇·言部》："謝，怨也。或作懟。"茲據校改。

⑧ "持"下殘。原本《玉篇·言部》："詨，《字書》或爲拏字也。拏，持也，把也。"茲據校補。

誔達冷反。訛(詭)。①

𡑇丁迴反。讁也，"[王事𡑇]我"是也，搥摘也。敦字。②

誄力足反。讄也。

誴且送反。詷也，𤞞。恖字。

譫之圖(闇)反。多言皃，讘也。③

諫乎(呼)戰反。數。④

諦達計反。諟諦也，審諦也。

諟於計反。諦也。

訐魚刮反。怒也，訶。

諸上□(尸)反。訶奴(怒)。⑤

諜於報反。告也，語。

譑居小反。汎(糾)也。⑥

譑上字。

譓吐和反。慧爲譓，今通語。⑦

訵丑利反。陰知也。

譂胡報反。讀，相欺也。

譯由歷反。陳(傳)也，見也，傳言也。⑧

---

① 注文"訛"當作"詭"。《原本玉篇·言部》："誔，達冷反。《廣雅》：誔，訑也。"《名義》亦作"訖"，但"誔"與"訖"義遠，非是。今本《廣雅·釋言》："誔，訑也。"《説文·言部》："訑，沇州謂欺曰訑。""訑"同"訑"，義較近。《玉篇·言部》《廣韻·迥韻》："誔，詭言也。"《王一》《全王·迥韻》："誔，詭。"此"訛"字原作"**訛**"，《原本玉篇》"訖"字字作"**訖**"，《名義》"訖"字作"**訖**"。《原本玉篇》"詭"字字頭作"**詭**"，《名義》"詭"字字頭作"**詭**"，《名義》"訑"字字頭作"**訑**"。此數字形近易誤，但"訛"與"訖"當是"詭"字之誤，"訑"亦當是"詭"字之誤。兹據校改。

② "我"上奪"王事𡑇"三字。《原本玉篇·言部》："𡑇，丁迴反。《蒼頡篇》：讁也。《詩》云'王事𡑇我'是也。野王案，《毛詩箋》云'𡑇摘，猶投也'。今並爲敦字，在攴部。訓摘亦与磓字同，在石部。或爲搥字，在手部。"

③ 注文"圖"當作"闇"。《原本玉篇·言部》《玉篇·言部》："譫，之闇反。"《名義·言部》："譫，之圖反。"《廣韻·盍韻》："譫，章盍切。""圖"當是"闇"字之誤。兹據校改。

④ 注文"乎"當作"呼"。《原本玉篇·言部》《名義·言部》："諫，呼戰反。"兹據校改。

⑤ "上"下殘，注文"奴"當作"怒"。《原本玉篇·言部》："諸，上尸反。《埤蒼》：諸，訶怒也。趙魏云。"《名義·言部》："諸，上尸反。怒也。"兹據補改。

⑥ 注文"汎"當作"糾"。《原本玉篇·言部》："譑，《埤蒼》：譑，糺也。"《名義·言部》："譑，糺也。""糺"同"糾"。《集韻·筱韻》《集韻·小韻》："譑，糾也。"《荀子·富國》："則必有貪利糾譑之名。"兹據校改。

⑦ 《原本玉篇·言部》："譓，《方言》：楚或謂慧爲譓。郭璞曰：亦今通語也。"

⑧ 注文"陳"當作"傳"。《原本玉篇·言部》："譯，《方言》：譯，傳也。譯，見也。郭璞曰：傳語即相見也。《説文》：傳四夷之語也。"兹據校改。

諽餘諱(障)反。讙。①

詗居携(傸)反。誰(詿)也,欺也。②

誒呼氣反。誒[誒],語也,語聲。③

訑弋支反。淺意也。蛇字。

謕之樂(藥)反。謫。④

訄渠留反。安也,謀也。

讙十住(佳)、千佳(佳)二反。支也,就也。⑤

訋都叫反。挐。

善是闐反。吉也,佳也,大也。善字。

譱上字。

競渠竟反。競字古文。强也,争也,逐也,遽也。

誩競字古文。

詅張(旅)政反。俾也,衒。⑥

謌葛羅反。歌、哥二字同。

詧古儳反。監字古文。

警先觡反。速字古文。

誺徐歷反。寂字。安静也,嘆也。

訡牛金反。吟字。呻也,歎也,齡也。

諫似慄反。悷字同。毒苦也。

---

① 注文"諱"當作"障"。《原本玉篇·言部》:"諽,除(餘)障反。《埤蒼》:諽,誰(讙)也。"《名義·言部》:"諽,餘障反。讙也。"茲據校改。

② 注文"携"當作"傸","誰"當作"詿"。《原本玉篇·言部》:"詗,居傸反。《蒼頡篇》:詗,言誰也。《廣雅》:詗,欺也。"《名義·言部》:"詗,居傸反。誰也,欺也,詿也。"《玉篇·言部》:"詗,居俊切。""傸"同"俊"。《名義》"誰"與"詿"義皆有,但《原本玉篇》僅二義,無"詿"義,故《名義》所據《原本玉篇》作"誰",但據別本或别書補"詿"義。"誰"義難通,作"詿"則文從字順,且與"欺"義亦近。《新撰字鏡·言部》:"讕,以誰(詿)言相假被也。"《新撰字鏡·辵部》:"迁,誰(詿)也。"可知二字形近易混,此亦當誤。茲據校改。

③ 《原本玉篇·言部》:"誒,《廣雅》:誒誒,語也。"此"誒語也"爲"誒誒,語也"之省。

④ 注文"樂"當作"藥"。《原本玉篇》《名義》《玉篇·言部》:"謕,之藥反。"茲據校改。

⑤ 注文"住"當作"佳","佳"當作"佳"。《全王·脂韻》以佳反:"讙,又十佳反。"《裴韻·支韻》力追反:"讙,又十佳反。"《裴韻》"尸佳反"有"讙"字,《全王》"尸佳反"無此字,"尸佳反"即"十佳反"。《名義·言部》:"讙,千佳反。"茲據校改。

⑥ 注文"張"當作"旅"。《原本玉篇·言部》《名義·言部》:"詅,旅政反。"茲據校改。"俾也"存疑。《原本玉篇·言部》:"旅政反。《廣雅》:詅,賣也。《埤蒼》:詅,衒也。"疑是"埤蒼"之"埤"誤入。觀智院本《類聚名義抄·法上·言部》:"詅,力政反。俾。"亦作"俾",俟考。

誜下更反。行字同。言也。①

誵〔謏〕〔謖〕餘照反,所陸、蘇了二反。誘,並謏也,言小也,誂調(誀)也,起,又興也,誤也。②

諀於劔反。嘲哳,挐也,輕諀也;無(誣)諀,与也。③

讝居展反。難也,訖(吃)也,〔楚〕語也,北方通語也。謇字同。④

瞖於題反。是也,發聲也,語助也,然也。繄字,在系部。⑤

訣於竟、於兩二反,上;早知也,告也。

訰之国(閏)、之純二反。諄字同。⑥

訔魚巾反。誾字。

訧(訫)詩茬反,上;訧(誠)也。諶字。⑦

譗楚黠反。察字。

畬与周反。〔由〕字。從也。⑧

誐魚何反。嘉喜也。⑨

---

① 《原本玉篇·言部》:"誜,下更反。《廣雅》:誜,言也。《埤蒼》:爲楊州云言。野王案,《爾雅》猶爲行字,在行部。"

② 注文"調"當作"誀"。《廣雅》:"誂、誀、訦、誘,謏也。"《原本玉篇·言部》:"誀,《廣雅》:誀,謏也。《埤蒼》:誀,誘也。"茲據校改。《原本玉篇·言部》:"誵,餘照反。《廣雅》:誵,誤也。"《原本玉篇·言部》:"謏,所陸、蘇了二反。《礼記》:發慮憲,求善良,足以謏問,不足以動衆。鄭玄曰:謏之〔言〕小〔也〕。"《名義·言部》:"謖,山陸反。起也,此也,興也。"此"誵""謏""謖"三字相混。

③ 注文"無"當作"誣"。《原本玉篇·言部》:"《方言》:嘲哳挐,揚〔州〕會稽之語也,或謂之諀。郭璞曰:言輕諀也。又曰:無(誣)諀,與也。〔荆〕齊曰諀。諀與,猶秦晉言阿與也。郭璞曰:相阿爲者,所以致誣諀也。"今本《方言》卷十:"嘲哳、謰謱,挐也。挐,揚州會稽之語也。或謂之惹,或謂之諀。"郭璞注:"言誣諀也。"今本《方言》卷六:"誣諀,與也。吳越曰誣,荆齊曰諀與,猶秦晉言阿與。"郭璞注:"相阿與者,所以致誣諀也。"《廣雅·釋詁二》:"誣、諀、與也。"茲據校改。

④ 注文"訖"當作"吃","訖也"下奪"楚"字。《原本玉篇·言部》:"謇,《方言》:謇,吃也,楚語也。郭璞曰:亦北方通語也。"今本《方言》卷十同。茲據改補。

⑤ 《原本玉篇·言部》:"瞖,於題反。《毛詩》:自詒瞖阻。《箋》云:瞖猶是也。《左氏傳》:瞖伯舅是〔賴〕。杜預曰:瞖,發聲也。又曰:尔有母遺瞖。杜預曰:語助也。《方言》:瞖,然也。南楚凡言然或曰瞖。今或爲瞖(繄)字,在糸部。"今本《詩·邶風·雄雉》:"自詒伊阻。"鄭玄注:"伊當作繄,繄猶是也。"

⑥ 注文"国"當作"閏"。《玉篇·言部》:"訰,之閏切,又之純切。"《廣韻·稕韻》:"訰,之閏切。"茲據校改。

⑦ 字頭"訫"當作"訧",注文"訫"當作"誠"。《廣韻·侵韻》:"諶,誠也。訧,上同。"茲據校改。

⑧ "反"下疑奪"由"字。《王一》《全王·尤韻》以周反:"由,從。亦作畬。"《裴韻·尤韻》以周反:"由,用。亦畬。"《集韻·宵韻》:"畬,《説文》:徒歌。或作謠、猷。""畬"雖同"由""謠""猷"等字,但此音義當同"由"字。茲據校補。

⑨ 《原本玉篇》引《説文》,《集韻·歌韻》引《説文》,以及《名義》皆作"喜善",但今本《説文》與《廣韻》引《説文》作"嘉善"。《王一·哥韻》:"誐,善。"《全王·哥韻》:"誐,善誐。"《裴韻·歌韻》:"誐,文善言。"《説文》與《廣韻》又引《詩》"誐以謐我",即今本《詩·周頌·維天之命》"假以溢我",毛傳:"假,嘉。"故辭書中"喜善""嘉善""嘉喜"皆存。

譞呼結(緣)反。慧也,慧了也。儇字。①

譞上字。②

誧布徒反。大也,人相助也,謀也,諫也。

讀胡退反。中止也,譯(諢)也。③

譒補佐[反]。播字。敷也。④

評虎都反。命也,召也,鳴也。呼字。⑤

譴子耶反。録也。

謍胡瓊反。營字。

誥壯百反。唶字。

諸丑加、傷伽二反。拏,着(羞)窮也,詐諤。⑥

詑湯利(柯)、達可二反。欺也。上。⑦

訑上字。

諲直梨反。語諄諲。

謵之頰反。捨(拾)謵。⑧

謰旅前反。謱,拏也,諸拏也。⑨

謱洛口反。嘍字。不解也,重也。

誹甫違反。謗也。

謻舒紙反。侈字。

誒虛疑反。唉字。

諵如藍反。諵諵,多言。

① 注文"結"當作"緣"。《原本玉篇·言部》《名義·言部》《玉篇·言部》:"譞,呼緣反。"茲據校改。《原本玉篇·言部》:"譞,《説文》:譞,慧也。野王案,谓慧ﾞ也。"重文符當是"了"字之誤。《廣韻·篠韻》:"了,慧也。"若作"慧譞"則無意義。

② 上字頭原作"**譞**",此字頭原作"**譞**"。

③ 注文"譯"當作"諢"。《原本玉篇·言部》:"讀,《蒼頡篇》:讀,譯(諢)也。《聲類》:相勘(欺)也。"《名義》《玉篇》亦作"譯"。《原本玉篇·言部》:"諢,《蒼頡篇》:諢諢,讀也。《聲類》:諢讀,相欺也。"又《原本玉篇》"譯"字原作"**諢**",右旁起筆爲撇,亦可證是"諢"字之誤。茲據校改。

④ "佐"字原作"**佐**",下奪"反"字,據《原本玉篇》與《名義》校補。

⑤ 《原本玉篇·言部》:"評,《廣雅》:評,鳴也。"今本《廣雅·釋詁二》同,故知是"鳴",非"鳴"字。

⑥ 注文"着"當作"羞"。《原本玉篇·言部》:"諸,《説文》:諸拏,羞窮也。"今本《説文》同。茲據校改。

⑦ 注文"利"當作"柯"。《原本玉篇·言部》:"詑,湯柯、達可二反。"茲據校改。"上"字或當在反切之後表示聲調。

⑧ 注文"捨"當作"拾"。《原本玉篇·言部》:"《説文》:拾謵也。"今本《説文》作"謵讘也"。《名義·言部》:"謵,讘,多言也。"《玉篇·言部》:"謵,拾也。"《廣韻·葉韻》:"謵,拾人語也。"《王一·葉韻》:"謵,拾。"《全王·葉韻》:"謵,捨謵。""捨"當是"拾"字形誤。茲據校改。

⑨ 《原本玉篇·言部》:"謰,《方言》:謰謱,拏也。南楚曰謰謱。郭璞曰:言諸拏也。"

認而振、市振二反，上，又去；“見色知、聞聲識”皃也。志留，又佐止留。[①]

譅達答反。諸也，語相反(及)也。[②]

讗胡麥[反]。嗤字。疾皃。[③]

譬禅身反。頻字。比也。

誽女佳反。相誽司也，言不止(正)也。[④]

譄子恒反。加也。增字。

詄徒結反。忘也。

諅渠□(記)反。忘(忌)也。[⑤]

詪可很、何典二反。佷皃。

讉徒回反。譟也。

訆公弔反。忘(妄)言也。叫字。噑也。[⑥]

諦(謕)達泥反。呼也，轉語也。啼字。[⑦]

譌五戈反。化也，僞也，言□(也)，覺也，“或寢或訛”，動也，[譌]言，[諠]言。[⑧]

謊詡罔反。夢言也，忽也。怳字。

譽蒲草(卓)反。大呼也，自冤也。[⑨]

---

① 佛教有“見色聞聲”之語，即“見色明心，聞聲悟道”。志留(しる【知る】)，又佐止留(さとる【悟る・覚る】)。

② 注文“反”當作“及”。《原本玉篇·言部》：“譅，《説文》：譅諸也。《字書》：譅諸，[語]相及也。”今本《説文·言部》：“譅，語相及譅也。”茲據校改。

③ 注文“麦”下奪“反”字。《原本玉篇·言部》：“讗，胡圭反。”《名義·言部》：“讗，胡麥反。”《玉篇·言部》：“讗，胡麥切。”“圭反”蓋是“麦”字誤分，又誤删“反”字。《裴韻·隔韻》：“讗，古獲反。”《廣韻》有“古獲切”“户圭切”二音，從“巂”聲之字多音“户圭切”(見《廣韻·齊韻》户圭切)，又或是因“胡圭反”而增。但《説文·言部》云“讀若畫”，“畫”字《廣韻·麥韻》音“胡麥切”，當以“胡麥反”爲是。茲據校補。

④ 注文“止”當作“正”。《原本玉篇·言部》：“《説文》：言相誽同(司)。《埤也蒼頡(埤蒼)》：“詀誽，言不正也。”《名義·言部》：“誽，司也，不正也。”《玉篇·言部》：“誽，詀誽，言不正。”《裴韻》《全王》《廣韻·佳韻》：“誽，言不正。”茲據校改。

⑤ “記”字原殘存“言”，注文“忘”當作“忌”。《原本玉篇·言部》《名義·言部》《玉篇·言部》：“諅，渠記反。”《説文·言部》：“諅，忌也。《周書》曰：上不諅于凶德。”茲據補改。

⑥ 注文“忘”當作“妄”。《原本玉篇·言部》：“訆，《説文》：訆，忌(妄)言也。”今本《説文》作“大呼也”。《名義·言部》《玉篇·言部》：“訆，妄言也。”茲據校改。

⑦ 字頭“諦”當作“謕”。《名義·言部》：“謕，達泥反。呼也。啼。”《原本玉篇·言部》：“謕，徒逕反。《方言》：南楚或謂支註曰詀謕，轉語也。在口部也。”茲據校改。

⑧ “覺”上殘，“言言”當作“譌言，諠言”。《原本玉篇·言部》：“譌，吾戈反。《尚書》：平秩南譌。孔安國曰：譌，化也。《毛詩》：民之譌言。箋云：譌，僞也。又曰：或寢或僞(譌)。傳曰：訛，動也。《韓詩》：譌，覺也。又曰：譌言，諠言也。《尔雅》：譌，言也。郭璞曰：世以妖言爲譌言也。”茲據校補。

⑨ 注文“草”當作“卓”。《原本玉篇·言部》《名義·言部》：“譽，蒲卓反。”茲據校改。

謇子邪反。治(咨)也，憂歎之辞也。嗟、嵯二字同。①

嵯上字。

謓昌仁反。恚也，怒也。瞋字。

詒之年(耳)反。許(訐)也。②

諯充絹、至緣二反。數也，相讓也。

誆莫放反。相責誆也。□(望)字。③

訹於萬、於阮二反。慰也，從也。婉字。

諽柯核反。改變也，飭也，或(戒)也，謹也。悷字。④

讕力但反，上；詆讕也，以誰(誑)言相假被也。⑤

詷上字。

謸(敖)檄字。下逖反，入；二尺板，下府迎上所書也，一曰軍書。⑥

謘先奚反。悲聲也。痲字。聲散也，善音也。嘶字也。

饎(饌)簀、俙二字同。士卷(眷)反。具也，一曰空也。⑦

---

① 注文"治"當作"咨"，"嵯"字原作"嗟"。《原本玉篇·言部》："子雅(邪)反。《説文》：謇，嗟(咨)也。野王案，憂歎之辞也。亦歎美也。嗟字同，在口部。古文爲嵯字，在長部也。"《名義·言部》《玉篇·言部》："謇，咨也。"兹據校改。

② 注文"年"當作"耳"，"許"當作"訐"。《名義·言部》《玉篇·言部》："詒，之耳反。"《原本玉篇·言部》："詒，之耳反。《説文》：詒，訐也。"今本《説文》同。《名義》亦誤作"許"。兹據校改。

③ "字"上殘。《原本玉篇·言部》："誆，今爲望字，在亡部也。"

④ 注文"或"當作"戒"。《原本玉篇·言部》："諽，柯核反。《毛詩》：不長夏以諽。傳曰：諽，更也。野王案，諽猶改變也。《周易》'天地革而四時成''湯武革命從乎天'是也。《説文》：一曰餝也。《蒼頡篇》：一曰或(戒)也。《聲類》：謹也。《字書》或爲悷字，在心部。今爲革字，在革部。"《原本玉篇·心部》："悷，《字書》亦諽字。諽，更也，變也，飭也，謹也，戒也。在言部。"《名義·心部》："悷，戒也。"《説文·言部》："諽，讀若戒。"《文選·袁宏〈三國名臣序贊〉》："訓革千載。"李善注引《倉頡篇》曰："革，戒也。"《淮南子·精神訓》："且人有戒形而無損於心。"高誘注："戒或作革。"兹據校改。今本《説文》注文作"飾"，段玉裁等人改作"餝"。《原本玉篇·言部》作"餝"，《玉篇·言部》作"飾"，《原本玉篇·心部》《玉篇·心部》作"飭"，此亦作"飭"，"餝(飾)"當是"飭"字之誤。

⑤ 注文"誰"當作"誑"。《原本玉篇·言部》："野王案，此亦讕(闌)，猶以詆言相假被也。《漢書》：'滿讕誣天'是也。""詆"即"誑"字，而《名義》作"謹"，《玉篇》作"誣"，《集韻·緩韻》《集韻·換韻》亦作"誣"。"詆"與"誣"形近易誤，且引《漢書》"滿讕誣天"，更易誤解。但"誰"與"誣"不易相混，而"誰"與"誑"則極易相混。《新撰字鏡·辵部》："迋，誰(誑)也。"《新撰字鏡·言部》："詾，誰(誑)也。"可參。《切三》《王一》《全王》《廣韻·寒韻》："讕，逸言。""逸言"與"誑言"義近。兹據校改。

⑥ 字頭雖與"謸"字形近，但當非"謸"字。《廣韻·嘯韻》古弔切："謸，訐也。又痛聲也。"此字當是"敖"字訛變，此"敖"則是"檄"字俗省。

⑦ 字頭當作"饌"，注文"卷"當作"眷"。《原本玉篇·食部》："簀，仕眷反。《儀礼》：俱饌于西塾。鄭玄曰：饌，陳也。俱，具也。饌，《説文》亦簀字也。"《字鏡·食篇》："饌，士春(眷)反。"《草字編》所附《草韻辨體》載"饌"字草書作"𫗴"，"食"旁草書寫作"ㄔ"，與"言"旁草書寫作"讠"易混。此當據草書回改而來。兹據校改。又《新撰字鏡·人部》："俙饎(饌)簀，三同。仕卷反。見。""俙"同"傔"。"空也"不詳，疑有誤。

訇呼獲、胡蠋二反。呼也。乎己上(止)，又己太不。①

誜(謔)語都(却)反。謔字。放逸之皃，戲咲也，咽(唈)戲也。②

讇㪍蕩(蓋)反，直蕩(蓋)反。嗑也，[妄]言也。伊豆波利己止，又阿太己止。③

詀乾仰、徒紺二反。競言也。支曾比云，又支曾比加太利。④

誌之吏、市吏二反。識也，利(知)也。佐止留，又志留志。⑤

訨九狂反。詫也。伊乃留，久留比天毛乃伊不，又口波之留。⑥

諱求爲反。言語不少也，言多也。⑦

謷經市(弔)、起交二反。召也，呼也，叫也，唤招也，訐也。⑧

諟丁蕩、帝當二反。貞(真)實辞。大之(太太)志支己止，又万佐之支己止，又万己止也。⑨

診〔詮〕〔砼〕之忍反，上；平也，視也，暈(量)也，候眕(脉)也。⑩

---

① 《原本玉篇·言部》：“訇，呼泓反，胡蠋反。《西京賦》：沸卉硑訇。《説文》：駭言聲也。《聲類》：音大也。《説文》又曰：漢中正(西城)有訇鄉也。”反切下字“獲”未詳。“上”字據山田改作“止”。乎己止(をこと)，又己太不(こたう【答ふ·応ふ】)。

② 《廣韻·藥韻》虛約切：“謔，戲謔。”此字當是“謔”字的隸古定字或草書楷化字。“謔”字《名義》作“謔”。“虐”字 S.799《隸古定尚書》作“䖺”，魏《元寶月墓誌》作“䖧”，三國皇象《急就章》作“䖧”，《草字編》所附《草韻辨體》作“䖦”，此皆形近。“虐”又與“虎”形近相混，故又誤作“諕”。“語都反”疑當作“語却反”，爲“虐”字音《廣韻·藥韻》：“虐，魚約切。”“謔”爲曉母字。“咽”字疑當作“唈”。《新撰字鏡·言部》：“談，唈戲也。”《新撰字鏡·口部》：“唈，相戲調也。”

③ “言”上奪“妄”字。《原本玉篇·言部》：“讇，徒闔反。《説文》：讇嗑也。《埤蒼》：讇嗑，妄言也。”兹據校補。此二反切下字不合，《師説抄》、狩谷改作“蓋”，當是。“蓋”字《草露貫珠》有作“䓞”，“蕩”字《草露貫珠》有作“䓞”，二字草書形近。伊豆波利己止(いつわり【僞り·詐り】こと【言】)，又阿太己止(あだこと【徒言】)。

④ “利”下原有“反”字，各本無，據刪。支曾比云(きそい【競い】いう【云う】)，又支曾比加太利(きそい【競い】かたり【語り】)。

⑤ “利”疑當作“知”。《新撰字鏡·心部》《名義·心部》：“志，知也。”《禮記·哀公問》：“子志之心也。”鄭玄注：“志，讀爲識，識，知也。”《集韻·志韻》：“誌，《説文》：記誌也。或作識。”《説文·言部》：“識，一曰知也。”兹據校改。佐止留(さとる【悟る·覚る】)，又志留志(しるし【印·標·徵】)。

⑥ 《集韻·漾韻》：“訨，隸省或作訨。”《廣韻·漾韻》：“訨，居況切。”反切下字“狂”原作“詿”，各本作“詿”，“狂”字有漾韻，暫定作“狂”。《廣韻·禡韻》：“詫，訨也。”伊乃留(いのる【祈る·祷る】)，久留比天毛乃伊不(くるい【狂い】て/ものいう【物言う】)，又口波之留(くちばしる【口走る】)。“いのる【祈る·祷る】”蓋是“讇”義，此處誤作“祷”而來，見下文“誑”字條。

⑦ 此條不詳。

⑧ 注文“市”當作“弔”。《廣韻·嘯韻》：“謷，古弔切。”兹據校改。

⑨ “貞”疑當作“真”。“大之”據各本作“太太”。太太志支己止(ただしき【正しき】こと【言】)，又万佐之支己止(まさしき【正しき】こと【言】)，又万己止(まこと【真·実·誠】)也。

⑩ 注文“眕”當作“脉”。《廣韻·震韻》：“診，候脉。”兹據校改。“平也”爲“詮”字義。《廣韻·仙韻》：“詮，平也。”“暈”疑是“砼”字義，當作“量”。《廣韻·仙韻》：“銓，銓衡也。又量也，次也，度也。砼，上同。”

誆九王反。禱(禱)也。久知波志留,又太波己止,又久留比天毛乃云。①

譔七全反,平;善言也,專教也。

譆許其反。病聲也,懼聲也。

訒如能反。仍字。語煩惱也,原(厚)也。②

誉(傜)与要反。喜也,和樂兒也。③

譚實能反,平;譽也。

讍上字。

誠市征反,平;信也,謹也,審也,敬也,恭也。

詒徒皆反,又与之反。不盡究而所余也,遺也,傳也。④

詖彼爲反,平;又彼義反,去;弊也,辨辭也,譣也。⑤

讖楚蔭反,去;秘密書也,驗也,天命之辞。

訕所晏反,去;誹也,毀也,謗也。

警凡(几)影反,上;憼、儆二字,上古文。警,戒也,起也,衆也,誡也。⑥

謠与招反,平;獨歌也,又"徒歌爲搖(謠)"是也。和佐宇太。徒,空也。⑦

謀莫浮反,平;論也,計也。

𡥉(譬)一本作𡥉(譬),上古文。⑧

詵又作甡、華(莘)、辡(侁)、姺,四同字。使陳反。致言也,詵詵,衆多也。⑨

---

① 注文"禱"疑當作"禱"。《玉篇·言部》:"誆,狂言。"《集韻·養韻》:"誆,誆也。"《廣韻·尤韻》:"禱,禱張,誆也。"茲據校改。各本"禱也"下有"誆也"二字。久知波志留(くちばしる【口走る】),又太波己止(たわごと【戲言】),又久留比天毛乃云(くるい【狂い】て/ものいう【物言う】)。

② 注文"原"當作"厚"。《廣韻·蒸韻》:"訒,厚也。"茲據校改。

③ 字頭當作"傜"。《説文·人部》:"傜,喜也。"《廣韻·宵韻》餘昭切:"傜,又喜也。或作傜。"茲據校改。

④ 《廣韻》有"與之切""徒亥切"二音。"徒皆反"疑是倭音"たい"。

⑤ "辨辭"原作"辭辨"。P.3696、《切二》《切三》《全王》《廣韻·支韻》:"詖,辨辭。"茲據乙正。

⑥ 注文"凡"當作"几"。P.3693、《切三》《全王·梗韻》:"警,几影反。"茲據校改。"衆"字原作𣥫。《原本玉篇·言部》:"警,《礼記》:大口(昕)皷微,所以警衆也。"《名義·言部》:"警,衆也。""衆"字唐孫過庭《書譜》作𠁥,此亦是其草書形體之楷定,下"詵"字注"詵詵,衆多也"字亦作𣥫。

⑦ 注文"搖"當作"謠"。《玉篇·言部》:"謠,徒歌曰謠。"《廣韻·宵韻》:"謠,《爾雅》云:徒歌謂之謠。"茲據校改。和佐宇太(わざうた【童謠·謠歌】)。"徒,空也"各本無,應爲"徒歌"之"徒"所作注解,蓋後人所增。

⑧ 字頭和注文"𡥉"當作"譬"。《説文·言部》:"謀,慮難曰謀。昝,古文謀。譬,亦古文。"茲據校改。注文"𡥉"或當作"昝"。

⑨ 注文"華"當作"莘","辡"當作"侁"。《玄應音義》卷四"詵林"條:"又作甡、辡(侁)、莘三形,同。"《名義·多部》:"侁,多也。甡字。"茲據校改。

誘誧(誧)二字同。以酒反,上;美(羮),上古字。訹(訹)也,導也,引也,教也,進也。①

訹和(私)律反,入;誘也,諁(謏)也。又作哸(哸),非。②

該〔詠〕古來反,平;備也,咸也,苞(包)也,皆也,譖也,平(訴)也,兼也。加祢太利。③

謏蘇了反,上;了(小)也,訹也。④

謏 諁二上同字。⑤

調正音田雕反,平;合和也,欺也。借徒弔反,去;選也,賣也。

評〔誶〕符兵反,平;皮敬反,去;謂量命(議)也,平言也,計(訂)也,告也。訂,平議也。⑥

謬力交、七繡二反。欺也,誤也。又靡幼反,去;詐也,猶錯亂也。伊比阿也万豆,又惱也,又布久也久。⑦

謳嘔、慪二形。烏侯反,平;齊歌曰謳,喜也,誑也,詔也。⑧

---

① 字頭"誧"當作"誧",注文"美"字原作"**羮**",當作"羮","詠"當作"訹"。《説文·言部》:"羮,相訹呼也。从厶、从羑。誘,或从言、秀。誧,或如此。"兹據校改。字頭"誘"旁有片假名"サソフ"(さそう【誘う】)、"アサムク"(あざむく【欺く】)、"コシ□□(ラフ)"(こしらう【拵う・誘】)。

② 注文"和"當作"私"。《玄應音義》卷十六"誘訹"條:"訹,私律反。《説文》:訹,誘也。《廣雅》:訹,諁也。律文作哸,非也。下作怵,非體也。""哸"字寫本皆作"哸"形,"哸"是"誘"的異體,"哸"是"哸"的誤字,故云"非也",刻本不誤。兹據校改。"諁"爲"謏"的古字。

③ 注文"平"當作"訴"。《原本玉篇·言部》:"該,《廣雅》:該,譖也。該,**誶**也。該,包也。"《慧琳音義》卷四十九"該閲"條、卷九十"該涉"條並引《廣雅》:"該,評也。"《慧琳音義》卷一百"不該"條:"《廣雅》:譖也。"但《廣雅》"該"字無"譖""**誶**""評"等義。《玉篇校釋》:"考《釋言篇》有'諑,譖也''諑,訴也'二條,與《釋詁二》'諑,譖、訴、謜'義相合。蓋本書原止引《廣雅》'包也'一條,校者誤認爲'該',而增此二條,非出《廣雅》及顧引也。該、諑形近,如典籍亥豕亦常相亂也,今擬刪去此'譖也''**誶**也'二條。是也。"訴"字俗作"訴",《原本玉篇·言部》"諑"字條引杜預注即作"**誶**",《名義》作"**誶**",故又誤作"**誶**"或"評"。《原本玉篇·言部》:"諑,《廣雅》:諑,責也。諑,毁也。"無引"譖也""訴也"二條,蓋是顧野王所據本誤也。"苞"同"包"。兹據校改。加祢太利(かねたり【兼ねたり】)。

④ 注文"了"當作"小"。《玄應音義》卷十六"謏然"條:"蘇了反。謏亦了也。"《慧琳音義》卷六十五"謏然"條:"蘇了反。音小。《説文》:小也,誘也。"《禮記·學記》:"足以謏聞。"鄭玄注:"謏之言小也。"此條當本《玄應音義》,《玄應音義》誤則此亦誤。兹據校改。

⑤ "上"字原在"字"下,據本書通例乙正。

⑥ 注文"命"當作"議","計"當作"訂"。《玄應音義》卷十七"評曰"條:"皮命反。謂量議也。""命"字當是《玄應音義》反切下字而誤入釋義。《玄應音義》卷一、卷十九、卷二十五"評論"條:"《字書》:評,訂也。訂,平議也。"兹據校改。"告也"當是"誶"字義。《廣韻·隊韻》:"誶,告也。"《原本玉篇·言部》"誶"字作"**誶**",與"評"形近而混。

⑦ 《玉篇·足部》:"蹘,力交切。"《廣韻·肴韻》"力嘲切"有"顟""僇""膠"等"翏"旁字。"七繡反"各本無。"猶錯亂也"下各本有"僻也,差云(也)"四字。各本無"伊比","惱也"作"奈也牟(なやむ【惱む】)"。伊比阿也万豆(いいあやまる【言い誤る】),又惱(なやむ【惱む】)也,又布久也久(ふくやく【謬・謬】)。

⑧ "誑也,詔也"不詳,當非此字義。下有"諛,詔諛也"。

訓 訓决運反，去；導也，教也，善也，道也，從也，誡也。①

譊 譊二同。安（女）交反。譊譊，謹呼也，鳴也，乱也。②

譟 桑到反，先高反。乱語也。③

讙 虛表（袁）、呼九（丸）二反。演（誼）也。譟讙，二合，鳴也，嘑也，又擾耳，騷也。弥太己止。④

謾 武安反。又莫晏反，去；欺也。

訥訒 上奴骨反，入；遲鈍。下而振反。二合。難也。⑤

詠（訖）亦音。事竟也。⑥

訛譌 二字同。又吪字，同。五和反，平；別也，勲（動）也，覺也，偽也，謂詐偽也，言也，化也。志波事。⑦

謵 習音，入；讘也，言不正（止）也。字久豆久。⑧

諣 是塩反。世俗間語耳，詔諜。⑨

---

① 《玄應音義》卷五"訓訹"條："呼運反。"S.6176、《裴韻》《全王》《廣韻·問韻》《玉篇·言部》："訓，許運反。"《名義·言部》："訓，詡運反。"此數音的反切上字皆曉母字，"决"亦有曉母音，或不誤。

② 注文"安"當作"女"。《玄應音義》卷八"事譊"條："女交反。"《切三》《全王》《廣韻·肴韻》《玉篇·言部》："譊，女交反。"茲據校改。"乱也"爲"恢"字義。《正名要録》"本音雖同字義各別例"："譊，鳴；呶，號。恢，亂。"

③ "先高反"當是"騷""繰""溞"等字音，見《廣韻·豪韻》"蘇遭切"，此處疑是形近相混。

④ 注文"表"當作"袁"，"九"當作"丸"，"演"當作"誼"。《玄應音義》卷二十"譟讙"條："下虛袁反。"《原本玉篇·言部》："讙，虛園反，呼丸反。"《玄應音義》卷十九"讙譁"條："又作誼，同。"茲據校改。"二合"指"譟讙"二字連言。《玄應音義》卷二十"譟讙"條："《廣雅》：譟、讙，鳴也。《説文》：擾耳也。讙，嘽呼也。"弥太己止，各本作"太利己止"（享和本"利"誤作"和"），當作"弥太利己止"。《新撰字鏡·連字》："論篤，弥太利加波志，弥太利己止。"弥太利己止（みだりごと【乱り言・漫り言】）。

⑤ 《玄應音義》卷二十"訥訒"條："奴骨反。訥，遲鈍也。《説文》：訒，訒難也。訒音而振反。"

⑥ 字頭據形義疑是"訖"字。《玉篇·言部》："訖，居迄切。畢也，止也。"《字學圖説》："訖，事竟也。凡事以自始至終爲竟。故引申之，自前至後自彼至此皆曰訖。或作迄。如《詩》'以迄于今'，《書》'聲教訖于四海'皆是。"此"亦音"當屬於音隨形變。

⑦ 《玄應音義》卷二十"訛病"條："又作譌、吪二形，同。五和反《詩》云：民之訛言。箋云：訛，偽也，謂作（詐）偽也。"《原本玉篇·言部》："譌，吾戈反《尚書》：平秩南譌。孔安國曰：譌，化也。《毛詩》：民之譌言。箋云：譌，偽也。又曰：或寢或偽。傳曰：訛，動也。《韓詩》：譌，覺也。又曰：譌言，誼言也。《尔雅》：譌，言也。郭璞曰：世以妖言爲譌言也。"下一字："訛，《字書》亦譌字也。《聲類》或復爲吪字，在口部。"注文"勲"當作"動"。志波事（たわごと【戲言】）。

⑧ 注文"正"當作"止"。《原本玉篇·言部》："謵，傷協、丑協二反。《説文》：讘也。《聲類》：謵讘，言不止。"《名義·言部》："丑協反。讘也，言不止也。"《玄應音義》卷十一"誦習"條："經文作謵，丑俠反。言不止也。謵非字義。"《廣韻·葉韻》："讘，多言也。"《玉篇》亦誤作"正"。茲據校改。字久豆久（うぐつく【驟く・蹢く】）。

⑨ 《玄應音義》卷十九"諣語"條："是鹽反，又音塩。世俗間語耳。"

譏居希反,平;諫也,誹也,刺也,間(問)也,譴也,呵也,啟也,責也。①

詔囗(之)笑反,去;告也,導也,照也,勵(勗)也。奈豆久,又与不。②

讘魚世反。此應作譺。五成(戒)反。大調也。③

誅 諛同字。以珠反,平;不擇是非謂之諛,諂誈也。ツ(へ)豆良不,又阿佐牟久。④

讘章葉、之涉二反。多言也,怖也,一曰言不正(止),言語不正(止)。宇久ツ久。⑤

診(診)除刃反。視也,驗也。⑥

讌宴、燕二字同。於見反,去;飯(飲)也,樂也,小會也。⑦

誡不戒反,去;警也,勅也,告也,命也,勅教也,備也。伊牟事宇久。⑧

試〔誡〕真吏、所至二反,去;練也,擬用也,命語也,告也。⑨

譸徒木反。傍(謗)讟也。讟,痛也,謂怨痛也,訕也。伊佐不,又佐支奈牟。⑩

誣武夫反,平;加言曰誣。誣,罔也,忘(妄)也,欺也。以是爲非曰罔。⑪

謝似夜反,去;住(往)也,去也,聽也,從也。宇豆須。辭也。⑫

---

① 注文“間”當作“問”。《玄應音義》卷八“不譏”條:“《廣雅》:譏,刺也。譏,問也。”《原本玉篇·言部》:“《廣雅》:譏,譏諫(諫也)。譏,問也。”《廣雅·釋詁二》:“譏,問也。”茲據校改。“啟也”存疑。

② “笑”上殘,注文“勵”當作“勗”。各本音“之笑反”。《王一》《裴韻》《全王·笑韻》:“詔,之笑反。”殘字原作“**𠀤**”,去掉污跡後爲“**丷**”,當是“之”字。《爾雅·釋詁》:“詔,勗也。”《原本玉篇》亦引作“勗”。茲據補改。奈豆久(なづく【名付く】),又与不(よぶ【呼ぶ・喚ぶ】)。

③ 注文“成”當作“戒”。《玄應音義》卷七“嘲讘”條:“相承魚世反。此應作譺,五戒反。大調也。”茲據校改。

④ 《玄應音義》卷二“諛諂”條:“不擇是非而言謂之諛,希其意道其言謂之諂。”《玄應音義》卷二十四“諂誈”條:“希其意道其言謂之諂,謂傾身以有下也。諂亦佞也。誈,惑也,欺也。”和訓“ツ”當作“へ”,各本作“戶(へ)”。戶豆良不(へつらう【諂う】),又阿佐牟久(あざむく【欺く】)。

⑤ 注文“正”當作“止”。《說文·言部》:“讘,失气言。一曰不止也。”“言不止”即“多言”。茲據校改。宇久ツ久(うぐつく【驟く・躑く】)。

⑥ 字頭“診”當作“診”。《原本玉篇·言部》:“診,除忍反。《說文》:診,視也。野王案,《史記》‘臣意診其眼’是也。《聲類》:診,驗也。”《名義·言部》:“診,除刃反。視也,驗也。”《玄應音義》卷二“診之”條,“診”字大治本、金剛寺本、廣島大學本皆作“診”,是俗字易混。茲據校改。

⑦ 注文“飯”當作“飲”。《玄應音義》卷二十二“讌會”條:“又作宴、燕二形,同。於鷹反。讌,飲也,樂也,小會也。”茲據校改。

⑧ 《廣韻·怪韻》:“誡,古拜切。”此“不戒反”當有誤。伊牟事宇久(いむこと【斎事・忌事・戒事】うく【受く・請く】)。

⑨ “命語也,告也”當是“誡”字之義,見上條。

⑩ 注文“傍”當作“謗”。《玄應音義》卷二十二“毀讟”條:“徒木反。謗讟也。《廣雅(方言)》:讟,痛也。謂怨痛也。”茲據校改。伊佐不(いさう【叱ふ】),又佐支奈牟(さきなむ【嘖む】)。

⑪ 注文“忘”當作“妄”。《玄應音義》卷二十三“誣罔”條:“武于反。《說文》:加言曰誣。誣亦罔也,妄也,欺也。以是爲非曰罔。”

⑫ 注文“住”當作“往”。《玄應音義》卷二十四“等謝”條:“似夜反。《廣雅》:謝,往也,去也。”茲據校改。字頭右旁有片假名“オコル”,不詳。宇豆須(うつす【移す・遷す・映す・寫す】)。

誑九妄反,去;惑也,欺也。①

誼喧、讙、嚾、捘(愋)、吅,五形同。虛元反,又宣音,又化伊反。又作譁。②

諮即脂反。謀字,又咨字。③

諡上字。子辞反。問也,訪也。④

誚譙二同。才喫(笑)、以(似)醮二反,去;迫也,呵也,嘖(責)也。⑤

詷徒刀反,平;視也,多言也。⑥

藹烏艾反,去;塵也,臣盡[力]。⑦

諊掬,同字。居六反。用法也,窮也。

譚投南反,平;誤也,大也,誕也,人姓也。伊豆波利,又阿佐牟久。⑧

諤呼故、况俱二反。作(詐)也,妄言也。伊豆波利己止。⑨

諴宜作䶃。呼會反,去;聲也。又虎外反,去。⑩

―――――――――

① 字頭左旁有片假名"タラカス"(たらかす【誑かす】),右旁有片假名"イツワル"(いつわる【僞る・詐る】)。

② 注文"捘"當作"愋"。各本作"愋"。《玄應音義》卷二十一"誼譁"條:"古文愋、讙二形,今作誼,同。""愋"字金剛寺本作"𢛢",與此形似。茲據校改。字頭右旁有片假名"サワカシ(さわがし【騷】)"。"化伊(かい)反",不詳。"誼"與"譁"同義,非異體。

③ 字頭右旁有片假名"トフラフ"(とぶらう【訪う】)。"諮"與"謀"同義,非異體。

④ 此"諡"當是"諮"的誤字,《龍龕》以"諡"爲"諮"的誤字,與此同形而異字。

⑤ 注文"喫"當作"笑","嘖"當作"責"。《王一》《裴韻》《全王》《唐韻》《廣韻·笑韻》才笑反:"誚,責。"《原本玉篇·言部》《名義·言部》:"譙,似醮反。"《大般若經音義》"嘲誚"條:"下又作譙字。才笑、似醮二反。""喫"與"嘖"當是增旁俗字。茲據校改。

⑥ 《原本玉篇·言部》:"詷,《説文》:往来言也,一曰視也。"今本《説文·言部》:"詷,一曰祝也。"《名義·言部》:"詷,祝也。"按"祝"當是"視"字之誤。《玉篇校釋》:"二徐《説文》'視也'作'祝也',黎刊本據之剜改'視'爲'祝',今案二徐誤'視'爲'祝',非本書誤'祝'爲'視'也。黎校此一字而失二書之真矣。下文'詨,《埤倉》:亦詷字。《字書》:詨詷,往來言,一曰視也。詨逵,往來見兒。爲夲字'。部首:'夲,往來見兒。'見部:'親,見也。'从皋,皋从夲。詨與詷同,詨一義爲視,故詷一義亦爲視。又與夲音近義同,夲爲'往來見',故詷爲'往來言'而又爲'視也'。"

⑦ "盡"下奪"力"字。《爾雅·釋訓》:"藹藹、萋萋,臣盡力也。"茲據校補。《廣韻·泰韻》於蓋切:"壒,塵也。""藹"與"壒"同音,或可通。

⑧ "誤也"蓋指字形誤。《玄應音義》卷八"俱譚滑提"條:"經文作讚。"《慧琳音義》末有"誤也"二字。又或是"詭也"之誤。《原本玉篇·言部》:"譚,《聲類》:譚,詑也。"《名義》作"詭也"。伊豆波利(いつわり【僞り・詐り】),又阿佐牟久(あざむく【欺く】)。

⑨ 字頭《群書類從》本作"謼",《可洪音義》第十三冊"達謼"條:"火乎、火故二反。正作謼也。又爲俱反。"注文"作"當作"詐","妄言也"原作"妄也言"。《群書類從》本、享和本作"詐"。《原本玉篇·言部》:"譇,《蒼頡篇》:詐諤也。"《原本玉篇·言部》:"諤,《字書》:妄言也。"《全王》《廣韻·虞韻》《玉篇·言部》:"諤,妄言。""妄言"與"詐"義近。茲據改乙。伊豆波利己止(いつわり【僞り・詐り】こと【言】)。

⑩ "虎"下原有"上"(原又乙至"虎"字之上)字。《王一》《全王·泰韻》:"諴,虎外反。"茲據刪。

訬於礼反。誤也，誠言，應言(膺)也。①

訐上字。

諭以具、逾遇二反，去；告也，曉也，諫也，譬也，□(意)也。宇太加比也。②

諫古安(晏)反，去；勇(更)也，証也，止(正)人非也。伊佐牟。③

諫〔諫〕上字。子至反，去；正也，更也。古晏反。刺也，譏也。曽志留。④

訃匹付、撫遇二反。告喪也。

討恥老反，上；除也，誅也，謫也，打也。

論正力昆反，平；擇也，談也。借力遵反，平；倫也，議也。

語正魚舉反，上；説也，言也，喜也。借魚據反，去；示也，告也，謂也。⑤

説正書鋭反，去；猶言，祭名也，除也，告也，誘也。借失悦反，入；解説也，陳説也，語事也。又粉活反。當也。亦作税。解也。⑥

請正七井反，上；乞也，告上語也。借匹名反，去；猶假也。正爲倩字。⑦

讕正宜箭反，去；不遜也。喑字同。又瀊字，疑也。又嚥字。

詁古度[反]。⑧

訏况于反，平；大也，誊，説(詭)僞也。⑨

────────────────

① 注文"應言"當作"膺"。《原本玉篇·言部》："訬，《埤蒼》：誠言也。《廣雅》：訬，膺也。"《名義·言部》："訬，膺也，誠言也。"茲據校改。"誤也"當指字形之誤。

② "逾"字各本作"愈"，聲母同。"意"字模糊不清，《群書類從》本作"意"，旁注"憙イ"。享和本作"憙"，《考異》："憙，一本作意"。據形義當是"意"字。《呂氏春秋·離謂》："言者，以諭意也。"宇太加比(うたがい【疑い】)。

③ 注文"安"當作"晏"，"勇"當作"更"，"止"當作"正"。《王一》《裴韻》《全王》《唐韻》《廣韻·諫韻》："諫，古晏反。""勇"字《師説抄》、狩谷改作"更"。《名義·言部》《玉篇·言部》："諫，更也。"《白虎通·諫諍》："諫，閒也，因也，更也。是非相閒，革更其行也。""止人非也"各本作"正也，非也"，當作"正人非也"。《周禮·地官·司徒》："司諫：中士二人，史二人，徒二十人。"鄭玄注："諫，猶正也，以道正人行。"茲據校改。伊佐牟(いさむ【勇む】)。

④ "子至反，去；刺也，譏也。曽志留"當是"諫"字音義。《原本玉篇·言部》："諫，士(七)漬反。《説文》：數諫也。野王案，《詩》所謂風(諷)諫，亦諫(諫)也。《詩》今爲刺字，在刀部。"《廣雅·釋言》："譏，諫，怨也。"曽志留(そしる【謗る·譏る·誹る】)。

⑤ 《廣雅·釋訓》："言言、語語，喜也。"

⑥ 《名義·言部》："説，言也，解也，意也，除也，讀也，告也。"《周禮·春官·大祝》："掌六祈以同鬼神示，一曰類，二曰造，三曰襘，四曰禜，五曰攻，六曰説。"鄭玄注："鄭司農云：類、造、襘、禜、攻、説，皆祭名也。……玄謂攻、説，則以辭責之。"

⑦ 《廣韻·勁韻》："請，疾政切。"《廣韻·勁韻》："聘，匹正切。"此"匹名反"爲"聘"字音，疑反切上字訛。

⑧ "度"下奪"反"字。《名義·言部》："詁，古度反。釋詁也。"茲據校補。

⑨ 注文"説"當作"詭"。《説文·言部》："訏，詭譌也。一曰訏誊。"《原本玉篇·言部》："訏，《説文》：一曰詭僞也。""詭"字作"詭"，當是"詭"字之異寫。《廣雅·釋言》："免，隤也。"《原本玉篇·危部》引作"危，隤也"，"免"爲"危"字之誤。茲據校改。

訪敷亮反,去;謀也,謀也,氾謀也。①

詢思遵反,平;諮也,諶(謀)也,問也。②

諄上字。

識尸力反。志也,知也,記也。

諶時任反。敬也,信也,誠也,心也,人名。

謨亡狐反,平;僞也,謀也。波加利己止。③

誃天伐(尺氏)反,上;別也,離也。④

諈諉上似(竹)恚反,下女恚反。二字。累也,詐(託)也。⑤

諗式稔反,上;宣命也,告也,念也,謀也。乃太万不。⑥

誰所追反,平;何也,發語詞也。

諲於民,一印二反,平;敬也,誠也,恭也,不賤慢兒。

諏手夫(子于)反。問也,諶(謀)也,測也。⑦

託他各反。寄也,累也。⑧

詫〔詑〕都柯反,去;禱(禱)也,註(証)也。伊乃留,又久留不,又阿止户。⑨

諺上字。

證市應反,去;任也,明也,告也,徵也,猶驗也。

諱詡貴反。隱也,忌也,譬(避)也。阿良加不,又伊美奈。⑩

詃〔詘〕玄音。折曲也。加止不,又久自久。⑪

---

① 注文有二"謀也"未詳。

② 注文"諶"當作"謀"。《説文·言部》:"詢,謀也。"茲據校改。

③ 字頭右旁有"謀音"。波加利己止(はかりごと【謀】)。

④ 注文"天伐"當作"尺氏"。《切三》《王一》《裴韻·紙韻》:"誃,尺氏反。"茲據校改。

⑤ 注文"似"當作"竹","詐"當作"託"。《全王》《廣韻·寘韻》《原本玉篇》《名義》《玉篇·言部》:"諈,竹恚反。"《原本玉篇·言部》:"諉,女恚反。"《漢書》:尚有可諉者。孟康子曰:諉,累也。蔡謨曰:諉,託也。猶言委罪彭生也。"《名義·言部》:"諉,累也,託也,語也。"茲據校改。

⑥ "宣命"各本作"宣念",不詳。乃太万不(のたまう【宣ふ】)。

⑦ 注文"手夫"當作"子于","諶"當作"謀"。《切三》《王一》《全王》《廣韻·虞韻》:"諏,子于反。謀。"茲據校改。

⑧ 字頭右旁有片假名"ツク(つく【付く・附く・着く・就く・即く】)"。

⑨ 字頭《群書類從》本、享和本作"詑"。《原本玉篇·言部》:"詑,湯柯、達可二反。《楚辞》或詑謾而不疑。"《名義·言部》:"詑(詑),達可反。詑謾而不疑也。"二字形近易混,此反切當是"詑"字音,但聲調仍是"詫"字聲調。注文"禱"當作"禱","註"當作"証",見上文"誈""証"條。伊乃留(いのる【祈る・祷る】),又久留不(くるう【狂う】),又阿止户(あとえ【誂】)。

⑩ 注文"譬"當作"避"。《原本玉篇·言部》:"諱,《礼記》:卒哭而諱。鄭玄曰:諱,避也。"茲據校改。阿良加不(あらがう【争う・静う・抗う】),又伊美奈(いみな【諱】)。

⑪ "折曲也"與"久自久"當是"詘"字釋義。《新撰字鏡·言部》:"詘,曲折也。久自久。"加止不(かどふ【勾ふ・勾引ふ・拐ふ・詃ふ】),又久自久(くじく【挫く】)。

諵乃減(咸)反,平;諎(詀)諵,細意也。阿豆万[利]氏加太留己惠。①

詙之智反,去;訣(快)也,何爲也。和可留,又和加礼己止。②

誅知朱反,平;罰也,殺也,責也。

詷徒弄反,去;大腹也,會也,調也,共同也,諏(誠)也。③

詗詷二同字。丘政反,去;自言長也,知虐(處)告言之也,所謂"自嘆"是也。弥保女須。④

詘屈音,入;曲折也,操也,搦也,收也,橈也,取(聚)也,撋也。屈字同。久自久。⑤

諜帝俠、大甲二反,入;伺也,候也,久(反)間也,間(間)諜也,諄也。伊久佐乃宇加加比。息。⑥

訾呰二同字。兹此反,上;毁,量也,思也。曽志留。⑦

証旨盛反。諌也,勇(更)也。伊佐牟。⑧

護達各反,入;欺也。

評火甲反,入;諭(譗)也,語聲。⑨

諸章魚反,平;衆也,旌旗,"表諸、明諸、發諸"也,示也,猶未凡也。⑩

譆諳二同字。烏含反,平;音音。練識也,曉知也,諷也,誦也,記憶也。

---

① 注文"減"當作"咸","諎"當作"詀"。《廣韻·咸韻》女咸切:"諵,詀諵也。"《名義·言部》:"諵,詀也。"兹據校改。"細意"不詳。"利"字據各本補。阿豆万[利]氏加太留己惠(あつまり【集り】て/かたる【語る】こえ【声】)。

② 注文"訣"當作"快"。《原本玉篇·言部》:"詙,《孟子》:詙而不知。劉熙曰:詙,何也,爲言何爲不知。《廣雅》:詙,快也。"《廣韻·寘韻》:"詙,快也。"兹據校改。和可留(わかる【分かる】),又和加礼己止(わかれごと【別れ言】),則據"訣"字訓。

③ 注文"諏"當作"誠"。《原本玉篇·言部》:"調(詷),徒貢反。《説文》:共同也。一曰誠也。《蒼頡篇》:會也,亦調也。《聲類》:又儔也。《字書》:訟調(詷)也。"《名義·言部》:"詷,會也,調,誠也。"兹據校改。又《新撰字鏡·肉部》:"胴,大腹。"注文"腹"當作"腸",詳見本書肉部"胴"字校注。

④ 《龍龕·言部》:"詗,俗;詗,正。"注文"虐"當作"處"。《説文·言部》:"詗,知處告言之。"兹據校改。弥保女須(み【身】ほめす【褒めす】)。自嘆,即"自贊"之義。《廣韻·迥韻》:"詗,明悟,了知也。"故"詗"爲"自贊"。《大辞林》:"じたん【自歎・自嘆】,自分で自分をほめること。自贊。(和歌読む事を自らも常に—し給ひけりとなん/今昔 24)。"又可参佐竹真由美《元興寺之僧自嘆歌一首》。

⑤ 注文"取"當作"聚"。《原本玉篇·言部》:"詘,《尔雅》:詘,聚也。"《爾雅·釋詁下》:"詘,聚也。"兹據校改。"操也,搦也,撋也"不詳,疑非此字義。久自久(くじく【挫く】)。

⑥ 注文"久"當作"反","問"當作"間"。《廣韻·怗韻》徒協切:"諜,反間。"兹據校改。伊久佐乃宇加加比(いくさ【軍・戦・兵】の【之】うかがい【伺い・窺い】)。末"息"字不詳,疑衍。

⑦ 曽志留(そしる【謗る・譏る・誹る】)。

⑧ 注文"勇"當作"更",見本書"諌"字注。伊佐牟(いさむ【勇む】)。

⑨ 注文"諭"當作"譗"。《廣韻·狎韻》:"評,譗評,語聲。"兹據校改。

⑩ 《新撰字鏡·方部》:"旆旟,同。之綿反。旌旗也,属助也,飾也。"《廣雅·釋言》:"諸、旆,之也。""旌旗"爲"旟"字義,"旟"與"諸"又皆可爲語助辭,故混。"表諸、明諸、發諸"未詳,疑出佛典。又"猶未凡也"的"未"字疑衍。

諮古(胡)答反。諧知(和)也，配同也。①

詘〔訥〕胡内反。膽滿氣也，胡市也，謇也。②

課苦禾反，平；試也，斯也，差也，誠(試)也。③

訖居乙反，入；止也，讓。④

讓如尚反。責也，嫌(謙)讓也，讓。⑤

訊訙司進反，去；問也，言也，辞也。二同字。⑥

註注字。丁住、株句二反，去；記物謂之註解也，水流也。[万]乎須。⑦

謗補曠反，去；毀也，詛也，誹也。

許虛吕反，上；聽也，謂相聽從也，進也，所也，与也，舉也，量也。

諍且(側)迸反，去；諫也，訟者也，諫猶止也，引也。⑧

訶呼何反，平；不敬者訶而罰之，謂結(詰)問之也，以苦言近人曰嘖也，斫。⑨

讚贊字同。舌乱反，去；解也，明也，稱也。⑩

講江項反，平(上)；説也，諶(謀)也，肆也，宣也，論也。⑪

記居意反。識其過也，録也，憶也。

詣五計反，去；進也，至也，趣也，進到也，向也。

謂云貴反，去；勤也，説也，言也，道也，告也，報也，指也。

護胡故反，去；猶營護也，衛也，救視也，助也，愛也，惜也。⑫

---

① 注文"古"當作"胡"，"知"當作"和"。《名義·言部》："諮，胡答反。諧也，和也。"茲據校改。

② 《原本玉篇·言部》："詘，胡内反。《説文》：膽滿氣也。《蒼頡篇》：胡市也。《聲類》：在人上也。《字書》：一曰市決後悔也。""謇也"不詳，疑"訥"字義。

③ "試"字原作"𧩬"，"誠"字原作"𧩫"。《説文·言部》："課，試也。"《名義·言部》："課，誠也。""誠"當是"試"字之誤，此蓋因不知其誤而皆收。"斯"字不詳，疑當作"廝"或"㒋"，與"差役"義同。

④ "讓"字當涉下條而衍，見下條。

⑤ 注文"嫌"當作"謙"。《玉篇·言部》："讓，責讓，又謙讓。"茲據校改。

⑥ 反切上字原作"𤔡"，據形音當是"司"字。

⑦ "万"字據各本補。[万]乎須(まおす【申す】)。

⑧ 注文"且"當作"側"。P.3696、《王一》《裴韻》《全王》《唐韻》《廣韻·諍韻》《原本玉篇》《名義》《玉篇·言部》："諍，側迸反。"茲據校改。

⑨ 注文"結"當作"詰"。《原本玉篇·言部》："《周礼》：不敬者訶而罰之。鄭玄曰：訶猶詰問之也。"《周禮·夏官·射人》："不敬者苛罰之。"鄭玄注："苛謂詰問之。"茲據校改。"斫"爲"斷"或"料"的俗字。

⑩ 反切上字"舌"疑"左"字之誤。《莊子·外物篇》釋文："鑽，左端反，又左亂反。"

⑪ 注文"平"當作"上"，"諶"當作"謀"。"江項反"爲上聲，且"講"字無平聲，疑涉"溝"字而誤標"上"。《原本玉篇·言部》："講，古項反。《左氏傳》：講事不令。杜預曰：講，謀也。"茲據校改。"肆"當是"肄"的通假字。《詩·小雅·甫田》："攸介攸止，烝我髦士。"鄭玄注："以道藝相講肄。"陸德明釋文："講肄，以四反。字亦作肄，同。"

⑫ 《原本玉篇·言部》："護，《史記》：幸調護太子。如淳曰：調護，猶營護也。……野王案，護，救視也。《蒼頡篇》：護，辨也。《廣雅》：護，助也。"

謷五高反。聚言也，護(讙)也，不省語也，多言也。①

誨呼憒反。教也。又荒佩反，去；和火伊反。②

尳去牛、巨牛二反。迫也。

談(詼)口回反，平；啁戲也，謿也。③

譯由歷反。陳也，見也，傳言也。

譁呼瓜反，平；誼譁也。④

誇上字。

謐亡必反。不散之皃，静也，夳也。⑤

讗許界反。奴(怒)聲。⑥

誦似用反。讀也，言也。

詤舒紙反。詅字。⑦

讃。

詇。⑧

謙輕也，敬也。ヘリクタル。⑨

骨部第卅一

七十八字

骨故忽反。雅也，肉之覈。⑩

髁口化反，上；尻骨也，胢也，胥骨也。[胯]、跨三字同。[胯]，股也。⑪

---

① 注文"護"當作"讙"。《原本玉篇·言部》："謷，野王案，謷亦讙也。"《名義》亦誤作"護"。茲據校改。

② 火伊(かい)反。

③ 字頭"談"當作"詼"。《原本玉篇·言部》："詼，口回反。《漢書》：東方朔与枚皋、郭舍人俱在［左］右，詼啁而已。文穎曰：啁戲也。《字書》：詼，啁也。"茲據校改。字頭右旁有片假名"カタラフ(かたらう【語らう】)"。

④ 字頭右旁有片假名"カマヒスシ(かまびすし【喧し·囂し】)"，下字右旁亦有。

⑤ 《新撰字鏡·連字》："悼恊，不散之皃，寂静也，悲諒(涼)皃。"

⑥ 注文"奴"當作"怒"。《王一》《唐韻》《廣韻·怪韻》《玉篇·言部》："讗，怒聲。"茲據校改。

⑦ 字頭右肩有庵點"丶"。"庵點"又叫"合點"，多用於日本古代文書、和歌、俳句等，標記在字右上角的符號，是檢閱、確認等用途的標記。

⑧ 上字與此字不詳。

⑨ 字頭右肩有庵點"丶"。"庵點"見"詤"字校注。ヘリクタル(へりくだる【謙る·遜る】)。

⑩ 《名義·骨部》："骨，故忽反。聊也，親戚也。""雅"與"聊"字皆不詳。

⑪ "跨"與"股"上奪"胯"字。《玄應音義》卷十四"猗髁"條："口化反。《三蒼》：尻骨也。《字林》：胢也。腰骨也。口亞反。今以胢爲髁。律文作胯，口故反，股也。又作跨，《字林》：跨，踞也。二形並非此義。"茲據校補。

𩪊 膗字同。苦丸、苦昆二反。髀上也，豚也，尻也。与己志。①

髋骽（骸）二字上同字。②

骼口亞、口夏二反。膋骨也，執也。臤，上古文。③

骩上字今作。

髀踝同。蒲米反。股外也。又必尔反。

髎力逞（遥）反。尻骨謂之八髎。④

髆膊字同。補莫反。肩[髆]也。加太乃大骨。⑤

骽蒲来（米）反。脾也。与己志，又可太。⑥

䯏赤朱反。骨也。

䯝父角反，入；骨鎬（鏑）也。⑦

歒〔歠〕烏骨反。飲甚也，大飲也。⑧

鶻胡體（骨）反。鳩也。⑨

---

① 《名義·肉部》："膗，豚也。"《玄應音義》卷十四"凸髋"條、卷二十四"髋髀"："《廣雅》：膗，豚也。"《廣雅·釋親》："膗，尻也。州、豚、臀也。"王念孫改作"膗、尻、州、豚、臀也。[屑]"，王氏引此二處《玄應音義》"豚"字時，逕改作"臀"（海山仙館本《玄應音義》卷十四已改作"臀"，卷二十四未改），蓋王氏以"豚"通"臀"，但《名義》《玄應音義》皆作"豚"，似非誤，或"豚"與"豚"形近相混，俟考。又《可洪音義》第二十五册"膗豚"條："上苦官反。下徒昆反。下或作脽，市維反。《廣雅》云：臀謂之脽。"可洪爲另一説。与己志（よこし【脾】）。本書"髀"與"脾"同，故有此訓。《新撰字鏡·骨部》："骽，蒲来（米）反。脾也。与己志，又可太。"

② 字頭第二形當作"骸"。《名義·骨部》："骸，他罪反。髋也。"《慧琳音義》卷十四"腿足"條："退餒反。俗字，非也。正體從骨作骸。"《考聲》：骸，骽也，股也。《字書》：髋也。《古今正字》：從骨，妥聲。妥與骸同，餒音奴會反。《説文》闕。"《慧琳音義》卷六十一"脊骸"條："下退猥反。上聲字。《考聲》云：骸，骽也。《玉篇》：骸，髋也。髋音寬。髋，胯骨也。骽音鞞米反。妥音唾果反。""骸"同"腿"，非"髋"字異體。兹據校改。

③ 《玄應音義》卷十九"膋骼"條："古文臤，今作骩，同。口亞反。《埤蒼》：腰骨也。經文從肉作膋，非也。""執也"不詳。

④ 注文"逞"當作"遥"。《玄應音義》卷十八"髎骨"條："力遥反。《字林》：八髎也。《通俗文》：尻骨謂之八髎。"兹據校改。

⑤ "肩"下奪"髆"字。《玄應音義》卷二十二"兩髆"條："補莫反。肩髆也。或有作膊，普莫反。膊，物令薄也。膊非今用。"兹據校補。加太乃大骨（かた【肩】の【之】おおぼね【大骨】）。

⑥ 注文"来"當作"米"。《廣韻·薺韻》："髀，髀股。骽，上同。"《新撰字鏡·骨部》："髀，蒲米反。"兹據校改。此"脾"同"髀"，非"脾臟"之"脾"。与己志（よこし【脾】），又可太（かた【肩】）。

⑦ 注文"鎬"當作"鏑"。《名義·骨部》："䯝，骨鏑也。"《王一》《全王》《廣韻·巧韻》："䯝，骨鏃。"《廣韻·錫韻》："鏑，箭鏃。""鎬"與"鏃"字不似，與"鏑"字較似。兹據校改。

⑧ 《新撰字鏡·欠部》："歠，大飲也。"下又出"歒，於滑反。咽中氣息不利也。"此音爲"歒"字音，義爲"歠"字義，蓋形近相混。

⑨ 注文"體"當作"骨"。《全王·没韻》："鶻，胡骨反。"兹據校改。

骰公户反。股也。①

𡗗口骨反。窟字。地室也。

骷光林（秼）反。骨也，骨端也。②

骭叚（遐）諫反。脛也。骬字。③

骾古杏反。噎也。哽字。

隋先累反。髓也。

髓上字。骨實白也。

𩨄似賜反。鳥鼠骨也，死人有骨。④

髊上字。

髇訶伐反。骹也。

骹户俱反。蚗（缺）盆，肎。⑤

骩〔筋〕口滑反，入；勤也。須地，又豆与之。⑥

䯒五丸反。胹髓。

䯞乃元（老）反。悶也，骨中髓也。⑦

髓宣累反，上；骨中脂也。保袮乃奈豆支。⑧

骸胡皆、户皆二反，平；骨枯也，身骨捻名。須祢汁。⑨

髑徒木反，入；人頭。

髏額、顕、顙，三同字。力侯反。死人之頭。⑩

---

① 《玉篇·骨部》："骰，或股字。"《廣韻·姥韻》《玉篇·肉部》："股，公户切。"此"股也"或當作"股字"。

② 注文"林"當作"秼"。《名義·骨部》："骷，光秼反。"《玉篇·骨部》："骷，光末切。"茲據校改。"光"字宫内廳原本作"㣇"，影印本作"㞢"，鈴鹿影抄本作"光"，"光"字是。

③ 注文"叚"當作"遐"。《名義》《玉篇·骨部》："骭，遐諫反。"茲據校改。

④ 《玉篇·骨部》："𩨄，"《周禮》：蜡氏掌除𩨄。死人骨也。"《名義·骨部》："𩨄，死人骨。"此處注文"有"字疑衍。

⑤ 注文"蚗"當作"缺"。《玉篇·骨部》："骹，髇骹，缺盆骨。"《廣雅·釋親》："髇骹、缺盆，肎也。"茲據校改。

⑥ 須地（すじ【筋】），又豆与之（つよし【強し】）。《師説抄》："譯'須知'是混'肋（筋）'字。"

⑦ 字頭原作"䯞"，皆"匘""腦"的異體。《説文·匕部》："匘，頭髓也。"《名義·匕部》："匘，頭中髓也。腦字。"此"骨中髓"或是"頭中髓"之誤。注文"元"當作"老"。《左傳·僖公二十八年》："楚子伏己而鹽其腦。"釋文："腦，乃老反。"《玉篇·石部》："磱，乃老切。"茲據校改。"悶也"當爲"惱"字義。

⑧ 保袮乃奈豆支（ほね【骨】の【之】なづき【腦】）。

⑨ 須祢汁（すね【臑·脛】しる【汁】）。

⑩ 《玄應音義》卷九"髑髏"條："古文顕顙二形，同。徒木、力侯反。頭骨也。"《大般若經音義》中卷"髑髏"條："徒木反。頭骨也。下力侯反。髏亦髑髏也。或作額、顕、顙。""顕顙"爲"髑髏"之異體，"顕"非"髏"字異體。梁曉虹《日本古寫本單經音義與漢字研究》："'額'字蓋爲'顙'字之訛變所致。"可參。

骹跤、胶二同字。苦交反。膝也，脛骨也，脛也，疾也。牟加波支。①

胝疾移反，平;仕計反，去;府之内也。久知保祢。②

骱以小反。腹傍空處也。曽保支。③

骰吐狄反，入;骨間黄汁。

骩古委反，上;殘骨也，骨曲也。委字。④

髃語俱反，平;肩前骨也。

髖五(丘)愧反，去;膝加地也。⑤

骱口何反，平;髁也，膝也，脌(膝)之骨。⑥

髐呼照(昭)反，平;骹字同。脛也，箭鏑也，脚也。波木，又阿志。⑦

骻(誇)古(苦)瓜反，平;太(大)言也。⑧

體他礼反。會(膚)也，形也，接細(納)也，連結也，生也，證得也，分也，親也。⑨

髕蒲忍反。膝之骨。臏，同字。比佐加美乃阿波太。⑩

髜芳遥反。加太乃保祢。⑪

骹(髐)虚玉反。頚(項)字。顜也，髑髏也。⑫

髗力胡反。顱同字。腦盖也。

---

① 牟加波支(むかはぎ【向脛】)。

② 久知保祢(くち【朽ち・腐】ほね【骨】)。

③ 曽保支(そほき【歴草】)，指牛馬的脇骨。

④《廣韻·紙韻》:"骩，於詭切。"《名義》《玉篇·骨部》:"骩，郁詭反。"此反切上字當有誤。《漢書·淮南衡山濟北王傳》:"皇帝骩天下正法而許大王。"顏師古注:"骩，古委字。"此反切或涉"古委字"而混。

⑤ 注文"五"當作"丘"。《王一》《全王》《廣韻·至韻》《玉篇·骨部》:"髖，丘愧反。"《名義·骨部》:"髖，丘淚反。"茲據校改。

⑥ 注文"脌"當作"膝"。《裴韻》《廣韻·歌韻》:"骱，膝骨。"《新撰字鏡·骨部》:"髁，膝之骨。"茲據校改。

⑦ 注文"照"當作"昭"。《名義·骨部》:"髐，呼交反。""呼昭反"與之音近，"照"非平聲。波木(はぎ【脛】)，又阿志(あし【足·脚】)。

⑧ 字頭"骻"當作"誇"，注文"古"當作"苦"，"太"當作"大"。《廣韻·馬韻》苦瓦切:"跨，胯跨。又苦化切。骻，上同。"《切三》《王一》《裴韻》《全王》《廣韻·麻韻》苦瓜反:"誇，大言也。"茲據校改。

⑨ 注文"會"當作"膚"，"細"當作"納"。《王一》《全王·薺韻》:"體，膚。"《名義·骨部》:"體，接納也。"《禮記·中庸》:"體羣臣也。"鄭玄注:"體，猶接納也。"茲據校改。

⑩ 比佐加美乃阿波太(ひざ【膝】かみ【上】の【之】あわた【臏】)。

⑪ 加太乃保祢(かた【肩】の【之】ほね【骨】)。

⑫ 字頭"骹"當作"髐"，注文"頚"當作"項"。《玉篇·骨部》:"髐，虚玉切。《聲類》云:亦作項。髐，顜也，謂髑髏也。"《名義》字頭亦誤作"骹"。《廣韻·燭韻》:"顜，顱顜，出《聲譜》。髐，上同。"《名義·頁部》:"項，虚玉反。縮也。顜，同上。"同書"顜"字作"顜"，"鹿"旁與"庶"形近易混，"庶"又與"度"形近而混。茲據校改。

䯎公本反。䲘、䱵(鰥)二字同。顓頊生䯎,䯎生高密,是爲禹。[①]

䯦胡拔反。骨差。

䯵於仍[反]。膺字。匈(胷)也,親也,當也,受也。[②]

䯈三(亡)八反。小骨。[③]

䯄五瓜反。髃(䯞)也。[④]

䯞下溝反。骼(髺)也。[⑤]

䯞口瓜反。路上骨。[⑥]

䯋蒲葛反。肩髆也。

髇呼交反。箭也。

骱胡獺反。堅也。

臀徒昆反。臋字。尻也。

骶丁計反。臀。

䯫五高反。蝌鉆也。螯字。[⑦]

䯲輔尺反。弓弭也。

䯷於力反。匈(胷)也,臆也。[⑧]

䯸上字。

髈蒲朗反。脇肉也。膀字。

骻口圭反。六畜項中骨也。

骽吐猥反。腿字同。股也。

骬徒江(紅)反,平;一牛羊骨。[⑨]

---

① 注文“䱵”當作“鰥”。《集韻·混韻》:“䯎,或作䲘,亦作鰥,通作鯀、骸。”茲據校改。又“䱵”或是由“鰥”字而誤,“鰥”同“鰥”。

② 注文“匈”當作“胷”。《名義·骨部》:“䯵,胷也。”茲據校改。

③ 注文“三”當作“亡”。《名義》《玉篇·骨部》:“䯈,亡八反。”茲據校改。

④ 注文“髃”當作“䯞”。《廣韻·麻韻》:“䯄,䯞䯄,髂骨。”《玉篇·骨部》:“䯄,䯞䯄。”《名義·骨部》:“䯄,髃(䯞)也,額上骨也。”《名義·骨部》:“䯞,額上骨也。”《名義·骨部》:“髃,肩前兩乳間骨。”故當作“䯞”字。茲據校改。

⑤ 注文“骼”當作“髺”。《玉篇·骨部》:“䯞,髺䯞也。”《名義·骨部》:“䯞,骼(髺)也,骨端也。”《名義·骨部》:“骼,禽獸骨也。”《名義·骨部》:“髺,骨端也。”故當作“髺”字。茲據校改。

⑥《龍龕·足部》:“路,俗。苦嫁反。正作髂。腰路。”《裴韻》《全王》《玉篇》作“髂上骨”,《廣韻》《名義》作“額上骨”,當以“髂”字爲正。又《龍龕·肉部》:“胳,俗。苦嫁反。正作髂。腰胳也。”觀智院本《類聚名義抄·仏中·肉》:“胳,俗頟字。五挌反。”“骨”“月”“頁”三旁常可通用。

⑦《名義·骨部》:“䯫,蝌鉆也。”《玉篇·骨部》:“䯫,蟹鈐也。”《集韻·鹽韻》:“鉗,《說文》:以鐵有所劫束也。或作鉆。”“鉆”“鈐”“鉗”三字同,此指“蟹鉗”。

⑧ 注文“匈”當作“胷”。《名義·骨部》:“䯷,於力反。胷也,臆也。”茲據校改。

⑨ 注文“江”當作“紅”。《廣韻·東韻》:“同,徒紅切。”“骬”字從“同”聲,音同。茲據校改。注文“一”字疑衍。

骿部用(田)反,平;併肋也。①

骯告(苦)光反,平;骯字。②

骯苦郎反,平。③

髆古兑反,去;骨擿[之可]會髮者名。④

臀其月反,入;尾短(本)也。⑤

散一骨反,入;困(咽)[中息]不利。⑥

骼古陌反,入;髆也,骨骼也。

髒脛字同。□甯反,去;膝下也。⑦

髗膄字同。於老反,上;精藏骨糟也,推骨肉藏槽(糟)中。⑧

腔口江反。腔、鞚(羫),二同字。羊腊也。⑨

尸部第卅二

八十九字

尸朱脂反,式尸反,平;陳也,主也,是宲也。⑩

---

① 注文"用"當作"田"。《切三·先韻》蒲田反:"骿,併肋。"《廣韻·先韻》部田切:"骿,骿肋。"茲據校改。

② 此條注文當作"骯,魯當反,平;骯骯,股肉"。《切三》《王一·唐韻》魯當反:"骯,骯骯,股肉。骯字苦光反。"此處誤解"骯字苦光反",以爲"骯"字同"骯",故以"苦光反"爲"骯"字注音。茲據校改。又"骯"字原誤作"欹"。

③ "骯"字《切韻》系韻書皆音"苦光反",此蓋因上條已有"苦光反",此處據他書而改。上田正改反切下字作"光"。

④ "擿"下奪"之可"字。《説文·骨部》:"骨擿之可會髮者。"《裴韻》《廣韻》所引《説文》同。茲據校補。

⑤ 注文"短"當作"本"。P.3694、《切三》《王一》《裴韻》《全王》《唐韻》《廣韻·月韻》:"臀,尾本。"P.3694、《全王·物韻》:"屈,尾短。"《裴韻·物韻》:"屈,短尾。"《廣韻·物韻》:"屈,短尾鳥。"蓋二字義混。茲據校改。

⑥ 注文"困"當作"咽",下奪"中息"二字。P.3694、《切三》《裴韻》《唐韻·没韻》:"散,咽中息不利。"《説文·骨部》:"散,咽中息不利也。"茲據改補。

⑦ 反切上字奪。《玉篇·骨部》:"髒,户經切。"P.3694、《王一》《裴韻》《全王·徑韻》:"脛,户定反。"《唐韻》《廣韻·徑韻》:"脛,胡定反。"反切上字當爲匣母字,應是"胡"或"户"。

⑧ 注文"槽"當作"糟"。《倭名類聚鈔·飲食部·魚鳥類》:"膄,《四聲字苑》云:膄(烏道反。今案:俗云加須毛美),糟藏肉也。"加須毛美(かすもみ【糟揉・膄】)。《釋名·釋飲食》:"膄,奥也,藏肉於奥内稍出用之也。"《齊民要術》卷九:"作糟肉法:春夏秋冬皆得作。以水和酒糟,搦之如粥,著鹽令鹹。内捧炙肉于糟中。著屋下陰地。饮酒食饭,皆炙噉之。暑月得十日不臭。"茲據校改。

⑨ 注文"鞚"當作"羫"。《廣韻·江韻》:"腔,羊腔也。羫,古文。"《集韻·送韻》:"羫,羊腊。亦从肉。"茲據校改。《廣韻·江韻》:"髈,髈腔,尻(尻)骨。"此條正字當是"腔"或"羫","髈"爲異體。

⑩ 《爾雅·釋詁上》:"尸,宲也。"注文"是"字不詳所出。

屟屧二字同，藦字同。思狹（俠）反。屟，履属也，无齒也。或作樏（檓），即和也。阿志加太也。①

屖屖二同。正仕延、仕間（簡）二反，上；謂仁謹之皃，呻吟也，惡也。借辞霽反，上；又小（子）仙反，平；又千鴈反，去；猶積（屖顏），不齊也。②

屈正瞿（衢）物反，入；治也，取（收）也，短也，奇，長也，无尾也。借丘勿反，入；枉也，請也，敬也，祈（折）也，重也，短也。又去貴反，去。③

屈上字。

尻苦高反。脽也，臋也，臂也。

屐又作屐。渠逆反。属也，有齒也。阿志加太，又木久豆。④

屖屖二同。先啼反，平；遲也，斯充（甋）通也，瓠屖。在斤部。⑤

屎正許伊反，平；又香唯反，平；呻吟也。借舒視反，上；又作菡、矢，二同字。

尿屄尿三同字，溺同。乃弔反。出胕曰尿，屄又小便也。⑥

屝鞾、鞜二同，上古文。所綺、所解二反。鞾属也。鞾，韋履也。久豆。⑦

屐上字。

婔補詣反。親也，愛也。在女部。

屏伊（俾）領反。墙也，蔽，厠也，藏也，匿也，障也，隱也，退也。⑧

---

① 注文"狹"當作"俠"，"樏"當作"檓"。《名義》《玉篇·艸部》："藦，思俠切。"《玄應音義》卷十一"衣屟"條："又作藦，同。思俠反。履屬也。經文作樏。樏，和也。樏非字義。"茲據校改。《廣韻·怗韻》："屟，屧也，履中薦也。屧，上同。"注文"屟"疑當作"屧"。阿志加太（あしかた【屟·屧】）。

② 注文"間"當作"簡"，"小"當作"子"，"猶積"當作"屖顏"。《玄應音義》卷十二"屖焉"條："仕簡反。"《慧琳音義》卷九十八"屖然"條："子仙反。"《漢書·司馬相如傳下》："放散畔岸驤以屖顏。"顏師古注："屖顏，不齊也。"茲據校改。

③ 注文"瞿"當作"衢"，"取"當作"收"，"祈"當作"折"。P.3694、《全王》《廣韻·物韻》："屈，衢物反。"《玄應音義》卷八"屈奇"條："屈，衢物反。"《名義·尾部》："屈，瞿（衢）物反。治也，收也，短也。"《詩·魯頌·泮水》："屈此羣醜。"毛傳："屈，收。"鄭玄注："屈，治。"《名義·尸部》："屈，詘字。"《廣雅·釋詁一》："詘，折也。"茲據校改。"短"字《名義》原作"𢾊"，此處注文前一"短"字同，後一"短"字則作"短"，蓋出處不同。又《玄應音義》卷八"屈奇"條："《淮南》云：屈奇之服。許叔重曰：屈，短也；奇，長也。""去貴反"不詳。

④ 阿志加太（あしかた【屐·屐】），又木久豆（きぐつ【木沓·木履】）。

⑤ 注文"斯充"當作"甋"。《玄應音義》卷十四"而甋"條："蘇奚反。《通俗文》：瓦病而壘，壘而聲散曰甋。《方言》：甋，聲散也。律文作屖，先啼反。《說文》：屖，遲也。屖非此用。壘音問。"《新撰字鏡·斤部》："甋，蘇奚反。瓦破聲。"茲據校改。

⑥ 《玄應音義》卷十七"屄尿"條："下又作尿，同。乃弔反。《通俗文》：出胕曰尿。《字林》：屄，小便也。"

⑦ 《玄應音義》卷十七"作屝"條："古文鞾、鞜二形，同。所綺、所解二反。《說文》：屝，鞾屬也。鞾，韋履也。鞾音都奚反。"久豆（くつ【沓·靴·履】）。

⑧ 注文"伊"當作"俾"。《名義·尸部》："屏，俾領反。"茲據校改。

尼屔二同。女乙、［女］脂二反，平；和也，定也，近也，安也，愛也。①

屨渠略反，入；履也，展也，草扉也。

屚上一本作。

扉房未反，去；革（草）履也，隱也，屨也。②

層子恒反。重居也，重也，累也，伋（級）也，重屋，高也。志奈，又己志也。③

屠侍（待）奴反，平；剥也，壞也，割也，獨師也，屠兒也。④

屍式脂反，平；陳也。

劈疋秋（狄）反。破也，裂也。礔字。⑤

屍（屍）苦子（兮）、苦奚二反。膝本也，脅下也，尻也。⑥

凥苦魂、苦坤二反。屍（屍）也，膝本也，尻也。⑦

犀（犀）息芳（兮）反。牛也。⑧

屬属二同字。正時欲反，入；合也，聚也，録也，遇（連）也，主也，託也，注也，官衆也。借之欲反，入；連也，近也，着也，類也，續也，足也，適也，獨也。⑨

辟正父石反，入；法也，除也。借方石反。君也，召也，皐，行人也，猶理也。

皕辟（嬖）二上古文。⑩

屍（皀）禿（屍）字同。他谷反。志利太牟良。⑪

---

① “脂”上奪“女”字。《裴韻》《全王·脂韻》：“尼，女脂反。”兹據校補。

② 注文“革”當作“草”。《王一·未韻》：“扉，草履。”《裴韻》《全王·未韻》：“扉，草屬。”兹據校改。

③ 注文“伋”當作“級”。各本作“級”。《玄應音義》卷二十三“層級”條：“《説文》：層，重累也。級，階次也。”兹據校改。志奈（しな【品·科·階】），又己志（こし【層】）也。

④ 注文“侍”當作“待”。《廣韻·模韻》：“屠，同都切。”“待”爲定母字。兹據校改。

⑤ 注文“秋”當作“狄”。《玄應音義》卷二“劈裂”條：“匹狄反。”兹據校改。

⑥ 注文“子”當作“兮”。《名義·谷部》：“谿，苦奚反。”《名義·谷部》：“谿，苦号（兮）反。”P.2015《切韻·齊韻》：“谿，昔（苦）兮反。”“奚”與“兮”韻同。字頭蓋據“奚”旁而增音。兹據校改。又字頭疑當作“屍”，同“屍”“脤”等字。P.2015此音又有“屑”字，注云“屍肉”，疑字頭與注文皆是“脤”字。《廣韻·脂韻》喜夷切：“脤，臀之別名。”《玉篇·肉部》：“脤，許梨反。臀之別名。或呻也。”《集韻·脂韻》：“脤，睢也。”楊寶忠《疑難字考釋與研究》“脤”字條：“‘殿’又涉上下文諸從肉之字誤贅肉旁，因變作‘臀’字，‘脤’字因有‘臀之別名’與‘呻也’二訓也。”此條注文各義蓋由“臀”義而衍生。

⑦ 此字參上條。字頭疑是“屍”字而省“矢”旁。“巛”即古“坤”字，此蓋據“巛”旁擬音。

⑧ 字頭當即“犀”字。《玉篇·牛部》：“犀，先兮切。獸，似牛也。”《玉篇·彳部》：“㸸，息兮切。”

⑨ 注文“遇”當作“連”。《説文·尾部》：“屬，連也。”兹據校改。

⑩ 字頭“辟”當作“嬖”。《玄應音義》卷四、卷九“大辟”條：“古文皕、嬖二形，同。”兹據校改。

⑪ 志利太牟良（しりたむら【尻臀】）。狩谷云：“屍俗作皀，據按禿恐屍。”觀智院本《類聚名義抄·法下·尸部》：“屎屍皀，俗豚字。丁（下）竅。音禿软？シリタムラ。音竺，同上软？”是此字即“皀”俗字，俗書“口”旁“厶”旁不分。“禿”當是“屍”字之訛，又據“禿”字擬音。

屎屍二同字。刾(勅)利反。䤵柄。①

屢力句反。疾也,致也。又九雨反。數屢也,遂(亟)也,每也。②

屑先結反,索曉反。末也,劮也,碎也,潔也,顧也。③

局渠玉反。從口在天(尺)下。促也,部分也,分也,近,曲也,卷也,俛也。④

㞯㞯上三字同作。曹局也,朞行也。⑤

屎朱音。反(久)保。開也。⑥

犀素嵆反。豆与志。⑦

屈囗(丁)計、製雞二反,去;履內薦。久豆和良。⑧

展知善反。誠也,親也,舒也,敬也,礼也,轉也,信也,陳也,重也,俱也,整也,適,申也,難也。

辰辰二上字。

刷**刷**二同。所劣反,入;所以澤髮也,又掃馬也。

叔上同字。

屆居薤反。極也,致(至)也,舍也,行不便也。⑨

履力子、力吏二反,上;禄也,屢也,福也,礼也。

屍徒昆反。厚尻也,髁也。臋古文。⑩

屄口蚍(地)、口云(系)二反。尻也,背去(坐)。⑪

屈楚立反。尺(屄)也,徒(從)後蹋。⑫

---

① 注文"刾"當作"勅"。《名義·木部》:"屎,勅利反。"兹據校改。"屎"字原作"**屎**"。《廣韻·至韻》:"屎,篢柄也。屎,上同。""䤵"字不詳。

② 注文"遂"當作"亟"。《爾雅·釋言》:"屢,亟也。"二字易訛,見本書日部"昵"字條。兹據校改。"致"字不詳,疑爲"數"字之誤。下"數屢也"當作"數也"。"九雨反"當即"屢"字音,與"屢"字通。

③ "索曉反"疑誤。

④ 注文"天"當作"尺"。《説文·口部》:"局,促也。从口在尺下,復局之。"兹據校改。《廣韻·燭韻》:"跼,又曲也,俛也,促也。"

⑤ 《説文·口部》:"局,一曰博,所以行朞。""朞行"或是"行朞"之倒。

⑥ "反"字據各本作"久"。久保(くぼ【凹·窪】),指"女性陰部"。《倭名類聚鈔》卷三"玉門"條:"《房内經》云:玉門,女陰名也。《楊氏漢語鈔》云:屎(屎),通鼻(つび)。今案,俗人或云朱門,並未詳。""玉莖"條:"《日本靈異記》云:紀伊國伊都郡有一凶人,不信三寶,死時蟻著其悶。今案,是閉字也。俗云:或以此字爲男陰,以開字爲女陰,其説未詳。"此"開也"亦指"女陰"。

⑦ 《龍龕·尸部》:"犀,俗;犀,正。"與此合。豆与志(つよし【强し】)。

⑧ "丁"字據各本補。久豆和良(くつ【沓·靴·履】わら【藁】)。

⑨ 注文"致"當作"至","行"下原有"也"字。《廣韻·怪韻》:"屆,至也。"《説文·尸部》:"屆,行不便也。"兹據改删。

⑩ 字頭原作"**屎**"。

⑪ 注文"蚍"當作"地","云"當作"系","去"當作"坐"。《名義·尸部》:"屄,口地反。"《王一》《全王·至韻》:"屄,背身坐牀。又口系反。""背坐"蓋即"背身坐牀"之省。兹據校改。

⑫ 注文"尺"當作"屄","徒"當作"從"。《名義·尸部》:"屈,屄也,從後蹋之也。"《廣韻·緝韻》:"屈,屈屄。"兹據校改。

屖徒立反。上字同。女（少）皃。①

辰 上字，未詳。②

尼儒兗反。㮰字。柔也，弱也。

屒時仁反。重脣也，伏皃，屋□（宇）也。宸字。③

屎施視反。陳也。屎字。④

屃移之反。夷字。踞也。

屌此咨反。此也，屜（屝）也。覗字。盜視也。⑤

屝此居反。此也，在也，視也。覸字。

屧古巷反。降字。差也。

屋於鹿反。居也，具也。

屋上古反（文）。又臺字。⑥

屢丁洽（冷）反。展也，俌也，重也。⑦

屟去闕反。憩字。上（止）息也。⑧

㞈餘之反。明也。仁字古文。愛也，恩也。又夷字。平也，常也。

屐子雷反。朘字。未（赤）子陰也。⑨

屦餘去、徐舉二反。履属也。

屨俱芋反。履也，鞮也。乎久豆。⑩

屦力的反。履下也。

屟代侗（他回）反。履。⑪

屦旰戈反。靴字。

屦子回反。不借粗者。⑫

屑冀滓反。几字。

---

① 注文“女”當作“少”。《名義·尸部》：“屖，少皃。”《廣雅·釋詁三》：“屆、屖，少也。”茲據校改。“屆屖”常連言，非異體也。

② 字頭蓋上字訛變。

③ “屋”下殘。《説文·尸部》：“屒，伏皃。一曰屋宇。”茲據校補。

④ 《廣雅·釋詁二》：“屎，陳也。”王念孫疏證：“屎者，《爾雅》：矢，陳也。《釋文》作屎。”

⑤ 注文“屜”當作“屝”。《玉篇·尸部》：“屌，屌屝，盜視。”茲據校改。

⑥ 注文“反”當作“文”。《説文·尸部》：“屋，居也。屋，籀文屋从厂。臺，古文屋。”茲據校改。

⑦ 注文“洽”當作“冷”。《廣韻·迥韻》：“屢，都挺切。”《名義·尸部》：“屢，丁令（冷）反。”“冷”爲迥韻字。茲據校改。

⑧ 注文“上”當作“止”。《名義·尸部》：“屟，止息也。”茲據校改。

⑨ 注文“未”當作“赤”。《名義·尸部》：“屐，朘字。赤子陰也。”茲據校改。

⑩ 乎久豆（おぐつ【麻沓·麻鞋】）。

⑪ 注文“代侗”當作“他回”。《名義·尸部》：“屟，他回反。”茲據校改。

⑫ 《方言》卷四：“麻作之者謂之不借，粗者謂之屦。”

眉密悲反，平；目上毛也，媚也，有嫵媚也。①

尾亡匪反。微也，漸也，後也，梢也。

居舉除反。處也，當也，坐也，安也。

屎丑利反，去；椎柄。

屄力果反，上；又曰(口)卧反。閑(閉)也，男陰也，臀骨也。②

屛時(徐)呂反，上；履屋(属)也。③

屁窊屄三同字。疋鼻反，去；糒(糠)，同字。出氣也。户。④

放屁尸(户)比留。⑤

屩其俱反，平；履飾。

屆阻洽反，入；薄楔。

□(居)［舉除反］。《尚書》："五宅三居。"又曰："民弗適有居"。孔安國曰："民不欲殷有邑居。"是。野王案：居猶處也。《礼記》："孔子曰：丘少居魯，長居宋。"是也。《考工記》："凡居秋(材)，大倚小則摧。"野王案：居亦蓄聚也。《毛詩》："上帝居歆。"牋云："居，案(安)也。"《左氏傳》："国有人焉，誰居？其孟椒乎？"杜預曰："居猶與也。"《礼記》："其有中士下士，數各居其上之三分。"鄭玄曰："居猶當也。"又曰："居，吾語汝。"鄭玄曰："居［猶安坐也]。"又曰："居士錦帶。"鄭玄曰："有道藝處士也。"《毛詩》："羔裘豹祛，自我人居居。"傳曰："居居，懷惡不親比之皃也。"《説文》以爲蹲踞之踞字，居處之居爲尻，在几部。《礼記》："孔子曰：二［日]伐皷，何居？"鄭玄曰："居，讀如姬姓之姬，齊魯之間助語也。何居，恠之也。"⑥

屈古文居字。

---

① 《釋名·釋形體》："眉，媚也，有嫵媚也。"
② 注文"曰"當作"口"，"閑"當作"閉"。《玉篇·尸部》："屄，口卧、口外二切。"《倭名類聚鈔》卷三"玉莖"條："《房内經》云：玉莖，男陰名也。《楊氏漢語鈔》云：屄，破前(はせ)，一云麻前良(ませら)。今案，屄，臀骨也，音課，可爲玉莖之義不見。《日本靈異記》云：紀伊國伊都郡有一凶人，不信三寶，死時蟻著其閂。今案，是閉字也。俗云：或以此字爲男陰，以開字爲女陰，其説未詳。"茲據校改。"力果反"爲"裸"字音，"屄"蓋亦同"裸"。
③ 注文"時"當作"徐"，"屋"當作"属"。《廣韻·語韻》徐呂切："屛，履屬。"《玉篇·履部》："屛，余去、徐呂二切。《説文》曰：履屬。"茲據校改。
④ 注文"糒"當作"糠"。《廣韻·至韻》："屁，氣下洩也。糠，上同。"《集韻·至韻》："屁，或作屄、宊、窊、糠。"茲據校改。"窊"疑爲"窳"字省，《集韻》"宊"字蓋即"窊"字之訛。户(へ【屁】)。
⑤ 字頭"放屁"原誤合爲一字。注文"尸"當作"户"。《倭名類聚鈔》卷三"屁"條："《四聲字苑》云：屁糠宊，匹鼻反，三字通也。《楊氏漢語鈔》云：放屁，和名倍比流(へひる)。下部出氣也。"茲據校改。户比留(へ【屁】ひる【放る】)。
⑥ 字頭缺，反切奪或省，注文"秋"當作"材"，"案"當作"安"，"居"下奪"猶安坐也"，"二"下奪"日"字。《名義·尸部》："居，舉除反。處也，安也，當也，坐也。"本書上"居"字條同。《周禮·冬官·輿人》："凡居材，大與小無并。大倚小則摧，引之則絶。"《詩·大雅·生民》："上帝居歆。"鄭玄注："其馨香始上行，上帝則安而歆享之。"《名義》有"安也"義。《禮記·樂記》："居，吾語汝。"鄭玄注："居猶安坐也。"《禮記·郊特牲》："二日伐鼓，何居？"鄭玄注："居，讀爲姬，語之助也。何居，怪之也。"茲據補改。

女部第卅三

四百五字

小學篇

妻正七奚反，平；借七細反，去。

娉**㛃**二同。疋政反。娶也。

女正挲舉反，上；如也。借女據反，去；妻也。

妲於身反。親也，附也，依也。

姻上字。

媚又上字。

媛先官反（宇然反）。美女爲媛。志比止女。①

姪奴道反。惱字同。弄也。和豆良波須。②

嬈嬈嬲三同上字。

姥嬤媽三字同。亡古反。老女也，母也。③

婦服不反。服也，言服事人也。

㜮力敢反，上；濫字。謬也，盜窺（竊）也，貪也，或也，失也，溢也。④

妃芳非反，平；王之妻也，合也，匹也，對也，媲也。

媒莫來反，平；妁也。奈加太豆。⑤

嬻媟二同字。結（絜）、替、渫，三上古文，今作褻。先結反。謂鄙媟也。媟，狎也，慢也，傷（傷）也。⑥

嬻亶，上古文，今作黷。徒木反。相狎習謂之媟嬻。嬻者，志比止女也。⑦

---

① "先官反"當作"宇然反"。《新撰字鏡·連字》："嬋媛，上先官反，下宇然反。"是此音乃"嬋"字音，"媛"字音當作"宇然反"。茲據校改。志比止女（しいとめ【姑】）。

② 和豆良波須（わずらわす【煩わす】）。

③《玄應音義》卷十三"老姥"條："又作媽，同。亡古反。《字書》：媽，母也。今以女老者爲姥也。""嬤"字原作"**㜷**"。《廣韻·模韻》莫胡切："嬤，嬤母，黃帝妻，兒甚醜。""嬤"當非異體。現代方言中有"嬤嬤"語，爲"叔母""繼母"等義，見《漢語方言大詞典》。《廣韻·姥韻》："姥，或作姆，女師也。"

④ 注文"窺"當作"竊"。《名義·女部》："㜮，盜竊也。"《禮記·禮器》："管仲鏤簋、朱紘、山節、藻梲，君子以爲濫矣。"鄭玄注："濫，亦盜竊也。"茲據校改。

⑤ 奈加太豆（なかだつ【仲立つ·媒つ】）。

⑥ 注文"結"當作"絜"，"傷"當作"傷"。《玄應音義》卷十四"媟嬻"條："古文絜、媟、替、渫四形，今作褻，同。先結反。謂鄙媟也。《方言》：媟，狎也。郭璞曰：相親狎也。媟，慢也，傷也。"《原本玉篇·糸部》："絜，《字書》亦褻字也。褻，私服也，燕衣也。在衣部。"茲據校改。

⑦《玄應音義》卷十四"媟嬻"條："下古文亶、嬻二形，今作黷，同。徒木反。《通俗文》：相狎習謂之媟嬻。"志比止女（しいとめ【姑】）。

妭𡚱〔妖媄〕二字同。魃字同。薄葛反。巧也,治(冶)也,遊也,喜也,灾也。加美奈支。①

姑故胡反。故也,父之姊妹也,母也,又夫之母也。

媾古候反。原(厚)也。志比止。②

婬烏林反。過也,放逸也,戲也,私逸也。宇加礼女,又布介留,又多波留。③

媅妧二同。丁含反。樂也,嗜也。今皆作躭、耽。

妉上古文。④

嫽理沼反。小也,女字也,嬈也,敦(㪟)也,觸也,弄也。奈也万須,又毛大(知)阿曾不。⑤

嫪力刀、盧報二反,去;婟也,妬也。也不佐志。⑥

媚庳(靡)愧反。好也,悦也,愛也。⑦

嫡適字同。主嫡也。嫡,正也。丁狄反。君也,主也。牟加比女,又毛止豆女。⑧

娠書憐(隣)、之刃二反。動也,懷孕也,�也。⑨

娟於玄反。舞皃,好皃,良女也。

挐如居反。乱也。在手部。

嬪徂但反。白好皃,倚(綺)也。⑩

嫺胡間反。雅也,謂淹静。爲閑字。

---

① 俗字"妭"與"妖"混,"𡚱"爲"媄"的俗字。《名義·女部》:"妭,薄葛反。魃字。"《名義·女部》:"媄,於鴞反。小也,巧也。"釋義皆"妖"字義。注文"治"當作"冶"。《玄應音義》卷五"妖冶"條:"《周易》:冶容誨淫。劉瓛曰:冶,妖冶也。謂恣態之皃也。"茲據校改。加美奈支(かみなぎ【巫・覡】),各本作"加牟奈支(かむなぎ【巫・覡】)",當是音之變。

② 注文"原"當作"厚"。各本作"厚"。《名義·女部》:"媾,厚也。"茲據校改。志比止(しいと【舅】)。

③ 宇加礼女(うかれめ【浮かれ女】),又布介留(ふける【耽る】),又多波留(たわる【戯る・狂る】)。

④《玄應音義》卷六"躭湎"條:"古文媅、妉二形,同。""媅""妉"爲"躭""耽"的古文,"妧"爲"妉"的俗字。

⑤ 注文"敦"當作"㪟"。《玄應音義》卷十六"不嫽"條:"力彫反。謂相嫽㪟也。嫽,觸也,弄也。"茲據校改。《名義》音"理紹反",音同,此處"沼"疑爲"紹"字之誤。《方言》卷二:"釥、嫽,好也。"郭璞注:"今通呼小姣潔喜好者爲嫽釥。""小"與"好"義近。"大"字據各本作"知"。奈也万須(なやます【悩ます】),又毛知阿曾不(もちあそぶ【玩ぶ・翫ぶ・弄ぶ】)。

⑥ 也不佐志(やぶさし【慳し】)。

⑦ 注文"庳"當作"靡"。《名義·女部》:"媚,靡愧反。"茲據校改。

⑧《玄應音義》卷十九"嫡胄"條:"丁狄反。主嫡也。《字書》:嫡,正也。《廣雅》:嫡,君也。"牟加比女(むかいめ【正妃・嫡妻】),又毛止豆女(もとつめ【本つ妻】)。

⑨ 注文"憐"當作"隣"。《玄應音義》卷十九"有娠"條:"書隣、之刃二反。"茲據校改。

⑩ 注文"倚"當作"綺"。《玄應音義》卷七"綺嬪"條:"《聲類》:嬪,綺也。"茲據校改。《名義》有"婍"義,"綺"與"婍"當通。

孅□□反（攕，古文）。又作纖。思廉反。好手兒，美麗也。[1]

嫋奴鳥、奴的二反。敬（弱）也。[2]

姦公安、胡干二反。乱也，犯婬也，誰（詐）也。比須加和佐，又太波不。[3]

媦（媲）普詣、疋義二反。配也。[4]

娛虞字同。牛俱反。樂也，羿也，好也。

婉烏宛反。從也，曲也，約也。尔己也介之。[5]

姟大亥（夊）、姟（姟）、垓三同字。古來反。大也，數也。[6]

嫌胡兼反。疑也。支良不，又宇波奈利，又宇太加布。[7]

妳嬭嫏三同字。奴解反。乳母也。女乃止。[8]

要正一遥反。身中也，徼也，會也，召也，遮也，請也。借伊妙反，去；倫理也，善也，約也，契也，領也。又於小反，上。

嬰𡢘二上古文。

好正呼晧反，上；善也，宜，璧孔也。借呼到反。喜也，爲（与）也，愛也。[9]

姞渠秩反。黃帝伯。[10]

姚与召（招）反。姓也，嬈也，好也，娧也，勸（歡）喜也。[11]

嬀詭爲反。姓也。

姓蘇顯反。姓。

---

[1] "反"上殘，注文"反"當作"文"，"手兒"二字原倒。《玄應音義》卷九"孅指"條："古文攕，《字書》作纖，同。思廉反。《説文》：攕，好手兒也。孅，細鋭也。""反"上殘字作"☲"，爲"古"字之殘。茲據補改乙。

[2] 注文"敬"當作"弱"。《名義·女部》："嫋，弱也。"茲據校改。

[3] 注文"誰"當作"詐"。《全王》《廣韻·刪韻》："姦，詐也。""奸"同"姦"。茲據校改。比須加和佐（ひすかわざ【囂業·奸業】），又太波不（たわぶ【戲ぶ】）。

[4] 字頭"媦"當作"媲"。《廣韻·霽韻》匹詣切："媲，配也。"茲據校改。

[5] 尔己也介之（にこやけし【和やけし·柔やけし】）。

[6] 注文"大亥"當作"夊"，"姟"當作"姟"。《玄應音義》卷三"垓劫"條："古文姟、夊二形，今作姟，同。"茲據校改。"大亥"宮内廳原本作"大歊"，影印本作"大家"，誤。

[7] 支良不（きらう【嫌う】），又宇波奈利（うわなり【後妻】），又宇太加布（うたがう【疑う】）。"うわなり"《日本国語大辞典》解釋作"（前妻が後妻を嫉妬するというところから）ねたみ。そねみ。悋気（りんき）"，即"（因前妻嫉妒後妻）嫉妒"之義。

[8] 女乃止（めのと【乳母】）。

[9] 注文"爲"當作"与"。《名義·女部》："好，与。"《詩·小雅·小明》："好是正直。"鄭玄注："好，猶與也。"茲據校改。

[10] 《説文·女部》："姞，黃帝之後百鯀姓，后稷妃家也。"《繫傳》與段注作"伯鯀"，此處注文所引不全。

[11] 注文"召"當作"招"，"勸"當作"歡"。《名義·女部》："姚，与招反。""勸喜"不辭，疑當作"歡喜"。茲據校改。

妞呼道、直九二反。姓也,不弃也,不捨止也,好也。今好字。

娸去疑反。姓也,醜也。

娶趣句反。取也,取婦也。

媂丑是反。

媞姼二同字。承紙反。江淮呼母也,輕薄皃。

㜸性(壯)救反。婦女后(任)身也,好也,㑳也。①

嫗於屨反。母也,色也。波波,又乎波,又与女。②

姨與之反。姊妹。

媞胡蹄反。官婢也,女隸也,妻也。

㚦由力反。婦官。

媊子賤、子媊(離)[二]反。明皇(星),妻曰媊。③

嫶公蛙反。

媧上同字。變化也,女媧氏。

娥我多反。舜之妻也,常也,恒也,俄也。

婀於珂、賀阿二反。女字,亦好也。

嫈力丁反。女字。

㛄於祈反。女字。

婤敕周反,止由反。女字,好皃。太志牟,又阿支太留,又己乃牟。④

姶烏答反。女字,好皃。

改舉理反。女字。

㚼居柳反。女号。

㛅如託(記)反。女号。奈比良介志。⑤

嬍媄妍三字同。亡里反,上;娙也。支良支良志。⑥

嫾餘灼、式灼二反。媄也。

---

① 注文“性”當作“壯”,“后”當作“妊”。《名義·女部》:“㜸,壯救反。”《新撰字鏡·亻部》:“㑳,壯救反。亦㜸字。”《説文·女部》:“㜸,婦人妊身也。”“任”同“妊”,因“任”字草書而誤作“后”。兹據校改。

② 波波(ばば【婆】),又乎波(おば【老婆・姥】),又与女(よめ【嫁・娵・婦】)。

③ 注文“媊”當作“離”,下奪“二”字,“皇”當作“星”。《名義·女部》:“媊,子賤,子離二反。”《廣韻·獮韻》即淺切:“明星。又子離切。”《説文·女部》:“媊,甘氏《星經》曰:太白上公妻曰女媊。女媊居南斗,食厲,天下祭之,曰明星。”兹據改補。

④ 太志牟(たしむ【嗜む】),又阿支太留(あきたる【飽き足る・慊る】),又己乃牟(このむ【好む】)。

⑤ 注文“託”當作“記”。《名義·女部》:“㛅,如記反。”兹據校改。奈比良介志(なひらけし),義爲“柔軟、美好貌”。

⑥ 字頭第三形殘,影印本作“妍”,影抄本作“好(奸)”,俟考。支良支良志(きらきらし【煌煌し】)。

媴休陸反。畜字。好也,媚也,妁也。

嬨徒果、辞觜二反。美好也。惰字。①

姣古飽反。姣(妖)媚也,放兔(逸)也,潔也,侮也。保志支万尓之(万尓)。②

嬌上字。③

孁烏玄反。好也,容也。

娧通會反。好也。

媌莫交反。呼好爲媌,不怠兒,不俊也,樂也,好也。④

娗娗二同字。胡□(丁)、五丁二反。人名。⑤

㜒㜒同。扶(扶)北反。縣名。⑥

孈理卷反。從也。

孌上字。好兒。變字。

嫣義乾、於建二反。長兒,美也,麗也,好也,咲美兒。⑦

婷嬛嬛三同字。正□(曰)營反,平;嬛嬛,孤特也,身輕也。借呼緣、似去(玄)二反,平;己乃牟。⑧

婐□□(佳華)、於果二反。婑也,敢也,女侍。⑨

婪傷兼、丑兼二反。姈字(也),善(喜)兒。⑩

姈許減(咸)反,平;喜也。⑪

孃居黝反。涑身也,材也。

姘辞井反。静也,貞静也,婦人好兒也,潔也。

娸呼基反。善也,悦也。

媲妄秘、妄鬼二反。美也,從也。

---

① "辞觜反"爲"隋"字音,《名義》《王一》《全王》有此音,見龍宇純《校箋》。

② 注文"姣"當作"妖","兔"當作"逸"。《玉篇》《名義·女部》:"姣,妖媚也。"《玄應音義》卷九"姣輪"條:"古文嬌,同。古飽反。《詩》云:姣人嫽兮。案姣猶妖媚不實也,謂面從也。"《全王》《廣韻·巧韻》:"姣,妖媚。"《王一》亦誤作"姣媚"。"逸"字據各本改。茲據校改。"之"字據各本校作"万尓",原當作兩個重文符。保志支万尓万尓(ほしき【欲しき】まにまに【随に・随意に】)。

③ 字頭原作"嫡",爲"嬌"俗寫之誤,上條所引《玄應音義》寫本亦多作"嫡"。

④ "不怠兒,不俊也,樂也"俟考。

⑤ "胡"下殘。《名義·女部》:"娗,胡丁、五丁二反。"茲據校補。

⑥ 字頭原誤作"㜸",故入"女"部。注文"扶"當作"扶"。《新撰字鏡·心部》:"㦬,扶北反。"茲據校改。

⑦ "乾於建"三字原殘,影印本不清,宮内廳原本可見。《名義·女部》:"嫣,義乾、於建二反。"

⑧ "正"下殘,注文"去"當作"玄"。各本作"正曰營反""借呼緣、似玄二反"。《名義·女部》:"嬛,曰營反。"茲據補改。已乃牟(このむ【好む】)。

⑨ "於"上殘。《名義·女部》:"婐,佳華、於果二反。"茲據校補。

⑩ 注文"字"當作"也","善"當作"喜"。《名義·女部》:"婪,姈也。"《廣韻·鹽韻》:"婪,婪姈,喜兒。"《新撰字鏡·女部》:"姈,喜也。"《切三》《王一》《裴韻》《全王》《廣韻·咸韻》:"姈,喜兒。"茲據校改。又《王一》《全王·鹽韻》:"姈,善兒。"《説文·女部》:"姈,婪姈也。一曰善笑兒。"

⑪ 注文"減"當作"咸"。《切三》《王一》《裴韻》《全王》《廣韻·咸韻》:"姈,許咸反。"茲據校改。

媰竹足反。謹也，善皃。

孎二字。[①]

婉於源反。婉也。

嬇烏斂反。婦名。

妷而(与)一、以悉二反。樂虚(戲)也，婬也，躭也。太波志，又宇良也牟。[②]

嫂(嫂)蘇結(浩)、詩結(浩)二反。如也。占(与)女。[③]

摯之利、之立二反。主(至)也，摯也。[④]

嬗吐但反。緩也，婢監也，婢也。[⑤]

婷公奴反。保任也，苟且也。

媻備安反。奢也，小妻也，婦人容皃。

婟禹救反。耦也，妃也。

姰有身、胡餶二反。女錯謬也，欲作(仆)，女男姰狂也。[⑥]

婓且紫、子兒二反。婦人小物也，婦人皃。

姣青旦反。"人三爲衆，女三爲姣。夫姣，美之物也。"美皃也。[⑦]

粲上字。

妝俎良反。餝也，謂女子粉黛自餝也。

嫳知必反。短面皃。

妎胡盖、胡計二反。"荷(苛)，妎也。"煩荷(苛)之人多嫉妬妎也，妬也。[⑧]

姿子必(私)反。態也。[⑨]

---

① "二字"當指"媰""孎"二字，或當作"上字"。

② 注文"而"當作"与"，"虚"當作"戲"。《玄應音義》卷五"妷態"條："古文佚，今作妷，又作劮，同。與一反。"《新撰字鏡・亻部》："佚，亦作劮。与一反，人。""虚"字狩谷疑當作"戲"，《群書類從》本作"戲"，"樂"與"戲"義近。茲據校改。太波志(たわし【戲し】)，又宇良也牟(うらやむ【羨む】)。

③ 字頭不詳，據形音義及和訓，疑是"嫂"或"娌"字之誤。《新撰字鏡・女部》："嫂嫂嫂娌，四同。蘇皓反。兄妻也。"《王一・晧韻》："嫂，蘇浩。"疑此"蘇結"當作"蘇浩"。另一音疑當作"詩浩"，乃是倭音"そう"。《倭名類聚鈔》卷二"嫂婦"條："和名與女。""占"字據各本改作"与"。与女(よめ【嫁・娵・婦】)。

④ 注文"主"當作"至"。《名義・女部》："摯，之利、之立二反。至也。摯字。"《説文・女部》："摯，至也。"茲據校改。

⑤《廣雅・釋詁四》："嬗，婢也。""婢監也"不詳。

⑥ 注文"作"當作"仆"。《名義・女部》："姰，任(狂)也，欲仆也。"《名義・人部》："佷，狂也，欲仆也。"茲據校改。

⑦《國語・周語上》："夫獸三爲群，人三爲衆，女三爲粲。王田不取群，公行下衆，王御不參一族。夫粲，美之物也。"

⑧ 注文"荷"當作"苛"。《爾雅・釋言》："苛，妎也。"郭璞注："煩苛者多嫉妎。"茲據校改。

⑨ 注文"必"當作"私"。《名義・女部》："姿，子私反。"茲據校改。

嫭子庶反。驕也。

妨乎(孚)方反。害也,娉也。①

妄武況反。不法也,凡也,乱也,謡(誣)也,望也。②

妥胡古反。摘,貪也。③

娋可(所)效反。小小也,侵。④

媠當火反。量也。揣字同。

婧所量(景)反。少也。⑤

嫳普烈反。易便(使)怒也,偏善怒。⑥

嬗之善反。忮也,靳也。

娺陟微(微)反。怒也。⑦

嫛傷琰反。不媚也。

姤汁尤(汙穴)反。鼻目間恨也,憂也,媚也。⑧

嬬尤尔、尤卦二反。愚戀多態也。

嫶上字。

婇於乘(菫)反。不悦皃,嬈也,怒也,恚也。⑨

妶禹月反。輕也,贛也,輕皃,習也,禺(愚)也。⑩

嬽疋妙反。輕也,身輕也,慓也。

嫖上字。

娞采和反,子和反。訬疾也,妶也。

---

① 注文"乎"當作"孚"。《名義》《玉篇·女部》:"妨,孚方、孚放二反。"兹據校改。

② 注文"謡"當作"誣"。《名義·女部》《廣韻·漾韻》:"妄,誣也。"《名義》"誣"字作"𧩙",故易誤作"謡"。兹據校改。《漢書·李廣傳》:"而諸妄校尉已下。"顏師古注引張晏曰:"妄猶凡也。"《易·无妄》:"无妄。"釋文:"馬、鄭、王肅皆云:妄,猶望,謂无所希望也。"

③ 《説文·女部》:"妥,妥卥,貪也。"《名義》《玉篇》"卥"作"摘"。

④ 注文"可"當作"所"。《名義·女部》:"娋,所效反。"兹據校改。《説文·女部》:"娋,小小侵也。"《名義·女部》:"娋,小也,侵也。"

⑤ 注文"量"當作"景"。《名義》《玉篇·女部》《廣韻·梗韻》:"婧,所景反。"兹據校改。

⑥ 注文"便"疑當作"使"。"便"字《名義》同,《説文》作"使"。兹據《説文》校改。

⑦ 注文"微"當作"微"。《名義·女部》:"娺,陟微、勑過二反。"兹據校改。

⑧ 注文"汁尤"當作"汙穴"。《名義·女部》:"姤,汙穴反。"兹據校改。《王一》《裴韻》《全王》《廣韻·尤韻》於求反:"妶,鼻目間恨。"楊寶忠考證"妶"爲"姤"俗訛,見《疑難字考釋與研究》"妶"條。又"於求反"同"汙尤反",或因先訛作"汙尤反",而又音"妶"爲"於求反"。

⑨ 注文"乘"當作"菫"。《名義·女部》:"婇,於菫反。"兹據校改。

⑩ 注文"禺"當作"愚"。《廣雅·釋詁一》《名義·女部》:"妶,愚也。"兹據校改。

姎**娀** 同作。烏黨、烏郎二也(反)。獪也,小兒多詐也。①

媁 迁非反。不正皃,恣也,美也。

姃 呼季反。恣媁也,醜也。亦廖。②

婗 護田反。有□(守)。③

媥 孚便反。輕皃。

姉 初夫(夾)反。怯也。④

嬬 讓迁、慧(思)迁二反。弱也,妾名,劣弱ゝ。⑤

嫘 上同。⑥

孄 □(徒)來反。遲鈍也,無能也。儃字同。⑦

婪 青含反。婪也。

妋 呼燎反。姎也,意。

婁 力珠反。空也,務,愚也,兒之妻也。⑧

嫛 一本作嫛,上古文。

嫛 上字。

姍 相安反。醜也,老嫗也,好也。

嫫 亡奴反。母,醜者也。⑨

斐 孚飛反。斐,往來也,大醜也。⑩

嬒 烏會反。女黑也,又婦人名。

娷 如牆反。踃也,好皃也,聲也。⑪

---

① 《説文・女部》:"姎,女人自偁我也。"《方言》卷十:"央亡、嚜尿、姑,獪也。江湘之間或謂之無賴,或謂之獠。凡小兒多詐而獪謂之央亡,或謂之嚜尿,或謂之姑。姑,娗也,或謂之猾。皆通語也。"此"姎"即"央亡"之"央"。

② 楊寶忠考證"廖"爲"姃"俗訛,見《疑難字考釋與研究》"廖"條。

③ "有"下殘。《説文・女部》:"㛃,有守。"《名義・女部》:"婗,有字(守)也。"《全王・先韻》:"㛃(婗),有守。"茲據校補。

④ 注文"夫"當作"夾"。《名義・女部》:"姉,初夾反。"茲據校改。

⑤ 注文"慧"當作"思"。《名義・女部》:"嬬,讓迁、思迁二反。"《廣韻・虞韻》:"需,相俞切。""思迁反"即"相俞切","嬬"從"需",故有此音。茲據校改。末重文符疑當作"也"。

⑥ 字頭原作"嬬",與上字頭同形,當有一誤,暫改此字作"嫘"。

⑦ 反切上字殘。《名義・女部》:"孄,徒來反。"茲據校改。

⑧ 《説文繫傳・女部》:"婁,空也。一曰:婁務,愚也。嫛,古文。""兒之妻"即"媳婦",此義不詳,疑"婁"與"妻"字形近相混。

⑨ 《廣韻・模韻》:"嫫,嫫母,黄帝妻,皃甚醜。亦作嫫。"

⑩ 《廣韻・微韻》:"斐,斐斐,往來皃。一曰醜。"

⑪ "踃"同"躁"。《名義・女部》:"娷,繇也。軟反(音)。""踃"與"繇"當有一誤。"聲也"不詳。

奄於劍反。謡(誣)𢯱也。諈字。①

娿伍高、伍高(到)二反。侮傷(傷)也。②

傲上同。

嬋市然反。牽亥(引)也，續也，出也。③

媕娱句反。姤姞(妒)也。④

嬇胡隤(憒)反。⑤

嫂上字。⑥

姪諸異反。

嫘力追反。祖也。

婼魚踐反。齊也，水小也，嬍，鮮好也。⑦

婢卑祕反。婢母也。

媓胡光反。母。

嫛山交反。姊也，於自身女兄曰稍(嫛)姊。⑧

妾且接反。

妷字(孚)庸、疋用二反。容也，好皃。⑨

㛛上字。

嬙在梁反。嬪也，婦官。

孅墟(璩)圓反。孅，好皃。⑩

嬾娔二同字。巨員反。美好也。

嬼力受反。妖也，美也，"佼人嬼予(兮)"是。⑪

媉乙角反。媉，好皃也，容也。

---

① 注文"謡"當作"誣"。《説文·女部》："奄，誣𢯱也。"《方言》卷十："㘁哗、譝謱，𢯱也。𢯱，揚州會稽之語也，或謂之惹，或謂之諈。"郭璞注："言誣諈也。"茲據校改。

② 注文下"高"當作"到"，"傷"當作"傷"。《名義·女部》："娿，伍高、伍到二反。傷也，傲也。"《玉篇·女部》："五高、五到二切。侮慢也。"《説文·女部》："娿，侮易也。""傷"同"易"。

③ 注文"亥"當作"引"。《名義·女部》："嬋，續也，出也，引也。"《王一》《全王·仙韻》："嬋，嬋媛，牽引。"俗字"亥""引"易誤。茲據校改。

④ 注文"姤姞"當作"妒"。《廣韻·遇韻》："媕，媕姤也，女子妒男子。""姤"爲"妒"的俗字，"姞"又爲"姤"字之誤。茲據校改。

⑤ 注文"隤"當作"憒"。《名義·女部》："嬇，胡憒反。"茲據校改。

⑥ "嫂"同"嬇"非異體，當有誤。

⑦ 《方言》卷十："婼、嬍、鮮，好也。"《廣雅·釋詁一》："婼、嬍、鮮，好也。"《廣韻·麥韻》："嬍，鮮好。"

⑧ 注文"稍"當作"嫛"。《集韻·巧韻》："嫛，長姊謂之嫛。"茲據校改。

⑨ 注文"字"當作"孚"。《名義·女部》："妷，孚庸、匹用二反。"茲據校改。

⑩ 注文"墟"當作"璩"。《名義·女部》："孅，璩圓反。"茲據校改。

⑪ 注文"予"當作"兮"。《詩·陳風·月出》："月出皓兮，佼人懰兮。"釋文："《埤蒼》作嬼。嬼，妖也。"茲據校改。

嬐力冉反。女字。

嬦如欲反。嬾嬦也。

薅呼高反。祛(耘),弃也,煞除田草也。支[利]波良不。又作揂、茠。①

妮以之、以爲二反。妃也。支佐支。②

嫻胡艱反。美也,麗也。

嫭胡故反。好也,就也,姪也,戲也,悦也。保志支万之(万),又阿佐礼和佐須。③

娺力牒反。業也,餘也,藏(威)也,美也。烈字。④

㜻充陟(涉)反。女子態也。⑤

婞下鴈反。婹婢(婞)也。⑥

婚女利(刮)反。婠婳(婚),小肥。⑦

娭五駭反。娭娭,喜樂皃也,容也。

婥大約、齒約二反。少(女)病也,婠也,約,好也,婉約也。⑧

姀甫支(友)、普來二反。好□(色)也。⑨

姞方止反。古姓。

孃胡亥(乖)反。懷字。來也,安也,思歸也,傷也,至也,和也。⑩

妧五館反。玩字。

娷竹候反。譳,詀說也。⑪

---

① 注文"祛"當作"耘"。《切三》《王一》《裴韻》《全王·豪韻》:"薅,耘。"茲據校改。"利"字據《群書類從》本補。支利波良不(きりはらう【切り払う·斬り払う】)。

② 此字當是"妃"的更換聲旁俗字。支佐支(きさき【后·妃】)。

③ 和訓"之"當作重文符。保志支万万(ほしきまま【擅·恣·縱】),又阿佐礼和佐須(あざれ【戲れ】わざ【業·技】す)。

④ 注文"藏"當作"威"。《名義·女部》:"娺,業也,餘也,威也,美也。"《國語·周語中》:"覲武無烈。"韋昭注:"烈,威也。"茲據校改。

⑤ 注文"陟"當作"涉"。《名義·女部》:"㜻,充涉反。"《王一》《全王》《廣韻·葉韻》:"㜻,叱涉反。"茲據校改。

⑥ 注文"婢"當作"婞"。《名義》《玉篇·女部》:"婞,婹婞也。"茲據校改。

⑦ 注文"利"當作"刮","婳"當作"婚"。《名義》《玉篇·女部》:"婚,女刮反。"《切三》《王一》《裴韻》《全王·鎋韻》女刮反:"妠,婠妠,小肥。""婚"同"妠"。茲據校改。

⑧ 注文"少"當作"女"。《説文·女部》:"婥,女病。"《玉篇·女部》:"婥,女疾。"茲據校改。《廣雅·釋詁一》:"婥約,好也。"

⑨ 注文"支"當作"友","好"下一字殘。《廣韻·有韻》:"姀,方久切。""友"爲有韻字。《名義·女部》:"姀,好色也。"茲據改補。

⑩ 注文"亥"當作"乖"。《名義·女部》:"孃,胡亦(乖)反。"《名義·心部》:"懷,胡乖反。"《新撰字鏡·忄部》:"懷,户乖反,平。"茲據校改。

⑪ 《原本玉篇·言部》:"誣,《埤蒼》:誣譳,詀說也。《聲類》或爲娷字,在女部也。"

娍時政反。盛字。与女。①

婪火貪(含)反。貪也。②

婸大朗反。戲也,遊也,南方宿名。不介留,又太波志。③

姘疋耕反。急也。怦字。忠直皃。

絜公節反。清也。潔字。

嬒虚没(仮)反。莊嚴也,女□(性)清靖。④

婽記野反。□□(好也),姘(妍)□(也)。⑤

娏亡江反。神名。

娷竹恚、女恚二反。餓也,飢也,人性(姓)。⑥

以下出《切韻》平聲字

娀息隆、宿中二反。有娀氏,契母。

妐軄容反。天(夫)兄。⑦

嫠理之反。無夫。

姬居之反。女官。

嬩同作。与魚反。女字。

奴乃胡反。戮也。

婗同作。五嵇反。嫛也,小兒。知比佐伊人也,又和良波。⑧

嫛烏兮反。婗也,兒子。

婺莫奚、武移二反。齊人呼母。

娃於佳反。美女皃。宇豆久志支乎美奈。⑨

嬪符隣反。九嬪,一曰妻[死],婦也,御也,内資。⑩

妘王分反。姓,女字。

---

① 与女(よめ【嫁・娵・婦】)。

② 注文"貪"當作"含"。《名義》《玉篇·女部》:"婪,火含反。""貪"字當涉注文而誤。兹據校改。

③ 南方七宿爲井、鬼、柳、星、張、翼、軫,此處不詳。不介留(ふける【耽る】),又太波志(たわし【戲し】)。

④ 注文"没"當作"仮"。《名義·女部》:"嬒,虚仮反。"兹據校改。"女"下殘字作"",右似有乙改號,本列末有"(性)"字,蓋因"性"字原誤寫,故改於此列末尾,此處當是"性"字。《集韻·緝韻》:"嬒,女性淨。"兹據校補。

⑤ 注文殘,"姘"當作"妍"。《名義·女部》:"婽,記野反。好也,妍也。"《廣雅·釋詁一》:"妍、婽,好也。"注文中第一個殘字有"女"旁,當是"好"字。兹據補改。

⑥ 注文"性"當作"姓"。《集韻·寘韻》:"娷,女字,亦姓。"《龍龕·女部》:"娷,人姓。"兹據校改。

⑦ 注文"天"當作"夫"。《廣韻·鍾韻》:"妐,夫之兄也。"兹據校改。

⑧ 知比佐伊人(ちいさい【小さい】ひと【人】)也,又和良波(わらわ【童】)。

⑨ 宇豆久志支乎美奈(うつくしき【美しき】おみな【女】)。

⑩ "妻"下奪"死"字。《切三》《全王·真韻》:"嬪,九嬪。一曰妻死曰嬪。"兹據校補。

嫄愚袁反。美(姜)嫄,周弃母也。①

婚呼昆反。婦人之父。□(志)比止。又以昏。②

奸古寒反。以淫犯也。

妍五堅反。淨也,美也,慧也,安也。

嬿如延反。人姓也,恣也。

嬌嫶二同作。舉喬反。態也。

娿古俄反。女師。

娿烏何反。娿娿,不快(決)也。③

婪惏字同。盧含反。貪也。

姜居良反。姓也,曠也。④

孃女良反。婦人美也,美女也,良女也,肥大也。乎美奈。⑤

嫈烏莖反。小心態也,絜清也,娛也,好兒。⑥

娙莫耕反。嫈娙,新婦兒。

姘普耕反。齊与女交,罰金四兩曰姘。

婧子盈反。竦立也。

嬴□(以)成反。美好兒。⑦

嬰於盈反。女曰嬰,男曰兒。

嬰上同作。

媮用朱、託侯二反。女巧也,取也,賤也,慢也,薄也,盜也。

姑處占反。姑姝,輕薄兒。

嬫於兼反。美兒。

懕於鹽反。和静也。

已上平聲了,次上聲

姤徒捻反。項直兒。

嫛許委反。惡也,好必而不正。⑧

────────

① 注文"美"當作"姜"。《廣韻·元韻》:"嫄,姜嫄,帝嚳元妃。"茲據校改。

② "父"下殘,據各本補。志比止(しいと【舅】)。《説文·女部》:"婚,婦家也。《禮》:娶婦以昏時,婦人陰也,故曰婚。""以昏"當是"以昏時"之省。

③ 注文"快"當作"決"。《切三》《王一》《裴韻》《全王》《廣韻·歌韻》:"娿,娿娿,不決。"茲據校改。

④ 《名義·女部》:"姜,强也,曠也。"《廣雅·釋詁四》:"獷……姜,强也。"王念孫疏證:"獷與礦通。""曠"字不詳,或當作"曠""礦"。

⑤ 乎美奈(おみな【女】)。

⑥ 《集韻·青韻》:"嫈,女人潔清兒。"方成珪《集韻考證》:"潔,當从《類篇》作絜。"

⑦ "成"上殘。《切三》《裴韻》《全王》《廣韻·清韻》:"嬴,以成反。"茲據校補。

⑧ "好必而不正"不詳。

婍虚彼反。□(皃)好。①

婢便俾反。女駈人。

妣妑二同。卑履反。死母。

姊將几反。姉,同上。

嫵無主反。媚也,好也。古□(夫)。②

媛奴罪反。媿(娞)也。③

委正紆詭反。積也,少曰委,多曰積,又囑也,棄也,累也,任也,安也,授也。曲之委爲骫字。借於僞反,去;"三主(王)之祭川也,或源或委。"流所聚。又平聲。④

嬾落旱反。惰也,懈怠也。

姁姁二同。况羽反。漢高后字娥姁。

嫣於殄反。婉也。

娩〔娩〕亡辨反。莬(菟)子也,疾也。婉娩,訓同。⑤

孌力允(兖)反。美好。⑥

嫂嫂[illegible]婹四同。蘇晧反。兄妻七(也)。⑦

媪烏告(浩)反,烏道反。善□也,老女稱也,后妃之名。⑧

妥他果反。安也,安坐也,止也,止住也。又私焦(隹)反。⑨

婐奴果反。婐也,弱也。

婑五異(果)反。好皃。⑩

姐慈野反。羌人呼母。

---

① "好"上殘。《切三》《王一》《裴韻》《廣韻·紙韻》:"婍,皃好。"兹據校補。

② "夫"字據各本補。古夫(こぶ【媚ぶ】)。

③ 注文"媿"當作"娞"。《裴韻》《廣韻·賄韻》:"媛,娞媛。"《切三》《全王》亦誤作"媿"。兹據校改。

④ 注文"主"當作"王"。《禮記·學記》:"三王之祭川也,皆先河而後海,或源也,或委也,此之謂務本。"鄭玄注:"委,流所聚也。"兹據校改。"紆"字影印本誤描作"行"。

⑤ 注文"莬"當作"菟"。《説文·女部》:"娩,兔子也。娩,疾也。""莬"爲"兔"的俗字。"娩"與"娩"形近相混。兹據校改。餘爲"娩"字音義。《廣韻·獮韻》亡辨切:"娩,婉娩,媚也。"

⑥ 注文"允"當作"兖"。P.3693、《切三》《全王》《廣韻·獮韻》:"孌,力兖反。"兹據校改。

⑦ 注文"七"當作"也"。上田正云:"小韻字数,《廣韻》同。"但本書無標小韻字數之例,且《切韻》系韻書此音之下多是"三"或"五"字,無"七"字,此當是"也"字之誤。

⑧ 注文"告"當作"浩"。P.3693、《切三》《王一》《全王·晧韻》:"媪,烏浩反。"兹據校改。"善"下字殘作"[illegible]",俟考。《廣韻·晧韻》《名義·女部》:"媪,女老稱。"《説文·女部》:"媪,女老偁也。"此處注文疑當乙。"后妃之名"不詳所指,或指漢高祖劉邦之母,史稱"劉媪",漢高帝七年(前200年)改稱"昭靈后"。

⑨ 注文"焦"當作"隹"。《玄應音義》卷二十"綏化"條:"私隹反。"《玄應音義》卷二十四"香荾"條:"又作荽,《字苑》作葰,同。私隹反。""綏""荽""葰"等字皆從"妥"聲,故"妥"有此音。兹據校改。

⑩ 注文"異"當作"果"。《切三》《王一》《全王·哿韻》:"婑,五果反。"兹據校改。

嬂五感反。姓(性)也。①

娗徒鼎反。長好皃,相也,偄也,健狡也,見也,立也。②

奵丁挺反。娙奵。

婷丁(下)挺反。佷也,挺見親也。③

姄他后反。人名,《傳》有華姄。④

婄普原(厚)反。婦人皃,醜也,屑也。⑤

嫨嬐二同。魚儉反。[嬐]然,齊也,疾莊也。⑥

姟虛檢反。姱,姓(性)不[端]良。⑦

姌而琰反。長好皃。

嬭乃簟反。弱也,下心(志),肙(貪)頑也。⑧

嫥上作。

已上上聲,次去聲

娟云貴反。楚人呼妹。

婺武遇反。婦人皃,南方星名,翼星也。

姤胡故反。惜也,嫭也,妬也。

嫭胡故反。美好。

娣特計反。似(姒)也。与女,又女比。⑨

---

① 注文"姓"當作"性"。《王一》《全王·感韻》:"嬂,嬂害,惡性。"《廣韻·感韻》"性"亦誤作"姓"。茲據校改。此注文或當補作"嬂害,惡性"。

② 《名義·女部》:"娗,慢也,具也,女病也。"《方言》卷十二:"娗,偄也。"郭璞注:"爛偄,健狡也。"《集韻·銑韻》:"娗,欺慢也。"蓋作"偄""慢"皆可。《廣雅·釋訓》:"娗娗,容也。"《全王·青韻》:"娗,見皃。"唯《名義》作"具",疑"具"字非。

③ 注文"丁"當作"下"。P.3693、《全王·迥韻》:"婷,下挺反。"(《全王》"挺"誤作"娙")茲據校改。下"挺"字疑涉反切衍。《說文繫傳·女部》:"婷,一曰見親。"《廣雅·釋詁三》:"婷,親也。"

④ 《廣韻》"傳"上有"左"字,《切韻》各本無,此不必補。

⑤ 注文"原"當作"厚"。P.3693、《切三》《王一》《裴韻》《全王·厚韻》:"婄,普厚反。"茲據校改。《說文·女部》:"姟,不肖也。"熊加全《〈玉篇〉疑難字研究》"婄"字條以爲"婄""姟"爲一字之分,"屑"爲"不肖"之誤合,蓋是。

⑥ 《廣韻·琰韻》:"嬐,嬐然,齊也。"此"然"字當與字頭連讀。《說文·女部》:"嬐,敏疾也。一曰莊敬皃。"此"疾莊"或是兩義。字頭第一形宮內廳原本右旁上部作"ㅅ",但影印本與影抄本皆作"ㅅ",若作"ㅅ"則與第二形全同,宮內廳原本的短橫似爲後人所添。

⑦ 注文"姓"當作"性","不"下奪"端"字。P.3693、《切三》《王一》《裴韻》《全王》《廣韻·琰韻》:"姟,姟姱,性不端良。"茲據改補。

⑧ 注文"心"當作"志","肙"當作"貪"。《說文·女部》:"嬭,下志貪頑也。"《王一》《全王·寢韻》:"嬭,下志。"《名義》《玉篇·女部》:"嬭,貪頑也。"茲據校改。

⑨ 注文"似"當作"姒"。《裴韻》《全王》《廣韻·薺韻》:"娣,娣姒。"《切三》亦誤作"似"。茲據校改。与女(よめ【嫁·娵·婦】),又女比(めい【姪】)。

嬖博計反。愛也,親也。在尸部。

嬯苦賣反。難也。

媥芳万反。息也,一曰鳥伏乍出。

嫩奴用(困)反。弱。①

伴(姅)博漫反。傷孕也。②

婐薄半反。㑂也,無宜適也。③

媻他半反。婐也。

奻女患反。訟也,訴。宇留太不。④

嫚莫晏反。侮也。慢字。遲也,緩也,輕也。

嫙辞選反。好皃。

婭烏牙(訝)反。婚姻相謂。⑤

妭陟訶(訝)反。美女。⑥

妊汝鴆[反]。妊身。

嬿許應反。好皃,喜也,悅也。

去聲了

媚莫伐(沃)反。大天(丈夫)妬。⑦

娽力玉反。隋(隨)從,又顓頊妻名。⑧

妺妽二同。莫割反。嬉,桀妻。伊毛人。⑨

姐當割反。[姐]己,紂妃。

婠烏八反。娺。

嬆烏八反。嫉怒。

姡曰(下)刮反。面淨。⑩

妠女刮反。婠妠,肥。

---

① 注文"用"當作"困"。《王一》《裴韻》《全王‧恩韻》:"嫩,奴困反。"茲據校改。

② 字頭"伴"當作"姅","漫"字原誤在"傷"下。《王一》《裴韻》《全王‧翰韻》《唐韻》《廣韻‧換韻》博漫反:"姅,傷孕。"茲據改乙。

③ 注文"㑂"當爲"媻"的換旁俗字。《廣韻‧換韻》:"婐,媻婐,無宜適也。"

④ 宇留太不(うるたう【訴ふ】)。

⑤ 注文"牙"當作"訝"。《王一》《全王‧禡韻》:"婭,烏訝反。"茲據校改。

⑥ 注文"訶"當作"訝"。《王一》《裴韻》《全王‧禡韻》:"妭,陟訝反。"茲據校改。

⑦ 注文"伐"當作"沃","大天"當作"丈夫"。《王一》《全王‧沃韻》莫沃反:"媚,丈夫妬。"《王一》《唐韻‧沃韻》韻頭:"瑁,莫沃反。又莫代反。""伐"當是涉"莫代反"而誤。茲據校改。

⑧ 注文"隋"當作"隨"。《切三》《王一》《裴韻》《全王》《唐韻》《廣韻‧燭韻》:"娽,隨從。"茲據校改。

⑨ 伊毛人(いもひと【妹人】)。和訓當屬"妺"字。

⑩ 注文"曰"當作"下"。《切三》《王一》《裴韻》《全王》《唐韻》《廣韻‧鎋韻》:"姡,下刮反。"茲據校改。

姪孈二同。徒結反。嫁(娣)也。女比。①

婚他合反。安也,俛伏。

婕妤上此(紫)葉反。下与魚反,平;二合。美女之号,女官。②

奻市若反。

嬛於縳反。

婼丑略反。叔孫婼。

嬥直角反。直好皃,之也。不介留,又已乃ム,又祢加不。③

妮妮婡嬫四同。側(測)角反。辨。④

嫿胡麦反。分晒也。繡同。鮮也,静皃。

嫧惻革反。建(健)[急]皃,鮮好也,齊也。⑤

翣箑二同。所甲反。枢車左右之餙。

婌子陸反。

妥疋乏反。

嫭嫭字。

已上入聲

妓正記是反,上;美婦也。借渠倚反,上;巧藝也。又爲技字。加保与支女,又弥毛止比止。⑥

如正仁餘、助虚二反,平;往也,若也,均也,此也,随也,而也,勝也,謀也,有也,兩也。⑦

姆亡豆反,去;嫫姆,古之醜女,黄帝第二后妃也。□□□(又云後)母養前子也,乳母也。⑧

姱古(苦)瓜反,平;大言也,好也,奢也。⑨

---

① 注文"嫁"當作"娣"。《切三》《王一》《裴韻》《唐韻》《廣韻·屑韻》:"姪,姪娣。""嫁"字旁原有删改號,惜所改之字已殘,當是"娣"字。茲據校改。女比(めい【姪】)。

② 注文"此"當作"紫"。《切三》《王一》《裴韻》《全王·葉韻》:"婕,紫葉反。"茲據校改。

③ "之也"不詳,各本無,疑衍或誤。"ム"各本作"牟",此蓋省。不介留(ふける【耽る】),又己乃ム(このむ【好む】),又祢加不(ねがう【願う】)。

④ 注文"側"當作"測"。《切三》《王一》《全王》《唐韻》《廣韻·覺韻》:"妮,測角反。"《裴韻》《玉篇》作"側角反",宮内廳原本作"**則**(測)"字,影印本誤描作"**側**(側)"。茲據校改。"辨"字上原從"艹"。《唐韻·覺韻》訓"辨",《裴韻》誤作"辦",《切三》"辨"上加"竹"旁,《廣韻》《玉篇》訓"辯"。此從"艹"當與《切三》從"竹"當有關聯。"辨"與"辯"通。

⑤ 注文"建"當作"健",下奪"急"字。《切三》《裴韻》《全王》《唐韻》《廣韻·麥韻》:"嫧,健急皃。"茲據改補。

⑥ 加保与支女(かお【顏】よき【良き・佳き】め【女】),又弥毛止比止(みもと【御許】びと【人】)。

⑦ "助虚反"當是倭音"じょ"。"兩"疑是"而"字之訛衍。

⑧ 《荀子·賦》:"嫫母、力父,是之喜也。"楊倞注:"嫫母,醜女,黄帝時人。"皇甫謐《帝王世紀》、《藝文類聚》引《列女傳》皆以嫫母爲第四后妃,此云"第二后妃",不詳所據。"母"上殘作"**怱**",疑是"又云後","後母"與"前子"相對。《儀禮·士昏禮》:"姆纚笄宵衣在其右。"鄭注:"姆,婦人年五十無子,出而不復嫁,能以婦道教人者,若今時乳母矣。"

⑨ 注文"古"當作"苦"。《玉篇·女部》《廣韻·麻韻》:"姱,苦瓜切。"茲據校改。

妟余念反,去;媚也,憂恨也。[1]

娌力己反,上;弟妻,又兄妻爲妯。

嫇布木反,入;昌意之妻。

嫐上字。

凄子分反,平;冷也。

姉娿二同。姊俱反。娶胥,室辟星也,楚人謂美也。[2]

嫁古暇反。往也。

嫉妎上市疾、市喜二反,去;下古候反,去;害賢曰嫉,害色曰妎,又卦名之(也)。[3]

妬當故反,去。

妙亡詔反,去;神也,微也,"衆妙[之]門"是也,"美要妙子(兮)宜[修]"也,好也,精也。[4]

玅上古文。

姓息政反,去;子也,生也,壯生也,氏也。

嬉娭二同。許其反。樂也,戲咲也,美也,遊也,妣也。

姛古奈美。[5]

嫡(嫡)牟加比女。[6]

娠於弥奈。[7]

婰戶奈。[8]

嫡女獨。

已上五字出自《小學篇》

---

① 字頭原作"妖",楊寶忠考證"妖"爲"妟"俗訛,見上文"妟"字條。"余念反,去"之音不詳,俟考。

② 《漢書·揚雄傳上》音義引韋昭:"姉,當作娿。梁王魏娿之美人曰閒娿。""姉(子于切)""娿(相俞切)"二字本不同,但文獻中二字或爲異體。《爾雅·釋天》:"姉觜之口,營室東壁也。"釋文:"辟,本又作壁。""娶胥"即"姉觜","室辟"即"營室、東壁"。

③ "嫉"字《廣韻》音"疾二切""秦悉切"二音,此二音蓋是倭音"しつ"。"妎"原爲"卦名"之義,俗與"妬"字相混。

④ "門"上奪"之"字,注文"子"當作"兮","宜"下奪"修"字。《老子》:"玄之又玄,衆妙之門。"《楚辭·九歌·湘君》:"美要眇兮宜修。"王逸注:"眇,一作妙。"

⑤ 此字又見卷二親族部末。《倭名類聚鈔》卷二"前妻"條:"《顏氏》云:前妻(和名毛止豆女),一云(古奈美)。"古奈美(こなみ【嫡妻·前妻】)。《儀禮·喪服》:"妾之事女君,與婦之事舅姑等。"鄭玄注:"女君,君適妻也。""姛"蓋即"女君"之合文。

⑥ 此字蓋即"嫡"字之訛,又見卷二親族部。牟加比女(むかいめ【正妃·嫡妻】)。

⑦ 於弥奈(おみな【女·嫗】)。《大漢和辭典》卷十五補卷"婰"字條:"おみな。女と長の合字。長わ,年たける意味を表す。年とった女。老女。〔新撰字鏡〕"

⑧ 此字又見卷二親族部末。戶奈(へな)。

髟部第卅四

九十二字

髟比聊、所銜二反。長髟也。①

髮鬈二同。書玉（閏）反。髮謂之鬈，乱髮也，壽（舜）也。又舜音。髮字方伐反。拔也，［拔］擢而出也。峻也，所以高峻。②

髶剃字同。他計反。剔也，盡及身毛曰髶。又挮字同。涕也。③

髻**騤騄**（髻鬠）三同。古活反，入；結髮。伊太□（太）支。④

髥如廉反。頰毛也。髮同。比尔（介）乃加美。⑤

鬂鬤亦作䯿䯺。上仕行反，下女庚反，並平；髮乱也。不豆久（久太）女利。⑥

鬚鬂字。

髭之移反，平；頾也，口上毛也。加美豆比介。⑦

鬖又作毿。蘇南反。毛垂皃。在毛部。

髦哉從（孔）反，上；“［髦］角非（屮）［分］”，束髮。阿介万支。⑧

鬆上字。

---

① 《名義》《玉篇・髟部》：“髟，長髮髟髟也。”此蓋其省。

② 注文“玉”當作“閏”，“擢”上奪“拔”字。《玄應音義》卷十五“髮舜”條：“字體作鬈，音書閏反。《廣雅》：髮謂之鬈。《漢書》韋昭音蠢。鄭玄注《禮記》云：鬈，亂髮也。音舜。”《釋名・釋形體》：“髮，拔也，拔擢而出也。鬈，峻也，所生高峻也。”茲據改補。玄應之意爲“（舜）字體作鬈”，此誤以爲“（髮）字體作鬈”，故有“二同”之語。“壽”疑“舜”字之誤，《草韻辨體》“舜”字作“**桼**”，形較似。又，《釋名》之“鬈”疑當從此作“鬈”。《釋名疏證》：“‘凶’，今本誤作‘鬈’。案：後別有‘其上聯髮曰鬈’，不應兩見。《說文》云：‘凶，頭會腦蓋也。’則是人頭之頂，與高峻之誼合，且‘凶、峻’同音，茲當作‘凶’無疑矣。”今按：“鬈”字後又出，“不應兩見”是也。“鬈”與“鬈”形近，易相混同。“鬈”與“峻”韻同，可作聲訓。“鬈”訓“高峻”，今可據《新撰字鏡》爲證。

③ 《玄應音義》卷十六“髶膌”條：“又作剃，同。他計反。《說文》：髶，剔也，盡及身毛曰髶。文中作挮，他弟反。《廣雅》：挮，涕也。”今《廣雅》無此條。《名義・手部》：“挮，去涕也，出涕也。”

④ 第二、三形當作“鬠”“鬠”。觀智院本《類聚名義抄・仏下・髟部》：“髻，活、括二音。以麻約髮也。鬠，正。鬠，或。”《玄應音義》卷十二“髻髮”條：“古文鬠、鬠（鬠）二形，今作括，同。”茲據校改。“太”下重文符殘，據各本補。伊太太支（いただき【頂・戴き】）。

⑤ 《玄應音義》卷九“黃髥”條：“如廉反。髥，頰毛也。論文有作髮字也。”“尔”字狩谷、《師説抄》改作“介”，是也，見下文“髭”字條。比介乃加美（ひげ【髭・鬚・髥】の【之】かみ【髮】）。

⑥ 《玄應音義》卷二十一“鬂鬤”條：“《說文》作䯿䯺，同。仕行反，下女庚反。髮亂也。不茂亦曰鬂鬤。”“久太”二字據各本改。不久太女利（ふくだめり），義爲“髮亂貌”。

⑦ 加美豆比介（かみつ【上つ】ひげ【髭・鬚・髥】）。

⑧ 注文“從”當作“孔”，“角”上省字頭，“非”下奪“分”字，“非”當作“屮”。《名義・髟部》：“髦，哉孔反。”“非”字《群書類從》本作“屮”，享和本作“艸”。《詩・齊風・甫田》：“總角屮兮。”毛傳：“總角，聚兩髦也。”“髦”同“總”。茲據改補。阿介万支（あげまき【総角・揚巻】）。

髟所銜、甫休二反。髮[垂]兒，又屋翼也。比佐志。①

鬘仕(壯)瓜反，平；繰，喪冠也，喪服。須曾奴波須。②

髡大欠(坎)反，上；髮至扇(眉)垂兒。宇奈井。③

鬢之忍反，上；黑髮長美。加美宇留和之。④

鬃方小反。白髮兒。志良加。⑤

髮(髡)苦元反，平；除髮也。加美曾留。⑥

𩫖牛越反。罪至𩫖。⑦

𩭖上字。苦骨反，口屯反。剔也。⑧

髦莫高反。大也，選也，俊也。目佐之。⑨

鬆髳二同。莫高反。茅(茻)也，離也。⑩

鬣相俞反，平；頤毛也。

髭𩭖二同。午勞反。大也。目佐志。⑪

鬃才宗反。大高兒。

鬖並悲反。被髮走。

---

① "髮"下奪"垂"字。各本作"垂髮兒"。《切三》《裴韻》《全王》《廣韻·幽韻》："髟，髮垂兒。"茲據校補。比佐志(ひさし【庿・庇】)，乃"屋翼"之訓。

② 注文"仕"當作"壯"。各本作"壯"。《廣韻·麻韻》："鬘，莊華切。""壯"爲莊母字。茲據校改。須曾奴波須(すそぬわず【裾不縫】)。

③ 注文"欠"當作"坎"，"扇"當作"眉"。《廣韻·感韻》："髡，徒感切。"《説文·穴部》："窞，徒感反。"《説文繫傳·穴部》："窞，大坎反。""扇"字各本作"肩"。《詩·鄘風·柏舟》："髡彼兩髦。"毛傳："髡，兩髦之貌。髦者，髮至眉。"《説文·髟部》："鬆，髮至眉也。《詩》曰：紞彼兩鬆。髳，鬆或省。"茲據校改。宇奈井(うない【髫髮】)。

④ 加美宇留和之(かみ【髮】うるわし【麗し・美し・愛し】)。

⑤ 志良加(しらが【白髮】)。

⑥ 字頭"髮"疑當作"髡"。《廣韻·魂韻》苦昆切："髡，去髮。"茲據校改。各本字頭作"髪"，與此下字字頭相似。加美曾留(かみ【髮】そる【剃る】)。

⑦ 此字及下字字頭當是"髡"字異體，此形從髟兀聲。"牛越反"爲"刖""跀""扝"等字音，"髡"從"兀"，與此音相關。《説文·而部》："耏，罪不至髡也。"段注："《高帝紀》：'令郎中有罪耐以上請之。'應劭曰：'輕罪不於至髡，完其耏鬢，故曰耏。古耏字從彡，髮膚之意也。杜林以爲法度之字皆从寸，後改如是。言耐罪以上，皆當先請也。耐音若能。'按，耐之罪輕於髡。髡者，鬎髮也。不鬎其髮，僅去須鬢，是曰耐。亦曰完。謂之完者，言完其髮也。《刑法志》曰：'當髡者完爲城旦舂。'王粲詩：'許歷爲完士，一言猶敗秦。'江遂曰：'《漢令》謂完而不髡曰耐。'然則應仲遠言'完其耏鬢'，正謂去而、鬢而完其髮耳。"又注文或當作"罪不至髡"，即來自《説文》"耏"字條，文獻無"罪至髡"之語。

⑧ "苦胃反"爲"窟""矻"等字音，此疑是"苦昆反"之訛。《廣韻·魂韻》："髡，苦昆切。"

⑨ 目佐之(めざし【目刺し】)，義爲"小兒髮"，下同。

⑩ 注文"茅"當作"茻"。《爾雅·釋詁下》："覭髳，茻離也。"茲據校改。"茅"下"也"字疑衍。

⑪ 目佐志(めざし【目刺し】)。

鬆先凶反。乱皃。

鬇子困反。頂中禿髮。

髵渠匃反。髮乱皃。

鬋先廉反。

髵如時反。耏也，多毛皃。

鬎恥歷反。治也，除也，解也。

鬊不勿反。首餙。

髦(鬈)丘權反。好也。①

鬃補牧反。髭也，忽見皃。

□(鬞)補蕩反。攘(攘)也，多毛皃。②

髣芳往反。如夢見。

髴芳謁(謂)反。佛字。保乃保加尔。③

鬤如羊、女行二反。髮也。氉字。④

鬞女江反，平；毛髮乱皃，鬤也。農(氉)字。⑤

鬚目(且)代反。帶也，幓頭也，髻也。⑥

髶髶丑廉反。聚髮也。⑦

鬔部公反。死(乱)皃。⑧

鬤乃礼反。髮皃。

髷方于反，疋部反。髮皃。額字。

鬋子踐反。鬤垂髮。

髲且利反。髮也，用疏(梳)比也。⑨

鬐胡活反。括字古文。以麻約髮也。髻字。

髶方芋反。鬃髻。

---

① 《廣韻·仙韻》丘圓切："鬈，髮好皃。"與此音義合。《名義》形音義與此同。《龍龕·髟部》："鬈，正；髦，或作。"此形與"髦"皆"鬈"之俗訛。

② 字頭殘，注文"攘"當作"攘"。《名義·髟部》："鬞，補蕩反。攘也，多毛也。"《玉篇·髟部》："鬞，補蕩切。鬞攘，髮亂。"茲據補改。

③ 注文"謁"當作"謂"。《名義·髟部》："髴，芳謂反。"《裴韻·未韻》："髴，符謂反。"茲據校改。狩谷疑和訓中的下"保"字衍，是也，《新撰字鏡·亻部》"佛"字即訓"保乃加尔"。保乃加尓（ほのか【仄か・側か】に）。

④ 《全王·陽韻》："鬤，被髮。"疑"髮"乃"髮"字之誤，因涉"被"字而訛。

⑤ 注文"農"當作"氉"。《新撰字鏡·毛部》："氉，女江反。氀也，乱皃。"《玉篇·毛部》："氉，亦作鬤。"茲據校改。注文"鬤"或當作"氀"。

⑥ 注文"目"當作"且"。《名義》《玉篇·髟部》："鬚，且代反。"茲據校改。

⑦ 此兩字頭同，當衍一形。

⑧ 注文"死"當作"乱"。《名義·髟部》："鬔，蓬乱皃。"《玉篇·髟部》："鬔，髮亂皃。"茲據校改。

⑨ 注文"疏"當作"梳"。《說文·髟部》："髲，用梳比也。"茲據校改。

髻居済反。[髻]髮。①

髣上字。②

鬣加(力)葉反。頂(項)也,尋也,馬頸上毛也。太千加美。③

鬣上字。

鬣來都反。鬣也,毛也。

鬢卑咨反。頰髮也。

鬘亡肝反。髮長皃,鬢巾皃。④

鬕亡仙反。蔽也,[不]和(知)也,燒烟書(畫)眉。⑤

髾色交反,平;髮末也,髮垂也,髮尾也。

驕(髾)色交反。髮也。加美乃末也。⑥

鬌直垂、直柯二反。髮之落白(皃)。⑦

鬆□巧反。髮乱也。⑧

髶而容反。髮多也。

鬐渠脂反。馬鬐。加美曽曽介弥尓久志。⑨

鬇上作。⑩

鬔布還反。髮半皃(白)。⑪

髫都聊反。小兒留髮。

髫徒聊反。韶同字。小兒髮。女佐之。⑫

鬑勤(勒)兼反。髮也。⑬

鬴孚武反。髮皃。

---

① 《廣韻・霽韻》:"髻,縮髮。"《名義・髟部》:"髻,結髮。"此"髮"上奪一字,或當與字頭連讀作"髻髮"。

② 字頭原作"**髟**"。《名義・髟部》:"髣,髻字。"

③ 注文"加"當作"力","頂"當作"項"。各本作"力葉反"。《玉篇・髟部》:"鬣,力葉切。""頂"字各本作"項","項"與"頸"義近。茲據校改。太千加美(たちがみ【鬣】)。

④ "鬢巾皃"不詳。

⑤ 注文"和"當作"知",上奪"不"字,"書"當作"畫"。《名義・髟部》:"鬕,蔽也,不知也,畫眉也。"《玉篇・髟部》:"鬕,燒煙畫眉。"茲據校改。

⑥ 此字當是"髾"的訛字,注文亦有訛脱,參見上條。加美乃末(かみ【髮】の【之】すえ【末】)。

⑦ "鬌"同"髾"。"白"疑當作"皃"。

⑧ 反切疑誤。《廣韻・東韻》莫紅切:"鬆,馬垂鬣也。"此條釋義不詳。

⑨ 加美曽曽介弥尓久志(かみ【髮】そそけ/みにくし【醜し】),"そそけ"義爲"蓬亂"。

⑩ 此字不詳,似是"鬐"字,但"鬇"與"鬐"非異體,俟考。或上奪"鬐"字條。

⑪ 注文"皃"當作"白"。《廣韻・刪韻》:"鬔,髮半白。"茲據校改。

⑫ 女佐之(めざし【目刺し】)。

⑬ 注文"勤"當作"勒"。《裴韻》《全王》《廣韻・添韻》:"鬑,勒兼反。"茲據校改。

鬌丁果反。鬐(鬌)也,小兒剪髮也。①

髲皮義反。盖(益)髮。②

鬢兵(丘)貴反,去;髮也。③

髼次音。以漆塗器也。

髢鬄二同。達計反。髮也,須也,剔也,髮戊也。④

鬑子例反。露髮。

髤古拜反。簪結也。

髷鬠二同。敷救、匹力二反。加加保利,又加美佐之。⑤

鬢姊末反。髮也。

髮博末反。鬢也,多鬢。

髻五鍩反。秃。

鬘莫駕反,去;婦人結帶。

鬒子賒反。髮好也。

鬈[illegible]二同。巨同(圓)反。髮好皃也。⑥

鬜楷瞎□(反)。□(秃)也。⑦

[illegible]髮字。

長正直良反,平;脩也,永也,名(多)也,常也。借中兩反,上;又直向、丁亮二反,去;始,善也。⑧

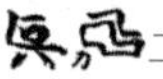

[illegible]二上□(古)文。⑨

肆相利反。店也,倉也,次也,田(申)也,述也,習也,伸也,陳也,列也,力也,赦也,放也,謂伸陳役力也,恣也,引也,成也。⑩

㲃𣯧同。乃倒、徒倒二反。長也,長毛也。

---

① 注文“鬐”當作“鬌”。“鬌”與“鬐”形近而義不同。《方言》卷十二:“鬌、尾、梢,盡也。”戴震疏證:“鬌,各本訛作鬐。”可爲佐證。兹據校改。

② 注文“盖”當作“益”。《裴韻》《全王·寘韻》:“髲,益髮。”但P.3696似作“盖髮”。《説文·髟部》:“髲,鬄也。”段注改作“益髮也”,云:“各本作‘鬄也’二字,今正。《鄘風》正義引《説文》云‘髲,益髮也。言人髮少,聚他人髮益之。’下十字古注語。”上田正亦改作“益”,可從。兹據校改。

③ 注文“兵”當作“丘”。《王一》《裴韻》《全王》《廣韻·至韻》:“鬢,丘愧反。”《名義》《玉篇·髟韻》:“鬢,丘位反。”兹據校改。

④ 注文“須”與“戊”字待考。

⑤ 加加保利(かがほり【鬠】),又加美佐之(かみざし【簪・髪挿し】)。

⑥ 注文“同”當作“圓”。《名義·髟部》:“鬈,渠圓反。”兹據校改。

⑦ “瞎”下殘。《名義·髟部》:“鬜,楷瞎反。秃也。”兹據校補。

⑧ 注文“名”當作“多”。《王一》《裴韻》《全王》《唐韻》《廣韻·漾韻》:“長,多。”兹據校改。

⑨ 《名義》二古文作“兵”“[illegible]”,皆古文字之隸定形體。

⑩ 注文“田”當作“申”。《周禮·秋官·掌戮》:“凡殺人者踣諸市,肆之三日,刑盜於市。”鄭玄注:“肆,猶申也,陳也。”兹據校改。“引”疑爲“列”字之誤。

𨲡子邪反。咨𨲡也。憂(嗟)字古文。[憂]歎也,美也。①

𨱽嗟字古文,在口部。

𨲗粉唐反。聲白(皃),大聲也。鏜字。②

镻達列反。镻,蛋。蝮属也,虵有毒長也。③

镺於倒反。長也。

𨱾天帝反,去;代也。在直(頁)部。④

𨲩𨲫[□]上力小反,上;下二字同。巨小反,上;細長也。三字訓同耳。⑤

𨲏一了反,上;𨲎。

𨲎乃了反。上;𨲏,長而不勁也。

支部第卌五

卌七字

支之弥反,平;躰也,勝也,堪也,勘也,度也。身枝者,手、足是也。

斊𢺶二上古文。

枝在木部。

岐□(歧)二同。其支反,平;道别也。知万太。⑥

敦殸毄㨖三上古文。丈衡反。謂敦觸也,敦也。⑦

敦上字。

攲敧戲三同。亦作崎。紀紙反,上;丘知反。去,不正也。加太不久。⑧

鼓古户反,上;特也,机也,動也。⑨

---

① “憂”字當有誤。《玉篇·長部》:“𨲡,今作嗟。憂歎也。或作𨲡。”《新撰字鏡·口部》:“嗟,憂歎也。”疑“今作嗟。憂歎也”之“嗟”字脱漏,故誤讀作“今作憂。歎也”,今改正。美也,《文選·何晏〈景福殿賦〉》:“嗟瓌瑋以壯麗。”吕延濟注:“嗟,歎美之辭。”

② 注文“白”當作“皃”。《慧琳音義》卷九十八“其鏜”條:“鄭玄注《尚書大傳》云:𨲗,謂聲皃也。《埤蒼》:大聲也。”兹據校改。

③《爾雅·釋魚》:“镻,蛋。”郭璞注:“蝮屬,大眼,最有毒,今淮南人呼蛋子。”《説文·長部》:“镻,蛇惡毒長也。”段注據《爾雅·釋魚》陸德明釋文改作“蛋也,蛇毒長”。

④《唐韻·霽韻》:“替,廢也,代也。俗以相代作𨱾字,古無。”

⑤ “𨲫”字奪一異體,蓋是“喬”旁異寫“高”之形體。

⑥ 下字頭殘。《字鏡·支篇》:“歧,其支反。岐,共同。道別也,道路三達。”“”即“歧”字,下字頭當作“歧”。兹據校補。知万太(ちまた【岐・巷・衢】)。

⑦《玄應音義》卷八“相敦”條:“古文殸、毄、㨖三形,今作朾,同。丈衡反。謂敦觸也。”

⑧ “崎”字左旁原殘,據各本補。又《玄應音義》卷“攲倒”條:“或作攲、戲、崎三形,同。去知反。”“丘知反”爲平聲,非去聲。《名義·支部》:“敧,記紙反。去也。”《説文·支部》:“敧,持去也。”本條“去”字疑非表示聲調,乃釋義也,或爲“平”之誤。加太不久(かたぶく【傾く】)。

⑨ “特”或當作“持”。又,“特”字左旁有小字“牀”,或當改作“牀”。“机也”不詳。

豉□□(市至)反,去;烏頭(豆豉)也。久支。①

數正朔句反,去;責也,計筭也。借所角反,入;稠比也,疾也,頻數也。②

敁知今反,平;質也。

諅示(視)由反。棄也。覷字同。③

跂丘至反,去;在足部。

忮時實反。豉字。

稘居是反。枳字。岐□□(頭蚭)也。④

䅓居庾反。曲支。⑤

𥞐上字。

䟸居委反,上;柊(格)也。不世木。⑥

庪古倚反,上;食阁也。多奈。⑦

致丁示反,去;會也,彼也,女嫁也,送詣也,審深也,始也。

衼章移反。衹也。

肢章移反。體也。在肉部。

歧巨支反。山名,隅皃,頃也。從匕。⑧

毆憶高反。打也。⑨

敧𢿨二同。去奇反。不平也。

攲徒古反,上;□(塞)也,悶也。⑩

敠之豉反,去;多也。

雉几豉反。鳥名。

敠巨運(軍)反,平;多侵也。⑪

------

① 反切殘,據各本補。"烏頭"不詳,狩谷、《師説抄》疑是"豆豉",可從。久支(くき【莖】)。

② "筭"同"算"。

③ 注文"示"當作"視"。《名義·支部》:"諅,視由反。"兹據校改。

④ "也"上殘。《字鏡·禾篇》:"稘,居是反。岐頭蚭也。枳字。"《名義·禾部》:"稘,居是反。兩頭蚭也。枳。"此"也"上原另有一"也"字,乃"蚭"字之殘。兹據校補。

⑤ 字頭原作"䅓"。

⑥ 注文"柊"當作"格"。"柊"字寬永本同,《群書類從》本、享和本作"格"。《淮南子·時則訓》:"行冬令格。"高誘注:"格,跂也。""跂格"即"庪閣"。兹據校改。"世木"原作"枼",後又加小字,改爲"世木"二字。"木"字寬永本、享和本作"不",《群書類從》本作"久"。不世木(ふせき)。

⑦ 多奈(たな【棚】)。

⑧ 《廣韻·支韻》:"岐,山名。"《詩·小雅·大東》:"跂彼織女。"毛傳:"跂,隅貌。"《説文·匕部》:"攲,頃也。""頃"同"傾"。"從匕"指"攲"字。歧""岐""跂""攲"同。

⑨ "憶高反"當是倭音"おう"。

⑩ 注文殘。《字鏡·支篇》:"攲,徒古反。塞也,悶也。"兹據校補。

⑪ 注文"運"當作"軍"。《名義·支部》:"敠,渠軍反。"兹據校改。多侵,《名義·支部》、《全王·文韻》("敠"字注)、《龍龕·支部》同,《説文·支部》作"朋侵","朋"疑爲"多"字之誤。

舓其枝反,平;郊(郊)也,□(邑)名。①

鞁古尸(戶)反。鞁動也。在革部。②

毨止移反。毨毨。在毛部。

翄升豉反。翼也,過多也,□(觚)也。③

疧□(之)移反。□(痕)也。④

甋魚倚反。

虔ツツシム,ウヤマフ,カシコマル。⑤

力部第卅六

八十二字

力良直反,口(吕)職反。勞也,切(功)也,務也,勤也。⑥

勅勑二同。"整"不從"勅"。力代反。來,勞也,相約勑亦爲勞也;來,強事也;勑,謹也,勤也,語也,戒也。⑦

𤯌釐釐三同。力之反。理也,整也。

氂耗(耗)二同。家祭福曰釐。"整"不從"勅"。⑧

---

① 注文"郊"當作"郊","名"上殘。《廣韻·支韻》:"郊,邑名,在扶風。"《字鏡·支篇》:"舓,其枝反。郊(郊)也,邑名。"茲據改補。

② 注文"尸"當作"戶"。《新撰字鏡·革部》:"鞁,古戶反。"《玉篇·革部》:"鞁,姑戶切。"茲據校改。

③ 《文選·王粲〈公讌詩〉》:"見眷良不翄,守分豈能違。"李善注:"不翄,猶過多也。""翄"通"啻"。"過多也"下殘,據影抄本補。《廣韻·支韻》:"翄,鳥翼。皷、觚,並上同。"

④ 注文殘。《名義·疒部》:"疧,之移反。病也,疢,又岐。"本書疒部"疧"字釋義作"病也,疢也"。影抄本釋義殘字右下似有一小點,疑是"疢"或"病"字末筆,暫據《名義》校作"疢"。又反切上字影抄本似"止"字,但應據《名義》改作"之"。

⑤ 字頭原作"宔",據形及和訓定,此字當是後人所加。《新撰字鏡·虍部》"虔"字二形作"虔""虔",此蓋前一形之訛。ツツシム(つつしむ【慎む・謹む】),ウヤマフ(うやまう【敬う】),カシコマル(かしこまる【畏まる】)。

⑥ 注文"口"當作"吕","切"當作"功"。《名義》《玉篇·力部》:"力,吕職反。"《國語·晉語二》:"務施與力而不務德。"韋昭注:"力,功也。"茲據校改。

⑦ 《五經文字·攵部》:"勑,古勅字,今相承皆作勅,唯整字從此敕。"《玄應音義》卷十二"勞來"條:"《説文》作勑,同。力代反。《爾雅》:來,勞也。郭璞曰:相約勑亦爲勞也。捷爲舍人曰:勞,力極也。來,強事也。《廣雅》:勑,謹也,勤也。《詩》云:神所勞矣。箋云:勞來猶佐助也。《漢書》:勞來不怠也。經文作俫,非也。"

⑧ 字頭"耗"當作"耗"。《玄應音義》卷三"毫氂"條:"下古文氂、𢇛二形,今作耗,同。……今皆作釐,亦由古字通用也,然非字體。"茲據校改。又《説文·里部》:"釐,家福也。"此作"家祭福"。"整不從勅"見上文"勅"字條。

勢整二同。之命反,上;正也,別(列)也,齊也。①

勮正楚効反,去;又子小反。勞也,牽也。魊字同。仕交反。捷健也,謂勁速勮健也,强也,武也。②

助所音。佐也,曲也,益也。③

劲居盛反。强也。字從巠。

勁上字。

劷劵二同。力資反。劵,剥也;劋,同字,力支反,解也,分割也,斬也;或作欚,力計反,小船也,非今用。④

勃勃悖勃四同。補潰、蒲没二反。乱也,從也。亦誖同。逆也,憒也,勤也,展也。

勒盧德反,入;尅也,刻也,馬頭鑣銜也。

勤渠斤反。勞也,盡也,病也,賴也。⑤

懃在心部。

勧丘萬反。□□(勉也),□(助)也,教也。⑥

勉勤(勘)〔免〕二同,下古文也。靡弁反。强也。馬芥反。勧也,進也,勤也,謂自勧强也,黜也,赦也,脱也,解也,去也。⑦

加正柯瑕反,平;益也,陵也,重也。借昔加反,平。

勦戮、劉、僇三同。力交(六)反,入;并力也,力不利發。⑧

---

① 注文"別"當作"列"。《禮記·月令》:"授車以級,整設于屏外。"鄭玄注:"整,正列也。"兹據校改。"之命反"當是倭音"しょう"。

② 《名義·力部》:"勮,子小反。勞也,掌也。"注文"牽"與《名義》注文"掌"疑皆"擎"字之誤。《禮記·曲禮上》:"毋勮説。"鄭玄注:"勮,猶擎也,謂取人之説以爲己説。"又《玄應音義》卷十五"勮疾"條:"《説文》作魊,同。仕交反。捷健也,謂勁速勮健也。"

③ "助"字倭音"じょ","所"字倭音"しょ",音近。《名義·力部》:"助,鉏據反。佐也,迴也,益也。""迴"與本條訓釋"曲"當有一誤。《論語·先進》:"子曰:回也,非助我者也,於吾言無所不説。"孔安國注:"助,益也。"疑當是"回也"之"回"而誤以爲義。

④ 《玄應音義》卷二十"劷刻"條:"又作劵,同。力資反。《説文》:劵,剥也。或作劋,力支反。《方言》:劋,解也。分割也,斷也。經文作欚,力計反。小船也。欚非今用。""斬"同"断","断"即"斷"。又《玄應音義》"方言"之"方"爲衍文,大治本、金剛寺本、聖語藏本等寫本皆無,刻本始有,今本《方言》亦無。

⑤ 《廣雅·釋言》:"懃,賴也。"

⑥ "反"下殘。《名義·力部》:"勧,丘萬反。勉也,助也,教也,樂也。""勉"字殘作"⿰",助"字殘作"⿰",兹據《名義》校改。

⑦ 字頭"勤"當作"勧"。《玄應音義》卷七"勘勵"條:"古文勘,今作勉,同。靡辯反。勘,强也,謂自勧强也。"兹據校改。"黜也"及以下爲"免"字義。《廣韻·獮韻》亡辨切:"免,止也,黜也,脱也,去也。"此"黜"字原誤作"𢧵"。

⑧ 注文"交"當作"六"。《説文·戈部》:"戮,力六切。"兹據校改。"力不利發"不詳。

勵力制反。相勸勵也,勉力爲□(勵)。①

勛勲同字。口云反,平;放勛,堯帝号也。堯者,古聖帝也。②

劭市照反,吉(去);勉也。豆止牟。③

勢舒曳反。懼也,勢力盛也,權也,喜也。

動徒童(董)反。作也,摇兒,出也,行也,躁也。④

務无付反。勉也,極也,劇也,趣也。

劈力之反。剥也。加波波豆留。⑤

劵從刀也。⑥

勀刻得反,入;煞也,告也,自强也。

効效字。下教反。力也,放也,學也。

翏力要反。要也,翏也,高飛也。⑦

勩力潰[反]。推也,壞也。⑧

劣吕拙反。弱也,鄙也,咸(減)也,小(少)也。⑨

功古洪反。事也,成也,勝也,出也。

劾力徵反。陵字。侵侮也。

俲敩字同。古(胡)孝反,去;學也。傚字同。⑩

勮遽字同。其去、渠據二反。務也,急也,疾,擢(懼)也。□字。⑪

劻匡同字。去柱、起王二反,平;迫遽也。

勠勦勱二同。躶同。而羊反,平;劻也。

<hr>

① “爲”下殘。《玄應音義》卷七“勸勵”條:“下力制反。相勸勵也,勉力爲勵。”兹據校補。

② 《廣韻·文韻》:“勲,許云切。”“口云反”當是倭音“くん”。

③ 注文“吉”當作“去”。“劭”爲去聲字。豆止牟(つとむ【勤む・努む・務む・力む・勉む】)。

④ 注文“童”當作“董”。《名義·力部》:“動,徒董反。”兹據校改。

⑤ 字頭原作“劈”。加波波豆留(かわ【皮・革】はつる【削る】)。

⑥ 字頭原作“劵”,上字從“力”,此字從“刀”。

⑦ 字頭“翏”原作“翏”,乃“翏”的訛變。注文“翏”原作“翏”,乃“翏”的俗字。“要也”疑涉反切下子而衍或誤。

⑧ “壞”字《名義》同,《玉篇》作“懷”。

⑨ 注文“咸”當作“減”,“小”當作“少”。《名義·力部》:“劣,弱也,鄙也,減也,少也。”兹據校改。

⑩ 注文“古”當作“胡”。《廣韻·效韻》:“傚,胡教切。”兹據校改。

⑪ 注文“擢”當作“懼”。《名義·力部》:“勮,務也,疾也,懼也。”《廣韻·御韻》:“勮,勤務也。又懼也,疾也。”兹據校改。殘字爲“⿰”,似“㒛”或“劇”字。

勃巣、弗(悲)、膍三同。補器反。奘(壯大)也,迫也,不醉而怒也。①

勇弼字同。皮表(裒)反。輔也,高也,上也。②

劾於孔反。力(虬)也,屈强兒。③

虬奇(猗)點反。劾也。④

䚐胡頰也(反)。和也。⑤

協胡牒反。恊字同。

勮房未反。獸名也。⑥

勴字同。

勴吕强(繩)反。勇也。⑦

勇上字。迫也。⑧

劦讓字同。居偃反。吃也,難也。

扐材字古文。似來反。力也,藝也。

勅口乖反。劤也。

劤口庚反。乖(勅)也。⑨

勣子厤反。功也。今作績(績)。⑩

佐祖賀反。佐字。佐也,助也,副也。⑪

勴吕庶反。助也。

勴上字。

---

① 注文"弗"當作"悲","奘"當作"壯大"。《玄應音義》卷七"力晶"條:"古文巣、悲、奘三形,今作勃,同。皮冀反。《説文》:晶,壯大也。謂作力怒也。《詩》云:不醉而怒曰晶。《新撰字鏡·貝部》:"晶,巣、悲二同。今作勃。""弗"當是"悲"或"奘"字之省,暫據本書貝部定作"悲"。今本《説文·大部》:"奘,壯大也。"《名義》亦作"奘",當非。兹據校改。"膍"字原作"**膉**",《新撰字鏡·肉部》:"膍,本(平)祕反。狀(壯)大也。"《可洪音義》第十二冊"隙欮,上友(皮)秘反,壯士作力也,亦壯大也。正作晶、膍二形。下許器反,正作員也。""隙""膍"蓋皆"晶"字俗訛。
② 注文"表"當作"裒"。《名義·力部》:"勇,皮裒反。"兹據校改。
③ 注文"力"當作"虬"。《廣韻·董韻》:"劾,劾虬,屈强兒。"兹據校改。
④ 注文"奇"當作"猗"。《名義·力部》:"虬,猗點反。"兹據校改。
⑤ 注文"也"當作"反"。《名義·劦部》:"䚐,胡頰反。"兹據校改。
⑥ 此字當同"閵""畐",即今"狒"字。《廣韻·未韻》扶沸切:"閵,獸名。畐、狒,並上同。"
⑦ 注文"强"當作"繩"。《名義》《玉篇·力部》:"勴,吕繩反。"兹據校改。
⑧ "勇"與"勴"可連言,但非異體字也,此蓋有誤讀。
⑨ 注文"乖"當作"勅"。《名義·力部》:"劤,勅劤也。"兹據校改。
⑩ 注文"續"當作"績"。《名義·力部》:"勣,績字。"兹據校改。
⑪ 上"佐"字作"**佐**",下"佐"字作"**佐**",蓋因字形稍異而有二"佐"字,依例"佐也"當删。《名義·力部》:"佐,佐字。助也,副也。"

劼古八反。勤也,固也,睿也。①

勥勇字古文,亦彊字。

劦渠力反。勇字(也)。②

劷餘掌反。縣緩也,動也。

劊與制反。勞也,苦也,疲也。

勑上字。

勢胡高反。健也,俊也,侵陵也,豪也。

勡字(孚)照反。劫也,人取財物也。③

劫居業反。刦字。

劾古(胡)載反。法有罪也。④

勘胡(枯)就反。勝也。戉字。⑤

勔弥禰反。愐字。勉也,除也,脱也,赦也。⑥

劸方萌反。大也,奘也,勔也。

勊方結反。大也。

劮餘質反。佚字。□(豫)也,經(淫)也,□(戲)也。⑦

勀莫俟(侯)反。莫,强也,勉也,相勸勵。⑧

勖口骨反。勁(勤)也。⑨

劻居僅反。多力也。

勬九緩(媛)反。勤也,力也。⑩

新撰字鏡卷第三

① "古八反"《名義》同,《玉篇》作"苦八切",《廣韻》作"恪八切",《切韻》"苦八反""恪八反"皆有,疑《玉篇》"苦八切"爲後人所改,《原本玉篇》當是"古八反"。

② 注文"字"當作"也"。《説文·力部》:"劦,勇也。"《名義·刀部》:"劦,勇也。"茲據校改。

③ 注文"字"當作"孚"。《名義·力部》:"勡,孚照反。"茲據校改。

④ 注文"古"當作"胡"。《名義·力部》:"劾,胡載反。"茲據校改。

⑤ 注文"胡"當作"枯"。《名義·力部》:"勘,枯就反。"茲據校改。

⑥ 《名義·力部》:"勔,勉也,免也。""除也,脱也,赦也"爲"免"字義。

⑦ 注文殘,注文"經"當作"淫"。《名義·力部》:"劮,豫也,淫也,戲也。"茲據補改。

⑧ 注文"俟"當作"侯"。《名義·力部》:"勀,莫侯[反]。"茲據校改。《廣雅·釋詁一》:"勀莫,强也。"

⑨ 注文"勁"當作"勤"。《名義》《玉篇·力部》《廣雅·釋詁四》:"勖,勤也。"茲據校改。

⑩ 注文"緩"當作"媛"。《名義·力部》:"勬,九媛反。"《玉篇·力部》:"勬,九員、九媛二切。"茲據校改。

新撰字鏡卷第四

八部 文數二千三十六字

糸部第卅七①四百七十五字　衣部第卅八二百八十五字　食部第卅九[百八十四字]

米部第卌百十六字　罔(网)部第卌一五十字　巾部第卌二[百七十三字]

酉部第卌三百卅八字　《小學》九字又加四字　門部第卌四百卅字

糸部第卅七

四百七十五字

糸莫歷、天(亡)狄二反,入;蠶口吐細糸也。②

系奚計反。繼也,繫也。又古帝反,去;緒也。

綄古環反,平;以絲貫杼也,經中行織也。③

絲絲上字樣如此。④

絲之茲反,平;纖後爲絲。⑤

上字。

纚所綺反。韜髮者也,附也。今作縰。山綺反,上;好皃。⑥

---

① 底本第四卷卷目和正文始於"糸部第卅八",訖於"門部第卌五",次序錯亂,茲據前後卷次序校改。正文部首次序同樣錯亂,不再出校。

② 注文"天"當作"亡"。《原本玉篇》《名義》《玉篇·糸部》:"糸,亡狄反。"茲據校改。

③ 字頭原作"
"。《説文·絲部》:"綄,織絹从糸貫杼也。"《全王》《廣韻·刪韻》古還反:"綄,織貫杼。"因與"絲"形近而相混。

④ 《干禄字書》:"絲絲,上通下正。""字樣"指《干禄字書》等字樣書。因上條字頭作"
"(從兩"糸"),與"絲"同形,故此云"上"。

⑤ 反切上字當爲心母字,此作"之茲反"疑是倭音"し"。

⑥ 《玄應音義》卷十三"披纚"條:"今作縰,同。山綺反。案:森纚,好皃也。颯纚,長袖皃也。纚,筵也。颯音桑答反。"

繄力追反。繫也,洛(絡)。①

綴張衛反,去;合着也,純也,雜采也,拘也,緣也,拘也,止也,連也。於己奴不。②

緘古減(咸)反,平,束篋也,封也,索也,閉也。③

繕〔僐〕市戰反,去;治也,補也,收也,動(勁)也,恣(姿)也。④

綜子送反。統也,捴也,學也,紀也,習也,理也,集也,錯廁也,言相間廁也,錯亦校也,校理也。⑤

絕似悅反,入;截也,斷也,渡也,滅也,行也,移也,洛(落)也。⑥

素蘇胡反。帛也,繒也,故也,所也,本也,成,預也,度(廣)也,粗也,白采也,質也。⑦

縶上字。

縩素字。几足反。

索正桑落反,入;盡也,□□(繩也),糾繩曰索,又法也,十尋□(曰)索,又獨也,姓也,數也。借生百反,入;求也。⑧

---

① 注文"洛"當作"絡"。《原本玉篇·糸部》:"繄,《字書》:繄,落也。"《名義·糸部》:"繄,落。"《裴韻》《全王·脂韻》:"繄,落。"《廣韻·脂韻》:"繄,網絡。""落"通"絡"。茲據校改。

② 《書·顧命》:"西序東向,敷重底席,綴純,文貝仍几。"孔安國注:"綴,雜彩。""純也"蓋截自"綴純"。注文後一"拘"字左旁作"牛",各本無後一"拘也",《群書類從》本作"約",享和本作"犵",寬永本作"犵",當以"拘"字是,此蓋因二"拘"字字形不同而衍一"拘也"。《儀禮·士喪禮》:"綴足用燕几。"鄭玄注:"綴,猶拘也。"於己奴不(おごぬう),同"おぎぬう【補】"。

③ 注文"減"當作"咸"。《玄應音義》卷十一"封緘"條:"古咸反。"《玉篇》系、《切韻》系辭書亦皆音"古咸反"。茲據校改。

④ 注文"動"當作"勁","恣"當作"姿"。《周禮·夏官·司馬》:"繕人。"鄭玄注:"繕之言勁也,善也。"《原本玉篇》引同。《禮記·曲禮上》:"招搖在上,急繕其怒。鄭玄注:"繕,讀曰勁。"《龍龕·系部》:"繕,恣也,態也。"鄭賢章《龍龕手鏡研究》:"(繕)疑即'僐'字之訛。"是也,二字形近易混。《說文·人部》:"僐,作姿也。"《名義·人部》:"僐,姿也,態也。""姿""態"義近,此處"恣"爲訛字。茲據校改。

⑤ 《玄應音義》卷二十三"錯綜"條:"謂錯要其文,綜理其義也。《廣雅》:錯,廁也。言相間廁也。綜,捴也。捴括文義也。錯亦校也,校理也。《說文》:綜,機縷也。謂持絲交者,屈繩制經令開合也。綜,紀也。紀領絲別也。""錯亦校也"高麗藏本誤作"錯亦捴也",七寺本、磧砂藏本、慧琳本不誤。

⑥ 注文"洛"當作"落"。《原本玉篇·糸部》:"絕,《廣雅》:絕,滅也。絕,落也。"《名義》與今本《廣雅·釋詁三》皆作"落"。茲據校改。

⑦ 注文"度"當作"廣"。《原本玉篇·素部》:"縩,《方言》:素,廣也。"今本《方言》卷十三同。茲據校改。

⑧ 《原本玉篇·索部》:"索,蘇各反。《尚書》:牝雞之晨,惟家之索。孔安國曰:索,盡也。野王案,謂竭盡也。《左氏傳》'患(悉)索弊賦'、《儀礼》'取矢不索'並是也。《周易》:震索索,視矍矍。王弼曰:懼而索也。《毛詩》:宵爾索綯。野王[案],糾繩曰索。《淮南》'衣褐帶索'、《楚辭》'并細絲以爲索'並是也。《左氏傳》:硌(啓)以商政,彊(疆)以周索。杜預曰:索,法也。《礼記》:吾離群而索居。鄭玄曰:索猶散也。《太玄經》:小索大索,周行九度。宋忠曰:索,數也。《大戴礼》:十尋曰索。《說文》:草木有莖葉可爲繩索也。《廣雅》:騰(縢)、朔(槊)、緘、絁、絃、緶、絹、紩、緄、縻、紉、縋、繏、微(徽)、纆、綯(繛)、芰(筊)、累,索也。又曰:索,獨也。求索之索爲索字,音所格反,在宀部。""盡也"下字殘作"糸",鈴鹿影抄本作"糸 凸",似是"繩也"二字,據補。

索上古文。傷也。①

絡力各反。絡也,繞也,纏也。

□(綟)䋺二同。力出反。舉棺[索]也,大索。②

䋺力出反。鞞鞈也,紼也,大帶也。③

緩古官(胡管)反。綽也,遲也,緩也。④

績勳,上字古文。子狄反,入;成也,事也,業也,繼也,功也,繍也,緝也。乎宇牟。⑤

縠在多(殳)部。己女乃絹。⑥

繆於近反,上;衣也,縫衣相着也。

級及音。次也,層也,階也,等也。

綃私遥反,平;生絲繒曰綃,謂頸(頭)鬚也,綺也,緯也,素也,生絲也,縫也,縠也。⑦

絞古巧反,上;交也,單被也,邊也,布也,縛也,録(緑)也色也,縊也。⑧

絡力各反,入;絹(綃)也,絮也,縛也,一曰天(未)漚也,繞也,綸(綸)也,布也。⑨

纓於盈反,平;冠系也。

給居立反,入;供也,及也,備也,相足也。

終之融反,平;竟也,盡也,賷也,極也,窮也,充也,成也,死也,小也,殆也,數也。⑩

---

① 《廣韻·眞韻》:"漸,盡也。傷,上同。"

② 字頭殘,"棺"下奪"索"字。《原本玉篇·索部》:"䋺,力出反。《字書》:舉棺索也。或爲䋺字,在索部。或爲綟字,在糸部。"此處當是"䋺"或"綟"字,下已出"䋺"字,此蓋是"綟"字。茲據校補。

③ 《原本玉篇·索部》:"䋺,力出反。《左氏傳》:藻䋺鞞鞈。杜預曰:藻䋺,以韋爲之,所以藉玉者。王五采,諸侯三采,子男二采也。《礼記》:率帶,諸侯大夫皆五采,士二采。鄭玄曰:此謂襲尸大帶也。率,綟也。[綟]之不加箴功也。《爾雅》:紼,䋺也。郭璞曰:謂索也。《説文》:素屬也。《字書》或爲䋺字,在索部。或爲綟字,在糸部。"

④ 注文"古官"當作"胡管"。《原本玉篇》《名義·素部》:"緩,胡管反。"茲據校改。

⑤ 注文"繍"字不詳,疑是"緝"字訛衍。乎宇牟(お【苧】うむ【績む】)。

⑥ 注文"多"當作"殳","縠"字又見本書殳部。己女乃絹(こめ【縠】の【之】きぬ【絹】)。

⑦ 注文"頸"當作"頭"。《玄應音義》卷十五"頭綃"條:"《通俗文》:生絲繒曰綃。謂頭鬚也。"鈴鹿影抄本作"頭"。茲據校改。

⑧ 《儀禮·士喪禮》:"緇絞紟衾二。"鄭玄注:"紟,單被也。""單被"當是"紟"字義,而非"絞"字義,蓋"絞紟"連言而誤録此義。又"録"字當作"緑"。《原本玉篇·糸部》:"絞,《大戴礼·夏小正》:八月玄絞。玄者,黑也。絞者,若緣色然,婦人未嫁者衣也。"《玉篇·糸部》:"絞,緑色也,嫁者衣也。"今本《大戴禮記·夏小正》"絞"作"校","緣"作"緑"。"絞"同"絞"。故此"録也色也"當作"緑色也","録"下"也"字衍。"邊也"不詳。

⑨ 注文"絹"當作"綃","天"當作"未","綸"當作"綸"。《廣雅·釋器》:"絡,綃也。"《説文·糸部》:"絡,一曰麻未漚也。"《原本玉篇·糸部》:"絡,《爾雅》絡,綸也。郭璞曰:綸,繩也。"茲據校改。

⑩ "賷"字原作"𧶜",此義不詳。《原本玉篇·糸部》:"終,《周礼》:死終則各各盡(書)其所以。鄭玄曰:小曰死,老曰終。"今本《周禮·天官·疾醫》鄭玄注作"少者曰死,老者曰終","少"同"小"。此處注文"小也"當本"小曰死"。

紃似均、昌緣二反，平；綵絛也。謂雜也，縷也，組也。①

矶糾同。居柳反。繩三合曰糾，大曰索，小曰繩。②

纚〔縗〕鹿(麁)雷反。摧也，摧總也，偈(傷)摧也。又息良反，喪衣也，又馬腹帶。③

縲縗二上字。

辮薄顯反，上；編髮也，交辮也，織繩曰辮，織也。④

縈一瓊反。收績曰縈也，旋也，勞(縈)也，葛也。⑤

纔正使監、仕緘二反。淺也，僅也，劣也，不久也，暫也，微也。志介糸。⑥

緡亡巾反。釣魚繳也，綸也，錢貫也，被也，糸也，施也。

繳之若反，入；身(射)也，繞也。⑦

紳側耕反。繩也，縈也，亦屈也。

絜古字作寏。古纈反，入；束也，繫也，麻一崗也，清也。⑧

繳縶二同。下革反，入；衣繳也。

繖傘同。桑爛反。盖也。支奴加佐。⑨

傘上字。在人部。

縋直僞、直類二反，去；硾字同。謂懸重曰縋也，懸鎮曰縋，懸繩。豆利佐乎。⑩

緻緻二同。遲致反，去；蜜(密)也，堅也，固也，精也，捕(補)也，練也。支比志。⑪

────────────────────

① "平"字原倒在"謂"上。《玄應音義》卷十五"紃羊"條："似均、昌緣二反。紃謂雜也，縷也。"茲據乙正。"絛"同"絛"。

② 《玄應音義》卷十七"糾索"條："居柳反。《蒼頡解詁》云：繩三合曰糾。《小爾雅》云：大曰索，小曰繩也。"

③ 注文"鹿"當作"麁"，"偈"當作"傷"。《玄應音義》卷十五"縗衣"條："麁雷反。《釋名》：死三日，生者成服曰縗。縗，摧也，言傷摧也。縗有錫縗，有疑縗，有總縗也。總音歲。"茲據校改。"摧總"之"摧"蓋衍。"喪衣也"亦爲"縗"字義。《廣韻·灰韻》倉回切："縗，喪衣，長六寸，博四寸。"《廣韻·陽韻》息良切："纕，馬腹帶。"

④ 《切三·銑韻》薄顯反："辮，編髮。"《玄應音義》卷十五"辮帶"條："父殄反。《説文》：交辮也。《通俗文》：織繩曰辮。辮，織也。"

⑤ 《玄應音義》卷十五"作縈"條："一瓊反。《通俗文》：收績曰縈。縈，旋也。"《原本玉篇·糸部》："縈，《毛詩》：葛藟縈之。傳曰：縈，旋也。""勞"當是"縈"字誤衍，"葛也"當本"葛藟縈之"。

⑥ 字頭及"僅也"右旁有片假名"ワツカニ"（わずか【僅か·纔か】に）。志介糸（しけいと【絓糸】）。

⑦ 注文"身"當作"射"。《原本玉篇·糸部》："繳，野王案，繳即矰矢射也。"茲據校改。

⑧ 《玄應音義》卷十六"絜裹"條："古文作寏，同。古纈反。絜，束也，繫也。"

⑨ 支奴加佐（きぬがさ【衣笠·絹傘·華蓋】）。

⑩ 《玄應音義》卷十六"縋煞"條："又作硾，同。直僞反。謂懸重曰縋也。《通俗文》'懸鎮曰縋'是也。"豆利佐乎（つりざお【釣竿】）。

⑪ 注文"蜜"當作"密"，"捕"當作"補"。《玄應音義》卷十六"細緻"條："又作緻，同。遲致反。案：緻，密也。"《廣雅·釋詁四》："緻，補也。"支比志（きびし【嚴し】）。茲據校改。

絻烏版反,上;惡也,繫也,貫也。"掃(絻)枹而鼓",許叔重曰:"絻[,貫也]。"①

紱紼二字同。甫勿反。緩(綬)也。下字大索。②

紕綻二同。正補寐反,去;借扶規反,平;緣飾也,"索(素)絲紕之",所以織組也,謬錯也,又絹
疎解也,又曰帛縷併也。又佳,同作。繒欲壞也。

綩綖,亦繺綩綖字於遠反。繺,紘也,冠卷(綦)也。下袪阮反,上;區也,轉也,卷也。二
合。猶儘倦(繺綩)也,謂不相離。繿,去渲(演)反,上;鑢也,黏也,進也。支比志,又可太之。③

綢繆上似周反,平;經(纏)也,韜也。綢繆,蜜(密)也,□(束)也。下莫侯、氏(武)彪二反,平;
静也,綢也,纏綿也。太志加尒,又牟豆末也加尒。④

縵鞔字同。曼音。覆也,繒无文也。阿也奈支太太支奴也。⑤

纑勒故(胡)反,平;布縷也,繩也,績也,綆。⑥

綏緌二同。私焦(佳)、先追二反。安也,置也,冠緒也,止也。⑦

紖紲綯三同。直忍反,上;謂牛鼻繩,又索也,牢(牽)獸也。⑧

練**線**二同。李見反,去;繒也,帛也。

紛撫云反,平;乱也,躁也,放也,緩(綬)也,盛也,告(苦)也。尒己也加尒。⑨

綵七在反,上;染繒雜也,五色惣名也。

繚力鳥反,上;縛也,繞也。宜爲了。了戾也。

繢胡對反,去;文章爛然也,畫也。繪字同。織餘也。

---

① 注文"掃"當作"絻","絻"下奪"貫也"字。《玄應音義》卷二十"絻達"條:"烏版反。《淮南》云:絻枹
而鼓。許叔重曰:絻,貫也。"茲據改補。"惡"字原殘作"🐛",下當是"心"旁。《原本玉篇·糸部》:
"絻,《説文》:惡色絳也。"今本《説文·糸部》:"絻,惡也(色)絳也。"此殘字當是"惡"字。

② 注文"緩"當作"綬"。《玄應音義》卷二十"紱婆"條:"字又作紼,同。甫勿反。譯云子。依字,紱,
綬也。"茲據改。"大索"或是"綷""緋"字義,音同。

③ 注文"卷"當作"綦","儘倦"當作"繺綩","渲"當作"演"。《集韻·阮韻》:"綩,冠綦也。"《説文·冖
部》:"冠,綦也。"《玄應音義》卷二十"綩綖"條:"於遠反,下袪阮反。綩綖,猶繺綩也。繺綩,謂
不相離也。"《廣韻·獮韻》:"繿,去演切。"茲據校改。支比志(きびし【嚴し】),又可太之(かたし
【堅し・固し・硬し・難し】)。

④ 注文"經"當作"纏","蜜"當作"密","蜜也"下奪"束"字,"氏"當作"武"。《群書類從》本、享和本
均如此,影抄本"經"皆作"纏",此處"經"當是影印本誤描。《原本玉篇·糸部》:"綢,《廣雅》:韜
也,纏也。"《切三》《裴韻》《全王》《廣韻·幽韻》:"繆,武彪反。"茲據改補。太志加尒(たしか【確
か・慥か】に),又牟豆末也加尒(むつまやか【睦まやか】に)。

⑤ 《廣雅·釋詁二》:"縵,覆也。""縵"通"縵"。阿也奈支太太支奴也(あやなき【文無き】ただぎぬ
【徒衣】)。

⑥ 注文"故"當作"胡"。《玄應音義》卷十九"黑纑"條:"勒胡反。"茲據校改。

⑦ 注文"焦"當作"佳"。《玄應音義》卷二十"綏化"條:"私佳反。"茲據校改。

⑧ 《原本玉篇·糸部》:"紖,《礼記》:迎牲君執紖。鄭玄曰:所以牽牲也。""牢"或當作"牽"。

⑨ 注文"緩"當作"綬","告"當作"苦"。《原本玉篇·糸部》:"紛,《尚書》:敷重筍席,玄紛純。孔安國
曰:玄紛,黑綬也。……《廣雅》:紛,苦也。"茲據校改。《釋名·釋車》:"紛,放也,防其放弛以拘之
也。"尒己也加尒(にこやか【和やか・柔やか】に)。

繪右(胡)慣反。上訓同。①

緄絙二同。古劉(鄧)反，去；又戶九(丸)反，平；綾(綬)也，弦也，亘也。②

綸力均反，平；繩也，緩(綬)也，巾也，釣[繳]也，經也，絡也，格也。③

緄一回反，平；結色縷爲囊也。④

綏繼二同。而唯、乳住(佳)二反。繼也，繫也，冠綏也。⑤

繩緄二同。居丈反，上；絲有節也，負兒帶也。須支。⑥

繮公良反，平；馬縼也。

緦息慈反，平；十□□(五升)布，一曰兩歷(麻一)絲市(布)也，細縷。⑦

繶於力反，入；條繩也，縫中紃。

繘古穴反，入；綆也，汲繩也。

縒蘇可反，上；鮮潔也，錯也，辨也。⑧

紘下耕、爲明(萌)二反，平；綖也，纓也，冠卷也，猶道也，維也，朱組也，網也。⑨

紉紉二上字。

綃与遂反，入；青經曰(白)縷，綃陽所織。⑩

綎他丁反，平；解也，緩也，別也。⑪

綖上字。

綷子對反，去；會也，五色也，同也，地名。⑫

綷上字。

---

① 注文"右"當作"胡"。《玄應音義》卷二十二"繪車"條："胡慣反。"茲據校改。

② 注文"劉"當作"鄧"，"九"當作"丸"，"綾"當作"綬"。《廣韻·嵝韻》："緄，古鄧切。"《廣韻·桓韻》："緄，胡官切。""戶丸反"與"胡官切"音同。《説文·糸部》："緄，緩也。"段注："緩當作綬。《玉篇》'緄'下曰：'緄，綬也。'此亦綬之類也。"茲據校改。

③ 注文"緩"當作"綬"，"釣"下奪"繳"字。《説文·糸部》："綸，青絲綬也。"《原本玉篇·糸部》："綸，《毛詩》：之子于釣，言綸之繩。箋云：綸，釣繳也。"《玄應音義》卷二十一"苦綸"條："釣繳曰綸。綸，繩也。"茲據改補。"格"字疑"絡"的訛衍。

④ 《廣韻·灰韻》："緄，五色絲飾。"《集韻·侯韻》："統，結縷囊。""統"字宋代之前未見，疑即"緄"字之訛。

⑤ 注文"住"當作"佳"。《原本玉篇·糸部》："綏，乳佳反。"《廣韻·脂韻》："綏，儒佳切。"茲據校改。

⑥ 須支(すき【襷·繩】)。

⑦ "十"下殘，注文"歷"當作"麻一"，"市"當作"布"。《説文·糸部》："緦，十五升布也，一曰兩麻一絲布。"鈴鹿影抄本作"麻一"，"歷"字蓋是誤描。茲據補改。

⑧ 《廣韻·哿韻》蘇可切："縒，鮮潔皃也。"《原本玉篇·糸部》："縒，野王案：今爲錯字，在金部。""辨也"不詳。

⑨ 注文"明"當作"萌"。《原本玉篇》《名義》《玉篇·糸部》："紘，爲萌反。"茲據校改。"猶道也"不詳。

⑩ 注文"曰"當作"白"。《廣韻·屋韻》："綃，青經白緯，綃陽所織。"茲據校改。

⑪ "別"字原作"𥿇"，不詳，或是"列"字。

⑫ 《方言》卷三："綷，同也。宋衛之間曰綷。""地名"當本"宋衛之間"。

紞〔紞〕丁紺反，去；多也，冕垂䋁也。又都敢反，上。①

繃甫萌反，平；束兒衣也，棺緒也。

練繰練繕四同。所兩反，上；屬中絞繩也，絞。

繫罤同。知立反。絆也，物(拘)執也。②

絏緤二同。息列反。緒也，馬韁也，縲也，擧(攣)也，繮也，促也，繫也，索也。繫、紲訓同。③

纖思廉反，平；小也，細謂之織(纖)也，縞也。④

純正時均反，平；絲也，粹也，皆也，階也，全也，篤也，專也，續也，絲也，謂精也，大也，好也。淳字同。借之閏反，去；又徒損反，上。⑤

總繐繐三同。思叡反，去；萬(蜀)白細布也，凡布細而疏者謂之繐。又歲音。⑥

紆伊于反，平；屈也，縈也，曲也，詘也。

緝七立反，入；續也，明也，光也。毛乃乃比太。⑦

縷力羽、力禹二反。合線也，綫也，詮也。《書中要》云：又奴岐，又伊止万豆不，又奴布。⑧

綫縴同作。賤音。縷也。奴布。⑨

綿□(文)□反。聯也，纏也，絡也，施也。⑩

緜弭千(旆)反。上字。蓁也，絡也，韋也，餘也，纏也。⑪

綖線二同。綫、緕、綎同。千尒反。糸也，冠上覆也，謂縫衣縷也。糸与留。⑫

---

① 《集韻·勘韻》丁紺切："紞，多也。"《廣雅·釋詁三》："紞，多也。"此當混"紞"字。

② 注文"物"當作"拘"。《原本玉篇·糸部》："繫，《左氏傳》：冠而繫者誰。杜預曰：拘執也。"茲據校改。

③ 注文"擧"當作"攣"。《玄應音義》卷七"縲紲"條："紲，攣也。"《原本玉篇·糸部》："紲，《論語》：雖在累紲之中。孔安國曰：紲，攣也，所以拘罪人也。"茲據校改。"促"字疑"係"字之誤。

④ 注文"織"當作"纖"。《玄應音義》卷十二"纖長"條："細謂之纖。"茲據校改。《原本玉篇·糸部》："纖，《尚書》：厥篚玄纖縞。孔安國曰：纖，緫(細)也。""縞也"當本"纖縞"。

⑤ "階也"不詳，疑涉"皆也"衍。《廣雅·釋器》："純、續，絲也。"《原本玉篇·糸部》："純，《廣雅》：純，續也。純，絲也。"此與今本《廣雅》同，與《原本玉篇》所引《廣雅》異。

⑥ 注文"萬"當作"蜀"。《玄應音義》卷八"爲繐"條："又作繐、繐二形，同。思叡反。《説文》：蜀白細布也。凡布細而疏者謂之繐。"

⑦ 毛乃乃比太(もの【物】の【之】ひだ【襞】)。

⑧ "詮也"不詳，或當作"絟也"。《書中要》云：又奴岐，又伊止"各本無，《書中要》未詳。"万豆不"原作"豆万不"，據《群書類從》本、享和本乙。《書中要》云：又奴岐(ぬき【貫·緯】)，又伊止万豆不(いと【糸】まつう【纏ふ】)，又奴布(ぬう【縫う】)。

⑨ "綫"與"賤"皆音"せん"。奴布(ぬう【縫う】)。

⑩ 反切殘作"ユ゛ニ゛"，未詳。鈴鹿影抄本作"ゑ゛ニ"，則第一字當是"文"，第二字難以辨識。《切三》《王一》《全王》作"武連反"，《原本玉篇》《名義》"緜"字音"弭旆反"，疑爲"旆"字。

⑪ 《原本玉篇·糸部》："緜，弭旆反。《毛詩》：綿綿葛藟。""千"當是"旆"的日語用字。"蓁也"蓋出《毛詩》。"韋也，餘也"不詳。

⑫ "千尒反"是倭音"せん"。糸与留(いと【糸】よる【縒る·撚る】)。

緒徐吕、諸旅二反。業也，端也，末也。①

絆補曼(漫)反。羈也。繫字同。縷也，物(拘)也。②

緤几免反。褰字形。縮也。經爲褰也。

繁正扶蒲(藩)反，平；多也，盛也，姓也。③

縻鄙媚反。馬鑣也。④

轡〔縻〕靷同。鄙愧反。繫也，索也，馬縻也，繮也，御也，小也。⑤

縣正胡遍反，去；借下淵反。猶挂也，繫也，垂也，凡遥遠曰縣。

繇正余招反。直右反，去；隨從也，憂也，卦兆辭。傜字同。借余周反，平；"弔繇(繇)靈"也。弔，至也。過也，道也，喜也，用心也。靈，善也。繇，由也。⑥

累正力錐反，平；繫也，甲藏也，索也，綸也。借力彼反，上；又力瑞反，去；黨屬也，連及也，重也。

縈絫厽三上同。

縱緃縱〔縱〕三同。正將用反，去；恣也，置也，放也，乱也，〔縱〕放，乱法也，緩也。又所倚反，上；纚，婦人首服也。⑦

繅正蘇高反，平；借子老反，上；夫人繅三盆手。三盆手，□(三)淹也，凡繅每淹大捴而手振以出絲也。⑧

線上字。⑨

繻繻二同。正汝俱反，平；細蜜(密)羅也，繒采色也。借思俱反，平。⑩

織正之力反，入；借之貳反，去；作布帛之捴名。幟同。綿綺之屬。

---

① 《原本玉篇》音"詞旅反"（《名義》"詞"誤作"訶"），此"諸旅反"當是倭音"しょ"。

② 注文"曼"當作"漫"，"物"當作"拘"。《原本玉篇·糸部》："絆，補漫反。"《原本玉篇·糸部》："縶，《左氏傳》：冠而縶者誰。杜預曰：拘執也。"茲據校改。"絆"與"縶"音異義同，非異體，又"縶"同"馽"，此蓋因義同而誤歸爲異體。《玉篇·糸部》："縶，縷也。"

③ 注文"蒲"當作"藩"。《原本玉篇》《名義·糸部》："繁，扶藩反。"茲據校改。

④ 《玄應音義》卷十六"轡勒"條："《字書》：馬縻也，所以制收車馬也。勒，馬鑣銜也。"此蓋混入"勒"字義。

⑤ 《原本玉篇·糸部》："轡，《字書》：馬縻也。"《原本玉篇·糸部》："縻，《説文》：牛轡也。《蒼頡篇》：牛繮也。《廣雅》：縻，繫也。野王案：《史記》'羈縻勿絕'是也。又曰：《廣[雅]》：縻(縻)，小也。縻，御也。縻，索也。"此條釋義當掺入了"縻"字義。

⑥ 《尚書·盤庚下》："弔由靈。"孔安國注："弔，至。靈，善也。""繇"即"繇"的偏旁移位俗字。《玉篇·糸部》："繇，用也。繇，同上。"《廣雅·釋詁四》："由，用也。"疑此處"用"下"心"字衍。

⑦ 《爾雅·釋詁》："縱、縮，亂也。"郭璞注："縱放、摩縮，皆亂法也。"此"放"上省字頭。《廣韻·綺韻》："纚，韜髮者。縰，上同。"

⑧ "淹也"上殘。《禮記·祭義》："夫人繅三盆手。"鄭玄注："三盆手者，三淹也。凡繅每淹大捴而手振之以出緒也。"《原本玉篇》所引同此。茲據校補。

⑨ 字頭原誤作"緤"。《原本玉篇·糸部》："線，《字書》：古文綫字。"

⑩ 注文"蜜"當作"密"。《玉篇·糸部》："繻，細密之羅也。"茲據校改。

絨絓二上同。

絮正思據反，去；弊綿也，以頭上巾爲帽絮。借勑慮反，去；猶調也。

約正於略反，入；少也，撿(儉)也，束也，繩也，縮也，薄也，窮也。借於妙反，去；又於謔反，入；屈也，空也。①

緣正餘泉反，平；猶自(因)襲也，純也，脩(循)也。借餘絹反，餝也，縫也。毛止保利，又衣乃保曾久比。②

繫正古詣反，去；絜束也，□絮也，拘束也，留滯也，連綴也，一曰惡絮也。借口奚反，平。③

係上字。

綄綩二同。正胡管反，上；緛緎也，即是衣縮也，繙也。④

緛如兖反。縮也，衣戚也，縫衣也。

緎側六反，入；綄也，文也。

緩古官(胡管)反，上；遲也，舒也，漸也，紓也，寬也。⑤

紓如(始)居反，上；緩也，解也。保己吕比。⑥

綽杵藥、齒灼二反，入；農(罩)也，泰也，寬也，媛(緩)也，婉也。⑦

編方顯反，上；連也，織也，列也，次也。

紝乃心反，平；織也。

緢屈音。翟衣也，山鳥羽餝衣，皇后服也。

絿求魚反，平；履緣也。沓乃毛止保之。⑧

綌[illegible][illegible]三同。去逆反，入；麁葛布。

絺縭二同。上：丁之、丑九(飢)二反。黹也，細葛布。又勑其反，平；下：力支、力禔二反，平；

① 字頭右旁有片假名"シノフ(しのぶ【忍ぶ】)"。注文"撿"當作"儉"。《原本玉篇·糸部》："約，《尔雅》：約，儉也。"兹據校改。"於謔反"《原本玉篇》作"於託反"。"於謔反"與"於略反"音同，"於託反"與之音近。"空也"《原本玉篇》無，疑誤。

② 注文"自"當作"因"，"脩"當作"循"。各本作"因"。《原本玉篇·糸部》："緣，(《禮記》)又曰：明王以相緣也。鄭玄曰：緣猶因襲也。"今本《禮記·樂記》："故明王以相沿也。"鄭玄注："沿，猶因述也。"此處與《原本玉篇》所引同。《廣雅·釋詁四》："緣，循也。"兹據校改。毛止保利(もとおり【回・廻】)，又衣乃保曾久比(きぬ【衣】の【之】ほそくび【細首】)。

③ "絮"上字殘作"[illegible]"，未詳。餘見《原本玉篇·糸部》"繫"字條。

④ "繙也"俟考。

⑤ 注文"古官"當作"胡管"。《原本玉篇·糸部》："緩，胡管反。"兹據校改。

⑥ 注文"如"當作"始"。《原本玉篇·糸部》："紓，始居反。"兹據校改。保己吕比(ほころび【綻び】)。

⑦ 注文"農"當作"罩"，"媛"當作"緩"。《字鏡·冂篇》："罩，都教反。綽作。捕魚籠也。"《原本玉篇·糸部》："綽，《尔雅》：綽綽，緩也。"兹據校改。

⑧ 沓乃毛止保之(くつ【沓・靴・履】の【之】もとおし【回・廻】)。

綾也,管(筈)也,介也,帶也,惡絮也,婦人香纓也,又以糸介履也。久波志支葛衣。①

　　　紉〔紐〕女真(鎮)反。環也,索也,襞也,結也。比毛。②

　　　紐女几(九)反。糸也,束也,鈕也。③

　　　緻繺二同作。一至、於賜二反。絞也,經也。久比留。④

　　　纄其偏反,去;殘繩(繩),織餘也。志祢糸。⑤

　　　絎戸良反,去;麁縫也。止豆。⑥

　　　維先内反,去;車也。奴支加不利。⑦

　　　紴方何反,平;條属,又波文也。奈支奴。⑧

　　　紵除呂反,上;白細布也,苧也,緦也,緜也,絟也,繡也。氏豆久利。⑨

　　　繡上字。⑩

　　　緆之石反。紵也。氏豆久利。⑪

　　　紳之人[反]。縉紳,大帶,朝服之帶也。⑫

　　　綦其之反,平;姓也。

　　　纂子犬反,上;纂組也,焦(集)也。久祢(弥),又豆具。⑬

---

① 注文"九"當作"飢","管"當作"筈"。《原本玉篇・糸部》:"絺,丑飢反。"《原本玉篇・糸部》:"繺,《毛詩》:緋締(繺)維之。傳曰:繺,綾也。《爾雅》亦云。郭璞曰:謂繫之也。《韓詩》:繺,筈也。"今本《爾雅・釋水》作"緋繺維之",《詩・小雅・采菽》作"緋繩維之",《釋文》引《韓詩》作"筈"。《廣韻・鐸韻》:"筈,竹索,西南夷尋之以渡水。筈,上同。"兹據校改。"褊"同"褊"。《書・益稷》:"褊黻絺繡。"《説文・糸部》:"繫,繫繡也。一曰惡絮。""繺"與"繩"聲近。久波志支葛衣(くわしき【細しき・美しき】くずぎぬ【葛衣】)。

② 注文"真"當作"鎮"。《原本玉篇・糸部》:"紉,女巾、女鎮二反。"兹據校改。"結也"爲"紐"字義。《廣韻・有韻》《玉篇・糸部》:"紐,結也。"《切韻》系韻書同。"環也"蓋亦是"紐"字義。比毛(ひも【紐】)。

③ 注文"几"當作"九"。《原本玉篇・糸部》:"紐,女九反。"兹據校改。

④ 久比留(くびる【縊る】)。

⑤ 注文"繩"字《群書類從》本、享和本作"纏",寬永本作"纑"。或當作"繩"。《慧琳音義》卷六十三"其繩"條:"白氎織餘殘繩頭也。《説文》云:織餘也。"志祢糸(しねいと【繩糸】)。

⑥ 《廣韻》音"下更切",《王一》《裝韻》《全王》《唐韻》音"胡孟反",《原本玉篇》音"下孟反",此反切當是倭音"こう"。止豆(とず【綴づ】)。

⑦ 奴支加不利(ぬきかぶり【維車】)。

⑧ 奈支奴(なきぬ【絹・衣】)。

⑨ "細布"原作"布細"。《名義・糸部》:"紵,白細布也。"兹據乙正。氏豆久利(てづくり【手作り】)。

⑩ "紵"與"繡"非異體。此或指字頭爲上條注文"繡"的異體,上字注文"繡"原作"繡",此字頭原作"繡"。

⑪ 《廣韻・錫韻》:"緆,先擊切。"此反切當有誤,俟考。氏豆久利(てづくり【手作り】)。

⑫ "人"下奪"反"字。《廣韻・真韻》:"紳,失人切。"兹據校補。

⑬ 注文"焦"當作"集","祢"當作"弥",據各本改。《廣韻・緩韻》:"纂,集也。"久弥(くみ【組】),又豆具(つぐ【継ぐ・接ぐ】)。

紅　紙二同。之盛(成)反，平；乘輿馬頭餝。①

線　死音。麻也。

縑　古咸反，平；絹也，繒也。

締　達計反，去；丁礼反，平；結也，綈也。②

綈緹二同。度嵇反，平；繒也，原(厚)繒，色綠而深也，綿也。緹，帛亦(赤)黃之色。③

綯　徒高反。絞也，繩也，幬也。

絝　上字。

縮　所六反，入；綸也，乱也，從也，直也，短也，正(止)也，抽也，斂也，退也，屈也，綸繩也。④

綝　力(丑)林反。□(止)也，善也。⑤

徽　虛歸反，平；美也，吉也，弦也，褌(褘)也。⑥

縝　丑仁反，上；纖縷也，紛也，畱也，鈦也，結也，畱縝也，鈦鎮(縝)也。⑦

縆　雉失反。渾也，棘也，益也，疊也，複也，朱組也，維也。渾棘二字，絸也。⑧

繒　疾陵反，平；旌也，麈也，帛總名也。旌麈二字，繒也。

繰〔操〕〔繰〕所敢(巌)反，平；控也，牽也，鞍也，絡畱取絲。⑨

經經二同。奚廷(雞庭)反，平；儀也，常也，法也，界也，織也，典也，識也，亦(示)也，度也，經

---

① 注文“盛”當作“成”。《原本玉篇》《名義》《玉篇・糸部》：“紙，之成反。”茲據校改。

② “丁礼反”疑非“締”字音。《廣韻》“締”字有平聲“杜奚切”、去聲“特計切”二音，“羝”字有平聲“杜奚切”、上聲“都禮切”，疑涉此而誤。“綈”當是“締”字異體，二字音同，俗字通用。《可洪音義》第四冊“賴綈”條：“徒迷反。亦作締。”

③ 注文“原”當作“厚”，“亦”當作“赤”。《説文・糸部》：“綈，厚繒也。”《名義・糸部》：“緹，帛赤黃也。”茲據校改。

④ 注文“正”當作“止”。《原本玉篇・糸部》：“縮，宋忠曰：縮，止也。”《慧琳音義》卷十六“拳縮”條：“宋忠注《太玄經》云：止也。”茲據校改。

⑤ 注文“力”當作“丑”，“反”下殘。《原本玉篇・糸部》：“綝，丑林反。《爾雅》：綝，若也。《説文》：綝，止也。”今本《爾雅・釋詁上》：“綝，善也。”茲據改補。

⑥ 字頭原作“徽”，爲内部類化而形成的俗字。注文“褌”當作“褘”。《原本玉篇・糸部》：“徽，《爾雅》或爲褘字，在衣部。”茲據校改。

⑦ 《切韻》“縝”有平、上二音，此音爲平聲，但誤標上聲。“畱也，鈦也”不詳，“鈦”字疑“致”或“緻”之誤。《禮記・聘義》：“縝密以栗。”鄭玄注：“縝，緻也。”“緻”同“致”。

⑧ 《原本玉篇・糸部》：“縆，除恭反。《説文》：增益也。《蒼頡篇》：縆，疊也。《聲類》：縆，複也。《字書》或爲褌字，在衣部。今並爲重字，在重部。”此條除“益也，疊也，複也”外，音義不詳。“朱組也，維也”似爲“紘”字義。又《説文・糸部》：“絸，帛赤黃色。一染謂之絸，再染謂之經，三染謂之纁。”昌住蓋將某書引《説文》“三染謂之纁”中的“纁”字誤認作“縆”，故於此條末增“絸也”之義。

⑨ 注文“敢”當作“巌”。《原本玉篇・糸部》：“繰，所巌反。……或爲鞍字，在革部。”茲據校改。“控也，牽也”疑是“操”字義，“操”又作“摻”。“絡畱取絲”爲“繰”字義。《廣韻・豪韻》：“繰，繹繭爲絲。繰，上同。俗又作繰，繰本音衫。”

（徑）也，絞也。①

　　經徒結反，入；服也，喪也，纕（繈）也。②

　　結吉姪反，入；成也，構也，旋也，就也，要也，交也，詘也，締也。③

　　緊古忍反，上；糾也，急也，糾急也。

　　繞饒小反，上；纏也，繚也。

　　繞**統**二上字。

　　緬亡善反，上；微縷也，遠也，思也，相（想）也，遥也。④

　　緬上同。

　　纊緒**統**三同。古（苦）浪反，去；綿也，絮也。⑤

　　紀居擬反。絲列（別）也，繞也，極也，録也，理也，會也，正也，貞也，事也，節也，緒也，織（識）也，年也，繩也，基也，十二年爲一紀。⑥

　　孫蘇屯反。昆，後也。順也。⑦

　　縺落賢反。縺縷也，寒具也。

　　繫**緙**二同。苦堅反，平；絲惡也，絾也。

　　緎況逼反，入；衣縫也。

　　縛符耀（玃）反。繫也，束也，收也。⑧

　　縑姊入反。縑合也，夷財名。

　　繁吕約反。紩也。

　　納奴答反。内也，藏也，取也，補也。⑨

　　繹羊益反。理也，陳也，長也，終也，充也。

　　辮蒲革反。[織]絲爲帶。⑩

---

① 注文“奚廷”當作“雞庭”，“亦”當作“示”，“經”當作“徑”。《原本玉篇·糸部》：“經，雞庭反。……《周易》：顛頤，拂經于丘。王弼曰：經猶義也。……《廣雅》：經，徑也。經，絞也。經，示也。”兹據校改。“儀”疑當作“義”，“識”疑“織”字訛衍。

② 注文“纕”當作“繈”。《廣韻·屑韻》：“經，繈經。”兹據校改。

③ 此條出《原本玉篇》，但《原本玉篇》無“就”義。

④ 注文“相”當作“想”。《慧琳音義》卷九十三“緬謝”條：“緬，想也。”兹據校改。

⑤ 注文“古”當作“苦”。《全王·宕韻》《玉篇·糸部》：“纊，苦浪反。”兹據校改。

⑥ 注文“列”當作“別”，“織”當作“識”。《原本玉篇·糸部》：“紀，《説文》：絲別也。《廣雅》：紀，識也。”兹據校改。

⑦ 《原本玉篇·糸部》：“孫，《爾雅》：子之子爲孫，孫之子爲曾孫，曾孫之子爲玄孫，玄孫之子爲來孫，來孫之子爲昆孫，昆孫之子爲仍孫，仍孫之子爲雲孫。謂出之子曰離孫，姪之子曰歸孫，女子之子爲外孫。郭璞曰：玄者，言親属微昧也。來者，言有来往之礼也。昆，後也。《汲冢書》：‘不穴出之，昆孫也。’仍，亦重也。雲，言漸遠如雲漢也。”

⑧ 注文“耀”當作“玃”。《裴韻》《全王》《唐韻·藥韻》：“縛，符玃反。”兹據校改。

⑨ “取也”下影印本衍一“也”字，原本與影抄本皆無，當删。

⑩ “絲”上奪“織”字。《切三》《王一》《裴韻》《唐韻》《廣韻·麥韻》：“辮，織絲爲帶。”兹據校補。

繡呼麦[反]。徽繡,乖違也,綪好。①

綟盧結反,又力計反。印緩(綬)也,麻綟也。②

緻 上字。

纈相(胡)結反。錦纈。③

紇相(胡)結反、下没二反。④

纈子括反。纈結。

縎古忽反。慉也,縎結。⑤

紩直質反。縫也,縷也,納也,索也,鉄也。⑥

繘之欲反。綴帶。

縟而蜀反。數也,又(文)采也。⑦

綠力玉反。繒色。⑧

續似足反。継也,属也,連也,靻也。⑨

自"絨"以下入聲,次去聲

紟綌二同。巨禁反。單被也,帶也,結也。衿字也。

紝絍二同。汝鴆反。女工也,織紝也。

紺古暗反。深青赤色。

緉力讓反。絞也,兩也,地名。履□(屐)雙作"兩",通。⑩

縞古到、古老二反。素也,練也,白色。

---

① "綪好"蓋"嫿"字義。《説文・女部》:"嫿,靜好也。"

② 注文"緩"當作"綬"。《集韻・屑韻》力結切:"綟,綬謂之綟。"兹據校改。

③ 注文"相"當作"胡"。《切三》《王一》《裴韻》《全王》《唐韻》《廣韻・屑韻》:"纈,胡結反。"兹據校改。

④ 注文"相"當作"胡"。《切三》《王一》《裴韻》《全王》《唐韻》《廣韻・屑韻》:"紇,胡結反。"兹據校改。

⑤ 《原本玉篇・糸部》:"縎,《説文》:縎,結也。《廣雅》:縎結,不解也。或爲慉字,在心部。"

⑥ 《原本玉篇・糸部》:"紩,《尔雅》:繺,紩也。郭璞曰:今人亦呼縫紩衣繺。《方言》:紩衣謂之縷。《説文》:縫衣也。《廣雅》:紩,納也。紩,索也。古文爲鉄字,在金部。"

⑦ 注文"又"當作"文"。《切三》《全王》唐韻・燭韻》:"縟,文綵。"《廣韻・燭韻》:"縟,文采。"《裴韻・燭韻》:"縟,繁文采色。"兹據校改。

⑧ "繒色"原倒。《説文・糸部》:"綠,帛青黃色也。"兹據校乙。字頭右旁有片假名"ヨル(よる【因る・由る・依る・拠る】)",疑是"緣"字和訓,形近而混。

⑨ 《原本玉篇・糸部》:"續,《尔雅》:續,繼也。野王案,《尚書》'予訝續乃命于天',《國語》'礼世不續'是也。《礼記》:續衽鉤鉤(邊)。鄭玄曰:續猶属也。《説文》:續。連也。又音辞属反。《毛詩》:陰靷鋈(鋈)續。傳曰:續,續靷也。"

⑩ "履"下原有補字號,所補之字在天頭,殘作"ｈ～",當是"屐"字之殘。《王一》《裴韻》《唐韻・漾韻》:"緉,履屐雙曰緉。"《全王・漾韻》:"緉,履屧雙曰緉。"《廣韻・漾韻》:"緉,履屐雙也。"《詩・齊風・南山》:"葛屨五兩。"陳奐傳疏:"兩,古緉字。"馬瑞辰傳箋通釋:"兩者,緉之省借。"本書尸部"屐"字作"屐",與殘字符合。兹據校補。《原本玉篇・糸部》:"緉,《方言》:緉,絞。關之東西或謂之緉。""地名"當指"關之東西"。

絹吉緣(掾)反。綑也,緤也,繒也。加止利。①

綖七選反。縫(絳)色。又古月(七絹)反。②

組丈莧反。補縫。又綻作。

綪倉見反。青赤色也。

絢許縣反。遠也,組也,綾也,文皃文(又文皃)。③

約上字。

絃亦上字。

紊无運反。乱也。

絻无運反。冠也,冕也,喪服也。帨字。

縕於問反。乱麻也,緋也,□(枲)也,絮也,綿也,乱也。④

紼去願反。束骨繩。又居玉反,入;纏臂繩。

縉即刃反。晉(縉)雲氏,又赤色。⑤

繙上字。

褐於闕反。急也,不成也。⑥

絓胡卦反。緒也,惡絲也,礙也,懸也,繫也。糸牟須波波留。⑦

紙匹卦反。未緝麻也,散糸(絲)也。⑧

継繼二同。古計反。紹也,餘也。

緅子句、子侯二反。青赤色也。

緆渠記反。連針。

緯云貴反。束也,橫絲也,襄也。

欻七四反。績所未緝者也。

---

① 注文"緣"當作"掾"。《裴韻》《全王》《廣韻·線韻》:"絹,吉掾反。"茲據校改。加止利(かとり 【縑】)。字頭右旁有片假名"ツク"。

② 注文"縫"當作"絳","古月"當作"七絹"。《全王》《唐韻》《廣韻·線韻》:"綖,絳色。"《唐韻》《廣韻·線韻》《玉篇·糸部》:"綖,七絹反。"茲據校改。

③ "文皃文"疑當作"又文皃"。《玉篇·糸部》:"絢,遠也,又文皃。"茲據校改。

④ "緋也"下殘。"於問反。乱麻也"出《切韻》,餘當出《原本玉篇》。《原本玉篇·糸部》:"縕,於昆反。《論語》:衣弊縕袍。孔安國曰:縕,枲也。《礼記》:纊爲繭,縕爲布。鄭玄曰:縕,謂今纊及舊絮也。纊,今綿也。《説文》:縕,緋也。《廣雅》:縕,乱也。"則殘字暫擬補作"枲"。

⑤ 注文"晉"當作"縉"。《王一》《裴韻》《全王·震韻》:"縉,縉雲氏。"《説文·糸部》:"縉,《春秋傳》縉雲氏。"茲據校改。

⑥ 注文"闕"字原作"剟",影印本脱漏"門"旁而作"剟",宮內廳原本、鈴鹿影抄本有"門"旁。P.3696A、《王一》《裴韻》《全王》《唐韻》《廣韻·祭韻》:"褐,於闕反。"

⑦ "惡"下原補"也"字。《切三》《裴韻》《全王》《廣韻·佳韻》:"絓,惡絲。"茲據刪。糸牟須波波留(いと【糸】むすばわる【結ばはる】)。

⑧ 注文"糸"當作"絲"。《説文·糸部》:"紙,散絲也。"《原本玉篇·糸部》:"《蒼頡篇》:紙,散絲也。"茲據校改。

去聲,次上聲

紂直柳反。馬緧也。

綏植酉反。縕綏也,紑也。

紡芳兩反。績也,緯束也。

綆統二同。古杏反。井索也,繘。

紹縐二同。市小反。緩也。

綌竹下反。絮,相着皃。①

綊吐敢反,去(上);又處占反,平;青黃色。②

綧丁果反。冕前垂。

縹敷沼反。青黃。

繨徐輦反。緩也。

緶方顯反。縷縫,裳襜也,交枲。

縯以淺反。長也,伯升字名。③

綣古本反。継也,緯也,束也。④

纂佐管反。組也。奉,藉也。⑤

繜上同。

給徒亥反。言不實也,絲勞也,疑也,緩也。⑥

紾紾二同。之忍反、居忍反。衣單也,緊也,急也,糾也。⑦

組則古反。緩(綬)也,纓也。⑧

縷千礼反。帛文。

絑莫礼反。繡文如聚米。

絒孚武反。綿也,[治]敝絮也。⑨

屌况羽反。殷冠。

紫兹此反。赤青色。

縤息拱反。絆前足。

---

① "絮"上原有"絮"字。《切三》《王一》《全王》《廣韻·馬韻》:"綌,綌絮,相著皃。"("絮"字《切三》《全王》作"絮")"絮""絮""絮"同。兹據删。

② 注文"去"當作"上"。此音爲上聲,"綊"字無去聲。兹據校改。

③《原本玉篇·糸部》:"縯,《漢書》:淮陽憲王欽,孫名縯。《後漢》:齊武王縯,字伯升。"

④ 注文"継也"不詳。

⑤《國語·齊語》:"縷纂以爲奉。"韋昭注:"奉,藉也。"此"奉,藉也"當爲韋注。

⑥ "絲"下原有"也"字。《説文·糸部》:"給,絲勞即給。"《原本玉篇》引同。《廣韻·海韻》:"給,又絲勞也。"兹據删。

⑦《原本玉篇·糸部》:"紾,居忍反。《聲類》亦緊字也。緊,急也,糾也。在緊部。"

⑧ 注文"緩"當作"綬"。《廣韻·姥韻》:"組,組綬。"《説文·糸部》:"組,綬屬。"兹據校改。

⑨ "敝"上奪"治"字。《説文·糸部》:"絒,治敝絮也。"《原本玉篇》所引同。兹據校補。

綺墟彼反。繒也，繡也，阿也。

綦𥿄紺三同。方孔反。小兒履。

上聲了，次平聲

綖息廉反。白經黑緯也，綫也，綴也，線也，纖也。

緘古咸反。慳悋也，又閉口不言也。

繩亦作。①

繩食陵反。索也，法也，直也，戒也，度也。

繩上字俗作。②

綾力膺反。錦也。

紸如林反。織也。

綸託侯反。紫布也。③

紬上同字。直留反。綾也。④

緱古侯反。緱氏縣，又刀劍頭纏絲。

綎他丁反。緩（綬）也，絲綬帶綎。⑤

綡（鯨）渠京反。綡（鯨）鯢也。⑥

纚。⑦

絣北萌反。振繩墨也，无文綺也。

綱綆二同。古郎［反］。網紀也，亥〻忽也。⑧

紗所加反。絹属也，少也，微也，編（繕）也。⑨

緺古華反。青緺綬。

䬹徒何反。絲縷數也，"絲五䬹"。⑩

---

① 此字當是上字"緘"的異體，但又涉下條"繩"字而誤。

② 《干禄字書》："繩繩，上通下正。"

③ 《説文・糸部》："綸，綸賷，布也。"《原本玉篇・糸部》引作"綸帗布也"。《切三》《王一》《全王・侯韻》："綸，紫。"《裴韻・侯韻》："綸，紫布。""帗"與"賷"同，"紫"蓋爲二字的換旁俗字。此從《切韻》作"紫"。

④ "綸"與"紬"非異體，此云"上同字"，不詳。

⑤ 注文"緩"當作"綬"。《廣韻・青韻》："綎，綬也。"《説文・糸部》："綎，系綬也。"茲據校改。

⑥ 字頭及注文"綡"當作"鯨"。《裴韻・陽韻》呂張反："綡，綡纚。"《全王・陽韻》呂張反："綡，纚。"《裴韻・庚韻》渠京反："鯨，大魚名。"《全王・庚韻》渠京反："鯨，大魚。雄曰鯨，雌曰鯢。"此蓋所據底本《切韻》字頭"鯨"誤作"綡"，故收入此部。致使"綡"字原義遂又成爲字頭，參見下條。茲據校改。

⑦ 字頭乃上字"綡"字之釋義。《裴韻・陽韻》呂張反："綡，綡纚。"《全王・陽韻》呂張反："綡，纚。"《廣韻・陽韻》呂張切："綡，冠纚。"蓋上字與"鯨"相混，原"綡"字釋義則無處置放，故又誤作字頭。

⑧ "亥〻忽也"不詳，疑是"引急也"之誤。《玉篇・糸部》："綱，引急也。""綱"與"綱"形近混。

⑨ 注文"編"當作"繕"。《切三》《王一》《裴韻》《全王・麻韻》："紗，紗絹。一曰繕。"茲據校改。

⑩ 《廣韻・歌韻》："䬹，絲數。《詩》云：素絲五䬹。"此蓋省略。

絁上字。式支［反］。繒似布。①

繑繘二同。去囂反。紐也，幡也，禹所乘。②

纏直連反。繞也，約也，日月行舍道。③

絟此緣反。葛，細布。④

紈胡官反。索（素）紈。⑤

紌〔扐〕九周反。緩。⑥

纁許云反。縫（絳）也，纒（緅）也，三染縫（絳）。⑦

繙附遠反。繙帠也，乱取也。冤也。

繽敷賓反。繽紛，飛也，盛也，衆也，□也。

紜王分反。紛紜。

紨撫于反。龐細（紬）也，布也。⑧

絑止俞反。赤色。

練色魚反。練葛也，料也，織荒糸也。⑨

緋匪肥反。綵也。

緇側持反。黑繒。

紂上字。

維以佳反。糸也，繞也，豈也，隅也，結也，糸也。⑩

緵子紅反。縷也，網也。

總倉紅反。色青黃，又細絹。

平聲了

---

① "式支"下奪"反"字。《廣韻·支韻》："絁，式支切。"茲據校補。

② 《廣韻·宵韻》："橋，踢橢行。又禹所乘也。鞽，上同。""繑"同"鞽"。

③ 《原本玉篇·糸部》："纏，《説文》：纏，約也。日月行舍爲躔字，在足部。"

④ 《原本玉篇·糸部》："絟，《漢書》：遺建絟、葛。音義曰：細布也。見律。服虔曰：絟亦葛也。今或爲荃字，在草部。"

⑤ 注文"索"當作"素"。《廣韻·桓韻》："紈，紈素。"《説文·糸部》："紈，素也。"茲據校改。

⑥ 《王一》《全王·尤韻》巨鳩反："紌，引。"《王一·尤韻》巨鳩反："扐，緩。"《全王·尤韻》巨鳩反："扐，緩扐。"此處混爲一條。

⑦ 注文"縫"當作"絳"，"纒"當作"緅"。《爾雅·釋器》："一染謂之緅，再染謂之䞓，三染謂之纁。"郭璞注："纁，絳也。"《全王·文韻》："纁，三染絳。"茲據校改。

⑧ 注文"細"當作"紬"。《説文·糸部》："紨，布也，一曰粗紬也。"《原本玉篇》引同。《廣雅·釋器》："紨，紬也。"《王一》《全王》作"龐紐"，《切三》作"鹿（龐）細"，當非。茲據校改。

⑨ 《原本玉篇·糸部》："練，《釋名》：紡龐絲織曰練。練，料也，料料然疏也。"今本《釋名·釋帛采》："紡麤絲織之曰疏。疏，寥也，寥寥然也。""織荒糸"當即"紡龐絲"之義。

⑩ 二"糸也"當有誤，或有一作"系"。

絯 如捶反。茸也,烝,取(冣)也,茸良也,訾而下也,垂也。①

緊 於奚[反]。樞(褔)也,小也次(兒次)裹衣,繒也。②

絜 防結反。編繩,又躰員。③

繴 匕格反。捕鳥网,幡車也,罦也。

鷟 山卓反。緘也。

繫 奚計反。系也,繼也。

彝 与止反。尊也,常也,觧也,法也,器也。

繘 古通反。汲綆也。

繈 上字。

緄 可(何)殄反。置也,蠶衣也。④

繭 上字。

綌 口皆反。大絲。⑤

綖 古光反。絲幔延。⑥

紙 丁奚反。絲滓。

紐 上字。

繹 余灼反。絲色。

絡(綹) 力九反。十絲爲[綹]。⑦

續 子兊反。繼也,功也。

緛 奴(如)緣反。絲勞也。⑧

絟緈 二同。古丁反。冝(直)也,婷也。⑨

---

① 注文"取"當作"冣"。《名義·糸部》:"絯,茸也,烝也,冣也,良也。"《玉篇·㣺部》:"絯,聚也。"《廣雅·釋詁三》:"絭,聚也。""絭"同"絯"。《淮南子·本經訓》:"燎焚天下之財。"俞樾平議:"'燎焚'當作'撩冣',古人書聚字或作冣。"《説文·冂部》:"冣,積也。"段注:"冣與聚音義皆同,與月部之'最'音義皆别。""冣"即"冣"字。是"烝""冣"皆俗"聚"字。茲據校改。"茸良也""訾而下也"不詳。

② 注文"樞"當作"褔","也次"當作"兒次"。《原本玉篇·糸部》:"緊,《方言》緊袼謂之褔。郭璞曰:即小兒次衰(次裹)衣也。"《説文·糸部》:"褔,一曰次裹衣。"茲據補改。

③ "躰員",《原本玉篇》引《倉頡篇》作"躰莫",俟考。

④ 注文"可"當作"何","蠶"下原有"也"字。《原本玉篇·糸部》:"繭,何殄反。緄,《説文》古文繭字也。"《説文·糸部》:"繭,蠶衣也。"茲據改删。

⑤ "大絲"原倒。《説文·糸部》:"綌,大絲也。"《原本玉篇》引同。《王一》《全王》《廣韻·皆韻》:"綌,大絲。"茲據乙正。

⑥ 末字鈴鹿影抄本作"𧚊",當是"延"字,影印本誤作"也"。《説文·糸部》:"綖,絲曼延也。"《原本玉篇》引作"絲蔓延"。

⑦ 字頭"絡"當作"綹","爲"下奪"綹"字。《廣韻·有韻》:"綹,十絲爲綹。"茲據改補。

⑧ 注文"奴"當作"如"。《原本玉篇》《名義·糸部》:"緛,如緣反。"茲據校改。

⑨ 注文"冝"當作"直"。《説文·糸部》:"緈,直也。"《原本玉篇》引同。茲據校改。

紤〔紉〕止（思）計反。小也，索也，求也，法也，細也，微也。①

緢亡交（校）反。旄絲也。②

総止（且）公反。領也，攝也，合也，普也，皆也，最也，結也。③

緫緫二上字。

紾徒展反。轉也。

綰繯二同。古（胡）串反。還也，絡也，虹也，繑也。④

絿巨周反。急也，求。

纑力卧反。不紃也，不勻也。⑤

繹甫一反。止也，縫也。

姚他叫反。絲數也。

綡直轉反。卷也，絹也，數也，名也。⑥

綢止以反。粗紬，総也，經緯不同也，生油（紬）也。⑦

繩上字。

絹綃二同。古（胡）貴反。繒也，緒也。⑧

繡上（思）又反。黼黻。⑨

---

① 注文“止”當作“思”。《廣韻·霽韻》：“紤，蘇計切。”《原本玉篇·糸部》：“細，思計反。《尚書》：三細弗宥。孔安國曰：細，小也。《説文》：細，微也。紤，《説文》：古文細字也。”此條當出《原本玉篇》，本書以“止”爲心母字，日語音讀同。茲據校改。“索也”疑是“紉”字義。《楚辭·離騷》：“紉秋蘭以爲佩。”王逸曰：“紉，索也。”又“求也，法也”疑是“索”字義。《廣韻·陌韻》：“索，求也。”《原本玉篇·糸部》：“索，《左氏傳》：啓以商政，彊（疆）以周索。杜預曰：索，法也。”

② 注文“交”當作“校”。《原本玉篇》《名義·糸部》：“緢，亡挍（校）反。”茲據校改。

③ 注文“止”當作“且”。《原本玉篇·名義·糸部》：“総，且公反。”茲據校改。

④ 注文“古”當作“胡”。《原本玉篇·糸部》：“繯，禹善、胡串二反。”茲據校改。《原本玉篇·糸部》：“繯，《國語》：繯山於有字（牢）。賈逵曰：繯，還也。《方言》：所以懸樔也。宋魏江淮之間謂之繯，或謂之環。《説文》‘繯’是也。野王案，《羽獵賦》‘虹蜺爲繯’是也。《蒼頡篇》：繯，繑也。”今本《説文》作“繯，落也”，“落”字或當從《新撰字鏡》作“絡”。

⑤ 《原本玉篇·糸部》：“纑，《説文》：不紃也。《蒼頡篇》：不勻（勻）也。”《説文·糸部》：“纑，不均也。”

⑥ 《原本玉篇·糸部》：“《爾雅》：十羽謂之綡。郭璞曰：列羽數多少之名也。……《聲類》：今作絹字。”今本《爾雅·釋器》作“縳”，此處“數也，名也”本郭注。

⑦ 注文“油”當作“紬”。《原本玉篇·糸部》：“綢，《蒼頡篇》：經緯不同也。亦生紬也。”茲據校改。《原本玉篇·糸部》：“繩，尸移、思移二反。《説文》：粗紬也。《蒼頡篇》：細曰紷（絟），粗曰紵。繩，総大者也。”此反切當是倭音“じ”。

⑧ 注文“古”當作“胡”。《原本玉篇·糸部》：“絹，胡貴反。”茲據校改。

⑨ 注文“上”當作“思”。《原本玉篇·糸部》：“繡，思又反。《考工記》：畫繪之事，五采俻謂之繡。野王案，《尚書》‘黼黻絺繡’是也。”此本《原本玉篇》，“上”原當作“止”，見上文“紤”字條。茲據校改。

紲式出反。縫也,紩也,名也。①

絳古向反。緋,大赤繒。

紅公攻反。王(工)也,緅也。②

綦巨紀反。綥也,連也,組也,蹇絆也,幀也。

綖他敢反。幐,色也,葵也。③

紓孚丘反。絲衣也,潔鮮也,盛也。

紻於口(兩)反。纓也,題勒。④

緄古本反。繩也,織成帶也。

綌几格反。絲也,綪(綬)也,佩也。⑤

繵充千(善)反。緩,寬縛(綽)皃。⑥

綺口古(故)反。袴也,脛衣也。⑦

緥逋道反。褓也。

縳止(子)昆反。布。⑧

㡀甫木反。襆。

絨尤月反。采也,希。⑨

縱上(子)凶反。上字同。⑩

---

① 《原本玉篇·糸部》:"紲,式出反。《史記》:却冠緑紲。徐廣曰:紲,絳(縫)也,紩之別名也。《蒼頡篇》:紩也。"今本《史記·趙世家》:"黑齒雕題,却冠秫紲,大吳之國也。"集解引徐廣注:"《戰國策》作'秫縫','紲'亦縫紩之別名也。"《説文·糸部》:"紲,絳也。""絳"亦"縫"字之誤。此處"名也"本"紩之別名也"。

② 注文"王"當作"工"。《原本玉篇·糸部》:"紅,胡工反。……《廣雅》:緅謂之紅。《漢書》:女紅之物。如淳曰:紅亦左(工)也。"《漢書·哀帝紀》:"害女紅之物,皆止,無作輸。"顔師古注引如淳曰:"紅亦工也。"兹據校改。《廣韻·東韻》音"户公切",此音當是倭音"こう"。

③ 《原本玉篇·糸部》:"綖,《説文》:帛雛色也。《詩》曰:'毳衣如綖'是也。《韓詩》爲幐字,在帛部。今並爲葵字,在草部。""幐"爲異體,"色"上當是"雛"字,完整的釋義或當作"幐也,帛雛色也"。

④ "於"下殘。《原本玉篇·糸部》:"紻,於兩反。《説文》:紻,纓也。《蒼頡篇》:亦題勒也。"此本《原本玉篇》,音當同,但殘字作"^る",似是"央"字,暫據《原本玉篇》改作"兩"。兹據校補。

⑤ 注文"綪"當作"綬"。《原本玉篇·糸部》:"綌,《蒼頡篇》:綬絲也。"《説文·糸部》:"綌,綬維也。"兹據校改。《廣韻·陌韻》:"綌,宜戟切。"此反切當是"逆"字倭音"ぎゃく"。

⑥ 注文"千"當作"善","縛"當作"綽"。《原本玉篇·糸部》:"繵,充善反。""千"爲日語用字。《廣韻·獮韻》:"繵,寬綽。"兹據校改。

⑦ 注文"古"當作"故"。《原本玉篇·糸部》:"綺,口故反。"兹據校改。

⑧ 注文"止"當作"子"。《原本玉篇·糸部》:"縳,子昆反。"兹據校改。

⑨ 《原本玉篇·糸部》:"絨,禹月反。《説文》:絨,采也,一名事(車)馬君(帬)也。《蒼頡篇》:希總類也。"

⑩ 注文"上"當作"子"。《原本玉篇·糸部》:"縱,子凶反。"兹據校改。《原本玉篇·糸部》:"縱,《字書》亦緃字也。""縱"與"緃"爲異體,非"絨"字。《説文·糸部》:"縱,緃屬。"此"上字同"應指義同。

繻繑二同。古桂(胡卦)反。維紘中繩。①

緷禹貧反。細繩也。

紭古(胡)□(玦)反。纊,衱。②

縫夫(扶)封反。紩也,會也,緘(鍼)。③

緁且妾反。綆(纏)緝也,袍也,索也,弭(緝)也。④

緝上字。

結止烈(思裂)反。堅也,襄也。⑤

絇絇二同。求具(俱)反。救也,纑也。⑥

狄夫(扶)福反。軼也,軷。⑦

綊古夾(胡篋)反。紝綊也。⑧

綩夫(扶)元[反]。馬髦(髦)之餝也。⑨

紼上字。

緧且字(牛)反。紂也,鞧。⑩

緧上同。

縼止員(詞絹)反。系牛繩也。⑪

絼以止(止以)反。重也,縻也。⑫

---

① 字頭上字原作"繫"。注文"古桂"當作"胡卦"。《原本玉篇·糸部》:"繻,尤恚、胡卦二反。《説文》:維紘中繩也。"茲據校改。

② 注文"古"當作"胡",下字殘。《原本玉篇》《名義·糸部》:"紭,胡珠(玦)反。"《玉篇·糸部》:"紭,胡玦切。"《廣韻·屑韻》:"紭,胡決切。"茲據改補。

③ 注文"夫"當作"扶","緘"當作"鍼"。《原本玉篇·糸部》:"縫,扶封反。野王案,《説文》:以鍼紩衣也。"茲據校改。

④ 注文"綆"當作"纏","弭"當作"緝"。《原本玉篇·糸部》:"緁,《説文》:纏緝緁也。《廣雅》:緁,索也。或爲緝字。"《説文·糸部》:"緁,緁衣也。緝,緁或从習。"《説文·糸部》:"纏,交枲也。一曰緁衣也。"茲據校改。

⑤ 注文"止烈"當作"思裂"。《原本玉篇·糸部》:"結,思裂反。"茲據校改。

⑥ 注文"具"當作"俱"。《原本玉篇·糸部》:"絇,求俱反。"茲據校改。

⑦ 注文"夫"當作"扶"。《名義·糸部》:"狄,扶福反。"茲據校改。

⑧ 注文"古夾"當作"胡篋"。《原本玉篇·糸部》:"綊,胡篋反。"茲據校改。

⑨ 注文"夫"當作"扶","元"下奪"反"字,"髦"當作"髦"。《原本玉篇·糸部》:"繁(絭),扶元反。《説文》:馬髦髦飾也。"《説文·糸部》:"絭,馬髦飾也。""綩"同"絭"。茲據改補。

⑩ 注文"字"當作"牛"。《原本玉篇·糸部》:"緧,且牛反。"茲據校改。

⑪ 注文"止員"當作"詞絹"。《原本玉篇·糸部》:"縼,詞緷(絹)反。"《名義·糸部》:"縼,詞絹反。"茲據校改。

⑫ 《原本玉篇》《名義》音"尸賜反",《廣韻》《切韻》音"羊至反",此音據《原本玉篇》,當作"止以反",即倭音"し","止以反"又見"繩""衹"字條。

縻靡爲反。纂也,翮(嗣)也。在广部。①

纆亡六反。採薪繩。②

纆上字。

絹弋宰反。彈彄也,絹紞(紘)也。③

紙止氏反。箸也,絮也。帋字同。④

縭力奚反。□(繫)也,絓也。⑤

縐縐紹三同。則求(側救)反。細絺也,緅也,纖。⑥

紼甫勿反。棺索也,扼(挽)車索也,繼袖衣也,乱麻也,緼枲,挽舩索也。⑦

綍繂縡三字上同。

繝几厲反。毳布也,錦罽,文繡也。罽字。

紨且骨反。索也。

綹力周反。旗旒也。

繳力冉反。櫛也,地名。⑧

繏止千(思懸)反。索,地名。⑨

緝安(如)用反。輯也,鞌毳飾也。⑩

繾丘卷反。幘也,网卷(罨)也,[小]兒幘。⑪

縚絡二同。勑高反。韜也,劒衣,弢衣(也),弓衣也。⑫

---

① 注文"翮"當作"嗣"。《新撰字鏡·广部》:"縻,纂也,嗣也。"茲據校改。釋義不詳所出。《原本玉篇·糸部》:"縻,靡知反。《說文》:牛轡也。《蒼頡篇》:牛纆也。《廣雅》:縻,繫也。野王案,《史記》'羈縻勿絶'是也。又曰:廣縻,小也。縻,御也。縻,索也。散失之縻爲縻字,在广部。"

② 《原本玉篇·糸部》:"纆,文勒反。"此音當是"墨"字倭音"ぼく"。

③ 注文"紞"當作"紘"。《名義·糸部》:"絹,紘也。"《原本玉篇》誤作"紘",《玉篇》誤作"弦"。茲據校改。

④ 《原本玉篇》音"之是反",《廣韻·紙韻》音"諸氏切",此音當是據倭音而改。

⑤ "反"下殘。《原本玉篇·糸部》:"縭,力奚反。《說文》:繫縭也。一曰絓也。"茲據校補。

⑥ 注文"則求"當作"側救"。《原本玉篇·糸部》:"縐,側救反。"茲據校改。"緅"字當是"縐"的俗字。

⑦ 注文"扼"當作"挽"。《原本玉篇·糸部》:"紼,《礼記》:助葬必執紼。鄭玄曰:拋車索也。……《蒼頡篇》:緼枲也。《字書》:一曰拋舩索也。""拋"同"挽"。茲據校改。"緼"字影印本誤作"温"。

⑧ 《原本玉篇·糸部》:"繳,《方言》:所以懸櫛,關西謂之繳。""地名"指"關西"。

⑨ 《原本玉篇·糸部》:"繏,思懸反。《方言》:所以懸櫛,東齊海岱之間謂之繏。《廣雅》:繏,索也。""止千反"疑是"思懸反"的倭音替换用字。"地名"指"東齊海岱之間"。

⑩ 注文"安"當作"如","鞌"下原有"也"字。《原本玉篇·糸部》:"緝,如用反。《字書》亦鞲字也。鞲,鞍毳餝也,在革部。"茲據改刪。

⑪ 注文"网卷"當作"罨","兒"上奪"小"字。《原本玉篇·糸部》:"繾,丘權反。《聲類》亦罨字也。罨,小兒幘也。"茲據改補。

⑫ 《原本玉篇·糸部》:"縚,勑高反。《聲類》亦韜字也。韜,劒衣也,在韋部。《字書》亦弢字也。弢,弓衣也,在弓部。"注文"韜"字原誤作"鞱"。"弢"下"衣"字蓋涉"劒衣"與"弓衣"而誤,當改作"也"。

䊺他口反,斛,黄色。

䌈止召(子堯)反。蕉也,生枲未漚。①

緷口屯(緄)反。捆也,緻也,織也,就也,齊。②

䯝古(胡)加反。鞤也,鞤也,履根。③

繴徂各反。筰也,竹繩也。④

䋞无仰反。网也,網也。⑤

網罔二同。亡往反。⑥

練𥾝二同。力哉反。氂(氂)也,耗(耗)也,庲也,强毛。⑦

緯口革反。繡也,緻紩。

鄰力仁反。絡繹也。

繷**純**二同。山羊反。淺黄色。

紷力丁反。綼,絲繐。⑧

綼甫(補)伇反。紅也,緆。⑨

繝弋冉反。續也,析(折)木。⑩

䋵**𥾟**二同。亡狄[反]。𥿅索(索)也,飀素(索),地名。⑪

約亡結反。細。

耗亡到反。刾。

䌈司林反。續也,尋。⑫

緇司尊反。繞緇,襔裺,衣督脊也。

---

① 《原本玉篇·糸部》:"䌈,子堯反。《字書》亦蕉字也。蕉,生枲未漚也,在草部。"此反切蓋亦倭音替換用字。

② 《原本玉篇·糸部》:"緷,口緄反。《字書》亦捆字也。捆,緻也,織也,就也,齊等也,在手部。""屯"亦"緄"的倭音替換用字。

③ 注文"古"當作"胡"。《原本玉篇·糸部》:"䯝,胡加反。"兹據校改。

④ 《原本玉篇·糸部》:"繴,《字書》亦筰字也。筰,竹繩也,在竹部。"《廣韻·鐸韻》:"筰,竹索,西南夷尋之以渡水。筰,上同。"

⑤ 字頭原作"**紷**",《原本玉篇》《名義》同,此當是"網"的更換聲旁異體字。

⑥ "網"字右旁有片假名"アミ(あみ【網】)"。後一字頭或是"網"字之誤,或涉"罔"字類化。

⑦ 注文"氂"當作"氂","耗"當作"耗"。《原本玉篇·糸部》:"練,《字書》亦氂字。氂,强毛也,在氂部。或爲庲字,在广部。或爲耗字,在毛部。"兹據校改。

⑧ 《原本玉篇·糸部》:"紷,《埤蒼》:紷綼,絲繐百廿。"

⑨ 注文"甫"當作"補"。《原本玉篇·糸部》:"綼,蒲狄、補伇二反。"兹據校改。

⑩ 注文"析"當作"折"。《原本玉篇·糸部》:"繝,《方言》:繝,續也。秦晉續折木謂之繝也。"《方言》卷六:"撊,續也。秦晉續折謂之撊。"兹據校改。

⑪ 注文"素"當作"索"。《原本玉篇·糸部》:"䋵,《廣雅》:䋵,索也。《埤蒼》:飀索也,荆州云。"兹據校改。"地名"指"荆州"。

⑫ 《原本玉篇·糸部》:"䌈,詞林反。《埤蒼》:䌈,續也。今亦爲尋字,在寸部。"

縹力七反。綊(緑)。①

絽力□(舉)反。繄也,絣也,紩也。②

緰於輒反。緤,縫袓。

緤牛桀反。緰也。③

絯公才反。挂也,中約。④

縩止(思)刺反。綃縠。⑤

緥甫(補)奚反。并也,誤也,訛(諀)。⑥

縡止(子)代反。事也,載也。⑦

緝如止反。轡也,盛。

絧徒同(弄)反。馬(鴻)絧,相通。⑧

綐徒外反。細(紬),亦細綐(紬)。⑨

絚古賢、古兩二反。萃(卒)。⑩

縷阿侯反。文褸也。⑪

絗(絅)口囬(迴)反。布名,褧。⑫

---

① 注文"綊"當作"緑"。《原本玉篇·糸部》:"縹,《廣雅》:蒸縹,緑也。"《廣韻·質韻》:"縹,蒸栗,色緑。"茲據校改。

② "力"下殘。《原本玉篇》《名義·糸部》:"絽,力舉反。"茲據校改。

③ 《原本玉篇·糸部》:"緤,牛輒反。"

④ 《原本玉篇·糸部》:"絯,公財反。"《玉篇·糸部》:"絯,公才切。"

⑤ 注文"止"當作"思"。《原本玉篇·糸部》:"縩,思刺反。"本書有用"止"字代替心母字的習慣。茲據校改。

⑥ 注文"甫"當作"補","訛"當作"諀"。《原本玉篇·糸部》:"緥,補奚反。……或爲諀字,在言部。"茲據校改。

⑦ 注文"止"當作"子"。《原本玉篇·糸部》:"縡,子代反。"本書有用"止"字代替精母字的習慣。茲據校改。

⑧ 此條注文原接在上字"緝"字注文末,後删去此字注文,補"絧,徒同反",今依體例重新校録。注文"同"當作"弄","馬"當作"鴻"。《原本玉篇·糸部》:"絧,徒弄反。《埤蒼》:鴻絧,相通也。"茲據校改。

⑨ 注文"細"當作"紬","綐"當作"紬"。《原本玉篇·糸部》:"綐,《埤蒼》:綐,紬也。《聲類》:細紬也。"茲據校改。

⑩ 注文"萃"當作"卒"。《原本玉篇·糸部》:"絚,《公羊傳》:成公四年,鄭伯絚卒。"茲據校改。

⑪ 《原本玉篇·糸部》:"縷,《儀礼》:會笄用桑,長四寸,縷中。鄭玄曰:桑之言喪也。用以爲笄,長四寸,不冠也。縷笄之中央以安髮也。注又曰:今文褸爲縷也。褸謂削約屈之中央以安髮也,在衣部。"《儀禮·士喪禮》:"牢中旁寸。"鄭玄注:"牢讀爲樓。樓謂削約握之中央以安手也。今文樓爲縷,旁爲方。""樓"疑是"褸"字之誤。"今文"即"今古文"之"今文",此誤與下文連讀,"文"字當删。

⑫ 字頭"絗"當作"絅",注文"囬"當作"迴"。《原本玉篇·糸部》:"絅,口迴反。"茲據校改。

緗所梁反。桑也,初生桑也,繒絋。①

緫呼勿反。微。

絘齊次(咨)反。補。②

綶烏可(何)反。細繒也,紵縞。③

繾徒到反。綠色繒。④

繛亡句反。纞淹餘繛。

繵直連反。涼衣。

紵公旦(但)反。衦也,展衣也。⑤

綻所去反。疏。

絪絪二同。於袖(神)反。茵也,褥也。⑥

繢所棘反。縫也,合也,縡。

綦几足反。約也,連也,纒也。

綮苦啓反。紋(緻)繒,戟衣。榮字。⑦

纐攍同。亡結反。

𦀖攍同。先結反。不公(正)方。⑧

縸繆幪同。亡貢反。縠也,女子以覆首,一曰巾幪。又巾同。紹。テラス。⑨

① 《原本玉篇·糸部》:"緗,所梁反。《續漢書》:賈人嫁娶,衣緗縹(縹)而已。《廣雅》:絓(綃)謂之緗。《廣雅(釋名)》:緗,桑初生之色也。"今本《廣雅·釋器》:"綃謂之絹。"圖書寮本《類聚名義抄》"綃縠"條:"綃謂之緗。"《廣雅》當作"綃謂之緗"。《釋名·釋采帛》:"緗,桑也,如桑葉初生之色也。"此"繒絋"不詳,"繒"或"絓(綃)"字之誤。

② 注文"次"當作"咨"。《原本玉篇·糸部》:"絘,齊咨反。"茲據校改。

③ 注文"可"當作"何"。《原本玉篇·糸部》:"綶,遏何反。"《廣韻·歌韻》:"綶,烏何切。"茲據校改。

④ 《原本玉篇·糸部》:"繾,《蒼頡篇》:不青不黃也。《聲類》:綠色也。""繒"或因上條"綶,細繒也"而誤增,當刪。

⑤ 注文"旦"當作"但"。《原本玉篇·糸部》:"紵,公但反。"茲據校改。

⑥ 注文"袖"當作"神"。《原本玉篇·糸部》:"絪,於神反。"茲據校改。

⑦ 注文"紋"當作"緻"。《原本玉篇·糸部》:"綮,《説文》:緻繒也。"茲據校改。

⑧ 此字及上字蓋"攍攍"的俗字。注文"公"當作"正"。《切三》《王一》《裴韻》《唐韻》《廣韻·屑韻》:"攍,攍攍,不方正。"《廣韻·屑韻》:"攍,攍攍,不方正。"《王一》《裴韻·屑韻》:"攍,攍攍,不正方。"《全王·屑韻》:"攍,攍攍,不政。"此處蓋"不正方"之誤。茲據校改。

⑨ "亡貢反"爲"夢"字音。"又巾同。紹"不詳。テラス(てらす【照らす】)。

衣部第卅八

二百八十五字

衣　於幾(機)反，去；服也，依也，隱也。①

褕　余招、翼朱二反。羽餝也，襜褕。

袗衫二同。上(止)刃反。同也，禪也，服也，□(緣)也，表衣。②

褥(裖)上字。③

襒　匕交反。水(外)也，表也，明也，特也，書也，上衣。④

裺　於僉(劍)反。縫紾(緣)也，被衻也，裾也。⑤

褌　於建反。裺也。

褋　且立反。裧緣也，裾上也。

襟衿裾三同。居音反，平；衣領也，交衽也。衿，紟也，單被也，結也。

裸　徒夾(頰)反。襜褕也。⑥

襍　上同。

襋〔襀〕公殄反。袍也。竹几反。紩衣。⑦

褍　他臥反。袖也，袂也。⑧

禂　上字。

---

① 《名義·衣部》："衣，於機反。服也，隱也，依也。"此"幾"蓋是"機"字之省，此字有平、去二聲，此音當是平聲。

② 注文"上"當作"止"，殘字原作"衫"。《字鏡·衣篇》："衫，止刃反。袗作。緣也，禪也，服。"《玉篇·衣部》："袗，之忍、之刃二切。玄服也，綠(緣)也。"茲據改補。

③ 字頭"褥"當作"裖"。《説文·衣部》："袗，玄服。裖，袗或从辰。"《名義·衣部》："裖，袗字。"茲據校改。

④ 注文"水"當作"外"。《説文·衣部》："表，上衣也。襒，古文表从麃。"《玉篇·表部》："表，衣外也。"《名義·衣部》："表，外也，明也，書也，時(特)也。襒，古表字。"茲據校改。

⑤ 注文"僉"當作"劍"，"紾"當作"緣"。《字鏡·衣篇》："裺，於劍反。縫緣也。"《玉篇·衣部》："裺，於劍、於檢二切。緣也，被也。"《方言》卷四："懸裺謂之緣。"郭璞注："衣縫緣也。"茲據校改。《新撰字鏡·衣部》："褌，衣領也，被也，衻也。"

⑥ 注文"夾"當作"頰"，"襜褕"二字原倒。《名義》《玉篇·衣部》："裸，徒頰反。"《方言》卷四："襜褕，江淮南楚謂之襜褣，自關而西謂之襜褕。"茲據改乙。

⑦ 字頭原作"襀"，"襋"與"襀"二字形近相混。《玉篇·衣部》："襋，公殄切。袍也。"《玉篇·衣部》："襀，竹几切。紩衣也。"

⑧ 《説文·衣部》："褍，無袂衣謂之褍。"《名義·衣部》："褍，无袂衣也。"此作"袂也"則爲節引。

襅都佶反。新衣縫,裧也。①

襪褶二字上同。

袖辞救反。袪也,長也,進也,服也,充出(耳)兒。②

襄古(胡)乖反。裏也,挹(抱)也,握也,褢也,裹也。③

裏上字。

褓甫(蒲)報反。以袂裏也,褱也。④

褱上字。拭泣也。⑤

裧充占反。棺飾也,帗也,襜也。

衿古薤反。袺(祐)也,衣服破裂縫調曰衿,猶縫也,衣長兒。⑥

衧右夫反。衣裳。

衭各旱反,上;摩展衣。

袤上字。⑦

襀起連反。袴也,蹇。

蹇上字。

襩止(時)属反。長襦也,裾也。⑧

裾上字。

襘古(禹)歸反。衣潰兒。⑨

---

① 《名義·衣部》:"襅,都告反。"《廣韻》"襅"字有号韻"都導切"、沃韻"冬毒切"二音,故反切下字疑爲"佶",沃韻字,可入韻。《説文·衣部》:"襅,衣躬縫。"《説文·衣部》:"裧,新衣聲。一曰背縫。"《名義·衣部》:"襅,衣新絳(縫)。"此處釋義與《名義》當有一誤。又《方言》卷四:"繞繃謂之襪裧。"

② 注文"出"當作"耳"。《詩經·邶風·旄丘》:"褎如充耳。""袖""褎"同。茲據校改。參見下文"褱"字條。

③ 注文"古"當作"胡","挹"當作"抱"。《名義·衣部》:"襄,胡𦬠(乖)反。抱也。"茲據校改。

④ 注文"甫"當作"蒲"。《名義·衣部》:"褱,蒲報反。褓,上字。"茲據校改。

⑤ "字"原在"也"上。"拭泣也"不詳,疑涉"袍"字而來。《廣韻·豪韻》:"袍,長襦也。褱,上同。"《公羊傳·哀公十四年》:"反袂拭面,涕沾袍。"何注:"袍,衣前襟也。"

⑥ "袺也"影印本脱,據鈴鹿影抄本、《字鏡》補。注文"袺"當作"祐"。《説文·衣部》:"衿,祐也。"《説文·衣部》:"祐,衣衿也。"茲據校改。

⑦ 字頭原作"𧚡"。"衧"有異體"袤"字,"衧"無異體,此字形當是"袤"字。《字鏡·衣篇》:"袤,各旱反,上;摩展衣。"所據蓋與此同。

⑧ 注文"止"當作"時"。《名義·衣部》:"襩,時屬反。"茲據校改。

⑨ 注文"古"當作"禹"。《名義·衣部》:"襘,禹歸反。"茲據校改。《説文·衣部》:"襘,重衣兒。《爾雅》曰:襘襘禬禬。"《爾雅·釋訓》:"儚儚、洄洄,惛也。"釋文:"洄洄,《音義》云:本或作襘,音韋。《字林》:襘,重衣貌。于回反。"釋文"襘"字原從"巾",當是異體。《通雅·釋詁》:"襘襘禬禬,或即洄洄潰潰,又作聭聭憒憒。"此處注文"潰"字或當作"禬"。但《説文》無"禬"字,所引《爾雅》的"禬"或是"潰"字之訛。

襱如共(恭)反。戎襱也,大原(厚)。①

袳充是反。□□(大也),衣張也,袂也,袤也。②

袤上字。

衯方(妨)云反。長衣皃。③

鵁都交(皎)反。短衣。④

褕以(似)兩反。飾也。⑤

褊匕面(卑緬)反。疾也,陿也,小衣。⑥

袗女袟反。服也,裳也,衣,近身衣。⑦

褊勑細反。褓也。

袾竹俞(瑜)反。佳也,衣身也。⑧

袓似与反。事好也,孈也,地名。⑨

袓〔衵〕尼質反,入;近身衣也。幝也。又丈莧反。衣縫解。⑩

褌匕以反。椑也,襦也,服也,私(衫)也,益也,冕也。⑪

裕俞(瑜)句反。是(足)也,饒也,緩也,道也,寬也,容也,容衣(袤)。⑫

袤上字。

裎(裎)式延反。車軦裎(裎)也,帒。⑬

補甫(逋)古[反]。皃(完)衣也,助也,填也,數也,十垓。⑭

---

① 注文“共”當作“恭”,“原”當作“厚”。《名義·衣部》:“襱,如恭反。大厚。”“原”字旁有修改符,但影印本已無,鈴鹿影抄本、《字鏡》作“厚”。兹據校改。

② “反”下殘。《字鏡·衣篇》:“袳,昌代(氏)反,充是反。大也,衣張也,袂也。袤作。衣張皃。”原字殘作“大皃”,應即“大也”二字。兹據校補。

③ 注文“方”當作“妨”。《名義·衣部》:“衯,妨云反。”兹據校改。

④ 注文“交”當作“皎”。《名義·衣部》:“鵁,都皎反。”兹據校改。

⑤ 注文“以”當作“似”。《名義·衣部》:“褕,似兩反。”兹據校改。

⑥ 注文“匕面”當作“卑緬”。《名義·衣部》:“褊,卑緬反。”“匕面”當是用筆畫較少之字替換聲母用字。兹據校改。

⑦ “袟”爲俗“秩”字。“近”上“衣”字當與字頭連讀作“袗衣”。

⑧ 注文“俞”當作“瑜”。《名義·衣部》:“袾,竹瑜反。”兹據校改。

⑨ 《廣韻·麻韻》:“袓,縣名。”此“地名”當指“縣名”。

⑩ 《廣韻·質韻》尼質切:“衵,近身服。”此“袓”與“衵”形近相混。《名義·衣部》:“幝,袓字。免衣。”

⑪ 注文“私”當作“衫”。《方言》卷四:“偏禪謂之禪襦。”郭璞注:“即衫也。”兹據校改。

⑫ 注文“俞”當作“瑜”,“是”當作“足”,“容衣”當作“袤”。《名義·衣部》:“裕,瑜句反。袤,上字。”《廣雅·釋言》:“裕,足也。”鈴鹿影抄本、《字鏡》即作“足”。兹據校改。

⑬ 字頭及注文“裎”當作“裎”。《名義·衣部》:“裎,戒(式)延反。帒也。”《玉篇·衣部》:“裎,式然切。車軦裎。又帒也。”兹據校改。

⑭ 注文“甫”當作“逋”,“古”下奪“反”字,“皃”當作“完”。《名義·衣部》:“補,逋古文(反)。”《説文·衣部》:“補,完衣也。”《集韻·姥韻》彼五切:“補,一曰數也。十兆曰經,十經曰垓,十垓曰補。”兹據改補。

裎除貞反。祖也，示也，玉佩帶也。①

袮徐置（買）反。圍也，姦惡也，裂（褒）。②

褈且勞反。幟也，祖也。

襯子利（黎）反。喪服也，裳下緝也，緂（紷），疾也，纏也。③

袚方勿反。夷衣也，韍也，“戴茅蒲，衣襏襫”也。④

襏上字。

祝式芮反。贈終衣被。

祄古夫（胡決）反。鬼衣也。⑤

袢扶員反。无色衣。

裇止（辝）見反。衣也，小帶。⑥

裱方廣（庿）反。被巾也，［婦］人領巾。⑦

裪徒交反。裪襦也，袖。

襎天（扶）□（圜）反。捲襎，帊（帔）幞。⑧

捲九表（遠）反。幰也。⑨

椊子漬反。禪衣。

袡上字。

襫牛世反。複襦，袂也。

襠子盈（孕）反。衦（汗）襦。⑩

---

① 《方言》卷四：“佩紟謂之裎。”郭璞注：“所以係玉佩帶也。”此或奪“係”字。

② 注文“置”當作“買”，“裂”當作“褒”。《集韻·麻韻》：“褒，或作衺。亦書作袮。”《廣韻·麻韻》：“買，子邪切。”《名義·衣部》：“褒，徐買（置）反。袮，褒字。”茲據校改。《名義·衣部》：“褒，圍也。”《説文·衣部》：“褒，褢也。”“圍”通“褢”。

③ 注文“利”當作“黎”，“緂”當作“紷”。《名義·衣部》：“襯，子黎反。”《禮記·玉藻》：“縫齊倍要。”鄭注：“縫，紷也。紷下齊，倍要中。”釋文：“齊，音咨，亦作齎。”《原本玉篇·糸部》：“縫，《禮記》：縫齊倍要。鄭玄曰：縫紷下齊也。”茲據校改。《爾雅·釋詁》：“齊，疾也。”此處注文“疾”蓋“齊”字義。

④ “襫”字原誤作“**襫**”。《國語·齊語六》：“首戴茅蒲，身衣襏襫。”茲據校改。

⑤ 字頭原誤作“**祄**”，注文“古夫”當作“胡決”。《名義·衣部》：“祄，胡決反。鬼衣。”茲據校改。

⑥ 注文“止”當作“辝”。《名義·衣部》：“裇，辝見反。”茲據校改。

⑦ 注文“廣”當作“庿”，“人”上奪“婦”字。《廣韻·笑韻》：“裱，方廟切。”《全王·笑韻》：“裱，方庿反。”《名義》與此誤同。“庿”爲“廟”的古字。《名義·衣部》：“裱，婦人領巾。”茲據改補。

⑧ 注文“天”當作“夫”，“天”下殘，“帊”當作“帔”。《名義·衣部》：“襎，扶圜［反］。帔幞。”《字鏡》作“夫袁反”，反切應與底本同，此當據《名義》改。茲據改補。

⑨ 注文“表”當作“遠”。《名義·衣部》：“捲，九遠反。”茲據校改。

⑩ 注文“盈”當作“孕”，“衦”當作“汗”。《名義·衣部》：“襠，子孕反。汗襦。”茲據校改。

祇止(齒)終反。褌袯。①

袗古鳥反。小袴。古波加万,又波波支。②

衱力鳥反。校衱。

袡如占反。緣也,任,嫁上衣也。③

褃 祝私 三同作。如召(照)反。斂(劍)衣也。④

襬匕(彼)爲反。幇也,地名。⑤

袧袧同。口豆反。臂(辟)兩側、空中央也。祭服,臂(辟)積无數。⑥

襘視共(恭)反。襜褕。⑦

裕庚共(恭)反。襘裕也。⑧

筲□(山)交反。袺。⑨

褔叉入反。重緣。

袘今(餘)支反。袖也。⑩

袨古玄(胡絢)[反]。袙(袧)□(袨),純也,黑衣。⑪

袧居屯(純)反。服也,袨也。⑫

襆甫(補)木反。裳削幅也,纑也。⑬

---

① 注文"止"當作"齒"。《名義·衣部》:"祇,齒給(終)反。"茲據校改。《方言》卷四:"襜褕,自關而西謂之祇褌。"郭璞注:"俗名褌披。"

② 古波加万(こばかま【小袴】),又波波支(はばき【脛巾・行纏・脛衣】)。

③ 《儀禮·士昏禮》:"女次純衣纁袡。"鄭玄注:"袡亦緣也。袡之言任也,以纁緣其衣,象陰氣上任也。"《禮記·喪大記》:"婦人復,不以袡。"鄭玄注:"袡,嫁時上服,而非事鬼神之衣。"

④ 注文"召"當作"照","斂"當作"劍"。《名義·衣部》:"褃,如照反。劍衣也。"茲據校改。

⑤ 注文"匕"當作"彼"。《名義·衣部》:"襬,彼爲反。"茲據校改。《方言》卷四:"幇,自關而東或謂之襬。""地名"指"自關而東"。

⑥ 注文"臂"當作"辟"。《儀禮·喪服》:"凡衰,外削幅,裳,内削幅,幅三袧。"鄭玄注:"袧者,謂辟兩側、空中央也。祭服朝服,辟積無數。"茲據校改。

⑦ 注文"共"當作"恭"。《名義·衣部》:"襘,視恭反。襜(襜)褕。"茲據校改。此"襜褕"二字原有乙正號,但二字不當乙。

⑧ 注文"共"當作"恭"。《名義·衣部》:"裕,庚恭反。"茲據校改。

⑨ "交"上殘。《字鏡·衣篇》:"筲,山交反。衣細,袺。"《玉篇·衣部》:"筲,山交切。"《名義·衣部》:"筲,卯(所)交切。"《廣韻·肴韻》:"筲,所交切。"此反切上字蓋爲"山"或"所",暫從《字鏡》作"山"。茲據校補。

⑩ 注文"今"當作"余"。《名義·衣部》:"袘,餘支反。"茲據校改。

⑪ 注文"古玄"當作"胡絢",下奪"反"字,注文"袙"當作"袧","純"上殘。《名義·衣部》:"袨,胡絢反。"《淮南子·齊俗訓》:"尸祝袧袨。"高誘注:"袧,純服。袨,墨齋衣也。"茲據改補。

⑫ 注文"屯"當作"純"。《名義·衣部》:"袧,居純切。純。"茲據校改。

⑬ 注文"甫"當作"補"。《名義·衣部》:"襆,補木反。"茲據校改。

䘶古均(胡坎)反。㖤也,應(𪖐)[耳]。[1]

𧙗此見反。箐也,棺覆也,輤也。

裿丘几反。婍䙲也,□□(好妍)也。[2]

䘺斗夾反。㡇。[3]

䙌且亦(六)反。好也,鮮。[4]

䄰除共(恭)反。緟也,複也,益也,疊。[5]

袩丁占反。褸也,衽也,䘺。[6]

褟𧝑二同字。褠也。口革反。

䙕𧜽䘪𧝣皆同。且勇反。幒也,㡆也。

裀袒於仁反。身也,衣身。

䙉且席反。帬帢(袷)。[7]

衲奴合反。補也。

𧝐古韮(薤)反。[衣]上羅也。[8]

䙎上字。

䘓力牛反。視(袸)也。[9]

袔可(何)羅反。袔,袖裓也,□□(衣縫)。[10]

䙒上字。

褑敫往(覊佳)反。袖也,衣兩手。[11]

---

① 注文"古均"當作"胡坎","應"當作"𪖐",下奪"耳"字。《名義·衣部》:"䘶,胡坎反。𪖐耳。"《廣韻·感韻》:"㖤,𪖐耳。"兹據改補。

② "婍䙲也"下殘。《字鏡·衣篇》:"裿,婍䙲也,好妍也。"《名義·衣部》:"裿,好也,妍也,䙲也。"兹據校補。

③ 注文"夾"當作"頰"。《玉篇·衣部》:"䘺,丁兼、丁頰二切。"《名義·衣部》:"䘺,斗兼反。"兹據校改。

④ 注文"亦"當作"六"。《名義·衣部》:"䙌,且陸反。"《廣韻·屋韻》:"䙌,子六切。"兹據校改。

⑤ 注文"共"當作"恭"。《玉篇·衣部》:"䄰,除恭切。"《原本玉篇·糸部》:"緟,除恭反。"兹據校改。

⑥《方言》卷四:"褸謂之袩。"郭璞注:"即衣衽也。"兹據校改。

⑦ 注文"帢"當作"袷"。《玉篇·衣部》:"䙉,䙉膝,裙袷也。""帢"爲"帢幘","袷"爲"裙袷","巾"旁與"衣"旁俗書常互换,故混。兹據校改。

⑧ 注文"韮"當作"薤","上"上奪"衣"字。《字鏡·衣篇》:"䙎,苦(古)薤反。𧝐作。衣上羅也。"《名義·衣部》:"裯(𧝐),古韮(薤)反。衣上羅。"兹據改補。

⑨ 注文"視"當作"袸"。《爾雅·釋器》:"衣䘓謂之袸。"兹據校改。

⑩ 注文"可"當作"何","袖裓也"下殘。《名義·衣部》:"袔,何𥜿(羅)反。"《字鏡·衣篇》:"袔,可(何)羅反。衣袶也。䙒作。"又"袶"當作"縫"。觀智院本《類聚名義抄·法中·衣》:"袔,袖也。衣縫。"《廣韻·昔韻》:"裓,裓縫。"兹據改補。

⑪ 注文"敫往"當作"覊佳"。《名義·衣部》:"褑,覊往(佳)反。"《廣韻·佳韻》:"褑,户佳切。"兹據校改。

標衫二同。方沼反,上;袂也,裑。

裑方結反。袂也,裑。

裍公爰(緩)反。袴襠。①

襪竹几反。裃襪。

𧝝 縱同。子冢反。縱襌。

袡尼昧反。袂。

袪子加(賀)反。襌衣,裛囊,衣有裛。②

襀子亦反。襞也,裳。

䄡戶孤反。被也。

綬爲眷反。佩玉帶,絞也。③

袣弋世反。衣長兒。

襨且捶(括)反。約也,衣領也,衣遊縫也。④

祇止以反。遁(適)也,褆也,安也,福也,喜也。⑤

袵丁欠(坎)反。衵(被)緣也。⑥

襸作旦反。孅也,好也,妍也,裿。

裁止(辞)哉反。制也,節也,製。⑦

袞古本反。冕也,敝(黻)也,以龍畫衣也。⑧

褧知彦反。百(白)衣反(也),誠也,丹縠(縠)衣。⑨

---

① 注文"爰"當作"緩"。《名義·衣部》:"裍,公緩反。"茲據校改。

② 注文"加"當作"賀","襌衣"原倒,"裛"字原作"𧚐"。《名義·衣部》:"袪,子賀反。襌衣有羣(裛)。"《方言》卷四:"襌衣,有裛者,趙魏之間謂之袪衣。"郭璞注:"前施裛囊也。"茲據改乙。

③ "佩"下原有"戈"字,爲下條反切上字("戈"爲"弋"誤字)。《爾雅·釋器》:"佩衿謂之褑。"郭璞注:"佩玉之帶上屬。"茲據刪。

④ 注文"捶"當作"括"。《名義》《玉篇·衣部》:"襨,且括反。"茲據校改。

⑤ 注文"遁"當作"適"。《名義·衣部》:"祇,之移反。適也,安福也,喜也。"鈴鹿影抄本作"適"。茲據校改。"氏""是"聲符可換,故"祇""褆"同,又"礻""衤"旁易混,"祇""褆"亦同。《廣韻·支韻》:"褆,福也,亦安也,喜也。""止以反"是倭音"し",當是據《原本玉篇》"之移反"而改。

⑥ 注文"欠"當作"坎","衵"當作"被"。《名義·衣部》:"袵,丁坎反。被衵緣。"《玉篇·衣部》:"袵,衵緣也。"《廣韻·感韻》:"袵,《埤蒼》云:被緣也。"《王一》《裴韻》《全王·感韻》:"袵,被。""衵"與"被"形近,"衵"當作"被"。《禮記·喪服大記》:"紟五幅,無紞。"鄭注:"紟以組類爲之,綴之領側,若今被識矣。"茲據校改。

⑦ 注文"止"當作"辞"。《名義·衣部》:"裁,辞哉反。"茲據校改。

⑧ 注文"敝"當作"黻"。《爾雅·釋言》:"袞,黻也。"茲據校改。

⑨ 注文"百"當作"白","反"當作"也","縠"當作"縠"。《周禮·天官·内司服》:"掌王后之六服:褘衣、揄狄、闕狄、鞠衣、展衣、緣衣。"鄭玄注:"鄭司農云:展衣,白衣也。"《説文·衣部》:"褧,丹縠衣。"茲據校改。

襂苦田(迴)反。禪也,褖也,臬。①

袁尤元反。長兒,姓。

褽都木反。衣至地,補也。

襄先羊反。上也,反也,成,除也,駕。驤字也。

褱上字。

衷知中(沖)反。善也,中也,當也,正也,適也,懷也,衣。②

裂力際反。殘也,餘也,𠛕也。

裞女加衣(反)。敝衣。③

裀裂二同。

褽於業反。纏也,衣帊也,索(囊)也。④

衰索和、山追二反。煞也,卉(艸)衣也,蓑。⑤

裛丁堯反。棺中縑裏也,收死人衣。⑥

褮古向(胡坰)反。袄也,鬼衣。⑦

褭奴鳥反。駒也,駿也,弱也。

裝土几(壯寄)反。襦也,帶也。⑧

襓〔褢〕于歸反。褢衷。⑨

褦力狄反。急纏。

衱之勺反。褌。

袜襪二同。韤、帗、𢃛三同。无發反,入;足衣。志太久豆。⑩

褙莫報反。頭衣,又兒衣。

────────────

① 注文"田"當作"迴"。《名義·衣部》:"襂,苦迴反。"茲據校改。

② 注文"中"當作"沖"。《名義·衣部》:"衷,知沖反。"茲據校改。

③ 注文"衣"當作"反"。《名義·衣部》:"裞,女加反。敝衣也。"茲據校改。

④ 注文"索"當作"囊"。《玉篇·衣部》:"褽,囊也。"《説文·衣部》:"褽,書囊也。"茲據校改。

⑤ 注文"卉"當作"艸"。《説文·衣部》:"衰,艸雨衣。"《名義·衣部》:"衰,草衣。""艸"同"草"。茲據校改。

⑥ 《説文·衣部》:"裛,棺中縑裏。"《禮記·喪服大記》:"君裏棺用朱緑,用雜金鐕;士大夫裏棺用玄緑,用牛骨鐕;士不緑。"段注疑"緑"爲"裛"字之誤。"裛"同"裛"。

⑦ 注文"古向"當作"胡坰"。《玉篇·衣部》:"褮,胡坰、於營二切。"茲據校改。

⑧ 注文"土几"當作"壯寄"。《名義·衣部》:"裝,壯寄反。"茲據校改。"襦"字原作"**褕**",《名義》作"**褊**",當同。吕校及龍宇純《校箋》皆校作"襦",當是。《玉篇·衣部》:"裝,襦綢也。""綢"字俗寫作"**緝**",故右旁易誤。

⑨ 《名義·衣部》:"褢,重衣也。"《玉篇·衣部》:"褢,裏也。"《説文·交部》:"褢,褢也。"二字音同形近,此處蓋混。

⑩ 《玄應音義》卷十四"作袜"條:"古文韤,或作襪、帗、𢃛三形,同。無發反。足衣也。"志太久豆(したぐつ【襪·下沓】)。

襤褸上古作幰,繿同。力甘反,平;下力羽反,上;謂衣敗也,凡人衣破醜弊之名。①

襲戳,古作。辤豆(立)反,入;受也,還也,合也,仍也,及,重也。②

㩋上字。

袷徒俠反,入;重衣之名。

褻褻二同。思列反,入;鄙陋也,黷也,裏衣也,結(絬)也。③

裹裹正古禍反,上;借古臥反,去;苞也,纏也。豆豆牟。④

裏裏二同。未詳。⑤

裝莊字同。阻陽反。子也,嚴也。又則床反。裹也,飾也。⑥

萾无方反。芒(萾),草也。又□□(方丁)反。⑦

袤褱二同。亡苞反。帶以上也,長也。⑧

製之世反。正也,裁也,着也,作也,絕也,裘也。

裒裒二文,猶不詳。烏可反。進也,裾也。保有反。揚也。⑨

裂力徹反,入;析也,破也,分也。

襃裔裔三同。餘制反。⑩

裾帬裙〔裔〕三同。上字訓同。具云反。出也,相也,行也,夷也,邊也,衣裙也,遠也,末也。⑪

褺裛袟袟〔秩〕四同。除曜反。纏也,纏裏也,序也,常。⑫

———————————

① 《玄應音義》卷十二"襤褸"條:"古文幰,又作繿,同。力甘反。謂衣敗也。凡人衣破醜弊皆謂之襤褸。"

② 注文"豆"當作"立"。《玄應音義》卷十"還襲"條:"古文戳,同。辭立反。襲,重也,因也,受也,合也,及也。"茲據校改。

③ 注文"結"當作"絬"。《原本玉篇·糸部》:"絬,《字書》亦褻字也。褻,私服也,燕衣也。在衣部。"茲據校改。

④ 豆豆牟(つつむ【包む·裹む】)。

⑤ 此蓋"裏"與"裏"字混。

⑥ "子也"不詳,或指"莊子"。

⑦ 字頭原作"萾",注文"芒"當作"萾","又"下殘。《玄應音義》卷三"萾衣"條:"無方反。萾,草也。"此處所據之本,"萾"字蓋作"芒",《新撰字鏡》作者又誤將"芒衣"誤爲一字,故有此字。此又音殘作"方丁反",《字鏡》作"丁反",奪反切上字,鈴鹿影抄本作"方十反",據殘形蓋是"方丁反",但此音不詳所出。茲據改補。

⑧ "亡苞反"當是"茅"字音。《名義·艸部》:"茅,忘苞反。"《玉篇·衣部》:"袤,莫候、莫侯二切。"

⑨ 《字鏡·衣篇》"裒"字有異體"裒",蓋"裒"與"裒"形近而混。"烏可反"爲"裒"字音,餘爲"裒"字音義。《廣韻·哿韻》烏可切:"裒,裒袤。"《廣韻·豪韻》博毛切:"裒,進揚美也。《説文》作裒,衣博裾也。""裒"同"裒"。"保有反"爲"裒"字倭音"ほう"。

⑩ 影印本作"二同","二"蓋"三"字之殘,此據鈴鹿影抄本。

⑪ "云"字原作"ㄥ"。《字鏡·衣篇》:"裙,具云反。"《廣韻·文韻》:"帬,渠云切。"茲據校改。此釋義除"衣裙"外皆爲"裔"字訓,故云"上字訓同"。《名義·衣部》:"裔,末也,出也,表也,水邊也。"

⑫ "序也,常"爲"秩"字釋義。《廣韻·質韻》:"秩,常也,序也。"

衾衾二同。渠禁反，平；單被，結衣，帶綴也。①

衾(衾)欽音。被。②

裘渠留反，平；善也，羊裘。③

襃正辞救反，去；袪袂也，長也，言支(枝)葉長。借餘故(救)反，去；盛服兒，色美兒，“襃然爲舉行(首)”，又充出(耳)兒，又進。④

衺自邪反，平；不正也，子呼父之稱。与己志。⑤

褚袸二同。竹与、丁吕二反，上；謂以綿裝衣也，姓。

襵之涉反，入；隱也，襞衣也，謂襵疊。

褧其合反，平；又凭音。獨行之兒。⑥

褶正徒頰反，入；“帛爲褶”，袷也，襲也，左衽袍也。借時入反，入；謂丈(大)袖衣。⑦

襷襺二同。普諫反，去；今衣要襷也。⑧

襜昌占反，平；衣蔽前謂之襜，蔽膝也，言襜襜然前後出，踞牀。⑨

襔上字。

褫粆尔、直紙二反，上；奪也，奪衣也，今謂奪其皮也。⑩

袨胡練反，去；黄衣也。

袷古洽反。衣[无]絮也，合也，次也，重也。⑪

---

① 《原本玉篇·系部》：“衿，《儀礼》：絞紟衾。鄭玄曰：紟，單紟，單被也。《聲類》：帶綴也。或爲袊字，在衣部。”《玉篇·衣部》：“衿，單被也，結衣也。亦作衿。”

② 字頭當是“衾”的俗字。各本有萬葉假名“布須万(ふすま【衾·被】)”。

③ “善也”不詳。

④ 注文“支”當作“枝”，“故”當作“救”，“行”當作“首”，“出”當作“耳”。《詩·大雅·生民》：“實種實襃。”毛傳：“襃，長也。”鄭玄注：“襃，枝葉長也。”《廣韻·宥韻》：“襃，余救切。”《漢書·董仲舒傳》：“今子大夫襃然爲舉首。”顏師古注：“張晏曰：襃，進也，爲舉賢良之首也。師古曰：襃然，盛服貌也。”《詩·邶風·旄丘》：“襃如充耳。”毛傳：“襃，盛服也。”茲據校改。

⑤ “子呼父之稱”不詳，疑是“爸”“爹”或“爺”字釋義。与己志(よこし【横し】)。

⑥ 《廣韻·清韻》：“褧，渠營切。”此“其合反”當是倭音“ぎょう”。

⑦ 注文“丈”當作“大”，“左”上原有“入”字。《玄應音義》卷十四“著褶”條：“謂大袖衣也。”《説文·衣部》：“襲，左衽袍。”此“入”字蓋“時入反”的四聲標記，誤記於此。茲據改乙。《禮記·玉藻》：“纊爲繭，縕爲袍，禪爲絅，帛爲褶。”

⑧ 《玄應音義》卷十六“囊襷”條：“又作襻，同。普諫反。今衣腰襷也。”

⑨ 《玄應音義》卷十六“襜衣”條：“昌占反。《爾雅》：衣蔽前謂之襜。郭璞云：即今蔽膝也。言襜襜然前後出也。”《玄應音義》“襜衣”下一條爲“踞牀”，故“踞牀”非字義，乃下一詞目而混入。

⑩ 字頭原誤作“褕”。《玄應音義》卷十八“褫皮”條：“救尔、直紙二反。《廣雅》：褫，奪也。《説文》：奪衣也。今謂奪其皮也。”

⑪ “衣”下奪“无”字。《説文·衣部》：“袷，衣無絮。”本書“無”字多作“无”。茲據校補。

袘正達可反,上;裾也。袘,著也,醉飽面著赤色也。袘袘,美也,言佳麗也。①

襗正餘石、除格二反,入;生垢襦也,袴,長襦也。借居各反,入;襃也。襗字。落也。②

禃正知彥反,去;礼服名也。借章善反,上;不障之也,皇后衣也。③

袼正力各反,入;小兒次衣,袖也。借古洛反,入;衣袂當腋之縫。

裾居物反,入;衣短也,小乱衣也,又祔。豆豆留支④

裓〔裓〕古北反,入;衿也,戒也。古來反。衣襟。己吕毛乃久比。⑤

複方六反,入;絮衣也,厚也,除也,被也。和太己吕毛。⑥

襖烏告(浩)反,上;袍也。古己吕毛。⑦

衫襹〔炫〕二同。相(所)銜反,平;耀光也,襹也,襌也,又盛具明盖。⑧

褌裩幝同。古寸(魂)反,平;口大袴也。志太乃波加万。⑨

褍甫(薄)各反。襌也,大也,薄也。⑩

襦襧二同。人朱反,平;温襦也,纖綿小衣也,短衣也。

---

① 《楚辭·招魂》:"朱顔酡些。"王逸注:"酡,著也。言美女飲啗醉飽,則面著赤色而鮮好也。"洪興祖校:"酡,一作醰。一本云:當作袘,徒何切,著也。爲醰者非。"據此則《楚辭·招魂》當有一本作"袘(袘)"。《玉篇·衣部》:"袘,大可切。裾也。又大何切。袘袘,美也。俗作袘。"《名義·衣部》:"袘,達可反。着也。"

② 《詩·秦風·無衣》:"與子同澤。"傳曰:"澤,潤澤也。"箋云:"澤,襃衣,近污垢。""澤"通"襗"。《説文·衣部》:"襗,絝也。"《名義·衣部》:"襗,袴。"《廣雅·釋器》:"襗,長襦也。""居各反",反切上字疑誤。《玉篇·衣部》:"襗,《説文》:大各切。"《廣韻·鐸韻》:"襗,他各切。"又"襗"同"襗"文獻無例證,或是形音相近而混。

③ 《禮記·喪服大記》:"君爲廬宮之,大夫士禃之。"鄭玄注:"宮謂圍障之也。禃,袒也,謂不障。"此"之"字蓋衍。

④ 反切上字當是群母字,"居"爲見母,恐誤。"小乱衣"不詳,《師説抄》、狩谷疑當作"大袚衣"。豆豆留支(つづる【綴る】き【着】),各本作"豆豆利(つづり【綴り】)","支"字或衍。

⑤ 《玄應音義》卷六"衣裓"條:"孤得反。即衣襟也。"《名義·示部》:"裓,古來反。戒也,裓。"己吕毛乃久比(ころものくび【衣領·衿】)。

⑥ 和太己吕毛(わた【絮】ころも【衣】)。

⑦ 注文"告"當作"浩"。P.3693、《切三》《王一》《全王·晧韻》《字鏡·衣篇》:"襖,烏浩反。"茲據校改。古己吕毛(こ【小】ころも【衣】)。

⑧ 注文"相"當作"所"。《廣韻·銜韻》:"衫,所銜切。"茲據校改。"耀光也"下衍一"衘"字,茲據删。《玉篇·火部》:"炫,燿光也。"此"衫"或與"炫"形近而混。又《廣韻·侵韻》:"襹,襹襹,毛羽衣皃。""盛具明盖"不詳。

⑨ 注文"寸"當作"魂"。《名義·衣部》:"褌,古魂反。"茲據校改。志太乃波加万(したのはかま【下の袴】)。

⑩ 注文"甫"當作"薄"。《名義·衣部》:"褍,薄各反。襌也,大也。"茲據校改。

褍丁丸反,平;衣上副(正幅)也。宇波宇波於曾比。①

[illegible](裋)古賢反,上;小襦也。短支古支奴。②

袂弥敝、亡世二反,去;袖末也。曾氏。③

袪丘魚反,平;袂也,去,舉也,褢也,袂口也。

褓方老反,上;毛豆支。④

襁九合反,上;兒背帶也。須支。⑤

褟夫寐反,去;犢褟。太不佐伎。⑥

衱居怯反,入;裙(裾)也,褔也,衣領。⑦

襋紀力反,入;衣交領也,衿。

襁上字。

袥他各反。衸也,大也,剌膝也,開衣令大。⑧

裌古洽反,入;未絮衣。合乃己吕毛,又綿乃己吕毛。⑨

被羊益反,入;襜也,縫被也。

裼先擊反,入;袒衣也,脱衣也。

襞必益反,入;詘也,韏也,跗(踧)也。⑩

---

① 注文"上副"當作"正幅"。《説文·衣部》:"褍,衣正幅。"《名義·衣部》:"褍,正幅也。"《切三》《王一》《全王·寒韻》:"褍,衣長,又衣正幅。"茲據校改。各本作"宇波於曾比",此蓋衍一"宇波"。宇波於曾比(うわおそい【上襲】)。

② 此條不詳,據形義似當爲"裋"。《史記·秦始皇本紀》:"夫寒者利裋褐而飢者甘糟穅。"集解:"徐廣曰:一作'短',小襦也,音豎。"索隱:"趙岐曰:'褐以毛毳織之,若馬衣。或以褐編衣也。'裋,一音豎。謂褐布豎裁,爲勞役之衣,短而且狹,故謂之短褐,亦曰豎褐。"《字鏡》字頭同,反切作"古堅反"。各本字頭作"[illegible]"形,反切作"古堅反"。但與集解之"音豎"皆遠,或因"豎"訛作"堅""賢"。又字頭或是"襡"訛,"襡"同"裋"。短支古支奴(みじかき【短き】こぎぬ【小衣】)。

③ 曾氏(そで【袖】)。

④ 毛豆支(もつき),蓋即"むつき【襁褓】"。

⑤《廣韻·養韻》:"襁,居兩切。"此反切當是倭音"きょう"。《群書類從》本、享和本"兒"上有"束小"二字,狩谷本、寬永本作"束上","上"蓋"小"之誤,《字鏡》同此。須支(すき【襷・繦】)。

⑥ 太不佐伎(たふさぎ【犢鼻褌・褌】)。

⑦ 注文"裙"當作"裾"。《名義·衣部》:"衱,裾也。"《爾雅·釋器》:"衱謂之裾。"茲據校改。

⑧《廣雅·釋器》:"衩、衸、袥,襋膝也。"《名義》《玉篇·衣部》:"衸,剌膝也。""剌"與"襋"音同,"剌(剌)膝"當即"襋膝"。

⑨ 合乃己吕毛(あい【合い】の【之】ころも【衣】),又綿乃己吕毛(わた【綿】の【之】ころも【衣】)。第二訓各本作"和太支奴(わた【綿】きぬ【衣】)"。

⑩ 注文"跗"當作"踧"。《慧琳音義》卷六十二"襞褺"條:"鄭注《儀禮》云:襞積,謂衣簡踧之也。"《説文》段注"襞"字條:"《士冠禮》:'皮弁服,素積。'注曰:'積猶辟也。以素爲裳,辟蹙其要中。'《子虚賦》:'襞積褰縐。'張揖曰。'襞積,簡齰也。'襞,經傳作辟。積,俗作襀。簡,俗作襇。"圖書寮本《類聚名義抄》"襞襀"條:"上,《東》云:襞衣也,襞謂衣間踧也。""踧"字作"[illegible]",故易誤作"跗"。茲據校改。

褠古穴反,入;衣袖也。

襭相(胡)結反,入;以衣衽盛物也。①

褐胡葛反,入;衣裼(褐)也,毛布也,被也,麻衣。②

韍博末反,入;蔽膝也。

襡市玉反。長襦也,裹也,袖也,短衣也。豆豆牟。③

褶冬毒反,入;衣縫也。

襁慈夜反。者小兒褓也,服帔。④

褵盧箇反。婦人衣。

褠古侯反,平;單[衣]。⑤

襈士戀反,去;袍襈,緣属也,重繒。⑥

裸古莧反,去;幂中。綑。⑦

褖他乱反,去;[后]服,亦緣衣。⑧

裞先篤反,入;新衣聲。

衩楚解(懈)反,去;衣袂(衩)也,幂短袴也。加加介。⑨

襘古□(兑)反,去;帶結。⑩

緼於胃反,去;衧也,貯也。⑪

襚徐醉反,去;贈襚也,綬也,死衣也,躲韝。⑫

被皮義反,去;被服也,蒙也,及也,所也,表也,衾也,具也,覃(覆)也,加也。⑬

---

① 注文"相"當作"胡"。《切三》《王一》《裴韻》《全王》《唐韻》《廣韻·屑韻》:"襭,胡結反。"兹據校改。

② 注文"裼"當作"褐"。《裴韻·褐韻》《廣韻·曷韻》:"褐,衣褐。"兹據校改。

③ 此"裹"同"褎"。豆豆牟(つつむ【包む·裹む】)。

④ 《廣韻·禡韻》:"襁,小兒褓。"《廣雅·釋器》:"褓、被、袊、襁也。""帔"同"被"。疑此當作"小兒褓者也,謂帔"。

⑤ "單"下奪"衣"字。《切三》《裴韻·侯韻》《新撰字鏡·衣部》:"褠,單衣。"《王一》《全王》《廣韻·侯韻》:"褠,禪衣。"兹據校補。

⑥ 《慧琳音義》卷一百"襈衣"條:"《埤蒼》云:緣屬也。"《名義》《玉篇·衣部》:"襈,緣襴也。""屬""襴"皆可。《全王》《廣韻·線韻》《玉篇·衣部》:"襈,重繒。""幡"同"繒"。

⑦ 《名義·衣部》:"裸,幂中。"《集韻·裸韻》:"綑,錦文也。唐有大綑錦。通作裸。"

⑧ "服"上奪"后"字。《字鏡·衣篇》:"褖,他乱反,去;亦緣衣,后服。"S.6176、《王一》《裴韻》《全王·翰韻》《唐韻》《廣韻·換韻》:"褖,后衣。"兹據校補。

⑨ 注文"解"當作"懈","袂"當作"衩"。《王一》《裴韻》《全王》《廣韻·卦韻》楚懈反:"衩,衣衩。"兹據校改。加加介(かかげ【揭げ·挑げ】)。

⑩ "古"下殘。《字鏡·衣篇》:"襘,古兑反,去;帶結。"《全王·泰韻》:"襘,古兑反。"兹據校補。

⑪ 《廣雅·釋器》:"帽、緼,衧也。"疏證:"衧之言貯也。亦通作貯。""衧"同"貯"。

⑫ 《儀禮·大射禮》:"袒決遂。"鄭玄注:"遂,射韝。以朱韋爲之,著左臂,所以遂弦也。"

⑬ 注文"覃"當作"覆"。《名義·衣部》:"被,表也,具也,覆也,加。"兹據校改。"覃"有"及"義,或不誤。又"所"字原作"彰",據《字鏡》定。

褐他感反,上;衣大。

袑市加(沼)反,上;袴上也,袖也,衿也。①

褗於憲(幰)反,上;衣領也,被也,衱也。②

襱力董反,上;袴跨也。

袒上字。

捆胡(古)登反,平;"大絃(弦)捆,小弦繩(絕)。"又急也。③

褠烏侯反,平;小兒綖(涏)[衣]也。④

褠古侯反,平;單衣也,上衣也。

裯尺良反,平;衣披不帶。

袍薄衷反,平。

裯都勞反,平;襌被也,褕也,帳也。

褸於宵反,平;襷。

裲忍全反,平;衣縫。

綖以然反,平;帠綖,牛領上衣也。

襠都郎反,平;裲襠衣也,廣。⑤

襌都寒反,平;細(綯)也,薄也,亶也。⑥

裠渠云反,平;裙同。⑦

裴薄恢反,平;衣長皃。

褆度稽反,平;又止尒反。衣服好,猶衣美正皃。

袿古攜反。平;婦人上[衣],裾也,袖也,衣後也,袪也。⑧

齎即脂反,平;纕。

詨朝(胡)教反。誤也。⑨

① 注文"加"當作"沼"。《切三》《王一》《全王》《廣韻·小韻》:"袑,市沼反。"茲據校改。
② 注文"憲"當作"幰"。《切三》《全王》《廣韻·阮韻》:"褗,於幰反。"茲據校改。
③ 字頭和注文"捆"原從"衣"。注文"胡"當作"古","絃"當作"弦","繩"當作"絕"。《全王》《廣韻·登韻》古恒反:"捆,急也。《淮南子》曰:大弦捆則小弦絕。"《王一》《裴韻》《廣韻·嶝韻》古鄧反:"急引。又古登反。"茲據校改。
④ 注文"綖"當作"涏","也"上奪"衣"字。《全王》《廣韻·侯韻》:"褠,小兒涏衣。"茲據改補。
⑤ "廣"字不詳。
⑥ 注文"細"當作"綯"。《字鏡·衣篇》:"襌,綯也。"《禮記·玉藻》:"襌爲綯。"《集韻·迵韻》:"綯,襌也。或從帛,通作裧。"茲據校改。
⑦ 注文"裠"字誤。《全王·文韻》有異體"裠",《廣韻·文韻》有異體"帬""裙",此當作其中之一形體。
⑧ "上"下奪"衣"字。《切三》《全王·齊韻》:"袿,婦人上衣。"茲據校補。《方言》卷四:"袿謂之裾。"郭璞注:"衣後裾也。"此或當補"裾"字。
⑨ 字頭原作"詨"。注文"朝"當作"胡"。《全王》《廣韻·效韻》:"詨,胡教反。誤。"茲據校改。

綻綻二同。大(丈)諫反,去;斷綻闊縫也。保己吕比也。①

衽人任反,去;又于王反。衿也,袪裳際也,衣前蔽也。宇波加比。②

衿吕躬反,去;領衣上緣也,帮也。己吕毛乃久比乃毛止保之。③

袾夫音。袍襦之類也,襲也,小衣也,悏(袂)也。④

裸倮,力果反。袒也,躶也,嬴也。

祝視二同。午未(米)反,入;衣婁(縷)也,衣梳也。⑤

襊力世反,去;无後兒(鬼)。⑥

祗祇二同。丁嵇反,平;短衣也,禂也。

袴口隻(護)反,去;褐也,襱也。⑦

襮方莫反,入;錦繡衣也,表也,朱襮也,衣領。

袽女余反,平;袾也,床也,敞(敝)衣也,《易》曰“衣有袽”也,絮。⑧

祇況羽反。衣也。⑨

裋殊主反,上;雉乳反。褕也,弊布襦也,複也。

襘上字。

袙莫白反,入;複。

---

① 注文“大”當作“丈”。各本作“丈”。《廣韻·襉韻》:“綻,丈莧切。”兹據校改。保己吕比(ほころび【綻び】)。

② “于王反”不詳,《師説抄》、狩谷疑當作“刃壬反”。宇波加比(うわがい【上交】)。

③ 《廣韻·靜韻》:“衿,良郢切。”“衿”爲上聲字。此反切當是“令”字倭音“りゅう”,“去”蓋亦據“令”旁而加。己吕毛乃久比乃毛止保之(ころも【衣】の【之】くび【首】の【之】もとおし【回・廻】)。

④ 注文“悏”當作“袂”。《玉篇·衣部》:“袾,或作袂。”兹據校改。《王一》《全王·虞韻》:“袾,袍襦之類前襟。”《切三·虞韻》:“袾,袍襦之類前衿。”

⑤ 注文“未”當作“米”,“婁”當作“縷”。《名義·衣部》:“祝,牛米反。”《字鏡·衣篇》:“午米反,上;午姪反,入。”此音非入聲。《爾雅·釋器》:“衣梳謂之祝。”郭璞注:“衣縷也。”兹據校改。

⑥ 字頭原從“衣”,注文“兒”當作“鬼”。《廣韻·祭韻》:“襊,無後鬼也。”《玉篇·示部》:“襊,無後鬼也,鬼有所歸乃不爲襊。”兹據校改。

⑦ 注文“隻”當作“護”。《名義》《玉篇·衣部》:“袴,口護反。”兹據校改。

⑧ 注文“敞”當作“敝”。《玉篇·衣部》:“袽,所以塞舟漏也。袾袽,敝衣也。又袽,絒也。”《名義·衣部》:“袽,弊衣。”《説文·衣部》:“袈,弊衣。”兹據校改。《易·既濟》:“繻有衣袽。”釋文:“子夏作茹,京作絮。”《説文》《原本玉篇》作“絜”,同。《切韻》引《易》作“衣有袽”,與此同。

⑨ 字頭原作“袡”,《字鏡》同,P.2014《大唐刊謬補缺切韻·虞韻》況于反作“袡,大袑衣”。《全王》作“袡”形,《廣韻》《集韻》作“袡”形。楊寶忠《疑難字續考》謂“‘袡’字疑爲‘衻’之俗訛”。此據《敦煌經部文獻合集》中《大唐刊謬補缺切韻》“袡”字條校記定作“袡”。

食部第卅九

百八十四字

食是力反，入；養也，消也，偽也，飲（飯）也，飢（卧）也。①

飲於錦反，上；奄也，**殹**（歠）也。②

食食食（飱）三上字，古文字作，未詳。③

饍善音。具食。膳，善也。膳，進也，陳也。

餉戶（尸）尚反。遺也。又式亮反，去；饋也，饟也。夜志奈不，又止毛止毛志。④

饋餽同上。巨愧反。餉也，歸也，遺也，送也。⑤

饕餮上他高反。下他結反，入；貪財曰饕，貪食曰餮。

餒〔餒〕正奴猥、奴罪二反，去；耕也，魚敗也。借於偽反，平；以物散与鳥獸食也，餓也，飢也。⑥

飢饉上几冶反。穀不熟爲飢，蔬不熟爲饉，又[二]穀不升謂之飢，三穀不升謂之饉。⑦

飰飯**饑**三上古文。⑧

饑羈治反。伊比爾宇宇。⑨

餼許既反，去；粲，古文作。饋[也]，餉也，孰也，鮮也。於久留，又也志奈不。⑩

---

① 注文"飲"當作"飯"，"飢"當作"卧"。《原本玉篇·食部》："食，《周礼》：膳夫掌王之飲食。鄭玄曰：食，飲（飯）也。野王案，'飯'爲'食'也。《礼記》'食居人'、'人之左我則食之'並是也。以飲食設供於人亦曰食，爲卧字也。"《名義·食部》："食，飯也，飢（卧）也。"兹據校改。

② 《釋名·釋飲食》："飲，奄也，以口奄而引咽之也。""**殹**"字不詳，疑是"歠"之誤。《原本玉篇·食部》："飲，於錦反。《字書》亦食字也。飲，歠也，咽水也。"

③ 此三形皆《説文》古文"**飱**"形之變。《原本玉篇》作"飱"，與此第三形較似。

④ 注文"戶"當作"尸"。《玄應音義》卷四"如餉"條："尸尚反。"兹據校改。夜志奈不（やしなう【養う】），又止毛止毛志（ともどもし【共共し】）。

⑤ "同上"蓋指釋義與上條"餉"同。

⑥ "耕也"非義。《論語·衛靈公》："耕也，餒在其中矣。"見《原本玉篇》，《名義》誤同。《原本玉篇·食部》："餒，《廣雅》：餒，卧也。"今本《廣雅·釋詁三》："餒，食也。"《廣雅·釋詁四》："餒，飢也。""餒""餒"二字俗同，"食""卧"皆同"飼"，"卧""飢"形近易誤（見上文"食"字條）。但此處當是"飢"字，《新撰字鏡·食部》："餒，奴罪反，上；於食乏少曰餒也。餒，餓也，飢也。"

⑦ "又"下奪"二"字。《玄應音義》卷十四"飢饉"條："《春秋穀梁傳》曰：二穀不升謂之飢，三穀不升謂之饉，五穀不升謂之大飢。"兹據校補。

⑧ 《玉篇》古文作"飰"，《原本玉篇》作"**飰**"，此第一形蓋即"飰"之變，第三形蓋是"饑"之變。

⑨ 伊比爾宇宇（いい【飯】に/うう【飢う】）。

⑩ "饋"字原爲字頭，下無"也"字，此據各本改補。又各本"孰"作"熟"，同。《墨子·尚同中》："五穀不孰。"孫詒讓《墨子閒詁》："道藏本作熟。"《淮南子·泰族訓》："以奉宗廟鮮犒之具。"高誘注："生肉爲鮮。"於久留（おくる【送る・贈る】），又也志奈不（やしなう【養う】）。

卧辞吏反。莠,卧也。糧也,飽也。①

餛飩上胡昆反,平;下徒昆反,平;二字。餅。

饑徐利(梨)反。糌同。舂飯餅。②

饡子旦反。以羹澆飲(飯)。③

屧上古文。

餤餳二同。舍掌反。噉也,晝食也。波牟。④

鎌力冉反。幾(饑)也,廉黎(潔)也。⑤

鮓似故反。食也,相謁而饗(餐)曰鮓。⑥

鮎仁三、女兼二反。鮓也。

饐於寸、於佷(恨)二反。饉(饐)也,欲飽也。⑦

饐五恨、五寸二反。饐也,食也。

飶蒲結反。芬香也,食之香。芯、秘二同。

飫於據反。飽也,猒也。醧字。

餘上字。

餲呼帶反。諸食物臭也。

餗喋(呼)廳反。臭也,餲也。⑧

館舘二同。古換反。舍也,客舍也,食也,噉也,卿大夫以下家口(也)。⑨

饐於吏反。飯傷臭之(也)。

飢於謫反。饑。

餓魚賀反。饑。

飿始銳、始垂二反。小餟。

饈饈二上字。餓。

秣莫末反。食馬穀也。秣字。

---

① 字頭原作"𠊊",從"卧"。《玄應音義》卷二十"餒此"條:"於僞反。《三蒼》:餒,卧也。《説文》作莠。食牛也。《廣雅》:莠,卧也。"其中"《廣雅》:莠,卧也"高麗藏本無,爲磧砂藏本所增,餒、莠通。

② "饑"有或體"粢""餈",此後一字頭蓋兩形之合。注文"利"當作"梨"。《名義·食部》:"餈,徐梨反。"兹據校改。

③ 注文"飲"當作"飯"。《説文·食部》:"饡,以羹澆飯。"兹據校改。

④ 波牟(はむ【食む】)。

⑤ 注文"幾"當作"饑","黎"當作"潔"。《説文·食部》:"鎌,饑也。一曰廉潔也。"兹據校改。

⑥ 注文"饗"當作"餐"。《方言》卷一:"凡陳楚之郊、南楚之外,相謁而餐或曰鮓,或曰鮎。"兹據校改。

⑦ 注文"佷"當作"恨","饉"當作"饐"。《原本玉篇·食部》:"饐,於寸、於恨二反。"《方言》卷一:"秦晉之際、河陰之間曰饐饐。"兹據校改。

⑧ 注文"喋"當作"呼"。《原本玉篇·食部》:"餗,呼癈反。"兹據校改。

⑨ 注文"口"當作"也"。《原本玉篇·食部》:"館,《礼記》:公館者,公官與公所爲也。私館者,自卿大夫以下之家也。"兹據校改。"食也,噉也"《原本玉篇》無,疑是"飼""飴""卧"等字之義。

餗思穀反。饘也。鬻字。

餤翼廉反。奉也,進也,獻也。灠(灨)字。①

餛胥翼反。息也,餝息(餛餝),長也。②

餝餘障反。餌也。

羞上字。③

餃膏二字。古教反,去;今俗人正月半作食也。又古刀反,平;二字未詳。④

餜土口反。脂餅也,以諸油脂而所煎餅。

餎力丁反。餌。

餰於刦反。餌也,粢。

餀古來反。飴也,餀。⑤

餚思累、翼累二反。飴也,以豆屑[雜]糖。⑥

餳糖、糛、溏三同。徒當反。餌。

餈之世反。臭也。

餄公合(洽)反。餅。⑦

餅扶万反。飫也。飯字。

飯(飯)五丸反。餌。⑧

飪達奚反。餬也。

饉饆二同。乙景反。餌(飽)。⑨

餕上字。

餺奴耕反。内充實。

饟女江反。餺也,强食。

---

① 注文“灠”當作“灨”。《裴韻·鹽韻》:“餤,進食。亦灨。”《全王·鹽韻》:“餤,進。亦作灨。”《新撰字鏡·水部》:“灨,餘廉反。進也,餤也,汙乱也。”茲據校改。

② 注文“餝息”當作“餛餝”。《原本玉篇·食部》:“餛,《方言》:餛,息也。周鄭宋之間餛餝。”今本《方言》卷二:“餛,息也。周鄭宋沛之間曰餛。”茲據校改。

③ “羞”同“餝”不詳,二字音同,或有訛混。“餝”字《集韻》有異體“餱”。

④ 《字鏡·食篇》:“餃,古敖反。餻作。膏爲糜,今俗正月蒸米屑爲之,米食。”《慧琳音義》卷六十二“餃餅”條:《考聲》云:餃,蒸米屑爲之。”《太平御覽》卷第八百二十五引《續齊諧記》:“正月半,有神降陳氏之宅,云:‘我是蠶神,能見祭,當令蠶百倍。’今人正月半作‘餃糜’,像此也。”“古教反”之“教”,疑是“敖”字之誤,後又標去聲。

⑤ 注文“餀”與字頭同,疑有誤。《原本玉篇·食部》:“餀,《方言》:飴或謂之餀也。”《名義·食部》:“餀,餀也,飴也。”《玉篇·食部》:“餀,飴曰餀餰。”《方言》卷十三:“飴謂之餀,餰謂之餚。”

⑥ “屑”下奪“雜”字。《原本玉篇·食部》:“餚,《方言》:飴或謂之餚。郭璞曰:以豆屑雜糖也。”茲據校補。

⑦ 注文“合”當作“洽”。《原本玉篇·食部》:“餄,公洽反。”茲據校改。

⑧ 字頭“飯”當作“飯”。《原本玉篇·食部》:“飯,五丸反。《廣雅》:飯,餌也。”茲據校改。

⑨ 注文“餌”當作“飽”。《原本玉篇·食部》:“饉,《方言》:饉,飽也。”茲據校改。

餲尸野反。餦。

餰記言反。鬻字。粥。

餙上字。饘也。

餐亦餰字。

餏革(呼)乞反。飽。[1]

餶猗暉反。濕臭。

饓似離反。嫌(嫌)也,饟也。嘁字。[2]

饟餘石反。襗字。

餧於免(元)反。食也。[3]

餲胡郭反。无味也,餖也。

饞視艷反。贍字。餇也。

飻力拾反。粒字。

餷子荏反。醋字。献酒。

饎視利反。嗜字。欲也,貪也。胙、醋,二同字。

餰居陸反,入;饘。

餂達廉(兼)反。甛字。美也,甘也。[4]

餩於結反。噎字。

餤古文也。糂、糣,二同。今作糝。桑感反,上;以米和羹也。[5]

餘餻二字同,古文。

餐〔饋〕〔餽〕思流反。稔,餾也,遺也,送也。[6]

餾力救反,去;餾飯也,念(稔)也。夫止。[7]

饋餗二同。府云反。蒸米也,稔也,餾也,饋謂之餐。

饙上字。

餟張芮反。餽也,亦祭也。

餱胡溝反,平;乾飯也,食也。加礼伊比,又保志比。[8]

---

① 注文"革"當作"呼"。《原本玉篇·食部》:"餏,呼乞反。"茲據校改。
② 注文"嫌"當作"嫌"。《原本玉篇·食部》:"饓,《蒼頡篇》:嫌也。"茲據校改。
③ 注文"免"當作"元"。《原本玉篇·食部》:"餧,於元反。"茲據校改。
④ 注文"廉"當作"兼"。《原本玉篇·食部》:"餂,達兼反。"茲據校改。
⑤ 《玄應音義》卷十五"餘餘"條:"古文餘、糂、糣、餻四形,今作糝,同。桑感反。《説文》:以米和羹也。一曰粒也。律文作糠,非也。""以"字影印本脱,據宫内廳原本補。
⑥ 《玄應音義》卷十六"餐饋"條:"《廣雅》:饋謂之餐。《爾雅》:饋,稔也,亦餾也。""稔,餾也"爲"饋"字釋義。疑"饋"字誤作"餽",故有"遺也,送也"二義。《新撰字鏡·食部》:"饋,餉也,歸也,遺也,送也。"
⑦ 注文"念"當作"稔"。《爾雅·釋言》:"餾,稔也。"茲據校改。夫止(ぶと【餢飳·伏兎】)。
⑧ 加礼伊比(かれいい【餉·乾飯】),又保志比(ほしい【糒】)。

饞仕減（咸）反，平；食不廉也。①

銷与消字同。思遥反。盡也。由豆吕不。②

饌〔篹〕与籑字同。仕篹、士戀二反，去；飲食也，具食也，陳也，奪也。③

饗許兩反，上；宴也。

餌如志反，去；餅也，食也。万加利餅。④

饖烏外反，去；又於吠反。伊比久佐礼利。⑤

飼飼飤同字。士至反，去；以食与人也，養也，育也。

餔食到反，去；妒食也。比止利波美須留。⑥

饟方尾反，上；食也，餕，一曰相謂（謁）食也。⑦

饁爲輒反，入；田餉也，餉田也。

饟饟饟三同。式尚反，上，又平；周人名餉也，饋也。古水。⑧

餲烏曷反，入；候也，氣也，候餲也。⑨

蝕垂（乘）力反，入；敗也，吞也，飲也。⑩

舖糒同。補湖反。含也，食也，糖也。阿女。⑪

舒（舒）疋于反。長也。⑫

餘与居反。他也，皆也，饒也，背也，贏也，非也。⑬

---

① 注文"減"當作"咸"。《玉篇·食部》："饞，士咸切。"茲據校改。

② 字頭原從"食"。高麗藏再雕本《玄應音義》卷十四"乾消"條："下古文銷，同。思遥反。《説文》：消，盡也。"寫本《玄應音義》"銷"皆作"消"。金旁與食旁形近，此字頭當是"銷"字。由豆吕不（ゆつろう【消】）。

③ "去"原在"具"字之上。《説文·食部》："籑，具食也。""饌"字爲去聲字。茲據乙正。"奪也"疑是"篹"字義。《廣韻·諫韻》："篹，奪也。"

④ 万加利餅（まがりもちい【糫餅·環餅】）。

⑤ 伊比久佐礼利（いい【飯】くされり【腐れり】）。

⑥ 比止利波美須留（ひとりばみ【一人食み】する）。

⑦ 注文"謂"當作"謁"。《方言》卷一："陳楚之内相謁而食麥饘謂之饟。"茲據校改。

⑧ 《廣韻》有平聲"式羊切"、上聲"書兩切"、去聲"式亮切"三音，此"式尚反"當是去聲。古水（こみず【濃水·濃漿·白飲】）。

⑨ 《廣韻·夬韻》："餲，飯臭。"《廣韻·曷韻》："餲，餅名。"《字鏡·食篇》："餲，下葛反。以麭候也，蝎作（按當作'作蝎'）虫形，氣也。"《倭名類聚鈔》卷十六飲食部飯餅類"餲餅"條："《四聲字苑》云：餲（音與蝎同。俗云：餲餬，寄食也。爲餅名，未詳），餅名，煎麵作蝎虫形也。"可參。

⑩ 注文"垂"當作"乘"。《裴韻》《全王》《唐韻》《廣韻·職韻》："蝕，乘力反。"茲據校改。

⑪ 阿女（あめ【飴】）。

⑫ 《廣雅·釋詁四》："舒，長也。""舒"蓋爲"舒"的俗字，如"勃"字又作"勋"。"疋于反"音同"孚"，疑反切乃據"孚"旁所加。

⑬ "背也"當是"皆也"的訛衍。

餚古（胡）交反。雜膳也。①

飾飭二同。尸食反，入；裝也，畫也，着也。

饒如燒反，平；多也，益也，飽也，餘也。

飡餐殘湌四同也。七蘭反。𧋻食也，餔也，吞也，食也。②

餿餕二同。所鳩反，平；餅壞也，飯臭也。

餳餢（徐）盈反，平；飴也。阿女。③

餭古（胡）光反，平；餦餭，餳。④

餦陟良反，平；餭，餳。

饘饘同。諸延反，平；厚粥也。加由。⑤

飧思渾反，平；飧飯。

鎚餡膏同（也）。都回反，平；餅也，以油煎米。⑥

餳度稽反，平；餦餳，膏靡（麋）也。⑦

餬餬飵三同。𢔖都反，平；饘也，寄食也。加由，又阿佐利波牟。⑧

餽飴二同。与之反，平；糖也，飼也。万加利。⑨

餈疾脂反，平；飯餅。

饔飬二同。於容反，平；熟食。⑩

餲餲二同。无鬼反。尾字。微也。

餃居交反。飲食美甘曰餃。

䬷處古（与）反。食无味曰䬷也。⑪

餼餼喜筆反，入。

---

① 注文“古”當作“胡”。《玉篇·食部》：“餚，胡交切。”茲據校改。

② “反”下一字俟考。

③ 注文“餢”當作“徐”。《廣韻·清韻》：“餳（餳），徐盈切。”茲據校改。阿女（あめ【飴】）。

④ 注文“古”當作“胡”。《廣韻·唐韻》：“餭，胡光切。”茲據校改。

⑤ 加由（かゆ【粥】）。

⑥ 注文“同”疑當作“也”。《原本玉篇·食部》：“餡，《埤蒼》：餡，膏也。”茲據校改。或此條與“餲”字混，《新撰字鏡·食部》：“餲膏，二字。”

⑦ 注文“靡”當作“麋”。《王一》《全王·齊韻》：“餳，餦餳，膏麋（麋）。”茲據校改。

⑧ “平饘也”之下原衍“平饘也”三字，茲删。加由（かゆ【粥】），又阿佐利波牟（あさりはむ【一食む】）。各本末又有“又毛良比波无（もらい【貰い】はむ【食む】）”。

⑨ 《集韻·志韻》：“飤，或从司。亦作食、飴。”万加利（まがり【糫】）。

⑩ 《原本玉篇·食部》：“飬，《説文》：籒文饔字。”今本《説文》誤爲“餳”字籒文。

⑪ 此音不詳。《廣韻·馬韻》：“䬷，兹野切。”《原本玉篇·食部》：“䬷，子野反。”疑此是“且”字倭音“しょ”，當作“處与反”。又《新撰字鏡·革部》：“輶，古（与）朱反。”是“古”“与”形近易訛。

䉛桑格反，入；牟支奈波。①

餶偪同。芳逼反，入；餶（飽）兒。阿久。②

餲愛黑反，入；噎聲。

飭恥力反，入；牢密。

餐於没反，入；飴也。

餑𩜴二同。蒲没反，入；茗餑也，長也，鶬（鎗）也。③

餌殷筆反，入。

餕里甄反，去；馬食穀，氣流下。④

飷粗同。女右反，去；雜飯也。

飣丁定反，去；貯食。

餦於亮反，去；滿也。又於兩反，上。

餀苦到反，去；餉軍也，勞也。

䭓䏹，二同。烏縣反，去；飽也，猒也。

餕子同（閏）反，去；餕餘。阿万利伊比乃己留。⑤

飯飰同上。符万反，去；食也，餅也。又符晚反。⑥

餛郎外反，去；門祭。

饎䊰糦三同。尺志反，去；熟食，又酒食。

餽又上字。

𩟐之據反，去；犬糜也，豕食。

飫於據反，去；飽也。

餁任（焦）同。如甚反，上；熟食也。䏹字。⑦

餅〔餠〕必郢反，上；卧也。⑧

---

① 《倭名類聚鈔》卷十六"索餅"條："《釋名》云：蝎餅、髓餅、金餅、索餅（和名無木奈波。《大膳式》云：手束索餅多都加）皆隨形而名。"此字頭從食，索聲，蓋專爲"索餅"所造。牟支奈波（むぎなわ【麦索・麦繩】）。

② 注文"餶"當作"飽"。《廣韻·職韻》："餶，飽兒。"茲據校改。阿久（あく【飽く】）。

③ 注文"鶬"當作"鎗"。《原本玉篇·食部》："餑，《埤蒼》：鎗也。"茲據校改。

④ 《說文·食部》："餕，馬食穀多，气流四下也。"

⑤ 注文"同"當作"閏"。各本皆作"閏"。《經典釋文·禮記音義》："餕餘，子閏反。"茲據校改。阿万利伊比乃己留（あまり【余り】いい【飯】のこる【残る】）。

⑥ "飯"不同"餕"，此云"同上"疑有誤。蓋"飯"又作"餅"，"餅"與"餕"形近相混。

⑦ 注文"任"當作"焦"。《原本玉篇·食部》："餁，《字書》：或爲䏹字，在肉部。或爲焦字，在火部。"又《說文》"餁"有古文作"恁"，邵瑛《群經正字》云"古字又作恁，殊不可解"，據《原本玉篇》，此當是"焦"字之誤。茲據校改。

⑧ 《原本玉篇·食部》："餅，《廣雅》：餅，卧也。"今本《廣雅·釋詁三》："餅，食也。"王念孫改"餅"作"餕"，並云："餕，舊本作餅，曹憲音必井反。案：餕與飯同，讀如飯牛之飯，謂飤之也。《玉篇》《廣韻》飯或作餅，餕與餅字形相近，傳寫往往譌溷。"是也，但《原本玉篇》即已訛混。

䜩子敢反,上;食无味。

飽博巧反,上;猒食也,滿也。

餤餥二上古文。

餞^餞〔餞〕疾演反,上;酒食逸(送)人也。又疾箭反,上;詻也。馬乃鼻牟介。①

餰去演反,上;乾麵餅。

饌饡饡三同。乃管反,上;女嫁食也。

馓蘇旱反,上;阿女。②

餒奴罪反,上;於食乏少曰餒也。餒,餓也,飢也。

餗居陸反,入。

米部第卅

百十六字

米亡髀、莫礼二反,上;粟實也。

糒糒䊏三同。蒲秘反,去;乾飯。他或作䴷,非。③

䊌^䊏上浮音,下留音。糟䬸也,今謂薄粥也。④

䊮^䊏字。

粨〔粋〕所巾反。物淬曰粨也,精也,不雜也。⑤

糂糫糝糌四同。桑咸(感)反,上;米和羹也。但糝,素坎反,上;精米也。伊比須久。糌,素坎反,上;殘也,餘也。乃己留。⑥

糅如救反。雜飯曰糅。

粗胙二上古文。

暴蒲穀反。曬也,晞乾也。字從日、出、収、米。

粩子各反。糯一斛舂取九斗曰粩,即精米也。⑦

---

① 注文"逸"當作"送"。《廣韻·獮韻》:"餞,酒食送人。"茲據校改。"詻也"爲"餞"字義。《廣韻·獮韻》:"餞,詻也。"馬乃鼻牟介(うまのはなむけ【馬鼻向・馬餞・馬䭾】)。

② 阿女(あめ【飴】)。

③ 《玄應音義》卷十五"麨糒"條:"律文從麥作䴷,非體也。""䊏"同"糒",非"糒"異體,但義同。《廣韻·至韻》:"糒,糒也。"

④ 《玄應音義》卷十五"䊌䊏"條:"又作䊮,音浮留。《廣雅》:䊌䊏,糟䬸也。今謂薄粥也。"

⑤ 《玄應音義》卷十五"麻粨"條:"所巾反。《通俗文》:物淬曰粨。字從米。"又此字與"粋"的俗字"粋"形近相混。《名義·米部》:"粋,精不雜也。"

⑥ 注文"咸"當作"感"。《廣韻·感韻》:"糂,桑感切。"茲據校改。伊比須久(いい【飯】すく),乃己留(のこる【殘る】)。《日本國語大辭典》:"「すく」は、物を食べのみ込むの意。"即"すく"義爲"進食"。

⑦ 《說文·稑部》:"粩,糯米一斛舂爲九斗曰粩。"

昨昨糳三上字。

糗丘分(久)反,上;林琴、柰熟而粉碎謂之糗。[1]

粋粄二同。布滿反,上;餈類也,屑米餅也。

糟粕上亦作醩。子勞反,平;不沸酒也。下普各反。糟也,酒滓也。二字訓同。阿万加須。[2]

⿰米豊扶打反。糟堅也。加太加須。[3]

黏女廉反。合也,於(相)着曰黏。[4]

⿰米工户公反。粟米腐敗。所千反。澤(滓)也。与祢加須,又与祢阿良不。[5]

粮糧二同。力毒(姜)、吕張二反,平;粻也。[6]

精井盈反。明也,正也,善也,好也,代(氏)也,粺也,小也,静也。[7]

糴大石反,入;買米也。与祢加不。[8]

糶他弔反,去;賣米也。

⿰米壽徒告反。覆也,碎也,粉也,清米也。[9]

⿰米寿上同。

糳倉各反,入;精細米也。

糏先結反,入;米麦破。

粟⿱卤米⿱卤⿱卤米三同。相玉反,入。[10]

料力弔反,去;度也,計也,量也,理也。

粺傍卦反,去;与祢之良久。[11]

粔其吕反。粒也。

---

① 注文“分”當作“久”。《玄應音義》卷十八“漱糗”條:“下丘久反。今江南言林琴、柰熟而粉碎謂之糗。”茲據校改。

② 阿万加須(あまかす【甘糟・甘粕】)。

③ 注文不詳,《龍龕》作爲“麷”的俗字。加太加須(かたかす【堅糟・固糟】)。

④ 注文“於”當作“相”。《説文·黍部》:“黏,相箸也。”茲據校改。

⑤ “所千反。澤也”不詳,據和訓“与祢加須”,則“澤”當作“滓”。与祢加須(よね【米】かす【糟・粕】),又与祢阿良不(よね【米】あらう【洗う】)。

⑥ 注文“毒”當作“姜”。《字鏡》作“姜”。《名義·米部》:“糧,力羔(姜)反。”《名義·重部》:“量,力姜反。”茲據校改。

⑦ 注文“代”疑當作“氏”。《廣韻·清韻》子盈切:“氏,狋氏,縣名。”《漢書·地理志》:“代郡……縣十八:……狋氏。”顔師古注:“孟康曰:狋音權,氏音精。”茲據校改。

⑧ 与祢加不(よね【米】かう【買う】)。

⑨ 《名義·米部》:“⿰米壽,徒到反。覆也。”其餘各義不詳。“清”或當作“漬”或“精”。《玉篇·米部》:“⿰米睪,漬米也。”《名義》亦誤作“清米”。《名義·米部》:“粺,精米。”下條異體字頭前有衍文“精”字,原已删。

⑩ 字頭“粟”字右旁有片假名“アハ(あわ【粟】)”。各本末有“久利(くり【栗】)”二字,誤混“粟”“栗”二字。

⑪ 与祢之良久(よね【米】しらぐ【精ぐ】)。

敠丘畏反,去;細米也。

糩糐二同。理大反,去;麁米也。①

粋雖遂反,去;純粹不雜。

粋私醉反,去;上字。純也。

糭糉粽三同。作弄反,去;知万支。②

粖素感反,上;密(蜜)藏木瓜。③

糈糧二同。相与、相序二反,上;祭神米。志正(止)支。④

糠㨖(稴)同。古甜反,平;青稻白米。⑤

粧士莊反,平;粉飾也。

糨胡關反,平;膏糨,粔籹也。⑥

栖蘇才反,平;碎米也。

糏武結反。細也,精也,粳也。

糫魯古反。麁也,硬也,食中交麁粒也。⑦

棐司里反。臬字。加良乎。⑧

粳柯皷(彭)反。饘。志良介米。⑨

糒餔同。防固反,去;糖和秌米屑前(煎)丸之也。⑩

秫秣同。神出反,入;黏稻,有三種。⑪

柵糝二同。所革反,入;飯下糝米粒也,落曰柵。

粗麁同。在古反。略也,疏也,麁也。保也(丶),又阿良[丶丶]也。⑫

---

① "糩"與"糐"音異義同,非異體。"糩"同"粗""麤"。

② 知万支(ちまき【粽】)。

③ 注文"密"當作"蜜"。《切三》《王一》《裴韻》《全王》《廣韻·感韻》:"粖,蜜藏木瓜。"茲據校改。

④ 注文"正"當作"止",據各本改。志止支(しとぎ【粢·糈】)。

⑤ 注文"㨖"當作"稴"。《玉篇·米部》:"糠,亦稴字。"茲據校改。

⑥ 字頭及注文"糨"字右旁誤作"畏"。

⑦ 此字疑爲"糫"的聲旁替換俗字。Дx2822《雜集時用要字》:"糫米。"《廣韻·模韻》:"糫,米不精也。"俗書或將"糫"字右旁誤認作"鹿",如《類聚名義抄·米部》:"糫,音麁,米不精。"進而又以"盧"旁替換之,是爲"糫"字。

⑧ 字頭原作"棐",故入米部。加良乎(からお【苧麻】)。

⑨ 注文"皷"當作"彭"。《名義》《玉篇·米部》:"粳,柯彭反。"茲據校改。志良介米(しらげ【精げ】よね【米】)。

⑩ 注文"前"當作"煎"。《字鏡·米部》:"糒,糖和秌末(秌米)屑煎而丸之。"《神仙傳·鳳綱》:"鳳綱者,漁陽人也。常採百草花以水漬泥封之,自正月始,盡九月末止,埋之百日,煎丸之。"《真仙通鑒》卷三四作"煎而丸之"。茲據校改。

⑪ 字頭即"秫"的換旁俗字。

⑫ 和訓二"也"字當是重文符之誤,據各本改。又各本"良"下僅一個重文符,當有兩個。保保(ほぼ【粗·略】),又阿良阿良(あらあら【粗粗·荒荒】)。

糝下熬反。深也。①

糚徒坎反。食物餘也，殘也，餘也。

粲庖旦反。明也。在𥁕部。殭也。

獘〔敉〕武婢反。傷也，殘也。曾己奈波留留。②

敕力條反。擇也。料字。在攵部。③

糎（釐）力之反。十毫也。④

糳子妙反。盡酒也。在欠部。

𦸈蘖二同。魚列反。牙米也。在草部。

糶施尺反，入；漬也。⑤

麊武移反，平；縣名。

𥸾武移反，平；深入也。

麋在鹿部。

粏杮二同。疋悶反，去；皮古尔。⑥

粉方吻反，上；己女乃佐支。⑦

穬郎外反，去；難曉也。

粲倉旦反，去；細米也。

𥻦或本作。

𥼥米。未詳。

杮去音。白米。

𥽿比知反。毛知米。⑧

糫烏結反，入；糫。

糱練結反，入；糱糱，多節目也。

𥹖上字，或本作。

---

① 此條不詳。

② 字頭原作“𥼞”。“武婢反”爲“敉”字反切，釋義蓋是“獘”字義。曾己奈波留留（そこなわるる【殘わるる】）。

③ 攵部“敕”字異體作“𣁸”，爲“料”的俗字。《説文通訓定聲》：“敕，叚借爲料。《説文》：擇也。《鬼谷子》：捭闔料其情也。注：料謂簡擇。”《慧琳音義》卷一百“敕柬”條：“《考聲》：敕，理也。《通俗文》作撩，今時用多作撩。《説文》：敕擇也。從手，寮聲。敕雖正體字，爲涉古難用。集中從米從斤作𣁸，非也。”

④ 字頭爲“釐”的俗字，“釐”又同“氂”。

⑤ 《玉篇·米部》：“糶，漬米也。”“糶”同“糶”。

⑥ 《名義·米部》：“粏，凶（匹）願反。粉也，面也。”又或是“飯”字異體。“飯”又作“餅”“飰”，“食”旁與“米”旁可互換。皮古尔（ひこに）。

⑦ 己女乃佐支（こめ【米】の【之】さき【先】）。

⑧ 毛知米（もちよね【糯米】）。

糖糛餹溏,四同。徒朗(郎)反,平;阿女。①

樓(粝)力求反。粰樓也,飯名也。②

籹芳皮反,平;撫也。又披,一本作。③

糇侯音。粮也。

糠口朗(郎)反。謂之蠱也,米皮也。④

糫脂然反,平;饘字。漿也。

粢咨(粢)二同。齍、䉈,亦同字。春飯餅也。子尸反,平;邊豆之實也,器名。在食部。⑤

粃方履反,上;蘇也,米淺屑也。

籹〔妝〕居(尼)呂反,上;餴也,粗也。⑥

𥝤𥝜二同。定音。由須留。⑦

𥞱父世反。鼻也。

糞方閔(問)反。屎也。⑧

粒立音。阿良本。⑨

糢粖糒三粗字。秣。在禾部。

粹春米也。

粝加礼比。⑩

粕由須留。⑪

黍毛知比。⑫

粿毛知米。⑬

---

① 注文“朗”當作“郎”。《廣韻·唐韻》:“糖,徒郎切。”茲據校改。阿女(あめ【飴】)。

② 《廣韻·尤韻》:“粰,粰糔。”《廣韻·尤韻》力求切:“粝,粰糔,䭔也。”此字頭蓋“糔”的異體。

③ “芳皮反”爲“披”字音,“撫也”爲“籹”字義,但二字疑非異體,形近而混,“披”字原作“𢱏”,右旁似“攵”。

④ 注文“朗”當作“郎”。《名義》《玉篇·米部》:“糠,口郎反。”茲據校改。《爾雅·釋器》:“康謂之蠱。”郭璞注:“米皮。”

⑤ 字頭“咨”當作“粢”。《集韻·脂韻》才資切:“餈,或作餈、粢、粢、齍。”注文“齍”下一字從食,粢聲。茲據校改。

⑥ 注文“居”當作“尼”。《廣韻·語韻》:“籹,尼呂切。”茲據校改。“餴也”爲“妝”字義。

⑦ 由須留(ゆする【泔】)。

⑧ 注文“閔”當作“問”。《廣韻·問韻》:“糞,方問切。”茲據校改。

⑨ 阿良本(あらもと【糘·糩】)。

⑩ 加礼比(かれい【餉】)。

⑪ 由須留(ゆする【泔】)。

⑫ 《漢語大字典》:“黍,同黍。《隸辨·語韻》:黍,《脩華嶽碑》:成我稷黍。《費鳳別碑》:悠悠歌黍離。黍皆作黍,變從米。《泰山都尉孔宙碑》:豐年多黍。漢蔡邕《獨斷》卷上:黍曰薌合,粱曰香萁。”毛知比(もちい【餅】)。

⑬ 毛知米(もちよね【糯米】)。

罓(网)部第卌一

五十字

罓文兩反,上;無也,網。

网上正作。

罩罺二同。罩、籗、箪,三亦同字。竹校反,去;篧也,捕魚籠。[①]

䍡泲同。子礼反,上;漉也,謂䍡出其汁也。

罛罛二同。[古]胡反。魚罟謂[之]罛,又大網也。[②]

罝罝罝三同。子邪反。兔罟謂之罝,即遮也,遮取兔也。

冤〔冕〕古作寃,今作宛。於元反,上;亦作絻。屈也,枉也。[③]

冒亡報反。覆也,貪也。

罣罫二同。胡卦反,平(去);網礙也。網(礙),止也。倭介伊反。[④]

羂《三分(蒼)》作繫(纚),又作羂(罥)。古泫反。[⑤]

罨烏荅、於儼二反。倭阿牟反。[⑥]

罕呼罕(旱)反。希也,疏也。又干音。[⑦]

罥古玄(泫)反,上;繫也,挂也。和奈。[⑧]

罽居厲反。魚网也。倭介伊反。[⑨]

罟姑户、古胡二反,上;網也。又古音。

幂亡狄反,入;覆食巾也,今云"食單"是也。

罹力利(知)反,平;毒也,憂也。離字也。[⑩]

---

① 《玄應音義》卷五"籠罩"條:"古文罺、箪、罩三形,今作罩,同。"各書無異體"籗"。

② "同"下奪"古"字,"謂"下奪"之"字。《玄應音義》卷二十"施罛"條:"古胡反。《爾雅》:魚罟謂之罛。郭璞曰:罛,大網也。"茲據校改。

③ 字頭原作"冤"。《玄應音義》卷七"煩冤"條:"古文作冤、寃二形,今作宛,同。於元反。《説文》:冤,屈也。《廣雅》:冤,枉也。經文作婉,非字體也。"金剛寺等古寫本"冤"作"冤",與此同。《説文·冃部》:"冕,大夫以上冠也。絻,冕或从糸。""冤"與"冕"形近,此混爲一字。"冕"與"宛"有上聲,"冤"字無,此音標"上"當誤。

④ 注文"平"當作"去","網"當作"礙"。"胡卦反"爲去聲。《玄應音義》卷六"罣礙"條:"本作罫,同。胡卦反。《字書》:網礙也。《説文》:礙,止也。"茲據校改。倭介伊(けい)反。

⑤ "三"上原有"第"字,注文"分"當作"蒼","繫"當作"纚","羂"當作"罥"。《玄應音義》卷十"羂弶"條:"《三蒼》作纚,又作罥,同。古犬反。""第"當衍。茲據刪改。

⑥ 倭阿牟(あむ)反。

⑦ 注文"罕"當作"旱"。《廣韻·旱韻》:"罕,呼旱切。"茲據校改。

⑧ 注文"玄"當作"泫"。《名義》《玉篇·网部》:"罥,古泫反。"茲據校改。和奈(わな【罠・羂】)。

⑨ 倭介伊(けい)反。

⑩ 注文"利"疑當作"知"。《名義·网部》:"罹,力支反。""知"爲支韻字。茲據校改。

羅力阿反。終(絡)也,烈(列)也,被也。①

罨丘員反,平;小幘。

罠武云反,平;彘網也。

罞莫杯反,平;雉網。

罿尺容反,平;又徒紅反。車上网。

䍦力移反,平;羃。

罶罾𦌾三同。力帚反,上;寘(寡)婦網也。②

罭榮逼反,入;魚網也。

罼蒲革反,入;糊(翻)車。③

罜盧各(谷)反,入;網也。④

罬所晏反,去;取魚網。

罻於胃反,去;羅。

罧槮同。斯甚反,上;積柴取魚。

罯焉(烏)感反,上;魚網。⑤

罺无主反,上;窓中網。

罷皮彼反,平陂、薄解三反,上;遣有罪。

䍲古紺(甜)反,平;絲網也。⑥

罘薄謀反,平;兔網。

罞莫交反,平;麋罟。

罦匹交反,平;網。

罺側交反,平;抄網。

罼方疋反,入;兔網。⑦

罦薄謀反,平;車上網。

罤田兮反,平;兔網。

罾曾音。魚罟。

䍣所宜反。䍦也。

罔亡枉反,上;網字。

① 注文“終”當作“絡”,“烈”當作“列”。《爾雅·釋器》:“鳥罟謂之羅。”郭璞注:“謂羅絡之。”《廣雅·釋詁一》:“羅,列也。”茲據校改。

② 注文“寘”當作“寡”。《説文·网部》:“罶,曲梁,寡婦之笱,魚所留也。”茲據校改。

③ 注文“糊”當作“翻”。《廣韻·麥韻》:“罼,翻車。”茲據校改。

④ 注文“各”當作“谷”。《廣韻·屋韻》:“罜,盧谷切。”茲據校改。

⑤ 注文“焉”當作“烏”。《廣韻·感韻》:“罯,烏感切。”茲據校改。

⑥ 注文“紺”當作“甜”。《廣韻·添韻》:“䍲,古甜切。”茲據校改。

⑦ “兔網”原倒。《切三》《王一》《裴韻》《全王·質韻》:“罼,兔網。”《唐韻》《廣韻·質韻》:“罼,兔罟。”茲據乙正。

巾部第卅二

百七十三字

巾羈銀反,平;首服也,連也,衣也,一云項衣。

帀迊市市四同。作合反。仕止反,上;交易人會處也,周帀也。①

帞莫格反,入;頭也,領巾也。

帕普伯反,入;擔(憺)。②

幰幵二同。虛偃反,上;布帛張車上爲幰。

悌大帝、大礼二反。愷悌,樂也,易也。

帆颿同,古作飌。扶嚴反。汎也。又扶泛也(反)。③

愉翼米(朱)反。作孚瑜,言美色也。作怤愉,悦也。④

帊袍同。疋亞反。帊幞也,萁也,兩複曰帊。⑤

幄於角反,入;謂大帳也,覆帳謂之幄,即幕也。

帷〔惟〕於佳反,平;□(此)也,唯也,帳也,連牀布張也,平。⑥

幔莫半反,去;幕也,帷也,帳也,覆也,闊也。

帔襬正正議反,去;又芳皮反,平;所以被背也,今云褐被,謂帬曰帔。又帔,披也,〔披〕肩背不及下也。⑦

幨帴正所黠反,入;又思爛反,去;帬也,婦人脅衣也。

幘子尺反,入;首服也,頭巾也。比太比乃加加保利。⑧

幃王非反,平;香囊。

帑於元反,平;繙帑。

① "帀"同"迊","市"同"市","帀"與"市"形近相混。"作合反"與"周帀也"爲"帀"字音義。"仕止反,上"與"交易人會處也"爲"市"字音義。"人"字衍,《字鏡》作"皆交易會處也"。

② 字頭原從"巾",俗字"巾""忄"旁相混,下文同,不再出校。注文"擔"當作"憺"。《廣韻·陌韻》:"怕,憺怕,靜也。"《字鏡》作"憺"。茲據校改。

③ 注文"也"當作"反"。《玄應音義》卷十九"帆者"條:"又作颿,古文飌,同。扶嚴、扶泛二反。"茲據校改。

④ 注文"米"當作"朱"。《玄應音義》卷十九"敷愉"條:"翼朱反。《纂文》作孚瑜,言美色也。《方言》作怤愉,悦也。"茲據校改。

⑤ 《玄應音義》卷二十一"綺帊"條:"又作袘,同。匹亞反。《廣雅》:帊,襆也。《通俗文》:兩複曰帊也。"此字頭右旁原從"包",故異體誤作"袍",實皆當從"巴"。"萁也"《玄應音義》無,疑衍。

⑥ "平"下殘字據鈴鹿影抄本補。前兩義爲"惟"字義,後兩義爲"帷"字義。末"平"字疑衍。

⑦ "帔披"原倒,"肩"上奪"披"字。《釋名·釋衣服》:"帔,披也,披之肩背不及下也。"本書卷六末《原本玉篇》佚文所引無"之"字。茲據乙補。

⑧ 比太比乃加加保利(ひたい【額】の【之】かがほり【冠】)。

帗薄官反,平;大巾也,緛也。①

帉撫云反。巾也,拭巾也,幘也。

帠上同。

衫蘇甘反,平;衣被(破)。②

幨處占反,平;帷。

帑〔帑〕他朗反,上;金帛藏,妻子也,府也。③

帩武遇反,上(去);髮巾也,車衡上衣。④

帽幠莫報反,去;冒也,冠也。

帳陟亮反,去;帷也,張也。

幦莫歷反,入;車覆。

幎莫歷反,入;廣也,幔也,大中(巾)也,覆面巾也。⑤

惆上字。直由反。幬字。

幗古獲反,入;婦人喪冠。

帔被同。甫達反。[一]幅巾也,縷,氃,翼也。⑥

恝而辰反。枕巾。⑦

䘡裑同。丁來(頰)反。衣領也。祐(祐)同。⑧

俺於劫反。囊也,幧頭也。

幝褌、裩二字同。古魂反。幒也。見衣部。

㩉且勇反。幒也,幝也。

幒幒二字,上同。

幙幕二同。亡伯反,入;幄帷,覆食葉(案)也。⑨

幤力甘反。襤也,无氃也,無也。⑩

---

① "緛"字不詳,疑當作"帨"。《廣雅·釋器》:"帨、帗,巾也。"

② 注文"被"當作"破"。《切三》《裴韻》《全王·談韻》:"衫,衣破。"茲據校改。

③ "妻子也"爲"帑"字義。

④ 注文"上"當作"去"。此音爲去聲,"帩"字無上聲。茲據校改。"髮巾"《切韻》系韻書同,《説文》作"㡓布",龍宇純《校箋》改"髮"作"㡓","㡓"與"㡓"同。

⑤ 注文"中"當作"巾"。《玉篇·巾部》:"幎,大巾也。"茲據校改。

⑥ "幅"上奪"一"字。《説文·巾部》:"帔,一幅巾也。"《名義·巾部》:"一幅也。"茲據校補。《方言》卷二:"帔縷,氃也。"《廣韻·物韻》:"翼,《説文》曰:樂舞,執全羽以祀社稷也。《周禮》作帔。"

⑦ 此音《名義》同,《玉篇》音"而震切",《廣韻·震韻》音"而振切",《全王·震韻》音"而晉反",此處反切下字"辰"似當作"震"或"振"。

⑧ 注文"來"當作"頰","祐"當作"祐"。《廣韻·添韻》丁兼切:"䘡,又丁頰切。"《玉篇·衣部》:"裑,丁兼、丁頰二切。祐,同上。"茲據校改。

⑨ 注文"葉"當作"案"。《説文·巾部》:"幕,帷在上曰幕,覆食案亦曰幕。"茲據校改。

⑩ 《方言》卷二:"幤幏,氃也。"《集韻·虞韻》:"幏,或从無。"《説文》:"幤,楚謂無緣衣也。"此"无氃也,無也"當本此。

慊力占反。帷也,取(恥)也,廉也,簾。①

帗皮匕(鄙)反。幓(幧)裂也。②

幖匕肖(俾消)反。幟也,幡。③

幟子廉反。拭也。

幡無(撫)元反。瓠葉也,往來皃。④

幝充千(善)反。弊完(皃)也,繟也。⑤

幪幪二同。蒙公反。蔽也,巾也,覆也,盖也。

幠無古(海胡)反。覆也,大也,張也,慢也,憮也。⑥

幩夫(扶)云反。髴也,扇具也。⑦

幧夫分(扶忿)反。囊入物,大滿而裂也,匕(弓)觔。⑧

幥猪旬反。載米布。

扱公答反。以席載米。

幮幰幮三同。奴回反。塗也,著也。

幏公亞反。夷布。

帢古合(苦洽)反。韜也,裕。⑨

㡶古欠(胡坎)反。褔也,雍(甕)耳。⑩

帠匕以(鼻移)反。冕也,裨。⑪

---

① 注文"取"當作"恥",《字鏡》即作"恥"。《釋名·釋牀帳》:"慊,廉也,自障蔽爲廉恥也。"茲據校改。又《説文·巾部》:"慊,帷也。"小徐注:"今俗作簾。"段注:"按,與竹部'簾'異物。慊以布爲之,簾以竹爲之。"

② 注文"匕"當作"鄙","幓"當作"幧"。《名義·巾部》:"帗,皮鄙反。幧裂。"《説文·巾部》:"帗,幧裂也。""匕"是日語用字"ヒ"。茲據校改。

③ 注文"匕肖"當作"俾消"。《名義·巾部》:"幖,俾消反。""匕"是日語用字"ヒ"。茲據校改。

④ 注文"無"當作"撫"。《名義·巾部》:"幡,撫元反。"茲據校改。《詩·小雅·瓠葉》:"幡幡瓠葉。"毛傳:"幡幡,瓠葉貌。"《玄應音義》卷十六"幡幯"條:"謂口舌往來皃也。《詩》云:幯幯幡幡,謀欲譖言。傳曰:幯幯,猶緝緝。幡幡,猶翩翩也。"

⑤ 注文"千"當作"善","完"當作"皃"。《玉篇·巾部》:"幝,充善切。"《名義·巾部》:"幝,先(充)善反。""千"當是日語同韻省字。《説文·巾部》:"幝,車弊皃。"茲據校改。

⑥ 注文"無古"當作"海胡"。《名義·巾部》:"幠,海胡反。"茲據校改。

⑦ 注文"夫"當作"扶"。《名義》《玉篇·巾部》:"幩,扶云反。"茲據校改。

⑧ 注文"夫分"當作"扶忿","匕"當作"弓"。《名義》《玉篇·巾部》:"幧,扶忿反。"《字鏡》"匕"作"弓"。《玉篇·巾部》:"幧,又弓筋起。""觔"同"筋"。《周禮·冬官·弓人》:"夫目也者必强,强者在内而摩其筋。夫筋之所由幧,恒由此作。"鄭玄注:"鄭司農云:幧讀爲車幨之幨。玄謂幧,絕起也。"此義或與此處有關。茲據校改。

⑨ 注文"古合"當作"苦洽"。《王一》《全王》《廣韻·洽韻》:"帢,苦洽反。"茲據校改。

⑩ 注文"古欠"當作"胡坎","雍"當作"甕"。《名義·巾部》:"㡶,胡坎反。甕耳。"茲據校改。

⑪ 注文"匕以"當作"鼻移"。《名義·巾部》:"帠,鼻移反。"《玉篇·巾部》:"帠,俾移反。""匕以"爲日語用字。茲據校改。

帔亡交（教）反。帔幗。①

夠乃可反。

嶁力甫反。姓。②

㠌幰二同。口交〔反〕。繑也，紐。

幞夫（扶）足反。幞幭。③

帳止（之）仁反。囊也，馬筴也。④

帾都古反。幡也，幖。

佺〔帢〕止安（子眷）反。絹佺。⑤

㡇武具（俱）反。欲空。⑥

幩疋□（仁）反。敝皃。⑦

帴充塩反。車幭，袟也，裳帷。

剈帬二同。力制〔反〕。餘也，輸也，裂。

帪口侯反。指沓。

帲匕（碑）井反。覆也，屛也，屏也，蔽也。⑧

弒止式（舒翼）反。拭也，扷也，清也。⑨

帗方具（俱）反。袜。⑩

冓古侯反。褠。

幝徒旦反。祖也，兔衣。

崒帗二同。子汭反。辭也，絠（綷）也，五采繒。⑪

① 注文“交”當作“教”。《名義》《玉篇·巾部》：“帔，亡教反。”茲據校改。

② “姓”義，《名義》《玉篇》字頭作“嶁”，《切韻》《廣韻》字頭作“嫂”。《佩觿》：“嫂嶁，上音叟，心也；下古宇翻，姓。”疑“嶁”字是。

③ 注文“夫”當作“扶”。《名義》《玉篇·巾部》：“幞，扶足反。”茲據校改。

④ 注文“止”當作“之”。《名義》《玉篇·巾部》：“帳，之仁反。”茲據校改。

⑤ 此條字頭當是“佺”。《名義·巾部》：“佺，子眷反。謹也。”《廣韻·仙韻》此緣切：“佺，謹皃。”《廣韻·仙韻》莊緣切：“佺，曲卷也。”“止安反”蓋“子眷反”的日語用字。此釋義當是“帢”字義。《廣韻·鹽韻》巨淹切：“帢，絹帢。”《名義·巾部》：“帢，渠炎反。絹帢。”楊寶忠《疑難字三考》云：“‘佺’乃‘佺’字傳刻之誤。……唯‘佺’訓曲卷形義不切，當又‘跧’字轉錄之誤。”是也。

⑥ 注文“具”當作“俱”。《名義》《玉篇·巾部》：“㡇，武俱反。”茲據校改。

⑦ “疋”下殘。《字鏡·巾篇》《名義》《玉篇·巾部》：“幩，匹仁反。”茲據校補。

⑧ 注文“匕”當作“碑”。《名義·巾部》：“帲，碑井反。”茲據校改。

⑨ 注文“止式”當作“舒翼”。《名義·巾部》：“弒，舒翼反。”此反切當是日語用字。茲據校改。

⑩ 注文“具”當作“俱”。《名義·巾部》：“帗，方俱反。”茲據校改。

⑪ 注文“絠”疑當作“綷”。《廣韻·隊韻》：“辭，《說文》曰：會五綵繒也。綷，上同。崒，亦同。”茲據校改。又反切《名義》《玉篇》作“子內反”。

帨幧二同。莫悒、七遭二反。綄也,代冠也,所以裹髮髻也。①

幟尸止(昌志)反。幡也。②

帗上字。

㧓口孤反。劵也,挽也,引也,張也,扜也。

幰於靳反。裹也,褰。

幗呼格反。幰也,帷(帒)也。③

幰大奚反。□(幗)也,黃紙也。④

幯巨几反。綦也,繫也。⑤

帺上字。

幒且勞反。藉布。

幧子鳥反。拭也。

帿古萌(胡溝)反。射布也。⑥

幯子結反。拭。

幣止夾(之示)反。礼巾。⑦

帤女於反。弓中裨也,幣布。

帶帶都大反。行也,紳也。

常視章反。在口部。

甫子田反。幡也,菓也,箋。

幑匕鬼(呼歸)反。鼇旗,幡也。⑧

㡾力末反。拂。

帣居爰(瑗)反。囊也,三斛爲一帣。⑨

席徐亦反。陳也。在广部。

---

① "帨"與"幧"非異體,或是音義同而誤認作異體。《原本玉篇·糸部》:"綄,莫悒反。《儀礼》:主人括祖,衆主人綄于房。鄭玄曰:齊衰將祖,以免代冠。免之制未聞焉。舊説以爲如冠狀,廣一寸。《喪服小記》曰:斬衰括髮以麻,免而以布。此用麻布爲之,狀如今之著幧頭矣。自項中而前,交領上,却繞髮。今文皆作綄。"鄭玄云"狀如今之著幧頭矣",可知"帨""幧"義同,但二字音不同,故此有"二反"。

② 注文"尸止"當作"昌志"。《玉篇·巾部》:"幟,尺志切。"《名義·巾部》:"幟,昌志反。"此當據《原本玉篇》作"昌志反",後以日語用字改作如此。"尸"當非"尺"字之訛。茲據校改。

③ 注文"帷"當作"帒"。《字鏡》作"帒"。《廣雅·釋器》:"幗帒謂之帒。"茲據校改。

④ 殘字疑是"幗"字,參見上條。

⑤ 字頭當爲"幯"的聲旁替換字。《玉篇·巾部》:"幯,巨其、巨記二切。"此反切或當是其中之一。

⑥ 注文"古萌"當作"胡溝"。《名義·巾部》:"帿,胡溝反。"茲據校改。

⑦ 注文"止夾"疑當作"之示"。《名義·巾部》:"幣,之示反。"茲據校改。

⑧ 《名義》音"呼歸反",《玉篇》音"火韋切",《廣韻》音"許歸切",此音蓋由"呼歸反"的日語同音用字省改。

⑨ 注文"爰"當作"瑗"。《名義》《玉篇·巾部》:"帣,居瑗反。"茲據校改。

布 甫隻(補護)反。泉也,宣也,敷也,裂也,陳也。①

帣 且見反。帟也,幓頭。

帟帟 同。余石反。平帳也,承塵居幕,若帷。

帗 尸(尹)世反。帣也。②

帋 此止(雌紫)反。布也。③

幣 紆塋(螢)反。覆。④

市 呼光反。莀(幭)幞。⑤

幨 辞炎反。巾。⑥

罪 字(浮)畏反。厞也,隱也。⑦

帋 止(之)氏反。紙字。絮也。⑧

帍 胡古反。在户部。

市 甫勿(補物)反。韠也,韍。⑨

帢 古沓反。輨。

絬 虵(禹)刮反。細也,紬也。⑩

䌷 方校反。綵也,文雜也。⑪

綊 他敢反。縿也,葵也。“毳衣如菼”。綊,白茵(黄)。⑫

綠 力足反。绿也,青繒。

帽帽 同。徒卧、都異(果)二反,去;无袂衣,一曰衣大被。⑬

幬 呼麦反,入;裂帛聲。

帛 傍陌反,入;繒也,賂也。⑭

————————

① 注文“甫隻”當作“補護”。《名義·巾部》:“布,補護反。”茲據校改。又“裂也”,《名義》作“製也”,疑“裂”通“列”。《廣雅·釋詁一》:“布,列也。”
② 注文“尸”當作“尹”。《名義·巾部》:“帗,尹世反。”茲據校改。
③ 注文“此止”當作“雌紫”。《名義·巾部》:“帋,雌紫反。”茲據校改。
④ 注文“塋”當作“螢”。《玉篇·巾部》:“幣,紆螢切。”《名義·巾部》:“幣,紆營反。”茲據校改。
⑤ 注文“莀”當作“幭”。《名義·巾部》:“市,幭也。”《王一》《裴韻》《全王·唐韻》:“市,幭。”茲據校改。
⑥ 《名義》作“辞廣(廉)反”。
⑦ 注文“字”當作“浮”。《名義·巾部》:“罪,浮畏反。”《原本玉篇·厂部》:“厞,浮畏反。或罪字,在巾部也。”茲據校改。
⑧ 注文“止”當作“之”。《名義·巾部》:“帋,之氏反。”茲據校改。
⑨ 注文“甫勿”當作“補物”。《名義·市部》:“市,補物反。”茲據校改。
⑩ 注文“虵”當作“禹”。《名義·帛部》:“絬,禹刮反。”茲據校改。
⑪ 《王一》《全王》《廣韻》《名義》《玉篇》皆作“綵雜文”,此疑當同。
⑫ 注文“茵”當作“黄”。《名義·帛部》:“綊,白黄也。”茲據校改。
⑬ 注文“異”當作“果”。《名義·髟部》:“髻,都果反。”茲據校改。
⑭ 《玉篇·貝部》:“賂,金玉曰貨,布帛曰賂。”字頭“帛”旁有片假名“キヌナリ(きぬなり【絹鳴り】)”,注文“繒也”與“賂也”右旁各有片假名“キヌ(きぬ【絹】)”。

帕帞同。苦洽反，入；巾帞也，帽。①

帗上字。

帢他合反。帳上。②

帨式芮反，去；佩巾也，拭物巾。

帗敷勿反，□（入）；韜髮也。③

帖他協反，入；床前帷，券帖。

幑緋同。布奚反，平；覆扇（履）。④

懷懷同。乎乖反，平；恞也。⑤

幋并方（兮）反，平；車簾也。車乃加久比。婦人乘。⑥

帬其君反，平；裳。

幌古良（胡廣）反，上；窓簾也。止波利。⑦

幰 懱同。古了反，上；行縢也。牟加波支。⑧

帙 恔同。直失反。褎、袟同。裏纏也。⑨

幅方六反，入；絹廣狹也。絹耳和太利。⑩

帄丁了反，上；繒布頭也。支奴波志。⑪

幒先列反，入；殘帛也。世（也）不礼加加不。⑫

帟竹与反，上；葬覆棺也。幧同。皮不利帷也。⑬

---

① “帞”爲正體。後一字頭在地脚處又改作“帞”，與《名義》“帞”字作“帞”同。

② 釋義《唐韻》同，《切三》《裴韻》《全王》《廣韻·合韻》作“帳上覆”，《玉篇·巾部》作“帳上帢”，此或是“帳上帢”省“帢”字。

③ “反”下字據《字鏡》補。

④ 字頭左旁原從“巾”。《原本玉篇·糸部》：“緋，《字書》或爲幑字，幑亦誤也，在心部。”故此當從“忄”，無從“巾”之字。又“扇”字據《字鏡》改作“履”。

⑤ “恞”同“抱”。

⑥ 注文“方”當作“兮”。各本作“兮”，《字鏡》亦作“兮”。《廣韻·齊韻》：“幋，邊兮切。”茲據校改。車乃加久比（くるま【車】の【之】かくひ）。

⑦ 注文“古良”當作“胡廣”。《切三》《裴韻》《全王》《廣韻·蕩韻》：“幌，胡廣反。”茲據校改。或當是“胡朗反”。止波利（とばり【帳·帷】）。

⑧ 牟加波支（むかばき【行縢·行騰】）。

⑨ “裏”下字原作“経”，可作“經”“纏”等字草書，《字鏡》作“経”，當是“經”俗字，本書糸部“繧”下“經也”即作此形。但此處疑是“纏”字草書。本書衣部“褎”字條注“纏也，纏裏也”，後一“纏”字亦作此形，作“纏裏”或“裏纏”義通。

⑩ 《全王·屋韻》：“幅，絹邊。”“絹耳”，《字鏡》無“耳”字，狩谷疑“耳”當作“乃（の【之】）”。絹耳和太利（きぬ【絹】みみ【耳】わたり【辺】）。

⑪ 支奴波志（きぬ【絹】はし【端】）。

⑫ 各本“世”作“也”，是也。也不礼加加不（せぶれ【破れ】かかう【幒】）。

⑬ “葬”字原作“𦮰”，省脫“艹”旁，據各本改。皮不利帷（はぶり【葬り】かたびら【帷·帷子】）。

幰皮不利加太比良。①

帚之酉反,上;所以掃糞也,掃也。

幰古年反,平;布名,又縣名。②

爺(希)牢(罕)也。③

幣古作幣。卑(裨)制反,去;帛。④

帝都麗反。君也,德合天地稱帝。

帣其銷反,平;頭帣也,幧也。

帓慕鎋反,入;帶也。

幦莫結反,入;帊幞也,單被。

幬上字。

幰所甲反。面衣也,衣散下也。⑤

幢直江反,平;翳也。又從巾(忄)。⑥

幬幬同。直由反,平;一佪。禪帳也,牀帳也。⑦

酉部第四十三

百三十八字加四字

酉与久、餘弔、余帚三反,上;斂也,秀也。⑧

醐酻同。許具反,去;醬也。佐加加利。⑨

醬禹命反,去;酻也。

醞於軍(運)反,去;釀也,餘也,飽也,裏也,酒母也,投也。⑩

---

① 皮不利加太比良(はぶり【葬り】かたびら【帷・帷子】)。

② "平"字原在"布"下,據《字鏡》乙。又《廣韻·先韻》:"幰,布名。"茲據乙正。

③ 注文"牢"當作"罕"。字頭爲"希"的俗字。《爾雅·釋詁》:"希,罕也。"茲據校改。

④ 注文"卑"當作"裨"。《名義·巾部》:"幣,裨制反。"茲據校改。

⑤ "衣散下也"不詳,《字鏡》"下"下有"所"字,疑涉反切上字而衍。

⑥ 注文"巾"當作"忄",據《字鏡》改。

⑦ 《字鏡》無"幬同"二字,"佪"作"幬"。此所據底本蓋有一本誤作"佪",故此處皆收。

⑧ "餘弔"疑是"餘帚"的訛衍。"斂也"蓋"逎(遒)"字義。《詩·豳風·破斧》:"四國是遒。"鄭玄注: "遒,斂也。"《釋名·釋天》:"酉,秀也。秀者,物皆成也。"

⑨ 佐加加利(さかがり【醞】)。

⑩ 注文"軍"當作"運"。《名義》《玉篇·酉部》:"醞,於運反。"茲據校改。"餘"疑通"酳"。《説文·酉 部》:"酳,酒母也。""飽也"不詳。"裏也"爲"韞"字義。《説文通訓定聲》:"醞,又爲裏藏之義,字作 韞。《廣雅·釋詁四》:韞,裏也。《論語》:韞匵而藏諸。馬注:韞,藏也。《漢書·敘傳》:韞於荊石。" "投"通"酘"。《廣雅》:"醞,酘也。"疏證:"《北堂書鈔》引《酒經》云:'祜醹九投,澄清百品。'投與 酘通。《玄應音義》卷十三"醞酒"條引《廣雅》作"投"。

酷古作礐、炼、佶三形。口木反。急也,極也,熟也,酒[厚]味。加良志。①

酌之若反。行也,挹也,活(沾)也,取也,益也。②

醝古(在)詣反,去;醶也,醬也,酒正也,齊也。③

配普佩反,去;酒色也,當也,婚(媲)也,合也,以也,對也,充也,疋,輩也。④

醊陟衞反,去;祭也,餟也,餽也。

酵古校反,去;酒酵也。

酮居巽反。孔出酒也,酒泉也。⑤

酳与晉反,去;酒漱口也,弘也,安食也。⑥

醭普木反,入;白醭也,醬也,敗也。

醁力玉反,入;美酒。

醯匕如反,入;飲盡也。⑦

酤並(普)括反,入;酒色也。⑧

酪盧各反,入;梅漿也。⑨

醱敠二同。蒲撜(撥)反。⑩

酴莫公反。麴。

醭才心反。熟麴也,幽也。

酻酢二同。疋万反。疾熟也,一宿酒也。

酴達胡反。酒也,酒母也。

醨力狄反。醨也,漉酒也。

---

① "酒"下奪"厚"字。《說文》《名義・酉部》:"酷,酒厚味也。"茲據校補。加良志(からし【辛し・鹹し】)。

② 注文"活"當作"沾"。《廣韻・藥韻》:"酌,霑也。""沾"同"霑"。《玉篇・酉部》:"酌,沾(沾)也。"《名義・酉部》:"酌,佔(沾)也。"《廣雅・釋詁一》:"酌、沾,益也。"疏證:"王逸注《招魂》云:勺,沾也。勺與酌通。"茲據校改。

③ 注文"古"當作"在"。《唐韻》《廣韻・霽韻》:"醝,在詣反。"茲據校改。《玉篇・酉部》:"醝,酒有五齊之名。見《周禮》。或作齊。"按,引文出自《周禮・天官・酒正》。

④ 注文"婚"當作"媲"。《名義》《玉篇・酉部》:"配,媲也。"《名義》字原作"娓",故亦與"婚"字混。"以也"與"充也"俟考。

⑤ 《廣韻・霰韻》:"酮,古縣切。""巽"字是慁韻字,此反切下字似不合。

⑥ "弘"字疑當作"衍"。《儀禮・特牲饋食禮》:"主人洗角,升,酳酢尸。"鄭玄注:"酳,猶衍也,是獻尸也。"

⑦ 《全王・質韻》:"醯,無必反。"《名義》《玉篇・酉部》:"醯,亡一反。"上田正改作"无必反",或當作"亡必反"。

⑧ 注文"並"當作"普"。《廣韻・末韻》:"酤,普活切。"茲據校改。

⑨ "酪"爲"乳漿","醷"爲"梅漿",此疑有誤。

⑩ 注文"撜"當作"撥"。《廣韻・末韻》:"醱,蒲撥切。"茲據校改。

醽(醲)莫公反。濁酒也。[①]

醋女吏反。移(投)也,醽也。[②]

酖徒載反。酔也,甛也,甘也。

醮子肖反。有冠曰醮,无有曰醴,祭酒。

酳餘振反。⿰酉賛也,飲也。[③]

酬醻二同。時周反。報也,還也,厚也,勸也。

釂子翟(曜)反。醽。[④]

⿰酉巨醵其鹿(庶)反。各(合)出酒也。⿰鬲巨字。[⑤]

醺詡軍反。和惋(悦)醉也,熏也。[⑥]

⿰酉韱且冉反。酢也。

醶大(叉)檻反。酢漿。[⑦]

⿰酉畢甫(蒲)桂反。擣檢(榆)醬。[⑧]

⿰酉矞渠溝(出)反。醔也醽(蚌醬也)。[⑨]

⿰酉俞達溝反。醔也,醽也。

⿰酉京力將(醬)反。以水和酒也,雜味也,醬也。[⑩]

醷於力、於黒(里)二反。梅醬也。[⑪]

醙酸使鄒反。白酒也,黍酒也。

醩子勞反。糟也,滓也,酒滓也。

⿰酉南乃感反。腩字同。臑也。

---

① 字頭"醽"當作"醲"。《名義》《玉篇·酉部》:"醲,莫公反。濁酒也。"兹據校改。

② 注文"移"當作"投"。《名義·酉部》:"醋,投也。""投"通"酘"。兹據校改。

③ "⿰酉賛"字疑當作"酭"。"酭"同"酳"。

④ 注文"翟"當作"曜"。《名義》《玉篇·酉部》:"釂,子曜反。"兹據校改。

⑤ 注文"鹿"當作"庶","各"當作"合"。《名義·酉部》:"醵,其庶反。合錢飲酒。"兹據校改。"⿰鬲巨"即"⿰酉巨"字,與字頭同,或有訛誤。

⑥ 注文"惋"當作"悦"。《玉篇·酉部》:"醺,醺醺,和悦皃也。"兹據校改。

⑦ 注文"大"當作"叉"。《玉篇·酉部》:"醶,叉檻切。"《名義·酉部》:"醶,人(叉)檻反。"《切三》《裴韻》《全王》《廣韻·檻韻》:"醶,初檻反。""叉"爲初母字。兹據校改。

⑧ 注文"甫"當作"蒲","檢"當作"榆"。《名義》《玉篇·酉部》:"⿰酉畢,擣榆醬。"兹據校改。

⑨ 注文"溝"當作"出","醔也醽"當作"蚌醬也"。《名義·酉部》:"⿰酉矞,渠出反。琫(蚌)醬。"《玉篇·酉部》:"⿰酉矞,巨出切。醽醬也。"《集韻·屑韻》:"⿰酉矞,蚌醬。"此條音義乃涉下條"⿰酉俞"而誤。兹據校改。

⑩ 注文"將"當作"醬"。《名義》《玉篇·酉部》:"⿰酉京,力醬反。"兹據校改。

⑪ 注文"黒"當作"里"。《玉篇·酉部》:"醷,於力、於里二切。"《廣韻·止韻》:"醷,於擬切。""里"爲止韻字。兹據校改。

醎弥戀(兗)反。湎也,飲失過也。[①]

醂力感反。菹也,桃潰(菹)。[②]

酘胡交反。沽酒也。

醿呼卓反。酢也。

醁亡狄反。酪滓也。

醽力狄反。醁也。

醰下兗(衮)反。相沃也。[③]

醆莫割反。醑也,醬也。[④]

醑始(妬)胡反。醆也。[④]

醯叉劣反。鹹菹。[⑤]

醋視利反。嗜也,腈也,飲(欲)也,餚也。[⑥]

酭禹故(救)反。□(報)也,侑也。[⑦]

醞於娱反。能飲者[飲],不能飲[者止]也。[⑧]

醃於炎反。菹。

醇才(丈)倫反。美也。[⑨]

醥芳召(沼)反。清酒也。[⑩]

𨡪市輸反。酒美也。須美作介,又美酒。[⑪]

醬子匠反。醢也。

醔亡溝反。醯也,醰也,醬。

醩昨冉反。醬。

醬如琰反。

① 注文“戀”當作“兗”。《名義·酉部》:“醎,弥充(兗)反。”《玉篇·酉部》:“醎,彌兗切。”茲據校改。《原本玉篇·水部》:“湎,《尚書》:羲和湎淫。孔安國曰:沉湎於酒,過差失度也。”《玉篇·酉部》:“醎,飲酒失度也。”此“飲失過”當有誤。

② 注文“潰”當作“菹”。《王一》《全王》《廣韻·感韻》:“醂,桃葅。”“菹”同“葅”。茲據校改。

③ 注文“兗”當作“衮”。《名義》《玉篇·酉部》:“醰,下衮反。”茲據校改。

④ 注文“始”當作“妬”。《名義·酉部》:“醑,妬胡反。”《廣韻·模韻》:“醑,當孤切。”茲據校改。

⑤ 字頭《玉篇》作“醛”,《全王》《廣韻》作“醾”。“菹”同“菹”“葅”。

⑥ 注文“飲”當作“欲”。《名義·肉部》:“腈,欲也。”《名義·食部》:“餚,欲也。”茲據校改。

⑦ 注文“故”當作“救”,“反”下殘。《名義·酉部》:“酭,禹救反。報也。”《玉篇·酉部》:“酭,于救切。報也。或作侑。”鈴鹿影抄本作“酭,禹救反。報也,侑也”。茲據改補。

⑧ “者”下奪“飲”字,“飲”下奪“者止”字。《玉篇·酉部》:“醞,能飲者飲,不能飲者止。”茲據補改。“不”字影印本作“下”,此據宫内廳原本、鈴鹿影抄本。

⑨ 注文“才”當作“丈”。《名義·酉部》:“醇,木(丈)倫反。”《切三》《全王·真韻》:“醇,丈倫反。”茲據校改。

⑩ 注文“召”當作“沼”。《王一》《全王》《廣韻·小韻》:“醥,敷沼反。”茲據校改。

⑪ 此條俟考。須美作介(すみざけ【清酒】),又美酒(うまざけ【美酒】)。

醤似流反。貫(酋)也。①

醫於其反。治病王(工)也，巫也，養病也。②

截徂載反。酢也，米汁也。

茜所鞠反。酒滓也，沛酒也。③

釃巨氣反。飲酒名。④

醯呼啼反。酸也。醯字。

𮫚醹二同。詞旅反。作莫也，美也。⑤

醶勑感反。醯汁。⑥

醤猪宜反。酒名。

醹餘瞻反。酒味淫。

畬於簟反。酒味苦兒。⑦

醲女容反，平；厚酒也。加良支酒也。⑧

酏弋支反，平；酒也。

醅醅(醅)同。芳林(杯)反，平；酒未漉也，醉飽也。阿万佐介。⑨

酖丁含反，平；樂酒也，媅也，躭也。

酣胡廿反。飲也，樂也，洽也。

酲直貞反，平；酒病也。

醒桑經、先定二反，平；除也，醒也。

醽醽二同。郎丁反，平；淥，酒名。

酏移尒反，上；酏酒也，粥也，甜，黍酒也。⑩

醑私吕反，上；籭酒。

醑上字。

醹醹二同。而主反，上；厚酒。

_____

① 注文"貫"當作"酋"。《玉篇·酉部》："醤，亦作酋。"茲據校改。

② 注文"王"當作"工"。《説文·酉部》："醫，治病工也。"茲據校改。

③ 注文"浦"當作"沛"。《玉篇·酉部》："茜，沛酒去滓也。"茲據校改。

④ 《廣韻·未韻》："釃，秫酒名。"《玉篇·酉部》："釃，尤酒名。"此注文"飲"字當非誤。《集韻·未韻》："釃，沭酒也，謂既沭飲酒。《禮》有進釃。通作機。"《禮記·少儀》："機者。"鄭玄注："已沭飲曰機。""秫""尤"當是"沭"字之誤。

⑤ "作"原在"美"下。《玉篇·酉部》："酏，美兒。亦作莫。"茲據乙正。

⑥ 字頭原作"醶"，與下文"醯"字作"醯"稍異。

⑦ 字頭原作"畬"，同。

⑧ 加良支酒(からき【辛き】さけ【酒】)也。

⑨ 字頭"醅"當作"醅"，注文"林"當作"杯"。"醅"爲"醅"的隸定字。《廣韻·灰韻》："醅，芳杯切。"茲據校改。阿万佐介(あまざけ【甘酒】)。

⑩ 《説文·酉部》："酏，黍酒也，一曰甜也。"《名義·酉部》："酏，米酒也，甜。"故此"甜黍酒"不當連讀。

醴盧啓反,上;齊也,醉也。①

醆^戔二同。則(側)板反,上;盞同。②

醓他感反,上;醢也。

醸二同。如兩反,[上];蕪菁葅。③

酩酊上莫囬(迴)反,下丁挺反,並上;惠比佐万太留。④

醾醴醾也,海泡兒。⑤

醸酎醸也。阿万加須。⑥

醸醸醴也。加良加須。⑦

酎志久豆。⑧

醤^醤二同。子朕反,上;小甜反(也)。⑨

醦初朕反,上;酢也,甚也。

醖於據反,去;私也,飫也,飽也,猒也。⑩

酹郎外、力達二反。酒沃地也,醊也,餟祭也。

醹芳冥、呼冥、普安三反。醬敗則醹生也,醾醹,醬敗懷(壞)也。⑪

醨所宜、所解二反,平;麗字。下酒也,一曰醇也。⑫

醪力兆反,平;汁澤(滓)雜酒也,古云"一夜酒",謂有滓酒也。古佐介。⑬

---

① 《周禮·天官·酒正》:"辨五齊之名,二曰醴齊。"《説文·酉部》:"醴,酒一宿孰也。""酉"同"酓"。《廣韻·願韻》:"酓,一宿酒。"

② 注文"則"當作"側"。《名義·酉部》:"醆,側産反。"茲據校改。

③ 此條奪一字頭。"反"字原作"上",後改爲"反"。此"上"字不當删,今補。"菁"字影印本作"青",此據宮内廳原本、鈴鹿影抄本。

④ 注文"囬"當作"迴"。《廣韻·迴韻》:"酩,莫迴切。"茲據校改。惠比佐万太留(えいさまたる【酔ひさまたる】)。

⑤ 此條俟考。

⑥ 阿万加須(あまかす【甘糟·甘粕】)。

⑦ 字頭或當據注文作"醴"。加良加須(から【辛】かす【糟·粕】)。

⑧ 志久豆(しくず【酎】)。

⑨ 注文後一"反"字當作"也"。《廣韻·寢韻》:"醤,小甜也。"茲據校改。

⑩ "私"字宮内廳原本作"秎",影印本作"秎",鈴鹿影抄本作"秎",鈴鹿本是也,"秎"即俗"私"字,影印本描補失真。《名義》《玉篇·酉部》:"醖,私也。"《説文·酉部》:"醖,私宴歓也。"茲據校定。

⑪ 注文"懷"當作"壞"。《玄應音義》卷十五"醹青"條:"《埤蒼》:醾醹,醬敗壞也。醬敗則醹生也。"茲據校改。

⑫ "平"下原有"所"字,蓋涉反切上字而衍,據文例删。

⑬ 注文"澤"當作"滓"。《説文·酉部》:"醪,汁滓酒也。"茲據校改。《名義》《玉篇》音"力刀反",《廣韻》音"魯刀切",此反切下字"兆"有誤,疑當作"兆"聲旁豪韻"桃""挑""逃"等字。古佐介(こさけ【醴】)。

醇　時□(均)反,平;不澆酒也,粹也,厚也,專也,純也,皆也,篤也。①

醛　才何反。白酒曰醛也。②

醯醯同。呼啼反,平;酢也,酸也。肉比志保,又太比比志保。③

醯　上同字。又呼改反,上。④

醶鹹同。胡緘反。美加支阿地波比,又加良之。⑤

醋　徐各反。報也,酢也,酸也。加良之,又須之。⑥

酢　上同。七故反,去;醶也,報也。

酤　公胡反,平;買酒也,一宿酒。

酸　素丸反,平;酢也。須支毛乃。⑦

醒　又作醍。勅礼反,平(上);下酒。⑧

馘　古獲反。割耳。

醐蝴同。侯孤反。"餬蝴"是也。

醰　大甘反,去;美味酒也。

醨　力知反。酒薄也,酒汁也。

醉酔同。將遂反,去;惑酒也,本(卒)也,潰也。⑨

浃醃同。烏朗反,上;清酒也,又誤云"濁酒"。醲,清酒。⑩

酮同音。酒壞也,酢也,渾也,馬乳也。

醴　力瞰反,去;醨也,醃也,源也,和水酒。⑪

釀釀釀三同。女帳反,去;酒也,投也,成也,治酒也。佐介加牟。⑫

---

① "時"下字殘作"**圠**"。《名義》《玉篇·酉部》:"醇,時均反。"茲據校補。

② "也"上原有"口"字。《玄應音義》卷九"醛字"條:"《通俗文》白酒曰醛。"茲據删。

③ 字頭原作"**醶醶**",據《群書類從》本、享和本定。肉比志保(ししびしお【肉醬·醢】),又太比比志保(たいひしお【鯛醬】)。

④ "醯"與上字非異體,形義相近而混。

⑤ 美加支阿地波比(みがき【磨き·研き】あじわい【味わい】),又加良之(からし【辛し·鹹し】)。

⑥ 加良之(からし【辛し·鹹し】),又須之(すし【酸し】)。

⑦ 須支毛乃(すき【酸き】もの【物】)。

⑧ 注文"平"當作"上"。《廣韻》"醒"有平聲"杜奚切"、上聲"他禮切"二音,此當爲上聲。茲據校改。《周禮·天官·酒正》:"四曰緹齊。"鄭玄注:"緹者,成而紅赤,如今下酒矣。"賈疏:"下酒,謂曹床下酒,其色紅赤。""緹"同"醍"。

⑨ 注文"本"當作"卒"。《説文·酉部》:"醉,卒也。卒其度量,不至於亂也。"茲據校改。

⑩ 《説文·酉部》:"醃,濁酒。"《淮南子·説林訓》:"清醃之美,始於耒耜。"高誘注:"醃,清酒。"此處注文認爲"清酒"是,或另有所據。"醲"爲"清酒",故此並提。

⑪ 《禮記·内則》:"或以酏爲醴,黍酏,漿,水,醷,濫。"鄭玄注:"以諸和水也。""濫"即"醴"。"源也"爲"醴酪(濫觴)"義。

⑫ 佐介加牟(さけかむ【釀む】)。

酘大侯、徒候二反,平;醹也。曾比寸。①

酷苦沃反,入;裘(虐)也。②

醳上革反,入;酒随時也,釃也,煩時也,苦酒也。③

酼 酼同。保曽知。④

醀比止利乃牟。⑤

釀(釀)加牟之。⑥

酼須須呆(保)利。⑦

醎志呆(保)留。⑧

酳自曰同。万須[万]須。⑨

醋左加奈豆豆志留。⑩

已上九字出《小學篇》

門部第四十四

百二十字

門両同作。莫昆反。字(守)也,闡也。⑪

---

① 曾比寸(そい【酘】す)。

② 注文"裘"當作"虐"。《切三》《王一》《裴韻》《全王》《唐韻》《廣韻·沃韻》苦沃反:"酷,虐。"《名義·虍部》"虐"字字頭作"虘",故誤作"裘"。

③ 《廣韻·昔韻》羊益切:"醳,苦酒。"此反切俟考。

④ 保曽知(ほぞち【臍落ち·熟瓜】)。《倭名類聚鈔·菓蓏部·蓏類》"熟瓜"條:《廣雅》云:虎掌、羊骹、小青、大斑(和名'保曽知',俗用'熟瓜'二字。或説'極熟蒂落'之義也),皆熟瓜名也。"

⑤ 比止利乃む(ひとりのむ【独飲】)。

⑥ 加牟之(かむし),此和訓《倭名類聚鈔》《醫心方》《本草和名》等爲"柑子"訓,當非是。狩谷注:"原作釀。"疑字頭當作"釀",和訓當作"加牟"(かむ【釀む】)。

⑦ 注文"呆"當作"保"。據各本改。須須保利(すずほり【菹】)。

⑧ 注文"呆"當作"保"。據各本改。志保留(しほる)。《古事記》有"八塩折之酒(やしおりのさけ)",本居宣長《古事記傳》云:"さて新撰字鏡に、醎志保留とあり、〈醎は、釀俗字と見ゆ、さて釀は、説文に厚酒也と注せり、〉此に依らば、厚酒を造るを志保留とは云るにや、志保留は即志保袁留の切まりたる言にて、幾度も折返し釀意なるべし、〈さて物を絞ると云も、此より出たること、又物色を染る度數を、一しほ二しほと云も、本同意にて、其の理を略る言ならむ、〉さて志本とは、〈酒を造るにも物を染るにも〉其汁を云名にやあらむ。"大意認爲"醎"是"釀"俗字,"志保留"是"多重釀造"之義,可參。

⑨ 原奪一重文符,據各本補。万須万須(ますます【益·益】)。

⑩ 左加奈豆豆志留(さかな【肴·魚】つづしる【噯る】)。

⑪ 注文"字"當作"守"。《名義·門部》:"門,守也。"茲據校改。

閾閩閾三同。許域反。門限。又苦本反,上。①

閵於憐(隣)反,平;閵,城上重門。②

𨴚羊朱反,平;窺也。

闍丁姑反,平;又時遮反,上(平);闍也,城臺也。③

𨴹弥隣反,平;低目視也。

聞武分反,平;徹。

閩武云反,平;越也,蠻俗。

閺武分反,平;閺鄉,縣名。

閽呼昆反,平;守門人。

闐 𨶕同作。徒□(年)反,平;盛兒,堅端也,嗔也,車聲。④

閗乃礼反,上;智小力劣。⑤

𨴔烏可反,上;門傾兒。

閍户界反,去;門扇。

䦤力進反,去;鳥名。

閏如舜反,去;澤也。⑥

𨶈不色反。滿也。⑦

閩与占反。門屋。⑧

闓口亥(體)反。開也。⑨

闛他唐反。門也,盛兒,皷聲。

𨷂勅剌(嬾)反。閞(闌)也。⑩

関呼決反。无門户。

闄於小反。遮也,隔。

---

① "閾"爲"閾"字的古文。"閾"與"閩"義同,但非異體。"苦本反"爲"閩"字反切。

② 注文"憐"當作"隣"。《切三》《全王·真韻》:"閵,於鄰反。""隣"同"鄰"。茲據校改。

③ 注文"上"當作"平"。"時遮反"爲平聲字。茲據校改。

④ "徒"下殘。《全王·先韻》徒賢反:"闐,車聲。亦嗔作。"《廣韻·先韻》:"闐,徒年切。"鈴鹿影抄本作"徒年反",茲據校補。《名義·門部》:"闐,徒堅反。盛也,旗上堅端也。"

⑤ 原從"門",此皆改爲正字。

⑥ 《裴韻》《全王·震韻》:"閏,月餘。"《廣韻·稕韻》:"潤,潤澤也。"此"澤也"當是"潤"字義。

⑦ 《龍龕·門部》:"𨶈,芳逼反。塞也。"此字當同"逼""偪",見蔣禮鴻《敦煌變文字義通釋》"逼塞"條。

⑧ 注文"古"當作"占"。《玉篇·門部》:"閩,余占切。"茲據校改。

⑨ 《名義》《玉篇·門部》:"闓,口體反。"《廣韻·薺韻》:"闓,康禮切。"此反切下字當有誤,此暫從《名義》《玉篇》作"體"。

⑩ 注文"剌"當作"嬾","閞"當作"闌"。《名義·門部》:"𨷂,勅嬾反。閞也。"《廣韻·旱韻》《玉篇·門部》:"閞,闌也。"茲據校改。

閌（閟）五本（梓）反。括也，牵（幸）也。①

闞止（時）祝反。頰門也，堂側門也。②

閝（閵）无云（渠偃）反。門上（閘牡）。③

問无運反，去；究也，語也，答也。又莫奮反。疑也，訪也，遺也，命也。

醮（醮）子詣（誚）反，去；冠娶礼祭。④

閝（醮）子誚反。酒盡也。⑤

鬺許亮反，去；門鄉也，門門間曰鬺。⑥

閌苦浪反，去；閬也，高盛也。

闅（酭）尤救反，去；報。⑦

閈（酎）直右反，去；閈（酎）酒。⑧

鬪丁豆反，去。

闊苦舌（括）反，去；疏也，遠也，廣也。⑨

関口頁反，入；闃（闃）也，鄭城門。⑩

誾古作誾。魚巾反，平；和悦爭。在言部。

闤闠上胡關反。下胡對反，去；市門也，誼闉也。

---

① 字頭"閌"當作"閟"，注文"本"當作"梓"。《廣韻·没韻》五忽切："閟，括也。閟又云牵者。"《名義·門部》："閟（閟），五梓反。括也。""梓"或是"捽"，二字音同。茲據校改。又，"牵"同"幸"。《集韻·没韻》："閟，括也。一曰婞很也。从門。"（"門"旁與"門"字又有作"鬥"者，見趙振鐸《集韻校本》）《集韻·葉韻》："牵，隸作幸。"

② 注文"止"當作"時"。《名義·門部》："闞，時祝反。"茲據校改。《名義·門部》："闞，塾字。夾門堂也。"《說文·土部》："塾，門側堂也。"

③ 字頭據《名義》順序當是"閵"字。《名義·門部》："閵，渠偃反。鍵字。閘牡也。""閵"字作"閵"，與此字頭相似，此處從改。此反切蓋用日語用字。《玉篇·門部》："閵，門木也。"此"門上"或當作"門木"或"閘牡"，茲據《名義》。

④ 字頭當作"醮"，注文"詣"當作"誚"。《說文·酉部》："醮，冠娶禮祭。礁，醮或从示。"《全王》《廣韻·笑韻》："醮，子肖反。"《裴韻·笑韻》："醮，子誚反。"茲據校改。

⑤ 字頭當作"醮"。《廣韻·笑韻》子肖切："醮，飲酒盡也。"茲據校改。

⑥ "鄉"字《說文》作"響"，然段注云："響疑當作鄉。鄉者，今之向字。門鄉者，謂門所向。"《字鏡·門篇》："鬺，許亮反。一曰門響。"注文"鄉"疑當作"響"。"門門間曰鬺"原爲大字，或衍一"門"字。《爾雅·釋宫》："兩階間謂之鄉。"郭璞注："人君南鄉，當階間。"

⑦ 字頭當作"酭"。《廣韻·宥韻》于救切："酭，報也。"茲據校改。

⑧ 字頭及注文當作"酎"。《廣韻·宥韻》直祐切："酎，三重釀酒。"茲據校改。

⑨ 注文"舌"當作"括"。《切三》《王一》《裴韻》《全王》《唐韻》《廣韻·末韻》："闊，苦括反。"茲據校改。

⑩ 注文"闃"當作"闃"。《廣韻·屑韻》徒結反："関，闃閝，鄭城門。"茲據補改。此反切下字"頁"，韻雖合，但一般不用作反切下字，疑誤。

閣公□(各)反。□(厨)也,戴也,止也,度(庹)閣也,歷也。①

闢闔二同。裨赤反,入;開也,謂天地開闢也。

閡豈(魚)戴反,去;塞也,止也,距也,遮也,礙也,㝵也。②

闇於陰(紺)反,去;不明之兒,劣弱也,冝(冥)也,暗也。於呂加奈利。③

閻餘占反,平;勸也,卷(巷)也,開也,人姓也,里中門。④

閦所陸反。⑤

開口該反,平;張也,强也,闊也,闓也。⑥

開上古作。

閶處羊反,平;門名也,闔也,開關之聲。

閟方廣反。宮。⑦

閨古携反,平;屋户也。

闌来安反,平;章(障)也,㝵也,遮也,閑也,牢也,希也。⑧

閖于求(救)反。祐也,明(助)也。⑨

閤古合反,入;闈門也,闥也,房(旁)户也。⑩

闔胡獵(臘)、胡格二反。合也,閇也。門乃止比良。⑪

閃式染反,去;人名,窺也,眎也。⑫

闓口哀反。開也,化也,亦欲也,明也。

關古作鎖。余酌反。關下牡也,關東曰鍵,關西謂鑰。

---

① "反"上下殘,注文"度"當作"庹"。《名義》音"柯洛反",《玉篇》音"公鄂切",《廣韻》音"古落切",此據鈴鹿影抄本。《名義·門部》:"閣,厨也,庋也,止也,戴也,歷也。"此處第一義鈴鹿影抄本作"厂",從"厂"旁,蓋爲"厨"字,"庹"同"庋"。兹據補改。"戴"通"載"。《廣雅·釋詁二》:"閣,載也。"《詩·小雅·斯干》:"約之閣閣。"毛傳:"閣閣,猶歷歷也。"

② 注文"豈"當作"魚"。《名義·門部》:"閡,魚戴反。"兹據校改。

③ 注文"陰"當作"紺","冝"當作"冥"。《名義》《玉篇·門部》:"闇,於紺反。"《廣韻·勘韻》:"闇,冥也。"兹據校改。於呂加奈利(おろかなり【疎かなり・愚かなり】)。

④ 注文"卷"當作"巷"。《玉篇·門部》:"閻,巷也。"兹據校改。《方言》卷十、《廣雅·釋詁一》:"食閻,勸也。"

⑤ "反"下原有校改之字,據鈴鹿影抄本可知乃是反切下字"陸"的改正之字。

⑥ "强"字俟考。

⑦ 《廣韻·庚韻》甫盲切:"閟,宮中門也。一曰巷門。"《名義·門部》:"閟,補衡反。宮中門也,巷也。"

⑧ 注文"章"當作"障"。《字鏡·門部》:"闌,障也。""障"與"㝵""遮"等義近。兹據校改。

⑨ 注文"求"當作"救","明"當作"助"。《名義·門部》:"閖,于救反。祐也,助也。"兹據校改。

⑩ 注文"房"當作"旁"。《說文·門部》:"閤,門旁户也。"兹據校改。

⑪ 注文"獵"當作"臘"。《名義·門部》:"闔,胡臘反。"兹據校改。門乃止比良(かど【門】の【之】とびら【扉】)。

⑫ 《慧琳音義》卷三十七"閃子"條:"上識冉反。人名也。"《可洪音義》第七册"閃子"條:"上失染反。人名也。正作閃、睒二形,如《睒子經》中具説也,悮。"

闌亦作皋。魚列反。閾也,謂門限也。

閨于歸反,平;宮中門謂之閨,謂相通小門也,即宮中巷門也。[①]

閹於儉反,上;閉門人。宜作掩。即藏也,蔽也。

開閉同。皮弁反,去;構櫨,枅也。

閾力益(盭)反,去;門高也,山名。[②]

閟鄙冀反,上(去);從也,"我思不閟",閉也,亦不從也,慎也。[③]

闢闢同。爲彼反,上;開也,闢也。

閞上字,誤作。[④]

兩除希(吝)反。登也,上也。[⑤]

閔眉殞反,上;病也,傷痛也,悲也,人姓也。

閈胡旦反,去;門也,里也,邑也,□(謂)巷門也,閭也,隔也,垣也,居也。[⑥]

閱餘説、以絶二反。簡閱也,具也,具數於門中曰閱,開也,即簡也,擇也,選也,容也。[⑦]

閲上字。

闕闕同。袪(祛)月反,入;除也,掘也,缺也,少也,失也,過也,去也。決音也。[⑧]

闡昌善反,上;開也,布也,發也,明也。

閙閙内二(三)同。乃孝反。猥,衆也。佐和支美太留,又止止呂久。[⑨]

閑枯間反,平;學也,雅也,闌也,閉也,牢也,習也,止也,閣也,防也。

嫻上字同。

關古環反。塞也,通也,入也,解也,悟也。

閉閇同。補細反,去;塞也,緻也,遮也,守也。

---

① 《爾雅·釋宮》:"宮中之門謂之閨。"郭璞注:"謂相通小門也。"《周禮·地官·保氏》:"使其屬守王閨。"鄭玄注:"閨,宮中之巷門。"

② 注文"益"當作"盭"。《玄應音義》卷十七"閾風"條:"力盭反。"茲據校改。

③ 注文"上"當作"去"。"鄙冀反"爲去聲字。茲據校改。注文前一"從也"疑衍。《玄應音義》卷十八"閟塞"條:"鄙冀反。《詩》云:我思不閟。傳曰:閟,閉也。亦不從也。"

④ 《玄應音義》卷七"開闢"條:"又作闢,同。于彼反。《字林》:闢,開也,闢也。經文作閞,誤也。"

⑤ 注文"希"當作"吝"。《名義·門部》:"兩,除吝反。"茲據校改。

⑥ 《玄應音義》卷二十三"里閈"條:"力擬反,下胡旦反。五鄰爲里,謂二十五家也。里,居也。方居一里之中也。閈,門也,謂巷門也。"殘字據鈴鹿影抄本補,《玄應音義》亦可佐證。《名義·門部》:"閈,何旦反。閭也,隔也,垣也,閭也,里也,居也。"

⑦ "具也,具數於門中曰閱,開也"原作"具也,具也,數開也,於門中曰閱"。《玄應音義》卷二十四"披閱"條:"餘説反。簡閱也。《小爾雅》云:閱,具也。具數於門中曰閱。"《字鏡·門部》:"閱,以絶反。選也,簡也,擇也,開也,容也"茲據乙正。

⑧ 注文"袪"當作"祛"。《名義》《玉篇·門部》:"闕,祛月反。"茲據校改。"闕"與"決"皆音"けつ"。

⑨ 此有三字頭,當作"三同",各本作"三形同"。《玄應音義》卷三"憒丙"條:"公對反,下女孝反。《説文》:憒,亂也。《韻集》:丙,猥也。猥,衆也。字從市從人。經文從門作閙,俗字也。"佐和支美太留(さわぎ【騒ぎ】みだる【乱る・紊る】),又止止呂久(とどろく【轟く】)。

閭旅居反。里也，門也，居也，邑也，侶也。

闥坦達反，入；門屏也，擊也。和支乃弥加止。①

間正古閑反，平；隙也，處所也，逾（愈）也，頃也，伺也，俔也，中也。借居莧反，去；乱也，假也，界也，雜也，迭也，与也，非也，加也，毀也，廁也，隔也，代也。②

閞閞二上古文作，未詳。③

闒正徒臈反，入；借敇臈反，入；茸，駑頓也，又闒然，安定也，意也，鈒也。鈒，鋋也。④

閼正於達反，借於乾、於連二反。人姓也，遮也，壅也，遏也。⑤

闞正口蹔反，去；視也，望也。借呼檻反，上；人姓。

闌力安反，平；妄也，掖也，闌也。⑥

閘古臈反，入；開閉門也，盖開閉之聲也。

閲鬩同。呼狄、呼鷄二反。恨也，心不平支皃，鬪諍也。⑦

閜虚可（雅）反，上；捊領也，大開也。⑧

閑上字。栝也。

閑上字。

闚苦規反。覲也，□（矚）也，望也，莅也。宇加加不，又乃曾久也。⑨

悶臭頓反，去；懣也，頓也。

閛平音。門扇聲。

---

① “擊”爲“撻”字義。《名義·手部》：“撻，繫（擊）也。”《廣雅·釋詁三》：“撻，擊也。”和支乃弥加止（わき【脇・腋・掖】の【之】みかど【御門】）。

② “去”字原在“雜也”下。“居莧反”爲去聲。兹據乙正。注文“逾”當作“愈”。《方言》卷三：“間，愈也。”兹據校改。“假”疑通“暇”，爲“閒暇”義。

③《説文》古文作“閞”，此二字即其變。

④ “敇”字影印本作“[illegible]”，似“初”字，但據鈴鹿影抄本可知此字爲“敇”。《玉篇·門部》：“闒，徒臘切。樓上户也。又敕臘切。定意也，下意也。”“敇”同“敕”。《楚辭·九歎》：“雜班駁與闒茸。”王逸注：“闒茸，駑頓也。”《史記·匈奴列傳》：“闒然更始。”集解引徐廣曰：“闒音撿，安定意也。”“闒”同“闟”。此“安定”下之“也”字似當刪。《史記·商君傳》：“持矛而操闟戟者。”索隱：“闟，亦作鈒，同。”“鋋”字原作“[illegible]”。《説文·金部》：“鈒，鋋也。”

⑤《廣韻·仙韻》：“閼，閼氏，單于妻。”此蓋以“閼氏”爲“人姓”也，非。

⑥《説文·門部》：“闌，妄入宫掖也。”《玉篇·門部》：“闌，妄也，無符傳出入爲闌。今作闌。”

⑦ “支”疑“之”字之誤。

⑧ 注文“可”當作“雅”。《名義·門部》：“閜，虚雅反。”兹據校改。“捊領”之“領”原作“[illegible]”，“捊領”疑當作“扶傾”或“持傾”。《文選·司馬相如〈上林賦〉》：“崔错登骫，坑衡閜砢。”郭璞注：“閜砢，相扶持也。”《史記·司馬相如傳》索隱引郭璞注：“揭孽傾欹貌。”

⑨ “覲也”下殘，各本作“矚”，鈴鹿影抄本作“窺”，此據各本補。《新撰字鏡·目部》：“矚，之欲反，入；明也，覩也，覲也，□（視）也。”宇加加不（うかがう【窺う】），又乃曾久（のぞく【覗く・覘く・臨く】）也。

闐直連反,平;市門也。①

蛥何結反,入;閑(閞),鄭城門也。②

闟於割(鐯)反,入;門扇聲。③

閍丁橫、户萌二反,平;門閈之間也,巷門。④

闃吉避反。空也,静也,視户也,自隱深。

閻七羊反。嚴也,應門也。

闞㶇蔭反,去;大見也,馬出門皃。

鍵巨晏反。鍵也,楗也。

闎零擊反,入。⑤

闋苦決反,入;事已曰闋,即(閞)亦止也,息也,訖也,狂也,騤(駥)也。⑥

闕苦決反,入。

闋乎(呼)決[反],入。⑦

閧(鬨)巷音。⑧

闠。⑨

閳欺但反,上。

闦居黝反,上。

新撰字鏡卷第四

天治元年五月十一日法隆寺東室八室書了。

---

① "門也"原倒。《廣韻·仙韻》:"闐,市門。"茲據乙正。

② 注文"閑"當作"閞"。《玉篇·門部》:"蛥,閞閞,鄭城門。"茲據校改。

③ 注文"割"當作"鐯"。《名義·門部》:"闟,於鐯反。"茲據校改。

④ 注文"門"下一字似是"國",此或當作"閾",未詳。

⑤ 《説文·門部》:"闎,經繆殺也。"《名義·門部》:"闎,力周反。絞也,經繆叙(殺)也。"《廣韻·尤韻》:"闎,殺也。"周祖謨校:"當依《説文》作闎。"又《廣韻·錫韻》郎擊切:"寥,寂寥,無人。又深也。又音聊。"疑此字非"闎",乃是"寥"的異體。

⑥ 注文"即"當作"閞","騤"當作"駥"。《玄應音義》卷七"過闋"條:"《説文》:事已曰闋。闋亦止息也,終也。"《廣韻·屑韻》:"駥,《爾雅》:'馬回毛在背曰駥驥。'亦作闋廣。"茲據校改。"狂"字不詳。

⑦ 注文"乎"當作"呼"。《廣韻·屑韻》"呼決切"有"寙""瞁"等字,疑此字即"寙"的異體。茲據校改。

⑧ 字頭"閧"當作"閞"。《廣韻·絳韻》胡絳切:"閞,《説文》云:鬨也。《孟子》:鄒與魯閞。俗作鬨。""巷"亦音"胡絳切"。茲據校改。

⑨ "闠"似非"闠"的異體,此條注文蓋奪。此字文獻中作"闠"的俗字,見《敦煌俗字研究》"闠"條。

新撰字鏡卷第五

十五部文數千七百七十八字

馬部第卅五二百卅字　　牛部第卅六百五字　　角部第卅七九十六字

革部第卅八百六十三字　　丹部第卅九十二字　　舟部第五十九十二字

車部第五十一二百十四字　　瓦部第五十二二百十字　　缶部第五十三四十字

斗部第五十四二十五字　　見部第五十五九十四字　　鼓部第五十六廿三字

勺部第五十七卅七字　　土部第五十八三百卅四字　　石部第五十九二百四十字

馬部第卅五

二百卅字

馬莫下、麻把二反,上;[馬]之言武也,怒也。從四點。

瑪影二古字作,未詳。①

幕亦同古文。②

驍驍驍三同作。古堯反。勇急也,健也,良馬也。

駭胡駭反。驚也,動也,走五,赴(起)也。③

駕挌(牿)同。加暇反。行也,乘也,綾(陵)也。④

騷蘇勞反,平;優(擾)也,摩馬也,大疾也,愁也,高風也。⑤

------

① 字頭原作"𩡮""駇"。《説文·馬部》:"馬,怒也,武也。影,古文。影,籀文馬與影同,有髦。""瑪"蓋是古文變形。

② "幕"當是"影"的左旁之變。

③ 注文"赴"當作"起"。《玄應音義》卷一"驚駭"條:"胡駭反。《蒼頡篇》:駭亦驚也。《廣雅》:駭,起也。"兹據校改。"走五"不詳。

④ 注文"挌"當作"牿","綾"當作"陵"。《説文·馬部》:"牿,籀文駕。"《名義》《玉篇·馬部》:"駕,陵也。"兹據校改。

⑤ 注文"優"當作"擾"。《説文·馬部》:"騷,擾也。"兹據校改。"高風也"爲"颸"字義。《説文·風部》:"颸,高風也。"或是"飆"字義。《廣韻·豪韻》:"飆,風聲。"《名義·風部》:"飆,高也。"

駏驢巨虚音。似騾而小，牛父馬子也，在他國。①

騞呼鹹反。急（忽）也。疌字同。②

駮補角反，入；斑也，色不純，黃白雜謂之駮［犖］也。③

騵元音。赤馬白腹曰騵。④

驪力支反，平；駿馬也，純黑也。

馮正白陵反，平；乘也，相視也，陵也，迫也，馬行疾也，依也。爲凭字之也。⑤

憑上字。

馴似均反，平；善也，從也。奈豆久也。⑥

驂念參反。旁馬曰驂，車馬也。

騗疋面［反］，去；躍上馬也，美好之馬。乃利馬。⑦

騙（騙）上字誤作。⑧

驅（驟）驟同。仕救反，去；“［驟］施於因（國）”也，疾也，數也，奔，“車驅而驟”是也。⑨

驇无等反。乱馳也。又武遇反，去；强也。⑩

駛駚二同。所史（吏）反，去；疾也，水速也。⑪

駃古穴反，入；騠，良馬。⑫

駢駢同。蒲堅反。己保倍留。⑬

馳駈驅三同。去唐（虞）反，平；疾也，馳也，奔也。久音。駯（騾）也，逐也。宋（字）久豆支

---

① 《玄應音義》卷十四、十七“駏驢”條：“巨虚二音。似騾而小，牛父馬子也。”《慧琳音義》卷八十五“駏驢”條：“曹憲注《廣雅》云：孔安國注《尚書》云：駏驢，孤竹國東北夷驢騾之屬也。”“他國”即“孤竹國”。

② 注文“急”當作“忽”。《玄應音義》卷四“騞然”條：“呼鹹反。騞猶忽也。義亦與疌字同。”茲據校改。

③ “駮”下奪“犖”字。《玄應音義》卷十七“駮色”條：“補角反。《字林》：斑駮，色不純也。《通俗文》：黃白雜謂之駮犖。論文從交作駮，獸名，踞牙，食虎豹者也。”茲據校補。

④ “白腹”原倒。《玄應音義》卷十七“禿騵”條：“音元。《三蒼》：赤馬白腹曰騵。”茲據乙正。

⑤ 《周禮·春官·序官》：“馮相氏。”鄭玄云：“馮，乘也；相，視也。世登高臺，以視天文之次序。”此“相視也”非“馮”字義，《玉篇》誤同。末“之”字疑衍。

⑥ 奈豆久（なつく【懷く】）也。

⑦ “美好之馬”不詳。乃利馬（のりうま【乘り馬】）。

⑧ 《玄應音義》卷七“騙象”條：“經文作騙，誤也。”此字頭蓋是“騙”的誤字。

⑨ 注文“因”當作“國”。《左傳·文公十四年》：“公子商人驟施於國。”杜預注：“驟，數也。”此省字頭。茲據校改。《禮記·曲禮上》：“車驅而驟。”釋文：“驟，仕救反。”“驅”爲“驅”的俗字，“驪”通“驟”。字頭“驪”字當是誤字，或當作“驪”。

⑩ “无等反”蓋是倭音“む”。

⑪ 注文“史”當作“吏”。《王一》《全王·志韻》：“駛，所吏反。”茲據校改。

⑫ “騠”字原作“駯”。《切三》《王一》《裴韻》《全王》《廣韻·屑韻》：“駃，駃騠，良馬。”

⑬ 己保倍留（こほべる）。

馬也。①

　　馹馹乃失反,入;武傳也。②

　　驛大各反。馹也,走馬。③

　　罦陟立反,入;絆也。保太志也。④

　　騏宜作麒。渠之反。牡曰麒,良馬也。⑤

　　驎宜作麟。理賓反,平;牝曰麟。乎曽口(呂)馬。⑥

　　駿字徇反。馬美稱也,速也,保(俊)也。⑦

　　馘下皆(楷)反,平(上);雷撃鼓也,雷之鳴聲也。⑧

　　篤都告、各(冬)毒二反,入;誰也,固,厚也。⑨

　　駟私目(自)反,去;四疋馬乘也,四馬共轡也,逐也。⑩

　　罵麻加反。罵也。⑪

　　驚居夏(貞)反,平;駭也,起也,懼也,更(畏)也,乱也。⑫

　　騃魚楷反,上;无知者也,癡也。加太久奈,又也[牟]也牟志也。⑬

　　騋**騋**同作。所良反,平;驪騋也。

　　駣力世反,去;馬走也。

---

① 注文"唐"當作"虞","騄"當作"騋","宋"當作"字"。《名義·馬部》:"驅,去虞反。"《玉篇·馬部》:
　"驅,騋也。"《新撰字鏡·馬部》:"騋,字豆久支馬。"茲據校改。久(く)音。宇豆久支(うぐつき
　【騋き·蹢き】)馬。

② 《廣韻·質韻》人質切:"馹,驛傳也。""人"爲日紐字,"乃"爲泥紐字,古音相近,見章太炎《古音娘
　日二紐歸泥説》。《説文·馬部》:"馬,怒也,武也。"此"武"或即指"馬"。

③ 《玉篇·馬部》:"驛,余石切。"《玉篇·衣部》:"襗,余石切。《説文》:大各切。"此或有"大各反"
　之音。

④ "保"原在"絆"字之下,據各本乙。保太志(ほだし【絆し】)也。

⑤ 《玄應音義》卷二"麒麟"條:"經文作騏。《説文》:馬文如綦文。驎,力振反。《爾雅》:白馬黑唇曰
　驎。二形並非字義。"《宋書·符瑞志》:"麒麟者,仁獸也。牡曰麒,牝曰麟。"

⑥ "口"疑當作"呂"。乎曽呂馬(おそろうま)。

⑦ 注文"保"當作"俊"。《詩·商頌·長發》:"爲下國駿厖。"鄭玄注:"駿之言俊也。"茲據校改。

⑧ 注文"皆"當作"楷"。《廣韻·駭韻》:"馘,侯楷切。"《集韻·駭韻》:"馘,下楷切。"此音爲上聲字。
　茲據校改。

⑨ 注文"各"當作"冬"。《切三》《王一》《裴韻》《全王》《唐韻》《廣韻·沃韻》:"篤,冬毒反。"茲據校改。
　"誰也"不詳。

⑩ 注文"目"當作"自"。《廣韻·至韻》:"駟,息利切。""自"是至韻字。茲據校改。

⑪ 《廣韻·馬韻》莫下切:"罵,罵詈。"《廣韻·禡韻》莫駕切:"罵,惡言。""加"疑"駕"之誤,注文"罵"
　俟考。

⑫ 注文"夏"當作"貞","更"疑當作"畏"。《名義·馬部》:"驚,居貞反。"《玉篇·甶部》:"畏,驚也。"茲
　據校改。

⑬ "也"下奪"牟"字,據各本補。加太久奈(かたくな【頑】),又也[牟]也牟志(やむやむし【痛
　し】)也。

鷔驐同作。五高反,平;駿馬也。止支馬。①

馺先答反,入;馬馳也,疾行也。

驃裨妙反。黃馬發皀(白色),輕疾也,迅也。赤久利介。②

騥呂唐反。白馬黑脣(尾白)。③

駜皮筆反。馬强也。

駃起支反,上(平);馬强也。④

䮪百康(庚)反。馬盛也。⑤

駙扶句反,去;副馬也,近也,疾也。

驇𩦡同作。亡狄反。馬多死(惡)也。⑥

驙補昆反。奔字古文。走也。

騤六音。良健馬。

駱䮏同。慮(盧)各反,入;馬色。宇久豆久也。⑦

驘閭各反,入;正[北以]驘駝爲獻。⑧

駞馲二上字。駱音。⑨

騩士洽反,入;驟也。

騖莫白反,入;騎。

駘徒合反,入;馬[行]。⑩

馰都歷反,入;馬馰顙,白額。

驖徒結反,入;馬色。⑪

駚驖音。馬行疾。

---

① 止支馬(ときうま【疾馬・駿馬】)。

② 注文"皀"當作"白色"。《說文·馬部》:"驃,黃馬發白色。"茲據校改。赤久利介(あかくりげ【赤栗毛】)。

③ 字頭原誤作"騍",注文"白馬黑脣"當作"尾白"。《名義·馬部》:"騥,口(呂)唐反。尾白也。"又"驖,張(旅)振反。白馬里辰(黑脣)。"此釋義當是涉《原本玉篇》下字"驖"而誤。茲據校改。

④ 注文"上"當作"平"。此音是平聲。茲據校改。

⑤ 注文"康"當作"庚"。《玉篇·馬部》:"䮪,百庚、步庚二切。"茲據校改。

⑥ "多"下原有"也"字,注文"死"當作"惡"。《玉篇·馬部》:"驇,馬多惡。"《名義·馬部》:"驇,馬惡。"茲據刪改。

⑦ 注文"慮"當作"盧"。《廣韻·鐸韻》:"駱,盧各切。"茲據校改。宇久豆久(うぐつく【驟く・躑く】)也。

⑧ "正"下奪"北以"二字。《慧琳音義》卷八十三"驘駝"條:"《周書·王會》:正北以驘駝爲獻。"《逸周書·王會解》:"正北空同、大夏⋯⋯請令以橐駝、白玉⋯⋯爲獻。"茲據校補。

⑨ 《廣韻·鐸韻》"馲""駱"皆有"盧各切"音。

⑩ "馬"下奪"行"字。《廣韻·合韻》:"駘,駃駘,馬行。"茲據校補。

⑪ 字頭原作"䮗",右旁誤作"武",下字"驖音"之"驖"右旁亦誤作"武"。《廣韻·屑韻》徒結切:"驖,馬赤黑也。"

駎古達反,入;馬走皃。①

馶博拔反,入;馬八歲也。

𩦡馞同作。蒲没反,入;獸名,似馬。

驈餘律反,入;黑馬白髀也。

騄力玉反,入;千里良馬也。

騜古嶽反,入;馬腹下聲也。

駶洰(渠)竹反,入;馬跳也。②

驌騌同作。息逐反,入;騄也。

驗語空(窆)反,去;朋(明)也,徵證信効可驗也。③

驋盧谷反,入;野馬也。

騇始夜反,去;馬牝也,女馬。④

馱徒卧反,去;尔於保須。⑤

騗烏澗反,去;馬尾白也。⑥

騽許縣反,去;青驪馬也,青黑毛文馬也。⑦

驃烏見反,去;馬名也。

騵五旦反,去;騂騵。

駢博漫反,去;騵,馬兒。

騢胡旦反,去;馬高八(六)尺。⑧

騽騢音。馬毛長也。

駐中句反,去;立馬也,止也。

𩣺余據反,去;馬行疾也。

馭魚據反,去;駕也。

驥驖同。几利反,去;騏也。

驚陟利反,去;馬脚屈。

騩軌位反,去;老馬也。

駧徒弄反。馬急行。

騨徒玷反,上;驪馬黄脊也。

———————————

① 字頭原作"𩢲",右旁誤作"自"。《廣韻·曷韻》古達切:"駎,馬走疾也。"
② 注文"洰"當作"渠"。《廣韻·屋韻》:"駶,渠竹切。"兹據校改。
③ 注文"空"當作"窆","朋"當作"明"。《廣韻·豔韻》:"驗,魚窆切。"《新撰字鏡·言部》:"證,明也,猶驗也。"《新撰字鏡·言部》:"信,驗也,明也。"兹據校改。
④ "女馬"或是和訓"めうま【牝馬·雌馬】"。
⑤ 尔於保須(に【荷】おおす【負す·課す·仰す】)。
⑥ "澗"字影印本作"間",此據宮内廳原本。《廣韻·諫韻》:"騗,烏澗切。"
⑦ "毛"字影印本作"㲎",此據宮内廳原本。
⑧ 注文"八"當作"六"。《王一》《裴韻》《全王》《唐韻》《廣韻·翰韻》:"騢,馬高六尺。"兹據校改。

駚布火反,上;駚騀,馬行惡。

騀五可反,上;駚。

駌徒沽(浩)反,上;馬四歲。[①]

騪烏鳥反,上;騪褭,神馬也。

駇上字同。

駙補俱反。疾道行馬。阿由弥万須馬也。[②]

𩡧莫放[反]。目志比馬。[③]

驏才安反。足奈戶久馬。[④]

騎胡交反。荒馬。宇久豆支馬。[⑤]

驘力戈反。豆加衣(礼)馬,又世(也)須。[⑥]

駘徒亥、大才二反,上;疲也。豆加比(礼)馬,又乱馬。[⑦]

騴胡讒反,平;驪也,縣名。

騲疾陵反,平;馬足白也。

駸七林反,平;馬行疾。

騶二同。側鳩反。厩武(御),又騶虞,神獸。[⑧]

騥耳由反。青驪馬也。[⑨]

駉古螢反。駿馬。

駣駉音。馬肥。

騎力求反。馬白腹。

驊戶花反。

騮力求反。周穆王馬。

---

① 此條原接上條注文後,原作"徒沽反騀四歲駌上馬歲"。注文"沽"當作"浩"。P.3693、《切三》《王一》《全王·晧韻》徒浩反:"駌,馬四歲。"茲據校改。

② 狩谷據《龍龕》"駙,疾也",疑字頭爲"駙"異體,蓋是,但此音爲"符"音。各本釋義作"疾道行皃"。阿由弥万須(あゆみます【歩みます】)馬也。

③ 此音同"妄",蓋是"亡(盲)馬"合字。目志比(めしい【盲】)馬。

④ 此音同"殘"。足奈戶久(あし【足・脚】なえぐ【蹇ぐ】)馬。

⑤ 此音同"肴"。《龍龕·馬部》:"騎,俗;驍,正。""荒馬"在日語中爲"烈馬、悍馬"之義。宇久豆支(うぐつき【驟き・躑き】)馬。

⑥ 注文"衣"當作"礼","世"當作"也",據各本改。豆加礼(つかれ【疲れ】)馬,又也須(やす【瘦す・瘠す】)。《說文·馬部》:"贏,驘父馬母。驘,或从贏。"《說文通訓定聲》:"贏,俗字作騾。"《師說抄》、狩谷疑和訓與"贏"字混,是也。

⑦ "比"字寬永本同,《群書類》從本、享和本作"礼",與此"疲也"合,從改,此訓又見上條"驘"。豆加礼(つかれ【疲れ】)馬,又乱馬。《師說抄》、狩谷疑"乱"當作"鈍"。

⑧ 此奪一字頭。此字頭原作"騶",注文"騶虞"之"騶"作"駋",另一字頭或即注文之形。注文"武"當作"御"。《廣韻·尤韻》:"騶,廏御。"茲據校改。

⑨ "也"原在"青"上。《廣韻·尤韻》耳由切:"騥,馬青驪也。"茲據乙正。

騂息營反。馬赤色。

騢胡加反。馬色赤白也。

騾落戈反。似馬，耳長。

馳徒何反。馬能道行也，走遠也。

駩此緣反。白馬黑脣也。

騊徒力（刀）反。駼，似馬。①

驒　同作。吐刀反。馬行皃。

騝渠焉反。驒馬黄脊。

驙張車（連）反。載重難行馬。②

駩胡涓反。馬一歲。

騙都年反。騻，畜。

顛　同作。都年反。馬頂白也。③

騆胡山反。馬病也，馬目白也。

騉户昆［反］。騻，野馬。

騴烏魂反。驪，駿馬。

驫竦臻反。衆盛皃。

駪所巾反。鬧乱也，馬多也。

駰　同作。於隣、於巾二反。馬陰白雜毛也。

駥落哀反。馬八（七）尺。④

駴而隆反。駥也。⑤

駤户皆反。馬利（和）也。⑥

騠度嵇反。駃騠，馬也，良馬也。

駃胡嵇反。騨也，馬前足白也，野馬。

駼度都反。良馬也，駒駼，獸。止良介，又酒毛馬也。⑦

驢力魚反。馬畜也。

騑芳非反。驂馬也，馬行不正也。与介利須。⑧

---

① 注文"力"當作"刀"。《廣韻·豪韻》："騊，徒刀切。"茲據校改。

② 注文"車"當作"連"。《廣韻·仙韻》："驙，張連切。"茲據校改。

③ "項"字原作"頂"，《切三》《全王》作"項"，龍宇純《校箋》作"頂"，可從。

④ 注文"八"當作"七"。《説文·馬部》："駥，馬七尺爲駥，八尺爲龍。"P.3695、《切三》《王一》《全王》《廣韻·咍韻》："駥，馬高七尺。"《玉篇·馬部》："駥，馬高七尺已上爲駥。"其他文獻亦皆作"七尺"，此"八尺"不詳所據。茲據校改。

⑤ 《説文·馬部》："駴，馬高八尺。"此因上云"馬八尺"，故云"駥也"。

⑥ 注文"利"當作"和"。《説文·馬部》："駤，馬和也。"茲據校改。

⑦ 止良介（とらげ【虎毛】），又酒毛（さかげ【逆毛】）馬也。

⑧ 与介利須（よけりす）。

驨匪肥反。菟，馬而菟走。①

駓敷悲反。桃花馬。

騅止推反。馬名也。②

騹渠[追]反。馬健行也。③

馳〔馳〕直知反。奔(奔)也。又達何反。於保三由支。④

騎渠羈、居宜[二]反。[乘]畜也，跨馬也。伊佐牟乃利馬也。⑤

驍莫江反。黑馬白面也。

駱駂同作。倉紅反。馬白色，又青色。⑥

騣騘同作。莫紅反。驢子也。

駿駿同字。子紅反。馬冠也。⑦

駗(駗)力珍反。馬色。⑧

駮武分反。馬赤鬣縞身，目如黃金，文王所以獻紂者也。

已上自騏字已下平聲

馳駝驒(騾)三同。徒何反。似鹿[而]大，馬頸，肉鞌。⑨

騭之逸反。雄馬也，玄馿(駒)牡也，升也。⑩

犀胡關、爲萌(萠)二反。馬一歲。⑪

---

① 《廣韻·微韻》：“驨，驨兔，馬而兔走。”
② 反切“止推反”《切二》同，P.3696、《切三》《裴韻》《廣韻》作“職追反”，《全王》作“職維反”。
③ “渠”下奪“追”字。P.3698、《切二》《切三》《裴韻》《全王》《廣韻·脂韻》：“騹，渠追反。”茲據校補。
④ 注文“奔”當作“奔”。《玉篇·馬部》：“馳，走奔也。”茲據校改。“達何反”爲“馳”字音。於保三由支（おおみゆき【大御行】）。
⑤ “二”和“乘”據各本補。伊佐牟乃（いさむ【勇む】の【之】）利馬也。
⑥ “紅”原作“江”，本書反切下字此二字不別，徑改，下同。
⑦ 字頭原作“**騣**”“駂”，注文原作“同子反字紅馬冠也”。《廣韻·東韻》：“駿，子紅切。”《玉篇·馬部》：“駿，金駿，馬冠也。”茲據校乙。
⑧ 字頭“駗”當作“駗”。《廣韻·真韻》力珍切：“駗，馬色。”茲據校改。
⑨ “馳”字原作“**駝**”。字頭“驒”當作“騾”，“鹿”下奪“而”字。《玄應音義》卷六“駝駝”條：“又作駝。《字書》作騾，又作橐。”“騾同“駝”，此蓋誤以爲同“駝”。《爾雅·釋畜》“犦牛”，郭璞注：“領上肉犦胅起，高二尺許，狀如橐駝。”陸德明釋文引《字林》：“駝，駝駝。似鹿而大，肉鞌，出繞山。”茲據改補。
⑩ 注文“馿”當作“駒”。《爾雅·釋畜》：“玄駒，褭驂。牡曰騭，牝曰騇。”茲據校改。
⑪ 注文“萌”當作“萠”。《名義·馬部》：“犀，爲萠反。”《玉篇·馬部》：“犀，乎關切，又爲萌切。”《說文·馬部》：“犀，馬一歲也。讀若弦。一曰若環。”段注：“戶關切，十四部。按，今《玉篇》有‘爲萌’一切，《集韻》《類篇》收入耕韻，皆讀若絃之本也。《集韻》《類篇》又收入哈韻，未詳。又按，絃蓋訛字，弦是也。《釋畜》‘玄駒’，音義曰：‘玄，《字林》作駣，音同。’《廣韻》：‘駣，胡涓切，馬一歲。’語必本諸《字林》，蓋《字林》始變馬爲駣也。”龍宇純《校箋》與此類似，是也。茲據校改。

騥之俞(喻)反。馬後左足白也,膝上白者曰惟騥也。①

駒句虞反。馬二歲也,五歲(尺)以上曰駒也。②

駟驕字。

騧古華反。黃馬黑喙也,淺黃也,馬黃白色。

驪上古文。

駓蒲悲反。馬黃白雜毛。

騽以字(似立)反。騽馬黃脊也,豪骬。③

駣子垂反。馬小兒,重騎也,女馬也。

𩢷上字。

驕驕同作。記妖反。疾(壯)兒,六尺馬也。④

䮧補道反。騽白雜毛也,烏駱(駰)也。⑤

騜胡光反。黃白也,色也,白馬背黃也。⑥

騚辝[田]反。四蹄皆白也。⑦

駐准(唯)纘、胡准二反。馬逆毛也,逆刺。⑧

驩呼丸反。馬名也,歡也,樂也。

𪗶呼牛反。馬名也。

䮻雎枳反。馬名也。⑨

---

① 注文"俞"當作"喻"。《名義》《玉篇·馬部》:"騥,之喻反。"茲據校改。《爾雅·釋畜》:"騬上皆白,惟騥。"郝懿行《義疏》:"騬以上皆白謂之騥,騬以下皆白謂之驓。《詩·小戎》疏引郭氏曰:'馬騬上皆白爲惟騥,後左脚白者直名騥。'蓋郭音義之文。按此云'惟騥',下云'惟駊','惟'皆語詞,郭義恐非。《經義述聞》"皆白惟騥、面顙皆白惟駊"條:"引之謹案:惟騥、惟駊猶《釋魚》之不類、不若,上一字皆詞也。自騥至駊,皆釋馬色所在之異名也,唯首句末句有惟字,而他句皆無,則其爲語詞明矣。""惟"當爲語詞,此處誤。

② 注文"歲"當作"尺"。《詩·周南·漢廣》:"言秣其駒。"毛傳:"五尺以上曰駒。"茲據校改。

③ 注文"以字"當作"似立"。《名義》《玉篇·馬部》:"騽,似立反。"茲據校改。

④ 注文"疾"當作"壯"。《玉篇·馬部》:"驕,壯兒。"《詩·衛風·碩人》:"四牡有驕。"毛傳:"驕,壯貌。"茲據校改。

⑤ 注文"駱"當作"駰"。《爾雅·釋畜》:"騽白雜毛,䮧。"郭璞注:"今之烏驄。""䮧"同"䮧","駰"同"驄"。茲據校改。

⑥ 《裴韻》《廣韻·唐韻》:"騜,馬黃白色。"《切三》《王一》《全王·唐韻》:"騜,馬色。"此"黃白"下"也"字當刪,或"色"上當補"馬"字。

⑦ "辝"下奪"田"字。《名義·馬部》:"騚,辝田反。"茲據校補。

⑧ 注文"准"當作"唯"。《玉篇·馬部》:"駐,唯纘切。"茲據校改。

⑨ "雎"字原作"雅",《名義》同。《廣韻·紙韻》:"䮻,雎氏切。"《玉篇·馬部》:"䮻,七爾切。"據音當是"雎"字,而非"雅"字。

䮳代(五)角反。馬白頟也。[①]

騹力奚(雞)反。桃騹,馬属也。[②]

駁補卓反。馬白黑雜,不純色。

騪駜字。

駉古榮(熒)反。良馬腹幹肥張也,牧馬苑也。[③]

駠[illegible]同。吾唐反。馬低(摇)頭也。[④]

驤[illegible][illegible]三同作。思楊反。駕也。倐忽,言甚速也。[⑤]

駬(䮍)女頼(頰)反。出馬(馬步)疾。[⑥]

颿扶汎、扶嚴二反。馬疾出(步)也,走也,舩帆也。[⑦]

駓理掣反。奔也。

駾他外反。突也,奔突也,馬行皃。

騁勑井反。馳也,奔也。

䮿呼光反。馬奔也。

騫丘焉反。曜也,虧也,馬腹熱也。[⑧]

駿力□(鄧)反。驓,馬傷穀氣流也,馬皃。[⑨]

駔在古、子朗二反。駿馬也,麁也。

驡上字。

驡蒲公反。龐字古文。充實也。

---

① 注文"代"當作"五","頟"下原有"之"字。《名義·馬部》:"䮳,五角反。白頟也。"《玉篇·馬部》:"䮳,五角切。馬白頟。"此當從《名義》。茲據改删。

② 注文"奚"當作"雞"。《名義·馬部》:"騹,力雞反。"茲據校改。

③ 《詩·魯頌·駉》:"駉駉牡馬。"毛傳:"駉駉,良馬腹幹肥張也。"《説文·馬部》:"駉,牧馬苑也。《詩》曰:在駉之野。"

④ 注文"低"當作"摇"。《玉篇·馬部》:"駠,馬摇頭也。"《慧琳音義》卷九十六"驣駠"條:"《埤蒼》云:馬摇頭也。"《新撰字鏡·馬部》:"驣,駠,馬摇頭也,馬怒皃。"茲據校改。

⑤ 注文"倐忽,言甚速也"不詳。

⑥ 字頭"駬"當作"䮍",注文"頼"當作"頰","出馬"當作"馬步"。《玉篇·馬部》:"䮍,女頰切。"《説文·馬部》:"䮍,馬步疾也。"《名義·馬部》:"䮍,安頰反。步疾也。"茲據校改。

⑦ 注文"出"當作"步"。《説文·馬部》:"颿,馬疾步也。"茲據校改。

⑧ 《名義·馬部》:"騫,曜也,舒(虧)也。"《詩·小雅·天保》:"如南山之壽,不騫不崩。"毛傳:"騫,虧也。"《詩·小雅·無羊》:"爾羊來思,矜矜兢兢,不騫不崩。"毛傳:"騫,虧也。"正義:"《集注》虧作曜。"《原本玉篇》"崩"字條引《無羊》毛傳亦作"曜"。段玉裁《毛詩故訓傳定本》:"(曜)此從《集注》本。曜,《考工記》作燿,讀爲哨,頃小也。毛釋此別於《天保》言山。"是一當作"虧",一當作"曜"。"熱"字,《説文》大徐本作"縶",《切三》《王一》《全王》《廣韻·仙韻》《玉篇》同,唯《説文》小徐本作"熱",並云:"腹病騫損。《詩》曰:不騫不虧。古人名損,字騫。""熱"與"縶"俟考。

⑨ "力"下殘,殘字似"登"。《名義·馬部》:"駿,力鄧反。""鄧"爲"鄧"的俗字。茲據補改。《玉篇·馬部》:"駿,駿驓,馬病也,馬傷穀也。"

騼渠六反。馬曲脊也。

騋似陵反。犗馬也。

馸古薤反。結馬尾。

駕怒胡反。寂下馬。①

騬**駧駜** 三同作。張扇反。馬臥土中也，驢馬也。②

騋思隴、思口二反。馬抚(摇)銜走。③

駥 驖同作。補袜反。聊，馬搖頭也，馬怒皃。

駓蒲胡(故)反。馬也。④

駚扶園反。駚駤，止也。馬踞也，馬能也。⑤

騥胥朗反。駹騋，馬色也。

騢 上字。

駤徵利反。駚。

驜魚劫反。

隖扶九反。益也，盛皃。字。⑥

驊胡珪反。騲驊也。

騉胡(古)魂反。騉蹄，趼，善升獻(巘)也。⑦

駚於咲(吠)反。騏也，駚也。⑧

騱都老反。禂(裯)字。禱牲馬祭也。⑨

---

① "寂"同"最"。

② "驢馬"指"驢馬騬"，《慧琳音義》卷八十四、八十七有"驢騬"條。

③ 注文"抚"當作"摇"，"馬"字原在"走"上。《王一》《裴韻》《全王·厚韻》《名義·馬部》："騋，摇銜走。"《裴韻》《全王·腫韻》："騋，馬搖銜走。"《廣韻·腫韻》："何休云：馬搖銜走也。"《公羊傳·定公八年》："陽越下取策，臨南騋馬。"何休注："捶馬銜走。"阮元校記："鄂本捶作摇。按，依《說文》當作箠，假借作捶，譌作摇。"然而《切韻》《名義》等皆作"摇"，疑"摇"字是。茲據改乙。

④ 注文"胡"當作"故"。《名義·馬部》："駓，蒲故反。"茲據校改。釋義《名義》《全王》作"行馬"，《玉篇》作"習馬"，《唐韻》《廣韻》作"駓馬，習馬"，此疑當連字頭讀作"駓馬"。

⑤ "馬踞也，馬能也"疑有訛脱。《說文·馬部》："駁，獸，如馬，倨牙，食虎豹。"（小徐本"倨"作"鋸"）《易·說卦》："乾爲天……爲駁馬。"孔穎達疏："言此馬有牙如倨，能食虎豹。《爾雅》云'倨牙，食虎豹'，此之謂也。王廙云：駁馬能食虎豹，取其至健也。"與此處釋義可以比勘。疑此條與"駁"或"駁"字訛混，"馬踞也，馬能也"當作"馬倨（或鋸）牙也，馬能食虎豹也"。

⑥ "字"上疑奪某一異體。《廣韻·有韻》："隖，盛也。亦作隖。"周祖謨校記："當據《集韻》作騴。"但"騴"字不見《集韻》之前書，疑非。《新撰字鏡·阜部》："俒，麻家(嫁)反。益。""俒"蓋涉反切上字而誤從"麻"旁。又《名義·馬部》"隖"字作"騧"。此處"字"上異體疑爲"俒"或"騧"。

⑦ 注文"胡"當作"古"，"獻"當作"巘"。《名義》《玉篇·馬部》："騉，古魂反。"《爾雅·釋畜》："騉蹄，趼，善陞巘。"茲據校改。

⑧ 注文"咲"當作"吠"。《玉篇·馬部》："駚，於吠切。"茲據校改。

⑨ 注文"禂"當作"裯"。《廣韻·晧韻》："裯，牲馬祭也。騱，上同。"茲據校改。

馮上字。

驣力涉反。躐字。踐也。

驖胡間反。古文閑字。牢也,防也,驖廄也。①

牉阻亮反。古文壯字。大也,健也。

駋徒敬反。駿也。

驑力狄反。馬色。

驒雜(雄)穀反。驢駞反(也)。②

馳除救反。競駞(馳)也,張也。③

馮

驕如同。

駢

牛部第卅六④

百五字

牛魚固(周)、語求二反,平;件也,元頭也。⑤

牿古沃反,入;牛馬牢。

犗古候反,去;取[牛]羊乳也。⑥

䝓力讓反,去;牛色雜。

枑胡故反,去;門外行馬。⑦

牡牝上莫走[反]。畜父也,雄也。下脾忍、扶履反。畜母也,雌也。凡飛曰雄雌,走曰牝牡,此一義也。

㸅所簡反。畜牲也。

牺博盖反,去;牛二歲也。

---

① "驖廄"同"閑廄"。參《漢語大詞典》"閑廄"條。

② 注文"雜"當作"雄","反"當作"也"。《名義·馬部》:"驒,雄皷(穀)反。駞也。"茲據校改。《全王》《廣韻·屋韻》:"驒,驖驒,野馬。"觀智院本《類聚名義抄·僧中·馬部》:"騍,吐沒反。驒,騍驒,驢馳(馳)。"此處"驢"字或非"騍"字之訛,俟考。

③ 注文"駞"當作"馳"。《玉篇·馬部》:"馳,競馳也。"《廣韻·宥韻》:"馳,競馳馬也。"茲據校改。

④ 牛部原作"第卅七",茲據前後卷次序校改。本卷其後部首次序錯亂,徑改不再出校。

⑤ 注文"固"當作"周"。《名義·牛部》:"牛,魚周反。"茲據校改。《說文·牛部》:"牛,大牲也。牛,件也。件,事理也。"《禮記·曲禮》:"牛曰一元大武。"鄭玄注:"元,頭也。"此誤以"元頭也"爲牛字義。

⑥ "取"下奪"牛"字。《裴韻》《全王》《唐韻》《廣韻·候韻》:"犗,取牛羊乳也。"茲據校補。

⑦ 字頭原作"**枑**"。

摻山函(幽)反。牛三歲。①

牭息利反,去;牛四歲,又佷也。

牭上字。

犕平秘[反],去;牛具齒,三歲也。②

特走(徒)德反。疋也,三歲獸也,一也,无偶也,獨也,但也。③

犩魚貴反,去;牛名也。

犚於胃反,去;牛名也。

牸疾冝(置)反,去;母牛也,犢也。④

㸸薄口反。㸸,偏高也,又牛頭短也。

犪敷沼反,上;牛黃白色。

犤居隱反,上;牛馴。

犌无鄙反,上;獸似牛也。

牞直林反,平;水牛。

犫赤周反,平;出也,白色牛也。

牲所京反,平;犧牲。

牂則郎反,平;牝羊。

戕上字。物(傷)也。⑤

牁古郎反,平;特牛。

牠諾何反。牛行遲(尾白)。⑥

㹎无照反,平;牛色。⑦

犪莫交反,平。

猫上字。

————————

① 注文"函"當作"幽"。《廣韻·幽韻》:"摻,山幽切。"茲據校改。

② "具齒"原倒。《王一》《裴韻》《全王》《廣韻·至韻》:"犕,牛具齒。"茲據乙正。《玉篇·牛部》:"犕,又牛八歲也。"《集韻·至韻》:"犕,一曰牛八歲謂之犕。"此"三歲"疑當作"八歲"。

③ 注文"走"當作"徒"。《名義·牛部》:"特,徒德反。"茲據校改。

④ 注文"冝"當作"置"。《廣韻·志韻》:"牸,疾置切。"茲據校改。《新撰字鏡·牛部》:"犢,徒穀反。牛子。牸(牸),上字。母牛。""牸"同"犢"疑誤。

⑤ 注文"物"當作"傷"。《國語·晉語一》:"可以小戕。"韋昭注:"害在內爲戕。戕,猶傷也。"茲據校改。

⑥ 注文"行遲"當作"尾白"。《名義·牛部》:"牠,遲行牛。"下字"牦,牛尾白也。"《廣韻·諄韻》:"牠,牛行遲也。"《廣韻·歌韻》:"牠,似牛,白尾。"此蓋誤混"牠"字釋義。茲據校改。

⑦ 《廣韻·山韻》烏閑切:"牁,牛尾色也。"《集韻·山韻》於閑切:"牁,牛尾包(色)謂之牁。或作㹞。"《龍龕·牛部》:"㹞,正;牁,今:烏閑反,黑色牛也。"此字頭形義與"㹞"近,但音不合。據右旁似當從"票",但無從牛票聲之字,俟考。

犪如召(招)、而紹二反。牛馴伏也,安也,饒廣也,從也。①

㹊巨員反,平;平(牛)黑耳。②

𤛜詳導(遵)反,平;牛行遲也。③

犉如均反,平;黃牛黑脣也,牛肩。④

𤙬 懷同。戶乖反,平;似牛,四角。

犁落嵆反,平;□(耕)。加良須支牛。⑤

𤙷度都反,平;黃牛。

𤛀力追反,平;求子牛。

犧計(許)羈反,平。⑥

犁 犂字同。力脂反,平;牛駁也。

犝徒紅反,平;牛无角。

𤘥匪肥反,平;似牛,一目白首也。

牷疾緣反。牲全色。《書傳》:"體完[曰牷]"。⑦

平聲了

牫在久(各)反,入;山牛。⑧

犆徒的反,入;雄也,特牛。

𤚲舒夜反。雌也。騢字也。

犐三(之)世反。𤜜字。⑨

牱苦和反。无角牛也。

㸸古邁反。驍牛也,騰也。⑩

挙力各反。駁牛。

将力拑(拙)反,入;牛白脊也。⑪

㸹牛角反。白牛也。

---

① 注文"召"當作"昭"。《切三·宵韻》:"犪,如招反。又女紹反。"《全王·宵韻》:"犪,如招反。又而紹反。"茲據校改。

② 注文"平"當作"牛"。《廣韻·仙韻》:"㹊,牛黑耳。"茲據校改。

③ 注文"導"當作"遵"。《廣韻·諄韻》:"𤛜,詳遵切。"茲據校改。

④ "牛肩"疑是"牛脣"之誤。

⑤ "平"下殘,各本作"落嵆反。耕也。加良須支牛",此當殘一字,故據補"耕"字。加良須支(からすき【唐鋤·犁】)牛。

⑥ 注文"計"當作"許"。《廣韻·支韻》:"犧,許羈切。"茲據校改。

⑦ 《書·微子》:"今殷民乃攘竊神祇之犧牷牲用以容。"孔傳:"體完曰牷。"

⑧ 注文"久"當作"各"。《廣韻·鐸韻》:"牫,在各切。"茲據校改。

⑨ 注文"三"當作"之"。《名義·牛部》:"犐,之世反。"茲據校改。

⑩ "驍"字原作"𩥤"。《說文·牛部》:"㸸,驍牛也。"

⑪ 注文"拑"當作"拙"。《玉篇·牛部》:"将,力拙切。"茲據校改。

牟牟同作。云釣(亡鉤)反。大也,奪也,取也,地名,愛也,牛鳴也,人性(姓)也,過也,陰(倍)也,進也。①

牿居暇反。駕字也。

牽苦田反。引也,挽也,連也。

犓牬同。楚俱反。養牛羊曰犓也。

犟丘殄、胡佶(結)二反。牛狼(很)不從也。②

辈甫謂、甫鬼二反。覆耕種也。③

牼胡耕反。膝下骨也。

物莫屈反。天地之間所有皆曰物也,事也,色也,相視之心也,識也,從也。

牣如振反。滿也,益也。

牰餘救反。平(牛)黑眥。④

犞餘鍾反。牛領有肉堆也。⑤

㺊古瑕反。牛絕有力。

牠徒歌反。牛无角。

犤魚闇(園)反。如牛,三足。⑥

狗(狗)古後反。犬。⑦

牧亡六反。養也,飤也。

憎虛業反。《方言》:"脅閔,懼也。"⑧

牆所力、疾良二反。障也。加支也。⑨

牴都礼反。又作觝。拒也,角觸也。

牭上字。

牀〔怵〕仕良反。棲也,恐也。片誤。⑩

———————————

① 注文"去釣"當作"亡鉤","性"當作"姓","陰"當作"倍"。《名義·牛部》:"牟,亡釣(鉤)反。倍也。"《玉篇·牛部》:"牟,亡侯切。又姓也。"《廣雅·釋言》:"牟,倍也。"茲據校改。《方言》卷一:"牟,愛也。宋魯之間曰牟。""地名"指"宋魯之間"。

② 注文"佶"當作"結","狼"當作"很"。《玉篇·牛部》:"犟,五殄、胡結二切。牛很不從。"《名義·牛部》:"犟,胡結反。牛佷不從引。"茲據校改。

③ 《説文·牛部》:"辈,一曰覆耕種也。"與此有異。

④ 注文"平"當作"牛"。《廣韻·宥韻》:"牰,牛黑眥。"茲據校改。

⑤ "牛領"原倒。《全王·鍾韻》:"犞,似牛,領有肉。"茲據乙正。

⑥ 注文"闇"當作"園"。《玉篇·牛部》:"犤,魚袁切。"《名義·牛部》:"犤,魚曰(園)反。"《名義·目部》:"櫔,魚園反。"茲據校改。

⑦ 注文"狗"當作"狗"。《名義·牛部》:"狗,呼口反。鳴也,牛呼也。"《廣韻·厚韻》古厚切:"狗,狗犬。"茲據校改。

⑧ 《方言》卷一:"脅閔,懼也。""脅"通"憎"。

⑨ "所力反"爲"嗇"字音。加支(かき【垣·牆】)也。

⑩ "恐也"爲"怵"字義。字頭原從"牛","片誤"指"牀"字從"片(爿)"爲誤,從"牛"爲正。

牻莫江反。雜色,白黑雜毛牛白(曰)牻。①

犍犍同。又作劇(劇)。居言反。害也,以刀去陰曰劇。字從牛也。②

犕上字。

犢徒穀反。牛子。

牸(牸)上字。母牛。③

牸齡同。其蔭反。牛舌病。或本作疹,非。④

犓古候反。牛乳也。志呂牟也。⑤

犞父玉反,入;特牛也。己止比。⑥

欃槍上楚含反,下楚庚反。惡星名。

犡力世反,去;牛名,牛白脊也。

犥公良反。白斑也,牛長脊也。

捏(捏)奴結反,入;指捻也。⑦

牪甫防反。此牛能行流沙中也。

犄(犄)居宜反,平;角也。⑧

揭其謁反,入;擔持也。

牛髣方放反。根食者也,葉廣也。支奈(太)支須。⑨

糖徒良(郎)反,平;牛也。⑩

牸息營反。赤色也。

犎甫恭反。犎也,野牛也。⑪

① "白"疑當作"曰"。《説文·牛部》:"牻,白黑雜毛牛。"茲據校改。
② 注文"劇"當作"劇"。《玄應音義》卷十四"犍黃"條:"又作搚、劇二形,同。居言反。《字書》:犍,害也。《通俗文》:以刀去陰曰犍。"茲據校改。
③ 字頭"牸"當作"牸"。《玉篇·牛部》:"牸,母牛也。"《新撰字鏡·牛部》:"牸,犢也。"茲據校改。但"牸"同"犢"之例典籍未見,《慧琳音義》《希麟音義》《可洪音義》等有"犢牸"或"牸犢"等條目,疑因二字常連言,故此處誤爲同字。
④ 《玄應音義》卷四"舌牸"條:"又作齡,同。其蔭反。牛舌病也。經文從疒作疹,非也。"
⑤ 此字同"犖"。《廣韻·候韻》古候切:"犖,取牛羊乳。"《可洪音義》第十六册"犓乳"條:"上古候反,取牛乳也。正作犖、犓二形。"此注文疑當作"取牛羊乳"或"取牛乳"。志呂牟(しろむ【白む】)也。
⑥ 《廣韻》音"匹角切",此音則同"犞"。己止比(ことい【特牛】)。
⑦ 字頭當作"捏"。《玉篇·手部》:"捏,乃結切。捻也。"茲據校改。
⑧ 正字當作"犄",文獻中亦有用"犄"者。
⑨ 此條原作:"牛髣,方放反。猿食者也,須葉廣也。支奈支。"各本作:"牛髣,方放反。根食者。支太支須。"據各本改。支太支須(きたきす【牛蒡】)。"牛髣"蓋即"牛蒡"。
⑩ 注文"良"當作"郎"。《廣韻·唐韻》:"糖,徒郎切。"茲據校改。
⑪ 注文"犎"字疑當作"封牛",義同。

犒徒勞反。牛羊［無子］。①

牥平音。牛駁如星也。

烏牛純黑牛也。②

犅充燭反。抵也,挨也。③

黃牛黃音。阿女万太良。④

牧。⑤

角部第四十七

九十六字

角古文作觕。古學反。爭也,競也,誠也,量也,試也,觸也。⑥

觻上字。

甬在欠部。与"角"字別也。⑦

觝丁礼反。觸也,**突**也,抵也,至也。⑧

觚**觚觚**同作。古胡、苟辜二反。哉馬也,礼器也,一升曰爵,二升曰觚。佐可豆支,又比佐久也。⑨

觡鯨同。胡本反。角未割,楍。⑩

觔居銀反。

觟五芥、胡瓦二反。牝牂之角也。觧字同。胡宣(寡)反。鮮明也,又物精不雜爲觟也。⑪

---

① "羊"下奪"無子"二字。《説文·牛部》:"犒,牛羊無子也。"茲據校補。

② 字頭原誤爲一字。《倭名類聚鈔·牛馬部·牛馬毛》:"烏牛,《辨色立成》云:烏牛(《楊氏漢語抄》云:麻伊),黑牛也。"

③ "抵"字原作"**楍**"。《名義·角部》:"觸,先(充)燭反。抵也,突也。犅,同上,古文。"茲據校改。

④ 字頭原誤爲一字。阿女万太良(あめまだら【飴斑】)。指牛的毛色如飴色的斑。

⑤ 字頭疑即"收"或"牧"字。

⑥ "誠也"疑即"試也"誤衍。

⑦ 本書欠部無"甬"字。《新撰字鏡·雜字》:"角(甬),余種反。鍾柄也,奴婢賤稱也,使也,常也。已上三字從欠(马)。""三字"分別爲"甾""曳""甬",故當從"马"。但"马"俗作"**夂**",故本書列在"欠部"末。故此處云"在欠部"。"角"字又見刀部。

⑧ 殘字似爲上下結構,疑即"犅"字,同"觸"。

⑨ "哉馬也"非義,當刪。《玄應音義》卷十六"水觚"條:"《論語》:觚哉。馬融曰:觚,禮器也。一升曰爵,二升曰觚是也。"佐可豆支(さかずき【杯·盃】),又比佐久(ひさく【杓·柄杓】)也。

⑩ 《玄應音義》卷十六"鯨戾"條:"書無此字,宜作觡,胡本反。此恐誤作,音字宜作很,胡懇反。很,戾也,違也。《説文》:不聽從也。字從彳從艮聲。"《玉篇·角部》:"觡,胡本切。角未判。"《名義·角部》:"觡,胡本反。古楍字。"注文末字殘作"**們**",當是"楍"字。

⑪ 注文"宣"當作"寡"。《玄應音義》卷十八"濕觟"條:"胡瓦反。應作觟,胡寡反。鮮明也。又物精不雜爲觟。"茲據校改。

角古卓反。量也,試也,平斗斛。①

觩市束反。附(抵)也,觸也。②

鰓所柴反,平;角亼角也,角中骨也。③

觵古横反。礼器也,角爵也。佐可豆支。④

觥上字。

觓豆(居)幽反。張(弛)皃,食具器。藥乃加比也。⑤

觛都官反。角觛也,獸名,麟角。

觶止義反,去;又之引反。酒爵也。⑥

觝觚二上字。

觼觤側産反。酒也,器也。⑦

簪丁子(亐)、丁失(奚)二反。替(簪)也。加美左須,又加加保利乃佐須。⑧

解觧解同作。正形(核)灑反,上;曉也,猶脱也。胡懈反,去;借居灑反,上;釋也,削也,説也,判也,署也。又佳隘反,去。⑨

觟觬觮同作。古頑反,平;老而无妻曰觬也。⑩

觜之髓反。喙也,鳥口也。久知波志。⑪

---

① 字頭原作"屌"。《玄應音義》卷二十四"角勝"條:"古文斛,同。古卓反。角,比量也。《禮記》:習射御角力。《廣雅》:角,量也。角,試也。《説文》:角,平斗斛也。"

② 注文"附"當作"抵"。《説文·角部》:"觸,抵也。"《玉篇·角部》:"觩,古文觸。"茲據校改。

③ 注文"亼"似"亦"字,此處疑當作"中"。

④ 佐可豆支(さかずき【杯・盂】)。

⑤ 字頭原作"觥",蓋是"觓"的誤字。各本從"兆",蓋是"虯(觓)"的誤字。注文"豆"當作"居","張"當作"弛"。《玉篇·角部》:"觓,奇幽、居幽二切。觓,同上。"《詩·魯頌·泮水》:"角弓其觓。"毛傳:"觓,弛貌。"茲據校改。各本釋義作"匕也"。《廣韻·幽韻》:"觓,匕曲皃。"《説文·角部》:"觓,角皃。《詩》曰:兕觥其觓。""食器具"蓋由"兕觥"而來。藥乃加比(くすり【藥】の【之】かひ【匙】)也。

⑥ 《切韻》《廣韻》音"章移反""支義反",《名義》《玉篇》音"之豉反",此"止"或當作"支","引"字存疑。

⑦ "觼"同"盞","酒"下"也"字疑當刪。

⑧ 注文"子"當作"亐","失"當作"奚","替"當作"簪"。各本"替"作"簪"。《玉篇·角部》:"簪,徒亐、丁亐二切。又簪簪也。"《名義·角部》:"簪,簪也。"《群書類從》本、享和本音"土亐、丁亐二反",寬永本音"丁子、丁尖二反",狩谷云:"《廣韻》杜奚切、都奚切,據考'尖'當作'奚'",可從。茲據校改。和訓各本作"加美佐志(かみざし【簪・髮插し】)"。加美左須(かみ【髮】さす【刺す・插す】),又加加保利乃佐須(かがほり【冠】の【之】さす【刺す・插す】)。

⑨ 字頭"解"原作"觧"。注文"形"當作"核"。《名義·角部》:"解,核灑反。"茲據校改。

⑩ 正字作"觬"。《集韻·混韻》:"觬,觙。人名,禹父也。或作觟,亦作觬,通作鯀、鮌。"

⑪ 久知波志(くちばし【嘴】)。

觖口季反,去;肩骨也。①

舭舭同。又作距。渠吕反。鷄足距也。

觸觸同。奴角反,入;調弓也,屋角。

觬觬同作。午弟反,上;角不正也,懸(縣)名也。②

觖一根反,平;角曲也。

觭丘几(奇)反,平;角一俯一仰兒也。③

觤觤同作。居委反,上;獸角不齊兒。

觡索角反,入;牛行。

觼古穴反,入;環有舌。

觚上字。

骭口學反。治骨。礐,同字也。

觻力的反。縣名,又角也。

觲呼元反。角光也,亭名。④

觟除几(蟻)反。角端不正也。⑤

觓觩同。几(奇)摎反。角弓也。⑥

觛且(徂)占反。荒角兒,大也。又肥眉(助角)反。⑦

捔上字。

觖居月反。有所觸發。

觲(觲)息營反。角弓,用[角]低仰便。⑧

舡古尨女(反)。舉角也,扛也。⑨

---

① 字頭疑"骴"字之誤。《廣韻·齊韻》苦圭切:"骴,肩骨。"《名義·骨部》:"骴,口圭反。六畜頂中骨
也。"此條當作"骴,口圭反,平;肩骨也"。

② 注文"懸"當作"縣"。《玉篇·角部》:"觬,又縣名。"《集韻·薺韻》:"觬,西河有觬氏縣。"茲據校改。

③ "几"原作"九"。《名義》音"丘奇反",此"几"當是"奇"的日語同音用字。下"觟""觓"字同。

④ 《説文·角部》:"觲,揮角兒。"《名義》作"輝角兒",疑此"角光"當作"輝角"。

⑤ "几"原作"九"。《名義》音"除蟻反",此"几"當是"蟻"的日語同音用字。

⑥ "几"原作"九"。《名義》音"奇摎反","几"爲"奇"的日語同音用字。《詩·魯頌·泮水》:"角弓
其觩。"

⑦ 注文"且"當作"徂","肥眉"當作"助角"。《名義·角部》:"觛(觛),徂古反。"《全王·姥韻》:"捔,徂
古反。"此音同"粗"。《裴韻》《全王·姥韻》:"捔,長角。又助角反。亦作觛。"茲據校改。注文
"荒"義當同"粗"。

⑧ 字頭"觲"當作"觲","用"下奪"角"字。《説文·角部》:"觲,用角低仰便也。《詩》曰:觲觲角弓。"茲
據改補。或當作"觲",《名義》作"觲",《切韻》系韻書皆作"觲"。《詩·小雅·角弓》:"騂騂角弓。"
毛傳:"騂騂,調利也。"

⑨ 注文"女"當作"反"。《全王·江韻》古雙反:"舡,舉角。"《廣韻》作"舡",餘同。《集韻·江韻》古雙
切:"舡,《説文》:舉角也。或从工。""尨"爲"江"韻字。茲據校改。《名義》音"古巷反",疑當
從此。

觡居各(頟)反。角无䚡。①

觛丁旦(但)反。小杯也。②

觝欣瓦(衣)反。角匕也。③

觩且尤反。推了敗牧(雔射收)繄角。④

觓上字。

觢丑列反。角(叙)也。⑤

叙楚如(加)反。觢也。⑥

觿觽同。居小反。角兒也。

觖古穴反。冀也,望。

觘居劣反。𤜵,抵觸。⑦

觡女百反。似鷄䐄也。

觘又(叉)校反。角上也。⑧

觤觟同作。方迷反。橫角牛也。

解觟同作。仕卒反。角始生也。⑨

觘女卓反。水出[求]如山。⑩

觟徒可(歌)反。牦也,无角牛。⑪

──────────

① 注文“各”當作“頟”。《名義·角部》:“觡,居頟反。”茲據校改。

② 注文“旦”當作“但”。《名義·角部》:“觛,丁但反。”茲據校改。

③ 注文“瓦”當作“衣”。《名義·角部》:“觝,欣衣反。”茲據校改。

④ 注文“推了敗牧”當作“雔射收”。《王一》《裴韻》《全王》《廣韻·尤韻》:“觩,雔射收繄角。”茲據校改。《說文》則作“雔射收繄具”。

⑤ 注文“角”當作“叙”。《名義·角部》:“觢,叙。”茲據校改。《玉篇》亦作“角也”,疑誤。

⑥ 注文“如”當作“加”。《名義》《玉篇·角部》:“叙,楚加反。”茲據校改。

⑦ “反”下一字不詳,從角歇聲,疑當作“觩”。《正字通·角部》:“觘,觩字之譌。《說文》有觩無觘,舊註音訓與觩近,改从歇,非。”熊加全《〈玉篇〉疑難字研究》“觘”字條:“‘觘’疑即‘觩’字之俗。《說文·角部》:‘觩,角有所觸發也。从角,厥聲。’‘觘’與‘觩’音義並同,又‘歇’‘厥’聲旁相通,俗書或可換用,故‘觘’即‘觩’改換聲符而形成的異體字。”可參。

⑧ 注文“又”當作“叉”。《名義》《玉篇·角部》:“觘,叉校反。”茲據校改。

⑨ 《名義》音“仕兀反”,《玉篇》作“在兀切”,《廣韻》音“昨没反”,反切上字似當作“在”。

⑩ 楊寶忠《疑難字續考》“觘”字條:“又故宮本《裴韻·覺韻》女角反:‘觘,水出求如山。’《萬象名義·角部》:‘觘,女卓反。水出木(求)如山。’《山海經·北山經》:‘又北二百五十里曰求如之山,其上多銅,其下多玉,無草木,滑水出焉,而西流注于諸𣬈之水。其中多滑魚,其狀如鱓,赤背,其音如梧,食之已疣。’疑《山海經》古本‘滑水’有作‘觘水’者,故顧野王據之收入《玉篇》。”是也,此據補“求”字。

⑪ 注文“可”當作“歌”。《名義·角部》:“觟,徒歌反。”茲據校改。

觟 治几(暟)反。一角獸也。①

觚〔鑴〕鑴同。匕喬(彼驕)反。銅盆也。②

䚢 胡躍反。筐(篗)也,經也,絲取交。③

觠䈼同。楚立反。牛角兒,戢也。④

觱 有勿反。女(羌)所吹角以驚馬也,泉也。⑤

觳 古(胡)族反。書(盡)也,杯容一斗二升,又牛行兒也。⑥

觺 牛力反。觺觺,亦(猶)岳岳。⑦

觽 古嶽反。飾杖頭骨。

䚘䤸同。方肺反,去;弋射具。

觶 時制反,去;牛角豎也。

觜 上字。

觓 力求反,上(平);觓也。⑧

觲 息營反,平;角弓。

觥 古橫反,平;兕角也,酒器也。

觴 式羊反,平;酒器也。

觰 陟加反,平;挈,獸也,大也,角上廣。⑨

觠 巨員反,平;曲角。

甈䍃同。徒紅反,平;甈瓦。

---

① 《名義》音“治暟反”,此爲日語同音省字。“獸”字原作“雖”,從嘼、鳥,《名義》“觟,鳥字”,疑涉此而誤。《集韻·蟹韻》:“鳥,《説文》:解鳥,獸也,似山牛,一角。古者決訟,令觸不直。象形,从豸省。或作觟、觟、狤。通作豸。”此處釋義或當作“一角獸,鳥也”。

② 注文“匕喬”當作“彼驕”。《名義·角部》:“觚,彼驕反。”“匕”爲日語同音省字。茲據校改。《廣韻·宵韻》:“鑴,馬銜。觚,上同。”“銅盆也”爲“鑴”字義,“鑴”與“鑴”形近相混。《説文·金部》:“鑴,溫器也。一曰金器。”《王一·豪韻》:“鑴,銅盆。”《切三》《裴韻》《全王·豪韻》字頭皆作“鑴”。

③ 注文“筐”當作“篗”。《説文·竹部》:“篗,收絲者也。䚢,篗或从角从閒。”茲據校改。又《名義·角部》:“䚢,俓(經)絲取絞也。”注文“經也,絲取交”疑當從《名義》。

④ 《玉篇·角部》:“觠,或作戢。”“觠”同“觠”。從“胥”爲訛字。

⑤ 《説文·角部》:“觱,羌人所吹角屠觱,以驚馬也。”“觱”同“觱”。注文“女”疑當作“羌”。《詩·小雅·采菽》:“觱沸檻泉。”毛傳:“觱沸,泉出貌。”

⑥ 注文“古”當作“胡”,“書”當作“盡”。《玉篇·角部》:“觳,胡族切。盡也。”《名義》誤作“故”。《廣韻·屋韻》:“觳,胡谷切。”《爾雅·釋詁上》:“觳,盡也。”茲據校改。《孟子·梁惠王上》:“吾不忍其觳觫。”趙岐注:“觳觫,牛當到死地處恐貌。”本書上文“觫”亦有“牛行”之義,蓋某古注訓“觳觫”爲“牛行兒”。

⑦ 注文“觺”原誤分作“疑角”,“亦”字原作“六”,當作“猶”。《玉篇·角部》:“觺,觺觺,猶岳岳也。”《楚辭·招魂》:“其角觺觺兮。”王逸注:“觺觺,猶猏猏。角利貌也。”蓋古本作“岳岳”。

⑧ 注文“上”當作“平”。“觓”爲平聲字。茲據校改。

⑨ “挈”字原作“𢬅”。《説文·角部》:“觰,觰挈,獸也。”

觿觿許規反,平;佩角也,角錐也。

皼先捻反,上;搏擊。

革部第四十八

百六十三字

革所奇(綺)反。改也。隔、客二字音,倭之音。①

韆韥同作。呼見反。在背曰韆,在胷曰靮,在頸曰鞅。尻加支也。②

鞣軨同作。火見反。波呂比。③

靮余忍反,去;繫於馬胷者也。牟奈加支。④

鞌上古文。

鞶方番反。尻加支。⑤

鞅於丙(兩)反。失容也,荷也。牟奈加支,又止良不。⑥

鞌鞍同。於蘭反。鞁也。馬乃久良也。⑦

鞦取修反。鞶。之利加支。⑧

勒六音。彎也,引也。久豆和,又久豆和豆良也。⑨

靶扶柯反。彎也。久豆和豆良。⑩

鞠上古文。⑪

鞚口送反。勒也,彎也。久豆和,又久豆和豆良也。⑫

---

① 注文"奇"當作"綺"。《玄應音義》卷十一"革屣"條:"所綺反。"《廣韻·麥韻》:"革,古核切。"此處誤將"屣"字音當成"革"字音。茲據校改。革、隔、客,日語漢音皆音"かく",吳音皆音"きゃく"。

② 尻加支(しりがき【鞦】)也。

③ 《玄應音義》卷十三"帶韆"條:"又作軨,同。火見反。""鞣"同"韆",寫本皆作"鞣"。波呂比(わろび【腹帶】)。

④ 此音爲上聲,《廣韻》又有去聲"羊晉切",此蓋誤標。牟奈加支(むなかき【鞅】)。

⑤ 《廣韻·換韻》:"鞶,博幔切。"此反切下字疑誤。尻加支(しりがき【鞦】)。

⑥ 注文"丙"當作"兩"。《廣韻·養韻》:"鞅,於兩切。"茲據校改。《詩·小雅·北山》:"或王事鞅掌。"毛傳:"鞅掌,失容也。"鄭玄注:"鞅,猶何也。""何"同"荷"。牟奈加支(むなかき【鞅】),又止良不(とらふ【虎斑】)。

⑦ "蘭反"原倒,《名義》作"於蘭反",據乙。馬乃久良(うま【馬】の【之】くら【鞍】)也。

⑧ 之利加支(しりがき【鞦】)。

⑨ "勒"與"六"音讀皆是"ろく"。久豆和(くつわ【轡·銜·鑣·馬銜】),又久豆和豆良(くつわずら【轡鞚·轡蔓】)也。

⑩ 久豆和豆良(くつわずら【轡鞚·轡蔓】)。

⑪ 字頭爲上"鞠"下"門",疑爲"鞠"的訛字,俟考。

⑫ 久豆和(くつわ【轡·銜·鑣·馬銜】),又久豆和豆良(くつわずら【轡鞚·轡蔓】)也。

鞋往旱(徒旱)、〔徒〕段二反。波呂比。①

轠於蘭、子二二反。鞍也。之太久良也。②

鞁皮奇(寄)反,去;車駕之具,又乘馬之具。③

鞝与章反,平;□(馬)額粗鞾。未見。④

靼都達反。履系也,鞶也。

韃上家(字)。轡馬具。⑤

𩉺側牛反。轡馬具。⑥

鞘(靮)鞘同作。胡大(犬)反。謂車靮(靮)、靮(靮)物皆作此字。或作鞁,与轠字同,但鞁非此用。⑦

鞘几(京)奇反。羈、勒、䍆。於毛豆良,又阿夫美。⑧

鞅古核反。轡首,靶也,勒也。

鞭〔鞭〕補綿反,平;夫知,又己波志,又豆与之。⑨

靮靮同。五更反。鞙也,□(厖)也,久(又)厖堅也。⑩

靬胡浪反。成壞身中風名也。⑪

鞮都奚反。履也,革履也。

鞴緔同。而用反。安革(鞏)靐餙也,緔也。⑫

勒鞻同。一豹反,去;靴勒也。⑬

①　注文"往旱"當作"徒旱","段"上奪"徒"字。《廣韻·旱韻》:"鞋,徒旱切。"《群書類從》本:"鞋,徒旱、徒段(段)二反。"茲據改補。波呂比(わろび【腹帶】)。

②　此條原接在上條"鞋"字注後。"於蘭反"當是"鞍"字音,"子二反"(せん)當是"轠"字音。本書革部:"鞏鞍,同。於蘭反。"之太久良(したぐら【下鞍·轠】)也。

③　注文"奇"當作"寄"。《名義·革部》:"鞁,皮寄反。"茲據校改。

④　"額"上一字殘。《廣韻·陽韻》:"鞝,馬額上鞝。"茲據校補。

⑤　注文"家"當作"字"。《名義·革部》:"靼,履系。韃,上古文。"茲據校改。"轡馬具"疑涉下條而衍。

⑥　此條反切同"鄒"。《集韻·宥韻》側救切:"鞣,鞁也。"音義與此較近,字頭俟考。

⑦　字頭"鞘"當作"靮",注文"大"當作"胡犬","靮"當作"靮"。《玄應音義》卷十九"鞅靮"條:"又作鞘,同。胡犬反。謂車靮、靮物皆作此字。經文作鞁,火見反。字與轠同。鞁非此用。"茲據校改。

⑧　注文"几"原作"九",當是"京"的日語用字。《名義·革部》:"鞘,京奇反。"《廣雅·釋器》:"䍆、羈,勒也。"於毛豆良(おもづら【羈】),又阿夫美(あぶみ【鐙】)。

⑨　夫知(ぶち【鞭】),又己波志(こわし【強し】),又豆与之(つよし【強し】)。下二和訓爲"鞭"字之訓,"鞭"同"硬"。

⑩　殘字殘作"𥪡",似即"厖"字。

⑪　《玄應音義》卷十三"靮靬"條:"五更反,下胡浪反。成壞身中風名也。"

⑫　注文"安革"當作"鞏",下原有重文符。《説文·革部》:"鞴,鞏靐飾也。"茲據改刪。

⑬　《玄應音義》卷十五"作勒"條:"一豹反。靴勒也。律文作鞻,俗語也,書無此字。"

鞎户恩反,平;車革剌(前)也。①

鞋鞵同作。胡桂(佳)反,平;系也,屬。加波和良久豆。②

鞞毗移反。刀上曰[鞞],下曰琫,刀室也,又削物謂之鞞。太知佐也,又加佐利。③

鞕(鞕)徒曲(典)反。履跟也。久豆乃須支(支比比須)。④

韈亡別反,入;襪也。志太久豆也。⑤

靴〔靴〕渠氏(支)反,平;履也,靮也,樂人人(之)所□沓也。⑥

韁居羊反。馬絠(緤)也,繫也,緒也,索也,彊(繮)也,勒也。⑦

靳〔愴〕居堊反,去;車中馬也,當膺也。又楚高也(亮反)。喪也,博也,傷也,悲也,人姓也。⑧

鞇**鞇**於民反。茵也,薦也,**靬**(靬)也。⑨

靬(靬)胡玄反。鞇(鞇)也,即車旧(内)飾也。⑩

---

① 注文"剌"當作"前"。《説文・革部》:"鞎,車革前曰鞎。"茲據校改。

② 注文"桂"當作"佳"。《名義・革部》:"鞵,胡佳反。"茲據校改。加波和良久豆(かわ【皮・革】わらぐつ【藁履・藁沓】)。

③ 太知佐也(たち【太刀】さや【鞘】),又加佐利(かざり【飾り】)。

④ 注文"曲"當作"典","須支"當作"支比比須"。據本改。狩谷疑字頭當作"鞕"。《裴韻》《全王・麻韻》胡加反:"鞕,履根。""鞕"同"鞕"。《王一》《全王》《廣韻・緩韻》徒管反:"鞕,履後帖。""鞕"同"鞕"。"段""叚"常混,據音此當是"鞕"。久豆乃支比比須(くつ【沓・靴・履】の【之】きびひす【踵】)。

⑤ 《玄應音義》卷五"鞋韈"條:"下古文作韈,今作袜。又作帓,眛二形,同。無發反。足衣也。經文從巾作幭,音亡別反。帊幭也。幭非此用。"志太久豆(したぐつ【襪・下沓】)也。

⑥ 注文"氏"當作"支"。《廣韻・支韻》:"靴,巨支切。"《名義・革部》:"靴,渠支反。"茲據校改。P.3696、《切二》《切三》《裴韻》《全王・支韻》:"靴,靮。"《集韻・齊韻》:"鞮,《説文》:革履也。或从氏。""履也"蓋"靴"字義。末義不詳,"人"下重文符疑當作"之",殘字原作"𧿒",似"趵"字,疑與"蹋鼓沓行"相關。《周禮・春官・序官》"鞮鞻氏",鄭玄注:"鞻讀爲屨。鞮屨,四夷舞者所屝也。今時倡蹋鼓沓行者,自有屝。"

⑦ 注文"絠"當作"緤","彊"當作"繮"。《原本玉篇・糸部》:"緤,《説文》:馬絠也。或爲韁字,在革部。"茲據校改。

⑧ 《廣韻・焮韻》:"堊,吾靳切。"注文"高也"當作"亮反"。《玉篇・心部》:"愴,楚亮切。悲也,傷也。"《名義・心部》:"愴,楚高(亮)反。喪也,傷悲也。"茲據校改。此"愴"字音義當出《原本玉篇》,但"愴"字音義不應摻入,疑是因草書相誤而混。"博也"不詳,"人姓也"爲"靳"字義。

⑨ 末義即下條字頭,參見下條。

⑩ 字頭當作"靬",注文"鞇"當作"鞇","旧"當作"内"。《急就篇》卷三:"鞇靬鞋鞴鞍鑣鐊。"顏師古注:"靬,韋囊,在車中,人所憑伏也。今謂之隱囊。"觀智院本《類聚名義抄・僧中・革部》:"鞴、靬,車内鞇。"茲據校改。"胡玄反"蓋是據字頭右旁"犬"而擬音,即"犬"字倭音"けん"。

戵楚[佳]反。兵戈之具。也豆与支，又也奈久比。①

鞴父六反，入；盛[矢]器。也奈久比。②

鞴父故反，去；戵也。

鞬舉言反，平；冎（綢）弓器也，弓舍。③

韃上字。

韗一失（夫）反。鞬也。④

韇徒谷反。箭筒也。

鞟烏（苦）郭反。開也，去宅（毛）革。⑤

韸方壞（奉）反。鞾韸也。⑥

鞘思誚反，平（去）；謂成（盛）刀釗室。失（太）知乃乎，又佐也。⑦

鞠鞠鞠三同。居六反。養也，告也，生也，稚也，愛也，掬（毱）[也]。万利。⑧

鞔莫槃反，平；覆也，謂覆蓋物爲鞔，補也，室（空）也。⑨

鞼布久反，入；落牛頭，擁也。落字者，盖作洛（絡）也。⑩

鞢七刕反，入；蘇蹀也。⑪

---

① "楚"下奪"佳"字。《群書類從》本作"佳"，享和本作"厓"，寬永本作"往"。《切三》《裴韻》《全王》《廣韻·佳韻》："戵，楚佳反。"《玄應音義》卷十一、十五"步戵"條："楚佳反。"《名義·革部》："戵，楚崖反。"暫定作"佳"。茲據校補。也豆与支（や【矢】つよき【强き】），又也奈久比（やなぐい【胡簶·胡籙】）。

② "盛"下奪"矢"字，據各本補。也奈久比（やなぐい【胡簶·胡籙】）。

③ "平"下一字不詳。《廣韻·元韻》："鞬，馬上盛弓矢器。"《龍龕·革部》："鞬，盛弓器也。"但此字非"盛"，疑是"綢"字。《國語·晋語四》："右屬櫜鞬。"韋昭注："鞬，弓弢也。""弢"同"韜""綢"。

④ 注文"失"當作"夫"。《廣韻·虞韻》："韗，憶俱切。""一夫反"與之音同。茲據校改。

⑤ 注文"烏"當作"苦"，"宅"當作"毛"。《名義·革部》："鞟，苦郭反。"《廣韻·鐸韻》："鞟，苦郭切。"《説文·革部》："鞟，去毛皮也。"茲據校改。《集韻·鐸韻》："廓，開也。""鞟"或通"廓"。

⑥ 注文"壞"疑當作"奉"。《玉篇·革部》："韸，方奉切。"茲據校改。但"壞"與"奉"形遠，俟考。

⑦ 注文"平"當作"去"，"成"當作"盛"。此音爲去聲，《廣韻·肴韻》另有平聲"所交切"，《切三》《王一》僅有平聲"所交反"，此所據《切韻》當亦無去聲，故標平聲。《玄應音義》卷二十"金鞘"條："思誚反。謂盛刀劍室也。""釗"同"劍"。寫本《玄應音義》"盛"亦皆作"成"。茲據校改。"失"當作"太"。太知乃乎（たちのお【太刀の緒】），又佐也（さや【鞘】）。

⑧ 注文"掬"當作"毱"，下奪"也"字，據各本改補。《集韻·屋韻》："鞠，蹋鞠也。或从毛。"万利（まり【毬】）。

⑨ 注文"室"當作"空"。《説文·革部》："鞔，履空也。"茲據校改。《玄應音義》卷二十一"網鞔"條："莫槃反。《蒼頡篇》：鞔，覆也。今亦謂覆蓋物爲鞔，或作縵、漫二形，借字耳。"

⑩ 注文"洛"當作"絡"。《切三》《唐韻·燭韻》："鞼，落牛頭。"《王一》《裴韻》《全王》《廣韻·燭韻》《名義》《玉篇·革部》："鞼，絡牛頭。"茲據校改。"布久反"盖是倭音"ぼく"。"擁也"不詳。

⑪ 《廣韻·怗韻》蘇協切："鞢，鞊鞢，鞍具，出《新字林》。"《廣韻·怗韻》蘇協切："蹀，蹔蹀。"疑此處釋義"蘇"當是反切上字，"七"或涉下條反切上字"𠤎（土）"而誤。疑此條當作"蘇協反。蹀也"。

鞳土荅反，入；波履也。①

鞞禹云(愠)反，去；攻工也，人名，甲吏賤也，鞞也。②

鞣如尋反。䩮也，乾革也。又如由反，平；熟肉也。③

靬憶俱反，平；礨名也。

靬居言反，平；乾革，又弓衣也。

鞶薄官反，平；革帶也。

鞻落侯反，平；鞮鞻氏，掌四夷之樂也。④

鞠鞁二同作。徒果反，上；履[跟]緣也。⑤

鞖鞖同作。所寄反，上(去)；履屢(屨)也。⑥

鞻上字。

鞑毘必反，入；車束。夫知。⑦

鞗〔鞗〕乎(呼)骨反，入；急擷也，馬鞗也。⑧

鞻古點反。革(草)也。⑨

鞖蘇合反，入；小兒聲，又兒履也。⑩

鞳他合反。革履也。

鞭丘力反。急也，皮鞭兒也。

鞛鞛同。所力反，入；馬車下絡革也。

鞛他簟反。鞍餙。

---

① 《廣韻·盍韻》吐盍切：“鞳，鏜鞳，鐘聲。又他荅切。”此釋義不詳，“波”或涉下條注文而衍，參見下條。

② 注文“云”當作“愠”。《名義·革部》：“鞞，禹愠反。”“云”當是日語同音省字。茲據校改。“攻”原作“波”，後又在右邊改作“攴(攻)”。《說文·革部》：“鞞，攻皮治鼓工也。”《周禮·冬官·鞞人》：“鞞人爲皋陶。”鄭玄注引鄭司農云：“皋陶，鼓木也。”此處注文蓋誤以“皋陶”爲“人名”。《禮記·祭統》：“煇者，甲吏之賤者也。”“煇”同“鞞”“鞞”。

③ “䩮”字原作“夬”，本書“鞪”下注文“䩮”字作“兂”，二字較似。《說文·革部》：“鞣，㮛也。”《說文·㮛部》：“㮛，柔韋也。讀若夬。”《名義·㮛部》：“㮛，夬字。”是“㮛”與“夬”同。《廣韻·尤韻》：“鞣，熟皮。”“熟肉”或是“熟皮”之誤。

④ 注文“也”當作“鞻”。《廣韻·侯韻》：“鞻，鞮鞻氏，掌四夷之樂。”茲據校改。

⑤ “鞁”字訛。《全王》字頭作“鞠”，蓋由此形而誤。“履”下奪“跟”字。《切三》《裴韻》《全王·哿韻》：“鞠，履跟緣。”《廣韻·果韻》：“鞠，履跟緣也。”茲據校補。

⑥ 第一形原誤作“鞖”。注文“上”當作“去”，此音爲去聲。“屢”當作“屨”，“屨”與“履”義近。

⑦ 夫知(ふち【緣】)。

⑧ 注文“乎”當作“呼”。《廣韻·沒韻》：“鞗，呼骨切。”茲據校改。“馬鞗”爲“鞗”字義，形近相混。《名義》《玉篇·革部》：“鞗，馬鞗。”《說文·革部》：“鞗，馬尾駝也。”

⑨ 注文“革”當作“草”。《廣韻·點韻》：“鞻，草鞻。”茲據校改。

⑩ 《切三》《裴韻》《全王》《唐韻》《廣韻·合韻》：“鞖，小兒履。”此“聲”當是“履”字之誤，因誤抄“小兒聲”而又補“兒履”之義。此釋義當作“小兒履”。

鞠亡千(善)反。勒鞞也。①

鞄上字。

鞈公帀反。橐,龍在之,防汗也。②

鞙呼結反。系繫牛脛也。

鞖(鞖)茭字。在革(草)部。③

鈐巨陰反。竹密也,樓(鞻)也,縣也。④

鞴鞲同。思危反。蕤也,垂也,窜也。⑤

鞵古胡(胡故)反。佩刀絲也。⑥

鞢似(以)世反。繡也,以馬韏贈亡人。⑦

鞣蘇各反。鞮也,履。⑧

鞮大各反。鞣也。

鞾夫付(扶封)反。⑨

鞞亡佳反。履,鞵鞞也。⑩

鞲徒東反。被具餝。

鞈古甲(狎)反。鞝(鈔)也。⑪

鈔所加反。鞈也。

鞜他古反。鞜鞲。

鞼甫(薄)各[反]。鞜也。⑫

---

① 注文"千"當作"善"。《名義》《玉篇·革部》:"鞠,亡善反。""千"爲日語用字。茲據校改。

② "帀"字原殘作"𠂤","汗"原作"𣶩"。《玉篇·革部》:"鞈,公洽、公帀二切。橐也,以防捍也。"《説文·革部》:"鞈,防汗也。""龍在之"不詳。

③ 字頭"鞖"當作"鞖","革"當作"草"。《玉篇·艸部》:"茭,草可供牛馬。鞖,古文。"草部有"茭"字,而無"鞖"字。茲據校改。

④ 注文"樓"當作"鞻"。《玉篇·革部》:"鈐,鈐鞻也。"《廣韻·侵韻》:"鈐,鈐鞻,四夷樂也。"茲據校改。《儀禮·士喪禮》:"冪用疏布,久之,繫用鈐,縣於重。"鄭玄注:"鈐,竹籤也。"《裴韻》《全王》《名義》亦作"密"(《裴韻》誤作"蜜"),蓋古本作"密"。"縣"非字義,見所引《儀禮·士喪禮》。

⑤ 《説文·革部》:"鞴,綏也。"《説文·糸部》:"綏,系冠緌也。"段注:"古字或作蕤,或叚綏爲之。"《名義》"蕤"誤作"荏"。

⑥ 注文"古胡"當作"胡故"。《全王·暮韻》《名義·革部》:"鞵,胡故反。"茲據校改。

⑦ 注文"似"當作"以"。《名義·革部》:"鞢,以世反。"茲據校改。"繡也"不詳。

⑧ 《玉篇·革部》:"鞣,鞣鞮,履也,鞣(鞾)之缺前雍。"

⑨ 注文"夫付"當作"扶封"。《名義》《玉篇·革部》:"鞾,扶封反。"茲據校改。

⑩ 《集韻》《廣韻·佳韻》:"鞞,鞵鞞,履也。"《名義·革部》:"鞞,履,鞵鞞。"此與《名義》同。

⑪ 注文"甲"當作"狎","鞝"當作"鈔"。《名義·革部》:"鞈,古狎反。鈔履。"《廣韻·狎韻》古狎切:"鞈,鞈鈔,胡履。"茲據校改。

⑫ 注文"甫"當作"薄"。《名義·革部》:"鞼,薄各反。""鞼"同"鞼"。茲據校改。

鞨牟(牛)革反。補也,隔也。①

鞥乃米反。鬕[垂]兒也。②

鞔徒川(外)反。補也。③

鞢士足反。鞢也。

鞖雉夫反。弓弢。阿不利。④

靰夫(扶)福反。紱也,靰也,靰,軾。⑤

鞴上字。

鞲且流反。緒也,馬紂也。⑥

靴所(盱)戈反。鞁也,履也。⑦

鞾上字。

紳尸仁反。伸(紳),大帶。⑧

韠於力反。總也,履下也。

鞼夫(扶)分反。皾也。⑨

鞞居毀反。觤,不齊也。

鞆古(胡)加反。蝦(鞁)字。履根也。⑩

鞠思久(亦)反。舄也。⑪

靾古(胡)倡反。緘,縫也,戝也。⑫

鞻山兼(廉)反。流(統)也,鬖。⑬

鞃古戶(胡扈)反。皾動。⑭

---

① 注文"牟"當作"牛"。《玉篇·革部》:"鞨,牛格切。"《名義·革部》:"鞨,于(牛)革反。"茲據校改。

② "鬕"下奪"垂"字。《名義·革部》:"鞥,鬕垂。"《裴韻》《全王·薺韻》:"鞥,鬕垂兒。"茲據校改。

③ 注文"川"當作"外"。《名義》《玉篇·革部》:"鞔,徒外反。"茲據校改。

④ "夫"字各本作"失",而狩谷疑當作"丈"。阿不利(あふり【障泥】)。

⑤ 注文"夫"當作"扶"。《名義·革部》:"靰,扶福反。車軾。"茲據校改。

⑥ "緒"字原作"𩊭"。《玉篇·革部》:"鞲,今作緒。"

⑦ 注文"所"當作"盱"。《名義》《玉篇·革部》:"靴,盱戈反。"茲據校改。

⑧ 注文"伸"當作"紳"。《名義·革部》:"紳,紳也,大帶。"《玉篇·革部》:"紳,革帶。亦作紳。"茲據校改。

⑨ 注文"夫"當作"扶"。《名義》《玉篇·革部》:"鞼,扶分反。"茲據校改。

⑩ 注文"古"當作"胡","蝦"當作"鞁"。《玉篇·革部》:"鞆,胡加切。亦作鞁。"《原本玉篇·糸部》:"緞,胡加反。《説文》亦鞁字也。鞁,跟也,在韋部。或爲鞆字,在革部。""蝦"當是"鞁"或"緞"字之誤,暫定作"鞁"。茲據校改。

⑪ 注文"久"當作"亦"。《名義·革部》:"鞠,思亦反。"茲據校改。

⑫ 注文"古"當作"胡"。《名義·革部》:"靾,胡倡反。"茲據校改。

⑬ 注文"兼"當作"廉","流"當作"統"。《名義·革部》:"鞻,山廉反。統。"《玉篇·革部》:"鬖,旌旗旒也。亦作緣。"《玉篇·糸部》:"統,旗統也。今爲旒。"茲據校改。

⑭ 注文"古戶"當作"胡扈"。《名義·革部》:"鞃,胡扈反。"茲據校改。

輪古（与）朱反。餘也，蘗也，和也，樂也。①

毵所□（巖）文。毵（緣）也。②

靸止（之）世反。鞞也，遰也，靳也。③

靰於阮反。履。

靮都狄反。韁也，所以繫靮（制）馬。④

韊力寒反。弩矢服。

鞴甫（補）動反。鞞也，琫也。⑤

鞿□（居）幾反。羈也，韁也。⑥

鞏亡斛反。曲轅束也。

鞎口間反。堅也，粦（遴）難也。⑦

韇降雷（除雷）反。冑也，兜也，鍪也。⑧

軀一夫反，平；韃反（也）。⑨

靪都丁（計）反。補履［下］也。⑩

革（鞈）力各反。生革，可以爲練（縷）束。⑪

鞄甫交反。革工也。

韇韇同作。巨位反。楯綴革也，强也。⑫

鞅公洽反。履根也。

---

① 注文"古"當作"与"。《名義·革部》："輪，与俅反。"《玉篇·革部》："輪，與朱切。"茲據校改。

② "所"下殘，注文"毵"當作"緣"。《名義·革部》："毵，所巖反。緣字。"茲據補改。

③ 注文"止"當作"之"，影印本"遰"誤作"帶"，此據宮内廳原本。《名義·革部》："靸，之遊（逝）反。遰字。""止"是日語同音用字。《禮記·内則》："右佩玦、捍、管、遰、大觿、木燧。"鄭玄注："遰，刀鞞也。"茲據校改。"靳"蓋"靳"的俗字或誤字。

④ 注文"靮"當作"制"。《玉篇·革部》："靮，韁也，所以繫制馬。"《禮記·少儀》："馬則執靮。"鄭玄注："緤、紖、靮，皆所以繫制之者。"茲據校改。

⑤ 字頭原作"𩍆"，注文"琫"原作"𩎾"。注文"甫"當作"補"。《名義·革部》："鞴，補動反。琫字。"茲據校改。

⑥ "幾"上殘。《名義·革部》："鞿，居幾反。"茲據校補。

⑦ 注文"粦"當作"遴"。《慧琳音義》卷六十九"嫉鞎"條："《考聲》：鞎，遴也。"《廣雅·釋詁三》："遴，難也。"《説文·辵部》："遴，行難也。"茲據校改。

⑧ 注文"降雷"當作"除雷"。《名義·革部》："韇，除雷（雷）反。"《玉篇·革部》："韇，除雷切。"茲據校改。

⑨ 注文"反"當作"也"。《廣韻·虞韻》："軀，韃也。"茲據校改。

⑩ 注文"丁"當作"計"，"履"下奪"下"字。《名義·革部》："靪，都訂（計）反。補履下。"《裴韻》《全王·霽韻》都計反："靪，補履下。"茲據改補。

⑪ 字頭"革"當作"鞈"，"可以"原倒，注文"練"當作"縷"。《説文·革部》："鞈，生革，可以爲縷束也。"《玉篇·革部》："鞈，力各切。生革縷。"茲據改乙。

⑫ "楯綴"原倒。《廣韻·至韻》："韇，盾綴革也。"《國語·齊語》："輕罪贖以韇盾一戟。"韋昭注："韇盾，綴革，有文如續也。"茲據乙正。

鞱徒刀反。皷有柄,鼙也。

鞙於元反。量物之鞙,以革爲之。

鞙上字。

軐**紅**同。革弘反。"鞙軐淺幭"也,式中。①

靫靬二上字。

鞶子丸反。鞶也,重衝(車衡)三末(束),曲轅[鞶]縛,宜(直)[轅轠縛]也。②

鞻上字。

鞄韚鞋**𩍌**四同。止(之)[二]反。③

鞈於甲反。轡也,籠頭繞也。

鞋丑井、礼千(祉善)二反。驂具也。④

鞄古爰(緩)反。車鞁具也。⑤

鞾徒尌(鬭)反。鞾。止毛。⑥

轉甫各(補洛)反。車下所轉索也,轉也。⑦

鞙於劫反。車具。

鞧知劣反。車具。

丹部第四十九
十二字

丹多難反。朱也,形(彤)也。⑧

彤〔彤〕古作烌,同。徒宗反。丹飾也。丑林反。赤也。⑨

蚺**肚**二上字。

般補奷反。又班音,今鉢音。合(分)也,止(正)也,定也,還也,剌(判)也,樂也,旋也,大也,

---

① 《詩·大雅·韓奕》:"鞙軐淺幭。"毛傳:"鞙,革也。軐,式中也。""幭"同"幭"。

② 此條注文多誤。《説文·革部》:"鞶,車衡三束也。曲轅鞶縛,直轅轠縛。"茲據改補。

③ 注文"止"當作"之",下奪"二"字。《名義》《玉篇·革部》:"鞄,之二反。""止"爲"之"的日語同音用字,本書此例甚多。茲據改補。

④ 注文"礼千"當作"祉善"。《全王·靜韻》丑郢反:"鞋,又祉善反。"獮韻又音作"丑善反"。"礼"當爲誤字,"千"則爲"善"的日語同音用字。茲據校改。

⑤ 注文"爰"當作"緩"。《名義》《玉篇·革部》:"鞄,古緩反。"茲據校改。

⑥ 注文"尌"當作"鬭",據《名義》改。止毛(とも【鞾】)。

⑦ 注文"甫各"當作"補洛"。《名義·革部》:"轉,補洛反。"茲據校改。

⑧ 注文"形"當作"彤"。《説文·丹部》:"彤,亦古文丹。"茲據校改。

⑨ "丑林反"爲"彤"字音。《廣韻·侵韻》丑林切:"彤,船行。"

入也。①

　　舨上字。

　　槃蒲安反。子也，樂也，遊也。②

　　艋莫香(杏)反，又猛音。在皿部。③

　　舮上字，但丹部字。④

　　膴烏郭反。赤也。

　　謄達曾反。騰也，傳也，秘(移)書。⑤

　　騰上字。

舟部第五十

九十二字

　　舟市流反，平；又止(之)由反。舩也。⑥

　　艟衝同。大(尺)公反，平；又大(尺)容反。艦狹長也。比良太也。⑦

　　舷兮年反。布奈太奈。⑧

　　艥秦入、資葉二反。栀(橈)也，檝也。加地。⑨

　　艖舣同。市差二反。小舟也，舸也。⑩

　　舳以同(周)、治六二反。艫舳。止毛。⑪

　　艫〔䑖〕力魯反。舟前鼻也。⑫

---

① 注文"合"當作"分"，"止"當作"正"，"剌"當作"判"。《國語·周語中》："而班先王之大物。"韋昭注："班，分也。"《周禮·考工記·矢人》："水之以辨其陰陽。"鄭玄注："辨，猶正也。"《説文·刀部》："辦，判也。"般、班、辨等字皆通。茲據校改。"今鉢音"指"般若"之"般"。"入也"疑"大也"之訛衍。

② "子也"不詳。

③ 注文"香"當作"杏"。《廣韻·梗韻》："艋，莫杏切。"茲據校改。

④ "舮艋"連言，義爲"小舟"，二字非爲異體。

⑤ 注文"秘"當作"移"。《廣韻·登韻》："謄，移書謄上。"茲據校改。

⑥ 注文"止"當作"之"。《名義》《玉篇·舟部》："舟，之由反。"茲據校改。

⑦ 注文"大"當作"尺"。《廣韻·鍾韻》："艟，尺容切。"茲據校改。比良太(ひらた【平田】)，即"ひらたぶね【平田舟·艓】"之略。

⑧ 布奈太奈(ふなだな【船柵·船棚】)。

⑨ 注文"栀"當作"橈"。各本作"橈"。《集韻·葉韻》即涉切："楫，或作艥。"《方言》卷九："楫謂之橈。"茲據校改。加地(かじ【梶·楫·舵】)。

⑩ 此云"二反"，當脱一音。

⑪ 注文"同"當作"周"。《廣韻·尤韻》："由，以周切。"茲據校改。止毛(とも【艫】)。

⑫ 《廣韻·模韻》："艫，落胡切。"此字當是平聲，"力魯反"存疑，似是"䑖"字音。各本末有"户"字。户(へ【舳】)。

舵徒柯反。小舟也,人家用洗物舟。

艀舺上芳扶反,下以酉反。小舟浮於水能往来也。波志布祢也。①

舡胡崖反。以小舟安於江河也,今(令)人渡岸也,舴也。和太利不祢也。②

鵤〔艫〕〔艣〕〔鵬〕勒姑、〔勒〕古二反。又呼官反,平;又止遥反,平;鵲也,舡曰,鳥名,人面鳥喙。又張交反,平;鵤,似鵲而短尾也。③

艘 𦩘 艘三同。蘇高、祖高二反。舟捻名也。④

艁七到反。古文造字。至也。

艥子第反。濟也。⑤

舳撫無反。"縛木渡河"是。

舲(舲)盧經反。小舟也。⑥

艬艬同。歷丁反。舡有窗牗者也,舡上有屋者曰艬也。⑦

艇徒頂反。二百斛以下[曰]艇,小艑曰艇,即舡也。⑧

艑思六反。艑也。

艚又作槽。在勞反。馬舟也。⑨

舼丁柳(聊)反。吳舟也。⑩

艋莫更(梗)反。舴也。⑪

---

① 字頭原作"艀舺",二字"舟"右旁作"浮遊",蓋繁化。波志布祢(はしぶね【端舟・端艇・橋船】)也。

② "舡"同"航"。"今"疑當作"令",與上句義相連。《原本玉篇・舟部》:"航,野王案,今謂所以濟渡之舟爲航。"和太利不祢(わたりぶね【渡り船】)也。

③ 注文"古"上奪"勒"字,影印本"呼"誤作"乎",此據宮內廳原本。《廣韻・姥韻》:"艫,落胡切。"《廣韻・姥韻》:"艣,郎古切。"疑"鵤"與"艫""艣"形近相混。《廣韻・桓韻》呼官切:"鵬,鳥名,人面鳥喙。"茲據校改。《廣韻・宵韻》止遥切:"鵤,鵤鵤,鳥也。"《廣韻・肴韻》陟交切:"鵤,鵤鵤,似山鵲而小,短尾,至春多聲。""舡曰"不詳,疑是"艫"或"艣"義,或是"鵤舡"之義。《説文・舟部》:"艫,舳艫也。一曰船頭。"《廣韻・姥韻》:"艣,所以進船。"《正字通・舟部》:"鵤,船小而長者曰鵤舡。"

④ "祖高反"疑是倭音"そう"。

⑤ 《原本玉篇・舟部》:"艥,子悌反。《字書》:古文濟字也。濟,渡也,在水部。"

⑥ 字頭"舲"當作"舲"。《廣韻・青韻》:"舲,郎丁切。"《淮南子・俶真訓》:"越舲蜀艇。"高誘注:"舲,小船也。"茲據校改。

⑦ 《原本玉篇・舟部》:"艬,《楚辞》:乘艬舡余上沅。王逸曰:舡有窗牗者也。《字書》:舡上有屋也。"

⑧ "下"下奪"曰"字。《玄應音義》卷十九"得艇"條:"《釋名》云:二百斛以下曰艇。《方言》:南楚江湘小艑曰艇。郭璞曰:即舡也。"茲據校補。

⑨ 《玄應音義》卷十八"鐵艚"條:"又作槽,同。在勞反。《聲類》:槽,飤豕器也。"《廣韻・豪韻》:"艚,船艚。"《廣韻・豪韻》:"槽,馬槽。"此"馬舟"疑涉"馬槽"而誤。

⑩ 注文"柳"當作"聊"。《原本玉篇》《名義・舟部》:"舼,丁聊反。"茲據校改。

⑪ 注文"更"當作"梗"。《名義》《玉篇・舟部》:"艋,莫梗反。"《原本玉篇・舟部》:"艋,莫鯁反。"暫依《名義》。茲據校改。

舴涉(陟)格反，入；艋也，小舟。[①]

艖尔(示)陵反。畔也，埒(埒)也。非舟部，可從月。[②]

艢(艢)上古文，今作塍。[③]

舸各可反，上；輕舟也，又大舟也。[④]

艗艗榏、鷁，二同。五擊反，入；鷁者，鳥名。王者乘舟畫鷁形，厭海而令无風恠。

舲右今(命)反。詠(泳)字。[⑤]

艒(艒)徒紅反，平；舩。[⑥]

艨莫紅反，平；檬，同字。艟。

舼艂渠容反，平；小舟。

艅与魚反，平；艎也。

舠都勞反，平。

艎胡光反。艅也，吴王舟也。

艑艏古侯反，平；同。艫，舩名也。

艬鋤銜反，平；合木舟。

艤魚倚反，上；舩向岸。或作檥。

艣艪二同。櫓同。盧啓反，上；小舩也。

艑薄顯反，上；吴舩也。

艒云貴反，去；運反(舩)。[⑦]

艫盧谷反，入；舟名。

艠時升反。稻田畦。

艙吐盍反。大舩也。

艛力侯反。舟。

艐𦪁同。甫(補)達反。大舟也。[⑧]

① 注文“涉”當作“陟”。《王一》《裴韻》《唐韻》《廣韻·陌韻》：“舴，陟格反。”玆據校改。

② 注文“尔”當作“示”，“埒”當作“埒”。《玄應音義》卷九“溝艖”條：“示陵反。”其中“示”字高麗藏本作“余”，磧砂藏本作“示”，寫本“示”“余”皆有，作“示”者較多，據音當以“示”字是。《玉篇·土部》：“艖，埒也。”玆據校改。“可從月”指“塍”。《玉篇·土部》：“塍，亦作塍。”

③ 字頭“艢”當作“艢”。《玉篇·舟部》：“艢，古文塍。”《集韻·蒸韻》：“塍，或作艢、畻、塖、塍。”玆據校改。

④ 注文“輕”字原作“[illegible]”，爲草書俗字。P.3693、《切三》《王一》《全王·哿韻》：“舸，輕舟。”

⑤ 注文“古”當作“右”，“今”當作“命”，“詠”當作“泳”。《名義·舟部》：“舲，爲命反。”《玉篇·舟部》：“舲，于命切。”“右”與“于”聲母同。《原本玉篇·舟部》：“舲，《字書》亦泳字也，在水部。”玆據校改。

⑥ 字頭“艒”當作“艒”。《廣韻·東韻》徒紅切：“艒，艒舩。”玆據校改。

⑦ 注文“反”當作“舩”。《王一》《裴韻》《全王》《廣韻·未韻》：“艒，運舩。”玆據校改。

⑧ 注文“甫”當作“補”。《名義·舟部》：“艐，補達反。”玆據校改。

舣楚义反。舟。

艤苦計反。舟。

艕巨之反。艕胜(艅)。①

䑶夫九(扶尤)反。小䑩也,栟。②

舤夫(扶)嚴反。航(舤)。③

艔子粦(隣)反。津字。④

𦨖(服)夫(扶)福反。服也,從也,事也,行也,習也,整,用也,任也。⑤

舳上字。

䑵力唐反。艪也。

艪莊无(尤)反。䑵艪也,海中舟。⑥

艜夫凶(扶江)反。舡也。⑦

舡孚工(呼江)反。艜舡也。⑧

艀舺甫古(蒲故)反。艇短深也。⑨

舴他勞反。舟。

舩(肜)餘絡(終)反。祭也,昨日之祭,恐也。⑩

舠五骨反。舩行不安兒。

艐子公反。至也,不仕(行)着沙舟也。⑪

艪都賴反。長舟。

舕他(馳)錦反。朕也,亦身也,兆也。⑫

---

① 注文“胜”當作“艅”。《玉篇·舟部》:“艕,艕艅,舟名。”茲據校改。

② 注文“夫九”當作“扶尤”。《名義·舟部》:“䑶,扶留反。”《玉篇·舟部》:“䑶,父尤切。”茲據校改。

③ 注文“夫”當作“扶”,“航”當作“舤”。《名義·舟部》:“舤,扶嚴反。舷也,舵也。”《龍龕·舟部》:“舤、舤,二俗;舤,正。音凡。舟也。”茲據校改。

④ 注文“粦”當作“隣”。《名義·舟部》:“艔,子隣反。”茲據校改。

⑤ 字頭當是“服”字隸定之異。注文“夫”當作“扶”,“也”原在“服也”下。《名義·舟部》:“服,扶福反。”茲據改乙。

⑥ 注文“无”當作“尤”。《名義·舟部》:“艪,莊尤反。”茲據校改。

⑦ 注文“夫凶”當作“扶江”。《名義·舟部》:“艜,扶江反。”茲據校改。

⑧ 注文“孚”當作“呼”。《名義·舟部》:“舡,呼工(江)反。”《廣韻·江韻》:“舡,許江切。”茲據校改。

⑨ 注文“甫古”當作“蒲故”。《玉篇·舟部》:“艀,蒲故切。”《廣韻·暮韻》:“艀,薄故切。”茲據校改。

⑩ 字頭“舩”當作“肜”,注文“絡”當作“終”。《原本玉篇·舟部》:“肜,餘終反。《爾雅》:肜,又祭也。商曰肜。郭璞曰:《書》曰‘高宗肜日’是也。《白虎通》:昨日祭之,恐礼有不備,故復祭也。肜猶言肜肜若從天下也。《説文》:舩肜也。從彡聲也。丹赤之肜,言(音)徒冬反,爲肜字,在丹部。”茲據校改。此作“昨日之祭”,今本《白虎通》無此語。

⑪ 注文“仕”當作“行”。《廣韻》引《説文》:“艐,船著沙不行也。”茲據校改。

⑫ 注文“他”當作“馳”。《原本玉篇》《名義·舟部》:“舕,馳錦反。”茲據校改。

航䑱舡三同。[何]唐反。本作舡。脩(循)。倭加丁反。度(渡)舟,又栿也。①

舫方望反。大舟也,栿也,筏也,舟師也。

船上正作。②

舶白音。舩也,七万五石受舩也,凡九千九百九十九石受舩也,小曰舟,中曰舶,大[曰]舩。

艡榙同。施受反,上;王者所乘也。③

䑴余登(證)反。加也,送也,副也,戒(式)也。④

艪𦩗艫三同。娄古反,上;正舟頭大杖,植舟尾相傍也。

舭舼同。丁計反。艡也,水戰也。

艜都央反。舭也。

艦胡斬反,上;舩樓也。不奈太奈,又舟屋。⑤

艪力旬反,平;舩盖,舟前鼻也。

車部第五十一

二百十四字又三字

車止(齒)耶、轝(舉)[魚]二反。駕也,舍也,大夫乘曰棧車,庶人曰役車。⑥

轚上字。⑦

輾𨊠輾𨏉四同。女辰(展)反。轢也,治也,車行處也,轉也,信也,申也,勅(整)也,適也,重也,難也。⑧

---

① "唐"上奪"何"字,注文"脩"當作"循","度"當作"渡"。《原本玉篇·舟部》:"航,何唐反。"《名義·舟部》:"航,何唐反。渡舟。"《釋名·釋船》:"船,循也,循水而行也。"茲據補改。《廣韻·唐韻》:"航,船 也。""航"與"舡"非異體,此處"本作舡"疑誤。倭加丁(かう)反。

② "船"同"舫"當有誤。《原本玉篇·舟部》:"舫,野王案,《説文》以方舟之舫爲方字,在方部。"

③ "王者所乘"指"艡榙",參見"艡"字條。

④ 注文"登"當作"證","戒"當作"式"。《玉篇·舟部》:"䑴,弋證切。"《慧琳音義》卷八十"繁䑴"條:"《廣雅》云:式(弌)也。"《廣雅·釋詁》:"艔(䑴),二也。"《説文·貝部》:"賸,一曰送也,副也。"段玉裁注:"副,貳也。貳,副益也。訓送、訓副皆與增加義近。"茲據校改。

⑤ 不奈太奈(ふなだな【船枻·船棚】)。

⑥ 注文"止"當作"齒","轝"當作"舉",下奪"魚"字。《原本玉篇》《名義·車部》:"車,齒耶、舉魚二反。"茲據改補。《原本玉篇·車部》:"車,《周礼》:服車五乘,孤乘夏篆,卿乘夏縵,大夫棧車,庶人役車。"今本《周禮·春官·巾車》:"服車五乘,孤乘夏篆,卿乘夏縵,大夫乘墨車,士乘棧車,庶人乘役車。"

⑦ 字頭原作"𨏉",乃古文的隸定字之訛變。

⑧ 注文"辰"當作"展","勅"當作"整"。《玄應音義》卷十四"輾治"條:"又作報。女展反。"《廣韻·獮韻》:"展,整也。"《周禮·地官·司市》:"展成奠賞。"鄭玄注:"展之言整也。"茲據校改。"信也"及其後訓釋皆"展"字義,見本書尸部"展"字條,"輾"爲"展"的後起字。《慧琳音義》卷十八"所報"條:"經文多從展作輾,非也。輾音展,《玉篇》中自有八訓,皆非經義。訓云:輾,轉也,整陳也,信也,舒也,申也,重也,難也,誠也。並非經意,今故不取,宜改爲欠也。"

較正古學反，入；古文擢。又也，直也，專也，同（固）也，大也，宜也，明也，見也，和（知）也，較然者、明也，卿士車也。[1]

較上同。入；車。[2]

輻甫鞠、布福二反，入；車屋也。[3]

轆鉅居反。車輪也。

輞上字。[4]

[illegible]久（亦）上字作。

輈輈二同。珍留、如（竹）周二反，平；轅曲中也。車乃長江。[5]

軨轠轤〔輇〕三同。力領反，平；車足也，獵車也，有輻曰輪，无輻曰軨（輇），積車輪也。[6]

輗輨[illegible]三同。棿，亦同。魚雞反。轅端横木以縛振（梔）也。奈加江乃波志乃久佐比。[7]

軏魚[illegible]、魚厥二反。大車輗曰輗，十（小）車輗曰軏，轅端上曲鈎衝（鉤衡）者也。久佐比也。[8]

轍蹴同。修（除）列反，入；車跡也。[9]

---

① 注文“同”當作“固”，“和”當作“知”。《玄應音義》卷八“辜較”條：“辜較，固也，大也。”七寺本“固”亦誤作“同”。《玄應音義》卷二十“辜較”條：“《漢書音義》曰：辜，固也。較，專也。”“固也”義爲“辜”字義。又《廣韻·覺韻》：“覺，知也。”《名義·見韻》：“覺，明也，寤也，知也。”“覺”通“較”。茲據校改。“擢”同“搉”“榷”。“又也”不詳。“宜也”疑是“直也”誤衍。《慧琳音義》卷十“較然”條、卷八十五“較試”條並引《爾雅》作“宜”，今本《爾雅》作“直”，“宜”當爲“直”字之誤。《詩·衛風·淇奧》：“倚重較兮。”毛傳：“重較，卿士之車。”

② 字頭原作“較”，同，《名義》《原本玉篇》皆作“較”形。

③ 車屋（くるまや【車輻】）。

④ 《名義·車部》：“輞，轆。”此二字義同音異，非異體。

⑤ 注文“如”當作“竹”。字原作“[illegible]”，與“竹”字草書形似。《玉篇·車部》：“輈，竹留切。”茲據校改。車乃長江（くるま【車】の【之】ながえ【轅】）。

⑥ 《原本玉篇》《名義》音“力庭反”，《廣韻·青韻》音“郎丁切”，此亦云“平”，但“領”爲上聲字。《釋文》“軨”有多處又音“領”，或是日語同音用字。《漢書·宣帝紀》：“太僕以軨獵車奉迎曾孫。”師古引文穎曰：“軨獵，小車，前有曲輿不衣也，近世謂之軨獵車也。”《説文·車部》：“輪，有輻曰輪，無輻曰輇。”《説文·車部》：“輇，一曰無輻也。”本書車部：“輲輇，同。有輻曰輪，无曰輲。”“軨”與“輇”形近相混，此義當是“輇”。《説文·車部》：“軨，車轖間横木。”《原本玉篇·車部》：“輪，野王案：即車之脚也。”則此“車足”亦是“輇”字義。“積車輪”亦當是“輇”字釋義。

⑦ 注文“振”當作“梔”。《論語·爲政》：“大車無輗，小車無軏，其何以行之哉？”《集解》引包咸曰：“輗者，轅端横木以縛梔者也。”茲據校改。奈加江乃波志乃久佐比（ながえ【轅】の【之】はし【端】の【之】くさび【楔・轄】）。

⑧ 注文“[illegible]”疑是“厥”字之誤，此音當是訛衍。《敦煌俗字典》“厥”字有作“[illegible]”形，是“欠”旁俗可作“㒵”，其餘部件又誤作“食”。“軏”字《名義》《玉篇》《切三》《裴韻》《全王》《唐韻》等皆音“魚厥反”（《名義》字頭作“軏”），無別音。《廣韻》除“魚厥反”外還有“五忽切”，但此音當誤。注文“十”當作“小”，“鈎衝”當作“鉤衡”。《論語·爲政》：“大車無輗，小車無軏，其何以行之哉？”集解引包咸曰：“軏者，轅端上曲鉤衡者也。”茲據校改。久佐比（くさび【楔・轄】）也。

⑨ 注文“修”當作“除”。《原本玉篇》《名義》《玉篇·車部》：“轍，除列反。”茲據校改。

輔扶禹反，上；相也，助也，補也，頼（頬）輔者。加波知。①

軸徐（除）陸、勅陸二反。与己加弥也。②

耗莫故反。公行所乘車曰耗，張（庬）也。③

轑力丁（了）、力寮二反，上；張輪曰轑，車輻也。車乃屋也。④

軥軥同。近俱、勤俱二反。車久比木，又久佐比也。⑤

軏轋同。五弔、五兆二反。車軸頭曰軏，軸端也。⑥

輐輐渠巻反。軥也，軏也。⑦

輗居青（賁）、居清二反。轅端曲木也，駕牛頸曲木也，軏也。⑧

輸始珠、市朱二反，平；出也，盡也，寫也，最也，更也，付也，委也，旋也，愚也。⑨

軘鬼（徒）魂反。相戰与兇賊之時所用車也，兵車也。⑩

輇父斤反。車箱也，車中也，"車中人所居"是也。⑪

轈七灾（交）反。"高車如巢，可以望敵"是也，兵車也。⑫

衝昌恭反。軍士乘於此車征賊也，戰車也，丘（兵）車。⑬

輇軐同。猪倫、七真二反，平；葬車也，棺車也。⑭

———————————

① "扶"下原有"高"字，"相"上原有"万"字，注文"頼"當作"頬"。《名義・車部》："輔，扶禹反。助也，相也。""高"當是"禹"字誤衍，"万"當是"助"字草書誤衍。《説文・車部》："輔，人頬車也。"茲據刪改。加波知（かわち【輔】）。

② 注文"徐"當作"除"。《原本玉篇・車部》："軸，除陸反。"茲據校改。与己加弥（よこがみ【軸】）也。

③ 注文"張"當作"庬"。《集韻・豪韻》："耗，公車也。通作庬。"《左傳・宣公二年》："趙盾爲庬車之族，使屏季以其故族爲公族大夫。"杜預注："庬車，公行之官。"茲據校改。《廣韻》"庬"字有"莫袍切""莫報切"二音，此反切下字"故"疑是倭音"ぼう"或"もう"。

④ 注文"丁"當作"了"。《新撰字鏡・土部》："壕，力交、力了二反。"《廣韻・晧韻》："轑，盧晧切。""力了反"與之音近。茲據校改。車乃屋（くるま【車】の【之】や【輻】）也。

⑤ "車"字各本作"軛"（享和本右旁誤作"色"）。車久比木（くるま【車】くびき【軛・頸木・衡】），又久佐比（くさび【楔・轄】）也。

⑥ "軸端"左旁有"暫ヤウヤク"，俟考。ヤウヤク（ようやく【漸く】）。

⑦ 《玉篇・車部》："輐，虞遠切。"《廣韻・效韻》："輐，莫教切。""渠巻反"爲"倦"字音，不詳。

⑧ 注文"青"當作"賁"。《玄應音義》卷二"轅楅"條："居賁反。謂轅端頭曲木也。《釋名》云：楅，軛也，所以軛牛頭也。經文從車作輻，傳寫誤也。"茲據校改。"居清"疑是"居青（賁）"誤衍。

⑨ 此"最"同"冣"，義爲"聚"。《廣雅・釋詁三》："輸，聚也。"

⑩ 注文"鬼"當作"徒"。《説文・車部》："軘，徒魂切。"《廣韻・魂韻》："軘，徒渾切。"茲據校改。注文疑當作"与兇賊相戰之時所用車也"。

⑪ 《原本玉篇・車部》："［輇］，甫遠、甫袁二反。"此音當是倭音。

⑫ 注文"灾"當作"交"。《廣韻・肴韻》："轈，鉏交切。"《名義》《玉篇・車部》："轈，仕交反。""七"當是日語讀音用字。茲據校改。《説文・車部》："轈，兵高車加巢，以望敵也。"段注改作"兵車高如巢，以望敵也"。

⑬ 注文"丘"當作"兵"。《説文・車部》："衝，陷敶車也。"此云"戰車"，皆"兵車"之義。茲據校改。

⑭ "葬"字原作"𦬆"，上似"花"，故右旁有小字注"葬欤"。

鱗(轔)力珍、力倫二反。車行時聲。①

輐軠同。齒緣反。運車也,小車也,有輻曰輪,无曰輐。豆牟車也。②

軒巨王、巨黄二反,平;紡車也,一輪之車。

軌訛(詭)洧反。車之轍也,法,跡也。③

軓上同。古文作衟、辻。居美反。

輯字入反。斂舟也。④

𩏁其鎰、居及二反。小兒之車也。⑤

輳采豆反。同家(字)。集曰輳也,衆多之皃。集車乃屋。⑥

輖丁叫反。重也,低也,矢也,擬也,輦也。⑦

軤虎姑反。人性(姓)也。⑧

軺於要、壹遥二反。使人車也,軺(軺)也。⑨

輅路同。何柯(格)、力故二反。天子乘車也。⑩

轆轤上力木、盧谷二反,下力古(胡)反。櫨櫨,同。三輔舉水具也,即汲水者。⑪

輟猪劣、張衛二反。止也,已也,副也,繼也。⑫

鹹軻上又作垎(垢)。口紺、口感二反。下口佐反,平;垎(垢)軻,不遇也。⑬

軾書翼反,入;高三尺三寸,車前也。

軔又作杒。如振反。礙車也,支輪木。

──────────────

① 字頭"鱗"當作"轔"。《廣韻·真韻》力珍切:"轔,車聲。"茲據校改。

② 豆牟車(つむくるま【積車】)也。

③ 注文"訛"當作"詭"。《原本玉篇·車部》:"軌,賈逵反。"茲據校改。《原本玉篇·車部》:"軌,賈逵曰:軌,法也。《廣雅》:軌,跡也。"此處"法"與"跡"爲二義。

④ 此字是"輯"的俗字,見《龍龕·車部》。《集韻·緝韻》即入切:"輯,斂也。"此處"舟"字不詳。

⑤ 字頭右旁爲"㠳",疑"靸"字之誤。《説文·革部》:"靸,小兒履也。"

⑥ 《廣韻·候韻》:"輳,亦作湊。"此云"同家(字)",疑奪"湊"字。集車乃屋(あつまる【集まる】くるま【車】の【之】や【輻】)。

⑦ 《原本玉篇》《名義》《玉篇·車部》:"輖,之由反。"此音爲"釣"字音,此處當是倭音"ちょう",與"調"字倭音同。《原玉玉篇·車部》:"輖,《儀礼》:志[矢]一乘,軒輖中。鄭玄曰:志猶擬也,習射之矢也。輖,輦也。"此處"矢"與"擬"皆非此字義。

⑧ 字頭原作"軤",《原本玉篇》同,《名義》《玉篇》《廣韻》作"軤",是也。注文"性"當作"姓"。《原本玉篇·車部》:"軤,火乎反。《埤蒼》:軤,人姓也。"《廣韻·模韻》荒烏切:"軤,姓也。"茲據校改。

⑨ 注文"軺"當作"軺"。《集韻·宵韻》:"軺,或从名。"茲據校改。

⑩ 注文"柯"當作"格"。《原本玉篇》《名義·車部》:"輅,何格反。""柯"當是涉"何"字而誤。茲據校改。

⑪ 注文"古"當作"胡"。《玄應音義》卷十五"轆轤"條:"又作櫨櫨二形,同。力木、力胡反。《蒼頡篇》:三輔舉水具也。汲水者也。"茲據校改。

⑫ "副也,繼也"似非"輟"字義,"副"或是"嗣"字之誤,與"繼"義同。

⑬ 注文"垎"當作"垢"。《玄應音義》卷四"鹹軻"條:"又作垢,同。口紺、口感二反。下口佐反。垢軻,不遇也。"茲據校改。

輨轄上古緩反,上;下胡瞎[反]。又作䡪、錧,同二形。鍵也。二字訓同。久佐比也。[①]

軛又作枙。於革反。菩薩大悲之軛。久比木,又久佐比。[②]

輞又作棢。无往反,上;車大也,輪也。

軒䡘同。許言反,平;大夫車也,曲轅車也,小轅車曰軒轅,轉也,愠(轀)也。[③]

輂轝居玉反,入;經文菴叉(叉),不止(正)也。禹所乘。[④]

軳甫(蒲)勞反。戾横也,不正也,轉也,房也,舍也,居也,半也。[⑤]

輦力展反,上;人挽車。

轝輿轝三同。羊如反。載也,與(舉)[也],多也,對舉,衆也。[⑥]

輠胡罪、胡瓦二反,上;油器也,謂抵擬之也。[⑦]

輶以周反,平;輕也,不重之皃也。

輯輤同。余(徐)入反。和也,集也,諧也。[⑧]

轍䡮同。即容反,平;車跡也。

輁渠容反,平;輁軸,所以支棺。

轙魚羈反,平;車上鐶,轡所貫。又魚倚反,上。

輀轜同。如之反,平;轜車也,輀(輭)也。[⑨]

輜則持、楚治二反,平;車輧也。

① "又作䡪、錧,同二形。鍵也"原在"下胡瞎"之上,"瞎"下奪"反"字。《玄應音義》卷一"輨轄"條:"古緩反,下又作䡪、錧二形,同。胡瞎反。《方言》:關之東西曰輨,亦曰轄,謂軸頭鐵也。錧,鍵也。經文從竹作管,非體也。"兹據乙補。久佐比(くさび【楔・轄】)也。

② "菩薩"二字原作"𦭻",爲"菩薩"的省形,敦煌文書常見。久比木(くびき【軛・頸木・衡】),又久佐比(くさび【楔・轄】)。

③ 注文"愠"當作"轀"。《廣雅・釋器》:"軒䡘、轀輬,車也。"《集韻・鐸韻》:"䡘,《博雅》:軒䡘,柳車也。"兹據校改。

④ 注文"又"當作"叉","止"當作"正"。《玄應音義》卷四"輂叉"("叉"有版本作"又")條:"居玉反。"《慧琳音義》卷三十一"輂叉"條:"上居玉反。梵語。經别有本亦作奄(菴)叉。"《可洪音義》第六冊"菴叉"條:"上居玉反。《經音義》作輂,《廣濟藏》作輂也。又音庵,悮。庵悮(此二字疑衍)。""不正"蓋指作"菴叉"非正字,"菴"乃"輂"字之誤。兹據校改。"不正也"或爲"軳"字義,參見下條。

⑤ 注文"甫"當作"蒲"。《原本玉篇・車部》:"軳,蒲勞反。"兹據校改。《原本玉篇・車部》:"軳,《淮南》:須臾而軳人之頸。許叔重曰:軳,戾也。《廣雅》:轉戾也。《埤蒼》:軫軳也。《字書》:軫軳,不正也。""轉也"之下諸義不詳。

⑥ 注文"與"當作"舉",下奪"也"字。《玄應音義》卷十六"轝出"條:"《蒼頡篇》:轝也。對舉曰轝。"兹據改補。

⑦ "器也"原倒。《集韻・果韻》:"輠,車膏器曰輠。"兹據乙正。《原本玉篇・車部》:"輠,野王案,輠謂抵擬支礙之也。"

⑧ 注文"余"當作"徐"。《名義・車部》:"輯,徐入反。"兹據校改。

⑨ 注文"輀"當作"輭"。《王一》《全王・之韻》:"轜,亦作輭。"兹據校改。

軀（樞）昌朱反，平也。①

耷士律（仕佳）反，平；連名（車），塞也，柴也。②

軐於云反，平；轒軐，車也。

轒符分反，平；軐。

轅韋元反，平；車轅也，軵也。

軒虛言反，平；車前輕也，軥也。

輥烏魂反，平；轒，車。③

軿部田反，平；又房丁反。四面屏蔽，婦人車。

軺餘昭反，平；小車。

轇古希（肴）反，平；轇轕，戟形。④

轈鋤二（交）反，平；車若巢，以望敵人也。⑤

轎上字。

艄所交反，平；丘（兵）車，鹿毛餝也。⑥

輠古禾反，平；車［盛膏器］。⑦

輬吕張反，平；輕車也，輼也。

轒桄、横、杠，三同。古黄反，平；車下横木也。

輕口莖反，平；車堅牢。

輣薄萌反，平；丘（兵）車。⑧

輕去盈反，平；車也。

輘魯登反，平；車聲。

轋无建反。車盖也，車以遮矢也。⑨

---

① 字頭"軀"當作"樞"。《王一》《全王》《廣韻·虞韻》："樞，昌朱反。"《可洪音義》第二十八册"軀轉革"條："軀屬上句，《川音》作軀，彼悞。"《字典考正》："'軀'當是'驅'受'轉'的影響所產生的換旁俗字。"茲據校改。"平"爲四聲，"也"字蓋衍，或奪其上訓釋。

② 注文"士律"當作"仕佳"，"名"當作"車"。《名義·車部》："耷，仕佳反。塞也，連車。"茲據校改。"柴也"或是"讀若柴"之變，例見下"軺"字條。《龍龕·車部》："耷，音柴。"

③ 《廣韻·魂韻》："輥，輥轒，車也。"

④ 注文"希"當作"肴"。《廣韻·肴韻》："轇，古肴切。"茲據校改。

⑤ 注文"二"當作"交"。《廣韻·肴韻》："轈，鉏交切。"《切三》《王一》《全王·肴韻》："轈，鋤肴反。"此反切下字似當是"交"字。疑本書作者昌住誤將"交"字認作"二反"，又省去某某反之"反"。如本書下文"艄"字反切下字"交"字作"夭"，上部似"二"。茲據校改。

⑥ 注文"丘"當作"兵"。《廣韻·肴韻》："艄，兵車。"茲據校改。

⑦ "車"下奪"盛膏器"。《切三》《裴韻·歌韻》《王一》《全王·哥韻》《廣韻·戈韻》："輠，車盛膏器。"茲據校補。

⑧ 注文"丘"當作"兵"。《廣韻·耕韻》："輣，兵車。"茲據校改。

⑨ "車以"原倒。《王一》《全王》《廣韻·願韻》："轋，戰車以遮矢。"茲據乙正。

輐甫袁（遠）反。轓也，出也。①

軴夫（扶）福反。軴也。軴、軷皆同。②

轛都憒反。兵車横笭也。

轈𨏥同。所力反。車藉交革也，轐也。③

輑牛員（隁）反。軸也，帬也。④

輾［憂］，古滑字。无盡反。車伏菟下革也。⑤

輹甫匊反。縛軸也。⑥

輥古昆（混）反。轂齊皃。⑦

轉子丸反。轐字。重（車）三束轟（轟）。⑧

軜奴荅反。轡繫軾前。

轙牛曷（遏）反。長高皃。⑨

輬力堂反。軭輬。

軵柔充反。轢，反也，㚒也。

輑苦井（耕）反。堅也，鈘。又鏗字。⑩

輕區方反。車戾。

輊苦底反。儗也，至也。⑪

軵如勇反。推也，車推也。拭字也。

---

① 注文"袁"當作"遠"。《名義·車部》："輐，甫遠反。"茲據校改。

② 注文"夫"當作"扶"。《原本玉篇》《玉篇·車部》："軴（《原本玉篇》字頭作"軷"），皮秘、扶福二反。"茲據校改。

③ "藉"下原有"也"字。《説文·車部》："轈，車籍交錯也。"段注改"錯"爲"革"。《原本玉篇》引作"車藉交革也"。"藉"同"籍"。茲據校刪。

④ 注文"員"當作"隁"。《原本玉篇》《玉篇·車部》："輑，牛隁反。"《名義》作"損"，誤。茲據校改。"帬也"當是讀音。《説文·車部》："輑，讀若帬，又讀若褌。"《原本玉篇》引作"輑，讀若君（帬），一曰名若褌"。

⑤ "古"上奪"憂"字。《原本玉篇》："輾，無盡反。《説文》：車伏菟下革也。從憂。憂，古滑字也。"茲據校補。今本《説文》作"古昏字"。《説文·女部》："婚，婦家也。憂，籀文婚。""憂"爲古文"聞"字，作"昏""婚""滑"等字皆是通假。

⑥ 《原本玉篇·車部》："輹，甫鞠反。"《名義·車部》："輹，甫菊反。"此處反切下字疑當作"鞠"。《説文·車部》："輹，車軸縛也。"《原本玉篇》引同，此疑當從。

⑦ 注文"昆"當作"混"。《名義》《玉篇·車部》："輥，古混反。"茲據校改。

⑧ 注文"重"當作"車"，"轟"當作"轟"。《説文·革部》："轟，車衡三束也。曲轅轐縛，直轅篸縛。轐，轟或从革、贊。"本書"轉"字注文"車"亦誤作"重"。

⑨ 注文"曷"當作"遏"。《名義·車部》："轙，牛遏反。"茲據校改。

⑩ 注文"井"當作"耕"。《原本玉篇》《名義·車部》："輑，苦耕反。"茲據校改。《説文·車部》："輑，車輑鈘聲也。"《原本玉篇》引同。

⑪ 《原本玉篇·車部》："輊，《説文》：輊，儗也。《廣雅》：輊、儗，並至也。"今本《説文》《廣韻》"儗"皆作"礙"。

轃子因反。車箐(簀)也。①

軧軋同。都礼反。抵也,轃也。

輓无阮[反]。引車也。挽字也。

軒瞿匡反。[一]輪車,紡車。②

轘古(胡)串反。車裂。③

輀如祇反。喪釛聲也。④

軠古紅反。釭也。古文作釘也。

暢餘章反。轑,車。⑤

輶烏户反。頭中也。

轑辞卒(醉)反。車也,暢。⑥

輣甫庚反。車音也,皷(彭)也。⑦

轞力咸(感)反。禍也,困也。⑧

軓此勒(幼)反。軫長幹。⑨

軽竹利反。至也。輊也,又字。⑩

轉甫(補)各反。轉也,轉也。⑪

軸軘同。牛向反。轎也。

軥口莽反。軸也。

① 注文"箐"當作"簀"。《説文·車部》:"轃,大車簀也。"兹據校改。

② "輪"上奪"一"字。《説文·車部》:"軒,紡車也,一曰一輪車。"兹據校補。

③ 注文"古"當作"胡"。《名義》《玉篇·車部》:"轘,胡串反。"兹據校改。

④ 《説文·車部》:"輀,喪車也。从車,而聲。"此"喪"下之字不詳,或是"乘"字之誤。《字鏡·人篇》:"釛釜,共乘之字作也。"

⑤ 《廣韻·陽韻》:"暢,暢轑,車也。"

⑥ 注文"卒"當作"醉"。《名義·車部》:"轑,辞醉反。"兹據校改。

⑦ 注文"皷"當作"彭"。《名義·車部》:"輣,彭字。"《集韻·庚韻》:"輣,通作彭。"兹據校改。

⑧ 注文"咸"當作"感"。《原本玉篇·車部》:"轞,力感反。《楚辞》:炊(坎)懍兮貧士失職。王逸曰:數遭患禍,身困極也。"兹據校改。

⑨ 字頭右旁原從"此",反切"此勒"疑當作"丩幼"。《廣韻》《集韻·尤韻》居求切:"軓,車軫長也。"《集韻·幼韻》己幼切:"軓,車軫上斡。"《集韻·幼韻》祁幼切:"軓,軫上斡。""此"與"己""祁"不似,疑"丩"字之誤。

⑩ 《原本玉篇·車部》:"軽,野王案,此亦輊字也。"此"又字"指"輊",因已有"輊也",故不作"又輊字"。

⑪ 字頭原無"彳"旁,注文"甫"當作"補"。《集韻·鐸韻》:"轉,或从車。亦作轉、轉。"《名義·車部》:"轉,補各反。"《名義·革部》:"轉,補洛反。"兹據校改。

軺山康(交)反。兵[車]，鹿尾以鯑。①

轓九縛反。轓也。

軠上山反。輮，軡，轓也。②

軬力六反。軬軬，三箱。

輴思流反。輴也。

軕他因(回)反。盛皃，大車大車(軕軕)。③

輨上字。

輵古曷反。轇也，乱(駈)馳皃也。④

輆口亥反。輆也，不平。⑤

𪓐軹同。徒改反。輆也。

軨亡交(校)反。引也，軥也。⑥

轤乃左反。轤也。

軲口古(胡)反。車也，山名也，性(姓)也。⑦

軃徒多反。疾驅皃也。

䡏徒郎反。軨軡也。⑧

轈轈壯間(仕澗)反。捉(柩)車。⑨

輇止鮮反。主(士)車也，轈。⑩

---

① 字頭原作"軺"。注文"康"當作"交"，"兵"下奪"車"字。《名義·車部》："軺，山交反。鹿毛鯑。"《名義》字頭即作"軺"，與此形同。《新撰字鏡·車部》："軺，所交反，平；丘(兵)車，鹿毛鯑也。"茲據改補。

② 《原本玉篇·車部》："軠，上山反。"《廣雅》："軠轓，車輮也。"《埤蒼》："軠轓，車軡也。"

③ 注文"因"當作"回"。《原本玉篇·車部》："軕，他回反。"《韓詩》：大車軕軕。軕，盛皃也。"此處"大車"後原當是二重文符，代指字頭"軕軕"，但被誤解作"大車"的重文，故有此誤。茲據校改。

④ 注文"乱"當作"駈"。《原本玉篇·車部》："輵，《廣蒼》：駈馳皃也。"

⑤ 《原本玉篇·車部》："輆，《廣雅》：輆軹，不平也。"

⑥ 注文"交"當作"校"。《原本玉篇》《名義》《玉篇·車部》："軨，亡校反。"茲據校改。

⑦ 注文"古"當作"胡"，"性"當作"姓"。《原本玉篇·車部》："軲，口胡反。《廣雅》：軲，車也。《廣蒼》：人姓也，在汝南朖陵。《埤蒼》：依軲，山名也。"茲據校改。

⑧ 《原本玉篇·車部》："䡏，徒郎反。《埤蒼》：䡏䡚，軨軡也。"

⑨ 注文"壯間"當作"仕澗"，"捉"當作"柩"。《原本玉篇·車部》："轈，仕澗反。《儀礼》：奠幣于轈左服。"鄭玄曰：轈謂柩車也。服，車箱也。"茲據校改。

⑩ 注文"主"當作"士"。《原本玉篇·車部》："䡏，《左氏傳》：寢於䡏中。杜預曰：䡏，主(士)車也。"《聲類》亦轈字也。"今本《左傳·成公二年》注作"士車"。《原本玉篇·車部》："輇，仕澗反。《考工記》：輇車欲弇。鄭玄曰：士乘輇車。"茲據校改。《原本玉篇》無反切，蓋音同"轈"，故不標反切，此反切疑是日語同音用字，即"せん"。

轎奇召反。轝(輿車)也,小車也,軺也。①

轠力迴反。"轠轤不絶",[連属]皃,樂(轢)也。②

輷采明(呼萠)反。軥(軥)也,車聲也。③

犖瞿勞(營)反。[一]輪車也。④

輂几足反。載物車也。

輦大伊反。軺車進也,車後登也。⑤

軍居云反。屯也,國(圍)也,兵車也。⑥

轚[古麗反。絓也]。⑦

簨所眷、所拳二反。治車軸也。

輂巨冡反。輞,輮也。

輂止(時)升反。乘也,升也,登也,勝也,治也。乘字古文。⑧

[illegible]乘字。

輈[illegible]同。□竹反,入;治由車也。⑨

軹諸氏反,上;兩轊也,輪穿也,縣名也。

轚(毄)口解反,上;意難。⑩

軫軙同。之忍反,上;勤(動)也,憂也,痛也,戾也,轉展也,車後抌(枕),又車輳後端横度(廣)

---

① 注文"轝"當作"輿車"。《原本玉篇·車部》:"轎,《漢書》:輿轎而踰嶺。服虔曰:音橋,謂隘道輿車也。"

② 注文"皃"上奪"連属",注文"樂"當作"轢"。《原本玉篇·車部》:"轠,楊雄《羽獵賦》:縯紛往來,轠轤不絶。《漢書音義》曰:連属皃也。《漢書》:爲甍所轠。野王案,轠猶轢也。"兹據校改。

③ 注文"采明"當作"呼萠","軥"當作"軥"。《原本玉篇·車部》:"輷,呼萠切。軥,《字書》:亦輷字也。"兹據校改。

④ 注文"勞"當作"營","輪"上奪"一"字。《原本玉篇·車部》:"犖,瞿營反。《説文》:車輮規也。一曰一輪車也。"兹據改補。

⑤ 此字頭上旁原作"豖"。《名義·車部》:"輦,其拯反。"《玉篇·車部》:"輦,音拯。"此反切疑是倭音,俟考。

⑥ 注文"國"當作"圍"。《説文·車部》:"軍,圜圍也。"《廣雅·釋言》:"軍,圍也。"兹據校改。

⑦ 注文奪。《原本玉篇·車部》:"轚,古麗反。《周礼》:野盧氏掌凡道路之舟車轚互者,叙而行之。鄭玄曰:舟車轚互,謂於迫隘處也。車有轘轅(二字原倒)、坻閣,舟有砥柱之属,其過之也,使以次叙也。《穀梁傳》:流旁容握,轚者不得入。劉兆曰:流旁容握,謂車兩轊頭各去門邊容握。握,四寸也。轚,絓也,絓中門棖則不得入矣。"《名義·車部》:"轚,古麗反。經(絓)。"此注文疑與《名義》同。兹據校補。

⑧ 注文"止"當作"時"。《原本玉篇·車部》:"輂,時升反。"兹據校改。

⑨ "輈"疑爲"軸"的俗字。字頭之下異體或爲"[illegible]","軸"與"逐"音同。《龍龕》有"轤"字,張涌泉《漢語俗字叢考》考證同"舳",《字彙》《正字通》等認爲同"軸","轤"或爲"軸"改變聲旁的俗字。此處反切上字奪,《釋文》"軸"字有"直竹反"。"治由車"疑當作"治車軸",參見"簨"字義。

⑩ 字頭"轚"當作"毄"。《切三》《全王·蟹韻》口解反:"毄,意難。"兹據校改。"轚"字見上文,但奪注文。

木也,星名也。①

轀於謹反,上;[車]聲也。②

𨊻扶晚反,上;車張也。

輭而宛(兖)反,上;柔。軟同。轆(輀)也。③

轋力久反,上;載柩車。

䡾魚(胡)黤反,上;舩(網車)也。④

轞䡾音。車聲。

軓犯音。法也,式也,車前軾。

䡰陟利反,去;車前重。

軴中句反,去;軴車也。

軑徒盖反,去;車轄。

轊䡖同。羽劌反,去;車軸頭鐵也。

斬阻咸(減)反,上。⑤

輤倉見反,去;載柩車也。

轐搏(博)木反,入;車伏菟也。⑥

輍余蜀反,入;車枕前。

軼夷質反,入;突也,過也,車相出也。

𨋎軷同作。蒲撥反,入;所止曰軷,將行祭名。

輒陟葉反,入;專也,輢也。

轞徒協反,入;車聲也。

輚轗轇三同。子孔反。謂輪爲轇。輚,言輪揔入轂中也。⑦

轢力各、力的二反。輾轢也,車所踐也。

轉徵兗反。運也,行也,側也,疲勞也。⑧

---

① 注文"勤"當作"動","抗"當作"枕"。《廣韻·軫韻》:"軫,動也。"《方言》卷九:"軫謂之枕。"郭璞注:"車後横木。"茲據校改。"度"字不詳,蓋爲"廣"字形誤。

② "聲"上奪"車"字。《王一》《全王》《廣韻·隱韻》:"轀,車聲。"茲據校改。

③ 注文"宛"當作"兖","轆"當作"輀"。《切三·獮韻》而兖反:"輭,柔。俗作軟。"《廣韻·獮韻》而兖切:"輭,或从需。"茲據校改。

④ 注文"魚"當作"胡","舩"當作"網車"。《裴韻》《全王》《廣韻·檻韻》胡黤反:"䡾,網車。"上田云:"此二字(舩也)'艦'字訓。《切韻》'艦''䡾'兩字連續,故脱'䡾'字訓而載'艦'字訓。"茲據校改。

⑤ 注文"咸"當作"減"。《切三》《王一》《全王·豏韻》:"斬,阻減反。"茲據校改。

⑥ 注文"搏"當作"博"。《王一》《裴韻》《全王》《唐韻》《廣韻·屋韻》:"轐,博木反。"茲據校改。

⑦ 《釋名·釋車》:"轗,言輻總入轂中。""輻"或當作"輪"。

⑧ "側"當是"輾轉反側"之省。

輪力屯反,平;轉進也,可(牙)也,興也,橫也,從也。①

輩輩同作。博姝(妹)反。類也,比也,部也。②

緋步皆反,平;車箱。

軋軏上於八反,入;下女展反,上;二字。車所踐也。

軝軝軹三同。承紙反。軹也,長轂。又其氏反。

輢求寄反,去;車旁。

轆力公反。轇也,轈也,車軸頭。

擊𥬒鯆𫗧也。阿夫利物。③

轜𦐖二合。古奈加支。④

瓦部第五十二

百十字

瓦凡同作。五寡反,上;瓦,紡塼也,土器。

甌烏候(侯)反,平;瓦盖(盂)也,小盆也,器也。⑤

甋甎上力穀反,入;下又作塼。脂緣反。狹長者謂之甋甎也。

瓨𡓎同。古郎反。罌也,大甕爲瓨也。⑥

甌瓳上又作播。普安反。下侯徒反,平;甎方大謂之甌瓳,今"大方甎"是也。

罌罌𦉾三同。於耕、於成二反,平;瓺甄,罌也。豆保。⑦

𦉔口結反,入;瓦器也,所容一斗,或受四斗。母太比,又可多倍。⑧

甖於耕、烏[莖]二反,平;又作罃。母太比也。⑨

---

① 注文"可"當作"牙"。《原本玉篇·車部》:"輪,《考工記》:視其輪,欲其慎(帳)尔而下地(地)。鄭玄曰:謂牙也。野王案,牙,車輞也。"茲據校改。《原本玉篇·車部》:"輪,《周礼》:大司徒掌九州之地域廣輪之數。鄭玄曰:輪,從也。廣,橫也《考工記》:攻木之工:輪人爲輪。鄭玄曰:亦攻木之官別名也。《孟子》'梓匠輪輿'是也。""橫也"非"輪"字義。

② 注文"姝"當作"妹"。《廣韻·隊韻》:"輩,補妹切。"茲據校改。

③ 此條不詳。"鯆"或當作"䰞"。阿夫利物(あぶりもの【炙り物】)。

④ 此條不詳。古奈加支(こなかき【餗・糝】)。各本肉部有"腪,甚音。以糝煮肉也。腩字同。古奈加支",後一字頭右旁從某,蓋"腪"或"糂"字之誤。

⑤ 注文"候"當作"侯","盖"當作"盂"。《玄應音義》卷十一"説甌"條:"烏侯反。《三蒼》:瓦盂也。"茲據校改。

⑥ "𡓎"同"塯"。"罌"字原誤作"𨵳",據《玄應音義》卷十六"大瓨"條正。

⑦ 豆保(つぼ【壺】)。

⑧ 母太比(もたい【瓮・甕】),又可多倍(かたへ)。各本"可多倍"作"取户(とりべ【取瓶】)"。

⑨ "烏"下奪"莖"。《裴韻》《全王》《廣韻·耕韻》:"罌,烏莖反。""甖"同"罌"。茲據校補。母太比(もたい【瓮・甕】)也。

瓺都狄、徒徒(狄)二反。甀也,甓也。加波良。[①]

甓神狄、勞狄二反。塼也。加波良。[②]

瓵古郎、五強二反。瓮也,盂也。保止支,又加万户。[③]

瓼餘封反。罌也。

瓷疾脂反。瓷瓦。

甗落胡反。酒甋。

甈索稽反。

瓨郎丁反。瓨瓨,一曰似罌有耳。

甁瓶同。薄經反。

甀上字同。水瓶也。

題徒礼反。小瓮也。

甊徒果反。長沙云甊。

瓿薄口反。瓿甄,罌。

甄馳僞反。小口罌。三加也。[④]

瓹古縣反。瓮底孔,以孔下酒爲酹。[⑤]

甀古(胡)懷反。大盆。《[續]漢書》云:“盗伏於甀也。”[⑥]

甀甂甌亡生(主)反。温器也,汲水之世(瓦)器也,瓮也,盂也。保止支也。[⑦]

甕烏共反,去;今孰酒之器也,瓮也。美加。[⑧]

瓷烏江反。

瓮盆同。輔運反。保止支也。[⑨]

甄居旃、古延二反,平;別也,果也,察也,陶也,先也,免也。

甄甄(甀)同。力頰反。瓦破聲曰甀,蹈瓦聲躐躐也。又作青,誤。[⑩]

瓽盎同。於浪反。[盎]謂之缶,即盆。保止支。[⑪]

---

① 反切“徒徒”有誤,下“徒”字當作“狄”。加波良(かわら【瓦】)。

② 後一反切下字“勞”存疑。加波良(かわら【瓦】)。

③ 後一反切“五強”不詳。保止支(ほとぎ【缶】),又加万户(かま【罐・缶】べ【瓶】)。

④ 三加(みか【甕】)也。

⑤ 《玉篇・瓦部》:“瓹,瓮底孔,下取酒也。”《名義》《玉篇・酉部》:“酹,以孔下酒也。”

⑥ 注文“古”當作“胡”,“漢”上奪“續”字。《王一》《全王》《唐韻》《廣韻・鑑韻》胡懷反:“甀,《續漢書》云:盗伏於甀下。”兹據校改。

⑦ 注文“生”當作“主”,“世”當作“瓦”。《切三》《王一》《裴韻》《全王・麌韻》:“甌,無主反。”《儀禮・既夕禮》:“甌二,醴酒,冪用功布。”鄭玄注:“甌亦瓦器也。”兹據校改。保止支(ほとぎ【缶】)也。

⑧ 美加(みか【甕】)。

⑨ 保止支(ほとぎ【缶】)也。

⑩ 字頭其中一“甄”當作“甀”。《玄應音義》卷十一“甄甄”條:“又作甀,同。”兹據校改。又或體《玄應音義》作“甍”,是。

⑪ 《玄應音義》卷十二“金瓽”條:“《爾雅》:盎謂之缶。郭璞曰:即盆也。”保止支(ほとぎ【缶】)。

䰻魚變反,去;甋也。

胢瓿同。大紅反,平;斗倍牡瓦。又加太倍。[①]

瓶市朱反,平;小罃也,小罌。

胉甑同。子剩、子曾二反,去;須惠己志支。[②]

瓹旅激反。𤭖也,甋也。[③]

甔都監(濫)反,去;石,大罌。[④]

甄除竟反,去;𤬛罌也。

瓿布泊反,入;鳌也。

瓬符向(网)反。餅也。[⑤]

薆在草部。

瓨上字。

甋餘之反。甋數(瓵甄),小兒(罌)。[⑥]

甗牛偃反。又之謂甋。[⑦]

甞丁盍反。木盆。

瓨胡工(江)反。甇塼也。[⑧]

𤭐鳥緩反。椀也。椀,小盂也。盌字。

瓻蒲奚反。瓶。

甂補玄反。瓦器。

鳌側胄反。井鳌也,縮小。

瓪上古文。

甐兵(丘)滯反。裂也。碣字。[⑨]

𤭐同作。所兩反。差后(瑳垢)瓦也,甓也。[⑩]

𤮚上文。

㽴渠斂反。治橐幹也。[⑪]

---

① 《名義》《玉篇·瓦部》:"甋,牡瓦也。"此"斗倍"不詳。又加太倍(かたへ)。

② 須惠己志支(すえ【陶】こしき【甑】)。

③ "𤭖"疑爲"醩"的俗字。

④ 注文"監"當作"濫"。《廣韻·闞韻》:"甔,都濫切。"茲據校改。

⑤ 注文"向"當作"网"。《廣韻·養韻》:"瓬,分网切。"《名義·瓦部》:"瓬,甫网反。"茲據校改。

⑥ 注文"甋數"當作"瓵甄","兒"當作"罌"。《爾雅·釋器》:"甌瓿謂之瓵。"郭璞注:"瓵甄,小罌,長沙謂之瓵。"茲據校改。

⑦ 《方言》卷五:"甋,自關而東謂之甗。"此處釋義疑當作"甋謂之甗"。

⑧ 注文"工"當作"江"。《名義·瓦部》:"瓨,胡江反。"茲據校改。

⑨ 注文"兵"當作"丘"。《玉篇·瓦部》:"甐,丘滯切。"茲據校改。

⑩ 注文"差后"當作"瑳垢"。《說文·瓦部》:"甈,瑳垢瓦石。"茲據校改。"甓"字原作"𤮚"。

⑪ 《玉篇·瓦部》:"㽴,丘劍切。"此處反切不同,俟考。

甀桑對反。破也,碎,壞也,礭也,散也。

甌佰晚反。敗也,蠅矢也。万利。①

甄力口(口)反。瓿甄,罌也。②

瓵徒感、徒含二反。瓵罌也。

㼪昨江反。罌也。

甃牛志反。大罌也。

甄除竟反。罌也,秦之舊都。③

瓵除向、除香二反。餅。弥可也。④

瓺都勝(滕)反。瓦豆也。鐙、登,并二形同。⑤

瓶胡梗反。餅也。

甌山梗反。甀也。

甄尹(丑)尸反。蓄甄瓶也。⑥

瓺居隴反。瓺餅也,盆支也。⑦

瓻胡寡反。㼪也,大口。

瓶口郎反。

甋上字。

甀(甀)丁并(弄)反。甀(甀)甄也。⑧

甄叉濫反。瓶(甄)也。⑨

甄時扇反。器緣也,鐔也。

甄徒東反。井㼪。⑩

瓵徒何反。子瓦(瓷)㼪。⑪

坄徒鼓反。大題也,瓶也。

瓨徒丁反。甄也。

甎丁桑反。題瓦。

---

① 万利(まり【鋺・椀】)。
② "力"下殘。《名義》《玉篇·瓦部》:"甄,力口反。"茲據校補。
③ 《方言》卷五:"甄,罌也。秦之舊都謂之甄。"
④ 弥可(みか【甕】)也。
⑤ 注文"勝"當作"滕"。《廣韻·登韻》《玉篇·瓦部》:"瓺,都滕切。"《名義》誤同此。茲據校改。
⑥ 注文"尹"當作"丑"。《名義·瓦部》:"甄,丑尸反。"茲據校改。《集韻·脂韻》:"甄,畜甄瓶。"
⑦ 《名義·瓦部》:"瓺,盆也。"此"支"字疑衍,或是和訓訛脱。
⑧ 此條《名義》同。楊寶忠《疑難字考釋與研究》考證"甀"爲"甀"之訛,反切下字"并"爲"弄"之訛,是也。
⑨ 注文"瓶"當作"甄"。《廣雅·釋器》:"瓶、甀、甄也。"《名義·瓦部》:"甄,甄。"茲據校改。
⑩ 字頭原作"甄",同"甄"。
⑪ 注文"子瓦"當作"瓷"。《名義·瓦部》:"瓵,瓷也。"茲據校改。

甕力公反。瓦礲也,厘(築)土以礲穀也。礱字也。①

䍡力回、力救二反。即屋橝也。②

甑古諧反。戊也。戊,屋牡瓦下。

甈女刮反。屋皆(甑)甈也。③

瓲上字。

瓶子協反。半瓦也。

甝胡監反。乾瓦屋。

甐叉佳反。甐甐。

瓪丁昆反。器以(似)甌瓿也。④

甋力狄反。鬲字。

鬳瓦[illegible]同。胡圭、古携二反。甈字。甈,甑下空也。又窐字。

瓹甈字。

瓶胡經反。缾(缻)字。缾(缻),酒器,似鐘而頸長也。⑤

[illegible]瓬二缾(缻)字。

瓺徒當反。瓷也。

瓶甅二。耻加也。⑥

甅甎[illegible]三。毛太比。⑦

[illegible]甗[illegible][illegible]四。与己へ。⑧

[illegible]太奈介。⑨

[illegible][illegible]二。豆呆(保)也。⑩

[illegible][illegible]瓮三。弥加。⑪

甗[illegible][illegible]三。波尔佐不。⑫

---

① 注文"厘"當作"築"。《玉篇·瓦部》:"甕,築土礲。"《廣韻·東韻》:"甕,《字書》云:築土甕穀。"兹據校改。

② 字頭原作"瓹",同"䍡"。

③ 注文"皆"當作"甑"。《廣韻·鎋韻》:"甈,甑也。"兹據校改。

④ 注文"以"當作"似"。《廣韻·魂韻》:"瓪,器似甌瓿。"兹據校改。

⑤ 注文"缾"當作"缻"。《廣韻·青韻》:"缻,酒器,似鐘而長頸也。瓶、瓬,並同上。"兹據校改。

⑥ 耻加,各本作"取户(とりべ【取瓶】)"。《倭名類聚鈔》後一字頭訓"佐良介(さらけ【浅甕】)"。

⑦ 毛太比(もたい【瓮・甕】)。

⑧ 与己へ(よこべ【横瓮】)。

⑨ 各本字頭從"太"。太奈介(たなけ)。各本"太"作"左(さ)"。

⑩ "保"字據各本改。豆保(つぼ【壶】)也。

⑪ 弥加(みか【甕】)。

⑫ 波尔佐不(はにざふ【半挿・匜・椀】)。

胣保止支。①

腿腿二。阿波太。②

䐌奈户。③

腮胚二。坏。

肶甌二。万利。④

胅𦜝二。奈户。⑤

𦞩三加。⑥

胅比良加。⑦

胅皮千。⑧

缶部第五十三

四十字

缶凶缶瓵四同作。甫支(友)反。即盆也，瓦器，盛酒漿也。⑨

罋於容反。汲器也。

缸下紅(江)反。甖属。⑩

罍路回反。酒器。

𦉢上字。

缿胡溝(講)反。受錢器。《漢書》三(云)："麴厝(趙廣)漢教吏爲缿筩"是也。⑪

虢(罅)〔嚇〕呼格、呼訝二反。孔虢也。⑫

罅古文作㫰、㙤，二同。呼亞反。裂也，坼也。

罐又作灌、樌，二同。古乱反。汲器也。

---

① 保止支(ほとぎ【缶】)。

② 阿波太(あはた)。

③ 奈户(なべ【鍋】)。

④ 万利(まり【鋺・椀】)。

⑤ 奈户(なべ【鍋】)。

⑥ 三加(みか【甕】)。

⑦ 比良加(ひらか【平瓮】)。

⑧ 皮千(はち【鉢】)。

⑨ 注文"支"當作"友"。《廣韻·有韻》："缶，方久切。""友"爲有韻字。茲據校改。

⑩ 注文"紅"當作"江"。《廣韻·江韻》："缸，下江切。"茲據校改。

⑪ 注文"溝"當作"講"，"三"當作"云"，"麴厝"當作"趙廣"。《廣韻·講韻》《玉篇·缶部》："缿，胡講切。"《漢書·趙廣漢傳》："又教吏爲缿筩。"茲據校改。

⑫ "虢"當是"罅"的俗字，此"呼訝反"與"孔虢也"乃"罅"字音義。"嚇"字亦有此二音(見本書口部)，此亦是"嚇"的俗字。

罃於耕反。罃、甖，同。

罃蒲侯反。瓦器也，小垂（缶）也。瓿，同字。①

垂〔缶〕是規反。垂（缶），罌也。小垂（缶）也。瓿，同字。“秋稼茂好垂收穫”也。垂，幾也。②

罋錘上古反（文），二同。

匋在勹部。

瞉撫尤反。在殳部。

甖於耕反。又謂之罌也。③

甕於貢反。汲缾也，亦所以盛物也。

甖上字。

缾蒲丁反。汲水器也，炊器也，甕也。爲瓶字也。④

瓵他闔反。下平缶也，缾也。

甋禹逼反。瓦器也。

罉怠鈍反。瓦器也，銚也。

䍃餘用（周）反。瓦器也，罌也。⑤

罐 𡂖 罏 三同。〔力〕丁反。甕属，缾也，瓦器也。⑥

缸都簟反。缺。

缺袪爇反。玷，闕也，器破也，虧也。

缼上字。

罄可定反。罄，盡也，器中空也。空（窒）字同也。⑦

罊口詣反。器中盡也。

罏力胡反。盧字古也（文）。⑧

缼胡經反。釬（缾）。久（亦）瓶字。⑨

鏅時扇反。甎字。器緣也。

---

① 注文“垂”當作“缶”。《説文·缶部》：“罃，小缶也。”茲據校改。

② “垂”爲“缶”字之誤，“小垂（缶）。瓿，同字”爲上條“罃”字釋義，參見上條。《後漢書·安帝紀》：“詔曰：今年秋稼茂好，垂可收穫。”《妙法蓮華經釋文》“垂得”條：“《東觀漢記》安帝詔云：秋稼茂好垂收穫。”

③ 《方言》卷五：“甀、瓮、瓶甄、甒，甖。……自關而東趙魏之郊謂之瓮，或謂之甖。”

④ “炊”字原作“炊”。《禮記·禮器》：“夫奥者，老婦之祭也，盛於盆，尊於瓶。”鄭玄注：“盆、缾（瓶），炊器也。”

⑤ 注文“用”當作“周”。《名義》《玉篇·缶部》：“䍃，余周反。”茲據校改。

⑥ “丁”上奪“力”字。《字鏡·缶篇》作“力丁反”。《名義》《玉篇·缶部》：“罏，力丁反。”茲據校補。

⑦ 注文“空”當作“窒”。《玉篇·穴部》：“窒，或作罄。”茲據校改。

⑧ 注文“也”當作“文”，據《字鏡》改。

⑨ 注文“釬”當作“缾”，“久”當作“亦”。《集韻·青韻》：“缾，或作瓶、甄、缼。”“久”字《字鏡》作“亼”（亦）。茲據校改。

瓷在兹反。瓷字。瓶也。

騠徒啓反。騠字。益（盆）也。①

斗部第五十四

廿五字

斗都耦反。聚升之量者也。

卧上字。

斛胡穀反。十斗器也。

㪷上字。

斝柯夏反。玉爵也，酌酒爵也，桮也。

斔喻甫反。量也。逾字，亦庚字也。②

斠古琢反。平斗斛也，今“角斗甬”是。③

斡烏活反。轉也，輨。

魁在鬼部。

斟之仕（任）反。取也，行也，汁也，協□（和）也。④

斜徐取（耶）反。抒也，跌，掃也，散也。⑤

斛尤（九）娛反。挹也，酌。⑥

料（斛）補敉（叛）反。量物分半。⑦

斠疋□（郎）、薄庚二反。量益（溢）也。⑧

---

① 注文“益”當作“盆”。《玉篇·瓦部》：“騠，小盆也。”兹據校改。

② 《原本玉篇·广部》：“庚，《説文》以十六斗〔爲〕庚。〔或〕爲逾字，在辵部。或爲斔字，在斗部也。”《儀禮·聘禮》：“門外米三十車，車秉有五籔。”鄭玄注：“秉、籔，數名也。秉有五籔，二十四斛也。籔，讀若不數之數。今文籔或爲逾。”“斔”“庚”“逾”“籔”諸字同。

③ 字頭原作“斠”。《説文·斗部》：“斠，平斗斛也。”《禮記·月令》：“（仲春之月）日夜分，則同度量，鈞衡石，角斗甬，正權概。”鄭玄注：“甬，今斛也。”

④ 注文“住”當作“任”，“協”下殘。《玉篇·斗部》：“斟，止任切。”《方言》卷三：“斟、協，汁也。”郭璞注：“謂和協也。或曰潘汁，所未能詳。”《原本玉篇·水部》“汁”字條引作“協和”。此殘字原作“🚀”，似“和”字。兹據改補。

⑤ 注文“取”當作“耶”。《名義·斗部》：“斜，徐耶反。”兹據校改。

⑥ 注文“尤”當作“九”。《名義》《玉篇·斗部》：“斛，九娛反。”兹據校改。

⑦ 字頭“料”當作“斛”，注文“叛”當作“叛”。《玉篇·斗部》：“斛，補叛切。”兹據校改。

⑧ “疋”下殘，注文“益”當作“溢”。《名義·斗部》：“斠，匹郎反。量温（溢）。”《説文·斗部》：“斠，量溢也。”

𣂑丁豆反。相[易]物俱等也,今謂“角[力競]走”也。①

斛他條反。挨也,利也,抒也,古田器也。古擎字,音七姊(姚)反。割穿也,剜抉也。②

㪼午(呼)哲反。㪼抒。③

枓之庚、多後二反。㪹水器也,夕(勺)也。④

蛪苦禾反。水虫也。斗,蜺(蝦)蟇了(子)也。⑤

黈斢上胡光反。二同字。黄色也,玉光。⑥

𣂑角字古文。在角部。

[illegible](㪺)[illegible](⿰胥斗)同字。慈立反。辞之集也。⑦

斜徐且、爼差二反,平;掃也。上在。⑧

見部第五十五

九十四字

見正古薦反,去;視也,覩也。借胡硯反,去。

現〔現〕户見反,去。小山,亦大阪也。⑨

覺正干岳反,入;寤也,發也,事發舒也,知也,大也,直也。借古効反,去。⑩

---

① “相”下奪“易”字,“角”下奪“力競”字。《字鏡·斗篇》:“𣂑,交易相等,今謂‘角力競走’也。”《説文·斗部》:“𣂑,相易物俱等爲𣂑。”《玉篇·斗部》:“𣂑,物等也,角力競走也。”《廣韻·候韻》:“𣂑,𣂑也,角力走也,又相易物俱等。”兹據校補。

② “擎”似當作“鍫”。《廣韻·宵韻》:“鍫,亦作斛。”《説文·斗部》:“斛,斛旁有斛。臣鉉等曰:今俗别作鍫,非是。”然而“割穿也,剜抉也”等義似是“擎”字釋義。《新撰字鏡·手部》:“擎,剜穿也。”後一反切下字“姊”當作“姚”。《廣韻·宵韻》:“鍫,七遥切。”“姚”爲宵韻字。兹據校改。

③ 注文“午”當作“呼”。《名義·斗部》:“㪼,呼哲反。”兹據校改。

④ “㪹”下原有“也”字,注文“夕”當作“勺”。《儀禮·少牢饋食禮》:“司宫設罍水于洗東有枓。”鄭玄注:“枓,㪹水器也。”《説文·木部》:“枓,勺也。”兹據删改。

⑤ 注文“蜺”當作“蝦”,“了”當作“子”。《玄應音義》卷四“蛪斗”條:“《爾雅》:蛪斗,蝦蟇子也。”兹據校改。

⑥ 《玄應音義》卷十三“黈羅鬪吒國”條:“古文作斢、黈二形,同。他口反。”《廣韻·厚韻》:“黈,天口切。”《廣韻·唐韻》:“黄,胡光切。”

⑦ 此二字皆“㪺”的俗字,第二形當從“胥”。《廣韻·緝韻》秦入切:“㪺,《説文》云:詞之集也。”《字鏡》或體作“⿰胥斗”,是也。俗字“咠”“胥”不别。

⑧ “上在”當指上文已出“斜”字條。如《新撰字鏡·雨部》:“雺,上在霚字。”《新撰字鏡·雨部》:“霚,闇也。雺,上字。”

⑨ 此音爲“現”字,義則爲“現”字。《王一》《裴韻》《全王·霰韻》:“現,户見反。”《名義·王部》:“現,胡殄反。小山也。”《玉篇·王部》:“現,胡殄切。大坂也。亦作垷。”《玉篇·土部》:“垷,《蒼頡》云:大阪,在堅西山。”

⑩ “古”下原有“胡奮離”三字。《廣韻·效韻》:“覺,古孝切。”“胡奮離”爲本書下文“覞”字注。兹據删。

覰正古乱反,去;借古丸反,平;示也,多。字從少。①

覰𥇡(䵣)、𥇡(䭾)、𥇡(𥇡),三同。他曲(典)反,上;面慙也,姤(姑)也。②

覷〔覰〕胡奮反。離也,外衆多視也。③

覤狙同。千絮反。窺覷也,視也,謂相候視也。

覰映同。式冉反。暫見也,不定也。

覘粅廉反。謂窺視也,亦伺候也。

覰高(亭)歷反。顯、照(昭)、覰、覷,見也。④

覰力冉(再)反。内視也。𥇡,同。力代反。瞳子不正也。𥇡,非也。⑤

親仁善反。隣也,愛也,儭也,近也。⑥

覯公候反,去;見也,相見也。

覽吕敢反。見也,得也。⑦

覹正力奐反,去;好兒。借力戈反,平;覹縷,委曲。⑧

視臣旨反。占也,効也,比也,明也,觀也。

覗一施反,平;好視也。

睨(覞)岳孝反。普見也。⑨

覽子監(鑑)反。切也,覺也,儆也,高也(危)白也(兒)。⑩

覰覞同作。魚計反。旁視也。亦睨字也。

---

① 字頭原作"覰",左上部件似"少",故云"字從少"。

② 注文異體第一形當作"䵣",第二形當作"䭾",第三形當作"𥇡","曲"當作"典","姤"當作"姑"。《名義·面部》:"䵣,覰字,同上。䭾,同上。𥇡,同上。"《玉篇·面部》:"覰,他典切。《詩》云:有覰面目。覰,姑也。"茲據校改。

③ 《名義·彡部》:"髻,覷髪(覞髻),莘離也。"《爾雅·釋詁》:"髻,覞髻,莘離。"本書下文"覷,離也"。此處注文"離也"當爲"覷"字釋義。又《説文·見部》:"覷,外博衆多視也。"《名義·見部》:"覷,胡奮反。多視也。"

④ 注文"高"當作"亭","照"當作"昭"。《玄應音義》卷十九"不覰"條:"亭歷反。《爾雅》:顯、昭、覰、釗、覷,見也。"今本《爾雅·釋詁下》亦作"昭"。茲據校改。

⑤ 注文"冉"當作"再"。《玄應音義》卷十"盼覰"條:"下力再反。覰,内視也。下作𥇡,力代反。瞳子不正也。𥇡非此用。"茲據校改。

⑥ "仁善"疑非反切。《名義·見部》:"親,且鄰反。"《左傳·隱公六年》:"親仁善鄰,國之寶也。"此"仁善反。隣也"當出自《左傳》,"反"字當刪,反切亦奪。

⑦ 《新撰字鏡·手部》:"攬,得(持)也。"疑此處"得"亦當作"持",乃"攬"字義。

⑧ 字頭《説文》作"覶"。"力奐反"則爲"亂"字音,此或通"亂"。《名義·見部》:"覶,力奐反。""奐""奐"或有一誤。《集韻》有"盧戈切""力轉切""盧玩切"三音。"覹縷"二字原倒。《廣韻·戈韻》:"覶,覶縷,委曲。"茲據乙正。

⑨ 字頭"睨"當作"覞"。《廣韻·笑韻》弋照切:"覞,普視。《説文》曰:並視也。"茲據校改。

⑩ 注文"監"當作"鑑","也"當作"危","白也"當作"兒"。P.3694、《王一》《裴韻》《全王》《唐韻》《廣韻·鑑韻》子鑑反:"覽,覽儆,高危兒。"茲據校改。

覿力計、師蟻二反。求也,索視皃。

覘都含反。内視也。眈字。

覢厚伴反。大視也。暖字。

覰𥄂次(此咨)反。觀也,盜見也。①

覰妨堯反。目有察省見也。亦瞟字。

覭亡□(丁)、亡狄二反。小見也,離也。②

歸(覬)近追、□魏二反。注目視也,大皃。③

矈亡悲反。睍也。瞝字。

覬疋刃、疋仁反。覷也,暫見也。

覞弋笑反,去;搖音。普視。

覦搖音,去;視誤。

尋多則反,入;得字古文。

覶盧谷反,入;視皃。

靚七政反,去;裝飾。古奉朝請亦作此字。

晛奴見反,去;在日部。

涀戶見反,去;研字同也。④

覴𧠂二同。井(丑)江、丑龍、丑用三反,平;直視,目不明也。⑤

莧侯弁反,去;在草部。

蜆呼典反。小蛤。在虫部。

儊楚覲反,去;裏儊也。

灒楚覲反,去;水名。

覲渠遴反,去;見也,覲也,視也,勤也。

覬几利反,去;希望也。

垷古典反,上;在土部。

筧古曲(典)反,上;以水(竹)通水。⑥

峴胡顯反,上;峻嶺也。

睍胡顯反,上;小兒歐乳也。

覵苦間反,平;人名,出《孟子》。

---

① 注文"𥄂次"當作"此咨"。《名義》《玉篇·見部》:"覰,此咨反。"兹據校改。

② 殘字原作"𠂤",當作"丁"。《名義·見部》:"覭,亡丁反。"《玉篇·見部》:"覭,暮丁、亡狄二切。"兹據校補。《爾雅·釋詁下》:"覭髳,弗離也。"

③ 字頭"歸"當作"覬"。《説文·見部》:"覬,注目視也。"兹據校改。《集韻·未韻》:"覬,丘畏切。""魏"是未韻字。"魏"上當奪反切上字,或即"丘"字。

④ "研"同"硯"。《新撰字鏡·石部》:"研𥐊硯,三同。"此條當誤混。

⑤ 注文"井"當作"丑"。《廣韻·江韻》:"覴,丑江切。"兹據校改。

⑥ 注文"曲"當作"典","水"當作"竹"。《廣韻·銑韻》古典切:"筧,以竹通水。"兹據校改。

題丁礼（度稽）反，平；識也，視。出《正名》也。①

嫛衢癸、聚惟二反也。媞也，細也，［嫛］盈，怒也，能也。②

睨亡革反。視也。

覭妙圍反。覾也。

眲莫奚反。病人視也。

覶与留反。深視。

覛丑心、丑［薩］二反。頭視也，私出也。[image_ref]字。③

覭莫勒反。觸也，突前也，目［兒］。今爲胃（冒）字。④

覦庚俱反。欲也，覬也。

覿泰秋（狄）反。目赤也，眤視也，見。⑤

覯上字。賣（覿）也。⑥

覢勅弗反。見也。[image_ref]，上作。視也。乃曾牟。⑦

覩都扈反。睹字。視。

覛亡到反。擇，視也，毛，取也。⑧

覕亡結、補刃二反。蔽不相見也。⑨

覛雉離、式支二反。伺人也，面柔也。爲施字。

覛上一本作。

覟丁侯反。垢也，目蔑目（薵）。⑩

覛且狄反。覛，面柔也，人也。爲戚字。

覛昌（胥）釐反，去；視也，覛也。伺字。蜜（密）見也。⑪

---

① 《切三》《全王·齊韻》：“題，度稽反。”又《切三》《王二·齊韻》：“瑅，度稽反。”上一條：“眡，又丁礼反。”此處與本書玉部“瑅，丁礼反”誤同，皆涉“瑅”上字“眡，又丁礼反”而誤，蓋誤脱“又”字，故以“丁礼反”爲音。

② 《方言》卷七：“嫛盈，怒也。燕之外郊、朝鮮洌水之間凡言呵叱者謂之嫛盈。”

③ “丑”下奪“薩”字。《玉篇·見部》：“覛，丑心、丑薩二切。”茲據校補。《説文·見部》：“覛，私出頭視也。”各書同《説文》，此處釋義與之有異。或體俟考。

④ “目”下奪“兒”字，“胃”當作“冒”。《全王·德韻》：“覭，窺目視前兒。”《玄應音義》卷十“干覭”條：“今皆作冒。”茲據補改。

⑤ 注文“秋”當作“狄”。《廣韻·錫韻》：“覿，他歷切。”“狄”爲“錫”韻字。茲據校改。

⑥ 注文“賣”疑當作“覿”。《集韻·錫韻》：“覿，或作覯。”茲據校改。

⑦ 或體左旁爲“兆”的異體。《新撰字鏡·雜字》：“兆[image_ref]，二形作。”乃曾牟（のぞむ【望む】）。

⑧ 《玉篇·見部》：“覛，《詩》曰：左右覛之。覛，擇也。本亦作毛。”《名義·見部》：“覛，擇也，視也，取也。”

⑨ “也”字原在“反”下，據文例乙。

⑩ 注文“蔑目”當作“薵”。《名義·見部》：“覟，丁侯（侯）反。垢也，目薵也。”茲據校改。

⑪ 注文“昌”當作“胥”，“蜜”當作“密”。《名義·見部》：“覛，胥釐反。”《廣韻·之韻》：“覛，息兹切。”本書“密”常作“蜜”，此作“密”爲妥。茲據校改。

硯時繞反。見也。

覓覔同。亡狄反。見，索也，視也，求也。

覬覬二同。古勞反。見也。①

覍于并反。替字。

覘尸甚反。瞫字。深見。

覞古弁反。視也。②

覛牛買反。視也。

覰乎絜(千絜)反。竊見之皃。字加加不也。③

覷覷(覷)同。奴侯反。視也，小冤也。④

覗同。此咨反。此也，層(屖)也。屍字同。⑤

覽瞥字。芳滅反，入；暫見也。

覘上尸反。視也。⑥

覶於革反。善驚也，視皃。

覷**覒**覘三同。昌召、弋召二反。並視也。⑦

弻亡卑(婢)反，上；弭字同。弓末。⑧

覲在革部。

規規二同。可從夫。

鼓部第五十六⑨

二十三字

皼鼓二同作。故户反。郭也，動也，打也，鳴也。在支部。

---

① 後一字頭原作"覬"，不妥。《新撰字鏡·口部》："啍啍，上字。"可參。

② 《名義·見部》："覞，古辨反。""弁"同"辨"。

③ 字頭同"覰"。注文"乎絜"當作"千絜"。《新撰字鏡·見部》："覰，千絜反。"《廣韻·御韻》："覰，七慮切。"茲據校改。字加加不(うかがう【窺う】)也。

④ 字頭當作"覷"。《廣韻·侯韻》："覷，兔子。"茲據校改。"視也"疑是據訛體"覷""覷"而誤增。

⑤ 注文"層"當作"屖"。《玉篇·尸部》："屍，屍屖，盜視。"茲據校改。此字頭下有"同"字，或奪一字字頭。

⑥ "上尸反"《名義》同，《玉篇》作"巨尸切"，與《廣韻》"渠脂切"同。《集韻》有"渠伊切""市之切"二音，是也。從"耆"聲者一般音"渠脂切"，也有"式之切(蓍)""視利反(嗜)"等音。"上"不當作"巨"。

⑦ 字頭第三形原作"眣"，旁有小字注"覘"，當是"覘"字。

⑧ 字頭右旁原作"見"。注文"卑"當作"婢"。《廣韻·紙韻》："弭，綿婢切。"茲據校改。

⑨ "鼓"字底本原作"皷"。

鼛公勞反。大皷也,長六尺四寸,以皷(鼛)皷皷保(役)事。①

鼛上字。

薆韇同作。扶雲反。大鼓謂之薆,長八尺。

鼙鼙同。比止、蒲雞二反,平;打之以和,小皷也,亦口(曰)騎皷也。②

鼗韜、鞉、皷(鼙),三形同作。徒刀反。跳(鞉),如皷而小,持其柄捊(搖)之者也。③

鼗上字同。

鼜[於巾、於玄二反。皷聲也,皷節也]。④

鼞勑唐反。皷聲也,鏜也。

鼛吐合反。皷聲。

鼖夫(扶)云反。大皷。⑤

鼛鼛同作。他篋反。皷无音也。⑥

鼟恥盍反。皷聲也,鞳也。

鼕徒冬反。皷聲。

鼘來弓反。皷聲。

鼕徒冬反。皷聲。

鼘褚羊反。皷聲。

鼟吐登反。皷聲。

鼓古戶反。皷也。

勹部第五十七

卅七字

勹補郊反。裹也。

---

① 注文"皷"當作"鼛","保"當作"役"。《玄應音義》卷四"鼛薆"條:"《考工記》:鼛鼓長六尺有四寸。注云:以鼛鼓鼓役事。"《周禮·冬官·韗人》:"爲皋鼓,長尋有四尺,鼓四尺。"鄭玄注:"以皋鼓鼓役事。"《周禮·地官·鼓人》:"以鼛鼓鼓役事。"茲據校改。

② 注文"口"當作"曰"。《玄應音義》卷四"諸鼙"條:"蒲雞反。小鼓也,亦騎鼓也。"茲據校改。或刪之亦可。"比止反"當是"卑"字倭音"ひ"。

③ 注文"皷"當作"鼙","跳"當作"鞉","捊"當作"搖"。《玄應音義》卷二十"播鼗"條:"又作韜、鞉、鼗三形,同。徒刀反。鞉,如皷而小,持其柄搖之者也,旁還自擊。山東謂之鞉牢。"茲據校改。

④ 注文奪,《名義》亦"鼜""鼞""鼛"三字相連,反切皆合,此條當出《原本玉篇》。《名義·皷部》:"鼜,於巾反。"《玉篇·皷部》:"鼜,於巾、於玄二切。皷聲也,皷節也。"《玉篇》内容較完整,暫據其補。茲據校補。

⑤ 注文"夫"當作"扶"。《名義·皷部》:"鼖,扶云反。"茲據校改。

⑥ 字頭原作"鼛""鼛",皆誤從"旨"。《廣韻·怗韻》他協切:"鼛,鼓無聲。或作鼛。"

芻巨陵(陸)、丘陸二[反]。曲脊也。①

匍薄胡反，平；匍匐，手行也，盡力也，顚躓也。②

匋匋二同。徒勞反。几(瓦)器也，正也，化也。陶字也。③

匐蒲北反。伏地也。

匐符北反。伏也，跆也。

匊居六反。兩手也，四指也，手中也。掬字也。

勻翼旬、居旬二反。少也，齊也，遍也。

勼俱流反。聚也，解也。鳩字。④

旬辞在(存)反。在日部。⑤

旬上古字。

勾句二同。俱遇反。章句也，匎匌也，之惡也，曲也。⑥

匎力苦反。匌也。

匃盱恭反。匃鳴者，小虫也。⑦

複扶又反。重也。

复上字。

冢徵龍(壟)反。太(大)也，百官捴也，冢宰也，冢者，鬼神舍也，腫也，山頂也。⑧

匊之由反。市偏(帀偏)也。同(周)字，偶(澗)字。⑨

───────────

① 注文"陵"當作"陸"，"二"下奪"反"字。《玉篇·勹部》："芻，巨六、丘六二切。"《名義·勹部》："芻，丘陸反。"茲據改補。

② 注文末原有"匋也"二字，"匋"乃下條字頭而誤入，參見下條注。

③ 前一字頭原誤入上條注文末，此云"二同"而少一字頭。注文"几"當作"瓦"。《名義·缶部》："匋，瓦器。"茲據校改。

④ "解也"《玉篇》同，此注當抄自《原本玉篇》，而《原本玉篇》當引《左傳》。《左傳·宣公十七年》："餘將老，使郤子逞其志，庶有豸乎！"杜預注："豸，解也。"釋文："豸，本又作鳩，直是反；或音居牛反，非也。解音蟹，此訓見《方言》。"今《方言》未見此條。段注以"鳩"爲"鷹"訛。據此，"豸"疑爲"勼"字之訛。

⑤ 注文"在"當作"存"。《新撰字鏡·日部》："旬，辞尊反。""存""尊"皆魂韻字。茲據校改。

⑥ "匎匌"原作"**勾句**"，此據《字鏡》定。此下一條"匎""匌"作"**勾**""**句**"，可見其訛誤軌跡。"之惡也"《字鏡》同。《周禮·夏官·司弓矢》："句者謂之弊弓。"鄭玄注："弊猶惡也。句者惡，則直者善矣。"蓋與此有關。

⑦ 《周禮·冬官·梓人》："外骨、内骨，却行、仄行，連行、紆行，以脰鳴者、以注鳴者、以旁鳴者、以翼鳴者、以股鳴者、以胷鳴者，謂之小蟲之屬。"

⑧ 注文"龍"當作"壟"，"太"當作"大"。《名義·勹部》："冢，徵壟反。大也。"《爾雅·釋詁上》："冢，大也。"茲據校改。

⑨ "反"原在"市"下，注文"市偏"當作"帀偏"，"同"當作"周"，"偶"當作"澗"。《字鏡》作"帀偏也。周字，澗字"。《説文·勹部》："匊，帀偏也。"《名義·勹部》："匊，之由反。周字。"《玉篇·勹部》："匊，之由切。帀偏也。或作周、洀(澗)。"《新撰字鏡·水部》："澗，止(之)由反。帀也，匊也，周也。"茲據乙改。

匈公答反。币也。

覷居又、乙庶二反。飽也，猒也，謀也。

匔丘陸、丘弓二反。"匊匔如[畏]然"也，謹敬皃。①

匑巨弓反。匑，謹敬皃。

匐口怔反。𠤎字。息也，大息也。

匃古曷、古頼二反。乞也，辱也，請也，求也。山上(匂)字從人、從亡也。②

匂非作。

勻匂字。

勻亡粉反。覆也。

匑且倫反。族(竣)字。宜也，止也。③

訇時召反。倒縣鉤也。

拘鉤二同。古携反。剓也。

訇渠與反。胸字。□(胸)脯，屈中也。④

訇丁侯反。到(剄)字。小裂也，拘也。⑤

芻楚于反，平；刈草也。

土部第五十八

三百卅四字

圡土撻扈、達扈二反。二同。正他古反，上；土之言吐也，所以吐生万物也。借大古反，上；猶古也，生也，田也，度也，居也。⑥

地題利反，去；地，一[作]議土(墜)，即底也，百諦在不(下)稱也，大也。⑦

垎墬上古文。

---

① "如"下奪"畏"字，《字鏡》有"畏"字。《史記·魯世家》："匔匔如畏然。"集解："徐廣曰：匔匔，謹敬
　　貌也。"此處"匊"字似不誤。《論語·鄉黨》："鞠躬如也。""匊匔"似即"鞠躬"。茲據校補。

② 注文"山上"當作"匂"。《説文·亡部》："匂，气也。逯安説：亡人爲匂。""勹"爲古"人"字。此"山"
　　爲"勹"旁之誤，"上"爲"亡"旁之誤。茲據校改。

③ 注文"族"當作"竣"，《字鏡》即作"竣"。《玉篇·勹部》："匑，或作竣、踆。"茲據校改。

④ "胸"上殘，據《字鏡》補。《禮記》："左胸右末。"鄭玄注："屈中曰胸。"

⑤ 注文"到"當作"剄"。《名義·勹部》："訇，剄字。"茲據校改。"拘也"不詳，《名義》作"初也"。

⑥ "撻扈、達扈二反"原在字頭右旁。《名義·土部》："土，達扈反。"《名義》此條在"地"字注文之下。

⑦ "一"下疑奪"作"字，注文"議土"疑當作"墜"，"不"當作"下"。《廣韻·至韻》："地，土地。墜，籒
　　文。"《釋名·釋地》："地者，底也，其體底下，載萬物也。亦言諦也，五土所生莫不審諦也。"《爾
　　雅·釋地》釋文："《禮統》云：地，施也，諦也。應變施化，審諦不誤。"《廣韻·薺韻》："底，下也。"茲
　　據校改。反切上字原作"徒"，旁有"題"字，《名義》《玉篇》皆音"題利反"，是當改"徒"作"題"，但
　　作"徒"亦不誤。

坴(坴)𡋥𡎉三地古文。①

坤口魂反，口寸(村)反，平；卦名，天曰乾，地曰坤。又作巛。慎也。②

埋〔穩〕亡代反，去；又莫皆反，平；宇豆牟。③

堡𡐱二同。保音。小城也，墇也。豆伊比地。④

境紀影反，上；邊也。

社堵𧗱三同。都古反，上；垣也，築墟(墻)。⑤

坳凹烏交反，平；夷也，地不平之皃。⑥

坳上字。

坪垩二同。蒲京反，平；平地之平也。⑦

𡓨墢垈三同。扶發反，入；坺也，耕發土也。

壝餘秀(癸)反。壇外封塋也。⑧

壥受音。土曰禆添也。⑨

均居純反，平；度也，平也，調也，等也，同也，賦也，徧也，易也。

墾康很反，上；耕田用力也，力也，耕也。古奈田。⑩

塊居委反，上；毀也。豆伊加支乃破處。⑪

場直良反，平；治穀處也，稻庭。

塒視之反，平；雞穿垣而棲也。

塿力口反，上；培也，蟻墓也。⑫

---

① 字頭第一形當作"坴"。《集韻·至韻》："地，或作坴，唐武后作坴。""坴"爲"坴"之省。茲據校改。第二形不詳。第三形蓋據小篆隸定。
② 注文"寸"疑當作"村"。《新撰字鏡·雜字》："巛，口村反。坤字同。慎也。"《名義·土部》："坤，口魂反。"茲據校改。或"慎"通"順"，例多不備舉。
③ "亡代反"疑是"穩"字音，"埋"無此音，二字形近相混。《廣韻·代韻》："穩，莫代切。"宇豆牟(うずむ【埋む】)。
④ 第二形"土"旁原作"亻"旁。豆伊比地(ついひじ【築泥】)。
⑤ 注文"墟"當作"墻"。《慧琳音義》卷九十二"安堵"條："顧野王云：堵皆築墻板數也。《説文》：垣五板爲堵。""墻"又作"牆"，故誤作"墟"。茲據校改。
⑥ 《玄應音義》卷二十三"坳凹"條："烏交反。偏下也。下《蒼頡篇》作容，烏狹反。容，墊下也。《字苑》：凹，陷也。"此亦未言二字同，蓋因《玄應音義》而衍"凹"字。"夷"爲"平"義，與"地不平之皃"義相反，俟考。
⑦ "坪"字原作"坴"。《説文·土部》："坪，地平也。"此釋義蓋指"平地"之"平"本作"坪"。
⑧ 注文"秀"當作"癸"。《玉篇·土部》："壝，欲癸、欲追二切。"《名義·土部》："壝，欲鬼反。"茲據校改。
⑨ 據形音字頭當作"售"，"口"旁俗作"厶"，又訛作"土"，此形又見本書隹部。
⑩ 古奈田(こなた【熟田·水田】)。
⑪ 豆伊加支乃(ついがき【築垣·築牆】の【之】)破處。
⑫ 《慧琳音義》卷八十六"培塿"條："蟻封也。"

墅時与反,上;野廬也。乃乃□□(伊保)也。①

坅兵(丘)甚反,上;坎坑也。②

坷苦佐反,去;皆坑坎不平也。

堀堷窟三同。小穴。③

埒力輟反,入;戲馬道也,一曰卑垣也。④

坒阻資反,平;以土增道上。

塠都迴反。高也,崖也,壤也。豆牟礼也。⑤

堆上字。都回反,平;穴也,小兵(丘)也。

塚知隴反,上;墓也,限也。

垠牛竹(斤)反,平;八垠也。八方乃支波万利。⑥

墇之悉(羊)反,平;塞也,壅也,防也,畛也。⑦

墌之石反。積累初起也,基也。

坿扶付反。益也,附也。

埳埳坎三同。[口]感、口[紺]二反。坑也,險也,陷也,坎也。⑧

域王逼反。限也。

埻之允、之閏二反,上;射堋曰埻,埻中木曰的,猶的也。

壿上字。

堙廛(鄄)垔抇四同。於仁、烏賢二反,平;土滿穴也,塞也,屈也。⑨

亜又上字止(古)文。去;上字。⑩

塧垩二同。上於故反,下烏各反。白土也,塗也。

① "乃乃"下殘,殘字皆"亻"旁。《新撰字鏡·广部》:"廬,伊保也。"茲據校補。乃乃伊保(の【野】の【之】いお【庵·廬】)也。

② 注文"兵"當作"丘"。《廣韻·寢韻》:"坅,丘甚切。"茲據校改。

③ 第二形或即"腯"字。《新撰字鏡·骨部》:"腯,口骨反。窟字。地室也。"

④ "戲"字原誤作"䝔"。《倭名類聚鈔》卷四術藝部"馬埒"條:"《四聲字苑》云:埒(力輟反,與劣同。世間云:良知),戲馬道也。"《世說新語·汰侈》:"于時人多地貴,(王)濟好馬射,買地作埒,編錢匝地,竟埒,時人號曰金溝。"《漢語大詞典》:"戲馬,馳馬取樂。"

⑤ "壤"字寬永本同,《群書類從》本、享和本作"壞"。豆牟礼(つむれ【培塿】)。

⑥ 注文"竹"當作"斤"。各作"斤"。《廣韻·欣韻》:"垠,語斤切。"茲據校改。八方乃支波万利(やも【八面·八方】の【之】きわまり【極まり·窮まり】)。

⑦ 注文"悉"疑當作"羊"。《玉篇·阜部》:"障,之尚、之羊二切。"茲據校改。

⑧ "感"上奪字,"口"下奪字。《玄應音義》卷四"輱軻"條:"又作埳,同。口紺、口感二反。下口佐反。"茲據校補。訓釋末"坎"字原作"坋",或非"坎"字。

⑨ 字頭"廛"當作"鄄"。《玄應音義》卷十一"堙羅"條:"古文亜、鄄二形,今作堙,同。於仁反。……喞,烏賢反。"茲據校改。

⑩ 注文"止"當作"古",參見上條。

凷塊苦對、口内、口隊三反,去;堛也,土塊也,結土也,土凹(凷)也,堅[土]也。久保。①

堪苦含反。尯也,住(任)也,勝也。②

坁垀坻圫四同。直飢反。或作邶,在邶部。小渚也,塌也。③

赭土之也反。赤土也。④

墠市衍反。除地祭后土也,白土也,營内外像町町爲之。波留久,又太比良久。⑤

[墰徒貪、徒南二反。猶坩也,盂也,盆也,瓮也。保止支。]⑥

埃上字,非。

坡陂普何反,平;坎(坂)也,以土壅水也,道峻也。佐加,又与久,又豆豆牟。⑦

坼牀二同。恥格反,入;小開也,裂也,分也,辟(擘)也。佐介女,又比波留。⑧

坋坌二同。扶粉反,上;土黑而坋起也,分也,塵也,汙也。

墳上字。符分反。隄也,大也,[大]防也,坭也。⑨

壘力癸反,上;重也,軍辟(壁)壘也。⑩

壵上字。⑪

壵府墳反。除掃棄也,除也。

堵徒古反。滿也,盈也,杜也,塞也。

---

① 注文“凹”當作“凷”,“堅”下奪“土”。《龍龕・凵部》:“凷,土凷。”《龍龕・土部》:“堛,土凷。”《玄應音義》卷七“堅凷”條:“《説文》:堅土也。”茲據改補。久保(くぼ【凹・窪】)。此和訓蓋與“凹”字混。

② 注文“住”當作“任”。《廣韻・覃韻》:“堪,任也。”茲據校改。

③《玄應音義》卷十四“賓坻”條:“直飢反。或作邶坻。”此處蓋誤以“邶”爲“坻”的異體,據《玄應音義》實爲“賓”的異體。此“或作邶,在邶部”當刪。

④《玄應音義》卷十四“赭土”條:“之也反。《三蒼》:赭,赤土也。”此誤“赭土”爲一字。

⑤《詩・鄭風・東門之墠》:“東門之墠。”毛傳:“墠,除地町町者。”此“營内外像町町爲之”不詳。波留久(はるく),又太比良久(た【田】ひらく【開く】)。

⑥ “墰”字條奪,據各本補。《玄應音義》卷十五“石墰”條:“徒南反。猶瓷坩也。律文作埮,非也。坩,口甘反。”保止支(ほとぎ【缶】)。

⑦ 注文“坎”當作“坂”,各本作“坂”。《玉篇・土部》:“坡,坡坂也。”茲據校改。圖書寮本《類聚名義抄》“陂池”條引《東宮切韻》:“澤障也,案謂以土壅障水也。”《慧琳音義》卷六十一“峻坂”條:“下音反。《考聲》:坡也。峻坡曰坂。”“与久”寬永本同,《群書類從》本、享和本作“牟久”。佐加(さか【坂】),又与久(よく),又豆豆牟(つつむ【障む・恙む】)。

⑧ 第二形原作“牪”。《玄應音義》卷十七“開坼”條:“《埤蒼》作牀,同。”注文“辟”當作“擘”。各本作“擘”。《廣韻・麥韻》:“擘,分擘。”《廣雅・釋詁上》:“擘(據《疏證》補)、坼,分也。”茲據校改。佐介女(さけめ【裂け目】),又比波留(ひわる【罅る】)。

⑨ “防”上奪“大”字。《爾雅・釋丘》:“墳,大防。”茲據校補。“坭也”疑是“坋”字義。“墳”同“坋”,“坋”與“坭”形近相混。《廣韻・黠韻》《玉篇・土部》:“坭,坭坭也。”《廣雅・釋言》:“坭,坭也。”

⑩ 注文“辟”當作“壁”。《説文・土部》:“壘,軍壁也。”《原本玉篇・厶部》:“壵,《説文》:壵壪。《聲類》亦壘字也。壘,軍壁,在土部。”茲據校改。

⑪ 此條原在“壵”條之下,有倒乙號,據乙正。“壵”同“壘”。

埔堞壏上或作陠、墉，二同。餘鍾反。牆謂之埔，城亦謂之埔，“以伐崇埔”是也，城也，大岳也，罜也。下徒頰、恥牒二反。堞，女牆也，防盜賊者也，家牆也，垣也。

埃烏來反，平；塵也，謂塵飛曰埃也。

埴市力反，入；黏土也。波尔也。①

圮〔圮〕正也久、以之、移三反，平；橋也，又土橋也。借父美反，上；低也，毀也，覆也，崔（摧）也，毀也，破裂也，絕也。②

圩宜[作]盂。禹俱反。盂，器也。③

埤扶彌反，平；加也，增，附也，原（厚）也，助也，補也，与也。④

墋幻（初）錦反。沙土入食中曰[墋]。⑤

㙒[上字]。⑥

圻渠機反。地圻咢也，城內曰圻也，千里曰圻也，門內也，竟也，窮也，壇也，幾（畿）也。又作幾（畿）。或作訢（沂），魚衣也（反）。⑦

坰公螢反。邑外謂之郊，[郊外]謂[之]物（牧），物（牧）外謂之林，皆各七里，林外謂之坰，坰無里數，設百里之國邑，五者之界也。⑧

坦泰俎（但）、大二、荼但三反，上；安也，着也，寬曠之皃，平也，明也，平敞也。⑨

坥且餘、且如來（絮）二反。塲也，糞名坥也。⑩

墥襰摥三同。直尒、勑紙二反。摥，奪也。襰，㿃也，脫□（衣）也。⑪

壁補歷反。室中垣壁也，壘也。

<hr>

① 波尔（はに【埴】）也。

② 注文“崔”當作“摧”。《慧琳音義》卷八十二“圮壞”條：“《考聲》：毀也，摧也。”茲據校改。“也久”不詳，或是倭音。“移”前後奪反切上字或下字。

③ 《玄應音義》卷十三“屠圩”條：“宜作盂，同。禹俱反。盂，器也。”

④ 注文“原”當作“厚”。《玉篇·土部》：“埤，《詩》云：政事一埤益我。埤，厚也。”茲據校改。

⑤ 注文“幻”當作“初”，“曰”下省“墋”字。《玄應音義》卷七“墋濁”條：“初錦反。《通俗文》云：沙土入食中曰墋。”茲據改補。

⑥ 此條注文奪。上條字頭原作“㙒”，此蓋上字異體，茲補注文“上字”。

⑦ 注文“幾”當作“畿”，“訢”當作“沂”，“魚衣”二字原混爲一字，末“也”字當作“反”。《玄應音義》卷七“京畿”條：“或作圻，同。”《玄應音義》卷七“圻際”條：“經文從水作沂，魚衣反。”茲據校改。

⑧ 注文有奪字，注文“物”當作“牧”。《玄應音義》卷二十二“坰野”條：“公螢反。《爾雅》：邑外謂之郊，郊外謂之牧，牧外謂之林，皆各七里，林外謂之坰，坰无里數，設百里之國邑，五者之界也。”茲據補改。

⑨ 注文“俎”當作“但”。《名義·土部》：“坦，泰但反。”茲據校改。“二”字疑誤。

⑩ 注文“如來”當作“絮”。《玉篇·土部》：“坥，且餘、且絮二切。”茲據校改。《方言》卷六：“坥，場也。梁、宋之間蟦場謂之坥。”郭璞注：“蟦，蚍蜉也，其糞名坥。”

⑪ “㿃”之上原有“也”字，“脫”下殘。《大般若經音義》“墥落”條：“又作襰、摥。直尒、勑紙二反。摥，奪也。襰，㿃也，脫衣也。”茲據刪補。正字爲“襰”，“墥”“摥”皆俗字。

壏丘猗反。□。毀也。壢字同也。①

壵且田反。三里曰壵,陌也。又阡字,合作。

墀治尼反,□(平);塗也,楷也。

墊都念、徒協二反。江水也,藏也,塌也。

壞壞二同。正胡恠反,去;敗也,毀也。又作數、壞反(也)。

坺坺扒三同。正扶厥反。丘土也。今爲伐字,又爲墢字。借蓬葛反,入;治也,呼塵曰坺。②

培正薄來反。屋後垣也,隄也。借蒲走反。

坯正薄悲反,平;土器未燒干曰坯,既燒干曰瓦。借普來反,平。

坏上字。

坊正扶方反,平;障也。亦爲防字。借甫房反,平;別屋也,又營回者也,亦省名也,又低也。

壤壤**壤**三同作。如常、如尚(掌)二反,上;瀼也,柔泥也,肥柔土也,國也。古豆知,又古万介志。③

壃疆二同。紀香、居良二反。垂也,竟也,畫堺也。

場以尸(尺)反,入;又余登反,平;壃場也,國之堺也,界也。又子達反。達也。④

坒扶必反。場也,地相次比也,折也。

墺於六反,入;壞也,西(四)方土可居也。古江豆知也。⑤

坃(堎)上古文字。⑥

垓古開反,平;八極也,十万曰億,十億曰兆,十兆曰經,[十經]曰垓也。⑦

垜垜梁三同作。徒果反,上;聚土也。

墅村付反。垜也。万止。⑧

垤徒結反,入;蟻塚也。阿利豆加。⑨

塥芳逼反。由也。

垙苦紅反。垙峒。

① 殘字鈴鹿影抄本作"圀",似爲"ス□付",不詳。

② 《説文繋傳・土部》:"坺,《詩》曰:'武王載坺。'一曰塵皃。臣鍇曰:按,今《詩》作伐字。"

③ 注文"尚"當作"掌"。《名義》《玉篇・土部》:"壤,如掌反。"茲據校改。"國"字原作"圀"。古豆知(こづち【壤】),又古万介志(こまけし【細けし】)。

④ 注文"尸"當作"尺"。《名義》《玉篇・土部》:"場,以尺反。"茲據校改。兩處又音及釋義"達也"俟考。

⑤ 注文"西"當作"四"。《説文・土部》:"墺,四方土可居也。"茲據校改。古江豆知(こえつち【肥土】)也。

⑥ 字頭"坃"當作"堎"。《説文・土部》:"堎,古文墺。"茲據校改。

⑦ "經"下奪"十經"字。《玉篇・土部》:"垓,《風俗通》曰:十千曰萬,十萬曰億,十億曰兆,十兆曰經,十經曰垓。"茲據校補。

⑧ 《廣韻・遇韻》:"墅,才句切。""村"或當作"材"。"万止"上各本有"弓射"。万止(まと【的】)。

⑨ 阿利豆加(ありづか【蟻塚・垤】)。

堫子紅反，平；種也，□□(一曰)内種其中也。①

壅於容、於隴二反。塞也。

堣俁俱反，平；堣夷，日所入(出)。②

堬羊朱反，平；塚也，冢也。

隤杜回反，平；隤字。隤，墜也。

壿七旬反，平；無(舞)皃。③

垈府文反。除也，埽弃也。

垣韋元反，平；牆也。

塤況袁反，平；篪，樂器。

埏□(以)然反，平；墓道也，又□(地)八極曰八埏也。④

壖壖二同。而緣反。江河邊地，又厝(廟)壖也。⑤

坩苦甘反。坩甒也。

坉沌坉三同。徒混反。混沌，不通也。

堈埪古郎反。甕。又作甌也。

堭胡光反。堂殿也，堂堭，合殿也。

坑坈二同。古黃反。城郭也。

埻莫浮反。堆埻，小隴也。

坯轢深反。坯鄹，古國名也。

𡐋增三同。作滕反。加也，益也，重也，壘也。

堋步崩反。射堋也，下棺也。

已上從垈字已下平聲

塢烏古反，上；村塢也。

坂府遠反，去(上)；峻道也。

---

① "内"上兩字殘。《說文·土部》："堫，種也。一曰内其中也。"茲據校補。

② "俁俱"原倒，注文"入"當作"出"。《切三·虞韻》語俱反："堣，堣夷，日所入(出)。"《全王·虞韻》語俱反："堣，堣夷，日所出處也。"《廣韻·虞韻》："堣，虞俱切。堣夷，日所出處也。"《說文·土部》："堣，堣夷，在冀州陽谷。立春日，日值之而出。"《玉篇·土部》："堣，遇俱切。堣夷日所出。"茲據乙改。

③ 注文"無"當作"舞"。《廣韻·諄韻》："壿，舞皃。"茲據校改。

④ "然"上殘，"又"下殘。《切三》《全王》《廣韻·仙韻》："埏，以然反。"《廣韻·仙韻》："埏，亦地有八極八埏。"《玉篇·土部》："埏，地之八際也。"茲據校補。

⑤ 注文"厝"當作"廟"。《玉篇·土部》："壖，服虔曰：宮外垣也。韋昭曰：河邊地也。張晏云：城旁地也。俗作壖。"《廣韻·仙韻》："壖，江河邊地，又廟垣。或從需，餘同。"《龍龕·土部》："壖，又廣坦(廟垣)也。"《漢書·申屠嘉傳》："太上皇廟壖垣也。"顏注："服虔曰：宮外垣餘地也。""廟"同"廟"。本書"祔""祧""禰"等字注文"厝"皆爲"廟"之誤，但"鹵"字注文"厝"則爲"廣"之誤。茲據校改。

埽蘇晧反,上;除也,弃也。

埯安敢反,上;坑也。

埂堮同作。古杏反,上;坑也,小坑也。隁封,吴人云。

隧徐醉反,去;墓道也。

壇乙利反,去;瞹字同。陰也。久毛利天乎(支)利立也。①

堄(壻)蘇計反,去;[女夫]也。②

堅於計反,去;塵也。

墆直例反,去;豕。

埰倉代反,去;墳也,大夫食地也。

堇渠舜(遴)反。塗也,[溝]上之道也。③

垸胡段反,去;漆垸。

垸上同。後官反,去;量名,浦(補)垣也,地方者處高。④

壜呼訶(訝)反,去;地[名]也,坼也,裂也。⑤

境(墇)之亮反,去;塞也。⑥

坫都念反,去;屏。

埏古鄧反,去;道也,行路也。

墣普木反,入;塊也。

坶莫六反,入;野,殷地名。⑦

圪于乞反,入;高皃也。

抹莫割反,入;塵也,壤土也,壤也。

堨烏葛反,入;清也,擁堨也,埃也。⑧

圿古黠反,入;□□也。⑨

---

① "乎"據各本作"支"。久毛利天支利立(くもりて【曇り天】きり【霧】たつ【立】)也。

② 字頭"堄"當作"壻","也"上奪"夫"。《切三》《全王》《廣韻·霽韻》蘇計反:"壻,女夫。"《裴韻·霽韻》:"壻,夫也。"《說文·士部》:"壻,夫也。"此處暫補作"女夫"。茲據改補。

③ 注文"舜"當作"遴","上"上奪"溝"。《王一》《裴韻》《全王》《廣韻·震韻》:"堇,渠遴反。"《玉篇·土部》:"堇,《國語》曰:陵陸堇井。堇,溝上之道也。"茲據校補。

④ 注文"浦"當作"補"。《說文繫傳·土部》:"垸,一曰補垣也。"茲據改校。《玉篇·土部》:"垸,後官、胡亂二切。"此字有平、去二音,"垸"當爲"垸"的俗字。

⑤ 注文"訶"當作"訝","地"下奪"名"。S.6176、《裴韻》《全王》《唐韻》《廣韻·禡韻》呼訝反:"壜,地名,在晉。"《全王》亦奪"名"字。茲據改補。

⑥ 字頭"境"當作"墇"。《廣韻·漾韻》之亮切:"墇,墇塞。"茲據校改。

⑦ "野"上原有"地"字。《廣韻·屋韻》:"坶,坶野,殷近郊地名。"蓋因"地名"之"地"而衍。茲據刪。

⑧ "清也"《名義》同。《新撰字鏡·水部》:"澔,微也,清也。堨字。"《廣雅·釋詁一》:"澔,清也。"《廣韻·祭韻》:"澔,清也。"《廣韻·泰韻》:"澔,覆也,清也,微也。《說文》:蓋也。"

⑨ 《切三》《裴韻》《唐韻》《廣韻·黠韻》:"圿,垢圿。"《王一·黠韻》:"圿,垢惡。"《全王·黠韻》:"圿,圿垢惡。"此處注文當有奪字,暫補兩個缺字符。

壛永（承）正反，上（去）；甌器也。①

垷古典反，上；塗泥，塗也，出領也。②

塙口角反。高皃。磼字。堅不可拔也。

垸埍二同作。魚礼反。城上小垣也。

塾殊鞠反。夾間（門）堂也，門餝名。③

墣圤二同。普角反。塊也。

墩口教、口交二反。磽也，埵也，損（捐）棄也。敲字也。④

塹〔壍〕七艷反。坑也，大也，城隍也，反塗也。⑤

墳甫墳反。坴字。

坴力六反。塊也，梁也。

壊盰圜反。萌也。損（填）字。⑥

坑壠二上古文。

墼居的反。飢（瓴）適也，坴也，未燒者也。⑦

圣口骨反。致力□□（於地）曰圣也。⑧

坄唯壁反。塊竈反（也），陶竈惢（窓）也。炈字也。⑨

埭視陵反。水埒也，埒也，塍字也。

壐胥紫反。璽字。王者之印。

型飢（餘）經反。鑄器之法也，橫（模）也。⑩

墨莫得、莫戟二反。黥也。在黑部。⑪

---

① 注文“永”當作“承”，“上”當作“去”。《裴韻·清韻》《全王·勁韻》：“壛，承政反。”《唐韻》《廣韻·勁韻》：“壛，承正反。”“正”爲去聲字。茲據校改。

② “出領”疑是“嶺”字之誤。《廣韻·銑韻》：“峴，峻嶺。”“垷”同“峴”。蓋“嶺”誤分作“山領”，“山”又誤作“出”。

③ 注文“間”當作“門”。《爾雅·釋宮》：“門側之堂謂之塾。”郭璞注：“夾門堂也。”茲據校改。《詩·周頌·絲衣》正義引《白虎通》云：“所以必有塾何？欲以飾門，因取其名。明臣下當見於君，必熟思其事也，是塾爲門之堂也。”

④ 注文“損”當作“捐”。《名義·土部》：“墩，捐棄也。”茲據校改。《廣雅·釋詁一》：“墩，棄也。”疏證：“《方言》：拌，棄也。楚凡揮棄物謂之拌，或謂之敲。……敲與墩通。”

⑤ 注文後一“反”衍。“塗也”爲“壍”字義。

⑥ 注文“損”當作“填”。《名義·土部》：“壊，萌也，坎也。填，上字。”茲據校改。《白虎通》：“壊之爲言薰也，陽氣於黃泉之下薰蒸而萌。”

⑦ 注文“飢”當作“瓴”。《説文·土部》：“墼，瓴適也。”茲據校改。

⑧ “力”下兩字殘。《説文·土部》：“圣，汝潁之閒謂致力於地曰圣。”茲據校補。

⑨ 注文“反”當作“也”，“惢”當作“窓”。《玉篇·土部》：“坄，陶竈窓也。《儀禮》：句（甸）人爲坄於西牆下。鄭玄曰：塊竈。”茲據校改。

⑩ 注文“飢”當作“餘”，“橫”當作“模”。《名義·土部》：“型，餘經反。模。”茲據校改。

⑪ “黑”下原有“一”字。“黑”部有墨字。茲據刪。

垍期致反。堅土也。

圮皮美反。毀也,覆也,謂毀覆也。微(屵)字。①

毀麾詭反。壞也,損也,缺也,破也。

壓於甲、於涉二反。笮也,損也,服也,降也,壞也。

韭扶畏、甫鬼二反。塵也。斐字。

在存改反。存也,察也,見也,居也。

壍紆恭、紆勇二反。蔽也,塞障也。

塵上字。

塗達胡反。泥也。

埘 尗二同。充叔反。氣出於地也,始也。俶字。

埵丁果、丁戈二反。堁也,塪也。

堁於臥、口對二反。塵也,地名也。②

埖充是反。持(恃)土地。③

垌又力反。遏遮也。

埑吾勒反。澱滓也。

塓莫歷反。塗字(也)。④

圭古携反。梁(潔)也。圭,瑞玉也。古佐。⑤

墇丁老反。堁也,高土也,隄也。

壚口忽反。菟窟也,菟所伏也。窟字。

埩事耕反。治也。

坌蒲頓反。並也。

塚除卷反。耕合上(土)。⑥

壝力陳反。壠也。

坈力救反。壝也,隴也。畞字古文。

埜餘渚反。墅字。古文野。效外也。

---

① 注文"微"當作"屵"。《王一》《全王·旨韻》:"圮,亦作屵。"《玉篇·屵部》:"屵,普昧切。崩聲。又皮鄙切。毀也。或作圮。"兹據校改。

② 《玄應音義》卷五"八顆"條:"經文作堁,於臥反。塵也,一曰地名。堁非此義。"

③ 注文"持"當作"恃"。《廣韻·紙韻》:"埖,恃土地。"兹據校改。

④ 注文"字"當作"也"。《廣韻·錫韻》:"塓,塗也。"《説文新附·土部》:"塓,塗也。"《玉篇·土部》:"塓,《左氏傳》:圬人塓館。杜預曰:塓,塗也。"兹據校改。

⑤ 注文"梁"當作"潔"。《儀禮·士虞禮》:"圭爲而哀薦之饗。"鄭玄注:"圭,絜也。"《廣雅·釋詁三》:"圭,潔也。""絜"同"潔"。兹據校改。又"梁也"或是"垚"字義,見上文"垚"字條。《説文·土部》:"垚,一曰垚梁。"《説文·土部》:"圭,瑞玉也。"古佐(こさ)。

⑥ 注文"上"當作"土"。《名義》《玉篇·土部》:"塚,耕合也。"《廣韻·獮韻》:"塚,耕土卷也。"觀智院本《類聚名義抄·法中·土部》:"塚,耕合土。"兹據校改。

圸力折反。塍也。①

墅裨折反。大阜,在左馮翊池陽縣也。

圳居育反。涯水也,曲岸也。鞠字。

壖五各反。咢字。

㙇達計、達結二反。翳,隱兒。停也,貯也。滯字。廢也,上(止)也,久也。②

塚丑乏(足)反。牛馬所蹛。③

塌勑顯反。鹿跡也,坦也。圢字古文。

圢他冷反,上;坦也。

墥勑營(管)反。圢墥,鹿所踐地也。疃字。④

壂徒睍反。堂也。殿俗字也。

㘠与瞻反。里門也,巷也。閭字也。

垠力盎反。冢也,堬也。

墦扶園、普[安]二反。冢也,圍棺者也。⑤

塋胡瓊反。墓所,域也,葬地。

[塳]牛(才)[山]反。門聚。⑥

㙠徒闒反。塌,隋(墮)也。⑦

塌上字。

垗挑二同。雉矯反。域也,葬地,塍也。

埍胡大(犬)反。隸所居也,女牢也,徒所居也。⑧

㝎胡八、口没二反。囚突出也。

垇區遊反。址字古文。虛也,空也。

坑呼玦反。深也,空也。窝字。

墠古穫反。墻(墠)端之國也。⑨

---

① "塍"上原有"折"字。《玉篇·土部》:"圸,塍也。"當涉反切下字衍。茲據刪。

② 注文"上"當作"止"。《廣韻·屑韻》:"㙇,止也。"茲據校改。

③ 注文"乏"當作"足"。《名義·土部》:"塚,丑足反。"茲據校改。

④ 注文"營"當作"管"。《名義·土部》:"墥,勑管反。"茲據校改。

⑤ "普"下奪"安"字。《名義·土部》:"墦,普安反。冢也。"《玉篇·土部》:"墦,扶員、普安二切。"茲據校補。《禮記·雜記》:"其輤有裧,緇布裳帷,素錦以爲屋而行。"鄭玄注:"緇布裳帷,圍棺者也。"注文"圍棺者"當本此。

⑥ 此條原在上條注文末,字頭奪,注文"牛"當作"才",下奪"山"字。《名義·土部》:"塳,才山反。"《玉篇·土部》:"塳,才山切。《埤蒼》曰:塳門聚,在睢陽。"《廣韻·山韻》士山切:"塳,門聚。"茲據補改。

⑦ 注文"隋"當作"墮"。《名義》《玉篇·土部》:"㙠,墮也。"茲據校改。

⑧ 注文"大"當作"犬"。《名義》《玉篇·土部》:"埍,胡犬反。"茲據校改。

⑨ 注文"墻"當作"墠"。《玉篇·土部》:"墠,墠端、國名。"《集韻·鐸韻》:"墠,國名。《山海經》:墠埻國,在流沙中。或作墫。"茲據校改。

埭埭三同。力見反。虛,在博平。

壔壯交反。陽由(田),在聊城。①

甐齒志反。坋也,赤也。

垼治揚反。道也。

壏何黠反。堅壚(彊)也,堅土也。檻字也。②

墐胡道反。爐(號)字。土釜也。③

墿餘石反。道也。

坾除与反。道(塵)也。④

塗餘冢反。堉塗。

坲乃簸反。坲墓(莫)。⑤

垇乙棘反。春秋邑名。

埆墝礐三同。胡角反。又确字。曾祢。⑥

墁莫旦反。槾,杇也,所以塗也。

叡餘贅反。叡字。明也,智也,聖也。

塂扶福反。復字。地室也,窟也。

埈思駿反。陵字。陗也。

埢羈篆反。觠、鬈三同,在关部。曲也。⑦

垺撫俱反。郛字。郭也。

糞甫同(問)反。糞字。掃席前也。⑧

垚五彫反。

墐㘪,古文也。居隱反。黏黄土也。墐字,從黄、從土。

塀**墲**(塲壒)於易、於害二反。土塵暗也,埃也。⑨

---

① 注文“由”當作“田”。《全王·肴韻》:“壔,陽田,在聊城。”茲據校改。
② 注文“壚”當作“彊”。《玉篇·土部》:“壏,彊壏,堅大(土)。”《管子·地員》:“廩焉如壏。”尹知章注:“壏,猶彊也。”茲據校改。
③ 注文“爐”當作“號”。《廣韻·晧韻》:“號,土釜。亦作墐。”茲據校改。
④ 注文“道”當作“塵”。《名義·土部》:“坾,塵也。”《玉篇·土部》:“坾,《字林》曰:塵也。”“道”當是涉上條而誤。茲據校改。
⑤ 注文“墓”當作“莫”。《名義·土部》:“坲,莫也。”《玉篇·土部》:“坲,坲莫也。”《廣雅·釋詁四》:“嫫、坲,静也。”“莫”亦訓“静也”。茲據校改。
⑥ 曾祢(そね【确·墝】)。
⑦ 注文云“三同”,但僅二異體。《玉篇·土部》:“埢,《字書》亦作觠、鬈。”與此同。《新撰字鏡·关部》:“埢,詘也。頟捲觠,三形上字同。”此或奪其中一形,或當作“二同”。
⑧ 注文“同”當作“問”。《名義》《玉篇·土部》:“糞,甫問反。”茲據校改。
⑨ 字頭當作“塲壒”。“塀”同“隘”,於此不合。《廣韻·泰韻》於蓋切:“壒,塵也。”“於易反”爲“益”字音,蓋據“塀”字右旁而擬。茲據校改。

坱於郎（朗）反，上；吴人謂塵也，昧也。①

坲埻𡋯三同。扶物反。塵起也。②

塌徒陟（涉）、直輒二反。下入也。③

埣私管（營）反。赤對土也。④

壚力始（姑）反，平；黑對土也。⑤

𡍩境磽三同。口交反，平；地土石交堅世（也）。曾祢也。⑥

垎胡格反。堉也。

堉前跡反。垎也，土瘠也，水乾也。

埝乃協反。地下也，陷下也。

塏苦改、口芥二反。燥也，地高燥也。爽，明也。⑦

堋〔步〕崩反。皮也，射也，射皮也。⑧

埭徒戴反，去；似（以）土斷水也，枇也，背也，名也。⑨

堎上字，非。

塘途當反。陂也。

堰於建反，去；土斷水使不流也。

堋防崩反。蜀人堰。⑩

埤下旦反。竭水小堤也。

𡈽址同。之市反。土滿穴也，塞（基）也。⑪

基居衣反。經也，設也，殿也，教命也，營也，始也，址也，本也。

---

① 注文"郎"當作"朗"。《廣韻·蕩韻》："坱，烏朗切。"兹據校改。
② 《名義·土部》："坲，扶勿反。塵起也。"《名義·土部》："埻，蒲忽反。塵也，壤也。"《集韻·勿韻》："坲，坲埻，塵起也。"此二字義同音異，當非異體，蓋因義同而混。
③ 注文"陟"當作"涉"。《集韻·葉韻》："塌，直涉切。"兹據校改。
④ 注文"管"當作"營"。《廣韻·清韻》："埣，息營切。"兹據校改。
⑤ 注文"始"當作"姑"。《廣韻·模韻》："壚，落胡切。""姑"爲"模"韻字。兹據校改。
⑥ 曾祢（そね【磽·埒】）也。
⑦ "反"下之字原作𡌦，字形似左"土"右"樂"，疑是"燥"字之誤。《説文·土部》："塏，高燥也。"《左傳·昭公三年》："請更諸爽塏者。"杜預注："爽，明也。塏，燥也。""爽明也"非此字義。
⑧ "崩"上奪"步"字。《切三》《王一》《全王》《廣韻·登韻》《新撰字鏡·土部》："堋，步崩反。"兹據校補。
⑨ "似土"原倒，注文"似"當作"以"。《裴韻》《全王·代韻》："埭，以土斷水。"兹據乙改。"枇也，背也，名也"諸義俟考。
⑩ 《太平寰宇記》卷七十三："李冰壅江作堋，蜀人謂堰爲堋。"
⑪ 注文"塞"當作"基"。《説文·𠩺部》："阯，基也。址，阯或从土。"兹據校改。《新撰字鏡·土部》："埋塵（𡏞）烟㧖四同。於仁、烏賢二反，平；土滿穴也，塞也，屈也。"疑此"基"誤作"塞"，而與"埋"條相混。

墀治尺(尼)、笞着二反,入;水中高地也,嶋也。①

垢古後反。濁也,穢也,恥也。

塼專音。甓甎。加波良也。②

甌。③

堂殿也,堂之言明也。④

坐臺二上古文。

墻墻墙三同。城音。城也。⑤

塈呼各反。虚也,謂挽(坑)塹也。⑥

垄一向、子浪二反,去;埋也。⑦

塤🖾余庶反,去;高平也。

墲墲同。莫胡反,平;規度墓地也。⑧

埿埿二同。耶音。漬淖也。⑨

坰同音。野也。⑩

垌野也。

塈慈力反,入;"不塗[塈]","夏后氏塈[周]"也,疾也。坠[字]。⑪

塸恥夫反,平;宅也。⑫

墧力交、力了二反,平;周也。加支乃女久利。⑬

---

① 注文"尺"當作"尼"。《新撰字鏡·土部》:"墀,治尼反。"《廣韻·脂韻》:"墀,直尼切。"兹據校改。釋義爲"坻"字義,二字通。

② 加波良(かわら【瓦】)也。

③ 此字無注,且非土部字,疑是上條"塼"字注文。《玉篇·土部》:"塼,甌甎。亦作塼。"

④ 《廣韻·唐韻》徒郎切:"堂,《白虎通》曰:堂之爲言明也,所以明禮義也。"

⑤ "墙"字音讀爲"しょう",與"城"字音讀"じょう"相近。

⑥ 注文"挽"當作"坑"。《爾雅·釋詁下》:"塈、阬阬,虚也。"郭璞注:"阬阬謂阬塹也。""坑塹"同"阬塹"。兹據校改。

⑦ "垄"同"葬","子浪反"即其音。本書歹部:"垄,一向反。埋也。""一向反"俟考。

⑧ 字頭原作"𡎺""𡒅"。

⑨ 《集韻·馬韻》:"埿,泥淖也。或从邪。"《荀子·修身篇》:"行而供冀,非漬淖也。"楊倞注:"凡行自當恭敬,非謂漬於泥淖也。人在泥淖中則兢兢然。"

⑩ 原"同"皆誤作"同"。

⑪ "塗"下奪字頭,"塈"下奪"周","坠"下奪"字"。《儀禮·喪服》:"既練,舍外寢。始食菜果,飯素食,哭無時。"鄭玄注:"舍外寢於中門之外屋,下壘墼爲之,不涂塈,所謂堊室也。"《禮記·檀弓上》:"有虞氏瓦棺,夏后氏塈周。"《説文·土部》:"坠,以土增大道上。塈,古文坠,从土、即。"兹據校補。

⑫ 《廣韻·厚韻》烏后切:"塸,聚沙。"此音義不合,據釋義疑是"區"的增旁俗字。《淮南子·原道訓》:"以馳大區。"高誘注:"區,宅也。""恥夫反"似又爲"樞"字音。

⑬ 加支乃女久利(かき【垣】の【之】めぐり【回り·廻り·巡り】)。

填徒取、徒賢二反，平；塞也，滿也，加也，定也，廁雜也，壓也。①

塪坑二同。康苦向共向(苦庚、苦向)二反。穴也，陥也，落也。三曾。②

坵居有、虚故二反。小陵曰岳(丘)。乎加，又豆牟礼。③

墟〔墢〕徒古、〔去〕餘二反。故〔丘〕也，大壇〔之〕基也，大丘爲墟，又廬也，居也，虚也。〔伊保，又支〕志毛止。④

墢𡎺二同。補屋、府福二反。迴𣹬也。𣹬同。佐加万支。⑤

壇徒干、徒安二反。封也，築土成堂也。

堚胡昆反。土也，白土也。

埤坏〔坯〕同。蒲悲反。頯同。豆加留，又加志加牟也。⑥

墺烏狎反。砑字。

塔他答、他合二反。物聲也，鳴也，樂也，容静也，志也，不□(喊)噎也。⑦

壟力勇、力隴二反，上；地之中山高起也，塚也。豆加也。⑧

壠力悚反。丘龍(壟)。⑨

堤隄二同。之移反。滯也，水堤也。弟泥反，平；又丁礼反，上也。⑩

壙口滿、口荒二反。塚中，同□，空也，大也，塹穴。⑪

堦古骸、古亥二反。堂基也，砌也，□(階)也，昇於堂之道也。⑫

---

① 前一反切下字"取"不詳。《玄應音義》卷二"廁填"條："《三蒼》：廁，雜也。《廣雅》：填，塞也，滿也。""廁雜也"非此字義。

② 反切據各本改。又《名義》《玉篇·土部》："坑，苦庚反。""苦向反"當是倭音"こう"。茲據校改。各本無"穴也"，"落也"下有"池无水曰坑"五字。狩谷疑"落"當作"壑"，俟考。三曾(みぞ【溝】)。

③ 注文"岳"當作"丘"。《廣雅·釋丘》："小陵曰丘。"茲據校改。此反切不詳，"居有反"當是"丘"字倭音"きゅう"，"虚故反"當是倭音"きょ"，二音相近。乎加(おか【丘·岡】)，又豆牟礼(つむれ【培塿】)。

④ 奪字據各本補。《名義》《玉篇·土部》："墟，去餘反。"茲據校補。"徒古反"當是"墢"字音，形近相混。《廣韻·姥韻》："墢，徒古切。""大壇基"，寬永本作"大岡岡基"，《群書類從》本、享和本作"大岡之基"，"大岡之基"蓋是。伊保(いお【庵·廬】)，又支志毛止(きしもと【岸本】)。

⑤ 佐加万支(さかまき【逆巻き】)。

⑥ "蒲悲反"爲"坏"字音，此蓋形混。各本作"條(徐)季反"。容貌瘦"，當從《名義·頁部》："頯，徐季反。憂也。"豆加留(つかる【疲る】)，又加志加牟(かじかむ【悴む】)也。

⑦ "不"下殘。《禮記·內則》："不敢噦噎。"茲據校補。《名義·土部》："塔，物聲。"此釋義多不詳。

⑧ "中"字原作"忄"。豆加(つか【塚·冢】)也。

⑨ 注文"龍"當作"壟"。《説文·土部》："壟，丘壟也。"茲據校改。各本作："壠，力龍反。塚也。久吕。"久吕(くろ【畔·壟】)。

⑩ "之移反"疑是"提"字音。《廣韻·支韻》："提，章移切。""滯"字原作"𣲾"，右似"霍"，暫據《名義》作"滯"。

⑪ 注文"滿"疑當作"謗"。《廣韻·宕韻》："壙，苦謗切。"茲據校改。

⑫ 殘字原作"阤"，似爲"階"字，"堦"同"階"。

坤□(土)甘、[土]紺二反。崩□(岸)也。久豆礼，又阿須。①

埈徒骨、徒杌二反。須惠加万。②

壌塝同作。山□(友)、在尚二反。崶(塏)，高也，乾也，干也，无潤曰壌。③

坻真尒、之尒二反。道不平之兒，坂也。左加也。④

埼(埼)豆(巨)衣、居移二反。曲岸。久万，又作乎利，又字太乎利。⑤

塵高(直)連反。一家之居也。埋(壛)，上同。⑥

塊在鬼部。

石部第五十九

二百八字

石時亦反，入;祏也。祏，百廿斤也。略也，山也，姓也，厚也。

砥砥砥厎四同。之視反，平，又上聲;均也。厎，平也，直也。砥、如(筡)，皆磨石也。⑦

磔古作厇。知格反，入;張也，開也。死身乎市尒保度己須。⑧

磯居依反，平;磧也，水中磧也，水激也。

砑烏狹反，入;自上加下也。獻(壓)字同。鎮也，山側。⑨

碓又作槌。丁迴反，平;謂投下也，落也。

礓居良反，平;形如薑也，地多小石謂之礓礫。

---

① 缺字、殘字據各本補。久豆礼(くずれ【崩れ】)，又阿須(あず【崩岸・崩崖】)。

② 各本音義作"徒骨反。竈也"。須惠加万(すえがま【陶窯】)。

③ 注文"崶"當作"塏"。《廣韻・養韻》疎兩切:"壌，壌塏，高也。"茲據校改。殘字原作"𡵫"，似是"友"字，此音當是倭音"そう"。"在尚反"當是倭音"しょう"。

④ 左加(さか【坂】)也。

⑤ 字頭疑當作"埼"，注文"豆"疑當作"巨"。《集韻・支韻》渠羈切:"碕，曲岸。或作埼。"《集韻・微韻》渠希切:"埼，曲岸也。或从石。从山。亦作隑。""巨衣反"與"渠希切"音同。茲據校改。"又作乎利，又宇太乎利"，寬永本作"又左乎里，又宇太乎利"，《群書類從》本、享和本作"又太乎里，又井太乎利"，狩谷以後者爲是。久万(くま【隈・曲・阿】)，又作乎利(さおり)，又字太乎利(うたおり)。又太乎里(たおり【撓り】)，又井太乎利(いたおり【嵨】)。

⑥ 注文"高"當作"直"，"埋"當作"壛"。《廣韻・仙韻》:"塵，直連切。"《玉篇・土部》:"壛，與塵同。"茲據校改。

⑦ 注文"如"當作"筡"。《書・禹貢》:"礪砥筡丹。"孔傳:"砥細於礪，皆磨石也。"茲據校改。

⑧ 死身乎市尒保度己須(しにみ【死身】をいち【市】にいほどこす【施す】)。《漢書・景帝紀》:"(中元)二年春二月……改磔曰棄市，勿復磔。"顏師古注:"磔，謂張其屍也。棄市，殺之於市也。謂之棄市者，取刑人於市，與衆棄之也。"

⑨ "入"原在"山"下，注文"獻"當作"壓"。《廣韻・狎韻》古狎切:"砑，山側。"《玄應音義》卷十五"得砑"條:"烏狹反。謂自上加下也。又作壓。壓，鎮也。"茲據乙改。

礧栗水反,勒力(力對)反,上;謂以石投佛也,又大石皃也。①

碣渠列反,入;特立石也,謂三石支釜者也。

礹上古文。②

矴都定反,去;柱下石。豆女石。③

碇上字,非。

磔磥二同。蘇朗反。豆女石也。④

碏**碏**二同。私積反,入;柱下石也。

磧磌二同。止(之)仁反。磌,響也。又徒堅反。⑤

磌止一反,去(入);質也,柱下左右十字之中要,可用磌字。豆女石。⑥

礎初吕反,上;又豆女石。今用耳。⑦

礦孤猛反,上;人名也,强也,樸也。

硝苦了反。上字。山田。⑧

礦礦字。⑨

硾縋、錘二字同。真(直)僞反。懸鎮曰縋,謂懸石硾之也,又下也。⑩

砰硑二同。敷耕、披萌二反。石聲也,隕石聲也,石破裂之聲,大聲也,雷聲。

磧且歷反。瀬也,水淺石見也。⑪

磕苦盍反,入;石聲也,打物破碎爲磕破,亦大聲也。

碬亦作韃、殷,二同。於近反。雷聲曰碬。砏碬,大聲也。

---

① 注文"勒力"當作"力對"。《玄應音義》卷十五"礧佛"條:"力對反。謂以石投佛也,今言'礧石'是也。"茲據校改。

② 字頭原作"**劈**",《原本玉篇》作"**𥗪**",《説文》古文作"**𥓔**",皆古文隸定之變。

③ 豆女石(つめいし【詰め石】)。

④ 豆女石(つめいし【詰め石】)也。

⑤ 注文"止"當作"之"。《原本玉篇·石部》:"磌,之仁、徒堅二反。《公羊傳》:聞其磌然。野王案,磌然,聲響也。《廣雅》:磌,礩。"茲據校改。

⑥ 《名義》《玉篇》音"之逸反",此或當同。此音當是去聲,《廣韻》又有去聲"脂利切"。豆女石(つめいし【詰め石】)。

⑦ 豆女石(つめいし【詰め石】)。

⑧ 《廣韻·篠韻》苦皎切:"硗,山田。亦作硝。"疑此"上"爲四聲,"字"字衍,參見下條。

⑨ 此條疑當在"礦"字條下,當作"礦,上字"。蓋因此條錯位,上條"上聲"之"上"誤作"上字"。

⑩ 注文"真"當作"直"。《玄應音義》卷十七"硾脚"條:"又作縋,同。直僞反。《通俗文》:懸鎮曰縋。謂懸石硾之也。硾,下也。論文作錘,假借也。"茲據校改。

⑪ 字頭原作"磧",旁有"磧欤"二字,據音義當是"磧"字。

硾磭，亦作磫礭上字容反，下巨具(俱)反。礪石也，細礪謂之磫礭。礇，力塩反。亦礪。①

礪力制、力例二反，去；砥也。波也止。②

破都乱反，去；厲石。

礶止移反。砥也。止。③

磃匕(之)余反，平；礚也，青礪。④

礚力甘反，又古銜反，平；青砥也。

磽硗确境同。口交反。下胡角反，入；薄墝[地]也，埆[也]。加太久，又己波志，又曽祢，又也和戶留所也。⑤

礭磽二字同。上苦學反，入；下亦作塙。牛交反。小石也。謂堅鞕牢固也，人名。⑥

礙五代反，去；止也。亦作閡。閉門。又[午]既(概)反。久(又)古作旱，非。安(案)，旱与得同躰也。⑦

硋上古文。

砌且計反、[千計]二反，去；限也，启也。伊志波志，又伊奴支。⑧

---

① 注文"具"當作"俱"。《玄應音義》卷九"硾磭"條："案字體宜作'磫礭'二形。子容、其俱反。《廣雅》：磫礭，礪石也。《通俗文》：細礪謂之磫礭。"兹據校改。"礇"字或因義同而入此條，故云"亦礪"。又"礇"字原作"磹"，右上角爲"二同"，其餘部件爲"礇"，此處原本或作"礪礇"，故云"二同"。《全王·鹽韻》力鹽反："礇，礪。亦作磫。"此條當出《切韻》。又"亦"字或是"赤"字訛。《説文·石部》："礇，厲石也，一曰赤色。"《玉篇·石部》："礇，赤礪石。"

② "力制"原倒，據《廣韻》乙。波也止(はやと【早砥】)。

③ 《廣韻·過韻》摸卧切："磨，磴也。礶，上同。"此條當有錯訛。止(と【砥】)。

④ 注文"匕"當作"之"。《原本玉篇》《名義·石部》："磃，之餘反。"《玉篇·石部》："磃，之余切。"兹據校改。

⑤ 脱文據各本補字。《玄應音義》卷二十四"磽确"條："苦交反，下胡角、苦角二反。《孟子》曰：磽确，薄墝地也。《通俗文》：物堅鞕謂之磽确。地堅鞕則不宜五穀也。"加太久(かたく【堅く】)，又己波志(こわし【强し】)，又曽祢(そね【确·埆】)，又也和戶留所(やわえる/ところ【所】)也。

⑥ "牛交反。小石也"爲"破"字音義。"礭"同"磽"，疑此涉上條"磽"字而誤。

⑦ "既"上奪"午"字，注文"既"當作"概"，"久"當作"又"，"安"當作"案"。《原本玉篇·石部》："礙，午概反。"《玄應音義》卷一"罣礙"條："下古文硋，同。五代反。《説文》：'礙，止也。'又作閡。郭璞以爲古文礙字。《説文》：'閡，外閉也。'經文作旱，音都勒反。案，衛宏《詔定古文官書》旱、得二字同體。《説文》：'旱，取也。'《尚書》'高宗夢旱説'是也。旱非此義。"兹據補改。"閒"同"閉"。

⑧ "二"上奪"千計"。各本音"且計、千計二反"。《原本玉篇》《名義·石部》："砌，且計反。"《玉篇·石部》："砌，千計切。"兹據校補。《原本玉篇·石部》："砌，《西京賦》：設砌陛廉。薛綜曰：砌，限也。《廣雅》：砌，阰也。"今本《廣雅·釋宮》："阰，砌也。"《廣韻·止韻》："启，砌也，閾也。阰，上同。"《名義》"阰"訛作"砒"，《玉篇》"启"訛作"危"。伊志波志(いしはし【石階】)，又伊奴支(いぬき【砌】)。

磣初錦反。墋同。惡毒害也。隨風飛沙。①

磎古作雞(谿)、溪。苦奚反。硦字，未見所出也。②

斫七各、之若二反。繫(擊)也，斷也，着(樿)也，鐰(鐯)也。③

碎碎同作。蘇隤(隫)、素内二反，去；礦(破)也，壞也，散也，絶也，靡也，煩也。④

硻硜同。苦耕反。硍也(硻硻)，少(小)人之皃，固也，堅也，不破裂之皃也。⑤

磬上古文。口定、苦形二反，去；繫而打石也，竭也。⑥

研𥐦硯三同。牛堅、五肩二反，平；磢，熟也，精也，善也，窮也。五見反，去；止支弥加久。⑦

碾𥐟𥑐三同。著面反。舂麦碓也。

磹徒念反。礦也。

磑五内、計(許)移二反。碾也。⑧

礆先念反。電光。

硎苦庚、苦耕二反，去；凹也，坑也。

磴𥓓二同。士輂反。流皃，山閣(閣)道也，棚也，攱也。⑨

----

① 《玄應音義》卷二十一"磣毒"條："又作墋，同。初錦反。磣惡毒害也。"狩谷云："'惡毒害也'混'慘'字。"是也。"隨風飛沙"，各本作"石微細而隨風飛也"。下有萬葉假名"伊佐古(いさご【砂子・砂・沙】)，又須奈古(すなご【砂子】)"。

② 注文"雞"當作"谿"。《廣韻・齊韻》："谿，《爾雅》曰：水注川曰谿。嵠、溪、磎，並上同。"茲據校改。《玉篇・石部》："硦，音浮。破聲。"與此無關，此"硦"當是"磎"的訛字。

③ 注文"繫"當作"擊"，"着"當作"樿"，"鐰"當作"鐯"。《説文・斤部》："斫，擊也。"《爾雅・釋器》："斫謂之鐯。"郭璞注："鐯也。"釋文："鐯，字又作樿。"《説文・木部》："樿，斫謂之樿。"茲據校改。"七各反"當是倭音"しゃく"。

④ 注文"隤"當作"隫"，"礦"當作"破"。《原本玉篇》《名義・石部》："碎，蘇隫反。"《玉篇・石部》："碎，破也。"茲據校改。"靡"字《原本玉篇》引《説文》同，今本《説文》作"礦"。段注改作"糜"，云："糜，各本作'礦'，其義迥殊矣。礦，所以碎物，而非碎也，今正。米部曰：'糜，碎也。'二篆爲轉注。糜，各書假'靡'爲之，《孟子》假'糜'爲之。"

⑤ "硍也"當作"硻硻"，"少"爲"小"俗字。《論語・子路》："言必信，行必果，硜硜然小人哉！"集解引鄭玄注："硜硜者，小人之皃也。"茲據校改。

⑥ "竭也"爲"磬"字釋義，二字通。

⑦ 宋邵博《聞見後録》卷二八："曰'研瓦'者，唐人語也，非謂以瓦爲研。蓋研之中，必隆起如瓦狀，以不留墨爲貴。百餘年後，方可其平易。"字頭第二形或就"研瓦"一物而造之字。止支弥加久(とぎ【研ぎ】みがく【磨く・研く】)。

⑧ 注文"計"當作"許"，據各本改。各本無"碾也"，有"加良字須(からうす【唐臼・碓】)"。

⑨ 注文"閣"當作"閣"。《倭名類聚鈔》卷十"磴道"條："《文字集略》云：磴道(士輂反，上声之重。《漢語抄》云：夜末乃和介知)，山路閣道也。"茲據校改。《原本玉篇・石部》："磴，子田、似田二反。《楚辭》：石瀨兮磴磴。王逸曰：疾流皃也。《蒼頡篇》：磴，棚也。《廣雅》：磴，攱也。《字書》：蜀道也。野王案《漢書》'燒絶棧道'是也。音士板反也。"今本《楚辭・九歌・湘君》："石瀨兮淺淺，飛龍兮翩翩。"王逸注："淺淺，流疾貌。"

砼力各反,入;石次玉也。①

啓啓。②

肇肇同。馳矯反。謀也,長也,末也,正也,始也,敏也。③

磌尤分(粉)反。隕也,落也。④

碩〔磌〕市石反,入;大也,落隕也。⑤

礱呂東反,平,又去聲;所以破穀也。

磁前之反,平;吸針石也。

砆方八反,入;水勢碎。

峒徒紅反,平;硿峒,山名。

碀户冬反,平;澄石(礜),石落聲也。⑥

碞渠[容]反,平,又上聲;石落聲(水邊石)。⑦

岨子魚反,平;山頂上有石。又作岨。

磅撫庚反,平;小石落聲也。

磳作滕反,平;山石皃。

礒魚倚反,上;碕礒,又石皃狀也。

碨魚毀反,上;磈碨,石皃也。

硇乃老反。首也,初也。⑧

碔**礫**同作。側兩反,上;瓦石洗物也。

礥魚儉反,上;礥礥也。

碝而兖反,上;石似(次)玉。⑨

礪礦礋同作。蘇鳥反,上;礪砆(砥)也。⑩

---

① "石次"原倒。《玉篇·石部》:"砼,又石次玉。"茲據乙正。

② 注文奪,此處前後幾條音義與《原本玉篇》較合,此條蓋亦出自《原本玉篇》。《名義·支部》:"啓,口礼反。開也,教也。"《玉篇·支部》:"啓,口禮切。《説文》云:教也。又開發也。"可參。

③ 《國語·齊語》:"溥本肇末。"韋昭注:"肇,正也。"此誤以"末"爲釋義,《新撰字鏡·戈部》:"肇肇,二形作。馳矯反。謀,長也,正也,始也,敏也。"無"末也"。

④ 注文"分"當作"粉"。《原本玉篇》《名義》《玉篇·石部》:"磌,尤粉反。"茲據校改。

⑤ "落隕也"爲上條"磌"字義,蓋"碩"與"磌"形近相混。

⑥ 注文"澄石"當作"礜"。P.3798、《切二》《廣韻·冬部》:"碀,碀礜,石落聲。"(《廣韻》奪"聲"字)《全王·宋韻》:"碀,碀礜,石聲。"茲據校改。

⑦ "渠"下奪"容"字,注文"石落聲"當作"水邊石"。《切二》《裴韻》《全王》《廣韻·鍾韻》渠容反:"碞,水島石,出《説文》。"(《全王》《廣韻》無"出《説文》")《切三》《王一》《裴韻》《全王》《廣韻·腫韻》居悚反:"碞,水邊石。"《説文·石部》:"碞,水邊石。《原本玉篇》引同,是"島"乃"邊"字之誤,蓋《切韻》誤寫,後遂沿襲。"石落聲"乃因上條注文而誤。茲據補改。

⑧ 此當是"腦"字義,二字通。

⑨ 注文"似"當作"次"。《説文·石部》:"碝,石次玉者。"其他各書亦作"次"。茲據校改。

⑩ "礪砆"P.3693作"礪砆",其他多作"砥石"或"黑砥石"。"砆""砆"當作"砥"字。

碼莫下反,上;碼磭也。

�古壞反,去;石似玉也。①

磷力進反,去;薄石。

碭杜浪反,去;山名,縣名。

砭方驗、方鄧二反,去;石針也。②

碌千木反,入;碌碌,石皃。③

磟力竹反,入;磟磟也。

碡直六反,入;磟碡也,又輾車也。

硴測角反,入;硴礫也。

礚莫鐯反,入;礚硞,雷聲。

磼枯鐯反,入;剝磼也,怒也,乍前乍去(却)。④

辟必益反,入;君也,法也。⑤

碻下革反,入;石地也,确也。

磼磬(磼)合反,入;礁磼也。⑥

硤侯夾反,入;又縣名。⑦

碏處灼反。大脣皃,山大(屵)碏。小大(屵)。⑧

砅瀳字。

碌徒對反。星落生石也,墮也。

硞苦學反。同(固)也,石聲。⑨

碌山栢反。石墮音。

砢力可反。細石皃。

---

① 張涌泉《敦煌俗字研究》以爲是"砳"字之異,是也。

② 《王一》《裴韻》《全王·豔韻》:"窆,方驗反。又方鄧反。"下接"砭"字。"方鄧反"爲小韻首字"窆"的又音,此誤入。

③ "石"下原有"名"字。《廣韻·屋韻》:"碌,碌碌,石皃。"茲據刪。

④ 注文"去"當作"却"。《原本玉篇·石部》:"磼,《司馬相[如]賦》:疏(踈)踱輵磼。《漢書音義》曰:疏(踈)踱,乍前乍前(衍)却也。輵磼,搖目吐舌也。"《漢書》師古注引張揖曰:"踈踱,互前却也。輵蟺,搖目吐舌也。"《史記》集解引徐廣曰:"踈踱,乍前乍却也。"茲據校改。

⑤ 字頭原作"𥐚",左旁作"石",故入石部。

⑥ 《切三》《裴韻》《全王》《唐韻》《廣韻·合韻》:"磼,五合反。"上田正改反切上字"磬"作"磼",但"磼"作反切上字較少見,此暫據上田氏校改。

⑦ 《切三》《裴韻》《全王·洽韻》:"硤,硤石,縣名。"

⑧ 注文"山大""小大"當作"屵"。《裴韻·藥韻》:"碏,屵碏,大脣。屵字語偃反。"《全王》《唐韻·藥韻》:"大脣皃,屵碏。屵字言幰反。"此當同《全王》及《唐韻》,"碏"下"小大(屵)"當刪。茲據校改。

⑨ 注文"同"當作"固"。《廣韻·覺韻》:"硞,固也。"茲據校改。

硪宜何(倚)反。山阜悢(隁)。①

硟思前(煎)反。研繒石也。②

砭甫廉反。刾也，以石刾病。

磎奴結(浩)反。磟字俗作。③

破普卧反。

硑付禹反。硑碏，坦帳也。④

礛丁敢反。[出]氏道也，藥名也。⑤

砬力執反。石藥。

砨毛惡反。碓也。

碌力木反。磩，多沙石，玉白(兒)。⑥

碬下加反。磋，高下兒。

碨於罪反。礓也，碌也，不平兒。

碝上字。

礓力罪反。碌碨也，山名，及(又)石音。⑦

碌上字。

碥甫(補)顯反。履石。⑧

礥下弁(研)反。堅也，難也。⑨

礦**碌**同作。人大(丈)反。惡雄黃。⑩

砤收(又)瓦反。好雄黃。⑪

---

① 注文"何"當作"倚"，"悢"當作"隁"。《原本玉篇·石部》："硪，宜倚反。《楚辞》：嶔崟崎峨。王逸曰：山阜隅隁也。"《廣韻》雖有"五何切"之音，但此條當出《玉篇》，故從《原本玉篇》。茲據校改。

② 注文"前"當作"煎"。《原本玉篇》《名義·石部》："硟，思煎反。"茲據校改。

③ 注文"結"當作"浩"。《全王·晧韻》："磟(字頭原夺)，奴浩反。"《廣韻·晧韻》："磟，奴晧切。"茲據校改。

④ 《原本玉篇·石部》："硑，《埤蒼》：硑碏，坦帳外也。"《玉篇·石部》《集韻·嘆韻》："硑，硑碏，磴也。"《廣韻·語韻》："碏，硑碏，場外名也。"

⑤ "氏"上夺"出"字。《原本玉篇·石部》："礛，《埤蒼》：礛，出氏道。"茲據校補。

⑥ 注文"白"當作"兒"。《原本玉篇·石部》："《埤蒼》：碌磩，多沙石也。玉兒碌碌爲球字，在玉部。"此當是殘字。茲據校改。

⑦ "及"疑當作"又"。"石音"即"石聲"之義，見下文"礚""礐"條。

⑧ 注文"甫"當作"補"。《原本玉篇·冊部》："扁，補顯反。或爲碥字也，在石部。"《名義·石部》："碥，裨顯反。"茲據校改。

⑨ 注文"弁"當作"研"。《玉篇·石部》："礥，下研切。"《原本玉篇》《名義·石部》："礥，丁(下)研反。"茲據校改。

⑩ 注文"大"當作"丈"。《原本玉篇·石部》："礦，人丈反。"茲據校改。

⑪ 注文"收"當作"叉"。《玉篇·石部》："砤，叉瓦切。"《名義·石部》："砤，又曰(叉瓦)反。"茲據校改。

硃止堅(思賢)反。石次玉。①

礰思移反。摩。

礑古侯(候)反。罪(罰)也,磟。②

磖力合反,入;磼也,破物高(聲)。③

硈乃結反。礐。

砏普巾反。大聲。

磝牛交反。敖正(磝)也,小石也。④

硿口康反。磏硿。

磏力前(煎)反。鈆也,礦。⑤

磝力交反。鳥,重(垂)。⑥

砫止㬰(之庚)反。室(宝)也,石屋。⑦

硍古見(胡簡)反。石聲。⑧

磂力牛反。劾(煞)也,放(煞)也,劉也。⑨

硠溥(薄)項反。蚌也,蜃。⑩

磜巨(鉅)於反。砷磜。⑪

硍右昆(古混)反。鏗鎗。⑫

砍止(之)仁反。礙(破)。⑬

---

① 注文"止堅"當作"思賢"。《原本玉篇》《名義》《玉篇·石部》:"硃,思賢反。"茲據校改。

② 注文"侯"當作"候","罪"當作"罰"。《原本玉篇·石部》:"礑,吉候反。《廣雅》:磜(衍)礑,罰也。《埤蒼》:礑,磟也。""磟"同"磟"。茲據校改。

③ 注文"高"當作"聲"。《原本玉篇·石部》:"磖,《廣雅》:磖磼,破物聲也。"茲據校改。

④ 注文"敖正"當作"磝"。《原本玉篇·石部》:"磝,《字書》亦磝字也。磝,山多小石也,在山部。"茲據校改。

⑤ 注文"前"當作"煎"。《原本玉篇》《名義·石部》:"磏,力煎反。"茲據校改。

⑥ 注文"重"當作"垂"。《原本玉篇·石部》:"磝,《字書》:磝(磝)鳥,重。"《名義》《全王·篠韻》亦作"重"。《玉篇·石部》:"磝,磝磝,石垂皃。"胡吉宣校釋:"本書無'磝'字,'磝鳥'疊韻,當本爲'了丿',懸垂皃也。"茲據校改。

⑦ 注文"止㬰"當作"之庚","室"當作"宝"。《原本玉篇·石部》:"砫,之庚反。《字書》:亦室(宝)字也。室廣(宝廥),石室也,在宀部。"茲據校改。

⑧ 注文"古見"當作"胡簡"。《原本玉篇》《名義·石部》:"硍,胡簡反。"茲據校改。

⑨ 注文"劾""放"當作"煞"。《原本玉篇·石部》:"磂,力牛反。《字書》亦鎦字也。鎦,煞也,在金部。或爲劉字,在刀部也。"此據《原本玉篇》,"煞"誤作"劾""放"二義,蓋所據有多本,故皆收入。茲據校改。

⑩ 注文"溥"當作"薄"。《原本玉篇》《名義·石部》:"硠,薄項反。"茲據校改。

⑪ 注文"巨"當作"鉅"。《原本玉篇》《名義·石部》:"磜,鉅於反。"茲據校改。

⑫ 注文"右昆"當作"古混"。《原本玉篇》《名義·石部》:"硍,古混反。"茲據校改。

⑬ 注文"止"當作"之","礙"當作"破"。《原本玉篇·石部》:"砍,之仁反。《字書》:破也。"茲據校改。

硱口本[反]。硱磳,阢(陒)隗,石皃。①

硂且泉反。度也,量也,銓也。

碏七昔反,平;竈也,敬也。②

礫力罪反。磊砢,衆石。

厤力狄反。石音。③

砳天烈反。珊瑚墮也。④

礐力冬反,平;硌,石音。⑤

砉呼鵙反。響。

硜苦耕反。奇字古文。爲硜字。⑥

磬巨喬(渠驕)反。似禾(藜)貫,[以]玉[爲之]也。⑦

礥余成反。甈習。

砑五厓、五芥二反,去;堅也,硬也,石似芒而傷人或田(畜)也。己波志,又乃支。⑧

碕其爲反,平;曲岸頭也。石乃出太留佐支。⑨

砠子如反。石戴土也。

砂所字(家)反,平;石也,海河水中秀大石謂之砂。⑩

硝〔磶〕〔磧〕思燋反,平;砫硝也,小石傷人畜之足也,瀨也。佐佐良石。⑪

———————————

① 注文"阢"當作"陒"。《原本玉篇·石部》:"硱,口本、口冰二反。《埤蒼》:硱磳,阢隗也。《聲類》:硱磳,石皃也。"胡吉宣校釋"阢隗"改作"碨硪",並云:"即上文'硪硪,迟曲也'。慧琳引作'硱磳硪硪','硪硪'與'硪硪'同,倒言之也。"阜部與石部可通,"碨"與"硪"當同,此似當作"陒隗"。茲據校改。

② 《原本玉篇·石部》:"碏,七惜、七砳(略)二反。《毛詩》:執爨碏碏。傳曰:碏碏,言爨竈有容也。《朝(韓)[詩]》:碏碏,敬也。《左氏傳》:衛大夫石碏也。"

③ 《名義·石部》:"厤,力狄反。石聲。""石音"同"石聲"。

④ 《説文·石部》:"砳,上摘山巖空青,珊瑚墮之。《周禮》有砳蔟氏。"《原本玉篇·石部》:"砳,天歷、粉列二反。"此或取前一反切上字和後一反切下字而爲"天烈(列)反"。

⑤ 《原本玉篇·石部》:"礐,力冬反。《字書》:礐硌,石聲也。""石音"同"石聲"。

⑥ 《原本玉篇·石部》:"硜,古文奇字。"是"硜"爲古文奇字,"硜"爲今字。"硜"又作"硻"。

⑦ 注文"巨喬"當作"渠驕","禾"當作"藜","玉"上下有奪字。《原本玉篇·磬部》:"渠驕反。《爾雅》:大磬謂之磬。郭璞曰:形似藜貫,以玉爲之也。"今本郭注:"磬,形似犁錧,以玉石爲之。"茲據改補。

⑧ 注文"或田"原寫爲一字,當作"畜"。《新撰字鏡·石部》:"硝,小石傷人畜之足也。"與此義近。茲據校改。己波志(こわし【强し】),又乃支(のぎ【芒】)。

⑨ 石乃出太留佐支(いし【石】の【之】いでたる【出たる】さき【先】)。

⑩ 注文"字"當作"家"。《廣韻·麻韻》:"砂,所加切。""家"爲麻韻字。茲據校改。

⑪ 此三字相混。《原本玉篇·石部》:"硝,思燋反。《史記》:飲以消石。《埤蒼》:砫硝也。"《廣韻·果韻》蘇果切、《玉篇·石部》先果切:"磶,小石也。"《王一》《全王》"磧"字亦誤作"硝"。《名義·石部》:"磶,且果反。山(小)石。"《名義》《新撰字鏡·石部》:"磧,瀨也。"佐佐良石(ささらいし【細石】)。

砼礫上无將反，平；下良久（各）反，又所積反，入；硝也，迸散石也。①

礮礫字古文。

［砧］碪同作。張林反，平；錬鐵之石也。加奈志［支乃］石。②

碓都海（誨）、都遂二反，去；女人舂米之器，舂也，築也，㪅（刺）也。宇須。③

磻反（疋）狄反。破裂，碎也，絶也，離也。④

磬昔（苦）革反。出火之石，堅也，固也。火打石，又宇豆。⑤

硫力牛反，平；繩泉邊出黄石也，塗瘡即俞（愈）也。由王。⑥

𥐘（碅）磳上魯當反，平；下苦盖反。［石聲］。止止囗（吕）久，又奈留，又比比佐久，又波太女久。⑦

碑補皮、芳移二反。碑文也，銘也，披也。⑧

磋昌柯反。玉師之石。玉［止］久石。⑨

碢碣二同。人轉反。似（次）於玉也。⑩

礧靈罪、令良（猥）二反。石繁多而重累曰礧。⑪

磴丁鄧反。登也，橘（梯）階也。石波志。⑫

礏在合、在耳二反。礫也，又山形也。

磻薄何、薄柯二反。石不絶皃，石繁多也。又薄官反，平。

---

① 注文“久”當作“各”。《集韻·鐸韻》：“礫，歴各切。”兹據校改。

② “碪”上奪“砧”字，“志”下奪“支乃”，據各本補。加奈志支乃石（かなしき【鉄敷・金敷】の【之】いし【石】）。

③ 注文“海”當作“誨”，“㪅”當作“刺”。《名義·石部》：“碓，都誨反。”各本“㪅”作“刺”，“刺”義較合。兹據校改。宇須（うす【臼・舂・碓】）。

④ 注文“反”當作“疋”。《新撰字鏡·尸部》：“劈，疋秋（狄）反。磻字。”兹據校改。

⑤ 注文“昔”當作“苦”。各本作“苦”。《名義·石部》：“磬，苦革反。”兹據校改。火打石（ひ【火】うち【打ち】いし【石】），又宇豆（うつ【打つ】）。

⑥ “繩”或當作“澠”，“俞”當作“愈”。由王（ゆおう【硫黄】）。

⑦ 字頭前一形當是“碅”字繁化，“石聲”據各本補。《廣韻·唐韻》魯當切：“碅，碅磳，石聲。”“止”下字原作“𠂤”，據各本作“吕”。止止吕久（とどろく【轟く】），又奈留（なる【鳴る】），又比比佐久（ひびさく），又波太女久（はためく）。“ひびさく”當同“ひびく【響く】”，“はためく”義爲“搖動鳴聲”。

⑧ “披”字原作“𢫬”。《釋名·釋典藝》：“碑，被也。”《文選序》：“碑碣誌狀。”吕延濟注：“碑，披也。披載其功美也。”

⑨ “止”字據各本補。玉止久石（たま【玉】とぐ【研ぐ・磨ぐ】いし【石】）。

⑩ 注文“似”當作“次”。《集韻·獮韻》：“碢，《説文》：石次玉者。或作碣。”兹據校改。

⑪ 各本作：“礧，靈罪、令良二反。石重累也。加佐奈留。”《師説抄》、狩谷疑“良”當作“猥”，當是。《集韻·賄韻》：“礧，魯猥切。”兹據校改。加佐奈留（かさなる【重なる】）。

⑫ 注文“橘”當作“梯”。《廣韻·嶝韻》：“磴，梯磴。”“磴”同“隥”。兹據校改。石波志（いしばし【石階】）。

硨昌可(牙)反,平;石似(次)於玉也,玉石也。①

磾丁旱(兮)反,平;金[日磾]也,人名也。②

砮甫(補)何反。磻也。③

硈〔硈〕亢吉(點)反,入;突也,學(礐),石堅也。④

矻上字。用力也。

礜礬同作。夫袁(扶園)[反],平;藥石也。⑤

砻居龍(隴)反。水邊石。⑥

礐礐同作。中(口)學反。石音也。⑦

砮怒胡反。中矢也,礪。

砡牛六反。齊也,砡也,調也。⑧

碠魚(貞)略反。斫也,楮(櫁)也。⑨

碠上字。

碏徒答反。舂了更舂。

礍丁狄反。罰也,槌也。

---

① 注文"可"當作"牙","似"當作"次"。《廣韻·麻韻》:"硨,尺遮切。""牙"是麻韻字。《原本玉篇·石部》:"硨,《字書》:硨礫(磲),石次玉者。"《玉篇·石部》:"硨,硨磲,石次玉。"茲據校改。

② 注文"旱"當作"兮"。《可洪音義》第三十册"日磾"條:"丁兮反。"茲據校改。此音或是"單"字倭音"たん",則不當改字。《廣韻·齊韻》都奚切:"磾,漢有金日磾。"蓋誤讀"日"爲"曰",而有"金也"義,當補作"金日磾也"。

③ 注文"甫"當作"補"。《原本玉篇·石部》:"砮,補何反。《史記》:出寶弓,砮新繳。徐廣曰:以[石]傅戈繳曰砮。野王案,亦磻字也。"茲據校改。

④ 注文"吉"當作"點","學"當作"礐"。《廣韻·點韻》恪八切:"硈,石狀。《説文》:堅也。一曰突也。""亢點反"與"恪八切"音同。《原本玉篇·石部》:"硈,苦學反。《尔雅》:硈(硈),革也。郭璞曰:硈(硈)狀固也。《説文》:石聲也。"其下接:"矻,《字書》亦硈(硈)字也。"今本《爾雅·釋言》:"硈,鞏也。"釋文音"苦角反",邢疏云"當從告"。《集韻·點韻》《王一·點韻》皆以"矻"同"硈"。《文選·郭璞〈江賦〉》:"礐硈礐礭。"李善注:"皆水激石險峻不平之貌。"是"硈"與"硈"形義相近,相混已久,據音可别。"學(礐)也""矻,上字"皆"硈"字義,其餘爲"硈"字音義。茲據校改。

⑤ 注文"夫袁"當作"扶園",下奪"反"字。《原本玉篇》《名義·石部》:"礬,扶園反。"茲據改補。

⑥ 注文"龍"當作"隴"。《原本玉篇》《名義·石部》:"砻,居隴反。"茲據校改。

⑦ 注文"中"當作"口"。《原本玉篇》《名義·石部》:"礐,口學反。""口"誤"中",蓋由上字"作"右旁豎筆過長所致。茲據校改。

⑧ 《原本玉篇·石部》:"砡,牛六反。《廣雅》:砡,壵(垒)也。《埤蒼》:砡,齊頭也。""砡也,調也"不詳,"砡"疑與"砡"形近相混。

⑨ 注文"魚"當作"貞","楮"當作"櫁"。《原本玉篇·石部》:"碠,貞略反。《説文》:斫之(衍)也。野王案,以刃研(斫)物也,钁研(钁斫)名碠。爲櫁字,在木部。或爲錯(鐯)字,金部也。"茲據校改。

礜余庶反,去;鼠[死]蚕□(猷)之毒名(石)也。①

硻口井(耕)反。餘堅也。②

碞牛咸反。僭差也。

磐薄□(官)反,平;大石也,據也。③

矸古干反。矸碔,白石。

硊息移反,平;館名。

碑 止支天。④

新撰字鏡卷第五

障墇塞也,壅也,防也,畛也。⑤

防坊字同也。備也,當也,敝也,禁也,郫也,利也。⑥

天治元年四月廿九日,爲令法久住,法隆寺一切經藏料書寫。執筆僧覺嚴之。

一交了。

---

① 注文"名"當作"石"。《説文·石部》:"礜,毒石也。"兹據校改。"鼠"下疑當補"死"字。殘字作"猷",似是"猷"字,義爲"飽",與"肥"義近。《廣韻·御韻》:"礜,礜石,藥名。蠶食之肥,鼠食之死。"《原本玉篇·石部》:"礜,餘庶反。《山海經》:皋塗山多礜石,可以毒魚(鼠)。郭璞曰:今礜石煞鼠,蚕食之而肥也。"

② 注文"井"當作"耕"。《原本玉篇·石部》:"硻,口耕反。"兹據校改。

③ "薄"下殘。《切三》《王一》《全王》《廣韻·桓韻》:"磐,薄官反。"兹據校補。

④ 此條不詳。觀智院本《類聚名義抄·法中·石部》:"碑,トク。"トク(とく)。止支天(ときて)。

⑤ 此條可參阜部"障"字條與土部"墇"字條,義與"墇"字條同。字頭右旁有"ヘタツ,平也,フタク"等字,片假名與"障"字條同。ヘタツ(へだつ【隔つ】)、フタク(ふたぐ【塞ぐ】)。

⑥ 此條可參阜部"防"字條。"利也"非字義。《原本玉篇·阜部》:"障,《左氏傳》:教之防利。杜預曰:防恐(惡)與利也。"

新撰字鏡校注

張磊　吳美富　著

（下册）

ZHEJIANG UNIVERSITY PRESS
浙江大學出版社
·杭州·

新撰字鏡卷第六

八部文數千九百八十九字加四字

山部第六十^①二百冊四字　谷部第六十一二十七字　王部第六十二百字

玉部第六十三二百六十字　田部第六十四八十字　三水部第六十五^②八百八十四字加三字

二水部第六十六五十六字　金部第六十七四百冊字

山部第六十

二百四十四字

山所閑、所連二反,平;産也,宣也。

𢂇古文。

雟嶲寓三同。正胡圭反,平;布穀鳥,規也。借思詭反,上;謂輪轉之度也。

峎古忍(恩)反。足踵也,跟也。^③

峭千召、在交[二]反。嶮也,嵯也,峨也。佐加志。^④

嶺丁頂反。山上也,山極也,出巔(山巔)也,山修也,峯也。^⑤

嶢嶢嶢三同作。牛消反。山高危峻之皃。太加志,又佐加志,又美祢。^⑥

嶕芳移反。嵬也,峻也。

---

① 底本第六卷卷目和正文始於"山部第六十一",訖於"金部第六十八",次序錯亂,兹據前後卷次序校改。正文部首次序同樣錯亂,不再出校。

② "三水部"總目同,正文部首作"水部"。

③ 注文"忍"當作"恩"。《玉篇·止部》:"峎,古恩切。"《名義·止部》:"峎,柯恩反。"兹據校改。

④ 佐加志(さがし【嶮し·険し】)。

⑤ 注文"出巔"疑當作"山巔"。《說文·頁部》:"頂,顛也。""嶺"蓋"頂"的異體,"出"疑爲二"山"之合。兹據校改。

⑥ 太加志(たかし【高し】),又佐加志(さがし【嶮し·険し】),又美祢(みね【峰】)。

嶼㠀二同。因(囚)与反,上;山豊兒。山乃三祢太乎利,又井太乎利,又志万。①

嵸怒勇反,上;山不平之兒,嵳也,峻也,崽嵸也。②

峻子紅反,平;九峻山。

岻(蚔)直尼反,平;蟻卵。③

崳羊朱反,平;崳次山。

嵎侯(語)俱反,平;嵎山,在吴。④

嶷嶷二同。正魚其反,平;九嶷,山名。借牛力反,入;識也。又作疑、擬。知意也。嶤嶷,嵩(高)兒。岐,崛嶷也。太加志,又佐加支。岐,上字。⑤

峻峨同。子于反,平;峻隅,又嵩岸(高崖)也。⑥

岣岣同。舉隅反,平;岣嶁,衡山别名。

峨五歌反,平;嵯峨。

嶉魯刀反,平;嶀嶉也。⑦

噍昨焦反,平;噍嶢。

崐古渾反,平;三重山。⑧

岷武巾反,平;山名,江水所出。

嶙力珍反。嶙岣(峋),深岸(崖)兒。⑨

嵅火含反,平;大谷。又作谽。⑩

峎普(魯)當反,平;峻峎,山名,日所入。⑪

崢士耕反,平;崢嶸。

崷字秋反,平;崷崒,山兒。

---

① 注文"因"當作"囚"。《廣韻·語韻》:"嶼,徐吕切。""囚"與"徐"皆爲邪母字。兹據校改。山乃三祢(やま【山】の【之】みね【峰】),太乎利(たおり【撓】),又井太乎利(いたおり【嵶】),又志万(しま【島·嶋】)。

② 《廣韻》音"子紅切""作孔切",此處反切上字疑誤。又"嵸"字音"息拱切",此反切上字或是心母字,疑是"絮"字。

③ 字頭"岻"當作"蚔"。《廣韻·脂韻》直尼切:"蚔,蟻卵。"兹據校改。

④ 注文"侯"當作"語"。《切三》《全王·虞韻》:"嵎,語俱反。"兹據校改。

⑤ 注文"蒿"當作"高"。各本有"高也"義。兹據校改。《詩·大雅·生民》:"克岐克嶷。"毛傳:"岐,知意也。嶷,識也。"此注文"岐"字以下疑有錯簡。太加志(たかし【高し】),又佐加支(さがぎ【嶮ぎ·險ぎ】)。

⑥ 注文"嵩岸"當作"高崖"。《玉篇·山部》:"峻,峻嵎,高崖也。"兹據校改。

⑦ "嶀嶉"原倒。《廣韻·豪韻》《玉篇·山部》:"嶉,嶀嶉。"兹據乙正。

⑧ 《爾雅·釋丘》:"丘,三成爲崐崘丘。"郭璞注:"崐崘山三重,故以名云。"

⑨ 注文"岣"當作"峋","岸"當作"崖"。《廣韻·真韻》:"嶙,嶙峋,深崖狀也。"兹據校改。

⑩ 異體原作"谺"。《廣韻·咸韻》許咸切:"谽,谽谺,谷空兒。"《廣韻·麻韻》許加切:"嵅岈,山深之狀。"《集韻·覃韻》呼含切:"谽,谽谺,谷空兒。(谺)或省。""嵅""谽""谺"三字同。

⑪ 注文"普"當作"魯"。《廣韻·唐韻》:"峎,魯當切。"兹據校改。

岑 鋤簪反，平；山小而高皃。

嵾 楚簪反，平；嵾差，不齊皃。今作參。

迤 移尒反，上；㟪迤，沙丘皃。

崥 卑婢反，上；山足也，峽也。

嶉 遵誄反，上；山狀。

屺 墟里反，上；山無草木也，本也，石山也，岵也。①

峞 五毀反，上；嵓峞也，嵬也。

峃 何滿反，上；山名。

巑 所簡反，上；塞（蹇）巑。②

㟪 薄口反，上；㟪嶁。

巇 許奇反。顛危曰巇㟁（嶮）也，毀也。加太夫久，又太不留，又久豆加戶留。③

嶮 丘檢反，上；山高。

芔 許貴反，去；草之惣名。今作卉。

嵍 武遇反，去；丘也。

巁 力制反，去；巍巁。④

岫 似祐反，去；山穴。久支。⑤

峚 美筆反，入；山形如堂也。

嶭 魚列反，入；山高皃。

嶻 士力反，入；嶻嶭，山皃。

崱 士力反，入；崱嶷（嶷）。⑥

嶭 良直反，入；嶭嶻。

崐 牛結反。嶙崐，高不安皃。

崚 他罪反。山長皃，魁神山。

崒崪同。七碎反。嶕崒，高。

㟹 口（五）各［反］。高也，花（危）也。⑦

---

① "本也"不詳，"本也"或是"木也"訛衍。

② 注文"塞"當作"蹇"。《切一》《切三》《全王·産韻》："巑，蹇巑。"茲據校改。

③ 注文"㟁"當作"嶮"。《新撰字鏡·連字》："巇嶮，顛危也。"茲據校改。加太夫久（かたぶく【傾く】），又太不留（たふる【倒る】），又久豆加戶留（くつがえる【覆る】）。

④ "巁"原作"巆"。

⑤ 久支（くき【岫】）。

⑥ 注文"疑"當作"嶷"。《全王》《廣韻·職韻》："崱，崱嶷。"茲據校改。

⑦ 注文"口"當作"五"，"各"下奪"反"字，"花"當作"危"。《裴韻》《全王》《唐韻》《廣韻·鐸韻》："㟹，五各反。"《字鏡·山篇》："㟹，五各反。高也，花（危）也。"《字鏡》作"𡶀（花）"，與"𠙴（危）"字形近而誤。"高"與"危"義近。茲據改補。

嵽古亭。①

岼彼萌反。豆也。②

嵒牛咸反。山冢崒。③

嶅牛交反。小石多山（山多小石）。④

巒力官反。小高山。⑤

密非一反。似室山。⑥

隒峻。

隋同異（果）反。山施隋，山皃。⑦

玄專也。

碕几（渠）宜反。邧也。岐，所知也。⑧

㟈五虢反。山上，危。⑨

稽奚以反。山，姓。⑩

斒匕民（鄙珉）反。斑也，邠也。⑪

盍達都反。國名。

舜共字古文。

岌（叏）勑高反。取也。⑫

嵬若字。

---

① 《切三》《王一》《裴韻》《全王》《廣韻·豪韻》古勞反："嵽，嵽嵲，古亭。"

② 此條俟考，音與《廣韻·耕韻》北萌切"綳""絣""拼""軿"等字同。

③ "山冢"原倒。《詩·小雅·十月之交》："山冢崒崩。"毛傳："山頂曰冢。"鄭玄注："崒者，崔嵬。"《爾雅·釋山》："山頂，冢。崒者，厜㕒。"郭璞注："謂山峯頭巉巖。"《玉篇·山部》："崒，峯頭巉嵒也。""嵒"同"巖"。茲據乙正。

④ 注文"小石多山"當作"山多小石"。《説文·山部》："嶅，山多小石也。"《原本玉篇·山部》："嶅，《尔雅》：山多小石曰嶅。"《爾雅·釋山》："多小石，磝。"茲據校改。

⑤ 《字鏡·山篇》："巒，小高山，山小而鋭。"《説文·山部》："巒，山小而鋭。"《原本玉篇·山部》："巒，《説文》：小而高也。"《名義·山部》："巒，山小高。"

⑥ 《爾雅·釋山》："山如堂者，密。"郭璞注："形似堂室者。"《原本玉篇》所引無"室"字。

⑦ 注文"異"當作"果"。《原本玉篇》《名義·山部》："隋，同果反。"茲據校改。《説文·山部》："隋，山之隋墮者也。"《原本玉篇·山部》："隋，《毛詩》：隋山高岳。傳曰：隋，山隋隋者也。《説文》：山之施施者也。"《爾雅·釋山》："巒山，隋。"釋文："隋，《字林》云：山之施隋者。"

⑧ 注文"几"當作"渠"。《原本玉篇》《名義·山部》："碕，渠宜反。"茲據校改。《原本玉篇·山部》："岐，《毛詩》：克岐克嶷。傳曰：岐嶷，知意也。箋云：岐岐然意有所出（知）也。……《説文》亦碕字也。"《詩·大雅·生民》："克岐克嶷。"鄭玄注："能匍匐則岐岐然意有所知也。"

⑨ 《原本玉篇·山部》："㟈，五虢反。《聲類》：人在山上也。以爲古文危字。危，在危部。"

⑩ 《廣韻·齊韻》胡雞切："稽，山名。亦姓，出譙郡、河南二望。"此反切當是倭音"けい"。

⑪ 注文"匕民"當作"鄙珉"。《原本玉篇》《名義·山部》："斒，鄙珉反。"茲據校改。

⑫ 字頭"岌"當作"叏"。《説文·又部》："叏，滑也。一曰取也。"茲據校改。

崖牛佳反。高山邊。①

岥皮鄙反。毀也,地(圮)也。②

嵎妨昧反。崩音。③

巎巎女交反。杋(捽)也,滅(搣)也。④

廖力彫反。空虚也,崝崝(嶒)皃。⑤

屵余灼反。岸上見人也。⑥

岃古憒反。會也。⑦

岱徒戴反。大(太)山。⑧

罔可虚(古唐)反。阪也,長山背。⑨

崇崈二同。宿中反,平;高峻也,貴也,集也,聚也,嵩也,重也,充也,厚也,立,就也,致也,崑也,欽也,高也,終也,益也,積也。⑩

嶺力井反。阪也,險也。

崘力昆反。崐崘。

嵂口骨反。屼,山。⑪

崛魚屈反。獨岳。⑫

峙詞受(吏)反。具也。⑬

岺倉也,奇也。⑭

---

① 今本《説文》及《原本玉篇》所引《説文》皆無"山"字。

② 注文"地"當作"圮"。《原本玉篇·山部》:"岥,或爲圮字,在土部。"兹據校改。

③ 各書皆作"崩聲",義同。

④ 注文"杋"當作"捽","滅"當作"搣"。《原本玉篇·山部》:"巎,《廣雅》:𢱟也。《聲類》:巎,滅也。"《名義》作"扞""威",《玉篇》作"崪",《集韻》作"崒",《字鏡》作"扤",《切三》《全王》作"忏",《廣韻》作"捽"。按,《廣雅·釋詁三》:"嶤、搣,捽也。"當依《廣雅》,但"嶤"當作"巎"。"捽"俗作"捽",此形遂又誤作他形,《新撰字鏡》此處右旁又奪"十"。"忄"乃"扌"旁之誤。兹據校改。

⑤ 注文"崝"當作"嶒"。《原本玉篇·山部》:"廖,《埤蒼》:廖,崝嶒也。"《玉篇·山部》:"廖,崝嶒也。""崝"同"崝"。兹據校改。

⑥ 字頭原作"屵",《原本玉篇》《名義》作"屵",此據《説文》定。

⑦ 《玉篇·山部》:"岃,古文會字。"《玉篇·會部》:"會,胡外切。又古外切。"

⑧ 注文"大"當作"太"。《原本玉篇·山部》:"岱,《尚書》:歲二月,東巡狩至于岱宗。范甯曰:[岱]宗,太山也。"兹據校改。

⑨ 此字同"岡"。注文"可虚"當作"古唐"。《原本玉篇》《名義·山部》:"岡,古唐反。"兹據校改。

⑩ 《廣韻·東韻》:"崇,鋤弓切。"此"宿中反"與"嵩"字音同,"崇""嵩"二字古同。

⑪ 《原本玉篇·山部》:"嵂,口骨反。《字指》:嵂屼,禿山也。"此或奪"禿"字。

⑫ 注文疑當作"獨立山"。《原本玉篇·山部》:"崛,野王案,《史記》'堀然獨立,塊然獨起'是也。"

⑬ 注文"受"當作"吏"。《新撰字鏡·寸部》:"峙峙,詞吏反。"《新撰字鏡·寸部》:"寺,詞吏反。"兹據校改。《廣韻·止韻》:"峙,直里切。"爲此字正音。

⑭ 《玉篇·山部》:"岺,古文倉字。"《集韻·唐韻》:"倉,奇字作仺。"此"奇也"蓋指"古文奇字"。

岑古文“青”也。①

𦥑“白”古字。②

𦍌古“羌”字。在羊部。

茐“次”古字。

峯“南”字。

肛口江反。在同部。

坓所京反。生字。

𡉈有方反。卉木妄生。③

𡉕方賣反。陁也，高也。

㛐〔李〕所几反。從保（役）也，菓也。④

屹士百反。屹峇，不調山。⑤

峇五百反。屹峯（峇）。⑥

峛吕提（是）反。山脊，卑而長山。⑦

耑都丸反。初生題，速也，末也，小也，端也。⑧

岪夫（扶）勿反。山道也，地名。嶵，山皃也。⑨

嶘嶘二同。士板反。山高也，危山也。⑩

崋古（胡）麻反。山。⑪

岨且泉反。巔也。⑫

𡶤止（時）結反。山高皃。

嵲五結反。山也。

──────────

① “文”下原有“反”字。《玉篇·青部》：“岑，古文青。”兹據刪。
② 字頭原作“𦥑”，《名義》“白”字古文同。
③ 《廣韻·陽韻》作“巨王切”，此反切上字疑誤。
④ 注文“保”當作“役”。《原本玉篇·山部》：“㛐，《字書》：古文使字也。使，從役也，狑（伶）也。”兹據校改。“菓也”當是“李”字釋義，形近相混。《説文·木部》：“李，果也。”
⑤ 《原本玉篇·山部》：“屹，仕百反。《埤蒼》：屹峇，山不夅也。”“不調山”蓋與“山不夅（齊）”義同。
⑥ 注文“峯”當作“峇”。《玉篇·山部》：“峇，屹峇。”兹據校改。
⑦ 注文“提”當作“是”，“而”下原有“而”字。《原本玉篇·山部》：“峛，閭是反。韓嬰説《詩》‘山峛崺者’即《爾雅》所説‘山脊’也。……《字指》：卑而長。”兹據改刪。
⑧ “速也”疑是“遄”字釋義。
⑨ 注文“夫”當作“扶”。《原本玉篇·山部》：“岪，扶弗反。《説文》：山脅道。《埤蒼》：岪嶵，山皃也。”兹據校改。
⑩ 前一字頭“山”旁之下原作“殘”。
⑪ 注文“古”當作“胡”。《原本玉篇·山部》：“崋，胡麻反。”兹據校改。
⑫ 注文“止”當作“時”。《名義·山部》：“𡶤，時結反。”兹據校改。

峯(峷)子恤反。皔(嵒)也,崩,屔屟兒。[1]

嶵力隗反。嵼也,山兒也。

崉下圭反。姓。

複孚六反。覆也,地屋也,塴也。[2]

炗舒六反。族也,聚也。

崧子陵反。大高山。[3]

崋古(胡)乖[反]。不平山。[4]

摧子罪反。

峞上字。

岇牛(士)皆反。山,林。[5]

髟罷字。

嶰皆買反。小山別大山。[6]

岠古(胡)端反。大山也。[7]

岭力丁反。山深兒。

嶸巆嶸三同。奴高反。山間也。猇字也。

嶽上字。

嶧舍(余)石反。連山。[8]

峽於仰反。山足。

岨居疑(擬)反。出水山。[9]

嶂公霍反。鴈門山。[10]

---

[1] 字頭"峯"當作"峷",注文"皔"當作"嵒"。《原本玉篇·山部》:"峷,子恤反。《尔雅》:峷者,尸(屔)屟。郭璞曰:謂山峷頭巆也。野王案,《毛詩》'山冢峷崩'是也。"《玉篇·山部》:"峷,峯頭巆嵒也。"今本《爾雅·釋山》:"峷者,屔屟。"郭璞注:"謂山峯頭巆巗也。"茲據校改。

[2] 《原本玉篇·山部》:"複,浮陸反。《字書》亦覆字也。覆,地室也,在穴部。或爲塴字,在土部。"

[3] 《原本玉篇》《名義》音"思隆反",此反切當是"松"字倭音"しょう"。

[4] 注文"古"當作"胡","乖"下奪"反"字。《原本玉篇·山部》:"崋,胡乖反。"茲據改補。

[5] 注文"牛"當作"士"。《原本玉篇·山部》:"岇,士皆反。《埤蒼》:岇山,在平林也。"茲據校改。

[6] 《爾雅·釋山》:"小山別大山,鮮。"郭璞注:"不相連。"《名義·山部》:"嶰,別大山。"《玉篇·山部》:"嶰,山不相連也。"《爾雅》"鮮"當爲"解"或"嶰"字之誤,見《爾雅義疏》《讀書雜誌·史記》"姜姓解亡"條。

[7] 字頭原作"岠"。注文"古"當作"胡"。《原本玉篇·山部》:"岠,胡端反。《尔雅》:大山曰岠也。"茲據校改。

[8] 注文"舍"當作"余"。《字鏡》作"余"。《玉篇·山部》:"嶧,余石切。"茲據校改。

[9] 注文"疑"當作"擬"。《原本玉篇·山部》:"岨,居擬反。《山海經》:女岨之山,弱水出焉。"茲據校改。

[10] 《説文·山部》:"嶂,山,在鴈門。"

崏明巾[反]。汉(江)中岷。①

嵋上字。

岵古都(胡覩)反。屺也。②

峐屺。③

嵯慈可(柯)反。高,弊日,山皃。④

岓 硻二同。皆井(楷耕)反。谷,硎也。⑤

崝士井(仕耕)反。崝也,岸也。⑥

嶟子昆反。山皃。

岬古狎反。三山間。⑦

崆口公反。嵷,[山]皃。⑧

嵀古(胡)鼓反。大廣皃。⑨

---

① "巾"下奪"反"字,注文"汉"當作"江"。《字鏡·山篇》:"崏,明巾反。江中岷。"《原本玉篇·山部》:"崏,明巾反。《山海經》:嵋山,江水出焉。郭璞曰:今在汶山郡廣陽縣西,大江所出也。"茲據補改。

② 注文"古都"當作"胡覩"。《原本玉篇·山部》:"岵,胡都(覩)反。"《名義·山部》:"岵,胡覩反。"《廣韻·姥韻》:"岵,侯古切。""胡覩反"與"侯古切"音同。茲據校改。

③ 注文脱漏。《原本玉篇·山部》"岵"條下接"屺""峐"二條:"屺,去紀反。《毛詩》:陟彼屺兮。傳曰:山有草木曰[屺]。《韓詩》:有草无木曰屺。《説文》:山无草木曰屺也。""峐,《爾雅》:山无草木曰峐。《聲類》:亦屺字也。"此注文或當作"二同。去紀反。岵也"。

④ 注文"可"當作"柯","日"下原有"月"字。《原本玉篇·山部》:"嵯,慈柯反。《楚辞》:山氣巃石嵯峨。王逸曰:巖崿,峻蔽日也。《説文》:山皃也。《廣雅》:嵯峨,高也。"今本《楚辭·招隱士》:"山氣巃嵸兮石嵯峨。"王逸注:"嵯峨巖崿,峻蔽日也。""弊"通"蔽"。茲據改删。

⑤ 注文"皆井"當作"楷耕"。《原本玉篇·山部》:"硻,楷耕反。"茲據校改。《廣韻·耕韻》口莖切:"硻,或作硎,谷名,在麗山,昔秦密種瓜處。"

⑥ 注文"士井"當作"仕耕"。《原本玉篇·山部》:"崝,仕耕反。"茲據校改。《原本玉篇·山部》:"崝,《淮南》:城堶者必崩,崒崝者必陁。許叔重曰:崝,陗也。"今本《淮南子·繆稱訓》:"城峭者必崩,岸崝者必陀。"按,作"岸"是。

⑦ 《原本玉篇·山部》:"岬,仿佯山岬之旁也。許叔重曰:岬,山旁也。左思《吴客(都)賦》:倒岬岫。劉逵曰:岬,兩山間也。"《名義》亦作"兩山間"。《文選》張銑注:"兩山間曰岬。"李善注:"許慎《淮南子》注曰:岬,山旁。"《集韻·狎韻》:"砰,兩山之間爲砰,許慎説。或从山。"今本《淮南子·原道訓》作"峽",高誘注"兩山之間爲峽"。《讀書雜志》"山峽"條:"後人誤以山脅之'岬'爲巫峽之'峽',故改訓爲兩山之間,不知正文明言山岬之旁,則岬爲山脅而非兩山之間。校書者以注訓兩山之間,故又改岬爲峽,而不知其本非原注也。《集韻》:砰,古狎切。兩山之間爲砰,許慎説。或作岬(宋人皆誤以高注爲許注,故云許慎説)。則所見已非原注,但岬字尚未改爲峽耳。"諸書無"三山間"之説,不詳所出,但"峽"有"三峽山"(見《切韻》)之義,或受其影響而誤。

⑧ "皃"上奪"山"字。《原本玉篇·山部》:"崆,《字書》:崆嵷,山皃也。"茲據校補。《廣韻·江韻》:"崆,崆峵,山皃。"《文選·張衡〈南都賦〉》:"其山則崆峵嶻嶭。"李善注:"崆峵、嶻嶭,山石高峻貌。"

⑨ 注文"古"當作"胡"。《原本玉篇》《名義·山部》:"嵀,胡皷反。"茲據校改。

嵂ヒ一（比吉）反。山道。①

崤古（胡）交反。塞敗也。②

嵑才妾（接）反。美山皃。③

嶆嶂同。古豪反。崋。

嶓甫（補）佐反。山名。④

嶘丁安反。孤，山也。⑤

巘魚晏（偃）反。自大山別小山。⑥

嶜猗兼（廉）反。崦反（字）。鳥鼠同穴山名。⑦

嵫子辝反。崦，山。⑧

峋思寸（遵）反。嶙峋。介波之久佐加之。⑨

屹岻岯三同。直夷反。箕山也。⑩

崌几余反。出水山。⑪

嵁五男反。碣山。⑫

崆丘更反。高皃。

---

① 注文"ヒ一"當作"比吉"。《原本玉篇·山部》："嵂，比結反。"《名義》《玉篇·山部》："嵂，比吉反"。《廣韻·質韻》："嵂，卑吉切"。茲據校改。

② 注文"古"當作"胡"。《原本玉篇》《名義·山部》："崤，胡交反。"茲據校改。又"敗"非義。《原本玉篇·山部》："崤，《尚書》晉襄公師敗請崤諸。孔安國曰：要塞也。"今《尚書·秦誓》序："晉襄公帥師敗諸崤。"孔傳："崤，晉要塞也。"

③ 注文"妾"當作"接"。《玉篇·山部》："嵑，才接切。山皃。"《原本玉篇·山部》："嵑，牛校（才接）反。"《字指》："嵑葉，美小（山）皃也。"《名義·山部》："嵑，牛授（才接）反。美山也。"茲據校改。

④ 注文"甫"當作"補"。《原本玉篇·山部》："嶓，補佐、補何二反。"茲據校改。

⑤ 《廣韻·寒韻》："嶘，嶘孤，山名。"

⑥ 注文"晏"當作"偃"。《原本玉篇·山部》："巘，魚偃（偃）反。"《玉篇·山部》："巘，魚偃切。"《廣韻·阮韻》："巘，語偃切。"茲據校改。《原本玉篇·山部》："巘，《毛詩》：陟彼在巘。傳曰：小山別於大山者也。"此"自"字疑是"曰"字之訛，此"小山""大山"順序與《毛傳》異。

⑦ 注文"兼"當作"廉"，"反"當作"字"。《原本玉篇·山部》："嶜，猗廉、猗檢二反。"《原本玉篇·山部》："崦，野王案，此三亦嶜字也。"茲據校改。

⑧ 《原本玉篇·山部》："嵫，《埤蒼》：崦嵫，山也。"

⑨ 注文"寸"當作"遵"。《原本玉篇》《名義》《玉篇·山部》："峋，思遵反。"茲據校改。介波之久佐加之（けわしく【險しく】さがし【嶮し·險し】）。

⑩ 《原本玉篇·山部》："岻，《左氏傳》：觀兵於岻其之山。"今本《左傳·昭公五年》："楚子遂觀兵於岻箕之山。"

⑪ 《原本玉篇·山部》："崌，舉餘反。《山海經》："卬來山東有崌山，江水出焉。郭璞曰：北江也。"

⑫ 《原本玉篇·山部》："嵁，左思《魏都賦》：恒碣嵁嶭於青雲也。"《文選·魏都賦》："恒碣嵁嶭於青霄。"李善注："恒山，北岳也。碣石，山名。嵁嶭，高貌。"

嵯魚産反。峋兒,勢兒。①

𡷗五骨反。窟,禿。②

屼牛丸反。高兒。巋屼,高兒。

嵽徒結反。嶩也,峍。③

嶍口埽(歸)反,平;山高大堅固之兒。与曽毛留也。④

峮烏迴、於回二反,平;山正直之兒。久万,又井太乎利。⑤

峗烏壞(懷)反。山安兒,嵬也,羗也。佐加志也。⑥

巓都田反、徒田反。宷極曰巓也,山頂也,峯也。

崽子改反。子也。

壠力蒙反,平;山不平兒,嶮峻也,嵷也。

岍胡經反。山名,連山中[絶]曰岍。⑦

顗莫(魚)豈、起界二反。静也,不動,散也,大頭也,樂也。⑧

峴許田反。在見部。⑨

嶚魯彫、力了二反。山曲。宇太乎利。⑩

巢昌交、在勢二反。山曲,嶚也。久万。⑪

嵠苦雞反。水注河也。

---

① 《字鏡》"峋"下無"兒"字。《原本玉篇·山部》:"嵯,魚彥(産)反。《西京賦》:坻崿嶙峋,嶄嵯嶻嶭。薛宗曰:殿基之形勢。"

② 《廣韻·没韻》:"𡷗,嶱𡷗,禿山兒。"字頭當是"𡷗"字繁化俗字。

③ 末字疑同"崒"。《集韻·屑韻》:"嵲,嵽嵲,山高。或作崒。"

④ 注文"埽"當作"歸"。各本作"歸"。《廣韻·脂韻》:"鰞,丘追切。""歸"是微韻字,微、脂二韻近。茲據校改。与曽毛留(よそもる)也。

⑤ 久万(くま【隈·曲·阿】),又井太乎利(いたおり【嶬】)。

⑥ 注文"壞"當作"懷"。《原本玉篇》《名義·山部》:"峗,烏懷反。"茲據校改。《師説抄》、狩谷疑"安"當爲"不正",狩谷引《玉篇》"峗,峗襄,不平也"。佐加志(さがし【嶮し·險し】)也。

⑦ 《廣韻·先韻》苦堅切:"岍,山名,在京兆。"《爾雅·釋山》:"山絶,陘。"郭璞注:"連山中斷絶。"《廣韻·青韻》户經切:"陘,連山中絶。"此"岍"當同"陘",此疑當補"絶"字。顧炎武《日知録》卷三十二:"陘,今井陘之陘,古書有作鈃者……有作研者……有作岍者……有作硎者……有作脛者……有作徑者。"

⑧ 注文"莫"當作"魚"。《廣韻·尾韻》:"顗,魚豈切。"茲據校改。"起界反"當是倭音"かい",與音同"凱"。

⑨ 見部音"胡顯反",《廣韻·銑韻》音"胡典切",此音當是倭音"けん"。

⑩ 各本"山曲"上有"山高相戾也"。《廣韻·宵韻》:"嶚,嶚嶣,山高兒。"此"山曲"不詳所出,下條同。宇太乎利(うたをり),各本作"井太乎利"(いたおり【嶬】),當同,參見本書"埼(埼)"條。

⑪ 久万(くま【隈·曲·阿】)。

　　壑訶各反。莫名,又名大海之深之莫測曰壑。①

　　巁芳移、芳毗二反。山罡耶平。奈女佐可,又奈乃女尒。②

　　嶁力魯反,平;山不平之兒,險峻之兒,山頂。③

　　巑才官反。山高兒,又鋺(鋭)山,又山高迥之兒。④

　　嶺五各反。山高也,巍嶺之兒。

　　嶚芳夆(條)、力了二反。虛静也,宏遠也,空遠也,高遠也。⑤

　　島嶋同。當老反。海迴(曲)曰島。⑥

　　嶠嶕同。許交、起交二反,平;山高也,山鋭而高也,秀也。美祢也。⑦

　　[嶔]崟上綺金反,平;下宜金反,平;謂山皁之勢高下倚傾也。二字。崎峨也。⑧

　　蚩尺移反。輕也,謂相輕咲也,乱也,駿(駿)也,虫也。⑨

　　岽上古文。

　　崎嶇上丘宜反,平;路難也,曲岸也。下丘愚反,平;傾側也。奈也牟,又宇地波也志。⑩

　　岸魚偃反。太利久知。⑪

　　岌魚及反。高危也,盛也,殆也,高也,依也。⑫

---

① 字頭原作"壑",即"壑"字。《莊子・天地》:"夫大壑之爲物也,注焉而不滿,酌焉而不竭。"成玄英疏:"夫大海泓宏,深遠難測,百川注之而不溢,尾間泄之而不乾。"《慧琳音義》卷二十二"眾苦大壑"條:"壑,訶各反。《兼名苑》曰:東海有大燋石,一名沃燋,方圓三萬里,水沃之則消盡。過此有大壑,一名尾間,深莫測其涯,海水常澍不知其所之也。今經意謂生死海中三苦、八苦無有涯底,如彼大壑,故借喻言耳也。"

② "山罡耶平"即"山岡邪平"。《文選・王褒〈洞簫賦〉》:"嶇嶔巋崎,倚巇迆巁。"李善注:"迆巁,邪平之貌。"奈女佐可(なめさか【滑坂】),又奈乃女尒(なのめ【斜め】に)。

③ 《廣韻・虞韻》:"嶁,力朱切。"此反切當是倭音"る"。

④ 注文"鋺"當作"鋭"。《字鏡》作"鋭"。《原本玉篇・山部》:"巑,《楚辞》:登巑岏以長企。王逸曰:巑岏,鋭山。"茲據校改。

⑤ 注文"夆"當作"條"。《字鏡》作"条"。《集韻・蕭韻》憐蕭切:"嶚,或嶚。""條"是蕭韻字。茲據校改。

⑥ 注文"迴"當作"曲"。《原本玉篇・山部》:"島,《尚書》:島夷皮服。孔安國曰:海曲謂之島。"茲據校改。

⑦ 美祢(みね【峰】)也。

⑧ 字頭"崟"上奪"嶔"字,"山"下原有"之"字。《玄應音義》卷十三"嶔崟"條:"綺金反,下宜金反。謂山皁之勢高下倚傾也。"《原本玉篇・山部》:"嶔,《楚辞》:嶔崟崎峨。"茲據補刪。

⑨ 注文"駿"當作"駿"。《慧琳音義》卷五十四"蚩賣"條:"《聲類》:駿也。"茲據校改。

⑩ 《玄應音義》卷四"崎嶇"條:"丘宜反,下丘愚反。《廣雅》:崎嶇,傾側也。《埤蒼》:不安也。"奈也牟(なやむ【悩む】),又宇地波也志(うぢはやし【阻し・劇し】)。

⑪ 太利久知(たりくち【垂口】)。

⑫ 《玄應音義》卷四"岌多"條:"此居士子名也。依字,魚及反。岌,高危也,亦盛也。"指依字讀,非同"依"字也,此處誤解《玄應音義》而增"依也"義。

崗古郎反。山脊崗，又山長脊。①

巉巖上仕銜反，平；下魚儉反。二合。高也，山間崎險阻也。②

嶄嶮上同。

嶒集綾反。石之阭隗皃。經作嶝，丘(近)字。③

嵬崒上牛迴、牛尾二反。高也。下徂隗反，上；山石高而不平。

峭且蘸反，去；急也，險立也，峻也。④

陗埍上字。

巄滋林也。⑤

嵥嶜勞嶨名也。⑥

屵牛[桀]、牛割二反，上；高皃也。⑦

上字。⑧

崩甫(補)登反，平；壞也，死也，陊也，毀也。久豆留。⑨

峻式閏、思駿二反。不平皃，山高大皃，嶮也，大也，長也。

嶮許險反。嫌也，岫也。

崔正子綏(綏)反，平；崔崔，高大。借慈隗(瑰)反，平；崔嵬，石戴土也。⑩

巍正牛威反，平；巍巍，高大也。

岨且居反。石山戴七(土)曰岨也。户太豆。⑪

---

① 《爾雅·釋山》：“山脊，岡。”郭璞注：“謂山長脊。”

② 《廣韻·銜韻》：“巖，五銜切。”《新撰字鏡·石部》：“礛，魚儉反，上；碥礛也。”《玉篇·石部》：“礛，五咸切。亦作巖。”

③ 注文“丘”當作“近”。《玄應音義》卷十九“陵嶒”條：“集綾反。嶒，石之阭隗皃也。經文從山作嶝，近字也。”但“嶝”當是“陵”的異體，此誤解爲“嶒”字異體。兹據校改。

④ “立”字疑當作“急”。

⑤ 字頭上字疑即“嵸”或“嵷”。《集韻·東韻》：“巄，巃嵸，山高皃。或書作巄。”

⑥ 此條俟考。

⑦ “牛”下奪“桀”字。《字鏡》作“桀”。《原本玉篇·山部》：“屵，牛築(桀)、牛割二反。”《玉篇·山部》：“屵，牛桀切，又牛割切。”兹據校補。此云上聲，或因《廣韻·阮韻》“語偃切”之音而注。

⑧ 此形不詳。《集韻·阮韻》有異體作“峕”。

⑨ 注文“甫”當作“補”。《原本玉篇》《名義·山部》：“崩，補朋反。”兹據校改。久豆留（くずる【崩る】）。

⑩ 注文“綏”當作“綏”，“隗”當作“瑰”。《字鏡》作“綏”和“瑰”。《原本玉篇·山部》：“崔，子綏反。又意(音)慈現(瑰)反。”《廣韻·灰韻》：“崔，昨回切。”“瑰”爲灰韻字。兹據校改。

⑪ 注文“七”當作“土”。《説文·山部》：“岨，石戴土也。”兹據校改。户太豆（へだつ【隔つ】）。

崦嶂上於牟反。欝也,不明也,暗昧也。下微等反。黑雲日乎於保不。①

峃嶜二同。昨淫反,平;嵒也,大山也。②

嶪業音。馬盛皃。古江太利。③

徽虚歸反。善也,美也,止也。

微徵二在反(攵)部。④

嵩宿中、山松二反。高,中嶽也。

豈欺幾反。安也,冀也,其也。作凱。樂,一曰欲也。

陵委升反。增也。⑤

巘巇同。魚偃反。巖也,小山別於大山。

崒崒字愐(恤)反。山極高皃,峯也,峯山形。⑥

嶸五(王)丁反。崢,上形也,无地山。⑦

峒徒弄反,平;硐□(深)也,達也,徹也。⑧

崵育良反。首□(也),谷山也。⑨

嶽牛角反。岳也。

屾所固(因)反。二山。⑩

_____

① 字頭即"崦曇"二字。另參見參《字典考正》"嶂"字條。《説文·日部》:"崦,不明也。"《廣韻·感韻》烏感切:"崦,崦藹,暗也,冥也。"《廣韻·琰韻》衣儉切:"崦,崦崦,日無光。"《廣韻·覃韻》徒含切:"曇,雲布。"《玉篇·日部》:"曇,徒含切。曇曇,黑雲皃。"此處二音當皆是倭音。黑雲日乎於保不(くろくも【黑雲】ひ【日】を/おおう【覆う·被う·蔽う·掩う】),即"黑雲蔽日"之義。

② 《字鏡》作"大山皃"。《原本玉篇·山部》:"嵜,《字指》:高大皃也。"

③ 《詩·小雅·采薇》:"戎車既駕,四牡業業。"毛傳:"業業然壯也。"《詩·大雅·常武》:"赫赫業業。"毛傳:"赫赫然盛也,業業然動也。"《廣雅·釋訓》:"業業,盛也。"《名義·馬部》:"驜,高大也,盛也。"此字頭"嶪"蓋"業"或"驜"的俗字。古江太利(こえたり【肥えたり】)。

④ 攵部無此二字,而彳部有。

⑤ 反切上字誤,當爲來母字。《玄應音義》卷十九"陵嶒"條:"經文從山作陵,近字也。"《玉篇·阜部》:"陵,力升切。"

⑥ 注文"愐"當作"恤"。《原本玉篇》《名義·山部》:"崒,子恤反。"茲據校改。

⑦ 注文"五"當作"王"。《字鏡》作"王"。《廣韻·耕韻》:"嶸,戶萌切。""王丁反"音同。茲據校改。"上形也"或指"崢嶸"當連言。《原本玉篇·山部》:"嶸,《楚辭》:下崢嶸而無地。""无地山"或與之有關。

⑧ "硐"下殘。《裴韻》《全王》《廣韻·送韻》:"峒,硐深。"茲據校補。《廣韻》有"徒紅切"和"徒弄切"二音,此當是去聲,蓋誤混。"達也,徹也"當是"洞"字義。《集韻·送韻》:"峒,通作洞。"《淮南子·原道》:"遂兮洞兮。"高誘注:"洞,達也。"《慧琳音義》卷二十二"洞徹"條:"《玉篇》曰:洞猶通徹也。"

⑨ "首"下殘。《字鏡》作"也"。《原本玉篇·山部》:"崵,《説文》:首崵山,在遼西。一曰嵎鐵陽谷也。"茲據校補。

⑩ 注文"固"當作"因"。《字鏡》作"曰",即"因"字。《原本玉篇》《名義》《玉篇·屾部》:"屾,所因反。"茲據校改。

㠙 苦學反。大石山。①

崔 徒罪反。高，隓。②

炭 他息(旦)反。荒墨也，灺也，墜也。③

帚 上字。

峕。

谷部第六十一

廿七字

谷 古木、餘玉二反。浴也，窮也。在口、人二部。④

邰 上字。

豁 呼活反。通谷也，空也，大也，"高祖意豁如也"。⑤

谬 力彫反。空谷也，深也。

谾 力公反。長谷。

谾 呼江反。澗谷空兒，谾也。

硲 且見反。陌也。圢字。三里爲硲。今作阡。

睿 思閏反。濬字。古作潚。

瀆 徒鹿反。古作隫。隫，通溝也，氾也。⑥

谸 扶云反。谸谷。

豅 渠陸反。豅谷。

谾戝 二同。仕晏反。谾谷。

谩 莫桓反。谻，亭。⑦

谻 渠周反。谻(谩)，亭。⑧

谷 下溝反。谷谷。

---

① 《原本玉篇·山部》："㠙，苦學、胡角二反。《尔雅》：山多大石曰㠙。郭璞曰：山多磐石也。"

② 《原本玉篇·山部》："崔，徒罪反。《説文》：崔，高也。野王案，崔崔然高也。《聲類》亦隓字也，在阜部。"

③ 注文"息"當作"旦"。《名義》《玉篇·火部》《廣韻·旱韻》："炭，他旦反。"茲據校改。《孟子·公孫丑上》："如以朝衣朝冠，坐於塗炭。"趙岐注："炭，墨也。""荒"字不詳。"墜也"非釋義。《尚書·仲虺之誥》："民墜塗炭。"

④ 人部爲"㕣"字，形近相混。

⑤ 《漢書·高帝紀上》："高祖爲人……寬仁愛人，意豁如也。"

⑥ 《爾雅·釋丘》："窮瀆，氾。"《説文·水部》："氾，一曰氾，窮瀆也。"

⑦ 《廣韻·桓韻》："谩，谩谻，亭名，在上艾。"

⑧ 注文"谻"當作"谩"。《名義·谷部》："谻，谩也。"《廣韻·尤韻》："谻，谩谻，亭名。"茲據校改。

谽𥑙二同。力莎(涉)反。谽餘,聚。①

谼古(胡)東反。谼,大壑。②

壑呼各反。虛也。在土部。

谸呼含反。澗谷之皃,大空。

谹𥔏二同。呼勞反。深谷皃。

𧯹𥔒二同。力豪反。《字指》從穴。③

谿苦奚反。保良。④

王部第六十二

十四字

班〔䟐〕𤤰,直連反。日行。⑤

瑈班字。偏(徧)也,般也,位也,列也,賦也。⑥

王正于方反,平;往也,君也,大也。借于放反,去。

［班］斑上布蠻反,平;布也,次也,分也,別也,与也,賜也,授也,周。下方間反,平;駮也。字行交二形可別也。⑦

璽𤫪同字。思紫反。信也,神器也,印也,封也,符也。

理良士反。分也,界也,正也,吏也,從也,諦也,性也,事也,治也,媞(媒)也。⑧

瑞垂累反。符也,信也,應也,珍也。

珎上俗作。舟□反。美也,貴也,獻也,寶也,重也。⑨

皇胡光反,平;大也。

尩烏光反,平;弱也。

---

① 注文"莎"當作"涉"。《名義·谷部》:"谽,力涉反。"茲據校改。《玉篇·谷部》:"谽,谽餘,聚名。"

② 注文"古"當作"胡"。《名義》《玉篇·谷部》:"谼,胡東反。"茲據校改。

③ 後一字頭當是訛形,"牛"與"牙"形近易混。"從穴"指出從"宀"與"穴"之別。

④ 保良(ほら【洞】)。

⑤ 此爲"䟐"字音義。《廣韻·仙韻》直連切:"䟐,日月行也。"《新撰字鏡·玉部》:"𤤰,直連反。日行也。""䟐"字俗作"䠙","𤤰"爲"䠙"字之誤,"𤤰"又爲"𤤰"字之誤。字頭"斑"蓋與"𤤰"形近相混。

⑥ "瑈"與"班"不同,蓋是錯簡。《名義·玨部》:"瑈,扶福反。皮篋。"下接"班"字條。注文"偏"當作"徧"。《楚辭·天問》:"何往營班祿,不但還來?"王逸注:"班,徧也。"茲據校改。

⑦ 字頭"斑"上奪"班"字。《名義·玨部》:"班,補姦反。別次也,賦也,偏也,位也,列也,賜也,布也,還也。"《廣韻·刪韻》布還切:"斑,駮也。"茲據校補。

⑧ 注文"媞"當作"媒"。《廣雅·釋言》:"理,媒也。"茲據校改。

⑨ 此奪"珍"字條,疑即上條注文"珍也"。《干祿字書》:"珎珍,上通下正。"又《廣韻·真韻》:"珍,陟鄰切。"《名義》《玉篇·玉部》:"珍,張陳反。"此蓋奪反切下字。

翠古（胡）光反。以羽餝冠也，舞人蒙也。^①

玉部第六十三

二百六十四字

王玉二形。語欲反，入。

珸五古（胡）、胡宥二反。玉之美好也。^②

瑹他胡、徒孤二反，平；美好之玉名也。

玔齒緣、詩川二反。臂鐶也，女人挂於臂上也。釧同。比知玉。^③

瑜翼珠、□項（須）二反，平；之名也，旬也，德義之皃。^④

珮蒲皆（背）、布見二反。帝王所[帶]玉也。^⑤

瓱口耕、苦還二反。堅也，玉也。万太久，又豆与志。^⑥

琑（瑣）思果、思招二反。鏁，月（同）字。久佐利，又止良布，又保太須。^⑦

瑳且我、佐可二反，上；鮮盛之皃。阿佐也加尔，又宇留和志。^⑧

璪志澡反，去（上）；餝物之玉名，以玉飾如水澡（藻）。^⑨

瑚璉上古故反，平；下令連反，上；黍稷之器也，夏曰瑚，殷曰璉，周竹（簠簋）也。^⑩

琛敕林、直陰二反。實（賓）也，財也，貨也。^⑪

---

① 注文“古”當作“胡”。《廣韻·唐韻》：“翠，胡光切。”兹據校改。

② 注文“古”當作“胡”。《玉篇·玉部》：“珸，五胡切。”兹據校改。“胡宥”俟考。

③ 比知玉（ひじ【肘·肱·臂】たま【玉】）。

④ 後一反切上字奪，注文“項”當作“須”。《慧琳音義》三十一“瑜祁”條：“上庚須反。”兹據校改。反切上字疑爲“庚”。注文“之名”上疑奪“玉”字。“旬”或當爲“珣”。

⑤ 注文“古”當作“胡”，“所”下奪“帶”字。《名義·玉部》：“珮，蒲背反。王帶玉也。”兹據改補。後一反切不詳。

⑥ 《龍龕·玉部》：“瓱，俗。口耕反。”鄭賢章《龍龕手鏡研究》疑即“鏗”字之俗。各本釋義作“堅也，強固之皃，玉名”，無萬葉假名。万太久（またく【全く】），又豆与志（つよし【強し】）。

⑦ 字頭“琑”當作“瑣”，注文“月”當作“同”。《群書類從》本、享和本作“瑣鏁，同”。《名義·玉部》：“瑣，思果反。鏁也。”《廣韻·果韻》蘇果切：“鏁，鐵鏁也。俗作鎖。”兹據校改。久佐利（くさり【鎖·鏁·鏈】），又止良布（とらふ【捕ふ·捉ふ】），又保太須（ほだす【絆す】）。

⑧ 阿佐也加尔（あざやか【鮮やか】に），又宇留和志（うるわし【麗し·美し·愛し】）。

⑨ 注文“去”當作“上”，“澡”當作“藻”。此字爲上聲，無去聲之音。《說文·玉部》：“璪，玉飾，如水藻之文。”兹據校改。

⑩ 注文“竹”當作“簠簋”。《論語·公冶長》：“曰：何器也？曰：瑚璉也。”何晏集解引包咸曰：“瑚璉，黍稷之器。夏曰瑚，殷曰璉，周曰簠簋，宗廟之器貴者。”兹據校改。《廣韻·模韻》：“瑚，戶吳切。”《廣韻·獮韻》：“璉，力展切。”此反切當是倭音“こ”“れん”。

⑪ 注文“實”當作“賓”。《廣韻·侵韻》：“琛，琛賓也。”兹據校改。

環 環二同。古開(胡開)、玉公二反。圍也，旋也，繞也。**𤩰**，同也。①

琫 補封反，上；珌也，刀上飾曰鞞，下飾曰琫。太知乃加佐利，又太千乃志太乃加佐利也。②

珌 婢必反，入；琫也。太知乃於户飾。③

瑂 亡悲、莫靡二反，平；石似玉，可用物飾者也，美好之石也。

琀 胡紺、胡更二反。送(送)死者含於口玉也。④

琨璋 上古屯反，平；下之良反，平；明也，赤玉也。並玉之名。

玳 徒愛、他台二反。玳琨(瑂)也，玉名也。⑤

琳琅 上力金反，平；多也，玉名也。[下]力當反，平；少也，樹名也。

璜 胡光反，平；亦作斛、斜。黄色玉也。

瓌璹(瑋) 上巨雄反。下禹鬼反，上；珎玩也，艶也，奇也，姝也，恠也，美也。⑥

琦 瓌字。

瑱 瑱同作。他見反。鎮也。

璣 居衣反。珠不圓者也，一曰小珠也。

玩 五唤反。弄也，好也。習(翫)，非。⑦

瑛 於京反，平；水精謂之[石]瑛，怒(亦)玉光也。⑧

玦 上字。居穴反。離也。支須。⑨

珥 如志反。珠耳也。弥弥玉。⑩

瑞 都當反。充耳玉也，餝木玉金也。⑪

璩 巨於反。玉石(名)，耳璩也。⑫

瓊 九營反，平；赤玉也，玉樹也。

璚璖璕琭 四同乍(作)。

---

① 注文"古開"當作"胡開"。《名義・玉部》："環，胡開反。"兹據校改。注文異體當爲從貝、瞏聲之字。"玉公反"當是倭音"くゎん"。

② 《廣韻・董韻》："琫，邊孔切。"此處反切下字疑誤。太知乃加佐利(たち【太刀】の【之】かざり【飾り】)，又太千乃志太乃加佐利(たち【太刀】の【之】した【下】の【之】かざり【飾り】)也。

③ "婢必"原倒。《廣韻・質韻》："珌，卑吉切。""婢必反"與之音合。兹據校改。太知乃於户飾(たち【太刀】の【之】うえ【上】かざり【飾り】)。

④ 注文"送"當作"送"。《説文・玉部》："琀，送死口中玉也。"兹據校改。

⑤ 注文"琨"當作"瑂"。《玉篇・玉部》："玳，俗以瑇瑁作玳。"兹據校改。

⑥ 字頭"璹"當作"瑋"。《名義・玉部》："瑋，禹鬼反。珍奇也。"兹據校改。

⑦ 注文"習"當作"翫"。《玄應音義》卷六"珍玩"條："經文作翫習之翫，非體也。"兹據校改。

⑧ "之"下奪"石"字，注文"怒"當作"亦"。《玄應音義》卷七"寶瑛"條："《廣雅》：水精謂之石瑛。瑛亦玉光也。"兹據補改。

⑨ "玦"與"瑛"不同，疑形近相混。支須(きず【傷・疵・瑕】)。狩谷云："混'缺'。"

⑩ 弥弥玉(みみ【耳】たま【玉】)。

⑪ "充耳"原誤作一字，後又改爲二字，並云"二字欤"。

⑫ 注文"石"當作"名"。《玄應音義》卷二十二"璩印"條："《字書》：玉名也。耳璩也。"兹據校改。

璇皆瓊字。

[illegible]瑕二同作。胡加反。裂也，過也，譽也，玉病也，小赤玉也。

璅瑣璅二(三)同。鏁、鎖，亦同。思果反，上；以玉餝帶也，連也，鑄也。①

璞普角反，入；真也。璞，上字。玉及金未治也。②

[illegible]𤩽同。側岑反，平；石似玉。比太万。③

珠之由反，平；白玉也。④

璄於竟反，去；玉光也。⑤

琼(璟)上字。⑥

玾〔狎〕太(古)甲、户[甲]二反，入；綢密。張衡《南都賦》之"雕剄(斵)玾"也。⑦

玞不于反，平；珷玞，□(美)石似玉也。⑧

璂其之反，平；弁餝也。⑨

璃瓈二同。力移反，平；瑠璃。

瓀瑌瑌三同。如兗反。如水精，半赤名(石)也。⑩

琠𤩁同。但典反，去；琠，玉名。⑪

璥居景反，上；璥，玉名也。

玘古(去)里反，上；珮玉。《字書》："玘，玉名也。"⑫

瓕[illegible]同。耳(弭)規反。玉名也。⑬

瓇瓔瓇三同作。如勞反。玉名。

---

① "鑄"字不詳。《名義·玉部》："瑣，鏤也，鏁也，録也，連也，環也。"

② 注文"璞"或當是"璞""鏷""樸"等字。

③ 比太万(ひだま【火玉】)。

④《廣韻·虞韻》："珠，章俱切。"此音不同。

⑤《廣韻·梗韻》："璄，於丙切。"《名義·玉部》："璄，於景反。"此云去聲，俟考。

⑥ 字頭"琼"當作"璟"。《名義·玉部》："璄，璟字。"茲據校改。原字頭另有"玾"字，當涉下條而衍。

⑦ 注文"太"當作"古"，"户"下疑奪"甲"字，"剄"當作"斵"，"衡"下原有"入"字。《廣韻·狎韻》："玾，古狎切。"《文選·張衡〈南都賦〉》："琢琱狎獵。""雕"同"琱"，"玾"蓋是"狎"字涉"琢琱"而類化改旁的俗字，"剄(斵)"通"琢"。"綢密"亦當是"狎"字義。"太(古)"或是"胡"字之省，爲"狎"字音。《廣韻·狎韻》："狎，胡甲切。""衡"下"入"字涉上"入"字而衍。茲據改補刪。

⑧ "石"上一字殘。《廣韻·虞韻》："玞，珷玞，美石次玉。"茲據校補。

⑨ "弁"字原作"[illegible]"。《説文·玉部》："璂，弁飾，往往冒玉也。"

⑩ 注文"名"當作"石"。《玉篇·玉部》："瑌，《山海經》云：狀睹之山其上多瑌石。郭璞曰：白者如冰，半有赤色者。"茲據校改。

⑪ "𤩁"字右旁有小字"丨字古文"。《玉篇·玉部》："琠，玉名。𤩁，古文。""丨"指字頭"琠"。

⑫ 注文"古"當作"去"。《名義·玉部》："玘，去理反。"《玉篇·玉部》："玘，去里切。"茲據校改。"書"字原作"[illegible]"。

⑬ 注文"耳"當作"弭"。《名義·玉部》："瓕，弭規反。"茲據校改。字頭原作"[illegible]"，《名義》字頭原與此第一形同。

瓅力激反。玉名也。

瑾几(奇)鎮反。匿瑕玉。①

珣上(思)均反。夷玉也，器也。②

璐力古(故)反，去；佩玉美。③

琜㻏二同。力亥(該)反。瓄也。④

瓄徒木反。玉器也。

瓋力達反。玉名也。

璿璿瓗三同。似泉反，平；玉名。

球巨周反，平；笏美玉。⑤

珂可美(何義)反，平；佩玉。⑥

玠古拜反。圭也。

珌瑮二同。必節[反]。琕琕也。⑦

玤玭二同。步項反。周邑地名也。

玨胡犬反，上；玉名。

丑女九反。印玉。鈕。⑧

璈公馬(鳥)反，上；佩玉。⑨

琩珝二同。莫載反。璹琩也。

琄奇員(隕)反，上；玉也。⑩

琭琭二同。止(齒)育反，入；大也。⑪

璏羽翻反。劍鼻玉。"莽碎劍璏"。⑫

---

① 注文"几"當作"奇"字。《名義》《玉篇・玉部》："瑾，奇鎮反。"茲據校改。《左傳・宣公十五年》："諺曰：高下在心，川澤納污，山藪藏疾，瑾瑜匿瑕，國君含垢，天之道也。"

② 注文"上"當作"思"。《名義・玉部》："珣，思均反。"茲據校改。

③ 注文"古"當作"故"。《名義・玉部》："璐，力故反。"茲據校改。

④ 注文"亥"當作"該"。《名義・玉部》："㻏，力該反。"茲據校改。

⑤ 《禮記・玉藻》："笏，天子以球玉，諸侯以象，大夫以魚須文竹。"

⑥ 注文"可美"當作"何義"。《名義・玉部》："珂，何義反。"茲據校改。

⑦ 注文"琕琕"原作"瑮珌"。《詩・小雅・瞻彼洛矣》："鞞琕有珌。"毛傳："士瑮琕而珌珌。"茲據乙正。

⑧ 《玉篇・玉部》："丑，印鼻。本作鈕。"

⑨ 注文"馬"當作"鳥"。《名義・玉部》："璈，公鳥反。"茲據校改。

⑩ 注文"員"當作"隕"。《名義・玉部》："琄，奇隕反。"茲據校改。

⑪ 注文"止"當作"齒"。《名義・玉部》："琭，齒育反。"茲據校改。

⑫ 《廣韻・祭韻》："璏，劍鼻。王莽碎玉劍璏。"《漢書・王莽傳上》："後莽疾，休候之，莽緣恩意，進其玉具寶劍，欲以爲好。休不肯受，莽因曰：'誠見君面有瘢，美玉可以滅瘢，欲獻其璏耳。'即解其璏，休復辭讓。莽曰：'君嫌其賈邪？'遂椎碎之，自裹以進休，休乃受。"顏師古注："服虔曰：璏音衛。蘇林曰：劍鼻也。師古曰：璏字本作瓗，從玉、彘聲，後轉寫者訛也。璏自雕瑑字耳，音瑑(篆)也。"

璟上字。

珫處隆反,平;珫耳。

璹視左(六)反。玉器也。①

瑒䍲二同。則間(側簡)反。玉坏(杯)也。②

璪作道反。冕飾玉也,璗也。

珺止(齒)揚反。玩(珫)也,充耳玉。③

玥古(胡)犬反。玉皃,佩璲。④

璙力高反。玉也。

琱都堯反。雕也,玉名,彫也。⑤

瑟瑳珘三同。所櫛反,入;玉色鮮也。

珇作土反,上;好也,瑳也,美也。

瑜俞引反。滿(璊)玭也。胡蟲反。⑥

琤楚井(耕)反,平;玉聲,錚也。⑦

琗宜止(之)反。五色玉(石),次名(玉)也。翼之也(反)。⑧

珢居恨反。石之次玉,珢瑰也。

瓐古(胡)到反,去;石似玉也。⑨

瑮璏同。古(胡)瞎反。石似玉也。⑩

瓅思劦(協)反。石似玉。⑪

瑨似吝反。石似玉。

玜胥次(咨)反。石似玉。⑫

---

① 注文"左"當作"六"。《名義·玉部》:"璹,視六反。"茲據校改。

② 注文"則間"當作"側簡","坏"當作"杯"。《名義·玉部》:"瑒,側簡反。"《廣韻·産韻》阻限切:"瑒,玉瑒,小杯。"茲據校改。

③ 注文"止"當作"齒","玩"當作"珫"。《名義·玉部》:"珺,齒楊反。"《玉篇·玉部》《集韻·陽韻》:"珺,珺玩(珫),蠻夷充耳。"《類篇·玉部》:"珺,珺珫,蠻夷充耳。"《初學記》卷二七引《山海經》:"珺珫,夷蠻係耳玉也。"《廣韻·東韻》:"珫,珫耳,玉名。"茲據校改。

④ 注文"古"當作"胡"。《名義·玉部》:"玥,胡犬反。"茲據校改。

⑤ "彫"字右旁原誤作"勺"。《名義·玉部》:"琱,雕也,彫也。"

⑥ 注文"滿"當作"璊"。《玉篇·玉部》:"璊,莫昆切。玭,同上。又以蟲切。"茲據校改。

⑦ 注文"井"當作"耕"。《名義·玉部》:"琤,楚耕反。"茲據校改。

⑧ 注文"止"當作"之","玉"當作"石","名"當作"玉","也"當作"反"。《廣韻·之部》:"琗,與之切。"《名義·玉部》:"琗,翼之反。五色石也。"《玉篇·玉部》:"琗,異之切。石之次玉者,《蒼頡》曰:五色之石也。"茲據校改。

⑨ 注文"古"當作"胡"。《名義·玉部》:"瓐,胡到反。"茲據校改。

⑩ 注文"古"當作"胡"。《名義·玉部》:"瑮,胡瞎反。"茲據校改。

⑪ 注文"劦"當作"協"。《名義·玉部》:"瓅,思協反。"茲據校改。

⑫ 注文"次"當作"咨"。《玉篇·玉部》:"玜,息咨切。"茲據校改。

璒丁恒反,平;石似玉也。

玗有具(俱)反。陒玗(珣玗琪)也,玉属。①

瓐力古(胡)反。青玉。②

瑻居魂反。瑳也,琨也,石美。③

珉(琨)上字。④

瑚吐古(胡)反。玉名,琈。⑤

瑊玪二同。古減(咸)反,平;美石次玉。⑥

瓅力德反,入;玄礪石也,瑊玪(玏)也。⑦

璓琇二同。思求(救)反。美石也,充耳。⑧

璘力神反。文白(皃),采色也。⑨

璘非神反。璘璘也。

玢卜(碑)間反。文皃,瑞也,文采狀。⑩

玐刀(力)計反。玭瑈也,刀飾。⑪

玓典歷反。玓瓅,玉色明也。

玭琕二同。符隣反,平;珠也。

玗玕同。古寒反,平;美石次玉也。

瑠瑠同。力九(鳩)反,平;非(珋),玉瑠璃。⑫

琉上字。

珊思安反。赤色玉,生[於]海也。⑬

瑚上字。

---

① 注文"具"當作"俱","陒玗"當作"珣玗琪"。《玉篇·玉部》:"玗,有俱切。玉屬。《爾雅》云:東方之美者,有醫無閭之珣玗琪焉。"茲據校改。

② 注文"古"當作"胡"。《名義·玉部》:"瓐,力胡反。"茲據校改。

③ "瑳"字不詳,疑"琨"字之訛衍。

④ 字頭"珉"當作"琨"。《説文·玉部》:"琨,石之美者。瑻,琨或从貫。"茲據校改。

⑤ 注文"古"當作"胡"。《名義·玉部》:"瑚,吐胡反。"茲據校改。

⑥ 注文"減"當作"咸"。《名義·玉部》:"瑊,古咸反。"茲據校改。

⑦ 此條原分作二條:"瓅,力德反,入;玄也。""礪,石也,玏瑊也。"《文選·司馬相如〈子虛賦〉》:"瑊玏玄礪。""礪"同"礪"。茲據校改。

⑧ 注文"求"當作"救"。《名義·玉部》:"琇,思救反。"茲據校改。

⑨ 注文"白"當作"皃"。《玉篇·玉部》:"璘,璘瑞,文皃。"茲據校改。

⑩ 注文"卜"當作"碑"。《名義·玉部》:"玢,碑間反。"茲據校改。

⑪ 注文"刀"當作"力"。《名義·玉部》:"玐,力智、力計反。"茲據校改。

⑫ 兩字頭間原有"璃"字,右旁有刪號,"璃"字當刪。注文"九"當作"鳩","非"疑當作"珋"。《名義·玉部》:"瑠,九(力)鳩反。"《説文·玉部》:"珋,石之有光,璧珋也,出西胡中。"段注:"璧珋即璧流離也。"茲據校改。

⑬ "生"下奪"於"字。《説文·玉部》:"珊,珊瑚,色赤,生於海,或生於山。"茲據校補。

玳思出反。譽馬□。①

琁 珺同。初六反,入;寺(等)□(也),齊也,竛也。②

聊力尤(九)反。石有光。③

珝吁羽反。人名。

瑊胡溫反。人名。

璯苦話反。人名。④

赹力質反。玉英羅烈(列)赹也。⑤

鏒力牛反。冕飾玉,黄金也。

璺无奮反。裂也,破未別也,斯丸(甈)也。⑥

堅都瓘反。石似玉。⑦

瓁於龍反。玉器也。

琲甫既(蒲溉)反。百玉一貫名。⑧

鐙達堂(黨)反。莫舍(黄金)别名。⑨

霝力至(經)反。神也,善也,至(巫)也,祐也,靈也。⑩

瓏盧□(紅)反,平;玉聲,又圭爲龍文。⑪

珙駒冬反,平;璧。又上聲。

玒古紅反,平;玉。

琮璁倉紅反,平;石次玉。

琮在宗反,平;玉名。

琵房脂反。

---

① 注文俟考。
② 注文"寺"當作"等",其下一字殘。《集韻·屋韻》:"珺,等齊也。"茲據改補。
③ 注文"尤"當作"九"。《名義·玉部》:"聊,力九反。"茲據校改。
④ "反"下一字殘。《集韻·夬韻》苦夬切:"璯,人名,晉有錢璯。"茲據校補。
⑤ 注文"烈"當作"列"。《説文·玉部》:"瓅,玉英華羅列秩秩。""赹"同"瓅""瓅"。茲據校改。
⑥ 注文"斯丸"當作"甈"。《玄應音義》卷十四"而甈"條:"《通俗文》:瓦病而璺,璺而聲散曰甈。"茲據校改。
⑦ "瓘"上一字殘。《名義·玉部》:"堅,都瓘反。"茲據校補。
⑧ 注文"甫既"當作"蒲溉"。《廣韻·隊韻》蒲昧切:"琲,亦作琲。"《玉篇·玉部》:"琲,蒲溉、蒲愷二切。"茲據校改。《廣韻·隊韻》:"琲,《埤蒼》云:珠百枚曰琲。孫權貢珠百琲。琲,貫也。又云珠五百枚也。"
⑨ 注文"堂"當作"黨","莫舍"當作"黄金"。《名義·玉部》:"鐙,達黨反。"《玉篇·玉部》:"鐙,《爾雅》云:黄金謂之鐙。郭璞曰:金之别名。"茲據校改。
⑩ 反切下字"至"當作"經",注文"至"字當作"巫"。《名義·玉部》:"霝,力經反。巫也。"茲據校改。
⑪ "反"上一字殘。《裴韻》《全王》《廣韻·東韻》:"瓏,盧紅反。"茲據校補。

琶浦(蒲)[巴]反。琵琶也。①

瑂以堆(佳)反,平;石似玉。②

璷[傷魚反,平;玉]。③

琚舉魚反,平;瓊也。

𤫩璵同。与魚反,平;魯寶[玉]也。④

璑武夫反,平;三菜(采)玉也。⑤

玗羽俱反,平;玉名。

珸五胡反。琨珸,石次玉。

瑅丁礼(度嵇)反,平;玉也。⑥

珪瑔同。古携反,平;安也,剡上玉也,以青玉餝弓也。⑦

瑎户皆反,平;黑玉。

瓃路回反,平;又力遂反,去;玉器也。

璘將隣反,平;美石次玉。

珉武巾反,平;美石次玉。

璠附袁反,平;璵也,魯寶玉也。

琄語軒反,平;石似玉。

琁似泉反,平;美石似玉。

璙落蕭反。力弔、力小二反,平;玉名。⑧

珧珧同。餘昭反,平;蜃中(甲)也。⑨

瑌莫奔反,平;玉赤色。

瓛胡官反,平;圭名也。

玹胡涓反,平;漢有趙玹,又石似玉。

瑤餘昭反,平;美石次玉。

瑶上字。

---

① 注文"浦"當作"蒲",下奪"巴"字。《切三》《王一》《裴韻》《全王》《廣韻·麻韻》:"琶,蒲巴反。"茲據改補。
② 反切下字當作"佳"。P.3696、《切二》《切三》《裴韻》《全王·脂韻》:"瑂,以佳反。"茲據校改。
③ 注文奪。《切二》《切三》《全王·魚韻》:"璷,傷魚反。玉。"茲據校補。
④ "寶"下奪"玉"字。《切二》《王一》《全王·魚韻》:"璵,魯寶玉。"《切三·魚韻》:"璵,璵璠,魯寶玉。"茲據校補。
⑤ 注文"菜"當作"采"。《切三》《王一》《廣韻·虞韻》《說文·玉部》:"璑,三采玉。"茲據校改。
⑥ 注文"丁礼"當作"度嵇"。《切三》《王二·齊韻》:"瑅,度嵇反。"上一條:"𥚃,又丁礼反。"蓋誤脫"又"字,故以"丁礼反"爲音。茲據校改。
⑦ "瑔"字他書未見,疑"珪"字之異。《名義》"圭"字作"𡈼"(二"土"俗字之合),此蓋其又變。
⑧ 前一反切出《切韻》,後二反切出《玉篇》。
⑨ 注文"中"當作"甲"。《廣韻·宵韻》:"珧,玉珧,蜃甲。"茲據校改。

珈古牙反,平;婦人首飾。

瑲七羊反,平;玉聲。

瑭徒郎反,平;玉名。

瑯瑘上魯當反,平;郡名也。

瑝戸盲反,平;玉聲。

玎中莖反,平;劣也,玎玲,又玉聲也。

琤楚耕反,平;玉聲也。

珵直貞反,平;玉名也。

玲郎丁反。玲瓏,玉聲。

珜薄謀反,平;玉名也。

琴巨今反,平也。

璆珷球三同。渠幽反,平;鏤銀也,磬也。①

玭玭二同。雌氏反,上;玉色鮮也。②

瑀于矩反,上;玉也。

琥呼古反,上;發兵符。

瑪烏古反,上;石似玉也。

璀七罪反,上;玉名也。

琲蒲罪反,上;珠五百挍(枚)。③

琬於阮反,上;圭也,圓也。

瓚昨旱反,上;雜玉玉名也,圭也。

琢治宂反,上;璧上文也。

瑵側結(絞)反,上;盖玉也。④

瑒徒杏反,上;玉名,礼厝(庿)玉。⑤

珽他鼎反,上;玉名。

玖舉有反,上;玉名也。

珣玽同。古厚反,上;石似玉也。

琰以冉反,上;玉也。

璲徐醉反,去;佩玉也,瑞也。

---

① 《書·禹貢》:"(梁州)厥貢璆、鐵、銀、鏤。"注文"鏤銀也"非釋義。
② "玭"爲"玭"的訛混俗字。
③ 注文"挍"當作"枚"。《廣韻·賄韻》:"琲,珠五百枚。"茲據校改。
④ 注文"結"當作"絞"。P.3693、《切三》《王一》《全王》《廣韻·巧韻》:"瑵,側絞反。"茲據校改。上田正作"側浩反",云:"皓韻誤写歟? 諸本側絞反。"
⑤ 注文"厝"當作"庿"。《廣韻·梗韻》:"瑒,祀宗廟圭名,長一尺二寸。"《説文·广部》:"廟,尊先祖皃。庿,古文。"茲據校改。

曳餘制反,去;石次玉也。

瑁莫佩反,去;瑇瑁也,圭名。又亡督、莫沃二反,入也。

瑇徒載、徒督二反。瑇瑁也。

琯古鈍反,志(去);琯,出光也,西王母獻名也。①

瓘瓘同。玄(古)[段]反,去;古換反《左氏傳》:"瓘斝□□(玉瓚)。"《説文》:"瓘,玉名也。"②

瑗王眷反,志(去);玉名。

珦許亮反,志(去);玉。

琭盧谷反,入;玉名。

瑪語欲反,入;鸚瑪也。

頊許玉反,入;顓頊。

琢丁角反,入;治玉。

瓅閭激反,入;珠。

玟莫勃反,入;玉名。

璧必益反,入;玉。

碧陂薄反,入;琖翠也。

瓥(躔)直連反。日行也。③

玫瑰上莫迴反,下古迴反,并平;石玉也,火齊也,五采石也。

瓔珞上乙莖反,平;限(琅)也。下閭激反,入;琅,石次玉也。④

珂枯阿反,平;石決(次)玉也,馬腦也,猶螺属,甚白也。⑤

珏古樂反。二玉相合也,毂也。

毂珏字。

班班字。在玉(王)部也。⑥

瑟爽栗反,入。

---

① 注文"志"當作"去"。此音爲去聲,下文"瑗""珦"條"志"亦誤。茲據校改。

② 注文"玄"疑當作"古",下奪"段"字,"斝"下兩字殘。《王一》《裴韻》《全王·換韻》:"瓘,古段反。"《廣韻·換韻》古玩切:"瓘,《左傳》曰:瓘斝玉瓚。""古換反"與《名義》同。茲據改補。

③ 字頭當作"躔"。《廣韻·仙韻》直連切:"躔,日月行也。""躔"俗作"瓥",此左旁訛作"玉"。茲據校改。

④ 注文"限"當作"琅"。《玉篇·玉部》:"瓔,《埤蒼》云:瓔琅,石似玉也。"茲據校改。

⑤ 注文"決"當作"次"。《玉篇·玉部》:"珂,石次玉也。"茲據校改。

⑥ 注文"玉"當作"王",見本書王部"班"字條。

田部第六十四

八十字

田傳珎反。土也,冥(填)也,陳也,獨也。①

佃畋二上字。中字(也)。②

畛畛畽三同。脂忍、脂仁二反。致也,告也,塲也,界也,井田間道,容大車陌也。

畷貞劣反,入;田間道也。

畽他典反,上;鹿跡也。可乃阿止也。③

疃他管反,上;畽也。

畔𤰇同。耕薤反。垂,告也。④

畍界二字同。官愛反。限畔爲界,境也。

畸居儀反。虧也,隻也,殘田也,假量也,裹也,田夫也。⑤

疇直流反,平;類也,等也,猶伴佁(侶)也。⑥

畦古韭(胡圭)反,平;埒也,封也。⑦

略利惡反。簡也,用也,言也,利也,經也,求也,取也,强取也,要也,便略也。⑧

畐普遍反。滿反(也)。逼作,誤也。⑨

畿圻同。渠衣反,平;限也,千里曰國畿。

疊徒頰反。重也,積也,明也,懼也,應也,累也,壞也,墮也,厚也,詘也。⑩

壘力癸反,上;重也。在土部也。

毗鼻脂反,平;輔也,并也,明也,懣也。

---

① "傳珎"原倒,注文"冥"當作"填"。《廣韻·先韻》:"田,徒年切。"《廣韻·真韻》:"陳,直珍切。""傳珎反"與"直珍切"音同,"田""陳"字通。《釋名·釋地》:"已耕者曰田。田,填也,五稼填滿其中也。"茲據乙改。

② 注文"字"當作"也"。《説文·人部》:"佃,中也。"茲據校改。

③ 可乃阿止(か【鹿】の【之】あと【跡】)也。

④ "耕薤反。垂"爲"界"字音義,"畔"同"界","告也"爲"畛"字釋義,形近相混。

⑤ 《儀禮·鄉射禮》:"一算爲奇。"鄭玄注:"奇猶虧也。""奇""畸"通。《名義·田部》:"畸,戲也。"《廣雅·釋詁一》:"畸、戲,裹也。""戲"字疑爲"虧"字之誤。

⑥ 注文"佁"當作"侶"。《玄應音義》卷八"之疇"條:"王逸注《楚辭》云:二人爲匹,四人爲疇。疇猶伴侶也。"茲據校改。

⑦ 注文"古韭"當作"胡圭"。《玄應音義》卷十七"一畦"條:"胡圭反。"茲據校改。

⑧ 《玉篇·田部》:"略,用功少曰略。"《漢書·地理志上》:"嵎夷既略。"師古注:"略,言用功少也。"此"用也,言也"或是其省。

⑨ 注文"反"當作"也"。《玄應音義》卷十七"畐塞"條:"《方言》:畐,滿也。經文作逼,誤也。"茲據校改。

⑩ 《廣雅·釋言》:"疊,懷也。""懷"爲"壞"字之誤。

畍正古泫反,上;畎也。又於鉉反。山下根之受雷處曰畍,肥也,山肥潤。①

卑畁補支反,平;下也,賜也,予也,姓也。上:尊卑。下:与也。②

富甫雷反。盛也,偹也。

甸傳珎反,去;治也,郊甸也,城面五百里也。③

畔薄半反。厓也,邊畔也。

㽙呼半反。耕麦地。

疄力振反。轢也,刃也。躪字也。

畩力才反。田畩。今爲菜字。

疄疄同。仁緣、好(奴)過二反。城下田也,却(郤)也,陪也。壖字也。④

畮畂畞莫走反。三字同。交(六)尺爲步,田畞也。⑤

畛千紺反。十𤲬也。

朓 **眺** 除了反。畴中也。⑥

畹九陸反。韭畦也。

畍居容反。畹也。

甿莫崩、亡鄧二反。田民兒,野人也,氓也。

畺説(記)良反。界也。⑦

畕□(記)良反。比田也。⑧

甶甫勿反。鬼頭也,象形也。

畏於貴反。敬也,懼也,刑也,威也,忌也,惡,罪也,難也。

㽪上古文。

禺力(牛)句反。母猴属。⑨

畟楚力反。"畟畟良根(耜)"也。⑩

---

① 《釋名·釋山》:"山下根之受雷處曰畍。畍,吮也,吮得山之肥潤也。"

② "補支反"爲"卑"字音,"下也,姓也"爲"卑"字義,"賜也,予也"爲"畁"字義。

③ "傳珎"原倒,此音爲"陳"字音,見田部"田"字條。此字《廣韻·霰韻》音"堂練切",爲去聲字。《説文·田部》:"甸,天子五百里地。"《尚書·禹貢》:"五百里甸服。"孔傳:"規方千里之内謂之甸服,爲天子服治田,去王城面五百里。"

④ 注文"好"當作"奴","却"當作"郤"。《玉篇·田部》:"畮,仁緣、奴過二切。《説文》云:城下田。一曰畮,郤也。又城外隍内地也。疄,同上,俗。"段注:"郤當作隙,古隙、郤字相叚借。《曲禮》:郤地,即隙地也。"兹據校改。"陪也"俟考。

⑤ 注文"交"當作"六"。《説文·田部》:"畞,六尺爲步,步百爲畮。"兹據校改。

⑥ 《玉篇·田部》:"朓,除了切。畴田中穴也。"

⑦ 注文"説"當作"記"。《名義·畕部》:"畺,説(記)良反。比田也。畺,記良反。"《新撰字鏡·田部》:"畕,記良反。"(田部最後一字,非此條之下的"畕")兹據校改。

⑧ 此殘字原當是"説",字頭下有小字"或記良","説"爲"記"字之誤,參見上條注。

⑨ 注文"力"當作"牛"。《名義·甶部》:"禺,牛句反。"兹據校改。

⑩ 注文"根"當作"耜"。《玉篇·田部》:"畟,《詩》云:畟畟良耜。"兹據校改。

畇蘇均、徐均二反。均也,治兒,田也,龕也。洵字。[1]

畚上字。

畤詩以、是以二反。周邑也,天子五帝其所止祭地。[2]

畜許陸反。養也,容也,田蓄也。

蓄上字。

暢勑向、直向二反。不生也,暢也。

疆九良反。畍也。疆字也。

畍胡逼反。域字古文。

畊居筝反。耕字古文也。

頃去穎反。頃字古文也。

甾移(秘)江反。邦字古文。[3]

畈敷羈反。耕外辟。

畲(菑)田一歲。[4]

新田二歲。[5]

畬三歲。式車反。燒榛種田。在人部。

畭畬二上字。

甾側持反。不耕田。

苗(菑)上字。[6]

纍(勵)路回反。勉。[7]

瘥脂酒(昨何)反。殘田也,病也。[8]

町他丁反。田處。

疁同。力求反。不耕而犬(火)種。[9]

---

① 《爾雅·釋訓》:"畇畇,田也。"《爾雅·釋言》:"洵,均也。洵,龕也。"

② 注文"子"當作"地"。《説文·田部》:"畤,天地五帝所基址祭地。"《韻會》所引及《繫傳》皆"址"作"止"。茲據校改。

③ 注文"移"當作"秘"。《名義·田部》:"甾,秘江反。"茲據校改。《名義·田部》:"甾,古邦字、封字也。"邦,今隸定作邦,邦、封古同字。

④ 字頭"畲"當作"菑"。《爾雅·釋地》:"田一歲曰菑,二歲曰新田,三歲曰畬。""巛"旁俗作"水"。茲據校改。

⑤ 字頭原合爲一字,蓋因前後條字頭"菑""畬"皆爲一字,故誤以爲"新田"亦當是一字。

⑥ 字頭"苗"當作"菑"。《説文·田部》:"菑,不耕田也。甾,菑或省艸。"茲據校改。

⑦ 字頭"纍"當作"勵"。《切三》《王一》《全王·灰韻》路回反:"纍,酒器。""勵,勉。"此當是訛混。茲據校改。

⑧ 注文"脂酒"當作"昨何"。《切三》《王一》《裴韻》《全王》《廣韻·歌韻》昨何反:"醝,白酒。""瘥,殘藏田。""瘥,病也。"此蓋三條訛混。"脂酒"爲"醝"釋義"白酒"之誤,此又誤爲反切。《名義·田部》:"瘥,病也,瘥也。"則"瘥"通"瘥"。茲據校改。

⑨ 注文"犬"當作"火"。《廣韻·尤韻》:"疁,田不耕而火種。"茲據校改。

畖耳由反。良田也。

畹於阮反。田卅畝也。

畱上字。

畚布忖反。草器也。①

畽他本反。畽畱(愳),行無廉隅。②

畎古滋(泫)反。田上渠,一曰引水。甽字同。坑。③

畛古莽反。畹(畔)境也,田長也,道,境也。④

畝。⑤

疊徒協反。教也,久積也,明説也,懼也,應也,重也,得也,隨(墮)也,詘也,累也,壞也,厚也。⑥

畺界也。或爲疆字,或爲疅字。晶部之也。⑦

畕記良反。《説文》:"比田也。"

水部第六十五

八百八十四字加三字

水尸鬼反,上;潤下也,淮(准)也。⑧

湍土垣、徒官二反,平;疾瀬也,激水爲湍。激,急也。⑨

洄泂〔洄〕〔洄〕二同。古(胡)雷反,平;又古鼎反,上;水轉爲洄,泝也,潜也,逆也,遠也。⑩

汪洋上烏光反,平;又紆往反,上;湮也。陶,縣名。謂汪池之泥也。廣大也。下似羊反,平;

---

① "器"下原有"反"字,左下有刪號。《廣韻·混韻》:"畚,草器。"茲據刪。

② 注文"畱"當作"愳"。《廣韻·混韻》:"畽,畽愳,行無廉隅。"茲據校改。

③ 注文"滋"當作"泫"。P.3693、《切三》《全王·銑韻》:"畎,古泫反。"茲據校改。

④ 注文"畹"當作"畔"。《廣雅·釋詁三》:"畔、畛,竟也。""竟"同"境"。茲據校改。《廣雅·釋宮》:"畛,道也。"

⑤ 字頭上文已出,此無注文,或是脱漏。

⑥ 注文"隨"當作"墮"。《廣雅·釋詁二》:"疊,墮也。"茲據校改。《説文·晶部》:"疊,楊雄説:以爲古理官決罪,三日得其宜乃行之。""得也"或指此。"教也,久積也,明説也"不詳,"疊"有"積也,明也"之義。

⑦ 本書無"晶部",卷十一有"品字樣"部,但無此字,又田部已有"畺"字,此處未詳所指。

⑧ 注文"淮"當作"准"或"準"字。《説文·水部》:"水,準也。"暫據本書書寫習慣校作"准"。

⑨ 《玄應音義》卷二十三"湍洄"條:"土桓反,下音迴。激水爲湍,水轉爲洄。激,急也。《説文》:湍,疾瀬也。淺水流沙上也。"

⑩ 注文"古"當作"胡"。《名義·水部》:"洄,胡雷反。"茲據校改。《原本玉篇·水部》:"洄,胡炯反。《毛詩》:洄酌彼行潦。傳曰:洄,遠也。野王案,訓遠与迴字同也,在辵部。《説文》:洄,溢也。《字書》或爲洄(洄)字,在夂部。"《切三·迴韻》:"洄,古鼎反。"《全王·迴韻》古鼎反:"洄,迴,又清。"《全王·迴韻》古鼎反:"洄,冷洄。"是"又古鼎反,上;潜也,遠也"爲"洄""洄"字之音義。

流也，善也，思也，敬也，大也，大水廣无極也。①

　　溉古代、古奚(愛)二反。水條條(徐徐)流皃，盡也，極也，灌注也，水流聲也。②

　　溥疋古反，上；縛也。未詳。③

　　激正公的反，入；清也，遮也，濁也，疾也，感也，發也。古堯反，平；動也，抄也，慷也。④

　　溥〔溥〕度官反，平，又主緣、主晏二反。大也，遍也，廣也。普字古文。⑤

　　潰殨，上古文。胡對、胡膾二反，去；乱也，遂也，漏也，旁決也，怒也。又戶罪反。散也，敗也，傷也，破也，分散也。⑥

　　淑淑時六反。謂窈窕，美也，善也，清湛也。

　　洿一孤、哀都二反，平；濁水不流曰洿，大曰漢(潢)，小曰洿，深也，濁也，煩煞也。⑦

　　泗息利反，去；自鼻出〔曰〕泗，洟也，自日(目)出曰涕也。⑧

　　泄止烈(思列)反，入；發也，溢也，去也，滿也，出也，減也，洩也，息也，渝也。⑨

　　瀆相族、徒木二反。邃深也，水注澮曰瀆，溝也。⑩

　　沃𰯉渓三同。於告、烏穀二反，入；溉灌曰澆(沃)，澆也，藥(柔)也，美也。⑪

　　汦泜泘三同。呿(汝)，又同。古文作𢃸。都礼、支之二反。欺也，呵也，渚也，至也，水中高

---

① “謂”下原有“𡏭”字。《玄應音義》卷十五“汪泥”條：“《通俗文》：亭水曰汪。謂汪池之泥。”“謂”下之“𡏭”字當是上“𡏭也”之衍。茲據刪。《廣韻·養韻》：“汪，汪陶縣，在鴈門。”

② 注文“奚”當作“愛”，“條條”當作“徐徐”。《廣韻·代韻》：“溉，古代切。”“愛”爲代韻字。《經典釋文》此字多處音“古愛反”。《文選·司馬相如〈上林賦〉》：“滂濞沆溉。”李善注引司馬彪曰：“滂濞，水聲。沆溉，徐流也。”茲據校改。《廣雅·釋詁一》：“溉，盡也。”《廣雅·釋詁四》：“溉、極，已也。”《集韻·未韻》：“溉，或通作溉。”

③ “未詳”蓋指訓“縛”未詳，“縛”或是“溥”“傅”之訛。

④ 《集韻·蕭韻》堅堯切：“憿，《説文》：幸也。亦作激，通作僥、徼。”《名義·彳部》：“徼，要也，求也，抄也，遮也。”《説文·水部》：“激，水礙衺疾波也。一曰半遮也。”

⑤ 《廣韻·桓韻》度官切：“溥，《詩》云：零露溥兮。”《廣韻·姥韻》溥古切：“溥，大也，廣也。”此“溥”“溥”形近而混。《廣韻·仙韻》：“專，職緣切。”“主緣、主晏二反”蓋是“專”及“專”旁字的反切。“普”下原有“也”字。《玄應音義》卷七“溥演”條：“此古文普字。”茲據刪。

⑥ 《玄應音義》卷九“自潰”條：“古文殨，同。胡對反。《説文》：潰，漏也。《蒼頡篇》：潰，旁決也。”《詩·大雅·召旻》：“如彼歲旱，草不潰茂。”毛傳：“潰，遂也。”

⑦ 注文“漢”當作“潢”。《玄應音義》卷十二“著洿”條：“一孤反。《字林》：濁水不流曰洿。謂行潦之水也。洿，池也。《廣雅》：洿，深也，濁也。大曰潢，小曰洿。”茲據校改。

⑧ “泗”上奪“出”字，注文“日”當作“目”。《玄應音義》卷十三“涕泗”條：“《詩》云：涕泗滂沱。傳曰：自鼻出曰泗也，自目曰涕也。”茲據補改。

⑨ 注文“止烈”當作“思列”。《玄應音義》卷十二“有泄”條：“思列反。”《名義·水部》：“泄，思列反。”茲據校改。

⑩ “相”字音不合，疑當作“桐”。

⑪ 注文“澆”當作“沃”，“藥”當作“柔”。《玄應音義》卷十三“沃口”條：“《通俗文》：溉灌曰沃。沃亦澆也。”《玄應音義》卷十九“沃弱”條：“(《詩》)云：隰桑有沃。傳曰：沃，柔也。亦美也。”“柔”與“藥”字草書形似。茲據校改。

地也。①

潗應儉、乙�635二反。没也，潤也，雲雨凝深皃。②

瀸潎〔灖〕上子旦反，下才代反。灑也，水汙灑曰潎，測也，源也。③

漳淠繂三同。父佳反。泭筏也，今編竹木以木（水）運爲漳也。④

泛孚釖反，去；濫也，浮也，普也，汙也，淹也，漬也，廣也。泛泛，流皃也。

汜汜〔氾〕祥里反，上；又符芝反，平；上古文。國名，入也，還也，涯也。⑤

颯又上古文。⑥

汎上字。扶隆、孚劒二反，去；凡四字，相似而不同，或以爲零（覂）字，此通用耳，今釋氾字以廣具義也。⑦

瀚漱上五干反，上；濯也，浣也。下所售、所雷二反，去；齧也，嚼（潄），浣也，洗手口曰漱，洗足曰瀚也。⑧

涎以（似）延反，平；慕欲口液也。又叙連反。⑨

次漾㴸溫㵎四字，上文同作。⑩

泔古濫（藍）反，平；潘也，瀾（灡），謂米汙（汁）也。⑪

---

① 注文"氐"當作"汝"。《説文·土部》："坻，小渚也。汝，坻或从水、从夊。"茲據校改。《名義·言部》："詆，都礼反。訶也，欺也。"《廣韻·薺韻》都禮切："坻，又支氏切。"《詩·小雅·祈父》："靡所厎止。"毛傳："厎，至也。"《詩·小雅·甫田》："如坻如京。"鄭玄注："坻，水中之高地也。"

② 《玄應音義》卷十二"潗水"條："乙鈙反。謂搵入水中也。潗，没也。"

③ 《名義·水部》："瀸，子旦反。相汙。潎，同上。"《玉篇·水部》："灖，才代反。測也。""源也"不詳。

④ 注文"木"當作"水"。《玄應音義》卷十三"若漳（漳）"條："又作繂，同。父佳反。《廣雅》云：繂、泭，筏也。今編竹木以水運爲漳。"茲據校改。

⑤ 《廣韻·止韻》詳里切："汜，水名，在河南成皋縣。"《廣韻·梵韻》孚梵切："氾，濫也。"《廣韻·之韻》："洍，《毛詩》作汜。"《集韻·止韻》："洍，或从以。""目"爲古"以"字。《廣韻·凡韻》符咸切："氾，國名。"《釋名·釋水》："水決復入爲氾。氾，已也，如出有所爲，畢已而還入也。"《廣雅·釋丘》："氾，厓也。"

⑥ 《名義·水部》："汎，美哉。颯，同上。""汎"同"氾"。

⑦ "零"字HDIC改作"覂"，是。《全王·腫韻》："覂，或泛。"《原本玉篇·水部》："泛，《漢書》或以爲覂字。覂，覆也。音方隴反。'覂駕之馬'是也，在西部。"茲據校改。"具"或當作"其"。

⑧ 注文"嚼"當作"潄"。《原本玉篇·水部》："漱，《廣雅》：漱，潄也。"茲據校改。"瀚"字《切韻》《名義》皆音"胡管反"，此或有誤。《禮記·內則》："冠帶垢，和灰請漱。"鄭玄注："手曰漱，足曰瀚。"《説文·水部》："漱，盪口也。"此蓋將"手口"連言。

⑨ 注文"以"當作"似"。《玄應音義》卷十四"涎沫"條："似延反。"茲據校改。

⑩ 《玄應音義》卷十四"涎沫"條："又作次、漾、溫、㵎四形，同。"此"㴸"字蓋是後增，"㴸"是"㴸"或"溫"的俗字，又同"溫"，蓋作者所據之本有"溫"作"㴸"者（《大般若經音義》即如此），故列入字頭。

⑪ 注文"濫"當作"藍"，"瀾"當作"灡"，"汙"當作"汁"。《原本玉篇·水部》："泔，古藍反。《廣雅》：泔，灡也。"《説文·水部》："灡，潘也。"《廣韻·談韻》："泔，米汁。"茲據校改。

湯（盪）徒朗反。澡器謂[之]盪滌也。①

潙上古文。

滌徒的反，入；洒也，源也，除也，動也，洗也。②

洽滔二同。勑高反，平；又胡感反，上；小阱也，過也。又於陷反，去；坑也，浩也，大也。③

汲居及反，入；取也，引也。

澱徒年（見）反，去；[澱]謂之坙，澤（滓）也。④

滲〔澡〕疏蔭反，去；盡也，下漉曰滲，即竭也，統（洗）也，潔也。⑤

溦无悲、牟畏二反，平；小雨也，露雨也，物傷濕曰溦也。

溦上字。

澂直陵反。水清分明也，水鏡也，淳水也，澄也。

澄上字。

潘瀋二同。正乎園反，平；大也，姓也，淅米汁也，可以沐頭。借普寒反。或本作𣲷、糟二形，非。由須留也。⑥

洮泄正他刀反，平；汰也，淅米謂之洮。借徒刀反。

㳄上古文。⑦

泅似由反。謂水上浮也。

汙沈溺也，没也。上字。

漚於候、一侯二反，去；漬也，漸，浮也，清也。奈津久，又比太須，又字留保須也。⑧

湔子田反，平；又子見反。手浣也，濯也。

―――――――――

① 字頭"湯"當作"盪"，"謂"下奪"之"字。《玄應音義》卷二十二"盪滌"條："古文潙，同。徒朗反，下徒的反。《通俗文》：澡器謂之盪滌。"茲據改補。

② 《原本玉篇·水部》："滌，《尚書》：九州滌源。孔安國曰：滌，除也。除原泉，無壅塞也。"此處注文"源也"蓋出自"滌源"。

③ "勑高反，平；過也，浩也，大也"爲"滔"字音義，"又胡感反，上；又於陷反，去"爲"洽"字音，"小阱也，坑也"爲"臽"字釋義。

④ 注文"年"當作"見"，"謂"上奪"澱"字，"澤"當作"滓"。《玄應音義》卷十五"藍澱"條："徒見反。《爾雅》：澱謂之坙。郭璞曰：澱，滓也。"茲據改補。

⑤ 注文"統"當作"洗"。《慧琳音義》卷五十七"澡手"條："顧野王云：澡猶洗潔也。""澡"與"滲"字俗皆作"𣼛"，此字頭即作"𣼛"，故相混。茲據校改。

⑥ "可以"原倒。《左傳》："而遺之潘沐。"杜預注："潘，米汁也，可以沐頭。"茲據乙正。"𣲷"字《玄應音義》卷十五"米潘"條同。《慧琳音義》卷五十八"米潘"條作"皈"，疑誤。"𣲷"疑即"皵"字，"皵"同"播"，"播"通"潘"。《史記·夏本紀》"滎播既都"，"播"即滎陽潘水。由須留（ゆする【泔】）也。

⑦ 此字不詳，或當是"㳄"字。

⑧ 各本"漸"下有"也"字。《周禮·考工記》："以涗水漚其絲。"鄭玄注："漚，漸也。""清"或是"漬"字之訛。奈津久（なづく【菜漬く】），又比太須（ひたす【浸す·漬す】），又字留保須（うるおす【潤す】）也。

瀄上字同。子結反,入;小灑也,小水出也。①

泊〔洦〕薄各反,入;至也,及也,止也,灑也,汎濫也。②

洤胡兓、胡南二反,去;泥也,没也,沉也。字體作匞。舩没也。③

淦泠涵三上同。猗金(錦)反,平(上);飮也,漿也。④

渥烏學反,入;濡曰渥。滯(渥),厚也,霑也。⑤

淋力金、力針二反,平;以水沃也。志太太留,又毛留也。⑥

灗上古文。力尋反,平;寒也,雨也。

漸似劒(斂)反,上;進也,入也,漬也。又子廉反,平;稍也,始也,卒也,消也。⑦

瀸上字。作兼(廉)反,平;没也,濡也,盡也,泠(洽)也,濕也,漸也,沾也。⑧

滀畜音。又作蓄、稸二形,同。止也,聚也,積也。

湮於仁反。没也,溺也,沈也,寒(塞)也,落也,下也。⑨

泯弥忍、弥賓二反,平;盡也,民也,乱也,没也。

湩都同(洞)、竹用[二]反,去;乳汁曰湩,亦呼(呼)爲湩也。⑩

潼徒公反,平;益也,地名也。

派〔㳷〕古胡反,平;水出流也。返(匹)卦反,去;美奈万太和加留也。⑪

㳷上字别也。

---

① 《玄應音義》卷十五"水瀄"條:"又作瀄,同。"

② "至也,及也"爲"洦"字義。"灑也,汎濫也"疑爲"汛(俗作"汛")"字釋義。

③ 《玄應音義》卷十六"遭洤"條:"又作淦、涵二形,同。胡南反。《方言》:洤,沉也。字體作匞,船没也。"今本《方言》卷十作"涵"。《廣韻·勘韻》:"洤,胡紺切。"此二音皆平,蓋據《切韻》標"去"。《説文·水部》:"淦,一曰泥也。"

④ 注文"金"當作"錦","平"當作"上"。《原本玉篇·欠部》:"歆,猗錦反。《周礼》:膳夫掌五食之飮。鄭玄曰:飮,酒漿也。……古文爲㐺字,在水部。或爲飮字,在食部。"此"泠"蓋爲"㐺"的位移俗字。茲據校改。

⑤ 注文"滯"當作"渥"。《玄應音義》卷十六"渥地"條:"烏學反。謂沾濡曰渥地也。渥亦厚也。"茲據校改。

⑥ 志太太留(したたる【滴る】),又毛留(もる【漏る·洩る】)也。

⑦ 注文"劒"當作"斂"。《名義·水部》:"漸,似斂反。"茲據校改。字頭右旁有片假名"ヤウヤク(ようやく【漸く】)"。

⑧ 注文"兼"當作"廉","泠"當作"洽"。《名義·水部》:"瀸,作廉反。"《廣韻·鹽韻》子廉切:"瀸,洽也。"《吕氏春秋·圜道》:"瀸於民心。"高誘注:"瀸,洽也。"茲據校改。

⑨ 注文"寒"當作"塞"。《左傳·昭公二十九年》:"鬱湮不育。"杜預注:"湮,塞也。"茲據校改。

⑩ 注文"同"當作"洞","用"下奪"二"字,"呼"當作"呼"。《玄應音義》卷十七"牛湩"條:"竹用、都洞二反。《通俗文》:乳汁曰湩。今江南人呼乳爲湩。"茲據改補。

⑪ 注文"返"當作"匹"。《廣韻·卦韻》:"派,匹卦切。"茲據校改。"古胡反,平"爲"㳷"字音。美奈万太和加留(みなまた【水派】わかる【分かる】)也。

蒱藕、藕二形。居(吾)後反。泉名也，[芙]蓉根也。①

淳時均反，平；善也，清潔也，濃也。又[之]閏、之純二反也。美也，大也，瀆也，沃也，沐也。②

藩府袁反，平；蔽也，籬也。爲蕃屛字。③

泀(洞)盡也，徹也，敬也，疾流也，深也，痛也，治也。④

汙〔汗〕於故反，去；染也，小液也，濁也，塗也。⑤

汗胡安反，平，又去；可汗也，胡稱也，熱汗也。⑥

滑正獲八反，入；利也，澤也，不濇也，國名。借古忽反，入；稽，俳也。⑦

游〔游〕正羊牛、以周反，并平；弥(斿)、旒二同。又於據反，上(去)；淤也。借黑(里)牛反。⑧

減正佳斬反，上；損也。借下斬反，上；少也，耗也。

潛潛顥三同。似廉、側蔭二反。深也，藏也，測也，沒也，患也，亡也，思也，止也。⑨

淹於炎反。漬也，久也，留也，敗也，消也，潤也，滯稽也，留連也。

涸胡領(雒)、古角二反，入；竭也，盡也。⑩

瀬上字。

潮達驕反，平；淖也。志保弥豆也。⑪

淖奴効反，去；泥也，大也，和也，多衆也，濕也，滑也。⑫

---

① 注文"居"當作"吾"，"蓉"上奪"芙"字。《名義·艸部》："蒱，吾後反。"《玄應音義》卷十七"三蒱"條："又作蒱、藕二形，同。五口反。泉名也。依字，芙蓉根也。"茲據校改。

② "閏"上奪"之"字。《玄應音義》卷二十"淳調"條："時均反。淳，善也，美也，大也。經文作諄，之閏、之純二反。告曉也，罪也。諄非字義。"茲據校補。《國語·周語上》："王乃淳濯饗醴。"韋昭注："淳，沃也。……謂王沐浴飲醴酒。"

③ 《玄應音義》卷二十"蕃屛"條："府袁反。《蒼頡篇》：藩，蔽也。屛，牆也。藩，籬也。《周禮》：九州之外爲藩國。"

④ 字頭"泀"當作"洞"。《玄應音義》卷十二"洞然"條："謂洞徹也。"《廣雅·釋訓》："洞洞，敬也。"《玄應音義》卷十二"洞然"條："《説文》：洞，疾流也。亦深邃之皃也。"茲據校改。"痛也"爲"恫"字義，"洞"通"恫"。又《新撰字鏡·人部》："恫，治也。"此蓋誤"洞"爲"恫"，故云"治也"。

⑤ "小液"爲"汗"字義。《名義》《玉篇·水部》："汗，小液也。"《説文·水部》："汗，人液也。"

⑥ "可汗"下原有"汗"字。《廣韻·寒韻》："汗，可汗，蕃王稱。"茲據刪。

⑦ 《廣韻·沒韻》："滑，滑稽，謂俳諧也。"

⑧ 注文"弥"當作"斿"，"上"當作"去"。《廣韻·尤韻》："游，以周切。"《名義·水部》："游，又斿。""於據反"是去聲。茲據校改。"借黑牛反"不詳，"黑"或當作"里"，爲"旒"字音。

⑨ "側蔭反"爲"譖"字音。

⑩ 注文"領"當作"雒"。《原本玉篇》《名義·水部》："涸，胡雒反。"茲據校改。"古角反"當是倭音"かく"。

⑪ 《名義·水部》："淖，達驕反。潮，同上。"志保弥豆(しおみず【潮水】)也。

⑫ 《儀禮·士虞禮》《儀禮·少牢饋食禮》："嘉薦普淖。"鄭玄注："普，大也。淖，和也。"此誤將"普"字釋義混入。

漾瀁三同。翼尚反。浮也，漂兼（漾），搖蕩也。①

滓〔澤〕且罪、莊理二反，上；有汙物所遺曰滓，雜也，穢也，羹也。②

津上字。澱也。

濯正徒角反。滌也，俗（浴）也，院（浣）也，大也，肥也，洗足也，美也。借除罩反，去；沐浴餘汁也，瀚也。③

汩〔汨〕正古没反，入；通九川也，治也，濁乱也，之（汩）汩也。为漏字。又侯忽反，入；借爲筆反，入；疾也，急乱也，水涌出也。又莫歷反，入；湨汩字也。④

洽胡凶、侯夾二反。霑也，合也，徹也，及也，普也，比也。⑤

洟𣴎字同。勅計反，去；又餘之反。自鼻出汁也，淨（涕）也。⑥

泃〔泊〕居淪、居□二反。又作伯（泊）。浦各反。心（止）也。⑦

濴烏迴反。井（洴）也，小水也。⑧

洟上字。⑨

滴滴二同。都歷反，入；爕也，滴瀝也。

澍止朱反，去；主音。多作注。又霍字。洽也，雨也，時雨也。⑩

注正主句反，去；灌也，水衝也。借陟具反，去；爲註字也。

溺正奴狄反，入；人落水也。又休。泊溺也，没也。借耳約反，入；水名。

治正直基反，平；謂脩理也，故也，正也。借直吏反，去；政也，訓也。

濟正子細反，去；渡也，益也，成也，止也，難也。借子礼反，上；深也，定也，進也。⑪

済上字。

---

① 此條僅兩個字頭，蓋有奪字。注文"兼"當作"漾"。《玄應音義》卷二十二"漂漾"條："匹遙反，下翼尚反。案：漂漾，搖蕩也。"茲據校改。

② 《原本玉篇·水部》："澤，且罪反。《説文》：新也。"此混"澤"字。《原本玉篇·水部》："滓，《説文》：澱也。《聲類》：羹菜也。或爲葷字，在草部。"

③ 注文"俗"當作"浴"，"院"當作"浣"。《慧琳音義》卷九十二"湔濯"條："顧野王云：浴也。《説文》：濯，浣也。"茲據校改。《儀禮·士喪禮》："澳濯棄于坎。"鄭玄曰："沐浴餘潘汁也。"

④ "之汩也"當作"汩汩也"。《文選·木華〈海賦〉》："崩雲屑雨，滮滮汩汩。"李善注："滮滮汩汩，波浪之聲也。"

⑤ "胡"下一字不詳，《玉篇》音"胡夾反"。

⑥ 注文"淨"當作"涕"。《玄應音義》卷三"淚洟"條："經文從弟作涕，他禮反。涕，淚也。非今所用。"茲據校改。

⑦ 注文"伯"當作"泊"，"心"當作"止"。《廣韻·水部》傍各切："泊，止也。"此字頭原作"泃"，與"泊"字形近相混。茲據校改。第二條反切下字奪。

⑧ 注文"井"當作"洴"。《廣韻·迴韻》："濴，洴濴。"茲據校改。

⑨ 《全王》"濴"有異體"瀅"，《集韻·迴韻》有異體"瀅""滎""瀯"。此處字頭誤，疑當作"瀅"。

⑩ 《廣韻》有"常句切""之戍切"二音，此"止朱反"與"主音"皆是倭音"しゅ"，日語今音爲"じゅ"。

⑪ 《詩·周頌·載芟》："載穫濟濟。"毛傳："濟濟，難也。"《漢書·衛青霍去病傳》："票騎將軍涉鈞耆，濟居延。"顏師古引張晏曰："淺曰涉，深曰濟。"

潦正力道反，上；雨水也。又盧到反，去；潦也，大雨[并]而高下皆水也。①

涼正力醬反，去；《傳》："薄也。"洲名。借力將、力命二反。冷也，清也。②

涼同。

浇浇澆三形作。正公堯反。洄波也，薄也，灌也，沃也。借五弔反，去；狀也，坴也。③

澡上字。

澡上字。④

汁正之入反，入；液也，潘也。借時入反，入；縣名也。

涑正先侯反，平；无垢加功曰涑，去垢曰浣。以手曰涑，以足曰院（浣）。今爲漱也。⑤

漬在智、似刺二反，去；四音。浸也，漚也，殯也，潤也。⑥

浼正亡但反，上；汙也，謂汁（汙）池也。借莫罪反。⑦

潤〔㶡〕上字同。呼猥反，上；又眉殞反。水流也，爛皃。⑧

溲先勞反，平；浙也，洗也。

潃止湏（思酒）反。米汁也，久泔也，瀾也，滑也。⑨

冰浙〔浙〕二同。止世反。池也。又先擊反，入；[浙]米汁也，釋米也，又江名。宇留保須也。⑩

浚溲㪫三形作。正所牛反，平；浚浚，淅米聲。借所九反。漬汰也，小便也，麯也。

測楚力、側力二反，入；漬邃也，廣也，度也，清也，深也。

深成（式）林反，平。⑪

澧〔澧〕正孚雄反，平；水名也，出石決（右扶）風也。借力佫（啟）反，上；縣名。⑫

---

① "而"上奪"并"字。《禮記·月令》："行秋令，則丘隰水潦。"鄭玄注："戌之氣乘之也。九月宿直奎，奎爲溝瀆，溝瀆與此月大雨并而高下皆水。"茲據校補。

② 《原本玉篇·水部》："涼，《毛詩》：虡涼善背。傳曰：涼，薄也。"此"傳"字依例當刪。

③ 注文"狀也，坴也"不詳。

④ 字頭當是上字"澡"之訛。

⑤ 注文"院"當作"浣"。《玄應音義》卷一"婆涑"條："一云以手曰涑，以足曰浣也。"茲據校改。《公羊傳·莊公二十一年》："臨民之所漱浣也。"何休注："無垢加功曰漱，去垢曰浣。齊人語也。"

⑥ "漬"與"四"皆音"し"。

⑦ 注文"汁"當作"汙"。《方言》卷三："浼，洿也。"郭璞注："皆洿池也。""汙"同"洿"。茲據校改。

⑧ 《裴韻》《全王·賄韻》呼猥反："㶡，爛皃。"

⑨ 注文"止湏"當作"思酒"。《原本玉篇·水部》："潃，思酒反。"茲據校改。《原本玉篇·水部》："潃，《礼記》：菟蒐潃瀾以滑之。鄭玄曰：秦人謂溲曰潃，齊人曰滑。"今本《禮記·内則》作"齊人滑曰瀰"。"滑也"乃"瀰"字釋義，非"潃"字義。

⑩ "止世反"與"江名"爲"浙"字音義。"池也"不詳。"米汁"當是"淅米汁"之省。宇留保須（うるおす【潤す】）也。

⑪ 注文"成"當作"式"。《廣韻·侵韻》："深，式針切。"茲據校改。

⑫ 注文"石決"當作"右扶"，"佫"當作"啟"。《玉篇·水部》："澧，水，出右扶風。"《廣韻·薺韻》："澧，盧啓切。"茲據校改。

涅乃結反，入；泥也，染也，水中黑土也，溺也。

演延善反，上；大也，長也，引也，潤也，延也，廣也。

汶正莫運反，去；水，出太山也。借莫昆反，平；清潔也，黏也。①

沽公奴反，上(平)；故也，必也，麁也，水也，略也，功也，行也。苟胡反。買也，洗也，潔也。

洗桑顯反。鮮也，潔也，洒濯也。

沛正補賴反，去；小闇謂之沛，大闇謂之萠。沛者，草木[之蔽]茂，禽獸[之所蔽匿]也。②

泥正奴雞反，平；塗也，陷也。借奴計反，去；少力也。③

泫正胡犬反，上；混流也，露光也。曾曾久。④

潐正胡巧反，上；力彫反，平；清也。借力鳥反。小水別名也。⑤

潝正虛及反，入；水疾聲也。借於夾反，入；波起也，宓也，迫也。

泡(滀)上字。⑥

瀑正隻角反，入；瀺，水小聲。又七西、才各二反。水相鬥之聲也。⑦

浪正力當反，平；滄浪，水名也。借力宕反，去；猶曼蘭也。⑧

沾正粘兼反，平；薄也，益也。爲霑字也。

沫[沫]正滿曷反，入；暴雨也，已也。借亡盖反。洗面也，水名也。⑨

瀁正餘尚反，去；漾，水名也。借餘掌反，上；滉，水也。⑩

潢正佳光反，平；汁(汗)，淳(停)水也，積池也。借胡廣反，上也。⑪

---

① 《楚辭·漁父》："安能以身之察察，受物之汶汶者乎。"王逸注："察察，己清潔也。汶汶，蒙垢塵也。"此"清潔也"非"汶"字釋義。

② "木"下奪"之蔽"二字，"獸"下奪"之所蔽匿"四字。《風俗通·山澤》："沛者，草木之蔽茂，禽獸之所蔽匿也。"茲據校補。王弼《周易略例·卦略》："小暗謂之沛，大暗謂之萠。"

③ 《爾雅·釋獸》："威夷，長脊而泥。"郭璞注："泥，少才力。"

④ 曾曾久(そそぐ【注ぐ・灌ぐ】)。

⑤ 《文選·張衡〈西京賦〉》："摛潐瀎。"薛綜注："潐瀎，小水別名。"

⑥ 字頭"泡"當作"滀"。《集韻·洽韻》："滀，或从翕。"茲據校改。

⑦ "七西反"當是倭音"さい"，"才各反"當是倭音"さく"。

⑧ 圖書寮本《類聚名義抄》"波浪"條引《原本玉篇》："盖(孟)浪，猶謾讕。"《莊子·齊物論》："夫子以爲孟浪之言。"釋文："向云：孟浪，音漫瀾，無所趣舍之謂。"此"曼蘭"同"謾讕""漫瀾"。

⑨ "正"音義皆爲"沫"字音義，"借"音義則爲"沬"字音義。《淮南子·説山訓》："人莫鑑於沫雨，而鑑於澄水者，以其休止不蕩也。"高誘注："沫雨，雨潦上覆瓫也。"《楚辭·離騷》："芬至今猶未沬。"王逸注："沬，已也。""沫""沬"皆有"水名"之義。

⑩ 《説文·水部》："漾，水。出隴西相道，東至武都爲漢。瀁，古文从養。"《廣韻·養韻》："瀁，混(混)瀁，水皃。"

⑪ 注文"汁"當作"汗"，"淳"當作"停"。《左傳·隱公三年》："潢汙行潦之水。"杜預注："潢汙，停水。"茲據校改。

　　嵯正仕駕反,去;借倉何、在何二反。淅餘(飯)米取其潘以爲沐,又郡名,又地名也。①

　　瀳灘同。正呼旱反。菸皃也,水儒(濡)乾也。又爲嘆,竭也。涒同,歲在申也。加波良久世,又和太利世,又加太。②

　　涒古潭、他昆二反。涒灘,歲在申。③

　　決正公空(穴)反,入,壞也,判決也,別也,行流也,穿破也。借呼拙反。④

　　湛正直斬反,上;安也,没也,水不流也,露也。

　　澱上字。

　　滈滈同。正胡道反,上;久雨。借呼角反,入;水沸之聲也。

　　溓溓二同。正理兼反。薄水也,淹也,漬也,静也。⑤

　　汏正徒盖反,吉(去);水波也,違(達)也,隧也,水落皃,洗也。借勑達反,入;"射汏輈"也,過也。⑥

　　淰正奴感反,上;濁也,閅(閃)也。借式冉、式稔二反。⑦

　　溢羊一反,入;盈也,静也,監(盛)也。⑧

　　涯宜圭(佳)[反],平;限也,窮也。⑨

　　冽力折反,入;古也,沼也,潔也,寒也。⑩

　　濃濃二形作。乃東反,平;厚也,露[多]也。⑪

　　添才兼反。加也,副也。无怗反,平;益也。⑫

---

① 注文"餘"當作"飯"。《集韻·戈韻》倉何切:"嵯,淅也。通作溾。"《禮記·喪大記》:"御者嵯沐于堂上。"鄭玄注:"嵯,淅也,淅飯米取其潘以爲沐也。"茲據校改。

② 注文"儒"當作"濡"。《説文·水部》:"瀳,水濡而乾也。"茲據校改。《詩·王風·中谷有蓷》:"嘆其乾矣。"毛傳:"嘆,菸貌。"《説文·水部》:"瀳,《詩》曰:瀳其乾矣。"《爾雅·釋天》:"(太歲)在申曰涒灘。"此處注文"涒同"非指異體,指應與字頭連讀。加波良久世(かわらぐ【乾らぐ】せ【瀬】),又和太利世(わたりせ【渡り瀬】),又加太(かた【潟】)。

③ 前一反切不詳。

④ 注文"空"當作"穴"。《玉篇·水部》:"決,公穴切。"茲據校改。

⑤ 《原本玉篇》引《廣雅》:"溓,清也。"今《廣雅》"溓"字"清""漬"二義皆有。

⑥ 注文"吉"當作"去","違"當作"達"。此音爲去聲。《原本玉篇·水部》:"汏,《楚辞》:齊吴榜以激汏。王逸曰:汏,水波也。《淮南》:深則汏五藏。許叔重曰:汏,達也。《尔雅》:汏,隧也。……《左氏傳》:又射汏輈。杜預曰:汏,過也。"今本《淮南子·説山訓》作"深則達五藏"。茲據校改。《爾雅·釋詁下》:"汏,墜也。"釋文:"汏,顧徒盖反。宜作汏。"此處注文"隧"通"墜"。

⑦ 注文"閅"當作"閃"。《原本玉篇·水部》:"淰,《礼記》:龍以爲畜,故魚鮪(鮪)不淰。注:淰之言閃也。"茲據校改。

⑧ 注文"監"當作"盛"。《廣雅·釋詁二》:"溢,盛也。"茲據校改。

⑨ 注文"圭"當作"佳","圭"下奪"反"字。《名義·水部》:"涯,宜佳反。"茲據改補。

⑩ 注文"古也,沼也"不詳。

⑪ "露"下奪"多"字。《原本玉篇·水部》:"濃,《説文》:露多也。"今本《説文》同。茲據校補。

⑫ 《廣韻·添韻》:"添,他兼切。"此條兩處反切俟考。

清瀞二形同。七情反,去;净也。"會朝清明",净也。①

净瀞二形同。俟仁反。借似止(正)反,去也。②

淡徒敢反,去;徒甘反,平;味薄也。③

瀣瀣瀣瀣四形作。敫(覂)礼反。勃海也,谷也。又爲解字。又又𩏩買反,上也。④

濤太刀、他高二反,平;波浪,大波也。又指西反,上;至也,洗米也,大雨也。⑤

涷多貢、力見二反,去;暴雨也。波夜佐安安女。⑥

涷上字。瀾(滴)也。練字也。⑦

澇力刀反,去(平);水多。於保弥豆也。⑧

潜(洺)以冉反,上;溢也。弥知阿失(夫)留。⑨

渫之(息)列反,入;汲也,多也,攘也,去也,抒也。水豆利阿久也。⑩

潭〔潓〕徒玑反,平;烈,寒氣也。水深也,淵也,清也,激也,洒也。⑪

滃於孔反,上;雲起也,闇翳之氣也,大水皃。

藻踈革反,入;水皃。

洪古(胡)公反,平;大也,降水也。⑫

浽息惟反,平;又私蕤反。見蜺也,小雨也。又奴罪反,上也。⑬

池正達河反。滂池,江(汪)濊也。借除知反,平。⑭

没莫勿反,入;勉也,无也,入也,弱(溺)也,湛也,終也,了也。⑮

---

① 《詩‧大雅‧大明》:"會朝清明。"《原本玉篇‧水部》:"瀞,《韓詩》:會朝瀞明。瀞,清也。""瀞"同"净"。

② 注文"止"當作"正"。《原本玉篇‧水部》:"瀞,似政反。""正""政"音同。茲據校改。

③ "徒敢反"爲上聲,《名義》同,《廣韻‧濫韻》有去聲"徒濫切",此反切下字"敢"疑誤。

④ 注文"敫"當作"覂"。《名義‧水部》:"瀣,覂灑反。"茲據校改。

⑤ 《集韻‧有韻》是西切:"鄑,水名,在蜀。或从水。"《慧琳音義》卷五十七"濤米"條:"《纂韻》云:濤,汏也。經作洮,非經義也。""至也""大雨也"不詳。

⑥ "力見反"爲"涷"字音。波夜佐安女(はやさ【速さ】あめ【雨】),蓋衍一"安"字。

⑦ 注文"瀾"當作"滴"。《説文‧水部》:"涷,滴也。"茲據校改。

⑧ 此音當是平聲,《廣韻‧号韻》有去聲"郎到切"。於保弥豆(おおみず【大水】)也。

⑨ 字頭"潜"當作"洺","失"當作"夫"。《廣韻‧琰韻》以冉切:"洺,潭洺,水滿。""水滿"與"溢"義近。"失"字各本作"夫"。茲據校改。弥知阿夫留(みちあふる【満ち溢る】)。

⑩ 注文"之"當作"息"。《名義‧水部》:"渫,息列反。""之"本應作"止","止"則爲"息"之省。茲據校改。水豆利阿久(みず【水】つりあぐ【釣り上ぐ】)也。

⑪ 《詩‧豳風‧七月》:"二之日栗烈。"毛傳:"栗烈,寒氣也。""栗"又作"潓"。"激也,洒也"不詳。

⑫ 注文"古"當作"胡"。《名義‧水部》:"洪,胡公反。"茲據校改。

⑬ 注文"見蜺也"不詳。

⑭ 注文"江"當作"汪"。《慧琳音義》卷九十九"汪濊"條:"顧野王云:汪濊,猶滂沱,盛皃也。"《集韻‧支韻》陳知切:"沱,亦作池。"茲據校改。

⑮ 注文"弱"當作"溺"。《廣雅‧釋詁一》:"溺,没也。"茲據校改。《爾雅‧釋詁上》:"蠠没,勉也。"《説文‧水部》:"湛,没也。""湛"同"沈"。

滔淫𣵽三形作。以封、以針反，平；滯也，大也，水流過也。①

沄王分反，平；沈也，轉流也，深水也。

浚思刃反。須也，取也，渌也，抒也，深也。

溶𣴀二上字。

泳爲命反。游也，水應(底)行也。②

漱牛刀、五高二反，平；熛。③

浹子劦(協)反，入；徹也，達也，通也，重也，洽也，斂也。④

漠慕各反，入；清也，沙也，治也，謨也，施也，定也，茂也，静也。

汙上字。⑤

瀕思赤反。苦也，醎也，濱也。又郎古反，上；加太。⑥

淈古忽反，入；治也，流也，堨也，乱也，濁也，汩也。

鴻厚功反，又胡籠反，平；代也，水鳥也。

㳂古空反。虛也，空也。⑦

涏徒丁反。波也，漏也，洪也。

㴰味移反。深也，水甚深也。

瀟先彫、葉(桑)聊二反，平；清水也，澄也，沈也。志豆介之。⑧

瀟瀟瀟三形，上同作。

仙(汕)側緣反，去；所簡反，上；鳴也，樔也。奈牟太也。⑨

汚上通作。⑩

漏來豆反，去；泄也，穿也，孔也，失也，竭也，去也，隱也。

娑婆上山加反，下薄何反，并平；二合。舞也。

滿末旱反，上；充也，盈也，實也。

---

① 前一反切上字“封”疑“針”字之誤。

② 注文“應”當作“底”。《爾雅·釋水》：“潛行爲泳。”郭璞注：“泳，水底行也。”茲據校改。

③ 注文“熛”字不詳。

④ 注文“劦”當作“協”。《廣韻·怗韻》：“浹，子協切。”茲據校改。

⑤ 《玉篇·水部》：“汙，古文流。”本書無“流”字條，此上或奪“流”字條。

⑥ 《玉篇·鹵部》：“瀕，《書》曰：海賓廣瀕。”今《尚書·禹貢》作“海濱廣斥”。“濱也”應即“海濱”。

⑦ 《廣韻·唐韻》：“㳂，苦岡切。”此“古空反”當是倭音“こう”。

⑧ 注文“葉”當作“桑”。《名義·水部》：“瀟，桑聊反。”《集韻·蕭韻》：“瀟，或作瀟。”茲據校改。志豆介之(しずけし【静けし】)。

⑨ 字頭“仙”當作“汕”。《廣韻·産韻》：“汕，所簡切。”《詩·小雅·南有嘉魚》：“烝然汕汕。”毛傳：“汕汕，樔也。”茲據校改。《廣韻》有“所簡切”“所晏切”二音，此“側緣反”當是倭音“せん”。“鳴也”不詳。奈牟太(なむた)也。各本末還有“又奈久(なく【泣く·鳴く·啼く】)”。

⑩ 此字不詳。

湯正土郎反，平；殷王名，沐浴也，熱水也，大，流皃。借土浪反。蕩也。①

法㳒灋三形同作。方乏反，入；常也，式也，令也，數也，則也。

漢㵄二同。火旦反，去；達也，瀎也，水也，天河也。

㵄綿熱反，入；盡也，已也，没也，消也，絶也。

酒資丑、將紂二反。乳也，一曰就也，所以行礼也。

灌悹、樌，二同字。古玩反。澍也，漬也，飲也，竅（冣）也。又古段反，去；獻，聚也，澆也。②

活吴括反，入；生也，流聲也。

溝溝溝三形作。己侯反。小瀆，深廣各四尺。

渠巨居反，平；忼（坑）也，大也，勤也，水所居也。③

涕他弟反，上；泣沃（淚）也，猶泣也。④

泣丘及反，入；无聲出淚。

灑所買反，又所綺反，上；所寄反，去；和沙音。汗也，汛也。⑤

濁直角反，入；[反]清之稱也，淖也，淍（稠）也。⑥

柒漆桼㓼四形同。七音。木汁也，林也，水也。⑦

已下平聲出自《切韻》

瀧瀧瀧三形作。盧紅反。涷，沾漬也，又南人名湍也。⑧

淙在宗反。水聲也。

浨職隆反。水名也。

涫居隆反。在酒泉也，縣名。

淞先恭反。水名也。

滽滽二形作。餘封反。水名，出宜蘇山。

灉於容反。水名也。

江古雙反。貢也。

---

①《原本玉篇·水部》："湯……《尚書》：湯湯洪水。孔安國曰：流皃也。《毛詩》：……又曰：汶水湯湯。傳曰：大皃也。""大，流皃"蓋是"大皃"與"流皃"之合。

② 注文"竅"當作"冣"。《名義·水部》："灌，冣也。"《説文·水部》："冣，積也。""積"與"聚"義近。茲據校改。

③ 注文"忼"當作"坑"。《廣雅·釋水》："渠，坑也。"茲據校改。

④ 注文"沃"當作"淚"。《廣韻·薺韻》："涕，涕淚也。"茲據校改。

⑤ "灑"與"沙"倭音皆是"しゃ"。"汗"疑"泘（汛）"字之誤。

⑥ "清"上已奪"反"字，注文"淍"當作"稠"。"角"下原有二"反"字，後刪去一個，疑是"清"上"反"字誤移於此。《新書·道術》："行善決衷謂之清，反清爲濁。"《説文·水部》"濁"字段注："按：濁者，清之反。"《戰國策·秦策一》："書策稠濁。"高誘注："稠，多。濁，亂也。""稠"與"濁"義近。茲據補改。

⑦ "㓼"字《名義·水部》爲"漆"字古文。《集韻·質韻》："桼，古作㓼。""㓼"同"㓼"，皆隸定之異。

⑧《廣韻·東韻》盧紅切："瀧，瀧涷，沾漬。"

浲苦紅反。浲濛，又直流。

濛濛二形作。莫紅反。微雨也，紀（汜）也。①

漪於離反。漣漪也，重波也。

沘户（房）脂反。又上；水名也。②

泜直尼反。水名，陳餘死處也。

瀤以佳反。水名，在瑯琊也。

沍与之反。水名，《詩》："江有渾（沍）。"③

淇其之反。[水名]。奴万。④

潿瀾二同。王非反。曲淵也，谷也，不流濁也。

沸符非反。泉也。

沂魚機反。水名也。

漁語居反。水名也。

㴱舉魚反。水名也。

㳫衡（强）魚反。㳫挐之㳫也。⑤

澞与魚反。水名也。

潴章魚反。水名也。

涂直魚、度都二反。水名，塗也，厚也。

渼俱反。齊藪也。

瞿其俱反。水名，水出入處名。⑥

騧其俱反。馬右足白。⑦

洙〔洣〕市朱反。水名。又莫礼反，上也。⑧

湖戸都反。陂也。

浯五胡反。水名，處也。⑨

---

① 注文"紀"當作"汜"。《原本玉篇·水部》："濛，《尔雅》：四極：至于太濛。郭璞曰：即濛汜也。野王案：濛汜，日所入也。"兹據校改。

② 注文"户"當作"房"。《廣韻·脂韻》："沘，房脂切。"兹據校改。

③ 注文"渾"當作"沍"。《廣韻·之韻》："沍，《詩》云：江有沍。"兹據校改。

④ 各本反切之下有"水名"二字，與《切韻》《廣韻》義合，兹據補。奴万（ぬま【沼】）。

⑤ 注文"衡"當作"强"。《切二》《切三》《王一》《全王》《廣韻·魚韻》："㳫，强魚反。"兹據校改。

⑥ 《説文·水部》："瞿，水，出汝南吳房，入瀙。"

⑦ 字頭原誤作"騧"。

⑧ 《廣韻·薺韻》："洣，莫禮切。"

⑨ 《説文·水部》："浯，水。出琅邪靈門壺山，東北入濰。""處也"指"出"某地。

洳汝魚反。又去;水名,盧(處)也。[①]

淒七嵇反。雲白(皃)也,雨風起皃。[②]

溕度嵇反。研米槌。

涞淶二形作。落哀反。水名也。

湝户皆反。風雨不止也,寒也,湯也。[③]

淮步皆反,又古(胡)乖反。水名也,猥併也。[④]

瀤瀤二形。步皆反。北方水也。[⑤]

漘脣同。食脣反。水際也。

洇洇二形作。於隣反。水名。

濜將隣反。氣之液也。

湊〔溱〕側洗(詵)反。水名。又倉候反,去;會也,聚也,競也,宜也,進也,盛(威)也。從矢也。[⑥]

洵相倫反。水名,涕也,揮也,恂也,澊也。[⑦]

澊上字。

瀕濱二同。必隣反。水祭(際)。[⑧]

濦於斤反。水名,在潁川。

源源三形作。愚袁反。水本。[⑨]

沅源音。水名。

潘孚袁反。大波。

瀿附袁反。澄水也,大溢。

溬於元反。水名也。

湓蒲奔、匹問二反。水名,一曰水涌出,又含水。

---

① "又"下原有"反"字,注文"盧"當作"處"。《廣韻·魚韻》:"洳,人諸切。"《廣韻·御韻》:"洳,人恕切。""洳"有平、去二音。本書上條:"浯,水名,處也。"《廣韻·魚韻》:"洳,水名,在南郡。""處也"當指"在南郡"。兹據删改。

② 注文"白"當作"皃"。《廣韻·齊韻》:"淒,雲皃。"兹據校改。

③《詩·小雅·鼓鍾》:"淮水湝湝。"毛傳:"湝湝,猶湯湯。"

④ 注文"古"當作"胡"。《玉篇·水部》:"淮,胡乖切。"兹據校改。"步皆反"爲"排""俳"等字反切,蓋誤混。"猥併也"不詳。

⑤《切韻》無此字,《廣韻·皆韻》音"户乖切",此音蓋與上條誤同。

⑥ 注文"洗"當作"詵","盛"當作"威"。《廣韻·臻韻》:"溱,側詵切。""溱"與"湊"形近混。《原本玉篇·水部》:"湊,《方言》:湊,威也。"兹據校改。"從矢也"指俗字"奏"從"矢"。

⑦《集韻·諄韻》:"洵,揮涕也。"

⑧ 注文"祭"當作"際"。《廣韻·真韻》:"濱,水際。"兹據校改。

⑨ 此云"三形作",當奪一形。"源"古作"厵",或即所奪之形。

洹汍二同。胡官反。水名,在鄴。流盛皃,又泣皃也。①

涫古丸反。樂涫也,縣名。又"[涫]沸如波"也。②

灊則[前]反。水名也。③

滇瑱同。都年反。又去;洭,大水。又滇池,在建寧。

汧苦堅反。池也,水也。

淵![渊]渕三形作。烏玄反。深水。

潺士連反。潺[湲]也,水流皃。④

漣直連反。水名也。

澣有乾反。水名也。

消相焦反。滅也,盡也,威(威)也,猶□(斟)酌也。⑤

瀌甫嬌反。雨雪皃。

淖〔淖〕女交反。蘇計反,去;淖沙,藥名也。⑥

泡匹交反。盛也,流也,水上浮漚也,河源也。

溠古俄反。多汁也。

沱徒何反。滂沱。又呼沱,川名,在并州界也。淚也,池也。⑦

河故(胡)歌反。水名,出積[石]山。⑧

眔上字。

渦古禾反。水名,[出淮陽扶溝]浪[蕩渠]。⑨

波博禾反。華也,大浪也。

渦烏禾反。水迴也。

袈所加反。

桬所加反。桬棠,木名,出崑崙。

_____

① 注文"泣皃也"爲"汍"字義。

② 《原本玉篇·水部》:"涫,《史記》:腸如涫湯。徐廣曰:涫,沸也。野王案,《楚辞》'氣涫沸其如波'是也。《漢書》:酒泉有樂涫縣。"

③ "則"下奪"前"字。《全王》《廣韻·先韻》:"灊,則前反。"兹據校補。

④ "潺"下奪"湲"字。《廣韻·仙韻》:"潺,潺湲,水流皃。"兹據校補。

⑤ 注文"咸"當作"威"嗎,"猶"下一字殘。《廣雅·釋詁四》:"消、威,滅也。"《原本玉篇·水部》:"消,《周易》:君子尚消息盈虛,天行也。野王案,消息猶斟酌也。"兹據改補。

⑥ 《廣韻·肴韻》女交切:"淖,淖沙,藥名。"《廣韻·霽韻》蘇計切:"淖,水,出汝南新郪,入潁。"

⑦ "呼沱"即"虖池""滹沱"。《詩·陳風·澤陂》:"涕泗滂沱。""淚也"指"涕泗滂沱"。"沱""沱""池"三字通。

⑧ 注文"故"當作"胡","積"下奪"石"字。《廣韻·歌韻》胡歌切:"河,水名,出積石。"兹據改補。

⑨ "浪"上奪"出淮陽扶溝",下奪"蕩渠"。《廣韻·戈韻》古禾切:"渦,亦作過。水名,出淮陽扶溝浪蕩渠。"兹據校補。

沙紫沚(沙)三形作。所加反。①

澹徒甘反。又上;淡,水皃。複姓,有澹臺滅明。又去;搖也,動也,静安也。

[蓝]魯甘反。瓜菹也。②

漳諸良反。水名也。

瀼瀼滾三形同作。汝陽反。露穠皃,咸(盛)也。③

洭去王反。水名,在始興也。

洪於京反。水名也。

澎撫庚反。澎濞,水皃。又彭音。

澄澂同。直庚反。水清也。

滇宅耕反。水名,出南海。

洺武并反。水名。

涇泾同。古靈反。水名,波也,水也,直波也。

洴薄經反。《莊子》云:"洴澼絖",[造]絮者也。④

沈羽求反。水名也。

漫於求反。漫,渥也,多也,漬也,饒也,寬也,和也,裕也。

鎏力求反。美金。

洲䱜流反。洲渚。加太。⑤

涪薄謀反。水名,在巴西。

滱恪侯反。水名。又苦候反,去。

㴞上字。浪也。

湘息良反。亨(亨)也,水名。⑥

泱於良反。水流皃。又烏朗反,上;瀹。

湟古(胡)光反。水名,出[金城]。⑦

渤於虬反。澤名,在崑崙山。

---

① 字頭"沚"當作"沙"。《玉篇·水部》:"沙,《説文》曰:水散石也。沙,《説文》同上。"按,今本《説文》作"沙","沙"與"沙"爲隸定之異。茲據校改。

② 此條奪字頭,注文原接於上條"澹"字注文之後。《廣韻·談韻》魯甘切:"蓝,瓜菹。"茲據校補。

③ 注文"咸"當作"盛"。《名義·水部》:"瀼,盛皃也。"茲據校改。

④ "絮"上奪"造"字。《廣韻·青韻》:"洴,《莊子》曰:'有洴澼絖。'造絮者也。"茲據校補。但《廣韻》"澼"下注文"造"作"漂"字。《莊子·逍遙遊》:"宋人有善爲不龜手之藥者,世世以洴澼絖爲事。"釋文引李云:"洴澼絖者,漂絮於水上。"或當作"漂"。

⑤ 加太(かた【潟】)。

⑥ 注文"亨"當作"亨"。《詩·召南·采蘋》:"于以湘之。"毛傳:"湘,亨也。"茲據校改。"亨""亨""烹"可通。

⑦ 注文"古"當作"胡","出"下奪"金城"字。《廣韻·唐韻》胡光切:"湟,水名,出金城。"茲據改補。

浸瀀浸三同作。七林反。浸淫也，長也。又去；潤也，清（漬）也，漸也，是也。[①]

潯徐林反。傍深也，汪也，水涯。[②]

涔鉏簪反。涔陽，地名。又蹄涔，牛馬跡也。魚池也，穇也，请（漬）也，潛也，清（漬）也。[③]

湉徒兼反。水靖也。

澠澠二同。食陵反。水名，“水有如繩（有酒如澠）”。[④]

深（溧）食陵反。波前後相淩。[⑤]

涌餘隴反。涌泉也。

滍直几反。水名。

港胡湏（古項）反。水流也。[⑥]

汜諸氏反。水名，注也。[⑦]

湣臣（民）婢反。飲也，去汁也，水也。[⑧]

瀰臣（民）婢反。水流兒。[⑨]

洧榮美反。水名也。

洱而止反。水名，洛也，注也。[⑩]

涘漦史反。水岸。

浘無匪反。流也，盛兒。[⑪]

潕灖二同。無主反。水名。

澓扶雨反。澓湯（陽）□（縣）。[⑫]

漊力主反。雨不止，一曰飲酒不醉。

---

① 注文“清”當作“漬”。《廣韻·沁韻》：“浸，漬也。”茲據校改。《易·臨》：“臨，剛浸而長。”《易·遯》：“小利貞，浸而長也。”二“浸”皆“漸浸”義，疑“長也”涉《周易》引文而混。“是也”非釋義。

② “汪”疑當作“江”，“江潯”即“江邊”。《新撰字鏡·水部》：“池，江（汪）濊也。”是其比。

③ 注文“请”與“清”當作“漬”。《原本玉篇·水部》：“涔，《説文》：涔，清也。”今本《説文·水部》：“涔，漬也。”《説文繫傳·水部》：“涔，漬也。”鈕樹玉《説文解字校録》：“宋本‘漬’作‘漬’，譌。”茲據校改。

④ 注文“水有如繩”當作“有酒如澠”。《左傳·昭公十二年》：“有酒如澠。”茲據校改。

⑤ 字頭“深”當作“溧”。《廣韻·蒸韻》食陵切：“溧，波前後相淩。”茲據校改。

⑥ 注文“胡湏”當作“古項”。《切三》《裴韻》《全王》《廣韻·講韻》：“港，古項反。”茲據校改。

⑦ 《山海經·東山經》：“汜水出焉，而北流注于湖水。”

⑧ 注文“臣”當作“民”。《切三》《裴韻·紙韻》：“湣，民婢反。”《王一》《全王·紙韻》：“湣，弥婢反。”茲據校改。

⑨ 注文“臣”當作“民”，參見上條。

⑩ 《集韻·紙韻》：“洱，水名，入洛。通作沶。”

⑪ “也盛”原倒。《廣韻·尾韻》：“浘，水流兒。”《詩·邶風·新臺》：“河水浼浼。”釋文：“《韓詩》作浘浘，音尾，云：盛貌。”茲據乙正。

⑫ 注文“湯”當作“陽”，末字“縣”殘。《裴韻·麌韻》《全王·福韻》：“澓，澓陽縣。”茲據改補。

潴汻二同。呼古反。水邊崖上。

浦□(滂)古反。曲濱也。①

澠落□(猥)反。水名,治水也。②

滙□(胡)罪反。滙□(浽),穢濁也。③

漼七罪反。水深也,嶉也,鮮也。

凗上字。

準之尹反。平也,度也,均也。俗作准也。

混胡本反。混流。一曰混沌,陰陽未分也。濁也,流也,轉也。

沌徒損反。混沌也,凝也。

渜乃管反。湯也,沐浴汁也。

潸所簡反。水名,衆也,淚出。

浅淺二同。七演反。阿佐之。④

沔緬音。漢水。

沇以轉反。濟水別名。又古扁(胡褊)反。泉源也。⑤

沿上古文。⑥

沼之少反。池也。

漾以治(沼)反。浩漾,大水也。[浩漾]潢瀁,无涯際。⑦

澡子洗(浩)反。洒也,洗也,治也。⑧

澡蘇果反。水名也。

漬上字。

---

① "古"上一字殘。《切三》《裴韻》《全王》《廣韻·姥韻》:"浦,滂古反。"兹據校補。

② "落"下一字殘。《全王·賄韻》:"澠,落猥反。"《切三》《裴韻》《廣韻·賄韻》:"澠,落猥反。"兹據校補。《説文·水部》:"澠,水。出右北平浚靡,東南入庚。"《説文·水部》:"瀤,水。出鴈門陰館累頭山,東入海。或曰治水也。"《集韻·旨韻》:"漯,或作澠、瀤。"

③ "罪"上一字殘,"滙"下一字殘。《裴韻》《全王》《廣韻·賄韻》胡罪反:"滙,滙浽,穢濁也。"兹據校補。

④ 阿佐之(あさし【浅し】)。

⑤ 注文"古扁"當作"胡褊"。《名義·水部》:"沇,胡褊反,俞選反。"兹據校改。《書·禹貢》:"導沇水,東流爲濟。"孔傳:"泉源爲沇,流去爲濟。"

⑥ 《説文·水部》:"沇,水。沿,古文沇。"《説文·口部》:"㕣,山間陷泥地。从口,从水敗皃。讀若沇州之沇。九州之渥地也,故以沇名焉。"

⑦ 注文"治"當作"沼","潢"上奪"浩漾"二字。《廣韻·小韻》:"漾,以沼切。"《文選·司馬相如〈上林賦〉》:"然後灝溔潢漾,安翔徐回。"郭璞注:"皆水無涯際貌也。"《玉篇·水部》:"漾,浩漾滉瀁,水無際。"兹據改補。

⑧ 注文"洗"當作"浩"。P.3693、《切三》《王一》《全王·晧韻》:"澡,子浩反。"兹據校改。

灡焉（烏）感反。大水［至］也。①

湳奴感反。水名也。

澉古覽反。澉臍,食無味。

洭烏晃反。大水也。

滉胡廣反。滉瀁。

瀴瀴同。莫迥反。瀴滓,大水。

洴徂醒反。洴淡,小水也。

渧下挺反。瀴也,水盛皃也。

潃息有反。溲麪。

沈式稔反。古作邖。大也,乱也,浮也,没也。②

瀋尺甚反。汁也。

瀺瀺同作。士咸（減）反。瀺灂也。③

次去聲

澒古送反。水名也。

漴士隆（降）反。川（水）所衝。④

澌斯義反。流氷也,盡也。⑤

邃徐醉反。小溝也。

淚力遂反。涕淚。

泌鄙媚反。泉皃,泉水駃流也。

滭匹俻反。聲也,暴至也。⑥

洎几利反。肉汁。又暨音也。

渭云貴反。水名,濁也,耶波也。奴万。⑦

沸瀵二同。府胃（謂）反。流泉也。⑧

泏子據反。泏洳也。

渡徒故反。度也。

---

① 字頭右旁原誤作"闔",注文"焉"當作"烏","水"下奪"至"字。《切三·感韻》烏感反:"灡,大水。"《王一》《全王·感韻》烏感反:"灡,水大至。"《裴韻·禫韻》烏感反:"灡,水大至。"《說文·水部》《名義·水部》:"灡,水大至。"《玉篇·水部》:"灡,大水至。""大水至"與"水大至"皆存,此當作"大水至"。茲據改補。

② 《原本玉篇·水部》:"沈,《尚書》:沈乱于酒。孔安國曰:沈謂冥醉也。"注文"乱也"疑本此。

③ 注文"咸"當作"減"。《切三》《王一》《全王》《廣韻·豏韻》:"瀺,士減反。"茲據校改。

④ 注文"隆"當作"降","川"當作"水"。P.3696A、《裴韻·絳韻》士降反:"漴,水所衝。"茲據校改。

⑤ 《原本玉篇·水部》:"澌,流水(水)之澌爲澌字,在欠部。"《說文·欠部》:"澌,流欠也。"

⑥ 《說文·水部》:"滭,水暴至聲。"

⑦ 奴万(ぬま【沼】)。

⑧ 注文"胃"當作"謂"。《王一》《裴韻》《全王·未韻》:"沸,府謂反。"茲據校改。

潞洛故反。縣名。

濩胡故反。布也，湯樂也。

沍（沍）胡故反。寒凝也，塞悶也。①

澮古兌反。水名，又畎名。

瀨理大反。湍也。

滬胡桂［反］。水名，水出入也。②

沴魚（魯）帝反。祅氣。③

況此芮、式芮二反。温水也，清也，濕也。

瀄瀻例反。水名也。

灡居例反。泉出皃。

澅胡□（卦）反。水名也。④

湃普拜反。滂湃。

湨〔溴〕普拜反。樂浪。又古闃反，入。⑤

淬沊二同。七碎反。瀸也，染也，寒也。

潠蘇因（困）反。食（含）水也，貪（含）水也，噴也。⑥

瀚胡旦反。瀚海。

澣⿰氵⿱大⿴囗大二形作。呼段反。水散也。按，無點也。離也，散也，盛也。⑦

漫文歎反。水大也，長，長廣也，消散也，敗也。⑧

泮普半反。泮宫名也，散也，破也，班也，教也。⑨

沜泮音。水崖。

泗莫見反。滇泗也。

汳浹二同。皮變反。水名也。

---

① 字頭“沍”當作“沍”。《廣韻·暮韻》胡誤切：“沍，寒凝。”《玉篇·水部》：“沍，胡故切。閉塞也。”《慧琳音義》卷八十三“凝沍”條：“下胡故反。杜注《左傳》：沍，閉也。王注《楚辭》云：沍亦寒也。《古今正字》：從水，互聲。”此爲水部，故作“沍”。茲據校改。

② 《説文·水部》：“滬，水。出廬江，入淮。”茲據校補。此處省作“水出入也”。

③ 注文“魚”當作“魯”，《全王》誤同此。P.3696A、《王一》《裴韻·霽韻》：“沴，魯帝反。”茲據校改。

④ “胡”下殘。《王一》《裴韻》《全王》《唐韻》《廣韻·卦韻》：“澅，胡卦反。”茲據校補。

⑤ P.3696A、《全王·怪韻》：“湨，水，出樂浪。”《裴韻·界韻》《唐韻·怪韻》：“湨，水名，在樂浪。”此處“樂浪”蓋省。此條天頭有注文“闃”的改字“間”，但此當作“闃”。《廣韻·錫韻》古闃切：“溴，水名，在温縣。”《干禄字書·入聲》：“闃闃，上俗下正。”“湨”與“溴”形近而混。

⑥ 注文“因”當作“困”，“食”“貪”當作“含”。《王一》《裴韻》《全王·㤺韻》蘇困反：“潠，含水。”《説文·水部》：“潠，含水噴也。”蓋作者所據版本不同，故兩處有誤字之訓俱收。茲據校改。

⑦ “無點也”蓋指“大”旁不當作“犬”。

⑧ 注文當衍一“長”字。《名義·水部》：“漫，虛廣也。”

⑨ 《禮記·王制》：“諸侯曰頖宫。”鄭玄注：“頖之言班也，所以班政教也。”

淀 辝巽(選)反。洞洯也。①

漂 匹咲反。水中打絮也，流也，淫(浮)也，敝(漱)也。②

澩 呼教反。水名也。

潲 所教反。豕食也，臭汁也。

涴 烏臥反。泥着物也。

泚 側亮反。泚米也。

況 許訪反。寒水也，況也。

橫 户孟反。小津，一曰渡舩。

沁 七鴆反。水名。□(泊)也，釜也，沃汁也。③

墊 七瞻反。保利支也。④

𣹻 漃二形作。水波也，漬也，浮也。⑤

漕 在到反。水運穀。

漕 上作。

次入聲

浞浞同作。士角反。水濕也，濡也，清(漬)也。⑥

涿 丁角反。郡名，漉(鹿)也，吅也。⑦

澳 於六反。隅也，限也，觸(濁)也。⑧

渢 □(先)篤反。雨聲也。⑨

淕 力六反。雨皃也。

淯 与逐反。水名也，水出。⑩

---

① 注文"巽"當作"選"。《裴韻》《全王》《唐韻·線韻》："淀，辝選反。"茲據校改。

② 注文"淫"當作"浮"，"敝"當作"漱"。《説文·水部》："漂，浮也。"《廣雅·釋言》："漂，漱也。"茲據校改。

③ "名"下一字殘，當是"泊"字。《説文·水部》："泊，灌釜也。"《周禮·秋官·士師》："及王盟，泊鑊水。"鄭玄注："泊謂增其沃汁。"茲據校補。

④ 保利支(ほりき【墊】)也。

⑤ 注文"漬"或當作"清"。《玉篇·水部》："漃，亦作淧。"《名義》《玉篇·水部》："淧，清也。"《廣雅·釋詁一》："淧，清也。"《廣雅·釋詁二》："淧，漬也。"《慧琳音義》卷八十一"定漃"條："《古今正字》作淧，云：清也。"《慧琳音義》卷八十一"定漃"條："《考聲》云：水淺而且清曰漃。"《文選·木華〈海賦〉》："則南淧朱崖。"李善注引《廣雅》："淧，漬也。"

⑥ 注文"清"當作"漬"。《廣雅·釋詁二》："浞，漬也。""漬"與"水濕""濡"等義近。茲據校改。

⑦ 注文"漉"當作"鹿"。《玉篇·水部》："涿，涿鹿，縣名。"茲據校改。

⑧ 注文"觸"當作"濁"。《廣雅·釋詁三》《名義·水部》："澳，濁也。"茲據校改。

⑨ 反切上字殘。《切三》《王一》《裴韻》《全王》《唐韻》《廣韻·沃韻》："渢，先篤反。"茲據校補。

⑩ 《裴韻·屋韻》："淯，水名，出弘農。"《廣韻·屋韻》："淯，水名，出攻離山。"《説文·水部》："淯，水。出弘農盧氏山，東南入海。或曰出酈山西。"此處"水出"下蓋省"弘農"或"攻離山"。

瀄阻瑟反。瀄泊(汨),水流也。①

洗㳇同作。夷質[反]。洗淫也。

溧〔溧〕力質反。水名,縣也。寒氣也,颲也。②

沘資悉反。潩水。

溽而濁(蜀)反。溽暑也,温(濕)也,恣也。③

淥力玉反。水名也。

浴余属(蜀)反。洗浴也。④

瀥瀱二形作。去月反。水名。

泧許月反。水兒,瀎也。

瀎瀎瀎三形作。莫末反。涂拭也。

澾蹋同。他割反。渥(泥)滑也,泥狗也。⑤

渤蒲没反。渤澥,海[名]。⑥

潎父没反。水疾流起聲也,波浪之聲。⑦

浡淬二作。甫突反。盛也,聚也。

沺苦骨反。溫泄(漚池)也,水兒,池水定也。⑧

湉古[活]反。活字。水流。⑨

沭食聿反。水名也。

沐莫卜反。治也,洗髮也。

淨潨二同。鄙密也(反)。去淬也。⑩

---

① 注文"泊"當作"汨"。《廣韻·櫛韻》:"瀄,瀄汨,水聲。"《廣韻·質韻》于筆切:"汨,《説文》曰:水流也。汨,上同。"《説文·川部》:"汨,水流也。从巛、日聲。"作"汨"字是,"汨"字形近而混。茲據校改。

② 《廣韻·質韻》力質切:"溧,溧水縣,在宣州。"《廣韻·質韻》力質切:"溧,溧冽,寒風。""颲颲"同"溧冽"。

③ 注文"濁"當作"蜀","温"當作"濕"。《廣韻·燭韻》而蜀切:"溽,溽暑,濕熱。"《説文·水部》:"溽,溼暑也。"《廣雅·釋詁一》:"溽,溼也。"茲據校改。《禮記·儒行》:"其飲食不溽。"鄭玄注:"恣滋味爲溽,溽之言欲也。"

④ 注文"属"當作"蜀"。《切三》《王一》《裴韻》《全王》《唐韻》《廣韻·燭韻》:"浴,余蜀反。"茲據校改。

⑤ 注文"渥"當作"泥"。《廣韻·曷韻》:"澾,泥滑。"茲據校改。"泥狗也"不詳。《切三》《王一》《裴韻》《全王·末韻》:"澾,泥滑。"下接:"獭,水狗。""狗"字或涉"獭"字釋義而誤。

⑥ 字頭原作"潕"。"海"下奪"名"字。P.3694、《切三》《王一》《裴韻》《廣韻·没韻》:"渤,渤澥,海名。又水兒。"茲據校補。

⑦ 字頭原作"潎"。

⑧ 注文"溫泄"當作"漚池"。《廣韻·没韻》:"沺,漚池。"茲據校改。

⑨ "古"下奪"活"字。P.3694、《切三》《王一》《裴韻》《全王》《唐韻·末韻》:"湉,古活反。"茲據校補。

⑩ 注文"也"當作"反"。《廣韻·質韻》:"淬,鄙密切。"茲據校改。

瀎迂勿反。瀎㳽,大水也。①

瀎上字。

潎芳滅反。漂也,洌也,波漬(清)也。②

澈澈二同。直列[反]。水清也。③

泬呼決反。泬[寥],空也,虛静也。④

潏古穴反。泉名,又水名。⑤

汃普八反。水聲,又西極,一曰西方之水。

汋鋤陌反。水落地也,瀺也。

澤湯(瑒)陌反。波(陂)也,潤也,思(恩)也,光潤也,禄也,擇也。⑥

潜徒合反。沸溢也,溢也,出也。

漯他合反。水名也。

汐詳石反。潮也,澤也。

潟私積反。鹹土也,鹵也。

渜士甲反。水也,出上黨也。

淡淡二同。紫葉反。水名也。

灄書涉反。水名也。

涉時攝反。歷也。

瀝瀝瀝三同。力狄、力谷二反。水滴也,普也,浚也,清酒也。⑦

漉㵤二同。渌字同。力六反。渴也,涸也,盡也。志太牟,又弥豆不留比,又須久不,又与祢須久不。又參(滲)漉也,滲也。⑧

洦莫白反。水淺。

溹溹二同。所戟反。水名,又雨下。

洛盧各反。水名。古作雒也。

---

① 字頭原作"瀎"。

② 注文"漬"當作"清"。《廣雅·釋詁一》:"洌、潎,清也。"茲據校改。

③ "列"下奪"反"字。《廣韻·薛韻》:"澈,直列切。"茲據校補。

④ "泬"下奪"寥"字。《切三》《王一》《裴韻》《全王》《廣韻·屑韻》:"泬,泬寥,空皃。"茲據校補。

⑤ 《切三》《全王》《唐韻·屑韻》:"潏,泉出皃。又水名,在京兆。"此處"泉名"疑爲"泉出皃"涉"水名"而改。

⑥ 注文"湯"當作"瑒","波"當作"陂","思"當作"恩"。《切三·陌韻》《裴韻·格韻》:"澤,瑒陌反。"唐韻、《廣韻·陌韻》:"澤,瑒伯反。"《廣韻·陌韻》:"澤,潤澤。又恩也。亦陂澤。"茲據校改。

⑦ "力谷反"似是"漉"字音,蓋"瀝""漉"義同而混。"普也"不詳。

⑧ 注文"參"當作"滲"。《廣韻·屋韻》:"漉,滲漉。"茲據校改。"渴"同"竭"。《說文·水部》:"竭,盡也。"志太牟(したむ【滑む·釃む】),又弥豆不留比(みずふるい【水籠】),又須久不(すくう【掬う·抄う】),又与祢須久不(よね【米】すくう【掬う·抄う】)。

濼灰(匹)各反。附(陂)也。[①]

霩上字,一本作。善水(普木)反。[②]

溼失入反。生也,霑也,遅也,□患也。[③]

濕上字。

潗姉入反。泉出也,流轉細涌皃也。

浥英及反。濕雨氣也,露也。

湁丑入反。潗,沸也。湒也。[④]

湑相集反。下雨也,小沸也,露垂。[⑤]

瀹以灼反。爚同。鬻也,清(漬)也。[⑥]

洫況逼反。溝也。

淢淢淢三形作,上非作。況逼反。疾流曰(皃),池也,永□(逝)也。[⑦]

滆苦郭反。水名,在畺(魯)。[⑧]

湢恥力反。水芝也。[⑨]

湜湜二同。常力反。水清也,止也,見底也,不動流也。[⑩]

澺於力反。水名。

潩与力反。水名。

已上入聲畢

澁澀三同。所立反,入;不滑之失志也。[⑪]

---

① 注文"灰"當作"匹","附"當作"陂"。《廣韻·鐸韻》匹各切:"濼,陂濼。"茲據校改。

② 注文"善水"當作"普木"。《廣韻·鐸韻》匹各切:"濼,陂濼。霩,上同。"《廣韻·屋韻》:"濼,普木切。"茲據校改。

③ "患"上一字作"",上田正、HDIC定作"忸",疑非是。

④《廣韻·緝韻》:"湁,湁潗,沸皃。"《説文·水部》:"湁,湁湒,鬻也。"

⑤ 此字頭爲"湒"與"湑"的俗字。"露垂"爲"湑"字義,餘爲"湒"字音義。《廣韻·魚韻》相居切:"湑,露皃。"《廣韻·緝韻》子入切:"湒,雨皃。"《説文·水部》:"湒,雨下也。一曰沸涌皃。""相"疑當作"祖","祖集反"與"子入切"音同。

⑥ 注文"清"當作"漬"。《説文·水部》:"瀹,漬也。"茲據校改。

⑦ 字頭第一形與第三形同,或有一誤。注文"曰"疑當作"皃","永"下一字殘。S.6013、《裴韻》《唐韻》《廣韻·職韻》況逼反:"淢,疾流。"《玉篇·水部》:"淢,疾流皃。"《詩·大雅·文王有聲》:"築城伊淢。"釋文:"淢,字又作洫。《韓詩》云:洫,深池。"《史記·司馬相如傳》:"汩淢噏習以永逝兮。"索隱:"淢,疾皃也。"《漢書·司馬相如傳》:"汩淢靸以永逝兮。"茲據改補。

⑧ 注文"畺"當作"魯"。《廣韻·鐸韻》:"滆,水名,在魯。"茲據校改。

⑨《裴韻》《全王》《唐韻》《廣韻·職韻》:"湢,水名。"《爾雅·釋草》:"湢灌,茵芝。"此"水芝"蓋將二義混合。

⑩《詩·邶風·谷風》:"湜湜其沚。"鄭玄注:"湜湜,持正貌……如沚然不動摇。"此"止"字原殘作"",或是"沚"字。

⑪《説文·止部》:"歰,不滑也。"此注文"之"或當作"也"。"失志也"不詳。

瀿似林反。縣也,水出入處也。[1]

沔弥善反。水滿皃。

汅上字。

泲子礼反。水也。

潰亡狄反。汨也,水也。

涂([illegible])式蔵反。深水也,潜深也,測也。又式餁反。深字。[2]

溙止厥、哉(蔵)銀二反。水也。潧字同。[3]

潮且進反。水出入。[4]

澧五才[反]。寒露皃也。

漻了條反。沇(泬)漻,秋天。[5]

洴萍薸三同。薄經反。宇支久佐也。[6]

湏止由(思臾)反。待也,住也,止也,偹也,留也。又作須。遠身也,臾也。[7]

潳土都反。亭水也。[8]

瀘路都反。水。

浠欣衣反。薄也。[9]

灅力追反。欙,山行乘之。[10]

浤獲萌反。溺沈水皃也。

[illegible]泟二同。□正反。赤。[11]

沺徒田反。

湌餐同。索安反。

湲于元反。姓也。

温烏軍(渾)反。和柔也。善也,尋也。[12]

---

① 《説文·水部》:“瀿,水。出巴郡宕渠,西南入江。”此“水出入處也”爲省言。

② 字頭“涂”當作“[illegible]”。《原本玉篇·水部》“砯”字注“深則砯”之“深”作“[illegible]”。此字當爲“深”的俗字,故此處注文末云“深字”。

③ 注文“哉”當作“蔵”。《名義·水部》:“溙,側詵反。蔵銀反。”茲據校改。“止厥反”俟考。

④ 《説文·水部》:“潮,水。出南陽舞陽中陽山,入潁。”

⑤ 注文“沇”當作“泬”。《廣韻·屑韻》呼決切:“泬,泬寥,空皃。”《慧琳音義》卷九十九“寥寂”條:“了條反。集從水作漻,非也。”茲據校改。

⑥ 《廣韻·宵韻》符霄切:“薸,《方言》云:江東謂浮萍爲薸。”“薸”字音不合,俟考。宇支久佐(うきくさ【浮草・浮萍】)也。

⑦ 注文“止由”疑當作“思臾”。《玉篇·須部》:“須,思臾切。”茲據校改。

⑧ 《廣雅·釋詁三》:“躇,止也。”“亭水”即“止水”。

⑨ “薄也”蓋“希”或“稀”字義。

[10] “山行”原倒。《説文·水部》:“欙,山行所乘者。”茲據乙正。

[11] 殘字作“[illegible]”,未詳。

⑫ 注文“軍”當作“渾”。《廣韻·混韻》:“温,烏渾切。”茲據校改。“善也,尋也”原爲字頭右旁小字。

潳急温反。濁也。①

瀜羊終反。大水皃。

坙浪二同。牛斤(靳)反,去;澱也。②

鄨扶雄反。國名也。

洭胡工反。潰,无涯皃。

汳妨万反。水,出入處也。③

滄哉銭(戠銀)反。溱也,水也。淩(溱)字。④

菏古可(河)反。水也,澤也,在山陽。⑤

灘于(紆)用反。水還入,又州名。⑥

漇相移反。水也。

洨古(胡)交反。水也,縣。⑦

渚泥(泜)字。至也。⑧

湨公臬反。水也,縣。⑨

瀤爲乖、胡乖二反。水也,澤也,波皃。

濾且於反。水也。

涶吐過反。唾字。口液也。

瀦以於反。水也。

涻舒夜反。水也。

澡(濜)巨致反。水也。⑩

涃苦屯(頓)反。水也。⑪

汓乃口反。水也,酒。瀝、汓,酒也。⑫

涃古(胡)困反。辱也,濁也,乱也。⑬

---

① 《集韻·䰟韻》:"潳,呼昆切。"此音蓋是倭音"こん"。

② 注文"斤"當作"靳"。《廣韻·焮韻》吾靳切:"坙,《爾雅》曰:澱謂之坙。"兹據校改。"浪"當爲異體。

③ 《説文·水部》:"汳,水。受陳留浚儀陰溝,至蒙爲雝水,東入于泗。"

④ 注文"哉銭"當作"戠銀","淩"當作"溱"。《名義·水部》:"滄,戠銀反。溱字。"兹據校改。

⑤ 注文"可"當作"河"。《名義·水部》:"菏,古河反。"兹據校改。

⑥ 注文"于"當作"紆"。《名義·水部》:"灘,紆用反。"兹據校改。"州名"蓋指"灘州"。

⑦ 注文"古"當作"胡"。《名義·水部》:"洨,胡交反。"兹據校改。

⑧ 注文"泥"當作"泜"。《説文·土部》:"坻,小渚也。汝,坻或从水、从夂。渚,坻或从水、从者。"《爾雅·釋水》:"小洲曰坻。"釋文:"坻,本又作泜,音同。"兹據校改。

⑨ "臬"及"臬"旁原作"具"。《廣韻·錫韻》古闃切:"湨,水名,在温縣。"

⑩ 字頭"澡"當作"濜"。《玉篇·水部》:"濜,渠致切。水名。"兹據校改。

⑪ 注文"屯"當作"頓"。《名義·水部》:"涃,苦頓反。"兹據校改。

⑫ 《廣雅·釋器》:"瀝、汓,酒也。"

⑬ 注文"古"當作"胡"。《名義·水部》:"涃,胡困反。"兹據校改。

洚古(胡)江反。也,逆也,潰也,下也。降字也。①

灨於甘(感)反。水大至。②

瀆餘刃反。水脉行地中。

潒徒當(黨)反。水也,洗也,流也,蕩也。③

盪蕩上字同。或作婸、愓、憅三形,同。遠也,廣也。土郎反。動也,普也,布也,縣也,置也,壞也。④

潚 潚潚 三形同作。肖也反。清深也,瀟也。⑤

汭而贅反。水涯也,水相入也。

潐子召、疾遥二反。盡也,小也,水名也。

湧瑜種反。盡也,水波騰涌也。涌字同。

涌上字同也。

汹洶二同字。吉恭反,平;又計共(許拱)反,上;水涌出皃。⑥

瀰洋二同。莫尔、莫啟二反。深也,滿也,盛也。

泙帛明反。谷名也。

瀗才見反。水至也,荐也,仍也,瀉也,荐。

漕直亦反。土得水沮也。

沴吕計反。害也,不利水也。⑦

渚止(之)己反。緒(渚)也,沚也,小渚也,小洲也。⑧

沚 沘 二上字。

渻所景反。減也,水門也。婼同。

滋子止(時)反。益也,長也,旨也,些也,蕃也,蒔也,液也。⑨

洇呼潰反。大潰(清)也。⑩

---

① 注文"古"當作"胡"。《名義·水部》:"洚,胡江反。"兹據校改。注文第一個"也"字前或有奪字,或衍。

② 注文"甘"當作"感"。《名義·水部》:"灨,於感反。"兹據校改。

③ 注文"當"當作"黨"。《名義·水部》:"潒,徒黨反。"兹據校改。

④ "普也,布也"似是"溥"字義。

⑤ 《名義·水部》:"潚,桑聊反。"《廣韻·蕭韻》:"潚,蘇彫切。"《廣韻·屋韻》:"潚,息逐切。"此反切下字疑誤。

⑥ 注文"計共"當作"許拱"。《玉篇·水部》:"洶,許拱切。"兹據校改。

⑦ 《說文·水部》:"沴,水不利也。"《玉篇》《名義》同《說文》,此處注文蓋倒。

⑧ 注文"止"當作"之","緒"當作"渚"。《名義·水部》:"渚,之己反。"《玉篇·水部》:"沚,小渚也。亦作渚。"兹據校改。

⑨ 注文"止"當作"時"。《名義·水部》:"滋,子時反。"兹據校改。

⑩ 注文"潰"當作"清"。《王一》《全王》《廣韻·隊韻》《名義》《玉篇·水部》:"洇,大清。"兹據校改。

氿居渚(洧)反。涯枯土,水漁也。①

湀口携反。聞(間)流泉也,通流也。②

漄烏革(華)反。小水也。窊、洼也。③

洐胡庚反。溝水也。④

淨古角反。夏有冬无,停泉也,乱也。

㷀㷀二上字。

灄力桓反。漏流也,沃也,漬也。

灣欒二上同字。烏還反,平;左加万支。⑤

潐止古(辝故)反。甕水也。楷字同。⑥

滋士裔反。水也,邊也,涯也。

沃洑三同字,在上。⑦

泭泭二同。疋遇(隅)反。桴也,筏也。⑧

溯在上。匕朋反。无機舟、徒濟流也,馮也。⑨

游汙字,游、斿皆同。⑩

洍於回反。没也,澳也。隈同。

灂須万(丙)反。吮也,歃(敊)。⑪

涑所革反。小雨露。⑫

霖止(字)私反。久雨也。顬同。⑬

---

① 注文"渚"當作"洧"。《玉篇·水部》:"氿,居洧切。"茲據校改。《説文·水部》:"水厓枯土也。《爾雅》曰:水醮曰氿。"

② 注文"聞"當作"間"。《名義·水部》:"湀,間流泉。"茲據校改。

③ 注文"革"當作"華"。《玉篇·水部》:"漄,烏華切。"茲據校改。《慧琳音義》卷十二"窪曲"條:"或作窊、洼,三體同。"

④ "庚"原作"康",本書反切下字"庚"常作"康",除《名義》外各書作"庚",此亦當是"庚"字。

⑤ 各本:"灣,烏還反,平;水廻(曲)也。佐加万支。"《集韻·桓韻》:"欒,或从樂。亦書作灤。"此處蓋"灣"與"灤"字混。左加万支(さかまき【逆巻き】)。

⑥ 注文"止古"當作"辝故"。《名義·水部》:"潐,辝故反。"茲據校改。

⑦ "在上"指本書已出"沃"字條,參見上文。

⑧ 注文"遇"當作"隅"。《名義·水部》:"泭,撫夫反、凶(疋)隅反。"茲據校改。

⑨ 上文未見"溯"字,此"在上"不詳。

⑩ "斿"蓋"游"字之省。

⑪ 注文"万"當作"丙","殹"當作"敊"。《原本玉篇·水部》:"灂,須酒、須丙二反。《説文》:歃敊也。一曰吮也。"茲據校改。"須万反"或是"篹"字倭音"さん"。

⑫ 《説文·水部》:"涑,小雨零皃。"段注改"零"作"霝"。《原本玉篇·水部》:"涑,《説文》:小雨落也。"此處注文"露"字疑誤,或當作"零","零"同"落"。

⑬ 注文"止"當作"字"。《原本玉篇·水部》:"霖,字私反。"茲據校改。

潅古(胡)郭反。淪(淪)也,雷(靁)下也,汙也。①

溦莫作(非)反。谷也,遏水也,小雨也,湄也。溦同。②

洡作罪反。雷震。

涵古沈(胡𥧴)反。涵也,水名,沈也,涵也。③

漮口角反。涫也,沾。④

渤里得反。散也,凝。⑤

瀺瓜毛(宅)反。水割去。⑥

汔計乞(許訖)反。涸也,危也,幾也,泣也,盡也。⑦

潗去及反。濕也,欲乾也。

汭仁九反。水吏,涅(濕)也,水也。⑧

泂乃見反。浻泂。⑨

洝於旦反。煩水也。

洏讓止(之)反。羹也,魚子也,涕也。腪、鮞,二同字。⑩

瀱耕艮(眼)反。淅也,洗也,汰也。⑪

灑止(思)累反。滑也。⑫

漅子召(紹)反。釃酒也,滲也。⑬

---

① 注文"古"當作"胡","淪"當作"淪","雷"當作"靁"。《原本玉篇·水部》:"潅,胡郭反。《韓詩》:潅,淪也。……《說文》:靁下兒也。"茲據校改。

② 注文"作"當作"非"。《原本玉篇·水部》:"溦,莫非反。"茲據校改。

③ 注文"古沈"當作"胡𥧴"。《原本玉篇·水部》:"涵,胡𥧴反。"茲據校改。《原本玉篇》引《說文》《全王·覃韻》(字頭誤作"涵")作"水澤名",今本《說文》《名義》《玉篇》等皆作"水澤多也","名"當作"多"。此處注文"水名"蓋"水澤名"之省。又兩處二"涵也",當衍一。

④ "涫"爲"漮"字之訛衍,《原本玉篇》"漮"字條注文"漮"亦誤作"涫"。

⑤ 《原本玉篇·水部》:"渤,理得反。《考工記》:石有時以渤,水有時以凝,有時以澤。鄭衆曰:謂石有時解散也。夏時盛暑太熱則然。《說文》:水凝合之理也。"

⑥ 注文"毛"當作"宅"。《原本玉篇·水部》:"瀺,瓜宅反。《說文》:水裂去也。"茲據校改。

⑦ 注文"計乞"當作"許訖"。《原本玉篇·水部》:"汔,許訖反。"茲據校改。

⑧ "水"下原有殘字作"🐦",有塗改,當爲"吏"字。注文"涅"當作"濕"。《原本玉篇·水部》:"汭,《說文》:水吏也。一曰隰(濕)也。"《說文·水部》:"汭,水吏也。又溫也。"桂馥義證:"又溫也者,溫當爲淵。《集韻》:汭,淵也。淵俗作濕,與溫形誤。汭別作涫《玉篇》:涫,淵也。"茲據校改。

⑨ 《廣韻·銑韻》乃殄切:"泂,浻泂。"《名義·水部》"泂"字字頭亦作"泂",二字當同。

⑩ 注文"止"當作"之"。《原本玉篇·水部》:"洏,讓之反。"茲據校改。《說文·魚部》:"鮞,魚子也。""洏"蓋通"鮞"。

⑪ 注文"艮"當作"眼"。《原本玉篇·水部》:"瀱,耕眼反。"茲據校改。

⑫ 注文"止"當作"思"。《原本玉篇·水部》:"灑,思累反。"茲據校改。

⑬ 注文"召"當作"紹"。《原本玉篇·水部》:"漅,子紹反。"茲據校改。

湑止(思)旅反。清也,浚也,渌也,美[兒],流也。①

洆弭充反。浚也,沈也。醯字。②

溋餘質反。溢字。饒也,静也,盛也,出也,溢也。亦鎰字,同。

濈且(俎)立反。和也,汗[出]也。胹同。③

㵽止(之)由反。帀也,匎也,周也。④

潗士留反。腹有水[氣],患也。⑤

汛止(思)見反。洒灑也,拂也,散也。⑥

滬胡古反。靈龜所出水。⑦

謝徐夜反。水出瞻諸之山,[注於]洛。⑧

潬止千反。□(沙)也。⑨

溥香胡反。滹也,池也,涯也,濟也。⑩

氻亡筆反。没也,藏也。

瀣古既(胡慨)反。常氣也,夜半氣。

溚口答反。依也,何。⑪

洷達溝(遘)反。水也,津。⑫

湢必棘反。洛(浴)也,驚涌水。⑬

淄潗二同。側沼(治)[反]。水也,水鏡也。⑭

----

① 注文"止"當作"思","美"下奪"兒"字。《原本玉篇‧水部》:"湑,思旅反。《埤蒼》:羮(美)兒也。《廣雅》:湑,瀘也。湑湑,流也。"《玉篇‧水部》:"湑,美兒。"茲據改補。

② "浚也"義《原本玉篇》無,疑涉上條"湑"字注文而衍。

③ 注文"且"當作"俎","汗"下奪"出"字。《原本玉篇‧水部》:"濈,俎立反。《埤蒼》:濈,汗出也。"茲據改補。

④ 注文"止"當作"之"。《名義‧水部》:"㵽,之由反。"茲據校改。

⑤ "水"下蓋奪"氣"字。《名義‧水部》:"潗,仕流反。腹中有水氣也,憂兒。"《説文‧水部》:"潗,腹中有水气也。"茲據校補。

⑥ 注文"止"當作"思"。《名義‧水部》:"汛,思見、所賣反。"茲據校改。

⑦ "胡古"原倒。《玉篇‧水部》:"滬,胡古切。"茲據乙正。

⑧ "洛"上蓋奪"注於"。《山海經‧中山經》:"又西三十里曰瞻諸之山,其陽多金,其陰多文石。謝水出焉,而東南流注于洛。"茲據校補。

⑨ 《名義‧水部》:"潬,徒亶反。"《廣韻‧旱韻》徒旱切:"潬,水中沙爲潬。今河陽縣南有中潬城。"此"止千反"當是倭音"せん",殘字暫據《廣韻》補作"沙"。

⑩ 《廣韻‧模韻》:"溥,溥池,水名。《周禮》作虖池。"按,即"溥沱"。

⑪ "溚"同"溘","溘"蓋通"盍"。《廣雅‧釋詁四》:"溘,依也。"《廣雅‧釋詁三》:"盍,何也。"

⑫ 注文"溝"當作"遘"。《名義‧水部》:"洷,達遘反。"茲據校改。

⑬ 注文"洛"當作"浴"。《名義‧水部》:"湢,浴也。"《禮記‧内則》:"外内不共井,不共湢浴。"鄭玄注:"湢,浴室也。"茲據校改。

⑭ 注文"沼"當作"治","沼"下奪"反"字。《名義‧水部》:"淄,側治反。"茲據改補。《水經注‧淄水》:"田巴入齊,過淄自鏡。"蓋即此"水鏡"所本。

瀛 与生、以成二反。池澤中也,海。

灛 呼狄反。沭也,地名也,恐虜(遽)也。①

瀆 禺(遇)俱反。水名也。②

澴 古官(胡館)反。漫澴,不可知。③

浤 子此反。水,出長沙。

漋 夫(扶)龍反。池也,澤也。④

潪 徒憤反。漬也,濡。

溏 達唐反。池也,淖也。

淅 桑激反。汏也,洗。

渫 以世反。菡(葱)也,殊加也。⑤

浧 於光(晃)反。水,出苦。⑥

浰 力計反。訖也,瀬也。⑦

潭 呼韋(違)反。渴也。揮字也。⑧

濂 巨庶反。乾也。

蔼 乙烈(例)反。微也,清也。堨字。⑨

洗 牛(呼)光反。人名也。⑩

泑 古(胡)甘反。或也,轉。⑪

滉 平具(俱)反。水。⑫

---

① 注文"虜"當作"遽"。《方言》卷十:"灛沭、征伀,遑遽也。江湘之間凡窘猝怖遽謂之灛沭,或謂之征伀"茲據補改。"地名"指"江湘之間"。

② 注文"禺"當作"遇"。《名義·水部》:"瀆,遇俱反。"茲據校改。

③ 注文"古官"當作"胡館"。《名義·水部》:"澴,胡館反。"茲據校改。

④ 注文"夫"當作"扶"。《名義·水部》:"漋,扶龍反。"茲據校改。

⑤ 注文"菡"當作"葱"。《禮記·曲禮上》:"葱渫處末。"鄭玄注:"渫,蒸葱也。言末者,殊加也。""渫"爲"漢"的避諱字。茲據校改。

⑥ 注文"光"當作"晃"。《名義·水部》:"浧,於晃反。水名。"茲據校改。"浧"當是"洭"的俗字。《集韻·蕩韻》鄔晃切:"洭,一曰:水名,在譙郡。""苦"蓋即"苦縣"。

⑦ 《名義·水部》:"浰,下瀬。"呂校:"《上林賦》:'浰浰下瀬。'司馬彪曰:'浰浰,水聲也。'《名義》'下瀬'爲引證之誤省。"此同。

⑧ 注文"韋"當作"違"。《名義·水部》:"潭,呼違反。渴也。"茲據校改。"渴"同"竭"。

⑨ 注文"烈"當作"例"。《名義·水部》:"蔼,乙例反。"茲據校改。《廣韻·泰韻》:"蔼,覆也,清也,微也。《説文》:蓋也。"《新撰字鏡·土部》:"堨,烏葛反,入;清也,擁堨也,埃也。"

⑩ 注文"牛"當作"呼"。《名義·水部》:"洗,呼光反。"茲據校改。《王一》《全王·唐韻》:"洗,韓意子名。"

⑪ 注文"古"當作"胡"。《名義·水部》:"泑,胡甘反。"茲據校改。《方言》卷十:"泑,或也。沅澧之間凡言或如此者曰泑如是。"郭璞注:"此亦憨聲之轉耳。"

⑫ 注文"具"當作"俱"。《名義·水部》:"滉,附俱反。"茲據校改。

瀐汗廢反。濡也,汪也,多水也,濁也。

㳖丑宗(崇)反。淙。①

澴古肙(胡涓)反。涓流皃。②

㴴上字。

沰達各反。適(擿)也,硊也,落也,赭也。③

㶝力央(盎)反。水也。④

浧弋井反。渥也,㵕。

泟九兄(況)反。往也。⑤

濶亡本反。懣也,患也。潤字同。⑥

㴉示(子)盈反。水名也。⑦

濋初旅反。水也。

洣莫礼反。水。

瀹餘灼反。水也。

洓山吏反。水也。⑧

㴬莫高反。水也。

涀古(胡)見反。水。⑨

𤅬[illegible]二同。甫(補)堅反。水。⑩

潥力悌反。適(滴)也。⑪

浱(溗)止(時)升反。淩也,波相踰。⑫

---

① 注文“宗”當作“崇”。《名義·水部》:“㳖,丑崇反。”茲據校改。

② 注文“古肙”當作“胡涓”。《名義·水部》:“澴,胡涓反。”茲據校改。

③ 注文“適”當作“擿”。《廣雅·釋言》:“磓、沰,硊也。”王念孫疏證:“卷四云:石、搥,擿也。磓,伐也。石、沰、搥、硊、擿、磓,聲義並相近。”茲據校改。又《集韻·鐸韻》:“沰,滴也。”此處注文“適”或當作“滴”(參見下文“潥”字條,注文“滴”誤作“適”)。

④ 注文“央”當作“盎”。《名義·水部》:“㶝,力盎反。”茲據校改。

⑤ 注文“兄”當作“況”。《名義·水部》:“泟,九況反。”茲據校改。

⑥ “濶”當同“悶”。《説文·心部》:“悶,懣也。”《説文·心部》“患”字古文作“悶”,“悶”蓋與“悶”相混,故此處有“患”義。《玉篇·水部》:“濶,又音閔。”此“潤”疑即“音閔”之“閔”,言此二字爲異體則未見書證。

⑦ 注文“示”當作“子”。《名義·水部》:“㴉,子盈反。”茲據校改。

⑧《集韻·志韻》:“洓,水名,在河南。或从吏。”《名義》《玉篇》《切韻》《廣韻》等皆作“洓”。

⑨ 注文“古”當作“胡”。《名義·水部》:“涀,胡見反。”茲據校改。

⑩ 注文“甫”當作“補”。《名義·水部》:“𤅬,補堅反。”茲據校改。

⑪ 注文“適”當作“滴”。《玉篇·水部》:“潥,滴也。”茲據校改。

⑫ 字頭“浱”當作“溗”,注文“止”當作“時”。《名義·水部》:“溗,時升反。”《廣韻·蒸韻》食陵切:“溗,波前後相淩也。”茲據校改。

潪止(匹)至反。敗皃。①

浮力拙反。泉也。浮字也。

溥徒桓反。露零多盛。②

瀸餘廉反。進也，餕也，汙乱也。

瀨力活反。酹也。

澟力甚反。寒也，霜露凄凄也。

涎囚仙反。口液也，欲也。

泉似緣反。古文泉字。

瀀伊宇反。古文幽字。隱也，深也，闇也。③

涅(涅)恥京反。握也，二染也。④

溷公□(困)反。水名。⑤

洰丑涉反。漣(涉)也。⑥

浹示枼(子葉)反。水名。⑦

瀰力仙反。洗(沇)也，沛也，水名。⑧

漧苦乾反。燥也。

浦口(閒)章反。梁也，橋也。⑨

濚猗權反。沅(沈)濚，江海通也，重泉也。⑩

蓼旅鳥反。瀯瀎，川(水)清也，小水也。⑪

汝餘周反。

潾力人反。波皃。

---

① 反切上字"止"當作"匹"。《玉篇·水部》："潪，匹至切。"《廣韻·至韻》："潪，匹備切。"《名義》反切上字誤同此。茲據校改。

② 字頭原作"溙"。

③ 《廣韻·幽韻》："幽，於虯切。""伊宇反"當是倭音"いう"，今音"ゆう"，同。

④ 字頭"涅"當作"涅"。《玉篇·水部》："涅，恥京切。赤也。亦作經。"《爾雅·釋器》："一染謂之縓，再染謂之赬，三染謂之纁。""赬"同"經"。茲據校改。"握也"俟考。

⑤ "公"下一字殘。《名義·水部》："溷，公困反。"茲據校補。

⑥ 注文"漣"當作"涉"。《玉篇·水部》："洰，洰涉，縈有水。"茲據校改。

⑦ 注文"示枼"當作"子葉"。《名義·水部》："浹，子葉反。"茲據校改。

⑧ 注文"洗"當作"沇"。《山海經·北山經》："又北百里，曰王屋之山，是多石。瀰水出焉，而西北流注于泰澤。"郭璞注："瀰、沇聲相近，殆一水耳。"茲據校改。《集韻·獮韻》："瀰，水名。《山海經》：王屋之山，瀰水出焉。即濟水。""沛"同"濟"。

⑨ 注文"口"當作"閒"。《名義·水部》："浦，閒章反。"茲據校改。

⑩ 注文"沅"當作"沈"。《文選·左思〈吳都賦〉》："泓澄奫潫，㴓溶沈濚。"李善注："奫潫，迴復之貌。皆水深廣闊也。"茲據校改。《名義·水部》："濚，下接重泉也。"

⑪ 注文"川"當作"水"。《廣韻·篠韻》："蓼，水清，又小水也。"茲據校改。

圝烏還反。圝潫。①

灘都安反。涒灘。②

灓路官反。水名也。

澪利丁反。落也。③

濴於榮反。濚也,小水。

澋火容反。澋□(瀫),水擊皃。④

潔結音。深(粢)豐盛也,猶清也。絜字。⑤

塗余(涂)同。達胡反。落(路)也,泥也,陷也,道也。⑥

染西(而)琰反,去,又上;濯也。⑦

浮符尤反。漂也,游也,水也,輕也,行也,□(過)也,虚也,氾也。⑧

潤而順、如舜二反,去;濕也,澤也,餝也,益也,瀆也,利也,落也。

海𣲗同。香改反,□(上);晦也,其水黑如晦也。⑨

涅如(奴)計反。塗也。⑩

津子隣反,平;閏(潤)也,液也,梁也,因也。⑪

𣳢上字。

液〔涴〕烏卧反。濕也。又夷石反,□(入);津也,汙也。豆波支。⑫

汀粉丁反。平也,渚也,洲也。又他定反,去。

歟羊吕反,上;語助也。⑬

---

① "圝"字原作"洇"。《集韻·刪韻》烏關切:"圝,圝潫,水勢回旋皃。"

②《龍龕·水部》:"灘,正。潡,或作。"

③《廣韻·青韻》:"零,落也。"此"澪"當通"零"。

④ "澋"下一字殘。《集韻·怪韻》:"瀫,澋瀫,水相激聲。"《文選·郭璞〈江賦〉》:"㶌瀷澋瀫。"李善注:"皆水勢相激洶湧之貌。"茲據校補。

⑤ 注文"深"當作"粢"。《左傳·桓公六年》:"奉盛以告曰:'絜粢丰盛。'謂其三時不害而民和年豐也。"茲據校改。

⑥ 注文"余"當作"涂","落"當作"路"。《新撰字鏡·水部》:"涂,塗也。"《集韻·麻韻》:"塗,或省。"《説文·水部》:"涂,水。"段玉裁注:"按,古道塗、塗塈字皆作涂。"《名義·土部》《廣韻·模韻》:"塗,路也。"茲據校改。

⑦ 注文"西"當作"而"。《廣韻·琰韻》:"染,而琰切。"茲據校改。

⑧ "行也"之下一字殘,似"過"。注文"虚"原有"氵"旁。《名義·水部》:"浮,汎水上也,行也,過也,輕也,漂也,氾也。"《王一》《全王·尤韻》:"浮,虚也。"茲據補刪。

⑨《釋名·釋水》:"海,晦也。主承穢濁,其水黑如晦也。"

⑩ 注文"如"當作"奴"。《廣韻·霽韻》:"涅,奴計切。"茲據校改。

⑪ 注文"閏"當作"潤"。《玉篇·水部》:"津,潤也。"茲據校改。

⑫《廣韻·過韻》烏卧切:"涴,泥著物也。亦作污。"此相混。豆波支(つばき【唾】)。

⑬ 字頭原作"歟"。

潝□音。浪也,浚也,深也。諡,上字也。①

瀏言桀反,入;議也,疑也。

濮甫(補)六反,入;彭也,國名也,水名也。②

瀵不尒反。大山(出)尾也,水注尾下。尾者,㲋(猶)底也。无源也,傁(浸)也,漬,上字。③

灘力支反。水滲入地也。

潙遠(蓮)支反,平;水名,出新陽。④

泓泓二同。烏横反,平;水淳也,水深也。

溉哉音。水名。

濿力世反,去;渡水也,涉也,褌也。脱衣涉曰濿,褰衣曰揭。⑤

淒**㴃**二形作。初兩反,上;淨也,冷也。

溙溙二形。莫朗反,上;沈也,平也,廣大皃。

瀛以成反,平;大海也。

瀛累乗(垂)反。海中三山名,又楚人池曰瀛也。⑥

淅力見反,去;水疾流也。

澤尊誅反,上;汁漬也,下濕也。

潴陟魚反,平;水所淳曰潴,又都也。⑦

汥〔歧〕去智反,去;傾也,派也。⑧

瀅烏定反,去;水清皃也。

澆巨仰反。漜(嗒)也,塞口不得言也,溢也,漬米也,浚也,溢也。⑨

---

① “音”上殘字疑是“孟”。“浪也”當指“孟浪”,此字頭疑是“孟”涉“浪”字類化而增旁。“浚也,深也”
　疑是“溢”字義。《廣雅·釋詁二》:“浚,溢也。”

② 注文“甫”當作“補”。《名義·水部》:“濮,補禄反。”兹據校改。《集韻·屋韻》:“㲋,彭、㲋,蠻夷國
　名。或作㲋,通作濮。”《尚書·牧誓》:“及庸、蜀、羌、髳、微、盧、彭、濮人。”

③ 注文“山”當作“出”,“㲋”當作“猶”,“傁”當作“浸”。《原本玉篇·水部》:“瀵,甫問反。《爾雅》:瀵,
　大出尾下。……《説文》:水浸也。”今本《爾雅·釋水》:“瀵,大出尾下。”郭璞注:“瀵,猶底也。”兹
　據校改。“不尒反”當是倭音“ふん”。《淮南子·覽冥訓》:“受瀵而無源也。”“漬”字不詳。

④ 注文“遠”當作“蓮”。P.3696、《切三》《裴韻》《全王》《廣韻·支韻》:“潙,蓮支反。”兹據校改。

⑤ 《爾雅·釋水》:“以衣涉水爲厲。”郝懿行義疏:“衣謂褌。”

⑥ 注文“乗”當作“垂”。《慧琳音義》卷八“嬴劣”條:“上力垂反。”“瀛”以“嬴”爲聲。兹據校改。晋
　王嘉《拾遺記·高辛》:“三壺則海中三山也。一曰方壺,則方丈也;二曰蓬壺,則蓬萊也;三曰瀛
　壺,則瀛洲也。形如壺器。”《楚辭·招魂》:“倚沼畦瀛兮。”王逸注:“瀛,池中也。楚人名池澤中
　曰瀛。”《新撰字鏡·嬴部》:“瀛瀛,二字。有(在)水部。”

⑦ 《名義·水部》:“潴,水中所停也。”“淳”同“停”。

⑧ 《廣韻·寘韻》去智切:“歧,傾也。”《廣韻·寘韻》奇寄切:“汥,水庋。”《廣韻·卦韻》:“派,分流也。”
　“水庋”與“分流”義近。

⑨ 注文“漜”當作“嗒”。《説文·口部》:“嗒,口閉也。”與“塞口不得言”義同。兹據校改。但此二義
　非“澆”字釋義,俟考。

涅〔涅〕奴結反。黑泥也。又呼德反。黑豆知。①

淜 文筆反，入；泊，水勢。②

洊 在見反，去；舟止之皃，來也，至也，沸也。③

潷〔潷〕卑吉反，入；沸，水皃。寒風也。泉出皃。④

淆 古予(胡茅)反，平；混也，濁也。⑤

湲 湲二形作。王員反，平；水潺也，小水聲也。

濫〔灆〕力敢、下減二反，上；惡也，進也，乱也，盗也，濁也，臨也，貪也，泉也，觀也。⑥

潊 囚与反。浦也。

溫〔汝〕水聲也。烏孫[反]，土(平)；如也，若也，尓也，黏也，柔皃，良也，安祥也，尋也。⑦

汚 許交、許要二反。凹也。久保，又久保加尓。⑧

汝 乍与、恥餘二反，上；乱也，如也，若也，尓也。⑨

凝 語侯、語應二反，上；成，水澄也。⑩

泚 七礼、七移二反，上；水道曰泚，川也，清也，測也，廣(度)也，明也，水清淺也。⑪

瀢 属内、力累二反。河水濤也，河之波也。

澗 古晏反，去；磵，同字。淺谷也。保良。⑫

湄 美悲反。水澄也。波万，又伊曽。⑬

---

① S.6013、《裴韻》《全王·德韻》呼德反："涅，水名，在雍州。"《廣韻·屑韻》奴結切："涅，又水中黑土。"黑豆知(くろ【黑】つち【土·地】)。

② 此字從水弼聲，疑是"弼"的增旁俗字。

③ "舟止之皃""沸也"俟考。

④ 《廣韻·質韻》："潷，潷沸，泉出皃。"《切韻》"泉出皃"皆作"水皃"。又《裴韻》《全王》《唐韻·質韻》《說文·欠部》："潷，風寒。"《廣韻·質韻》："潷，寒風。""潷""潷"《名義》已混爲一條。《名義·水部》："潷，泉也，寒風。"

⑤ 注文"古予"當作"胡茅"。《廣韻·肴韻》："淆，胡茅切。"茲據校改。

⑥ "進也"爲"灆"字義，"臨也""觀也"爲"監"字義。《廣韻·鹽韻》："灆，進也。"《說文·臥部》："監，臨下也。"《國語·周語上》："使永監焉。"韋昭注："監，觀也。"

⑦ "孫"下奪"反"字，注文"土"當作"平"。《廣韻·魂韻》："溫，烏渾切。""孫"爲魂韻字，"土"似是"上"字之誤，但此音爲平聲。茲據補改。"水聲也"不詳，且在反切之前，疑是上"湲"字條注文而誤抄於此。《新撰字鏡·水部》："汝，如也，若也，尓也。"《名義·水部》："汝，尓也，黏也，女也。"或是下"汝"字條注誤抄於此。

⑧ 後一反切不詳。久保(くぼ【凹·窪】)，又久保加尓(くぼか【凹か·窪か】に)。

⑨ 前一反切當是倭音"じょ"。後一反切及注文"乱也"俟考。

⑩ 字頭原從"氵"。"語侯反"當是倭音"ぎょう"。

⑪ 注文"廣"當作"度"。《廣雅·釋詁一》："泚，度也。"茲據校改。

⑫ "淺谷也"各本作"谷深曰谷，淺曰澗"。保良(ほら【洞】)。

⑬ 波万(はま【浜】)，又伊曽(いそ【磯】)。

薄〔榑〕扶字古文。扶音。迫也,相附也,盡也,竭也,未足也。①

渚之与反。小洲也,止也,居也,嶋也。

滮房由反。水流之皃,池水流曰滮。浟字也。

濡濡同作。而朱反,平;濕也,潤也,沾也。

泠力命反,平;寒也,清冷水也。②

溮力計、力至二反。水聲也,視也,臨也。③

盥古段反。水器也,洗手之水也。④

瀛𥊆二上字。𣵠字者作可,誤。

瀏良周反,平;水澄也。又力久反,上;清深也,疾風也。

滯𣾷字同。直屬反,云(去);淹也,廢也,正(止)也,久,留也,㝵也,障也,蟄也。⑤

濠古(胡)交反。梁也,水在溝曰濠。⑥

油以由反,平;春雲潤澤万物曰油,悦也,敬皃,水也,雲行也,流也。⑦

頒胡動反。[潩]溶沆溢(瀁),大也,水銀滓也。⑧

溶餘封反,平,又上;水大溢之皃。

瀑浦報反。疾雨也,甚雨也。又蒲木反,入;[瀑]布,水也。荒支水,又水益留。⑨

溪芥奚反。潤(澗)也,谿也。又芥子、古利二反。太尓佐波。⑩

湫子由反,上;濕也,潤也,龍也。太支。⑪

漲陟良反。汎溢也,水盛,流水皃,張也。

混土魂反。水廣大之皃,溢也,滿也。

---

① "扶字古文。扶音"疑指"榑"字,"榑桑"即"扶桑"。

② 《廣韻·青韻》:"泠,郎丁切。"此"命"爲去聲,當是倭音"りょう"。

③ 《廣韻·至韻》:"溮,溮溮,水聲。"

④ 字頭原作"𣵠"。《玄應音義》卷一"盥掌"條:"經文有更從水作盥,非也。"

⑤ 注文"云"當作"去","正"當作"止"。此音爲去聲,《廣韻·祭韻》:"滯,止也。"茲據校改。《原本玉篇·水部》:"滯,又曰:氣不沈滯。賈逵曰:滯,止也。又曰:敢告滯積。賈逵曰:滯,久也。《楚辞》:淹洄水而疑滯。王逸曰:滯,留也。""久,留"爲二義。"㝵"同"礙"。

⑥ 注文"古"當作"胡"。《廣韻·豪韻》:"濠,胡刀切。"茲據校改。

⑦ 《慧琳音義》卷二十三"油雲被八方"條:"《孟子》曰:天油然興雲,沛然下雨,則苗浡然而長也。《毛詩音義》曰:油雲,春雲也。言能潤澤萬物也。"

⑧ "溶"上省"頒"字,注文"溢"當作"瀁"。《文選·左思〈吳都賦〉》:"頒溶沆瀁。"茲據補改。

⑨ 《切三·屋韻》:"瀑,瀑布,水。"《裴韻·屋韻》:"瀑,瀑布,水名。"《全王·屋韻》:"瀑,瀑布,懸水。"《廣韻·屋韻》:"瀑,瀑布,水流下也。"注文"布"前蓋省字頭"瀑"字。各本作"阿女佐加利尓不留(あめ【雨】さかり【盛り】にふる【降る】),又阿良支水(あらき【荒き】みず【水】)"。此義略同。荒支水(あらき【荒き】みず【水】),又水益留(みず【水】あふれる【溢】)。

⑩ 注文"潤"當作"澗"。《玉篇·水部》:"溪,溪澗。"茲據校改。又音不詳。太尓佐波(たに【谷·溪·谿】さわ【沢】)。

⑪ 此"上"字不詳,《廣韻》雖有上聲音,但此反切爲平聲。太支(たき【滝】)也。

潒許章、寺尚二反，平；水聲也。佐女久，又保女久，止止呂久。①

馮扶雄反。誂（洮）也，恃也，又姓也。②

汾**汸**二形作。房文反，平；水聲也，波激之聲。

洼烏佳反，平；水名，深也，天馬所出也。③

瀆父文反，平；水涯也。水支波，又伊曽，又波万。④

派食輪反。瀆同。⑤

澶時然反，平；泓也，漺也，田也。布知。⑥

沉〔沈〕胡郎（朗）反，上；水廣盛之皃。又治侵反，平；水流聲。⑦

湃芳階反。波相戰皃。

潝許及反。水流急之皃。

濊**澉澱**濊四形作。卒（呼）外、於肺二反，去；水流勢。又呼括反，入；佐女久，又保女久。⑧

灝古禫、古坎二反。水廣博之皃，又水［无］厓際之皃，又又煮豆之計（汁）也。⑨

澌息易反。終也，竭也，究也，盡也，終究也。⑩

渇口易（遏）反，入；㵒水也，涸也，盡也。⑪

溟溟二形作。模丁反，平；遠玄之皃，邃闇也，溟海也。

瀤胡鬼反。沙石随於水流之皃。又以水反。魚入水皃。

湏雨分反，平；相違之皃，參差相次也。

---

① “潒”同“湯”，《廣韻》有“式羊切”。佐女久（さめく），又保女久（ほめく【轟く】），止止呂久（とどろく【轟く】）。“さめく”同“ざわめく【騒めく】”。

② 《干禄字書》：“馮馮，上俗下正。”注文“誂”當作“洮”。《楚辭·天問》：“馮洮利決。”王逸注：“馮，挾也。洮，弓名也。”茲據校改。

③ 《漢書·武帝紀》：“六月，得寶鼎后土祠旁。秋，馬生渥洼水中。作寶鼎、天馬之歌。”《史記·樂書》：“又嘗得神馬渥洼水中，復次以爲《太一之歌》。”

④ 水支波（みずぎわ【水際】），又伊曽（いそ【磯】），又波万（はま【浜】）。

⑤ 《集韻·諄韻》：“湏，《說文》：水厓也。或省。”《說文·水部》：“瀆，水厓也。”此二字義同音不同，此“瀆同”或指義同。各本“瀆”字注“派也，水涯也”。

⑥ “田”字《師説抄》、狩谷疑當作“回”，濱臣疑當作“洄”。今疑當作“困（淵）”。《説文·水部》：“澶，澶淵，水，在宋。”《説文·水部》：“淵，回水也。困，古文从口、水。”布知（ふち【淵·潭】）。

⑦ 注文“郎”當作“朗”。《廣韻·蕩韻》：“沉，胡朗切。”《廣韻》雖亦有平聲“胡郎切”，但此當是上聲。茲據校改。又“治侵反”蓋爲“沈”字音。《廣韻·侵韻》：“沈，直深切。”《漢書·司馬相如傳上》：“滂濞沆溉。”師古引郭璞注：“皆水流聲貌。”

⑧ 注文“卒”當作“呼”。《廣韻·豪韻》：“濊，呼會切。”“呼外反”與“呼會切”音同。茲據校改。佐女久（さめく），又保女久（ほめく【轟く】）。“さめく”同“ざわめく【騒めく】”。

⑨ “厓”上奪“无”字，注文“計”當作“汁”。《文選·司馬相如〈上林賦〉》：“然後灝溔潢漾。”李善引郭璞曰：“皆水無涯際貌也。”《原本玉篇·水部》：“灝，煮豆汁。”今本《説文》無“煮”字。茲據補改。

⑩ 字頭原誤作“㳲”。

⑪ 注文“易”當作“遏”。《原本玉篇·水部》：“渴，口遏反。”茲據校改。“㵒”字疑是“㵏”字。

洈魚爲反,平;水别也。知万太。①

漣力近(延)反,平;風行而成水文之皃,漪也。②

渒淠二形作。芳閇反。動也,水流之皃,衆也,浮也。

滄麁藏反,平;渤澥也,滄海,大海名也。

漲敇張反。腹滿也,溢也。③

浟以洲反。水流也,順流曰㴉(浟)也。

⿰氵覺五各反。水聲也,水相擊作聲。④

濘仁讓、泥戾二反,去;流之皃,水消也,澄也,泥也。

⿰氵剅天豆、无返二反。魚祖也,名沙露處也,水淺處也。⑤

涓古玄反,平;小流也,繪(澮)也。⑥

湮洇字同。於仁反,平;没也。

⿰氵孫溴谷河也。⑦

洙汁物。

⿰氵膏甘物。

⿰氵嘉溠⿰氵嘉也,堤下也。

⿱瀧土力奉反。涂也。

淥。

浩。

淣。

漉。

淩力應反。歷也,□也。

二水部第六十六⑧

五十六字

沝止(之)水反。二水也。⑨

---

① "水别也"疑是"汜"或"沱"字義。《説文·水部》:"汜,水别復入水也。"《説文·水部》:"沱,江别流也。"知万太(ちまた【岐・巷・衢】)。

② 注文"近"當作"延"。《廣韻·豪韻》:"漣,力延切。"兹據校改。

③ 《名義·水部》:"脹,腹滿也。""漲"通"脹"。

④ 反切不詳。《集韻·巧韻》古巧切:"⿰氵覺,撓水聲。"《廣韻·鐸韻》五各切:"⿰氵咢,水名。"

⑤ 此條不詳。"天"旁有"无欤"二字。"返"或當作"匹"。"名"或當在"祖"下。

⑥ 注文"繪"當作"澮"。《文選·郭璞〈江賦〉》:"商推涓澮。"李善注:"涓澮,小流也。"兹據校改。

⑦ 此條至部末諸條多不詳。

⑧ 二水部即"冫部"。

⑨ 注文"止"當作"之"。《名義·沝部》:"沝,之水反。"兹據校改。

㴒力周反。水行也,突也。①

㴔視枼(葉)反。涉也。②

仌二水字樣。鄙矜反。陰□(始)凝也,凍也。脂也,脂膏也。③

氷三才　昌烡五形。氷字。又魚膺反。

癛力甚反。寒也。亦從三水。

清且凈反。寒也。

澌斯奚反。澌(澌)〔作〕。解氷也,流水(氷)也。④

測上古文。⑤

凍𦙾二同。都〔洞〕反。水(氷)也。⑥

𡫏凌二同。力承反。氷室也。

凌上同。

滕凌(凌)字。⑦

凋丁聊反。傷也,弊也。彫字。

冬都農反。終也。古作終。

𡴥上古文。

冶餘赭反。銷也。祢也須也。⑧

活胡括反。冶生也。又祜字也。⑨

凜渠錦反。寒也。

冷力鼎反。寒也。

泂胡炯反。冷也。

淞相龍反。凍落。

凓力質反。寒兒,冽也。亦㵸字。

冽力滅反。亦洌字也。

---

① 《説文·㳫部》:"㴒,水行也。从㳫、㐬。㐬,突忽也。流,篆文从水。"此"突也"蓋本"㐬,突忽也"。

② 注文"枼"當作"葉"。《名義·㳫部》:"㴔,視葉反。"茲據校改。

③ "陰"下一字殘,"凝"下原有二"也"字。《易·坤卦》:"履霜堅冰,陰始凝也。"《字鏡》僅一"也"字。茲據補删。《爾雅·釋器》:"冰,脂也。"郭璞注:"《莊子》云:'肌膚若冰雪。'冰雪,脂膏也。"

④ 注文"澌"當作"澌",下奪"作"字,"水"當作"氷"。《字鏡·二水篇》:"澌,澌作。流水(氷),解氷也。"《説文·仌部》:"澌,流仌也。""仌"同"氷"。茲據改補。

⑤ 字頭原作"𦙾",《名義》作"淵",此處據《玉篇》作"測"。

⑥ "都"下奪"洞"字,注文"水"當作"氷"。《字鏡·二水篇》:"凍,都洞反。𦙾作。氷也。"《名義·冫部》:"凍,都洞反。"茲據補改。此異體亦當從《字鏡》作"𦙾"。

⑦ 注文"凌"當作"凌"。《説文·仌部》:"滕,仌出也。凌,滕或从夌。"茲據校改。

⑧ 祢也須(ねやす【錬す】)也。

⑨ 《名義·冫部》:"活,生也。""活"當同"活"。此處注文"冶"疑"活"字之誤。

浹胡剌（頰）反。渫也。①

渫徒頰反。浹渫,凍相著也。

漼似向（回）反。澄也。②

澄魚哀反。霜雪皃。

皚字同。

徑 溰二同。渠井反。寒皃。

准之允反。在佳部。

凝魚膺反。成也,止也。冰也。

况詡誆反。"良明（朋）况也"。況,滋也,長歎也,善也,益也。③

沽勾胡反。買也。加布也。④

決古穴反。清（潰）也,已（汜）也,勇。亦決（決）。⑤

滄亦滄,在三水部。

凄七甈反,平;寒。

凉涼二凉（涼）字。呂張反,平;秋氣也。⑥

凔七對反,平;寒狀也。

淨楚聲反。冷也。

泮普半反,去;水（冰）散也。⑦

洛下各反,入;澤,水（冰）。⑧

澤徒落反,入;《楚辞》云:"冬冰之洛澤。"⑨

淰乃感反,上。

減臧字,在戈部。

凴憑同字,見三水部。

減減減減字,在三水部。

潔潔字,在三水部。

冲。

---

① 注文"剌"當作"頰"。《玉篇·冫部》:"浹,胡頰切。"茲據校改。

② 注文"向"當作"回"。《玉篇·冫部》:"漼,昨回切。"《名義·冫部》:"漼,似曰（回）反。"茲據校改。

③ 注文"明"當作"朋"。《詩·小雅·常棣》:"每有良朋,况也永歎。"毛傳:"况,茲。"茲據校改。

④ 加布（かう【買う】)也。

⑤ 注文"清"當作"潰","已"當作"汜","決"當作"決"。《玄應音義》卷九"自潰"條:《蒼頡篇》:潰,旁決也。"《爾雅·釋水》:"決復入爲汜。"《玉篇·冫部》:"決,俗決字。"茲據校改。《玉篇·力部》:"勇,果決也。"

⑥ 注文"凉"當作"涼"。《玉篇·冫部》:"凉,俗涼字。"茲據校改。

⑦ 注文"水"當作"冰"。《廣韻·換韻》:"泮,冰散。""冰"同"冰"。茲據校改。

⑧ 注文"水"當作"冰"。《廣韻·鐸韻》:"洛,洛澤,冰皃。""冰"同"冰"。茲據校改。

⑨ 《楚辭·九思·憫上》:"冰凍兮洛澤。"

金部第六十七

四百冊字

金居陰反，平；禁也。

釒上文。

鉢甫(補)活反，入；飯器也。[①]

銚鉇二形同。徒弔、余招二反，去；銷謂之銚，溫器。

鐎上字古文。

鍺他市反，入；以金銀有所覆冒也。

釤所鑒反。大鐮也。

鏇四(囚)絹反。謂以繩規物者也，圓鑪也。[②]

鋘胡瓜反。古作梨(茉)。加良須支。鈇。[③]

鈇府于反。鋘也，莖(莝)刃也，亦橫斧也，鉞也。万佐加利。[④]

銼鑪上才戈反，又昨木[反]，入；下力戈反。二字。小釜，亦□(土)釜。[⑤]

鍑銄上字同。上於胡反。下餘六反，入；溫器也。[⑥]

鈷鏷鑮二同作。莫補反，上。[⑦]

銅鑭(鏷)已上七字比(皆)土釜也。[⑧]

鎦鏅二同。力牛反。劉也，硫也，殺也。

錙錙三形同作。側飢反。銖六則錘，二錘則錙，二[錙]則兩也。[⑨]

---

① 注文“甫”當作“補”。《名義·水部》：“鉢，補活反。”茲據校改。

② 注文“四”當作“囚”。《玄應音義》卷十五“鏇師”條：“囚絹反。”茲據校改。

③ 注文“梨”當作“茉”。《玄應音義》卷十一“若鏵”條：“古文茉。或作鋘，同。”茲據校改。加良須支(からすき【唐鋤·犁】)。

④ 注文“莖”當作“莝”。《玄應音義》卷十六“鋘鈇”條：“下府于反。莝刃也。亦橫斧也。”茲據校改。万佐加利(まさかり【鉞】)。

⑤ 注文“木”下奪“反”字，“亦”下殘。《廣韻·屋韻》：“銼，昨木切。”《玄應音義》卷十六“銼鑪”條：“《聲類》：小釜也。亦土釜也。”茲據校補。

⑥ 《玄應音義》卷十三“鍑銄”條：“《廣雅》：鍑銄謂之銼鑪。亦云銅鏷也。”此“上字同”指“鍑銄謂之銼鑪”。

⑦ 《玄應音義》卷十三“鍑銄”條：“或作鍑鏷，或作鎰鏷，或作鈷鏷。”

⑧ “已上七字”當指“銼鑪、鍑銄、鈷鏷、銅”，此處“鑭”字疑當作“鏷”，故不計入字數。《玄應音義》卷十三“鍑銄”條：“亦云銅鏷也。”

⑨ 注文“二”下奪“錙”字。《玄應音義》卷二十“錙銖”條：“《風俗通》曰：銖六則錘，二錘則錙，二錙則兩也。”茲據校補。此云“三形同作”，蓋奪一形。

鐓徒寸(對)、市均二反。矛戟秘下銅。①

錞上字。

釭又作軖。古紅反。轂口鐵也，燈也。毛地。②

鐧歌鴈反。車軸鐵也，又鐥也。

鉏仕於反。鋙也。須支。③

鋪普胡反，去；遍也，陳也，舒也，設也。加太比良，又己无。④

鍑方目、[甫]救二反，去；比良加奈戶，又古加奈戶。⑤

鉉胡犬反，上；繫也，鼎耳也。

銳羊稅、羊芮二反。利也，芒也，精也。倭世伊反。狀敏也，銛也，速疾也。又江伊反。⑥

鍾止容反，平；鈴也，聚也，酒器也。

鉋蒲貌反，平；書无此字。鉋刷也。宜作掊、抱、捊三形。己天。⑦

鋙魚舉反，上；齒不相值也。⑧

鏑丁狄反，入；箭鏃。矢佐支。⑨

鍱弋涉、常葉二反。鐷也，鉤孔廣鐵。

鍿上字。⑩

鍠黃更反，平。

鉾鈝二形作。亡侯反，平；兜鍪，首甲。

鍪上古文。又作鐥。⑪

---

① 注文"寸"當作"對"。《玄應音義》卷二十"鐵鐓"條："徒對反。《説文》：鐓，矛戟秘下銅也。經文作錞，市均反。"茲據校改。

② 毛地(もじ【錑】)。

③ 須支(すき【鋤・犁】)。

④ 此音當爲平聲，《廣韻・暮韻》有去聲"普故切"。各本釋義作"陳也，遍也，布也，舒也，設也"。"己无"各本作"己之"。加太比良(かたびら【帷・帷子】)，又己之(こし【興】)。

⑤ "救"上奪"甫"字。各本音"方目、甫救二反"(寬永本、享和本"目"誤作"曰")。《玄應音義》卷二、卷十八"釜鍑"條："鍑，方目、甫救二反。"茲據校補。比良加奈戶(ひら【平】かなえ【鼎】)，又古加奈戶(こ【小】かなえ【鼎】)。各本上一和訓奪"奈戶"，下一和訓作"小釜"，義同。

⑥ 倭世伊(せい)反，又江伊(えい)反。

⑦ "抱"下原有"捂"字。《玄應音義》卷八"耳鉋"條："蒲貌反。書無此字，宜作掊、抱、捊三形，同。蒲交反。""捂"當爲"掊"字之訛，七寺本《玄應音義》訛作"悟"。茲據刪。此音當爲去聲，《廣韻・肴韻》有平聲"薄交切"，《玄應音義》亦有平聲"蒲交反"。己天(こて【鏝】)。

⑧ 注文"相值"原作"值相"。《廣韻・語韻》："鋙，鉏鋙，不相當也。"《廣韻・魚韻》："齬，齒不相值。"二字通。茲據乙正。各本注文末有"乃不(のふ)"。

⑨ 矢佐支(やさき【矢先】)。各本無"箭鏃"，萬業假名作"佐支(さき【先】)，又奈利加夫良(なり【鳴り】かぶら【鏑】)"。

⑩ 《説文・金部》："鏁，鍱也。鍿，鏁或从甾。"

⑪ "鐥"字不詳。

鍛𨨧二形作。都乱反。摇(捶)也,椎也,錬也。奈夜須也。[1]

銱(餉)戸(尸)尚反。貴(饋)也。[2]

鋃鑽(鐺)上力當反,下都唐反。二宗(字)。鎖也。[3]

鑞盧合反,入;錫也。

以下入聲

鑊古(胡)郭反。加奈戸。[4]

鍔五各反。劔(劍)端也。[5]

鐸徒落反。大鈴。

钁居縛反。斫也,舂也。久波斧斧(也)。[6]

戵久具(俱)反。戟属也,兵也。加奈戸。[7]

鑰以灼反。開(關)鑰。止佐志。[8]

鍮丑輒反。綴衣針。又楚洽反。鍪。

鈷古沓反。尺鋌。与支。[9]

毇鍛鍔三形作。營尺反。排毇也。

鉐常尺反。鍮鉐。

鏧鑿二同。倉歷反。守夜皷也。

鎘𨨲二形。閒激反。鐺也。

鐷私列反。田器也。

鏨普蔑反。江南呼鏨刃。

鐡鉄鐵三形作。他結反。黒金也。

鍥鍥二形同。古屑反。鎌也,鎬缺也。

鐪胡瞎反。或作轄。車軸頭鐵也。

---

① 注文"摇"當作"捶"。"摇也"《名義》同,吕校疑當作"捶也",是。《慧琳音義》卷十一"鍛鐵"條:"鄭注《禮記》云:鍛,捶也。"《慧琳音義》卷七十五"鎚鍛"條:"孔注《尚書》云:鍛,捶也。"兹據校改。奈夜須(なやす【萎す】)也,與"冶"字注"祢也須(ねやす【錬す】)也"義同。

② 字頭"銱"當作"餉",注文"戸"當作"尸","貴"當作"饋"。《龍龕·金部》:"銱,俗。式向反。正作餉。餉,饋也。"《玄應音義》卷四"如餉"條:"尸尚反。"兹據校改。

③ 字頭"鑽"當作"鐺",注文"宗"當作"字"。《玄應音義》卷十二"鋃鐺"條:"力當、都唐反。《説文》:鋃鐺,鎖也。""二字"指"鋃鐺"二字連言。兹據校改。"鑽"蓋爲"鐺"的俗字。

④ 注文"古"當作"胡"。《廣韻·鐸韻》:"鑊,胡郭切。"兹據校改。加奈戸(かなえ【鼎】)。

⑤ 注文"劔"當作"劍"。《廣韻·鐸韻》:"鍔,劍端也。"兹據校改。

⑥ 各本無"斧斧",重文符或是"也"字之誤。久波斧(くわ【鍬】おの【斧】)也。

⑦ 注文"具"當作"俱"。《廣韻·虞韻》:"戵,其俱切。"兹據校改。加奈戸(かなえ【鼎】)。

⑧ 注文"開"當作"關"。《廣韻·藥韻》:"鑰,關鑰。"《説文·金部》:"鑰,關下牡也。"《名義》作"開",故此誤作"開"。兹據校改。止佐志(とざし【鎖し·扃】)。

⑨ 与支(よき【斧】)。

鍛所八反。鳥羽病。乃保支利。①

鍖古活反。無知之皃。

釳許訖反。乘輿馬上插翟尾者。

鎰**⿰金監**二形作。夷質反。溢也，廿兩也。加支。②

鐲直角反。鉦也。

錮居玉反。以鐵束物。

録力玉反。具藉也，弟也。加須加比。③

鋦士角反。鎖足。

鏷蒲沃反。鏷鐸，矢名也。

入聲了，次上聲

錦居飲反。尔志支。④

釦苦厚反。金飾。

䤗徒口反。酒器。

鋞**⿰金巠**二形作。下挺反。佛(似)鍾而長也，温器也，員也，直正(上)也。⑤

鏹居兩反。錢也。

鑠**⿰金樂**鎖三形作，同。思果反。鐵也。又璅字。連也。足加志，又加奈保太志。⑥

⿰金堯⿰金堯鐃三形作。古了反。鐵[文]也，鉦也，又金碓也。⑦

鑋其輦[反]。鑯鑯也。⑧

錪他典反。釜也。

---

① 乃保支利(のほぎり【鋸】)，今作"のこぎり【鋸】"。

② 加支(かぎ【鍵・鑰】)。

③ 注文"弟"字《群書類從》本作"第"。"第"字本作"弟"。《國語・吳語》："今大國越録。"韋昭注："録，第也。"加須加比(かすがい【鎹】)。

④ 尔志支(にしき【錦】)。

⑤ 注文"佛"當作"似"，"正"當作"上"。《廣韻・迥韻》："鋞，似鍾而長。"《說文・金部》："鋞，温器也，圜直上。"茲據校改。

⑥ 足加志(あしがし【足枷・桎】)，又加奈保太志(かなほだし【鋜・鉄枷】)。

⑦ "鐵"下奪"文"字。《廣韻・篠韻》古了切："鐃，鐵文。"P.3693《切韻箋注・篠韻》："鐃，鐵文。《說文》鐃。"茲據校補。《周禮・地官・鼓人》："以金錞和鼓，以金鐲節鼓，以金鐃止鼓。"鄭玄注："錞，錞于也，圜如碓，頭大上小下，樂作鳴之，與鼓相和。鐲，鉦也，形如小鍾，軍行鳴之以爲鼓節。鐃，如鈴無舌，有秉，執而鳴之以止擊鼓。""金碓"當指"金錞"，而非"金鐃"。

⑧ 《廣韻・獮韻》："鍵，管籥。鑋，上同。"《廣韻・獮韻》："嵼，嵼嶘。"此處混爲一條，但P.3693與《全王》亦混(《全王》注文"鑋"字仍作"嵼")。

鐉 鏉二形作。苦管反。鏉縫字(也),燒鐵炙也。①

鏉郎古反。釜也,[煎]膠器也。②

錡魚倚反。三足鼎。一曰蘭綺(錡),兵藏也。③

次去聲

鏡居命反。鑑也。

釣多嘯反。魚豆留也。④

鏟初鴈反。削也。又上;平木鐵也。加奈。⑤

鏗古電反。鏗鐵也。

鑹七乱反。小稍。

釬〔釿〕胡干反。釬金也。銲,上字。手乎乃。捍也,臂甲也,鐏也。⑥

鈍徒國(困)反。頑也,頓也,不利也。⑦

鑴許運反。鐵類也。

鑄之戍二反。鎔也。⑧

鋸居御反。削刀也,割也。乃保支利。⑨

鑢鋸鋁三形作。力據反。釖也,錯也,鑠也,摩也。⑩

鏊鏉二同。宜抄反。婺(熬)也,熟飲(飯)也。熬字同。奈戶,又加志久。⑪

鈢鐬鐬鏏四形同作。口(呼)外反。鈴聲。乃保支利。⑫

---

① 注文"字"當作"也","炙"疑當作"灸"。《廣韻·緩韻》:"鏉,鏉鏟(縫)。"周祖謨校勘記:"鏟,段改作縫,與《切三》及五代刻本韻書合。""炙"字《廣韻》同(黑水城本《廣韻》作灸),《王一》《全王》作"久",周祖謨、余迺永據《王韻》作"久"。《集韻·換韻》:"《埤蒼》:燒鐵久也。一曰灼鐵以識簡次。"《玉篇》作"灸",《名義》作"炙"。《說文·炙部》:"炙,炮肉也。"《說文·火部》:"灸,灼也。"似當作"灸"字。

② "膠"上奪"煎"字。《說文》《名義·金部》:"鏉,煎膠器。"茲據校補。

③ 注文"綺"當作"錡"。《廣韻·紙韻》:"錡,一曰蘭錡,兵藏。"茲據校改。

④ 魚豆留(いお【魚】つる【釣る・吊る】)也,各本作"伊乎豆留",訓同。

⑤ 加奈(かな【鉋】)。

⑥ 手乎乃(ておの【手斧】)。《新撰字鏡·金部》:"釿,手乎乃。"此蓋混入"釿"字。

⑦ 注文"國"當作"困"。《廣韻·慁韻》:"鈍,徒困切。"茲據校改。

⑧ 《切韻》《廣韻》僅有"之戍反"一音,此言"二反"疑有脫。《名義》《玉篇》有"之樹反",音同。

⑨ 乃保支利(のほぎり【鋸】)。

⑩ "釖也"不詳。

⑪ 各本:"鏊,五到反。熬也,熟飯也。奈戶,又加志久。"此"婺""飲"字據各本改。S.6176、《王一》《裴韻》《全王》《唐韻》《廣韻·号韻》五到反:"鏊,餅鏊。"《王一》《全王·豪韻》五勞反:"鏊,釜。"(《全王》注文作"釜鏊")此處"宜抄反"不詳所出,各本"五到反"與《切韻》合,或當從之。奈戶(なべ【鍋】),又加志久(かしぐ【炊ぐ・爨ぐ】)。

⑫ 注文"口"當作"呼"。《裴韻》《全王·泰韻》:"鏏,虎外反。"《唐韻》《廣韻·泰韻》:"鏏,呼會反。"《名義·金部》:"鏏,呼外反。"此音或出《原本玉篇》。茲據校改。乃保支利(のほぎり【鋸】)。

次平聲

鎌鎌二同。力鹽[反]。鎌刀。

鉝胡鉤反。鏂鉝，錏鍜。

鉤鉅澲三同。託侯反。鉤石，似金。①

鏐力幽反。美金。

鍭胡鉤反。大箭也。

鋑鎪鋑三形作。所鳩反。鋑馬耳也，鏤也，鍬也。②

銘莫經反。碑銘也，名也，功也，誌也，録也。

鉶户經反。祭器名。③

鎣余傾反。采鐵。

錚楚耕反。金聲。太天。④

鐄户盲反。大鐘。加万。⑤

鎊普郎反。削也。

鋼古郎反。鋼鐵。

鐊市羊反。車輪繞鐵。⑥

鹹胡南反。鎧別名。《孟子》曰："矢人豈不仁於鎧（鹹）人哉。"⑦

鑿昨甘反。鑿也。

錫〔錫〕与章反。兵名，与也，又馬額飾。奈万利。⑧

釾以遮、似嗟二反。鏌釾也。⑨

鋽徒刀反。鋽鑄。出《埤蒼》。

鏇（鑃）於刀反。銅盆。⑩

────────────

① 第三形不詳。

② 《切三》《裴韻》《全王·尤韻》所鳩反："鋑，鋑馬耳。"（《切三》"耳"誤作"兒"）P.2609《俗務要名林·雜畜部》："鋑，鋑馬耳。所留反。"（S.617作"鎪"）。《廣韻·尤韻》所鳩切："鋑，馬金耳飾。"《廣韻·范韻》亡范切："鋑，馬首飾。"方成珪、周祖謨、余迺永等指出"馬金耳飾"之義爲"鋑"字釋義而混，是也。

③ 《切三》《廣韻》《名義》《玉篇》作"鉶"，《裴韻》《全王》作"鉶"。

④ 太天（たて【楯·盾】）。

⑤ 加万（かま【鎌】）。

⑥ "輪繞"原倒。《切三》《王一》《裴韻》《全王·陽韻》："鐊，車輪繞鐵。"茲據乙正。

⑦ 注文"鎧"當作"鹹"。《廣韻·覃韻》："鹹，《孟子》云：矢人豈不仁於鹹人哉。"《孟子·公孫丑上》："孟子曰：矢人豈不仁於函人哉。""鹹"同"函"。茲據校改。

⑧ "与也"爲"錫"字義，"錫"通"賜"。奈万利（なまり【鉛】），亦"錫"字義。

⑨ "邪"字有此二音，"釾"字僅"以遮反"一音，蓋皆從"牙"，故音混入"邪"字音。

⑩ 注文"鏇"當作"鑃"。《廣韻·豪韻》於刀切："鑃，銅瓮。"《説文·金部》："鑃，温器也。一曰金器。"茲據校改。《切三》《王一》《裴韻》《全王》作"鑃"，此數形常常相混。

鑠昨勞反。鐵銅(鋼)折。①

鬲鬴鬹二同。巨驕[反]。似鼎，長豆(足)。②

鑽丑專反。所以鉤門樞者。

銓此緣反。銓衡。《廣疋》：稱謂之銓也。

鐇附袁反。廣刃斧。

銀語巾反。

銷火玄反。銅銚。

鑪落胡反。冶□□(也。加)夫止。③

鈳哀都反。鏝也。

鍺渠脂反。衛軸鐵也。

剺力脂反。直破，一曰剝也。④

錐止推(之惟)反。銳也，鉊也，大釜。⑤

鎔餘封反。鑄也，法。

已上四聲了

鈆伇川反。青金也。黑奈万利，又水金也。⑥

釸常吝、餘吝二反。白鑞。白奈万利。⑦

鐕器亥(駭)反。堅也，黑金也。⑧

鏤力豆反。刻也，益[也]。金乃知利婆[女]。⑨

鑠力尸反。金也，剝也，殺也。

銷思焦反。散也，鋌也，鑠也，曲金也。⑩

鐖居沂反。釣得魚金也，鉤也。久志和支，又乃不支利。⑪

---

① 注文"銅"當作"鋼"。《切三》《王一》《全王》《廣韻·豪韻》："鑠，鐵剛折。"(《切三》《王一》"剛"作"剐"，同)茲據校改。

② 注文"豆"當作"足"。《廣韻·宵韻》："鬹，似鼎，長足。"茲據校改。

③ "冶"下兩字殘，據各本補(《群書類從》本"夫"誤作"末")。《新撰字鏡·金部》："鉀，鑪也。加夫止。"《廣韻·盍韻》："鉀，鉀鑪。""鉀"通"甲"，蓋"鉀鑪"("鉀鑪"義爲"小箭")連言，故"鑪"亦有"甲冑"之義。加夫止(かぶと【兜·冑】)。

④ 《廣韻·脂韻》："剺，直破。"《説文·金部》："鑗，金屬。一曰剝也。"《集韻·脂韻》："鑗，或作剺。"

⑤ 注文"止推"當作"之惟"。《名義》《玉篇·金部》："錐，之惟反。"茲據校改。《方言》卷十三："錐謂之鉊。"郭注："《廣雅》作銘字。"《廣雅·釋器》："鉊，錐也。"戴震《方言疏證》據《廣雅》校"鉊"作"鉊"，校"銘"作"鉊"，是也。"大釜"不詳。

⑥ "鈆"同"鉛"。黑奈万利(くろなまり【黑鉛】)，又水金(みずがね【水銀】)也。

⑦ 白奈万利(しろなまり【白鉛】)。

⑧ 注文"亥"當作"駭"。《玉篇·金部》："鐕，器駭、古諧二切。"茲據校改。

⑨ "也"和"女"字據各本補。金乃知利婆女(かね【金】の【之】ちりばめ【鏤め】)。

⑩ 《名義·金部》："銷，思燋反。"此處反切下字蓋其省。

⑪ 久志和支(くしわき)，又乃不支利(のふぎり)。又訓即"のこぎり【鋸】"。

鑲三形作。女羊反。兵名,又白金。

鐃呼交反。鐵文也,如玉不可取也。

鉹鉽二同。尸氏、昌紙二反。鉻也,鬵鉹。①

鈃鉼二同。古(胡)經反。似鐘頸長,瓶也。②

鑴鐫二同。呼規反。火(大)鑊也,暈也。③

鎬古(胡)道反。温器也,土釜也。䥃字。④

鏕〔鑣〕〔鑣〕力六反。温器,釜。久豆和。⑤

鑯子廉反。刺,鑊也,鐵利也。⑥

鐮大奚[反]。器。

鋤魚距反。鉏也,錡也,白錫也。

鉥止(時)橘反。長鍼也,導也,綦鍼也。⑦

鈕安(女)久反。環也,到(丑)也。⑧

銎去共反。恐也,刃也,銎也,憂也,慄也,懼也。⑨

鈂才□(心)反。缶(臿)属也,𣃁也。⑩

鐍九毀反。鑿齒臿也。

① “鉻”字不詳,疑是“鉹”的訛衍。

② 注文“古”當作“胡”。《名義·金部》:“鈃,胡經反。”兹據校改。“瓶”字原作“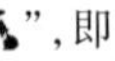”,即“瓶”的移位俗字,如“瓶”又作“甁”。《集韻·青韻》:“鈃,《説文》:似鍾而頸長。一曰酒器。或作瓶、甄、鉼。”

③ 字頭同“鑴”。注文“火”當作“大”。《玉篇·金部》:“鑴,大鑊也。”兹據校改。《周禮·春官·眡祲》:“三曰鑴。”鄭玄注引鄭司農云:“鑴,謂日旁氣四面反鄉,如煇狀也。”阮元校勘記:“《釋文》:‘如暈,本亦作煇,音同。’按,日旁氣字當作暈,從日。今本作十煇之煇,非。”“煇”同“暈”。

④ 注文“古”當作“胡”。《名義·金部》:“鎬,胡道反。”兹據校改。“䥃”字原作“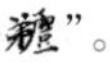”。《説文·金部》:“䥃,土鍪也。讀若鎬。”《廣韻·晧韻》:“䥃,土釜。”

⑤《廣韻·屋韻》盧谷切:“鏕,鉅鏕,郡名。”《廣韻·豪韻》:“鑣,銅瓫。《説文》云:温器也。”《廣韻·宵韻》甫嬌切:“鑣,馬銜。”此三字相混已久,《切韻》中常有訛混。此條音爲“鏕”,義爲“鑣”,和訓爲“鑣”。久豆和(くつわ【轡・銜・鑣・馬銜】)。

⑥《名義·金部》:“鑯,刺。”《慧琳音義》卷三十“鑯標”條:“鄭注《禮記》云:刺也。”《禮記·文王世子》:“其刑罪,則纖剸,亦告于甸人。”鄭玄注:“纖,讀爲殲。殲,刺也。”阮元校勘記:“盧文弨校云:兩殲字俱當從《釋文》作鍼。”《説文·金部》:“鑯,鐵器也。一曰鑴也。”《玉篇·金部》:“鑴,大鑊也。”此“刺,鑊”蓋當是二義。

⑦ 注文“止”當作“時”。《名義·金部》:“鉥,時聿反。”《玉篇·金部》:“鉥,時橘切。”兹據校改。

⑧ 注文“安”當作“女”,“到”當作“丑”。《名義·金部》:“鈕,女久反。”HDIC改作“丑”。《説文·金部》:“鈕,印鼻也。丑,古文鈕从玉。”“丑”旁俗作“刃”,如此字頭作“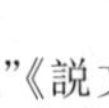”。“刃”或誤作“刀”,“刀”旁又省作“刂”,故此作“到”。兹據校改。

⑨《集韻·鍾韻》:“銎,或从凶。”

⑩ “才”下一字殘,注文“缶”當作“臿”。《名義·金部》:“鈂,才心反。”《説文·金部》:“鈂,臿屬。”兹據補改。

鈍達冬反。𨦡鉏也,鈐𨥛(鏳)。①

鈐古尤(胡耽)反。鏳也,大梨(犁)也,祭器也,形削也。②

鏳大罪、徒果二反。車轄也,鐉水(也),鈐也,梨(犁)也。③

鑼止卑反。枰属也。④

鉊止兆(之姚)反。耝刈,大鎌也,鍋也。⑤

鈪女輒反。鉆也,拔髮者也,鑷也。波志。⑥

鑷尼輒反。鑷子也,鈪也。加奈波志。鉗也。⑦

鉗其欠反,去;□(頸)璪也。波志。⑧

鈇雉賴反。鉗也,舘也。

舘公換反。末金,田器也。太太良。⑨

鍸户徒反。瑚字。簠簋,器名也。

釿魚斤反。劉。手乎乃。⑩

鐍古穴反。觼字。環有舌。

鈘魚猗(倚)反。敲也,釜也。⑪

鐯鐯二同。張略反。櫡字。钁也,靳也,磻也。波志。⑫

鋝所劣反。鍰也,量名也。

---

① 注文"𨥛"當作"鏳"。《説文·金部》:"鈐,鈐鏳,大犁也。"《廣雅·釋器》:"鉿鏳謂之鑪。"王念孫疏證:"鈐與鉿同,鏳與鏳同,鈍與鑪同。"茲據校改。《廣韻·冬韻》:"鈍,大鉏。"《名義·金部》:"鈍,不(大)鉏。"又"𨦡"字不詳。

② 注文"古尤"當作"胡耽","梨"當作"犁"。《玄應音義》卷十六"鈐波"條:"胡耽、渠廉二反。"《名義·金部》:"鉿,胡狁反。""鈐"同"鉿"。《説文·金部》:"鈐,鈐鏳,大犁也。"茲據校改。《山海經·西山經》:"其祠之,毛一雄雞,鈐而不糈。"郭璞注:"鈐,所用祭器名,所未詳也。""形削"蓋指"鈐鏳"的形制。

③ 注文"水"疑當作"也","梨"當作"犁"。《廣雅·釋器》:"鏳,鐉也。"《説文·金部》:"鈐,鈐鏳,大犁也。"茲據校改。

④ 《廣韻·蟹韻》:"鑼,薄蟹切。"《名義·金部》:"鑼,彼皮反。"此處"止卑反"當與《名義》同,反切上字疑誤。

⑤ 注文"止兆"當作"之姚"。《名義·金部》:"鉊,之姚反。"茲據校改。

⑥ 波志(はし【箸】)。

⑦ 加奈波志(かなばし【金鉗·金箸】)。

⑧ "去"下一字殘作"𧵳"。《廣韻·鹽韻》:"箝,鎖頭。亦作鉗。"《玄應音義》卷十二"髠鉗"條:"鉗,束鐵在頸者也。"《集韻·㮇韻》:"鈇,一曰在項曰鉗,在足曰鈇。"此當是"頭""頸"或"項"字,文獻中較多作"頸",此暫定作"頸"。茲據校補。《廣韻》音"巨淹切",《名義》音"奇炎反",皆平聲,此標去聲,不詳所出。波志(はし【箸】)。

⑨ 太太良(たたら【踏鞴·踏鞴】)。

⑩ 手乎乃(ておの【手斧】)。

⑪ 注文"猗"當作"倚"。《名義·金部》:"鈘,魚倚反。"《廣韻·紙韻》:"敲,魚倚切。"茲據校改。

⑫ 波志(はし【箸】)。

鋒上字。

鈞居脣反。卅斤爲鈞也,法也。知伊也。①

鉤上字。

鈀甫(補)加反。兵車也,鍼也,薄鎌也。②

鈴力丁反。在旂上,金聲,鑾。③

鋪鏞字。鐘也。古夫利。④

鈁甫方(防)反。鐘也,鑊属也。⑤

鏜他唐反。鼓聲。

鏌莫各反。大戟也。

鋣以賒反。劎名。

鍛所急、所黠二反。鑛也,[長]刃矛也,減也。⑥

銳徒會反。矛也,兵也。

𨥫　縱二同。七恭、昔(楚)江二反,平;小矛也,撞也。⑦

鏼亦上字。

鋏火(大)甘、勅甘二反。銛也,銳也,鍛也,鉏也。又□(由)冉也(反)。⑧

鋒鏵二同。孚共(恭)反。銳端。支利。⑨

鐏存因(在困)反。矛柲下鐓也。⑩

鋌子(丁)提反。銅也,護軍兒。加奈豆知。⑪

---

① 此注文"鈞"字原誤作"鉤",形近相混。知伊(ちい【鈞】)也。

② 注文"甫"當作"補"。《名義·金部》:"鈀,補加反。"茲據校改。《方言》卷九:"凡箭鏃胡合羸者,四鎌或曰拘腸,三鎌者謂之羊頭,其廣長而薄鎌謂之鈀,或謂之鈀。"

③ "在旂"原倒。《詩·周頌·載見》:"龍旂陽陽,和鈴央央。"陸德明釋文:"和在軾前,鈴在旂上。"茲據乙正。

④ 古夫利(こぶり【小振り】)。

⑤ 注文"方"當作"防"。《名義·金部》:"鈁,甫防反。"茲據校改。

⑥ "刃矛"原倒,上奪"長"字。《玉篇》《玉篇·金部》:"鍛,長刃矛。"《廣韻·黠韻》:"鍛,又長刃矛也。"茲據乙補。《廣雅·釋詁二》:"殺,減也。""鍛"當同"殺"。

⑦ 注文"昔"當作"楚"。《廣韻·江韻》:"縱,楚江切。"《名義·金部》:"縱,楚江反。"茲據校改。

⑧ 注文"火"當作"大","又"下一字殘,注文"也"當作"反"。《名義·金部》:"鋏,大甘、勅甘、囚每(由冉)反。"《玉篇·金部》:"鋏,大甘切。"《史記·蘇秦列傳》:"鋏戈在後。"集解:"徐廣曰:由冉反。"茲據改補。

⑨ 注文"共"當作"恭"。《名義·金部》:"鋒,孚恭反。"茲據校改。支利(きり【錐】)。

⑩ 注文"存因"當作"在困"。《名義·金部》:"鐏,在困反。"茲據校改。

⑪ "子"當作"丁",各本即作"丁"。《玉篇·金部》:"鋌,丁兮切。"《名義·金部》:"鋌,丁狄反。"茲據校改。《後漢書·隗囂傳》:"有司奉血鋌進,護軍舉手措諸將軍曰:'鋌不濡血,歃不入口,是欺神明也,厥罰如盟。'既而釁血加書,一如古禮。"此爲注文"護軍兒"所本。加奈豆知(かなづち【金槌·鉄鎚】)。

鍚与章反。刻金馬面形也,鐵也。

鈝居業反。帶鐵也。

鏁力罪反。鍜鏁也。礧字。①

鎄於罪反。不平也。碨字也。

鑕苦載反。恨怒也,戰也,懆也。

鉻力各反。剔也,剖也。

鈌古穴反。自剋(刎)死也,刺也。②

錆乙咸反。樂音也,縣也。③

鍊几(渠)休反。鑿也,斧也。④

鈒普獲、普鷗二反。裁也,劉(剄)也,斫也。加奴知。⑤

鐕公奚反。堅也。

韙于匕(非)反。舌也,字(宋)魏間辞。⑥

鈺如針反。濡也,褒也。

釵楚佳反。笄也,女具也,鈐也。波佐弥也。⑦

鎮与之反。凡幹(戟)而无刃也。⑧

鍴都丸反。鑽也,矛之杖。⑨

鎨渠追反。兵也。殘字。戟属。⑩

釫居折反。无刃□(戟)也。孑字。⑩

鉀古盍反。小矢中有二穴,戟也,鑪也。加夫止。⑪

---

① “鍜鏁”原倒。《説文·金部》:“鏁,鍜鏁也。”兹據乙正。

② “剋”字原作“𠚥”,當是“剋”字。HDIC定作“刎”,是也。“自刎”在古籍中常見,“自剋”則未見,但出處俟考。

③ 字頭不詳,“猲”與此字音同,俟考。《廣韻·咸韻》乙咸切:“猲,犬吠聲。”

④ 注文“几”當作“渠”。《名義·金部》:“鍊,渠休反。”兹據校改。

⑤ 注文“劉”當作“剄”。“劉”字原作“𡐠”,據各本定作“劉”。《方言》卷二:“鈒、攠,裁也。梁益之間裁木爲器曰鈒,裂帛爲衣曰攠。鈒又剄也,晉趙之間謂之鈒鈒。”狩谷據《方言》改作“剄”。“剄”俗作“剄”,“剄”同“剄”,故此“劉”當是“剄”的俗字,正字當作“剄”。兹據校改。加奴知(かぬち【鍛冶】)。

⑥ 注文“匕”當作“非”,“字”當作“宋”。《名義·金部》:“韙,于非反。”《方言》卷五:“舌,宋魏之間謂之鍏,或謂之韙。”兹據校改。

⑦ 《集韻·帖韻》:“鈐,小釵,一曰小頭釘。”波佐弥(はさみ【鋏·剪刀】)也。

⑧ 注文“幹”當作“戟”。《方言》卷九:“凡戟而無刃,秦晉之間謂之釫,或謂之鎮。”兹據校改。

⑨ 《方言》卷九:“鍴謂之鑽。矜謂之杖。”

⑩ “刃”下一字殘。《方言》卷九:“凡戟而無刃,秦晉之間謂之釫,或謂之鎮。”兹據校補。

⑪ 《方言》卷九:“箭,其小而長,中穿二孔者謂之鉀鑪也。”“鉀鑪”即“箭”,此處“戟”字疑涉上文“鎨”等條“戟”之釋義而混。加夫止(かぶと【兜·冑】)。

鍋古和反。釭也，油器也，輬也。佐須奈户。①

鈍於到(刧)反。椎也。佐須奈户。②

鎇公卧反。刈也，煮食器也，划鎌也。

鉻古火(胡耽)反。龕也，袋也，受入器。加奈万利。③

鋺宛音。鋤鋭頭。加奈万利。④

鍌子廉反。凡(爪)板也，金敷也。⑤

鎿亡工(弄)反。鏨也，釪也，犁也。⑥

鉷古(胡)公反。弩[牙]辟致者也。⑦

鐉先旦反。弩[牙]絞(緩)。⑧

鉏大兀反。鈍也。

鈔千小反。好也，嫽也，妖也。

錀公云反。莧掩也。

錊大弗反。銍錊。

鐳仕曾反。鎗，玉聲。

釚巨休反。弩調度也。⑨

釴与力反。釜耳。加太保己，又打奈太。⑩

鑪力古反。以木爲垂。⑪

鉾力刀反。鉀鑪。户之久支。⑫

鋇甫來(補頼)反。柔鋌。⑬

---

① "油器也，輬也"原在下條注文"於"字之上。各本置於"鍋"字注文"釭也"下，是也。《玉篇·金部》："鍋，車釭盛膏器。"《玉篇·金部》："輬，車脂轂。"義皆近。兹據乙正。佐須奈户(さすなべ【銚子】)。

② 注文"到"當作"刧"。《名義·金部》："鈍，於刧反。"兹據校改。佐須奈户(さすなべ【銚子】)。

③ 注文"古火"當作"胡耽"。《名義·金部》："鉻，胡耽反。"兹據校改。加奈万利(かなまり【金椀·鋺】)。

④ 加奈万利(かなまり【金椀·鋺】)。

⑤ 注文"凡"當作"爪"。《玉篇·金部》："鍌，以爪刻版也。"兹據校改。

⑥ 注文"工"當作"弄"。《名義·金部》："鎿，亡弁(弄)反。"《集韻·送韻》："鎿，蒙弄切。"兹據校改。

⑦ 注文"古"當作"胡"，"弩"下奪"牙"字。《名義·金部》："鉷，胡公反。弩牙辟致。"《集韻·東韻》："鉷，《埤倉》：弩牙辟致也。"兹據改補。

⑧ "弩"下奪"牙"字，注文"絞"當作"緩"。《名義·金部》："鐉，弩牙緩。"兹據補改。

⑨ 字頭原作"釚"，《名義》同，爲"釚"俗字。

⑩ 加太保己(かた【方】ほこ【矛·戈·鉾】)，又打奈太(うつなた【打鉈】)。

⑪ 《廣韻·姥韻》："鑪，鑪，以木爲刀柄。"此處注文"垂"字不詳。

⑫ 各本作"門之久支"，同。久支(くき【莖】)。

⑬ 注文"甫來"當作"補頼"，"柔鋌"原倒。《名義·金部》："鋇，補頼反。柔鋌。"兹據改乙。

鈶止(辞)里反。鋌也,鋇也。枱字。赤金。[1]

鐵鑖二形作。亡結反。小鋌也。

鍱徒頰反。鋌也,鐶也。

鍨丁果反。缺也。

鈑甫間(補澗)反。鉼金也。版字。[2]

鉼卑郢反。釜也。

鏻力仁反。健皃。獜字。

鍝牛于反。鋸也。

鏅思流反。鋌也。

鏟丑善反。長推也。

錑力内反。平版。

鉤不(下)溝反。頸甲也,錏鍜也。[3]

釧止援(齒掾)反。金契也。久自利,又太万支。[4]

銃充音。鋻也。

鏆古奂(換)反。釧也。[5]

鉌古(胡)戈反。鈴也。和字。[6]

銐鋫二同。才(力)世反。除利也。[7]

鈵彼永(詠)反。堅固。[8]

鎒耨鎒三形同。如属、奴豆二反。薅字。除卉也。加良須支。[9]

鐻巨旅反。金銀器名。虡字。

鋡錎二同。伯(臽)音,又波各反。陷字。没也。[10]

---

① 注文“止”當作“辞”。《名義·金部》:“鈶,辞里反。”兹據校改。

② 注文“甫間”當作“補澗”。《名義·金部》:“鈑,補澗反。”兹據校改。

③ 注文“不”當作“下”。《名義·金部》:“鉤,下溝(溝)反。”兹據校改。

④ 注文“止援”當作“齒掾”。《名義·金部》:“釧,齒椽(掾)反、昌椽(掾)反。”《廣韻·線韻》:“釧,尺絹切。”“齒掾反”“昌掾反”與“尺絹切”同。兹據校改。《慧琳音義》卷四十一“鐶釧”條:“《東宫舊事》云:太子納妃,有金契釧一雙。”久自利(くじり【抉り】),又太万支(たまき【手纏・環・鐶・射韝】)。

⑤ 注文“奂”当作“换”。《名義·金部》:“鏆,古换反。”兹據校改。

⑥ 注文“古”當作“胡”。《名義·金部》:“鉌,胡戈反。”兹據校改。

⑦ 注文“才”當作“力”。《名義·金部》:“鋫,力世反。”兹據校改。

⑧ 注文“永”當作“詠”。《名義·金部》:“鈵,彼詠反。”兹據校改。

⑨《廣韻·燭韻》而蜀切:“媷,懈惰也。”此處字頭“媷”爲“薅”字之省,但“如属反”仍是“媷”字反切。加良須支(からすき【唐鋤・犂】)。

⑩“臽”俗作“伯”。此“波各反”爲“伯”字音。

鐱魚倚反。鑣也。轙字。久豆和乃鬼也呂。①

鑈奴劦(協)反。正也,堅也。②

鉨上字。

鐲钃二形作。竹足反。斸字。斫也。

銅徒東反,平。

鐔餘諶、徒南二反,平;劒口也,刀鞘口餝也,水絶山曰鐔。③

鐶鐶二同。古(胡)開反。鋂、鐒、鑅,耳金。④

鉧莫侯反。矛字古文字。兵器名也。戫字。

鉍彼密反。柲也,矛柄也。乃保支利。⑤

鉄鈇二同。治銍反。紩字古字。縫衣。

鈮奴礼反。檷字古文。終(絡)絲趺也。久志和支。⑥

鉁知陳反。珍也,重寶也。

釗止非(之姚)反。覿也,我也,免也,是也,勉也,遠也,剽也,劖也。⑦

鋈烏鵠反。白金。

鎣古田(胡駉)反。治器。⑧

銎去恭反。恐也,刃也,鑿也,鍬也。⑨

鐓徒對反。下垂,鎮(鐏)也。⑩

鎜甫(補)安反。槃也。⑪

鈙巨林反。久志和支。⑫

---

① 和訓中的“也”各本作“又”,此“也”字或是語助詞。久豆和乃鬼也呂(くつわ【轡・銜・鑣・馬銜】の【之】おに【鬼】やろ)。

② 注文“劦”當作“協”。《名義・金部》:“鑈,奴協反。”茲據校改。

③ “水絶山曰鐔”不詳。《詩・大雅・鳧鷖》:“鳧鷖在亹。”毛傳:“亹,山絶水也。”疑與此有關。

④ 注文“古”當作“胡”。《名義・金部》:“鐶,胡開反。”茲據校改。《廣雅・釋器》:“鑅、鋂、鐒,鐶也。”

⑤ “矛柄”原倒。《玉篇・金部》:“鉍,矛柄也。”茲據乙正。乃保支利(のほぎり【鋸】)。

⑥ 注文“終”當作“絡”。《名義・木部》:“檷,柎,絡絲趺。”茲據校改。久志和支(くしわき)。

⑦ 注文“止非”當作“之姚”。《玉篇・金部》:“釗,之姚切。”《新撰字鏡・刂部》:“釗,之姚反。”茲據校改。《爾雅・釋詁下》:“顯、昭、覲、釗、覿,見也。”郭璞注:“《逸書》曰:釗我周王。”此處注文“我也”當是“釗我周王”之省。《爾雅・釋詁上》:“釗,勉也。”此處“免”疑“勉”字之省,但下已有“勉也”,俟考。“是也”疑非義,蓋是據所引例證“某某是也”而來。

⑧ 注文“古田”當作“胡迥”。《名義・金部》:“鎣,胡駒(駉)反。”《大般若經音義》“摩瑩”條:“或本作鎣。胡駉反。治器名也。駉,古熒反。”茲據校改。

⑨ 《廣韻・鍾韻》《名義・金部》:“銎,懼也。”“銎”通“恐”。

⑩ 注文“鎮”當作“鐏”。《廣雅・釋器》:“鐓,鐏也。”“鐓”同“鐓”。茲據校改。

⑪ 注文“甫”當作“補”。《名義・金部》:“鎜,補安反。”茲據校改。

⑫ 《説文・金部》:“鈙,持也。”《玉篇・金部》:“鈙,巨林切。持止也。”《名義・金部》:“鈙,渠今反。持止。”久志和支(くしわき)。

鉌方波(皮)反。鉏也。①

鐘之庸反,平;樂鐘。鍾字爲酒器。②

銛屋孤反。鏝。阿波太。③

鋤上(士)去反。鉏。須支。④

錣息夷反。平木器。

鄰具今反。亭。阿夫弥。⑤

鋩勿方反。刃端也,鋩。⑥

鑾路官反。鈴属。

釘都靈反。錞也。⑦

錣竹恚反。側意也,縣也,之。⑧

釜扶甫反。䰝也。

鐫鐫子旋、子嚾二反,平;大錐。

鋑同字。

鑿鑿二同字。在谷(各)、䃾竈二反。穿木器也。乃弥。⑨

鑒古懺反。炤也,照也。

鑑上字同。鏡也,察也,戒也。

鍍杜故反,去;金塗也。

鍊力見反。練、鍊二字同。鐥也,冶金也。

鍼支湛反,平;刺也,錘(錪)也,諫也,針也,箴綴衣也,教也,戒也。針、箴二字,古作。⑩

錯七各反,入;雜也,摩也,廁也,鑪(鑢)也,謬,設也,冒(置)也。己須利,又也須利,又乃保

---

① 注文"波"當作"皮"。《名義·金部》:"鉌,方皮反。"《廣韻·支韻》:"鉌,彼爲切。""鉌"同"鑾","皮"
爲支韻字。茲據校改。

② 注文"鐘鍾"原作"鍾鍾"。《説文·金部》:"鐘,樂鐘也。"《説文·金部》:"鍾,酒器也。"

③ 字頭原誤作"訐"。阿波太(あわた【臘】),不詳。

④ 注文"上"當作"士"。《廣韻·魚韻》:"鋤,士魚切。"茲據校改。此反切下字"去"字之音不合,或當
作"袪"。須支(すき【鋤·犁】)。

⑤ 字頭左旁原誤作"金",故入"金部"。阿夫弥(あぶみ【鐙】)。

⑥ 注文"鋩"與字頭同,或當作"釯"或"芒"。

⑦ "錞也"不詳,疑涉"錞釪"之"釪"而混。

⑧ 《集韻·真韻》:"錣,懸也。"此處注文"之"蓋衍。

⑨ 注文"谷"當作"各"。各本作"徐各"。《廣韻·鐸韻》《玉篇·金部》:"鑿,在各切。"《名義·金部》:
"鑿,徐各反。"茲據校改。乃弥(のみ【鑿】)。

⑩ 注文"錘"當作"鋪"。《廣韻·葉韻》:"鋪,綴衣針。"《説文·金部》:"鋪,郭衣鍼也。"《廣雅·釋器》:
"鋪,鍼也。"茲據校改。

支利。①

　鎮陟陳反。繼也，厭，安也，按也。填字同。滿。②

　鍵戸緣反。平也，迹也，開（闢）鑰也。③

　鉤苟侯反。小戟也，□也。④

　錯鐕子含反。无盖釘也。久礼久疑也。⑤

　鉠於羊反，平；鐵字同。⑥

　鈺鉦二同。正音。金皷也。

　鐯戸吾反，平；矢名也，昔有而今无也。⑦

　鉀古甲反，入；長鉀。戸乃太加義。⑧

　銎口功反，平；刃受柄孔也。惠。⑨

　銑之（先）珍反，上；金澤也，金光也，鍾口也。⑩

　鈝私生反，平；鍬也。加祢乃佐美也。⑪

　鍬私适（逅）、所右二反，去；利也，鎬（鎘）也，鈝也，金上垢。⑫

　鎚持追反，平；鍛具。加奈豆知。⑬

---

① 注文"鑪"當作"鑢"，"冒"當作"置"。《廣韻·鐸韻》："錯，鑢別名。"《説文·金部》："鑢，錯銅鐵。"《論語·爲政》："舉直錯諸枉，則民服。"釋文："七路反。注同。置也。鄭本作措，投也。"茲據校改。此"設也"蓋指"設置"，釋文訓"投"。己須利（こすり【擦り・錯】），又也須利（やすり【鑢】），又乃保支利（のほぎり【鋸】）。

② 《玄應音義》卷十一"來鎮"條："陟陳反。《説文》：鎮，壓也。經文作填，徒顚反。填，滿也。"注文"繼也"不詳。

③ 注文"開"當作"闢"。《廣韻·阮韻》："楗，關楗。鍵，上同。"《名義·金部》："鍵，闢。"茲據校改。此條反切及釋義"迹也"不詳。《廣韻》音"渠焉切""其偃切""其蹇切"，《名義》《玉篇》音"奇蹇反"，此皆不合。"平"應指平聲，但其下不當接"也"字。

④ 殘字原作"㦬"，鈴鹿影抄本作"㧯"，俟考。

⑤ 久礼久疑（くれくぎ【呉釘】）也。

⑥ 《廣韻·陽韻》於良切："鉠，鈴聲。"《廣韻·庚韻》於驚切："鉠，鈴聲。"《廣韻·泰韻》呼會切："鑀，鈴聲。""鉠""鑀"二字義同音不同。

⑦ 注文"昔有"原倒，據文意乙，此"昔有而今无也"蓋作者或後人所加。《廣韻·模韻》《名義·金部》："鐯，古胡反。"與此聲母有異。

⑧ 戸乃太加義（と【戸】の【之】たかぎ），各本作"止乃太加美（と【戸】の【之】たかみ【手上・手柄】）"。

⑨ 惠（え【柄】）。

⑩ 注文"之"疑當作"先"。《玉篇·金部》："銑，先典切。"茲據校改。

⑪ 加祢乃佐美（かね【金】の【之】さみ）也。"さみ"當是"さび【錆・銹・鏽】"之異。

⑫ 注文"适"當作"逅"，"鎬"當作"鎘"。《名義·金部》："鍬，山逅反。"《廣韻·候韻》："鍬，[鍫]鎘，利。"《玉篇·金部》："鎘，鍬鎘也。"茲據校改。

⑬ 加奈豆知（かなづち【金槌・鉄鎚】）。

錘治危反，平，又去；稱錘也，重也。布久利。①

鉞王月反。鈇鉞也。万佐加利也。②

鈔抄字同。楚孝（教）反。强也，取也，掠也。③

欽大（火）林反，又去金反，平；敬也，慎也。祢加不，[又]保[己]乃佐支也。④

鉸古卯反，去；交刃刀也，今謂之剪鉸也。⑤

鍫鏊二同。且消反。鏐字□（同）。垂（舌）也。⑥

𨫓鏐二同。宜作礫。桑郎（朗）反。柱下石，即柱礎也。⑦

錢𨫡二同。目（自）連反，平；貨財也，泉也。⑧

鑱鍔二同。仕監反，去；銳也。又平；謂之鈹也，犁鐵也。支利。⑨

鎨莫亥（該）反。鏁大（犬鏁）也，鐶也。⑩

鐔止（之）善反。擊也，劃也。⑪

鈇宜作麩。麥皮也。⑫

---

① 各本作"斤乃不久利（おの【斧】の【之】ふぐり【陰嚢】）"。布久利（ふぐり【陰嚢】）。

② 万佐加利（まさかり【鉞】）也。

③ 注文"孝"當作"教"。《名義・金部》："鈔，楚教反。"茲據校改。

④ 注文"大"當作"火"。《爾雅・釋詁下》："廞、熙，興也。"釋文："廞，郭音歆，又音欽，《字林》火欽反。"茲據校改。"又""己"據各本補。《新撰字鏡・金部》："鎔，保己乃左支。"祢加不（ねがう【願う】），又保己乃佐支（ほこ【矛・戈・鉾】の【之】さき【先】）也。

⑤ "交"下原有"反"字。《玄應音義》卷十一"鉸刀"條："古卯反。交刃刀也。今亦謂之剪刀，又謂剪馬爲鉸刀。"茲據刪。此音爲上聲，《廣韻》有去聲"古孝切"。

⑥ "字"下殘，注文"垂"當作"舌"。《玄應音義》卷十一"鏊鍫"條："又作鏐，同。且消反。《方言》：趙魏間謂舌爲鏊也。"茲據補改。

⑦ 注文"郎"當作"朗"。《玄應音義》卷十一"櫨鏐"條："下宜作礫。桑朗反。"茲據校改。

⑧ 注文"目"當作"自"。《玄應音義》卷十一"罰錢"條："自連反。貨財也。"茲據校改。

⑨ 《玄應音義》卷十一"鑱刺"條："仕咸反。《説文》：鑱，銳也。《廣雅》：鑱謂之鈹。"《集韻・銜韻》："鑱，《説文》：銳也。一曰犁鐵。或从岑。"支利（きり【錐】）。

⑩ 注文"亥"當作"該"，"鏁大"當作"犬鏁"。《名義・金部》："鎨，莫該反。犬鏁也。"《倭名類聚鈔》卷五"鎨"條："野王案：鎨，犬鏁也。"《集韻・灰韻》："鎨，《説文》：犬瑣也，一鐶貫二者。引《詩》'盧重鎨'。"今本《説文》"犬"作"大"。《廣韻》《玉篇》作"大鐶"，《王一》《全王》作"大環"，《切三》作"犬環"。《詩・齊風・盧令》："盧令令，其人美且仁。盧重環，其人美且鬈。盧重鎨，其人美且偲。"毛傳："盧，田犬。鎨，一環貫二也。""鎨"訓"犬鏁（鎖）"或"犬環"當本《詩經》，"大"蓋訛字。茲據校改。

⑪ 注文"止"當作"之"，"擊"上原有"繫"字，有刪除號。《名義・金部》："鐔，之善反。伐擊也。"《説文・金部》："鐔，伐擊也。"《廣韻・獮韻》："鐔，擊也。""繫"爲"擊"的訛衍字。茲據改刪。

⑫ 《玄應音義》卷十一"因鈇"條："案字義宜作麩，撫于反。麥皮也。經文作鈇，未見所出。疑世言麩金，遂從金作鈇。"

鋥宅静反，去；宜作敦（敊）。敦（敊），治也，謂摩瑩飾也，磨也。①

錍錛二形□□（作。普）迷反。□□□（霍葉曰）釩。釩即大箭也。②

釩鎞二形，上字。

鎉五感反。搖也，謂搖其頭也。

鋌徒頂反。銅鐵之璞未成器用者也，盡也，陽（偒）也，空也，轉也。③

錏一加、阿（何）加反。頸飾也。④

鏺鐷二形同。補末（沫）反，入；兩刃，有木柄，可以刈草也。⑤

錠鐙上定音。波佐弥，又太加尓。［下］登音。有足曰錠，无足曰鐙也。⑥

錠鋌同字。

鏢疋燒反，平；石豆支。⑦

鐴補亦（赤）反，入；户良。⑧

鏗鏘上苦耕反。琴音也。又苦井反。下且羊反，平；鑲音也，金石聲。加奈不。⑨

鈃鏗同字。

鈚普啼反。閡又名。⑩

銛息廉反，平；鐵利也。支留，又介豆留，又止之。⑪

鈷寄（奇）廉、小廉二反。持也，鈷着物，鍤也。⑫

---

① 注文“敦”當作“敊”。《玄應音義》卷十一“磨鋥”條：“相承宅静反。摩，治也。字無所出，今宜作敊。敊，治也，謂摩瑩飾也。”茲據校改。

② 注文“迷反”上下殘。《玄應音義》卷十一“爲錍”條：“又作釩、鎞二形，同。普迷反。《通俗文》：霍葉曰釩。釩即大箭也。”茲據校補。

③ 注文“陽”當作“偒”。《玄應音義》卷十三“物偒”條：“《方言》：鋌、偒，盡也。物空盡曰偒。”《廣韻·實韻》：“漸，盡也。偒，上同。”茲據校改。《方言》卷三：“撲、鋌、漸，盡也。南楚凡物盡生者曰撲生。物空盡者曰鋌；鋌，賜也。連此撲漸皆盡也。鋌，空也，語之轉也。”此處注文“轉也”爲《方言》“語之轉也”省，非釋義。

④ 注文“阿”當作“何”。《玄應音義》卷十二“錏鍜”條：“一加、何加反。《説文》：錏鍜，頸飾也。”“何加反”爲“鍜”字音。茲據校改。

⑤ 注文“末”當作“沫”。《玄應音義》卷十二“鏺樹”條：“補沫反。國名也。依字，兩刃，有木柄，可以刈草也。”

⑥ 波佐弥（はさみ【鋏・剪刀】），又太加尓（たがに）。下訓同“たがね【鏨】”。

⑦ 石豆支（いしづき【石突】）。

⑧ 注文“亦”當作“赤”。《玄應音義》卷十六“鐴土”條：“補赤反。”茲據校改。户良（へら【篦】）。

⑨ “苦井反”不詳，蓋“苦耕反”之訛衍。加奈不（かなう【叶う】）。

⑩ 《玄應音義》卷七“金鈚”條：“又作錍、鎞二形，同。普啼反。閡又名也。”

⑪ 支留（きる【切る】），又介豆留（けずる【削る・梳る】），又止之（とし【利し・鋭し・疾し・捷し・敏し】）。

⑫ 注文“寄”當作“奇”。《玄應音義》卷十一“鐵鈷”條：“奇廉反。”茲據校改。後一反切上字“小”字疑誤。

鋼固音。鑄塞也。錮,鑄塞也。①

鈒䤧同字。所及反。短矛兵也。金万利。②

鋋時旃反,平;似矛鐵柄也,又矛也。

鎛補各反。田器也,鍾磬上横木。豆弥。③

鏄上字。大鍾也,金大室也。④

鍼且狄反,入;斧也。

鑠舒夕(灼)反。美也,涌(消)也,銷也,摩也。爍字。⑤

鑽示(子)丸反,平;穿也,鐫也。比支支留,又字加豆。⑥

錭囚歲反。大諪(鼎)也。⑦

鍰下閑反。六兩也,鋽也。

範音。鑄器之模,又法也。⑧

鐓當村反。平脊鎌也。

錣時制反。車樘結也。

鈿唐賢反。金花也,釵也。久志,又介豆留。⑨

餌如志反。珥字同。户良。耳金也,耳玉也。⑩

鉶(鈃)廣音。鑛也,荒金也。⑪

鑛上字。

鐐力招反,平;好也,銀美也。比良食(加祢)也。⑫

鎗楚庚反,平;果留,又由加奈户。⑬

---

① 《玄應音義》卷九"錮石"條:"古護反。《説文》:錮,鑄塞也。"此注文"錮,鑄塞也"爲《玄應音義》引《説文》文字。
② 金万利(かなまり【金椀・鋺】)。
③ 豆弥(つみ【錘】),疑涉"鏄"混,即"紡塼"。
④ "金大室也"俟考。
⑤ 注文"夕"當作"灼","涌"當作"消"。《名義・金部》:"鑠,舒灼反。"《史記・魯仲連鄒陽列傳》:"衆口鑠金。"司馬貞索隱引賈逵注云:"鑠,消也。"茲據校改。
⑥ 注文"示"當作"子"。《玉篇・金部》:"鑽,子亂、子丸二切。"茲據校改。比支支留(ひききる【引き切る】),又字加豆(うがつ【穿つ】)。
⑦ 注文"諪"當作"鼎"。《廣韻・祭韻》:"錭,大鼎。"《説文・金部》:"錭,鼎也。""諪"蓋"鼎"字草書之訛。茲據校改。
⑧ 此字當爲"範"的增旁俗字。
⑨ 久志(くし【櫛】),又介豆留(けずる【削る・梳る】)。
⑩ 户良(へら【箆】)。
⑪ 字頭"鉶"當作"鈃"。《廣韻・梗韻》古猛切:"礦,金璞也。鑛,上同。鈃,古文。"茲據校改。
⑫ "食"據各本作"加祢"。比良加祢(ひらかね【平金・鐐】)。
⑬ "果留"各本作"火呂",本書"爐"字有"火呂"之和訓。山田認爲"果留"是"火爐"的假字。果留,又由加奈户(ゆかなえ【湯鼎】)。

鈄鏂上布具反,下具侯反,平;大釘也,錐也。[①]

鏎〔鏵〕芳逸反。鍫也。須支也。[②]

鑤一牢反。湯釜。[③]

鏽用芳反,平;大鍾也。[④]

銧千公反。藏乃加支。[⑤]

鎡錤□□(上子)之反,下巨姬反。并矛。久波須支。[⑥]

銵烏賢反。湯釜也,銚之屬也。

錕古本反。銚也。車乃可利母。[⑦]

鉛以玉反。炭鈎。須弥加支。[⑧]

鈺扶悲反。似鈴无舌者也,轂也。[⑨]

鉶胡挺反。煎餅菜之器也,鼎屬也。

銍知栗反,入;獲也,苅也,鎌也,短也。加奈之支。[⑩]

□(鉒)□□反,去;□(送)死人也,置也。[⑪]

鋩亡巾反。業也,笐(筭)也,税也,錢也。[⑫]

鉅〔巨〕音。鐵也,巨也。[⑬]

---

① 《廣韻》二字音"縛謀切"與"烏侯切"。

② 《廣韻·質韻》卑吉切:"鏎,簡鏎。《爾雅》曰:簡謂之畢。注:謂簡札也。俗從金。"《廣韻·麻韻》户花切:"鋘,鋘鍫。鏵,上同。"本條反切爲"鏎"字音,釋義爲"鏵"字義。須支(すき【鋤·犁】)也。

③ 字頭原作"鑤"。

④ 《廣韻·鍾韻》:"鏽,餘封切。"此處反切下字"芳"爲陽韻字,俟考。

⑤ 藏乃加支(くら【藏】の【之】かぎ【鍵·鑰】)。

⑥ 注文"之"上兩字殘。《新撰字鏡·連字》:"鎡錤,上尔(子)之反,下巨姬反。除草器。久波須支。"《廣韻·之韻》:"鎡,子之切。"茲據校補。"矛"字原作"予",但"鎡錤"二字皆無"矛"義,俟考。久波須支(くわ【钁】すき【鋤·犁】)。

⑦ "錕"無"銚"義,或涉上條注文而混。車乃可利母(くるま【車】の【之】かりも【釭】)。

⑧ 須弥加支(すみ【炭】かぎ【鈎】)。

⑨ 《廣韻·脂韻》:"鈺,刃戈。"《廣韻·肴韻》:"鐃,鐃似鈴,无舌。"《説文·金部》:"鉦,鐃也。似鈴,柄中,上下通。"此處"似鈴无舌者也"疑涉"鐃""鉦"字而混。《説文·金部》:"釭,車轂中鐵也。"注文"轂也"疑是"釭"字義。

⑩ "鎌也,短也"各本作"鎌短也"。《説文·金部》:"銍,穫禾短鎌也。"此或當作"短鎌也"。加奈之支(かなしき【鉄敷·金敷】)。

⑪ 此條殘。《廣韻·遇韻》中句切:"鉒,置也,又送死人物也。"《名義·金部》:"鉒,竹句反。置也,送死人物也。"《玉篇·金部》:"鉒,竹句切。器也,送死人具也。"此處反切似非"竹句",俟考。茲據校補。

⑫ 注文"笐"當作"筭"。《廣韻·真韻》:"鋩,筭税也。"茲據校改。

⑬ "音"上疑奪"巨"字。本書體例,"某音"通常以字頭的聲符來表示,故此當是"巨音"。茲據校補。

鏽徒當反。銻也,瓷也。①

鈋五戈反,平;玩圜也,刻去角也。②

鍒如周反,平;濡也,而(耎)也,鋌也,柔也。③

鋼丈(大)牢反。鈍也。④

鈋子奚反。利也。

鑒鍪二同。亡支[反],平;鎌也。

鈭千支反。錍斧。

鋸几(居)足反。鐵櫂。⑤

鐻辞醉反。燧也,取也。

銍結結(都吉)反。艫[舌]也。⑥

鬲旅狄[反]。金(釜)也,鬲也。⑦

鐾巨月反。磨也。

鏳去正(政)反。金聲。⑧

鋚徒彫反,平;青銅也,鐵也,匕首也,鋌也。⑨

鈊乃頰反,入;小釘也。

鋣於(才)夜反。鏡也。⑩

鑸力迴反,上;酒器也,晶櫑也,蠱也。⑪

鐣亡登(鄧)反。鐶也,大鏁重環也。⑫

鐥壯山(仕仙)反。鑿也。⑬

鑶无非反。釣(鉤)也,縣物器也。⑭

---

① 注文末有補字符號,但所補之字已殘。

② 注文"玩圜也"《名義》同。《廣韻·戈韻》:"鈋,刓也。""玩"當通"刓"。

③ 注文"而"當作"耎"。《説文·金部》:"鍒,鐵之耎也。"茲據校改。

④ 注文"丈"當作"大"。《名義·金部》:"鋼,大牢反。"《玉篇·金部》:"鋼,大刀反。"茲據校改。

⑤ 注文"几"當作"居"。《名義·金部》:"鋸,居足反。鋸,古文。"茲據校改。

⑥ 注文"結結"當作"都吉","艫"下奪"舌"字。《名義·金部》:"銍,都吉反。艫舌也。"茲據改補。

⑦ 注文"金"當作"釜"。《字鏡·广篇》作"釜"。《廣雅·釋器》:"鬲,釜也。"《名義·鬲部》:"鬲,釜屬。"茲據校改。

⑧ 注文"正"當作"政"。《名義·金部》:"鏳,去政反。"茲據校改。

⑨ 《説文·金部》:"鋚,鐵也。"《説文通訓定聲》"鋚"下云:"按,《廣雅·釋器》:鋚,鋌也。字亦作鎥。""匕首也"不詳。

⑩ 注文"於"當作"才"。《名義·金部》:"鋣,才夜反。"茲據校改。

⑪ 《廣韻》有"魯回切""落猥切"二音,此音當是平聲。

⑫ 注文"登"當作"鄧"。《玉篇·金部》:"鐣,莫鄧切。"《名義·金部》:"鐣,亡亘反。"茲據校改。

⑬ 注文"壯山"當作"仕仙"。《名義·金部》:"鐥,仕仙反。"茲據校改。

⑭ 注文"釣"當作"鉤"。《名義》同,《玉篇》作"鉤"。《廣韻·微韻》:"鑶,《埤蒼》云:懸物鉤。""釣"當是"鉤"的俗混字。

[illegible]。①

鏇。

以下出自《小學篇》

鎣鐀二字。金戈。

[illegible]煮金。②

鏒太加尔。鋅属。③

[illegible]阿夫弥也。④

鈖金万利，又奈太。⑤

鈯鉐二字。毛知支利。⑥

鮭鉥二字。加須加比。⑦

[illegible]保止支。⑧

鑃耳金。

鈺水金。

鉪加加利。⑨

鍉[illegible]二字。金豆知。⑩

[illegible]鋨錯三字。須支。⑪

鑫金屎。

鍫大金。

釷鍈二字。金敷。

鋮万佐加利。⑫

[illegible]加奈。⑬

鈸波左美。⑭

---

① 此字當是"鏄"的俗字。

② S.617《俗務要名林·火部》："鎔，煮金也。羊鐺反。"此字不詳。

③ 太加尔(たがに)，訓同"たがね【鏨】"。

④ 阿夫弥(あぶみ【鐙】)也。

⑤ 金万利(かなまり【金椀・鋺】)，又奈太(なた【鉈】)。

⑥ 毛知支利(もじぎり【鋘錐】)。

⑦ 加須加比(かすがい【鎹】)。

⑧ 保止支(ほとぎ【缶】)。此字蓋"瓫"或"瓮"的增旁俗字。

⑨ 加加利(ががり【鑼】)。

⑩ 金豆知(かなづち【金槌・鉄鎚】)。

⑪ 字頭第一形各本右旁作"直"。狩谷："恐'鍤'訛。《和名》：須岐。"須支(すき【鋤・犂】)。

⑫ 万佐加利(まさかり【鉞】)。此字蓋"鉞"的俗訛字。

⑬ 加奈(かな【金】)。各本右旁作"缶"，蓋是，"缶"即"缶"俗寫。

⑭ 波左美(はさみ【鋏・剪刀】)。

鋧勾金。

鋌止左須。①

鉻保己乃左支。②

鍝赤金。

鉮伊物,又革切。③

鐥鉢二。水金。

鉾へ良,又保己。④

鉷户良。⑤

鎵万利,又金。⑥

鐖鐿二字。乃保支利。⑦

鏍鐽鍥三字。立鬼。⑧

鈾鋔二字。奈太。⑨

鑁鑶二字。□□(不支)。⑩

銜銜二字。加豆知。⑪

鍾金太万支。⑫

鎧鋧鉝三字。加夫止。⑬

鄉豆留支。⑭

鐸□□(青豆)留支。⑮

① 止左須(とざす【閉ざす・鎖す】)。

② 保己乃左支(ほこ【矛・戈・鉾】の【之】さき【先】)。狩谷疑爲“鎔”字之訛,《群書類從》本旁注有一本作“鎔”。

③ 享和本字頭作“鉶”。“革”字原作“草”,似應作“革”。伊物(いもの【鋳物】),又革切。

④ “へ”原殘作“入”,各本作“己”,字形不似。狩谷疑當作“户”,與下條訓同,“へ”即“户”的片假名。へ良(へら【鎞】),又保己(ほこ【矛・戈・鉾】)。

⑤ 户良(へら【鎞】)。

⑥ “金”字各本作“釜”。狩谷疑此字頭爲“鋺”字之訛。万利(まり【鋺・椀】),又金。

⑦ 乃保支利(のほぎり【鋸】)。

⑧ “立鬼”不詳。

⑨ 奈太(なた【鉈】)。

⑩ “不支”據各本補。後一字頭右旁疑是“被風”二字之合。不支(ふき【吹き】)。

⑪ 加豆知(かずち)。

⑫ 金太万支(かね【金】たまき【手纏・環・鐶・射韝】)。此字疑爲“金纏”之“纏”的俗字。

⑬ 加夫止(かぶと【兜・冑】)。

⑭ 豆留支(つるぎ【剣】)。狩谷疑是“鄉”字之訛,引《説文》“鏌鄉,劍名也”。

⑮ “青豆”據各本補。青豆留支(あお【青】つるぎ【剣】)。

鋤釛二字。久豆和。①

釱豆惠。②

鍖金敷。

鈄金臼。

鑡比留臼。③

鎮ヘシ久支。④

釓須支。⑤

鈎沙比金。⑥

鉬加奈比也。⑦

鉾保己。⑧

鏤鎌戈。

鋏佐也。⑨

鉒須弥加支。⑩

鑃支太比金。⑪

鉢馬乃加美波左弥。⑫

鉬立金。

鋍志止弥金。⑬

钋支太不。⑭

鈇加奈比，又大(火)打。⑮

---

① 久豆和(くつわ【轡・銜・鑣・馬銜】)。此字蓋"勒"的俗字。

② 豆惠(つえ【杖】)。此字蓋"杖"的俗字。

③ 比留臼(ひる【簸】うす【臼】)。

④ 各本右旁作"宜"。ヘシ久支(ヘ【戸】し【之】くき【茎】)。此與金部"鉾"字和訓同。

⑤ 須支(すき【鋤・犂】)。

⑥ 沙比金(さび【錆・銹・鏽】かね【金】)。

⑦ 加奈比(かな【金】ひ【火】)也。

⑧ 保己(ほこ【矛・戈・鉾】)。

⑨ 佐也(さや【鞘】)。

⑩ 須弥加支(すみ【炭】かぎ【鉤】)。

⑪ 支太比金(きたひ【鑞】かね【金】)。

⑫ 馬乃加美波左弥(うまのかみ【馬頭】はさみ【鋏・剪刀】)。

⑬ 此字狩谷疑是"銹"字之訛。志止弥金(しとみがね【蔀金】)。各本作"志止祢金(しとね【茵・褥】かね【金】)"。

⑭ 支太不(きたう【鍛ふ】)。

⑮ 注文"大"據各本作"火"。加奈比(かな【金】ひ【火】)，又火打。

鉽加比。①

鍛加奈户。②

鋠奴利天。③

鍢户良。④

鐅加加利。⑤

[illegible]加奴知。⑥

鉫手加志。⑦

鏵胡瓜反,平;所也。⑧

新撰字鏡卷第六

珮蒲背反。《周礼》:"玉符(府)掌玉(王)之佩玉、珠玉。"鄭玄曰:"佩玉,所帶玉也。"《大戴礼》:"珮上有公(悤)衡,下有雙璜、衝牙,蠙珠以納其間。"《礼記》:"天子佩白玉,公侯佩山玄玉,大夫佩水倉(蒼)玉,世子佩瑜玉,[士]佩瓊玖(瓀玟),孔子佩象環五寸。"野王案:"凡帶物於身皆謂之[珮]。"[《礼記》:"左]佩紷帨、刀、厲、小錐門(鐫)、金鐩(燧);右佩決、扞、管、遰、人雙(大鐫)、木檖(燧)。婦人佩箴、管、線、纊。"《楚辞》:"紉秋蘭以爲佩。"並是也。《説文》爲佩字,在人部也。⑨

---

① 加比(かび【柄】)。

② 加奈户(かなえ【鼎】)。

③ 奴利天(ぬりて【鐸】)。

④ 户良(へら【鐴】)。

⑤ 加加利(ががり【鑼】)。

⑥ 加奴知(かぬち【鍛冶】)。狩谷疑此字是"鍛師"二字之合,是也。

⑦ 手加志(てかし【手桎・手械】)。

⑧ "所"字不詳,當有誤。

⑨ 《慧琳音義》卷九十六"簪佩"條:"下陪昧反。鄭注《周禮》云:珮玉,所帶玉也。《大戴禮》:珮上有葱衡,下雙璜、衡(衝)牙,蠙珠以納其間。天子珮白玉,公侯玄玉,大夫水蒼玉,世子瑜玉,士瓀玟,孔子珮象環五寸。顧野王:凡帶物在身皆謂珮。《説文》:大帶也。從人,凡聲。佩必有巾,巾謂之帀(市)。亦從玉作珮也。"《慧琳音義》此條當本《原本玉篇》,可以比勘。

《周禮·天官·玉府》:"玉府:掌王之金玉、玩好、兵器,凡良貨賄之藏。共王之服玉、佩玉、珠玉。"鄭玄注:"佩玉者,王之所帶者。"

《大戴禮記·保傅》:"上有雙衡,下有雙璜、衝牙,玭珠以納其間。"此處"公"當是"悤"之誤。"悤"同"葱",今本"雙衡"之"雙"蓋涉下"雙璜"而誤。

《禮記·玉藻》:"天子佩白玉而玄組綬,公侯佩山玄玉而朱組綬,大夫佩水蒼玉而純組綬,世子佩瑜玉而綦組綬,士佩瓀玟而緼組綬,孔子佩象環五寸而綦組綬。"此處"瓊"上原有"瑜"字,涉上"世子佩瑜玉"而衍。"瓊玖"據《禮記》當作"瓀玟",然而《詩·衛風·木瓜》:"投我以木瓜,報之以瓊玖。"毛傳:"瓊、玖,玉名。""瓊玖"或不誤。

《禮記·内則》:"左右佩用:左佩紛帨、刀、礪、小觿、金燧;右佩玦、捍、管、遰、大觿、木燧。婦事舅姑,如事父母。……右佩箴、管、線、纊。"釋文:"觿,本或作鑴。音同。""鑴"俗作"鐫""鎸"。此二"燧"字,此處皆涉上字"金"旁與"木"旁之字類化而改旁。

　　帔 鈹議反。《左氏傳》：“靈王翠帔以見子革。”杜預曰：“以翠羽餝帔也。”《方言》：“陳楚之間謂
裠帔。”《説文》：“弘農謂帬曰帔。”《釋名》：“帔，被也。彼（披）肩背，不及下也。”又音潡皮反。《山海
經》：“〔㵄〕狙獸，豪如帔蓑。”野王案：“帔之於背上也。”《楚辞》：“惟桀紂之昌帔。”王逸曰：“昌帔，衣
不帶之皃也。”又曰：“帔明月兮佩寶璐。”王逸曰：“在背曰帔也。”①

　　帶 都大反。《毛詩》：“垂帶而属。”《左氏傳》：“帶裳幅舃。”《禮記》：“雜帶，君朱緑，大夫玄華，士
繻（緇）辟。二寸，再繚曰（四）寸。凡帶，有率，无藏（箴）功。”鄭玄曰：“雜，猶餝也。”《方言》：“属謂
之帶。”郭璞曰：“《小尔雅》云：帶之垂者爲属。”又曰：“帶，行也。”郭璞曰：“隨人行者也。”《説文》：
“帶，〔紳〕也。”《考工記》：“凫氏爲鍾，鍾帶謂之篆也。”②

　　巾 羈銀反。《周礼》：“巾車：掌公車之政合（令）。”鄭玄曰：“巾，猶衣也。”《毛詩》：“出其東門，有
女如雲，縞衣綦巾。”傳曰：“綦巾，女服也。”《方言》：“魏采（宋）楚之間謂蔽膝爲大巾。”《説文》：“佩
巾也。”野王案：“本所以拭物，後人稍著于頭以當冠也。《漢書》‘平（斥）諸病吏，白巾出府門’，《東觀

---

①《左傳·昭公十二年》：“雨雪，王皮冠，秦復陶，翠被，豹舃，執鞭以出，僕析父從。右尹子革夕，王
　見之，去冠被，舍鞭。”杜預注：“翠被，以翠羽飾被。”
　《方言》卷四：“帬，陳魏之間謂之帔。”
　《説文·巾部》：“帔，弘農謂帬帔也。”
　《釋名·釋衣服》：“帔，披也。披之肩背，不及下也。”
　《山海經·西山經》：“（三危之山）其上有獸焉，其狀如牛，白身四角，其毫如披蓑，其名曰徼徊（㵄
　狙）。”此處“山海經”下奪“㵄”字。
　《楚辭·離騷》：“何桀紂之猖披兮。”王逸注：“猖披，衣不帶之皃。”
　《楚辭·九章·涉江》：“被明月兮珮寶璐。”王逸注：“在背曰被。”
②《詩·小雅·都人士》：“垂帶而属。”
　《左傳·桓公二年》：“帶裳幅舃。”
　《禮記·玉藻》：“雜帶，君朱緑，大夫玄華，士緇辟。二寸，再繚四寸。凡帶，有率，無箴功。”鄭玄
　注：“雜，猶飾也。”此處“繻”當作“緇”，“曰”當作“四”，“藏”當作“箴”。
　《方言》卷四：“属謂之帶。”郭璞注：“《小尔雅》曰：帶之垂者爲属。”
　《方言》卷十三：“帶，行也。”郭璞注：“隨人行也。”
　《説文·巾部》：“帶，紳也。”此處“紳”字奪。
　《周禮·考工記·凫氏》：“凫氏爲鍾。……鍾帶謂之篆。”此處“鍾帶”原作“帶帶”，後一“帶”作重
　文符，此重文符當乙至前一“帶”之之前，爲“鍾”的重文符。

漢記》'縫(絳)襜褕、絺巾''郭林宗折角巾'之例是也。"①

　　帣孚云反。《礼記》:"老(左)佩帣帨。"鄭玄曰:"帣,拭物巾也。今齊人有言帣者。"《方言》:"大巾謂之帣巾。"郭璞曰:"今江東通呼巾爲帉也。"②

　　帉《廣雅》:"帉,幀也。"《字書》亦帣字也。③

　　帨如鋭反。《毛詩》:"无感我帨。"傳曰:"佩乃(巾)也。"《礼記》:"老(左)佩帣帨。"鄭玄曰:"拭物巾也。"④

　　佩蒲賁反。《説文》:"玉珮也。所以象德也。"《字書》或爲佩(珮)字,在玉部。⑤

　　攢讚字。讚,俎(頌)也,解也。⑥

　　擥(攬)此擸字也。又擎(拏)字也。力甘、力敢二反。《説文》"撮持也。"《廣雅》:"擸,取也。"⑦

---

① 《周禮·春官·巾車》:"巾車:下大夫二人……"鄭玄注:"巾,猶衣也。"《周禮·春官·巾車》:"巾車:掌公車之政令。"

　《詩·鄭風·出其東門》:"出其東門,有女如雲。雖則如雲,匪我思存。縞衣綦巾,聊樂我員。"毛傳:"綦巾,蒼艾色女服也。"

　《方言》卷四:"蔽䣛,魏宋南楚之間謂之大巾。"

　《説文·巾部》:"巾,佩巾也。"

　《漢書·朱博傳》:"皆斥罷諸病吏,白巾走出府門。"

　《太平御覽》卷六百九十三引《東觀漢記》:"耿純率宗族賓客二千人,皆縑襜褕、絺巾迎上。"《北堂書鈔》卷一百二十九有"絳襜褕"條,此處"縫"當是"絳"字之訛。

　《太平御覽》卷十:"《後漢書》曰:郭林宗嘗於陳梁間行,遇雨,巾一角墊。時人乃故折角以爲林宗巾,其見慕如此。"

② 《禮記·内則》:"左佩紛帨、刀、礪、小觽、金燧。"鄭玄注:"紛帨,拭物之佩巾也。今齊人有言紛者。""紛"同"帣"。《方言》卷四:"㡏,巾也。大巾謂之帣。"郭璞注:"江東通呼巾帣耳。"此處"老"當作"左"。

③ 《廣雅·釋器》:"帉,幀也。"疏證改"帉"作"帣",但此處則作"帉"。

④ 《詩·召南·野有死麕》:"無感我帨兮。"毛傳:"帨,佩巾也。"注文"老"當作"左",參見上文"帣"字條。

⑤ 《説文·人部》:"佩,大帶佩也。"《説文》無"珮"字條。《楚辭·離騷》:"紉秋蘭以爲佩。"王逸注:"佩,飾也。所以象德。"《慧琳音義》卷三十二"荷珮"條:"《説文》:珮,所以象德也。從玉,凧聲。或從人作佩,亦同用也。"《新撰字鏡》與《慧琳音義》所引《説文》皆有"珮"字條。

⑥ 注文"俎"當作"頌"。《名義·手部》:"攢,頌也,解也。"

⑦ 字頭當作"攬"。注文"擎"當作"拏"。《玉篇·手部》:"擸,力甘、力敢二切。手拏取也。擥,同上。"《集韻·敢韻》:"擥,《説文》:撮持也。或從覽,從監。"

新撰字鏡卷第七

四部文數千九百六十二字,《小學篇》百九十七字

木部第六十八九百廿四字　　《小學篇》及《[本]草》木異名第六十九①

《小學篇》百五字　　草部第七十千卅八字又二字

《小學篇》字九十二字　　及《本草》草異名第七十一②

木部第六十八

九百廿四字

木亡卜反,入;四月(冒)也,木之言踊也,陽氣踊躍者也。③

宋上古文。④

楜胡木反,入;樸也。

楸梀二同字。桑屋反。小(山)木也。⑤

柧棿二同。古胡[反]。棱也,木四方爲棱。⑥

梓〔榟〕五割、即里(理)二反。今作薢(檗)。餘也,載也,楸也,橄也。牟久乃木,又久

---

① 正文標題作"《小學篇》字及《本草》木異名",茲據補"本"字。

② 正文標題作"《小學篇》字及《本草》異名","本草"後當省脱"草"字。

③ 注文"四月"當作"冒"。《説文·木部》:"木,冒也,冒地而生。"茲據校改。

④ 此形蓋小篆"朩"之變。

⑤ 注文"小"當作"山"。《玄應音義》卷十三"楜楸"條:"胡木反。下又作梀,同。桑屋反。楜梀,樸也,山木也。"茲據校改。

⑥ 《玄應音義》卷十三"八柧"條:"古胡反。《説文》:柧,棱也。《通俗文》:木四方爲棱,八棱爲柧。言珠有八棱也。"

比是。①

　　樀梓二字,古文。

　　柤(柉)梓梓皆上同字。②

　　樞樞二同。知録反。百刃无支,上□(曲)也。斫也,矩法也,斲斤也。③

　　格〔栲〕公道、古洛二反。梔也,樹枝也。④

　　梔以支反,平;架也,懸衣帯之木也,竿也,格也。豆奈也。⑤

　　槭古咸反。篋也,木篋也。

　　摗藪字。蘇走反。斗摗,舉也。⑥

　　枇〔批〕皮悲反,去,又平;擊也,枇杷也,細節(櫛)也。⑦

　　桎梏上之實反,下古禄反。在手曰桎,在足曰梏。

　　杻械上女久反,上;下户界反,去;桎梏也。

　　杚公礙反。量也,摩也,平也,〔平〕斗斛曰杚也。⑧

　　槩概二上字,同。許氣反。⑨

---

① 注文“里”當作“理”,“薛”作“蘖”。《玄應音義》卷十三“梓棺”條:“又作梓,同。即理反。古者殷人上梓。《字林》:梓,楸也。”《玄應音義》卷十三“栽蘖”條:“古文作樀、梓、不三形,同。五割反。《爾雅》:蘖,餘也,載也。言木餘載生蘖栽也。”茲據校改。《爾雅·釋詁下》:“烈、枿,餘也。”《爾雅·釋訓》:“蓁蓁、孽孽,戴也。”“蘖”同“枿”,通“孽”。“載”“戴”通。郝懿行義疏:“孽者,蘖之叚音也。《詩·碩人》傳:孽孽,盛飾。釋文引《韓詩》作蠥,長皃。《説文》:蠥,載高皃。載即戴也。是《韓詩》之蠥爲正體,孽爲叚借矣。高長又與戴義近。”此處注文“樀”蓋是“蘖”字義。“蘖”音同“闌”。《爾雅·釋宮》:“樀謂之闌。”牟久乃木(むくのき【椋の木・樸樹】),又久比是(くいぜ【株】)。

② 字頭“柤”當作“柉”。《玉篇·木部》:“蘖,餘也。樀不梓枿,並同上。”茲據校改。“梓”同“梓”。

③ “上”下一字殘。《山海經·海内經》:“百仞無枝,有九欘,下有九枸。”袁珂校注:“郭璞云:‘枝回曲也;音如斤斸之斸。’郝懿行云:‘《玉篇》云:欘,枝上曲。本此。《藏》本經文枝下有上字,今本脱也。’珂案:郝説是也。《御覽》卷九六一引此經正作‘上有九欘’,應據補。”《全王·燭韻》:“欘,枝上曲。”此亦有“上”字,殘字當從《切韻》《玉篇》校作“曲”。又《周禮·冬官·車人》:“車人之事,半矩謂之宣,一宣有半謂之欘,一欘有半謂之柯,一柯有半謂之磬折。”鄭玄注:“矩,法也。”此處以“矩法也”爲“樞”字釋義,不妥。

④ “公道反”爲“栲”字音,此處形近相混。《名義·木部》:“栲,公道反。”

⑤ 豆奈(つな【綱】)也。

⑥ 字頭原作“摗”。《廣韻·厚韻》蘇后切:“摗,抖摗,舉也。”《方言》卷六:“鋪頒,索也。東齊曰鋪頒,猶秦晉言抖藪也。”郭璞注:“謂斗藪,舉索物也。”

⑦ “去”下原衍一“去”字,據文例刪。注文“節”當作“櫛”。《廣韻·至韻》:“枇,細櫛。”茲據校改。又“擊”爲“批”字義。《廣韻·齊韻》:“批,擊也。”

⑧ “斗”上奪“平”字。《玄應音義》卷五“杚土”條:“古文杚、扢二形,今作槩,同。公礙反。杚,量也。《廣雅》:杚,摩也。亦平也。平斗斛曰杚也。”茲據校補。

⑨ “許氣反”爲“槩”或“概”字反切,蓋形近相混。

構向音。合也，乱也，成也。①

龍（龔）櫳**栊**三形同。龍音。疏也，牢也，房室曰疏。疏，窓也。②

柩渠救反，去；有屍謂柩，空棺。③

桃桄〔挑〕二形作。他堯反。抉也，刀劍之属。④

椑**捭**二形作。卑音。似柿也。

桡桡橈三形作。如紹反。木曲折也，弱也，檝也。加久，又万久。⑤

槢〔楔〕洁（結）音。櫻桃也，所以級（汲）也。⑥

根直行反，平；作樫，柱也。觸也，柏也，格也，随也，法也。門〔乃〕与利豆（立）。⑦

桄古文作撗、横二形。光音。車下横木也，根（根）也，充盛也。⑧

柂直紙反。陁字同。崩壞也。借達可反。舩尾曰柂。⑨

棧**桟**二同。仕諫反，去；棚也，閣也，橲也，謂置食器於其上也。⑩

櫂直孝、徒角二反。謂木〔无〕枝柯，〔梢〕櫂長而煞者也。加伊。⑪

楚初舉反。荊也，痛也。

槁〔熇〕〔犒〕苦蒿（蒿）反，上；熾盛也，朝也，熱皃，燥也，枯也，勞也。⑫

---

① "構"與"向"皆音"こう"。

② 字頭"龍"當作"龔"。《玄應音義》卷七"龔疏"條："力公反。《廣雅》：房龔，舍也。《説文》：房室曰疏。疏亦窗也。"《廣韻·東韻》："龔，《説文》云：房室之疏也。亦作櫳。"茲據校改。今《説文》"曰"作"之"，《廣韻》及《玄應音義》卷十五"龔疏"條亦引作"之"，"之"疑"曰"字誤。《説文·木部》："櫳，檻也。"又"牢也"爲"栊"字義。

③ 《玄應音義》卷十二"靈柩"條："《小爾雅》：有屍謂之柩，空棺謂之櫬。"此處蓋省。

④ 《周禮·冬官·輈人》："桃氏爲刃。"鄭玄注"刃，大刃，刀劍之屬。""抉也"爲"挑"字義。《玄應音義》卷一"生挑"條："《聲類》：挑，抉也。謂以手抉取物也。"

⑤ 加久（かく【掻く】），又万久（まぐ【曲ぐ】）。"加久"疑是"撓"字義。

⑥ 注文"洁"當作"結"，"級"當作"汲"。《玄應音義》卷十四"櫸棹"條："音結高。《通俗文》：機汲謂之櫸棹。"茲據校改。又"櫻桃"爲"楔"字義。《廣韻·黠韻》古黠切："楔，櫻桃。"

⑦ 《玄應音義》卷一"根觸"條："《説文》作樫，柱也。"和訓各本作"門乃与利立"，是。門乃与利立（かど【門】の【之】より【寄り】たち【立】）。

⑧ 注文"根"當作"桄"。《廣韻·唐韻》："桄，桄桄，木名。"茲據校改。

⑨ 《廣韻·紙韻》施是切："陁，壞也。"《名義·木部》："柂，直紙反。落也。"《原本玉篇·阜部》："陁，亦与柂字義同，在示（木）部也。""柂""杝""柂""陀""陁""陑"諸字同。

⑩ "橲"字原誤作"**樫**"。《名義·木部》："棧，橲木也。"《爾雅·釋木》："棧木，干木。"郭璞注："棧，橲木也。"

⑪ 注文"木"下奪"无"字，"柯"下奪"梢"字。《爾雅·釋木》："梢，梢櫂。"郭璞注："謂木無枝柯，梢櫂長而殺者。"茲據校補。加伊（かい【櫂】）。

⑫ 反切下字"蒿"當作"蒿"。《廣韻·晧韻》："槁，苦浩切。""蒿"爲晧韻字。又"熾盛也，朝也，熱皃，燥也"爲"熇"字義。《新撰字鏡·火部》："熇，許酷、五高二反。熱也、炙也、熱皃。熇熇，亦熾盛也。""勞也"爲"犒"字義。《廣雅·釋詁一》："犒，勞也。"《原本玉篇·食部》："饋，《國語》：以膏沐饋師。賈逵曰：饋，勞也。或爲槁字，在木部。"

梯〔稊〕湯兮反,平;楊秀也。波志。[①]

枳居紙反。木實也。加良立花也。[②]

朽虛柳反。木亦不可生也。

榭辞夜反。[講]武室也。阿波良,又太奈,又須波志。[③]

櫨來都反。橘,夏孰也。柱上栟(枅)也,榱也。[④]

柢杠二同作。丁計反。本也,木根也,石走也。[⑤]

樘達庚反。柱也,車樘也,樹也,枝也,張(棖)也,觸也。[⑥]

樑力將反。橋。宇豆波利。[⑦]

楔先結反。限也,門曰(兩)旁木。加止比良,又止犁也。[⑧]

柏(楣)屑(楣)字。[⑨]

榻恥闔反,入;志持也。[⑩]

梱苦本反。門具。止自支。[⑪]

柄鄙影反。執也,持也,把也,操也,取也。又從手。

[illegible]樅二形同。子容反,平;縮也。太太佐,又毛牟乃木。[⑫]

---

① "楊秀也"爲"稊"字義。《廣韻·齊韻》杜奚切:"稊,《易》曰:枯楊生稊。稊,楊之秀也。"波志(はし【梯】)。

② 加良立花(からたち【枳・枸橘・枳殼】はな【花・華】)也。各本還有"久知奈志(くちなし【梔子・巵子・山梔子】)"之訓。

③ 注文"武"上奪"講"字。《春秋·宣公十六年》:"夏,成周宣榭火。"杜預注:"《傳例》曰:宣榭,講武屋。"茲據校補。阿波良(あばら【亭】),又太奈(たな【棚】),又須波志(すばし【簀橋】)。

④ 注文"栟"當作"枅"。《説文·木部》:"櫨,柱上柎也。"段注改"柎"作"枅"。《玄應音義》卷七"櫨欂"條:"《説文》:欂櫨,柱上枅也。"《説文·木部》:"枅,屋櫨也。"茲據校改。《名義》作"栟","栟"同"開"。又"孰"同"熟"。《説文·木部》:"櫨,伊尹曰:果之美者,箕山之東,青鳧之所,有櫨橘焉。夏孰也。"

⑤ 注文"石走也"疑有訛誤。

⑥ 注文"張"疑當作"棖"。《玄應音義》卷一"棖觸"條:"《説文》作樘。柱也。"茲據校改。

⑦ 字頭"樑"爲"梁"的增旁俗字。宇豆波利(うつばり【梁】)。

⑧ 注文"曰"當作"兩",各本作"兩"。《爾雅·釋木》:"棖謂之楔。"郭璞注:"門兩旁木。"《玄應音義》卷七"因楣"條:"又作楔,同。"茲據校改。"加止比良,又止犁也",各本作"止比良(とびら【扉】),又止(と)"。

⑨ 字頭"柏"當作"楣",注文"屑"當作"楣"。《玉篇·木部》:"楣,《説文》曰:限也。楣,同上。"茲據校改。

⑩ 志持(しじ【榻】)也。

⑪ 止自支(とじき【戸閾】)。

⑫《名義·木部》:"樅,松葉栢身,縮橫。"《原本玉篇·糸部》:"縮,《儀礼》:磬,階間縮留(霤),北面皷之。鄭玄曰:宿(縮),樅也。雷(霤)以東西爲樅。古文宿(縮)爲蹙。"今本《儀禮·鄉飲酒禮》"樅"作"從",此"從"同"縱"。"樅"蓋"縱"字之訛。此"縮也"即"縱也",《名義》"縮橫"即"縱橫"之義。太太佐(たたさ【縦さ】),又毛牟乃木(もむのき【樅】)。各本作"太太佐万(たたさま【縦方】)"。

檼於靳反。楹上横亘者也，棟也。牟祢。[①]

桭〔梔〕辰卯反。牛之煩也，槅也，梔(梔)也。[②]

梔上字。

杈初夏反，平；左良比。[③]

梎烏交反。鎌柄。加万豆加。[④]

栲口考反。吴桃。久留比也。[⑤]

棚蒲亘(恒)、薄登二反。閣也，盛箭器。太奈也。[⑥]

桷〔桶〕古覺反，入；樽(榑)也，椽也。又他孔反。己弥加也。[⑦]

棁宧税(職悦)、徒括、他活三反。易真也，小短柱也。宇太知。[⑧]

檉諸貞反。楊類。川夜奈支，又牟吕乃木也。[⑨]

柽上字。

櫝徒谷反。小棺也，匱。

槺上同字。

椔𣘆二形同。側駛反，平；加良木也。[⑩]

椓都用(角)反。擊也，搯土也。[⑪]

杙弋字同。餘軄反。檝(樴)謂之杙，即橛也。久比，又加止佐志。[⑫]

---

① 牟祢(むね【棟】)。

② 此條混入"梔"字釋義。注文"梔"當作"梔"。《新譯華嚴經音義私記》經第六十二卷入法界品之三"軛"條："又爲振(梔)，於革反。轅端壓牛領者也。"茲據校改。又此條反切不詳。注文"煩"疑是"領"字之誤。

③ 左良比(さらい【杷】)。

④ 反切上字"烏"字左旁原從"犭"，但反切上字一般作"烏"，此處暫校作"烏"。加万豆加(かまつか【鎌柄】)。

⑤ "久留比"不詳，各本作"久留弥(くるみ【胡桃・山胡桃】)"。

⑥ 注文"亘"當作"恒"。《群書類從》本作"恒"。《廣韻・登韻》："棚，步崩切。""恒"爲登韻字。茲據校改。太奈(たな【棚】)也。

⑦ 注文"樽"當作"榑"。《群書類從》本、享和本作"榑"。《爾雅・釋宫》："桷謂之榱。"郭璞注："屋椽。"《説文・木部》："榑，壁柱。"《集韻・鐸韻》："榑，椽也。或省。"茲據校改。又"他孔反"爲"桶"字反切。己弥加(こみか【樽】)也，此和訓應據"樽"字而加。

⑧ 注文"宧税"疑當作"職悦"。《廣韻・薛韻》："棁，職悦切。"茲據校改。"易真也"不詳。宇太知(うだち【棁】)。

⑨ 川夜奈支(かわやなぎ【川柳】)，又牟吕乃木(むろのき【室の木・杜松】)也。

⑩ 《廣韻》有平、去二音，此音當是去聲。加良木(からき【枯木】)也。

⑪ 注文"用"當作"角"。《玉篇・木部》："椓，都角切。"茲據校改。《詩・小雅・斯干》："椓之橐橐。"鄭玄注："椓，謂搯土也。"

⑫ 注文"檝"當作"樴"。《爾雅・釋宫》："樴謂之杙。"茲據校改。久比(くい【杙・杭】)，又加止佐志(かど【門】さし【差し・指し】)。

榛士(仕)巾反。木叢生曰榛,草叢生曰薄。波自加弥。①

楯順音。禦也。詳遵反,平;欄檻也。馬夫世支,又於波志万,又於倍。②

檻胡敢(黵)反。櫳也,闌楯也。縱曰檻,橫曰楯。③

㮰 **㮰** 㮰〔㮰〕三形作。所龜、人向二反。栭謂之㮰,又椽也。波戸木。④

櫨〔擄〕力胡反,平;柱上枅也,舒也。⑤

欂□(補)各反。[櫨]也,枅也。介太,又太利木也。⑥

薄(欂)補各反。脅也,壁也,杜(柱)也。⑦

枅枡二形作。結奚反。柱上方木也。宜作开字。

楷上字。久支。⑧

楷徒合反,入;柱上木。波戸木。⑨

枴枴二同。皮變反。毛保己也。⑩

㮨[辭栗反]。柱奴支,又波志支。⑪

㮨[子結反。牖也,耦也]。已上六字皆枅字同。⑫

---

① 注文"木"字原在"曰榛"上。《玄應音義》卷二"榛木"條:"仕巾反。《廣雅》云:木叢生曰榛,草叢生曰薄也。"茲據乙正。又《玄應音義》卷十五"深榛"條音"士巾反"。波自加弥(はじかみ【薑・椒】)。

② "禦也"爲"盾"字義,"楯"又同"盾"。馬夫世支(うまふせぎ【馬防ぎ・馬塞】),又於波志万(おばしま【欄】),又於倍(おへ)。

③ 注文"敢"當作"黵"。《玄應音義》卷一"櫳檻"條:"下胡黵反。"茲據校改。

④ "人向反"爲"㮰"字反切。《名義・木部》:"㮰,人向反。"波戸木(はえき【㮰】)。

⑤ 《廣雅・釋詁四》《廣韻・魚韻》:"擄,舒也。""櫨"與"擄"形近相混。

⑥ 反切上字殘,右旁爲"甫","反"下奪"櫨"字。各本此條與下條合併爲一條,音"浦各反"。此下條音"補各反",此或當同。《廣韻・鐸韻》補各切:"欂,欂櫨,枅也。"《玉篇・木部》:"欂,補各、弼戟二切。欂櫨,枅也。"茲據校補。介太(けた【桁】),又太利木(たりき【垂木・榱・椽・㮰・架】)也。又作"たるき"。

⑦ 字頭"薄"當作"欂",注文"杜"當作"柱"。各本字頭作"欂",與上條爲異體。《説文・木部》:"欂,壁柱也。"茲據校改。但《名義》"杜"與"柱"二義皆有,俟考。

⑧ 久支(くき【莖】)。

⑨ 波戸木(はえき【㮰】)。

⑩ 毛保己(もほこ)也。本書"楺𣜩""莽草"條有此和訓。

⑪ 此條音義原作"子結反。牖也,耦也",據各本改。《玉篇・木部》:"㮨,慈栗切。枅也。"《名義・木部》:"㮨,子結反。牖也,耦也,橋也,欂櫨也。"柱奴支(はしらぬき【柱貫】),又波志支(はじき【撥き】)。

⑫ 此注文原誤入上條,參見上條校注。《玄應音義》卷十五"枅衡"條:"今作楷,同。結奚反。《蒼頡篇》:柱上方木也。一名楷,亦名枴,亦名㮨,亦名㮨。音子結反。""已上六字皆枅字同"蓋本《玄應音義》。

棬去權反,去;盂也,盆也。以此爲桼。又西[棬]縣。①

檐餘占反。槐也。

榍上字。

札柿二同字。側黠反,入;大(木)皮也,書牒也,削朴也,署也。②

桁又作笐。胡浪反,平;竿謂之桁。介太,又豆奈。械也。③

棟都弄反,去;屋極也。牟祢也。④

櫬虛奇反。蠹、瓠,夕(勺)也。⑤

栘許羈反,平;上字。

柵栅二形作。又白反,入;堅(豎)木曰柵。左須,又不奈太奈。⑥

槿居隱反。櫬槿,似李,花朝生夕殞,可食者也。保己,又保己乃加良,又祢夫利。⑦

橑〔撩〕力條反。擲也,理也。比佐志乃太利木。⑧

柲〔柲〕鄙媚反,去;椎也,擊也,偶也,矛柄也。⑨

桴又作艀。扶留反。打皷木也,編簰(竹木)也。大曰筏,小曰桴。⑩

---

① 注文"西"下奪"棬"字。《集韻·眷韻》古倦切:"棬,西棬,縣名。或从木。"此音爲平聲,但此字也有去聲,即《集韻》"古倦切"。茲據改補。

② 注文"木"殘作"大"。《玄應音義》卷十五"木札"條:"側黠反。木皮也。律文有作柿,敷廢反。《説文》:削朴也。朴,札也,謂削木柿也。二形通用。又作櫛,非也。"茲據校改。"柿"同"柿"。"札"與"柿"本非異體,蓋俗字混用。

③ 介太(けた【桁】),又豆奈(つな【綱】)。

④ 牟祢(むね【棟】)也。

⑤ 注文"夕"當作"勺"。《玄應音義》卷十六"一櫬"條:"虛奇反。《方言》:陳楚宋魏之間謂蠹爲櫬。郭璞曰:櫬、蠹、瓠,勺也。今江東呼勺爲櫬。律文作栘,假借也。正音虛衣反。栘,木名,汁可食。栘非此義。"茲據校改。

⑥ 注文"堅"當作"豎"。《玄應音義》卷十六"壘柵"條:"力癸反,下又白反。軍壁曰壘,豎木曰柵也。"《玄應音義》卷十七"柵欄"條:"又白反。《説文》:編豎木也。"今本《説文》"豎"作"樹",段注改作"豎"。茲據校改。左須(さす【刺す·挿す】),又不奈太奈(ふなだな【船柵·船棚】)。此和訓疑與"柵"或"棚"字和訓相混,"柵"與"棚"形近,義與"柵"近。

⑦ 《玄應音義》卷十六"木槿"條:"居隱反。《爾雅》:椴,木槿;櫬,木槿。似李花,朝生夕殞,可食者也。"《爾雅·釋草》:"椴,木槿;櫬,木槿。"郭璞注:"似李樹,華朝生夕隕,可食。"此有省文。保己(ほこ【矛·戈·鉾】),又保己乃加良(ほこ【矛·戈·鉾】の【之】から【幹·柄】),又祢夫利(ねぶり【眠り·合歡】)。

⑧ 《名義·木部》:"橑,梁道反。榱也,椽也,垣也。"此處音義爲"撩"字。《玄應音義》卷十六"撩與"條:"力條反。撩,擲也。《説文》:撩,理也。"比佐志乃太利木(ひさし【廂·庇】の【之】たりき【垂木·棰·椽·槒·架】)。

⑨ "椎也,擊也"爲"柲"字釋義。《方言》卷十:"柲,推(椎)也。"《説文·木部》:"椎,擊也。"

⑩ 注文"簰"當作"竹木"。《玄應音義》卷十六"乘桴"條:"《論語》:乘桴浮於海。馬融曰:編竹木也。大者曰筏,小者曰桴。"茲據校改。

栭人之反，平；木耳也。太太利，又牟加栗也。①

橌檽〔擩〕二形同作。而注、奴豆二反，去；又加（如）之反，平；梁上柱也。構也，又不解事。波波木，又辛桃，又加志乃木也。②

榾胡昆反，平；大木未剖也，令（全）物也。③

柟如（奴）含、而剡二反。梅也。楳，上字。④

柺居業反。劒裨（柙）也。志比也。⑤

樛〔摎〕力周、居茅二反。来（束）也，下曲也，交勾。⑥

挧上字。

㧊芳主反。拍也。拍，弄也。⑦

褱榱上古文褱，今作阿字。烏可反。下乃可反。柔弱皃，亦草木盛也。⑧

榢杤榱字古文，今作那字。

楫艥字同。資獵反。所以櫂舩也，亦"剡木爲楫"是也。⑨

麓力穀反。山足也。不毛止。禁，上古文。⑩

杜斁字同。徒古反。塞也，悶塞也，澀也。毛利，又佐加木。⑪

---

① 《廣韻・之韻》："栭，木名，似栗而小。一曰梁上柱也。"《説文・艸部》："栭，木耳也。"二字通。太太利（たたり【絡垜・欟】），又牟加栗（むかくり）也。"牟加栗"各本作"比牟加之利（ひむかしり）"，未詳。

② 注文"加"當作"如"。《切二》《切三》《裴韻》《全王・之韻》如之反："檽，木耳。"《名義・木部》："栭，如之反。""橌"同"栭"。茲據校改。《廣韻・候韻》奴豆切："檽，構檽，不解事。"《廣韻・遇韻》："檽，而遇切。""而注、奴豆二反，去"爲"檽"字音。波波木（ははき【帚・箒】），又辛桃（からもも【唐桃】），又加志乃木（かしのき【樫の木】）也。

③ 注文"令"當作"全"。《玄應音義》卷四"大榾"條："《三蒼》：全物者也。"茲據校改。

④ 注文"如"當作"奴"。《玄應音義》卷十三"柟薪"條："奴含反。"《名義・木部》："柟，奴含反。"茲據校改。"楳"同"梅"。

⑤ 注文"裨"當作"柙"。《説文・木部》："柺，劒柙也。"茲據校改。志比（しい【椎】）也。

⑥ 注文"来"當作"束"。《玄應音義》卷二十"摎項"條："又作挧，同。力周、居茅二反。《蒼頡篇》：摎，束也。"茲據校改。《廣韻・幽韻》居虯切："樛，《説文》曰：下句曰樛。《詩》曰：南有樛木。傳云：木下曲也。"

⑦ 《玄應音義》卷十九"㧊塵"條："芳主反。拊猶拍也。拍，弄也。"

⑧ 《玄應音義》卷十九"褱榱"條："《字詁》：古文褱、褱二形，今作阿，同。烏可反。下古文榱、杤二形，今作那，同。乃可反。《字書》：褱榱，柔弱皃也。亦草木盛也。"

⑨ 《玄應音義》卷十九"舟楫"條："《通俗文》作艥，同。資獵反。《詩》云：檜楫松舟。傳曰：楫，所以櫂船也。《周易》：'黃帝剡木爲楫'是也。"

⑩ 不毛止（ふもと【麓】）。

⑪ 《玄應音義》卷十九"皆杜"條："《説文》作斁，同。徒古反。《國語》：杜門不出。賈逵曰：杜，塞也。塞，閉也。《方言》：杜，澀也。趙曰杜。郭璞曰：今俗通語也。澀如杜。杜子澀，因以名也。"此處"悶塞"二字似當乙正。毛利（もり【杜】），又佐加木（さかき【榊・賢木】）。

槅居責反。軛也,轅曲木也。牛乃久比木。①

椀〔捥〕蒲結、於官(管)二反。杯也,小盖(盂)也,留也。万利。②

棉〔搧〕〔桮〕上字。蒲結、薄迷二反。轉也,搧而煞之也。圜盖(楬)也。檐也。③

相枂上亡眉反,平;又息亮反,去;視也,質也,向也,背也,助也,輔也,澤(擇)也,治也,佐也,導也。下五活反,入;去樹皮也。作從目与月,又從扌也。④

攢非味反。謂相撲爲相攢。

㯺㯺二形作。張略反。斫也,鑵(鑿)也。⑤

栝古活反。箭,進也。檜也。箭末曰栝,即會。不弥太。⑥

以下平聲

桸而隆反。宇豆木,又志毛止。⑦

楓方隆反。香樹。加豆良。⑧

樅〔摐〕子紅反。摐滅也,桙櫩也。⑨

松榕二同。詳容反。

㦸敷隆反。木上。

楼於爲反。田器也。

杝弋支反。扶杝。己佐夫良。⑩

梔章移反。梔子,林蘭。

枝章移反。枝柯。

---

① 牛乃久比木(うし【牛】の【之】くびき【軛・頸木・衡】)。

② 注文"官"當作"管","盖"當作"盂"。《名義·木部》:"椀,於管反。盌字。小盂也。"茲據校改。《玄應音義》卷十九"批捥"條:"又作捥,同。蒲結反。""蒲結反"爲"批"字音,此處誤爲"捥"字音。"留也"不詳,或是"捥"字釋義。万利(まり【椀】)。

③ 注文"盖"當作"楬"。《四聲篇海·木部》:"桮,圜蓋《漢書》云:美酒一桮。"《廣韻·齊韻》:"桮,圜楬《漢書》云:美酒一桮。"《説文·木部》:"桮,圜楬也。""棉"與"桮"形近相混。茲據校改。《名義·木部》:"棉,稗弣(補低)反。檐也,栢也。"《玄應音義》卷十九"批捥"條:"又作搧,同。蒲結反。《廣雅》:搧,轉也。《左傳》:搧而煞之。杜預曰:手搧之也。""搧"爲"批"的異體,此則將《玄應音義》"搧"引文混入。上條將"蒲結反"誤爲"捥"字音,此處誤同。又"圜盖也"爲"桮"字義。

④ 注文"澤"當作"擇"。《名義·木部》:"相,擇也。"《周禮·考工記·矢人》:"凡相筍。"鄭玄注:"相,猶擇也。"茲據校改。"亡眉反"疑是"楣"字反切。"又從扌也"指"揎""拐"字。

⑤ 注文"鑵"當作"鑿"。《廣雅·釋器》:"㯺謂之鑿。"茲據校改。

⑥ 《釋名·釋兵》:"(矢)又謂之箭。箭,進也……其末曰栝,栝,會也,與弦會也。"不弥太(ふみた【札·簡】)。

⑦ 宇豆木(うつぎ【空木·卯木】),又志毛止(しもと【菱·楉·細枝】)。

⑧ 加豆良(かつら【楓】)。

⑨ 《玄應音義》卷十二"摐摵"條:"捉頭曰摐。下音滅。滅,除也。"《切韻》系韻書即有"摐"訛混爲"樅"的例子,如 S.2055《切韻箋注·東韻》:"樅,桙櫩。"同一小韻又云:"樅,樅滅。"

⑩ "扶"又作"扶",同。己佐夫良(こさふら)。

桻下紅(江)反。桻艭,恨(帆)也。①

杠古雙反。旌旗飾也,橦也,石橋也。支利久比也。②

樆力移反。山梨也。

桋桋二形作。以脂反。赤楝(栜)也。③

楣武悲反。力(户)楣也,前梁。④

檇樵二形作。醉綏反。以木有所擣。《春秋傳》"越販(敗)吴於檇李"也。⑤

栭(楒)息兹[反]。相楒木。豆志也。⑥

樨胡嵇反。樨蘇,木名,似檀也。

椑方奚反。椑椭,小樹也。

枯苦胡反。加良木。⑦

梧□(五)胡反。支利乃木。⑧

梌度都反。木枝四布也。

株陟輸反。木根也。

梳梳二形。色魚反。櫛也。久志也。⑨

樗勑魚反。惡木也,大枝者甕(臃)腫,小枝皆卷曲。⑩

機居希反。機杼也,弩牙也。須波紅(江)也。⑪

椭索嵇反。椑也,小樹也。万木,又己曾木也。⑫

杯布回反。□(盞)也。太奈,又阿波太。⑬

桮上字同。

橾山虞反。車轂内死(孔)也。⑭

① 注文"紅"當作"江","恨"當作"帆"。《廣韻·江韻》下江切:"桻,桻艭,帆未張。"兹據校改。

② 支利久比(きりくい【切杭·杌】)也。

③ 注文"楝"當作"栜"。《説文·木部》:"桋,赤栜也。"兹據校改。

④ 注文"力"當作"户"。《廣韻·脂韻》:"楣,户楣。"兹據校改。

⑤ 注文"販"當作"敗"。《廣韻·脂韻》:"樵,《左傳》越敗吴於樵李。"兹據校改。

⑥ 字頭"栭"當作"楒"。《廣韻·之韻》息兹切:"楒,相楒木。"兹據校改。豆志(つし)也。

⑦ 加良木(からき【枯木】)。

⑧ 反切上字殘。P.3695、《切三》《王一》《全韻·模韻》:"梧,五胡反。"兹據校補。支利乃木(きりのき【桐の木】)。

⑨ 久志(くし【櫛】)也。

⑩ 注文"甕"當作"臃"。《莊子·逍遥游》:"吾有大樹,人謂之樗。其大本擁腫,而不中繩墨,其小枝卷曲,而不中規矩。""樗"同"樗","臃"同"擁"。"臃"又作"癰",故誤爲"甕"。兹據校改。"大枝"當作"大本","皆""者"或有一誤。

⑪ "紅"據各本校作"江"。須波江(すわえ【楚·楉·杪】)也。

⑫ 万木(まき【真木·被·槙】),又己曾木(こそ【社】き【木】)也。

⑬ "反"下字原殘作"盞"。《全王·灰韻》:"杯,盞。"兹據校補。

⑭ 注文"死"當作"孔"。《全王·虞韻》:"橾,車轂内孔。"兹據校改。

枚莫杯反。枝也,幹也,衛(衛)也,箸也,鍾孔(乳)也,凡也,數也。①

槐户恢反。宫槐。加太久弥。②

櫅即嵇反。榆。奈豆女。③

櫲力屯反。似樟橡(豫樟)。久須乃木。④

櫻語巾反。木名,色白。

枸相倫反。枸邑縣,在扶風也。

檳必隣反。榔。比尓良有。⑤

椿勑屯反。豆波木。⑥

朴枌二形作。符分反。榆。須木,又屋衣豆利,又乃木須介。⑦

樆附袁反。藩也。

楥韋元反。洛絲籰。

杬愚袁反。木名,一曰藏卵也。

椢舉云反。櫃也。

楎户昆反。三礼(爪)犂,一曰犂上曲木也。⑧

橗莫奔反。木乃也尓。⑨

樽即昆反。己弥加。⑩

村此尊反。牟久乃木。⑪

楛呼昆反。

欑在丸反。木叢。

欒落官反。木名,人姓。

---

① 注文“衛”當作“衛”,“孔”當作“乳”。《周禮·夏官·大司馬》:“徒銜枚而進。”鄭玄注:“枚,如箸,銜之,有繢結項中。”《周禮·考工記·鳧氏》:“枚謂之景。”鄭玄注:“鄭司農云:枚,鍾乳也。”兹據校改。

② “宫”上疑奪“守”。《王一》《全王·灰韻》:“槐,守宫槐,木名。”《切三》亦無“守”字。《爾雅·釋木》:“守宫槐,葉晝聶宵炕。”兹據校補。加太久弥(かたくみ)。

③ 奈豆女(なつめ【棗】)。

④ 注文“樟橡”當作“豫樟”。《爾雅·釋木》:“櫲,無疵。”郭璞注:“櫲,梗屬,似豫章。”兹據校改。久須乃木(くすのき【樟・楠】)。

⑤ “榔”字原作字頭置於“檳”字之下。《切三》《全王》《廣韻·真韻》必鄰反:“檳,檳榔。”兹據乙正。比尓良有(びにろう【檳榔】)。

⑥ 豆波木(つばき【海石榴・山茶・椿】)。

⑦ 須木(すぎ【杉・椙】),又屋衣豆利(や【屋】えつり【栈】),又乃木須介(のきすけ【梠】)。疑“枌”與“杉”字形近相而混,故有“須木”之訓。

⑧ 注文“礼”當作“爪”。《廣韻·魂韻》:“楎,三爪犂曰楎。”兹據校改。

⑨ 木乃也尓(き【木】の【之】やに【脂】)。

⑩ 己弥加(こみか【樽】)。

⑪ 牟久乃木(むくのき【椋の木・樸樹】)。

梡梡二形作。胡官反。木名,出蒼梧,子可食。①

桓胡官反。

根古痕反。始也。

橺户恩反。所以平量也。

棺古丸反。人木。

槙槙二形作。都年[反]。木杪也。万木。②

栧諸延反。辛桃,又山桃也。③

棉武延反。木棉樹,出交州。

橼与專反。又去;枸橼,可作粽也。④

欂欂二形作。似泉反。闔案也。⑤

橋橋二形作。巨驕反。橋梁也。

梢椒二形作。即消反。保曽木。⑥

枵許嬌反。玄枵,星也。

櫹𣚮𣚮三形作。蘇彫反。槮,樹枝長皃。

栓山員反。木釘。

㨨[揣]市專反,又丁果、初委二反。光(抏)摇也,度也。⑦

梭索戈反。織梭也。

楸枆[托]一(二)同。莫袍反。冬桃。下口(呼)高反。攬(攪)也。⑧

梢所交反。舩尾也,紫(柴)也。⑨

栯胡茅反。栯桃,栀子。

椰枒二形作。以遮、似嗟二反。椰子,木果各(名),出交州,葉背面相向(似)也。⑩

枷古牙[反]。枷鎖。又連枷,打穀具也。

---

① “完”俗寫作“兒”。“可食”二字原倒,據《廣韻》乙。

② 万木(まき【真木・柀・槙】)。

③ 辛桃(からもも【唐桃】),又山桃(やまもも【山桃】)也。此二義似非“栧”字義,俟考。

④ 字頭與注文“橼”字原皆作“橡”。“橼”“橡”皆平聲,此云“又去”,疑指“掾”字(去聲“以絹切”)。

⑤ “欂”當爲“欑”的訛字。

⑥ 保曽木(ほそき【蔓椒】)。

⑦ 注文“又”以下爲“揣”字音義。注文“光”當作“抏”。《玉篇・元韻》:“抏,動也,摇也。”《廣雅・釋訓》:“揣抏,摇捎也。”茲據校改。

⑧ 此字頭有二,注文“一”當作“二”,“下”下一字殘,注文“攬”當作“攪”。《龍龕・手部》:“托,俗。撓,正。呼高反。撓攪也。”茲據改補。

⑨ 注文“紫”當作“柴”。《廣雅・釋木》:“梢,柴也。”茲據校改。

⑩ 注文“各”當作“名”,“向”當作“似”。《廣韻・麻韻》以遮切:“椰,椰子,木名,出交州,其葉背面相似。”茲據校改。

椏烏牙反。江南謂樹歧爲[权]椏。木乃万太。①

柍柍所加反。柍棠,木名,出崑崙也。

楂宅加反。春藏草葉,可爲飲,西南人呼曰葭楂。

楂鋤加反。水中浮木也。

查槎二形,上字。

樟諸良反。橡(豫)。久須乃木。②

橿居良反。鋤橿。一名檍,万年木。

柑古三反。橘属也,味木。

桧桧二形作。胡南[反]。桧桃,櫻桃也。

橝徒含反。木名。波比乃木。③

楊与章反。赤莖柳。

杴虛嚴反。鍬属也。

欃所減(咸)反。楔也。④

棱棱二形作。魯登反。威棱。俗作稜。

枯息廉反。炊竈木。

探視占反。果名,似奈也。

柃[楏]鋤簪反。葉也。⑤

槮所今反。樹長皃。不志豆介乃木。⑥

森所今反。木枝長皃。

梣昨淫反。[青]皮木。又祀金反。⑦

杺息林反。車軸杺。

棽姉心、子禁二反。木桂。

---

① "椏"上奪"权"字。各本此處有"权"字。《廣韻·麻韻》:"椏,《方言》云:江東言樹枝爲椏权也。"《集韻·麻韻》:"椏,《方言》:江東謂樹岐爲权椏。"《倭名類聚鈔》二十卷本"权椏"條:"《方言》云:河東謂樹岐曰权椏。"十卷本引作"江東謂樹枝曰权椏。"今方言無此條。此處與《集韻》所引近同。《慧琳音義》卷四十一"鐵权"條:"《考聲》云:岐木也。""歧"同"岐"。疑作"岐"或"歧"是,作"枝"蓋訛。各書多引作"江東",此處"江南"未詳。茲據校補。木乃万太(き【木】の【之】また【叉】)。

② 注文"橡"當作"豫"。《廣韻·陽韻》:"樟,豫樟,木名。"茲據校改。久須乃木(くすのき【樟·楠】)。

③ 波比乃木(はい【灰】の【之】き【木】)。

④ 注文"減"當作"咸"。《廣韻·咸韻》:"欃,所咸切。"茲據校改。

⑤ 《廣韻·侵韻》:"柃,徐林切。"S.6187、《裴韻·侵韻》:"楏,鋤簪反。"此音爲"楏"字音,形近相混。

⑥ 不志豆介乃木(ふしづけ【柴漬】の【之】き【木】)。

⑦ 注文"皮"上奪"青"字。S.6187、《裴韻》《全王·侵韻》《説文·木部》:"梣,青皮木。"茲據校補。"祀金反"當是"杺"字音,參見上"杺"條。

檎巨今反。林檎也。前床。①

芩丑林反。

林力尋反。最(叢)也，衆也，和也。②

橝徐林反。

樓落集(侯)反。③

櫾以周反。柚同。

杬羽求反。

楸七由反。大檟。比佐木。④

枱(柃)郎丁反。舟有窓。衣乃木。⑤

椉〔㨃〕打(特丁)反。山梨也。杕同。⑥

杕中莖[反]。代(伐)木聲。⑦

桱户經反。床前長机。

枰府盈反。枰欄也。

櫻樱二形作。烏莖反。棯桃。佐久良也。⑧

檠橾二形作。渠京反。所以正弓也。

橫古黃反。長安門名，東西也，充也。

栁桺二形作。五剛反。繫馬柱也。

枰符兵反。平也，榻也。枰仲，木名也。

桑菜二形。息郎反。久波乃木。⑨

桹曾(魯)當反。桄桹也，高木也。⑩

框□(去)王反。棺。《礼》曰："士不虞框。"⑪

㭋檣艢三形，同字。疾良反。舩檣也，一曰颿柱。

---

① "前床"不詳，疑涉下"桱"字注文"床前長机"而衍。

② "最"字《名義》作"冣"，爲"叢"的俗字。

③ 注文"集"當作"侯"。《廣韻·侯韻》："樓，落侯切。"茲據校改。

④ 比佐木(ひさぎ【楸】)。

⑤ 字頭"枱"當作"柃"。《廣韻·青韻》郎丁切："柃，《説文》木也。"《廣韻·青韻》郎丁切："舲，舟上有窓。"此"柃"字釋義疑與"舲"字義混。茲據校改。衣乃木(えのき【榎】)。

⑥ 注文"打"當作"特丁"。《廣韻·青韻》："椉，特丁切。"茲據校改。《廣韻·耕韻》："㨃，撞也，觸也。"《説文·木部》："杕，撞也。""㨃"同"杕"。

⑦ 反切下字"莖"下奪"反"字，注文"代"當作"伐"。《廣韻·耕韻》中莖切："杕，伐木聲也。"茲據補改。

⑧ 佐久良(さくら【桜】)也。

⑨ 久波乃木(くは【桑】の【之】き【木】)。

⑩ 注文"曾"當作"魯"。《廣韻·唐韻》："桹，魯當切。"茲據校改。

⑪ 反切上字殘。《切三》《王一》《裴韻》《全王》《廣韻·陽韻》："框，去王反。"茲據校補。

朶武方反。屋梁也。

枋府良□（反）。木，可作車。①

次上聲

椹式稔反。桑實。又平聲；牟久乃木。②

櫅上字。

枓當口反。柱上方木。又之康（庚）反。斟水器。木佐久。③

柳力久反。小楊也，聚。

榥胡廣反。讀書床。

欓德朗反。葉（茱）萸也。阿久良。④

榜博朗反。木片。又平；笞打。

枉紆往反。屈。從木也。耶曲也，木皮也。⑤

柍於兩反。木實。

槳二作同。[即]兩反。機属也。⑥

梮二作同。良蔣反。松脂也。⑦

橡詳兩反。木實。止知。⑧

欖虛（盧）敢反。橄也。⑨

橄古覽反。橄（欖），木名，出交阯。⑩

檟古雅反。

榎上字。衣乃木。⑪

槶於歸反。通陂竇也。

橹勒可反。橹椏，樹斜也。万加利木。⑫

---

① "良"下奪"反"字。《廣韻·陽韻》府良切："枋，木名，可以作車。"茲據校補。
② 牟久乃木（むくのき【椋の木・樸樹】）。
③ 注文"康"當作"庚"。《廣韻·庚韻》："枓，之庚切。"茲據校改。木佐久（きさく【木杓】）。
④ 注文"葉"當作"茱"。《玉篇·木部》："欓，茱萸類。"茲據校改。阿久良（あぐら【胡床・胡坐】），此和訓未詳，或是上字訓。
⑤ "從木也"蓋指"枉"字從木作也。"木皮也"俟考。
⑥ 字頭僅有一形，異體未詳。"兩"上奪"即"字。《切三》《王一》《裴韻》《全王》《廣韻·養韻》："槳，即兩反。"茲據校補。
⑦ 字頭僅有一形，異體未詳。
⑧ 止知（とち【橡・栃】）。
⑨ 注文"虛"當作"盧"。《廣韻·敢韻》："欖，盧敢切。"茲據校改。
⑩ 注文"橄"當作"欖"。《廣韻·敢韻》古覽切："橄，橄欖，果木名，出交阯。"茲據校改。
⑪ 衣乃木（えのき【榎】）。
⑫ 万加利木（まがり【曲り・勾り】き【木】）。

杣〔㭰〕徒可反。正舟木也,楫也。①

檮都法(浩)反。籥(斷)木。又直留反,平;杌。②

楷尺紹反。堅木也。波波曽乃木,又奈良乃木。③

梗符善反。杞也。

楩而兗反。棗名。

橪人善反。棗也。

樿旨善反。木白理者也。

板布縮反。伊太。④

橎府遠反。堅木也。

楷苦亥(駭)反。模楷也,法也,式也。⑤

棨康礼、去見二反。兵欄也,傳信也,幢也,條也。

樠朗古反。彭,樓。⑥

櫓上同。大盾也,樓也,露也。

棋俱羽反。柏(枳)。⑦

枸构二形。俱羽反。可以爲醬也。

椻**㭴**二形同。以主反。又平;鼠梓。⑧

撫孚武反。安。

杼除吕反。機持緯者也。比伊。⑨

梠力舉反。楄梠。

榧非尾反。李。⑩

柿枾二形同。鉏里反。加支。⑪

擬**㩁**二形同。魚紀反。度也。

李良士反。使也。理字。須毛毛。⑫

---

① 《廣韻·祭韻》餘制切:"杣,樴杣。"《廣韻·哿韻》徒可切:"柂,正舟木也。俗從包,餘同。"此處"杣"與"㭰"字混。

② 注文"法"當作"晧","籥"當作"斷"。《王一》《全王·晧韻》都浩反:"檮,斷木。"茲據校改。

③ 波波曽乃木(ははそ【柞】の【之】き【木】),又奈良乃木(なら【楢·柞·枹】の【之】き【木】)。

④ 伊太(いた【板】)。

⑤ 注文"亥"當作"駭"。《切三》《裴韻》《全王》《廣韻·駭韻》:"楷,苦駭反。"茲據校改。

⑥ 《廣韻·姥韻》:"樠,彭排。"《廣韻·姥韻》:"櫓,城上守禦望樓。"

⑦ 注文"柏"當作"枳"。《廣韻·麌韻》俱雨切:"棋,枳棋。"茲據校改。

⑧ 字頭第二形爲俗訛字。

⑨ 比伊(ひい【杼】)。

⑩ 《廣韻·尾韻》:"榧,木名,子可食,療白蟲。"此"李"字疑是"木"與"子"之誤合。

⑪ 加支(かき【柿·枾】)。

⑫ 《左傳·僖公三十年》:"行李之往來。"杜預注:"行李,使人。"須毛毛(すもも【李】)。

柅女履反。又平;絡絲柎。《易》□(曰):“金柅。”太太利。①

楑〔揆〕蔡(葵)癸反。大椎也,度也。②

[illegible]榏二形作。尹(牛)□(狄)反。艗子(字)。天子舟也。③

椅於綺反。椅柅。又平;梓。

樏〔摞〕力委反。似槃,中有隔。又平;理也,榼也。④

栙步項反。打。

棒上字。

次去聲

梇盧貢反。梇棟,又縣名。⑤

杫[illegible]二形作。斯義反。肉机。《後漢[書]》:“向(尚)書[郎]無被枕杫。”⑥

槌馳僞反。蠶槌也。

柒(棊)鄙媚反。地名。⑦

櫃求位反。櫃篋。

樻丘愧反。木,腫節,可爲杖。

槧七瞻(贍)反。橋(插)。⑧

槱余救反。積薪燒之。

枕䭜鴆反。□(又)之稔反,上;万久良。⑨

---

① 注文“易”下一字殘。《廣韻·旨韻》:“柅,絡絲柎。《易》曰:繫于金柅。”《切韻》系韻書無“繫于”二字。兹據校補。太太利(たたり【絡垜】)。

② 注文“蔡”當作“葵”。《王一》《裴韻》《全王·旨韻》:“楑,葵癸反。”《切三》亦誤作“蔡”。兹據校改。又《廣雅·釋器》:“柊楑,椎也。”《説文·手部》:“揆,度也。”此因與“揆”形近而混其義。

③ 注文“尹”當作“牛”,其下一字殘作“[illegible]”,“子”當作“字”。《玉篇·木部》:“榏,牛狄切。榏舟。亦作艗。”《名義·木部》:“榏,牛狄反。鷁首,天子舟。”此殘字右旁作“大(火)”,當是“狄”字之誤。兹據改補。

④ 注文“槃”下原有重文符。《廣韻·紙韻》:“樏,似盤,中有隔也。”“盤”同“槃”。兹據删。《廣韻·戈韻》:“摞,理也。”《玉篇·木部》:“樏,扁榼謂之樏。”此處注文“榼也”前疑奪“扁”字。

⑤《廣韻·送韻》:“梇,梇棟,古縣名,在益州。”“梇棟”即縣名,不需“又”字。

⑥ “漢”下奪“書”字,注文“向”當作“尚”,“書”下奪“郎”字。《廣韻·寘韻》:“杫,肉机。後漢之亂,尚書郎無被枕杫也。”《裴韻·寘韻》:“杫,肉机。《後漢書》:尚書郎無被枕杫。”《後漢書·鍾離意傳》:藥崧者,河内人,天性朴忠,家貧爲郎。常獨直臺上,無被,枕杫,食糟糠。帝每夜入臺,輒見崧,問其故,甚嘉之,自此詔太官賜尚書以下朝夕餐,給帷被皁袍,及侍史二人。崧官至南陽太守。”兹據補改。

⑦ “柒”字《裴韻》《全王》《集韻》同,龍宇純《校箋》以爲或當作“棊”,即《費誓》之“費”,是也。此蓋俗從“木”,正字當作“棊”或“粜”。《廣韻·至韻》:“棊,惡米。又魯東郊地名。《説文》作粜。”《説文·米部》:“粜,惡米也。《周書》有《粜誓》。”

⑧ 注文“瞻”當作“贍”,“橋”當作“插”。P.3694、《裴韻·豔韻》七贍反:“槧,插。”兹據校改。

⑨ “之”上殘。《裴韻》《全王·沁韻》:“枕,職鴆反。又之稔反。”兹據校補。万久良(まくら【枕】)。

槸於候、市由二反。地名。①

樺胡化反。

橋莫賀(駕)反。床頭橫□(木)。②

棹直孝(教)反。舟棹。③

櫬胡慣反。無櫬。

櫝古段反。棄木。

橉許勸反。轊橉也。

楦上同。

櫬楚覲反。空棺也,梧桐也。上(比)度乃木也。④

橃橃二形作。方肺反。椵木也。

朳(扒)博恢(怪)反。《詩》云："勿剪勿扒。"⑤

欐力制反。

櫡魚祭反。木相摩。

橇上字。

槵胡桂反。

桂古惠反。

楸於據反。無足樽。

檜古兌反,又[古]活反。栢葉松身。比乃木。⑥

杕特計反。盛杕也,特也,獨也。

棣特計反。車下李。

檕檕二形作。古計反。苟杞也。⑦

梐〔梧〕居御反。一名櫬也。⑧

---

① 字頭《王一》同,《唐韻》《廣韻》作"槸",後者爲正。

② 注文"賀"當作"駕","橫"下一字殘。《王一》《裴韻》《全王》《唐韻》《廣韻·禡韻》莫駕反："橋,牀頭橫木。"茲據改補。

③ 注文"孝"當作"教"。《王一》《全王》《唐韻》《廣韻·效韻》："棹,直教反。"茲據校改。

④ 注文"上"字 HDIC 校改作"比",是也。十卷本《倭名類聚鈔》卷六"棺"字條："和名比度岐。"(二十卷本作"和名比止岐")。比度岐(ひとき【棺・人城】),比度乃木(ひと【人】の【之】き【木】),兩和訓義同。

⑤ 字頭"朳"當作"扒",注文"恢"當作"怪"。《廣韻·怪韻》博怪切："扒,拔也。《詩》云:勿剪勿扒。""怪"俗作"恠",故誤作"恢"。茲據校改。

⑥ "又"下奪"古"字。《切三》《王一》《裴韻》《全王》《唐韻》《廣韻·末韻》："檜,古活反。"茲據校補。比乃木(ひのき【檜・檜木】)。

⑦ 《王一》《裴韻》《唐韻》《廣韻·霽韻》："檕,古詣反。"此處反切下字"計"亦是霽韻字,但恐非原文,或涉上兩條的反切下字"計"而改。

⑧ 《廣韻·御韻》居御切："梐,靈壽,木名。"《說文·木部》："梧,一名櫬。"此"梐"與"梧"形近相混。

櫃直吏反。又市力反。種也。

植上字。時吏、時職二反。柱也，旁柱曰植，又繫縛柱也，倚。

梸而至反。酸棗。宇豆波利。①

次入聲

檄徒得反。杙。宇豆波利。②

棫榮逼反。木藂。

檍檍二同。於力反。楺輪也。③

櫻子六（力）反。④

楉而灼反。楉桶（榴）。之毛止。⑤

槳叱涉反。樹葉動。

极其輒反。驢上負板也。

梜古狎反。木理乱。

椒胡的、胡革二反。鍾（種）椒也，燒麥［枡］椒。⑥

棟所責反。□（棟）木。⑦

橵山列反。茱萸也。

櫪閭激反。馬槽。久比是，又久奴木也。⑧

檄古（胡）狄反。符檄也。⑨

槷五結反。危。

栁五割反。伐木餘。

椊**桰**二形。昨没反。椊杌，以柄内孔。

---

① 宇豆波利（うつばり【梁】）。

② 宇豆波利（うつばり【梁】）。

③ 《周禮・考工記・輪人》："輪人爲輪，三材必以其時。"鄭玄注："三材，所以爲轂、輻、牙也……今世轂用雜榆，輻以檀，牙以橿也。"《周禮・考工記・輪人》："又牙也者，以爲固抱也。"鄭玄注："鄭司農云：牙讀如'跛者訝跛者'之訝，謂輪輮也。世間或謂之罔，書或作輮。"《原本玉篇・車部》："輮，野王案：《説文》即車輞也。曲直木爲煣字，在火部。或爲杍（楺）字，在木部。"《廣韻・職韻》："檍，木名，一名木橿也。"《廣韻・陽韻》："橿，一名檍，萬年木。"此處"楺輪"指"檍"木可供"楺輪"之用。

④ 注文"六"當作"力"。《裴韻》《全王》《唐韻》《廣韻・職韻》："櫻，子力反。"兹據校改。

⑤ 注文"桶"當作"榴"。《廣韻・藥韻》："楉，楉榴，安石榴也。"兹據校改。之毛止（しもと【楉・桾・細枝】）。

⑥ 注文"鍾"當作"種"，"麥"下奪"枡"字。《説文・木部》："椒，種樓也。一曰燒麥枡椒。""麥"下原有補字符，但所補之字似已殘缺不見，蓋是"枡"字。兹據改補。

⑦ "反"下字殘作"㭰"，HDIC校作"棟"，蓋是。《廣韻・麥韻》："棟，木名。"兹據校補。

⑧ 久比是（くいぜ【株】），又久奴木（くぬぎ【櫟・椚・橡・櫪】）也。

⑨ 注文"古"當作"胡"。《王一》《裴韻》《全王》《唐韻》《廣韻・錫韻》："檄，胡狄反。"兹據校改。

橛𣛙二皃作。其月反。林(株)。[①]

橜其月反。闑也,几也,杙也。

栗㮚𣡌三形作。力質反。久利。[②]

柲(樒)亡必反。木樒。[③]

樾王伐反。樹陰。

橘[居蜜反]。[④]

櫛阻瑟反。梳也。

橃𣝗二形作。房越反。大舩也,附(泭)也,木橃。[⑤]

梮〔欅〕居玉、余庶二反。舉食者。[⑥]

栯於六、禹九二反。柿水子(栯李),木。[⑦]

楣莫代(沃)反。門椵(樞)反(横梁)。[⑧]

槭所六反。馬櫪。

四聲了

橙柱陵、除耕二反。橘属也。白利。[⑨]

柚瑜進厶(售)反。樤。[⑩]

樤徒彫反。柚。

樝莊瑕反。似梨也。

梨理思反。

梬如兖反。檡。[⑪]

---

① 注文"林"當作"株"。《王一》《裴韻》《全王》《唐韻·月韻》:"橛,株橛。"兹據校改。"二皃作"即"二形作",但本書他處未有作"皃"者,蓋偶用之。

② 久利(くり【栗】)。

③ 字頭"柲"當作"樒"。《廣韻·質韻》:"樒,木樒,樹名。"兹據校改。

④ 注文脱。《切三·質韻》:"橘,居蜜反。"《王一·質韻》居密反:"橘,甘果名。"《裴韻·質韻》居密反:"橘,小柚。"《全王·質韻》居蜜反:"橘,甘果。"疑此處原文與《切三》同。兹據校補。

⑤ 注文"附"當作"泭"。《玉篇·木部》:"橃,泭也。"兹據校改。

⑥ 《廣韻·御韻》:"欅,羊洳切。""余庶反"是"欅"字音。

⑦ 注文"柿水子"當作"栯李"。《切三》《王一》《裴韻》《全王》《唐韻》《廣韻·屋韻》於六反:"栯,栯李。"《全王》《廣韻·有韻》:"栯,木名,服之不妬。"兹據校改。

⑧ 注文"代"當作"沃","椵"當作"樞","反"當作"横梁"。《切三》《王一》《裴韻》《全王》《唐韻》《廣韻·沃韻》莫沃反:"楣,門樞横梁。"《王一》《裴韻》《唐韻·沃韻》:"瑁,莫沃反。又莫代反。"此誤以韻首字"瑁"的又音爲反切。兹據校改。

⑨ 白利(しろり),不詳。或當是"白梨",見下文"樆"字條。

⑩ 注文"進厶"當作"售"。《名義·木部》:"柚,瑜售反。"兹據校改。

⑪ 《切三》《廣韻·静韻》《玉篇》等音"以整切",《名義》音"如兖反",《玄應音義》卷十一"梗棗"條音"如兖反",大治本、金剛寺本、高麗藏初雕本、《慧琳音義》"梗"字皆作"梬",高麗藏再雕本及磧砂藏改作"梗"。《俗務要名林》果子部:"梬棗,上而兖反。""梬"字古音多是"如兖反","梬"或是"梗"的古字。

梅莫該反。栴。

杏遏梗反。幸(辛)桃。①

楳猗明反。雀梅也。

奈那頼反。那也,遇也。奈何,亦如何也。②

㮈奈字。檟、㭊。加良奈之。③

椵思移、且(息)移二反。槃也。山毛毛。④

羊側羴(鄰)[反]。榛字。似梓實而小也。⑤

棠達郎反。杜也。

榕辞立也(反)。堅木。⑥

楎禹鬼反。木名也。

楰辞貴反。楡也。

楯先慮反。犁柄也。

柊之戎反。樬,椎。⑦

桍公道反。

楟之幼反。木也。

槦餘祗反。⑧

採子(千)代反。斛(槲)木。⑨

楟橚槽槢四字,楞字,在上。⑩

椓之悦反。柄也。悦字同也。

號胡勞反。

𩮈(棗)祖道反。棗也。⑪

棘居陟反。棘棗也。

---

① 注文"幸"當作"辛"。辛桃(からもも【唐桃】),"杏"的古稱。

② 注文"頼"當作"頼"。《名義·木部》:"奈,郎頼反。"茲據校改。

③《廣雅·釋木》:"檟、㭊、櫨、㮈也。""檟"同"檟"。加良奈之(からなし【唐梨】)。

④ 注文"且"疑當作"息"。《廣韻·支韻》:"椵,息移切。"茲據校改。《廣韻·支韻》:"椵,椵桃,山桃。"山毛毛(やまもも【山桃】)。

⑤ 注文"羴"當作"鄰","羴"下奪"反"字。《名義·木部》:"羊,側鄰反。"茲據校改。

⑥ 注文"也"當作"反"。《名義·木部》:"榕,辞立反。"茲據校改。

⑦《説文·木部》:"椎,擊也,齊謂之終葵。""柊樬"即"終葵"。

⑧《名義·木部》:"槦,徐𥄂反。"反切下字呂校定作"松",即"私"字。又《名義·尸部》:"㞐,餘祗反。"此處反切下字作"𥄂",茲據校作"祗"。

⑨ 注文"子"當作"千","斛"當作"槲"。《名義·木部》:"採,[千]代反。槲木也。"《玉篇·木部》:"採,千代切。槲也。"《名義·肉部》:"腜,千代反。""腜"與"採"音同。茲據校改。

⑩ 注文"在上"指上文已出"楞"字條。

⑪《名義》字頭作"𩮈",此爲其誤。注文"棗"字原作"来",《名義》同,即俗"棗"字。

枲司里反。麻。加良牟志也。①

橃輔園反。樊字也。②

樊上字。寵(籠),邊也。③

梇時穿反。④

㯼上字。

椋椋二形同。力將反。楝。

楝力才反。椋。

栵閭制反。栭也,崩(蒯)也。波波曾乃木也。⑤

枎栲二同字。又朱荑也。

梌餘冉反。

橭俱禹反。白梨也。⑥

欙力隻(佳)反。蔓。⑦

柀碑詭反。似松,生[江南]。⑧

楒所咸反。須木也。⑨

杉上字。

櫹勑倫反。似樟也。

杶熏(櫄)字。⑩

权上古文。⑪

槆勑旬反。杶也。

桜如佳反。小木。

槵思即反。

---

① 加良牟志(からむし【苧・枲】)也。

② 注文"樊"當作"奰"。《説文・奿部》:"奰,樊也。"茲據校改。

③ 注文"寵"當作"籠"。《廣韻・元韻》:"樊,樊籠。"茲據校改。《廣雅・釋言》:"樊,邊也。"

④《名義》字頭作"梮",異體作"遰"。

⑤ 注文"崩"當作"蒯"。《名義・木部》:"栵,蒯也。"茲據校改。波波曾乃木(ははそ【柞】の【之】き【木】)也。

⑥ 注文"白梨"不詳,本書"橙"字注有"白利",疑有關聯。

⑦ 注文"隻"當作"佳"。《名義・木部》:"欙,力佳反。"《玉篇・木部》:"欙,同欙。"茲據校改。

⑧ 注文"生"下奪"江南"二字。《爾雅・釋木》:"柀,粘。"郭璞注:"粘,似松,生江南,可以爲舩及棺材,作柱,埋之不腐。"茲據校補。

⑨ 須木(すぎ【杉・椙】)也。

⑩ 注文"熏"當作"櫄"。《説文・木部》:"杶,木也。櫄,或从熏。"茲據校改。

⑪《説文・木部》:"杶,木也。杻,古文杶。"本條字頭即《説文》古文之隸定。字又隸定作"杻"或"杼"。段注云:"即屯字側書之耳。《集韻》徑作杻,非也。"商承祚《説文中之古文考》:"杻,《説文》:杻,古文杶。案:屯,金文作乇,與篆文近。此作권,當是乇之横寫而誤。小徐以爲从丑,《集韻》亦作杻,皆非也。"

　　栵盰羽反。枂(杼)。志波。①

　　柔時渚、當(甞)旅二反。柞也,栵也。②

　　樣辞兩反。栵實也。

　　枰力胡、力祖二反。坼枰也。③

　　楈子賤反。

　　樶詞醉反。赤羅也,湯(楊)樶也。阿加志比豆。④

　　欏力多反。樶。

　　椵加馬反。柚属,似橘。⑤

　　楛胡古文(反)。木中矢幹。奈波江也。⑥

　　朸如陵反。

　　楷至而反。楷。

　　精□□(才見)反。⑦

　　樏理詣反。

　　槟毗民反。

　　桍來□(括)反。⑧

　　梭且泉反。樏也。己佐夫良也。⑨

　　樺俾質反。

　　櫔(梸)力達反。奈良乃木。⑩

　　樶詩踞反。大木也。

　　檗補革反。黄木。

---

① 注文"枂"當作"杼"。《名義·木部》:"栵,杼也。"《説文·木部》:"栵,柔也。""柔"同"杼"。茲據校改。志波(しば【柴】)。

② 注文"當"當作"甞"。《名義·木部》:"柔,甞旅反。"茲據校改。

③ 《名義》字頭誤作"桍"。

④ 注文"湯"當作"楊","樶"下原有"之"字。《群書類從》本作"楊樶"。《廣韻·至韻》:"樶,陽樶,木名。樶,上同。"《王一》《裴韻》《全王·至韻》:"樶,楊樶,木名。子可食。"《爾雅·釋木》:"樶,蘽。"郭璞注:"今楊樶也。"茲據改刪。阿加志比豆(あかしひつ),各本作"阿加之比(あかしひ)",山田疑"豆"字衍。

⑤ 字頭右旁原作"叚",誤。

⑥ 注文"文"當作"反"。《玉篇·木部》:"楛,胡古切。"茲據校改。奈波江(なばえ【蘽】)也。

⑦ 此條原補在該列天頭,字頭作"㮯",出《原本玉篇》,《名義》"楷"與"樏"之間爲"精""梢""槟"三字,"梢"字上文已出,"槟"字在下文,故此字當是"精"。《名義·木部》:"精,才見反。木名也。"茲據校補。

⑧ 反切下字殘。《名義·木部》:"桍,來括反。"茲據校補。

⑨ 己佐夫良(こさふら)也。

⑩ 字頭"櫔"當作"梸"。《名義·木部》:"梸,力達反。木名。"茲據校改。奈良乃木(なら【楢·柞·枹】の【之】き【木】)。

樓(欟)局圖(圓)反。黄華也。①

樗上字。加地乃木。②

縠古斛反。楮也,惡木。加地乃木也。③

楮都古反。加地乃木。④

柠上字。

杞袪紀反。枸檵也。比乃木也,又一比乃木。⑤

梂渠鳩、渠掬二反。櫟實也,鑿首也,駑(弩)柎也,梂也。久利乃伊加。⑥

棶□(來)見反。數陎之木也。⑦

檿於黠反。山桑。豆美。⑧

櫛先栗反。可以爲杖也。

榤上字。

檈雛玄反。檈(檈)味,棯棗也,旋也,亦□(短)味也。⑨

桐徒東反。支利乃木。⑩

榆是珠、庾珠二反。白枌也。尔礼也。⑪

棻妨云反。香木也。

樵徐焦反。取也,薪也。

栢補格反。椈。

椈居陸反。栢也。

柏補格反。

机飢雉反。木,似榆。加知木。⑫

杒如振反。桎也,支輪木。

---

① 字頭“樓”當作“欟”,注文“圖”當作“圓”。《名義·木部》:“欟,局圓反。黄華也,英也。”兹據校改。

②《説文·木部》:“樗,木也。樓,或从蒦。”加地乃木(かじのき【梶の木・構の木・楮の木・縠の木】)。

③ 加地乃木(かじのき【梶の木・構の木・楮の木・縠の木】)也。

④ 加地乃木(かじのき【梶の木・構の木・楮の木・縠の木】)。

⑤ 比乃木(ひのき【檜・檜木】)也,又一比乃木(いちひ【石櫧・櫟】の【之】き【木】)。

⑥ 注文“駑”字蓋當作“弩”。《廣雅·釋器》:“跻、樌、梂,柎也。”疏證:“《説文》:弆,持弩柎也。弆與跻義相近。”久利乃伊加(くり【栗】の【之】いが【毬・梂】)。

⑦ 反切上字殘。《名義·木部》:“棶,來見反。”兹據校補。“數陎”不詳。《廣韻·虞韻》:“陎,陎陵,縣名。”“數陎”疑當作“陎陵”。

⑧ 豆美(つみ【柘】)。

⑨ 注文“檈”當作“檈”,“亦”下一字殘。《説文·木部》:“檈,檈味,稔棗。”《爾雅·釋木》:“還味,棯棗。”郭璞注:“還味,短味。”兹據改補。

⑩ 支利乃木(きり【桐】の【之】き【木】)。

⑪ 尔礼(にれ【楡】)也。

⑫ 加知木(かじ【梶・構・楮・縠】き【木】)。

桬杜答反。似李也，果名。

榙故（胡）答反。桬。比佐志也。①

𣛙𣛙揺三形作。餘招反。大木。

某莫後反。酸果也，設事也。

𣕊上古文。

樹時注反。立也，木惣名也。②

尌上字。

本捕衮反。舊也，根也，木下也，始也，基也。

𣎳上字。

林（末）莫曷反。杪也，薄也，四支也，緒也，微也，巓也，衰也，淺也，木上也，無也，勿也，續也，随也，端，遂（逐）也。③

楒楒楠三形作。□（皮）秘反。木，可食，酢美也。④

果古禍反。惣木實曰果，草實曰苊（蓏）。勝也，克也，成也，能也，遂也，空（定）也，煞敵也，決也，濟也，信也。⑤

朴普木、普角二反。大也，本也。倉本反。急速也。⑥

栞口寒反。槎也。

㓞上字。

櫹時葉反。虎豆也，獡［櫹］也，烏枕。久万加志，又久万豆豆良。⑦

桸如甚反。弱也。

楆猗驕反。夭字也。⑧

朵都果反。順（頤），罰（嚼）也。樹木朵也。⑨

---

① 注文"故"當作"胡"。《名義·木部》："榙，胡答反。"茲據校改。比佐志（ひさし【廂·庇】）也。

② 注文"木惣"原倒。《廣韻·遇韻》《玉篇·木部》："樹，木捴名。"茲據乙正。

③ 字頭"林"當作"末"，注文"遂"當作"逐"。《名義·木部》："末，莫曷反。杪也，薄也，四支也，微也，淺也，垂也，衰也，随也，續也，緒也，遠也，老也，勿，無也。"《廣雅·釋詁三》："末，逐也。"茲據校改。

④ "作"下一字殘。《名義·木部》："楠，皮秘反。"茲據校補。

⑤ 注文"苊"當作"蓏"，"空"當作"定"。《廣韻·果韻》："蓏，果蓏。應劭云：木實曰果，草實曰蓏。"《名義·木部》："果，定決也。"茲據校改。

⑥ 《廣韻·混韻》"倉本切"有"忖""扗""刌"三字，此處"倉本反"，蓋即混入其中某字形與"朴"相近者。《名義》"刌"字作"刌"，形較似。又《方言》卷十二："懟朴，猝也。"郭璞注："謂急速也。"

⑦ 注文"獡"下省"櫹"字。"獡"同"獵"。《爾雅·釋木》："櫹，虎櫐。"郭璞注："今江東呼爲櫨櫹。""櫨櫹"又作"獵涉"。茲據校補。"烏枕"不詳，"枕"字《師説抄》疑"柏"字，濱臣疑"枛"字，俟考。久万加志（くまかし【熊樫】），又久万豆豆良（くまつづら【熊葛】）。

⑧ 《名義·木部》："楆，妖字。"《廣韻·宵韻》："夭，本亦作夭。"此"夭"字疑當作"妖"。

⑨ 注文"順"當作"頤"，"罰"當作"嚼"。《易·頤》："觀我朵頤。"王弼注："朵頤者，嚼也。"茲據校改。《説文·木部》："朵，樹木垂朵朵也。"

梃達鼎反。杖也，一枚也。

纍仕及、山中(巾)二反。衆盛也。①

欄〔攔〕下板反。攔然，勁忿之皃，猛也。大木皃。個字。②

柖時妖反。樹繇皃，瓊(埻)的也，俗(浴)床也。③

朴子鳥反。急(忽)高也。④

榣餘妖反。樹動也。

柏(榾)呼骨反。高也。⑤

杽摎字。耆也。⑥

槮楚林反。木長皃。槮差，不齊等也。⑦

梴丑連反。長皃，碪梢也。⑧

橢於宜反。長皃，倚也，張也。⑨

欃〔槀〕仕衫、且衫二反。木葉隨(墮)也，□(彗)星也，槍也。⑩

柝撻各反。劇字。

榑附俱反。桑，神木。

杲公道反。杲杲，白也，明也。冐字。

---

① 注文"中"當作"巾"。《廣韻·臻韻》："纍，所臻切。"《廣韻·臻韻》："莘，所臻切。"《名義·艸部》："莘，所巾反。""莘"與"纍"音義近。"巾"爲真韻字，與臻韻近。本書"帪""鈴"字注文"中"皆"巾"字誤。茲據校改。

② "欄""攔""個"音同，"個"同"攔"。此處"大木皃"爲"欄"字義，其餘則爲"攔"字義。《廣韻·潸韻》下板切："欄，大木也。"《左傳·昭公十八年》："今執事攔然授兵登陴。"杜預注："攔然，勁忿貌。"《方言》卷二："攔，猛也。"《集韻·產韻》："個，武皃。《爾雅》：瑟兮個兮。或作攔。"《名義》與本條同，《名義·木部》："欄，下板反。猛也。"

③ 注文"瓊"當作"埻"，"俗"當作"浴"。《呂氏春秋·本生》："共射其一招。"高誘注："招，埻的也。"《廣雅·釋器》："浴牀謂之柖。"茲據校改。

④ 注文"急"當作"忽"。《廣韻·篠韻》《玉篇·木部》："朴，木忽高也。"《全王·篠韻》："朴，忽高。"《説文·木部》："朴，相高也。"段注改"相高"爲"榾"，他人多改"相"作"榾"，參見《説文詁林》。茲據校改。

⑤ 字頭"柏"當作"榾"。《玉篇·木部》："榾，呼骨切。高也。"《説文》篆文作"𣘶"，此字頭蓋其隸定之訛。

⑥ 注文"耆"字《名義》作"蓍"，俟考。

⑦ 字頭原作"𢮝"，《名義》作"橾"，即"槮"字。

⑧ 《方言》卷五："碪機，陳魏宋楚自關而東謂之梴。"郭璞注："碪機，碪梢也。"

⑨ 《廣韻·支韻》："橢，長也，倚也，施也。""橢"同"橢"。

⑩ 注文"隨"當作"墮"，"星"上一字殘。《五行大義》引《東宮切韻》："欃，鋤銜反。釋氏云：木名，又木葉落。薛峋云：又士巖反。欃槍，彗星。"(轉引自上田正《切韻逸文の研究》)"木葉墮"即"木葉落"。《説文·木部》："槀，木葉陊也。"(小徐本"陊"作"隋"，云"此亦擇字")《玉篇·木部》："欃，木蘭也。""槀，同上。《説文》音託。落也。與籜同。《爾雅·釋天》："彗星爲欃槍。"茲據校補。又"且"疑是"鋤"字之誤。

杳於鳥反。冥也。杳杳,深冥兒。

梆何格反。角械。

築黴陸反。杵也,擣也,剌也。

檥義倚反。正也,附也,舡着岸也,幹也。

輪柯旦反。柘也,槙也。

模莫好(奴)反。法也,繡也。摹字。規也,形也,掩取象也。加太支也。①

極渠憶反。棟也,中也,至也,已也,捐(指)也,就也,所也,致也,盡也,窮也。②

楹餘誠反。柱。

椽馳宣反。榱也。

榙弡旃反。屋榙聯也,屋笮(筓)也。③

樀都歷反。檐也,梠也,户樀也,朝門也。④

槏口(去)咸(減)反。户也,小户也,房(居)也,窻也。床字。⑤

櫖於候(侯)反。莖(莖)也,樼(樶)也。⑥

樞齒榆反。本也,根也。

上字。⑦

宋莫當反。屋大梁也。

---

① 注文"好"當作"奴"。《名義·木部》:"模,莫奴反。"茲據校改。《尚書大傳》卷四:"繢乎其猶模繡也。"加太支(かたぎ【形木·模】)也。

② 注文"捐"當作"指"。《名義·木部》:"極,指也。"《儀禮·大射禮》:"朱極三。"鄭玄注:"極,猶放也,所以韜指,利放弦也,以朱韋爲之。"茲據校改。

③ 注文"笮"當作"筓"。《名義》亦作"笮",馬小川《〈篆隸萬象名義〉新校》校作"筓",云:"'榙',《説文·木部》訓'屋榙聯也',即相連屬的屋檐板,又《竹部》:'筓,迫也,在瓦之下,棼上。'徐鍇《繫傳》:'屋上薄謂之屋筓。'《爾雅·釋宮》:'屋上薄謂之筄。'郭璞注:'屋笮。'《釋名·釋宮室》:'笮,迮也,編竹相連迫迮也。'《廣韻·陌韻》:'筓,屋上版。'可知'屋笮'成詞,亦是聯綿編排的屋檐板之義。'乍'俗書中亦有作'卞'之例,如敦煌文獻中**怍**寫作**𢐴**,當注意分辨。同理,《名義》同部首'棚'字的義項'笮'亦當改爲'筓'字。"茲據校改。

④ 《説文·木部》:"樀,户樀也。《爾雅》:檐謂之樀。"《説文繫傳·木部》:"樀,户樀也。《爾雅》曰:檐謂之樀。樀,朝門也。徐鍇曰:據許慎指曰朝門之檐也。"《説文·門部》:"閘,閘謂之樀。閘,廟門也。"《名義·門部》:"閘,樀,朝門,屋也。""樀"字段注云:"許以此樀爲朝門之樀,彼樀(閘字注)爲廟門之樀。正謂此檐彼閘分朝廟,形異而義隨之也。蓋本舊説。"徐灝注箋、《説文句讀》"樀"字注皆曰:"朝當作廟。"按,似當作"廟門"。

⑤ 反切上字殘作"**𠂇**",與"去"字形近。下字"咸"當作"減","房"當作"居"。《玉篇·木部》:"槏,去減切。"《新撰字鏡·户部》:"床,又作槏。口減反。居也。"《玄應音義》卷十六"床户"條:"律文作居,字與床同。音餘冉反。户鍵也。"殘字茲據補改。

⑥ 注文"候"當作"侯","莖"當作"莖","樼"當作"樶"。《名義·木部》:"櫖,於侯反。莖也,樶也。"《廣韻·侯韻》烏侯切:"櫖,木名。《爾雅》曰:櫖,莖。"《廣雅·釋木》:"櫖,樶也。"茲據校改。

⑦ 此字俟考。

橳力達(庭)反。屋梠也,連□(綿)也。①

梶郁問(迴)反。門户扉也,舩前立柱也。②

杅於胡反。塗者也,槾也。奈豆。③

槾亡旦反。杵(杅)也。加户奴留。④

柤隻加反。水中浮草也,破敗也,柴閑也,栭(柵)也,距也。加良奈志也。⑤

楗〔捷〕渠偃反。杜(牡)也;閂,牝也。舉也,器也,樓(接)也,距門也,　。⑥

櫑力面(回)反。舉酒樽,刻木雲雷象也。磊,狀(壯)大也。⑦

楃烏角反。大(木)帳。⑧

楔革黠反。櫻桃也,□(兩)旁木也。梢(楣)字也。⑨

檴恥雉(雖)反。戒夜者所繫(擊)也,行夜時也。⑩

柾樫二形作。公定反。桱也,筹也。久木。⑪

櫓苦閾反。酒器也。

櫎胡廣反。帷,屏風属也。

---

① 注文"達"當作"庭","連"下一字殘。《名義·木部》:"橳,力庭反。"《方言》第十三:"屋梠謂之欞。"郭璞注:"雀梠,即屋檐也,亦呼爲連綿。"殘字作"𦂅",與"綿"字形合。茲據改補。

② 注文"問"當作"迴"。《名義·木部》:"梶,郁迴反。"茲據校改。《釋名·釋船》:"(船)其前立柱曰梶。梶,巍也,巍巍高貌也。"《經義述聞》:"(梶)俗作桅,《説文》無桅字。"

③ 奈豆(なず【撫づ】)。

④ 注文"杵"當作"杅"。本書上文:"杅,槾也。"《説文·木部》:"槾,杇也。""杅"同"杇"。茲據校改。加户奴留(かべ【壁】ぬる【塗る】)。

⑤ 注文"栭"當作"柵"。《名義·木部》:"柤,柵也。"《説文·木部》:"柤,木閑。""柵"與"木閑"義近。茲據校改。《詩·大雅·召旻》:"如彼棲苴。"毛傳:"苴,水中浮草也。"《國語·晉語一》:"衆萅沮之。"韋昭注:"沮,敗也。"幾字相通。"柴閑"與"木閑"義同。加良奈志(からなし【唐梨】)也。《廣韻·麻韻》:"樝,似梨而酸。或作柤。"

⑥ 注文"杜"當作"牡","樓"當作"接"。《禮記·月令》:"脩鍵閉。"鄭玄注:"鍵,牡;閉,牝也。"《漢書·賈誼傳》:"淮陽包陳以南揵之江。"顔師古注:"如淳曰:揵謂立封界也。或曰,揵,接也。"茲據校改。"舉也"亦爲"揵"字義。《廣韻·仙韻》:"揵,舉也。"《集韻·願韻》:"楗,一曰剛木。""剫"同"剛"。

⑦ 注文"面"當作"回","狀大"原合爲一字,"狀"當作"壯"。《名義·木部》:"櫑,力回反。""回"又作"囬",故誤爲"面"。《名義·木部》:"櫑,磊,壯大也。"《文選·王延壽〈魯靈光殿賦〉》:"磊砢相扶。"李善注:"磊砢,壯大之貌。"《漢書·雋不疑傳》:"不疑冠進賢冠,帶櫑具劍。"師古引應劭曰:"櫑具,木摽首之劍,櫑落壯大也。""櫑"同"礧""磊"。茲據校改。《説文·木部》:"櫑,龜目酒尊,刻木作雲雷象。"又此處"舉"字疑涉上條"舉也"而衍。

⑧ 注文"大"當作"木"。《説文》《名義·木部》:"楃,木帳也。"茲據校改。

⑨ "旁"上一字殘,注文"梢"當作"楣"。《爾雅·釋宮》:"楔謂之楔。"郭璞注:"門兩旁木。"殘字當是"兩"字。《名義·木部》:"楣,楔字也。"茲據補改。

⑩ 注文"雉"當作"雖","繫"當作"擊"。《名義·木部》:"檴,恥雖反。戒夜者所擊。"茲據校改。

⑪ 久木(くき【茎】)。

楕 勅果反。狹長也,塩(鹽)豉楕也。^①

暴 俱録反。舉食者。

槩 公悌反。縞崗木也。

㭣 竹革反。柾(槌)其横者。^②

櫶桿二上同字。

样 餘章、子郎二反。槌也,縋也。^③

櫑 都賴反。槌其横者。

椻 針錦反。櫑也。

橺 奴礼反。柟也,終(絡)絲趺也。^④

梭 先和反。縢也,織梭也,織行緯者也,梭也。

榎 扶富反。機持繒者。

核 爲革反。李柟(梅)之属。水加志乃木。^⑤

栫 在見反。薪也,以柴□(木)壅也,杝也。^⑥

樢 叉溝反。牛桊。

椎 直龜反。鐵椎也。奈良乃木也。^⑦

柜 胡故反。行馬也,所以部護禁止之者也。

桙 薄礼反。欀(槤),柜也,謂行馬也。^⑧

枯 去諸反,去;扷(极)也。^⑨

楇 古和反。盛膏器也,紡車收絲者也。

梇 公路反。可以射鼠也。

榷 古學反。粗也,橋也。^⑩

桵 桵梭三形同作。索勞反。舩惣名。

枱櫃二同字。力底反。小舩也。

---

① 注文"塩"當作"鹽"。《史記·貨殖列傳》:"糱麴鹽豉千荅。"司馬貞索隱:"《三倉》云:楕,盛鹽豉器。""鹽"又作"盐",故此處誤作"塩"。茲據校改。

② 注文"柾"當作"槌"。《方言》第五:"槌……其横……齊部謂之桙。"茲據校改。

③ 《廣雅·釋器》:"样,槌也。"疏證:"《説文》:縋,以繩有所縣鎮也。義與槌相近。"

④ 注文"終"當作"絡"。《説文·木部》:"橺,絡絲欄。"茲據校改。

⑤ 注文"柟"當作"梅"。各本作"梅"。《名義·木部》:"核,李梅属也。"《周禮·地官·大司徒》:"其植物宜覈物。"鄭玄注:"核物,李梅之屬。"茲據校改。水加志乃木(みずがし【水菓子】の【之】き【木】)。

⑥ "柴"下一字殘。《説文·木部》:"栫,以柴木壅也。"但殘字作"𣏟",或當作"木"。茲據校補。《廣雅·釋宮》:"栫,杝也。""杝"同"杝"。

⑦ 奈良乃木也(なら【楢·柞·枹】の【之】き【木】)。

⑧ 注文"欀"當作"槤"。《周禮·天官·掌舍》:"設桙柜再重。"鄭玄注:"鄭司農云:桙,槤槤也。"

⑨ 注文"扷"當作"极"。《説文·木部》:"枯,极也。"茲據校改。

⑩ 字頭同"榷"。

橤力底反。小舩也,江中大舩也。

蘽魚割反。絶也,餘也。

柆力答反。折聲。宇太知。①

析思伏(狄)反。分也,破木也,削也。②

椒叉垢、側溝二反。柴也,氏也。③

楇口管反。夏爼也。宇太知。梡字也。④

楪餘涉反。牖也。薄、枼二字同。⑤

楄扶田反。方木也,松也。⑥

楅甫陸反。所以偪持牛,幅也,博□(廣)也。⑦

桓古鄧反。意(竟)也。亘字也。⑧

櫟仕交反。澤中守竹(艸)樓也。⑨

杍勑九反。減(械)。⑩

采且在反。色也。采采,取也,衆多。⑪

柿薄會、孚廢二反。削朴札也。

梮居録反。土舉(輂)也。其(輿)床,人舉以行。⑫

---

① 《説文·木部》:“柆,折木也。”唐寫本《説文》作“折聲也”,與此合。《公羊傳·莊公元年》:“搚幹而殺之。”何休注:“搚,折聲也。”釋文“搚”作“拹”,云:“又作搚,亦作拉,皆同。折聲也。”“柆”“拉”同,故《説文》“柆”字當從唐寫本作“折聲也”,蓋因從“木”而改作“折木”。宇太知(うだち【梲】)。

② 注文“伏”當作“狄”。《玉篇·木部》:“析,思狄切。”茲據校改。

③ “氏也”或即“姓也”,爲“掫”或“棷”字義。《漢書·古今人表》:“内史掫子。”《詩·小雅·十月之交》作“棷子内史”。

④ 《禮記·明堂位》:“爼,有虞氏以梡,夏后氏以嶡,殷以椇,周以房爼。”《廣韻·緩韻》:“梡,虞爼名,形有足如案。”此云“夏爼”,當有誤。宇太知(うだち【梲】)。

⑤ 《説文·木部》:“枼,楄也。枼,薄也。”“薄”字非異體,或涉“枼”字訓釋而混入。

⑥ “松也”疑有誤。《玉篇·木部》:“楄,扶田切。《左氏傳》曰:唯是楄柎。謂棺中笭牀也。又方木也。”“松”或當作“柎”。

⑦ 殘字作“𥝄”,疑是“廣”字。《詩·商頌·長發》:“幅隕既長。”毛傳:“幅,廣也。”《廣韻·鐸韻》:“博,廣也。”茲據校補。

⑧ 注文“意”當作“竟”。《説文·木部》:“桓,竟也。”茲據校改。

⑨ 注文“竹”字原殘,此據鈴鹿影抄本。《説文·木部》:“櫟,澤中守艸樓。”故注文“竹”當作“艸”。茲據校改。

⑩ 注文“減”當作“械”。《説文·木部》:“杍,械也。”茲據校改。

⑪ 《詩·曹風·蜉蝣》:“采采衣服。”毛傳:“采采,衆多也。”“取也”爲“采”字義,非“采采”義。

⑫ 注文“舉”當作“輂”,“其”當作“輿”。《名義·木部》:“梮,土輂。欙,如木器,如今輂也。”《左傳·襄公九年》:“陳畚挶。”杜預注:“挶,土輂。”阮元校勘記:“挶字,石經初刻从扌,改刊从木。惠棟云:唐石經作梮。”《漢書·溝洫志》:“泥行乘毳,山行則梮。”顔師古注:“韋昭曰:梮,木器,如今輿牀,人舉以行也。”茲據校改。

槍千羊反。挾持也,木兩頭鋭也,抵也,至也。

櫚櫋二同字。力葉反。柶大端也,柶首。①

栒大(丈)加反。槐栒,刾[木]反(也)。②

櫃且連反。梋。

檆呼�]反。摇(楔)檆,魄木也。宇天奈。③

欄力寒反。欄樹也。

揜猗儉反。桎(栠)也。④

櫢因(囚)兼反。採細葉。⑤

橁(棹)普庚反。木弩也。⑥

檣古劵反。所以刾舟也。

槓扶分反。枰也。

槬户孤反。棗,壺[棗]也,瓠也。⑦

柂弋之反。舩泝升(泲斗)也。⑧

欂□(公)棟反。匲字。⑨

檕渠列反。木釘也,丁也。⑩

橭於胡反。似青柿。

橉餘鍾反。嶋(橍)橉,中箭[笴]也。⑪

---

① 注文"首"下原有"栒刾反"三字,應爲下文"栒"字注,今刪。《儀禮·士冠禮》:"加柶,覆之面葉。"鄭玄注:"葉,柶大端。古文葉爲擖。"

② 注文"大"當作"丈","刾"下奪"木"字,注文"反"當作"也"。《玉篇·木部》:"栒,丈加切。刾木也。"《名義·木部》:"栒,丈加反。槐栒,刾水(木)也。"兹據改補。

③ 注文"摇"當作"楔"。《爾雅·釋木》:"魄,榽檆。"兹據校改。宇天奈(うてな【台】)。

④ 注文"桎"當作"栠"。《廣雅·釋木》:"揜,栠也。"兹據校改。

⑤ 注文"因"當作"囚"。《玉篇·木部》:"櫢,囚廉切。"《名義·木部》:"櫢,囘(囚)兼反。"兹據校改。《廣韻·鹽韻》《玉篇·木部》:"櫢,木細葉。"《王一》(原作"擸")、《全王·鹽韻》:"櫢,采細葉。"《裴韻·鹽韻》:"櫢,菜細葉。"《名義·木部》:"櫢,㷟採)也,櫟(採?)細葉也。"注文"採"字似非誤。"採"蓋與"擸"有關。《集韻·鹽韻》:"擸,摘也。或从艸。从尋。亦書作擸。"《廣韻·鹽韻》:"擸,擸取也。"

⑥ 字頭"橁"當作"棹"。《玉篇·木部》:"棹,普庚切。木弩也。"兹據校改。

⑦ "壺"下疑奪"棗"字。《爾雅·釋木》:"棗,壺棗。"兹據校補。

⑧ 注文"泝升"當作"泲斗"。《廣雅·釋器》:"泲斗謂之柂。"兹據校改。

⑨ 反切上字殘。《名義·木部》:"欂,公棟反。"兹據校補。

⑩ 《名義·木部》:"檕,朾也,木釘也。"此"丁"或當作"朾"。

⑪ 注文"嶋"當作"橍","箭"下奪"笴"字。《廣韻·鍾韻》:"橉,橍橉,木中箭笴。"《名義·木部》:"橉,中箭笴也。"兹據改補。

桅嫣彼反。長短□□(不齊)也,□(小)戈也。[①]

杔丁格反。櫨也。

𣐍力諸(渚)反。櫸𣐍,中箭笴(笴)也。[②]

杆公旦反。棧木,干木也。橿木也,木觡也,櫃也。[③]

槓子狄反。樫也。

槧子田反。識也。箋、牋二曰(同)字。[④]

檛竹華反。竹力刀木(箠)字。棰也。劐(划)同。鍩(鎌)也。[⑤]

棰之纍反。擊也。

橔大回反。棺覆也。

樍之逸反。椹也。

柱正重主反,上;楹也,樹也,枝,舉也,戴也,亥(充)也。借誅縷反,上;格也,距也。[⑥]

杓子左(吝)反。纏疏也。[⑦]

㮴思野反。案也。

栻丑力反。舌(局)也。[⑧]

栁力桃反。老同椰(耆樹)木也。[⑨]

櫗攕二形作。亡世反。栽及(裁皮)也。[⑩]

㮁先攸反。木名也。

檞[illegible][illegible]三形作。核灑反。松構。也万加志波。[⑪]

椠於雞反。椠槲,弩縣(躲)檫也。[⑫]

---

① "嫣"下原衍"潙"字。注文"短"下兩字殘,"戈"上一字殘。《名義·木部》:"嫣彼反。長短不齊,小戈也。"茲據刪補。

② 注文"諸"當作"渚","笴"當作"笴"。《名義·木部》:"𣐍,力渚反。中箭笴。"《集韻·微韻》於希切:"㭵,櫸㭵,木名,可爲箭笴。一曰箭箳。""㭵"當是"𣐍"字之誤,"於希切"爲音隨形變。茲據校改。

③《爾雅·釋木》:"棧木,干木。"郭璞注:"橿木也。江東呼木觡。"陸德明釋文:"干,樊本作杆,同。"

④ 注文"曰"當作"同"。《廣韻·先韻》則前切:"箋,《説文》曰:表識書也。牋,上同。槧,古文。"茲據校改。

⑤ 注文"竹力刀木"當作"箠","劐"當作"划"。《名義·木部》:"檛,竹華反。棰也。划字。鎌也。箠字。"茲據校改。《廣韻·過韻》:"鍋,鎌也。亦作划。"茲據校改。

⑥ "戴"通"載",支柱所以承載也。"充"字原作"亥",暫校作"充"。《玉篇》:"柱,塞也。""充""塞"義近。

⑦ 注文"左"當作"吝"。《名義·木部》:"杓,子吝反。"茲據校改。

⑧ 注文"舌"當作"局"。《名義·木部》:"栻,局也。"茲據校改。

⑨ 注文"老同椰"當作"耆樹"。《名義·木部》:"栁,耆樹木也。""老同"爲"耆"字之誤分。茲據校改。

⑩ 注文"栽及"當作"裁皮"。《名義·木部》:"櫗,衭裁皮也。"《廣韻·霽韻》:"攕,裁也。"茲據校改。

⑪ 也万加志波(やま【山】かしわ【槲・檞・柏】)。

⑫ 注文"縣"當作"躲"。《名義·木部》:"椠,槲,弩躲檫也。"茲據校改。

楴是祇反。達比（北）［方］樞也，以各（爲）固也。①

柊都和反。株也。

椸子移反。栭也，木實可食也。

槀馳力反。直字。正。

檝且接反。飲（飯）槀檝也。②

樹者（都）慣反。車箱切（立）。牟志［呂］比也。③

榕達敢反。橄也。

榬魚園反。木，皮可食。

橏之善反。木槃（榴）。④

樺公八反。駁（妓）也。⑤

橠之餘反。似棌，冬生也。

橉力進、力盡二反。門限也，砌也，柣。

橼尹全［反］。枸橼也，似橘也。

榴榴三形作。力周反。石榴也。

梡槻二形作。牛雞反。輗字也。

棚所角反。釋室間。⑥

檬檬二形作。亡公反。似槐木也。

棑皮拜反。大（火）吹□也，韜（鞴）也。⑦

朹渠鳩反。繫梅也，似小奈也。篋（簋）字古文。⑧

---

① 注文“比”當作“北”，下原有“祇反”二字，爲反切之衍，下又疑奪“方”字。“各”當作“爲”。《爾雅·釋宮》：“樞達北方，謂之落時。”郭璞注：“門持樞者。或達北檼，以爲固也。”此因在“樞也”前，故補“方”字。茲據改刪補。

② 注文“飲”當作“飯”。《玉篇·手部》：“撅，飯槀也。”《名義·木部》：“檝，取飯具。”茲據校改。

③ 注文“者”當作“都”，“切”疑當作“立”。《名義·木部》：“樹，都慣反。車箝切也。”《廣韻·隊韻》：“樹，車箱。《考工記》云：立曰樹，横曰軹。輗，上同。”茲據校改。“呂”字據各本補。牟志呂比（むしろ【筵·席·蓆·莚】い【藺】）。

④ 注文“槃”當作“榴”。《名義·木部》：“橏，木榴。”《廣韻·獮韻》：“橏，木瘤。”“榴”通“瘤”。茲據校改。

⑤ 注文“駁”當作“妓”。《廣雅·釋詁三》：“樺，妓也。”《名義》作“皼”，《廣韻》《玉篇》等作“鼓”，皆誤。茲據校改。

⑥ 《廣雅·釋宮》：“柵謂之棚。”“釋宮”或作“釋室”。此處“釋室間”或指“出《廣雅·釋室》”。

⑦ 注文“大”當作“火”，“韜”當作“鞴”。《名義·木部》：“棑，鞴字。”《玄應音義》卷二十五“橐囊”條：“《埤蒼》作鞴，《東觀漢記》作棑，同。皮拜反。冶家用吹火令熾者也。”茲據校改。“吹”下殘字不詳。此處“火吹”疑當作“吹火”。《新撰字鏡·韋部》：“鞴，吹火皮。”

⑧ 注文“篋”當作“簋”。《説文·竹部》：“簋，黍稷方器。朹，亦古文簋。”茲據校改。《爾雅·釋木》曰：“朹，檕梅。”釋文：“本亦作繫。”

橃渠月反。根似也,山名也。①

楈古忽反。枸楈,中箭笴也。

樒亡質反。香木。

櫼弋贍反。木,膠可作香。

楹於忿反。柱也,柳盛皃。須支乃木。②

槩勑落反。落也。蘀字也。

櫟力曰(果)反。木實櫟。③

榠宜鼎反。木,似挓(㮈)也。茗字也。④

柊扶廉反。木皮中索,疲枯。

桱叉耕反。刺也。⑤

朳如神反。屋上間人。支利久比也。⑥

樞戔(才戈)反。接慮李也,今麦字(李)。⑦

枹乙交反。猪(枹)柯。⑧

樝且豆反。橘之類。

檄先葛反。檄檄,聲也。

楷〔潜〕思赤反。皮甲錯也,所以壅水也。⑨

椴徒舘反。柂也,似白楊也,杙也。久須乃木。⑩

杭苦益反。衛也,扦也。亦從手。⑪

杬牛爰反。椹也。

柭枎〔拔〕二形作。蒲葛反。疾也,盡也,棓也。⑫

檖先孔反。箸箖。

---

① 字頭原作"**橃**"。《廣韻·月韻》:"橃,橃株,山名。"《玉篇·木部》:"橛,橛株,山名。""根似也"不詳。

② 須支乃木(すぎ【杉・椙】の【之】き【木】)。

③ 注文"曰"當作"果"。《名義·木部》:"櫟,力果反。"茲據校改。

④ 注文"挓"當作"㮈"。《名義·木部》:"榠,木似㮈,爲茗草。"茲據校改。"宜鼎反"《名義》同,但各書反切上字皆是明母字,疑"宜"當作"冥"。

⑤ 注文《名義》同。《廣雅·釋詁一》:"挓,刺也。""桱""挓"同。

⑥ 支利久比(きりくい【切杭・杭】)也。

⑦ 注文"戔"當作"才戈","字"當作"李"。《名義·木部》:"樞,才戈反。麦李。"《爾雅·釋木》:"痤,棱慮李。"郭璞注:"今之麦李。"茲據校改。

⑧ 注文"猪"當作"枹"。《廣韻·肴韻》:"枹,枹柯,鑷柄。"茲據校改。

⑨ 此處與"潜"字混。《説文·水部》:"潜,所以壅水也。"

⑩ 《爾雅·釋木》:"椴,柂。"郭璞注:"白椴也,樹似白楊。""柂"同"柂"。久須乃木(くすのき【樟・楠】)。

⑪ 《説文·手部》:"扛,扞也。杭,扛或从木。"

⑫ 《説文·木部》:"柭,棓也。"又"疾也,盡也"爲"拔"字義,《名義》"柭"字條亦有此二義。《禮記·少儀》:"毋拔來,毋報往。"鄭玄注:"報讀爲赴疾之赴,拔、赴皆疾也。"《爾雅·釋詁下》:"拔,盡也。"

棚扶木反。常，樹也。①

楛胡獵反。所以輔木□（轉）也。②

櫮距於反。櫮、怟（栫）、藩、落、離（籬）。③

林武賴反。格（楀）也，本枯也。又宇知久比。④

栩附俱反。有木焉，黃華而白柎也。⑤

欘時燭反。大葉，似柳而赤也。

㐱補道反。安也，有也。保字古文也。

櫸劬俱反。四齒杷。

橄支（丈）利反。致（到）也。⑥

㯫都咬反。寄生者。又蔦字。保□（生）。⑦

朽（柯）弥鞭（鞭）反。［木］名。柯字。⑧

柢柢二形作。止（上）支反。柢子者，栟（桃）也，碓衙（衡）。⑨

橇丘驕反。泥行乘橇。

輞无兩反。輞字。車轅也。

梄餘周反。曳字。木更生牒（條）也。⑩

樑徒骨反。户持鏁植也。⑪

枈口頓反。困字。極也，逃也，乱也。

---

① 《廣韻·屋韻》：“棚，棚常，樹名。”

② 注文“木”下一字殘。《名義·木部》：“楛，輔木轉也。”《玉篇·木部》：“楛，所以輔木轉也。”茲據校補。

③ 注文“怟”當作“栫”，“離”當作“籬”。《廣雅·釋室》：“櫮、栫、藩、簞、欘、落、地（柂），籬也。”疏證改“地”作“柂”，是也，但刪去“籬”字則非。茲據校改。

④ 注文“格”當作“楀”。此處原作“楀”，又改作“格”。《廣雅·釋木》：“林，楀也。”“林”當作“林”，《博雅音》音“武蓋”，與此音合。茲據校改。“本枯也”不詳，各本無。又宇知久比（うちくひ），各本作“宇豆久比（うつくひ）”，皆不詳。

⑤ 《山海經·西山經》：“有木焉，員葉而白柎，赤華而黑理。”又云“黃華而赤柎”。此處所據版本或有不同。

⑥ 注文“支”當作“丈”，“致”當作“到”。《名義·木部》：“橄，大（丈）利反。列也，到也。”《方言》卷十三：“橄，到也。”茲據校改。

⑦ 本書草部“蔦”字和訓爲“保与”（ほよ【寄生】），此“保”下殘字作“”，當是“生”字，義同。保生（ほよ【寄生】）。

⑧ 字頭“朽”爲“柯”的俗字。注文“鞭”當作“鞭”，“名”上奪“木”字。《名義·木部》：“柯，弥鞭（鞭）反。綿，木名也。”《廣韻·仙韻》武延切：“柯，木名。”茲據改補。

⑨ 注文“栟”當作“桃”，“衙”當作“衡”。《名義·木部》：“柢，上支反。桃也，碓衡也。”《集韻·支韻》常支切：“柢（柢），《字林》：碓衡。一曰桃也。”茲據校改。

⑩ 注文“牒”當作“條”。《名義·木部》：“梄，曳字。更生條也。”《説文·马部》：“曳，木生條也。”茲據校改。

⑪ 《爾雅·釋宮》：“植謂之傳，傳謂之突。”郭璞注：“户持鏁植也。見《埤蒼》。”

楺如西反。火槁也。①

楁橿二形作。五各反。穿陥也。鄂,爲(柞)格也。②

㮚胡霸反。寬也。

术時聿反。秫字。黏粟也。

㮊奴遘反。器也,定也,柱也。③

梩胡楷反。臿也,鏵。

杷(杞)上字。④

柂存(在)以反。末端木。鉛字。⑤

辝上字。

柯似咨反。柯柄也,鎌柄。

櫌郁尤反。覆種也,雅(椎)也。⑥

柫甫勿反。今□(連)[枷],所以打穀者也。⑦

枛杫思滇(漬)反。□俎几。⑧

栖思至反。角栖(栭)也,角上(匕)。⑨

櫛枡二同。側袟反。梳也。

杖直兩反。輔疾也,持仗也。⑩

柯割多反。法也,枝也,莖也。木牟良。⑪

---

① 《周禮·冬官·輪人》:"揉輻必齊。"鄭玄注:"揉,謂以火槁之。"《集韻·小韻》舉夭切:"槁,橈木使曲。""舉夭切"爲"矯"字反切。《易·説卦》:"坎……爲矯輮。"孔穎達疏:"爲矯輮,取其使曲者直爲矯,使直者曲爲輮。""楺""揉""輮""煣"諸字同。《莊子·列禦寇》:"槁項黃馘者。"釋文:"槁,本亦作矯,居表反。""槁"爲"矯"的通假字。

② 注文"爲"當作"柞"。《國語·魯語上》:"設穽鄂。"韋昭注:"鄂,柞格,所以誤獸也。""鄂"通"楁"。茲據校改。

③ 《廣雅·釋器》:"定謂之㮊。""㮊"同"鐣"。

④ 字頭"杷"當作"杞"。《集韻·駭韻》下楷切:"梩,或作杞。"茲據校改。

⑤ 注文"存"當作"在"。《名義·木部》:"柂,在以反。"茲據校改。"鉛"字原作"𨫼",據《名義》《玉篇》定。

⑥ 注文"雅"當作"椎"。《廣雅·釋器》:"櫌,椎也。"茲據校改。

⑦ 注文"今"下一字殘,"所"上奪"枷"字。《方言》第五:"僉,自關而西謂之梧,或謂之柫。"郭璞注:"僉,今連架,所以打穀者。"周祖謨《校箋》:"架,戴本作枷,當據正。"《玉篇·木部》:"柫,連枷也,所以打穀者也。"殘字作"⺀",當是"連"的殘字。茲據校補。

⑧ 注文"滇"當作"漬"。《名義·木部》:"杫,思漬反。"茲據校改。殘字作"𰀁",似是"方"字。《方言》卷五:"俎,几也。西南蜀漢之郊曰杫。"

⑨ 注文"栖"當作"栭","上"當作"匕"。《玉篇·木部》:"栭,角匕也。《周禮》曰:大喪共角栭。"茲據校改。

⑩ 《儀禮·喪服》:"非主而杖者何?輔病也。""輔疾"即"輔病"。

⑪ 木牟良(きむら【木叢】),各本作"こむら【木叢】"。

秘彼愧、彼密二反。柄也,柯也,刜也。

棐孚尾、甫尾二反。輔也,地名也。

槽存(在)勞反。枯也,食豕器也。①

柎方娛反。承花者曰萼。加一乃木也。②

枹扶鳩反。擊鼓柄也。

椌苦江反。椌、柷,止樂也。

柷齒育反。木椌。

檗奚的反。二尺書也,長也。

棜亡斛反。車歷録也。歷□□(録,交)束也。③

槽爲綴反。小棺也,櫝。

槨古獲反。大也,周棺者也,廓也。④

楬渠列、居□二反。以書著其弊也。⑤

𣝗竹余反。杓(楬)也。⑥

艓瞿龍反。舟小而深者也,即長[䑿]也。䑿字。⑦

柣馳栗反。門限也,砌也。

椴欣詭反。大椒也。

楛古胡、苦胡二反。枯也,榆也。

櫰懷二形作。古回、爲乖二反。槐木則死。惠[尒]須乃木。⑧

栱居衆(冢)、渠恭二反。杙大者也。⑨

櫹辞陵反。豕所□(寢)也,草也。已志支也。⑩

---

① 注文"存"當作"在"。《名義·木部》:"槽,在勞反。"《玄應音義》卷十八"鐵艚":"又作槽,同。在勞反。《聲類》:槽,飤豕器也。"茲據校改。"食"同"飤"。"枯也"《名義》同。馬小川《〈篆隸萬象名義〉新校》疑"槽"通"禣","枯"爲"祜"字之訛,並引《廣雅·釋天》"禣,祜也",蓋是。

② 加一乃木(かいち【解豸】の【之】き【木】)也。

③ "束"上兩字殘。《名義·木部》:"棜,歷録,交束。"《説文·木部》:"棜,車歷録束文也。"小徐本、唐寫本等"文"作"交",是也。茲據校補。疑此處"車歷録也。歷録,束文也"爲完整全文,《名義》及《説文》皆有省脱。

④ 注文"周"下原有"也"字。《禮記·喪大記》:"君松椁。"鄭玄注:"椁,謂周棺者也。"茲據刪。

⑤ "居"下奪反切下字。《周禮·天官·職幣》:"以書楬之。"鄭玄注:"鄭司農云:楬之若今時爲書以著其幣。"

⑥ 注文"杓"當作"楬"。《玉篇·木部》:"𣝗,楬也。"茲據校改。

⑦ 注文"長"下奪"䑿"字。《方言》卷九:"舟……小而深者謂之艓。"郭璞注:"即長䑿也。"茲據校補。

⑧ 《左傳·宣公二年》:"觸槐而死。"《吕氏春秋·過理》:"乃觸廷槐而死。"此"槐木則死"似即"觸槐而死"。"尒"字據各本與《倭名類聚鈔》補。惠尔須乃木(えにす【槐】の【之】き【木】)。

⑨ 注文"衆"當作"冢"。《玉篇·木部》:"栱,居冢切、渠恭切。"茲據校改。

⑩ "所"下一字殘。《爾雅·釋獸》:"豕……所寢槶。"《詩》疏引舍人曰:"豕所寢草名爲槶。"茲據校補。己志支(こしき【甑】)也。

標居蔭反。格也。

棲沙奚反。息也。①

楢蒲本也(反)。靠,車弓。②

椑蒲益、蒲歷二反。果也,柂棺親尸者,白木也。③

楄時支反。匙空(字)。波万由加。④

樞子忍反。盂也。

椔思麗反。陽之山。⑤

橺力居反。栟橺也。

檡舒赤、徒格二反。正善也。樗棄也。奴利天木也。⑥

桀橰橰三形作。古勞反。枯(桔)橰也。⑦

楸徒的反。減(臧)□(楸)也。⑧

枘而銳反。量度也。宇太知,又宇豆波利。⑨

棟力煎反。簃也。璉字。阿不知,又衣豆利。⑩

柞柞二形作。蒲□(骨)反。連枷,所以打穀也。⑪

抉古穴反。梡(椀)也,盂属。⑫

梘公莧反。甕甄(甒)筍桁也。⑬

---

① 《玉篇・木部》:"棲,思奚切。"此"沙奚反"當是倭音"さい"。

② 注文"也"當作"反"。《名義・木部》:"楢,蒲本反。"茲據校改。

③ 《廣韻・支韻》:"椑,木名,似柹。""果也"即指此。《禮記・檀弓上》:"君即位而爲椑。"鄭玄注:"椑謂柂棺親尸者。"《爾雅・釋木》:"椵,柂。"郭璞注:"白椵也。樹似白楊。""柂"同"柂"。"白木"即此類木材。

④ 注文"空"當作"字",據各本改。《玉篇・木部》:"楄,今作匙。"波万由加(はまゆか【浜床】)。

⑤ 《玉篇・木部》:"椔,椔陽山。"

⑥ "赤"字《群書類從》本與享和本、《玉篇》皆作"亦",韻同。《儀禮・士喪禮》:"決用正,王棘若檡棘。"鄭玄注:"正,善也。"奴利天木(ぬりて【鐸】き【木】)也。

⑦ 注文"枯"當作"桔"。《説文・木部》:"橰,桔橰,汲水器也。"茲據校改。

⑧ 注文"減"當作"臧","減"下一字殘。《廣韻・錫韻》:"楸,臧楸。《爾雅・釋木》曰'狄,臧楸'是也。"《名義・木部》:"楸,臧格(楸)也。"《集韻・豪韻》:"楸,或作楛。"此殘字作"**朴**",右旁"卜"即"咎"之殘。茲據改補。

⑨ 《楚辭・離騷》:"不量鑿而正枘兮。"王逸注:"量,度也。"宇太知(うだち【梲】),又宇豆波利(うつばり【梁】)。

⑩ 阿不知(あふち【棟・楝】),又衣豆利(えつり【桟】)。

⑪ 反切下字殘。《名義・木部》:"柞,蒲骨反。"茲據校補。

⑫ 注文"梡"當作"椀"。《玉篇・木部》:"抉,椀也,亦盂也。"茲據校改。

⑬ 注文"甄"當作"甒"。《禮記・雜記上》:"甕甒筍衡,實見間而后折入。"鄭玄注:"衡當爲桁,所以庪甕甒之属,聲之誤也。"陸德明釋文:"甒,音武。"《集韻・襉韻》:"見,棺衣。《禮》'實見間而折入'陸德明讀。或从木。"茲據校改。

棼扶云反。屋棟。

掍孤卒(本)、冒(骨)門二反。謂繩之轉泣(絃)者也,亦名開(關)爲掍也。①

搃上字。

檀〔擅〕市戰反。專也。旃檀也。加良利。②

杵昌与反。桳也。支祢。舂也。③

杋五骨反。古文作疕。

校宜作絞。胡〔教〕反。械也。號也。久比留。④

析〔折〕正止舌反,入;斯(斷)也,曲也,下也。借市切(列)反,入;又之世反,去;折恊。噬字。亦從扌,在扌部。⑤

棗正苦□反,上;木枯也。借古道反。箭幹也,散也,儲也,才(干)也。⑥

標〔摽〕正俾饒反,平,末也,書也,牓也。又方小反。擊也。⑦

櫟正來助(的)反,入;木也。借[舒]灼反,入;鄭也。又餘灼反,入;地名。一比乃木。⑧

枒正魚嫁反,去;輪輮也,謂之冈。又木名。翼餘(賒)反。果名。⑨

櫻〔攫〕正胡霸反。杜(柞)鄂也。借胡郭反,入。⑩

---

① 字頭原從"木",下條"搃"原本亦從"木"。注文"卒"當作"本","冒"當作"骨","泣"當作"絃","開"當作"關"。《玄應音義》卷九"有掍"條:"孤卒、骨門二反。謂繩之轉絃者也。今亦名關爲掍子。字從昆。又作搃。蒲結反。《廣雅》:搃,轉也。字從毘,音毗。"茲據校改。

② "市戰反。專也"爲"擅"字音義。《玄應音義》卷二十二"擅名"條:"市戰反。《說文》:擅,專也。"《玄應音義》卷六"旃檀"條:"之然反,下徒丹反。經中或作旃檀那,訛也。正言旃那。旃檀有赤白紫等,外國香木也。"加良利(からり)。

③ 《集韻・侯韻》:"桳杵,器名。或省。"疑"杵"與"杵"形近而混,故此處有"桳也"之義,各本無此義。支祢(きね【杵】)。

④ "胡"下奪"教"字。《玉篇・木部》:"校,胡教切。"茲據校補。久比留(くびる【絏る】)。

⑤ 此條音義皆屬"折"字。注文"切"當作"列"。《廣韻・薛韻》:"折,常列切。"茲據校改。"斯"爲"斷"的俗字。"之世反"爲"制"音,"折"通"制","折恊"不詳。"噬"通"逝"。

⑥ 注文"才"當作"干"。《名義・木部》:"棗,苦道反。干也。""干"同"幹"。茲據校改。又"苦"下殘字作"迷",似"道"或"送"字,"苦送反"爲倭音"こう"。

⑦ "擊也"爲"摽"字義。

⑧ 注文"助"當作"的","借"下奪"舒"字。《玉篇・木部》:"櫟,來的切。《左氏傳》曰:鄭伯突入于櫟。杜預曰:鄭別都也。又舒灼切。又余灼切。櫟陽,縣名。"《名義・木部》:"櫟,來的反。"茲據改補。一比乃木(いちひ【石櫧・櫟】の【之】き【木】)。

⑨ 注文"餘"當作"賒"。《玉篇・木部》:"枒,又弋賒切。"茲據校改。《周禮・考工記・輪人》:"牙也者,以爲固抱也。"鄭玄注引鄭司農云:"牙,讀如'蚍蜉蚍跛者'之'跛'之'訝',謂輪輮也。世間或謂之冈,書或作輮。""枒"即"牙"字。《集韻・麻韻》:"枒,木名,出交趾,高數十丈,葉在其末。或從邪。從耶。""果名"蓋指"椰子"。

⑩ 注文"杜"當作"柞"。《周禮・秋官・雍氏》:"春令爲阱擭溝瀆之利於民者。"鄭玄注:"擭,柞鄂也。"茲據校改。"櫻""攫"形近而混,但此處反切仍爲"櫻"字音。

樸正補木反，入；取生者也。借普木反。盡也。①

柞正子落反，入；櫟也，除草曰芟（芟），又除木曰柞。奈良，又比曽，又志比也。②

栻正古玄反，平；盂之屬也。亦櫶宗（櫶字），音辝玄反。輿環也，車衆環也。③

㧊（棓）〔搒〕正雹溝（講）反，去（上）；大杖也。借補后反，上；擊破也，奮棄也，枝也，杖也。④

棘正居陟反，入；借旅勑反，入；凡草木而刺人，又急也。⑤

㮇他念反，去；大（火）杖也。於保豆惠也。⑥

桅牛回反，平；舟□（上）幢。保波志良。⑦

梔之移反，平；久知奈志。⑧

朿此至反。木乃伊良良。⑨

楠乃欠反，平；木有文理香。久須乃木。枏同。⑩

檠其京反，平；□（乃）美乃江。⑪

桀其列反，入；桀弱（溺），入（人）名，隱士名，孔子問津不告也。⑫

榤巨列反，入；雞栖杙。止久良。⑬

杪亡少、弥少二反。木末也，木細枝也，梢也，木高也。木乃枝，又比古江。⑭

---

① 《方言》卷三："撲（樸），盡也。"

② 注文"苫"當作"芟"。《詩·周頌·載芟》："載芟載柞。"毛傳："除草曰芟，除木曰柞。"茲據校改。奈良（なら【檜·柞·枹】），又比曽（ひそ【檜曽·檜楚】），又志比（しい【椎】）也。

③ 注文"櫶宗"當作"櫶字"。《集韻·線韻》："櫶，圜案。通作栻。"茲據校改。《廣韻·仙韻》："櫶，似宣切。"與"辝玄反"音近。《爾雅·釋器》："環謂之捐。"郭注："著車衆環。"

④ 字頭"㧊"當作"棓"，注文"溝"當作"講"，"去"當作"上"。《玄應音義》卷二十"棓木"條："又作棒，同。雹講反。大杖也。"茲據校改。"補后反"和"擊破也"爲"搒"字音義。《廣韻·厚韻》方垢切："搒，擊也。""奮棄也"蓋即"㩧棄"，"㩧"音"奮"，《說文》"㩧，棄除也。"此義蓋亦"搒"字義。

⑤ 《詩·小雅·斯干》："如矢斯棘。"釋文："《韓詩》作朸。朸，隅也，旅即反。""勑"同"勑"，"旅勑反"同"旅即反"。《方言》卷三："凡草木刺人……江湘之間謂之棘。"

⑥ 注文"大"當作"火"。《廣韻·㮇韻》："㮇，火杖。"《集韻·栝韻》："栝，《說文》：炊竈木。或从因。从㮇。"茲據校改。於保豆惠（おお【大】つえ【杖】）也，和訓據誤字而標注。

⑦ "舟"下殘。《切三》《王一》《全王·灰韻》："桅，舟（《全王》作舩）上幢。"茲據校補。保波志良（ほばしら【帆柱·檣】）。

⑧ 久知奈志（くちなし【梔子·卮子·山梔子】）。

⑨ "反"下各本有"木芒"二字。木乃伊良良（き【木】の【之】いらら【刺】）。

⑩ 《廣韻·覃韻》："楠，那含切。"此處"乃欠反"當是倭音"なん"。久須乃木（くすのき【樟·楠】）。

⑪ 《廣韻·庚韻》："檠，鑿柄。""美"上一字殘，據各本補。乃美乃江（のみ【鑿】の【之】え【柄】）。

⑫ 注文"弱"當作"溺"，"人"當作"人"。《論語·微子》："長沮、桀溺耦而耕，孔子過之，使子路問津焉。"茲據校改。

⑬ 止久良（とぐら【鳥栖·鳥座·塒】）。

⑭ 《集韻·小韻》："杪，木高也。"《說文·木部》："杪，相高也。"段注改"相高"爲"榙"，云："杪者，言其杪末之高。""杪"與"杪"略同。木乃枝（き【木】の【之】え【枝】），又比古江（ひこえ【孫枝】）。

柴仕佳反,平;阿和良木。①

橦大公反。□(帳)也。保波志良。②

樸布久反,入;朴同字。治也,直(真)也,劉(斲)削也,木素也,未治。阿良木。③

柙古連(胡匣)反,入;檻(檻)也。於波志万土。④

扶〔杖〕附夫反。疎,未(木)葉茂盛也。豆惠。⑤

杓市若反,入;杯也。又疋約、疋消二反。斗柄也,北斗星。加比,又保不利。⑥

楮之移反。柱也。

櫬居言〔反〕。櫬子,擸桶(拵蒱),菜(采)名。⑦

楨知京反,平;榦也。加户天也。⑧

桔梗上居頡反,下柯杏反。害也,强也,直也,猛也,病也,覺也,略也,員也。加良久波,又須木,又阿知万佐,又久須乃木。⑨

梵扶風、扶流二反。潔也,清浄也。⑩

材昨來反,平;木梃也,衆木也,力也,用也,質也,由也,道也。加万不(木)。⑪

---

① 阿和良木(あばら【荒】き【木】)。

② "反"下一字殘。《名義·木部》:"橦,帳柱。"此殘字原作"良",蓋"帳"字之誤。茲據校補。保波志良(ほばしら【帆柱·檣】)。

③ 注文"直"當作"真","劉"當作"斲"。《玉篇·木部》:"樸,真也。"《書·梓材》:"若作梓材,既勤樸斲,惟其塗丹雘。"孔傳:"已勞力樸治斲削。""斲"俗作"斸",故誤作"劉"。茲據校改。"布久反"當是倭音"ぼく"。阿良木(あらき【新木·荒木】)。

④ 注文"古連"當作"胡匣","檻"當作"檻"。《玉篇·木部》:"柙,胡甲切。檻也。""匣"與"甲"都是狎韻字。茲據校改。於波志万(おばしま【欄】)土。"土"字不詳,石橋真國本批注、《師説抄》、山田孝雄皆云"衍"。

⑤ 注文"未"當作"木",據各本改。"盛"下各本有"皃"字。豆惠(つえ【杖】)。此"扶"字或與"杖"字形近相混。

⑥ 《説文·木部》:"杓,枓柄也。"《廣韻·宵韻》:"杓,北斗柄星。"此"北斗星"或當作"北斗柄星"。"斗柄也,北斗星"各本作"北斗星斗柄也"。加比(かび【柄】),又保不利(ほふり)。

⑦ "言"下奪"反"字,注文"擸桶"當作"拵蒱","菜"當作"采"。《廣韻·元韻》居言切:"橾,橾子,拵蒱,采名。櫬,上同。"茲據校改。

⑧ 加户天(かえで【櫼樹·楓·鶏冠木】)也。

⑨ 此條訓釋皆"梗"字義。"員也"疑是"直也"訛衍。加良久波(からくわ【唐桑】),又須木(すぎ【杉·椙】),又阿知万佐(あじまさ【檳榔】),又久須乃木(くすのき【樟·楠】)。各本和訓作"加良久波(からくわ【唐桑】,又云阿佐加保(あさがお【葵】)"。

⑩ "扶流反"《名義》同,《玉篇·木部》:"梵,扶風、扶泛二切。""扶流反"爲"浮"字音,"流"疑是"汎"字之誤。

⑪ "不"字各本作"夫",《群書類從》本作"支",《考異》云"夫,支之誤",據字形疑當作"木","木"與"支"皆是"き"。加万木(かまぎ【竈木·薪】)。

柘〔拓〕之石反。与樜字同。拾也。豆美乃木。①

檾丑利反,去;蠶桑也。②

柈薄肝反。大也,盂也。③

槃上字同。豆豆自。④

梀□□(力棟)反。加世比。⑤

椄〔接〕子獵反。續木也,連也,捷(捷)也,遠(達)也,偏(徧)也。⑥

檢居斂反。書署也。又從扌,在扌部。

杤旅即反。隅也,木理也,材也。阿保己也。⑦

屎屎(屎)二字。在尸部。⑧

朽殕同。虛有反,上;木爛也。

（字頭）火光反,平;㰚也,窓子也。⑨

《小學篇》字及《本草》木異名第六十九

（字頭）牟久。⑩

和上字。

（字頭）山桃。⑪

（字頭）波波曾。⑫

梢之比。⑬

（字頭）柱二字。須木。⑭

---

① "柘"同"樜","拓"同"摭",皆音"之石反"。"拾也"爲"拓"字釋義。《説文・手部》:"拓,拾也。摭,拓或从庶。"豆美乃木(つみ【柘】の【之】き【木】)。

② "檾"同"檾"。

③ 《廣韻・桓韻》薄官切:"槃,器名。柈,俗。"《廣雅・釋詁一》:"般,大也。""柈"或通"般"。

④ 豆豆自(つつじ【躑躅】),蓋即"槃桓"之義。

⑤ 反切殘,據各本補。《名義・木部》:"梀,力棟反。梀棟也。"加世比(かせひ【梀】)。

⑥ 注文除"續木也"外,餘皆"接"字釋義。注文"捷"當作"捷","遠"當作"達","偏"當作"徧"。《爾雅・釋詁下》:"接,捷也。"《小爾雅・廣詁》:"接,達也。"《廣雅・釋詁二》:"接,徧也。"茲據校改。

⑦ 阿保己(あほこ)也。蓋同"おうご【杤・栲】"。

⑧ 字頭"屎"當作"屎"。《廣韻・至韻》:"屎,簨柄也。屎,同上。"茲據校改。

⑨ 字頭不詳,"火光反"爲"荒"旁之音。

⑩ 牟久(むく【椋】)。

⑪ 《爾雅・釋木》:"榹桃,山桃。"此字頭疑是"榹"字之誤。

⑫ 波波曾(ははそ【柞】)。各本此字訓"志比(しい【椎】)",無下字"梢"。

⑬ 之比(しい【椎】)。

⑭ 須木(すぎ【杉・椙】)。

枸一比乃木。在上。①

［橾須支乃木。］②

樤上字。

桰佐桃。③

桓枂欟三字。毛知乃木。④

杬梌二字。宇豆木。⑤

梾口奈志也。⑥

柂舩乃加地。⑦

桃(枕)与己木，又万久良。⑧

樺宇豆知。⑨

惣加木。⑩

棗夏女。⑪

檟由也奈木。⑫

樸柳。

槐須木。⑬

檜止己。⑭

榠檟二字。保也。⑮

査己豆保也。⑯

---

① 一比乃木(いちひ【石櫧・櫟】の【之】き【木】)。上文有"枸构,二形。俱羽反。可以爲醬也"。

② 各本作"橾,須支乃木。樤同",據補。

③ 字頭各本右旁作"茬"。佐桃(さもも【早桃】)。

④ 毛知乃木(もち【黐】の【之】き【木】)。各本第一字右旁爲"同",《考異》云"一本作桐"。第三字右旁爲"鯨"俗寫。

⑤ 第一字各本作"枕",蓋"杬"或"杬"字。宇豆木(うつぎ【空木・卯木】)。

⑥ 口奈志(くちなし【梔子・巵子・山梔子】)也。

⑦ 舩乃加地(ふね【船】の【之】かじ【梶・楫・舵】)

⑧ 与己木(よこぎ【横木】),又万久良(まくら【枕】)。此字當是"枕"的誤字。

⑨ 宇豆知(うづち【卯槌】)。

⑩ 加木(かき)。"惣木"又作"うこぎ【五加・五加木】",此處和訓或奪"五"字。

⑪ 字頭右旁即"棗"字。此字當是"棗"的增旁俗字。夏女(なつめ【棗】)。

⑫ 由也奈木(ゆやなぎ【楡】)。

⑬ 須木(すぎ【杉・椙】)。

⑭ 止己(とこ【床】)。《廣韻・盍韻》："榻,牀也。檜,上同。"

⑮ 保也(ほや【寄生・寄生木】)。本書"樢"字訓"保与(ほよ【寄生】)"。

⑯ 己豆保(こつぼ【小壺・小坪】)也。

杦万太不(木)。①

榑宇太知。②

橳衣豆利。③

㭑由加。④

榼己之支。⑤

楷桂(柱)奴支也。⑥

桺万世。⑦

樴志自久戶。⑧

杙井久比也。⑨

橈左乎。⑩

橗太呂。⑪

桛田乃比。⑫

椧万太保利。⑬

栟檔(摒擋)二字。波良不。⑭

槻栂二字。豆伊久志。⑮

檝加伊。⑯

---

① “不”字據各本校作“木”。万太木(またぎ【叉木・股木】)。

② 宇太知(うだち【梲】)。

③ 衣豆利(えつり【桟】)。

④ 由加(ゆか【床】)。

⑤ 己之支(こしき【甑】)。

⑥ “楷桂奴支也”原在上字注文“支”字之下，注文“桂”當作“柱”，據各本乙改。柱奴支(はしらぬき【柱貫】)也。

⑦ 万世(ませ【籬・笆】)。

⑧ 字頭各本右旁作“蠹”。狩谷云：“即植別体”。志自久戶(しじくへ)。

⑨ 字頭各本作“杙”，蓋皆爲“杙”的誤字。井久比也(い【井・堰】くい【杙・杭】)。

⑩ 左乎(さお【竿・棹】)。

⑪ “太”字各本作“大”，或當作“火”。本書“爐”字訓“火呂”。太呂(たろ)。

⑫ 田乃比(た【田】の【之】ひ)。

⑬ 此字蓋“杴”的俗字。万太保利(またほり)，當同“またふり【杴椑】”。

⑭ 《玄應音義》卷十六“摒擋”條：“方政反，下多浪反。《通俗文》：除物曰摒擋。摒，除也。”狩谷、山田等根據《玄應音義》“摒擋”條認爲此條當從“手”，是也。波良不(はらう【払う・掃う】)。各本和訓蓋因此條從“木”，故“不”字誤作“木”。

⑮ 豆伊久志(ついくし)。

⑯ 加伊(かい【櫂】)。

椥己万志也。①

槵豆支佐比。②

桵柱。③

檣左乎。④

極宍乃久志。⑤

㮰大豆。⑥

槤水波利。⑦

榭保柱。⑧

槼波万由加。⑨

枛大支利。⑩

桉乘久良。⑪

橢志太久良。⑫

楛木乃皮。⑬

楖㮛二字。毛保己。⑭

楛己波志。⑮

橄久万波自加弥。⑯

㮍加太久弥。⑰

---

① 己万志(こまし)也。

② 豆支佐比(つきさひ)。

③ 狩谷：“柱上恐脱‘保’，下文‘榭，保柱’。”此字頭“桵”疑即“保”字之訛。保柱(ほばしら【帆柱・檣】)。

④ 左乎(さお【竿・棹】)。

⑤ 宍乃久志(にく【肉】の【之】くし【串】)。

⑥ “大豆”《群書類從》本同，享和本、寬永本作“大足”。狩谷列舉“㮰，大吕”“爐，火吕”“鎗，火吕”三條，此條或當作“爐，火吕”。

⑦ 水波利(みずわり【水割り】)。《集韻・曷韻》：“槤，所以洩水也。”

⑧ 字頭各本作“榭”，恐非是。中間當是“舟”旁。保柱(ほばしら【帆柱・檣】)。

⑨ 波万由加(はまゆか【浜床】)。

⑩ 大支利(おお【大】きり【錐】)。

⑪ 乘久良(のりくら【乘鞍】)。狩谷云：“桉同鞍。鞍几二字。”是也，此爲“桉几”二字合文。

⑫ 志太久良(したぐら【下鞍・韉】)。此字爲“韉”的俗字。

⑬ 木乃皮(き【木】の【之】かわ【皮】)。

⑭ 毛保己(もほこ【莽草】)。

⑮ 己波志(こわし【强し】)。

⑯ 久万波自加弥(くま【熊】はじかみ【薑・椒】)。

⑰ 加太久弥(かたくみ)。本書“槐”字有此和訓。

欟豆支，又加太久弥。①

櫨加志乃木。②

橃造木。③

槌上同。

梕袮不利。④

楷加志波木。⑤

楞久留弥乃木。⑥

昊（吴）桃上同。⑦

榲和奈乃木。⑧

栭奈良乃木，又枯木。⑨

槙須木乃支。⑩

榊櫼樾三字。佐加木。⑪

朶志毛止也。⑫

榢奈志乃木。⑬

樵上字。

杌（杭）久比世。⑭

杘牟久乃木。⑮

桦阿豆佐。⑯

---

① 豆支（つき【槻】），又加太久弥（かたくみ）。

② 加志乃木（かし【樫・橿・櫧】の【之】き【木】）。

③ 造木（みやつこぎ【造木】）。

④ 袮不利（ねぶり【眠り・合歓】）。

⑤ 加志波木（かしわぎ【柏木】）。

⑥ 久留弥乃木（くるみ【胡桃・山胡桃】の【之】き【木】）。

⑦ 字頭“昊”當作“吴”。日語“くるみ”又記作“呉桃”。“呉”同“吴”。

⑧ 和奈乃木（わな【罠・羂】の【之】き【木】）。各本和訓之後有“又枯木”三字。

⑨ 奈良乃木（なら【楢・柞・枹】の【之】き【木】），又枯木（からき【枯木】）。

⑩ 須木乃支（すぎ【杉・椙】の【之】き【木】）。

⑪ 佐加木（さかき【榊・賢木】）。

⑫ 志毛止（しもと【菨・楉・細枝】）。

⑬ 奈志乃木（なし【梨】の【之】き【木】）。

⑭ 久比世（くいぜ【杭・株】）。狩谷：“杭，《説》：木根也。”《説文・木部》：“株，木根也。”此字當是“杭”的誤字。

⑮ 牟久乃木（むく【椋】の【之】き【木】）。

⑯ 阿豆佐（あずさ【梓】）。此字疑是“梓”的誤字。

檴檴二字。牟呂乃木。①

梧上同。又加豆良。②

槌非。③

栖須木。④

欅黑木。⑤

檟古加乃木。⑥

樰久須乃木。⑦

櫟加志乃木。⑧

栂榸二字上同。

榊橲二字。豆波木。⑨

杜杜牟祢乃木。⑩

椪山木(不)支。⑪

梢之比乃木，又志比之。⑫

林衣乃木。⑬

楷樏二字。波比乃木。⑭

楨万木。⑮

杁杅二字。牟之(久)。⑯

橾佐世夫。⑰

次本菓(草)字

---

① 牟呂乃木(むろ【檖・杜松】の【之】き【木】)。

② 加豆良(かつら【桂】)。或"かずら【葛・蔓】"。

③ "非"字不詳，或指正字當作"槌"。

④ 須木(すぎ【杉・椙】)。

⑤ 黑木(くろき【黒木】)。

⑥ 古加乃木(かご【鹿子】の【之】き【木】)。

⑦ 久須乃木(くすのき【樟・楠】)。

⑧ 加志乃木(かし【樫・櫔・橿】の【之】き【木】)。

⑨ 豆波木(つばき【海石榴・山茶・椿】)。

⑩ 牟祢乃木(むね【棟】の【之】き【木】)。

⑪ "木"字據各本作"不"。山不支(やまぶき【山吹・款冬】)。

⑫ 之比乃木(しい【椎】の【之】き【木】)，又志比之(しい【椎】し)。

⑬ 衣乃木(えのき【榎・朴】)。

⑭ 波比乃木(はい【灰】の【之】き【木】)。

⑮ 万木(まき【真木・柀・槙】)。

⑯ 後一字頭各本作"枚"。"之"字據各本作"久"。牟久(むく【椋】)。

⑰ 佐世夫(させふ)。

秦椒八、九月採實,陰干。伊太知波自加弥,又加波自加美。①

楡皮二月採白波,曝干。八月採實,陰干。也尒礼。②

槐實十月上巳日採實,新瓺内百日出。如字也。知乃木。③

松實九月採,陰干。如字也。④

蓍實八、九月採實,陰干,卅日成。加知乃木乃美。⑤

女貞實八月採實,陰干。比女豆波木,又云造木。⑥

黄芩三月七日採根,蔭干,百日成。伎佐乃木,形似久良良乃木。⑦

桔梗二、八月採根,曝干。阿佐加保,又云罜止止支。⑧

枳實九、十月採實,去核,陰干。辛橘也。⑨

厚朴九、十月採皮,陰干。保保加志波。⑩

［吴茱萸古尒須伊。］⑪

［秦皮止祢利古木。］⑫

黄蘗八月採皮,陰干。［支］波太。⑬

支子九月採實,陰干。□(久)知奈之。⑭

合歡樹无採時。祢布利。⑮

蔓椒无採時。保曽木。⑯

蜀椒八月採實,陰干。家椒也。

甘遂二、八月採根,蔭干。秋在久弥。⑰

---

① 伊太知波自加弥(いたちはじかみ【秦椒】),又加波自加美(か【鹿】はじかみ【薑・椒】)。後一和訓各本作"鹿椒",疑當作"加波波自加美(かわはじかみ【川椒】)"(《本草和名》如此作)。

② 也尒礼(やにれ【楡皮】)。

③ 知乃木(ちのき)。

④ "九月"原在"採"下,據文例乙。

⑤ 加知乃木乃美(かじ【梶・構・楮・穀】の【之】きのみ【木の実】)。

⑥ 比女豆波木(ひめつばき【姫椿】),又云造木(みやつこぎ【造木】)。

⑦ 伎佐乃木(きさのき),形似久良良乃木(くらら【苦参】の【之】き【木】)。

⑧ 阿佐加保(あさがお【朝顔】),又云罜止止支(おかととき【桔梗】)。

⑨ 辛橘(からたちばな【唐橘】)也。

⑩ 保保加志波(おお【大】かしわ【柏】)。

⑪ 此條據各本補。古尒須伊(こにすい)。

⑫ 此條據各本補。止祢利古木(とねりこ【梣】き【木】)。

⑬ "支"字據各本補。支波太(きはだ【黄蘗】)。

⑭ "久"字據各本補。久知奈之(くちなし【梔子・卮子・山梔子】)。

⑮ 祢布利(ねぶり【眠り・合歡】)。

⑯ 保曽木(ほそき【蔓椒】)。

⑰ 秋在久弥(ぐみ【茱萸・胡頽子】)。狩谷疑"秋"當作"狄"。

莽草五月採葉,陰干。毛保己。①

羊躑躅花三月採花,陰干。毛知豆豆自。②

恒山八月採根,陰干。山宇豆支。③

蜀柒五月採葉,陰干。山宇豆支乃苗。④

石南草二、四月採葉,八〔月〕採實,陰干。志麻木,又云止比良乃木。⑤

蒚茄(茹)五月採根,曝干。止良久弥。⑥

練實九月採實,陰干。阿不知乃木也。⑦

巴戟天二、八月採根,蔭干。比之(比)良木。⑧

杠谷樹上同。

龍眼佐加木。⑨

烏草樹左之夫。⑩

鶏冠樹加戸天。⑪

賣子木阿(河)知左。⑫

折傷木伊太比,一云木連(蓮)〔子〕。⑬

黄楊豆介乃木。⑭

木辛夷比佐久良。⑮

卷栢,又求般(股),又可(万)歲,又約豆(豹足),又白糖皆久弥。⑯

------

① 毛保己(もほこ【莽草】)。

② 毛知豆豆自(もちつつじ【羊躑躅】)。

③ 山宇豆支(やまうつぎ【山空木】)。

④ 山宇豆支乃苗(やまうつぎ【山空木】の【之】なえ【苗】)。

⑤ 注文"八"下原有補號,未見補字,據文意當是"月"字。志麻木(しまき),又云止比良乃木(とびらのき【扉の木】)。

⑥ 狩谷改"茄"作"茹",是也,藥草有"蒚茹",無"蒚茄"。止良久弥(とらぐみ)。

⑦ 阿不知乃木(あふち【楝・樗】の【之】き【木】)也。

⑧ "之"字據各本作重文符。比比良木(ひいらぎ【柊・疼木】)。

⑨ 佐加木(さかき【榊・賢木】)。

⑩ 左之夫(さしぶ【烏草樹】)。

⑪ 加戸天(かえで【楓樹・楓・鶏冠木】)。

⑫ "阿"字據各本作"河"。河知左(かわちさ【川萵】)。

⑬ "木連"各本作"木蓮子",是也。伊太比(いたび【木蓮子】)。

⑭ 豆介乃木(つげ【黄楊・柘植】の【之】き【木】)。

⑮ 比佐久良(ひざくら【緋桜】)。各本作"山左久良(やまざくら【山桜】)"。

⑯ 字頭"般"當作"股","可"當作"万","約豆"當作"豹足"。《本草綱目・草之十・卷柏》:"釋名:萬歲〔別録〕、長生不死草〔綱目〕、豹足〔吳普〕、求股〔別録〕、交時〔別録〕。"兹據校改。久弥(ぐみ【茱萸・胡頽子】)。

辛夷,又辛矧(雉),又隻(侯)桃,又房水(木)皆山阿良良木。①

白樹加志乃木。②

甘橘加无志。③

占斯久留弥。④

茵芌罜豆豆志,又云伊波豆豆志。⑤

惡實支太支須乃美。⑥

杜舟(牡丹)山橘。⑦

草部第七十

千卅八字又二

艸且道反。卉也,草木初生也,麁也。⑧

草且道反,上;土毛之通稱也。

㽦上古文。⑨

華華二形作。正胡瓜反,平;蕚也,皇也,采色也,畫,盛也,美灑(麗)也。借胡化反,去;妃也。⑩

花呼瓜反。上同也。

華(芈)花音。又士角反,入;華同。又叢生。⑪

蔦在末。⑫

葩葩普巴反。草花白。

荅胡感反,平;謂花之未開者也。

---

① 字頭"矧"當作"雉","隻"當作"侯","水"當作"木"。《本草綱目·木之一·辛夷》:"釋名:辛雉〔本經〕、侯桃〔同〕、房木〔同〕、木筆〔拾遺〕、迎春。(時珍曰:……揚雄《甘泉賦》云:'列辛雉於林薄。'服虔注云:'即辛夷。雉、夷聲相近也。'今《本草》作辛矧,傳寫之誤矣。)"茲據校改。山阿良良木(やまあららぎ【山蘭】)。

② 加志乃木(かし【樫·櫃·櫧】の【之】き【木】)。

③ 加无志(かむし【柑子】)。

④ 久留弥(くるみ【胡桃·山胡桃】)。

⑤ 罜豆豆志(おかつつじ【岡躑躅】),又云伊波豆豆志(いわつつじ【岩躑躅】)。

⑥ 支太支須乃美(きたきす【牛蒡】の【之】み【實】)。

⑦ 字頭"杜舟"當作"牡丹"。"山橘"爲"牡丹"的別稱。山橘(やまたちばな【山橘】)。

⑧ 本書草部"卉"字多爲"艸"的俗字,以下徑改。

⑨ 此蓋小篆"茻"之變。

⑩ 注文"灑"當作"麗"。《文選·班固〈西都賦〉》:"樹中天之華闕。"李周翰注:"華,麗也。"茲據校改。

⑪ 字頭"華"當作"芈"。《廣韻·覺韻》士角切:"芈,叢生草。"茲據校改。"芈"與"華"形近相混,故此處云"花音""華同"。

⑫ 本部末有"蔦藣,二同字。于匕反,上;艸動皃,葩也,花也,姓也。美豆不不支也"。

菡（菌）上字同。①

苆菪蔄（菡）三形作。莟字同。徒感反，上；芙蓉花也，菡也。②

蔽撫于反。花也。③

芀徒取（聊）反。葦花也。④

葺子立反。茨也，覆也，亦補治也，累也，苫也。

蠥孼孽孼𡎛𡎤蘖蘖皆葺字，同。五竭反。灾也。謠字同，在言部。妖也。⑤

蘖蘗二同。古文作欁、椊二形。五割反。在木部。⑥

蘖藥二形同。魚列反。牙米也，麹也。

薜薜二形同。胥列反。訛也，正言娑度，譯云善哉也。類高（賴蒿也），青蘋（蘋）也。⑦

芟芟所嚴反。刈草也，除草也。⑧

葌胡（古）顏反。蘭也，香草也。⑨

笮𥬓今作窄。側格反。猶壓也，狹也，迫也。又作迮也。⑩

孳又作滋、孖二形。子其反。益也，菩（蕃）長也。菩（蕃），滋也，多也。稵同。⑪

蕤汝誰反。草木華垂兒，藥草也。⑫

蘂而随（蘃）、如捶二反，上；荷花糸也，度也，華也。⑬

---

① 字頭"菡"當作"菌"。《説文・艸部》："菌，菌菡也。"即"菡菌"。《玄應音義》卷十八"花莟"條："又作菌，同。胡感反。謂花之未發者也。"下條"蔄（菡）"當作"菌"，兩處當乙。茲據校改。

② 字頭"蔄"當作"菡"。《廣韻・感韻》："菪，菡菪，荷花未舒。蔄，上同。"《説文・艸部》："菌，菌菡也。"即"菡菪"。"蔄"本當作"菌"，上條"菡"當作"菌"，兩處當乙。茲據校改。

③ 此條原在上條注文之後，當另立一條。《全王・虞韻》撫扶反："蔽，花蔽。"

④ 注文"取"當作"聊"。《廣韻・蕭韻》："芀，徒聊切。"茲據校改。

⑤ 從"土"的兩個字頭當是從"虫"之誤。"皆葺字，同"蓋涉上條"葺"字誤。《説文・虫部》："蠥，衣服歌謠艸木之怪謂之祆，禽獸蟲蝗之怪謂之蠥。""謠字同，在言部"蓋涉《説文》"歌謠"而誤。

⑥ "割"下原有"割"字。《玄應音義》卷十三"栽蘖"條："五割反。"茲據刪。

⑦ 注文"類高"當作"賴蒿"，"蘋"當作"蘋"。《史記・司馬相如列傳》："薜莎青蘋。"裴駰集解："駰案：《漢書音義》曰：薜，賴蒿也。"茲據校改。《玄應音義》卷十六"唱薩"條："此言訛也。正言娑度，此譯云善哉。""薩"即"薜"字。

⑧ "除"下原有"也"字。《玄應音義》卷十八"如芟"條："所嚴反。刈草也。《詩傳》曰：芟，除草也。"茲據刪。

⑨ 注文"胡"當作"古"。《玄應音義》卷十二"草葌"條："又作菅、蕳二形，同。古顏反。《聲類》：葌，蘭也。《説文》：香草也。"茲據校改。

⑩ 《玄應音義》卷四"壓笮"條："於甲反，下側格反。案笮猶壓也。今謂笮出汁也。"寫本《玄應音義》多作"笮"，"笮"爲"笮"的俗字。

⑪ 注文"菩"當作"蕃"。《玄應音義》卷十三"不滋"條："滋，蕃長也。"《玄應音義》卷四"蕃息"條："蕃，滋也。滋，多也。"茲據校改。

⑫ 《玄應音義》卷十六"蕤子"條："今作桵（桵），同。汝誰反。藥草也，核可治眼。"

⑬ 注文"随"當作"蘃"。《切三》《裴韻》《全王・紙韻》而蘃反："蘂，花心。"茲據校改。"荷花糸"不詳，疑是"花心"之誤。"度也"疑是下條"茹"字釋義。

茹人与、人庶二反,上;菜也,食也,掇食也,柔,臭也,弱也,度也,菜熟也。①

芰渠智反,去;蔆也。比志。②

芗上字。須介。③

茜千見反,去;茅蒐也。

蒨菩二上字。

菩古[木]反。香(禾)穧謂之菩[穖]。秕字通也,在禾部。④

葰荽二形。私惟反,平;胡荽,香荣(菜)也。只(又)作倰(綏),非。蕿、荽、荾、三形同。⑤

菱曾(魯)登反。比支(志)。水中采(菜)也。⑥

蕨二形,上同。居目(月)反,入;和良比。⑦

菌奇殖(殞)、奇員(殞)二反。中鳩,菌。地蕈。⑧

蘆[蘆]勒姑反,平;葮也,葭,葦未秀者爲蘆。⑨

蒹陵兼[反],平;薍也,薑也。⑩

莝千臥反,去;謂斬蒭飤馬者也,秣也,蒭也。

哉(栽)祖菜(來)反。植也。⑪

---

① 掇食也,《爾雅·釋言》:"啜,茹也。"郭璞注:"啜者,拾食。"《説文·手部》:"掇,拾取也。"

② 《廣韻·蒸韻》:"蔆,芰也。蔆陵,並同。"比志(ひし【菱·芰】)。

③ 《説文·艸部》:"芰,蔆也。芗,杜林説:芰从多。"須介(すげ【菅】)。

④ "古"下奪"木"字,注文"香"當作"禾","菩"下奪"穖"字。《玄應音義》卷十四"秕菩"條:"菩,古木反。《通俗文》:禾穧謂之菩穖。"茲據補改。"秕字通也"不詳,"秕"與"菩"義相關,音不同,當非異體。"秕"或當作"稭"。《玄應音義》卷十四"草秸"條:"又作稭、秆二形,同。……《説文》:稭,禾稾去其皮,祭天以爲藉也。律文作菩,古木反。禾穧也。菩非此用。"

⑤ 注文"荣"當作"菜","只"當作"又","倰"當作"綏"。磧砂藏本《玄應音義》卷十五、《慧琳音義》卷五十八"胡荽"條:"《韻略》云:胡荽,香菜也。律文作綏,非體也。"茲據校改。

⑥ 注文"曾"當作"魯","支"當作"志","采"當作"菜"。《廣韻·蒸韻》:"菱,力膺切。""魯登反"與"力膺切"音近。"支"字《群書類從》本、享和本作"志",是也。本書上文"芰,比志"。各本"采"作"菜"。茲據校改。又各本反切作"亡伯反"(《群書類從》本"亡"誤作"七"),爲"麥"字音,此字頭"菱"下旁原作"麦",故誤。比志(ひし【菱·芰】)。

⑦ 注文"目"當作"月"。《廣韻·月韻》:"蕨,居月切。"茲據校改。此字頭僅一形,且與上字"菱"非異體,疑有脱文。和良比(わらび【蕨】)。

⑧ 注文"殖""員"皆當作"殞"。《玄應音義》卷十五"朝菌"條:"奇殞反。《爾雅》:中馗,菌。郭璞曰:地蕈也。"茲據校改。《爾雅釋文》:"中馗,求龜反。郭音仇,則當作頄。舍人本作中鳩。""馗""頄""鳩"形近,當是形誤。《玄應音義》寫本皆作"馗",疑"馗"字是。

⑨ 《廣韻·魚韻》:"蘆,蒤蘆,草。"《名義·艸部》:"蘆,茹蘆。""蒤蘆"又作"茹蘆"。"蘆"與"蘆"俗寫易混。

⑩ 《名義·艸部》:"蒹,薍萩也。"《爾雅·釋草》:"蒹,薕。"郭璞注:"似萑而細,高數尺。江東呼爲蒹薕。"

⑪ 字頭爲"栽"的俗字。注文"菜"當作"來"。《集韻·咍韻》:"栽,生殖也。或作哉、載。"《新撰字鏡·戈部》:"栽,祖來反,平;種也。"《玄應音義》卷二十四"心栽"條:"子來反。栽,植也。"茲據校改。

荐在見反,去;洊同。再,數也,重也,仍也,聚也。

瞢魚(莫)崩反,平;盲也,不明也。①

蜋蜋上茨栗反,入;下力尸反,平;蛷螋,蝍蛆。似蝗,大腹,長角,能食虵腦也。鶎鶎,同作。②

薨呼弘反,平;死也。

蔡胥烈反,入;草蘆(蘆)也,枯草也,監也。③

藤達曾反。茲也,蔂也。

蕉子姚反,平;茉也,蕉也。④

萋子兮反,平;草盛也。

葇撫俱反。皮。平表反,上;花也。餓死也。⑤

範又作笵。犯音。法也,常。⑥

芳勒二形作。郎六(北)反。香菜也。荷乃久支。⑦

藡達雞反。芙也。似稗,布地生,穢草也。⑧

苛加(賀)多反,平;擾心(也),怒也,小艸也,煩怨也,疾也。伊良。⑨

蔟青木反,入;聚也,巢也。又去;聚也,蔟蠶也。

葚時沈反。桑實。

萁巨之反,平;豆莖也,菜似蕨也。豆加良。⑩

① 注文"魚"當作"莫"。《玄應音義》卷四"瞢憒"條:"莫崩反。"茲據校改。

② 《玄應音義》卷四"蜋蜋"條:"茨栗反,下力尸反。《爾雅》:蛷螋,蝍蛆。郭璞曰:似蝗,大腹,長角,能食蛇腦也。"

③ 注文"蘆"當作"蘆"。《玄應音義》卷四"草蔡"條:"音察。草蘆也……蘆音千古反,枯草也。今陝以西言草蔡,江南山東言草蘆。"茲據校改。《廣韻·黠韻》:"蔡,初八切。"《名義·宀部》:"察,楚黠反。"此"胥烈反"爲"薛"字音(見上文"薛"字條),當有誤。"監也"爲"察"字義。

④ "蕉"字不詳,或是"蕉"字形誤。

⑤ 《玄應音義》卷十六"香葇"條:"撫俱反。梵言憂尸羅,此譯言皮也,亦花也。"《廣韻·小韻》平表切:"殍,餓死。葇,上同。"

⑥ 字頭原從"艸",爲俗字。

⑦ 注文"六"當作"北"。《玄應音義》卷十六"羅芳"條:"郎北反。香菜也。俗言避石勒諱改名羅香也。律文作勒,非體也。"茲據校改。後一字頭即"勒"增旁俗字。荷乃久支(はちす【蓮】の【之】くき【茎】)。

⑧ 《爾雅·釋草》:"藡,芙。"郭璞注:"藡,似稗,布地生,穢草也。"

⑨ 注文"加"當作"賀","心"當作"也"。"心"字各本作"也"。《玄應音義》卷十六"煩苛"條:"賀多反。《國語》:苛我邊鄙。賈逵曰:苛猶擾也。《廣雅》:苛,怒也。"茲據校改。《說文·艸部》:"苛,小艸也。"伊良(いら【刺】)。

⑩ 豆加良(まめがら【豆幹·豆殼·萁】)。

荼宅加反，平；緑（緣）也。於保土（止）知也。①

葶藶上地經反，下力亦反。波万太加奈，又加良志。②

菫荻上古（胡）官反。葦也。牟志吕井。下徒歴反，入；蘼荻也。③

薍荻字同。

蒳苦和反，平；藤名也。藤也，海邊生也。④

薄正補莫反。迫也，甫始也，至也，致也，辭也，廣，禪也，藏（薆）也，簾也，近。在竹部。⑤

蔓亡怨反。長也，莚也，葛花也。阿乎奈。⑥

藺蕳上力盆反，去；下徒盆反。毒草也。

茵無往反。莽草，有毒也。擣和食置水中，魚皆死，浮出取食無妨也。

茬又作枈。而甚反，上；柔木也。古豆也，衣。⑦

蔚於謂反，去；文章也，密也，茂也，盛也，數也。又子（紆）勿反，入；文綵繁數也。⑧

篡慕（篡）所（叉）患反，去；奪也，逆而奪取曰篡。字從厶。宇波不。⑨

薀蘊二同。許（紆）文、於郡二反，平；積也，最也，藏也，藻也，聚也，習也，蓄也，崇也，饒也，盛也。⑩

菲茢又作梛。以遮反。在木部。師子國之人食草。

---

① 注文“緑”當作“緣”。各本作“緣”。《玄應音義》卷二十三“魯荼”條：“宅加反。字緣也，能顯所作義。”丁福保《佛學大辭典》“字緣”條：“（術語）悉曇之阿等十二摩多或十六摩多，是助成字義者，故謂之字緣。”此處蓋因不明“魯荼”與“字緣”之義，故以爲“荼”字有“緣”義。茲據校改。“荼”又與“茶”同。“土”字據各本作“止”。於保止知（おお【大】とち【橡・杤】）也。

② 波万太加奈（はま【浜】たかな【高菜・大芥菜】），又加良志（からし【芥子】）。各本作“波万太加奈，在海濱”。

③ 注文“古”當作“胡”。《玄應音義》卷十七“菫荻”條：“胡官反。細葦也。……下又作薍，同。徒歴反。即蘼荻也。”茲據校改。牟志吕井（むしろ【筵・席・蓆・莚】い【藺】）。

④ 注文後一“藤”字下旁原訛作“膠”，因前一釋義出自《玄應音義》，後一釋義出自《切韻》，故同一字又有正訛不同形體。

⑤ 注文“藏”字《名義》同，蓋爲“薆”字之誤。《廣雅・釋詁二》：“薄，薆也。”茲據校改。《詩・周頌・時邁》：“薄言震之。”鄭玄注：“薄，猶甫也；甫，始也。”《名義》“甫”誤作“逋”。《廣韻・姥韻》：“溥，大也，廣也。”“薄”“溥”通。《廣雅・釋詁一》：“禪，褍也。”《玄應音義》卷四“禪衣”條引作“薄”。“在竹部”指“簿”字。

⑥ 阿乎奈（あおな【青菜】）。

⑦ 古豆（こまめ【小豆】）也，衣（え【茬】）。

⑧ 注文“子”當作“紆”。《裴韻・物韻》：“蔚，紆勿反。”《廣韻・物韻》：“蔚，紆物切。”茲據校改。

⑨ 字頭皆“篡”的俗字。注文“所”當作“叉”。《玄應音義》卷七“篡逆”條：“叉患反。《說文》：逆而奪取曰篡。字從厶，音私，算聲。”茲據校改。宇波不（うばう【奪う】）。

⑩ 注文“許”當作“紆”。《玉篇・艸部》：“薀，紆文切。”茲據校改。“最”同“寂”，與“冣”字混。冣，積也，聚也。

薙又作薙。不(下)戒反。奈女見良也。①

韮〔菲〕居有反。恨也。太太美良。②

菲正孚尾反,上;芴也,薄也。借芳非反,平;芴者,土芯也。

董多動反。正也,督也,固也。田尒在美乃。③

薫上字本作。蒲細也。④

藺力振、旅進二反。輪音。莚井。⑤

薨莫耕反,平;瓿同。屋棟。

蓆蓆二同。辞亦反。莚也,大也,儲也,廣也,蓘也。⑥

蘥〔蘥〕余若反,入;管鍵,雀麦也,又燕麦也,中也,久也。⑦

苜亡目反,入;正也,達也,目也,正兒也。⑧

藏正昨郎反,平;深也,匿也。借祖郎反。莭(蓈),草名。⑨

藉正情夕反,入;踏也,甚,借,祭蓆也,通藉也。借慈夜反,去;薦也,因也,依也,乱藉也,假也,由也。⑩

著着搸(櫫)三形作,同。正直魚反,平;萗,茎著也。借中慮反。猶顯也,貯也,明也,綿注也,附也,錄也,到也,至也,庭也,自也,立,補也,來也,作也,成,殷尊也。⑪

莫正芒昨反,入;弗也,无也。莫莫,爲也,散也。莫府也,大也,家(冢)也,布也。古作漠。借亡故反,去;菜也,《説□(文)》"景宜(日且冥)也",冥也。今爲暮字。⑫

---

① 注文"不"當作"下"。《類篇·艸部》:"薙,下戒切。"茲據校改。《玄應音義》卷七"韮薙"條:"又作薙,同。乎戒反。""乎"與"不"字形不似,暫校作"下"。奈女見良(なめみら【薙】)也。

② "恨也"爲"菲"字義。《方言》卷十二:"菲,恨也。"太太美良(ただみら【韮】)。

③ 田尒在美乃(た【田】に/ある【有る·在る】みの【菫】)。狩谷以爲與"葟"訓混。

④ 《爾雅·釋草》:"薕,蕭薫。"郭璞注:"似蒲而細。"

⑤ "藺"與"輪"皆音"りん"。莚井(むしろ【筵·席·蓆·莚】い【藺】)。

⑥ "莚"同"筵"。"蓘"字不詳,疑是"蓆"的誤字。

⑦ 注文"管"字左旁原有"金"旁,涉"鍵"字而類化。"管鍵"爲"蘥"字義,"蘥"通"鑰"。"中也,久也"俟考。

⑧ 《廣韻·屋韻》莫六切:"苜,苜蓿。"《説文·苜部》:"苜,目不正也。"《名義·苜部》:"苜,亡達反。目不正。"此處釋義當有錯訛,疑當從《名義》作"正(亡)達也(反)。目也(不)正兒也"。

⑨ 注文"莭"當作"蓈"。《玉篇·艸部》:"藏,藏郎,草名。""藏郎"即"藏蓈"。茲據校改。

⑩ 《漢語大詞典》:"藉甚:盛大,卓著。"《漢語大詞典》:"通藉:亦作'通藉'。1.謂記名於門籍,可以進出宮門。2.指初作官。意謂朝中已有了名籍。"

⑪ 字頭"搸"當作"櫫"。"櫫"同"箸","著"與"箸"字混。茲據校改。又《爾雅·釋草》:"萗,茎蕛。"《爾雅·釋木》:"萗,茎著。"

⑫ 注文"家"當作"冢","也布"原倒,"説"下殘,"景宜"當作"日且冥"。《廣雅·釋丘》:"墓,冢也。"《廣雅·釋詁三》:"莫,布也。"《説文·茻部》:"莫,日且冥也。"茲據改乙補。《新撰字鏡·重點》:"莫莫,爲也,散也。""莫府"同"幕府"。

共正渠用反,去;□(同)也,皆也。借居凶反,平;具也。①

蓢正頌力反,入;附子也。借鉏力反,入;一比古。②

薜正蒲革反。山芹也,當歸也。借補細反,去;薜荔,香草也。

荔荔二同。來計反,去;烏韭也。烏悲(韭)者,在屋曰昔耶,在垣曰垣衣。又曰似蒲而小,根可[作]刷。字楋櫔之(楋、櫔二字)。③

芐(芸)正右軍、烏解二反,平,又上;香草也,薹也。借有奮反,去;黃盛也。④

萎正於危反,平;藥草名也,草木菸也。借於僞反。餘(餧)字。豆良久弥也。⑤

𦬼蕧二作同。又作穟。正徐与反。蕧蕧,美皃。借以舉反,上;菜(蕧)蕪皃也。⑥

蕁正補各反,入;葅,蘘荷也。蒲穗也。借[視]倫反,平;奴奈波。⑦

蕁上字。

茸正而庸反,平;左(龙)茸,乱皃。草生皃。又鹿角初生曰茸。借如隴反。弥豆祢皃。⑧

莽莽二同。正无黨反,上;藥草名。借莫戶反,上也。

蓂蓂二同。正莫丁反,平;莢,樹名。似薺,細葉也,老薺也。借亡狄反,入也。⑨

芍正都歷反,入;蓮中子也。借下了反,上;鳧茈也。生下田,根如指頭,黑,可食。又借且略反,入;又蕭該:"藥也。"⑩

藐猿二同。正摸角反,入;此草也。借弥沼反,上;又妙若反,入;毒也,廣也。⑪

---

① "去"下一字殘。《廣韻·用韻》:"共,同也,皆也。"兹據校補。

② "頌"字不詳。《廣韻》《玉篇》《名義》皆"阻力反"。一比古(いちびこ),即"いちご(【苺·莓】)"。

③ 注文"悲"當作"韭","可"下奪"作"字,"字楋櫔之"疑當作"楋櫔二字"。《廣雅·釋草》:"昔邪,烏韭也。在屋曰昔邪,在牆曰垣衣。"《説文·艸部》:"荔,艸也。似蒲而小,根可作刷。"《新撰字鏡·木部》:"楋櫔,二同字。力底反。小舩也。"兹據改補。"荔"同"楋"文獻無例證,俟考。

④ 字頭"芐"當作"芸"。《名義·艸部》:"芸,右軍反。香草也,苔也。"兹據校改。"烏解反"爲"矮""庯"等字音,此疑有誤。《廣韻·文韻》:"蕓,蕓薹,菜名。"《詩·小雅·裳裳者華》:"芸其黃矣。"毛傳:"芸,黃盛也。"

⑤ 注文"餘"當作"餧"。《集韻·眞韻》:"萎,或从食。"兹據校改。豆良久弥(つらくみ)也。

⑥ 注文"菜"爲"蕧"殘字。《廣韻·語韻》:"蕧,蕧蕪。"兹據校改。

⑦ 《廣韻·鐸韻》:"蕁,蕁葅,大蘘荷名。"《廣雅·釋草》:"蒲穗謂之蕁。"又"倫"上奪"視"字,據各本補。奴奈波(ぬなわ【沼繩·蕁】)。

⑧ 注文"左"當作"龙"。《玉篇·艸部》:"茸,龙茸,亂皃。"兹據校改。弥豆祢(みつね)皃,或當作"弥豆弥豆(みずみず【瑞瑞·水水】)"。

⑨ 《廣韻·青韻》:"蓂,蓂莢,堯時生於庭,隨月彫榮。"《爾雅·釋草》:"菥蓂,大薺。"郭璞注:"似薺,葉細,俗呼之曰老薺。"

⑩ 《爾雅·釋草》:"芍,鳧茈。"郭璞注:"生下田,苗似龍須而細,根如指頭,黑色,可食。"《廣韻·藥韻》:"芍,芍藥。蕭該云:芍藥,香草,可和食。"P.3799《全王·藥韻》:"芍,蕭該云:芍藥,是藥草。又香草,可和食。"《廣韻》省脱"是藥草又"四字,誤合兩義。此處"藥也"蓋"芍藥也"之省。

⑪ "毒也"疑爲"猿"字義。《廣韻·唐韻》:"猿,猿毒,藥名。"

蔍正平表反。借□（白）交反，平；□也，蒯□□□□（属，可爲席）也。①

舊舊二同。渠雷（雷）反，去；久老也，久遠也。借虚流反，平；鴉（鴟）萑（舊），萑（舊）鵂也。今爲鶙字。②

蕃正輔菌反，平；飾也，謂蕃息爲媲息。又作辮。蕃服也，屏也，籬也，蔽也。屏，牆也。字非正。③

蒸正之繩反，平；大（火）氣上行也。冬祭曰蒸，即終也。蒸蒸，老（孝）也。上嬈也。借之勝反，去。④

蒸烝二上同作。

蓮〔薚〕〔蓮〕及字古文。正渠汲反，入；與也，至也，連也。借昨洽反，入；一曰半草書也，一曰行書。瑞草。⑤

蒒次説反。量也，度也，驗也，時蒒也，省也，制，期也，察也，信也，操也，擁也，適也，木蒒。又從竹。⑥

業及洽反，入；大也，叙也，産也，緒。⑦

〔藘〕來丁反，平；甘草也，似地黄也，落也。⑧

――――――――――――――

① 注文殘。《名義・艸部》："蔍，白交反，平表［反］。蔬屨者也。"《儀禮・喪服》："疏屨者，蔍蒯之菲也。"《玉篇・艸部》："蔍，平表切。蒯屬，可爲席。"兹據校補。又注文"蒯"與"属"之間有一字空間，或當補"之"字。注文後一"平"字之下殘字似從"艹"旁，疑是"苺也"。《爾雅・釋草》："蔍，麃。"郭璞注："麃即苺也。今江東呼爲蔍苺。子似覆盆而大，赤，酢甜可啖。"

② 字頭原作"𦽅""𦾦"。注文"雷"當作"雷"，"鴉"當作"鴟"，"萑"當作"舊"。《廣韻・宥韻》："舊，巨救切。""渠雷反"與"巨救切"音同。《説文・艸部》："舊，雗舊，舊留也。""鴟"同"雗"。兹據校改。

③ 《荀子・榮辱》："以相藩飾。"楊倞注："藩蔽文飾也。"《玄應音義》卷一"蕃息"條："今中國謂蕃息爲媲息。"《周禮・夏官・職方氏》："乃辨九服之邦國……又其（鎮服）外方五百里曰藩服。"《玄應音義》卷二十"蕃屏"條："《蒼頡篇》：藩，蔽也。屏，牆也。藩，籬也。""字非正"蓋指"藩"爲正字，"蕃"爲假借字。

④ 注文"大"當作"火"，"老"當作"孝"。《説文・火部》："烝，火气上行也。"《廣雅・釋訓》："蒸蒸，孝也。"兹據校改。

⑤ "借音"之前爲"薚"字音義。"昨洽反"爲"蓮""蓮"音。"一曰半草書也，一曰行書"爲"蓮"字釋義。"瑞草"爲"薚"字釋義。《説文・又部》："及，逮也。薚，亦古文及。"《廣韻・洽韻》山洽切："薚莆，瑞草。"《玉篇・竹部》："蓮，士洽切。行書兒。"《玉篇・辵部》："蓮，行書兒。"《集韻・洽韻》："蓮，行書也。秦使徒隸助官書艸蓮以爲行事，謂艸行之間，取其疾速，不留意楷法也。从筆从辵，或作箻。""半草書"即"艸行之間"。

⑥ "擁"字原作"𢬲"，或是"攉"字。《周禮・地官・掌節》："門關用符節，貨賄用璽節，道路用旌節。"鄭玄注："旌節，今使者所擁節是也。"《倭名類聚鈔》卷二十"節"字條："《四聲字苑》云：節，草木擁腫處也。"俟考。

⑦ 《廣韻》音"魚怯切"，《名義》音"魚劫反"，此"及洽反"疑有誤。

⑧ 此條原在"業"字注下，字頭奪，"丁"下原有"丁"字。《名義・艸部》："藘，來丁反。甘草，似地黄。"《爾雅・釋詁上》："藘，落也。"兹據補刪。

莐〔茂〕符廢反,去;勉也,豐也,豐草也,盛也。①

巷胡絳反,去;黑(里)中別道也,道也。②

蕲薪二同字。徐僉(斂)反。長也,麦秀芒兒也。③

茵(菌)因(困)音。馬之屎茸。④

薏莑二同字。於極反,入;蓮子之中重子也,薏苡也,荷實也。

莝〔筊〕〔莖〕乎(千)臥反。斬也。又市士反。撲著(蓍)也。久支,又岐曾也。⑤

萸武夫反,平;萸夷(黃)。⑥

葑𦹌二同。孚封反,去;菁也,菰根也。阿乎奈。⑦

蕪武夫反,平;穢也,刾也,荒也,逋也。志介志,又宇波良,又佐須。⑧

蘀蘀二同。土各反,入;陷也,落也,謂草木落也,槁也,葉也。於豆。⑨

䕡藶〔藶〕二同。曰(田)歷反。似梨(藜)菜。豆利佐乎。⑩

簸方破反,去;糠者也。美。⑪

藸所与反。阿万豆良。⑫

芪茋二形。士矢反,上;生山,其味甚苦,人能食。尒古多,又云加乃尔介。⑬

---

① 此條反切爲"莐"字音,義爲"茂"字釋義。《廣韻‧廢韻》符廢切:"莐,草葉多也。"《爾雅‧釋詁上》:"茂,勉也。""茂"通"懋"。《爾雅‧釋詁下》:"茂,豐也。"《廣雅‧釋詁二》:"茂,盛也。"

② 注文"黑"當作"里"。《玄應音義》卷三"街巷"條:"下又作衖,同。胡絳反。《三蒼》:街,交道也。衖,里中別道也。"《說文‧㘞部》:"㘞,里中道。巷,篆文从㘞省。""巷"即"巷"字。茲據校改。

③ 注文"僉"當作"斂"。《名義‧艸部》:"蕲,徐斂反。草木蕲苞也。"茲據校改。《尚書‧禹貢》:"草木漸包。"孔傳:"漸,進長。"釋文:"漸,如字。本又作蕲。"《文選‧枚乘〈七發〉》:"麥秀蕲兮雉朝飛。"李善注引《埤蒼》:"蕲,麥芒也。"

④ 字頭據音當作"茵",據和訓當是"菌",則"因音"當作"困"。馬之屎茸(うま【馬】の【之】くそたけ【糞茸】)。

⑤ 注文"乎"當作"千","著"當作"蓍"。《玄應音義》卷十五"莝草"條:"千臥反。"《玄應音義》卷十七"卜筮"條:"筮者,撲蓍取卦,折竹爲爻,故字從竹。"茲據校改。"又市士反。撲著(蓍)也"爲"筊"字音義。久支(くき【莖】),又岐曾(きそ)也。

⑥ 注文"夷"當作"黃"。《廣韻‧虞韻》:"萸,萸黃。"茲據校改。

⑦ 阿乎奈(あおな【青菜】)。

⑧ 志介志(しけし【蕪し】),又宇波良(うばら【茨‧荊棘】),又佐須(さす【刺す‧挿す】)。

⑨ 《詩‧鄭風‧蘀兮》:"蘀兮蘀兮。"毛傳:"蘀,槁也。"鄭玄注:"槁,謂木葉也。"於豆(おつ【落つ‧墜つ‧堕つ】)。

⑩ 注文"曰"當作"田",各本即作"田"。"梨"當作"藜"。《廣韻‧錫韻》:"藶,徒歷切。""田歷反"與之音同。《爾雅‧釋艸》:"拜,蒩藶。"郭璞注:"蒩藶,亦似藜。"茲據校改。豆利佐乎(つりざお【釣竿】)。《詩‧衛風‧竹竿》:"籊籊竹竿。"《廣韻‧錫韻》:"籊,竹竿兒。"

⑪ 《詩‧大雅‧生民》:"或簸或蹂。"毛傳:"或簸糠者,或蹂黍者。"美(み【箕】)。

⑫ 字頭似當作"藷",但音義不合,俟考。各本反切下有"藤類"二字。阿万豆良(あまずら【甘葛】)。

⑬ 尒古多(にこた),又云加乃尔介(かのにけ【人参】)。各本"又"作"東人"。

蕑開音。山女也。阿介比，又波太豆。①

蕧□(素)口反，上；潤也，澤也。撒同。也夫，又於止吕。②

蓁側詵反。草盛也，衆也，戴也。

芸禹軍反。廢草也。久支。作。③

蘩蘠二同字。補[園]反。[白蒿也]。加良与毛支。④

募武句反。求問也。豆乃留，又弥(祢)加不。⑤

薈烏會反，去；雲興盛也，草盛也，障也，翳也，蔚也。

葭方摽反。蘆葦花曰葭。

𦱐芬二同作。扶雲反。和也，調也，秀(香)也。加乎留。⑥

蔄吕居反，平；蓬類也，蒿也。伊波与牟支，又加良与毛支。⑦

苦右(枯)吕反，上；苦息謂之勞苦，宜息也。動(勤)也，窮也，苦急也，菜名也，急也，息也，麤也，患也。"誰謂荼苦，甘之如薺"也。⑧

蒽枲同字。思音。於曾留，又於豆。⑨

苗亡妙反，平；狩也，煞生曰苗，以夏時狩曰[苗]。加利須。⑩

已下平聲出自《切韻》

葤徒紅反。葤麦。⑪

────────────

① 狩谷："從艸、從開，皇國會意字。開，女陰也。通草實熟折似女陰。"阿介比(あけび【木通・通草】)，又波太豆(はたつ)。

② 反切上字殘，據各本補。也夫(やぶ【蕧】)，又於止吕(おどろ【棘・荆棘】)。

③ 各本作"芸葟莣，三形作。禹軍反。廢草也。久佐支利須豆(くさきり【草切り】すつ【捨つ・棄つ】)"。此"作"上當奪異文"葟莣"。久支(くき【莖】)。

④ "補"下奪"園"字，"反"下奪"白蒿也"。各本作"輔園反。白蒿也"。《名義・艸部》："蘩，輔園反。白蒿也。"茲據校補。加良与毛支(からよもぎ【唐艾】)。

⑤ "弥"字據各本作"祢"。豆乃留(つのる【募る】)，又祢加不(ねがう【願う】)。

⑥ 注文"秀"當作"香"。《名義・艸部》："芬，和也，調也，香也。"《廣雅・釋訓》："芬芬，香也。"茲據校改。加乎留(かおる【薫る・香る・馨る】)。

⑦ 伊波与牟支(いわよむぎ)又加良与毛支(からよもぎ【唐艾】)。"蓬類也"即"いぬよもぎ【犬蓬】"。

⑧ 注文"右"當作"枯"，"動"當作"勤"。《名義・艸部》："苦，枯魯反。勤也。"《廣韻・姥韻》："苦，勤也。"茲據校改。《爾雅・釋詁一》："苦，息也。"郭璞注："苦勞者宜止息。"《經義述聞》："苦，讀爲王事靡盬之盬。靡盬者，靡息也。"《詩・邶風・谷風》："誰謂荼苦？其甘如薺。"

⑨ 各本無"枲同字"，"思音"下有"畏懼之皃"。《名義・艸部》："蒽，思似反。香草，枲耳草。""蒽"蓋與"枲"通。"蒽"與"思"皆音"し"。於曾留(おそる【恐る】)，又於豆(おず【怖づ】)。

⑩ 注文後一"曰"下奪"苗"字。《爾雅・釋天》："夏獵爲苗。"茲據校補。"亡妙反"爲去聲，此處云"平"，此反切當是倭音"びょう"。"加利須"各本作"奈へ(なえ【苗】)，又加利須(かりす【狩りす】)"。"へ"據寬永本。享和本作"奈倍"，同。《群書類從》本"へ"誤作"人"。

⑪ 《切韻》無此字，俟考。

蔟 䗥隆反。蔟葵，繁(蘩)露也。①

菘 息隆反。菜名。太加奈。②

茙 而隆反。蜀葵。

芎藭 上去隆反，下渠隆反。

芜 處隆反。芜蔚草。和良不祁。③

蘴蕻 二同作。敷隆反。蕪菁也。④

荭〔葒〕胡籠反。蘢也，馬蓼也。④

湙 荭音。

［叢］藂 二同。徂紅反。⑤

蓊 烏紅反。木盛皃也。

蓯葱 二同。倉紅反。

蔠葰 二同。子紅反。木枝也，細枝也，苔(笞)也。⑥

苳 都宗反。苀苳也。

恭 𣀓 㳟㧬 四形同作。駒冬反。恭敬也。

蓉 餘封反。

茪 渠容反。蒬莢實，又昌蒲也。

茳 古雙反。茳蘺，草也。

蓍 式支反。草名，拔心不死。

茨 疾脂反。盖屋也，又茻也。水不之(不)支。⑦

芘 房脂反。藜芘，荊藩也。不留比。⑧

薋 疾脂反。蒺藜也。

蓍 蒼 𦸶 耆 四形作。式脂反。蒿也，信也。女度也。⑨

虋 武悲反。虋無(蕪)。⑩

―――――――――――

① 注文“繁”當作“蘩”。《切二》《裴韻》《全王》《廣韻·東韻》：“蔟，蔟葵，蘩露也。”茲據校改。

② 太加奈(たかな【高菜・大芥菜】)。

③ 和良不祁(わらぶき【藁葺き】)。

④ 《名義·艸部》：“荭，馬蓼也。”《廣韻·江韻》：“茳，茳蘺，香草。”

⑤ “叢”上奪“藂”字。《廣韻·東韻》徂紅切：“叢，聚也。藂，俗。”茲據校補。

⑥ 注文“苔”當作“笞”。《方言》卷二：“故傳曰：慈母之怒子也，雖折葰笞之，其惠存焉。”茲據校改。又字頭“葰”當是“葰”的訛字。

⑦ “之”字據各本作重文符。水不不支(みずふぶき【水蕗・芺】)。

⑧ 不留比(ふるい【篩】)。

⑨ 女度(めど【蓍】)也。

⑩ 注文“無”當作“蕪”。P.3696、《切二》《切三》《裴韻》《全王》《廣韻·脂韻》：“虋，虋蕪。”茲據校改。

萑上(止)推反。木名，芫蔚也。①

芝止而反。瑞草。

蘠万加古。②

萁其之反。菜□(似)蕨。③

蓄菑二同。側持反。樹也，田荒穢，入軒轂。④

莊□(士)之反。莊平縣，又盛皃。⑤

薇薇二同。無非反。菜也，垂水也，白薇。□(万)加古。⑥

芷上字同。⑦

蓲虛機反。菟葵也。

藱藱二同。俱(丘)韋反。藱，薺[實]也，葵。⑧

揆上字。

蕖衡(强)魚反。芙蕖。⑨

苴七余反。又上；履中藉草。

蓏力豆反。蘆，藥艸。

藟力追反。蔓也。

菸央魚反。欝也，痿也，臭也，茹也。

蘆力魚反。漏蘆，藥也。

藷藷音。署預名，甘蔗。

蒘汝魚反。蘆(蘆)也。⑩

菹菹二形作。側魚反。須須保利。⑪

蘁上古文。

茱市朱反。茱萸。

---

① 注文"上"當作"止"。《廣韻·脂韻》："萑，職追切。""職"與"止"爲章母字。茲據校改。《名義·艸部》："萑，至維反。"

② 《廣韻·桓韻》多官切："蘠，草名。"此字當非《廣韻》"蘠"字，疑是"薇"字之訛。万加古(まかご【卷子·白薇】)。

③ 注文"菜"下一字殘。《廣韻·之韻》："萁，紫萁，似蕨菜。"茲據校補。

④ 《周禮·考工記·輪人》："察其菑蚤不齵，則輪雖蔽不匡。"鄭玄注："菑謂輻入轂中者也。"

⑤ 反切上字殘。《切二》《切三》《全王》《廣韻·之韻》："莊，士之反。"茲據校補。

⑥ "加"上殘，據各本及上"蘠"字注補。万加古(まかご【卷子·白薇】)。

⑦ "芷""薇"非異體，此"同"蓋指義同。

⑧ 注文"俱"當作"丘"，"薺"下奪"實"字。《切韻》"藱"字皆音"丘韋反"，"歸"字音"俱韋反"，此蓋相混。《名義·艸部》："藱，薺實也，葵也。"《説文·艸部》："藱，薺實也。"茲據改補。

⑨ 注文"衡"當作"强"。《切二》《切三》《王一》《全王》《廣韻·魚韻》："蕖，强魚反。"茲據校改。

⑩ 本條原在"蕭"字注下，注文"蘆"當作"蘆"。《切三》《全王·魚韻》汝魚反："蒘，蘆蒘。"《切二》亦作"蘆"。《廣韻·魚韻》《玉篇·艸部》："蒘，蒘蘆，草也。"茲據乙改。

⑪ 須須保利(すずおり【菹】)。

荋萸二同。□(羊)朱反。茱荋也。①

芙附于反。芙蓉也。

蔤芙音。蔤茈子。

芐薄胡反。乱蒻也。

蒱芐音。膊也。

蒲芐音。水草。

苽苽二形同。古胡反。彫胡。

纚倉胡反。草履。

葫荒烏反。又大蒜。奈万井。②

蘇蘇二形作。思吾反。荏。

藜落齊反。草霍(藿)。阿加佐。③

莉落齊反。莉芒,織荊。

胧方奚[反]。胧麻也。

薢薢薢三形作。古諧反。薢苦,決明子。止古吕。④

荄薢音。草根。

落徒哀反。魚衣濕者曰濡落(落)。⑤

萊落哀反。藜。又東萊,郡名。

蒡食春反。牛蒡,草名也。

蒓尚倫反。水葵菜。

蘋□(符)隣反,平;大萍。□□(宇支)奴奈波。⑥

蕓薹薹三形作。上王分反。下落(落)音也。⑦

蕡符分反。草木多實也,荏也,亦肥(胞)也。⑧

薰許云反。香草。

薊舉欣反。阿佐美。⑨

芫愚袁反。芫花,藥。

萱況袁反。忘憂草。

---

① 反切上字殘。《切三》《全王》《廣韻·虞韻》:“荋,羊朱反。”茲據校補。

② 奈万井(なまい【沢瀉·生藺】)。

③ 注文“霍”當作“藿”。《廣韻·齊韻》:“藜,藜藿。”茲據校改。阿加佐(あかざ【藜】)。

④ 止古吕(ところ【薢】)。

⑤ 注文“落”當作“落”。《廣韻·哈韻》:“落,魚衣濕者曰濡落。”茲據校改。

⑥ “符”與“宇支”據各本補。《切三》《全王·真韻》:“蘋,符鄰反。”此“萍”旁有片假名“ウキクサ(うきくさ【浮草·浮萍】)”。宇支奴奈波(うきぬなわ【浮蓴】)。

⑦ 注文“落”當作“落”。《廣韻·哈韻》:“薹,徒哀切。”《廣韻·哈韻》:“落,徒哀切。”茲據校正。

⑧ 注文“肥”當作“胞”。《集韻·文韻》符分切:“廥,梟實也。亦作胞。通作蕡。”茲據校改。

⑨ 字頭下旁原作“勣”,猶“筋”字俗作“箭”,此字即“薊”的俗字。阿佐美(あざみ【薊】)。

蕂附袁反。似莎也。①

蕲(萲)虚言反。萲芊草。②

蒩亡非(悲)反。茈蒩。③

虋莫奔反。赤梁粟也。

蓀思渾反。香草也。於保度知。④

菧蒲奔反。覆菧草也,菖也。

蕻胡安反。蕻蔣草。

芄胡官反。芄蘭。

蘻蘽二同字。落官反。鳧(鳧)葵也。

莞莞二作。古丸反。大井,又加万。⑤

蘭〔籣〕落干反。韊也,弓矢袋也。⑥

荁才余反。蓋也,似韭,生寒(塞)下。⑦

贀胡山反。又侯辨反,去;莖(莝)餘也,堅也。⑧

芊倉先反。草盛也。

菺古賢反。茂葵。加良保比。⑨

菺古玄反。明艸。

莔相然反。艸也,萱(莞)也。⑩

蕻居延、職隣二反。豕首草別名。

燕烏前反。香草。⑪

荃此緣反。香草。

蕭蕭蕎三形作。蘇彫反,又入;草名,又縣名也。⑫

芀蓾二同。徒聊反。葦花。⑬

---

① "莎"旁有片假名"ウキクサ(うきくさ【浮草·浮萍】)"。

② 字頭"蕲"當作"萲"。《廣韻·元韻》虚言切:"萲,萲芊,草名。"茲據校改。

③ 注文"非"當作"悲"。《玉篇·艸部》:"蒩,亡悲切。"《廣韻·脂韻》:"蒩,武悲切。"茲據校改。

④ 於保度知(おお【大】とち【橡·栃】)。

⑤ 大井(おお【大】い【藺】),又加万(がま【蒲·香蒲】)。

⑥ 《廣韻·寒韻》落干切:"蘭,香草。"《廣韻·寒韻》落干切:"籣,盛弩矢,人所負也。"此釋義皆爲"籣"字義。

⑦ 注文"寒"當作"塞"。《名義·艸部》:"荁,蓋,似韭也,生塞下。"茲據校改。

⑧ 注文"莖"當作"莝"。《廣韻·山韻》:"贀,莝餘。"周祖謨、余迺永校改作"莝餘",是也。茲據校改。

⑨ 加良保比(からほい),即"からあおい【唐葵·蜀葵】"。

⑩ 注文"萱"當作"莞"。《廣韻·仙韻》:"莔,草名,似莞。"茲據校改。

⑪ "燕"爲"乙鳥"或"玄鳥",此"香草"之義蓋涉下"荃"字釋義而誤增。

⑫ "又入"蓋指此字有"肅"字音。

⑬ 《説文·艸部》:"芀,葦華也。"段注:"《韓詩》葦蓾字作蓾。"

蓲於堯反。草盛也,艸也,苦也,莠類也。①

藠許嬌反。曰(白)芷別名。②

蕉昨焦反。柴。又作樵也。

莤莪二形作。如招反。芻莪也,蕪菁也。

蘨餘照(昭)反。蘨芌,長(萇)楚,今羊桃也。③

蕘蘨音。茂也,艸盛也。与召(招)反。④

荍(芘)渠遥反。草名,今荆葵也。⑤

葭胡□(茅)反。茅根。⑥

茭古肴反。乾草。己毛。⑦

茅莫交反。知也。⑧

藃許交反。禾傷肥也,艸白(兒),暴起也。⑨

藻楚交反。藻取。

蒿呼毛反。蓬也,葭(茢)也。⑩

薧呼毛反。里(死)人里。⑪

薅呼毛反。除田草也,秋(耘)。茠同。支波良不。⑫

茠上作同。耨也。

萄徒刀反。蒲萄。

薅五勞反。繁縷,細草也。波久户良。⑬

菏古俄反。澤名。

---

① 《説文·艸部》:"蓲,艸也。《詩》曰:四月秀蓲。劉向説:此味苦,苦蓲也。"

② 注文"曰"當作"白"。《廣韻·宵韻》:"藠,白芷別名。"茲據校改。

③ 注文"照"當作"昭","長"當作"萇"。《切三·宵韻》餘招反、《全王·宵韻》余招反:"蘨,蘨芌,萇楚。"《廣韻·宵韻》餘昭切:"蘨,蘨芌,萇楚,今羊桃也。"茲據校改。

④ 注文"召"當作"招"。《名義·艸部》:"蕘,與招反。"茲據校改。

⑤ 字頭"荍"當作"芘"。《廣韻·宵韻》渠遥切:"芘,草名,今荆葵也。"茲據校改。

⑥ 反切下字殘。《切三》《全王》《廣韻·肴韻》:"葭,胡茅反。"茲據校補。

⑦ 己毛(こも【菰·薦】)。

⑧ 知(ち【茅】)也。

⑨ 注文"白"當作"兒"。《説文·艸部》:"藃,艸兒。"茲據校改。《周禮·考工記·輪人》:"則轂雖敝不藃。"鄭玄注:"玄謂藃,藃暴,陰柔後必橈減,幬革暴起。"

⑩ 注文"葭"當作"茢"。《爾雅·釋草》:"蒿,茢。"茲據校改。

⑪ 注文"里"當作"死"。《説文·艸部》:"薧,死人里也。"茲據校改。

⑫ 注文"秋"當作"耘"。《切三》《王一》《裴韻》《全王·豪韻》:"薅,耘。"茲據校改。支波良不(き【木】はらう【払う·掃う】)。

⑬ 《切三》《王一》《裴韻》《全王·豪韻》:"薅,繁縷,蔓生細草。"此或當補"蔓生"二字。波久户良(はくべら【蘩蔞】)。

蓎昨酒(何)[反]。薺實。①

莪五歌反。莪蘿。宇波支。②

蘿魯何反。女蘿也。

莎素□(戈)反。蔐(薃)也。③

挱莎音。手挱挱也。

襄莎音。可爲雨衣者。

蠃落戈反。水草。

薖苦禾反。艸名,美皃,□□(又寬)大也,過也。④

茄求伕反。茄子,又荷莖也。

蟹莫霞[反]。蝦蟹。

芽 艻 二同作。五加反。萌也,始也。

菹側加反。楚葵,生水中。

薺似嗟反。薺蒿也,引也,茅穗也,英也。⑤

薄徒含反。[水]衣。於支豆毛。⑥

蕫上同作。⑦

葴盧含、負(負)[弓]二反。草得風皃。⑧

苷古三反。苷草也,落(蔗)也。⑨

藍魯甘反。阿井。⑩

薌許良[反]。穀氣。

薑居良反。辛菜也。

---

① 注文"酒"當作"何",下奪"反"字。《切三》《王一》《裴韻》《全王》《廣韻·歌韻》:"蓎,昨何反。"茲據改補。蓋因本書所據《切韻》小韻首字醓,昨何切。白酒的"酒"字與"何"字錯位而致誤。

② 宇波支(うはぎ【薺蒿】)。

③ 反切下字殘,注文"蔐"當作"薃"。《切三》《全王》《廣韻·戈韻》:"莎,蘇禾反。"《玉篇·艸部》:"莎,素戈切。"《名義·艸部》:"莎,桑戈反。"此處暫據《玉篇》擬補。《爾雅·釋草》:"薃侯,莎。"茲據補改。

④ "皃"下兩字殘。《玉篇·艸部》《廣韻·戈韻》:"薖,草名,又寬大皃。"《玉篇·艸部》:"薖,苦禾切。寬大也。"茲據校補。

⑤ 《廣雅·釋詁一》:"捈,引也。""薺"通"捈"。《詩·鄭風·出其東門》:"有女如荼。"毛傳:"荼,英荼。""薺"同"荼"。

⑥ "衣"上奪"水"字。各本作"水衣"。《切三》《裴韻》《全王》《廣韻·覃韻》:"薄,水衣。"茲據校改。於支豆毛(おきつも【沖つ藻】),各本作"加支豆毛",蓋誤。

⑦ 字頭原作"蕇"。《切三》《全王·覃韻》:"薄,或作蕩。"《裴韻·覃韻》:"薄,亦薄、蕈。""薄"即"蕫"的俗字。《爾雅·釋草》:"蕫,蓲藩。"釋文:"孫云:古蕈字。徒南反。《說文》云:或作蕈字。"茲據校改。

⑧ 注文"負"當作"負","負"下奪"弓"字。《名義·艸部》:"葴,負弓反。"茲據改補。

⑨ 注文"落"疑當作"蔗"。《龍龕·草部》:"苷,又苷蔗也。"《廣韻·禡韻》:"蔗,甘蔗。"茲據校改。

⑩ 各本反切下有"染草"二字。阿井(あい【藍】)。

萇直良反。萇楚,似桃者。止万。①

蔨 蔨二形作。式羊反。蔨陸,草也。

蘘 蘘蘘三形作。汝陽反。蘘荷也。

蕩募二同。褚羊反。蓬蕩,商陸也。②

芳敷方反。知子。③

莨魯當反。童梁,草名也。④

蒼七剛反。遠色。⑤

萤胡光反。榮(榮)也,草木盛也。⑥

茫莫郎反。滄茫,太(大)水皃也。⑦

茴武庚反。貝母,草名,根如小貝。

薴女耕反。葶薴也,艸乱也。

英於香反。英稻,又英俊。佐支豆。⑧

荆舉卿反。楚也。

蘍勍二形作。渠京反。鼠尾草,又小(山)薤也。⑨

蘅渠京反。壯(杜)蘅,香草,□(生)天帝山。⑩

萌莫耕反。芒也,本也,始也。須介。⑪

荊冀二合。止己呂。⑫

---

① 止万(とま【苫·篷】)。

② “蓬蕩”原倒。《爾雅·釋草》:“蓬蕩,馬尾。”《名義·艸部》:“蕩,蓬蕩(蕩)也,馬尾也,商陸,當陸。”《切韻》《廣韻》等亦作“蓬蕩”或“蓬蕩”。茲據乙正。

③ “知子”或即是“知子(ち【茅】こ【子·児】)”。各本小學篇字“萤”下有“菩”字,注“知子”,底本無。

④ 《爾雅·釋草》:“稂,童梁。”

⑤ 《五行大義》背記引《東宮切韻》:“蒼,薛峋云:遠色。”《莊子·逍遙游》:“天之蒼蒼,其正色邪? 其遠而無所至極邪?”

⑥ 注文“榮”當作“榮”。《廣韻·唐韻》:“甤,榮也。萤,上同。”茲據校改。

⑦ 注文“太”當作“大”。圖書寮本《類聚名義抄·水部》“茫然”條引《東宮切韻》:“滄茫,大水皃。”茲據校改。

⑧ “稻”字原作“𥝔”,據各本作“稻”。《切三》《王一·庚韻》:“英,英俊。又於香反。稻初生移英。”《全王·庚韻》:“英,俊。又於香反。稻初生。”佐支豆(さきつ)。

⑨ 注文“小”當作“山”。《爾雅·釋草》:“蘍,山䪥。”釋文:“䪥,本又作薤。”《切三》《裴韻》《廣韻·庚韻》:“蘍,山薤。”《全王》亦誤作“小”。茲據校改。

⑩ 《山海經·西山經》:“曰天帝之山……有草焉,其狀如葵,其臭如蘼蕪,名曰杜衡。”注文殘字作“𠂤”,當是“生”。

⑪ 須介(すげ【菅】)。

⑫ 止己呂(ところ【蘋】)。

鸎烏莖反。鳥羽文。①

莘莘二形作。士耕反。莘薴,草乱。

菁子盈反。蕪菁。

苓郎丁反。茯苓。

𦯈𦯈二形作。［渠營反］。𦯈茅也,𦰢也。②

萍薄經反。水上浮萍。宇支久佐。③

荓荓音。馬帚。

䕡䕡二形作。力求□（反）。䕡黃,藥也。④

萩七里（由）反。蒿蕭類也。波支,又伊良。⑤

蕕茜二形同。以周反。臭草,又水草。

荣耳由反。香荣菜也。

藍去鳩反。又刾楡也,烏藍草。

芁居求反。秦芁,藥。世利。⑥

蒐所鳩反。春獵,又茅蒐草。又所牛反。茹蘆（茹藘）,茜。⑦

𦬊直留反。𦬊藸（藸）,蒜名。⑧

芄巨鳩反。地名。《詩》云:"至野（于）芄野。"⑨

茅薄謀反。茅苜也,大苔葉也。

葴瓅净（深）、下减（咸）二反。酸醬（漿）也,又規諫也。馬藍,冬藍也。⑩

芜直林反。

蔘式針反。蒲蒻也,蒲始生也。

---

① 字頭原從"艹"作"鵆"。《廣韻·耕韻》烏莖切:"鸎,鳥羽文也。"

② 反切奪。《裴韻》《全王》《廣韻·清韻》:"𦯈,渠營反。"茲據校補。

③ 宇支久佐（うきくさ【浮草·浮萍】）。

④ "求"下一字殘。《廣韻·尤韻》:"䕡,力求切。"茲據校補。

⑤ 注文"里"當作"由"。各本作"由"。《廣韻·尤韻》:"萩,七由切。"茲據校改。波支（はぎ【萩·芽子】）,又伊良（いら【刺】）。

⑥ 字頭原作"芉"。世利（せり【芹·芹子·水芹】）。

⑦ 注文"茹蘆"當作"茹藘"。《說文·艸部》:"蒐,茅蒐,茹藘。"茲據校改。

⑧ 注文"藉"當作"藸"。《廣韻·尤韻》:"𦬊,𦬊藉,蔥名。""藉"字周祖謨校改作"藸"。《名義·艸部》:"𦬊,藸也,草也。"茲據校改。

⑨ 注文"野"當作"于"。《詩·小雅·小明》:"我征徂西,至于芄野。"茲據校改。

⑩ 注文"净"當作"深","减"當作"咸","醬"當作"漿"。《切三》《裴韻》《全王》《廣韻·侵韻》:"葴,職深反。"《集韻·咸韻》:"葴,胡讒切。""下咸反"同"胡讒切",此處反切改字據上田正説。又《爾雅·釋草》:"葴,寒漿。"郭璞注:"今酸漿草。"《名義·艸部》:"葴,酸漿也。"茲據校改。《切韻》系韻書"瀺"字注作"酸將",《全王》作"酸蔣"。百衲本《史記·司馬相如傳》"其高燥則生葴薪苞荔",索隱引郭注作"醬",中華書局本改作"漿"。本書草部《本草篇字》有"酸醬",是古本即有作"醬"者,似涉"酸"字而類化從"酉"。

荃去音反。

蓡所臨反。□□(人蓡),藥也。葠也,廣大也,人蓡也。①

薟徐廉反。山菜。

苫失廉反。草覆。

蔂其矜反。草名,根可緣竹器也。

䔲都藤(滕)反。□□(金䔲)草。②

弘薞二形作。胡肱反。藤也,胡麻。

籚語撿(轗)反。射翳也。③

蒒上同。似竹(蒜),生水[中]。④

次上聲

蓯蓯作孔反。拳也,蕱也。⑤

蛬共音。蟋蟀。⑥

芈臣(民)婢反。羊鳴,又楚姓。⑦

薙徐姊反。燒草。又□(他)計反,去;除草。⑧

茮蔎〔芺〕同字。徐姊反。蒿也,蒔也。⑨

藟力軌反。葛。加豆良。⑩

蕋如藟反。草木實節生也。

薙以水反。似馬韭。

茞諸市反。香草。又昌侍(待)反。⑪

苡羊止反。薏苡,苯(苯)苡也。⑫

---

① "反"下兩字殘。S.6187,《王一》《全王·侵韻》:"蓡,人蓡,藥名。"《廣韻·侵韻》:"蓡,人蓡,藥也。"此第二個殘字作"⿱",與字頭"蓡"合,但與下"蓡"字異,或所據底本不同。茲據校補。

② 注文"藤"當作"滕","反"下兩字殘。《王一》《裴韻》《全王·登韻》都滕反:"䔲,金䔲,草名。"《切三》《廣韻·登韻》都滕反:"䔲,金䔲草。"茲據校補。

③ 注文"撿"當作"轗"。《切三》《王一》《全王·嚴韻》:"籚,語轗反。"《廣韻·嚴韻》:"籚,語轗切。"茲據校改。《説文·竹部》:"籚,錐射所蔽者也。"此字正字當作"籚"。

④ 注文"竹"當作"蒜","水"下奪"中"字。《廣韻·侵韻》:"蒒,水菜,似蒜。"《名義·艸部》:"蒒,似蒜,生水中。"茲據改補。

⑤ 《廣韻·董韻》:"蓯,拳蓯,草皃。"《爾雅·釋草》:"須,葑蓯。"

⑥ 《廣韻·鍾韻》:"蛬,又音拱。"即腫韻"居悚切"。此處當是倭音,"蛬""共"皆音"きょう"。

⑦ 注文"臣"當作"民"。《切三》《裴韻·紙韻》:"芈,民婢反。"茲據校改。

⑧ "又"下殘。《王一》《裴韻》《全王》唐韻《廣韻·霽韻》他計反:"薙,除草。"茲據校補。

⑨ 《廣韻·旨韻》徐姊切:"茮,蒿也。"《廣韻·屑韻》徒結切:"芺,《爾雅》曰:蒔,芺。"《名義·艸部》:"芺,徒結反。蒔也。蔎字。"

⑩ 加豆良(かずら【葛·蔓】)。

⑪ 注文"侍"當作"待"。《廣韻·止韻》諸市切:"茞,又昌待切。"茲據校改。

⑫ 注文"苯"當作"苯"。《廣韻·止韻》羊己切:"苡,薏苡,蓮實也。又苯苡,馬蔦也。"茲據校改。

苢墟里反。白梁粟。

□上同。①

蕋蘬二形同。魚紀反。草盛皃。

莘側李反。草皃。②

葦韋鬼反。蘆。

蘌籞同。魚舉反。菀服，又養鳥池也。③

蘆其吕反。菜。

苢居許反。草名，又國名也。

蒻于矩反。蒻餘根（粮），又藥名也。④

莆方主反。蓮（蔏），堯之瑞草。⑤

蒟俱羽、求于二反。蒟醬。又去聲。

芏他古反。似莧（莞），生海邊也。⑥

舊蕳二同。郎古反。草名。

薺徂礼反。甘菜。奈豆奈，又支波井。⑦

苨乃礼反。薺。

蒵（篊）胡礼反。所以矢（安）重舩。⑧

芍口解反。戾也。

苬而軫反。苬荵也，隱苬草也。

菀苑二同。於阮反。紫菀，藥也。積也，蓄也，園。

---

① 字頭殘作"苢"，似從艹、從己。《説文·艸部》："苢，白苗嘉穀。"段注："籀文作莔。"《集韻·止韻》："蕼，艸名，馬啖之則馴。通作苢。"此字頭蓋是其籀文"莔"字，或"蕼"字。

② 《切三·止韻》側李反："莘，草。或作莘。"《敦煌俗字研究》："'莘'見《説文》，'莘（莘）'蓋'莘'的後起改易聲旁字。但《王一》以'莘'爲'滓'字或體，'莘'字應亦同'滓'。説詳上文'滓'字條。"《廣韻·止韻》阻史切："莘，《説文》云：羮菜也。"《名義·艸部》："莘，羮菜也。滓字。"

③ 《切三》《王一》《全王·語韻》："蘌，苑。"《廣韻·語韻》："蘌，《説文》曰：禁苑也。籞，上同。又池水中編竹籬養魚。"《文選·張衡〈東京賦〉》："于東則洪池清蘌。"李善注："蘌，在池水上作室，可用棲鳥，鳥入則捕之。""菀"即"苑"的俗字。"服"字或衍。

④ 注文"根"當作"粮"。《切三》《裴韻》《全王·麌韻》："蒻，蒻餘粮，藥名。"茲據校改。此"又"字蓋誤增。

⑤ 注文"蓮"當作"蔏"。《廣韻·麌韻》："莆，蔏莆，堯之瑞草。"茲據校改。

⑥ 注文"莧"當作"莞"。"莧"字《切韻》同。《廣韻·姥韻》："芏，草名，似莞，生海邊，可爲席。"《爾雅·釋草》："芏，夫王。"郭璞注："芏草生海邊，似莞藺。今南方越人采以爲席。"

⑦ "甘菜"原倒。《廣韻·薺韻》《玉篇·艸部》："薺，甘菜。"《名義·艸部》："薺，甘如菜。"茲據乙正。奈豆奈（なずな【薺】），又支波井（きわい）。

⑧ 字頭"蒵"當作"篊"，注文"矢"當作"安"。P.3696A、《裴韻》《全王》《唐韻》《廣韻·霽韻》胡計切："蒵，罹蒵。"《切三》《全王·薺韻》："蒵，所以安重舩。"《裴韻》《廣韻·薺韻》胡禮反："篊，所以安重船。""蒵"爲另一字，但與"篊"形近相混已久，此音義當屬"篊"字。茲據校改。

苯布忖反。蓴也。

煇呼捍(稈)反。辛菜。①

葦多洗反。蒿(葶)藶。②

薨舊二形作。徂兖反。菖舊草。

舛昌兖反。茗(茗)草。③

葴丑善反。勑也,解也,備也,去貨也。

茐胡了反。鳧茈草。

茆莫飽、力有二反。鳧葵也,茂盛也。

藤橑同。盧浩反。乾梅子。

藔蓼二上同。

荔武道反。毒草。

芙茇二同形作。甫(蒲)達反,入;又烏浩反。苦采(菜)也,艸根也,苔(茗)白花也。曾良自。④

蓛蘇果、蘇寡二反。蓛人縣。

蓛郎果反。无核菓也,菓蓛。

若人者、而灼二反。乾草,又□(杜)若。⑤

菡歃〔箆〕二同。胡感反。莟,花也。莟也,又竹實。⑥

茗莫迥反。茗草,葉作茶也。

萷丁挺反。似蒲細。蕫,蘱(蘱)。⑦

蕡房久反。蕡草也,四月王艸。⑧

蔀薄口反。障,又小。

藕𦿉二同字。[五]口反。蓮。⑨

---

① 注文"捍"當作"稈"。《切三》《全王·旱韻》:"煇,呼稈反。"S.2683、《王一》亦作"捍",但"捍"非旱韻字。茲據校改。

② 注文"蒿"當作"葶"。《爾雅·釋草》:"葦,葶藶。"茲據校改。

③ 注文"茗"當作"茗"。《廣韻·獮韻》:"舛,茗草名。"茲據校改。

④ "烏浩反。苦采(菜)也"爲"芙"字音義,餘爲"茇"字音義。注文"甫"當作"蒲","采"當作"菜","苔"當作"茗"。P.3693、《切三》《王一》《全王·晧韻》烏浩反:"芙,苦菜。"《廣韻·晧韻》烏晧切:"芙,苦芙。"《廣韻·末韻》蒲撥切:"茇,草木根也。"《玉篇·艸部》:"茇,蒲達切。草木根也。"《爾雅·釋草》:"茗,陵茗,黃華,蓍;白華,茇。"茲據校改。曾良自(そらし【藁本·薰葉】)。

⑤ "又"下一字殘。P.3799、《裴韻·藥韻》:"若,杜若,草。"《唐韻·藥韻》:"若,杜若,香草。"茲據校補。

⑥ 後一字頭似即"歃"字之變(或再加艸旁),"歃"當是"菡"的異體字。《爾雅·釋草》:"荷,……其華菡萏。"《廣韻·覃韻》胡男切:"箆,實中竹名。莟,上同。"

⑦ 注文"蘱"當作"蘱"。《爾雅·釋草》:"蘱,萷蕫。"郭璞注:"似蒲而細。"茲據校改。

⑧ 《大戴禮記·夏小正》:"四月:王蕡秀。"

⑨ 反切上字奪。《切三》《王一》《裴韻》《全王》《廣韻·厚韻》:"藕,五口反。"茲據校補。

蔲徒口反。圓草頭也，褥。①

萩力稔反。蒿也，蓬也，欲明也，欲見也，□（翳）。②

芡<ruby>茯</ruby>二同。巨險反。雞頭也。水不不支。③

苒而琰反。草盛。

范犯音。遠廣大皃。④

次去聲

蕢求位反。赤莧也，草器也。比由也。⑤

菋無沸反。五味子，藥也。莖（莄）〔蒢〕。志良久知。⑥

鱃蘜二同。魚既反。

萃疾醉反。集也。

苯上同。

蒩蒻注反。鳥窠也，蒲莖。奈毛美。⑦

露洛故反。露葵。⑧

菟湯故反。按：《説文》無草，着草是“菟絲”字。

酤苦故反。酢菹。

藹於盖反。臣盡力也。

蔡七盖反。□（芥）也，際也，法也，地名也。⑨

莉理大反。又盧達反。香艸。乎支。⑩

茈<ruby>薋</ruby>二形同。魯帝反。□（紫）草也。茈，染艸也。⑪

芮而鋭反。草生皃也。

蕊似（以）芮反。芮也，小也，萌也。⑫

---

① 《切三》《王一》《裴韻》《全王》《廣韻·厚韻》：“蔲，圓草褥。”此注文或有誤。

② “欲見”下殘，剩“羽”旁。《廣雅·釋器》：“篧，翳也。”茲據校補。“欲明也，欲見也”不詳。

③ 水不不支（みずふぶき【水蕗·芡】）。

④ 此義當是“氾”字義。《文選·左思〈魏都賦〉》：“雜糅紛錯，兼該氾博。”李周翰注：“氾博，猶廣大也。”

⑤ 比由（ひゆ【莧】）也。

⑥ 注文“五味”原在“莖”上，注文“莖”當作“莄”，下奪“蒢”字。《廣韻·未韻》：“菋，五味子，藥名。五行之精。”《爾雅·釋草》：“菋，莖蒢。”茲據乙改補。志良久知（しらくち【獼猴桃】）。

⑦ 奈毛美（なもみ【菸】），即“おなもみ【菜耳·卷耳】”。

⑧ 注文《裴韻》《全王》同。《唐韻·暮韻》：“露，露葵，蘩露。”《廣韻·暮韻》：“露，蒤葵，蘩露。”

⑨ “反”下一字殘。《名義·艸部》：“蔡，草芥也，法也，際也。”茲據校補。或當是“草”字。

⑩ 乎支（おぎ【荻】）。

⑪ “反”下一字殘。P.3696A、《王一》《裴韻》《全王》《唐韻》《廣韻·霽韻》：“茈，紫草。”茲據校補。

⑫ 注文“似”當作“以”。《切三》《王一》《全王》《廣韻·祭韻》：“蕊，以芮反。”茲據校改。“反”下“芮”字原作“酋”。《廣韻·祭韻》：“芮，草生狀。”《廣韻·祭韻》：“蕊，草生狀。”

菽所例反。椒也,芊(茱)萸也。①

藝藝魚祭反。

蓺魚祭反。種也,藝,治也。②

藒去例反。藒□□(車草)。菜似蕨,生水[中]也。③

葩子芮、子悦二反。胡(朝)會位也,茅葩也。④

尌徒對反。草盛也。

莓莫佩反。莓子也,木名,[似]椹,桑實,又生江濱也。一比古。⑤

虆盧潰反。蒲也。蒲葦,似蒲細。

茉蘱(蘱)音。⑥

萊萊二同。洛代反。查也。⑦

薆鳥代反。草盛也,隱也,弊也,障也,仿佛也。

莂苦壞反。⑧

薉薉薉三形作。於肺反。荒蕪也。

蒿去刃反。香蒿。

蓳上字。

薑疾刃反。草名,進也,艸也,盡也。⑨

菜倉代反。

蕣舘(舒)閏反。木槿。⑩

萬無敗(販)反。舞也,虫名。⑪

蒜蘇段反。胡(葫)也。⑫

菻上同。

亂薍乿三形同。五患反。又落段反。葵也,藍也,□也。波万与毛木。⑬

---

① 注文"芊"當作"茱"。《玉篇·艸部》:"菽,似茱萸。"茲據校改。

② 《廣雅·釋詁三》:"蓺(蓺),治也。"疏證改作"埶",不妥。此處"藝"同"蓺"。

③ 注文"藒"下兩字殘,"菜似"原倒,"水"下奪"中"字。《廣韻·祭韻》:"藒,藒車草。"《廣韻·曷韻》:"藒,菜似蕨,生水中。"茲據補乙。

④ 注文"胡"當作"朝"。《説文·艸部》:"葩,朝會束茅表位曰葩。"茲據校改。

⑤ "椹"上奪"似"字。《廣韻·隊韻》:"莓,莓子,木名,似葚。"茲據校補。一比古(いちびこ),即"いちご(【苺·莓】)"。

⑥ 注文"蘱"當作"蘱"。《廣韻·隊韻》:"茉,盧對切。"《廣韻·隊韻》:"蘱,盧對切。"茲據校改。

⑦ 注文"查",澤存堂《廣韻》改作"草",此訓俟考。

⑧ 《廣韻·怪韻》:"蒯,或作莂。"

⑨ "盡也"下原有"倉代反",當是下"菜"字反切。茲據刪。

⑩ 注文"舘"當作"舒"。《廣韻·稕韻》:"蕣,舒閏切。"茲據校改。

⑪ 注文"敗"當作"販"。《廣韻·願韻》:"萬,無販切。"茲據校改。

⑫ 注文"胡"當作"葫"。《全王·翰韻》:"蒜,葫蒜。"茲據校改。

⑬ "落段反"爲"亂"字音。波万与毛木(はま【浜】よもぎ【蓬·艾】)。

莧侯弁反。又作莧。比由。①

茼莫莧反。人姓。

曹烏見反。星無雲兒。

虋作見反。畜食地也。②

萠子賤反。山梅也。③

莜徒弔反。草器。《論語》云"以杖苻（荷）莜"也。④

蘱丑亮反。草盛也。⑤

蔲呼候反。荳蔲。

蔭於禁反。

稽廕二同。⑥

蔀𦸛二同上。⑦

芿而證反。草木（不）剪。美久利。⑧

蘸淬陷反。以物内水。

次入聲

羹補（蒲）木反。潰也。⑨

茯房六反。大根，又衣比須久佐。⑩

䔇房六反。藥也，菔也。

蓫力竹反。蒿（蔟）□（蓫）。⑪

菽式竹也（反）。豆也。⑫

蓄許六反。冬菜也，積也，聚也，最也。⑬

蓄蕎二同。芳伏反。𦬸也。

---

① 字頭與異體的差別蓋是"艹"与"丷"旁。《裴韻》《全王》音"侯辦反"，"弁"同"辦"。比由（ひゆ【莧】）。

② "畜食地"《裴韻》同，《王一》《全王》作"畜養"，《唐韻》《廣韻》作"畜食"。

③ 《爾雅·釋草》："萠，山莓。"阮元校勘記引《五經文字》作"山梅"，並云"蓋莓或作梅"。

④ 注文"苻"當作"荷"。《論語·微子》："子路從而後，遇丈人，以杖荷蓧。""莜"同"蓧"。茲據校改。

⑤ 字頭《説文》《廣韻》作"蘱"，通作"暢"。

⑥ "稽"字原從"木"。《名義·禾部》："稽，蔭字。"

⑦ 此二字蓋是"蔀"或"蔭"字之訛。《集韻·沁韻》："蔭，《説文》：艸蔭地。或作蔀。"

⑧ 注文"木"當作"不"。《王一》《裴韻》《全王》《唐韻》《廣韻·證韻》："芿，草不翦。"茲據校改。美久利（みくり【三稜草·実栗】）。

⑨ 注文"補"當作"蒲"。《裴韻》《廣韻·屋韻》："羹，蒲木反。"茲據校改。

⑩ 大根（おおね【大根】），又衣比須久佐（えびすぐさ【夷草·恵比須草】）。"大根"即"蘆蔔"。《新撰字鏡·草部》："菔，茯同。蘆菔也，大根也。"

⑪ 注文"蒿"當作"蔟"，"蔟"下一字殘。《廣韻·屋韻》："蓫，蔟蓫。"茲據改補。

⑫ 注文"也"當作"反"。《廣韻·屋韻》："菽，式竹切。"茲據校改。

⑬ "最"同"冣"，"聚積"之義。

蕾（薔）亦上同。①

奠於六反。蔓奠，草也。

蓿息遂（逐）反。首（苜）蓿也。②

藩徒沃反。篙苀草。

蕁上口（同）。③

蓐〔蓐〕而蜀反。草蓐也，蕢也。④

菉力六反。蓐也，荔也，藍也。⑤

蕢似足反。澤烏別名也，蓐也。

蒴蘥上所角反，下直角反。并曾久度久。⑥

𦬊上同。

芍於角反。昇也（白芷）也，藇也。⑦

蓽卑吉反。織荆門也，柴也，籬也。

蓊居蜜反。草蓊也。

茉䗽二同。真（直）律反。山薊也。⑧

蕊蕊同。美筆反。荷本也，荷白莖。

芴無弗反。土瓜也。

茀敷勿反。草多也，艸木塞道，蒙蘢也。

葵𦭡二形作。随骨反。蘆菔也。

芙茇二形作。博末反。根茇。

苦古活反。苦蔓也，天瓜也。

苅吕薛反。桃苅也，除不祥也。

堇奴結反。菜名。

蘆蘆二形同。桑割反。跋蘆。

---

① 字頭"蕾"當作"薔"。《説文·艸部》："薔，薔也。"《説文通訓定聲》："薔，即薔之或體，方言儂謂微異也。"茲據校改。

② 注文"遂"當作"逐"，"首"當作"苜"。《廣韻·屋韻》息逐切："蓿，苜蓿。"茲據校改。

③ "上"下一字殘，據文例補。

④ 《新撰字鏡·草部》："蕢，蓐也。"《爾雅·釋草》："蕢，牛脣。"釋文作"蓐"，云："音脣。本今作脣。"《名義·艸部》："蓐，牛蓐（蓐），蕢也。"《名義·艸部》："蕢，井蓐（牛蓐）也，水寫（烏）也。""蓐""蓐"俗寫易混。

⑤ 《詩·小雅·采緑》："終朝采緑……終朝采藍。"鄭玄注："緑，王芻也。……藍，染草也。"按，"緑"即"菉"，可染黄。

⑥ 曾久度久（そくとく【蒴蘥】）。

⑦ 注文"昇也"當作"白芷"。《廣韻·覺韻》："芍，白芷也。"上田正改作"白芷也"，是也。茲據校改。

⑧ 注文"真"當作"直"。《王一》《全王》《廣韻·術韻》："茉，直律反。"茲據校改。

蘢胡八反。麻莖也，廠也，拭也。①

菝蒲八反。菝蓏，根可作飲也。瑞艸也。②

蔑蔑二形作。莫結反。無。加代也。③

䕄識列反。香草。

爇如雪反。放火。

茁側劣反。草生。

蘽（纂）茁音。短黑兒。④

薃閭激反。仙赫（山蒜）也。⑤

薦薦二形同。私積反。茉苴。

莜譽隻反。燕人呼芡，鴈頭。⑥

蘗博厄反。黄皮。

嫚莫白反。静也。

茖古陌反。山葱。

荅都合反。小豆。宇支奈木。⑦

蓎他合反。水草。菉，二同。⑧

藒吐盍反。藒［布］也。⑨

葉与涉反。

莢古協反。蔞莢也，薺也，豆角也。

茶乃協反。病劣。

藵在協反。草簾。

蕥上字。

茸七入反。修。

菰其立反。冬瓜。

苙其□（立）反。又立音。白□（芷）也，圉也，牢也。⑩

───────────

① "拭也"不詳。《名義·艸部》："蘢，揩拭。"《集韻·皆韻》："蘢，或作稭。"或是因爲"稭"誤爲"揩"，而有"揩拭"之義。

② 《廣韻·黠韻》："菝，菝蓏，狗脊，根可作飲。"《廣韻·末韻》："菝，菝捂，瑞草。"

③ 《廣韻·屑韻》："蔑，無也。"注文"加代"俟考。

④ 字頭"蘽"當作"纂"。《廣韻·薛韻》側劣切："纂，短黑兒也。"兹據校改。

⑤ 注文"仙赫"當作"山蒜"。《廣韻·錫韻》："薃，山蒜。"兹據校改。

⑥ 《方言》卷三："莜（莜）、芡，雞頭也。北燕謂之莜（莜），青徐淮泗之間謂之芡。南楚江湘之間謂之雞頭，或謂之鴈頭，或謂之烏頭。"

⑦ 宇支奈木（うきなぎ【浮水葱】）。

⑧ 此條少一異體。

⑨ 注文"藒"下奪"布"字。《切三》《裴韻》《全王》《唐韻》《廣韻·盍韻》："藒，藒布。"兹據校補。

⑩ 反切下字殘，注文"白"下一字殘。《廣韻·緝韻》其立切："苙，白芷。"兹據校補。

芀(芨)居立反。烏頭別名。①

蒠芨音。菫草也，采木。

蒻以灼反。豆知波利。②

若若二同作。而灼反。杜若也，比也，汝也，如也，善也。加太波美。③

莋在久(各)反。縣名。④

藿虎郭反。豆葉，又香草。

蕆之翼反。艸。奴可豆支。⑤

蕢与力反。藕翹。

蕧茯同。傍比(北)反。蘆蕧也，大根也。⑥

蕚五各反。花蕚。

蕅二同。而灼反。荷莖也，蒲子□(也)，蒻蕅。⑦

戟几劇反。大戟草。

蒳奴荅反。子似檳榔也，豆蔻也。

已上四聲

黹丁□(雉)反。縫紩衣，□(紩)也。紩字。⑧

乜秦刻石"也"字。⑨

蓦亡各反。寂也。漠字也。

薦子電、□練二反。□菰蒲也，陳也，救也，獻也，臻也。⑩

堇堇二同字。右草(在革)部。⑪

卝乖買、公瓦反。羊角兒也。

乖古懷反。戾也，離也，背也，耶也，差也。

---

① 字頭"芀"當作"芨"。《廣韻·緝韻》居立切："芨，烏頭別名。"茲據校改。

② 豆知波利(つちはり【土針】)。

③ 加太波美(かたばみ【酢漿草】)。

④ 注文"久"當作"各"。《廣韻·鐸韻》："莋，在各切。"茲據校改。

⑤ 奴可豆支(ぬかずき【酸漿】)。

⑥ 注文"比"當作"北"。S.6013、P.4746、《裴韻》《全王·德韻》："蕧，傍北反。"茲據校改。日語"大根"指"蘿蔔"。

⑦ 後一字字頭艹下當是""。"蒲子"之下疑是"也"字。《說文·艸部》："蕅，蒲子，可以爲平席。"

⑧ 注文殘。《原本玉篇·黹部》："黹，丁雉反。"《爾雅·釋言》："黹，紩也。"郭璞注："今人呼縫紩衣爲黹。"此處"也"上殘字鈴鹿影抄本作""，疑是"紩"字。茲據校補。

⑨ 《說文·乀部》："也，女陰也。象形。乜，秦刻石也字。"

⑩ 注文二殘字不詳。《慧琳音義》卷七十六"席薦"條："《文字集略》云：薦，菰蒲蓐也。""救也"《名義》同，馬小川《〈篆隸萬象名義〉新校》改作"數也"，可參。

⑪ 注文"右草"當作"在革"，見本書卷五革部。

茉(苪)亡殄反。相當。①

蒷(蒦)亡結反。火不明。②

菜壯(扶)云反。香木。③

蓬薄公反。在辶部。④

芉乎(孚)封反。茸，艸花。⑤

萱胡官反。乾萱也。

菴呼官反。化也。⑥

萴孟彭反。見(貝)母也。⑦

蔲□(居)衣反。胡萁。⑧

蓸(籚)付夫反。器名。⑨

萌之絲反。之波。⑩

芋火孤反。葫也，大蒜也。

蒱蒭同。步逋反。擢(挐)蒱也。⑪

芼多毛反。家芋。止己吕。⑫

蓶遲地反。山薜。止己吕。⑬

萁居其反。菜似蕨。⑭

摹武夫反。□(模)。⑮

---

① 字頭"茉"當作"苪"。《説文・屮部》："苪，相當也。"茲據校改。

② 字頭"蒷"當作"蒦"。《説文・首部》："蒦，火不明也。"茲據校改。

③ 注文"壯"當作"扶"。《廣韻・文韻》："菜，符分切。""扶云反"與"符分切"音同。茲據校改。

④ "辶部"無此字，或指"逢"字。

⑤ 字頭原作"芉"。注文"乎"當作"孚"。"半"同"丰"《廣韻・鍾韻》敷容切："丰，丰茸，美好。""孚"與"敷"同爲滂母。茲據校改。

⑥ 字頭原作"蕃"。

⑦ 字頭原作"蕎"。注文"見"當作"貝"。《玉篇・艸部》："萴，貝母也。萴，同上。"茲據校改。

⑧ 反切上字殘。《玉篇・艸部》："蔲，音機。"《玉篇・木部》："機，居衣切。"茲據校補。《玄應音義》卷十六"胡萁"條："《博物志》云：張騫使西域得胡綏，今江南謂胡蔲，亦爲葫蔲，音胡祈。閭里間音火孤反。"

⑨ 正字作"籚"。《廣韻・虞韻》甫無切："籚，籚篅，祭器。"

⑩ 此條俟考。之波(しば)。

⑪ 後一字頭俟考，或是"蒲"字。注文"擢"當作"挐"。《廣韻・模韻》："蒱，挐蒱，戲也。"茲據校改。

⑫ 此條俟考。觀智院本《類聚名義抄・僧上・艸部》："薜莒，皆后二音。ヒシ。上音解。トコロ。"接云："芼，トコロ。俗用之。音宅。草葉。コモル。"接云："芼，同，上俗。""家芋"不詳，疑有誤。止己吕(ところ【薜】)。

⑬ 此條俟考。止己吕(ところ【薜】)。

⑭ 《廣韻・之韻》居之切："萁，菜似蕨。""萁"或同"其"。

⑮ "反"下一字殘，剩右側"莫"旁。《新撰字鏡・木部》："模，摹字。"茲據校補。

莒（苕）唐堯反。薐苕也。①

莌苕音。遶也。

荕敷音。鬼目艸也。

蝥亡交反。蟹也。

薽（蘹）苦懷（壞）反。人名。②

蒭楚俱反。干艸也。

荳荁芻三上字。

葭賈遐反。蒹葭。乎支。③

薰（董）蒁二同。勑六反，入；羊蹄，似菘而扶盖□也。蕃音。④

蓋之蒸反。菹也。

蒀俎於反。醬属，醢也。葅字。

蘁上字。魚醬。

縠蔛二同。胡谷反，入；葉似荖。

萆甫尾反。猝也。

萮由具反。榮也。⑤

藨上字。

齨不品反。藨也。⑥

蹼孚莫反。擇也，落也。

蓬徐類反。穟也。

芮匕永反。炳也。

茢囚利反。茢蒿。⑦

荁〔芽〕古胡（胡故）反。繩用艸也，萌也，開也。⑧

蓟徒篤反。毒也，厚也，害也，螫也。⑨

---

① 字頭"莒"當作"苕"。《名義·艸部》："苕，徒聊反。薐苕。"茲據校改。
② 字頭"薽"當作"蘹"，注文"懷"當作"壞"，"人名"原倒。《廣韻·怪韻》苦怪切："蕢，杜蕢、蕢尚，並見《禮記》。""杜蕢""蕢尚"皆爲人名。"壞"爲怪韻字。《集韻·至韻》："蕢，或作蘹。"茲據改乙。
③ 乎支（おぎ【荻】）。
④ 字頭"薰"當作"董"。《廣韻·屋韻》："董，羊蹄菜。蒁，上同。"茲據校改。"羊蹄"之下訓釋俟考。"菘"原作"菘"。《齊民要術·五穀果蓏菜茹非中國物産者》："《詩義疏》曰：今羊蹄，似蘆藤……幽揚謂之蓬。"《玄應音義》卷二"蘆藤"條："似菘，紫花者謂之蘆藤。"
⑤ 《玉篇·艸部》："萮，庾俱切。"《名義·艸部》："萮，萸句反。"此處"由具反"當是倭音"ゆ"。
⑥ 《名義·艸部》："齨，撫俱反。"此音當是"品"字倭音"ひん"。
⑦ 《名義·艸部》："茢，曰（囚）理反。"此處反切下字則爲去聲，蓋據倭音而改。
⑧ 注文"古胡"當作"胡故"。《名義·艸部》："荁，胡故反。""荁"同"芏"。茲據校改。"萌也，開也"爲"芽"字義。
⑨ 《説文·屮部》："毒，厚也。蓟，古文毒从刀、葍。"

蒜於亦反。嗌,咽也。①

䔉古云(魂)反。羊蹄,香艸。須須弥奈。②

䓮子亘(恒)反。䔉䓮。③

菁魚建(鞬)[反]。艸也。④

芫芫二同。古黃反。□(英)芫。⑤

莧他活反。大(丈)高艸。⑥

蕑他甘反。慈也。

茉且栗反。似荏艸。⑦

蕎甫具(俱)反。地蕎。⑧

藶[除格反。藶蒿,藥草]。⑨

[薢]古吉(胡結)反。茳也,如□(馬)蓼,生水旁。⑩

茹女加反。藷茹。曾良自。⑪

蕠力刃反。鬼火。

蕉莊卓反。菜並(堇毒),附子。⑫

蕊□(去)用反。藺□(薚)。⑬

蕍徐秀(季)反。蓬蕍,似菌,苉中。⑭

蔫悦宣反。射干。

蒣升諸反。魚蒣。

---

① 《説文・口部》:“嗌,咽也。蒜,籀文嗌上象口,下象頸脈理也。”

② 注文“云”當作“魂”。《玉篇・艸部》:“䔉,公䓒切。䔉,同上。”《名義・艸部》:“䔉,公魂反。”茲據校改。須須弥奈(すすみな)。

③ 注文“亘”當作“恒”。《名義・艸部》:“䓮,子恒反。”茲據校改。

④ 注文“建”當作“鞬”,“建”下奪“反”字。《名義・艸部》:“菁,魚鞬反。”茲據改補。

⑤ “反”下一字殘。《名義・艸部》:“芫,英芫。”茲據校補。

⑥ 注文“大”當作“丈”。《爾雅・釋草》:“離南,活莧。”郭璞注:“草生江南,高丈許,大葉,莖中有瓤,正白。”茲據校改。

⑦ 《名義・艸部》:“茉,且慓反。似蘇子。”《説文・艸部》:“蘇,桂荏也。”

⑧ 注文“具”當作“俱”。《玉篇・艸部》:“蕎,甫俱切。”《名義》作“俇”,疑誤。茲據校改。

⑨ 注文缺。《名義・艸部》:“藶,除格反。藶蒿,藥草。”茲據校補。

⑩ 字頭缺,注文“古吉”當作“胡結”,“如”下殘。《名義・艸部》:“薢,胡結反。茳草。”《廣雅・釋草》:“茳、龍薢,馬蓼也。”茲據補改。

⑪ 曾良自(そらし【薬本・薫葉】)。

⑫ 注文“菜並”當作“堇毒”。《名義・艸部》:“蕉,堇毒,附子。”《廣韻・覺韻》:“蕉,堇毒。”茲據校改。

⑬ 反切上字殘,注文“藺”下一字殘。《名義・艸部》:“蕊,去用反。藺薚。”茲據校補。“薚”字原殘作“𦬊”,似是“蕩”字,同。

⑭ 注文“秀”當作“季”。《名義・艸部》:“蕍,徐季反。”茲據校改。

葳於歸反。茈葳,陵莒(莇)也。①

蒤達古(胡)反。虎杖,似紅,有細刾,染艸。②

薝他口反。好也。

䓝亡泛反。葳也,荒。

菁有貴反。徒也,類也,彚。③

兢盱王(往)反。悦(悗),失意也。④

蒾思夾(俠)反。履中艸也。⑤

荳徒邁反。

蒩徒兼反。藥艸。

莏弥召(紹)反。艸細長。⑥

劦於召(紹)反。艸長。⑦

薻子了反。似薺艸。

萛萁二形同。止(之)仁反。茚。比地加豆良。⑧

葵古圭(苦蛙)反。喎也。⑨

茵敘留反。芝也,瑞艸。

蘭九(奇)卷反。鹿豆。阿地万女。⑩

蘼亡薆(彼)反。蘠也,蕈冬也。⑪

芛芉二形作。支止反。莅子,"[芉]若射干"。⑫

---

① 注文"莒"當作"莇"。《名義·艸部》:"葳,葳茈,即陵莇也。"《廣雅·釋草》:"茈葳、麥句薑,遽麥也。"王念孫疏證:"《神農本草》云:紫葳,一名陵莇。""茈"同"紫",《名義》"葳茈"倒。茲據校改。

② 注文"古"當作"胡"。《名義·艸部》:"蒤,達胡反。"茲據校改。

③ 《名義·艸部》:"菁,有貴反。罜字,又彚。"《廣韻·未韻》:"彚,類也。"《字鏡·尋篇》:"彚,從(徒)也,類也,別也,彚作也,相牽引類也。"《新撰字鏡·彳部》:"徒,類也。"《玄應音義》卷二十五"師徒"條:"徒,類也。"

④ 注文"王"當作"往","悦"當作"悗"。《名義·艸部》:"兢,盱往反。狂也,悗失也,意也。"《名義》當從此順序作"悗,失意也"。茲據校改。

⑤ 注文"夾"當作"俠"。《名義·艸部》:"蒾,思俠反。"茲據校改。

⑥ 注文"召"當作"紹"。《名義·艸部》:"莏,弥紹反。"茲據校改。

⑦ 注文"召"當作"紹"。《名義·艸部》:"劦,於紹反。"茲據校改。

⑧ 注文"止"當作"之"。《名義·艸部》:"萁,之仁反。"茲據校改。比地加豆良(ひじ【肘·肱·臂】かずら【葛·蔓】)。

⑨ 注文"古圭"當作"苦蛙"。《玉篇·艸部》:"葵,苦蛙切。"茲據校改。《名義》作"枯桂反",反切下字當有誤。

⑩ 注文"九"當作"奇"。《名義·艸部》:"蘭,奇卷反。"茲據校改。阿地万女(あじまめ【藊豆】)。

⑪ 注文"薆"當作"彼"。《名義·艸部》:"蘼,亡彼反。"茲據校改。因"墙"字又作"廧",故注文"蘠"字原誤作"䴥"。《爾雅·釋草》:"蘠靡,虋冬。""蕈"同"虋"。

⑫ 《史記·司馬相如列傳》:"其東則有蕙圃衡蘭,芷若射干。"

菇女紒反。鹿豆,藿也。

苗上字。

薑居良反。薑也。

蕡匕(裨)身反。蘋也,大萍(苹)。①

苹匕(皮)明反。无根生也,正也,平也,薦也,蒿。②

藻匕小反。萍。③

蕮甫便反。似梨,赤莖,生道也。煞虫艸也,萹也。④

藒去曷(竭)反。香艸也,芞輿(輿)也,雲夢也。⑤

芞去記(訖)反。艸香也。⑥

荼古豪反。苦也,蘇也,似瓜,墓也。⑦

萇余色反。羊桃。

葠(蓡)所今反。人參也。⑧

茥古圭反。實似莓,覆盆。一比古。⑨

蕨去拙反。茥也。⑩

蒮古(胡)官反。蒲名。⑪

葶丁敢反。藩,薚也,艸也。⑫

蒹居兼反。葭也,蘆未秀也。

芥可(柯)艾反。菜也。⑬

蕸古(胡)加反。荷葉。⑭

---

① 注文"匕"當作"裨","萍"當作"苹"。《名義·艸部》:"蕡,裨身反。""匕"爲日語同音用字"ヒ",下兩條同。《說文·艸部》:"蕡,大萍也。"《說文·艸部》:"苹,蓱也。"茲據校改。

② 注文"匕"當作"皮"。《名義·艸部》:"苹,皮明反。"茲據校改。"正也,平也"蓋因"苹"通"平"而來。

③ 《名義·艸部》:"藻,補弥反。"《玉篇·艸部》:"蘩,毗招切。藻,上同。"此與《名義》反切似皆誤,或當作"蒲小反"。

④ 注文"萹"字不詳,或當作"萹",爲"萹"字釋義。

⑤ 注文"曷"當作"竭","興"當作"輿"。《名義·艸部》:"藒,去竭反。"《爾雅·釋草》:"藒車,芞輿。"茲據校改。

⑥ 注文"記"當作"訖"。《名義·艸部》:"芞,去訖反。"茲據校改。

⑦ 《廣雅·釋草》:"墓蘇,白荼也。"

⑧ 字頭"葠"當作"蓡"。《集韻·侵韻》疏簪切:"蔘,《說文》:人蔘,藥艸,出上黨。或作蓡。通作蓡、參。"茲據校改。

⑨ 一比古(いちびこ),即"いちご(【苺·莓】)"。

⑩ 《爾雅·釋草》:"茥,蕨蕌。"

⑪ 注文"古"當作"胡"。《玉篇·艸部》:"蒮,胡緄、胡官二切。"茲據校改。

⑫ 《爾雅·釋草》:"薚,茺藩。"

⑬ 注文"可"當作"柯"。《名義·艸部》:"芥,柯邁反。""艾"似非"邁"二字韻近,或不誤。茲據校改。

⑭ 注文"古"當作"胡"。《廣韻·麻韻》:"蕸,胡加切。"茲據校改。

芍雉略反。蓮子。芍,蓮子。艸也。①

药下了反。芍藥。

茙巨小反。荊葵也,菽也。又求招反。

蓷勑雷反。雀(萑)也,荒蔚也。出隻(佳)反。②

莙九(仇)関反。馬藻,牛藻。③

苙尤具(俱)反。苙蒀。④

蕁土今(杜含)反。藥,似韭,提[母],又知母。⑤

薅廣(度)南反。如乱髮,生海中,薄也。⑥

藩甫袁(輔園)反。蕁也。⑦

黃餘申(神)反。莵荵,似土荵也。⑧

莵郁元反。遠志。

蕀居柳(抑)反。莵,蔞[繞]。⑨

菭疾支反。芍,鳧[菭]。如龍鬚(鬚),可倉(食)。⑩

蒨此見反。茜也。

菩上字。

蔽苦悢反。艸中有縈(爲索)也,艸。⑪

蒯上字。

蔦都交(皎)反。保与。⑫

---

① 注文疑有衍文。《廣韻·錫韻》:"芍,蓮中子也。"《廣韻·篠韻》:"芍,鳧茈,草。"《廣韻·藥韻》:"芍,芍藥,香草。"

② 注文"雀"當作"萑","隻"當作"佳"。《説文·艸部》:"蓷,萑也。"《廣韻·脂韻》:"蓷,又佳切。"茲據校改。

③ 注文"九"當作"仇"。《名義·艸部》:"莙,仇関反。"茲據校改。

④ 注文"具"當作"俱"。《名義·艸部》:"苙,禹俱反。"茲據校改。

⑤ 注文"土今"當作"杜含","提"下奪"母"字。《名義·艸部》:"蕁,杜含反。生山上,葉如韭。名提母,又知母也。"《爾雅·釋草》:"蕁,莐藩。"郭璞注:"生山上,葉如韭,一曰提母。"茲據改補。

⑥ 注文"廣"當作"度"。《玉篇·艸部》:"薅,徒含切。""徒""度"爲定母字。茲據校改。《爾雅·釋草》:"薅,海藻。"郭璞注:"藥草也,一名海蘿。如亂髮,生海中,《本草》云。"

⑦ 注文"甫袁"當作"輔園"。《名義·艸部》:"藩,輔園反。"茲據校改。

⑧ 注文"申"當作"神"。《名義·艸部》:"黃,餘神反。"茲據校改。

⑨ 注文"柳"當作"抑","蔞"下奪"繞"字。《名義·艸部》:"蕀,居抑反。"《爾雅·釋草》:"蔞繞,蕀莵。"茲據校補。

⑩ 注文"鳧"下省"菭"字,注文"鬚"當作"鬚","倉"當作"食"。《爾雅·釋草》:"芍,鳧茈。"郭璞注:"生下田,苗似龍須而細,根似指頭,黑色,可食。""菭"同"茈","須"同"鬚"。茲據補改。

⑪ 注文"有縈"當作"爲索"。《名義·艸部》:"蔽,草中爲索也。"茲據校改。

⑫ 注文"交"當作"皎"。《名義·艸部》:"蔦,都皦反。""皎"同"皦"。茲據校改。保与(ほよ【寄生】)。

蘩公氏(悌)反。狗毒也，苦也。①

蕦胥由(瑜)反。葑。菁。葉細，味酸也。②

茦止草(楚革)反。刺人艸也，□名。③

蓿蘇昆反。蕪也。

莿曰青(且漬)反。茦也，艸木芒刺人也。伊良。④

蓳淩一(陵出)反。似葛，有刺也。⑤

蔜五高反。蔜(葮)蔓，雞□(腸)艸也，蕛也。⑥

秫胥里(狸)反。茅穗也。⑦

薇里占(理儉)反。白薇也，蔓也。⑧

薇上同。

葮**蘷**二形作。桑老、所牛二反。蔜也，奚腹(雞腸)艸也。⑨

茩才(丈)牛反。荼艸，染艸也。⑩

苋徒昆反。菜似莧。

莄与良反。莄蒀也。

蓸敘立反。水苴。⑪

荔余睬反。枭也，草名。

---

① 注文"氏"當作"悌"。《名義·艸部》："蘩，公悌反。"茲據校改。

② 注文"由"當作"瑜"。《名義·艸部》："蕦，胥瑜反。"茲據校改。《爾雅·釋草》："須，葑菘。"郭璞注："未詳。"《齊名要術》卷第三引舊注云："江東呼爲蕪菁，或爲菘。菘、蕦音相近，蕦則蔓菁。"《爾雅·釋草》："須，蕦蕪。"郭璞注："蕦蕪，似羊蹄，葉細，味酢，可食。"

③ 注文"草"當作"革"。《玉篇·艸部》："茦，楚革切。"《名義·艸部》："茦，楚草(革)反。"茲據校改。殘字鈴鹿影抄本作"ぃ乡"，未詳。

④ 注文"曰青"當作"且漬"，"刺人"原倒。《名義·艸部》："莿，且清(漬)反。"《玉篇·艸部》："莿，七漬切。""莿"同"莿"。《名義·艸部》："茦，草木刺人。"茲據改乙。伊良(いら【刺】)。

⑤ 注文"淩一"當作"陵出"，"有"上原有"目"字。《名義·艸部》："蓳，陵出反。似葛，有刺。"茲據改刪。

⑥ 注文"蔜"當作"葮"，"雞"下一字殘。《名義·艸部》："蔜，葮蔓，雞腸草。"《爾雅·釋草》："蔜，薐蔆。"郭璞注："今繁縷也，或曰雞腸草。"茲據改補。

⑦ 注文"里"當作"狸"。《名義·艸部》："秫，胥狸反。"茲據校改。

⑧ 注文"里占"當作"理儉"。《名義·艸部》："薇，理儉反。"茲據校改。

⑨ 注文"奚腹"當作"雞腸"。《爾雅·釋草》："蔜，薐蔆。"郭璞注："今繁縷也，或曰雞腸草。"茲據校改。

⑩ 注文"才"當作"丈"。《玉篇·艸部》："茩，丈牛切。"《名義·艸部》："茩，才(丈)牛反。"《廣韻·尤韻》："茩，直由切。""丈"與"直"皆澄母字。茲據校改。

⑪ 《名義·艸部》："蓸，水苴。"《廣雅·釋草》："水苴，蓸也。"《廣韻》《玉篇》"苴"作"茵"，王念孫疏證據改作"茵"，疑非是。《名義·艸部》："苴，莫鹿反。水苴。"《廣韻·屋韻》："蓸，蓸蓸，菜。"《集韻·屋韻》："苴，苴蓸，艸名。或从牧。從冒。"

牟 牟二形作。莫侯反。大麦也。

蔽〔箷〕下交(狡)反。筊(芀)。筍。①

蘮魚敫(激)反。小艸。②

藕上字。

薩里升反。芰也,薢茩也。③

薩上字。

茩古后反。芰也。

蓫桑六反。白茅也,也,念也,迫也。④

蔌桑六反。菜茄(茹)捴名。⑤

薔所棘反。蓼。

苀五唐反。苀茈,昌蒲名。

蒲止千(似堅)反。簹也,似蔾也。⑥

莊荘二同字。且(阻)陽反。艸盛。⑦

蔷蔷蔷(藩)三形作。似將(漿)反。似蓬,實如葵子,十月就(熟)。⑧

蘜紀六反。菊也。

菣蘜菊〔欵〕三上字。子習反。茅也。⑨

菥思賫反。苞荔,水生,似蘫(燕)麦也。⑩

蒒上(思)移反。蒒,水菜。⑪

萆萆萆三形作。功勞反。白花,葛。似葛,非。

---

① 注文"交"當作"狡","筊"當作"芀"。《名義·艸部》:"蔽,古飽反。"《玉篇·艸部》:"蔽,下校、古鮑(飽)二切。"《王一》《全王·巧韻》古巧反:"蔽,藕根。又下狡反。"《王一》《全王·巧韻》古巧反:"蔽,竹筍。又古飽反。""校"當是"狡"字之誤。《新撰字鏡·艸部》:"芀,蔽也,茅根也。"《廣韻·真韻》:"芀,藕根小者。"茲據校改。《廣韻·巧韻》:"箷,竹筍。""竹筍"當是"箷"字釋義。

② 注文"敫"當作"激"。《名義·艸部》:"蘮,魚激反。"茲據校改。

③ 注文"薢"下原有"也"字。《廣雅·釋草》:"薩芰,薢茩也。"茲據刪。

④ 注文"白茅也"下"也"字或衍或脱釋義。"念也,迫也"俟考。

⑤ 注文"茄"當作"茹"。《爾雅·釋器》:"菜謂之蔌。"郭璞注:"菜茹之總名。"茲據校改。

⑥ 注文"止千"當作"似堅"。《名義·艸部》:"蒲,似堅反。"茲據校改。

⑦ 注文"且"當作"阻"。《名義·艸部》:"莊,阻陽反。"茲據校改。

⑧ "墙"又作"廧"。注文"將"當作"漿","就"當作"熟"。《名義·艸部》:"藩,似漿反。"《史記·司馬相如列傳》:"東薔雕胡。"裴駰集解:"徐廣曰:烏桓國有薔,似蓬草,實如葵子,十月熟。""薔",《漢書》作"藩"。茲據校改。

⑨ 《名義·艸部》:"菣,子習反。茅芽也,草初萌也。"《說文·艸部》:"蘜,日精也,以秋華。菣,蘜或省。""菣"與"欵"形近相混,"蘜"同"菊"。

⑩ 注文"蘫"當作"燕"。《文選·司馬相如〈子虛賦〉》:"其高燥則生葴菥苞荔。"李善注:"張揖曰:菥,似燕麥也。"茲據校改。

⑪ 注文"上"當作"思"。《玉篇·艸部》:"蒒,思移切。"茲據校改。

苲可更(何梗)反。荇蔓(菨)。①

荇上字。世利。②

龍𦽏蘢三形作。良功反。天蕭,馬藻(蓼)也。③

菨𦼫二形作。子枼(葉)反。荇菨也。④

稀臺奚反。芺也,楊香(秀)。⑤

蒩巨且(俱)反。芐[葵]也。⑥

芐禿全(令)反。芐蓂(葵)也,蒩也。⑦

菰古胡反。茭菰也。

苽上字。

蕈徒占(點)反。蕵也,菌也,木耳。⑧

蕵如兗反。木耳,蕈也。

苔達來反。水衣,落(㵟)。⑨

芀甫(蒲)同反,平;木艸茂皃。加牟知。⑩

蒔止宇(讓之)反。草多葉。⑪

萳都角反。太(大)也,晫也。⑫

蒴所革反。馬艸也。

苗丘玉反。薄也。

葰舒塩(鹽)反。苦也。⑬

---

① 注文"可更"當作"何梗","蔓"當作"菨"。《名義·艸部》:"苲,何梗反。菨荼也。"《説文·艸部》:"苲,菨餘也。"茲據校改。

② 世利(せり【芹・芹子・水芹】)。

③ 注文"藻"當作"蓼"。《廣雅·釋草》:"葒、蘢、蘬,馬蓼也。""蘢"同"龍"。茲據校改。

④ 注文"枼"當作"葉"。《名義·艸部》:"菨,子葉反。"茲據校改。

⑤ 注文"香"當作"秀"。《易·大過》:"枯楊生稀。"王弼注:"稀者,楊之秀也。"《集韻·齊韻》:"稀,或作稊。"茲據校改。

⑥ 注文"且"當作"俱","芐"下奪"葵"字。《名義·艸部》:"蒩,渠俱反。芐葵。"《爾雅·釋草》:"蒩,芐葵。"茲據改補。

⑦ 注文"全"當作"令","蓂"當作"葵"。《名義·艸部》:"芐,禿靈反。葵也,蒩也,蘂(葵)也。""靈""令"皆青韻字。《爾雅·釋草》:"蒩,芐葵。"茲據校改。

⑧ 注文"占"當作"點"。《名義·艸部》:"蕈,徒點反。"茲據校改。

⑨ 注文"落"當作"㵟"。《説文·艸部》:"㵟,水衣。"《玉篇·艸部》:"㵟,生水中緑色也。苔,同上。"茲據校改。

⑩ 注文"甫"當作"蒲"。《名義·艸部》:"芀,蒲閒(同)反。"茲據校改。加牟知(かむち【麹】)。

⑪ 注文"止宇"當作"讓之"。《名義·艸部》:"蒔,讓之反。""止宇"爲倭音"しゅ",但非"蒔"字倭音,俟考。茲據校改。

⑫ 注文"太"當作"大"。《爾雅·釋詁上》:"萳,大也。"茲據校改。

⑬ 注文"塩"當作"鹽"。《玉篇·艸部》:"葰,舒鹽切。"茲據校改。

蓧徒叫反。草器。

虌匕烈(畢列)反。紫綦,若可食。①

蒿古高(胡髙)反。莎艸。②

𧀐上字。

藻青(績)道反。水菜,藻也。③

藻上字。比志。④

苰猪菊(鞠)反。似小□(藜),赤莖節,煞魚(虫)者也。⑤

荺榮君(窘)反。蔽也,茅根也。⑥

萆甫匕(補婢)反。鼠莞也。⑦

蕼相紀(記)反。亦(赤)蕼,莖(菫)也。⑧

菫几𢡱(居隱)反。葵。烏頭,毒藥。⑨

藘旅居反。茄(茹)藘,茅蒐。藘,蒨也。⑩

蔗〔萀〕止君(之履)反。弱(蒻)苹。苊。⑪

蒣庶旦(庾俱)反。澤瀉(蕮)。鹿舌。⑫

蓼吕匊(鞠)反。長大皃,衆薪。⑬

---

① 注文"匕烈"當作"畢列"。《名義·艸部》:"虌,畢列反。"茲據校改。

② 注文"古高"當作"胡髙"。《名義·艸部》:"蒿,胡髙反。"茲據校改。

③ 注文"青"當作"績"。《名義·艸部》:"藻,績道反。"茲據校改。

④ 比志(ひし【菱・芰】)。

⑤ 注文"菊"當作"鞠","似"下一字殘,"魚"當作"虫"。《名義·艸部》:"苰,猪鞠反。蓄也,殺虫也。"《爾雅·釋草》:"竹,萹蓄。"郭璞注:"似小藜,赤莖節,好生道旁,可食,又殺蟲。"陸德明釋文:"竹,本又作苰。""藜"同"藜"。茲據改補。

⑥ 注文"君"當作"窘"。《名義·艸部》:"荺,榮窘反。"茲據校改。

⑦ 注文"甫匕"當作"補婢"。《玉篇·艸部》:"萆,補位、補婢二切。""婢"音"ヒ"。茲據校改。

⑧ 注文"紀"當作"記","亦"當作"赤","莖"當作"菫"。《名義·艸部》:"蕼,相記反。赤蕼,菫也。"《玉篇·艸部》:"蕼,菫也。"《説文·艸部》:"藙,赤藙。""藙"同"蕼"。茲據校改。

⑨ 注文"几𢡱"當作"居隱"。《名義·菫部》:"菫,居隱反。菫,古文。"茲據校改。

⑩ "茄藘"原倒,注文"茄"當作"茹"。《爾雅·釋草》:"茹藘,茅蒐。"郭璞注:"今之蒨也,可以染絳。"茲據乙改。

⑪ 注文"止君"當作"之履"。《名義·艸部》:"萀,之履反。蒻苹。苊也。"茲據校改。《爾雅·釋草》:"苊,萀苊。""蔗""萀"二字《名義》《玉篇》亦混,蓋《原本玉篇》已混。

⑫ 字頭原作"蒣",《名義》同。注文"庶旦"當作"庾俱","瀉"當作"蕮"。《名義·艸部》:"蒣,庾俱反。"《廣韻·虞韻》:"蒣,澤蕮。"茲據校改。鹿舌(かのした【鹿の舌】),"しおん【紫苑】"的古名。

⑬ 注文"匊"當作"鞠"。《名義·艸部》:"蓼,吕鞠[反]。衆薪也。"茲據校改。《詩·小雅·蓼蕭》:"蓼彼蕭斯。"毛傳:"蓼,長大貌。"《詩·豳風·東山》:"烝在栗薪。"釋文:"《韓詩》作蓼,力菊反,衆薪也。"

蕒他雷反。牛頹,葉長,花紫縹色。蕡。①

荒亡此反。春艸,芒。

蕎居妖反。功(邛)鉅也,大戟也,蔦(藥)也,䕥。②

秳〔秳〕古活反。鹿(麋)舌艸。菝秳,瑞艸。③

䕥居逆反。大戟。

薞居(枯)遠反。蘆筍。④

芎詡具(俱)反。花也,築(榮)。⑤

芛惟尹(畢)反。㮡(華)始生,榮。⑥

筆上字。

萯禹瓦反。艸木花。

苻疋夫(扶)反。艸花。⑦

蘧巨(距)居反。大匊(菊)也,蘧蔏也,瞿麦。⑧

蔯真(直)居反。蔵。牟加豆支。⑨

蔖且(具)居反。菜似蘇。⑩

菩五都反。茬。

莑上字。

莟古(胡)曷反。茬蘇。⑪

菈洛合反。蘆菔爲菈蓮。

蓮度合反。蘆菔。⑫

---

① 《爾雅·釋草》:"蕒,牛蘈。"郭璞注:"今江東呼草爲牛蘈者,高尺餘許,方莖,葉長而銳,有穗,穗間有華,華紫縹色,可以淋爲飲。""蕡"之"糹"旁原作"氵"。

② 注文"功"當作"邛","蔦"當作"藥"。《爾雅·釋草》:"蕎,邛鉅。"郭璞注:"今藥草大戟也,《本草》云。"《名義·艸部》:"蕎,大戟也,藥也。"茲據校改。

③ 注文"鹿"當作"麋"。《爾雅·釋草》:"秳,麋舌。"茲據校改。《廣韻·末韻》古活切:"秳,菝秳,瑞草。"

④ 注文"居"當作"枯"。《名義·艸部》:"薞,枯遠反。"茲據校改。

⑤ 注文"具"當作"俱","築"當作"榮"。《玉篇·艸部》:"芎,許俱、妨俱二切。又芎榮也。"茲據校改。

⑥ 注文"尹"當作"畢","㮡"當作"華"。《玉篇·艸部》:"芛,惟畢、羊箠二切。芛,華榮也,草木華初生者。"茲據校改。

⑦ 注文"夫"當作"扶"。《名義·艸部》:"苻,匹扶反。"茲據校改。

⑧ 注文"巨"當作"距","匊"當作"菊"。《名義·艸部》:"蘧,距居反。"《爾雅·釋草》:"大菊,蘧麥。"茲據校改。

⑨ 注文"真"當作"直"。《名義·艸部》:"蔯,直居反。"茲據校改。牟加豆支(むかつき)。

⑩ 注文"且"當作"具"。《名義·艸部》:"蔖,具居反。"茲據校改。

⑪ 注文"古"當作"胡"。《廣韻·鎋韻》:"莟,胡瞎切。"茲據校改。反切下字疑鎋韻之"䅵""揭"等字之省。

⑫ 注文"蘆菔"原倒。《廣韻·合韻》徒合切:"蓮,東魯人呼蘆菔曰菈蓮。"茲據乙正。

蒗 力唐反。稂也。

葩 夫(扶)云反。臯實。廝字。①

芓 祥利反。菒。

荢 上字。

㠛［餘記反。芓,連草也］。②

葷 虚云反。蒜也。

萱 介凱(墟顒)反。似蕨,生水中,菜。③

釀 如令(挈亮)反。菜葅也。④

薆薆 二同字。虚宛(園)反。萱。⑤

营 去弓反。芎也。

堇 力利(攄力)［反］。似冬藍,蒸食酸也。⑥

萳 乃感反。蒻萳。

蘆 所耶反。枯艸。⑦

芹 巨尹(渠殷)反。葵。世利。⑧

莛 除(餘)誠反。蓬(莛)莖。⑨

薊 如桂反。銳也,莈也,芮。

蕑 弋捶反。藍蓼秀。

菽 徒的反。艸旱。

苾 甫(蒲)結反。香艸,馝。⑩

芝 孚蓤(劒)反。浮艸。⑪

薙 毛(託)計反。萌,水行,煞艸。⑫

葅 且(阻)及反。菹也。⑬

---

① 注文"夫"當作"扶"。《名義·艸部》:"葩,扶云反。"茲據校改。

② 注文缺。《名義·艸部》:"㠛,餘記反。芓,連草也。"茲據校補。

③ 注文"介凱"當作"墟顒"。《名義·艸部》:"萱,墟顒反。"茲據校改。

④ 注文"如令"當作"挈亮"。《名義·艸部》:"釀,挈亮反。"茲據校改。

⑤ 注文"宛"當作"園"。《名義·艸部》:"薆,虚園反。"茲據校改。

⑥ 注文"力利"當作"攄力","利"下奪"反"字。《名義·艸部》:"堇,攄力反。"茲據改補。

⑦ 《名義·艸部》:"蘆,采古反。"此處反切當是倭音"しゃ"。

⑧ 注文"巨尹"當作"渠殷"。《名義·艸部》:"芹,渠殷反。"茲據校改。世利(せり【芹·芹子·
水芹】)。

⑨ 注文"除"當作"餘","蓬"當作"莛"。《名義·艸部》:"莛,餘誠反。莖也。"茲據校改。

⑩ 注文"甫"當作"蒲"。《名義·艸部》:"苾,蒲結反。"茲據校改。

⑪ 注文"蓤"當作"劒"。《玉篇·艸部》:"芝,孚劒切。"茲據校改。

⑫ 注文"毛"當作"託"。《名義·艸部》:"薙,託計反。"茲據校改。《周禮·秋官·薙氏》:"薙氏掌殺草。
春始生而萌之。""水行"或當作"行水"。《禮記·月令》:"燒薙行水,利以殺草。"

⑬ 注文"且"當作"阻"。《名義·艸部》:"葅,阻及反。"茲據校改。

藒作昆(繩)反。薾也,寂也。①

蔗諸夜反。藷也,甘蔗也。

茛近引反。蔓,芹。

蔓茜二同字。魯侯反,平;加良須宇利。②

萺莫目反,蓿,香艸。

薀來斬(蹔)反。瓜菹。③

藸致如反。藸犫也,慈(茲)也,藸也。④

犫女居反。藸犫,蘮也。佐久。⑤

蘮紀厲反。似芹,有毛,著人衣。久支,又左久。⑥

蔬所□□□□□□(居反。草木實菜食)。⑦

菁古突反。如薏,如桔梗,花黑,不實。

荀蘇旬反。艸也。

菨萋菨三形作。与小反。菟絲属,亦蒲花。⑧

萮如廷(奴挺)反。薅(葶)□(蕏),可用毒魚。⑨

菟亡運反。艸雜(新)生。⑩

蕤汝誰反。下也,繼也。

茀方妹反。甘棠也,小皃。⑪

苗他六反。蓿苗。

蓿他迪反。蔌蓿。

---

① 注文"昆"當作"繩"。《名義·艸部》:"藒,作繩反。"茲據校改。

② 加良須宇利(からすうり【烏瓜】)。

③ 注文"斬"當作"蹔"。《名義·艸部》:"薀,來蹔反。"茲據校改。

④ "藸犫"原倒,注文"慈"當作"茲"。《玉篇·艸部》:"藸,藸犫草。"《廣雅·釋草》:"蒢藸,蒁也。""茲"同"蒁"。茲據乙改。

⑤ 佐久(さく)。

⑥ 《爾雅·釋草》:"蘮犫,竊衣。"郭璞注:"似芹,可食,子大如麥,兩兩相合,有毛,著人衣。"久支(くき【茎】),又左久(さく)。

⑦ 注文殘。《名義·艸部》:"蔬,所居反。草木實菜食。"茲據校補。

⑧ 《玉篇·艸部》:"菨,餘招切。"《名義·艸部》:"菨,餘照反。"此處反切當是倭音"よう"。

⑨ 注文"如廷"當作"奴挺","薅"當作"葶","薅"下殘,"可用毒魚"原作"魚毒可用"。《名義·艸部》:"萮,奴挺反。"《山海經·中山經》:"(熊耳之山)有草焉,其狀如蘇而赤華,名曰葶萮,可以毒魚。"茲據改補乙。

⑩ 注文"雜"當作"新"。《玉篇·艸部》:"菟,草木新生者。"茲據校改。

⑪ 《詩·召南·甘棠》:"蔽茀甘棠。"毛傳:"蔽茀,小貌。"

龐甫(補)爲反。艸也,廙(虞),旄牛尾。①

莔上舜(時隣)反。艸。於保波古。②

莯來密反。艸也。

薾匕次(鼻姿)反。蓍,似著(蓍)也。草蔗。③

菦居衣反。芹,葵。

菮公狄反。艸也。

莝右旦(姑但)反。艸也。④

菣狃庚反。可以作縻緪也。

薊胥止(漬)反。艸也。⑤

芟平表反。落也,乾草也。

茲後段(堅)反。艸也。⑥

蘆菌二同字。有求(救)反。艸。⑦

妛於旦反。艸。波久佐。⑧

蕻公東(楝)反。菩[苳],艸。⑨

菓口(徐)立反。菩也。⑩

葦止(之)羊反。艸。⑪

菊与菊(鞠)反。艸也。⑫

蒝公魂反。艸也。

蕤如旆反。艸,蕊。

蘄乎旱(呼捍)反。艸也,蕤也。⑬

---

① 注文"甫"當作"補","廙"當作"虞","旄"下原有重文符。《玉篇·艸部》:"龐,補爲、彼偽二切。草也,旄牛尾也。"《集韻·支韻》:"龐,笱虞飾。"《説文·艸部》:"虞,篆文虞省。"《爾雅·釋器》:"旄謂之龐。"郭璞注:"旄牛尾也。"茲據改刪。

② 注文"上舜"當作"時隣"。《名義·艸部》:"莔,時隣反。"茲據校改。於保波古(おおばこ【大葉子·車前】)。

③ 注文"匕次"當作"鼻姿","著"當作"蓍"。《名義·艸部》:"薾,鼻姿反。蓍,似蓍。"茲據校改。

④ 注文"右旦"當作"姑但"。《名義·艸部》:"莝,姑但反。"茲據校改。

⑤ 注文"止"當作"漬"。《玉篇·艸部》:"薊,胥漬切。"茲據校改。

⑥ 注文"段"當作"堅"。《名義·艸部》:"茲,後堅反。"茲據校改。

⑦ 注文"求"當作"救"。《名義·艸部》:"蘆,有救反。"茲據校改。

⑧ 波久佐(はぐさ【莠】)。

⑨ 注文"東"當作"楝","菩"下奪"苳"字。《名義·艸部》:"蕻,公楝反。菩苳也。"茲據改補。

⑩ 反切上字殘。《名義·艸部》:"菓,徐立反。"茲據校補。殘字作"𮌀",暫據《名義》校録。

⑪ 注文"止"當作"之"。《名義·艸部》:"葦,之羊反。"茲據校改。

⑫ 注文"菊"當作"鞠"。《名義·艸部》:"菊,与鞠反。"茲據校改。

⑬ 注文"乎旱"當作"呼捍"。《名義·艸部》:"蕤,呼裨(捍)反。草。"《玉篇·艸部》:"蕤,如旆切。蘄,同上。又呼旦切。草也。""呼捍反"與"呼旦切"音同。茲據校改。

茉子非(姚)反。菜也,椒也,芭茉。①

菜巨牛反。椒椒。

薾如(奴)礼反。苊也,花盛也。②

芭甫(補)加反。芭茉。③

薦五遠(伍園)反。艸木皃。④

薂翼支[反]。草萎也。箷。

蒪郚俊反。莖葉布,艸原(薦)。⑤

莽牛斤反。艸多。⑥

菁所交反。惡艸皃。

莿几利反。艸多皃,穊。

莈匕(亡)豆反。葆,莓(毒)[草],細艸蒃生也。⑦

蔫於然反。菸也,菀矮也。⑧

蔽甫(逋)制反。障也,窴也,藏也。[蔽]芾,小也。當也,愚也。⑨

蒅於滎(嫈)反。薀也,滎也。⑩

薈在勞反。艸也。

蓸上正字。

麗力支反。繫也,艸木盛也,附也,連也,艸木生木(惡)土也。⑪

萳古没反。刷也,尉(刷)也,箔也。⑫

---

① 注文"非"當作"姚"。《名義·艸部》:"茉,子姚反。"茲據校改。

② 注文"如"當作"奴"。《玉篇·艸部》:"薾,奴禮切。"茲據校改。

③ 注文"甫"當作"補"。《名義·艸部》:"芭,補加反。"茲據校改。

④ 注文"五遠"當作"伍園"。《名義·艸部》:"薦,伍園反。"茲據校改。

⑤ 注文"艸原"當作"薦"。《玉篇·艸部》:"薦,莖葉布也。"《名義·艸部》:"蒪,莖葉布也。"二字義同。茲據校改。

⑥ "艸多"原倒。《名義·艸部》:"莽,草多。"《説文·艸部》:"莽,艸多皃。"茲據乙正。

⑦ 注文"匕"當作"亡","莓"當作"毒",下奪"草"字。《名義·艸部》:"莈,亡豆反。細草聚生,葆,毒草。"《集韻·晧韻》武道切:"莈,一曰葆也,一曰毒艸。通作莈。"《説文·艸部》:"薮,毒艸也。"茲據改補。

⑧ "菀"字《名義》同。《廣雅·釋詁四》:"蔫、菸、矮,蔫也。""菀"當同"蔫"。

⑨ 注文"甫"當作"逋"。《名義·艸部》:"蔽,逋制反。"《詩·召南·甘棠》:"蔽芾甘棠。"毛傳:"蔽芾,小貌。"《爾雅·釋言》:"芾,小也。""當"字《名義》同。《廣雅·釋器》:"蔽,箔也。""當"當同"箔"。"愚也"或出《論語·陽貨》"好仁不好學,其蔽也愚"。

⑩ 注文反切"滎"當作"嫈"。《名義·艸部》:"蒅,於嫈反。"茲據校改。《説文·艸部》:"蒅,艸旋皃也。《詩》曰:葛藟蒅之。"今本《詩·周南·樛木》作"葛藟縈之"。釋義"滎也"或當作"縈也"。

⑪ 注文"木"當作"惡"。《王一》《全王》《廣韻·霽韻》:"麗,草木生惡土。"(《全王》脱"土"字,《廣韻》"惡"作"亞")茲據校改。

⑫ 注文"尉"爲"刷"的訛衍。《名義·艸部》:"萳,刷也。""刷"字作"𡲇",故訛作"尉"。茲據校改。

莁儲尸反。莁也，榆荚也。

蘽上字。

茜丈例反。以竹補缺也，綴也，納空也。

萆釜赤反。似烏韮。

莔止(上)支反。藥艸，知母也，艸。安支也。①

幕千甚反。覆。皮皮支也。②

薶(薶)莫皆反。龜徒也，藏也，埋也。③

芶苟〔笱〕二同作。公后反。艸也，誠也，偷也，且也，得，棄也，笱也。④

蓪与周反。艸也。

葆甫(補)道反。丕也，菜也，本也，艸盛皃也。⑤

蒢止柳(市聊)反。艸也。⑥

芿如登(證)反。澤[中]艸也。⑦

茁霍舌反。艸也。

蓏亡候反。艸也。

暜蚩允反。推。⑧

蕽奴冬反。厚也，農。⑨

璡古(胡)拜反。烏葵(蕲)。⑩

菣惟戀(孿)反。⑪

───────────

① 注文"止"當作"上"。《名義·艸部》："莔，上支反。"茲據校改。安支(あき)也。
② 字頭《名義》同。《説文·艸部》："蔓，覆也。""蔓"又作"蔂"，"幕"蓋亦"蔂"字之省。《玉篇·艸部》："幕，炙久切。俗帚字。"皮皮支(ははき【帚·箒】)也。
③ "薶"爲"薶"的俗字。《周禮·天官·鼈人》："以時籍魚鼈龜蜃凡貍物。"鄭玄引鄭司農注："貍物，龜鼈之屬。""龜徒"蓋即"龜鼈之屬"。
④ "棄也"當是"笱"字義。《名義·艸部》："苟，棄菜也。""棄"與"菜"當是二義。《周禮·冬官·考工記》："妢胡之笱。"鄭玄注："故書笱爲笱……杜子春云：笱當爲笱，笱讀爲棄，謂箭棄。"段玉裁《周禮漢讀考》卷六："案：注中笱字今本皆作笱，而唐石經經文作'妢胡之笱'，蓋正依故書。可藉以正注中笱字之誤。可與句相亂。"段説是也。此處亦"笱"與"笱"混，而"笱"俗又作"苟"。
⑤ 注文"甫"當作"補"。《名義·艸部》："葆，補道反。"茲據校改。各本末有"止万(とま【苫·篷】)"。
⑥ 注文"止柳"當作"市聊"。《名義·艸部》："蒢，卬(市)聊反。"《玉篇·艸部》："蒢，市昭切。"茲據校改。
⑦ 注文"登"當作"證"，"澤"下奪"中"字。《名義·艸部》："芿，如證反。蕪雜草。"觀智院本《類聚名義抄·僧上·艸部》："芿，如證反。澤中芿草也。又苅。"茲據改補。
⑧ 《説文·艸部》："暜，推也。从艸从日，艸春時生也。屯聲。"
⑨ 此"蕽"字當是"農"的俗字。
⑩ 注文"古"當作"胡"，"葵"當作"蕲"。《名義·艸部》："璡，胡拜反。"《爾雅·釋草》："璡，烏蕲。"茲據校改。
⑪ 注文"戀"當作"孿"。《名義·艸部》："菣，惟孿反。"茲據校改。

蕀呂見反。菟荄,日斂(白薇)。①

蘬古回反。壞(懷)羊,菜,可食也。②

搮居輦[反]。蒚也。③

[蒚]夫入(扶發)反。搮也。④

蕅子廉反。百足。

芁可(何)唐反。□(東)蠡。⑤

藾力末反。蔆蒿。

莘所巾反。長也,衆也,牲也,㹀也,聚兒。大之(太太)良女。⑥

蒩於云[反]。菹也,香也。

蒼都敢反。谷多蒼棘也。

蔲蔻二同作。呼候反。豆蔻子也,辛□(香)艸。⑦

蓮爲皮(彼)反。人名。⑧

蕞在會反。小兒,聚也。

蔂力戈反。盛土艸器也。

蘧巨与反。白蘧菜也。

莪甫(蒲)骨反。蒡莪,繁母也。⑨

葒公杏反,上;艸也。

蕨苦攜反。㼦瓜,茄(菇)也。⑩

茿□(竹)亞反。茿蓇,黄芩。⑪

苢舉魚反。苴苢也。

蔣恥令(亮)反。艸木茂。⑫

---

① 注文"日斂"當作"白薇"。《名義·艸部》:"蕀,閭見反。菟荄也,白薇也。"茲據校改。

② 注文"壞"當作"懷"。《爾雅·釋草》:"蘬,懷羊。""蘬"或作"蘬"。茲據校改。

③ "輦"下一字殘。《名義·艸部》:"搮,居輦反。蒚。"茲據校補。

④ 字頭"蒚"奪,注原在"搮"字注"也"後。注文"夫入"當作"扶發"。《名義·艸部》:"蒚,扶發反。搮也。"茲據補乙改。

⑤ 注文"可"當作"何","蠡"上殘。《名義·艸部》:"芁,何堂反。䏰,芁,東蠡也。"《爾雅·釋草》:"芁,東蠡。"茲據校補。

⑥ "大之"據各本作"太太"。太太良女(たたらめ)。

⑦ "辛"下一字殘。《慧琳音義》卷八十一"荳蔻"條:"《南方異物志》云:荳蔻,辛香可食,出交阯郡。"茲據校補。

⑧ 注文"皮"當作"彼"。《名義·艸部》:"蓮,爲彼反。"茲據校改。

⑨ 注文"甫"當作"蒲"。《名義·艸部》:"莪,蒲骨反。"茲據校改。

⑩ 注文"茄"當作"菇"。《廣雅·釋草》:"蕨菇,王瓜也。"《爾雅·釋草》:"鈎,蕨姑。"郭璞注:"鈎瓟也。一名王瓜。實如㼦瓜,正赤,味苦。"茲據校改。

⑪ 反切上字殘。《名義·艸部》:"茿,竹亞反。"茲據校補。

⑫ 注文"令"當作"亮"。《名義·艸部》:"蔣,恥亮反。"茲據校改。

蕡子移反。菜似蕪菁也。①

薂古(胡)六反。菜生水[中]。②

薘蓋二形同。於亦反。芜蔚也。③

藺餘敝(鼈)反。似竹,生水旁。④

蔓一丘反。菜也。

藚孚六反。蔓也。

薺止与(上餘)反。藷也。⑤

薐力条反。艸木疏[莖]。⑥

葾於元反。敗也,瘗。

菜側佳反。地萯也。

芐居苞反。藥,秦芐也。居蚪反。⑦

萆口喬(吕橘)反。出也,始也。⑧

菢呼學反。封狶聲。

葹乙卓反。萸弱(英蒻)也。⑨

菓子小反。勦、剿。⑩

蕒蕙解反。苦菜,蕒也。

萯口穎反。艸名也,檾也。

蕒口穎反。檾也,枲麻也。

蕽俞婁(瑜縷)反。薜蕽也。⑪

蓋亡更反。蓋,莨[尾],似茅,覆屋。⑫

_____

① "蕪菁"原倒。《名義·艸部》:"蕡,菜似蕪菁。"兹據乙正。

② 注文"古"當作"胡","水"下奪"中"字。《名義·艸部》:"薂,胡鹿反。斛菜生水中。"兹據改補。

③ 此字爲"益母草"之"益"的增旁俗字。《名義·皿部》:"益,於亦反。"《爾雅·釋草》:"萑,蓷。"郭璞注:"今茺蔚也……又名益母,《廣雅》云。"

④ 反切下字"敝"當作"鼈"。《玉篇·艸部》:"藺,餘鼈切。"《名義》"鼈"誤作"赦魚",即"鼈"字,"鼈"同"鼈"。兹據校改。

⑤ 注文"止与"當作"上餘"。《名義·艸部》:"薺,上餘反。"兹據校改。

⑥ 注文"疏"下奪"莖","疏"下原有"反艸"字。《名義·艸部》:"薐,草木疏莖。""反艸"涉"力条"下"反艸"二字而衍。兹據補改。

⑦ 字頭原作"苀"。

⑧ 注文"口喬"當作"吕橘"。《名義·艸部》:"萆,吕橘反。"兹據校改。

⑨ 注文"萸弱"當作"英蒻"。《玉篇·艸部》:"葹,英蒻也。"《廣韻·覺韻》:"葹,英蒻。"兹據校改。

⑩ "菓"通"勦""剿"。

⑪ 注文"俞婁"當作"瑜縷"。《名義·艸部》:"蕽,瑜縷反。"兹據校改。

⑫ 注文"莨"下奪"尾"字。《名義·艸部》:"蓋,莨尾也,似茅,覆屋。"《爾雅·釋草》:"孟,狼尾。"郭璞注:"似茅,今人亦以覆屋。"兹據校補。

蓮他江(紅)反,平;藤,藥,有六氣,通艸也。①

蕎蔈二同。余世反。似荏,赤也。

薾莫礼反。薾菽艸。

萐財古(各)反。萐[菇],水芋。山須介。②

菓且己反。枲耳。

菤九卷反。卷耳。宇美波比。③

莘上字。

薆往芳(徒分)、以脂二反,平;梓(榟)也,紛也,死木更生也。比古波江,又山阿良良支。④

茣上字。

薦才千反。艸皃也。

筟由行反。竹器也,籠也。⑤

蕾累音。周蕎之兒,又樹幹莖也,不(木)枝也。⑥

蘺[籬]力支反。垣類也,蘪蕪也,芎[藭苗]也,藩也。⑦

菶方封反,上;草盛之兒,草美好也,繁茂也。⑧

荄大兼反,平;菜名。

薏相力反,入;韭(菲)也。弥良也。⑨

苆丁中反,平;草名。

覆方富反,去;葐也。伊知比古也。⑩

---

① 注文"江"當作"紅"。《廣韻·東韻》他紅切:"蓮,蓮草,藥名,中有小孔通氣。"茲據校改。

② 注文"古"當作"各","萐"下奪"菇"字。《名義·艸部》:"萐,財各反。茹草也,水芋也。"《廣雅·釋草》:"萐菇、水芋,烏芋也。""茹"當是"菇"字之誤。茲據改補。山須介(やますげ【山菅】)。

③ 宇美波比(うみはひ)。

④ 注文"往芳"當作"徒分","梓"當作"榟"。《詩·邶風·靜女》:"自牧歸荑"。釋文:"荑,徒分反。"《説文·木部》:"櫱,伐木餘也。蘗,櫱或从木,辥聲。不,古文櫱从木,無頭。榟,亦古文櫱。"《後漢書·虞延傳》:"其陵樹株蘗。"李賢注:"蘗,伐木更生也。"與此處"死木更生"義同。本書"梓"與"榟"形近相混,見上文木部。茲據校改。《易·大過》:"枯楊生稊。"釋文:"稊,鄭作荑。荑,木更生。音夷,謂山榆之實。""紛"字不詳,狩谷、《師説抄》疑"殄"字。比古波江(ひこばえ【蘗】),又山阿良良支(やまあららぎ【山蘭】)。

⑤ 字頭原作"𥰩"。《名義·竹部》:"筟,蒲庚反。籠也。"此反切上字疑當作"白"。

⑥ 此條俟考。"不"據文意改作"木",或是和訓。

⑦ "蕪也"原倒,"芎"下奪"藭苗"字。《説文·艸部》:"蘺,江蘺,蘪蕪。"《名義·艸部》:"蘺,蘪蕪,名江蘺。芎藭苗也。"《廣韻·東韻》:"芎,芎藭,香草,根曰芎藭,苗曰蘪蕪,似蛇牀。"茲據乙補。"垣類也""藩也"爲"籬"字釋義。

⑧ 反切下字當是上聲字,"封"字是平聲,此當是倭音。《切韻·董韻》有"方孔反"之音。

⑨ 注文"韭"當作"菲"。《爾雅·釋草》:"菲,蒠菜。"茲據校改。弥良(みら【韮·韭】)也。

⑩ "覆葐"即"覆盆",即"覆盆子"。伊知比古(いちびこ)也,即"いちご(【苺·莓】)"。

蓼力了反,上;又六音,入;太豆(氏),又太良。①

茈子此反,上,又平;胡,藥。又生薑。久比爲,又云支波井。②

莫矣文反。臺也。乎地可良麻伎尓良。③

芸上同。

苣其呂反,上;胡麻。知佐。④

芧己莧(亡莧)反。蔽也。⑤

蒔市寺反,去;機(栽)也,種也。⑥

蕳〔簡〕古闌反。大也,蘭。⑦

黄胡光反,平;壽也,病也。⑧

弟徒礼反,上;季也,易也,離也,發也。⑨

艾五盖反。長也,歴也,相也,養也。

蒙豪蒙上作非,下二作正。魚(莫)公反,平;[女]蘿也,雜也,奄也,罩也,荷也,被也。⑩

落呂各反,入;死也,彫也,始也,堕也,居也,退也。

荒呼王反,平;廢也,忽也,蕉也,奄也,大也,无也,散也,亡也。

葵芥□(二)同。乎盖、自(巨)惟反,平;地名也,揆也,度也。阿保比也。⑪

---

① "豆"字據各本作"氏"。太氏(たで【蓼】),又太良(たら)。

② 《廣韻·佳韻》:"茈,茈葫,藥。"《切三》《全王》作"胡",《裴韻》作"葫"。久比爲(くひい),又云支波井(きはい)。當皆同"くわい【烏芋·慈姑】"。

③ 《名義·艸部》:"芸,右軍反。香草也,苔也。莫字。莫,芸字。"《廣韻·文韻》王分切:"蕓,蕓薹,菜名。"乎地可良麻伎尓良(おちからまきにら)。

④ 知佐(ちさ【萵苣】)。

⑤ 字頭原作"芳",注文"己莧"當作"亡莧"。《名義·艸部》:"芧,亡莧反。才,蔽也。"茲據校改。然而"亡莧反"當是《名義》下字"蔄"字之音。《名義·艸部》:"蔄,亡莧反。人姓也。"此處《名義》《新撰字鏡》皆誤爲"芧"字反切。《廣韻·哈韻》:"芧,昨哉切。"《玉篇·艸部》:"芧,疾來切。"

⑥ "機"爲"栽"的俗字。

⑦ "大也"爲"簡"字義。《爾雅·釋詁上》:"簡,大也。"

⑧ 《儀禮·士冠禮》:"黄耇無疆。"鄭玄注:"黄,黄髮也。耇,凍梨也。皆壽徵也。"《詩·周南·卷耳》:"我馬玄黄。"毛傳:"玄馬病則黄。"

⑨ 《爾雅·釋詁下》:"弟,易也。"《詩·小雅·蓼蕭》:"孔燕豈弟。"毛傳:"豈,樂;弟,易也。"《爾雅·釋言》:"愷悌,發也。"《詩·齊風·載驅》:"齊子豈弟。"毛傳:"言文姜於是樂易然。"鄭玄注:"此豈弟猶言發夕也。豈,讀當爲闓。弟,《古文尚書》以弟爲圛。圛,明也。""離也"或是"明也"之義。《廣雅·釋詁四》:"離,明也。"

⑩ 注文"魚"當作"莫","蘿"上奪"女"字。《名義·艸部》:"蒙,莫公反。女羅也。"《爾雅·釋草》:"蒙,女蘿。"茲據改補。

⑪ "同"上一字殘,據文意此處當是"二"。注文"自"當作"巨"。"自"各本作"巨"。《名義·艸部》:"葵,渠惟反。""巨"爲"渠"字之省。茲據校改。《全王·脂韻》:"葵,正作芹。"後一字頭似"芹"字,但"葵"與"芹"非異體,俟考。"乎盖"不詳。"地名"蓋指"葵丘"。阿保比(あおい【葵】)也。

蒡喻受、丑救二反，上；醜也。田乃比江，又田乃美乃。①

苞博交反。平；藳，本也，茂也，積也，□禾也。

茨莿二同。通敢反，上；雛也，蘵也。又道感反。花初將開也。保保牟，又乎支。②

幕万各反。暮也，覆也，帳也。在巾部。

苹比丁反。可用掃也，併也，馬幕也。苹翳，雨師名也。

芼莫告反。菡（簡）也，搴也，擇也，取也，菜也。衣良不，又加夫志。③

荷賀歌反，平；妢也，蓮也，負也。④

蔫蕙二同字。于匕（彼）反，上；艸動兒，葩也，花也，姓也。美豆不不支也。⑤

蘪方召反。黄花也，爲也。

菩芳秀（防誘）反，平；又倍音。菓苦（菩）也，今黄草也，香草也。⑥

菓果音，上；木實也，勝也，尯也，定也。《正名要録》云"上不須草"也。

苜思亦反。始也，往也，前也，夜也，久也。此字不須草艹也。

茵苗二同。一羊（辛）［反］，平；重薦也，蓐也，席薦，皮類曰茵。又作鞇。虎皮。⑦

蓐如燭反。薦也。

菴荐二同。猗廉、烏含二反，平；菡（蔄），蒿也。又作庵，謂合（舍）。⑧

夢芛二同。亡貢反，平；想也，萌也。又去。⑨

芧直吕反。"蔣芧青蘋"，繩作，泞（紵）也。⑩

莇茆筋二同。居欣反。又又也。在竹部。⑪

蓋加不反。白茅也，覆也，苫也。⑫

---

① 田乃比江（た【田】の【之】ひえ【稗・稯】），又田乃美乃（た【田】の【之】みの【蓑・簑】）。

② 保保牟（ほほむ【栄秀む・含む】），又乎支（おぎ【荻】）。

③ 注文"菡"當作"簡"。《詩·邶風·簡兮》："簡兮簡兮。"鄭玄注："簡，擇也。"茲據校改。衣良不（えらぶ【選ぶ・択ぶ】），又加夫志（かぶし【頭】）。

④ 《周禮·冬官·考工記》："妢胡之笴。"或因"荷"同"苛"，"苛"又與"笴"混，故有"妢也"之訓。

⑤ 注文"匕"當作"彼"。《名義·艸部》："蔫，于彼反。"茲據校改。美豆不不支（みずふぶき【水蕗・芡】）也。

⑥ 注文"芳秀"當作"防誘"，"苦"當作"菩"。《名義·艸部》："菩，防誘反。"《廣雅·釋草》："菓，菩也。"茲據校改。《廣韻·模韻》薄胡切："菩，梵言菩提，漢言王道。""菩"有平聲，但此處反切則爲上聲。

⑦ 注文"羊"當作"辛"，下奪"反"字。《廣韻·真韻》："茵，於真切。"《玉篇·欠部》："欯，一辛切。"二字音同。茲據改補。

⑧ 注文"菡"當作"蔄"，"合"當作"舍"。《玉篇·艸部》："菴，菴蔄，蒿也。"《玉篇·广部》："庵，舍也。"茲據校改。

⑨ 後一字頭當是草書之變。

⑩ 注文"泞"當作"紵"。《名義·艸部》："芧，紵也。"茲據校改。《史記·司馬相如列傳》："蔣芧青蘋。"《廣韻·語韻》："芧，草也，可以爲繩。"

⑪ "居欣反"爲"筋"字音。"筋"與"莇"形近相混。"又又也"當有誤。

⑫ 《廣韻·泰韻》："蓋，古太切。"此處反切當是倭音"かう"。

《小學篇》字及《本草》[草]異名第七十一

菌(菌)木耳。

蘰波久ヘ良。①

苅佐留加支。②

蘱家阿良良支。③

苟蓮乃實也。④

苡玉豆志也。⑤

苖鹿舌。⑥

薺奈豆奈。⑦

茗薼二字,上同。

蕃蓍二同。須□□(須弥)牟志呂。⑧

薝華蕨薇蒜皆和良比。⑨

萗(茦)伊良。⑩

蕧茉莿三字。伊良。⑪

蕷芋二字。伊母。⑫

萵知左。⑬

薤尔良支。⑭

---

① 波久ヘ良(はくべら【蘩蔞】)。

② 各本下旁作"盼"。佐留加支(さる【猿】かき【搔き】)。

③ 家阿良良支(いえ【家】あららぎ【蘭】)。各本此字訓"豆良久保"(寬永本末字作"祢"),下有
"蘱"訓"家阿良良支"。本書艸部"菱"字訓"豆良久弥",三訓或有一是。

④ 蓮乃實(はすのみ【蓮の実】)也。

⑤ 下旁原作"似",據各本作"苡"。本書下文云:"薏苡子,玉豆志。"玉豆志(たまずし)。

⑥ 鹿舌(かのした【鹿の舌】)。

⑦ 奈豆奈(なずな【薺】)。此疑是"薺"字俗寫之訛。

⑧ "須"下殘,據各本補。須須弥牟志呂(すずみ【雀】むしろ【筵・席・蓆・莚】)。

⑨ 和良比(わらび【蕨】)。

⑩ 伊良(いら【刺】)。"萗"當是"茦"字之誤。

⑪ 伊良(いら【刺】)。"茉"當是"茦"字之誤。字頭第一形、第三形當是"莿"字之誤,"刺"俗作"刾",
第一形蓋因草書而誤。

⑫ 伊母(いも【芋】)。

⑬ 知左(ちさ【萵苣】)。

⑭ 尔良支(にらき【薤・韮】)。

萐志良久知。①

葆安良良支。②

藁茟蒿三字。和良。③

藝宇宇。④

蕢久太。⑤

袠蘘尔乃，又阿井加良。⑥

䕡久保天。⑦

莜蒲二字。久保天，又比良天。⑧

蒲比良天，又久保天。⑨

䕭乎支，又井。⑩

苴藗二字。奈支。⑪

苫可地，又可志波。⑫

茾蒻二字。皮皮支。⑬

遒須須保利。⑭

菊比志。⑮

莛送（筐篋）二字。波古。⑯

䈋（箱）上同。

蒜波不へ良。⑰

---

① 志良久知（しらくち【獼猴桃】）。

② 安良良支（あららぎ【蘭】）。

③ 和良（わら【藁】）。

④ 宇宇（うう【植う】）。

⑤ 久太（くた【朽・腐・芥】），各本作"久佐（くさ【草】)"。

⑥ 尔乃（にの），又阿井加良（あいから）。

⑦ 久保天（くぼて【窪手・葉椀】）。

⑧ 久保天（くぼて【窪手・葉椀】），又比良天（ひらで【枚手・葉手・葉盤】）。

⑨ 比良天（ひらで【枚手・葉手・葉盤】），又久保天（くぼて【窪手・葉椀】）。

⑩ 乎支（おぎ【荻】），又井（い【藺】）。

⑪ 奈支（なぎ【菜葱・水葱】）。

⑫ 可地（かじ【梶・構・楮・穀】），又可志波（かしわ【槲・櫟・柏】）。

⑬ 皮皮支（ははき【帚・箒】）。

⑭ 須須保利（すずほり【萑】）。此字疑是"萑"字之誤。

⑮ 比志（ひし【菱・芰】）。

⑯ 波古（はこ【箱・函・筥・匣・筐】）。

⑰ 波不へ良（はふへら）。

茘奈女奴奈波。①

萱須介。②

藁可万。③

芰曽良自。④

萊太不志波。⑤

蕫薈蓩三字。奈毛弥。⑥

莄止毛久佐，又安地佐井。⑦

藺己毛久佐。⑧

蒒（篩）不留比也。⑨

茶伊太止利。⑩

蕶犬衣。⑪

蕃於利。⑫

篲（篲）波波支。⑬

藻浮草。⑭

［蕃知子。］⑮

萁豆菩奈。⑯

蕧豆支草。⑰

藜牟久利。⑱

---

① 奈女奴奈波（なめ【滑】ぬなわ【沼縄・蓴】）。

② 須介（すげ【菅】）。

③ 可万（がま【蒲・香蒲】）。

④ 曽良自（そらし【藁本・薫藁】）。此字當是"芰"字之誤，見本部"芙芰"條。

⑤ 各本作"志波（しば【萊草】）"。山田引《倭名類聚鈔》"萊"訓"之波"，是也。此字頭或是"萊"字之誤。

⑥ 奈毛弥（なもみ【蓩耳・巻耳】）。字頭第一形、第二形蓋"蓩耳"之誤。

⑦ 止毛久佐（ともくさ），又安地佐井（あじさい【紫陽花】）。

⑧ 己毛久佐（こも【菰・薦】くさ【草】）。

⑨ 不留比（ふるい【篩】）也。各本作"不留不（ふるう【篩う】）"。

⑩ 伊太止利（いたどり【虎杖】）。

⑪ 犬衣（いぬ【犬】え【荏】）。

⑫ 於利（おり）。

⑬ 波波支（ははき【帚・箒】）。

⑭ 浮草（うきくさ【浮草・浮萍】）。

⑮ 此條據各本補。知子（ちこ）。

⑯ 豆菩奈（つぼな）。

⑰ 各本字頭作"蕧"形，底本左下旁殘形當是"𣎘"。豆支草（つきくさ【月草・鴨跖草】）。

⑱ 牟久利（むくり）。各本作"牟久良（むぐら【葎】）"。

蕢ツ良奈久佐。①

萢万支久佐。②

菓蓣加良牟志。③

茄衣加佐。④

蒴加波志久佐。⑤

蒂知奈。⑥

蒚左奈葛。⑦

菌大弥。⑧

葦屋不久也。⑨

苅久久。⑩

蘸加加弥宇利。⑪

秏宇利。⑫

菫尒波久久弥。⑬

蘭知比左久良。⑭

莧於保井。⑮

葛加豆良。⑯

芒乃木。⑰

《本草》草異名

---

① ツ良奈久佐(つらな【連な】くさ【草】)。

② 万支久佐(まきくさ【地膚】)。

③ 加良牟志(からむし【苧・枲】)。

④ 衣加佐(えかさ)。各本作"支乃加佐(きのかさ)"。

⑤ 加波志久佐(かはしくさ)。

⑥ 知奈(ちな)。

⑦ 左奈葛(さなかずら【真葛】)。

⑧ 大弥(たみ)。

⑨ 屋不久(やふく)也。

⑩ 久久(くぐ【磚子苗・莎草】)。

⑪ 加加弥宇利(かがみうり)。

⑫ 宇利(うり【瓜】)。

⑬ 尒波久久弥(にわくくみ)。

⑭ 知比左久良(ちいさくら),各本作"知比佐支井(ちいさきい【小さき】い【蘭】)"。

⑮ 於保井(おお【大】い【蘭】)。

⑯ 加豆良(かずら【葛・蔓】)。

⑰ 乃木(のぎ【芒】)。

黄精安万奈,又云惠弥。二、八月採根,蒸,陰干。①

又云重樓,又鶏格,又救窮。

石龍芮不加豆弥,又云牛乃比太比。五月五日採子根,二、八月採皮,陰干。②

又云地椹,又彭根,又天豆。

石龍蒭太豆乃比□(介),一云牛乃比太比。五、七月採莖,陰干。又云草續斷,又龍朱,〔又龍〕花,又縣菟(莞)。③

牛膝爲乃久豆知,又云爲乃伊比。二、八月採根,陰干。又云□□(百倍)草。④

獨活宇度,又云乃太良。二、八月採根,曝干。〔一云獨揺草〕。⑤

〔升麻鳥足草,又云周麻。〕⑥

〔蛇床比留牟志呂。又云蛇栗(粟),又蛇米,又虺床,又思益,又繩毒,又墙靡(蘼)。〕⑦

地膚尔波久佐。⑧

茺蔚女波志支。五月採實,陰干。又云益母,〔又益〕明,又大礼(札),又貞蔚,佋,又天麻草。⑨

景天伊支久佐。四月四日、七月七日採莖葉,陰干。又云戒火,又救〔火〕,又據大(火),又填(慎)火也。⑩

牡桂七、八月採皮,陰干。豆知有利。⑪

天門冬須万呂久佐。二、三月採根,蒸,曝。又云似扇。⑫

---

① 安万奈(あまな【甘菜】),又云惠弥(えみ)。

② 不加豆弥(ふかつみ),又云牛乃比太比(うしのひたい【牛の額】)。

③ "介"字據各本補。太豆乃比介(たつのひげ【竜の鬚】),一云牛乃比太比(うしのひたい【牛の額】)。注文"朱"下奪"又龍"字,注文"菟"當作"莞"。各本作"又龍米(朱),又龍花"。《本草綱目・草之四・石龍蒭》:"釋名:龍鬚〔本經〕、龍修〔山海經〕、龍華〔別錄〕、龍珠〔本經〕、懸莞〔別錄〕、草續斷〔本經〕。""朱"同"珠","花"同"華","縣"同"懸"。茲據補改。

④ 爲乃久豆知(いのくづち),又云爲乃伊比(いのいい)。"百倍"各本作"百億",但《本草》作"百倍",疑當從《本草》。

⑤ 各本注文末有"一云獨揺草",據補。宇度(うど【独活】),又云乃太良(のたら)。《本草和名》作"都知多良(つちたら【独活】)"。

⑥ 此條據各本補。鳥足草(とりのあしぐさ【鳥足草】)。《廣雅・釋草》:"周麻,升麻也。"

⑦ 此條據各本補。比留牟志呂(ひるむしろ【蛭蓆】)。"粟""蘼"字據《本草綱目》校改。

⑧ 此即"地膚"。尔波久佐(にわくさ【庭草】)。

⑨ 女波志支(めはじき【目弾】)。"母"字原刪去,非是。"又益"據各本補。注文"礼"當作"札"。《爾雅・釋草》:"萑,蓷。"陸德明釋文:"《本草》:茺蔚子,一名益母,一名大札,一名益明,一名貞蔚。"茲據校改。"佋"字不詳,各本或有作"招"者,當是後人所改。

⑩ 伊支久佐(いきぐさ【活草】)。"救"下奪"火"字,注文"大"當作"火","填"當作"慎"。《本草綱目・草之九・景天》:"釋名:慎火〔本經〕、戒火〔同〕、救火〔別錄〕、據火〔同〕、護火〔綱目〕、辟火〔同〕、火母。"茲據補改。

⑪ 豆知有利(つちうり)。

⑫ 須万呂久佐(すまろぐさ【天門冬】)。

麦門冬二、三、八、十月採根,蒸,陰干。山菅,又云馬韮,又云烏韮。

白尤采(乎)介良。二、三、八、九月採根,曝干。①

遠志四月採根葉,陰干。伏(狀)者似麻黄而青。②

暑預有毛。六月採根,曝干。③

菊花辛与毛支。二月採根,三月採莖,五月採葉,九月採花,十一月採實,陰干。④

人参二、四、八月上旬採根,曝干,竹乃乱(刀刮),无合(令)見風。云熊伊,[有]人云鹿乃[尔]介久佐。⑤

石斛七、八月採莖葉,燒炙,斗灌生者,陰干,百日。弓乃豆利乃志。⑥

龍膽二、八、十一、十二月採根,陰干。太豆乃伊久佐,又云山比古奈也。⑦

杜仲二、五、六月、九月採皮,陰干。波比万由美,又云屎万由美。⑧

細辛二、八月採根,陰干。韮根草,又似地白。

辛夷九月採實,曝干。山蘭,形如桃子小時。又云比伎佐久良,又云志太奈加。⑨

牡荊實一本蔓荊。八、九月採實,陰干。波麻波比,又云波麻奈須弥。⑩

漏蘆八月採根,陰干。奈奈美久佐。⑪

枸杞春夏採莖葉,秋冬採實根,陰干。久己。⑫

菴蘆子十月採,陰干。薏苡使菌殖。又大(犬)蓬。比支与毛支。⑬

薏苡子八月採實,陰干。玉豆志。⑭

---

① 注文“采”當據各本作“乎”。乎介良(おけら【白尤】)。

② 注文“伏”當作“狀”。《本草綱目・草之一・遠志》:“集解:弘景曰:……狀似麻黄而青。”兹據校改。又“者”字疑衍。

③ 今通作“薯蕷”。有毛(うも【芋】)。各本作“山伊母(やまいも【山芋・薯蕷】)”。

④ 辛与毛支(からよもぎ【唐艾】)。

⑤ 注文“乃乱”當作“刀刮”,“合”當作“令”。《本草綱目・草之一・遠志》:“集解:《別録》曰:人参生上黨山谷及遼東,二月、四月、八月上旬采根,竹刀刮,暴乾,無令見風,根如人形者,有神。”兹據校改。“有”“尔”字據各本補。云熊伊(くまのい【熊の胆】),有人云鹿乃尔介久佐(か【蚊】の【之】にげ【逃げ】ぐさ【草】)。

⑥ 本書“黄芩”條注文有“百日成”,此“百日”下或當補“成”字。弓乃豆利乃志(ゆのつりのし)。各本作“弓豆呂乃志(ゆつろのし)”。

⑦ 太豆乃伊久佐(たつのいくさ【竜の胆草】),又云山比古奈(やまびこ【山彦】な【菜】)也。

⑧ 波比万由美(はいまゆみ【杜仲】),又云屎万由美(くそまゆみ【屎檀・衛矛】)。

⑨ 又云比伎佐久良(ひきざくら),又云志太奈加(したなか)。

⑩ 各本“本”作“云”。波麻波比(はまはい【蔓荊】),又云波麻奈須弥(はまなすみ【牡荊実】)。

⑪ 奈奈美久佐(ななみくさ)。

⑫ 久己(くこ【枸杞】)。

⑬ 注文“大”當作“犬”。犬蓬(いぬよもぎ)。比支与毛支(ひきよもぎ【引艾】)。

⑭ 玉豆志(たまずし)。

車前子五月五日採實,陰干。於保波古乃美也。①

地膚子八、十月採實,陰干。阿加久佐。②

菟糸(絲)子九月採實,曝干。根无乃弥。③

蒺莉(藜)子七月採實,[曝]干。波麻比志。④

王不留行二、八月採莖葉,[曝]干。加佐久佐。⑤

狼蓎子五月採實,陰干。宇万豆奈支。⑥

藍實五、六月採莖葉,十月採實,曝干。阿井。⑦

青囊(蘘)七月七日採葉,陰干。胡麻葉。⑧

白英春採葉,夏採莖,秋採實,又(冬)採根。保呂志草,又豆久弥乃伊比弥(祢)。⑨

苟(茵)陳膏(蒿)五月中採莖葉,陰干。加良宇波支。⑩

忍冬十二月採葉莖根,陰干。須比[加]豆良。⑪

當歸二、八月採根,曝干。山世利。⑫

黄耆五、八月、十一月採根,陰干。弱久佐。⑬

勺藥二、八月採根,曝干。衣採根(比須)久佐,又山佐介。⑭

干薑九月採根。久礼乃椒。⑮

---

① 於保波古乃美(おおばこ【大葉子・車前】の【之】み【実】)也。

② 阿加久佐(あかくさ)。

③ "糸"據各本作"絲"。根无乃弥(ねなし【根無し】の【之】み【実】)。

④ "莉"據各本作"藜"。"干"上奪"曝"字。《神農本草經・上經・蒺藜子》:"《名醫》曰:一名即藜,一名茨,生馮翊。七月、八月采實,暴乾。"茲據校補。波麻比志(はまびし【浜菱】)。

⑤ "干"上奪"曝"字。《外臺秘要方・採藥時節一首》:"王不留行〔暴〕。"茲據校補。加佐久佐(かさくさ)。

⑥ 即"莨菪子"。宇万豆奈支(うまつなき)。

⑦ 阿井(あい【藍】)。

⑧ 字頭"囊"當作"蘘"。《本草綱目・穀之一・胡麻》:"釋名:……葉名青蘘。"茲據校改。

⑨ 注文"又"當作"冬"。《本草綱目・草之七・白英》:"集解:《別錄》曰:白英,生益州山谷,春采葉,夏采莖,秋采花,冬采根。"茲據校改。"弥"據各本及《倭名類聚鈔》《本草和名》改。保呂志草(ほろし【椗・白莫】くさ【草】),又豆久弥乃伊比祢(つぐみ【鶇・鶫】の【之】いひね【飯根・飯米】)。

⑩ 字頭"苟"當作"茵"。《本草綱目・草之四・茵陳蒿》:"集解:頌曰:……五月、七月采莖、葉,陰乾。"茲據校改。"膏"當是"蒿"的俗字。加良宇波支(から【唐】うはぎ【薺蒿】)。

⑪ 和訓"加"字據《本草和名》補。須比加豆良(すいかずら【忍冬】)。

⑫ 山世利(やまぜり【山芹】)。

⑬ 弱久佐(やわらぐさ)。

⑭ "採根"據各本作"比須"。衣比須久佐(えびすぐさ【夷草・恵比須草】),又山佐介(やますげ【山菅】)。

⑮ 久礼乃椒(くれ【呉】の【之】はじかみ【薑・椒】)。

嵩苯正、二月採［根，曝干］，卅日□（成）。乃曽良志也。①

大青三、四月採莖，陰干。波止草。②

茹母二、八月採［根］，曝干。山止己呂，一名野蔘也。③

貝母十月採［根］，曝干。於比，一云波波久利。④

玄參二、八月採根，蒸，曝干。於之久佐。⑤

苦參三月採根，曝干。久良良。⑥

續斷七、八月採根，陰干。羊我多，一云於尓乃也加良。⑦

狗脊二、八月採根，曝干。犬和良比，又云山和良比。⑧

拔葜二、八月採根，曝干。乃曽良自，［一云］佐留加支。⑨

石韋山谷生石上，不聞人聲者良。二月採葉，陰干。鹿舌草，又云鹿耳，一本云［久］弥乃加志波。⑩

通草正月採枝，陰干。神葛，又於女葛。⑪

瞿麦七月採實，陰干。奈氏志古。⑫

白芒二、八月採，曝干。馬比由。⑬

紫菀二、三月採根，曝干。加乃舌。⑭

白薇三月三日採根，陰干。夜惠弥，一云久呂奈。⑮

---

① 注文"採"下奪"根曝干"字，"日"下殘。《本草綱目・草之三・藁本》："集解:《別録》曰:……正月、二月采根，暴乾，三十日成。"兹據改補。乃曽良志(のそらし)也。《本草和名》作"曽良之(そらし【藁本・薫葉】)"。

② 波止草(はとくさ)。

③ "採"下奪"根"字。《本草綱目・草之一・知母》："集解:《別録》曰:……二月、八月采根，暴乾。"兹據校改。山止己呂(やま【山】ところ【薢】)。

④ 注文"採"下奪"根"字。《本草綱目・草之二・貝母》："集解:《別録》曰:……十月采根，暴乾。"兹據校改。於比(おい)，一云波波久利(ははくり【貝母】)。

⑤ 於之久佐(おしくさ【押し草】)。

⑥ 久良良(くらら【苦参】)。

⑦ 羊我多，一云於尓乃也加良(おにのやがら【鬼の矢幹】)。"羊我多"不詳。

⑧ 犬和良比(いぬわらび【犬蕨】)，又云山和良比(やまわらび【山蕨】)。

⑨ "一云"據各本補。乃曽良自(のそらし)，佐留加支(さる【猿】かき【掻き】)。

⑩ "生"字原殘作"𡈽"。《本草綱目》:"《別録》曰:石韋生華陰山谷石上，不聞水聲及人聲者良。二月采葉，陰乾。""久"字據各本補，各本原誤作"公"。一本云久弥乃加志波(ぐみ【茱萸・胡頹子】の【之】かしわ【槲・櫟・柏】)。

⑪ 神葛(かみかずら)，又於女葛(おめかずら)。

⑫ 奈氏志古(なでしこ【撫子・瞿麦】)。

⑬ 馬比由(うまびゆ【馬莧】)。

⑭ 加乃舌(かのした【鹿の舌】)。

⑮ 夜惠弥(やえみ)，一云久呂奈(くろな)。各本一云作"久留奈(くるな)"。

枲實二、三月採莖葉,干。奈毛弥也。①

白(百)合二、八月採根,曝干。由利。②

酸醬五月採實,陰干。定心益氣。加我弥吾佐。又云奴加豆支。③

連蘺二、八月採根實,陰干。阿波久佐,形似保保豆支,實似栗子,一云伊太知波世。④

石長生八、九月採莖,陰干。保度。⑤

葶藶子四、五月採實,陰干。波万太加奈。⑥

大戟[十]二月採根,陰干。念毗須,一云波夜草。⑦

澤柒三月三日、七月七日採莖葉,陰干。大戟苗,生時。彼(波)[衣]草苗。⑧

旋復花二月採根,曝干,廿日成。須比万久久佐,一本云早人草。⑨

天雄二月採根,陰干。清湏清(酒漬),十日成。⑩

烏喙正月採根。清酒漬,十日成。

附子八月採根,陰干。清酒漬,十日成也。

射干三月三日採根,陰干。鳥阿不支也。⑪

款東花十二月採花,陰干。山□□(保保)支。⑫

木防己二、八月採根,陰干。佐奈葛,一云神衣比。⑬

母泉(貫衆)二、八月採根,陰干。山和良比,又鬼和良比。⑭

白斂二、八月採根,曝干。山加我牟。⑮

---

① "干"上有奪字。奈毛弥(なもみ【枲耳・巻耳】)也。

② 由利(ゆり【百合】)。

③ 各本無"佐"字。加我弥吾佐(かがみごさ),又云奴加豆支(ぬかずき【酸漿】)。

④ 字頭原作"連麁",後一字即"蘺",同"翹"。《本草綱目・草之五・連翹》:"集解:《別録》曰:……八月采,陰乾。"茲據校改。阿波久佐(あわくさ),形似保保豆支(ほほつき),一云伊太知波世(いたちはぜ【鼬黃櫨】)。

⑤ 保度(ほど【塊芋・土芋】)。

⑥ 波万太加奈(はま【浜】たかな【高菜・大芥菜】)。

⑦ 注文"二"上奪"十"字。《本草綱目・草之六・大戟》:"集解:《別録》曰:大戟,生常山,十二月采根,陰乾。"茲據校補。念毗須(ねびす),一云波夜草(はやくさ)。

⑧ 和訓據各本改補。波衣草(はえくさ)苗。

⑨ 各本和訓僅有一個"久"字,當是。須比万久佐(すまいぐさ【相撲草】),一本云早人草(はやひとぐさ)。

⑩ 注文"湏清"當作"酒漬"。據下文"烏喙""附子"條注文改。

⑪ 鳥阿不支(とりあふき)也。

⑫ 和訓"山"下兩字殘,據各本補。山保保支(やまほほき)。

⑬ 佐奈葛(さなかずら【真葛】),一云神衣比(かみえび【神蘡】)。

⑭ 字頭"母泉"當作"貫衆"。《本草綱目・草之一・貫衆》:"集解:《別録》曰:……二月、八月采根,陰乾。"茲據校改。山和良比(やまわらび【山蕨】),又鬼和良比(おにわらび【鬼蕨】)。

⑮ 山加我牟(やまかがむ【山蘞】)。

白頭公四月採根，曝干。布豆久佐，又云於支奈豆豆。①

羊蹄无採時。志乃弥（袮）。②

淫羊藿二、三月採根，曝干。久波奈也。③

虎掌二、八月採根，陰干。虵枕，又地（虵）乃冨（冨）曽久佐。④

虎杖根四月採葉，七月採花，陰干。伊太止利。⑤

蕟（蘩）蔞五月五日採莖，曝干。牟久良。⑥

百部根二、三月採，曝干。冨度。⑦

聡明草阿采（乎）奈。⑧

殷蘗於尓和良比。⑨

土陰蘗保志和良比。⑩

孔公蘗水不不支。⑪

禹餘粮宇支久佐。⑫

陽起石波波久利。⑬

白礜石加波奈弥。⑭

金牙阿志乃豆乃。⑮

已上八種，无採時。

石英山阿不支。⑯

蔑輕也。

---

① 布豆久佐（ふつくさ），又云於支奈豆豆（おきな【翁】つつ）。

② "弥"字據各本作"袮"。志乃袮（しのね【羊蹄】）。

③ 久波奈（くわな）也。

④ "虵""冨"據各本校改。虵枕（へびのまくら【蛇枕】），又虵乃冨曽久佐（へび【蛇】の【之】ほそくさ）。

⑤ 伊太止利（いたどり【虎杖】）。

⑥ 字頭"蕟"當作"蘩"。《新修本草·蘩蔞》："五月五日日中採，乾，用之當燔。"茲據校改。牟久良（むぐら【葎】）。

⑦ 冨度（ほど【塊芋·土芋】）。

⑧ 注文"采"據各本作"乎"。阿乎奈（あおな【青菜】）。

⑨ 於尓和良比（おにわらび【鬼蕨】）。

⑩ 保志和良比（ほしわらび【乾蕨·干蕨】）。

⑪ 水不不支（みずふぶき【水蕗·芡】）。

⑫ 宇支久佐（うきくさ【浮草·浮萍】）。

⑬ 波波久利（ははくり【貝母】）。

⑭ 加波奈弥（かみなみ）。

⑮ 阿志乃豆乃（あしのつの【葦の角】）。

⑯ 山阿不支（やまあふき）。

新撰字鏡卷第七

一交了。

天治元[年]歲次甲辰五月十九日交了,法隆寺一切經。勸進沙門。

同寺僧五師大法師琳,幸結緣書寫,寺僧静尋,迴向无上井(菩提)。

新撰字鏡卷第八

十二部文數千九百八十字　《小學篇》字百八字

禾部第七十二百卌一字　耒部第七十三卅五字　竹部第七十四三百七十五字

鳥部第七十五四百六十字又三字　羽部第七十六八十四字　犭部第七十七百九十八字

鹿部第七十八卌三字　豕部第七十九卌六字　豸部第八十卌四字

羊部第八十一六十二字　鼠部第八十二五十字　虫部第八十三四百九十六字

禾部第七十二

禾胡科反。穗曰禾末,秀曰禾。苗,禾也。①

稠直流反。概也,繁也,密直如髮也,多也,衆也,稅也。注音。②

概秅古文作葰。二字同。稠也。居置反,去;稀也。③

秕比音。穀不成者也。

秸古八反。稾也。作茖,古木反。服稾役也。阿波保。④

稵滋同。子絲反,平;禾生多也。

稍色召反,去;漸也。

穢薉同。於廢反,去;荒,惡也。

搽（橠）搽同。七曷反,入;小動聲也。⑤

---

① 《小爾雅·廣物》:"禾穗謂之穎。"《説文·禾部》:"穎,禾末也。"《公羊傳·莊公七年》:"無麥苗。"何休注:"苗者,禾也。生曰苗,秀曰禾。"

② "稠"與"注"皆音"ちゅう"。"稅也"俟考。

③ "概"與"稀"義相反,蓋當連言作"稀概",猶言"疏密"。

④ 《玄應音義》卷十四"草秸"條:"律文作茖,古木反。禾稭也。茖非此用。"《書·禹貢》:"三百里納秸服。"孔安國傳:"秸,稾也,服稾役也。"阿波保(あわ【栗】ほ【穂】)。

⑤ 此字當是"橠"的俗字。《名義·木部》:"橠,先葛反。聲兒也。"《集韻·曷韻》七曷切:"橠,艸木動聲。""橠"與"搽"同。

秣**㮚**（秄葉）同。古殄反，上；小束也。①

褐**䒸**二同。居謁反，入；草出禾上皃。②

稃秿𪌪麩，四同字。芳扶反，平；麦甲也。

穰**禳穰**三同作。而羊、如羊二反，上；黍穊也，亂也，衆多也，福也。又如掌反。豊也。名丁反。禾穰也。③

秜良計反。黍穰。

穄子裔反。穈也，似黍而不粘者也。④

秔俗作粳。加衡反。不黏稻也。志良介米，又米志良久，又奴加。⑤

粳上字。秈也。

稸蓄同。勑六反。蓄積也，聚也，冬菜也。志夫久佐。⑥

稭皆音。稈也。

程除荆反。猶限也，量也，法也，品也，科也。定丁反。又從示。⑦

稼加暇反，去；種也。

檣穡二同。所力反，入；儉也。種曰稼，收曰穡。禾之秀實爲稼。一曰在野曰稼。

稍公玄反。麦莖也，稾也。又作鞂，非。牟支和良。⑧

穬瓜猛反。荒（芒）粟也，麁也，夂（大）麦爲穬麦也。⑨

粓又作粖，同。乞音。堅米也，謂米之堅鞕、舂擣不破者也。

穆莫穀反。和也，敬也，厚也，虔也。又作睦。即敬也，美也。又斛音。⑩

穌穌二字。上字同作。

税以衣、尺鋭二反，去；租也，田租也。又勑活、勑外二反。赦也，舍也，捨也。

秏呼到反，去；惡也，害也。又革致反。指（損）也，滅也，壞也，毀也，稻属也。又呼致反。滅

---

① 此二字當是"秄葉"的俗字。《名義・禾部》："秄，古殄反。禾十把也，束也。葉字。"《説文・束部》："葉，小束也。"

② 後一字頭疑是"褐"的草書楷化字。

③ "名丁反"俟考。

④ 《説文・禾部》："穄，穈也。"《集韻・支韻》："穈，或从禾。""糜"同"穈"。

⑤ 志良介米（しらげ【精げ】よね【米】），又米志良久（よね【米】しらぐ【精ぐ】），又奴加（ぬか【糠】）。

⑥ 志夫久佐（しぶくさ【渋草】）。

⑦ "定丁反"爲倭音"てい"。

⑧ 牟支和良（むぎわら【麦藁】）。

⑨ 注文"荒"當作"芒"，"夂"當作"大"。《玄應音義》卷十八"穬麥"條："瓜猛反。《説文》：穬，芒粟也。今呼大麥爲穬麥也。"茲據校改。

⑩ "斛"音"こく"，"穆"音"ぼく"，音稍近，俟考。

也,消也,碎也。①

　　　朸旅至反。古文利字。銛也,貪也,義之和也。字從勿。

　　　秣葛莫反。古作秣字。末也,碎也,養也,砏也。宇末久佐。②

　　　穢餗二上同。

　　　耘禹軍反。除草也,鋤也,各別也。云音。久佐支,又和加留。③

　　　稚袟致反,去;少也,童也,晚也,幻(幼)也。④

　　　科口和反。程也,品也,省(齊)也,條也,本也。⑤

　　　積子亦反,入;聚也,貯穧也。

　　　稱處證反,去;猶等也,得也,好,鏡(銓)也,度也,列也,行ゝ步也,歷也,適也,適歸也。⑥

　　　種之勇反,上;類也。借音之用反,去;布也,藝也。

　　　秘苾餈,二同。鄙媚反。不從也,隱也,蜜(密)也,慎也。在示部。⑦

　　　种沖同字。直隆反,平;稚也。和可之。⑧

　　　穋力六反,入;先熟也。和[世]栗(粟)。⑨

　　　穮亡代反,去;禾立死也。太知加礼。⑩

　　　穆稑二同。力六反,入;早孰(熟)禾也。和世。⑪

　　　稙知直反,入;穆也。

　　　穌束孤反。又作甦。更生也。与弥加へ利。⑫

　　　稀九希反。禾疎也,小(少)也,牢(罕)也。宇須志,又万礼良尔。⑬

　　　秾力狄反,入;稀也。

　　　秄自里反,上;壅苗本也,苗埋養也。

---

① 注文"指"當作"損"。《莊子·達生》:"未嘗敢以耗氣也。"釋文:"耗,司馬云:損也。"茲據校改。兩
　　處又音不詳,疑兩處"致"皆當作"到",二又音皆倭音"こう"。

② 注文"砏"不詳,疑是"粉碎"之"粉"類化。宇末久佐(うまくさ【馬草·秣】)。

③ 久佐支(くさぎ【耘】),又和加留(わかる【分かる】)。

④ 注文"幻"當作"幼"。《廣韻·至韻》:"稚,幼稚。"茲據校改。

⑤ 注文"省"當作"齊"。《名義·禾部》:"科,空也,程也,品也,齊也,條也,坑也,本也。"此條亦當本
　　《原本玉篇》。茲據校改。

⑥ 注文"鏡"當作"銓"。《説文·禾部》:"稱,銓也。"茲據校改。

⑦ 注文"蜜"當作"密"。《廣韻·至韻》:"祕,密也。俗作秘。"茲據校改。《玄應音義》卷十八"閟塞"
　　條:"《詩》云:我思不閟。傳曰:閟,閉也。亦不從也。論文作秘,非體。"

⑧ 和可之(わかし【若し·稚し】)。

⑨ 各本和訓作"和世阿和",同"和世粟"。和世粟(わせ【早稲·早生】あわ【粟】)。

⑩ 太知加礼(たちがれ【立枯れ】)。

⑪ 和世(わせ【早稲·早生】)。

⑫ 字頭原作"穌"。与弥加へ利(よみがえり【蘇り·甦り】)。

⑬ 注文"小"當作"少","牢"當作"罕"。《名義·禾部》:"稀,少也,牢(罕)也。"《爾雅·釋詁下》:"希,
　　罕也。"茲據校改。宇須志(うすし【薄し·淡し】),又万礼良尔(まれら【稀ら】に)。

秫士出反,入;木(禾)黏也。阿波乃毛知。①

秏宅加反,平;二秏,即九万六千斤也。

秅丁故反,去;禾束也,縣名。又直家反。長(張)屋也。②

秒弥了、亡少二反,上;細也,末也,又禾芒也。比古江。③

祇章移、巨支二反,平;適也。

稑苦紅反,平;稻稈也。

稊都嵇反,平;稊子草。

稌他胡反,平;稻也,又暑預。

穊士于反,平;稷穧。

穬盧紅反,平;黍穬也。

稹疾脂反,平;積也。

秜力脂反,平;稻死來年更生也。

稄息惟反。禾四把,長沙云。

穠女容反,平;花兒。

穣上同作。

黏女廉反,平;黏麹。

程桑經反,平;稀。

稐呼光反,平;菓蓏不熟也。

粱呂張反。稻粱。又作梁

穋**稑**同。布玄反,平;籬上豆。

稇去阮反,上;相近也。

秬其呂反,去(上);黑黍。④

黍**桼**二同作。舒苢反,上;稷也。之。⑤

穱勑大、都安二反。特止也,木名。⑥

𥻆胡道反。細而止也,木名。

稍稍二同。私呂反,上;熟穫。

機居猗(猗)反,上;禾。⑦

---

① 注文"木"當作"禾"。《説文·禾部》:"秫,稷之黏者。"茲據校改。阿波乃毛知(あわ【粟】の【之】もち【糯】)。

② 注文"長"當作"張"。《廣韻·麻韻》宅加切:"秅,開張屋也。又縣名。《説文》作庹。"茲據校改。

③ 比古江(ひこえ【孫枝】)。

④ "去"當作"上",此音爲上聲。

⑤ 末"之"字即使雙行小字注文整齊劃而湊數之字。

⑥ 此兩處反切俟考。《廣韻·覺韻》:"穱,竹角切。"《名義·稽部》:"穱,都安反。"《廣韻·覺韻》:"穱,都角切。"

⑦ 注文"猗"當作"猗"。《切三》《王一》《全王·尾韻》:"機,居狶反。"茲據校改。

稗稗二同。卑婢反,上;黍也。

稴而隴反,上;稻稴。

稕之閏反,去;束秆。

穧在詣反,去;刈把數也。

稺直利反,去;晚禾也。

枘而睡反。内。

利力至反,去。

柂他玷反,上;鄉名。

秧於兩反,上,又平;秧穰,又蒔。

罨於輒反,入;犁種。

稄阻力反,入;稻稄,禾密滿。

稫千力反,入;黍稷。

糳之略、公酷二反,入;五穀皮。

釋施尺反,入;𦓋耕也。①

耤秦昔反,入;耤田也。

稄房律反,入;稄榔,禾重生。

穛側角反,入;旱孰稻也。②

秖(𦓊)朱立反。古文執字。操也,拘也。③

秭將几反,上;万億也,數也。

祾(祓)芳勿反,入;掃除災也,福也。又從示,在示部。④

禎(禎)真音。識也,寔也。亦從示。

稠求曲反,入;𡐦田也。

𪎭古元反,平;縻也。⑤

糜床二同。亡皮反。在广部。支美。⑥

秜户兼[反],平;稻不黏也。秫同。

穲歷剌反,上;禾稀也。⑦

稜稜二同。力恒反,平;禾也。

稃番孤反,平;不束豆也。⑧

---

① 《王一·昔韻》施隻反:"釋,耕兒。"此處注文"𦓋"字疑是"耕"字異體。

② 《切韻》系韻書作"旱熟穀"。

③ "執"隸定作"𦓊","秖"爲"𦓊"字之訛。

④ 字頭"祾"爲"祓"字俗訛。

⑤ 字頭俟考,《字鏡》作"𪎭"。

⑥ 支美(きみ【黍・稷】)。

⑦ 反切下字疑當作"剡"。《廣韻·忝韻》:"穲,力忝切。""剡"爲琰韻字,與忝韻同用。

⑧ 注文"不束豆"疑是"不末豆",俟考。

稝力之反,平;禾二把,長沙云。

移羊支反。移徙也,大度也。①

稔如枕反。年也,熟也,豐年也。如任反,上;稻禾熟名也。②

稤餘予反。美皃。

稵敘類反。苗好美也,積聚緻也,苗密茂也。因醉反。穀實也,穗也。③

穛利力(刀)反。去田草曰穛,耘也。久佐支。④

稗稗二同作。薄懈反,去;小官也,下任也,待也。志良介与祢,又比江。⑤

稞〔穬〕胡買(賈)反。穀實也,粳米也,精米也。又莫代反。禾立死也。⑥

秀(秀)思救反。苗秀也,出也,美也,異也。⑦

穅空外反。米皮也,糠也。糩同。須久毛。⑧

和龢二同。呼過反,平;合聲也,應也,聲也。又胡誂(訛)反。調(調)也,柔和也。⑨

穗徒告反。穀成孰也。⑩

穄(糧)力長(張)反。穀属也,粟也。阿波。⑪

稢(穌)連孤反。穀,亦更生。比古波江。⑫

稻稒側其反。耕也。田加户須。二同。⑬

---

① 注文"大度"或當作"廣大"。《禮記·表記》:"容貌以文之,衣服以移之。"鄭玄注:"移,讀如禾氾移之移。移,猶廣大也。"

② 注文"任"疑當作"茌"。《廣韻·寢韻》:"稔,如甚切。""茌"爲寢韻字。

③ 《爾雅·釋訓》:"栗栗,衆也。"郭注:"積聚緻。"

④ 注文"力"當作"刀"。《字鏡》作"刀"。《廣韻·宵韻》甫嬌切:"穛,亦作穱。""刀"屬豪韻,與宵韻近。茲據校改。反切上字亦當有誤,俟考。久佐支(くさぎ【耘】)。

⑤ "任"字"亻"旁原殘缺,據各本補。志良介与祢(しらげよね【精げ米】),又比江(ひえ【稗·穄】)。

⑥ 注文"買"當作"賈"。《廣韻·馬韻》:"稞,胡瓦切。""賈"屬馬韻。茲據校改。上文:"穬,亡代反,去;禾立死也。""穬"字右旁誤作"里",此處又與"果"旁相混。各本末有"志良与祢(しらよね【精米】)"。

⑦ 此字爲"秀"的增旁俗字。

⑧ 須久毛(すくも)。

⑨ 注文"誂"當作"訛","調"當作"調"。《字鏡》"龢"字注有"下訛反",與《名義》"胡戈反"音同。《説文·龠部》:"龢,調也。"茲據校改。

⑩ 《廣韻·至韻》:"穗,徐醉切。"此"徒告反"不詳。

⑪ 此字當是"糧"字俗訛,注文"長"當作"張"。《字鏡》音"力張反"。《廣韻·陽韻》呂張切:"粮,粮食。糧。上同。"茲據校改。阿波(あわ【粟】)。

⑫ "連"字各本作"束"或"柬",疑"束"字是。上文:"穌,束孤反。又作甦。更生也。""穌"字原作"𥡴",此字頭"稦"蓋其形訛。比古波江(ひこばえ【蘖】)。

⑬ 正字作"耤",見本書耒部。田加户須(たがえす【耕す】)。

稴(趖)千水、千随二[反]。摇也,動也。宇己久。①

稈秆二同作。公旱反。禾荃(莖)也。阿波加良。②

秫惻春反。稻也。也支万支,又阿良末支。③

秲蒔同。時至反。蒔,拔而種也。

耕耘二字。在耒部。

耒部第七十三

耒力内反,去;牛曰耒,人曰耜也。耕田曲木。

耜辝己反,上;人用耕田也。枱同。

耕古行反,平;犁也。[田]加户須。④

穡丁計反,去;阿良万支。⑤

耤側悫、楚江二反。穡也。

耘□(王)文反,平;除田草也。⑥

頛耗二上字。

耔即□(里)反,上;耘也。⑦

耦□(牛)□反,上;合□□(耕作)也,二人偶耕曰耦,對也。⑧

耰烏侯反,平;覆種也,耔。

鋤鉏鋤,二同。助己反,去;除草器有柄也,藉也。⑨

釋式石反。耕兒。在禾部。

耨鎒、耨□(二)字同。如属反,入;又奴豆反,去;除草也。⑩

耰草(莫)半反,入(去);不蒔田也。⑪

---

① 字頭當作"趖"。《廣韻·旨韻》:"趖,千水切。"《説文·走部》:"趖,動也。"茲據校改。各本"摇也"上有"不静兒"三字。宇己久(うごく【動く】)。

② 注文"荃"當作"莖"。《説文·禾部》:"稈,禾莖也。"茲據校改。阿波加良(あわがら【粟幹】)。

③ 字頭原作"𥝝"。各本"稻也"下有"不耕蒔也"四字。也支万支(やきまき【焼蒔】),又阿良末支(あらまき【荒蒔き】)。

④ 和訓"加"上疑奪"田"。上文禾部:"稲,耕也。田加户須。"田加户須(たがえす【耕す】)。

⑤ 各本"去"下有"不耕而種也"五字,《廣韻》有此訓。阿良万支(あらまき【荒蒔き】)。

⑥ 反切上字殘作"𠂆"。《廣韻·文韻》:"耘,王分切。"茲據校補。

⑦ 反切下字殘。《廣韻·止韻》:"耔,即里切。"茲據校補。

⑧ 《名義·耒部》:"耦,牛斗反。亡(四)也,對也,諧也。"反切下字原作"𥣫",俟考。注文其他殘字據字形與文意推斷。

⑨ 反切下字"己"爲上聲字,疑有誤。

⑩ 注文"字"上一字殘。《新撰字鏡·金部》:"鎒耨耨,三形同。如屬、奴豆二反。耨字。除艸也。"此文例指"鎒、耨"二字同"耨"字。茲據校補。

⑪ 注文"草"當作"莫","入"當作"去"。《廣韻·换韻》:"耰,莫半切。"此反切爲去聲。茲據校改。

糫甫嬌反,平;除田穢。

粘似亦反。借也,税也。藉字。

桂𥡴同。古携反。用(田)器。①

裺於却(劫)反。𤛦種也。②

耩公項反。糫也。

𥣡徒兀反。耕禾門(間)也。③

稻𥠇上在禾部。

𥣡餘力反。耕也。

稠渠緑反。嘆也。

稭浦(蒲)溝反。䍀也,粗属也。④

積士革反。種灰中也。

稸上祇反。種麦下。

稍山校反。耰種。⑤

耬力公、力侯二反。輓仲(輓伸)。⑥

輪力君(尹)反。稛也。⑦

稷楚棘反。昃字。

䴏疋皮反。䴏字。耕外辟也,小高也。

䅘呼旦反。嘆字。耕麦地也,耕也。⑧

𥡴胡答反。耕。

已上二部通也。

---

① 注文"用"當作"田"。《廣韻·齊韻》《玉篇》《名義·耒部》:"桂,田器。"玆據校改。後一字頭當爲"桂"的聲旁替換字。

② 注文"却"當作"劫"。《名義·耒部》:"裺,於劫反。"玆據校改。

③ 注文"門"當作"間"。《名義·耒部》:"𥣡,耕禾間。"《廣韻·没韻》:"𥣡,耕禾開也。"周祖謨校勘記:"開,日本宋本、黎本、景宋本作間,與敦煌《王韻》合,當據正。案:𥣡與穤義同,《説文》:'穤,耕禾間也。'張氏改間作開,非也。張刻《玉篇》亦譌作開。"玆據校改。

④ 注文"浦"當作"蒲"。《名義·耒部》:"稭,蒲溝反。"玆據校改。

⑤ 字頭原誤作"稸",《名義》誤同。

⑥ 注文"輓仲"當作"輓伸"。《名義·耒部》:"耬,軯(輓)伸也。"《慧琳音義》卷十六"犁耬"條:"《埤蒼》云:耬,伸也。古者人輓而伸之下種具也。今並用牛輓。"玆據校改。"力公"當是倭音"ろう"。

⑦ 注文"君"當作"尹"。《名義·耒部》:"輪,力尹反。"玆據校改。

⑧ 《名義·耒部》:"䅘,嘆字。冬耕也。"《玉篇·耒部》:"䅘,冬耕也。"《王一》《全王·翰韻》:"䅘,冬耕。"《廣韻·翰韻》:"䅘,冬耕地。"各書"冬"字誤,皆應作"麦",即"耕麦地"。《名義》《新撰字鏡·田部》:"嘆,耕麦地。"《玉篇·田部》:"嘆,《埤蒼》云:耕麥地。又作䅘。"

竹部第七十四

三百七十五字

竹猪六反,入;箭篠也。

篏先小反。小竹。①

篠上字。

筶如略反。筶也,痛也。②

篸篂二同。亡支反。㭹也。

㭹達胡、耻於二反。空也,析也,分也,筤。

筤亡忍反。竹表也,竹膚也。

翁於孔反。翁欝也,草木盛皃。③

劉力九反。竹聲。

篸楚林反。不等也,差也。慘字。

篆治轉反。象(篆)書也,"小篆"者也。④

籀除救反。於也,讀書也。繇字。⑤

蔣子兩反。剖竹未去節。

箑忍(丑)涉、餘涉二反。籥也,宼也。⑥

筐居疑反。蟻虱比。

符附虞反。合也,付也。

筵餘庿反。席也,竹席也。古文作迺。⑦

簾(籧)距於反。草席也。⑧

籠篨二同。所佳、所飢二反。簸也。比曾曾留。⑨

---

① 字頭《龍龕·竹部》作"筊"。

② 《名義》亦有"痛"義。馬小川《〈篆隸萬象名義〉新校》云:"'筶'無'痛'義,此爲'蛋'字義項誤屬。《名義·虫部》:'蛋,丑畧反。痛也。'又《廣雅·釋詁二》:'蠚、蛋,痛也。'王念孫疏證:'蠚、蛋一字也。'經典一般作'蠚',《説文》正字則從若省聲,作'蛋',與'筶'形近,而致訓語相亂。"可參。

③ 字頭上原衍"肯"字,當是上條注文"竹膚"之衍。

④ 注文"象"當作"篆"。《玉篇·竹部》:"篆,史籀造篆書,似符。"茲據校改。

⑤ "籀"通"繇"。《爾雅·釋詁上》:"繇,於也。"

⑥ 注文"忍"當作"丑"。《廣韻·葉韻》:"箑,丑輒切。"茲據校改。"宼"同"聚"。《廣雅·釋詁三》:"㝵,聚也。"

⑦ 此古文當從"西"。《傳抄古文字編》引《碧落碑》作"筵",引《集篆古文韻海》作"迺"。

⑧ 字頭"簾"當作"籧"。《名義·竹部》:"籧,距於反。竹席也。"茲據校改。

⑨ 比曾曾留(ひそそる)。

簸補我反。揚米［去］糠者也。美。①

箕上字與同。𠀭㝱，二上古文。

𥴧亦上古文。②

籓甫（逋）園反。大箕也，敞（蔽）也。③

番上字。

奠於陸反。漉米奠也，炊籔也。

箄捕藝反。依山自不復（覆）蔽也，所以蔽甑底。④

笥思吏反。並盛食器也，筴（篋）也。⑤

箪丁丹反，平；筥也，圓曰箪，方曰筥。太加介。小筐也。⑥

篅上字。時規、市緣二反。丹［音］筥也，小筐也。又作簞。志太美，又阿自加，又□（伊）佐留。⑦

笭力幸（桑）反。籃也，車笭（笒）。⑧

箐（篸）子短反。竹器也，最蕞也，箸箭。⑨

𥰡所安反。竹器也，箱也。

簋古鮪反。黍稷器也。

簠甫于、万引（方羽）二反。□□□□。⑩

籩補堅反。竹器。古文作𨕈。⑪

篧苦郭反。罩也，捕魚籠。

① 注文“米”下奪“去”字。《説文·竹部》：“簸，揚米去糠也。”茲據校補。美（み【箕】）。
② 《玉篇·竹部》：“箕，簸箕也。𠀭㝱𥴧異，並古文。”“𥴧”“𥴧”下旁蓋皆“𠀭”字之變。
③ 注文“甫”當作“逋”，“敞”當作“蔽”。《名義·竹部》：“籓，逋園反。大箕也，蔽也。番字。”《説文·竹部》：“籓，一曰蔽也。”段注：“艸部曰：藩，屏也。尸部曰：屏，蔽也。是則籓與藩音義皆同。”茲據校改。
④ 注文“不復”當作“覆”。《史記·淮陰侯列傳》：“選輕騎二千人，人持一赤幟，從閒道草山而望趙軍。”裴駰集解引如淳曰：“草音蔽。依山自覆蔽。”“草”當是“箄”字之誤。茲據校改。
⑤ 注文“筴”當作“篋”。《廣韻·志韻》：“笥，篋也。”茲據校改。
⑥ 太加介（たかけ【竹筥】）。
⑦ 注文“丹”下似當補“音”字，爲“箪”字音。《玄應音義》卷十四“篅上”條：“律文作簞，音丹，筥也。一曰小筐也。［《論語》‘一簞食’是也］。又作簞，音典。”徐時儀校勘記：“簞，磧作‘箪’。下同。”“簞”爲“箪”俗字，此云“上字”，即同“箪”。“伊”字據各本補。志太美（したみ【籭】），又阿自加（あじか【簀】），又伊佐留（いざる【笎·篅】）。
⑧ 注文“幸”當作“桑”，“笒”當作“笒”。《名義·竹部》：“笭，力桑反。”“桑”俗字作“桒”，與“幸”形近。《廣韻·唐韻》：“笭，車籃，一名笒。”《廣雅·釋器》：“笭謂之笒。”茲據校改。
⑨ 字頭“箐”當作“篸”。《説文·竹部》：“篸，竹器也。讀若纂。一曰叢。”《玉篇·竹部》：“篸，子短切。竹器也，箸箭也。”茲據校改。“最”“蕞”同“叢”。
⑩ 注文“万引”當是“方羽”之殘。《切三》《王一》《全王》《廣韻·虞韻》甫于反：“簠，簠簋，祭器。又方羽反。”茲據校改。釋義第三字似是“黍”，疑注文爲“簠，盛黍稷”或“簠簋，黍稷”。本書皿部：“簠簋，宗廟盛黍穗（稷）圓器。”可參。
⑪ 古文蓋即“𨕈”字，當是俗字，非古文。

籧上字。

筰□(財)各反。竹索也,竹笭也。緒(緖)字。①

箷□□(所洽)反。②

篓上字。

籯箓二同。如張反。抱也。斫(笓)、籣、奠也。③

笪胡故反。可以收繩笪。

簾居諸(渚)反。筐也。亦筥字。栖笭。④

笿盧各反。籃也,林(杯)籠也。⑤

籃力甘、口咸二反,平;笿也,箴也,筐也,箱,大笿。波古。⑥

篼丁侯反。食馬器也,囊也。

籍渠廉反。乖也,別也,籣。⑦

箬上字。

籣女涉反。天馬上躡浮雲也,籍(箬)也,鉺(鈤)鉆也。⑧

筐甫尾反。竹器如笭者也,車軨也,笶(篋)笴也。⑨

笭力丁反。蒭笱也,車笭也,籣也,籠也,床也。⑩

籯□□(餘成)反。籠也,"黃金滿籯"也。⑪

箣時(特)甘反。馬箣也,搔馬也。⑫

箠時蘂反。擊馬也,策也。

笍徵衛反。錣字。杖頭有鐵也。

簞力單反。韃也,盛弩器也。

箙扶福反。盛矢器。

---

① 反切上字殘,注文"緒"當作"緖"。《名義·竹部》:"筰,財各反。"《集韻·昔韻》:"筰,或作緒。"茲據補改。

② 反切殘。《名義·竹部》:"箷,所洽反。"茲據校改。

③ 注文"斫"當作"笓"。《廣雅·釋器》:"笓、籣、篓、匠,奠也。"茲據校改。

④ 注文"諸"當作"渚"。《名義》《玉篇·竹部》:"簾,居渚反。"茲據校改。

⑤ 注文"林"當作"杯"。《玄應音義》卷二十"大藍"條:《字林》大笿也。笿,杯籠也。"茲據校改。

⑥ "口咸反"當是"監"字倭音"かん"。"箴也"俟考。波古(はこ【箱·函·筥·匣·筐】)。

⑦ 《太玄·干》:"籍鍵挈挈。"范望注:"籍,乖也。""籍"爲"籍"的俗字。

⑧ 注文"籍"當作"箬","鉺"當作"鈤"。《説文·竹部》:"籣,箬也。"《説文·金部》:"鈤,鉆也。"《説文·金部》:"鉆,鐵鉺也。"茲據校改。《漢書·禮樂志》:"太一况,天馬下……籣浮雲,晻上馳。"顔師古引蘇林注:"籣,音躡。言天馬上躡浮雲也。""籣"通"躡"。

⑨ 注文"笶"當作"篋"。《名義·竹部》:"筐,篋笴也。"茲據校改。

⑩ 注文"蒭笱也"不詳。

⑪ 反切殘。《名義·竹部》:"籯,餘成反。"茲據校補。

⑫ 注文"時"當作"特"。《玉篇·竹部》:"箣,特甘切。"《廣韻·談韻》:"箣,徒甘切。""特甘切"與"徒甘切"音同。茲據校改。

筞齒俱反。栟雙也,箷。

箊薄口反,上;牘。

笰都頰、充甘二反。篇也,折竹箠也。

箾止草(山卓)、蘇堯二反。舜樂也。梢字。①

竿禹夫反。笙也,卅六簧也。

笙所京反。十三簧,生也,細也,小也,席也。

篪止(上)支反。簧属。②

篛於卓反。小籥也,小籟也。

籟力大反。篛也。

筱弥紹反。小管。

管古緩反。十二月音也。

筦上同字。

筅二字同作。公院、忍卷二反。筍也,筝(笋)也,笞也。③

筍息元(允)、先君(尹)二反。筝(笋)也。太加牟奈。④

笛篴二同作。徒的反。五孔,亦七孔笛也。

箰徒東反。箸也。

笊餘照反。屋上薄也,屋危也。

篓於載反。隱蔽也,尚蔽也,郭也。偃,同字。⑤

簿補各反。簿戲也。

篳補質反。藩落也,蔽也。華字同。

籢嚴音。籖也,翳也。

篽𥱤籞〔篽〕三同作。魚旅反。翳也,箭也,禁苑也。𢓜,古作。⑥

𥬮竿笇三同作。蘇換反。籌矢也,數也,計也。

篢簝二同。眉隕反。竹中空。

篅呼擊反。籠属也,盛米寫斛中者也。⑦

簜力鎮反。竹類也,堅中也,實也。

---

① 注文"止草"當作"山卓"。《名義·竹部》:"箾,山卓反。"茲據校改。

② 注文"止"當作"上"。《名義·竹部》:"篪,上支反。"茲據校改。

③ 此條俟考。"笞"當是"笋"字訛衍。

④ 注文"元"當作"允","君"當作"尹"。《周禮·冬官·梓人》:"梓人爲筍虡。"釋文:"筍,息允反。本又作筍。"《名義·竹部》:"筍,先尹反。"《廣韻·準韻》:"筍,竹萌。笋,俗。"茲據校改。太加牟奈(たかむな【筍】)。

⑤ "尚"當是"蔽"字訛衍。《名義·竹部》:"篓,於載反。隱也,蔽也,彰(郭)也。"

⑥ "箭也"當是"籞"字義。《名義·竹部》:"籞,箭也,笞也。"

⑦ 《方言》卷五:"所以注斛,陳魏宋楚閒謂之篅,又謂之籅。自關而西謂之注箕。"郭注:"盛米、穀,寫斛中者也。"《名義·竹部》:"篅,盛米寫斛中也。"

籥美秘反。筝（笋）也，筍也。

筝〔笋〕俎耕反。筍也。①

籆去隆、去龍二反。車弓也。龍（籠），奞。②

笍叉卓反。奞帶。

篛亡狄反。笍。

簹箵二同。勑高反。簾也，牛簾也。

簂篧二同。翼〔諸〕反。簾也。③

施翼支反。衣架也。又作樋。

筧公殄反。〔以〕竿通水。④

籏先但反。葛散（簻籏），桃支竹也，會稽云也。⑤

篾篐二同。亡結反。桃支竹也，稍也，簫也，析竹也。亦作蔑。

篁居銀反。從（促）節竹。⑥

觚古胡反。觚，方也，法也，程。

籔子有反，去；吹箭，爲起居節席（度）也。波良，又久太。⑦

篤篤二同作。先夜反。笘也。

籐力翅反。篤也。

箵箵二同作。先於反。竹。

簡莫嬾反。竹器名。

箟胡管反。簫。

筮時勢反。遷都也，□□（僉也），□（制）作□（法）式也，所改易也，□（豫）也，決也。⑧

---

① "俎耕反"爲"筝"字反切，"筍也"爲"笋"字釋義。本書"筑"字注文"筝"即訛作"笋"。

② 注文下"龍"字當作"籠"。《廣雅·釋器》："籆籠，奞也。"茲據校改。

③ "翼"下奪"諸"字。《名義·竹部》："簂，翼諸反。"茲據校補。

④ "竿"上奪"以"字。《名義·竹部》："筧，以竿通水。"茲據校補。

⑤ 注文"葛散"當作"簻籏"。《廣韻·旱韻》："籏，簻籏，桃支竹名。"茲據校改。

⑥ 注文"從"當作"促"。《本草綱目·木之五·竹》："按：《竹譜》：篁竹堅而促節，體圓而質勁，皮白如霜。"茲據校改。

⑦ 注文"席"當作"度"。《急就篇》："筑籔起居課後先。"顏師古注："籔，吹箭也。起居，謂晨起夜臥及休食時也。言督作之司吹鞭及竹箭爲起居之節度。"茲據校改。《廣韻·笑韻》："籔，七肖切。"此"子有反"當是倭音"しゅう"。波良（はら），又久太（くだ【管·筝】）。

⑧ 注文殘。《周禮·春官·宗伯》："筮人掌三易，以辨九筮之名，一曰《連山》，二曰《歸藏》，三曰《周易》。九筮之名，一曰巫更，二曰巫咸，三曰巫式，四曰巫目，五曰巫易，六曰巫比，七曰巫祠，八曰巫參，九曰巫環，以辨吉凶。"鄭玄注："此九巫讀皆當爲筮字之誤也。更，謂筮遷都邑也。咸，猶僉也，謂筮衆心歡不也。式，謂筮制作法式也。目，謂事衆筮其要所當也。易，謂民衆不說，筮所改易也。比，謂筮與民比也。祠，謂筮牲與日也。參，謂筮御與右也。環，謂筮可致師不也。""遷都也"下字作"僉"，似是"儉"字，當是"僉"字之誤。"豫"字原殘作"豙"。《名義·竹部》："筮，咸也，著也，豫也，決也。"茲據校補。

篛上字。

筈之屬反。簟也，席也。

簟□(田)點反。席也，筆(葦)等席也，籧也。阿牟志吕。①

篠直除反，平；筆(葦)席，籧也。阿牟志吕。②

𥯔 篗篗〔復〕二同作。先果反。竹名。籔。③

筐記(託)經反。筡，筵。④

簡口殄反。籬也，户籍。

籓先殄反。

笳古遏反。亦作珈。婦人首飾。

籒力周反。竹名。

甾莫耕反。竹。

箶護都反。竹。

秙口和反。竹。

𥰡箕二同作。之仁反。箐(箕)箭也。⑤

籈苦怪反。箭也。

蕪於田反。竹。

箹力之、力雞二反。文織竹也。⑥

籨如㫄反。竹。

蕪莫□(胡)反。竹。⑦

鉤古佳(侯)反。桃支属。⑧

籬丁丸反。鉤。

筼竹(公)達反。籤也，桃支竹。⑨

---

① 反切上字據各本補。注文"筆"當作"葦"。《禮記·喪大記》："君以簟席。"鄭玄注："簟，細葦席也。"茲據校改。"等"疑是"葦"字訛衍。阿牟志吕(あむしろ【編席·籧篠】)。

② 注文"筆"當作"葦"。《淮南子·本經訓》："若籧籧篠。"高誘注："籧篠，葦席也。"茲據校改。阿牟志吕(あむしろ【編席·籧篠】)。

③ 《名義·竹部》："篗，先果反。竹名。"《名義·竹部》："籔，桑後反。炊籔也。篗、篗也。""篗"同"籔"。

④ 注文"記"當作"託"。《名義·竹部》："筐，託經反。"茲據校改。《集韻·徑韻》："筐，筡筐，車中筵也。"

⑤ 注文"箐"當作"箕"。《名義·竹部》："箕，箭也。"茲據校改。"箐"當是"箕"字訛衍，當刪。

⑥ 《玉篇·竹部》："箹，織竹爲箹笓障也。"此處"文"字不詳。

⑦ 反切下字殘。《名義·竹部》："蕪，莫胡反。"茲據校補。

⑧ 注文"佳"當作"侯"。《名義·竹部》："鉤，古侯反。"茲據校改。

⑨ 反切上字"竹"當作"公"。《名義·竹部》："筼，公達反。"此處"竹"字當涉注文"竹"字誤。茲據校改。

笿笿二同作。胡躭反。竹實中。

篶徒果反。笿。

筯如琰反。竹弱皃。

笰甫物反。輿革後也,篳。

箐七見反。

籣力振反。植也。

篴徒故反。籚比。[①]

篷薄公反。傘。

箵先鼎反。笭。

籆所江反。築(筞)。[②]

竽馳与反。織竽也。亦作杼。

籛子踐反。陸終子。

篸補丹反。陸終子。[③]

筽於莽反。无色也,不鮮皃。[④]

簹甫陸反。織簹。

篂蘇庭反。篺。

簇子陸反。笡也,逆槍也。

笡子夜反。簇。

筙君(尹)世反。所以合板際也。術(㑞)字。[⑤]

篙口鎋反。楮字。

籈之仁[反]。鼓敔也,刻木,長尺擽,敔背。[⑥]

箬之若反。籮篡。

篖徒當[反]。罩。

箻蒲庚反。籠。

筸都騰反。擊。

篬胡罪反。竹朕節。

① 注文"比"字疑衍。

② 注文"築"當作"筞"。《名義·竹部》:"籆,椊也,筞也。"《説文·竹部》:"筞,椊雙也。"茲據校改。

③《名義·竹部》:"篸,補丹反。捕魚也,入不得出也。"《玉篇·竹部》:"篸,補丹切。篾也。又捕魚笱也。"《廣韻·桓韻》:"篸,捕魚笥(笱),其門可入不可出。"此條注文"陸終子"當涉上條注文而誤,原或當作"捕魚笱"。

④ 注文"无"原作"无无"。《玉篇·竹部》:"筽,筽無色。"茲據删。

⑤ 注文"君"當作"尹","術"當作"㑞"。《名義·竹部》:"筙,尹世反。"《玉篇·人部》:"㑞,亦作筙。所以合版際也。"茲據校改。

⑥《爾雅·釋樂》:"所以鼓敔謂之籈。"郭璞注:"敔如伏虎,背上有二十七鉏鋙,刻以木,長尺擽之,籈者其名。"

笏于忍反。笈(笅)。①

簏𥷀字。②

箵簹字。

筻古文典字。

篖猪陸反。古文築字。擣。

籢公誨反。椢字。匡。

筴上字。

剷猪效反。罩字。捕魚竹器。

箽罩字。

筏補達反。箄也。橃字。

篃故没反。苖字。

簀苦恡反。箐(簀)籠也。蕢字。③

篼都捻反。董字。正也,皆(督),銅(鍋)。④

篓子公反。菱字。木細支。

笓無云(方)反。芒字。草端。⑤

笝大(丈)例反。茜字。補也,以竹補缺。⑥

笛去玉反。苗字。薄也。

笓毗利反。次也。坒字。筣。

籄俎留反。公子籄也。廐字也。麻莖。⑦

笲笒二同。蒲變反。竹器而衣者也,衣也,被表也。

簑禹煩反。桵字。簑。

笙丘於反。阹字。關。

筯仕㡿(據)反。耡字。藉税。⑧

① 注文"笈"當作"笅"。《名義·竹部》:"笏,于忍反。笅也。"《全王·軫韻》千忍反:"笏,笅。"龍宇純《校箋》:"本書前于閔反下有'莇'字,注云'籈',籈即笅字,見《爾雅·釋草》釋文……疑此笏字即莇字之誤;音千忍反者,千即于字之誤。"是也。《爾雅·釋草》:"莇,茭。"此條即"莇,茭"俗訛(茭又作蔜)。茲據校改。

② 字頭原作"𥷀",乃訛誤字,注文異體爲"簏"的俗字。

③ 注文"箐"當作"簀"。《名義·竹部》:"簀,籠也。""箐(簀)"字疑衍。

④ 注文"皆"當作"督","銅"當作"鍋"。《名義·竹部》:"篼,正也,督也,銅(鍋)也。"《方言》卷十二:"鍋、董,鍋也。""董"爲"董"俗字。茲據校改。

⑤ 注文"云"當作"方"。《名義·竹部》:"笓,無方反。"茲據校改。

⑥ 注文"大"當作"丈"。《玉篇·竹部》:"笝,丈例切。"《名義》亦誤作"大"。《廣韻·祭韻》:"茜,直例切。"茲據校改。

⑦ 注文"公子籄也"不詳。

⑧ 注文"㡿"當作"據"。《名義·竹部》:"筯,仕據反。"茲據校改。

筳壬音。單席,卧席。

筃古惠反。竹,傷人則死。

篂奴結反。大筦也。①

簾以膓反。簸也。

篹〔簒〕叉患、蘇管二反,去;强取也。襄字同。逆而奪取曰篹,尚取也。竹器也。②

籌除流反,平;箅也,矢也,笶也,搗也。③

篤都告反。厚也,固也,直正也,病也,病重曰篤。

筠〔筠〕于貧反。竹有告(節)也,節也。不志。④

簝黎交反。竹筥也。

箷筵筵(筵)三同。所尔反,平(上);竹器也,箱也,籠也,又□□(搗筵)也。布留不毛乃。
篩同。⑤

篠方標□(反),□(平);竹也,細竹也,篠也。志乃,□□(又保)曽竹之字户。⑥

筌之阿反,平;籠也。阿良須美乃口(古)。⑦

筹利老反。毒竹□,一枝百葉,有毒,刺獸即死也。⑧

籰胡有□(反)。□(纏)糸者。久太。⑨

箔可基反。簾。須太礼。⑩

箴止(之)任、針二反。剌也,諫也。佐須波利。⑪

---

① 《爾雅·釋樂》:"大管謂之簥,其中謂之篞,小者謂之筊。""大筦"即"大管"。
② "蘇管反""竹器也"當是"簒"字音義。《名義·竹部》:"簒,蘇管反。冠箱也,筦也。""尚取也"不詳,"尚"字疑有誤。
③ "籌"同"搗",《可洪音義》第二十二册:"寸搗,丈由反。正作搗、籌二形。"故此處云"搗也"。
④ 此條反切爲"筠"字音,釋義則爲"筠"字。注文"告"當作"節"。《廣韻·效韻》:"筠,竹節。"兹據校改。不志(ふし【節】)。
⑤ 此條當是"筵"字音義。《廣韻》"筵"字有平聲和上聲,此音爲上聲。"搗筵"據各本補。布留不毛乃(ふるう【篩う】もの【物】)。各本作"豆支不留不(つき【搗き】ふるう【篩う】)"。
⑥ 殘字據各本補。各本無"之字户";"竹"作"太介",同。志乃(しの【篠】),又保曽竹之字户(ほそ【細】たけ【竹】の【之】うえ【上】)。
⑦ 注文"口"當作"古",據各本改。各本"籠"下原有"炭籠也"三字。《名義·竹部》:"筌,疾雅反。炭籠也。"阿良須美乃古(あらずみ【荒炭】の【之】こ【籠】)。
⑧ 《廣韻·豪韻》魯刀切:"筹,竹名,一枝百葉,有毒。"此反切當是倭音"ろう"。"竹"下殘字當是"名"或"也"。
⑨ 字頭原作"籰",即"籰"的俗字。殘字據各本補。《廣韻·藥韻》王縛切:"籰,《説文》曰:收絲者也。亦作簆。""糸"爲"絲"的俗字。此反切"胡有反"似有誤。久太(くだ【管·筝】)。
⑩ 字頭原作"筃",當是"箔"字之訛。《廣韻·鐸韻》傍各切:"箔,簾箔。"本書下文:"箔,文薄反。須太礼。"兹據校改。反切"可基反"俟考。須太礼(すだれ【簾】)。
⑪ 注文"止"當作"之"。《名義·竹部》:"箴,之深反。"兹據校改。"針"字或奪反切上字或下字。佐須波利(さす【刺す·挿す】はり【針】)。

籆都恒反,平;大笠也。

筬市征反。乎佐。①

簜胡騰、胡□二反。草席也,篠也,簾。②

筲之容、之用二反,平;竹筒。竹乃与,又竹乃豆[豆]。③

箔文薄反。須太礼。④

篪篴二同作。古堯反,平;樂器也,又大管。

篊箖二同。力谷反,入;阿万波古。⑤

篒他朗反。大箭。

竿公安反。竹梃也,竹笒也,蔗也,懸衣帶等類。⑥

篦必奚反,平;別(刷)也。⑦

籢亦作匲、槏二形。力沾反。所以斂物也,鏡籢也。

籤箈〔籖〕二同。七點、七廉二反,平;貫,銳也。簡也,擇也。⑧

籭祖含反。綴也,細竹也,綴衣者也。

簀阻革反,入;棧也,牀板也,積也。奴留止己。⑨

篙古高反,平;謂刺舩竹也。

筒大同反,平;都都。⑩

築陟逐、陟六二反。擣也,刺也。

箅上古文。

築策二同作。古文作晉、冊,同。初革反。謀也,討(計)也,籌也,打也,馬楇也。阿布留,又夫知。⑪

簎上亦古文。

---

① 乎佐(おさ【筬】)。

② 殘字似是"括",俟考。

③ "豆"下重文符據各本補。竹乃与(たけ【竹】の【之】よ【筲】),又竹乃豆(たけ【竹】の【之】つつ【筒】)。

④ 《廣韻·鐸韻》傍各切:"箔,簾箔。"須太礼(すだれ【簾】)。

⑤ 阿万波古(あまはこ【篊】)。

⑥ 《玄應音義》卷九"竿蔗"條:"甘蔗也。"各本作:"竿,公安反。竹梃也,竹笒也,遮(蔗)也。太加佐乎。"太加佐乎(たかざお【竹竿】)。

⑦ 注文"別"當作"刷"。《玄應音義》卷十五"廁篦"條:"《小學篇》云:篦,刷也。"茲據校改。

⑧ 《廣韻·先韻》:"箈,《説文》曰:蔽絮簀也。籤,上同。"《名義》"箈"字異體作"籖"。"簡也,擇也"似是他字釋義。

⑨ 奴留止己(ぬる【温】とこ【床】)。

⑩ 各本作:"筒,大同反,平,又去;豆豆。簫達也。"《廣韻·送韻》徒弄切:"筒,簫達也。"豆豆(つつ【筒】)。都都(つつ【筒】)。

⑪ 注文"討"當作"計"。《慧琳音義》卷十八"籌策"條:"賈注《國語》云:策,計也。"茲據校改。各本"籌也"下有"進馬之兒"四字。阿布留(あふる【煽る】),又夫知(ぶち【鞭】)。

筴上同。[古]俠反，亦楚革反。箸也，謀也，籌也，取也，顯也。①

箸大鹿（丈庶）反。筴箸也，飯敧也。②

簨三（亡）卑反。析竹筤也，又篾也，竹膚也。③

筥籏簼三同。力与反。竹稽（籍）也，盛飯筥也，箱也。④

筑知六反，入；形如笋（箏），刻其頭而握之。以頭筑人，故謂之筑。筑，拾也。⑤

笮又作筰。側覺反。狹也，迫，盞（溢）也，壓也，押也，屋上板也。於須。⑥

笱篊〔筍〕二同。古厚反，上；縣名，曲竹捕魚者也。⑦

箈上古文。

𥰡𥴊二同。古胡反。以小大（尖）竹頭布地也。⑧

簇楚角反。剌稽也，矛属也。⑨

簿蒲佳反。筏也。⑩

𥴡篪（篪）二字。亦作䶵。除離反，平；管有孔也。⑪

笆上字同。

笪丁誕反，去；用革也，笪也，擊□（也），箸也。⑫

籛方肺反，法（去）；斜文織蘆也，竹皮名。⑬

筕胡朗反，平；笪也。

---

① 前一反切上字奪。《玄應音義》卷十五"筴箸"條："古俠反。"茲據校補。此"箸"字原作"著"，"顯也"爲"著"字義，涉"箸"字而混入。各本作："筴箸，上古狹反。箸。下丁鹿（丈庶）反。飯敧也，筴也，亦取也，顯也。二字，波志。筴同。"波志（はし【箸】）。

② 注文"大鹿"當作"丈庶"。《玄應音義》卷十五"筴箸"條："下丈庶反。"茲據校改。

③ 注文"三"當作"亡"。《玄應音義》卷十五"竹簨"條："亡卑反。"茲據校改。

④ 注文"竹稽"當作"籍"。《玄應音義》卷十五"竹筥"條："《字林》：筥，籏也。"《説文·竹部》："筥，籏（籍）也。"《説文·竹部》："籏，飯筥也，受五升。"茲據校改。

⑤ 注文"笋"當作"箏"。《玄應音義》卷十五"蕭筑"條："筑，形如箏，刻其頭而握之。以頭筑人，故謂之筑。"茲據校改。

⑥ 注文"盞"當作"溢"。《廣雅·釋詁二》："笮，溢也。"茲據校改。於須（おす【押す】）。

⑦ 《玉篇·竹部》："筍，竹萌也。篊，同上。箈，古文筍。"

⑧ 注文"小大"當作"尖"。《玄應音義》卷十六"𥴊簇"條："以尖竹頭布地也。"茲據校改。

⑨ "矛屬"爲"稽"字釋義。《玄應音義》卷十六"𥴊簇"條："下楚角反。《東京賦》云：瑝珸不簇。薛綜曰：不叉稽取之也。《廣蒼》：胡餅家用簇。簇，剌。稽音叉白反，矛屬也。"

⑩ 字頭原誤作"𥴠"。

⑪ 此二形皆"篪"的俗字。

⑫ 注文"擊"下殘。《名義·竹部》："笪，擊也，担也。"茲據校補。《玄應音義》卷十八"竹笪"條："都達反。《説文》：笪，箸也。箸音若，竹皮名也。郭璞注《方言》云：江東謂篷篆，直文而粗者爲笪，斜文者爲籛。一名筕篖。籛音癈。笪胡郎反。篖音唐。"今本《説文》"箸"誤作"笞"。

⑬ 注文"法"當作"去"。"方肺反"爲去聲。《玄應音義》卷十八"竹笪"條："都達反。《説文》：笪，箸也。箸音若，竹皮名也。郭璞注《方言》云：江東謂篷篆。直文而粗者爲笪，斜文者爲籛。一名筕篖。籛音癈。笪胡郎反。篖音唐。""竹皮名"爲"箸"字釋義。"斜"字《全王》誤作"針"。

簹徒朗反，平；笘也，竹皮名也。

笴公旱反，上；箭莖也，箭本也。作幹、竿，非。也佐支，又世(也)志利。[①]

筋居欣反。字從竹。須知。[②]

簡皆間反。食時籌也，比數也，擇也，諫也，習也，誡也，大也，略也，差也。波志。蕑同。[③]

範方凡反，上；則也，法也，式也，模也。[④]

笵笵二上同字。

篩簁同作。所佳、所飢二反。竹器也。

笈奇急、走(楚)洽二反，入；箱也，負書具也。[⑤]

節正子結反，入；時也，操也，量也，適也，度也，制也，信也。借前舌反，入；視也，期也，驗也。從草者“芇莭”。

簪簪二同。則含反，平；加美佐志。[⑥]

籊大石反，入；竹竿也。竹乃佐乎。[⑦]

籔籟二同。箋，亦同。蘇后反。漉米器。志太弥。[⑧]

笰徒本反。盛穀之竹器也，箘也，篅也。志太弥，又伊佐留。[⑨]

笔笔翰也。

籬力支反。枯也，垣也，竹柴等類，垣曰籬。志波加支，又竹加支。[⑩]

籠籠二□(同)。盧紅反，平，又上聲；竹器也，筊也。

篷〔篷〕薄紅反，平；車□(篷)也，笭也。[⑪]

筩而容反，平；竹□(頭)有文。[⑫]

篨直知反，平；連闥。

---

① “世”據各本作“也”。也佐支(やさき【矢先】)，又也志利(やじり【矢尻・鏃】)。

② 須知(すじ【筋】)。

③ 各本“擇也”下多“閱也”二字。波志(はし【箸】)。

④ 《廣韻・范韻》：“範，防鋄切。”此反切當是倭音“はん”。

⑤ 注文“走”當作“楚”，“具”字原在“負”上。《廣韻・洽韻》楚洽切：“笈，負書箱。”茲據校改。

⑥ 加美佐志(かみ【髮】ざし【挿し】)。

⑦ “佐乎”原倒，據文意乙。竹乃佐乎(たけ【竹】の【之】さお【竿】)。

⑧ 志太弥(したみ【滑み】)。

⑨ 注文“箘”字不詳，《集韻》“笰”有異體“笝”，疑即“笝”字。志太弥(したみ【滑み】)，又伊佐留(いざる【笰・篅】)。

⑩ “枯”字不詳，狩谷疑當作“楉”，石橋真國批注疑當作“墻”。志波加支(しばがき【柴垣】)，又竹加支(たけがき【竹垣】)。

⑪ 注文“車”下一字殘。P.3798《切韻・東韻》：“篷，車篷。”《全王・東韻》：“篷，車篷，在上。”《廣韻・東韻》：“篷，車弮。”此殘字爲“竹”旁，當是“篷”。茲據校補。“笭也”爲“篷”自釋義。《説文・竹部》：“篷，栖笭也。”

⑫ 注文“竹”下一字殘。《廣韻・鍾韻》：“筩，竹頭有文。”茲據校補。

蒐〔蟲〕息茲□□(反,平);竹有毒。蟲□(蟲),似蟹。①

笞丑之反。

薇簁簑三同作。無非反,平;竹名。

笵符非反,平;竹名。

笶央魚□□(反,平);箂笶。

箏撫于反,平;纖縷(纖緯)者。②

笳古胡反,平;箚。

笯乃胡反,平;鳥籠也,籠落也。

籚落胡反,平;竹器也,籃也,筐也。

籀丁姑反,平;竹名。

籚度鉗反,平;竹名。

笄笄二同。方奚反,平;冠飾也。又卑婢反。小籠也。③

笴古鉗反,平;篝也。

箄薄佳反,平;大桴。

笞(薹)徒哀反,平,又上聲;竹萌出者也,篾也。④

筠去倫反,平;箭竹。

箘去倫、渠隕二反。桂也,又竹名。

箟王分反,平;箭也。

箷徒渾反,平;榜也,擊也。

箑度官反,平;圓竹器。又之緣反。

篇〔萹〕布云(玄)、北顯二反,平;篇(萹)竹也。編也,程也。⑤

篷卑連反,平;竹輿。

筌此緣反,平;取魚器。

笅簆二同。胡茅反,平;竹索也,竿也。

籮魯何反,平;籮篩。

節笫二同。以遮、似嗟二反,平;竹名。

笆伯加反,平;有刺竹。

---

① "茲"下兩字殘,"蟲"下一字殘。《廣韻·之韻》息茲切:"蒐,竹名,有毒,傷人即死。"《廣韻·之韻》渠之切:"蟲,蜉蟲,似蟹而小,晉蔡謨食之殆死也。"茲據校補。"蟲"下一字爲"竹"旁,原亦當是"蒐"字。"蒐"與"蟲"當是形近相混。

② 注文"纖縷"當作"纖緯"。《切三》《全王》《廣韻·虞韻》:"箏,纖緯者。"茲據校改。

③ 此條皆爲"笄"字音義,"笄"爲"笄"俗字。

④ 字頭"笞"當作"薹","上聲"原倒。《王一》《全王》《廣韻·哈韻》徒哀反:"薹,竹萌。"《切三》《王一》《全王·止韻》胥里反:"薹,竹篾曰薹。"茲據改乙。

⑤ 注文"云"當作"玄"。《廣韻·先韻》布玄切:"萹,萹竹,草。"茲據校改。"北顯反"亦是"萹"字音,《廣韻·銑韻》有"方典切",音同。《廣韻·仙韻》:"篇,芳連切。""編也,程也"爲"篇"字釋義。

笒古三反,平;笒竹。

箱息良反,平;車藩也,竹器。

簹都郎反,平;箟簹。

笐胡朗(古郎)反,平;樂器,竹爲。①

簧胡光反,平;笙簧。

篁胡光反。竹藂也,竹田。

蕩吐郎反,平;水名,在鄴。

萳奴感反,上;竹弱。

簜力體反,上。

箳府盈反,平;箳笙(篁)也,車輜。②

箈郎丁反,平;竹名。

笲薄經反,平;竹。

𥬺𥬺篘三同。楚尤反,平;篘酒。或作醔。

篖薄謀反,平;竹有文。

篌胡鉤反,平;箜篌。

簍落侯反,平,又上;笙(筐)也,籠也。③

𥫞力尋反,平;𥫞篽。

箴篁二同。餘針反,平;竹名。

簾力監(鹽)反,平;箔。④

笶式視反,平;箭也。

簨思尹反,上;簨。

笨盆本反,上;竹裏。

篹作管反,上;組。

笸徒果反,上;竹名。

籫古襌反,上;箱也,竹有毛。

篏徒敢反,上;竹名。

筘直柳反,上;竹易根[而]死。⑤

箁薄口反,上;篱篓。箁字。

箋𥳑二同。子堅反。表識書。

———————————————

① 注文"胡朗"當作"古郎"。《切三》《王一》《裴韻》《全王·唐韻》古郎反:"笐,樂器,以竹爲之,有弦。"茲據校改。此"竹爲"當是略引。

② 注文"笙"當作"篁"。《廣韻·清韻》:"箳,箳篁,車輜。"茲據校改。

③ 注文"笙"當作"筐"。《廣韻·姥韻》:"簍,小筐。"茲據校改。

④ 注文"監"當作"鹽"。《廣韻·鹽韻》:"簾,力鹽切。"茲據校改。

⑤ "根"下奪"而"字。P.3693、《王一》《裴韻》《全王》《廣韻·有韻》:"筘,竹易根而死也。"茲據校補。

簹美秘反,去;竹名。

第特計反,去;次也。

箙羽劇反,去;箭也,箭笥也。

篲囚歲反,去;掃篲。

簺先代反,去;格五,戲名。①

復方六反,入;竹實。

竺(竺)陟六反,入;厚也,固也。②

簁(簁)篋上海(涵)音,下古(苦)俠反,入;胡南反,平;笥也,箱也,方曰篋,圓曰筥。阿万波古。③

錄力玉反,入;圖錄。

笏呼骨反,入;手板。

筈苦舌(括)反。箭。④

篪枯鏄反,入;樂器。

箭〔剢〕廁列反,入;又子賤反。割斷聲。⑤

籍秦昔反,入;簿籍。

籍〔籍〕側戟反,入;二人(尺)竹牒也。籍魚罋也。⑥

篇以□(灼)[反,入];□(牒)也,樂器。⑦

篗王縛反,入;收絲篗。

簫篙篇三形同。素堯反,平;□(籟)也。[世]乎乃不□(江)。⑧

筲七遙反,平;黑竹也,又斗筲。⑨

---

① "格"下原有"也"字。《廣韻·代韻》:"簺,格五戲。""格五"爲博戲名,不當斷開。茲據刪。

② 此字爲"竺"的俗字。

③ 字頭當作"簁",注文"海"當作"涵","古"當作"苦"。《廣韻·覃韻》:"簁,胡男切。"《集韻·覃韻》:"簁,或作簁、簁。"《廣韻·怗韻》:"篋,苦協切。"茲據校改。《廣韻·覃韻》:"簁,實中竹名。""簁"非箱篋義,俟考。《玉篇·竹部》:"筥,方曰筐,圓曰筥。"此作"方曰篋",疑"篋"與"筐"字混。阿万波古(あまはこ【篋】)。

④ 注文"舌"當作"括"。《切三》《王一》《裴韻》《全王》《唐韻·末韻》:"筈,苦括反。"茲據校改。

⑤ "子賤反"爲"箭"字反切,餘皆"剢"字音義。《廣韻·薛韻》廁列切:"剢,割斷聲。"

⑥ 注文"人"當作"尺"。《漢書·元帝紀》:"令從官給事宮司馬門中者,得爲大父母父母兄弟通籍。"顏師古注引應劭曰:"籍者,爲二尺竹牒,記其年紀、名字、物色,縣之宮門,案省相應,乃得入也。"茲據校改。

⑦ 反切下字殘。P.3799、《裴韻》《全王》《唐韻》《廣韻·藥韻》:"篇,以灼反。"《名義·竹部》:"篇,牒也,管也,篇六孔也。"末字殘作"𤳆",與本書"𤳆(牒)"字形合。茲據校補。

⑧ 注文"籟""江"據各本補。和訓"世"字享和本有,其他本無,蓋"世"字原誤作"也"而刪。《倭名類聚鈔》卷四"簫"字條訓"世宇乃布江",音近同。世乎乃不江(しょうのふえ【簫の笛】)。

⑨ 《廣韻·肴韻》所交切:"筲,斗筲,竹器。""七遙反"當是倭音"しょう"。"黑竹也"當是"筊"字釋義。《廣韻·虞韻》:"筊,黑竹也。"

箱桑顯、所交二反。篅也。

箱所交反。畚属。

筐起王反,平;筥也,規曰筐。

簿〔薄〕甫(蒲)各反。迫也,辞也,勉也,勉强也。又從草。①

咲笑先召反。咲字。

笠力執反。

簵簬二同。力固反。美竹。

箁蒲侯反。竹篺(皮)也。②

箇柯賀反。枚也,數之枚也,筸。

等都怠反。比也,類也,齊也,階級也,蓳也。苐字。③

鳥部第七十五

四百字又三字

鳥都皎反,上;中一點畫。④

鳲古茅反。鵲也,精鳥名。豆久。⑤

鷙諸利反。猛鳥也,執也,至也。

鳭烏諫反。雀也,女鳥。⑥

鴡上字。加也久支。⑦

鷝竹刮反。山鳥,又阿万止利。⑧

鶕烏含反。鵪。

鴿鵪鶕字。於含反,平;皆宇豆良。⑨

鴚何(柯)諧反。宇豆良。⑩

---

① 注文“甫”當作“蒲”。《名義·竹部》:“簿,蒲各反。”兹據校改。“簿”字爲“簿籍”義,此條諸義爲“薄”字義。

② 注文“篺”當作“皮”。《名義·竹部》:“箁,竹皮也。”兹據校改。

③ “都怠”原倒。《名義·竹部》:“等,都怠反。”兹據乙正。

④ 本書序云:“或有字點相似而亦別也,馬、魚、爲等字從四點,為(焉)、鳥(鳥)、与此等字從一點,觀、舊等字從少,大略如是。”此字頭原作“鳥”,部内之字亦從鳥,與四點之“鳥”不同,故云“中一點畫”,“一點”即“一横”。

⑤ “精”字疑是“鵲”字注音而混入。《玄應音義》卷三“鳲鵲”條:“音交精。鳥名也。”作者昌住蓋誤讀作“音交,精鳥名”,故誤作此。豆久(つく【木菟·木兔】)。

⑥ “女鳥”不詳,或是“めどり(【雌鳥】)”之義。

⑦ 加也久支(かやくき【鴡】)。

⑧ 山鳥(やまどり【山鳥】),又阿万止利(あまどり【雨鳥】)。

⑨ 宇豆良(うずら【鶉】)。

⑩ 注文“何”當作“柯”。《名義·鳥部》:“鴚,柯諧反。”兹據校改。宇豆良(うずら【鶉】)。

鴀武分反,平;宇豆良。①

雛止推反。鴀。

鶉䳺二同。常倫反。鶙。于(宇)豆良。②

鵬武岳(兵)反,平聲;鷫,神聲(鳥)。③

鷫白(自)遥反,平;鵬。南方神鳥。④

鷉之夜反。

鶘古胡反。

鵩浮音。鳩。胡古反。鳩。⑤

鴚。⑥

鵴鵴字俗竹(作)。居六反。鳩。⑦

鶪亦上同。

鴯他口、大口二反。鳩。

鶆且賴反。鳩。

鴀方于反。鳩。

鵱鶇鵱三形同。鵽。古勞反,平。

鶶路唐反。鶇也,鳩。

鶌屈音。鶡鳩。

鶻古忽反。鳩,鵬。又波也不佐。⑧

鶪𪇶居及反。⑨

鶌渠陸反。鶌鳩。

鳩久牛反。

鶢附袁反,平;鳩。

---

① 宇豆良(うずら【鶉】)。

② 宇豆良(うずら【鶉】)。

③ 注文"岳"當作"兵",後一"聲"字當作"鳥"。《廣韻·庚韻》武兵切:"鵬,鷫鵬,似鳳,南方神鳥。"茲據校改。

④ 注文"白"當作"自"。《字鏡》作"自"。《廣韻·宵韻》即消切:"鷫,鷫鵬(鵬),南方神鳥,似鳳。又鷫鶇,小鳥。""自遥反"與"即消切"音近。茲據校改。

⑤ "胡古反。鳩"疑衍。"胡古反"或是涉上條"鶘"字反切"古胡反"而衍。

⑥ 《字鏡·鳥篇》:"鴚,居六反。鳩。鵴作。"《字鏡》以"鴚"爲"鵴"字異體。但《廣韻·戈韻》古禾反:"鴚,鳥名。"此"鴚"字與下"鵴"字無關,當非異體。

⑦ 注文"鵴"原爲字頭,注文"竹"當作"作"。《玄應音義》卷十六"鵴鳩"條:"音浮。俗多作鵴,渠六反。"茲據校改。

⑧ 《左傳·昭公十七年》:"鶻鳩氏,司事也。"杜預注:"鶻鳩,鶻鵰也。"此和訓加"又"字,或以"鵰"字爲和訓。又波也不佐(はやぶさ【隼】)。

⑨ "𪇶"字《字鏡》無,應是"鳩""居"二字之合。"鳩"當是本字字義,"居"當是反切上字之衍。

已上皆伊户波止①

鴿古水(沓)反,入。②

鷂於遥反。鴿。

鶜莫侯反。鴽也。鴽即鴿。

鴽汝魚反,平;田鼠化爲鴽。

鴑上同。

鴆今作酖。除禁反。

鷗烏侯[反]。鴞。宇弥加毛,又白左支。③

鴞爲驕反,平;鸋鴂。保止止支須。④

鸋奴丁反,平;鴂。

鴂古穴反,入;鶗也,春分鳥。

[illegible][illegible]二同作。无字書。⑤

騠鶗二形同。達麗反。鷉。

鷉[illegible]二字同。他奚反。尔保。⑥

鸕郎都反。鵜。⑦

鶿鷀二形同。才資反。宇。⑧

鶤於糞、於問二反。宇。⑨

鵜度嵇反,平;鶘。宇。⑩

鶘扈都反,平;鵜。五字:宇。⑪

鵶於牙反。白頭鳥。毛受,又不久吕不。⑫

鵙上字。古覓、公壁二反。伯勞。⑬

鷿蒲覓反。鷉。

---

① 伊户波止(いえばと【家鳩】)。

② 注文“水”當作“沓”。《字鏡》作“沓”。《廣韻·合韻》:“鴿,古沓切。”兹據校改。

③ 各本“鴞”上有“水”字。宇弥加毛(うみがも【海鴨】),又白左支(しらさぎ【白鷺】)。

④ 保止止支須(ほととぎす【杜鵑・霍公鳥・時鳥・子規・杜宇・不如帰・沓手鳥・蜀魂】)。

⑤ 此二字當是“時鳥”之合。“時鳥”即“杜鵑”“子規”,参見上文“鴞”字和訓。

⑥ 尔保(にお【鳰】)。

⑦ “鵜”字各本作“鶿”,《字鏡》作“鶿鵜”,“鶿”“鵜”皆不誤。《倭名類聚鈔》卷十八“鸕鶿”條:“《辨色立成》云:大曰鸕鶿,小曰鵜鶘。”各本末有“宇”(う【鵜】)。

⑧ 宇(う【鵜】)。

⑨ 宇(う【鵜】)。

⑩ 宇(う【鵜】)。

⑪ 宇(う【鵜】)。

⑫ 毛受(もず【百舌・鵙】),又不久吕不(ふくろう【梟】)。

⑬ “上字”蓋指二鳥體態相近。本書鳥部:“伯勞,毛受”,與上條訓同。

鴟鵂上具俱反，下以属反。[似反]舌，頭有兩毛角者也。①

鸐鷅鶹三形，鵂字。②

鶬似羊反。飛而不動曰翔。翔，徉也，彷徉也。翔字同。咋奈。③

鶷上亦作，非。④

鷭式□（羊）、暑良二反，平；鸐（鷅），鶹也。⑤

鸄牛于反。鷭。

鶬倉音。鴰。比波利。⑥

鵋儲格反。鶬。

鴰古活反。鶬鴰。太止利，又比波利。⑦

鶌古衝（衡）反。比波利。⑧

□（鸏）莫飢反。鴰。⑨

鷦。⑩

鵊鵊二同。書容反，平。⑪

鷠於容反，平。

鶌渠羈、居宜二反。似鳥，三首六尾。

鸑即移反，平；□（水）鳥也。鳲乃女鳥。⑫

鶋上字。

鴼鶋同。府移反，平；鷪，鶋。⑬

---

① 注文"舌"上奪"似反"二字。《玄應音義》卷十八"鴟鵂"條："似反舌，頭有兩毛角也。""反舌"即"百舌鳥"。茲據校補。

② 此"鷅"爲"鶹"字異體，餘爲"鵂"字異體。《玄應音義》卷十八"鴟鵂"條："又作鸐（鷅），同。具俱反。下又作鶹，同。以属反。"《玉篇·鳥部》："鵂，鴟鵂也。鸐，同上。鶹，古文。"此"鶹"字原作"鵽"，《名義》作"鷅"。

③ 《玄應音義》卷七"鶬鶬"條："案《漢書·食貨志》，此亦翔字，音似羊反。飛而不動曰翔。翔，徉也，彷徉也。經文從革作鶷，非也。"咋奈（くいな【水鶏·秧鶏】）。

④ 各本末有"左左支"三字。左左支（さざき【鷦鷯】）。

⑤ 前一反切下字殘，注文"鸐"當作"鷅"。《廣韻·陽韻》式羊切："鷭，鷭鶹也。"茲據校補。

⑥ 比波利（ひばり【雲雀·告天子】）。

⑦ 太止利（たとり【突厥雀】），又比波利（ひばり【雲雀·告天子】）。

⑧ 注文"衝"當作"衡"。《廣韻·庚韻》："鶌，古行切。""衡"是庚韻字。茲據校改。比波利（ひばり【雲雀·告天子】）。

⑨ 字頭殘。《玉篇·鳥部》："鸏，莫飢切，鸏鴰。"茲據校補。

⑩ 注文闕，本書下文有"鷦，達奚反。鷦也"，《字鏡》注文與下文同，此或是衍文。

⑪ 字頭原作"鵽""鵽"二形，筆畫蟲蝕嚴重，影印本遂描補作"鵽""鵽"，殊非所宜，應從《字鏡》作"鶹""鵽"二形。

⑫ "水"字據《字鏡》補。鳲乃女鳥（きじ【雉·雉子】の【之】めとり【雌鳥】）。

⑬ 《爾雅·釋鳥》："鷪斯，鴼鶋。"

鸒鷔二同。

鳥亦上同。於角、古(胡)角二反，入；小鵲，又山鳥。①

鷉畢魚反，平；鷉。

鷓武移反，平。

鴜其之反，平；鴜。伊比止与。②

鶾鶾同。側持反。東方名雉。

鷄雞同。古䶎反，平；南方名雉。

鷫昨旬反，平；西方名雉。

鵗虚機反，平；北方名雉。

鸇達朝反。上同。③

鶬傷魚反，平；似鳧。

鳧鳧同。附于反，平；野鴨。

鴒鵒同。与魚反，平；与鼠同穴鳥。

鸚力朱反，平；鵉。

鶏甫于反，平；鶏鳩(鶏)鳥，三首六足，三翼六目。④

鷖烏兮反，平。

鷆摶(植)隣反，平。⑤

鸇諸延反，平；上字同。晨風鳥。太加戶。⑥

鵝鵝鸝三形。鶪字同。

鸎符分反，平；似鵲，六足。

鶢韋元反，平；鷓也。

鶢况袁反，平；鵒。

鴛鴦同。於元反，平。

鳱胡官反，平；鵒也。

鸞落官反，平。

鶆呼官反，平；鵒。

鶬呼官反，[平]；人面鳥喙。⑦

鳱古寒反，平；鵲。

① 字頭正字"鳥"。注文"古"當作"胡"，《廣韻·覺韻》："鳥，胡覺切。"兹據校改。
② 伊比止与（いいどよ【鶏鶾】）。
③ 《廣韻·尤韻》："鸇，雉。《爾雅》云：'南方曰鶾。'字或從鳥。鶬，上同。""鸇"爲"南方雉名"，此云"上同"當有誤。
④ 注文"鳩"當作"鶏"，《廣韻·虞韻》："鶏，鶏鶏，鳥名，三首六足，六目三翼。"兹據校改。
⑤ 注文"摶"當作"植"，《廣韻·真韻》："鷆，植鄰切。"兹據校改。
⑥ 太加戶（たかべ【沈鳧·鸇】）。
⑦ "反"下奪"平"字。此音爲平聲，蓋因"人"字原誤作"入"而刪去"平"字。兹據校補。

鳻鶣同。布還反,平;鳩。

鷳胡山反,平;白鷳鳥。

鷤徒干反,平;鸛。

鳽古賢反,平;鵁鶄。

鵳古賢反,平;比波利。[1]

鵑古玄反,平;久万太加。[2]

[illegible][illegible]力狄反,入;鶃。久万太加。[3]

[illegible]上字。

鵰雕同。都聊反,平。

鳶蔦同。与專反,平;鵄。止比,又佐支。[4]

梟梟交音。健也,不孝鳥。[5]

鵄殦([illegible])[鴟]三形同。尺志反。止比。[6]

鴉鵶二同。烏牙反,平。

鷯聊音。鷦。加也久支,又左左支。[7]

鶮鷮同。舉香(喬)反,平;似雉。[8]

鵃止遥反,平;鵃(鶻)。伊加留加。[9]

[illegible]鷍同。女交反,平;鳭也。

鳭張交反,平;黄鳥。加也久支。[10]

鶜莫交反,平;鵄。

鷔五交反,平;不祥鳥,白身赤口。

鵞鵝同。五歌反,平;鴨。

鷨〔[illegible]〕花音。虫名,似虵也。又雉。[11]

---

① 比波利(ひばり【雲雀・告天子】)。

② 久万太加(くまたか【熊鷹】)。各本"反"下無"平"字,有"天近飛小鳥"。"鵑"爲"杜鵑",不當訓"くまたか",疑有誤,或涉下條和訓而混。

③ 久万太加(くまたか【熊鷹】)。

④ 止比(とび【鳶・鴟・鵄】),又佐支(さぎ【鷺】)。

⑤ "梟"與"交"皆音"きょう"。

⑥ 注文"殦"據各本校作"[illegible]","鴟"形據各本補。《廣韻》平聲音"處脂切",此處"志"爲去聲,當是倭音"し"。止比(とび【鳶・鴟・鵄】)。

⑦ 加也久支(かやくき【鷯】),又左左支(さざき【鷦鷯】)。

⑧ 注文"香"當作"喬"。《廣韻·宵韻》:"鷮,舉喬切。"茲據校改。

⑨ 注文"鵃"疑當作"鶻"。《廣韻·宵韻》:"鵃,鶻鵃,鳥也。"茲據校改。"鵃"或"鵤"字之誤。伊加留加(いかるが【斑鳩】)。

⑩ 加也久支(かやくき【鷯】)。

⑪ "虫名,似虵也"爲"[illegible]"字義。《廣韻·麻韻》:"[illegible],蟲名,似蛇。"

䳘古牙反，平；鵝。

鸉与章反，平；白鷹。

鴋方音。鸗，人面青（鳥）身。①

鸘所莊反，平；鸕。

鶔[illegible][illegible]三形同上。

鴊口莖反，平；鷖鸎。

鸎烏莖反，平。

鸎鸎烏莖反。黄鳥也。

鶈且奚反。瞿（鸎）也，東夷鳥。②

鶄子盈反，平；鵁。

鷙身忍（職刃）反。鷙。③

[illegible]鷁同。五盍（益）反，入；水鳥。佐支。④

鶂鬲鳥鵅三字上同作。牛歷反，入。

鷺鷺鸕三字同。來故反。十字皆佐支。⑤

鴊諸盈反，平；鵅也。

鶹[illegible]力求反，平；少美長醜。⑥

鷅力質反，入；鶹。

鵄視掖反。不久呂不。⑦

鵅加頟反。恠鵋，謂鵂鶹。⑧

䲨亡項反。鵁。

鴮胡鉤反，平；鳥羽。

鷀職深反，平；鴜。

鶼古甜反，平；□□（比翼）鳥。⑨

鵬步崩反，平；大鳥。

---

① 注文“青”當作“鳥”。《廣韻·陽韻》：“鴋，鸗鴋，鳥名，人面鳥身。”兹據校改。

② 注文“瞿”當作“鸎”。《玉篇·鳥部》：“鶈，鶈鸎，東夷鳥名。”兹據校改。

③ 注文“身忍”當作“職刃”。《裴韻》《全王·震韻》：“鷙，職刃反。”兹據校改。S.6176音“職忍反”，“忍”字之訛當有所本。

④ 注文“盍”當作“益”。《廣韻·錫韻》：“鷁，五歷切。”《可洪音義》第三十冊“鷁首”條：“上五益反。”兹據校改。佐支（さぎ【鷺】）。

⑤ 佐支（さぎ【鷺】）。

⑥ 前一字頭原作“[illegible]”，左旁當是“留”省略“田”旁之變。

⑦ 不久呂不（ふくろう【梟】）。

⑧ 《玄應音義》卷十九“鉤鵅”條：“下加頟反。《爾雅》：怪鵋。舍人曰：謂鵂鶹也。南陽名鉤鵅，一名忌欺。晝伏夜行，鳴爲怪也。”

⑨ 注文“平”下兩字殘。《字鏡》作“比翼”。《廣韻·咸韻》：“鶼，比翼鳥。”兹據校補。

鴾𪂴。①

𪂴　鶛同。莫孔反,上;水鳥。

鷡　無主反,上。

鴹　渠炎反。白喙鳥。

雖　胡溝反。雕。

鵲　且雀反。雅。②

鴻　厚功反。宇加利。③

瑪　上同。禹公反。鳥肥大也。④

鴟　七餘反。鴟鳩也。弥左古,又万奈柱。⑤

雎　上同。

鶵　士虞反。鳥子。

鶩　莫族反。鴨,又鴈。

鶯　於耕反。有交(文)章。⑥

鳵　補俱反。太加户。⑦

鴗　立音。加利,又万奈柱。⑧

鸀　徒角、諸録二反。鸀瑪,又鶦。

鶤鶾同字。公魂反。雞三尺爲鶤,如鶴而大者也。

鷣　余針反。雀鷹。

鷂　以召(招)反。上同。雉名,五采也。⑨

鶩　土篤反。鶩,又阿(河)鴈。⑩

鷚　力救反。暮子曰鷚。⑪

鴟𪂴〔𪃏〕尺脂反。張大也。又渠支反。雞。⑫

---

① 注文闕。《廣韻·咸韻》竹咸切:"鴾,鳥啄物也。"《廣韻·咸韻》苦咸切:"鴾,鳥鴾物。"

② 注文"雅"字不詳,似"鴨"字異體,但義不合。《廣韻·藥韻》:"鵲,《字林》作雘。"此字或是"雘"字之誤。

③ 宇加利(うかり)。當同"おおがり【大雁·鴻】"。

④ 《廣韻·東韻》:"鴻,户公切。""户"爲匣母,"禹"爲云母,俟考。

⑤ 弥左古(みさご【鶚·雎鳩】),又万奈柱(まなばしら【鶤鶾】)。

⑥ 注文"交"當作"文"。《詩·小雅·桑扈》:"有鶯其羽。"毛傳:"鶯然有文章。"茲據校改。

⑦ 太加户(たかべ【沈鳧·鳵】)。

⑧ 加利(かり【雁】),又万奈柱(まなばしら【鶤鶾】)。

⑨ 注文"召"當作"招"。《名義·鳥部》:"鷂,与招反。"《玉篇·鳥部》:"鷂,以招切。"茲據校改。

⑩ "阿"字據文義當作"河"。《字鏡》作"冴",似"河"字。河鴈(かわがり【川雁】)。

⑪ 《爾雅·釋鳥》:"雉之暮子爲鷚"。郭璞注:"晚生者。今呼少雞爲鷚。"

⑫ "又渠支反。雞"爲"𪃏"字音義。

鶡阿(何)葛反。①

鸐亡奔、莫還二反。鸞鳳類,一日(目)一足[一]翼,相[得]乃飛鳥也。②

鷸以聿、市[律]二反。鳥知天將雨,故知天文者以皮爲冠。③

鸛亦作雚。古亂反。水鳥,又鸕鷀,又鸛雀。

鴨䳢鶉三形作。於甲反。加利,又宇豆良。④

鵠古(胡)穀反。黃吉(鵠)。久[久]比。⑤

鵔思俊反。鸃。

鸃鵔語奇反。鵔,鳳皇属,又雉。

鶹止俱反,平;似鷗,人首三尾。

鳾紙兒反。鵲。

鶚牛各反。鵰。

鶽先没反。鷂。

鶖鷵鵖三形作。七由反。鳥鳴名,鷵。大鳥,其羽鮮白,可以爲耗也。𣠧(羽)衣手(毛)。⑥

鷗莫筊反。如翠而赤喙。

鳧扶雨反,上;鳬。

鵠胡古反,上。

鳶上同。鵙,鳶字。

鳲式脂反。

鷗於幰反,上;鳳。

鷺以語(沼)反,上;雉聲。⑦

島嶋同。都浩反。志万。⑧

鴇鴔同。博抱[反],上;鳧属。

鶬云久反,上;春分鳴鳥。

---

① 注文"阿"當作"何"。《玄應音義》卷十三"如鶡"條:"何葛反。"兹據校改。

② 注文"日"當作"目","翼"上奪"一"字,"相"下奪"得"字。《切三》《全王·刪韻》:"鸐,似鳧,一目一足一翼,相得乃飛。"《切三》"目"字亦誤作"日"。兹據改補。

③ "市"下奪"律"字。《字鏡》有"市律反"。《名義·鳥部》:"鷸,市律反。"兹據校補。《說文·鳥部》:"鷸,知天將雨鳥也。《禮記》曰:知天文者冠鷸。"

④ 加利(かり【雁】),又宇豆良(うずら【鶉】)。

⑤ 注文"古"當作"胡","吉"當作"鵠",各本即如此作。《玄應音義》卷四"鵠鴰"條:"下胡穀反。《說文》:黃鵠也。"兹據校改。"久"字據各本補。久久比(くぐい【鵠】)。各本末有"又古比"三字。古比(こひ),《倭名類聚鈔》作"古布(こう【鵠】)",當同。

⑥ 注文"𣠧衣手"《字鏡》作"𣠧衣毛",當作"羽衣毛"。《新撰字鏡·耳部》:"耗,羽衣之毛也,氂也。""羽"字原作"𦏤",與"朔"字俗體"𦏥"形近而誤作"𣠧"。

⑦ 注文"語"當作"沼"。《廣韻·小韻》:"鷺,以沼切。"兹據校改。

⑧ 志万(しま【島·嶋】)。

鴋居(房)久反,上;鶢(鶝)。豆波比良古。[①]

鳰鴕采利反。豆波比良古。[②]

鳦鳦同。於乙[反],入;鷰。豆波比良古。[③]

鷰烏見反,去;鳦。六字同。

鵸七四反,去;人而(面),居山上。[④]

鷾於記反,去。

鶡柯干、枯葛二反。鴠。

鸒鶢鸜三同。余據反,去;烏。

鷢鷢二同。其月反,入;已上五字:烏。

鴠得安(案)反,去;鶡。[⑤]

鵺以諸(謝)反。奴江。[⑥]

鷲疾僦反,去。

鷇苦候反,去。

鴽鴽鴽三同。汝煹反,去。[⑦]

鷚力救、莫侯二反,去;鷄子。

鵩伏音。

鵱力竹反。鷜。

鷫鷫鷫三同。息逐反,入;霜(鷞)也,西方神鳥。[⑧]

鷄亦上字。

瑦玉音。鸆。

鷟士角反。鷟。

鸑吴角反,入;鷟也,風(鳳)也。[⑨]

鸐直角反。白鸐鳥。

鷝畢吉反。鴋。

---

① 注文"居"當作"房","鶢"當作"鶝"。《廣韻·有韻》房久切:"鴋,鶝别名也。"兹據校改。豆波比良古(つばびらこ【燕】)。

② 豆波比良古(つばびらこ【燕】)。

③ 豆波比良古(つばびらこ【燕】)。

④ 注文"而"當作"面"。《廣韻·至韻》:"鵸,鳥名。似梟,人面,山居,所經國,國必亡。出《山海經》。"兹據校改。

⑤ 注文"安"當作"案"。《王一》《全王·翰韻》:"鴠,得案反。"兹據校改。

⑥ 注文"諸"當作"謝"。各本作"謝"。《廣韻·禡韻》:"鵺,羊謝切。"兹據校改。奴江(ぬえ【鵼·鵺】)。

⑦ 字頭"鴽"字不詳,疑"鴽"字之訛。

⑧ 注文"霜"當作"鷞"。《字鏡》作"鷞"。《廣韻·陽韻》:"鷞,鷫鷞。"兹據校改。

⑨ 注文"風"當作"鳳"。《廣韻·覺韻》:"鸑,鸑鷟,鳳屬。"兹據校改。

鴥餘律反。飛駃皃。

鶏鶏同。陋骨反。志支。①

鶜莫割反。卵。

鳩鳩同。博末反。

鵚他達反。②

鵑胡瞎反。鶞。

鶂乙鐥反。

鶪古鐥反。鶪。

鶪鶪吉屑反。鶪。

鴷吕薛反。啄木鳥。

鴉〔鴉〕都聊、作聊二反。鴷。③

鴫徒冬反。鴷。三害（字）：寺豆〔豆〕支。④

鷝并列反。雉属也。

鷝子列反。小鶪。

鷝□（古）歷反。似烏，青白。⑤

鷝資昔反。鴿。

鴿鴒同。令音。渠（鶪）也。⑥

鶏求魚反。脊（鶺）。⑦

鶺尺音。皆豆豆万奈柱。⑧

鴎房及、方涉二反。鴟（髟）。⑨

鴛鸝鶒（鷅）三同。力馳反，平；皆黄鳥。⑩

鶴鶴鶴下各反。可同作，三形。何（河）各反。⑪

鵡鴡鷞三同。耻力、丑力二反。頭上毛有五色。

---

① 志支（しぎ【鴫・鷸】）。
② 此條俟考，《廣韻》他達切有"獺""鱍"等字。
③ 此反切爲"鴉"字音，"鴉"俗作"鴉"。此"鴉"又是"鴷"字之省。
④ "三害"疑是"三字"之誤，蓋指"鴷""鴉""鴫"三字皆訓"寺豆豆支"，即"啄木鳥"之義。又"豆"下當有重文符，據《倭名類聚鈔》《字鏡》補。寺豆豆支（てらつつき【寺啄・啄木鳥】）。
⑤ 反切上字殘。《字鏡》作"古"。《廣韻·錫韻》："鷝，古歷切。"茲據校補。
⑥ 注文"渠"當作"鶪"。《字鏡》作"鶪"。《廣韻·昔韻》："鷝，鷝鴿。一名雛鶪。"茲據校改。但作"渠"字亦可。《爾雅·釋鳥》："鵙鴿，雛渠。"
⑦ 注文"脊"當作"鶺"。《字鏡》作"鶺"。《集韻·錫韻》："鶺，鶺鴒，鳥名，鶺鶺也。"茲據校改。
⑧ "鶺"與"尺"皆音"せき"。豆豆万奈柱（つつまなばしら【鶺】）。
⑨ 注文"鴟"當作"髟"。《玉篇·鳥部》："鴎，髟鴎，戴鴏，今呼戴勝。"茲據校改。
⑩ 字頭第三形當作"鷅"。《集韻·脂韻》："鴛，或作鷅，鵻。"茲據校改。
⑪ 注文"何"當作"河"。《字鏡》作"河"。《名義·鳥部》："鶴，河各反。"茲據校改。

鴈我諫反。

鳫上同。

鴚格牙反。鴈。

鵝上字。

鶽思君(尹)反。隼字。①

鳲有必反。隼也。波也不佐。②

鵠皽黠反。鶪,布皽(穀)。③

鸔補族、補角二反。水鳥。

鷜上同。

鴬烏郎反。

鷏郡(辟)鵙反。野鳬,没水。④

鷻徒官反。鵙。

鴟莫後反。鸚鴟。

䳏補木反。鴶,黄色,鳴[自呼]。⑤

鵏普經、蒲加二反。小黑鳥,鳴自呼。

鶧鷏徒覽(賢)反。⑥

鸍詩移、亡支二反。

鸛閒各反。

鵒徐立反。鵠。

馸居是反。

鵻古慧反。又古穴反,入。

碼夫有反。乳(鴉)鳩,鳲鳩。イヘハト。⑦

鶙餘國反。

鷄距佳反。

鷸思律反。

鴉烏道反。

---

① 注文"君"當作"尹"。《名義·鳥部》:"鶽,思尹反。"茲據校改。

② 波也不佐(はやぶさ【隼】)。

③ "皽黠"原倒,注文後一"皽"字當作"穀"。《廣韻·黠韻》:"鶪,古黠切。""皽黠反"音同"古黠切"。《爾雅·釋鳥》:"鳲鳩,鵠鶪。"郭璞注:"今之布穀也。"茲據校改。

④ 注文"郡"當作"辟"。《廣韻·錫韻》:"鷏,扶歷切。""辟鵙反"同"扶歷切","鵙"同"鷄"。字頭左旁"辟"原誤作"群",可比勘。茲據校改。

⑤ 注文"鳴"下奪"自呼"二字。《爾雅·釋鳥》:"鳲雉。"郭璞注:"黄色,鳴自呼。"茲據校補。

⑥ 注文"覽"當作"賢"。《名義·鳥部》:"鶧,徒賢反。"茲據校改。

⑦ 注文"乳"當作"鴉"。《廣韻·有韻》:"碼,鴉鳩也。"茲據校改。"イヘハト",《字鏡》與各本作"伊户波止",此爲其片假名。伊户波止(いえばと【家鳩】)。

鷀次栗反。

鵃亡消反。鵃。

鷁湯弁、徒頓二反。癡鳥也。

鴉餘拙反。水鳥。

鵑鵑 鵑三形作。至時反。殼。

鸛雅札反。

駁比(北)及反。鴠。①

鵑 鵑二形作。庚恭反。丹子鳥。②

鸛呼桓反。

鴉上字。

鶾可(何)竿反。③

鳴美京反。

鳶 鳶扶雲反。鳥聚飛兒。④

鶹丑倫反。鴉,亦春鳸(鳸)。⑤

鶺九彼反。比翼鳥。⑥

鸝徒頰反。

鵉都敢反。

鶯薄肝反。

鷚麻解反。鶺(鶺),子舊(鵤)。⑦

鷸瑜襄反。

鵲疋部反。雀鳥。

鷗似醬[反]。桑飛,又巧婦。豆久。⑧

鷦鷯同作。莫結反。桑飛,亦工雀也。

---

① 注文"比"當作"北"。《字鏡》作"北"。《名義·鳥部》:"駁,北及反。"《爾雅·釋鳥》:"鴠鴀,戴鵀。"釋文:"鴀,郭:北及反。"茲據校改。

② 注文"丹子"不詳。《名義·鳥部》:"鵑,庚恭反。似鳧也。"此音與《名義》同,當出自《原本玉篇》。《玉篇·鳥部》:"鵑,鵑鵑,鳥似鳧,一名鵑鵑。"《廣韻·鍾韻》:"鵑,鵗鸃,鳥名,似鴨,雞足也。"此"丹子"或是"鳧"字之誤。

③ 注文"可"當作"何"。《名義·鳥部》:"鶾,何半反。""竿"同"算","何竿反"與"何半反"音同。茲據校改。

④ 《説文·鳥部》:"鳶,鳥聚兒。一曰飛兒。"此或是二義之合。

⑤ 注文"鳸"當作"鳸"。《廣韻·諄韻》:"鶹,《爾雅》云:春鳸,鴉鶹。"茲據校改。

⑥ 《名義》《玉篇》皆云"布穀",《廣韻》除"布穀"外尚有"子規"義,但此處"比翼鳥"不詳所出。

⑦ 注文"鶺"當作"鶺","舊"當作"鵤"。《廣雅·釋鳥》:"鷚鶺,子鵤也。"《玉篇·鳥部》:"鷚,鷚鶺,子鵤也。""鵤"同"鵤"。茲據校改。《名義》"鷚"字注文"舊字"亦當作"子鵤"。

⑧ 豆久(つく【木菟·木兎】)。

鵡武俱反。鶩鳥。

鶹力周反。鵃，飛鶹。

鵃除諷反。

鵼午胡反。

鶷靡結反。肌，繼鵋。①

鵋猗迎反。繼鵋。

鷯我泰反。桃虫也，鶺。②

鵏方陸反。不(碼)，戴勝。③

鵤達侯反。鸈(鵚)，鵏鵤(鵚)。④

鶔餘周反。

鵋渠記反。伊比止与。⑤

鷬口(吕)恭反。鳥。⑥

鷋翼灼反。鸈。

鳴芳謐反。卵。

鳶於光反。雉，鳴自呼。

鵬達當反。鷲。

鶻鶻蒲骨反。鶻。

鱅長恭反。鸐。

鵃許牛反。鷗，鵒。⑦

鷓似羊反。鵏也。

鷬瞿方反。搗(鵏)鷗。⑧

鵮餘瞻反。離，南夷鳥。

鷜力支反。

鵲達□(胡)反。鵲。⑨

鵛居形反。鴷。

鶛於胡反。鵛。

────────────

① 《玉篇·鳥部》："鶷，鶷肌，繼鵋。"

② 《爾雅·釋鳥》："桃蟲，鷯。其雌，鶸。"

③ 注文"不"當作"碼"。《廣雅·釋鳥》："鵏碼，戴勝也。"茲據校改。

④ 注文"鸈"當作"鵚"，"鵚"當作"鵚"。《廣韻·侯韻》："鵤，鵚，頭鵚，似兜，脚近尾。"《爾雅·釋鳥》："鵚，頭鵚。""鵚"同"頭"。茲據校改。

⑤ 伊比止与(いいどよ【鵏鶹】)。

⑥ 注文"口"當作"吕"。《名義》同，《玉篇》音"力恭切"，"吕"與"力"皆來母字。茲據校改。

⑦ 《新撰字鏡·鳥部》："鵃，恾鷗，謂鵏鶹。"

⑧ 注文"搗"當作"鵏"。《玉篇·鳥部》："鵏，鷬，鵏鷗。"茲據校改。

⑨ 反切下字殘。《字鏡》作"胡"。《名義·鳥部》："鵲，達胡反。"茲據校補。

鵨**鸤**疋反反。鷹色。

鷹於凝[反]。封鳥(鶯)。①

鶦傅(博)胡反。搗。②

鶵**鶟鵽**三形作。似諏反,平;鳥子。

鸒疋仁反。加利。③

鸜**鶔**同。牙(互)圭反。鶃。寓字。④

鸓力闇反。玀字。飛。

鶒恥闇反。翔字。

鶒上字。

鴵**鴵**鴵三形作。[呼]條反。翂字。削(翢),毛。⑤

鵅儲格反。鶬(鶗)。⑥

鷩才三反。鶝。

鴞莫筊反。如翠而赤喙。⑦

猷建顯(達賴)反。如鳥。⑧

鸓力追反。�。毛牟。⑨

鼺上字。

《本草》鳥名

胡鷰子,又云天鷦,又云海鷰皆雨鳥。

木菟,又云功(巧)婦豆久。⑩

喙(啄)木寺豆[豆]支。⑪

---

① 注文"封鳥"當作"鶯"。《名義·鳥部》:"鷹,鶯也。"茲據校改。

② 注文"傅"當作"博"。《名義·鳥部》:"鶦,博胡反。"《廣韻·模韻》:"鶦,博孤切。"茲據校改。

③ 加利(かり【雁】)。

④ 注文"牙"當作"互"。《名義·鳥部》:"鸜,乎圭反。""乎"即"互"俗字,此處"牙"字即"乎"字之誤。《廣韻·齊韻》:"鸜,戶圭切。""互""戶"皆匣母字。茲據校改。《玉篇》作"乎圭反","乎"雖亦是匣母字,但疑亦"乎"字之誤。

⑤ "條"上奪"呼"字,注文"削"當作"翂"。《字鏡》音"呼條反"。《名義·鳥部》:"鴵,呼條反。"《集韻·蕭韻》:"翂,翂翂,鳥尾翹毛。或从羽。从鳥。"《廣韻·蕭韻》:"翂,翂翂,毛皃。""翂"字易誤作"削"。茲據補改。

⑥ 注文"鶗"當作"鶬"。《廣韻·陌韻》:"鵅,鵅鶬,即護田也。"茲據校改。

⑦ 上文已出"鴞"字,注文全同,《字鏡》《名義》以二字爲異體。

⑧ 注文"建顯"當作"達賴"。《名義·鳥部》:"猷,達賴反。"茲據校改。

⑨ 毛牟(もむ)。當即"もみ【鼯鼠】"。

⑩ 字頭"功"當作"巧"。《新撰字鏡·鳥部》:"鷦,似醬[反]。桑飛,又巧婦。豆久。""巧婦"爲鳥名。茲據校改。豆久(つく【木菟·木兎】)。

⑪ 字頭"喙"當作"啄",即"啄木鳥"。和訓"豆"下當補重文符,見上文"鴵"字條。寺豆豆支(てらつつき【寺啄·啄木鳥】)。

伯劳毛受。①

護田鳥於須女鳥。②

獵子鳥,又云腸鶄鳥阿止利。③

晨風鳥波也不佐。④

郭公鳥保止止支須。⑤

鶘鶘也。

鵙鵙二合。捻羽鳥名。

《小學篇》字

鶍和志,又加伊志。⑥

鴲鶀鶀三字。豆波比良古。⑦

鶅弥奈志子鳥。⑧

鷥佐支,又豆留。⑨

鷺鷺二字。佐支。⑩

鶀毛受。⑪

鸎伊曽鳥。⑫

鶍豆久弥。⑬

鵺奴江。⑭

鵃曽尔。⑮

鷂太加,又波也不佐。⑯

鵰大鳥。

---

① 毛受(もず【百舌・鵙】)。
② 於須女鳥(おすめどり【護田鳥】)。
③ 阿止利(あとり【獵子鳥・花鶏】)。
④ 波也不佐(はやぶさ【隼】)。
⑤ 保止止支須(ほととぎす【杜鵑・霍公鳥・時鳥・子規・杜宇・不如帰・沓手鳥・蜀魂】)。
⑥ 此字當是"鷲"字異體。和志(わし【鷲】),又加伊志(かいし)。
⑦ 豆波比良古(つばびらこ【燕】)。
⑧ 字頭左旁當是"極"。弥奈志子鳥(みなしご【孤・孤児】とり【鳥】)。
⑨ 佐支(さぎ【鷺】),又豆留(つる【鶴】)。
⑩ 佐支(さぎ【鷺】)。
⑪ 毛受(もず【百舌・鵙】)。
⑫ 伊曽鳥(いそ【磯】とり【鳥】)。
⑬ 字頭寛永本同,其餘各本作"鶍",俟考。豆久弥(つぐみ【鶇・鶫】)。
⑭ 奴江(ぬえ【鵼・鵺】)。
⑮ 曽尔(そに)。"曽尔"各本同,《字鏡》作"曽弥(そみ)"。
⑯ 太加(たか【鷹】),波也不佐(はやぶさ【隼】)。

鴾宇豆良。①

鷦鷦鴾三字上同。②

鶺左久奈支。③

鶶鴝鶒鷛四字。宇具比須。④

鴾鷄。

鴟止比。⑤

鶍弥左古。⑥

鴞(鶍)伊比止与，又与太加。⑦

鶹雀鷹。

鵤鶌二。伊加留加。⑧

鳰尔保。⑨

鳩水鳥。

鶪可也久支。⑩

鶺一作鶺。

鶌二字。豆支，一云太字。⑪

鶺春分鳥。

鶯久久分鳴。⑫

羽部第七十六

八十四字

羽鳥詡反。數也，紆也，聚也，舒也。

---

① 宇豆良（うずら【鶉】）。

② 字頭第二形當是"鶺"字之誤，各本作"鶺"。

③ 左久奈支（さくなぎ）。

④ "鶺"即"春鳥"之合。宇具比須（うぐいす【鶯】）。

⑤ 止比（とび【鳶・鴟・鵄】）

⑥ 弥左古（みさご【鶚・雎鳩】）。

⑦ 字頭當作"鴞"，各本作"鶍"，是也。《廣韻・志韻》："鴞，鴞鵙，儵鵙鳥，今之角鴟。"茲據校改。伊比止与（いいどよ【儵鵙】），又与太加（よたか【夜鷹】）。

⑧ 下條原混入此條，據各本正。伊加留加（いかるが【斑鳩】）。

⑨ 此條原混入上條，據各本正。尔保（にお【鳰】）。

⑩ 可也久支（かやくき【鶪】）。

⑪ "二字"指此條和上條。豆支（つき），一云太字（たう）。

⑫ 字頭上旁爲"竊"俗字，俟考。

䎱䎀上外還反，下力盍反。舉羽欲飛皃，又飛欲起也。①

䎀䎱字。

翯勑臘反。鳥飛行極高也。

翬許韋反。鳥羽色謂之[翬]也，鳥羽甚美好謂之[翬]也。

翑芳夫、芳□二反。鳥羽也，翮下□(羽)也。②

翩疋延反。鳥飛疾也。止比加介利，又豆良奴。③

翱五高反。翔也。□留。

翹求爲反。翹也，高也。

翯上字。

州之由反。疇也，官也，殊也，浮也，聚也，尻也，竅也，三百里曰州，水中可居者曰州。

𠔀上古文。豚也。

翹祇燒、其要二反。舉也，高也，危也，遠也，新(薪)也，疏也。④

翹翹二上字。

翁烏功反。鳥頭上毛曰翁也，文也，飛皃。之由反。聚也。⑤

翳一子(兮)、於計二反。弊(蔽)也，障也，奄也，覆也，屏也，隱也。⑥

翺䎘五高反。迴飛也，遨也。

翡扶畏反。鳥似翠而赤。

翄翅字。

翅式至反，去；翼也，翮也。

翮翅字。⑦

翪翪疾善反。翪翪，武也。鷙鳥執(勢)也。⑧

翮柯核、古扶(核)二反。翼也，翅也，羽也。⑨

翑渠虞、俱禹二反。馬後足皆白也。

---

①《廣韻·盍韻》："䎀，䎀翍，飛初起皃。""䎱"同"翍"。

② 注文"下"下一字殘。《廣韻·虞韻》芳無切："翑，翮下羽也。"茲據校補。後一反切奪反切下字，或當據《廣韻》作"無"。

③ 止比加介利(とびかけり【飛び翔り】)，又豆良奴(つらぬ【連ぬ・列ぬ】)。

④ 注文"新"當作"薪"。《詩·周南·漢廣》："翹翹錯薪。"毛傳："翹翹，薪貌。"茲據校改。

⑤ "之由反。聚也"當是"州"字音義而誤衍，參見上文"州"字條。

⑥ 注文"子"當作"兮"，"弊"當作"蔽"。《廣韻·齊韻》烏奚切："翳，蔽也。""一兮反"與"烏奚切"音同。茲據校改。

⑦ "翅"下原有"翪"字，爲下條字頭"翪"之衍。《玉篇·羽部》："翅，翼也。翮，同上。"此處"翮"字原作"𦑝"，《名義》同，乃"翮"字俗寫。

⑧ 注文"執"當作"勢"。《廣韻·獮韻》："翪，武也，又鷙鳥擊勢也。"《玉篇·羽部》："翪，鳥摯擊勢也。"茲據校改。

⑨ 注文"扶"當作"核"。《廣韻·麥韻》："翮，古核切。"《名義·羽部》："翮，古核反。"茲據校改。

𦐓齒之反。羽盛皃。

翿徒倒反，去；纛，翳也。舞者所持，謂羽舞也。①

翳𦑝二上字。

翴力仙反。翴翩，飛皃。

翪子公反。竦[翅]上下也。㚇字。②

𦒿力闔反。𦒿翋，飛初起。

翋二同。恥闔反。𦒿也。

翛先條反。翛翛，羽翼敝皃。𣯷字。③

翑呼嶸反。翑翻(翑)，飛皃。④

䎘三形作。思陸反。䎘䎘，鳥飛聲。

翓胡結反。飛而上也。頡字。

𦒉疋仁反。飛皃。

鷏上字。

翃胡公反。古文虹字。螮蝀也。

䎄呼條反。毛皃。毨字。

䎗呼出反。毨(䎗)䎗，飛去皃。⑤

翧呼元反。飛皃。

䍊疋姚反。飛皃。

䎓餘世反。䎓䎓，飛皃。

翸呼黄反。飛皃。

䎡如坎反。翩不(下)弱羽。⑥

翹翻同。渠遥反。飛也。

䎖力仁反。飛也。

① "去"字原在"羽舞"下。《詩·王風·君子陽陽》："左執翿。"毛傳："翿，纛也，翳也。"鄭玄注："翳，舞者所持，謂羽舞也。"茲據乙正。

② "竦"下奪"翅"字。《名義·羽部》："翪，竦翅上下。"《廣韻·董韻》："翪，鳥飛竦翅上下也。"茲據校補。

③ 注文"敝"字《廣韻》《玉篇》《名義》等皆作"蔽"，周祖謨、余迺永等皆校改作"敝"，並引《詩·豳風·鴟鴞》"予尾翛翛"，毛傳："翛翛，敝也。"此"翛翛"即"翛翛"，"敝"字是也。

④ 注文"翻"當作"翑"。《集韻·耕韻》："翁，翁翁，飛也。或作䎐、翖、翑。"《詩·齊風·雞鳴》："蟲飛薨薨。""翑翑"即"薨薨"。"翻"字涉下條字頭而誤。茲據校改。

⑤ 注文"毨"當作"䎗"，"皃"字原在"飛"上。《名義·羽部》："䎗，飛去皃。"《玉篇·羽部》："䎗，飛走皃。"《玉篇·羽部》："䎗，䎗䎗，飛走皃。""䎗""䎗"當同。"䎗䎗"爲疊字，本部多疊字，如"翛翛""䎓䎓"等，此條亦當是疊字。茲據改乙。

⑥ 注文"不"當作"下"。《玉篇·羽部》："䎡，翩下弱羽也。"茲據校改。

翿呼號(虢)反。翮翮也。①

䩗䩶(鞴)字。②

䟺普皮反。長(張)也,分也,猷(散)也,析也。③

䤢所陳反。多也。䤢字。

翃胡黨(堂)反。飛下。頏字。④

翎呼合反。翎翎,小鳥。⑤

狨翼字。

翎翮二字同。力丁反。氃也,謂鳥羽。

翩莖隔反。吕(豆)波佐。⑥

翸古(胡)桂反。翔也,六翸也。⑦

翥止遮(之庶)反。擧也,翔也。波布利伊奴。⑧

䟺甫交反。五采羽也,葆也。

翔似羊反。

翊以力[反]。輔也,敬也。

翦子踐反。盡也,煞也。思略反。斷也,削也,齊也,勤也。⑨

翋力合反,入;初飛起也,飛立也。

翓上字。

翽口(呼)外反,去;翼聲。波祢於止。⑩

翐户妾反,入;短羽。於之波。⑪

翢徒高反。纛也。纛,翳也。⑫

---

① 注文"號"當作"虢",《名義》誤同。《廣韻·陌韻》:"翮,虎伯切。"《集韻·陌韻》:"翮,霍虢切。"茲據校改。

② 注文"鞴"當作"鞴"。《名義·羽部》:"鞴,胡桂反。翸之末,飛也。䩗,同上。"茲據校改。

③ 注文"長"當作"張","猷"當作"散"。《名義·羽部》:"䟺,張也,散也,析也。"《廣韻·支韻》:"披,又作䟺。開也,分也,散也。"茲據校改。

④ 注文"黨"當作"堂","飛下"原倒。《名義·羽部》:"翃,胡堂反。飛下。"《玉篇·羽部》:"翃,胡郎切。飛高下兒。或作頏。"茲據改乙。

⑤ 《廣韻》《玉篇》皆作"翎翎",此處"翎翎"二字或倒。《名義》作"小鳥飛",此疑奪"飛"字。

⑥ "吕"字據本作"豆"。豆波佐(つばさ【翼】)。

⑦ 注文"古"當作"胡"。《名義·羽部》:"翸,胡桂反。"茲據校改。

⑧ 注文"止遮"當作"之庶"。《名義·羽部》:"翥,之庶反。"茲據校改。波布利伊奴(はぶり【羽振り】いぬ【往ぬ・去ぬ】)。各本"伊奴"上有"止比(とび【飛び】)",義同。

⑨ "思略反"爲"削"字音,蓋是注文"削"字注音而混入。

⑩ 注文"口"當作"呼"。《玉篇·羽部》:"翽,呼外切。"《廣韻·泰韻》:"翽,呼會切。"茲據校改。波祢於止(はねおと【羽音】)。

⑪ 於之波(おしば【押羽】)。

⑫ 《爾雅·釋言》:"翢,纛也。纛,翳也。"

翕翖二同。呼及反。合也，動也，起也，聚也，熾也，炙也。

翩姿恒反，平；舉推飛，舉也。

馘呼麦反。飛聲。

翃下耕反，平；虫飛也。

翁孚云反。飛。

䎏古冓（胡溝）反。本也，羽生也，羽本。①

翻孚奔反。②

犭部第七十七

百九十八字

犿古文作膚、狹二形。古（胡）押反，入；近也，習也。奈豆久。③

狡猾上古巧反。狂也。下户八反。"蛮夷猾［夏］"。猾，乱。④

猥烏罪反。衆也，頓也，惡也，乱也。⑤

猜古作職，今作採（㥏）。㑲來反。疑也，懼也，恨也。⑥

狌所京反，上；能言鳥，如小兒啼。⑦

猩上字。平聲。

猳古遐反。豕也，猴也。⑧

玃居縛反。大母猴也。

猧㹴二上字。

獢扶云反，上；羨豕也。羨，騄。⑨

獲〔獲〕居縛反。持也，得也，中也，獵而得者，辱也。⑩

猖狂齒楊反。狂騃也，癡也。"二合妄行"是也。⑪

---

① 注文"古冓"當作"胡溝"。《名義·羽部》："䎏，胡溝反。"茲據校改。
② 各本反切下有"加户須"三字。加户須（かえす【反す·返す·帰す·還す】）。
③ 注文"古"當作"胡"。《名義·犬部》："犿，胡甲反。"茲據校改。奈豆久（なつく【懷く】）。
④ "猾"下奪"夏"字。《書·舜典》："蠻夷猾夏。"孔傳："猾，亂也。"茲據校補。
⑤ 各本末有和訓"佐和加波志"。佐和加波志（さわがはし【騒がはし】）。
⑥ 注文"採"當作"㥏"。《玄應音義》卷三"猜焉"條："古文職、猜二形，今作㥏，同。"茲據校改。
⑦ "狌"字爲平聲，此云"上"，俟考。
⑧ 《玄應音義》卷四"猳玃"條："字體作猳，又作㹴，同。古遐反，下居縛反。《說文》：大母猴也。"
⑨ 《玄應音義》卷十六"獢者"條："扶云反。《說文》：羨豕也。羨，騄也。"今本《說文》作"獢"。此處反切爲平聲，《廣韻·混韻》有上聲"蒲本切"。
⑩ "居縛反"爲"玃"字音，見上文"玃"字條。《廣韻·麥韻》："獲，胡麥切。"
⑪ 《玄應音義》卷十六"猖狂"條："齒楊反。謂狂騃也。《莊子》云'猖狂妄行'是也。"此"二合妄行"即"猖狂妄行"。

狾狙猟三同字。昌制、房(居)世二反,去;狂犬也。①

猹貊同。房悲反。貍也。

㺔猊上蘇桓反,下五奚反,並平;如戲玃(貓),食虎豹者也。師子。②

(𤝪)上字。

狚狐同。扈都反。疑也,野干。

獦獵獦三形作。力葉反。取也,虐也。

猏魚巾反。犬聲。

貚烏孫反。猪也,豕也。

犿土魂反。豕子。

獂㺚許呂反。獸馴也。介毛乃乃人尔奈豆久。形鷄反。豕生便盲。③

已上(下)平聲

犝餘封反。似牛,頸(領)有肉。又貓字。④

狵莫江反。犬。

狘弋支反。現則有兵獸。

狋武移[反]。左留。⑤

猗於離反。歎辞也,美也,断也。⑥

狙七余反。猿。

獳日朱反。朱獳。

貗力朱反。

猢扈都反。似猿。

玃落胡反。韓玃,犬名。

狟方奚反。狟牢。

---

① 注文"房"當作"居"。《玄應音義》卷二十"狾狗"條:"《字書》作狾、狙二形,《篆文》作猟,同。昌制、居世二反。狂犬也。"《名義·犬部》:"狾,居甘(世)反。"茲據校改。

② 注文"玃"當作"貓","豹"字原在"師子"上,下原有"也"字。《玄應音義》卷二十一"㺔猊"條:"蘇桓反,下五奚反。《爾雅》:㺔猊,如戲貓,食虎豹。郭璞等注皆云:則師子也。"茲據改乙刪。

③ 《廣韻·齊韻》胡雞切:"㺚,豕生三月。""獂"當是"㺚"俗字,"盲"字疑是"三月"之誤,"便"乃後補。《爾雅·釋地》:"西方有比肩獸焉,與邛邛岠虛比。"釋文:"驢,本或作虛,又作㺚同。許伯(俱)反。"《集韻·魚部》休居切:"驢,驅驢,獸名。或从犬。通作虛。"此處"許呂反"當是倭音"きょ"。介毛乃乃人尔奈豆久(けもの【獸】の【之】ひと【人】に【於】なつく【懷く】),義爲"被人馴服的野獸",即"家畜"。

④ 注文"頸"當作"領"。P.3798、《裴韻·鍾韻》:"犝,似牛,領有肉。"《廣韻·鍾韻》:"犝,獸似牛,領有肉也。犝犦,並上同。"茲據校改。

⑤ 左留(さる【猿】)。

⑥ 注文"断也"不詳。

孩古來反。豕[四]蹄白。①

狋諸(語)巾反。犬聲。②

獜符隣反。獺別名。

狟胡官反。大犬。

獯許云反。鬻,北方胡名。③

猨户昆反。似犬,人面。④

獌莫還反。狼属。

猏五閑反。犬鬪。

猵布玄反。又毗忍反,上;獺属。

獌如延反。猓。

猏巨員反。猏氏縣,在代郡。氏,音精。

猗猗同。許嬌反。猗也,犬短喙。

玁許嬌反。犬黄白色。

猇猇同。肴音。虎聲。

猱奴刀反。

獿獿同。奴刀反。深毛犬。

狼魯當反。佷也。滌除也,跋(狼)扈也。⑤

獷**猨猨**三形作。汝陽反。戎属。

狰側莖反。

猵以成反。似狐。

狖(貄)許尤反。貔,豹属。⑥

猴胡鉤反。

獳女溝反。形似狐而有魚翼。又犬怒。

猎乙減(咸)反。犬形(吠)聲。⑦

獑士減(咸)反。猢。⑧

羌去羊反。西戎。

───────────

① 注文"豕"下奪"四"字。《字鏡》即有"四"字。P.3695、《切三》《全王》《廣韻·咍韻》:"孩,豕四蹄白。"茲據校補。

② 注文"諸"當作"語"。《切三》《全王》《廣韻·真韻》:"狋,語巾反。"茲據校改。

③ "鬻"字原誤分作"粥鬲"二字。《廣韻·文韻》:"獯,北方胡名,夏曰獯鬻,周曰獫狁,漢曰匈奴。"

④ "犬"下原衍"犬"字。《廣韻·魂韻》:"猨,似犬,人面。"茲據刪。

⑤ 《周禮·秋官·序官》:"條狼氏下士六人。"鄭玄注:"杜子春云:條,當爲滌器之滌。玄謂滌,除也。狼,狼扈道上。""滌除"非"狼"字義。"跋"字當涉"跋扈"之語而誤,當作"狼扈"。

⑥ 字頭"狖"當作"貄"。《廣韻·尤韻》許尤切:"貄,貔貄,猛獸。"茲據校改。

⑦ 注文"減"當作"咸","形"當作"吠"。《廣韻·咸韻》乙咸切:"猎,犬吠聲。"茲據校改。

⑧ 注文"減"當作"咸"。《廣韻·咸韻》:"獑,士咸切。"茲據校改。

已下上聲

狔氏尓反。見則有兵。

狔女氏反。猗也,從風。①

狦力軌反。狄。

獬　獬辧　三形作。奚(鞂)買反。豸。②

猈　猥　二形作。薄解反。犬短項。

狁余準反。獫。

獫虛檢反。狁,犬長喙也。③

猭　獑同。初板反。鬮。

獮息淺反。秋獵。

狖(舛)昌充反。剝。或作踳。

狣治小反。犬有力。

猓古火反。㺜也。

獷古猛反。强也,伏(犬)不可附。④

㹤荒監(檻)反。小犬吠。⑤

狗古厚反。

以下去聲

獢許器反。夏后氏有澆獢。

狅之式(戍)反。犬名。⑥

狽博盖反。狼。

獪古邁反。狡。

狚得安(案)反。獨。⑦

狦狦同。所晏反。惡健犬也。

豣狞同。古莧反。逐虎犬。

狷吉掾[反]。褊急。

㺄丑變(戀)反。走草。⑧

---

① 《廣韻·紙韻》:"狔,猗狔,從風皃。"
② 注文"奚"當作"鞂"。《切三》《全王·蟹韻》:"獬,鞂買反。"茲據校改。
③ "長"下原有"也"字。《廣韻·琰韻》:"狁,犬長喙也。"茲據刪。
④ 注文"伏"當作"犬"。《説文·犬部》:"獷,犬獷獷不可附也。"茲據校改。
⑤ 注文"監"當作"檻"。《廣韻·檻韻》:"㹤,荒檻切。"茲據校改。
⑥ 注文"式"當作"戍"。《廣韻·遇韻》:"狅,之戍切。"茲據校改。
⑦ 注文"安"當作"案"。《王一》《全王·翰韻》:"狚,得案反。"茲據校改。
⑧ 注文"變"當作"戀"。《裴韻》《全王》《唐韻》《廣韻·線韻》:"㺄,丑戀反。"茲據校改。

猵皮變反。犬鬭[聲]。①

猊 獏同。五弔反。狂犬。

犿五駕反。似玃而尾犬（長）。②

犺苦浪反。禊也，健也，獝也，所爲不仁。

狩舒救反。冬獦。

狖余救反。猨属。

猶於陷反。犬吠。

入聲

獨徒谷反。單也，特也。

狚上古文。

狘許月反。獸走。

猲可割反。恐也，獢犬。③

獗上同。

猝狔同。麄没[反]。暴疾也，猥也。

獺他達反。水狗。

猲古達反。狙。

猔竹革反。犬怒張耳。

狧吐盍反。犬物食。④

狹侯夾反。隘也。加万志志。⑤

猎書藥反。犬驚。

狘七雀反。宋國良犬。

玃子力反。犬三子。

獀 獀㕕三形作。所留反。春獦也，聚也。

蒐上古文。

獥胡斬、胡忝二反。犬吠不止也，兩犬爭也。

玃玃玃三形作。如勞、女苞二反。獠獢也。⑥

猱上字。獮猴。

---

① “鬭”下奪“聲”字。《裴韻》《全王》《唐韻》《廣韻·線韻》：“猵，犬鬭聲。”兹據校補。

② 注文“犬”當作“長”，《字鏡》即作“長”。《裴韻·禡韻》：“犿，獸，似玃，長尾。”《名義·犬部》：“犿，似猴，長尾。”兹據校改。

③ 《廣韻·曷韻》：“猲，許葛切。”此處反切當是倭音“かつ”，若改回漢語反切，反切上字當是曉母字，疑當作“呵”。

④ 注文上田正校作“犬食物”，蓋是。《切韻》系韻書各本作“犬食”。

⑤ 加万志志（かましし【羚羊・羶鹿】）。

⑥ 《説文·犬部》：“玃，玃獠也。”《廣雅·釋詁四》：“玃，獢也。”《新撰字鏡·犬部》：“獠，獢也。”

狢故斛反。如虎而白身,馬尾[彘]鬣,曰獨狢。①

獉(獑)山監、山林二反。犬容頭進也,賊嫉也。②

獟如狡、胡狡二反。獪也。

狣猇字。

犯凡音。突也,侵也,干,僭也,勝也。

狟上古文。

獿㩎同。俱面、俱眄二反。疾跳也,急也。

狷上字。

狄徒鏑反。易也,犬種。

獥公弔反。狼子。

狛蒲惡反。如狼,善驅羊。

猫莫驕反。

狦狠同。於結反。如牛,白首身四角。③

玃除卓反。獸名。

猎徐弈反。猲。

豹之藥反。獸名。

猕戈(才)療反。此(雌)貉。④

猪渠表反。犺也,獪。

獚胡光反。犬。

獮旅旆、大(丈)山二反。獠獮,逃走。⑤

獉之喻反。處名。

猎居一反。狂。

獋胡高反。豹也,犬呼也,鳴也,咆也。噑字。⑥

狃徒堅反。獨也。田字。

---

① "鬣"上奪"彘"字。《山海經·北山經》:"(北嚻之山)有獸焉,其狀如虎而白身犬首,馬尾彘鬣,名曰獨狢。"茲據校補。

② "獉"爲"獑"俗字。《說文·犬部》:"獑,犬容頭進也。一曰賊疾也。"《廣雅·釋詁三》:"譖、嫉、殺、獑,賊也。""嫉"字不誤。

③ 《山海經·西山經》:"(三危之山)其上有獸焉,其狀如牛,白身四角,其毫如披蓑,其名曰徼狪(獥狪)。"《唐韻》《廣韻》作"白首",此"身""首"並出,俟考。

④ 注文"戈"當作"才","此"當作"雌"。《字鏡·犬篇》:"猕,才療反。雌貉也。"《集韻·怪韻》才療切:"猕,雌貉曰猕。"《玉篇·犬部》:"猕,才癸切。雌貉。"《名義》音"牛療反","牛"當是"才"字之誤。茲據校改。

⑤ 注文"大"當作"丈"。《集韻·山韻》:"獮,丈山切。"《玉篇·犬部》:"獮,又直山切。""丈"與"直"皆澄母字。茲據校改。"獠獮",《廣韻》《玉篇》《集韻》等皆作"獮獠",此當倒。

⑥ 此"豹"字當是"豹"的俗字,指"豹鳴"。

猶通答反。犬食也。䶅字。

狓狓扶廢反。犬鳴。吠古文。

犰居理反。見爲灾獸。

猣子公反。犬生三子。①

狓徒丁反。猱属。

狍蒲交反。如嬰兒獸。

玁戲檢反。北狄也。

狒扶沸反。食人獸。

獥渠幾反。犬生一子。

猨韋云、禹煩[二]反。似獼猴。

獠力弔、[力]召二反。獵也。止毛志須[留]。②

獑山監(檻)反，上；玃獑也，犬聲。犬加万不也云云。③

狠牛間反，平；犬鬭聲。

狃女久反。正也，復也，相狎也，就也。

狢不(下)各反。緰也。牟自奈，又美。④

狱語欲反。堌也，确也。

扎(扒)普姦反。弘(引)也。攀字。⑤

猛盲哽反。烈也，健也，嚴也，惡也，害也。

猶以周反。若也，如也，道也，劣也。如鹿(麂)，善登木。一曰隴西謂犬子猶者也。⑥

攤(儺)乃可反。弱也。又土丹、按捍二反。古也。⑦

猇五乎反，平；猨属。

猊狼同。莫效反。貌。在豸部。

猰烏八、苦結二反。犺也，不仁也，猰也。

---

① 注文“生三”原倒。《爾雅·釋畜》：“犬生三，猣。”各書皆作“犬生三子”。茲據乙正。

② “力”“留”字據《字鏡》補。止毛志須留（ともしする【照射する】）。

③ 注文“監”當作“檻”。《廣韻·檻韻》：“獑，山檻切。”茲據校改。“犬聲”上原有“一”字，各本與《字鏡》無，據刪。犬加万不（いぬ【犬】かまう【構う】）也。

④ 注文“不”當作“下”，各本即作“下”。《廣韻·鐸韻》：“狢，下各切。”茲據校改。《爾雅·釋詁下》：“狢，緰也。”“狢”同“貉”。牟自奈（むじな【狢·貉】），又美（み）。

⑤ 字頭當作“扒”，注文“弘”當作“引”。《玉篇·扒部》：“扒，普姦切。《説文》云：引也。”茲據校改。

⑥ 注文“鹿”當作“麂”。《爾雅·釋獸》：“猶，如麂，善登木。”茲據校改。《説文·犬部》：“猶，玃屬。一曰隴西謂犬子爲獸。”

⑦ “乃可反。弱也”當是“儺”字音義。《詩·檜風·隰有萇楚》：“猗儺其枝。”毛傳：“猗儺，柔順也。”釋文：“儺，乃可反。猗儺，柔也。”“土丹反”疑是“灘”或“攤”字音，《字鏡》作“安丹反”。“按捍反”及“古也”俟考。

猗[隴]西謂犬子猗者也。①

鹿部第七十八

卅三字

麓力木反。

鹿同。

塵塵二形作。智珍反,平;久也,埃也。

麤亦上同。

麑魚雞反。鹿,其子麛。②

塵之庚反,上;似鹿而大,一角。

麠居英反。大鹿(麤),牛尾,一角。鹿(麤),麇。③

麠上同。

鹿(麤)捕(蒲)交反。麇。④

麋武悲反。鹿属。

麕居輪反。大塵。

麈止椎反。鹿一歲。

麌与魚反。山驢。

麀相俞反。鹿子。

麢徂稔反。獸名。

麑莫奚反。鹿兒。

麠古携反。鹿属。

麎真(植)隣反。牝麋。⑤

麚胡官反。鹿一歲。

麔麠同。古賢反。鹿有力。

① 此爲"猗"字釋義,參見上文"猗"字條。《廣韻·虞韻》以主切:"猗,獸名,龍首,食人。《説文》曰:獢猗,似猵,虎爪,食人,迅走也。""獢猗"即"獢猗"。

② 《名義·鹿部》:"麑,魚雞反。"《名義·鹿部》:"麛,莫雞反。"《玄應音義》卷二十"孤麑"條:"又作麛,同。莫雞反。"《爾雅》:鹿,其子麛。"麑"字音"魚雞反","麛"字音"莫雞反",此條出《玄應音義》,或應作"莫雞反"。

③ 注文"鹿"當作"麤"。《玄應音義》卷十六"塵麇"條:"之庚反。《字林》:似鹿而大,一角也。麇又作麠,同。居英反。《爾雅》:麠,大麤,牛尾,一角。麤即麇也,色黑,耳白。麤音蒲交反,麇別名也。"茲據校改。

④ 注文"鹿"當作"麤","捕"當作"蒲"。參見上條注。

⑤ 注文"真"當作"植"。《切三·真韻》:"麎,慎鄰反。"《全王》《廣韻·真韻》:"麎,植鄰反。""慎""植"皆禪母字,疑"植"字是。茲據校改。

麚古牙反。牡鹿。

麚上同。

麀於求反。牝鹿。

已上平聲

麂居履反,上;鹿属。

麎力(才)古反,上;大。①

麌巨久反,上;牝麌。

麝神夜反,去;獸名。

麗送谷反。鹿跡。

麻力木反。庚也。

麒麟上渠之反,下理賓反。仁獸也。

麐力人反。牡也。麟字。

麞麞同。羈雉反。似麕而大,旄,獷毛。②

麇居筠反。角麕。

麛上字。

麙牛咸反。羬字。

麢力丁反。大羊而細角。

麌魚禹反。麕。

麋力質反。麕。

麌於道反。麋字(子)。③

麠魚斤反。如豿(貉)而八目也。④

豕部第七十九

五十五字

豕式尔反。猪。

飛(豕)上古文。

录在雜字内已。豕同字。⑤

---

① 注文"力"疑當作"才"。《切三》《全王》《廣韻·姥韻》:"麌,徂古反。"但"力"與"徂"相差較遠,恐未是。《字鏡》有"力古反""才古反"二音,"才"與"徂"皆從母字,暫校作"才"。

② 《爾雅·釋獸》:"麞,大麕,旄毛,狗足。"《玄應音義》卷十三"麔麞"條:"下又作麞,同。羈雉反。麞,似麕而大,獷毛,狗足也。獷音乃交反。"此"旄""獷"並出,俟考。

③ 注文"字"當作"子"。《爾雅·釋獸》:"麋,其子麌。"茲據校改。

④ 注文"豿"當作"貉"。《山海經·中山經》:"(扶豬之山)有獸焉,其狀如貉而人目,其名曰麠。"茲據校改。"人"字《廣韻》《玉篇》《名義》《新撰字鏡》皆作"八"。

⑤ 此"录"爲"彖"俗字。《説文·彑部》:"彖,豕走也。"

彖古字。

𧰨相利反。豕聲。

豨(𧱎)上古文。

㕘胡加反。豕也。

彐居厲反。豕、彙之頭也。[①]

彘除厲反。猪豕也。

豬徵居反。賭字。

豯胡雞反。豚爲乃子。[②]

豵同。子公反。豕一戈(歲)。[③]

豝博家、伯加二反。牝豕也,二歲豚。

豣豜同。公妍反。三歲豕。猏同字。

豶扶云反。羠豕。

豩百貧反。二豕。

豳同。

豚正徒昆反。豕或謂之勝(豚)。又以草[裹]土以築城及填水名曰土勝(豚)。借徒損反,上。[④]

豬羊䓫反。小豶,豬豬也。

隊上字。

豛禹赤反。猪名。

豤口曲(典)反。齧地。墾字。[⑤]

豷於麗反。豕息也。

豧疋于、妨豆二反。豕息。

豢胡乱反。在𢍏部。

豠才余反。豕属。

豲胡端反。豕属。

豨虚豈反。猪也,豕走豨豨然也。

豖丑足、知足二反。豕群行。

豙牛既反。豕怒毛竪也,殘艾也。

---

① 《廣韻·祭韻》:"彐,彙頭。《說文》作彑,云:豕之頭,象其鋭,而上見也。"

② 注文不詳。《說文·豕部》:"豯,生三月豚,腹豯豯皃也。""乃子"或爲"孕"字之分。

③ 注文"戈"當作"歲"。《說文·豕部》:"豵,一曰一歲豵,尚叢聚也。"茲據校改。

④ 字頭原作""。注文"勝"當作"豚","草"下奪"裹"字。《字鏡》有"裹"字。《資治通鑒·魏紀二》:"豫作土豚,遏斷湖水。"胡三省注:"《日録》作土塍。《廣韻》作土埫,注云:以草裹土築城及填水也。"茲據校補。"勝"與"塍"形近,但由"豕或謂之勝(豚)"可知當是"豚"字,"塍"字疑誤。又"徒損反"爲"遯"字音。

⑤ 注文"曲"當作"典"。《名義·豕部》:"豤,口典反。"茲據校改。

猥於魂反。猪短頭者。[①]

豦竭於、居御二反。虍部。

豥胡才反。豕四蹄皆白。

豽於翮反。大豕，絶有力。

豨上字。

豞徒□(公)反。似豕。[②]

豲莫丁反。小豚。

豨力尔(仁)反。似豕，黄身白首。[③]

貗力俱反。求子豕。[④]

豥串(牛)賴反。老睹。[⑤]

豞呼逅反。豚鳴。

貕山甲反。老母猪。

豱隻禹反。小母猪。

豰上字。

豬之涉反。良豕。

豗乎(呼)回反。豕豗虫也，地也。[⑥]

豩九物、九運二反。保利於己須。在又(叉)部。[⑦]

貘貊同。亡狄反。白豕黑頭。

豙囚理反。兕字。

獵閭葉反。鬣字。

彖他乱、土遐(段)二反，去；《易·彖辞》，周公所作。彖者，斷也。[⑧]

彖昌紙反。豕。

豭居瑕反。牡豕。

---

① 《爾雅·釋獸》："奏者，猥。"郭璞注："今猥豬短頭，皮理腠蹙。"

② 反切下字殘，《字鏡》作"公"。《名義·豕部》："豞，徒公反。"茲據校改。

③ 注文"尔"當作"仁"。《字鏡》作"仁"。《名義·豕部》："豨，力仁反。"茲據校改。

④ "子豕"原倒。《王一》《全王》亦作"求豕子"，《名義》作"求子豕"，《廣韻》《玉篇》作"求子豬"，此當從《名義》作"求子豕"。《左傳·定公十四年》："野人歌之曰：既定爾婁豬，盍歸吾艾豭。"杜預注："婁豬，求子豬，以喻南子。"茲據乙正。

⑤ 注文"串"當作"牛"。《名義·豕部》："豥，牛賴反。"茲據校改。

⑥ 注文"乎"當作"呼"。《玉篇·豕部》："豗，呼回切。"茲據校改。《玉篇·豕部》："豗，豕豗地。"《名義·豕部》："豗，虫。"《慧琳音義》卷五五"豗地"條："《埤倉》云：豗，豕以鼻墾地取蟲謂之豗也。"此處釋義似當作"豕豗地取虫也"。

⑦ 各本作："豩，九物、九運二反。豕以鼻發土也。又土劣反。保利於己須。"注文"又"當作"叉"，本書叉部有此字。保利於己須(ほりおこす【掘り起す】)。

⑧ 注文"遐"當作"段"。《廣韻·换韻》："彖，通貫切。""段"爲换韻字。茲據校改。

豸部第八十

冊四字

豸　直尔反。有足謂之虫，無足謂之豸也。

貘　貊同。盲白反。白豹也。似熊，黄黑也。

狖　羊售反。貔(鼬)字同。①

𤟥　上字。

貍　力疑反。貓也，似虎少(小)。②

豺　士諸(諧)反，平。③

貓　亡交反，平；宜作犛、犐。袮古。④

褫(褫)　丈尔反。又作侈(㢮)、陊(阤)。壞也。⑤

貌　莫效反，去；容皃。又作皃、皃。

貆　狠　貇　三上字。

貉　莫格反。北方國名，静也，定也。

貒　丁端反，去；似豕而肥。

貂　都聊反。似鼠。

獠　了寮反。生即食人，死即立埋也，在西南夷。

猨　王元反。猨。

犴　胡旦反，去；胡犬，又野狗。又犴字。

狳　力哀反。狸。

貆　口(呼)官反，平；貉也。⑥

貍　亡皆反。慧也。

豹　補教反，去。

貙　勑珠反，平；獌。

①　字頭原作"𤟥"，下條異體亦是"狖"字之變。注文異體當作"鼬"。《廣韻·宥韻》余救切："狖，獸名，似猨。㺉，上同。""羊售反"同"余救切"。《慧琳音義》卷二十七"狖"條："《切韻》：蟲名，似鼠，作'鼬'。獸名，似猨，作'㺉'。"《玉篇·鼠部》："鼬，以救切。似鼠。亦作鼬。"

②　注文"少"當作"小"。《名義·豸部》："貍，似虎小。"茲據校改。

③　注文"諸"當作"諧"。《切三》《王一》《全王·皆韻》："豺，士諧反。"茲據校改。

④　《玄應音義》卷六"犛牛"條："亡交反。《説文》：西南夷長髦牛也。今隴西出此牛也。經文作貓、猫二形，今人家所畜以捕鼠者是也。猫非經義。"茲據校改。袮古(ねこ【猫】)。

⑤　字頭當作"褫"，注文"陊"當作"阤"。《玄應音義》卷六"褫落"條："直紙、敕尔二反。《廣雅》：褫，敚也。《説文》：奪衣也。字從衣虒聲。經文作阤，除蟻反《方言》：阤，壞也。《説文》：小崩曰阤。阤亦毀也。敚音奪。虒音斯。"《集韻·哿韻》："阤，《博雅》：壞也。或從它。從多。"茲據校改。

⑥　注文"口"當作"呼"。《廣韻·桓韻》："貆，呼官切。"茲據校改。

貚大安反。貙屬。①

貔禅尸反。虎属,猛獸。又貍。

豼上字。

豺仕皆反。犲。

玃九縛反。穀㨎(玃)。②

貐翼孔(乳)反。似牛,赤身,人面,馬足。③

㹳与恭反。獞字。

豽女滑反。似虎。

豽上字。

貉何各反。似狐。

貀上字。

貗亦上字。

狖与救反。似貍,食鼠。

貆呼桓[反]。貒也,野豚。

貗渠縷反。貒子。

狪耻洪反。似豚而有珠,鳴自叫也,在太山。④

狱況求反。摯獸。

狉鼻飢反。貍。

狹山吏反。狄也。

獌莫旦反。獌字。

貖於革反。鼠字(屬)。貤(貤)字同。⑤

羊部第八十一

六十二字

羊□(与)章反。畜也,祥也,祥善也。⑥

牵耻達反。生也,羊字(子)。⑦

---

① "貚"字右旁原誤作"邑"。

② 注文"㨎"當作"玃"。《廣韻·藥韻》:"玃,大玃也。玃,上同。《説文》曰:穀玃也。"今本《説文》作"穀玃"。茲據校改。

③ 注文"孔"當作"乳"。《名義·豸部》:"貐,翼乳反。"茲據校改。

④ 《山海經·東山經》:"(泰山)有獸焉,其狀如豚而有珠,名曰狪狪,其鳴自訆。"

⑤ 注文"字"當作"屬","貤"當作"貤"。《名義·鼠部》:"貖,鼠屬。"《集韻·麥韻》:"貖,亦作貤。"《新撰字鏡·雜字》:"貤,於革反。貖、貤二同。"茲據校改。又,"鼠字"或當作"鼳字"。

⑥ 反切上字殘。《廣韻·陽韻》:"羊,與章切。"茲據校補。

⑦ 注文"字"當作"子"。《名義·羊部》:"牵,羊子。"茲據校改。

傘同。

羖公戶反。羠，亦羯。羯，羠。①

羠力狄反。

羯居謁反。羖羊犗。

羀上字。

牂作桑反。牝羊，吳羊。②

羝□(都)奚反。三歲羊。③

辣鞣同作。都弄反。似羊，目在耳後。

騄羠同作。因(囟)几反。騄羊。羯、羠，並犍羊。④

辜(辜)古音。肉也，罪也。⑤

羱羱羱三形作。語園反。野羊。

羺奴溝反。胡羊，羊卷毛。⑥

羶尸延反。羊脂，羊臭。

羦羱同作。戶丸反。似羊獸。

羭女佳反，平；羺羊。

羪以掌反，上；古文養字。

芈弥尔反。羊鳴。

羔古敖反。小羊也，取其群不[失]類。⑦

羜之与、治与二反。未成羊，五月生者曰羜。

羛亡具反。六月生羊。

羝雉矯反。羊未跨歲。

羒扶云反。羝也，羊之母。

羭与珠反。羊牡也，黑羊也。

羝丁子(分)反。羊之父。⑧

羨羨二作。慈前(箭)反。貪欲也，延也，長，饒也，道也。⑨

---

① 《玄應音義》卷五"羖羠"條："《三蒼》：羖羠，亦名羯也。"

② 《玄應音義》卷十四"牂羝"條："作桑反。《字林》：牝羊也。《三蒼》：吳羊也。"

③ "奚"上殘。《名義·羊部》："羝，都奚反。"茲據校補。

④ 注文"因"當作"囟"。《玄應音義》卷五"羯羠"條："囟几反。《聲類》：騄羊也。徐廣曰：羯、羠，並犍羊也。"茲據校改。

⑤ 《玄應音義》卷二十"辜較"條："《漢書音義》曰：辜，固也。較，專也。"此處"肉"疑爲"固"字之誤。

⑥ 注文"卷"上"羊"字原在"溝"下。《玄應音義》卷二十二"黑羺"條："奴溝反。《埤蒼》：羺，胡羊也。《通俗文》'羊卷毛曰羺'是也。"茲據乙正。

⑦ 《周禮·春官·大宗伯》："卿執羔，大夫執鴈。"鄭玄注："羔，小羊，取其羣而不失其類。"

⑧ 注文"子"當作"分"。《玉篇·羊部》："羝，丁分切。"茲據校改。

⑨ 注文"前"當作"箭"。《名義·羊部》："羨，慈箭反。"茲據校改。

羳扶園反。腹下黄羊。

羥揩間反。羊名。

羳子齊反。羊名也。

羵於間、於真二反。黑羊也,群羊相積也。羵字。①

羘於髮(髮)反。羊相羘。②

羘子漬反。羘。

群羣羣三形作。渠軍反。倫也,獸三爲羣,輩也。③

羳且移反。羊,蹄皮可以害(割)袠也。④

美□(妄)几反。美甘也,乾也,善也。⑤

羷力冉反。羊角三觡,蟠二仰(捲三匝)也。⑥

羑一作羪。餘九反。倫也,獸尊也,盜牛馬也,教也,引也,進,謨(護)也,善也,和柔相引道以進於善也。⑦

䍃丘向反。舜後陳桓公名也。

羌去央反。四夷之國也,須臾意也。西戎牧羊,故字從羊也。

衆一作羴。上古字。

羬胡閏(關)、胡慢二反。如羊導攫而无□(口),不所(可)煞。⑧

羬羬同作。五咸、渠炎二反。如羊而馬尾也。

羮古衡反。阿豆毛乃。⑨

抨普耕反。使也。伻字。

狳似余反。舒(野)羊,又山驢。⑩

---

① 《説文·羊部》:"羵,羣羊相羘也。"《玉篇·羊部》:"羵,羣羊相積也。"《名義·羊部》:"羘,積字。"

② 注文"髮"當作"髮"。《廣韻·寘韻》:"羘,於僞切。""髮"是寘韻字。兹據校改。

③ 《集韻·文韻》:"羣,亦作羣。"字頭第三形即"羣"字之變,下從"衆"。

④ 注文"害"當作"割"。《説文·羊部》:"羳,羊名,蹄皮可以割袠。"兹據校改。此條前人皆云"未聞"。《玉篇》《集韻》等皆作"袠",《廣韻》作"袠",此處作"袠"。若"袠"字是,義或指蹄皮可製作袠衣。

⑤ 反切上字殘。《名義·羊部》:"美,妄几反。"兹據校補。

⑥ 《爾雅·釋畜》:"角三觡,羷。"郭璞注:"觡角三匝。"邢昺疏:"觡,捲也。羊角捲三匝者名羷。"此"蟠二仰"疑當作"捲三匝"。

⑦ 字頭原作"羑",注文異體原作"羪",皆是"羑"字俗寫。注文"謨"當作"護"。《名義·羊部》:"羑,護也。"兹據校改。《書·費誓》"竊馬牛,誘臣妾。""羑"同"誘"。

⑧ 注文"閏"當作"關","无"下一字殘,注文"所"當作"可"。《廣韻·刪韻》户關切:"羬,獸名,似羊而黑色,無口,不可殺也。"《山海經·南山經》:"(洵山)有獸焉,其狀如羊而無口,不可殺也,其名曰羬。"郭璞注:"稟氣自然。"兹據改補。"導攫"二字疑衍。

⑨ 阿豆毛乃(あつもの【羮】)。

⑩ 注文"舒"當作"野"。《名義·羊部》:"狳,野羊也。"

羫口通、口江二反。羊口(腊)。①

羪扶云、[扶]刕二反。雌雄未成也,土怪也。②

羳補各反。似羊,九尾四耳,目在背後,名曰羳羛(羳)也。吴羊犆也。③

羒達何反。羳。

羘方末反。古姓。④

羜羜二同。[子]含反。羊鮑。⑤

羟九劣反。病也,羊跳死也。

羨思兖反。朱丕(未晬)羊也,羔也。⑥

鼠部第八十二

五十字

鼠鼠二作。舒舉反。

鼺扶園反。鼠婦,亦瓮底虫爲鼺。

駱胡各反。作裘。

鼢扶粉反。地上潜行鼠也,犁鼠也。

鼱蒲丁反。歐(鼩)鼠也,令鼠也。⑦

鼶相雜(離)反。鼬也。⑧

鼸胡覃(簟)反。食田鼠者。⑨

鼶力九反。似鼠。

---

① 注文"羊"下殘字作"**肍**",《玉篇》作"羊肋",《廣韻》及本書"腔"字注作"羊腔",皆不似,當是"腊"字。《集韻·送韻》:"羫,羊腊。亦从肉。"《新撰字鏡·骨部》:"腔,口江反。腔、羫二同字。羊腊也。"《太平御覽》卷九百二引《字林》:"羫,口弄反。羊腊也。"茲據校補。

② "云"下奪"扶"字。《玉篇·羊部》:"羪,扶云、扶刕二切。"茲據校補。《廣雅·釋天》:"土神謂之羪羊。"此"土怪"義同。

③ 注文"羛"當作"羳"。《山海經·南山經》:"(基山)有獸焉,其狀如羊,九尾四耳,其目在背,其名曰羳羳。"茲據校改。

④ 注文"古姓"未詳,《王一》《全王》同,《廣韻·黠韻》作"牯羊",《玉篇》作"人姓"。

⑤ "含"上奪"子"字。《玉篇·羊部》:"羜,子含切。"茲據校補。

⑥ 注文"朱丕"當作"未晬"。《集韻·獮韻》:"羨,《字林》:未晬羊。"《説文新附·日部》:"晬,周年也。"茲據校改。

⑦ 注文"歐"字疑當作"鼩",下"鼩"條注"鼱",可參。

⑧ 字頭原作"**鼶**",注文"雜"當作"離"。《名義·鼠部》:"鼶,相離反。鼠也。"《名義》"鼶"字原作"**鼶**"。《廣韻·支韻》息移切:"鼶,鼠名。""相離反"與"息移切"音同。《爾雅·釋獸》:"鼶鼠。"郭璞注:"《夏小正》曰:鼶鼬則穴。"茲據校改。

⑨ 注文"覃"當作"簟"。《玉篇·鼠部》:"鼸,胡簟切。"《廣韻·忝韻》:"鼸,胡忝切。""簟"爲忝韻字,《名義》亦誤作"覃"。茲據校改。

鼨之弓反。豹文鼠。

鼩渠俱反。小鼠。

鼣上字。①

鼣亦上字。

鼢胡貪、公含二反。似蜥蜴，鼠属。

鼬遊救反。似鼠，黃色也。

鼢之若、補教二反。大鼠，在胡地。

鼰如勇反。鼤。②

鼲胡昆、古魂[二反]。[似]猴，作裘。③

鼣鼣(獄)同作。扶發(廢)反。未詳。④

鼣鼣二上字。

鼴如視反。

鼯[午徒反]。⑤

鼱(鼳)胡臂(甓)反。似鼠而長。⑥

鼳(鼳)胡狄、胡姪二反。如鼠而倉。⑦

鼵鼵徒骨反。鳥鼠同穴。

鼮徒聽反。豹文鼠。

鼶視之反。

鼤[莫云反]。⑧

鼪至誰(維)反。鼠属。⑨

鼪所敬反。鼬。

---

① 字頭俟考，《名義》右旁作“告”。

② “鼤”字原誤爲字頭。《玉篇·鼠部》：“鼰，鼤鼠也。”茲據乙正。

③ “魂”下奪“二反似”三字，據《字鏡》補。

④ 字頭“鼣”當作“獄”，注文“發”當作“廢”。《字鏡》作“獄”，是也。《爾雅·釋獸》：“獄鼠。”郭璞注：
“《山海經》説獄云：狀如獄鼠，然形則未詳。”釋文：“字或作鼣，符廢反。舍人云：其鳴如犬也。”
《名義·鼠部》：“鼣，扶廢反。”茲據校改。

⑤ 注文闕。《名義·鼠部》：“鼯，午徒反。如小孤似蝙翼。”《玉篇·鼠部》：“鼯，午胡切。鼯鼠飛生。
或爲鼺。”

⑥ “鼱”爲“鼳”俗字。反切下字“臂”當作“甓”。《名義·鼠部》：“鼳，胡甓反。”《廣韻·錫韻》：“鼳，古
闃切。”“甓”爲錫韻字。茲據校改。

⑦ “鼳”爲“鼳”俗字。《爾雅·釋獸》：“鼳鼠。”郭璞注：“今江東山中有鼳鼠，狀如鼠而大，蒼色，在樹
木上。音巫覡。”

⑧ 注文闕。《名義·鼠部》：“鼤，莫云反。尾斑。”《玉篇·鼠部》：“鼤，亡云、亡運二切。斑尾鼠。”

⑨ 注文“誰”當作“維”。《名義·鼠部》：“鼪，至維反。”茲據校改。

鼸助感(緘)反。鼠黑身白腰。①

鼩[公木反]。②

鼣補木反。

鼲徒當反。鼲。

鼲補各反。

鼧粝何反。

鼱子盈、子客二反。鼩。

鼿公燚反。斑鼠。

鼰力令反。鼩(鼿)。③

鼩子句(徇)反。其尾作筆。④

鼳於盖反。鼳,不(小)鼠。⑤

鼲力支反。

鼰於膚(甗)反。鼢。⑥

鼦都聊反。鼠属。

鼢於革反。鼠属。

鼸視亦反。大,頭似兔。⑦

鼷胡雞反。甘口鼠。

虫部第八十三⑧

四百九十六字

虫許鬼反。凡此子(字)撇頭作竪書則不合,**虫**如**土**者,則无撇頭,此其象也。⑨

虫上《字樣》。

蚰古魂反。⑩

---

① 注文"感"當作"緘"。《名義·鼠部》:"鼸,助緘反。"茲據校改。
② 注文闕。《名義·鼠部》:"鼩,公木反。鼲也。"《玉篇·鼠部》:"鼩,公禄切。鼬鼠也。"
③ 注文"鼩"當作"鼿"。《廣韻·青韻》:"鼰,鼿鼰,斑鼠。"茲據校改。
④ 注文"句"當作"徇"。《名義·鼠部》:"鼩,子徇反。"《玉篇·鼠部》:"鼩,子徇切。""徇"當是"徇"俗字。茲據校改。
⑤ 注文"不"當作"小"。《玉篇·鼠部》:"鼳,鼳鼳,小鼠,相衝而行。"茲據校改。
⑥ 注文"膚"當作"甗"。《字鏡》作"甗"。《名義·鼠部》:"鼰,於甗反。"茲據校改。
⑦《爾雅·釋獸》:"鼸鼠。"郭璞注:"形大如鼠,頭似兔,尾有毛,青黃色,好在田中食粟豆。"
⑧ "虫部"之"虫"原作"虫"。
⑨ 注文大意指"虫"字應有撇作"虫",截圖二字蓋是"虫"字之變。
⑩ 字頭原作"䖵",有四虫,當作二虫。《説文·蚰部》:"蚰,蟲之總名也。從二虫。讀若昆。"

蠱蟲除有(忠)反,平。[1]

蟄除立、持立二反。藏也,和集也,盛也。

蟠扶園反。曲也,委也,鼠負虫也,屈也。鼳字。又蜿蟠也。志自万留,又和太万留。[2]

蟥胡光反。蚢,蟥蚸。甲虫也,大如虎豆。[3]

虹蜺上胡公反。古文仰(蚣)。潰也。下研奚、古(五)結二反。[4]

蝃蝀同作。丁計反。虹蜺也。陰陽交[接]之氣,著之形色也。彼色玉彩,興於空中,俄尒即没。亦依陰雲見□□□(日爲之)色。俗呼□□(爲青)絳也。雄曰虹,雌曰蜺。但蝀字者,止(職)雪反,蜘蛛也。蝃者,蝀。[5]

蠪蚈他達反。蠍也。下勒達反。蚳也。[6]

蚺而塩反。大虵,長三(二)丈餘。[7]

蠵蛄上网計反,下古胡反。螻。介良。[8]

蟆莫音。如蚊而小,横(攢)聚映[日],潔(蚉)人作痕如手。[9]

蜧蝛上補奚反。蠹牛虫也,今禽獸有虱也。下所乙反。蠹人虫也。

蝨蝨二形同尚。所七(乙)反。志良弥。[10]

蚤蝨二形同。子老反。乃弥。[11]

---

① 注文"有"疑當作"忠"。《名義·蟲部》:"蠱,除惡(忠)反。有足虫。""除有反"當是倭音"ちゅう"。茲據校改。

② 志自万留(しじまる【蠪まる·縮まる】),又和太万留(わだまる【蟠る】)。《倭名類聚鈔》作"和太加末流(わだかまる【蟠る】)",此處"和太万留"之"太"下疑奪"加"字。

③ 《爾雅·釋蟲》:"蚢,蟥蚸。"郭璞注:"甲蟲也。大如虎豆,綠色,今江東呼黃蚸。音瓶。"

④ 注文"仰"當作"蚣",後一"古"字疑當作"五"。《玄應音義》卷四"白虹"條:"古文蚣,同。"《新撰字鏡·雨部》:"霓蜺,五奚、五結二反。"《廣韻·屑韻》:"蜺,五結切。"茲據校改。

⑤ 注文"交"下奪"接"字,注文殘。《藝文類聚》卷二天部下"虹"條:"蔡邕《月令章句》曰:虹,蝃蝀也。陰陽交接之氣,著於形色者也。雄曰虹,雌曰蜺。蜺常依陰雲而晝見於日衝,無雲不見,大陰亦不見,率以日西見於東方,故詩云'蝃蝀在於東'。蜺常在於旁,四時常有之,唯雄虹見藏有月。"《初學記》卷二所引"常依"上無"蜺"字,有"虹見有青赤之色"。《爾雅·釋天》:"蝃蝀,虹也。"釋文:"郭音講。俗亦呼爲青絳也。"此處"色"上殘字據字形定。又"蝀"字《切三》《裴韻》《全王》皆音"職雪反",此處"止"字當作"職"。

⑥ 《玄應音義》卷十五"蠪蚈"條:"他達反,下勒達反。《廣雅》:蠪蚈、蚳蠪、蠍也。"

⑦ 注文"三"當作"二"。《玄應音義》卷十六"蚺蛇"條:"而塩反。《字林》:大蛇也。可食,大二圍,長二丈餘。"茲據校改。

⑧ "网"字不詳,各本作"皿(寬永本)""圓(享和本)""田(《群書類從》本)"等形,《師説抄》疑"固"字之誤。《廣韻》音"胡桂反",此當是匣母字,似皆非。介良(けら【蠵蛄·螻】)。

⑨ 注文"横"當作"攢","映"下奪"日"字,"潔"當作"蚉"。《玄應音義》卷十七"蟆子"條:"音莫。山南多饒此物,如蚊而小,攢聚映日,蚉人作痕如手也。"茲據改補。

⑩ "七"當是"乙"字之誤,"蝨蝨"即上條"蝛"字。志良弥(しらみ【虱·蝨】)。

⑪ 乃弥(のみ【蚤】)。

蜱二形同。毗支反。蜋也,蟷蜋子也。①

蚑巨儀反。蛱也,多足虫也。②

蛆〔蛆〕子餘反。亦作胆。肉中蟲也,痛也,吴公也,螫也。止加介。③

蛆知葛反。蘁也。久良介。④

螉螺上烏公反,下力果反。蜂至小者,細腰。火良。⑤

蠃來果反。螺字同。

蠮螉二同。烏結反。螉也。

蠣力制反,去;加支。⑥

蝘蜓上烏典反,上;下徒典反,上;守公(宫)在壁曰蝘蜓,在草曰蜥[蝪]。⑦

蠾蝥上字,非。

蚊徒得反。食葉曰蚕。

蚊螣二形,上字。

螣蚕上字。但上徒曾、馳錦二反。神虵也。下居援反。螣螬謂之蚕属。非。⑧

蚪螭上渠留、奇樛二反。有角曰蚪龍,无角曰螭。蚪,龍黑身无鱗甲也。螭,黄者。⑨

蜻蜓上辞姓反。蜍(蛉)。下旦井反。蟬之有文者也,蛉也,蟋蟀也。⑩

虺虺字。呼鬼反,平;毒蟲也,蝮也。

蜲上古文,虫字。⑪

---

① 《玄應音義》卷十一“蜺等”條:“補兮反。《通俗文》:狗虱曰蜺。經文作蜱,扶卑反,蟷蜋子也。蜱非字義也。”

② 《玄應音義》卷二十“蚑蜂”條:“巨儀反。《聲類》云:多足蟲也。關西謂蚩溲爲蚑蛱,音求俱反,下所誅反。”

③ “痛也,螫也”爲“蛆”字義。止加介(とかげ【蜥蜴・蝘蜓・石竜子】)。

④ 注文“蘁”原誤分作“若蚑”二字。《玉篇・虫部》:“蛆,蘁也。”茲據校改。久良介(くらげ【水母・海月】)。

⑤ 《玄應音義》卷二十“螉螺”:“烏公反。《方言》:蜂其小者謂之螉螉。郭璞曰:小細腰蜂也。下力戈反。蝸螺也。蠮,烏結反。”火良(か【蝸】ら【螺】)。

⑥ 各本反切與和訓間有“相着生石”四字。加支(かき【牡蠣】)。

⑦ 注文“公”當作“宫”,“蜥”下奪“蝪”字。《玄應音義》卷二十“蝘蜓”條:“烏典反,下徒典反。《説文》:守宫在壁曰蝘蜓,在草曰蜥蝪。經文作蠾蝥,非體也。”茲據改補。

⑧ 《玄應音義》卷二十“蚕同”條:“又作蚊、螣、螣三形,同。徒得反。《爾雅》:食葉曰蚕。經文作蚕,居援反。《方言》:螣螬,自關而東或謂之蚕屬。蚕非此用。”《玉篇・虫部》:“螣,徒曾、直錦二切。神蛇也。”

⑨ 《玄應音義》卷十二“蚪螭”條:“渠周反,下敕知反。《廣雅》:有角曰蚪。龍無角曰螭。蚪,黑身無鱗甲。螭,若龍而黄者也。”

⑩ 注文“蜍”當作“蛉”。《玄應音義》卷十七“蜻蜓”條:“《廣志》作蜻蜓,音青庭。《莊子》作蜻蛉。蛉音力丁反。”茲據校改。

⑪ 《玄應音義》卷七“虺蛇”條:“古文虫、蜲二形,今作虺,同。”

蝟又作彙。于貴反,去;有兔蝟、鼠蝟等。

蝤蛑上以炙反,下莫牟反。聚稻上而食黄稻之葉虫也。二字。加左女。①

蝥蛑字。

蠛蠛二形作。亡結反。蠓也,苗節食虫。又酒乃波户。②

蠓蒙孔反。蠛。

蝜房久反,上;蟓也,蟓蝥。

璽(壐)思此(紫)反。印也,封也,符也。③

蜫古魂反。蟲未蟄也,明也。北濱(溟)大魚。④

蠚呵各反。虫行毒也,螫也,蠍也。

蟒莫黨反,上;大虵。山加我知。⑤

蠝所奇反。細長螺。借力支反。蚰蜒,入耳虫。

蠰蠰蠰三形作。相亮反。齧桑也。

蜡且鹿(庶)反,去;宇自。⑥

蠶在含反,□(平);加比古。⑦

蜴〔蜴〕天(先)狄反,入;亦羊益反。蛺蜴(蚨蜴)也,又守宫也。⑧

蟫余針、大南二反,平;志弥。⑨

蚨附夫反,平;青[蚨],小虫,母子不相離也。⑩

蚍蠙二同。芳卑反。蜉,天(大)蟻。⑪

蜉補俱反。蚌。⑫

---

① “蝤蛑”即“梭子蟹”,此處爲“蝥”字釋義。加左女(がざめ【蝤蛑】)。

② 酒乃波户(さけ【酒】の【之】はえ【蠅】)。

③ 字頭“璽”當作“壐”,“思此”原倒,“此”當作“紫”。《新撰字鏡·王部》:“壐𤤾,同字。思紫反。信也,神器也,印也,封也,符也。”茲據改乙。

④ 注文“濱”當作“溟”。《廣韻·魂韻》:“鯤,北溟大魚。”此“蜫”同“鯤”,或二字相混。茲據校改。《玄應音義》卷八“蜫蟲”條:“《禮記》:蜫蟲未蟄。鄭玄曰:蜫,明也。明蟲者陽而生,陰而藏者也。”

⑤ 山加我知(やまかがち【蟒蛇】)。

⑥ 注文“度”當作“庶”。《廣韻·御韻》:“蜡,七慮切。”“庶”爲御韻字。茲據校改。宇自(うじ【蛆】)。《説文·虫部》:“蜡,蠅胆也。”

⑦ 加比古(かいこ【蚕】)。

⑧ 注文“天”當作“先”,爲“蜥”字音。《全王·錫韻》先擊反:“蜴,蜴蜥。錯。”“蜥,蜥蜴。”即誤將“蜥”字頭誤寫作“蜴”,故云“錯”,又重新抄寫“蜥”字條,此處蓋誤亦同。“先狄反”音同“先擊切”。注文“蛺蜴”當作“蚨蜴”。《廣韻·唐韻》:“蜴,蚨蜴,蟲名。”茲據校改。

⑨ 志弥(しみ【衣魚・紙魚・蠹魚】)。

⑩《廣韻·虞韻》:“蚨,青蚨,蟲,子母不相離。”

⑪ 注文“天”當作“大”。《廣韻·脂韻》:“蚍,蚍蜉,大螘。”“蟻”同“螘”。茲據校改。

⑫《方言》卷十一:“蚍蜉,燕謂之蛾蚌。”《爾雅·釋蟲》“蚍蜉,大螘。小者,螘。”郭璞注:“齊人呼螘爲蚌。”

蝣以洲反。朝生夕死,蜉蝣。

蟔豆沃反。久母。①

蜚符韋反。飛,飛揚也。②

蛭之逸、都計二反。比留。③

蜸知□(栗)反。上字。螻蛄。④

蟺將圓(時緬)反。丘蚓,一名蜜壇(蚕蟺)。波知乃子。⑤

蛑蚘同。古環(胡瓓)反。腹中虫。⑥

蛔上字。

已下平聲

融余隆反。和,長也,朗也。

蚣先恭反。蚣蝑。

螭丑知反。螭龍。

蝓羊朱反。[蜾]蝓,蠃。加太豆不利,又奈女久豆(地)。⑦

蜍暑(署)魚反。蟾。⑧

蟗强魚反。獸。

蟣於非反。蚅。

蚅蛓同作。於脂反。蟣。江女虫。⑨

瑑蛦同作。以脂反。蛥。

蚈古稽反。螢火也。

蜸胡稽反。蜸蟓虫。

蠵户圭反。又餘規反。大龜。

蠵同上。

---

① 久母(くも【蜘蛛】)。

② 《玄應音義》卷四“蜚尸”條:“古書飛多作蜚,同。府韋反。飛謂飛揚也。”

③ “都計反”疑有誤。比留(ひる【蛭】)。

④ 反切下字殘,剩“木”旁。《玄應音義》卷十一“作蜸”條:“經文作蜸,音知栗反,螻蛄也,非此義也。”茲據校補。

⑤ 注文“將圓”當作“時緬”,各本即作“時緬”;“蜜壇”當作“蚕蟺”。《名義·虫部》:“蟺,時緬反。”《玄應音義》卷十一“曲蟺”條:“音善。《古今注》云:丘蚓也。一名蜜蟺。”茲據校改。波知乃子(はちのこ【蜂の子】)。

⑥ 注文“古環”當作“胡瓓”。《玄應音義》卷十一“蛑母”條:“又作蛔,同。胡瓓反。《蒼頡訓詁》云:蛑,腹中蟲也。”茲據校改。

⑦ 注文“蝓”上奪“蜾”字。《切三》《全王·虞韻》:“蝓,蜾蝓,蠃。”茲據校補。和訓末“豆”字各本作“地”,疑當從。加太豆不利(かたつぶり【蝸牛】),又奈女久地(なめくじ【蛞蝓】)。

⑧ 注文“暑”當作“署”。《切二》《切三》《廣韻·魚韻》:“蜍,署魚反。”茲據校改。

⑨ 江女虫(えめむし【鼠姑·蟒】)。各本作“於女虫(おめむし【臆虫】)”,義同。

蛙黿同作。烏禍(綿)[反]。加户留。①

畫同。

蚸呼恢反。豕掘地。

蚘户恢反。人腹中虫。

蟒匠隣反。蜻虫。

蛨武延反。馬蜩。

蠓与專反。蝗子,一曰蟻子。

姘蚈同作。苦堅反。螢火。

蠻莫還反。八蠻。

蜠胡山反。虫名。

蠠五丸反。晚蠶。

蟊莫交反。蟹蟊。

螶蟹同。布還反。蟊,毒虫。

蟯蟯同。如招反。人腹中虫。

蠨蜻蠨三形作。蘇彫反。蠨蛸,虫。

蟷徒[郎反]。蜩。②

蝑即良反。寒蝑,蟬属。

蠳居良反。蠶白死。

蝌苦禾反。蝌蚪,虫。

蚪於蚪反。蚪蚪,龍兒。

蚰以用(周)反。蚰蜒。③

蚈薄經反。虫名,以翼鳴。

蠑永兵反。蠑蚖,蜥蜴。

蟚蟛同。薄庚反。啖稻虫。蟚蟳,似蟹。④

蠅余陵反。虫名。

① 注文"禍"疑當作"綿",下奪"反"字。《群書類從》本作"蝸",各本作"禍"。《裴韻·佳韻》:"蛙,烏蝸反。"《切三》《全王·佳韻》:"蛙,烏綿反。"《廣韻·佳韻》:"蛙,烏媧切。"《倭名類聚鈔》引《唐韻》作"烏蝸反"。"蝸""綿""媧"三字皆可,暫定作"綿"。茲據改補。加户留(かえる【蛙·蛤·蝦】)。各本作"阿万加户留(あまがえる【雨蛙】)"。

② "徒"下奪"郎反"字。《切三》《王一》《裴韻》《全王》《廣韻·唐韻》:"蟷,徒郎反。"茲據校補。

③ 注文"用"當作"周"。《廣韻·尤韻》:"蚰,以周切。"茲據校改。

④ "啖稻虫"不詳所出。

蟾 臟廉反。蟾蜍,蝦蟇,壽三千[歲]。百(万)歲者,頭上有角。①

蝀 多動反。蟉。

蛹 余隴反。老蠶。

蟒 舒莒反。[蟒]蝑,虫。

蠡 盧啓反。又平聲。瓠。又礼音。蠡吾縣。又范蠡。

蜆 呼典反。小蛤。之自弥。②

蟺 常演反。蚯蚓。

蜑 徒旱反。南夷。

蟪 虛偃反。寒蟪,蚯蚓。

蟠蝜 同。房久反。蟠蟠,鼠婦。

蠹 當故反,去;食桂虫。

。③

蟖 即刃反,去;蟵。伊加比。④

蟳 先救反,去;虫名。

蟒 [補曠反,去;虫名,似蝦蟇]。⑤

蝑 思夜反,去,又平;塩藏蟹,又蚛(蜤)蝑。⑥

蝱 呼甘(下瞰)反,去,又平;瓜虫,又桑葉上[虫]。⑦

蝼 同。士諫反,去;虫名。

翰 胡旦反,去;天雞。

蠹 乃丁反。

蠶 俎高反。蠐。

蠹 胡闊反。螻蛄。

蠭 孚恭反。蜂。

---

① “蝦蟇”原倒,“千”下疑奪“歲”字,“百”當作“万”。《廣韻·鹽韻》:“蟾,蟾蜍,蝦蟆也。……《抱朴子》云:蟾蜍,壽三千歲者,頭上有角,頷下有丹書八字。”“蟇”同“蟆”。《抱朴子内篇·對俗》:“蟾蜍壽三千歲,騏驎壽二千歲。”《抱朴子内篇·仙藥》:“肉芝者,謂萬歲蟾蜍,頭上有角,頷下有丹書八字再重。”“万”同“萬”。《廣韻》誤將兩處相合而遺漏“萬歲”二字。茲據乙補改。又,“百”字或不誤,今本《抱朴子》誤。《可洪音義》第十一冊“蟾蜍”條、《五行大義》引《切韻》等皆作“百歲”。

② 之自弥(しじみ【蜆】)。

③ 注文闕,疑當是“二上字”。

④ 伊加比(いがい【貽貝】)。

⑤ 注文闕。《裴韻》《全王》《唐韻》《廣韻·宕韻》:“蟒,虫名,似蝦蟇。”《全王》《廣韻》音“補曠反”,《裴韻》音“補浪反”,《唐韻》音“甫曠反”。茲據校補。此字又有平、上聲,或當補“又平、上”。

⑥ 注文“蚛”當作“蜤”。《切二》《切三》《廣韻·魚韻》:“蝑,蜤蝑,蟲。”茲據校改。

⑦ 注文“呼甘”當作“下瞰”,“上”下奪“虫”字。S.6176、《王一》《裴韻》《全王》《唐韻》《廣韻·闞韻》下瞰反:“蝱,瓜虫。”《切三》《裴韻》《全王·談韻》胡甘反:“蝱,桑葉上虫。”茲據改補。

蟲巨於反。蟬,蜉蟓。

螡莫衡反。虻。

蚤牛何反。飛虫。

螽蠹同。止戎反。蚣蝑。

屭屭[同。徵塞反]。①

蠽蠽子列反。似蟬小。加佐女。②

蠢充尹[反]。

蟗乃北、乃載二反。小虫。

螶莫北反。蟻[螶],虫。

蝍子力反。蝍蛆,虫。

匷女力反。虫食病。

蛋鳥各反。虵□(名)也。③

蝶徒協反。蛺蝶。

蟈[古獲反。螻蟈,蛙別名]。④

蜹口(吕)薛反。蜻。⑤

蜇涉列反。虫螫。

蠽魚[列]反。虫爲恎。⑥

蘆[上字]。⑦

蜖渠竹反。[蜖]大龜(黿),蟾蜍別名。⑧

螰盧各(谷)反。蟿螰。支利支利須。⑨

蚰直六[反]。

蚨蝀同。渠鳩反。蚩。

蠹子兖反。虫食。

---

① 注文闕。《名義·虫部》:"屭,徵塞反。""屭"同"屭"。此條及前後條順序與《名義》合。茲據校補。
② 加佐女(がざめ【蟳蟹】)。
③ 注文"虵"下一字殘。《廣韻·鐸韻》:"蛋,蛇名。"茲據校補。
④ 注文闕。《切三》《王一》《裴韻》《全王》《唐韻》《廣韻·麥韻》:"蟈,古獲反。螻蟈,蛙別名。"茲據校補。
⑤ 注文"口"當作"吕"。《切三》《裴韻·薛韻》:"蜹,吕薛反。"《全王·薛韻》:"蜹,吕結反。"茲據校改。
⑥ 反切下字奪。《裴韻》《全王》《廣韻·薛韻》:"蠽,魚列反。"茲據校補。
⑦ 注文闕,據文例補"上字"。
⑧ 注文"大龜"當作"黿",上奪"蜖"字,"蜍"字原誤爲字頭。《切三》《王一》《全王》《唐韻·屋韻》:"蜖,蜖黿,蟾蜍別名。"("蟾"《唐韻》作"蟶")茲據改補。
⑨ 注文"各"當作"谷"。《廣韻·屋韻》:"螰,盧谷切。"茲據校改。支利支利須(きりぎりす【螽斯·蟋蟀】)。

蝝蜵二形作。呼全反,上(平);飛兒,井中出(虫)。①

蜳人尹[反]。

蝍蜘蜲三形同。

蛛䘏𧒶𧔥亦同作。

蝖〔蟫〕才宣(弋寅)反。蚓也。耳受。又虚元反。②

蝗古(胡)孟[反]。③

蚰丑善反。虫伸行。字未詳。

蛉蠬波户。④

蠡蜂蜂三形作。蠭同。疋凶反。又佐曾利。⑤

蝱蟲同。亡眠反。似於蚋,稍大也。久知夫止我。⑥

蚋如鋭、而税二反。奴可我。⑦

虻蚋蝒莫向反。皆奴可我。⑧

[蛣袪吉反。蜣蜋也。螺〔伊比保牟志利〕蛸之母也]。⑨

蜋力當反。皆同虫。

蜣蟑皆通也。凡食屎。加户太虫。⑩

蟪同上。

---

① 注文"上"當作"平","出"當作"虫"。"呼全反"爲平聲,《廣韻》有平聲"許緣切"、上聲"香兖切",此蓋據上聲音標"上"。《玄應音義》卷十六"蜎飛"條:"一全反。《字林》:蟲兒也。或作蠉,古文翾,同。呼全反。飛兒也。《爾雅》:井中小赤蟲也。"兹據校改。
② 《名義·虫部》:"蝖,虚元反。蛑蝽也,螙也。"注文"才宣反。蚓也。耳受"當是"蟫"字音義,"才宣"蓋當作"弋寅"。《廣韻·軫韻》余忍切:"蚓,蚯蚓。蟫,《説文》上同。"軫韻"寅"旁字有"演戭縯"等,似皆非是。《廣韻·真韻》翼真切:"蟫,寒蟬。""弋寅反"與"翼真切"音同,此或是"蟫"字平聲音。兹據校改。耳受(みみず【蚯蚓】)。
③ 注文"古"當作"胡"。《玄應音義》卷八"蝗蟲"條:"胡光、胡孟二反。"兹據校改。
④ 波户(はえ【蠅】)。
⑤ 佐曾利(さそり【螺蠃】)。
⑥ 久知夫止我(くちぶとが【口太蚊】)。
⑦ 奴可我(ぬか【糠】が【蚊】)。
⑧ "蚋"從字形來看是"蚋"的俗字,各本亦無"蚋"字。但此處應爲"虻"的聲旁替換字,右旁即"网"的俗寫。奴可我(ぬか【糠】が【蚊】)。
⑨ 此條據各本補,"袪"字原誤作"秪",據《名義》改。此條所處位置各本在"虻蝒"與"螺蛸"之間,此"蜋"字注"皆同虫",則上當有"蜣蜋"或"蛣蜋"條。"伊比保牟志利"原當是"螺蛸"的和訓,見下文"螺蛸"條。各本"螺蛸"注有"蜣蜋之子也",此云"螺蛸之母也"正合。但"螺蛸之母"當是"蜣蜋",本書"蜣蜋"與"蜣蜋"相混。《禮記·月令》"小暑至,蜣蜋生。"鄭玄注:"蜣蜋,螺蛸母也。"
⑩ 注文"凡食屎"當指"蜣蜋"或"蛣蜋",今俗稱"屎殼郎",此條"蜣蜋"與"蜣蜋"相混。《名義·虫部》:"蜣,徒當反。蜋也。"《名義·虫部》:"蟪,都郎反。蟑蜋名。蟑,同上。"加户太虫(かべたむし【蜣蜋】)。

蟟蛸上□(芳)遥反,下市遥反。凡上七字訓詞:伊比保牟志利,又阿志。①

蚶火含反。蟁(鮎)同。蛤(蛤)也。宇牟支,又豆比。②

蟬時旃反。蜩。世比。③

蜩徒貂反。大蟬,又蟷蜋之名。④

蛁上同。

蠢[丑略反]。⑤

匜(蠠)女乙[反]。⑥

蛾我□(柯)反。螘也,蟻。安利,又比比留。⑦

螼丘忍反。弥弥受。⑧

螾余忍反。螼蚓。

蛟胡(古)交反。龍名。美止知。⑨

蛁徒交反。蟟。

蚼徒高反。介良。⑩

蠍可(何)割反。螫。乃豆知。⑪

① "芳"字據各本補。伊比保牟志利(いいぼむしり【蟷蜋】),又阿志(あし)。各本反切同,注文作"蛦蜋之子。阿志万支(あしまき【足巻】),又阿志加良女(あしがらめ【足搦め】),又於保地不久利(おおじ【祖父】ふぐり【陰嚢】)。"《倭名類聚鈔》"地"下有"加(が)"字,與表示所屬的助詞"の"同,疑當補。"蟟蛸"爲"螳蜋之子"。本書將"蛦蜋"與"螳蜋"混爲一談,致使此處訛誤甚多,可參《倭名類聚鈔》卷十九"蛦蜋"條:"《本草》云:蛦蜋,一名蛞蜋。《兼名苑》注云:食糞虫也。"卷十九"螳蜋(蟟蛸附)"條:"《兼名苑》云:螳蜋,一名蟷蠰。蟟蛸,一名螵蟭,螳蜋子也。"

② 注文"蟁"當作"鮎","蛤"當作"蛤"。各本作"鮎"。《新撰字鏡·魚部》:"鮎,呼甘反。蚶同。""蟁"爲"瓜蟲""桑葉上蟲",見上文"蟁"字條。《廣韻·談韻》:"蚶,蚌屬。《爾雅》曰:'魁陸。'《本草》云:'魁,狀如海蛤,員而厚,外有文縱橫。'即今蚶也。"《廣韻·談韻》:"蚶,蛤也。"茲據校改。宇牟支(うむき【海蛤·白蛤】),又豆比(つび【海螺】)。

③ 世比(せび【蟬】)。

④ "蟷蜋"與"蜩"無關,蓋涉"蜋蜩"而誤。《爾雅·釋蟲》:"蜩,蜋蜩。螗蜩。"

⑤ 注文闕。《名義·蚰部》:"蠢,丑略反。"《廣韻·藥韻》丑略切:"蠢,蟲行毒。亦作蠚。"茲據校補。

⑥ 字頭"匜"當作"蠠","乙"下奪"反"字。《名義·蚰部》:"蠠,女乙反。小蟊也。"茲據改補。

⑦ 反切下字"柯"字據各本補。"我柯"原倒。《廣韻·歌韻》:"蛾,五何切。""我柯反"與"五何切"音同。《慧琳音義》卷七十五"鵝鶩"條:"上我柯反。"茲據乙正。音安利(あり【蟻】),又比比留(ひひる【蛾】)。

⑧ 弥弥受(みみず【蚯蚓】)。

⑨ 注文"胡"當作"古"。《名義·虫部》:"蛟,古交反。"茲據校改。美止知(みとち)。《倭名類聚鈔》作"美豆知(みずち【蛟·虬·蚪·螭】)"。

⑩ 介良(けら【螻蛄·螻】)。

⑪ 注文"可"當作"何"。《廣韻·曷韻》:"蝎,胡葛切。""何割反"與"胡葛切"音同。茲據校改。乃豆知(のづち【野槌】)。

螫訪(舒)亦反。毒虫也,蓋也,蠚也。①

蝶徒煩反。蝶字。加波比良古。②

蟒力人反。螢。保太留。③

蝶。④

蛟呼枚反。牟久呂毛知。⑤

蜃市忍反。蛤。⑥

蜄同。補(蒲)螺。⑥

蟣九豈[反]。志良弥,又支佐[佐]。⑦

蛺古俠反。蝶。加波比良古。⑧

蜮胡北、王北二反。短狐,"爲鬼爲惑(蜮)"也,爲灾之虫也,魅。⑨

[蚱蜢]上側格反。蟬也。下莫綆反,上;[蟾]蟾也,蚨也。蝦蟇類,居陸者。⑩

蛻湯會、始悦二反。毛奴介加波。⑪

[蝮蜻]上扶福反。□(乃)豆知。下夷□(六)反。□(二)字:蛻也,虵、蟬[蛻]皮。⑫

蠚蠆二同。丑芥反。泰音。蠚[蜇],又螫虫也,又名蠍。或与蝮字同。⑬

──────────────

① 注文"訪"當作"舒"。《名義·虫部》:"螫,舒亦反。"茲據校改。
② 字頭各本作"蝶",注文"蝶字"作"蛺也"。加波比良古(かわひらこ)。
③ 保太留(ほたる【螢】)。
④ 注文闕。《玉篇·虫部》:"蟉,音流。蟲名。蛑蝶,二同。音舞。"《集韻·侯韻》:"蛑,蟧蛑,蟹屬。或作蝶。"
⑤ 字頭與反切不詳,《玉篇·虫部》:"蛟,蟲名。"各本反切與和訓之間有"糞鼠也"三字。牟久呂毛知(むぐろもち【鼴鼠·土龍】)。《倭名類聚鈔》作"宇古呂毛知(うごろもち【鼴鼠】)"。
⑥ 注文"補螺"不詳,疑當作"蒲螺"。《慧琳音義》卷六十二"蚌蛤"條:"上龐講反。郭璞注云:蚌,蜃也。……下甘答反。……《説文》云:蛤有三種,皆生於海。蛤蠣,千歲鴽所化,秦謂之牡蠣。海蛤者百歲鷰所化也。魁蛤老,一名蒲螺者,伏翼所化也。"今本《説文·虫部》:"𧐢,蜃屬。有三,皆生於海。千歲化爲𧐢,秦謂之牡厲。又云百歲燕所化。魁𧐢,一名復累,老服翼所化。"
⑦ "支佐",各本作"支加佐(きかさ)",《倭名類聚鈔》作"木佐佐(きささ)",本書下文"蚪"字注"支佐佐,又加支",此亦當作"支佐佐"。志良弥(しらみ【虱·蝨】),又支佐佐(きささ【蟣】)。
⑧ 加波比良古(かわひらこ)。
⑨ 注文"惑"當作"蜮"。《詩·小雅·何人斯》:"爲鬼爲蜮,則不可得。"茲據校改。
⑩ 字頭奪,注文"蟾"上奪"蟾"字。《玄應音義》卷十二"蚱蜢"條:"側格反,下莫綆反。蚱蜢,《字書》云:淮南名去父也。即蟾蜢也。郭璞曰:蝦蟆類,居陸地者也。"茲據校補。《廣韻·陌韻》:"蚱,蚱蟬。"《説文新附·虫部》:"蜢,蚨蜢也。"
⑪ 毛奴介加波(もぬけがわ【蛻皮】)。
⑫ 字頭奪,注文殘,"蟬"下奪"蛻"字。各本:"蝮,扶福反。蜻也。乃豆知。"《玄應音義》卷十三"蝮蜻"條:"扶福反,下夷六反。《字林》:蝮蜻,蟬皮也。猶蛞蛻變爲蟬也。《廣雅》:蝮蜻,蛻也。蛻音他外、始鋭二反,謂蛇蛻皮也。經文作賴育,非體也。"茲據校補。乃豆知(のづち【野槌】)。
⑬ "蠚"與"泰"皆音"たい"。《玄應音義》卷十三"蛇蠚"條:"丑芥反。螫蟲也。或名蠚蜇,或名蠍也。""蠚"與"蝮"義近常連用,非指異體。

蝙蝠上方眠反,下方目反。加波保利。①

蟦蚩字。

蚯蚓[丘]引音。即曲蟺,亦名寒蚓。②

蛀注音。此應作蠧字,丁故反。謂虫物損壞衣者,如[白魚等也]。③

蚳(舐)古文曷、蚍(鉖)二形,今作狧,又作舐。食尔反。④

蠖烏郭、於攫二反。桑虫也,[屈]申[虫],蛷蝛。止加介。⑤

盒同。⑥

蟵子外、止(所)□(芮)二反。⑦

蠁虛鞅反。踊虫。

雖在佳部。

蚖語園反。

蝝上字。

蚭貌(邈)江反。螻。⑧

蚏祛麝反。蛞。

𧍪蛵[同。呼經反。青蛉也]。⑨

𧓾蛤同。胡感反。蛓也,毛虫也。

齌在奚反。須久毛虫。⑩

蟜蠀同字。在茲反。蝎。⑪

──────────────

① 加波保利(かわほり【蝙蝠】)。

② "引"上奪"丘"字。《玄應音義》卷八"蚯蚓"條:"音丘引,即曲蟺也,亦名蜜蟺,亦名寒蚓。蟺音善。"茲據校補。

③ 注文"如"下奪"白魚等也"四字。《玄應音義》卷十六"蟲蛀"條:"俗音注,此應蠧字,丁故反,謂蟲物損壞衣者,如白魚等也。律文有改作住。"茲據校補。

④ 字頭"蚳"當作"舐",注文"蚍"當作"鉖"。《玄應音義》卷十一"曷手"條:"古文曷、鉖二形,今作狧,又作舐,同。食尔反。"大治本、金剛寺本《玄應音義》"鉖"亦誤作"蚍"。《廣韻·支韻》巨支切:"蚳,蟲也。""蚳"字與此處音義不合,蓋所據《玄應音義》"舐"字即誤作"蚳",故立此條。茲據校改。

⑤ 注文"申"字上下當補作"屈申虫"。《玄應音義》卷九"尺蠖"條:"烏郭、於攫二反。桑蟲也。《說文》:屈申蟲也。《爾雅》:蠖,尺蠖也。郭璞曰:蛷蝛也。"茲據校補。止加介(とかげ【蜥蝪・蠑蚖・石竜子】)。各本作"衣比万良虫(えびまらむし),又止加介"。

⑥ "盒"同"蛤",上當奪"蛤"字條。《玄應音義》卷十六"一蛤"條:"古合反。《字林》:燕雀所化也。秦曰牡蠣。"

⑦ 注文"止"當作"所",其下字殘。《玉篇·虫部》:"蟵,子外、所芮二切。"茲據改補。

⑧ 注文"貌"當作"邈"。《名義·虫部》:"蚭,邈江反。"茲據校改。

⑨ 注文闕。《名義·虫部》:"蛵,呼經反。青蛉也。"茲據校補。

⑩ 字頭左旁原有"虫"旁,當是誤增,《說文》《名義》等無。須久毛虫(すくもむし【蟜蠀】)。

⑪ 《爾雅·釋蟲》:"蟜蠀,蝎。"

蟦扶非[反]。①

蜀時燭反。桑虫也,獨也。

蠲古玄、古携二反。除也,明也。

虹丑經反。蠆,[虹]螳。②

蟶上字。万天。③

蟻螯同。亦螳字。

[蚳蟸蟔]蟔四扶(狀)同。余(除)飢反。蟻卵也。④

蝥扶園反。阜螽也,蚣蝑。

蟋[所揀反。蜇也]。⑤

蟀帥(蟋)同字。所律反。蟋蟀者,支利支利須。⑥

螼蝄同。居奉反。

蛐渠略反。蜋也,天社也。蚝字。

蟀時律反。蟥。

蟗式豉反。米中黑[甲虫]。⑦

蟱力胡反。蟹。戶比利虫。⑧

蟊莫侯反。食[草根虫]。⑨

蟺神之反。大螳。

蠿力振反。蟲字(也)。⑩

蜾上字。⑪

---

① 各本:"蟦,扶非反。水母也,蛇。止毛虫。"《名義·虫部》:"蟦,水母也。"《廣韻·禡韻》:"蛇,水母也。"止毛虫(ともむし)。

② 《爾雅·釋蟲》:"蠆,打螳。"釋文:"本又作虹。"

③ 万天(まて【馬蛤·馬刀·蟶】)。

④ 字頭"蟔"上蓋奪"蚳蟸蟔"三字,注文"扶"當作"狀","余"當作"除"。《名義·虫部》:"蚳,除飢反。螳也。""蟔,古蚔(蚳)字。""蟔,蚳。"《玉篇·虫部》:"蚳,丈飢切。蟻卵也。"(此條原在"蟻"字條之上)"蟸蟔,並同上。"《說文·虫部》:"蚳,螳子也。蜒,古文蚳从辰、土。蟸,籒文蚳从蚰。""蟔""蟔"疑皆"蜒"字之變,《名義》《玉篇》皆列為字頭,故此處當同。茲據補改。

⑤ 注文奪。《名義·虫部》:"蟀(蟋),所揀反。蜇也。"茲據校補。

⑥ 字頭"帥"當作"蟋"。《廣韻·質韻》:"蟀,蟋蟀。蟋,上同。"茲據校改。支利支利須(きりぎりす【螽斯·蟋蟀】)。

⑦ 注文"黑"下疑奪"甲虫"。《名義·虫部》:"蟗,米中甲虫也。"《玉篇·虫部》:"蟗,米中黑甲虫。"《方言》卷十一:"姑蟗謂之強蚌。"郭璞注:"米中小黑甲虫也。"茲據校補。或此注當是"米中黑虫"。

⑧ 戶比利虫(へひりむし【屁放虫】)。

⑨ 注文"食"下奪"草根虫"字。《名義·蟲部》:"蟊,蝥,食草根虫。"茲據校補。

⑩ 注文"字"當作"也"。《說文·蟲部》:"蠿,蟲也。""蠿""蟲"為同義字,非異體字。茲據校改。

⑪ 《玉篇·虫部》:"蜾,古火切。蜾蠃,細腰蜂,即蠮螉也。蜾,上同。"此條之上或奪"蜾"字條。

蝥莫郊反。蝥。

蟅蟅同。之夜反。負，又鼠負也。

蚣古[紅]反。蝑也，以股鳴虫也，蜈蚣。①

蝑蝑思閭反。蚣。於不。②

蚗胡玦、古穴二反。蛥，蛁蟟。

蚚(蝒)亡仙反。蚚(蝒)蚗，蟬属。③

蜹汝鋭反。好入酒中者。

蟟閭脚反。蜉蝣，旦生夕死。

蛶力拙反。[illegible]字。④

蠕蠕二同字。如兖反。□(蝡)虵也。⑤

蛂蛂同。扶結反。蜡(蟦)，蛢。⑥

螢翼蛛(珠)反。螽醜。⑦

蝛胡緘反。海中虫，長數寸，白色可食。

蠗大(丈)卓反。小蜃。⑧

蜧力計反。神虵也，能致雨。

蜦上字。力旬反。

蜌蒲礼反。蚌長狹者。長田加比。⑨

螔余支反。蚶螺也，蚌。

蟉力幽、力□(攸)二反。蜠蟉，[龍]皃。⑩

蚴蜠字。

蝦胡加反。蟾蠩。

螢蟼二同。居丙反。蟆也。青加户留。⑪

---

① "古"下奪"紅"字。《名義·虫部》："蚣，古紅反。"茲據校補。

② 於不(おう【蛤・白貝】)。

③ 字頭及注文"蚚"當作"蝒"。《廣韻·仙韻》武延切："蝒，上同。《説文》曰：蝒蚗，蟬屬。"茲據校改。

④ 異體不詳，似是左"虫"右"千"。

⑤ 殘字原作"[illegible]"，似"蝡"字。《山海經·海内經》："有靈山，有赤蛇在木上，名曰蝡蛇，木食。"茲據校補。

⑥ 注文"蜡"當作"蟦"。《爾雅·釋蟲》："蛂蟦，蛢。"茲據校改。

⑦ 注文"蛛"當作"珠"。《名義·虫部》："螢，翼珠反。"茲據校改。

⑧ 注文"大"當作"丈"。《名義·虫部》："蠗，丈卓反。"茲據校改。

⑨ 《爾雅·釋魚》："蜌，蜃。"郭璞注："今江東呼蚌長而狹者爲蜃。"長田加比(ながたがい【長田貝】)。

⑩ 後一反切下字殘，注文"皃"上奪"龍"字。《王一》《裴韻》《全王·黝韻》渠糾反："蟉，又力幽、力攸二反。"《廣韻·幽韻》："蟉，蜠蟉，龍皃。"茲據校補。

⑪ 青加户留(あおがえる【青蛙】)。

蜥才廉反。蜨。

蜳五各反。似蜥，長丈，水潛，吞人則浮，在南地。①

蝻蝻同。力掌反。蝻蝻者，山川之精，如三歲小兒。

蝘禺蕃反。猨。

蚼渠俱反。蜾(蜱)蜉，蚼蚌(蜌)。赤(亦)蚼大(犬)食人。②

蜼余悸、余救二反。似弥猴，長四五尺。

蚅渠恭反。如馬，走五百里也。又蟬[蛻]。③

蠠三形作，下二作蠠。居越反。前足鼠，後足兔獸。

閩亡貧反。國名。

蟜倚然反。淵。

蚅於革反。螐蠋也，大如指，似蠶。

蝸之欲反。龜鼈爲蝸蝓。④

蝓上字。

蚆普加反。中央廣，兩頭銳。⑤

蠋之欲反。螐。止己与虫。⑥

蛤姑含反。蠃大[者]。宇弥豆比。⑦

蜃渠隕反。貝大而險薄。

蛈池結反。似蜘蛛而在穴爲蛈蝪。⑧

蟜渠蝪反。蛣蟜，又巨蟜。⑨

蛒古領反。蟓蟖也。

蟜居非(兆)反。毒虫。⑩

蟻之[力]、勒勒二反。蠷，蝙蝠。⑪

---

① 注文"人"下原有二重文符，據《説文》刪。

② 注文"蜾"當作"蜱"，"蚌"當作"蜌"，"赤"當作"亦"，"大"當作"犬"。《廣韻·虞韻》："蚼，蚼蜌，蚍蜉。""蜾"與"蚍"不似，蓋是"蜱"字之訛。《禮記·内則》："腶脩、蚳醢。"鄭玄注："蚳，蚍蜉子也。"釋文："蜱，本又作蚍，音毗。"《説文·虫部》："蚼，北方有蚼犬食人。"茲據校改。

③ 注文"蟬"下奪"蛻"字。《名義·虫部》："蚅，蟬蛻。"茲據校補。

④ "龜鼈"原倒。《方言》卷十一："龜鼈，自關而東趙魏之郊，或謂之蝸蝓。"茲據乙正。

⑤ 《爾雅·釋魚》："蚆，博而頯。"郭璞注："頯者，中央廣，兩頭銳。"

⑥ 止己与虫（とこよむし【常世虫】）。

⑦ 注文"者"字據各本補。《爾雅·釋魚》："蠃，小者蛤。"《全王》則作"蠃大者"，與此處同。宇弥豆比（うみつび【海螺】）。

⑧ 《爾雅·釋魚》："王蛈蝪。"郭璞云："即螲蟷。似龜鼈，在穴中，有蓋。今河北人呼蛈蝪。"

⑨ 《廣雅·釋蟲》："蟜、蛣，蟬也。"《方言》卷十一："蟬，秦晋之間謂之蟬，海岱之間謂之蟜。"郭璞注："齊人呼爲巨蟜。"

⑩ 注文"非"當作"兆"。《玉篇·虫部》："蟜，居兆切。"茲據校改。

⑪ "之"下奪"力"字。《名義·虫部》："蟻，之力反。"茲據校補。

蚖上字。

鼃都第[反]。蚓。力(加)户留。①

螃蟟同字。力彫反。蚓螃。佐曾利。②

蝟胡八反。[蝎]蝟,似蟹。③

蠌徒格反。蛫蛦(蜾)。④

蛦(蜾)力尸反。似蝗,大腹,長角,能食蚍者也。⑤

蚞汝(女)陸反。蚍(蚰)蜓,即蚞蚳(蚭)。⑥

蠟力闔反。蜜滓。

蜄雉張反。蠅。久良介。⑦

蚾竹白反。蜡(蛣),蟒。⑧

蝮薄木反。蝸牛。

蟭子堯(饒)反。蟫。⑨

蟫補各反。蜱蛸。止毛虫。⑩

蝹於筠反。虎豹兒。

蠘於凝反。寒蟬。

蚹補故反。蟵。

蟥子益反。細貝。

蚵胡柯反。蠆,蜥蜴。

蚼于句反。蚼子,之(幺)蝨。⑪

蚡扶粉反。鼠(鼢)字。伯勞所作(化)。⑫

蟶尸揚反。蟶蚵。

蝗蝅同。神緣反。蟹。

———————————————

① 《方言》卷十一:"蛥蚗,自關而東謂之蚚螃,或謂之鼃螃。"加户留(かえる【蛙・蛤・蝦】)。

② 佐曾利(さそり【蠍蟲】)。

③ 注文"蝟"上奪"蝎"字。《廣韻・黠韻》:"蝟,蝎蝟,似蟹而小。"玆據校補。

④ 《廣韻・陌韻》:"蠌,蝟蠌。"《玉篇・虫部》:"蛫,蛫蜾,蜘蛆。能食蛇,亦名蜈蚣。"本條字頭與釋義不合,蓋奪"蛫"字條。《名義・虫部》:"蛫,辝慄反。蜘蛆。"

⑤ 字頭"蛦"當作"蜾"。《名義・虫部》:"蜾,力尸反。蛫也。"玆據校改。

⑥ 注文"汝"當作"女","蚍"當作"蚰","蚳"當作"蚭"。《名義・虫部》:"蚞,女陸反。"《方言》卷十一:"蚰蜓……北燕謂之蚞蚭。"玆據校改。

⑦ 久良介(くらげ【水母・海月】)。

⑧ 注文"蜡"當作"蛣"。《玉篇・虫部》:"蚾,蚾蛣,蠛蟒蟲也。"玆據校改。

⑨ 反切下字"堯"當作"饒"。《名義・虫部》:"蟭,子饒反。"玆據校改。

⑩ 止毛虫(ともむし)。

⑪ 注文"之"當作"幺"。《玉篇・虫部》:"蚼,蚼子,幺蝨。"玆據校改。

⑫ 注文"鼠"當作"鼢","作"當作"化"。《説文・鼠部》:"鼢,地行鼠,伯勞所作也。蚡,或從虫、分。""作"字段注改作"化"。《名義・虫部》:"蚡,伯勞所化。"玆據校改。

蟓上字。①

蚳口殄反。蚳蟺也，堅魚。②

蟒公盍反。蟺（蟒）蟒。③

蟒呼盍反。蟒。

蝀先狄反。蜆，蜸（蜸）。④

蜆螁同作。亡狄反。蝀。

蝾之式（戎）反。蠡字。腹赤虫。宇牟支。⑤

蟕在高反。蟷齋（齋蟕），蝎。止毛虫。⑥

蝂補旱反。負蝂。

蝎於危反。洞（涸）水之精，一頭兩耳（身）。亦透字。⑦

螱伊威（俾滅）反。螱龜（龜）字。⑧

蚼於俱反。蚰蜒。

蚗莫穀反。蝝（蝝）蜓。⑨

蜓思移反。守宮。

蝚胡溝反。蝚。

蚿胡田反。馬蚿。

蜒以佈反。奈女久地。⑩

蜳扶九反。蠜，蠡。⑪

蛥〔蚚〕蚩亦、力狄二反。〔蠚〕蠡，蟓。蝎。⑫

蟋口悌反。似蚰蜒而細長，飛翅。⑬

――――――――――――――――

① "蟓"同"蟺"，上或奪"蟺"字條。《名義·虫部》："蟺，辟鈴（銓）反。同上。蟓，同上。"

② 注文"堅魚"不詳，疑當作"蚳蚕"。《廣韻·銑韻》："蚳，蚳蚕，蚯蚓。"

③ 注文"蟺"當作"蟒"。《廣韻·葉韻》："蟒，蟒蟒。"茲據校改。

④ 注文"蜸"當作"蜸"。《廣雅·釋蟲》："聖蜆，蜸也。"茲據校改。

⑤ 注文"式"當作"戎"。《名義·虫部》："蝾，之戎反。"茲據校改。宇牟支（うむき【海蛤·白蛤】）。

⑥ 注文"蟷齋"當作"齋蟕"。《玉篇·虫部》："蟕，齋蟕。"茲據校改。止毛虫（ともむし）。

⑦ 注文"洞"當作"涸"，"耳"當作"身"。《管子·水地》："蝎者，一頭而兩身，其形若蚰，其長八尺。以其名呼之，可以取魚龜。此涸川之精也。"茲據校改。

⑧ 反切"伊威"當作"俾滅"，注文"螱龜"當作"龜"。《玉篇·虫部》："螱，俾滅切。亦作龜。"《名義·虫部》："螱，俾滅反。"茲據校改。

⑨ 注文"蝝"當作"蝝"，"蝝"下原有"蝝"字。《名義·虫部》："蚗，蝝蜓。""蝝"字爲"蜓"字訛衍。茲據改刪。

⑩ 奈女久地（なめくじ【蛞蝓】）。

⑪ 《廣韻·元韻》："蠜，蟲蠡。"

⑫ 注文"蠡"上奪"蠚"字。《爾雅·釋蟲》："蠚蠡，蟓蛥。"茲據校補。"蝎"當是"蚚"字釋義，"蚚"同"蟋"。

⑬ 《爾雅·釋蟲》："蠚蠡，蟓蛥。"郭璞注："今俗呼似蚰蜒而細長，飛翅作聲者爲蟓蛥。"

蜈五胡反。蝍蛆。

蚘力周、余周二反。蜉蚘。

蠐尸庸反。蚣蝑。

蚘子慄反。麦蚨。①

蟒亡句反。裘（蝥）。②

蜚渠疑反。蟄。

蚢胡康反。蚤類。

蝙古迥反。蟵，似蛙。

蟵乃冷反。

蠑於昭反。虵名。奴弥。③

蟌青忿反。青蛉。

蚥扶甫反。蟾蠩。

蛙口圭反。䖝。

蟕胡瓜［反］。

蛆女（奴）曷反。蓋。④

蝱牛（丈）［恭反］。蚤之（蝱）。⑤

蚄甫防反。好。

蜲於詭反。蟔。衣女虫。⑥

蠊於瞻反。飛蠊。

蜇犯音。蜂。

蛅犯音。蜂。⑦

蛪［古］吉（頡）［反］。似蟬而小也，晝夜鳴也。⑧

蠶蠶同作。公庚反。密肌，蠽［蟟］。⑨

蛞胡括反。蝦蟆子。奈女久地。⑩

---

① 《方言》卷十一："蟬……其小者謂之麥蚨，有文者謂之蜻蜻。"

② 注文"裘"當作"蝥"。《廣雅·釋蟲》："蛛蝥，蟷蛛也。""蝥"同"蛛"。茲據校改。

③ 奴弥（ぬみ【要·要害】）。

④ 反切上字"女"當作"奴"。《名義·虫部》："蛆，奴菖（葛）反。"《廣韻·曷韻》："蛆，奴曷切。"茲據校改。

⑤ 反切上字"牛"當作"丈"，下奪"恭反"二字，"之"當作重文符。《名義·虫部》："蝱，丈恭反。"《全王·鍾韻》："蝱，蠶蝱。"茲據改補。

⑥ 衣女虫（えむむし【鼠姑·蛜】）。

⑦ 此條注文涉上條誤。《名義·虫部》："蛅，力竹反。蚶也，魁也。"當據《名義》。

⑧ 注文"吉"當作"古頡反"。《名義·虫部》："蛪，古頡反。"茲據補改。

⑨ 注文"蠽"下奪"蟟"字。《爾雅·釋蟲》："密肌，繼英。"《玉篇·虫部》："蠽，蠽蟟。"茲據校補。

⑩ 奈女久地（なめくじ【蛞蝓】）。

蟟他□（敦）反。蝸，又青蚨。①

蝸牛俱反。豆比。②

盉徒告反。螫也，害，憎也，毒也。③

蚲皮兵反。蟗，蚌（蜌）。④

蛠思移反。螽。

蟴上字。蚣蝑。

蚐上字。蟪蛄。

蚝除嫁［反］。水母。

蟭胡駧反。螢。

蚩且由反。蟗。⑤

蜷奇圓反。弥奈。⑥

蜮古堯反。水虫。

蚗子陸反。尺蠖。

蠾余錐反。蚰属。

䗹於得反。螽（螽）。⑦

蝱於貴反。飛螙。

䗪浦哽反。蛤。

蟲徒柯反。

螔渠支反。蠐也。蜮（蚔）字。⑧

蝸古華反。螺。

蟹五□（刀）反。蟹人（八）脚也，蒲也。伊牟支。⑨

螯上字。五高反。宇弥加尔。⑩

蜳居委反，上；蟹。

---

① 反切下字殘。《名義·虫部》："蟟，池郭（他敦）反。"《玉篇·虫部》："蟟，他敦切。"兹據校補。

② 豆比（つび【海螺】）。

③ 《名義·虫部》："盉，徒告［反］。古文毒。要，恚也，僧（憎）也，痛也。"

④ 注文"蚌"當作"蜌"。《廣雅·釋蟲》："蚲，蟗，蜌也。"兹據校改。

⑤ 《爾雅·釋蟲》："次蚩，鼀蟗。""鼀"同"䵷"。

⑥ 弥奈（みな【蜷】）。

⑦ 注文"螽"當作"螽"。《名義·蚰部》："䗹，小螽也。"《玉篇·蚰部》："䗹，小蟸也。"《說文·蚰部》："蟸，飛蟲螫人者。螽，古文省。"兹據校改。

⑧ 注文"蚔"當作"蚔"。《名義·蚰部》："螔，蚔也。"《集韻·支韻》："蚔，或作螔。"兹據校改。

⑨ 反切下字殘，注文"人"當作"八"。各本反切下字作"方"，當是"刀"字之誤。《玉篇·虫部》："蟹，五刀切。"《說文·虫部》："蠏，有二敖八足，旁行，非蛇鮮之穴無所庇。"兹據補改。伊牟支（いむき）。

⑩ 宇弥加尔（うみ【海】かに【蟹】）。

蜒似全反,平;文貝也,貝。

蛨亡百反。蚝。

蜥死狄反。蜴。

蚚巨衣反,平;强蚚。歧(波)户。①

蝤即由反,平;蠐。阿波比,又於不。②

蝴一胡反,平;蠋。止己与虫。③

《小學篇》字七十字

蛣蜕二字。奴弥。④

蚇蟋二字。之良弥。⑤

蜶尔之。⑥

蚼支佐佐,又加支。⑦

蚧加伊。⑧

蚯青弥弥度。⑨

蛹阿万比古。⑩

蠖玉虫。⑪

蚱乃支波虫。⑫

蚴加弥支利虫。⑬

蜱足万豆比。⑭

蜽伊留虫。⑮

蟜於女虫。⑯

---

① 波户(はえ【蠅】)。
② 阿波比(あわび【鮑・鰒】),又於不(おう【蛤・白貝】)。
③ 止己与虫(とこよむし【常世虫】)。
④ 奴弥(ぬみ【要・要害】)。
⑤ 之良弥(しらみ【虱・蝨】)。
⑥ 尔之(にし【螺】)。
⑦ 支佐佐(きささ【蟻】),又加支(かき【牡蠣】)。
⑧ 加伊(かい)。
⑨ 各本字頭作"蚾"。青弥弥度(あお【青】みみず【蚯蚓】)。
⑩ 阿万比古(あまびこ【雨彦】)。
⑪ 玉虫(たまむし【玉虫・吉丁虫】)。
⑫ 乃支波虫(のきば【軒端】むし【虫】)。
⑬ 加弥支利虫(かみきりむし【髪切虫・天牛】)。
⑭ 足万豆比(あしまつい【足纏】)。
⑮ 伊留虫(いるむし)。各本作"伊良虫(いらむし【刺虫】)"。
⑯ 於女虫(おめむし【臆虫】)。

蝊力(加)比。①

蜬加面阿支。②

蜯加支加比。③

蜚加波保利。④

蠓波户,又佐曾利。⑤

蜨支利支利須。⑥

蛈不不之。⑦

蛅角八在虫,又世牟。⑧

蝕衣女虫。⑨

蟨母牟。⑩

蟎蟐二本。食虫,又古虫。⑪

蠈苗節食虫。⑫

蝺虫尾,又世比。⑬

蝺[世]比。⑭

蠌[加比留]。⑮

蚫阿波比。⑯

蚙加豆乎。⑰

蛤於夫,又阿波比。⑱

---

① "力"字據各本校作"加"。加比(かい【貝】)。

② 加面阿支(か□あき)。

③ 加支加比(かきがい【牡蠣貝】)。

④ 加波保利(かわほり【蝙蝠】)。

⑤ 波户(はえ【蠅】),又佐曾利(さそり【蠍】)。

⑥ 支利支利須(きりぎりす【螽斯・蟋蟀】)。

⑦ 不不之(ふふし)。

⑧ 角八在虫(つの【角】はち【八】あり【在り・有り】むし【虫】),又世牟(せむ)。

⑨ 衣女虫(えめむし【鼠姑・蛜】)。

⑩ 母牟(もむ)。

⑪ 各本作:"二字。久毛。"久毛(くも【蜘蛛】)。

⑫《全王·德韻》:"蠈,食苗節虫。"即"蟘"字。

⑬ 世比(せび【蟬】)。

⑭ "世"字據各本補。世比(せび【蟬】)。

⑮ 和訓據各本補。加比留(かひる)。

⑯ 阿波比(あわび【鮑・鰒】)。

⑰ 加豆乎(かつお【鰹・松魚・堅魚】)。

⑱ 於夫(おう【蛤・白貝】),又阿波比(あわび【鮑・鰒】)。

蠗加支。①

蟵豆比,又加万女。②

蜖蜍二字。弥奈。③

蜿山比古。④

蠘人乃蚕。⑤

蛡阿支豆。⑥

蠑久波古。⑦

蚧阿由。⑧

蛴蝹蛴三字。不奈。⑨

蛃衣比。⑩

蚐宇ム支。⑪

蛸可支。⑫

蟯久良介。⑬

蜞海濱稻春蠏之類。⑭

蹭蛾葦原蠏。⑮

蝠等。

蟛酒蠅。

蝒加太ツ比。⑯

---

① 加支(かき【牡蠣】)。

② 豆比(つび【海螺】),又加万女(かまめ【鴎】)。

③ 弥奈(みな【蜷】)。

④ 山比古(やまびこ【山彦】)。

⑤ 人乃蚕(ひとのかいこ【人の蚕】)。

⑥ 阿支豆(あきず【秋津・蜻蛉】)。

⑦ 久波古(くわこ【桑子】)。

⑧ 阿由(あゆ【鮎・香魚・年魚】)。

⑨ 不奈(ふな【鮒】)。

⑩ 衣比(えび【海老・蝦】)。

⑪ 宇ム支(うむき【海蛤・白蛤】)。

⑫ 可支(かき【牡蠣】)。

⑬ 久良介(くらげ【水母・海月】)。

⑭《倭名類聚鈔》卷十九"蟛蜞"條:"《楊氏漢語抄》云:蟛蜞(彭其二音。海濱稻春蟹之類也)。"

⑮《倭名類聚鈔》卷十九"蟛蜎"條:"《兼名苑》云:蟛蜎(彭越二音。《楊氏漢語抄》云:葦原蟹),形似蟹而小也。""蹭蛾"二字疑皆"蟛"字之訛,下條"蝠"蓋同"蜎"。

⑯ 加太ツ比(かたつひ)。

蚹上同。又加支。①

蝠粟比。②

蠦蛸(蛸)二字。足高久毛。③

蚶比□(支)。④

螶加支。⑤

蜉一本作蚰。牟久呂持。⑥

蟶万氏,又阿波比。⑦

蜌太田加比。⑧

蝴井,又志弥。⑨

虮井,又於布。⑩

蟞可求。⑪

新撰字鏡卷第八　　沙門昌住撰集之文

一校了。

天治元年甲辰四月廿六日書寫畢,爲弘法利生,結緣助成。敬日(白)。執筆僧隆暹。

法隆寺之一切經之料,滿寺學輩各一卷書之。⑫

---

① 加支(かき【牡蠣】)。

② 粟比(あわび【鮑・鰒】)。各本作"阿波比",同。

③ "蛸"字石橋真國改作"蛸",是。《爾雅・釋蟲》:"蠦蛸,長踦。"郭璞注:"小鼅鼄長脚者,俗呼爲喜子。"足高久毛(あしだかぐも【足高蜘蛛】)。

④ "支"字據各本補。比支(ひき)。

⑤ 加支(かき【牡蠣】)。

⑥ 牟久呂持(むぐろもち【鼹鼠・土龍】)。

⑦ 万氏(まて【馬蛤・馬刀・蟶】),阿波比(あわび【鮑・鰒】)。

⑧ 太田加比(たたかい)。

⑨ 井(い),又志弥(しみ【衣魚・紙魚・蠹魚】)。

⑩ 井(い),又於布(おう【蛤・白貝】)。

⑪ 注文"可求"不詳。

⑫ "料"字卷二、卷五、卷八、卷十二尾題均作"斦",該字形是"料"的俗字。又"學"下原有一字,似"之"或"文"之誤,旁有"卜煞"號,茲據刪。

新撰字鏡卷第九

十五部<small>文數千五百六十七字</small>

龜部第八十四

十七字

龜[龜]□□四同。上通,次正作。次二作,未詳。居追、[居]達(逵)、居違三反,平;舊也,貨也,尒(介)也,住(進)也。^③

圂古文。

鼈鱉同。補滅、蒲結二反。在魚部。^④

䖄蛙二狀,上字作。河加女。^⑤

---

① 底本本卷目和正文始於"黽部第八十五",訖於"彳部第九十九",次序錯亂,茲據前後卷次序校改。正文部首次序同樣錯亂,不再出校。

② "辶"底本作"之",當爲"辶"之變。各本回改作"辵",殆非底本原意。

③ 字頭奪後三形。《干禄字書》:"龜龜,上通下正。"此處前二形即本《干禄字書》,此字頭與通形相似,故此第二形當補正字"龜",正字即《説文》䖵形隸定。"次二作"未詳何字。注文"達"當作"逵",上奪"居"字,"尒"當作"介","住"當作"進"。《名義·龜部》:"龜,居逵反。"《周禮·地官·大司徒》:"其動物宜介物。"鄭玄注:"介物,龜鼈之屬。"《玉篇·龜部》:"龜,居逵切。進也。"茲據改補。

④ 本書魚部無"鱉"字,疑奪。

⑤ 第一形爲"䖄"字之訛。河加女(かわかめ【川亀】)。

鼀魚遠(園)反。蚚(蚖)同。波良加,又江加米。①

鼅鼂字同。見耳(黽)[部]。②

蝹鼀螷蚕同。在虫部。

鼇五勞反。久地良。③

朧人三反。甲緣,龜邊也。④

鼄奇撩反。虬字。无用(角)龍。⑤

鼉徒冬反。龜名。

鼊石加女,又字志。⑥

鬭争鬭取物。⑦

鼄奇撩反。《字書》亦虬字也。虬龍之无角者也。在[龜]部。⑧

黽部第八十五

十九字

黽莫耿反。似青蚪(蛙),大腹。奈本。⑨

齐竹奈本。未詳二作。

鼈補滅反。六足,有珠。

鼃黽字。

鼉徒多、徒柯二反。海加女。⑩

鼃胡媧反。蛙字。始也。青加户留。⑪

鼃上字。

鼃且由、且秋二反。蟾蜍,似蝦蟆,居陸。比支。⑫

---

① 注文"遠"當作"園","蚚"當作"蚖"。《名義·黽部》:"鼀,魚園反。"《國語·鄭語》:"化爲玄鼀。"韋昭注:"鼀,或爲蚖。蚖,蜥蜴,象龍。"兹據校改。波良加(はらか【腹赤·鱣】),又江加米(え【江】かめ【亀】)。

② 注文"見耳"當作"見黽部",見下文黽部"鼂"字。

③ 久地良(くじら【鯨】)。

④ "緣"下原有"反"字。《名義·龜部》:"朧,人三反。甲緣,甲邊也。"兹據删。

⑤ 字頭原從"龜"。注文"用"當作"角"。《名義·龜部》:"鼄,虬也,龍无角。"兹據校改。

⑥ 石加女(いしがめ【石亀·水亀】),又字志(うし)。

⑦ 《名義·門部》:"鬭,居稠反。取也,鬭也。"此處或省反切"居稠反"。

⑧ 上文已出"鼄"字,此條疑本應在"龜部",故注文擬補作"在龜部"。

⑨ 注文"蚪"當作"蛙"。《爾雅·釋魚》:"鼁鼀,蟾諸。在水者,黽。"郭璞注:"耿黽也。似青蛙,大腹,一名土鴨。"兹據校改。"奈本"未詳,當是和訓。

⑩ 海加女(うみがめ【海亀】)。

⑪ 青加户留(あおがえる【青蛙】)。

⑫ 比支(ひき【蟇·蟾】)。

黿 且滅反。鼀。①

鼀 諸移反。比支。②

鼃 胡奚反。水虫。似蜘蛛，可食。

蚼 渠俱反。鼃属，頭有兩齒。

䜌 上字。

鼀 同作。③

鼅 䵓蛛。在上部。

鼁 中驕反。鼅。在虫部。從即音。④

鰲鼇 字。背員（負）蓬萊之山，遊戲滄［海］之中。久地良。⑤

魚部第八十六

二百六十七字加三字

魚 從四點。從角，從火。語居反。古文吾字。我。

奐 上字。

鮮 思連、作踐二反。好也，少也，生也，吉也，妙也，罕也，善也，潔也。仏（仙）音。⑥

鱻 上字。⑦

鰐 五各反。和尔。⑧

鯠 達隷、是義［二反］，平；鮎。⑨

鱧 礼音。鯢。太比。⑩

鯑 徒奚反。鯠。

---

① 《説文・黽部》：“鼀，䵓鼀，詹諸也。《詩》曰：得此䵓鼀。”《説文・黽部》：“黿，先黿，詹諸也。其鳴詹諸，其皮黿黿，其行先先。䵓，黿或从酋。”《廣韻・屋韻》七宿切：“鼀，蜪鼀。”此條反切俟考。

② 比支（ひき【蟇・蟾】）。

③ 《新撰字鏡・虫部》：“䵓蜘鼁，三形同。”

④ 本書虫部無“鼁”字，有“蝘”字，“鼁”同“蝘”。字頭“鼁”字原作“鼁”，上旁原誤作“即”，故此有“從即音”之訓。

⑤ 注文“員”當作“負”，“員”下原有“甲”字，“滄”下奪“海”字。《慧琳音義》卷七十七“斷鼇”條：《列仙傳》云：有巨靈之鼇，背負蓬萊大山而抃戲於滄海之中也。”茲據改刪補。異體爲上“敖”下“鼀”。久地良（くじら【鯨】）。

⑥ 注文“仏”當作“仙”。《廣韻・仙韻》：“鮮，相然切。”《廣韻・仙韻》：“仙，相然切。”茲據校改。

⑦ 《玉篇・魚部》：“鱻，亦作鮮。”“鱻”當同“鱻”。

⑧ 和尔（わに【鰐】）。

⑨ “義”下奪“二反”字。《名義・魚部》：“鯠，達隷反。”《廣韻・寘韻》：“鯠，是義切。”茲據校補。此二音爲去聲，該字另有一音爲平聲。《廣韻・齊韻》杜奚切：“鯢，鮎也。鯠，上同。”

⑩ 太比（たい【鯛】）。

魴鰟同。方音。不奈,又堅魚,但赤尾魚。^①

鯪鯪同作。吕蒸反。鯉也。

鮚曲於反。鰈,比目魚。

鰰奴苔反。竹(似)敝字(鼈)也,无甲,有尾,无足。^②

鰲力因反。魚名。

鮯餘鐘反。

鰎鱏同。先於反。

鮶古本反。

鱺力奚反。長細,似蚖,白色,无鱗。

鰜公兼反。鱧。

鮵他口反。

鰷徒堯反。長細,似蚖,六足,四音(首)。^③

鰸鰸同□(作)。徐与反。

鮒上字。

鯾卑連反,平;魴,青色。

鯿上字。

鮍(鲅)鼻彼(潎皮)反。鰝(鲳)。^④

鯇鯢同。胡本反。鱣(鯶)。^⑤

鱃鱛二同。子林反。

鰶鰷同。徐垢反。白魚。

鮸靡卷反。鯇。

鲹魵孚粉反。小蝦。衣比。^⑥

鱮力古反。

---

① 《説文・魚部》:"魴,赤尾魚。鰟,魴或从旁。"不奈(ふな【鮒】),又堅魚(かつお【鰹・松魚・堅魚】)。

② 注文"竹"當作"似","敝字"當作"鼈"。《字鏡》作"竹敝鼀"。《説文・魚部》:"鰰,魚。似鼈,無甲,有尾,無足,口在腹下。"兹據校改。

③ 注文"音"疑當作"首"。《玉篇・魚部》:"鰷,白鰷魚也,似雞,赤尾,六足四目。"《山海經・北山經》:"彭水出焉,而西流注於芘湖之水,其中多鰷魚。其狀如雞而赤毛,三尾,六足,四首。其音如鵲,食之已憂。""目""首"形近,疑有一誤,此處"音"與"首"較似,暫定作"首"。兹據校改。

④ 注文"鼻彼"當作"潎皮","鰝"當作"鲳"。《名義・魚部》:"鮍,潎皮反。"《裴韻》《全王・陽韻》《新撰字鏡・魚部》:"鲳,鮍也。""鲅"同"鮍"。兹據校改。《玉篇》與《名義》亦作"鰝",非是,據《字典考正》"鰝"同"鰐"。

⑤ 注文"鱣"當作"鯶"。《字鏡》作"鯶"。《爾雅・釋魚》:"鯇。"郭璞注:"今鯶魚,似鱒而大。"兹據校改。

⑥ 衣比(えび【海老・蝦】)。

鰤補賴反。食[之]人死。①

鮻睞(睢)獵反。②

鮊白音。③

鮏生音。魚臭也,臊也。

鰈〔鰺〕桑勞反。鮏。阿知。④

鮺莊㔉反。藏魚也,鮓也。

鱃上字。

鱏才枕、才感二反。

鮾上字。⑤

鈴渠中(巾)、力丁二反。虫連紆行者也。⑥

格(鮥)更百反。⑦

魧胡郎反。魚骨(膏)。⑧

鰻莫安反。波牟。⑨

鯶胡瓦反。鱧。

鰭禹貴反。如蚳而四足,食魚。

鰌之酉反。伊加。⑩

魮卑(婢)葵反。⑪

鱏古襌[反]。

鮡治矯反。

鮠徒括反。小鮦。

鷙之利反。

鰦子夷反。

鯤古骨(滑)反。小魚。⑫

鮴比橘反。鱒。

---

① 《廣韻·泰韻》:"鰤,魚名。食之殺人。"此當補"之"字。

② 注文"睞"當作"睢"。《廣韻·葉韻》:"鮻,七接切。""睢獵反"音同"七接切"。茲據校改。

③ 字頭與注文"白"原作"百"。辭書無從"百"之魚。《説文·魚部》:"鮊,海魚名。"

④ 阿知(あじ【鰺】)。

⑤ 字頭原作"鮎",《名義》同,蓋俗寫如此。

⑥ 注文"中"當作"巾"。《廣韻·真韻》:"鈴,巨巾切。"茲據校改。

⑦ 此條原在上條注文之後。字頭"格"當作"鮥"。《名義·魚部》:"鮥,更百反。"茲據乙改。

⑧ 注文"骨"當作"膏"。《説文·魚部》:"魧,大貝也。一曰魚膏。"茲據校改。

⑨ 波牟(はむ【鱧】)。

⑩ 伊加(いか【烏賊】)。

⑪ 反切上字"卑"當作"婢"。《名義·魚部》:"魮,婢蔡(葵)反。"茲據校改。

⑫ 反切下字"骨"當作"滑"。《名義·魚部》:"鯤,古滑反。"茲據校改。

鯬吕奚反。鯠,鮏。[①]

鯠略該反。

鮇(鮇)浦(甫)娱反。鯕。牟奈支。[②]

魜乙八反。鯿,鯑(鯙)。[③]

鯑側耕反。

鱓所巾反。長皃魚。[④]

鯆夫禹反。鱮。

魺賀多反。

鯕記冢反。鯷(鯤)也,魚子。[⑤]

鱥鱜同作。口换反。

鱐鱐鱐三形作。思六反。鮐母。

鯚鯚同作。子律反。鯈。

鮋直流、常周二反。

鰑与章反。赤鱺。

鯆普如(姑)反。蜉。[⑥]

鱄状(扶)各反。似鯉,一目。[⑦]

鰇与車(專)反。[⑧]

鯧齒楊反。鯫。

鱧胡哀反。鯠。

鱎[鰝]同作。奇兆反。白魚。[⑨]

鯅式延反。魚醬也。[⑩]

鮇莫哲(括)反。[⑪]

鱴鱵二上字。

---

① 《爾雅·釋魚》:"鯬,鯠。"釋文:"鯬,《廣雅》云:鮏,鯬。鯠,《埤蒼》云:鯬、鯠,鮏也。"

② 注文"鮇"當作"鮇",注文"浦"當作"甫"。《名義·魚部》:"鮇,甫娱反。"《廣韻·虞韻》甫無切:"鮇,鮇鯕,魚名。"兹據校改。牟奈支(むなぎ【鰻】)。

③ 注文"鯑"當作"鯙"。《廣雅·釋魚》:"鯿、鯛、鯙,魜也。"兹據校改。王念孫改爲"鯿,鯛也"與"鯙,魜也"二條。

④ 《廣韻·臻韻》:"鱓,魚尾長也。《詩》云:有莘其尾。《字書》從魚。"此注文或當作"尾長皃魚"。

⑤ 注文"鯷"當作"鯤"。《廣韻·腫韻》:"鯕,鯤,魚子也。"兹據校改。

⑥ 注文"如"當作"姑"。《名義·魚部》:"鯆,普姑反。"兹據校改。

⑦ 注文"状"當作"扶"。《名義·魚部》:"鱄,扶各反。"兹據校改。

⑧ 注文"車"當作"專"。《名義·魚部》:"鰇,与專反。"兹據校改。

⑨ 字頭奪"鰝"形,據《字鏡》補。

⑩ "反"字原奪,右旁有小字"反欤",當補"反"字。

⑪ 注文"哲"當作"括"。《名義·魚部》:"鮇,莫括反。"兹據校改。

鲄記于反。

鳺穴嫣反。

鮹思聊反。

鮒呼甘反。蚶同。

鯸牛胡反。鲄。

鰖徒郎反。魠。

鱅鱅二形作。人用反。鮐。

鮮校買反。蟹。

鯘奴磊反。餘(餧)字。魚爛敗。①

鯈於業反。埋藏使腐臭也。須受支。②

魰語居反。戯字。

以下平聲字

魟子(呼)紅反。似鱉。□(乎)己自。③

鱅鱑二同。餘尌(封)、蜀庸二反。似鰱,色小黑,頭大。④

鮍敷羇反。

鮆即移反。[又]上。⑤

魮上字。魚,飲而不食。⑥

鰤踈脂反。老魚。⑦

鲆状(扶)幸、夫撫二反。蛢、𧑂(螷)、蜱皆同。⑧

鰭渠脂反。魚脊上骨。伊吕己。⑨

鮨渠脂反。鮓。

鯚同。

鯕鯕同作。渠隹[反]。鮹。知知夫。⑩

---

① 注文"餘"當作"餧"。《集韻·賄韻》:"鯘,通作餧。"茲據校改。

② 須受支(すずき【鱸】)。

③ 注文"子"當作"呼"。《全王·東韻》:"魟,呼紅反。"P.3798、《切三》《裴韻·東韻》:"魟,呼同反。"茲據校改。和訓"乎"字據各本補,乎己自(おこじ【縢】)。

④ 注文"尌"當作"封"。《廣韻·鍾韻》:"鱅,餘封切。"茲據校改。

⑤ 此字《廣韻》有平聲"即移切"與上聲"徂禮切",此音爲平聲,故補一"又"字。

⑥《説文·魚部》:"鮆,飲而不食,刀魚也。九江有之。"此處"魚"上或當補"刀"字。

⑦ 字頭《廣韻》作"鰤",《切韻》系韻書作"鰤"。

⑧ 注文"状"當作"扶","𧑂"當作"螷"。《廣韻·耿韻》蒲幸切:"鲆,蛤鲆。蠯,上同。螷,亦同。"《名義·虫部》:"螷,扶幸反。"茲據校改。"夫撫"不詳。

⑨ 伊吕己(いろこ【鱗】)。

⑩ 知知夫(ちちふ【鯋】)。

鮃符悲反。大鱗(鱶)也，魴鯿。①

鮞与之反。

魶如之反。又如竹反，入；魚子。

鯔鱛同作。側持反。

鯡匪肥反。

漁歔二同作。語居反。捕魚也。

敔語吾反。獵也。

鱬日朱反。魚身人面。

鰸氣俱反。

鱸力朱反。鱙(鰜)。②

鱸落胡反。須受支。③

鯞哀都反。鰔。伊加。④

鱄普胡反。

鮄𩶁二同。薄佳反。知奴，又和尓。⑤

鮠吾回反。

鯩力屯反。

鱗力珍反。

鯤古渾反。魚子也，北溟大魚也。

鰱連音。

鯛都聊反。太比。⑥

鰋渠焉反。

魛都勞反。

鰠蘇連(遭)反。⑦

鮀徒何反。

鯵素戈反。知知夫，又比乎，又伊佐佐古，又乎加弥。⑧

鰕胡加反。大魚。

鯊所加反。

---

① 注文"鱗"當作"鱶"。《説文·魚部》："鮃，大鱶也。"茲據校改。

② 注文"鱙"當作"鰜"。《説文·魚部》："鱸，魚名。一名鯉，一名鰜。"茲據校改。

③ 須受支(すずき【鱸】)。

④ 伊加(いか【烏賊】)。

⑤ 知奴(ちぬ【海鯽·茅渟】)，又和尓(わに【鰐】)。

⑥ 太比(たい【鯛】)。

⑦ 注文"連"當作"遭"。《廣韻·豪韻》："鰠，蘇遭切。"茲據校改。

⑧ 知知夫(ちちふ【鯵】)，又比乎(ひお【氷魚】)，又伊佐佐古(いさざ【鯵】こ)，又乎加弥(おかみ 【鼈·蛇鼈】)。

鱂即良反。鱛鱂也。

鱨市羊反。加豆乎。①

鱷鯨同字。巨良反。②

鮾魚(魯)當反。魚脂。世比。③

鱚胡光反。魚名。④

鯹桑經反。魚鯹。

鰍七由反。

鰲鱒(鮨)鱃四字同。⑤

鮋即由反。鳥化爲也,項上有細骨如鳥毛者也。

鮃花(符)尤反。⑥

鰲莫浮反。蚨(蜉)、蛑同。⑦

鯖諸盈反。又於形反。煑魚。頭有骨。⑧

𩶇鯹巨成反。又下挺反,上。

鯸胡鉤反。鮚(鮐)。⑨

鱏徐林反。口在腹下。

鯉上字。⑩

平聲竟

鮪榮美反,上;伊留加。⑪

鯉良士反,上;古比。⑫

鰋於幰反。飛魚。

鰻上字。

鱒徂本反,上;万須。⑬

---

① 加豆乎(かつお【鰹・松魚・堅魚】)。

② 字頭第二形右旁有小字"男クチラ"(お【雄・牡・男】くじら【鯨】)。《廣韻・庚韻》："鱷,大魚。雄曰鱷,雌曰鯢。鯨,上同。"

③ 注文"魚"當作"魯"。《廣韻・唐韻》："鮾,魯當切。"茲據校改。世比(せい【鮨】)。

④ 注文"魚"下原有"惣"字。《王一》《裴韻》《全王》《廣韻・唐韻》："鱚,魚名。"茲據刪。或有所本,未詳。

⑤ 注文"鱒"當作"鮨"。《廣韻・尤韻》："鰍,亦作鮨。"茲據校改。"四字同"指"鰍鰲鮨鱃"四字同。

⑥ 注文"花"當作"符"。《廣韻・尤韻》："鮃,縛謀切。""符尤反"與"縛謀切"音同。茲據校改。

⑦ 注文"蚨"當作"蜉"。《玉篇・虫部》："蛑蝶,二同。"《集韻・侯韻》："蛑,或作蝶。"茲據校改。

⑧ 《全王・清韻》諸盈反："煑魚煎食曰[五]侯鯖。"《全王・青韻》於形反:"鯖,魚,青色,頭有枕骨。"

⑨ 注文"鮚"當作"鮐"。《切三》《王一》《裴韻》《全王・侯韻》："鯸,鯸鮐,魚。"茲據校改。

⑩ 此"鯉"字或是"鱏"字之訛。各本作"鯉,食陵反。比乎",爲"鱏"字音義。比乎(ひお【氷魚】)。

⑪ 伊留加(いるか【海豚】)。

⑫ 古比(こい【鯉】)。

⑬ 万須(ます【鱒】)。

鮑亡報(辯)反,上;魚子(名)。①

鱒士兔反,上;美魚。②

魟蘇鳥反,上。

鰾符小反,上;魚膠也。

鮑薄巧反,上;瘦魚也。

鰝胡老反,上;大蝦。衣比,又波牟。③

鰭隱二同。他果反,上;魚子。

魦於柳反,上。

鮜士垢反,上;一曰人姓,漢有鮜[生]。加良加支。④

鮒符遇反,去。

鱉忌音。

鮴鰝二同。薄故反,去。

鱱理大反,吉(去)。

鱭子例反。

鮫鱥鱉三狀作。居衛反,吉(去);又吉闕反,入。⑤

魪古拜反,吉(去)。

鯯鲫同作。於刃反,去;魚,又如印也。⑥

鮕胡遘反,去。

鮔鮔古剗(鄧)反,去;大魚。⑦

鱴武亙反,去;鮑也。

鮥盧各(谷)反。[鮥]得,縣石(名)。⑧

鯥力竹反。

鰷直六反。鯣。魚乃和太。⑨

---

① 注文"報"當作"辯","子"當作"名"。《切三》《全王·獮韻》亡辯反:"鮑,魚名。"茲據校改。

② 《全王·獮韻》旨兗反:"鱒,美魚。"P.3693、《切三》《全王·獮韻》士兔反:"鱒,魚名。"

③ 衣比(えび【海老·蝦】),又波牟(はむ【鱧】)。

④ 注文"鮜"下奪"生"字,各本有"生"字。《廣韻·厚韻》:"鮜,一曰姓,漢有鮜生。"茲據校補。加良加支(からかき)。

⑤ 此條及下條"吉"字右旁有小字"去欤",當作"去"字。"又"下原衍"反"字。

⑥ 《裴韻》《廣韻·震韻》:"鯯,魚名,身上如印。"《全王·震韻》:"鯯,魚名,身上有印。"《字鏡》作"魚文如印,鯯"。

⑦ 注文"剗"當作"鄧"。《廣韻·嶝韻》:"鮔,古鄧切。"茲據校改。

⑧ 正字即"鮥"。注文"各"當作"谷","石"當作"名"。《廣韻·屋韻》盧谷切:"鮥,鮥得,縣名,在張掖。"茲據校改。

⑨ 魚乃和太(いお【魚】の【之】わた【腸】)。

鮈与逐(渠竹)反。又起玉反。①

綠力玉反。

鱜烏酷反。

鰒蒲角反。伊加。②

鮚巨乙反。蚌(蚌)。③

鮴毗必反。

鯷戶八反。

魝呂薛反。左比治。④

鱺間激反。

鰖次(資)昔反。⑤

鯣五陌反。

鰯古陌反。

鰈吐盍反。比目魚。

魶奴盍反。加世魚。⑥

鰛安盍反。鰷。

鱲良涉反。

鰡似入反。⑦

鮥盧各反。□(己)乃志呂。⑧

魠他各反。

鯌倉各反。加世佐波。⑨

鯁庚杏反。哽、鞕、腰、三狀同。魚骨也，強也。魚乃乃支。云云。⑩

鮭古携反，平;脯也。佐介。⑪

鮌古本反，上;魚子，如粟。⑫

---

① 反切"与逐"當作"渠竹"。上田正:"原誤寫第27小韻羊母反切,當作渠竹反。"茲據校改。

② 伊加(いか【烏賊】)。

③ 注文"蚌"當作"蚌"。《廣韻·質韻》:"鮚,《説文》云:蚌也。"茲據校改。

④ 左比治(さひち)。

⑤ 注文"次"當作"資"。《切三》《王一》《裴韻》《廣韻·昔韻》:"鰖,資昔反。"茲據校改。

⑥ 加世魚(かせ【桛】うお【魚】)。

⑦ 各本作:"鰡,似入反。鱒別名。牟奈支。"牟奈支(むなぎ【鰻】)。

⑧ 和訓"己"字據各本補,己乃志呂(このしろ【鰶·魝·鯯·鮗】)。

⑨ 加世佐波(かせ【桛】さば【鯖】)。

⑩ 《廣雅·釋詁四》:"梗,強也。""鯁"通"梗"。魚乃乃支(いお【魚】の【之】のぎ【鯁】)云云。

⑪ 《説文·肉部》:"脼,脯也。"《慧琳音義》卷一百"鮭米"條:"或作脼。"佐介(さけ【鮭·鮏】)。

⑫ 《爾雅·釋魚》:"鯤,魚子。""鰥"同"鯤","鮌""鯀"同"鰥"。

鰥鰥同作。古允(頑)反。男也毛女。①

鮨其之反,平。

鮨鮔同字。勑丈(才)反。壽也,老也。伏(佐)女。②

[鱱張連反。鯉也。]③

鱣鯉二上字,下古文。

鮫今作蛟。古肴[反。有文,可飾刀劍。佐女]。④

鰻善音。牟奈支。⑤

鱓鮔二上字。視[典]反。⑥

鰔鮒不奈。⑦

鯽三字同。昨則反。伊加。⑧

鱍方達反,入;掉尾。

鰲牛魚(勞)反。武子名。⑨

鮾莊也反。魚米淹。

鰓牛容反,平;魚視。⑩

鰹古年反,平;大鮦,魚名。[佐女]。⑪

---

① 反切下字"允"當作"頑"。《廣韻·山韻》:"鰥,古頑反。"茲據校改。男也毛女(おとこ【男】やもめ【鰥】)。

② 反切下字"丈"當作"才"。《名義·魚部》:"鮨,勑才反。"茲據校改。和訓"伏"據各本改作"佐"。佐女(さめ【鮫】)。

③ 此條奪。《名義·魚部》:"鱱,張連反。鯉也。鯛(鱣),同上。鯉,同上。"《玄應音義》卷十一"鱣魚"條:"古文鯉,同。知連反。大黃魚也。口在頷下,大者長二三丈。"《説文·魚部》:"鱣,鯉也。鱣,籀文鱣。"茲據《名義》校補。

④ "肴"原作"又有"。"有"下殘,據各本補。《玄應音義》卷十三"鮫魚"條:"今作蛟,同。古肴反。《説文》:海魚也。《山海》經:潼水多鮫。郭璞曰:鮥屬也。皮有珠文而堅,尾長三四尺,末有毒,螫人,皮可以飾刀劍也。"佐女(さめ【鮫】)。

⑤ 牟奈支(むなぎ【鰻】)。

⑥ "視"下奪"典"字。各本作:"鱓鱓鮔,三同。視典反,上;蛇魚。牟奈支。"《字鏡》音"視曲反","曲"爲"典"字之誤。《廣韻·獮韻》:"鱓,常演切。""視典反"與"常演切"音義。茲據校補。《玄應音義》卷十六"黿鱓"條:"又作鱓、鮔二形,同。音善。《訓纂》云:蛇魚也。"

⑦ 不奈(ふな【鮒】)。

⑧ 伊加(いか【烏賊】)。

⑨ 反切下字"魚"當作"勞"。《名義·魚部》:"鰲,牛勞反。"茲據校改。《全王·豪韻》:"鰲,衛大夫名。"即衛大夫"甯武子",但史書記載甯武子名"俞",此作"鰲",蓋"甯武子"本名"鰲",後因音變而作"俞"。

⑩ 《説文·魚部》:"鰓,魚名。皮有文,出樂浪東眲。"此處"魚視"不詳。《字鏡》作"鰓,牛容反。武子名。魚名,有文。""武子名"爲"鰲"字義衍,疑此釋義當作"魚名,有文"。

⑪ 注文"鮦"下原有"則反伊加"四字。上文:"鯽,昨則反。伊加。"此四字當是"鯽"字注文而混入。茲據刪。"佐女"據各本補。佐女(さめ【鮫】)。

鮨䱇同作。户陷、古念二反。

鮷徒奚反。大鮎，色黑味少。

鯼子紅反。尔户。①

鯙大丁反。魟。

鯢吾嵇反，平；女久知良。②

鯶户本反，上。

鱵[職]深反，平。③

鮈几于反。

鮹所交反，平；太古。④

鰿子石反，去(入)；鮪(鰿)，鮒。⑤

鮦直龍(隴)反。縣名。知[知]夫。⑥

䱫胡麦反，入。

鰩要遥反，平；有翼，能飛。

鱢市高反。鯉。⑦

鱳七孝反。奈与之。⑧

鯔(菑)側其、側居二反。縣名。⑨

鮯古沓反。

鱮一告反。小醋(鰿)。⑩

鯨久知良。⑪

鰁鮒二合。万吕也支。⑫

---

① 各本反切下有"石首魚"三字。尔户(にべ【鮸】)。

② 女久知良(め【雌・牝・女】くじら【鯨】)。

③ "深"上蓋奪"職"字。《廣韻・侵韻》:"鱵，職深切。"《名義・魚部》:"鱵，之深反。"暫定作"職"。兹據校補。

④ 太古(たこ【蛸・章魚】)。

⑤ 注文"去"當作"入"，"鮪"當作"鰿"。"鰿"爲入聲字。《原本玉篇・魚部》:"鰿，《説文》:鰿，魚名也。野王案，此亦与鰿字同。鰿即鮒魚也。"

⑥ 注文"龍"當作"隴"。《廣韻・腫韻》:"鮦，直隴切。"兹據校改。"知"字據各本補。知知夫(ちちふ【鯋】)。

⑦ 《廣韻・豪韻》蘇遭切:"鱢，鯹臭。"此反切當是倭音"そう"。

⑧ 奈与之(なよし【名吉・鯔】)。

⑨ 字頭當作"菑"。《詩・大雅・蕩》釋文:"臨菑:側其反。臨菑，地名。""縣名"蓋指"臨菑縣"。兹據校改。"側居"不詳。

⑩ 注文"醋"當作"鰿"。《廣韻・号韻》:"鱮，小鰿名。"兹據校改。

⑪ 久知良(くじら【鯨】)。

⑫ 万吕也支(まろやき【丸焼】)。字頭前一形疑爲"煎"字涉"鮒"而類化。

鮓巾(市)差反。酒(須)志。①

次《小學篇》字卅三字

鱕加世佐波。②

魛佐比地。③

鮰左女。④

鰊左波。⑤

鯽奈万豆。⑥

鮑波江,又左女。⑦

黴左波。⑧

鮎己。⑨

⿰魚木不奈古。⑩

鱺伊波志。⑪

鯵万須。⑫

鱝由支。⑬

鯹波无。⑭

鯱豆[久]良。⑮

鯏鱟鯨己乃志呂。⑯

鮗上同。

鮃布奈。⑰

---

① “巾”“酒”據各本作“市”“須”。“差”字各本誤作“羌”。《廣韻·馬韻》:“鮓,側下切。”須志(すし【鮨・鮓】)。

② 加世佐波(かせ【㭭】さば【鯖】)。

③ 此條原作“魛,佐比𦣞左地魚女”,玆據各本分爲二條。佐比地(さひち)。

④ 左女(さめ【鮫】)。

⑤ 左波(さば【鯖】)。

⑥ 奈万豆(なまず【鯰】)。

⑦ 字頭各本作“鮑”。波江(はえ【鮠】),又左女(さめ【鮫】)。

⑧ 左波(さば【鯖】)。

⑨ 己(こ)。

⑩ 不奈古(ふなこ【鮒子】)。此字頭或即“鮒”字。

⑪ 伊波志(いわし【鰯・鰮】)。

⑫ 万須(ます【鱒】)。

⑬ 由支(ゆぎ【靫】)。

⑭ 波无(はむ【鱧】)。

⑮ “豆”下有小字“久欤”,當補“久”字。“久”各本誤作“之”。豆久良(つくら)。

⑯ 己乃志呂(このしろ【鰶・鯏・鱅・鮗】)。

⑰ 布奈(ふな【鮒】)。

鱒上同。

鰦波良加。①

鱧波无。②

鮇衣无。③

鰷止不乎。④

鮭左介。⑤

蟻阿弥。⑥

鯰奈万豆。⑦

鮨上同。

鯢女久知良。⑧

鯨上同。

鮏鮭鯨三字。加豆乎。⑨

鰆小鮎。予上。⑩

鮭サケ。⑪

走部第八十七

百卅六字

走尣二形作。子后反，上；奔也，往也，至也，趍也，僕也。又子漏（漏）反，志（去）。倭曽字反。⑫

趁古（胡）千反。急走也。⑬

---

① 波良加（はらか【鰦・腹赤】）。

② 波无（はむ【鱧】）。

③ 衣无（えむ），各本作"衣比（えび【海老・蝦】）"。

④ 止不乎（とふお），各本作"止比乎（とひお）"。

⑤ 左介（さけ【鮭・鮏】）。

⑥ 阿弥（あみ【醬蝦】）。

⑦ 奈万豆（なまず【鯰】）。

⑧ 女久知良（め【雌・牝・女】くじら【鯨】）。

⑨ 加豆乎（かつお【鰹・松魚・堅魚】）。

⑩ "予上"不詳。

⑪ サケ（さけ【鮭・鮏】）。

⑫ 注文"漏"當作"漏"，"志"當作"去"。《廣韻・候韻》："走，則候切。""子漏反"與"則候切"音同，且皆爲去聲。本書心部"懘"字音"亡又、莫漏二反"，"漏"即"漏"字之誤，可比勘。《玉篇・夲部》："奏，子漏切。""奏"與"走"音同。茲據校改。倭曽字（そう）反。

⑬ 注文"古"當作"胡"。《集韻・先韻》胡千切："趁趂，或省。"《名義・走部》："趁，胡千反。"茲據校改。

趈十（千）尸反。倉卒也。①

趨祀養（眷）反。走皃。②

趨公節反。走意。

趄丘怨反。走意。③

趨微謇反。④

趨虛建反。

越雉暅反。

趨九出、吽（許）衒二反。上七字：走意。⑤

趙胡救反。走也。

趁於杜反。走輕。

趄趯二同。近俱反。⑥

趨求縛反。然也，大步也，走顧皃。

趨他歷反，入；躍字。跳皃也，驚也。

赺千才反。疑□（之），等起而志（去）也。⑦

趐此紙反。淺渡。

趨瞿營反。獨行也。縈字。

趨趨同作。預諸反。安行也。

趨胡大（才）反。留意。⑧

趍呼仲反。行也。躓字。⑨

趁牛飯（飲）反。低頭疾行。⑩

趨趨二作。呼園反。疾也。

赽公穴反。趫也，疾也。

---

① 注文“十”當作“千”。《名義·走部》：“趈，千尸反。”茲據校改。
② 注文“養”當作“眷”。《名義·走部》：“趨，祀眷反。”茲據校改。
③ “丘怨反”《名義》同。《玉篇·走部》：“趄，丘岔切。”《廣韻·吻韻》：“趄，丘粉切。”“丘岔切”與“丘粉切”音同。《新撰字鏡》與《名義》皆作“怨”，當非誤。呂校以《名義》注文“勸也”爲表音，“丘怨反”與“勸”音同。又觀智院本《類聚名義抄》注“音歡”，“歡”疑即“勸”字之誤。
④ 反切上字“徵”原作“微”，《名義》同。呂校以《名義》注文“展也”爲表音，定“微”字作“徵”，蓋是。觀智院本《類聚名義抄》注“音辰”，“辰”疑即“展”字之誤。但《廣韻》音“於塞切”，俟考。
⑤ 後一反切上字“吽”當作“許”。《廣韻·霰韻》：“趨，許縣切。”茲據校改。
⑥ 《名義》作“渠俱反”，音同。
⑦ 注文“疑”下一字殘，注文“志”當作“去”。《說文·走部》：“赺，疑之，等赺而去也。”《名義·走部》：“赺，疑之，起而去。”《說文》注文“赺”當是“起”字之誤。茲據補改。
⑧ 注文“大”當作“才”。《名義·走部》：“趨，胡才反。”茲據校改。
⑨ 原“臭”旁皆作“憂”，《名義》同，據《玉篇》《廣韻》等改。
⑩ 注文“飯”當作“飲”。《名義·走部》：“趁，牛飲反。”茲據校改。

趧都奚反。走也。鞮字。

趆丁計反。趍也。

趰翼灼反。趍也。

趚勅即、他各二反。跳走也,遠也。①

趧丑世反。渡也,超持(特)也。②

赿上同。

趮二狀作。呼幾(璣)反。走也。③

趉狀(扶)勿、疋末二反。走也。④

趬莫煩反。行遲。

越二狀作。岳(丘)山反。蹇行。⑤

趲趯二狀作。渠圓反。趏也,曲脊不能兒。踐字。⑥

趢力角反。趏趢也,走也,駃也。

超起二狀作。楚角反。

趣渠月反。行越趣。⑦

趏丘捶反。牛(半)步也,舉一足也。⑧

趭趚三狀。除知反。趙(趭)[驒],輕薄也。⑨

趌蒲北、乎(孚)[豆]二反。僵也。踣字。弊也。⑩

趮力的反。動也。躒字。

趄禹煩反。[趄]土,易居也。爰字。⑪

趂他胡反。伏地也。

趫補胡反。趂也,匐也。

趖徒含反。□(趖)也。⑫

---

① 《廣韻》有“丑教切”“敕角切”二音,此二反切疑有誤。

② 注文“持”當作“特”。《説文·走部》：“趧,超特也。”茲據校改。

③ 注文“幾”當作“璣”。《名義·走部》：“趮,呼璣反。”茲據校改。

④ 注文“狀”當作“扶”。《名義·走部》：“趉,扶忽反。”《玉篇·走部》：“趉,扶勿切。”茲據校改。

⑤ 注文“岳”當作“丘”。《名義·走部》：“越,岳(丘山)反。”茲據校改。

⑥ 注文“踐”疑當作“踚”。《集韻·僊韻》：“趲,或从卷。”“踚”同“趏”。茲據校改。

⑦ “趣”原作“趚”,同。

⑧ 注文“牛”當作“半”。《説文·走部》：“趏,半步也。”茲據校改。

⑨ 注文“趙”當作“驒”。《説文·走部》：“趭,趭驒,輕薄也。”“趙”當爲“趭”字訛。茲據校補。

⑩ 注文“乎”當作“孚”,“乎”下奪“豆”字。《名義·走部》：“趌,孚豆反。”茲據改補。

⑪ 注文“土”上省脱“趄”字,“易居”原作“居易”。《漢書·地理志下》：“孝公用商君,制轅田。”顔師古注引孟康曰：“三年爰土易居,古制也。”《説文·走部》：“趄,趄田,易居也。”茲據補乙。

⑫ “反”下一字殘。《廣韻·覃韻》：“趖,趖趖,走兒。”茲據校補。

趁倉含反,平;蹨字。趯,驅出(步)也。[①]

𧻓胡腫反。喪擗踊。

趙二狀作。丁賢反。蹎字。頓也。

蹔牛監、才冉二反。進也,捽(猝)也,疾也。[②]

趟趙二同。方孟反。走也。

趣二狀作。仇閭反。把趣也。

趨几方(劣)反。跳也,小跳也。蹳字。[③]

趄居語反。行皃。

趚二形作。且雷反。不進皃。

趆時曳反。踰。

趗刃(力)足反。小行。[④]

趥式句反。跳臏也,馬跳。

趪胡光反。能故(張設)。[⑤]

趵丘甫反。跔字。健也,治,近(匠)也。[⑥]

趏孚務反。疾。

趰力的反。趚也。

趲除連反。轉也,信也,移也。毛止保留。[⑦]

趍求累反,上;跟。跪字同。

趄七余反,平;赵(趑)也。[⑧]

趖素戈反,平;趖疾也,走意。

趟竹西(盲)反。趟趟,跳躍。[⑨]

趌墟彼反。行皃。

趡千水反,平(上);走也,又地名。

赾丘謹反,上;難也,跛行。

趥千仲反,去;行皃。

---

① 注文“出”當作“步”。《名義·走部》:“趁,趯,驅步。”茲據校改。

② 注文“捽”當作“猝”。《廣雅·釋詁二》:“暫,猝也。”“蹔”同“暫”。茲據校改。

③ 注文“方”當作“劣”。《名義·走部》:“趨,几劣反。”茲據校改。

④ 注文“刃”當作“力”。《名義·走部》:“趗,力足反。”茲據校改。

⑤ 注文“能故”當作“張設”。《文選·張衡〈西京賦〉》:“洪鐘萬鈞,猛虡趪趪。”李善引薛綜曰:“趪趪,張設貌。”茲據校改。

⑥ 注文“近”當作“匠”。《名義·走部》:“趵,健也,治也,匠也。”《説文·立部》:“竘,健也。一曰匠也。”“趵”同“竘”。茲據校改。

⑦《廣韻·旱韻》:“亶,信也。”此處“信也”或是“亶”字義。毛止保留(もとおる【回る・廻る】)。

⑧ 注文“赵”當作“趑”。《説文·走部》:“趄,趑趄也。”茲據校改。

⑨ 注文“西”當作“盲”。《廣韻·庚韻》:“趟,竹盲切。”茲據校改。

趄撫遇反,去;走而僵也。

趣去刃反,去;行皃。

趲則幹反,去;散走。

赿尺夜反,去;怒也,一曰牽也。又丑格反,入;半步。

趣疾亮反,去;行皃,大皃。①

趉 **起趕** 三狀作。他候反,去;自投也。

趜 趜趚三狀作。[所]六反。趜也,體不伸也。②

趜駈(渠)竹反,入;趜也,窮也。③

趨之欲反,入;小兒行皃。

趫其聿反,入;狂走。

赳其聿反,入;走皃,衝也。

赶其迄反,入;行皃,直行。

趌居謁反,入;走皃。

趚七亦反。趖也,伏行。

趌吉(古)屑反,入;走皃。④

趞胡格反。趖。

趙七雀反。行皃。

趩恥[力]反,入;行聲。⑤

趥与力反,入;趭進。

趒子到反。趭,傍掉也,疾也。⑥

趒趒二狀作。他弔反。越也,踰也,躑也。超同。

超恥驕反,平;越也,逾也,遠也,踰也,跳也,癥(疾)也。⑦

趍且曳(臾)、且琦(瑜)二反。趙也,走也,趍騰也,疾行也。疾行曰趍,疾趍曰走。⑧

趨(趨)上字。⑨

踂丑白反。謂半步曰踂。踔字。

---

① 注文"高"當作"亮"。《廣韻·漾韻》:"趣,疾亮切。"兹據校改。
② 注文"狀"下原有"伏"字,"六"上奪"所"字。《廣韻·屋韻》:"趜,所六切。"兹據刪補。
③ 注文"駈"當作"渠"。《廣韻·屋韻》:"趜,渠竹切。""駈竹反"爲"麴"字音,此處誤混。兹據校改。
④ 反切上字"吉"當作"古"。《切三》《王一》《裴韻》《全王》《廣韻·屑韻》:"趌,古屑反。"兹據校改。
⑤ "恥"下奪"力"字。《廣韻·職韻》:"趩,恥力切。"兹據校補。
⑥ 注文"趒"當是"趒"的俗字。《周禮·冬官·矢人》:"羽殺則趒。"鄭玄注:"趒,旁掉也。"
⑦ 注文"癥"當作"疾"。《名義·走部》:"超,疾也。"兹據校改。
⑧ 注文"曳"當作"臾","琦"當作"瑜"。《玄應音義》卷十四"趍行"條:"又作趨,同。且臾反。"《玄應音義》卷一"趍走"條:"又作趨,同。且瑜反。"《名義·走部》:"趍,且瑜反。"兹據校改。
⑨ 字頭"趨"當作"趨"。《廣韻·虞韻》:"趨,走也。趨,俗。"兹據校改。

趉居列、居逸[二]反。趉趫也,跳起。①

趣趫 趫下二狀實,上非。居月反。凶豎也。

赶巨言反。舉尾走也。

趭趭二作。丘昭反。行輕皃,起也,躑也,一曰舉也,亦高也。立(豆)万豆文(久)。②

趣倉屢反。趀也,疾也,久也,虡(遽)也。倉后反,止(上);遠也。③

越或竭反。揚也,与也,治也,走也,渡也,踰也,遠也,曰也,于也,爰也。

赴疋賦反。卧同。至也,奔也,往也,攝(趣)越也,吉(告)也。④

逝上字。

趫趨同作。丘照(昭)、騎(綺)驕二反。善緣木之士也,善走也。挑字同。舉平(足)也,扶(抉)也。⑤

起起二狀。危(丘)紀反。立也,發也,建也,作也,更也。⑥

赴陟出反,入;走通也,走出也。

趁丑忍(刃)二反,去;逐也,關西以逐物爲趁也。⑦

趨超同。且揄、七朱二反。疾行也,奔也,趀行。

趙除矯反。走也,疾行也。

趏取和(私)反。遲皃。⑧

趭都超反,平;跳也,浪語(踉跰)也。⑨

赳居酉反,平(上);武貌也,猛也,皃也,蒙(勇)猛皃。⑩

---

① 《玄應音義》卷十五"趉趫"條:"居列、居逸二反,下居月反。《篆文》云:趉趫,凶豎也。亦跳起也。"

② 《玄應音義》卷十六"趭脚"條:"丘昭反。《説文》:行輕皃也。一曰舉也。亦高也。戒文作蹺,非也。"和訓各本作"豆万豆久",是也。豆万豆久(つまずく【蹟く】)。

③ 注文"虡"當作"遽","止"當作"上"。《名義·走部》:"趣,遽也。""倉后反"爲上聲。茲據校改。

④ 注文"攝"當作"趣",下原有"也"字,"吉"當作"告"。《大般若經音義》"赴期"條:"上又作逝。疋賦反。至也,奔也,輒(趣)越也,告也。亦爲卧字。"《説文·足部》:"卧,趣越皃。"《名義·走部》:"赴,告也。"茲據改删。

⑤ 注文"照"當作"昭","騎"當作"綺","平"當作"足","扶"當作"抉"。《玄應音義》卷十一"趫行"條:"丘昭、綺驕二反。《説文》:善緣木之士也。經文作挑,敕堯反。挑,抉也。挑非字義。"《名義·走部》:"趫,綺驕反。善走也,舉足也。"茲據校改。

⑥ 反切上字"危"當作"丘"。《名義·走部》:"起,丘紀反。"茲據校改。

⑦ 反切下字"忍"當作"刃"。《玄應音義》卷十九"趁而"條:"丑刃反。謂相趁逐也。《篆文》云:關西以逐物爲趁也。"茲據校改。《名義·走部》:"趁,除珍反。"此云"二反",疑奪一反切。

⑧ 注文"和"當作"私"。《廣韻·脂韻》:"趏,取私切。"茲據校改。

⑨ 注文"浪語"當作"踉跰"。《玉篇·走部》:"趭,趭趭,踉跰也。"茲據校改。

⑩ 注文"平"當作"上","蒙"當作"勇"。此音爲上聲。《詩·周南·兔罝》:"赳赳武夫。"陸德明釋文引《爾雅》:"赳赳,勇也。"今本《爾雅》"勇"作"武"。茲據校改。"猛也皃也"疑當作"猛皃也"。

趤色送(逆)反,入;走而仆。①

趉粣即、他各二反。跳走也,遠也。②

趯芳表反。行疾皃也,輕也,輕也,健皃。③

取摧、頓歸二反。遲皃,遲鈍之皃。④

趌在結、西結二反。羅趌也,傍出也。⑤

趚口遥反。竿趚。

火玄、火卷二反。走急也,走皃。

趩方筆反。虫名。⑥

斤部第八十八

卅四字

斤居間(闔)反,平;鑕也,研(斫)木也,謹也,十六兩爲斤,斧也。⑦

斧跌禹反。斫也,"[斧]敬泫(法)闒"云也。⑧

魻魚斤反。大鱫謂之魻。

析(斦)且年(羊)反。[方]銎斧也。⑨

斫乏(之)若反。鑕也,擊也,斷也。⑩

所所字。

斲古文作斸。竹角反。斫也,鑿也,又補治曰斲,削。

斲上字。

---

① 注文"送"當作"逆"。《廣韻·陌韻》:"趤,山戟切。""逆"是陌韻字。茲據校改。

② 此條重出,見上文"趄"字條。《廣韻》有"丑教切""救角切"二音,此處二反切疑有誤。

③ "皃"原在"行"字之上。《龍龕·走部》:"趯,行疾皃。"茲據乙正。"輕"當是"輕"俗字,此處或有脱文。《説文·走部》:"趯,輕行也。"

④ 字頭或即"趡"字。《廣韻·灰韻》倉回切:"趡,逼也。"

⑤ 《廣韻·屑韻》昨結切:"趌,傍出前也。"此"西結反。羅趌也"俟考。

⑥ "虫名"不詳。

⑦ 注文"間"當作"闔","研"當作"斫"。《名義·斤部》:"斤,居闔反。"部首表"斤"字音"居闔反","闔"字是。《説文·斤部》:"斤,斫木也。"茲據校改。

⑧ 此條原爲上條注文。"敬"上省脱"斧"字,注文"泫"當作"法"。《名義·斤部》:"斧,跌禹反。斫木器也,破也。"《漢書·王莽傳下》:"城中少年朱弟、張魚等恐見鹵掠,趨讙並和,燒作室門,斧敬法闒,譁曰:'反虜王莽,何不出降?'"茲據乙補改。

⑨ 字頭"析"當作"斦",注文"年"當作"羊","銎"上奪"方"字。《玉篇·斤部》:"斦,且羊反。方銎。"《玉篇·斤部》:"斦,且羊切。方銎斧也。"茲據改補。

⑩ 注文"乏"當作"之"。《名義·斤部》:"斫,之若反。"茲據校改。

斯思移反。離也,此也,乖也,曰(白)也,尒也,盡也,烈(裂)也,分也,敗也。①

甈蘇奚反。瓦破聲。

釿牛引反。削也。

斳斳同。豐音。戊也。②

断樂音。宇礼志。③

断斷籫三狀同。都管反。截絶也。又徒卵反,上;誠也,齊也。又都乱反,去;斷斷,誠。齊。④

斫斮字同。伐也,剐也。

新新同作。思隣[反]。鮮也,初也。

斳時世反。吉父(古文)作誓。誓,命也,謹也。⑤

斨其俱反,平;斨斸也,斫也。

斸斸同作。陟玉反,入;手斧也,斫。

斬曰(俎)減反。斷也,病,滅也,截也,伐,裂也,斫,裁。⑥

斮阻略反,入;斬也,斷也。

斯思歷反。析字。破也,分也。

斫力可反。柯擊也,一斫兩也。

所魚斤反。二斤。

辰普懈、蒲爲二反。水之流別也。⑦

斲斷同作。丁角反,入;雕也。

虓語斤反,平;虎語。

斨古領反。格字。擊也,上(止)也,距也,正也。⑧

甃而充、如珠二反。柔韋也,柔也。在新(雜)[字]部。⑨

---

① 注文"曰"當作"白","烈"當作"裂"。《名義·斤部》:"斯,白也。"《詩·小雅·瓠葉》:"有兔斯首。"鄭玄注:"斯,白也。"《廣雅·釋詁二》:"斯,裂也。"茲據校改。

② 此條不詳。疑即"豐"字,注文疑當作"豐音。茂也"。

③ 此條不詳。疑即"樂"字。宇礼志(うれし【嬉し】)。

④ 《廣雅·釋訓》:"斷斷,誠也。"《廣雅·釋詁四》:"斷,齊也。"

⑤ "斳"爲古"折"字,假借作"誓"。見李春桃《傳抄古文綜合研究》。

⑥ 注文"曰"當作"俎"。《玉篇·斤部》:"斬,俎減切。"茲據校改。"病"字不詳。

⑦ 字頭原作"**所**",故在斤部。

⑧ 注文"上"當作"止"。《小爾雅·廣詁》:"格,止也。"茲據校改。《方言》卷三:"格,正也。"

⑨ 字頭原作"**甃**",故在斤部。注文"新"當作"雜",下奪"字"字。本書"雜字"部有"甃"字。茲據改補。

而部第八十九

但此部之字有卅餘字,雖然依有於諸行更止耳

而人之反。汝也,若也,語也,猶乃也。爲耏字。能也,豈也。

耎而[兖]反。柔脆也。与柄(枘)字可(同)。①

腝上字。在肉部。

耎在大部。

䨲乃侯反。兔子也。

䨲同字。

需相俞、古顧二反。須也,飲食相須也,又疑也,下(不)進也。須音。②

䆀愈珠反。色墮落也,變也。

從斤之外字限

囗部第九十

五十字

囗禹非反。圍字。

圍王暉反,平;繞。

國古或反。城也。大國曰邦,小國曰國。

国上字,訛作。

圀上字,未詳。③

圈去員、渠遠二反,上;獸闌。世支。④

圂胡□(困)反。廁也,豕所居。⑤

圊七情反。圂。

囿丁(于)六反,入;圂(園)也。⑥

---

① "而"下奪"兖"字,注文"柄"當作"枘","可"當作"同"。《玄應音義》卷"耎枘"條:"而兖反,下乃困反。《字苑》作腝,柔脆也。《通俗文》作枘,再生也。又作嫩,近字也。經文作濡,又作㼱,並非體也。"茲據補改。但"耎""腝"二字非異體,此誤解《玄應音義》。

② 注文"下"當作"不"。《説文·雨部》:"需,䇓也。遇雨不進,止䇓也。"茲據校改。《左傳·哀公六年》:"需,事之下也。"杜預注:"需,疑也。"本書雨部"需"字注"凝也",疑當作"疑"。"古顧反"不詳。

③《集韻·德韻》:"國,唐武后作圀。"此字爲武則天所造"國"字。

④ 世支(せき【関】)。

⑤ 反切下字殘。《廣韻·慁韻》:"圂,胡困切。"茲據校補。

⑥ 注文"丁"當作"于","圂"當作"園"。《廣韻·沃韻》于六切:"囿,園囿。"茲據校改。

圞上字古文。

圃符付反,去;種蔬田也,園類也。

圃甫音。"無踰棧(我)園"也,又曰有樹也,又菜圃也。蔬田曰圃,種樹曰園,種菜曰圃。又畠也。①

園禹元反。

囹圄上令音。領也。下魚吕反。禦也。獄名也。②

固古文作怘。古□□(護反)。堅也,父(久)也,必也,故也。③

圁回同。胡瑰反。人名。

囙因同。一辛反,平;緣,親也,就也。

囩王員反,平;淵也。

囧舉永反。光也。

囧上字。

囤圌同作。徒損反。小廩。④

囷喟倫、去倫二反,平;倉圓也,廩圓也。

圓于幺(沇)反。規也,滿也。圚(圝),同字。⑤

圖圕字。豆吳反,平;像畫也。

囮五戈反,平;保止利。⑥

圝(圞)上字。⑦

囚(図)女洽反,入;取物而藏。志奈失(夫)。⑧

圛圛同。以尺反,入;明。阿加志。⑨

圌市緣反。又作篅。稻瘡(倉)也。⑩

---

① 注文"棧"當作"我"。《詩·鄭風·緇衣》:"將仲子兮,無踰我園,無折我樹檀。"兹據校改。

②《玄應音義》卷二十三"囹圄"條:"力丁反,下魚吕反。獄名也。《釋名》云:囹,領也。圄,禦也。領録囚徒禁禦之也。"

③ "古"下殘,注文"父"當作"久"。《玄應音義》"固唯"條:"古文作怘,同。古護反。固,必也。《小爾雅》:固,久也。固亦鼓也。"兹據補改。《廣韻·暮韻》:"固,古暮切。"《字鏡》有"古暮反""居護反"二音。

④ 後一字頭當是訛字。

⑤ 注文"幺"當作"沇","圚"當作"圝"。《名義·囗部》:"圓,於沇反。""沇"同"沿"。《集韻·僊韻》:"圓,或作圝。""圚"爲"圖"字古文。兹據校改。

⑥ 保止利(おとり【囮·媒鳥】)。

⑦ 字頭"圛"當作"圝"。《説文·囗部》:"囮,或从繇。"兹據校改。

⑧《廣韻·洽韻》:"図,俗作囚。""失"字據各本校作"夫"。志奈夫(しなう【撓う】)。

⑨ 阿加志(あかし【明し】)。

⑩ 注文"瘡"當作"倉"。《慧琳音義》卷九十"負圌"條:"《集訓》云:竹倉也。"兹據校改。

圜**圀**同作。户大(犬)反，平；規。万止尔阿利。①

圁午巾反，平；縣名。宇万己保利。②

囡疋力反。悶也，姓也。止地加太牟。③

困苦閑(悶)反，去；窮也，悴(悴)也，苦也。④

囚自由反。徒也。⑤

冈(罔)莫向反。无也。二字未詳。⑥

圉**圉**同。幸音。垂也，禁也。⑦

圛下鐯反，入；駱馳鳴。⑧

刓元音。削也，斷也，鏤也。⑨

囘禹巾反。曰(回)也。⑩

囡(囝)女給(洽)反。捷也。⑪

困楚□(各)反。古橐字。⑫

圖圖字。達胡反。河圖，即八卦也。議也，計也，謀也。

丶點部第九十一

六十六字

丶知輔反。

秉碑敬、鄙景二反。抦、揀，二同。

秉上，未詳。在雜字部。

變反音。化也，易也，更也。⑬

---

① 注文“大”當作“犬”。各本及《字鏡》音“户犬反”。《廣韻》有“户關切”“王權切”，“户大(犬)反”當是倭音“けん”。万止尔阿利(まとにあり【的に在り】)。

② 宇万己保利(うまごおり【馬郡】)。

③ 止地加太牟(とちかたむ)。

④ 注文“閑”當作“悶”，“悴”當作“悴”。《廣韻·慁韻》苦悶切：“困，悴也。”茲據校改。

⑤ 《字鏡·囗篇》：“囚，似由反。”《廣韻·尤韻》：“囚，似由切。”“自由反”當是倭音“しゅう”。

⑥ 此當是“罔”的俗字。《廣韻·養韻》文兩切：“网，网罟。《五經文字》作罔。俗作冈。罔，上同。又无也。”此音當是倭音“もう”。“二字未詳”當指“囚”“冈”二字不詳何字，二字原作“**囚**”“**冈**”。

⑦ “圉”音“ぎょう”，“幸”音“ぎょ”，二字音近。或“圉”從“幸”而音“幸”。

⑧ 《廣韻》音“乙鐯切”，此或有誤。

⑨ “鏤”下原有重文符。《字鏡》無。《玄應音義》卷十三“刓刻”條：“又作园，同。五桓反。刓，削也。《廣雅》：刓，斷也。刓，鏤也。”茲據刪。

⑩ 注文“曰”當作“回”。《説文·囗部》：“囘，回也。”茲據校改。

⑪ 字頭“囚”當作“囝”，“給”當作“洽”。《廣韻·洽韻》：“囝，女洽切。”茲據校改。

⑫ 反切下字殘。《字鏡》作“楚各反”，《名義·囗部》：“困，揺(楚)各反。”茲據校補。

⑬ “變”音“へん”，“反”音“はん”，二字音近。

亨享市均反。當也,受也,臨也,祀也,祭也,饗也,向也,孝也,礼也,險也,歆也,受貢功也,獻也,食也,明也。二作,未詳。或作響,非。①

稟禀筆錦反,上;賜也,与也,受禄也。二作,未詳。②

爽爽上通,下正作。所兩反,平;差也,謂不同也,不齊也,忒也,明也。③

罊九万反。汲取曰罊,掃(抒)漏也,搯。④

孿所患反。兩也,連子曰孿也,雙生也,一生兩子也。

燮爕二同作。思恊反。和也,熟也。從火,從又。

齏子題反。醬属,璧也。

槀公道反。稗(稈)也,即乾草也。⑤

[褒]褎同作。補古(高)反。猶揚美之也,舉也,進。⑥

衰裵𡙡四形作。正索和反,平;微也,小也,煞也。今並爲蓑字。末也,漸殺也,懈也,滅(減)也,耗也,行也,生也。又爲褢字。即所追反,平;今乃爲正也。借楚苞(危)反,平;滾同。⑦

率正出(山)律反,入;修(循)也,白(自)也,盡也。借力出反,入;計數也,計校也。爲□□(鋒字)。⑧

棄詁(詰)二、介(企)至二反。云(去)也,損(捐)也。⑨

毫豪同。胡力(刀)反。貴也,毛長也。⑩

豪同。筆毛也。

---

① 《廣韻·諄韻》常倫切:"臺,《説文》曰:孰也。凡從臺者今作享,同。"
② "未詳"下原有小字"云々"。
③ 《干禄字書》:"爽爽,上通下正。"
④ 注文"掃"當作"抒"。《説文·斗部》:"罊,抒滿也。"段注:"扁,各本作滿,誤。玄應作'漏'爲是。依許義當作扁。謂抒而扁之,有所注也。"茲據校改。"搯"字左旁原作"占",未詳。
⑤ 注文"稗"當作"稈"。《説文·禾部》:"槀,稈也。"茲據校改。
⑥ 字頭"褎"上奪"褒"字,注文"古"當作"高"。《廣韻·豪韻》:"褒,進揚美也。褎,俗。"《字鏡·广篇》:"褒,褎作。"《名義·衣部》:"褒,補高反。"茲據補改。
⑦ 此字頭僅三形,或奪一形。注文"滅"當作"減","苞"當作"危"。《廣韻·脂韻》楚危切:"衰,減也。"茲據校改。"行也,生也"俟考。
⑧ 注文"出"當作"山","修"當作"循","白"當作"自","爲"下兩字殘。《原本玉篇·率部》:"率,山律切。《尔雅》:率,循也。率,自也。……《史記》:黥辟疑赦,其罰百率。徐廣曰:率即鋝也。野王案,《説文》爲金(鋝)字,在金部。"《字鏡·亠篇》:"率,爲鋝字。"《集韻·薛韻》:"鋝,量名。或作率。"茲據改補。
⑨ 注文"詁"當作"詰","介"當作"企","云"當作"去","損"當作"捐"。《廣韻·至韻》詰利切:"棄,《説文》:捐也。"《名義·華部》:"棄,企至反。"《楚辭·離騷》:"不撫壯而棄穢兮。"王逸注:"棄,去也。"茲據校改。又"云"或"亡"之誤,當作"忘"字,見本書卷十文尻廾部"弃"字、卷十一文下木點"棄"字。
⑩ 注文"力"當作"刀"。《廣韻·豪韻》:"毫,胡刀切。"茲據校改。

亨正呼衝(衡)反，平；通也。又普美(羹)反。熹也，錐(鑊)也，煞(熟)也，飪也。[1]

衮於根反。炮也。熅字。在火部。

亦餘石反。又作𠦬，同。人之臂赤(亦)也。"掖"字略也。[2]

乖公懷反。

墉餘恭反。古文墉字。城也。

臺古穫反。度也。

音於力反。快也，感悟皃。

㐬以轉反，平(上)。[3]

卒正祖骨反。人衆之名也，百人也。爲瘁字。卒爲猝。借封(則)骨、子律二反。倉卒也，倉卒怱遽也，盡也，終也，訖也。[4]

劅力㐬反。斷割也。肉奈万久佐之。[5]

豪魚記反，去；豕怒。

孌居願反，去；孌物。

㴠落段反，去；絶水渡。

畜許宥、恥救二反。亦許陸反，入；養也，猶容也。畗字。[6]

亮諒字同。力尚反。佐也。

齊正在兮反，平；正也，肅也，潔也，中也，一也，辨也，莊也，翦也，疾也，好也，等也，古國反(也)，州名也，整也。借在計反。

齎正子奚反，平；行道用也，或以資付也，持遺也，裝也，送也。借子斯反。

齋子发(支)反，平；裳下緝也。波加万乃比太。[7]

齏且題反。等也，婦也，妻也，疋也。

奮方問反，去；揚也，攤也，振也，舒也。

云〔幺〕於堯反，平；有也，小也，語辞也。以爲古文雲字。[8]

---

① 注文"衝"當作"衡"，"美"當作"羹"，"錐"當作"鑊"，"煞"當作"熟"。《廣韻·庚韻》："亨，許庚切。"《廣韻·庚韻》："亨，撫庚切。""呼衡反"與"許庚切"音同，"普羹反"與"撫庚切"音同。《禮記·禮運》："以亨以炙。"鄭玄注："亨，煮之鑊也。"《詩·小雅·瓠葉》："幡幡瓠葉，采之亨之。"鄭玄注："亨，熟也。"茲據校改。

② 注文"赤"當作"亦"。《説文·亦部》："亦，人之臂亦也。"茲據校改。

③ 注文"平"當作"上"。此音爲上聲，"㐬"字無平聲音。茲據校改。

④ 注文"封"當作"則"。《切三》《王一》《裴韻》《全王》《唐韻》《廣韻·術韻》子聿反："卒，又則骨反。"茲據校改。

⑤ 肉奈万久佐之(しし【肉・宍】なまぐさし【生臭・腥】)，各本作"肉乃奈万須(しし【肉・宍】の【之】なます【膾・鱠】)"，疑當從各本。

⑥ "畗字"原倒。《廣韻·宥韻》許救切："畜，畜産。亦作畗。"茲據乙正。

⑦ 注文"发"當作"支"，據各本及《字鏡》改。波加万乃比太(はかま【袴】の【之】ひだ【襞】)。

⑧ "於堯反，平；小也"爲"幺"字音義，餘爲"云"字釋義。《廣韻·蕭韻》於堯切："幺，幺麽，小也。"

育餘祝反。推(稚)也,養也,長也。①

雍於容反,平;聲也,和也。

甕(甕)於容反。汲器。②

高古(空)井反。小堂。③

亭直經反,平;館也,舍也,民所居也。

亢行庚(康)反。人頸也,首也,咽也。④

奇正竭知反,平;瑰異也,長也,不耦也。烏(隻)單之奇爲□(畸)字。居儀反,平;異也,特也,隻也,不偶也。⑤

戀力原(泉)反。係也,病也。⑥

攣上字。力專反。柯(拘)也。手奈戶。⑦

文在雜字部。

夜也音。舍也,宵夜也。餘柘反。暮也。⑧

方其古反。⑨

高古豪反。崇也,上也,遠也,敬也。

堯勝字。在几部。

充尺終反。塞也,滿也,覆也,覺也,犯(肥)也,行也。⑩

衷裹烏可反。在衣部。

亳蒲惡反。地名。

哀閃(閔)也,非(悲)也,痛也。⑪

---

① 注文"推"當作"稚"。《詩·邶風·谷風》:"昔育恐育鞠。"鄭玄注:"育,稚也。"茲據校改。

② 字頭"甕"當作"甕"。《廣韻·鍾韻》於容切:"甕,汲器。"茲據校改。

③ 注文"古"當作"空"。《名義·高部》:"高,空井反。"茲據校改。

④ 注文"庚"當作"康"。《玉篇·亢部》:"亢,戶唐、古郎二切。""行康反"與"戶唐切"音同,反切下字"庚"與"康"常混。茲據校改。

⑤ 注文"烏"當作"隻","爲"下一字殘。《原本玉篇·可部》:"奇,野王案,隻單之奇爲畸字,在田部,音居儀反。"茲據改補。

⑥ 注文"原"當作"泉"。《名義·心部》:"戀,力泉反。"茲據校改。《說文·手部》:"攣,係也。"《廣韻·仙韻》:"癵,病也。亦作癴。"此幾字皆可通。

⑦ 注文"柯"當作"拘"。《玄應音義》卷十一"攣縮"條:"亦拘攣也。"茲據校改。手奈戶(てなえ【攣】)。

⑧ "夜"與"也"皆音"や"。

⑨ 此條形與音不合,俟考。

⑩ 注文"犯"當作"肥"。《名義·儿部》:"充,肥也。"《周禮·地官·序官》:"充人。"鄭玄注:"充,猶肥也。養繫牲而肥之。"茲據校改。

⑪ 注文"閃"當作"閔","非"當作"悲"。《名義·口部》:"哀,痛也,悲也,閔也。""非"旁有改字符,天頭有"悲欤"二字,當從。《廣韻·咍韻》:"哀,悲哀也。"茲據校改。

奭[奭]二作同,未詳。式亦反。盛。①

奭奭上字,此二作實在大部。

阝部第九十二

二百卅一字

阝邑字。於急反。里也。

鄥於據反,去;縣名。廿四字。②

邔其記[反]。③

鄂莫各反。

酈閭激反。

郿美秘反,去。

郾於幰反,上。

鄞語巾反,平。

鄠撫于反,平。

鄠胡古反,上。

郎胡郎反。

鄝汝渴(陽)反。④

郒府良反。

鄌昨酒(何)反。⑤

祁渠脂反。盛皃。

邾都厨反,平;又諸殊反。

郃胡閣反。合也。

邯胡甘反。鄲。

鄲都蘭反。

郫郫同作。毗移反,平。

鄞欣語反。

郞思力反。

鄢英獻反。

鄆亡庚反。

---

① 字頭當奪"奭"形。《説文‧奭部》:"奭,盛也。奭,古文奭。"茲據校補。

② "廿四字"指此字及以下二十三字皆訓"縣名",至"鄂"字爲止,"酈"字爲"邑名"。

③ 字頭原誤作"邜"。《廣韻‧志韻》:"邔,古縣名,在襄陽。"

④ 注文"渴"當作"陽"。《廣韻‧陽韻》:"鄝,汝陽切。"茲據校改。

⑤ 注文"酒"當作"何"。《廣韻‧歌韻》:"鄌,昨何切。"茲據校改。

鄢亡嫁反。

鄠鄹㹷三字同作。胡圭反。

鄫在綾反。

邘輔于反。

鄨彼冀反。

鄆於田反。

邥子移反。

鄧治(殆)郎反。又地名。①

鄁方佩反,去;國名。字七。②

邦甫□(龙)反。大國。③

鄂五各反。

鄯市戰反,去。

鄘余鍾反。

鄺妨尤反。

鄩負弓反。

鄧徒亘反。又人姓。地名。字五十一。④

郂苦胡反,平。

酁去約反。

郟古洽反。鄐。

郝施尺、呼各二反。又人姓。

鄰親悉反。

鄇胡遘反,去。

邞徒候反,去。

鄻力演反,上。

鄸𨙸視充反,上。

鄃憶俱反,平;又縣名。

酃郎丁反。

郢陟盈反。

邘羽俱反。

鄴魚羈反。

鄀而灼反,入。

─────────────

① 注文"治"當作"殆"。《名義·邑部》:"鄧,殆郎反。"茲據校改。

② "字七"指此字及以下六字皆訓"國名"。

③ 反切下字殘。《新撰字鏡·邑部》:"邦邦,甫龙反。一曰大國。"殘字作"𠃌",似"龙"字。茲據校補。

④ "字五十一"指此字及以下五十字皆訓"地名"。

邲蒲必反。地名。

鄩似林反。

酂慈各反。

郇白勞反。

郴勅林反。

𨚖子小反。

邨慎真反。

鄸士咸反。

郵与斿反。

郣蒲突反，入；[《説文》]云"郣海［郡］"。①

邭弓住反。又邑名。

邱去牛反。丘字。

娜讓諸反。

邤女九反。

邔居理反。

鄡思及反。

邦渠留反。

郢烏盈反。

𨜓 廓同。呼土反。

炉□（呼）果反。②

鄒庚大反。

鄍公女（安）反。③

酄与全（金）反。④

鄖□（欣）陵反。⑤

岻所間反。

鄲殆郎反。又縣。

郉郱同。胡經反。

郒舒甚反。又亭。⑥

郪七到反。

① 《玉篇·邑部》："郣，《説文》云：郣海郡。"此省。
② 反切上字殘。《廣韻·果韻》："炉，呼果切。"《名義·邑部》："炉，呼果反。"兹據校補。
③ 注文"女"當作"安"。《名義·邑部》："鄍，公安反。"兹據校改。
④ 注文"全"當作"金"。《名義·邑部》："酄，与金反。"兹據校改。
⑤ 反切上字殘。《名義·邑部》："鄖，欣陵反。"兹據校補。
⑥ 《玉篇·邑部》："郒，《左氏傳》曰：敗戎於郒垂。杜預云：周地河南新城縣北有垂亭。"

鄐於尺反。

䣆次栗反。

邰勑暚（臺）反。①

郥（鄏）古闌反，入；邑名。字十七。②

鄆云問反，去。

𨛦側界反，去。

鄪鄙媚反，去。

邴［兵］永反，上。③

郠古杏反，上。

酆於求反，上（平）。

邼去王反。又聚。

郂巨支反。

邙云音。

鄅亡丁反。虞邑。

鄤亡願反。鄭邑。

鄐牛始（姑）反。④

郒許陸反。晉邑。

邽口（古）携反。戎邑。⑤

鄸莫公反。曾（曹）邑。⑥

邢廣經反。⑦

鄈詳石反。鄉名。字十三。

郈胡口反，上；又道也。

郲古來反，平。

邪七余反，平。

邚奴田反。

郵口對反。

鄜方禹、芳珠二反。

鄗胡高反。

---

① 反切下字“暚”當作“臺”。《玉篇·邑部》：“邰，土臺切。”茲據校改。

② 字頭“郥”爲“鄏”俗字。

③ “永”上奪“兵”字。《廣韻·梗韻》：“邴，兵永切。”茲據校補。

④ 注文“始”當作“姑”。《名義·邑部》：“鄐，午姑反。”茲據校改。

⑤ 注文“口”疑當作“古”。《廣韻·齊韻》：“邽，古携切。”茲據校改。

⑥ 注文“曾”當作“曹”。《左傳·昭公二十年》：“夏，曹公孫會自鄸出奔宋。”杜預注：“鄸，曹邑。”茲據校改。

⑦ 《廣韻》音“户經切”，此處反切當有誤。

鄛助交反。

鄖力兜反。

鄐公達反。

狔胡灰反。

邮徒歷反。

郳五稽反，平；城，在東海。七城，七字。

郉薄經反。

鄲徒含反。

鄑□（即）移反。^①

鄝故掾反。

鄙 **邿** 二同。□（莊）鳌反。^②

郻苦堯反。□（陽），鄥陽也。^③

酁武欵（彭）反。義陽。^④

邜 力弓反。湖東。^⑤

徇□（其）虎（虐）反。須臾也，一曰倦也。^⑥

邛〔卬〕魚兩反。望也，勞也，持（恃）也，向也。仰字同。賊人名，又地名。^⑦

郢以井、余整二反。江湘間。

邦浦（補）江反。^⑧

邽邦甫尨反。所以封諸侯，一曰大國。

卸思夜反，去；卸馬去鞌。

鄯市戰反，去；鄯善國，西城（域）。^⑨

郪古計反，去；燕都。

郭撫于反，平；郭。

邟落猥反，上；邟陽鄉（縣）。^⑩

---

① 反切上字殘。《廣韻·支韻》："鄑，即移切。"茲據校補。

② 反切上字殘，下字"鳌"原誤作"粅庚"二字。《名義·邑部》："鄙，莊鳌反。"茲據補改。

③ 注文"鄥"上殘。《廣韻·宵韻》："郻，郻陽，縣名，在鄥陽。"此殘字殘存筆畫似"陽"。茲據校補。

④ 反切下字"欵"當作"彭"。《廣韻·庚韻》："酁，武庚切。""彭"是庚韻字。茲據校改。

⑤ 此條不詳。據音當是"隆"字，待考。

⑥ 反切上字殘，下字"虎"當作"虐"。《廣韻·藥韻》："徇，其虐切。"茲據補改。

⑦ 注文"持"當作"恃"。《名義·匕部》："卬，恃也。"《廣雅·釋詁三》："仰，恃也。"茲據校改。"魚兩反。望也，持（恃）也，向也。仰字同"爲"卬"字音義。"賊人名"不詳。《廣韻·鍾韻》："邛，又姓，《列仙傳》有周封史邛疏。"

⑧ 注文"浦"當作"補"。《名義·邑部》："邦，補江反。"茲據校改。

⑨ 注文"城"當作"域"。《玉篇·邑部》："鄯，鄯善，西域國。"茲據校改。

⑩ 注文"鄉"當作"縣"。《説文·邑部》："邟，今桂陽邟陽縣。"茲據校改。

郲邦音。殞郲。[①]

郵羽求反。□(境)舍。[②]

邙美郎反。山名,比(北)邙。[③]

郎魯當反。

鄌宅加反。亭名。

郪渠焉反。鄹名。

郘(郤)似魚反。地魚(名)。[④]

郗丑昨(睢)反。姓。[⑤]

鄱皮波反。[鄱]陽,属江洲。

郙甫艾反。又浦,豫音(章)州。

邳皮悲反。邳,徐州。

鄮武候反,去;會稽。

鄶古外反,去;營陽。[⑥]

郜古奥反。洛陽。

郕視盈反。東平也。

郝□□反。任蛾。[⑦]

郁於儉反,上;城陽。

郳鄓同。五傒反。東海。

邪耶二同作。正与遮反,平;語助也,道也,大也。借似嗟反,平;鬼病也。今或爲裂(衺)。僻也。[⑧]

郯徒甘反。東海。

鄅王甫反。琅耶。

鄖于文反。江夏。

鄹鄹,古文作騶、䅳二形,今作同聚。才句反。居也。又烏(爲)㗫字。

邸邸同作。丁礼反,上;本也,属國舍也。

郊苦包反。百里爲遠郊,五十里爲近郊。原也。[⑨]

---

① 《廣韻·賄韻》:"郲,䫈郲,不平。"此則作"殞"。

② 注文"舍"上一字殘。《廣韻·尤韻》:"郵,境上舍。"兹據校補。

③ 注文"比"當作"北"。《廣韻·唐韻》:"邙,北邙,山名。"兹據校改。

④ 字頭"郘"當作"郤",注文"魚"當作"名"。《廣韻·魚韻》似魚切:"郤,地名。"兹據校改。

⑤ 反切下字"昨"當作"睢"。《廣韻·脂韻》:"郗,丑飢切。""睢"是脂韻字。兹據校改。

⑥ 《廣韻·泰韻》:"鄶,國名,在滎陽。""營陽"蓋即"滎陽"。

⑦ 此條不詳。

⑧ 注文"裂"當作"衺"。《集韻·麻韻》:"衺,《説文》:㚊也。謂不正。或作邪。"兹據校改。

⑨ 《玄應音義》卷七十"郊外"條:"《司馬法》:王國百里爲郊,五十里爲近郊,百里爲遠郊。"

鄙補鮪反。惡也，恥，境也，野也，羞愧也。伊也志。①

邶邵同作。時曜反。高也，狀虱(扶風)也。②

都都胡反。詞也，皆也，括也，輕也，凡也，焉也，盛也，於也，城曰都，人之所聚曰都，閑也，焉也。都者，歎美之言也。都，試也，又大也，又衆也，又藏也。

郵須筆反。憂貧也，鮮少也。③

鄗所高(亮)反。毗也，一名也。④

邦奴多反。安也，何也，多也，於。

那上同作。

郭〔郭〕古莫反，入；反(又)疋符反。郭也。⑤

鄟正子管反，上；百家爲鄟，聚也。借子旦反，去。

邗户但反。江名。

邳扶被反。河內也。

鄰都二同作。力臣反。近也，親也，鄰也。

鄗丁莽反。地名，居也，五百家。

郡求悁(悃)反。官也，國也。⑥

郁於陸反。

邠補珉反。豳字。又爲汃字。⑦

鄂胡古反。

叩恪苟反。扣字。⑧

郮奴(如)属反。佰(陌)也，河南。⑨

邶蒲僕反。千里。⑩

邘禹俱反。鄶(武)王子所封。⑪

---

① 伊也志(いやし【卑し・賤し】)。

② 注文"狀虱"當作"扶風"。《毛詩注疏·周南召南譜》："周召者，《禹貢》雍州岐山之陽地名也，今属右扶風美陽縣。"茲據校改。

③ 《玄應音義》卷二十二"振恤"條："下又作邮，同。私聿反《説文》：恤，收也，憂也。振恤憂貧也。"《説文·血部》："䘏，憂也。一曰鮮少也。"

④ 此條不詳。"高"疑當作"亮"，此爲倭音"しょう"。

⑤ "疋符反"當是"郭"字音。"郭""郭"二字形近相混。

⑥ 反切下字"悁"當作"悃"。《名義·邑部》："郡，求悃反。"茲據校改。

⑦ 注文"汃"字左旁原作"亻"。《説文繋傳·邑部》："汃，西極之水也。《爾雅》曰：西至於汃國，謂之四極。臣鍇按：今《爾雅》作邠，注云：極遠之國也。"

⑧ 字頭殘。《名義·邑部》："叩，恪苟反。擊也，扣也，訓也。"

⑨ 注文"奴"當作"如"，"佰"當作"陌"。《名義·邑部》："郮，如属反。"《説文·邑部》："郮，河南縣直城門官陌地也。"茲據校改。

⑩ 《廣韻·隊韻》："邶，蒲昧切。""蒲僕反"當是倭音"ほく"。

⑪ 注文"鄶"當作"武"。《説文·邑部》："邘，周武王子所封，在河内野王是也。"茲據校改。

鄌鄌二同作。遽諸反。聚也，河東。

鄲都蘭反。

郅諸逸反。登。

郒蒲當反。亭。

郲來子反。俚字。野鄙也。

鄐除留反。

邸居語反。亭。

邧朱(牛)遠反。阮字。秦邑。①

邿施時反。小國也，亭。

酄虎官反。亭，讙。②

鄇之由反。黄帝所封。③

邯黑言反。鄰。

郌渠詭(詭)反。④

郍於干反。里。

鄑胥果反。亭。

酂鄉二同。才合反。亭。⑤

郎莫郎反。鄉，在藍田。

郇古(胡)光反。⑥

郴渠今反。亭。

郇時真反。人姓。

鄔烏魂反。

郙補魂(故)反。亭。⑦

聚似短(矩)反。聚字。亭。⑧

---

① 注文"朱"當作"牛"。《名義·邑部》："邧，牛遠反。"茲據校改。

② 注文"讙"原作"護"，《名義》同，二字俗字相混。《説文繫傳·邑部》："酄，魯下邑也。《春秋》曰：'齊人來歸酄'是。臣鍇按：《春秋左傳》作讙字，假借也。杜預曰：濟北蛇丘縣西有下讙亭。"

③ 《廣韻·尤韻》："鄇，黄帝後所封國。"《玉篇·邑部》："鄇，故國，黄帝所封也。"此處注文或奪"後"字。

④ 反切下字"詭"當作"詭"。《名義·邑部》："郌，渠詭反。"茲據校改。

⑤ 《名義》音"才含反"，《廣韻》有"昨含切""徂合切"二音，此處"合"疑當作"含"。

⑥ 反切上字"古"當作"胡"。《名義·邑部》："郇，胡光反。"茲據校改。

⑦ 反切下字"魂"當作"故"。《名義·邑部》："郙，蒲故反。"此"魂"蓋涉上條反切下字"魂"而誤。茲據校改。

⑧ 反切下字"短"當作"矩"。《名義·邑部》："聚，似矩反。"茲據校改。

鄴於幾反。衣氏也。①

鄉胡絳反。里中道也，巷也，巷里塗也，閭也，巷居。

郇私旬反。河東。

鄭徒已、徒令二反。河南。②

鄷酆二字同作。疋中、二疋初，平。③

部蒲後反。暑(署)也。□(又)薄口反，上；随也，言也，制(判)分也。④

阜部第九十三

百七十五字

阜阝𨸏三作。父口反，上；丘无石也，盛也，大也，肥也，厚也，長也。

隊或作郹字，在阝部。

隥丁[都]鄧反。履也，仰也，坂也。又作僜，非。又爲蹬字，在足部。⑤

陘方奚反。牢也，獄也。

陛傍礼反，上；升也，階陛。志奈，又波志，又毛止井。⑥

階偕同。古諧反，平；間也，道也，進也，級也，梯也。⑦

隄陡二同。亦作堤。都奚反。限也，凡也，隁也，隨也，損(積)。⑧

陝陜二同。胡夾反。又作狹。隘也，[不]大也，狹也。⑨

際子例反，去；間也，方也，接也，捷也，按也，合也。⑩

---

① 《玉篇·邑部》："鄴，殷國名。《呂氏春秋》曰：湯立爲天子，商不變肆，親鄴如夏。高誘曰：鄴讀如衣，今兗州人謂殷氏皆曰衣。"

② 《廣韻·勁韻》："鄭，直正切。"此條二音不詳，或當皆是倭音"てい"。

③ 此處注文有誤。或當作"疋中、疋初二反，平"，但"疋初"音俟考。

④ 注文"暑"當作"署"，"制"當作"判"。《名義·邑部》："部，署也，伍也，位也，判分也。"兹據校改。"薄"上當補"又"字。"随也，言也"不詳。

⑤ 反切上字原作"丁"，後在右下加小字"都或"，表示"或作都"，二字皆可。《玄應音義》卷十一"梯隥"條："丁鄧反。《廣雅》：隥，履也。隥，仰也。謂山路仰登也。經文作僜，非也。"《原本玉篇·阜部》："隥，都鄧反。《穆天子傳》：甲午，天子絕俞之隥。郭璞曰：隥，阪也。《説文》：隥，仰也。《字書》或爲蹬字，在足部。"

⑥ 志奈(しな【品·科·階】)，又波志(はし【階】)，又毛止井(もとい【基】)。

⑦ 《原本玉篇·阜部》："階，《尚書》：舞干戚于間也。"今本《尚書·大禹謨》作"舞干羽于兩階"。原或當作"舞干戚于兩階間也"，此處"間也"當本《尚書》。

⑧ 注文"損"疑當作"積"。《玄應音義》卷十八"隄隖"條："隄，《漢書》：無隄之輿。韋昭曰：積土爲封限也。"兹據校改。

⑨ 注文"大"上當補"不"字。《原本玉篇·阜部》："陜，野王案：陜，迫隘不大也。"兹據校補。

⑩ 《原本玉篇》無"按也"義，疑是"接也"之訛衍。

隈〔猥〕於四（回）、一由二反。水曲隩也，苟也，賤也。濃（偎）、庆二形同。①

隟陳二同。古文作巢（臬），或作鄆。立（丘）逆反。罅也，別也，裂也，閑也，暇也，穴也，間也，除（際），壁除（際）孔。②

陰隂陰三形作。於今反。影也，闇也，北也。

陽羊音。詐也，明也，清也，傷也，雙也。又作詳。虛辭也，南也。

險義僉（僉）反，上；難也，高也，傷也，危也，薄也。嶮同。③

〔隰辭立反。〕④

隰上字同。

隍胡光反。城池有水曰池，无水曰隍。城下坑也，虛也，壑也。

隕于民（愍）反。墜也，謂墜落敗壞也。⑤

隆力弓反。盛也，多也，太（大）也，隆生（隆）也。⑥

阻〔沮〕才与反。漸也，敗也，壞也。又側旅反。難也，憂也，疑也，□也，飢也。⑦

隧辭醉反。堀地通路曰隧，徑也，延道也，落也，失也。又馳愧反。隊也。

豪胡刀反。城下道也，翔（翱）也，濠。⑧

防坊字同。扶方反。備也，當也，敝（蔽）也，禁也，鄣也，利也。⑨

陷阽二形作。胡詔反，去；隧（墜）入也，墮也，隤也，淪也，沿也，犯也。⑩

陵陵二形，又應作淩。力蒸反。侵也，恭（暴）也，馳也。又作劾、夌。陂陁也，大阜曰陵。乎

---

① 注文"四"當作"回"，"濃"當作"偎"。《玄應音義》卷九"避隈"條："隈，於回反。……《說文》：'偎，烏回反。愛也。'偎非此義。"茲據校改。"苟也，賤也"爲"猥"字釋義。

② 注文"巢"當作"臬"，"立"當作"丘"，"除"當作"際"。《玄應音義》卷十二"瑕隟"條："古文臬，同。丘逆反。罅也。亦別也，壁際孔隟也。"茲據校改。"鄆"左旁亦當從"臬"。《玄應音義》卷十七"隟中"條："《廣雅》：隟，別也。"《玄應音義》卷二"讎隟"條："《廣雅》：隟，裂也。"今《廣雅》有"裂也"，無"別也"，疑"別"爲裂字之誤。

③ 注文"僉"當作"僉"。《名義·阜部》："險，義僉反。"茲據校改。

④ "隰"同"隰"，本書無"隰"字條，疑此奪"隰"字條。《原本玉篇·阜部》："隰，辭立反。《毛詩》：徂隰徂畛。《箋》云：隰謂舊田有路徑者。《左氏傳》：逐翼侯于汾隰。杜預曰：汾水邊也。《爾雅》：高平曰原，下濕〔曰隰〕。《公羊傳》：下平曰原。《尚書大傳》：隰隰，言濕也。《廣雅》：隰隰，墊也。墊墊，濕意也。"下接："隰，《字書》：亦隰字也。"《名義·阜部》："隰，辭立反。"此處釋義暫闕如。

⑤ 注文"民"當作"愍"，"謂"下原有"落"字。《玄應音義》卷二十"隕下"條："于愍反。《爾雅》：隕，墜也。謂墜落敗壞也。"茲據改刪。

⑥ 注文"太"當作"大"，"隆生"當作"隆"。《說文·晶部》："隆，豐大也。""隆"今作"隆"。茲據校改。

⑦ 注文"又"之前爲"沮"字音義。《玄應音義》卷二"沮壞"條："才與反。《三蒼》：沮，漸也。敗壞也。"又"疑也"之下殘字似"取"。

⑧ 注文"翔"當作"翱"。《原本玉篇·阜部》："豪，《釋名》：城下道曰豪（豪）。豪（豪），翔也。都邑之內所翱翔也。"今本《釋文》作"翱"，"翱"字是，此乃聲訓。茲據校改。

⑨ 注文"敝"當作"蔽"。《原本玉篇·阜部》："防，《楚辭》：上蔽菱而防露。王逸曰：防，蔽也。"茲據校改。《原本玉篇》引《左傳》"教之防利"，此處"利也"當非釋義。

⑩ 注文"隧"當作"墜"。《原本玉篇·阜部》："陷，野王案，陷猶墜入也。"茲據校改。

加,又豆夫礼,又弥佐佐支。[①]

陪甫(蒲)坯反。加也,益也,助也,重也,𨻶也,廁也,朝也。[②]

隘隘陒三形。於懈、一賣二反。急也,狹也,陋,亞(䶎)也,險也,迫。[③]

隖於古反。小城也。

降下江反。差也,落也。志奈志奈尔。[④]

陀陁〔阤〕二形作。太可(大何)反。階也,險也,改也。壞也,崩也。[⑤]

阬或作坑、硎,二形同。共康(丘庚)反。穴也,凹也。[⑥]

陪(陪)正与咸(烏感)反。唵(晻)也,闇也。[⑦]

陳陳二形作。正除珍反,牙(平);久也,設張也,衆也,布也,故也。借治信反,去;除(陣)、穀(敕)字同。[⑧]

隩於到反,去;藏也。久牟志良。[⑨]

陶正徒高反,平;大也。欝陶,喜也。又思君也,亦哀思也,陶丘也,悦也,變也,養也。[⑩]

陋力豆反。陜也,□也,隱也,鄙也,小也。

陟徵棘、竹力二反。登也,升也,重也。

騭上字。䭾馬(牡馬)。[⑪]

阿於可(何)反。猗也,美也,楝也,曲也,近也,雅(邪)也,岳(丘)也,比也。[⑫]

---

① 注文"恭"當作"暴"。《名義·阜部》:"陵,暴也。"兹據校改。《玄應音義》卷十三"陵遲"條:"《淮南子》云:山以陵遲故能高。案陵遲,猶靡迤陂陀也,平易不陗峻者也。""陂陁"即"陂陀"。字頭左旁有片假名"トコロ(ところ【所・处】)",未詳。乎加(おか【丘・岡】),又豆夫礼(つぶれ【潰れ】),又弥佐佐支(みささぎ【陵】)。

② 注文"甫"當作"蒲"。《原本玉篇·阜部》:"陪,蒲杯反。"兹據校改。

③ 注文"亞"當作"䶎"。《原本玉篇·𨸏部》:"䶎,《説文》:陋也。《字書》今爲隘字也,在阜部。"兹據校改。

④ 志奈志奈尔(しなしなに)。

⑤ 注文"太可"當作"大何"。《原本玉篇·阜部》:"陀,徒何反。""徒""大"是定母字,"太"是透母字。兹據校改。"改也"不詳。"壞也,崩也"爲"阤"字義。

⑥ 反切用字"共康"當作"丘庚"。《廣韻·庚韻》:"阬,客庚切。""丘庚反"與"客庚切"音同。兹據校改。

⑦ 字頭"陪"當作"陪",注文"与咸"當作"烏感","唵"當作"晻"。《原本玉篇·阜部》:"陪,烏感反。《尔雅》:陪,闇也。郭璞曰:陪陪然冥皃也。野王案,此亦晻字也,在日部也。"兹據校改。

⑧ 注文"牙"當作"平","除"疑當作"陣","穀"疑當作"敕"。"除珍反"爲平聲。"治信反"爲"陣"字音。《新撰字鏡·阜部》:"陣阵,二形作。陳字同。"《原本玉篇·阜部》:"陳,《説文》以陳列之陳爲敕字,在攴部。"今本《説文》作"敶",此處暫校作"敕"字。兹據校改。

⑨ 久牟志良(くむしら【隩區】)。

⑩ "大也"不詳。

⑪ 注文"䭾馬"原爲一字,此當作"牡馬"。《説文·馬部》:"騭,牡馬也。"兹據校改。

⑫ 注文"可"當作"何","雅"當作"邪","岳"當作"丘"。《名義·阜部》:"阿,於何反。丘也,耶也。"《廣雅·釋詁二》:"阿,衺也。""耶""衺"同"邪"。兹據校改。

墜徒類反。墮也,殞也,落也,朱(失)也,道也,没也,死也。①

附夫(扶)付反。因也,近也,灑(麗)也,著也,至也,益也,随也。②

陌亡白反。勱也。南北爲阡,東西爲陌。③

阡且田反。格(辂)也,社(辻)。知万[太]。④

隁矣危反,平;鄭地坂名。⑤

院阮二形作。于綿(線)反,去;垣也,大内也,小隔也,曰院候也,堅也,援。⑥

嘔苦俱反,平;傾側也,皷也,嶇也。

消(陗)七肖反,去;峭也,陵也,尅也,山峻也。⑦

陣陣二形作。直珎反。久也。陳字同處見也。

陸陸二形作。吕木反。皇(星)也,乱也,道也,厚也,分也,人姓。⑧

陝式冉反。弘農陝縣。

阾辝予反。古文序字。

嗎麻嫁反。益也,增益。

陊陁二形作。都官(館)反。礙(磋)也。⑨

隱於僅反。私也,安也,思也,慶(度)也,築也。⑩

險(阾)力井反。阪也,峯(嶺)。⑪

---

① 注文"朱"當作"失"。《廣雅·釋詁二》:"墜,失也。"茲據校改。

② 注文"夫"當作"扶","灑"當作"麗"。《名義·阜部》:"附,狹(扶)付反。"《周禮·地官·大司徒》:"其
附於刑者歸于士。"鄭玄注:"附,麗也。"茲據校改。

③ 《原本玉篇·阜部》:"陌,《左氏傳》:俗練三反,由踊三反。杜預曰:陌猶勱也。"今本《左傳·僖公
二十八年》:"距躍三百,曲踊三百。"杜預注:"百,猶勱也。"陸德明釋文:"百,音陌,勱也……勱,
音邁。"

④ 注文"格"疑當作"辂","社"當作"辻"。《名義·土部》:"辂,阡字。"《新撰字鏡·雜字》:"辂辻,阡
字。"茲據校改。"太"字據各本補。知万太(ちまた【巷】)。

⑤ 注文"坂名"原倒。《説文·昌部》:"隁,鄭地坂。"《玉篇·阜部》:"隁,鄭地坂名。"茲據乙正。

⑥ 注文"綿"當作"線"。《廣韻·線韻》:"院,王眷切。""王眷切"與"于線反"音同。茲據校改。此條
釋義多不詳,俟考。

⑦ 《原本玉篇·阜部》:"陗,且醮反。《淮南》:陗法刻刑。許叔重曰:陗,陵也。野王案,此謂嚴尅也。
山陗險亦曰陗。《大玄經》'豐城之陗,其崩不遲'是。《廣雅》:陗,急。或爲峭字,在山部也。"

⑧ 注文"皇"當作"星"。《玉篇·阜部》:"陸,星也。"《爾雅·釋天》:"北陸,虚也。"《爾雅·釋天》:"西
陸,昴也。"茲據校改。《原本玉篇·阜部》:"陸,《楚辞》:長余佩之陸離。王逸曰:陸離,乱兒也。
又曰:陸離,分離也。"

⑨ 注文"官"當作"館","礙"當作"磋"。《原本玉篇·阜部》:"陊,都館反。《埤蒼》:晉大夫子陊也。《字
書》或磋字也。磋石可以爲鍛質者,在石部。"《名義》亦誤作"礙"。茲據校改。

⑩ 注文"慶"當作"度"。《名義·阜部》:"隱,度也。"《廣雅·釋詁一》:"隱,度也。"茲據校改。

⑪ 字頭"險"當作"阾",注文"峯"當作"嶺"。《原本玉篇·阜部》:"阾,里井反。《字書》:阾,阪反(也)。
今或爲嶺字,在山部。"茲據校改。

阪扶板、方晚二反,上;陂也,坂也,濕(隰)也。①

陳余重(餘鍾)反。塘也,廥也。②

陚古(胡)逼反。域也,畍也。③

隋大知(丈加)反。丘。④

隍徒郎反。明也,盛也,殿。

鵰都交(晈)反。嶋。⑤

隝上字同。

隢魚却(劫)反。危也,廏。⑥

陒古(胡)犬反。陒阮。⑦

隓似林反。小阜。

陠他枯(坫)反。亭。⑧

陕普逼反。裂。

陠普胡反。庸字。陠,哀(裒)。⑨

隚徒當反。隄也,塗。

陒居毀反。塊同。山名。

陓於于反。洿。

陶呼矩反。邑名。

陣乎(補)朋反。崩。⑩

隥巨豈反。長也,企也;倚也,依物登。

陃古(胡)公反。阮。⑪

---

① 注文"濕"當作"隰"。《詩·秦風·車鄰》:"阪有漆,隰有栗。"毛傳:"陂者曰阪,下濕曰隰。"茲據校校。

② 反切用字"余重"當作"餘鍾"。《原本玉篇·阜部》:"陳,餘鍾反。"茲據校改。

③ 反切上字"古"當作"胡"。《原本玉篇·阜部》:"陚,胡逼反。"茲據校改。

④ 反切用字"大知"當作"丈加"。《原本玉篇·阜部》:"隋,大(丈)加反。"《玉篇·阜部》:"隋,丈加切。"茲據校改。

⑤ 反切下字"交"當作"晈"。《原本玉篇·阜部》:"鵰,都晈、都道二反。"茲據校改。

⑥ 反切下字"却"當作"劫"。《原本玉篇·阜部》:"隢,魚劫反。"茲據校改。

⑦ 反切上字"古"當作"胡"。《原本玉篇·阜部》:"陒,胡犬反。"茲據校改。

⑧ 反切下字"枯"當作"坫"。《原本玉篇·阜部》:"陠,他坫反。"茲據校改。

⑨ 注文"哀"當作"裒"。《原本玉篇·阜部》:"陠,《廣雅》:陠,裒也。"今本《廣雅·釋詁二》同。茲據校改。

⑩ 反切上字"乎"當作"補"。《原本玉篇·阜部》:"陣,補明(朋)反。""乎"字疑是涉上條反切上字"呼"而誤。茲據校改。

⑪ 反切上字"古"當作"胡"。《原本玉篇·阜部》:"陃,胡公反。"茲據校改。

潬充善反。水出，邑名。①

墮許規反。廢也，毀也，損也，取也，敗也。

隑麻家反。益。②

隁於遠（建）反。渚（猪）也，阬也，畜水。③

陏辝規反。邑名。

陼止（之）与反。丘也，水中高也。④

陘陉二形作。古廷（胡庭）反。限也，連山中絶也。⑤

陞始繩反。進也，陸（陞）上也，登也。⑥

隤徒雷反。遺也，傾也，壞也，毀也，盡也，頹也。

鯀古昆（胡緄）反。大阜也，土山。⑦

除矢（雉）居反。吉（去）也，開也，道，階也，置。⑧

隐充陷反。陷也，陸也。

刪信千反。坂本。⑨

隅牛具（俱）反。角也，如，陬也。⑩

陮徒罪反。不平皃。⑪

隗牛罪反。陮也，人姓。

阮俞專（瑜劗）反。高也，地名。⑫

---

① 《原本玉篇·阜部》："潬，充善反。《尔雅》：水自汶出爲潬。《蒼頡篇》：魯邑名也。"今本《爾雅·釋水》作"灗"。

② 字頭右旁原誤作"麻"，蓋涉反切上字而誤。

③ 反切下字"遠"當作"建"，注文"渚"當作"猪"。《原本玉篇·阜部》："隁，於建反。《周礼》：官（宮）人掌爲其井隁，除其不蠲（蠲）。鄭衆曰：隁，路廁也。鄭玄曰：隁，猪也。謂雷下之地（池），受畜水而流者也。"兹據校改。

④ 反切上字"止"當作"之"。《原本玉篇·阜部》："陼，之与反。"兹據校改。

⑤ 反切用字"古廷"當作"胡庭"。《原本玉篇·阜部》："陘，胡庭反。"兹據校改。

⑥ 注文"陸"當作"陞"，下原有"也"字，有刪號。《原本玉篇·阜部》："陞，始繩反。《蒼頡篇》：陞，上也。《廣雅》：陞，進也。"兹據校改。依例"陸（陞）"字當刪。

⑦ 反切用字"古昆"當作"胡緄"。《原本玉篇·阜部》："鯀，胡緒（緄）反。"兹據校改。

⑧ 反切上字"矢"當作"雉"，注文"吉"當作"去"。《原本玉篇·阜部》："除，雉居反。《毛詩》：日月其除。[除]，去也。"兹據校改。字頭右旁有片假名"ヤウヤク（やうやく【漸う】）"。

⑨ 此條不詳。

⑩ 反切下字"具"當作"俱"。《名義·阜部》："隅，牛俱反。角也，廣也，陬也。"兹據校改。《原本玉篇·阜部》："隅，《毛詩》：惟德之隅。《傳》曰：廣也。箋云：如宮室內繩直則外有廉隅也。""如"字不詳，或涉"如宮室"衍。

⑪ 《廣韻·賄韻》："陮，陮隗，不平狀。"《玉篇·阜部》："陮，陮隗，不平也。"《原本玉篇·阜部》："陮，《説文》：陮隗，不安也。"《名義·阜部》："陮，不安也。""不平"與"不安"俟考。

⑫ 反切用字"俞專"當作"瑜劗"。《玉篇·阜部》："阮，余劗切。"《原本玉篇·阜部》："阮，瑜劇（劗）反。"《原本玉篇·阜部》："阮，瑜敫（劗）反。"兹據校改。

嵳力罪反。磊。

陵思俊反。高。

陧魚結反。危,凶也,慶(度)。①

陒只宮(口營)反。厌也,傾。②

隫徒木反。溝也,瀆也,瀆。

𬯑 阯二形作。止市反。基也,址也,域(城)足也。③

阺徐利(除黎)反。埋(理)也,坂。④

阢牛鬼(瑰)反。石上土。⑤

障止上(之讓)反。上平也,隔也,墇也。⑥

𨻶古麗(胡灑)反。小谿。⑦

陸其卷反。地名。

阮牛遠反。隃也,陸也,開(關)也。⑧

陪公篤反。大阜。

陳矢(知)京反。丘名。⑨

赋万句反。丘名也,小陂。⑩

阰都廷(庭)反。丘名。⑪

埕止(之)曜反。界也,場也,倀(隄)也。⑫

---

① 注文“慶”當作“度”。《説文·阜部》:“陧,危也。徐巡以爲:陧,凶也。賈侍中説:陧,法度也。班固説:不安也。”《廣雅·釋詁一》:“臬,法也。”“陧”與“臬”音同可通。茲據校改。

② 反切用字“只宮”當作“口營”。《原本玉篇·阜部》:“陒,口營反。”茲據校改。

③ 注文“域”當作“城”,下原有“也”字。《原本玉篇·阜部》:“阯,《左氏傳》:略其阯,具餱糧。杜預曰:阯,城足也。”茲據改刪。

④ 反切下字“利”本當作“袮”,“埋”當作“理”。《原本玉篇·阜部》:“阺,徐袮、丁弟二反。《蒼頡篇》:阺,理也。”《玉篇校釋》將反切定作“除黎”,是也。又云:“《倉頡篇》爲訓‘理’者,蓋通作砥。砥,屬石也。引申爲平治義。砥與底通(見石部),阺亦與底通,故阺爲治理義也。”茲據校改。

⑤ 反切下字“鬼”當作“瑰”。《名義·阜部》:“阢,牛瑰反。石戴土也。”茲據校改。

⑥ 反切用字“止上”當作“之讓”。《原本玉篇·阜部》:“障,之讓、之楊二反。”字頭右旁有片假名“ヘタツ(へだつ【隔つ】)”“フタグ(ふたぐ【塞ぐ】)”。

⑦ 反切用字“古麗”當作“胡灑”。《名義·阜部》:“𨻶,胡灑反。”茲據校改。

⑧ 注文“開”當作“關”。《説文·𠂤部》:“阮,代郡五阮關也。”茲據校改。

⑨ 反切上字“矢”當作“知”。《原本玉篇·阜部》:“陳,徵京反。”《玉篇·阜部》:“陳,知京切。”茲據《玉篇》校改。

⑩ 《原本玉篇》《名義·阜部》:“赋,万勾反。”《玉篇·阜部》:“赋,方句切。”《廣韻·遇韻》:“赋,方遇切。”但“万”疑非“方”字誤,觀智院本《類聚名義抄》音“亡句反”,與此處“万句反”合。

⑪ 反切下字“廷”當作“庭”。《名義·阜部》:“阰,都庭反。”茲據校改。

⑫ 反切上字“止”當作“之”,注文“倀”當作“隄”。《原本玉篇·阜部》:“埕,之瞿(曜)反。《廣雅》:埕,隄也。”茲據校改。

陳耳升反。衆也,築垣音。

隊〔隊〕除戀反。道邊卑垣也。一百長(爲)也,主(失)也,隊辟(部)也。①

陙止(時)均反。小阜。②

隃力均反。陷也,没也,淪也。

阢所陳反。陵名。

阰卑尸反。垣也,山名也,城上阰墙也。

脗古文吻字。在口部。③

嶞他果反。山。

陊丁戈反,平;陊堆也,小堆,保也,基。④

陔古來反。次也,重也,跤(垓)也,隴也,殿階次序也。志奈。⑤

阹去魚反。闌也,問也,谷也,笒也,依山谷爲牛馬圈。

陫武夫反。地名。

陔於機反。坂也,天陔也,縣名。

陾如之、仁移二反。坂嶮,地名。

陴頻卑反。倪(倪)也,城上安(女)墙。⑥

陭於離反。坂也,縣名。

陝陝二形作。以脂反。陾陝。

陾於非反,平;阻也,邃也。陾陝,艱危也。⑦

陲〔倕〕是爲反。危也。重也,巧人名。⑧

墮徒果、旬爲二反。助(取)也,解也。⑨

隋二上同字。旬爲反。國名。⑩

阞盧德反。地理。

---

① “道邊卑垣也”之下爲“隊”字釋義。注文“長”當作“爲”,“主”當作“失”,“辟”當作“部”。《原本玉篇·阜部》:“隊,《廣雅》:墜,夫(失)也。音徒對反。《左氏傳》:分爲二墜。杜預曰:墜,部也。又曰:右拔戟成一墜。杜預曰:百人爲一墜。”茲據校改。

② 反切上字“止”當作“時”。《原本玉篇·阜部》:“陙,時均反。”茲據校改。

③ 《集韻·吻韻》:“吻,或作肳、嚼、呡。通作脗。”此處字頭疑是“脗”的誤字。本書口部有“吻”字,肉部有“脗”字。

④ 《原本玉篇·阜部》:“陊,丁戈[反]。《蒼頡篇》:小雅唯(堆)也。封保也。《字指》:陊,臺也。”此處“保也”蓋即“封保也”。“基”與“臺”俟考。

⑤ 注文“跤”當作“垓”。《原本玉篇·阜部》:“陔,或爲垓字也。”茲據校改。志奈(しな【品・科・階】)。

⑥ 注文“倪”當作“倪”,“安”當作“女”。《説文·自部》:“陴,城上女牆,俾倪也。”茲據校改。

⑦ 《原本玉篇·阜部》:“陾,《廣雅》:陾夷,阻險也。《字指》:陾夷,深邃。”

⑧ “危也”之下爲“倕”字釋義。《廣韻·支韻》:“倕,重也。黄帝時巧人名倕。”

⑨ 注文“助”當作“取”。《新撰字鏡·阜部》:“墮,取也。”茲據校改。

⑩ 此條當奪一字頭。

隔古核反，入；塞。

阨焉(烏)革反。限礙也。①

隒博木反。彭、隒，國名。

阢〔阺〕舉竹反，入；曲厓。又於賣反。地險不便也。②

隮子計反，去；陞也，氣也，虹也。躋字。

阼昨故反，去；能(酢)也，東階。③

隃傷遇反，去；鴈門山。

陳魚儉反，上；厓也，方也，山也，山形似重甑。

陊徒可反，上；壞也，山(崩)也，墮也，下坂兒，又小(山)崩也。④

限胡簡反，上；遮(度)也，閾也，界也，齊也，窮也。⑤

陼力主反，上；縣名。

隴蠬、壠三形同。力奉反，上；冢也。

阽余廉反，平；臨危也。又識詹反。阿也不志。⑥

陬側鳩反，平；鄉名，一曰隅也，限也。

巘於謹反。栝。

隣隣上非作。力珍反。比也，近也，五家也。⑦

隋髓字。私俾反，上。

陡阧二同。丁后反，上；峻也。

随。

矢部第九十四

卅字

矢尸旨反。陳也，誓也，當也，第也，夏射也，施也，正也，直也。⑧

---

① 反切上字"焉"當作"烏"。《切三》《裴韻》《全王・麥韻》："阨，烏革反。"茲據校改。

② 又音及以下爲"阺"字音義。《原本玉篇・阜部》："阺，於賣反。《左氏傳》：所遇又阺。杜預曰：地險不便車也。"

③ 注文"能"當作"酢"。《原本玉篇・阜部》："阼，《儀礼》：立于阼階。鄭玄曰：阼猶酢，車(東)階所以答酢賓客也。"茲據校改。

④ 注文"山"當作"崩"，"小"當作"山"。《廣韻・紙韻》："陊，山崩也。"茲據校改。

⑤ 注文"遮"當作"度"。《廣韻・產韻》："限，度也。"茲據校改。

⑥ 阿也不志(あやぶし【危ぶし】)。

⑦ "五"下原有"百"字。《説文・邑部》："鄰，五家爲鄰。"茲據刪。

⑧ 字頭右旁有片假名"ツツシム(つつしむ【慎む・謹む】)"。《詩・大雅・江漢》："矢其文德，洽此四國。"毛傳："矢，施也。"《爾雅・釋詁下》："矢，弛也。""施"通"弛"。《廣雅・釋器》："第，箭也。"疏證："第，《周官》作弗。"

戾夭二形上字。

知□(正)豬移反,□(平);識也,覺也,匹也。借豬寄反,去。

智婼二形作。豬寄反,去;哲也,知也,叡也。

矩架二形。俱禹、己於二反。常也,活(法)也。①

雉知音。陳。

矯居肇反。强也,勇也。介宇反。②

矬俎(徂)戈反。短。③

槻規(規)同。九吹反。求也,計也,模。④

耀父□(解)反,上;婼也,通語也,揩也。⑤

矩(跁)父馬反,上;跒,用力也。⑥

矰曾音。戈(弋)射。⑦

矞疾良反。傷。

矤尸忍反,平;送(況)也,長也,詞也。咲字。⑧

矨上字。

矯矯二形作。居肇反。勇也,且(直)也,飛也,正也。爲撟字。⑨

姃子奚反。婢,短兒。

婢**矜**姃三形同。方迷反。姃也。⑩

妭平洽反。小兒。

緣牛吠反。矮緣。

矮丘吠反。小也。

叡(歔)口忽反。

---

① 注文"活"當作"法"。《廣韻·虞韻》:"矩,法也。"茲據校改。

② 介宇(けう)反。

③ 注文"俎"當作"徂"。《玄應音義》卷六"矬陋"條:"徂戈反。"茲據校改。

④ 注文"規"疑當作"規"。《玄應音義》卷二十五"規度"條:"又作頍,同。"但"頍"字音義與此處不合,與字頭不是異體關係。疑字頭當作"規",異體作"規"。《新撰字鏡·見部》:"規規,二同。可從夫。"茲據校改。

⑤ 反切下字殘。《字鏡·矢篇》:"耀,久(父)解反。"《廣韻·蟹韻》:"耀,薄蟹切。""父解反"與"薄蟹切"音同。茲據校補。《方言》卷十:"耀,短也。桂林之中謂短耀。耀,通語也。""揩"當是"婼"之訛衍。

⑥ 字頭爲"跁"之訛。《新撰字鏡·足部》:"跒,跁跒,行兒,用力也。"《廣韻·馬韻》:"跁,傍下切。""父馬反"與"傍下切"音同。

⑦ 注文"戈"當作"弋"。《廣韻·登韻》:"矰,弋射矢也。"茲據校改。

⑧ 注文"送"當作"況"。《字鏡》作"況"。《廣韻·準韻》:"矤,《説文》曰:況也,詞也。矤詘,並上同。"茲據校改。又"咲"疑是"矧"的誤字。

⑨ 注文"且"當作"直",《字鏡》即作"直"。《廣雅·釋詁三》:"矯,直也。"茲據校改。

⑩ 字頭第二形從"界"當是從"界"之誤,《字鏡》即從"界"作"**矜**"。

矩(趄)且居反。

𥩓(𡑙)去委反,平(上);刖一足。①

𡑺苦骹反。䍃也。

矮𨅻二形作。烏解反,上;短兒。

鬼部第九十五

六十字

鬼九偉反,上;人神曰鬼,慧也,歸也,送身也,遠也。

禩𢇛𥄚三形,上古文。

魁苦迴反。帥也,道(首)也,主也,羹斗也,肯也,勝也,大也。須久礼太利。②

魏魚貴反。大名也,高名也。万,盈數也。③

巍上同作。

𩴂魑二形作。仕交反。捷也,疾也。勦字同。

魖𩲔二形作。又作离、螭,同。

魅𩳦二形同。老物精也,山澤恠謂之魑魅。又作妖魅。

魍𩴉𩴈三形作。

魍魎二形作。古文作蝄蜽。山川之精物也,木石性(恠)謂之魍魎。四字,在虫部。④

䰟神字同。[始]人反。聖也。天神、地祇、人鬼,三靈也。⑤

魂戶寸(村)反,平;魄也,陽神也,神氣也。人生始化曰魄,既生者曰魂。⑥

魄布白反,平(入);魂也,陰神也,形體也。

魃𩲖二形作。父八反。旱鬼。

𩴦魕二形作。牛末(志)反,去;恐也,怖也。⑦

塊口内反,去;堅土。豆知久礼。⑧

---

① 《廣韻·紙韻》去委切:"𡑙,刖一足。"

② 注文"道"當作"首"。各本作"首"。《禮記·檀弓上》:"曰:請問居從父昆弟之仇如之何? 曰:不爲魁。"鄭玄注:"魁,猶首也。"茲據校改。須久礼太利(すぐれたり【勝れたり】)。

③ "万,盈數也"非"魏"字釋義。《左傳·閔公元年》:"卜偃曰:畢萬之後必大。萬,盈數也。魏,大名也。"

④ 注文"性"當作"恠"。《玄應音義》卷二"魍魎"條:"《通俗文》:木石怪謂之魍魎。""恠"同"怪"。茲據校改。

⑤ 反切上字奪。《廣韻·真韻》:"䰟,失人切。"《玉篇·鬼部》:"䰟,始人切。"暫從《玉篇》校補作"始"。

⑥ 反切下字"寸"當作"村"。《廣韻·魂韻》:"霓,戶昆切。""村"是魂韻字。茲據校改。

⑦ 反切下字"末"當作"志"。《名義·鬼部》:"魕,牛志反。"茲據校改。

⑧ 豆知久礼(つちくれ【土塊】)。

魘於炎(琰)反,入(上);服(眼)中見兒。於曾波留。①

覞(覬)車音。醜也。加太奈志。②

餽其尾(愧)反,上(去);以食進尊。③

魆土(杜)回反,平;似羆,小獸也。④

魊古(胡)國反。蜮也,短狐,如鼀,含沙著人也。⑤

魌魆同。口猥反,上;大頭。

魗上西反。棄也,惡也,歊也。

髬亡言、□祕二反。老狗(物)精,老物之精。⑥

魆欣居反。耗鬼。

𩲡魖二形作。虎音。鬼兒。⑦

魖乃多反,平;除疫鬼也,又見鬼驚聲。乃作、乃旦二反,去。

夔居依反。鬼依(俗)也。機字。⑧

醜尺酉反。不好,亦類也。⑨

魕魕二作同。力丁反。有神,人面獸身,名犁也。善也,神也。⑩

魆上字。

□(魋)丑吏反,去;殊(殀)也,屬鬼。⑪

魃求至反,去;小兒鬼。

覷疋各反。落也。

𩴂汝俞反。鬼聲不止也。

魄呼罵反。鬼□(變)化。⑫

隗五毁反,上;姓。

---

① 反切下字"炎"當作"琰","入"當作"上"。《廣韻‧琰韻》:"魘,於琰切。"此音爲上聲,《廣韻》另有入聲音"於葉切"。茲據校改。"服"字各本與《字鏡》皆作"眼",據改。《師説抄》疑當作"眠中見鬼"。於曾波留(おそはる【魘はる‧襲はる】)。

② 加太奈志(かたなし【形無し】)。

③ 反切下字"尾"當作"愧","上"當作"去"。《字鏡》音"其愧反"。《名義‧食部》:"餽,渠愧反。""餽"同"餽"。茲據校改。《玄應音義》卷十六"餽汝"條:"進物於尊者亦曰餽。"

④ 反切上字"土"當作"杜"。《廣韻‧灰韻》:"魆,杜回切。"茲據校改。

⑤ 反切上字"古"當作"胡"。《名義‧鬼部》:"魊,胡國反。"茲據校改。

⑥ 注文"狗"當作"物"。《新撰字鏡‧鬼部》:"魅,老物精也。"《説文‧鬼部》:"髬,老精物也。魅,或从未聲。"茲據校改。《廣韻‧至韻》:"髬,明祕切。"此處前一反切不詳,後一反切疑當作"亡祕反"。

⑦ 前一字頭右旁當是"虍"。

⑧ 注文"依"當作"俗"。《説文‧鬼部》:"夔,鬼俗也。"茲據校改。

⑨ "不"字原殘作"𠂇",據形義補。

⑩ 《山海經‧大荒東經》:"有神,人面獸身,名曰犁魕之尸。"

⑪ 字頭殘,注文"殊"當作"殀"。《玉篇‧鬼部》:"魋,丑利切。屬鬼也。亦作殀。"茲據補改。

⑫ 注文"鬼"下一字殘。《説文‧鬼部》:"魄,鬼變也。"茲據校補。

覼夫(扶)仁反,平;鬼皃。①

覶歖字。示田(視由)反。棄也。②

魅。

韋部第九十六

卅九字

韋禹止(非)反,平;背也,姓也,柔獸皮也。③

韜韞二形作。土勞反。藏也,劍衣也,寬。

韽今作搭。徒答反。損(指)搭,韋搭也,今之射韽也。④

韡禹鬼反。光明。

韎王非反,平;束。

韅虛嚴反,平;杜,胡被。⑤

韙韋鬼反,上;是。

韠韋鬼反,上;盛皃。

韗於粉反,上;韗韝。

韣之蜀、徒谷二反,入;弓衣。

韣乙兒(白)反,入;佩刀飾。⑥

韍奉秘反,去;車軾,兔肥也。⑦

韘之甲反,入;玦也。[弓]加介。⑧

韔長音。弓不久呂。⑨

韓可(何)丹反。垣也,人名。⑩

韎莫几(概)反。韎同。赤朱。⑪

---

① 反切上字"夫"當作"扶"。《名義·鬼部》:"覼,扶仁反。"茲據校改。

② 反切用字"示田"當作"視由"。《名義·鬼部》:"覶,視由反。"茲據校改。

③ 反切下字"止"當作"非"。《名義·韋部》:"韋,禹非反。"茲據校改。

④ 注文"損"當作"指"。《玄應音義》卷十四"指搭"條:"《說文》:指搭也,一曰韋搭也。"茲據校改。

⑤ 注文"杜"字不詳。

⑥ 注文"兒"當作"白"。《廣韻·陌韻》:"韣,乙白切。"茲據校改。

⑦ 注文"兔肥也"不詳。

⑧ 加介(かけ【掛け・懸け】),各本作"弓加介(ゆがけ【弓懸・韘・韝】)",疑當從。

⑨ 弓不久呂(ゆぶくろ【弓袋】)。

⑩ 反切上字"可"當作"何"。《名義·韋部》:"韓,胡舟(丹)反。""胡""何"皆匣聲字。茲據校改。

⑪ 反切下字"几"當作"概"。《名義·韋部》:"韎,莫概反。"茲據校改。異體原作"**韎**"形。又《字鏡》"赤朱"下有"韐"字。

韐上字。古今(答)反。大帶也,帢也。①

韠卑吉反,入;胡服蔽膝也,從裳𢀳(色),紱也。②

韛薄拜反。囊吹也,棑也,吹火皮。

韂余兼(餘廉)反,平;屏也。③

⿰韋叚鞎二形作。古(胡)加反。履也,履後帖。④

韌如振反。柔也,肕也。

⿰韋貴巨鬼(渠愧)反。鞼,韋繡也。⑤

⿰韋及舒納反。履。

⿰韋内奴合(荅)反。耎也。⑥

⿰韋惠尤季反,入;囊細(紐)。⑦

韈韤二形作。莫發反。足衣也,袜。

⿰韋付扶豆反。古(胡)被。⑧

韗旰問反。韗,皮工名。

⿰韋尃甫(補)各反。⿰革尃也,車橐。⑨

⿰韋薄上字。

⿰韋睪丑白反。韄。

韝古候(侯)反,平;絡(結)也,射狎(捍)也,決也。⑩

⿰韋伏伏音。⿰革伏。

⿰韋焦子由反。收也,縛也,卷也,聚也,斂也,揫也。

---

① 反切下字"今"當作"答"。《名義·韋部》:"韐,古答反。"茲據校改。

② 注文"𢀳"當作"色","入"字原在"紱"上。《禮記·玉藻》:"韠,君朱,大夫素,士爵韋。"鄭玄注:"韠之言蔽也。凡韠以韋爲之,必象裳色。"《廣韻·質韻》:"韠,胡服蔽膝。《說文》曰:紱也,所以蔽前也。"今本《說文》"紱"作"韍",同。"入"字疑是聲調,當在反切之後。茲據改乙。

③ 反切用字"余兼"當作"餘廉"。《名義·韋部》:"韂,餘廉反。"茲據校改。

④ 反切上字"古"當作"胡"。《廣韻·麻韻》:"⿰韋叚,胡加切"茲據校改。

⑤ 反切用字"巨鬼"當作"渠愧"。《名義·韋部》:"⿰韋貴,渠愧反。"茲據校改。

⑥ 反切下字"合"當作"荅"。《名義·韋部》:"⿰韋内,奴荅反。"茲據校改。

⑦ 反切下字"細"當作"紐"。《說文·韋部》:"⿰韋惠,橐紐也。"茲據校改。

⑧ 注文"古"當作"胡"。《字鏡》作"胡被"。本書上文:"⿰韋僉,胡被。"茲據校改。但"⿰韋付"字不詳爲何訓"胡被",《名義》《玉篇》訓"尻衣"。

⑨ 反切上字"甫"當作"補"。《名義·韋部》:"⿰韋尃,補洛反。"《名義·革部》:"⿰革尃,補洛反。"茲據校改。又"車橐"《字鏡》作"車下橐",《集韻·藥韻》作"車上囊"。

⑩ 注文"候"當作"侯","絡"當作"結","狎"當作"捍"。《玉篇·韋部》:"韝,古侯切。結也。"《廣韻·侯韻》古侯切:"韝,臂捍。"茲據校改。

辶部第九十七

二百八十四字

辶 丑略反。尭(走)也,止也。呼"辶"曰"彳",二部通耳。①

近 正勤謹反,上;附也,幾也,囗(迫)也。借勤囗(靳)反,去;進也,急也,堅也,盡也。②

邇 迩迩三形,上同字。而氏反,上;移也。

遠 正王坂反,上;遐也,遼也。借王万反,去;違也,離也。

遺 上古文。

遐遐二形同。胡加反,平;上字同。③

過 正古貨反,去;譽囗囗也,囗(度)也,誤也,軼也,越也,責也,歷也。借囗囗(古禾)反,平。④

造 正在老反,上;度法也,始也,盛(成)也,作也。古文作艁。借七到反,去;詣也,至也,内也,就也。⑤

還 正胡開(關)反,平;又胡串反,去;却也,覆也,及也,顧也,退也,反。借胡泉反,平。⑥

道 正徒老反,上;由也,言也,直也,无屈也,治也,説也,路也,礼也,大也,君也,語也。借徒到反,去;教也。

衟 上古文。

连 正子各反,入;起,止也,隘也。借阻格反。狹也。窄同。

遣 正去闐反,上;送也,縱也,縱遣,放遣,棄也,去也。借去戰反。賜也。

𨖠 上字。

達 正徒割反,入;通也,物也,理也,皆也,具也,賜也。借敕割反。道也,至也。⑦

遺 正胡葵反,平;又以珠反,去;如遺忘也,失也,脱也,亡也,餘也,墮,離也。

匱 渠愧反。少也,乏也,竭也,謂乏盡也。從上(匸),非辶部。⑧

迋 正尤放反,去;往也,迎歸也。借窮往反,上;誰(誆)也,恐也。⑨

---

① 注文"尭"當作"走"。《玉篇·辵部》:"辵,丑略反。走也。"兹據校改。

② 注文殘。《廣韻·隱韻》其謹切:"近,迫也,幾也。"《廣韻·焮韻》巨靳切:"近,附也。"兹據校補。

③ 字頭二形原作"𨖄",共用"辶"旁,此二形差別當是"叚"旁,參上"報報"等條。

④ 注文"誤也"上殘,"借"下殘。《名義·辵部》:"過,渡也,誤也,軼也,責也,越也,歷也。"《説文·辵部》:"過,度也。"《玉篇·辵部》:"過,古貨、古禾二切。度也,越也。"兹據校補。"譽"下一字似是"砧",再下字似"占"旁之字,俟考。

⑤ 注文"盛"當作"成"。《名義·辵部》:"造,成也。"兹據校改。《説文·辵部》:"造,就也。艁,古文造從舟。"《原本玉篇·舟部》:"艁,古文或爲艁字,在肉部也。"

⑥ 注文"開"當作"關"。《廣韻·刪韻》:"還,户關切。"兹據校改。"及也"或是"遝"字釋義。

⑦ 字頭右旁有小字注"得榮云達"。

⑧ 注文"上"當作"匸"。本書匸部有"匱"字,"匸"與"匕""上"形近相混。兹據校改。

⑨ 注文"誰"當作"誆"。《名義·辵部》:"迋,誆也。"兹據校改。

追正猪龜反,平;送也,随也。借都雷反,平;治也,救也。

庭幸(達)丁反,平;直也,見也。①

逴踔字同。正勑角反。遠也。借勑略反。敬也,驚也,絕也,盡也。

適正姑石反,入;往也,節也,得也,賞也,善也,始也,近也,歸也,嫁謂之適,清適也,又欣適也,然也,乃也,親也,當也,悟也。借之赤反。姑也,莫也,無適也,無莫也。

蓮正力堅反,平;借力剪反,上。

選正先兖、先絹二反,平;數也,齊也,須臾之頃也,迅也,偏(徧)也,十垓曰補(秭),[十秭]曰選。借所劣反,入。②

遁豚逯三形同。徒損反,上。避也,去也,遥也,遷也,逃也。

遯又上字。走也,欺也。

邁遣二形作。莫芥反;遠行也,往也,衰邁也。③

遲遟二形作。直利反,去;望也,晚也。④

迡乃第反。上字同。長也,近也。⑤

遵子倫反,平;循也,行也,習也,自也,垂也,率也,從也,順也。

遨五刀反。遜(遊)也。⑥

遜宜作愻。蘇寸反。從也,順也,道(逬)也,敬也,□(逴)也,去也。⑦

篋口頰反。笥也。己吕毛波古。⑧

邐力旅(紙)、力尓二反,上;行兒,過也,邐迤(迤)也。⑨

遇娛句反。見□(也),示也,偶值也,遌也,逢也。⑩

遘遁二作同。古候反,去;遇也,見也,相也。⑪

---

① 注文"幸"當作"達"。《名義·广部》:"庭,徒丁反。""達"與"徒"皆定母字。茲據校改。

② 注文"偏"當作"徧","補"當作"秭","曰選"上奪"十秭"二字。《方言》卷十三:"選,徧也。"《太平御覽》卷七百五十引《風俗通》:"十垓謂之秭,十秭謂之選。"茲據改補。

③ 注文"形"字原有刪符,但此字當不需刪。"衰邁"非釋義。《玄應音義》卷六"衰邁"條:"莫芥反。《説文》:邁,遠行也。《廣雅》:邁,歸往也。"

④ 《玄應音義》卷十三"遲其"條:"案遲欲其疾也。遲猶望也。"

⑤ 《玄應音義》卷十四"遟其"條:"或作迡,籀文作遟,同。"

⑥ 注文"遜"當作"遊"。《廣韻·豪韻》:"敖,游也。或作遨。"茲據校改。

⑦ 注文"道"當作"逬"。《説文·辵部》:"逊,逬也。"茲據校改。殘字從"辶"從"大",當爲"达"字,"达"同"奔"。《名義·辵部》:"逊,逬也,去也,奔。"《左傳·莊公元年》:"三月,夫人孫於齊。"杜預注:"内諱奔,謂之孫,猶孫讓而去。"按"孫"同"逊"。

⑧ 己吕毛波古(ころもばこ【衣箱】)。

⑨ 注文"旅"當作"紙","逸"當作"迤"。《廣韻·紙韻》:"邐,邐迆。"茲據校改。

⑩ "娛"原殘作"吳","見"下一字殘。《名義·辵部》:"遇,娛句反。見也,偶也,遌也,逢也,遇也。"茲據校補。

⑪ "遁"字非同"遘","遘"疑涉上條注文"遘也"而誤。或因"遁""遘"義近以爲異體。

巡以(似)倫反。轉也,遍也,周也,視遠也。①

逋補胡反。亡也,不到也,竄也,□(佣)晚後也,遲也,止也。②

浦同。

返去連反。誉也,愆也,通(過)也,大(失)也,非也。③

蓬穟二形作。□(敘)類反。苗好美也。支比志,又阿豆志。④

廷豆寧反。直也,正也,朝廷也。

遭黷、嬻二形同。徒谷反。貫賣(遭遭)也,遺(遺)也。⑤

遻五各反。過(遇)也。於比由。⑥

這宜前(箭)反。容儀也,違也,迎也。

迄許乞反。至也。

迄上作,非。

邂古(胡)隘、胡解(懈)二反,去;相遇也,遭也。⑦

延迊二形。紙盈反。正行也,税也。

遭子尖反,平;進也。⑧

遏烏盖(曷)反。留(單)也,塞也,壅也,止也,遮也,絕也,病也,逮也。⑨

邀又作僥。古遠(堯)反,平;留也,乞也,呼也,召也,循也,求也,遮也,要也。⑩

迺奴段(改)反。乃也,往也,至也,遠也。⑪

这交也。

遭張連反,平;踰,轉也,信也,移也。趡字同。毛止保留。⑫

迫古文作敀。補格反。附也,急也,陜也,逼也。

連力錢反,平;續也,合也,及也。今以爲聯字。聚也。借力翦反,上;負連也。揵、辇二形同。

嘽他市反。歇也。又作嗒。

---

① 反切上字"以"當作"似"。《名義·辵部》:"巡,似倫反。"兹據校改。

② 注文"不"上原有"不"字。《慧琳音義》卷八十二"逋逸"條:"《蒼頡篇》云:不到也。"兹據刪。《慧琳音義》卷十五"逋生"條:"顧野王云:遲晚後生也。""晚"上殘字似從"田",疑是"佣"字,同"田"。

③ 注文"通"當作"過","大"當作"失"。《廣韻·仙韻》:"愆,過也,失也。""返"同"愆"。兹據校改。

④ 反切上字"敘"據各本補。支比志(きびし【嚴し】),又阿豆志(あつし【厚し·篤し】)。

⑤ 注文"貫賣"當作"遭遭","遺"當作"遺"。《玉篇·辵部》:"遭,遺也。"兹據校改。

⑥ 注文"過"當作"遇"。《廣韻·暮韻》:"迕,遇也。遻,上同。"兹據校改。於比由(おびゆ【脅ゆ·怯ゆ】)。"愕"字訓。

⑦ 注文"古"當作"胡","解"當作"懈"。《廣韻·卦韻》:"邂,胡懈切。""隘"爲卦韻字。兹據校改。

⑧ 各本注文末有和訓"須須牟(すすむ【進む】)"。

⑨ 注文"盖"當作"曷","留"當作"單"。《名義·辵部》:"遏,於曷反。"《名義·辵部》:"遏,閼字。"《爾雅·釋天》:"太歲在卯曰單閼。"兹據校改。

⑩ 反切下字"遠"當作"堯"。《名義·辵部》:"邀,古堯反。"兹據校改。

⑪ 反切下字"段"當作"改"。《玉篇·辵部》:"迺,奴改切。"兹據校改。

⑫ "信也"當是"亶"字釋義。毛止保留(もとおる【回る·廻る】)。

霆達頂反。疾雷爲霆［霓］，蹸（礔）礰也。^①

邏力賀反。式（戍）属也，寸（守）也，禦寇者也。舍，遏也。云云。^②

遞迻遆三字同。徒礼反，上；迭更也，迭也，謂更易也。

透他豆、他候、式六、書育曰（四）反。驚也，嬈也，及也。^③

迢徒彫反。遭，遠望懸絶也。

连悟、仵二同。吾故反。连逆，不遇也。

逶迤上又作蝸。於危反。曲迹也。下又作佗。貳也，猛也。達羅反。溢也，長也，水曲流皃。
又達丁反。佗，貳也，猛也，明也。^④

述視聿反。循也，循行也。

迷上字。

迸又作跰、迸、趽三形。補静反。散也，走也。波志利知留。^⑤

逮徒載反。及也，遙也，与也，遁也，衆也。^⑥

逯上同作，雖然音訓別也。力穀反。

逗徒鬭反，去；留也，會也，止也，住也。久太利，又加奈不。^⑦

迂禹俱反。避也，遠也，大也，迴也。

迂上同作。

逡且旬反，平；退也，滇（復）也，循也，行也。［逡］巡，却退也。^⑧

瘟徒雷反。下重曰瘟。

逎又作攸。以周反。小哭也，遠也，保（深）視也。伊佐佐惠。^⑨

---

① “霆”下奪“霓”字，注文“蹸”當作“礔”。《玄應音義》卷八“雷霆”條：“達頂、達丁二反。《蒼頡篇》：礔礰也。《爾雅》：疾雷曰霆霓。注云：雷之急激者也。”寫本《玄應音義》亦有作“蹸”者。茲據補改。

② 注文“式”當作“戍”，“寸”當作“守”。《玄應音義》卷十“邏戍”條：“力賀反。戍屬也。謂遊兵以禦寇者，亦循行非違也。”《説文·戈部》：“戍，守邊也。”茲據校改。又《新撰字鏡·戈部》：“戍，守邊也，守也，舍也，遏也。”故此末有“云云”二字。

③ 注文“及也”不詳。

④ 《名義·辵部》：“迤，溢也，長也，逶也，邪也。”“迤”同“迤”。《玄應音義》卷八“雷霆”條：“達頂、達丁二反。”“達丁反”爲“霆”字音，此疑有錯簡，疑當是上“霆”字注文。又注文“貳也，猛也”不詳。

⑤ 波志利知留（はしり【走り】つる）。

⑥ 注文“遙也，遁也”不詳。《廣雅·釋訓》：“逮逮，衆也。”

⑦ 久太利（くだり【下り·降り】），又加奈不（かなう【叶う】）。

⑧ 注文“滇”當作“復”。《説文》《名義·辵部》：“逡，復也。”茲據校改。《玄應音義》卷九“逡巡”條：“且旬反。《爾雅》：逡，退也。郭璞曰：逡巡，却退也。”

⑨ 注文“保”疑當作“深”。《新撰字鏡·見部》《集韻·尤韻》：“覰，深視。”《説文·見部》：“覰，下視深也。”“逎”當通“覰”。茲據校改。《玄應音義》卷二十二“逎尔”條：“又作攸，同。以周反。小哭也。哭離齒也。”伊佐佐惠（いささ【細小】え【哭】）。

卤下柔反。氣行以也。①

連徒童(董)反。古文動字。動也,謠(搖),躁也。②

遝霝字。力丁反。落也,降也,變改也,從也,去也,易也,随移也。

遂辭醉反。進也,往也,亡也,育也,□(信)也,從也,又也,每也,偏(徧)也,因也,造也,達也,成也,意也,止也,行也。須伊反。③

逐直六反。追也,随也,競也,驗(驅)也,從,强也,疾也,走也。④

迷力出反。草。

遑胡光反,平;豊也,似也,急也,疾也,走兒。⑤

篷〔篷〕土(士)洽反。笛字。行書也。在竹部。⑥

迎丁狄、都叫二反。至也,善。

遹以聿反,入;遵也,循也,甬(自)也,述也,目(回)也,迴□(避)也。⑦

匹**逓**二形作。妨實反。合也,儔也,二也。

遏逎二同。天夕、天狄二反。過(遏)也,遠也,遥也。⑧

違胡歸反。遠也,失也,避也,去也,異也,逩也,恨也,離也,背也,徘徊也。**逩**字,上也(同)。⑨

延延二形作。餘旆反,平;長也,及也,久也,進也,遵(導)也,聞(閒)也,偏(徧)也。⑩

---

① 《廣韻·尤韻》以周切:"卤,氣行皃。或作遒。"此條"下"與"以"字疑當乙。

② 注文"童"當作"董","謠"當作"搖"。《名義·辵部》:"連,徒薫(董)反。搖也。"《玉篇·辵部》:"連,徒董切。古文動。"茲據校改。

③ 注文"育也"下殘,注文"偏"當作"徧"。《名義·辵部》:"遂,信也。"此殘字作"**信**",右下爲"口"旁,與"信"字形合。《詩·商頌·長發》:"遂視既發。"鄭玄注:"遂,猶徧也。"茲據校改。須伊(すい)反。

④ 注文"驗"當作"驅"。《廣韻·屋韻》:"逐,驅也。"茲據校改。

⑤ 注文"豊也,似也"不詳。

⑥ 注文"土"當作"士"。《廣韻·洽韻》士洽切:"篷,行書。"茲據校改。《集韻·洽韻》:"篷,行書也。秦使徒隸助官書艸篷以爲行事,謂艸行之間,取其疾速,不留意楷法也。从筆、从辵。或作篿。"本書竹部:"笛篷,二同作。徒的反。五孔,亦七孔箭也。"

⑦ 注文"甬"疑當作"自","目"疑當作"回","迴"下一字殘。《廣韻·術韻》:"遹,自也。"《説文·辵部》:"遹,回避也。"茲據改補。

⑧ 注文"過"當作"遏"。《名義·辵部》:"逎,遏也。"《名義·辵部》:"遏,遠也。"茲據校改。

⑨ "逩"同"奔"。《左傳·哀公八年》:"君子違不適讎國。"杜預注:"違,奔亡也。""**逩**"即"違"的俗字。

⑩ 注文"遵"當作"導","聞"當作"閒","偏"當作"徧"。《名義·辵部》:"延,閒也,徧也,道也。"《禮記·曲禮上》"主人延客祭。"鄭玄注:"延,道也。"《文選·揚雄〈甘泉賦〉》:"開天庭兮延群神。"李善注引鄭玄曰:"延,導也。""道"通"導"。《爾雅·釋詁下》:"延,閒也。"《廣雅·釋詁二》:"延,徧也。"茲據校改。

迪 徒麻(歷)反，入；進也，作也，途，首(道)也，蹈也，正也。①

逨 力兮反，平；猶來。鉻(格)、來，至也，就也。②

莛 持(特)丁反，平；門空地也，莖也，直也，春菜莖。③

筳 上字。竹也。

遷 遷二形作。七然反，平；徙也。

運 云悶反，去；轉也，移也。

遭 倉各反。交道也，驚也。④

遽 遽二形作。師与反，傳也，疾也，急也，速也。又渠據反，去。⑤

迎 子力反，入；如也。⑥

逸 烏一反。過也，豐(置)也，失也，一曰豫也，放逸也，没也，亡也，貴(遺)世者也。⑦

建 九健反。立也，至，猶樹也。

逾 已珠反。遠也，越進也。

遒 即由反，平；急也，盡也，聚也，迫也，究也，近也。

遴 時世反。遠也，逮也。

迥 同音，去；過也，通達也，迭也。

迨 達改反，上；及也，願也。

退 遼遝三形作。躰音。却也，罷也，止也，歸也。⑧

迵 迵亦二上字。

遱(霅)仆。⑨

迥 無掘反。遠也。

蓮 草藥也。

遺慣、摜同字。古旦反，去；串字同。行也，習也。

---

① 注文"麻"當作"歷"，"首"當作"道"。《廣韻·錫韻》："迪，徒歷切。"《說文·辵部》："迪，道也。"茲據校改。

② 注文"鉻"疑當作"格"。《爾雅·釋詁上》："來、格，至也。"茲據校改。又《廣韻·咍韻》："逨，落哀切。""兮"爲齊韻字，疑有誤。

③ 注文"持"當作"特"。《廣韻·青韻》："莛，特丁切。"茲據校改。"門空地也，直也"似是"庭"或"廷"字釋義。《廣韻·青韻》："庭，門庭。又直也。"《周禮·天官·閽人》："掌埽門庭。"鄭玄注："門庭，門相當之地。"

④ "驚也"不詳，或是"�"字釋義。《方言》卷二："遭，驚也。"

⑤ "師与反"爲"處"字音，蓋因後一字頭從"處"而來。

⑥ 此條不詳，"子力反"爲"即"字音。

⑦ 注文"豐"當作"置"，"貴"當作"遺"。《名義·辵部》《廣雅·釋詁四》："逸，置也。""遺世者"即"逸民"。茲據校改。

⑧ "退"與"躰"皆音"たい"。

⑨ 字頭"遱"疑當作"霅"。《爾雅·釋言》："霅，仆也。"

𨒪迓二形。午下反。正。迶(迎)也。訝(訝)字。[1]

逭胡館反。逃也,失,易也,轉也。

逭上字。讙同。

逃逃二形作。徒刀反。辟也,造也,及也,遂也。[2]

遰遰二同。徒彫、徒計二反。迢也。[3]

迢迢迢三形作。徒往(聊)反。遠也,鳥(遰),遠望懸絶也。[4]

邃思類、酒(須)醉二反,去;幽也,貇(邈)也,深也,孝(遠)也。在穴部。[5]

逵馗同。其龜反。九達道也。

迅蘇俊反。疾也,振也,許(訊)也。[6]

通通音。陳也,衛也。[7]

迻企施反。避也。

迷米鵯反。惑也,誤也,惛僻誤也。[8]

遍〔匾〕方顯反,上;迊也,廣也,匾也,薄也。[8]

迦迦二形作。居牙反,平;增也。[迦]互,令不得進也。[9]

迴胡雷反。飛也,遠也,邈也,廣也,轉也,旋也,避迴回皃。[10]

迴上字。烏恢反,平;還也。

迥迥,同也。胡炯也(反)。兄音。遐也,遠也,遥也。[11]

遼落遥反,平;遥也,遠也。

迓烏訝反。亞字。次也。

趯勑歷反。趯字。躍也,驚也。

---

① 注文“迶”當作“迎”,“訶”當作“訝”。《名義·辵部》:“迓,訝字。迎也。”茲據校改。“正”字不詳。

②《集韻·晧韻》:“造,古作艁、辿、䞬。”“逃”與“辿”形近相混。“及也,遂也”不詳,“遂”或當作“逐”。

③ “徒彫反”當是“迢”字音。

④ 注文“往”當作“聊”,“鳥”疑當作“遰”。《廣韻·蕭韻》:“迢,徒聊切。”“徒往反”當是“迢”字倭音“てう”。《玄應音義》卷二十“苕遰”條:“徒彫反,下徒帝反。左思《吳都賦》云:曠瞻迢遰。劉逵曰:迢遰,遠望懸絶也。”茲據校改。

⑤ 注文“酒”疑當作“須”,“貇”當作“邈”,“孝”當作“遠”。《廣韻·至韻》:“邃,雖遂切。”“須醉反”與“雖遂切”音同。《廣韻·至韻》:“邃,深也,遠也。”《廣韻·覺韻》:“邈,遠也。”茲據校改。“穴部”無此字。

⑥ 注文“許”當作“訊”。《爾雅·釋言》:“振,訊也。”郭璞注:“振者奮迅。”“訊”通“迅”。茲據校改。

⑦ 此條不詳。

⑧ “匾”字原作“遞”,俗字也。“方顯反,上;匾也,薄也”爲“匾”字音義。《廣韻·銑韻》方典切:“匾,匾匾,薄也。”《廣韻·線韻》方見切:“徧,周也。《説文》:帀也。遍,俗。”

⑨ “增也”疑是“加”字釋義。《廣韻·麻韻》古牙切:“加,增也。”“互”原作“牙”,二字俗混。《説文·辵部》:“迦,迦互,令不得行也。”

⑩ “避迴回皃”疑當作“避迴皃”或“避回皃”。“迴回”或涉下文“迥”字注“迥,同也”而誤。

⑪ 注文“也”當作“反”。《名義·辵部》:“迥,胡炯反。”茲據校改。“迥”與“兄”皆音“けい”。

迉古文起字。丘紀反。立也,与(興)也,作,發也,更也。①

簉初救反。充也,一曰齊也。

逅胡遘反。邂逅。

𨘢若(送)谷反,入;鹿蹝(跡)。②

逩博末反。急走也,促(役)敺也,犼(猝)也。③

邌落嵇反,平;徐行也,遲也,小息。

䌛以周反,平;徑也,□□(行也)。④

邊邉二形作。布玄反,平;偏也,倚也,近也,垂也,岸(厓)也,方也。⑤

邉邊《干禄字書》作也。⑥

籩竹器也。

筵同。以然反,平;席。

嗹落賢反。嘍,言語煩拏。

遄市專反,平;速也,疾也,數也。

辿丑連反,平;緩步。⑦

逍相隹(焦)反,平;翱翔也,遊。⑧

遥餘昭反,平;遠也,蕩也,摇也,行也。⑨

迒古肴反,平;會。

遭遭二形。作曹反,平;過(遇)。⑩

薖苦禾反,平。

---

① 注文"与"當作"興"。《名義·辵部》:"迉,興也。""興"與"與"字形近相混,又簡省作"与"。兹據校改。

② 注文"若"當作"送","蹝"當作"跡"。《字鏡·广篇》《裴韻》《全韻·屋韻》送谷反:"𨘢,鹿跡。"兹據校改。

③ 注文"促"當作"役","犼"當作"猝"。《名義·辵部》:"逩,役敺也。""役""敺"二字義近,《漢語大詞典》有"敺役""驅役"條,"敺"同"驅",但此處不詳所出。《集韻·末韻》:"逩,《廣雅》:猝也。"《廣雅·釋詁二》:"𧼐,猝也。"兹據校改。

④ "徑也"下兩字殘。《名義·辵部》翼周反:"䌛,徑也,疾行也。"《切三》《裴韻》《全王·尤韻》以周反:"䌛,行。"第一個殘字原作"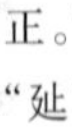",左旁當是"彳",故此疑是"行也"之殘。兹據校補。

⑤ 注文"岸"當作"厓"。《廣韻·先韻》:"邊,厓也。"兹據校改。

⑥ 《干禄字書》:"邉邊,上俗下正。"

⑦ "辿"字《切韻》同,正字當作"延"。《廣韻·仙韻》丑延切:"延,《説文》曰:安步延延也。"

⑧ 反切下字"隹"當作"焦"。《切三》《全王·宵韻》:"逍,相焦反。""焦"是宵韻字。兹據校改。字頭右旁有片假名"ヤウヤク(ようやく【漸く】)"。觀智院本《名義類聚抄》"逍遥"條有此訓,爲"徐徐、漸漸"之義。

⑨ 字頭右旁有片假名"ヤウヤク(ようやく【漸く】)"。

⑩ 注文"過"當作"遇"。《説文·辵部》:"遭,遇也。"兹據校改。

遮止奢反,平;遏也,候也。①

远胡朗(郎)反,平;長也,道,獸迹也。②

迎迊同。語京反。

迭迭同。徒結反,入;塞也,遞也,更也,道也,代也。③

迒迒同作。古行反,平;兔徑。

遊以周反,平。

逶迻(蓫)同。爲委反,上。

遺迶同作。而沼反,上。

逝時制反,上(去);傳,往也,去也,行。④

逆宜戟反。迎也,却也,乱。

迨胡閣、徒答二反。遻,行相友(及)。⑤

遝遝二形作。徒合反。迨也。

迾吕薛反,入;又旅際反。過(遏)也,遮。⑥

达他計反,去;違(達)也,迭也,足滑也,去跌(足跌)也。⑦

边胡(古)鮪反。古文軌字。⑧

逜吾古反。悟。

邋力涉反。撎也。

遲如(知)質反。近也,傳也,重,至也。馹字。⑨

---

① 注文"候也"爲"斥候"義。《慧琳音義》卷一"所遮"條:"者蛇反。賈注《國語》:遮,候也。《説文》:遏也。從辵、從蔗省聲也。"《國語·晉語八》:"攀輦即利而舍,候遮扞衛不行。"韋昭注:"候,候望;遮,遮罔也。晝則候遮,夜則扞衛。"《慧琳音義》卷十一"關邏"條:"下勒餓反。《考聲》云:邏,遮也。《集訓》曰:遊兵斥候遮邏也。"《名義·辵部》:"遮,斥也,遏也。"《墨子·號令》:"候出越陳表,遮坐郭門之外内。"孫詒讓《墨子閒詁》:"遮,《雜守篇》謂之'斥'。此'候'與'遮'二者不同,候出郭十里,迹知敵往來多少;遮則守郭門不遠出。候、遮各有表與城上相應。"

② 反切下字"朗"當作"郎"。《廣韻·唐韻》:"远,胡郎切。"茲據校改。

③ 注文"塞也"不詳。

④ 《詩·邶風·二子乘舟》:"二子乘舟,汎汎其逝。"毛傳:"逝,往也。"疑注文此處"傳"爲引文"毛傳"之省。

⑤ 注文"友"當作"及"。《玉篇·辵部》:"迨,迨遻,行相及也。"茲據校改。"徒答反"爲"遻"字音,此蓋有錯簡,《名義》《玉篇》音"胡答反",或當從。

⑥ 注文"過"當作"遏"。《廣韻·薛韻》:"迾,遮遏。"茲據校改。

⑦ 注文"違"疑當作"達","去跌"疑當作"足跌"。"違也""去跌"《名義》與此同。《説文·辵部》:"達,行不相遇也。达,達或从大。或曰迭。"《玉篇·足部》《廣韻·曷韻》《集韻·曷韻》:"躂,足跌。"《玄應音義》卷十五"躂腳"條:"《字林》:足跌曰躂。取其義矣。""达"當通"躂"。茲據校改。

⑧ 反切上字"胡"當作"古"。《名義·辵部》:"边,古鮪反。"茲據校改。

⑨ 反切上字"如"當作"知"。《玉篇·辵部》:"遲,知栗切。"《名義·辵部》:"遲,如(知)質反。"《廣韻·質韻》:"遲,陟栗切。""知質反"與"陟栗切"音同。茲據校改。

逩渠汲反。[及]字古文也。与也,至也,連也,遝。①

遂餘戰反。遮也,移也,适也。②

迣之世反。古文迾字。度也,遮也。

遱力侯反。連遱也。

迁且堅反。進也。

遈竹冀反。前頸(頓)。③

逨胡厥反。越字。

逮子千反。至也,自進極。

邍原字古文也。再,免也。

遊遌二形作。餘周反。發(遨)也,戲。④

遡蘇故反。行也。泝字。向也。

遃魚偃反。行也。彥彥(遃遃),行皃。⑤

遫丑力反。勑(遫)張。⑥

迬古文往字。行也,至也。

逡後字古文。

迣撫字古文。拘取。⑦

遽撻字古文。撻字見。

赴疋賦反。起字。至也,昔(告)也,奔。⑧

逼碑棘反。迫也。偪字。

逍皃字。儀也。

迿眴字。先也。

達山律反。先導。

迹逧子迹反。道也。

---

① "反"下奪"及"字。《玉篇·辵部》:"逩,古文及字。"此因"反"與"及"形近,故誤刪一字。玆據校補。

② 注文"适也"《名義》同,不詳。

③ 注文"頸"當作"頓"。《玉篇·辵部》:"遈,前頓也。"《名義·辵部》:"遈,致前頓也。"玆據校改。

④ 注文"發"當作"遨"。《名義·辵部》:"遊,遨也,戲也。"玆據校改。

⑤ 注文"彥彥"當作"遃遃"。《方言》卷十二:"遃,行也。"郭璞注:"遃遃,行皃也。"玆據校改。

⑥ 注文"勑"當作"遫"。《名義·辵部》:"遫,張也。"玆據校改。

⑦《名義·辵部》:"迣,達計反。撫字。拘取。"《名義·手部》:"掃,徒計反。拾取也。"《說文·手部》:"掃,撮取也。摕,掃或从折从示。兩手急持人也。"《說文繫傳》下有"迣,古文掃從止辵。臣次立曰:今《說文》并李舟《切韻》所載'徙'字如此。"《集韻·昔韻》:"拓,《說文》:拾也。或从庶。古作掃。"疑"拘""掏"皆"拾"字之誤,"拾取"是"摭"字義。《說文詁林》各家云"迣"當是"撫"字古文"迒",是也。"撫"同"撫"。蓋"撫"與"掃""撫"與"摭"皆形似,故相混如此。

⑧ 注文"昔"當作"告"。《玉篇·走部》:"赴,告也。"玆據校改。此字當入"走部"。"赴"與"起"字俗寫形近相混,然二字非異體。

辻達胡反。徒字。隸也,空也。

退似胡反。徂字。往退也。

遣上字。

進子吝反。前也,損益也,善也,登也,升也。

蘭(邁)上字古文。①

速遫二同作。即音。②

适古活反。疾。

逢扶恭反。遇也,見也,遝也,迎也,大也。

迻餘及反。移字。返徒(迻徙)也。③

通勑東反。達也,微也,徹也,道也。④

走迚同。斯紫反。徙字。

遶上古文。

返甫晚反。還也,復也,歸也,避。

送迻二同。蘇貢反。畢也,遣也。

遄於玄反。行皃。

遞竹句反。不行。說。⑤

迟丘戟反。行曲也。⑥

避卑敵(神㢮)反。去也,迴也。⑦

遴逪同。旅振反。難也,𨂏也,貪也。

逓丁計反。驚不進也,鷙也,胲也,駭也。⑧

迆余紙反。溢,逶也,長也,邪也。

逑渠鳩反。匹也,合也,鞠也,迫也,斂。

退蒲快反。壞也。敗字。

道余陸反。轉也,步也,行也。

迡居意反。記字古文。迡(迉),己也,辭也。⑨

---

① 字頭"蘭"當作"邁"。《玉篇·辵部》:"進,前也,升也,登也。邁,古文。"茲據校改。

② "速"與"即"皆音"そく"。

③ 注文"返徒"疑當作"迻徙"。《說文·辵部》:"迻,遷徙也。""返"與"遷"字不似,疑是"迻"字之誤。茲據校改。

④ 注文"微"疑"徹"字訛衍。

⑤ 《說文·辵部》:"遞,不行也。"此處注文"說"字疑是"說文"之"說"誤衍,疑當刪。

⑥ 《說文·辵部》:"迟,曲行也。"此處"行曲"或倒。

⑦ 反切用字"卑敵"當作"神㢮"。《名義·辵部》:"避,神㢮反。"茲據校改。

⑧ "胲"字《名義》作"㾑",似與"駭"字有關。

⑨ 注文"迡"當作"迉"。《原本玉篇·丌部》:"迉,《毛詩》:往迉王舅。傳曰:迉,己也。箋云:迉,辭也。《聲類》:此古文記字也。"今本《詩·大雅·崧高》"迉"字誤作"近"。茲據校改。

奊类上苦結反。下練結反。①

途達故反。涯也。

込迶遇。②

彳部第九十八

百廿八字

彳丁格、丑赤二反。呼"辶"曰"彳"。少(小)步也。③

徬徨上方音。下王光反,平;暇也,彷併(佯)也,依也,附行也。④

彷徉上房音。下余章反。皆平;徙倚也,徘徊也。

徇辞俊反。巡也,遍也,行示也,循也。

律呂術反。法,銓也,述也,常也,繘也。⑤

彶彶居及反。急行也,遽。今皆從水作汲。云云。⑥

微邀字同。

徽虛歸反,平;善也,美也。⑦

術所出反。泫(法)也,通也,邑中道曰術。⑧

衍余忍反。大也,垂(乘)也,豐也,善也,樂也。比呂万留。⑨

---

① 字頭《廣韻》《玉篇》《新撰字鏡·米部》作"类奊",此二字或倒。

② 此三字不詳,前二字當是日本國字,第三字疑是"邊"的俗字,待考。《大漢和辞典》卷十一:"込,〔國字〕こむ。こめる。《和漢三才圖會·藝才·倭字》:爲入滿之義,然漢字中可爲此訓者希也。"《大漢和辞典》卷十一:"迶,〔國字〕あっぱれ。讃美驚歎の時に発する感動詞。《和漢三才圖會·藝才·倭字》:迶,舊事本紀及古語拾遺等,用天晴二字,多爲讃美詞,近俗以迶字,爲天晴訓,未知其據。"

③ 注文"少"當作"小"。《名義·彳部》:"彳,小步也。"茲據校改。《新撰字鏡·辶部》:"辶,呼'辶'曰'彳',二部通耳。"

④ 注文"併"當作"佯"。《玄應音義》卷八"徬徨"條:"蒲光反,下胡光反。徬徨,徘徊也。《埤蒼》:徘徊,彷徉。轉相釋也。"

⑤ 《玄應音義》卷十四"律藏"條:"案,《爾雅》:律,法也。謂法則也。又云:律,銓也。法律所以銓量輕重也。又云:律,常也。言可常行也。《釋名》云:律者,繘也。繘網人心使不得放肆也。……繘音力追反。繘,繫也。"今本《釋名·釋典藝》作"累",非是。

⑥ 《玄應音義》卷十三"彶彶"條:"居及反。《説文》:彶彶,急行也。《廣雅》:彶彶,遽也。"《磧砂藏》末有"今皆從水作汲也"。"云云"原爲小字,蓋"今皆從水作汲"乃據別處所加。

⑦ "虛"上原有"唐"字,有刪號。《名義·糸部》《新撰字鏡·山部》:"徽,虛歸反。""唐"當是"虛"字訛衍。茲據刪。

⑧ 注文"泫"當作"法"。《名義·行部》:"術,法也。"茲據校改。

⑨ "垂"字各本同,《字鏡》作"乘",疑"乘"字是。《文選·王中〈頭陀寺碑文〉》:"憑五衍之軾,拯溺逝川。"李善注:"五衍,五乘。天竺言衍,此言乘。五乘:一人,二天,三聲聞,四辟支佛,五菩薩。"《慧琳音義》卷二十一"摩訶衍"條:"具云摩訶衍那。言摩訶者,此云大也,衍那云乘也。"比呂万留(ひろまる【広まる·弘まる】)。

徵正陟升反，平；召也，證也，驗也，成也，求也，審也。借中里反。止也，起也，虚也，明也，詰難也。從士。①

御御御三形作。但依下二作，上非正。魚攄反，去；治也，進也，待（侍）也，使也，勸也，迎也。古文馭字。主也。②

徂殂同。在胡反。死也，去也，往也，存也。

街柯佳反。四通路，又國人名。③

衢具虞反。路四達也。

衒胡麵反。眩字古文。乱也。天良波志治。④

銜户監反，平；含字。馬乃口和。⑤

儵薪應、舒骨（育）二反。急也，卒尔也，儵尔也。⑥

偃江尔反。在人部。⑦

衝衝〔衡〕同。齒龍反，平；通道也，突也，交道也，隊也，動也，鍾柄也，當也，街也。⑧

循巡均反。行也，自也，從，歷也，廻也，由也，告也，巡也。亦從人。⑨

彴上同。

脩修〔循〕二字同。胥由反。長也，治，習也。循行也。⑩

後後正胡狗反，上；晚也，遲也。借胡豆反，去；一曰曹。⑪

行杏庚反，平；用也，賜也，德也，安也，步也，往也，迹也，歷年也。借下孟反。視也，至也，道

---

① "從士"不詳，此字從"王"，疑指"徵"的俗字"徴"，故以爲"從士"。

② 注文"待"當作"侍"。《玉篇·彳部》："御，侍也。"茲據校改。《干禄字書》："御御，上俗下正。"此處字頭後兩形與《干禄字書》合，但此右旁皆從"阝"。

③ 注文"國人名"不詳。

④ 各本作："衒，胡麵、户見二反。古文作眩。乱也，佰也。天良波須。又賣也。"享和本《考異》："佰，估之誤。""治"字疑衍，山田疑"須"字之誤。天良波志（てらわし【衒はし】）。天良波須（てらわす【衒はす】）。

⑤ 馬乃口和（うま【馬】の【之】くちわ【口輪】）。

⑥ 注文"骨"當作"育"。《玉篇·黑部》："儵，又大的、尸育二切。"茲據校改。"薪應反"疑是倭音"しょう"，今音"しゅく"。

⑦ "江尔反"當是倭音"えん"。

⑧ 《名義·行部》："衝，齒龍反。交道也，隊也，動也，當也，鍾也，柄也，揆也。"馬小川《〈篆隸萬象名義〉新校》："按：'隊'應作'隧'字解，《楚辭·九歌·河伯》：'與女遊兮九河，衝風起兮横波。'王逸注：'衝，隧也。'五臣云：'衝風，暴風也。'洪興祖補曰：'《詩》云：大風有隧。'又，'鍾也，柄也'原應作'鍾柄也'，是'衡'字義。《周禮·考工記·鳧氏》：'舞上謂之甬，甬上謂之衡。'鄭玄注：'此二名者，鍾柄。'孫詒讓正義：'衡者，鍾頂平處。''衝''衡'形近，《名義》誤認字頭，而誤增訓釋。"是也。

⑨ 本書卷一亻部有"循"字，注"似均反。巡字同"，即"循"俗字。

⑩ "循""脩"形近不别。

⑪ "一曰曹"不詳。

也，業也。

　　往禹岡反。去也，語也，至也，往昔也，屈，處也，勞也。①

　　徉上古文。

　　聳息勇反。高也，勝高兒，秀也。佐志須須牟，又皆皆。②

　　篒勑調反。在虫部。蠨也。

　　徭七高反。緩行也，遲也。③

　　衒居言反。賣也，衒也。④

　　徎徑同。俓字通也。迹也。

　　宿（洦）古桓反。沸兒。⑤

　　偓烏角反。伶（佺）也，征（仙）人名也。佐須良户阿留久。⑥

　　得都勒反。滿也，成也，足也，取也。

　　條勑調反。耕也，理也，長也，乱也，嘯。⑦

　　倖下取（耿）反。儌倖。⑧

　　付（愆）補具反。惷也，譽也，通（過）也，失也。⑨

　　禆**得**二形作。被尓反。彼也。

　　瞿衢字。

　　鯈柱牛反。魚子名。⑩

　　鱚許歸反。魚有力。⑪

---

① 《方言》第一：“嫁、逝、徂、適，往也……逝，秦晉語也；徂，齊語也；適，宋魯語也；往，凡語也。”此“語也”疑是“凡語也”誤截。《易·繫辭下》：“往者，屈也。”“勞也”原倒。《方言》卷十二、《廣雅·釋詁一》：“往，勞也。”“處也”不詳。

② 注文“勝高兒秀”各本作“勝極白莠”，《考異》疑“白莠”當作“曰秀”。佐志須須牟（さしすすむ【差進】），又皆皆（みなみな【皆皆】）。各本“皆皆”作“比豆（ひず【秀づ】）”。

③ 《集韻·豪韻》蘇遭切：“徭，徭徇，緩行兒。”此處“七高反”當是倭音“そう”。

④ 《廣韻·霰韻》：“衒，黃練切。”此處“居言反”當是倭音“げん”。

⑤ 字頭當作“洦”。《廣韻·桓韻》古丸切：“洦，樂洦縣，在酒泉。”《廣韻·換韻》古玩切：“洦，沸也。”茲據校改。

⑥ 注文“伶”當作“佺”，“也征”原倒，“征”當作“仙”。《說文繫傳·人部》：“偓，偓佺，古仙人名也。”《新撰字鏡·亻部》：“偓，聖也，伶（佺）也，仙人名。”茲據改乙。佐須良户阿留久（さすらえ【流離え】あるく【歩く】），即注文“伶”（伶傅）之訓。

⑦ 《廣雅·釋訓》：“條條，亂也。”《詩·王風·中谷有蓷》：“條其歗矣。”毛傳：“條，條然歗也。”“嘯”同“歗”。

⑧ 反切下字“取”當作“耿”。《廣韻·耿韻》：“倖，胡耿切。”茲據校改。

⑨ 字頭當作“愆”，注文“通”當作“過”。《說文·心部》：“愆，過也。譽，籀文。”《名義·心部》：“愆，去連反。失也，過也。”此處“補具反”爲“付”字音，乃據訛變形體所擬。茲據校改。

⑩ 《廣韻·尤韻》：“鯈，魚子。又魚名也。”此處“魚子名”或是二義誤合。

⑪ 注文“有力”原倒。《廣韻·微韻》：“鱚，魚有力也。”茲據乙正。

俚丑整、丈井二反。俓也。

彼甫靡反。

儑先答、且立二反。行皃。駁、趿二字同。

𢔀𢔀同。与而反。行平易也。夷字。

傽疋丁反。使也。

徉乎(孚)恭反。使也。①

袖除又反。宙字。

假假同。柯領反。至也，來也，升也，遠也。亦從人。

佫上字。

倠丈奚反。人(久)也。②

很胡墾反。戾也，違也，鬩也，恨也。

倚丘奇反。奇也，石橋。③

徊徊同。胡雷反。彷徨。

㣔除連、除餘(飢)二反。徘徊。④

德竹志反。施也。

彴巳約反。倚度。

佷甫晚反。反字。

倈力該反。還也，就也，至也。逨字。

儕豬棘反。升也，登也。陟字古文。

仉犯字古文。陵也，干也，侵也。

佔餘葳反。尢字。尢尢，行皃。

儾糜彼反。靡字。

傻子公反。數也。𥸸(糤)字。⑤

衛衞率三形同。所律反。循也，將也，用也，導也，遵也，行也，目(自)也。⑥

衜道字古文。

術胡絳反。巷字。

衟軌字古文。

徽武悲反，去;點筆。⑦

---

① 反切上字"乎"當作"孚"。《名義·彳部》:"徉，孚恭反。"茲據校改。

② 注文"人"當作"久"。《名義·彳部》:"倠，久也。"茲據校改。

③ 注文"奇也"疑有誤。

④ 注文"餘"當作"飢"。《名義·彳部》:"㣔，除飢反。"茲據校改。又"除連反"不詳。

⑤ 注文"𥸸"當作"糤"。《新撰字鏡·禸部》:"糤，傻字。"茲據校改。

⑥ 注文"目"當作"自"。《爾雅·釋詁上》:"率，自也。"茲據校改。

⑦ 《廣韻·隊韻》莫佩切:"徽，點筆。又武悲切。"此處"武悲反"爲平聲，另有去聲。

衕徒弄反,去,又平;通街也。[①]

衙魚舉反,上,又平;府也,行皃。

纕息良反,平;逍也,遥也,徉也,游遨也。

徹直列[反]。通也,達也,明也,别(列)也,壞也。撤字。剥也,去也,除也,治也,取也。[②]

徹上古文。

徭徭同。徒聊反,平;獨行。

微微同作。武悲反。匿也,蔽也,後也,止也,行也,明也,皮也。[③]

倏尸祝反。疾也。偷字。[④]

㣥思紫反。古傂字。小皃。

䝚爲厥反。豚屬。

㣲上字。

役伇字。

復正狀(扶)富反。恶(覂)也,重也,亦也,往來,狃也,至也,添(𢓭)也。借久(房)六反。返也,覆也,報也,更也,魄也,反本也。[⑤]

彸従從𢓜四形作。正字龍反,平;随也,逐也,重也,歷也,適也,始也,行也,就也,服也,順也,闊也,自也。借七龍反,平;侍也,長也,廣横也。

徸正之勇反,上;相迹也。借徒董反。動字古文。

徧甫(逋)見反,去;匝也,廣也,單也,周也,宣也。又遍字。又從人。[⑥]

徐因於、似居二反。緩也,容正(止)也,安行也,漸漸也,遲也。[⑦]

待豆亥反,上;頦也,候也,擬也,給也,須也。

徙徙同作。息尔反,上;移也,見逢者徙也。

徒徒徒三形作。豆具反。衆也,類也,失也,直也,空也,獨也,黨也,袓也,使也,餘(隸)。[⑧]

---

① 注文“通街”原倒。《説文·行部》:“衕,通街也。”兹據乙正。

② 注文“别”當作“列”。《名義·攴部》:“徹,列也。”《方言》卷三:“徹,列也。”兹據校改。又《儀禮·有司徹》:“有司徹。”釋文:“徹,字又作撤。”

③ 注文“明也,皮也”《名義》作“明皮也”。“明”或當是“不明”。《詩·小雅·十月之交》:“彼月而微,此日而微。”鄭玄注:“微,謂不明也。”《廣雅·釋詁三》:“微、皮,離也。”

④ “偷”當是“倏”的訛誤字,此字頭原從“彳”,異體當從“亻”作“倏”。

⑤ 注文“狀”當作“扶”,“恶”當作“覂”,“久”當作“房”,“添”當作“𢓭”。《廣韻·宥韻》:“復,扶富切。”《説文·襾部》:“覆,覂也。”“復”同“覆”。《廣韻·屋韻》:“復,房六切。”《説文·彳部》:“𢓭,復也。”兹據校改。《爾雅·釋言》:“狃,復也。”《儀禮·士喪禮》:“復者一人。”鄭玄注:“復者,有司招魂復魄也。”

⑥ 反切上字“甫”當作“逋”。《名義·彳部》:“徧,逋見反。”兹據校改。“單也”疑同“盡也”。《淮南子·主術》:“則天下徧爲儒墨矣。”高誘注:“徧,猶盡也。”《莊子·列禦寇》:“朱泙漫學屠龍於支離益,單千金之家,三年技成而無所用其巧。”釋文:“單,盡也。”

⑦ 注文“正”當作“止”。《爾雅·釋訓》:“其虚其徐,威儀容止也。”兹據校改。

⑧ 注文“餘”當作“隸”。《廣韻·模韻》:“徒,隸也。”兹據校改。《廣韻·模韻》:“徒,同都切。”此處“豆具反”當是倭音“と”。“失也”不詳。

待大（丈）起反，上；有所望而往，又思指往。[1]

儆神升反，平；治也。

禦魚據反，去；禁也。

鯈吐高反。久弥。[2]

衡魚迎反，平；橫也，迎也，平也，車挽（軶）也。久比木。[3]

徯遐啓反。蹊字。待也。蹊字。

衛爲帶反。垂也，護也，喜（嘉）也，宿。[4]

征尚揚反。行也，往也，去也。

德悳同。都篤［反］。得也，厚也，致也，福也，升也，惠也。

循詳旬反，平；善也。

衎苦旦反，去；樂也，行悥兒，定也。

僕父谷反。使也，仕人也，隸也。

徠人九反，上；復也。

衜衜徎三形作。辞剪反。踐字。踊（蹈）也，履也，升也，居也。[5]

徥徥二同。庶揩（度揩）反。則也，安行也，行也。[6]

徆徐又反。往古來今無極名。富（宙）字。[7]

新撰字鏡卷九
一校已了，僧覺印之。
天治元年甲辰四月廿七日甲戌巳剋書寫已畢。
法隆學文寺爲一切經之音義，當寺諸僧各一卷書之，今此卷同寺僧覺印書之。

---

① 反切上字“大”當作“丈”。《廣韻·止韻》：“徎，直里切。”“直”與“丈”皆澄母字。茲據校改。
② 各本反切下有“組也”二字。久弥（くみ【組】）。
③ 注文“挽”當作“軶”。《名義·角部》：“衡，軶也。”“軶”同“軶”。茲據校改。《廣韻·庚韻》：“衡，戶庚切。”久比木（くび【首·頸】き【木】）。
④ 注文“喜”當作“嘉”。《爾雅·釋詁下》：“衛，嘉也。”茲據校改。
⑤ 注文“踊”當作“蹈”。《字鏡》作“蹈”。《廣韻·獮韻》：“衜，蹈也。”茲據校改。
⑥ 注文“庶揩”當作“度揩”。《名義·彳部》：“徥，度揩反。”《方言》卷六：“徥，行也。”郭璞注：“度揩反。”茲據校改。
⑦ 注文“富”當作“宙”。《玉篇·彳部》：“徆，與宙同。”茲據校改。

新撰字鏡卷第十

廿[一部]文數千九百卅六字

心行樣故立心耳(忄部)[第九十九]
二百八十字

憒補各反。廣也，大也，開也，我也，大通也。簿(簿)字從十，非巾(忄)部。②

懏懏愤三形作。奴道反。懊懏，憂痛也。

悗愢二形上字。

㞹亦上字，今皆作。

忉之若反。又鳥音。垂也，謂憂懼也，痛也。

惕〔惕〕恥歷、太良(大朗)二反。愁也，不樂也，思也。③

惶遑字同。胡光反，平；恍也，暇也，遽也，恐惶也。

---

② 注文"簿"當作"簿"，"巾"當作"忄"。《玄應音義》卷二"博弈"條："古文簿。"茲據校改。"開也，我也"不詳。

③ "恥歷反"爲"惕"字音，"太良反"爲"惕"字音。注文"太良"當作"大朗"。《廣韻·蕩韻》："惕，徒朗切。""大朗反"與"徒朗切"音同。《新撰字鏡·女部》："媉，大朗反。""惕"與"媉"音同。茲據校改。"愁也，不樂也"爲"惕"或"惕"字釋義，"思也"當是"惕"字義。《名義·心部》："惕，感思也。"

憎今作脅。虛業反。怯也。於比也須。①

㤉上字。②

㥒（垜）徒果反。射埘也。埵字同之。③

㦁胡縛反。驚也,心動也。④

恤邱字同。須律反。憂也,收也。脈,同作。

憚丁旦反。驚也,畏也,忌也,難也,勞也。憚,又作。⑤

怛丁旦反。懼也,憂也。今又爲驚憚字也。⑥

惛呼昆反,平;乱也,癡也。

悴忰同作。古文作顇。徐卒反。患也。今作瘁。次（茨）邍反也。傷也,憂也,病也,燋（憔）也。⑦

悴上又作。

恬徒甘反,平;安也,憺,静也,息也。

恔胡代反。患憂曰恔,即苦也,恨也。

恂私逃（巡）反,平;敬也,信也,戰慄也,均也。⑧

懾或作僱。之涉反。懼也,怖也,服也。

㤘ワツカニ。⑨

懌以炙反。怡、懌,樂也。怡也,樂也,怡懌也。⑩

怡与之反,平;喜也,和也,悦樂也。

慍於問反,去;怨也,恨也,怒也,恚也,慘也。⑪

悖悖二形,古文作誖、愂。補潰反,去;又補（蒲）没反,入;乱也,逆,惛也。⑫

---

① 於比也須（おびやす【脅す】）。
② 字頭右旁原作“却”。《玄應音義》卷四“恐憎”條:“經文作㤉、踚二形,非也。”
③ 字頭當作“垜”。《玄應音義》卷十一“射垜”條:“徒果反。射埘也。經文作埵,丁果反。埵,累也。埵非今義。埘音朋。”茲據校改。
④ 《玄應音義》卷十一“㦁動”條:“胡郭、況縛二反。《蒼頡篇》云:㦁,驚也。”本條反切疑是二音之合。
⑤ 字頭爲“憚”字之訛。
⑥ 《玄應音義》卷三“不憚”條:“都割反。《通俗文》:旁驚曰憚。經文作怛,非也。”
⑦ 注文“次”當作“茨”,“燋”當作“憔”。《玄應音義》卷十一“悽悴”條:“茨邍反。《廣韻·至韻》:悴,憔悴,憂愁。”茲據校改。
⑧ 注文“逃”當作“巡”。《玄應音義》卷十二“恂恂”條:“私巡反。”茲據校改。
⑨ 此字不詳,《色葉字類抄》同,又作“㧈”。ワツカニ（わずかに【僅かに・纔かに】）。
⑩ 《玄應音義》卷十三“欣懌”條:“以炙反。《爾雅》:怡、懌,樂也。郭璞曰:怡,心之樂也。懌,意解之樂也。《字林》:懌,怡也。”
⑪ 《爾雅·釋訓》:“慘慘,慍也。”
⑫ “誖”字左旁原誤作“台”,注文“補”當作“蒲”。《玄應音義》卷七“殞悖”條:“下古文誖、愂二形,同。蒲没、補潰二反。悖,亂也,亦逆也。”茲據校改。

懬懬二又上字。

恇丘方、去王二反，平；恐也，怯也。

恢恢二形作。又**㳄**、㳄二形。苦迴反，平；蜜（密）也，大也，豐也。①

惻古文作㥜。初力反，入；愴也，悲也，痛也。

忤连牾三形同。吾故反，去；得忤曰痾，觸仵。连逆，不遇也。②

惄而的（酌）反。憂也。妳（怒）、㥁，古文也。③

憾〔憾〕胡感反，去（上）；憍也。動也，搖也。猜恨也，忿也。④

憾上字。

憍去奇反。意也。

慊古（苦）簟反，平（上）；快也，猷也，恨也，疑也。⑤

懂呼麦反。乖戾也。

悛且泉反，平；改也，更也。

悁於緣反，平；伊支止保呂志，又伊太牟，又祢太志。⑥

恀〔㚟〕時紙反。恃也。又乃可反。器名也。⑦

惙竹劣反。憂也，疲也，意不定也，短氣皃。

懈懈**懈**三形作。解音。嬾也，怠也，極。古隘反，去；間也，解也。⑧

惕徒頰、〔之涉二〕反。懼也，〔即恐惕也〕，伏也。曾字。乎乃乃久，又於曾留。⑨

忮之豉反，去；恨也，害也，狠也。

---

① 注文二形皆當是“㳄”字。“蜜”疑同“密”，“豊”同“豐”，二義與“大”義近。

② 《玄應音義》卷四“邪忤”條：“吾故反。《通俗文》：得忤曰痾。音苦駕反，非體也。”

③ 注文“的”當作“酌”，“妳”當作“怒”。《玄應音義》卷十六“惄態”條：“而酌反。弱，㜪弱也。經文從心作惄，古文怒、㥁二形，今作惄，同。惄，憂也。”茲據校改。

④ 注文“去”當作“上”。《玄應音義》卷四“憾喜”條：“胡感反。《廣雅》：憾，動也。《説文》：憾，搖也。”此音義同“撼”字，爲上聲。“憾”字《廣韻》音“胡紺切”，爲去聲，此處誤混。茲據校改。“憍也”爲“憾”字釋義。《廣韻·鹽韻》：“憾，憾憍，意不安也。”

⑤ 反切上字“古”當作“苦”，“平”當作“上”。《廣韻·忝韻》：“慊，苦簟切。”茲據校改。

⑥ 伊支止保呂志（いきどおろし【憤ろし】），又伊太牟（いたむ【痛む・傷む・悼む】），又祢太志（ねたし【妬し】）。

⑦ “乃可反。器名也”爲“㚟”字音義。《玄應音義》卷十九“耳頒”條：“丁可反。《廣雅》：頒，醜皃也。經文作恀，時紙反。恀，恃也。又作恀（㚟），乃可反。器名也。”《廣韻·哿韻》奴可切：“㚟，戒也。”

⑧ 《玄應音義》卷十八“懈怠”條：“《爾雅》：懈，怠也。集注云：懈者，極也。怠者，嬾也。”《廣韻·卦韻》古隘切：“懈，懶也，怠也。”

⑨ 奪字據各本補。《玄應音義》卷五“震惕”條：“徒頰、之涉二反。”《玄應音義》卷八“惕寠”條：“《爾雅》：惕，懼也。郭璞曰：即恐惕也。”乎乃乃久（おののく【戰く】），又於曾留（おそる【恐る】）。

悷古禍反。勇也,憨也,勝也。①

憺徒監(濫)反。安也,豆(足)也。②

怕芳霸反。静也,无爲也,怖也。

協勰同。胡頰反,入;叶也,和也,合也,同也。

憤父粉反,上;盛也,怒也,滿也,盈也,懣也,沇(陁)也。③

憺懤〔幡〕二形,上字。滿裂也。④

愴初亮反,去;又七令反,上;逆也,傷也,惻也,悲也。⑤

悵〔帳〕勅亮反,去;望恨也。張也。⑥

快於亮反,去;憨(愁)也,强也,心不服也。宇良也牟,又阿太牟,又伊太牟。⑦

惰憜媠嶞四形同。徒卧反,去;怠也,落也。

懷懐二形同。户乖反,平;□(任)住也,來也,止也,思也,安也,歸也,至也。胞(朒)字同。⑧

怯苦脅反,入;乎知奈之。⑨

慺力来(朱)反,平;慊也,正也,謹敬也。⑩

懺瀸同。之見反。懼也,恐也,動也,閼也,慄也。和奈奈久。⑪

慄力質反。戰也,慼也,懼也。

怜力連反。愛也,哀也,又令音。宜也,好也。

憐**憐**同作。瑠殖反,上;哀也。⑫

憫上字。眉殞反,上;惠也,愍也,悲也,憂也,滿(懣)也。⑬

---

① 注文"憨"同"憾",連讀爲"悷憾",即今"果敢"。《玄應音義》卷九"悷敢"條:"古禍反。《廣雅》:勇也。《蒼頡篇》:悷,憨也。煞敵爲悷。《爾雅》:悷,勝也。悷,决之勝也。今亦作果。憨音胡濫反。"

② 注文"監"當作"濫","豆"當作"足"。《名義·心部》:"憺,徒濫反。足也。"兹據校改。

③ 注文"沇"當作"陁"。《名義·心部》:"憤,陁也。"《方言》卷十三:"憤,陁也。""陁"同"陀"。兹據校改。

④ 此條釋義爲"幡"字。《説文·巾部》:"幡,以囊盛穀,大滿而裂也。"

⑤ "七令反"當是倭音"しょう"。"逆也"不詳。

⑥ "張也"爲"帳"字釋義。《説文·巾部》:"帳,張也。"

⑦ 注文"憨"當作"愁"。《廣雅·釋言》:"快,愁也。"兹據校改。宇良也牟(うらやむ【羨む】),又阿太牟(あたむ【仇む】),又伊太牟(いたむ【痛む·傷む·悼む】)。

⑧ 注文"胞"當作"朒"。《玄應音義》卷十九"懷孕"條:"古文朒,同。"兹據校改。殘字原作"**任**",似是"任"字,其下"住"字疑是"任"訛衍,"懷任"即"懷妊"。

⑨ 字頭右旁有片假名"ワツカニ"(わずか【僅か·纔か】に)。乎知奈之(おぢなし【怯し】)。

⑩ 反切下字"来"當作"朱"。《廣韻·虞韻》:"慺,力朱切。"兹據校改。

⑪ 注文"閼"孫幼莉告知疑爲"圉"字之訛。和奈奈久(わななく【戰慄く】)。

⑫ 反切下字疑誤。《廣韻·先韻》:"憐,落賢切。"與此音不同。

⑬ 注文"滿"當作"懣"。《廣雅·釋詁二》:"憫,懣也。"兹據校改。

懺〔懴〕子廉反。淨也，捨也，洗也，拭也，不成也。阿万祢波須，又支流。①

悾苦貢反，去，又平，誠也，寛也，信兒也。

㸊蒲角反。謬（謖）字。②

懮於有反。〔懮〕受，舒之恣（姿）也。③

㤭武梁反。惑也。

惵丑涉反。佈也。

懫騺致反。忮臣也，北方名強直爲摸（懫）中。④

悾且弄反。"恫（恫），不去（志）"是〔也〕。⑤

謳烏侯反。謳字。歌也，喜也，吟。

憤阻革反。憒也。噴字。耿分（介）也，呼也，鳴也。⑥

懥丁四反。怒也。駤。重也，很。⑦

㦡㦡同作。視陵反。謔字。譽也。

愄盱圍反。和也，很也。憲（懀）字。⑧

諶時箴反。旅黃帝子也。諶字。信也，誠也。⑨

愕吾各反。咢字。驚也，訟譁也。

忬餘據反。預字古文。佚也，早也，緩也，樂安也，舒也，猒也，豫也。⑩

悷似熛（慄）反。誄字。毒苦也。⑪

怢武婢反。侎字。撫安也。

---

① 此條不詳，似與"瀸"字混。《廣韻·鹽韻》子廉切："瀸，漬也，没也，洽也。"各本"洗"作"没"。各本"不成也"上有"又楚監反"四字，《廣韻·鑑韻》："懺，楚鑒切。""拭也"爲"懴"字釋義，《說文·巾部》："懴，拭也。"阿万祢波須（あまねわす【遍はす】），又支流（きる【切る】）。

② 注文"謬"當作"謖"。《字鏡》作"謖"。《名義·心部》："㸊，謖字。"茲據校改。

③ 注文"恣"當作"姿"。《詩·陳風·月出》："月出皎兮，佼人僚兮，舒窈糾兮，勞心悄兮。月出皓兮，佼人懰兮，舒懮受兮，勞心慅兮。月出照兮，佼人燎兮，舒夭紹兮，勞心慘兮。"毛傳："窈糾，舒之姿也。""窈糾""懮受""夭紹"同。茲據校改。

④ 注文"摸"當作"懫"。《玉篇·心部》："懫，北方名強直爲懫。"《漢書·地理志下》："民俗懫忮。"顏師古注引臣瓚曰："今北土名彊直爲懫中。"茲據校改。此"忮臣"當是"民俗懫忮臣瓚曰"之誤截。

⑤ 注文"恫"當作"恫"。《名義·心部》："悾，且弄反。悾恫也。"茲據校改。《字鏡》"是"下有"也"字，據補。《玉篇·心部》："悾，悾恫，不得志。"此"不去"疑是"不志"或"不得志"之誤。

⑥ 注文"分"當作"介"。《玉篇·心部》："憤，耿介也。"茲據校改。

⑦ "駤"下疑奪"字"字。《名義·心部》："懥，丁四反。怒也。駤（駤）字。重也，佷（很）也。"又"重也，很"爲"駤"字釋義《說文·馬部》："駤，馬重皃。"《玉篇·馬部》："駤，馬很也。"

⑧ 注文"憲"當作"懀"。《名義·心部》："懀，愄字。"茲據校改。

⑨ "旅黃帝子也"不詳，《字鏡》"帝"作"啼"。

⑩ 《名義·心部》："忬，餘據反。預字。緩也，安也，卑（早）也，供（佚）也，猒也，釵（敘）也。"

⑪ 反切下字"熛"當作"慄"。《名義·心部》："悷，似慄反。"《廣韻·質韻》："悷，秦悉切。""慄"是質韻字。茲據校改。

忕恥力反。從也,慎也,惕也。

懶力但反。嬾字。惰也。孄字同也。

悚上字。懈也。

㣺甫萬反。急也,急性也。疲字。

惲公翻反。諢字。更也,□(變)也,飭也,謹也,戒。①

悜懼方反。僧也。狂字古文。猈也,進取也。

愇于非(匪)反。恨也。韙字也。②

悴古勞反。局也,知也。

慎(愩)去(古)忿反。愩也。③

忪齒終反。心動也。

恔胡交反。快也,止也,誠也,擢也。④

悃古混反。愊也,乱也。

憐然音。難也。

悷力計反。慄(懍)也。⑤

愹祇关(癸)反。悸也,悚。⑥

悭叉産反。㮈也,多兒,令德也。⑦

忳忳二形作。徒昆反。悶也,乱也,憂兒也。

憎於外反。惡也。

恗康(虎)姑反。怯也,憂。⑧

愊公軛反。知也。謌字。

㣺竹与反。知也。訐字。

憿力支反。多端也。

愐亡并反。憂也。惺(悮),意不盡。⑨

忪達□(冬)反。怪也,劇。⑩

---

① "更也"之下一字殘。《原本玉篇·心部》:"惲,公翻反。《字書》亦諢字。諢,更也,變也,飭也,謹也,戒也。在言部。"茲據校補。

② 反切下字"非"當作"匪"。《名義·心部》:"愇,于匪反。"茲據校改。

③ 字頭"慎"當作"愩",反切上字"去"當作"古"。《字鏡·忄篇》《名義·心部》:"愩,古忿反。愩也。"《廣韻·東韻》古紅切:"愩,愩也。"茲據校改。

④ 《集韻·效韻》:"恔,《方言》:快也。或從爻。""快也"之下釋義不詳。

⑤ 注文"慄"當作"懍"。《廣韻·霽韻》:"悷,又懍悷,悲吟也。"茲據校改。

⑥ 反切下字"关"當作"癸"。《名義·心部》:"愹,祇癸反。"茲據校改。

⑦ 《玉篇》《廣韻》釋義皆作"全德"。《全王·産韻》:"悭,有令德。""令德"即"美德",疑"令"字是。

⑧ 反切上字"康"當作"虎"。《名義·心部》:"恗,虎姑反。"茲據校改。

⑨ 注文"惺"當作"悮"。《廣韻·靜韻》:"愐,愐愐,意不盡也。"茲據校改。

⑩ 反切下字殘。《字鏡·忄篇》《名義·心部》:"忪,達冬反。"茲據校補。

恎徒結反。佟，懼也，惡性也。

怢丘涉反。怯也，快。

憸力懕反。欲也，貪也，健也。

惿惕二形同。弥蟬反。忌(忘)。①

怵呼述反。怒，狂也。

憛他紺、以廉二反。憂也，悲痛也，惏(悇)也，不安兒。②

慛楚革反。痛也，小痛也。

恦禹萌反。燈(橙)也。③

憎力雞反。欺謾之語。謪字也。

忚呼奚反。憎也，欺也，以爲多言。

悇他如、餘庶二反。憂然兒，懷憂也，憛也，惶遽。

惝充讓(壤)反。寂□(無)聞。④

愵女□(棘)反。愧也，懕兒也。⑤

懷懐褱三形作。人向反。憛也，難也。

怭甫(蒲)筆反。佖字也。⑥

懠在細反。怒也，疾也，愁也。

惆(慱)徒官反。⑦

怖普□(布)反。惶也，惶懼也，怒也。⑧

恭記奉反。戰慄也，懼。

怊青小反。悄字。

悄七小反，上；憂也。

悙勑顯反。懕也。

忴胡救反。不動也。

懈愒二形作。餘支反。不憂事。

---

① 注文"忌"當作"忘"。《廣韻·仙韻》《名義·心部》："惕，忘也。"茲據校改。

② 注文"惏"當作"悇"。《廣韻·勘韻》："憛，憛悇，懷憂。"周祖謨、余迺永等改"惏"作"悇"。《玉篇·心部》："憛，憛悇，懷憂也。"《名義·心部》："憛，蜍蟬(悇憛)也。"《廣雅·釋訓》："悇憛，懷憂也。"《新撰字鏡·心部》："悇，憛也。"茲據校改。

③ 注文"燈"當作"橙"。《字鏡》作"橙"。《名義·心部》："恦，橙恦也。"茲據校改。

④ 注文"讓"當作"壤"，"寂"下一字殘。《名義·心部》："惝，充壤反。"《楚辭·遠遊》："聽惝怳而無聞。"殘字疑當補作"無"。

⑤ 反切下字殘。《字鏡》作"棘"。《名義·心部》："愵，女棘反。"茲據校補。

⑥ 反切上字"甫"當作"蒲"。《名義·心部》："怭，蒲筆反。"茲據校改。

⑦ 字頭"惆"當作"慱"。《廣韻·桓韻》："慱，度官切。"茲據校改。

⑧ 反切下字殘。《字鏡》作"甫"，但"甫"是上聲字，音不合。《玉篇·心部》："怖，普布切。"《名義·心部》："怖，並布反。""甫"或是"布"字之訛，暫定作"布"。茲據校補。

价价 二形作。公八、公龀二反。恨也,憂也,懼也。

惴之睡反。憂也。

愷充介反。小怒也,性惡也,性不和。

忨午喚反。貧(貪)。①

惏力南反。貪也,殘。

悅忻往反。失意也,狂皃。

憰公穴反。譎字。□(權)詐也。②

憪胡間反。習也,善也,暇也,静也,愉也。③

悇慫改反。姦之也,恨也。④

悒於汲反。鬱悒而憂也,悁悒也。伊太弥,[又]奈介久。③⑤

悜怪同作。何冷反。恨也,婞也。

徭去逆反。勞也,疲倦也。

忓(忓)何旦反。善也,抵也。⑥

悈居力反。疾也。□(亟)同義也。⑦

懁愄同作。古面反。急也,慧也。

悷悷同。他對、他没二反。肆也,忌(忘)也,不肖也,忽也。⑧

怢怢二只上字。惕(惕),急忌(忽忘)也。⑨

悄悄同作。相呂反。□(知)。譎字。長也。⑩

懱懱同作。先龍(隴)反。懼也。省聲者。⑪

憧除隴反。遅也。重字。

---

① 注文"貧"當作"貪"。《廣韻·桓韻》:"忨,貪也。"茲據校改。

② 注文"字"下一字殘。《字鏡》作"權"。《説文·心部》:"憰,權詐也。"茲據校補。

③ 注文"善"上原有"工"字,《字鏡》無此字,當是衍字或訛字,據《字鏡》刪。

④ 《説文·心部》:"悇,姦也。"此處"之"字或衍。

⑤ 各本"奈"上有"又"字。伊太弥(いたみ【痛み·傷み】),奈介久(なげく【嘆く·歎く】)。

⑥ 字頭"忓"當作"忓"。《名義·心部》:"忓,何旦切。善也,抵也,極也。"茲據校改。

⑦ 注文"同"上一字殘,據《字鏡》補。《爾雅·釋詁下》:"亟,疾也。"

⑧ 注文"忌"當作"忘"。《廣雅·釋詁二》:"悷,忘也。"茲據校改。

⑨ 注文"惕"當作"惕","急忌"當作"忽忘"。《方言》卷六:"怢惕,緩也。"《集韻·屑韻》:"怢,怢蕩,簡易也。或从心。"《集韻·没韻》:"怢,忽忘也。"《文選·王褒〈四子講德論〉》:"凡人視之怢焉。"李善注引《廣蒼》曰:"怢,忽忘也。"茲據校改。"只"字疑"亦"字之訛。

⑩ 注文"反"下一字殘,據《字鏡》補作"知"。《名義·心部》:"悄,知也,長也。"

⑪ 反切下字"龍"當作"隴"。《名義·心部》:"懱,先隴反。"茲據校改。《説文·心部》:"懱,懼也。从心,雙省聲。"此云"省聲者",指"隻"旁乃"雙"旁之省。

忼〔忨〕苦巷(莽)反。[中情]恚恨，心切剥也。誠也，信也，敬也，懼也。①

恔公鳥反。憭也。

懃巨斤反。不樂之皃，病也，悼也，憂也。

悦莫妙反。伊支止保留，又伊太美宇礼不。②

怊之召[反]。不悦樂之皃，恨也，憂也。③

恅胡高反。懺也。和奈奈□(久)，□(又)乎乃乃久。④

挫才果反。悴尔也。尒波加尒。⑤

憀力周反。頼也，然也，且也。

已下出《切韻》四聲字　　平聲

悰左(在)宗反。慮，一曰樂。⑥

恟許容反。懼也。

慵蜀庸反。嬾也。毛乃宇志。⑦

恎是支反。愛也。

忶况于反。憂也，心病。但以前音□□□。

懊悷同作。羊朱反。意也，憂也，懼也。

憮〔幠〕荒烏反。大也。又上;失意皃，驚愕。⑧

恈方奚反。誤也。絓同。

憏憏□□(二同)。□(户)圭反。離也，離心。⑨

悝苦回反。病也，憂也，一曰悲。春秋有孔悝也。

懽昨恢反。傷也，憂。

---

① 注文"巷"當作"莽"，"恚"上奪"中情"。《名義·心部》:"忼，苦莽反。"《楚辭·九辯》:"忼慨絕兮不得。"王逸注:"中情恚恨，心剥切也。"《慧琳音義》卷四十九"忼慨"條引"剥切"作"切剥"，"剥切"爲誤倒，見《楚辭·九思·悯上》"思怫郁兮肝切剥"。兹據改補。"誠也，信也，敬也，懼也"當是"忨"字釋義。《名義·心部》:"忨，誠也，信也。"
② 伊支止保留(いきどおる【憤る】)，又伊太美宇礼不(いたみ【痛み·傷み】うれう【憂ふ·愁ふ·患ふ】)。
③ 此字頭疑同"怊"。《廣韻·宵韻》尺招切:"怊，奢也。"《廣韻·宵韻》敕宵切:"怊，悵恨。"
④ 和訓"奈奈"下兩字殘，據各本補。和奈奈久(わななく【戰慄く】)，又乎乃乃久(おののく【戰く】)。
⑤ 《字鏡》注"悴作"，此"悴尔"或當作"悴字"，又據和訓則當作"猝尔"，俟考。楊寶忠《疑難字三考》考證"挫"爲"挫"字之訛，此當不同。尒波加尒(にわかに【俄かに】)。
⑥ 反切上字"左"當作"在"。《切三》《裴韻》《全王·冬韻》:"悰，在宗反。"兹據校改。
⑦ 毛乃宇志(ものうい【物憂い·懶い】)。
⑧ 注文"荒烏反。大也"爲"幠"字音義。《全王》《廣韻·模韻》荒烏反:"幠，大。"《切三》《王一》《裴韻》《全王·虞韻》無主反:"憮，失意皃。字或作幠。又荒烏反。"P.3695、《切三·模韻》荒烏反:"憮，大。"則《切韻》已誤如此。
⑨ 反切上字殘。《切三》《全王》《廣韻·齊韻》:"憏，户圭反。"兹據校補。

幪幪幰三形同作。乃回反。古之善塗者。

忇常倫反。憂也。

㦠弥隣反。心乱。

慳苦間反。恢(悋)也。①

悁須緣反。吳人云□(快)。②

□□(恮)同作。莊緣反。謹也,□□(曲卷)也。③

憿古堯反。憿幸。又作僥倖也。

怴憢同作。許幼(幺)反。憢懼。④

㤴於堯反。憂□□□□也。又於求反。含怒不言。⑤

憔昨□□(焦反)。憔悴也,憂也,痛也,□也。⑥

慓〔慓〕甫奚(遥)反。急疾也。⑦

懆〔懆〕七遥反。病(痛)也,煞也,貪也。⑧

恼女交反。大乱。佐和加波志。⑨

㤀都勞反。憂心。

慅七聊反。憂恐兒,憂也,動也,傷。

惔徒甘反。憂也,"憂心如惔"是也。⑩

㤉苦可(牙)反。惡也,伏態兒。⑪

憧諸良反。懼也。

憸七廉反。俺憸,詖也。強也。⑫

俺於監反。憸也,愛也。

---

① 注文"恢"當作"悋"。《切三》《全王·山韻》:"慳,悋。"《廣韻·山韻》:"慳,悋也。""悋"同"吝"。茲據校改。

② 注文"云"下一字殘。《廣韻·仙韻》:"悁,吳人語快。"茲據校補。

③ 字頭與注文殘,據《字鏡》當作"恮",字頭另一異體據《王一》作"恮"。《王一》《廣韻·仙韻》莊緣反:"恮,曲卷。"

④ 反切下字"幼"當作"幺"。《廣韻·蕭韻》:"憢,許幺切。"茲據校改。

⑤ 注文"憂"下殘,《字鏡》亦無。

⑥ "昨"下兩字殘。《切三》《全王》《廣韻·宵韻》:"憔,昨焦反。"茲據校補。又"痛"或當是"病"字。

⑦ 反切下字"奚"當作"遥"。此音當是"慓"字音。《全王》《廣韻·宵韻》:"慓,甫遥反。"茲據校改。"慓"字全王有"撫遥反""匹笑反"二音。

⑧ 注文"病"當作"痛"。《名義·心部》:"懆,錯感反。憂也,煞也,貪也,痛也。"茲據校改。"七遥反"爲"懆"字音,見《切三》《全王》《廣韻·宵韻》。

⑨ 佐和加波志(さわがわし【騒がはし】)。

⑩ 注文"惔是"二字原倒。《詩·小雅·節南山》:"憂心如惔。"

⑪ 注文"可"當作"牙"。《廣韻·麻韻》:"㤉,苦加切。"《玉篇·心部》:"㤉,口牙切。""牙"是麻韻字。茲據校改。

⑫ 《廣韻·鹽韻》:"憸,俺憸,詖也。"《方言》卷七:"彈憸,強也。"《廣雅·釋詁一》:"憚憸,強也。"

忙莫郎反。怖也。

恲撫庚反。滿也,忼慨也。①

悙嫈同。渠营反。無兄弟。

愀字秋反。慘,憱也,惡也。②

恈莫浮反。愛也。

候〔帿〕胡鉤反。射布也。懼也,恐也,驚也。③

恠〔姁〕恪侯反。指姁也。愚也。④

憎作滕反。憎疾也,憚也,難也。

　上聲

恑〔恑〕居委反。變也,異也,忌(忘)也。⑤

悁悁惈三形同。職雉反。意也。

恃時止反。倚也,賴也,怙也。

悱妃尾反。□(憤)也。⑥

惲於粉反。厚重。

愌況晚反。寬心。

忖倉本反。□(度)。⑦

惀力曰(囷)反。心知之力。⑧

愞奴乱反。弱也。

憭力小反。慧也,快也,通也,□□(謀也)。□□□(佐止留)。⑨

㠜□□(奴浩)反。懊㠜。⑩

憉昌兩反。怳。於度吕久。⑪

懩他朗反。慌,又失意也。

---

① 反切下字"康"當作"庚"。《廣韻·庚韻》:"恲,撫庚切。"茲據校改。

② 《廣韻·尤韻》:"愀,憱也。"《方言》卷十三:"慘,愀也。愀,惡也。"

③ 注文"射布也"爲"帿"字釋義。

④ 此處反切爲"姁"字音。《廣韻·侯韻》:"姁,恪侯切。""姁"爲去聲字。

⑤ 注文"忌"當作"忘",此處當是"恑"字釋義。《名義·心部》:"恑,忘也。"《莊子·大宗師》:"恑乎忘其言也。"釋文:"王云:癡忘也。"茲據校改。

⑥ "反"下一字殘,據《字鏡》補。原字作"🯅",與"憤"字合。《論語·述而》:"不憤不啓,不悱不發。"

⑦ "反"下一字殘,據《字鏡》補。

⑧ 《説文·心部》:"惀,欲知之皃。"

⑨ 注文"通也"下殘。各本:"憭,力小反。慧也,快也,謀也。佐止留。"《字鏡·忄篇》:"憭,力小反。慧也,通也,謀也。"茲據校補。佐止留(さとる【悟る·覚る】)。

⑩ 反切殘。《字鏡·忄篇》:"㠜,奴結(浩)反。懊[㠜]。"P.3693、《切三》《王一·晧韻》奴浩反:"㺱,懊㺱。""㠜"同"㺱""㺱"。茲據校補。

⑪ 於度吕久(おどろく【驚く·愕く·駭く】)。

慌□(虎)晃反。懭也,□□(眼乱)。怳字。①

恦□□(兵永)反。憂也。②

憬舉永反。遠也,覺悟也。

愀茲糾反。變色也,悲痛也,恨也。

懐(㥨)綾(綏)淚反。□(深)也。遼字也。③

去聲

悷盧貢反。愚也。

慟徒弄反。哀過也。

懞幪二形作。莫[弄反]。幪㲄。④

憧直隆(降)反。戇也,又不定意。⑤

愧軌位反。慙也。

憤陟利反。止也。窒字。塞也,滿也。

愇云貴反。怫也,不安。

怫扶沸反。愇也,爵。

怚子據反。憍也。

附(坿)符遇反。白附(坿)。⑥

懼其遇反。恐也,病也,驚也。

悮吾故反。錯。[誤]字同。⑦

怖普故反。

忕他盖反。奢也。

怖普盖反。恨怒。

憎烏外反。惡也。

忦古拜反。幘也。

幗□(古)對反。在巾部。⑧

悋力進反。惜也。

───────────

① 反切上字殘,"懭也"下殘。《王一》《裴韻》《全王·蕩韻》:"慌,虎晃反。"《玄應音義》卷三"慌忽"
條:"《漢書音義》曰:慌忽,眼亂也。"此殘字原似"明乱",當作"眼乱"。茲據校補。

② 反切殘。《切三》《全王》《廣韻·梗韻》:"恦,兵永反。"茲據校補。

③ 字頭"懐"當作"㥨",注文"綾"當作"綏","反"下一字殘。《名義·心部》:"㥨,綏淚反。深也。遼
字。"茲據改補。此條出自《原本玉篇》,且是去聲字,不當列於此處。

④ "莫"下奪"弄反"二字。P.3696、《裴韻》《全王》《廣韻·送韻》:"幪,莫弄反。"茲據改補。

⑤ 注文"隆"當作"降"。《裴韻》《全王·絳韻》:"憧,直降反。"茲據校改。

⑥ 字頭及注文"附"當作"坿"。《王一》《全王》《廣韻·遇韻》符遇反:"坿,白坿。"《裴韻》亦誤作"附",
《唐韻》誤作"坿"。《王一》《全王》《廣韻·虞韻》附夫反:"坿,白石英。"茲據校改。

⑦ "錯"下疑奪"誤"字。《玉篇·心部》:"悮,與誤同。"茲據校改。

⑧ 反切上字"口"當作"古",《字鏡》即作"古"。《廣韻·隊韻》:"幗,古對切。"茲據校改。

慁胡困反。辱也。

悍□(胡)旦反。勇也,猛也,□(桀)也。波介之。①

慣古患[反]。

懽[illegible]驩三狀同。古段反。憂無□□(告也),□□□(喜悦也),□(歡)也。②

慥□□□(七到反)。□□□□(言行急也)。③

慯式亮反。憂心也,痛也。

性息政反。生也,質。

慨可載反。大息也。

憒□□(古對)反。煩也,乱也。太伊反。④

慎愼二形同。視忍(刃)反。□(謹)也,□□(誠也),静也,誡也,思也。⑤

愒胡帶、丘厲二反。貪羨也,□(竭)也,息也。⑥

恨乎艮反。憾(憾)也,怨。⑦

悢力讓反。悵也,心不安也。

慏恇忳上大故反。三字同。徒落反,入;忖慏也。波可留也。⑧

憓胡桂反。愛也,慎。⑨

悟五故反。自然知。

怈余世反。明也,一曰習也。

---

① 反切上字殘,"波"上一字殘。《字鏡·忄篇》:"悍,胡旦反。勇也,猛也,桀也。"《王一》《裴韻》《全王·翰韻》:"悍,胡旦反。"《玄應音義》卷三"勇悍"條:"《蒼頡篇》:悍,桀也。""波"上殘字原作"[illegible]",似是"木"旁,與"桀"字合。茲據校補。"也"字原在"之"下,據《字鏡》乙。波介之(はげし【激し】)。

② 注文"無"下殘。《廣韻·换韻》:"懽,憂無告也。"《爾雅·釋訓》:"懽懽、愮愮,憂無告也。"《字鏡·忄篇》:"懽,古段反,呼官反。喜悦也,敖也,歡也。[illegible]、[illegible]共作。"《名義·心部》:"懽,呼官反。喜悦也,教(敖)也,歡也。"倒數第四字作"[illegible]",即"悦"字。倒數第二字作"[illegible]",似從"欠",暫定作"歡"。茲據校補。

③ 注文殘。《字鏡·忄篇》:"慥,七到反。言行急也。"《王一》《裴韻》《全王》《唐韻》《廣韻·号韻》七到反:"慥,言行急。"茲據校補。

④ 反切殘。《字鏡》作"古對反"。《全王》《唐韻》《廣韻·隊韻》:"憒,古對反。"茲據校補。太伊(たい)反。

⑤ 反切下字"忍"當作"刃","反"下殘。《字鏡·忄篇》:"慎,誠也,静也,試(誡)也。"《裴韻》《全王·震韻》是刃反:"慎,謹。"《廣韻·震韻》時刃切:"慎,誠也,謹也。"《名義·心部》:"慎,視震反。誠也,謹也,静也,思也,憂也,恐也,敕也。"《詩·大雅·桑柔》:"考慎其相。"鄭玄注:"慎,戒。""誡"同"戒"。"慎"字"誡"與"誠"二義皆有。茲據校補。

⑥ "貪羨也"之下一字殘。《字鏡·忄篇》:"愒,息也,竭也,貪羨也。"茲據校補。

⑦ 注文"憾"當作"憾"。《廣韻·勘韻》《玉篇》《名義·心部》:"憾,恨也。"茲據校改。

⑧ "大故反"爲"度"字音。"度"有去、入二音,"慏"爲"忖度"專字,不當有去聲音。波可留(はかる【計る・測る・量る・図る・謀る・諮る】)也。

⑨《集韻·霽韻》:"憓,愛也,順也。通作惠、譓。""慎"通"順"。

憾古拜反。急也,餝也,質也,謹也。

快〔扶〕〔怏〕苦夬反。喜也,可也。又苦恠反。助也,安樂也。又於亮反。勤（懃）也,
强也。①

恠古懷（壞）反。異也。②

怪上字。

愒去例反。恐人也。

懤丈又反,又直留反。愁毒也,悵也。

懝五愛反。騃也。

入聲

憴許竹反。起也,驕也,□（興）也。畜字也。③

忸女六反。忸怩。

慄相玉反。慄斯。

怵竹律反。憂也,忡也,怖意也。④

怴日（丑）律反。□□（怵惕）。⑤

□□□。

□（忔）許訖反。□□（憘忔）也。⑥

愲古忽反。□□（心乱）。⑦

惚呼骨反。怳。

怴莫割〔反〕。忘也。

愎□□□□□□（皮逼反。佷也,俟也）。⑧

□（愊）□□□（芳逼反）。悃愊,又至誠。⑨

怍□（在）久（各）反。慙也。⑩

---

① 注文"勤"當作"懃"。《名義·心部》:"快,於亮反。强也,懃也。"兹據校改。"助也"當是"扶"字義。
《廣韻·虞韻》:"扶,漢三輔有扶風郡。扶,助也。風,化也。"

② 注文"懷"當作"壞"。《廣韻·怪韻》:"恠,古壞切。"兹據校改。

③ "驕也"下一字殘,據《字鏡》補。《名義·心部》:"憴,興也,驕也,起也。"

④ 《方言》卷十二:"忡,中也。"郭璞注:"中宜爲忡。忡,惱怖意也。"兹據校補。

⑤ 注文"日"當作"丑","反"下兩字殘。《切三》《裴韻》《全王·質韻》《唐韻》《廣韻·術韻》丑律反:
"怴,怵惕。"兹據改補。

⑥ 字頭殘,"反"下注文殘。《全王·迄韻》許訖反:"忔,憘忔。"《廣韻·迄韻》許迄切:"忔,喜也。"兹據
校補。

⑦ "反"下注文殘,據《字鏡》補。《全王》《廣韻·没韻》:"愲,心亂。"

⑧ 注文殘。《字鏡·忄篇》:"愎,皮逼反。佷（很）也,俟也。"《全王·職韻》皮逼反:"愎,佷。"《名義·心
部》:"愎,蒲逼反。戾也,佷也。""俟"同"戾"。兹據校補。

⑨ 字頭及反切殘。《全王》《唐韻》《廣韻·職韻》芳逼反:"愊,悃愊,至誠。"兹據校補。

⑩ 反切"久"上殘,"久"當作"各"。《裴韻》《全王》《唐韻》《廣韻·鐸韻》:"怍,在各反。"兹據補改。

憶於□(力)反。念也。[①]

怗他協反。静,憂。[②]

愜□□□(苦協反)。心服。[③]

恰苦恰(洽)反。用心。[④]

懱𢤱同作。莫結反。資也,輕也,末,滅也,小也。[⑤]

𢠵(㥽)反(叉)□(厄)反。痛也。[⑥]

恪苦火(各)□(反)。敬也,謹。[⑦]

悦〔帨〕以越反。樂也,服也,好也。又式芮反,去。[⑧]

愕吾各反。驚也。

已上四聲竟

慷苦朗反,上;嚴也,慨。[⑨]

㤼力拙反。劣字古文。殆也,弱也,鄙也。[⑩]

忻喜誾、居垽二反。誾也,察也。口哀反。開也,明也,悦也,欲。[⑪]

憊蒲戒反。□□(疲也),劣也。[⑫]

愾居氣反。慨也,懣也,恨也,怒也,至也,大息也。

悸痵字同。其季反,去;蜜義,又惶也。又作惶。和奈奈久,又豆豆志牟,又加志古万留。[⑬]

---

① 反切下字殘。《裴韻》《全王》《唐韻》《廣韻·職韻》:"憶,於力反。"兹據校補。

②《廣韻·怗韻》:"怗,安也,服也,静也。"此處"憂"字不詳。

③ 反切殘。《切三》《裴韻》《全王》《廣韻·怗韻》:"愜,苦協反。"兹據校補。

④ 反切下字"恰"當作"洽"。《切三》《王一》《裴韻》《全王》《唐韻》《廣韻·洽韻》:"恰,苦洽反。"兹據校改。

⑤ 注文"資也"《名義》同,吕校:"懱同蔑。《字貫》引《詩·大雅》作'喪亂蔑資'。《名義》'资'蓋爲引例省誤。"《詩·大雅·板》:"喪亂蔑資。"毛傳:"蔑,無。資,財也。"

⑥ 字頭當作"㥽",注文上"反"字當作"叉",反切下字殘。《字鏡》音"叉厄反",從補。《廣韻·麥韻》楚革切:"㥽,㥽痛。""叉厄反"與"楚革切"音同。兹據改補。

⑦ 反切下字"火"當作"各",其下一字殘。《裴韻》《全王》《唐韻》《廣韻·鐸韻》:"恪,苦各反。"兹據改補。

⑧《新撰字鏡·巾部》:"帨,式芮反,去;佩巾也,拭物巾。"

⑨ "嚴也"不詳。

⑩ "殆也"不詳。

⑪《大般若經音義》"忻求"條:"上喜誾、居垽二反。誾也,察也。誾,魚巾反。誾,口哀反。開也,明也。誾与開或同。""口哀反"爲"誾"字音。

⑫ "反"下兩字殘。各本:"憊,𢡟同。蒲式(戒)反。疲也,劣也。𢡟𢡟,二作同。豆加留。"(除寬永本外,各本異體皆作"𢡟",此據寬永本)兹據校補。豆加留(つかる【疲る】)。

⑬ "蜜義"不詳,享和本同,寬永本、《群書類從》本作"密義",且上皆有"動也"二字。《玄應音義》卷十"惶悸"條:"古文痵,同。其季反。《説文》:氣不定也。《字林》:心動曰悸。""惶"與"悸"義相關,但非異體,此"又作惶"疑有誤,各本無此三字。和奈奈久(わななく【戦慄く】),又豆豆志牟(つつしむ【慎む・謹む】),又加志古万留(かしこまる【畏まる】)。各本"又豆豆志牟"下作"加志古牟(かしこむ【畏む】),又於曽留(おそる【恐る】)"。

慷遽同。渠遮(庶)反。畏懼也,急。①

怵慉同。□□(勑疏)反。□(除)也,去也,朗也。②

懊怢同。於槀反,上;忼也,愛也,悔也,貪也,惚(惱)也。久留志牟。③

恌恍同。宜亦作掉。徒弔反,平;掉,搖也,振動。□(輕)薄也。④

愮餘照(昭)反,□(平)。⑤

□(憍)憍同作。□□□□(居驕反,平);□(逸)也,□(溢)也,恣也,傷也,高也,易也,矜也。⑥

憍又上字。

傲儝同。五到反。□□(奢也),矜也,不敬也。⑦

怊慆同作。□□(正他)勞反,平;疑也,悦也,樂。借徒高反,平;慆慆,□□。又苦感反。過也。⑧

情疾盈反,平;迷也。

愉羊由反,平;歡也,樂也,服也,薄也。

憎憎同。祖禁[反],上;憎也。乎加志云。⑨

忡恥中反,平;心憂也。心保止波志留,又伊太牟。⑩

慎士閏反。又作順。憶也。

惟以追反,平;助也,念也,侯也,思也,憂也,慮也。又從巾。⑪

怊怊同作。尺召反,平;又恥朝反。奢。由太介志。⑫

---

① 注文"遮"當作"庶"。《玄應音義》卷三"恐慷"條:"又作遽,同。渠庶反。遽,畏懼也。遽亦急也。"茲據校改。

② "反"上下幾字殘,據《字鏡》補。

③ 注文"惚"當作"惱"。《廣韻·晧韻》:"懊,懊惱。""惱"爲"惱"俗字。茲據校改。久留志牟(くるしむ【苦】)。

④ 注文"動"下一字殘,據《字鏡》補。《切三》《王一》《全王·蕭韻》:"恌,輕薄。"《廣韻·蕭韻》:"恌,轉(輕)薄。"《玄應音義》卷十八"爲掉"條:"徒弔反。《字林》:掉,搖也。《廣雅》:掉,振動也。《論》文作恌,非也。"

⑤ 注文"照"當作"昭","反"下一字殘,據《字鏡》改補。《廣韻·宵韻》:"愮,餘昭切。"

⑥ 字頭殘,"作"下殘。《字鏡·忄篇》:"憍,居驕反。憍、憍、嬌共作。恣也,傷也,高也,免(逸)也,溢也。"《名義·心部》:"憍,居僑反。逸也,姿(恣)也,高也。"《慧琳音義》卷六十八"憍傲"條:"《倉頡篇》:憍,溢也。"茲據校補。

⑦ "反"下兩字殘。《字鏡·忄篇》:"儝,五高反。不敬也,矜也,奢也。"茲據校補。

⑧ "苦感反"爲"怊"字音,其餘爲"慆"字音義。"勞"上兩字殘。《字鏡》作"他"。《名義·心部》:"慆,他勞反。"茲據校補。

⑨ "祖禁反"當是"潛"字音。"憎"爲上聲字,故此標"上"。乎加志云(おかしい【可笑しい】)。

⑩ 心保止波志留(こころ【心】ほとばしる【迸る】),又伊太牟(いたむ【痛む·傷む·悼む】)。

⑪ "助也"蓋指"語助詞"之義。

⑫ 由太介志(ゆたけし【豊けし】)。

悝古(苦)回反。悲也,憂也,病也。①

忪占恭反,平;心動。心保止波之留。②

憎於今反,平;靖也。又息林、於淫二反。寂也,静也。志豆介之。③

怦普耕反,平;心急皃。

懦人朱反,平;弱也。又乃乱反。

㥚下佳反。心□□(不平)也,怨也。④

慢莫晏反,去;怠也,易也,惰也,一曰不畏也,欺也,賤也,猶輕侮。

忙亡光反,平;急也,怖也。

惆之由、丁由二反,平;怖也,悵。

𢡱怔同作。之生反,平;惶怖也。

忱市今反,平;□□(信也),誠也。⑤

怩乃私反,平;心慙也。忸怩,恥也。

恍悦□□□□□(同作。口良反,上);惚(惚)也。又懱恍,□□□□□□□(驚也。与波不,又与不)。⑥

悃古(苦)本反,上;實也,□(誠)。⑦

惘亡方反,上;失意□(也)。⑧

惕〔惕〕大良(朗)反。傷也,放也。又堂朗反,上;不□(憂)也,婬也,遬也。⑨

恤□(亡)善反,上;思□□(念也),勉也,養也。不介留,又女古(久)牟也。⑩

---

① 反切上字"古"當作"苦"。《廣韻·灰韻》:"悝,苦回切。"茲據校改。

② 心保止波志留(こころ【心】ほとばしる【迸る】)。

③ "息林反"爲"心"字音,疑有誤。志豆介之(しずけし【静けし】)。

④ "心"下兩字殘。《字鏡》作"心不平也"。《廣韻·佳韻》:"㥚,心不平。"茲據校補。

⑤ "平"下兩字殘,剩"忄"旁。《字鏡》作"信也"。《廣韻·侵韻》:"諶,《爾雅》云:信也。忱,上同。"茲據校補。

⑥ 注文殘,注文"惚"當作"惚"。各本:"恍,口良反,上;惚也,又驚也。与波不,又与不。"《字鏡·忄篇》:"恍,口良反,上;惚(惚)也。又捎(惆)恍,驚也。"《玉篇·心部》:"恍,恍惚。""懱"字原作"㥦",中間部件與"肖"相似。《廣韻·養韻》:"懱,懱悦,驚皃。""惆"同"懱","恍"同"悦"。茲據補改。与波不(よばふ【呼ばふ・喚ばふ】),又与不(よぶ【呼ぶ・喚ぶ】)。

⑦ 反切上字"古"當作"苦","實也"下字殘作"ㇷ"。《字鏡·忄篇》:"悃,口本反,上;至也,疑(款),實也,誠,愊也。"《廣韻·混韻》苦本切:"悃,至誠。"茲據改補。

⑧ 注文"也"字據《字鏡》補。

⑨ "傷"字原殘作"㑥",或是"惕"字,"傷"同"惕","惕"與"惕"字形混。本條除"傷也"外皆"惕"字音義。注文"良"當作"朗","不"下殘。《廣韻·蕩韻》徒朗切:"惕,不憂。"茲據改補。

⑩ 反切上字殘,注文"思"下兩字殘,和訓"古"當作"久"。各本:"恤,亡善反,上;養也,思念也,勉也。不介留,又女久牟。"《字鏡·忄篇》:"恤,亡善反,弥褊反。恤也,勉也,思念。"茲據補改。不介留(ふける【耽る】),又女久牟(めぐむ【恵む・恤む】)也。

愷□(口)亥反,上;樂也,發也,□(和)也,康。[①]

懍〔凜〕〔稟〕力甚反,上;寒氣也,敬也。又彼錦反。痛。[②]

慅七掃反,上;憂心也,猶患也,貪也。[③]

憕大(丈)陵反,平;心平皃。[④]

悽子兮反,平;憯也,痛也,愴也。

惇都昆反。厚也,□(大)也,信也。[⑤]

憮莫主反。愛也,憐也,謀也。

[illegible]恞同作。与之反,平;悦也。夷字。

恫勑公反。痛也,□(呻)也。[⑥]

懰俫(似)流反。慮也,謀也。[⑦]

惜相亦反。愛也,痛也,貪也。

悚胥勇反,上;殎(竦)字同。肅驚也,懼也,"不戁不悚"。[⑧]

悌徒礼反,上;愷悌,□(慎)也。愷悌,樂□(也),□(易)也。[孝悌]。又□□(巾部)。[⑨]

懵亡弘反。悶不省物也,冥也,猶□(悶)也。久良之。[⑩]

懜毛(亡)弘反。惽也,不明。[⑪]

㡖(帪)帪同字。此容反,平;吴人名幝。[⑫]

慩力田反,平;悽也。

悽悽同作。力應反。悽慩,慜也,愛悲也。

[illegible]懙趣三形同。羊諸反,平;安行也。

---

① 反切上字殘,"發也"下一字殘。《字鏡·忄篇》:"愷,口亥反。樂康也,和也,發也,樂也,安也。"《名義·心部》:"愷,和也,樂也,康也。"下殘字原作"[illegible]",與"和"相似。茲據校補。

② 注文"寒氣也"當是"凜"字釋義。《説文·仌部》:"凜,寒也。""彼錦反"則爲"稟"字反切。

③ "憂"下原有"也"字。《廣韻·晧韻》:"慅,憂心。"茲據刪。

④ 反切上字"大"當作"丈"。《廣韻·蒸韻》:"憕,直陵切。""丈"與"直"是澄母字。茲據校改。

⑤ 注文"厚也"下一字殘。《名義·心部》:"惇,厚也,大也,信也。"茲據校補。

⑥ 注文"痛也"下一字殘。《字鏡》作"呻"。《名義·心部》:"恫,痛也,呻也。"茲據校補。

⑦ 注文"俫"當作"似"。《字鏡》音"似流反"。《廣韻·尤韻》:"懰,似尤切。"茲據校改。

⑧ 注文"殎"當作"竦"。《詩·商頌·長發》:"不戁不竦,百禄是總。"毛傳:"戁,恐;竦,懼也。"茲據校改。"肅驚",《字鏡》作"肅敬",疑當從。但"驚"與"懼"義近,"肅"與"驚"爲二義,或當斷開。

⑨ 注文反切之後原有錯簡,且多處有刪號,又地脚補字殘甚,此據《字鏡》校正。《廣雅·釋詁一》:"悌,順也。""慎"同"順",此義當是"悌"字義,非"愷悌"義。《廣韻·薺韻》:"悌,愷悌,《詩》作豈弟,毛萇云:豈,樂也;弟,易也。"

⑩ 注文"猶"下一字原殘作"門"旁,疑當是"悶"字。《可洪音義》第二十九册"翳弥懵"條:"懵,悶也。"茲據校補。山田據《廣雅》以爲當作"闇",疑非是。久良之(くらし【暗し・昏し・冥し】)。

⑪ 注文"毛"當作"亡"。《字鏡》作"亡"。上字"懵"音"亡弘反"。茲據校改。

⑫ 字頭"㡖"當作"帪"。《字鏡》作"[illegible]"。《説文·巾部》:"幒,幝也。帪,幒或从松。""帪"爲"幒"俗字。茲據校改。

□(惰)奈万奈万尒。①

悴帆慺正□□文。

惀シノフ。②

扌部第百③

五百九十□字　通文部之

捷茨獵反。勝也,獲□(也),□也,克也,惠也,軍勝曰捷。

抄宜作拙。桑□(何)、初校反,去,又平;掠也,撮也。鈔字同。强取物,捫摸也,舊也。不美□(太),又豆加牟也。④

援正禹煩反,上;引也,牽持也,衛也。借于眷反,去;助也,攀援。

捫莫奔反,平;摸,□□(撫持)也,拭也。⑤

挾胡頰反,入;藏也,護也,掩面也。又作揣,量也。持也,備也,積也。⑥

摶〔搏〕又作剸、攫二形。徒官反,平;竪釧反,去;甫(補)各反,入;團也,圜也。暴虎,搏也。厚也,著。又作揣,量也。⑦

撝許爲反。謙也,裂也,擇也,指。

掩於儼反,上;覆也,藏也。又作唵、奄、悇、弇也。⑧

① 字頭殘,據《字鏡》補。奈万奈万尒(なまなま【生生】に)。《字鏡》訓"ナマナマシ"(なまなまし【生生し】)。

② シノフ(しのぶ【忍ぶ】)。

③ 底本原作"扌部第百一",玆據前後次序校改。本卷下文部首次序同樣錯亂,不再出校。

④ 反切"桑"下一字殘,和訓"美"下一字殘。各本作"楚交反,平;初校反,去;桑何反,上",和訓作"不弥太,又豆加牟","桑何反"當是平聲。《集韻·戈韻》:"抄挱,桑何切。"《名義·手部》:"抄,素何反。酌也,捫摸也。"《倭名類聚鈔》卷五"簡札"條:"野王案:簡(古限反,和名不美太),所以寫書記事者也。"玆據校補。"宜作拙""舊也"不詳。不美太(ふみた【札・簡】),又豆加牟(つかむ【掴む・攫む】)。

⑤ 注文"摸"下兩字殘,二字剩"扌"旁。《玄應音義》卷三"摩捫"條:"《聲類》云:捫,摸也。《字林》:捫,撫持也。"玆據校補。"拭"右旁原誤作"戒"。《玄應音義》卷三"捫淚"條:"經文有作抆,亡粉反。《字林》:抆,拭也。"

⑥ "又作揣。量也"爲下條"摶"字義而混入,參見下條。

⑦ 注文"甫"當作"補"。《玄應音義》卷九"搏鹿"條:"補各反。"玆據校改。"攫"同"攫","攫"與"搏"義近,但此處以爲異體,疑有誤。《集韻·綫韻》船釧切:"叀,或作専,古作㠳、嵒。""竪釧反"與"船釧切"音近。《玄應音義》卷二"摶食"條:"徒官反。《説文》:摶,圜也。《三蒼》:摶飯也。經文作揣,丁果、初委二反。揣,量也。揣非字義。"《玄應音義》卷二十四"摶擊"條:"徒桓反。摶,圓也,厚也。《廣雅》:摶,著也。摶之令相著也。"《爾雅·釋訓》:"暴虎,徒搏也。"

⑧ "悇"同"俺","揜"同"掩",此處"悇"字疑是誤字。

掅莝二上字。①

撽胡革反。擊，礙也。又口弔反。又作覈、覈，今作核。阿奈久留，又阿加利阿加利奴，又曾志留也。②

撿〔檢〕居斂反。括也，猶索縛也，糾也，法度也，□也，押也，同也，掇也。從不（木）。③

挍撓二形作。又挊、嬲、嬈、擾四形同。乃飽反。迴也，弱也，撓也，擾也，乱也，屈也。

揮許歸反，平；灑也，奮也，竭也，急也，揖（渙）也，動也。④

攢〔欑〕子幹反。聚也，取（菆）也，頌也，解。⑤

振正諸胤反，去；掉也，整也，奮也，動也，古也，訊也。古文作辰、抵。舉也，□（救）也，發也，給也。借止仁反，平；振振，仁厚也，又盛皃。⑥

擯必信反。又作儐，繽□賓也。

抱薄結（浩）反，上；持也，捉也，抱也，□（擁）也，加之也。⑦

攘攘攘三形作。□□（仁尚）、汝陽二反，平；除也，却也，擾也，盜也。⑧

措且胡（故）反，去；安也，置也，頓也，施也。⑨

拾時立反。掇也，斂也，取也。

掬居六反。牟曾夫。⑩

捌摀扠三形同。恥佳反。□□（拳手）挃□（日）摀。⑪

---

① 第二形蓋“掅”字形變。

② 《玄應音義》卷十二“覈身”條：“胡革反。覈，导也。經文作撽，口弔反。撽，擊也。撽非此義。”“导”同“礙”。阿奈久留（あなぐる【探る・索る】），又阿加利阿加利奴（あかりあかりぬ【明かり明かりぬ】），又曾志留（そしる【謗る・譏る・誹る】）也。

③ 注文“不”當作“木”。《玄應音義》卷六“撿繫”條：“《字林》從木。”茲據校改。《爾雅・釋言》：“檢，同也。”

④ 注文“揖”當作“渙”。《名義》同。《左傳・僖公二十三年》：“既而揮之。”杜預注：“揮，渙也。”茲據校改。

⑤ 注文“取”當作“菆”。《禮記・喪服大記》：“欑至于上。”鄭玄注：“欑，菆也。”茲據校改。“頌也，解”爲“讚”字釋義。《新撰字鏡》卷六末抄《原本玉篇》：“攢，讚字。讚，俎（頌）也，解也。”《原本玉篇・言部》：“讚，《方言》：讚，解也。《字書》或爲攢字，在手部也。”

⑥ 注文“舉也”下一字殘。《玄應音義》卷十一“振給”條：“古文辰、抵二形，同。諸胤反。《說文》：振，舉也。《小爾雅》：振，救也。亦振，發也。”

⑦ 反切下字“結”當作“浩”。《廣韻・晧韻》：“抱，薄浩切。”茲據校改。《名義・手部》：“抱，擁也，及也，捉也，持也。”殘字作“抇”，似“擁”字。

⑧ 反切前一殘字作“亻”，似從“亻”，疑是“仁尚”。《名義・手部》：“攘，仁尚反。辭也，推也，却也，除也，排也，止也。”

⑨ 反切下字“胡”當作“故”，“頓”下“也”字原在注文末尾。《名義・手部》：“措，且故反。頓也，置也，施也，安也。”茲據改乙。

⑩ 牟曾夫（むそぶ），同“むすぶ【掬ぶ】”。

⑪ 注文“挃”上下殘。《玄應音義》卷十五“摀築”條：“《通俗文》：拳手桎（挃）曰摀也。”茲據校補。

挃知栗反，入；剌也，擣也，以手指觸人也。

擠子計反，去；排也，墜也，推也，盪滅也。

搔桑勞反，平；乱也，抓也。

攫黄路〔反，去〕；□也，撮也，持也，探也。又一伯反。

把正百賈反，上；持也，投也。借薄加反，平。①

攝正舒葉反，入；持也，治也，兼，假也，入，整也，固也，貸也，引持也，安也，假也。借奴協反，入。②

提正徒鷄反，平；挈也。借都礼、祝移二反。絶也，鼠（飛）也，摘也，又舉也，亦謂執持也。③

挓拖同。正徒可反，上；引也，曳也。借泰何反。

摘〔摘〕正知戟反，入；投也，挌〔搔〕也，振也，取菓也。借恥革反，入；剔治也。④

披正薄寄反，平；所以〔引〕棺也。普技反，上；分析也，散也，開張也，展。⑤

揭正起罽反，去；攘也，褰也，屬也。借起竭反，入；荷也，□（負）也。⑥

挩挩同。正徒括反，入；拭也。古文作□（说）。解也，免也。今脱作。汤會反，去；字從口也。⑦

扶正富瑜反，平；借阜珠反，平；佐也，持也。

操正〔厝〕勞反，平；把持也。借七到反，去；志也，執也，心也，節操也，琴操也，人名也。又作敷。搦也。⑧

搦上字，非。楚尤反，平；手搦。

抉正古穴反，入；借於穴反，入；抽也，拔也，傷也，挑也。

---

① 各本末有和訓“加佐加久”，加佐加久（かさかく）。

② 注文“兼”下“假也入”疑是衍文。《名義·手部》：“攝，舒葉反。持也，固也，兼也，貸也，安也，整也。”

③ 注文“鼠”當作“飛”。P.3696、《切二》《切三》《裴韻》《全王·支韻》：“提，飛。”《詩·小雅·小弁》：“歸飛提提。”毛傳：“提提，羣貌。”釋文：“提提，羣飛貌。”茲據校改。“摘”字《名義》作“摘”，二字通。

④ 注文“挌”當作“搔”。《説文·手部》：“摘，搔也。”茲據校改。又注文“取菓也。借恥革反，入”則爲“摘”字義音。

⑤ “薄寄反”爲去聲，此字《廣韻》有平聲“敷羈切”。“以”下疑奪“引”或“持”字。《禮記·檀弓》：“設披。”鄭玄注：“披，柩行夾引棺者。”《周禮·夏官·司士》：“作六軍之事執披。”鄭玄注：“披，柩車行所以披持棺者。”

⑥ 注文殘字作“𠂆”，此處當作“負”。本書下文：“擔，負（負）舉也。揭同。”《玄應音義》卷十七“何負”條：“《小爾雅》：何、揭、擔也。《廣雅》：何，任也。今皆作荷。”

⑦ “古文作”下一字殘。《儀禮·鄉飲酒禮》：“坐挩手，遂祭酒。”鄭玄注：“挩，拭也。古文挩作说。”茲據校補。“汤會反”即《廣韻》“他外切”，此音有“娧”“蜕”“駾”“毻”“祝”幾字，此處疑“挩”與“祝”形近相混，故云“汤會反”。

⑧ “正”下疑奪“厝”字。《名義·手部》：“操，厝勞反。”又《玄應音義》有“錯勞反”“粗勞反”。茲據校補。

摧在回反,平;阻也,落也。借子雷反,去。①

排薄皆反,平;抵也,推也。借皮拜反。□(擠)也,斥也。②

摡正許氣反,去;取也。借古載反。□(拭)也,條也,清也,□也。③

挂正古賣反,去;古文作卦。懸也。借掎掛反,去。

挌正古頟反,入;正也,距也,止也,繫(擊),又鬪也。借胡挌反。打。④

掃勑細反,去;借都悌反,上;語也,嬈也,損(捐)也。⑤

橫正維彭反,去;縱橫□也,交也,充也。

摽正乎(孚)堯反,上;擊也,辟也,擲也。借淠小反。落也。⑥

捔正徂百(古)反,上;鹿也,大也,皷也。借助角反,入;貫傷。⑦

捅先孔反。引也,上下也,擊也,打也。

捅紅(江)岳反。誠(試)力也,攘也。知加良久良夫。⑧

挍正古効反,去;數也,報也,孝(考)也。借乎孝又(反)。設也,採也,交也。⑨

投正達侯反,平;擿也,棄也,置也,振也。借天豆反,去。

推〔椎〕正出唯反。借他雷反,平;盪也,進也,舉也,排也,撽也,攘也,擊也,髻也,打也,擇也,斥也,抵也。⑩

摰呼結反,入;束也,圍係也,言急束也,縛也。

---

① "子雷反"爲平聲,此作"去",疑有誤。

② 注文殘字作"‸",當是"擠"字。《説文・手部》:"排,擠也。"《玄應音義》卷一"輔囊"條:"《埤蒼》作輔,《東觀漢記》作排,王弼注《書》作橐,同。皮拜反。所以冶家用炊火令熾者也。"

③ "古載反"下一字殘。《名義・手部》:"摡,取也,拭也,條也,清也。"茲據校補。《説文・手部》:"摡,滌也。""條"字《名義》同,此處當通"滌"。

④ 注文"繫"當作"擊"。《説文・手部》:"挌,擊也。"茲據校改。

⑤ 注文"損"當作"捐"。《全王・齊韻》:"掃,捐也。"龍宇純《校箋》:"'捐'字《集韻》同,《廣韻》作'指',P二〇一一作'損'(此據姜書,劉書作'指',蓋據《廣韻》傅會爲之),'損'當是'捐'字之誤。《説文》:'擿,一曰投也。''擿'即'掃'字,故爲'捐棄'之義。"茲據校改。

⑥ 注文"乎"當作"孚"。《名義・手部》:"摽,孚堯反。"茲據校改。

⑦ 注文"百"當作"古"。《名義・角部》:"觡(捔),徂古反。鹿也,大也。"《廣韻・姥韻》:"𧤠,徂古切。"茲據校改。

⑧ 注文"紅"當作"江","誠"當作"試"。《慧琳音義》卷六十二"捅上"條:"江岳反。"《列子・説符》:"彊食靡角。"殷敬順釋文:"《呂氏春秋》云:角,試力也。"茲據校改。各本"反"下有"以力相爭也"。知加良久良夫(ちからくらぶ【力競ぶ】),各本作"知加良久良辺(ちからくらべ【力競べ】)",同。

⑨ 注文"孝"當作"考"。《名義・手部》:"挍,數也,報也,考也。"《廣韻・效韻》:"挍,又考挍。"茲據校改。

⑩ 《説文・木部》:"椎,擊也,齊謂之終葵。"《漢書・李陵傳》:"兩人皆胡服椎結。"顏師古注:"結讀曰髻,一撮之髻,其形如椎。"

擗白音。分也,撝也。撝,裂破也。①

捃攌同。居運反,去;取也,拾穗也。

拍白音。擊也,搏也,代也,扣也。②

探他含反,平;取也,謂取摸也,誠(試)也,寫也。③

抨普耕反,平;彈也,使也,從也。

抆亡粉反。振也,拭也。捫字。

揩上古反(文)。摸也,揣(揩)也。④

掉徒弔反,去;又天于(了)反,上;動也,求(訊)也,搖也,振也。⑤

揃古文作劗、鬋、翦三形。姊踐反。斷也。稻古久。⑥

摸〔模〕莫如(奴)、莫胡二反。法也,□(搩)也,撫也,撫循也。⑦

摳〔樞〕齒榆反。本也。舉衣也。氣俱、苦侯二反,平;加加久。⑧

撚乃殄反,上;緊也,拏也,執也,蹈也,躡也,續也。比祢留。⑨

捈(旅)良与、力閒二反。道也,俱也,軍也,五百人旅也。⑩

扦呼高反。擇也,拔取也,攪也。

折止烈反。數(截)也,剋也,回(曲)。又蘇歷反。離也,斷也。又從木。⑪

以下出從《切韻》四聲字

平聲

摠倉紅反。結也,束也,合也。作孔反。大凡也,皆也,最。

摐楚江反。打鍾皷。

---

① 注文後一"撝"字之下原有"也"字。磧砂藏本《玄應音義》卷十三"擗口"條:"《說文》:擗,撝也。撝,裂破也。"茲據刪。"擗"與"白"皆音"びゃく"。
② 《名義·手部》:"拍,擊也,搏也,掫也。"此處"代"字不詳,疑是"掫"字之誤。
③ 注文"誠"當作"試"。《名義·手部》:"探,試也。"茲據校改。此處"寫也"不詳。
④ 注文"反"當作"文","揣"當作"揩"。《集韻·吻韻》:"抆,或从昏。"《名義·手部》:"揩,揩也。"茲據校改。
⑤ 注文"于"當作"了","求"當作"訊"。《廣韻·篠韻》:"掉,徒了切。"《慧琳音義》卷六十六"掉舉"條:"《廣雅》云:振也。《春秋傳》云:尾大不掉也。《文字典說》云:振,訊也。"《名義·手部》:"掉,搖也,誶(訊)也。"茲據校改。
⑥ 稻古久(いね【稲】こぐ【漕ぐ】)。本書卷十二:"揃稻,伊祢古久(いね【稲】こぐ【漕ぐ】)。"
⑦ 注文"如"當作"奴"。《名義·木部》:"模,莫奴反。"茲據校改。"法也"爲"模"字義。"法也"下一字殘,剩"扌"旁,當是"搩"字。《廣韻·鐸韻》:"摸,摸搩。"《名義·手部》:"摸,撫也,搩也。"
⑧ "榆"原殘作"愉",本書木部"樞"字、《名義》"樞"字皆音"齒榆反"。"齒榆反。本也"爲"樞"字音義。加加久(かかぐ【揭ぐ·挑ぐ】)。
⑨ 比祢留(ひねる【捻る·拈る·撚る】)。
⑩ 字頭"捈"爲"旅"俗字。
⑪ 注文"數"當作"截","回"當作"曲"。《名義·手部》:"折,斷也,敗也,截也,剋也,曲也,下也。"茲據校改。

扛古雙反。枏也。力久良户。①

控苦江反。打也,引也,止馬。

撠弋支反。廐,手相弄也。

摘丑知反。舒也。

持直之反。秉。

機**撽**二作。居希反。②

据舉魚反。掘斷也,手病也。

揄歈、廐同。羊朱[反]。撽也,引也,舉手相弄。

撟勑魚反。撟蒲。

摟力朱反。曳也,聚也。又落侯反。探取。

拊〔柎〕甫于反。欄□(足)也。擊也,疾也。③

捄舉隅反。盛土也,法也,累也,採(抒)也。④

攎落胡反。斂取也。

撕素稽反。提也。

捭撎撎三形作。[諾]諧反。⑤

挼捼同作。素回反。擊也。

搣蘇才反。撙也,舉也,動也。

捆掍二同。於隣反。就前也。因字。

撦〔墐〕巨巾反。清也,撲,拭也,馴也。⑥

拘(恂)橁同。相倫反。上:信也。下:木名。⑦

揗詳遵反,平;相安慰也。又食閏反,去;摩也。

抍踈臻反。減也,從上擇取物也。

攑丘言反。舉也。

掀虛空(言)反。高舉。⑧

————————————

① 力久良户(ちからくらべ【力競べ】)。
② 此字爲"機"的俗字。
③ 注文"欄"下一字殘。《王一》《全王·虞韻》甫于反:"柎,欄足。"茲據校補。《切三·麌韻》《全王·祔韻》孚武反:"拊,拍。"此處"擊也,疾也"爲"拊"字釋義,餘爲"柎"字釋義。
④ 注文"採"當作"抒"。《名義·手部》:"捄,抒也。"《詩·大雅·緜》:"捄之陾陾。"鄭玄注:"捄,抒也。"茲據校改。
⑤ "作"下奪"諾"字。《切三》《全王》《廣韻·皆韻》:"捭,諾皆反。"此"諧"字蓋是"皆"涉"諾"字而增旁。茲據校補。
⑥ 注文"馴也"當是"墐"字義。《廣韻·隱韻》:"墐,牛馴也。"
⑦ 《廣韻·霰韻》許縣切:"拘,擊也。"《廣韻·諄韻》相倫切:"恂,信也。"此"拘"爲"恂"字之誤。《廣韻·諄韻》:"橁,《説文》曰:大木也,可以爲鉏柄。"
⑧ 反切下字"空"當作"言"。《切三》《全王》《廣韻·元韻》:"掀,虛言反。"茲據校改。

搇盧昆反。按也,擇也,一曰貫也。

撢徒干反。觸也,攜也,持也,提。

捴古賢反。懸(縣)名也。①

捐与專反。棄也,覆。

揵渠焉反。又居偃反,上;難。

攘去乾反。縮也,攘,摳也。

挑抌同作。吐彫反。撥也,繞也,撩也,抙也,執也。②

捎所交、相焦二反。搖也,動也,除也,選也,擽也,捉也。

搖餘照(昭)反。作也,上也,動也,治也。③

搯上字。

描莫交反。打。

抓側交反。爪剌也,搔也。又側孝反。掐也,刮也。豆女乎毛天加久,又豆牟。④

掐搯同作。吐刀反。搉也,叩也,以爪耳。⑤

捾於活反。援也,搯捾也。

抄素何反。抹掇也,摩抄(抄)也。

扡(疼)託何、他丹二反。馬病,又力極。⑥

挪諾何反。搓挪。

撍昨含反。取也。

搶七羊反。拒也。

搪徒朗(郎)反。揆,觸也,張也。⑦

抽搊同。勑鳩反。拔也,出也,除也,去也,讀也。⑧

拑巨淹反。持。皮□。⑨

拈奴兼反。持也,拾也,取拈。⑩

---

① 注文"懸"當作"縣"。《廣韻·先韻》:"捴,縣名,在東萊。"茲據校改。

② "繞"字《名義》同。《説文·手部》:"挑,撓也。""繞"蓋通"撓"。

③ 注文"照"當作"昭"。《廣韻·宵韻》:"搖,餘昭切。"茲據校改。

④ 豆女乎毛天加久(つめ【爪】をもて【を以て】かく【搔く】),又豆牟(つむ【摘む・抓む】)。

⑤ 《名義·手部》:"搯,他勞反。叩也,搉也,擊也。"《廣韻·洽韻》苦洽切:"掐,爪掐。"此處"以爪耳"當是"掐"字義,但"耳"字不詳。

⑥ 字頭"扡"當作"疼"。《廣韻·寒韻》他干切:"疼,力極。"《廣韻·歌韻》託何切:"疼,馬病。"《廣韻·歌韻》託何切:"扡,曳也。俗作拖。""扡"爲"拖"俗字,"拖"與"疼"同音,故此處與"疼"字音義相混。茲據校改。

⑦ 反切下字"朗"當作"郎"。《廣韻·唐韻》:"搪,徒郎切。"茲據校改。

⑧ 字頭左旁有片假名"モトホル"(もとおる【回る・廻る】),右旁有片假名"チク"。

⑨ "皮□"各本作"波志"。波志(はし【箸】)。

⑩ 各本末有和訓"比呂不"(ひろう【拾う】)。

攕所咸反。女手皃。

摍搁同。胡(古)郎反。舉也。①

振直庚反。觸也。

摮渠營反。博摮子，又投。

挺打(特)丁反。出也，寬也，動也，挩也，竟也，拔也，緩也，又縣名也。②

㧒(㭥)朗丁反。㧒(㭥)檻，階際欄也。③

摎力求反。絞縛殺，又秦有摎毒。摎，撓也，糾也，束也，將(捋)也。④

上聲

擁於隴反。遮也，塞也，抱也，護也，救也。

㨃〔㨃〕而隴反。推也，擊也。又伊入反，入；讓也。⑤

攫息拱反。執也。

技渠綺反。技藝也。

掎居綺反。得也，夢見所得也。牽一腳也。⑥

拄智主反。從旁指。

搯郎古反。搖動。

椑傍礼反。柲，行馬。⑦

採食(倉)宰反。掇也。⑧

攎虛偃反。疑也，手扚(約)物也。⑨

揀揀同。古限、力見二反。又去；擇也，揀也。又練字。

搌搌振振四形作。智演反。搇，展極也。

擾而沼反。煩也，柔乱也。

揲丁果反。稱量。

攭勒可反。裂也，引也，挽也，牽。

捨書也反。置也，去也，送也，除也，廢也，忌(忘)，釋，舒也。⑩

---

① 反切上字"胡"當作"古"。《廣韻·寒韻》："搁，古郎切。"茲據校改。

② 反切上字"打"當作"特"。《廣韻·青韻》："挺，特丁切。"茲據校改。

③ 字頭及注文"㧒"當是"㭥"字之誤，"㭥"又是"櫺"的換旁俗字。《廣韻·青韻》郎丁切："櫺，又櫺檻，階際欄。"茲據校改。

④ 注文"將"當作"捋"。《廣雅·釋言》："摎，捋也。"茲據校改。"摎毒"文獻多作"嫪毒"，同。

⑤ 注文"又"之下爲"㨃"字音義。

⑥ 《周禮·春官·大卜》："(大卜)掌三夢之灋，二曰觭夢。"鄭玄注："玄謂觭讀如'諸戎掎之'[之]掎。掎亦得也，亦言夢之所得，殷人作焉。"

⑦ 《廣韻·薺韻》傍禮切："椑，椑柲，行馬。"

⑧ 反切上字"食"當作"倉"。《廣韻·海韻》："採，倉宰切。"茲據校改。

⑨ 注文"扚"當作"約"。《切三》《王一》《全王》《廣韻·阮韻》："攎，手約物。"茲據校改。

⑩ 注文"忌"當作"忘"。《名義·手部》："捨，忘也。"茲據校改。

撦車者反。裂懷(壞)也,開也。[1]

揩𢵀二形作。子感反。牟(手)動也,速也,疾也。[2]

挭挭抗(抗)〔梗〕三形同。古杏反。大略也,榆也,强也,猛也,害也。[3]

捊方垢反。衣上擊也。

擻蘇垢反。斗[擻],舉物。

抌尸(尼)甚反。搦,拑也。[4]

摻摻二形作。所斬反。執袂。

去聲

撎乙利反。舉手。

枑胡故[反]。門外行馬也。

捕薄故反。捉也,取也。

晢𣈶同。職例反。星光。又旨熱反,入。

攂盧潰反。擖鼓也。

搢即刃反。搢笏也,提舉也,摇(插)也,振也。[5]

抐奴揾(困)反。又(揾),按没。[6]

扽扽二形作。都困反。減(撼)也,引也。[7]

按烏旦反。抑也,止也,止駐也,徐也,按下。

擅市戰反。專輒也。

拚攢抃三形作。皮變反。擊。

菢薄報反。馬(鳥)伏卵。[8]

摦胡戰(化)反。寬也。[9]

撢他紺反。探取也,引也,揗。

掠力讓反。笞也,索也,約(劫)也,捶也,問也,搒也。[10]

抗苦浪反。舉也,蔽也,當也,救也,縣也,扞也,揵也,遮也,張也。

---

① 注文"懷"當作"壞"。《切三》《王一》《全王·馬韻》:"撦,裂壞。"茲據校改。

② 注文"牟"當作"手"。《廣韻·感韻》:"揩,手動。"茲據校改。

③ 字頭"抗"當作"抗"。《説文通訓定聲·壯部》:"梗,假借爲抗。《周禮·女祝》:掌以時招梗禬禳之事。注:禦未至也。"茲據校改。

④ 反切上字"尸"當作"尼"。《廣韻·寑韻》:"抌,尼凜切。"茲據校改。

⑤ 注文"摇"當作"插"。《廣韻·震韻》:"搢,又插也。"茲據校改。

⑥ 反切下字"揾"當作"困",注文"又"當作"揾"。《王一》《裴韻》《全王·慁韻》奴困反:"抐,揾抐,按没。"茲據校改。

⑦ 注文"減"當作"撼"。《廣韻·慁韻》:"扽,撼扽。"茲據校改。

⑧ 注文"馬"當作"鳥"。《廣韻·号韻》:"菢,鳥伏卵。"茲據校改。

⑨ 反切下字"戰"當作"化"。《王一》《裴韻》《全王》《唐韻》《廣韻·禡韻》:"摦,胡化反。"茲據校改。

⑩ 注文"約"當作"劫"。《玉篇·手部》:"掠,掠劫財物。"茲據校改。

搨他浪反。非(排)也。①

揕陟鴆反。擬擊也,撢也,質也。

扔而證反。橙反。相(捆)也,强牽。②

抽古郢反。急引。

撕楚監反。投也。

入聲

挴他谷反。杖指也。

挶居玉反。持也,戟持也,拮据也。

撲薄角反。擊也,打也,投也。

抶{株}同作。丑栗反。打也,擊也,推也。

蘿直角反。蔛反(也)。

握於角反。持也,具也,謂備具也。

搰〔捐〕王勿反。擲也,掘也。③

扤五忽反。動兒。

抹莫割反。搣(撥),手摩。④

攥子括反。手把撥。⑤

捋盧活反。取也,易也,摩也,劣。

掇多活反。拾也,取拾也。

撮七活反。手取也,持也。

搰桑割□(反)。□(抹)也,減□(也)。⑥

撻攩擭三形作。他達反。打也,抶也,達也。

扴古默(點)反。指扴物。⑦

揠烏八反。拔草心,猶拔也。

揊芳逼反。擊聲也。⑧

捒阻力反。打也。

---

① 注文"非"當作"排"。《廣韻·宕韻》："搨,排搨。"兹據校改。

② "橙反"當是"證反"之衍。注文"相"當作"捆"。《説文·手部》："扔,因也。"段注改"因"作"捆",云:"扔與仍音義同。""捆"同"因"。《名義·手部》:"扔,因也,引也,捆(捆)也。""因"字俗作"日",故與"目"相混。兹據校改。

③ 《廣韻·没韻》户骨切："搰,掘地也。"又"王勿反。擲也"爲"捐"字音義。《廣韻·物韻》王勿切:"捐,擲也。"

④ 注文"搣"當作"搣"。《廣韻·末韻》："抹,抹搣,摩也。"兹據校改。

⑤ "撥"字不詳,《切韻》系韻書與《廣韻》皆作"手把"。

⑥ 注文"割""減"下殘缺。《王一》《裴韻》《全王》《唐韻》《廣韻·曷韻》桑割切:"搰,抹搣。"兹據校補。

⑦ 注文"默"當作"點"。《廣韻·點韻》："扴,古點切。"兹據校改。

⑧ "擊"下原有"也"字。《裴韻》《全王》《唐韻》《廣韻·職韻》:"揊,擊聲。"兹據删。

扐盧德反。著指間也,三分也。

極渠力反。

拭帙同。恥力反。清也,淨也,扙也。又賞職反。

搋才盍反。揚(搚)搋,和雜也。破物聲。[1]

扱楚給(洽)反。取也。又七合反。插也,收也,獲也,以勢奪取也。[2]

插挿同。初洽反。剌内也。

擇湯(瑒)陌反。簡選也。[3]

搤搤焉(烏)革反。持也,握也,提(捉)也,謂握其頸也。[4]

摭之石反。拾也。

拓上字同。取也。

撠𣔵同作。莫結反。揳也,不方正。

揳契同。先結反。撠也,擊也,敳也,持也。

絜方結反。輓也。

拙止(職)雪反。不巧也,鈍。[5]

捌百鎋反。杷也。

授寺絕反。拈也。

撤撤二同。直列反。發撤也,剝也,咸(減)也,取也。[6]

擷下結反。捋取也。

四聲字竟

捥捐(於)煥反。太不佐。[7]

攮起焉反。取也,拔取。

捋(將)子羊反。持扶也。將字。[8]

搿將字。

---

① 注文"揚"當作"搚"。《廣韻·盍韻》:"搋,搚搋,和雜。"《集韻·盍韻》:"搚,或作揚。"茲據校改。"和"上原有"秘"字,原有刪符。

② 注文"給"當作"洽"。《廣韻·洽韻》:"扱,楚洽切。"茲據校改。

③ 反切上字"湯"當作"瑒"。《切三·陌韻》《裴韻·格韻》:"擇,瑒陌反。"《唐韻·陌韻》:"擇,瑒伯反。"茲據校改。

④ 依體例,前一字頭右旁當作"益"。注文"焉"當作"烏","提"當作"捉"。《切三·麥韻》《裴韻·搚韻》《全王·麥韻》:"搤,烏革反。"《廣韻·麥韻》《說文·手部》:"搤,捉也。"茲據校改。

⑤ 反切上字"止"當作"職"。《切三》《裴韻》《全王·薛韻》:"拙,職雪反。"茲據校改。

⑥ 兩字頭同,當有一誤。注文"咸"當作"減"。《廣雅·釋詁二》:"撤,減也。"茲據校改。

⑦ 注文"捐"當作"於"。《玉篇·手部》:"擊,於煥切。捥、掔,並上同。"《名義·手部》:"掔,於煥反。"《名義·手部》:"捥,烏換反。"茲據校改。太不佐(たぶさ【腕·手房】)。

⑧ 字頭"捋"上原有"搿"字,爲下條字頭衍文,原有刪符,據刪。此字當是"將"俗字,與"捋"字形混。

據居豫反。依也，居也，將(持)也，引，按也，安也。①

挷人兼、乃甘二反。持。

㧊専(博)胡反。捫持也，擊也，敷也。②

攝吕渉反。釋(擇)持也，捷也，持。③

抲竹渉反。拈字。

撩力條反。櫟也，理也，取也，構也。止止乃不。④

掾与絹反。緣也，揗。

拍並(普)格反。拊也，□(將)。⑤

抔拉(㧬)字。⑥

攠故(胡)廣、都朗二反。多(朋)羣也。⑦

撫乎(孚)禹反。安也，□(拊)也，有也，摩持也。⑧

搣民烈反。摩也，抃(批)也，择(捽)也，拔除。⑨

摜公患反。習也。貫，串，二同也。

擲雉戟反，入；投也，搔也，振也。

摘上同。

揩枯瞎反。揭也，搔也。篰字。

揭(㩉)公八、公鎋二反。刮也，捷(㨗)也，□(架)也，折也。⑩

拘火何反。撝也，擔也，打也。

擸吕闔反。摺也，折也。

擒上字。

---

① 注文“將”當作“持”。《廣韻·御韻》：“據，持也。”茲據校改。

② 反切上字“専”疑當作“博”。《廣韻·模韻》：“㧊，博孤切。”《廣韻·暮韻》：“㧊，博故切。”茲據校改。

③ 注文“釋”當作“擇”。《玉篇·手部》：“攝，擇持也。”茲據校改。

④ 止止乃不(ととのう【調う·整う·斉う】)。

⑤ 注文“並”原作“普”，後改作“並”，當作“普”字。《名義·手部》：“拍，普格反。拊也，將也。”殘字原作“扵”，當是“捋(將)”字。茲據校改。

⑥ 注文“拉”當作“㧬”。《廣雅·釋詁一》：“㧬，取也。”王念孫疏證：“《禮運》：汙尊而抔飲。鄭注云：抔飲手掬之也。《説文》：今鹽官入水取鹽曰㧬。義竝與抔同。”茲據校改。

⑦ 注文“故”當作“胡”，“多”當作“朋”。《名義·手部》：“攠，胡廣反。用(朋)群也。”《説文·手部》：“攠，朋羣也。”茲據校改。

⑧ 注文“乎”當作“孚”，“安也”之下一字殘。《名義·手部》：“撫，孚禹反。安也，拊也，有也，據(摩)持也，疾也。”茲據校改。

⑨ 注文“抃”當作“批”，“择”當作“捽”。《廣韻·薛韻》：“搣，手拔。又摩也，批也，捽也。”茲據校改。

⑩ 字頭“揭”當作“㩉”，“捷也”下一字殘。《廣韻·鎋韻》：“㩉，刮聲也，又捷也，架也，折也。”茲據改補。注文“捷”字原作“㨗”，即“捷”俗字。《説文·手部》：“㩉，刮也。一曰撻也。”《玉篇》作“㨗”，《名義》作“捷”。疑“捷”字是。本書上文：“攝，捷也。”《初學記》卷二十二引蔡邕《月令章句》：“獵，捷也，言以捷取也。”《説文·手部》：“捷，獵也，軍獲得也。”“攝”“揭”皆“獵”俗字。

扗尤粉反。有所失也，"［扗］子辱"也。①

撞文(丈)二反。當。值字同。②

搊子由反。聚也。

捀伏用反。奉。

拯抍字。

扮伏粉反。握也，動也。

擁於勇反。拖(抱)也，持也。摩(㩲)字。③

損〔捐〕胥震(袞)反。減也，弃也，失也，虛也，覆也。④

抯攄虒三形同。壯加反。取也，把(挹)也，掊也，擊也。⑤

搐所陸反。蹴引也，引也。縮字也。

摣几山反。相援。

捥搙字。搐。

扤於責反。持也。搹字。

撼胡咸(感)反。搖也，動。⑥

扞胡旦反。扞字。

攠摩字。

捹蒲結、普雞二反。推也，擊也，手擊。

排薄階反。推也，抵。

括古奪反。結也，至也，搜也，約束也，塞也。阿奈久留。⑦

捇呼虢反。裂也。

技渠綺反。藝也，功巧。

摶徒元(完)反。謂圓也，固，厚也，著也，捉也。⑧

搉侯本反。手□(推)也，抃(拑)也。⑨

搰胡没反。搰字。

———————————

① 《左傳·成公二年》："隕子辱矣。"《説文·手部》："扗，有所失也。《春秋傳》曰：扗子辱矣。"
② 反切上字"文"當作"丈"。《名義·手部》："撞，丈二反。"兹據校改。
③ 注文"拖"當作"抱"，"摩"當作"㩲"。《名義·手部》："㩲，於勇反。抱也，持也。"兹據校改。
④ 反切下字"震"當作"袞"。《名義·手部》："損，胥袞反。"兹據校改。"弃也，虛也，覆也"疑是"捐"字釋義。《名義·手部》："捐，棄也，壄也，覆也，寋也。"此處"虛"疑是"壄"字之誤。
⑤ 注文"把"當作"挹"。《説文·手部》："抯，挹也。"兹據校改。
⑥ 反切下字"咸"當作"感"。《名義·手部》："撼，胡感反。"兹據校改。
⑦ 阿奈久留(あなぐる【探る·索る】)。
⑧ 反切下字"元"當作"完"。《名義·手部》："摶，徒完反。"兹據校改。
⑨ 注文"手"下一字殘，注文"抃"當作"拑"。《名義·手部》："搉，推也，拑也。"《説文·手部》："搉，手推之也。"《廣雅·釋言》："搉，拑也。"兹據補改。

揩子如反。[取]水沮。①

播補佐反。種也,揚也,施也,棄也,布也,希也,搖也。②

撦知利反。到也,刔(剌)也,搏也。③

捐手(午)厥反。折也。④

掕掕二形。力升反。[止]馬。⑤

㨨力周反。摎字。

抰[柍]於掌反。中央也。所以打穀者。⑥

撽乙景反。中擊。

拂撫弗反。拭也,搒也,狀(拔)也,治也,攘衣也,除。⑦

扰都咸(感)反。推也,深擊也,刺。⑧

撲普鹿反。挨也,施也,擊也。

扚丁激反。引也,擊也,放也,打。

捺他胡、達胡二反。拳也,抒也,銳。

揤子翼反。择(捽)也,拭也。⑨

搧符善反。博(搏)也,擊。⑩

撅振二形。居越反。擊引也,拔也,揭衣也,搔也。

攎力胡反。張也,牽持也,引也。

捽在没反。擊也,持頭髮。

掤秘矜反。所以覆矢也。

扜於娛反。持也,揚也,引也,引。⑪

捆胡本反。同也,大束。

掖餘石反。腋也,人臂也。

---

① 注文“水”上奪“取”字。《名義·手部》:“揩(揩),取水沮也。”《説文·手部》:“揩,取水沮也。”兹據校補。

② 注文“希也”疑是“布也”訛衍。

③ 注文“刔”當作“剌”。《名義·手部》:“撦,剌也。”《説文·手部》:“撦,剌也。”“剌”同“刺”。兹據校改。

④ 反切上字“手”當作“午”。《玉篇·手部》:“捐,午厥切。”兹據校改。

⑤ 注文“馬”上奪“止”字。《説文·手部》:“掕,止馬也。”兹據校補。

⑥ 《方言》卷五:“僉,齊楚江淮之間謂之柍。”郭璞注:“僉,今連架,所以打穀者。”

⑦ 注文“狀”當作“拔”。《名義·手部》:“拂,拔也。”兹據校改。

⑧ 反切下字“咸”當作“感”。《名義·手部》:“扰,都感反。”兹據校改。

⑨ 注文“择”當作“捽”。《名義·手部》:“揤,捽也。”《説文·手部》:“揤,捽也。”“捽”同“捽”。兹據校改。

⑩ 注文“博”當作“搏”。《説文》《名義·手部》:“搧,搏也。”兹據校改。

⑪ 注文末“引”字疑衍。

撙俎(祖)本反。趨也,止也,相從也。①

捜側垢、子俱二反。設火以備,字也,持也。②

攦力榖反。如遂(涿)鹿也。③

拇莫改反。貪也,愧也,斬(憨)也。④

扒鄙煞反。擘也。

搣居垂反。裁(栽)也。⑤

攊餘旋(征)反。擔也,“[攊]粮而赴”是也。⑥

拌普般反。棄也。

扳普姦反。引也,援也。攀字。

搗舒庸反。衝也。

攖央成反。嬰也,拮也,乱也。⑦

攦力支反。張也。

挬挬蒲骨反。拔也。

擽力的反。捎也,擊也。⑧

扢公礙、姑紇二反。摩也,平也。扢字。

捏丈生反。擺也,舉也。

攗橘二形作。山育反。萌戈也,擊也。

撖記郄反。

掅於旅反。擊。

搇无(先)全反。引也,貪也,臂。⑨

攃榛同。七曷反,入;小動聲。

拮丘之反。手把(挹)。⑩

----

① 反切上字“俎”當作“祖”。《名義·手部》:“撙,祖本反。”茲據校改。
② 《玉篇·手部》:“捜,行夜設火以備也。”此處“字也”衍,或上脱一字。
③ 注文“遂”當作“涿”。《周禮·夏官·大司馬》:“三榖攦鐸。”鄭玄注:“攦,讀如涿鹿之鹿。”茲據
　 校改。
④ 注文“斬”當作“憨”。《名義·手部》:“拇,憨也。”茲據校改。
⑤ 注文“裁”當作“栽”。《名義·手部》:“搣,栽也。”茲據校改。
⑥ 注文“旋”當作“征”,“根”上奪“攊”字。《玉篇·手部》:“攊,余征反。擔也,《莊子》云:攊粮而趣
　 之。”《名義·手部》:“攊,餘征(征)反。”茲據改補。
⑦ “拮”字不詳,《名義》同,《玉篇》作“結”,《集韻》作“拈”,《孟子·盡心下》“莫之敢攖”孫奭音義引
　 《埤蒼》作“桔”,疑“桔”字是。
⑧ “擊”字原爲大字,當是“擽”字注文。《名義·手部》:“擽,力的反。捎也,擊也,捐(捎)也。”《廣韻·
　 藥韻》:“擽,《字統》云:擊也。”茲據校改。
⑨ 反切上字“无”當作“先”。《名義·手部》:“搇,先令(全)反。”《玉篇·手部》:“搇,先全切。”茲據
　 校改。
⑩ 注文“把”當作“挹”。《玉篇·手部》:“拮,兩手挹也。”《名義·手部》:“拮,挹取也。”茲據校改。

拕吾可反。差也。

抮大(火)典反。皆(背)也。①

捼女角反。搵也。

揞於咸(感)反。藏也。②

搋千計反。排(挑)取。③

扭竹有反。搜(按)也。亦䏶、肘字。④

攨口懷反。摩也,揩。

挾故(胡)改反。動也,撼。⑤

攄口居反。擊也,挃。

攐普角反。擊聲也,擊。

搋普麥反。攃中聲。

揳子桂反。裂也,挂。

擽子藥反。擺也,捎。

梯他弟反。去洟。

搖吾角反。抨也,南楚云。

捆口困反。抒也,織也,就也,緻。

搙蘇各反。摸搙,捫搙也。

搵蘇昆反。搙也。

扡迂聿(筆)反。揘,擊也。⑥

揘于盲反。

掝呼麥反。裂也,裂聲也。⑥

梼攂二形。都管反。轉篡也。

撞禹鬼反。逆追也。

抓古華反。引也,鏊也。䯰字。手理也。⑦

搣檷二形。莫規反。山名也。

挂古攜反。中鈎也,離也。⑧

---

① 注文"大"當作"火","皆"當作"背"。《名義·手部》:"抮,火典反。引也,庚也,背也,皆也。"《廣雅·釋詁二》:"抮,俏也。""俏"同"背"。茲據校改。

② 反切下字"咸"當作"感"。《名義·手部》:"揞,於感反。"茲據校改。

③ 注文"排"當作"挑"。《名義·手部》:"搋,挑取也。"茲據校改。

④ 注文"搜"當作"按"。《名義·手部》:"扭,按。"茲據校改。

⑤ 反切上字"故"當作"胡"。《玉篇·手部》《廣韻·海韻》:"挾,胡改切。"茲據校改。

⑥ 反切下字"聿"當作"筆"。《名義·手部》:"扡,迂華(筆)反。"《玉篇·手部》:"扡,于筆切。扡揘,擊也。"此處字頭當與注文"揘"連讀。茲據校改。

⑦ 《廣韻·麻韻》:"抓,引也,擊也。"《說文·㸚部》:"鏊,引擊也。"

⑧ 反切上字"古",《名義》同,《廣韻》《玉篇》等皆作"苦",疑"古"字非誤,此音同"圭"。

搸子人反。琴瑟聲。

擓下佳反。挾也,扶。

扏掚二同。渠鳩反。仇。

拶千卒反。索也,摩。[①]

拸与移、与支二反。加也,離也。

掓舒育反。拾也。叔字。

擾乃鳥反。擿也。

損先火反。揣也,動也。[②]

搸徒結[反]。擿也。[③]

抁弋選、弋贅二反。動也,揣也。[④]

捖挽二形作。胡官反。摶也,摶圓也。

掿諸野反。繫(擊)也,掍(搃)也,拘也,羈也。[⑤]

擆竹略反。□(置)也,擊也。[⑥]

擶公殄反。拭面。

挸上字。拭。

擷格(恪)穎反。竟也。[⑦]

撨先釣、先祁二反。推也,推擇也,掉□(撨),振訊。[⑧]

擳五曷反。擊也,摧。

扴扴二形作。介(公)八反。刮也。[⑨]

擾囚劣反。拈也。

拭公快反。擾,訬也,訬獪也。狡獪二字。[⑩]

梳所於反。介豆留。[⑪]

擁所限反。以手核物。

---

① 注文"摩"上原有"抻"字。《名義·手部》:"拶,千卒反。索也,摩也。"玆據刪。

② 注文"動"上原有"掠"字,當是字頭"摽"訛衍。《名義·手部》:"損,先火反。揣也,動也。"玆據刪。

③ 字頭"擇"上原有"控"字,當是訛衍,本書上文已有"控"字條,且注文無"二同"等語。玆據刪。

④《集韻·祭韻》俞芮切:"抁,或从兖。""弋贅反"音同"俞芮切"。

⑤ 注文"繫"當作"擊","掍"當作"搃"。《名義·手部》:"掿,擊也。"玆據校改。馬小川《〈篆隸萬象名義〉新校》:"(掍)是'搃'俗字。……《廣雅·釋詁三》:'掿、搃,擊也。'"是也。

⑥ "反"下一字殘。《名義·手部》:"擆,置也,擊也。"玆據校補。

⑦ 反切上字"格"當作"恪"。《名義·手部》:"擷,悟(恪)穎反。"《玉篇·手部》:"擷,恪穎切。"《廣韻·靜韻》:"擷,去穎切。""去"與"恪"皆谿母字。玆據校改。

⑧ 注文"掉"下一字殘,《廣雅·釋訓》:"掉撨,振訊也。"玆據校補。

⑨ 反切上字"介"當作"公"。《名義·手部》:"扴,公八反。"玆據校改。

⑩《名義·手部》:"拭,公快反。擾也,訬也,獪也。"

⑪ 介豆留(けずる【削る・梳る】)。各本作"加之良介豆留(かしら【頭】けずる【削る・梳る】)"。

扑普木反。杖也,捶也。

撞下哀反。觸也。

捉丁弟反。摘也。提字。

摡損二形作。徒年反。擊也,揚也,引。

扰子一、子列二反。摘也。

撒上字。①

批火戈反。撝也。

撾于或(呼𣢾)反。擘也,裂聲也。②

抭几刃反。以[巾]覆物。③

摸亡殄反。塗。

摞力戈反。捰(理)也。④

撤口檻反。柱(挂)也,色(危)。⑤

採採揹㜝四形作同。當果反。量也。揣同字也。

㩡擐二形作。公懷(壞)反。毀也。敤字。⑥

担丁但反。笝字。笞也,擊也。

捌口(吕)結反。摋也。裂字。分也,辟(擘)也。⑦

擯卑振反。棄。儐字。導也,進也,陳也。

掉宅耕反。刾也。敤字。撞也。

揪呼高反。除也。㧓字。

捂吳故反。小拄也。亦訶(訝)字。迎也,逆。⑧

摷子紹反。剿字。截也,獪字(也)。⑨

擴挷同。古鑊反。彉字。張弩也。

---

① 《集韻·質韻》:"扰,或作撒。""撒"同"撒"。

② 反切用字"于或"當作"呼𣢾"。《名義·手部》:"撾,呼𣢾反。"茲據校改。

③ 注文"以"下奪"巾"字。《名義·手部》:"抭,以巾覆物也。"茲據校補。

④ 注文"捰"當作"理"。《名義·手部》:"摞,捰(理)也。"《廣韻·戈韻》《玉篇·手部》:"摞,理也。"茲據校改。

⑤ 注文"柱"當作"挂","色"當作"危"。《玉篇·手部》:"撤,挂也,一曰危也。"《名義·手部》:"撤,挂也,色(危)也,包(危)也。"茲據校改。

⑥ 反切下字"懷"當作"壞"。《玉篇·手部》:"擐,公壞切。"茲據校改。

⑦ 反切上字"口"當作"吕",注文"辟"當作"擘"。《名義·手部》:"捌,吕結反。摋也,分也,擘也。"茲據校改。

⑧ 注文"訶"疑當作"訝"。《說文·言部》:"訝,相迎也。迓,訝或从辵。""訝"與"捂"皆有"迎"義,故當是"訝"字,但二字音不同。茲據校改

⑨ 注文下"字"當作"也"。《名義·手部》:"摷,截也,獪也。"《新撰字鏡·刂部》:"剿,子紹反。截也,絶也,獪也。"《方言》卷二:"剿,獪也。"茲據校改。

抦鄙景反。秉字。執也,把也,持也,操也。

搥丁迴反。擿也,磓磧也,推也,打也。或搥、煞二同。①

撋囚絹反。亦繜字。長引也,侯也。②

挏餘忍反。[引]字古文。導也,長也,陳也,覃也,彎也,牽也。③

扝苦絞反。巧字古文。工也。

抳次延反。遷字古文。徙也,易也,去也。

揀先勇反。竦字古文。敬也,懼也,上也,跳也。

扎舒由反。收字古文。聚也,捕也,取也,撤。

搘俱蔿反。攱字古文。戴也,閣也。

擕古會反。收也,人姓。

掅且定反。抨(捽)也。④

摵[子育反。到也,至也]。⑤

掃埽字同。蘇道反,去,又上;汎歸(汛掃)也。⑥

捧孚勇反。舉也。

挴如勇反。輀字。車推。

揗餘刃(忍)反。仲(伸)布。⑦

捵餘瞻反。艷也。

挋古來反。捫也,拭也,摩也。

抒池与反。去也,抽也,擢也。左豆古。⑧

捏奴結反。指捻也,拳也,捧(捽)也。⑨

搽渠見反。己夫志,手豆久牟。⑩

搞撟二形作。居高反。擅也,詐也,操也,舉也,取也,擺也,舉手也。今作矯也。

揩探二形作。古文作䶀。徒答反。指揩也,韋揩也。⑪

---

① 注文"搥""煞"二字不詳,或當作"磓""磓"。觀智院本《名義類聚抄・仏下・手部》:"搥,磓、磓,三正。"

② 注文"侯"字不詳,或當作"係"。

③ 注文"字"上奪"引"字。《集韻・準韻》:"引,古从手。"茲據校補。

④ 注文"抨"當作"捽"。《名義・手部》:"掅,捽也。"茲據校改。

⑤ 注文奪。《名義・手部》:"摵,子育反。到也,至也。"茲據校補。

⑥ 注文"汎歸"當作"汛掃"。《玉篇・手部》:"埽,《禮記》曰:汛掃曰掃。"茲據校改。

⑦ 注文"刃"當作"忍","仲"當作"伸"。《名義・手部》:"揗,餘忍反。伸布也。"茲據校改。

⑧ 字頭右旁有片假名"チョ",左旁有"又ハマクリ""ノフ(のぶ【伸ぶ・延ぶ】)"。左豆古(さつこ)。

⑨ 注文"捧"當作"捽"。《廣韻・屑韻》:"捏,捏捽。"茲據校改。

⑩ 己夫志(こぶし【拳】),手豆久牟(てつくむ)。

⑪ "徒"下原有"欤"字。《廣韻・合韻》:"揩,徒合切。"茲據刪。

撈魯刀反。取也,理也。①

摑九縛反。扰也,博(搏)也,懼(攫)也,絶也,裂也,折也。豆支波牟。②

攫上字同。③

扱居逆反。摑也。

擢徒卓反。抽也,出也,去也,抒也,引也,拔也。④

捭方政反,去;譜也,除也。

拼□(抨)音。□(使)也,從也,彈也。⑤

擺補買反,上;撥也,兩手擊爲擺也。

捭拼二形同,上字。開也。

攜擂二形同。而注反,去;言捻箭也,莖(莝),染。⑥

推苦角反。敲擊。

捡攃同。渠林反,平;捉也,急持衣襟也。

挺式延反。擊,柔也,和也,取也,長也。土乎祢也須。⑦

捘〔梭〕七旬反,平;筊同。推也,謂織捘行緯者也。⑧

撈〔橼〕上字。

揩字(口)皆反,平;摩也,拭也,揮也。⑨

掊蒲交反,上;刨同作。把也,擊也。⑩

---

① 《集韻·嘯韻》:"撈,《方言》:‘取也。’或作撩。"《説文·手部》:"撩,理也。""撈"同"撩","撩"訓"理",故此"撈"字注"理也"。

② 注文"博"當作"搏","懼"當作"攫"。《玄應音義》卷十九"摑裂"條:"字宜作攫,九縛反。《説文》:攫,扰也。《蒼頡篇》:攫,搏也。"茲據校改。各本"折也"下有"言獸瞋則攫"。豆支波牟(つきはむ【突き食む】),各本作"豆加弥波免(つかみ【掴み・攫み】はむ【食む】)"。

③ 《新撰字鏡·雜字》:"瓢、摑、攫二字同。九縛反。鳥之物啄食。""攫"同"攫"。

④ "抒"字右旁有片假名"コクルナリ(こくるなり)",左旁有"ノフ(のぶ【伸ぶ・延ぶ】)"。

⑤ "音"字上下注文殘。《玄應音義》卷九"抨則"條:"又作拼,同。普耕反。《説文》:抨,彈也。"《名義·手部》:"抨,普耕反。使也,從也,揮(彈)也。"茲據校補。

⑥ 注文"莖"當作"莝"。《玄應音義》卷十五"擂箭"條:"而注反。亦言捻箭也。今言擂莝、擂物,皆作此字也。"《廣韻·遇韻》:"擂,擂莝,手進物也。"茲據校改。《説文·手部》:"擂,染也。"

⑦ 各本"長也"下有"捐(埴)土也,謂作泥物也",和訓無"土乎"。《玄應音義》卷十五"是挺"條:"式延反。謂作泥物也。挺,擊也。挺,柔也。埴土也。""土乎祢也須(つち【土・地】を/ねやす【黏す・粘す】)。

⑧ 《玄應音義》卷十五"擲捘"條:"又作撈、筊二形,同。先戈反。謂織捘(捘)行緯者也。"指"捘""撈"正字皆當從"木"作"梭""橼"。又《廣韻·諄韻》七倫切:"捘,推也。"

⑨ 注文"字"當作"口"。《玄應音義》卷十五"相揩"條:"口皆反。""字"字當涉上條"上字"而誤。茲據校改。

⑩ 此音爲平聲,《廣韻·厚韻》有上聲"方垢切"。《玄應音義》卷十五"掊刮"條:"蒲交反。《通俗文》:手把曰掊。律文作刨,近字耳。"

抷抱字同。蒲交反。引也，聚也，取也。

搜〔梭〕祖公、□(息)和二反。疾也，手捉頭曰搜也。①

扼於責反。盈手曰扼，持也，取也，摘也，振也。

搊上字。把也。

撥楼普括反，入；理也，除也，棄也，芟也，揚也，〔發〕揚兒也，引也，乱也，本也，除也。②

抪上字。

搦又作㩉。女卓、女革二反。捉也，按也，正也，取也，持也，握也，擊也。

捻奴頰反，入；捏也，塞也。敛同。牢(窣)也。以指末豆牟。③

梛㭴又作㮂。以車反。高十尋，葉居其末，果名也。④

挃知栗反，入；剌也，擣也，以手指觸人。

抱普交反，平；擊也，擲也。⑤

抛上字。匹兒反，去；擲也，投也。

抨捽挓三形同。存没反。手持頭髪也，擊也。扱同也。⑥

押古甲反。輔也，夾也。於須也。⑦

抵拓同。丁礼反。推也，觸也，至也，滿也，略也，會也。

挬力没反。揩也。移也，徙也。⑧

㨎爭交反。浮取曰㨎，取也。

摅㨨二形作。直尔、勑□(紙)二反。奪也。⑨

擔都濫反，平；貟(負)舉也。揭同。⑩

---

① 注文"公"下殘，剩底下"心"旁。鄭賢章《漢文佛典疑難俗字彙釋與研究》："《止觀輔行搜要記》卷五：'搜利是止不安。搜字應作逤。'(X55，p0800c)按，'搜'乃'梭'字之訛。《天台四教儀註彙補輔宏記》卷十：'梭利恍惚。梭，疾也。'(X57，p0970b)《止觀輔行傳弘決》卷五：'梭利者是止不安。梭字應作逤，疾也，息和反。'(T46，p0302b)'搜利'即'梭利'，'搜'即'梭'字之訛。"茲據校補。《玄應音義》卷十五"手搜"條："祖公反。《通俗文》：手捉頭曰搜也。"

② 注文"揚兒"上奪"發"字。《玄應音義》卷十五"撥聚"條："撥，理也，亦發揚兒也。"茲據校補。

③ 注文"牢"當作"窣"。《尚書·費誓》："敛乃窣。"茲據校改。豆牟(つむ【摘む·抓む】)，"以指末豆牟"即"以指末抓"。

④ 《玄應音義》卷十六"梛子"條："《聲類》作㮂，同。以車反。《異物志》云：梛高十尋，葉居其末，果名也。子及葉席遍中國。"

⑤ 字頭原作"㧖"。

⑥ 注文"扱"字不詳，疑是誤字。

⑦ 於須(おす【押す】)也。

⑧ "移也，徙也"不詳。各本作："挬，力没反。移也。宇豆志。"宇豆志(うつし【移し】)。

⑨ "勑"下一字殘。《玄應音義》卷四"㨨落"條："直尔、救紙二反。"茲據校補。

⑩ 注文"貟"當作"負"。《廣韻·闞韻》："擔，負也。"茲據校改。此音爲去聲，《廣韻·談韻》有平聲"都甘切"。"擔"與"揭"義同，但非異體。

揖揹同。於入反。[平]推也，進也，手小舉之也。①

挼[捼]二形同。奴和、乃迴二反，平；推摩也，一曰兩手相切。②

撋同上。

擬擬[據]二形作。魚理、居豫二反。依也，設也，當也，向也，度也，比也，況也，充也。③

攪古巧反，上；撓也，乱也，器也，手動。加伊奈也須也。④

揩[梏]上古文。古沃反，入；手拭（械）也。⑤

揎宣音。[揎]衣出臂。曾氏□□（万久）留也。⑥

撏上古文。

拶子曷反，入；逼也，窅拶也。

拗於交（絞）反，上；捩也，手撥。⑦

挨挨二形同。但陁骨反。搪。⑧

抴世音。夷也，數也，捈也。又作曳。引也，申也，牽也。⑨

摜摜[貫]二形作。胡慢反，去；貫也，衣甲也。□（中）也，累也，出也，行也，事也，穿。⑩

擡擡二形同。徒來反。舉之上也，舉振曰擡。

揣古文作敨。初委反，上；量也，試也，度也，除，動也。

揣上字。⑪

---

① “推”上奪“平”字。《玄應音義》卷四“揖讓”條：“於入反。平推也，亦手小舉之也。《廣雅》：揖，進也。”《周禮・秋官・司儀》：“時揖異姓。”鄭玄注：“時揖，平推手也。”茲據校補。

② “挼”下奪字頭“捼”。《新撰字鏡・手部》：“挼捼，同作。”茲據校補。

③ 《名義・手部》：“據，居豫反。依也。”蓋“據”與“擬”形近相混。各本末有“万加奈不（まかなう【賄う】）”。

④ “器也”疑是“梏”字釋義，即下條注文之“手械”。《玄應音義》卷十六“指攪”條：“古文揩，同。古巧反。《字書》：攪，撓也。亦亂也。”加伊奈也須（かいなやす【掻埏】）也。

⑤ 注文“拭”當作“械”。《説文・木部》：“梏，手械也。”茲據校改。《廣韻・沃韻》古沃切：“梏，手械，紂所作也。”

⑥ 注文“衣”上奪“揎”字。《玄應音義》卷二十“揎調”條：“謂揎衣出臂也。”和訓“曾氏”下殘，據各本補。曾氏万久留（そでまくる【袖捲る】）。

⑦ 反切下字“交”當作“絞”。《廣韻・巧韻》：“拗，於絞切。”茲據校改。

⑧ 注文“但”字不詳。《廣韻・没韻》：“挨，陀骨切。”

⑨ 注文“夷也”不詳。《玄應音義》卷十九“抴我”條：“夷世反。”此或因“夷世反”而誤。

⑩ 《玄應音義》卷二十二“摜甲”條：“胡慢、工患二反。《左傳》：摜甲執兵。杜預曰：摜，貫也。《國語》：服兵摜甲。賈逵曰：摜衣甲也。”“衣甲也”之下訓釋不詳，似是“貫”字釋義。殘字作“𠂇”，當是“中”字。《名義・毌部》：“貫，事，中也，累也，出也，條也，穿也。”《詩・齊風・猗嗟》：“射則貫兮。”毛傳：“貫，中也。”《廣韻・換韻》：“貫，事也，穿也，累也，行也。”

⑪ 《玄應音義》卷十“鼻揣”條：“初委反。《通俗文》：捫摸曰揣。論文作揣，初委、都果二反。揣，量也。敨，揣也。敨音丁兼反。揣非此用。”

撇〔橃〕又作瓢。許宜反。擊也。盃或謂之橃,又勺爲橃也。①

撰士免反。定也,述也,具也,數也,録也。

批側買、子尔二反。撇也,[掣挽曰批]。手足久弥天打也。②

拸都角反。擊也,敲拸也。

搜搜挍三形狀作。所愁反,平;索也,閱也。又所略反。取也,求也,摹取。③

揾烏閦反,去;没也,入也,抝也,[以]物入申(中)曰揾。④

攄〔據〕籾於、居御二反。舒也,張也,□也,持杖也。⑤

掏徒勞反。㨉出曰掏,抒也。搯字。擊也,除也。弥曾波良布。⑥

挫祖臥反,去;折其鉢(鋒)曰挫,摧也,折也,捉也。比太久。⑦

拉力答反。敗也,折也。

摺之渉反。㹎也,折也,敗也,破也。

柲蒲卑(畢)反。推也,擊也,刾也。⑧

掘渠勿反。撮也,擲也,穿也,具也,痛也。⑨

揆渠癸反,上;度也,謂商度也。

攜擕二形同。胡閨反,平;提挈也,連也,牽[將行]也,持也。兒比支井天由久。⑩

抑抑二形同。於陜(陜)反。冤也,疋(止)也,疑辞也,損也,按摩也,推也,屈也,安也,理也,成也,治也。⑪

搨都盍反。

---

① 注文"又作瓢。盃或謂之橃,又勺爲橃也"爲"橃"字釋義。

② 各本釋義作"掉(撇)也。掣挽曰挑(批)",餘同,此處疑奪"掣挽曰批"。《玄應音義》卷十八"言批"條:"側買、子尔二反。《説文》:批,撇也。撇音居逆反,謂撇,撮取也。《通俗文》:掣挽曰批也。"手足久弥天打(てあし【手足】くみ【組み】て/うつ【打】)也。

③ "所略反"俟考。

④ "物"上奪"以"字,注文"申"當作"中"。《玄應音義》卷七"揾取"條:"《説文》:揾,没也。亦入也,謂以物入中曰揾也。"茲據校改。

⑤ "居御反""持杖也"爲"據"字音義,形近而混。《説文·手部》:"據,杖持也。"

⑥ 弥曾波良布(みそはらう【禊祓】)。

⑦ 注文"鉢"當作"鋒"。《玄應音義》卷二十三"挫汝"條:"折其鋒曰挫。"茲據校改。比太久(ひだく【挫く】)。

⑧ 反切下字"卑"當作"畢"。《玄應音義》卷八"捉柲"條:"蒲畢反。"茲據校改。

⑨ "擲也,具也,痛也"不詳。

⑩ 各本"牽也"下有"將行也",據補。《玄應音義》卷二十二"攜從"條:"胡閨反。《廣雅》:攜,提挈也。謂提持也。《漢書》孟康曰:攜,連也。亦牽將行也。"兒比支井天由久(こ【子·児】ひきいて【率いて】ゆく【行く】)。

⑪ 注文"陜"當作"陜","疋"疑當作"止"。《名義·手部》:"抑,於陜反。"《楚辭·招魂》:"抑鶩若通兮。"王逸注:"抑,止也。"茲據改補。

拆(析)昔(普)厚反。又尺音。破也。①

搹古厄反。扼也。

搞(犒)空告反,去;搞(犒)師。②

拯〔恤〕旨升反。助也,上舉也。又作鄙(邺)。私聿反。收也。③

抍拯二上字。

撜丁登反。抍字。

撞淩(徒)□(江)、直江二反。突也,擊也,刺也。④

擦七葛反,入;又佐伊反。動草也。⑤

扣扨上祛後反。擊也,持也,舉也,代也。下側解反。下開也,闟也。⑥

擒〔縶〕又作馽。巨今反。取也,絆也。摛字同。⑦

扵(於)哀都、央魚二反。戲也,坐也,在也,望也,比也,喻也,辞也。⑧

搒浦康(薄庚)反。捶也,掩也,振也,擊也,笞也。⑨

捍都勒反。得音。擊也,挨也,推也,禦也,衛也。

挹因入反,入;抒也,斟也,指(損)也。水久牟。⑩

擣搗同。丁道反,上;手推也,桀(築)也,剌也,舂也。衣打。⑪

撾陟旅反,平;擊也。豆久。陟瓜反。和果音也。⑫

---

① 字頭“拆”當作“析”,注文“昔”當作“普”。《玄應音義》卷二十三“剖析”條:“普厚反。剖猶破也。中分爲剖。下思狄反。析,分也。”“普厚反”爲“剖”字音,此誤以爲“析”字音,字頭又誤作“拆”字。茲據校改。“拆”與“尺”音“しゃく”。

② 字頭及注文“搞”當作“犒”。《廣韻·号韻》苦到切:“犒,餉軍。犒,上同。”茲據校改。

③ “旨”字原作“二日”,“上”下原有“也”字,“鄙”當作“邺”。《大般若經音義》(中卷)“拯濟”條:“第三分作濟恤。上字又作抍、撜二形。同。旨升反,助也。上舉也。恤字又作邺,私聿反。收也,憂也。振恤,憂貧也。”“邺”同“恤”,“恤”與“拯”義近,但非異體。茲據改刪。

④ 注文“淩”當作“徒”,“淩”下一字殘,剩“工”旁。《玄應音義》卷五“撞弩”條:“徒江反。”《名義·手部》:“撞,徒江反。”茲據改補。

⑤ 《廣韻·曷韻》七曷切:“擦,足動草聲。”佐伊(さい)反。

⑥ 注文“代也”“闟也”不詳。“下開也”的“下”字疑衍。《廣韻·紙韻》:“扨,開也。”

⑦ “又作馽。絆也”當是“縶”字釋義。《玄應音義》卷十三“羈縶”條:“又作馽,同。豬立反。縶,絆也。亦拘縶也。”“擒”與“縶”義近,“擒”與“摛”形近相混。

⑧ 字頭原以小字接在上條注文之後,據文意乙正。“扵”爲“於”俗字。

⑨ 反切用字“浦康”當作“薄庚”。《廣韻·庚韻》:“搒,薄庚切。”茲據補改。

⑩ 注文“指”當作“損”。《名義·手部》:“挹,損也。”“挹”通“抑”。茲據校改。水久牟(みず【水】くむ【汲む・酌む】)。

⑪ 注文“桀”當作“築”。《名義·手部》:“擣,丁道反。剌也,築也。”茲據校改。衣打(きぬ【衣】うつ【打つ】)。

⑫ “旅”字不詳。《玉篇·手部》:“撾,陟瓜切。”“旅”疑是“瓜”字之誤。豆久(つく【突く・衝く・撞く】)。“撾”與“果”音讀皆“か”。

攙又作鑱。仕衘反,平;攙搶也,祅星也。^①

挽輓同。上字。莫遠反,上;引也。^②

換换二形作。胡官(館)反,去;易也,出也,跋扈也。^③

挨〔族〕昨木反,入;又於騄、於改二反,上;宗挨(族)也,湊也。打也。^④

捺(摻)所斬反,上;執被(袂)也。^⑤

挮以息(下恩)反,平;忽(急)引也,弘(引)。比支字波不。^⑥

捒色句反,去;裝捒也。与曾比□(加)佐留也。^⑦

挏大公反,平;磨也。止支須留也。^⑧

抳(柅)尼履反。張絲也,止也。^⑨

㩌丁格反,入;擊也。

拇亡負反,上;大指。^⑩

捵徒狹反。除也,去也,弃也,却。^⑪

捸丁計反。劝也,挍也,釰也。^⑫

枒五各反。虆也。

揲丁計、徒計二反。揣也,操也,搦也。

権權二形同。巨員反,平;始也,宜也,平也,康(秉)也,變也,重也,錘謂之權也。^⑬

拒〔抾〕其吕反,上;清也,捊(捍)也。^⑭

---

① 字頭右旁有片假名"ワツカニ"(わずか【僅か・纔か】に),蓋"攙"與"纔"形近相混而加。

② "挽"與"攙"形近相混,故云"上字"。

③ 反切下字"官"當作"館"。《名義·手部》:"換,胡館反。"茲據校改。

④ "昨木反,入;宗挨(族)也,湊也"皆"族"字音義。

⑤ 字頭"捺"當作"摻",注文"被"當作"袂"。《玉篇·手部》:"摻,所斬切。執袂也。"茲據校改。

⑥ 注文"以息"當作"下恩","忽"當作"急","弘"當作"引",各本如此作,但無"弘(引)也"義。《廣韻·痕韻》户恩切:"挮,急引。"《廣雅·釋詁一》:"挮,引也。"茲據校改。比支字波不(ひき【引き】うばう【奪う】)。

⑦ 和訓"加"字據各本補,与曾比加佐留(よそい【装い・粧い】かざる【飾る】)也。

⑧ 《廣韻·東韻》:"挏,磨也。"《原本玉篇·石部》:"硐,《廣雅》:硐,摩。"《廣雅·釋詁三》:"硐,磨也。"此"挏"當通"硐"字。止支須留(とぎ【研ぎ】する)也。

⑨ 此條當爲"柅"字音義。《廣韻·紙韻》女氏切:"抳,掎抳。"《廣韻·旨韻》女履切:"柅,絡絲柎。《易》曰:繋于金柅。"

⑩ 《廣韻·厚韻》:"拇,莫厚切。"此音當是倭音"ぼう"。

⑪ 此條疑是"渫"字釋義。《說文·水部》:"渫,除去也。"

⑫ 此條不詳,字頭疑當作"掃"或"梯"。《廣韻·霽韻》他計切:"梯,梯枝,整髮釵也。"《玉篇·手部》:"掃,敕細切。《詩》云:象之掃也。所以摘髮。又都悌切。"

⑬ 注文"康"當作"秉"。《廣韻·仙韻》:"權,又宜也,秉也,平也,稱錘也。"茲據校改。

⑭ 注文"捊"當作"捍"。《廣韻·語韻》:"拒,捍也。"茲據校改。"清也"爲"抾"字義。《爾雅·釋詁下》:"抾,清也。"

揚与重(章)反,平;舉也,續也,攉(煬)也,激也,道也,披也,又ラ明也,又火烈也,熾也。①

抵職刃反,去;給也,扐也,斂也,睭(晞)也,拭也,清也。②

扺(柀)房越反,入;筏。可從木。

捲渠圓反。力也,拾也,牧(收)也。③

拘拘二形囗(同)。舉隅反,平;鬲(隔)也,止也,羈擊也,捕也,留也,遏也。④

拱居悚反,上;持也,法也,斂也,合掌也。

惣古(苦)骨反。推折也,猶打也。⑤

捶拙累反,上;打也,擊也,動也,摘也。

打丁浴(冷)反。擊也,種(撞)也,捨也。⑥

授時留(雷)反。予也,与也,付也,數也。⑦

拁拁指三形作同。之死反,上;示也,夫者(大指),將指也,斥也。⑧

捺〔㮋〕奴賴反。菓也。又奴曷反,入;楮榴,柰也。木括也。木部。⑨

扷拔二形同。蒲八反,入;出也,擢也,引也,輔也。

捉捉二形同。徂(俎)角反。掘(握)也,捉持也,蓺也。⑩

摸〔樸〕〔撲〕並(亡)各反。又薄胡反,平;打,旅(挨)也,擊也,剗。⑪

接子葉反。支也,持也,引也,跡也,交也,會也,對也。

誓制音。約信曰誓,謹也,所以約謹戒。⑫

---

① 注文"重"當作"章"。《廣韻·陽韻》:"揚,与章切。"茲據校改。"攉"疑是"煬"字。《廣雅·釋詁二》:"煬,蒸也。"疏證:"煬之言揚也。""明"上一字不詳,疑是衍文。《廣韻·陽韻》:"揚,明也。"

② "睭"疑是"晞"字。《儀禮·士喪禮》:"抵用巾。"鄭玄注:"抵,晞也,清也。"

③ 注文"牧"當作"收"。《說文·手部》:"捲,一曰捲收也。"茲據校改。

④ 注文"鬲"當作"隔"。《廣雅·釋詁一》:"拘,隔也。"茲據校改。

⑤ 注文"古"當作"苦"。《廣韻·没韻》:"惣,苦骨切。"茲據校改。

⑥ 注文"浴"當作"冷","種"當作"撞"。《名義·手部》:"打,丁冷反。捂(捨)也,揰(撞)也,擊也。"《說文·木部》:"杆,橦也。"段注改"橦"作"撞"。茲據校改。

⑦ 注文"留"當作"雷"。《名義·手部》:"授,時雷反。"茲據校改。

⑧ 注文"夫者"當作"大指"。《左傳·宣公四年》:"子公之食指動。"孔穎達疏:"謂大指爲將指者,將者,言其將領諸指也。足之用力,大指爲多;手之取物,中指最長。故足以大指爲將指,手以中指爲將指。"茲據校改。

⑨ "奴賴反。菓也。楮榴,柰也"爲"㮋"字音義,同"柰"。《廣雅·釋木》:"楮榴,柰也。"

⑩ 注文"徂"當作"俎","掘"當作"握"。《名義·手部》:"捉,俎角反。握也,捉持也。"茲據校改。"蓺"同"槷",此處疑當作"執"。

⑪ 注文"並"當作"亡","旅"疑當作"挨"。《廣韻·鐸韻》:"摸,慕各切。"《爾雅·釋詁下》:"探、篡、俘,取也。"郭璞注:"探者,摸取也。"釋文:"摸,亡各、亡胡二反。"茲據校改。"又"之下疑皆"撲"字音義。《廣韻·模韻》:"樸,薄胡切。""樸"与"撲"俗混。《說文·手部》:"撲,挨也。"《名義·手部》:"撲,普鹿反。挨也,投也,打也。"茲據校改。末字待考。

⑫ "誓"与"制"皆音"せい"。

掟(旋)似緣反。還也,復。

揔支(子)孔反。同也,皆也,聚也,結也,束也。①

攤他單、奴旦二反,去;按也。

摼苦耕反,平;擊也。

杌 抳二形作。午弟反,上;擄也,抯也,擬也。

㩜力甘反,平;持也,攬也。

攬上字。撮也,得(持)也。②

搓七何反,上(平);搓辟(碎)也。与留,又太毛牟。③

相小(息)良反,平;視也,質也,向也,背也。又息亮反,去;助也,輔也,憚(擇)也,治也,佐也,導也。④

攢扶昧反。謂相撲爲相攢也。

掝(襯)无字書,在《西域記》,又《後分經》。豆豆牟,又近也。⑤

搆搆者,練作之交也。皮佐万利天。⑥

揣《切韻》云:昌堯(充)反。測度。⑦

竞(充)以轉反,二(上);羽(州)名。⑧

挌ツツシム。⑨

拤。

擀。⑩

---

① 注文"支"當作"子"。《名義·手部》:"揔,子孔反。"茲據校改。

② 注文"得"疑當作"持"。《廣雅·釋詁三》:"攬,持也。"茲據校改。

③ 注文"上"當作"平","辟"當作"碎"。《廣韻·歌韻》七何切:"搓,手搓碎也。"此音爲平聲。茲據校改。与留(よる【縒る·撚る】),又太毛牟(た【手】もむ【揉む】)。

④ 注文"小"當作"息","憚"當作"擇"。《廣韻·陽韻》:"相,息良切。"此作"小"由倭音"しょう"變,"息亮反"爲"そう"。《名義·目部》:"相,擇也。"《周禮·考工記·矢人》:"凡相笴。"鄭玄注:"相,猶擇也。"茲據校改。

⑤ 《大唐西域記》卷六:"縱火以焚,二氎不燒,一極襯身,一最覆外。"《慧琳音義》卷八十二"襯身"條:"上初近反。最近身之白氎也。"當有他本從"扌",乃"襯"俗字。又《大般涅槃經後分》卷一"遺教品":"以兜羅綿遍體儭身。"作"儭",同。豆豆牟(つつむ【包む】)。

⑥ 此條不詳。皮佐万利天(はさまりて【挟まりて】)。

⑦ 注文"堯"當作"充"。《全王》《廣韻·獮韻》昌充反:"敊,揣。"茲據校改。

⑧ 字頭"竞"當作"充",注文"二"當作"上","羽"當作"州"。《全王》《廣韻·獮韻》以轉反:"充,州名。"茲據校改。

⑨ ツツシム(つつしむ【慎む·謹む】)。

⑩ 此蓋即"榦"字,同"幹"。

貝部第百一

百廿四字

貝方外反,去;螺也。

財才音。貨也,衆穀也。

購購二形同。古候反。贖也。阿加不。①

賁正彼寄反,去;又扶云反,平;黃白色也,飾也,又曰無色也,封名,卦名,勇也。②

質正之逸反,入;體也,平也,斷也,問也,定也,信也,主也,誠也,□(性)也,猶樸也,實也,成,謹也,毆也。借知□□(冀反),去;任子也,人名也。③

賂力故反,去;遺也。

賦芳狀反,去;布也,量也,班也,斂也,稅,動也,詠也,歌也。④

𧴪上古文。恥也。⑤

敗正□□(薄芥)反,去;壞也,覆也。借布芥反,去;謂臭壞也。⑥

貺詡誑反。賜也,請也,惠也,給也。

賭几髮(髦)反,去;賭也,貨也。⑦

𧵩(脆)上字。⑧

贅諸芮反,去;屬也,小曰胧,大曰贅,愚癡也。

賝徒感反,去;買物逆付錢也,市買先[入]曰賝。阿支佐須。⑨

臉力艷反。上字。

賝勑林反。寶也,財也,以贊与人也,贊也。豆止,又太加良也。⑩

---

① 阿加不(あがう【贖ふ・購ふ】)。

② "去又"原倒,據文意乙。"封名"疑是"卦名"訛衍。

③ "誠也"下殘,"知"下殘。《名義・貝部》:"質,元(之)逸反,亦知異(冀)反。體也,成也,信也,主也,稅也,試(誠)也,性也,醇也,樸也,本也,問也,定也。"《玉篇・貝部》:"質,之逸切。信也,主也,平也,樸也,毆也。又知冀切。"《廣韻・至韻》:"質,陟利切。""冀"爲至韻字。茲據校補。《資治通鑒・漢獻帝建安七年》:"曹操下書責孫權任子。"胡三省注:"任,質任也。"

④ 反切下字與下文"負"的反切下字同,俟考。

⑤ 《龍龕・貝部》:"𧴪,俗。賦,正。"《集韻・語韻》爽阻切:"𧴪,《說文》:齎財卜問爲𧴪。或从胥。"《集韻・遇韻》方遇切:"𧴪,以財卜也。"疑"𧴪""𧴪",以及"𧴪""𧷸"等字皆"賦"俗字。

⑥ 前一反切殘。反切下字殘作"𠆢",疑是"芥"字,與下"𦮼"(芥)字合。《名義・攴部》:"敗,薄芥反。"茲據校補。

⑦ 注文"髮"當作"髦"。《玄應音義》卷十四"賭金"條:"几髦反。"茲據校改。

⑧ 字頭"𧵩"當作"脆"。《玄應音義》卷十四"賭金"條:"古文作脆,同。"茲據校改。

⑨ "先"下奪"入"字,各本有"入"字。《玄應音義》卷十六"直賝"條:"《通俗文》:市買先入曰賝。"茲據校補。阿支佐須(あきさす【賝す】)。此音爲上聲,《廣韻・勘韻》有去聲"徒紺切"。

⑩ 豆止(つと【苞・苞苴】),又太加良(たから【宝・財・貨・幣】)也。

賕渠流反。貨也，□(載)請。尔戸，又豆止。①

賄呼猥反，上；貨也，財也，贈也，送也。

蜌比宵反。貝之類，有(居)陸地。②

負方状反。違也，□也。③

賭舉虚反。貯也，稸也，儲也。

鵙在鳥部也。

購古豆反，去；募也。

贍又作贍。市占反。饒也，助也，足也。恐怖也，極怖。④

資式幾反。扶也，貨也，操也，財也，弟子也，仕人也。⑤

貶古文作𢍍。碑儉反，上；損也，減也，亦墜也。⑥

賙同(周)音，平；贍也。⑦

貫正古乱反，去；事也，累也，條也，緡也，達也，穿也，習也。

贄脂利反，去；尒戸。⑧

費正芳未反，去；散財也，損耗也。借方未反。人姓也，亡失也，減小也。於止礼利，又加支留。⑨

貨呼臥反。財也，遵也，随也。化音。女豆良志也。⑩

貿莫候反。交易也，賣也，賣(買)也，絲也，易也，換易也，市也。⑪

賀賀二上字。

貟牟音。上同字。⑫

買亡解反。介音也。⑬

賣正餘肉反，入；衒也。万伊反。⑭

---

① "請"上一字殘。《玄應音義》卷二十一"臧賕"條："《蒼頡篇》：載請曰賕。"茲據校補。尔戸(にえ【贄・牲】)，又豆止(つと【苞・苞苴】)。

② 注文"有"當作"居"。《爾雅・釋魚》："貝居陸，蜌。"茲據校改。

③ 反切下字與上文"賦"的反切下字同，俟考。

④ 末二義不詳。

⑤ "式幾反"疑誤。

⑥ 《説文・𡬥部》："𢍍，傾覆也。从寸，臼覆之。寸，人手也。从𡬥省。杜林説：以爲貶損之貶。"

⑦ 注文"同"當作"周"。"賙"與"周"皆音"職流切"，二字倭音亦皆"しゅう"。茲據校改。

⑧ 尒戸(にえ【贄・牲】)。

⑨ 於止礼利(おとれり【劣れり】)，又加支留(かぎる【限る】)。

⑩ "貨"與"化"皆音"か"。女豆良志(めずらし【珍し】)也。

⑪ 注文後一"賣"字疑當作"買"。《爾雅・釋言》："貿，買也。"茲據校改。"絲也"蓋出自《詩・衛風・氓》"抱布貿絲"。

⑫ "貟"與"牟"皆音"ぼう"。

⑬ "買(ばい)"與"介(かい)"音近，又"かい【買い】"與"介(かい)"音同。

⑭ 万伊(まい)反。

　賣一本作。

　鬻上字。或爲粥字。餘安(六)、莫懈二反。粥也。①

　賞尸掌反,上;惠也,賜也,喜也。②

　賈正公扈反,上;買也,取也。借古夏反,去;價也,市也。③

　贇紆旻、筆旻、乙筠三反,平;美好也。又於倫反,平;倭比尓反。④

　贇上字。彼隣、猗倫二反。美也。⑤

　貯知張(旅)反,去(上);積也,蓄藏也,設儲也。又丁呂反,上;居也。⑥

　賒式瑘反,平;貫(貰)也。於支乃利也。⑦

　贛正古送反,去;賜也。借古撣(襢)反,上也。⑧

　賢□二形。正胡賢反,平;能也,勝也,多也,益也,愈也,善也。借侯眼反,去;字又爲臤。野。⑨

　賀何佐反。勞也,擔也,加也,歡喜也,悦也,慶也。

　貽〔眙〕徒以、勅吏二反。道(遺)也,送也,贈也。視也。⑩

　貸吐才(載)反,去;借与於人。伊良須。⑪

　貣大得反,入;借取於人。伊良不。⑫

　賷力才(載)反,去;以財相當。阿支波可利須,又□□不。⑬

　賻扶句反,去;助也,送也,贈死也,償也,荷背也。万□奴。⑭

---

① 注文"安"當作"六"。《玉篇·貝部》:"賣,余六切。衒也。或作粥、鬻。"兹據校改。

② "喜"疑當作"善"或"嘉"。《禮記·祭法》:"堯能賞均刑法以義終。"鄭玄注:"賞,賞善。"《禮部韻略·養韻》:"賞,嘉也。"

③ "扈"下原有"也"字。《名義·貝部》:"賈,公扈反。"兹據删。

④ 《廣韻·真韻》:"贇,於倫切。"《廣韻·真韻》:"斌,府巾切。""筆旻反"當是"斌"字反切,"贇"同"斌"。倭比尓(ひん)反。

⑤ 此字當是"贇"的形變俗字。

⑥ 注文"張"當作"旅","去"當作"上"。《名義·貝部》:"貯,知旅反。"此音爲上聲。兹據校改。

⑦ 注文"貫"當作"貰"。《説文·貝部》:"賒,貰買也。"兹據校改。於支乃利(おきのり【賒り】)也。

⑧ 注文"撣"當作"襢"。《廣韻·感韻》:"贛,古襢切。"兹據校改。

⑨ "侯眼反"當是倭音"けん"。《説文·臤部》:"臤,堅也。古文以爲賢字。"注文末"野"字不詳。

⑩ 注文"道"當作"遺"。《廣韻·之韻》:"貽,遺也。"兹據校改。"勅吏反。視也"當是"眙"字音義。《名義·目部》:"眙,勅吏反。"《説文·目部》:"眙,直視也。""徒以反"不詳。

⑪ 注文"才"當作"載"。《名義·貝部》:"貸,吐載反。""才"當是"載"的日語同音替代字。兹據校改。伊良須(いらす【貸す】)。

⑫ 伊良不(いらう【借ふ】)。

⑬ 注文"才"當作"載"。《名義·貝部》:"賷,力載反。""才"當是"載"的日語同音替代字。兹據校改。阿支波可利須(あきはかりす),又□□不。

⑭ 万□奴(ま□ぬ)。

員王券(拳)反。官之數也,益也,約也,爲也,程,有也,衆也。上字,鼎。志奈,又加須。①

賵撫鳳反,去;贈也,留也,死者車馬曰賵。

賑止息(之忍)反,去,又上;富也,贍也。②

貲此離反,平;寶也,財也,珍也,貨也,産也。

賛子旦反。佐也,導也,助也,出也,見也。

貞知央反。吐也,當也,正也。③

販〔販〕父板反。大也,鳴也,買錢賈(賤賣)貴也。④

眅賑賍三形同。除飴反,平;黃白文也。

賡賈行反,平;續也。在广部。

貢古送反,去;獻也,告也,功也,通,薦也,賜也,稅也。

賜斯義反,去;与也,施也,命也,惠也,索也。

賊昨則反。

賦上字。

賃乃禁反,去;毛乃乃加比。⑤

賧吐濫反,去;[夷]人以財贖罪也。⑥

賤賎二形作。在綿(線)反,去;卑也,小也。⑦

贊共續(黃練)反,去;獸,又對事(爭)。⑧

賫疾刃反,去;琛也,貨也,會礼也,則(財)礼。⑨

賷貴二同作。居謂反,去;尊也,高也。

隴良□(用)反,去;貧也。⑩

臧賍臧三形同。則良(郞)反,平;納賄也。⑪

貧符巾反,平。

---

① 注文"券"當作"拳"。《名義·貝部》:"員,胡拳、胡軍反。"茲據校改。《説文·員部》:"員,物數也。鼎,籀文从鼎。"志奈(しな【品·科·階】),又加須(かず【数】)。

② 反切"止息"當作"之忍"。《廣韻·軫韻》:"賑,章忍切。""之忍反"與"章忍切"音同。茲據校改。

③ "央"疑當作"英",《名義》音"知京反",音同。"吐也"不詳。此處"吐"字據影印本,宮内廳原本似作"止"字,疑爲"正也"訛衍。

④ 注文"錢賈"當作"賤賣"。《説文·貝部》:"販,買賤賣貴者。"茲據校改。又"父板反。大也"當是"販"字音義。《廣韻·潸韻》扶板切:"販,大也。""鳴也"不詳。

⑤ 毛乃乃加比(もののかい【債】)。

⑥ "人"上奪"夷"字。《廣韻·闞韻》:"賧,夷人以財贖罪。"茲據校補。

⑦ 注文"綿"當作"線"。《廣韻·線韻》:"賤,才線切。"茲據校改。

⑧ 注文"共續"當作"黃練","事"當作"爭"。《廣韻·霰韻》:"贊,黃練切。"《廣韻·銑韻》:"贊,一曰對爭也。"茲據校改。

⑨ 注文"則"當作"財"。《廣韻·震韻》:"賷,又財貨也,會禮也。"茲據校改。

⑩ 反切下字殘。《廣韻·用韻》:"隴,良用切。"茲據校補。

⑪ 反切下字"良"當作"郞"。《廣韻·唐韻》:"臧,則郞切。"茲據校改。

賱有軍反。物也。①

貨蘇果反。貝聲。

購武怨、力制二反。貨也。

貱方段(髮)反。施也,益也,移予也。②

貤餘皷反。命也,貱也,益也。③

貰時夜反。賒也,貸也,赦也。

賵思徇反。益也。

賮補晧[反]。有也。宩字。藏也。

賌胡改反、古來二反。依倚(奇侅),非常也。④

財古文得字。

贅裨制反。弊(幣)字古文。⑤

時直几反。具也,儲也。偫字。時字古文。

貫貫字古文。古玩反。

賑力振反。遜字。難也,貪也。

賕力章反。賦。

賢羊睡反。奄也,女官也,孥也。

賺力苫反。賣也。

責澤革反。求也。

貦午換反。玩弄。

貤使語反。齎人(財)問財(卜)也。⑥

賨在宗反。稅也,南蠻賦也。

賭都古反。賜(賭)也。⑦

賧胡鬭反。虫,似籠(龍)目,出南海也。⑧

---

① 《説文·員部》：“賱,物數紛賱亂也。”

② 注文“段”當作“髮”。《廣韻·寘韻》：“貱,彼義切。”《名義·貝部》：“貱,方髮(髮)反。”“髮”是寘韻字。茲據校改。

③ 注文“命”字未詳。

④ 前一“反”字疑衍。注文“依倚”當作“奇侅”。《玉篇·貝部》：“賌,奇也,非常也。亦作侅。”《玉篇·人部》：“侅,奇侅,非常也。”“依”爲“侅”字之誤,“倚”當是“奇”的類化俗字,且二字誤倒。茲據校改。

⑤ 注文“弊”當作“幣”。《玉篇·貝部》：“贅,今作幣。”茲據校改。

⑥ 注文“人”當作“財”,“財”當作“卜”。《廣韻·語韻》：“貤,齎財問卜。”《説文·貝部》：“貤,齎財卜問爲貤。”“齎”同“齎”。茲據校改。

⑦ 注文“賜”當作“賭”。《玉篇·貝部》：“賭,賭也。”茲據校改。

⑧ 注文“籠”當作“龍”。《名義·貝部》：“賧,虫,似龍目也。”茲據校改。

賰所(竹)几反。①

眴火營反。貨也。

眩胡餇反。衒字古文。賣也。

眫睟眫三形同。思季反。粹字。純也。

賕女夗反。小有財也。

賄眉巾反。本也,值也。

睕於款反。賕也。

睡胡管反。睕睡。

眏於□(兩)反。无□□(訾眏)也。②

眦止(山)敬反。財也。③

賰式尹、於尹二反。賰睴,富。

睴於忿反。賰也。

眫眫(賆)二形同。浦(蒲)堅反。益也。④

賮賯二形同。最音。持也。与地毛豆也。⑤

广部第百二

百卅五字

广魚冉反,上;因巖爲屋也。⑥

底庢〔底〕二形同。之(底)平也,直也,致也。下陟栗反。螯也,礙止也,縣名也。⑦

廙与力反,入;敬也。

襃思列反。鄙陋也,黷也。

歴武詼、武賀二反,去;塵也。

厄之移反。圛器。

庅烏葷反。翳也,奥内曰庅也。

---

① 注文"所"當作"竹"。《名義·貝部》:"賰,竹几反。"茲據校改。

② 反切下字殘,"无"下兩字殘。《玉篇·貝部》:"眏,於兩切。無訾。"《廣韻·養韻》於兩切:"眏,無資量,謂無極限也。""訾眏"當同"資量"。茲據校補。

③ 注文"止"當作"山"。《玉篇·貝部》:"眦,山敬切。"茲據校改。

④ 注文"浦"當作"蒲"。《名義·貝部》:"賆,蒲堅反。"茲據校改。

⑤ "賮"與"最"皆音"さい"。与地毛豆(よち【同輩児】もつ【持つ】)也。

⑥ "屋"下原有重文符。《廣韻·琰韻》:"广,因巖爲屋。"茲據刪。

⑦ 注文"之"當作重文符。《新撰字鏡·石部》:"砥砥砥底,底平也,直也。""底"皆"底"俗字。茲據校改。《新撰字鏡·厂部》:"底,致也,至也,平也。"

庌〔厈〕鴎亦反。推也,指庌也,疏遠也,不用也,祐(拓)也,候也,涯也。①

廟廇庿同字。亡□反。安也,寧也,死後之廟。②

床亡皮反。支美。③

糜上字。④

庵於含反。舍也,廉也。

庖捕(蒲)交反。包也。久利也。⑤

廚頭交反。庖屋。⑥

膺〔膥〕於凝反。乳上骨也。又乃東反。匈也,親也,白血色也,當也,孚(受)也,伏也。字自留。⑦

膺上字。

廉力占反。棱也,利也,清也。

麼莫可反,上;微也,亦細小也。又作幺。謂微細小虫。

庅上字。⑧

廝新移反。下也,微也,隸也。加志波天,又馬加比。⑨

廂息良反。廊也。

廱於容反,平;神也,辟廱也,樂也。

龐薄江反,平;充實。

縻靡爲反。穄也。

靡靡爲反。闌(爛)也。⑩

庹度都反,平;麻,草庵。

---

① 注文"祐"當作"拓"。《慧琳音義》卷十五"擯庌"條:"許叔重注《淮南子》云:庌,拓也。""庌"同"厈""庉",兹據補改。《玄應音義》卷十四"逼庌"條:"鴎亦反。《三蒼》:庌,推也。《漢書》:乘輿庌車馬。《音義》曰:庌,不用也。案庌猶疏遠也,亦指庌也。"《左傳·襄公十八年》:"晋人使司馬庌山澤之險。"杜預注:"庌,候也。"又《廣雅·釋丘》:"厈,厓也。"疏證:"《説文》:'厂,山石之厓巖,人可居。象形。厈,籀文。'《玉篇》音呼旦切。厈與厓岸之岸,聲相近也。"

② 《廣韻·笑韻》:"廟,眉召切。"《名義·广部》:"廟,靡召反。"此處反切下字未詳,或是"召"字。

③ 支美(きみ【黍·稷】)。

④ 《集韻·支韻》:"縻,《説文》:穄也。或从禾。"《玄應音義》卷十四"床米"條:"字體作縻,亡皮反。"

⑤ 注文"捕"當作"蒲"。《玄應音義》卷十五"庖廚"條:"蒲交反。庖之言包也。"兹據校改。久利也(くりや【厨】)。

⑥ 此處反切未詳,似是倭音"ちゅう"。

⑦ 注文"孚"當作"受"。《名義·肉部》:"膺,智也,受也,伏也,親也。"兹據校改。"又乃東反。白血色也"疑是"膥"字音義。《新撰字鏡·肉部》:"膥,乃東反。瘡爛。"或涉"臃(癰)"字而混。《名義·肉部》:"膥,乃公反。癰疽潰血也。"字自留(うじる)。

⑧ "庅"字非異體,或當作"麼"。

⑨ 加志波天(かしわで【膳·膳夫】),又馬加比(うまかい【馬飼】)。

⑩ 注文"闌"當作"爛"。《廣韻·支韻》:"靡,靡爛。"兹據校改。

廲落胡反,平;厴。

魔落嵇反,平;廔,綺窻名。

庫都雷反。墜也,屋從上損(頃)下。①

癀符分反,平;麻實。

廑巨巾反,平;劣因也,蔭也,居也。②

廖廫二形同。力救(落蕭)反,平;《左傳》羊芍(辛伯)廖。漢有廖湛者。③

麼莫波反,平;尼也。

魔莫波反,平;鬼。

摩莫霞反,平;牛名。

廊魚(魯)當反,平;步廊。④

庭打丁反,平;直也,見也,易也。

厥字戈反,平;撇也,以手相弄也。⑤

廋廀廀三形同。所鳩反,平;《論語》:“人焉廋哉。”

廔落侯反,平;龐,綺窻也。

嶔許金反,平;巉也,山險。

懕於鹽反,平;安也。

庲〔庲〕力臺反,平;合(舍)也。敕字,耗字也。⑥

庌渠含(今)反,平;也。⑦

启居邑反。給字古文。

壓於婬(鹽)反,平;和静。⑧

鷹於陵反,平。

---

① 注文“損”當作“頃”。《説文·广部》:“庫,屋从上傾下也。”《原本玉篇·广部》:“庫,《説文》:屋從上頃下也。”“庫”同“庫”,“頃”同“傾”。兹據校改。“墜”同“壓”。

② 注文“因”字不詳,上田正改作“困”。《説文·广部》:“廑,少劣之居。”“蔭”原殘作“陰”,據《字鏡》補。

③ 注文“力救”當作“落蕭”,“羊芍”當作“辛伯”。二音皆出《切韻》,但此爲平聲,當作“落蕭反”。《切三》《全王·蕭韻》落蕭反:“廖,《左氏》有辛伯廖。”《王一》《裴韻》《全王·宥韻》力救反:“廖,人姓。漢有廖湛。”兹據校改。

④ 注文“魚”當作“魯”。《廣韻·唐韻》:“廊,魯當切。”兹據校改。

⑤ 《王一·尤韻》以周反:“厥,撇厥,以手相弄。撇字弋支反。”此處“字戈反”當是“弋支反”之誤,乃“撇”字反切。

⑥ 注文“合”當作“舍”。《廣韻·哈韻》:“庲,舍也。”兹據校改。“庲”爲“齋”字之省,“耗”同“齋”,“庲”與“庲”形近相混。“敕”蓋“齋”字上旁之訛省。

⑦ 注文“含”當作“今”。《裴韻·侵韻》渠今反:“庌,庌父。”《全王·侵韻》渠金反:“庌,庌父。”兹據校改。“平”爲四聲標記,此“也”上或奪釋義,蓋可補“父”字。

⑧ 反切下字“婬”當作“鹽”。《裴韻》《全王·鹽韻》:“壓,於鹽反。”“鹽”字又作“塩”,草書誤作“婬”。兹據校改。

庨庮二形同。作孔反,上;衆立也。

庋居綺反,上;食閣也。

庳庰二形同。便俾反,上;□(短)也,休舍也。或作坢。①

庌尺氏反,上;廣也,大也。

庀匹婢反,上;具也,治也。

廡無生(主)反,上;堂下。②

廈胡雅反,上;屋頭横架。

廆丘晃反,上;悶。

廣古晃反,上;大也,弘也,俓也。

㮰於琰反,上;山桑也。

厭於琰反,上;魅也,鎮也,輔也,損也。③

庢此㢤反。人相依。

庲此㢤反,去;屋偏庲。

庢羊至反,去;倉廡。

廥古兑反,去;蒭藁藏也,倉。

庫苦故反,去;兵藏也。

廨古隘反,去;舍也,舘。

廢廢二同。方肺反,去;又從广。捨也,退也,去也,滅也,罷止也,施置也,大也。

螶之夜反,去;虫名也。

店都念反,去;坫字。店舍。

庲庆二同。蒲撥反,入;舍也。

廗側留反。麻莖也。

廫廖二上字。④

廦補的反。廧也,垣也,壁也。

牆廧廧三同。城(戕)音。垣。⑤

廇力救反。雷字。庭中。

庀庙同作。徒本反。樓廇也,屋下高藏也,屯舍也。

---

① "上"下一字殘。《字鏡》作"短"。《原本玉篇·广部》:"庳,《周礼》:原隰之民豐内(肉)而庳。鄭玄曰:庳猶短也。"茲據校補。"休舍",《説文》作"中伏舍",《原本玉篇》引作"中休舍","中休舍"當是。

② 注文"生"當作"主"。《切三》《王一》《裴韻》《全王·虞韻》:"廡,無主反。"茲據校改。

③ "鎮也,損也"今字作"壓","輔也"今字作"厴"。

④ 前一字頭原誤作"廗",《字鏡》作"廫",是也。

⑤ 注文"城"疑當作"戕"。《廣韻·陽韻》:"廧,在良切。"《廣韻·陽韻》:"戕,在良切。"茲據校改。又"廧"與"戕"皆音"しょう","城"音"じょう","城"字音亦近,或不誤。

扃以主反。鑿木空中如槽謂之扃。

庾庾二上古文。瓦器受二名(石)也。又[露]積曰庾。亦曰"野有庾積",大曰庫倉,小曰庾。①

庰俾井反。蔽也,藏也。屏字。

庑胡關反。屋於(牝)瓦下也,帷紘。②

庲子孔、且公二反。屋中。

廙餘力反。行屋下聲,謹敬白(兒),翼也。③

庮餘周反。衆曰:朽木臭也。屋木也。④

庤烏達反。屋迫也。

廗思移反。地名也。⑤

膠力彫反。空虛也。廖,又廖字。

廠廎二同。先戰反。舍也,廡。

廏上字。

廬仕加反。欲壞者也。

鷹莫嫁反。庵也。

庫之讓反。蔽也。障字。隔也。

庿力二(三)反。複(棱)也。藍(籃)字古文。⑥

---

① 注文"名"當作"石",據《字鏡》改。《原本玉篇·广部》:"庾,《毛詩》:我庾惟憶。傳曰:露積曰庾。《国語》:野有庾積。賈逵曰:大曰大倉,小曰庾。庾積者,禾稼之積也。""露"字據補。《慧琳音義》卷九十九"箱庾"條引作"大曰倉",《玉篇》亦作"大曰倉",疑《原本玉篇》"大倉"及《新撰字鏡》此處"庫倉"皆當作"倉"。

② 注文"於"當作"牝"。《説文·广部》:"庑,屋牝瓦下。一曰維綱也。"《廣韻·刪韻》:"庑,屋牝瓦名。"《全王·刪韻》:"庑,屋牝瓦下。"段注據《廣韻》改《説文》作"屋牝瓦也"。《原本玉篇·广部》:"庑,《説文》:屋壯(牝)瓦下也。一曰淮(維)結也。""牝"與"牡"俟考,此"於"字寫法較似"牝"字,暫定作"牝"。"帷紘"不詳。茲據校改。

③ 注文"白"當作"兒"。《原本玉篇·广部》:"廙,《説文》:行屋下聲也。《倉頡篇》:謹敬兒也。野王案,今亦爲翼字,在羽部也。"茲據校改。《説文·广部》:"廙,行屋也。"

④ 《原本玉篇·广部》:"庮,《周礼》:牛夜鳴即庮。鄭衆曰:朽木易(臭)也。《説文》:屋木也。"此"衆曰"據文例當刪。

⑤ 《原本玉篇·广部》:"廗,《左氏傳》:晉侯方築廗祁之宮。杜預曰:也(廗祁),宮名也。在絳西卅里,臨汾水。"《左傳·昭公八年》:"於是晉侯方築廗祁之宮。"杜預注:"廗祁,地名也。在絳西四十里,臨汾水。"《名義》作"宮名",《玉篇》作"地名"。"廗祁"原當是"宮名",後蓋亦指此宮殿所在之地而釋作"地名",蓋唐宋之後所改。

⑥ 注文"二"當作"三","複"當作"棱","藍"當作"籃"。《原本玉篇·广部》:"庿,力三反。《蒼頡篇》:庿,棱也。《説文》:古文籃字也。籃,大籚也,在竹部。"《集韻·鹽韻》:"廉,古作庿。"《廣雅·釋言》:"廉,棱也。"茲據校改。

廎字(空)井反。高(亭),□(小)堂。①

廙娱句反。寓字。寄。

庈方洪(拱)反。覆也,覂也。②

廯思踐反。倉也,廩也,廕庇。

廕猗禁反。庇也。

廁力秣反。庵也。

廲方安[反]。時居。③

庈助雉反。俟字。待也。族(竢)字。④

廝息胡反。廜廝。

庽胡布(甫)[反]。[寓]字古文。⑤

庋居毁反。閣也,縣,山祭。阿波良。⑥

庛此清(雌漬)反。柔地欲幼(鉤)。⑦

厊顔假反,上;舍也,廳也,謂廊屋也。

度正徒故反,去;法也,法制也,揆也,填也,就也,側(測)也。借徒各反,入;度從又。⑧

庑上古文。

康苦香反,平;安也,炊也,静也,樂也,苛也。

廩又作亩。力甚反,上;藏穀曰倉,藏米曰廩。鮮也。從木。⑨

縻亡皮、靡爲二反,平;散也,亦碎也。

廓口郭反,入;空也,大也,食(廊)也。⑩

廄古文匓。居宥反,去;馬舍也,馬二百一十四疋爲廄。

---

① 注文“字”當作“空”,“高”當作“亭”,“高”下一字殘。殘字《字鏡》作“少”,此當同,乃“小”的俗字。《原本玉篇·广部》:“廎,空井反。《説文》亦高(亭)字也。高(亭),小堂也,在高部。”《説文·高部》:“亭,小堂也。廎,亭或从广、頃聲。”兹據改補。

② 反切下字“洪”當作“拱”。《原本玉篇·广部》:“庈,方拱反。”兹據補改。

③ “安”下奪“反”字。《名義·广部》:“廲,方安反。”兹據校補。

④ 注文“族”當作“竢”。《原本玉篇·广部》:“庈,或爲竢字,在立部。”兹據校改。

⑤ 注文“布”當作“甫”,“布”下奪“反寓”字。《原本玉篇·广部》:“庽,胡甫反。《聲類》古文寓字也。”兹據改補。

⑥《爾雅·釋天》:“祭山曰庋縣。”阿波良(あばら【亭】)。

⑦ 注文“此清”當作“雌漬”,“幼”當作“鉤”。《原本玉篇·广部》:“庛,雌漬反。”《周禮·考工記·車人》:“堅地欲直庛,柔地欲句庛。”“鉤”同“句”。兹據校改。

⑧ 注文“側”當作“測”。《玄應音義》卷二十二“猜度”條:“度,測量也。”兹據校改。因字頭“度”字原作“庋”,“又”旁寫作“攵”,故此處云“度從又”。

⑨《爾雅·釋言》:“廩,廯也。”《經義述聞·爾雅中》王引之按:“廩者,鮮少之名,故訓廩爲鮮。作廯者,因廩字而誤加广耳。”此字頭原從“米”,此云“從木”,或指俗字“從木”。

⑩ 注文“食”當作“廊”。《字鏡·广篇》:“廓,廊作也。”“廓”與“廊”蓋形近相混。此“食”當是“廊”字之誤。兹據校改。

席辞亦反。鋪陳也,藉也,筵也。從草。①

府付音,上;藏也,聚也,本也。

廬力居反,平;寄也,舍也,精舍也。伊保也。②

庿上字。

庇方利反,去;寄也,自蔽曰庇。比佐志。③

廉上字。

庠徐陽反,平;養也,宮也,謂教學宮。

序徐与反,上;次也,舒也,學也,幼。周曰庠,夏曰序。④

廛治連反。居也,人所居也。

腐付由(雨)、房甫二反。爛也,臭也,敗也。⑤

庇又作攎。許皮反。比伊反。⑥

壓於甲、於輙二反。自上加也。⑦

應於興反,平;當也。借於證反。諾也,受也。

雁[於陵反。鷹]。⑧

磨正莫何反,平;礪也,滅也,所以滅盡也。

庶正詩豫反,去;衆也,幸也。庶幾,尚也。冀也,庶子也。可從火。⑨

庤真己反,上;儲置舍也,猶置也。

庘烏甲反,入;屋壞兒,不礼也。⑩

庪(裵)忕(袂)字。⑪

庬亡音,平;大也,有也。

廮於郢反,上;安止也。

---

① 注文“從草”指俗加草旁作“蓆”。

② 伊保(いお【庵・廬】)也。

③ 比佐志(ひさし【庿・庇】)。

④ 《白虎通義・辟雍》:“序者,序長幼也。”此處“幼”疑當作“序長幼”。

⑤ 注文“由”當作“雨”。《廣韻・麌韻》:“腐,扶雨切。”茲據校改。

⑥ 比伊(ひい)反。

⑦ “於輙”原倒。《左傳・襄公二十六年》:“楚晨壓晉軍而陳。”釋文:“壓,本又作厭。於甲反,徐於輙反。”茲據乙正。

⑧ 此條注文奪。《字鏡・广篇》:“雁,莫何反。礪也,滅也。”則是與下“磨”條混,蓋注文脱漏已久。《名義・隹部》:“雁,於陵反。鷹。”《玉篇・隹部》:“雁,於陵切。今作鷹。”茲據校補。

⑨ 字頭右旁有平假名“コフ(こう【請う・乞う】)”,與“冀也”義近。

⑩ 注文“不礼也”俟考。

⑪ 字頭當作“裵”,注文“忕”當作“袂”。《廣韻・質韻》:“袂,書袂。亦謂之書衣。裵,上同。”《字鏡・广篇》:“庥,書衣也。忕(袂)作。”此處字頭奪“衣”旁。茲據校改。

瘞於偈反。陻(埋)也，幽也。①

麻許尤反，平；庇也，木蔭也。

鹿〔韉〕〔薦〕於蘭、子二二反。又治蟻、子電二反。進也，致也。觟字。②

废 废二形同。恥泠反，平；亭也，走而即住曰废也。

底丁礼、丁履二反，上；止也，居也，至深也。

縻靡爲反，平；纂也，嗣也。波奈豆良③

摩莫波反，平；又莫何反，去；迫也，順也，礪也，滅也，研也。

褒補古反。跂也，登也。

靡〔厞〕亡彼反，上；无也，細也，離也。又房未反。蔭也，藏也，隱也。④

麻莫可(牙)反，平；草也，菜(苧)也。⑤

慶苦央(映)反，去；喜也，美也，賜也，加也，行賀人也。⑥

痤坐音。侏儒曰矬。字從矢。今乃雍石。⑦

床士壯(莊)反。裝也，裝餙安身。⑧

賡在貝部。

廁初史(吏)反。難(雜)也，間也，次也。⑨

巵之移反。酒漿器也，受四殊(升)也。⑩

廄。

瘴。⑪

---

① 注文"陻"當作"埋"。《廣韻・祭韻》："瘞，埋也。"茲據校改。

② "於蘭反"當是"鞍"字音，"子二反"(せん)當是"韉"字音。本書革部："鞌鞍，同。於蘭反。""韉，於蘭、子二二反。"又"子電反。進也，致也"爲"薦"字音義，二字通。

③ 波奈豆良(はなづら【鼻蔓・牛靡】)。

④ 注文"又"下爲"厞"字音義。

⑤ 注文"可"當作"牙"，"菜"當作"苧"。《正字通・麻部》："麻，莫牙切。"《字鏡》作"苧"。《廣韻・語韻》："苧，草也。可以爲繩。苧，上同。"《廣韻・麻韻》："麻，麻紵。""紵""苧"同。茲據校改。

⑥ 反切下字"央"當作"映"。《玉篇・心部》："慶，丘映切。"茲據校改。

⑦ 字頭原作"座"。《玄應音義》卷二"矬人"條："才戈反。《廣雅》：矬，短也。《通俗文》：侏儒曰矬。經文作痤。《說文》：痤，小腫也。痤非經義。"今乃雍石(いま【今】の【之】雍石)。"雍石"不詳，或當作"石癰"，即癰疽腫硬如石者。

⑧ 注文"壯"當作"莊"。《廣韻・陽韻》："牀，士莊切。床，俗。"茲據校改。

⑨ 注文"史"當作"吏"，"難"當作"雜"。《廣韻・志韻》初吏切："廁，《釋名》曰：廁，雜也，言人雜廁其上也。"茲據校改。

⑩ 注文"殊"當作"升"。《玉篇・巵部》："巵，酒漿器也，受四升。"茲據校改。

⑪ 《漢語俗字叢考》："'瘴'當是'瘴'的俗字。"

厂部第百三

五十五字

厂乎(呼)旦反。山石之岸(崖)也，可人反(人可居)。①

斥上字。

灰貞化反。化音。波比。②

厚胡苟、古於二反。笠也，多也，別也。③

厚上字。遠也。

犀徒泥反。犀省聲也。④

厔力立反。石聲。拉字。摧(摧)也。⑤

厖𠩄二形作。午的反。石地惡也。

曆厤歷厤四形同。歷音。數也，數術也，計也，術道也。

厲力滯反。惡也，作也，爲也，熟也，改也，后(虐)也，猛也，烈也，遠行也，今也。⑥

蠆上字。

厝又作[措]。且故反。量(置)也，買(置)也，施也，安也。⑦

厜奇禁反。石地。

厎之視反。致也，至也，平也，止也，待也，致戾。

原愚袁反。再也，免也。從泉。

原上字。

厐莫江反。石大也。厖字同。厚，豐。

厞扶沸反。隱也，陋也，茀字。

---

① 注文"乎"當作"呼"，"岸"當作"崖"，"可人反"當作"人可居"。《說文·厂部》："厂，山石之崖巖，人可居。"《名義·厂部》："厂，呼旦反。巖，人可居。"茲據校改。

② "貞化反"不詳。灰(かい)與化(か)音近。波比(はい【灰】)。

③ 古於(こう)反。"別也"非義。《禮記·坊記》："子云：取妻不取同姓，以厚別也。"鄭玄注："厚，猶遠也。""笠也"不詳。

④ "犀"下原有"也"字。《說文·厂部》："犀，唐犀，石也。從厂，犀省聲。"茲據刪。

⑤ 注文"摧"當作"摧"。《原本玉篇·厂部》："厔，力答反。《說文》：石聲也。《字書》亦拉字也。拉亦摧也。"茲據校改。《原本玉篇》"厔"字音"力答反"，此處"力立反"當是"立"字反切，反切下字疑誤。

⑥ 注文"后"當作"虐"。《玉篇·厂部》："厲，虐也。"茲據校改。《周禮·秋官·司寇》："司厲：下士二人。"鄭玄注："犯政爲惡曰厲。""改"字疑當作"政"。

⑦ "作"下奪"措"字，注文"量""買"當作"置"。《玄應音義》卷九"安措"條："且故反。《字林》：措，置也。施也。論文作厝，且各反。"《玄應音義》卷一"舉措"條："且故反。《蒼頡篇》：措，置也。又安也，亦施也。"茲據補改。

厏諧夾反。辟(辟)也。①

辟孚赤反。陋也,幽也,隱敝也,仄也。倚(僻)字。②

仄阻力反。仄阙。

厌上字。

厭〔笮〕央涉反。遠也,僻也。側格[反]。又作迮。獻同。飽也,猶足。字從广、𢌿。③

厏士加反。例(厊)。④

厇竹格反。磔字。辜也,開也,張也。

厓五佳反。水邊也,方。涯同。

㕝如(絮)胡反。古文帑字。⑤

雁都迴反。堆古文。

厬魚爲反。厜厬。

厜姊規反。厜厬,山。⑥

厞撫于反。石間[見]。⑦

蠠五丸反。晚蠶。

厬居洧反。厬泉。漸同。

厊五乍(下)反。厏也,不合。⑧

厥厥二形同。居月反。其也,短也。欮字也。

厰五今、口敢二反。嶬也,山地名。⑨

厝胡土反。美古(石)也。⑩

厤來甘反。諸,山口(治)玉石。⑪

厌人入(仄)字。⑫

---

① 注文"辟"當作"辟"。《玉篇·厂部》:"厏,厏辟也。"茲據校改。

② 注文"倚"當作"僻"。《原本玉篇·厂部》:"辟,耶(邪)辟爲僻字,在人部。"茲據校改。

③ "僻"上原有"穴"旁。又"側格反"。又作迮"爲"笮"字音義,因"壓笮"連言而誤以爲"壓"字音義。《玄應音義》卷十一"壓笮"條:"今作窄,同。側格反。《説文》:窄,壓也。謂笮出汁也。"

④ 注文"例"當作"厊"。《廣韻·馬韻》:"厏,厏厊,不合。"茲據校改。

⑤ 注文"如"當作"絮"。《原本玉篇·厂部》:"㕝,絮胡反。"茲據校改。

⑥ 《爾雅·釋山》:"崒者,厜厬。"郭璞注:"謂山峯頭巉巖。"

⑦ 注文"間"下奪"見"字。《説文·厂部》:"厞,石間見。"茲據校補。

⑧ 反切下字"乍"當作"下"。《廣韻·馬韻》:"厊,五下切。"茲據校改。

⑨ 《字鏡·厂篇》:"厰,嶬也,山石名。"《説文·厂篇》:"厰,鏊也。一曰地名。"《原本玉篇·厂部》:"厰,《説文》:嶬也,一曰山石也。"觀智院本《名義類聚抄·法下·厂部》:"厰,石地。"《集韻·敢韻》:"厰,山石兒。"《類篇·厂部》:"厰,又口敢切、又五敢切:山石兒。又吐敢切:山地。""嶬"同"鏊"。

⑩ 注文"古"當作"石"。《廣韻·姥韻》:"厝,美石。"茲據校改。

⑪ 注文"山口"當作"治"。《説文·厂部》:"厤,厤諸,治玉石也。"茲據校改。

⑫ 注文"人入"當作"仄"。《説文·厂部》:"仄,側傾也。厌,籀文从矢,矢亦聲。"茲據校改。

劂居月反。强力。

蠯居月反。獸名，走則顛。常爲蛩蛩取食，蛩蛩負之而者(走)也。①

㟅口答反，入；山左右有岑(岸)。②

雁(㵩)五旦反，入(去)；火色。③

鴈(鴈)五晏反。偽物。④

廈𠩺二形同。都田反。山顛。

㢉口答反。來(夾)山有崖(岸)也。⑤

庤於愷反。藏也。

叚徒換反。段古文。

庿似亦反。帶(席)古文。⑥

㜳渠月反。杙也。

文尻八點第[百]四

冊字

奠奠二同。徒見反。定也，置也，停也，陳也，獻也，薦也，調也，設也，釋奠先師。

㝵甫問反。牛戻也。

真眞同。之仁反。正也，實也。

眞上古文。

龔居顒反。[供]字。奉也，給也。⑦

巽居隴反。鞏字。固也。

異餘志反。怪也，殊也，分也。

异与居反。共舉也。

䢞且延反。升高也。遷字。

㘉上字。

---

① 注文"者"當作"走"。《廣韻·月韻》："蠯，獸名，走之則顛。蛩蛩前足高，不得食而善走，蠯常爲蛩蛩取食，蛩蛩負之而走也。"茲據校改。

② 注文"岑"當作"岸"。《廣韻·合韻》："㟅，山左右有岸。"茲據校改。

③ 字頭"雁"當作"㵩"，注文"入"當作"去"。《廣韻·翰韻》五旰切："㵩，《説文》云：火色也。讀若鴈。""㵩"爲去聲字。茲據校改。

④ 字頭"鴈"當作"鴈"。《廣韻·諫韻》五晏切："鴈，偽物。"茲據校改。

⑤ 注文"來"當作"夾"，注文"崖"當作"岸"。《爾雅·釋山》："左右有岸，㢉。"郭璞注："夾山有岸。"茲據校改。

⑥ 注文"帶"當作"席"。《説文·厂部》："席，藉也。庿，古文席从石省。""席"字俗作"蓆"，故誤。茲據校改。

⑦ 注文"反"下奪"供"字。《玉篇·共部》："龔，今亦作供。"茲據校補。

與苦魂反。坤古文。

崊有味反。草木。棄字。

具渠屢反。俱也,皆也,辨也,饌也,備也。

巺先屯(頓)反。巽,此《易》"巺卦爲長女、爲風"。①

巽巺〔撰〕上古字。具也,數也,持也,簡也,擇也。②

糞方運反。棄除也。

冀記音。欲也,奉也。覬同。望也,幸也。

與與二形作。正餘舉反,上;猶皆也,及也,黨與也,數也,能也,兼也,既賜也,許也。借餘據反。用也,類也,猶兼也。爲豫字。奇也。

稧异二上字。

興正許升反,平;盛也,起也,隆也,熾也,舉也,動也,發也,生也。借虛證反,去。

典。③

翼餘織反。輔也,成也,如也,助也,佐也,敬也,元氣也。④

亮力讓反,去;道也,朗也。⑤

旻許劣反,又(入);舉目使人。

輿羊如反。載也,始也,衆也。

其渠基反。辞也,事也,詢也,豈也。

丌上古文。

兵悲平反。防也,威也,柄也。

矢阻力反,入;滇(傾)頭也。⑥

龔黃古文。

共居勇反。山名,皆也,同也。

舜上古文。

畟奇几反。跪也,跽。

虡所以懸鍾磬者也,几之高也。⑦

央於香反。極也,久也,内也,中也。

---

① 反切下字"屯"當作"頓"。《原本玉篇·丌部》:"巺,先頓反。《說文》:巺,巽也。此《易》'巺卦爲長女、爲風'。"茲據校改。

② 此處釋義皆"撰"字義。《原本玉篇·丌部》:"巽,助戀反。《說文》:巽,具也。《字書》:此本撰字也。撰亦數也,持也,在手部。或爲願字,在頁部。""簡也,擇也"又爲"選"字釋義,"撰"通"選"。

③ 注文奪,或字頭衍,本部末有"典"字條。

④ 《論語·鄉黨》:"没階,趨進,翼如也。"《廣雅·釋訓》:"翼翼,元氣也。"

⑤ 《爾雅·釋詁上》:"亮,導也。"此"道"通"導"。

⑥ 注文"滇"當作"傾"。《說文·矢部》:"矢,傾頭也。"茲據校改。

⑦ 《方言》卷五:"几,其高者謂之虡。"

夤餘仁反。進也，大也，敬也，胴也。①

昊阻力反。日昊。

粬練結反。裏也。

㮗苦結反。多節目。

典都珍反。經也，常也。

尣（尢）部第百五

廿三字

尣烏黄反。

尳尪上字，三同作。今作尣。烏皇反。弱也。從兀，在王部。②

尤禹留反。甚也，多也，已也，怨也，過也，異也，非也，惡也。

尪尩上烏對反，下他對反。謂廢風也。

尥力弔反，去；牛脛交。

尥平交反。行脛相交。③

尨彼何反，平；病不止。④

尵古減（咸）反，平；行不正。⑤

尯作可反，上；尨。

尳弋笑反，去；行不正兒。

尵胡没反。膝病。

尲公八、公鎋二反。尵。

尵徒奚反。提字同。不能行，爲人所引也。

尵古（胡）圭反。尵也。⑥

尵力卧、力規二反。膝中病。

尪於于反。股尪。

尯居蟻反。一足。踦字。

尵時腫反。腫足。瘇字。

尵丑擊（較）反。蹇也。踔字。⑦

---

① 《易·艮》：“列其夤。”釋文：“夤，引真反。馬云：夾脊肉也。鄭本作臏，徐又音胤。荀作腎，云：互體有坎，坎爲腎。”《廣韻·震韻》羊晉切：“胴，脊肉。”《名義·肉部》：“胴，夤字。”“胴”同“臏”。

② 本書王部有“尫”字。

③ 字頭原作“尥”。

④ 《廣韻·果韻》：“尨，尨尯，行不正也。”此處或當作“行不正”。

⑤ 反切下字“減”當作“咸”。《廣韻·咸韻》：“尵，古咸切。”茲據校改。

⑥ 反切上字“古”當作“胡”。《廣韻·齊韻》：“尵，户圭切。”“胡”與“户”皆匣母字。茲據校改。

⑦ 反切下字“擊”當作“較”。《名義·尣部》：“尵，丑較反。”茲據校改。

厬烏咸(感)反。蹇。①

大部第百六

七十字

大正達賴反,去;偏(徧)也,巨也,泰。借他盖反,去;又借徒賀反,去;太甚也。②

奎苦圭反。人兩髀閒也。

奩匸力檢反。篋也。

奮奮同作。非分反。揮也,振也,舒也。

奮上字。可從"田"。又可從"少","奮"作是也。

奔又作犇。補門反。走也。又布昆反。犕(驫)同。③

奄應儉反,上;忽也,火(大),急(息)也。④

奢式車、舒耶二反,平;勝也,張也。張者,強也,泰侈(侈)也。⑤

奰口(呼)括反。大開目也。目見波利太利。⑥

夾古洽、胡頰二反。近也,持也,至也,夾兩邊至也。夾字。

尖千廉反,平;銳也。

奊大(火)條、口條二反。長大也,寬也,宏也。⑦

奔方(芳)万反,去;上人(大)也。⑧

奓丁刃(加)反,平;張也,下多。⑨

夸古(苦)瓜反,平;大也,□□。⑩

呙户化反,去;大口。

奞口引(呼計)反,入;肥壯也。⑪

奧烏到反,去;深□□□□□。

---

① 反切下字"咸"當作"感"。《名義·尢部》:"厬,烏感反。"茲據校改。

② 注文"偏"當作"徧"。《禮記·郊特牲》:"大報天而主日也。"鄭玄注:"大,猶徧也。"茲據校改。

③ 注文"犕"當爲"驫"的異體。《玄應音義》卷七"犇走"條:"古文驫,今作奔,同。"

④ 注文"火"疑當作"大","急"疑當作"息"。《廣雅·釋詁一》:"奄,大也。"《廣雅·釋詁二》:"奄,息也。"茲據校改。各本末有"由太介志(ゆたけし【豊けし】)"。

⑤ 注文"侈"當作"侈"。各本作"泰侈也"。《玉篇·大部》:"奢,侈也,泰也。"茲據校改。

⑥ 反切上字"口"當作"呼"。《廣韻·末韻》:"奰,呼括切。"茲據校改。目見波利太利(め【目】みはり【見張り】たり)。

⑦ 反切上字"大"當作"火"。《玉篇·大部》:"奊,火幺、口幺二切。"茲據校改。

⑧ 反切上字"方"當作"芳",注文"人"當作"大"。《廣韻·願韻》:"奔,芳万切。"《名義·大部》:"奔,上大。"茲據校改。

⑨ 反切下字"刃"當作"加"。《廣韻·麻韻》:"奓,陟加切。"茲據校改。

⑩ 反切上字"古"當作"苦"。《廣韻·麻韻》:"夸,苦瓜切。"茲據校改。

⑪ 反切用字"口引"當作"呼計"。《廣韻·霽韻》:"奞,呼計切。"茲據校補。

□□□□上□□。

□□□□□□。

奮 在田部。大小田（畚），二同。①

叟 □□□□□。

□□□□□□。

□□□□□□。

□（夲）丁計反，去；大也。②

戫 □□□□□。

央 於香反。極也，久也，句（内）也，中也。③

契 正口許（計）□（反）。□□（借息）舌反，在尻廾部，入；急也，闊也。又古（苦）結反。④

夳 泰字古文。在夲部。

夒 九縛反。健白（皃）。⑤

裔 丁條反。綢（綢）字。大也，多也。⑥

夅 口才反。大也。夋字。

夻 胡公也（公胡反）。大也。⑦

查 禹安、禹晩二反。奢也，大口也。

戴 雉懷（慄）反。大也。⑧

夲 午吻反。大也。

夼 飢薤反。大也。古价字，又介字。

柴 猜紫反。直大也。

夷 餘之反。明也。平人也，凡人也。易也，直也，然也，毀也，簡易之道也，常也，滅，竭，
急也。⑨

---

① 注文"大小田"當作"畚"字。觀智院本《名義類聚抄·仏下·大部》："畚畚，音本，草器。"《王一·混韻》："畚，草器。亦作畚。"《王一》"畚"字即作"畚"，形似"大小田"。"畚畚"二字皆"畚"俗字，本書田部有"畚"字。《廣韻·混韻》"畚"字又作"畚"。兹據校改。

② 字頭殘。《名義·大部》："夲，丁計反。大。"兹據校改。

③ 注文"句"當作"内"，據本書文尻八點部"央"字條改。

④ 注文"許"當作"計"，"許"下殘，注文"古"當作"苦"。《名義·大部》："契，口計反。"《新撰字鏡·文尻廾部》："挈，正口許（計）反。……借息舌反。古文作离、禼二形。從大，在大部。"《廣韻·屑韻》："契，苦結切。"兹據改補。"息舌反"即"离"字音。

⑤ 注文"白"當作"皃"。《廣韻·藥韻》："夒，健皃。"兹據校改。

⑥ 注文"綢"當作"綢"。《廣韻·蕭韻》："綢，大也。多也。裔，上同。"兹據校改。

⑦ 注文"胡公也"當作"公胡反"。《名義·大部》："夻，胡公反。"《玉篇·大部》："夻，公胡切。"《廣韻·模韻》："夻，古胡切。""胡公反"當是"公胡反"之倒。兹據校改。

⑧ 反切下字"懷"當作"慄"。《玉篇·大部》："戴，雉慄切。"《名義》作"揀"，"揀"當是誤字。兹據校改。

⑨ 《尚書·泰誓中》："受有億兆夷人。"孔安國注："平人，凡人也。"

奃才耶反。大口也。

奜扶畏、浦鬼二反。㙬字。塵也。

奯方結反。𡙞字。大也。

奫居云反。軍古文。万二千五百人。

奭口大反。古歁(㱿)字。代(伐)也,擊也。①

奓仕下反。自大也。

太他頪(賴)反。大也,甚也。泰字。驕也,通也。②

夰上□(字)。

奕餘石反。弈字。

奰皮秘反。怒也,迫,“奰,□(壯)大也”者,不醉而怒。③

奚胡題反。大腹也,何也,媄。

耎儒兖反。弱也。

奱義纏反。拳勇字。

奄常倫反。大皃。

夰胡老反,上;施也。④

套他浩反,上;衣脹神也,衣寬大皃也,長也。⑤

达他計反。在辶部。

汏□(軑)鈦□□□(徒盖反),去;上:濤。□(中):□□(車鎋)。下:鉗也。⑥

奞都盍反。大耳。

奘徂浪反。駔也,大也,凡人大也。

奐呼□□(段反)。衆多也,官也,之(文)采也,大也。⑦

奭奭式亦反。盛也,驚而視皃。⑧

奭可從目。⑨

---

① 注文“歁”當作“㱿”,“代”當作“伐”。《名義·支部》:“㱿,口大反。擊也,伐也。”茲據校改。

② 反切下字“頪”當作“賴”。《名義·大部》:“太,他賴反。”茲據校改。

③ 注文“奰”下一字殘。《名義·大部》:“奰,皮秘反。怒也,迫也,奘也。”《説文·大部》:“奰,壯大也。”《玄應音義》卷七“力奰”條、卷十一“奰屓”條皆引作“壯大也”。“奘”恐是“壯大”誤合。茲據校補。《詩·大雅·蕩》:“内奰于中國。”毛傳:“奰,怒也,不醉而怒曰奰。”

④《説文·夰部》:“夰,放也。”《名義·夰部》:“夰,於也,放也。”“於”與“施”當有一誤,或皆“放”字之誤。

⑤ 注文“神”疑當作“伸”。

⑥ 此條殘泐過甚,當出《切韻》。《裴韻》《全王·泰韻》徒盖反:“汏,濤汏。”下接:“軑,車鎋。”再下接:“鈦,鉗鈦。”三字相連,故此處逐一分辨之。茲據校補。

⑦ “呼”下殘,注文“之”當作“文”。《王一》《全王·翰韻》呼段反:“奐,文彩。”茲據補改。

⑧ “驚”下原有“也”字。《字鏡》無。《廣韻·昔韻》:“奭,盛也,又驚視皃。”茲據删。字頭二形原從雙“白”與雙“日”。

⑨ 字頭原從雙“目”。

猷本秘反，去；車軙。

猷以周反，平；謀也，道也。

凶由古字。

爽爽二同作。所兩反，平(上)；差也。在、點。[①]

奭。

犬部第百七

廿字

犬苦泫□(反)，上。

獎子養反。助也，欲也，成也。奘，非字。

獎知羊反。强犬。

狀仕亮反。形。

獒牛高反。四尺犬也。

猌蒲□(内)反。過拂取。[②]

狋午吝反。犬張齗怒。

獻古庆字。

庆力計反。罪。在户部。

狊古獨字。

獎稗制反。

㲉(毂)呼木反。黄要也。[③]

狄狛字，在犭部。

獸鄒求(舒救)反。[④]

猒於艷反，去；餘也，安也，是(足)則定也，合意也。[⑤]

獻計違(許建)反。聖也，進也，貢也，聰明叡智爲獻。[⑥]

鼬徒木反，入；獸名，似鼠也。

獘綏字同。

猷在大部。若也，已也，圖也，若從也。

沃在水部。

---

① 注文"平"當作"上"。《廣韻·養韻》："爽，踈兩切。""爽"是上聲字。兹據校改。

② 反切下字殘。《名義·犬部》："猌，薄内反。"兹據校補。

③ 字頭"㲉"當作"毂"。《廣韻·屋韻》呼木切："毂，又名黄霄。"兹據校改。

④ 注文"鄒求"當作"舒救"。《廣韻·宥韻》："獸，舒救切。"兹據校改。

⑤ 注文"是"當作"足"。《方言》卷六："猒、塞，安也。"郭璞注："物足則定。"兹據校改。

⑥ 注文"計違"當作"許建"。《廣韻·願韻》："獻，許建切。"兹據校改。

猷ロク。①

隹部第百八
八十字

隹諸惟反。又准音。鳥之短尾捴名。

雙所江反，平；和也，兩也，偶。

翟大石反。山鳥。

准潍準三形作。之君(尹)反。平均也，度也。須久反。②

推在扌部。

維在糸部。

雉除理反。度也，理也，陳也。

鵨上古文。

帷在巾部。

雅□暇、魚碬二反。烏也，正也，素也，麗也。牙音。

雄碓□三形作。有宮、羽隆二反。士□，□(鳥)文(父)。③

雌此移反，平；鳥母也，没也，質也。④

蘺蕉二作。子由、似由二反。收束也，堅傅(縛)也。⑤

離雛□□(二作)。□(正)力雉反，平；□□(借力)智反。明也，絓也，陳也，過(遇)也，逢也，散也，去也，庚也，垂，歷也，得也，長也，衛也，搉也，兩皆磬也，別也，侍(待)也，刺也，絶也，放也，落也，坐也，立也，近也，遠也，分也，麁也，着也，麗□(也)。□(驪)字同，爲翟字，爲穲。重耳，卦名，謂午卦。⑥

憓(攜)惠家、永家二反。抱也。又榮珪反。⑦

唯翼誰反，平；獨也，由也。翼水反，上；又爲遺字。應也，諾也，詞也。

睢許佳反，平；又胥佳反，平；睢盱，視而无知也。⑧

---

① 此條不詳。

② 注文"君"當作"尹"。《廣韻·準韻》："準，之尹切。"茲據校改。須久(じゅん)反。

③ 注文"文"疑當作"父"，上殘"鳥"字。《名義·隹部》："雄，有宮反。鳥父。"茲據校改。

④ 注文"没"字稍殘。

⑤ 注文"傅"當作"縛"。《名義·韋部》："蕉，堅縛也。"茲據校改。

⑥ 注文"侍"當作"待"。《廣雅·釋詁二》："離，待也。"茲據校改。《新撰字鏡·隹部》："離，吕支反。力智反。驪字，在鳥部。又羅(罹)字也。又爲穲字，在禾部。……遇也，逢也。"

⑦ 字頭"憓"當作"攜"。净光房点儀軌資料有"南攜素皆黃"，"攜"字有右傍朱書"惠家反。揮也，抱也"，見松本光隆《高山寺藏儀軌資料における書入注の諸相》。茲據校改。

⑧ "佳"及"隹"旁字原皆作"侯"。《廣韻·脂韻》："睢，睢盱，視皃。"《慧琳音義》卷九十二"盱衡"條："司馬彪注云：盱，猶視而無知皃也。"

雜雥二形作。同也,諾也,詞也,衆也,廁也,交也。①

雕都堯反。惠留。②

䧺於容反,平;鶲,頭尾也,搖鳥也。③

誰市唯反。在言部。

催之由反。

讎上字。怨也。

售售同。視祐反。猶行也,買也。

雖**雜**二形同。息惟也(反),平;上在虫部。

雒旅各反。烏鶲也,鳥名,綠色。

閶涼進反。在門部。

丙(䰞)上古文。④

雀次(咨)略反。䨿。⑤

䨿力奚反。雀,色黑而黃也。

雛䨄二同。叙趣反。哺觳也,生而能食者。

雊雄同。胡(故)豆反。雄雌鳴也。⑥

雞**雛**來救反。雉晚子也。曉(晚)生者;小鷄也。⑦

雎齒時反。梟類。

雒鳴合(鳴含)反。雉属。⑧

雃甫証(誰)反。鳥名也。⑨

雅彥思反。鳥名。⑩

雞結奚反。鷄字。

雎時規、時惝二反。襠,雕也。

雅枯賢、枯耕二反。碪也,雕渠也。

雒古含、渠林二反。鳥名也。

---

① "諾也,詞也"爲上文"唯"字注文誤抄於此,此處原本應有其他二義。

② 惠留(える【彫る】)。

③ "鶲"字原從"隹"。《爾雅·釋鳥》:"鵯鶋,雖渠。"郭璞注:"雀屬也。飛則鳴,行則搖。"

④ 注文"丙"當作"䰞"。《説文·隹部》:"閶,今閶,似雛鶋而黃。䰞,籀文不省。"

⑤ 反切上字"次"當作"咨"。《名義·隹部》:"雀,咨畧反。"茲據校改。

⑥ 反切上字"胡"當作"故"。《名義·隹部》:"雊,故豆反。"茲據校改。第二形左旁當作"勾"。

⑦ 注文"曉"當作"晚"。《爾雅·釋鳥》:"雉之暮子爲鷚。"郭璞注:"晚生者。今呼少雞爲鷚。""小"與
　　"少"通。茲據校改。

⑧ 注文"鳴合"當作"鳴含"。《名義·隹部》:"雒,鳴含反。"茲據校改。

⑨ 反切下字"証"當作"誰"。《玉篇·隹部》:"雃,甫誰切。"《名義·隹部》:"雃,甫誰(誰)反。"茲據
　　校改。

⑩ 《説文繫傳·隹部》:"雅,彥思反。"

雊上字。

雁五諫、五旦二反。鳥也。雁字。

霍孚(呼)郭反。鳥缠(儵)忽也,急疾也。①

雡汝居反。鳶也,牟母也,鴿也。

翟上字。

雇胡皺反。在户部。

雊至支反。鳥也,度也。

雌餘力反。獵也,取也,激(繳)也,射也。②

雀上字。

鷇无附反。雀子也,鷄鷇。

難奴蘭反。艱也。

鸂鷀鷴三上古文。

雕七餘反。雕属。

鷫才恭反。桂林之中謂雜(鷄)爲鷫,鷄。③

雃居寒反。"射皮鈃"是也。④

雓古鵠反。雃也。

雊与居反。鷄子名。

雛充罩反。雀也。

雊人牛反。人姓。

雛仁眷反。雛也。

鵻且略反。鵲也。⑤

雉姑携反。雀(雉)谷。⑥

睢(雖)古覺(覓)反。鴿也。⑦

雦晉二同。子心反。難(鷄)。⑧

毦毛(亡)到反。鳥毛盛。⑨

---

① 注文"孚"當作"呼","缠"當作"儵"。《玄應音義》卷七"霍然"條:"呼郭反。案霍然,儵忽、急疾之皃也。"兹據校改。

② 反切上字"激"當作"繳"。《廣韻·職韻》:"雌,繳射也。"兹據校改。

③ 注文"雜"當作"鷄"。《方言》卷八:"鷄,桂林之中謂之割鷄,或曰鷫。"兹據校改。

④ 《周禮·夏官·射人》:"士以三耦射豻侯。"鄭玄注:"士與士射,則以豻皮飾侯。""豻侯"又作"干侯"。

⑤ 注文"雦"字疑當作"鵲"。

⑥ 注文"雀"當作"雉"。《廣韻·齊韻》:"雉,雉,谷名。"兹據校改。

⑦ 字頭"睢"當作"雖",反切下字"覺"當作"覓"。《玉篇·佳部》:"雖,古覓切。"兹據校改。

⑧ 注文"難"當作"鷄"。《廣韻·侵韻》:"雦,鷄之別名。"兹據校改。

⑨ 反切上字"毛"當作"亡"。《名義·佳部》:"毦,亡到反。"兹據校改。

雌瑜属反。鵒也。

鷽翬二同。餘據反。鳥名。

離吕支反。力智反。雛字,在鳥部。又羅(罹)字也。又爲穭字,在禾部。垂也,歷也,絓也,得也,長兒也,衛也,陳也,"[離]晡(肺)一"也,挃也,咎也,遇也,逢也,落也,散也,去也,兩也,別也,離遠也,別。①

罒(网)部第百九
廿一字

罒在數字部。②

署所音。位也,官也,置也,部署。③

罯音音。覆也。

蜀時燭反。桑虫。

罰扶發反。應罰也,折也。

羇羈二形同。寄宜反,平;我尒反。保太志。④

罷別計反。止也,去也,休也,已也,癃也,退也,歸也,畢也,散也,勞也,極也。户伊反。⑤

羆在連火部。

羂決見反。在网部。

羈釦夷反,平;鞴字。

罽氣依反,又居例反。氈類。

罜罘罞三字,在大部。⑥

勗天虛(虛玉)反。國音。獨也,勉也,慎也。⑦

蠃〔蠃〕流音。須加留。⑧

孟勉也。

---

① 注文"羅"當作"罹","晡"當作"肺"。《新撰字鏡·网部》:"罹,離字也。"《儀禮·特牲饋食禮》:"離肺一,刌肺三。"鄭玄注:"離,猶挃也。"茲據校改。

② 數字部當指"四"字,此字頭似"四",故云。但今數字部内之字皆奪。

③ "署"與"所"皆音"しょ"。

④ 我尒(がに)反,未詳。保太志(ほだし【絆し】)。

⑤ 户伊(へい)反。

⑥ 字頭"罜"原在下"罞"字之上,有倒乙號。"罜"字亦在大部。

⑦ 注文"天虛"當作"虛玉"。《新撰字鏡·連字部》:"勗勵,虛玉反,力制反。"《玄應音義》卷四"勗勉"條:"虛玉反。"茲據校改。"勗"與"國"皆音"こく"。

⑧ "蠃"音"るい","流"音"る",二字音近。須加留(すがる【蜾蠃】)。蓋"蠃"與"蠃"形近相混。

罪徂猥反。納（綱）也，辜。①

罨丘員反，平；小幬。

罶莫飽反。魚梁。②

罬睹利反。罝字。赦也，立也。

爽所兩反。爽：明也，安也，差也，貳也。屬，烈也。敗也，咸（忒）也，猛也，過也，傷也，減也，青（責）也。③

爻胡交反。交也。

希虛衣反。摩也，施也，止也，散也，疏也。

此上三字ココニ不可入書。④

方部第百十

方与弓通耳，六十四字

方四方也，□（事）也，榘也，柎也，有也，正也，極良也，齊也，房也，則也，向也，法術也。府良反，平；盛也，始也，正也，義也，爲也，舫也，宜也，等也，道也，常也，方猶文章也，藥方也，別也，大也，"[方]以類聚"也，所□（也），竝也。⑤

弳古犬、渠向二反。施置於道曰弳。⑥

斾蒲帶反。㫍垂皃，言度也，大旗也。

斿旅周反。旅（斿）章。⑦

---

① 注文"納"當作"綱"。P.5531、《王一》《全王·賄韻》："罪，綱。"（P.5531 訛作"細"）"綱"爲"網"俗字。《說文·网部》："罪，捕魚竹网。"茲據校改。

② 《廣韻·有韻》力久切："罶，魚梁。卯，上同。"《廣韻·巧韻》："昴，莫飽切。""卯"又爲"昴"俗字，故此處云"莫飽反"。

③ 注文"咸"當作"忒"，"青"當作"責"。《名義·夊部》："爽，明也，差也，忒也，傷也，咸（減）也，青（責）也。"詳見《原本玉篇》。《廣雅·釋詁一》："爽，責也。"茲據校改。《楚辭·招魂》："露雞臛蠵，厲而不爽些。"王逸注："厲，列也。爽，敗也。楚人名羹敗曰爽。"《原本玉篇》作"烈"，此"屬烈也"非"爽"字釋義。

④ "ココニ（ここに【此に】）"，即"此處"之義。此三字皆有"爻"旁，似當在爻部。《原本玉篇》"爽"字在夊部，"爻""希"字在爻部。本書卷十一有爻部。

⑤ 此條出《原本玉篇》，殘字據《原本玉篇》補。"柎"同"泭"，《原本玉篇》作"柎"，今本《詩·周南·漢廣》"不可方思"毛傳作"泭"。此注文有二"正也"，前一處出《毛詩》鄭玄注，後二處出《廣雅》。"盛"字未詳，《原本玉篇》無此義，疑有訛誤。《原本玉篇·舟部》："舫，野王案，《說文》以方舟之舫爲方字，在方部。"《禮記·樂器》："方以類聚，物以群分，則性命不同矣。"

⑥ "古犬反"爲"弳"字音。《玄應音義》卷十"弳弳"條："古犬反。下渠向反。"

⑦ 注文"旅"當作"斿"。《詩·商頌·長發》："爲下國綴斿。"毛傳："斿，章也。"茲據校改。

旗渠基反。表也。[旗]亭，市樓也。①

旌子盈反。德也，章也，表也。

旐治旐(繞)反。[緇]廣充幅，長[尋]曰旐。又龜蛇爲旐。②

弼弜弨弼四形同。又作敳。比筆反。重也，高也，上，輔也，正也。

敳上古文。

膂今作呂。力舉反。脊也，脊骨也。

弭亡尒反。角弓也，上(止)也，亡(忘)，滅也，息也，安也。③

弬上字。

彌舒(餘)招反。弓便利也。④

弘胡肱(肱)反。廣也，大也，多也，弓聲也。⑤

施舒移反，平；行也，賦也，教也，著也，尸也。又式豉反。翕合也，与也，易也。施施，舒行也。功勞也，移也，延也。

彏弛二上字。⑥

垔居掾反。繼也。

弦胡萌反。肱字。

彌餘粥、扶桒(袁)二反。粥也，養也，生也。⑦

旌資盈反。[注]毛首曰旌。⑧

旂巨衣反。下。懸鈴於竿頭，畫蛟龍於旂上也。⑨

肳亡物反。旌旗也。又勿字。

旓補照反。旌旗飛揚之皃。

---

① 《玉篇·㫃部》：“旗，又旗亭，市門樓表也。”《史記·三代世表》：“臣爲郎時，與方士考功會旗亭下。”裴駰集解引《西京賦》薛綜注：“旗亭，市樓也。”

② 注文“旐”當作“繞”，“廣”上奪“緇”字，“長”下奪“尋”字。《玄應音義》卷二十“建旐”條：“治繞反。《爾雅》：緇廣充幅，長尋曰旐。”茲據改補。

③ 注文“上”當作“止”，“亡”當作“忘”。《玉篇·弓部》：“弭，息也，忘也，止也，安也，滅也。”《名義·弓部》：“弭，止也，息也，忘也，安也。”茲據校改。

④ 反切上字“舒”當作“餘”。《廣韻·宵韻》：“彌，餘昭切。”茲據校改。

⑤ 反切下字“肱”當作“肱”。《廣韻·登韻》：“弘，胡肱切。”茲據校改。

⑥ 《説文·弓部》：“弛，弓解也。彏，弛或从虒。”“弛”同“弛”，“施”通“弛”。

⑦ 注文“桒”當作“袁”。《玉篇·弜部》：“彌，弋粥切，又扶袁切。”茲據校改。

⑧ 注文“毛”上奪“注”字。《玄應音義》卷十九“旌旗”條：“《爾雅》：注毛首曰旌。”《爾雅·釋天》：“注旄首曰旌。”“毛”通“旄”。此處蓋以爲“注”爲《爾雅》注之義而誤刪。茲據改補。

⑨ 《玄應音義》卷十九“旌旂”條：“下巨衣反。《爾雅》：有鈴曰旂。郭璞曰：懸鈴於竿頭，畫蛟龍於旂上也。”此“反”下之“下”字蓋涉“下巨衣反”而衍。

捙竪釗反,去;上。懸繩望視。①

搏上字。

斾旜同。之綿反。旌旗之属,助也,飾也。

旋辞緣反。久轉也,迴也,□也,還也,小便也,言便也,容止也,繞也,疾也,轉也。②

旐叙醉反。其文德也。③

旜上字。

旛古會反。斾也。

𣃘(彄)口侯反。可從弓。

旒与堯反。旌旗之流也。

旅閭舉反。五百軍曰旅,衆也,伴侶曰旅也。

旋(旋)以(似)宣反。封(轉)也,迴也,遠(還)也。④

旗旗二形同。以与反。旂也,勇也,揚也。波太。⑤

放正方尚反,去;棄也,逐也,去也,散也,效也。借方往反,上;比也,依擬也,學也。

旟於鳥反。旗也。

强正求郎反,平;望(堅)也,當也,勸也,暴也,勤也,感(盛)也,憨也,蚚属也。借其兩反,上;迫也。⑥

强上字。

斿以周反,平;旌旗末垂者。

旇普皮反。長皃,靡也。

旛妨園反。幡胡也,旒也。

於憶呂(閭)、猗胡二反。伐(代)也,如也,是也。是者,則也。居也。古文烏字。⑦

族正叙鹿反。類也,聚也。借倉豆反。湊也。挨同。

---

① S.617《俗務要名林》:"捙,懸繩望直。竪釗反。"《康熙字典·手部》:"捙,'《集韻》:……望繩取正。《周禮》置槷以縣是也。'今山東匠人猶言懸繩視正爲捙。""捙"同"抴",《漢語大字典》收"捙"。此"上"字不詳,蓋"上下"之"上",見上文"斾"字條。
② 注文殘字從"辶",疑是"返"字。
③ 《周禮·春官·司常》:"道車載旜,斿車載旐。"鄭注"全羽、析羽,五色象其文德也。"
④ 字頭當作"旋",注文"以"當作"似","封"當作"轉","遠"當作"還"。《廣韻·仙韻》似宣切:"旋,還也。"《名義·㫃部》:"旋,周也,行也,還也,轉也。"茲據校改。
⑤ 《周禮·春官·司常》:"鳥隼爲旗……州里建旗。"鄭玄注:"鳥隼,象其勇也。"各本"勇也"上有"旌也,旗之属也"。波太(はた【旗】)。
⑥ 注文"望"當作"堅","感"當作"盛"。《玄應音義》卷六"强識"條:"强,堅也。"《戰國策·秦策四》:"兵革之强。"高誘注:"强,盛也。"茲據校改。
⑦ 注文"呂"當作"閭","伐"當作"代"。《名義·㫃部》:"於,憶閭、猗居、[猗]明二(胡三)反。"《爾雅·釋詁下》:"於,代也。"茲據校改。

旇於業、於儼二反。□(掩)寃也,旇,欝(欒冈)也。①

旜欣飛反。揮字。動也,振也,竭也。

彈但干反。乱也,嫌也,拼也。拼,使也,謂使指出聲也。嫌弃之皃,糺也。

旟奢字。式車反。泰侈也。②

弥美卑反,平;益也,加也,滿也,廣也,終也,轉也,合也,弊也,縫也,縫弊也,縫補納也。

張陟良反。開也,舒也,宿也,大也,張弓也,人姓也。③

旀(敆)文筆反。《書》云:"旀惜(敆諧)尔後"也。此字未詳也。④

旓撫昭反,平;旌旗動也。

弘胡肱反。廣大也,多也。

彊亡支反。廣也,遠也。弥字。

彌上字。

引弘同作。餘忍反,上;牽也,長也,導也,正也,申也,陳也,覃也,進也。借以振反。專也,固也,堅也,必也,故也,常也,陋也。

弙於孤反。指麾也,引也。

斾烏可反。

旄亡高反。軍陣之旄。波太。⑤

旎女綺反。柔弱。今方字、与(弓)字,按明別也,旎長迫也,通而作者,書人不弁也,故可知。

斎。

弓部第百十一
五十五字

弓居雄反。盖橑也。⑥

弭亡尔反。角弓也。

弬上字。

---

① 注文"寃"上一字殘,僅存"奄"旁。注文"欝"當作"欒冈"。《名義·旇部》:"旇,欒冈。"《廣雅·釋器》:"旓,率也。""旇"疑同"旓","欒"同"率","冈"同"网"。《集韻·琰韻》:"旓,覆車冈。"《詩·王風·兔爰》:"雉離于罦。"毛傳:"罦,覆車也。"孔穎達疏:"孫炎曰:覆車網,可以掩兔者也。"茲據補改。《廣韻》《玉篇》"旓,掩光",當作"旓,掩兔"。

② 此字不詳,形似"張"字。

③ "宿"指南方星宿"張月鹿"。

④ 字頭原作"旀",據形音,當是"敆"字,同"弼"。《尚書·皋陶謨》:"曰若稽古。皋陶曰:'允迪厥德,謨明弼諧。'禹曰:'俞! 如何?'""惜"蓋"諧"字之誤。"尔後"未詳。

⑤ 波太(はた【旗】)。

⑥ 《周禮·考工記·輪人》:"弓鑿廣四枚。"鄭玄注:"弓,蓋橑也。"

弴丁條、丁昆二反。弓也,矢(天)子弴弓。①

弤上字。

弲火玄反。角弓。

弰上字。

綤舒(餘)招反。弓便利。②

弸〔掤〕鄙矜反。弓彊兒。□(覆)矢爲掤。③

彎於關反。引也,持弓開矢。

弙於孤反。弓也。又扜字。扜,持也,張。④

弘胡肱反。弓聲。

弞他勞反。綑字。弓衣也。

弩奴古反。大弓。

彉彍同。古鑊反。滿弩也,張也。亦擴字。

彈比謐反。躲也,"彈反"是也,賀也,舒也。⑤

弲弙同作。胡弟、牛弟二反。善射也。羿字也。

弆虛業反。弓弽。

弬女志(恚)反。弼弬也。⑥

幥禹萌反。帳起兒。

彋於玄反。弓上下曲中。

弊補計反。弓庪。

弮上字。

弡猪甈反。彈曰弡。

彏五責反。束弓弩也。又輨。遂也,履頭也。

弣乎(孚)主、〔芳〕跌二反。弓把也,柄也。⑦

弔都狄反。的字。的,躲質也。

扜胡旦反。"拒扜開(關)之口"。⑧

弣都礼反。舜反(弓)。⑨

————————

① 注文"矢"當作"天"。《廣韻·魂韻》:"弴,天子弴弓。"茲據校改。
② 反切上字"舒"當作"餘"。《廣韻·宵韻》:"綤,餘昭切。"茲據校改。
③ 注文"矢"上一字殘。《說文·手部》:"掤,所以覆矢也。《詩》曰:抑釋掤忌。"《全王·蒸韻》:"掤,覆矢。又作弸。"《裴韻·蒸韻》:"弸,覆天(矢)。又作掤。"茲據校補。
④ 注文"弓也"前當有脫文,疑當作"扜弓也"或"張弓也"。
⑤ 注文後三義不詳。《楚辭·天問》:"羿焉彈日?""彈反"或當作"彈日"。
⑥ 反切下字"志"當作"恚"。《廣韻·寘韻》:"弬,女恚切。"茲據校改。
⑦ 注文"乎"當作"孚","跌"上奪"芳"字。《玉篇·弓部》:"弣,孚主、芳夫二切。"茲據校改。
⑧ 注文"開"當作"關"。《玉篇·弓部》:"扜,《史記》:拒扜關之口。"茲據校改。
⑨ 注文"反"當作"弓"。《名義·弓部》:"弡,舜弓。"茲據校改。

弢 司駿反。弓也，蕭也。①

㓥（栞）口丹反。刊字古文。削也，除也，定也。②

彊 其良反，平；弓有力也，暴也，極也，强也，健也，勤也，堅也，勸也。

强 上字。③

弸 皮筆反。備也。又悲字。

粥 正之育反，入；賣也。賣字。糜也，饘也。借餘祝反。

鬻 上字。

殭 彊 三形同。先彫反，□（平）；弓□（弸）。④

弧 弲同。侯孤反。木弓也，庆也，繁也。

弦 兮年反。弓之繩也。又絃。急也，疾也。⑤

弬 鋪更反。弓。

弶 口侯反。弓加介。⑥

彄 九縛反。調弓之兒，弓張也。

弰 所交、所李（孝）二反。弓弰也，弓使箭也。⑦

彊 弽 二形作。其員、居員二反。弓曲也。

引 弘同作。餘忍反，上；開弓也。

弽 之甲反。弓弽。

韘 上字。玦也。弓加介。⑧

弨 □□□□□（充小、昌遥二反）。而（曲）也，施（弛）也，網也。□（弓）波自久，又保度
己須。⑨

---

① 《廣韻·稕韻》：“弢，弓弸。”《玉篇·弓部》：“弢，弸也。”《名義·弓部》：“弢，蕭也。”《集韻·稕韻》：
“弢，弓簫。”《集韻·彫韻》：“弸，弓弰頭也。或作殭。通作簫。”“蕭”“簫”蓋通“弸”字，此處疑當
作“弓蕭也”。

② 字頭當作“栞”。《説文·木部》：“栞，槎識也。《夏書》曰：‘隨山栞木。’讀若刊。栞，篆文从开。”《漢
書·地理志》：“隨山栞木。”顏師古注：“栞，古刊字。”茲據校改。

③ 字頭原作“强”。

④ 注文“弓”之上下二字殘。《廣韻·蕭韻》蘇彫切：“弸，弓弰。”茲據校補。

⑤ “反”下原衍一“反”字，據文例刪。

⑥ 弓加介（ゆがけ【弓懸·弽·韘】）。

⑦ “所李”不詳，“李”疑“孝”之誤。《可洪音義》“稍”有“所孝反”。

⑧ 《説文·韋部》：“韘，射決也。弽，韘或从弓。”《詩·衛風·芄蘭》：“童子佩韘。”毛傳：“韘，玦也。”弓
加介（ゆがけ【弓懸·弽·韘】）。

⑨ 注文殘字據各本方部“弨”字補。注文“而”當作“曲”，“施”當作“弛”。《廣韻·小韻》：“弨，弓反
曲。”《廣韻·宵韻》：“弨，弓弛兒。”茲據校改。“網也”不詳。弓波自久（ゆ【弓】はじく【弾く】），又
保度己須（ほどこす【施す】）。

片部第百十二

卅二字

片遍音。放也,偏也,判也,半也,禪也,嫌也。①

牓補郎(朗)反,上;牌也,題也。②

牌𤖀二形同。步皆反。札也,藉也。

版補間(偁)反。判也,築版。又作板。③

牒大甲反。簡也,机(札)也。布弥太。④

牖羊用(有)反,上;在屋曰窓,在廧[曰]牖。⑤

牀𤖵二形同。大老反。假脚板床也。⑥

藟楅同。布力反。蔓生。

牘大木反,入;版。

牘七回反,平;牖(牘)也。⑦

牋牋二形同。子天反,平;啓也。又箋字。

牑劈古文。疋狄反。破也。

牑他各反。廣也,開也,□判也。

牒魚怯反。大板曰牒。

牉判字,在刂部。

牘杜回反,平;牘也,屋破狀。

牓户戈反,平;棺頭。

牏遊遇□(反),□(去);築垣□(短)板也。⑧

牖補旆反。床上板。

牒先協反。小契也。

牒牒二同。力見反。木解理也。

牒是殊反。所以遏水。

---

① "片"與"遍"皆音"へん"。"放也,嫌也"不詳。
② 反切下字"郎"當作"朗"。《廣韻·蕩韻》:"牓,北朗切。"茲據校改。
③ 反切下字"間"當作"偁"。《名義·片部》:"版,補偁反。"茲據校改。
④ 注文"机"當作"札"。《説文·片部》:"牒,札也。"茲據校改。布弥太(ふみた【札·簡】)。
⑤ 注文"用"當作"有","在"下原有"下"字,"廧"下奪"曰"字。《廣韻·有韻》:"牖,與久切。""有"是有韻字。《説文·囱部》:"囱,在墻曰牖,在屋曰囱。窗,或从穴。""廧"同"墻"。茲據改刪補。
⑥ 注文不詳。《全王·小韻》直小反:"牀,牀板。"
⑦ 注文"牖"當作"牘"。《廣韻·灰韻》:"牘,牘牖。"茲據校改。
⑧ 反切上字"遊"疑誤。注文殘。《廣韻·遇韻》持遇切:"牏,築垣短板。"此處反切爲去聲。茲據校補。

　　瞜力珠反。脉瞜也。

　　愡楚江反。窓字。

　　胗渠姚反。几也。

　　牖蒲秘反。牏橫。

　　掊扶來反。版也。

戈部第百十三

百廿字

　　戈古和反,平;戟。

　　戒戒二形同。下界反。備也,驚(警)也,愼也。梵云"三婆羅"即"禁戒",又禁義也。①

　　歳歳歳三形作。思□(綴)反。載也。②

　　歳戯歳歳歳戈戌二形。歳古文。③

　　戉禹月反。大斧也。鉞字。

　　戚且歷反。斧也。戉字。④

　　蹙感麼感五形同。子六反。迫也,急也,慼也。或作踧。⑤

　　熭不勿反。燀也,盛皃。

　　熾在火部。

　　織在言(糸)部。⑥

　　軄在身部。戠,二同。⑦

　　戜熾古文。

　　賊在貝部。

　　戢側立反,入;止也,亦荷思,藏也,聚也,斂也,儉也,擸也。⑧

　　殱戔二形同。子廉反。盡也,絶也,田器也。

---

① 注文"驚"當作"警"。《廣韻·怪韻》:"戒,警也。"茲據校改。《玄應音義》卷十四"説戒"條:"古薤反。戒亦律之別義也。梵言三婆囉,此譯云禁戒者,亦禁義也。""下界反"爲"械"字音,與"戒"不同,此蓋誤混。

② 反切下字殘。《名義·步部》:"歳,思惠反。"《字鏡》有"思綴反,思惠、相鋭二反"三音,此殘字作"乴",當是"綴"字,此音同"相鋭反"。茲據校補。

③ 此共七形,"二形"不詳。

④ "戚"與"戉"義同,但非異體。《説文·戉部》:"戚,戉也。"

⑤ 此共四形,或奪一形,或連上條"戚"字共爲四形。

⑥ 注文"言"當作"糸"。《新撰字鏡·糸部》有"織"字。茲據校改。或字頭當作"識",本書言部亦有"識"字。

⑦ 此云"二同",或奪"職"字。

⑧ 注文"儉"當通"斂"。"亦荷思,擸也"不詳。

殀上古文。

慼憾戚𢦏四字同。且的反。近也,相親。

戟己劇反。雄戈。

戮又作𢦛。力鞠反。辱也,煞也。

鹹醎二形同。胡減(緘)反。銜也。①

𢦤印尒反。又鬼音。②

馘古獲反,入;割耳。

𢦟徒結反。常也,大也,□(利)也。③

或𢧁二形作。胡國反。有也,疑或也。

戰居寒反。扞也,扞敝也。

咸胡讒反,平;皆也,速也,同也。

感正古坎反,上;□(動)也,傷也。借胡暗反,去;□(恨)也。④

戡餘忍反。長倉(槍)也。⑤

蠚且激反。蟾。

戲正欣義反,去;三軍之偏也,兵也,謔也,嬉遊也,一曰狡獪也。

戯上字。

盛正市正反,去;隆也,煽熾也,茂也。借時征反,平。

晟上字。

觱正有物反。可吹以相呼也。借卑謐反。

戒古薤反。備也,具也,敬(警)也。⑥

載正子歲(戴)反,去;則也,設也,處也,歲,始也,閣,遽也,偽也,致也,識也。借昨載反,去;垂(乘)也,舟所載物也,祭也。⑦

戴側志反,去;大臠也。宍夫良曽也。⑧

---

① 注文"減"當作"緘"。《名義·卤部》:"鹹,胡緘反。"茲據校改。

② 此條不詳。《字鏡》字頭作"𢦤",似是"貳"字。《字鏡·戈篇》有異體與此字頭同。

③ "大也"下殘,剩"刂"旁。《名義·戈部》:"𢦟,利也,常也,大也。"茲據校補。

④ 注文"上"下一字殘,"去"下一字殘。《名義·心部》:"感,動也,傷也。"《名義·心部》:"憾,胡紺反。恨也。"茲據校補。

⑤ 注文"倉"當作"槍"。《廣韻·軫韻》:"戡,長槍也。"茲據校改。

⑥ 注文"敬"當作"警"。《說文·廾部》:"戒,警也。"茲據校改。

⑦ 注文"歲"當作"戴","垂"當作"乘"。《名義·車部》:"載,子戴反。"《玉篇·車部》:"載,乘也。"茲據校改。

⑧ 宍夫良曽(ししふらそ)也,各本作"志之牟良(ししむら【肉叢·㸌】)"。

戰之善(繕)反，去；鬭戰也，懼也，何也，驚也，延也，□(恐)也，動也。①

䁖 臧臧臧四形作。則郎反。善也，厚也。可從臣。

肇肇二形作。馳矯反。謀，長也，正也，始也，敏也。

戩□(勇)字古文。踰腫反。②

戙如欲反。戟子也。

籤七廉反。竹針。

㦸五勞反。戟鋒。

㦸 戔二形同。士間反。谷□(名)也。③

戎而隆、如終二反。相也，大也，汝也，兵車也，並也，乃也，利也，戟(拔)也。④

威於非反，平；畏也，則也，懼也，威德也。

惑於六(胡國)反。迷也，乱也。⑤

緎於六反。文章也。

帗(幗)古内反，去；巾也。⑥

戩子益(輦)反，上；禍(福)也。又子踐反。滅也。今作翦。⑦

烖災字。

栽祖來反，平；種也。

成市征反。平也。

鬨徒弄反，去；舩纜所繫也。

殘殘二同。昨干反。

---

① 注文"善"當作"繕"，"延也"下一字殘。《名義·車部》："戰，之繕反。"《廣韻·線韻》："戰，懼也，恐
也。"殘字作"　"，與"恐(恐)"相合。茲據改補。《名義·車部》："戰，延。"呂校："'延'疑當作
'征'。"馬小川《〈篆隸萬象名義〉新校》："字作'延'應不誤。《白虎通·誅伐》：'戰者何謂也？《尚書
大傳》曰：戰者，憚警之也。《春秋讖》曰：戰者，延改也。'"此"何也"或即"何謂也"，則"延也"蓋出
"延改也"。

② "字"上一字殘。《玉篇·戈部》："戩，古勇字。"茲據校補。

③ "谷"下一字殘。《玉篇·谷部》："戔，谷名。"茲據校補。

④ 注文"戟"當作"拔"。《名義·戈部》："戎，大也，兵，相也，乃也，利也，軍也，拔也。"《廣雅·釋詁
三》："戎，拔也。"《方言》卷三："戎，拔也。自關而東、江淮南楚之間或曰戎。"茲據校改。馬小川
《〈篆隸萬象名義〉新校》："'戎'與'汝''乃''而'等字聲轉相通，在上古表示第二人稱代詞，此處
'戎'訓'乃'有理。又'利也'非'戎'義訓，疑出自《周易·夬》：'揚于王庭，孚號有屬。告自邑，不
利即戎。利有攸往。'而爲文獻誤截。"可參。"並也"不詳。

⑤ 反切"於六"當作"胡國"。《名義·心部》："惑，胡國反。""於六反"爲下"緎"字音。茲據校改。

⑥ 各本末有和訓"太乃己比(たのごい【手拭】)"。《師説抄》疑字頭乃"幗"字誤，和訓混"帗"字，是
也。"古内反"當是倭音"かい"。《玉篇·巾部》："帗，音介。幘也。幗，同上。"

⑦ 注文"益"當作"輦"，"禍"當作"福"。《廣韻·獮韻》即淺切："戩，福祥也。"《字鏡》音"姊輦反"，音
合。茲據校改。

甙徒甘(戴)反。甘也。①

戔昨干反。《易》曰："束帛戔[戔]。"②

戲𧇾二同。昨閑反。虎淺文皃也。

戕疾良反,平;他國臣來弑君也,殘也,壞也。

我五可反,上也。③

弒式吏反,去。

戍傷遇反,去;守邊也,守也,舍也,遏也。④

弌上字。可從人。⑤

戴丈代反,去;昨醬(酢漿)。⑥

呵加可、許訶二反,上;系舩弋也。

戣其規反,去(平);㦰属。⑦

𢧑(戣)遺(匱)非反,平;兵器。⑧

義𦍒二形作。午知(智)反。志思也,宜也。⑨

韱思廉[反]。山韭也。

截充元(允)反。出也。蠢字也。⑩

敆古頟反。捕敆也,鬭也。格字。正也,擊也,止也。

葅祖(阻)立反。菹也。⑪

截似節反。治也,"海内有截"也,齊整也,然也,煞斷也。⑫

戎矛字。莫侯反。在矛部。

滅减二作。綿熱反。盡也,亡也。在水部。

---

① 反切下字"甘"當作"戴"。《名義·甘部》:"甙,徒戴反。甘也。"此處反切下字蓋涉釋義而誤。茲據校改。

② 注文"戔"下奪"戔"字。《廣韻·寒韻》:"戔,《易》曰:束帛戔戔。"茲據校補。

③ 注文"上"當是四聲,"也"字上或奪注文。

④ 注文"守邊"原作"守守邊傷"。《說文·戈部》:"戍,守邊也。"茲據刪。

⑤ 注文"可從人"指上字左下旁或作"人"。

⑥ 注文"昨醬"當作"酢漿"。《說文·酉部》:"戴,酢漿也。"茲據校改。

⑦ 注文"去"當作"平"。此音爲平聲,且此字無去聲。茲據校改。

⑧ 字頭當作"戣",注文"遺"當作"匱"。《廣韻·脂韻》渠追切:"戣,兵器,戟屬。""匱"爲群母,"非"爲微韻,"匱非反"與"渠追切"音近。茲據校改。

⑨ 注文"知"當作"智"。《廣韻·寘韻》:"義,宜寄切。""智"爲寘韻字。"志思也"不詳。HDIC"志"字校作"去",即去聲之去。

⑩ 注文"元"當作"允"。《廣韻·準韻》:"截,尺尹切。""充允反"與"尺尹切"音同。茲據校改。

⑪ 反切上字"祖"字原作"𥘵",《敦煌俗字典》(第二版)引S.2165《青峰山祖誡肉偈》"青峰山祖誡肉偈"之"祖"字作"𥘵",與此似。注文"祖"疑當作"阻"。《廣韻·緝韻》:"葅,阻立切。"茲據校改。

⑫ 《詩·商頌·長發》:"海外有截。"鄭玄注:"截,整齊也。"文獻亦有作"海内有截"。"然"當與字頭連讀作"截然"。

戋古獲反。

聝上古文。割耳。

威許劣反。滅也。

澱子□（田）反，平；手院（浣）也，濯也。在水部。①

礆在石部。

壏在土部。

巇在山部。

識在言部。

戴貳忒二形同上。都代反。滇（頂）也。下他得反。短（疑），變也，更也。②

戧楚良反。復（傷）也。□（創）字古文。③

戠莊略反。古斬字。斬也。斷也。

戎戡上古（苦）扰反。煞也，剌也，戡也，勝也，克也。下竹甚、口含二反。勘字古文。④

戡子感反。速也，疾也。運（寁）字古文。⑤

馘聝二形同。古獲反。割耳也。

戴鳶二字同。在鳥部。

弋部第百十四

弋以息反，入；姓也，射鳥曰弋，橜也。

貣在貝部。

弒弑二形作。□（夷）職[反]。麦□（莖）也。⑥

貳而棄反，去；[貳]去（之）言二也，疑也，然也，副也，汙也，離也，變也，益也，敵也，代也，圍也，畔也。⑦

弎一字古文。

---

① 反切下字殘，注文"院"當作"浣"。《玄應音義》卷十五、卷十八"水澱"條："又作澱，同。子見反。"《新撰字鏡·水部》："澱，子田反，平；又子見反。手浣也，濯也。澱，上字同。"茲據補改。

② 注文"滇"當作"頂"，"短"當作"疑"。《字鏡·戈篇》："貳，頂也。"《玉篇·心部》："忒，疑也。"《新撰字鏡·心部》："忒，疑也，變也，更也。"茲據校改。

③ 注文"復"當作"傷"，"字"上一字殘。《玉篇·戈部》："戧，古創字。"《說文·刃部》："刅，傷也。創，刅或从刀，倉聲。"茲據校改。

④ 反切上字"古"當作"苦"。《名義·戈部》："戎，苦扰反。"茲據校改。

⑤ 注文"運"當作"寁"。《玉篇·戈部》："戡，古寁字。"茲據校改。

⑥ 注文殘奪，據《字鏡》補。

⑦ 注文"去"當作"之"，上省字頭"貳"。《玄應音義》卷二十一"猜貳"條："而棄反。貳之言二也。"蓋"之"字原誤作重文符，又回改作"去"，故誤。茲據改補。《左傳·僖公十五年》："其卜貳圉也。"杜預注："貳，代也。圉，惠公大子懷公。"此處誤以"圍"爲義。

弍三字古文。

戋哉**㦵**三形同。祖來反,平;辞也,始也,問（間）也,載也,言也,殆也,后（危）也。①

武無主反,上;健也,繼也,跡也,足跡也,冠卷也。

成戌二同。之出反。滅也,[戌]亥。戌者,恤也。②

式色音。用也,品也,法也,敬也。③

試在言部。

黓弋力反。晏（皂）。久利。鳥色也。④

斌府巾反。文質也。

甙大耐反,去;甘也。

㦮武字。止戈也,勇也。

戙徒棟反。舡左右大弋。

牂子郎反。係舩大弋也,牂也。

戓各何反。牂也。

戉矛字。

刀部第百十五
廿三字

刀〔刁〕正都高反,平;兵也,小舩曰刀。借都堯反,平;人姓,後也。⑤

切千結反。近也,割也,急也,務也,膾也,義也,迫也,斷也。又七齊反。

切刅二上作,可從七。

㓛〔功〕丁高、他勞二反。功也,勞也。⑥

劈疋狄反。破也,裂也,割也。

角斠字古文。古卓反。量也,平斗斛也。

---

① 注文"問"當作"間","后"疑當作"危"。《爾雅·釋詁下》:"哉,閒也。"《大戴禮記·曾子制言下》:
　"夫有世義者哉。"孔廣森補注:"哉,當爲禍栽之栽。"《爾雅·釋詁下》:"栽,危也。"茲據校改。

② "亥"上省字頭"戌"。《切三》《王一》《裴韻》《全王·質韻》辛聿反:"戌,戌亥。"茲據校補。"之出反"
　當是倭音"しゅつ"。

③ "式"與"色"皆"しき"（吳音）與"しょく"（漢音）。

④ 注文"晏"當作"皂"。《裴韻》《唐韻·職韻》:"黓,皂。"茲據校改。《廣雅·釋器》《玉篇·黑部》《集韻·
　職韻》:"黓,黑也。"久利（くり【栗】）,此或當作"くろ【黑】"。

⑤ 借音之下爲"刁"字釋義。《廣韻·蕭韻》:"刁,《風俗通》云:'齊大夫豎刁之後。'俗作刀。""豎刁"
　亦作"豎刀""豎貂"。"後也"蓋指"豎刁之後"。

⑥ 此條蓋"㓛"與"功"形近相混。

劣劵二形同。力咨反。[剝]也,劃也。①

勁勁二形同。古經也(反)。强堅也,勁殊。

刡剓字,在刂部。

初楚居反。始也,故也,[初]告(吉)也。[初]告(吉),朔日也。舒。②

刧固也。

功公音。勝也。

勦子小反,上;孔也,異也。③

劭市詔反。勉也,引也。

刧居業反。脅也。以刀去曰刧,故從刀、從去。④

劣說歷反。剔也,"剢劣[孕]婦"也。⑤

劈先列、魚乙二反。斷也,餘也。

韧口八反。功(巧)韧也。⑥

栔公八反。書(晝)臥也。⑦

碧吕灼反。利也。

刜創字,在刂部。

矛部第百十六

廿四字

矛莫侯反。鉾也。

戎上古文。

稂力當反。矛属,短鈹。

稽口太反。釰也,矛属也。

矜正渠巾反,平;矛柄也,允(危)也,憐也,苦也,哀也,遽也。又居陵反。慎也,大也,懃也,嚴

---

① "反"下疑奪"剝"字。《名義·刀部》:"劵,利(剝)也,書(劃)也。"《説文·刀部》:"劵,剝也,劃也。"茲據校補。

② 注文二"告"皆當作"吉",上省字頭"初"。《詩·小雅·小明》:"二月初吉。"毛傳:"初吉,朔日也。"茲據改補。

③ 此條釋義俟考。

④ 《説文·力部》:"劫,人欲去,以力脅止曰劫。或曰以力止去曰劫。"此從"刀"蓋俗字。

⑤ 《廣韻·錫韻》:"劣,他歷切。"反切上字"説"疑有誤,《名義》作"記"。《書·泰誓》:"剢剔孕婦。"

⑥ 注文"功"字《名義》同,當作"巧"。《説文·韧部》:"韧,巧韧也。"《新撰字鏡·刂部》:"韧,巧韧。"茲據校改。

⑦ "書臥",《名義》作"晝臥",《説文·韧部》:"栔,一曰栔,畫堅也。"疑當從《名義》作"晝臥",即"晝寢"之義。但此處所本待考。

也,急也,色也,慎也,喪也。①

　　欑欆二同。麁乱反。小矛也。又作鋑。矛長二丈。②

　　穜充容反。卓也,短矛也。剸字。

　　穜上字。童音。

　　喬正有出、視出二反。穿也,滿也,疾也。借況出反。飛兒。

　　稍所角反。鋑也,長一丈八尺。槊,上俗作。

　　祋許月反,入;敬也,獸不伐也。③

　　稭又白反。矛屬,簎。④

　　秪女陸反。刾。

　　芿呼敵反。矛也,短兵也。

　　犍己偃反。矛。

　　豥(狤)大(丈)買反。矛也。⑤

　　稈扶庸反。稱。

　　稜上字。

　　稱如庸反。矛有二横。

　　狆大冬反。刾。

　　葹時奢反。矛。鉈字。⑥

　　稷子心反。錐。

　　樬措江反。鏦字。矛。⑦

癶部第百十七

十二字

　　癶方末反,入;分也,別也,離也,解也,明也。

---

① 注文"允"當作"危"。《廣雅·釋詁一》:"矜,危也。"茲據校改。

② "又"下爲"矛"字釋義。《玄應音義》卷十一"欑矛"條:"《字詁》:古文鋑、欑二形,今作欆,同。麁亂反。欑,小矛也。矛或作鋑,同。莫侯反。《説文》:矛長二丈也。"《説文·矛部》:"矛,酋矛也。建於兵車,長二丈。"

③ 此條俟考。"許月反"爲"戉"字音,此右旁當作"戉"。疑是"戉"增旁俗字。

④ 《玄應音義》卷十六"筑簎"條:"《東京賦》云:瑎瑁不簎。薛綜曰:不叉稭取之也。《廣蒼》:胡餅家用簎。簎,刺。稭音又白反,矛屬也。"

⑤ 注文"大"當作"丈"。《名義·矛部》:"豥,丈置(買)反。"《廣韻·矛韻》:"豥,丈買切。矛也。"茲據校改。《廣韻·蟹韻》宅買切:"鷹,解鷹。豸貅,上同。"疑此當作"丈買反","豥""豵""貅"蓋皆爲"狤"字之誤。《集韻·蟹韻》:"鷹,或作觟、觟、狤。通作豸。"《廣韻》及《新撰字鏡》此處"矛也"蓋望形生訓。

⑥ 正字及異體當是"葹"與"鉈"。

⑦ 字頭同"樬"。《廣韻·江韻》:"鏦,短矛也。樬,上同。"

粲麁旦反。明也,亦鮮盛皃也,飡。

發方末反,入;放也,去也,射發也,發行也,出也,揚也,見也,起也,舒也,闓也,生也,出也,散也。

釐又作靁。乎惑(戒)反。菜也,葉似韭。①

癹癹二形作。疋葛反。蹈也。

祭子裔反。祀也,至也,薦也。

參正禾南反。隹也。借宗甘、所音二反,平;三也,分也,伺也,交也,割也,伐也。②

登在豆部。

娈又作㚼。七贊反,去;三女曰娈。

癸吉揆反。揆也,度也,足也。③

瞥察字,在宀部。

文尻廾部第百十八

廾二字

彝以昨(脂)反,平;尊也,常也,倫也,常器。在糸部也。④

弄善(羌)女、丘吕二反。藏也。⑤

弊〔奜〕覆也。毗祭反。仅(仆)也,頓,斷也。⑥

獎子兩反。率也,勸也,勵也,成也,助也。

弆(弄)居陸反。兩手盛也,援也。亦掬字。

弊(敝)武婢反。傷也,殘。曾己奈波留。⑦

弃今作棄。吉(詰)□(利)、□□二反。亡(忘)也,捐也,廢也。⑧

䢒終也。⑨

---

① 反切下字“惑”當作“戒”。《玄應音義》卷七“韭釐”條:“乎戒反。”茲據校改。

② “禾南反”不詳,《廣韻·覃韻》音“倉含切”。“隹也,伺也”不詳,疑有誤。“隹”疑“候”之誤,二義或是“察”字義。

③ 《說文·癸部》:“癸,癸承壬,象人足。”“足也”當本此。

④ 反切下字“昨”當作“脂”。《廣韻·脂韻》:“彝,以脂切。”茲據校改。

⑤ 前一反切上字“善”當作“羌”。《玄應音義》卷十三“密弄”條:“羌女、丘吕二反。”茲據校改。

⑥ 注文“仅”當作“仆”。《玄應音義》卷二十“弊鬼”條:“《說文》亦弊字,同。脾世反。弊,仆也,頓也,斷也。”茲據校改。“覆也”當是“奜”字義,“奜”同“蔽”。

⑦ 此字不詳,或當是“弊”字。本書米部有此字,注文一致。“武婢反”爲“敉”字音。曾己奈波留(そこなわれる【損なわれる】)。

⑧ 反切上字“吉”當作“詰”,下字脱,另一反切亦脱。注文“亡”當作“忘”。《廣韻·至韻》:“弃,詰利切。”《爾雅·釋言》:“棄,忘也。”茲據校改。

⑨ 此字不詳,疑爲“卒”字。“卒”字又可隸定作“卒”,與此近似。《廣韻·術韻》:“卒,終也。”

𢍮巫古字。

弁皮攣(變)反。冠也。[①]

弈〔奕〕餘石反,入;明也,盛也,大也。加加也久。[②]

卉許謂反。衆也,百草物(揔)名。[③]

奔在大部也。

契正口許(計)反。或与拜同。借息舌反。正作偰。急也,闊也。古文作禼、卨二形。從大,在大部。[④]

弄又作挊。梁棟反,吉(去);玩也,戲也。[⑤]

幵,一本作𢍃上於絃、古妍二反。差(羌)别種也。下渠記反。舉也。[⑥]

并必名反。専也,雜也,合也,兼也,同也。

筭笇字。數也。

𩣡〔䭘〕知立反。擒(縶)同字。又之戍反。絆也,馬後[左]足[白]。[⑦]

羿五計反,去;羽也,人姓,能射人。

拜㭘二字同。力貢反。上:贛也,愚也。下:棟,縣名。

弊渠京反。擎字。

异余異反,去;[异]哉,歎也。《列子》曰:"异,異古字也。"[⑧]

𢍏兵字。

𢍜都勝(滕)反。上也,成也,升也,進也,礼器。[⑨]

𢍰古衆(環)反。織□(絹)以之(絲)貫杼也。[⑩]

葬子良反。殯也。

𢍻渠追反。持也。

① 注文"攣"當作"變"。《廣韻·線韻》:"弁,皮變切。"兹據校改。

② 此條當是"奕"字釋義與和訓。加加也久(かがやく【輝く・耀く・赫く】)。

③ 注文"物"當作"揔"。《廣韻·尾韻》:"卉,百草揔名。"兹據校改。

④ 反切下字"許"當作"計"。《名義·大部》:"契,口計反。"兹據校改。"𢍭"同"廾"。

⑤ 注文"吉"當作"去"。"弄"是去聲字。兹據校改。

⑥ 注文"差"當作"羌"。《新撰字鏡·雜字》:"幵,羌别種。"《漢書·趙充國傳》:"先零、罕、幵乃解仇作約。"顔師古注:"罕、幵,羌之别種也。"兹據校改。

⑦ 注文"擒"疑當作"縶"。《玉篇·馬部》:"䭘,知立切。絆也。今爲縶。"《新撰字鏡·手部》:"擒,又作䭘。"兹據校改。又注文"足"之上下字奪。《廣韻·遇韻》之戍切:"𩣡,馬後左足白。"《新撰字鏡·馬部》:"𩣡,馬後左足白也。"

⑧《廣韻·志韻》:"异,异哉,歎也。"《列子·楊朱》:"何以异哉。"殷敬順釋文:"异,古異字。"

⑨ 反切下字"勝"當作"滕"。《廣韻·登韻》:"登,都滕切。"兹據校改。

⑩ 注文"衆"當作"環","織"下一字殘,"之"當作"絲"。《原本玉篇·絲部》:"𢍰,古環反。《説文》:織絹以絲貫杼也。"《説文·絲部》:"𢍰,織絹从糸貫杼也。"今本《説文》字頭是,注文非。兹據改補。

鼻乙角反。燭毃根也。①

异餘據反。與字古文。黨也。

新撰字鏡卷第十

天治元年五月十日圓城院書寫了。②

當寺僧應順。

---

① 注文"毃"字原作"**毃**"，龍宇純《校箋》引作"毃"，非是。《新撰字鏡·殳篇》："毃（毃），工谷反。瓦未燒。毃同。"《字鏡》字頭作"**毃**"，可知此字即"毃"。《廣韻·屋韻》："毃，土墼。"《説文·缶部》："毃，未燒瓦器也。"《王一》《裴韻》《全王·尤韻》匹尤反："毃，坏。""坏"即"墢"字。"燭毃根"蓋指"燭坏之根"。又《廣韻·覺韻》："鼻，燭蔽。"（《王一》《全王》"蔽"作"敝"）余廼永、龍宇純《校箋》皆疑"燭蔽"乃"爛熬"之誤，"鼻"與《方言》訓火乾之"鞏"同，二人之説皆誤。《説文》"鼻"訓"愨"，《名義》訓"獨敖"。疑"蔽""愨""敖"皆爲"毃"字之誤，因此字極少見，易誤寫或誤認。兹以形近字"殻"爲例證，以明此訛誤過程。如《可洪音義》"殻"字異體有"**敝**"（似"蔽""敝"）、"**敖**"（似"敖"）、"**鞏**"（似"愨"，左右結構變爲上下結構），參見韓小荆《〈可洪音義〉研究》，故此幾字當是"毃"字之訛。但"燭毃"之義俟考。

② "圓城院"即今奈良法隆寺百濟觀音堂旁的円成院。

新撰字鏡卷第十一

卅七部 文數千九百六十字

攵（攴）部第百十九百五十字① 示部第百廿百卅五字 歹部第百廿一八十字
立部第百廿二五十四字 户部第百廿三九十字 宀部第百廿四百五十八字
穴部第百廿五百十六字 冖部第百廿六八字 刂部第百廿七百五十六字
欠部第百廿八百六十六字 虍部第百廿九百廿五字 黑部第百卅卅七字
白部第百卅一八十二字 寸部第百卅二三十三字 皿部第百卅三四十字
文下一點第百卅四三十五字 卜部第百卅五卅一字 鬥部第百卅六十二字
黃部第百卅七廿八字 ［丘部第百卅八］ 鬲部第百卅九②四十字
类耒部第百卌三十字 文下木點第百卌一三十三字 角部第百卌二卅字
殳部第百卌三七十三字 品字樣第百卌四四十五字 儿部第百卌五廿七字
九部第百卌六十六字 卯卵部第百卌七③六字 夋部第百卌八卅七字
豆部第百卌九廿三字 羸部第百五十九字 瓜部第百五十一卌字
辨辡部第百五十二十六字 匸部第百五十三卅六字 麥部第百五十四卌六字
自部第百五十五十七字 數字部第百五十六十六字

攵（攴）部第百十九

通扌部之，百五十字

攵 疋通（角）、赴卜二反。小擊也。④
攴 上字。從卜、從又。

---

① 底本本卷目和正文始於"攵（攴）部第百廿"，訖於"數字部第百五十六"，次序錯亂，茲據前後卷次序校改。正文部首次序同樣錯亂，不再出校。參下條注。
② 正文"黃部"之後，"鬲部"之前，尚有"止（丘）部"，但未標部首次序，茲據擬補。故自"鬲部"始，部首次序恢復正常。
③ 總目亦作"卯卵部"，正文部首作"卯卵二部"。
④ 注文"通"當作"角"。《廣韻·覺韻》："攴，匹角切。"茲據校改。

敃眉隕反。勉也,不畏死也,自勉强也。

瞥上字。

孜无禹反。强。

攽補格反。迫也,附也,近也,急也。

攺舒移反。敷也,施。

敁丁殄反。主也。典字。

颷力體反。數也,希(布)也。①

漱漱二形作。力見反。辟漱鐵也。

戞何旦反。艱難也,扞止也,扞敬(蔽)也,衛也。②

敞齒掌反。平治高土,可遠望也。高顯也。

俶時升反。理也,治也。

敕恥力反。誠也,舌地也。

㪅柯孟反。改也,易也,復也,償也,代也。更字。

敊儒頰反。使。

敹力條反。擇也。料字。

斂力儉反。儉,收也,藏也,聚也,取也。又力豔反。殯斂。

敲敲二形同。居表反。敲(繫)連。③

敶除珎反。列也。陳字。

敕上字。

敵徒的反。"敵惠敵怨"。敵,對也,當也,正也,述也,輩也,主也。④

攸餘帚、餘周二反。所也,行求(水)也。⑤

攵乎(孚)甫反。撫。⑥

敳有歸反。戾也,邪也,乖異也,違也。

敭餘章反。揚古字。揚,舉也,熾也,激也,披也。⑦

敳渠軍反。多侵。⑧

---

① 注文"希"當作"布"。《廣韻·薺韻》:"颷,布也。"茲據校改。

② 注文"敬"當作"蔽"。《名義·支部》:"戞,敬(蔽)也,衛也。"《名義·手部》:"扞,衛也,蔽也。"茲據改補。

③ 注文"敲"當作"繫"。《説文·支部》:"敲,繫連也。"茲據校改。

④ 《左傳·文公六年》:"敵惠敵怨。"杜預注:"敵,猶對也。"《廣雅·釋詁一》:"敵,正也。"《爾雅·釋詁上》:"敵,匹也。"此"正也"或是"匹也"之誤。

⑤ 注文"求"當作"水"。《説文·支部》:"攸,行水也。"茲據校改。

⑥ 注文"乎"當作"孚"。《名義·支部》:"攵,孚甫反。"茲據校改。

⑦ 注文"激"字原誤作"**儌**"。

⑧ 《説文·支部》:"敳,朋侵也。"徐鍇繫傳:"史云'羣盜',此意也。"桂馥義證:"'朋侵也'者,范甯曰:'寇謂羣行攻剽者也。'"但《名義》亦作"多侵","朋"恐"多"字之誤。

敗在貝部。

敨上字。

敿力舘反。煩也,不理也。亂字。

敫敤二形作。故(胡)恾反。毁也,敗也。壞、壞,二字同。①

皷竹几反。刾。

敠徒皷反。塞也,悶也。堨字,杜字。

技附俱反。扶古字。佐也。

敘尹皷反。侮也。輕簡之敘,傷字。

敠女角反。搦字。按也,正也,投(捉)。②

敠錯勞反。操字。把也,持也。

敹力小反。敹敹,長皃。

攽正(匹)卓反。小擊。③

敁都兼反。揲,相量也。

歐火洽反。歐歐,書(盡)。④

敕敕二形作。力見反。揀字。

敁力没反。敁敠,物不調利也。

敠苦没反。敁敠。

敠山巧反。攬敠。

敳陟陵反。徵古字。證也,驗也,明也。

哥口餓反。擊。⑤

敤大可反。擊。

敿扶勿反。治。

攴丑叔反。攴痛。

敪丑較反。攴。

敖力綜反。弼。⑥

敋充允反。惷字。動也,乱也。

敥㢟胡反。敥敥,屋欲壞。

敜㢟尸反。敥。

敤口大反。伐也,正也,辱也,擊也。

---

① 注文"故"當作"胡"。《名義·支部》:"敫,胡恾反。"兹據校改。

② 注文"投"當作"捉"。《名義·支部》:"敠,捉也。"《廣韻·陌韻》:"搦,捉搦。"兹據校改。

③ 注文"正"當作"匹"。《玉篇·支部》:"攽,匹卓切。"兹據校改。

④ 注文"書"當作"盡"。《玉篇·支部》:"歐,歐歐,盡。"兹據校改。

⑤ 字頭左旁原作"哥",《名義》同,當是俗字。

⑥ 《玉篇·支部》:"敖,力綜切。"《名義·支部》:"敖,力綜反。縮也,弻也。"但"力綜反"俟考。

敉餘掌反。養古字。敬也。在关部。取也，長也。

戫餘刃反。檮戫也。亦戟字。長瘡（槍）。①

敤初委、尺嚲、丁果三反。揣字。試也，量也。

攲敨二形作。都鈍反。頓字。壞也，敗也。

敠口皆反。揩古字。摩也。

歡波過反。播古字。揚也，散也，被也，棄。

斅胡教反。教也。學字。

攽定之、皮美二反。器破而未離。

攱充句反。勇也。

教勅達反。撻古字。撻，扶（抶）也，疾也。②

敲除耕反。撑字。刺也，敲撞也。

歜視由、齒由二反。棄也，討也。覿字。

敕楚革反。擊馬也，鉗也。筴字。筴，馬棰也，計也。

攕叉萬反。小春也。纖字。

畋唐年反。平田也，“[畋]尔田”也。③

改餘止反。毅改，大堅卯，以辟逐鬼。

敪烏往反。曲侵也，放也。今枉字。

敕火之、力之二反。折（坼）也，折（坼）木果熟有味也。④

斀都角反。椓人陰也，去陰之刑也。

鈙渠林反。持止也。

斁卑謐反。斁盡也。

敜乃結、乃頰二反。捻字。

攷口道反。擊也，是也。考字。⑤

敦竹角反。擊聲。

魝（斂）五雞、五礼二反。斂也。⑥

---

① 注文“瘡”當作“槍”。《廣韻·獮韻》：“戫，長槍。又檮戫，八元名。”茲據校改。但《切韻》各本與《名義》皆作“長瘡”，蓋古本多作“瘡”。

② 注文“扶”當作“抶”。《周禮·春官·小胥》：“而撻其怠慢者。”鄭玄注：“撻，猶抶也，抶以荊扑。”茲據校改。

③ 《說文·攴部》：“畋，平田也。《周書》曰：畋尔田。”

④ 注文“折”當作“坼”。《說文·攴部》：“敕，坼也。从攴，从厂。厂之性坼，果孰有味亦坼，故謂之敕。”茲據校改。

⑤ 《廣韻·晧韻》：“考，亦瑕釁，《淮南子》云‘夏后氏之璜不能無考’是也。”此處“是也”當非釋義。下文“是也”與此類似。

⑥ 字頭“魝”當作“斂”。《廣韻·齊韻》五稽切：“斂，敪（斂）斂，兒（毀）。又五禮切。”茲據校改。

攽補討（計）、補米二反。攽（敥）也。①

敳警嗷蔌𠭖五形皆同。古弔反。又作㗊。呼也，鳴也。在口部。

敲敂同。又作𣪊。苦交反。謂下打者也，横撾。

敿㪱漫字。②

赦書夜［反］。置也，舍也。

放上字。

敢古膽反。必行也，勇也，犯也，進也。

嗷在口部。

敦正都豚反，平；治也，怒也，勉也。惇古字。厚也，敬也，勉也，迫也。於己曾加尔。③

敏眉殞反。達也，審也，壯也，才也，亟也，捷也，疾也，拇也。

斁餘石、都故二反。猒也，敗也，解也，終也。

敂枯苟反。擊也，除也，扣也。

牧莫禄、亡福二反。養也，卧也，察也，司也，食也，使也。

敷撫夫反。開也，陳也，徧也，大也，布也，是也，舒也。

憖整整三形同。征郢反。壯（裝）束。裝同。正也，別也，齊也，軍囗也。④

鼓〔皷〕之録反，入；鼓擊。又從攴，從皮。⑤

攻古紅反，平；善也，伐也，社也，作也，治也，打也，迫也，堅也，錯也。

毆烏苟反，上；古文驅字。擊也，馳也，奔也，逐也，遣也。⑥

敤口果反，上；研也，一曰推（椎）也，研治也。⑦

敁知今反，平；椹字。碪也。阿氏。⑧

敉武婢反。撫也，安也。侎字。

敖吾交反。打也，擊也，傲也，咲也，長也，慢也，戲也，慠也。

獒在犬部。

---

① 注文“討”當作“計”，“攽”當作“敥”。《廣韻·霽韻》博計切：“攽，攽敥，毀也。”兹據校改。

② 《集韻·換韻》他案切：“㪱，敿㪱，無文采皃。”“㪱”同“漫”。“敿㪱”爲聯綿詞，非異體字，此條字頭次序亦有錯亂。

③ 字頭“敦”右旁有音讀“トン”，反切“都”右旁有音讀“ト”，“豚”右旁有音讀“サイ”（此音不詳）。於己曾加尔（おごそか【嚴か】に）。

④ “壯（裝）束。裝同”“軍囗也”不詳。

⑤ 《名義·攴部》：“皷，之録反。擊皷。”《説文·攴部》：“皷，擊皷也。讀若屬。”《玉篇·攴部》：“皷，之録切。擊也。又公户切。”“皷”同“鼓”。注文“鼓擊”或當作“擊鼓”。又“從攴”指“皷”，“從皮”指“鞁”，皆“鼓”俗字。

⑥ 《廣韻·虞韻》豈俱切：“驅，驅馳也。毆，古文。”《廣韻·厚韻》烏后切：“毆，毆擊也。俗作敺。”

⑦ 注文“推”當作“椎”。《廣雅·釋器》：“敤，椎也。”兹據校改。

⑧ 阿氏（あて【当て·宛】），即“あてぎ【当て木·椹】”。

教居郊反。信也,語也,法也,郊(效)也,五常之教也。①

㸚效𦎍二(三)形,上古字。②

攷政二形作。之盛反。正也,職也,謂法教。

敄午來反,平;有所治也。

敂先孔反,上;搏也,擊也,引上而下。

故古護反。正也,生也,長也,舊也,常也,端也,事也。

收舒由反,平;器也,拘也,取也,捕也。

収上字。

敜於輒反,入;䶍也。

䶍尼輒反。相及逮也。

敠下刮反。盡。

敓徒活反,入;奪字。

救久右反,去;誄字。禁也,助也,止也。

敬居命反,去。③

散蘇旦反,去;分也。

改古亥反,上;更也。改,亦作。

敔魚舉反,上;鉏鋙,禁也。柷敔,樂器也,椌楬也。

敧丘嚴反,平;敧敧,不齊也,多少有。

敖五築(勞)反,平;遊。④

孜之子反。篤愛也,汲孜(汲)。⑤

敘徐吕反,□(上);理也,次也,更也,緒也,謂次舍(敘)也。⑥

效胡教反。學也,致也,呈見也,考也,具也。

敀補貧反。分也,是也,減也。

敆公答反。會也。又爲合字,又匂。

敵力儀反。敧敧。

敲孚堯反。摽字。擊也。

敕口陷反。貧也,食不滿也,挃也。

① 注文"郊"當作"效"。《廣韻·肴韻》:"教,效也。"兹據校改。《書·舜典》:"慎徽五典,五典克從。"孔傳:"五典,五常之教。父義、母慈、兄友、弟恭、子孝。"

② 此有三形,"二"當作"三"。

③ 字頭右旁有"ツツシム(つつしむ【慎む・謹む】)",下旁有"カシコマル(かしこまる【畏まる】)"。

④ 注文"築"當作"勞"。《廣韻·豪韻》:"敖,五勞切。"兹據校改。

⑤ 注文"孜"疑當作"汲"。《説文·支部》:"孜,汲汲也。"兹據校改。

⑥ "反"下一字殘,注文"舍"當作"敘"。第二列首有"上理"二衍字,此字爲上聲字,當補"上"字。《爾雅·釋詁上》:"舒、業、順,敘也。"郭璞注:"皆謂次敘。"兹據補改。

戯力胡反。既也。

既丁礼反。隱也，讕也。

敆古伯反。擊也，擊頰也，[敆]耳。①

敖先見反。散也。

犛犛同。力之、力臺二反。上：十毫。下：斑牛也。②

示部第百廿

百卅五字

齋側階反。敬也，莊也。齊字也。

祴古來、古八反。

祏古文社字也。

禓舒章、似羊二反。③

示自至反，去；見也，之也，語也。际（際）也，在目部。[又神祇之祇字也]。④

兀古字。

神[天神云神]。魁同。視仁反，平；妙也，治也，慎也，重也，引也，著也，引生（出）万物也。⑤

祇[地神云祇]。巨支反。大也，誠也，洽也，當也，適也。⑥

禋思踐反。在火部。⑦

祔孚具反。祖也，死也，庿也，属也，合也。

祪几毀反。祭也，庿也，祖也。

祏[祏]殊亦反。版字同。今作拆。他各反。廣也，開也，大也。⑧

祠似移反。春祭也，繼也，祠猶食也。

褐古葛反。長存皃，亡也，喪也。⑨

---

① 《慧琳音義》卷四十七"敆打"條："顧野王云：今'敆耳'是也。"

② 《廣韻·之韻》："犛，十豪。""犛"同"犛"。

③ 以上四條原在"示部"之下，正文之前，用小字補抄。

④ 注文"际"當作"際"。本書目部有"际"字，云"或亦（示）字"。茲據校改。"又神祇之祇字"原在"示部第百廿一"右旁。

⑤ "天神云神"原在字頭右旁。注文"生"當作"出"。《説文·示部》："神，天神，引出萬物者也。"茲據校改。

⑥ "地神云祇"原在字頭右旁。

⑦ 注文"在火部"不詳，疑有誤。

⑧ "殊亦反"原在"作"字下，當乙至字頭之下。《玄應音義》卷一"拓地"條："古文版、祏二形，今作拆，同。他各反。"又"殊亦反"爲"祏"字音，餘爲"祏"字音義。

⑨ 此條不詳，疑出《書·湯誓》"時日曷喪，予及汝偕亡"。

祮口老反。祈也,要也,禱。①

褅(稊)野揭反。人性皃,不老不長皃,稚也,小也,幼也。又從禾。②

社耶(時)者反。后土也。也志吕。③

祎上古文。

程治貞反。出也,行程也,人姓。

視臣旨反。瞻也,相也,覦也,見也,比也。

祉(旌)子情反。禱三寶百靈曰祉,誓也,要也,禱也,祈也。④

祈强依反。誓祈也,祉也。⑤

祁市尸反。駿也,舒遲也。於曾志。⑥

祉祉同。執耳反,上;祉也,禎也,祥也,福也,又人名。

祚徂故[反]。報也,祿也,佐也,介也,胤也,位也,祜也,福。

祝正之育反,入;人姓也,斷也,織也。借之授反,去;上壽也,弔也。

禠詛詶字古文也。側據反。祝,属也。阻也。⑦

祅於兩反。殃也,凶。

礽如承反。仍也,就也,因也,數也,重也,厚也,訒也。

醮次(咨)肖反。醮也,礼祭也。⑧

禲力弔反。燎也,祭天。

埕寺(時)柳反。壽也,久也。⑨

禗息兹反。不安欲去。

祘蘇奐(換)反。明視以[祘之]也,均分祘用之,笇也。⑩

祡仕佳反,平;祭天。

祲上字。

---

① 各本"反"下有"辞申神祇求福壽之皃",末有"伊乃留(いのる【祈る・祷る】)"。"要也"不詳。

② 字頭即"稊"的俗字,"稊"同"稚"。"野揭反",《字鏡》作"野揭反",俟考。

③ 注文"耶"當作"時"。《名義・示部》:"社,時野反。"兹據校改。也志吕(やしろ【社】)。

④ 據反切,字頭當是"旌"俗字,但釋義俟考。

⑤ 字頭原作"祿"。

⑥ 於曾志(おそし【遲し・鈍し】)。

⑦ 《玄應音義》卷六"祝詛"條:"《説文》作詶,之授反。詶,詛也。今皆作呪。下古文禠,同。側據反。《釋名》云:祝,属也。以善惡之辭相属著也。詛,阻也。謂使人行事阻限於言也。""詶"爲"呪"古文,"禠"爲"詛"古文,此處注文"詶"字疑當刪。又"祝,属也"非此字義。

⑧ 注文"次"當作"咨"。《名義・示部》:"醮,咨肖反。"兹據校改。

⑨ 注文"寺"當作"時"。《名義・示部》:"埕,時柳反。"兹據校改。

⑩ 注文"奐"當作"換"。《名義・示部》:"祘,蘇換反。"兹據校改。《説文・示部》:"祘,明視以筭之。從二示。《逸周書》曰:'士分民之祘,均分以祘之也。'讀若筭。""笇"同"筭"。

襄止(齒)芮反。重祈祭也,謝也。①

䄆丘弁反。祠也。

襰理大反,去;墮壞也。

䄏居希反,平,又上;刑久(荆人)鬼也。虁子(字)。②

禖莫坏(杯)反,平;祥也,祠也,媒也,求子祭。③

禛職隣反,平;以真受福。

祆呼煙反,平;胡神。

祓祅二形作。於喬反,又甫勿反。除也,灾也,殀也,訞也,妖,掃也,禍也。④

祙上字。

禂昨勞反,平;祭豕先。

禓与章、舒羊二反。道上祭。

禳秾稂三形作。汝陽反,平;除殃祭。

榜薄庚反,平;平(榜)禋,祭。⑤

祲姊心反,平;日傍氣,又祅氣。

禮盧啟反,上。身也,福也,禄也,嘉也,理也。

礼上古文。敬也,拜也。

禰祢二形狀作。乃礼反,上;祭名,廟。

祣力舉反,上;祭。

祖丑吕反,上;姓。

祤于矩反。役也,縣,在馮翊。

稇古(苦)本反,上;成就。⑥

裕羊孺反,去;饒。

祜户括反,入;祠也,法也,謝。

稭古黙(點)反,入;祭失(天)席。⑦

襗羊益反。釋也,重祭。

---

① 注文"止"當作"齒"。《名義·示部》:"襄,齒芮反。"茲據校改。

② 注文"刑久"當作"荆人","子"當作"字"。《淮南子·人間訓》:"荆人鬼,越人機。"《玉篇·鬼部》:"虁,亦作機。"茲據校改。

③ 注文"坏"當作"杯"。《廣韻·灰韻》:"禖,莫杯反。"茲據校改。

④ "甫勿反。除也,掃也"爲"祓"字音義,餘爲"祅"字音義。

⑤ 後一"平"字當是重文符之誤,此字原本當是字頭之重文符。《廣韻·庚韻》:"榜,榜禋,祭名。"茲據校改。

⑥ 注文"古"當作"苦"。《廣韻·混韻》:"稇,苦本切。"茲據校改。

⑦ 注文"黙"當作"點","失"當作"天"。《廣韻·點韻》古點切:"稭,《説文》曰:禾稾去其皮,祭天以爲席也。"茲據校改。

祟私醉反。神禍。①

䉲上字。

禩徐理反。②

祀上字。祀,祭也。

祊甫方反。廟門祭,索也,彷也。③

𥘻上字。

鬃上字。

祫向合反。祭廟。又衡夾反。④

禘徒計反。祭也,祫也,夏祭名也,大祀,禘言諦也。

禷力季反。祭也,㬅。

䄃除留(雷)反。祝也,詘也,䄂也。⑤

䄂上字。

禍胡果反。害也,㾗也。

禬古慺(胡憒)反。除也,祀亡國敗也,去也。⑥

祴古來反。言戒也,大祭也。

禡莫加(駕)反。禷禡,師祭。⑦

裖止尔(時軫)反。賑也,生。⑧

祱始鋭反。祭名,鋭〻也。⑨

䘹子内反。祭名,月祭也。⑩

𥜽力侯反。祭也,膢也,八月祭。

禑使旅反。糈也,祭米。

𥛠非鬼(靡愧)反。魅。⑪

祩叉俞(丈瑜)反。誅也,詛。⑫

---

① 字頭右旁有“タタルナリ(たたる【祟る】なり)”。

② 字頭右旁有“マツルナリ(まつる【祭る・祀る】なり)”。

③《禮記·郊特牲》:“直祭祝於主,索祭祝于祊。”《説文·示部》:“鬃,門内祭,先祖所徬徨。祊,鬃或从方。”

④ “向合反”當是倭音“こう”。

⑤ 注文“留”當作“雷”。《玉篇·示部》:“䄃,除雷切。”茲據校改。

⑥ 注文“古慺”當作“胡憒”。《名義·示部》:“禬,胡憒、胡繪二反。”茲據校改。

⑦ 注文“加”當作“駕”,“師祭”原倒。《廣韻·禡韻》:“禡,莫駕切。”《爾雅·釋天》:“是禷是禡,師祭也。”茲據改乙。

⑧ 注文“止尔”當作“時軫”。《名義·示部》:“裖,時軫反。”茲據校改。

⑨ “鋭〻也”不詳,疑涉反切下字而誤。

⑩ 注文“月祭”原倒。《名義·示部》:“䘹,月祭也。”茲據乙正。

⑪ 注文“非鬼”當作“靡愧”。《名義·示部》:“𥛠,靡愧反。”茲據校改。

⑫ 注文“叉俞”當作“丈瑜”。《名義·示部》:“祩,丈瑜反。”茲據校改。

禫徒感反。祭名,平安皃。

裰竹芮反。祭也,醊也,餟也。

䄠田戈(思踐)反。禰。[①]

祢上字。

禉翼周反。祭天柴也,楢。

禠欣居反。魖也,秏鬼。

禱都導反。謝也,請也。

𥛜𥜀二上古字。

禆又作埤、朇,同。毗移反。補也,助也,增也,益也。

禄吕六反。善也,目祜也,録也,福也,旅也。[②]

褊卑緬反。小也,急也,速也,急疾也,陿也,憂也。

祖〔祖〕徒旱反。舉也,彰也,顯也,露。子魯反。始也,法也,猶也。[③]

祖子魯反。織也,轉也,成也,本也,遠,始也,法也,先也,居也。[④]

禠褫二形同。直(悉)移反,平;福也。宜作廝。[⑤]

祜〔祐〕矦古反,上;佑、閽,二形古作。厚也,助也,福也,乱也,治也。[⑥]

礿餘灼反。夏祭曰礿。

禴《説文》亦礿字也。

禱《字書》亦禱字也。

𥜀𥛜《説文》籀文禱字。由是前兩字作有参差,已上三字"禱"作也。

禜胡命反。

禳讓章反。

褄(禕)於宜反。[⑦]

祅於驕反。

禫徒感反。

祐王句反,去;神助於人也,信也,佑。[⑧]

---

① 注文"田戈"當作"思踐"。《名義·示部》:"䄠,思踐反。"茲據校改。

② "目祜"不詳,據《字鏡》定。"目"或當作"同"。

③ 注文"露"下之字,原在注文兩側,當是"祖"字音義,参見下條。"法也,猶也"疑當作"猶法也"。《禮記·鄉飲酒義》:"祖陽氣之發於東方也。"鄭玄注:"祖,猶法也。"

④ "織也"疑是"組"字釋義。《詩·邶風·簡兮》:"執轡如組。"毛傳:"組,織組也。"

⑤ 注文"直"當作"悉"。《玄應音義》卷七"卑禠"條:"宜作廝,悉移反。《字書》:廝,役也。謂賤役者也。廝,微也,下也。經文作禠,音斯,福也。禠非此義。"茲據校改。

⑥ "矦古反,上;厚也,福也"爲"祜"字音義,餘爲"祐"字注。《玄應音義》卷二"良祐"條:"古文閽、佑二形,同。胡救反。祐者,助也。天之所助者也。"

⑦ 字頭"褄"當作"禕"。《名義·示部》:"禕,於宜反。"茲據校改。

⑧ "王句反"即《廣韻》"王遇切",此音有"芋""雨""羽""雩""吁"等字,此條俟考。

祇旨時反，平；承也，尊也，貴也，敬也，存也，虔也。

祈渠依反。禱也，告也，求也，叫也。豈音乞。伊乃留。①

褥又作蓐。而欲反。鋪設。

祾祾二形作。祐也，祭也，福也，憯也，威也。

禎陟盈反。祥也，福也，善也。又忠平反。能也。

祥似陽反，平；善也，吉也，好也，象也，胙也，祭也。②

科口和[反]。品也，齊也。

禔之支、徒兮二反，平；福□(也)，□(吉)也，祥也，祐也，祇也，適也，祚，安也。③

祂方止反，上；以勝(豚)祀祠(司)命也。宇牟須比万豆利。④

祕方至反。蜜(密)也，視也，勞也，神也。眕字也，在目部。楚也，祭名。久留女加世利。又從示(禾)。⑤

祼古叚反，去；灌祭。⑥

禊戶系反，去；上巳祭也，又云三月三日得巳爲上也。所言[美]乃美(波)良戶。⑦

祧天堯反，平；偸也，廟也，庶也。⑧

禥上字。

禁口今也(居吟反)。限也。⑨

禕於宜反，平；美也，美皃，歎辞，猗。

禧許其反，平；禎也，祥也，祐也，福也。

禠思離反。祜也，福也。

礿餘灼反。夏祀名。

禬上字。

禋於神反，平；敬也，祭也。

---

① 伊乃留(いのる【祈る・禱る】)。
② 注文"胙"字左旁原從田。
③ 注文"福"下兩字殘。《字鏡·礻篇》："禔，福也，安也，吉也，祐也。"下已出"安也"，故後一殘字疑是"吉也"。茲據校補。
④ 注文"勝"當作"豚"，"祠"當作"司"。《廣韻·旨韻》："祂，以豚祀司命也。""勝"字下原有"肫"字被刪去，各本作"肫"，"肫"同"豚"，"勝"當是"豚"字形訛。茲據校改。宇牟須比万豆利(うむすひ【産霊】まつり【祭り】)。
⑤ 注文"示"當作"禾"。《廣韻·至韻》："祕，俗作秘。"茲據校改。"蜜"爲"密"俗字，文獻皆作"密"。久留女加世利(くるめかせり)。
⑥ 注文"灌祭"原倒。《說文·示部》："祼，灌祭也。"茲據乙正。
⑦ 注文"上也"，寬永本作"上"，《群書類從》本、享和本作"上巳"。和訓"所言乃美良戶"，寬永本同。享和本作"言乃波良戶"，《群書類從》本作"々々乃波良戶"，疑當作"所言美乃波良戶"，所言美乃波良戶(いわゆる【所謂】み【巳】の【之】はらえ【祓】)。
⑧ 《爾雅·釋言》："佻，偸也。"此"祧"蓋通"佻"，或二字訛混。
⑨ 注文"口今也"疑當作"居吟反"。《廣韻·侵韻》："禁，居吟切。"茲據校改。

竂上字。

齊(齋)[齊]字也。敬也,莊也。①

禨則(側)皆反。獲(潔)也。②

祺几基反。福祥也,吉也。

禖上字。

福甫伏反。報也,佑也,昨(胙)也,祐也。③

禪上(止)千反,平;靜也,傳也,太山祭也,授也,息止也。志豆加尒,又由豆留。④

禮上字。

祢乃祢反。"搔(格)于祖祢"。祢,近也。⑤

禱力帶(滯)反。亡國之神也,鬼也,疫心也。⑥

𥜃 祷二形同。良上反。禧也。

禠士加(仕駕)反。祭也,索也。⑦

禂都道反。禱也,祭也,馬名(祭)也,驕也。⑧

禓我音。娥也,好也,盛之皃。⑨

禦魚吕反。禁也,當也,止也,祠也。

族在谷反。族字。

禤。

祭子裔反。庿也。鄒字也,在邑部。⑩

歹部第百廿一
八十字

歹午達反。瓣𣩵也。

---

① 字頭疑當作"齋","字"上疑奪"齊"字。此在"示部",故當作"齋"。《字鏡・广篇》:"齋,側皆反。洗心曰齊,敬也,莊也。"《廣韻・皆韻》:"齋,齋潔也。亦莊也,敬也。經典通用齊也。"茲據改補。

② 注文"則"當作"側","獲"當作"潔"。《廣韻・皆韻》側皆切:"齋,齋潔也。""禨"同"齋"。茲據校改。

③ 注文"昨"當作"胙"。《國語・晉語二》:"必速祠而歸福。"韋昭注:"福,胙肉也。"茲據校改。

④ 反切上字"上"字據《字鏡》作"止",此爲倭音"ぜん",當作"止"。志豆加尒(しずか【静か・閑か】に),又由豆留(ゆずる【讓る】)。

⑤ 注文"搔"當作"格"。《禮記・王制》:"歸,假于祖禰。"《尚書・舜典》:"歸,格于藝祖。""假"通"格","藝"通"禰"。茲據校改。

⑥ 注文"帶"當作"滯"。《名義・示部》:"禱,力滯反。"茲據校改。

⑦ 注文"士加"當作"仕駕"。《名義・示部》:"禠,仕駕反。"茲據校改。

⑧ 注文"名"當作"祭"。《名義・示部》:"禂,馬祭也。"茲據校改。

⑨ "禓"與"我"皆音"が"。

⑩ 字頭左旁有"マツルナリ(まつる【祭る・祀る】)なり"。

戶上古文。

殪於計反。死也。臺，上字古文。煞也，盡也，困也。①

殞隕、磌，二同字。于愍反，上；死也，歿也，没也，墜落也。

殖時力反。立也，生也，長也，息也，種也，積也。

殆徒改反，上；始也，敗也，近也，幾也，化(危)也。②

殕敷九反。敗也，腐也。

殈凶同。許恭反。

殫多安反，平；盡也，究也。

殀殁二形同。又作夭。於矯反。夭，屈也，折也，不盡天年謂之夭。

破普彼反。析也，猶分也。

歿莫骨反。死也，終也。没字同。盡也，竟也。

殉(勿)上字同。③

殉辭俊反。盡也，求也，營也，死也，歿也，隨也。

終主中反。終同。歿也，盡也，死也。

殘殘同。才鮮反。惡也，賤也，餘也，傷也，割也，煞也，貪也，迫也，切。

殨胡憒反。爛也。

殯□(芳)信、方二反。斂也，殮也，空也，葬也，墓也，賓也。④

殯似(以)申反。□(時)名也，丑与卯中間時也，□(時)上也。⑤

埋一向反。埋也。⑥

殤失郎反，平；長逝曰殤，亡也，没也，死也。

殭九郎反，平；仆也，伏也。

舛曷血(昌兗)反。背也。⑦

響虛兩反。應聲。

孩咳同。胡來反。小兒之病也。咳，小兒咲也。

殲子廉反。盡也，殄也，砌也。殲，上古文。

嶢其昇反。欲死兒。

殊上字。

---

① 字頭左旁有"エイ"，乃"殪"字音讀。

② 注文"化"當作"危"。《說文·歹部》："殆，危也。"茲據校改。

③ 字頭"殉"當作"勿"。《廣韻·没韻》："歿，又作勿。"茲據校改。

④ 《廣韻·震韻》："殯，必刃切。"前一反切上字"芳"字據《字鏡》補，後一反切下字不詳。

⑤ 注文"似"當作"以"，"名"上一字殘，"上"上一字殘。《字鏡·歹篇》："殯，時名反(也)。似申反。名也，丑与卯中間時上也。"《廣韻·真韻》："寅，翼真切。""以申反"音同"翼真切"。茲據改補。"時上也"不詳。

⑥ 此字同"葬"字，但反切俟考。

⑦ 注文"曷血"疑當作"昌兗"。《慧琳音義》卷二十三"舛謬"條："舛，昌兗反。"茲據校改。

澌私姊反。死字。盡也，死也。

桀〔舛〕奇哲反。錯。[1]

[illegible]立也。

[illegible]上三字。奇哲反。

[illegible]傑五字皆同。

殊樹殊反，平；異也，甚也，斷也，死也，絶也。

殈口京反，平。

殰仕智、仕計二反，去；骨殘也，朽骨。

殆古（苦）胡反，平；枯也，乾。[2]

殄徒典反。病也，盡也，絶也。

殚殚[illegible]三同。子律反。死也，竟也，終也，盡也。

殂在孤、在虎二反。背世曰殂，亡也，死也，小人亡也。

殆力各反。落字。死也，零也。

殟於門反。殙也，歹也，病也，欲死。

殙虎奔反。黄兒乍生死名也，殙也。

殬豆故、都路二反。解也，厭也，破也，敗也，終也。

殰都登（鄧）反，去；殘。[3]

殘殘二同。上字。

殜於輒反。殗也，不動。

殗於及、於輒二反。殜也，不動也。

殪五來反，平；殺羊出胎。

殘昨酒（何）反，平；痛病。[4]

殃於良反，平；殃，罰也，凶也，咎。

殅徐盈反。雨即夜住（除）星見也。暒字。從夕，歹部作者非。[5]

死死二形同。澌字同。息姊反，上；澌，盡也，命盡曰澌。

殑□（山）矜反，平；殆（殑）也。[6]

殍符鄙反，上；草木枯落。

① “錯”當是“舛”字釋義。《集韻·獮韻》：“舛，一曰錯亂。”

② 注文“古”當作“苦”。《廣韻·模韻》：“殆，苦胡切。”兹據校改。

③ 注文“登”當作“鄧”。《廣韻·嶝韻》：“殰，徒亘切。”“鄧”爲“嶝”韻字，且較多用作反切，《廣韻》有“都鄧切”。兹據校改。

④ 注文“酒”當作“何”。《廣韻·歌韻》：“殘，昨何切。”兹據校改。

⑤ 注文“住”當作“除”。《説文·夕部》：“殅，雨而夜除星見也。”兹據校補。

⑥ 反切上字殘，注文“殆”當作“殑”。《廣韻·蒸韻》山矜切：“殑，殑殑。”兹據補改。

殟古(胡)罪反,上;殟郍。①

妏(攷)苦浩反,上;擊也。②

殠許久反,上;臭也。

殔羊至反,去;假埋道側也。

歾子列反,入;夭死。

殛記力反,入;誅也。

殮力驗反,去;殯。

殣渠遴反,去;道中死人葬。

殺側八反。死。

矮於偽反。病也。痿字。

殰徒木反。胎傷。

殰上字。③

歺□□(虛九)反。腐也。爲朽字。④

歼在安反。爲賤字。

癘力外、力卧二反。[畜]産疫病。⑤

殚丘知、九奇二反。棄也,非也。

殈況璧反。裂。

殍茈狄反。殔。

殔先狄反。殍。

殠古禄反。殔,歹兒。

殔山禄反。殠也。

殣(殣)子皆反。死。⑥

立部第百廿二

五十四字

立里急反。位也,成也,猶造設之也。

竚或作佇。除吕反。佇,久也,謂久立也。

---

① 注文"古"當作"胡"。《廣韻·賄韻》:"殟,胡罪切。"茲據校改。《廣韻·賄韻》:"殟,殟妏。"《廣韻·賄韻》:"郍,郍郍,不平。"

② 字頭"妏"同"攷"。

③ 此字爲"殰"的訛字。

④ 反切用字殘。《字鏡》作"虛九反"。《名義·歺部》:"歺,虛九反。"茲據校補。

⑤ 注文"産"上疑奪"畜"字。《説文》《名義·歺部》:"癘,畜産疫病也。"茲據校補。

⑥ 此字疑爲"殣"字之訛。《名義·歺部》:"殣,子律反。死也,竟也,終也。"《廣韻·皆韻》:"齍,側皆切。""子皆反"與"側皆切"音近,蓋因右旁作"齊"而擬。

竦古作憽、愯二形,今作聳。□(須)奉、所項二反。懼也,敬也,跳。①

竭或与揭、渴同。渠傑反。盡也,敗也,捨也,況立也,究也。②

蹉蹉〔芗〕或作披,此二字,未詳、渠智二反。③

竮䟓同作。傍下反,上;短人立。

竮都罪反,上;木實垂皃。

竤居委反,上;抗也,戴也。④

竮又作傍。普丁反,平;竛也,行不正。

竛郎丁反,平;竮。

竣七旬反,平;止也,伏起(退)。⑤

翊与力反。輔也,誠也,敬也。馮翊,郡名。

埻埻二形同。普没反。按物聲。

隶力季反。臨也,苙字。視也。

埻丁罪反。磊埻,重聚也。重也,厚也。從臺聲。

端都丸反。題也,正也,本也,緒也,直也,業也,人姓。

竱都丸反。等也,齊也。

竫善也。

靖上字同。又作静。似井反。治也,息也,和也,思也,善也,謀也,安也。

竢事几反。俟字。待也。

竝上字。

竘丘垢、丘甫二反。治也,匠也,巧也,兒,治也,爲也。⑥

---

① 注文"奉"上殘。《玄應音義》卷十八"聳身"條:"古文竦、憽、愯三形,今作聳,同。須奉、所項二反。"茲據校補。

② 《大般若經音義》(中卷)"竭誠"條:"上或与揭、渴同。渠傑反。盡也,敗也,捨也,負載也。"此處末二義不詳。

③ 注文"未詳"非反切。《可洪音義》第六册《大灌頂經》第二卷音義:"披蹉,上步河反,下或作芗,音多。經音義作波蹉,應師未詳,郭氏作敬宜反。"《玄應音義》卷四"波蹉"條僅有詞目而無注釋(《高麗藏》《金藏》、古寫本亦無注),此處誤解"應師未詳"而成"未詳(反)"。"披"爲"波"異體。"渠智反"爲"芗"字音。《玄應音義》卷十四"薐芰"條:"又作芗,同。渠智反。《説文》:芰,蔆也。律文作薺,非也。"

④ 注文"抗"原作"杭"。《全王·紙韻》:"竤,抗。"龍宇純《校箋》:"抗字《切三》作忼,《王二》作抗,《廣韻》《玉篇》作枕,案當作抗。《爾雅·釋天》:祭山曰庪縣。釋文云:庪,本又作竤。《公羊·僖公卅一年》疏引李巡曰:'祭山以黄玉及璧以庪置几上,遥遥而眠之若縣,故曰庪縣。'《方言》七:'佻、抗,縣也。趙魏之間曰佻,自山之東西曰抗,燕趙之郊縣物於臺之上謂之佻。'故此云竤抗。"

⑤ 注文"起"當作"退"。《名義·立部》:"竣,伏退。"《玉篇·立部》:"竣,退伏也。"茲據校改。

⑥ 《方言》卷七:"竘、貌,治也。"郭璞注:"謂治作也。"

斜火蛙反。不正也。①

彌上同。

議魚奇反。儀字古文。度也,幹也,見也,善也,匹也,義也,宜也,正也,來也。

竭端頾三字同。綏(綏)瑜反。待也,臾也。②

彔摩筆、扶福二反。鬼(彪)字。③

竦力匹反。羸也。

堅古薤反。屆字古文。極也,至也,行不便也。

溪胡啟反。徯字。待也。偦(偦)字。④

墫七旬反。喜兒。塼字。

说叉陸反。玼字。齊等也。

竑胡弘(泓)反。謂度ﾞ(之)也。⑤

颯素合反。疾也。佐女久。⑥

裒似車反。不正也。

豎又作堅(豎)。秀音。立也。殊庫(庚)[反]。⑦

翊余織反。明也,先日也,昨去日。

童大公反。童子。

竟京音。終也,亘也,窮也。

競竟音。強也。

请七石反。驚。

增疾陵反,平;高兒,北地高樓无屋。

矬一佐反。羸。

商失羊反。癈(度)也,量也,行賣。⑧

昱似立(以六)反。明也。在日部。⑨

---

① 字頭即"彌"的俗字,《名義》字頭作"斜",右旁"斗"即"干"形變。《名義·立部》:"彌,火蛙反。不止(正)也。"《説文·立部》:"彌,不正也。"

② 注文"綏"當作"綏"。《廣韻·虞韻》:"頾,相俞切。""綏"與"相"皆心母字。茲據校改。

③ 注文"鬼"當作"彪"。《説文·立部》:"彔,見鬼彪兒。从立、从彔。彔,籀文彪字。"茲據校改。

④ 注文"偦"當作"偦"。《説文·言部》:"偦,待也。"徐鍇繫傳:"此亦與徯字義相通也。"茲據校改。

⑤ 注文"弘"當作"泓",重文符當作"之"。《名義·立部》:"竑,胡泓反。"《周禮·考工記·輪人》:"故竑其輻廣以爲之弱。"鄭玄注:"鄭司農云:讀如紘綖之紘,謂度之。"茲據校改。

⑥ 佐女久(さめく),同"さわぐ【騒ぐ】"。

⑦ 注文"堅"當作"豎","庫"當作"庚",其下奪"反"字。《廣韻·麌韻》:"豎,立也。竪,俗。"《玄應音義》卷二十五"童豎"條:"殊庚反。"茲據改補。

⑧ 注文"癈"當作"度"。《廣韻·陽韻》:"商,度也。"茲據校改。

⑨ 注文"似立"疑當作"以六",見本書日部"昱"字條。

章之兩反。辞。①

竝並字。浦(蒲)迥反,上;比也,併也。②

𥁰𥃕二字盟字,在皿部。③

户部第百廿三
廿九字

户胡古反,上;止也,護也。

启啟字古文。苦礼反。開也,踞也。闢字同。刻也,發也,跪也,小跐也。

启徒玷□(反),□(上);止佐之。④

㞒口答反。門户閉也。

戾又作㦎。口減反。㞒也,窻也,小户曰戾。

㟁余冉反。㞒也,扃。

雇顧字。公護反。与也。

宸一豈、烏豈二反。户牖之間也,納之穴(謂之宸)。⑤

扃胡榮(古熒)反,平;户樞也,闢也,開也。⑥

㞑羌據反。閞也,合也。

扁補顯反。署也,扁(署)門户之文。⑦

局(局)限也。

戾戾二同。力計反。曲也,至也,待也,乖也,上(止)也,睪也,罪也,鳥鳴也。⑧

房服良反。室也,屋也,人姓。捻也。⑨

帍侯古反,上;巾也。

扈胡古反,上;廣大也,亦使也,養馬也,上(止)也,謂自大也,謂拔扈也,陪也,取古。⑩

扉非音。樞也,門闔。

扇始戰反,去;門户,開也,闔也。用木曰闔,用竹葦曰扇。或作編。闔者謂之扉也,助也,

---

① 《廣韻·陽韻》:"章,諸良切。""兩"爲上聲字,此處"之兩反"當是倭音"しょう"。

② 注文"浦"當作"蒲"。《廣韻·迥韻》:"竝,蒲迥切。"茲據校改。

③ 《集韻·庚韻》:"盟,古作縣。"此二形與"縣"蓋皆"盟"古文"𥁰"之訛變。"立"即"皿"之變。

④ 止佐之(とざし【鎖し・扃】)。

⑤ 注文"納之穴"當作"謂之宸"。《說文·户部》:"宸,户牖之間謂之宸。"茲據校改。

⑥ 注文"胡榮"當作"古熒"。《名義·户部》:"扃,古熒反。"茲據校改。

⑦ 注文"扁"當作"署"。《說文·户部》:"扁,署也。从户、冊。户冊者,署門户之文也。"茲據校改。

⑧ 注文"上"當作"止"。《爾雅·釋詁下》:"戾,止也。"茲據校改。"鳥鳴也"爲"唳"字義。

⑨ 注文"捻也"不詳。

⑩ 注文後一"上"當作"止"。《左傳·昭十七年》:"扈民無淫者也。"杜注:"扈,止也。"茲據校改。又
　 "取古"疑是反切"胡古反"之訛衍。

疾也。①

肩古賢反。體也,堅也,宜也。

曳柚(杻)字。在木部。②

詹之庶(廉)反。至也。[詹]事,官名,輔太子也。③

庫勑兆反。始也,謀也,開也,闢也,敏也。

屎市起反。以青絲繩履也。

戾他賴反。輻車旁推户也。

戹猗平(革)反。用(困)也,隘也,翳也。④

戾渠立反。户鍵。

廖餘支反。庩廖,即戾也。

启〔启〕上字。砌也,閾也。⑤

𪔀。⑥

宀部第百廿四

百五十八字

宀亡二(乙)、亡仙二反。交覆深屋也,形也。⑦

家可(柯)瑕反。居也。⑧

𡧀𡨢上同字。

寬寬寬三形同。居(苦)官反,平;愛也,惜也,弘也,大也,緩也,袁也,遠也。⑨

寰寰二形同。胡串反。折(圻)也,内也,寮。⑩

賓畢民反,平;列也,敬也,客也,迎也,服也,協也。

賓賓二上字。上正作,下古文。

宷於旦反。瞻視也,察行也,尋也。

---

① 注文“编”字不詳,疑當作“偏”。《新撰字鏡·亻部》:“偏,尸戰反。扇也,門木也。止比良。”

② 注文“柚”當作“杻”。《新撰字鏡·木部》:“杻,曳字。”《名義·木部》:“杻,餘周反。曳字。更生條也。”茲據校改。

③ 注文“庶”當作“廉”。《廣韻·鹽韻》:“詹,職廉切。”茲據校改。

④ 注文“平”當作“革”,“用”當作“困”。《名義·户部》:“戹,猗革反。困也,隘也,翳也。”茲據校改。

⑤ “启”同“廖”。“砌也,閾也”爲“启”字釋義。《廣韻·止韻》鉏里切:“启,砌也,閾也。”

⑥ 此字蓋爲“属”的俗字。

⑦ 注文“二”當作“乙”。《名義·宀部》:“宀,亡乙、亡仙二反。”茲據校改。“形也”指“象形”。《説文·宀部》:“宀,交覆深屋也。象形。”

⑧ 注文“可”當作“柯”。《名義·宀部》:“家,柯瑕反。”茲據校改。

⑨ 注文“居”當作“苦”。《廣韻·桓韻》:“寬,苦官切。”茲據校改。“袁也”疑是“遠也”訛衍。

⑩ 注文“折”當作“圻”。《名義·宀部》:“寰,圻。”茲據校改。

寧寧二形作。女丁反,平;靜也,安也,无也,曾也,竫也。①

窓楚江反,平;屑(牖),向也,壁也。②

官宦二形作。九丸反,平;法也,君也,吏事所居也,居也,任也,學也。

室詩質反。宮也,實也,巢也。

寡古馬、古果二反。小也,牢(罕)也,獨也,希少也。③

宏戶萌反,平;闊,廣大也,大深屋也。

宖烏宏反,平;大也,廣也,室響。

寫魚皮反,平;《春秋》云"館字(于)[寫]氏"也,不安曰寫。④

康苦剛反,平;可從穴。⑤

寙㝋二同。尤主、烏瓜二反,上;嬾也,器病也,凹也。

宆古拜反,去;獨居。

宬上征反,平;屋所受也,容也,受也。⑥

寞厶博反。靜也,豦也。⑦

寨呼夏反。健也,以針結之皃。⑧

賽索代反,去;報也,道物也。

寓遇句反。寄也,依也,託也,囑也。

實寔二形作。上七反。滿也,適也,誠也,盡也,富也,種也,容也,塞也,充也,是也。

槖上古字。

宺呼光(晃)反。宺宖,野也,廣也。⑨

宂[案]亡改反。采也,官也,罔也,无也。⑩

宅不須下點。除各(格)反。居也,託也。⑪

㡯上古文。

_____

① 《左傳·隱公十一年》:"無寧茲許公。"杜預注:"無寧,寧也。"此"无"蓋"无寧"之省。

② 注文"屑"疑當作"牖"。《說文·囱部》:"囱,在牆曰牖,在屋曰囱。"茲據校改。

③ 注文"牢"當作"罕"。《爾雅·釋詁下》:"寡,罕也。"茲據校改。

④ 注文"字"當作"于",下奪"寫"字。《左傳·隱公十一年》:"館于寫氏。"茲據改補。

⑤ "可從穴"指"康"字。

⑥ 《說文·宀部》:"宬,屋所容受也。"

⑦ 反切上字"厶"疑當作"亡"。"豦"同"寂"。

⑧ 此條不詳。

⑨ 注文"光"當作"晃"。《廣韻·蕩韻》:"宺,呼晃切。"茲據校改。

⑩ "亡改反。采也,官也"疑是"案"字音義。《名義·宀部》:"宂,亡鞅反。无也。罔字也。"《名義·宀部》:"案,且改反。官也,僚也。""采"同"案",《名義》反切上字當有誤。

⑪ 注文"各"當作"格"。《名義·宀部》:"宅,除格反。"茲據校改。S.388《正名要錄》:"不須下[點]。"《名義》字頭作"宅",俗書加點,故云"不須下點",《正名要錄》奪字"點"可據補。

寰（寏）古（胡）官反。垣也，院也。①

宓明筆反。止也，近也，審也，正也，厚也，默也。

宷宊二形作。上字同。安也，靜也，㜪也，默也。②

窴且刃（𧿒）反。至也。親字。儩也。③

寀上同。

𤴯癉㥁瞢四形同。藝□。魚祭、于歲、牛例三反。眠内不覺妄言。④

冤宛於元反。屈也，枉也，曲也。四方高、中央下曰宛。宛，小穴。⑤

惌上古文。

完胡官反，平；令（全）也，保也，實也。⑥

寄竒二同。奇驕反。寄也。

宰子姤（殆）反，上；治也，制也，官也。⑦

㓜上古字。

叜叟𡨄三形同。蘇走反。老也，尊者之老也。

宥禹救反。寬也，赦也，寬宥也。

宦於弔反。闇。

宧翼止（之）反。養也，東北角也。⑧

定宁二形作。達聽反。決也，止也，安也，正也。頹字。

寔是職反。是也，此也，實也，正也。

宋宋家三字同。徐的反。靜也，味。

𡩋莫田反。不見也，不省人也。

宺甫（補）道反。藏也，保言（賮）。⑨

宭九□（文）反。羣居。⑩

---

① 注文“寰”當作“寏”，注文“古”當作“胡”。《名義·宀部》：“寏，胡官反。垣也。院字。”兹據校改。

② “宷”與“宓”義近，但非異體。《名義·宀部》：“宷，於細反。安也，靜也。”

③ 注文“刃”當作“𧿒”。《名義·宀部》：“窴，且𧿒反。”兹據校改。“刃”字音雖然亦可，但此處應與《名義》同。

④ 殘字原作“乚”。“癉”“㥁”“瞢”同“藝”。

⑤ 《詩·陳風·宛丘》：“宛丘之上兮。”毛傳：“四方高中央下曰宛丘。”“小穴”疑有誤。

⑥ 注文“令”當作“全”。《説文·宀部》：“完，全也。”兹據校改。

⑦ 注文“姤”當作“殆”。《名義·宀部》：“宰，子殆反。”兹據校改。

⑧ 注文“止”當作“之”。《名義·宀部》：“宧，翼之反。”兹據校改。

⑨ 注文“甫”當作“補”，“保言”當作“賮”。《名義·宀部》：“宺，補道反。”《玉篇·宀部》：“宺，補道切。或作賮。”兹據校改。

⑩ 反切下字殘。《玉篇·宀部》：“宭，九文、仇文二切。”兹據校補。

宎亡真(見)反。合也,賓。①

守舒首反。視也,久也,收也,從也。

寯上字。

宜几(蟻)奇反。殽也,當也,儀也,善也,事也。句旬。②

笏宯二上字。

寫寫思野反。除也,捨也,憂也,盡也,程也。

害五古(伍故)反。瘖覺也。③

宎居舊反。病也。

宕達央反,入;過也。④

㝹几毀反。塊也,毀也,陒也。

宷甲氏(卑民)反。賓也,敬也,客也,迎也。⑤

窚寑寇三字同。居有(宥)反。謀也,究也,窮也,深也。從宀。⑥

求巨留反。索也,求。

隺空卓反。高至也,從上欲出也。⑦

它恥何反。虵属也,佗也。

窾居六反。窮。⑧

索疏帛反。求,取。

宄居有(鮪)反。盜奸。⑨

寁千外反。寒(塞)。⑩

宲丁念反。下也,壓。

寘止豉反。置也,廢也。

宲力唐反。宊也,空虛也。

---

① 注文"真"當作"見"。《名義·宀部》:"宎,亡真反。"與此同。《玉篇·宀部》:"宯,莫見切。"《廣韻·霰韻》:"宯,莫甸切。""見"爲霰韻字。"宎"同"宯"。茲據校改。"宯"又是古"賓"字。

② 注文"几"當作"蟻"。《名義·宀部》:"宜,蟻奇反。"茲據校改。"殽"同"肴"。《爾雅·釋言》:"宜,肴也。""句旬"俟考。

③ 注文"五古"當作"伍故"。《名義·宀部》:"害,伍故反。"茲據校改。

④ 《廣韻·宕韻》:"宕,徒浪切。"《名義·宀部》:"宕,達苔反。""苔"與"央"疑皆"盍"字之誤,與《廣韻》音同,此"入"或是誤標。

⑤ 字頭爲"賓"字古文"宀"(見《汗簡》卷中之一)的隸變形體。注文"甲氏"當作"卑民"。《名義·宀部》:"宷,卑民反。賓字。敬也,客也。"

⑥ 注文"有"當作"宥"。《名義·宀部》:"窚,居宥反。究字。窮也,謀也,深也。"茲據校改。但"寑"與"寇"非異體,蓋爲形近相混。

⑦ 《說文·門部》:"隺,高至也。从隹上欲出門。"

⑧ 《說文·宀部》:"窾,窮也。""窾"同"窾"。

⑨ 注文"有"當作"鮪"。《名義·宀部》:"宄,居鮪反。"茲據校改。

⑩ 注文"寒"當作"塞"。《說文·宀部》:"寁,塞也。"茲據校改。

宆几介（羈薙）反。持（特）也，獨也，介也。①

寠古候反。中寠，中夜。②

寮力條反。官也，僚。

寯子旬（佝）反。才也，隽。③

穷匕（皮）彬反。貧也。六極：[四]曰穷。④

窀於因（田）反。煙。⑤

㝄旁字。

寷豐字。

賓在宗反，平；西戎也。

宗作琮反，平；尊也，族也，神也，主也，道也，衆也，最也，本也。

宁直魚反，平；門屏間。

寒胡安反，平；薄也，涼也，歇也，冷也，凍也。

盇烏寒反，平；盌，大盂。⑥

㝎烏寒反，平。

奈宅加反，平；窋。

搴居輦反，上；取也。

寢莫鳳反，去；寐而覺。

害害同。胡蓋反，去；傷害也，何也，賊也，割也。

穽淨音。陷也。⑦

富府副反，去；福也，盛也。

宝之庚反，上；庙。帝崩，以栗作室，長八寸。

寁子感反，上；速也，疾也。

褰又作繰。起虔反。縮也。

騫去焉反，平；破也，損也，舉也，馬腹縶。

---

① 注文"几介"當作"羈薙"，"持"當作"特"。《名義·宀部》："宆，羈薙反。持（特）也，獨也。介字也。"《玉篇·宀部》："宆，羈薙切。《方言》：特也。畜無偶曰宆。郭璞云：逢澤有宆麋。"《方言》卷六："介，特也。物無耦曰特，獸無耦曰介。"茲據校改。

② "中夜"原倒。《玉篇·宀部》："寠，《詩》曰：'中寠之言。''中夜之言'也。本亦作𡩋。"茲據乙正。

③ 注文"句"當作"佝"。《名義·宀部》："寯，子佝反。"茲據校改。

④ 注文"匕"當作"皮"，"曰"上奪"四"字。《名義·宀部》："穷，皮彬反。"《尚書·洪範》："六極：一曰凶短折，二曰疾，三曰憂，四曰貧，五曰惡，六曰弱。"茲據改乙。

⑤ 注文"因"當作"田"。《名義·宀部》："窀，於田反。"茲據校改。

⑥ 《廣韻·寒韻》："盇，盇盌，大盂。"

⑦ 字頭原作"穽"。

謇居展反，上；吒（吃）也，楚語也。①

塞蘇得反。隔也，滿也，蔽也，至（室）也，實也。又先代反。②

宇寓同字。榮矩反。屋邊檐也，羽也，又屋溜也，居也，四垂爲宇，又四方上下。

蹇居免、紀偃二反。難也，艱也，足病也，跛也。

宙除留（雷）反。居也，溜也。③

宵𡨗同。乃定、力定二反。人姓。④

宿正思陸反，入；素也，留也，止也，舍也，大也，猶豫也，久也，安也。借音思冑反，去。

𡨈宿二上字。

安於幹（韓）反，平；寧也，徐也，定也，上（止）也，定靜也，平也，焉也，置也。⑤

宷倉在反。寮也，官曰宷，官也，事也。

宣思緣反。示也，揚也，明也，通也，散也，徧也，廣也，普也，布也，顯也。

𡧛上古文。

宮巨中反，平；宅也，室也，空也，庬也，其形穹隆然也。

察楚黠反。審也，當也，著也，知也，清也，覆也，明也，至也。

字才利反。愛也，養也，生也，飾也。

宴於見反。安居也，默也，靜也，安息也。

牢巨久反。捕牛之者也。牛乃波奈豆良。⑥

寅以私反。誠也，敬也，怡也，移也，引也。

審矢甚反。悉也，諦也。

寤告（吾）音。徒眠覺悟也。⑦

灾又作災。子來反。侵也，傷也。人火曰［火］，天火曰灾。害也。⑧

客康格反。寄也，賓也。

蜜〔密〕又作宓。弥必反。靜也，安。⑨

密秘密也。

---

① 注文“吒”當作“吃”。《廣韻·獮韻》：“謇，吃。”茲據校改。《楚辭》多處以“謇”作句首語氣詞，故此云“楚語”，如《楚辭·離騷》：“謇吾法夫前脩兮。”

② 注文“至”當作“室”。《廣韻·德韻》：“塞，室也。”茲據校改。

③ 注文“留”當作“雷”。《玉篇·宀部》：“宙，除雷切。”茲據校改。

④ 後一反切上字“力”俟考。

⑤ 注文“幹”當作“韓”，“上”當作“止”。《名義·宀部》：“安，於韓反。止也。”茲據校改。

⑥ 此條不詳，字頭與音義不合。《廣韻·豪韻》魯刀切：“牢，養牛馬圈。亦堅也，固也。”牛乃波奈豆良（うし【牛】の【之】はなづら【鼻蔓·牛麋】）。

⑦ 注文“告”當作“吾”。“寤”與“吾”倭音皆“ご”，“告”音“こう”和“こく”。字頭“寤”字下原從“悎”，俗寫“告”“吾”混同。茲據校改。

⑧ 注文“天”上奪“火”字。《左傳·宣公十六年》：“凡火，人火曰火，天火曰災。”茲據校補。

⑨ 注文“靜也，安”爲“密”字釋義。

蕒（蕛）頹音，平；遂（蓫）也，牛蕒（蕛）也。①

宂〔宂〕如勇、与鞏二反，平（上）；散也。又居洧反，上；内盜也。②

寵丑冢反。族也，榮也，尊居也，恩也，光隆也。

宸〔宸〕昊（是）人反。殿也，皇太子所居也，大也。楄也，間也。③

容餘封反，平；寬也，儀也，兌也，盛也，受也，可也。

寶博抱反，上；珍也，瑞也，有也，道也。④

宲珤二上古字。

寑七稔反，上；室也。

寏上字。

寢又上字。臥也。

宋蘇統反，去；居也，國也。

寄居義反，去；託也，寓也。

宵相焦反。夜也。

竄又從穴，在穴部。

寘又從穴，在穴部。

穴部第百廿五

百十六字

穴形決反。冢也，空也。

寠瞿庾反。貧也，空也。

窊宩窪袞窪𥩳六字同。佳瓜、羊主二反。勞也，嬾也。⑤

窯羊招反，平；須惠加万。⑥

穹丘隆反，平；窮也，大也，隆也。

---

① 字頭"蕒"當作"蕛"，"遂"當作"蓫"。《廣韻·灰韻》他回切："蕛，牛蘈，草也。"《詩·小雅·我行其野》："言采其蓫。"鄭玄注："蓫，牛蘈也。"茲據校改。

② "宂"字無平聲音，此處"平"當作"上"。"又"下爲"宂"字音義。

③ 注文"昊"當作"是"。《慧琳音義》卷八十三"宸眷"條："上是人反。"茲據校改。"楄也，間也"爲"宸"字釋義。《説文·广部》："宸，戶楄之間謂之宸。"《玉篇·广部》："宸，亦天子所居也。""宸""宸"因義相近而混爲一條。

④ 《廣韻·晧韻》博抱切："寶，珍寶。又瑞也，符也，道也。"《名義·宀部》："寶，補道反。珍也，瑞也，符也，道也。"此處"有"字疑爲"符"字之誤。

⑤ "袞"當是"宩"俗字，字頭末形當是"窊"的俗字。"佳"字疑誤。《廣韻·麻韻》："窊，烏瓜切。"反切上字當是影母字，"佳"是見母字。

⑥ 各本作："窯，羊招反，平；燒瓦竈也。又作陶。須惠加万。"須惠加万（すえがま【陶窯】）。

宨突二同。徒骨反。穿也，欺也，室也，屋東北角也，猝也，滑也，水流壞者也。①

窨於禁反。漆屋。

竇徒遘反。空也，謂孔穴也，人姓。②

窘奇殞反。迫也，困也，逼也，急也，仍也。

宦胡串反。仕也，學也。

窠又作蓛、萪，二同。口和反。巢也。木曰巢，穴曰窠。③

窟鷄所乳謂之窠，兔之所息謂之窟。④

窲力彫反。穿也，小空也。

窒丁結、猪栗二反。塞也。

穿尺專反，平；窲也。下三字同。

窆充芮、充絹二反。葬穴爲(穿)堀此(壙)也。⑤

窗火穴反。兔窟。⑥

突上三字皆穿字。在四音。一：尺滿反。二：許史(決)反。三：於穴反。四：力有反。又通也。⑦

空口紅反，平；大也，窮也，窲也，待也，虛也，盡也。

究居宥反。窮也，圖也，備也，盡也，深也。

覆夫(扶)福反。窟也，陶。⑧

窛山林反。深也，突也，舜也。⑨

窱於決反。深也。

窔口弗反。孔也，空。

窐窒二同。口定反。空也。

---

① 《玄應音義》卷十五"水突"條："謂水湯流壞物者也。"

② 各本作："竇，徒遘反。空也，宮中水道也，謂孔穴也，人姓。水乃波奈。"水乃波奈（みず【水】の【之】はな【鼻】），石橋真國疑"波"當作"阿"。阿奈（あな【穴】）。

③ 《説文·穴部》："窠，空也。穴中曰窠，樹上曰巢。"

④ 字頭及注文原作"窪"。

⑤ 注文"穴爲"當作"穿"，"堀此"當作"壙"。《廣韻·祭韻》："窆，葬穿壙也。"《周禮·春官·小宗伯》："卜葬兆甫窆，亦如之。"鄭玄注："鄭大夫讀窆皆爲穿，杜子春讀窆爲封，皆謂葬穿壙也。"茲據校改。

⑥ 反切下字"穴"字原殘作"乀"。《玉篇·穴部》："窗，呼穴切。"《説文繫傳·穴部》："窗，火穴反。"

⑦ "滿"下原有"二"字，據文意刪。注文"史"當作"決"。《廣韻·屑韻》："窗，呼決切。"茲據校改。"尺滿反"反切下字疑有誤，此處當是"穿"或"窆"字音，疑"滿"當作"絹"。"許決反"是"窗"與"突"字音。"於決反"是"突"字音。"力有反"不詳，《新撰字鏡·草部》："茆，莫飽、力有二反。"

⑧ 注文"夫"當作"扶"。《名義·穴部》："覆，扶福反。"茲據校改。

⑨ 《集韻·侵韻》："窛，深也。或作突。"《集韻·沁韻》："突，一曰瘞也。關中謂瘞柩爲突。"《玉篇·歹部》："舜，埋棺坎下也，瘞也。亦假葬於道側曰舜。""突(窛)""舜"二字義近。又《説文·穴部》："突，深也。一曰竃突。"

窠士(壯)交反。空也,穴中巢。①

宪力求(救)反。藏也,窖也,穴。②

寫都交反。[寫]宜,深。

窺丑生反。窺也,正見也。③

突一弔反。冟,深皃。

冟於鳥反。遠望也,杳。

窇甫(蒲)告反。土室,窖。④

窄則各(側格)反。笮也,迮也,迫隘也。⑤

窊大(丈)加反。宖。⑥

瓠古(胡)罵反。寬也,擊。⑦

籃力甘反。竷也,薄而大也。

竷他甘反。籃也。

突夾音。深也。⑧

宖古孔(胡泓)反。大穴也,寬。⑨

窨杜萌反。宖。

窨竹終(萌)反。宖。⑩

窛居六反。窮也,諔。

竑古厷(胡肱)反。屋聲。⑪

宙辞儡反。岫也,山穴。

寏上成反。屋也,受。⑫

寏奴廷反。大遠也,寧。

宜且居反。岨也,石山戴土。

窒口殄反。不復動。

---

① 注文"士"當作"壯"。《名義·穴部》:"窠,壯交反。"茲據校改。

② 注文"求"當作"救"。《廣韻·宥韻》:"宪,力救切。"茲據校改。

③ 《說文·穴部》:"窺,正視也。从穴中正見也,正亦聲。"

④ 注文"甫"當作"蒲"。《廣韻·覺韻》:"窇,蒲角切。"茲據校改。

⑤ 注文"則各"當作"側格"。《名義·穴部》:"窄,側格反。"茲據校改。

⑥ 注文"大"當作"丈"。《玉篇·穴部》:"窊,丈加切。"茲據校改。

⑦ 注文"古"當作"胡"。《名義·穴部》:"瓠,胡罵反。"茲據校改。

⑧ 字頭部件"夾"及注文"夾"原皆作"夾"。《廣韻》有"所今切""徒感切"二音,蓋字讀半邊,故注"夾音"。

⑨ 注文"古孔"當作"胡泓"。《名義·穴部》:"宖,胡泓切。"茲據校改。《名義·穴部》:"宖,大也。"《玉篇·穴部》:"宖,宖窨,大屋也。"此處"穴"字疑誤。

⑩ 注文"終"當作"萌"。《名義·穴部》:"窨,竹萌反。"茲據校改。

⑪ 注文"古厷"當作"胡肱"。《名義·穴部》:"竑,胡肱反。"茲據校改。

⑫ 《名義·穴部》:"寏,時聲反。屋所容受。"

容口答反。合。

宁除丁反。突宁,小胡也。

窟口骨反。室也,堀。

窗楚江反,平;通孔也。

窕吐鳥反,上;窈同。

窈窕二同。正秦(勑)堯反,平;細不滿也,肆也。又胡了反,上;閒也,美也,淫也,好也,寬也,佻。①

窞窞二同。徒感反。坎中傍入。《易》曰:"入于坎窞。"

窢呼玦反,入;空兒也,坎也,穿也。

窒窣丁刮反,入;穴中山(出)也,孔滿曰窒,滿也。②

窋竹律反。空也,穴兒。

窀烏八反。空也,深也。

窢豬筠反。夛也,犬(火)見穴中也。除頑反。③

夛詳石反。夜也,厚也,窢也,暮也。

窙詳(許)交反,平;高氣也。④

窞魯當反,平;窠也。

窠苦郎反。窞也,宮室兒。

窾窾二形同。苦管反,上;宮也,空也,餝。

窢武永反,上;[窢]戶,上(土)穴。⑤

竈竈竈三字同。則到反,去。

窋方鄧反,去;束棺下之也。

窣蘇骨反。勃也,穴中出也。

窳鼠鼠三形作。七亂反。藏也,隱逃也,微也,匿也,逃。⑥

窅窊同作。空也,深也。

窬正徒構反,去;圭窬,又門旁窬也,穿廥爲之如圭也。穿也,築垣短板也。借欲殊反,平;行瀆(清)也,穿木戶也,空也。⑦

---

① 注文"秦"當作"勑"。《名義·穴部》:"窈,勑堯反。"茲據校改。《廣韻》音"徒了切",此"胡了反"疑有誤。

② 注文"山"當作"出"。《廣韻·鎋韻》:"窒,穴中出兒。"茲據校改。

③ 注文"犬"當作"火"。《廣韻·魂韻》:"窢,火見穴中。"茲據校改。

④ 注文"詳"當作"許"。《廣韻·肴韻》:"窙,許交切。"茲據校改。

⑤ 注文"上"當作"土"。《廣韻·梗韻》:"窢,窢戶,土穴。"茲據校改。

⑥ 注文"逃"爲"逃"俗字。

⑦ 注文"瀆"當作"清"。《史記·萬石張叔列傳》:"取親中帬廁牏,身自浣滌。"裴駰集解:"孟康曰:廁,行清;窬,行中受糞者也。東南人謂鑿木空中如曹謂之窬。"茲據校改。《禮記·儒行》:"蓽門圭窬。"鄭注:"圭窬,門旁窬也,穿牆爲之如圭矣。"

定丁定反。題也,亦皃石(星名)也。①

窞方驗、方乏二反。死者器也,下棺。②

窈於鳥反,上;幽閑也,靜也,美也,深遠也。

寤牛故反。覽(覺)也。或作悟、寤,二形作。③

𥧌胡護反。審也,安息也,臥也。

寐亡至反。睡也,安息也,臥也。

窮竆〔穹〕二同。苦弓反,平;土穴也,孔也,空也。極也,終也。〔失利爲窮〕。④

窔口弔反。土凹之皃,空也,窮也,孔也,穴。

寘寔〔寘〕二形作。堂見反,去;又之致(致)反。廢也,置也,止也,附小廢大也,"以小怨布(而)寘大德"也,塞也。⑤

㝠(冥)莫定反。晦也,昏也,闇也,幽也,夜也。⑥

窞達盍反。過也,屋也,藺蓢草也。⑦

窔居交反。屋東北隅也,宣也。⑧

窲(寥)七勞反。靜也,空室之皃。⑨

窅鳥了、於要二反,平;深也,人目深也。

窐胡圭反。陶師燒瓦穴。

竆巨中反,平;國名。

---

① 字頭原從"穴"。"皃石"疑當作"星名"。《爾雅·釋天》:"營室謂之定。""營室"爲二十八宿之一。

② "方乏"疑當作"方砭"。"方砭反"與"方驗反"音同,"方乏反"爲"法"字音。

③ 注文"覽"當作"覺"。《廣韻·暮韻》:"寤,覺寤。"茲據校改。注文截圖字 HDIC 作"𪰶悟",不妥。疑此本爲一字而誤分爲二,如《龍龕》收"寤"的俗字"寤",與此形似,故此處言"二形作"。

④ "窮"字字頭右旁有"失利爲窮"四字。"苦弓反,平;土穴也,孔也,空也"似是"穹"字音義。《廣韻·東韻》渠弓切:"窮,窮極也。"《廣韻·東韻》去宮切:"穹,高也。""苦弓反"與"去宮切"音同。《詩·豳風·東山》:"洒埽穹窒。"鄭玄注:"穹窒,鼠穴也。"

⑤ 注文"致"當作"致","布"當作"而"。《廣韻·寘韻》支義切:"寘,止也,置也,廢也。""致"爲寘韻字,釋文有多處音"之致反"。《國語·楚語下》:"以小怨寘大德,吾不義也。"《國語·周語中》:"是以小怨置大德也。"《國語》無此"布"字,此當是連詞"而",蓋可省略。茲據校改。"堂見反,去;填也"爲"寘"字音義,餘爲"寔"字音義。《廣韻·先韻》:"填,塞也,加也,滿也。""寔,上同。"又"附"字不詳,"附小廢大"義蓋同"以小廢大"。

⑥ 字頭"㝠"爲"冥"俗字。

⑦ 反切下字"盍"字原作"𥁧",HDIC 定作"邉",但本書無"邉"字,且一般不作反切用字,疑是"盍"字。"藺蓢"即"莨菪"。

⑧ 《爾雅·釋宮》:"東南隅謂之窔。"《莊子·徐无鬼》:"未嘗好田而鶉生於窔。"釋文引司馬云:"窔,東北隅也。""窔"同"窔"。《廣韻·嘯韻》:"窔,鳥叫切。"此處"居交反"爲"交"字音,疑有訛混。

⑨ 此字當是"寥"的俗字。《廣韻·豪韻》"七刀切"有"操""㷪""慅"等字,此從"喿",故有此音。《全王·蕭韻》:"寥,空室。"《廣韻·蕭韻》落蕭切:"寥,空也。又寂寥也,寥廓也。"《廣韻·錫韻》郎擊切:"寥,寂寥,無人。又深也。又音聊。""寥"俗作"㝓","喿"俗作"枀",形近相混。

宔之禹、之久二反，上；人名，廟中主名。①

窖胡(古)孝反。隱弊也，藏也。②

穿尺專反。穴也，串也。

寢且審反。息也，伏也，室也。

窞烏洽反，入；脉之穴。

㝠(冥)弥央反。幼也。③

窖古効反。藏穀麦曰窖也，藏也。

窺語規反。"以管窺天，用螺酌海"是也，看也，小視也。④

窂力刀反。堅也，固也。

寢(寢)妍次反，去；暗中語也。⑤

一部第百廿六
八字

包方爻反，平；兼也，以草裏物也。

罕干音。希也。

冠古候反。在宀部。

富在宀部。

寫在宀部。

冥在宀部。

冠冇二形同。

黌亡姦反。在黑部。

鼏〔鼎〕亡狄反。盖也。今扃字。⑥

刂部第百廿七
百五十六字

刂者，刀字已在十卷内。

創正楚良反，平；古作飢。傷也，懲也。借楚亮反，去；始也。又刱字。

---

① "之久反"當是倭音"しゅう"，今音"しゅ"。

② 注文"胡"當作"古"。《名義·穴部》："窖，古孝反。"茲據校改。

③ 此字爲"冥"俗字。《爾雅·釋言》："冥，幼也。"又注文"幼"同"窈"。

④ 反切上字當是溪母字，"語"字當誤。《慧琳音義》卷八十二"不窺"條作"跬規反"。

⑤ 《龍龕·穴部》："寢，俗；寢，正。睡語也。"《慧琳音義》卷十三"寢言"條："《考聲》云：睡中語也。"
　此處"暗"或當作"睡"。

⑥ "鼏"同"扃"，"亡狄反。盖也"爲"鼏"字音義。

剒劖劕三字同。之兖反。斷首也，截也。

刐古作鉻。力各反。去節曰刐。又作芰。①

刮枯合(洽)反。掐，通之。入也。在扌部。②

刳口孤反。謂空其腹也，劵也。

剗剴二同。古文作鏟。初簡反。鏟，平鐵也。剗，削也。

劗劙〔揣〕二同。魚器反。摇也，度也。鼻柱削也。③

刵如志反。在耳部。

刖古文作跀、跀，二同。魚厥反。猶割也，斷也，足仜也。

剖普後反，上；破也，析也，判分也。波伊反。④

判普旦反。半也，分也，破也，散也，離也。牉、拌同。

剖上古文。

割〔剖〕普厚反。剖字同。破也，害也，解肉也，裂也，斷也，裁也，截也。⑤

荆居雄(胡經)反。到也。淫刑，攻(次)死也。刑，法也，井爲刑法。刑字從井，井以飲人，人入井爭水，陷於泉，以刀守之，割至(其)情欲，人畏慎以令(全)命也，故字從刀從井。⑥

刑上字是也。

剔丁盍反，入；着也。

刎古作劜。亡粉反。"公遂刎腹(脰)而死。"何休曰："刎，割也。"⑦

刊可干反。削也，定也，除也。

删所奸反。剟也，消除之也，定也。

---

① 《玄應音義》卷十一"刐治"條："古文刐、鉻二形，同。力各反。《通俗文》：去節曰刐。經文或作芰，所巖反，刈草也。或作落，非體也。"

② 注文"合"當作"洽"。《玄應音義》卷十四"掐傷"條："枯狹反。或作刮，同，枯洽反。《通俗文》：爪按曰掐。《韻集》：刮，入也。江南有刮寶器，當作此。"兹據校改。"通之"蓋指"掐"通"刮"，"之"或當作"也"。"在扌部"指"掐"字。

③ 《玄應音義》卷十四"劗拱"條："徒端反。《通俗文》：截斷曰劗。律文作揣。丁果、而兖二反。摇也，度也。""揣"以下音義惟存《磧砂藏》。《廣韻·果韻》："揣，摇也。"《廣韻·紙韻》："揣，度也。"蓋"劙"與"劕"(見上文"剒劖劕"條)形近相混。

④ 字頭右旁有"ホウ"，爲"剖"字音讀"ぼう"。波伊(はい)反。

⑤ 此條"割"與"剖"形近相混。"普厚反。剖字同。破也"爲"剖"字音義。《廣韻·曷韻》古達切："割，剥也，害也，斷也，截也。"

⑥ 注文"居雄"當作"胡經"，"攻"當作"次"，"至"當作"其"，"令"當作"全"。《玄應音義》卷二十"宮刑"條："居雄反。淫刑，次死也。男女不以義交者，其刑宮。男子割勢，婦人幽閉於宮。下胡經反。罰罪也。《易》曰：刑，法也。井爲刑法也。《春秋元命包》曰：刑字從刀從井。井以飲人，人入井爭水，陷於泉，以刀守之，割其情，欲人畏慎以全命也，故字從刀從井。""次死"爲"次於死刑"之義。兹據校改。"居雄反"爲"宮"字音，此處誤爲"刑"字音。

⑦ 注文"腹"當作"脰"。《玄應音義》卷十二"自刎"條："《公羊傳》云：公遂刎脰而死。"《公羊傳·宣公六年》："遂刎頸而死。"此處當從《玄應音義》作"脰"。兹據校改。

剕删刪三上字。

刏孚乳反。把也,握也。拊字。

釖上字。

鄂午各反。刀劍刃也,天子之劍也。

剛居郎反。强也,彊也。

刌念緄反。切也,細切也,斷也,割。

劊江脱反。斷。

刉居折(祈)反。切也,傷也,斷也,刀使利。①

辨皮莧反。具也,判也。在辨部。

列力泄反。位也,比也,"[列]地利"也,施也,行次也,並也,治也,陳也,班列也。裂字。②

剥補角反。上(入)削也,揚(傷)也,取也,裂也,保(倮)也,割也,去皮也,落也,脱也,滅也,傷害也,擊也,琢也,爛也。③

刊上字。

劃胡鹹反。刀頭破物。

劐上字。

劀公刖反。刮去膿血也,刮去惡創肉也,割也,利。

劖仕咸反。斷也,一曰劋也,釗也。鑱字。

剿子紹反。截也,絕也,獪也,狡狄也。④

藁摷勦三形同,上字。

剎楚乙反。傷也,割也。

刓五丸反。削也,劃也,齊也,斷也。

釗之姚反。覛也,勉也,達(遠)也,劋也,剿也。⑤

魛在魚部。

剅乙牙反。"自剅於客前"。自剅,自至(到)也。⑥

劋徒溝反。圗俞(劋)也。⑦

刻下千反。到也。

<hr>

① 注文"折"當作"祈"。《名義·刀部》:"刉,居祈反。"茲據校改。
② 《禮記·禮運》:"故祭帝於郊,所以定天位也;祀社於國,所以列地利也。"
③ 注文"上"當作"入","揚"當作"傷","保"當作"倮"。此音爲入聲,且此字無上聲音。《名義·刀部》:"剥,傷也。"《廣韻·覺韻》:"剥,傷害也。"《禮記·檀弓上》:"喪不剥奠也與。"鄭玄注:"剥,猶倮也。"茲據校改。
④ 《方言》卷二:"剿,獪也。""狄"同"獪"。
⑤ 注文"達"當作"遠"。《廣韻·宵韻》:"釗,遠也。"茲據校改。
⑥ 注文"至"當作"到"。《國語·吳語》:"自剅於客前以酬客。"韋昭注引賈逵、唐固云:"剅,到也。"茲據校改。
⑦ 注文"俞"當作"劋"。《廣韻·侯韻》:"劋,圗劋足節(筋)。"茲據校改。

剸充庸反。剸剌也,撞也。種字。

劗叉刮、叉芮二反。斷也。斬字。

劙力支反。解也,分也,分割,析也。

刐木己反。人姓。①

糾刿上居酉反。發列也。下李極反。煞繩也。②

削且落反。錯字。

劍居嚴反。劒字。劒,人在(所)帶兵。③

劀壯函反。刮也。

劋上字。

劋力可反。斦[字]。斦,柯擊也。

劃古携反。撻字。撻,中釰(鈎)。④

劘莫何反。砥也,切也。摩字。厲也,迫也。

剠力向反。摽(掠)字。奪也,索也,捶也,捞也。⑤

劗子踐、子丸二反。滅也,省(齊)也。揃字。擇切也。⑥

刺剌二字同。正千亦反,去;殺也,擊也,責也,非也,怨也,書也,諷譏也,針也,箴也,容也。
借七亦反,入;矛屬也,猶刈之也,痛也。⑦

剮都堯反。古文琱字。琢玉也。

剬都管反。古文斷字。截也,決,齊也。

剔思奚反。剔(剌)。⑧

劗之善反。鐉字。鐉,伐擊。

剿楚教反。掠也,取也。鈔字、抄字。

劇乙角反。刑也。睚字。

刪口恠反。斷也。

劃呼獲反。裂也,劙也。

劏口虢、口郭二反。解也。

---

① 此條不詳。字頭疑是"改"字,"木"疑當作"羊"。《廣韻·止韻》:"攺,羊己切。"《廣韻·海韻》:"改,
又姓,秦有大夫改産。""攺"同"攴","改"與"攺"形近相混。

② 後一字頭不詳。注文"發列"疑當作"發糾",即"糾發",義爲"舉發"。

③ 注文"在"當作"所"。《説文·刃部》:"劒,人所帶兵也。"茲據校改。"劍"爲去聲字,此反切下字疑
誤,或當作"醶"。

④ 注文"釰"當作"鈎"。《廣韻·齊韻》《玉篇·手部》《名義·手部》:"撻,中鈎也。"茲據校改。

⑤ 注文"摽"當作"掠"。《玉篇·刀部》:"剠,亦作掠。"茲據校改。

⑥ "省"疑當作"齊"。《玄應音義》卷十四"若揃"條:"古文劗、鬋、翦三形,同。"《廣韻·獮韻》:"翦,齊
也。"茲據校改。

⑦ 注文"容"疑當作"客",即"刺客"。

⑧ 注文"剔"當作"剌"。《廣韻·齊韻》:"剔,剌剔。"茲據校改。

劅上字。裂也。

刡都條反。斷也,斷取穗也。

刐上字。

剅丁奚反。豆(剅)。①

刓古紅反。銋。

刞補護反。甫(刞)刀也,截刀也。②

刈乂音。穫也,取,煞也。乂字。乂,芟草也。在乂(爻)部。③

䶂力石反。剥(劙)䶂也。④

劀力涉反。削也,削咸(減)之也。⑤

劃劀二同。胡圭反。咸(減)也,削也。⑥

剗乂律反。割也,斷。

劌推(惟)贅反。傷也。銳字。銳,小也,利也,精也。⑦

划公臥、公禍二反。鎌也,列(刈)也,銋謂之划,又刉曰划。⑧

劇渠戟反。甚也,篤。

荆居迎反。楚也。

刻苦得反。煞木也,剋,到也,書(畫)也,削。⑨

剋苦勒反。勝也,急也,煞也,刻也。

刓烏丸反。削也,挑也,割也。久自利惠留。⑩

別正補徹反,入;分也,識也,了也,區別也,猶明也,離也,列,異也。借居別反,入。⑪

削正思略反,入;減也,煞也,刻木也,刀室也,韜也。借相醮反,去;弱也。

副正普遍反,入;析也,斷也,判也。或爲腷字。稱也。

冨上古文。借芳富反,去;覆也,次也,貳也。爲畐字。

刷所劣反。頭也,清也,清潔也,亦翦剃也,刮也,利也。⑫

---

① 注文"豆"當作"剅"。《廣韻·齊韻》:"剅,剅剅,以刀解物。"茲據校改。

② "甫"據文意作"刞"。《集韻·莫韻》:"刞,截也。一曰裁刀。"《名義》《玉篇》《廣韻》皆作"裁刀",此"截刀"蓋不誤。

③ 注文"乂"當作"爻"。見本書卷十一"爻部"。

④ 注文"剥"當作"劙"。《名義·刀部》:"䶂,劙也。"茲據校改。

⑤ 注文"咸"當作"減"。《名義·刀部》:"劀,減削也。"茲據校改。

⑥ 注文"咸"當作"減"。《名義·刀部》:"劀,減削也。"茲據校改。

⑦ 注文"推"當作"惟"。《名義·刀部》:"劌,惟聲(贅)反。"茲據校改。

⑧ 注文"列"當作"刈"。《廣韻·果韻》:"划,刈也。"茲據校改。

⑨ 注文"書"當作"畫"。《廣雅·釋詁四》:"刻,畫也。"茲據校改。

⑩ 久自利惠留(くじり【抉り】える【彫る】)。

⑪ "居別反"不詳。

⑫ 注文"頭也"不詳。各本末有"馬波太介(うまはたけ【馬刷】)"。

剔吐鹿(歷)反，入；解骨也。又天帝反，去；猶解也，剪髮也。保夫留。①

髤上字。

劉剹二同。力六反。亦戮字。煞也，辱也。

鬲上字。

剟竹劣反，入；刊，割也，削也。

剗上字。

劌口(居)衛反，去；傷刀也，箴也，除也，伐也，利傷也。太知奴弥。②

刾側兩反，上；皮傷也。

削烏玄反，平；挑也，室(窐)也，取也，剜也。久自利須豆。③

囧上古文。

劇大各反，入；治木也，判也，分也。又有名同訓。又爲度、柝二字。④

劅牛却(劫)反，入；續斷也，擘也。太ツ。⑤

劉力牛反。陳也，鉞属也，尌也，煞也，陳力也。⑥

劑子随反。齊也，和也。

則子勒反，入；法也，視也，五常也，掌也，等畫物也，辞也，即，設法。

剆則古文。

劋剆二上古文。⑦

嫪力救反。美好也。

刮古頒反，入；削也，咸(減)也。⑧

刐盧活反，入；削也。

刧(韧)恪八反。巧刋。

劂刷二形同。居月反。刻刀。

剝剢二同。力質反，入；細削也，斷也。

到都導反，去。

剉麁卧反，去；折也，削角也，斫也，碎也。

―――――――――

① 注文"鹿"當作"歷"。《廣韻·錫韻》："剔，他歷切。"茲據校改。保夫留(ほふる【屠る】)。各本末
有"又加弥支留(かみ【髮】きる【切る】)"。
② 注文"口"當作"居"。《廣韻·祭韻》："劌，居衛切。"茲據校改。太知奴弥(たちぬみ)。
③ 注文"室"當作"窐"。《説文·刀部》："削，挑取也。一曰窐也。"茲據校改。久自利須豆(くじり
【抉り】すつ【捨つ·棄つ】)。
④《爾雅·釋器》："木謂之劇。"《玉篇·木部》："榜，《爾雅》云：'木謂之榜'。今江東斫木爲榜。亦作
柝。"《新撰字鏡·木部》："柝，劇字。"
⑤ 注文"却"當作"劫"。《名義·刀部》："劅，魚劫反。"茲據校改。太ツ(たつ【斷つ】)。
⑥ 反切"力牛"原倒。《名義·刀部》："劉，力牛反。"茲據乙正。
⑦ 前一字頭原在"劑"條之上，與上字"剆"稍異，當乙於此。
⑧ 注文"咸"當作"減"。《廣雅·釋詁二》："刮，減也。"茲據校改。

叫古弔反，去。

勡匹笑反，去；强取也，劫人也，截也，削也。勳、勡、慓、儦、嫖，五形同。

劁才笑反，去；刈也，刐也。

劘居衛反，去；剖劘也，斷割。

剃他計反，去；除也，剔也。

刾〔刺〕此致(敆)反，去；針刾也。又力達反。耶也。今作刾。戻也。①

剡以冉反。削也，銳利也，光皃，柜(移)也，利也，疾走也，又縣名。②

刮多忝反，上；研(斫)也，缺也，沾(玷)也。③

到刭二字同。古挺反，上；斷首也，自害也。④

剨旨善反，上；攻也，以槌去牛勢也。

剸且損反，上；剸減也，斷也。

剢丑專反，去(平)；剔也，刔也，去枝。⑤

劂胡關反，平；樸劂，縣名。

劇居言反，平；以刀去牛勢。或作捲(犍)。⑥

剴古來反，平；木鎌也，近也，摩也，一曰大鎌。

剗鋤隆反，平；田器。

刲古(苦)攜反，平；剖也。刲，刾(刺)也。刲，屠也。⑦

刜敷勿反，入；斫也，擊也。

刹初轄反，爲土也，佛啚内長表也。⑧

制之世反。度也，裁也，止也，決，持，勝也，斷也，折也，楚(禁)也，誓也。⑨

制上古文。

刮恪八反，入；剝也。

---

① 注文"致"當作"敆"。《全王·眞韻》："刾，此敆反。"茲據校改。"又力達反。耶也。戻也"爲"刾"字音義。

② 注文"柜"當作"移"。《廣韻·琰韻》："戻，戻廖，户壯(牡)，所以止扉。或作剡移。"茲據校改。

③ 注文"研"當作"斫"，"沾"當作"玷"。《廣韻·忝韻》："刮，斫。"《玉篇·刀部》："刮，或作玷。"茲據校改。

④ "害"疑當作"割"。《玉篇·刀部》："刭，以刀割頸也。"

⑤ 注文"去"當作"平"。此字無去聲音。

⑥ 注文"捲"當作"犍"。《廣韻·元韻》："劇，或作犍。"茲據校改。

⑦ 注文"古"當作"苦"，"刾"當作"刺"。《廣韻·齊韻》苦圭切："刲，割刾。""刾"同"刺"。茲據校改。"剖"字《切韻》系韻書、《廣韻》等作"割"，二字形義相近，本書"割""剖"相混，參見上文"割"字條。《廣雅·釋言》："刲，刭也。""刽"多訓"剖"。

⑧ 《玄應音義》卷六"方刹"條："初鎋反。梵言差多羅，譯言田。田，土田也。或言國，或言土者，義言也。"《妙法蓮華經》卷三："諸佛滅後，起七寶塔，長表金刹，華香伎樂，而以供養。""佛啚"即"佛圖"，指"佛塔"。

⑨ 注文"楚"當作"禁"。《廣韻·祭韻》："制，禁制。"茲據校改。

剖居伎反,上;屈曲也。乃(万)加留,又太和[牟]。①

刌上字。

刏古侯反,平;小鑿也。

劰恪侯反,平;劉(剅)裹也,削劰。②

剅力侯反,平;小穿也,剅剅也,裂也,小裂也。

利力至反,去;養也,仁也,和也,剡也,善也,貪也。成,畢也。銛也。③

劄竹洽反,入;箸也。

劉。

欠部第百廿八

通口部,百廿五字

欠[马][弓]古(胡)感反。闕也。④

歆歆歆三形作。所力反。恐懼也,小怖云(皃)也,悲意也。⑤

歠古文作㕭。昌悦反,入;又天知反,哲音。大飲也,欱也,噂也,敪。⑥

歙於滑反。咽中氣息不利也。

歆呼及反。縮鼻也。

欲上字。呼内(帀)反。飲取也,歠也。⑦

吸字同。

欶所角反。含吸曰欶,亦吮也。

嗽上字。素豆反。欬也。志波不支,又己和世利。⑧

歔欷上喜居反。出氣也,温吹也。下虚既反。涕泣皃,泣餘聲也。⑨

---

① 和訓據各本改補。万加留(まがる【曲る】),又太和牟(たわむ【撓む】)。

② 注文"劉"當作"剅"。《廣韻·侯韻》:"劰,剅裹也。"茲據校改。

③ 《儀禮·少牢饋食禮》:"祝告曰:利成。"鄭玄注:"利猶養也。成,畢也。"

④ 注文"古"當作"胡"。此音爲"马"字音,本部末"马"字作"欠"形。《廣韻·感韻》:"马,胡感切。"《廣韻·梵韻》:"欠,去劒切。"茲據校改。《說文繫傳·马部》:"弓,草木马盛也。從二马,闕。"大徐本無"闕"字,蓋誤脱。

⑤ 注文"云"疑當作"皃"。S.6012、《廣韻·職韻》:"歆,小怖皃。"但《裴韻》《全王》《唐韻》皆作"小怖"。茲據校改。

⑥ 又天知(てち)反,哲(てつ)音。末字疑是"啜"之變,本書口部"嗜啜歠"三字同。

⑦ 注文"内"當作"帀"。《玄應音義》卷十五"欲煙"條:"呼帀反。欲猶飲取也。《說文》:欲,歠也。歠音昌悦反。"茲據校改。"欲"與"歠"不同,此蓋因二字皆有部件"合"與"欠",故誤以爲異體。

⑧ 志波不支(しわぶき【咳】),又己和世利(こわ【声】せり)。各本"己和世利"作"己和須留(こわ【声】する)"。

⑨ 各本"涕泣皃,泣餘聲也"作"二合。涕泣皃,泣餘聲也,悲也。左久利。"左久利(さくり【噦り·吃逆】)。

歆許金反。"无然歆羨"。又貪也。歆羨,貪羨也。"民歆而得之"。又神食氣,祭祀鬼神也。①

歇呼曷(遏)反。噈謂怒之聲也。竭也,盡也,涸也,息也,清也。②

歐於口反。吐也。嘔字。

軙(轂)古久反。已志支。③

欵款同。口緩反。誠也,叩也,舒也。又苦管反,去(上);至也,重也,愛也。④

秋又上字。⑤

歠(敵)徒曆反。當也。

歊許高反。氣高皃,熱炁也。⑥

歔歠歐三形作。以招反。氣出皃。

㰥歙二形作。古(胡)感反,上;鈴也,欲得也。⑦

欱丘庶反。欠也,呿。

吹齒規反。助也,喻也,歔也。⑧

欯許狄反。笑聲。

歕匹屯反,平;吐也,吹氣。噴字。

欣許斤反,平;樂也。忻字。

歟歟二形作。与魚反,平;安氣也。

㰒紫智反,去;歐也,嘎也,嗟也。

欨歘二形作。況羽反。吹也。

欸於改反,上;相然。

歈魚(魯)當反,平;歔也,貪着皃。⑨

欯呼郎反,平;歐欯也。

歘落官反,平;迷惑不解理也,欠皃。

欻火斬反,上;笑也,貪欲。

---

① 《玄應音義》卷七"歆慕"條:"許金反。《詩》云:無然歆羨。傳曰:歆羨,貪羨也。《國語》:民歆而得之。賈逵曰:歆,貪也。"

② 注文"曷"當作"遏"。《玄應音義》卷二十一"呵喝"條:"呼遏反。噈謂怒之聲也。"茲據校改。又"清"字《名義》同,《原本玉篇》引《倉頡篇》作"情"。

③ 古久(こく)反。已志支(こしき【轂】)。

④ 注文"去"當作"上",此音爲上聲。

⑤ 此字疑是"款"的草書楷定字,《字鏡》則以此爲上上字"轂"的異體。

⑥ "炁"爲古"氣"字。

⑦ 注文"古"當作"胡"。《廣韻·感韻》:"歙,胡感切。"茲據校改。又《廣雅·釋訓》:"㰥㰥、鈴鈴,聲也。"此處"鈴也"蓋與《廣雅》有關。

⑧ 《集韻·支韻》:"吹,《周禮》作歙。"此"喻"蓋亦"吹"字異體。

⑨ 注文"魚"當作"魯"。《廣韻·唐韻》:"歈,魯當切。"茲據校改。

歉革(苦)簟反,上;貪(食)不飽。①

歁苦咸(感)反,上;食未飽也,少也。慆字。②

歌呼牙(可)反,上;大笑也,息也。③

欯於几反,上;欯,驢鳴。

歔許咸反,平;笑皃。㰁字。

欨呼洽反,入;氣逆也,欨,久欬也。

歠湯稽反,平;唾聲。

默呼德反。唾聲,欬也。

歇哀都反,平;口相就也。嗚字。

歈羊朱反。歌也。巴歈,歌。

歟叉夬反。跳歟。

歔虎胡反。溫吹也,出氣皃。呼字。

欬呼麥、於陸二反。吹氣也。喊字。

歃子合、千六二反。嗽字。鳴。

歇欣業反。"[歇]肩累足"也,翕氣也。④

歂視專反。口氣咳(引)。⑤

欫居乞反。幸也,口不信(便)言也。吃字。⑥

歡呼官反。樂也。懽字。

欯充之反。蟲字。

攺呼來反。咲也。哈也(字)。⑦

欨子陸反。愁皃。

欻呼物反。忽也。

欲餘燭反。貪也,願也。

歌居何反。詠也。謌、哥,二形同。

歋弋離反。相咲相歋揄也。邪字。

---

① 注文"革"當作"苦","貪"當作"食"。《廣韻·忝韻》苦簟切:"歉,食不飽。"茲據校改。

② 注文"咸"當作"感"。《廣韻·感韻》:"歁,苦感切。"茲據校改。

③ 注文"牙"當作"可"。《廣韻·哿韻》:"歌,虛我切。""可"是哿韻字。茲據校改。

④ 《原本玉篇·欠部》:"歇,欣業反。《漢書》:歇肩累之(足)。《説文》:翕氣也。"《漢書·荆燕吳傳》:"常患見疑,無以自白。脅肩絫足,猶懼不見釋。"

⑤ 注文"咳"當作"引"。《説文·欠部》:"歂,口气引也。"《原本玉篇》引《説文》,《名義》《玉篇》《廣韻》等皆作"口氣引"。茲據校改。

⑥ 注文"信"當作"便"。《説文·欠部》:"欫,幸也。一曰口不便言。"《原本玉篇·欠部》:"欫,居乞反。《説文》:乞(欫),幸也。一曰口不便也。《聲類》亦吃字,在口部。

⑦ "哈"下"也"字當作"字",《字鏡》即作"字"。《原本玉篇·欠部》:"攺,《廣雅》:攺,咲也。野王案,亦与哈字同,在口部。"茲據校改。

歘上字。

歈餘饒反。條歈,氣出皃。①

歊歊歊三形作,同。桑弔反。吟也。哥、嘯,二形同。②

歠歠歠三同字。他旦反。美也,字,吟也。或從口。③

歑余九反。言意。

歌公的、公弔二反。所歌也。

欱可達反。歠也,酒飲也。渴字。

歠子妙反。盡酒也。醮字。

繁呼兼、公廣(廉)、[公]函三反。堅持意,口開(閉)也。④

殸鱌二同。公温反。昆子,不可知。⑤

欹欹同。於引(利)反。嘎也,語不定,氣逆也。⑥

欬枯載反。嗽也。志波不支,又己和世利。⑦

歆其表、於垢二反。蹙鼻也,歐吐也。

欼於幼(糾)反。愁皃。呦字。鹿鳴。⑧

欿丑出、火八二反。无腹(腸)意也,討(訶)也。⑨

次次二同。且利反。位也,止也,會也,倚廬也,舍也,敘也,近也,比也。⑩

鼀上古文。

荋又上古文。

欥尤出反。詮詞也。聿字。

---

① 《説文·欠部》:“歈,歈歈,气出皃。”“歈”同“歈”。未詳孰是。

② “哥”同“歌”,非“歊”字異體,此處疑有誤。

③ 字頭第二形右旁當是“歈”,《字鏡》作“歊”,此形當是“歠”字之訛。注文“字”不詳,疑有脱。或當連字頭讀作“歊字”。《字鏡·欠篇》:“歊(歠),他旦反。吟,美也,歊字也。”《原本玉篇·欠部》:“歠,《説文》:籀文歊字也。”

④ 注文“廣”當作“廉”,“函”上奪“公”字。《原本玉篇·欠部》:“繁,呼兼、公廉、公函三反。”茲據改補。注文“開”字《名義》同,《説文》《廣韻》《玉篇》等作“閉”,《原本玉篇》引《説文》作“鬭”,疑“閉”字是。《新撰字鏡·糸部》:“繁,慳悋也,又閉口不言也。”

⑤ “子”字《名義》同,《説文》《玉篇》《廣韻》作“干”,《原本玉篇》引《説文》作“与”,《集韻》作“于”。

⑥ 注文“引”當作“利”。《名義·欠部》:“歈,於利反。”茲據校改。

⑦ 志波不支(しわぶき【咳】),又己和世利(こわ【声】せり)。各本“己和世利”作“己和豆久利(こわづくる【声作る】)”。

⑧ 注文“幼”當作“糾”。《廣韻·黝韻》《原本玉篇·欠部》:“欼,於糾反。”茲據校改。但《名義》作“幻”,似亦是“幼”字。

⑨ 注文“腹”當作“腸”,“討”當作“訶”。《説文·欠部》:“欿,一曰無腸意。”《廣韻·術韻》:“欿,訶也。”《原本玉篇·欠部》:“欿,《説文》:咄欿,无慚也,一曰无腸音(意)也。《蒼頡篇》:訶也。”茲據校改。

⑩ “會也”疑非“次”字義。《禮記·月令》:“是月也,日窮於次,月窮於紀。”鄭玄注:“次,舍也。紀,會也。”

歠猗錦反。飲酒漿也。又猗鳩反。飲字。

汆上古文。

歛呼濫、呼甘二反。坎也，子（予）也，欲也。①

歐丘涉反。愒欲也。

㰱呼世反。㰱㰱，美（笑）意也。［氣］越兒。②

弞式忍反。美（笑）不壞顏也，大美（笑）也。哂字。③

欯於訶（訏）反。歐欯也，極也。④

欨呼飢反。欻欨也。

歋妨走、他豆二反。相与語，唾而不受也。歋唾也。

欮居肉（月）反。握（掘）也，穿也。厥字。⑤

欼於佳、居攜二反。哇字。聲也，謳也，邪也，接（佞）也。⑥

欱丘凡反。謂多智。

歕呼昆反。

歋古華反。

伙欨二同。五瓜反。歇。

軟舒辰反。呻字。吟也。

欷許脂反。吟也。屎字。又叽（吚）字。又脄字。⑦

歂丁念反。唸字。屎，呻吟也。

欿恥南反。貪古文。欲也，惏也。

歖於宜反。歖歖歔歔，難（歎）詞也。猗字。⑧

歐於建反。怒腹也。皺字。

歑於牛反。氣逆也。噯字。

㰊思均反。恂字。信也，許，大也。

---

① 注文"子"當作"予"。《廣雅·釋詁三》："歛，予也。"《原本玉篇》引《廣雅》亦誤作"子"，《名義》作"予"。茲據校改。

② 注文"美"當作"笑"，"越"上疑奪"氣"字。"美"字《名義》同，《原本玉篇》作"義"，疑皆當作"笑"。《玉篇·欠部》："㰱，㰱㰱，笑意也。"《説文·欠部》："㰱，一曰笑意。"《原本玉篇》《廣韻》"㰱"字條引《説文》皆作"笑意"。《王一》《全王·霽韻》："㰱，氣越兒。"《廣韻·霽韻》："㰱，氣越名（兒）。"《原本玉篇·欠部》："㰱，《廣蒼》：氣越息（兒）也。"茲據改補。

③ 注文"美"當作"笑"。《説文·欠部》："弞，笑不壞顏曰弞。"《名義·欠部》："弞，火（大）笑。"《原本玉篇》"笑不壞顏"之"笑"誤作"美"，"大笑"之"笑"作"咲"。茲據校改。

④ 注文"訶"當作"訏"。《名義·欠部》："歐，於訏反。"茲據校改。

⑤ 注文"肉"當作"月"，"握"當作"掘"。《名義·欠部》："欮，居月反。掘也，穿也。"茲據校改。

⑥ 注文"接"當作"佞"。《慧琳音義》卷八十七"哇歌"："《聲類》：佞也。"茲據校改。

⑦ 注文"叽"當作"吚"。《玉篇·口部》："吚，許梨切。唸吚，呻也。亦作屎。"茲據校改。

⑧ 注文"難"當作"歎"。《玉篇·欠部》："歖，歖歔，歎辭。"茲據校改。

欤虎娛反。樂喜也。①

歆(咨)咨也,嗟也,耻(瑳)也。②

歃所洽反。血也,決也,小率(啐)也。③

欺去其反。忘(妄)也,殆也,紿也,詐。④

訢許吉反,入;笑也,喜也。

歈(歊)以尺反,入;厭也。

欽在金部。

欣時忍反。指而咲。

歊充燭反,上(入);盛氣怒也。⑤

歆欣疑反。喜也,嘆(咲)怒也。⑥

歉苦唐反。虛也,飢虛也。

马胡感反。嘾也。

弓胡鮮反。草木马盛也。

虍部第百廿九

卅七字

尸煥孤反。虎毛。⑦

虍上又作。

虙力胡反。瓴也。爐古文。

虞娛字同。牛具(俱)反。樂也,安也,度也,有也,專也,誤也,備也,助也。⑧

虜虜二形作。力古反。獲取也,服也,掠奪取物也。

處處二同。所音。居也,止也,制,安也,定也,應如也,留也,息也。⑨

虐竭於反,平;又居御反,去;虎也,兩足舉也。猛獸也。⑩

---

① 《原本玉篇》《名義》反切上字作"虛",此處"虎"與"虛"聲母雖同,疑仍當從《原本玉篇》《名義》。

② 此字疑是"咨"字之訛。"耻"字不詳。《新撰字鏡·耳部》:"耻,侯萌反,平;咨也,嗟也。耳語也。"但"咨也,嗟也"非"耻"字義,疑與"瑳"字相混。

③ 注文"率"當作"啐"。《名義·欠部》:"歃,小啐也。"茲據校改。

④ 注文"忘"當作"妄"。《原本玉篇·欠部》:"欺,野王案,欺猶妄也。"茲據校改。

⑤ 注文"上"當作"入"。此音爲入聲,《廣韻》另有上聲"徂感切"。

⑥ 注文"嘆"當作"咲"。《名義·欠部》:"歆,咲怒也。"茲據校改。

⑦ 文獻皆作"虎文",此處"虎毛"不詳。

⑧ 注文"具"當作"俱"。《名義·虍部》:"虞,牛俱反。"茲據校改。

⑨ "處"與"所"皆音"しょ"。"應如也"不詳。

⑩ 《說文·豸部》:"虐,一曰虎兩足舉。"此"虎"下"也"字疑當刪。

虛虗二形作。正吉余(去餘)反,平;山下基也,大丘也,空也。今爲墟。古丘也。①

虔虔二同作。奇連反。慎也,因(固)也,行皃,敬也,少也,效(殺)也,慧也,諁也,欺也,謾也,椹也。②

慮呂音。思也。③

盧𤮫二同。力徒反。飯器。

唐徒郎反。大言也,猶徒也。

虖虎同字。呼吐反。

虐句惡反。暴也,灾也,不善也,酷也,荷也,殘也,惡也。④

𧆝牛建反。禼属。

庸制禄(餘鍾)反。則民興功也,勞也,請(謂)劭勞也,和也,態也。⑤

處房六反,入;義也,戲也。庖戲,太皥也。⑥

盧欣衣、欣猗二反。古陶器。

虘才他、才都二反。虎不柔不信。

虖呼俱反。地(池)名,哮嘑。⑦

彪補間反。彪也,文也。玢字,斒字。

虡渠呂反。鍾聲(磬)之附(柎),以猛獸爲錺。⑧

𧆞上古文。

虞所以懸鍾磬,□比也,几之高。⑨

膚胡甲反。狎字。習也,傷(傷)也,近也,更也。⑩

𧇮胡甘反。白虎。

𧇕始陸反。黑虎。

---

① 注文"吉余"當作"去餘"。《名義·丘部》:"虛,去餘反。"茲據校改。

② 注文"因"當作"固","效"當作"殺"。《廣韻·仙韻》:"虔,固也,殺也。"茲據校改。

③ "慮"與"呂"皆音"ろ"。

④ 《廣韻·藥韻》:"虐,魚約切。""句惡反"當是倭音"ぎゃく"。注文"荷"字《名義》同,當同"苛"。《慧琳音義》卷八十九"苛虐"條:"上賀哥反。賈逵注《國語》云:苛,酷也。《博雅》云:怒也。《廣雅》云:煩虐也。《説文》:從草,可聲也。傳文作荷,非也。"

⑤ 注文"制禄"當作"餘鍾","請"當作"謂"。《原本玉篇·用部》:"庸,餘鍾反。……又曰:以庸制禄,則民興功。鄭玄曰:庸,功也。……又曰:庸,勞也。庸庸,勞也。郭璞曰;謂劭勞也。"茲據校改。《楚辭·九章·懷沙》:"非俊疑傑兮,固庸態也。""態也"非義。字頭右旁注片假名"ワツカニ(わずか【僅か・纔か】に)",此和訓可見《色葉字類抄》。

⑥ 《玉篇·虍部》:"處,又處戲,太皥也。""庖戲"同"處戲""處犧""伏羲"。

⑦ 注文"地"當作"池"。《玉篇·虍部》:"虖,哮虖也,又池名。"《集韻·青韻》:"虖,虖池,水名。""池"同"沱",即"虖沱""滹沱"。茲據校改。

⑧ 注文"聲"當作"磬","附"當作"柎"。《玉篇·虍部》:"虡,鍾磬之柎,以猛獸爲飾。"茲據校改。

⑨ 殘字作"𠕋",似是"同"或"周"字。"□比"不詳。《方言》卷五:"几,其高者謂之虞。"

⑩ 注文"傷"當作"傷"。《名義·虍部》:"膚,傷也。"《説文·人部》:"傷,輕也。"茲據校改。

魈（魈）亡狄反。魈也。

䲅騰音。黑虎。

𧇽戲二同。仕板反。諫（虎）竊毛也。①

彪補蚪反。虎文。

虥牛乞反。虎兒。

虦魚廢反。虎兒。

虓呼交反。師子。

虢許逆反。恐懼兒，蠅虎。

虢鈎百反。虎所懼（攫）畫明文。②

虝度胡反。乳聲（於𧇾）。③

虣蒲到反。暴古文。空手執也。

䖒玄殄反。虎怒。

𧇸雉慄反。兩虎爭聲。牛巾反。

贙胡犬反。獷惡。④

黑部第百卅

八十二字

黑去億反。火陰兒（色）。⑤

黔其今反。黎也，民也，黑也。

黧力奚反。黑也。里音。

靆（靆）徒愛、都愛二反。黑雲興兒，雲也，享（厚）也。⑥

𪑾烏飛反。𪑾也。久良支雲。⑦

𪑾豆飛反。雲厚興也。阿豆久久毛礼利。⑧

---

① 注文"諫"疑當作"虎"。《名義·虎部》："戲，仕諫反。虎竊毛。""虎"字蓋涉《原本玉篇》及《名義》
　反切下字"諫"而誤。《玉篇·虎部》："戲，士板、昨閑二切。"此"仕板反"當不誤。

② 注文"懼"當作"攫"。《説文·虎部》："虢，虎所攫畫明文也。"茲據校改。

③ 注文"乳聲"當作"於𧇾"。《説文·虎部》："𧇾，楚人謂虎爲烏𧇾。"《方言》卷八："虎，或謂之於𧇾。"
　郭璞注："於，音烏。今江南山夷呼虎爲𧇾，音狗竇。""於𧇾"同"烏𧇾"。茲據校改。

④ 《爾雅·釋獸》："贙，有力。"郭璞注："出西海，大秦國有養者。似狗，多力獷惡。"

⑤ 《廣韻·德韻》："黑，呼北切。""去億反"當是倭音"こく"。注文"兒"當作"色"。《名義·黑部》：
　"黑，火陰色也。"茲據校改。

⑥ 據音義，此字當是"靆"的俗字。《廣韻·代韻》："靆，靉靆，雲狀。"注文"享"疑當作"厚"，下文"𪑾，
　雲厚興也"與此義近。茲據校改。

⑦ 此字不詳。久良支雲（くらき【暗き·昏き·冥き】くも【雲】）。

⑧ 此字不詳。阿豆久久毛礼利（あつく【厚く·篤く】くもれり【曇れり】）。

黳於題反。小黑也。虎魄，積久在土中所成也，黑而光潤玉也。①

黬上林、居咸二反。雖哲(晢)而黑也。②

䵂上字。釜底黑。

暘舒揚反。赤黑也。

纂又利(叉刮)反。黃黑而白也，短黑也。③

黪記林反。黃黑如金。

薰丁(干)珍反。黑致也。④

黕丁咸(感)、丁甚二反。垢濁也。⑤

黴朋(明)飢反。面垢黑也，青黑也，敗也。⑥

黤蒲安反。姍，下色也。

黜勑律反。退也，減損也，去也，施(弛)也，絕也，廢也，貶下。⑦

黱徒載反。畫眉黑(墨)也。⑧

黛上字。

黰黰黰黰(黰)四形作。徒見反。逗黰，淖也。澱同字。

黰又上字。

黟都(郁)咨反。黑木。⑨

黥巨生反。刑名。

剠上字。

黷虛極反。赤色皃。

黓餘職反。太歲在壬曰玄黓也。

黲亡狄反。野草木蕂茸也。

黷黷二形，上字。

---

① “虎魄”及以下釋義不詳，蓋指“黳珀”，又作“瑿珀”。《正字通·玉部》：“珀，琥珀，本作虎魄……淡者名金珀；黑者名黳珀。”《本草綱目·木四·瑿》釋名引南朝宋·雷斅曰：“瑿珀是衆珀之長，故號瑿珀。”又時珍曰：“亦作瑿。其色黳黑，故名。”元·袁桷《舟中雜咏》之九：“千年化瑿魄，豈比春葐榮。”

② 注文“哲”當作“晢”。《説文·黑部》：“黬，雖晢而黑也。”茲據校改。

③ 注文“又利”當作“叉刮”。《玉篇·黑部》：“纂，叉刮切。”茲據校改。

④ 注文“丁”當作“干”。《玉篇·黑部》：“薰，干珍切。”茲據校改。

⑤ 注文“咸”當作“感”。《名義·黑部》：“黕，丁感反。”茲據校改。

⑥ 注文“朋”當作“明”。《玉篇·黑部》：“黴，明飢切。”茲據校改。

⑦ 注文“施”當通“弛”。“弛”與“絕”“廢”等義義近。

⑧ 注文“黑”當作“墨”。《説文·黑部》：“黱，畫眉墨也。”本書肉部“臁”字注亦作“畫眉墨”。茲據校改。

⑨ 注文“都”當作“郁”。《玉篇·黑部》：“黟，郁咨切。”《名義》亦作“都”，但“都”字音不合。茲據校改。

黯(瞖)亡北反。《字書》:聽(聴)。①

尳於既反。深黑。

黦亡姦反。輪也,畫車輪。

默有流反。朓字。贅也。疣字。

豢力該反。黮也,大黑也。

黸**黸**同。丁來反。黮。②

黮亡八[反]。魏公子臣敢也,黑也。

黰於間反。㹠字。黑羊。

黦力煩反。竹裏黑。

黯**黩**同。勑合反。地名。③

齷乙角反。刑也。剠字。

黵當割反,入;縣名。

黸式竹反,入;黑虎。

黸於六反,入;羔裘之縫。

黷徒谷反。垢黑也,慢也。阿奈止留,又奈礼太利。④

黵烏快反,去;淺黑。

黯於檻反,上;“汲黯”也,深黑也。

黰黯音。薰(董)黰。⑤

黶於琰反,上;面黑子。

黰**黰**二形同。烏閑反,平;深黑。

黳黳二同。他昆反,平;黃黑也。

黝一糾反。黑也。

黸勒姑、力胡二反。不自黸也,黑也,鳥毛黑,又雲色。⑥

黹於物反。黑有文也,雜也,黃黑色。

黼馬(焉)變反。黑有文也,黃黑相交也。⑦

黰袁園反。黑斑色也,黼也。⑧

---

① 字頭“黯”即“瞖”字,注文“聽”當作“聴”。“聴”字《名義》同,《玉篇》作“黑也”,非是。《廣韻·德韻》莫北切:“瞖,聴瞖,欲卧也。”《名義·目部》:“聴,他則反。欲卧也。”茲據校改。

② 後一字頭殘泐,右旁即“蓳”。

③《廣韻·合韻》:“黯,《晉書》有兗州八伯,太山羊曼爲黯伯。”此“地名”蓋指“兗州”或“太山”。

④ 阿奈止留(あなどる【侮る】),又奈礼太利(なれたり【慣れたり】)。

⑤ 注文“薰”當作“董”。《廣韻·檻韻》:“黰,黃黰,人名。”周祖謨校:“黃黰,《切三》及故宮本、敦煌本《王韻》均作董黰,並云:出《孝子傳》。”茲據校改。

⑥ 注文“不自黸”疑當作“不白曰黸”。《説文·黑部》:“黸,齊謂黑爲黸。”“不白”即是“黑”。

⑦《廣韻·月韻》:“黼,於月切。”此處“馬變反”不詳,疑是“冤”字倭音“えん”,“馬”疑當作“焉”。

⑧《廣韻》有“紆物”“於月”“於歇”三音,此音不詳,疑是“宛”字倭音“えん”,與上條音同。

黸䵓二同。視陵反。皮上黑也。波波久曽。①

黨都郎(朗)反。朋也,輩也,比也,類也,助也,所也,時也,尒時也,親也,聚也,善也,美也。②

黤烏感反,上;青黑色。③

黭上字。

黮他感反,上;謂不明也。黚黮,深黑也。

點丁簟反,上;定也,許(汙)也。④

儵勑律反。在亻部。⑤

黰(黰)烏間反,平;久利。⑥

黪倉敢反,上;日暗色也。

黕(默)徒咸(感)反。雲黑皃。⑦

黠胡八反。慧也,解也。

默亡北反。靜。

靉烏代反,去;曖字同。陰雲皃,覆日无光也。

黵支冉反,上;墨書面也。

黬作之反,平;染黑色。

纆亡六(北)反。採薪繩。⑧

纆二字。在糸部。

墨苦憶反。⑨

黚渠火(炎)反。淺黃黑也。⑩

黥如屬反。垢黑。

---

① 波波久曽(ははくそ【黑子】)。
② 注文"郎"當作"朗"。《廣韻·蕩韻》:"黨,多朗切。"茲據校改。
③ 此條原在"黨"字條上。《玄應音義》卷十九"黤黮"條:"又作黭,同。烏感反。下他感反,謂不明也。《纂文》云:黚黮,深黑也。"茲據乙正。
④ 注文"許"當作"汙"。《名義·黑部》:"點,汙也。"《廣雅·釋詁三》:"點,污也。""污"同"汙"。茲據校改。
⑤ 字頭原從"彳"。
⑥ 字頭疑即"黰"字。《廣韻·山韻》烏閑切:"黰,染色黑也。"久利(くり【涅·皂】)。
⑦ 字頭疑即"黕"字。注文"咸"當作"感"。《玄應音義》卷七"黤黮"條:"經文作黕,丁感、丁堪二反。垢,濁也。黕非今用。"《廣韻·感韻》徒感切:"黕,黚黮,雲黑。"茲據校改。
⑧ 注文"六"當作"北"。《玉篇·黑部》:"纆,亡北切。纆,同上。"茲據校改。
⑨ 苦憶(こく)反,此音當是"黑"字音,見上文"黑"字條。"墨"音"ぼく"。
⑩ 注文"火"當作"炎"。《名義·黑部》:"黚,渠炎反。"茲據校改。

白部第百卅一

卅二字

白 并惡反。明也,告也,語也。"謁、復,白也"。①

皁 上古文。

皉(皉)比音。人齊(齋)。②

的 约、旳,二同。都歷反。明也,倭人姓。由久波。③

皢 皢欣鳥反。二形作。明也,慧也,快也,知也,過也。

皎 公鳥反。皎同。

晳 思歷反。白也,色白。

皤 補何反。毒也。顤字。④

皜 胡告反。鳥白。

皦 公鳥反。白也,石白。

皭 於慨、字躍二反。白色。

皔 何旦反。白。

皬 呼曷反。淺色。

皪 來的反。玉色。

皉 且礼反。新色鮮。⑤

皁皂 二形作。昨老反。黑繒。

皓 吉(胡)老反。白。⑥

皐皋 二形同。牛(古)高反。逍遥也,遊也。⑦

帛 在巾部。

皠 七罪反。霜雪白皃。

皚 五哀反。過也,皚也。⑧

---

① 并惡(びゃく)反。《小爾雅·廣言》:"謁、復,白也。"

② 字頭"皉"即"皉"的俗字,"齊"當作"臍"或"齋",暫校作"齋"。《説文·囟部》:"皉,人臍也。"《廣韻·脂韻》:"皉,《説文》曰:人齋也。今作皉,通爲皉輔之皉。"《廣韻·薺韻》補米切:"皉,明白。""明白"蓋亦"皉"字義。《廣雅·釋詁四》《方言》卷十三:"皉,明也。"

③ 《日本姓氏語源辞典》:"京都府南部(旧:山城国)に平安時代に的臣の氏姓があった。氏はイクワ。"由久波(ゆくは【的】)。

④ 注文"毒"不詳,《玉篇》有"素"義,"毒"或"素"之誤。

⑤ 注文《名義》作"新鮮色",《玉篇》作"色鮮絜"。

⑥ 注文"吉"當作"胡"。《廣韻·晧韻》:"晧,胡老切。""皓"同"晧"。兹據校改。

⑦ 注文"牛"當作"古"。《廣韻·豪韻》:"皐,古勞切。"兹據校改。

⑧ 此條釋義俟考。

泉似均反,平;水本,又宣也。宣,通也。[①]

皅疋加反,平;白皃。

皏疋令反,上;白色,又薄色。[②]

皏疋白反,入;白。

攺白音。迫也。

䰟魄二同。白音。落也。[③]

貌皃皃皀四形同。莫教反。容儀也,見也,巧也。

寸部第百三十二

丗字

寸且鈍反。十分也。

寺詞吏反。侍也,司也,治也,嗣也,官舍也。

尌封二形作。孚共反。謂起土增高也,錫也,厚也,同(固)也,門(閉)也。[④]

廚厨二形作。馳俱反。久利也。[⑤]

尌雉具、徵具二反。立也。駐、住,二字同。

將正子羊反,平;行也,送也,奉也,又猶扶進也,齊也,側也,助也,大也,師(帥)也,養也,且也,壯將也。借七羊反,平;願也,率也,持也,傳也,長也,資也,欲也,主也。[⑥]

尉於魏反。攝囗(御)也,自上安下也,官名。[⑦]

對對二形。帝音。遂也,當也,向也,配也,從也,行也。[⑧]

槀槀二形作。以与反。[槀]物者也。[⑨]

峙峙詞吏反。具也。[⑩]

尅勝也。在刂部。

專撫俱反。遍也,布也。敷字。

---

① 《廣韻·仙韻》:"泉,疾緣切。"《名義·蟲部》:"蟲,似均反。"此處"似均反"當是"蟲"字音。《説文·山部》:"山,宣也。""泉"與"宣"音近,亦可作音訓。

② 《廣韻·耿韻》:"皏,普幸切。""令"非上聲字,此處當是倭音"ひょう"。

③ "魄"與"白"皆音"はく"。

④ 注文"同"當作"固","門"當作"閉"。《慧琳音義》卷二"霜封"條:"《韻英》:閉也,固執也,凍也。"茲據校改。

⑤ 久利也(くりや【厨】)。

⑥ 注文"師"當作"帥"。《説文·寸部》:"將,帥也。"茲據校改。

⑦ 注文"御"字據《字鏡》補。

⑧ "對"與"帝"皆音"てい"。

⑨ 《名義·木部》:"槀,餘庶反。載物器也。"前一字頭影印本誤描。後一字頭原作"槀",下從寸。

⑩ "詞吏反"爲"寺"字音。《廣韻·止韻》:"峙,直里切。"

專尃二形作。之舩反。一也,擅也,厚也,是也,誠也,同(司)也,業也。或爲嫥字。滿也,獨也,單也,自然也。①

皀么二形,上古文。

時之喜反。在日部。

荢等二形作。登音。類也,齊也,輩也。②

辱如属反。恥也,汙也,惡也,辰也。

尋似林反。長也,用也,"[日尋]干戈"是也,八尺也。③

尉上古文。

壽須喻反。久也,久老也。④

尌(短)丁卯反。短也,不長。

𡱧(耐)於左户。⑤

恃在忄部。

待侍在各部。

導徒到反。通也,治也,勸也。

尋弌全反。修也。

射肘在各部。

特持上徒得反。

耐乃音。能也,忍也。⑥

寽口耐(吕卹)反,入;捋取也。⑦

奪或作奪(奪)。⑧

皿部第百三十三

八十一字

皿武永反,上;得也,器。

---

① "同"字《名義》作"曰",吕校以爲當作"圓",今疑皆當作"司"。《禮記·檀弓下》:"曰我喪也斯沾,爾專之。"鄭玄注:"專,猶司也。"

② "等"與"登"皆音"とう"。

③ "干戈"上奪"日尋"二字。《左傳·昭公元年》:"日尋干戈,以相征討。"杜預注:"尋,用也。"茲據校補。

④ 須喻(じゅ)反。

⑤ 於左户(おさえ【押え・抑え】)。

⑥ "耐"與"乃"皆音"だい"。

⑦ 注文"口耐"當作"吕卹"。《廣韻·術韻》:"寽,吕卹切。"茲據校改。

⑧ 字頭與異體同,異體疑當作"棄"。

盞壯限反。林(杯)也,最小杯。①

盍盇二形同。胡騰、阿(何)騰二反。何也,[何]不也,皆也,合也,覆也。從去、從血。②

監古文作䀗。公松(衫)反。察也,覽也。又公儳反。③

䀎上字。從人。

盎丘卷反。盌也,盂也。棬字。

簠簋上方居反,上;下居洧反,上;宗廟盛黍穗(稷)圓器。④

盥公緩反。平澡(澡手)也。或作洒。公短反,上。⑤

盥上字。

麻莫加反。梧。

灖在水部。

盥盥字。

盜莫公反。豐滿皃,盈皃。⑥

盟盟盟三形同。麇京反。莅也。力悸反。視也,位也。⑦

彔肂二形同。⑧

塩鹽塩鹽鹵鹽六形皆同。又作閻羅,又云琰摩羅也。閻者,之保。与瞻反。⑨

盃盕五曰(田)反。二字同。研字。⑩

---

① 注文“林”當作“杯”。《玉篇·皿部》:“盞,杯也。”茲據校改。

② 注文“阿”當作“何”,“不”上疑奪“何”字。《廣雅·釋詁三》:“盍,何也。”《廣韻·盇韻》胡臘切:“盇,何不也。”“何”與“胡”皆匣母字,“阿”爲影母字。茲據改刪。

③ 注文“松”當作“衫”。《玉篇·臥部》:“監,公衫、公陷二切。”茲據校改。

④ 注文“穗”當作“稷”。《説文·竹部》:“簋,黍稷圜器也。”茲據校改。前一反切下字“居”字爲平聲字,“居”與四聲之“上”字當有一誤。

⑤ 注文“平澡”疑當作“澡手”。《玄應音義》卷三“盥洒”條:“公緩反。《説文》:盥,澡手也。凡澡洒物皆曰盥。”茲據校改。“洒”字非異體,疑是義近相混。

⑥ 《玉篇·皿部》:“盜,莫公切。豐盜,滿也。盜,同上。”

⑦ “力悸反”爲注文“莅”字音。

⑧ 《集韻·庚韻》:“盟,古作縣。”此二形與“縣”蓋皆“盟”字古文“盟”之訛變。“立”即“皿”之變。二字又見本書卷十一立部。

⑨ 此注文爲“閻”字義,蓋因“閻羅”又作“鹽羅”。《可洪音義》第十一册:“鹽羅,上羊廉反。”反切下字“瞻”或當作“贍”,《廣韻》“鹽”字有“余廉切”“以贍切”二音,“与瞻反”與“余廉切”音同,“与瞻反”與“以贍切”音同。《玄應音義》卷二十一“焰摩”條:“移贍反。或作琰摩,聲之轉也。舊言閻羅,或云閻摩羅,此云縛。”之保(しお【塩】)。

⑩ 注文“曰”當作“田”。《名義·皿部》:“盕,五田反。”茲據校改。

盤〔艋〕莫香(杏)反。又猛音。佐良，又久比加志。①

盂有音。飲器，又浴器。②

溫扶淹反。梠也。

盓上字。

盈於魂反。仁也，和也，惠也，孟(柔)也。③

溫上字。

榣余章反。梠也。

盠力兮反，平；以瓠爲飲器。

盡慈引反，上；竭也，終也，悉也，漸也。

盡上字。

孟孟二形同。亡鞅(鞭)反。正也，長也，始也。④

盎阿浪盒(反)，去；盆也。或器，吕盆。⑤

盌公安反。盤也。

盝力木反，入；竭也，去汙取實。

盝上字。

鹽渠既反。既(盬)居。⑥

盌一安反。蓋(盞)也。⑦

盉盉二形同。渠驕反。盂。

盌於卵反。盂也，小盂。

益亦音。增也，進也，加也，饒也。⑧

蠱力回反。

榴鑼蠱三形同字。

---

① 此處音爲"艋"字音，和訓爲"盤"字訓。注文"香"當作"杏"。《廣韻·梗韻》："艋，莫幸切。"周祖謨校："案幸字在耿韻，棟亭本作杏，與《切三》合。當據正。"茲據校改。佐良(さら【皿】)，又久比加志(くびかし【首枷·頸枷】)。二十卷本《倭名類聚鈔》卷十三"盤枷"條："《唐令》云：若無鉗者，著盤伽(音加)。《日本紀私記》云：久比加之。"

② "盂"與"有"皆音"う"。《禮記·玉藻》："出杅，履蒯席，連用湯。"鄭玄注："杅，浴器也。""盂"同"杅"。

③ 注文"孟"當作"柔"。《爾雅·釋訓》："溫溫，柔也。"茲據校改。

④ 注文"鞅"當作"鞭"。《裴韻·更韻》《全王·敬韻》："孟，莫鞭反。"茲據校改。

⑤ 注文"盒"當作"反"。《廣韻·宕韻》："盎，烏浪切。"茲據校改。又"吕盆"疑當作"即盆"。《玄應音義》卷十二"金甖"條："又作盎，同。於浪反《爾雅》：盎謂之缶。郭璞曰：即盆也。"

⑥ 注文"既"當作"盬"。《廣韻·志韻》："盬，盬居。"茲據校改。但今本《山海經》作"居暨"。《山海經·北山經》："(梁渠之山)其獸多居暨，其狀如蝟而赤毛。"郭璞注："蝟，似鼠，赤毛，如刺猬也。"

⑦ 注文"蓋"當作"盞"。《廣韻·寒韻》："盌，盌盞，大盂。"茲據校改。

⑧ "益"與"亦"皆音"えき"。

盗盜二形作。當音。竊也,私利物。①

盆分音。盎也。

盦烏含反。覆蓋皃,推也。

盒金二上字。

盉(盇)五賈反,上;酒器。②

盚公土反。留器。③

盨諸姚反。器。

盪胡巧、公巧二反。器也,撓濁也。攪字。乱也。

盩上字。

盈盈二形作。以成反,平;滿溢也。

盖〔盇〕五賈反。盉(盇)字同。奄也,覆也,上也,裂也,辝也。④

監古銜反,平;[監]諸,照月取水。⑤

鹽姑戶反,上;河東鹽池。

蛊蠱故度(扈)反。事也,女或男也,疾也,疑也。⑥

宷除与反。器。

盅除隆反。器虚。沖字。

溢口荅[反]。至。

盋五下反,上;酒器。

盪當朗反。盪除,又滌器。

盛承正反,去;在戈部。

盈尤救反。抒水器。

盉上同。

盗亡必反。器。

齍即脂反,平;黍稷在器。

盤盤二形同。昨干反,平;盆盤。

盩張流反,平;亥(引)擊也。[盩]屋(厔),縣名。⑦

---

① "盗"與"當"皆音"とう"。

② 字頭"盉"當作"盇"。《廣韻·馬韻》五下切:"盇,酒器。"茲據校改。

③ 注文"留"字不詳,各書皆云"器",未詳何器。

④ "五賈反"爲"盇"字音,此蓋"盇"與"盖"形近而混。

⑤ 《説文·金部》:"鑑,大盆也。一曰監諸,可以取明水於月。"

⑥ 注文"度"當作"扈","或"字《名義》《玉篇》同,即"惑"。《名義·蟲部》:"蠱,故扈反。"《左傳·昭公元年》:"在《周易》,女惑男、風落山,謂之蠱。"茲據校改。

⑦ 注文"亥"當作"引",注文"屋"當作"厔"。《廣韻·尤韻》:"盩,盩厔縣,在京兆府。水曲曰盩,山曲曰厔。又云引擊也。"茲據校改。

鰲魚(魯)帝反,去;緃字。綏色。①

漚可思也。②

文下一點部第百三十四

四十五字

亘古登(鄧)反。遍也,竟也,通也。③

亙又作亙。戶故反。道也。

亞亶亶《字樣》二作。義鎮反。罪也,過也,動也,兆也。无匪反。離也,沓也。④

亹許覲反。禍北(禍兆)。⑤

暨其器反。及也,至也。

亞〔凸〕〔凹〕又作突。徒結反。起也。又作凹。烏狹反。陷下也。又鴉訝反。次也,就也。⑥

且正千野反,上;然也,復也,將也,薦也,詞也。又七餘反。辭也。

旦徒旱反。朝也,明也,早也。⑦

亹亡匪反。勉也。

畫正胡卦反。形也。

畫畫二形作。止也。借胡麦反,入;分也,界也,段也,□也。

畫上古文。

重正徒隴反,上;厚也,尊也,難也,俌也,沓也,復也。借直用反,去。

童在立部。

里力上(止)反。邑也,居也。⑧

豐豐二同。芳鴻反,平;峯音。大也,倉滿也,"君雖獨豐,何福之有"也。⑨

---

① 注文"魚"當作"魯"。《切韻·霽韻》:"鰲,魯帝反。"茲據校改。

② 此條不詳。觀智院本《類聚名義抄·法上·水部》:"漚,俗盟字。"《龍龕·水部》:"漚漚,音孟。漚津河。又平、上二聲。"《篇海類編·地理類·水部》:"漚,漚津,河也。又與漚同。""漚津""漚津"即"盟津"。

③ 注文"登"當作"鄧"。《廣韻·嶝韻》:"亘,古鄧切。"茲據校改。

④ 此處合亶、亶為一條。《王一》《裴韻》《全王·尾韻》無匪反:"亶,又義覲反。""義覲反"即指"亶"字。S.388《正名要錄》右正行者楷,脚注稍訛:"亶,亶。"注文"沓也"不詳。

⑤ 注文"禍北"當作"禍兆"。《慧琳音義》卷二十三"求其罪亹"條:"《玉篇》曰:亹,謂有禍兆也。"

⑥ 此條"亞"字與"凸""凹"二字形近相混。《玄應音義》卷十九"凹凸"條:"烏狹反,下徒結反。《蒼頡篇》作容突。《抱朴子》云:凹,陷也。凸,起也。""又鴉訝反。次也,就也"為"亞"字音義。

⑦ 注文"旱"與"早"字原互訛,據音義改。"徒旱反"為"但"字音義,《廣韻》"旦"字音"得按切"。

⑧ 注文"上"當作"止"。《廣韻·止韻》:"里,良士切。"茲據校改。

⑨ 注文"平"下原有"也"字,此處"平"為四聲,非義。茲據刪。《左傳·桓公六年》:"君雖獨豐,其何福之有?"

壴竹樹反。陳樂也,立而上見。

置陟史(吏)反。敕也,捨也,立也。①

叕上古文。

丘去牛反。居也,衆也,空也,邑也,"十六井曰丘""地高曰丘"是也,聚也。②

垣(恆)可祭(何登)反。恒也,久也,弦也,常。③

丞上字。④

回思緣反。宣。

圭〔坓〕苦(古)稽反,平;十圭爲合。草木妄生。⑤

亟居力[反]。疾也,趣也,極也,速也,數也,憂(愛)也。⑥

壬他井反,上;善也。

互户故反。𠄏字。交也。

上沙央反。遠也,前也,尊位也,君也,登也。⑦

生成音。進也,養也,疾也,産也,挨也,事也,造也,治也,往也。⑧

坒生古文。

巠𡉇二形同。古庭反。庭也,脉也。

至志音。大也,善也,通也,逮也,到也,極也,達也。

工古紅反。巧餙也。

𢀜上古文。

直除力反。

韭居有反。交也,菜名。

𩟖子題反。齏,醬属也,璧也。

齏上字。

巫武俱反。加无奈支。⑨

---

① 注文"史"當作"吏"。《廣韻·志韻》:"置,陟吏切。"茲據校改。

② 注文"地高"原倒。《書·禹貢》:"是降丘宅土。"孔安國傳:"地高曰丘。"《周禮·地官·大司徒》:"辨其山、林、川、澤、丘、陵、墳、衍、原、隰之名物。"鄭玄注:"土高曰丘。"茲據乙正。《禮記·郊特牲》:"唯社,丘、乘共粢盛,所以報本反始也。"鄭玄注:"丘,十六井也。"

③ 字頭"垣"當作"恆",注文"可祭"當作"何登"。《名義·二部》:"恆,恒字。"《名義·二部》:"恒,何登反。久也,弦也,常也。"茲據校改。

④ 《説文·二部》:"恆,常也。丞,古文恆从月。《詩》曰:如月之恆。"

⑤ 《廣韻·齊韻》:"圭,古攜切。"此處"苦"當作"古","苦(古)稽反"當是倭音"けい"。又"草木妄生"爲"坓"字義。

⑥ 注文"憂"當作"愛"。《字鏡》《名義》作"愛"。《方言》卷一:"亟,愛也。"茲據校改。

⑦ 沙央(じょう)反。

⑧ "生"與"成"皆音"せい"。"挨"字不詳,《名義》作"捘",蓋亦爲誤字。

⑨ 加无奈支(かむなき【巫·覡】)。

畢上古文。

晝猪救反。日也，明也，旦也。

書上古文。

壼苦本反，上；宮中道也。

臺臺二形同。都哀反。支也，待也，儓也。

壹於逸反。專也，合也，皆也，聚也，醇也，壷也，一也，誠也。

厘直連反，平；一畝半，一曰城內空地也，又一家之居。

廛上字。在土部。

氐當稽反。羌。

壺扈徒反。瓦甊也，大石也，圝器也，瓠也。

弗上古文。

臺屋字古文。

竝浦若（蒲茗）反。《礼記》："竝坐不横肱。"野王案，《説文》："竝，併也。"《漢書》牂掎群（柯郡）有周（同）竝縣，音滿俱反。①

並浦（蒲）鯁反。《毛詩》："並驅從兩狎子（豜兮）。"箋云："並，併也。"《楚辞》："古國（固）有不並。"王逸曰："並，俱也。"野王案，《礼記》："不敢並行，［不］敢並命"是也。《字書》今竝字也。云云。②

竝（普）他計反。《説文》："普，廢也。"俗爲替字。替，滅也，去也，止，待也。在夫部。③

卜部第百三十五④

卅一字

卜補鹿反。報也。

卜上古文。

占在口部。

---

① 注文"浦若"當作"蒲茗"，"掎群"當作"柯郡"，"周"當作"同"。《名義·竝部》："竝，蒲茗反。併也。"《漢書·地理志上》："牂柯郡……縣十七：……同並……"顏師古注引應劭曰："故同並侯邑。並音伴。"茲據校改。"滿俱反"不詳，疑當作"蒲但反"，爲"伴"字音。

② 注文"浦"當作"蒲"，"詩"下原有重文符，"狎子"當作"豜兮"，"國"當作"固"，"行"下奪"不"字。《名義·竝部》："並，蒲鯁反。併也，俱也。"《詩·齊風·還》："竝驅從兩肩兮，揖我謂我儇兮。"《説文·豕部》："豜，《詩》曰：並驅从兩豜兮。"《楚辭·九章·懷沙》："古固有不竝兮，豈知其何故。"《禮記·內則第十二》："不敢並行、不敢並命、不敢並坐。"茲據改刪補。

③ 字頭"竝"字《名義》同，此字疑當作"普"，若作"竝"則與上條"竝"字形同。《名義》《玉篇》夫部有"替"字，本書"替"字在天部。《名義·竝部》："竝（普），他計反。廢也，去，止也，待也，滅也。"

④ 底本"三"原誤作"二"。

卓丁角反。日高也,的也。日太介奴。①

帛上古文。

靲公旦反。日光靲靲也。②

卟時照反。卜問也。

朝朝古文。在月部。

卦古賣反。八卦也,筮也,挂也,兆也。

卟乱(乥)字。在口部。③

乾工旦反。燥也,干也。④

卣以酉反,平;中尊,不大不小也。在釋尊。盖樽,酒器也。⑤

鹵徒堯反。草木實垂。

鹵力古反。醎也,影縣,强也,奪也,薄也。又乃土反。滷,苦也。又作魯。⑥

滷思赤反。在水部。

䑍䑍二形同。公淡反,去;醎也,无味也,䑍也。

鹹公薆反,去;䑍也。

鹹在戈部。

鹻胡(古)斬反,上;鹹也。⑦

醝在多反。大鹹也。

䑋才許(計)反。鹹也。⑧

䀼己升反。苦也。

鹽於昆反。戎狄塩。⑨

𪉑鹹二同。古(胡)乖反。鹽也。⑩

魋上字。

鹻且豆反。南夷塩。

---

① 日太介奴(ひ【日】たけぬ【長けぬ・闌けぬ】)。

② 《説文・靲部》:“靲,日始出,光靲靲也。”

③ 注文“乱”當作“乥”。《集韻・齊韻》:“卟,或作乥。”茲據校改。

④ “工旦反”爲“幹”字音。《玄應音義》卷二“莖幹”條:“工旦反。”《廣韻》“乾”音“古寒切”“渠焉切”。

⑤ 《廣韻・尤韻》:“卣,中樽。樽有三品:上曰彝,中曰卣,下曰罍。”《爾雅・釋器》:“彝、卣、罍,器也。”郭璞注:“皆盛酒尊。彝,其總名。”邢昺疏引孫炎云:“尊:彝爲上,罍爲下,卣居中。”《爾雅・釋器》:“卣,中尊也。”郭璞注:“不大不小者。”《説文・酉部》:“𢍜,酒器也。尊,𢍜或從寸。”此處“在釋尊盖樽酒器也”不詳,疑指“見釋‘尊’。盖尊即樽,酒器也”。

⑥ 注文“影”字不詳。《説文・鹵部》:“鹵,西方鹹地也。安定有鹵縣。”

⑦ 注文“胡”當作“古”。《廣韻・豏韻》:“鹻,古斬切。”茲據校改。

⑧ 注文“許”當作“計”。《玉篇・鹵部》:“䑋,才計切。”茲據校改。

⑨ “狄”字原在“戎”上,且下原有“昆反”二字。《廣韻・魂韻》:“鹽,戎狄云鹽。”茲據乙刪。

⑩ 注文“古”當作“胡”。《名義・鹵部》:“𪉑,胡乖反。”茲據校改。

䵄竹咸反。鹹。

掛二同。兆字,在部(雜)字。①

䵃(䵂)又萬反。栗(粟)也,舂米(末)精也。②

卤卤契古文,在大部。

刐補角反。剥古文,在刂部。③

䴹思遥反。煎塩。

鹹夫(扶)殄反,上;塩名。④

鹺士快反。醬。

鹹公咸反。鹵也。

幹(翰)胡干反。高飛也,長也,文幹(翰)也,白馬。⑤

卟悔字。呼潰反。卜筮曰貞卟也。内卦曰貞,外卦曰卟。卦之上體也。貞在貝部。

鬥部第百三十六

十二字

鬥當候反。鬬也。

鬭當候[反]。鬥字。

鬨胡絳、胡棟二反。構也,鬥。

閧上字。

鬧鬧二同。莫氏、乃弟二反。小鬥。

鬮鬮二同字。佳了、力周二反。經繆殺也,絞也。

鬩疋賓反。鬩,争也。繽字。

鬮訪云反。鬮也。紛字。

鬩呼歷反。恨也,懼也,殺也,恒訟也。詠字。

鬩胡遍反。試力士錘。

---

① 注文"部"當作"雜",本書雜字部有"兆"字。本書"佥""収"等條目云"在雜字","棗""文"等條目
云"在雜字部",有無"部"字皆可。

② 字頭"䵃"當作"䵂",注文"栗"當作"粟",注文"米"當作"末"。《玉篇·卤部》:"䵂,礴粟也,舂米未
精也。"《名義·卤部》:"䵂,舂未精。"茲據校改。

③ "刐"字《名義》《玉篇》同,《說文》作"刐"。

④ 注文"夫"當作"扶"。《玉篇·卤部》:"鹹,扶殄切。"茲據校改。

⑤ 字頭及注文"幹"當作"翰"。《廣韻·翰韻》侯旰切:"翰,高飛也。亦詞翰。""文翰"與"詞翰"義同。
《禮記·曲禮下》:"雞曰翰音。"鄭玄注:"翰,猶長也。"《名義·羽部》:"翰,胡旦反。高也,天鷄,白
色鳥(馬)。"《禮記·檀弓上》:"戎事乘翰。"鄭玄注:"翰,白色馬也。"茲據校改。

黃部第百卅七

廿字

黃 胡光反。中也,嘉穀。①

㿝 上古文。

撗 在扌部。

㿚 喜兼反。黃色也,姁也。

䡾 他官反。煓字。黃色也。

鏐 鏐力道反。二形同。

黇 黇二同。徒毘(昆)反。②

黗 齒隆反。

黖 他口反。

黊 上字。

黇 他兼反。

黌 吐丸反。

黗 齒善反。

黗 口浪反。

黔 居吟反。已上皆"黃色"。

黊 下悔反。青黃色。

黊 胡卦反。鮮明黃。

黌 胡觥反。滕(藤)屬,以織也。③

扯(丘)部[第百卅八]

扯 囗(去)留反。地之高曰丘。丘,大也,聚也,丘虛也。丘,界也,居也,衆也。古文爲坴字,在土[部]。或爲邱字。扯字,丘字也。④

虛 去餘反。虛,山下基也。《説文》:"大丘也。"⑤

呢 奴雞反。

---

① 《廣韻·唐韻》:"黃,中央色也。"《詩·大雅·生民》:"種之黃茂。"毛傳:"黃,嘉穀也。"
② 注文"毘"當作"昆"。《名義·黃部》:"黇,徒昆反。"茲據校改。
③ 注文"滕"當作"藤"。《玉篇·黃部》:"黌,《字書》:藤屬,以織也。"茲據校改。
④ 反切上字殘。《名義·京部》:"扯,去留反。"茲據校補。
⑤ "文"下原有"反"字。《説文·丘部》:"虛,大丘也。"茲據刪。

塈古文上字也。[①]

鬲部第百卅九

四十四字

鬲二形作。旅激反。古文爲壢字。又佳(旅)狄反。歷也,鎘也。[②]

瓹上字。

鬹規皮反。三足釜,有柄者也。鬷也,一曰犁也。[③]

鬷子公反。數也,數猶屢也。鬷,総也。釜属。䒼字。

鬴公科、力戈二反。土釜。鑶(鏮)字。[④]

鬲上字。

䰝子孕反。甑、鬵二字同。橧也。

鬵似林反。鋤(鉹)也,釜属。鬻字。[⑤]

鬴扶甫反。鍑属。釜字。

䰜許朝反。炊氣皃。

融余終反。長也,朗也,樂也。

融上字。

鬺式羊反。煑之也。鬺字。鬺,上字。

鬻方味反。如羹如湯之沸。

鬻柯衡反。羹字。五味調和也,又鬻。

鬳魚倚反。鬹也。

鬴亡分反。摩上。

鬷牙寸反。㱃。[⑥]

䰛工定反。隔。

鬹胡圭、古携二反。甑空也,甑孔也。

鬴如之反。孰也。胹、洏,作字。

鬺䰛二作同。楚狡反。乾也。鬻字。熬也。

鬲良狄反。鬲字。

鬻居言反。粥也。又犍字。

① 此字即上字"㞎"之古文。

② 注文"佳"當作"旅"。《字鏡·鬲篇》:"壢,旅狄反。"茲據校改。

③ 注文"一曰犁也"不詳。

④ 注文"鑶"當作"鏮"。《名義·金部》:"鏮,力戈反。土釜。"茲據校改。

⑤ 注文"鋤"當作"鉹"。《爾雅·釋器》:"鬵,鉹也。"茲據校改。

⑥ 字頭原作"",右旁作"乞",疑涉釋義"㱃"字而誤。《名義·鬲部》:"鬷,牙寸反。㱃。"

鬻則然反。古文饘字。

鬻户徒反。饘也。䴙字。

鬻柯衡反。羹也。

粥上字。

鬻蘇鹿反。鼎實也。餗字。

鬻之陸、以陸二反。糜也。粥字。

鬻鬻二上字。

鬻亡達、亡結二反。糜也。䊶字。

鬻如志反。餌字。麻餅也。

鬻楚俱反。熬也。䈅、䉶、䉕，三形同。

鬻餘灼反。肉及菜湯中出之也。瀹字。[1]

鬻蒲突反。炊釜溢也。餺字。長也。

鬻之旅反。享也。烹字。[2]

鬻上字。

鬻似林反。䨶也。鬻字。

鬻子孕反。上同。

鬻如燭反。大鼎。

鬻与逐反。賣也。

鬻口革反。裘也，裹也。

右字從方行者既非，皆從弓也

类夫部第百卅

卅字

弮今作卷。

卷九勉反，上；[九]援(媛)反，去；詘也，區也，曲也，收也。[3]

䭾捲觠三形上字同，但"觠"者"曲角"也。[4]

帣在巾部。

縒卷字。[5]

---

① 釋義《名義》同。《說文·鬻部》："鬻，内肉及菜湯中薄出之。"

② 注文"享"字《說文》同，此字同"亨"，即今"烹"字。

③ "援"上奪"九"字，注文"援"當作"媛"。《玉篇·卩部》："卷，九兔(勉)、力(九)媛二切。"《慧琳音義》卷二十五"舌則卷縮"條："今按《玉篇》卷字有三音：一音九勉反，收卷也；又音九媛反，書卷也；又音奇圓反，曲縮也。此音是。"茲據補改。"援"字或當是"媛"，音亦可。

④ "曲角"原倒。《說文·角部》："觠，曲角也。"茲據乙正。

⑤ 《集韻·阮韻》："糉，或从黍。"此處注文"卷"或當作"糉"。

券(羞)息由反。慚也,愧也,恥也,進也,獻也。羞字。

桊居院反。牛乃鼻木。①

券丘願反。契也。別之名也,書以刀刻其旁,故曰契。②

券上字,從刀。

養養二形。正餘掌反,上;長也。又猪兩反,上;樂也,敬也,取也,育也,餝也。借餘尚反,去;守也,具也,羞也。③

羛上古文。

眷丘願反。顧也,猶戀眷也。又顧嚮字。④

豢下慣反,去;穀養畜。

卷求遠反,上;黃豆也。

羑尤(九)万反。詘也,曲也,尊也。⑤

絭居玉反,入;纏臂繩也。

拳記倦反。搏飯也。

奉正扶拱反,上;承也,進也,獻也。借扶用反。与也,禄也,賜也,從也,從行也,尊也,佳(侍)也。⑥

奉上字。

舂舂二形同。丑絳反。稻豆久。⑦

惷惷同。丑絳反。愚也。亦鈍愚,無所知也。

舂舂初甲反。舂去皮。

春昌倫反,平;青陽也,蠢也,出也,推也,蠢動也,万物初動出故。

蠢吐純、昌申(尹)反,平;動也,蟲動也。不遜也。[蠢]動爲惡,不謙遜也。⑧

泰泰泰《字樣》:太音。通也,太也,大也,天地交曰泰,滑也。

秦字民反。禾也,故從禾。西方州名。

----

① 字頭原作"桊",《字鏡》作"桊",是也。牛乃鼻木(うし【牛】の【之】はなぎ【鼻木】)。

② 《説文·刀部》:"券,契也。券別之書,以刀判契其旁,故曰契券。"與此稍異。

③ "具也,羞也"出《原本玉篇》,《原本玉篇·食部》:"養,野王案,具珎羞以供養尊者也。"

④ "丘願反"爲"券"字音,《廣韻》"眷"音"居倦切"。"戀眷"似當作"眷戀"。"又顧嚮字"疑當作"又顧,嚮也"。《廣雅·釋詁四》:"眷、顧,嚮也。"

⑤ 注文"尤"當作"九"。《名義·羊部》:"羑,九萬反。"茲據校改。此處"尊"字不詳,或爲下文"奉"字條釋義而混入。

⑥ 注文"佳"當作"侍"。《文選·陸厥〈奉答内兄希叔〉》:"躡履奉王孫。"李周翰注:"奉,侍也。"茲據校改。

⑦ "丑絳反"爲下條"惷"字反切。《廣韻·鍾韻》:"舂,書容切。"稻豆久(いな【稻】つく【搗く·舂く】)。

⑧ 注文"申"當作"尹"。《廣韻·準韻》:"蠢,尺尹切。"茲據校改。《爾雅·釋訓》:"蠢,不遜也。"郭璞注:"蠢動爲惡,不謙遜也。"

文下木點部第百四十一

卅三字

橐囨字同。撻各反。囊之无底者也,囊也,衣也。

糗古文作餯、粗二形。挈救反。餯,雜也。粗,雜飯也。

朿且慄反。柒字。

李上字。

噪先倒(到)反。鳥羣鳴也。又鏷字。①

梟上字。

鬈欣鳩反。赤黑柒。

栔苦結反。刻也,開也,絶也,斷也,缺也。

架古暇反。或深作。②

桀奇列反。傑也,賢人也。

乗是升、是證二反。乘字。勝也,曰(四)疋爲乘,二偶爲乘,計也,升也,治也,登也,陵也,覆也,守也,一也,去也。③

乘上字。

樂正五角反。借朗各反。娛也,喜也,忻樂也。借五孝反,去;欲也,愛好。

尗叔菽三作同。失六反。大豆曰尗,小豆曰荅。

橐公媛、公混二反。蠹(橐)也。④

橐普到、普勞二反。囊張大皃。

彙胡貴反。徒也,黨也,類也,別也,茂皃。可伊反。⑤

彙胡貴反。蝟守(字)。毛如刺也。⑥

巢仕交反。高也,高居也。

㚚上字。

棄記音。忘也,捐也。⑦

---

① 注文"倒"當作"到"。《原本玉篇·梟部》:"梟,先到反。"茲據校改。《原本玉篇·梟部》:"梟,《方言》爲鏷(鏷)字,在金部。"《玉篇·梟部》:"梟,今作鏷。"

② 《玄應音義》卷四"架抄"條:"古暇反。經文作深。"

③ 注文"曰"當作"四"。《周禮·夏官·校人》:"乘馬一師四圉。"鄭玄注:"鄭司農云:四疋爲乘。"茲據校改。

④ 注文"蠹"當作"橐"。《名義·橐部》:"橐,橐。"《説文·橐部》:"橐,橐也。"茲據校改。

⑤ 可伊(けい)反。

⑥ 注文"守"當作"字"。《説文·希部》:"彙,蟲,似豪豬者。蝟,重文或从虫。""彙"即"彙"字。茲據校改。

⑦ "棄"與"記"皆音"き"。

集慈入反。會也，聚也，和也。

虆陟魚反，平；楬虆也，有所表識也。①

柴（柴）鄙媚反，去；地名。②

挈苦計反，去；刻也。

桀渠列反，入；桀紂。

棐非尾反。輔也。

櫜古勞反，平；韜，又車上囊。

橐公閣反。滿也。

槃薄官反。槃曲。

枲胥里反，上；麻也。加良牟自。③

檠巨京反，平；所以正弓檠也。

某木苟反。厥也，設事也。④

𣗥（翼）ツツシム。⑤

首角部第百四十二

三十字

羊如甚反。掇也，稍甚也。

夐〔瓊〕九勞（營）反。𧈫𧈫，又二形。遠也。⑥

羨辝箭反。饒也，餘也。⑦

羨二形。

魯力古反。"參也［魯］"，鈍也。鹵字。⑧

---

① "楬"原作"揭"，正字當作"楬"。

② 字頭"柴"當作"柴"。《廣韻·至韻》兵媚切："柴，又魯東郊地名。《説文》作菜。"兹據校改。

③ 加良牟自（からむし【苧·枲】）。

④ "厥也"不詳，疑因"厥"字古文"𦫿"與"某"形近而混。又"設事也"，《慧琳音義》卷六十四"某摽"條："上矛厚反。《蒼頡篇》：某謂設事也。《桂苑珠叢》云：未有的名而虛設之曰某。顧野王云：凡不知姓不言名者皆曰某。"

⑤ 此爲"翼"字，蓋因下部誤作"木"而入此部。《爾雅·釋詁下》："翼，敬也。"《爾雅·釋訓》："翼翼，恭也。"ツツシム（つつしむ【慎む·謹む】）。

⑥ 字頭原作"𧈫"，當是左右二"夐"字，但反切爲"瓊"字之音。《廣韻·勁韻》休正切："夐，遠也。"注文"勞"當作"營"。《新撰字鏡·玉部》："瓊，九營反，平。"兹據校改。異體第二形旁注："一字欤？"按，二字皆"夐"異體，差別在一從"夊"、一從"又"。

⑦ 字頭右旁有"コフ（こう【請う·乞う】）"，見觀智院本《類聚名義抄·僧中·羊部》"羨"字條。

⑧ 《論語·先進》："參也魯。"此處誤"參也"爲釋義。

羹呼各反。又古衡反。在羊部。阿豆毛乃。[①]

羌去英(央)反。西方民,自羊種出,故從羊。[②]

𦍋上字樣。

羞字秋反,平;着守(字)。味也,進也,熟。在关部。[③]

羲義二形作。宜奇(寄)、魚知二反。理也,宜也,善也。從禾。[④]

屰逆字。

姜居良反。水名。

羔高音。羊。

蒙蒙二形作。亡工反。覆也,奄。宜作冡。

曾正子恒反,平;辝之舒也,則也,重也,"[曾]参"也。借在登反,平;猶也,甞也,經也,乃也。[⑤]

差正楚宜反,平;趺(跌)也。借楚佳反,平;擇也,簡也,次也,雅(邪)也,錯也,喪(衺)也。[⑥]

着丈略反。附也。又猪慮反。明也。

卺居隱反,上;瓢,酒器,婚礼用也。[⑦]

彝(彝)□(夷)音。常也,盡也。[⑧]

卺居隱反。蓋也。

关癸同。公比反。揆也。

美在羊部。

若若二同。如各反。訓也,汝也。

矛在矛部。

龟丑略反,入;似兔而大。

免□□(亡弁)反。脱也,縱也,□也,除也,放也,赦也。[⑨]

---

① "呼各反"爲"臛"字反切,此處誤以爲"羹"字音。《玄應音義》卷十五"羹臛"條:"呼各反。"阿豆毛乃(あつもの【羹】)。

② 注文"英"當作"央"。《玉篇·羊部》:"羌,去央切。"兹據校改。

③ 注文"守"當作"字"。注文異體當是"羞"的俗字,上文"彙"字條注文"字"亦誤作"守"。兹據校改。

④ 注文"奇"當作"寄"。《玉篇·我部》:"義,魚奇切。己之威儀也。又宜寄切。仁義也。"兹據校改。

⑤ 此"参"當指孔子弟子"曾参",非釋義,参見上文"魯"字條。

⑥ 注文"趺"當作"跌","雅"當作"邪","喪"當作"衺"。《廣雅·釋詁四》:"跌,差也。"《名義·左部》:"差,邪也。"《廣雅·釋詁二》:"差,衺也。""衺"同"邪"。兹據校改。

⑦《廣韻·隱韻》:"卺,以瓢爲酒器,婚禮用之也。"

⑧ 字頭疑是"彝"字,"夷音"。《字鏡·一篇》:"彝,夷音。"注文殘字作"⺀",與"夷"相合。《廣韻·脂韻》:"彝,常也,法也,亦酒樽也。"此"盡"字不詳,疑當作"尊"。

⑨ 反切"亡弁"據《字鏡》補。《廣韻·獮韻》:"免,亡辨切。""弁"同"辨"。注文殘字作"⺍",與"脱"字合,當是"脱也"之衍。

羑去亮反。虱墓誌也,彼云"寄貧羑之舍"也。①

兊杜會反。

承昌陵反,平;次也,事也,受也,仕奉也,人姓。

𦿉(葛)。

羙(美)。

殳部第百卅三

七十二字

殳夂〔𠬪〕二形作。正公覿反,上;今爲沾(沾)字。時珠反。杖也。從口、從夂。②

夂上字樣。

叡叡夷歲反。或作睿。智也。

毆於口反。在攵部。

杸時珠反。軍士所持殳。

役丁外、于治(丁活)二反。殳也。③

轂公木反。車也。

斂力儉反。收也,牧(收)也,藏也,聚也。

鼓故户反。樂也。皷、鼓二字同。

穀〔穀〕古禄反,入;續也,禄也。九穀也,謂"稷、黍、秋(秫)、稻、麻、大豆、小豆、大小麦"是也。又説"无秋(秫)、大麦,而有梁、苽,合爲九"。"五穀:稻、稷、麦、豆、麻"是也。生也,善也。受三斗器也。④

殼帛二字。口角反。吳會間音哭。卵外堅皮也。

殻上字。

觳公悌反。相擊中也,如重車相擊也,攻也。

毃知木反。摘也。

殷慇二形同。於斤反,平;衆也,"[殷]其盈矣"。正也,大也,中也,痛也。⑤

---

① 字頭疑同"羑",但音義不詳。此字形蓋出自某一墓誌,故云"虱墓誌也",其墓誌云"寄貧羑之舍"。

② 注文"沾"當作"沾"。《玉篇·攵部》:"𠬪,公覿、公乎二切。今作沾。""𠬪"與"殳"形近而混。兹據校改。

③ 注文"于治"當作"丁活"。《名義·殳部》:"役,丁外、丁活反。"兹據校改。

④ 注文"秋"當作"秫","无秋(秫)"原倒。《周禮·天官·大宰》:"以九職任萬民:一曰三農,生九穀。"鄭玄注:"鄭司農云:九穀,黍、稷、秫、稻、麻、大小豆、大小麥。……玄謂九穀無秫、大麥,而有梁、苽。"兹據改乙。又"受三斗器也"爲"觳"字釋義。《周禮·考工記·陶人》:"鬲實五觳,厚半寸,脣寸。"鄭玄注:"鄭司農云:觳讀爲斛,觳受三斗。"

⑤ 《詩·鄭風·溱洧》:"殷其盈矣。"毛傳:"殷,衆也。"

seg̀上字。①

毁渠今、竹甚二反。制治也,擊下也。

毁徒侯反。遥擊也。投字古文。

seg̀持(時)尤、丁考二丁(反)。縣物seg̀擊也。②

seg̀seg̀字。

殿正徒現反,去;大堂也,擊臀(聲)也。借都見反,去;鎮也。[殿]屎,哺(呻),民愁也。③

臀臀臀臀四字同。或作屎、尿(屍)。徒敦反。臀与豚皆同。腰下厚肉處。④

槭散散三形作。桑旦反,去;放也,煞也,壞也,布也,分離也,冗也。借桑但反,上;或作桵、散,二形同。

殺殺殺殺四字同。所吉(黠)反。賊也。借所屆反,去;咸(減)也,抒也,疾也。又楚立反,入。⑤

seg̀許卜反。小豚也,狼也。

seg̀禹赤反。在豕部。猪名。

殼殼同。空角反。軀甲也,凡物皮皆殼。即擊也,從上擊下。一曰素也,物未成也。

敲口交、口卓二反。奪人之杖以敲之,敲閣人頭也。⑥

seg̀公翢反。虎聲。

seg̀确字,在石部。

seg̀呼角反。急也。

seg̀撫尤、撫千(于)二反。未燒瓦器。⑦

seg̀呼木反。日出之赤也。

seg̀公遘反。取羊乳汁也,乳也。

seg̀(穀)穀字同。生也,飼也,育也。⑧

seg̀苦角反,入;盡也,盛鮨器也。

seg̀故豆反。善也,張弓弩也。

---

① 字頭當是"seg̀"字之訛。《説文·殳部》:"seg̀,揉屈也。"
② 注文"持"當作"時","丁"當作"反"。《名義·殳部》:"seg̀,時尤[反]。"茲據校改。"丁考反"當是"擣"字反切,"seg̀"與"擣"皆從壽聲。
③ 注文"臀"當作"聲","哺"當作"呻"。《説文·殳部》:"殿,擊聲也。"《詩·大雅·板》:"民之方殿屎。"毛傳:"殿屎,呻吟也。"茲據校改。
④ 注文"尿"當作"屍"。《説文·尸部》:"屍,髀也。臀,屍或从骨、殿聲。"茲據校改。
⑤ 注文"吉"當作"黠","咸"當作"減"。《名義·殺部》:"殺,所黠反。"《廣雅·釋詁二》:"殺,減也。"茲據校改。
⑥ 《左傳·定公二年》:"奪之杖以敲之。"杜預注:"奪閣杖以敲閣頭也。"
⑦ 注文"千"當作"于"。《集韻·虞韻》:"seg̀,芳無切。""撫于反"音同。茲據校改。
⑧ 字頭即"穀"的俗字。《名義》"穀"作"seg̀",此即其變。

𣪊 㲉二同。古學反。楮也。加地乃木。①

㲉 𣪊二同。工谷反。羅也。己女乃支奴。②

𣪊 螜同。工谷反。螻蛄也。③

㲉工谷反。瓦未燒。㲉同。④

㲉工谷反。歐聲。⑤

㲉 𣪊古鹿反。足跗也。

㲉僂也，眺。⑥

段徒換反。叚字。

殹 毀二同。許被反。壞也，缺也，損也。

毀麾詩(詭)反。⑦

毀上古文。

殷仕人反。動而喜兒。

𣪊大悷反。擊中空聲也。

殹烏悌反。病人呻聲。

𣪊丈耕反。撞也。

叚改字。在𣥨部。

𣪊子沃反。穿也。

殽故(胡)交反。和也，相雜也，餌也，乱也。⑧

𣪊𣪊𣪊三字同。魚記反。忘(妄)怒也，一曰有決也。⑨

𣪊公才反。叚，大堅卯也。

𣪊𣪊上都㲉反，下蘇㲉反。斗藪。

品字樣第百四十四

卅五字

品普錦反，上；齊也，衆也，庶也，式也，法也，類也。

---

① 加地乃木(かじのき【梶の木・構の木・楮の木・穀の木】)。
② 此條及下三條反切"工谷反"皆是倭音"こく"。《廣韻・屋韻》："㲉，胡谷切。"己女乃支奴(こめ【穀】の【之】きぬ【絹】)。
③ 《廣韻・屋韻》："螜，胡谷切。"
④ 《廣韻・屋韻》："㲉，空谷切。"
⑤ 《廣韻・覺韻》："㲉，許角切。"
⑥ 此條不詳。
⑦ 注文"詩"當作"詭"。《玉篇・土部》："毀，麾詭切。"茲據校改。
⑧ 注文"故"當作"胡"。《玉篇・殳部》："殽，胡交切。"茲據校改。
⑨ 注文"忘"當作"妄"。《説文・殳部》："𣪊，妄怒也。"茲據校改。

犇䮝古文,今作奔。補門反。走也,變也。①

惢桑思(果)反、才規二反。謹芴(劣),思也,心疑也,善也。②

蟲粀六反。謂端直。

轟呼萌、下惡二反。衆車行聲也。③

麤麤二同。且胡反。鹿(麄)大也,又大也,疏也。④

贔鼻、患二同,今作勦。皮冀反。又本(平)秘反,去;負(肩),肥壯□(兒)。豆夫也久。⑤

聶仁涉反。附耳語也,又木葉動兒。⑥

蟲徒隆反,平;在虫部。

卉許謂反,去;卉字。草捴名。

赩(赫)呼蘇(赫)反。光盛也。⑦

㬊呼叫反,去;照也。⑧

蠱(蠱)下甘反。桑葉虫。⑨

㲱麼字。微細小虫。在广部。⑩

森所今反。木枝長兒。

毳充芮反。細羊毛也。波良介志,又知留。⑪

晶白音。明也,打也,顯也。□(又)胡了反。

𧮫波波。⑫

---

① 《玄應音義》卷四"犇馳"條:"古文䮝,今作奔,同。補門反。奔,走也。"《玄應音義》卷七"犇走"條:"古文䮝,今作奔,同。補門反。疾走也。《釋名》:奔,變也。有急變奔赴也。"

② 注文"思"當作"果","芴"當作"劣"。《玉篇·惢部》:"惢,桑果切。又才累、才規二切。"《字鏡》作"劣",但"謹芴(劣)"義不詳所出。《潛夫論·實邊》:"然小民謹劣,不能自達闕廷。"彭鐸校正:"《漢書·賈誼傳》:'其次廑得舍人',注:'廑,劣也。'《周語》:'余一人僅亦守府',注:'僅猶劣也。'謹、廑、僅並字異而義同。"疑與此有關。茲據校改。

③ "下惡(きゃく)反"不詳。

④ 注文"鹿"當作"麄"。《玄應音義》卷十一"麄細"條:"又作麤,同。錯孤反。麄,大也。細,小也。"茲據校改。

⑤ 注文"本"當作"平","負"當作"肩"。《廣韻·至韻》平祕切:"贔,贔屓,壯士作力兒。"茲據校改。"兒"字據各本補。豆夫也久(つぶやく【呟く】),此和訓疑是下條"聶"字訓。

⑥ 《廣韻·葉韻》:"聶,樹葉動兒。"

⑦ 字頭疑當作"赫",注文"蘇"疑當作"赫"。《廣韻·陌韻》呼格切:"赫,赤也,發也,明也,亦盛兒。"茲據校改。

⑧ 此條俟考。

⑨ 《廣韻·談韻》胡甘切:"蠱,桑蟲。"

⑩ 《玄應音義》卷八"麼蟲"條:"莫可反。《通俗文》:細小曰麼。《三蒼》:麼,微也。經文作㲱,近字也。"

⑪ 波良介志(ばらけし【散けし】),又知留(ちる【散る】)。

⑫ 波波(はは【母】)。

劦正胡頰反，入；同力也，又力和也。訹（諧）、叶、勰、協，四字義同。①

垒力捶反。累坡土□（爲）廥壁也。古文參字。②

姦加變（蠻）反。僞也，盜也，私也，奸也。比曾加尔，又伊豆波留。③

磊力罪反，上；並（衆）石。己保保留。④

嚞哲字古文。

朤口罔反，上；明月甚盛也。⑤

歮〔歮〕所立反。澁也。又才捶反。疑也。志夫之。⑥

焱〔焱〕炎音。又補寮反。保乃保，又毛由。⑦

姦（努）由女由女。⑧

毳赴音。疾也。⑨

晶子盈反，平；光也。

麤甫休反，平；止止呂久。⑩

鱻息延反，平；生肉。奈万須。⑪

嚞直治（給）反。又言音。不訥也，疾言也，利色。加万加万志。⑫

鷂（鶵）比奈。⑬

羴式延反。羶字。羊臭也。

猋不遙反，平；群犬走皃。加万加万志。⑭

垚牛消反，平；又土音。土高平也。豆豆留。⑮

飍房幽、香幽二反。驚走皃。

---

① 注文“訹”當作“諧”。《爾雅·釋詁上》：“諧、協，和也。”茲據校改。

② 注文“土”下一字殘。《説文·垒部》：“垒，絫坡土爲牆壁。”茲據校補。

③ 注文“變”疑當作“蠻”。《名義·女部》：“姦，女（加）蠻反。”茲據校改。比曾加尔（ひそかに【密かに】），又伊豆波留（いつわる【僞る・詐る】）。

④ 注文“並”當作“衆”。《説文·石部》：“磊，衆石也。”茲據校改。己保保留（こほほる）。

⑤ 此條俟考。

⑥ 字頭“歮”同“澀”。“又才捶反。疑也”爲“歮”字音義。志夫之（しぶし【渋し】）。

⑦ 注文“補寮反”爲“焱”字音。保乃保（ほのお【炎・焔】），又毛由（もゆ【燃ゆ】）。

⑧ 由女由女（ゆめゆめ【努努・夢夢】），觀智院本《類聚名義抄》“努”字訓同，此字當是“努”字之變。

⑨ 《玉篇·免部》：“毳，急疾也。今作趖。”

⑩ 止止呂久（とどろく【轟く】）。

⑪ 各本“平”下作“生肉也。鮮字同。奈万豆”。奈万須（なます【膾・鱠】）。

⑫ 注文“治”疑當作“給”。《廣韻·緝韻》：“嚞，直立切。”“給”是緝韻字。茲據校改。各本無“又言音”，有“徒合、徒立二反”。加万加万志（かまかまし【囂囂し】）。

⑬ 此字當是“鶵”字之變。比奈（ひな【雛】）。

⑭ 加万加万志（かまかまし【囂囂し】）。

⑮ 注文“土高”原倒。《説文·垚部》：“垚，土高也。”茲據乙正。豆豆留（つづる【綴る】）。

猋思郎反，□（平）；□（若）木也。①

劦力計反。比丘名。②

矗卤字。徒堯反。草木實。

孨旨兗、莊卷二反。孤露可怜也。

毳似均反。三泉。

驫魚園反。水泉本也。今源字。

雥才巾（币）、走苔二反。羣鳥。③

淼亡治（沼）反。大水。④

堯五彫反。嶢也。

垚《説文》：“古文堯字。”《廣疋》：“堯，燒（嶢）也。”⑤

几部第百四十五

廿七字

几居旨反，上；杖也，約（絇）兒，食几也。⑥

冗人勇反，上；[冗]從，闍官，僕射也。又而隴反。散也。⑦

亮力向反。高字。遠也。字從八（宀）、從几也。⑧

𤉣𪃹二形作。力因、力振二反。獸也，亦弊也，清徹也，然也，薄也。⑨

---

① “反”下兩字殘。《名義·猋部》：“猋，思郎反。桑也，若木也。”“也”上殘字作“𢽎”，當是“若木”二字。茲據校補。

② 《玄應音義》卷十六《鼻奈耶律》第九卷“劦挈”條：“力計反。比丘名劦挈子。”《玄應音義》卷十一《增一阿含經》第三卷“珕須”條：“力計反。比丘名也。依字，珕，蜄屬也。蜄音市忍反。”《鼻奈耶》第九卷：“時須那刹多比丘協挈子反被拘執。”《大正藏》校勘記云，“協”字宋元明及宮本作“劦（劦）”。

③ 注文“巾”當作“币”。《玉篇·雥部》：“雥，才币切。又走合切。”茲據校改。

④ 注文“治”當作“沼”。《廣韻·小韻》：“淼，亡沼切。”茲據校改。

⑤ 注文“燒”當作“嶢”。《廣雅·釋言》：“堯，嶢也。”《玉篇》引《廣雅》作“曉”，此處從《廣雅》。茲據校改。

⑥ 注文“約”當作“絇”。《詩·幽風·狼跋》：“赤舃几几。”毛傳：“几几，絇貌。”茲據校改。

⑦ 注文“從”上奪字頭。《漢書·枚皋傳》：“三年，爲王使，與冗從爭。”顏師古注：“冗從，散職之從王者也。”茲據校補。

⑧ 注文“高字”指俗字“亮”與“高”形近相混，本書反切下字“亮”常寫作“高”，可逕改。又注文“八”字當指“宀”旁，參上“冗”字寫作“冗”。

⑨ 《廣韻·震韻》：“𪃹，獸名，似麑，身黃尾白。”“𪃹”同“𪃹”“𤉣”。《原本玉篇·石部》：“磷，力鎮反。《謂謂（論語）》云：不曰堅乎，磨而不磷。孔案国曰：磷，薄也。《本草》：雲母，一名磷石，色正白皎然。純白明徹者名磷。爲瓶字，瓶亦弊也，在[瓦]部也。”“𤉣”“磷”“瓶”字通。

虥(麠)人勇反,上;進(毪)也,鳥獸麠也。①

處處字。在虍部。

勀奇年(虐)反。倦。②

凱空改反。南風也,大也,樂也。愷字同。

処充与反。正(止)也。③

埶魚制反。蒔也,山林也,樹也。

勎上古文。

尭勝古文。

處処二同。充与反。正(止)也。④

尣(尻)〔冗〕居洧反,上;尻,上字。奸也,散也。⑤

尻居字。

兇殎同。許恭反。暴也。豆比由。⑥

尳於紙反,上;切也,鷙鳥食已後□(吐)毛。⑦

禿吐木反。无髮。加夫吕奈利。⑧

亢下唐反。咽也,頸。

尳虺同。丘召反。高不安皃。

虺上字。⑨

尨下朗反。宜(直)項莽尨。⑩

虥已均(灼)反。仰也。⑪

允徒外反。悦也,見也。

九部第百四十六

十六字

九久音,上;在數字内。

---

① 注文“進”當作“毪”。《玉篇·毛部》:“麠,同毪。”兹據校改。

② 《方言》卷十二:“偄,俙也。”又作“偄”“㮗”“㮣”“偄”等字。此處反切下字“年”當作“虐”。《新撰字鏡·亻部》:“偄,其虎(虐)反。”“年”當是“虎”字之誤,“虎”又“虐”字之誤。兹據校改。

③ 注文“正”當作“止”。《名義·几部》:“処,處字。止也。”兹據校改。

④ 注文“正”當作“止”。《名義·几部》:“処,處字。止也。”兹據校改。

⑤ 字頭當是“尣”字之異。注文“散也”當是“冗”字釋義,參見“冗”字條。

⑥ 豆比由(つひゆ【弊ゆ・潰ゆ】)。

⑦ “後”下一字殘。《説文·丸部》:“尳,鷙鳥食已,吐其皮毛如丸。”兹據校補。又“切也”不詳。

⑧ 加夫吕奈利(かぶろ【禿】なり)。

⑨ 《廣韻·笑韻》牛召切:“虺,尳虺。”此二字爲聯綿詞,非異體。

⑩ 注文“宜”當作“直”。《説文·尣部》:“尨,直項莽尨皃。”兹據校改。

⑪ 注文“均”當作“灼”。《廣韻·藥韻》:“虥,以灼切。”兹據校改。

虝虎二同。又作虎(唬)。呼交反。虎鳴也。①

九匤(馗)馗二同。奇龜反。道也,達也,九達道也。

馗(旭)亦上字。

勼居求反。聚也。

冘九丘反,平;上同。

鳩亦上字。

䖘如之反。人(丸)之熟也。②

丸胡端反。圜也,立也。

扤侯禹(萬)反。其義開(闕)。③

尳胡稽反。不能行,爲人所引也。

𨚏巨鳩反,平;地名。

芁九音。地名。

旭在日部。

卯與卵二部第百四十七

六字

卯亡飽反。苞也,冒也。言万物生長覆地也,物冒土生也。

鼺力求、力久二反。食竹根鼠也。

孵芳扶反,平;卵他(化)也。④

觚古胡反,平;物(祠)名。⑤

卵落官(管)反。⑥

毈徒玩反。壞。

𣪂在殳部。⑦

---

① 注文"虎"當作"唬"。《玄應音義》卷十一"虓呴"條:"又作唬,同。"兹據校改。

② 注文"人"當作"丸","之"下原有"木"字。《説文·丸部》:"䖘,丸之孰也。"《切二》《切三》《全王·之韻》:"䖘,丸之熟也。"(《全王》誤作"九熟")《名義·丸部》:"䖘,丸。"兹據改删。

③ 注文"禹"當作"萬","開"當作"闕"。《名義·丸部》:"扤,侯萬反。具(其)義闕。"《説文·丸部》:"扤,闕。"兹據校改。

④ 注文"他"當作"化"。《廣韻·虞韻》:"孵,卵化。"兹據校改。

⑤ 注文"物"當作"祠"。《集韻·模韻》:"觚,巫觚,祠名,在雲陽,越人祀之也。"兹據校改。

⑥ 注文"官"當作"管"。《廣韻·緩韻》:"卵,盧管切。"兹據校改。

⑦ 殳部作"𣪂"字,此爲其俗字。

爻部第百四十八

丗七字

乂牛貼(肺)、魚載二反,去;俊也,數也,養也,天(央)也,長,息也,絕也。才兼百人曰乂,才兼千人曰俊,才兼万人爲傑。①

爻呼茅反,平;効也,卦名,交也,《易》"六爻"也。

叕九劣反。速(連)也。②

繺丑利反,去;蚕桑。

粀🈚二同。旨悦反,入;短也,短小兒。古悦。③

槑扶園反。林藩。

叔在安反。殘寄(穿)。④

🈚上字。⑤

㸬土(九)劣反。在豖部。⑥

叡呼閣反。溝也,坑也,虛也。

壑上字。

叡叡三形作。以贅[反]。明也,知也。⑦

㝢才性反。坑也。穿字。

叉壯巧反。爪字。

曼(晨)始神反。申,引。⑧

叜蘇后反。左(老)也,久(父)也。⑨

叟罢安三上古文。

曼無願反。長也,脩也,廣也,美也,引也,皮也。

---

① 注文"貼"當作"肺","天"當作"央"。《廣韻·廢韻》:"乂,魚肺切。"《名義·丿部》:"乂,治也,數也,養也,央也,長也,息絕也。"《詩·小雅·庭燎》"夜未央"與"夜未艾"相對。茲據校改。

② 注文"速"當作"連"。《名義·叕部》:"叕,連也。"茲據校改。

③ "古悦"不詳,蓋是反切"旨悦"訛衍。

④ 注文"寄"當作"穿"。《玉篇·叔部》:"叔,殘穿也。"茲據校改。

⑤ 字頭不詳,蓋是"叔"字之變。

⑥ 注文"土"當據《名義》作"九"。《廣韻·薛韻》:"㸬,紀劣切。"《廣韻·問韻》:"㸬,居運切。"《名義·豖部》:"㸬,九連(運)反。土。""九"與"紀"皆見母字,此反切上字"土"蓋涉所據注文"土"而誤。茲據校改。

⑦ 此云"三形作",當有脱文,或奪"睿"字。又"知"字《名義》作"智",二字通。

⑧ 楊寶忠《疑難字考釋與研究》考證此字爲"曼"俗字。《説文·又部》:"曼,引也。从又,冒聲。冒,古文申。"

⑨ 注文"左"當作"老","久"當作"父"。《名義·又部》:"叜,老也,父也,叜父也。"茲據校改。

　　斝上字。

　　叞俎家反。叉字。取也。揎（攄）字。①

　　叞所劣反。清也，拭也，利也。

　　叞力尸反。引。

　　叞作結反。治。

　　叞勑高反。骨（滑）。②

　　叞諸芮反。楚人問吉凶。

　　取**取**〔敘〕二同。且禹反。相資也，收也，受也，捕也，爲也。敘，次第也，緒也。③

　　叟莫骨反。入水有所取。没字古文。

　　羿友古文。

　　叜上同。

　　叚假二假字。叉相（叉胡）牙反。錯（借）也。④

　　収俱龍、渠龍二反。叉竦字（手）。受。在雜字。⑤

　　叞賢古文。

豆部第百四十九

廿三字

　　豆徒闘反。叔也，尗爲豆。

　　昌上古文。

　　梪荳二上字。

　　梪徒闘反。漢（菹）醢器，礼器名。⑥

　　叞豇二字。徒闘反。⑦

　　蔎居隱反。破飽（匏）也。⑧

---

① 注文“揎”當作“攄”。《名義·又部》：“叞，攄字。”茲據校改。

② 注文“骨”當作“滑”。《説文·又部》：“叞，滑也。”茲據校改。

③ 《説文·攴部》：“敘，次弟也。”《爾雅·釋詁上》：“敘，緒也”。注文“敘，次第也，緒也”與“取”字條無關。

④ 注文“叉相”疑當作“叉胡”，“錯”當作“借”。《廣韻·馬韻》：“叚，古疋切。”《廣韻·麻韻》：“遐，胡加切。”“胡牙反”音同“胡加切”。《説文·又部》：“叚，借也。”茲據校改。

⑤ 注文“字”當作“手”。《説文·収部》：“収，竦手也。”《名義·収部》：“収，俱龍反。竦手也。”茲據校改。

⑥ 注文“漢”疑當作“菹”。《周禮·秋官·掌客》：“豆四十。”鄭玄注：“豆，菹醢器也。”《廣韻·魚韻》：“菹，《説文》曰：‘酢菜也。’亦作葅。”茲據校改。

⑦ 二字非異體，蓋形音相近而混。

⑧ 注文“飽”當作“匏”。《名義·豆部》：“蔎，破匏蠹。”茲據校改。

⿱夗豆於勿、於月二反。豆飴。又豌字。

⿱龹豆在卷(𠔉)部。

豌於九(丸)反。留(⿰豆留)豆。[1]

⿰豆留力周反。豌豆、豍豆,⿰豆留。[2]

⿰豆尼莫猥反。碎豆萁。

⿰豆夅胡江反。⿰豆雙,胡豆。

⿰豆雙所江反。⿰豆夅。

⿱𤇾豆力刀反。野豆。

⿰豆尞力刃(刀)反。營(⿱𤇾豆)。[3]

豏胡斬反。半生。

⿰豆昔叉白反。豆也,破豆也。

⿰豆𠬶且林反。豐(幽豆)。[4]

豐乎(孚)宮反。豊字。大也。豐,大故也,厚也,茂也,勉也。[5]

豊上字。豐古文。

豍[illegible]二形作。方迷反。⿰豆留豆也。

⿰豆俞餘珠反。⿱敄豆瑜(⿰豆俞)也。[6]

⿱敄豆莫鹿反。踰(⿰豆俞)。[7]

豉時宜(寘)反。敊(⿰尗支)字。[8]

⿰豆其渠基反。萁,豆莖。萁字。

⿰豆音於林反。⿰豆𠬶。

剅力侯反。在刂部。[9]

豎市主反,上;奄也。

---

① 注文"九"當作"丸","留"當作"⿰豆留"。《玉篇·豆部》:"豌,於丸切。"《名義·豆部》:"豌,於凡(丸)反。⿰豆留豆名。"茲據校改。

②《廣雅·釋草》:"豍豆、豌豆,⿰豆留豆也。"

③ 注文"刃"當作"刀","營"當作"⿱𤇾豆"。《名義·豆部》:"⿱𤇾豆,力刀反。野豆。⿰豆尞,同上。⿱𤇾豆。"茲據校改。

④ 注文"豐"當作"幽豆"。《名義·豆部》:"⿰豆𠬶,幽豆。"《廣雅·釋器》:"⿰豆𠬶謂之⿰豆音。"疏證:"此謂豆豉也。……⿰豆音之言暗也,謂造之幽暗也"。《急就章》顔師古注:"豉者,幽豆而爲之也。"茲據校改。

⑤ 注文"乎"當作"孚"。《名義·豐部》:"豐,孚宮反。"茲據校改。《易·雜卦傳》:"豐,多故也。"

⑥ 注文"瑜"當作"⿰豆俞"。《集韻·侯韻》:"⿱敄豆,⿱敄豆⿰豆俞,豆秸。"茲據校改。

⑦ 注文"踰"當作"⿰豆俞"。《集韻·侯韻》:"⿱敄豆,⿱敄豆⿰豆俞,豆秸。"茲據校改。

⑧ 注文"宜"當作"寘","敊"當作"⿰尗支"。《名義·豆部》:"豉,時寘反。"《説文·尗部》:"⿰尗支,配鹽幽尗也。豉,俗⿰尗支,从豆。"茲據校改。

⑨ "剅"字《廣韻》有"落侯切""當侯切"二音,此反切上字作"力"和"刀"皆可,但一般上字不用"刀"字。《玉篇》《名義》音"丁侯切"(《名義》"侯"誤作"候")。

斸(斵)〔駒〕丁角反。又作斳。雕也。千里駒。①

蠃部第百五十

十九字

蠃蠃二形。累垂反。弱也,疲也,瘦也。又力規反。累也。

蠃落包反。魚身鳥翼之魚名也。

蠃落包反,平;木,堪爲箭笴。

蘦落包反,平;草,生水中。

穮又作穋。落包反,平;穀積也,禾十束也。

籯羊証反,平;籠纓也,筥也。"黄金滿籯"也,如淳曰:"竹器,容三升(斗)也。"②

鑩落包反,平;小釜。

嬴羊証反,平;姓也。③

嬴羊証反,平;美好兒。④

蠃力戈反,平;又作騾。非馬非驢曰蠃,又驢馬交接産子爲騾。

攍羊証反,平;擔也。擔者,所以荷物也。⑤

蠃力果反。蚹[蠃],蜪(蜿)蝓也。又作蠡,同。蛦。⑥

臝力果反,上;裸古字。袒身也。亦躶字。

蠃(蠃)力戈反。鸁鵃也。鸁鵃(鵫)者,鳳属。⑦

瀛瀛二字。有(在)水部。

嬴(嬴)以成反,平;財長也。⑧

蠃(蠃)落戈反,平;膈。⑨

---

① 注文"千里駒"當是"駒"字釋義。《廣韻·唐韻》:"駒,千里駒。"此字頭原作"斳",與"駒"字相近。

② 《廣韻·清韻》以成切:"籯,籠也。《説文》:笭也。《漢書》曰:遺子黄金滿籯,不如教子一經。亦作籝。""纓"字不詳。反切下字"証"爲去聲字,此當是倭音"よう",下文"嬴""嬴""攍"條亦同。今本《漢書·韋賢傳》如淳注作"受三四斗",疑此當作"容三斗"。十升爲斗,漢代三斗約今六千毫升。

③ 反切下字"証"爲去聲字,此當是倭音"よう"。

④ 反切下字"証"爲去聲字,此當是倭音"よう"。

⑤ 反切下字"証"爲去聲字,此當是倭音"よう"。

⑥ 注文"蜪"當作"蜿"。《爾雅·釋魚》:"蚹蠃,蜿蝓。"茲據校改。

⑦ 字頭"鸁"當作"鸁",注文"鵃"當作"鵫"。《名義·鳥部》:"鸁(鸁),鸁鵫(鵫)。"《廣韻·庚韻》:"鵫,鸁鵫,似鳳,南方神鳥。"茲據校改。

⑧ 字頭"嬴"當作"嬴"。《廣韻·清韻》:"嬴,財長也。"茲據校改。

⑨ 字頭從肉蠃聲,疑當是"臝"字,見本書肉部"膈"字條。

贏力臥反。屢(瘻)贏,僂也。①

綸力旬、工(公)頑二反。《周易》:"弥綸天地之道。"劉瓛曰:"弥,廣也;綸,經理也。"《毛詩》:"之子于釣,言綸之繩。"箋云:"[綸],釣繳也。"《礼記》:"孔子曰:王言如絲,其出如綸。"鄭玄曰:"今有秩、嗇夫所佩也。"《續漢書》:"百石青紺綸,一采,婉轉繆織,長丈二尺。"《説文》:"糾青絲授(綬)也。"《范子計然》:"布平者,綸絮之末,其無絲之国出布,不可以布平爲綸末也。"野王案,此謂摩絲絮爲綸也。《尒雅·釋草》:"綸似綸,東海有之。"郭璞曰:"海中有草象之,国(因)以爲名也。"《太玄經》:"鴻綸天元。"宋忠曰:"綸,絡也。"《方言》:"或謂車紂爲曲綸。"郭璞曰:"今江東通呼索爲綸也。"②

瓜部第百五十一
卝字

佀瓜二形作。古花反,平;菓芇也。食子菓三百六十一,以瓜爲長也。佀者,牛林反,平;衆立也。从同,從二人。

芇苟胡反。雕胡,蔓木也。

罘苟胡反,平;魚網也,舟上網也。

呱苟胡反,平;小兒泣啼也。

鈲脈劈宫(字)古文。歫狄反。破也。③

瓡魯侯反,平;苦瓡。

瓳古侯反,平;同上。④

瓞徒結反。瓜也,小瓜。

瓝甫(蒲)田反,平;黄瓜也。⑤

瓠胡古(故)反,去;匏。⑥

瓟父交反。以瓠爲飲器也。⑦

---

① 注文"屢"當作"瘻"。《説文·立部》:"贏,瘻也。"茲據校改。
② 注文"工"當作"公","反"下原有"及"字,"釣繳"上奪"綸"字,"授"當作"綬",後一"国"當作"因","今江東"上原有"也"字,皆據《原本玉篇·糸部》"綸"字條訂正。《説文·糸部》:"綸,[糾]青絲綬也。"段玉裁注:"各本無糾字。今依《西都賦》李注、《急就篇》顔注補。"《爾雅·釋草》:"綸似綸,組似組,東海有之。"郭璞注:"海中草生彩理,有象之者,因以名云。"
③ 注文"宫"當作"字"。《玄應音義》卷十四"跟劈"條:"古文鈲、脈二形。"茲據校改。
④ 《廣韻·侯韻》:"瓳,瓠瓳。"
⑤ 注文"甫"當作"蒲"。《切三》《全王·先韻》:"瓝,蒲田反。"茲據校改。
⑥ 注文"古"當作"故"。《裴韻》《全王·暮韻》:"瓠,胡故反。"茲據校改。
⑦ "以"字《切三》《王一》《裴韻》《全王》同,《廣韻》作"似"。

瓤 瓤二形作。女良反。[又]初在之(如羊反)。瓜内實也。①

柧 古胡反。在木部。

㿫 㿬字。

瓝 瓟二形同。大佳反,平;拔也。②

瓝 [瓝]古佳反。又古(苦)八反。瓜。根可作飲。③

瓢 符宵反,平;瓡也。

瓐 瓐力見反,去;瓜樓也,瓜棲也。莊姜“齒如瓜瓐”,則知瓐者,瓜核也。④

瓲 丁郎反。瓜中。

瓝 力玷反。瓝,子也。水芝,瓜。⑤

瓐 於魂反。㿬,瓜也。

㿬㿫二同。徒昆反。瓐也。

瓟 甫(蒲)角反,入;瓜瓜(瓟)也。⑥

瓡 其及反。冬瓜。

瓡 以主反,上;本不勝末也,勞也,弱也。

筑 古胡反,平;吹鞭(鞭),爲行節也。⑦

瓡 魚偃反。瓢也。

瓝 古(苦)携反。瓝瓝。⑧

瓡 古胡反。瓡也,蓏菇也。

---

① 注文“初在之”疑當作“如羊反”,且上當補“又”字。《切三》《王一》《裴韻》《全王·陽韻》:“瓤,瓜内實。又如羊反。”(《切三》“内”誤作“少”,《裴韻》“又如羊反”誤入上字“孃”注文,《全王》注作“瓜瓤”)茲據改補。

② 此條不詳。

③ 注文“古”當作“苦”。《王一》《全王·黠韻》:“瓝,苦八反。”茲據校改。《廣韻·黠韻》:“菝,菝葀,狗脊,根可作飲。”此處注文“瓜”疑是“瓝”字釋義。《廣韻·模韻》古胡切:“瓝,瓜也。”“古佳反”不詳。

④ 《王一》《全王》《唐韻·霰韻》:“瓐,瓜瓐。”《裴韻》《廣韻·霰韻》:“瓐,瓜瓐。”龍宇純《校箋》:“案此字不詳所出。李時珍曰:瓐瓜,今俗作瓜瓐。《廣雅·釋草》:瓐瓜,王瓜也。《詩·豳風·東山》正義引孫炎《爾雅》注云:括樓,齊人謂之天瓜。瓐瓜與括樓同。《集韻》此下云天瓜,與本書瓜瓐蓋合。”此處“瓜樓”或即“瓜瓐”。“齒如瓜瓐”,今本《詩·衛風·碩人》:“齒如瓠犀。”毛傳:“瓠犀,瓠瓣。”《爾雅·釋草》:“瓠棲,瓣。”郭璞注:“瓠中瓣也。《詩》云:齒如瓠棲。”《集韻·霰韻》郎甸切:“瓣,瓜中實。通作瓐。”“瓜核”即“瓜中實”。《大般涅槃經疏》卷十四:“王妃生肉如瓜,有千瓐,一瓐一子者是。”

⑤ 《廣雅·釋草》:“水芝,瓜也。其子謂之瓝。”

⑥ 注文“甫”當作“蒲”,後一“瓜”字當作“瓟”。《廣韻·覺韻》蒲角切:“瓟,瓜瓟也。”茲據校改。

⑦ 注文“鞭”當作“鞭”。《説文·竹部》:“筑,吹鞭也。”徐鍇繫傳:“蓋於鞭上作孔,馬上吹之呱呱然。”茲據校改。

⑧ 注文“古”當作“苦”。《玉篇·瓜部》:“瓝,苦擕切。”茲據校改。《廣韻》《名義》等皆作“瓝瓝”。

瓤乃罪反。腹(傷)瓜也。①

絲尸姚反。瓜也。

𤬰禹丁反。小瓜也,草似瓜。

㼪浦卓反。小瓜也,㼪。

瓣自(白)莧、力見二反。瓜中核。②

𠨝(印)於客反。信也,檢也。

辨羍部第百五十二
十六字

辨辯𨐨辡𩏑辮六字同。符寒、方免二反。弁、卞二形又同。治也,具也,語捷對也,相訟也,別也,急也,褊也,慧也,判別也。

辬疋見(莧)反,去;白眼視皃。③

辬又作斑。甫(補)顏反,平;雜色也,又駁,文皃。④

辛斯津反。新也,艱辛也,物新成也,辛剌(刺)也,金也。⑤

辟疋狄反。君也,際(除)也,罪也。⑥

辥上字。⑦

瓣夫見反,去;瓜外口也。⑧

𨐨莍(菜)同。盧葛反。辛甚曰𨐨,中國言辛。之人反。辛也,痛也。⑨

辤似茲反。讓也,去也,詞也,辝也。

辝上字。

辭似茲反。訟也,理也,辝也。

皋辝猥反。罪也。

___

① 注文"腹"疑當作"傷"。《王一》《裴韻》《全王》《廣韻·賄韻》:"瓤,傷瓜。"《玉篇·瓜部》:"瓤,傷熱瓜。"茲據校改。《名義》作"餒腸瓜",蓋是"瓤傷瓜"之訛。

② 注文"自"當作"白"。《玉篇·瓜部》:"瓣,白莧、力見二切。"茲據校改。

③ 注文"見"當作"莧"。《廣韻·襇韻》:"辬,匹莧切。"茲據校改。

④ 注文"甫"當作"補"。《名義·文部》:"辬,補顏反。"茲據校改。

⑤ 注文"剌"疑當作"刺"。《玉篇·辛部》:"辛,辛𨐨也。""刺"通"𨐨"。茲據校改。

⑥ 注文"際"當作"除"。《廣韻·昔韻》:"辟,亦除也。"茲據校改。

⑦ "辥"與"辟"非異體,蓋形近相混。

⑧ 反切疑誤。《廣韻·襇韻》:"瓣,蒲莧切。"

⑨ 《玄應音義》卷十八"三𨐨"條:"《字苑》作莍,同。盧葛反。《通俗文》:辛甚曰𨐨。江南言𨐨,中國言辛。論文作剌,乖戾也。剌非字體也。"注文"莍"字當是"菜"之誤。楊寶忠《疑難字三考》考證"莍"爲"歖(歖)"之變。"之人反"當是"辛"字倭音"しん"。

匚部第百五十三

冊六字

匚〔匕〕〔匚〕補履反。釖名，長三尺，重二斤一兩。又下躰反。又藥匚名。①

匚上字。②

㳅匯二形作，下作可知。戶南反，平；舟没也，途也。

㦬女力反，入；虫食病。

匳或作籢。良霑反，平；盛香圓小器，又鏡箱也。

匵徒谷反。匵。

匱巨愧反。土籠也，匣也，竭也，乏也。

匣古(胡)甲反。匵。③

匿匿二形作。女力反。藏也，惡也。④

匜移尔反，上；沃盥器也，杯也，似楴(楠)，柄中路通水。⑤

匡畐同作。甫弥反。䈽也，籠籢也。

医於計反，去；藏弓弩器。

匹辟吉反。四丈爲匹，二人爲疋，又偶也。

疋上俗作。

匧居洧反，上；或作簋。盛黍稷方器。

匬上字。

匯口乖反，平；不正也，器。⑥

匬餘主反。田器也，又大鼎。⑦

匞(匿)乎肯(呼骨)反。古器。⑧

---

① 《周禮·考工記·桃氏》：“桃氏爲劍……身長三其莖長，重五鋝，謂之下制，下士服之。”鄭玄注：“下制長二尺，重二斤一兩三分兩之一，此今之匕首也。”《玄應音義》卷十一“匕首”條：“《周禮·考工記》云：匕首劍身長三尺，重二斤一兩，輕而便用也。其頭似匕，因曰匕首。”今本《周禮》作“二尺”，此從《玄應音義》作“三尺”。《玉篇·匚部》：“匚，下體切。裹褻有所挾藏也。”此處“又藥匚名”不詳，此“匚”或是“匕”。
② 《説文·匚部》：“匚，受物之器。匚，籀文匚。”
③ 注文“古”當作“胡”。《廣韻·狎韻》：“匣，胡甲切。”兹據校改。
④ 《集韻·德韻》：“匿，惡也。通作匿。”
⑤ 注文“楴”當作“楠”。《廣韻·支韻》：“匜，杯匜，似楠，可以注水。”兹據校改。
⑥ “不正也”俟考。
⑦ “餘主反”當爲“匬”字音。《廣韻·職韻》：“匬，與職切。”
⑧ 字頭當作“匞”，注文“乎肯”當作“呼骨”。《廣韻·没韻》呼骨切：“匞，古器。”兹據校改。

区巨救反。棺柾(柩)也。①

匷上字。

匰丁安反。器也,盛也,簞也。

医甫(補)吴反。簠也。②

匰呼韋反。幬也,帷。

眶作郎反。臧也,善也,厚也,受則(財)貨也。③

匧居疑反。箕。

医口頰反。笴烕(緘)也。篋字。④

匡區方反。正也,極,救也,虧也,筥也,滿也。⑤

匜似沿反。瀝米奠也,盛也。

䤲公東(棟)反。小梧也,倉也,橫也。⑥

匪甫尾反。医字。分也,非也。筐(筺)字。⑦

叵波音。不可也。⑧

匜匜二同字。甫才反。杯也,盌也。⑨

匟止(此)唐反。器。⑩

匜徒弔反。田器也,畚也,莜也,篠。

匬餘主反。庾也,甌也。

匶甫(補)堅反。籩也。⑪

匶上字。

匙匙二作同。上支[反]。匕也。

頃在頁部。

𡆼奴道反。腦字。頭中髓也。

---

① 注文"柾"當作"柩"。《玉篇·匚部》:"区,棺也。亦作柩。"兹據校改。

② 注文"甫"當作"補"。《名義·匚部》:"医,補吴反。"兹據校改。

③ 注文"則"當作"財"。《玄應音義》卷二十一"臧賕"條:"案,納受財貨曰臧。"兹據校改。

④ 注文"烕"當作"緘"。《玉篇·匚部》:"医,緘也。"《名義·匚部》:"医,笴減(緘)也。"兹據校改。

⑤ 注文"極"字不詳,或是"枉"字之誤。《周禮·考工記·輪人》:"則輪雖敝,不匡。"鄭玄注引鄭司農曰:"匡,枉也。"

⑥ 注文"東"當作"棟"。《名義·匚部》:"䤲,公棟反。"兹據校改。

⑦ 注文"筐"當作"筺"。《集韻·尾韻》:"匪,通作筐。"兹據校改。"匪"與"医"非異體,《名義·匚部》:"匪,似篋也。"當從《名義》。

⑧ "叵"與"波"皆音"は"。

⑨ 《名義·匚部》:"匜,補迴反。"此處"甫才反"當是倭音"はい",音同"杯"。

⑩ 注文"止"當作"此"。《玉篇·匚部》:"匟,此郎切。"兹據校改。

⑪ 注文"甫"當作"補"。《名義·匚部》:"匶,補堅反。"兹據校改。

麥部第百五十四

丗六字

麦麥二形作。亡伯、无糸二反。穀長芒也。

𪍿𪍞符支反,平;麴餅。

麴久(祛)六反。酒母也,姓也,亦蘗也。①

䅮公玄反。麥莖也,稾也。或作稍,在禾部。

𪎊乞音。堅米也。謂米之堅鞕,舂擣不破者也。

麩方夫反,平;麥皮也。

䵳力斗反,上;万加利。②

䴵(麨)或作麨。尺紹反,上;糗。③

麨上字。麥古。④

𪏾敷隆反,平;煮麥。

𪏶古棘反。細麥。⑤

䴴户吳反,平;黏也。

𪍜以弋反。麥皮。在弋部。

麪麵同。弥見反,去;麥屑也,屑小麥。

𪎇户昆反,平;以麥爲之也,令不破。

𪐷𪏰二形作。路賢反,平;䵪。

麩去語反,上;甘粥,麥粥汁也。

𪎭古永反,上;大麥。

𪍰他主反,上;䴸也。⑥

䴸蒲口反,上;𪍰,餅名。

麰亡侯、莫浮二反。大麥。

稜力登反,平;盛(威)也。在禾部。⑦

祾在示部。

凌在二水部。

---

① 注文"久"當作"祛"。《名義·麥部》:"麴,祛陸反。"茲據校改。"久六反"當是倭音"きょく"。

② 万加利(まがり【糫】)。

③ 字頭"䴵"當作"麨"。《玉篇·麥部》:"麨,充小切。糗也。麨,同上。"茲據校改。

④ "麥古"(むぎこ【麦粉·麺】)。

⑤ 字頭疑即"䴾"字,釋義恐有訛誤。

⑥ 《名義》音"他后反",《廣韻》音"天口切",此反切下字疑誤。

⑦ 注文"盛"當作"威"。《後漢書·班固傳》:"瞰四裔而抗稜。"李賢注:"稜,威也。"茲據校改。

尀昨來反,平;麴也。

𧽼(麴)盖作尀。①

䧹居力反,入;退去。

𡐔蕎同。巨遥反,平;𪍿麥。②

趨(趨)七朱反,平;從走。

䴬莫割反,入;麵。

𪍻𪍻同。初覓反,去;穀麥𪍻。

誥古到反。《尚書》:“作仲虺之誥。”孔安國曰:“以諸侯相天子。會同曰誥。”《尒雅》:“誥,告也。”野王案,“乃供(洪)大語(誥)治”是也。又曰“誥,謹也。”郭璞曰:“所以約謹戒衆也。”《尚書大傳》:“何以謂之誥? 風告也。”③

詰[去質反。《尚書》:“其克詰尒戎兵。”孔安國曰:“詰,治也。”野王案,《周礼》:“制軍詰禁。”《左]氏傳》:“子盍[詰盜]”並是也。《周礼》:“大司寇之職,[掌]建邦之三典以詰四方。”鄭玄曰:“詰,謹也。《書》云:‘王旄莨(荒),度作刑以詰四方’是也。”《礼記》:“詰誠(誅)暴慢。”鄭玄曰:“詰謂問其罪也。”《廣雅》:“詰,責也;詰,典(曲)也;詰,讓也。”《左氏傳》:“詰朝將見。”杜預曰:“詰朝,平[旦]。”④

自部第百五十五
十七字

自士至反,去;身也,用也,從也,由也。𠚕,上古文。⑤

臮臭𦥔三同作。尺又反,去;久佐志。⑥

臮其至反,去;暨古文。与詞也。久見云。⑦

---

① 字頭即“麴”字之變,觀智院本《類聚名義抄》有此形。

② 字頭“𡐔”同“蕎”。注文“𪍿麥”即“瞿麥”。

③ 注文“供”當作“洪”,“語”當作“誥”。《尚書·康誥》:“乃洪大誥治。”兹據校改。《仲虺之誥》:“仲虺之誥。”孔傳:“仲虺,臣名,以諸侯相天子。會同曰誥。”

④ 注文“氏”上奪字,“盍”下奪“詰盜”字,“職”下奪“掌”字,注文“莨”當作“荒”,“誠”當作“誅”,“典”當作“曲”,“平”下奪“旦”字。兹據《原本玉篇·言部》“詰”字條訂補。《周禮·秋官·司寇》:“大司寇之職:掌建邦之三典,以佐王刑邦國、詰四方。”鄭玄注:“詰,謹也。《書》曰:王耗荒,度作詳刑以詰四方。”阮元校:“王耗荒:大字本同,按耗當作秏。……《釋文》作秏荒也,今《釋文》作旄荒,錢鈔本、岳本同。嘉靖本、閩監、毛本改耄荒,非。”《禮記·月令》:“詰誅暴慢,以明好惡,順彼遠方。”《廣雅·釋詁一》:“詰,曲也。”《左傳·僖公二十八年》:“戒爾車乘,敬爾君事,詰朝將見。”杜預注:“詰朝,平旦。”

⑤ 注文末原有“其至反,去;暨古文”,當是下“臮”字條注文錯簡於此。

⑥ 字頭“臭”右旁有片假名“トコロ(ところ【所·処】)”,不詳。久佐志(くさし【臭し】)。

⑦ 注文“其至反,去;暨古文”原在上“自”字條注文之末,當乙至此。久見云(くみ【組】いう【云う】)。

臬魚列反。法也,門厥(橜),闑也。闌字。①

皐七改反,上;罪。②

黜五八反,入;屈也,斷也。久自久。③

彫色古文。

邊在辶部。

𥥾亡然反。𥥾𥥾,正正(宀宀)不見。④

思在心部。

聶𧳊夔三形同。渠追反。神獸名。

㠱五到反,去;陸他(地)行舟人。⑤

盾倉(食)尹反,上;又作楯子(字)也。⑥

數字部第百五十六

十六字⑦

［一於逸反。弌,古文。正也,大極也,首也,同也。］⑧

［二耳異反。弍,古文。天一地二。］

［三思甘反。弎,古文。《説文》云:天地人之道也。］

［四思利反。二雙數也,數之次三也。］⑨

［五五皷反。數之次四也。］⑩

---

① 注文“厥”當作“橜”。《爾雅·釋宮》:“樴謂之杙,在牆者謂之楎,在地者謂之臬。”郭璞注:“即門橜也。”茲據校改。

② 《廣韻·賄韻》:“皐,徂賄切。”“七改反”當是倭音“ざい”。

③ 久自久(くじく【挫く】)。

④ 注文“正正”當作“宀宀”。《説文·宀部》:“𥥾,宮不見也。”段注改作“宀宀不見也”,云:“𥥾、宀疊韻。宀,交覆深屋也。宀宀,密緻皃。《毛詩》曰‘緜緜’,《韓詩》曰‘民民’,其實一也。”《集韻·先韻》:“𥥾,《説文》:‘宀宀不見也。’謂人處深室。”茲據校改。

⑤ 注文“他”當作“地”。《廣韻·号韻》:“㠱,陸地行舟人也。”茲據校改。

⑥ 注文“倉”當作“食”,“子”當作“字”。《玄應音義》卷十七“執盾”條:“食尹反。……論文作闌楯之楯,非體也。”茲據校改。

⑦ 此部當收“一”“二”“三”等數字,但此部十六字全脱,推測應爲“一”到“十”,“廿”“卅”“卌”“百”“千”“万”等字。《新撰字鏡·罒部》:“罒〔四〕,在數字部。”《新撰字鏡·九部》:“九,在數字内。”《字鏡》所存相關條目,疑即《新撰字鏡》所脱内容,可據補。經比對,《字鏡》亦與《名義》同,蓋此部皆出《原本玉篇》,故又可據《名義》等書補。

⑧ “一”“二”“三”諸條據《字鏡》補。

⑨ 《名義·四部》:“四,思利反。”《玉篇·四部》:“四,思利切。數也,次三也。”“二雙數也”據下文“六”“八”注。

⑩ 《名義·五部》:“五,五皷反。”中算《妙法蓮華經釋文》卷上“五”下引《玉篇》:“數之次四也。”

［六旅鞠反。三雙數也，數之次五也。］①

［七且慄反。數之次六也。］②

［八鄙戛反。四雙數也，數之次七也。］③

［九居有反。究也，八後十前也。］④

［十時入反。天九地十，數之具。］⑤

［廿如拾反。二十也。］⑥

［卅先闔反。三十也。］

［卌先入反。四十也。］

［百補格反。十十也。］

［千且田反。十百也。］

［万武願反。十千也。］

臣時仁反。⑦

臧作狠（狼）反。善也，厚也。古文匪（匦）字，在巳（匸）部。⑧

藏上字。

虺渠往、九放二反。永（乖）也。⑨

ベ口ト⑩

不空胃索神咒心經序

神咒心經者，斯シ盖ケタシ三際種智之格言，十地證真之極趣也。裂サキ四魔之

---

① 《字鏡》反切作"弔六反"，疑非是。此處反切據《名義》，釋義據《字鏡》。

② 反切據《名義》，釋義據中算《妙法蓮華經釋文》卷上"七"下引《玉篇》。

③ 《字鏡·雜篇》："八，鄙戛也（反）。四雙數也。"《名義·八部》："八，鄙憂（戛）反。"中算《妙法蓮華經釋文》卷上"八"下引曹憲云："數之次七也。"

④ 《名義·九部》："九，居有反。究也。"中算《妙法蓮華經釋文》上引釋氏云："八後十前也。""八後十前也"或當作"數之次八也"。

⑤ 《名義·十部》："十，時入反。數具。"《玉篇·十部》："十，是執切。天九地十，數之具。"

⑥ "廿""卅""卌""百""千""万"諸條皆據《名義》補。

⑦ "臣"下幾字《名義》在"臣部"，接儿部、父部之下，見該卷卷末。此條及以下蓋爲抄寫者所加，非原書內容。

⑧ 注文"狠"當作"狼"，"匪"當作"匦"，"巳"當作"匸"。《名義·臣部》："臧，作狼反。"《新撰字鏡·匸部》："匦，作郎反。臧也，善也，厚也，受則（財）貨也。"茲據校改。

⑨ 注文"永"當作"乖"。《説文·臣部》："虺，乖也。"茲據校改。

⑩ 此即日本"乎古止点"圖，即在字（以方框代表某字）的周圍加上點等符号，以位置表示助詞、助動詞、活用詞尾等，以輔助訓讀。始於奈良、平安時代，用法依流派不同而相異，據考有逾百種。據築島裕《和訓の伝流》考證此爲"東大寺三論宗點"。

遍①罟ヲ、折クタク六師之邪幢ヲ、運諸子之安車ヲ、詣道場之夷路ニ者カハ,何莫由斯之道ニ也。況ヤ乃チ剿②タチ當累ヲ、殲ツクシ宿殃ヲ、清衆瘼、懷庶福者乎？是シ以チ印度ノ諸國,ミナ咸稱ウ如意神珠ト,諒有タモツ之矣。題ニ稱カ不空等トノコトク者ハ,別ニ衆經之殊号也。至如擲ナケチ冑ヲ取カ獸ヲ,時或索空,茲ノ教ハ動拪スレハ,罔不スト云カ玄會③,故ニ受タリ斯ノ目ヲ也。運キ極④无方曰神ト,警救ヲ群ノ物ヲ稱咒ト,名ト色トノ所依ヲ号心。雖復乘開一五,藏啟二三,其シ能ク應通動植レ,絲シ綸スル法界ニ者,咸用取則ノリヲ茲ノ旨,歸往ス斯ノ誥也。是故經云："此身如城,心王處中。"又至功離相,妙極殊方,有類於心故,膺⑤アタレリ・カナヘリ茲ノ稱ニ也。是以經云："如衆生心識,體雖是有,而無長短方圓等相。"斯故⑥群鬼レ藉ナキ之中心,無相之妙極タル者也。然此神典ハ,北印度國ノ沙門闍那崛多,已譯セリ於隋紀。于時寶歷シキ創ハシム・ヒラク基⑦,傳匠シヤウ蓋寡,致令所歸ノ神像、能歸行儀,并咒ノ體能俱存梵語ヲ,遂使受持之者ヲ,疲ツカレ於用功ニ,渾肴莫晰。惟今三藏玄奘法師,奉詔心殷,爲物情切,爰以皇唐顯慶四年四月十九日⑧,於大慈恩寺弘法苑,重更敷譯セリ,庶ハ諸ノ鑑徒,悟シ夷險之殊徑矣。

　　　匠シヤウ、シヤン。コレ、訓ハ、タクミナリ。⑨
　　　棠□尚反。⑩
　　　亮力尚反。信也,佐也,相也,導也,道也。⑪
　　　允惟蠢反。當也,信也,誠也,佞也,進也。
　　　兌徒外反。悦也,見也,突也。
　　　充齒戎反。足也,居也,滿也,肥也,美也,覆也,行也,寒(塞)也。⑫
　　　充瑜褊反。養也。沇字也,在水部。

---

① "遍"字《大正藏》本作"便"。
② "剿"字《大正藏》本作"勦"。
③ 左旁小字注："集也。"
④ 右旁小字注："至也。"左旁小字注："或本：拯。助也,救也,度也。""拯"旁有片假名"シヨウ",是其音讀。
⑤ "膺"字《大正藏》本作"應"。
⑥ 《大正藏》本無"故"字。
⑦ 右旁小字注："本也,跡也。"
⑧ "四月十九日"《大正藏》本作"五月日"。
⑨ シヤウ(しょう)、シヤン(しょん),皆"匠"字音讀。"コレ、訓ハ、タクミナリ"義爲"此字訓爲'たくみ(【工・巧み】)なり【也】'"。
⑩ 此反切有脫訛。
⑪ 此條至"兌"字條《名義》皆在"儿部",且音義順序皆相似,蓋所出同源。
⑫ 注文"寒"當作"塞"。《名義・儿部》："充,塞也。"茲據校改。

免靡寒（蹇）反。煞（赦）也，聞（脱）也，去也，自止也，歸也。①

父扶甫反。②

爹屠可反。上字也。

爸上字。蒲可反。遠幺（と）。③

捉トラフ。④

摩莫羅反。

攠劇二俱摩字也。在刀部。⑤

---

① 注文“寒”當作“蹇”，“煞”當作“赦”，“聞”當作“脱”。《名義·儿部》：“免，靡蹇反。攻（赦）也，脱也，去也，埽也，自止也。”《慧琳音義》卷二十七“得免”條：“《玉篇》：免，靡蹇反。赦也，脱也，解也，去也，自止也。”茲據校改。字頭右旁有“マヌカル（まぬかる【免れる】）”。

② 此條至“爸”字條《名義》在“父部”，接上“儿部”。

③ “幺”疑當作“と”。遠と（おとと【御父】）。

④ 此字及以下兩條《名義》在手部，與前幾條不相連。トラフ（とらう【捕ふ·捉ふ】）。

⑤ “刀”字原殘作“𠚼”，似是“刀”字。本書“刂部”有“劇”字。

新撰字鏡卷第十二

雜字第百五十七

六百五十三字

了力鳥反，上；畢也。

亅丁了反。懸兒。狛賢師之賦獼猴“反(了亅)”曰：以手懸兒(曰了)也，以足懸曰亅[也]。①

夷在大部。小細也。②

少書沼反，上；疋(正)少字。不多也，幼。

---

① 注文不詳。《玄應音義》卷十三“了亅”條：“又作紅，同。丁皎反。言亅懸也。趙、魏之間曰亅”。郭璞曰：了亅，懸兒也。”“獼猴”下“反”字《字鏡》作“久”，疑爲“了亅”二字之誤合。“以手懸”下“兒”字疑是“曰了”之誤，與下“以足懸曰亅”相對。此處疑是據字形解釋，“了亅”與獼猴“手懸”“足懸”動作相似。又，“狛”蓋即“こまうじ【狛氏】”。《世界大百科事典》(第2版)：“旧三方楽人の一つで奈良南都方の主流。興福寺に属した宿禰(すくね)姓の雅楽家。祖先は高句麗からの渡来人。《楽所系図》によれば大唐，高麗，新羅，百済などの舞楽師であり，大宰府庁舞師であった狛好行が祖。その後葛古，衆古を経て，冷泉天皇のとき衆行が勅によってはじめて興福寺雑掌となった。その4代の孫光高(959—1048)は左舞(さまい)の名人として家名をあげ，第1代の楽所の左方舞人をつとめ，その後の狛氏の発展の基礎を築いた。”大意言“狛氏是舊三方樂人奈良南都方的主流。興福寺所屬的宿禰姓的雅樂家，祖先是高句麗來的渡來人，始祖是‘狛好行’，之後經過‘狛葛古’‘狛衆古’，冷泉天皇時期(967—969)‘狛衆行’御賜成爲興福寺的雜掌”。本書作者昌住是平安時代前期南都法相宗的學僧，興福寺是法相宗的大本山，所屬時間地點吻合。“狛賢師”蓋是“狛好行”或“狛葛古”等前幾代狛氏族人。
② 《玉篇·大部》：“夷，明也，平也，敬也，滅也，易也，蠻夷也。”此處“小細也”所出俟考。

彖在彑部。

了乚又作㣺。丁皎反。了乚,猶懸皃。①

孚疋于反。疾也,行也,養也,信也,生也。音字。②

采上古文。

阜𨹸埠三形同。浮久反。小陵曰丘,无名(石)曰阜。在阝部。③

叓乃孝反。猥也。

中正至(致)隆反,平;忠也,裏也,均也,宜,堪也。又陟仲反,去;成也,當也,得也,和也,半也,應也,望。④

串貫、攛、慣、悹四形同。公患反。習也。

半中也。

夾古洽反。取也,持也,輔也。

丁當也,强也,成也,壯也,停也。

黎礼伊反。衆。⑤

棃二同。

元善也,始也。

䵔補丹反。部也,類。

分分二形作。半也,隔也,賦也,別也,限域也,職善也,与也,予也,散也,列也。

于〔干〕字音。於也,曰也,求也。⑥

干〔于〕〔千〕古寒反。扞也,城也,觸也,看也,煩也,犯也,得也,曰也,數也。⑦

𩇕地點反。門鍵曰𩇕。櫏同。⑧

奚胡雞反。何也。

允弋准反。當也,信也,識(誠)也,佞也。⑨

屯屯二形作。聚也,陳也。

肺肺二形同。符發反。春也。

---

① 注文異體即"乚"字加"糹"旁,猶"了"字又作"紅"。《玄應音義》卷十三"了乚"條:"又作紅,同。丁皎反。言乚懸也。趙、魏之間曰乚。郭璞曰:了乚,懸皃也。"

② "音字"不詳,疑"孚"與"字"形近相混。

③ 注文"名"當作"石"。《廣雅·釋邱》:"無石曰阜。"茲據校改。

④ "正至"原倒,注文"至"當作"致"。《名義·丨部》:"中,致隆反。"茲據乙改。

⑤ 礼伊(れい)反。

⑥ "于"與"字"皆音"う"。注文"求也"爲"干"字義。

⑦ 注文"煩也"疑是"汙"字義。《詩·周南·葛覃》:"薄汙我私。"毛傳:"汙,煩也。""曰也"當是"于"字義,參見上條。"看也"不詳。"數也"疑是"千"字義。

⑧ 《玄應音義》卷十五"戶𩇕"條:"地點反。《通俗文》:門鍵曰𩇕。《蒼頡篇》作櫏。櫏,持也。"

⑨ 注文"識"當作"誠"。《爾雅·釋詁上》:"允,誠也。"茲據校改。

舀伯二形作。也(弌)紹反。舋，舀也。舀，抒也。①

暘 咷暘二形同。徒郎(朗)反。舂也，治米也。志良久。②

蘇 蘇二同。桑音。鼓机(柉)也。③

斐敷尾反，平；文章皃。④

㛍嬲同。奴了反。擾戲弄也，惱也。

為 爲二形作。平；作也，使也，有也，治也，敷也，因也，施也，成，助也，行也，被也，欲也。

寽上古文。

友上；親也，愛也，同志也。同門曰朋，同志曰友。

隸 隷同。力計反。猶附着，奴也，賤也，僕隸也，徒隸也，臣也，役也。豆利伊留。⑤

兆 垗二形作。見也，形也，猶機也。十万曰億，十億曰兆。

靜審也，安也，具(貞)也。靖字。慮念也，思也，謀也，治也。⑥

肴胡交反。豆實也，豆實謂菹醢也。肴者，啖也，俎也，肉也，菹也。⑦

考口老反。向(問)也，校也，成也，父也，稽也，擊也。⑧

翡(翡)扶畏反。翡，赤也。⑨

翠曰(且)醉反，去；翠，青也，青雀羽也。⑩

棘又作蕀。居掬反。宇波良。⑪

歐摑、擢二字同。九縛反。鳥之物啄食。⑫

蠲古玄反。潔也，明也，除也。

函胡䏌反，平；鎧也，容也，含也。

幽一乱(蚴)反。微也，深也。⑬

---

① 注文"也"當作"弌"。《玄應音義》卷十九"舀漏"條："弌紹反。舋，舀也。舀，抒也。"茲據校改。

② 注文"郎"當作"朗"。《廣韻·蕩韻》："暘，徒朗切。"茲據校改。志良久（しらぐ【精ぐ】）。

③ 注文"机"當作"柉"。《玄應音義》卷二十四"鼓蘇"條："《埤蒼》：鼓柉也。"《廣雅·釋器》："鼓蘇謂之柉。"茲據校改。

④ "斐"字有平、上二音，此處"敷尾反"應爲上聲。

⑤ 豆利伊留（つりいる）。

⑥ 注文"具"當作"貞"。《名義·青部》："靜，貞也。"《詩·邶風·靜女》："靜女其姝。"毛傳："靜，貞靜也。"茲據校改。

⑦ 《詩·小雅·賓之初筵》："殽核維旅。"毛傳："殽，豆實也。"鄭玄注："豆實，菹醢也。"

⑧ 注文"向"當作"問"。《廣雅·釋詁二》："考，問也。"茲據校改。

⑨ 字頭涉"翠"字而類化從"卒"。

⑩ 字頭原作"翠"。注文"曰"當作"且"。《名義·羽部》："翠，且醉反。"茲據校改。

⑪ 居掬（きょく）反。宇波良（うばら【茨·荊棘】）。

⑫ 《玄應音義》卷九"歐裂"條："檢諸字書無如此字。案字義宜作擢，居碧、九縛二反。《説文》：爪持也。《禮記》：鷙蟲攫搏也。"《説文·手部》："擢，爪持也。"《説文·手部》："攫，扟也。""攫""擢"二字同。"物"字疑當作"喙"。

⑬ 注文"乱"當作"蚴"。《廣韻·幽韻》："幽，於蚴切。"茲據校改。

凵曲古文。

凹容、窅,二同。侯扶(烏狹)、於洽二反。久保无。①

朅丘列反。來也,去也,武皃。

亅知衛反。鈎識也。

乁以支反。流也,流而變異徙動也。移字。

帥囗(山)密反。將帥也,領也。又作衛。所律反。主帥也。借所類反,去;上明也。②

師 上字。

兕兕㕙兜三(四)字同。徐里反。似牛也。蒼黑色也。一角,青色,重千斤也。③

紫觜唦三字同。觜委、子累二反。鳥喙也。④

叜叟二同。傁、㛮,又二同。蘇后反,上;灾也,長老也。⑤

丿普析反。右戾也。

乀敷物反。古(左)戾也。⑥

丨思戒(貳)、他外二反。上下通也。⑦

丁(亅)居月反。鈎逆者也。⑧

已〔巳〕正徐理反,上;反(又)容耳反,上;止也,猶太也。又余上(止)反。畢也,託(訖)也,瘉也,成也,其(甚)也,棄也,決竟也。⑨

己居喜反。身也,出也。⑩

巳祥里反,上;辰巳也。

師所溢反。衆也,人也,衆多意也,明也,法也,傅也,依也。從自。二千一(五)百人也。⑪

---

① 注文"侯扶"當作"烏狹"。《玄應音義》卷十八"則凹"條:"烏狹反。"茲據校改。久保无(くぼむ【凹む・窪む】)。

② 《廣韻·質韻》:"帥,所律切。"《原本玉篇·率部》:"率,山律反。"殘字作"丶",暫補作"山"。"山密反"與"所律切"音同。

③ 《玄應音義》卷十七"虎兕"條:"又作㕙、兜二形,同。徐里反。《山海經》:兕狀如牛,蒼黑色。《爾雅》:兕似牛。郭璞曰:一角,青色,重千斤。《說文》:如野牛,青色,象形也。"此有四形,"三"當作"四"。

④ "觜委"原倒。《廣韻·紙韻》:"觜,即委切。""觜委反"與"即委切"音同。茲據乙正。

⑤ 《玄應音義》卷十六"二叟"條:"字從灾從又。脈之大候在於寸口,老人寸口脈衰,故從又從灾。又音手。灾者,衰惡也。"

⑥ 注文"古"當作"左"。《說文·丿部》:"乀,左戾也。"茲據校改。

⑦ 注文"戒"當作"貳"。《名義·丨部》:"丨,思貳、他外二反。"茲據校改。

⑧ 字頭"丁"當作"亅"。《說文·亅部》:"亅,鈎逆者謂之亅。象形。"茲據校改。

⑨ 注文"反"當作"又","上"當作"止","託"當作"訖","其"當作"甚"。《廣韻·止韻》羊己切:"已,甚也,訖也。"茲據校改。"徐理反"爲"巳"字音。

⑩ 注文"身"下原衍一"身"字。《廣韻·止韻》:"己,身己。"茲據刪。

⑪ 注文"一"當作"五"。《說文·帀部》:"師,二千五百人爲師。"茲據校改。《名義·帀部》:"師,所飢反。"此反切下字"溢"當有誤,俟考。

[illegible]上古文。[①]

牟牟二作。亡侯反。牛鳴聲，愛也，位(倍)也。在牛部。[②]

矣爲紀反。辞也，語也，止也。

之平；是也，至，愛也，往也，問(間)也，出也，承也。[③]

也上；伯也，斯也，猶善也，所以窮止(上)成久(文)也，助也。[④]

来來二同。平；至也，及也，歸也，還也，轉也，倚(倈)也，是也，勤也。[⑤]

比上；校也，近也，吉也，輔也，親也，密也，櫛，輩也，例也，併也，備也。四聲。□一反，入；次也。[⑥]

出入；生也，去也，見也，進也，姉妹子曰出。又尺[季]反，去；違(遠)也，行也，往也，猶除也。[⑦]

幾居祈反，平；微也，甚也，危也。居豈反，上；謂相通，近也。

先平；前也，導也，早也，前進也，始也。先後，猶左右也。

易正余尺反，入；象也，像也，换也，直也，奪也，天也，轉也。借以致(豉)反，去；問(簡)也，侻也，輕也。從日，從勿。[⑧]

昜余章反。

夫平；男子也，扶也。又作䖜。凡也，彼也，語助也。

麗[illegible]、[illegible]、[illegible]、[illegible]，四形同，但下三作未詳。正路帝反，去；偶也。[illegible]，施也。借力支、力尊二反，平；又力氏反，上。[⑨]

號正明(胡)高反。歌也，哭也，呼也。借胡到反，去；[⑩]

---

① 此形當是《説文》"師"字古文"[illegible]"的訛變。

② 注文"位"當作"倍"。《名義·牛部》："牟，倍也。"玆據校改。

③ 注文"問"當作"間"。《爾雅·釋詁下》："之，間也。"玆據校改。"愛也，承也"不詳。

④ 注文"止"當作"上"，"久"當作"文"。《玉篇·〈部》："也，所以窮上成文也。"玆據校改。"助也"蓋指"語助詞"。"伯也，猶善也"不詳。

⑤ 注文"倚"當作"倈"。《集韻·之韻》："來，或作倈。"玆據校改。

⑥《廣韻·質韻》："比，毗必切。"此處"一"上奪反切上字。《全王·至韻》："比，有四音。"此處"四聲"即"四音"。

⑦ 注文"尺"下奪"季"字，"違也"下原衍"去又上違也"五字，"違"當作"遠"。《名義·出部》："出，尺述反。去也，見也，作也，進也，遠也。尺也，季反。""尺也，季反"吕浩校："當作尺季反。"《廣韻·至韻》音"尺類切"，季、類皆去聲字，此暫據《名義》。"違也"當是"遠也"之誤。玆據補刪改。

⑧ 注文"致"當作"豉"，"問"當作"簡"。《廣韻·寘韻》以豉切："易，簡易也。"玆據校改。

⑨《名義》古文作"[illegible]""[illegible]""[illegible]"，此處原作"[illegible]""[illegible]""[illegible]""[illegible]"，皆奪半邊，據補。"[illegible]"即"丽""[illegible]"之合。"[illegible]"當是"丽"字之變，"[illegible]"即"丽"，"[illegible]"即"[illegible]"。"力尊反"疑誤。字頭右旁注"ツク"。

⑩ 注文"明"當作"胡"，"呼"上原有"胡"字。《名義·号部》："號，胡高反。""胡"字蓋是因改正"明"字而誤衍於"呼"字之上。玆據改刪。

聚叢二同。正從主反,上;共也,會也,斂也,眾,積也。借從句反,去;居也,避,落也。①

焉正於乾反,平;安也,疑也,豈也,何也。核乾反,平。

巨亡二作,平;无良反。滅也,逃也,[亡]命,避也,喪棄也,失也,死也,无也,莫也。

卝〔丱〕正侯猛反,上;令(金)玉未成器也。亦作鑛、礦,二同。借古患反,去;幼推(稚)也。捴角之丱,童子未笄,結髮丱然之時。②

正**正**平;長也,聽也,定也,上(止)也,忌也,政也,平也。③

冉齒陵反,平;犀也。今爲稱字。好也,鈴(銓)也,足,度也。④

槀正胡角反,入;夏有水、冬无水曰槀。借胡巧反,上。

卬正魚兩反,上;又魚亮反,去;高也。"小國之巧(卬)大國,若百穀之卬[膏雨焉]"。望也,持(恃)也,向也。爲仰字。"卬卬,君德"。"[卬卬]若千里之駒"也。⑤

冘楚良反。傷。飻字。

劍居欠反。兩刃也,丘(兵)也。⑥

孖正子辝反,平;滋字。孖,雙生也。

腈正倉移反,平;人子腹(腸)也。又爲腈(背)、芈。今或以爲"掩骼埋腈"之"腈"。今脊字。借余賜反,去;殘骨,骨有肉也,死禽獸將腐之名。⑦

垂正是規反,平;明正(示)也,從上示下。字爲"陲"字,今俗以"垂"通用之也。借時恚反,去;猶幾也,低也。在垂(缶)部。⑧

厶正相咨反,平;姦牙氏(衷)。昔倉頡造字,自營爲厶。今並爲私字,今以此字。借之舩反,平;義与某甲之某。⑨

---

① 二字音不同,蓋因"叢"字又作"藂",且二字義近而合爲一條。此處音義皆"聚"字音義。"避"字不詳。
② 注文"令"當作"金","推"當作"稚"。《廣韻·梗韻》:"卝,金玉未成器也。"《廣韻·諫韻》:"丱,鬠角也,幼稚也。"茲據校改。
③ 注文"上"當作"止"。《名義·正部》:"正,止也。"《詩·邶風·終風序》:"見侮慢而不能正也。"鄭玄注:"正,猶止也。"茲據校改。《名義·正部》:"正,長,聽也,定也,止也,善也,政也,君也,平也。"注文"忌"字疑是"善"字草書之誤。
④ 注文"鈴"當作"銓"。《廣韻·證韻》:"稱,銓也。"茲據校改。
⑤ 注文"巧"當作"卬","卬"下奪"膏雨焉"三字,"持"當作"恃"。《左傳·襄公十九年》:"小國之仰大國也,如百穀之仰膏雨焉。"《廣雅·釋詁三》:"仰,恃也。"茲據改補。《爾雅·釋訓》:"顒顒、卬卬,君之德也。"《楚辭·卜居》:"寧昂昂若千里之駒乎。"
⑥ 注文"丘"當作"兵"。《説文·刃部》:"劍,人所帶兵也。"茲據校改。
⑦ 注文"腹"當作"腸"。《廣韻·支韻》:"腈,人子腸名。"《名義·肉部》:"腈,人子腸也。"茲據校改。注文"腈"字與字頭同,疑當作"背"。
⑧ 注文"正"當作"示","垂"當作"缶"。《廣韻·至韻》:"示,垂示。"本書缶部有"垂"字。茲據校改。
⑨ 注文"牙氏"當作"衷"。《説文·厶部》:"厶,姦衷也。韓非曰:蒼頡作字,自營爲厶。"茲據校改。"之舩反"爲"專"字,蓋與"叀"或"玄"字相混。"今以此字"蓋指"今以私字行",此或奪"行"字。"義与某甲之某"蓋指"義与某甲之某同",此或奪"同"字。

才正在來反，平；材也，草木之初生也，初始也。爲哉字，義同。又材字。挺也，用也，質也，材藝也，力也，木也，道也。

克口勒反。肩也，膝(勝)也，能也，成也，交錯也。①

𣆥 戸梟三上古文。

兢正冀隆(澄)反，平；慎也，危也，懼也。借渠陵〔反〕，平；矜字同。②

齂女提反，平；有骨醢也。保祢比志保。③

艮古□(恨)反，去；止也。④

遰笞溢(緝)反，去；翮也，強羽也。⑤

𤜹𤜹𤜹𤜹 四形同。整忍反，上；天(咲)也。安佐和良不。⑥

母〔毋〕王員反，上；正莫后反。父母也，收(牧)也，莫也，止也。莫，毋也。從女，象懷子形也。本也，模也，象也，无也。今爲无字。⑦

毋王(亡)烏反，平；止也。⑧

止𣥠 二同作。止息也，禁也，小也，至也，足也，獲也，住也，留也，静也。

祜(䰗)古孚反，平；巫名，在雲陽。

嫠力之反，平；寡也，理也。〔也〕毛女，又乎佐无。⑨

婁〔屢〕力侯反，平；曳也，連也。親暱也，巫也，又數也。從女，在女部。⑩

乍士夏反，去；急(忽)也，暫也，止也。⑪

公古同反。君也，常也，共也，止(正)也，方平也，久(父)也。⑫

唊下甲反。相着。

扶方滿反，上；并行皃。

---

① 注文"膝"當作"勝"。《廣韻·德韻》："克，勝也。"茲據校改。

② 注文"隆"當作"澄"。《名義·兄部》："兢，冀澄反。"茲據校改。

③ 保祢比志保(ほねひしお【骨醬】)。

④ 反切下字殘。《廣韻·恨韻》："艮，古恨切。"《名義·匕部》："艮，古恨反。"茲據校補。

⑤ 注文"溢"當作"緝"。《廣韻·眞韻》："遰，施智切。""緝"是眞韻字。茲據校改。

⑥ 注文"天"當作"咲"。《名義·單部》："𤜹，〔𤜹〕然，咲皃。"茲據校改。安佐和良不(あざわらう【嘲笑う】)。

⑦ 注文"收"當作"牧"。《説文·女部》："母，牧也。"茲據校改。"王員反"不詳，或當是"亡負反"。

⑧ 注文"王"當作"亡"。《廣韻·虞韻》："毋，武夫切。""武"與"亡"是明母字。茲據校改。

⑨ 和訓"毛"上奪"也"字，也毛女(やもめ【寡・寡婦・孀・鰥・鰥夫】)，又乎佐无(おさむ【治む・修む・納む・收む】)。

⑩ 《玄應音義》卷五"親暱"條："又作昵，同。昵，巫也。親昵亦數也。""婁"同"屢"，故訓有"巫也，又數也"，故此處云"親暱也"。

⑪ 注文"急"疑當作"忽"。《王一》《全王·禡韻》："乍，忽。"茲據校改。

⑫ 注文"止"當作"正"，"久"當作"父"。《廣韻·東韻》："公，父也，正也。"茲據校改。

萁口之反,平;疾盡也。①

暢勑悵反,去;達也,充也,舒也,明也,释也,通也。②

棟以信反,去;小皷在大皷上。又与晉反。

夏胡駕反,上;大也,假也。③

平量也,易也,大也,定也。

兀抝音。書也。已知反。④

叛薄旦反。逃也,乱也,雜(離)也,半也,背也。⑤

丁竹篤反,入;大步曰亍,小步曰彳也。

卞弁二同。皮變反。躁也,發也。

彡山銜、山廉二反。毛末也,毛長也,毛垂也。

多衆也,重也,大也,𩿨也,繁也,足也。

夗上古文。

畢賓一反。罔也,竟也,猶背(皆)也。⑥

所處也,居也,舍也,得也。"伐木所所",伐木聲。

所阤二上字。

當都郎反,平。

學巷角反。識。

以用也,与也,爲也,象也。

目上字。

勿無也,非也。

入納也,内也。證也,悟也。⑦

世𠀡世芑三(四)形作。去;卅年爲世,又父子相代曰世。⑧

能能𦝪三形作,下古文。多伎藝也,住(任)也,善巧。⑨

希平;少也,止也,等也,疏也,望也,施,散。

---

① 字頭疑是"萁"字。"口之反"疑是"萁"字倭音"き"。"萁"通"極","極"又通"亟"。《玉篇·木部》:"極,盡也。"《廣韻·職韻》:"亟,急也,疾也。"

② 注文"充"上原有重文符。《名義·申部》:"暢,長也,充也,通也,達也。"兹據刪。"释"字俟考,本書"釋"字皆作"釋"。

③ "夏"字有上、去二音,此音爲去聲。

④ 此條不詳。

⑤ 注文"雜"當作"離"。《玉篇·半部》:"叛,離也。"兹據校改。

⑥ 注文"背"當作"皆"。《名義·苹部》:"畢,皆也。"《儀禮·士昏禮》:"從者畢玄端。"鄭玄注:"畢,猶皆也。"兹據校改。

⑦ 《中觀論疏》卷八:"云何入者,入是悟也、證也。"

⑧ 注文"三"當作"四"。

⑨ 注文"住"當作"任"。《廣雅·釋詁二》:"能,任也。"兹據校改。

尊哉昆反,平;敬也,高也,重也。

及与也,至也,逮也,連也。

非違也,謗也,責也,隱也。

未味也,昧也。

屮 此二形作。是也,止也。

下底也,賤也,近也,落。

周密也,備也,迴也,至也,歷也,孔也,流也,流。

者豈也,物也。

可猶所也,止也,肯。

必分極也,累也,然也,果也,粆。

疑 疑二作同。迷。①

受領也,取也,容納也,得也,承也,継也,盛也。

受下(丁)報反,去;姓,出□□(河內)。②

事歸也,立也,爲也,職也,勤也。

叓上古文。

老朽也,壽也。

臣膳(繕)也,掌也,堅也,土(士)事也,官也。從下,從一。③

丈以八尺爲一丈。人長八尺,故曰丈夫。

巧伎也,善也,勤也。

失縱也,誤也,過,忌(忘)也,□。④

由由甾由四形作。用也,如也,助也,自也,若也,從也,於也,輔也,式也,行也,經歷也,因也。⑤

毐於來、虛其二反。娛(娭)古文。人无形也。"娛(娭),戲"云云。⑥

毒胡圭反。姓。

毒豆沃反。厚也,螫也,害也,煞也,增(憎)也,痛也,惡也,傷。⑦

---

① 字頭右旁注"ツク"。
② 注文"下"當作"丁","出"下兩字殘。《玉篇·丈部》:"受,丁報切。"《廣韻·号韻》都導切:"受,姓也,出河內。"兹據改補。
③ 注文"膳"當作"繕","土"當作"士"。《廣雅·釋言》《名義·臣部》:"臣,繕也。"《玉篇·臣部》:"臣,孔子曰:仕於公曰臣,仕於家曰僕。"兹據校改。
④ 注文"忌"當作"忘"。《王一·質韻》:"失,遺忘。"兹據校改。
⑤ "由"爲《說文》"甾"字古文"**屮**"之隸定,"由"爲"甾"字篆文"**屮**"之隸定,此處誤將"由甾由"與"由"字相混,故言"四形作"。
⑥ 注文"娛"當作"娭"。《玉篇·毋部》:"毐,古娭字。"《說文·女部》:"娭,戲也。"《廣韻·之韻》:"娭,許其切。""許其切"與"虛其反"音同。兹據校改。"云云"指"娭"字訓"戲"。
⑦ 注文"增"當作"憎"。《廣韻·沃韻》:"毒,憎也。"兹據校改。

歸㛀皈三形同。歸家也，女嫁也。①

末无，木上也。

形現也，常也，彰也。

曲[㠯]二形作。[不]直也，枉也，事也，巧，歛也。②

囘又上字。

㘳㪍高反。器古文。③

乃往也，汝也，迺，上古文。

亂乿二同。治也，理也，正絕曰乿。④

爪莊卯反。紹也。

叓㕚同。傳(縛)也。⑤

最要也。從日。⑥

甚甚尤也，劇也，孔也。

㞧思踐反。寡也，少也，明也，滋。

久長也，遠也。

永永遠也，長也，遁也，引也，離也。

每亡背反，上；又亡飛反。雛也，到也，非一也，調也，數也，屢也。

孔間也，穴也，甚也。

乳如庾反。生也，字也。凡孔与乳二字同從乙。

吏里記反。理也，治事。

民眠也，冥也，謂无所知也。

内裏也，静也。

執之十反。持也，操也，操捉也。

甲孚也，孚甲也，擾也，狎也，頭也，習也，住。

乙屈也，軋也，物抽軋也。

丙物生炳著也，炳也，明也。⑦

壬任也，䏻(能)也，物懷任也。⑧

子愛也，慈也，孚也，牧也，滋也，陽氣始也，慈子萌也，兒也，息。

---

① 字頭"㛀"字右旁注"ヨル"。

② 注文"直"上奪"不"字。《名義·曲部》："曲，不直。"兹據校補。

③ 《廣韻·豪韻》："㘳，古器。"此"器古文"蓋是對"古器"的誤解。

④ 《詩·大雅·公劉》："涉渭爲亂。"毛傳："正絕流曰亂。"

⑤ 注文"傳"當作"縛"。《説文·申部》："叓，束縛捽㧗爲叓。"兹據校改。

⑥ 《説文·冃部》："最，犯而取也。从冃、从取。"此字正體當從"冃"。

⑦ 《釋名·釋天》："丙，炳也。物生炳然，皆著見也。"

⑧ 注文"䏻"疑即"能"字。《莊子·秋水》"任士之所勞。"陸德明釋文引李云："任，能也。"本書上文"能"字有異體"𦝠"。

丑抽也,細(紐)也,紐繫也。①

辰震也,晨也,伸舒,辰星同。

午口户反。忤也,尊[也],陰氣与陽氣相忤也。②

申尸仁反,平;呻也,申(伸)也,重也,狆(神)也,引也。③

亥下改反。咳也。捄(核)也,收藏乃(万)物,捄(核)取其好惡也。核也,閡也。④

東柬二形作。平;南北曰縱,東西曰橫。在木中日。東,動也,万物發動,陽道也。⑤

𣐬上古文。

南奴含反,平;任也,万物懷任也,離也,舞也。⑥

𡴭𡴭𡴭三形,上古文。

西平;齊也。

卥上古文。

北乖也。

北上古文。

备皮秘反。俻字。具也。

券券字。契也。

兩兩二形作。禍(耦)也,匹也,再也。⑦

弱如灼反。柔、耎,弱也。或爲惄。憂也,思也。⑧

卒卒卆三形同。之骨反。暴也,終也。

忽所㕰反。不滑也,忽,咆也,難也,吻。⑨

澀𣥏二形,上字。

麁七姑反。行超遠也,主(土)也,麁不細也。⑩

---

① 注文"細"當作"紐"。《説文·丑部》:"丑,紐也。"茲據校改。

② "口户反"爲倭音"ご"。"也"字據《字鏡》補。《集韻·莫韻》:"悟,《説文》:'逆也。'或作忤、午、啎。"
《集韻·鐸韻》:"尊,華跗。或从壾。通作鄂。"

③ 注文"申"當作"伸","狆"當作"神"。《廣韻·真部》:"申,伸也。"《説文·申部》:"申,神也。"茲據
校改。

④ 注文"捄"當作"核","乃"當作"万"。《釋名·釋天》:"亥,核也。收藏百物,核取其好惡真僞也。"
段注引作"收藏萬物",此字形"乃"與"万"字相似,當是也。此下"東""南"二條注皆云"万物"。
《釋名》作"百物"者儘"亥"一處,其餘皆爲"萬物"。如釋天:"夏,假也,寬假萬物使生長也。"
"土,吐也,能吐生萬物也。""甲,孚也,萬物解孚甲而生也。"疑今本《釋名》誤。茲據校改。

⑤ 《説文·東部》:"東,動也。从木。官溥説:从日在木中。"

⑥ "奴"上原有"好"字。《名義·市部》:"南,奴含反。"茲據刪。

⑦ 注文"禍"當作"耦"。《玉篇·兩部》:"兩,又匹耦也。"茲據校改。

⑧ 《廣雅·釋詁一》:"柔、耎,弱也。"

⑨ 反切下字不詳。注文"咆"或"吻"不詳,當有一是"吃"字之誤。《廣雅·釋詁二》:"澀,吃也。"

⑩ 注文"主"當作"土"。《説文·麤部》:"麤,鹿行揚土也。""麁"同"麤"。茲據校改。

用去;可施行也。字從卜、從中。言卜中通理,可施而用之也。

表方矯反,上;明也,衣外也,持(特)也,外也,書也。①

飛匪肥反,平;颺也,揚也。

肅肅肅三形作。思六反。進,速也,敬也,巖也,聲。

睪羊石反。生也,樂也,継也。

嘏□二形作。古雅反。大也,福也,□(受)福也,固也。②

甫方主反。我也,大也,始也,博也,傅也。

曰粵二同。于月反。詞也,豈也,語也,於也。

夥諾何反,平;多也。

在在二形作。存也,察也。与坐字同。坐字也。止也,在也,見也,居也。從土。③

書形也,著也,傷也。④

詹之廉反,平;至也,輔太子官名。

弗分勿反。治,又不也。

䝸所(胡)角反。肥澤也。⑤

霸博駕反,去;把也,把王者政也,主也,王也。

脆居委反,上;則(刖)一足也。⑥

尳午忽反,入;阢陧,不安。

厄〔危〕紙兒反。高也,殆。⑦

縓牛結反。不安也。

夥付牛反,平;多也。

瘇甄同。都貢反,去;滙(湩)也,乳汁也。⑧

禺語俱反,平;[禺]中,時也。縣名。⑨

禺(薥)一作禺。扶沸反,去;獸名。⑩

———————————

① 注文"持"當作"特"。《廣雅·釋言》:"表,特也。"茲據校改。

② 注文後一"福"的上一字殘,剩"又"旁。《詩·周頌·我將》:"伊嘏文王。"鄭玄注:"嘏,受福也。"茲據校補。

③ "在"與"坐"字非異體,此蓋訛混。

④ 注文"傷也"不詳。

⑤ 注文"所"當作"胡"。《名義·羽部》:"䝸,胡角反。"茲據校改。

⑥ 注文"則"當作"刖"。《廣韻·紙韻》:"脆,刖一足。"茲據校改。

⑦ "紙兒反"爲"厄"字音,"高也,殆"爲"危"字釋義。

⑧ 注文"滙"當作"湩"。《可洪音義》第八册《摩訶摩耶經》音義:"乳甄,都弄反。乳汁也。正作湩也。"《集韻·用韻》:"湩,或從乳,亦省。"茲據校改。

⑨ 《集韻·虞韻》:"禺,日在巳曰禺中。"《廣韻·虞韻》:"禺,番禺縣,在南海。"

⑩ 字頭及異體皆作"禺",當有一誤。《廣韻·未韻》:"薥,獸名。禺、沸,並上同。"疑字頭當作"薥"。又"禺"爲"薥"的俗字。

椵胡加反,平;日朝赤氣。

艵秩字。徒悉反,入;爵之次也。

醢䘓二形同。口甘(紺)反,去;醢和向(血)也。向(血)字。①

耇古厚反。黃也。耇者甚老,髮色黃也,久王(更生)黃也,則九十曰耇。②

堨烏末反,入;壅也。壅者,遮也,塞。

㾜下對反,去;㾜也,馬疢(病)也。③

䬐杜回反,平;暴風也,无髮也。

嚳嚳二形同。苦沃反,入;帝名。一作俈,急也。

馦許兼反,平;香氣。

爰王元反,平;曰也,姓也,易也,于也,引也,驗也,哀也。

爬又作抱(把)。蒲巴反,平;搔也。④

邕邕二同。於容反,平;和也,載也。

妎古拜反,去;大也。

存俎(徂)魂反,平;省也,存(在)也,蜜(察)也,恤問。⑤

乑公爻反,平;太乇投從子分也。⑥

堯堯二形作。牛要反,平;伊祁氏,古聖帝也。

敲苦交反。打也。

乑〔乑〕公懷、時規二反,平;背呂也,"脊中短小而續骨"是也。又草木華葉也。⑦

帀麗古文,在上。

夥丁(下)火反,上;多也。⑧

協下夾反,入;劦也,同心,和也。

䂀丁罪反,上;垂兒。

左左右,助也;左右,道也,教導也;左右,亮也。

① 注文"甘"當作"紺","向"當作"血"。《廣韻·勘韻》苦紺切:"䘓,凝血。"茲據校改。但"䘓"與"血"非異體,俟考。

② 注文"久王"當作"更生"。《爾雅·釋詁上》:"黃髮、齯齒、鮐背、耇、老,壽也。"郭璞注:"黃髮,髮落更生黃者。"

③ 注文"疢"當作"病"。《玉篇·九部》:"㾜,馬病。"茲據校改。

④ 注文"抱"當作"把"。《廣韻·麻韻》:"爬,或作把。"茲據校改。

⑤ 注文"俎"當作"徂","存"當作"在","蜜"當作"察"。《名義·子部》:"存,徂魂反。省也,在也,察也,恤問。"茲據校改。

⑥ 此條俟考。字頭疑即"孝"或"孛"字。

⑦ "公懷反。背呂也,'脊中短小而續骨'是也"爲"乑(乖)"字音義,"時規反。草木華葉也"爲"乑(垂)"字音義。

⑧ 字頭原作"夥",注文"丁"當作"下"。《廣韻·果韻》胡果切:"夥,楚人云多也。""下"與"胡"皆匣母字。茲據校改。

ナ上字。

兮户笄反,平;語止也,語助也。

詸不勿反,入;䟷(拂)音也。①

毓(轤)力留反,平;轆也。②

毓育字同。餘捝(税)反。長也,育也,生也,盛也,覆,稚也。③

巟火光反,平;水廣大。

川同。上緣反,平;水流相貫澤也。

巜口村反。坤字同。慎也。④

帶帝音。行也,約束也,飾也,着也,行用也,歷也。⑤

舉行也,上也,立也,言也,收也,開也,告也,納也。

九凡二作。輕也,舊也。

(㲻)力徹反。水流也,叙也。又列字。位也,陳也,班也。⑥

𠛱上字。

巛子來反。巛害也,天變時灾也,傷也。災字同。

𢦔戰字古文,在戈部。

壬他井反,上;善也。

□(㓁)□(网)字,在网部。⑦

𡈼古藏反。施監(濫)也,貪也,近求也。⑧

望无放反,平,又去;亦朢,古文,字從壬。

望无房反,平;下弦也。

□㓜幼〔幺〕三形作。於條反,平;小也。字從幺,從力。⑨

幺□(乙)梱(稠)反。微小也。⑩

---

① "䟷"字不詳,疑當作"拂",草書形誤。《集韻·勿韻》"詸"與"拂"皆音"敷勿切"。

② 字頭"毓"當作"轤"。《廣韻·模韻》落胡切:"轤,轆轤,圓轉木也。"《廣韻·屋韻》:"轆,轆轤,圓轉也。或作樚。轆,上同。"此字頭涉下條字頭誤。茲據校改。

③ 注文"捝"当作"税"。《名義·𠫓部》:"育,餘税反。毓,上字。"茲據校改。

④《易·説卦》:"坤,順也。"此"慎"通"順"。

⑤ "帶"與"帝"皆音"たい"。

⑥ 字頭原當是二"㲻"字誤合。《説文·巜部》:"㲻,水流㲻㲻也。"

⑦ 字頭及注文據《字鏡·一篇》補。

⑧ 注文"監"當作"濫"。《玉篇·壬部》:"𡈼,濫貪也。"茲據校改。《廣韻·侵韻》:"𡈼,餘針切。"《名義·壬部》:"𡈼,余箴反。"此"古藏反"不詳,疑當從《名義》。

⑨ "於條反,平"爲"幺"字注音。《廣韻·幼韻》:"幼,伊謬切。"

⑩ 反切上字殘,注文"梱"當作"稠"。《名義·幺部》:"幺,於稠反。"《名義》部首表作"乙稠反",此殘字作"",當是"乙"字。茲據補改。

纕纀二形。奴動反。絁纀也，大而盛多也，多也，人語過度□（妄）語也。[1]

絁於孔反。多也。

夠苦侯反。多也。

彄下（丁）條反。周字。大也，多也。[2]

㹞苦回反。大也。胈（恢）字。[3]

姟口才反。多也，大也。

狔恥支反。螭也，无角龍。

聿以出反。遂也，循也，自也，曰也，立也，辞也。[4]

隶徒載反。逮字。

隷徒改反。迨字。待及也。

隸力計反。附着也。隸字。僕役也。

凶許容反，平；惡也。

詾匹江反，平；鼓聲。

兒兒二形作。汝移反，平；人好，又子。

罙武移反，平；深入。

兹子之反，平；滋字。

兹子之反，平；息也。

无無同字。平；非有也。上古作，下今作。間也，言也。毋字。

乎屌都反，平；語助也。

甹薄恢反，平；鄉名。

灛乿二形作。力珍反，平；水在石間。

猭七旬反，平；東郭猭，古狡兔。

貐諾何反，平；獸名。

牲踈臻反，平；先（㽱），衆多兒。[5]

㽱上字。踈臻反，平；進。

袁韋元反，平。

丹肜二形。丹古文，在丹部。

开开二形作，同。古賢反，平；羌別種，又夲（平）也。[6]

年奴田反，平。

---

① 注文"度"下一字殘。《方言》卷十："纕，賑多也。凡人語言過度及妄施行亦謂之纕。"茲據校補。

② 注文"下"當作"丁"。《名義·多部》："彄，丁條反。"茲據校改。

③ 注文"胈"疑當作"恢"。《集韻·灰韻》："恢，《説文》：大也。謂志大也。或作㹞。"茲據校改。

④ 此條原接在上條"狔"字注文之後，此處另立一條。

⑤ 注文"先"當作"㽱"，參見下條字頭。

⑥ 注文"夲"當作"平"。《説文·开部》："开，平也。"茲據校改。

歪坙二上同字。

𪔀𡗦二上古文。

翏𦒀二同。落蕭反，平；高飛皃。

巴伯加反，平。

覃徒含反，平；及也。

甘平。

良平。

更叓二形同。代也，重也，改也，造也。

彭薄庚反。道也，多皃，四馬皃。

兄平。

甥生音。

氏承紙反，又子盈反。縣名。

氐都礼、時尒二反，平。

甹普丁反，平；[甹]夆，掣曳。

不平；弗也，无也，否也。

丕上古文。

升矙丞反，平；成也，躋也，短也。

史疎士反，上；文多而質少也。

嚛匹鄙反，上；大也。

与余吕反，上；賜也，許。

予上古字。翼諸反，上；我也。余，同字。

𠄔下了反，上；相誰（詿）也。①

巨其吕反。大也，規矩也。

𠨞上古文。

禹于矩反。虫也，舒也，帝名。

尹余准反。正也，治也。

𢁇上古文。②

反覆也，本也。返同。

辰又上字。

勺（勺）時灼反。挹取也，科𣀇𢽠。③

珽知演、視戰二反，上；極巧視之。

---

① 注文"誰"當作"詿"。《廣韻·篠韻》："𠄔，《脩續譜》云：相詿也。《玉篇》音患。"《玉篇·予部》："𠄔，胡慢切。相詐（詿）惑也。从倒予。今作幻。"茲據校改。
② 字頭即《説文》"尹"字古文"𢁇"之訛變。
③ 注文末二字不詳。

考苦浩[反],上。

孝呼教反,上;就也,譽也,究也。

凸古兀(瓦)反,上;剔宍置骨。①

㘲昜二同。常(堂)朗反,上;治米器。②

秉丘(兵)永反,上;持也,操也,把也,執也。柄字。③

井子郢反,上;通□(也),□□(法也),□(除)也。④

有上;保也,藏也,又也,專也,果也,領。

臼旧〔臼〕二同。巨久反,上;又□(居)陸反。古作勹(匊)。宇須。⑤

舅巨久反,上。

夑作弄反,去;飛而斂足□(也),□□(聚也),取(冣)也。⑥

衆去;多也,三人也。

彗徐醉反,去;帚,一曰祅星。

羼又作羕。之據反,去;飛也。

□□二同。去入。⑦

耇殊遇反,去;老人行皃。

孺而遇反,去;稚。

外去。

些蘇計反,去;楚音。

曳餘制反,去。

夬古邁反,去;分決也,《易》卦名,猶決也。

愛烏代反,去;生也,惜也,傷也。

牟卂二同。息晉反。疾飛。

刃而晉、如振二反。刀堅也,四尺也。⑧

舜舒閏反,去;草也,大智也,充也,推也。

---

① 注文"兀"當作"瓦"。《廣韻·馬韻》:"凸,古瓦切。"茲據校改。

② 注文"常"當作"堂"。《切三》《裴韻》《全王·蕩韻》:"昜,堂朗反。"茲據校改。

③ 注文"丘"當作"兵"。《廣韻·梗韻》:"秉,兵永切。"茲據校改。

④ 注文"通"下殘。《名義·井部》:"井,穿地取水也,通也,法也,除也,黃帝時始穿。"茲據校補。

⑤ 注文"又"下一字殘,注文"勹"當作"匊"。《名義·臼部》:"臼,居陸反。"《玉篇·勹部》:"匊,古文作臼。"茲據補改。"臼"是"匊"字古文,此處云"古作勹(匊)",誤。宇須(うす【臼·春·碓】)。

⑥ 注文"足"下殘,注文"取"當作"冣"。《名義·夂部》:"夑,冣(冣)也,聚也。"《玉篇·夂部》:"夑,飛而斂足也,聚也,最也。"《廣韻·泰韻》:"最,俗作冣。"此處"聚"字原殘存下部筆畫作"取",疑是訛字"叢",本書二字常相混,參見上文"聚叢"條。茲據補改。

⑦ 此殘條不詳。前一字頭左旁存"上",後一字頭左旁存"正"。

⑧ 注文"四尺也"當是"仞"字釋義。《玉篇·人部》:"仞,《周書》曰:爲山九仞。孔安國曰:八尺曰仞。鄭玄曰:七尺曰仞。"《小爾雅·廣度》:"四尺謂之仞。"

夆上古文。

墼疾宜、丑吏二反，去；㑣戾。

叚叚段三形作。徒玩反，去。

雽胡光反，去（平）；華也。䓓字。①

幻古（胡）弁反，去。②

報復也，答也。

𢯳他孟反，去；邪柱。

歓陟鳩反，去；土歓。

录吕谷反。刻木。

尗叔同。式六反。季也，拾也，少也。未亦同。

束書蜀反。陳（練）也，溥（縛）也，五疋爲束。③

鬱迂勿反。少方（芳）草也，釀酒可以降神。④

兀五忽反。高皃。

凸徒浩（結）反。高起。⑤

耊徒浩（結）反。老。⑥

劣力惙反。

屮丑列反。草初生皃。

舄舄私積反。履中水（木）曰複舄也。⑦

尺八寸曰尺。

即入。

皕彼力反。迫也（二百）。⑧

晨是仁反。昧爽也。又晨字。

農農晨曟四形作，同。奴冬反。耕也，厚也。

篽竹与反。幊也。

篽上字。

①注文“去”當作“平”。“胡光反”是平聲。茲據校改。

②注文“古”當作“胡”。《廣韻·襇韻》：“幻，胡辨切。”茲據校改。

③注文“陳”當作“練”，“溥”當作“縛”。《名義·束部》：“束，練也。”《廣韻·燭韻》：“束，縛也。”茲據校改。

④注文“少方”當作“芳”。《説文·𠠤部》：“鬱，芳艸也。”茲據校改。

⑤注文“浩”當作“結”。《廣韻·屑韻》：“凸，徒結切。”茲據校改。

⑥注文“浩”當作“結”。《廣韻·屑韻》：“耊，徒結切。”茲據校改。

⑦注文“水”當作“木”。《急就篇》卷二：“履舄鞜裒緘緞紃。”顏師古注：“複底而有木者謂之舄。”茲據校改。

⑧注文“迫也”當作“二百”。《裴韻·職韻》彼力反：“逼，迫也。”《裴韻·職韻》彼力反：“皕，二百。”上田正云：“此二字誤寫小韻首字，逼字訓。”茲據校改。

耆都忝反。老人面有黑也。

孌芳圜、芳萬二反。耦也，疋也，生子齊均也。①

妸子我、子倚二反。姐字古文。

凶先恋、先晉二反。臀(腔)字。②

凶(出)上古文。③

臣翼之反。頤。

霌達留反。［霌］昔，猶前日也。發聲。④

㹏如隴反。不肖也。亦茸字。

牙。⑤

猗丘奇反。武牙也，牙不雙也。

𤘩丘禹反。齲字。

㹸丘哀反。齭字。齤牙也。⑥

乎胡故反。更也。

互上字。

彭力旦反。久(文)也，久(文)章皃。⑦

𣬈如時反。頰頂(須)也，鬚。⑧

屔乃雞反。反頂受水之丘也，頂上汙也。⑨

冂苦瑩［反］。

墥都可反。厚也，廣。

㪍古穴反。缺也。

瓵殊正(征)反。城字。城墉也。⑩

𡑭禹元反。垣字。垣庿。

𡎱都户反。堵字。堵，築反(板)。⑪

_____

① 《龍龕·雜部》：“孌，俗，芳遇反。正作嫚字。”《説文·女部》：“嫚，生子齊均也。”《廣韻·願韻》：“嫚，或作嫚。”

② 注文“腔”當作“腔”。《玉篇·凶部》：“凶，或作顖、腔。”茲據校改。

③ 字頭“凶”當作“出”。《説文·凶部》：“出，古文凶字。”茲據校改。

④ 《左傳·宣公二年》：“疇昔之羊子爲政。”杜預注：“疇昔，猶前日也。”“霌”同“疇”。

⑤ 此條注文疑脱。

⑥ 注文“齭”下原有“也”字。《名義·牙部》：“㹸，齭牙也。”《説文·齒部》：“齤，齭牙也。”茲據刪。

⑦ 注文“久”當作“文”。《名義·彡部》：“彭，文也。”《廣韻·翰韻》：“彭，粲彭，文章皃。”茲據校改。

⑧ 注文“頂”當作“須”。《玉篇·彡部》：“𣬈，頰須也。”茲據校改。

⑨ 《爾雅·釋丘》：“水潦所止，泥丘。”郭璞注：“頂上污下者。”《廣韻》《玉篇》引作“屔丘”。此處注文“汙”下疑奪“下”或“下者”。

⑩ 注文“正”當作“征”。《名義·壹部》：“瓵，殊征反。”茲據校改。

⑪ 注文“反”當作“板”。《字鏡·一篇》作“板”。《慧琳音義》卷九十二“安堵”條：“顧野王云：堵皆築牆板數也。《説文》：垣五板爲堵。”《説文·土部》：“堵，垣也。五版爲一堵。𡎱，籀文从𡔡。”茲據校改。

韗毗離反。陴字。城上女垣。

宊余斟反。□(沾)字。宊宊,行皃。①

猒徒含反。

夂竹几反。從後至。

夆公舌、胡盖二反。相鹿(遮)要害。②

夆疋恭反。牽把(拖)也,麾曳也。③

夆胡江□(反)。□□(伏也)。□(降)字。④

夊(历)公覩反。沽字。且也。⑤

屮口化反。跨步。

翏力幼反。高飛。

翼□□(山立)、山甲二反。疾飛也,便也。⑥

翚胡光反。畫羽餝也,冕属也,蒙羽舞也。

□(翚)罞二同。甫物反。竹儛所報(執)也。⑦

翌亡纓反。古舞。⑧

翆□(亡)角反。□也。⑨

翌禹俱反。宇(雩)古文。⑩

翢力鞠反。翭字。辱也,煞。

翠山甲反。毯字。懸鍾之物也。⑪

翼余職反。翅也。翼字。

飜□□(孚元)反。高飛意也。翻字。⑫

---

① 注文"反"下一字殘。《廣韻·侵韻》:"宊,行皃。沾,上同。"兹據校改。

② 注文"鹿"當作"遮"。《說文·夂部》:"夆,相遮要害也。"兹據校改。

③ 注文"把"當作"拖"。《原本玉篇·丂部》:"甹,傳曰:甹蜂,制曳也。《尔雅》亦云。郭璞曰:謂牽拖。"《爾雅·釋訓》:"甹夆,掣曳也。"郭璞注:"謂牽拕"。《廣韻·歌韻》:"拕,曳也。俗作拖。""扡"同"拕""拖",此字當是"拕"之誤。"麾"同"掣"。兹據校改。

④ "江"下殘。《玉篇·夂部》:"夆,胡江切。伏也。今作降。"兹據校補。

⑤ 字頭"夊"當作"历"。《玉篇·夊部》:"历,公覩、公乎二切。且也。……今作沽。"兹據校改。

⑥ 前一反切用字殘。《玉篇·羽部》:"翼,山立、山甲二切。"兹據校補。

⑦ 注文"報"當作"執"。《玉篇·羽部》:"罞,舞者所執也。"兹據校改。

⑧ 《說文·舛部》:"舞,樂也。翌,古文舞从羽、亡。"

⑨ 反切上字殘。《名義·羽部》:"翆,正(亡)角反。好也,蒙也。"《玉篇·羽部》:"翆,亡角、莫卜二切。思皃。一曰毛濕也。"兹據校補。注文殘,疑是"好也"。

⑩ 注文"宇"當作"雩"。《說文·雨部》:"雩,夏祭樂于赤帝以祈甘雨也。翌,或从羽。"兹據校改。

⑪ 注文"毯"字原作"𣯢",據《字鏡》作"毯"。《說文·髟部》:"鬛,髮鬛鬛也。毯,鬛或从毛。獵,或从豕。"段注:"《周禮·巾車》:翠字,故書爲毻。亦或爲甇。按毻、甇皆即毯字也,隸體多假葛爲䶷。"

⑫ 反切用字殘。《名義·飛部》:"飜,孚元反。"兹據校補。

茇孚匪、孚利二反。别也。

靠渠篤反。蚤，相違也。①

臻側陳反。至也，乃也。

銍上字。而黰、而壹二反。到也。②

銌辝遁反。子眼（明）也。③

毦而兗、如珠二反，柔違（韋）也，柔也。④

毦上同。

毵子佝反。羽獵違（韋）袴。⑤

毻人冡、仁尹二反。氈字。毛名，盛聚也。⑥

毾毾甫物反。二形同。兩己相戻也，章。

黼弗禹反。章也。

黼初張（旅）反。鮮皃，合會五采鮮皃。⑦

黺甫憤反。粉字。

黹子内反。會五保僧（綵繒）。⑧

黹上字。

求素（索）也，清（請）也，終也，用也。⑨

卩子結反。瑞信也。今節字。

卭皮筆反。輔信也，弼也。

卲充啟、傷啟二反。有大慶。⑩

<hr>

① 注文"蚤"字疑誤，《集韻》有異體"茇"。《説文・非部》："靠，相違也。"

② "壹"字《名義》作"壴"，《玉篇》作"吉"。《廣韻・質韻》："銍，人質切。""壹""吉"皆質韻字，"壹"與"壴"相似，蓋原當作"壹"。"壴"爲遇韻字，非是。

③ 注文"眼"當作"明"。《廣韻・恩韻》："銌，人名，魏時張銌。"《三國志・魏書》："時鉅鹿張銌，字子明。"茲據校改。

④ 注文"違"當作"韋"。《説文・毦部》："毦，柔韋也。"茲據校改。

⑤ 注文"違"當作"韋"。《玉篇・毦部》："毵，羽獵韋袴。"茲據校改。

⑥ "毛名"不詳，或當作"毛多"。

⑦ 注文"張"當作"旅"。《名義・黹部》："黼，初旅反。"茲據校改。

⑧ 注文"保僧"當作"綵繒"。《廣韻・隊韻》："黹，《説文》曰：會五綵繒也。"《説文・黹部》："黹，會五采繒色。"茲據校改。

⑨ 此條原接上條注文之末，此處另立一條。注文"素"當作"索"，"清"當作"請"。《名義・裘部》："求，索也，請也。"茲據校改。

⑩ 《説文》作"有大度"，段注依《廣韻》改作"有大慶"，《廣韻》余迺永、周祖謨皆校作"有大度"，龍宇純《校箋》："然《説文》云字从卩，恐仍以作度爲是。(參《説文義証》)"《説文詁林》各家亦多從"度"。《王一》《全王・眞韻》："卲，慶。"《名義》作"**慶**"，介於"慶"與"度"之間。此作"**慶**"，似"慶"字。

卲時燒、[時]曜二反。高也。①

仉(厄)牛果、牛戈二反。析印(科厄),木節。②

卻先慄反。脛頭。膝字。

郤(卻)於祈、居略二反。郎(節)郤。③

卸先夜反。舍車解馬也。

卩子豆[反]。卩也。

卪仕專(轉)反。巽字。④

卑補道反。相次也。

暴暴二形同。蒲致(到)反。猝也,陵犯也,徒搏也。⑤

畾丘愧反。里名。

凯五骨反。柮字。斷也,洛(終)也。⑥

毖伊(俾)冀反。慎也,比也,遠也,流也。⑦

狨如捶反。草木實狨狨也。蘩字。

毌公丸反。穿物持也。

秉公殄反。秆字。禾十把。

鴕徒何反。馬上連囊。

---

① "燒"下奪"時"字。《名義·卩部》:"卲,時曜反。"茲據校補。

② 字頭"仉"當作"厄",注文"析印"當作"科厄"。《説文·卩部》:"厄,科厄,木節也。"茲據校改。

③ 字頭當是"卻"的俗字。注文"郎"當作"節"。《名義·卩部》:"郤,居士反。節。"《玉篇》同位置字作"卻"。《玉篇·卩部》:"卻,去略切,又居略切。節卻也。俗作却。"《説文·卩部》:"卻,節欲(卻)也。"段注改作"卩卻",云:"卩卻者,節制而卻退之也。"茲據校改。觀智院本《類聚名義抄·僧下·雜部》:"郤,衣、脚二音。卩。""於祈反"爲"衣"字音,但不詳所出。《名義》音"居士反",疑有誤。

④ 注文"專"當作"轉"。《名義·卩部》:"卪,仕轉反。"茲據校改。

⑤ 注文"致"當作"到"。《名義·異部》:"暴,蒲到反。"茲據校改。

⑥ 注文"洛"當作"終"。《名義·出部》:"凯,五骨反。斷也,終。"茲據校改。《唐本説文殘卷》"柮"字注句末有"一曰絡"三字。《玉篇·木部》"柮"字注文引作"一曰給也"。按,"絡""給""洛"疑皆"終"字之誤,"終"與"斷"義近。蓋"終"訛作"絡","絡"又訛作"給"與"洛"。

⑦ 注文"伊"當作"俾"。《名義·比部》:"毖,俾冀反。"茲據校改。

厂余制反。所地明也。[①]

兂側林反。首笄也。簪字。連也。

兓子心反。

旡居毅反。飲食氣逆,不得息。既字。

旤胡果反。逆惡驚辞也,神不福也。云云。[②]

旣上字。

㾿力尚反。薄也,憂悵也。恨(悢)字。[③]

覍弁字。皮變反。攀也,冕也。

兘牛遠反。小皃。

家遂字。辞醉反。從意也。

兆(穴)别古文。[④]

䖇地礼反。横首杖也。[⑤]

鼆莫耿反。魯邑,冥也。

夗於遠反。轉卧也。

夥胡果反。物盛也,夥也。

夥上字。多也。

奓丑加反。厚唇皃,緩口皃。

錗於果反。多。

① 注文“所地明也”俟考。此處“所”疑是“厂”之誤。《説文·厂部》:“厂,抴也,明也。”《名義·厂部》:“厂,地明也。”《玉篇·厂部》:“厂,拕身皃。㕒、身字,並从此。”《廣韻·祭韻》:“厂,施明也。又身皃。”《廣韻·祭韻》:“丿(厂),至也(地)。”疑皆當作“抴明也”。《廣韻·薛韻》:“抴,亦作拽,拕也。”《説文·手部》:“拕,曳也。”“抴”“拕”形義皆近,但“拕”又可作“拖”“拖”,《玉篇》即作“拕”,《廣韻》“拖”誤作“施”,故作“拕”爲妥。又,“地”由“拕”致誤,本書下文“甹”字注文“拕”字亦訛作“地”。又,《新撰字鏡》《名義》《廣韻》皆連言,“拕”下無“也”字,故《説文》“抴也明也”之前一“也”字疑衍。胡吉宣《玉篇校釋》:“手部:‘拕,曳也。’抴,亦作拽。厂即曳之古文。抴、拽又後起字。申部:‘曳,引也。’即‘厂,抴也’。本書心部:‘怈,明也。’亦即《説文》‘厂,明也’。厂爲明者,謂引出則著明也。此引申之義。”既然“厂”同“曳”,抴、拽又後起字,則“厂”宜訓“拕”。《廣雅·釋詁四》:“怈,明也。”王念孫疏證:“厂、渫,並與怈通。”則“拕明也”可釋爲“引出則著明也”。《玉篇》“厂”之訓“拕身皃”,疑亦當作“拕明也”,《廣韻》因《玉篇》而衍“又身皃”,《廣韻》“至地”疑亦“拕明”之誤。

② 《玉篇·旡部》:“旤,《説文》云:逆[惡]驚辭也。神不福也。今作禍。”《説文·旡部》:“旤,屰惡驚詞也。”《説文·示部》:“禍,害也,神不福也。”“神不福也”爲“禍”字義,此申説之,故加“云云”。

③ 注文“恨”當作“悢”。《名義·心部》:“悢,閭尚反。悵也,悲也。”音義與“㾿”字合。茲據校改。

④ 字頭“兆”當作“穴”。《玉篇·八部》:“穴,古文别。”二字小篆形近,故相誤。茲據校改。

⑤ 注文“首杖”原倒。《廣韻·薺韻》:“䖇,横首,杖名。”茲據乙正。

狜丘二反。多也。①

姅牲、炕二字同,在上。②

狑丁含反。多也。

羪余章反。洋字。衆多也。

乳乃口反。小兒。

勤渠鎮反。僅字。少也。

竭乙例反。不成遂,色(急)敷戾也。③

紗乙肖反。急戾也。紗竭,尪小意。

盭力計反。皆(背)也。戾字。④

黻乞音。機(譏)也。⑤

旅力胡反。"[旅]弓一,[旅]矢百"色(也),黑也。黸字。⑥

玅弥詔反。妙古文。

奲丁可反。大也,寬□(也),□。⑦

赤坙,赤古文。朱也。

絟徒冬、与弓二反。

柚上字。

經恥荆反。赤色。或泟字。⑧

䝉上字。

□(𧹞)上字。⑨

赭之野反。赤土也。

䵊呼域反。赭色兒。絳,似雀[頭]色。⑩

———————————

① 《名義》《玉篇》音"丘一反",《廣韻·至韻》音"詰利切"。"一"爲質韻字,"二"爲至韻字,"丘二反"
　 與"詰利切"音同。

② "在上"指"牲""炕"二字本部上文已出,可參看。

③ 注文"色"當作"急"。《説文·弦部》:"竭,不成遂,急戾也。"兹據校改。"敷"字不詳。

④ 注文"皆"當作"背"。《玉篇·幺部》:"盭,背也。"兹據校改。

⑤ 注文"機"當作"譏"。《廣韻·迄韻》:"黻,譏也。"兹據校改。

⑥ 注文"弓""矢"上省字頭,注文"色"當作"也"。《書·文侯之命》:"盧弓一,盧矢百。"孔安國注:
　 "盧,黑也。""盧"通"旅"。《字鏡》"色"作"也"。兹據補改。

⑦ 《名義·奢部》:"奲,丁可反。大也,寬也。"《説文·奢部》:"奲,富奲奲兒。""也"字據體例補。

⑧ 字頭右旁原作"正"。

⑨ 字頭殘。《説文·赤部》:"經,赤色也。𧹞,或从丁。䝉,經或从貞。"兹據校補。

⑩ "䵊"字《名義》同,《廣韻》《玉篇》作"䵇"。張涌泉《漢語俗字叢考》:"'䵊'疑爲'䵇'的訛俗字。"
　 楊寶忠《疑難字三考》以《名義》《新撰字鏡》僅收"䵊"字,疑《漢語俗字叢考》之説"恐有未當"。
　 又注文"雀"下奪"頭"字。《玉篇·赤部》:"䵇,絳,似雀頭色。"《書·顧命》:"二人雀弁。"孔傳:"雀,
　 韋弁。"疏引鄭玄注:"赤黑曰雀,言如雀頭色也。"《説文·糸部》:"纔,帛雀頭色。一曰微黑色如
　 紺。"皆言"雀頭色"。兹據校補。

赫呼格反。赤色,頭(顯)盛皃,怒皃。①

夭夭 二形同。猗驕、□□(烏浩)二反。屈也,折也,夭小也,草木未成而伐也。字從大。或杴、妖字。②

喬渠驕、居橋二反。高字。木上諫(竦)也,如木楸也,累[荷也]。③

寄 上字。

㩧核耿反。幸字。過(遇)也,御者,進也。或婞、倖字。④

奔補昆反。走也。奔字。大路也,疾也。驤,古文。⑤

躓竹利反。路(跲)也,仆也,頓倒也。躓字。⑤

護胡故反。□(青)尔(丘)之山多青[護]。⑥

腄於進、竹四二反。卧(赴)也。⑦

軼知七、徒結二反。觸也。抵字。

希徒計、余志二反。貈貍也。一名河内豸名也,脩豪也。⑧

㗋胡交(孝)反。誤也。⑨

愒猗秩、於既二反。慳貪也,貴也。

鴚加罩反。鷹属。

鴬土足[反]。達也。⑩

---

① 注文"頭"當作"顯"。《詩·小雅·節南山》:"赫赫師尹。"毛傳:"赫赫,顯盛貌。"茲據校改。

② 後一反切殘。《字鏡·夭篇》:"夭,烏浩反,猗驕反。"《廣韻·晧韻》:"夭,烏晧反。"茲據《字鏡》校補。

③ 注文"諫"當作"竦","如木"原倒,"累"下奪"荷也"字。《詩·周南·漢廣》:"南有喬木。"毛傳:"喬,上竦也。"《爾雅·釋木》:"如木楸曰喬,如竹箭曰苞,如松柏曰茂,如槐曰茂。"郭璞注:"楸樹性上竦。"《名義·夭部》:"喬,累荷也。"《詩·鄭風·清人》:"二矛重喬。"毛傳:"重喬,累荷也。"茲據改乙補。

④ "字過"原倒,注文"過"當作"遇"。《名義·夭部》:"㩧,遇也。"《玉篇·夭部》:"㩧,遇也。或作婞,今作幸。"茲據乙改。

⑤ 注文"路"當作"跲"。《名義·專部》:"躓,跲也。"《詩·豳風·狼跋》:"載躓其尾。"毛傳:"躓,跲也。"茲據校改。

⑥ "反"下一字殘,注文"尔"當作"丘","青"下省字頭"護"。《山海經·南山經》:"青丘之山,其陰多青護。"茲據補改。

⑦ 注文"卧"疑當作"赴"。此字《名義》同,《説文》作"卧",《廣韻·至韻》作"赴",《王一》《全王》《集韻·至韻》作"卧",《玉篇》作"仆","赴""卧""仆"三字同,"卧"當是"赴"字之誤,"卧"又"卧"字之誤。茲據校改。

⑧ 《説文·希部》:"希,脩豪獸。一曰河内名豸也。"《爾雅·釋獸》:"豰,脩毫。"此處"一名河内豸名"疑當從《説文》作"一曰河内名豸"。

⑨ 注文"交"當作"孝"。《名義·氏部》:"㗋,胡孝反。誤也。"茲據校改。

⑩ "反"字據體例補。注文"達"字《名義》同,《玉篇》《集韻》等作"速",《王一》《全王》《廣韻·覺韻》"鴬"字注作"速",疑"速"字是。

龍𪚏龍三形作。閭恭反。和也，君也。

龗龗二形作。五舌、丁連（箋）二反。龍鬚（耆）脊上埶也。[①]

䶰達谷（苔）反。飛龍。[②]

㲋丑略反。如兔大，鹿［足］也。[③]

臭上字。

毚仕咸反。毚，狡兔也，兔獪也。

兔上古文。

魯胥野反。獸名。

𠔉生冀反。

禸仁柳反。狃字。

离丑支反。山神。

𡆥扶沸反。鳥（梟）羊。[④]

烏於胡反。安也，孝鳥也，呼吁也，語之辞。[⑤]

𠨟上古文。

几是瑜反。鳥之短羽飛也。

𨾴於革反。貜、𨾴二同。

𧝎丁雉反。袂（紩）也，襦。[⑥]

𦜛力悼反。𦠂也，高皃，牛馬肥（脚）。[⑦]

𦠂蘇悼反。𦜛。

東胡咸（感）反。草木垂花實。[⑧]

𣓀。[⑨]

緶扶善反。緻，履底。

緻除利反。緶。

---

① 注文"連"疑當作"箋"，"鬚"當作"耆"。《廣韻·薛韻》魚列切："龗，又丁箋切。"《廣韻·先韻》："龗，《説文》曰：龍耆脊上龗龗。"今本《説文》"耆"作"者"。茲據校改。"埶"字不詳，疑是"龗"字之誤。

② 注文"谷"當作"苔"。《名義·龍部》："䶰，達苔反。"茲據校改。

③ 注文"鹿"下奪"足"字。《名義·㲋部》："㲋，似兔，鹿足，青色。"《説文·㲋部》："㲋，獸也。似兔，青色而大。象形。頭與兔同，足與鹿同。"茲據校補。

④ 注文"鳥"當作"梟"。《廣韻·未韻》："𡆥，《爾雅》曰：'狒狒，如人，被髮，迅走。'一名梟羊。"《説文》作"梟陽"，同。茲據校改。

⑤ 注文"孝"下原有"也"字。《説文·烏部》："烏，孝鳥也。"茲據刪。

⑥ 注文"袂"當作"紩"。《名義·𧝎部》："𧝎，紩。"茲據校改。

⑦ "牛馬肥"，《原本玉篇》引《字指》作"𦜛𦠂，牛馬高脚"，《龍龕·高部》"𦜛"下亦云"牛馬高脚"。此處"肥"當是"脚"字之誤，"肥（脚）"上疑脱"高"字。

⑧ 注文"咸"當作"感"。《玉篇·東部》："東，呼感切。"茲據校改。

⑨ 此條注文奪。《名義·東部》："𣓀，公殄反。菓，小束也。"

䊪力致(到)反。施絞於緶。①

䊶渠眷反。緣緶也。

䊿除慄反。颿素(索)。②

䋈充仁反。纑。

䋊子侯反。枲積。

䋌空木反。未練治纑也,結枲也。

䋐胡戒反。𥪰。

䪤扶園反。百合也,小蒜。

䵄扶云反。枲實。萉(萉)字。③

䵆先歷反。緆字。細布也。

𣎵甫未反。草木盛。

孛𡥝二形作。浦(蒲)對反。慧(彗)星,茀也。④

㲏浦交反。桼也。

𨸏扶救反。兩𨸏之間。

𨺅所覬反。阜突。⑤

𨸘於賣反。陋也。篆字,今爲隘字。⑥

𨽌似悸反。延道。今爲隊(隧)字。⑦

𨽑上同。塞上亭𨻶也。

血呼穴反。弱。⑧

衁胡黄反。

衃疋尤、疋才二反。凝血也。肧字。⑨

衋子仁反。氣凝也。津字。

甹達零反。□(定)息。⑩

---

① 注文“致”當作“到”。《名義·朩部》:“䊪,力到反。”茲據校改。

② 注文“素”當作“索”。《廣韻·質韻》:“䊿,帆索。”《名義·朩部》:“䊿,颿索也。”“颿”同“帆”。茲據校改。

③ 注文“萉”當作“萉”。《説文·艸部》:“萉,枲實也。䵄,萉或从麻、賁。”茲據校改。

④ 注文“浦”當作“蒲”,“慧”當作“彗”。《名義·市部》:“孛,蒲對反。彗星也。”茲據校改。《玄應音義》卷十七“如孛”條:“又作茀,同。蒲對反。人名也。”

⑤《廣韻·志韻》踈吏切:“𨺅(𨺅),山阜突(突)也。”《説文·𨸏部》:“𨺅,𨸏突也。”“所覬反”《原本玉篇》同,與“踈吏切”音同。

⑥《説文·𨸏部》:“𨸘,陋也。从𨸏,𦏲聲。𦏲,籒文嗌字。隘,籒文𨸘从𨸏、益。”

⑦ 注文“隊”當作“隧”。《玉篇·𨸏部》:“𨽌,延道也。今作隧。”茲據校改。

⑧ “弱”字不詳。

⑨《集韻·尤韻》:“肧,肧胎未成物之始。或从血。”

⑩ “反”下一字殘。《廣韻·青韻》:“甹,定息。”茲據校補。

衄女鞠反。鼻血。

盥乃公反。腫血也。膿字。

醓吐感反。肉醓。

畿居衣反。衄□(也)，□□(羊血)。□字。①

盡許力反。傷痛其心。

帕 **血白** 二形作。空紺反。羊凝血，醓。

盩上字。

鱶 巇二形□(作)。血。莫結□(反)。行(汗)□(血)也。②

湆補胡反。餔字。食也，申時。③

衈虛鎮反。釁字。

疋山踞、山舉二反。疏字。之(足)也，待也，記也。④

硾山□(於)反。門户疏窓也。疏字。⑤

延山於[反]。疏字。通也。

疐之於(逝)反。疐憚也。⑥

厷公弘反。臂上也。肱字古文。⑦

爪〔臼〕壯孝、荊陸二反。抓也。以爲叉(叉)牙。⑧

爪諸養反。上字。

丮君逆反。持也。撠字。

巩記奉反。抱也。挈字。

孰視鞠反。爛也，誰也。

尉次(咨)戴反。乱(辞)也，姑(始)也，食也，載也。⑨

────────────────

① 注文"也"字據體例補，"羊血"僅存殘筆。《名義·血部》："畿，居衣反。羊血也。"茲據校補。

② 注文殘，"行"當作"汗"。《名義·血部》："巇，莫結反。汗血也。"茲據補改。"莫"上"血"字疑衍。

③ 《説文·食部》："餔，日加申時食也。湆，籒文餔从皿、浦聲。"

④ 注文"之"當作"足"。《説文·疋部》："疋，足也。"茲據校改。

⑤ 反切下字殘。《名義·疋部》："硾，山於反。"茲據校補。

⑥ 注文"於"當作"逝"。《廣韻·祭韻》："疐，征例切。"《名義·疋部》："疐，之遊(逝)反。""逝"爲祭韻字。茲據校改。

⑦ "上"字原在"字"之下。《説文·又部》："厷，臂上也。ㄙ，古文厷，象形。肱，厷或从肉。"茲據乙正。

⑧ 注文"叉"當作"叉"。《説文·又部》："叉，手足甲也。"段注："叉、爪，古今字。古作叉，今用爪。"茲據校改。"荊陸反"當是"臼"字反切，蓋義近相混。"抓"字《名義》同，《説文·爪部》："爪，丮也。覆手曰爪。象形。""抓"當同"丮"。

⑨ 注文"次"當作"咨"，"乱"當作"辞"，"姑"當作"始"。《玉篇·丮部》："尉，咨代切。始也。"《名義·丮部》："尉，決(次)戴反。辞也，始也。"《廣韻·代韻》："尉，作代切。""咨"與"作"爲精母字，"次"爲清母字。《廣雅·釋詁四》："尉，詞也。""辞"與"詞"義同。《廣韻·代韻》："載，始也。""尉"通"載"。茲據校改。

䫀記逆反。相踦䫀。

䫏胡瓦反。擊踝。

斲竹角反。斮字。斫也,削也。

纅余石反。引繒。繹字。

牖方間反。

牧上字。

斕力塞(寒)反。交章謂之編斕。①

斅斆二形。上字。

嫠力詩反。徵文書(微畫文)。②

斌鄙隣反。份字。

欰他旦反。敯。

敯莫爛反。

文亡云反。䊷也。敬,文之志(恭)也;忠,文之實也;信,文之字(孚)也;仁,文之愛也;"服,心之文也";義,文之制也;智,[文]之与(興)也;勇,文之師(帥)也;孝,文之本也;惠,文之慈也;讓,文之材也。文者,德之物(總)名也。動也,善也,美也,文書也,錯書(畫)也。③

㸚文古字。

〈公泫反。溝洫也,水小流也。畖,犬文。𤲬,又此字。④

巜古食(會)反。通水於川者也。今澮字。⑤

嘉何(柯)遐反。善也。[嘉]石,文石也。美也。⑥

豑渠衣反。汔也,概也,且也,𧯁(嘰)也,訖事之樂也,危也,幾。⑦

豔余瞻(贍)反。美也。⑧

豔上字。

---

① 注文"塞"當作"寒"。《名義·文部》:"斕,力寒反。"茲據校改。

② 注文"徵文書"當作"微畫文"。《名義·文部》:"嫠,微畫文。"《説文·文部》:"嫠,微畫也。"段注補作"微畫文也",云:"此謂微畫之文曰嫠也。"茲據校改。

③ 注文"志"當作"恭","字"當作"孚","智"下奪"文"字,"与"當作"興","師"當作"帥","物"當作"總","書"當作"畫"。《國語·周語》:"夫敬,文之恭也;忠,文之實也;信,文之孚也;仁,文之愛也;義,文之制也;知,文之興也;勇,文之帥也;教,文之施也;孝,文之本也;惠,文之慈也;讓,文之材也。"韋昭注:"文者,德之總名。"《國語·魯語》:"夫服,心之文也。"《説文·文部》:"文,錯畫也。"蓋因"恭"字小篆"㳟"形而誤作"志"。茲據改補。又"文書也"或當作"文,畫也"。

④ 注文"犬文"疑有誤。《説文·〈部》:"〈,水小流也。𤰸,古文〈从田、从巜。畖,篆文〈,从田、犬聲。六畖爲一畝"。似當作"篆文"或"古文"。

⑤ 注文"食"當作"會"。《名義·巜部》:"巜,古會反。"茲據校改。

⑥ 注文"何"當作"柯"。《名義·壴部》:"嘉,柯遐反。"茲據校改。《周禮·秋官·大司寇》:"以嘉石平罷民。"鄭玄注:"嘉石,文石也。"

⑦ 注文"𧯁"當作"嘰"。《説文·豈部》:"豑,嘰也。"茲據校改。

⑧ 注文"瞻"當作"贍"。《名義·豐部》:"豔,余贍反。"茲據校改。

䖒胡道反。土鍪，土金（釜）。①

䖒上字。

䖢除諸（渚）反。器也。宔字。②

鼎多廷（挺）反。象也，方也，貴也。貞古文。③

鼐乃代反。寂（最）大。④

鼒子思反。小鼎。

鬺式羊反。煑也。鬺。⑤

壹於神、紆芬二反。壹壼也，壹欝也。⑥

鼕鼜二形同。先朗反。鼓元（杬）也，鼓材也。⑦

𧯷口闔反。古文榼字。酒器。

𩰤時兖反。小巵，巵有盖。⑧

𧮫之兖反。上字。小巵。

𧮪楚洽、十鹿（千廉）二反。古鍪𠚖字。⑨

𧮪上字。

畚浦（補）混反。盛粮之器。⑩

𠙽蒲丁反。㽘也，竹器也。盧字。

𠙽上字。

𠚃力胡反。瓴也。

𠙺附娱反。小畚。

𠚄之庶反。畚。

𠙼口奚反。大𥳑（篩）。⑪

𠙼古惠反。𠙼。

斅胡教反。問也，學也，習也。⑫

---

① 注文“金”當作“釜”。《廣韻·晧韻》：“䖒，土釜。”兹據校改。

② 注文“諸”當作“渚”。《玉篇·虘部》：“䖢，除渚切。”兹據校改。

③ 注文“廷”當作“挺”。《名義·鼎部》：“鼎，多挺反。方也。”兹據校改。又“鼎”無“貴”義，蓋截取自《文選·左思〈吴都賦〉》“其居則有高門鼎貴”，張銑注：“鼎貴，鼎食也。”

④ 注文“寂”當作“最”。《説文·鼎部》：“鼐，鼎之絶大者”。《廣韻·泰韻》：“最，俗作寂。”兹據校改。

⑤《廣韻·陽韻》式羊切：“鬺，煑也。亦作鬺。”

⑥ 注文“壹壼”原倒。《説文·壺部》：“壼，壹壼也。《易》曰：天地壹壼。”《説文通訓定聲》：“壹壼者，雙聲連語。亦作絪緼，作氤氲，作烟煴，氣凝聚充塞之狀。”兹據乙正。

⑦ 注文“元”當作“杬”。《玄應音義》卷二四“鼓鼜”條：“《埤蒼》：鼓杬。”兹據校改。

⑧《字鏡》《説文》《廣韻》《玉篇》等皆僅一“巵”字，此處注文蓋衍一“巵”字。

⑨ 注文“十鹿”當作“千廉”。《名義·甾部》：“𧮪，千廉反。”兹據校改。

⑩ 注文“浦”當作“補”。《名義·甾部》：“畚，補昆反。”兹據校改。

⑪ 注文“𥳑”當作“篩”。《玉篇·甾部》：“𠙼，𠙼𠙼，大篩也。”《廣雅·釋器》：“𠙼，篩也。”兹據校改。

⑫ “問”字《字鏡》作“閉”，當非是。

籲思條反。"[籲]韶九成"也，樂器曰籲。又簫字。①

鏂□(除)离(離)反。管有七孔。又篪字。②

録古學反。謂樂器之聲也，東方音。今並爲角字。故。③

㲀充尚反。唱字古文。導。

萃呼勿、呼貴二反。疾也。拜字從此。

夲勅高反。進趣也。

冊楚責反。祝也，符命也，簡也，書也。古文爲策字。

甹普經反。謂牽地(扡)，極詞也，俠也。④

丂苦道反。氣欲□(出)也。巧字。⑤

羲糸(枙)奇反。光明兒，氣也。"[羲]臬和"是也。"[羲]和，日御"。⑥

乎户枯反。語之舒也，極也，辞也。

覂方□(腫)反。覆也。庀字。波也留馬。⑦

咫支尔、諸紙二反。咫尺也，八尺，又八寸，程也。

夕詳石反。大日夕也，見日暮。⑧

勺市斫反，入；勺，升也。

䶈於革反。貓、鼠(䶈)二字同。⑨

䖲䖵二同。聚字古文。才句反。居也。

㘱圵阡字。在土部。

舒所音。叙也，緒也，緩也。⑩

豫与音。喜也，逸也，樂也，一也，猒也，懌也，躊也，躇也。⑪

---

① 《原本玉篇·龠部》："籲，《蒼頡篇》：籲，籲韶九成也。"《書·益稷》："蕭韶九成，鳳皇來儀。"

② 反切上字殘，注文"离"當作"離"。《名義·龠部》："鏂，除離反。"茲據補改。

③ 《原本玉篇·龠部》："録，今並爲角字，在角部。"此"故"字疑衍，或是"古文"之合。

④ 注文"地"當作"扡"。《原本玉篇·丂部》："甹，《毛詩》：莫与甹蜂，自求辛螫。傳曰：甹蜂，制曳也。《尔雅》亦云。郭璞曰：謂牽扡。"茲據校改。

⑤ 注文"欲"下一字殘。《字鏡》作"出"。《説文·丂部》："丂，气欲舒出。"茲據校補。

⑥ 注文"糸"當作"枙"。《原本玉篇·兮部》："羲，枙奇反。"茲據校改。《原本玉篇·兮部》："羲，枙奇反。《山海經》：天帝之妻羲和生十日。野王案，十日謂從甲至癸也。唐虞以爲掌天地之官，《尚書》'分命羲仲宅[嵎]夷''汝羲臬和'是也。《楚辞》：陟升皇之赫羲。王逸曰：赫羲，光明兒也。又曰：羲和未陽。王逸曰：羲和，日御也。《説文》：氣也。"古本《尚書》作"臬"，今本作"暨"。

⑦ 反切下字殘。《名義·两部》："覂，方腫反。"茲據校補。波也留馬(はやる【逸る・早る】うま【馬】)。

⑧ 此條釋義當有訛誤。

⑨ 注文"鼠"當作"䶈"。《玉篇·易部》："䶈，又作䶈。"茲據校改。

⑩ "舒"與"所"皆音"しょ"，今"舒"音"じょ"，清濁不同。

⑪ "豫"與"与"皆音"よ"。"一也"疑是《孟子·梁惠王》"一遊一豫"誤截。

野也音。"[野]哉,由也"！①

虖〔野〕去爲反。闕也。貴音,也音。②

圅胡就反。舌也,銜也,含也。

曳余周反。木更生條也,空也,抽也。③

甬余種反。鍾柄也,奴婢賤稱也,使也,常也。

已上三字從欠(马)④

骬骭同。古岸[反]。骭謂之肋,謂脅骨也,躰也,亦骸骨也。⑤

幹斡 幹三形同。可(柯)旱反。枝也,麻莖也,本也,事也,主,正也,體也。⑥

甞市羊反,平;試。

罔莫往反。无也。

羨コフ。⑦

重點第百五十八

瀼瀼如讓反。結居於草木上,小水漸漸下也,露垂下之皃。

霈霈方芥反。水流之皃,優饒之皃,汗大皃。⑧

溫溫九穴反。水之皃,微轉細涌之皃。⑨

滛滛於要反。水流之皃,又鳥飛翔之皃。⑩

洶洶恭容反。波浪之聲也,水涌之皃,遠望不聞其聲也,水波騰動之皃,人動聲也。⑪

涓涓古玄反。水流之皃,又波浪之聲也。又普及也,水廣大也。

衍衍依尔反。空多皃。⑫

---

① "野"與"也"皆音"や"。《論語·子路》:"子曰:野哉,由也!"

② "虖"與"貴"皆音"き","野"與"也"皆音"や","虖"與"野"形近相混。

③ "木更"原倒。《玉篇·马部》:"曳,草木更生條。"《名義·马部》:"曳,木更檯生也。""草"字衍,《名義》亦有錯亂。茲據乙正。"抽"原作"柚"。《說文通訓定聲》:"由,按古曳字。……《說文》曳下奪古文,今補于此。《書·禹貢》:厥草惟繇。馬注:抽也。以繇爲之,古多用繇字爲由字。"

④ "欠"當作"马"。"圅""曳""甬"三字皆在《說文·马部》,本書"马"字俗寫作"欠"。茲據校改。

⑤ "躰"上原衍一"也"字。《玄應音義》卷二十四"骨幹"條:"字體作骬,同。古岸反。《廣雅》:骭謂之肋,謂脅骨也。幹,體也,亦骸骨也。"茲據刪。

⑥ 注文"可"當作"柯"。《名義·躰部》:"幹,柯旦反。"茲據校改。

⑦ コフ(こう【請う·乞う】),見觀智院本《類聚名義抄·僧中·羊部》"羨"字注。

⑧ "汗大皃"不詳,或是"汗大皃"。

⑨ 司馬相如《司馬相如〈上林賦〉》:"瀹瀹溫溫,潏潏鼎沸。"郭璞注:"皆水微轉細涌貌也。"

⑩ "滛"爲"淫"俗字,"於要反"當是"遥"字反切。《楚辭·大招》:"霧雨淫淫,白皓膠只。"王逸注:"淫淫,流貌也。"《楚辭·九章·悲回風》:"漂翻翻其上下兮,翼遥遥其左右。"

⑪ 《廣韻·鍾韻》:"洶,許容切。"此處反切當是倭音"きょう"。

⑫ 《廣韻·獮韻》:"衍,以淺切。"此處反切當是倭音"えん"。

從從衆多也。

征征往也,去也。

踆踆七春反。鳥行之皃,鳥走也。

潏潏九穴反。水涌之皃,水微轉細涌之皃,泉細流之皃。

浩浩胡孝反。水廣大之皃,水流之皃,威勢廣大之皃。

浤浤胡況反。水相戰之聲也,又波浪之聲也,又普及也,水廣大也。

蓬蓬所音。高也,高皃。①

濯濯大(丈)角反。光明也。②

沾沾自整頓也。③

濊濊憂皃。

湛湛露盛之皃。

岌岌帀音。人高之皃,急疾之皃,又笙聲。④

浪浪淚皃,淚下之皃,波多虛也。

浮浮瀧瀧(瀌瀌)並曰:雪除之皃,雪下如塵也。⑤

威威懼也,儀也。

頤頤以之反。養也。

捷捷徐葉反。利口皃。

佖佖皮筆反。威儀也,不善也。

脉脉(眽眽)莫革反。姦人視,大目也。⑥

嘽嘽敕丹反。喘息也,衆也,喜樂也。

殀殀鋭音(意)。⑦

闓闓然,散也。⑧

閜閜盛皃。

穹穹天也。

言[言]高大也,摇動皃。

---

① “蓬”音“きょ”,此處蓋誤爲“處”字音,“處”與“所”皆音“しょ”。

② 注文“大”當作“丈”。《儀禮·士昏禮》:“得濯。”釋文:“丈角反。”茲據校改。

③ 《集韻·鹽韻》處占切:“沾,沾沾,自整頓也。”

④ “岌”音“きゅう”,“帀”音“そう”,俟考。

⑤ 字頭“瀧瀧”當作“瀌瀌”。《詩·小雅·角弓》:“雨雪瀌瀌,見晛曰消。……雨雪浮浮,見晛曰流。”《廣雅·釋訓》:“瀌瀌,雪也。”茲據校改。

⑥ 字頭“脉脉”當作“眽眽”。《玉篇·目部》:“眽,莫革切。眽眽,姦人視也。眽,同上。”茲據校改。或字頭即作“脉脉”,則正字當作“眽眽”或“眽眽”。

⑦ 注文“音”當作“意”。《玉篇·歺部》:“殀,殀殀,鋭意也。”《説文·歺部》:“殀,晉晉,鋭意也。”茲據校改。

⑧ 注文“然”字當與字頭連讀。下文同。

嚶嚶"鳥鳴嚶嚶"是也,有聲也。[①]

謍謍胡瓊反。小聲也,往來皃。

譊譊讙呼。

諎[諎]然,聲大外。[②]

諤諤魚各反。語也,正負(直)之言也。[③]

詻詻教令嚴也。

訾訾語也,思也。

証証諫也。[④]

詡詡然,大也。

諓諓薄之皃。

設設陳之。

誒誒可惡之辞也,"[誒誒]出出"是也。[⑤]

業業危懼也,然白,然,疾動也,嚴也,有嚴敬也,高大也。[⑥]

迹迹往朱(來)皃,不安皃。[⑦]

遝遝行皃。

翗翗翼弊皃也。

翻翻鳥飛聲。

𤜯𤜯武也,鷙鳥執也。[⑧]

驜驜高大也,盛皃。

蠙蠙謹敬皃。[⑨]

蝹蝹蜿蜿也。[⑩]

圪圪言言也。[⑪]

畟畟"[畟畟]良耜"也,側側(測測)也,耜也,言嚴利也。[⑫]

---

① 《詩·小雅·伐木》:"鳥鳴嚶嚶。"

② 《原本玉篇·言部》:"諎,《考工記》:鍾侈則諎。鄭玄曰:諎諎然,大外聲也。"《周禮·考工記·鳧氏》:"侈則柞。"鄭注云:"柞,讀爲咋咋然之咋,聲大外也。"字頭另一"諎"字據補。

③ 注文"負"當作"直"。《原本玉篇·言部》:"諤,野王案,諤諤,正直之言也。"玆據校改。

④ "諫"下原有重文符,疑衍。《説文·言部》:"証,諫也。"玆據刪。

⑤ 《説文·言部》:"誒,可惡之辭。一曰誒然。《春秋傳》曰:誒誒出出。"

⑥ 注文"然白"疑衍。

⑦ 注文"朱"當作"來"。《方言》卷十:"迹迹、屑屑,不安也。"郭注:"皆往來之貌也。"玆據校改。

⑧ 《廣韻·獮韻》:"𤜯,武也。又鷙鳥擊勢也。"此"執"或當作"勢"。

⑨ 《名義·虫部》:"蠙,蒲堅反。玭字。謹敬皃。"

⑩ 《文選·張衡〈西京賦〉》:"狀蜿蜿以蝹蝹。"薛綜注:"蝹蝹蜿蜿,龍行貌也。"

⑪ 《詩·大雅·皇矣》:"臨衝閑閑,崇墉言言。臨衝茀茀,崇墉仡仡。"毛傳:"言言,高大也。……仡仡,猶言言也。"《玉篇·土部》:"圪,本亦作仡。"

⑫ 注文"側側"當作"測測"。《詩·周頌·良耜》:"畟畟良耜。"毛傳:"畟畟,猶測測也。"

堯堯然，至高之皃也。

珇珇刾索（素）湌也。①

淺淺流疾皃。

油油水廣皃。

忿忿恐恨。②

惷惷无知皃。

愸愸憂意。

烈烈憂皃。

愽愽憂勞也，憂也。

怭怭褻慢。

忲忲乱也。

悸悸有節也，心動也。

惆惆動搖也，男女无列（別）往來皃。③

悒悒然，耕也，不舒皃。④

扒扒緩也，不固。

繽繽往來皃。⑤

繟繟敝皃。⑥

絪絪元氣皃。

丁丁嚶嚶並曰：相切直也。謂兩鳥［鳴］，以喻朋友切磋相正也。⑦

哂哂失忍反。小咲。

喁喁衆口上見也，羣生莫不喁喁然仰其德。

闐闐言盛皃，又羣行聲。

猩猩所星反。能言鳥也，知人名也，形［如］豕，頭如黄雞，［聲］如小兒啼。⑧

---

① 注文"索"當作"素"。《爾雅·釋訓》："臮臮珇珇，刺素食也。""湌"同"餐"。茲據校改。

② "忿忿"同"忞忞"。

③ 注文"列"當作"別"。《詩·魏風·十畝之間》："十畝之間兮，桑者閑閑兮。"毛傳："閑閑然，男女無別往來之貌。"茲據校改。《詩·大雅·皇矣》："臨衝閑閑。"毛傳："閑閑，動搖也。"

④ 《莊子·天地》："悒悒乎耕而不顧。"成玄英疏："悒悒，耕地之貌。"

⑤ 《慧琳音義》卷二十七"繽紛"條："《玉篇》：繽紛，往來皃。"

⑥ 《原本玉篇·糸部》："繟，《毛詩》：檀車繟繟。傳曰：繟繟，弊皃。"《詩·小雅·杕杜》："檀車幝幝。"毛傳："幝幝，敝貌。"茲據校改。

⑦ 注文"鳥"下奪"鳴"字。《玄應音義》卷十二："嚶鳴"條："《爾雅》：丁丁嚶嚶，相切直也。謂兩鳥鳴，以喻朋友切磋相正也。"茲據校補。以下條目多出《玄應音義》。

⑧ 注文"形"下奪"如"字，"雞"下奪"聲"字。《玄應音義》卷十一"猩猩"條："《字林》：能言鳥也。知人名也。形如豕，頭如黄雞。今交阯封溪有之，聲如小兒啼。"茲據校補。古本《玄應音義》皆作"能言鳥"，高麗藏再雕本改作"能言獸"，不妥。本書犭部"狌"亦作"能言鳥"。

甐甐力頹反。瓦破聲,踏瓦聲躪躪也。

誾誾魚千(巾)反。和説而爭也,和敬之皃,大聲也。①

嗷嗷五高反。哀鳴也,衆口愁也。

浡浡蒲没反。盛也。

烔烔然,熱皃。

諄諄之閏反。告曉之熟也,誠貌(懇)之皃,又“誨尓[諄諄]”也。②

惄惄知劣反。憂也。

炎炎重(熏)也。③

悒悒於急反。不舒之皃。

泓[泓]一宏反。深也。

伀伀之容反。惶遽也。

惴惴之睡反。懼也,謂危懼也。

恰恰用心也。

憧憧[幢]昌恭反,又徒到反。意不定也,又往來也。比吕女,又波太。④

魤魤許力反。赤皃,青黒曰魤。

唧唧咨栗反。鼠聲。

戛戛吉(古)黠反。齒聲。⑤

呱呱號也。

汲汲急行也。

匈匈沸撓之聲,“[匈匈]數千人聲”。⑥

稿稿居竭反。長也,禾舉出苗也。

侁侁往來行皃,又行皃(聲)。⑦

僅僅(荏荏)弱也,□(温)柔。⑧

---

① 注文“千”當作“巾”。《玄應音義》卷十二“誾誾”條:“魚巾反。”茲據校改。“説”通“悦”。

② 注文“貌”當作“懇”。《玄應音義》卷十六“諄諄”條:“案:諄諄,誠懇皃也。《詩》云‘誨尓諄諄’是也。”茲據校改。

③ 注文“重”當作“熏”。《爾雅·釋訓》:“炎炎,薰也。”釋文本“薰”作“熏”。茲據校改。

④ “徒到反”疑是“纛”字音,“幢”與“纛”義同。《名義·系部》:“纛,徒到反。羽葆幢也。”比吕女(ひろめ【広め·弘め】),又波太(はた【旗】)。

⑤ 注文“吉”當作“古”。《玄應音義》卷十九“戛戛”條:“古黠反。齒聲也。”“吉”與“古”雖皆見母字,但此處當是“古”。茲據校改。

⑥ 《玄應音義》卷十三“匈匈”條:“匈匈,沸撓之聲也。《漢書》:‘匈匈數千人聲’是也。”

⑦ 注文後一“皃”字當作“聲”。《玄應音義》卷七“侁侁”條:“《説文》:侁侁,往來行皃也。亦行聲也。”茲據校改。

⑧ 字頭“僅僅”當作“荏荏”,“也”下一字殘。《玄應音義》卷七“荏若”條:“《廣雅》:荏荏,弱也。亦温柔也。”茲據改補。

僊[僊]私延反。"屢僗[僊僊]"也,醉舞皃。①

茫茫莫向反。不分明之皃,冥昧之皃。久良之。②

慺慺謹敬之皃。

眇眇遠也,又深大也。

偕偕强壯之皃。

慌慌忽也,忽迷乱也。

祝祝之育反。專專也。

迢迢徒彫反。亭皃,遠也。迢,幸(遭)也。③

礚礚五合反。礚礚,高皃。

颯颯風也,風吹木葉落聲。

洋洋似羊反。洋[洋]然,盛也,水溢也,又和舒之皃。

啞啞乙白反。笑聲,"咲語啞啞"是。④

者者制事之辝也,亦明下句出也。⑤

窈窈閑也,遥也,深遠皃。⑥

冥冥夜也,昧也,闇也。

申申敬皃。

夭夭盛皃。

憤憤心䟒。

卤卤然也。⑦

朦朦然,盛。⑧

臀臀腰也。

蛇蛇寺遮、余支二反。淺心(意)也。⑨

㲱㲱毛落。

---

① 《玄應音義》卷七"僊僊"條:"《詩》云:屢舞僊僊。傳曰:僊僊,醉舞皃也。"

② 久良之(くらし【暗し・昏し・冥し】)。

③ 注文"幸"當作"遭"。《玄應音義》卷八"苕苕"條:"徒彫反。苕苕,亭皃也,亦遠也。苕,遭也。"

④ 《易·震》:"震來虩虩,恐致福也;笑言啞啞,後有則也。"

⑤ 《玄應音義》卷二十三"者者"條:"諸野反。《説文》:者,制事之辭也。亦明下句出也。牒本釋之,故重言者。"《儀禮·喪服》:"斬衰裳,苴絰杖絞帶,冠繩纓,菅屨者。"鄭玄注:"'者'者,明爲下出也。"

⑥ 《詩·周南·關雎》:"窈窕淑女,君子好逑。"毛傳:"窈窕,幽閒也。""閑"同"閒"。

⑦ 《孟子·萬章下》:"與鄉人處,由由然不忍去也。"

⑧ 此條不詳所出。

⑨ 注文"心"當作"意"。《詩·小雅·巧言》:"蛇蛇碩言,出自口矣。"毛傳:"蛇蛇,淺意也。"馬瑞辰通釋:"蛇蛇,即訑訑之假借。"茲據校改。

觺觺兵兵(岳岳)。①

啡啡口爵。②

亹亹備音。盛皃，微微也，進皃。③

弈弈照皃，憂也。

玲玲加加也久。④

鞙鞙彎垂皃，衆也。⑤

蹜蹜"[蹜蹜]如有循"也，"[蹜蹜]如"也，是也。飛時縮足在腹下。⑥

蹴蹴行速。

蹉蹉往來皃，又行皃。

跧跧疾趨也。

親親垂教皃。

藹藹阿知反。慎皃，又臣盡力也，止也。⑦

翩翩疾飛。

眭眭皇皇并美也。

蘉蘉美也。又[蘉蘉]然，不入也。美皇(皃)，悶也，小也。⑧

穆穆敬也，美也，懼也。

嗺嗺野人之言。

呭呭唈也。

暗暗(喳喳)与照(昭)反。喜也，樂皃。⑨

---

① 注文"兵兵"當作"岳岳"。《玉篇·角部》："觺，觺觺，猶岳岳也。"《廣韻·職韻》："觺，觺岳，角皃。"
茲據校改。

② 《可洪音義》第一冊"憤啡"條："上扶吻反。下妃尾反，正作俳也。憤憤俳俳，謂心喜勇口發
言也。"
《論語·述而》："不憤不啟，不悱不發。"何晏集解引鄭玄曰："孔子與人言，必待人心憤憤、口悱
悱，乃後啟發爲説之。"因"口悱悱"而字改作"啡"，本書上文"憤憤"言"心爵"，故此言"口爵"。

③ "亹"與"備"皆音"び"。

④ 加加也久(かがやく【輝く・耀く・赫く】)。

⑤ "鞙"同"鞙"。《玉篇·革部》："鞙，彎垂皃。"《詩·齊風·載驅》："四驪濟濟，垂彎濔濔。"毛傳："濔
濔，衆也。""鞙"與"濔"音同，"鞙"又作"輨"。

⑥ 《論語·鄉黨》"足蹜蹜如有循。"《禮記·玉藻》："執龜玉，舉前曳踵，蹜蹜如也。""是也"乃《原本玉
篇》的引文體例。

⑦ 阿知(あち)反。

⑧ 注文"皇"當作"皃"。《詩·大雅·崧高》："既成藐藐，王錫申伯。"毛傳："藐藐，美貌。""皃"同"貌"。
茲據校改。《詩·大雅·抑》："誨爾諄諄，聽我藐藐。"毛傳："藐藐然不入也。"《爾雅·釋訓》："邈邈，
悶也。"

⑨ 字頭"暗暗"當作"喳喳"，注文"照"當作"昭"，"樂"下原有重文符。《廣韻·宵韻》餘昭切："喳，樂
也。"《説文》："喜也。"茲據改刪。

明明斤斤并察也。

曉曉懼也。

嘵嘵牛府反。衆多也。

條條秩秩[并]智也。①

肅肅敬也,静也,又恭也。

諸諸辨也。

翼翼慎敬也,恭也,盛也,閑也,正也,治也,好也,明也。

優優和也。

兢兢式(戒)也,恐也,敬也,戒慎也,堅强之皃。②

矜矜上同。③

戰戰蹌蹌并動也,又儛踊也。④

晏晏温温并柔也。

嚶嚶鳥聲。

嗁嗁去纅(纏)反。勧(歡)皃。⑤

鄴鄴翹翹并危也。⑥

嬉[嬉]喜也,美(咲)皃。⑦

喑喑鳴也。

吨吨不了也。⑧

番番矯矯并勇也。

嗺嗺先槺反。醜也。

桓桓烈烈并威也。

嗃嗃嚴大之聲也,崇讒慝也。⑨

喔喔憂皃。

洸洸赳赳并武也。

---

① 《爾雅·釋訓》:"條條、秩秩,智也。"此據文例當補"并"字。

② 注文"式"當作"戒"。《爾雅·釋訓》:"兢兢,戒也。"兹據校改。

③ 《詩·小雅·無羊》:"矜矜兢兢。"毛傳:"矜矜兢兢,以言堅彊也。"

④ 《尚書·益稷》:"鳥獸蹌蹌。"釋文:"蹌,舞貌。"

⑤ "嗁嗁"之上原衍"嚶嚶"二字,注文"纅"當作"纏","勧"當作"歡"。《名義·口部》:"嗁,去纏反。樂也。"《方言》卷十三:"嗁,樂也。"郭璞注:"嗁嗁,歡貌。"兹據删改。

⑥ 《爾雅·釋訓》:"業業、翹翹,危也。"

⑦ 注文"美"當作"咲"。《廣韻·仙韻》:"嬉,笑皃。""咲"同"笑"。兹據校改。

⑧ 《玉篇·口部》:"吨,《字書》云:吨吨,不了。"《集韻·混韻》:"吨,吨吨,言不了。"《集韻·魂韻》:"吨,吨吨,言不明也。"

⑨ 《易·家人》:"九三,家人嗃嗃,悔厲吉。"孔穎達疏:"嗃嗃,嚴酷之意也。"《爾雅·釋訓》:"謞謞,崇讒慝也。"

濟濟正（止）也。①

呻呻仁廉反。嚟兒。②

嗒嗒相對談也。②

羊羊（洋洋）思也。③

蹶蹶踖踖并敏也。

嚘嚘然，亦猒食也。

關關和鳴也。

薨薨增增并衆也，然也，衆夥之兒。

蒸蒸遂遂并作也。④

眐眐之盈反。獨行兒，猶行。

瞢瞢靡□（筆）反。不可測量。⑤

委委美也。

娥娥盛也，莊。⑥

顒顒莊甚反。頭也。⑦

慆慆言反（久）也。⑧

頩頩有准反。面不正兒。

慅慅慢（慍）也。⑨

娩娩通會反。舒遲兒。

佗佗美也。⑩

娙娙（娙娥）五丁反。人名。⑪

忯忯揚揚（惕惕）并受（愛）也。⑫

嫛嫛備安反。往來也。

振振仁厚也，盛兒。

提提羣飛兒。

---

① 注文“正”當作“止”。《爾雅·釋訓》：“濟濟，止也。”茲據校改。

② 《原本玉篇·言部》：“嚞，《聲類》或爲嗒字。野王案，嗒嗒，相對談也。在口部。”

③ 字頭“羊羊”當作“洋洋”，“思”下原有重文符。《爾雅·釋訓》：“洋洋，思也。”茲據改刪。

④ 《爾雅·釋訓》：“烝烝、遂遂，作也。”釋文作“蒸蒸”。

⑤ 反切下字殘。《名義·目部》：“瞢，靡筆反。”茲據校補。

⑥ 《文選·古詩十九首》：“娥娥紅粉糚。”“莊”同“糚”。

⑦ 《廣韻·寑韻》：“顒，頭銳長也。”

⑧ 注文“反”當作“久”。《詩·豳風·東山》：“我徂東山，慆慆不歸。”毛傳：“慆慆，言久也。”茲據校改。

⑨ 注文“慢”當作“慍”。《爾雅·釋訓》：“慘慘，慍也。”“慅慅”同“慘慘”。茲據校改。

⑩ 《爾雅·釋訓》：“佗佗，美也。”“佗佗”同“佗佗”。

⑪ “娙娙”當作“娙娥”，因受上字影響而類化改旁。《史記·外戚世家褚少孫論》：“邢夫人號娙娥。”

⑫ 字頭“揚揚”當作“惕惕”，注文“受”當作“愛”。《爾雅·釋訓》：“忯忯、惕惕，愛也。”茲據校改。

婹婹傷琰反。然也。①

妭妭呼燎反。喜皃。

切切〔忉忉〕敬也,憂也。太志加尔。②

斐斐孚飛反。往來也,大醜皃。

孜孜豆上(止)女天。③

惕惕剌歷反。"心焉[惕惕]",猶忉忉也。亦懼也,愁也。④

森森所金反。木長皃,今取至(其)意。伊与与加尔。⑤

嫿嫿璩圓反。好皃。

媉媉乙角反。好皃,容也。

爵爵靡乱也。

恢恢簡也。於吕曾加尔。⑥

䖝䖝躍躍并迅也。⑦

了了分明也。波介久。⑧

當當伊利加世。⑨

芇芇波宇反。溢也。⑩

毿毿榮也,苗也。奈比久。⑪

綽綽爰爰并緩也。

娿娿五駭反。喜樂皃,容也,好也。

坎坎蹲蹲喜也,足上下之皃,儛之皃。

婥婥大約反。均(約)也。⑫

堂堂廣大皃,高大皃。伊利加世。⑬

---

① 《説文・女部》:"婹,不媚,前却婹婹也。"《玉篇・女部》:"婹,不媚也,前却婹婹然也。"

② 《爾雅・釋訓》:"忉忉,憂也。"太志加尔(たしか【確か・慥か】に)。

③ 豆止女天(つとめて【努めて・勉めて・力めて】)。

④ 《詩・陳風・防有鵲巢》:"心焉惕惕。"毛傳:"惕惕,猶忉忉也。"

⑤ 注文"至"當作"其"。《玄應音義》卷十一"森森"條:"所金反。《説文》:多木長皃也。今取其意耳。"茲據校改。伊与与加尔(いよよか【森よか】に)。

⑥ 於吕曾加尔(おろそか【疎か】に)。

⑦ "䖝"爲"赫"的俗字。《爾雅・釋訓》:"赫赫、躍躍,迅也。"

⑧ "波介久",寛永本、享和本作"波也介久",《群書類從》本作"佐波也介久"。《考異》:"波恐佐之誤。"《師説抄》:"佐,諸作波,非。久ハ之誤カ?"狩谷注:"真淵云:波上脱佐。按,此説非。濱臣按,波上恐脱麻。"

⑨ 伊利加世(いりかせ)。與下文"堂堂"和訓同。

⑩ 波宇(はう)反。釋義不詳。

⑪ 奈比久(なびく【靡く】)。

⑫ 注文"均"當作"約"。《廣韻・藥韻》:"婥,婥約,美皃。"茲據校改。

⑬ 伊利加世(いりかせ)。

乾乾恐悚。

泱泱廣大也,勝也。

師師明皃。

攸攸思也,遠也。宇大礼,又大伊大伊志久。①

稱稱格格并舉也。②

姪姪達丁反。小兒多詐而獪也,容也。眼(眠)姪,欺謾之語也。③

厭厭媞媞[并]妄(安)也。④

蓁蓁薛薛(孽孽)并載也。⑤

詍詍呼氣反。語也,語聲也。⑥

訑訑弋支反。自得皃,淺意也。

詽詽如□(簷)反。多言也。⑦

誾誾可恨(古恨)反。語也。⑧

祁祁遲遲并徐也。

厭厭安静也。

伈伈恐也。

平平(丕丕)簡簡並□(大)也。⑨

僙僙武也,[“武夫僙僙”]是也。⑩

傱傱走皃。

媧媧美皃。

存存萌萌並礼(在)也。⑪

---

① “宇大礼”,寬永本、享和本作“宇加太托(礼)”,《群書類從》本作“宇加太”,此疑當作“宇加太礼(うかたれ)”,但義不詳。各本無“又大伊大伊志久(たいたいしく【大大しく】)”。

② 《爾雅·釋訓》:“偮偮、格格,舉也。”釋文:“本亦作稱,同。”

③ 注文“眼”當作“眠”。《方言》卷十:“眠姪,欺謾之語也。”茲據校改。又《方言》卷十:“凡小兒多詐而獪謂之央亡,或謂之姡。姡,姪也。”

④ 注文“妄”當作“安”。《爾雅·釋訓》:“懕懕、媞媞,安也。”茲據校改。

⑤ 字頭“薛薛”當作“孽孽”。《爾雅·釋訓》:“蓁蓁、孽孽,戴也。”“載”通“戴”。茲據校改。

⑥ “呼”下原有重文符。《原本玉篇·言部》:“詍,呼氣反。《廣雅》:詍詍,語也。《埤蒼》:聲也。”茲據刪。

⑦ 反切下字殘。《原本玉篇·言部》:“詽,如藍、如簷二反。”此殘字底部似是“口”旁。茲據校補。

⑧ 注文“可恨”當作“古恨”。《原本玉篇·言部》:“誾,古恨反,胡典反。”茲據校改。

⑨ “平平”原爲“伈”字注文,在“恐也”下。字頭“平平”當作“丕丕”,“並”下一字殘。《爾雅·釋訓》:“丕丕、簡簡,大也。”故此處注文言“並”。茲據乙改補。

⑩ “是也”非釋義,當爲引文之語。《詩·大雅·江漢》:“武夫洸洸。”《爾雅·釋訓》:“洸洸,武也。”《釋文》:“洸,舍人本作僙。”此蓋當作“‘武夫僙僙’是也”。

⑪ 注文“礼”當作“在”。《爾雅·釋訓》:“存存、萌萌,在也。”茲據校改。

佪佪惛也，迷昏也。①

懋懋莫［莫］並勉也。爲也。②

佂佂皇處（惶遽）皃。③

庸庸愮愮並勞也。

傅傅衆也。

僇僇癡行也。

瞿瞿休休並儉也。

恂恂且進反。信也，恭敬之星（皃），誠也，敬也，恐也。豆豆志无，又乎乃乃久。④

旭旭蹻蹻並驕。⑤

夢夢訰訰並乱也。

楑楑猗驕反。小盛皃。⑥

狧狧飛皃。

猾猾乱也。⑦

懆懆邎邎並悶也，又煩悶也。⑧

儚儚泅泅（洞洞）並昏也。⑨

伵伵且紫反。"［伵伵］彼有屋"是也。⑩

佸佸力皃，勤皃。

伾伾有力也，衆也。⑪

版版蕩蕩土當反。廣遠之皃，馳散之皃，威勢之皃，散動也。上下並僻。⑫

爐爐鬼音。鬼也。⑬

---

① 《爾雅·釋訓》："泂泂，惛也。"《玉篇·人部》："佪佪，惛也。""佪佪"同"泂泂"。

② 《爾雅·釋訓》："懋懋、慔慔，勉也。"下文："莫莫，爲也，散也。"

③ 注文"皇處"當作"惶遽"。《楚辭·九嘆·思古》："魂佂佂而南行兮。"王逸注："佂佂，惶遽之貌。"茲據校改。

④ 注文"星"當作"皃"。《論語·鄉黨》："孔子於鄉黨，恂恂如也，似不能言者。"釋文："恂恂，温恭之貌。"茲據校改。豆豆志无（つつしむ【慎む・謹む】），又乎乃乃久（おののく【戰く】）。

⑤ 《爾雅·釋訓》："旭旭、蹻蹻，憍也。""驕"同"憍"。

⑥ 《説文·木部》："楑，木少盛皃。《詩》曰：桃之楑楑。"今《詩·周南·桃夭》作"桃之夭夭"。"楑""楑""夭"同。

⑦ 文獻無"猾猾"之語。《玄應音義》卷十一"姦狡"條："謂姦偽狡猾也，字從犬。《方言》：凡小兒多詐而獪也，或謂之猾。猾亦亂也。"此處蓋因誤解句意，將"猾猾"連讀而如此。

⑧ 《爾雅·釋訓》："懆懆、邎邎，悶也。"郭璞注："皆煩悶。"

⑨ 字頭"泅泅"當作"洞洞"。《爾雅·釋訓》："儚儚、洞洞，惛也。""惛"同"昏"。茲據校改。

⑩ 《説文·人部》："伵，小兒《詩》曰：伵伵彼有屋。"《詩·小雅·正月》："佌佌彼有屋。"

⑪ "衆"下原衍"之"字。《廣雅·釋訓》："伾伾，衆也。"茲據刪。

⑫ 注文"上下並僻"指"版版蕩蕩，並僻也"，餘爲"蕩"字音義。《爾雅·釋訓》："版版、蕩蕩，僻也。"

⑬ 《爾雅·釋訓》："爐爐、炎炎，薰也"。此音義有誤，不詳。

姝姝尺珠反。[姝姝]然,姝是也。美也,姝美也,美皃也。①

居居宄宄(究究)並惡。②

仇仇敖敖並傲。

鬆鬆先刃(匈)反。乱皃。③

勿勿勉也。

弩弩怒。④

佌佌瑯瑯並小。⑤

悄悄慍也,憂皃。

慘慘慢(慍)也,瘁也,憂也,痛也,煞也,貪也。⑥

痯痯瘝瘝並病,又疲。

惇惇愽愽京京忡忡炳炳(恫恫)皆憂也。⑦

欽欽憂也,樂進也,[欽欽]然也,聲也。

畇畇田也。⑧

夋夋鄩(耕)。⑨

郝郝耕。

繹繹生。

綿綿廛(麎)。⑩

挃挃護(穫)。⑪

栗栗衆。

溞溞淅。

烰烰烝。

俅俅服。

峨峨祭也,山不平之皃,山高峻之皃。

鍠鍠樂。

<hr />

① "[姝姝]然,姝是也"疑當作"'姝姝然,美'是也"。《慧琳音義》卷三十一"姝麗"條:"《韓詩》云:姝姝然,美也。"

② 字頭"宄宄"當作"究究"。《爾雅·釋訓》:"居居、究究,惡也。"茲據校改。

③ 注文"刃"當作"匈"。《名義·髟部》:"鬆,先匈反。"茲據校改。

④ 《方言》卷一:"東齊謂之劍,或謂之弩。弩猶怒也。"此處蓋因誤解句意,將"弩弩"連讀而如此。

⑤ 《爾雅·釋訓》:"佌佌、瑣瑣,小也。""瑯"爲"瑣"俗字。

⑥ 注文"慢"當作"慍"。《爾雅·釋訓》:"慘慘,慍也。""懆懆"同"慘慘"。茲據校改。

⑦ 注文"炳炳"當作"恫恫"。《爾雅·釋訓》:"恫恫,憂也。"

⑧ 《爾雅·釋訓》:"畇畇,田也。"《玉篇·田部》:"畇,同畇。"

⑨ 注文"鄩"當作"耕"。《爾雅·釋訓》:"夋夋,耕也。"茲據校改。

⑩ 注文"廛"當作"麎"。《爾雅·釋訓》:"緜緜,穗也。"釋文本"穗"作"麎"。茲據校改。

⑪ 注文"護"當作"穫"。《爾雅·釋訓》:"挃挃,穫也。"茲據校改。

屑屑先結反，又穿結反。敬也，動作也，亦往來皃，不安。①

穰穰衆多皃，福也。

顒顒卬卬君之德。

娄娄臣盡力也。

雍雍（噰噰）喈喈並艮（民）協服。②

契契愈遲急也。

燕燕粲粲居（尼）居息也。③

閃閃式釰反。藏身出頭急皇（皃）。④

黮黮於淡反。黑也。⑤

轟轟廣廣也。⑥

怙怙（恬恬）静。⑦

揭揭長也，音高也。⑧

徼徼循，行也。以備盜賊也。⑨

徵徵明也。⑩

行行道也，"[行行]如也"，堅强之白（皃）。奈良夫，又豆良奴。⑪

曀曀翳。

嚾嚾瘏皃。

撽撽擊也。

健健口舌聲，又往來皃。⑫

---

① "穿結反"當是倭音"せつ"。

② 字頭"雍雍"當作"噰噰"，注文"艮"當作"民"。《爾雅·釋訓》："噰噰、喈喈，民協服也。"兹據校改。

③ 注文上"居"當作"尼"。《爾雅·釋訓》："宴宴、粲粲，尼居息也。"兹據校改。

④ 注文"皇"當作"皃"。《字鏡》作"狀"，"狀"與"皃"義同。《名義·門部》："閃，頭皃也。"兹據校改。

⑤ 此條不詳。《廣韻·檻韻》於檻切："黮，黃黮，人名。《説文》曰：黮者忘而息也。"

⑥ 注文不詳。

⑦ 字頭"怙怙"當作"恬恬"。《廣雅·釋詁四》："恬，靜也。"兹據校改。文獻無"恬恬"之語，疑爲誤截。

⑧ 《楚辭·九嘆·遠游》："貌揭揭以巍巍。"王逸注："揭揭，高貌也。"此云"音高也"疑誤。

⑨ 《玄應音義》卷二十"徼循"條："徼，遮也。循，行也。《漢書音義》曰：所謂遊徼，徼循以備盜賊也。"此處蓋誤解句意，此誤截"徼徼"爲詞目。

⑩ 文獻無"徵徵"之語，此處疑誤解句意而誤截"徵徵"爲詞目。《廣韻·蒸韻》："徵，明也。"

⑪ 注文"白"當作"皃"。《玉篇·行部》："《論語》曰：子路行行如也。行行，剛强之皃。"兹據校改。奈良夫（ならぶ【並ぶ】），又豆良奴（つらぬ【連ぬ・列ぬ】）。

⑫ 《詩·小雅·巷伯》："緝緝翩翩，謀欲譖人。……捷捷幡幡，謀欲譖言。"毛傳："緝緝，口舌聲。翩翩，往來貌。……捷捷，猶緝緝也。幡幡，猶翩翩也。""健健"同"捷捷"。"往來皃"則非"捷捷"之義。

便便閑雅之皃,辯也,宜也,僻。①

汪汪大也。

渼渼壯狡(佼)也。渼,美也。②

泛泛流皃。

洎洎(汨汨)急皃,流急皃,行皃。③

施施舒行也。

勃勃盛也,懃也。

偈偈疾皃。

估估勤力皃。④

雄雄威德威廣。⑤

灼灼之只(若)反。花盛之皃,光明也。氐留,又加加也久。⑥

岐岐鳥飛行皃。⑦

可可与支止支。⑧

佯佯伊豆波利和佐。⑨

故故祢太介尓,又已止大户。⑩

點點志豆介志。⑪

欥欥憙也。

㰤㰤戲咲皃。

---

① 《詩·小雅·采菽》:"平平左右。"釋文:"平平,辯治也。《韓詩》作便便,云:閑雅之貌。"

② 注文"狡"當作"佼"。《詩·檜風·隰有萇楚》:"夭之沃沃,樂子之無知。"毛傳:"沃沃,壯佼也。""渼"同"沃"。茲據校改。《廣雅·釋詁一》:"沃,美也。"

③ 字頭"洎洎"當作"汨汨"。《楚辭·九章·懷沙》:"分流汨兮。"王逸注:"汨,流也。"《方言》卷六:"汨,遙,疾行也。南楚之外曰汨,或曰遙。"郭注:"汨汨,急貌也。"茲據校改。

④ 此條不詳,詞目疑當作"佐佑"。

⑤ 《楚辭·大招》:"雄雄赫赫,天德明只。"王逸章句:"雄雄赫赫,威勢盛也。"此處注文不詳,疑當作"威德廣也"。

⑥ 注文"只"疑當作"若"。《廣韻·藥韻》:"灼,之若切。"茲據校改。氐留(てる【照る】),又加加也久(かがやく【輝く·耀く·赫く】)。

⑦ 《文選·潘岳〈笙賦〉》:"翾翾歧歧。"李善注引《字林》:"歧歧,飛行貌。"

⑧ 《遊仙窟》:"雙燕子,可可事風流。""可可",《漢語大詞典》解釋作"恰好;恰巧",是也。与支止支(よきとき【便時】)。

⑨ 伊豆波利和佐(いつわり【僞り】わざ【業·技】)。

⑩ 《遊仙窟》:"故故將纖手,時時弄小弦。"祢太介尓(ねたげ【妬げ】に),又已止大户(ことたえ【故】)。

⑪ 狩谷疑"點點"當作"默默"。志豆介志(しずけし【静けし】)。

歙歙飲飲(佽佽)姉也。姉者,敬也,敢也,侍也。①

欹欹欹欹難(欹)詞。②

欧欧(歐歐)不可知也。③

趢趢安行也。

赽赽公穴反。步也。

棲棲簡閱皃,遑遑也。④

仰仰得也。

信信理也,信也。

慇慇憂也,正也,[慇慇]然痛也,衆也。⑤

莫莫爲也,散也。

嫨嫨美皃。

喈喈鳥和聲,遠聞也,笙聲。

啾啾小兒聲。宇曾布。⑥

眈眈女豆良之久。⑦

連字第百五十九

鎡錤上尔(子)之反,下巨姬反。除草器。久波須支。⑧

不肖不似也。

苗裔以子孫爲苗裔。⑨

搇曬上力結反,下所懈反。謂暴乾也。

鉗鏂大釘。

---

① “飲飲”當作“佽佽”。《原本玉篇·欠部》:“歙,《字書》:歙,歙佽,猶媔奻(姉)也。”此處蓋因昌住不明句讀,《名義》“歙”條之後續抄“**歙**(佽)”字條,極似“飲”字,故將《原本玉篇》中的“歙,歙佽”誤爲“歙歙飲飲”。茲據校改。《說文·女部》:“姉,娣姉也。”《說文·女部》:“娣,姉也。一曰女侍曰娣。”《說文繫傳·女部》:“娣,一曰果敢也。”“姉”同“姉”,此處又以“娣”字之義爲“姉”字釋義。

② 注文“難”當作“欹”。《玉篇·欠部》:“欹,欹欹,欹辭。”茲據校改。

③ 字頭“欧欧”當作“歐歐”。《原本玉篇·欠部》:“歐,《字書》:歐歐,不可知也。”茲據校改。

④ 《詩·小雅·六月》:“六月棲棲,戎車既飭。”毛傳:“棲棲,簡閱皃。”

⑤ 《廣韻·欣韻》:“慇,衆也,正也。”《詩·小雅·正月》:“念我獨兮,憂心慇慇。”毛傳:“慇慇然痛也。”

⑥ 宇曾布(うそぶ【嘯ぶ】)。

⑦ “眈眈”同“耽耽”。女豆良之久(めずらしく【珍しく】)。

⑧ 注文“尔”當作“子”。《廣韻·之韻》:“鎡,子之切。”茲據校改。久波須支(くわ【鍬】すき【鋤·犁】)。

⑨ 《玄應音義》卷十三“苗裔”條:“《說文》:裔,衣裾也。以子孫爲苗裔者,取下垂義也。”

銼鑣大比加万。①

從容門木(閑)也，舉動也。②

庶幾僥倖也，又尚。己比祢加波久波。③

圭合“多少者不失圭撮”，四圭曰撮，六十四黍爲一圭。④

嫈瞙上乙莖反，下茫莖反。心態也，亦細視也。

矗然勑六反。端直也，草茂盛也。

皦然公鳥反。明也，淨也。

確然口角反。“天(夫)乾，確然，示人易矣”，又堅皃。⑤

潸然所班反。涕流下皃，又“潸焉出涕”是也。

沛然方外反。水也，雨盛降而不止曰沛然，又不自矜莊也。阿女佐加利尓不留。⑥

呱然古胡反。小兒啼聲。

泓然一宏反。都盡也。泓，[下]深大也。⑦

怏然怏，懟也。心不伏也。⑧

怚(坦)然安也，平也。⑨

鏗然頼頼(頓頓)，堅正。⑩

芒然、惘然同。冥昧不明。

倓然无爲。

憮然失意皃，怪愕之辝也，意未言。比江天。⑪

憺然安樂。

颯然疾皃。

---

① 大比加万(おお【大】ひがま【日竈】)。

② 注文“門木”當作“閑”。《玄應音義》卷十二“從容”條：“謂詳審閑雅之皃也。”《玄應音義》卷十六“從容”條：“門木也。”徐時儀校：“門木，《磧》爲‘閑’。”茲據校改。

③ 己比祢加波久波(こいねがわくは【乞い願わくは・希くは・冀くは・庶幾くは】)。

④ 《玄應音義》卷十六“圭合”條：“古攜反。《漢書》：多少者不失圭撮。四圭曰撮。孟康曰：六十四黍爲一圭也。”此處注文“黍”旁有小字片假名注“アハ(あわ【粟】)”。

⑤ 注文“天”當作“夫”，“又”下原有“不”字。《玄應音義》卷十九“確然”條：“《周易》：夫乾，確然，示人易矣。韓康伯曰：確然，堅皃也。”茲據改刪。

⑥ 注文“不自矜莊也”不詳。阿女佐加利尓不留(あめ【雨】さかり【盛り】に/ふる【降る】)。

⑦ 注文“深”上奪“下”字。《玄應音義》卷十七“泓然”條：“一宏反。都盡也。《說文》：泓，下深大也。今取其義。”茲據校補。

⑧ 《玄應音義》卷十八“怏然”條：“於亮反。《蒼頡篇》：怏，懟也。亦怏然，心不伏也。”

⑨ 字頭“怚”當作“坦”。《玄應音義》卷六“坦然”條：“《說文》：坦，安也。《廣雅》：坦，平也。”茲據校改。

⑩ 注文“頼頼”當作“頓頓”。《玄應音義》卷六“鏗然”條：“《廣雅》：頓頓，堅正也。”茲據校改。

⑪ 比江天(びえて)，蓋即“おびえて【脅えて・怯えて】”，此或奪“於(お)”字。

公然 正也,共也,久(父)也。安良波尔。①

泰然 太久万志久。②

憿然 五到反。不敬也。於己留。③

屹然 高大皃。

寂然 静也。

罔然 無知意,又惶慮(遽)之皃。④

傪然 好也,喜也。己乃牟。⑤

喟然 歎怖也,歎吟也。奈介久,又於毛保天留。⑥

悄然 不安之皃,不悦樂之皃,憂傷之皃。

慄然 恐懼悚之皃,又誠慎之皃。

撋然 勁忿之皃。

臩然 古(苦)並反。舉自(目)驚視也,好皃,譃也。⑦

愕然 覺各反。驚愕也。於豆,又於比由,又於止呂久。⑧

覼然 勅忍反。大咲皃。

䵻然 赤色皃。

蹴然 敬也。豆万己江,又大知豆万豆久,又太知佐万与不。⑨

迥然 獨出高遠也,猶遠也。

巎然 峛也,唆(峻)峯迥(迴)然崎立也。峛者,峻也。⑩

踧然 "[踧然]避席"也。⑪

---

① 注文"久"當作"父"。《廣韻·東韻》:"公,父也,正也,共也。"茲據校改。安良波尔(あらわ【顕・露】に)。

② 太久万志久(たくましく【逞しく】)。

③ 於己留(おごる【驕る・傲る・奢る】)。

④ 注文"慮"當作"遽"。《玄應音義》卷八"罔然"條:"謂不稱適也,罔罔然無知意也,亦惶遽之皃也。"茲據校改。

⑤ 己乃牟(このむ【好む】)。

⑥ 奈介久(なげく【嘆く・歎く】),又於毛保天留(おもほてる【面熱る】)。

⑦ 注文"古"當作"苦","自"當作"目"。《名義·齐部》:"臩,苦並反。"《説文·齐部》:"臩,舉目驚臩然也。"茲據校改。

⑧ 於豆(おず【怖づ】),又於比由(おびゆ【脅ゆ・怯ゆ】),又於止呂久(おどろく【驚く・愕く・駭く】)。

⑨ 豆万己江(つまこえ【爪蹴】),又大知豆万豆久(たち【立】つまずく【躓く】),又太知佐万与不(たち【立】さまよう【彷徨う】)。

⑩ 注文"唆"當作"峻","迥"當作"迴"。《慧琳音義》卷八十二"巎然"條:"《韻英》云:峛巎,山峻皃也。"本書上條:"迥然,獨出高遠也,猶遠也。"茲據校改。

⑪ 《慧琳音義》卷九十五"踧然"條:"《廣雅》:踧踖,畏敬也。《禮記》'夫子踧然避席'是也。"

惨然伊太牟。①

悵然。②

嵩然山高也。

侜張誑也，亦句（幻）惑欺誑也。③

勗勵上虚玉反，下力制反。謂勉勵也，相勸勵也。

騗鹹上士洽反，下亘（魚）洽反。謂俳戲［人］也。④

趙（趆）趍上知矯反，下地（他）姑反。伏他（地）也。⑤

趁趨上息（念）南反，下度南反。驟兒，疾出也。⑥

趨趙（趭）語音不類，又浪語也。⑦

惢愉謂顔色和悦也。⑧

孜汲上子辞反。遽也。

鬊鬏上都穀反，下蘇穀反。斗藪也。⑨

抖揀上同。

酬酢主答曰酬，客答主人曰酢。⑩

裹孕上懷字。謂孕子。

泛漾謂摇蕩也。

娟斕文章之名。

---

① 伊太牟（いたむ【痛む・傷む・悼む】）。

② 此條注文奪。

③ 注文"句"當作"幻"。《玄應音義》卷四"侜張"條："《爾雅》：侜張，誑也。亦幻惑欺誑也。"茲據校改。

④ 注文"亘"當作"魚"，"戲"下奪"人"字。《玄應音義》卷十九"騗鹹"條："士洽反，下魚洽反。騗鹹謂俳戲人也。"茲據改補。《磧砂藏》本《玄應音義》"鹹"作"䶢"。

⑤ 字頭"趙"當作"趆"，注文"地"當作"他"，"他"當作"地"。《廣韻·模韻》博孤切："趆，趍趆，伏地。"《玉篇·走部》："趍，他胡切。趆趍，伏地也。"茲據校改。又"知矯反"爲"趙"字音。

⑥ 注文"息"疑當作"念"。《廣韻·覃韻》："趁，倉含切。"《名義·馬部》："驂，念含反。"二字音同。茲據校改。

⑦ 字頭"趙"當作"趭"。《廣韻·效韻》："趭，趭趙，跳兒。"茲據校改。此處注文不詳。本書走部："趭，跳也，浪語也。"

⑧ 《玄應音義》卷十九"敷愉"條："《篆文》作孚瑜，言美色也。《方言》作惢愉，悦也。惢愉謂顔色和悦也。"

⑨ 《玄應音義》卷十一"斗撒"條："又作藪，同。蘇走反。《方言》：斗撒，舉也。《周成難字》云：斗撒，鬊鬏也。音都穀反，下蘇穀反。經文作抖揀二形，音同拯策，並非字體。""抖揀"同"斗撒"，非同"鬊鬏"。

⑩ 《玄應音義》卷十八"酬酢"條："主答客曰酬，客報主人曰酢。"

窺闞小規(視)也。①

飷餬酪蘇之名。②

氤氳元氣也,謂天地未分[之]始氣也。③

誘訹教也,引也,相勸也。

巇嶮顛危也。

倏忽書育反。急疾之皃,愴悴也,卒尔也,忽然也。

慷慨大息也,一云壯士不得志。

榮(勞)來不怠也,亦紉(約)勑也。④

戰頙謂掉動不定也。下宇音。⑤

婉孌下力絹反。美好皃,亦小皃。

騫翥上許言反,下之庶反。飛舉也。

漭沆上莫朗反,下胡朗反。水廣大謂之[漭沆]也。⑥

怳忽謂虚妄見也,无形不繫之辝也。怳,狂皃。又[慌]忽,明(眼)乱也。⑦

澒澒上莫動(董)反,下胡動反。无知也,遲塗[謂]之澒澒。⑧

謥詷急也,[言]過謂之謥詷也。⑨

潢瀁浩蕩也,廣大滉瀁也,水盛寬之皃,又水廣大曰滉瀁也,水重深廣静之皃。

希夷聽之不聞名曰希,視之不見名曰夷。言无聲曰希,无色曰夷。

譁訛難可謂之譁訛。

庭燎墳,火(大)也。樹扎(於)門外曰大熓(燭),門内曰庭燎。⑩

---

① 注文"規"當作"視"。《玄應音義》卷七"窺闞"條:"《説文》:窺闞,小視也。"《説文·穴部》:"窺,小視也。"茲據校改。

② "酪蘇"同"酪酥"。

③ "分"下奪"之"字。《玄應音義》卷七"氤氳"條:"元氣也,謂天地未分之始氣也。"茲據校補。

④ 字頭"榮"當作"勞",注文"紉"當作"約"。《玄應音義》卷七"勞來"條:"《漢書》:勞來不怠也。亦約勑也。"茲據校改。

⑤ 《玄應音義》卷七"戰頙"條:"字體作顫,又作憻,同。之見反,下又作疛,同。有富反。《説文》:顫頙謂掉動不定也。"宇(う)音,即"有富反"對應的倭音。

⑥ 《玄應音義》卷七"漭沆"條:"莫朗反,下胡朗反。《通俗文》:水廣大謂之漭沆。"

⑦ "忽"上奪"慌"字,注文"明"當作"眼","乱"下原有"之"字。《玄應音義》卷七"怳忽"條:"謂虚妄見也,亦無形不繫之辭也。《説文》:怳,狂皃也。字又作慌,呼晃反。《漢書音義》曰:慌忽,眼亂也。"茲據補改刪。

⑧ 注文"動"當作"董","塗"下奪"謂"字。《玄應音義》卷八"澒澒"條:"莫董反,下胡動反。無知也。《通俗文》:泥塗謂之澒澒。"茲據改補。

⑨ 注文"過"上奪"言"字。《玄應音義》卷八"謥詷"條:"《通俗文》:言過謂之謥詷。《纂文》云:謥詷,急也。"茲據校補。

⑩ 注文"火"當作"大","扎"當作"於","熓"當作"燭"。《玄應音義》卷二十一"庭燎"條:"《周禮》:供墳燭庭燎。鄭玄曰:墳,大也。樹於門外曰大燭,門内曰庭燎。"茲據校改。

隍池隍，城下坑也。有水曰池，无水曰隍。①

八罒大鼓也。

都曇小鼓也。

灩溢上以冉反。謂器盛物盈滿也。

眇㴉廣大也，深遠也。

踡跼下渠玉反。不伸反（也）。②

浸淫轉大之言，移徙處日廣也。

平素大比良介志。③

悁憒下公對反。止比弥大礼。④

轗軻不相叶。

諧偶相叶也。

嘲調毛知[阿]曽不。⑤

不愽波可利曽志留。⑥

彈擊波波女奈是留。⑦

解奏波良戸祭。⑧

猖獗（獗）須須乃弥，又太不止己留。⑨

領前弥佐支尓。⑩

陂陁長階陛也，猶靡迤也，不平也。⑪

泊乎静。

---

① 字頭及注文“池”字原作“阤”，“阤”即“池”字受“隍”影響的類化俗字。

② 注文“反”當作“也”。《玄應音義》卷二十二“踡跼”條：“《埤蒼》：踡跼，不伸也。”茲據校改。

③ 各本和訓上有“平也，舒也”。大比良介志（たひらけし【平らけし】）。

④ 止比弥大礼（とび【飛び】みだれ【乱れ】）。

⑤ 和訓“知”下奪“阿”字。各本作“毛知遊”，“遊”即“阿曽不”。本書女部“嬈”字注有“毛大（知）阿曽不”訓。茲據校補。毛知阿曽不（もちあそぶ【玩ぶ・翫ぶ・弄ぶ】）。

⑥ 此條不詳，各本作“平愽”。波可利曽志留（はかり【計り・量り・測り】そしる【謗る・譏る・誹る】）。

⑦ 波波女奈是留（はばめ【阻め・沮め】なぜる【撫ぜる】）。

⑧ 《慧琳音義》卷十六“解奏”條：“案：解奏，野外祭神也。”波良戸祭（はらう【祓ふ】まつり【祭り】）。

⑨ 須須乃弥（すすのみ），又太不止己留（たふところ）。

⑩ 弥佐支尓（みさき【御先・御前】に）。

⑪ 《原本玉篇・阜部》：“陁，《楚辞》：文異豹飾，食侍陂陁。王逸曰：陂陁，長陛也。或曰侍從君遊陂陁之中也。《子虚賦》：罷池陂陁，下属江河。野王案，陂猶靡迤（迆）也。《廣雅》：陂陁，阻险也。《字書》：陂陁，不平也。”

恀憚上丁姑反。惶慺（遽）也。於地加志古美須弥也久。①

暙瞀下亡告反。久（大）龜謂之暙瞀。二字訓不相離。②

閃爍暫見也，不定也。

尒炎譯云所知，亦云應知。③

喑唶嘆聲也。

奸䵣面黎黑曰奸䵣，面點墨（黑）也。䵣，面也。④

噢咻内悲也，言痛念之聲也。

噫乎謂欷傷之聲也。

犍陟太子馬名。梵云建他歌，譯云納。⑤

嗍嗼噍皃，味口也。⑥

沾洽潤澤也。

洪直不止利天。⑦

巉巖高也，山形高皃，危峻皃。佐我志。⑧

擊㩼己曾久留。⑨

泂㳁逆流。

耆艾六十曰耆，五十曰艾。

社稷封也，后土曰社，五穀曰稷。須女良於保毛止乎。⑩

嶸嶸高大也，廉急也。

麁㿑下元列反。危陽云也，動陽云，“于麁㿑”是也。⑪

頊顓上許玉反，入；下世尒反。古帝名也。⑫

煻煨熱灰曰煻煨。於支火，又保太久比。⑬

炲煤釜塵也，煙塵也，積烟以爲炱，釜垢也，釜黑子也。

---

① 注文“慺”當作“遽”。《集韻·勘韻》：“憚，一曰惶遽也。”茲據校改。於地加志古美須弥也久（おじかしこみ【惶ぢ懼み】すみやく【速く】）。

② 注文“久”當作“大”。《名義·甲部》：“瞀，大龜。”茲據校改。

③ 《玄應音義》卷十二“尔炎”條：“梵言。尔炎，此譯云所知，亦云應知也。”

④ 注文“墨”當作“黑”。《玄應音義》卷十二“奸䵣”條：“《通俗文》：面梨黑曰奸䵣。面點黑也。”茲據校改。

⑤ 《玄應音義》卷十三“揵陟”條：“巨焉反。馬名也。應云建他歌，譯云納也。”

⑥ 字頭原作“嗍嗼噍”。《玄應音義》卷四“嗍嗼”條：“《説文》：嗍嗼，噍皃也。味口也。”茲據校改。

⑦ 不止利天（ふとりて【肥·太りて】）。

⑧ 佐我志（さがし【嶮し·險し】）。

⑨ 《慧琳音義》卷六四“擊㩼”條：“擊㩼者，以指互相刺爲戲也。”己曾久留（こそぐる【擽る】）。

⑩ 須女良於保毛止乎（すめらおおもとお【社稷】）。

⑪ “陽云”不詳，似當刪去，“危也，動也”方爲“麁㿑”釋義。《易·困》：“困于葛藟，于麁㿑。”

⑫ 古書皆作“顓頊”，此蓋相倒。下世尒（せん）反。

⑬ 於支火（おきび【熾火】），又保太久比（ほだくひ【爐】）。

已上諸經論之内連字，已下出從外書。①

嵯峨高大之皃。佐加志。②

崨蝶上在合反。山不平之皃，山峻皃。佐我志。③

岭嶸山深无崖之皃，又深邃之皃。山乃己志，又久万。④

嶙峋大山皃，又山深无崖之皃，又近近也，又節汲（級）皃。⑤

陵嶒山高曰陵嶒，巋然也，云。

屺巍陵嶒之皃，巋也，山高大之皃。

嵷嶒上況二反。山高也，盛大之皃。⑥

岋峨山頭也。弥袮，又伊太太支。⑦

嗣屴山峻嶮之皃。佐加志，又美袮。⑧

嶬峨峩也，嶮也。美袮，又佐加志。⑨

嶢崢階高之皃，又層也。

崢嶸山高峻之皃，又幽冥也，又歲將暮之皃。

嶵嶬巍也，歲熱之皃，山高大也。⑩

隆崇石重疊之皃，又山高重疊。加伏（佐）奈留。⑪

岋嶪山危峻之皃，峨也，嵯也。

壘崋上力末反。峩峩也，山危峻也，岋嶪也，嵬。⑫

嵒嶔上彼錦反，下五敥反。山不平也，不安之皃，山危峻之皃。⑬

---

① 指以上多出自《玄應音義》，以下多出自《文選》等文獻。

② 佐加志（さがし【嶮し・險し】）。

③ 佐我志（さがし【嶮し・險し】）。

④ 《玉篇·山部》："岭，岭嶸，山深小皃。"《原本玉篇》作"岭嵤"，《漢書·楊雄傳》《文選·揚雄〈甘泉賦〉》作"岭嶸"，"嶸""嵤""嵤"三字同，《龍龕·山部》："嵤，俗；嵤，或作；嶸，正。"山乃己志（やま【山】の【之】腰【こし】），又久万（くま【隈・曲・阿】）。

⑤ 注文"汲"當作"級"。《漢書·楊雄傳》："岭嶸嶙峋。"顏師古注："嶙峋，節級貌。"茲據校改。"近近也"不詳，《字鏡·山篇》："嶙，峋，連之皃。""近近"疑爲"連之"之誤。

⑥ 反切不詳，疑是倭音"きょう"。

⑦ 弥袮（みね【峰】），又伊太太支（いただき【頂】）。

⑧ 佐加志（さがし【嶮し・險し】），又美袮（みね【峰】）。

⑨ 美袮（みね【峰】），又佐加志（さがし【嶮し・險し】）。

⑩ "歲熱之皃"不詳。

⑪ 注文"伏"當作"佐"，據各本改。加佐奈留（かさなる【重なる】）。

⑫ 《文選·張衡〈西京賦〉》："清淵洋洋，神山峩峩。列瀛洲與方丈，夾蓬萊而駢羅。上林岑以壘崋，下嶄巖以嵒嶔。"《文选·王延壽〈魯靈光殿賦〉》："瞻彼靈光之爲狀也，則嵯峨崋嵬，屺巍巆嶙。"李善注："皆高峻之貌。"

⑬ 此二音不詳。"彼錦反"爲"禀"字音。

崆峴(峖)山盛高之皃,隆高也。山与曽与曽奈利。①

嵣峞山石廣大之皃,又石積集。②

岋嵍山高之皃,又不齊也,參差也。美祢。③

岋嶭山不齊之皃,山峯也。

崲嵬山高也,山不平之皃,山石高不平也。

嵱嵷山高之皃,又上下衆多之皃。

嶔巖山高也,山石高下不齊也,崖也。伊波保。④

崛崎屈閱也,利之皃,針皃。⑤

嶍嶒深直也,又深邃之皃。保良,又谷。⑥

岐嶷山高峻之皃。又雖少而賢,岐然有智、嶷然有識之也。⑦

嶂巒岑也,高之稱也。久支。⑧

嶇岿上曽朱反。石晶重曰嶇岿。⑨

岐然有識之也。峀也,峻[峯]迴(迴)然崎立也。峀字者,峻。⑩

岳嶽山也,岡也,穴也,居也,太也,空也。⑪

岠嶇不正直之皃,傾側也。⑫

嶢榭高屋也,无壁之屋。太加支字氏奈。⑬

嚁溟廣遠之皃,深遠也。

---

① 字頭"峴"當作"峖"。《文選·張衡〈南都賦〉》:"其山則崆峴崵碣。"兹據校改。山与曽与曽奈利(やま【山】よそよそなり【余所余所なり】)。

② 《文選·張衡〈南都賦〉》:"嵣峞嵺刺。"李善注:"嵣峞,山石廣大之貌也。"

③ 美祢(みね【峰】)。

④ 伊波保(いわお【巖】)。

⑤ 注文不詳。《文選·司馬相如〈上林賦〉》:"摧崣崛崎。"李善注引張揖曰:"崛崎,斗絶也。""屈閱"或即"掘閱"。《詩·曹風·蜉蝣》:"蜉蝣掘閱,麻衣如雪。"毛傳:"掘閱,容閱也。"鄭玄注:"掘閱,掘地解閱,謂其始生時也。"

⑥ 保良(ほら【洞】),又谷(たに【谷】)。

⑦ "山高"原倒,本書"嶷"下作"山高",此不當作"高山"。"賢"字原在"雖"上。《文選·左思〈吳都賦〉》:"岐嶷繼體。"張銑注:"岐嶷,少而賢者,能繼祖考之德。"《詩·大雅·生民》:"誕實匍匐,克岐克嶷。"毛傳:"岐,知意也。嶷,識也。"鄭玄注:"能匍匐,則岐岐然意有所知也,其貌嶷然有所識別也。"兹據校乙。

⑧ 久支(くき【岫】)。

⑨ 反切不詳。《廣韻·賄韻》:"嶇,落猥切。"

⑩ 本書上文:"嶷然,唆(峻)峯迴(迴)然崎立也。"兹據校改。

⑪ 《原本玉篇·山部》:"岳,《説文》古文嶽字也。"今本《説文》"嶽"作"嶽"。此處"岳""嶽"二字非聯綿詞,蓋誤以爲連綿詞。

⑫ "岠"爲"嶇"俗字,詞目亦非連綿詞。

⑬ 太加支字氏奈(たかき【高き】うてな【台】)。

岑崟岑,居陰[反]。岐。美祢。①

隯嶔山不平之皃,嶮峻之皃。②

嶔巇山相對而危嶮皃,謂兩山[相]對面(而)危峻之皃。③

岩嶙山相連之皃,不斷絶也。④

嶜崟山高峻之皃。佐我之。⑤

水窓通水之溝,堅木,所以楚人々出入,其製似著芒也。⑥

游泳浮水而行曰游,潛水底行曰泳。泳,游也。浮於水上行曰游。

浩汗水布之皃,浩浩之皃,饒之也,水廣也。

瀎潏上莫結反,下公穴反。水流之皃,水流速疾也。

洋溢水流之皃,水廣大之皃,滿余也,沆溢。

漫汗水流於西(四)方之皃,廣大之皃,善也,遍也。⑦

漻淚水流之聲也,水流轉聲勢。美豆保,又万久。⑧

淢沮(汩)下榮筆反。水流淢泊(汩)也,水流急皃,水流轉聲勢也。⑨

瀺灂水聲也,水相擊所(之)聲。⑩

滈瀑上呼角反,下久角反。水威勢也,水沸之聲也,又波相擊之聲。⑪

潰洍户罪、公洪之聲。⑫

泮汗水聲也,水疾流下之聲。

濆薄大衆波起之皃,又江河波起。

滆焉水暴至之聲也,水相擊之聲也。滆,又人名。

泓澄停水也,水止不流濁也,淵也,水停也,深水分明之皃。須女留布知。⑬

淵港迴復之皃,接重衆(泉)也,㲽水青黑也。不知,又佐加万支,又海乃也水波。⑭

---

① “居陰反”爲“今”字音,此蓋誤以“岑”同“今”音。美祢(みね【峰】)。

② 《文選·王褒〈洞簫賦〉》:“徒觀其旁山側兮,則嶇嶔巋崎。”“嶇”同“隯”。

③ “對”上疑奪“相”字,注文“面”當作“而”,據本條“山相對而危嶮皃”補改。

④ 《集韻·諄韻》:“峮,峮嶙,山相連皃。或書作岩。”

⑤ 佐我之(さがし【嶮し・険し】)。

⑥ “水窓”即“水窗”。不詳所出。

⑦ 注文“西”當作“四”。《新撰字鏡·連字》:“漫衍,布於四方之皃。”茲據校改。

⑧ 和訓“保”字疑誤。美豆保(みず【水】ほ),又万久(まぐ【曲ぐ】)。

⑨ 字頭“沮”當作“汩”,注文“泊”當作“汩”。《文選·張衡〈南都賦〉》:“漻淚淢汩。”茲據校改。

⑩ 注文“所”當作“之”。《新撰字鏡·連字》:“滆焉,水暴至之聲也,水相擊之聲也。”茲據校改。

⑪ “久角反”疑當作“步角反”。

⑫ 注文疑當作“户罪、洪公二聲”。“户罪反”爲“潰”字音,“洪公反”爲“洍”字音。

⑬ 須女留布知(すめる【澄める】ふち【淵・潭】)。

⑭ 注文“衆”當作“泉”。《文選·左思〈吴都賦〉》:“泓澄奫潫,澒溶沆瀁。”“奫潫”即“淵港”。《名義·水部》:“潫,下接重泉。”茲據校改。“㲽”字或亦當作“泉”。“海乃也水波”不詳,或當作“海乃水波也”。不知(ふち【淵・潭】),又佐加万支(さかまき【逆巻き】),又海乃也水波。

潨溶水廣大皃,水盛皃,水流下廣皃,沆溢也。

洵涌水跳起皃,水涌聲。

晧洋下以小反。水廣皃,又水崖際之皃。

漪瀾波也,波浪也,水波。

瀲洌水流輕疾也,水連連流也,又相糾之皃。彈琴者水波也志。①

渧渠水之泡,又知久。②

潢漾水廣大之皃,又水无崖際之皃。

沉(沇)溶水流皃,流於谿谷之間也。③

浡潏上浦發反,下公穴反。水勢也,速疾流之皃。

渚沲波浪相重之皃。之支奈美。④

澹泞下勑久反。水深清明也。深而須女利。⑤

泱瀼下似羊反。水深流皃,又露盛之皃。⑥

渺瀰遠邃之皃,玄玄也,又水□(曠)遠之皃。⑥

潚潦會集也,聚皃,水浸崖崩也,日累。⑦

泊洦大曰波濤,小曰泊洦。佐佐良奈弥。⑧

潐沖上七交反,下才各反。大波也,濤波大猛峻疾也。⑨

湛藻波遊之皃,波浪前却之皃,露湛湛也,盛皃。

濯渭並衆波之聲。⑩

浵濩水涌之聲也,泉(衆)水波之聲也。⑪

---

① 《文選·嵇康〈琴賦〉》:"縹繚潎洌。"李善注:"潎洌,水波浪貌,言聲似也。"故此云"彈琴者水波也志"。波也志(はやし【速し】)。

② 知久(ちく)。

③ 字頭"沉"當作"沇"。《文選·司馬相如〈上林賦〉》:"沇溶淫鬻。"李善注引張揖曰:"水流谿谷之間也。沇,以水切。"茲據校改。

④ 詞目二字原倒。《文選·木華〈海賦〉》:"長波渚沲。"李善注:"渚沲,相重之貌。"又作"潭沲"。《文選·郭璞〈江賦〉》:"隨風猗萎於危,與波潭沲。"茲據乙正。之支奈美(しきなみ【頻浪·重波】)。

⑤ 須女利(すめり【澄めり】)。

⑥ 注文"水"下一字殘。《文選·木華〈海賦〉》:"渺瀰湠漫。"李善注:"渺瀰湠漫,曠遠之貌。"茲據校補。

⑦ "日累"不詳,疑有訛脱。

⑧ 注文"泊"字原作"屮",據各本改。今本《木華〈海賦〉》作"泊柏"。《文選·木華〈海賦〉》:"洞泊柏而迤颺。"李善注:"泊栢,小波也。"佐佐良奈弥(ささらなみ【細波】)。

⑨ 《文選·木華〈海賦〉》李善注二字音切爲"七笑"與"土含",此處反切疑有誤。"才各"或當作"土含"。

⑩ 《文選·木華〈海賦〉》:"濯渭濩渭。"李善注:"衆波之聲。"與此順序不同。

⑪ 注文"泉"當作"衆"。《文選·木華〈海賦〉》:"濯渭濩渭。"李善注:"衆波之聲。"茲據校改。參見上條"濯渭"。

淼茫上天(亡)小反。水廣之皃,遠玄也。①

潰濩水聲也,水勢相鬭之聲,水勢相擊涌之皃。

淢濁濁,胡各反。小(水)相擊聲也,潰濩也。②

瀺瀙上古鳩反,下房番反。相鬭之聲,水威勢相擊涌皃。③

潏湟上九穴反。水流漂皃。波也志,又止志。④

混灅乙(灅),力追反。迴復也,流水轉迴也。佐加万支。⑤

滂涉(泱)水流之皃,水流漂速疾之皇(皃)也。⑥

漢(漠)泊深邃之皃,不庰静也,不馳散之皃,又竹密之皃。⑦

泡(氾)濫浮遊隨波浪皃,鳥自縱隨於風波而漂遊。⑧

氾(氾)淫上辝巳反。鳥任波漂也,鳥隨風波而[自]縱漂之皃曰氾(氾)淫也。⑨

溯滂風聲也,風相擊諸物之聲也。

湉淡滿也,水饒滿之皃,又猶美味。

濫觴之(觴),七陽反。河名,又首尾之皃。首也,初也,肇者,始也。⑩

潃酒水名。⑪

淑郁香氣之盛曰淑郁,蘭馥弥多熏。⑫

流波目視之皃,女人川(以)愛目而視美容男之皃。⑬

渶涩塵埃穢濁之氣,濁水也。又泥也,塗。

---

① 注文"天"當作"亡"。《廣韻・小韻》:"淼,亡沼切。"茲據校改。
② 注文"小"當作"水"。《文選・司馬相如〈上林賦〉》:"潰濩淢濁。"李善注:"皆水勢相激洶湧之貌。"茲據校改。
③ 《文選・郭璞〈江賦〉》李善注音切爲"火宏""呼拜",此處二音有誤。"古鳩反"不詳。"房番反"爲"般"字音,此"瀙"字原作"瀙",右旁爲"般",此蓋據誤形而擬音。
④ 波也志(はやし【速し】),又止志(とし【疾し・捷し】)。
⑤ 注文"乙"當爲重文符之誤。《廣韻・賄韻》:"灅,落猥切。""落猥切"與"力追反"音近。茲據校改。佐加万支(さかまき【逆卷き】)。
⑥ 字頭"涉"當作"泱",注文"皇"當作"皃"。《文選・郭璞〈江賦〉》:"潏湟滂泱。"李善注:"皆水流漂疾之貌。""皃"同"貌"。茲據校改。
⑦ 字頭"漢"當作"漠"。《文選・王褒〈洞簫賦〉》:"處幽隱而奥庰兮,密漠泊以獵狓。"茲據校改。
⑧ 字頭"泡"當作"氾"。《文選・司馬相如〈上林賦〉》:"汎淫泛濫。""汎"同"氾"。茲據校改。
⑨ 字頭及注文"氾"當作"氾","而"下奪"自"。《文選・司馬相如〈上林賦〉》:"汎淫泛濫。"李善注引郭璞曰:"皆鳥任風波自縱漂貌也。""泛"同"氾"。茲據校改。"辝巳反"是"氾"字音,此蓋據誤字而擬音。
⑩ 注文"之"當爲重文符之誤。《廣韻・陽韻》式羊切:"觴,俗作觴。""七陽反"爲"觴"字倭音"しょう"。茲據校改。《爾雅・釋詁上》:"初、哉、首、基、肇、祖、元、胎、俶落、權輿,始也。""濫觴"同"濫觴",有"始"義。
⑪ "酒"字不詳。《廣韻・肴韻》:"潃,水名,在南郡。"《廣韻・效韻》:"潃,水名,在南陽。"
⑫ 各本無"蘭馥弥多熏",有"加乎留"。加乎留(かおる【薫る・香る・馨る】)。
⑬ 注文"川"字疑當作"以"。

澶温(漫)水深也,淵也,水廣大之皃。又竹弥布曰澶温(漫)也。①

溶滴水廣大也,又水盛之皃,又波相擊之皃。②

涴渤水聲也,又水相擊波聲,水相起音聲。③

涴演波迴轉之皃,波浪迴向(曲)之皃。佐加万支。④

浹渫波不絶之皃,波相連之皃。

浡蕩波浪相鬪之皃,波浪相擊所起音聲。⑤

潡灩波浪不絶而遊皃,波相連之皃。

瀰迤上仁移反。相連漸平之皃,麗迤皃。⑥

瀭潤(潤)上文(之)宗反,下莫捫反。水疾流皃,又速速疾流下之皃。波夜皮也(支世)。⑦

瀆瀑水迴轉也,又波浪迴瀆起之皃也。

汪洸水深廣之皃,水重深廣静皃。

泓汯汯,胡况反。水勢迴從(旋)之皃,水望轉圓運之皃。⑧

混澣澣,五十(干)反。水勢清深而澄激(澈)光映也,又水波生回動而映耀之皃。⑨

灦涣上許見反,下呼段反。水澄清深也,水勢清深而澄激(澈)光映也,水波生回初映耀也。⑩

汯沄水沸之皃,奮擊之皃,又衆盛皃也。

漭沺上莫浪反。向廣大无際之皃,又水望弥平廣之皃。⑪

湉(湉)淪上五各反。波浪進退也,前却之皃,回旋之皃。佐加万支尔奈加留留美豆乃乃

---

① 字頭及注文"温"當作"漫"。《文選·張衡〈西京賦〉》:"澶漫靡迤。"劉良注:"澶漫靡迤,寬長貌。"《文選·張衡〈南都賦〉》:"其竹則……澶漫陸離。茲據校改。

② "滴"字原作"𤅢"。《文選·宋玉〈高唐賦〉》:"洪波淫淫之溶滴。"李善注:"溶滴,猶蕩動也。"

③ "涴渤"俟考。

④ 注文"向"當作"曲"。《文選·郭璞〈江賦〉》:"洪瀾涴演而雲迴。"李善注:"涴演,迴曲貌。"茲據校改。佐加万支(さかまき【逆巻き】)。

⑤ 《文選·木華〈海賦〉》:"渤蕩成汜。""浡蕩"同"渤蕩"。

⑥ 注文"相"上原有"原"字,"之"字原作重文符,在"漸"字之下。《文選·鮑照〈蕪城賦〉》:"瀰迆平原。"李善注:"瀰,相連漸平之貌也。""原"字涉"瀰迆平原"而衍。茲據删改乙。

⑦ 字頭"潤"當作"潤"。《文選·郭璞〈江賦〉》:"瀭潤瀾淪。"李善注:"皆水流漂疾之貌。"茲據校改。李善注二字音"叔""失冉",此處二音不詳。注文"文"據各本作"之",但此音不詳。和訓"皮也"據各本作"支世"。波夜支世(はやき【早き】せ【瀬】)。

⑧ 注文"從"當作"旋"。《文選·郭璞〈江賦〉》:"泓汯泂澋。"李善注:"皆水勢迴旋之貌。"茲據校改。

⑨ 注文"十"當作"干","激"當作"澈"。"干"與"澣"音近。《文選·郭璞〈江賦〉》:"混澣灦涣。"李善注:"水勢清深而澄澈光映也。"茲據校改。

⑩ 注文"激"當作"澈"。《文選·郭璞〈江賦〉》:"混澣灦涣。"李善注:"水勢清深而澄澈光映也。"茲據校改。

⑪ 《文選·郭璞〈江賦〉》:"溟漭渺沺。"李善注:"皆廣大無際之貌。"與此異。"向"字不詳,或是"皆"字之誤。

戶留。①

浺瀤上普解反，下惠移反。波浪不平坦之皃，波浪猛峻也。流字者，又別也，派也。②

渤澥上久没反。海之別也。③

潺湲上七（士）連反。水流皃。④

淋灑上古林反，乍（下）七移、七柯二反。以水附於物之皃，散也，水下也。曾曾久，又志太［太］留，又毛留。⑤

泡泛波浪之聲也，風行成水，文章曰泡泛，又水迴復之皃也。⑥

鴻溂（洞）波浪相連皃，又深邃也。⑦

澎湃上亡虫反。水威勢也，水相激戾也，水暴至聲也。

漫衍玄遠之皃，布於四方之皃，草分布之皃。

潸汕從目眼所出之汁。奈牟行（太），又奈久。⑧

滔澖（潣）上土高反，下朝（胡）各反。水滔漫足也，又水流緩也，流往往布分也。⑨

鴻濛水廣大之皃，又草廣大之皃，又布分之皃，又繁皃。

和（知）當古良不。⑩

麻採祢具。⑪

句引加度不。⑫

---

① 字頭"浺"當作"浤"。《文選・郭璞〈江賦〉》："浤淪浺瀤。"茲據校改。"五各反"不詳，當是"咢"旁字之音，李善注音"銀"。"退"下底本補"浪"字，各本無，疑不當補。佐加万支尓奈加留留美豆乃乃戶留（さかまき【逆巻き】に／ながる【流る】る／みず【水】ののへる）。各本"乃乃"作"乃古加（のこか）"，末有"曾（そ）"字，不詳。

② "流"字不詳，疑與"浺"字形近相混。

③ "久"字誤。

④ 注文"七"當作"士"。《廣韻・仙韻》："潺，士連切。"茲據校改。"七連反"當是倭音"せん"。

⑤ 此條反切皆不詳。和訓"太"下奪重文符，各本及本書三水部"淋"字注皆有，當補。曾曾久（そそぐ【注ぐ・灌ぐ】），又志太太留（したたる【滴る】），又毛留（もる【漏る・洩る】）。

⑥ "泡泛"俟考。

⑦ 注文"溂"當作"洞"。《文選・王褒〈洞簫賦〉》："風鴻洞而不絶兮。"李善注："鴻洞，相連貌。"又作"鴻絅"，《文選・揚雄〈羽獵賦〉》："徼車輕武，鴻絅緁獵。"茲據校改。

⑧ 狩谷疑"潸"字當作"潸"。和訓"行"字疑當作"太"。本書三水部"汕"字注："奈牟太也"，各本末又有"又奈久"，與此條和訓同。茲據校改。奈牟太（なむだ【涙・涕・泪】），又奈久（なく【泣く・鳴く・啼く】）。各本作"奈牟太久太留（なむだ【涙・涕・泪】くだる【下る・降る】）"。

⑨ 注文"澖"當作"潣"，注文"朝"當作"胡"。《文選・成公綏〈嘯賦〉》："橫鬱鳴而滔潣。"李善注："滔潣，如水之滔漫或竭潣也。"《廣韻・鐸韻》："潣，下各切。"《名義・水部》："潣，胡雛反。"茲據校改。

⑩ 字頭"和"當作"知"。《漢語大詞典》"知當"條："擔當；承擔。"並引《敦煌資料第一輯・唐大中六年僧張月光易地契》："如身東西不在，一仰口承人知當。"茲據校改。古良不（こらう【堪ふ】）。

⑪ 此條不詳。"祢具"爲"ねぐ【労ぐ・犒ぐ】"或"ねぐ【祈ぐ】"。

⑫ 即"勾引"。加度不（かどふ【勾ふ・勾引ふ・拐ふ・訹ふ】）。

低視邪見也,遞(逆)見也,低頭平見也。太加比目,又不志目。①

偉慶説也,奇也,賀也,幸也,福也。於毛加志,又宇礼志。②

俾倪城上小垣也。

信鞫輕同(問)也,微問也。止比奈世留。③

側近側也,邊也,兩傍也。

傾城舉城也。弥也古乃加支利,又宮乃己,又宮之加之加久志奈加良。④

儉素質直之皃。須奈保。⑤

倫位等階也,下階也,人之品。奈弥乃志奈。⑥

倘佯肖(逍)遥,思皃,遑不静世(也),俳佪也。⑦

低佪仿徨也,倘佯也,俳佪也。

倜儻非當(常)也,奇異也,不凡之皃。女豆良志,又之波之。⑧

偪仄取(聚)會之意也,相威迫也,傍也。姝波之姝母也。⑨

偃息休息卧皃。不志也須牟。⑩

令住不敬愕之皃,不速疾之皃。⑪

佐客過往也,又饗於他人。尔阿户須。⑫

侵夜過夜之皃,通夜也。与户奴,又与不介奴。⑬

---

① "遞"字據各本作"逆",或當作"違"。和訓"太加比目"即"違い目"。太加比目(たがいめ【違い目】),又不志目(ふしめ【伏し目】)。

② "説"字各本作"悦",可通。"奇也"爲"偉"字義,餘爲"慶"字義。於毛加志(おもがし),又字礼志(うれし【嬉し】)。"おもがし"即"おむがし",與"うれし【嬉し】"義近。

③ "同"字據各本作"問"。止比奈世留(とい【問い】なせる【鳴せる】)。

④ 弥也古乃加支利(みやこ【都】の【之】かぎり【限り】),又宮乃己(みや【宮】の【之】こ【処】),又宮之加之加久志奈加良(みや【宮】しかしかくしなから)。各本作"弥也古乃加支(みやこ【都】の【之】かき),又宮乃己乃止止久(みや【宮】の【之】こ【処】の【之】とどく【届く】),又城志加志奈加良(しろ【城】しかしながら【併】)"。

⑤ 須奈保(すなお【素直】)。

⑥ 奈弥乃志奈(なみ【並み】の【之】しな【品・科・階】)。

⑦ 注文"肖"當作"逍","世"當作"也",據文意改。

⑧ 注文"當"當作"常"。《文選・王延壽〈魯靈光殿賦〉》:"迢嶢倜儻。"李善注"倜儻,非常也。"茲據校改。女豆良志(めずらし【珍し】),又之波之(しばし【暫し】)。

⑨ 注文"取"當作"聚"。《文選・張衡〈西京賦〉》:"駢田偪仄。"薛綜注:"駢田偪仄,聚會之意。"茲據校改。和訓"姝波之姝母也"不詳。

⑩ 不志也須牟(ふし【伏し】やすむ【休む】)。

⑪ 《雜集論》卷十:"令住者:攝外攀緣,内離散亂,最初繫心故。"

⑫ 尔阿户須(に【荷】あえす【饗へす】)。

⑬ 与户奴(よべ【昨夜】ぬ),又与不介奴(よふけ【夜更け・夜深け】ぬ)。

仆僵隱也，匿也，藏也，竄也。①

伉儷（儷）男女㝎礼也。止也己阿良波志，又志比止乎乃加祢。②

使下通也，造也，宣也。乃太万不。③

使命付使通言曰使命也。豆加比。④

作劇洞劇（調戲）也，不定之皃。太波志礼天。⑤

借問諮也，問也，訪也。

個穴人之心從轉不定之皃。太知毛止保留。⑥

偃蹇力持起立之皃，高峻之皃。

傍下鄙人也，諸人之下座人也，賤人也。

停僮相翳之皃，藏也。⑦

佇眙候也，豆親（立視）也，今市廛中聚會人謂之立眙也。⑧

燋炒日（目）開闔之皃，又悲酸之皃，悼悼之皃，愀也。⑨

俶儻无當也，非常也，暫若存若亡之皃。

便娟雷迴（雪迴）委之皃，又雷（雪）之零落之皃。⑩

借木磨木之具也，木賊（械）也。己須利。⑪

射揩弓射之具。弓加介。⑫

降脊背痛也，曲背低頭之皃。久豆世。⑬

---

① 《玄應音義》卷十三"仆僵"條："《説文》：仆，頓也。謂前覆也。僵，偃也。謂却偃也。"此處訓釋不詳。

② 字頭"灑"當作"儷"。《文選·禰衡〈鸚鵡賦〉》："哀伉儷之生離。"李周翰注："伉儷，夫婦也。"茲據校改。"止也己"當作"止己吕"。止己吕阿良波志（ところあらわし【所顕し·露顕·伉儷】），又志比止乎乃加祢（しいと【舅】を/の【之】かね【金】）。

③ 乃太万不（のたまう【宣ふ】）。

④ 豆加比（つかい【使い·遣い】）。

⑤ 注文"洞劇"當作"調戲"，據《群書類從》本、享和本改，寬永本誤作"洞戲"。太波志礼天（たわし【戲し】れて）。

⑥ "個穴"不詳。太知毛止保留（たちもとほる【立ち徘徊る】）。

⑦ 《文選·潘岳〈射雉賦〉》："停僮葱翠。"徐爰注："停僮，翳貌也。"

⑧ 注文"豆親"當作"立視"。《文選·左思〈吳都賦〉》："士女佇眙。"劉淵林注："佇眙，立視也。今市聚人謂之立眙。"茲據校改。

⑨ 注文"日"當作"目"。《文選·馬融〈長笛賦〉》："燋眇睢維。"李善注："燋眇睢維，目開合之貌。"茲據校改。

⑩ 注文"雷"當作"雪"，"迥"當作"迴"。《文選·謝惠連〈雪賦〉》："初便娟於墀廡，末縈盈於帷席。"李善注："便娟縈盈，雪迴委之貌。"茲據校改。

⑪ "賊"字據文意當作"械"，"木械"即"磨木之具"。己須利（こすり【擦り·錯】）。

⑫ 弓加介（ゆみ【弓】かけ【掛け·懸け】）。

⑬ 久豆世（くつ【屈】せ【背·脊】）。

肶胍胍，户始(姑)反。六付(腑)之類，太腸(大腹)也。於保知(和)太。①

蹄跨上市柯反，下共依反。齊足而踊之皃，又越也。阿不止己牟，又乎止留。②

踦𨅓𨅓，久駆反。不安之皃，又顛倒也，跐躃。豆万豆久。③

蹉跎失勢之皃，跨也，蹬也。豆走，又不弥尔志留，又乎止留。④

躑躅猶豫之皃，不進也，又不退而慎之皃，又跐躃也。立豆万豆久，又足須留。⑤

躑躅上同。

跳踃遊意之皃，安心之皃，逍遙也，喜也。己己吕与志，又己[己吕]色(也)留。⑥

蹢躅猶豫皃，躅也，跐躃。足須留。⑦

蹠峙留足也，猶豫之皃。立豆万豆久。⑧

黑(累)跪拜跪。⑨

跟(踉)蹌踉，跳也。乎止留，又太知豆万豆久。⑩

跊踔波前却之皃，進退之皃。

蹻嶤山特[起]之皃，山高也，峻皃。⑪

蹵(踧)踖敬也，尊也，誠也，信也。⑫

路(跲)躓猶豫之皃，蹠峙也，跐躃也，行也。⑬

蹉跌(跌)躋也，蹈也，踐也。不弥尔志留。⑭

---

① 注文"始"當作"姑"，"付"當作"腑"，"太腸"當作"大腹"。《廣韻·模韻》古胡切："胍，肶胍，大腹。""姑"是模韻字。《玉篇·肉部》："肶，肶胍，大腹也。""六付(腑)"蓋因下注文誤作"大腸"而誤。茲據校改。"知"當作"和"。於保和太(おおわた【大腸】)。

② 此條不詳。《集韻·馬韻》竹下切："蹄，蹄跨，行跨皃。"阿不止己牟(あふどこむ【跨む】)，又乎止留(おどる【踊る·躍る·跳る】)。

③ 豆万豆久(つまずく【躓く】)。

④ "豆走"不詳，各本無。豆走，又不弥尔志留(ふみにじる【踏み躙る】)，又乎止留(おどる【踊る·躍る·跳る】)。

⑤ 立豆万豆久(たち【立ち】つまずく【躓く】)，又足須留(あしずる【足摩る·足摺る】)。

⑥ 和訓"色"上奪"己吕"，"色"當作"也"。各本和訓作"心与之，又心也留"，"己己吕"即"心"也。己己吕与志(こころよし【心好し】)，又己己吕也留(こころやる【心遣る】)。

⑦ 足須留(あしずる【足摩る·足摺る】)。

⑧ 立豆万豆久(たち【立ち】つまずく【躓く】)。

⑨ 字頭"黑"當作"累"。《文選·傳毅〈舞賦〉》："浮騰累跪。"李善注："累跪，進跪貌。"茲據校改。

⑩ 字頭"跟"當作"踉"。《文選·潘岳〈射雉賦〉》："已踉蹌而徐來。"茲據校改。乎止留(おどる【踊る·躍る·跳る】)，又太知豆万豆久(たち【立ち】つまずく【躓く】)。

⑪ 《文選·王延壽〈魯靈光殿賦〉》："崵蒖蹻嶤。"李善注："皆特起之貌。"

⑫ 字頭"蹵"當作"踧"。《論語·鄉黨》："君在，踧踖如也。"集解引馬融曰："踧踖，恭敬之貌。"茲據校改。

⑬ 字頭"路"當作"跲"。《説文·足部》："躓，跲也。"茲據校改。

⑭ 字頭"跌"當作"跌"。《玄應音義》卷五"蹉跌"條："蹉跎也。失躥曰跌。跌，差也。"茲據校改。不弥尔志留(ふみにじる【踏み躙る】)。

踔計會也,謀也。①

距躍踰也,超也,越也,躍也。②

曲踊跳也,踊也。

諵詀言語不少也,强言也,多言也,長言也。③

誼議以言捔力也,此此彼彼心相知皃。論阿止久,又波加留,又阿良曾不阿比論須。

謧諛言語不止(正)也。④

論篤口無擇言也,乱語也,多言也。弥太利加波志弥太利己止,又佐和加波志,又左比左比也。⑤

履屟敷於屟底者。久豆和良。⑥

屟脊鞍具也,韉在下者也。奈女。⑦

連卷木盤屈也,曲也,眉曲皃。

御極攝天下曰御極。極者,四極也。

囈語寢語談也。祢己止。⑧

竈堗竈尾也。久止。⑨

客亭无壁之屋也,客人屋。阿波良。⑩

悶困心煩也,憤也,悶絶也。己己呂太由。⑪

扶桑,又大平日月所出之名也。⑫

大蒙所入之名。

東岸,又東崖又扶桑之名。

丹谷上同。

---

① 此條不詳,"踔"字疑誤。

② 《左傳·僖公二十八年》:"距躍三百,曲踊三百。"杜預注:"距躍,超越也。"

③ 《廣韻·咸韻》:"詀,詀諵,語聲。"此作"諵詀",疑倒。

④ 注文"止"當作"正"。《廣韻·麻韻》:"謧,謧諛,語不正也。"兹據校改。

⑤ 《論語·先進》:"子曰:論篤是與,君子者乎？色莊者乎？"何晏注:"論篤者,謂口無擇言。"弥太利加波志弥太利己止(みだりがわし【濫りがわし・猥りがわし】みだりごと【乱り言・漫言】),又佐和加波志(さわがわし【騒がはし】),又左比左比(さいさい【騒騒】)也。

⑥ 久豆和良(くつ【沓・靴・履】わら【藁】)。

⑦ S.617《俗務要名林》:"屟脊,上他曳反,下音積。"《匡謬正俗》:"替,又韤履之屟(説計反),自有正文,鞍下亦屟脊,義亦無異。今既見替代字如此,遂作替脊,失其義旨,此屟非謂交代以替脊背,較然可知矣。"注文"在下"二字原倒,據文意乙。奈女(なめ【鞣】)。

⑧ 《廣韻·祭韻》魚祭切:"囈,睡語。"祢己止(ねごと【寢言】)。

⑨ 久止(くど【竈突・竈】)。

⑩ 阿波良(あばら【亭】)。

⑪ 己己呂太由(こころたゆ【心絶ゆ】)。

⑫ 《爾雅·釋地》:"岠齊州以南戴日爲丹穴,北戴斗極爲空桐,東至日所出爲太平,至日所入爲太蒙。"釋文"太"皆作"大",同。

西□又日月所入之名。①

濛汜、[濛]谷，又青丘，又西林皆日月所入之名。②

嚬呻暢五體而息心皃。乃比須，又惠奈久。③

吹呿開口出氣之皃也。阿久比須。④

噴嚏嚏，丁計反。波奈比。⑤

吸(破)砅波揺動皃。保世(女)久，又奈留，又止止呂久。⑥

映咽流水不通。

嘲嘄嗃，吉音。鳥聲之悲。⑦

嘈囐衆聲，又鼓聲。止止呂久，又佐和久。⑧

喤呷鐘聲，又鼓聲也。

噌吰之(吰)，胡兄反。王(玉)聲。⑨

唼喋。⑩

呃喔雞鳴。

咆休(烋)奴(怒)聲，目(自)矜健皃。去和奈之。⑪

咆勃勇猛皃。去和奈之，又支可牟。⑫

---

① 殘字原作"𣏕"，右從"阝"，俟考。

② "汜"下奪"濛"字。《漢書·郊祀志》："或曰東北神明之舍，西方神明之墓也。"顏師古注引張晏曰："神明，日也。日出東北，舍謂陽谷。日没於西，故曰墓。墓，濛谷也。"《文選·張衡〈西京賦〉》："日月於乎出，象扶桑與濛汜。"《淮南子·天文訓》："日入虞淵之汜，曙於濛谷之浦。"茲據校補。

③ 乃比須(のび【伸び】す)，又惠奈久(えなく【喉】)。

④ 阿久比須(あくび【欠·欠伸】す)。

⑤ 波奈比(はなひ【嚏】)。

⑥ 字頭"吸"當作"破"。《文選·郭璞〈江賦〉》："陽侯破砅以岸起。"李善注："破砅，揺動貌。"茲據校改。"世"字據各本作"女"。保女久(ほめく【轟く】)，又奈留(なる【鳴る】)，又止止呂久(とどろく【轟く】)。

⑦ 《文選·潘岳〈笙賦〉》："哇咬嘲嘄。"字又作"嘲哳"，《字彙·口部》："嘄，與哳同。"《文選·潘岳〈藉田賦〉》："簫管嘲哳以啾嘈兮，鼓鞞砏隱以砰磕。"

⑧ 止止呂久(とどろく【轟く】)，又佐和久(さわぐ【騒ぐ】)。

⑨ 注文"之"當作重文符，"王"當作"玉"。《廣韻·耕韻》："吰，戶萌切。""胡兄反"與"戶萌切"音近。《文選·司馬相如〈長門賦〉》："擠玉戶以撼金鋪兮，聲噌吰而似鍾音。"茲據校改。

⑩ 此條注文奪。《文選·司馬相如〈上林賦〉》："唼喋菁藻，咀嚼菱藕。"李善注："《通俗文》曰：水鳥食謂之啑。與唼同，所甲切。""唼喋"指"水鳥食聲"。

⑪ 字頭"休"當作"烋"，注文"奴"當作"怒"，"目"當作"自"。《文選·左思〈魏都賦〉》："吞滅咆烋。"李善注："咆烋，猶咆哮也，自矜健之貌也。"《玄應音義》卷十二"咆哮"條："亦大怒也。"茲據校改。詞目或當作"咆咻"。去和奈之(こわなし【咆】)。

⑫ 去和奈之(こわなし【咆】)，又支可牟(きかむ)。

呵嚾（嗽）不明皃，"以口飲汁"是也。①

嗜（嚏）吃言語不正直。去止止毛利。②

嘘歔出氣也，啼也，悲也。③

可吹，又可咲見醜皃而咲皃。阿奈牟（乎）加志。④

嘍囉獨坐不樂皃。須加奈志乎佐奈志，又佐久久志。⑤

婦翁志比止止母。⑥

嬋媛上先官反，下宇然反。美麗之皃。尔保不，又宇留和志，又於曽与加尔。⑦

惻减上才憶反，下或音。悲傷之皃。伊太牟。⑧

怊悵上儲朝反。憂也，痛也，憂恨皃。

惏悷上林音，下來音。悲吟之皃，悲痛也。

憯悽上七感反，下千奚反。不悦皃，不安皃，痛之也。

憀慄上力彫反，下利律反。思念奉（卷）淚目（自）傷心也，泣憂也。⑨

懊咿内悲也，愛悦也，食（貪）也，恨也，悔也。⑩

怫愲意不舒泄也。伊支止保留。⑪

慘悽上市舍反，下七參反。悲也，痛也，懷也，悾怕也。⑫

惝怳惆悵也，失意也，志散越。伊太牟。⑬

惆佬草与老音。不散之皃，寂静也，悲諒（涼）皃。

---

① 字頭"嚾"當作"嗽"。《文選・木華〈海賦〉》："呵嗽掩鬱。"李善注："呵嗽掩鬱，不明貌。"茲據校改。"以口飲汁"不詳所出。

② 字頭"嗜"當作"嚏"。《玉篇・口部》："嚏，嚏吃也。"茲據校改。去止止毛利（ことどもり【言吃り】）。

③ "嘘""歔"二字同，疑當作"唏嘘""欷歔""嘘唏"或"歔欷"。

④ "可吹"未詳，疑即"可嗤"。"牟"字據各本作"乎"。阿奈乎加志（あな/おかし【可笑し】）。"あな"爲詞首感歎詞。

⑤ 此條不詳。須加奈志乎佐奈志（すかなしをさなし），又佐久久志（さくくし）。

⑥ 志比止母（しいと【舅】はは【母】）。

⑦ 尔保不（におう【匂う・臭う】），又宇留和志（うるわし【麗し】），又於曽与加尔（おそよか【嬋媛】に）。

⑧ 伊太牟（いたむ【痛む・傷む・悼む】）。

⑨ 注文"奉"當作"卷"，"目"當作"自"。《文選・潘岳〈秋興賦〉》："憀慄兮若在遠行。"李善注："息（思）念卷戾（淚）心自傷。"茲據校改。

⑩ 注文"食"當作"貪"。《爾雅・釋言》："懊，忨也。"《説文・心部》："忨，貪也。"《廣韻・屋韻》《玉篇・心部》："懊，貪也。"《名義》"懊"字注亦誤作"食"。茲據校改。

⑪ 伊支止保留（いきどおる【憤る】）。

⑫ 反切不詳，疑前一反切當作"市含反"，下一反切似亦"慘"字音。"怕"字原作"𢘑"，暫校作"怕"。

⑬ 伊太牟（いたむ【痛む・傷む・悼む】）。

怛怛上節音,下但音。不安之皃。①

憯恨意不安之皃,恨也,傷也。

憎惻志願不得之皃,悲傷也。

慘列(烈)霜雪之皃。②

憪悅分明也,寬明也。佐也介志,又何(阿)支良介之。③

慘𣎺三參音。鳥羽毛皃,鳥羽疎布之皃。④

懰闃上他朗反,下勞向反。分明之皃,寬明也。⑤

惶怖瞿(懼)也,恐也。⑥

慞惶恐也,懼也。

恪飾美好之皃,莊嚴也。加佐留。⑦

鵄吻至音,勿音。探左右,頭如鳳尾起在者名也,大極殿上左右所置者也。倭云久都可多。⑧

怡神上与脂反。和悅也,治神也。

惶急驚失意也。於比由,又阿和豆。⑨

怔怕急務也。於比由,又己己呂毛止奈我□(留),又世牟。⑩

幔覆莊嚴之皃。奴利於保不。⑪

憧怲(幢柄)"柱頭如□仗"是也,橋梁之左右柱。乎止古柱。⑫

---

① 此處蓋誤以字頭"怛"爲"切",故云"節音","節"與"切"皆音"せつ"。

② 字頭"列"當作"烈"。《文選·張衡〈西京賦〉》:"雨雪飄飄,冰霜慘烈。"李善注:"慘烈,寒也。"茲據校改。

③ 注文"何"當作"阿"。各本"阿支良"作"明","阿支良"即"明"也。茲據校改。佐也介志(さやけし【明けし】),又阿支良介之(あきらけし【明らけし】)。

④ 此條不詳,注文"三"疑當作"上"。

⑤ "懰"應爲"爌"字之借。《文選·王延壽〈魯靈光殿賦〉》:"鴻爌炾以爣閬。"《廣韻·蕩韻》:"爌,爌朗,火光寬明。"又《遊仙窟》:"見儻閬之門庭。"《方言》卷一:"黨、曉、哲,知也。"錢繹箋疏:"爣儻曠黨,聲並相近。""懰"亦從黨聲。

⑥ 注文"瞿"當作"懼"。《廣雅·釋詁二》:"惶、怖,懼也。"茲據校改。

⑦ 加佐留(かざる【飾る】)。

⑧ 久都可多(くつがた【杳形·鵄尾】)。

⑨ 於比由(おびゆ【脅ゆ·怯ゆ】),又阿和豆(あわつ【慌つ·周章つ】)。

⑩ 石橋真國引田中大秀云:"務,驚字之誤歟?"《玄應音義》卷十九:"蒼茫,又作莔,同,莫剛反;莔,遽也。"《通俗文》:時務曰茫。經文從心作怔,非體也。"《廣雅·釋詁》:"務,遽也。"此處"急務"與《玄應音義》所引《通俗文》"時務"義近,亦慌忙、急迫之義,"務"蓋非"驚"字之誤。又"留"字據各本補。於比由(おびゆ【脅ゆ·怯ゆ】),又己己呂毛止奈我留(こころもとながる【心許無がる】),又世牟(せむ【迫む·逼む】)。

⑪ 奴利於保不(ぬり【塗り】おおう【被う·覆う·掩う·蔽う·蓋う】)。

⑫ 字頭"憧怲"當作"幢柄"。"憧"當爲"幢"的俗字。"怲"字據各本作"柄"。茲據校改。乎止古柱(おとこばしら【男柱】)。

憁納(幰網)上虛件反。車飾也,以石(布)張於車上也。①

線搓上在泉反,下仕可反。紡糸也。伊阿波須,又□(糸)豆毛久。②

絣着上芳丁反。縫衣略之皃。己吕毛乃阿良佐志須。③

縗車上蘇對反。織女之具。奴支加不留。④

繾綣上丘面反,下丘先反。薄也,繁也,密也,謂不相離也。支比志,又可大志。⑤

已上出從外書也,已下隨見得耳。

猶豫隴西謂犬子猶,猶悦(性)多豫在也(人)前,故不决者皆謂之猶預(豫)。又猶如鹿,[善]登木,健上樹也。⑥

磁石如字。

熙怡上虛之反,下与之反。和悦也,喜也,廣也,長也。

惆悵悲也,悲傷也。

遮闌佐不。⑦

劫道知爲須。⑧

相爲多須久。⑨

敦逼上都昆反。世牟。⑩

影護知波不。⑪

構於支己止。⑫

皾唊之天留。⑬

約束云佐豆久。⑭

---

① 字頭"憁納"當作"幰網",注文"石"當作"布"。《慧琳音義》卷十五"幰網"條:"上香偃反。《釋名》云:車幰,所以禦熱也。《聲類》:車縵也。"《名義·巾部》:"幰,布張車上。"茲據校改。

② "糸"字據本書下文臨時雜要字部"線"字條補。伊阿波須(いあわす),又糸豆毛久(いと【糸】つもぐ)。"つもぐ"即"つむぐ【紡ぐ】"。

③ 己吕毛乃阿良佐志須(ころも【衣】の【之】あらさしす)。

④ 奴支加不留(ぬきかぶる【縗車】)。

⑤ 支比志(きびし【厳し】),又可大志(かたし【堅し・固し】)。

⑥ 注文"悦"當作"性","多"下原衍重文符,"也"當作"人","預"當作"豫","鹿"下奪"善"字。《玄應音義》卷六"猶豫"條:"按《説文》:隴西謂犬子爲猶。猶性多豫在人前,故凡不决者謂之猶豫也。又《爾雅》云:猶如鹿,善登木。郭璞曰:健上樹也。"茲據改删補。

⑦ 佐不(さふ)。

⑧ 知爲須(ちいす)。

⑨ 多須久(たすく【助く・輔く・扶く】)。

⑩ 世牟(せむ【迫む・逼む】)。

⑪ 知波不(ちはう【幸ふ・護ふ】)。

⑫ 字頭疑有脱文。於支己止(おきこと)。

⑬ 之天留(してる)。

⑭ 云佐豆久(いうさつく)。

頡頑惱也。

抑買□比阿支。①

加諸奈万於保世。②

影響保乃加尔。③

捉搦之乎佐无。④

断若。⑤

送却乃我比須豆。⑥

趁却追弃。

不分祢太。⑦

抑塞之不多久。⑧

祗承豆加户万豆留。⑨

趁逐麻女サ。⑩

經紀伊曽支毛止牟。⑪

偷便太与利求。⑫

合煞之合。⑬

覓特(負持)背也。⑭

慣得多乃牟。⑮

分頭手阿加利氏。⑯

剔頭之於須。⑰

---

① □比阿支(□ひあき)。

② 《遊仙窟》:"妄事加諸。"奈万於保世(なま【生】おおせ【仰せ】)。

③ 保乃加尔(ほのか【仄か・側か】に)。

④ 之乎佐无(しおさむ)。

⑤ 字頭疑有脱文。

⑥ 乃我比須豆(のがひすつ)。

⑦ 此"不分"爲"不服氣"之義。祢太(ねた【妬】)。

⑧ 之不多久(しふたく)。

⑨ 豆加户万豆留(つかえまつる【仕へ奉る】)。

⑩ 麻女サ(まめさ)。

⑪ 伊曽支毛止牟(いそぎ【急ぎ】もとむ【求む】)。

⑫ 太与利求(たより【便り・頼り】もとむ【求む】)。

⑬ 之合(しあう【爲合う】)。

⑭ 字頭當作"負持"。《遊仙窟》:"只可倡佯一生意,何須負持百年身?"兹據校改。

⑮ 多乃牟(たのむ【頼む・恃む・憑む】)。

⑯ 乎阿加利氏(てあかりて)。

⑰ 之於須(しおす)。

護短可太知波不。①

明（朋）扇上同。②

造大保己留。③

誇張云保己留。④

樂溢須佐比。⑤

兩舌己知於母。⑥

白舌詐事。

謾語上同。

咒嚩乃呂不。⑦

比脣口比曾牟。⑧

點頭宇奈豆久。⑨

姑息多志不。⑩

求乃上同。⑪

恐嚇於度須。⑫

歡（勸）諫伊佐□（牟）。⑬

不喜見弥万久保志自。⑭

了事乎佐乎佐志。⑮

薄媚伊奈波奈。⑯

輒接上同。

---

① 可太知波不（かたちはう【儻ふ・阿党ふ】）。

② 字頭"明"當作"朋"。《舊唐書・哀帝本紀》："與柳璨張廷範共爲朋扇。"茲據校改。

③ 保己留（ほこる【誇る】）。

④ 云保己留（いう【言う・云う・謂う】ほこる【誇る】）。

⑤ 須佐比（すさび【荒び・進び・遊び】）。

⑥ 己知於母（こちおも）。

⑦ "嚩"字疑有誤。乃呂不（のろう【詛う・呪う】）。

⑧ 口比曾牟（くちひそむ【嚬む】）。

⑨ 宇奈豆久（うなずく【頷く】）。

⑩ 多志不（したふ）。

⑪ "求乃"不詳，疑當作"求安"。

⑫ 於度須（おどす【威す・脅す】）。

⑬ "歡"字當作"勸"。"牟"字據本書言部"諫""証"字條補。伊佐牟（いさむ【諫む】）。

⑭ 弥万久保志自（みまく【見まく】ほし【欲し】じ）。

⑮ 《資治通鑒・梁武帝太清二年》："景（侯景）又請遣了事舍人出相領解。"胡三省注："了事，猶言曉事也。"乎佐乎佐志（おさおさし【長長し】）。

⑯ 《遊仙窟》："薄媚狂雞，三更唱曉。"伊奈波奈（いなはな）。

薄淡阿波[阿]波志。①

搦脚足打須。②

炙脚足阿夫留。③

杦刡上木音,下盧各反。木毛久。④

劈柴木佐久。⑤

接樹木次。⑥

撓攪加伊奈也須。⑦

忐去伊佐。⑧

追念加太弥。⑨

擲倒加户利打。⑩

趒渠弥曽古由。⑪

抛却奈介須。⑫

鑠着户佐須。⑬

鑠門上同。

揭簾須太礼阿久。⑭

提撕云乎志波不。⑮

不屑物夕須尒世須。⑯

総豈志加之奈加良。⑰

---

① 和訓“波”下疑奪一重文符。阿波阿波志(あわあわし【淡淡し】)。

② 足打須(あし【足・脚】うす【打す】)。

③ 足阿夫留(あし【足・脚】あぶる【焙る・炙る】)。

④ 上不詳何字。木毛久(き【木・樹】もぐ【捥ぐ】)。

⑤ 木佐久(き【木・樹】さく【裂く】)。

⑥ 木次(き【木・樹】つぎ【次】)。

⑦ 加伊奈也須(かいな【腕・肱】やす)。

⑧ 伊佐(いさ)。

⑨ 加太弥(かたみ【形見】)。

⑩ 加户利打(かえり【反り】うつ【打つ】)。

⑪ 弥曽古由(みそこゆ)。

⑫ 奈介須(なげす【投げす】)。

⑬ 户佐須(へさす)。

⑭ 須太礼阿久(すだれ【簾】あく【開く】)。

⑮ 云乎志波不(いうをしはう)。

⑯ “夕”疑當作“多”。物多須尒世須(ものたすにせす)。

⑰ “豈”字疑誤,該詞爲“大凡”“大抵”之義。志加之奈加良(しかしながら【然し乍ら・併し乍ら】)。

都盧上同。①

狼狽安和豆。②

熱腹心奈加志。③

隱軫知之保无。④

短薖志止祢。⑤

磐余伊波礼。⑥

娉婷、婭妮、燮媛皆上。下一：女久留。二：美也。⑦

荏苒比戸也介志。⑧

故來己止太戸。⑨

狂虚太波毛乃。⑩

多事伊奈波奈。⑪

渇奉奉仕也。

專爲伊佐和。⑫

機調毛知阿曾比物。⑬

失色加志己万留。⑭

力失須万比己留。⑮

狡猾阿太乃止毛加良，又芒强。⑯

磊溰奈留止。⑰

---

① 《遊仙窟》："遮三不得一，覓兩都盧失。"

② 安和豆（あわつ【慌つ・周章つ】）。

③ 心奈加志（こころながし【心長し】）。

④ 知之保无（ちしおむ）。

⑤ 志止祢（しとね【茵・褥】）。

⑥ 伊波礼（いわれ【磐余】）。

⑦ 《遊仙窟》："見許實娉婷，何處不輕盈。""婭妮向前。""忍笑燮媛返却回。"女久留（めくる）。

⑧ 《遊仙窟》："荏苒畏彈穿。"比戸也介志（ひへやけし）。

⑨ 《遊仙窟》："故來伺候。"己止太戸（ことたえ【故】）。

⑩ 《遊仙窟》："念交甫之心狂，虚當白玉。""狂虚"當誤截自此。太波毛乃（たわもの【狂者】）。

⑪ 《遊仙窟》："多事春風。"伊奈波奈（いなはな）。

⑫ 伊佐和（いさわ）。

⑬ 毛知阿曾比物（もちあそび【玩び・翫び・弄び】もの【物】）。

⑭ 加志己万留（かしこまる【畏まる】）。

⑮ 須万比己留（すまひこる）。

⑯ 《遊仙窟》："蜀生狡猾。""芒强"不詳。阿太乃止毛加良（あた【仇・敵・賊】の【之】ともがら【輩・儕】），又芒强。

⑰ 奈留止（なると【鳴門・鳴戸】）。

門弁乃止加尒。①

沙汰曾留。②

祀頃年己呂。③

蝦夷衣比須。④

氣調弥左乎。⑤

童蒙和加支和良波止毛。⑥

往來屈伸也。

如許己己良志己曾波。⑦

何作伊加加世牟。⑧

臨時雜要字第百六十

載九章

舍宅章

舍九字。⑨

庵廨庋廄庌又廳也。

廬宿廱皆舍也。

屋房寙窊四字。屋。⑩

倉六字。⑪

廥廯廪府戕皆倉也。但藏穀曰倉，藏米曰廪，藏治文曰府。戕者，長倉(槍)。⑫

屋房寙窊四字。屋也。⑬

---

① 詞目前一字殘。乃止加尒(のどか【長閑・閑】に)。

② 曾留(そる【剃る】)。

③ 年己呂(としごろ【年頃】)。

④ 衣比須(えびす【夷・戎】)。

⑤ 《遊仙窟》："氣調如兄。"弥左乎(みさお【操】)。

⑥ 和加支和良波止毛(わかき【若き】わらわとも【童友】)。

⑦ 《遊仙窟》："五嫂如許大人。"己己良志己曾波(ここら【幾許】しこそは)。

⑧ 伊加加世牟(いかが【如何】せむ)。

⑨ "九字"包括此條及此下兩條。

⑩ 《龍龕・穴部》："窊，俗。正作窊。"《說文・宀部》："窊，過也。一曰洞屋。"

⑪ "六字"包括此條及下面一條。

⑫ 注文末"倉"當作"槍"。《廣韻・軫韻》："戕，長槍也。"茲據校改。"戕"不當廁於此。蓋"槍"字誤作(或省作)"倉"，而以爲是"倉庫"之"倉"，故廁於此處。"治"字原作"佁"，《說文・广部》："府，文書藏也。"《周禮・天官・冢宰》："府六人，史十有二人。"鄭玄注："府，治藏。"

⑬ 此條重出。

□（扇）扉二上。保曾。①

户樞同。

□（柱）櫨梲楹椙橡楮。②

平却地奈良須。③

柱如字。

樑檼宋三字。牟祢。④

□（杙）栿檥三字。宇豆波利。⑤

桁榑二字。介太，又太奈。⑥

梲稞二字。［宇］太知。⑦

柆上同。

叉□（手）佐須。⑧

枘稞也，又棟。

榱楮榴（桷）椽四字。波戶木。⑨

柤乃支須介。⑩

雀柤上同。

橑上同。

櫹椆柤也。

愽（搏）風如字。⑪

門眉万久佐。⑫

門頰保己立。⑬

---

① 詞目“扉”上一字殘。《俗務要名林・宅舍部》：“扇扉，並門扇□。”茲據校補。保曾（ほそ）。

② 殘字疑是“柱”。此條諸字釋義多爲“柱”，殘字作“⿰扌”，似“柱”字。茲據擬補。

③ “平却”二字原接上條詞目之後，但與上條義不合，當非同一條。地奈良須（つちならす【土均す・土平す】）。

④ 牟祢（むね【棟】）。

⑤ “栿”上一字殘。本書木部：“檥，杙。宇豆波利。”殘字作“⿰木”，似“杙”字。茲據校補。宇豆波利（うつばり【梁】）。

⑥ 介太（けた【桁】），又太奈（たな【棚】）。

⑦ “太”上奪“宇”字，據本書木部“梲”“稞”“柆”“枘”等條補。宇太知（うだち【梲】）。

⑧ 佐須（さす【叉手】）。

⑨ 字頭“榴”疑當作“桷”。《說文・木部》：“榱，秦名爲屋椽，周謂之椽，齊魯謂之桷。”茲據校改。波戶木（はえき【榱】）。

⑩ 乃支須介（のき【軒・簷・檐・宇】すけ【助】）。

⑪ 字頭“愽”當作“搏”。《儀禮・士冠禮》：“直于東榮。鄭玄注：“榮，屋翼也。”賈公彥疏：“榮，屋翼也者，即今之搏風。”“搏風”指屋之兩翼，見敦煌本《雜集時用要字》。茲據校改。

⑫ 万久佐（まぐさ【楣・目草】）。

⑬ 保己立（ほこたち【根】）。

閞上同。

扇(扃)閫柣三字。志支弥。①

板扇斗太太利加太。②

枓上同。

楒豆志。③

梀柱奴支，又波自木。④

柵太太利。⑤

柭屋乃比。⑥

楷門启止佐之。⑦

關鑰上同。

豎柱、麻柱阿奈奈比須。⑧

樏衣豆利。⑨

塖屋屋奴留。⑩

筒瓦男瓦。⑪

瓪瓦女瓦。⑫

屋脊伊良加。⑬

薨上同。

四阿阿豆万屋。⑭

俩下万屋。⑮

---

① 字頭"扇"當作"扃"。《文選·張衡〈南都賦〉》："排揵陷扃。"李周翰注："扃，門限也。""閫""柣"皆爲"門限"。兹據校改。志支弥（しきみ【閫】）。

② 太太利加太（たたりかた【柵】）。

③ 豆志（つし）。

④ 柱奴支（はしらぬき【柱貫】），又波自木（はじき【撥き】）。

⑤ 太太利（たたり【柵】）。

⑥ 屋乃比（やのひ）。

⑦ 止佐之（とざし【鎖し・扃】）。

⑧ 阿奈奈比須（あなない【麻柱】す）。

⑨ 衣豆利（えつり【桟】）。

⑩ 屋奴留（や【屋・家】ぬる【塗る】）。

⑪ 男瓦（おがわら【牡瓦・男瓦】）。琉球漢語教科書《官話集》有"陽瓦，覆瓦也""陰瓦，仰瓦也"，當與"男瓦""女瓦"同。

⑫ 女瓦（めがわら【牝瓦・女瓦】）。

⑬ 伊良加（いらか【薨】）。

⑭ 阿豆万屋（あずまや【東屋・四阿・阿舍】）。

⑮ 《倭名類聚鈔》卷十作"兩下"。《禮記·檀弓上》："見若覆夏屋者矣。"孔穎達疏："殷人以來，始屋四阿，夏家之屋，唯兩下而已。""俩""兩"同。万屋（まや【真屋】）。

接詹（檐）比左之。①

屋翼上同。

庇又上同。

榮廡皆比左之。②

詹（檐）頭乃木。③

宇上同。

客亭阿波良。④

步檐上同。

步廊如字。

廂上同。

窨柒屋。⑤

榭須波志。⑥

鴟吻堂欀□（上）二頭如鳳居者也。久豆加太。⑦

戸鉤加支。⑧

鎰上同。⑨

棚柂庋榭㭒五字。太奈。⑩

釜鼎䎬槽甄䰞囂鬲㲃。

農業調度章

耒來音。加良須支。⑪

耒底井佐利。⑫

耒箭太［太］利加太。⑬

---

① 字頭“詹”當作“檐”。《釋名·釋宮室》：“檐，接也，接屋前後也。”茲據校改。比左之（ひさし【廂·庇】）。

② “榮”字俟考。比左之（ひさし【廂·庇】）。

③ 乃木（のき【軒·簷·檐·宇】）。

④ 阿波良（あばら【亭】）。

⑤ “柒屋”即“漆屋”，與“地屋”同義，當爲“窨室”的俗稱。

⑥ 須波志（すばし【簀橋】）。

⑦ 久豆加太（くつがた【沓形·鴟尾】）。

⑧ 加支（かぎ【鍵·鑰】）。

⑨ 此“鎰”爲“鑰”俗字。《倭名類聚鈔》卷十“鑰”字條：“《四聲字苑》云：鑰（音藥。字亦作鐍。今案，俗人印鑰之處用鎰字，非也。鎰音溢，見《唐韻》），關具也。《楊氏漢語抄》云：鑰匙（門乃加岐）。”《龍龕·金部》：“鎰，俗；鑰，正。”

⑩ 太奈（たな【棚】）。

⑪ “耒”與“來”皆音“らい”。加良須支（からすき【唐鋤·犂】）。

⑫ 井佐利（いさり【耒底】）。

⑬ 太太利加太（たたりがた【絡垜形】）。

鑱加良須支乃佐支。①

鋠佐支。②

鉏豆恐須支。③

枚己須支。④

馬齒馬鍪。

杷佐良［比］。⑤

枎（枇）江夫利。⑥

桐枱辭鉛四字。加万豆加。⑦

男女裝束及資具章

□（强）弓己波弓。⑧

輭与和弓。⑨

弓袋弓不久呂。⑩

弓把弓豆加。⑪

弓握上同。

鞜止毛。⑫

□（皯）上同。⑬

韣弓加介。⑭

射韣上同。

射揩又上同。

---

① 加良須支乃佐支（からすき【唐鋤・犂】の【之】さき【先】）。

② 佐支（さき【先】）。

③ 和訓"恐"字不詳。豆恐須支（つ□すき【鋤・犂】）。

④ 己須支（こすき【木鋤・枚】）。

⑤ 《倭名類聚鈔》卷十五"櫂"字條："楊雄《方言》云：齊魯謂四齒杷爲櫂（音衢。《漢語抄》云：佐良比）。"佐良比（さらい【杷】）。

⑥ 字頭"枎"當作"枎"。《廣韻・黠韻》："枎，無齒杷也。"茲據校改。江夫利（えぶり【柄振・枎】）。

⑦ 加万豆加（かまつか【鎌柄】）。

⑧ 詞目前一字殘，或當是"强弓"。己波弓（こわゆみ【强弓】）。

⑨ 与和弓（よわゆみ【弱弓】）。

⑩ 弓不久呂（ゆみぶくろ【弓袋】）。

⑪ 弓豆加（ゆみつか【弓束・弣】）。

⑫ 止毛（とも【鞜】）。

⑬ 字頭殘。《倭名類聚鈔》卷四"皯"字條："蔣魴《切韻》云：皯（音旱。和名止毛。《楊氏漢語抄》《日本紀》等用鞜字，俗亦用之本文，未詳），在臂避弦具也。"殘字原作"皯"，與"皯"形合。茲據校補。

⑭ 弓加介（ゆみかけ【韘】）。

張弓_{弓波留。}①

㲉_{上同。}

挽弓_{弓引。}②

靫_{也奈久比。}③

胡禄_{上同。}

箭筈_{也波受。}④

射親_{万佐伊須。}⑤

弽弓_{波豆須。}⑥

卸弓_{上同。}

弭弓_{波受。}⑦

樑、的二_{：万止。}⑧

鳴鏑_{加夫良。}⑨

伏突_{与己波支。}⑩

鞾_{果乃沓。}⑪

皮履_{加波沓。}⑫

木履_{如字。}

麻鞋_{音：波加伊。訓：乎沓。}⑬

綫鞋_{□（音）：世尓加伊。□（訓）：以糸作也。}⑭

衣幞_{己呂毛乃豆豆弥。}⑮

油衣_{如字。}

莎衣_{蓑也。}

---

① 弓波留（ゆみ【弓】はる【張る】）。

② 弓引（ゆみひく【弓引く】）。

③ 也奈久比（やなぐい【胡簶・胡籙】）。

④ 也波受（やはず【矢筈】）。

⑤ 万佐伊須（まさいす）。

⑥ 弓波豆須（ゆみ【弓】はつる【解る】）。

⑦ 弓波受（ゆみはず【弓筈・弭】）。

⑧ 万止（まと【的】）。

⑨ 加夫良（かぶら【鏑】）。

⑩ 与己波支（よこはき【横佩】）。

⑪ 果乃沓（かのくつ【靴の沓】）。

⑫ 加波沓（かわぐつ【皮靴・革靴】）。

⑬ 波加伊（ばかい）。乎沓（おぐつ【麻沓・麻鞋】）。

⑭ 《遊仙窟》："侍婢三三綠線鞋。"殘字據上條文例補。世尓加伊（せんがい【線鞋】），此爲"線鞋"音讀。

⑮ 己呂毛乃豆豆弥（ころも【衣】の【之】つつみ【包み・裏み】）。

蓑沙音。尓乃。①

帽保宇志。②

塩增絮江牟保宇志。③

簦大笠。

笠子如字。小立(笠)。

梳櫛二字。久志。④

刷子久志波良比。⑤

略鬟算加无佐志。⑥

簪子加无佐志。⑦

笄上同。

鑷子弥布□□。⑧

手巾□(如)字。

指帉由比□(加)支。⑨

扇阿□木。⑩

裹頭加我不利須。⑪

着衣裳己呂毛支。⑫

熨衣己呂毛乃須。⑬

戴氈帽加佐支。⑭

串細(紐)子比毛佐須。⑮

□褌之太乃太不佐支。⑯

---

① 尓乃(にの【布】)。

② 保宇志(ぼうし【帽子】)。

③ 江牟保宇志(えむ【塩】ぼうし【帽子】)。

④ 久志(くし【櫛】)。

⑤ 久志波良比(くしはらひ【櫛払い】)。

⑥ 加无佐志(かむさし【髪挿し】)。

⑦ 加无佐志(かむさし【髪挿し】)。

⑧ 弥布□□(みぶ□□)。

⑨ 由比加支(ゆびかき【指掛き】)。

⑩ 阿□木(あおぎ【扇】)。

⑪ 加我不利須(かがふり【冠】す)。

⑫ 己呂毛支(ころも【衣】き【着】)。

⑬ 己呂毛乃須(ころも【衣】のす【伸す】)。

⑭ 加佐支(かさ【笠】き【着】)。

⑮ 比毛佐須(ひも【紐】さす【刺す・挿す】)。

⑯ 之太乃太不佐支(したのたふさぎ【下の褌・褌】)。

勒肚巾 波良万支。①

抱肚，又袜肚 皆同上。

袩子 女乃最志太乃太不佐支。②

笒帒 丸不久呂。③

履屟 久豆和良。④

半臂 波尔比。⑤

汗衫 加尔佐无。⑥

干（汗）衫 上同。

襴衫 上乃單衣。⑦

袷衣 合乃己呂毛。⑧

袷袍 曽合乃支奴。⑨

單袷 上同。

緹牟 奈己呂毛。⑩

巾子 介自。⑪

幞頭 加加不利須。⑫

襦褙 下乃綿己呂毛。⑬

機調度及織縫染事

□機 如字。

臥機 久豆比支。⑭

木刀 上同。

機躡□（万）祢支。⑮

---

① 波良万支（はらまき【腹巻】）。

② 女乃最志太乃太不佐支（め【女】の【之】も【裙】したのたふさぎ【下の褌・褌】）。

③ "笒帒"即"算袋"。丸不久呂（まる【丸・円】ふくろ【袋・囊】）。

④ 久豆和良（くつわら【沓藁】）。

⑤ 波尔比（はんぴ【半臂】）。

⑥ 加尔佐无（かんさむ【汗衫】）。

⑦ 上乃單衣（うえ【上】の【之】ひとえぎぬ【単衣】）。

⑧ 合乃己呂毛（あい【合い】の【之】ころも【衣】）。

⑨ 曽合乃支奴（そ/あい【合い】の【之】きぬ【衣】）。

⑩ 牟奈己呂毛（むな【胸】ころも【衣】）。

⑪ 介自（けじ【巾子】）。

⑫ 加加不利須（かがふり【冠】す）。

⑬ 下乃綿己呂毛（した【下】の【之】わた【綿】ころも【衣】）。

⑭ 久豆比支（くつびき【杳引・臥機】）。

⑮ 和訓"万"字據《倭名類聚鈔》卷十四"機躡"條注"萬祢岐"補。万祢支（まねき【踏木・機躡】）。

機朕(滕)知支利。①

□(絡)垜太[太]利。②

經格波太不久志。③

筐比波佐祢。④

籆和久。⑤

管筒久太。⑥

筝上同。

□(維)車奴支加不留。⑦

筬乎佐。⑧

反轉久留戸木。⑨

杼枰桳三字。□(比)。⑩

滕綜□□久留。⑪

綮子戸曽。⑫

布繢乎加世。⑬

經引波太不。⑭

緝麻乎宇牟。⑮

綜絲糸合。⑯

黄褐豆留波美。⑰

黑褐如字。

---

① 字頭"朕"當作"滕"。《廣韻·證韻》："滕,織機滕也。"茲據校改。知支利(ちきり【滕·衽·千切】)。

② "絡"及"太"字據《倭名類聚鈔》卷十四補。太太利(たたり【絡垜】)。

③ 波太不久志(はたふくし【櫛】)。

④ 比波佐祢(ひはさね)。

⑤ 和久(わく【籆·箋】)。

⑥ 久太(くだ【管·筝】)。

⑦ 詞目"維"字據《倭名類聚鈔》卷十四"維車"條補。奴支加不留(ぬきかぶる【維車】)。

⑧ 乎佐(おさ【筬】)。

⑨ 久留戸木(くるべく【転べく】)。

⑩ "字"下一字殘,《倭名類聚鈔》卷十四"杼"條作"比",本書木部"杼"字條作"比伊",此疑當作"比"。比(ひ【杼·梭】)。

⑪ □□久留(□□くる)。

⑫ 戸曽(へそ【綜麻·巻子】)。

⑬ 乎加世(おがせ【麻桛·苧桛·繢】)。

⑭ 波太不(はたふ)。

⑮ 乎宇牟(お【麻·苧】うむ【績む】)。

⑯ 糸合(いと【糸】あい【合い】)。

⑰ 豆留波美(つるばみ【橡】)。

草緑阿佐弥止利。①

碧波奈太。②

趨(麴)塵黄緑。

退紅洗曽女。③

絡着止豆。④

絣着阿良佐須。⑤

搓線糸与留。⑥

絮綿和太入。⑦

纏比祢利奴比。⑧

繘合奴比。⑨

綴紐子比毛豆久。⑩

線糸合,又糸豆毛久。⑪

馬鞍調度章

𩍄𩋑 靮鞦輆鞂六字。尻加支。⑫

𩎟𩌛 靮𩍅鞔靵𩌠𩎣七字。牟奈加支。⑬

班𩎟上同。⑭

鞔𩌛又上同。⑮

鞕波呂比。⑮

鞕𩍃韁𩎸(彎)𩎳(彎)五字。久豆和豆良。⑯

鞚上同。

―――――――――

① 阿佐弥止利(あさみどり【浅緑】)。

② 波奈太(はなだ【縹】)。

③ 洗曽女(あらいぞめ【洗染・退紅】)。

④ 止豆(とず【閉づ・綴づ】)。

⑤ 阿良佐須(あらさす)。

⑥ 糸与留(いとよる【糸縒る・糸撚る】)。

⑦ 和太入(わたいれ【綿入れ】)。

⑧ 比祢利奴比(ひねり【捻り・拈り・撚り】ぬい【縫い】)。

⑨ 合奴比(あい【合い】ぬい【縫い】)。

⑩ 比毛豆久(ひもつく【紐付く】)。

⑪ 糸合(いと【糸】あい【合い】),又糸豆毛久(いと【糸】つもぐ【紡ぐ】)。

⑫ 尻加支(しりかき【鞦】)。

⑬ 牟奈加支(むなかき【鞅】)。字頭第一形疑即"鞅"。

⑭ "班𩎟"二字原誤合爲一字。《倭名類聚鈔》卷十五"當𩎟"條引《楊氏漢語抄》正作"班𩎟"。"班"應爲"樊"的假借字。

⑮ 波呂比(はろひ)。

⑯ 久豆和豆良(くつわずら【轡鞚・轡蔓】)。

屈脊奈女。①

鞍瓦久良保袮。②

鞍靶久良於保比。③

鞍褥久良之支。④

鞍□（久）良。⑤

皀革久礼加波。⑥

鞊鞈鐙三字。阿不弥。⑦

障逗阿不利。⑧

鞨 己志支加介。⑨

鞦根尻加支豆介。⑩

小氈奈加奈女。⑪

鞆於毛豆良，又阿不弥。⑫

籠頭於毛豆良。⑬

鞝鞱（當胷）二上同。⑭

鞴鞨二字。志太久良。⑮

勴勒二字。口和。⑯

蕀薺衒字万良久豆良。⑰

逆靻力加波。⑱

---

① 奈女（なめ【鞣】）。

② 久良保袮（くらぼね【鞍橋・鞍瓦】）。

③ 久良於保比（くらおおい【鞍覆い】）。

④ 久良之支（くらしき【鞍敷】）。

⑤ “久”字據本書上文“鞍瓦”“鞍靶”“鞍褥”等條補。久良（くら【鞍】）。

⑥ “皀”字不詳。久礼加波（くれかわ）。

⑦ 阿不弥（あぶみ【鐙】）。

⑧ 阿不利（あふり【障泥】）。

⑨ 字頭疑是“鞫”的俗字。《廣雅・釋器》：“鞫，鞍也。”己志支加介（こしき【轂】かけ【掛け】）。

⑩ 尻加支豆介（しりかき【鞦】つけ【付け・附け】）。

⑪ 奈加奈女（なかなめ）。

⑫ 於毛豆良（おもずら【羈】），又阿不弥（あぶみ【鐙】）。

⑬ “籠頭”即“龒頭”。於毛豆良（おもずら【羈】）。

⑭ 此二字即“當胷”的增旁俗字。

⑮ “鞨”當是“鞴”字之訛。志太久良（したぐら【下鞍・韉】）。

⑯ “勴”爲“勒”的增旁俗字。口和（くちわ【口輪】）。

⑰ 宇万良久豆良（うまら【荊棘・茨】くつわ【轡・銜・鑣・馬銜】）。

⑱ 力加波（ちからがわ【力革】）。

七寸美豆支。①

被鞍馬久良阿久。②

卸鞍久良於呂須。③

捉馬頭馬口取。④

馬駄馬荷於保須。⑤

鈨馬乃加美波佐美。⑥

鞕(鞭)策箠三字。宇□(不)知。⑦

木工調度章

□近(匠)二。工。

巧兒工也。

准水波加利。⑧

借(錯)木己須利。⑨

未(木)錯上同。

鎊上同。

□(曲)尺万加利金。⑩

墨斗須弥豆毛。⑪

墨頭上同。

枡須弥奈波。⑫

錯也須利。⑬

斧乎乃。⑭

鉞上同。

---

① 《倭名類聚鈔》卷十五"承鞕"條："《辨色立成》云：承鞕(美豆岐。俗云：三都都岐)，一云七寸。"
　　美豆支(みずき【承鞕】)。

② 馬久良阿久(うま【馬】くら【鞍】あく【開く】)。

③ 久良於呂須(くら【鞍】おろす【下ろす・降ろす・卸す】)。

④ 馬口取(うま【馬】くちとり【口取】)。

⑤ 馬荷於保須(うま【馬】に【荷】おおす【負す・課す・仰す】)。

⑥ 馬乃加美波佐美(うま【馬】の【之】かみ【髪】はさみ【鋏・剪刀】)。

⑦ 字頭"鞕"當作"鞭"。《廣韻・仙韻》："鞭，馬策也。"茲據校改。宇不知(うつ【打つ】ぶち【鞭】)。

⑧ 水波加利(みずはかり【水準・準繩】)。

⑨ 己須利(こすり【擦り・錯】)。

⑩ 万加利金(まがりがね【曲金・曲尺】)。

⑪ 須弥豆毛(すみつも【墨斗】)。

⑫ 須弥奈波(すみなわ【墨繩】)。

⑬ 也須利(やすり【鑢】)。

⑭ 乎乃(おの【斧】)。

厮手乎乃。①

鑿乃弥。②

鋸乃保支利。③

釿加豆知。④

斸上同。

鉏鈢二字。毛知支利。⑤

厱加奈。⑥

鋧又万［加］利金。⑦

鋑波左美。⑧

鏢（鐇）太豆支。⑨

鍛治（冶）調度字

鞴俗吹皮。

輅袋上同。⑩

炭插須弥加支。⑪

鐵鎚加奈豆知。⑫

鉗加奈波志。⑬

鐵碪加奈志支。⑭

鑢也須利。⑮

田畠作章

穮荒田。

耕（耕）打田。

---

① 手乎乃（ておの【手斧】）。

② 乃弥（のみ【鑿】）。

③ 乃保支利（のほぎり【鋸】）。

④ 加豆知（かずち）。

⑤ 毛知支利（もじきり【縺錐】）。

⑥ 加奈（かな【金】）。

⑦ 和訓“加”字據上“曲尺”條補。此云“又”，似前有脱文。万加利金（まがりがね【曲金・曲尺】）。

⑧ 波左美（はさみ【鋏・剪刀】）。

⑨ 太豆支（たつき【鐇】）。

⑩ “輅”爲“鞴”的俗字。

⑪ 須弥加支（すみかき【炭搔き】）。

⑫ 加奈豆知（かなづち【金槌・鉄鎚】）。

⑬ 加奈波志（かなばし【金鉗・金箸】）。

⑭ 加奈志支（かなしき【鉄敷・金敷】）。

⑮ 也須利（やすり【鑢】）。

稻□（田）加户須。①

稆可支田。②

種田田作。

作生活毛乃作。③

撒子太祢万久。④

插秧田殖。

捞稻田草取。

鋤禾栗（粟）草取。

苔薅茠秐耨五字。久佐□（支）掃。⑤

秱矮二字。保尔比豆。⑥

種菜曰圃，蔬田曰團，又種樹曰園，住獸曰囿。⑦

諸食物調饌章

揃稻伊祢古久。⑧

簸米米比留。⑨

簸剪曽呂夫。⑩

帥米米志良久。⑪

精粁粺□糩眀昨業（糳）毇八字。米志良久。⑫

濤米米加須。⑬

淅，濤也。

飯炊如字。

---

① "田"字據禾部"稻"字條補。田加户須（たがえす【耕す】）。

② 可支田（かきた【垣田】）。

③ 毛乃作（ものつくり【物作り】）。

④ 太祢万久（たねまき【種蒔き・種播き】）。

⑤ "支"字據本書禾部"穛"字條補。久佐支掃（くさぎ【耘】はき【掃き】）。

⑥ 保尔比豆（ほにひつ）。

⑦ "種菜曰圃"原作"菌種菜樹曰圃"，《玄應音義》卷一"園圃"條："《蒼頡解詁》云：種樹曰園，種菜曰圃也。"茲據刪"菌""樹"。"團"爲"圃"俗字。《新撰字鏡·口部》："團，符付反，去；種蔬田也，園類也。"

⑧ 伊祢古久（いねこく【稻扱く】）。

⑨ 米比留（こめ【米】ひる【簸】）。

⑩ 《俗務要名林》田農部："簸櫬，去糠粃。""櫬"即"揃"字俗寫，亦爲"揃"的俗字，《龍龕·手部》："揃揃，即淺反。揃減也。"曽呂夫（そろう【揃う】）。

⑪ 米志良久（こめ【米】しらぐ【精ぐ・白ぐ】）。

⑫ 字頭"業"當作"糳"。《廣韻·鐸韻》："糳，精細米也。"茲據校改。米志良久（こめ【米】しらぐ【精ぐ・白ぐ】）。

⑬ 米加須（こめかす【米淅】）。

下饎伊比乃水置。①

粥糜鬻鬻鬻五字。加由。②

麳麦粥。

羹𦡊𩱙𩱓𩱴五字。阿豆毛乃。羹者，以五味調。③

酒：釀酒佐介加□（牟）。④

酘酒曽比須。⑤

捼醤宇戸佐須。⑥

濾酒佐介志太牟。⑦

瀝取須久弥取。⑧

煖酒酒和加須。⑨

酭醣醲鶌醴醞。

糟粕二。阿万加須。⑩

醩加太加須。⑪

索餅牟義繩。⑫

搓索餅麦奈不。⑬

𪌖麵麦由川。⑭

調和塩安不。⑮

𪍿諸味阿不留字。⑯

稠和加太久乎加久。⑰

---

① 伊比乃水置（いい【飯】の【之】みず【水】おき【置き】）。

② 加由（かゆ【粥】）。

③ 阿豆毛乃（あつもの【羹】）。

④ “酒”上或奪字。“牟”字據本書酉部“釀”字條補。佐介加牟（さけかむ【釀む】）。

⑤ 曽比須（そい【酘】す）。

⑥ 宇戸佐須（うへさす）。

⑦ 佐介志太牟（さけ【酒】したむ【滑む・醸む】）。

⑧ 須久弥取（すく【瀝く・抄く】み/とる【取る】）。

⑨ 酒和加須（さけ【酒】わかす【沸かす】）。

⑩ 阿万加須（あまかす【甘糟・甘粕】）。

⑪ 加太加須（かたかす【堅粕】）。

⑫ 牟義繩（むぎなわ【麦索・麦縄】）。

⑬ 麦奈不（むぎ【麦】なう【絇う】）。

⑭ 麦由川（むぎ【麦】ゆかわ）。

⑮ 塩安不（しお【塩】あう【和ふ・齏ふ】）。

⑯ 諸味阿不留字（もろみ【諸味・醪】あふるじ）。

⑰ 加太久乎加久（かたくおかく）。

稀和志留尔乎加久。①

稠(稠)袁加太久尓。②

插着佐志波佐牟。③

麴麲白唐。

趏(麹)起麦可太。④

捻頭上同。⑤

海河菜章

海藻女。⑥

和布上同。

昆布比吕女。⑦

鹿尾菜比須支。⑧

滑海藻芒(荒)□(女)。⑨

滑藻奈女利女。⑩

海松美留。⑪

水松上同。

意强心□(不)止。⑫

凝菜上同。

鹿角菜角万太。⑬

凝海菜伊支須。⑭

蕰菜古毛。⑮

---

① 志留尔乎加久(しるにおかく)。

② 字頭"稠"當作"稠",上"稠和"條訓"加太久乎加久"。加太久尓(かたくに)。

③ 佐志波佐牟(さしはさむ【挟む・差し挟む】)。

④ 二字皆當從"麥"旁。麦可太(むぎかた【麦形・捻頭】)。

⑤ "捻"即"餤"的借字。

⑥ 女(め【海布】)。

⑦ 比吕女(ひろ【広】め【海布】)。

⑧ 比須支(ひずき),即"ひじき【鹿尾菜・羊栖菜】"。

⑨ 《倭名類聚鈔》卷十七"滑海藻"條:"《本朝令》云:滑海藻,阿良女。俗用荒布。""阿良女"即"荒女"。荒女(あらめ【荒布】)。

⑩ 奈女利女(なめり【滑り】め【海布】)。

⑪ 美留(みる【海松・水松】)。

⑫ 《倭名類聚鈔》卷十七"大凝菜"條:"《本朝式》云:凝海藻,古留毛波。俗用心太二字,云古古吕布止。《楊氏漢語抄》云:大凝菜。""心不止"即"古古吕布止"。心不止(こころふと【心太】)。

⑬ 角万太(つのまた【角叉】)。

⑭ 伊支須(いきす)。

⑮ 古毛(こも【菰・薦】)。

紫菜牟良佐支□（乃）利。①

海糸菜乃利。②

潕上同。

泃比志支。③

陟釐青乃利。④

苔菜上同。

紫苔須牟乃利。⑤

萱上同。

新撰字鏡卷十二

　　求法苾蒭年暨七十餘三，以思惟製作此《字鏡》之根本，"一字爲師，終身爲師"之由，明吾本朝所置也，豈矧哉！瞻覽此《字鏡》有心者，譬如弄瓦之愚，忽獲明珠；暗夜之客，偶逢慧燭。如是自照察耳。抑所思慮者，從《玉篇》之内擇出。字躰之作，依有疑，至于三本竝視出，而尚有所疑，伏乞有心者弥增加。直調之心，永代流布明鏡。如今内外文書之中所被用之字限者，皆明直糺，及著倭漢讀音訓也。不被竝著等片片之字，木草片、魚鳥虫等部之中字，輒非可尋知之由。製作《玉篇》賢者，不著四聲之弁，有所闕亦復无所極書（盡）字，而尋持數種字書及私記等之文拾加字，字之外尚弥在不可極盡，後〻（之）達者所漏缺之字者，增不見加而已。譬如假細雨之類，隨江湖而交於四海；飛輕塵之属，順强風而騰於妙高矣。所云者，賞世之中，"𦨍帥、醲醷酎、𤂂濬⑥、𩻄鮒、荊冀"大略也，如是等諸字書之中曾无有也，以知耳。

新撰字鏡卷十二

　　天治元年甲辰五月十日書寫了，法隆寺一切經論料也。

　　所師旅反。《尚書》："天閟毖我功所。"孔安國曰："天慎勞我周家，成功所在也。"《毛詩傳》曰："所所，拂（柿）皃也。"又曰："有截有所。"箋云："所，猶處也。"野王案，《儀礼》"奠于其所"是也。《礼記》："求得當欲，不以其所。"鄭玄曰："當，猶稱也。所，猶道也。"《廣雅》："所，居；所，儿（尻）也。"《尚書》："多歷年所。"野王案：年所，猶歷年也。《説文》"從斤、[戸]聲也。"⑦

---

①　牟良佐支乃利（むらさきのり【紫海苔・紫菜】）。

②　乃利（のり【海苔】）。

③　比志支（ひじき【鹿尾菜・羊栖菜】）。

④　青乃利（あおのり【青海苔】）。

⑤　須牟乃利（すむのり【紫苔】）。

⑥　"𤂂"字右旁當作珠，本書水部："𤂂，汁物。濬，甘物。"影印本右旁描補作"殊"，誤。

⑦　注文"拂"當作"柿"，"儿"當作"尻"，"斤"下奪"戸"字。《詩・小雅・伐木》："伐木許許。"毛傳："許許，柿貌。"《説文》引作"伐木所所"。《廣雅・釋詁二》："所，尻也。""尻"同"居"。《説文・斤部》："所，从斤、戸聲。"茲據改補。《書・大誥》："天閟毖我成功所。"此處引《尚書》無"成"字。《詩・商頌・殷武》："有截其所。"此處作"有截有所"。

參考文獻

（一）書籍

B

[1]《白虎通疏證》,(清)陳立,北京:中華書局,1994年。

[2]《白氏六帖事類集》,(唐)白居易,北京:文物出版社,1987年。

[3]《抱朴子内篇校釋》,王明,北京:中華書局,1986年。

[4]《北堂書鈔》,(唐)虞世南,北京:中國書店出版社,1989年。

[5]《本草綱目》,(明)李時珍,北京:人民衛生出版社,1975—1982年。

[6]《本草和名》,〔日〕深江輔仁,寬政八年(1796)刻本。

C

[7]《草露貫珠》,〔日〕中村立節,寶永二年(1705)刻本。

[8]《草字編》,洪鈞陶,北京:文物出版社,1984年。

[9]《塵添壒囊抄》,〔日〕行譽,御茶水女子大學圖書館藏天文元年(1532)刻本。

[10]《初學記》,(唐)徐堅等,北京:中華書局,1962年。

[11]《楚辭補注》,(宋)洪興祖,北京:中華書局,1983年。

[12]《傳抄古文字編》,徐在國,北京:綫裝書局,2006年。

[13]《傳抄古文綜合研究》,李春桃,上海:上海古籍出版社,2021年。

D

[14]《大般若經音義》,見〔日〕築島裕主編《古辭書音義集成》第三卷,東京:汲古書院,1978年。

[15]《大般若經字抄》,見〔日〕築島裕主編《古辭書音義集成》第三卷,東京:汲古書院,1978年。

[16]《大辞林》(第三版),〔日〕松村明,東京:三省堂,2006年。

[17]《大辞泉》,〔日〕松村明監修,小學館《大辞泉》編集部編集,東京:小學館,1995年。

[18]《大漢和辭典》,〔日〕諸橋轍次,東京:大修館書店,1986年。

[19]《帝王世紀》,(晉)皇甫謐,北京:中華書局,1985年。

[20]《讀書雜志》,(清)王念孫,南京:江蘇古籍出版社,2000年。

[21]《敦煌變文字義通釋》,蔣禮鴻,杭州:浙江大學出版社,2016年。

[22]《敦煌經部文獻合集》,張涌泉,北京:中華書局,2008年。

[23]《敦煌俗字典》,黄征,上海:上海教育出版社,2005年。

[24]《敦煌俗字典》(第二版),黄征,上海:上海教育出版社,2019年。

[25]《敦煌俗字研究》(第二版),張涌泉,上海:上海教育出版社,2015年。

E

[26]《爾雅詁林》,朱祖延,武漢:湖北教育出版社,2014年。

[27]《爾雅校箋》,周祖謨,昆明:雲南人民出版社,2004年。

[28]《爾雅義疏》,(清)郝懿行,上海:上海古籍出版社,1983年。

F

[29]《方言疏證》,(清)戴震,上海:上海古籍出版社,2017年。

[30]《方言校箋》,周祖謨,北京:中華書局,1993年。

[31]《風俗通義校注》,(漢)應劭撰,王利器校注,北京:中華書局,1981年。

[32]《佛學大辭典》,丁福保,上海:上海書店出版社,2015年。

G

[33]《改併四聲篇海》,(金)韓道昭,見《續修四庫全書》第229册,上海:上海古籍出版社,1994—2002年。

[34]《古辞書の研究》,〔日〕川瀬一馬,東京:雄松堂,1986年。

[35]《古事記傳》,〔日〕本居宣長,文化五年(1808)刻本。

[36]《古文四聲韻》,(宋)夏竦,見《汗簡 古文四聲韻》,北京:中華書局,2010年。

[37]《古音匯纂》,宗福邦、陳世鐃、于亭,北京:商務印書館,2019年。

[38]《故訓匯纂》,宗福邦、陳世鐃、蕭海波,北京:商務印書館,2007年。

[39]《管子校注》,黎翔鳳撰,梁運華整理,北京:中華書局,2004年。

[40]《広辞苑》(第六版),〔日〕新村出,東京:岩波書店,2008年。

[41]《廣雅詁林》,徐復,南京:江蘇古籍出版社,1992年。

[42]《廣雅疏證》,(清)王念孫,南京:江蘇古籍出版社,2000年。

[43]《廣韻校本》,周祖謨,北京:中華書局,2011。

[44]《國語集解》,徐元誥撰,王樹民、沈長雲點校,北京:中華書局,2002年。

H

[45]《漢書》,(漢)班固,北京:中華書局,1962年。

[46]《漢文佛典疑難俗字彙釋與研究》,鄭賢章,成都:巴蜀書社,2016年。

[47]《漢語大詞典》,羅竹風,上海:漢語大詞典出版社,1993年。

[48]《漢語大字典》(第二版),漢語大字典編輯委員會,武漢:崇文書局,成都:四川辭書出版社,2010年。

[49]《漢語方言大詞典》,徐寶華、〔日〕宮田一郎,北京:中華書局,1999年。

[50]《漢語俗字叢考》(修訂本),張涌泉,北京:中華書局,2020年。

[51]《後漢書》,(宋)范曄,北京:中華書局,1965年。

[52]《淮南子集釋》,何寧,北京:中華書局,1998年。

[53]《黄帝内經素問校注》,郭靄春,北京:人民衛生出版社,2013年。

J

[54]《急就章》,(漢)史游,見(清)張海鵬輯《學津討原》第八册,揚州:廣陵書社,2008年。

[55]《集韻》,(宋)丁度等,上海:上海古籍出版社,1985年。

[56]《集韻校本》,趙振鐸,上海:上海辭書出版社,2012年。

[57]《集韻考證》,(清)方成珪,見《續修四庫全書》第253册,上海:上海古籍出版社,1994—2002年。

[58]《金光明最勝王經音義》,見〔日〕築島裕主編《古辭書音義集成》第十二卷,東京:汲古書院,1981年。

[59]《金石文字辨異》,(清)邢澍,見《續修四庫全書》第239—240册,上海:上海古籍出版社,1994—2002年。

[60]《晉書》,(唐)房玄齡等,北京:中華書局,1974年。

[61]《經典釋文》,(唐)陸德明,北京:中華書局,1983年。

[62]《經義述聞》,(清)王引之,南京:江蘇古籍出版社,1985年。

[63]《舊唐書》,(後晉)劉昫等,北京:中華書局,1975年。

K

[64]《楷書部件演變研究》,梁春勝,北京:綫裝書局,2013年。

[65]《康熙字典》,(清)張玉書等編撰,(清)王引之等校訂,上海:上海古籍出版社,1996年。

[66]《〈可洪音義〉研究——以文字爲中心》,韓小荆,成都:巴蜀書社,2009年。

L

[67]《類聚名義抄》(觀智院本),東京:風間書房,1954年。

[68]《隸釋·隸續》,(宋)洪适,北京:中華書局,1985年。

[69]《隸辨》,(清)顧藹吉,北京:中華書局,1986年。

[70]《列子集釋》,楊伯峻,北京:中華書局,1979年。

[71]《六臣注文選》,(梁)蕭統編,(唐)李善、呂延濟、劉良、張銑、呂向、李周翰注,北京:中華書局,1987年。

[72]《龍龕手鏡》,(遼)釋行均,北京:中華書局,1985年。

[73]《龍龕手鏡研究》,鄭賢章,長沙:湖南師範大學出版社,2004年。

[74]《論衡校釋》,黄暉,北京:中華書局,1990年。

[75]《吕氏春秋集釋》,許維遹,北京:中華書局,2009年。

[76]《呂氏春秋新校釋》,陳奇猷,上海:上海古籍出版社,2002年。

M

[77]《毛詩故訓傳定本》,(清)段玉裁,見《續修四庫全書》第64册,上海:上海古籍出版社,1994—2002年。

[78]《妙法蓮華經釋文》,見〔日〕築島裕主編《古辭書音義集成》第四卷,東京:汲古書院,1979年。

[79]《墨子閒詁》,(清)孫詒讓,北京:中華書局,2001年。

P

[80]《佩觿》,(宋)郭忠恕,北京:中華書局,1985年。

[81]《篇海類編》,題(明)宋濂撰,(明)屠隆訂正,見《續修四庫全書》第229—230册,上海:上海古籍出版社,1994—2002年。

[82]《蒲松齡集》,(清)蒲松齡,上海:上海古籍出版社,1986年。

Q

[83]《齊民要術校釋》(第二版),(後魏)賈思勰著,繆啓愉校釋,北京:中國農業出版社,1998年。

[84]《切韻逸文の研究》,〔日〕上田正,東京:汲古書院,1984年。

[85]《群書拾補》,(清)盧文弨,北京:中華書局,1985年。

R

[86]《日本古寫本單經音義與漢字研究》,梁曉虹,北京:中華書局,2015年。

[87]《日本国語大辞典》(第二版),日本国語大辞典第二版編集委員會、小學館国語辞典編集部,東京:小學館,2000年。

[88]《日本漢字資料研究——日本佛經音義》,梁曉虹,北京:中國社會科學出版社,2018年。

[89]《日本姓氏語源辞典》(第3版),〔日〕宮本洋一,川崎:示現舍,2021年。

S

[90]《色葉字類抄》(《伊呂波字類抄》),〔日〕橘忠兼,見〔日〕築島裕主編《古辭書音義集成》第十四卷,東京:汲古書院,1986年。

[91]《山海經校注》,袁珂,上海:上海古籍出版社,1980年。

[92]《尚書大傳疏證》,(清)皮錫瑞,見《續修四庫全書》第55册,上海:上海古籍出版社,1994—2002年。

[93]《神農本草經校注》,尚志鈞,北京:學苑出版社,2008年。

[94]《神仙傳校釋》,(晉)葛洪撰,胡守爲校釋,北京:中華書局,2010年。

[95]《詩三家義集疏》,(清)王先謙,北京:中華書局,1987年。

[96]《十三經注疏》,(清)阮元,北京:中華書局,1980年。

[97]《拾遺記校注》,(晉)王嘉撰,(梁)蕭綺録,齊治平校注,北京:中華書局,1981年。

[98]《史記》,(漢)司馬遷,北京:中華書局,1959年。

［99］《世界大百科事典》(改訂新版),〔日〕加藤周一,東京:平凡社,2007年。

［100］《世説新語箋疏》,余嘉錫,北京:中華書局,2007年。

［101］《釋名疏證補》,(清)王先謙,上海:上海古籍出版社,1984年。

［102］《水經注校證》,(北魏)酈道元著,陳橋驛校證,北京:中華書局,2007年。

［103］《説文解字》,(漢)許慎,北京:中華書局,2013年。

［104］《説文解字詁林》,丁福保,北京:中華書局,1988年。

［105］《説文解字繫傳》,(南唐)徐鍇,北京:中華書局,2017年。

［106］《説文解字句讀》,(清)王筠,北京:中華書局,2016年。

［107］《説文解字六書疏證》,馬叙倫,上海:上海書店出版社,1985年。

［108］《説文解字群經正字》,(清)邵瑛,見《續修四庫全書》第211册,1994—2002年。

［109］《説文解字校箋》,王貴元,上海:學林出版社,2002年。

［110］《説文解字校録》,(清)鈕樹玉,見《續修四庫全書》第212册,上海:上海古籍出
　　　　版社,1994—2002年。

［111］《説文解字注》,(清)段玉裁,上海:上海古籍出版社,1981年。

［112］《説文通訓定聲》,(清)朱駿聲,北京:中華書局,1984年。

［113］《説文中之古文考》,商承祚,上海:上海古籍出版社,1983年。

［114］《私案抄》,〔日〕花光坊長弁,見太田藤四郎《続群書類従》第28輯下第833卷,
　　　　東京:続群書類従完成会,1926年。

［115］《宋本廣韻》,(宋)陳彭年,北京:中國書店出版社,1982年。

［116］《宋本玉篇》,(梁)顧野王撰,(宋)陳彭年等重修,北京:中國書店出版社,
　　　　1983年。

［117］《宋書》,(梁)沈約,北京:中華書局,1974年。

［118］《宋元以來俗字譜》,劉復、李家瑞,北京:文字改革出版社,1957年。

［119］《隋書》,(唐)魏徵,北京:中華書局,1973年。

T

［120］《太平御覽》,(宋)李昉等,北京:中華書局,1960年。

［121］《太玄集注》,(漢)揚雄撰,(宋)司馬光集注,北京:中華書局,1998年。

［122］《唐五代韻書集存》,周祖謨,北京:中華書局,1983年。

［123］《唐寫本〈説文解字〉輯存》,李宗焜,上海:中西書局,2015年。

［124］《唐寫全本王仁昫刊謬補缺切韻校箋》,龍宇純,香港:香港中文大學,1968年。

［125］《天治本享和本〈新撰字鏡〉國語索引》,京都大學文學部國語學國文學研究室,
　　　　東京:臨川書店,1975年。

［126］《通雅》,(明)方以智,北京:中國書店出版社,1990年。

［127］《圖書寮本類聚名義抄》,〔日〕築島裕,東京:勉誠出版株式會社,2005年。

W

［128］《外臺秘要方》,(唐)王燾撰,(宋)林億、孫兆等校正,上海:上海古籍出版社,

1991年。

[129]《文選》,(梁)蕭統編,(唐)李善注,上海:上海古籍出版社,1986年。

[130]《倭名類聚鈔》,〔日〕源順撰,正宗敦夫編纂校訂,東京:風間書房,1978年。

[131]《五經文字》,(唐)張參,北京:中華書局,1985年。

[132]《五行大義》,〔日〕中村璋八等,東京:汲古書院,1990年。

X

[133]《悉曇要訣》,〔日〕明覺,見大藏經刊行會編《大正新修大藏經》第84册,臺北:新文豐出版公司,1996年。

[134]《小爾雅集釋》,遲鐸,北京:中華書局,2008年。

[135]《新集藏經音義隨函録》,(五代)釋可洪,見《高麗大藏經》第62—63册,北京:綫裝書局,2004年。

[136]《新校互注宋本廣韻(定稿本)》,余迺永,上海:上海人民出版社,2008年。

[137]《新書校注》,(漢)賈誼撰,閻振益、鐘夏校注,北京:中華書局,2000年。

[138]《新修本草(輯復本第二版)》,(唐)蘇敬等撰,尚志鈞輯校,合肥:安徽科學技術出版社,2004年。

[139]《新譯華嚴經音義私記》,見〔日〕築島裕主編《古辭書音義集成》第一卷,東京:汲古書院,1978年。

[140]《新撰字鏡》(大東急紀念文庫藏版),〔日〕古辭書叢刊刊行會,東京:雄松堂書店,1976年。

[141]《新撰字鏡》,〔日〕昌住,伴信友影抄本,京都大學圖書館藏本。

[142]《新撰字鏡》,〔日〕昌住,東京:臨川書店,1967年。

[143]《新撰字鏡》,〔日〕昌住,東京:全國書房,1944年。

[144]《新撰字鏡》,〔日〕昌住,岡本保孝抄校本,中國國家圖書館藏文政十一年(1828)本。

[145]《新撰字鏡》,〔日〕昌住,鈴鹿連胤影抄本,愛媛大學鈴鹿文庫藏本。

[146]《新撰字鏡》,〔日〕昌住,東京:六合館,1916年。

[147]《新撰字鏡》,〔日〕昌住,石橋真國抄校本,日本國立國會圖書館藏本。

[148]《新撰字鏡》,〔日〕昌住,狩谷棭齋抄校本,阪本龍門文庫藏本。

[149]《新撰字鏡の研究》,〔日〕貞苅伊德,東京:汲古書院,1998年。

[150]《新撰字鏡師説抄》,〔日〕丘岬俊平,文化三年(1806)刻本。

[151]《〈新撰字鏡〉研究》,張磊,北京:中國社會科學出版社,2012年。

[152]《續一切經音義》,(遼)希麟,見《正續一切經音義》,上海:上海古籍出版社,1986年。

[153]《玄應撰一切經音義二十五卷》,(唐)玄應,東京:國際佛教學大學院大學,2006年。

[154]《荀子集解》,(清)王先謙,北京:中華書局,1988年。

Y

[155]《顏真卿書〈干禄字書〉》,施安昌,北京:紫禁城出版社,1992年。

[156]《鹽鐵論校注》,王利器,北京:中華書局,1992年。

[157]《揚雄方言校釋匯證》,華學誠,北京:中華書局,2006年。

[158]《一切經音義》,(唐)釋玄應,見《磧砂大藏經》第97冊,北京:綫裝書局,2004年。

[159]《一切經音義》,(唐)釋玄應,見《影印高麗大藏經》第32冊,首爾:東國大學校譯經院,1994年。

[160]《一切經音義》,(唐)釋玄應,見《中華大藏經》第56—57冊,北京:中華書局,1993年。

[161]《一切經音義》,(唐)釋玄應,見〔日〕築島裕主編《古辭書音義集成》第七、八、九卷,東京:汲古書院,1980—1981年。

[162]《一切經音義三種校本合刊》,徐時儀,上海:上海古籍出版社,2008年。

[163]《醫心方》,〔日〕丹波康賴,北京:人民衛生出版社,1955年。

[164]《疑難字考釋與研究》,楊寶忠,北京:中華書局,2005年。

[165]《疑難字三考》,楊寶忠,北京:中華書局,2018年。

[166]《疑難字續考》,楊寶忠,北京:中華書局,2011年。

[167]《逸周書集訓校釋》,(清)朱右曾,上海:商務印書館,1940年。

[168]《藝文類聚》,(唐)歐陽詢,上海:上海古籍出版社,1982年。

[169]《瀛涯敦煌韻輯》,姜亮夫,昆明:雲南人民出版社,2002年。

[170]《遊仙窟校注》,(唐)張文成撰,李時人、詹緒左校注,北京:中華書局,2010年。

[171]《玉篇》,(梁)顧野王,見《續修四庫全書》第228冊,上海:上海古籍出版社,1994—2002年。

[172]《玉篇の研究》,〔日〕岡井慎吾,東京:東洋文庫,1970年。

[173]《玉篇校釋》,胡吉宣,上海:上海古籍出版社,1989年。

[174]《〈玉篇〉疑難字考釋與研究》,熊加全,北京:中華書局,2020年。

Z

[175]《戰國策箋證》,(西漢)劉向集録,范祥雍箋證,范邦瑾協校,上海:上海古籍出版社,2006年。

[176]《章太炎説文解字授課筆記》,章太炎講授,朱希祖、錢玄同、周樹人記録,陸宗達、章念馳顧問,王寧主持整理,北京:中華書局,2008年。

[177]《真仙通鑒》,(元)趙道一,揚州:江蘇廣陵古籍刻印社,1997年。

[178]《正字通》,(明)張自烈,北京:中國工人出版社,1996年。

[179]《中國草書大字典》,李志賢等,上海:上海書畫出版社,1994年。

[180]《中論解詁》,(魏)徐幹撰,孫啟治解詁,北京:中華書局,2014年。

[181]《周易略例》,(晉)王弼著,(唐)邢璹注,見(清)張海鵬輯《學津討原》第二冊,揚州:廣陵書社,2008年。

［182］《篆隸萬象名義》,〔日〕釋空海,北京:中華書局,1995年。

［183］《〈篆隸萬象名義〉校釋》,吕浩,上海:學林出版社,2007年。

［184］《莊子集釋》,(清)郭慶藩,北京:中華書局,1961年。

［185］《資治通鑑》,(宋)司馬光,北京:中華書局,1956年。

［186］《字典考正》,鄧福禄、韓小荆,武漢:湖北人民出版社,2007年。

［187］《字彙》,(明)梅膺祚,見《續修四庫全書》第232—233册,上海:上海古籍出版
　　　社,1994—2002年。

［188］《字鏡》(世尊寺本),〔日〕築島裕主編《古辭書音義集成》第六卷,東京:汲古書
　　　院,1980年。

(二)論文

［1］曹海東:《〈廣雅〉考釋二條》,《语言研究》2007年第2期。

［2］陳東輝:《日本歷代語文辭書對漢語史研究的重要价值》,《辭書研究》2012年
　　第2期。

［3］〔日〕岡田希雄《和漢年號字抄と東宫切韻佚文》,《立命館三十五周年記念論文
　　集·文學篇》,1935年。

［4］姜澤兵:《〈新撰字鏡〉未編碼字考辨與研究》,渤海大學碩士學位論文,2019年。

［5］姜澤兵:《疑難字考辨整理及研究——考〈新撰字鏡〉未編碼字十例》,《忻州師範
　　學院學報》2019年第3期。

［6］〔韓〕金玲敬、吴一鳴:《〈新撰字鏡〉문헌인용 양상 고찰:〈玄應音義〉를 중심
　　으로》,《中國學》2020年第73輯。

［7］〔韓〕金玲敬:《〈新撰字鏡〉小考》,《中國語文學論集》2011年第74號。

［8］〔韓〕金玲敬:《〈新撰字鏡〉疑難字考釋》,《中語中文學》2016年第64輯。

［9］〔韓〕金玲敬:《〈新撰字鏡〉注釋體例研究–古今字를中心으로》,《漢字研究》2014
　　年第10輯。

［10］〔韓〕金玲敬:《〈新撰字鏡〉注釋體例研究–한자字形屬性情報를중심으로》,《中
　　　國學》2013年第45輯。

［11］〔韓〕金玲敬:《〈新撰字鏡〉이체자유형연구—火部와灬部를중심으로》,《中國文
　　　學研究》2012年第48輯。

［12］〔韓〕金玲敬:《〈新撰字鏡〉주요聲符의異體現像考察》,《漢字漢文教育》2015年
　　　第37輯。

［13］〔韓〕金玲敬:《〈신찬자경〉의 이체자 유형 분류 – 간략화와 증번화를 중심
　　　으로》,《中國學》2019年第67輯。

［14］〔韓〕金玲敬:《天治本〈新撰字鏡〉校勘研究》,《中語中文學》2017年第67輯。

［15］劉凱鳴:《〈廣雅疏證〉辨補續篇(一)》,《文獻》1988年第3期。

［16］馬小川:《〈篆隸萬象名義〉新校》,武漢大學碩士學位論文,2017年。

［17］〔日〕石井万紀子:《天治本新撰字鏡と法隆寺一切経の書誌学的研究》,《樟蔭国文学》1991年3月第28號。

［18］〔日〕松本光隆:《高山寺蔵儀軌資料における書入注の諸相》,高山寺典籍文書綜合調査団《高山寺典籍文書綜合調査団研究報告論集(平成十九年度)》,東京:汲古書院,2008年。

［19］〔日〕湯淺幸孫:《〈新撰字鏡〉序跋校釋》,《國語國文》第51卷第7號,1982年。

［20］吳美富:《〈新撰字鏡〉校勘舉隅》,浙江師範大學碩士學位論文,2019年。

［21］章太炎:《古音娘日二紐歸泥説》,見章太炎《國故論衡》,北京:商務印書館,2010年。

［22］張翔:《〈新撰字鏡〉與古漢語字詞考釋》,《民俗典籍文字研究》2019年第2期。

［23］張翔:《新發現保孝本〈新撰字鏡〉及其價值》,《科學經濟社會》2019年第3期。

［24］張涌泉:《字形的演變與用法的分工》,《古漢語研究》2008年第4期。

［25］趙海寶:《〈廣雅疏證〉研究》,吉林大學博士學位論文,2010年。

［26］〔日〕貞苅伊德:《世尊寺本字鏡について》,見貞苅伊德《新撰字鏡の研究》,東京:汲古書院,1998年。

［27］鄭張尚芳:《〈字鏡〉附抄原本〈玉篇〉佚字校録》,《歷史語言學研究》第10輯,北京:商務印書館,2016年。

［28］朱葆華:《關於天治本〈新撰字鏡〉中的原本〈玉篇〉佚文》,《中國文字研究》第8輯,鄭州:大象出版社,2007年。

［29］〔日〕築島裕:《和訓の伝流》,《国語学》第82集,1970年。

［30］〔日〕佐竹真由美:《元興寺之僧自嘆歌一首》,《成城国文学》1989年3月第5號。

部首檢字表

部首目錄

(部首右邊的數碼指檢字表的頁碼)

續 表

虍(虎) 1158
虫 1158
网(罒冈) 1161
肉 1161
缶 1162
竹(⺮) 1162
舌 1164
臼 1164
自 1164
血 1165
舟 1165
色 1165
衣(衤) 1165
羊 1167
米 1167
聿 1168
艮 1168
艸(艹) 1168
羽 1174
糸 1175

七畫

走 1178
赤 1179
車 1179
豆 1180
酉 1180
辰 1181
豕 1181
貝 1182
見 1182
里 1183
足(⻊) 1183
邑(阝) 1184
身 1186
辵(辶) 1186
谷 1187
豸 1187
角 1188
言 1188
辛 1191

八畫

青 1191
長(镸) 1191
雨 1191
非 1192
門 1192
隹 1193
阜(阝) 1193
金 1194
隶 1197

九畫

革 1197
頁 1198
面 1199
韭 1200
骨 1200
香 1200
鬼 1200
食(飠) 1200
風 1201
音 1202
首 1202
韋 1202
飛 1202

十畫

髟 1202
馬 1203
鬲 1204
鬥 1204
高 1204

十一畫

黃 1204
麥 1205
鹵 1205
鳥 1205
魚 1207
麻 1209
鹿 1209

十二畫以上

黹 1209
鼎 1209
黑 1209
黍 1210
鼓 1210
黽 1210
鼠 1210
鼻 1211
齊 1211
齒 1211
龍 1211
龠 1211
龜 1211

檢字表

（字頭右邊的數碼指正文的頁碼）

一部

一 984
1 二 984
二等者 109
丁 989
丁 991
丁丁 1022
ナ 1001
丂 1018
七 985
七寸 1071
2 三 984
三等者 110
三尊者 108
亍 995
于 989
于 989
才 994
下 996
下饋 1074
丌 871
丈 996
与 1003
牛 1007
丌 1009
万 985
万歲 600
上 954
上天 3
上章 3
3 井 1004
丌 905
五 984
五等者 110
五等之親 109
不 1003
不分 1056
不肖 1034
不屑 1058
不愽 1039
不喜見 1057
丯 1006
屯 989
互 953
互 954
互 1006
丑 998
丑次 4
4 世 995
丗 995
丙 997
丕丕 1029
丠 958
且 3
且 133
且 953
丘 954
5 亘 953
㔾 1000
吏 997
系 1003
6 甫 999
更 1003
更天 2
亙 954
兂 1
亟 954
来 992
7 表 999

續　表

⁴屝	869	厥	869	⁷匲	981	²卅	993	門	1060
辰	764	¹¹厰	869	㐱	981	卞	995	**人(亻入)部**	
卮	867	縻	869	匼	981	³占	147		
⁵辰	261	¹²厲	868	陝	980	占	955	亻	72
居	869	厭	223	㽀	981	占斯	601	人	68
厈	869	厭	863	⁸匷	981	刞	957	人定	4
底	443	厭	869	匰	729	卟	160	人參	654
㡩	860	厭厭	1029	匲	980	卟	956	入	995
厎	868	屬	869	匪	981	⁵卣	956	¹仐	71
㡫	868	¹³廢	869	匚	980	邵	956	个	71
所	995	儀	869	匣	980	⁶卦	956	²仄	869
⁶厓	869	劈	869	圕	980	皁	949	仁	88
㟴	870	²⁸驫	970	匽	980	㧟	957	什	73
辰	870	屍	868	⁹甌	980	⁷卤	956	仆	76
⁷庯	869	厤	868	匬	981	卤卤	1024	仆僵	1049
庚	869	歷	868	匢	799	鹵	957	㐰	98
厐	868	厤	868	匡	981	⁸枭	994	仇	73
厘	955	屄	870	¹⁰匲	981	卣	797	仇仇	1031
厚	868	**二部**		甌	980	⁹鹵	957	仉	103
厚朴	599			¹¹匵	980	鹵	957	化	82
㕑	870	二	980	匯	980	²⁵矗	970	仂	76
㢉	868	二	980	¹²賈	793	㸦	546	仍	81
⁸厝	868	²匹	797	賈	980	㸦	957	仅	102
㢈	862	匹	980	匱	981			介	72
厞	868	巨	1003	¹³廰	873	**冂部**		夂	523
㡴	869	³叵	155	匴	980			今	71
厜	869	叵	981	¹⁵匵	980	冂	1006	以	995
厡	868	叵	981	匳	981	冋	345	³仟	104
厠	869	匜	980	¹⁷匲	981	²内	997	仕	78
原	868	⁴匡	981	²⁴矗	981	冈	767	仜	98
㡸	868	医	981	矗	1060	内	1013	付	97
㢊	870	医	981	區	980	³冊	1018	仗	80
⁹㢷	902	匠	986	壘	980	同	161	代	96
厚	868	匚匠	1071	壴	980	冎	1004	伯	92
㢊	870	⁵臣	1006	壴	981	用	999	伯	1009
厡	868	匜	980	彗	993	⁵冊	161	仙	88
厰	869	医	980			⁶岡	767	仙	494
¹⁰厪	870	匜	981	**卜部**		岡	1019	仟	103
厨	948	匜	16	卜	955	岡然	1036	亿	89
						閜	124		

仢	86	伀	73	攸攸	1029	佛	72	侹	73
伋	81	匆	88	但	83	佋	85	佸	80
仉	102	仰	92	伸	85	佊	79	佸佸	1030
仔	86	仰仰	1034	伷	80	佁	100	侐	79
他	77	役	81	佃	100	侔	90	佝	96
他他	1027	亢	90	佃	480	余	3	侚	100
仞	91	伉儷	1049	伲	79	余	68	侚侚	1030
介	71	伉灑	1049	佚	77	余	69	佹	100
介炎	1040	佇	103	但	97	⁶來	992	佹張	1037
仚	68	仿	99	佚	75	佽	98	佺	105
令	70	伈	103	作	92	例	77	佮	81
令住	1048	伈伈	1029	作劇	1049	佳	91	佻	94
仇	73	伊	88	作罜	3	侍	96	佾	82
仸	97	伒	80	作生活	1073	侍	949	佩	85
⁴伕	97	似	97	伯	74	佶	86	佩	551
休	94	仔	101	伯	990	佴	98	侥	74
休休	1030	係	100	伯父	107	佴	169	侉	85
伎	82	全	69	伯劳	698	供	92	徇	81
怀	99	企	68	伯叔父	109	使	92	佫	104
伏	97	⁵吏	69	伯叔婦	110	使下	1049	侈	77
伏突	1065	吏	989	伶	78	使命	1049	倭	99
伾	73	伏	89	仰	92	侑	94	侂	101
伅	434	征	98	低	88	侉	100	佽	98
伐	96	佉	84	低個	1048	例	79	依	93
仳	76	佃	104	低視	1048	倎	105	佹	98
仯	96	估	80	你	91	侄	96	佯	102
仲	79	估	96	佝	100	此	86	佯佯	1033
仟	105	估估	1033	佟	86	此此	1031	併	84
件	86	体	73	住	88	佻	100	侁	100
任	92	何	88	位	97	侗	95	佅	87
仴	100	何作	1060	佷	100	侣	78	佗	83
似	98	俩	99	伴	93	俀	78	侒	99
佀	977	佐客	1048	伴	278	個	101	侲	90
伆	104	伾伾	1030	佇	90	個穴	1049	伽	86
价	79	佑	80	佇眙	1049	個個	1030	侔	94
伶	104	佑	96	佗	101	侏倀	76	金	70
份	98	佶	103	佖	80	侏儒	76	侖	71
仏	88	攸	91	佖佖	1020	侁	99	炏	68
仏仏	1023	攸	900	伺	72	侁侁	1023	侴	69

續　表

佥	44	侹	101	值	81	偹	82	偓	83
衍	73	侹侹	1030	倯	102	保	72	偃	805
侁	100	係	75	倆	78	傯	96	偃息	1048
⁷斦	104	係	301	倆下	1062	倗	87	偃蹇	1049
俅	94	信	92	倜	103	個	81	偪	101
俅俅	1031	信信	1034	倚	93	個儻	1048	偪仄	1048
㑥	102	信鞠	1048	俺	80	倦	101	便	78
俌	83	俍	75	倢	93	俗	99	価	97
便	92	俒	80	倢倢	1032	倞	98	価	123
便便	1033	俒	100	俴	94	俯	90	倿	80
便娟	1049	俅	86	倒	78	倅	73	偕	76
俫	74	俅	104	俳	72	倅	80	偕偕	1024
俉	76	侵	78	俶	89	伨	290	偵	105
侸	87	侵夜	1048	俶儻	1049	倍	95	側	83
侲	103	侯桃	601	倬	99	倭	83	側近	1048
㑶	78	俑	100	條	77	做	78	傷	76
俠	81	俟	91	條	806	倦	89	偶	76
俇	87	俊	84	條條	1026	偕	85	偈	88
俓	96	俞	68	倏	80	倓	75	偈偈	1033
修	82	𠓛	68	脩	82	倓然	1035	偎	89
修	805	盒	71	脩	805	倌	100	偲	95
俏	84	盒	952	條	80	倥	86	偪	78
俚	103	俴	94	倘佯	1048	倇	102	偛	81
侯	84	倞	98	俱	77	倭	74	傁	89
倪	99	倪	100	倮	74	倰	79	偟	77
俚	77	個	101	倱	73	倰	104	傀	82
保	72	⁸冘	1001	倡	72	倭	210	偫	73
傅	99	軏	956	傷	76	健	89	偷	83
促	83	俸	74	候	96	倨	84	偷便	1056
俉	104	倩	93	倕	103	倔	87	御	81
俄	83	倰	87	倕	786	金	525	御	775
侮	90	倖	74	倻	103	倉	1060	御	817
俏	86	倖	104	倭	98	俿	74	偪	93
俆	95	倖	806	俔	75	倄	99	保	72
俙	78	俓	73	催	77	⁹偰	98	偝	81
坐	98	借	102	俾	75	倳	74	偬	96
俗	80	借木	1049	俾倪	1048	偅	79	偯	80
俘	72	借木	1071	倫	94	偡	79	偎	83
俛	74	借問	1049	倫位	1048	偼	93	停	78

續　表

停僮	1049	偒	80	傻	72	傽	89	[13]儀	82
俤	105	微	99	僇	87	僣	104	儢	100
傞	87	傳	91	催	84	做	97	儢儢	1030
偹	91	傤	77	傰	104	傑	93	傑	102
俊	89	傤	104	過	103	傲	89	僵	83
俥	101	偓	94	過過	1029	倦	75	價	80
偏	97	傒	77	傷	85	傿傿	1024	傰	85
慨	102	傖	102	傉	81	僚	77	償	84
假	85	傑	90	偬	95	暦	94	俚	74
假	92	傑	913	從	103	僕	95	儂	85
假	974	傢	100	從從	1029	僕	809	儇	97
偓	97	位	84	傺	74	個	98	傉	81
偓	806	傍	95	保	72	債	95	傲	76
偋	84	傍下	1049	僉	80	僤	87	儉	81
偉	76	傔	74	像	89	傀	82	儉素	1048
偉慶	1048	側	75	僋	94	僑	101	儈	88
偢	98	傛	101	僭	244	焦	65	優	79
傒	79	偏	84	傺	79	焦	77	儋	101
龠	69	偏	74	僶	103	焦沙	1049	債	104
蚤	85	能	87	傭	91	偽	95	儃	99
偘	105	傘	69	僥	98	僻	102	億	88
[10]傷	104	傘	296	做	80	然	100	儀	94
傲	90	桀	962	僇	101	僦	73	儌	75
傲	272	禽	69	僇僇	1030	傻	103	儌	83
傜	102	倚	86	傍	91	僮	95	僻	91
傋	78	[11]債	95	傪	78	偖	89	翕	69
偶	104	僞	80	傪然	1036	偖	294	翕	71
傑	102	僅	74	僉	69	僯	104	傀	105
備	99	僅僅	1023	奂	69	傅	101	[14]儱	79
健	86	儥	103	[12]蒜	630	傅傅	1030	儔	90
傅	74	儥儥	1029	僰	72	僧	86	儒	77
復	84	傳	97	僰	268	僠	104	倒	101
傆	99	傮	101	借	81	僎	84	憶	181
僧	80	區	89	借	94	僜	89	儠	80
傲	101	僄	85	傿	77	僑	87	儗	78
翕	808	傺	87	俸	81	幾	99	儕	77
條	84	傾	99	僥	74	粂	68	儕	83
條	809	傾城	1048	債	94	傘	69	傑	75
俾	104	傽	807	僖	99	僑	77	儐	97

續　表

八(丷)部

八	985
八囲	1039
[2] 兮	1001
分	1010
公	994
公然	1036
六	985
六親者	108
[4] 共	607
共	871
并	897
关	964
[5] 兵	871
弟	647
[6] 其	871
具	871
典	871
典	872
並	955
[7] 冡	1010
兹	1002
[8] 真	870
奭	871
眞	870
[9] 鮮	1017
[10] 冀	870
冀	871
[11] 與	871
[14] 冀	871
興	871
[17] 冥	17
冕	3
兵	285
與	870
興	871

儿部

[2] 元	989
先	1010
允	986
允	989
[3] 兄	159
兄	1003
兄弟	109
[4] 先	992
兆	990
兆	1010
兜	971
兖	971
充	770
充	986
[5] 克	994
児	1002
兇	991
免	289
免	964
免	987
兑	965
兑	986
[6] 殅	1010
殅殅	1020
兆	991
兆	991
兒	1002
[9] 覒	1010
[10] 兓	1002
[12] 兢	994
兢兢	1026
[22] 兟	969
兟	1058

几(几)部

几	970
几	1013

續　表

[1] 九	1001
凡	1001
[2] 凡	413
[3] 処	971
尻	971
[4] 夙	49
[5] 凬	47
凬	47
[6] 咒嚱	1057
[7] 朷	971
[9] 凰	49
[10] 凱	971
凳	51
凱	971
凭	971

匕部

匕	980
[2] 早	1009
[3] 北	998
[9] 堤	981
匙	981
奐	870
幽	981
[10] 龜	939
[19] 匙	1002
北	998
郎	998

勹部

勹	426
[1] 勺	1003
勺	1018
勺藥	655
[2] 与	427
勿	995
勿勿	1031
勾	428
勾	427

僮	80
儜	87
儶	76
[15] 儥	99
儦	103
優	76
優優	1026
儱	87
儵	746
儵	806
償	84
儹	91
傷	73
僵	101
儰	105
傷	104
儯	102
儲	72
儴	82
儶	77
儺	99
[16] 儺	89
僅	102
儵	80
儵	805
儵	946
儵忽	1038
個	103
儌	78
儙	75
儝	423
儱	79
[17] 儵	77
儀	94
[18] 儲	98
儯	102
儺	101
[19] 儺	88
儺	709

顠	103
儷	79
儼	94
儸	103
儹	78
[20] 儻	82
儸	87
[22] 儳	94
含	70
龠	71
徫	74
儹	78
儵	82
儵	82
化	82
僑	82
儵	83
儵	87
伍	88
伍	88
佛	89
儵	89
儵	91
儵	94
儀	94
任	96
保	97
伍	98
億	100
伶	100
俗	101
儵	102
個	103
叟	920
卿	979
炊	992
輪	1019

續　表

勹	972	玄天	2	兗	971	洛	524	凝菜	1075
勻	428	玄英	3	¹¹亶	123	⁷浹	524	凝海菜	1075
勾	427	玄孫	109	雍	770	涇	524	荆	498
³勼	428	玄參	656	雍雍	1032	凌	523	策	523
包	929	玄默	3	¹⁴𪃍	971	凌	982	淩	523
⁴匃	427	⁴言	225	廥	66	淞	523	凗	524
匃匃	1023	言	225	亹	769	凍	523		
⁶匄	419	亦	769	亹	325	凄	280	一部	
匊	427	亥	998	¹⁵亹	769	凄	524	²冗	970
匃	427	亥次	4	亹	953	准	524	冗	971
匂	428	⁵亨	768	¹⁸𪎭	1006	准	877	尢	1007
剢	427	亨	769	²⁰𪒫	1006	准	1071	冘	972
匃	427	⁶京京	1031	𪎟	1006	淨	524	⁴夭	1
⁷匍	427	亯	994	亹	953	凋	523	⁵罕	929
匌	427	享	768	亹	953	凉	524	⁶采	343
匇	428	夜	770	亹亹	1025	⁹馮	524	采	1002
⁸匋	428	夜半	4	²²𪓇	1006	渫	524	⁷冠	929
匇	427	兗	769	𪓣	1007	減	524	⁸冠	929
䬼	428	兗	854	²⁶𪔄	1006	測	523	冥	928
努	428	兗	986	²⁷𪔴	66	凉	524	冥	929
努	629	⁷亭	770	覓	425	減	891	冥冥	1024
⁹匐	427	亮	769	覓	768	¹⁰凓	493	冤	345
¹⁰匑	427	亮	871	覙	771	凓	505	冤	920
匔	428	亮	970	䚗	971	凓	523	冭	929
¹¹匒	427	亮	986	覘	994	減	524	⁹富	481
匓	427	紗	280	覽	1069	渾	519	富	929
¹²匔	428	紗	1011	覽	1069	澄	524	¹⁰冢	711
¹⁴匘	427	⁸亳	770			滄	524	¹²寫	921
匓	427	离	1013	冫部		¹¹凗	524	寫	929
¹⁵匘	428	衰	58	⁴冲	524	減	524		
勾	428	衰	769	決	524	¹²潔	524	凵部	
鉤	428	兹	1002	⁵況	524	凘	523	²出	1006
		⁹商	4	泂	483	¹³凜	523	凶	1002
一部		商	916	泂	523	澤	524	凶	2
¹亡	993	旒	1011	冷	523	凜	827	³由	431
²亣	875	率	768	洋	524	¹⁴凝	519	由	996
亢	770	率	807	冶	523	凝	524	出	992
亢	971	¹⁰高	770	⁶冽	523			⁴甶	996
³玄	3	兗	770	活	523			凷	876

續　表

5 函	990	切切	1028	6 删	931	削	933	劇	932
9 圅	997	刋	931	刐	894	則	934	剹	935
13 圅	997	刈	933	刲	935	削	934	10 剺	634
		分	989	刮	935	刦	894	剩	934
卩(㔾)部		分頭	1056	刵	167	刣	931	剠	933
卩	1008	刌	933	刵	930	剉	934	劇	935
2 卬	775	办	993	刺	932	剕	934	剮	930
印	993	切	893	刺	935	劵	894	剴	935
印印	1032	3 刊	930	剀	930	剃	935	剹	930
卪	1009	刉	933	剚	932	剚	930	剳	929
3 卮	860	刊	931	到	934	8 契	894	割	930
卮	999	刋	931	剄	934	剄	931	剮	932
印	979	刌	893	删	931	剖	932	11 劈	289
卯	972	4 初	894	刲	931	剒	936	劈	290
卯次	4	韧	934	制	935	剗	930	劂	894
4 卻	1008	荆	930	刮	166	剙	932	劃	894
危	999	刑	930	刮	934	剝	934	剷	633
5 卵	972	刌	931	刹	935	剝頭	1056	剳	931
即	1005	刘	936	刽	930	剛	931	剸	930
卲	1009	列	931	剑	930	劵	289	圖	936
6 卺	1008	划	933	刻	933	劵	894	剽	935
卷	960	刖	31	券	961	剮	932	剾	934
卷栢	600	刖	930	剙	932	剫	932	劄	935
卺	964	刎	930	剙	932	剖	930	剻	933
7 卸	775	5 刧	894	刷	261	剢	935	劃	931
卸	1009	刮	935	刷	933	剠	933	剟	934
卸弓	1065	别	933	刷子	1066	剝	931	剿	934
卸鞍	1071	利	664	剄	1001	剮	935	劋	932
卻	1009	利	936	7 荆	617	陶	428	劌	934
卻	1009	刞	936	荆	933	剰	934	劃	931
8 卿	913	夬	875	剋	933	9 副	933	剴	934
11 卻	1009	删	930	剚	934	剴	932	12 劉	932
16 鑾	870	刻	931	剒	933	剭	933	劂	934
		判	930	刺	935	剣	931	劊	932
刀(刂⺈)部		初	894	剠	936	剰	930	劌	932
刂	929	刱	935	剷	975	剚	932	劈	936
刀	893	刔	933	到	935	剣	931	劁	933
1 刃	1004	刜	205	制	935	剧	934	劒	935
2 切	893	到	935	剕	932	剔	1007	劃	931

續　表

剮	935	刖	261	⁶劻	290	勞	51	²云	769
剎	931	剜	930	劫	292	勞來	1038	厷	1015
¹³劓	932	荆	931	劫	894	¹¹勛	291	³去	1058
劇	934	刓	932	乘	1003	勢	290	牟	382
剺	933	州	932	効	290	勤	289	⁴公	106
剝	931	剳	934	劾	292	勳	292	厺	300
剿	931	券	961	刜	292	勣	292	厶	969
劍	932	分	989	券	961	勁	289	⁹参	896
劊	931	乞	1013	劯	292	¹²勩	292	¹²魏	1002
劉	934			勁	289	勘	289	¹³敫	1005
劉	936	力部		⁷劲	894	勵	292	¹⁶編	1013
劃	932	力	288	勉	290	勝	870	叅	1054
劈	260	力失	1059	勃	289	墊	289		
劈	893	¹加	291	勃勃	1033	勸	292	又部	
劈柴	1058	³功	290	勑	288	勞	291	¹叉手	1061
¹⁴剒	934	功	893	勁	289	¹³勮	290	²友	990
剉	682	功	894	勁	894	勰	1000	反	1003
剗	932	功婦	697	勃	289	勰	291	反轉	1068
削	172	劢	291	勉	289	勰	813	叚	974
剐	930	加	155	⁸劾	290	勰	969	及	965
劍	993	加	289	勑	288	¹⁴勵	290	叐	1007
劙	1013	加諸	1056	劢	291	動	65	収	974
劌	935	⁴劣	290	勭	291	勳	290	叉	973
劇	932	劣	1005	勑	292	¹⁵勵	290	双	709
劑	934	励	292	勃	289	勵	482	³反	1003
¹⁵刮	933	劬	291	⁹勘	292	勸	291	叔	904
剋	1013	劦	969	勒	289	¹⁶勥	292	叜	458
劇	987	劦	970	勒	389	¹⁷勸	289	叜	974
剛	933	⁵劫	292	勒	1070	勸諫	1057	⁴叒	970
¹⁶劈	894	劫道	1055	勒肚巾	1067	勸	290	⁵叓	996
¹⁷劍	931	助	136	勈	123	²³勸	291	叙	973
¹⁸劇	933	助	289	勊	292	墊	289	叟	974
¹⁹劗	932	劭	292	動	290	勒	290	羿	974
劇	932	勎	291	¹⁰勞	292	勳	291	⁶叐	961
²¹劉	932	勞	291	募	610	勤	291	取	169
²⁴副	933	旌	291	務	290			取	974
負	16	努	969	勖	290	厶部		叔	147
巴	210	劭	290	勧	292			叔	962
		劭	894	勤	291	厶	993	受	996

續　表

尗	261	干薑	655	地膚子	655	垪	435	垣	434
尗	974	干裰	1067	在	437	埏	435	垣	954
叕	973	¹午	998	在	999	坩	434	坳	438
⁷叜	920	午次	4	圵	433	坷	430	垤	433
叜	973	²平	995	圸	1018	坯	433	垙	434
叜	991	平平	1029	壐	954	坯	442	堙	430
叛	995	平旦	4	⁴坑	433	坡	433	壹	954
宎	920	平却	1061	坑	436	坫	435	垅	442
宎	973	平素	1039	坏	433	坦	432	埏	434
叚	974	羊	963	坉	434	坦	432	垍	437
⁸冔	974	³开	897	垀	431	坦然	1035	垢	441
⁹叡	973	开	1002	圿	431	坤	429	垗	438
¹⁰叔	974	¹⁰棄	661	址	440	块	440	垜	433
¹¹叡	974	棄	1009	圽	439	坤	443	塊	429
叡	840	幹	957	坼	432	垌	432	垎	440
叡	974	幹	1019	坂	434	坰	441	垮	437
䰙	973			圬	435	垕	442	埄	437
¹²叡	973	**土(士)部**		坅	430	坿	430	垓	433
¹³嬖	260	土	428	坋	431	坿	821	垠	430
¹⁴叡	973	土陰孽	658	坻	443	坏	431	垛	433
叡	973	¹圡	428	坎	430	坴	436	垛	811
¹⁵燮	768	壬	997	坎坎	1028	坻	431	垔	430
燮	768	壬	954	均	429	坾	439	垩	441
¹⁶霻	42	壬	1001	坤	439	坽	438	垩	912
叢	611	²圢	438	坄	436	坢	438	墾	441
叢	993	圤	436	坑	442	垀	440	壂	160
絫	904	圣	436	坊	433	坡	431	垈	429
叕	973	³圩	432	坒	434	坳	429	垄	430
叡	973	圭	437	坁	429	坴	429	堕	428
取	974	圭	954	杢	429	坢	438	垒	431
		圭合	1035	坐	433	坐	441	垬	434
又部		圪	435	坙	431	坐	160	⁷埻	440
⁴廷	795	圪圪	1021	坒	437	垂	419	埂	435
延	797	圪然	1036	室	1001	垂	993	垪	466
⁶建	798	圮	432	地	990	垚	434	垺	440
⁹遣	130	圮	437	壯	3	坴	431	堄	423
		圯	432	坢	442	⁶型	436	垸	436
干部		地	428	在	999	垚	969	埋	429
干	989	地薥	653	⁵坛	431			埍	438

續　表

袁	325	埠	989	塔	442	塾	434	壚	435
袁	1002	執	971	堰	440	堷	430	壞	429
塥	442	㙡	435	塸	433	[10]塭	439	墁	439
㙡	435	埝	440	堙	430	填	442	囊	439
坨	435	堋	434	塎	435	埘	429	囊	870
㙏	433	堋	440	堜	439	塌	438	場	429
垿	430	堋	440	堵	442	塡	434	墵	430
垿	439	坫	430	堤	442	塏	440	墄	432
㙎	970	埻	430	圳	437	堭	434	墇	430
埆	439	埣	442	埔	166	壌	436	墇	435
垶	440	培	433	堣	434	塩	950	璋	454
垸	435	執	997	堨	435	塩增絮	1066	境	429
坑	437	執徐	3	堨	1000	塢	434	境	435
埌	438	埍	439	塻	439	壢	432	墊	433
埃	432	埳	431	堞	429	塯	430	壽	949
埈	439	控	433	堭	434	塙	436	塺	432
坌	429	埭	440	塊	431	壓	438	壊	439
㘴	437	綠	440	塊	443	堵	440	墓	439
㘴	509	埽	435	塊	789	塘	440	塹	436
聖	441	堀	430	埴	430	塩	439	墅	435
[8]垠	439	墼	430	靮	971	塆	439	墅	430
堵	429	基	440	堬	434	壺	955	䡯	1000
坹	428	堅	433	塿	434	塚	430	墊	436
埴	432	堇	637	坡	431	塤	437	座	860
堄	439	堼	441	坡	442	塀	433	塵	710
域	430	圭	437	報	1005	墾	959	墼	438
埼	443	堂	441	垣	435	墾	438	墮	784
埯	435	堂堂	1028	埃	443	墏	522	墮	786
塚	438	癸	1000	堚	442	塗	437	墜	782
埱	437	堊	517	壹	955	塗	517	壤	433
堁	437	堊屋	1062	壺	65	塞	923	[12]壊	440
場	433	堿	414	壺	955	[11]墐	435	墳	431
崝	443	聖	441	壹	1017	墻	441	墱	435
堝	434	[9]堯	439	塆	435	博	441	墣	432
埵	437	堯	970	塚	437	堰	441	壚	434
坭	436	堯	1000	堡	429	墹	438	墧	441
堆	430	堯堯	1022	埕	906	壊	443	墣	435
赴	429	堪	431	壁	436	壚	436	墳	434
埤	432	堞	432	圍	430	墟	442	墠	431

續　表

撫	441	壖	434	¹⁹蠡	1017	³寺	948	³异	871
墺	433	塌	440	²⁵廳	710	⁴寽	949	异	898
坡	442	壎	436	³⁶廳	710	⁶封	948	异	897
墦	438	壌	436	𡎴	428	⁷尅	948	⁴弄	897
墥	438	壙	442	𡑏	429	專	948	弆	897
塿	434	壓	223	𡎡	429	射	111	㛜	962
璲	435	壓	437	𡎥	429	射	949	㛜	1005
增	434	壓	866	𡑏	430	射干	657	弃	896
增增	1027	璽	436	𡒄	430	射揩	1049	⁵弆	896
埠	441	龶	438	𡒊	432	射揩	1064	弇	896
墽	429	壄	441	𡑻	433	射親	1065	畁	897
樫	437	壐	465	𡒋	433	射鰈	1064	异	897
塸	442	壐	469	𡒍	434	尌	949	⁶契	897
墨	436	壐	973	𡒏	436	⁸專	949	奔	1012
墨	946	壍	504	𡒕	437	專爲	1059	弇	69
墨斗	1071	¹⁵壗	429	𡒖	438	尌	949	弈	897
墨頭	1071	壘	431	𡒗	439	尉	948	弈弈	1025
㸁	1005	壘	480	𡒘	440	對	948	粦	896
戠	439	壘畢	1041	𡒚	440	⁹尌	576	⁷弊	961
塢	950	¹⁶壛	438	𡒛	440	尌	948	⁸拜	897
¹³墶	439	壚	440	𡒜	441	尋	949	⁹寱	871
壞	433	壜	431	𡒝	443	尊	996	¹⁰隼	877
墻	441	壝	438			尋	949	弊	896
壃	433	壆	439	工部		¹¹對	948	¹¹弊	343
壿	439	壜	430			¹²導	949	弊	896
墩	436	壟	438	工	954	¹³醇	1006	弊	896
壇	442	壞	433	¹玊	1003	¹⁵璹	1017	弊	896
壚	437	壚	441	²巧	996	膞	1017	¹²弊	897
墼	436	壙	442	巧兒	1071	𡔖	948	¹³舞	897
壁	439	餐	439	巧婦	697	𡔘	948	舞	955
壆	441	壠	442	左	1000	𡔙	948	輿	870
墾	90	¹⁷壥	437	³巩	1015	𡔚	949	弄	896
墾	429	壥	436	⁴巫	954	𡔛	949		
臺	441	壥	433	坙	954			大部	
壅	434	壤	892	⁶差	964	廾部			
殿	438	壤	433	⁹琹	1003			大	873
壁	432	壎	436	𡐛	31	¹开	1002	大平	1051
¹⁴墦	437	¹⁸壚	438	寸部		²弁	897	大呂	4
壋	439	壨	437			弁	995	大青	656
				寸	948	弁	1060	大族	4

續　表

大戟	657	奔	873	奠	870	尻 872
大蒙	1051	奔	897	[10]奩	876	凱 464
大舅	108	奇	770	窯	873	凱 1009
大芒洛	3	査	875	[11]奩	873	[6]旭 872
大淵獻	3	奄	873	奪	949	厖 999
矢	871	奮	874	[12]奭	771	[7]尳 872
[1]天	1	奎	875	奭	875	尳 872
天	2	夵	874	奮	873	旭 972
天中	2	夵	874	[13]蠡	873	[8]尳 872
天雄	657	奔	873	奮	769	施 873
天鷄	697	奜	874	奮	873	煌 872
天門冬	653	[6]契	874	[14]奭	771	旭 872
夫	992	契契	1032	奭	875	燈 257
夫姪	110	奎	873	窪	628	燈 872
夫方父母	109	査	874	奮	873	尳 872
太	875	爹	873	[15]奰	875	尳 972
夭	1012	奢	873	奰	880	[10]燈 872
夭夭	1024	奓	874	[20]𥄳	1011	[12]尳 1000
[2]丙	365	柴	874	[25]奩	874	[13]尳 872
夳	874	奕	875	尖	3	尳 972
夲	1018	奕	897	聚	3	[19]爐 872
夼	875	裏	872	奋	128	[22]爐 872
央	871	[7]奭	804	夋	1012	尳 972
央	874	奭	875	奓	1012	
失	996	奚	875	轎	1019	弋部
失色	1059	奚	989			
[3]夸	873	奘	875	尢(兀允)部		弋 892
夷	874	[8]套	875			[1]弋 892
夷	988	奢	873	兀	995	[2]成 893
夷則	4	嵞	874	兀	1005	[3]弍 893
[4]夲	874	爽	768	尤	872	式 893
奄	875	爽	876	[1]尤	872	[4]武 893
忝	757	爽	881	[3]尬	872	狀 893
奔	874	奛	874	尬	1	[5]貳 891
夾	873	羮	875	尥	872	貳 891
夾	989	[9]靽	664	[4]尨	872	貳 893
夾鐘	4	缺	419	尪	469	[6]貳 893
[5]奉	961	奧	873	尬	872	[9]弒 891
扶	994	臭	1013	[5]尭	1000	
				尨	872	

小(ⵗ)部

小舅	108
小氈	1070
[1]少	988
[3]尗	962
尖	873
尚	156
[6]尒	968
[7]覓	1010
[8]乳	1011
[10]尠	997
[11]尞	1010
[12]尠	1011
甯	572
泰	961

口部

口	138
[1]曰	138
[2]古	157
可	160
可	996
可可	1033
可吹	1053
可咲	1053
可歲	600
右	155
叶	142
叫	935
史	1003
叽	145
叱	163
叩	144
叫	154
叨	142
句	161
句	427
句	1003

續　表

續　表

悚	157	唵	160	嘁	163	吅	139	喬	155
哂	157	唵	201	崛	152	吅	154	喬	1012
唝	146	啄	143	崛崛	1026	羿	141	鮕	972
唊	156	啄木	697	啜	154	羿	153	鮕	994
唨	146	嗪	139	啜	164	喘	143	啻	769
哨	146	嘰	153	喘	143	唗	148	啻	157
哩	147	啡啡	1025	咺	148	啾啾	139	善	157
員	858	俶	147	售	151	啾啾	1034	啕	150
唄	155	俶	163	售	878	喤	159	喺	150
唲	155	啍	142	尵	971	喤呷	1052	[10]謷	159
唲	423	唬	142	啓	447	喤喤	1034	謷	162
哦	141	唱	163	啐	162	喉	144	暮	152
唏	144	咽	153	[9]喆	144	咻	149	嗇	156
呼	160	咽	152	喜	156	喻	157	嗷嗷	1023
唅	70	嗒	152	呰	160	啷	153	嗉	161
唅	162	嗒嗒	1027	喫	143	煖	147	嘒	160
唤	139	喎	151	喋	164	喰	149	嗜	139
喑	162	唾	162	嘽	148	㖞	145	嗑	143
唪	145	呪	152	喃	149	嗤	153	嘆	155
哓	158	唯	158	啾	158	喑	140	嗔	145
唪	147	唯	877	喇	149	喑喑	1040	嗹	159
哴	158	啤	151	喱	144	喑喑	1025	嗹	800
唧	163	唫	139	嘤	147	嗲	162	嗊	140
唧唧	1023	唸	146	嘤嘤	1026	啼	146	嗊嗔	1040
唉	141	啁	154	喊	141	啼	159	嗕	153
唆	151	啥	141	啇	156	嗟	159	喋	149
唐	942	啍	144	啝	159	嗞	143	嗘	147
哿	160	唪	146	喈喈	1032	喧	159	嗘嗘	1026
[8]喥	144	唪	162	喈喈	1034	喳	150	罩	155
啞	141	唛	142	喝	145	咯	163	槑	164
啞啞	1024	唉	148	喁	158	暉	144	槑	962
唭	151	唉喋	1052	喁喁	1022	嘅	146	嗌	150
啾	159	唹	152	嗢	163	喔	140	嗺	147
唶	140	唹	158	喝	161	喈	144	嗅	143
唶唶	1026	嗦	164	喅	145	嘽	164	嗅	683
啉	153	啖	141	喟然	139	噫	151	嗅	143
喊	147	啽	153	喟然	1036	喙	143	嗅	144
哇	154	啘	143	單	155	喙	143	嗅	154
唰	140	喉	161	單袷	1067	喙木	697	嗅	150
				單闋	3				

續　表

嗚	159	嚷	154	嘹	152	嗌	146	嚓	148
嗂	145	嗝	151	嚆	2	嘆	162	嚏	139
嗂嗂	1025	嘓	210	嘈	142	噤	139	嚙	147
嗜	141	嘞	152	囁	161	喊	143	嚅	158
嗅	159	嘷	157	嚣	164	噱	151	嚶	163
嗝	148	噴	145	嗰	148	噱	164	嚊	151
嗝嗝	1026	嚓	163	嘖	161	噴	147	嚘	164
嗙	145	嘛	145	嘗	162	嗟嗟	1026	嚗	151
嗌	150	嚌	154	嘽	154	嘲	160	嚌	158
嗌	157	嗾	161	嘽嘽	1020	器	164	[15]喜	969
嗛	161	嘩	144	嘖	160	歐	147	嚙	161
嗜	164	嘍	141	嘿	157	嘔	163	嚘	142
嗤	143	嗔	152	曉	152	噪	152	囓	143
嗋	157	喹	150	嘳	140	噪	962	嚻	139
[11]唷	163	噉	141	嘵	157	嚄	153	嚌	151
嘉	1016	噉	903	噍	162	嚄嚄	1027	嚛	144
嘏	999	嘜	154	嘷	157	噸	795	噴	144
嘗	159	嘮	152	噢	140	嚼	162	嚖嚖	1025
嘗	888	響	153	噢咿	1040	噬	139	嚕	149
嘒	161	嗻	143	噲	139	嗷	148	嚕	145
嘖	162	[12]嘈	142	嘱	141	噭	139	嚔	164
嗎	159	唾	2	嘫	144	噭	903	[16]嚚	1003
嗎嗎	1026	嘵	146	噘	140	噞	162	嚾	121
噉	147	嘵嘵	1026	噂	160	噲	142	嚾呻	1052
嘆	159	噴	139	噌	151	噫	158	嚴	146
嘈	148	噴嚏	1052	噌吆	1052	噫乎	1040	嚬	154
嘈猷	1052	嘻	158	嘮	146	囉	158	嚨	141
嗽	142	噎	143	噎吃	1053	囃囃	1032	饁	444
嗽	936	噁	157	喑	145	噎吃	1053	嚲	158
嘔	154	嘶	155	嘖	148	嘯	162	鞭	994
嘌	145	嘩	152	嘱	149	嚳	151	[17]囉	138
嘘	156	嘆	145	嘵	155	嗒	144	嚶	160
嘘歈	1053	嘲	154	嘰	158	嗒	927	嚶嚶	1022
嘳	145	嘲啾	1052	噪	153	[14]嚯	156	囒	147
嘘	151	嘲調	1039	嗅	150	嚇	147	囏	160
嗺	140	嗦	150	[13]噩	164	嚇	162	嚼	140
嘍	156	嗉	150	嗫	2	嚇	418	嚷	158
嘍囉	1053	嘮	145	嗤	148	嘰	163	譽	1000
嘵	164	嚅	158	嗤嗤	1026	嚋	145	[18]囔	164

噠	141		967	圊	1073	凸	458	岭嶸	1041
嚩	162		967	囹	765	[3] 半	628	岻	463
囂	138		967	[7] 圉	766	屾	467	峋	456
囂	1063		994	圉	1073	発	458	岷	456
嘴	152		1000	圉	766	発	465	弟	460
囉	164	**口部**		囷	765	岌岌	1020	岳巒	1042
[19] 囉	994			圁	767	岌峩	1041	岱	96
囉然	1036	口	765	函	70	岌峯	1041	岱	459
囈	146	[2] 囚	767	函	1019	屺	457	峦	457
囉	149	囚	767	[8] 圉	765	屺	462	[6] 峙	459
[20] 嚙	147	四	984	圉	767	玄	458	峙	948
嗽	148	四阿	1062	園	767	玄	949	岠	461
[21] 嚩	153	四等者	110	圈	765	[4] 岍	464	岃	460
囑	149	曰	766	[9] 圉	767	垸	464	峒	467
囂	138	図	766	圖	766	岐	286	峕	457
翼	138	図	767	圉	765	岐岐	1033	崒	460
翼	138	[3] 因	766	[10] 園	766	岐然	1042	岑	460
譬	142	回	766	園	1073	岐嶷	1042	岧	457
蘆	143	囟	70	團	766	峀	463	峞巍	1041
覽	145	囟	1006	團	1073	岑	457	峋	463
跧	146	[4] 国	765	圓	766	岑崟	1043	客	460
敨	146	园	767	[11] 圖	766	岻	463	峐	462
肸	147	園	767	[12] 圓	517	岣	456	峭	468
夆	152	困	767	[13] 圉	766	岤	457	[7] 崋	460
莟	152	囬	766	圉	767	崒	467	陘	462
罖	153	困	766	[16] 圉	766	[5] 岵	462	峭	455
觀	154	囮	766	[17] 圉	766	坪	458	峭	466
翇	154	囜	766	[18] 圉	766	罒	459	峐	457
肜	155	囥	766	圉	766	岨	466	峴	423
肖	156	囲	766	圉	766	岬	462	峴	464
筆	157	國	765	圉	767	屾	457	峨	456
鈟	161	[5] 固	766	圉	767	峽	461	峨峨	1031
柔	717	困	767	**山部**		炭	461	峻	457
嘉	726	圉	124			岸	460	峇	456
書	726	囲	766	山	455	岸客	1042	峯	461
受	965	困	766	[2] 屵	466	岻	456	嶒嶒	1041
殺	966	图	766	凢	461	岻嶇	1042	峄	456
報	966	囮	767	岁	459	岎	459	峎	456
殸	967	[6] 囿	765	屶	457	岭	461	岩嶙	1043

續　表

崏	463	崛崎	1042	豺	461	巂	455	巒	467
峻	466	寀	459	嵊	464	嶕	64	[15]巆	465
島	465	嵔	460	嵩	467	嶣	456	嶼岤	1042
島	691	[9]岸崿	1042	嵣崉	1042	嶕嶢	1041	巂	455
舍	69	喦	458	嵊	457	嶵	458	裹	461
浍淪	1046	喦嚚	1041	嵱嵕	1042	嶵	463	巐	919
[8]楛	458	嵁	463	崚	467	嶔	465	嶺	465
崝	462	嵗	464	崚嶒	1041	嶔巇	1043	[16]嶂	461
崝嶜	1042	嵧	465	盇	458	嶔巖	1042	巃	464
峨	456	剈	457	嶠	465	嶓	463	巄	466
崧	461	剈屴	1041	[11]摧	461	嶙	456	嶒	466
崖	459	崵	467	嶺	455	嶙峋	1041	嶭	467
崎	465	嵧	456	嶃	466	嶟	462	[17]巘	457
崦	467	嵫	464	嵧	465	嶒	466	巇	892
崍	463	崽	464	嵧	464	嵃	461	巇嶮	1038
崍嵫	1041	嶏	457	妻	465	[13]廖	459	巆溟	1042
崏	456	崼	466	嶉	457	嶧	467	巍	466
崏	457	崳	456	嶋	465	嶩	461	巍	789
崗	466	峉	463	嶋	691	嶧	461	巉	466
崔	466	嵏	717	嵷	456	嶧	461	巉巖	1040
崅	461	嶲	456	嶂巒	1042	嵒	466	[18]歸	464
岫	457	嵐	50	嶈	457	嵒嵬	1042	歸然	1037
崟	465	嵘	464	嶇	462	嶼	456	[19]巓	464
崘	459	崸	457	嶚	465	嶭	460	巑	461
崎	463	嵯	462	嵾	457	嶮	466	巖	466
峥	456	嵯峨	1041	巢	464	嶮	466	巗	465
峥嶸	1041	崷	456	堕	458	嶰	461	巒	458
崩	466	嵫	463	[12]嶜	467	嶇	459	[20]巘	461
崴	461	嵝	462	嶢	455	嶭	460	巚	467
崒	461	嵪	462	嶢峴	1041	嵓	468	巚	467
崒	467	嵍	457	嶢峥	1041	[14]巇	460	巖	463
崪	457	[10]嵍	458	嶢樹	1042	巇	459	[21]巘	461
崯	457	崶	888	嶘	460	嶼	457	嶽	2
崇	459	崔	468	嶙	459	嶞	455	嵺	2
崆	462	嶊	459	嶚	464	嶺	459	嶜	2
崆岘	1042	嵂	463	嶜	467	嶷	456	嵓	3
崆峣	1042	嶲	455	嶜崟	1043	嶷然	1036	嵘	3
崛	463	嵃	457	嶃	463	嶸	466	山	455
崛	459	嵃	463	嶠	465	嶸	467	岧	455

續 表

垸	455	[4] 帙	350	帩	350	常	351	幕	648
嶼	456	帉	821	帢	349	帳	348	幬	350
嵐	456	帒	350	帩	350	帳	813	幙	348
峨	456	帉	348	帩	812	帩	350	幌	353
崑	459	帉	551	帩	827	帪	351	幗	353
崚	460	帊	347	帡	350	帩	348	幟	351
嵯	462	希	354	帥	732	帩	827	帽	353
墟	466	希	881	帥	991	帷	348	幉	349
炭	466	希	995	帝	352	帾	347	嫁	349
器	468	希夷	1038	帝	354	帾	353	嫁	821
帯	468	帋	348	帣	351	帷	347	幀	348
宄	552	帋	551	帣	960	帷	877	幣	348
巖	888	帟	352	帮	351	帼	349	幣	352
巌	888	帛	352	帠	348	帩	348	[11] 幇	351
崑	998	帛	352	帢	352	帩	827	幘	347
崗	998	帛	917	帢	352	帩	348	幩	354
豕	998	[5] 帗	354	帉	352	帩	353	幨	351
容	1003	帔	348	帤	352	帩	350	幖	349
		帖	353	帨	890	帩	354	幖	819

巾部

		帙	353	帋	351	帩	350	樓	350
巾	347	帩	350	帆	348	帩	354	幔	347
巾	550	帩	820	帲	350	帽	349	幔覆	1054
巾子	1067	帠	353	帳	350	冪	368	幗	348
[1] 市	347	帗	353	帲	353	[9] 帣	351	幗	821
市	352	帔	347	帨	350	幅	353	幩	353
市	1014	帔	550	帨	351	帽	348	幣	354
市	347	帒	96	帨	353	帽	1066	[12] 幮	354
[2] 布	352	帛	352	帨	551	帴	351	幘	349
布繼	1068	帛	947	帨	824	帴	820	幞	350
帗	349	帟	69	帩	348	帪	349	幞頭	1067
市	347	帬	347	師	991	帪	323	幝	349
[3] 軒	347	帚	354	師師	1029	帪	348	幠	349
帉	351	帑	348	席	351	帩	348	幠	818
帉	348	希	1012	席	866	帩	347	幪	350
帗	349	[6] 帶	351	帬	326	帩	347	幟	66
帆	347	帣	350	帬	353	帩	354	幟	351
帊	353	帢	352	[8] 帶	351	帩	351	幡	349
帘	354	帛	956	帶	550	帩	348	幢	354
市	352	帜	350	帶	1001	[10] 幕	348	幢	1023
		帕	347	常	157				

幢柄	1054	旂	352	佫	807	從父兄弟	110	徵	467
幟	351	帎	352	徉	804	從兄弟姊妹	110	徵	805
幠	352	憿	353	衍	804	從祖伯叔父	110	徵徵	1032
觥	352	悵	353	衍衍	1019	從祖祖父姑	110	衝	805
¹³幪	349	師	991	律	804	衕	805	徹	808
幪	821			很	807	徎	808	衛	793
幞	351	彳部		後	805	⁹街	805	衛	807
幞	819			徑	806	衖	807	衛	809
幩	351	彳	804	從	808	徥	809	¹³徼	804
憿	353	²彺	807	徒	808	衚	808	徼徼	1032
幨	348	³行	805	⁷徒	808	御	805	衡	805
幢	350	行行	1032	徑	96	御極	1051	衡	809
幭	352	彴	807	徑	806	徸	808	¹⁴徽	808
幬	348	彶	804	徎	807	復	808	徽	303
¹⁴幬	354	⁴彸	807	復	89	徨	804	徽	467
幭	354	彽	86	徐	808	循	82	徽	804
幰	348	彷	805	徺	807	循	805	徻	807
憶	351	役	81	從	808	循	805	衕	807
幞	350	役	808	後	805	循	809	衞	807
¹⁵幰	347	彷	804	徎	807	復	807	¹⁵衞	805
¹⁶幣	352	⁵征	809	徔	808	徧	808	¹⁷襄	808
幡	349	征征	1020	徙	808	徦	807	¹⁸衢	806
幡	813	徂	807	⁸徠	807	徍	807	¹⁹徽	756
幩	351	徂	83	術	804	徭	806	徽	806
憶	347	徂	805	徛	807	徠	809	²⁰徽	807
憶網	1055	袖	807	徺	809	¹⁰衙	808	徽	944
¹⁷幟	349	袖	809	徏	808	微	467	²¹衢	805
幟	814	衏	807	得	806	微	808	後	87
¹⁹幪	349	彽	807	徤	806	微	808	御	805
幪	819	往	806	待	809	徯	809	御	805
幗	819	往來	1060	徫	806	徻	806	徧	806
幗	349	彼	807	從	808	徬	804	附	806
²¹幪	349	彼	91	從天	2	衔	807	徥	806
幪	819	⁶衍	809	從父	107	¹¹德	807	徥	807
憶	347	待	808	從母	107	衕	809	徥	807
幞	349	待	949	從母	109	徽	351	假	808
憍	350	徏	807	從容	1035	衙	805	衔	809
憚	350	徊	807	從從	1020	¹²德	809	徥	809
憶	351	徎	808	從父兄子	110	徵	4		
		徇	804						

續　表

彡部

字	頁
彡	995
² 㣣	954
⁴ 形	997
形	16
形	397
㢟	1016
⁵ 彤	1002
⁶ 彥	108
⁷ 彣	495
⁸ 影	368
⁹ 彭	1003
彰	1006
¹²影護	1055
影響	1056
²⁵鬱	1005

夕部

字	頁
夕	1018
² 外	1004
外姑	108
外孫	110
外甥	110
外舅	108
外祖父	107
外祖母	107
外祖父母	110
夗	1010
³ 舛	706
舛	912
舛	913
多	995
多事	1059
夗	995
⁵ 姓	913
⁷ 夡	299
夡	1011
⁸ 夦	999

字	頁
夠	1002
夗	1002
⁹ 㝓	1011
夾	1002
㝵	1002
¹⁰夢	648
夢夢	1030
¹¹夥	1000
夥	1010
夥	1010
矮	1010
綢	1002
夤	872

夂(夊)部

字	頁
夂	1007
² 冬	3
冬	523
³ 夆	1007
⁴ 夆	1007
⁵ 备	998
⁶ 夐	1004
⁷ 夏	3
夏	995
夎	162
⁸ 夒	106
夒	871
夒	958
夒	971
¹⁰夌	983
¹¹夔	84
夔	963
¹⁸夔	984
𠔻	3

广部

字	頁
广	860
² 庀	863

字	頁
³ 庌	861
庀	865
⁴ 床	867
庋	287
庋	863
庋	1060
庋	1063
庌	865
庌	1060
庵	863
庋	864
庇	213
庇	866
庇	1063
庂	862
庎	865
序	866
庆	863
⁵ 废	863
店	863
庙	863
庘	866
庥	664
床	861
府	866
府	1060
底	214
底	860
底	867
庖	861
庆	866
⁶ 庤	866
度	865
庚	863
庢	860
庇	865
庚	864
庚	863
庭	794

字	頁
庭	862
庭燎	1038
麻	867
庙	862
庱	860
庠	866
屏	864
⁷ 庭	865
庫	863
庮	220
庮	864
庬	866
庆	865
⁸ 慶	867
庶	866
庶兄	109
庶幾	1035
盾	864
庿	861
庲	862
庵	861
庵	1060
庳	863
庚	864
庬	863
庫	863
庹	864
廊	862
康	865
庸	942
庸庸	1030
庇	863
⁹ 庼	861
庿	1063
庫	865
廗	430
廁	867
廇	865
离	864

字	頁
廈	862
廙	865
庽	864
庼	862
廄	867
廎	864
¹⁰麾	187
庸	863
鷹	864
廈	863
庫	862
廄	864
廇	863
廊	865
廊天	2
廉	861
鷹	867
廕	624
廕	865
¹¹廑	862
廣	863
廥	865
廬	864
廔	862
廛	219
廙	860
廐	865
庭	863
麗	711
廥	861
廖	862
庸	863
¹²廚	861
廝	861
廠	864
廠	1060
廟	861
廛	443
廩	866

續　表

廛	955	庀	863	宕	921	宨	921	¹⁰審	924
廡	863	庽	866	家	920	寁	920	寚	922
廞	862	廥	866	宜	921	宰	920	寞	919
庸	865	廎	867	宙	923	宸	921	實	921
塵	732	靡	968	官	919	宭	920	實	928
慶	867			宛	920	宴	924	索	295
廢	224	广部		宝	922	⁸寇	921	索	921
廢	863	宀	918	宝	929	寅	923	寪	922
庫	867	²宁	922	宓	920	寅次	4	㝢	919
¹³廥	863	穴	924	弦	919	寄	924	窩	920
廚	862	它	921	⁶宮	922	寁	922	¹¹竀	921
廠	862	宄	921	㝉	919	寂然	1036	寬	41
廥	863	宊	924	宣	923	宾	924	寬	918
廥	1060	宄	971	宦	919	宲	921	寖	923
廨	863	穴穴	1031	宥	920	宿	923	寡	919
廨	1060	³宇	923	宬	919	宿	1060	㝮	921
廩	865	宇	1063	室	919	宷	919	察	923
廩	1060	守	921	宋	920	宷	923	康	919
廦	863	宅	919	宦	920	密	458	寧	919
¹⁵塵	732	灾	921	宮	4	密	923	㝩	923
廫	864	宄	919	宮	923	密	923	寝	924
¹⁶盧	866	之	920	宼	921	⁹㝫	1009	寥	928
盧	1060	安	923	客	923	㝂	920	實	919
麻	214	安寧	3	客亭	1051	寒	922	¹²寮	922
麻	865	⁴完	19	客亭	1063	寬	918	實	924
廠	864	完	920	宪	919	富	922	寯	86
¹⁷廳	866	宋	924	⁷害	922	寍	922	寯	920
廯	865	宏	919	宦	920	寧	919	寫	921
廯	1060	歲	921	宷	921	寔	920	審	923
廣	864	牢	923	宵	921	寓	919	寫	919
¹⁸麠	861	齐	919	宸	924	寝	924	㝱	921
¹⁹麤	862	齐	922	宰	920	寑	929	¹³寰	918
²¹塵	437	芬	922	家	918	寏	923	寰	920
庀	429	宍	19	宵	45	奧	920	窾	921
廨	861	芳	922	宵	924	甯	923	鼠	924
廮	862	灾	923	寀	920	病	3	¹⁴鼲	911
廞	862	⁵宗	922	宴	923	寀	920	癠	920
慶	863	定	920	奈	922	複	921	癠	929
廮	863	定	928	容	924			¹⁵寪	920

第一列

	字	頁
16	寶	924
	窾	921
	窺	920
	寵	924
17	寶天	3
	寷	922
18	豐	922
	宀	744
	介	744
	寏	918
	寁	918
	宂	918
	寏	918
	寏	920
	寏	920
	寏	921
	寏	923
	宿	923

ヨ(彑)部

	字	頁
	ヨ	712
3	彐	523
4	彐	712
5	录	711
	录	1005
6	彖	712
	彖	713
	彖	989
8	彗	1004
9	彘	435
	彘	712
10	彙	962
	彙	962
11	祿	712
13	絼	712
15	彝	310
	彝	896
	彝	964
	秉	789

第二列　尸部

	字	頁
	尸	258
1	尺	1005
2	户	912
	㞆	262
	尻	259
	尼	260
3	㞐	260
	居	260
	尿	260
	反	262
4	屁	263
	尿	259
	尾	209
	尾	263
	尾	262
	屏	262
	局	261
	局	917
	屖	260
	屍	261
5	居	263
	居居	1031
	屍	261
	届	261
	戻	262
	戻	788
	局	261
	屉	263
	屈	259
6	屍	260
	屚	262
	屋	262
	屋	1060
	屋脊	1062
	屋翼	1063
	屎	261
	眉	261

第三列

	字	頁
	屖	261
	屏	259
	屎	259
	屎	593
7	㞕	958
	㞕	1006
	展	261
	屒	262
	屑	261
	屑屑	1032
	屐	259
	屛	263
	犀	259
	屍	259
	屐	262
	屎	259
8	屠	260
	屠維	3
	屋	262
	扉	260
	屎	263
	雇	261
	雇脊	1051
	雇脊	1070
	厖	263
	屝	262
	屢	260
9	屖	259
	屍	263
	屬	261
	屬	263
	屬	260
	屒	262
10	屈	259
	屐	262
	履	262
11	屜	262
	屚	262
	屚	261
	屢	261

第四列

	字	頁
	屢	994
	屍	259
	屢	262
	屢	262
12	厴	259
	履	261
	履雇	1051
	履雇	1067
	屢	262
	層	260
14	㡥	593
	履	262
15	屬	260
16	㲳	973
	屬	260
18	屬	260
19	屟	262
	屍	259
	屢	260
	屍	260
	屍	262

己(巳)部

	字	頁
	己	991
	巳	991
	巳	991
	巳次	4
1	巴	1003
	巴戟天	600
6	巷	609
	巹	964
8	㠱	871
9	㠱	871

弓部

	字	頁
	弓	884
	弓把	1064
	弓袋	1064
	弓握	1064

第五列

	字	頁
1	引	884
	引	886
2	弗	999
	弘	884
	弘	886
	弘	882
	弘	884
	弘	885
3	㢆	885
	㢆	884
	㢆	885
	弗	955
	豹	885
4	弦	882
	弢	940
	弓	885
5	弛	1065
	弣	885
	弧	886
	弨	885
	弨	885
	弥	884
	弦	886
	弛	882
	弢	885
	弨	886
	弢	204
	弩	885
	弩弩	1031
6	弮	885
	卷	960
	弴	882
	弴	884
	弴	1065
	弜	882
	弸	998
	弮	885
	弴	886
	弝	886

續　表

7 哲	885	彈擊	1039	孥	348	妣	276	妠	265
弨	886	13 彊	886	孯	244	奴	274	妠	270
弰	885	14 彍	885	学学	1014	3 忂	972	妠	280
弱	998	彌	884	6 孩	912	奻	267	妞	267
弫	885	彍	885	孬	970	妄	270	好	279
弮	882	15 彌	886	7 孫	109	改	267	妁	276
弮	884	彌	882	孫	304	奸	275	5 姊	276
弰	886	17 彊	886	孫婦妾	110	妷	267	妻	109
8 張	884	彍	882	8 孰	1015	如	3	妻	264
張弓	1065	彍	885	9 孱	602	如	279	妻妾子	110
弲	885	19 彎	885	孱	259	如許	1060	妿	269
弬	425	20 彍	886	10 孳	999	妊	278	委	276
弮	882	弰	885	11 孵	972	妁	279	委委	1027
弮	884	彍	886	12 嫋	1004	妃	264	妾	109
弸	885	弻	886	13 學	995	好	266	妾	272
弶	881	彌	886	鍾	999	妏	278	妹	278
弻	885	彌	886	豬	429	妥	276	姑	109
强	883	彍	886	16 孽	602	4 妥	276	姑	265
9 弽	886			孽孽	1029	妆	269	姑子	110
弿	882	**子部**		17 孺	1012	妆	344	姑息	1057
弼	882	子	109	19 孿	768	姏	272	姑舅	108
弼	886	子	997	𡥷	1000	妍	268	妿	267
弰	885	子次	4			妍	267	妲	280
强	883	1 孔	997	**屮部**		妧	273	妭	265
强	886	孔公蘖	658	屮	1005	妘	274	姘	274
强弓	1064	2 孕	586	3 芇	964	姉妹	110	娍	270
强圉	3	3 存	1000	4 𡴍	460	妓	279	姑	275
彌	885	存存	1029	𡴍	954	妭	276	妲	278
粥	886	字	923	肖	460	妙	280	姐	276
粥	1074	孖	993	7 𡴨	460	妠	278	妶	271
弻	882	4 孝	1004	8 𡴨	998	妊	278	娗	277
10 弼	885	孛	1014	9 𡴨	998	妖	265	姍	271
彈	885	孚	989	11 𡴤	458	妎	269	姻	264
彍	882	孜	904			妗	268	姓	280
11 彊	883	孜汲	1037	**女部**		㛭	274	姝	269
彊	886	孜孜	1028	女	264	妭	279	妳	266
12 彍	885	5 孧	460	女貞實	599	妭	267	姁	276
彌	882	孟	880	2 奻	87	妨	270	娃	277
彈	884	孟	951	奶	277	妉	265	姅	278

續　表

姆	279	姁	125	娃	279	媕	272	婳	270
娎	275	姁	269	娟	265	婕	279	媞	267
⁶契	274	㚇	267	婚	273	婞	273	媞媞	1029
㛃	273	姣	268	娥	267	婞婞	1028	媷	274
娑	269	妭	267	娥娥	1027	媟	268	媚	278
姿	269	姟	266	娌	270	娓	266	媼	276
姜	275	姘	275	媛	276	姻	277	媚	277
姜	964	奸	266	娩	276	媔	272	媄	278
㛈	270	娒	270	婞	272	婚	279	媥	271
妍	275	娒	845	娆	268	娟	267	嫂	269
娀	274	姦	969	娆娆	1027	婢	274	嫂	272
娃	274	姬	264	娣	277	婗	274	嫂	276
姑	266	⁷妻	271	娟	109	雌	271	嫺	264
姥	264	妻妻	1028	娟	280	婢	276	媓	272
姻	267	㛤	269	娓	268	婬	265	媮	275
姷	269	㛤	896	娸	280	婤	267	媕	269
姱	279	叟	271	⁸娶	267	婚	275	媛	264
娍	109	娑	494	婪	275	娩	276	婢	268
娍	274	嬰	275	斐	271	婄	277	婚	109
姨	110	㛵	272	斐斐	1028	婘	272	婚	280
姨	267	娱	265	婁	271	婠	278	媄	267
姨母	107	姬	274	婁	994	婉	266	嫦	267
姪	109	娙	109	婆	268	婉變	1038	媸	279
姪	279	娙	276	婆	494	婊	278	媛	276
姪女	108	娸	279	婆	274	婦	109	媥	271
姪兒	108	短	273	婆	271	婦	264	媦	274
姛	275	娠	265	婧	275	婦母	108	媢	272
姻	264	姡	273	婷	277	婦翁	108	媢媢	1028
妺妺	1031	娹	277	婭	278	婦翁	1053	媁	271
姄	273	媿	274	婭姹	1059	媏	270	媚	265
姺	266	娙	268	娸	267	娠	280	婆	277
㛶	277	娙娙	1027	嫩	280	⁹婆	278	¹⁰婆	272
娗娗	1029	娙娥	1027	媘	279	婆	270	墓	271
姞	278	娟	270	媖	268	婆婆	1028	墓	626
姤	280	婞	273	婡	109	媒	264	嫛	268
姖	276	娱	266	婡	280	娼	265	嫛	269
姶	267	娌	280	娷	273	媟	264	嫛嫛	1027
姚	266	娉	264	娷娷	1028	婿	813	婆	275
娷	276	娉婷	1059	婍	276	婇	271		

續　表

嫢瞑	1035	嫘	272	孈	279	嬸	266	嬈	279
媾	265	嫶	275	孄	269	¹⁶夒	602	嬠	280
婕	270	嫶	277	¹³嫛	278	嬿	276	**幺部**	
媽	264	嫡	109	嫛	411	嬾	121	幺	769
嫫	264	嫡	265	嫛	269	嬾	276	幺	1001
姆	273	嫡	280	嫛	266	嬡	268	¹幻	1005
媷	537	嫡母	108	嫛	275	孈	278	²幼	1001
嫄	275	嫡母	109	嬖	274	嬛	273	幼	1001
婢	272	嫙	278	嬖	259	嬭	275	³丝	1001
㜤	267	嬞	268	嬖	278	孈	976	⁴纱	1011
媲	266	嫽	265	媤	279	¹⁷孎	267	⁶幽	990
媟	267	嫪	271	嬌	272	孈	272	幽天	2
嫋	267	¹²嫿	272	嬌	267	孈孈	1028	絲	897
嫉	280	嫟	280	嬛	268	嬢	268	⁸绵	293
媎	268	嫛	273	嫟	274	孈	266	⁹羯	1011
嫌	109	嬈	264	嫟	277	孈	275	幾	992
嫌	266	嬉	280	嬒	271	¹⁸孈	270	¹¹鐅	808
嫁	280	媒	264	嬗	269	孈	270	¹³鐅	1011
娹	275	婞	269	嬐	273	¹⁹孈	276		
婉	269	嬋	277	孎	280	孈	272	**巛部**	
嫋	266	嬌	271	¹⁴孅	275	孈	265	巛	1001
婗	273	嫽	265	孅	862	²¹孈	1006	¹巛	1001
嬟嫇	1059	媄	280	嬰	128	孈	269	³巡	1001
嬌	275	嫻	273	嬰	275	²³孈	279	⁶鼎	135
¹¹嫠	274	嫻	265	嬲	264	孈	268	甾	1000
嫛	424	嬩	272	孃	271	孈	264	⁸巢	962
嫯	269	嬋	272	孃	279	孈	264	¹¹巢	962
嫛	274	嬋媛	1053	孅	264	孈	265	鐅	1001
麼	862	嫼	278	孄	266	孈	268		
嫠	270	嫵	276	嬬	271	孈	269	**王(玉)部**	
嬪	279	嬌	268	孆	172	孈	271	王	469
媽	268	嬌	275	嬪	274	孈	271	王不留行	655
嫩	278	嬌	274	孈	279	孈	274	玉	470
嫗	267	嬝	274	¹⁵嬪	264	孈	274	玉兔	16
嫖	270	嫶	266	孃	268	孈	275	¹王	470
嫭	270	嬌	268	孈	270	孈	276	²玎	478
嫭	273	姚	278	孈	267	孈	277	玗	474
婷	277	嬿	275	孈	272	孈	277	³玕	475
嫚	278	嬌	270	孈	934	孈	279		

續　表

玕	475	[6]珪	477	珇	474	琮	476	瑱	471
玏	477	珥	168	珥珥	1022	琯	479	瓆	470
玒	476	珥	471	琇	475	琬	478	瓆	472
玔	470	珙	476	琓	477	瑘	478	瑾	473
玓	475	珹	476	琗	470	琛	470	瑪	478
玖	478	玼	478	珜	478	琭	479	瑤	477
玘	472	瑰	479	玲	70	琚	477	璞	477
[4]玤	473	珠	472	玲	471	奎	473	瑲	478
玕	472	珚	924	瑄	477	辈	476	瑤	477
玩	471	珽	478	琉	475	[9]瑟	479	瑠	475
玭	475	珣	479	琅	471	瑇	479	璃	472
玭	478	珜	473	[8]琫	471	瑚璉	470	瑭	478
玫	479	珩	473	琵	476	瑐	473	瑩	50
玠	473	珧	477	琴	478	瑊	475	瓊	476
玲	475	珮	470	琶	477	瑛	472	瓑	499
玢	475	珮	549	琊	478	瑎	477	[11]瑾	473
玦	479	珦	473	瑛	471	瑅	477	瑐	475
玦	471	珞	479	琳	471	瑒	478	璜	471
玶	473	玨	474	琭	473	瑁	473	璊	477
玩	474	玨	478	瑊	476	瑂	479	珸	469
玓	478	琉	474	琦	471	瑞	469	珸	479
[5]珏	479	班	469	琢	479	瑝	478	瑪	475
珂	479	班	469	瑱	474	瑰	479	璀	478
珇	473	班曶	1069	琲	478	瑀	478	璀	477
珇	474	珢	474	琡	473	瑜	470	璋	471
珋	472	珌	475	琥	478	瑗	479	璄	472
玳	471	翀	476	琨	471	瑽	476	璇	472
玲	478	[7]珢	474	琨	475	瑳	470	璎	478
玲玲	1025	球	473	瑻	474	瑞	475	瓚	475
珎	469	球	478	琪	472	瑕	472	璅	472
玽	478	珸	470	瑂	473	瑋	471	璐璐	1031
珊	475	捎	470	瑘	477	瑂	471	瑝	470
玼	476	珵	475	琕	475	瑶	478	[12]璬	472
玹	477	珵	478	瑽	476	瑑	474	璚	477
玜	471	琪	477	瑂	474	瑑	478	璿	472
玜	473	現	421	瓊	472	堅	476	璕	473
珉	475	理	469	斑	469	琿	479	璞	472
珉	477	珢	476	琗	474	[10]璲	475	璟	472
珈	478	珣	473	琰	478	璪	477	璜	471

續　表

璑	477	[15]璷	473	**无(旡)部**		枇	598	柬	1005

璑	477	[15]璷	473	
璠	477	瓊	472	
璘	475	瓔	477	
璲	478	瓈	471	
璐	474	瓅	479	
璔	475	瓊	476	
璃	471	[16]瓐	475	
瓈	473	瓏	476	
璣	471	瓋	473	
璗	476	瓒	469	
璕	472	[17]瓘	479	
[13]璱	474	瓔	479	
璥	473	瓊	474	
璩	471	瓘	472	
瑯	471	瓆	884	
璪	474	[18]瓅	471	
璐	473	瓔	472	
璨	470	瓈	472	
璪	474	[19]瓔	472	
環	471	瓚	478	
璵	477	[20]瓛	477	
璬	473		469	
璯	476		471	
璷	472		471	
璋	474		471	
魁	476		472	
甕	476		472	
璧	479		472	
[14]璹	471		473	
璿	474		474	
璏	472		474	
瑞	472		474	
璔	473		475	
瓊	471		475	
瓊	963		476	
瓐	474		477	
璽	469		477	
璽	723		478	
璪	472		479	

无(旡)部

无	183
旡	1002
无射	4
旡	1010
[6]旤	789
旤	999
[8]旤	1010
旤	1010
既	1010

木部

木	552
木刀	1067
木菟	697
木履	1065
木錯	1071
木防己	657
木辛夷	600
[1]未	996
未次	4
未錯	1071
末	576
末	997
本	576
术	587
札	558
[2]朾	565
朽	555
朽	586
朽	593
朴	576
朳	585
机	569
机	1064
朳	1064
朹	584
机	575

枇	598
杈	577
朸	574
朸	593
束	591
末	962
朱天	2
朱明	3
朵	576
[3]杆	579
杆	583
杜	559
杜	598
杜仲	654
杜舟	601
杠	561
杠谷樹	600
材	592
村	562
杕	569
杖	587
杖	592
杌	590
杙	556
杙	1061
杒	577
杏	572
杔	583
杞	553
杉	573
构	592
极	570
杞	575
杷	587
李	460
李	567
杒	575
权	556
权	573

束	1005
枭	566
枭	578
枭	1061
屎	261
屎	593
枏	593
杴	595
杜	598
[4]梓	568
柱	566
枅	557
枎	592
杭	562
杭	585
坛	598
林	565
林鍾	4
枾	558
柿	567
柿	581
枝	286
枝	560
柷	586
杯	561
枕	565
枙	556
枒	590
杶	573
枇	553
栀	379
栀	580
栀	836
杜	568
杜	587
杪	591
杳	578
枘	589
枘	1061

續　表

杵	590	杼	567	枵	563	粒	591	栞	886
杤	581	杼	1068	柚	571	粒	1061	栽	603
桅	563	東	998	細	561	桙	593	栽	890
枚	562	東岸	1051	枳	555	柠	575	栞	433
析	581	東崖	1051	枳實	599	柁	554	框	565
析	590	棗	767	柍	566	柲	558	栻	583
析	763	柴	568	柍	841	柲	571	械	560
析	851	柴	963	柷	588	柲	588	桂	569
板	567	朱	586	柛	559	柯	587	梼	580
板扇斗	1062	昊	10	柵	558	柯	1064	桔	592
枱	564	昊	12	栖	587	柅	568	桔梗	599
枌	562	昊	577	柣	588	柅	852	栲	556
松	560	果	576	柣	1062	枫	573	栲	573
松實	599	柔	574	柞	591	柫	587	栱	588
柉	585	林	594	板	585	柚	553	桓	563
枏	130	[5] 枭	565	枹	567	枷	563	桓桓	1026
枏	560	某	576	枹	594	柖	577	柩	556
柢	586	某	963	枹	1063	柀	573	棟	570
枕	564	林	586	柎	588	柈	557	桎	598
枕	1064	林	576	柎	833	柏	587	栢	575
枸	583	柰	572	柏	575	柏	1064	桷	571
柳	565	柿	553	柝	577	袋	597	栯	580
枝	965	柿	570	柧	552	染	495	椈	559
构	567	枯	580	柧	978	染	517	栭	1062
朴	557	柑	564	枰	574	屎	261	枂	573
杭	585	柛	567	柃	565	屎	263	楝	561
杭	597	柛	1063	柢	555	屎	593	梛	563
枋	566	枯	561	枸	567	架	962	梛	848
枓	421	柯	587	枸	594	枭	573	桱	553
枓	566	柄	555	枸杞	654	枭	963	桮	593
枓	1062	柘	593	栅	558	枭實	657	桃	554
枕	568	柭	585	柳	4	柔兆	3	桐	575
枕	594	枢	554	柳	566	柳	565	栺	567
杦	564	柸	565	柊	572	柢	586	栺	1061
抉	589	柸	1068	枹	588	柛	594	株	561
枳	597	枯	564	柱	583	林	598	桃	594
杻	553	柤	579	柱	1061	[6] 栔	962	梃	577
杷	587	查	564	柿	567	栔	963	栝	560
杷	1064	柙	592	粒	581	栞	576	桭	583

續　表

栴	563	柬	1013	桯	565	柳	587	棶	573
栿	596	柴	592	棍	589	桐	581	棽	565
柏	577	枲	576	梩	587	桶	556	棽	590
栿	853	桀	591	桲	571	梭	563	棽	569
梃	577	桀	913	梱	555	梭	574	棟	558
柏	555	桀	962	㭖	591	梭	847	械	570
椮	589	桀	963	梣	564	梭	848	楠	566
桁	558	桊	961	梏	553	梨	571	椅	568
桁	1061	案	918	梏	849	梟	688	掩	582
栿	552	桑	565	梅	572	羡	572	椓	556
栓	563	朳	557	梎	556	梁	498	棲	589
栝	559	梳	561	梎	585	梁	564	棲棲	1034
栝	565	梥	575	梔	560	桃	554	棧	554
桃	554	柠	595	梔	591	棱	564	棑	584
桅	583	梓	598	椴	570	㭄	565	椒	563
桅	591	⁷菜	575	梌	582	㭄	594	棹	569
枸	562	菜	628	梊	558	㭒	596	梢	593
栺	574	栟	568	㭊	495	杷	597	椤	580
桙	561	栟	897	㭊	962	⁸桀	2	棋	567
桙	1068	械	553	梺	574	桀	576	棵	581
格	553	楔	576	桴	558	棒	568	棵	1061
格	747	楔楔	1030	桜	573	椊	574	柚	586
格格	1029	柩	582	桧	564	椺	591	椢	580
桫	559	梵	592	揪	589	棖	554	楷	557
桫	560	栜	575	桶	556	楮	575	楷	595
桪	585	梓	589	桶	1061	棱	564	楷	1061
校	590	梗	592	桻	560	椏	564	楷	1062
核	580	梗	836	桿	582	椰	563	椆	586
样	580	梧	561	梓	552	椰	848	槒	580
栟	565	梧	569	梳	561	椒	581	棰	583
栟	1071	桓	974	梳	844	楉	574	楼	560
根	563	桭	556	梳櫛	1066	楷	585	楧	567
樑	584	梧	561	梲	556	楷	597	梲	584
樑	1065	梜	570	梲	1061	楉	570	椎	580
栯	580	桙	580	梯	555	楳	572	椎	831
栩	574	桙	835	梡	563	植	570	棉	563
桦	597	桱	579	桹	565	森	564	椑	554
栗	571	梢	563	梐	562	森	968	椑	560
栗栗	1031	桯	556	桄	564	森森	1028	椑	589

續　表

檜	562	椴	572	橋	287	楥	569	竂	557
楕	563	榴	556	棟	575	椶	560	菓	583
梸	562	榴	1061	械	553	楓	560	槊	553
㭟	973	棗	572	械	566	楤	594	橐	583
桙	553	棘	572	梗	567	椁	588	棻	588
棌	572	棘	591	椊	552	椏	553	楷	402
棚	556	棘	990	椊	553	槎	564	橑	573
棚	1063	棐	588	楷	567	榆	596	桿	589
椴	586	棐	963	槇	592	楮	567	梅	595
椆	572	棠	572	楷	587	㮨	574	榭	596
楷	562	棠	986	椻	589	桓	581	槌	598
槐	561	暴	571	楊	564	楦	569	楷	598
榴	577	暴	580	楫	559	檳	586	楣	598
楂	553	棄	768	楣	571	梭	580	¹⁰榊	597
椿	572	棄	962	榅	585	楎	562	幹	578
格	576	棨	567	榅	1061	楄	581	欅	554
棡	575	橈	554	楬	588	概	553	榛	557
椋	573	桃	554	根	579	椴	574	構	554
椁	582	橋	576	榋	561	楃	579	構	1055
柀	597	桧	594	榋	1062	楣	555	榧	567
柀	1062	桴	595	枵	587	枅	595	橎	569
柟	563	描	595	枵	852	樟	572	榬	562
梓	570	枒	596	盍	576	楣	561	楂	592
棓	591	⁹楔	554	楯	563	楣	572	楂	1061
棱	593	楔	579	楷	585	楹	578	樑	588
㭊	569	榛	585	橢	598	楹	1061	栝	579
卷	558	椿	562	楸	565	樊	568	樺	569
棪	573	椹	566	榎	580	榡	587	楠	576
棺	563	楫	596	椴	585	楸	563	模	578
桎	588	樺	584	梗	567	橡	578	模	832
椀	560	楪	581	榎	580	橡	1061	槃	564
楄	557	榙	576	槐	562	栗	571	楷	574
椮	564	楠	591	槐實	599	業	608	槇	563
楗	579	楝	572	栭	573	業	1073	槇	597
棣	569	棟	853	槌	568	業業	1021	楝	589
椐	569	楂	564	楷	557	桨	788	榑	520
極	66	楚	554	榆	575	枭	577	榑	577
極	578	梸	574	榆皮	599	枭	585	樴	552
極	838	福	581	柳	578	栗	584	楅	560

續　表

橱	587	槟	557	槸	560	椑	561	横	582
橱	1061	槟	1062	槿	558	樾	572	树	576
榎	566	橘	561	横	565	楠	582	樏	596
槫	596	榜	566	構	562	椛	556	楎	582
橺	584	楹	568	槜	585	樟	564	樲	561
橇	586	槛	598	槜	598	橧	591	橲	580
梼	584	槏	578	槢	565	楠	578	樟	588
桦	574	棚	584	槽	588	楮	560	槵	569
梘	566	楸	585	槽	1063	様	574	槵	598
榻	555	楮	586	楸	552	樑	555	樿	564
樱	570	榕	560	樞	407	樑	1061	橋	559
榍	559	梓	553	樞	578	棺	571	橛	571
橼	571	槙	585	樞	832	樒	585	橑	558
楢	583	槙	594	標	590	椫	572	橑	1061
桦	594	槛	571	樞	568	橄	566	橝	572
橇	561	椆	555	柵	580	楕	580	樸	592
榭	555	榆	589	枫	587	榴	572	樸	853
榭	1063	棵	576	枵	575	樛	559	橼	595
榭	1063	槃	398	楠	567	椮	564	棚	577
槵	573	槃	593	橱	571	椮	577	槓	568
槁	582	槃	963	槫	561	槵	569	樫	567
槐	560	滕綜	1068	樘	555	樸	581	檔	573
橛	572	橐	590	棔	594	槺	568	橇	586
椴	570	榮	51	樓	565	櫜	963	橋	563
榣	576	榮來	1038	樠	579	樂	962	椅	573
榣	577	榮廳	1063	櫟	568	樂溢	1057	樵	561
楔	561	鈇	1014	槵	569	槳	566	樵	64
槍	383	槵	557	堝	583	榴	584	樵	575
槍	582	槙	563	權	852	槺	595	檜	594
概	580	槁	563	梇	586	敹	596	麹	1014
椰	833	槸	596	橷	592	樋	598	橎	567
樑	591	槌	597	槗	586	¹²槳	565	樊	573
榴	584	穗	598	槫	589	槳	963	橝	565
橱	580	¹¹槾	570	樅	555	弒	570	燃	567
槵	557	楕	588	樊	573	弒	1061	橄	583
槵	1061	槓	583	橡	566	楷	572	橼	559
槁	554	槗	563	槲	552	橈	554	橼	559
梛	588	槬	569	槵	559	橈	595	橦	592
桎	585	柳	583	槎	574	樾	571	橵	570

續　表

檵	1061	櫃	566	櫻	565	橲	566	橋	596
楢	570	橃	597	橋	596	檴	587	檸	598
楹	582	橅	584	檕	598	櫩	579	檬	588
榰	584	櫨	586	[14]檮	567	櫺	951	檽	569
橉	584	檔	595	橫	569	楊	578	櫳	554
樽	562	橾	561	橿	578	櫟	590	櫜	554
橧	588	檡	589	橫	583	櫃	583	櫇	597
橯	597	橿	570	橾	585	櫓	567	[17]權	575
樗	565	榡	563	橕	660	櫧	584	權	852
楄	553	橀	563	橕	842	檃	569	櫄	579
榿	597	橩	576	櫃	568	櫨	583	櫺	835
橙	571	橢	586	檻	557	橝	566	檥	558
橙	571	橽	580	橺	569	櫝	563	檥	850
橘	571	橾	847	橺	580	櫞	584	櫻	565
榛	585	櫛	571	檽	559	櫏	582	欄	582
機	561	櫛	587	樹	584	囊	963	櫼	564
機縢	1068	橿	588	橺	589	欒	588	欒	565
機滕	1068	橄	570	標	573	欒	963	槐	383
機調	1059	檢	593	榩	606	槀	573	槐	577
機躑	1067	檢	829	樸	591	鎮	1014	懷	557
□機	1067	檜	569	樏	562	橇	597	櫜	962
橐	962	橺	558	橞	556	[16]蘗	615	鑷	1014
㮞	571	橺頭	1063	橺	1061	棣	574	鑣	67
㮞	870	橺	583	橫	579	橰	582	鑋	1014
橰	573	橫	582	檜	562	構	557	[18]橐	570
榮	565	檀	590	橋	577	構	1061	欇	576
檣	582	檍	570	檳	562	櫃	587	欒	598
槐	593	檥	578	櫨	589	櫴	574	櫔	572
橊	596	橺	573	橿	582	橉	579	欔	586
檳	598	檳	584	欋	554	橀	570	櫟	572
蘗	602	橺	563	橺櫩	1061	欋	580	欐	594
[13]橿	556	橾	580	橺	569	欐	113	[19]欒	990
橾	575	橐	962	橺	575	橺	574	橿	580
橾	590	橐	571	橺	863	橺	555	橿	574
檬	584	橐	948	橺	594	橺	557	欑	829
橾	589	橾	588	[15]橺	562	橺	1061	橺	584
檣	565	橾	574	橺	556	橺	558	欒	562
榍	575	㮞	1014	橺	594	橺	575	[20]橺	553
橿	564	橾	1062	橺	582	橺	582	橺	566

續　表

字	頁	字	頁	字	頁	字	頁	字	頁
爵爵	1028	橡	584	棗	998	猶	706	狉	704
²¹欖	566	橡	588	蠡	1017	獻	876	猇	706
櫚	553	程	589	松	1058	狀	876	狢	709
檻	581	桴	589			犴	706	狻	704
²⁴欖	597	橵	593	**支部**		⁵猂	705	猙	705
櫨	585	楈	593			狨	709	狡	703
²⁷蠹	571	楯	593	支	286	狙	707	狡猾	1059
桑	2	橲	593	支子	599	狙	704	狩	707
櫳	554	柱	593	²攱	518	狊	706	狼	709
桑桿	554	橑	594	³敊	286	狎	472	犴	706
棧	554	桅	594	⁵攲	287	狎	703	狨	709
杉	555	枕	594	攲	915	狌	708	⁷狝	704
棍	555	棟	594	⁶敊	287	狌	703	猗	709
檔	556	株	594	皱	286	狛	708	猪	704
棒	557	檫	594	敪	287	狐	704	狳	704
棕	561	槐	594	⁸鼓	286	狗	382	狹	707
朴	562	杪	595	皶	287	狗	706	猵	704
椀	563	楓	595	敦	286	狗脊	656	狸	704
捕	563	橲	595	¹⁶皻	286	狒	706	狼	706
楠	563	械	595	讝	287	狍	709	狃	707
染	564	棒	595			狂	706	猓	706
檜	564	枝	595	**犬（犭）部**		狄	707	猖	708
枡	567	槙	595			狉	706	猊	709
橄	567	桎	596	犬	876	狒	709	猊	708
橇	568	梘	596	²犰	709	狐	703	狳	708
杧	568	槃	596	邪	775	臭	124	猞	704
橵	569	桃	596	犯	708	臭	137	猋	705
梃	569	薾	596	³犵	708	猒	876	狼	705
梓	570	析	597	狚	706	狃	165	狼狽	1059
楓	571	棕	597	⁴狂	703	狙	708	狼莠子	655
橡	571	搽	597	狂虛	1059	⁶狤	708	猰	704
橋	576	杭	597	犴	706	狟	705	獒	876
檎	576	楳	598	犽	707	狮	708	⁸猜	703
臬	578	楢	598	犰	704	狒	706	猎	708
柱	579	楳	598	犳	705	狿	709	猫	708
楒	580	欖	598	犴	708	猁	165	猗	704
欄	583	縈	913	犴	707	猁	707	猭	706
橺	583	梨	913	犰	707	狧	705	猱	705
梘	584	黎	913	狃	709	狙	704	猲獗	1039

續　表

字	頁	字	頁	字	頁	字	頁	字	頁
猖獗	1039	猳	703	獙	705	獵	704	殊	913
猲	707	猛	705	獇	708	猨	705	殟	913
猪	709	猱	705	獻	876	猨	705	殈	914
猁	704	猱	707	¹³獿	708	猵	706	殉	912
猊	704	猭	706	獲	703	獬	706	殉	912
猚	706	獷	876	獄	707	猾	706	殇	913
雅	878	獷	876	獽	705	猨	706	殍	913
猂	706	獷	876	獉	708	鏡	707	⁷兖	912
猝	708	¹⁰猗	703	獴	708	搜	707	殊	914
猝	707	猇	705	獨	707	揆	708	殍	913
猕	704	猡	707	獨活	653	扎	709	殑	914
猛	709	猠	708	獥	708	雛	709	残	890
狱	876	猱	704	獫	706	狸	709	残	912
猋	969	猣	707	獪	706	哭	1007	残	913
猒	876	猋	876	獬	706			⁸凌	913
猒	877	猋	903	獷	705	**歹部**		殖	912
⁹猰	709	¹¹猴	708	¹⁴獬	706			殈	914
猋	708	猯	705	獳	704	歹	911	殐	914
猢	704	獹	704	獳	705	²歺	914	残	890
猇	705	獿	704	獯	705	死	913	残	912
猩	703	獟	705	獷	706	³妃	913	矮	914
猩猩	1022	獄	709	獬	705	⁴処	914	殚	913
猧	707	獝	704	獯	705	処	914	殚	914
猥	703	獮	706	獯	708	攷	914	殕	912
猥	780	獥	708	獩	705	妖	912	殔	914
猾	703	獥	709	¹⁵獥	707	殉	912	殛	914
猾猾	1030	獥	709	獵	704	冎	37	⁹殜	913
猇	707	獒	876	獵子鳥	698	冎	914	殟	913
猴	705	獎	876	獸	876	刎	912	殦	914
猶	710	¹²獏	707	¹⁶獾	708	殳	912	殨	913
猨	709	獧	703	獺	707	狀	912	殩	913
猲	709	獚	706	獹	704	⁵砧	913	殯	913
猎	705	獛	704	獻	876	殂	913	¹⁰夢	627
猎	707	獚	707	¹⁷獾	705	殃	913	殯	912
猶	709	獠	709	¹⁹獬	709	殄	913	殣	913
猶豫	1055	獮	705	獽	707	终	912	殨	914
猔	707	獢	705	獵	709	殳	204	¹¹殯	913
猬	705	猧	705	獬	707	破	912	殯	914
猵	705	獦	707	²⁰獨	703	戍	889	殤	912
				²²獵	705	⁶殆	912	殯	912
				視	704				

續　表

[12] 殤	912	我	891	戠	874	**瓦部**		瓶	417
殨	912	[4] 戔	892	戤	890			甄	417
殢	913	哉	893	餓	892	瓦	413	甄	417
殥	912	或	889	[11] 戵	892	[2] 瓨	416	瓴	414
殦	912	戕	892	戴	891	[3] 瓩	415	瓵	415
殝	913	戔	891	戲	889	坱	416	瓿	416
[13] 殭	912	戜	1016	戳	888	瓰	415	甀	388
殬	913	笺	888	戩	889	[4] 瓶	417	甂	415
殮	914	戕	380	戲	1060	甌	416	[8] 甌	416
殯	914	戕	891	戮	889	甌	418	甌	416
[14] 殲	913	[5] 戒	888	[12] 戰	890	甌瓦	1062	甌	417
殯	912	咸	889	戰頨	1038	甌	415	甍	415
[15] 殰	888	咸天	2	戰戰	1026	瓷	414	瓶	416
殮	912	威	890	[13] 戴	892	瓷	414	甀	417
殯	914	威威	1020	戴氈帽	1066	瓾	413	甄	414
[19] 殯	914	戎	891	戲	889	瓿	415	甌	415
斃	913	戎	893	戲	266	瓶	416	甌	417
殯	914	戎	894	戲	888	[5] 瓳	413	甌	416
		[6] 威	892	戲	888	甃	414	甄	414
牙部		戜	891	戲	888	甆	417	[9] 甌	416
		咸	890	戲	888	瓴	414	甌	415
牙	1006	[7] 戛	889	戲	888	甄	415	甄	414
[8] 犄	1006	戚	85	戲	889	甋	416	甌	414
掌	1005	戚	888	戲	890	甌	417	甌甌	1023
[9] 犌	1006	戚	889	戔	891	甍	418	甌	417
[10] 犌	1006	夏夏	1023	戔	891	[6] 甌	415	甕	764
犌	914	戝	889	戉	893	甍	413	甕	1008
		戙	890	戚	992	甄	417	甌	416
戈部		[8] 戜	892			甀	416	題	414
		戟	889	**比部**		甂	415	甕	415
戈	888	戥	888			甌	414	甌	414
[1] 戉	888	[9] 戜	892	比	992	甌	414	甌	415
[2] 戎	890	戣	891	比屑	1057	甁	415	甌	417
戍	893	戣	891	[5] 毖	1009	甄	414	甌	417
戍次	4	[10] 戭	890	毗	480	瓷	414	甌	417
戌	891	截	891	龜	964	瓶	414	[10] 甕	415
成	890	戴	892	龜	1013	甑	1008	甕	606
成天	2	戲	890	[6] 魮	947	[7] 甌	416	甕	1062
[3] 戒	888	戧	890			甄	416	甌	414
戒	889								
或	889								

甋	415	甌	415	³步廊	1063	改	904	羖	961
甌	417	甌	415	步橺	1063	攺	902	攽	902
缾	417	甌	414	⁴武	893	⁴攱	901	攽	343
瓷	51	甖	417	夅	1001	敗	902	攽	344
瓷	413	¹⁷甎	416	歧	286	較	902	攽	903
罋	414	碙	418	歧	287	效	904	毃	902
瓵	418	¹⁸甎	417	赱	803	㪅	904	⁷教	904
¹¹甄	413	甎	417	些	1004	攽	904	救	904
甌	413	覧	413	⁶跱	948	放	263	敶	901
瓶	415	腦	415	艮	455	放	883	敕	900
甄	416	胞	415	⁸壨	969	攺	904	敬	904
瓷	416	瓢	415	紫	991	⁵政	904	歐	901
甋	416	魝	417	歸	997	故	904	攷	900
甌	413	甄	417	⁹歲	888	故來	1059	敗	855
甌	441	胞	417	¹⁰歰	998	故故	1033	敗	901
顱	414	胞	417	¹²聶	984	啟	901	敏	4
¹²甕	414	膌	417	¹⁴歸	423	叟	900	敏	903
甕	764	胞	417	歸	997	叟	1003	做	809
甗	417	胞	417	炎	888	战	901	做	900
甒	414	腍	417	殼	965	旳	900	敘	904
甕	413	腦	417	正	993	旳	948	敘	974
甄	416	腥	417	正	994	攺	905	㪀	904
甋	415	膌	417	此	996	敏	903	敢	903
甄	416	膌	417	疑	996	攽	900	敵	389
甋	415	膌	417	忽	998	敄	900	敵	904
甋	1063	胞	418			⁶啟	900	⁸較	902
甄	416	腦	418	攴(攵)部		敖	903	散	904
甞	413	腦	418			敖敖	1031	散	966
¹³甄	416	胞	418	攴	899	取	900	敬	904
甌	415	肒	418	攴	1007	敕	902	敕	900
甄	416	胞	418	攵	899	攱	901	敏	904
甕	414	膌	418	²攷	902	敚	905	敫	902
甓	414	膌	418	攷	914	敵	904	敞	900
¹⁴甖	414	胞	418	收	904	敎	966	敳	903
罍	413			收成	3	敛	904	敳	901
甕	416	止部		³攻	903	敇	905	敿	901
¹⁵甃	1008			攺	788	赦	903	敯	900
甌	414	止	994	攷	901	效	904	敳	902
¹⁶甗	1008	¹正	993	攷	901	羖	716	較	903
		²此	996	攺	900				

續　表

敆	902	敇	900	¹⁹斀	900	旴	14	屮	7
敦	903	數	287	變	767	⁴吞	2	⁵春	2
敦羊	3	敹	903	變天	2	昔	14	春	961
敦逼	1055	斁	901	敿	901	昔	648	昧	10
敱	901	敵	900	敇	902	否	14	昧	10
敹	900	敵	937	鼔	903	旺	9	是	9
敕	901	斂	902	斁	1016	昊	1	晒	5
⁹敯	901	敊	903			昊	16	冑	5
敯	287	¹²斀	903	**日（日月）部**		昊天	2	易	11
敯	903	斀	1000			昊桃	597	易	992
敕	901	整	179	日	5	旽	12	冒	10
敳	902	整	903	日入	4	昆	10	冒	345
敽	902	斀	901	日中	4	昆	109	映	12
敿	903	斀	900	日出	4	昆布	1075	星	5
敹	242	斀	902	日昳	4	昌	10	昨	14
敹	903	斀	901	曰	999	旦	974	昫	9
敓	286	斀	1016	¹旧	1004	旿	9	曷	7
敓	902	整	903	旦	9	昕	13	昂	14
敹	287	¹³斀	901	旦	133	昕	47	昪	15
敹	901	斀	903	旦	953	昇	8	昱	7
敹	901	斀	941	²早	13	昕	11	昱	916
敜	900	斀	902	曳	1004	昄	12	昵	5
數	904	斂	900	曲	997	昄	858	昵	20
敹	901	斂	965	曲尺	1071	明	16	昲	15
¹⁰敩	902	斀	287	曲踊	1051	明	17	咄	11
敺	904	斀	900	旬	11	明明	1026	昭	10
敿	901	¹⁴斀	287	旬	427	明扇	1057	昭陽	3
敲	903	斀	902	旭	11	昒	13	昇	13
斁	904	斁	901	旭	972	易	11	咍	7
敿	901	斀	902	旭旭	1030	易	992	書	2
敽	901	斀	901	旮	11	昂	8	晉	9
斂	900	¹⁵斀	905	³旮	15	旻	13	昶	9
鼔	901	斀	1013	旯	17	旻天	3	昶	222
敵	900	¹⁶斀	901	旰	12	旼	13	昏	12
¹¹敷	903	斀	905	旱	14	旼	132	⁶春	961
敺	287	斀	902	旲	872	昉	15	曹	8
敺	903	斀	1017	旳	13	旷	13	晉	12
斁	904	¹⁷斀	750	旴	10	智	12	時	7
敹	343	¹⁸斀	904	旵	10	旹	7	時	949

晟	7	晚	14	曾祖	107	暠	12	曝	12
晟	889	晥	15	曾孫	109	暐	15	曛	7
晅	15	晙	11	曾孫	110	褧	14	曠	10
晃	6	晙	18	曾祖父母	110	普	955	暴	340
晄	6	晝	955	晻暗	15	暨	953	暴	1009
晁	13	[8] 舁	523	[9] 暕	9	皆	14	曜	10
咬	6	替	1	暎	8	[11] 暬	13	[15] 曝	10
咴	13	替	13	瞷中	4	暫	14	晨	11
晏	11	晉	6	暀	15	暳	15	曡	15
晏晏	1026	晉	879	暍	12	暳	17	曬	14
書	999	晴	15	晏	15	暴	1009	磨	10
晷	15	睹	8	暖	8	嘈	7	魯	11
[7] 晢	836	暑	9	景	14	暸	6	[16] 曅	6
曹	8	暑預	654	晱	13	暐	9	曹	624
暴	14	趚	1010	晱	22	暐	16	曡	8
晊	11	最	997	晅	9	暲	14	曜	11
晡	12	晰	12	暄	8	暲	137	曨	11
晡時	4	晻	9	暈	8	暶	15	[17] 曩	10
晤	8	晫	12	暉	8	暕	15	[18] 曞	15
晨	11	晶	969	暉	50	暴	14	[19] 曪	9
晨風鳥	698	晹	11	暇	7	曝	12	曬	5
曼	973	舅	13	暐	6	[12] 曆	868	巒	14
晰	15	舅	974	爰	307	瞀	12	[20] 曬	9
覓	424	晲	14	會	70	曉	6	𪞝	1
晛	12	晔	9	瞽	900	曦	6	𣈠	1
晛	423	晔晔	1025	[10] 暍	991	暗	6	𣅺	5
晜	880	暠	8	暮	14	暗暗	1032	𣉋	7
晜勵	1037	景	14	曄	12	瞰	14	𣋙	8
曼	13	景天	653	暈	12	曡	13	𣋒	8
曼	973	晬	9	睼	7	暐	13	旦	9
晧	6	暑	346	暢	995	瞰	12	冒	10
晧漾	1044	暑	881	瞪	9	曈	11	𣊟	12
晦	14	帚	8	暝	5	[13] 曡	5	晉	12
晦	18	智	15	暒	6	曙	13	𣌅	968
晥	15	智	788	暝	12	曒	5		
晞	6	晉	14	暉	13	曒然	1035	水(氵氺)部	
晻	70	普	14	瞯	15	曖	12	水	483
冕	9	曾	15	瞯	37	[14] 曝	9	水松	1075
冕	345	曾	964	瞯	135			水窊	1043

續　表

¹氷	523	⁴汪	483	汹	510	泄	484	泒	487
永	997	汪汪	1033	汾	521	沽	491	沴	503
²汀	517	汪洸	1046	汷	488	沽	524	沴	510
汁	490	洴	502	泛	485	沽洗	4	泠	520
汇	505	沅	497	泛泛	1033	沐	505	泍	484
汚	508	沄	494	泛漾	1037	河	498	泍	496
氾	506	沐	505	泲	503	洰	515	沿	501
氿	511	沛	491	沸	508	泙	510	沟	1076
氾	485	沛然	1035	汤	513	泧	505	浽	495
氾淫	1045	汝	518	次	485	泧潹	1045	泡	498
氾濫	1045	洒	501	次	939	沾	491	泡泛	1047
休	97	洒	508	沟	489	沾沾	1020	泡濫	1045
永	997	浺	494	没	493	沾洽	1040	注	489
求	1008	法	508	汧	503	沮	780	泣	495
求乃	1057	沈	499	汶	491	油	520	泫	491
求股	600	沌	434	沆	521	油衣	1065	泫沄	1046
求般	600	沌	501	沈	502	油油	1022	泮	503
³汗	488	沘	496	沈	521	洈	508	泮汗	1043
汗衫	1067	洰	503	沈天	2	洩	515	沴	506
汗褟	1067	沚	499	沉溶	1044	泱	499	泌	502
汙	488	沚	510	沁	504	泱泱	1029	泳	494
污	519	沚	499	决	492	泱瀼	1044	泥	491
江	495	沙	499	沮	512	沢	500	泯	487
汣	492	沙汏	1060	泐	512	況	504	沸	502
汣	875	汩	489	沆	501	洫	513	泓	518
汕	494	汩	489	沉溶	1044	洞	483	泓泫	1046
汔	512	汩汩	1033	杳	10	泅	486	泓泓	1023
汍	498	汭	510	氺	522	泗	484	泓然	1035
汛	485	汻	501	燚	523	洗	505	泓澄	1043
汐	506	泮	503	㑇	940	洉	506	泄	505
汲	486	汝	516	⁵沫	491	泡	491	沼	501
汲汲	1023	沃	484	沫	491	泡	498	波	498
汛	513	沃	511	沵	484	泪	511	洴	503
氾	485	沃	876	泟	508	泊	487	治	489
氾淫	1045	沂	503	泟	516	泊	489	泐	499
汙	486	沂	496	泲濩	1044	泊乎	1039	泉	948
池	493	泒	487	法	495	泊泊	1033	泰	961
汝	519	汳	509	泔	485	泊洦	1044	泰然	1036
汐	512	泠	487	泔淡	1045	洞	498	洰	497

續 表

浲	499	派	487	淳淳	1023	海糸菜	1076	添	492
泿	504	沿	516	淳蕩	1046	滧	522	浪	522
⁶汧	498	洽	489	淳濔	1044	泣	514	涜	490
洭	499	洮	486	浦	501	沇	522	泏	502
洼	521	渢	504	涷	490	涂	4	渚	520
洔	510	泡	522	浯	496	涂	496	溗	504
洱	500	洵	497	逗	513	涂	508	淩	522
洪	493	洶	510	派	521	浠	508	滓	502
洪直	1040	洶洶	1019	浹	494	浴	505	淇	496
洹	498	洶涌	1044	浹渫	1046	浮	516	潛	511
洒	512	洚	510	涞	497	浮	517	潜	585
涷	511	洛	506	涇	499	浮浮	1020	溂	509
洦	506	洺	499	洋	510	浸	493	漢	499
洧	500	净	493	涉	506	洽	487	渲	507
洿	519	洨	509	消	498	浼	490	湤	502
洏	512	流	515	消	782	滭	514	淋	487
涭	484	洋	483	涅	515	淋	484	淋灑	1047
冽	492	洋洋	1024	涅	491	流波	1045	淅	490
洟	489	洋洋	1027	涅	519	浼	503	淅	514
洟	489	洋溢	1043	浿	503	浗	495	淅	1073
泚	519	洴	499	況	423	浤浤	1020	淶	497
洗洗	1026	洣	496	況	515	浪	491	淞	495
洞	488	洣	515	泥	504	浪浪	1020	涷	493
洇	497	洲	499	涸	509	涒	492	減	507
洇洇	1030	洝	512	涓	522	涒	520	減汨	1043
泂	483	津	517	涓涓	1019	涒灘	3	減沮	1043
泂泂	1030	浪	509	浥	491	浸	500	涯	492
泂浹	1040	泇	497	浥	507	浸淫	1039	淹	488
洙	496	洫	518	涔	500	洩	486	涿	504
洗	491	⁷淅	490	洄	510	浘	500	淕	516
涎	494	涬	504	浩	522	泄	504	淒	497
涎	516	涬酒	1045	浩汗	1043	涌	500	渠	495
活	495	洉	516	浩浩	1020	涌	510	淺	501
涎	485	郷	514	浰	518	涘	500	淺淺	1022
泊	487	浃	484	淀	504	浚	494	淑	484
泊	502	浃	511	海	517	橐	517	淑郁	1045
洫	507	浃浃	1033	海松	1075	涸	483	淖	488
洶	498	浘	496	海藻	1075	减	507	混	501
洐	511	涥	505	海鷰	697	⁸清	493	混瀚	1046

續　表

湃	522	涪	499	湛湛	1020	溷淵	1045	漑	484
澳涩	1045	淩	506	湛灤	1044	渭	502	渥	487
涸	488	淤	488	港	500	淐	509	泅	500
湎	500	淥	506	渫	493	湍	483	潷	496
渚	506	淯	504	湴	514	滑	488	湄	519
渚泡	1044	淵	498	流	514	滑藻	1075	湝	513
渦	498	淡	493	湖	496	滑海藻	1075	湧	510
淛	503	淙	495	湳	502	湃	503	溪	511
湮	509	涫	498	湘	499	湃	521	溏	490
渥	515	涫	806	渤	505	湫	520	溏溏	1031
涾淪	1046	涳	496	渤澥	1047	渾	487	黎	989
淜	516	涴	504	湢	513	溲	490	溧	515
淮	497	涴	517	湮	487	淵	498	[10]涫	495
淠	485	涴渤	1046	湮	522	淵港	1043	溱	497
淠	522	涴演	1046	凍	493	深	485	溱	508
淉	515	淏	496	減	488	湟	499	激	494
淦	509	滨	502	湏	508	渠	522	溝	495
淦	487	深	490	湮	498	塊	501	馮	521
淆	519	深	500	湎	123	滓	485	淲湏	1038
淫	494	淥	505	湎	513	湲	519	湏	502
淫羊藿	658	涺	496	澳	501	滄	338	滾	508
汛	509	涮	522	湝	497	滄	508	渚	509
淰	492	湢	494	湞	499	溢	497	溢	952
淰	524	湢湢	1019	湔	510	渙	503	漭	518
溯	511	淼	494	洒	503	颯	485	漭沆	1038
溯滂	1045	涵	487	湨	503	急	521	漭湎	1046
泚	496	淄	513	湨	509	渡	502	漠	494
涸	513	森	970	湜	507	涪	512	漠泊	1045
湑	509	森茫	1045	渺瀰	1044	游	488	濆	515
洎	486	澆	490	測	490	游	511	滇	498
洎	493	浮	505	湯	486	游泳	1043	漆	506
忽	179	涓	507	湯	495	溠	492	漣	522
忽決	1045	孟	518	渦	496	湳	486	溥	484
忽涉	1045	[9]涼	490	温	508	漾	486	浦	516
涼	490	湊	497	温	519	滋	510	涸	498
淳	488	淺	518	温温	1026	湉	500	漂	505
液	517	浴	507	渴	521	浚	490	溽	505
濟	489	浴潥	1044	渴奉	1059	津	517	減	495
淬	503	湛	492	湨	511	渵	516	滅	891

源	497	溢	492	漱	485	㴞㴞	1020	澎濞	1047
湮	507	溓	492	漚	486	漳	499	達	505
湏	501	淡	492	漂	504	潡	518	湛	505
澤	519	沇浚	1047	湑	497	漣	501	澌	502
滉	502	溶	520	滯	183	滴	489	漸	521
湞	521	溶滴	1046	滯	520	游	515	漢	514
溷	509	淬	489	㴐	518	漾	489	濁	514
澄	508	滇	521	滷	494	漱	506	潮	488
激	486	淮	512	滷	956	潵洌	1044	潛然	1035
溦	512	浼	497	濾	509	滾	499	漶	503
溫	951	漫	500	澎	520	滾	499	潭	493
淶	500	渾	497	漊	500	演	491	濡	520
淶	515	溺	489	漫	503	窪	511	瀮	505
淨	505	添	522	漫汗	1043	渧	500	潦	490
潞	490	洩	500	漫衍	1047	滬	513	潛	488
潞	502	涵	512	漢	507	潵	502	澁	507
準	501	滎	51	潣	513	潻	508	溶	494
準	877	滇	498	潔	506	漏	494	潵	513
澡	490	漕	504	澠	514	漏蘆	654	潤	517
澡	509	¹¹滌	486	潅	501	漲	520	澗	519
謝	513	潩	507	崇	502	溜	493	潤	490
㴉	509	漬	490	過	498	漻	491	潤	515
滏	500	馮	498	湯	521	漻淚	1043	潰	484
滔	494	漢	495	浮	511	滲	486	潰洫	1043
滔滔	1019	漢泊	1045	溫	485	㶚	501	潰濩	1045
滔	486	潢	491	澡	490	楸	523	潭	513
滔涸	1047	潢漾	1044	潵	519	楸	523	澂	499
滔澗	1047	潢瀁	1038	潙	486	源	497	滅	521
溪	520	滿	494	漁	496	濱	521	潰	508
滄	522	溥	518	漁	750	¹²潔	517	澽	519
渝	493	萃	501	濛	510	潛	488	澗	496
澩	497	㵄	516	漪	496	澆	490	潕	500
逢	514	漆	495	漪瀾	1044	潁	520	潕	1076
滈	492	激	505	澺	501	潁溶	1044	瀟	504
溏	514	漸	487	㵄	494	潰	521	藻	493
洗	515	減	495	潚	495	潰薄	1043	津	505
潘	487	溥	484	瀧	506	潰瀑	1046	潟	506
潘潔	1044	溥	516	瀧	522	澍	489	溧	507
溔	501	漕	504	瀧取	1074	澎	499	潐	67

潐	510	濂	514	澱	486	濘	522	灝潊	1045
潦	509	澺	514	槳	511	潒	508	瀟	498
澳	504	澉	485	槳	993	澅	497	瀟	510
瀚	491	溼	500	熙	67	瀡	512	瀚	503
潘	486	溫	953	潵	506	澀	179	瀟	494
潙	518	潊	939	[14]潲泲	1044	澀	507	瀨	503
潼	487	潞	503	瀫	522	濯	489	瀜	509
潵	506	澧	490	潋	487	濯濯	1020	瀝	506
漤	516	濃	36	潢	892	澤	518	潅渭	1044
潾	516	濃	492	濤	493	濰	496	瀨	497
遂	502	澡	486	濤米	1073	洧	522	瀅	513
潧	509	澡	501	潎潚	1043	[15]濩	505	瀘	508
澇	493	澤	506	潒	516	潩	493	瀠	511
溷	507	澤枼	657	濫	519	潰	485	瀅	520
潯	500	澴	515	濫醠	1045	潰	484	瀅	950
潷	503	濁	495	滿	518	潄	517	潯	511
潺	498	潗	513	瀰	500	潢	504	潑	497
潺浸	1047	溙	511	瀰迤	1046	漫	499	潑	509
潰	502	澐	505	濡	520	潴	518	潡	423
潠	503	澕	489	潩	514	濾酒	1074	潡	508
澄	486	溈	514	潟	492	瀑	520	瀧	495
澄	499	激	484	潟瀑	1043	濺	485	瀛	514
潚	506	濈	486	濕	507	潰	521	瀛	518
潚湟	1045	澮	503	澨	500	潲	510	瀛	976
潚潚	1020	澹	499	漳	485	濼	507	澄	517
潄	900	澹汀	1044	濮	518	潵	486	瀘	497
[13]濫	513	澥	493	潷	502	潓	512	瀐	813
濩	503	澶	123	潷焉	1043	瀏	520	[17]瀰	516
濩	512	澶	521	濺	502	潲	496	灌	495
濛	496	澶温	1046	濱	510	潅	498	瀦	487
濛汜	1052	澶漫	1046	濠	520	瀌瀌	1020	瀝	506
濛谷	1052	澟	516	潙	489	瀨	516	瀰	488
澣	485	濱	511	濟	489	瀅	518	瀀	502
澁	515	澺	507	濟濟	1027	潘	502	潤	502
潄	900	濂	492	潒	489	濯	514	潤	510
潘	519	灘	495	潒	491	[16]潫	493	瀾	503
涔	513	澔	485	潒潒	1020	隸	515	瀷	512
澪	517	潚	510	淡	489	瀊	515	灓	497
濊	521	潚	506	濱	497	灉	517	瀹	507

續　表

激	504	澧	522	還	502	执	844	枘	836
激灩	1046	[21]灝	521	湲漵	503	执	309	托	563
瀶	487	澡	508	瀲	504	执执	1022	托	832
潏	491	[22]鴻	492	洪	505	抖	846	扭	851
瀺	502	灣	511	澈	505	扨	291	批	845
瀺潏	1043	[23]灝渙	1046	澹	505	扨	838	折	590
濱	499	灉溢	1039	漉	505	扔	837	折	832
濱濱	1019	灤	517	渊	506	刔	934	折傷木	600
潢	518	蠡	970	涹	506	[3]扞	841	抓	834
瀰	510	[24]瀘	516	湿	506	扛	833	扳	842
[18]灅	506	瀘	519	瀆	506	扰	837	扲	837
藻	515	[29]灣	506	溫	507	扣	144	扲	844
瀉	508	誠	484	深	508	扣	851	拎	851
澧	490	泾	484	沉	508	抽	845	扮	840
潤	514	泿	485	補	510	扢	842	捐	841
灈	496	津	489	蒲	510	扚	841	挵	848
潭	501	沐	490	沁	510	扱	838	抑	850
滴	512	漫	490	漿	511	扤	833	抑買	1056
瀘泗	1046	濃	492	汝	511	扤	847	抑塞	1056
瀘潤	1046	灙	493	邊	515	拐	846	抅	853
瀺	515	瀨	493	溲	518	扡	834	投	831
灘	518	灣	493	澗	519	扠	829	扑	836
濾	495	濘	494	溪	519	[4]扶	823	扷	832
潚	497	滹	494	溫	520	扶	830	抗	836
潘	486	蒲	494	沙	521	扶桑	1051	抗	836
溲	516	蒲	494	濊	521	扗	840	抖揀	1037
灘	509	污	494	織	521	柿	848	扰	841
[19]灘	492	濄	495	漫	522	技	835	抗	836
灑	495	潚	495	瀦	522	技	840	抉	830
瓚汕	1047	瀟	495			抔	839	扭	843
瀟	494	瀧	495	手(扌)部		扼	848	把	830
瀛	518	濿	495			拒	852	抁	844
瀛	976	漏	495	手	186	扽	836	抒	846
瀨	496	濠	496	手巾	1066	批	553	手	187
瀬	509	濃	497	[2]打	853	扝	848	扮	844
灓	511	靈	498	扔	846	抝	844	[5]抹	837
灓	511	漾	499	扑	845	抄	828	拮	842
灓	769	滾	499	扒	433	扷	845	拑	834
[20]灘	518	浅	501	扒	569	扪	840	㧙	849
				扒	842				

續 表

抲	839	扢	830	拀	844	捒	852	捔	831
抦	846	挜	840	拾	829	捂	845	捅	831
拓	593	拟	558	挑	554	振	829	捀	840
拓	838	拟	850	挑	834	振	835	捯	843
拵	839	抳	852	操	835	振振	1027	抄	834
拔	844	拂	841	操	845	挟	828	捖	844
拔	585	抽	838	拘	833	捎	834	捃	832
拔	853	披	830	指	853	捍	840	抑	841
拔葜	656	抙	836	指䪞	1066	捏	842	捑	834
抛	848	拇	852	挌	831	捏	383	捇	837
抛却	1058	拗	849	挌	854	捏	846	掑	178
抨	832	拏	187	挼	844	捝	844	捅	831
拈	834	挠	830	拹	853	捉	853	挨	852
抯	840	拑	833	挍	831	捉	987	捘	847
担	845	投	853	挍	854	捉搦	1056	拳	187
押	848	⁶拭	838	挌	843	捉馬頭	1071	挀	829
抽	834	拭	846	挐	846	捆	843	振	835
抾	851	挂	831	拼	847	捐	834	技	841
抉	841	持	833	按	836	捐	840	⁸捧	846
抪	839	持	949	挃	848	挹	851	捒	846
抶	837	拱	853	挪	834	捌	838	捺	852
扳	853	拒	852	挭	852	捂	849	振	835
拖	830	拒	853	拯	840	挩	843	捇	844
拊	833	拍	839	拯	851	挊	837	捘	841
拍	832	挒	845	操	845	捇	840	捬	842
拆	851	挳	830	挳	849	捈	854	措	829
抓	843	挳	848	挈	188	挴	842	描	834
挼	843	挳挳	1031	挐	189	捈	841	捵	840
拎	835	批	850	拳	187	挩	830	捵	883
抑	850	挏	852	挲	188	挫	850	捒	835
抵	848	捆	833	挐	187	捋	837	捸	843
拘	853	挺	835	挐	265	捋	838	捼	853
抱	829	括	840	挌	853	捊	848	捼䐑	1074
抱	848	挋	832	⁷挵	840	捘	833	掎	383
抱肚	1067	挏	845	挔	839	授	849	掎	835
拄	835	挵	853	捄	833	换	852	掩	828
拉	850	挺	847	捊	842	挽	852	琢	850
拌	842	扦	836	捕	836	挽弓	1065	捷	828
抆	843	拘	846	捗	836	挳	386	捷捷	1020

續　表

排	831	掊	591	揊	837	揙	829	擊	187
排	840	掊	847	搜	836	援	828	損	845
救	844	接	593	揀	835	授	838	[10]揍	844
掉	832	接	853	揹	845	授	844	搆	854
捋	851	接詹	1063	揹	849	撥	560	捧	188
捆	590	接樹	1058	搓	843	撥	848	摸	832
捆	841	接檐	1063	揩	847	揔	854	摸	853
押	828	掀	842	捕	848	撐	286	摺	836
拼	847	搓	852	提	830	撐	565	摃	845
搭	846	捲	853	提提	1027	撐	845	搡	843
搁	835	捲	960	提撕	1058	掊	843	搏	828
接	833	掞	846	揤	837	掃	831	揀	846
捜	849	捐	834	揚	853	搓	854	摘	848
搢	843	控	833	揚揚	1027	搓線	1069	搞	851
挩	854	捥	560	揖	835	搓索餅	1074	摭	843
推	831	捥	838	揖	849	揃	832	搣	839
推	877	捵曬	1034	揾	850	揃稻	1073	搞	846
捽	847	探	832	揭	383	搐	840	摷	841
掀	833	捷	579	揭	830	拒	331	摵	840
捨	835	捷	834	揭	839	拒	837	損	844
捡	847	掃	846	揭揭	1032	揎	849	搧	850
掄	834	据	833	揭簾	1058	搋	849	損	840
採	835	掘	850	揞	837	搂	850	捆	840
授	853	搿	834	揂	833	揮	829	揵	845
捻	848	捼	851	揣	563	搧	841	擺	835
捻頭	1075	撥	837	揣	849	摡	831	捼	560
捻	832	擎	188	揣	854	握	837	捺	590
捌	841	擘	40	揣	930	摒	595	掑	840
捌	885	擘	188	揞	837	摒	847	摴	432
掏	850	掣	188	插	838	搢	832	撅	829
掐	834	抌	829	插秧	1073	撢	843	撅	848
揔	853	撑	842	插着	1075	揩	841	搬	837
掬	829	[9]捶	853	搜	850	揩	849	搬子	1073
掠	836	揳	838	採	836	撰	568	搖	834
掖	841	搐	838	揰	843	撰	850	搯	834
拊	559	揕	837	揰	846	搔	830	摻	844
振	845	揭	835	揎	833	撩	839	搶	834
捽	841	撲	852	揥	846	掔	188	揗	840
捽	848	握	837	揄	833	掔	187	撨	852

續　表

搯	834	摽	831	摰	187	撝	828	撈	847
搊	830	摋	846	摯	188	撚	832	撒	829
搞	851	撏	852	摯	187	撞	851	撒撒	1032
搠	845	摑	836	摰	187	撤	838	撿	829
摛	833	搢	836	摩	867	撤	838	撶	846
搪	834	撝	833	摩	987	撙	842	擔	848
搒	851	摘	835	擎	188	撈	847	擅	590
捧	846	捷	843	¹²摃	831	撈稻	1073	擅	836
搕	838	撏	840	橫	958	撏	834	擁	835
搕	838	搜	833	搣	840	撞	845	撤	64
搘	839	摞	568	擦	831	揮	833	撐	835
摸	845	摞	845	撓	829	攢	560	攎	842
摧	847	摑	847	撓攬	1058	攢	854	擗	832
搌	835	摧	831	揵	837	撰	850	擊	413
揮	833	撾	851	橙	836	撰	871	擊櫪	1040
搉	848	揚	837	撕	833	橙	851	舉	188
搉脚	1058	搗	851	搚	839	撥	848	擎	187
搽	843	摐	832	撤	842	撍	836	摯	188
擼	839	搜	850	撣	836	機	833	揲	849
擊	189	搨	834	撅	841	擎	187	¹⁴擅	849
摹	187	摖	843	撩	558	攜	847	攝	845
摹	628	摭	838	撩	839	¹³攜	877	擣	851
擎	187	攏	842	摺	836	搥	838	攓	583
搴	188	撽	841	撲	841	攫	590	攙	838
搴	922	攋	844	撲	853	攫	830	攃	842
捵	846	摘	830	撮	837	擀	854	攃	851
搦	849	撻	846	摑	849	撢	847	擥	854
¹¹措	843	搞	846	攔	577	撼	840	攔	843
搥	842	搯	840	攔然	1036	攏	843	擩	559
搋	842	搾	844	撣	834	撬	843	擩	847
搭	606	撒	845	撫	567	據	839	搚	844
搢	833	摤	838	撫	839	據	849	撲	837
撕	837	摺	850	橋	846	據	850	擻	833
搏	828	摎	559	撨	844	擋	595	擬	567
搏	883	摎	835	撿	839	操	303	擬	849
搏風	1061	摻	836	播	841	操	830	擴	845
搹	832	摻	852	擒	851	擇	838	摘	830
摼	854	攢	839	撘	842	擐	849	摘	839
摽	590	攃	848	撘	849	攜	850	擠	830

續　表

字	頁	字	頁	字	頁	字	頁	字	頁
擲	839	攘	834	㩆	833	牜	383	惊	379
擲倒	1058	搬	854	㩁	833	物	382	犉	381
擯	829	¹⁷撒	850	㩓	836	牥	383	犌	380
擯	845	攖	842	㩛	836	料	381	犍	381
攉	847	攕	835	㧐	836	牧	380	犍	383
攆	843	搐	843	㨾	837	⁵牫	384	犍陟	1040
挲	188	撓	852	㩡	838	軸	382	犂	381
挲	187	攕	836	㩜	841	牰	380	犀	259
¹⁵攅	78	撻	838	㩠	842	牰	380	犀	260
擷	838	攣	188	㩱	843	牲	380	⁹犇	383
攟	551	¹⁸攘	829	㩣	843	牸	381	犆	382
擾	835	攝	830	㥈	844	牴	382	¹⁰犛	379
攄	557	攝提格	3	㩳	845	牳	142	犅	380
攄	850	攙	837	㩘	848	牳	382	犋	382
操	843	攔	844	㩪	849	⁶牸	381	犌	383
撒	553	攏	837	㧖	849	特	380	犇	382
撒	836	搜	835	㩆	852	特	949	犒	554
撝	836	攤	842	㩡	854	特	1056	犒	851
擺	847	擧	188	㢟	854	牷	381	犆	383
㩅	842	¹⁹攤	854			牿	382	犈	381
擷	844	攞	835	**牛部**		牸	380	犌	381
捯	559	攅	551			牸	383	犝	1013
捯	841	攅	829	牛	379	⁷牸	383	犖	381
㩦	987	攤	840	牛膝	653	牶	383	犇	383
摋	839	攣	188	牛髈	383	牼	382	¹¹犛	343
攀	187	攣	770	²牝	379	牿	379	犇	380
¹⁶撄	850	攞	835	牟	382	㸎	381	犇	905
㩫	845	²⁰擻	844	牟	992	将	381	犍	380
㩫	931	攦	839	牧	384	牸	383	犍	833
獭	115	攪	847	³牡	379	犁	381	犇	381
壚	833	攘	837	牡丹	601	牵	187	犕	382
壚	841	攬	849	牡桂	653	牵	382	犇	379
㩇	833	²¹攬	551	牡荊實	654	⁸犟	382	犊	381
攮	844	攬	854	牰	381	犇	382	犇	380
攮	845	㩌	187	牰	382	犇	968	犊	380
攦	832	㧔	188	牣	382	猫	380	犛	862
㩏	842	㨨	829	⁴牰	379	犄	383	犇	380
㩏	976	㩟	829	牭	382	犇	380	¹²犋	380
攄	835	㩟	829	牧	382	犄	381	犊	383
		㩟	829	牧	903				

續　表

幢	381	氀	208	氎	209	牌	887	斷	764
¹³犟	383	毫	208	氎	971	牕	888	斷	1056
¹⁴犦	384	毫	768	紪	207	牗	888	⁸斯	764
犧	383	毨	207	¹³氎	208	牖	887	斱	764
¹⁵犢	383	毵	208	氎	209	⁹牒	887	⁹斲	764
犧	380	⁸耗	208	¹⁴氎	206	牍	887	新	764
¹⁶㹦	381	耗	288	氎	209	牎	887	新田	482
犧	381	毳	968	¹⁵氎	206	牏	887	¹⁰斵	764
犨	380	毴	209	氎	209	牐	887	斸	763
¹⁷犛	380	毴	879	¹⁷氎	208	¹⁰牑	888	¹²斷	764
¹⁹㹭	381	毬	209	¹⁸氎	206	牓	887	斷	1016
㹭	380	毵	206	²²氎	207	¹¹牔	887	斸	764
㹭	381	毶	207	氎	209	牕	887	斷	764
㹭	382	⁹氂	209			¹²牖	888	¹³斷	764
㹭	383	氃	206	**气部**		牗	887	斷	976
㹭	383	氄	208			¹³牘	887	斷	763
		氅	207	气	46	¹⁵氎	887	斷	976
毛部		氆	123	⁴氖	47	牚	887	¹⁴斷	764
		氇	207	氘	47	牛	887	¹⁵斷	764
毛	206	氈	206	⁶氙	46	牛	887	²¹斷	764
⁴耗	208	氉	207	氚氛	1038			斷	1072
毨	208	氊	208	氣	47	**斤部**		斷	764
毨	288	¹⁰氋	208	氣調	1060			斷	764
毨	209	氌	206	⁹氤	47	斤	763		
毨毨	1024	氍	207			斤斤	1026	**爪（爫）部**	
⁵毪	207	氎	208	**片部**		⁴斦	764		
毨	206	氏	207			所	764	爪	1015
毱	209	¹¹氐	209	片	887	所	763	爪	997
毰	207	氒	288	⁴版	887	所	995	爪	1015
毱	208	民	206	版版	1030	所	1076	⁴爬	1000
毲	207	氓	209	⁵牉	887	斧	763	采	72
毲	1007	气	208	牊	431	斧	1071	采	581
⁷毳	208	¹²氕	208	牋	887	斨	763	爯	1001
毳	974	氖	208	牋	887	⁵斫	446	爰	990
毹	207	氘	207	⁶牍	887	斫	763	⁵爱	1000
毵	208	氙	209	牎	887	斮	764	爰爰	1028
毶	209	氚	206	牏	977	⁶斯	764	爯	993
				牐	887	斯	764	受	996
				牑	888	⁷斩	412	采	72
				⁸牒	887	斩	764	采	989

8 爲	990	肢	24	服	17	脵	38	脈	28
舜	1004	朋	34	服	401	胞	31	胱	17
11 嬀	990	肓	23	育	770	胘	37	脆	36
13 嗣	165	4 骨	36	肩	918	胖	22	脂	6
		翔	16	豚	36	胖	25	脺	22
父部		肴	27	豚	36	胏	27	胳	26
		肴	990	豚	712	脉	35	胗	25
父	106	肾	39	豚	794	脉脉	1020	静	30
父	987	胖	22	5 胡	17	胴	34	胲	20
4 爸	106	肤	26	胡禄	1065	胇	36	胲	28
爸	987	肺	28	胡鸞子	697	胐	18	胼	30
6 釜	106	肺	31	背	36	胐	35	朕	17
釜	539	肢	22	胃	31	腔	19	胺	33
釜	1063	肢	287	胃	8	胎	7	胚	32
爹	106	肧	19	胅	26	胎	18	脑	24
爹	987	肮	20	胈	35	胎	19	脑	31
8 奢	106	肮	40	胚	33	胥	36	脊	38
㸙	106	肱	30	胋	32	智	29	朔	16
		肫	36	胆	6	肺	28	朗	18
月部		肌	27	胆	37	6 肯	22	胥	27
		肌	129	肿	20	腄	19	脅	26
月	16	肱	39	肿	22	胜	22	能	995
1 肊	29	胹	25	肿	26	胇	32	脁	32
2 有	1004	胏	34	胛	37	腑	19	脒	36
肎	26	胗	26	映	33	胯	37	脖	40
肛	34	胲	35	脱	18	胲	23	能	995
肌	29	盼	34	删	20	胰	22	7 脣	23
肌	27	盼	38	胜	29	脛	22	刷	16
肋	19	朋	18	胜	35	胱	32	脪	33
3 肝	30	朋扇	1057	胅	27	胞	23	脫	32
肚	38	肺	28	胙	37	胴	21	脉	26
肛	22	股	19	胅	38	胭	22	脖	33
肘	35	肪	20	胕	34	胸	8	脯	27
肘	949	肮	25	胉	32	胸	17	脯	31
肔	25	胅	26	胍	28	脡	25	腰	34
肔胍	1050	别	24	胲	38	脡	23	脜	37
肜	16	胆	26	胝	20	胎	24	脤	24
服	21	胆	340	胝	39	脑	32	脥	34
肪	35	肥	22	胸	29	脏	23	脛	21
肍	25								
胁	24								

字	頁	字	頁	字	頁	字	頁	字	頁
胵	28	賎	34	腴	21	膩	23	臧	33
脛	19	腓	22	腠	765	髆	19	臍	11
胙	34	腆	18	膝	29	膐	23	臍	40
脡	18	脂	34	腊	22	膩	32	臚	34
脢	37	腘	33	腥	32	膩	24	膢	28
脱	24	膈	39	腸	23	膧	30	膥	30
胏	25	膤	38	腥	34	膧	31	胭	38
脞	32	腰	32	腽	26	膡	24	腸	23
胕	26	腴	20	腥	35	脾	33	膚	29
胕	20	脾	21	腄	24	膔	38	膒	33
胲	24	腠	31	腈	31	膗	38	膵	26
腕	39	脸	31	腭	21	膜	30	膻	23
脐	30	晶	969	腨	19	腡	37	臈	8
脦	29	胎	31	腯	28	膣	36	膞	29
脱	17	膤	31	腫	27	膧	35	膠	36
脺	38	腤	27	腹	20	臍	38	膙	27
脘	24	腋	22	腹	23	臍	211	膙	30
脘	25	脗	27	股	25	膀	28	膢	32
脚	33	勝	17	腂	24	膰	34	[12]脣	32
脧	33	朕	37	腽	39	膝	18	臂	34
萮	17	腔	22	腷	27	膝	523	骨	32
望	16	腕	25	膊	28	腽	32	膩	35
望	1001	腱	23	腧	20	膁	20	膠	25
胵	34	腒	22	腤	23	膵	34	膠	28
脈	36	腜	34	臍	22	膧	32	膮	30
[8]碁	17	腏	25	膪	34	膷	27	臏	27
期	17	脊	32	膆	18	膏	36	膨	23
朝	17	[9]臂	27	膝	21	膏	335	臕鶿鳥	698
腎	39	䐁	32	腥	34	臍	39	膞	32
犉	18	膳	40	膌	35	臍	882	膻	37
胀	37	腺	36	脅	33	脊	27	膦	33
腊	35	膜	37	腬	39	脊	51	膥	25
腊	7	腒	39	脑	31	[11]膚	21	膣	23
腊	38	膜	20	臀臀	1024	膥	39	膤	23
䐌	32	膜	27	[10]望	16	膦	21	膧	31
腖	32	腩	37	膶	20	膝	36	膧	30
腢	25	膈	26	腊	34	膊	19	䏶	33
崎	32	腰	23	膌	40	膒	36	膴	22
腌	26	腰	28	膜	31	膘	27	臆	24

膲	23	贏	976	¹⁷臟	40	**欠部**		歐	937
腺	33	臀	39	臟	33			⁷軟	936
膜	24	臀	966	臟	136	欠	936	歃	940
膰	8	臂	29	臟	24	²次	939	欼	941
膰	23	臂	37	臟	25	³飲	938	㰡	938
膰	40	¹⁴臀	33	¹⁸膈	37	次	938	欲	936
臕	7	膪	34	臖	27	⁴欥	939	欲	938
臕	40	臑	19	臊	33	伙	940	欻	937
膳	19	臁	21	臁	944	伙伙	1034	欿	937
臁	24	臁	30	¹⁹膜	37	欣	937	倝	937
臁	722	臕	27	臝	976	欶	940	⁸款	937
滕	18	膜	25	臝	976	吹	937	款束花	657
脤	35	膿	39	²⁰臝	976	欥	937	㲈	940
腘	30	臍	21	臝	976	蚊	938	欺	941
膜	24	膪	31	²³臝	808	蚊蚊	1033	㰍	938
膫	26	臎	25	²⁶臝	808	⁵抌	937	㰍	940
臝	976	臝	976	祖	16	畎	940	歃歃	1034
¹³滕	36	臝	977	䎃	16	歌	938	㰦	940
臂	32	¹⁵臏	24	胡	17	軟	940	㰦㰦	1034
膜	35	朦	35	明	17	欣	940	㰦	937
朦	35	臁	20	膝	17	欨	940	㰦	939
朦朦	1024	臘	18	腥	24	敏	937	炊	55
膗	32	臝	722	胼	40	欧欧	1034	㰦	938
朏	33	臝	880	儠	968	嵌	939	⁹歐	940
膿	36	臝	976	羸	976	缀	939	㰦	938
膿	861	臝	976	羸	976	欧	939	欺	938
臊	23	臝	976	脹	995	⁶㰦	940	歐	940
臊	35	臝	18			欯	941	歃	938
膵	33	臝	880	**氏(民)部**		欯欯	1033	歇	937
膈	31	臝	976			敇	941	㰦	938
臉	23	臝	976	氏	1003	㰦	938	㰦	941
膽	31	¹⁶臀	26	民	997	欪	937	㰦	939
膻	26	膞	26	¹氏	955	欧	939	㰦	939
臆	37	腥	19	氏	1003	欮	940	㰦	938
䏝	18	臚	21	⁶䏰	1012	㳸	936	㰦	937
膧	398	膈	32	¹⁰砥	1012	㳸	940	歐	940
臚	23	騰	17	¹⁴罠	331	㳸	940	歐	940
膺	39	騰	398	罠	1012	欯	939	歐歐	1034
膺	861	臝	976			㳸	940	歌	938

續　表

¹⁰歔	939	¹⁹繳	937	殼	967	殼	966	方部	
歇	938	²¹鐵	939	⁹殼	967	殼	388		
歐	938	²²歡	939	殳	876	殼	965	方	770
歐	937	歆	936	殼	967	殼	966	方	881
歊	937	歇	936	殼	966	殼	965	³斘斿	511
歎	938	歉	937	殼	1065	鱱	966	⁴於	851
歓	938	歊	937	戴	965	¹⁴殼	967	於	883
¹¹歑	939	歋	937	毁	437	殼	966	⁵斿	883
歐	937	欽	937	毁	967	鼛	972	施	882
歗	936	歍	939	殻	286	殼	131	施施	1033
歘	938	歎	939	毅	967	殼	965	⁶斾	881
歙	940	歐	939	殿	966	¹⁵殼	966	旄	884
歛	939	歑	939	¹⁰殼	967	¹⁶殼	967	斻	882
歜	937	歐	941	殼	479	¹⁷殼	692	斺	882
歝	938			殼	575	¹⁹鼛	451	旅	832
¹²歞	937	殳部		殼	967	殷	85	旅	883
歟	941			殼	967	殷	85	斿	883
歠	938	殳	965	毁	967	殳	965	斿蒙	3
歡	936	³殳	967	殼	966	殼	965	⁷斿	884
¹³此	936	⁴殁	966	螢	967	殼	967	旌	882
步	938	⁵段	967	¹¹殼	966	殼	967	旌	906
武	941	段	1005	殼	965	段	967	族	852
歧	941	⁶殷	966	殼	966	段	1005	族	883
歨	517	殸	965	毆	965	段	1005	族	911
歩	937	殹	965	毅	967			旋	884
歔歕	1034	殺孽	658	¹²殼	419	文部		旋	854
歒	940	殺	966	殼	966			旋	883
歓	939	殻	967	殼	966	文	770	旋復花	657
¹⁵歮	940	⁷毁	966	殼	295	文	1016	旊	883
歯	145	毀	974	殼	967	⁶敉	1016	斾	884
歰	164	毆	967	殼	966	⁸斐	990	⁸旍	882
歱	254	殿	967	殼	1073	斌	893	斿	884
歲	936	殺	966	鞭	972	斌	1016	⁹旎	883
¹⁷歡	938	殳	966	¹³殼	966	⁹斖	1016	¹⁰旐	881
歡諫	1057	⁸殷	966	殼	937	斒	1016	旗	882
¹⁸此	938	殷	966	殼	965	斕	1037	施	884
歴	343	毅	965	殼	1063	¹¹斄	1016	¹¹旗	883
歵	939	殷	286	殼	967	敷	1016	旝	884
		殷	967	殼	876	¹⁷斕	1016	¹³旟	884

14籏	882	炎	50	烘	54	焜	50	煤	52
籓	883	炎天	2	烜	60	焌	57	煁	54
籏	883	炎炎	1023	烠	61	焌	63	煠	57
15旗	883	炔	59	烔	62	焄	68	煙	55
旜	883	5炭	58	焌	53	焏	67	煉	58
16旚	883	炭	468	烱	62	焑	57	煩	55
17旛	883	炭插	1072	烔烔	1023	8袁麵	1074	煩	119
旋旄	883	炰	65	烟	59	煮	61	煥	55
旗旄	883	炑	61	爐	57	煮	66	煬	52
旗	883	炳	55	焖	54	焣	60	煴	52
旐	884	炳炳	1031	姚	61	聚	67	煴	61
		炦	63	烙	52	夐	628	煜	52
火(灬)部		炶	61	炒	59	焚	53	煨	52
		炟	63	烄	60	煦	142	煝	60
火	50	焕	61	烇	56	無	1002	煓	60
2灰	58	炯	54	炫	61	焦	65	煌	51
灰	868	烃	60	妻	53	然	67	煨	50
灯	61	炮	56	㷭	67	焰	62	煖	56
3灭	57	炫	54	絲	293	焯	51	煖酒	1074
灸	55	炫	328	圜	57	煤	62	熘	54
炕	54	炧	59	烝	608	焜	51	熖	62
灼	55	沸	63	烝	64	焷	61	煔	63
灼	57	炪	57	烝	65	焯	60	熒	51
灼灼	1033	炤	59	7焉	993	焮	60	煇	50
灺	62	炶煤	1040	焱	158	燦	58	煆	62
4芰	57	為	990	烣	61	焰	54	煒	56
炁	65	臭	52	烳	52	焞	59	煝	61
炋	67	齋	58	烰	60	焳	60	煣	59
炅	59	炟	59	烼	61	焠	59	10熬	57
炎	53	6栽	890	焇	61	焲	59	熬	64
炙	55	烈	64	焆	54	焱	969	熙	64
炙脚	1058	烈烈	1026	焐	60	熐	60	熙	67
炬	55	烋	67	焑	52	熍	63	熙怡	1055
炖	60	烏	1013	烠	59	焼	63	熏	68
炒	52	烏牛	384	焯	60	煉	58	燌	66
炳	60	烏喙	657	烯	61	9煦	67	熱	67
炘	60	烏草樹	600	烰	55	照	10	熿	56
炊	58	羨	58	烰烰	1031	熬	61	燀	57
煅	63	烓	62	焕	54	煎	67	熰	58
炕	62			㷟	63				

續　表

燷	47	腰	870	燭	63	燗	54	斜	420
熛	60	骹	62	爛	54	爌	62	斜	421
熿	62	骹	352	殿	50	爔	53	斛	420
熄	57	鳶	67	燉	63	爓	971	⁸斞	160
煠	62	熷	53	爁	60	¹⁷爟	60	斠	420
熢	54	燒	57	爂	62	爛	54	⁹斟	420
熰	62	熕	53	¹⁴禍	66	燴	53	廝	421
熇	52	熺	58	燾	67	爐	53	¹⁰斡	420
熇	554	燳	61	爇	52	燘	55	斡	421
熻	60	燀	59	燕	626	¹⁸爐	60	斡	420
熷	52	熺	57	爇	63	爐	61	斜	420
熷煨	1040	燎	53	爂	62	爐	63	¹¹斟	421
熑	59	燔	53	煉	64	爐爐	1030	黇	958
燊	63	燉	56	熑	64	¹⁹爐	861	¹³斠	420
熒	62	燗	58	爐	52	²⁰爛	54	斟	421
煸	54	熰	490	爁	55	爐	53	¹⁹斠	768
熊	64	煇	54	燸	57	²¹爐	66	斠	769
¹¹熭	60	燋	58	燀	59	²⁴爐	59	斜	421
熱腹	1059	燋	66	燀	59	²⁵爐	61	斜	421
榾	52	燠	54	爌	61	²⁶爐	62	斜	421
熏	66	熵	62	爐	53	焼	50		
煐	64	燔	52	燿	59	爐	56	户部	
煉	64	燉	63	鷟	1012	爐	58		
熟	65	熾	59	爇	66	炮	59	户	917
熯	63	熾	888	¹⁵爂	62	爐	63	户鈎	1063
熿	52	燐	62	爍	63	爐	66	户樞	1061
爐	53	燧	56	爆	53	爐	67	¹尼	918
熛	57	爇	63	爆	63	然	293	³戾	918
炵	60	薔	63	爍	56			廢	918
爐	60	燊	63	爐	60	斗部		戹	995
熠	53	營	51	爨	888			卮	918
熮	57	焗	54	¹⁶燎	63	斗	420	⁴床	917
熨	58	熯	62	爐	52	⁵料	420	戾	876
熨衣	1066	燈	62	爐	64	⁶斜	420	戾	917
¹²燉	63	燏	61	爛	61	斜	165	房	917
燕	65	燦	54	爛	60	斜	421	房	1060
燕	614	¹³燉	59	爐	58	料	341	房木	601
燕燕	1032	燥	54	爐	56	料	420	房水	601
熨	57	燥	56	燗	54	斝	420	扂	918
						⁷斜	420	⁵庢	917

續　表

居	917	忒	183	忠	185	佟	815	烘	816
居	1062	忒	892	氙	47	㤃	815	忙怕	1054
扁	917	忌	181	念	71	怭	816	恒山	600
扁	917	忕	184	忿	179	怭怭	1022	恆	954
扁	1062	忘	182	忿	179	怩	826	恈	823
庽	917	忌	178	忽	183	恨	819	恂	828
6 廖	918	忞	179	忞	180	怫	821	恗	815
宸	917	忍	184	怭	182	怫愲	1053	恢	812
宸	924	忍冬	655	炒	818	怭	816	恢恢	1028
扇	917	4 忨	817	5 怵	823	怵	823	悽	827
扇	1066	怖	821	怔	826	恢	819	怪	816
扇厓	1061	忮	812	怙怙	1032	怊	825	恍	826
庆	917	忧	816	怢	382	怊悵	1053	悝	818
7 扈	917	忳	815	怵	823	怡	811	愧	822
8 扉	917	忡	825	怲	821	怡神	1054	恫	827
炯	917	忡忡	1031	怲怲	1031	怮	819	恬	811
窟	918	忤	812	怖	821	泰	961	恬恬	1032
		忤	817	悴	815	恬恬	1032	恤	811
心(忄小)部		妖	825	怦	826	忍	186	恤	851
		忻	824	恑	816	志	185	恮	350
心	177	恢	815	恑恑	1022	悬	185	恮	819
1 必	996	忦	817	怗	824	思	179	恰	824
2 切	819	恔	815	怚	821	思	183	恰恰	1023
切	893	忿忿	1022	怞	825	怣	180	恀	821
切切	1028	忪	826	快	813	怣愉	1037	桃	825
切怛	1054	忰	811	快	823	怣	183	恌	820
忞	184	怟	818	快然	1035	怨	180	恂	811
忍	181	怟怟	1027	悦	817	急	183	恂	833
3 忓	817	忉	819	悦忽	1038	悲	181	恂恂	1030
忤	818	忼	818	性	822	怒	180	恉	820
忖	820	忱	818	快	817	恕	184	恂	818
忕	821	忧	826	怍	823	怠	178	恪	824
忛	816	快	823	怤	821	怪	817	恪飾	1054
忔	823	忸	823	怕	347	怡	825	恀	812
忋	822	忬	814	怕	813	6 怯	813	恔	818
忷	810	恹	819	怜	813	怪	823	恔	811
忛	828	忝	2	恂	820	恒	812	恍	815
忙	826	恶	183			忒	815	㑶	814
忚	816	恶	185			恃	820	侘	822
志	183					恃	949		

續　表

恨	822	慽	823	悆	181	惟	347	窓	920
協	813	怮	811	昰	181	惟	825	忩	968
協洽	3	恲	814	患	185	惀	820	忩	969
悴	820	悖	811	恩	182	悰	817	弦	183
惱	810	悑	816	悠	91	愡	814	悴	811
恝	181	悚	827	悠	178	惆	826	悖	811
恚	186	悟	822	悠	180	惆悵	1055	悷	817
恐	186	悏	816	念	69	惛憒	1039	悁	817
恐嚇	1057	悻	353	念	184	惛	825	怙	820
恥	171	悭	817	悉	182	惚	823	⁹惬	824
恭	611	悄	816	惎	181	惇	827	悷	817
恵	183	悄悄	1031	惪	177	悴	811	惵	827
惡	181	悄然	1036	恍	825	惔	819	惜	814
悪	180	悍	822	悽	827	悰	818	惲	815
悪	180	悮	821	⁸ 拼	820	悾	814	慄然	1036
烈	182	悝	818	情	825	悔	815	悼佬	1053
烈	185	悝	826	悵	813	悷	817	慌	821
烈烈	1022	悃	826	悵然	1037	悫	817	慌慌	1024
患	183	悁	812	悛	827	惙	812	愊	823
恩	186	悒	817	惜	827	惙惙	1023	惰	813
恁	86	悒悒	1022	惏	817	惡	180	惑	812
恁	186	悒悒	1023	惏悷	1053	惡實	601	愼	825
息	183	悝	815	倚	812	惎	184	悀	123
意	181	悟	818	俺	819	惹	186	惼	826
恣	186	悦	818	悽	827	惄	185	愌	820
羙	178	悇	816	悱	820	惠	183	側	812
羙	335	悇憚	1040	悄	816	惥	185	側減	1053
恢	182	悭	818	悄悦	1053	惑	890	惕	810
愁	185	恔	824	慄	813	悲	181	惕	826
恕	179	悗	814	悃	815	怒	180	愠	811
羔	178	悗	820	惕	810	製	185	愒	822
悌	811	悦	824	惕惕	1027	惣	179	惆	821
恗	812	悌	347	惕惕	1028	恝	179	愕	814
快	817	悌	827	恢	816	悠	180	愕	824
怕	820	悴	828	惘	826	慫	181	愕然	1036
悦	826	悢	822	惘然	1035	恷	183	惴	817
怖	828	俊	812	悸	824	悼悼	1031	惴惴	1023
⁷悏	820	悊	185	悸悸	1022	意	184	愇	823
悙	821	辰	185	快	818	窓	186	愀	821

憒	817	懃	181	愴	391	憒	827	慮	942
愎	823	愁	186	愴	813	慪	814	戃	184
惶	810	恝	181	愴恨	1054	慳	819	慫	186
惶怖	1054	愆	179	慎	822	慓	819	慾	183
惶急	1054	愆	806	慉	825	憾	889	憨	178
愧	821	愈	68	慊	100	慺	813	慰	58
愯	820	愈	179	愱	814	慺慺	1024	慰	179
愉	347	愛	1004	憍	815	慢	826	憍	825
愉	825	意	184	憛	823	懽	818	[12]憍	813
愋	814	意	185	慊	812	慯	822	憋	185
惇	820	意强	1075	愩	815	慯	826	憢	819
愾	822	慈	186	憫	812	慟	821	慎	813
惜	826	愒	824	憜	382	慷	824	慎慎	1024
悄	820	寁	185	憜	811	慷慨	1038	憍	823
愫	821	愿	183	愿	182	慵	818	憛	822
愃	819	愍	179	愨	183	慞	819	憛	816
愃	820	愁	185	憙	185	慞惶	1054	慄	823
惲	820	愬	810	慇	182	慲	815	憭	820
慨	822	[10]傲	825	愿	180	慆	812	憯	825
悶	816	傲然	1036	思	185	憀	818	憯悽	1053
愔	811	愱	816	思	984	憀慄	1053	憯惻	1054
愇	815	愩	815	恩	182	慘	819	憿	820
惰	817	慎	815	慇	180	慘	1054	憫憫	1022
愰	815	慎	822	慇	965	慘列	1054	憫	817
慞	819	慷	827	慇慇	1034	慘烈	1054	憫	813
慆慆	1030	博	810	慸	186	慘悽	1053	憬	821
像	826	博風	1061	愬	180	慘然	1037	憒	822
惷	179	慄	813	慇	184	慘慘	1031	憞	816
惷	186	悃	822	愻	178	慣	822	憮	818
愿	185	愷	827	態	179	慣得	1056	憮然	1035
想	186	愫	47	恭	611	慧	183	憍	825
惄	182	愫	824	憍	825	慙	961	憍	825
惄	289	慥	822	悫	961	慜	182	懆	816
感	186	愯	817	[11]慎	814	蕙	177	懆	824
感	889	悒	818	慖	815	憖	903	憔	66
惪	181	慷	816	懂	818	感	888	憔	819
剋	179	慆	825	博	816	惑	889	懊咿	1053
愳	181	慆	825	博博	1022	懇	184	憪	815
愚	185	慆慆	1027	博博	1031	慮	184	憧	821

續　表

憧恘	1054	憎	815	鍖鍖	1022	懿	182	忺	826
憧憧	1023	憎	821	懇	182	离	183	懞	827
憐	813	憺	813	懇	714	19難	180	懅	827
憎	820	憺然	1035	懸	181	戀	185	感	888
懂	812	懈	812	廐	185	戀	770	識	889
憕	827	懷	353	廳	863	20懺	820	基	995
憰	817	懷	813	瀗	177	懺闆	1054		
懃	184	懍	827	懣	183	懯	184	**片(爿)部**	
懕	181	憶	824	懟	183	21戀	179	4牀	382
懇	184	懃	180	15懆	827	23戀	880	6牂	380
憩	165	懃	289	懮	814	憲	178	牂	716
憩	166	檖	180	㬅	814	愚	180	7將	838
儳	84	檖檖	1030	懪	818	慈	180	將	948
憽	181	慇	182	惕	816	志	180	13牆	382
憽憽	1022	愳	184	懫	821	懇	182		
憑	182	懇	178	慭	182	懇	183	**毌(母)部**	
憑	369	應	866	憭	181	懼	601	毌	1009
憑	524	應鍾	4	徵	178	慁	810	毋	994
意	185	懜	184	劙	182	懞	811	母	994
憲	179	懷	810	憸	181	憿	811	母泉	657
懟	184	懈	812	16懘	178	憑	812	2每	997
㤭	810	憶	1055	德	920	懍	812	3毒	996
懽	822	14懤	823	懶	815	懺	812	毑	1006
13憍	877	懥	821	懏	813	懈	812	4毒	996
懊	825	懨	824	慎	814	懵	813	6毒	996
懀	827	憺	814	懺	813	憛	813	9轖帽	1040
慺	811	懢	816	懷	353	懌	814	毓	1001
憾	812	懦	826	懷	813	憟	815	纛	968
懯	825	懝	823	憎	51	慄	815		
懥	828	懀悅	1054	懸	186	忮	816	**示(礻)部**	
愧	814	懠	816	17懂	822	惕	816	示	905
儂	810	懼	820	懺	814	懷	816	1礼	907
懆	827	憙	184	懺	816	懁	816	2祁	771
懆懆	1027	懕	223	懹	816	怴	817	祁	906
懌	811	懕	862	慈	181	憞	817	祁祁	1029
懁	817	檙	186	18懾	811	惯	819	礽	906
懊	827	懟	178	懼	821	慢	824	3社	906
憿	819	㥯	181	懺	818	懍	824	社稷	1040
憸	819	㥯	528	慢	817	懚	825	礿	909

續　表

衒	910	⁶祇	910	覬	907	禫	909		
祀	908	袾	908	⁹禊	910	襛	906	**甘部**	
祀頃	1060	袽	907	禖	907	禪	911	甘	1003
祗	906	袡	907	福	911	襁	906	甘遂	599
⁴祆	97	袼	908	禋	910	褌	906	甘橘	601
祆	907	袧	910	禎	906	襪	99	³甚	893
祉	910	袹	905	禎	910	襪	907	⁵甚	997
祇	332	祥	910	褆	910	鬃	908	⁶甜	165
祉	906	袲	907	禓	905	囊	907	⁸嘗	156
袄	907	祡	906	禓	907	禦	809	嘗	1019
祈	906	祭	896	禩	906	禦	911		
祈	910	祭	911	禘	908	¹³禮	110	**石部**	
祇	905	⁷祴	328	褉	909	禮	907	石	443
祋	965	祴	905	裎	909	襗	907	石英	658
祊	908	祴	908	裎	909	襘	908	石斛	654
祐	209	祲	907	禕	909	襢	911	石葦	656
⁵袜	908	祲	909	禕	910	¹⁴禱	909	石長生	657
祜	909	袿	905	褕	908	襧	332	石南草	600
祐	905	袿	906	褐	905	襧	911	石龍芮	653
祐	909	袗	908	¹⁰禡	379	禰	907	石龍蒭	653
被	664	袿	909	禡	908	禫	910	²矴	444
被	907	袘	906	禎	664	¹⁶襧	909	矾	447
祖	909	祴	911	禎	907	襰	907	砒	449
祖父母	109	祝	908	褫	909	¹⁷襅	905	³矸	454
祖父祖母之父母	110	祲	907	褫	910	禋	909	砒	449
神	905	裬	910	襠	908	襘	909	砓	453
袖	908	⁸裬	910	襏	907	襘	910	硙碾	1052
袂	906	裬	982	襀	65	襄	907	⁴耆	156
祝	906	祺	911	禜	909	襄	909	耆	451
祝祝	1024	褆	911	¹¹甚	911	¹⁸襲	908	研	446
祚	906	裭	909	禮	907	¹⁹襰	908	砌	445
祔	905	裸	910	褙	909	²²襲	909	砏	443
祇承	1056	禍	908	禇	906	襲	906	砂	451
祢	911	裯	911	褸	908	(徛)	906	砅	448
祕	910	稡	908	褸	909	(祿)	907	砒	451
祠	905	禄	909	襈	908	(祿)	907	砏	450
祆	906	褵	909	¹²禧	910	(襺祗)	911	砭	448
祟	908	禁	910	襂	908			砕	446
		禀	768	禫	909			硫	450

續　表

5 砥	453	磓	450	硾	445	磧	451	礶	447
砢	448	碇	446	硜	445	磻	453	礵石	1055
砧	448	硝	451	硜	450	礦	444	礶	447
砰	444	硯	118	碚	443	礌	448	礜	454
砧	452	硯	446	碎	444	硤	447	礜	439
砠	447	硱	451	磋	452	礐	451	礜	453
砠	451	硈	448	碊	448	礈	445	礫	452
砰	443	硈	453	硜	454	碘	448	14 礦	448
砂	450	硪	449	硜	449	礌	452	礳	450
砥	443	硾	449	碭	454	碜	450	礸	445
硅	450	确	445	碝	444	礝	450	礦	445
砬	449	硫	452	10 碰	450	磢	448	礞	452
破	449	硍	452	磺	450	硵	446	礳	453
砮	453	8 磐	454	碼	448	磨	866	礙	445
砫	446	碏	451	硵	444	礐	451	礦	444
6 砦	894	碕	451	磌	444	12 礜	453	礠	453
砯	447	碌	445	碼	448	磽	440	15 礬	453
砮	453	碊	446	磊	969	磽	445	礩	449
硃	449	碈	450	磊渒	1059	磞	450	礦	444
硎	446	碏	453	磌	451	磗	446	礫	452
硈	453	硾	444	磑	447	磙	452	礩	444
硐	452	硪	449	磴	446	磻	452	礴	445
硐	447	碓	452	磋	454	磷	448	礨	452
硫	450	碑	452	破	444	磳	447	16 礹	445
硨	449	硃	448	磎	446	磴	452	礹然	1035
砼	243	碎	446	磙	443	磯	443	礦	451
砼	451	碌	449	磂	450	磿	451	礨	447
硃	444	碆	453	磟	445	13 磬	163	17 礦	446
砲	447	硪	445	磅	447	磬	452	礦	892
硌	447	9 碧	479	磧	448	礎	444	礦	449
硋	445	碧	1069	硩	448	礓	443	18 礭	445
研	444	磚	448	碾	446	礈	448	礭	449
硍	450	碨	452	磉	444	礈礈	1024	19 礸	447
硔	447	碩	118	磐	454	礑	449	礸	443
7 硓	451	碩	447	磐余	1059	礒	447	碹	444
砺	451	硬	447	11 碿	450			碼	444
硨	453	碭	448	磐	446			磧	446
硔	449	碬	444	磝	444			硯	446
硤	448	碾	449	磧	444			碌	

續 表

蕾	135	瞋	125	瞻	137	田	480	畛	480
蕾	604	瞋	131	瞳	138	由	996	畟	481
翰	131	瞋	137	睯	133	¹ 由	481	畟畟	1021
縐	131	瞳	136	¹⁴矒	136	² 町	482	畟畟	1031
瑪	368	瞒	134	矓	29	甹	1003	畔	481
塍	137	瞙瞙	1027	矓	136	甹	1018	畝	482
膜	137	膠	125	瞩	130	曳	918	留	155
瞋	130	瞥	131	矅	125	曳	1019	畱	483
畍	2	¹²瞎	129	矖	134	甸	481	畜	482
畍然	1036	曉	132	¹⁵矖	129	³ 畁	481	畜	769
暖	136	瞎	134	瞩	125	甼	481	畚	483
睹	130	瞾	134	瞶	129	甿	481	畚	1017
瞒	133	瞳	135	矊	134	甿	481	⁶ 畦	480
瞼	135	瞭	125	¹⁶矅	126	甿	483	畤	482
瞯	136	曙	129	矎	134	甾	482	異	870
睯	128	瞰	136	矎	945	甾	996	畖	481
瞄	124	瞤	125	¹⁷矓	136	⁴ 畐	480	畖	480
瞄	136	瞤	126	瞻	132	禺	481	畖	481
瞑	127	瞒	125	瞩	132	禺	999	畇畇	1031
瞳	133	瞤	137	¹⁹矖	129	畊	482	略	480
瞼	133	瞒	134	矕	135	畎	1017	略鬘箅	1066
瞳	31	瞬	125	²⁰矖	135	畎	483	畣	70
瞳	134	瞳	127	矖	130	畏	481	⁷ 畩	994
瞽	130	瞵	129	矒	126	畋	480	畮	481
瞥	51	瞩	128	矒	126	畋	902	畯	482
瞥	131	瞤	132	矒	126	界	480	畬	71
¹¹瞥	128	¹³瞥	125	矑	128	畖	480	畬	482
瞗	132	矇	136	矒	130	畇	482	番番	1026
瞒	129	矇	124	瞩	130	畇	483	畫	953
瞒	137	矇	124	矒	131	畖	1017	⁸ 畺	481
瞟	129	矍	135	矒	132	畮	482	畺	483
瞠	7	矍麦	656	矓	137	畨	482	當	156
瞠	135	矍矍	1030	矓	137	畝	481	當	995
瞜	126	矖	137			畬	482	當胷	1070
曄	133	矃	130	田部		⁵ 畷	481	當當	1028
瞻	126	矀	129			畢	995	當歸	655
瞕	137	矃	134	甲	997	畣	481	畷	480
瞤	134	瞼	124	申	998	畣	483	畷	481
瞒	137	瞻	132	申申	1024	畤	480	畷	482
				申次	4				

畸	480	界	481	盚	950	鰲	953	㢀	789
睸	481	曍	482	窆	922	鰲	1011	7 短	87
睕	483	曳	997	窊	951	17 蠚	1017	短	949
暖	480	曟	1005	7 盜	952	鹽	950	短薑	1059
書	953			盀	950	18 藍	1017	規	425
䀼	1005	**皿部**		8 盞	950	躅	732	規	788
9 棟	995	皿	949	盟	950	躅	990	矬	788
賜	482	2 盂	951	盞	951	19 鹽	950	8 矮	789
瞩	999	3 盂	951	盬	951	壽	950	牌	788
腄	483	盂	951	盫	951	盟	950	矮	788
瞝	482	4 盇	950	10 盤	951	鹽	950	9 猪	789
朔	990	盂	952	盟	950	監	950	矮	788
睬	483	盅	952	11 盫	952	盫	951	10 矯	788
餅	1017	盆	414	盧	942	鑫	952	11 矯	788
10 蕾	482	盆	952	盟	520	畫	953	矯	788
嶬	1017	盄	952	盟	950			12 矯	788
瞥	482	盈	952	盒	71	**生部**		矯矯	1026
襀	480	5 盍	950	盒	952	生	954	矰	788
11 嘆	481	盇	952	廬	950	生	460	15 矲	788
鯱	1017	盎	414	瀅	951	生	954	矩	788
瞜	482	盎	951	12 螯	952	5 牲	1002	㸯	788
瞶	481	盅	951	鏹	952	7 甤	1009	甤	788
䀹	1017	盈	950	蚕	951	甥	108	甤	789
12 曬	481	盌	951	盪	486	甥	1003	**禾部**	
瞳	480	益	951	盪	510	12 雞	1005		
瞵	481	盜	951	盪	952			禾	660
黏	989	宭	952	13 檳	951	**矢部**		2 秀	971
13 疆	482	盜	952	鹽	952	矢	787	秀	665
14 疇	480	盉	952	鏹	952	2 矣	992	3 秆	666
曘	481	盉	952	貖	1013	3 知	788	秊	1003
疆	433	盈	952	貖	1018	知當	1047	秅	663
15 矚	933	6 盇	952	14 鐅	952	㫆	788	秔	661
17 曡	480	盛	889	鐅	952	4 矩	788	秏	664
曡	483	盛	952	15 盧	942	矩	788	秄	662
27 疊	418	盒	71	蠱	951	矧	788	秉	767
28 曡	42	盜	952	鰲	901	5 矨	788	秉	1004
31 疊	697	盖	952			矩	789	4 秄	661
盼	480					矧	788	秄	666
眈	480					6 矧	788	秄	662

秔	666	稅	666	稃	664	穭	665	¹⁶穱	663
秐	1073	⁷稜	664	稞	663	¹¹積	662	¹⁷穰	661
秬	663	稉	661	稉	663	穋	665	穰穰	1032
秕	660	稏	661	椐	1073	穆	661	穤	660
秖	660	稌	458	稻	665	穆穆	1025	穧	661
秒	663	稍	660	稻	1073	穄	661	穊	661
种	662	程	666	稟	768	穈	662	穰	661
秫	664	稈	661	稟	827	稣	662	穰	661
秏	661	稇	906	⁹稣	393	穌	665	穚	661
秪	663	稛	907	稛	664	糜	664	穄	661
秭	664	稠	661	稦	663	糜	861	穑	661
秘	662	稓	665	積	287	稺	666	穩	663
秔	661	稒	1073	稷	665	¹²穗	665	穭	663
秋	3	稌	663	稭	661	穆	663		
科	662	稀	662	稭	907	穉	663		
科	910	稀和	1075	稈	663	穭	429	白部	
烁	3	稃	661	稠	661	穭	662		
秋	937	稜	663	稠稠	1023	穭	665	白	947
⁵秦	961	秜	287	種	662	穛	664	白术	654
秦皮	599	稅	661	種田	1073	穟	665	白芒	656
秦椒	599	稊	555	稱	662	穟	795	白舌	1057
秣	662	稊	663	稱稱	1029	穟穟	1028	白合	657
秫	663	稑	664	稻	624	穖	663	白英	655
秡	664	梁	663	穄	660	¹³穭	661	白糖	600
秧	664	⁸稙	662	槩	660	穢	660	白薇	656
秩	326	稜	664	稍	663	穠	663	白樹	601
秩秩	1026	稜	982	¹⁰積	664	穮	665	白藏	3
秫	662	稙	662	榑	664	穮	871	白斂	657
秴	661	稞	665	稽	10	穭	665	白頭公	658
秘	662	稗	665	稷	664	¹⁴穰	662	白礜石	658
秕	663	稛賁	1075	穄	663	積	1000	¹百	985
秚	664	稍	663	穭	665	穬	661	百合	657
⁶秲	666	稚	662	稽	661	穭	664	百部根	658
秸	660	稗	664	糕	664	¹⁵穆	663	²阜	947
秱	664	稗	665	穄	664	穭	665	皂	947
秮	661	稔	665	稼	661	權	662	皂	948
移	665	稠	660	稗	664	穭	663	皂革	1070
秷	1072	稠和	1074	稗	906	穭	665	皃	948
秺	663	稠賁	1075	稟	768	穭	1072	盯	109
								³的	947
								的	1065

續　表

⁴皆	15	舭	978	疞	218	疹	211	痤	223
皇	469	⁴舭	978	疫	222	疹	219	痟	224
皇皇	1025	⁵舐	978	疝	212	痆	221	瘇	224
舥	947	舐	978	疙	213	疴	218	痌	213
皈	997	胅	977	疙	222	疼	213	瘑	224
皉	948	舭	978	疕	223	疱	225	瘥	220
⁵的	948	舭	977	疲	217	痊	216	瘔	216
⁶䶃	947	膜	978	疢	218	疤	217	瘝	221
皋	947	舐	977	疢	224	痕	214	痤	222
皎	947	⁶舐	978	疛	219	疿	216	痤	867
䴅	948	瓞	977	⁴疿	218	疝	218	瘠	216
⁷皕	1005	瓝	979	疢	213	痂	215	癢	215
皍	947	⁷瓝	979	痃	288	疲	224	痒	216
皓	947	⁸瓝	978	疣	211	痉	223	疣	219
⁸皙	947	⁹瓝	978	疵	214	⁶痔	215	痫	215
⁹皝	947	瓞	978	痃	221	痔	215	痛	216
翯	9	瓟	977	疲	217	痍	211	痰	220
翯	1006	瓟	978	疥	218	痏	212	⁸痕	221
¹⁰皚	524	¹⁰瓟	978	痆	214	病	222	瘏	214
皚	947	瓗	979	痱	218	痀	220	瘂	221
皛	968	¹¹瓟	978	痱	223	痩	213	痲	222
皠	947	瓟	977	疫	217	痓	221	痳	220
¹¹皠	947	絲	979	疾	219	疪	214	臧	218
¹²皡	947	¹³瓟	978	疣	219	疵	218	瘵	221
皤	947	¹⁶瓟	978	痵	218	痊	222	瘠	220
¹³皦	5	¹⁷瓟	978	⁵疵	223	痐	221	痷	220
皦	947	瓢	978	痁	223	痌	222	瘃	212
¹⁵皪	947	瓢	978	痳	217	病	222	痎	221
¹⁷皭	947	瓢	978	痀	217	痊	221	痱	213
臼	5			病	217	疼	214	瘍	225
皇	5	**瓜部**		病	217	痧	834	痍	212
皦	172			痁	215	痿	214	瘤	223
㬙	789	疒	211	疸	212	痒	225	瘑	212
皝	947	²疔	211	疽	212	痕	211	痾	216
皝	992	疕	216	痂	222	⁷痛	223	痴	220
		疙	213	痐	219	痈	220	瘁	218
瓜部		疠	220	痄	215	痞	215	瘘	219
		疫	213	疾	217	痰	219	瘦	223
瓜	977	³疘	214	府	218	疵	212	痩瘦	1031
³瓟	978	痓	222	疝	212	痖	221		

續　表

瘅	216	¹⁰瘴	188	痸	217	癯	220	⁵ 竞	854
痃	213	癋	216	癆	224	¹⁵癟	213	坽	915
痤	219	癇	217	瘷	219	癥	215	竘	915
痞	214	癕	223	癰	211	¹⁶癲	224	竝	917
瘀	223	痛	221	瘳	211	癰	217	竚	955
瘁	215	癨	224	¹²癪	215	癇	221	竛	914
痰	215	瘨	211	瘰	218	癩	214	⁶ 章	917
瘖	215	瘄	220	癗	211	¹⁷瘦	216	竟	916
瘡瘡	1031	瘞	224	癘	223	癬	224	竫	915
瘪	212	瘗	867	療	217	¹⁸癰	224	竧	917
⁹ 瘱	217	癚	216	癎	215	癰	214	竨	950
瘥	219	瘅	222	癇	211	癰	218	⁷ 竫	915
癇	221	癀	218	癀	214	癇	219	竦	915
瘌	217	瘭	214	瘅	214	癱	213	竫	916
瘖	224	瘵	220	癕	221	¹⁹癰	218	童	916
痟	216	瘜	222	瘼	217	癰	215	童	953
瘍	225	瘢	214	瘴	220	²¹癰	220	童蒙	1060
瘏	221	瘡	214	瘍	225	²⁵癰	221	竫	916
瘒	220	瘡	212	癉	219	癏	1	竦	915
痕	224	瘤	211	癆	217	疫	211	竣	915
痳	217	痕	217	癈	224	瘨	211	⁸ 竪	916
瘒	212	瘠	211	¹³瘦	221	瓶	212	竬	916
瘦	223	癆	221	癗	213	瘀	213	竫	916
瘦	224	瘵	218	癗	212	療	213	竫	915
瘣	215	痛	215	癇	220	瘰	215	竫	915
瘊	212	¹¹瘡	211	瘰	215	癴	216	竦	915
瘉	216	瘂	216	癤	223	瘟	219	録	916
瘋	219	癀	215	瘋	219	瘮	221	⁹ 竫	915
瘁	211	瘷	213	癖	222	瘮	221	頙	119
痦	214	癉	212	癉	224	瘮	221	竭	915
瘖	215	癚	216	癭	523	疮	222	端	915
瘥	223	癉	40	癖	224	疱	222	竮	915
瘔	215	瘤	222	¹⁴癲	220	瘿	224	竪	916
痮	224	癜	216	瘏	218			¹⁰竫	916
瘕	224	瘻	213	癨	217	立部		竫	916
瘠	221	癵	219	癩	217			龍	1013
瘶	220	癧	215	癭	211	立	914	¹¹竫	915
瘟	212	瘢	224	癠	224	³ 扡	915	龍	1013
瘵	216	瘲	218	瘁	222	⁴ 竑	916	¹²竫	916
						音	147		

譄	916	突	926	察	926	寤	928	疑	996
¹³譺	916	宦	124	宿	927	寥	927	¹¹竉	1015
譤	916	宦	928	寔	927	竂	926		
¹⁴譩	916	宜	926	窨	925			**皮部**	
¹⁶譲	915	審	929	窏	927	¹²窾	927		
¹⁷譞	916	宙	926	窆	927	窺	926	皮	203
諕	915	盁	927	⁸寊	929	寮	925	皮履	1065
諕	915	窄	926	寞	926	竃	925	³皴	204
諕	915	宴	925	窠	925	寢	929	皯	203
諕	916	窊	919	崩	927	復	925	皯皼	1040
諕	917	窊	924	窘	927	竇	926	皴	205
諕	950	宎	926	窣	927	寮	927	⁴皰	204
		匎	926	窟	430	寋	926	⁵皯	205
穴部		宏	926	窟	925	寢	925	皴	204
		宙	927	窸	927	寪	927	皰	204
穴	924	窈	928	窸	927	竄	927	皰	203
¹乞	927	窈窈	1024	⁹憁	185	¹³竄	927	皰	225
²宁	927	⁶窒	928	齋	927	窮	928	⁶皺	204
究	925	窋	925	窓	927	竅	925	⁷皸	205
究究	1031	窕	926	窖	925	竅	928	皸	1064
変	973	窕	1060	窖	1063	¹⁴竈	926	皴	203
³空	925	窕	1060	窟	924	竊	928	皴	204
空天	2	室	925	寐	928	癭語	1051	皴	203
穸	927	窀	926	¹⁰寊	928	¹⁵寶	925	⁸皵	204
穹	924	窖	927	篠	927	¹⁶竈	927	皴	205
穹	928	窏	927	窮	928	竈埃	1051	皴	204
穹穹	1020	窆	928	窳	924	竅	926	⁹皴	425
穹隆	2	衰	924	寊	928	窟	924	皴	204
⁴穽	922	案	263	窯	924	窳	924	皴	205
突	925	窓	185	窖	928	竈	927	皴	204
窊	926	窓	919	竃	927	竃	927	¹⁰皴	204
穿	925	室	925	¹¹窺	929	竂	928	皴	64
窀	927	⁷寧	927	窺閛	1038			皴	461
牢	929	寊	925	窣	926	**足部**		¹¹皴	204
突	926	窒	925	瓠	926			¹²皴	205
窆	928	宽	928	寋	924	疋	980	¹³皴	64
究	925	窖	929	寫	926	疋	1015	皴	203
突	925	窖	929	窾	927	⁴延	1015	皴	204
⁵窬	928	穿	929	窠	927	⁷㢟	1015	¹⁵皴	204
窬	1060			窬	926	⁹疐	798		
						疐	1012		

黻	205	¹⁰䅪	895	耨	666	³耷	168	智	108
¹⁶黻	204	糳	894	耨	1073	耷	875	智	166
黻	204	¹²穏	895	耰	667	⁴耺	168	⁹聯	169
¹⁸黻	204	穜	895	頼	666	耽	171	聰	168
黻	204	¹⁹穳	895	¹¹積	667	耻	171	聭	168
黼	204	³⁰玃	895	耱	667	耼	171	聮	167
				耧	667	聆	167	聰	171
癶部		**耒部**		穮	666	耶	167	聤	168
				耲	667	耶	171	聝	167
癶	895	耒	666	耱	666	耿	171	¹⁰聲	169
⁴癸	896	耒	1063	¹³釋	664	耽	169	聳	169
癹	896	耒底	1063	釋	666	耽	170	薜	171
癹	896	耒箭	1063	¹⁵欀	666	耿	171	聤	168
⁷登	896	³籽	666	櫃	667	⁵耼	167	顠	168
發	896	⁴耕	666	穫	667	貼	169	¹¹聲	167
發生	2	耕	1072	稲	667	聃	167	聽	171
¹⁰䴕	897	耘	666			聄	167	聸	171
		⁵耝	666	**老(耂)部**		聊	167	聽	167
矛部		耚	667			聆	167	聰	699
		⁶耞	667	老	996	聏	168	聲	170
矛	894	耛	667	²考	990	聊	169	聮	168
矛	964	⁷糕	666	考	1004	聑	169	聯	169
⁴矜	894	稍	667	⁴者	996	聎	168	聲	169
矜矜	1026	耡	666	者者	1024	聏	170	聰	171
租	895	耢	664	耆艾	1040	聏	168	聯	170
⁵矟	895	耢	667	耄	207	⁷聖	167	聰	170
矟	895	⁸耤	664	耄	1004	聘	169	聳	170
務	290	耤	667	⁵耆	1006	⁸睛	168	聳	806
⁶矟	895	耩	664	耆	161	職	171	聲	167
矟	895	耩	667	耈	128	職	892	¹²聶	169
⁷矟	895	矮	1073	耇	1000	睬	167	聶	968
矟	895	耣	667	⁸臺	1005	聮	169	聵	170
矟	895	耢	667			聊	170	聸	168
稂	894	稻	667	**耳部**		聪明草	658	職	167
稷	895	⁹耦	666			聰	171	聸	171
⁸矟	895	耧	666	耳	166	聫	168	¹³聽	168
矟	895	穇	667	¹耴	167	聚	993	聸	170
⁹矟	895	¹⁰耩	667	耴	169			聲	170
種	895	耤	667	²耵	170			¹⁴聶	169
		耨	537	耶	167				
				耶	776				

續　表

聹	170	⁶覂	1003	虖	942	釁	943	蚘	724
¹⁵矓	170	¹⁰覃	62	魁	943	¹⁵鱸	1017	蚖	725
¹⁶聽	170	衆	1003	號	764	¹⁸鱺	942	蚔	734
聽	171			⁵虚	942	鱺	945	蚍	723
矓	167	**而部**		虚	958	²⁰騰	943	蚋	737
聾	167			虚空	2	䖵	891	蚋	728
¹⁷聵	167	而	765	虘	942	厃	941	蜽	728
聟	166	³耐	949	庯	942	厬	941	蚝	209
耴	168	耎	765	庯	941	厳	943	蚧	736
取	169	耎	875	虘	942		972	蚚	733
耴	169	耏	1006	虘	941			蚚	739
聅	170	耑	460	處	941	**虫部**		蚊	737
恥	171	耐	972	處	971			蛉	740
聓	171	⁴耎	765	慮	942	虫	720	蚡	735
聶	968			魁	942	¹虫	720	蚣	733
		至部		魁	943	²䖝	727	蚏	17
臣部				號	993	䖝	980	蚔	731
		至	954	⁶虤	418	虹	732	蚡	17
臣	985	⁴致	287	⁷虘	942	虰	739	蚡	397
臣	996	⁶臺	955	虜	871	虯	722	蚖	737
²卧機	1067	臶	1008	虜	942	虯	729	蚄	737
臤	974	臸	1008	虞	941	³虺	722	蚗	733
⁵臧	890	⁷臸	955	虜	941	虷	736	蚓	731
⁶亞	985	⁸臺	955	虩	572	虹	721	蛆	735
⁷臧	890	¹⁰臻	1008	號	943	蚅	739	蚆	734
⁸臧	890	臺	1005	⁸處	942	蚘	722	蚖	742
臧	985			虥	971	蚖	735	蚩	465
¹¹臨	156	**虍(虎)部**		虪	943	蚋	740	蚴	739
臩	2			戲	891	虵	728	蚵	741
臧	890	虍	941	戲	943	虫	728	⁵蚶	729
臧	985	虎	942	魕	943	蚤	721	蚷	721
		虎掌	658	魗	943	虸	739	蚵	735
西(西)部		虎杖根	658	彪	942	⁴蚕	738	蛑	735
		²虓	943	號	943	蚕	2	蚾	733
西	998	虖	943	¹¹虜	942	蚜	725	蚲	738
西□	1052	虖	972	虧	1019	蚨	723	蚷	740
西林	1052	³虐	942	¹²號	1017	蚖	731	蛆	722
³要	266	虖	942	譽	9	蚍	736	蛆	737
⁴覂	122	虓	943			蚑	722	蛆	722
覂	203	彪	943			蚔	733		
覂	1018	⁴虔	942						
		虔	288						

蚰	725	蜓	722	蜧	731	蜻	722	蝨	721
蚋	721	蜓	722	蛱	733	蜋	735	蝦	721
蛊	952	蛞	737	蛵	731	蛬	737	蝔	728
蚨	734	蜒	736	蜉	742	蜞	741	蝕	337
蚱	730	蚺	724	蛸	729	蜡	723	蜜	923
蚯	731	蜄	739	蛸	742	蜥	739	蜋	739
蚶	742	蛸	729	蜈	737	蜙	724	蜇	741
蚍	722	蜕	738	蜆	423	蜛	726	蜡	741
蚸	736	蛒	734	蜆	726	蜮	730	蜎	741
蛉	728	蚍	738	蛷	739	蜩	734	蚪	742
蚳	456	蛟	729	蛾	729	蜂	739	[9] 蟧	724
蚔	732	蛅	730	蜊	735	蜻	734	蝶	730
蚼	734	蚵	725	蟒	726	蛱	726	蝶	727
蚫	740	蜏	734	蛽	740	蝶	732	蝘	722
蛀	731	蛇	738	蜍	724	蜫	723	蝠	731
蚿	736	蜚	742	蜁	733	蜴	723	蝷	737
蛇床	653	蛝	725	蜉	723	蜎	734	蝛	724
蛇蛇	1024	翊	741	蛤	740	蜡	736	蜑	725
蚶	731	蛑	723	蜂	728	蝸	738	蝢	728
蛩	729	蜑	726	蜕	737	蜘	728	蛭	737
蚴	733	蜑	724	蜕	730	蜾	737	蝒	722
蛤	739	皇	723	蜋	728	蜺	44	蜪	742
蚴	741	畬	731	蜘	727	蜺	721	蝁	735
[6] 蟄	737	畚	722	蛹	726	蜭	736	蜴	723
畫	725	蛃	733	篁	77	蜼	734	蝸	738
蚩	734	蛺	740	筌	806	蜱	722	蝹	735
畫	619	蛂	741	蜳	739	蜳	736	蝹蝹	1021
蛬	732	[7] 蜇	727	蜸	740	蜦	733	蝭	723
蚊	735	蜃	730	蚴	740	蜩	729	蝪	735
蛙	725	晕	732	蜿	741	蛤	731	蟋	725
蛣	728	蛙	739	蝴	742	蜪	727	蝌	725
蛕	724	蜗	733	[8] 蜑	727	蜳	740	蝗	737
蛄	739	蛱	727	基	680	蜡	728	蝮	730
蛚	727	蜌	739	基	737	蜨	730	蝾	735
蛦	724	蜈	736	蠆	737	蜷	738	蝗	728
蛭	724	蜊	730	蜸	736	蜹	733	蝬	739
蛆	720	蛺	730	蜕	721	蝛	741	魄	722
蛔	724	蛨	713	蜚	724	蜢	730	蝬	736
蛛	728	蛨	725	蜂	740	蛹	734	蝓	724

續　表

蜩	732	蟒	723	蠬	735	¹²婦	726	蝸	734
蝯	734	蟆	721	螵	729	螫	725	蟜	732
蝲	726	蟐	735	蟋	722	蜇	738	蟻	730
蟌	737	蟭	731	蟠	721	薑	730	騷	731
蝣	724	蛵	727	螳	728	螫	733	踦	741
蝤	723	蟟	731	螺	722	薑	602	蠍	733
蝤	739	蝬	733	蠟	727	薑	727	蟬	741
蝖	728	蟒	724	螺	735	鰲	629	蠬	742
蝙	731	蟪	739	蜼	726	螫	733	¹³蠢	727
蝙	737	蝐	739	蠈	738	畫	738	蟞	736
蝦	733	蛾	721	蟋	732	蠡	734	蠡	727
蝦夷	1060	蟓	733	蜺	736	蠡	870	當	728
蝑	726	蟓	736	螓	742	蟯	725	蟥	732
蝔	733	蝥	724	蟠	733	蟠	741	蠖	731
蛜	725	蝐	722	蠊	739	蟥	732	蠓	723
蚔	421	蛵	728	蠪	727	蟛	725	蠓	740
僵	735	蝐	740	螗	735	蟴	738	蠆	725
蛑	732	蠇	722	蟜	736	蝶	730	蟷	728
壺	727	蟬	724	蟬	732	蟪	721	蟣	740
蠭	732	螗	725	蟥	728	蟫	723	蠅	725
盇	721	螃	726	蟥	729	蟟	735	蠼	729
蠚	723	嫌	733	螅	724	蟆	735	蟈	735
蛮	723	螃	737	螃	733	蠱	721	蠍	728
蜶	728	蠇	725	螢	733	蠱	968	蠬	734
蜵	740	螢	51	蟊	732	蟬	729	蟎	741
蟳	741	螂	741	螽	727	蠊	726	蟾	726
蝻	741	¹¹蟄	730	蘆	733	蟜	734	蟺	724
¹⁰蟄	738	蟄	721	蘆	863	蟦	722	蠊	737
蠹	616	蟲	726	螫	736	蟖	735	蟨	731
蛤	726	蟲	968	蟿	743	蝶	736	蟻	732
融	724	蠹	889	蟹	738	蟠	721	蠪	725
融	959	蜍	737	蟲	728	蟖	736	蟲	727
蟲	724	蟥	735	螫	725	蟖	738	螽	728
蟲	727	蟖	734	蟊	725	蟖	738	甕	770
蓁	725	蟶	729	響	731	蟬	734	蟲	721
蟀	738	蟥	721	蟴	736	蟥	726	蟓	732
蛄	736	蟎	740	蟈	741	蟒	730	蟴	740
蟬	688	蟖	734	蟈	741	蟥	735	蟖	741
蟬	737	蟜	736	蟈	742	蟦	737	蟓	741

¹⁴蠹	723	蠭	726	蠕	725	羇	327	羂	880
蠹	729	蠡	727	蟻	726	罷	345	羇	881
蠹	721	螢	727	蛭	731	罪	881	¹⁴舞	346
蠆	868	態	727	蚫	731	罩	345	羇	345
蜑	723	¹⁷蠹	726	蛸	733	蜀	732	羅	64
蠱	738	蠍	722	蚋	734	蜀	880	羅	880
蟻	727	蠮	728	蜃	734	蜀柒	600	羅	345
蟻	723	蠱	952	蜃	734	蜀椒	599	羅	346
蠣	722	蠰	723	蛭	737	⁹署	880	¹⁷羇	880
蠕	733	蠮	735	蜓	740	罳	186	¹⁸羅	346
蟾	733	蠦	738			罰	880	¹⁸羇	880
蠑	724	蠡	732	网(罒冈)部		署	346	¹⁹麗	346
蠐	731	¹⁸蠹	730			署	880	罙	345
蟆	725	蠱	726	罒	880	¹⁰罠	875		
蟭	738	蠶	723	网	345	罠	880	肉部	
蟥	723	蠮	724	²罘	973	罨	346		
蠣蠣	1021	蠹	738	³罕	345	毅	954	肉	18
蟈	733	蠱	727	罘	875	罶	346	⁶戝	889
蠥	737	蠹	727	罘	880	罶	881	胾	993
蟒	740	蠢	738	罟	346	罪	346	⁷嗣	25
		竁	726	⁴罘	346	罷	346	⁸腐	866
¹⁵蠹	727	¹⁹蠡	723	⁵罟	161	罷	880	⁹肅	934
蠢	961	蠻	725	罟	345	¹¹罝	345	臂	33
蠻	732	蠱	726	罙	10	罯	346	¹³臂	966
蠰	738	蠅	741	置	345	麗	346	¹⁹臠	994
蠲	727	²¹蠹	727	眾	345	罪	345	臠	36
蟺	735	蠱	732	眾	977	尉	346	臠	769
蟲	728	蠣	734	罝	346	緅	345	臠臠	1032
蟻	726	²²蠹	732	罠	346	翼	346	䐬	23
蟲	721	蠹	959	罘	346	¹²罫	345	䐻	24
蟪	739	蠹	51	⁶罣	345	罫	880	䐺	24
蠏	742	蚾	397	⁷胃	345	置	346	䐓	25
¹⁶蠹	729	蚾	722	罨	346	罯	346	䐷	25
蜑	602	蛂	723	罩	346	翼	346	䐉	25
蠣	725	蟭	723	罞	346	罯	346	肮	28
蠣	869	蟭	723	⁸罪	345	¹³罫	345	腹	28
蟻	722	蟻	724	罫	999	暴	1016	胶	28
蠣	742	蟔	725	置	954	罯	346	縢	28
蠦	732	蚯	725	罙	346	緅	345	䐞	28
蟺	726	蜵	725	罳	346	緅	345	縢	29

續　表

腤	29	罃	419	笔	679	第	674	荅	670
臙	30	¹¹磬	419	笑	683	筊	680	箏	672
脘	30	鑪	418	笒	677	笳	673	筊	680
膾	32	鑪	418	笏	682	筇	675	筭	681
膓	33	¹²鐔	419	筂	675	荅	680	⁷筥	678
膕	33	鑄	417	竿	671	⁶筐	650	箏	671
腢	34	¹³磬	419	竿	675	筐	683	箏	897
脂	34	甕	418	竿佮	1067	筐	1068	筋	673
膱	36	甕	419	筅	681	筆	676	筠	676
膃	36	甕	770	笋	672	等	683	箧	668
膭	36	¹⁴罌	419	笆	680	等	949	筊	609
膲	36	¹⁵罍	418	簀	677	筑	678	笁	672
胇	36	罍	482	⁵笠	675	箄	679	筊	678
臗	39	罍	951	筦	681	策	677	筲	682
脚	40	¹⁶罐	419	笨	681	策	1071	筐	673
膋	966	鑪	419	筍	643	茵	675	筧	423
		17罐	418	筍	679	篋	677	筧	672
缶部		鑢	419	笘	671	篋	1068	筋	648
		¹⁸罍	419	筐	674	箉	680	筋	675
缶	418	罍	418	筺	678	箕	674	篰	669
缶	418	甴	419	笚	674	笛	675	箇	673
缶	419	德	418	笛	671	筒	677	莉	673
³缸	418	鏝	419	笑	674	筒瓦	1062	筰	670
⁴缾	419			筁	674	籭	677	筧	671
瓵	417	**竹(⺮)部**		窗	669	筞	671	筡	668
瓶	418			笙	671	筵	798	筝	680
䥽	419	竹	668	笑	681	筈	682	筝	1068
焦	66	²竺	682	筌	678	筏	675	荅	674
缺	419	³竿	671	笮	869	筵	668	筆	679
罃	419	竿	677	符	668	筵	800	筠	672
⁵鈷	419	笔	679	笭	670	筳	676	笓	671
䤮	1005	竺	682	筍	678	符	678	筊	677
⁶鋸	418	笈	679	笠	683	筌	680	箘	669
鉼	419	竺	675	笠子	1066	箎	671	節	679
鎣	420	笆	678	笵	679	筋	255	筩	671
⁸鍼	419	⁴笄	680	竽	674	築	681	箋	681
錘	419	笄	1066	筒	669	筍	671	⁸箐	669
錯	419	笓	679	箕	668	筍	678	箐	674
⁹鍉	420	笓	675	第	682	峯	679	箱	670
¹⁰罌	419	笙	670						
罃	51	笍	670						

續　表

筈	670	箘	621	箷	672	篠	668	籎	676
箸	678	篁	675	筌	676	篩	651	筮	676
箕	669	答	674	箭	682	篩	679	籭	677
節	680	⁹箧	650	箭筈	1065	篦	677	簇	678
筎	675	篋	682	筷	675	麂	675	簿	678
箸	668	箧	794	篓	673	麂	678	簿	680
箖	681	箑	677	篇	680	簸	674	簇	681
篷	670	箂	668	箅	681	筲	672	籓	682
箋	681	葫	673	箮	682	篗	620	箱	679
剳	675	簡	681	篙	672	翁	668	篚	669
箄	675	箱	650	篠	673	篷	674	篮	950
箎	678	箱	681	慈	680	窈	681	隋	674
箟	680	範	604	篆	668	篙	677	蒋	668
算	669	範	679	籸	681	簰	679	箳	675
算	680	簹	674	箹	671	箚	681	篸	668
箕	675	箴	676	箹	676	篰	671	¹²簪	679
箇	683	筛	674	箮	681	篣	646	蛮	672
筲	672	簸	673	¹⁰筐	670	篣	674	簎	668
箘	680	箸	674	篤	370	簇	678	籔	672
箷	670	箾	671	篤	676	剑	670	襌	485
箠	1071	篷	671	猪	683	箿	676	簬	673
箽	680	筋	671	簧	675	篳	681	籃	628
筐	681	篆	677	鄁	680	簿	682	簏	669
箷	680	箳	674	築	578	¹¹篔	672	籃	950
簸	670	篞	673	築	677	篳	651	簟	673
箺	683	慈	680	盏	677	篳	682	籚	676
篓	279	篇	669	箕	673	籍	682	簪	679
箺	670	狄	672	舫	679	羚	681	簪子	1066
箞	680	籿	673	篙	671	篁	672	籤	678
箬	677	篋	680	篏	671	簧	681	簝	674
箔	676	篓	673	篴	797	篙	672	简	673
箔	677	箽	681	簒	337	簟	680	简	647
管	671	篌	681	簒	605	簌	676	简	679
管筒	1068	篏	673	纂	676	篱	678	简简	1029
篆	677	箋	672	篡	676	籔	681	笕	671
簋	675	箋	675	簐	671	籒	675	籫	675
箍	678	箪	678	簀	680	篋	672	簟	669
筑	680	劝	679	簸	680	簃	679	箬	673
筑	978	箎	674	篷	800	筦	670	箱	683

續　表

簹	677	簾	681	簄	976	覆	673	臼部	
篡	669	簿	683	¹⁷簉	676	臂	673		
簻	671	箆	682	籣	614	花	676	臼	1004
箥	682	簫	682	籣	670	篵	676	臼	1004
箸	669	籈	680	箕	672	簹	677	臼	1015
觚	672	憋	671	藥	671	瓿	678	² 臾	997
然	673	¹⁴籍	682	簻	606	帚	678	³ 舁	870
筑	674	籍	682	簻	682	籠	679	⁴ 帥	989
篦	674	箸	676	簸	677	簽	680	帥米	1073
篁	675	籃	670	鐵	677	篡	681	舀	990
簛	671	簻	670	鐵	890	筥	681	⁵ 舂	961
筹	676	簹	673	籗	673	篡	682	舄	341
蕩	681	箕	609	籗	670	篇	682	舄	1073
冀	681	籀	679	¹⁸遧	669			⁶ 舄	1005
媋	672	¹⁵簺	98	邊	800	舌部		⁷ 舅	110
箵	677	籔	679	離	646			舅	1004
箵	1066	筱	635	離	679	舌	147	明	1073
簽	678	筱	680	灘	677	舌	165	⁹ 舄	990
¹³簿	671	篹	668	鰤	764	² 舍	70	舄	1004
籀	668	篹	678	¹⁹隻	674	舍	1060	舉	1001
簸	204	劃	668	簟	668	³ 弛	165	¹¹舊	608
簸	609	劃	673	簟	668	⁴ 舲	166	舚	1017
簸	669	藩	669	簸	671	舐	165	¹³疊	953
簸米	1073	篤	672	籮	680	舐	731	¹⁴舂	961
簸剪	1073	衚	671	贊	669	⁵ 舖	166	¹⁵舄	999
篓	682	簫	682	²⁰筭	676	舭	165	¹⁷舄	1013
襡	674	¹⁶籙	672	筭	1068	⁶ 舐	165	舂	961
襡	682	簌	673	篳	672	舒	1018		
籍	683	籟	671	²⁴籭	670	⁸ 舓	165	自部	
甄	674	筐	669	籭	677	舚	166		
簾	668	蘧	668	籍	681	舑	352	自	983
簾	670	蘆	680	籍	115	舐	63	¹ 臭	460
筲	681	簡	674	籯	119	⁹ 舚	166	臭	947
簬	683	簍	680	籭	668	舓	165	⁴ 臬	984
簺	681	鏒	674	籭	670	¹⁰舐	178	臭	983
簺	672	籙	682	籯	671	舘	334	⁶ 臭	983
薇	680	籠	679	箈	671	¹²舐	165	臭	983
鉤	673	籠頭	1070	籀	672	舓	166	臬	983
篸	671	蠃	670	籓	672	¹³舚	166	臯	3
								⁹ 舳	984
								舋	984

續　表

字	頁	字	頁	字	頁	字	頁	字	頁
[10] 螷厴	1040	舥	401	艀	401	[13] 艨	400	衣幪	1065
臄	999	[3] 舡	401	艆	401	艫	398	[2] 衤刀	322
蠭	984	舠	397	[8] 艅	401	艬	399	[3] 衦	319
[11] 灪	516	舢	401	艇	401	艬	402	衧	319
[18] 彠	984	舣	398	艋	402	艬	402	衫	328
臮	983	舤	401	舸	399	艤	400	衩	329
		[4] 航	402	舺	400	艦	402	衿	325
血部		舫	402	艖	401	[14] 艬	399	袘	322
血	1014	舨	398	艋	398	艦	402	衯	330
[2] 衁	1014	舩	401	艋	399	[15] 艪	402	表	319
[3] 邺	777	般	397	艋	951	艬	400	[4] 袄	332
衂	1014	舳	400	[9] 艎	401	[16] 艫	398	袡	324
[4] 衃	1014	航	402	艏	400	艫	399	袚	287
衄	1015	舫	402	艘	399	[17] 艬	399	衱	321
[5] 衇	123	[5] 舸	400	艎	400	艬	400	袀	324
衈	1015	舳	398	艐	401	[21] 艬	400	袒	320
[6] 衄	167	舴	398	艒	399	[24] 艫	399	衲	323
衆	1004	舴	400	艖	398	艖	399	袥	332
[8] 衉	950	舺	399	艖	400	艬	400	衦	319
衊	1000	舶	402	艑	402	艬	400	衿	318
衊	1015	舲	399	艎	399	艬	401	衿	320
[9] 盡	1014	舤	402	艑	400	艬	402	袷子	1067
[10] 滬	1015	舳	400	[10] 艩	956			袛	324
盡	951	船	402	艖	400	**色部**		衶	322
幾	1015	舷	398	艙	401	色	210	袓	322
[13] 盥	1015	舵	399	艙	400	[4] 絶	210	袦	324
[14] 衋	612	袱	400	[11] 艚	399	[5] 艴	210	袂	329
衋	1015	[6] 舼	400	艜	401	艳	210	衾	71
[18] 衋	1015	舸	400	艘	400	[6] 艵	210	袞	327
盡	1015	艇	399	艒	401	[10] 艶	210	袠	327
衋	1000	舿	399	艫	400	艷	210	袠	916
衊	1015	舿	402	艩	400	艴	210	衷	325
衊	1015	舱	399	艫	400	艵	210	衰	768
		舲	401	艩	399	[13] 艶	210	衷	325
舟部		解	401	[12] 艟	398	艶	210	裊	325
舟	398	[7] 艁	401	艦	400	艶	210	衭	321
[2] 舠	401	舿	399	艬	400			[5] 袜	325
舡	400	艅	400	艟	398	**衣(衤)部**		袜肚	1067
舢	401	艀	399	艬	400	衣	318	袪	329

續　表

袘	324	袤	326	裎	321	裨	321	裹	319
袔	323	袈	325	裕	320	裧	321	裹孕	1037
袪	324	裒	768	裕	907	裧	319	[10]褠	330
袏	329	[6]袿	331	裗	323	裇	320	褠	331
袏	905	袺	323	裞	321	裇	332	褝	328
袚	321	袏	332	褏	324	裧	324	褔	323
袚	330	袸	321	裙	326	褌	328	褥	318
袥	323	袻	331	裘	327	裪	323	褥	910
祖	320	袴	332	裏	326	裴	331	徵	324
祖	909	袦	325	裒	325	裂	330	褫	327
祖	320	裀	331	裒	320	製	326	褫	432
袖	319	袽	323	裔	326	裏	326	褫	714
神	322	袾	320	裔	326	裹頭	1066	褵	323
袒	323	袳	320	裝	498	裦	327	襂	330
袟	326	袳	331	裴	326	[9]裡	329	褶	323
袮	318	袷	327	裴	331	裯	319	裕	322
袍	328	袼	328	裝	326	裸	318	聚	169
袛	332	袶	320	曩	326	裀	324	聚	325
袗	318	袲	322	[8]裻	323	裩	318	褏	325
袊	332	袨	322	裱	321	裩	331	褒	768
袛	332	袦	332	褚	327	裓	331	袈	62
袧	322	裁	324	褚	907	裪	318	袈	325
袍	331	裂	326	崧	323	褆	331	裹	319
袨	322	袋	325	補	911	褚	325	襄	922
袨	327	裊	71	裿	323	褐	330	[11]襀	324
袡	321	裊	327	裺	318	褍	329	禮	321
衿	327	裂	325	褳	318	補	322	禮	321
袨	321	衰	326	裸	332	種	323	襺	331
袑	331	袠	320	裾	328	複	328	標	324
被	330	[7]裓	328	褯	331	褓	329	襒	323
被鞍	1071	袒	323	裼	329	褕	318	褸	326
裂	770	補	320	祝	332	援	324	鴇	320
裹	326	裎	329	褋	320	緦	323	縱	324
裹	770	裎	332	褋	909	褌	328	襐	320
袞	326	裱	318	裣	318	褊	320	禰	320
裒	866	袷	329	裭	323	褊	909	襁	323
哀	324	袷衣	1067	褍	331	褖	330	襦	318
裹	319	袷袍	1067	裪	321	襃	768	褶	327
衷	325	裍	322	被	329	襃	867	襲	326

續　表

襃	326	襠	330	飡	71	羝	716	¹²羴	969
褻	860	襝	327	祤	322	羒	716	羵	718
襄	325	襘	330	禂	322	羚	716	羶	718
褢	326	襜	327	祇	324	羝	718	羷	718
熨	330	禮	110	素	326	⁶羍	717	羳	717
裔	326	禮	328	袟	326	鮮	1011	羴	718
¹²褾	322	襃	325	案	327	羠	716	¹³羷	717
襟	318	襖	326	積	329	羜	716	羶	716
襕	329	襃	329	花	332	羡	963	羹	717
襠	318	¹⁴襪	325	視	332	⁷羥	717	羹	964
褝	324	襤	326			羭	716	羹	1074
襇	330	襦	328	**羊部**		羜	717	¹⁴羺	716
襌	331	襆	322			羖	716	¹⁵藏	717
□襌	1066	襑	329	羊	715	羢	716	羇	717
襯	319	襀	321	羊羊	1027	義	891	羑	259
襖	328	襞	326	羊蹄	658	義	964	¹⁶罋	716
襎	321	敳	901	羊躑躅花	600	善	238	羰	716
襏	319	褧	325	¹羌	717	羨	716	羰	716
襅	322	¹⁵襭	330	羌	964	羨	963	羰	716
襚	330	襭	319	²羍	716	羨	1019	羹	716
襈	321	襡	332	³羍	715	羨天	2	義	891
褐	331	襮	332	羌	965	羣	717	羌	964
褐	911	襪	322	美	717	群	717	羹	1074
褊	319	褳	318	美	964	⁸辣	716		
襏	329	爨	327	美	965	矮	717	**米部**	
襈	330	¹⁶襐	319	羑	717	羱	716		
¹⁶襑	319	襐	319	⁴羗	716	羥	718	米	340
襗	323	襯	854	羘	718	羧	718	³杠	341
襐	321	襱	331	羒	716	義	964	籵	340
襭	330	襀	319	羖	716	⁹踵	717	籹	344
裵	324	襲	326	羞	961	羬	717	⁴柴	568
褱	325	¹⁷襴衫	1067	羞	964	羯	716	柴	963
襦	328	襪	328	羙	965	羭	716	粔	341
¹³褴褸	1067	¹⁸襕	327	羔	716	摯	716	粃	344
襟	318	襗	318	羔	964	¹⁰槫	718	粄	341
褶	319	¹⁹襷	327	⁵羍	716	羱	716	粉	343
褶	330	襭	330	羜	717	義	1018	粹	340
襠	331	襀	324	着	606	¹¹摯	717	粋	342
禮	320	³²襶	326	着	964	羳	717	类	343
襌	328			羝	716	羰	717	类	804

續　表

字	頁	字	頁	字	頁	字	頁	字	頁
粪	872	鄰	970	糎	343	靴	970	芽	647
粗	340	糈	340	糌	340	錄	990	芋	607
⁵ 黍	344	粋	342	糧	341	**聿部**		芟	632
粁天	2	粋天	2	糧	665			芇	628
粗	342	粽	342	糭	340	聿	1002	芊	614
柞	340	糂	342	糈	340	⁴ 肁	918	芄	636
柞	1073	⁹ 槖	341	檅	342	⁵ 畫	953	芃芃	1028
粕	341	糀	340	蘖	602	⁶ 書	955	芄	614
粕	344	猴	344	¹³ 聚	342	⁷ 肆	285	芍	607
粒	344	糉	342	醴	341	⁸ 肇	447	芍	633
粁	341	稭	344	醴	1074	肇	890	芨	627
粹	343	稻	342	釋	343	肇	447	芒	652
肅	999	糅	340	糧	342	肇	890	芒然	1035
林	342	糅	962	糧	344	⁹ 肅	999	芝	612
⁶ 粟	341	¹⁰ 諫	990	¹⁴ 糫	341	肅肅	1026	芎	611
粢	344	糈	340	糯	342	書	999	苞	620
聋	167	模	344	糯	1073			芓	639
栖	342	粙	342	糯	342	**艮部**		芯	457
柵	342	糅	342	¹⁶ 藥	343			芔	650
粹	344	糒	342	藥	602	艮	994	⁴ 芙	613
⁷ 粲	343	模	341	糶	341	¹ 良	1003	芫	613
粲	343	粹	343	糯	342	良天	3	芸	607
粲	896	糖	344	¹⁹ 糶	341			芸	610
粲粲	1032	糠	342	²⁰ 糵	957	**艸(艹)部**		苀	640
粤	999	糊	341	糵	1073			芰	603
補	342	¹¹ 糝	343	釅	341	艸	601	茉	618
粳	342	糜	865	²⁷ 糶	341	¹ 艹	627	芙	625
稈	340	糜	1074	稻	340	² 芋	636	苣	647
梳	340	糟	341	椅	341	芎	620	芽	616
梳	344	糟粕	1074	糞	343	艾	647	芽	629
粜	342	糎	344	柞	343	芄	618	荅	629
粮	341	糞	344	枓	343	芃	972	苞	634
稈	344	糞	871	瓶	343	艿	618	芘	611
⁸ 精	341	糠	344	新	343	芍	645	芷	612
精	1073	糝	340	禪	343	芳	604	芷	631
粮	344	糞	344	类	344	芳	627	苒	646
粿	344	¹² 糒	339	毭	344	芳	643	芮	622
粺	341	糎	343	旋	344	芳	602	芎	632
粺	1073	糒	344	狮	344	芳	614	芼	648
						³ 芋	649		
						芏	620		

芙	621	苦	619	苂	639	茉	642	蓼	915
花	601	苜	606	苊	620	芷	647	莊	635
芴	624	苴	612	苚	625	芫	630	苏蘇	1028
芹	639	苗	640	苃	619	草	601	茭	615
芥	632	苗	482	茁	626	草绿	1069	袠	650
芬	610	苗	610	奻	630	堇	613	茨	611
芝	639	苗裔	1034	苕	629	苗	636	荒	647
芈	622	英	617	茄	616	茼	610	荄	613
芶	625	苀	631	苔	636	莒	620	莐	611
茨	622	苒	622	苔	1073	莒	629	荛蔚	653
芇	635	苘	645	苔菜	1076	茵	648	莑	634
芰	602	茵	631	茅	615	茵芋	601	荓	648
芶	643	茌	650	茒	631	茵陳蒿	655	荘	611
芟	651	芺	619	茗	627	蒿	460	荳	611
芫	644	芙	629	苴	648	蒿	939	茫	617
芳	617	芺	619	⁶莱	623	茱	612	茫茫	1024
芠	618	牟	602	荆	617	莛	639	莩	639
芤	632	茱	628	茂	611	莛	798	萎	641
芉	638	茽	629	菫	632	茱	625	菫	638
芭	642	茷	609	莩	949	茱	615	菫	629
芿	619	茁	614	莟	649	茱	1073	菣	615
苁	649	苜	650	苋	637	茯	624	菣	633
芧	648	茈	613	茸	607	茂	609	菜	608
⁵茾	611	茈	636	萱	628	荏	605	茹	603
苷	616	茈	977	苩	641	荏苒	1059	姃	644
苦	164	茶	626	菓	634	荏荏	1024	荔	607
苦	610	茶	651	菓	649	盐	643	荔	607
苦參	656	荸	628	茵	643	莒	635	羽	650
苯	621	苓	618	菡	640	荇	636	菫	635
苿	625	甫	649	茜	603	荃	614	荮	618
苟	604	芪	609	荏	612	荅	626	茫	628
苪	629	苟	643	荐	604	荽	641	茺	630
若	157	苟陳膏	655	蒿	636	肪	613	萐	652
若	627	茚	621	夸	638	荀	640	⁷華	601
若	964	苓	611	苅	625	苣	611	莏	616
茂	609	苑	620	苅	652	舜	621	筠	637
茇	621	苞	648	茉	630	荟	626	荳	619
芨	625	苙	626	糞	646	茗	621	蓉	636
苹	632	范	622	荓	605	蓼	603	菙	609

字	頁	字	頁	字	頁	字	頁	字	頁
菊	621	荷	648	菶	646	萌	617	薑	636
菊	633	莜	624	菁	618	萌萌	1029	菸	612
菉	642	苲	627	蓋	633	鼻	646	菁	641
菫	652	莔	602	菾	646	菌	603	菤	646
莆	620	莧	614	芸	647	菌	609	莢	648
菩	638	莚	640	莀	617	菌	649	菏	615
荳	631	茷	626	菝	626	耆	626	萍	508
荳	974	茶	605	菗	634	蔺	605	蒝	612
蕎	358	蒂	612	著	606	蒿	649	蒗	643
莀	11	埄	603	著廱	3	茹母	656	落	643
苦	638	埄	609	菱	603	萎	607	落	613
底	637	莩	604	苞	836	黄	613	崇	649
茭	626	荅	601	拉	638	崔	612	菀	620
荓	607	菀	640	其	604	莜	650	莭	639
莱	623	荞	642	茚	605	草	643	茣	622
莝	609	荻	605	蔽	622	茵	649	肎	614
莎	613	菰	632	若	621	荐	614	菉	625
萺	642	菩	630	林	622	釜	619	幕	643
堇	625	莘	644	稜	615	菜	623	菖	644
莫	606	蕊	326	荍	634	蕊	180	菌	642
莫莫	1030	莧	630	薪	635	蕊	611	菇	641
莫莫	1034	莽	618	菜	613	庇	613	薑	629
賁	628	莎	616	莱	623	苗	632	蓋	645
莧	423	莎衣	1065	菘	611	葩	639	菰	636
莧	624	莞	614	敔	623	葻	627	菌	621
莇	648	茱	649	莽	607	蔺	614	菀	645
董	629	莨	617	莽草	600	菀	622	蒩	629
董	639	莙	633	菴	648	菟糸子	655	蒩	799
苴	650	苘	608	菴蘆子	654	菟絲子	655	蒩蒩	1024
菁	614	莊	222	蔆	631	萄	615	菑	482
莇	619	莊	635	蓮	608	苕	602	菑	612
茵	617	蕊	620	姜	604	蓉	632	菑	755
菩	603	菱	603	姜姜	1032	菊	635	舜	458
莪	616	菌	609	剉	636	菊花	654	舜	871
乱	623	菜	651	菲	606	菊	623	葩	601
莉	613	茄	652	菽	624	蓙	637	莞	615
菶	648	菌	652	菋	622	萃	622	菈	651
苴	634	[8] 莘	618	菓	648	菀	643	蓇	651
莓	623	菀	645	莨	630	菩	648	[9] 迷	641

蕃	643	胇	640	薑	618	蒜	623	蓏	621
薵	625	蕃	651	萸	611	蒱	628	薂	623
葑	609	秏	652	澔	638	薯	611	蕗	640
葳	603	萩	618	落	647	薯實	599	葵	620
蒢	638	䔯	605	萍	508	蕊	630	蒼	617
甚	604	董	606	萍	618	軜	635	蒼天	2
葉	626	莄	651	薄	646	蓋	648	蕏	611
葫	613	葆	75	葀	631	蔽	644	獾	643
莔	639	葆	643	萱	613	菩	603	蓬	628
葙	650	葆	650	萱	1076	菩	633	蕾	618
葅	616	莌	622	營	639	萛	631	蓻	629
莉	622	堂	617	葵	625	軒	614	蘘	616
菖	625	蒐	618	葷	68	薄	607	襄	1066
蔞	615	蒐	707	董	639	蒿	626	蒿	615
葕	644	葰	632	扁	632	薂	636	蒿本	656
蒇	618	葰	636	扁	680	薄	625	蓆	606
葳	631	葩	601	蕨	642	薄	648	葵	604
奠	636	萬	620	茛	629	蔗	642	葵莉子	655
葬	897	葰	611	葑	638	蓫	629	葵藜子	655
葝	617	葰	621	葦	620	葉	645	葵藜銜	1070
蔽	633	葎	634	萱	614	蒁	643	蔀	621
莛	643	葨	632	蔟	638	蒔	647	䒺	626
莎	631	萷	629	薛	602	蓽	625	蓏	978
莿	607	莽	648	姦	602	葛	626	蒟	620
葛	617	萐	612	菓	652	蒥	612	蓄	624
葺	602	葽	611	葵	647	葀	647	葬	646
葺	626	莶	614	柰	618	荳	639	蒹	632
萲	640	胹	636	蔽	642	缺	632	萠	625
萬	623	蒷	621	葵	603	蒜	623	莿	648
葘	644	蒚	616	蔶	611	蒨	80	蒲	613
莔	646	蒽	645	葯	625	蒨	603	蕰	520
葛	652	蒽	627	猨	607	蒨	633	蔟	631
葛	965	葶	605	䖟	628	蓚	637	蓍	638
蓝	641	葶藶子	657	葿	650	蒋	640	蓉	611
萺	631	蒂	652	蒙	964	蔓	649	莘	620
蒽	610	董	628	¹⁰蓁	610	蒨	78	蒙	647
萼	627	葹	611	蓁蓁	1029	蒠	646	蒙	964
葙	629	荎	616	蕺	615	薛	651	冪	607
葘	641	蒚	624	蔽	634	薇蕿	658	蒐	633

蒻	627	萩	635	鼓	626	蕢	652	蘱	636
薩	624	蒯	629	蔗	640	蒲	652	蕎	638
蔆	635	薀	618	黃	645	¹²蕁	619	蔟	642
蓀	614	壄	623	蕂	637	蕘	615	蔦	626
蔭	624	蕀	648	蔬	633	蕡	613	萰	641
蓓	624	蓍	613	麃	649	蕧	623	蕎	621
蒸	64	蓍	625	葦	641	撲	612	蕉	66
蒸	65	蕡	645	蔄	617	蘄	635	蕉	604
蒸	66	菌	620	萌	617	薗	628	葟	635
蒸	608	蘆	639	蔟	604	薹	636	奠	625
蒸蒸	1027	蒜	646	葦	645	蒜	633	覆	624
蓳	640	茼	624	蔽	642	喆	622	蘋	634
蓮	646	蔓	640	燀	621	蔵	621	舒	630
蓮	798	蔓	605	葉	612	蕨	603	蔽	615
菡	602	蔓椒	599	菽	639	蕨	649	蕃	608
蒭	621	冀	639	蔡	618	蔺	639	蔦	601
蒓	613	纍	644	蔻	624	葷	601	蔦	648
蒳	627	萑	619	蔻	644	蔡	610	蕣	623
蓋	629	萑	650	黃	633	蔡	621	猶	618
驀	605	莀	626	蓿	625	蕤	602	麂	644
萩	633	莀	658	蔤	625	蕤	640	董	606
蓋	645	蔄	631	蕭	614	蕤賓	4	蕾	609
蒙	647	薦	616	蔚	605	蕓	613	舜	630
菌	649	薦	800	肅	612	蕖	629	尊	640
蒴	650	薮	604	蒭	639	戟	627	蓬	629
¹¹蓮	794	薮	651	蔆	630	戟	638	蓬	795
葺	651	蓰	642	薈	634	蕞	644	薈	630
蔫	642	蔦	621	蓼	647	較	394	薄	625
萑	633	蔦	633	蓡	619	蘒	632	蕩	510
蓺	623	蔦	688	薌	616	蕭	621	蕩蕩	1030
蓺	635	蔥	611	蔡	611	戟	639	溝	488
蒲	630	蒜	625	蕢	645	戟	891	薀	605
基	628	蕊	619	蓳	604	茼	647	薀菜	1075
菽	644	蕗	616	蕡	607	蕢	622	蒳	637
蘄	609	蔡	631	茵	618	葷	621	蒲	635
蘄	614	蒲	613	蕶	621	賈	645	蓑	614
蕁	607	蒢	640	蓑	650	薰	629	薹	624
暮	638	蓺	629	蓊	650	蕉	609	蕾	625
曹	642	蔡	622	蒂	651	蕐	604	蔽	644

續　表

蕇	640	薨薨	1027	薛	607	蘁	643	蓬	645
蕊	619	薨	626	薛薛	1029	藐	607	蘆	630
蕁	633	薤	619	薪	623	藐藐	1025	蘆	603
蒩	632	薤	639	藤	631	蘷	609	蘆	637
蕫	617	黄	607	薅	273	薆	618	蘭	641
蔬	640	黄黄	1034	薅	615	薿	620	蕑	645
孳	602	蕭	645	薅	1073	藥	650	蘭	605
蔞	602	蕭	887	蕷	649	藁	651	藪	610
縈	612	舊	608	薑	611	薂	615	蕚	629
嫂	634	蔑	613	**蒲**	650	薺	612	藟	619
蕚	619	薛	602	¹⁴藉	606	薓	605	龍	641
蕎	625	蓨	624	薹	613	薺	620	蘭	310
蓤	623	薇	612	薮	650	犇	896	蔽	635
蔠	628	蕊	634	薵	618	藥	642	藜	613
蘭	610	薈	610	藫	615	藻	508	藥	627
¹³薜	637	薆	623	蒸	612	藻	651	薇	649
戴	619	亂	623	棗	611	蓡	637	藤	604
蓮	644	蕎	644	蒲	557	漢	637	蕎	620
蓮	801	薜	613	薮	641	摯	644	藷	612
蕐	641	薨	615	薑	629	賫	632	蘼	608
蓨	622	廉	603	薳	635	蔡	604	藪	622
薔	635	薦	627	藍	616	薴	617	蓬	635
蔴	643	薦	867	藍實	655	盡	623	薄	616
薑	616	賚	611	蕩	605	蘭	638	藻	621
甄	614	蕎	646	蕳	642	蘭	924	藩	488
蕹	606	薏	609	藏	606	藿	609	窮	611
蕩	617	薏苡子	654	蒿	630	膡	398	蘊	605
蕿	634	燔	614	尌	623	緒	609	龍	636
蕾	646	薐	639	蔽	644	**薹**	651	¹⁶藻	631
蕆	623	薄	520	暢	624	¹⁵藕	621	撺	609
蕢	645	薄	557	蔄	610	薲	630	蕨	619
蕿	620	薄	605	蔄茄	600	蕒	625	蕤	645
蔆	638	薄	683	蔄茹	600	藝	623	葬	631
蔆	644	薄淡	1058	蕩	644	藝	650	藤	621
蕳	602	薄媚	1057	蓟	644	薮	629	蘋	644
蘢	643	蒀	629	薃	632	藥	609	蘮	632
菓	931	薀	643	薰	613	蔽	602	塵	605
蓮	638	薵	637	葮	629	賚	614	藿	627
薨	604	蕭	614	銑	615	夐	645	蘋	613

續 表

蘧	638	蘮	640	蘐	619	蘬	612	藹	637
蘧蘧	1020	蘻	641	蘿	616	蓅	613	荽	640
蘆	603	蘁	629	蘼	631	蘚	613	菩	640
蘆	612	蘩	610	蘺	616	蘿	613	菅	642
藺	606	蘩蔞	658	蘺	976	薹	613	蘕	645
藺	651	蘠	645	蘱	623	蕎	614	蘦	646
藺	652	蘨	610	蕬	614	菂	616	蒙	647
藺	803	藹	648	[20]蘴	614	蘘	617	芥	647
蔄	602	蘖	581	蘷	624	蘘	617	芀	648
蘄	641	蘖	602	蘱	622	勸	617	萷	648
薣	641	蘗	620	蘿	609	蔑	618	蔛	649
蘵	127	蘥	606	蘵	644	菘	619	辨	649
蘵	131	蘞	634	蘲	638	蓖	619	蔡	649
蘔	650	蘇	615	[21]蘮	635	菽	620	蕃	649
藾	649	蘘	617	蘳	622	蕨	621	蘙	649
蘸	613	蘱	646	蘴	641	茯	622	菊	649
蘅	617	蘡	611	蘳	612	蔆	622	蒗	649
薵	616	藍	499	蘟	615	蓺	623	蕺	650
薵	633	藍	640	[22]蘮	641	蔵	623	蔽	650
蘇	613	蘗	626	蘆	747	蔵	623	遒	650
藹	248	蘠	635	蘻	637	蘠	624	蓬	650
藹	622	蘴	627	[23]蘖	614	蕳	625	蓬	650
藹藹	1025	蘺	649	[24]蘸	359	蘷	625	蒜	650
蘢	636	[18]藕	635	蘸	639	蔦	626	蒹	651
蘸	630	蘐	646	蘸	641	蘿	626	蕃	651
藩	52	蘴	611	[33]蘸	613	蔦	627	蘕	651
藩	633	蘵	626	薹	602	蕑	628	蔟	651
藻	637	蘟	612	薹	602	蕭	628	蘋	651
蘀	630	蘬	626	芠	602	蕒	631	蘇	652
蘐	639	蘺	646	荎	602	蕊	631	蔣	652
蘁	632	蘶	602	蓡	605	蘷	634	苹	652
蘚	649	蘸	627	蕛	606	茥	635	菱	652
[17]蘿	625	[19]蘹	643	萸	607	蔐	635	蒐	652
蘿	837	蘺	641	蔚	609	蔐	635		
蘜	629	蘻	634	莠	610	蔦	635	羽部	
蘜	635	蘸	624	莃	611	葦	635	羽	4
蘱	638	蘼	642	蓍	611	葦	635	羽	699
蘦	608	蘽	635	蓍	611	蘢	636	[3]翕	701
蘭	614	蘾	626	蔽	612	[illegible]	636	翌	1007

續　表

羿	897	搣	701	搏	700	襉	702	純	299
狋	702	搦	701	搮	700	纂	963	紃	314
翌	1007	翊	701	翯	999	絫	1003	紗	308
⁴翅	288	⁷翩	701	¹¹翻	701			網	315
翄	700	翩翩	1021	翳	128	**糸部**		納	304
翀	703	翴	1007	翳	700			紕	315
昴	8	辮	702	翢	702	糸	293	紙	308
昴	700	⁸翥	702	翼	871	¹系	293	給	305
册	701	翡	700	翼	963	²糺	309	紛	297
翁	703	翡	990	翼翼	1026	糺	296	絆	298
翁	700	翽	700	鵝	689	糾	296	紙	314
翎	702	翻	702	翻	702	糾	932	約	306
崇	465	翢	702	¹²翹	700	³紆	299	紡	307
崇	701	搣	703	翹翹	1026	紆	317	紡	307
翌	470	翭	700	翮	701	紅	312	斜	315
翌	1007	翭翭	1021	翱	172	紂	309	斜	421
瓶	700	翟	877	翱	700	紂	307	統	299
秏	701	翠	990	翱	700	紀	305	紹	297
⁵翈	702	翣	279	翻	703	紃	296	紐	302
翎	702	翣	1007	翶	701	紆	301	紓	301
翎	700	翹	700	翱	703	約	301	絢	313
翊	702	⁹翔	700	璬	700	約束	1055	⁵紕	297
翊	915	翹	700	¹²瓗	702	約豆	600	累	300
翢	701	翦	702	翻	702	紈	309	累跪	1050
珊	701	翾	701	翻	701	紀	304	絍	303
珊珊	1030	翩	700	翻翻	1021	紃	297	紺	305
翠	1007	翩翩	1025	瓛	700	紉	302	繼	299
習	8	翟	700	翾	702	紉	311	絨	297
翏	290	翟	994	¹⁴翻	701	紅	315	絨	312
翏	1003	翭	703	翱	701	⁴級	295	組	306
翏	1007	搬	701	翳	701	素	294	組	307
翌	916	翬	700	¹⁵瓛	700	索	294	紳	302
翍	702	¹⁰翰	957	瓛	701	索餅	1074	紬	308
⁶翈	702	翮	702	¹⁶翻	702	紊	306	細辛	654
翖	701	翯	701		700	紊	918	紎	312
翕	68	翴	701		700	紜	309	絑	305
翕	703	翵	51		701	紼	297	紒	307
翎	703	翵	701		701	紡	304	絁	309
翔	702	翵	701		701	紗	315	紆	309

續　表

綺	303	絚	298	絣	308	鋭	316	綾	298
紗	307	絰	316	絣着	1055	綈	303	維	309
縿	311	絹	314	絣着	1069	綄	301	維	877
給	315	綺	312	絿	307	綬	308	綿	299
紙	310	經	303	絲	293	總	178	綿綿	1031
絢	313	經	304	紬	298	緫	306	綼	315
終	295	銚	304	[7] 絷	310	絅	317	綸	305
絃	306	絧	316	絷	838	綫	299	綸	298
絆	300	紹	316	紫	499	練	315	綸	977
絎	302	絪	317	緐	307	[8] 綦	302	縱	312
統	313	絪絪	1022	結	301	緊	304	綵	297
綻	308	緗	316	緢	316	暴	317	綏	307
絅	317	絑	309	綠	311	繁	317	總	309
紼	314	綖	308	綷	314	綪	306	總	311
紘	298	絬	313	綆	307	緒	300	總豈	1058
綎	317	狱	313	練	309	綾	308	綢	297
紬	312	綖	299	綊	313	綷	310	綯	303
紹	307	紐	305	維	297	綨	312	綹	314
綾	302	網	311	維	316	緻	306	總	311
絆	313	絎	302	經	4	緍	315	總	317
給	307	緂	306	經	303	緢	311	綷	310
組	317	絟	309	經	1068	綝	303	綜	308
[6] 絜	296	給	295	經引	1068	練	315	綷	298
紫	307	綐	301	經紀	1056	緘	304	綹	307
紫苔	1076	姚	311	綃	295	練	311	縜	298
紫菜	1076	縩	307	程	298	緉	305	綣	297
紫菀	656	絢	306	絸	310	綺	308	緂	307
絭	305	絳	312	絪	315	綷	310	綜	294
絭	692	絡	295	絹	306	緁	313	綜絲	1068
紊	306	絡	310	綱	316	縷	307	綰	297
絭	961	絡埰	1068	綗	313	綫	299	綩	297
絭子	1068	絡着	1069	綩	301	緋	309	繽	305
絮	301	紗	313	絺	301	綽	301	緑	305
絮綿	1069	綪	296	綏	297	緯綽	1028	緬	301
絘	300	絕	294	緣	297	繩	312	綣	297
絥	301	絞	295	統	306	綖	302	綴	294
絓	306	欫	306	統	314	綱	308	綴紐子	1069
結	304	絖	310	継	306	緺	308	緇	309
絹	316	絃	316	継父	107	緌	297	緯	314

續　表

⁹縛	314	線搓	1055	縝	313	繼	300	縞	315
縶	308	線鞋	1065	經	308	縱	300	纏	305
劗	310	緱	308	繩	308	縬	315	緷	298
縣	299	緅	296	線	300	縱	313	纂	314
紂	308	緖	315	纚	314	緈	295	繡	298
緝	314	緃	300	縱	300	緯	304	繒	306
緯	315	緰	308	綹	314	縲	301	¹³繡	307
緤	299	緩	301	縫	313	縯	307	繡	313
緔	301	緵	309	綯	314	縮	303	縶	295
緗	317	總	311	纕	296	縉	313	繫	301
練	297	締	303	縞	305	繆	297	繫	308
練實	600	縒	298	縭	301	緢	303	繫	939
緘	294	緍	313	縊	302	纅	300	繋	294
頮	113	縌	312	縑	303	纆	303	繁	296
頯	307	縉	298	縂	312	¹²潁	119	繋	310
纏	309	緷	307	綷	316	縈	310	纗	317
緬	123	編	301	縡	299	繞	304	繢	317
緬	304	緞	315	綷	919	徼	296	繛	300
緶	301	緝	296	¹¹縶	299	總	315	繮	298
緲	307	緯	306	縶	851	憁	299	繟	316
緒	310	縕	298	緊	310	縞	300	繩	308
緹	303	線	303	緊	304	繚	297	繩	308
緹	1067	緣	301	繁	300	緝	305	繼	297
緝	299	¹⁰絡	295	縣	300	續	297	繼綣	1055
緝麻	1068	縣	300	縻	300	繹	312	繹	304
緼	306	縶	294	縻	314	繹繹	1022	繹繹	1031
緆	306	緵	310	縻	867	纞	314	纊	311
緦	298	縈	296	縍	299	緤	946	繴	305
絹	311	緍	306	績	295	繑	309	繳	296
絹	311	縝	303	縹	307	纋	304	繪	314
緫	298	縺	304	織	301	憔	315	繪	298
絹	305	縛	304	練	299	繙	309	纈	317
緧	313	縡	316	縷	299	然	310	繶	298
緟	303	縟	305	縵	297	織	300	繯	307
緳	307	縞	309	縲	294	織	888	繡	302
緳	1069	縓	306	維	302	繕	294	繡	311
緥	312	緻	296	維車	1055	纙	315	辮	304
線	299	縷	300	維車	1068	縛	312	緷	296
線	1069	緈	311	繃	299	繒	303	¹⁴纂	302

續　表

續　表

趖	760	趲	763	軔	405	輋	413	輦[8]	406
趱	761	趙	763	軒[4]	405	畚	412	輴	412
趦	758			軒	409	載[6]	889	輵	410
趨	761	赤部		軏	403	翟	411	輶	407
趉	758			軛	413	輂	406	輷	413
趐	827	赤	1011	軜	406	輂	649	輸	410
趖趖	1034	赤奮若	3	軝	404	輄	408	輹	413
趚	760	虷[2]	1011	軞	409	軾	405	輺	406
趒[14]	763	赦[4]	903	軟	410	輅	406	輻	408
趲	758	赧	937	軓	408	輈	409	輼	403
趨	758	赧	123	耗	288	輕	409	輾	406
趫[15]	758	終[5]	1011	耗	404	輗	408	輿	407
趮	759	赦	203	軭	408	輘	410	轀	403
趒[16]	758	赨[6]	1011	較	403	輙	403	轁	410
趨	761	赩	210	軝	413	輚	403	轂	413
趩	760	赩赩	1023	軝	413	輛	405	轃	406
趨	758	赫[7]	968	軘	409	輜	405	轄	412
趨	758	赫	1012	軥	404	輝	408	轅	407
趫[17]	759	赪	1011	軏	409	較	403	轆	405
趝	759	赭[8]	1011	軻[5]	410	輨	410	轇	407
趨	761	赭土[9]	431	軻	405	耕	407	轈	403
趫[18]	758	赬	1011	軮	412	輂	407	轉	406
趲[19]	761	赮	1000	軸	404	畚	411	轊	407
趨[20]	758	赭[10]	1011	軹	411	輀[7]	412	轋	405
趰	758	䞍	765	軼	412	輀接	1057	轌	406
趲	758			軻	408	輔	404	輩	413
趲	759	車部		軿	405	賬	402	輝	50
趨	759			軫	411	輕	407	暈	411
趨	759	車	402	軷	403	輎	407	窜	411
趩	760	車前子	655	軝	409	輓	404	轅[9]	405
趨	760	軋[1]	413	軵	411	輗	410	轉	411
趨	760	軌[2]	405	軨	403	輎	412	輻	403
趦	761	軌	405	軛	409	輓	409	轍	405
趨	761	軐	409	軽	412	輬	404	轍軻	1039
趨	761	軍	411	軛	406	輨	408	輷	412
趨	762	軒[3]	406	軜	412	輨	408	輷	1064
趨	762	軓	409	軶	408	量	1009	暢	409
趩	762	軑	412	軝	413	輇	406	輯	406
趨	762	軑	875	軻	407			輼	407
趨	762	軔	404						
		軓	412						

續　表

輠	410	輴	406	轤	1001	⁷叕	975	⁴酤	355
輴	405	轑	404	轆	413	齃	975	酤	356
輮	408	樸	412	¹⁷轏	403	⁸薈	974	酦	357
輴	404	轖	405	¹⁹轒	408	豎	975	酌	354
輸	404	輝	410	輭	408	豎柱	1062	醉	360
轂	412	轎	411	²⁰轣	408	諆	975	酌	356
轌	412	轓	404	轥	410	諎	975	酘	361
輈	411	轑	410	²¹轤	413	豍	975	酘酒	1074
輴	406	轒	404	轥	403	豌	975	酖	358
輄	407	轍	403	²²轤	412	⁹豃	975	酓	358
輭	406	轔	405	²⁴轤	403	諳	975	酢	355
¹⁰轳	409	轙	409	錄	402	登	975	酖	361
轅	407	輚	410	振	402	¹⁰蹓	975	⁵酣	358
輀	408	¹³轎	408	轇	403	豏	975	酤	360
輻	404	轖	403	軏	403	豋	975	酸	355
輴	409	轋	409	銳	404	¹¹豐	953	醠	360
輜	405	轥	409	錢	405	豐	975	醠	1074
轒	409	轤	406	舉	406	¹²豂	975	酢	360
轋	410	聲	411	轆	408	¹³豐	1017	瓠	361
轄	406	轈	407	斬	409	豑	1000	酢	355
輾	402	舉	406	虹	410	¹⁵豓	1016	⁶酨	358
暈	406	¹⁴轟	968	錢	410	¹⁶豔	1016	酨	891
輿	406	轟轟	1032	奉	411	¹⁸夒	975	醎	361
輿	871	轖	412	戟	412	²¹豓	1017	醄	357
肇	411	轋	406	轇	413	豻	975	酳	363
¹¹摯	412	尌	408					酮	360
聲	407	轗	412	**豆部**		**酉部**		酤	165
輵	407	簞	412					醐	354
轉	412	簍	411	豆	974	酉	354	酪	359
輕	407	¹⁵轗	412	³豊	467	酉次	4	酪	355
輷	410	轒	405	⁴豉	287	²酊	359	酸	357
輭	407	轗	402	豉	975	³酎	359	酤	356
輷	406	輴	411	豉	902	酎	363	醺酢	1037
轇	407	轈	412	⁵豞	428	酏	356	僑	357
轈	404	彎	161	登	975	酌	355	酳	361
轈	407	彎	300	⁶豂	975	配	355	⁷酵	355
¹²轎	404	彎	1069	豊	953	酏	358	醒	358
輴	407	¹⁶轉	409	豊	975	酏	358	醋	355
轊	412	轤	405	卷	961	酒	495	酷	355
				卷	975	酒	1074		

續　表

酷	361	醯	360	醮	356	醽	359	孩	705	
酴	355	醇	361	醮	363	醼	359	孩	713	
酹	359	醛	360	醲	358	釀	360	狼	712	
醞	356	酸	356	醞	360	醹	361	豦	713	
醢	1074	醰	357	醨	356	釀	361	豦	941	
酸	360	醞	358	醸	358	釅	361	豢	712	
酸醬	657	醝	359	¹³醸	356	醹	1074	豢	961	
酢	355	醞	1015	醴	359			⁷豧	712	
⁸醓	357	醋	358	醴	1074	**辰部**		豯	712	
醋	357	醤	358	釀	358			豩	712	
醋	360	醬	357	醳	361	辰	261	豨	712	
酣	357	¹⁰醋	357	醺	358	辰	998	豪	768	
醃	357	醨	355	酸	356	辰次	4	豦	712	
醆	359	醞	360	釀	360	³辱	949	豪	769	
醑	358	醰	356	醯	356	⁶農	1005	⁸豬	712	
醅	358	醞	360	醲	356	晨	11	獝	713	
醙	361	醞	1074	¹⁴醻	356	晨	1005	豫	1018	
醁	356	醿	360	醸	357	農	1005	豵	713	
醇	360	醵	355	醞	360	¹²䢉	994	豵	973	
酤	358	醺	357	醹	358	䢅	1002	⁹貆	704	
醉	360	醼	355	醺	356	¹³農	11	貓	713	
醅	358	醎	892	醻	355	農	1005	豯	713	
醶	355	醤	354	醮	357	農	11	¹⁰獥	712	
醱	355	¹¹醰	359	¹⁵醸	357			貕	712	
酓	69	醴	356	¹⁷醞	358	**豕部**		豴	713	
醂	359	醯	359	醸	356			圂	458	
⁹醋	355	醲	357	醨	356	豕	711	圂	712	
醋	356	醨	1074	醨	363	³彖	713	¹¹貗	713	
醐	360	醪	359	釀	360	⁴豥	712	豵	712	
醑	356	醶	359	醸	361	殺	712	貌	713	
醎	360	醫	358	醬	358	毅	966	貓	712	
醎	889	醬	357	¹⁹醮	359	豝	712	豵	713	
酯	357	醲	359	²³醸	357	彖	712	¹²貒	712	
醍	360	¹²醋	357	²⁴醞	358	冡	713	豷	712	
醞	354	醇	360	醵	355	冡	991	豵	713	
醒	358	醲	358	酸	357	⁵豤	713	¹³豲豷	1037	
酸	356	醋	359	釀	358	狙	712	¹⁴豵	713	
醜	790	醆	355	醆	359	豞	713	豵	713	
醹	356					豿	713	豵	713	
						狪	713	豵	713	
						⁶豜	712			

續　表

[15]獵	713	眴	855	賽	918	購	856	[3]尋	423
[18]獵	713	胞	855	賓	918	賻	857	[4]規	425
飛	711	眩	860	寅	918	賽	919	覓	425
雅	712	貯	857	賤	858	貴	857	覥	425
髟	964	賍	859	[8]賛	858	[11]贅	855	覎	424
		賍	859	賣	856	贊	856	現	421
貝部		貽	857	賣子木	600	賢	859	覓	425
		貴	858	賚	857	賍	858	視	422
貝	855	買	856	賢	857	贊	859	視	906
貝母	656	貸	79	賞	857	[12]賣	857	[5]覬	423
[2]貞	858	貸	82	賦	855	購	859	覬	425
負	856	貸	857	賭	859	賺	855	覘	422
負持	1056	貿	856	賤	858	賮	856	覞	424
[3]貢	858	賀	856	賜	858	賺	860	覕	424
貪	857	費	856	賙	856	賙	855	覛	424
貧	892	賀	857	賝	859	賮	857	覗	425
貟	859	賀	856	賠	860	[13]賭	859	[6]覝	424
財	855	[6]賈	857	賧	858	賝	855	覩	424
財	859	賁	858	賕	860	贍	137	[7]覤	424
肭	859	賊	858	賝	855	贍	856	覛	422
[4]責	859	賊	888	賿	856	賺	859	覞	423
眅	859	眰	859	賛	858	[14]臧	858	覶	425
眅	858	賄	856	質	855	贔	968	[8]覿	424
販	858	賊	858	資	859	[15]贋	870	覩	790
貶	856	脆	855	賡	858	[16]贊	858	親	422
眴	860	眴	860	賡	867	贇	943	覤	425
眴	855	賂	855	賓	859	贚	858	覞	422
貨	856	眿	860	賓	922	[17]贛	857	覬	425
貧	858	賃	97	實	919	眅	855	覬	422
貧	856	賃	858	[9]賭	860	贇	857	覗	422
貫	849	資	856	賟	860	眽	858	覗	55
貫	856	眳	860	賵	858	眽	858	覗	422
貫衆	657	[7]眩	859	賺	860	眫	860	親	423
[5]貳	892	賣	860	賻	859	眫	860	[9]覤	423
賁	855	賕	856	賵	860	眫	860	題	424
賁	859	賑	858	賮	72	黤	995	艦	424
眏	860	賒	857	賢	859			鶂	424
眅	855	賂	859	賣	858	**見部**		覼	423
眕	860	賍	859	[10]賣	860	見	421	親	422

續　表

字	頁	字	頁	字	頁	字	頁	字	頁
親親	1025	覲	423	覠	198	⁶ 跬	194	踘	200
親族三族者	108	覵	425	趻	198	跨	192	跽	201
¹⁰覯	422	覓	1056	趹	197	踁	191	踊	203
覵	425			趻	198	跐	193	踆	199
覷	424	**里部**		趺	197	跊	201	踆踆	1020
覛	422	里	953	跅踔	1050	跬	189	踅	196
覬	47	² 重	4	趹	198	跧	194	⁸ 跟	194
覭	423	重	953	趴	195	跲	195	踑	201
親	425	重光	3	趴	788	跲躓	1050	踏踏	1027
覺	425	⁴ 野	1019	⁵ 距	202	跳	190	踱	195
覴	422	⁵ 量	9	定	197	跳踔	1050	踦	197
覶	423	¹⁰釐	288	趾	202	跪	194	踦躣	1050
覸	424	釐	999	跊	191	路	199	踵	201
¹¹覿	423	¹¹釐	288	趹	197	路躓	1050	踺	199
覯	424	釐	994	跒	200	跢	195	踐	193
觀	423	釐	288	跖	201	跡	195	踔	198
覽	422			跋	192	跤	200	踘然	1036
覷	423	**足(⻊)部**		跐	198	跰	197	踘踏	1050
覵	425	足	189	跕	196	跎	202	踔	190
覿	422	² 趵	194	跙	197	跟	191	踔計	1051
覽	425	趴	192	跚	200	跟蹡	1050	踝	189
¹²覷	425	趵	196	跌	201	趾	191	踊	198
覹	425	³ 趴	198	跑	194	⁷ 断	199	踏	202
覷	424	趼	196	跗	189	踊	193	踘	190
覲	425	趵	198	跠	190	踁	196	蹉	192
¹³覰	423	趵	197	跧	197	踈	203	踒	195
覺	421	趴	68	跨	196	跰	198	踔	191
¹⁴覽	422	⁴ 趿	195	趹	196	跰	200	踚	197
覿	422	趼	191	跔	200	踁	191	踔	201
親	423	趺	189	跚	194	跨	197	踔	193
覷	425	趹	197	跑	194	踃	197	踔	202
¹⁵覷	422	跂	191	跑	195	跟	192	踣	193
覷	424	跂	287	跘	201	踞	191	踚	201
覷	423	趹	192	跎	194	踽	199	踡	197
¹⁷觀	422	距躍	1051	蹄	198	踽	197	蹊蹊	1025
覷	423	趵	196	跏	203	踥	198	踸	194
¹⁸覺	423	趾	200	跋	190	踈	190	踦蹋	1039
¹⁹觀	423	断	190	跆	196	跟	194	踸嵳	1050
覷	422	趼	31	庇	197	踉蹡	1050	跌	195

跦跠	1025	蹢	196	¹²蹽	203	躊	190	蹣	189
踣	191	蹶	202	蹉	192	躋	201	蹣	189
踠	191	踾	191	蹯	200	蹢	201	趀	190
踦	196	踖	194	蹁	190	蹢蹢	1050	踦	192
踞	193	踦	202	蹮	203	蹢躅	1050	跤	193
踣	200	踰	194	蹶	189	躍	203	蹻	193
蹴	196	踏踏	1026	蹶蹶	1027	躍躍	1028	蹺	193
⁹踑	196	踖	195	蹯	196	躘	198	蹈	194
踦	192	踤	194	跊	198	躘躘	1025	躟	194
踢	195	蹄	200	蹂	197	蹸	203	蹐	196
踝	190	蹇	923	蹼	192	¹⁵躒	190	踑	196
踏	195	¹¹蟄	198	蹟	199	躓	199	跤	197
踾	197	蹔	14	蹻	192	躒	203	踦	198
頙	199	蹔	196	蹻	193	蹎	189	蹶	198
踵	200	蹩	888	蹻蹻	1030	躔	198	趾	200
躍	479	踖	192	蹸	193	躔	469		
踶	192	蹟	201	蹯	194	躚	192	邑(阝)部	
踢	193	蹏	190	蹾	195	躗	198	阝	771
踹	203	蹏岵	1050	蹴	195	¹⁶蹇	196	²邝	773
踵	200	蹒	200	蹴然	1036	蹇	625	³邢	777
踽	202	蹲	19	蹱	194	躄	195	邘	777
踰	190	蹲	203	蹸	196	躅	196	邬	772
蹼	189	蹼	191	蹲	202	蹜	191	邛	775
蹄	202	蹾	195	蹲蹲	1028	¹⁷躃	201	邙	144
蹉	199	蹾跨	1050	蹭	200	躔	194	邞	777
蹉跌	1050	蹎	199	蹁	198	躝	191	邟	773
蹉跌	1050	蹠	197	蹼	196	蹒	199	邡	776
蹉跎	1050	跳	193	蹬	202	躐踏	1050	邠	771
蹁	189	蹤	191	蹣	202	躞	193	邑	1000
踉	200	蹜	201	蹩	198	躞	195	⁴邦	772
跟	194	蹢	192	蹇	625	躟	194	邥	775
蹂	193	蹢躅	1050	¹³躁	190	¹⁸躡	191	邢	774
蹬	199	蹜	199	躅	195	躡	192	邨	772
覓	122	蹜蹜	1025	躑	196	躍	194	邧	778
¹⁰蹟	189	蹯	194	蹁	197	躜	189	邚	774
蹟	198	蹣	201	躃	195	躞	189	郏	776
蹕	195	蹩	195	躨	199	¹⁹躍	193	郊	774
蹋	193	蹩	201	躨	195	躦	197	邸	778
蹊	200	蹱	189	¹⁴蹇	197	²²躍	195	邪	167

續　表

邪	776	鄸	772	鄈	777	鄃	772	鄟	777
邠	773	郕	776	郂	778	鄆	774	鄻	773
邯	777	到	773	郡	777	鄁	779	鄘	776
邱	778	郅	778	⁸都	777	鄑	771	鄭	775
邻	539	邺	772	都盧	1059	鄉	779	¹²鄑	775
邻	778	郌	774	都曇	1039	鄒	1002	鄷	775
邲	777	郑	771	耶	778	¹⁰鄠	772	鄻	778
邴	771	郋	773	鄀	774	鄚	771	鄲	771
邧	771	郈	774	鄁	772	鄛	775	鄿	778
邼	773	郃	771	郴	773	鄜	777	鄀	771
邬	773	郌	778	郑	776	廓	776	鄝	773
那	777	郂	779	郣	776	鄓	778	鄬	776
邪	773	郊	776	郝	773	鄖	776	鄠	776
邪	773	郂	774	鄑	777	郿	771	鄙	776
䢼	288	邢	775	郵	776	郶	771	瀂	509
邦	775	妠	778	郕	775	郯	778	瀄	772
⁵邯	771	郎	776	郌	776	鄑	774	鄀	772
邴	774	娜	773	郫	771	鄀	774	鄯	775
邳	776	⁷郝	772	郶	776	郿	774	鄼	777
邶	777	郝郝	1031	郾	778	鄶	772	鄭	779
邶	777	郏	773	郭	777	¹¹鄥	771	鄼	772
邮	774	郭	773	郭祥	3	鄞	771	費	774
郢	774	酈	774	郭公鳥	698	鞟	773	酄	772
邮	775	郲	774	部	779	郻	772	¹³酅	774
邸	776	郚	774	郯	776	鄀	774	廫	778
邹	773	邿	778	鄑	775	鄣	772	酀酀	1026
郈	773	郖	778	聰	1018	鄳	771	酄	771
邶	773	郏	772	壴	1002	鄂	777	酅	775
邽	772	郕	778	⁹鄚	775	廓	771	酆	779
邵	777	郅	773	郾	771	鄄	772	酄	773
郃	774	邾	778	鄄	775	鄋	773	酅	776
⁶郎	774	郍	774	鄑	772	酄	777	義	772
邦	775	郐	775	鄫	772	鄜	775	¹⁴糷	773
邦	774	郓	774	郿	774	鄭	774	酅	778
邦	775	郓	778	郫	778	鄠	772	酅	776
邽	778	郜	776	鄂	772	鄥	775	羆	1018
邸	773	郯	776	鄄	778	鄒	774	¹⁵酅	772
郁	205	郗	468	鄭	776	廭	772	酅	774
郁	777	郭	775	鄉	772	廮	771	橌	772

續　表

¹⁶鄰	772	鵊	111	迚	802	追念	1058	造	793
鄭	773	躳	111	讷	798	逅	800	造大	1057
鄙	773	舯	111	迕	796	迨	801	透	796
¹⁷酇	778	⁷狼	110	迕	812	逃	799	逸	802
鄙	772	躬	111	近	793	迿	125	逼	796
鄭	773	⁸躶	110	□近	1071	迶	802	途	804
鄭	773	⁹軀	111	返	803	迻	803	遂	797
鄣	771	¹⁰鎧	110	迆	798	迹	802	逢	803
¹⁸酆	779	¹¹軀	111	迎	801	迹迹	1021	逮	796
鄙	772	躾	110	远	801	迳	795	這	795
鄙	772	¹²嶢	110	迊	797	迳	800	遊	803
¹⁹酈	771	軄	111	⁵延	795	进	796	通	803
酇	777	軄	888	進	802	送	803	通草	656
郢	771	¹³軆	110	述	796	送却	1056	逡	796
邦	772	軆	110	迖	802	迷	799	遯	800
郇	773			退	803	逆	801	⁸逵	799
部	775	**辵(辶)部**		迪	798	逆軛	1070	逗	799
邶	775			退	803	退	798	逑	797
邦	776	辶	793	迴	799	退紅	1069	道	798
鄡	776	²込	804	迴然	1036	逡	802	速	798
邘	776	边	801	迭	4	逞	802	逮	803
部	777	³迂	796	迭	801	逑	801	遉	794
郜	777	迌	796	迮	793	迷	802	邊	797
鄉	778	辻	803	迤	796	⁷逝	801	逮	802
鄉	778	迀	803	迫	795	述	803	過	793
		达	801	途	793	連	795	逶	796
身部		达	875	迮	803	連卷	1051	遍	795
		辿	800	迱	793	連藨	657	進	803
身	110	迁	802	迟	793	逋	795	逊	799
³躬	111	迄	795	迊	794	運	801	逸	4
⁴躭	110	迅	799	迢	796	速	803	逸	798
躳	111	起	800	迢	799	语	801	道	803
躺	110	池	803	迦	799	逗	796	逭	799
躭	111	巡	795	迫	798	逐	797	逮	796
躭	111	⁴迁	793	⁶洒	795	逌	796	逯	796
躭躭	1034	迲	800	迾	801	逍	800	道	799
⁵躰	110	迱	347	迴	798	退	803	⁹逮	762
躱	111	这	799	迴	799	遽	798	達	793
躯	111	迃	799	适	803	迴	799	遘	802
⁶躳	111	迶	795	追	794				

續　表

遘	608	遠志	654	逋	795	遆	798	殘	468
遭	802	遷	798	選	794	週	798	鶚	469
遹	804	遣	793	通	797	遷	799	豽	469
遯	799	還	801	¹³遝	44	逭	799	豽	469
逼	802	遴	796	遴	797	遍	799	豽	890
遇	794	遞	796	遽	798	進	800		
遐	798	遙	800	還	793	逆	801	**豸部**	
遏	795	遡	802	遷	798	邊	801	豸	714
還	794	遲	794	邀	795	遂	801	³豻	714
還	795	遜	794	避	795	速	801	豺	714
遄	800	遭	800	遺	795	邁	803	豺	715
運	797	還	801	避	803	邊	804	豹	714
遒	803	¹¹遭	798	邊	803			豹足	600
遑	797	遭	800	¹⁴遷	799	**谷部**		⁴豼	715
遄	800	遨	802	邐	793			豻	715
遁	794	遨	803	遽	802	谷	153	豾	715
逾	798	遷	799	邐邐	1030	谷	468	毅	967
遼	802	遺	803	遂	799	²舐	468	⁵豾	715
遴遴	1021	遺	802	遷	799	³谺	468	豽	714
遊	801	遮	801	¹⁵遺	795	谺	1018	豾	715
遊	802	遮闌	1055	邃	800	⁴谸	469	貀	715
遒	798	適	794	邊	800	谻	468	貂	714
道	793	達	802	邊	984	谻	1016	⁶貆	714
遂	797	遺	798	邋	801	⁵容	468	貁	715
遂遂	1027	邊	800	¹⁶遺	794	⁶豅	469	貊	714
運	798	遂	801	遼	802	谺	468	貃	715
遍	799	¹²遶	801	¹⁸邁	794	⁷豁	469	貅	705
達	802	邁	794	邁	803	⁸谿	468	貅	715
遂	794	遷	798	¹⁹邁	803	谿	890	貉	714
遐	793	遼	799	邏	794	谷	468	貇	714
遐	793	遷	801	邏	796	谷	468	⁷貍	714
遲	794	遵	793	遵	793	¹⁰谿	469	貌	714
遲遲	1029	遲	795	遟	3	豁	155	貌	948
違	797	遺	793	遷	3	豁	468	貒	714
遒	796	遵	608	延	16	¹¹豁	468	貓	948
邊	800	遵	797	遷	793	豁	468	⁸貓	714
¹⁰遨	794	遽	802	延	795	¹²豁	469	貁	714
遘	794	遴	803	延	797	¹⁵豁	468	⁹貒	714
遠	793	遵	794	邀	798	豁	469	貐	715
						¹⁶豁	468		

角部

言部

貘	714	⁶ 觺	388	觟	385	觺	388	訧	231
¹⁰ 獏	714	觜	385	觟	388	觺	388	詤	239
貔	715	觜	991	觟	386	觴	388	詎	233
猵	715	觟	384	觟	385			訝	227
¹¹ 貙	714	觟	387	觟	385			諡	239
貘	715	觟	385	觟	387	言	225	訰訰	1030
貘	715	觟	388	¹⁰ 觟	387	言言	1020	詃	226
貏	715	觟	386	觟	387	² 訏	253	訬	229
¹² 獠	714	觟	387	觟	386	訇	243	訥	246
獂	715	解	385	觟	386	訂	231	訥	252
獮	715	解	386	解	386	計	233	許	252
¹³ 貜	715	解	385	觟	386	訃	249	訛	246
¹⁷ 玃	715	解奏	1039	¹¹ 觟	385	訊	238	訴	227
²⁰ 玃	715	觺	388	觟	388	訓	154	訴	228
訧	714	觺	960	觟	388	訓	241	詾	249
綷	714	⁷ 觜	388	¹² 觟	386	訞	244	設	236
		觥	385	觟	388	這	225	詅	238
		觥	386	觟	385	³ 嘗	239	諴	229
角	4	觫	386	觟	387	訐	249	訟	230
角	384	觟	387	觟	388	許	235	詽	237
角	385	觟	385	觟	386	訌	230	詆	235
角	893	觠	388	¹³ 觟	386	討	249	訽	238
¹ 觓	386	解	388	觺	388	訕	161	設	235
³ 觚	384	⁸ 觰	388	觟	385	訕	232	設設	1021
觖	387	觭	386	觺觺	1025	訕	244	訪	250
⁴ 觛	386	觡	385	¹⁴ 觺	388	訖	246	訧	239
觚	386	觟	387	¹⁵ 觟	386	訖	252	訣	225
觍	387	觟	384	觟	389	託	250	記	226
觡	384	觮	387	觟	386	訓	246	詘	230
觡	385	觟	386	觟	388	訋	238	⁵ 罯	233
觘	386	觟	387	¹⁷ 觟	386	訧	252	証	251
觗	385	觟	384	¹⁸ 觟	389	訊	252	証証	1021
觖	387	觟	387	觟	384	記	252	諨	233
觟	387	觟	386	觟	384	詑	240	詁	232
⁵ 觕	387	觟	387	觟	385	訒	246	詁	249
觚	384	⁹ 觺	388	觟	385	⁴ 耆	239	詠	245
觚	384	觺	889	觟	386	証	243	訶	252
觙	385	觺	387	觟	386	詨	231	誡	227
觡	386	觟	387	觟	386	詨	251	評	245

續　表

字	頁	字	頁	字	頁	字	頁	字	頁
詁	231	訾	251	詥	252	誚	248	諫	249
詛	227	訾訾	1021	誂	232	誤	233	譖	239
評	251	詹	918	說	229	調	251	諱	228
詽	234	詹	999	詭	226	語	225	諱	239
訣	239	詹頭	1063	詢	250	語	226	諑	235
諆	240	誉	239	詣	252	語	983	諑	245
誧誧	1029	誉	896	詾	229	誐	239	諓	230
詷	251	誣	244	諸	235	誘	235	諓	340
詗	237	誄	232	詻	235	誘	245	諓諓	1021
詄	241	試	247	詻詻	1021	誘誅	1038	誹	240
詐	234	試	893	誃	250	誨	253	諕	234
訴	228	註	227	諍	252	諉	238	課	252
評	240	詩	230	詠	246	謑謑	1029	諿	235
診	243	詰	226	詨	227	諗	234	諸	235
診	247	詰	983	訧	241	誑	248	調	234
詅	238	誀	229	該	245	諎	243	誣	250
詅	247	諫	233	詳	231	誈	242	諉	250
詆	226	諫	249	詶	227	說	249	謠	238
詆	235	訹	236	詫	250	誏	236	謠謠	1029
詢	235	誇	228	詪	241	諐	233	諫	247
詭	242	誇	256	詪詪	1029	認	241	說	241
註	252	誇張	1057	詡	227	誦	229	誰	250
詃	250	諱	228	詡詡	1021	誦	253	誰	878
訂	236	詼	253	誓	244	誒	240	諲	232
訅	236	誠	244	⁷ 誓	853	誒誒	1021	諲諿	1038
詑	240	詠	238	羍	904	諓	234	論	249
詑	250	詌	251	誠	247	闇闇	1023	論篤	1051
詠	234	詷	251	誠	247	⁸ 誊	241	誧	245
詞	165	誅	251	詠	236	譽	77	諗	250
詞	230	詵	244	誌	243	請	249	諗	232
詘	250	誔	237	諜	236	諸	251	諗	237
詘	251	話	166	誣	247	諸諸	1026	諗詗	1038
詖	231	話	227	諄	234	諎	234	調	245
詔	247	誕	225	誧	240	誣	233	調和	1074
詖	244	詿	231	諫	233	諆	230	謞	248
詒	244	詣	252	語	249	諏	250	諮	231
詧	244	詬	235	詯	229	譜	240	誻	248
証	232	詮	231	誄	236	譜譜	1021	諒	228
⁶ 臨	242	詮	243	誂	229	諫	230	諄諄	1023

續　表

誩	233	諄	250	謡	244	譖	231	警	154
諄	245	諷	229	謡	231	謡詼	1051	警	243
談	231	認	232	謑	232	譖	237	警	903
談	253	護	251	誺	235	謟	246	護	252
誼	226	諧	248	誺	238	謬	245	護短	1057
誼議	1051	諳	251	譎	229	諗	234	護田鳥	698
録	237	諺	234	謗	252	謙	231	譳	230
⁹誓	238	諦	233	謚	226	辟	233	譏	248
譲	232	諦	241	謙	228	¹²響	236	譇	243
謀	244	諉	242	謙	253	誓	242	讔	244
諶	250	謎	233	謿	228	警	244	讉	227
諄	242	誆	248	謚	253	譊	246	譟	234
誇	253	諓	245	譯	240	譊讀	1021	譟	246
諜	251	諞	230	誉	240	語	244	譯	237
誧	251	諱	250	誉誉	1021	譖	237	譯	253
誧詀	1051	謂	232	謇	923	講	233	讘	240
誣	250	諑	237	¹¹摯	240	讟	236	謰	241
諫	249	誊	242	謦	227	譚	248	譣	232
誠	231	謁	241	謷	238	譖	235	譮	227
諺	250	謁	246	醫	239	譖	226	譮	253
諧	225	諄	234	讀	236	調	242	譫	237
諧偶	1039	警	242	謹	232	讚	240	譖	231
譴	225	¹⁰警	253	謳	245	譑	237	譩	230
譴	243	譽	241	譜	237	譙	66	議	233
諟	232	講	252	諸	240	譙	231	膺	235
諹	238	諸	237	諤	248	譙	248	蕭	238
謁	227	諡	235	諥	240	諢	237	譽	233
謂	252	譁	227	謱	240	諛	237	¹⁴譻	231
認	229	譁	253	謾	246	諭	235	譻譻	1021
諤	235	謨	250	謾語	1057	譒	240	燾	226
諤諤	1021	謓	242	讙	238	譤	236	譀	229
耑	242	譃	240	謬	240	識	250	讔	235
譚	239	訶	238	謬	253	譜	230	譖	236
謨	245	譎	236	譖	251	譜	241	讕	236
諻	231	諺	230	譡	238	譔	244	讒	228
䚋	236	譯	236	謚	248	證	250	護	234
詬	245	諛	239	譊	238	譎	228	擬	226
諭	249	謝	247	謫	228	¹³譽	233	譆	969
諼	229	誺	241	譀	234			讛	228

續　表

譚	231	譚	227	辛夷	601	青囊	655	零	42
譅	233	讚	228	辛夷	654	青囊	655	雹	45
¹⁵讐	237	讌	228	辛矧	601	⁵靖	915	霊	44
嚮	236	謙	228	辛雉	601	⁶靘	210	雺	44
嚮	920	讓	230	⁵辜	4	⁷靚	423	雺	44
譓	236	讓	230	辜	716	⁸靜	990	⁶需	41
讀	229	諑	230	辭	979	¹³護	1012	需	765
譖	232	諑	230	⁶辝	165			霆	43
讓	240	譚	231	皋	979	長(镸)部		霆	796
讟	228	詮	231	皋	984			零	44
¹⁶讐	241	詮	231	奔	1011	長	285	零	43
雦	878	諂	231	辟	260	長贏	3	霸	45
譧	228	論	232	辟	448	長贏	3	⁷靈	41
譧	247	訏	233	辟	979	³肗	282	霢	44
調	246	詳	233	⁷辝	979	⁴肰	286	震	41
讐	247	詿	233	羿	979	⁵肶	286	霄	45
¹⁷讙	246	譴	233	⁸舜	165	肷	286	霓	41
讕	242	諄	234	舜	979	劼	286	霓	45
讔	241	諄	234	⁹辨	931	⁶肱	286	霚	42
論	239	讓	234	辨	979	朓	285	霣	44
讖	244	診	234	辥	979	朓	285	霄	43
讖	892	諫	234	辥	587	⁹頙	113	霑	42
讒	228	詠	234	辥	1064	頙	286	需	42
讓	252	專	235	¹⁰舜	260	鹾	171	霈霈	1019
讘	239	論	237	¹¹辯	979	鹾	286	霎	42
讗	235	諸	242	¹²辭	979	戝	286	⁸霶	42
¹⁸讛	247	諺	243	瓣	130	¹⁰鷻	282	霙	45
讘	234	諱	243	瓣	979	¹²鷯	286	霖	45
調	243	譚	244	瓣	979	鷸	286	霹	45
讚	228	護	245	¹³辮	296			霝	44
讚	241	訓	246	檾	342	雨部		霉	45
¹⁹讚	252	說	246	¹⁴辯	979			霎	44
²⁰讞	249	諫	247	辡	979	雨	40	霏	42
讜	232	訐	249	辡	979	³雩	42	霂	44
²¹讆	238	讚	253	辡	979	霙	44	霤	44
讓	232	諁	253			雪	43	霓	44
²²讟	247			青部		⁴雲	46	霍	43
諸	98	辛部				雰	42	霍	879
譖	226	辛	979	青丘	1052	雰	45	霙	43
				青陽	2	⁵電	41		
						雯	45		

霤	45	霰	41	雾	43	閈	366	関	367
霑	42	露	43	雪	43	閒	366	⁷闌	362
霏	41	霳	44	雲	45	閉	362	闇	363
⁹霣	46	霰	40	霞	46	閑	365	閱	365
霏	43	霥	44			閡	365	閨	365
霜	43	霳	45	**非部**		閟	363	闞	362
霄	41	霧	42	非	996	閟	364	⁸闇	362
霮	46	霹	42	³韭	352	悶	366	闥	362
霴	41	霧	44	耫	1008	悶困	1051	闥	1062
霖	42	¹⁴霞	40	靟	867	關	362	闔	365
露	45	靆	425	⁴靠	2	闋	364	闔茂	3
霥	46	靆	765	⁷靠	1008	開	364	闔	364
霞	46	霽	46	¹¹靡	867	闇	366	闇	362
霏	42	霤	45	¹²靠	208	閒	367	闇	878
霰	44	靈	41	靠	990	闈	366	閡	362
霓	44	靈	476			閱	363	閣	362
¹⁰霆	40	霳	41	**門部**		閑	366	闈	364
霣	40	霽	41			鬧	365	関	366
覂	42	霷	765	門	361	閣	365	闢蓬	3
霤	41	¹⁵靆	46	門	361	開	365	闥	363
霧	45	靆	943	門	1062	⁶闕	367	闥	367
霢	44	靆	44	門眉	1061	闔	364	⁹闔	362
霤	43	靈	42	門頬	1061	闔	367	闌	362
霧	44	¹⁶靂	42	²兩	365	閶	167	闌	362
¹¹霤	43	靈	41	兩	878	閘	362	闌	364
霰	45	霍	43	閃	364	開	367	関	367
雷	41	靄	44	閃閃	1032	闦	363	闥	362
霪	46	靇	41	閃爍	1040	閫	362	闆	367
霱	44	¹⁷靉	46	³閉	365	閩	734	闡	362
¹²覆	43	靆	45	閉	365	闆	366	闡	364
霅	46	靈	44	閅	365	閣	364	闥	363
霰	41	³⁰靆	41	問	363	閔	364	闥	362
霑	46	³²靆	42	閗	363	閣	364	闌	365
霖	45		40	閉	363	閣	364	関	367
覆	43		41	閱	365			闌	365
霹	507		41	⁴閏	362			¹⁰闥	878
¹³顳	43		42	開	364			闥	367
霸	43		42	閒	363			闥	364
霸	999		42	閑	365			闥	362
				閖	367				

續　表

		佳部						阜(阝)部		續表	
闤闉	1022	廎	1062	雜	878	¹⁴雝	879	阿翁	108
闑	366			雒	878	¹⁶儺	970	阿家	108
闒	364	佳部		翟	879	²²雝	879	阿婆	107
闐	365	佳	877	誰	878	雜	878	阿婗	108
闇	367	²隻桃	601	⁷雄	879	雜	878	阿嬢	107
闓闔	1020	崔	921	鵨	877			阿孩兒	108
闋	365	³雅	879	雜	879	阜(阝)部		阽	787
闕	365	雉	879	雜	878			阻	780
¹¹闌	366	雀	879	⁸雖	879	阝	779	陣	782
闑	362	雀	878	雗	878	阜	779	陑	783
闚闖	1020	雀栢	1061	翟	878	阜	989	陣	787
闞	363	⁴雁	878	雋	878	²阤	785	陁	781
闟	362	雄	287	雕	688	阞	786	附	782
闠	367	雄	879	雕	878	皀	989	附子	657
闡	366	雁	870	雜	684	³阢	785	陎	783
闢	367	雁	879	⁹雚	605	阡	782	陶	783
關	363	雄	877	難	879	阭	786	陀	781
闥	365	雄雄	1033	難	879	阤	781	陂	781
闤闤	1027	雅	877	雝	878	阰	784	陉	787
闤鑰	1062	雲	878	雞	731	⁴阮	785	阸	787
¹²闥	366	集	963	雝	878	阨	787	陂	431
闢	363	雊	879	雝	879	阯	786	陂陁	1039
闡	365	雄	878	離	877	阯	785	陉	784
闟	363	雇	879	鳌	879	阪	783	⁶陕	783
¹³闡	363	雇	917	¹⁰雙	877	阬	781	陋	781
闤	365	雄	878	雞	687	防	454	陌	782
闟	362	⁵雄	877	雞	878	防	780	陓	783
闠	364	雎	690	雛	878	阧	787	陳	786
¹⁶闡	367	雎	879	雜	878	阨	783	陎	786
¹⁷闢	364	雊	788	離	877	阮	784	陁	783
¹⁹闥	366	雊	877	離	880	阠	782	降	781
闥	362	雌	878	雝	878	⁵陆	786	降脊	1049
闢	363	雛	878	¹¹雝	879	阿	781	陊	787
闡	363	雜	879	難	879	阿父	107	陊	786
闡	366	雁	866	饞	879	阿伯	107	陊	786
闤	366	翟	879	離	878	阿妣	107	限	787
闤	366	⁶雌	877	雝	878	阿耶	107	⁷陵	780
闤	367	雊	880	¹²雝	879	阿叔	107	陛	787
闙	1062	瞿	879	¹³矍	692	阿姑	108		
				矍	880	阿妳	108		

續　表

陣	782
陠	783
陙	786
陜	779
陜	782
陛	779
陘	784
陟	781
陟釐	1076
陗	466
陗	782
[illegible]	783
[illegible]	785
陸	784
除	784
院	782
陖	785
[illegible]	782
[8] 陚	785
陼	784
陸	782
陵	780
陬	3
陬	787
陳	781
[illegible]	783
陭	786
陲	786
陮	784
陴	786
陯	786
陰	780
陶	781
陷	780
陪	781
[illegible]	785
[illegible]	779
[illegible]	785
[illegible]	1014
[9] 陏	784
[illegible]	779
隁	784
隋	786
隋	813
[illegible]	786
随	787
[illegible]	786
階	779
隕	785
隄	442
隄	779
陽	4
陽	780
陽天	2
陽起石	658
隅	784
隈	780
[illegible]	782
陧	785
隍	780
隍池	1039
隗	784
隗	790
陰	780
隃	787
隆	780
隆崇	1041
隌	781
隊	786
[illegible]	782
[illegible]	786
陰	780
[illegible]	786
[10] 隝	378
隝	782
隝	784
隔	787
隙	780
隕	780
隑	783
降	785
隖	781
陷	780
[illegible]	783
隘	781
隒	787
[illegible]	458
[11] [illegible]	782
[illegible]欽	1043
[illegible]	785
[illegible]	779
隚	783
[illegible]	787
[illegible]	783
隝	783
際	779
[illegible]	783
障	454
障	785
障埿	1070
[illegible]	783
[illegible]	780
隟	780
[illegible]	781
[12] [illegible]	712
隤	784
[illegible]	784
[illegible]	786
隩	781
[illegible]	782
隣	787
隧	780
[illegible]	783
隥	779
[illegible]	1014
[13] [illegible]	786
[illegible]	783
險	780
險	782
[illegible]	784
[illegible]	785
[14] 隯	783
[illegible]	779
隮	255
隮	787
[illegible]	786
隰	780
[illegible]	787
隱	782
隱軫	1059
[illegible]	780
隮	787
[15] 隫	785
[illegible]	782
[16] 隴	787
[illegible]	787
[17] [illegible]	1014
[18] [illegible]	784
[21] [illegible]	752
[24] [illegible]	1014
[25] [illegible]	1014
[illegible]	781
[illegible]	785
[illegible]	786
[illegible]	787

金部

金	525
金牙	658
金波	16
[2] 釘	539
釗	538
釗	931
釙	548
釚	536
釓	542
釛	548
[3] 釬	529
釫	531
釫	539
釭	526
釷	546
釱	533
釱	875
[illegible]	548
釴	536
釥	536
釦	161
釦	528
[illegible]	546
[illegible]	1072
釳	528
釧	537
釤	525
釣	529
鈒	543
[illegible]	535
釵	535
[4] 鈃	532
鈇	525
鈘	533
鉅	544
釾	530
鈍	529
鈚	542
[illegible]	546
[illegible]	1072
鈄	543
鈙	538
鈙	902
鈔	541
鈓	535
鈋	545
釿	529
釿	533

續　表

釿	764	鉆	542	錄	546	鋒	526	銼	525
釿	1072	鉏	526	鈃	532	鋒	548	銼鑢	1035
飯	537	鉏	1064	鋓	544	鈇	542	鉻	544
鈴	533	鉀	535	鉎	546	錫	547	鋍	533
鉰	532	鈿	543	鉺	543	鈾	547	鋄	539
釞	546	鈌	540	鈘	536	銗	547	鉿	536
鈜	531	銈	540	鉎	539	鈰	548	鈺	547
鈲	532	鉄	538	釗	537	鈰	1071	鋒	534
鉰	545	鉥	537	鋮	546	鋑	1072	銳	526
欽	541	鈇	544	鉒	544	⁷鋈	543	銳	534
欽	941	鈇鏂	1034	鈾	533	鋫	531	鋒	536
欽欽	1031	鈴	538	銅	538	鑒	85	銀	527
鈞	534	鈴	534	鋁	529	鑒	545	鍛	536
鈞天	2	鉨	538	銑	540	鏐	530	鍋	528
釪	527	鈎	530	鋌	542	鈇	541	鋪	534
鈁	534	鈎	540	銛	542	釧	533	鋄	539
釻	548	鈎天	2	鋋	543	鉖	535	鋈	538
鈗	532	鉋	526	銅	527	鋪	526	⁸鋻	529
鈌	535	鉒	544	鉔	530	鋙	526	鋻	545
釕	531	鉝	547	鉖	537	鉏	530	錏	542
鈕	532	鉉	526	鈹	535	鋏	540	錤	544
鈀	534	鈲	548	鈹	977	鏗	528	鄉	534
鈇	547	鉍	538	銓	531	銷	337	錯	539
⁵鈺	546	鈮	538	鉿	527	銷	531	錯	546
鉦	540	鋃	549	銚	525	鋥	542	錯	1071
鈜	535	鈾	536	鎚	532	鋇	536	錯木	1071
鉗	533	鉊	533	鈎	534	鋢	525	鏌	546
鉗	1072	鉶	549	鉻	535	鋢	1064	鍊	548
鉬	546	鉿	537	銘	530	錎	547	鏟	547
鈌	546	鉿	1064	鉖	532	錎	1072	錡	529
鈷	525	鉥	538	錚	530	鋤	539	鎞	536
鉢	525	鋒	526	鉸	541	鋤禾	1073	鏤	548
鈌	532	鈉	548	銃	537	鋌	528	錢	541
鉰	525	⁶鋈	538	鉡	548	鋗	531	錸	543
鈉	537	鋈	540	鉼	537	鋗	544	錩	536
鈺	544	鋫	537	銀	531	鋅	541	鏑	530
鉊	527	鋈	545	銀兔	16	鐉	546	錁	547
鋮	541	鋻	545	銀輪	16	鋂	541	錕	544
鉞	1071	鈫	549	錸	537	釣	542	錫	530

續　表

銕	528	鍉	548	鎀	546	鎵	547	鏘	542
鋼	543	鍱	526	鏖	546	鎔	531	錫	535
鍺	525	鉚	533	鋰	547	鎵	536	鏐	530
鋼	530	鍊	539	¹⁰鏊	529	鍤	537	鏒	546
鍋	536	鍼	539	鋻	538	鏾	541	鑽	537
錘	541	錯	531	鏀	529	鋆	50	鑼	528
鋚	539	鍉	534	鐯	531	鋆	530	鑼門	1058
錐	531	鍉	546	鏵	544	鋬	538	鑼着	1058
錦	528	錫	530	鏵	549	鏗	528	鏊	527
錍	542	鍏	526	鏻	525	¹¹鏊	527	鑒	545
錀	536	鍋	537	鏻	525	鏨	530	鑎	525
錼	545	鍋	547	鎮	534	錯	543	鏾	525
鋼	545	錑	535	鎮	540	鏜	546	鐯	533
鉤	530	鍔	527	鎛	543	鐯	533	鋤	548
鉻	537	鍴	535	鎘	527	鏜	530	¹²壓	545
鉤	548	鉐	527	鏛	537	鋱	527	鑒	545
錞	526	鍫	541	鎖	528	鏤	540	錯	540
鈹	545	鍾	526	鐸	544	鏂	544	鑅	529
銷	525	鍑	526	鏗	546	鏗	542	鐃	528
鋏	534	鍛	527	鑌	535	鏗然	1035	鏡	529
錠	542	鎪	530	鏥	537	鏢	542	鏝	536
錧	533	鍠	526	鐫	539	鍼	543	鐇	540
銃	536	鍠鍠	1031	鎢	525	鑛	536	鐉	538
鄉	547	鎚	530	錕	542	鏜	534	鐐	543
鋟	537	鍠	540	鏇	532	鏤	531	鐍	540
鍵	540	鍰	543	鍛	528	鏍	547	鏷	528
錄	528	鍍	539	鍛	534	鏍	1072	鐧	526
鋸	529	鎂	547	鎇	537	鐂	536	鐈	531
鋸	1072	鎡	544	鎗	543	縱	534	鐫	539
鍤	530	鎡鎮	1034	鏈	534	鏞	544	鐫	525
鍤	525	鋑	530	鎦	525	鑣	530	鏠	532
鋆	539	鐯	544	鎬	532	鑣	532	鐇	531
鋻	545	鋛	535	鏜	545	鏡	529	鐇	1072
鏢	542	鐩	535	錺	530	鏈	529	鐵	526
鈮	547	鍒	545	鏒	1071	鏑	526	鐵	543
鋶	548	鎵	534	鎰	528	鏇	525	鐘	539
⁹鋆	541	鏊	526	鎰	1063	鋒	534	鐉	547
鍬	527	鐏	535	鎌	530	鎮	535	鏻	537
鋏	527	鐖	538	鐺	527	鑐	533	鐯	534

續　表

續 表

字	頁	字	頁	字	頁	字	頁	字	頁
鞑	393	覯	425	鞭	1071	鐙	1070	鞠	1069
靫	393	鞘	390	輸	396	韃	396	靮	1069
靪	397	鞔	392	幹	397	¹³轉	394	鞔	1069
靮	397	鞾	394	鞠	392	韇	394	韃	1069
靫	204	鞁	395	輶	1069	韞	393	鞠	1070
靫	390	⁸鞾	392	鞴	395	韁	391	韽	1070
靮	390	鞃	395	鞾	393	韁	1069	韚	1070
韋	396	鞁	395	鞍	395	釋	394	韛	1070
⁶鞋	391	鞁鞁	1025	鞣	393	韁	390		
鞆	394	鞁	395	肇	396	韉	1070	頁部	
靭	1069	鞁	390	¹⁰轙	394	韝	395		
鞋	397	鞌	1070	鞸	395	雕	390	頁	112
靷	391	鞔	397	鞸	1065	韉	391	²頂	112
靷	1069	鞁	393	鞴	392	¹⁴韈	391	頃	112
靰	391	鞈	393	鞴	395	羈	389	頃	981
靸	395	鞞	391	鞲	1069	韆	389	頄	122
靸	390	鞠	392	鞣	394	¹⁵韇	392	頏	122
鞀	394	鞠	392	轉	397	韃	396	³預	115
鞁	395	鞈	396	鞴	395	¹⁶韀	394	頊	117
鞊	397	鞈	397	鞣	391	韀	390	項	112
鞈	396	鞋	389	鞸	392	韉	867	項	112
鞈	1070	鞋	1069	甕	397	¹⁷韄	396	頍	117
鞍	394	鞔	397	鞋	397	韈	395	頌	122
鞍	389	鞬	392	肇	393	韉	392	順	119
鞍	1070	鞔	393	¹¹韅	392	¹⁸韄	394	須	113
鞍瓦	1070	鞖	397	韅	396	¹⁹羅	393	煩	122
鞍杷	1070	擧	396	樓	393	韃	397	⁴頓	479
鞍褥	1070	⁹鞼	390	鞣	389	²³顯	389	項顛	1040
鞕	391	鞵	392	鞭	393	³⁰韄	397	頑	113
牽	389	鞈	393	鞈	395	韇	389	頪	118
牽	922	鞴	394	鬖	396	韌	390	碩	118
鞈	397	鞮	390	¹²韇	395	韇	391	煩	115
⁷靳	396	鞁	390	韄	390	韇	393	顧	120
鞭	390	鞦	389	鞴	392	韌	397	頓	115
鞭	1071	鞦	1069	韇	396	韇	397	頭	112
鞚	397	鞦根	1070	鞮	394	韇	1069	頒	113
鞅	396	鞁	392	鞴	395	韌	1069	頒	113
鞘	392	鞍	391	韃	394	韇	1069	頌	121
靪	394	鞭	390	靮	1069	韃	1069	頷	119
								頏	121

續 表

煩	114	頦	120	顆	120	顗	116	顰	115
煩	115	頩	115	頣	118	顛	112	顧	120
頩	118	頍	116	顊	120	願	116	13 顪	113
頩頩	1027	頦	113	顛	120	顛	118	顫	121
預	120	頩	114	顙	113	顗	112	顯	120
䪽	115	頪	343	顏	119	顗	464	顩	114
5 頡	120	頨	122	顓	916	顠	115	顫	115
頡	121	頫	114	顉	118	顧	122	14 顭	116
頙	112	7 頳	119	顉	542	顩	116	顥	119
碩	113	頥	119	頟	114	顢	119	顯	121
顃	115	頥頥	1020	顡	120	類	118	顧	119
頗	116	頰	117	顡	960	類	121	顴	114
頕	116	頫	116	顧	113	顢	114	15 顪	118
頔	117	頭	121	顧	117	顩	122	顰	113
須	115	頋	120	9 顋	116	顥	114	顣	116
領	122	頰	121	題	117	顫	117	顥	119
領前	1039	頸	114	顛	116	顥	120	16 顱	120
頏	122	頻	121	顣	119	11 顛	116	顲	119
頌	116	頵	118	顬	117	顢	119	17 顴	117
頤	112	頣	121	顧	116	顥	113	顴	117
頣	113	頹	116	題	121	顂	117	顳	114
頔	118	頧	114	顋	113	顢	120	18 顳	116
頗	121	頳	120	顋顋	1032	顢	113	[illegible]	113
6 頛	118	頹	50	顒	116	顡	114	[illegible]	114
頡	121	頺	113	顒項	114	12 顡	115	[illegible]	115
頡頏	1056	頷	117	顓	115	顨	871	[illegible]	115
頣	118	頷	714	顖	114	顣	115	[illegible]	116
頯	116	頜	120	魌	790	顢	115	[illegible]	116
頲	114	頠	482	傾	114	顥	117	[illegible]	121
頢	113	穎	112	顓	112	顥	488	[illegible]	121
頠	115	穎	114	類	118	顥顥	1027		
頟	113	穎	119	顏	112	顯	112	**面部**	
頜	114	頯	117	類	115	顯	114	面	122
頫	118	頴	116	類	118	顰	121	2 靣	122
頠	114	頮	116	額	121	顳	113	4 靲	124
頴	114	頼	122	顆	115	顲	117	5 靪	123
頟	121	8 䫏	119	顗	114	顳	117	靼	123
頞	112	顆	118	顊	119	顴	114	靤	123
頝	112	顇	118	10 顛	115	顴	115	靧	122

續　表

續　表

餃	333	餃	338	餇	338	鹺	337	饢	335
飲	333	餎	335	餡	336	鎧	334	饟	336
飲飲	1034	餅	339	餧	338	鱺	47	饟	336
飥	339	餮	336	餒	333	颸	333	饘	338
飪	339	糞	338	餚	338	餾	335	饗	333
殄	338	餈	338	餤	339	餾	336	饗	338
飳	333	飼	337	餤	181	鎬	339	¹⁴饉	336
養	961	⁷飪	1015	餉	336	餹	335	饐	339
⁵餘	334	餝	338	餉	336	餹	335	饐	334
餘	662	餫	339	餰	340	餹	335	饘	334
餃	334	餴	337	餳	334	餹	334	饌	335
鉆	338	餳	339	餞	335	¹¹餺	336	曆	223
飵	334	舖	337	館	334	饉	333	饢	340
鉏	338	餗	335	鍵	336	饌	338	¹⁵饢	334
鋏	339	餉	339	餩	338	餳	334	¹⁷饢	337
飵	334	餛	336	餟	336	餫	334	饢	337
飾	338	餛	339	餈	337	饐	339	¹⁸饢	334
餉	335	餓	334	屢	334	鬖	336	¹⁹饢	334
飿	335	餘	337	⁹餞	336	餮	340	飠	333
飿鹇	1038	餙	337	鍸	338	饗	337	飠	333
飽	340	餕	333	餰	339	¹²饒	338	飠	333
飻	334	餕	340	餚	335	饋	336	餘	333
飼	337	餞	336	餧	340	饋	336	餘	334
餅	335	餲	334	餳	338	饐	339	餛	335
餅	339	餲	339	餲	337	饐	334	饢	337
飴	338	餅	338	餿	338	饉	340	饢	337
餮	340	餛	338	餭	338	饢	340	饢	339
餐	339	餡	339	餵	333	饁	336	餙	339
飡	336	餐	335	餽	790	饐	335	餞	340
養	961	餐	338	餱	336	饋	333	饠	1070
⁶餌	337	餐	336	餓	338	饢	336		
餂	165	⁸餕	338	餎	336	饢	337	風部	
餂	336	餕	339	餉	335	饢	333		
鉎	339	餕	335	餪	340	饌	242	風	47
餉	338	餯	336	餞	338	饌	337	²颭	48
餉	333	餜	335	餤	334	餘	336	⁴颮	47
餉	527	餞	340	餐	333	饑	333	颱	48
飴	335	餛	334	餐	336	¹³饢	337	颶	49
餕	336			¹⁰餤	336	饠	340	⁵颸	50
								颸	49

續　表

颷	48	飄	47	⁵韐	791	**飛部**		髻	281
颹	49	¹²飆	48	⁶韏	961			髦	283
颸	48	颿	49	韍	792	飛	999	髫	281
颲	50	颿	48	韐	792	⁴䴘	381	鬟	283
颶	48	¹³颿	49	絡袋	1072	⁸鱻	1004	鬖	285
颺	49	¹⁴颸	48	⁷辣	791	¹¹鱻	1007	⁸鬆	283
颭	49	¹⁵颸	48	⁸韓	791	¹²飜	1007	鬆鬆	1031
颸	916	飄	49	韎	791			鬠	284
颸然	1035	¹⁶颸	49	韐	791	**彡部**		髮	283
颸颸	1024	¹⁷飆	47	⁹韡	791			鬆	281
⁶颶	50	¹⁸颸	969	韢	791	彡	281	鬍	284
颲	49	風	47	韢	1064	彡	282	鬠	283
颶	50	颿	48	韢	791	³髡	282	鬖	283
颶	47	颿	48	韡	792	髢	285	鬖	285
⁷颮	48	颿	49	報	792	⁴髦	282	鬚	283
颲	49	颿	50	韜	791	髥	284	鬃	282
颶	49	颿	50	¹⁰韛	792	髥	285	鬆	283
颭	48			韠	791	髣	283	⁹鬈	281
颭	48	**音部**		韠	792	髡	282	鬐	284
⁸颵	49	⁵彿	1001	韛伿	1072	⁵髡	283	鬙	285
颲	49	⁶諦	1002	轉	792	髦	282	鬖	285
颶	49	¹¹響	912	韠	792	髮	281	鬘	285
颶	48			韜	791	髮	282	鬖	283
颮	48	**首部**		¹²韢	792	髤	283	鬄	283
⁹颮	48	²馗	972	韢	792	髦	281	鬏	282
颶	48	³省	129	¹³韠	792	髥	283	¹⁰鬏	282
颶	48	⁸馘	360	韠	791	髥	283	鬓	284
颶	50	馘	889	韠	792	髥	284	鬒	285
颶	47	馘	892	韠	791	髮	285	鬒	282
颶	49	⁹頵	114	韠	791	髥	282	鬚	283
颶	49	¹⁵醫	283	韢	792	⁶髥	284	鬚	934
颸	50			¹⁴韠	792	髥	283	鬏	284
¹⁰颮	377	**韋部**		¹⁸韠	877	髢	281	鬚	284
颭	47	韋	791	韠	792	髭	281	鬙	285
颭	47	³韍	792	韠	877	鬐	281	¹¹鬏	284
颶	48	韌	792	報	792	髮	283	鬚	285
¹¹颮	48	⁴韢	791	轇	792	⁷髽	284	鬄	962
颶	49	韢	876			鬆	284	鬚	282
颶	49	韎	792			鬆	284	鬑	281
						髦	282	鬖	281

續　表

12 鬢	284	髯	897	駖	375	騾	373	騠	374
髂	285	馱	372	駒	376	騷	376	驅	374
鬚	285	馳	371	駒	372	驉	375	騒	371
鬖	282	馴	369	駐	372	騑	378	騸鹹	1037
鬗	283	駒	371	駭	374	騨	372	駿	377
鬐	285	馼	371	駢	372	騁	377	騜	376
鬆	285	馳	375	駝	375	騍	372	騩	372
13 鬘	284	馹	370	駚	371	駴	373	駿	375
鬚	283	馮	376	駁	373	騟	374	騘	375
鬒	281	4 駃	371	駖	369	驛	374	驯	376
鬌	283	駈	369	駘	373	駾	377	驊	374
14 鬢	285	駘	370	罵	370	駺	371	騙	369
鬜	283	馽	370	駑	378	駿	373	駴	374
鬷	281	馽	897	駕	368	駚	370	騹	375
鬒	284	馱	373	6 駛	374	駿	370	騵	375
鬢	281	馿	378	駢	377	8 騏	371	騷	368
15 鬢	285	駁	377	駛	369	騃	377	騻	373
鬚	284	馴	377	駒	377	騏	370	驚	375
鬚	284	馴	976	駏	378	駚	374	驚	781
16 鬤	284	馱	369	駞	373	騎	375	騸	379
17 鬢	283	馼	375	駇	372	騑	374	驚	369
镻	281	馼	369	駟	374	騩	378	10 驚	371
镽	281	馱	376	駚	374	騿	372	驐	371
鬚	282	馵	379	駔	374	騺	371	驛	373
鬆	283	5 駖	375	駣	373	騆	376	驖	374
鬚	284	駙	369	駱	371	騅	376	驕	379
騻	284	駔	377	駮	369	騅	375	驟	369
騻	285	馴	379	駭	368	騂	372	騌	372
髮	285	駚	369	駢	379	騘	375	驊	372
		駒	373	駝	371	駶	374	驊	378
馬部		駒	377	駟	376	騘	372	騻	374
		馴	370	馬	376	騝	374	驑	373
馬	368	駚	371	馬	376	騄	372	驍	369
馬馱	1071	馳	374	馬	377	驍	368	騴	373
馬齒	1064	駞	375	鶀	496	9 騏	369	騙	373
2 馭	375	駞	375	7 駴	370	騸	369	驗	371
馱	372	駓	369	駺	377	駿	373	驎	377
馭	372	駙	371	駴	372	騷	373	驒	378
馮	369	駗	375	駚	378	騺	374	鶩	371
3 馼	376								

續　表

字	頁	字	頁	字	頁	字	頁	字	頁
騲	372	驋	375	馬	374	[11] 鬻	959	[6] 閞	957
鷎	374	驢	374	顥	374	鸞	960	閱	957
騫	377	驦	372	駧	374	鸞	1074	[8] 閱	366
騫	922	鷔	372	騵	375	[12] 鶷	959	[9] 閣	957
騎	376	鷔	372	騄	377	鶷	1063	[10] 鬥	363
[11] 驅	369	[14] 驒	375	騵	377	鷟	960	[11] 閣	957
驃	371	驤	375	騵	377	鷟	886	[14] 闍	362
騻	370	驕	378	騵	378	鷟	960	闍	957
驢	369	驕	379	騵	378	鷟	960	闌	957
騳	374	驎	369	驖	378	鷟	1074	鬥	957
驛	377	驢	370			[13] 鷟	323	[17] 闍	367
騔	371	雛	371	扁部		鷟	960	闍	744
驤	372	[15] 驖	378			鷟	960	[18] 鬮	957
騽	376	驪	379	扁	959	鷟	960	鬮	957
騵	369	驩	372	扁	1063	鷟	960		
鷔	372	驥	371	[3] 爾	959	[14] 鷟	960	高部	
[12] 驍	368	驥	372	耐	959	鷟	959		
驙	371	驢	374	[4] 敠	288	[16] 鷟	67	高	770
騵	378	驢	377	敠	959	鷟	960	高祖	107
驒	372	鷔	377	瓹	415	鷟	960	[3] 奠	875
駉	374	[17] 驒	376	瓹	959	鷟	1074	[9] 顡	117
驛	374	驤	822	敠	959	[18] 鷟	960	豪	768
騎	376	騻	377	[6] 硅	959	鷟	960	[12] 髜	1013
驎	370	驖	373	骸	959	[19] 鷟	960	髜髜	1040
騊	373	[18] 騳	369	虜	942	鷟	1074	[13] 髜	1013
驜	379	驈	378	喬	959	[20] 鷟	960		
駿	378	驈	378	嗣	959	鷟	960	黄部	
騎	372	[19] 驢	369	[7] 舗	959	[21] 鷟	960		
鷔	370	驤	373	舗	1063	闍	959	黄	647
鴨	376	[20] 驫	969	緅	959	[22] 鷟	960	黄	958
[13] 驖	371	[24] 驫	374	[8] 鼉	959	[26] 鷟	960	黄牛	384
騻	375	驫	577	鸞	1	鷟	959	黄芩	599
騎	376	騝	369	鷟	959	鷟	959	黄昏	4
驒	378	騵	370	灣	959	鷟	1074	黄者	655
騵	378	驏	371	[9] 顭	959			黄楊	600
騾騾	1021	驕	372	醆	959	鬥部		黄精	653
驛	370	騎	372	[10] 鸝	959			黄褐	1068
騽	379	騺	373	鷟	959	鬥	957	黄鍾	4
驗	372	騵	373	鷟	1074	[4] 閔	957	黄蘗	599
								[3] 黇	958
								[4] 黗	958

續　表

鳥部

鹵部

麥部

齡	958	麴	982	齼	956	鵩	694	鴉	685
齞	958	麮	982	¹⁶齹	956	鵬	870	鴫	696
⁵齚	958	⁹麴塵	1069	齹	956	殤	688	鳶	694
齟	958	麵	982			鴉	693	鴝	698
⁶齤	958	麺	982	**鳥部**		鴎	696	鵂	687
齳	958	麷	982			鴉	685	駒	694
齺	958	¹⁰麴麰	1075	鳥	683	鴈	688	鵊	691
⁷齾	958	¹¹麰	982	¹鳧	692	鴆	684	駅	694
⁸齹	958	¹²麱	983	鳩	692	鴣	688	鴟	690
⁹齵	958	麲	982	²鳳	694	鴨	696	鴒	693
齴	958	¹⁴麳	982	鳲	692	鴰	699	鴟	688
¹¹齺	958	¹⁸麴	982	鳩	694	鴞	688	鴎	690
¹²齻	958	麴	982	鳧	692	鴂	695	鴝	686
¹³齼	958	麴	982	鳥	687	鴟	690	鴛	687
		麴	982	鳥	690	鶏	691	鶻	691
麥部		麴	983	鳧	687	鴒	690	鵡	684
		麴	983	鳩	699	鴜	688	鴻	690
麦	982	麴	983	鳩	684	鴦	695	鴆	693
麦門冬	654			鳩	972	鵬	34	鴩	694
麥	982	**鹵部**		鴉	693	鵒	691	鴎	693
³麩	983			鴈	688	鵬	399	鵬	691
麹	892	鹵	956	³鴇	687	鵬	687	鶍	686
麨	982	⁴鹺	956	鴉	690	鴐	684	鴛	685
麬	982	⁵鹻	957	鳶	688	鴣	689	鴣	697
麩	892	盦	950	鳶	892	鴈	691	鴛	689
⁴麪	982	⁷鹾	957	鳴	159	鵃	691	鵁	697
麫	982	鹼	956	鳴	695	鳩	685	鶘	694
麭	983	⁸鹺	956	鳴鏑	1065	鳩	685	⁶鵠	693
麮	982	⁹鹻	956	鴕	697	⁵鵏	693	鵝	694
⁵麭	983	鹼	889	鳳	48	鵐	689	鵠	694
麷	982	鹹	956	鳩	687	鵝	696	鷔	892
麳	1074	鹽	956	鴇	691	鴣	684	鵝	698
麵	982	鹾	956	鴉	699	鴣	689	鵒	691
⁶麴	982	鹺	956	⁴鴣	479	碼	693	鷗	695
⁷麵	982	鹼	957	鴣	692	鵁	693	鵒	696
麶	982	¹⁰鹻	956	鴉	688	鵬	125	鵉	693
麷	982	¹¹鹺	957	鴉	689	鵬	692	鴛	693
⁸麸	983	¹²鹼	957	鴣	684	鵬	125	鵒	688
麺	982	¹³鹽	957	鴝	691	鵬	690	鵄吻	1054
麹起	1075	¹⁴鹾	956	鴒	694	鴨	691	鵄吻	1063

續　表

鵨	691	鵊	693	鶏	696	鞡	686	鶯	689
鶅	686	鶷	696	鵲	697	鵬	685	鞡	688
鴬	686	鴫	696	鶒	688	鷗	691	鶏	696
鵣	686	鵂	689	鵃	694	鷁	696	鶲	694
蝐	693	鶏	696	鶲	686	鞡	687	鞡	695
鵨	691	鵰	692	鶴	691	鶏	685	鶯	693
鴰	166	鵰	856	鵝	689	鵲	683	鶷	694
鴰	686	鵰	688	鞡	692	鶏	685	鞡	689
鵂	696	鵠	691	鵲	690	趨	685	鶏	689
鳶	687	鵝	688	鴨	684	鵬	695	鶴	688
鳶	692	鶩	688	鶪	698	鶍	691	鵯	692
鵂	692	鵣	690	鷲	693	鶚	691	罵	689
鴂	693	蛾	698	鶪	689	鶺	698	鶏	683
鵤	399	鯑	687	雛	684	鵂	254	鵲	697
鵤	688	鵔	691	鞡	686	鵑	684	鵯	694
鴿	685	鵤	695	鴿	687	鶯	691	鵲	684
鳩	695	鶏	687	鵬	689	稺	691	鷲	695
鶥	695	稦	687	鵬	692	鶆	696	鶷	690
鴿	689	鴒	686	鵰	688	鵃	699	鶏	687
鳹	683	鵜	684	鵒	690	髢	685	鶏鳴	4
鴬	692	鵠	683	鶒	684	躬	690	鶏冠樹	600
羿	686	鷟	696	鶪	698	鶍	695	鶹	686
鵝	694	鵤	699	鶪	684	鶏	687	鵲	694
鴻	494	鴩	695	鷁	692	鷂	688	鵬	689
鴻	690	鵜	685	鶍	686	鵑	692	鶋	690
鴻洞	1047	鳿	696	鵲	695	鵠	683	鶪	697
鴻涧	1047	鴿	695	鵝	696	鶷	685	鶋	969
鴻濛	1047	罵	693	鶏	687	鷲	685	鶊	693
鵑	683	鵰	696	鵬	688	鶹	685	鶹	696
鵙	684	鵰	699	鵰	687	鶺	687	鵬	686
鴛	685	鶏	698	鵬	684	鶏	693	鵲	696
鷄	684	鵣	699	鶏	683	鶏	692	鵬	689
鵠	685	[8] 鵡	690	鷴	687	鞡	690	鵣	689
娟	699	鵲	689	鶏	687	鵬	686	鶯	618
[7] 鵪	689	鶀	699	鶀	698	鶏	694	鶯	690
鵗	694	鵣	692	鶖	698	鷲	690	鵲	693
鶏	696	鴉	688	鵲	699	鷚	695	鶱煮	1038
鵻	696	鵝	687	[9] 鶏	693	鶏	697	鶴	693
鵰	697	鵲	690	鵬	699	[10] 鷲	688	鵲	694

續　表

鷗	686	鶚	688	鶬	691	鷁	696	鴯	697
鶌	699	鶪	695	鶘	692	[18] 鶻	686	鶴	697
[11] 鶈	699	鶛	688	鶵	685	鷃	694	鶹	697
鷟	683	鶬	684	鶳	694	鶵	697	鶄	697
鶛	695	鶕	684	鶲	698	[19] 鶼	693	鴻	697
鶹	697	鶺	699	鶏	699	鷥	687	鴉	697
鷗	685	鶙	684	鶹	699	[21] 欏	687	鶘	698
鷲	687	鷥	692	[14] 鶷	687	[22] 鸁	969	鵬	698
鷘	689	鷙	694	鶸	695	[23] 鶵	695	鶳	698
鶹	696	鶬	687	鶭	684	[25] 鸛	691	鴞	698
鷝	687	鶌	113	鶻	687	鸜	684	鶄	698
鶩	687	鶕	698	鶺	694	鶅	685	鵬	699
鷺	160	鶺	691	罵	689	鶯	685	鶄	699
鶯	691	鶤	698	鷝	692	鶴	685	鷗	699
鴗	699	鷱	699	鷞	697	鯺	686	鶯	699
鵁	684	鷤	699	鶆	701	鷎	686	
鶺	686	[13] 鷲	690	鶖	685	鶻	687	
鶴	683	鶯	689	鶹	698	鶿	688	**魚部**
鷗	684	鷷	686	[15] 鶸	689	鶱	688	
鷳	695	鷥	689	鶺	693	鶝	688	魚 745
鶹	686	鷝	689	鶶	694	鷃	689	[1] 魢 748
鷲	692	鶕	684	鶹	697	鷥	689	[2] 奐 745
鶴	691	鷈	686	鶵	693	鶛	689	剣 757
鷲	693	鷯	697	鶩	689	鷥	689	劍 931
鶏	693	鷰	690	鶹	694	鶻	690	魟 752
鶹	696	鷥	687	鶹	687	鶴	690	魛 750
鷗	694	鷝	692	鶹	697	鷝	692	魞 756
鶯	690	鷥	880	[16] 鶼	692	鶕	692	[3] 魚工 749
鷥	692	鶩	692	鶴	695	鶻	693	魠 753
[12] 鷥	688	鶯	687	鶹	693	鶅	693	魪 755
鶹	687	蟻	691	鶴	695	鶹	693	[4] 魥 748
鶯	685	鷲	693	鸛	693	鶛	693	魳 747
鶖	693	鶕	695	鴎	685	鶹	693	魥 749
鶺	690	鷶	696	鶹	684	鶴	695	魦 747
鷥	688	鶹	123	鷥	696	鶻	695	魦 750
鷢	692	鶄	687	[17] 鸛	691	鶹	695	魯 15
鵬	692	鷹	697	鶴	689	鶕	695	魯 963
鶏	688	鷹	862	鶵	689	鶹	696	魶 753
鵬	688	鶹	692	雛	695	鴗		魚羊 757
								魥 749
								魦 750

魪	752	魳	756	鯉	751	鮨	755	鱫	750
魿	747	⁶紫	749	鯤	749	鮪	753	鱍	748
魵	746	鮭	753	鯵	747	鯨	308	鱉	752
魧	747	鮭	757	鮨	751	鯨	751	鱒	757
魴	746	鮚	753	鮮	751	鮮	748	鰾	757
魦	746	鮲	748	鮸	746	鮠	747	¹⁰鰵	754
鮇	748	鮔	752	鮸	752	綠	753	鱲	756
⁵鮴	748	鮪	751	鮽	746	歸	747	鰭	749
鮽	749	鮰	750	鮸	747	鯔	750	鱸	753
鮅	748	鮳	752	鮷	755	⁹鰲	751	鱻	748
鮇	746	劍	753	鮠	746	鮫	753	鰡	747
鮚	749	鮧	749	鮧	751	鰭	757	鱧	750
鮚	756	魷	749	卿	754	鰈	753	鱄	748
鮩	752	鮦	755	鯊	750	鱷	751	鱄	750
魺	748	鮏	748	鮻	746	鯉	754	鰢	753
魶	749	鮖	752	鯢	746	鯷	745	鱣	748
魜	750	鮯	755	鮭	757	鰂	754	鱠	752
鮃	756	姚	747	⁸鮽	756	錫	748	鰻	750
鮔	754	鮑	750	鰲	748	鰢	754	鰻	751
魬	748	鮨	749	鯖	751	鮶	747	鱛	750
鮰	751	鮥	753	鰈	756	鰐	745	鱠	748
鮭	747	鮮	748	鮭	752	鮹	753	鰷	754
鮓	756	鮫	754	鯪	746	鰍	751	鰡	750
鮑	750	鮮	745	鮍	746	鰒	753	鰡	755
鮒	752	鮮	753	鯕	754	鯁	746	鰞	755
鮒	756	煮	747	鯫	752	鰳	751	鰭	752
鮊	747	鮨	750	鰌	753	鰻	755	鱅	753
魿	747	鮪	754	鮺	748	鰐	755	鱨	749
卿	752	鮸	749	鯢	747	締	745	鱸	746
鮈	749	魷	756	鯤	750	鰘	754	鰜	751
鮈	755	鮗	757	鯧	748	鰭	751	鰜	746
終	756	⁷鮭	756	鯖	746	鯵	747	鰩	746
鮑	752	鮪	748	鮰	756	鮔	752	鰤	746
鮇	753	鮏	753	鮻	749	鰒	757	¹¹鯹	751
鮘	747	鮏	746	鯢	755	鰣	755	鰲	747
鮍	746	鮧	756	鮃	750	鯿	746	鱶	755
鮍	749	鮭	751	輪	750	鰕	750	鱶	751
鮐	754	鮹	749	鯰	757	鰭	746	鱐	756
魿	752	鮹	755	鯛	750	鱗	750	鱄	752

鰮	750	¹³鱟	753	鱠	748	麑	711	¹⁴鷹	710
鰹	754	鱯	755	鱠	748	³麂	710	麚	710
鰾	752	鱷	751	鱠	749	⁴麃	710	¹⁷麚	711
鰻	750	鱤	747	鱠	750	麇	711	²²麤	968
鰻	747	鱨	757	鯉	751	麀	710	麤	710
鮢	745	鱗	746	鱠	752	⁵麈	711		
鱖	748	鱠	751	鄉	752	麋	711	黹部	
鰷	752	鱨	754	鱠	755	麈	710		
鰷	756	鱷	751	鱠	755	麙	711	黹	627
鱅	749	鱧	745	鲜	756	⁶麑	711	黹	1013
鱨	756	鱹	749	雛	757	麛	710	⁴黺	1008
鱠	757	鱢	747			麚	711	⁵黻	876
鱭	752	鱢	755	麻部		麜	343	黻	1008
鮒	751	鱶	754			麝	710	⁷黼	1008
鰌	753	鱠	746	麻	867	麚	343	⁸黼	1008
鰺	747	鱱	749	麻柱	1062	麐	710	¹¹黼	1008
鰈	755	鱳	754	麻採	1047	麖	711	黼	1008
¹²鰲	746	鱲	757	麻鞋	1065	⁷麑	710	黼	1008
鱛	746	鱨	748	³䵄	807	麛	711		
鱥	748	鱣	749	麼	861	麞	711	鼎部	
鱏	751	¹⁴鱸	746	⁴麿	208	麚	710		
鱖	752	鱷	748	麾	861	⁸麓	559	鼎	1017
鰭	746	鱠	750	麾	866	麗	992	鼎	1063
鱓	754	¹⁵鱠	752	敝	864	麒	711	²鼐	929
鱎	748	鱗	755	⁸廠	863	麚	711	鼏	929
鱇	755	鱤	752	䳚	1014	麛	710	鼒	1017
鱗	756	鱘	753	⁹縻	1014	麚	710	³塯	438
鰍	749	鱨	757	麤	69	麠	711	鼒	1017
鱧	749	¹⁶鱗	748	¹⁰麿	863	麛	710	¹¹鼒	1017
鱔	754	鱠	752	¹²黂	862	麚	711		
鱗	405	鱧	753	黀	1014	麚	710	黑部	
鱗	750	鱣	750	廉	861	麚	711		
鱒	751	¹⁹鱠	746			¹⁰麚	711	黑	943
鱒	751	鱣	754	鹿部		麚	800	黑跍	1050
鱍	754	²²鱠	969			麚	711	黑褐	1068
鱠	747	鱠	746	鹿	710	麚	711	¹黔	945
鱟	752	鱠	746	鹿	710	¹²麟	711	²黔	944
鱠	756	鱠	746	鹿角菜	1075	¹³麚	710	³黔	893
鱠	757	鱠	748	鹿尾菜	1075	麚	710	黔	944
				²麂	998			黔	945
				麀	711			⁴黔	944
								默	946

默	945	顆	944	顫	944	12 贊	426	3 鼢	719
黠	945	腥	945	豐	945	嚇	426	4 鼢	719
黔	943	鼜	929	縣	945	囂	426	鼢	719
默	944	鼜	945	顥	945	黎	426	鼢	718
默	946	驫	943	顥	946	聲	426	鼢	719
5 點	946	10 顗	945	覽	946			5 鼢	720
點	946	顢	946			**黽部**		鼢	719
點頭	1057	驒	946	**黍部**		黽	744	鼢	718
點點	1033	黯	945			4 黿	744	鼢	719
駐	945	驒	946	黍	663	黿	744	鼢	720
黜	65	顆	944	3 黎	989	黿	744	鼢	719
黜	944	覻	945	5 黏	341	5 黿	745	鼢	720
勳	945	鱉	944	黏	663	量	745	鼢	719
黛	96	驫	944	8 䅨	664	鼁	745	鼢	718
黛	944	11 鱉	944	毯	960	6 黿	744	鼢	972
6 點	65	覭	944	秶	663	蠅	744	鼢	719
點	946	鼇	945	秄	664	黽	725	鼢	720
夥	944	驫	1032	黎	664	黽	744	鼢	719
7 顆	944	驂	946			黽	728	鼢	720
8 黨	65	驫	944	**鼓部**		黿	744	6 鼢	719
黨	946	12 囂	944			黿	745	鼢	719
趺	945	囂然	1036	鼓	286	7 量	745	鼢	719
馘	945	慸	945	鼓	425	8 鼈	728	鼢	719
黿	946	13 驒	946	鼓	903	鼉	744	鼢	718
黯	945	黲	945	鼓	965	9 鼉	744	7 鼢	719
黢	944	鬏	946	鼓	903	10 鼇	744	鼢	719
鯨	944	黵	946	5 轟	426	鼇	745	鼢	720
黿	945	14 厴	223	婺	426	鼉	745	8 鼢	720
黿	945	厴	945	鼕	426	鼉	1010	鼢	719
隸	943	鼉	945	馨	426	11 鼈	744	9 鼢	720
鰲	943	纂	626	6 藍	426	12 鼉	744	鼢	719
9 黜	946	纂	944	馨	426	13 黿	744	鼢	719
趺	945	15 顳	945	鼛	426	14 鼉	745	鼢	720
黢	946	驖	944	8 饔	426	黿	728	鼢	719
鼙	945	16 驒	945	聲	426	黿	728	鼢	719
馘	944	驑	65	馨	426			10 鼢	720
賜	944	驑	943	9 聲	426	**鼠部**		鼢	718
黪	946	驑	944	聲	426			鼢	720
黯	945	驑	944	馨	426	鼠	718	鼢	720
				11 鼟	426				
				鼟	426				

鰌	720	黐	173	齡	173	鹹	175	龍部
鰏	720			齜	177	鹺	174	
鰜	718	齊部		齝	176	齲	174	
¹¹鰍	720	齊	769	齣	175	齵	177	龍 554
¹²鰇	720	齊	911	齚	176	齶	175	龏 1013
鰩	718	³齋	905	⁶齠	176	齸	176	龓眼 600
鰲	719	齏	911	齧	173	齲	176	龓膽 654
¹⁷鰱	720	⁴齌	911	齨	175	龀	175	³龐 861
鰡	719	⁵齏	952	齫	177	齺	174	龔 898
鰸	719	⁶齏	731	齬	175	齻	175	⁴龕 1013
鰶	719	齏	331	齪	174	齷	176	⁶龗 1013
鰷	719	齏	769	齣	176	齹	174	龏 68
		⁷齏	769	齮	174	¹⁰齺	175	龔 870
鼻部		⁸齏	769	齮唉	1055	齻	176	¹⁶齺 1013
		⁹齏	66	齯	175	齺	175	¹⁷齺 41
鼻	171	齏	768	齜	177	齺	177	龏 790
²齁	172	齏	954	齏	177	齺	177	
齂	172	齏	1074	⁷齏	175	齺	176	龠部
³齅	172			齴	176	齺	175	
齆	172	齒部		齭	175	齺	175	龠 71
⁴齇	172	齒	173	齰	175	齺	175	⁴龥 763
齈	173	¹齕	174	齹	176	¹¹齺	175	⁵龢 665
⁵齉	172	²齗	174	齱	175	齺	174	⁸龤 1018
齊	171	³齘	177	齪	177	齺	173	龢 384
⁶齌	172	齙	177	齱	195	齺	173	龢 1018
⁷齍	173	齚	176	齏	177	¹²齺	176	¹⁰齺 1018
齎	172	⁴齛	175	⁸齺	176	齺	174	¹⁸齺 1018
齏	172	齜	173	齺	176	齺	177	
⁸齏	172	齝	174	齺	174	¹⁴齺	177	龜部
⁹齏	172	齞	175	齺	177	齺	174	
¹⁰齏	172	齟	176	齺	176	¹⁵齺	174	龜 743
齏	172	齠	383	齺	174	¹⁷齺	176	⁴龞 744
¹¹齏	173	⁵齡	173	齺	175	²⁰齺	177	⁵龝 744
¹²齏	173	齢	176	齺	176	齺	175	¹¹龜 744
¹³齏	172	齣	176	齺	176	齺	175	龜 743
齏	173	齤	177	齺	177	齺	175	龜 743
¹⁷齏	173	齥	174	齺	177	齺	176	
鼻	171	⁹齺	173					

後　記

　　中國與域外古辭書之間有許多有趣的話題,本書便是爲相關研究的開展而做的一項基礎工作,也是國家社科基金青年項目"《新撰字鏡》與古寫本辭書比較研究"的相關成果。

　　因撰寫博士論文的需要,我從2007年開始整理《新撰字鏡》,當時何華珍教授就告訴我,這本書有價值,值得研究和整理。原本打算用三四年的時間完成整理,但後來才發現這是一種奢望。研究部分即《〈新撰字鏡〉研究》已於2012年出版,十年之後,校注部分終亦交稿。日本存有一批自唐代流傳至今的在漢語辭書基礎上編纂的古辭書,其中以平安時期三部影響深遠的辭書最具特色:《倭名類聚鈔》《篆隸萬象名義》《新撰字鏡》,前兩部前賢時彦的整理本均已出版,唯有《新撰字鏡》遲遲没有動静。

　　2013年,通過一次《切韻》點校的考試,當時還是本科生的吴美富同學脱穎而出。此後,便同美富君一起,從敦煌本韻書到宋跋本《刊謬補缺切韻》,逐一進行通校。美富君後從張涌泉教授讀研,便在我整理《新撰字鏡》的草稿的基礎上進行重校。美富君通日語,擅檢索,許多重要的校勘材料和意見多由他提供,書中的和訓亦由他獨立校注。特别需要説明的是,美富君找到了網絡上公開的諸多《新撰字鏡》早期抄本,解決了不少天治本因蟲蛀模糊不清,或天治本的影印本被人爲改動而存疑的問題。美富君現任職於温州大學浙江傳統戲曲研究與傳承中心,没有他的參與,校注工作不知何年何月才能完成。爲行文簡潔,《新撰字鏡》中大量易查的字形、釋義等,不再一一詳細注釋,引文亦不標頁碼。校書如掃塵,部分尚待解決的問題,如校注中"俟考""未詳"之類,俟他日考訂,敬請各位方家幸有以教我。

　　在此,感謝業師張涌泉教授、黨懷興教授,兩位恩師從讀書到工作,多年來給予了我很多的指導和幫助。感謝博士後導師張先亮教授,先生時常從爲人與爲學多方面教導我,耳提面命,自當不斷努力。感謝浙江大學出版社宋旭華先生、周挺啓先生,周挺啓先生爲本書的出版,付出了許多辛勞。感謝浙江師範大學社科處以及人文學院領導長期以來的支持和關心,本書的出版得到了浙江師範大學出版基金、人文學院學科建設運行經費的資助。研究生何亞星、雷霄、蔡穎、張亦弛、王淼、吴麗萍、高杉杉核對了書中的引文,鮑婧婧、温海升、高學明、徐溶澄、董清婕、單鈺嫻、王玥製作了檢字表，謹此一併致謝。

　　在敦煌寫本和日本古寫本的比較研究中，深感彼此之間有很多地方可以相互啓發，時常讓人遙想當時東亞鄰邦交流往還的情景。回想起十多年前博士論文寫作時，手邊最常用的工具書之一，便是池田証壽教授早年編著的玄應《一切經音義》詞目索引。近年來，池田教授以全局的眼光，推動着平安時代漢字字書研究綜合數據庫的建設，公開了所有的數據，爲我們的校注提供了諸多便利，謹向池田教授及其團隊表示感謝。

　　古人曾感慨中國與日本隔着茫茫大海，“滄海淼漫，百無一至”，然而正因衆多不畏艱險、胸懷信念的人漂海而至，才爲整個漢字文化圈留下了豐富的文獻資料。如今這些資料的獲取變得相對容易，整理并利用好這些資料，進而推動跨文化的學術研究，是我們的一個長遠目標，而《〈新撰字鏡〉校注》只是其中的一個點。任重道遠，願勉勉不息，終始弗渝。

張磊謹識
2023 年 5 月

圖書在版編目(CIP)數據

《新撰字鏡》校注 / 張磊,吳美富著. —杭州:
浙江大學出版社,2024.4
　ISBN 978-7-308-24882-2

　Ⅰ. ①新… Ⅱ. ①張… ②吳… Ⅲ. ①漢字—字典②
《新撰字鏡》—注釋 Ⅳ. ①H162

　中國國家版本館 CIP 數據核字(2024)第084311號

《新撰字鏡》校注

張　磊　吳美富　著

責任編輯	周挺啓	
責任校對	蔡　帆	
封面設計	周　靈	
出版發行	浙江大學出版社	
	(杭州市天目山路148號　郵政編碼310007)	
	(網址:http://www.zjupress.com)	
排　　版	杭州朝曦圖文設計有限公司	
印　　刷	杭州宏雅印刷有限公司	
開　　本	787mm×1092mm　1/16	
印　　張	78.5	
字　　數	1780千	
版印次	2024年4月第1版　2024年4月第1次印刷	
書　　號	ISBN 978-7-308-24882-2	
定　　價	278.00圓(全二冊)	

浙江大學出版社市場運營中心聯繫方式:0571-88925591;http://zjdxcbs.tmall.com